Strafrecht – Allgemeiner Teil

von

Professor Dr. Bernd Heinrich

7., überarbeitete Auflage

Verlag W. Kohlhammer

7. Auflage 2022

Alle Rechte vorbehalten
© W. Kohlhammer GmbH, Stuttgart
Gesamtherstellung: W. Kohlhammer GmbH, Stuttgart

Print:
ISBN 978-3-17-041726-7

E-Book-Format:
pdf: ISBN 978-3-17-041727-4
epub: ISBN 978-3-17-041728-1

Dieses Werk einschließlich aller seiner Teile ist urheberrechtlich geschützt. Jede Verwendung außerhalb der engen Grenzen des Urheberrechts ist ohne Zustimmung des Verlags unzulässig und strafbar. Das gilt insbesondere für Vervielfältigungen, Übersetzungen, Mikroverfilmungen und für die Einspeicherung und Verarbeitung in elektronischen Systemen.
Für den Inhalt abgedruckter oder verlinkter Websites ist ausschließlich der jeweilige Betreiber verantwortlich. Die W. Kohlhammer GmbH hat keinen Einfluss auf die verknüpften Seiten und übernimmt hierfür keinerlei Haftung.

Vorwort

Nach drei Jahren war es erforderlich, das Lehrbuch zum Strafrecht Allgemeiner Teil wieder einmal neu aufzulegen. Zwar waren umfangreiche gesetzliche Änderungen in diesem Bereich in den letzten Jahren nicht zu verzeichnen (und sind auch weiterhin nicht zu erwarten), jedoch war es aufgrund der stets umfangreichen Rechtsprechung in diesem Bereich sowie infolge der immer größer werdenden Flut neuer wissenschaftlicher Publikationen geboten, das Lehrbuch auf den „neuesten Stand" zu bringen.
Es weist inzwischen den stattlichen Umfang von mehr als 720 Seiten auf und fand auch international weitere Beachtung. So wurde nach der Übersetzung des vormals ersten Bandes des Lehrbuchs unter dem Titel „Ceza Hukuku, Genel Kısım I, 2010" auch der ehemals zweite Band des Lehrbuchs in türkischer Sprache veröffentlicht („Ceza Hukuku, Genel Kisim II", 2014). Weitere Übersetzungen in andere Sprachen sind angekündigt. Der bisherige Stil wurde auch in der 7. Auflage beibehalten, der sich in erster Linie daran orientiert, den Studierenden die Materie mittels einer Vielzahl kleinerer Fallbeispiele und weiterführender Hinweise nahe zu bringen. Besonderer Wert wurde dabei – wie auch bislang – darauf gelegt, im Fußnotenapparat umfassend insbesondere auf Übungsfälle (vorwiegend aus den leicht zugänglichen juristischen Ausbildungszeitschriften) zu verweisen. Studierende der Anfangssemester sollten sich durch den Umfang der Fußnoten nicht abschrecken lassen, reicht zum ersten Verständnis doch die Lektüre des Textes aus. Wer jedoch tiefer in die Materie eindringen möchte, sei es im Rahmen der Examensvorbereitung oder bei der Abfassung von Haus-, Seminar- oder Studienarbeiten, kann hier wertvolle Hinweise insbesondere auf abweichende Ansichten finden. Im Rahmen der Neubearbeitung wurde wiederum vor allem Wert darauf gelegt, die juristischen Ausbildungszeitschriften „Juristische Arbeitsblätter" (JA), „Juristische Ausbildung" (JURA), „Juristische Schulung" (JuS) und die Internet-Zeitschrift „Zeitschrift für das Juristische Studium" (ZJS) umfassend auszuwerten. Zur weiteren Konzeption, insbesondere dem Verhältnis von Standardwissen und Problemschwerpunkten, möchte ich auf das nachstehende Vorwort zur 1. Auflage verweisen.
Bedanken möchte ich mich für die vielen Zuschriften und teilweise auch kritischen Anmerkungen aus dem Kreis der Leserschaft, die mich einerseits dazu motiviert haben, das Lehrbuch in der bisherigen Konzeption zu erhalten, die mir aber auch andererseits wertvolle Anregungen gegeben haben. Weitere Anregungen können gerne über E-Mail an die Adresse bernd.heinrich@jura.uni-tuebingen.de erfolgen.
Mein besonderer Dank gilt auch dieses Mal meinen Mitarbeiterinnen und Mitarbeitern, Herrn *Nicolas van Bergen*, Frau *Kim Falke*, Frau *Cosima Hermann*, Frau *Jacqueline Schneider*, Herrn *Roman Schneider* und Frau *Priska Veith* sowie meinen studentischen Hilfskräften, Herrn *Tizian Benjowsky*, Herrn *Uwe Geis-Schroer*, Frau *Celine Oßwald*, Frau *Leoni Völker* und Frau *Maria Vrettou*. Nicht zuletzt danke ich

Vorwort

auch meiner Sekretärin, Frau *Heidrun Leibfarth*, ohne deren tatkräftige Mitarbeit die Neuauflage kaum in der zur Verfügung stehenden Zeit hätte durchgeführt werden können.

Tübingen, den 1. Juli 2022   Bernd Heinrich

Vorwort zur 1. Auflage

Die vorliegenden Lehrbücher zum Allgemeinen Teil des Strafrechts richten sich – der Konzeption der „Studienreihe Rechtswissenschaften" entsprechend – vorwiegend an Studierende der Rechtswissenschaften. Ziel ist es dabei, sowohl den Studierenden in den Anfangssemestern einen Einblick in die dogmatischen Strukturen unseres Strafrechts zu geben als auch den Examenskandidaten und -kandidatinnen eine knappe und verlässliche Zusammenfassung der gängigen Problemschwerpunkte zu vermitteln. Diese „Zweispurigkeit" durchzieht beide Lehrbücher. So können sich diejenigen, die erstmalig mit der Materie konfrontiert sind, einen Überblick über die Grundlagen des Strafrechts und den Aufbau der Straftat verschaffen. Dabei werden in Band I die Grundformen des vorsätzlichen und versuchten Begehungsdelikts behandelt und auf der Grundlage des klassischen dreigliedrigen Aufbaus (Tatbestandsmäßigkeit, Rechtswidrigkeit und Schuld) erläutert. Daran anschließend widmet sich Band II den besonderen Erscheinungsformen der Straftat, den Unterlassungs- und Fahrlässigkeitsdelikten sowie der Irrtums-, der Beteiligungs- und der Konkurrenzlehre. Von der didaktischen Konzeption her wird insoweit Neuland betreten, als die im Text „abstrakt" behandelten Themen anhand einer Vielzahl von kleineren Beispielsfällen, die in den Text eingestreut wurden, verständlich gemacht werden sollen. Dabei können verschiedene Fallkonstellationen durchaus an mehreren Stellen auftauchen und unter verschiedenen Gesichtspunkten beleuchtet werden, wodurch auch ein gewisser Wiederholungseffekt erzeugt wird. Praktische Hinweise für die Klausurbearbeitung („Klausurtipps") sollen darüber hinaus die Behandlung des Problems im juristischen Gutachten erleichtern. Bei den (weiterführenden) Nachweisen in den Fußnoten wurde darauf geachtet, neben der Rechtsprechung und den gängigen Lehrbüchern und Kommentaren vorwiegend Beiträge aus juristischen Ausbildungszeitschriften (JA, JURA, JuS) heranzuziehen und dabei insbesondere auch auf Übungsfälle hinzuweisen, die die behandelte Materie im Fallaufbau behandeln. Umfangreich dargestellt und herausgehoben sind ferner insgesamt 41 Problemschwerpunkte, anhand derer klassische Theorienstreitigkeiten aufgearbeitet und erörtert werden. Hier findet eine vertiefte Auseinandersetzung mit der Dogmatik des Strafrechts statt, die von denjenigen, die sich erstmalig mit Strafrecht befassen, zwar interessiert gelesen werden kann, aber noch nicht auf Anhieb „verstanden" werden muss. Fortgeschrittenen hingegen sollen diese Problemschwerpunkte dazu dienen, sich im Wege eines kurzen „Repetitoriums" nochmals die examensrelevanten Punkte zu verdeutlichen. Hierzu sollen auch die Zusammenstellungen am Ende des Bandes II, insbesondere der hier abgedruckte „Definitionenkalender" dienen. Auf diese Weise soll erreicht werden, dass die Studierenden die vorliegenden Lehrbücher zu jeder Phase des Studiums gewinnbringend nutzen können.
Da die Qualität eines Lehrbuchs auch von den kritischen Anmerkungen aus dem Kreis der Lesenden wesentlich mitgeprägt wird, sind Lob und Tadel sowie Fehler-

Vorwort zur 1. Auflage

meldungen und weiterführende Hinweise jeglicher Art stets willkommen. Zu diesem Zweck habe ich auf meiner Web-Seite ein „Leserforum Lehrbuch" eingerichtet. Eine Beteiligung hieran ist ausdrücklich erwünscht. Sie erreichen es unter der Adresse: www.rewi.hu-berlin.de/jura/ls/hnr – Anregungen können aber auch gerne über E-Mail an die Adresse bernd.heinrich@rewi.hu-berlin.de erfolgen.

Mein besonderer Dank gilt meinen Mitarbeitern und Mitarbeiterinnen, Herrn *Tobias Reinbacher*, Frau *Dr. Christiane Freund*, LL. M., Herrn *Michael Zickler* LL. M., Frau *Nadia Schoedon* und Herrn *Martin Piazena*. Ihre intensive Mitarbeit und ihre Anregungen haben wesentlich zum Gelingen der vorliegenden Lehrbücher beigetragen. Allen voran möchte ich jedoch meiner Frau *Denise* danken, die das Werk von seiner Entstehung an mitbegleitet hat.

Berlin, den 1. Oktober 2005
Bernd Heinrich

Inhaltsverzeichnis

Vorwort V
Vorwort zur 1. Auflage. VII
Literaturübersicht XXXII
Abkürzungsverzeichnis XXXV

Teil I:	Einleitung	1
§ 1	**Stellung des Strafrechts in unserem Rechtssystem**	1
	I. Grundlagen	1
	II. Die Aufgabe des Strafrechts: Rechtsgüterschutz	2
§ 2	**Sinn und Zweck von Strafe: Die Straftheorien**	6
	I. Absolute Straftheorien	6
	II. Relative Straftheorien	7
	1. Generalprävention	7
	2. Spezialprävention	8
	III. Vereinigungstheorien	8
§ 3	**Strafrecht und Verfassungsrecht**	9
	I. Grundsatz „nulla poena sine lege"	10
	1. Unzulässigkeit von Gewohnheitsrecht (nulla poena sine lege scripta)	11
	2. Bestimmtheitsgrundsatz (nulla poena sine lege certa)	11
	3. Rückwirkungsverbot (nulla poena sine lege praevia)	13
	4. Analogieverbot (nulla poena sine lege stricta)	15
	II. Anspruch auf rechtliches Gehör	16
	III. Verbot der Doppelbestrafung wegen derselben Tat	16
	IV. Schuldprinzip	17
	V. Grundsatz „in dubio pro reo"	17
§ 4	**Abgrenzung zu anderen Rechtsgebieten**	17
	I. Strafrecht und Strafprozessrecht	17
	II. Strafrecht und Disziplinarrecht	19
	III. Strafrecht und Ordnungswidrigkeitenrecht	20
	IV. Einfluss des Zivilrechts und des Öffentlichen Rechts auf das Strafrecht	21

Inhaltsverzeichnis

§ 5	**Überblick über die Regelungsmaterien des StGB**.............	22
§ 6	**Geltungsbereich des deutschen Strafrechts**.................	23
	I. Grundlagen.......................................	24
	II. Anknüpfungspunkt des Begehungsortes der Tat.............	26
	III. Anknüpfungspunkt der Staatsangehörigkeit des Täters.........	28
	IV. Anknüpfungspunkt der Staatsangehörigkeit des Opfers.........	30
	V. Anknüpfungspunkt des Schutzes bestimmter inländischer Rechtsgüter.......................................	30
	1. Staatsschutzgesichtspunkte bei der Verletzung von überindividuellen Rechtsgütern.........................	30
	2. Individualschutzgesichtspunkte bei der Verletzung von Individualrechtsgütern..............................	31
	VI. Anknüpfungspunkt der Interessen von universaler, die Weltrechtsgemeinschaft betreffender Bedeutung................	31
	VII. Anknüpfungspunkt der stellvertretenden Rechtspflege.........	32
	VIII. Einschränkung des persönlichen Geltungsbereiches...........	33
	IX. Exkurs: Völkerstrafrecht..............................	33
	X. Exkurs: Europäisches Strafrecht........................	34
§ 7	**Straftataufbau und Systementwürfe**........................	35
	I. Trennung von Straftatbestand und Rechtsfolge..............	35
	II. Unterscheidung von Tatbestand und Sachverhalt.............	36
	III. Elemente der Straftat................................	37
	IV. Stellung des Vorsatzes als Ausgangspunkt verschiedener Straftheorien.......................................	39
	1. Der klassische („kausale") Verbrechensaufbau............	39
	2. Der neoklassische Verbrechensaufbau und die moderne Lehre..	41
	3. Der finale Verbrechensaufbau.......................	41
	4. Lehre von den negativen Tatbestandsmerkmalen..........	42
Teil II:	**Der Tatbestand**.......................................	44
§ 8	**Tatbestand – Überblick und Deliktsarten**....................	44
	I. Grundlagen.......................................	44
	II. Aufbau des Tatbestandes.............................	45
	1. Aufteilung in Tatbestandsmerkmale...................	46
	2. Definition.....................................	47
	3. Subsumtion....................................	48
	4. Konklusion....................................	48
	III. Arten von Tatbestandsmerkmalen.......................	48
	1. Geschriebene und ungeschriebene Tatbestandsmerkmale....	48
	2. Deskriptive und normative Tatbestandsmerkmale.........	49
	3. Tatbezogene und täterbezogene Merkmale..............	50
	4. Objektive und subjektive Tatbestandsmerkmale...........	50
	5. Exkurs: Objektive Strafbarkeitsbedingungen.............	51

		6. Exkurs: Rechtswidrigkeit als Tatbestandsmerkmal	52
	IV.	Auslegung von Tatbestandsmerkmalen.	52
		1. Abgrenzung von Auslegung und Analogie	52
		2. Grundsätze der Auslegung.	54
		a) Grammatikalische Auslegung	54
		b) Historische Auslegung	54
		c) Systematische Auslegung	55
		d) Teleologische Auslegung.	55
	V.	Überblick über verschiedene strafrechtliche Grundbegriffe	55
		1. Verbrechen und Vergehen	56
		2. Erfolgsunwert, Handlungsunwert, Gesinnungsunwert	56
	VI.	Überblick über verschiedene Deliktsarten	57
		1. Erfolgs- und Tätigkeitsdelikte.	57
		2. Verletzungs- und Gefährdungsdelikte	58
		3. Zustands- und Dauerdelikte.	59
		4. Begehungs- und Unterlassungsdelikte	60
		5. Allgemeindelikte, Sonderdelikte, eigenhändige Delikte	61
		6. Grundtatbestand, Qualifikation, Privilegierung	62
		7. Sonstige Deliktsarten.	64

§ 9 Die menschliche Handlung ... 65

	I.	Grundlagen.	65
	II.	Handlungsformen: Tun und Unterlassen	66
	III.	Abgrenzung von Handlung, Kausalität, Vorsatz und Schuld	66
	IV.	Anforderungen an die menschliche Handlung	67
		1. Vorliegen eines menschlichen Verhaltens	68
		2. Anknüpfung an ein konkretes Verhalten.	68
		3. Außenbezug	69
		4. Subjektives Element	69
	V.	Problemkreise	71
		1. „Natürlicher" Wille bei Schuldunfähigen	71
		2. Automatisierte Verhaltensweisen.	71
		3. „Sozialerheblichkeit" der Handlung	72
	VI.	Funktion des Handlungsbegriffs und Standort der Prüfung (Zusammenfassung).	73

§ 10 Kausalität ... 74

	I.	Grundlagen.	74
	II.	Kausalitätstheorien.	76
		1. Einführung.	76
		2. Kausalitätstheorien (Problemschwerpunkt 1).	77
	III.	Formen der Kausalität	81
		1. Alternative Kausalität („Mehrfachkausalität", „Doppelkausalität")	81
		2. Kumulative Kausalität	82
		3. Hypothetische Kausalität	82

Inhaltsverzeichnis

        4. Abgebrochene Kausalität (überholende Kausalität) 84
        5. Kausalität bei Gremienentscheidungen 85

§ 11 Objektive Zurechnung 86
    I. Grundlagen 87
    II. Inhalt der Lehre von der objektiven Zurechnung 89
    III. Fallgruppen, in denen kein rechtlich missbilligtes Risiko geschaffen wird 89
        1. Erlaubtes Risiko 89
        2. Risikoverringerung 91
    IV. Fallgruppen, in denen sich das Risiko nicht im konkreten Erfolg verwirklicht 93
        1. Atypische Kausalverläufe 93
        2. Schutzzweck der Norm 94
        3. Pflichtwidrigkeitszusammenhang 95
        4. Freiverantwortliche Selbstschädigung oder Selbstgefährdung des Opfers 95
        5. Eigenverantwortliches Dazwischentreten eines Dritten 96

§ 12 Subjektiver Tatbestand 98
    I. Grundlagen 99
    II. Vorsatz und Fahrlässigkeit 100
    III. Der Begriff des Vorsatzes 101
        1. Vorsatz als Wissen und Wollen der Tatbestandsverwirklichung 101
        2. Das Wissenselement (der kognitive Bereich) 103
        3. Das Wollenselement (der voluntative Bereich) 104
    IV. Arten des Vorsatzes 105
        1. Wissentlichkeit 106
        2. Absicht 107
        3. Bedingter Vorsatz 108
    V. Besondere Erscheinungsformen des Vorsatzes 108
        1. Dolus generalis 109
        2. Dolus subsequens 109
        3. Dolus antecedens 110
        4. Dolus alternativus 111
    VI. Abgrenzung von Vorsatz und Fahrlässigkeit 112
        1. Einführung 112
        2. Abgrenzung von bedingtem Vorsatz und bewusster Fahrlässigkeit (Problemschwerpunkt 2) 113
    VII. Abgrenzung von Vorsatz und Fahrlässigkeit bei Tötungsdelikten . 116

Teil III: Die Rechtswidrigkeit 120

§ 13 Rechtswidrigkeit – Einführung und Systematik 120
    I. Grundlagen 120
        1. Prüfungsaufbau 120

			2. Strafrechtliche und zivilrechtliche Rechtswidrigkeit	120
			3. Tatbestandsbezogenheit	121
			4. Indizwirkung	121
			5. „Offene" Tatbestände	122
	II.	Abgrenzung von Rechtswidrigkeit und Schuld		123
	III.	Sonderproblem: Rechtswidrigkeit als Tatbestandsmerkmal		125
	IV.	Struktur der Rechtfertigungsgründe.		126
			1. Trennung von objektiven und subjektiven Merkmalen.	126
			2. Objektive Rechtfertigungsmerkmale	126
			3. Subjektive Rechtfertigungsmerkmale	127
			4. Kein abgeschlossener Katalog von Rechtfertigungsgründen . .	128
			5. In dubio pro reo.	128
			6. Prüfungsreihenfolge	129

§ 14 Notwehr, § 32 StGB 130

	I.	Grundlagen		131
	II.	Prüfungsschema		133
		1. Vorliegen einer Rechtfertigungssituation (Notwehrlage). . . .		134
			a) Angriff	134
			b) Gegenwärtigkeit des Angriffs	137
			c) Rechtswidrigkeit des Angriffs	141
		2. Rechtmäßigkeit der Notwehrhandlung		143
			a) Geeignetheit	144
			b) Erforderlichkeit	144
			c) Gebotenheit.	148
			aa) Fallgruppe 1: Vorliegen eines krassen Missverhältnisses.	150
			bb) Verbietet Art. 2 EMRK die Tötung von Menschen zum Schutz von Sachwerten? (Problemschwerpunkt 3)	151
			cc) Fallgruppe 2: Provokation des Angriffs (insbesondere Absichtsprovokation)	155
			dd) Absichtsprovokation (Problemschwerpunkt 4)	155
			ee) Fallgruppe 3: Selbstverschuldet herbeigeführte Angriffe.	158
			ff) Fallgruppe 4: Garantenstellung zum Angreifer	161
			gg) Fallgruppe 5: Schuldlos handelnder Angreifer	162
			hh) Fallgruppe 6: Angriffe von ersichtlich Irrenden	163
		3. Verteidigungswille (subjektives Rechtfertigungsmerkmal). . .		164
			a) Erforderlichkeit und Reichweite des subjektiven Rechtfertigungsmerkmals (Problemschwerpunkt 5)	164
			b) Folgeproblem: Rechtsfolge des Fehlens des subjektiven Rechtfertigungselements	167
	III.	Sonderprobleme.		168
		1. Notwehrüberschreitung (Exzess).		168
		2. Putativnotwehr		168

Inhaltsverzeichnis

  3. Notwehrrecht von Hoheitsträgern: Geltung der allgemeinen Rechtfertigungsgründe, insbesondere § 32 StGB, auch für sich im Dienst befindende Hoheitsträger (Problemschwerpunkt 6) 169

§ 15 Rechtfertigender Notstand, § 34 StGB 172
 I. Grundlagen 172
 II. Prüfungsschema 174
  1. Vorliegen einer Rechtfertigungssituation (Notstandslage) 174
   a) Gefahr 174
   b) Gegenwärtigkeit der Gefahr 177
   c) Rechtswidrigkeit der Gefahr 179
  2. Rechtmäßigkeit der Notstandshandlung 179
   a) Geeignetheit 179
   b) Erforderlichkeit (die Gefahr darf nicht anders abwendbar sein) 180
   c) Interessenabwägung 181
   d) Angemessenheitsklausel 185
  3. Gefahrabwendungswille (subjektives Rechtfertigungselement) 187
   a) Kenntnis der Notstandslage 187
   b) Wissen, dass die Handlung der Gefahrabwendung dient .. 188
   c) Gefahrabwendungswille 188
   d) Rechtsfolge 188
 III. Typische Anwendungsfälle 188
  1. Hausfriedensbruch 188
  2. Verletzung von Allgemeinrechtsgütern 189
  3. Nötigungsnotstand 189

§ 16 Sonstige Rechtfertigungsgründe 190
 I. Einverständnis, Einwilligung und mutmaßliche Einwilligung ... 190
  1. Einverständnis 191
   a) Abgrenzung von Einverständnis und Einwilligung 191
   b) Voraussetzungen für das Vorliegen eines Einverständnisses 193
   c) Irrtumsfragen 194
  2. Einwilligung 195
   a) Grundlagen 195
   b) Voraussetzungen für das Vorliegen einer Einwilligung .. 195
   c) Irrtumsfragen 198
   d) Einwilligung durch Minderjährige (Problemschwerpunkt 7) 199
   e) Täuschungsbedingte Einwilligung (Problemschwerpunkt 8) 201
   f) Sonderproblem: medizinische Aufklärungspflicht 203
   g) Einwilligung bei Fahrlässigkeitsdelikten 203
  3. Mutmaßliche Einwilligung 204
   a) Grundlagen 204

		b)	Allgemeine Voraussetzungen für das Vorliegen einer mutmaßlichen Einwilligung	205

- b) Allgemeine Voraussetzungen für das Vorliegen einer mutmaßlichen Einwilligung 205
- c) Fallgruppe 1: Handeln im materiellen Interesse des Betroffenen 205
- d) Fallgruppe 2: Handlung, die kein schutzwürdiges Interesse des Rechtsgutsträgers berührt 207
- 4. Hypothetische Einwilligung 208
- II. Zivilrechtliche Rechtfertigungsgründe 210
  - 1. Zivilrechtliche Notwehr, § 227 BGB 211
  - 2. Defensivnotstand, § 228 BGB 211
    - a) Grundlagen 211
    - b) Prüfungsschema 212
  - 3. Aggressivnotstand, § 904 BGB 213
    - a) Grundlagen 213
    - b) Prüfungsschema 214
  - 4. Allgemeines Selbsthilferecht, § 229 BGB 216
    - a) Grundlagen 216
    - b) Prüfungsschema 217
  - 5. Besitzkehr, § 859 Abs. 2 BGB 217
  - 6. Besondere Selbsthilferechte 217
- III. Öffentlich-rechtliche Rechtfertigungsgründe 217
  - 1. Allgemeines Festnahmerecht, § 127 StPO 218
    - a) Grundlagen 218
    - b) Prüfungsschema 218
      - aa) Festnahmelage 218
      - bb) Rechtmäßigkeit der Festnahmehandlung 219
      - cc) Subjektives Rechtfertigungselement (Festnahmewille) . 220
    - c) Reicht ein dringender Tatverdacht für § 127 Abs. 1 StPO aus oder muss die Tat tatsächlich begangen worden sein? (Problemschwerpunkt 9) 220
  - 2. Sonstige öffentlich-rechtliche Rechtfertigungsgründe 223
- IV. Weitere Rechtfertigungsgründe 225
  - 1. Rechtfertigende Pflichtenkollision 225
  - 2. Wahrnehmung berechtigter Interessen, § 193 StGB ... 228
  - 3. Erlaubtes Risiko 229
  - 4. Sozialadäquanz 229
  - 5. Züchtigungsrecht 230

Teil IV: Die Schuld 232

§ 17 Schuld – Einführung und Systematik 232
- I. Grundlagen 232
- II. Schuldprinzip 232
  - 1. Einführung 232
  - 2. Inhalt des Schuldprinzips 233
- III. Gegenstand des Schuldvorwurfs 234
- IV. Inhalt des Schuldvorwurfs 234

Inhaltsverzeichnis

V.	Prüfungsaufbau und Prüfungsumfang	235
	1. Schuldfähigkeit	235
	a) § 19 StGB	236
	b) § 20 StGB	236
	c) § 21 StGB	238
	2. Spezielle Schuldmerkmale	239
	3. Unrechtsbewusstsein	239
	a) Grundlagen	239
	b) Unrechtsbewusstsein als selbstständiges Schuldelement	240
	c) Aktuelles und potentielles Unrechtsbewusstsein	241
	d) Tatbestandsbezogenheit des Unrechtsbewusstseins	242
	4. Schuldform	242
	a) Vorsatzdelikt	243
	b) Fahrlässigkeitsdelikt	243
	5. Fehlen von Entschuldigungsgründen	244

§ 18 Entschuldigungsgründe … 244

I.	Grundlagen	244
II.	Entschuldigender Notstand, § 35 StGB	245
	1. Vorliegen einer Notstandslage	246
	a) Gefahr für ein bestimmtes Rechtsgut	246
	b) Gefahr für eine bestimmte Person	246
	c) Gegenwärtigkeit der Gefahr	247
	2. Rechtmäßigkeit der Notstandshandlung	247
	a) Geeignetheit	247
	b) Erforderlichkeit: Die Gefahr darf nicht anders abwendbar sein	247
	c) Verhältnismäßigkeit	248
	d) Besondere Hinnahmepflichten, § 35 Abs. 1 Satz 2 StGB	248
	aa) Selbstverursachung der Gefahr	249
	bb) Bestehen eines besonderen Rechtsverhältnisses	250
	cc) Gesetzliche Duldungspflichten	251
	3. Handeln aufgrund eines besonderen Motivationsdruckes (subjektives Element)	251
	4. Sonderfall: Nötigungsnotstand	252
III.	Notwehrexzess, § 33 StGB	252
	1. Intensiver und extensiver Exzess	252
	2. Anwendbarkeit des § 33 StGB beim extensiven Notwehrexzess (Problemschwerpunkt 10)	254
	3. Vorliegen eines asthenischen Affektes: Verwirrung, Furcht oder Schrecken	255
	4. Kein Erfordernis eines zusätzlichen subjektiven Merkmals	256
	5. Einschränkungen	257
	6. Putativnotwehrexzess	257
IV.	Handeln aufgrund eines für verbindlich gehaltenen dienstlichen Befehls	258
V.	Übergesetzliche Entschuldigungsgründe	259

§ 19 Actio libera in causa 260
- I. Einführung in die Problematik 261
- II. Geltungsumfang und Begründung der actio libera in causa (Problemschwerpunkt 11) 262
- III. Formen der actio libera in causa 267
  1. Der Täter berauscht sich vorsätzlich und handelt mit Vorsatz bzgl. der späteren Tat 267
  2. Der Täter berauscht sich fahrlässig und hat Vorsatz bzgl. der späteren Tat 269
  3. Der Täter berauscht sich vorsätzlich und handelt bzgl. der späteren Tat fahrlässig 269
  4. Der Täter berauscht sich fahrlässig und handelt auch bzgl. der späteren Tat fahrlässig 270

Teil V: Sonstige Strafbarkeitsvoraussetzungen 271

§ 20 Sonstige Strafbarkeitsvoraussetzungen 271
- I. Grundlagen 271
- II. Persönliche Strafausschließungs- und Strafaufhebungsgründe 271
  1. Persönliche Strafausschließungsgründe 271
  2. Persönliche Strafaufhebungsgründe 273
- III. Strafverfolgungsvoraussetzungen und Strafverfolgungshindernisse 273
  1. Strafverfolgungsvoraussetzungen 273
  2. Strafverfolgungshindernisse 274
  3. Absehen von Strafe 274

Teil VI: Das Versuchsdelikt 275

§ 21 Das Versuchsdelikt – Übersicht und Deliktsaufbau 275
- I. Grundsätzlicher Überblick zum Einstieg 275
  1. Strafgrund des Versuchs 275
     - a) Subjektive Versuchstheorie 276
     - b) Objektive Versuchstheorie 276
     - c) Gemischt subjektiv-objektive Versuchstheorie 277
  2. Strafbarkeit des Versuchs 277
  3. Rechtsfolgen 280
  4. Grundlagen des Versuchsaufbaus 280
- II. Der Aufbau des Versuchsdelikts im Einzelnen 281
  1. Vorprüfung 282
     - a) Nichtvollendung der Tat 282
     - b) Strafbarkeit des Versuchs 283
  2. Tatentschluss 283
     - a) Vorstellungsbild des Täters 284
     - b) Subsumtion 285
     - c) Besondere subjektive Merkmale 286
  3. Besonderheiten im Rahmen des Tatentschlusses 286
  4. Häufige Fehler bei der Prüfung des Tatentschlusses 287
  5. Unmittelbares Ansetzen zur Tatbestandsverwirklichung 288

Inhaltsverzeichnis

§ 22 Formen des Versuchs 288
    I. Der untaugliche Versuch 289
        1. Definition 289
            a) Untauglichkeit des Tatobjekts 289
            b) Untauglichkeit des Tatmittels 289
            c) Untauglichkeit des Tatsubjekts 290
        2. Rechtsfolge 291
    II. Der grob unverständige Versuch, § 23 Abs. 3 StGB 291
        1. Definition 291
        2. Rechtsfolge 293
    III. Der abergläubische Versuch 293
        1. Definition 293
        2. Rechtsfolge 293
    IV. Das Wahndelikt 294
        1. Definition 294
        2. Rechtsfolge 295
    V. Der erfolgsqualifizierte Versuch 296
        1. Grundlagen 296
        2. Versuch einer Erfolgsqualifikation 297
            a) Das Grunddelikt wird verwirklicht, die schwere Folge
               nicht 297
            b) Weder das Grunddelikt noch die schwere Folge werden
               verwirklicht 297
            c) Rechtliche Behandlung 297
        3. Erfolgsqualifizierter Versuch 298
            a) Definition 298
            b) Rechtliche Behandlung des erfolgsqualifizierten Versuchs
               (Problemschwerpunkt 12) 299

§ 23 Unmittelbares Ansetzen 302
    I. Zeitliche Stufen der Deliktsbegehung 303
        1. (Innerer) Tatentschluss 303
        2. Vorbereitungshandlungen 303
        3. Unmittelbares Ansetzen zur Tatbestandsverwirklichung 304
        4. Vollendung 305
            a) Vollendung 305
            b) Exkurs: Tätige Reue 306
            c) Exkurs: Unternehmensdelikte 307
        5. Beendigung 307
        6. Abschließender Hinweis 310
    II. Unmittelbares Ansetzen zur Tatbestandsverwirklichung 310
        1. Unmittelbares Ansetzen des Alleintäters 311
            a) Subjektives Element 311
            b) Objektives Element 312
            c) Einzelfälle 314
               aa) Mehrere Delikte 314

			bb) Zusammengesetzte Delikte	315
			cc) Ansetzen zu einer Qualifikation	315
			dd) Versuch eines besonders schweren Falles	316
			ee) Unbeendeter Versuch – Beendeter Versuch..........	318
		2.	Unmittelbares Ansetzen bei Mittäterschaft (Problemschwerpunkt 13)...	320
		3.	Unmittelbares Ansetzen beim vermeintlichen Mittäter (Problemschwerpunkt 14)	322
		4.	Unmittelbares Ansetzen bei mittelbarer Täterschaft (Problemschwerpunkt 15).............................	323
		5.	Unmittelbares Ansetzen beim Unterlassungsdelikt (Problemschwerpunkt 16)	326

§ 24 Rücktritt vom Versuch............................... 328

- I. Grundlagen und rechtsdogmatische Einordnung 329
  1. Kriminalpolitische Theorie 331
  2. Verdienstlichkeitstheorie (oder auch Prämientheorie oder Gnadentheorie)................................. 331
  3. Strafzwecktheorie 331
- II. Verschiedene Versuchsformen und ihre Relevanz für einen Rücktritt 332
  1. Misslungener Rücktritt 332
  2. Fehlgeschlagener Versuch.......................... 334
  3. Unbeendeter Versuch............................. 337
  4. Beendeter Versuch............................... 338
- III. Die verschiedenen Rücktrittsvarianten des § 24 StGB 339
  1. Rücktritt des Alleintäters, § 24 Abs. 1 StGB............. 341
     a) Rücktritt vom unbeendeten Versuch, § 24 Abs. 1 Satz 1, 1. Alt. StGB................................. 341
     b) Rücktritt vom beendeten Versuch, § 24 Abs. 1 Satz 1, 2. Alt. StGB................................. 342
     c) Rücktritt vom (unerkannt) untauglichen oder fehlgeschlagenen Versuch, § 24 Abs. 1 Satz 2 StGB........ 343
  2. Rücktritt bei mehreren Beteiligten, § 24 Abs. 2 StGB...... 345
     a) Verhinderung der Tatvollendung, § 24 Abs. 2 Satz 1 StGB. 346
     b) Verhinderungsbemühungen bei Nichtvollendung, § 24 Abs. 2 Satz 2, 1. Alt. StGB..................... 347
     c) Beseitigung des eigenen Tatbeitrages, § 24 Abs. 2 Satz 2, 2. Alt. StGB................................. 347
  3. Gemeinsame Voraussetzung aller Rücktrittsvarianten: Freiwilligkeit................................... 349
- IV. Rücktritt vom Versuch des Unterlassungsdelikts 351
- V. Spezielle Abgrenzungsprobleme (für Fortgeschrittene) 353
  1. Rücktritt nach fehlgeschlagenem Einzelakt, wenn die Tatvollendung weiterhin möglich bleibt (Problemschwerpunkt 17)..................................... 353

2. Möglichkeit der Korrektur des Rücktrittshorizonts, wenn der Täter nach Ausführung seiner letzten Handlung erkennt, dass seine ursprüngliche Einschätzung unzutreffend war (Ergänzung des Problemschwerpunktes 17).............. 358
3. Möglichkeit des Rücktritts, wenn der Täter lediglich mit bedingtem Vorsatz handelte und in erster Linie einen anderen Zweck verfolgte, den er auch erreicht hat (Problemschwerpunkt 18)..................................... 360
4. Möglichkeit des Rücktritts bei nur vorläufiger Abstandnahme von der Tat (Problemschwerpunkt 19)............ 363
5. Möglichkeit des Rücktritts vom erfolgsqualifizierten Versuch nach Eintritt der schweren Folge (Problemschwerpunkt 20).. 365
6. Konkrete Anforderungen an die Verhinderung der Vollendung beim Rücktritt (Problemschwerpunkt 21)......... 367

Teil VII: Das Unterlassungsdelikt.......................... 370

§ 25 Das Unterlassungsdelikt – Übersicht 370
I. Grundlagen.. 370
1. Struktur des Unterlassungsdelikts...................... 370
2. Strafbarkeit des Unterlassens 371
3. Echte und unechte Unterlassungsdelikte................ 372
II. Abgrenzung von aktivem Tun und Unterlassen 374
1. Grundsatz... 374
2. Mehrdeutige Verhaltensweisen 374
 a) Zeitliches Zusammenfallen von Tun und Unterlassen.... 376
 b) Zeitliches Auseinanderfallen von Tun und Unterlassen... 376
 c) Sonderproblem: Arztstrafrecht/Sterbehilfe 377
 d) Sonderproblem: Abbruch von Rettungsbemühungen.... 379
III. Weitere Sonderprobleme (für Fortgeschrittene).............. 381
1. Omissio libera in causa 381
2. Strafbarkeit des untauglichen Versuchs eines unechten Unterlassungsdelikts 382
3. Fakultative Strafmilderung nach § 13 Abs. 2 StGB bei echten Unterlassungsdelikten 383
4. Erfolgsqualifiziertes Delikt durch Unterlassen 383
IV. Möglichkeit der Beteiligung eines Nichtgaranten an einem fremden Unterlassungsdelikt (Problemschwerpunkt 22) 385

§ 26 Aufbau des Unterlassungsdelikts............................ 386
I. Prüfungsaufbau des (unechten) Unterlassungsdelikts im Überblick 387
II. Prüfungsaufbau im Einzelnen............................. 388
1. Objektiver Tatbestand 388
 a) Handlung.. 388
 b) Tatbestandsmäßigkeit des Verhaltens 388
  aa) Erfolgseintritt (bei Erfolgsdelikten) 389
  bb) Kausalität (bei Erfolgsdelikten) 389

		cc) Objektive Zurechnung (bei Erfolgsdelikten)........	391
		c) Garantenpflicht.............................	392
		d) Nichtvornahme der gebotenen Handlung	392
		e) Möglichkeit der Vornahme der gebotenen Handlung....	393
		f) Erforderlichkeit der Handlung	395
		g) Zumutbarkeit	395
		h) Entsprechungsklausel, § 13 StGB.................	397
	2.	Subjektiver Tatbestand..............................	398
		a) Vorsatz bzgl. sämtlicher objektiver Tatbestandsmerkmale .	398
		b) Tatbestandsspezifische subjektive Merkmale..........	399
	3.	Rechtswidrigkeit...................................	399
	4.	Schuld..	399

§ 27 Garantenpflichten.................................... 400

I. Grundlagen – Unterscheidung von Garantenstellung und
   Garantenpflicht...................................... 401
   1. Garantenstellung................................. 401
   2. Garantenpflicht.................................. 401
II. Einteilung der Garantenpflichten 402
   1. Schutzpflichten.................................. 403
   2. Überwachungspflichten........................... 403
III. Die einzelnen Schutzpflichten (Obhuts- oder Beschützergaranten)... 404
   1. Natürliche (familiäre) Verbundenheit 404
   2. Enge Gemeinschaftsbeziehung...................... 406
      a) Lebensgemeinschaften 407
      b) Gefahrgemeinschaften 407
   3. Freiwillige (tatsächliche) Übernahme von Schutz- oder
      Beistandspflichten................................ 408
      a) Vertrag 409
      b) Vertragsähnliches Verhältnis 410
      c) Faktische Übernahme.......................... 411
   4. Stellung als Amtsträger oder als Organ einer juristischen
      Person 412
      a) Amtsträger................................... 412
      b) Organe juristischer Personen.................... 414
IV. Die einzelnen Überwachungspflichten (Sicherungs- oder
   Überwachungsgaranten) 414
   1. Vorangegangenes pflichtwidriges Verhalten (Ingerenz)...... 415
      a) Einführung.................................. 415
      b) Ingerenz bei lediglich allgemein gefahrschaffendem bzw.
         gerechtfertigtem Vorverhalten ohne Pflichtwidrigkeit
         (Problemschwerpunkt 23)........................ 419
   2. Pflicht zur Überwachung von Gefahrenquellen........... 422
   3. Inverkehrbringen gefährlicher Produkte 425
   4. Beaufsichtigungspflichten 427
V. Garantenstellung als besonderes persönliches Mcrkmal........ 428

Inhaltsverzeichnis

Teil VIII: Das Fahrlässigkeitsdelikt 430

§ 28 Das Fahrlässigkeitsdelikt – Übersicht und Deliktsaufbau 430
- I. Grundlagen 430
- II. Bedeutung und historische Entwicklung 431
  1. Bedeutung der Fahrlässigkeitsdelikte 432
  2. Elemente des Fahrlässigkeitsdelikts in ihrer historischen Entwicklung (für Fortgeschrittene) 432
     - a) Klassische kausale Lehre (Lehre vom Erfolgsunwert) 432
     - b) Neo-klassische Lehre 433
     - c) Moderne Lehren 434
- III. Grundsätzliches zu den Fahrlässigkeitsdelikten 435
  1. Strafbarkeit des Fahrlässigkeitsdelikts 435
  2. Definition der Fahrlässigkeit 436
  3. Fahrlässiges Unterlassen 436
  4. Kein fahrlässiger Versuch 436
  5. Keine Teilnahme an einem Fahrlässigkeitsdelikt 437
  6. Keine fahrlässige Teilnahme 438
  7. Sonderproblem: fahrlässige Mittäterschaft 438
  8. Formen der Fahrlässigkeit 440
  9. Unterscheidung von einfacher Fahrlässigkeit und Leichtfertigkeit 441
- IV. Aufbau des Fahrlässigkeitsdelikts 442
  1. Tatbestand 442
     - a) Handlung 442
     - b) Erfolg 442
     - c) Kausalität 442
     - d) Sorgfaltspflichtverletzung 443
     - e) Objektive Zurechnung 443
       - aa) Pflichtwidrigkeitszusammenhang 443
       - bb) Objektive Vorhersehbarkeit 443
       - cc) Objektive Vermeidbarkeit 445
       - dd) Sonstige Merkmale der objektiven Zurechnung 445
     - f) Subjektiver Tatbestand 445
  2. Rechtswidrigkeit 446
  3. Schuld 447
- V. Objektive Sorgfaltspflichtverletzung 449
  1. Bestimmung der Sorgfaltspflicht 450
  2. Begrenzung der Sorgfaltspflichten 451
  3. Feststellung des Sorgfaltspflichtverstoßes 453
  4. Exkurs: Sonderwissen; besondere Fähigkeiten 453
  5. Sonderproblem: gerechtfertigtes Verhalten 454
- VI. Problemschwerpunkte im Rahmen der objektiven Zurechnung .. 455
  1. Rechtmäßiges Alternativverhalten bei Fahrlässigkeitsdelikten (Pflichtwidrigkeitszusammenhang) (Problemschwerpunkt 24) .. 455

	2. Schutzzweck der Norm	457
	3. Freiverantwortliche Selbstschädigung oder Selbstgefährdung des Opfers	459
	4. Dazwischentreten eines vorsätzlich und schuldhaft handelnden Dritten (Problemschwerpunkt 25)	464
	5. Fahrlässiges Verhalten anderer Personen	466
VII.	Problematik der Übernahmefahrlässigkeit	467
VIII.	Sonderformen: Vorsatz-Fahrlässigkeits-Kombinationen	468

Teil IX: Der Irrtum 470

§ 29 Die Irrtumslehre – Übersicht 470

I.	Grundlagen	470
II.	Irrtümer auf den verschiedenen Ebenen des Deliktsaufbaus	470
III.	Irrtum über tatsächliche Umstände oder über die rechtliche Bewertung	471
	1. Irrtum über tatsächliche Umstände	471
	2. Irrtum über die rechtliche Bewertung	472
	3. Bedeutung dieser Unterscheidung	474
IV.	Irrtum zu Lasten und zugunsten des Täters	475

§ 30 Irrtümer auf Tatbestandsebene 476

I.	Grundlagen	477
II.	Tatbestandsirrtum (§ 16 StGB)	478
	1. Grundform	478
	2. Sonderformen	479
	a) Subsumtionsirrtum	479
	b) Irrtum über normative Tatbestandsmerkmale (für Fortgeschrittene)	480
	c) Irrtum über den Kausalverlauf	483
	aa) Einführung	483
	bb) Tötung bei mehraktigem Geschehen, wenn der Täter irrtümlich glaubt, den Erfolg bereits durch den ersten Akt erreicht zu haben, während er ihn tatsächlich erst durch den zweiten Akt erreicht (Problemschwerpunkt 26)	486
	d) Irrtum über das Handlungsobjekt (error in persona vel obiecto)	489
	e) Fehlgehen der Tat (aberratio ictus) (Problemschwerpunkt 27)	491
	f) Grenzfälle	494
	g) Irrtum über besonders schwere oder minder schwere Fälle	496
	h) Irrtum über Tatbestandsalternativen	496
III.	Verbotsirrtum (§ 17 StGB)	497

Inhaltsverzeichnis

§ 31 Irrtümer auf Rechtswidrigkeitsebene 500
    I.   Grundlagen 501
    II. Erlaubnistatbestandsirrtum 502
        1. Definition des Erlaubnistatbestandsirrtums 502
        2. Rechtliche Einordnung des Erlaubnistatbestandsirrtums 503
            a) Vorsatz- und Schuldtheorie 503
            b) Rechtliche Behandlung des Erlaubnistatbestandsirrtums (Problemschwerpunkt 28)....................... 503
            c) Liegt eine für die Anstiftung oder Beihilfe erforderliche „vorsätzlich" begangene Haupttat vor, wenn sich der Täter in einem Erlaubnistatbestandsirrtum befindet? (Problemschwerpunkt 29)....................... 510
    III. Erlaubnisirrtum 512
        1. Definition des Erlaubnisirrtums....................... 512
        2. Rechtliche Behandlung des Erlaubnisirrtums 513

§ 32 Sonstige Irrtümer 513
    I.   Rechtliche Behandlung des Doppelirrtums 513
        1. Kombination von Tatbestands- und Verbotsirrtum auf Tatbestandsebene................................. 514
        2. Kombination von Erlaubnistatbestandsirrtum und Erlaubnisirrtum auf Rechtswidrigkeitsebene 515
    II. Irrtümer auf Schuldebene........................... 516
        1. Entschuldigungstatbestandsirrtum 517
        2. Entschuldigungsirrtum 517
    III. Irrtümer auf der „Vierten Ebene der Strafbarkeit"............ 518
        1. Irrtum über tatsächliche Voraussetzungen eines persönlichen Strafausschließungsgrundes (Problemschwerpunkt 30)...... 518
        2. Überdehnung eines persönlichen Strafausschließungsgrundes. 520
    IV. Irrtum über die Garantenstellung beim unechten Unterlassungsdelikt.. 521
        1. Irrtum über die tatsächlichen Voraussetzungen einer Garantenstellung.................................... 521
        2. Irrtum über die Existenz oder die rechtlichen Grenzen einer Garantenstellung................................ 522
    V. Zusammenfassung und Überblick über die verschiedenen Irrtumsarten..................................... 523
    VI. Schaubild 526

Teil X: Täterschaft und Teilnahme 527

§ 33 Die Beteiligungslehre – Überblick; Abgrenzung von Täterschaft und Teilnahme... 527
    I.   Grundlagen 527
        1. Dualistisches Beteiligungssystem oder Einheitstäterschaft.... 527
        2. Extensiver oder restriktiver Täterbegriff.................. 529
        3. Überblick über die verschiedenen Beteiligungsformen...... 530
            a) Gesetzlich geregelte Täterschaftsformen.............. 530

		b) Nebentäterschaft	530
		c) Teilnahmeformen	532
		d) Schaubild	532
	II.	Abgrenzung von Täterschaft und Teilnahme – Grundsätze	533
		1. Grundlagen	533
		2. Sonderdelikte	533
		3. Eigenhändige Delikte	534
		4. Absichtsdelikte etc.	534
		5. Allgemeindelikte	535
		6. Aufbauhinweis für die Fallbearbeitung	535
	III.	Abgrenzung von Täterschaft und Teilnahme – Theorien (Problemschwerpunkt 31)	535
	IV.	Täterschaft und Teilnahme beim Unterlassungsdelikt	540
		1. Überblick	540
		2. Abgrenzung von Täterschaft und Teilnahme beim Unterlassungsdelikt (Nichtverhinderung der Begehungstat eines Dritten seitens des Garanten) (Problemschwerpunkt 32)	541
§ 34	Mittäterschaft		544
	I.	Grundlagen	545
	II.	Voraussetzungen der Mittäterschaft	547
		1. Gemeinsamer Tatplan	547
		2. Objektiver Tatbeitrag	548
		a) Einführung	548
		b) Umfang des objektiven Tatbeitrages bei der Mittäterschaft (Problemschwerpunkt 33)	549
	III.	Sonderprobleme	551
		1. Prüfungsstandort	551
		2. Mittäterexzess	552
		3. Aufkündigung des gemeinsamen Tatplans	553
		4. Zurechnungsprobleme bei der sukzessiven Mittäterschaft	554
		5. Mittäterschaftliche Zurechnung, wenn ein Mittäter selbst Tatopfer wird	557
		6. Fahrlässige Mittäterschaft	558
		7. Mittäterschaft bei erfolgsqualifizierten Delikten	558
		8. Unmittelbares Ansetzen beim Mittäter	558
		9. Irrtum eines Mittäters	558
§ 35	Mittelbare Täterschaft		559
	I.	Grundlagen	559
	II.	Formen der mittelbaren Täterschaft	560
		1. Der Tatmittler handelt nicht objektiv tatbestandsmäßig	561
		2. Der Tatmittler handelt nicht vorsätzlich	562
		3. Dem Tatmittler fehlen sonstige zusätzliche, für die Tatbestandsverwirklichung notwendige subjektive Merkmale	563
		4. Der Tatmittler handelt nicht rechtswidrig	563
		5. Der Tatmittler handelt nicht schuldhaft	564

Inhaltsverzeichnis

	6. Abgrenzungsfragen	565
III.	Fallgruppen des „Täters hinter dem Täter"	565
	1. Organisierte Machtapparate	566
	2. Der Täter hinter dem Täter bei vermeidbarem Verbotsirrtum des Tatmittlers (Problemschwerpunkt 34)	569
	3. Nötigung des Tatmittlers	571
IV.	Sonderproblem: Abgrenzung von strafloser Anstiftung zur Selbsttötung und Totschlag in mittelbarer Täterschaft	572
V.	Irrtumsfragen	574
VI.	Unmittelbares Ansetzen zur Tatbestandsverwirklichung beim mittelbaren Täter	576

§ 36 Teilnahme – Überblick . . . 576

- I. Einführung und Strafgrund der Teilnahme . . . 576
  1. Extensiver Täterbegriff . . . 577
  2. Restriktiver Täterbegriff . . . 577
  3. Strafgrund der Teilnahme (Problemschwerpunkt 35) . . . 577
- II. Grundsatz der limitierten Akzessorietät . . . 581

§ 37 Anstiftung . . . 584

- I. Grundlagen . . . 584
- II. Der objektive Tatbestand der Anstiftung . . . 585
  1. Vorliegen einer vorsätzlichen rechtswidrigen Haupttat . . . 585
  2. Bestimmen des Haupttäters zu dessen Tat . . . 586
     a) Anstiftung ohne kommunikative Beeinflussung (Problemschwerpunkt 36) . . . 588
     b) Anstiftung durch Unterlassen . . . 590
     c) Anstiftung eines bereits zur Tat Entschlossenen – omnimodo facturus . . . 590
     d) Anstiftung zu einer anderen Tat („Umstiftung") . . . 592
     e) Anstiftung zu einer leichteren Tat („Abstiftung") . . . 593
     f) Anstiftung eines zur Tat Entschlossenen zu einer Qualifikation („Aufstiftung") (Problemschwerpunkt 37) . . . 593
     g) Anstiftung zum Weiterhandeln . . . 596
- III. Der subjektive Tatbestand der Anstiftung . . . 596
  1. Vorsatz hinsichtlich der Bestimmtheit der Tat . . . 597
  2. Exzess des Haupttäters . . . 597
  3. Auswirkung eines error in persona des Haupttäters auf den Anstifter (Problemschwerpunkt 38) . . . 598
- IV. Anstiftervorsatz beim agent provocateur (Problemschwerpunkt 39) . . . 602

§ 38 Beihilfe . . . 605

- I. Grundlagen . . . 606
- II. Der objektive Tatbestand der Beihilfe . . . 607
  1. Vorliegen einer vorsätzlichen rechtswidrigen Haupttat . . . 607
  2. Objektive Hilfeleistung zu dieser Tat . . . 607

	a) Tathandlung	607
	b) Kausalität der Beihilfe für die Haupttat (Problemschwerpunkt 40)	611
	c) Beihilfe durch neutrale Handlungen (Problemschwerpunkt 41)	614
III.	Subjektiver Tatbestand	617
	1. Vorsatz bzgl. des Vorliegens der vorsätzlichen rechtswidrigen Haupttat	617
	2. Vorsatz bzgl. des Hilfeleistens zu dieser Tat	618
IV.	Rechtswidrigkeit und Schuld	619
V.	Sonstiges	619

§ 39 Sonstige Teilnahmeprobleme ... 619
    I. Kettenteilnahme ... 620
        1. Anstiftung zur Anstiftung ... 620
        2. Anstiftung zur Beihilfe ... 620
        3. Beihilfe zur Anstiftung ... 621
        4. Beihilfe zur Beihilfe ... 621
    II. Konkurrenzen ... 621
    III. Lockerungen der Akzessorietät, §§ 28, 29 StGB ... 622
        1. Allgemeines ... 622
        2. Besondere persönliche Merkmale ... 622
        3. Die Rechtsfolgen des § 28 StGB ... 625
            a) § 28 Abs. 1 StGB ... 625
            b) § 28 Abs. 2 StGB ... 626
            c) § 28 StGB und die Tötungsdelikte ... 626
    IV. Die versuchte Teilnahme ... 628
        1. Grundsatz ... 628
        2. Einzelfälle ... 629
            a) Versuchte Anstiftung ... 629
            b) Versuchte Beihilfe ... 631
        3. Verbrechensverabredung, § 30 Abs. 2 StGB ... 631
            a) Sich-Bereit-Erklären, ein Verbrechen zu begehen, § 30 Abs. 2, 1. Alt. StGB ... 631
            b) Annahme des Erbietens eines anderen, § 30 Abs. 2, 2. Alt. StGB ... 632
            c) Verbrechensverabredung, § 30 Abs. 2, 3. Alt. StGB ... 632
        4. Rücktritt vom Versuch der Beteiligung, § 31 StGB ... 634
    V. Die notwendige Teilnahme ... 635
        1. Begegnungsdelikte ... 636
        2. Sonstige Fälle ... 637

Teil XI: Konkurrenzen und Wahlfeststellung ... 638

§ 40 Konkurrenzen ... 638
    I. Grundlagen ... 638

Inhaltsverzeichnis

	II.	Die einzelnen Konkurrenzen im Überblick	640
		1. Unechte Konkurrenz: Ein Tatbestand wird ein Mal verwirklicht	640
		2. Scheinbare Konkurrenz: Zwei Tatbestände werden verwirklicht, einer tritt vollständig hinter den anderen zurück	641
		3. Echte Konkurrenz: Zwei Tatbestände werden verwirklicht, beide tauchen im Schuldspruch auf	642
		a) Tateinheit oder Idealkonkurrenz, § 52 StGB	642
		b) Tatmehrheit oder Realkonkurrenz, § 53 StGB	643
	III.	Prüfungsschema	645
		1. Unterscheidung: eine Handlung oder mehrere Handlungen . .	646
		a) Natürliche Handlung	647
		b) Natürliche Handlungseinheit	648
		c) Tatbestandliche Handlungseinheit	651
		d) Fortsetzungszusammenhang	653
		e) Klammerwirkung	656
		aa) Zusammentreffen eines Dauerdelikts mit einem Zustandsdelikt	656
		bb) Verklammerung mehrerer Einzeldelikte durch ein Dauerdelikt	657
		2. Selbstständigkeit der Delikte oder Zurücktreten eines Delikts	658
		a) Spezialität	659
		b) Subsidiarität	660
		aa) Formelle Subsidiarität	660
		bb) Systematische Subsidiarität	660
		c) Konsumtion	662
		d) Mitbestrafte Vortat	663
		e) Mitbestrafte Nachtat	664
§ 41	**Wahlfeststellung und „in dubio pro reo"**	**665**
	I.	Grundlagen	665
	II.	Grundsatz „in dubio pro reo"	667
	III.	Post- und Präpendenzfeststellung	668
		1. Postpendenzfeststellung	669
		2. Präpendenzfeststellung	669
	IV.	Normatives Stufenverhältnis	670
		1. Logisches Stufenverhältnis	670
		2. Normatives Stufenverhältnis im engeren Sinne	671
	V.	Echte Wahlfeststellung	671
		1. Nichterforschbarkeit des Sachverhalts	673
		2. Ausschließliches Vorliegen strafbarer Tatbestandsalternativen .	673
		3. Gleiche Schwere der Straftaten	673
		4. Vergleichbarkeit der Straftaten	674
	VI.	Unechte Wahlfeststellung	676

Inhaltsverzeichnis

Anhang I: Aufbau- und Prüfungsschemata 677

A. Aufbauschemata 677
- I. Vollendetes vorsätzliches Begehungsdelikt 677
- II. Versuchtes vorsätzliches Begehungsdelikt (vgl. Rn. 651) 678
- III. Vollendetes vorsätzliches (unechtes) Unterlassungsdelikt (vgl. Rn. 881) 678
- IV. Versuchtes vorsätzliches Unterlassungsdelikt 679
- V. (Vollendetes) fahrlässiges Begehungsdelikt (vgl. Rn. 1026) 679
- VI. (Vollendetes) fahrlässiges Unterlassungsdelikt 679

B. Prüfungsschemata 680
- I. Notwehr, § 32 StGB (vgl. Rn. 340) 680
- II. Rechtfertigender Notstand, § 34 StGB (vgl. Rn. 404) 680
- III. Einverständnis (im Rahmen des objektiven Tatbestandes; vgl. Rn. 444 ff.) 681
- IV. Einwilligung (vgl. Rn. 453 ff.) 681
- V. Mutmaßliche Einwilligung (vgl. Rn. 475 ff.) 681
- VI. Defensivnotstand, § 228 BGB (vgl. Rn. 483 ff.) 681
- VII. Aggressivnotstand, § 904 BGB (vgl. Rn. 490 ff.) 682
- VIII. Selbsthilferecht, § 229 BGB (vgl. Rn. 495 f.) 682
- IX. Festnahmerecht, § 127 Abs. 1 Satz 1 StPO (vgl. Rn. 500 ff.) 682
- X. Entschuldigender Notstand, § 35 StGB (vgl. Rn. 564 ff.) 683
- XI. Anstiftung (vgl. Rn. 1283) 683
- XII. Beihilfe (vgl. Rn. 1317) 683

Anhang II: Problemschwerpunkte 684

1. Kausalitätstheorien (vgl. Rn. 221 ff.) 684
2. Abgrenzung von bedingtem Vorsatz und bewusster Fahrlässigkeit (vgl. Rn. 298 ff.) 684
3. Verbietet Art. 2 EMRK die Tötung von Menschen zum Schutz von Sachwerten? (vgl. Rn. 365 ff.) 684
4. Absichtsprovokation (vgl. Rn. 373 ff.) 685
5. Erforderlichkeit und Reichweite des subjektiven Rechtfertigungsmerkmals (vgl. Rn. 386 ff.) 685
6. Geltung der allgemeinen Rechtfertigungsgründe, insbesondere § 32 StGB, auch für sich im Dienst befindende Hoheitsträger (vgl. Rn. 395 ff.) 685
7. Einwilligung durch Minderjährige (vgl. Rn. 465 ff.) 685
8. Täuschungsbedingte Einwilligung (vgl. Rn. 468 ff.) 686
9. Reicht ein dringender Tatverdacht für § 127 Abs. 1 StPO aus oder muss die Tat tatsächlich begangen worden sein? (vgl. Rn. 505 ff.) . 686
10. Anwendbarkeit des § 33 StGB beim extensiven Notwehrexzess (vgl. Rn. 584 ff.) 686
11. Geltungsumfang und Begründung der actio libera in causa (vgl. Rn. 601 ff.) 686

12. Rechtliche Behandlung des erfolgsqualifizierten Versuchs (vgl. Rn. 694 ff.) 687
13. Das unmittelbare Ansetzen bei Mittäterschaft (vgl. Rn. 739 ff.) 687
14. Das unmittelbare Ansetzen beim vermeintlichen Mittäter (vgl. Rn. 743 ff.) 687
15. Das unmittelbare Ansetzen bei mittelbarer Täterschaft (vgl. Rn. 747 ff.) 687
16. Das unmittelbare Ansetzen beim Unterlassungsdelikt (vgl. Rn. 752 ff.) 688
17. Rücktritt nach fehlgeschlagenem Einzelakt, wenn die Tatvollendung weiterhin möglich bleibt (vgl. Rn. 819 ff.) 688
18. Möglichkeit des Rücktritts, wenn der Täter lediglich mit bedingtem Vorsatz handelte und in erster Linie einen anderen Zweck verfolgte, den er auch erreicht hat (vgl. Rn. 835 ff.) 688
19. Möglichkeit des Rücktritts bei nur vorläufiger Abstandnahme von der Tat (vgl. Rn. 840 ff.) 689
20. Möglichkeit des Rücktritts vom erfolgsqualifizierten Versuch nach Eintritt der schweren Folge (vgl. Rn. 845 ff.) 689
21. Konkrete Anforderungen an die Verhinderung der Vollendung beim Rücktritt (vgl. Rn. 848 ff.) 689
22. Möglichkeit der Beteiligung eines Nichtgaranten an einem fremden Unterlassungsdelikt (vgl. Rn. 878 ff.) 689
23. Ingerenz bei lediglich allgemein gefahrschaffendem bzw. gerechtfertigtem Vorverhalten ohne Pflichtwidrigkeit? (vgl. Rn. 957 ff.) 689
24. Rechtmäßiges Alternativverhalten bei Fahrlässigkeitsdelikten (Pflichtwidrigkeitszusammenhang) (vgl. Rn. 1042 ff.) 690
25. Dazwischentreten eines vorsätzlich und schuldhaft handelnden Dritten bei Fahrlässigkeitsdelikten (vgl. Rn. 1050 ff.) 690
26. Tötung bei mehraktigem Geschehen, wenn der Täter irrtümlich glaubt, den Erfolg bereits durch den ersten Akt erreicht zu haben, während er ihn tatsächlich erst durch den zweiten Akt erreicht (vgl. Rn. 1092 ff.) 690
27. Das Fehlgehen der Tat (aberratio ictus) (vgl. Rn. 1105 ff.) 691
28. Rechtliche Behandlung des Erlaubnistatbestandsirrtums (vgl. Rn. 1128 ff.) 691
29. Liegt eine für die Anstiftung oder Beihilfe erforderliche „vorsätzlich" begangene Haupttat vor, wenn sich der Täter in einem Erlaubnistatbestandsirrtum befindet (vgl. Rn. 1136 ff.) 692
30. Irrtum über tatsächliche Voraussetzungen eines persönlichen Strafausschließungsgrundes (vgl. Rn. 1160 ff.) 692
31. Abgrenzung von Täterschaft und Teilnahme (vgl. Rn. 1203 ff.) 692
32. Abgrenzung von Täterschaft und Teilnahme beim Unterlassungsdelikt (Nichtverhinderung der Begehungstat eines Dritten seitens des Garanten) (vgl. Rn. 1212 ff.) 693
33. Umfang des objektiven Tatbeitrages bei der Mittäterschaft (vgl. Rn. 1226 ff.) 693
34. Der Täter hinter dem Täter bei vermeidbarem Verbotsirrtum des Tatmittlers (vgl. Rn. 1258 ff.) 693

35.	Strafgrund der Teilnahme (vgl. Rn. 1272 ff.)	694
36.	Anstiftung ohne kommunikative Beeinflussung (vgl. Rn. 1289 ff.). . . .	694
37.	Anstiftung eines zur Tat Entschlossenen zu einer Qualifikation („Aufstiftung") (vgl. Rn. 1298 ff.)	694
38.	Auswirkung eines error in persona des Haupttäters auf den Anstifter (vgl. Rn. 1307 ff.).	694
39.	Anstiftervorsatz beim agent provocateur (vgl. Rn. 1312 ff.)	695
40.	Kausalität der Beihilfe für die Haupttat (vgl. Rn. 1325 ff.).	695
41.	Beihilfe durch neutrale Handlungen (vgl. Rn. 1330 ff.)	696

Anhang III: Definitionen 697

Stichwortverzeichnis 717

Literaturübersicht

A. Lehrbücher Strafrecht Allgemeiner Teil
Baumann, Jürgen/Weber, Ulrich/Mitsch, Wolfgang/Eisele, Jörg, Strafrecht Allgemeiner Teil, 13. Aufl., Bielefeld 2021 (zitiert: BWME-*Bearbeiter*)
Blei, Hermann, Strafrecht I, Allgemeiner Teil, 18. Aufl., München 1983 (zitiert: *Blei*)
Bockelmann, Paul/Volk, Klaus, Strafrecht, Allgemeiner Teil, 4. Aufl., München 1987 (zitiert: *Bockelmann/Volk*)
Ebert, Udo, Strafrecht, Allgemeiner Teil, 3. Aufl., Heidelberg 2001 (zitiert: *Ebert*)
Freund, Georg/Rostalski, Frauke, Strafrecht, Allgemeiner Teil, Personale Straftatlehre, 3. Aufl., Berlin u. a. 2019 (zitiert: *Freund/Rostalski*)
Frister, Helmut, Strafrecht, Allgemeiner Teil, 9. Aufl., München 2020 (zitiert: *Frister*)
Gropp, Walter/Sinn, Arndt, Strafrecht, Allgemeiner Teil, 5. Aufl., Berlin u. a. 2020 (zitiert: *Gropp/Sinn*)
Haft, Fritjof, Strafrecht, Allgemeiner Teil, 9. Aufl., München 2004 (zitiert: *Haft*)
Hauf, Claus-Jürgen, Strafrecht, Allgemeiner Teil, 2. Aufl., Neuwied 2001 (zitiert: *Hauf*)
Hillenkamp, Thomas/Cornelius, Kai, 32 Probleme aus dem Strafrecht, Allgemeiner Teil, 15. Aufl., München 2017 (zitiert: *Hillenkamp/Cornelius,* AT)
Hoffmann-Holland, Klaus, Strafrecht, Allgemeiner Teil, 3. Aufl., Tübingen 2015 (zitiert: *Hoffmann-Holland*)
Jäger, Christian, Examensrepetitorium Strafrecht, Allgemeiner Teil, 10. Aufl., Heidelberg 2021 (zitiert: *Jäger*)
Jakobs, Günther, Strafrecht, Allgemeiner Teil, 2. Aufl., Berlin, New York 1991 (zitiert: *Jakobs*)
Jescheck, Hans-Heinrich/Weigend, Thomas, Lehrbuch des Strafrechts, Allgemeiner Teil, 5. Aufl., Berlin 1996 (zitiert: *Jescheck/Weigend*)
Kaspar, Johannes, Strafrecht, Allgemeiner Teil. Einführung, 3. Aufl., Baden-Baden 2019 (zitiert: *Kaspar*)
Kindhäuser, Urs/Zimmermann, Till, Strafrecht, Allgemeiner Teil, 10. Aufl., Baden-Baden, 2022 (zitiert: *Kindhäuser/Zimmermann*)
Klesczewski, Diethelm, Strafrecht, Allgemeiner Teil, 3. Aufl., Leipzig 2017 (zitiert: *Klesczewski*)
Köhler, Michael, Strafrecht, Allgemeiner Teil, Berlin u. a. 1997 (zitiert: *Köhler*)
Krey, Volker/Esser, Robert, Deutsches Strafrecht, Allgemeiner Teil, 6. Aufl., Stuttgart 2016 (zitiert: *Krey/Esser*)
Kühl, Kristian, Strafrecht, Allgemeiner Teil, 8. Aufl., München 2017 (zitiert: *Kühl*)
Marxen, Klaus, Kompaktkurs Strafrecht Allgemeiner Teil, Fälle zur Einführung, Wiederholung und Vertiefung, München 2003 (zitiert: *Marxen*)
Matt, Holger, Strafrecht, Allgemeiner Teil I, München 1996 (zitiert: *Matt*)
MaurachReinhart/Zipf, Heinz, Strafrecht, Allgemeiner Teil, Teilband 1, 8. Aufl., Heidelberg 1992 (zitiert: *Maurach/Zipf,* AT 1)
Maurach, Reinhart/Gössel, Karl-Heinz/Zipf, Heinz, Strafrecht, Allgemeiner Teil, Teilband 2, 8. Aufl., Heidelberg 2014 (zitiert: *Maurach/Gössel/Zipf-Bearbeiter,* AT 2); 7. Aufl., 1989 (zitiert: *Maurach/Gössel/Zipf,* AT 2, 7. Aufl.)
Murmann, Uwe, Grundkurs Strafrecht, 6. Aufl., München 2021 (zitiert: *Murmann*)
Naucke, Wolfgang, Strafrecht – Eine Einführung, 10. Aufl., Neuwied, Kriftel, Berlin 2002 (zitiert: *Naucke*)
Otto, Harro, Grundkurs Strafrecht, Allgemeine Strafrechtslehre, 7. Aufl., Berlin, New York 2004 (zitiert: *Otto*)

Literaturübersicht

Puppe, Ingeborg, Strafrecht, Allgemeiner Teil im Spiegel der Rechtsprechung, 4. Aufl., Baden-Baden 2019 (zitiert: *Puppe*)
Rengier, Rudolf, Strafrecht, Allgemeiner Teil, 13. Aufl., München 2021 (zitiert: *Rengier*)
Roxin, Claus/Greco, Luís, Strafrecht, Allgemeiner Teil, Band I: Grundlagen: Der Aufbau der Verbrechenslehre, 5. Aufl., München 2020 (zitiert: *Roxin/Greco,* AT I)
Roxin, Claus, Strafrecht Allgemeiner Teil, Band II: Besondere Erscheinungsformen der Straftat, München 2003 (zitiert: *Roxin,* AT II)
Schmidhäuser, Eberhard, Strafrecht, Allgemeiner Teil (Lehrbuch), 2. Aufl., Tübingen 1975 (zitiert: *Schmidhäuser,* LB)
Schmidhäuser, Eberhard, Strafrecht, Allgemeiner Teil (Studienbuch), 2. Aufl., Tübingen 1984 (zitiert: *Schmidhäuser,* SB)
Schmidt, Rolf, Strafrecht, Allgemeiner Teil, Grundlagen der Strafbarkeit, Aufbau des strafrechtlichen Gutachtens, 22. Aufl., Grasberg bei Bremen 2021 (zitiert: *Schmidt*)
Stratenwerth, Günter/Kuhlen, Lothar, Strafrecht, Allgemeiner Teil, 6. Aufl., München 2011 (zitiert: *Stratenwerth/Kuhlen*)
Welzel, Hans, Das Deutsche Strafrecht, 11. Aufl., Berlin 1969 (zitiert: *Welzel*)
Wessels, Johannes/Beulke, Werner/Satzger, Helmut, Strafrecht, Allgemeiner Teil, 51. Aufl., Heidelberg 2021 (zitiert: *Wessels/Beulke/Satzger*)
Zieschang, Frank, Strafrecht, Allgemeiner Teil, 6. Aufl., Stuttgart u. a. 2020 (zitiert: *Zieschang*)

B. (Zitierte) Lehrbücher Strafrecht Besonderer Teil

Arzt, Gunther/Weber, Ulrich/Heinrich, Bernd/Hilgendorf, Eric, Strafrecht, Besonderer Teil, 4. Aufl., Bielefeld 2021 (zitiert: *Arzt/Weber/Heinrich/Hilgendorf-Bearbeiter*)
Eisele, Jörg, Strafrecht – Besonderer Teil I. Straftaten gegen die Person und die Allgemeinheit, 6. Aufl., Stuttgart 2020 (zitiert: *Eisele,* BT I)
Eisele, Jörg, Strafrecht – Besonderer Teil II. Eigentumsdelikte und Vermögensdelikte, 6. Aufl., Stuttgart 2020 (zitiert: *Eisele,* BT II)
Gössel, Karl Heinz/Dölling, Dieter, Strafrecht, Besonderer Teil 1, 2. Aufl., München 2004 (zitiert: Gössel/Dölling, BT 1)
Krey, Volker/Hellmann, Uwe/Heinrich, Manfred, Strafrecht Besonderer Teil, Bd. 1: Besonderer Teil ohne Vermögensdelikte, 17. Aufl., Stuttgart 2021 (zitiert: *Krey/Hellmann/M. Heinrich,* BT 1)
Krey, Volker/Hellmann, Uwe/Heinrich, Manfred, Strafrecht Besonderer Teil, Bd. 2: Vermögensdelikte, 18. Aufl., Stuttgart 2021 (zitiert: *Krey/Hellmann/M. Heinrich,* BT 2)
Maurach, Reinhart/Schroeder, Friedrich-Christian/Maiwald, Manfred, Strafrecht Besonderer Teil, Teilband 1: Straftaten gegen Persönlichkeits- und Vermögenswerte, 11. Aufl., Heidelberg 2019 (zitiert: *Maurach/Schroeder/Maiwald,* BT 1)
Mitsch, Wolfgang, Strafrecht, Besonderer Teil 2, Vermögensdelikte (Kernbereich), 3. Aufl., Berlin u. a. 2015 (zitiert: *Mitsch,* BT 2/1)
Otto, Harro, Grundkurs Strafrecht, Die einzelnen Delikte, 7. Aufl., Berlin, New York 2005 (zitiert: *Otto,* BT)
Rengier, Rudolf, Strafrecht, Besonderer Teil I, Vermögensdelikte, 23. Aufl., München 2021 (zitiert: *Rengier,* BT I)
Rengier, Rudolf, Strafrecht, Besonderer Teil II, Delikte gegen die Person und die Allgemeinheit, 22. Aufl., München 2021 (zitiert: *Rengier,* BT II)
Wessels, Johannes/Hettinger, Michael/Engländer, Armin, Strafrecht Besonderer Teil 1: Straftaten gegen Persönlichkeits- und Gemeinschaftswerte, 45. Aufl., Heidelberg 2021 (zitiert: *Wessels/Hettinger/Engländer,* BT 1)
Wessels, Johannes/Hillenkamp, Thomas/Schuhr, Jan C., Strafrecht Besonderer Teil 2: Straftaten gegen Vermögenswerte, 44. Aufl., Heidelberg 2021 (zitiert: *Wessels/Hillenkamp/Schuhr,* BT 2)

C. Kommentare zum StGB

Alternativkommentar zum Strafgesetzbuch, herausgegeben von Rudolf Wassermann, Band 1, §§ 1–21, Neuwied 1990, Band 3, §§ 80–145d, Neuwied 1986 (zitiert: AK-*Bearbeiter*)

Literaturübersicht

Anwaltkommentar StGB, herausgegeben von Klaus *Leipold*, Michael *Tsambikakis* und Mark *Zöller*, 3. Aufl., Bonn 2020 (zitiert: AnwKomm-*Bearbeiter*)

Dölling, Dieter/Duttge, Gunnar/König, Stefan/Rössner, Dieter, Gesamtes Strafrecht – StGB, StPO, Nebengesetze, 5. Aufl., Baden-Baden 2020 (zitiert: Dölling/Duttge/König/Rössner-*Bearbeiter*)

Fischer, Thomas, Strafgesetzbuch mit Nebengesetzen, 69. Aufl., München 2022 (zitiert: *Fischer*)

v. Heintschel-Heinegg, Bernd, Strafgesetzbuch. Kommentar, 4. Aufl., München 2021 (zitiert: *v. Heintschel-Heinegg-Bearbeiter*)

Joecks, Wolfgang/Jäger, Christian, Studienkommentar StGB, 13. Aufl., München 2021 (zitiert: *Joecks/Jäger*)

Kindhäuser, Urs/Hilgendorf, Eric, Lehr- und Praxiskommentar zum Strafgesetzbuch, 9. Aufl., Baden-Baden 2021 (zitiert: *Kindhäuser/Hilgendorf*, LPK)

Lackner, Karl/Kühl, Kristian, Strafgesetzbuch mit Erläuterungen, 29. Aufl., München 2018 (zitiert: *Lackner/Kühl*)

Leipziger Kommentar zum Strafgesetzbuch, herausgegeben von Burkhard *Jähnke*, Heinrich Wilhelm *Laufhütte*, Walter *Odersky*, 11. Aufl., Berlin, New York 1992 ff. (zitiert: LK-*Bearbeiter*, 11. Aufl.)

Leipziger Kommentar zum Strafgesetzbuch, herausgegeben von Heinrich Wilhelm *Laufhütte*, Ruth *Rissing-v. Saan*, Klaus *Tiedemann*, 12. Aufl., Berlin 2006 ff. (zitiert: LK-*Bearbeiter*, 12. Aufl.)

Leipziger Kommentar zum Strafgesetzbuch, herausgegeben von Gabriele *Cirener*, Hening *Radtke*, Ruth *Rissing-v. Saan*, Thomas *Rönnau*, Wilhelm *Schluckebier*, 13. Aufl., Berlin/Boston 2019 ff. (zitiert: LK-*Bearbeiter*, 13. Aufl.)

Matt, Holger/Renzikowski, Joachim, Strafgesetzbuch, 2. Aufl., München 2020 (zitiert: Matt/Renzikowski-*Bearbeiter*)

Münchener Kommentar zum Strafgesetzbuch, herausgegeben von Wolfgang *Joecks* und Klaus *Miebach*, 6 Bände, 1. Aufl., München 2003 ff. (zitiert: MüKo-*Bearbeiter*, 1. Aufl.)

Münchener Kommentar zum Strafgesetzbuch, herausgegeben von Wolfgang *Joecks* und Klaus *Miebach*, 8 Bände, 2. Aufl., München 2011 ff. (zitiert: MüKo-*Bearbeiter*, 2. Aufl.)

Münchener Kommentar zum Strafgesetzbuch, herausgegeben von Wolfgang *Joecks* und Klaus *Miebach*, 8 Bände, 3. Aufl., München 2017 (zitiert: MüKo-*Bearbeiter*, 3. Aufl.)

Münchener Kommentar zum Strafgesetzbuch, herausgegeben von Wolfgang *Joecks* und Klaus *Miebach*, 8 Bände, 4. Aufl., München 2020 (zitiert: Müko-*Bearbeiter*, 4. Aufl.)

Nomos-Kommentar zum Strafgesetzbuch, herausgegeben von Urs *Kindhäuser*, Ulfried Neumann, Hans-Ullrich *Paeffgen*, 2 Bände, 2. Aufl., Baden-Baden 2005 (zitiert: NK-*Bearbeiter*, 2. Aufl.); 3. Aufl., Baden-Baden 2010 (zitiert: NK-*Bearbeiter*, 3. Aufl.,) und 5. Aufl., Baden-Baden 2017 (zitiert; NK-*Bearbeiter*)

Satzger, Helmut/Schluckebier, Wilhelm/Widmaier, Gunter, Strafgesetzbuch, Kommentar, 5. Aufl., Köln 2022 (zitiert: SSW-*Bearbeiter*)

Schönke, Adolf/Schröder, Horst, Strafgesetzbuch, 30. Aufl., München 2019 (zitiert: *Schönke/Schröder-Bearbeiter*)

Systematischer Kommentar zum Strafgesetzbuch, herausgegeben von Jürgen *Wolter*, begründet von Hans-Joachim *Rudolphi*, Eckhard *Horn*, Erich *Samson*, Hans-Ludwig *Schreiber*, 9. Aufl., Köln 2016 ff. (zitiert: SK-*Bearbeiter*)

Abkürzungsverzeichnis

ABlEU	Amtsblatt der Europäischen Union
Abs.	Absatz
a. E.	am Ende
AEUV	Vertrag über die Arbeitsweise der Europäischen Union
a. F.	alte Fassung
AK	Alternativkommentar (vgl. Literaturverzeichnis)
a. l. i. c.	actio libera in causa
Alt.	Alternative
a. M.	andere Meinung
Anh.	Anhang
Anm.	Anmerkung
arg.	argumentum
Art.	Artikel
AT	Allgemeiner Teil
Aufl.	Auflage
BayObLG	Bayerisches Oberlandesgericht
BayVerfGH	Bayerischer Verfassungsgerichtshof
BB	Betriebsberater (Zeitschrift, zitiert nach Jahrgang)
BBG	Bundesbeamtengesetz
Bd.	Band
BGB	Bürgerliches Gesetzbuch
BGBl.	Bundesgesetzblatt (zitiert nach Jahrgang und Band)
BGE	Bundesgerichtsentscheid; Amtliche Sammlung der Bundesgerichtsentscheide (Schweiz)
BGH	Bundesgerichtshof
BGHSt	Entscheidungen des Bundesgerichtshofes in Strafsachen (Amtliche Sammlung, zitiert nach Band)
BGHZ	Entscheidungen des Bundesgerichtshofes in Zivilsachen (Amtliche Sammlung, zitiert nach Band)
BJagdG	Bundesjagdgesetz
BRRG	Beamtenrechtsrahmengesetz
Bsp.	Beispiel
BT	Besonderer Teil
BtMG	Betäubungsmittelgesetz
Buchst.	Buchstabe
BVerfG	Bundesverfassungsgericht
BVerfGE	Entscheidungen des Bundesverfassungsgerichtes (Amtliche Sammlung, zitiert nach Band)
BVerwG	Bundesverwaltungsgericht
BVerwGE	Entscheidungen des Bundesverwaltungsgerichtes (Amtliche Sammlung, zitiert nach Band)
bzgl.	bezüglich
bzw.	beziehungsweise
ca.	circa

Abkürzungsverzeichnis

DB	Der Betrieb (Zeitschrift, zitiert nach Jahrgang)
DDR	Deutsche Demokratische Republik
ders.	derselbe
d. h.	das heißt
dies.	dieselbe/dieselben
Diss.	Dissertation
DÖV	Die öffentliche Verwaltung (Zeitschrift, zitiert nach Jahrgang)
DRiZ	Deutsche Richterzeitung (Zeitschrift, zitiert nach Jahrgang)
DRZ	Deutsche Rechts-Zeitschrift (Zeitschrift, zitiert nach Jahrgang)
DStR	Deutsches Steuerrecht (Zeitschrift, zitiert nach Jahrgang)
EG	Europäische Gemeinschaft(en)
EGMR	Europäischer Gerichtshof für Menschenrechte
EGStGB	Einführungsgesetz zum Strafgesetzbuch
EMRK	Europäische Menschenrechtskonvention
etc.	et cetera
EU	Europäische Union
EUV	Vertrag zur Gründung der Europäischen Union
f.	folgende
famos	Der Fall des Monats im Strafrecht, Online-Zeitschrift, abrufbar unter http://famos.rewi.hu-berlin.de
FamRZ	Zeitschrift für das gesamte Familienrecht (Zeitschrift, zitiert nach Jahrgang)
ff.	fortfolgende
FG	Festgabe
Fn.	Fußnote
FS	Festschrift
GA	Goltdammer's, Archiv für Strafrecht (Zeitschrift, zitiert nach Jahrgang)
GaststättenG	Gaststättengesetz
GBA	Generalbundesanwalt
gem.	gemäß
GG	Grundgesetz
GmbH	Gesellschaft mit beschränkter Haftung
GS	Gedächtnisschrift
GVG	Gerichtsverfassungsgesetz
h. M.	herrschende Meinung
HRRS	Höchstrichterliche Rechtsprechung in Strafsachen, Online-Zeitschrift, abrufbar unter www.hrr-strafrecht.de (zitiert nach Jahrgang)
i. e. S.	im engeren Sinne
i. S.	im Sinne
IStGH	Internationaler Strafgerichtshof
i. V. m.	in Verbindung mit
JA	Juristische Arbeitsblätter (Zeitschrift, zitiert nach Jahrgang)
JGG	Jugendgerichtsgesetz
JR	Juristische Rundschau (Zeitschrift, zitiert nach Jahrgang)
JURA	Juristische Ausbildung (Zeitschrift, zitiert nach Jahrgang)
JuS	Juristische Schulung (Zeitschrift, zitiert nach Jahrgang)
JZ	Juristenzeitung (Zeitschrift, zitiert nach Jahrgang)
Kap.	Kapitel
KfZ	Kraftfahrzeug
KG	Kammergericht

Abkürzungsverzeichnis

KJ	Kritische Justiz (Zeitschrift, zitiert nach Jahrgang)
KriPoZ	Kriminalpolitische Zeitschrift, Online-Zeitschrift, abrufbar unter www.kripoz.de (zitiert nach Jahrgang)
KritV	Kritische Vierteljahresschrift für Gesetzgebung und Rechtswissenschaft (Zeitschrift, zitiert nach Jahrgang)
LB	Lehrbuch
LG	Landgericht
LK	Leipziger Kommentar (vgl. Literaturverzeichnis)
LPartG	Lebenspartnerschaftsgesetz
LPK	Lehr- und Praxiskommentar (vgl. Literaturverzeichnis)
LS	Leitsatz
mbH	mit beschränkter Haftung
MDR	Monatsschrift für Deutsches Recht (Zeitschrift, zitiert nach Jahrgang)
MedR	Medizinrecht (Zeitschrift, zitiert nach Jahrgang)
medstra	Zeitschrift für Medizinstrafrecht (Zeitschrift, zitiert nach Jahrgang)
Mg	Milligramm
MMR	Multimedia und Recht (Zeitschrift, zitiert nach Jahrgang)
MüKo	Münchener Kommentar (vgl. Literaturverzeichnis)
m. w. N.	mit weiteren Nachweisen
NJW	Neue Juristische Wochenschrift (Zeitschrift, zitiert nach Jahrgang)
NK	Nomos Kommentar (vgl. Literaturverzeichnis)
Nr.	Nummer
NStE	Neue Entscheidungssammlung für Strafrecht
NStZ	Neue Zeitschrift für Strafrecht (Zeitschrift, zitiert nach Jahrgang)
NStZ-RR	Neue Zeitschrift für Strafrecht, Rechtsprechungsreport (Zeitschrift, zitiert nach Jahrgang)
NVwZ	Neue Zeitschrift für Verwaltungsrecht (Zeitschrift, zitiert nach Jahrgang)
NZV	Neue Zeitschrift für Verkehrsrecht (Zeitschrift, zitiert nach Jahrgang)
NZWiSt	Neue Zeitschrift für Wirtschafts-, Steuer- und Unternehmensstrafrecht (Zeitschrift, zitiert nach Jahrgang)
OGHSt	Entscheidungen des Obersten Gerichtshofes für die Britische Zone in Strafsachen (zitiert nach Band)
OLG	Oberlandesgericht
östStGB	österreichisches Strafgesetzbuch
OWiG	Gesetz über Ordnungswidrigkeiten
RG	Reichsgericht
RGSt	Entscheidungen des Reichsgerichts in Strafsachen (Amtliche Sammlung, zitiert nach Band)
Rn.	Randnummer
S.	Seite
SB	Studienbuch
schweizStGB	schweizerisches Strafgesetzbuch
SDÜ	Schengener Durchführungsübereinkommen
SJZ	Süddeutsche Juristenzeitung (Zeitschrift, zitiert nach Jahrgang)
SK	Systematischer Kommentar (vgl. Literaturverzeichnis)
sog.	sogenannte/r
SoldG	Soldatengesetz
SprengG	Sprengstoffgesetz
StGB	Strafgesetzbuch
StPO	Strafprozessordnung

Abkürzungsverzeichnis

StraFo	Strafverteidiger Forum (Zeitschrift, zitiert nach Jahrgang)
str.	strittig
StV	Strafverteidiger (Zeitschrift, zitiert nach Jahrgang)
StVG	Straßenverkehrsgesetz
StVO	Straßenverkehrsordnung
StVollzG	Strafvollzugsgesetz
TMG	Telemediengesetz
u. a.	unter anderem
v.	von
VwArch	Verwaltungsarchiv (Zeitschrift, zitiert nach Jahrgang)
vgl.	vergleiche
Vorbem	Vorbemerkung
VRS	Verkehrsrechts-Sammlung (zitiert nach Band und Jahrgang)
VStGB	Völkerstrafgesetzbuch
VwGO	Verwaltungsgerichtsordnung
WaffG	Waffengesetz
wistra	Zeitschrift für Wirtschaft. Steuer. Strafrecht (Zeitschrift, zitiert nach Jahrgang)
WStG	Wehrstrafgesetz
z. B.	zum Beispiel
Ziff.	Ziffer
ZIS	Zeitschrift für internationale Strafrechtsdogmatik, Online-Zeitschrift, abrufbar unter www.zis-online.com (zitiert nach Jahrgang)
ZJS	Zeitschrift für das Juristische Studium, Online-Zeitschrift, abrufbar unter www.zjs-online.com (zitiert nach Jahrgang)
ZRP	Zeitschrift für Rechtspolitik (Zeitschrift, zitiert nach Jahrgang)
ZPO	Zivilprozessordnung
ZStW	Zeitschrift für die gesamte Strafrechtswissenschaft (Zeitschrift, zitiert nach Band und Jahrgang)

Teil I: Einleitung

§ 1 Stellung des Strafrechts in unserem Rechtssystem

Einführende Aufsätze: *Günther*, Die Genese eines Straftatbestandes. Eine Einführung in Fragen der Strafgesetzgebungslehre, JuS 1978, 8; *Hettinger*, Zur Systematisierung der Strafrechtsnormen, JuS 1997, L 33; *Rönnau*, Grundwissen – Strafrecht: Der strafrechtliche Rechtsgutsbegriff, JuS 2009, 209; *Suhr*, Zur Begriffsbestimmung von Rechtsgut und Tatobjekt im Strafrecht, JA 1990, 303; *Walter*, Einführung in das Strafrecht, JA 2013, 727.

Zur Vertiefung: *Rudolphi*, Die verschiedenen Aspekte des Rechtsgutsbegriffs, Honig-FS 1970, S. 151.

I. Grundlagen

Das Strafrecht ist neben dem Zivilrecht und dem öffentlichen Recht das dritte Teilgebiet des Rechts[1], mit welchem die Studierenden der Rechtswissenschaft zumeist bereits im ersten Studiensemester konfrontiert werden. Dabei sind die Erwartungen, die sich hinter dieser schillernden Materie verbergen, in der Regel groß und geprägt durch Kenntnisse, die insbesondere durch die Medien im Vorfeld vermittelt wurden. Recht schnell wird dann jedoch deutlich, dass der Wissensstoff, der in der Vorlesung „Strafrecht Allgemeiner Teil" vermittelt wird, mit derartigen Vorkenntnissen recht wenig zu tun hat. Weder geht es hier in erster Linie um Mord, Totschlag oder Kindesmisshandlungen, noch um zeugenvernehmende Richter, trickreiche Anwälte oder zu beeinflussende Geschworene. Im Zentrum steht vielmehr die Struktur einer Straftat, die Einteilung in Kategorien wie Tatbestandsmäßigkeit, Rechtswidrigkeit und Schuld, die Abgrenzung von Vorsatz und Fahrlässigkeit, Täterschaft und Teilnahme oder von Tatbestandsirrtum und Verbotsirrtum. Im Hinblick auf die alsbald anstehenden Klausuren werden von den Studierenden dann zumeist die Grundlagen des Strafrechts, die Fragen nach dem Zweck und der Legitimation von Strafe oder auch rechtspolitische Ansätze regelmäßig zurückgedrängt und das Hauptaugenmerk auf die juristische Fallbearbeitung gelegt. Wenn nun das vorliegende Lehrbuch ebenfalls diesen Weg beschreitet, so soll dies keine Leugnung der Wichtigkeit und Notwendigkeit bedeuten, sich mit den Grundfragen des Rechts zu beschäftigen. Nichts kann für eine Gesellschaft schädlicher sein als der linientreue, den Blick nach rechts und links scheuende und statt dessen die abstrakten Prüfungsschemata paukende „Einser-Jurist", der – durch die inzwischen nahezu flächendeckend eingeführte Freiversuchsregelung gefördert – in viel zu jungen Jahren in verantwortungsvoller Position sitzend über das Schicksal anderer zu entscheiden hat, ohne sich zu irgendeiner Zeit Ge-

1

---

1 Genau genommen ist das Strafrecht ein Teilgebiet des öffentlichen Rechts, es hat sich jedoch – insbesondere auch in der Gerichtsbarkeit und der juristischen Ausbildung – inzwischen verselbstständigt und ist daher als eigenes Rechtsgebiet anzuerkennen; vgl. zur öffentlich-rechtlichen Natur der Strafe auch *Frister*, 1. Kap. Rn. 2 ff.

danken über die Fragen von Recht und Gerechtigkeit gemacht zu haben. Diese Warnung soll diesem Lehrbuch in der Hoffnung vorangestellt werden, dass die hier nicht behandelten grundsätzlichen Fragen des Rechts im Laufe des Studiums nicht – wie leider viel zu oft – vernachlässigt werden.

2 Der genannten Konzeption entsprechend, wird daher in den §§ 1–7 dieses Lehrbuches lediglich ein kurzer Überblick über die Grundlagen des Strafrechts gegeben. Der Schwerpunkt wird dann in den folgenden Abschnitten auf die für die Fallbearbeitung wesentlichen Probleme gelegt. Hierbei werden neben der durchweg für Anfänger geeigneten Darstellung der Materie gesonderte Problemschwerpunkte für Fortgeschrittene herausgehoben und diskutiert. Diese sollen insbesondere den Studierenden im Hinblick auf die Examensvorbereitung eine schnelle Übersicht über die verschiedenen Meinungen in „anerkannten Streitfragen" vermitteln. Die Anfänger hingegen sollten sich durch diese Problemschwerpunkte nicht entmutigen lassen und können diese beim „ersten Durchgang" auch überlesen. Was die zitierte Literatur angeht, so wurde – neben den gängigen Kommentaren zum StGB sowie den Lehrbüchern zum Allgemeinen Teil des Strafrechts – ein besonderer Wert auf die Auswertung der juristischen Ausbildungszeitschriften – JA, JuS, JURA, ZJS – gelegt, da sich hierin zumeist Beiträge finden, die auf die besonderen Bedürfnisse der Studierenden zugeschnitten sind.

II. Die Aufgabe des Strafrechts: Rechtsgüterschutz

3 Der Zweck des Strafrechts im Allgemeinen und der einzelnen Strafbestimmungen im Besonderen liegt im **Schutz bestimmter Rechtsgüter** des Einzelnen und der Allgemeinheit[2], die der Gesetzgeber jeweils im Einzelfall als so wichtig ansah, dass er eine strafrechtliche Vorschrift erließ, um diese Rechtsgüter unter (strafrechtlichen) Schutz zu stellen[3]. Ein solcher strafrechtlicher Schutz neben den zivilrechtlichen Ansprüchen des Geschädigten (z. B. auf Leistung von Schadensersatz oder Schmerzensgeld) wird vom Gesetzgeber als erforderlich angesehen, um den Rechtsfrieden zu sichern und die Einhaltung der Grundwerte in unserer Gesellschaft zu garantieren[4]. Unmittelbar einsichtig wird die Notwendigkeit eines eigenständigen – und neben dem Zivilrecht stehenden – Strafrechts in denjenigen Bereichen, in denen der Gesetzgeber bereits besonders gefährliche Verhaltensweisen unter Strafe stellt, die (noch) keinen Schaden verursacht haben und daher – mangels eines „Verletzten" – auch keine zivilrechtlichen Ansprüche entstehen können (z. B. der Straftatbestand der „Trunkenheit im Verkehr", § 316 StGB – hier wird allein das Fahren in fahruntauglichem Zustand unter Strafe gestellt, auch wenn es nicht zu einer Fremdschädigung kommt). Ein vergleichbares Problem stellt sich im Bereich der Delikte gegen die Allgemeinheit, bei denen es ebenfalls nicht

---

2 Hierzu BVerfGE 39, 1 (46); BVerfGE 45, 187 (253); BWME-*Eisele*, § 2 Rn. 7 ff., 17; *Günther*, JuS 1978, 8 (9); *Jescheck/Weigend*, § 1 III 1; *Kindhäuser/Zimmermann*, § 2 Rn. 6; *Krey/Esser*, Rn. 5; *Kudlich*, JA 2007, 90; *Rönnau*, JuS 2009, 209; *ders.*, GA 2011, 678 (680); *Roxin/Greco*, AT I, § 2 Rn. 2 ff.; *Rudolphi*, Honig-FS 1970, S. 151; *Suhr*, JA 1990, 303; *Wessels/Beulke/Satzger*, Rn. 9 ff.; eine abweichende Konzeption vertritt *Jakobs*, 2/16 ff., 22 ff.: Schutz des Normvertrauens und des Rechtsfriedens; kritisch auch *T. Walter*, JZ 2019, 649 (651 f.); eine Abkehr vom Rechtsgüterschutz ist auch in BVerfGE 120, 224 zu erkennen; hierzu *Otto*, JURA 2016, 361.
3 Ob es daneben noch – gleichsam „naturrechtlich vorgegebene" – Rechtsgüter gibt, auf deren Schutz die Gemeinschaft gar nicht verzichten kann, sei hier dahingestellt.
4 Zur Notwendigkeit des Strafrechts als Sanktionsinstrument vgl. nur BVerfGE 51, 324 (343); *Maurach/Gössel*, AT 1, § 6 Rn. 1 f.; *Wessels/Beulke/Satzger*, Rn. 4 ff.

erforderlich ist, dass eine konkrete Person unmittelbar geschädigt wird (wie z. B. bei der Luftverunreinigung, § 325 StGB).

Dabei sind die einzelnen zu schützenden Rechtsgüter dem Gesetzgeber – wie bereits erwähnt – nicht vorgegeben. Vielmehr bestimmt die staatliche Gemeinschaft regelmäßig auf der Grundlage der jeweiligen Gesellschaftsordnung Werte und Grundsätze, die für das menschliche Zusammenleben als wichtig angesehen werden und stellt eine Verletzung derselben unter Strafe[5]. Einen wesentlichen Anhaltspunkt für die zu schützenden Werte bildet dabei die jeweils geltende Verfassung[6]. 4

Die zu schützenden Rechtsgüter sind **Grundlage der jeweiligen Strafbestimmung**, die Motivation des Gesetzgebers, warum er eine bestimmte Vorschrift erlassen hat. Diese Motivation ist allerdings im Gesetz selbst nicht ausdrücklich niedergeschrieben, sondern durch Auslegung des Straftatbestandes im Einzelfall zu ermitteln. Dies ist in vielen Fällen recht einfach: 5

> **Bsp.:** Der Tatbestand des Totschlags, § 212 StGB, lautet nicht etwa: „Um menschliches Leben zu schützen wird bestraft, wer einen Menschen tötet", sondern schlicht: *„Wer einen Menschen tötet [...], wird [...] bestraft"*. Grundlage dieser Strafbestimmung ist jedoch das „menschliche Leben" als Rechtsgut. – In § 242 StGB, dem Diebstahl, heißt es nicht: „Um das Eigentum zu schützen, wird bestraft, wer eine fremde bewegliche Sache einem anderen wegnimmt", sondern schlicht: *„Wer einem anderen eine fremde bewegliche Sache [...] wegnimmt, wird [...] bestraft"*.

Schwieriger wird die Beurteilung dann aber schon bei Tatbeständen, die nicht elementare Bedürfnisse des Einzelnen, sondern Bedürfnisse der Allgemeinheit schützen. 6

> **Bsp.:** Der Tatbestand der Bestechung, § 334 StGB, gibt vom Wortlaut her keinen eindeutigen Hinweis auf das geschützte Rechtsgut. Daher ist es auch nicht eindeutig, welches Rechtsgut dieser Vorschrift zugrunde liegt. So wird z. B. angenommen, dass hierdurch „der Staat" an sich oder „bestimmte staatliche Institutionen" geschützt werden, teilweise wird die „Funktionsfähigkeit der staatlichen Verwaltung", das „Vertrauen der einzelnen Staatsbürger in das Funktionieren der staatlichen Verwaltung" oder die „Unbestechlichkeit von Amtsträgern" als Schutzgut angesehen. Andere wiederum sehen den einzelnen Bürger als geschützt an, der nicht einer korrupten Verwaltung ausgesetzt werden soll[7].

Durch die genannten Beispiele wird bereits deutlich, dass die zu schützenden Rechtsgüter in **zwei Gruppen** eingeteilt werden können: die **Individualrechtsgüter**, die dem Schutz des einzelnen Bürgers dienen und die **Allgemeinrechtsgüter**, die primär den Schutz von Gemeinschaftswerten bezwecken[8]. Freilich findet auch dieser Schutz von Gemeinschaftswerten (Staat, Rechtspflege, Umwelt, Sicherheit des Straßenverkehrs) nicht um seiner selbst Willen statt, sondern muss als Reflex wiederum dem Einzelnen dienen. Die Individualrechtsgüter kann man dabei nochmals in zwei große Gruppen unterteilen und zwar in solche, die einzelne Persönlichkeitswerte schützen (Leben, körperliche Unversehrtheit, Freiheit, Ehre) 7

---

5 Zur Frage, ob die Strafgesetzgebung lediglich auf gesellschaftliche Veränderungen zu reagieren habe oder auch dazu beitragen könne, eine solche selbst erst herbeizuführen, *Günther*, JuS 1979, 8 (11); *Lackner*, NJW 1976, 1233 (1235).
6 Vgl. hierzu auch BVerfGE 37, 201 (212); *Günther*, JuS 1979, 8 (13); *Wessels/Beulke/Satzger*, Rn. 5.
7 Vgl. zum Rechtsgut der Amts- bzw. Bestechungsdelikte nur *Schönke/Schröder-Heine/Eisele*, § 331 Rn. 6 ff.
8 Vgl. zu dieser Unterscheidung auch *Hettinger*, JuS 1997, L 33 (L 36); *Rönnau*, JuS 2009, 209 (210 f.).

und solche, die dem Schutz des Eigentums bzw. des Vermögens der einzelnen Personen dienen[9].

8 Entscheidend ist nun, dass jeder Straftatbestand zumindest **ein** anerkanntes Rechtsgut schützt. Ist dies einmal nicht der Fall, dann verstößt die entsprechende Vorschrift gegen die Verfassung, da sich strafrechtliche Vorschriften (die mit ihren Geboten und Verboten, vor allem aber mit den angedrohten Sanktionen, in die Freiheitssphäre des Bürgers eingreifen) nur dadurch legitimieren lassen, dass sie dem Schutz eines bestimmten – von der Gesellschaft anerkannten – Rechtsguts dienen[10]. Möglich ist es jedoch, dass ein Straftatbestand mehrere Rechtsgüter schützt.

> **Bsp.:** So schützt die Falsche Verdächtigung, § 164 StGB, nach herrschender Meinung (h. M.) nicht nur den einzelnen Staatsbürger, der sich nicht zu Unrecht staatlichen Strafverfolgungsmaßnahmen ausgesetzt sehen soll, sondern darüber hinaus auch die staatliche Rechtspflege, die nicht durch unrichtige Anzeigen überflüssig in Anspruch genommen werden soll[11]. Diese Einordnung ist nicht ohne praktische Bedeutung. Wie noch zu zeigen sein wird, kann der betroffene Einzelne durch eine Einwilligung in den meisten Fällen das Unrecht der Tat ausschließen[12]. Eine solche Einwilligung ist jedoch nur bei Individualrechtsgütern, nicht aber bei „Allgemeinrechtsgütern" wie der staatlichen Rechtspflege möglich, sodass beim Straftatbestand des § 164 StGB eine Einwilligung unbeachtlich ist.

9 Welche Rechtsgüter im Einzelfall durch den Gesetzgeber geschützt werden, steht nicht ein für alle Mal und unwiderruflich fest. Hier spielen wandelbare Vorstellungen und – wie bereits angesprochen – das Wertesystem einer Gemeinschaft eine entscheidende Rolle[13].

10 Dabei gibt es Rechtsgüter wie das Leben, die körperliche Integrität oder das Eigentum, welche nahezu von jeder Rechtsordnung seit jeher (mit allerdings unterschiedlicher Akzentuierung) geschützt werden. Andere Rechtsgüter, wie z. B. der Schutz der Umwelt, §§ 324 ff. StGB, oder der Schutz des wirtschaftlichen Wettbewerbs, §§ 298 ff. StGB, sind erst vor einiger Zeit neu hinzugekommen. Dagegen sind auch Rechtsgüter als nicht mehr (strafrechtlich) schutzwürdig angesehen worden. Beispiele hierfür sind der „Schutz der königlichen Autorität" (die durch eine Bestrafung wegen Majestätsbeleidigung geschützt wurde)[14] oder „die Reinhaltung der mitmenschlichen Beziehungen vor sexuell unzüchtigen Handlungen"[15] (die vom Kuppeleitatbestand, § 180 StGB a. F., erfasst war). Nicht mehr unter Strafe gestellt ist auch die Homosexualität (§ 175 StGB a. F.). Insoweit hat der Gesetzgeber – jeweils auf der Grundlage der geltenden Verfassung – einen gewissen Gestaltungsspielraum, welche Rechtsgüter er in welchem Umfang unter strafrechtlichen Schutz stellen möchte[16].

---

9 Vgl. die Auflistung der verschiedenen Individual- und Allgemeinrechtsgüter bei *Krey/Esser*, Rn. 6.
10 Hierzu *Ambos/Steiner*, JuS 2001, 9 (10); *Günther*, JuS 1978, 8 (9); *Krey/Esser*, Rn. 13; *Rönnau*, JuS 2009, 209; *Roxin/Greco*, AT I, § 2 Rn. 13 ff.; *Suhr*, JA 1990, 303.
11 Vgl. nur BGHSt 5, 66 (68); *Schönke/Schröder-Bosch/Schittenhelm*, § 164 Rn. 1a; hierzu auch *Krey/Esser*, Rn. 9.
12 Vgl. hierzu ausführlich unten Rn. 453 ff.
13 Vgl. hierzu *Ambos/Steiner*, JuS 2001, 9; BWME-*Eisele*, § 2 Rn. 7 ff.; *Roxin/Greco*, AT I, § 2 Rn. 63; *Rudolphi*, Honig-FS 1970, S. 151 (164); *Walter*, JA 2013, 727 (728, 730).
14 Der Gedanke taucht heute allerdings in anderer Form in § 90 StGB, der Verunglimpfung des Bundespräsidenten, wieder auf.
15 Vgl. zu diesem Schutzgut noch BGHSt 18, 283 (285).
16 BWME-*Eisele*, § 2 Rn. 19; *Krey/Esser*, Rn. 14 f.; *Roxin/Greco*, AT I, § 2 Rn. 86 ff.

Klausurtipp: Bei der juristischen Fallbearbeitung muss das durch die jeweilige Vorschrift zu schützende Rechtsgut nicht bei jeder Prüfung im Einzelnen festgestellt werden. Es kann jedoch bei der Auslegung einzelner Tatbestandsmerkmale und im Hinblick auf den durch die Vorschrift geschützten Rechtsgutträger (Einwilligung, Strafantragsberechtigung als Verletzter etc.) eine Rolle spielen und ist in diesen Fällen einer genaueren Prüfung zu unterziehen[17]. Auch im Rahmen der strafrechtlichen Konkurrenzlehre[18] kann die Bestimmung des Rechtsguts eine gewisse Rolle spielen.

Abschließend ist darauf hinzuweisen, dass das Strafrecht nicht stets und immer **11** dann einschlägig ist, wenn ein Bürger etwas Unrechtmäßiges tut. Zwar knüpft das Strafrecht – wie noch zu zeigen sein wird – stets an ein **rechtswidriges und schuldhaftes Verhalten** des Einzelnen an, d. h. eine Bestrafung kann nicht lediglich wegen eines Verstoßes gegen das Sittengesetz oder wegen einer unrechtmäßigen Gesinnung des Täters erfolgen. Es gibt jedoch auch rechtswidrige und schuldhafte Verhaltensweisen, welche der Gesetzgeber nicht unter Strafe gestellt hat, da er den Verstoß nicht als so gravierend angesehen hat, dass mit strafrechtlichen Sanktionen reagiert werden muss. Man spricht in diesem Zusammenhang auch vom **fragmentarischen Charakter des Strafrechts**[19]. Die Anwendung des Strafrechts bzw. die Bestrafung eines Menschen darf lediglich **ultima ratio** sein, wenn ein ganz besonders sozialschädliches Verhalten vorliegt[20].

Bsp.: Wer lediglich falsch parkt oder auf der Autobahn 20 km/h zu schnell fährt, handelt zwar rechtswidrig und kann mit einem Bußgeld belegt werden. Diese Verstöße sind jedoch nicht so gravierend, dass sich hieran eine Strafe knüpft (Abgrenzung des Strafrechts vom bloßen Ordnungswidrigkeitenrecht[21]). – Wer durch Unachtsamkeit mit seinem Fahrrad das Auto seines Nachbarn beschädigt, handelt zwar unrechtmäßig und muss deshalb dem Nachbarn den entstandenen Schaden ersetzen, § 823 BGB. Er macht sich dadurch jedoch nicht strafbar, da in § 303 StGB nur die vorsätzliche, nicht aber die fahrlässig begangene Sachbeschädigung unter Strafe gestellt wird.

Vom geschützten Rechtsgut zu unterscheiden ist der durch die jeweilige Vorschrift **12** geschützte Rechtsgutträger sowie das „Handlungs-" oder „Tatobjekt"[22]. Während z. B. § 212 StGB, der Totschlag, als Rechtsgut das „Leben" schützt, ist Tatobjekt der durch die Tat getötete Mensch. Während § 242 StGB, der Diebstahl, als Rechtsgut das „Eigentum" schützt, ist Tatobjekt die durch die Tat gestohlene Sache, Rechtsgutträger ist in diesem Fall der Eigentümer.

---

17 BWME-*Eisele*, § 2 Rn. 12; § 7 Rn. 73; *Jescheck/Weigend*, § 17 IV 3; *Krey/Esser*, Rn. 8; *Rönnau*, JuS 2009, 209 (211).
18 Vgl. hierzu unten Rn. 1414 ff.
19 BWME-*Eisele*, § 2 Rn. 8; *Kertai*, JuS 2011, 976 (980 f.); *Kindhäuser/Zimmermann*, § 2 Rn. 6; *Rengier*, § 3 Rn. 7; *Walter*, JA 2013, 727 (728); vgl. hierzu bereits *Binding*, Lehrbuch des Gemeinen Deutschen Strafrechts, Besonderer Teil, Erster Band, 2. Aufl. 1902, S. 20.
20 Vgl. hierzu auch *Ambos/Steiner*, JuS 2001, 9 (10); BWME-*Eisele*, § 2 Rn. 8, 19; *Günther*, JuS 1979, 8 (11); *Rengier*, § 3 Rn. 5 f.; *Roxin/Greco*, AT I, § 2 Rn. 97 ff.; *Wessels/Beulke/Satzger*, Rn. 15; zur Unwirksamkeit des „ultima ratio" Prinzips in der Praxis vgl. *T. Walter*, JZ 2019, 649 (652).
21 Vgl. hierzu noch unten Rn. 52.
22 Hierzu BWME-*Eisele*, § 2 Rn. 10; *Hettinger*, JuS 1997, L 33 (L 35); *Krey/Esser*, Rn. 10; *Rönnau*, JuS 2009, 209 (210); *Schladitz*, JURA 2021, 770 (775); *Wessels/Beulke/Satzger*, Rn. 14; vgl. zur unterschiedlichen Interpretation dieser Begriffe *Suhr*, JA 1990, 303 (305 f.).

§ 2 Sinn und Zweck von Strafe: Die Straftheorien

Einführende Aufsätze: *Ambos/Steiner*, Vom Sinn des Strafens auf innerstaatlicher und supranationaler Ebene, JuS 2001, 9; *Bock*, Prävention und Empirie – Über das Verhältnis von Strafzwecken und Erfahrungswissen, JuS 1994, 89; *Foth*, Bemerkungen zur Generalprävention, NStZ 1990, 219; *Hassemer*, Prävention im Strafrecht, JuS 1987, 257; *Lesch*, Zur Einführung in das Strafrecht: Über den Sinn und Zweck staatlichen Strafens, JA 1994, 510, 590; *Momsen/Rackow*, Die Straftheorien, JA 2004, 336.
Zur Vertiefung: *Hörnle*, Straftheorien, 2011.

13 Die Frage, ob die Bestrafung von Menschen für das von ihnen begangene Unrecht sinnvoll ist und welchem Zweck die Strafe zu dienen hat, soll an dieser Stelle nicht abschließend beantwortet werden. Denn sowohl die Strafzumessung (d. h. die Frage, welche Strafe letztlich ausgesprochen wird) als auch die Ausgestaltung des Strafvollzugs sind regelmäßig nicht Gegenstand von strafrechtlichen Klausuren im juristischen Staatsexamen. Dennoch soll – da sich diejenigen, die mit Strafrecht befasst sind, jedenfalls irgendwann einmal mit der Frage nach dem Sinn und Zweck von Strafe beschäftigt haben sollten – hier ein kurzer Überblick über die vertretenen Ansätze gegeben werden[23].

I. Absolute Straftheorien

14 Nach den **absoluten Straftheorien** der sog. „klassischen Schule" ist die Strafe unabhängig von ihrer gesellschaftlichen Wirkung zu sehen und dient allein dazu, die Rechtsordnung wieder herzustellen und auf das begangene Unrecht zu reagieren. Insofern wirkt sie ausschließlich repressiv. Nach der insbesondere auf *Immanuel Kant* (1724–1804)[24] und *Georg Wilhelm Friedrich Hegel* (1770–1831)[25] zurückgehenden **Vergeltungstheorie** darf eine staatliche Strafe keinesfalls irgendwelchen praktischen Zwecken dienen, sondern wird allein der Vergeltung wegen verhängt[26]. Der Täter wird also ausschließlich – und zweckfrei – deswegen bestraft, „weil" er eine Straftat begangen hat. Nur hierdurch könne die Gerechtigkeit, die durch das begangene Unrecht erschüttert wurde, wieder hergestellt werden. Gegen das ausschließliche Abstellen auf die Vergeltung lassen sich jedoch mehrere Einwände vorbringen. So muss es heutzutage als eine wesentliche Aufgabe des Strafrechts angesehen werden, die Grundwerte der Verfassung und das ordnungsgemäße Funktionieren der staatlichen Gemeinschaft zu sichern. Schon von daher verfolgt jede Strafe einen Zweck. Ferner ist gegen den Gedanken, Strafe müsse erfolgen, um begangenes Unrecht wieder gut zu machen, einzuwenden, dass das Geschehene dadurch nicht ungeschehen gemacht werden kann. Insofern kann Strafe höchstens der Begehung neuen Unrechts entgegenwirken. Stellt man schließlich allein auf die Vergeltung begangenen Unrechts ab, so käme es auf die Schuld des Täters an sich gar nicht an. Die Schuld des Täters muss aber eine wesentliche Voraussetzung für dessen Bestrafung sein[27].

---

23 Vgl. vertiefend, *Bock*, JuS 1994, 89; BWME-*Eisele*, § 2 Rn. 20 ff.; *Jescheck/Weigend*, § 8; *Krey/Esser*, Rn. 130 ff.; *Lesch*, JA 1994, 510 (513 ff.), 590; *Marlie*, ZJS 2008, 41; *Momsen/Rackow*, JA 2004, 336; *Rengier*, § 3 Rn. 9 ff.; *Roxin/Greco*, AT I, § 3; ferner im Überblick *Walter*, JA 2013, 727 (729).
24 Vgl. exemplarisch *Kant*, Metaphysik der Sitten, Rechtslehre, 2. Aufl. 1798, § 49 E I.
25 Vgl. nur *Hegel*, Grundlinien der Philosophie des Rechts, 1821, § 101.
26 Vgl. auch BVerfGE 22, 125 (132); in diese Richtung auch heute noch *Lesch*, JA 1994, 590 (596 ff: „funktionale Vergeltungstheorie"); *Köhler*, S. 48 ff.; ferner T. *Walter*, ZIS 2011, 636; *ders.*, JZ 2019, 649.
27 Zur verfassungsrechtlichen Verankerung des Schuldprinzips vgl. unten Rn. 41, 525 ff.

Dieser letzte Aspekt wird von der **Sühnetheorie** beachtet, die darauf abstellt, durch die Strafe würde sich der Täter mit der Rechtsordnung wieder versöhnen, indem er die Tat „sühne". Die Notwendigkeit einer Sühne setze aber voraus, dass die Tat schuldhaft begangen wurde und der Täter bei ihrer Begehung ein entsprechendes Unrechtsbewusstsein hatte. Gegen diesen Ansatz ist allerdings einzuwenden, dass jede Sühne ein gewisses Maß an Freiwilligkeit voraussetzt, welches durch die Strafe gerade nicht ermöglicht wird, da Strafe stets ein aufgezwungenes Übel darstellt[28].

II. Relative Straftheorien

Dagegen gehen die **relativen Straftheorien** der sog. „modernen Schule" davon aus, dass mit der Verhängung von Strafe jeweils die Verfolgung eines bestimmten Zwecks verbunden sein muss. Strafe dürfe nicht repressiv (d.h. in die Vergangenheit orientiert), sondern müsse präventiv (d.h. in die Zukunft gerichtet) wirken. Der Hauptzweck von Strafe liege letztlich nicht darin, vergangenes Unrecht zu vergelten oder zu sühnen, sondern künftige Straftaten zu verhindern. Dabei haben sich im Rahmen der relativen Theorien zwei verschiedene Ansätze entwickelt.

1. Generalprävention

Nach der Theorie der **Generalprävention**, die insbesondere von *Paul Johann Anselm v. Feuerbach* (1775–1833)[29] zu Beginn des 19. Jahrhunderts entwickelt wurde, steht die Wirkung der Strafe auf die Allgemeinheit im Mittelpunkt der Betrachtung. Auf die Wirkung der Strafe für den betroffenen Straftäter komme es hingegen nicht an. Durch die Verhängung von Strafe werde das Rechtsbewusstsein der Bevölkerung und das Vertrauen der Allgemeinheit gestärkt, da sich in einer Gesellschaft, in der die Begehung von Unrecht bestraft werde, die übrigen Mitglieder wohl fühlten und dadurch motiviert würden, selbst die Gesetze einzuhalten. Das so gewonnene Vertrauen in die Unverbrüchlichkeit der Rechtsordnung würde letztlich dazu führen, dass sich die Bürger insgesamt rechtstreu verhalten („positive Generalprävention")[30]. Darüber hinaus führe die Bestrafung Einzelner aber auch dazu, dass andere künftig von der Begehung von Straftaten abgehalten werden. Denn dadurch werde ein gewisser Abschreckungseffekt erzielt („negative Generalprävention")[31]. Gegen dieses alleinige Abstellen auf die Wirkungen der Strafe auf die Allgemeinheit ist jedoch vorzubringen, dass der einzelne Straftäter dadurch zum bloßen Objekt staatlichen Handelns degradiert würde, was einen Verstoß gegen die Menschenwürde (Art. 1 Abs. 1 GG) darstellt[32]. Zudem ist zu bezweifeln, dass die Bestrafung anderer auf potentielle Straftäter abschreckende Wirkung hat, werden doch viele Straftaten aus einem spontanen Entschluss heraus und ohne „vernünftige Abwägung" hinsichtlich der Folgen begangen. Auch noch so hohe Strafandrohungen selbst bei Bagatelldelikten würden nicht dazu führen, dass künftig keine Straftaten mehr begangen werden[33].

---

28 Vgl. *Lesch*, JA 1994, 510 (513); *Wessels/Beulke/Satzger*, Rn. 22.
29 Vgl. z.B. *Feuerbach*, Lehrbuch des gemeinen in Deutschland gültigen peinlichen Rechts, 11. Aufl. 1832, §§ 12, 13; vgl. auch *Hoerster*, GA 1970, 273.
30 Vgl. hierzu auch BVerfGE 45, 187 (256); BVerfG NJW 2004, 2073 (2075); *Ambos/Steiner*, JuS 2001, 9 (12); *Frister*, 2. Kap. Rn. 20 ff.; *Jakobs*, 1/4 ff.; *Momsen/Rackow*, JA 2004, 336 (338 f.); *Roxin/Greco*, AT I, § 3 Rn. 26.
31 Vgl. hierzu *Ambos/Steiner*, JuS 2001, 9 (12); *Momsen/Rackow*, JA 2004, 336 (336 f.).
32 Vgl. hierzu auch *Calliess*, NJW 1989, 1338 (1340); *Lesch*, JA 1994, 510 (519).
33 Vgl. zur Kritik auch zusammenfassend *Lesch*, JA 1994, 510 (517 f.).

2. Spezialprävention

18 Auch die Theorie der **Spezialprävention**, die vor allem auf *Franz v. Liszt* (1851–1919)[34] zurückgeht und Ende des 19. Jahrhunderts begründet wurde, stellt im Wesentlichen auf den Zweckgedanken ab, rückt dabei jedoch nicht die Wirkungen einer Strafe auf die Allgemeinheit, sondern die Wirkung der Strafe für den betroffenen Einzelnen in den Mittelpunkt. Es komme allein auf den einzelnen Straftäter an, der als Zentralgestalt der Straftat im Mittelpunkt der Betrachtung stehen müsse. Dabei solle die Strafe einerseits zur Besserung des Täters führen und eine Appellfunktion dahingehend besitzen, dass er fortan ein straffreies Leben führe („positive Spezialprävention"), andererseits solle sie bei nicht besserungsfähigen Tätern die Gesellschaft vor diesen schützen („negative Spezialprävention"). Dieser Theorie ist zuzugeben, dass sie den Täter nicht zum Objekt staatlichen Handelns macht. Allerdings lassen sich auch hiergegen entscheidende Einwände erheben. Wenn es nämlich letztlich lediglich darauf ankommt, ob der Täter durch die Strafe gebessert oder jedenfalls die Gesellschaft vor ihm geschützt wird, dann wird die konkret von ihm begangene Tat ausgeblendet. Zudem versagt der Besserungszweck in denjenigen Fällen, in denen der Täter aus einer einmaligen, nicht mehr wiederkehrenden Situation gehandelt hat (z. B. bei einem Täter, der infolge eines Vatertraumas seinen Vater tötet; er wird dieses Delikt ebenso wenig noch einmal begehen können wie der Regierungschef eines totalitären Regimes, der nach Absetzung desselben keine Mordbefehle mehr erteilen kann). Eine Strafe wäre nach dieser Theorie auch dann nicht mehr zulässig, wenn der Täter das Delikt aus anderen Gründen nicht mehr verwirklichen kann (Bsp.: der erblindete Kunstfälscher, der kein Bild mehr fälschen kann). Andererseits kann das alleinige Abstellen auf die Besserung des Täters aber auch zu unangemessen harten Strafen führen (Bsp.: der Ladendieb, der schon mehrfach billige Produkte für seinen eigenen Lebensunterhalt entwendet hat und angibt, er werde dies auch weiterhin tun; er müsste bis zu seiner „Besserung", mithin möglicherweise bis an sein Lebensende eingesperrt werden, was dem Schuldgrundsatz widerspräche)[35].

III. Vereinigungstheorien

19 Da insoweit keine der genannten Theorien vollständig überzeugen kann, haben sich heutzutage mehrere sog. **Vereinigungstheorien** gebildet, die je nach Ausprägung zwar den Schwerpunkt auf den einen oder anderen Aspekt legen, im Ergebnis aber die genannten Theorien miteinander verbinden[36]. Erwähnt werden soll hier nur exemplarisch der Ansatz, dass zwar grundsätzlich vom Gedanken der Spezialprävention auszugehen sei, diese jedoch, was die Strafhöhe angeht, nach oben durch generalpräventive Gesichtspunkte begrenzt werden müsse, um dem Schuldprinzip zu genügen[37]. Dagegen wird in der Rechtsprechung (insbesondere

---

34 Niedergelegt u. a. im „Marburger Programm" 1882, abgedruckt in ZStW 3 (1883), 1; vgl. auch *v. Liszt*, Der Zweckgedanke im Strafrecht, Aufsätze und Vorträge Bd. 1, 1905, S. 126, 176.
35 Vgl. zur Kritik zusammenfassend *Lesch*, JA 1994, 590 (592 ff.).
36 Vgl. hierzu *Bunz*, JURA 2011, 14 (17); *Jescheck/Weigend*, § 8 V; *Kleszewski*, Rn. 22 ff.; *Krey/Esser*, Rn. 146 ff.; *Lesch*, JA 1994, 590 (595 ff.); *Momsen/Rackow*, JA 2004, 336 (339 f.); *Rengier*, § 3 Rn. 21 ff.; *Wessels/Beulke/Satzger*, Rn. 26; ferner BVerfGE 21, 391 (403 f.); BVerfG NJW 2004, 739 (745); BVerfG NJW 2004, 2073; BGHSt 24, 40 (42).
37 Vgl. zu dieser „rein präventiven Vereinigungstheorie" z. B. *Rengier*, § 3 Rn. 24; *Roxin/Greco*, AT I, § 3 Rn. 51 ff.; ferner *Greco*, GA 2021, 266 (268 ff.); *Jakobs*, 1/48 ff.

auch in derjenigen des BVerfG) auch der Vergeltungsgedanke zum Zweck des Schuldausgleichs mit berücksichtigt[38].

Das **Strafgesetzbuch** selbst enthält keine Festschreibung irgendeiner Straftheorie. Es kommen jedoch mehrere Aspekte an verschiedenen Stellen zur Geltung. So ist nach § 46 Abs. 1 Satz 1 StGB die Schuld Grundlage für die Zumessung der Strafe. Da der Begriff der Schuld ein eher repressiver Gesichtspunkt ist, denn die Schuld des Täters zum Zeitpunkt der Tat hat nichts mit der Wirkung der Strafe auf den Täter oder die Gesellschaft zu tun, spricht dies für eine Berücksichtigung des Sühne- oder Vergeltungsgedankens. Andererseits enthält § 46 Abs. 1 Satz 2 StGB einen ausschließlich spezialpräventiven Ansatz: Es wird auf die Wirkungen abgestellt, die von der Strafe für das weitere Leben des Täters zu erwarten sind. Sowohl einen spezialpräventiven als auch einen generalpräventiven Ansatz enthält § 47 Abs. 1 StGB, wonach eine Freiheitsstrafe unter sechs Monaten nur verhängt werden soll, wenn sie zur Einwirkung auf den Täter (Spezialprävention) oder zur Verteidigung der Rechtsordnung (Generalprävention) unerlässlich ist. Dagegen wird in § 57a Abs. 1 Nr. 2 StGB mit der „besonderen Schwere der Schuld des Verurteilten" wiederum eher der Sühne- und Vergeltungsgedanke berücksichtigt. **20**

§ 3 Strafrecht und Verfassungsrecht

Einführende Aufsätze: *Blaue,* Die Zeitweiligkeit des Rechts – Das verfassungsrechtliche Rückwirkungsverbot und die Lex mitior-Regel (Art. 103 Abs. 2 GG, §§ 3, 4 OWiG bzw. §§ 1, 2 StGB), ZJS 2014, 371; *Bott/Krell,* Der Grundsatz „nulla poena sine lege" im Lichte verfassungsgerichtlicher Entscheidungen, ZJS 2010, 694; *Haft,* Generalklauseln und unbestimmte Begriffe im Strafrecht, JuS 1975, 477; *Hettinger,* Die zentrale Bedeutung des Bestimmtheitsgrundsatzes (Art. 103 II GG), JuS 1986, L 17, L 33; *Kertai,* Strafbarkeitslücken als Argument, JuS 2011, 976; *Lenckner,* Wertausfüllungsbedürftige Begriffe im Strafrecht und der Satz nullum crimen sine lege, JuS 1968, 249, 304.

Rechtsprechung: RGSt 71, 323 – Leichenbeschimpfung (analoge Anwendung von Strafvorschriften in der NS-Zeit); **BVerfGE 25, 269** – Verjährungsunterbrechung (zur Reichweite des Rückwirkungsverbots); **BVerfG NJW 2008, 3627** – Polizeikontrolle (PKW ist keine Waffe).

Strafrechtliche Vorschriften sind in vielfacher Weise geprägt von verfassungsrechtlichen Vorgaben. Diese spiegeln sich nicht nur in einzelnen strafrechtlichen Bestimmungen wider, sie beeinflussen darüber hinaus auch die Auslegung von Vorschriften im konkreten Einzelfall. So wird insbesondere das Strafprozessrecht vielfach auch als „Seismograph der Staatsverfassung" angesehen[39]. Doch auch im Allgemeinen Teil des Strafrechts finden sich verfassungsrechtliche Konkretisierungen an vielen Stellen. **21**

> **Bsp.:** Aus Grundrechten kann sich im Einzelfall eine Rechtfertigung tatbestandsmäßigen Verhaltens ergeben[40], so kollidiert z. B. die von den Beleidigungsvorschriften, §§ 185 ff. StGB, geschützte Ehre des einen oftmals mit der Meinungsfreiheit, Art. 5 Abs. 1 GG, oder der Kunstfreiheit, Art. 5 Abs. 2 GG, des anderen.

---

38 Vgl. zu dieser „vergeltendenen Vereinigungstheorie" BVerfGE 22, 125 (132); BVerfGE 45, 187 (253 f., 258 f.); BVerfGE 109, 133 (167 f.); vgl. auch BGHSt 20, 264 (266 f.); BGHSt 24, 132 (133 f.); aus der Literatur *Krey/Esser,* Rn. 157 ff.; kritisch hierzu *Lesch,* JA 1994, 590 (595).
39 Vgl. *Roxin/Schünemann,* Strafverfahrensrecht, 29. Aufl. 2017; § 2 Rn. 1.
40 Vgl. hierzu unten Rn. 510.

22 Im Folgenden sollen einige wesentliche Grundsätze des Verfassungsrechts dargestellt werden, die sich entweder in ausdrücklichen Regelungen des StGB niedergeschlagen haben oder die auf andere Weise auf das Strafrecht einwirken.

I. Grundsatz „nulla poena sine lege"

23 An erster Stelle ist dabei der Grundsatz **„nulla poena sine lege"** (keine Strafe ohne Gesetz) zu nennen, der in Art. 103 Abs. 2 GG und wortgleich in § 1 StGB seinen Niederschlag gefunden hat: *„Eine Tat kann nur bestraft werden, wenn die Strafbarkeit gesetzlich bestimmt war, bevor die Tat begangen wurde".* Etwas konkreter wird dieser Grundsatz auch in Art. 7 Abs. 1 der Europäischen Menschenrechtskonvention (EMRK) gefasst, die in Deutschland im Range eines einfachen Bundesgesetzes gilt[41]: *„Niemand kann wegen einer Handlung oder Unterlassung verurteilt werden, die zur Zeit ihrer Begehung nach inländischem oder internationalem Recht nicht strafbar war. Ebenso darf keine höhere Strafe als die im Zeitpunkt der Begehung der strafbaren Handlung angedrohte Strafe verhängt werden".*

24 Dieses **Gesetzlichkeitsprinzip** versteht sich nicht von selbst. So stellte z.B. die **„Peinliche Gerichtsordnung Kaiser Karls V."** (Carolina) aus dem Jahre 1532 noch darauf ab, dass ein Richter nach seinem Ermessen auch dann bestrafen könne, wenn eine Strafe im konkreten Fall zwar nicht ausdrücklich vorgesehen war, die Tat jedoch der allgemein geltenden Ordnung widersprach[42]. Erst *Anselm v. Feuerbach* formulierte im Jahre 1801 den Satz "nulla poena sine lege"[43], der bald Eingang in die im 19. Jahrhundert erlassenen Strafgesetzbücher fand und heute Verfassungsrang hat[44]. Ursprünglich entstammte dieser Grundsatz der Idee der **Generalprävention**: Wenn die Bestrafung des Täters andere von der Begehung von Straftaten abhalten soll, dann müssen diese wissen, was sie konkret zu unterlassen haben[45]. Daher muss das strafbare Verhalten für jeden nachvollziehbar niedergeschrieben sein. Heute wird dieser Grundsatz als Ausprägung des **Rechtsstaatsprinzips** angesehen[46]. Um in ausreichendem Maße Rechtssicherheit zu gewährleisten, muss jeder Bürger wissen, welches Verhalten strafbar ist und welches nicht[47]. Man spricht in diesem Zusammenhang auch von der **Garantiefunktion des Strafrechts**. Schließlich ist auch das Prinzip der **Gewaltenteilung** betroffen: Der Gesetzgeber (und nicht der Richter als Rechtsanwender) hat abstrakt zu bestimmen, welche Verhaltensweisen er als strafbar ansieht[48].

---

41 Vgl. BVerfGE 74, 358 (370); *Eisele*, JA 2000, 424 (427); *B. Heinrich*, JURA 2003, 167 (169); zum Einfluss der EMRK auf das deutsche Strafrecht *Eisele*, JA 2005, 390; *Kühl*, ZStW 100 (1988), 406, 601; zum Bestimmtheitsgrundsatz im Europäischen Strafrecht ferner *Satzger*, JuS 2004, 943 (947).
42 Vgl. auch den durch den nationalsozialistischen Gesetzgeber eingeführten § 2 RStGB i.d.F. des Gesetzes vom 28. Juni 1936 (RGBl. 1936 I, S. 839): „Bestraft wird, wer eine Tat begeht, die das Gesetz für strafbar erklärt oder die nach den Grundgedanken eines Strafgesetzes und nach dem gesunden Volksempfinden Bestrafung verdient. Findet auf die Tat kein bestimmtes Strafgesetz unmittelbar Anwendung, so wird die Tat nach dem Gesetz bestraft, dessen Grundgedanke auf sie am besten zutrifft."
43 *V. Feuerbach*, Lehrbuch des gemeinen in Deutschland gültigen peinlichen Rechts, 1801, S. 18 ff.; hierzu *Haft*, JuS 1975, 477 (477 f.).
44 Seine erste verfassungsrechtliche Verankerung in Deutschland fand durch Art. 116 der Weimarer Reichsverfassung im Jahre 1919 statt.
45 Hierzu *Kertai*, JuS 2011, 976 (977); *Jescheck/Weigend*, § 15 III; *Walter*, JA 2013, 727 (730).
46 Vgl. BVerfGE 95, 96 (130 ff.); BVerfGE 105, 135 (152 ff.); BVerfGE 126, 170 (194 f.); *B. Heinrich*, JURA 2003, 167 (170); *Roxin/Greco*, AT I, § 5 Rn. 1 ff.
47 BVerfGE 45, 363 (370); BVerfGE 78, 374 (382).
48 Vgl. zu diesem Aspekt auch *Krey/Esser*, Rn. 98, 103; *Roxin/Greco*, AT I, § 5 Rn. 18 ff.

Insgesamt können aus dem Grundsatz nulla poena sine lege (oder ganz korrekt: **25** **nullum crimen, nulla poena sine lege**, da nicht nur die Strafe als Rechtsfolge, sondern auch und gerade die Strafbarkeit an sich gesetzlich bestimmt sein muss) vier verschiedene Ausprägungen abgeleitet werden[49]:

1. Unzulässigkeit von Gewohnheitsrecht (nulla poena sine lege scripta)

Nur ein **geschriebenes Gesetz** kann die Strafbarkeit eines Verhaltens begründen **26** und eine bestimmte Strafe als Rechtsfolge androhen[50]. Dagegen ist die Begründung einer Strafbarkeit durch **Gewohnheitsrecht** unzulässig[51]. Unter „Gewohnheitsrecht" ist eine von den Gerichten seit langem angewandte Praxis (= lang andauernde Übung) zu verstehen, die von einer allgemeinen Rechtsüberzeugung getragen wird, aber gesetzlich nie fixiert wurde[52]. Während die Bildung von Gewohnheitsrecht im Zivilrecht und im öffentlichen Recht zulässig (und üblich) ist, kann im Strafrecht eine lang andauernde Praxis weder eine Strafbarkeit begründen noch eine gesetzlich vorgesehene Strafe schärfen. Dieses strikte Verbot, gilt allerdings nur **zu Lasten** des Täters. Dagegen sind zugunsten des Täters gewohnheitsrechtliche Regelungen zulässig[53].

> **Bsp.:** Unter dem Gesichtspunkt der Unzulässigkeit von Gewohnheitsrecht problematisch ist u. a. die Rechtsfigur der „actio libera in causa", d. h. der Vorverlagerung des Schuldvorwurfes, wenn sich der Täter zum Zeitpunkt der Tat in schuldunfähigem Zustand befindet, diesen aber vorsätzlich herbeigeführt hat, um eine Straftat zu begehen[54]. – Zu Gunsten des Täters (und insoweit in zulässiger Weise) wirkt allerdings der gewohnheitsrechtlich anerkannte Rechtfertigungsgrund der Einwilligung, der zwar gesetzlich als solcher nirgendwo ausdrücklich fixiert ist, aber dennoch allgemeine Geltung besitzt[55].

In dieser Hinsicht problematisch ist daher die Regelung des **Art. 7 Abs. 2 EMRK** **27** wonach eine „*Verurteilung oder Bestrafung einer Person nicht ausgeschlossen werden [darf], die sich einer Handlung oder Unterlassung schuldig gemacht hat, welche im Zeitpunkt ihrer Begehung nach den allgemeinen von den zivilisierten Völkern anerkannten Rechtsgrundsätzen strafbar war*". Diese Regelung ist mit deutschem Verfassungsrecht unvereinbar, weshalb sich die damalige Bundesregierung hinsichtlich der Geltung dieser Vorschrift in der Bundesrepublik Deutschland auch einen Vorbehalt ausbedungen hatte[56].

2. Bestimmtheitsgrundsatz (nulla poena sine lege certa)

Der Bestimmtheitsgrundsatz besagt, dass Strafgesetze sowohl hinsichtlich der tat- **28** bestandlichen Voraussetzungen als auch hinsichtlich der Rechtsfolgen ein Min-

---

49 Vgl. BVerfGE 153, 310 (339); BVerfG NJW 2004, 739 (745); *Bott/Krell*, ZJS 2010, 694; *Haft*, JuS 1975, 477; *Jescheck/Weigend*, § 15 III; *Kertai*, JuS 2011, 976 (977 f.); *Kindhäuser/Zimmermann*, § 3 Rn. 2; *Walter*, JA 2013, 727 (730).
50 BVerfGE 78, 374 (382); BVerfGE 95, 96 (131); vgl. zum Gesetzlichkeitsprinzip auch *Gropp/Sinn*, § 3 Rn. 1 ff.; *Grünwald*, Arthur Kaufmann-FS 1993, S. 433; *Rengier*, § 4 Rn. 12 ff.
51 BVerfGE 71, 108 (115); BVerfGE 73, 206 (235).
52 Vgl. zur Bildung von Gewohnheitsrecht BVerfGE 22, 114 (121).
53 Vgl. hierzu *Bott/Krell*, ZJS 2010, 694 (699); *Rengier*, § 4 Rn. 15; *Wessels/Beulke/Satzger*, Rn. 81.
54 Vgl. hierzu ausführlich unten Rn. 597 ff.
55 Vgl. unten Rn. 453 ff.; lediglich die Ausnahmen von diesem allgemeinen Grundsatz sind in §§ 216, 228 StGB gesetzlich bestimmt.
56 Vgl. BGBl. 1954 II, S. 14, Ziff. I 1; vgl. hierzu auch *Jähnke*, ZIS 2010, 463 (464).

destmaß an Bestimmtheit aufweisen müssen⁵⁷. Der Gesetzgeber muss diese so konkret umschreiben, dass Tragweite und Anwendungsbereich der Straftatbestände zu erkennen sind und sich durch Auslegung ermitteln lassen.⁵⁸ Dies dient einerseits dazu, sicherzustellen, dass der einzelne Bürger vorhersehen kann, welches Verhalten verboten ist, andererseits soll hierdurch der Gewaltenteilungsgrundsatz garantiert werden: Es ist Sache des Gesetzgebers, durch die Abfassung präziser Straftatbestände das Unrecht von Verhaltensweisen festzulegen, dies soll nicht erst später durch die rechtsprechende Gewalt vorgenommen werden⁵⁹. Unzulässig wäre daher z. B. eine Strafvorschrift, die lauten würde: „Wer gegen die guten Sitten verstößt, wird bestraft", da hieraus weder klar wird, was tatsächlich verboten ist, noch deutlich hervorgeht, welche Höhe eine auszusprechende Strafe haben könnte⁶⁰.

29 Allerdings kann nicht verlangt werden, dass in einem Strafgesetz alles bis ins Detail geregelt wird. Insoweit ist es anerkannt, dass vom Gesetzgeber sowohl Blankketttatbestände⁶¹ erlassen als auch wertausfüllungsbedürftige Vorschriften (sog. **Generalklauseln**) in beschränktem Maße verwendet werden dürfen⁶².

> **Bsp.:** Wenn der Tatbestand des Diebstahls, § 242 StGB, als Tatobjekt eine „fremde" Sache nennt, ist dies zulässig, obwohl zur Bestimmung der Fremdheit die Eigentumsordnung des Zivilrechts herangezogen werden muss. Selbst der Begriff der „Sache" ist in § 242 StGB nicht in der Weise definiert, dass alle Gegenstände, die entwendet werden können, abschließend aufgezählt sind. So kann es z. B. durchaus fraglich sein, ob „Elektrizität" oder „Langlaufloipen" als Sachen anzusehen sind (die man wegnehmen, § 242 StGB, oder jedenfalls beschädigen, § 303 StGB, kann)⁶³.

30 Die Grenze von zulässiger Generalklausel und unzulässiger Unbestimmtheit ist jedoch nicht immer eindeutig. Letztlich geht es darum, dass sich der einzelne Bürger anhand des gesetzlichen Wortlauts Klarheit darüber verschaffen kann, was erlaubt und was verboten ist⁶⁴. Kann er dies nicht mehr, dann ist die gesetzliche Vorschrift verfassungswidrig. Bedenklich ist allerdings die Ansicht, dass es ausrei-

---

57 BVerfGE 14, 245 (251 f.); BVerfGE 25, 269 (285); BVerfGE 26, 41 (42); BVerfGE 45, 363 (371); BVerfGE 73, 206 (234 f.); BVerfGE 86, 288 (311); BVerfGE 105, 135; BVerfGE 126, 170 (194 ff.); BVerfG NJW 2007, 1666; BVerfG NJW 2008, 3627 (3628); vgl. zum Bestimmtheitsgrundsatz ausführlich *Hettinger*, JuS 1986, L 17 (L 33); NK-*Hassemer/Kargl*, § 1 Rn. 14 ff.; *Satzger*, JuS 2004, 943 (943 f.); *ders.*, JURA 2016, 154; ferner *Bott/Krell*, ZJS 2010, 694 (695 f.); *Nestler*, JURA 2018, 568 (569); *Rotsch*, ZJS 2008, 132.
58 BVerfGE 25, 269 (285); BVerfGE 41, 315 (319); BVerfGE 47, 109 (120); BVerfGE 55, 144 (152); BVerfGE 75, 329 (341); BVerfGE 126, 170 (195); BVerfGE 153, 310 (340); BGHSt 62, 13 (19).
59 BVerfGE 153, 310 (339); BVerfG NJW 2008, 3627.
60 Bedenklich daher BGHSt 13, 190 (191 f.): Zulässig war hiernach eine Strafdrohung von Geldstrafe bis lebenslanger Freiheitsstrafe; bedenklich ebenfalls BVerfGE 26, 41: Eine Strafnorm mit dem Inhalt: „Wer groben Unfug verübt" soll zulässig sein.
61 BVerfGE 14, 245 (252 ff.); BVerfGE 87, 399 (407); BVerfGE 153, 310 (342); BVerfG NJW 2010, 754; hierzu *Bosch*, JA 2010, 472; ferner BGHSt 62, 13 (19 f.); zu den Blanketttatbeständen vgl. noch unten Rn. 113.
62 Vgl. BVerfGE 45, 363 (371); BVerfGE 48, 48 (56 f.); BVerfGE 92, 1 (12); BVerfGE 96, 69 (97 f.); BVerfGE 153, 310 (341); BVerfG NJW 2008, 3627; BGHSt 30, 285 (287); *Bott/Krell*, ZJS 2010, 694 (695); *Haft*, JuS 1975, 477 (479 ff.); *Krey/Esser*, Rn. 104 f.; *Nestler*, JURA 2018, 568 (569); *Walter*, JA 2013, 727 (731); *Wessels/Beulke/Satzger*, Rn. 72.
63 Vgl. hierzu noch unten Rn. 35.
64 Vgl. BVerfGE 14, 245 (251); BVerfGE 45, 363 (372); BVerfGE 71, 108 (114); BVerfGE 75, 329 (341); BVerfGE 78, 374 (382); BVerfGE 87, 363 (391); BVerfGE 96, 68 (97); BVerfG NJW 2008, 3627; BGHSt 28, 312 (313); BGHSt 62, 13 (19).

chend sei, wenn die Rechtsprechung einem – an sich zu unbestimmten – Straftatbestand mit der Zeit präzise Konturen verschafft hat[65].

Ein aktuelles **Beispiel** stellt in diesem Zusammenhang der Gewaltbegriff im Rahmen der Nötigung, § 240 StGB, dar. Die Gerichte gingen in den letzten Jahren zunehmend davon aus, dass auch „gewaltlose" Sitzblockaden, wie das bloße „Sich-Hinsetzen" auf Straßenbahnschienen oder vor Munitionsdepots, um dadurch das Passieren von Straßenbahnen oder Autos zu verhindern, als „Gewalt" anzusehen sei[66]. Zu Recht stellte das BVerfG (allerdings erst im zweiten Anlauf) klar, dass eine solche Überdehnung des Gewaltbegriffs diesen zu einer unbestimmten Größe mache und daher gegen das verfassungsrechtlich garantierte Bestimmtheitsgebot verstoße[67].

3. Rückwirkungsverbot (nulla poena sine lege praevia)

Unter dem Rückwirkungsverbot versteht man, dass eine Strafvorschrift weder **mit rückwirkender Kraft geschaffen** noch die Strafe in einer bereits existierenden Strafvorschrift **mit rückwirkender Kraft verschärft** werden darf. Es umfasst somit sowohl das „Ob" als auch das „Wie" der Strafbarkeit[68]. Hinsichtlich des Zeitpunktes der Tat gilt § 8 StGB, wonach auf den Zeitpunkt der Handlung und nicht auf den des Erfolges abzustellen ist. **31**

Bsp.: Arzt Armin verbreitet in der Fußgängerzone einer größeren Stadt Krankheitserreger, die bei den infizierten Personen nach einer Inkubationszeit von etwa einem Jahr eine schmerzhafte, allerdings nicht tödlich wirkende Krankheit verursachen. Nachdem dies wenige Tage später – und nach der Infektion mehrerer Fußgänger – bekannt geworden ist, erlässt der Gesetzgeber eine neue, mit schwerer Strafe bedrohte Qualifikation der Körperverletzung in § 224a StGB: „Besonders gefährliche Körperverletzung durch Verbreitung von Viren". Armin kann hiernach jedoch nicht bestraft werden, auch wenn die Krankheiten (= Erfolg) erst später ausbrechen, da seine Handlung (= Verbreitung von Viren) vor Erlass des neuen Gesetzes stattfand. Eine Strafbarkeit ergibt sich somit lediglich nach § 224 Abs. 1 Nr. 1 StGB wegen gefährlicher Körperverletzung.

Das Rückwirkungsverbot gilt (wie der gesamte Grundsatz „nulla poena sine lege") jedoch nur für das **materielle Recht**, d. h. für die Frage, welches Verhalten strafbar ist und welche Strafe sich hieran knüpft, wobei aber strittig ist, ob die Normen des Allgemeinen Teils von dem Verbot auszunehmen sind[69]. Dagegen gilt das Rückwirkungsverbot – nach allerdings ebenfalls umstrittener Ansicht – nicht für das Strafprozessrecht oder die Strafverfolgungsvoraussetzungen (Strafantrag, Verjährung etc.)[70]. **32**

So ist es dem Gesetzgeber z. B. nicht verwehrt, nachträglich die Verjährungsvorschriften zu verschärfen[71]. Hat also ein Täter vor 24 Jahren einen Totschlag begangen, der nach

---

65 BVerfGE 26, 41 (43); BVerfGE 45, 363 (372); BVerfGE 48, 48 (56); BVerfGE 62, 256 (275 f.); BGHSt 30, 285 (287); hierzu kritisch auch *Krey/Esser*, Rn. 105; *Rengier*, § 4 Rn. 28; *Rotsch*, ZJS 2008, 132 (134 f.).
66 Vgl. BGHSt 23, 46 (49 f.); BGHSt 35, 270 (273 f.); BGHSt 37, 350 (352 ff.); BGHSt 41, 182 (185).
67 Vgl. BVerfGE 92, 1; vgl. zur verfassungsrechtlichen Beurteilung des Nötigungstatbestandes auch *Frister*, 4. Kap. Rn. 16 ff.; anders noch wenige Jahre zuvor BVerfGE 73, 206.
68 BVerfG NJW 2004, 739 (745); *Wessels/Beulke/Satzger*, Rn. 74; vgl. zum Rückwirkungsverbot auch BVerfGE 25, 269 (284 ff.); BVerfGE 46, 188 (192); BVerfGE 81, 132 (135); BVerfGE 95, 96 (131); BGHSt 39, 1 (26 ff.); BGHSt 46, 310 (317 f.); *Blaue*, ZJS 2014, 371; *Satzger*, JURA 2006, 746 (747).
69 Vgl. hierzu *Jäger*, Rn. 14.
70 BVerfGE 25, 269 (284 ff.); BGHSt 20, 22 (27); BGHSt 46, 310 (317, 320); *Kindhäuser/Zimmermann*, § 3 Rn. 4; *Krey/Esser*, Rn. 65; *Mitsch*, JA 2014, 1 (4); *Satzger*, JURA 2006, 746 (748); *Wessels/Beulke/Satzger*, Rn. 74; kritisch hierzu *Pieroth*, JURA 1983, 122 (124); *Schönke/Schröder-Hecker*, § 2 Rn 6; a. M. *Frister*, 4. Kap. Rn. 37 f.; *Jakobs*, 4/9, 4/57.
71 BVerfGE 25, 269 (286 ff.); BVerfG NStZ 2000, 251; vgl. hierzu auch *Krey/Esser*, Rn. 64 ff.; *Rengier*, § 4 Rn. 20 ff.; a. M. *Jakobs*, 4/9; *Schreiber*, ZStW 80 (1968), 348 (365).

geltendem Recht (§ 79 Abs. 3 Nr. 1 StGB) nach 25 Jahren verjähren würde, so kann der Gesetzgeber vor Ablauf der Verjährungsfrist die Verjährung auf 30 Jahre verlängern[72]. Voraussetzung ist allerdings, dass die Tat nicht bereits verjährt war[73]. – Auch bleibt es dem Gesetzgeber unbenommen, in Fällen, in denen eine Strafverfolgung derzeit nur bei Vorliegen eines Strafantrages des Verletzten möglich ist (z.B. § 247 StGB), eine Strafverfolgung von Amts wegen einzuführen, die sich auch auf diejenigen Straftaten erstreckt, die bereits stattgefunden haben[74].

33 Ferner gilt das Rückwirkungsverbot auf der Rechtsfolgenseite nur für **Strafen**, nicht aber für **Maßregeln der Besserung und Sicherung** (vgl. § 2 Abs. 6 StGB)[75]. Schließlich gilt es auch nicht in Bezug auf eine Änderung der höchstrichterlichen Rechtsprechung bzw. allgemein für den Wandel bestimmter Rechtsauffassungen auf der Grundlage bestehender Gesetze[76].

> **Bsp.:** Anton packt Bruno und wirft ihn mit voller Wucht gegen eine Hauswand. – Nach derzeitiger Rechtsprechung ist hier eine gefährliche Körperverletzung lediglich in Form der lebensgefährdenden Behandlung, § 224 Abs. 1 Nr. 5 StGB, nicht jedoch in Form der Begehung mittels eines gefährlichen Werkzeugs, § 224 Abs. 1 Nr. 2 StGB, möglich, weil als gefährliche Werkzeuge nur bewegliche Gegenstände angesehen werden und zudem das Werkzeug auf das Opfer zubewegt werden muss und nicht umgekehrt[77]. Würde nun der BGH seine höchstrichterliche Rechtsprechung dahingehend ändern, dass auch unbewegliche Gegenstände (wie hier die Hauswand) dem § 224 Abs. 1 Nr. 2 StGB unterfielen, dann könnte Anton sich nicht auf das Rückwirkungsverbot berufen, da nur die Auslegung des Gesetzes, nicht jedoch der Gesetzestext selbst geändert wurde und eine solche Änderung zulässig sein muss (freilich würde man im konkreten Fall dem Täter unter Umständen einen unvermeidbaren Verbotsirrtum, § 17 StGB, zugestehen müssen[78]).

34 Auch im Rahmen des Rückwirkungsverbots ist jedoch zu beachten, dass eine **Rückwirkung zugunsten des Täters** stets zulässig ist.[79] Eine entsprechende Regelung findet sich in § 2 Abs. 3 StGB. Hier wird bestimmt, dass dann, wenn ein Gesetz zwischen der Begehung der Tat und der Aburteilung geändert wird, das mildere Gesetz Anwendung findet.[80] Dies führt unter anderem auch dazu, dass derjenige, der sich wegen einer Vorschrift strafbar gemacht hat, die vom Gesetzgeber vor der Aburteilung aufgehoben wird, überhaupt nicht mehr bestraft werden

---

72 So wurde im deutschen Recht mehrmals die Verjährungsfrist wegen Mordes verlängert, um nach 1945 die in nationalsozialistischer Zeit begangenen Morde auch Jahrzehnte später noch ahnden zu können, bis zuletzt durch Art. 2 des 16. Strafrechtsänderungsgesetzes vom 16. Juli 1979 (BGBl. 1979 I, S. 1046) die heutige Regelung des § 78 Abs. 2 StGB eingeführt wurde (Mord verjährt nie).
73 Hierzu BVerfGE 25, 269 (291); *Krey/Esser*, Rn. 67; MüKo-*Schmitz*, 4. Aufl., § 1 Rn. 22; ferner *Jescheck/Weigend*, § 15 IV 4.
74 RGSt 77, 106; BGHSt 46, 310 (317); *Mitsch*, JA 2014, 1 (4); vgl. auch *Marxen*, Fall 1b; a. M. *Jakobs*, 4/9; *Roxin/Greco*, AT I, § 5 Rn. 59; *Schönke/Schröder-Hecker*, § 2 Rn. 6.
75 Vgl. hierzu BVerfGE 109, 133 (167 ff.); BGHSt 5, 168 (173 f.); BGHSt 24, 103; kritisch zu dieser Regelung *Best*, ZStW 114 (2002), 88 (127 ff.); *Roxin/Greco*, AT I, § 5 Rn. 55 f.
76 BVerfG NStZ 1990, 537; BayObLG NJW 1990, 2833; *Bott/Krell*, ZJS 2010, 694 (699); *Krey/Esser*, Rn. 73; *Satzger*, JURA 2006, 746 (748); *Schönke/Schröder-Hecker*, § 2 Rn. 7; SSW-*Satzger*, § 1 Rn. 58; *Wessels/Beulke/Satzger*, Rn. 78; vgl. hierzu *Marxen*, Fall 1a, und ausführlich *Neumann*, ZStW 103 (1991), 331; differenzierend *Roxin/Greco*, AT I, § 5 Rn. 61 ff.; kritisch BWME-*Eisele*, § 7 Rn. 45; *Krahl*, NJW 1991, 808 (809); MüKo-*Schmitz*, 4. Aufl., § 1 Rn. 40; NK-*Hassemer/Kargl*, § 1 Rn. 50 ff., 58; *Puppe*, § 19 Rn. 23; ablehnend *Ranft*, JuS 1992, 468 (470 ff.).
77 BGHSt 22, 235; BGH NStZ 1988, 361 (365); BGH NStZ-RR 2005, 725; *Fischer*, § 224 Rn. 12; *Krey/Esser*, Rn. 85; MüKo-*Hardtung*, 4. Aufl., § 224 Rn. 16; *Wessels/Hettinger/Engländer*, BT 1, Rn. 230; a. M. hingegen ein Großteil der Literatur; vgl. LK-*Lilie*, 11. Aufl., § 224 Rn. 27; *Rengier*, BT II, § 14 Rn. 39.
78 Vgl. zum Verbotsirrtum unten Rn. 1114 ff.
79 *Satzger*, JURA 2006, 746 (747).
80 Vgl. hierzu ausführlich *Satzger*, JURA 2006, 746 (748 ff.).

kann (Meistbegünstigungsprinzip)[81]. Ferner gilt dann, wenn sich das Gesetz, (z. B. hinsichtlich der Strafhöhe) zwischen Tatbegehung und Aburteilung mehrfach ändert, die insgesamt mildeste Fassung[82]. Einzige Ausnahme zu diesem Grundsatz sind Gesetze, die von vornherein nur für eine bestimmte Zeit gelten sollen („Zeitgesetze"; vgl. § 2 Abs. 4 StGB)[83].

4. Analogieverbot (nulla poena sine lege stricta)

Unter dem Analogieverbot, welches eng mit dem Verbot gewohnheitsrechtlicher Regelungen zusammenhängt, versteht man das Verbot, aus einem Ähnlichkeitsvergleich (d. h. dem Vergleich mit existierenden Strafbestimmungen unter Heranziehung der „ratio" des Gesetzes) neue Straftatbestände[84] zu schaffen, die das geschriebene Gesetz in dieser Form nicht kennt („gesetzesergänzende Lückenfüllung")[85].

> **Bsp.**[86]: So hatte das Reichsgericht im Jahre 1899 die Frage zu entscheiden, ob das Abzapfen fremder Elektrizität als Diebstahl anzusehen sei[87]. Das RG stellte sich dabei auf den Standpunkt, Elektrizität könne nicht als körperlicher Gegenstand und somit nicht als Sache i. S. des § 242 StGB angesehen werden. Zwar sei das Abzapfen fremder Elektrizität in gleicher Weise sozialschädlich wie der Diebstahl von Sachen und müsse daher vom Unrechtsgehalt her ähnlich beurteilt werden. Eine Bestrafung sei jedoch nur möglich, wenn man § 242 StGB analog auch auf Elektrizität anwenden würde. Dann aber läge ein klassischer Verstoß gegen das Analogieverbot vor[88]. – Konsequenterweise lehnte das RG daher eine Strafbarkeit ab, worauf der Gesetzgeber ein Jahr darauf den heutigen § 248c StGB schuf, um künftig die Fälle des „Elektrizitätsdiebstahls" strafrechtlich erfassen zu können.

Abzugrenzen ist die verbotene Analogie von der zulässigen Auslegung. Jede Rechtsnorm bedarf der **Auslegung**, die sich am Wortlaut des Gesetzes orientiert. Der Wortlaut des Gesetzes bildet dabei allerdings die Schranke zulässiger Auslegung. Wird diese Schranke überschritten, so liegt eine **Analogie** vor[89]. Auch im Rahmen des Analogieverbots ist jedoch zu beachten, dass eine Analogie zugunsten des Täters stets zulässig ist, sofern eine vom Gesetzgeber unbeabsichtigte Gesetzeslücke vorliegt[90].

---

81 BGHSt 20, 116 (119); BGH NStZ 1992, 535 (536); *Krey/Esser*, Rn. 57 f.; *Roxin/Greco*, AT I, § 5 Rn. 62; *Satzger*, JURA 2006, 746 (749).
82 BGH NStZ 1992, 535 (536); *Krey/Esser*, Rn. 60; *Roxin/Greco*, AT I, § 5 Rn. 63; *Satzger*, JURA 2006, 746 (748 ff.).
83 Zu den Zeitgesetzen vgl. *Krey/Esser*, Rn. 61 ff.; *Satzger*, JURA 2006, 746 (750 f.).
84 Das Gleiche gilt auch für strafschärfende Vorschriften (Qualifikationen, Strafzumessungsregelungen); vgl. BVerfG NJW 2008, 3627.
85 Vgl. zu den Voraussetzungen der Analogie BVerfGE 82, 6 (11 ff.); zum Analogieverbot ferner BVerfGE 73, 206 (235 f.); BVerfGE 92, 1 (12); BGHSt 35, 390 (395); *Krey/Esser*, Rn. 78 ff.; *Rengier*, § 4 Rn. 31 ff.; dagegen wurde in der NS-Zeit eine analoge Anwendung von Strafvorschriften befürwortet, wenn sie auf unbewussten Gesetzeslücken beruhten und dies dem „gesunden Volksempfinden" entsprach; so deutlich in RGSt 70, 173 (175); RGSt 71, 323 (325).
86 Vgl. allerdings auch BGHSt 10, 375: Hier hatte der BGH keinen Verstoß gegen das Analogieverbot darin gesehen, ein Kraftfahrzeug unter die Begriffe „bespanntes Fuhrwerk, Kahn oder Lasttier" zu subsumieren; hierzu kritisch *Frister*, 4. Kap. Rn. 24 f.; dagegen wurde in BVerfGE 87, 209 ein Verstoß gegen das Analogieverbot darin gesehen, dass im Rahmen der Gewaltdarstellung, § 131 Abs. 1 StGB, unter den Begriff „Mensch" auch „menschenähnliche Wesen" subsumiert wurden; nach BVerfG NJW 2008, 3627 kann ein PKW nicht als „Waffe" i. S. des § 113 Abs. 2 Satz 2 Nr. 1 StGB angesehen werden.
87 RGSt 32, 165; vgl. auch RGSt 29, 111; hierzu auch *Walter*, JA 2013, 727 (731).
88 RGSt 32, 165 (185 ff.).
89 Vgl. zu dieser Abgrenzung noch ausführlich unten Rn. 136 ff.
90 BGHSt 6, 85 (87); BGHSt 11, 324; *Bott/Krell*, ZJS 2010, 694 (699); *Rengier*, § 4 Rn. 34; *Wessels/Beulke/Satzger*, Rn. 81; vgl. auch *Frister*, 4. Kap. Rn. 29.

Bsp.: Ein freiwilliger Rücktritt vom an sich strafbaren Versuch führt, wenn die Voraussetzungen des § 24 StGB vorliegen, zur Straflosigkeit. Diese Regelung gilt jedoch nur für Versuchsdelikte. Ist das Delikt vollendet, kann hiervon nicht mehr zurückgetreten werden. Vereinzelt enthalten aber einige Vorschriften auch die Möglichkeit, nach Vollendung des Delikts noch „umzukehren", sofern der Täter einen weitergehenden Schaden verhindert (sog. „tätige Reue"; vgl. z. B. §§ 306e, 330b StGB). Im Wege der Analogie wäre es nun möglich, diesen Rechtsgedanken auch bei vergleichbaren Vorschriften anzuwenden und insoweit zu einer Straflosigkeit des Verhaltens zu gelangen (diskutiert wird dies z. B. bei der unterlassenen Hilfeleistung, § 323c StGB[91]).

II. Anspruch auf rechtliches Gehör

37 Nach **Art. 103 Abs. 1 GG** muss jedem Einzelnen vor Gericht Anspruch auf rechtliches Gehör gewährt werden. Dieser Grundsatz gilt über den Wortlaut hinaus („vor Gericht") für das gesamte Verfahrensrecht und ist daher in jedem Stadium des Strafverfahrens zu berücksichtigen. Der Angeklagte oder Beschuldigte muss zu jeder Zeit das Recht haben, zu den gegen ihn erhobenen Vorwürfen Stellung zu nehmen und z. B. Entlastungsbeweise vorbringen zu können. Auch **Art. 6 Abs. 1 EMRK** bestimmt, dass jedermann einen Anspruch darauf hat, *„dass seine Sache in billiger Weise öffentlich und in angemessener Frist gehört wird, und zwar von einem unabhängigen und unparteiischen, auf Gesetz beruhenden Gericht"*. Da dieser Grundsatz allerdings in erster Linie Auswirkungen auf das Strafprozessrecht besitzt, soll an dieser Stelle nicht ausführlich dazu Stellung genommen werden.

III. Verbot der Doppelbestrafung wegen derselben Tat

38 Auch das Verbot der Doppelbestrafung wegen derselben Tat (ne bis in idem) erlangt vorwiegend im Strafprozessrecht Bedeutung. So bestimmt **Art. 103 Abs. 3 GG**: *„Niemand darf wegen derselben Tat aufgrund der allgemeinen Strafgesetze mehrmals bestraft werden"*[92]. Dieser Grundsatz hat insbesondere Auswirkungen auf den Umfang der **Rechtskraft** strafrechtlicher Urteile.

> Einleuchtend ist es, dass ein Täter z. B. nicht zwei Mal wegen derselben Körperverletzung bestraft werden darf. Problematisch wird dieser Grundsatz allerdings dann, wenn ein Täter wegen eines Dauerdelikts, z. B. einer Trunkenheitsfahrt, § 316 StGB, verurteilt wird und sich nach einiger Zeit herausstellt, dass er während dieser Fahrt mehrere Menschen getötet hat. Da die gesamte Trunkenheitsfahrt als „eine Tat" abgeurteilt wurde, schließt sie sämtliche Handlungen mit ein, die während dieser Fahrt begangen wurden, sodass eine Verurteilung wegen fahrlässiger oder vorsätzlicher Tötung nicht mehr möglich ist[93].

39 Das Prinzip soll einerseits Rechtssicherheit für den rechtskräftig Abgeurteilten schaffen, andererseits soll es die Strafverfolgungsorgane zu sorgfältigen Ermittlun-

---

91 Von der Rechtsprechung wird dies allerdings mit dem Argument abgelehnt, es läge keine unbewusste Gesetzeslücke vor, da der Gesetzgeber in Kenntnis dieses Problems § 323c StGB mehrmals geändert und eine entsprechende Regelung eben bewusst nicht eingeführt habe; vgl. BGHSt 14, 213 (217); anders *Lackner/Kühl*, § 323c Rn. 11; *Matt/Renzikowski-Renzikowski*, § 323c Rn. 27; *Schönke/Schröder-Hecker*, § 323c Rn. 26; SK-*Stein*, § 323c Rn. 52; vgl. hierzu auch die Übungsfälle bei *Frisch/Murmann*, JuS 1999, 1196 (1201); *Kudlich/Schuhr*, JA 2007, 349 (353); ferner *Börner*, JURA 2017, 477 (482 f.) zu § 265 StGB.
92 Vgl. zum Grundsatz „ne bis in idem" BVerfGE 12, 62 (66); BVerfGE 21, 378 (383 ff.); BVerfGE 21, 391 (400 ff.).
93 Vgl. zu dieser Problematik u. a. BGHSt 23, 141 (144 ff.).

gen anleiten. Denn was im Strafverfahren nicht ermittelt und verwertet wurde, kann nach Abschluss des Verfahrens nicht mehr berücksichtigt werden.

Zwei Problembereiche sollen in diesem Zusammenhang noch erwähnt werden[94]. So gilt Art. 103 Abs. 3 GG nach h. M. nicht für das Nebeneinander von Disziplinarrecht und Strafrecht, sodass z. B. neben strafrechtlichen auch disziplinarrechtliche Sanktionen verhängt werden können, was insbesondere für das Beamten- und Wehrdienstverhältnis bedeutsam ist[95]. Auch gilt der Grundsatz „ne bis in idem" nur für die Verurteilung innerhalb eines Staates und schließt die Ahndung von Straftaten durch verschiedene Staaten nicht aus[96]. **40**

IV. Schuldprinzip

Das Schuldprinzip (nulla poena sine culpa) ist einer der Grundpfeiler, auf denen unser heutiges Strafrecht ruht. Es gilt als ein unantastbarer Grundsatz allen staatlichen Strafens und besagt, dass die Schuld des Täters eine zwingende Voraussetzung für die Legitimität staatlicher Strafe ist. Das Schuldprinzip ist zwar nicht ausdrücklich in unserer Verfassung erwähnt, ergibt sich aber inzident aus dem Menschenbild des Grundgesetzes (Art. 1 Abs. 1 GG) sowie aus dem Rechtsstaatsprinzip[97]. Auf den Inhalt und die Ausprägung des Schuldprinzips wird im Rahmen der Behandlung der Schuld noch ausführlich eingegangen[98]. **41**

V. Grundsatz „in dubio pro reo"

Ergibt sich nach Erhebung und Würdigung aller zur Verfügung stehenden Beweismittel kein eindeutiger Sachverhalt (unklare bzw. mehrdeutige Sachverhaltslage), so hat der Richter „im Zweifel" auf der Grundlage desjenigen Sachverhalts zu entscheiden, der für den Täter günstigere Rechtsfolgen (Freispruch, mildere Bestrafung) hat[99]. **42**

§ 4 Abgrenzung zu anderen Rechtsgebieten

Einführende Aufsätze: *Bohnert*, Die Entwicklung des Ordnungswidrigkeitenrechts, JURA 1984, 11; *Mitsch*, Grundzüge des Ordnungswidrigkeitenrechts, JA 2008, 241, 409; *Noak*, Einführung ins Ordnungswidrigkeitenrecht, ZJS 2012, 175, 329, 458; *Nowrousian*, Bußgeldtatbestand und Bußgeldverfahren – eine Kurzeinführung ins Recht der Ordnungswidrigkeiten, JA 2020, 241.

I. Strafrecht und Strafprozessrecht

Regelungsgegenstand des Strafrechts ist das **materielle Recht**. Davon abzugrenzen ist das Strafprozessrecht, welches zum **formellen Recht** zählt. **43**

---

94 Vgl. ferner BGH NJW 2008, 1683 (1684); hier wird festgestellt, dass das Doppelbestrafungsverbot auch bei der Verhängung von Maßregeln der Besserung und Sicherung nicht gilt, da es sich hier nicht um Strafen handle.
95 Vgl. hierzu noch unten Rn. 51.
96 Vgl. hierzu noch unten Rn. 62.
97 Vgl. hierzu noch unten Rn. 525.
98 Vgl. hierzu noch ausführlich unten Rn. 525 ff.
99 Vgl. zum Grundsatz „in dubio pro reo" noch ausführlich unten Rn. 1449 ff.

Unter dem Begriff des **materiellen Rechts** versteht man die Rechtslage an sich, d. h. die Beurteilung von Recht und Unrecht. Im Strafrecht betrifft dies vor allem die im Strafgesetzbuch (StGB) geregelten Vorschriften sowohl des Allgemeinen als auch des Besonderen Teils. Hier wird einerseits geregelt, wann sich wer und wodurch strafbar gemacht hat, andererseits ergibt sich hieraus, welche Rechtsfolgen sich an die jeweilige Tat knüpfen (Geldstrafe, Freiheitsstrafe, Maßregeln der Besserung und Sicherung). Dagegen zählen zum **formellen Recht** sämtliche Vorschriften, welche die Rechtsdurchsetzung betreffen. Hier wird geregelt, auf welche Weise der staatliche Strafanspruch geltend gemacht werden kann. Dabei stellt die Strafprozessordnung (StPO) ein bestimmtes förmliches Verfahren (das „Strafverfahren") zur Verfügung, durch welches festgestellt werden kann, wie sich die materielle Rechtslage darstellt (insofern gewährt sie ein Verfahren zur Rechtsermittlung = Erkenntnisverfahren)[100]. Anderseits wird durch die Strafvollzugsgesetze (StVollzG) des Bundes und der Länder geregelt, wie das auf diese Weise festgestellte Recht durchgesetzt, der staatliche Strafanspruch also verwirklicht werden kann (insofern gewährleisten diese Regelungen ein Verfahren zur Rechtsdurchsetzung = Strafvollzugsrecht).[101]

44 Diese Differenzierung von materiellem und formellem Recht findet sich auch in anderen Rechtsbereichen. So regelt das Bürgerliche Gesetzbuch (BGB) wesentliche Teile des materiellen Zivilrechts, während sich die Zivilprozessordnung (ZPO) als formelles Recht auf die Rechtsdurchsetzung konzentriert. Während die Vorschriften des allgemeinen und besonderen Verwaltungsrechts die materielle Rechtslage betreffen, ist in der Verwaltungsgerichtsordnung (VwGO) die Art und Weise der Rechtsdurchsetzung geregelt.

45 Im Unterschied zum Zivilrecht, bei dem die Mehrzahl der Ansprüche freiwillig erfüllt wird, muss der **staatliche Strafanspruch**, der durch jede begangene Straftat entsteht, stets gerichtlich durchgesetzt (oder jedenfalls von der Staatsanwaltschaft geprüft) werden. So kann ein Straftäter nicht „freiwillig" eine bestimmte Geldstrafe zahlen oder sich ins Gefängnis begeben. Denn das Gesetz legt in den meisten Fällen[102] nur den abstrakten Strafrahmen (z. B.: „[...] *wird mit Freiheitsstrafe bis zu fünf Jahren oder Geldstrafe bestraft*") fest, die konkrete Strafe muss dann aber durch den Richter ausgesprochen werden. Auch können die staatlichen Organe (außer in den gesetzlich zugelassenen Fällen) infolge des **Legalitätsprinzips** nicht nach freiem Ermessen von der Verhängung und Durchsetzung der Strafe absehen, d. h. sie müssen eine Straftat verfolgen (während es im Zivilrecht jedem Gläubiger überlassen bleibt, ob er einen Anspruch geltend macht oder darauf verzichtet).

46 Jede Straftat führt nach ihrer Entdeckung somit zumindest zu einem strafrechtlichen Ermittlungsverfahren, in welchem die Staatsanwaltschaft prüft, ob Anlass zur Erhebung einer öffentlichen Klage besteht (vgl. § 170 Abs. 1 StPO). Ist dies der Fall, wird anschließend – nach Zulassung der Klage durch das Gericht – in der gerichtlichen Hauptverhandlung festgestellt, ob sich ein Täter tatsächlich strafbar gemacht hat und welche Strafe dafür auszusprechen ist. Das materielle Strafrecht erzeugt diesen staatlichen Strafanspruch, das Strafverfahrensrecht setzt ihn durch. Dabei basiert das deutsche Strafverfahrensrecht auf einer strikten Trennung der

---

100 Ergänzend hinzuzuziehen sind die Regelungen des Gerichtsverfassungsgesetzes (GVG), woraus sich u. a. die sachliche Zuständigkeit der Gerichte sowie ihre Besetzung ergibt; vgl. auch Rn. 48.
101 Durch die Föderalismusreform 2006 hat der Bund allerdings die Gesetzgebungskompetenz für den Strafvollzug verloren (Art. 74 Abs. 1 Nr. 1 GG); nach Art. 125a Abs. 1 GG gilt das StVollzG allerdings fort, bis die Länder es durch Landesrecht ersetzen.
102 Eine Ausnahme stellen lediglich diejenigen Straftatbestände dar, die eine ausschließliche Verhängung der lebenslangen Freiheitsstrafe vorsehen (z. B. Mord, § 211 StGB).

Funktionen des Richters und der Staatsanwaltschaft. Die Staatsanwaltschaft ist Anklagebehörde und führt die Ermittlungen durch. Der Richter hingegen entscheidet auf der Basis der staatsanwaltschaftlichen Anklage auf der Grundlage der mündlichen Hauptverhandlung.

Der Grundsatz, dass das gesamte materielle Strafrecht im StGB, das gesamte Prozessrecht in der StPO geregelt ist, wird jedoch nicht strikt durchgehalten. Es gibt vielmehr einige **Überschneidungen**. So finden sich die Regelungen über die Notwendigkeit der Stellung eines Strafantrags durch den Verletzten, also Regelungen über Strafverfolgungsvoraussetzungen, die mit der Strafbarkeit des Verhaltens an sich nichts zu tun haben, im StGB (vgl. §§ 77 ff., 194, 230 StGB u. a.). Auch die Regelungen über die Verjährung einer Straftat, §§ 78 ff. StGB, stehen zumindest in der Mitte zwischen Strafrecht und Prozessrecht, da die Verjährung nicht dazu führt, dass ursprünglich strafbares Verhalten zu straflosem Verhalten wird. Es wird lediglich die Möglichkeit unterbunden, den entstandenen staatlichen Strafanspruch durchzusetzen. Schließlich hat der Angeklagte unter bestimmten Voraussetzungen (leichtes Delikt, kein großer Schaden, Ersttäter) einen Anspruch darauf, dass sein Verfahren eingestellt wird, also letztlich keine Bestrafung erfolgt. In diesen Fällen entfällt der staatliche Strafanspruch. Die Regelungen der Einstellung eines Strafverfahrens wegen Geringfügigkeit finden sich jedoch in der StPO (§§ 153 ff. StPO). **47**

Dabei ist auch nicht das gesamte Prozessrecht in der StPO geregelt. Denn insbesondere die Fragen der sachlichen Zuständigkeit der Gerichte (d. h. die Frage, welches Gericht für welche Straftaten zuständig ist) finden sich im **Gerichtsverfassungsgesetz** (GVG). Andererseits sind auch nicht sämtliche materiellen Strafbestimmungen im StGB verankert. Vielmehr sind hier nur die wesentlichen Straftatbestände aufgenommen. Darüber hinaus findet sich eine Vielzahl einzelner Strafbestimmungen im sog. **„Nebenstrafrecht"**[103]. Hierunter versteht man eigenständige Straftatbestände, die in zumeist verwaltungsrechtlichen, zuweilen aber auch zivilrechtlichen Einzelgesetzen aufgenommen wurden und die Verstöße gegen die materiellen Bestimmungen dieser Gesetze unter Strafe stellen. Für das gesamte Nebenstrafrecht gelten dabei die Vorschriften des Allgemeinen Teils des StGB (vgl. § 1 EGStGB). In der Praxis besonders bedeutsam sind die Straftatbestände des Waffengesetzes (§§ 51 f. WaffG) und des Betäubungsmittelgesetzes (§§ 29 ff. BtMG). **48**

II. Strafrecht und Disziplinarrecht

Während das **Strafrecht** das Recht des Staates zum Gegenstand hat, jedermann wegen der Begehung eines allgemeinen Delikts zu bestrafen, ist das **Disziplinarrecht** das Recht eines Vorgesetzten, einen Untergebenen innerhalb eines bestimmten **Sonderrechtsverhältnisses** zu „disziplinieren"[104]. Dieses Sonderrechtsverhältnis muss gesetzlich bestimmt sein. Als Beispiele sind hier zu nennen: das Beamtenverhältnis, das Soldaten- bzw. Wehrdienstverhältnis, besondere Zwangsmitgliedschaften in Berufsverbänden (Rechtsanwaltskammer, Ärztekammer), be- **49**

---

103 Zur Differenzierung von Haupt- und Nebenstrafrecht vgl. nur NK-*Hassemer/Neumann*, Vor § 1 Rn. 206 ff., 230 ff.
104 Zur Abgrenzung von Strafrecht und Disziplinarrecht vgl. auch BWME-*Eisele*, § 3 Rn. 15 ff.; *Jakobs*, 3/11 ff.; *Maurach/Zipf*, AT 1, § 1 Rn. 19; *Roxin/Greco*, AT I, § 2 Rn. 134 ff.

sondere Ausbildungsverhältnisse (auch Studierende unterstehen der Disziplinargewalt des Rektors bzw. Präsidenten der Universität).

50 Jedes dieser Sonderrechtsverhältnisse beinhaltet bestimmte Rechte und Pflichten und bestimmt ferner, welche Sanktionen bei einem Verstoß gegen diese Pflichten verhängt werden können. Diese reichen vom bloßen Verweis über eine förmliche Verwarnung bis hin zur Entlassung aus dem Dienstverhältnis oder dem Ausschluss aus dem jeweiligen Berufsverband. Allerdings gibt es in manchen Sonderrechtsverhältnissen auch die Möglichkeit, **Geldbußen** oder sogar (im Wehrrecht) kurze **Arreststrafen** (vgl. u. a. den Strafarrest nach § 9 WStG) zu verhängen. Diese Sanktionen können **neben** die Strafe treten, die ein Strafgericht verhängt.

> **Bsp.:** Ein Soldat verprügelt während einer Wehrübung seinen Vorgesetzten. – Ein solches Verhalten kann sowohl disziplinarrechtliche als auch strafrechtliche Konsequenzen nach sich ziehen.

51 Diese doppelte Sanktionsmöglichkeit ist im Hinblick auf das verfassungsrechtliche **Verbot der Doppelbestrafung wegen derselben Tat** (Art. 103 Abs. 3 GG)[105] durchaus problematisch. Die h. M. geht jedoch davon aus, bei den Disziplinarmaßnahmen handle es sich nicht um **Strafen**, sondern lediglich um „andere Maßnahmen", weshalb eine doppelte Ahndung vom Grundsatz her zulässig sei[106], was aber insbesondere bei Verhängung identischer Sanktionen (Geldzahlungen, Freiheitsstrafe) nicht einleuchtet[107].

III. Strafrecht und Ordnungswidrigkeitenrecht

52 Während der Gesetzgeber besonders schwere Verfehlungen gegen die gesellschaftliche Ordnung im Wege des **Strafrechts** mit der Verhängung einer **Strafe** sanktioniert, sieht er für weniger gravierende Verstöße von Strafe ab und ahndet diese als bloße **Ordnungswidrigkeit**[108]. Insofern stuft er ein solches Fehlverhalten als bloßes „Verwaltungsunrecht" ein und sieht als Rechtsfolge die **Verhängung einer Geldbuße** vor[109]. Geld**strafen** (und erst recht Freiheitsstrafen) dürfen nicht verhängt werden. Eine Ahndung erfolgt „erstinstanzlich" ausschließlich durch die Verwaltungsbehörden (§§ 35 ff. OWiG). Eine gerichtliche Überprüfung erfolgt dann jedoch nicht durch die Verwaltungsgerichte, sondern durch den Strafrichter am Amtsgericht (§§ 67 ff., 71 ff. OWiG). Dabei sind die Grenzen von Kriminalunrecht und Verwaltungsunrecht fließend und dem Gesetzgeber – bis auf einen

---

105 Vgl. hierzu oben Rn. 40.
106 BVerfGE 21, 378 (383 ff.); BVerfGE 21, 391 (400 ff.); BVerfGE 27, 180 (184 f.); vgl. ferner BVerfG NJW 1972, 93 (94); BVerwGE 33, 18 (20); BVerwGE 46, 64 (66 f.); vgl. auch den Übungsfall bei *Arloth/König*, JURA 2008, 311 (314).
107 Vgl. hierzu auch kritisch *Baumann*, JZ 1964, 612; *ders.*, JZ 1967, 657; BWME-*Eisele*, § 3 Rn. 16 f.; *Roxin/Greco*, AT I, § 2 Rn. 135; *Rupp*, NJW 1967, 1651; *Stratenwerth/Kuhlen*, § 1 Rn. 50 f.; *Wiese*, VwArch 56 (1965), 354; für eine Herausnahme der repressiven Elemente aus dem Disziplinarrecht de lege ferenda auch *Baumann/Weber/Mitsch*, 11. Aufl., § 4 Rn. 30.
108 Vgl. zum Ordnungswidrigkeitenrecht *Mitsch*, JA 2008, 241, 409; *Noak*, ZJS 2012, 175, 329, 458; *Nowrousian*, JA 2020, 241; zur Abgrenzung von Strafrecht und Ordnungswidrigkeitenrecht auch BVerfGE 9, 167 (171 f.); BVerfGE 22, 49 (79); BVerfGE 27, 18 (28 ff.); BWME-*Eisele*, § 3 Rn. 4 ff.; *Roxin/Greco*, AT I, § 2 Rn. 60 ff.; zur Entwicklung des Ordnungswidrigkeitenrechts *Bohnert*, JURA 1984, 11; *Frister*, 1. Kap. Rn. 11; *Göhler*, JZ 1968, 583; zum Rückwirkungsverbot im Ordnungswidrigkeitenrecht *Blaue*, ZJS 2014, 371.
109 Vgl. zum geringeren Schuldvorwurf bei Ordnungswidrigkeiten BVerfGE 9, 167 (171); BVerfGE 27, 18 (18 f.); zur Verfassungsmäßigkeit der Verhängung von (teilweise auch sehr hohen) Geldbußen BVerfGE 8, 197 (207 f.).

Kernbereich notwendigerweise durch das Strafrecht zu schützender Rechtsgüter[110] – nicht vorgegeben. Es obliegt somit in den überwiegenden Fällen allein der gesetzgeberischen Entscheidung, ob ein Verstoß gegen eine rechtliche Vorschrift als so gravierend angesehen wird, dass dieser Verstoß als **Straftat** oder als **Ordnungswidrigkeit** geahndet werden soll[111].

> **Bsp.:** Führt jemand im öffentlichen Straßenverkehr unter Alkoholeinfluss ein Kraftfahrzeug, so wird dies, sofern der Betreffende eine Blutalkoholkonzentration von mindestens 0,5 Promille aufweist, nach § 24a StVG als bloße Ordnungswidrigkeit geahndet. Ist er jedoch infolge des vorangegangenen Alkoholgenusses „nicht in der Lage, das Fahrzeug sicher zu führen", was ab einem Wert von 1,1 Promille unwiderleglich vermutet wird,[112] aber im Einzelfall auch bei geringeren Werten (0,3 Promille, sog. „relative Fahruntüchtigkeit") möglich ist, so liegt nach § 316 StGB (und bei konkreter Gefährdung sogar nach § 315c StGB) eine Straftat vor.

IV. Einfluss des Zivilrechts und des Öffentlichen Rechts auf das Strafrecht

Auf Grund der notwendigen Einheit der Rechtsordnung stehen die verschiedenen Rechtsmaterien nicht unverbunden nebeneinander. So kann z. B. das Strafrecht keine Verhaltensweisen verbieten, welche das Zivilrecht oder das Öffentliche Recht ausdrücklich gestatten. Andererseits kann es aber aufgrund des fragmentarischen Charakters des Strafrechts[113] durchaus Fälle geben, in denen ein Verhalten zivilrechtlich rechtswidrig ist und zu Schadensersatzansprüchen führt, ohne dass hieran eine Strafbarkeit geknüpft wird. Andererseits gibt es jedoch auch Bereiche, in denen zivilrechtliche oder öffentlich-rechtliche Regelungen das Strafrecht unmittelbar beeinflussen. Man spricht in diesen Fällen auch von der **Zivilrechtsakzessorietät** bzw. der **Verwaltungsrechtsakzessorietät** des Strafrechts.

52a

> **Bsp. (1):** Die zivilrechtliche Eigentumslage richtet sich nach den Vorschriften des BGB. Hieran muss das Strafrecht beim Schutz des Rechtsguts „Eigentum" anknüpfen[114]. Dies hat Auswirkungen auf die Auslegung einzelner strafrechtlicher Tatbestandsmerkmale. Was man unter einer **fremden** beweglichen Sache i. S. des § 242 StGB zu verstehen hat, kann nicht ohne die Beachtung der zivilrechtlichen Eigentumslage entschieden werden.

> **Bsp. (2):** Viele Tatbestände, insbesondere im Umweltstrafrecht, §§ 324 ff. StGB, setzen ein Handeln „unter Verletzung verwaltungsrechtlicher Pflichten" (vgl. § 324a Abs. 1 StGB) oder „ohne die erforderliche Genehmigung" (§ 327 Abs. 1 StGB) voraus. In diesen Fällen beeinflusst das Verwaltungsrecht das Strafrecht unmittelbar. Knüpft das Strafrecht an eine konkrete Entscheidung einer Verwaltungsbehörde an (wie beim Fehlen der erforderlichen Genehmigung), spricht man auch von einer Verwaltungsaktsakzessorietät des Strafrechts.

---

110 Vgl. hierzu u. a. BVerfGE 27, 18 (28 f.).
111 Vgl. BVerfGE 22, 49 (78); BVerfGE 27, 18 (30); BVerfGE 45, 272 (289); *Bohnert*, JURA 1984, 11 (19); *Krey/Esser*, Rn. 22; vgl. auch *Frister*, 1. Kap. Rn. 13, der davon ausgeht, dass in Grenzfällen der Aspekt der Verfahrensökonomie den Gesetzgeber dazu veranlassen kann, eine Rechtsverletzung „nur" als Ordnungswidrigkeit einzustufen.
112 Vgl. BVerfG NJW 1995, 125; BGHSt 37, 89; zum früheren Rechtszustand BGHSt 21, 157 (1,3 Promille).
113 Vgl. hierzu schon oben Rn. 11 sowie unten Rn. 308, 328, 479.
114 BGHSt 24, 222 (227).

§ 5 Überblick über die Regelungsmaterien des StGB

Einführender Aufsatz: *Tiedemann*, Zum Verhältnis zwischen Allgemeinem und Besonderem Teil des Strafrechts, Baumann-FS 1992, S. 7.

53 Das Strafgesetzbuch besteht aus **zwei Teilen**, dem **Allgemeinen Teil** (§§ 1–79b StGB) und dem **Besonderen Teil** (§§ 80–358 StGB). Diese Trennung hat sich überwiegend durchgesetzt und gilt nicht nur im **deutschen Strafrecht**, sondern auch in den meisten sonstigen Strafrechtsordnungen der Welt. Auch ist diese Trennung nicht auf das Strafrecht beschränkt, sondern findet sich darüber hinaus in anderen Rechtsgebieten, wie z. B. im BGB. In Deutschland geht sie zurück auf das Preußische Allgemeine Landrecht von 1794 und ist getragen von der Idee einer gewissen **Systematisierung** und dogmatischen Durchdringung des Rechts. Je mehr „Allgemeines" man **vor die Klammer ziehen** kann, desto systematischer wird die Aufteilung und erschöpft sich nicht mehr in einer bloßen Einzelfallregelung.

> Ein **Beispiel** für diesen Vereinfachungseffekt stellt die Vorschrift des § 15 StGB dar. Während sich früher in jedem Straftatbestand der Hinweis auf die vorsätzliche oder fahrlässige Begehungsweise fand, regelt § 15 StGB nun allgemein, dass der Vorsatz notwendiger Bestandteil eines jeden Delikts ist, sofern nicht ausdrücklich eine **Fahrlässigkeitsbestrafung** angeordnet wird. Insoweit konnte der Gesetzgeber von der Nennung des Vorsatzerfordernisses in den jeweiligen Tatbeständen des Besonderen Teils absehen.

54 Im **Allgemeinen Teil** findet sich eine Zusammenfassung derjenigen Regeln, die für **alle Delikte gleichermaßen** gelten. Ob es sich dabei um Mord, Körperverletzung, Raub oder Amtsanmaßung handelt, spielt keine Rolle. Im ersten Abschnitt finden sich allgemeine Fragen und Definitionen sowie eine Regelung des Anwendungsbereiches des deutschen Strafrechts. Der zweite Abschnitt enthält den Kern des Allgemeinen Teils (und im Wesentlichen die in diesem Lehrbuch behandelten Materien). Hier werden grundsätzliche Fragen der dogmatischen Struktur der Straftat behandelt wie die Strafbarkeit des Versuchs, Täterschaft und Teilnahme, die Unterlassungsstrafbarkeit, Vorsatz und Fahrlässigkeit, die im Hinblick auf jedes Delikt in Frage kommenden Rechtfertigungsgründe, die möglichen Entschuldigungsgründe und die strafrechtliche Relevanz von Irrtümern. Diese Regelungen werden im vorliegenden Lehrbuch vertieft behandelt. Der dritte Abschnitt behandelt ausführlich die Rechtsfolgen der Tat, die hier nicht weiter erörtert werden, da sie in der juristischen Ausbildung (im Hinblick auf ihre Bedeutung in der juristischen Praxis: zu Unrecht) ein Schattendasein fristen. Der vierte Abschnitt behandelt einige der sog. Strafverfolgungsvoraussetzungen, also z. B. die Frage, wann ein Strafantrag des Verletzten erforderlich ist und wer diesen stellen darf. In den fünften Abschnitt wurden schließlich die Vorschriften über die Verjährung aufgenommen.

55 Im Gegensatz zum Allgemeinen Teil des Strafrechts finden sich im **Besonderen Teil** (§§ 80 ff. StGB), der in 30 Abschnitte gegliedert ist, die **einzelnen Straftatbestände**. Dabei enthalten die einzelnen Abschnitte Tatbestandsgruppen, die in aller Regel dasselbe Rechtsgut schützen.

56 Allerdings ist diese Trennung (allgemeine Strukturen im Allgemeinen Teil, Straftatbestände im Besonderen Teil) nicht immer ganz sauber durchgehalten worden. So finden sich im Besonderen Teil nicht nur einzelne Straftatbestände, sondern auch andere Normen, die lediglich Regelungen des Allgemeinen Teils modifizieren, aber selbst keine Straftatbestände darstellen. Diese Modifikationen gelten jedoch stets nur für die in der jeweiligen Vorschrift genannten Delikte.

Bsp.: Der Abschnitt der Körperverletzungsdelikte, §§ 223 ff. StGB, enthält zwar überwiegend einzelne Straftatbestände. Daneben findet sich in § 228 StGB jedoch eine Sonderregelung über die Einwilligung (also die Regelung eines Rechtfertigungsgrundes), in welcher der allgemeine Grundsatz modifiziert wird, dass eine Einwilligung stets rechtfertigend wirkt[115]. Bei der Körperverletzung ist dies nur dann der Fall, wenn die Tat trotz der Einwilligung nicht gegen die guten Sitten verstößt. In § 230 StGB wird ferner geregelt, dass die Verfolgung bestimmter (Körperverletzungs-)Delikte einen Strafantrag voraussetzt.

Insgesamt ist festzuhalten, dass das Verhältnis von Allgemeinem und Besonderem Teil gekennzeichnet ist durch einen Vorrang des Besonderen Teils. Enthält dieser Spezialregelungen oder Modifikationen für bestimmte Tatbestände oder Tatbestandsgruppen, dann gehen diese speziellen Regelungen den allgemeinen Regelungen vor. Während im Allgemeinen Teil diejenigen Grundsätze geregelt sind, die üblicherweise für alle Delikte gelten, werden diese allgemeinen Grundsätze verdrängt, wenn der Besondere Teil abweichende Regelungen enthält (lex specialis derogat legi generali)[116]. **57**

Andererseits finden sich aber vereinzelt auch im Allgemeinen Teil des StGB strafbegründende Vorschriften wie z. B. in § 30 Abs. 2 StGB die **Verbrechensverabredung** oder auch in §§ 26, 27 StGB die Teilnahmevorschriften[117]. Diese stellen eigene Straftatbestände dar, die jedoch an eine bestimmte Strafbestimmung des Besonderen Teils anknüpfen (die Verbrechensverabredung muss sich auf die Begehung eines bestimmten, im Besonderen Teil geregelten Verbrechens richten, Anstiftung und Beihilfe setzen eine Haupttat voraus, die nach den Vorschriften des Besonderen Teils mit Strafe bedroht ist). Die Regelungen des Allgemeinen Teils gelten im Übrigen auch für das gesamte **Nebenstrafrecht** (vgl. Art. 1 EGStGB), beschränken sich also nicht auf die Strafnormen des Besonderen Teils des StGB. **58**

§ 6 Geltungsbereich des deutschen Strafrechts

Einführende Aufsätze: *Ambos/Steiner,* Vom Sinn des Strafens auf innerstaatlicher und supranationaler Ebene, JuS 2001, 9; *Dannecker,* Die Entwicklung des Strafrechts unter dem Einfluß des Gemeinschaftsrechts, JURA 1998, 79; *Eisele,* Internationale Bezüge des Strafrechts, JA 2000, 424; *ders.,* Einführung in das Europäische Strafrecht, JA 2000, 896; *ders.,* Europäisches Strafrecht – Systematik des Rechtsgüterschutzes durch die Mitgliedstaaten, JA 2000, 991; *Engelhart,* Der Weg zum Völkerstrafgesetzbuch – Eine kurze Geschichte des Völkerstrafrechts, JURA 2004, 734; *Hombrecher,* Grundzüge und praktische Fragen des Internationalen Strafrechts – Teil 1: Strafanwendungsrecht und internationale Rechtshilfe, JA 2010, 637; Teil 2: Europäisches Strafrecht und Völkerstrafrecht, JA 2010, 731; *Jung,* Konturen und Perspektiven des europäischen Strafrechts, JuS 2000, 417; *Otto,* Der Corpus Juris der strafrechtlichen Regelungen zum Schutz der finanziellen Interessen der Europäischen Union, JURA 2000, 98; *Rath,* Internationales Strafrecht (§§ 3 ff. StGB) – Prüfungsschema, Auslandsbezug, Tatortbestimmung, JA 2006, 435; *ders.,* Internationales Strafrecht (§§ 3 ff. StGB), JA 2007, 26; *Reinbacher,* Die Anwendbarkeit des deutschen Strafrechts auf Auslandstaten gem. § 7 StGB, ZJS 2018, 142; *Safferling,* Zum aktuellen Stand des Völkerstrafrechts, JA 2000, 164; *Satzger,* Die Internationalisierung des Strafrechts als Herausforderung für den strafrechtlichen Be-

---

115 Vgl. zur Einwilligung als Rechtfertigungsgrund noch unten Rn. 453 ff.
116 Zum Vorrang des Besonderen Teils vgl. auch *Arzt/Weber/Heinrich/Hilgendorf-Hilgendorf,* § 1 Rn. 14 ff.; BWME-*Eisele,* § 3 Rn. 27.
117 Jedenfalls dann, wenn man dem herrschenden restriktiven Täterbegriff folgt; vgl. hierzu unten Rn. 1179 ff., 1271.

stimmtheitsgrundsatz, JuS 2004, 943; *ders.*, Das deutsche Strafanwendungsrecht (§§ 3 ff. StGB), JURA 2010, 108, 190; *Schramm*, Acht Fragen zum Europäischen Strafrecht, ZJS 2010, 615; *ders.*, Semesterabschlussklausur – Strafrecht: Internationales Strafrecht – Neun Fragen, JuS 2013, 1093; *Seidel/Stahn*, Das Statut des Weltstrafgerichtshofs, JURA 1999, 14; *Walter*, Einführung in das internationale Strafrecht, JuS 2006, 870, 967; *Walther*, „Tat" und „Täter" im transnationalen Strafanwendungsrecht des StGB, JuS 2012, 203; *Werle/Jeßberger*, Grundfälle zum Strafanwendungsrecht, JuS 2001, 35, 141.

Übungsfälle: *Böhm*, Ein nervenaufreibender Urlaub, ZJS 2019, 231.

Rechtsprechung: BGHSt 34, 334 – Drogenhändler (Weltrechtsprinzip bei Drogendelikten); **BGHSt 45, 64** – Bosnische Serben I (zur Anwendung des § 6 Nr. 1 StGB); **BGHSt 46, 212** – Adelaide Institute (Tatort bei Internet-Straftaten); **BGHSt 46, 292** – Bosnische Serben II (zur Anwendung des § 6 Nr. 9 StGB).

I. Grundlagen

59 Bei der Frage des Geltungsbereichs des deutschen Strafrechts (= Strafanwendungsrecht)[118] geht es darum, wann das deutsche Strafrecht gegenüber welchen Tätern und hinsichtlich welcher Taten angewandt werden kann. Dies spielt insbesondere dann eine Rolle, wenn eine grenzüberschreitende Straftat vorliegt. In einer Klausur ist diese Frage – für jeden Tatbestand gesondert – noch vor dem Eintritt in die eigentliche Tatbestandsprüfung zu Beginn des objektiven Tatbestandes zu prüfen[119]. Eine gesetzliche Regelung findet sich in §§ 3 bis 7 StGB und § 9 StGB[120].

60 Dabei ist von folgendem Grundsatz auszugehen: Während im **Zivilrecht** in Fällen der Auslandsberührung stets festgestellt werden muss, welches Recht im konkreten Falle anwendbar ist, weil hier stets nur eine Rechtsordnung zur Anwendung kommen kann (und es daher auch denkbar ist, dass ein deutsches Zivilgericht ausländisches Recht anwenden muss), ist es im Strafrecht durchaus möglich, dass mehrere Staaten in gleicher Weise ihre Strafgewalt ausüben können[121]. Das bedeutet, dass auch mehrere Staaten für die Ahndung zuständig sein können, wobei ein deutsches Strafgericht aber stets nur deutsches Strafrecht anwenden darf.[122] Zu-

---

118 Zur Regelung des zeitlichen Geltungsbereichs des deutschen Strafrechts in § 2 StGB vgl. *Frister*, 5. Kap. Rn. 1 ff.; *Kindhäuser/Zimmermann*, § 4 Rn. 1 ff.; vgl. zum Begriff auch *Rotsch*, ZIS 2010, 168 (269).
119 *Ivanov/Köpferl*, JURA 2016, 554 (564); *Kett-Straub/Stief*, JuS 2008, 236 (237); *Rengier*, § 6 Rn. 3; *Satzger*, JURA 2010, 108 (111); *Werle/Jeßberger*, JuS 2001, 35 (38); vgl. auch die Übungsfälle bei *Böhm*, ZJS 2019, 231; *Dobrosz/Onimus*, ZJS 2017, 689 (690); *Kett-Straub*, JA 2012, 831 (832); *Paul/Schubert*, JuS 2013, 1007 (1008, 1011, 1013); *Sengbusch*, JURA 2009, 307 (307 f.); *Walter*, JURA 2014, 117 (118).
120 Vgl. ergänzend auch § 1a WStG; hierzu den Übungsfall bei *Ambos/Rackow*, JuS 2008, 810; für die auf dem Gebiet der ehemaligen DDR begangenen Straftaten wurden früher die §§ 3 ff. StGB analog angewendet (vgl. aber BGHSt 30, 1, wonach die ehemalige DDR jedenfalls als Inland i. S. des § 5 Nr. 6 StGB angesehen wurde; ferner BGHSt 40, 125 [130]). Nach der Wiedervereinigung finden sich im sog. „Einigungsvertrag" vom 31.8.1990 (BGBl. 1990 II, S. 885 [889]) umfangreiche Spezialregelungen. Nach § 2 Abs. 3 StGB i. V. m. Art. 315 EGStGB gilt für die auf dem Gebiet der ehemaligen DDR begangene Straftat dasjenige Recht, welches für den Beschuldigten milder ist. Daneben galten im Beitrittsgebiet einzelne Vorschriften des DDR-Strafrechts noch eine Zeit lang weiter. In diesen Fällen der Geltung unterschiedlicher Strafgesetze in verschiedenen Teilbereichen desselben Rechtsgebiets spricht man von „interlokalem" Strafrecht.
121 Vgl. hierzu auch *Werle/Jeßberger*, JuS 2001, 35 (36); *Wessels/Beulke/Satzger*, Rn. 93.
122 Vgl. hierzu *Satzger*, JURA 2010, 108 (109); ferner *Werle/Jeßberger*, JuS 2001, 35 (36), die darauf hinweisen, dass es durchaus möglich wäre, in bestimmten Fällen auch die Anwendbarkeit ausländischen Strafrechts vorzusehen. Das deutsche Recht macht hiervon allerdings keinen Gebrauch. Andererseits dürfen deutsche Strafverfolgungsbehörden selbst nicht im Ausland tätig werden, sondern müssen sich hierzu der Rechts- und Vollzugshilfe der anderen Staaten bedienen; vgl. hierzu *Frister*, 5. Kap. Rn. 8.

dem ist zu beachten, dass deutsche Strafverfolgungsorgane (Polizei, Staatsanwaltschaft, Gericht) grundsätzlich nur im Inland tätig werden dürfen. Wird festgestellt, dass deutsches Strafrecht im konkreten Fall nicht angewendet werden kann, so stellt dies ein Prozesshindernis dar[123].

Da die staatliche Strafgewalt Ausfluss der staatlichen Hoheitsgewalt ist, kann ein Staat diese wahrnehmen, sobald irgendein Anknüpfungspunkt vorhanden ist, der die Anwendung des eigenen Strafrechts rechtfertigt[124]. Besteht ein solcher Anknüpfungspunkt hingegen nicht und betrifft eine Tat daher ausschließlich ausländische Interessen, wäre die Durchführung eines Strafverfahrens in Deutschland und eine Verurteilung des Täters eine Einmischung in die Angelegenheiten eines anderen Staates und daher völkerrechtlich unzulässig[125]. Dabei sind **verschiedene Anknüpfungspunkte** denkbar, welche die Anwendung deutscher Strafgewalt ermöglichen: der Begehungsort der Tat (Territorialitätsprinzip), die Staatsangehörigkeit des Täters oder des Opfers (aktives bzw. passives Personalitätsprinzip), der Schutz bestimmter inländischer Rechtsgüter (Schutzprinzip), die Interessen von universaler, die Weltrechtsgemeinschaft betreffender Bedeutung (Weltrechtsprinzip) sowie die stellvertretende Rechtspflege (Stellvertretungsprinzip).

61

Diese Anknüpfungspunkte können nun entweder eingeschränkt oder uneingeschränkt von den einzelnen Staaten herangezogen werden, um den Geltungsbereich ihres Strafrechts abzustecken. Da hiernach die Strafgewalt der Staaten sehr weitgehend sein kann, kommt es zuweilen vor, dass mehrere Länder für eine Verurteilung zuständig sind und insoweit mehrere Verfahren wegen derselben Tat durchgeführt werden. Da der Grundsatz des **Doppelbestrafungsverbots** wegen derselben Tat (vgl. Art. 103 Abs. 3 GG) im internationalen Bereich nicht gilt[126], finden sich vielfach völkerrechtliche Vereinbarungen zwischen verschiedenen Staaten, welche eine solche Doppelbestrafung einschränken oder ausschließen. Was das deutsche Strafrecht angeht, so ist zu beachten, dass bei Auslandstaten zwar der **Verfolgungszwang** durch deutsche Behörden stark eingeschränkt ist (vgl. §§ 153c StPO[127]). Wenn sich die Staatsanwaltschaft jedoch zum Tätigwerden entschließt, dann hindert eine frühere Strafverfolgung oder Bestrafung derselben Tat in einem anderen Staat die Durchführung eines Verfahrens in Deutschland grundsätzlich nicht. Allerdings muss eine **im Ausland bereits verbüßte Strafe** im Inland angerechnet werden (§ 51 Abs. 3 StGB)[128]. Zu beachten sind jedoch die in der Europäischen Union geltenden Sondervorschriften. So verbietet Art. 6 Abs. 2 EUV i. V. m. Art. 50 der Charta der Grundrechte der Europäischen Union[129] eine doppelte

62

---

123 BGHSt 34, 1 (3); *Hombrecher*, JA 2010, 637 (638); *Satzger*, JURA 2010, 108 (109); *Walter*, JuS 2006, 870 (871); vgl. auch die Übungsfälle bei *Ambos/Rackow*, JuS 2008, 810 (815); *Böhm*, ZJS 2019, 231.
124 Zur Notwendigkeit eines legitimierenden Anknüpfungspunkts („genuine link") vgl. BGHSt 27, 30 (32); BGHSt 34, 334 (336); BGHSt 45, 64 (66); BGHSt 46, 212 (224); BGHSt 46, 292 (306); *Rath*, JA 2006, 435; *Hombrecher*, JA 2010, 637 (638); *Satzger*, JURA 2010, 108 (109); *Werle/Jeßberger*, JuS 2001, 35 (36).
125 Hierzu *Reinbacher*, ZJS 2018, 142 (143 f.).
126 Hierzu BVerfGE 12, 62 (66); BVerfGE 75, 1 (15 f.); BGHSt 24, 54 (57); BGHSt 34, 334 (340); BGH NStZ 1998, 149 (150); BGH NStZ-RR 2021, 292; *Frister*, 5. Kap. Rn. 10; *Hombrecher*, JA 2010, 637 (641); *ders*., JA 2010, 731 (734); *Vogel/Norouzi*, JuS 2003, 1059 (1060); *Werle/Jeßberger*, JuS 2001, 35 (36); vgl. ferner bereits oben Rn. 40.
127 Hierzu BGHSt 34, 334 (337).
128 Vgl. hierzu auch BGHSt 29, 63; *Werle/Jeßberger*, JuS 2001, 35 (36); *Wessels/Beulke/Satzger*, Rn. 106.
129 ABlEU 2007 Nr. C 303/1; vgl. hierzu BGHSt 56, 11 (14 ff.); sowie den Übungsfall bei *Weißer/Göhler*, JuS 2016, 532 (534 ff.).

Strafverfolgung, wenn der Beschuldigte wegen derselben Tat in einem Mitgliedstaat bereits rechtskräftig verurteilt oder freigesprochen worden ist. Eine vergleichbare Regelung fand sich bereits zuvor in Art. 54 des Schengener Durchführungsübereinkommens (SDÜ) vom 19. Juni 1990[130] wonach sich die Vertragsparteien verpflichtet hatten, untereinander den Grundsatz „ne bis in idem" anzuwenden[131]. Eine ähnliche Vorschrift enthielt auch Art. 1 des EG-ne bis in idem-Übereinkommens vom 25. Mai 1987[132].

62a Schließlich ist auch noch darauf hinzuweisen, dass die Frage, ob deutsches Strafrecht anwendbar ist oder nicht, als „objektive Vorbedingung der Strafbarkeit" anzusehen ist. Dies hat zur Folge, dass z. B. die Frage, an welchem Ort der Erfolg der Tat eintritt (und damit nach § 9 StGB die Anwendbarkeit deutschen Strafrechts ermöglicht) nicht vom Vorsatz des Täters erfasst sein muss[133].

II. Anknüpfungspunkt des Begehungsortes der Tat

63 Der deutschen Strafgewalt unterliegt nach § 3 StGB jeder, der **innerhalb des Staatsgebietes der Bundesrepublik Deutschland** eine Straftat begeht („Territorialitätsprinzip"). Darauf, ob der Täter oder das Opfer Deutsche sind, kommt es dabei nicht an. Dieser allgemeine Grundsatz beruht auf der Erwägung, dass jedermann die Gesetze desjenigen Staates einzuhalten hat, in welchem er sich aufhält[134]. Was unter dem Begriff „Inland" i. S. des § 3 StGB zu verstehen ist, richtet sich nach völkerrechtlichen Grundsätzen. Hierunter fallen die Landflächen mitsamt den Seen und Flüssen, sowie die Küstengewässer (12-Seemeilen-Zone in der Nordsee und 3-Seemeilen-Zone in der Ostsee). Hinzu kommen der Luftraum über und das Erdinnere unter diesen Land- und Wasserflächen. Auch Botschaftsgebäude zählen, obwohl zuweilen als „extraterritorial" bezeichnet, zum Staatsgebiet desjenigen Staates, in dem sie sich befinden[135].

64 Insbesondere bei grenzüberschreitender Kriminalität ist es jedoch oft fraglich, ob die Tat im Inland stattgefunden hat oder nicht. Hier gilt nach § 9 Abs. 1 StGB das sog. **Ubiquitätsprinzip**[136]. Hiernach ist eine Tat[137] an dem Ort begangen, a) an

---

130 BGBl. 1993 II, S. 1010; vgl. ferner BGBl. 1998 II, S. 429.
131 Vgl. zu Art. 54 SDÜ EuGH NStZ 2009, 454; EuGH NJW 2014, 3007 (hierzu *Hecker*, JuS 2014, 845; *Weißer*, ZJS 2014, 589); BGHSt 45, 123; BGHSt 46, 187; BGHSt 46, 307; BGHSt 52, 275; BGHSt 56, 11 (13 ff.); BGHSt 59, 120; BGH NJW 2009, 3149; *Hackner*, NStZ 2011, 425; *Vogel/Norouzi*, JuS 2003, 1059; *Walther*, ZJS 2013, 16 (17 ff.); ferner monographisch *Mansdörfer*, Das Prinzip ne bis in idem im europäischen Strafrecht, 2004; vgl. hierzu auch die Übungsfälle bei *Esser*, JA 2011, 512 (515 f.); *Weißer/Göhler*, JuS 2016, 532 (535).
132 BGBl. 1998 II, S. 2227.
133 *Satzger*, JURA 2010, 108 (111); zu der streitigen Frage, wie ein Irrtum diesbezüglich behandelt wird: *Roxin/Greco*, AT I, § 12 Rn. 149a f.
134 Vgl. *Werle/Jeßberger*, JuS 2001, 35 (37); *Wessels/Beulke/Satzger*, Rn. 95.
135 RGSt 69, 54 (55 f.); *Satzger*, JURA 2010, 108 (112); *Werle/Jeßberger*, JuS 2001, 35 (38); allerdings ist zu beachten, dass nach § 18 GVG die Mitglieder ausländischer diplomatischer Missionen nicht der deutschen Gerichtsbarkeit unterliegen.
136 Zum Ubiquitätsgrundsatz vgl. BGHSt 45, 97 (100); BGHSt 46, 212; KG NJW 1999, 3500; *B. Heinrich*, GA 1999, 72; *Hombrecher*, JA 2010, 637 (638 f.); *Rath*, JA 2006, 434 (435 ff.); *Rotsch*, ZIS 2010, 168 (170 f.); *Satzger*, JURA 2010, 108 (112).
137 Als „Tat" sind nur Handlungen erfasst, die bereits das Versuchsstadium erreicht haben, sofern nicht Vorbereitungshandlungen gesondert strafbar sind; hierzu *Walter*, JuS 2006, 870 (871); problematisch BGHSt 38, 88 (91).

dem der Täter gehandelt oder die erforderliche Handlung unterlassen hat[138] oder b) an dem der Erfolg eingetreten ist oder hätte eintreten sollen. Sowohl der Handlungs- als auch der Erfolgsort begründen somit die Tatortstrafbarkeit. Noch weiter als bei der Täterstrafbarkeit erstreckt sich der Anwendungsbereich des deutschen Strafrechts für den Teilnehmer (§ 9 Abs. 2 StGB)[139]. Hier gilt sowohl der Ort der Haupttat als auch der Ort, an dem der Teilnehmer gehandelt hat, als Tatort. Gleiches soll auch für die Rechtsfiguren der Mittäterschaft und der mittelbaren Täterschaft gelten. Hier soll also über § 25 Abs. 2 bzw. § 25 Abs. 1 Alt. 2 StGB eine Zurechnung auch des Handlungsortes des Mittäters bzw. Werkzeugs stattfinden[140], was problematisch erscheint[141].

Bsp. (1)[142]: Anton steht auf deutschem Staatsgebiet und erschießt mit einem Gewehr den Bruno, der sich auf französischem Staatsgebiet befindet. Daraufhin zieht Rudi, der Begleiter des Bruno, der ebenfalls auf französischem Staatsgebiet steht, seine Waffe, schießt und verletzt Anton schwer. – Sowohl Anton als auch Rudi können nach deutschem Strafrecht bestraft werden, da Anton (hinsichtlich des Totschlags an Bruno, § 212 StGB) in Deutschland gehandelt hat (auch wenn der tödliche Erfolg in Frankreich eintrat) und bei der Tat Rudis der Erfolg (Körperverletzung des Anton, §§ 223, 224 Abs. 1 Nr. 2, Nr. 5 StGB) in Deutschland stattfand (obwohl Rudi sich zum Tatzeitpunkt auf französischem Staatsgebiet aufhielt). Der Erfolg tritt selbst dann in Deutschland ein, wenn der Täter das Opfer auf französischem Staatsgebiet verletzt, sich das Opfer danach nach Deutschland begibt und hier verstirbt[143].

Bsp. (2)[144]: Toni, ein amerikanischer Staatsbürger, stellt in den USA eine Website ins Internet. Diese enthält beleidigende Inhalte über den in Deutschland lebenden Gustav (§ 185 StGB) und bezichtigt diesen wahrheitswidrig der Begehung mehrerer Verbrechen (strafbare Verleumdung nach § 187 StGB). Der Text kann über das Internet auch in Deutschland abgerufen werden. – Auch hier tritt der strafrechtliche Erfolg in Deutschland ein, weshalb über §§ 3, 9 Abs. 1 StGB das deutsche Strafrecht Anwendung findet[145]. Problematisch ist dies nur bei den sog. „abstrakten Gefährdungsdelikten"[146], da bei diesen zur Tatbestandserfüllung der Eintritt eines Erfolges nicht erforderlich ist[147]. Umstritten ist diese Ausdehnung des deutschen Strafanwendungsrechts allerdings dann, wenn das Verhalten am Ort der Handlung nicht strafbar ist.

Bsp. (3): Der ausländische Staatsangehörige Anton besticht im Land X den ausländischen Staatsangehörigen Bruno im geschäftlichen Verkehr. Eine dem § 299 StGB, Bestechlich-

---

138 Vgl. hierzu *Rotsch*, ZIS 2010, 168 (171 f.).
139 Vgl. hierzu *Hombrecher*, JA 2010, 637 (639); *Magnus*, NStZ 2015, 57 (61 ff.); MüKo-*Ambos*, 4. Aufl., § 9 Rn. 36 ff.; *Werle/Jeßberger*, JuS 2001, 35 (39); *Wessels/Beulke/Satzger*, Rn. 96; ferner die Übungsfälle bei *Rehmet/Ströle*, ZJS 2021, 359 (367); *Schramm/Antoni/Berle/Müller*, JuS 2020, 541 (542).
140 BGHSt 39, 88 (90 f.); BGH NJW 2002, 3486 (3487); BGH NStZ-RR 2009, 197; *Hombrecher*, JA 2010, 637 (639); *Lackner/Kühl*, § 9 Rn. 2; LK-*Werle/Jeßberger*, 13. Aufl., § 9 Rn. 13 ff.; *Rath*, JA 2007, 26 (27); *Rotsch*, ZIS 2010, 168 (172 f.); *Schönke-Schröder-Eser/Weißer*, § 9 Rn. 10; *Walter*, JuS 2006, 870 (871).
141 *B. Heinrich*, Weber-FS 2004, S. 91 (106 f.); SK-*Hoyer*, § 9 Rn. 5; kritisch auch MüKo-*Ambos*, 4. Aufl. § 9 Rn. 10.
142 Vgl. auch BGHSt 40, 48: Schüsse über die deutsch-deutsche Grenze.
143 *Rengier*, § 6 Rn. 9; *Werle/Jeßberger*, JuS 2001, 35 (39).
144 Fall in Anlehnung an BGHSt 46, 212; vgl. hierzu u. a. *Eisele*, JA 2000, 424 (425); *Heghmanns*, JA 2001, 276; *Hörnle*, NStZ 2001, 309; *Hombrecher*, JA 2010, 637 (640); *Jäger*, Rn. 17 f.; *Koch*, JuS 2002, 213; *Kudlich*, StV 2001, 397; *Marxen*, Fall 2a; *Rengier*, § 6 Rn. 14 ff.; *Satzger*, JURA 2010, 108 (115 f.); *Werle/Jeßberger*, JuS 2001, 35 (39); ferner die Übungsfälle bei *Beck*, ZJS 2010, 742 (751); *Kett-Straub*, JA 2012, 831 (832).
145 Vgl. zu dieser Problematik BGHSt 46, 212 (224); *B. Heinrich*, Weber-FS 2004, S. 91; *Hilgendorf*, ZStW 113 (2001), 650 (659 ff.).
146 Vgl. hierzu unten Rn. 164.
147 Hierzu ausführlich *B. Heinrich*, GA 1999, 72; *ders.*, Weber-FS 2004, S. 91; ferner BGH NStZ-RR 2013, 253; BGH NWJ 2018, 2742 (2743); *Hombrecher*, JA 2010, 637 (639 f.); *Rengier*, § 6 Rn. 17; *Satzger*, JURA 2010, 108 (112 f.).

keit und Bestechung im geschäftlichen Verkehr, vergleichbare Strafnorm kennt das Recht des Staates X nicht. Das Geld für die Bestechung hat dem Anton der in Berlin lebende ausländische Staatsangehörige Rudi über eine Berliner Bank überwiesen. – Obwohl Anton und Bruno sich nach dem Recht des Staates X nicht strafbar gemacht haben und auch das deutsche Strafrecht mangels eines Anknüpfungspunktes nicht anwendbar ist, ergibt sich eine solche Anwendbarkeit mit Hinblick auf Rudi aus § 9 Abs. 2 StGB. Er ist wegen der Überweisung des Geldes nach §§ 299 Abs. 1 und 3, 27 StGB zu bestrafen (vgl. ausdrücklich § 9 Abs. 2 Satz 2 StGB)[148] – ein nur schwer nachvollziehbares Ergebnis[149].

65 Wird über den Begehungsort die deutsche Strafgewalt an sich begründet, so kann diese ausnahmsweise dann entfallen, wenn der verletzte **Straftatbestand ausschließlich inländische Rechtsgüter** schützen soll, der Täter aber, obwohl er in Deutschland gehandelt hat, ausschließlich ein ausländisches Rechtsgut verletzt hat (Bsp.: § 170 StGB)[150].

Bsp.[151]: Der geschiedene Ehemann Emil zahlt seiner in Mexiko lebenden Ehefrau und seinen ebenfalls dort lebenden Kindern keinen Unterhalt. Die Verletzung der Unterhaltspflicht ist nach § 170 StGB strafbar. An sich wäre Emil in Deutschland abzuurteilen, da er auf deutschem Staatsgebiet gehandelt (bzw. die Zahlung unterlassen) hat. Nach h. M. schützt § 170 StGB allerdings neben den Unterhaltsberechtigten nur die deutschen Sozialhilfeträger vor ungerechtfertigter Inanspruchnahme[152]. Dieses Schutzgut ist im vorliegenden Fall nicht betroffen, da die im Ausland lebende geschiedene Frau keinen Anspruch gegen die deutschen Behörden hat. Eine Strafbarkeit nach § 170 StGB scheidet daher aus, sofern es sich bei den Beteiligten um Ausländer handelt.

66 § 4 StGB erweitert den Begehungsort auf **deutsche Schiffe und Flugzeuge**, die zwar, wenn sie sich im Ausland befinden, nicht zum deutschen Staatsgebiet zählen, aber dennoch, wenn sie unter deutscher Flagge fahren, der deutschen Strafgewalt unterliegen (sog. „Flaggenprinzip")[153].

III. Anknüpfungspunkt der Staatsangehörigkeit des Täters

67 Nach dem **aktiven Personalitätsprinzip** darf ein Staat Handlungen seiner eigenen Staatsbürger[154] auch dann in vollem Umfang seiner Strafgewalt unterwerfen, wenn die Tat im Ausland begangen wird[155]. Nach § 7 Abs. 2 Nr. 1 StGB gilt dieses

---

148 *Fischer*, § 9 Rn. 10; MüKo-*Ambos*, 4. Aufl., § 9 Rn. 39; *Schönke/Schröder-Eser/Weißer*, § 9 Rn. 14; vgl. auch *Satzger*, JURA 2010, 108 (115).
149 Vgl. auch die Kritik bei *Jung*, JZ 1979, 325 (330 ff.); *Kudlich/Hoven*, ZIS 2016, 345 (347 f.); LK-*Werle/Jeßberger*, 13. Aufl., § 9 Rn. 52; *Magnus*, NStZ 2015, 57 (62 ff.); *Miller/Rackow*, ZStW 117 (2005), 379 (394); NK-*Böse*, § 9 Rn. 22; *Sieber*, NJW 1999, 2065 (2071 f.); *Valerius*, NStZ 2008, 121 (124 f.).
150 BGHSt 21, 277 (280); BGHSt 22, 282 (285); *Hombrecher*, JA 2010, 637 (638 f.); *Rath*, JA 2007, 29 (34 f.); *Satzger*, JURA 2010, 108 (111); *ders.*, JURA 2010, 190 (195 f.).
151 Vgl. zu diesem Fall BGHSt 29, 85; OLG Frankfurt NJW 1978, 2460; OLG Saarbrücken NJW 1975, 506; OLG Stuttgart NJW 1977, 1601; a. M. OLG Karlsruhe NJW 1978, 1754; *Kunz*, NJW 1995, 1519.
152 BGHSt 29, 85 (87).
153 Vgl. hierzu *Satzger*, JURA 2010, 108 (116); *Walter*, JuS 2006, 967; *Werle/Jeßberger*, JuS 2001, 35 (38); ferner den Übungsfall bei *Penkuhn*, ZJS 2016, 497 (506).
154 Nach § 7 Abs. 2 Nr. 1 StGB reicht es aus, wenn der Täter nach Begehung der Tat Deutscher geworden ist, d. h. die deutsche Staatsbürgerschaft erlangt hat; kritisch zu dieser Vorschrift *Zehetgruber*, ZIS 2020, 364 (377 ff.).
155 Vgl. hierzu BGH NStZ-RR 2021, 292 (293); *Satzger*, JURA 2010, 190 (191 f.); *Walter*, JuS 2006, 967 (969); dagegen soll dieser Vorschrift nach *Jescheck/Weigend*, § 18 III 5; SK-*Hoyer*, § 7 Rn. 3, 9, entweder ausschließlich oder jedenfalls auch das Prinzip der stellvertretenden Strafrechtspflege (vgl. hierzu unten Rn. 76) zugrunde liegen, da deutsche Staatsangehörige nicht ans Ausland ausgeliefert werden können; so auch *Zehetgruber*, ZIS 2020, 364 (368 ff.); ferner die Übungsfälle bei *Ambos/Bock*, JuS 2012, 437 (441); *Böhm*, ZJS 2019, 231 (231, 234/236); *Zimmermann/von Maltitz*, JuS 2020, 43 (45).

Prinzip in Deutschland jedoch nur eingeschränkt[156]. Erforderlich ist, dass die Tat entweder dort, wo sie begangen wird (d. h. im Ausland), auch strafbar ist oder dass der Tatort keiner Strafgewalt unterliegt (z. B. bei einem Tatort auf hoher See). Daraus ergibt sich im Umkehrschluss, dass ein deutscher Staatsbürger nach deutschem Recht nicht bestraft werden kann, wenn er im Ausland eine Tat verübt, die nach dem Recht dieses Staates nicht unter Strafe gestellt ist. Dabei müssen sich die jeweiligen Strafnormen allerdings nicht völlig decken. Es muss lediglich die konkrete Tat auch nach ausländischem Strafrecht in irgendeiner Weise bestraft werden können[157], was allerdings nicht nur voraussetzt, dass ein entsprechender Straftatbestand existiert, sondern auch, dass der Täter nach ausländischem Recht rechtswidrig und schuldhaft handelte[158].

> **Bsp.:** Der deutsche Staatsangehörige Anton raucht in einem Coffeeshop in Amsterdam einen „Joint". – Zwar ist der Besitz von Haschisch in Deutschland nach den Vorschriften des Betäubungsmittelgesetzes strafbar. Obwohl Anton als deutscher Staatsangehöriger unter § 7 Abs. 2 Nr. 1 StGB fällt, kann er sich im vorliegenden Fall aber darauf berufen, dass sein Handeln nach niederländischem Recht nicht strafbar ist[159].

Auch im Rahmen des aktiven Personalitätsprinzips gilt jedoch die Schranke, dass eine Strafbarkeit dann entfällt, wenn die Tat ausschließlich ein ausländisches Rechtsgut betrifft.

> **Bsp.:** Der deutsche Staatsbürger Toni wendet in Brasilien Gewalt gegen einen dort tätigen Vollstreckungsbeamten an. – Zwar stellt sowohl das deutsche als auch das brasilianische Recht den Widerstand gegen Vollstreckungsbeamte unter Strafe (vgl. für das deutsche Strafrecht § 113 StGB). Dennoch kann Toni im vorliegenden Fall in Deutschland nicht nach § 113 StGB abgeurteilt werden, denn das deutsche Strafrecht soll nicht die brasilianische Staatsgewalt schützen[160].

---

156 Dagegen machte der nationalsozialistische Gesetzgeber das aktive Personalitätsprinzip, die „Treuepflicht" der deutschen Staatsangehörigen gegenüber dem deutschen Staat, zum Ausgangspunkt seines Strafanwendungsrechts; vgl. die Verordnung über den Geltungsbereich des Strafrechts vom 6. Mai 1940, RGBl. 1940 I, S. 754; hierzu *Reinbacher*, ZJS 2018, 142 (142 f.).
157 BGHSt 2, 160 (161); BGHSt 42, 275 (277); BGH NStZ-RR 2021, 292 (293); *Eser*, JZ 1993, 875; *Hombrecher*, JA 2010, 637 (640); LK-*Werle/Jeßberger*, 13. Aufl., § 7 Rn. 30; MüKo-*Ambos*, 4. Aufl., § 7 Rn. 6; *Niemöller*, NStZ 1993, 171 (172 f.); NK-*Böse*, § 7 Rn. 7; *Reinbacher*, ZJS 2018, 142 (146); *Satzger*, JURA 2010, 190 (192); *Schönke/Schröder-Eser/Weißer*, § 7 Rn. 3 f.; *Rath*, JA 2007, 26 (33); *Rengier*, § 6 Rn. 21; *Wessels/Beulke/Satzger*, Rn. 102; abweichend *Zehetgruber*, ZIS 2020, 364 (373 f.); vgl. hierzu auch BGHSt 27, 5, wonach es nicht ausreichend ist, wenn die Tat im Ausland lediglich als Ordnungswidrigkeit geahndet wird; ebenso *Lackner/Kühl*, § 7 Rn. 2, vgl. hierzu auch den Übungsfall bei *Sengbusch*, JURA 2009, 307 (308).
158 Vgl. hierzu BGHSt 2, 160 (161); BGHSt 42, 275 (279); OLG Düsseldorf, NJW 1979, 59 (62); *Hombrecher*, JA 2010, 637 (640); *Lackner/Kühl*, § 7 Rn. 2; MüKo-*Ambos*, 4. Aufl., § 7 Rn. 12 ff.; NK-*Böse*, § 7 Rn. 8; *Reinbacher*, JURA 2010, 190 (193); *Werle/Jeßberger*, JuS 2001, 143 (143); einschränkend *Schönke/Schröder-Eser/Weißer*, § 7 Rn. 5; fraglich ist allerdings, ob strafprozessuale Verfolgungshindernisse oder eine tatsächliche Nichtverfolgung der Straftat durch den betreffenden Staat, insbesondere hier auch eine ausgesprochene Amnestie einer Strafverfolgung in Deutschland entgegenstehen, vor allem wenn die Nichtverfolgung universal anerkannten Rechtsgrundsätzen widerspricht; vgl. hierzu LK-*Werle/Jeßberger*, 13. Aufl., § 7 Rn. 41 ff.; MüKo-*Ambos*, 4. Aufl., § 7 Rn. 12 ff.; NK-*Böse*, § 7 Rn. 8; *Reinbacher*, ZJS 2018, 142 (147); *Zehetgruber*, ZIS 2020, 364 (374 f.); nach BGH NStZ-RR 2000, 208 (209) steht allerdings die Verjährung der Tat im Heimatland einer Strafverfolgung in Deutschland nicht entgegen; zum Strafantragserfordernis vgl. ferner BGH NJW 1954, 1086.
159 Vgl. hierzu auch OLG Düsseldorf StV 2013, 707 (LS).
160 Vgl. auch *Walter*, JuS 2006, 870; *Werle/Jeßberger*, JuS 2001, 35 (38); eine Ahndung des Delikts nach §§ 223, 240 StGB bleibt dagegen selbstverständlich möglich, wobei die Ahndung nach § 240 StGB allerdings problematisch ist, da nach h. M. § 113 StGB eine Privilegierung zu § 240 StGB darstellt, der Täter durch die Nichtanwendung des § 113 StGB aber nicht schlechter stehen darf; als weitere Deliktsgruppe, die nur die jeweilige ausländische Rechtsordnung schützen soll, sind hier die Aussagedelikte, §§ 153 ff. StGB, zu nennen, sofern nicht, wie bei § 5 Nr. 10 StGB, ein inländisches Verfahren betroffen ist.

IV. Anknüpfungspunkt der Staatsangehörigkeit des Opfers

69 Nach dem **passiven Personalitätsprinzip** darf ein Staat Handlungen, die gegen einen eigenen Staatsbürger begangen werden, auch dann in vollem Umfang seiner Strafgewalt unterwerfen, wenn die Tat im Ausland begangen wird[161]. Dabei unterfallen nur deutsche Staatsbürger[162], nicht hingegen (z. B. bei Vermögensstraftaten) juristische Personen mit Sitz in Deutschland, dieser Vorschrift[163]. Auch hier gilt nach § 7 Abs. 1 StGB jedoch die Einschränkung, dass die Tat am Tatort strafbar sein muss oder der Tatort keiner Strafgewalt unterliegt[164].

> **Bsp.:** Der deutsche Staatsangehörige Gustav wird während eines Urlaubsaufenthalts in Australien von dem australischen Staatsangehörigen Toni getötet. – Diese Tat kann auch in Deutschland abgeurteilt werden, da das australische Strafrecht ebenfalls einen Totschlagstatbestand kennt.

V. Anknüpfungspunkt des Schutzes bestimmter inländischer Rechtsgüter

70 Nach dem in § 5 StGB geregelten **Schutzprinzip** wird die deutsche Strafgewalt auch auf Taten ausgedehnt, die zwar im Ausland begangen werden, jedoch besondere inländische Rechtsgüter gefährden[165]. Hintergrund dieser Regelung ist, dass in den hier genannten Fällen das deutsche Strafrecht auch dann zur Anwendung kommen soll, wenn die Tat auf fremdem Staatsgebiet begangen wird und dabei deutsche Interessen gefährdet werden, aber eine Strafverfolgung in Deutschland nach § 7 StGB nicht möglich ist, da entweder sämtliche Beteiligte ausländische Staatsangehörige sind oder aber die Tat am Tatort nicht mit Strafe bedroht ist. Zwei Schutzrichtungen lassen sich im Rahmen des Kataloges in § 5 StGB unterscheiden:

1. Staatsschutzgesichtspunkte bei der Verletzung von überindividuellen Rechtsgütern

71 Kennzeichnend für diese Gruppe ist z. B. der **Hochverrat** (Nr. 2) oder der **Landesverrat** (Nr. 4), da hier Rechtsgüter der Bundesrepublik unmittelbar betroffen sind, selbst wenn die Tat im Ausland durch einen Ausländer begangen wird. In diesen Fällen kommt meist noch hinzu, dass die Tat im Ausland oftmals nicht unter Strafe steht oder nicht verfolgt wird, weil sie entweder – politisch – erwünscht ist oder weil es die Rechtsordnung eines Staates nicht gebietet, die Interessen fremder Staaten zu schützen[166]. Aber auch bei Taten gegen deutsche Amtsträger, die im Ausland tätig werden (Nr. 14) oder bei Aussagedelikten (Meineid), die im Ausland stattfinden, aber ein deutsches Strafverfahren betreffen (Nr. 10), ist diese Schutzrichtung einschlägig.

---

161 Vgl. hierzu *Reinbacher*, ZJS 2018, 142 (144); *Zehetgruber*, ZIS 2020, 364 (366 f.).
162 Zur Frage, ob in diese Regelung allgemein EU-Bürger einbezogen werden müssten, vgl. *Reinbacher*, ZJS 2018, 142 (145 f.); zur Frage, ob auch ungeborenes Leben geschützt ist, *Zehetgruber*, ZIS 2020, 364 (367).
163 BGH NJW 2018, 2742 (2743); KG NJW 2006, 3016 (3017); OLG Stuttgart NStZ 2004, 402 (403); *Fischer*, § 7 Rn. 4; LK-*Werle/Jeßberger*, 13. Aufl., § 7 Rn. 62; *Reinbacher*, ZJS 2018, 142 (148); *Satzger*, JURA 2010, 190 (191); Schönke/Schröder-Eser/Weißer, § 7 Rn. 11.
164 Vgl. hierzu *Rengier*, § 6 Rn. 23 f.; *Satzger*, JURA 2010, 190 (192 f.); *Walter*, JuS 2006, 967 (968 f.).
165 Vgl. hierzu *Satzger*, JURA 2010, 190; *Walter*, JuS 2006, 967 (967 f.); *Werle/Jeßberger*, JuS 2001, 141.
166 Vgl. zu diesem Gedanken schon oben Rn. 65, 68.

2. Individualschutzgesichtspunkte bei der Verletzung von Individualrechtsgütern

Im Gegensatz zu den vorgenannten Nummern werden durch § 5 Nr. 6 bis Nr. 9 StGB Individualrechtsgüter geschützt. Teilweise wird bei den hier aufgeführten Taten darauf abgestellt, dass der Täter oder das Opfer Deutsche sind. Hintergrund dieser Regelung neben § 7 StGB ist, dass die dortigen Einschränkungen (die Tat muss auch am Tatort mit Strafe bedroht sein) im Rahmen des § 5 StGB nicht gelten[167]. Entscheidend für die Aufnahme dieser Regelungen ist, dass der Staat hier eine Schutzpflicht gegenüber deutschen Staatsbürgern übernimmt oder deutsche Staatsangehörige auch dann bestrafen will, wenn sie am Tatort nicht bestraft werden können[168]. **72**

> **Bsp.:** So kann nach § 5 Nr. 8a StGB der sexuelle Missbrauch, den ein deutscher Vater an seinem deutschen Kind begeht, auch dann bestraft werden, wenn die Tat am Tatort nicht mit Strafe bedroht ist. Ebenso können nach § 5 Nr. 8b StGB deutsche Staatsangehörige strafrechtlich zur Verantwortung gezogen werden, wenn sie im Ausland mit Minderjährigen geschlechtlich verkehren (§ 176a StGB)[169].

VI. Anknüpfungspunkt der Interessen von universaler, die Weltrechtsgemeinschaft betreffender Bedeutung

Das in § 6 StGB geregelte **Weltrechtsprinzip** (oder auch **Universalitätsprinzip**) ermächtigt zur Ahndung von reinen Auslandstaten, die sich gegen übernationale Kulturwerte und Rechtsgüter richten, an deren Schutz ein gemeinsames Interesse aller Staaten besteht. Ob ein Deutscher daran beteiligt ist oder nicht, spielt dabei keine Rolle[170]. **73**

Grundsätzlich beschränkt sich die Hoheitsgewalt eines Staates auf das eigene Staatsgebiet. Daher ist es völkerrechtlich an sich problematisch, Taten nach eigenem Strafrecht abzuurteilen, wenn diese im Ausland stattfinden und keine eigenen Staatsangehörigen als Täter oder Opfer beteiligt sowie keine spezifischen innerstaatlichen Interessen betroffen sind. **74**

In aller Regel werden durch die Regelungen des § 6 StGB aber gerade Verpflichtungen umgesetzt, die die Bundesrepublik Deutschland im Rahmen von völkerrechtlichen Verträgen mit anderen Staaten eingegangen ist[171]. In diesen Verträgen wurde zumeist vereinbart, dass jeder Unterzeichnerstaat dafür Sorge zu tragen hat, dass eine entsprechende Strafvorschrift im nationalen Recht geschaffen wird, um einen **umfangreichen Schutz** zu gewährleisten. In der Konsequenz führt dies dazu, dass ein Täter, der z. B. unbefugt Betäubungsmittel vertreibt (vgl. § 6 Nr. 5 StGB), **in nahezu jedem Staat der Welt** hierfür bestraft werden kann, selbst wenn er nur innerhalb eines Landes tätig wird und seine Produkte auch nur an Einhei- **75**

---

[167] Verfassungsrechtliche Bedenken gegen diese Ausweitung des aktiven Personalitätsprinzips äußert *Walter*, JuS 2006, 967.
[168] Zur Frage, ob als „Täter" im Sinne des § 5 StGB auch Teilnehmer anzusehen sind bejahend *Walter*, JuS 2006, 967 (968); vgl. ferner *Satzger*, Internationales und Europäisches Strafrecht, 5. Aufl. 2011, § 5 Rn. 8, 70.
[169] Vgl. auch *Werle/Jeßberger*, JuS 2001, 141.
[170] Vgl. hierzu BGHSt 27, 30; BGHSt 34, 334; BGHSt 45, 64; BGHSt 46, 292 (293); BGH NStZ 1999, 236; BayObLG NJW 1998, 392; *Satzger*, JURA 2010, 190; *Walter*, JuS 2006, 967 (968); *Werle/Jeßberger*, JuS 2001, 141 (141 f.); *Wessels/Beulke/Satzger*, Rn. 100.
[171] *Eisele*, JA 2000, 424 (426); *Walter*, JuS 2006, 967 (968); vgl. auch BGHSt 34, 1 (2).

mische verkauft. Einschränkend wird jedoch teilweise verlangt, dass ein „legitimierender Anknüpfungspunkt" für die Strafverfolgung im Inland besteht[172].

Praktisch relevant wurde dies in letzter Zeit bei der Verurteilung **bosnischer Serben** wegen der von ihnen begangenen Kriegsverbrechen. Sie können, wenn sie in Deutschland aufgegriffen werden, auch in Deutschland wegen Völkermordes, § 6 i. V. m. § 1 Völkerstrafgesetzbuch (früher: § 220a i. V. m. § 6 Nr. 1 StGB a. F.), verurteilt werden, selbst wenn sich die Tat auf das bosnische Staatsgebiet und die dort lebenden bosnischen Muslime beschränkte[173]. Liegt eine der Katalogtaten des § 6 StGB vor, so können tateinheitlich mit diesen verwirklichte Delikte (z. B. Mord, § 211 StGB) mit abgeurteilt werden, auch wenn diese im Katalog des § 6 StGB nicht enthalten sind, sofern eine enge tatbestandliche Verknüpfung zwischen den jeweiligen Delikten besteht[174].

VII. Anknüpfungspunkt der stellvertretenden Rechtspflege

76 Nach dem in § 7 Abs. 2 Nr. 2 StGB geregelten **Stellvertretungsprinzip** unterliegt derjenige Ausländer der deutschen Strafgewalt, der im Ausland eine Tat begeht, im Inland angetroffen wird und aufgrund bestimmter Umstände nicht an den betreffenden Staat ausgeliefert werden kann[175]. Der Sinn dieser Regelung besteht darin, dass auch flüchtige Täter bestraft werden können, die ansonsten straflos blieben, weil der betreffende Staat an einer Bestrafung entweder gehindert ist oder sonstige Auslieferungshindernisse (z. B. eine im Ausland zu erwartende menschenunwürdige Behandlung, insbesondere Folter, aber auch eine drohende Todesstrafe, vgl. § 8 des Gesetzes über die internationale Rechtshilfe in Strafsachen) bestehen[176]. Problematisch sind in diesem Zusammenhang insbesondere ausländische Amnestieregelungen, die einer dortigen Bestrafung entgegenstehen (weswegen dieser Staat regelmäßig keine Auslieferung beantragt)[177]. Zu beachten ist ferner, dass Hintergrund der Regelung derjenige ist, dass verhindert werden soll, dass der in Deuschland betroffene Täter ohne eine Verurteilung in Deutschland nicht bestraft werden könnte. Ist hingegen eine Auslieferung an einen anderen Staat mit vorrangiger Strafgewalt möglich (z. B. an den Heimatstaat des Tatopfers, passives Personalitätsprinzip), ist diese vorrangig anzustreben[178].

---

172 So ausdrücklich BGHSt 45, 64 (66); BGH NStZ 1994, 232; BGH NStZ 1999, 236; BayObLG NJW 1998, 392 (395); vgl. ferner BGHSt 34, 334 (338 ff.); *Eisele*, JA 2000, 424 (426); *Oehler*, NStZ 1994, 485; dagegen *Ambos*, NStZ 1999, 404 (405); *Werle*, JZ 1993, 1181 (1183); *Werle/Jeßberger*, JuS 2001, 141 (142).
173 BGHSt 45, 64; vgl. auch BGHSt 46, 292; BGHSt 64, 89 (107 f.); hierzu *Ambos*, NStZ 1999, 226; *ders.*, NStZ 2000, 71; *Eisele*, JA 2000, 424 (426); *Lüder*, NJW 2000, 269; *Staudinger*, NJW 1999, 3099; *Werle*, JZ 1999, 1181; ferner *Marxen*, Fall 2e.
174 BGHSt 45, 64 (69 ff.); BGHSt 64, 89 (107 f.); *Werle/Jeßberger*, JuS 2001, 141 (142); die enge tatbestandliche Verknüpfung wurde abgelehnt in BGHSt 34, 1; BGH NJW 1991, 3104; BGH NStZ 2019, 460.
175 Vgl. in diesem Zusammenhang BWME-*Eisele*, § 5 Rn. 55 ff.; *Klesczewski*, Rn. 58 ff.; *Reinbacher*, ZJS 2018, 142 (145); *Walter*, JuS 2006, 967 (969); *Werle/Jeßberger*, JuS 2001, 141 (143); *Zehetgruber*, ZIS 2020, 364 (371); vgl. ferner BGHSt 45, 64 (72 f.); BGH NStZ 2019, 460.
176 Vgl. hierzu *Eser*, JZ 1993, 875; *Wessels/Beulke/Satzger*, Rn. 101; *Zehetgruber*, ZIS 2020, 364 (370 f.); aus der Rechtsprechung vgl. nur BGHSt 45, 64 (72); BGH NStZ 1985, 545.
177 Für deren Beachtlichkeit *Eser*, JZ 1993, 875 (878 ff.); LK-*Werle/Jeßberger*, 13. Aufl., § 7 Rn. 46 f.; *Werle/ Jeßberger*, JuS 2001, 141 (144); dagegen NK-*Lemke*, 2. Aufl., § 7 Rn. 9; *Scholten*, NStZ 1994, 26 (268 ff.); vgl. hierzu auch oben Rn. 67a. E.
178 BGH NStZ 2019, 460.

VIII. Einschränkung des persönlichen Geltungsbereiches

Über §§ 18–20 des Gerichtsverfassungsgesetzes (Diplomaten etc.) sowie über Art. 46 Abs. 1 GG (Indemnität) und Art. 46 Abs. 2 GG (Immunität) wird die Durchführung von Strafverfahren gegen Personen in besonderer Stellung untersagt bzw. eingeschränkt[179]. **77**

IX. Exkurs: Völkerstrafrecht

Die im letzten Jahrhundert vermehrt auftretenden schwerwiegenden und systematischen Menschenrechtsverletzungen durch staatliche Machthaber führten zu einer rasanten Entwicklung eines eigenständigen **Völkerstrafrechts**[180]. Dies hatte zur Folge, dass Verstöße gegen zentrale Normen des Völkerrechts heute (jedenfalls zum Teil) **unmittelbar nach Völkerrecht** geahndet werden können, d. h. letzten Endes gar nicht mehr (nur) nach dem nationalen Recht eines Staates abgeurteilt werden[181]. Markstein hierfür waren die Kriegsverbrecherprozesse in Nürnberg und Tokio nach dem 2. Weltkrieg[182]. Eine Fortsetzung fand diese Entwicklung in der Errichtung der Ad-hoc-Strafgerichtshöfe zur Ahndung völkerrechtlicher Verbrechen im ehemaligen Jugoslawien (1993) und Ruanda (1994) durch den UN-Sicherheitsrat[183]. **78**

Das Völkerrecht kennt insoweit heute **drei Straftatbestände**, die sich gewohnheitsrechtlich entwickelt haben[184] und nunmehr im „Römischen Statut des Internationalen Strafgerichtshofes" (IStGH-Statut) vom 17. Juli 1998[185] erstmals ausdrücklich geregelt sind. Diese Verbrechen können künftig vom **ständigen internationalen Strafgerichtshof (IStGH)** mit Sitz in Den Haag (Niederlande) abgeurteilt werden[186]. Die hier aufgenommenen (völkerrechtlichen) Strafvorschriften finden sich allerdings auch im nationalen deutschen Recht wieder. Sie wurden in §§ 6 ff. des deutschen Völkerstrafgesetzbuches (VStGB) aus dem Jahre 2002 den Regelungen des IStGH-Statuts nachgebildet[187]. Es handelt sich hierbei um: **79**

- **Völkermord** (Art. 6 IStGH-Statut; § 6 VStGB; ehemals § 220a StGB a. F.)
- **Verbrechen gegen die Menschlichkeit** (Art. 7 IStGH-Statut; § 7 VStGB – schwerwiegende Verletzung von Menschenrechten aus rassistischen, religiösen Gründen etc.)

---

179 Vgl. zu dieser Frage ausführlich BWME-*Eisele*, § 5 Rn. 4 ff.
180 Vgl. hierfür ausführlich *Werle/Jeßberger*, Völkerstrafrecht, 5. Aufl. 2020; im Überblick *Engelhart*, JURA 2004, 734; *Hombrecher*, JA 2010, 731 (735 ff.); vgl. ferner die Übungsfälle bei *Rudolf/Hoven*, JuS 2009, 630; *Schramm/Antoni/Berle/Müller*, JuS 2020, 541 (544 f.); *Zimmermann/von Maltitz*, JuS 2020, 41.
181 *Eisele*, JA 2000, 896; *Satzger*, JuS 2004, 943 (944).
182 Vgl. zu den hier geahndeten Verbrechen den kurzen Überblick bei *Wessels/Beulke/Satzger*, Rn. 107; ferner *Engelhart*, JURA 2004, 734 (737 f.); *Vest*, ZStW 113 (2001), 457.
183 Hierzu *Engelhart*, JURA 2004, 734 (740 f.).
184 Vgl. zur gewohnheitsrechtlichen Entwicklung der einzelnen Strafvorschriften *Engelhart*, JURA 2004, 734 (738 f.); *Safferling*, JA 2000, 164 (165 ff.); *Werle*, ZStW 109 (1997), 808.
185 BGBl. 2000 II, S. 1393; das Statut ist am 1. Juli 2002 nach der 60. Ratifikation, darunter Deutschland, in Kraft getreten. Problematisch ist allerdings, dass die USA eine Mitwirkung zurzeit verweigern; vgl. hierzu *Kindt*, KJ 2002, 427; zum Statut von Rom vgl. *Ambos*, JA 1998, 998; *ders.*, ZStW 111 (1998), 175; *ders.*, NJW 1998, 3743; *Engelhardt*, JURA 2004, 734 (741 f.); *Fastenrath*, JuS 1999, 632; *Lagodny*, ZStW 113 (2001), 800; vgl. ferner *Seidel/Stahn*, JURA 1999, 14.
186 Vgl. zur Zusammenarbeit Deutschlands mit dem IStGH das „Gesetz über die Zusammenarbeit mit dem Internationalen Strafgerichtshof (IStGHG)", BGBl. 2002 I, S. 2144.
187 Hierzu *Engelhardt*, JURA 2004, 734 (742 f.); vgl. ferner den Übungsfall bei *Rudolf/Hoven*, JuS 2009, 630 (634).

– **Kriegsverbrechen** (Art. 8 IStGH-Statut; § 8 ff. VStGB – schwerwiegende Verletzungen des Kriegsvölkerrechts, z. B. Misshandlung von Gefangenen oder Plünderungen)
– **Verbrechen der Aggression** (Art. 8bis/StGH-Statut; § 13 VStGB-Verbrechen gegen den Frieden, vor allem die Planung, Einleitung und Durchführung eines Angriffskrieges; vgl. auch § 80a StGB[188].

80 Bei der Ahndung dieser Verbrechen ist nach § 1 VStGB die deutsche Strafgewalt nach dem hier verankerten Universalitätsprinzip stets eröffnet, wobei ausdrücklich auf einen „legitimierenden Anknüpfungspunkt" verzichtet wurde[189]. Im Verhältnis zur Strafgewalt des Internationalen Strafgerichtshofes gilt allerdings der Grundsatz der „Komplementarität". Dieser besagt, dass eine Zuständigkeit des IStGH erst dann begründet ist, wenn kein Staat willens und in der Lage ist, die entsprechende Straftat selbst zu verfolgen[190].

X. Exkurs: Europäisches Strafrecht

80a Auf eine ausführliche Darstellung des sich erst noch entwickelnden „Europäischen Strafrechts" wird an dieser Stelle bewusst verzichtet, da die Europäische Union derzeit nur eine sehr begrenzte Kompetenz zum Erlass verbindlicher Strafrechtsnormen besitzt (vgl. Art. 33, 83, 325 Abs. 4 des Vertrags über die Arbeitsweise der Europäischen Union – AEUV)[191]. Dennoch wirkt das europäische Recht auch in das deutsche Strafrecht hinein. Durch europäische Rechtsakte wird der deutsche Gesetzgeber verpflichtet, entsprechende Strafvorschriften zu schaffen, die Rechtsanwender sind gehalten, deutsches Recht „unionskonform" auszulegen[192] und teilweise enthalten auch deutsche Strafnormen, insbesondere im Nebenstrafrecht, eine direkte Bezugnahme auf EG-Verordnungen oder sonstige Rechtsakte der EG, vgl. § 58 Abs. 3 des Lebensmittel- und Futtermittelgesetzbuches; § 48 Abs. 1 Nr. 3, Nr. 4 Weingesetz. Besondere Bedeutung erlangt das Europäische Recht allerdings bei der Strafverfolgung sowie bei der Rechtshilfe. Zu erwähnen ist in diesem Zusammenhang insbesondere das auf einen EU-Rahmenbeschluss[193] zurückgehende Europäische Haftbefehlsgesetz[194].

---

188 Die Vorschrift wurde im Jahre 2017 neu eingeführt; vgl. auch Art. 5 Abs. 2 des Rom-Statuts; hierzu *Safferling*, JA 2000, 164 (168).
189 Hierzu *Wessels/Beulke/Satzger*, Rn. 100; vgl. bereits BGHSt 46, 292 (306).
190 Vgl. zu dieser Problematik den Überblick bei *Seidel/Stahn*, JURA 1999, 14 (16); *Wessels/Beulke/Satzger*, Rn. 111 f.; ferner *Lagodny*, ZStW 113 (2001), 800 (804).
191 ABlEU 2008 Nr. C 115/47; vgl. zum europäischen Strafrecht *Dannecker*, JURA 1998, 79; *ders.*, JURA 2006, 95, 173; *Eisele*, JA 2000, 424 (427 ff.); *ders.*, JA 2000, 896; *ders.*, JA 2000, 991; *ders.*, JZ 2001, 1157; *Frister*, 1. Kap. Rn. 26 ff.; *Hombrecher*, JA 2010, 731; *Jung*, JuS 2000, 417; *Klesczewski*, Rn. 64 ff.; *Kress*, JA 2005, 220; *Krey/Esser*, Rn. 113 ff.; *Kühl*, ZStW 109 (1997), 777; *Otto*, JURA 2000, 98; *Satzger*, JuS 2004, 943 (947 f.); *ders.*, JA 2005, 656; *Schramm*, ZJS 2010, 615; *Schröder*, NStZ 2006, 669; *Vogel/Norouzi*, JuS 2003, 1059; *Vogler*, JURA 1992, 586; *Wessels/Beulke/Satzger*, Rn. 116 ff.; ferner ausführlich *Ambos*, Internationales Strafrecht, 3. Aufl. 2001; *Hecker*, Europäisches Strafrecht, 3. Aufl. 2010; *Satzger*, Internationales und Europäisches Strafrecht, 5. Aufl. 2011, §§ 7–11; *ders.*, Die Europäisierung des Strafrechts, 2001; *Schramm*, Internationales Strafrecht, 2011; vgl. auch die Übungsfälle bei *Safferling/Scholz*, JA 2009, 353; *Weißer/Göhler*, JuS 2016, 532.
192 BGHSt 37, 333 (337); BGHSt 50, 347 (354 ff.); BGHSt 51, 124 (129 ff.).
193 ABlEG Nr. L 190 vom 18. Juli 2002, S. 1; hierzu *Deiters*, ZRP 2003, 359; *Schünemann*, ZRP 2003, 185, 472.
194 BGBl. 2006 I, S. 1721; das Gesetz wurde in seiner ersten Fassung (vgl. BGBl. 2004 I, S. 1748) vom BVerfG wegen einer zu weitgehenden Möglichkeit der Auslieferung deutscher Staatsangehöriger für nichtig erklärt; vgl. BVerfGE 113, 273; hierzu *Lagodny*, StV 2005, 515; *Vogel*, JZ 2005, 801; ferner *Böhm*, NJW 2006, 2592.

Eine größere Bedeutung kommt hingegen der – auf eine Initiative des Europarates (nicht der Europäischen Union![195]) zurückgehenden – **Europäischen Menschenrechtskonvention (EMRK)** zu[196]. Der deutsche Gesetzgeber hat die EMRK durch ein Gesetz in die deutsche Rechtsordnung überführt[197], sodass die Regelungen nunmehr im Rang eines Bundesgesetzes – und daher auf derselben Ebene wie das Strafgesetzbuch – gelten[198]. Die EMRK enthält eine Vielzahl von Rechten des einzelnen Bürgers sowie rechtsstaatlicher Mindestgarantien im Strafverfahren[199], die sich vielfach auch mit den Grundrechten der deutschen Verfassung decken. Für die Auslegung spielt – auch im Hinblick auf das deutsche Recht – die Rechtsprechung des Europäischen Gerichtshofes für Menschenrechte (EGMR) eine entscheidende Rolle. Im Bereich des Allgemeinen Teils des Strafrechts kommt der EMRK insbesondere bei der Frage, ob zur Verteidigung von Sachwerten im Rahmen der Notwehr auch eine Tötung erlaubt sein kann[200], eine gewisse Rolle zu.

§ 7 Straftataufbau und Systementwürfe

Einführende Aufsätze: *Ambos*, Ernst Belings Tatbestandslehre und unser heutiger „postfinalistischer" Verbrechensbegriff, JA 2007, 1; *Becker*, Die Bedeutung der Lehre von der Straftat für die Fallbearbeitung, JuS 2019, 513; *Rönnau*, Grundwissen – Strafrecht: Drei- oder zweistufiger Verbrechensaufbau?, JuS 2021, 499; *Werle*, Die allgemeine Straftatlehre – insbesondere: Der Deliktsaufbau beim vorsätzlichen Begehungsdelikt, JuS 2001, L 33, L 41, L 49, L 57.

I. Trennung von Straftatbestand und Rechtsfolge

Betrachtet man die Vorschriften des Besonderen Teils des StGB, so fällt als erstes die Trennung von **Straftatbestand** und **Rechtsfolge** auf. Während im (Straf-)Tatbestand das strafbare Verhalten selbst umschrieben ist, d. h. die Voraussetzungen genannt werden, die vorliegen müssen, damit eine Strafbarkeit wegen eines bestimmten Delikts angenommen werden kann, sind in den Rechtsfolgen die möglichen Sanktionen normiert, die sich an einen solchen Verstoß knüpfen.

> Bsp.: Nach § 242 Abs. 1 StGB begeht derjenige einen Diebstahl, der „*eine fremde bewegliche Sache einem anderen in der Absicht wegnimmt, die Sache sich oder einem Dritten rechtswidrig zuzueignen*". Hieran knüpft sich eine bestimmte Rechtsfolge. Wer den Tatbestand des § 242 Abs. 1 StGB verwirklicht, wird, wenn auch die sonstigen Voraussetzungen (Rechtswidrigkeit, Schuld etc.) erfüllt sind, „*mit Freiheitsstrafe bis zu fünf Jahren oder mit Geldstrafe bestraft*".[201]

Inhalt des vorliegenden Lehrbuches ist lediglich die **Lehre von der Straftat**. Auf die Rechtsfolgen, d. h. die möglichen Sanktionen, sowie auf die konkrete Strafzu-

---

195 Auf der Ebene der Europäischen Union gilt hingegen die EU-Grundrechtecharta vom 7. Dezember 2000, ABl. EG Nr. C 364/01 vom 18. Dezember 2000, die nach dem Inkrafttreten des Vertrages von Lissabon verbindlich geworden ist (vgl. Art. 6 Abs. 1 EUV).
196 Zur EMRK vgl. *Eisele*, JA 2005, 390; *ders.*, JA 2005, 901; *Grabenwarter*, Europäische Menschenrechtskonvention, 4. Aufl. 2009; *Satzger*, Internationales und Europäisches Strafrecht, 5. Aufl. 2011, § 11; *ders.*, JURA 2009, 759.
197 BGBl. 1952 II, S. 685, berichtigt S. 953.
198 Vgl. hierzu bereits oben Rn. 23.
199 Vgl. hierzu den Überblick bei *B. Heinrich*, JURA 2003, 167.
200 Vgl. hierzu unten Rn. 365 ff.
201 Kriterien für die Strafzumessung finden sich in §§ 46 ff. StGB. Hiernach hängt die Strafzumessung sowohl von der Tat und ihren Umständen als auch wesentlich von der Persönlichkeit des Täters ab.

messung, d. h. auf die Frage, welche Umstände der Richter im konkreten Fall zu berücksichtigen hat, wenn er eine Strafe verhängt, soll hier nicht eingegangen werden. Dies rechtfertigt sich daraus, dass die Strafzumessung regelmäßig nicht Gegenstand des strafrechtlichen Studiums ist und in einem strafrechtlichen Übungsfall am Ende nur festgestellt werden muss, welche Straftaten die Beteiligten begangen haben. Nicht festgestellt werden muss, welche konkrete Strafe zu verhängen ist, da es hierfür insbesondere auf die individuelle Situation des jeweiligen Täters (Vorstrafen, Vermögensverhältnisse etc.; vgl. auch den Katalog von § 46 Abs. 2 StGB) ankommt, die in einem Klausursachverhalt regelmäßig nicht umfassend mitgeteilt werden kann.

83 Was die Rechtsfolgenseite anbelangt, so ist unser Strafrecht gekennzeichnet von einer **Zweispurigkeit** des Sanktionensystems[202]. Handelt der Täter schuldhaft, wird eine **Strafe** verhängt. Dabei kennt das StGB als Hauptstrafe lediglich die Freiheitsstrafe und die Geldstrafe (§§ 38 ff. StGB). Als einzige Nebenstrafe ist in § 44 StGB das Fahrverbot vorgesehen[203]. An die Strafe können sich bestimmte Nebenfolgen, wie der Verlust der Amtsfähigkeit, der Wählbarkeit und des Stimmrechts (§ 45 StGB), anknüpfen. Daneben kennt das StGB als „zweite Spur" jedoch auch noch die sog. **Maßregeln der Besserung und Sicherung** (§§ 61 ff. StGB), die sich nicht an der Schuld, sondern an der Sozialgefährlichkeit des Täters orientieren. Ihre Verhängung fordert lediglich das Vorliegen einer rechtswidrigen Tat, nicht aber ein schuldhaftes Verhalten des Täters. Zu nennen sind hier die Unterbringung in einem psychiatrischen Krankenhaus (§ 63 StGB), einer Entziehungsanstalt (§ 64 StGB) oder die Sicherungsverwahrung (§ 66 StGB). Bedeutsam sind ferner die Anordnung der Führungsaufsicht (§§ 68 ff. StGB), die Entziehung der Fahrerlaubnis (§§ 69 ff. StGB) und das Berufsverbot (§§ 70 ff. StGB). Als weitere Sanktionen, die an eine rechtswidrige Tat anknüpfen, zählen der **Einziehung** von Gegenständen, die der Beteiligte aus einer rechtswidrigen Tat erlangt hat (z. B. das „Honorar" des Auftragsmörders oder der Verkaufserlös bei Betäubungsmitteldelikten), sowie die **Einziehung** von Gegenständen, die aus einer rechtswidrigen Tat stammen oder zu ihrer Begehung oder Vorbereitung gebraucht werden (z. B. das hergestellte Falschgeld oder das Auto, mit dem der Täter regelmäßig die Diebesbeute abtransportiert hat). Eine gesetzliche Regelung findet sich in §§ 73 ff. StGB.

II. Unterscheidung von Tatbestand und Sachverhalt

84 Wenn soeben festgestellt wurde, dass die Delikte des Besonderen Teils des StGB „Straftatbestände" enthalten[204], so muss dieser Begriff von demjenigen des „Sachverhalts" abgegrenzt werden. Unter einem **(Straf)Tatbestand** versteht man dabei die gesetzlich normierten Voraussetzungen eines bestimmten Delikts (insoweit also: den „Wortlaut" des Gesetzes).

> **Bsp.:** Der (Straf-)Tatbestand der Körperverletzung in § 223 Abs. 1 StGB lautet: „*Wer eine andere Person körperlich misshandelt oder an der Gesundheit schädigt, wird [...] bestraft*".

---

202 Vgl. hierzu auch *Frister*, 6. Kap. Rn. 22 ff.
203 Die 1992 in § 43a StGB neu aufgenommene Vermögensstrafe wurde vom Bundesverfassungsgericht für verfassungswidrig erklärt; vgl. BVerfGE 105, 135.
204 Vgl. oben Rn. 55.

Unter einem **Sachverhalt** hingegen ist ein bestimmter individueller Lebensvorgang zu verstehen, d. h. ein bestimmtes Geschehen, so wie es sich tatsächlich abgespielt hat. 85

> **Bsp.:** Anton Meyer hat am 27. April 2009 um 14 Uhr 30 seinem Nachbarn Norbert Neu in dessen Vorgarten eine kräftige Ohrfeige verpasst, weil dieser auf seinen Zuruf, er solle das Radio leiser stellen, nicht reagierte. Die Ohrfeige führte zu einer Schwellung der Wange und verursachte erhebliche Schmerzen.

Der **Sachverhalt** steht in den universitären Übungsfällen zumeist unzweifelhaft fest. In der juristischen Praxis ist es dagegen eine der Hauptaufgaben des Richters, festzustellen, was tatsächlich geschehen ist. Hierzu müssen möglicherweise Zeugen verhört, Sachverständige vernommen, Urkunden verlesen und der Tatort in Augenschein genommen werden. Diese Form der Sachverhaltsaufklärung, insbesondere auch die Beurteilung der Glaubwürdigkeit von Zeugen, wird in strafrechtlichen Klausuren während des Studiums nicht verlangt, weshalb in diesem Lehrbuch hierauf ebenfalls verzichtet wird. Vom Studierenden wird vielmehr lediglich gefordert, einen feststehenden Sachverhalt daraufhin zu untersuchen, ob und wenn ja welche Straftatbestände durch welche Personen und durch welche Verhaltensweisen erfüllt wurden und ob die sonstigen Bedingungen für die Strafbarkeit (Rechtswidrigkeit, Schuld etc.) gegeben sind. 86

III. Elemente der Straftat

Um zu einer Bestrafung einer Person wegen eines bestimmten Verhaltens zu gelangen, müssen mehrere Voraussetzungen erfüllt sein. Der Täter muss sowohl einen gesetzlichen Straftatbestand verwirklicht, als auch rechtswidrig und schuldhaft gehandelt haben. Dieser dreigliedrige Aufbau (**Tatbestand – Rechtswidrigkeit – Schuld**) hat sich inzwischen durchgesetzt und soll auch Grundlage des vorliegenden Lehrbuchs sein[205]. Wesentlich ist dabei, dass jede strafrechtliche Prüfung in dieser Reihenfolge stattzufinden hat und sämtliche dieser Voraussetzungen erfüllt sein müssen, damit eine Person – im Strafrecht spricht man üblicherweise vom **Täter** – auch tatsächlich bestraft werden kann. 87

1. Anknüpfungspunkt jeder Strafbarkeit ist dabei ein **menschliches Verhalten**, die **Handlung** eines Menschen. Ohne sie gibt es keine Straftat. Dabei versteht man unter einer Handlung jedes willensgetragene menschliche Verhalten[206]. Es kann sich dabei sowohl um ein aktives Tun, als auch um ein Unterlassen handeln. 88

2. Die Handlung muss einen gesetzlichen **Tatbestand** erfüllen. Wie bereits erwähnt, versteht man unter dem Tatbestand die gesetzlich normierten Voraussetzungen eines bestimmten Delikts, d. h. den „Wortlaut" des Gesetzes[207]. Hier umschreibt der Gesetzgeber Verhaltensweisen, die in aller Regel – d. h. wenn keine besonderen Umstände hinzutreten – als sozialschädlich angesehen werden und mit einer Strafe zu ahnden sind. 89

---

205 Vgl. für einen ersten Überblick *Werle*, JuS 2001, L 33, L 41, L 49, L 57; vgl. zur Frage des zwei- oder dreistufigen Verbrechensaufbaus auch *Rönnau*, JuS 2021, 499.
206 Vgl. zum Handlungsbegriff noch ausführlich unten § 9 (Rn. 190 ff.).
207 Vgl. oben Rn. 84; zu den verschiedenen Funktionen des Tatbestandes ferner *Roxin/Greco*, AT I, § 10 Rn. 1 ff.

> **Bsp.:** Anton entwendet seinem Nachbarn Norbert einen Gartenzwerg aus dessen Vorgarten, um diesen für sich zu behalten. – Hier ist der Tatbestand des Diebstahls, § 242 StGB, erfüllt.

90 3. Um zu einer Bestrafung zu gelangen, muss diese Erfüllung des Tatbestandes **rechtswidrig** sein. Denn nicht immer stellt ein Verstoß gegen eine strafrechtliche Vorschrift auch ein unrechtmäßiges Verhalten dar. Erfüllt der Täter einen Straftatbestand, so muss allerdings regelmäßig ein besonderer Grund vorliegen, der dem Täter ein solches Verhalten gestattet. Diese speziellen „Erlaubnistatbestände" nennt man **Rechtfertigungsgründe**.

> **Bsp.:** Anton läuft Bruno hinterher und wirft ihm einen Stein an den Kopf. Bruno sinkt getroffen zu Boden und hat durch den Stein eine Platzwunde erlitten. – Dieses Verhalten erfüllt den Straftatbestand der gefährlichen Körperverletzung, §§ 223, 224 Abs. 1 Nr. 2 StGB. Antons Verhalten kann jedoch durch den Rechtfertigungsgrund der Notwehr, § 32 StGB, gerechtfertigt sein, wenn er den Stein nur deswegen warf, weil Bruno ihm zuvor seine Geldbörse weggenommen hatte und anschließend mit dieser Beute floh. Das Vorliegen dieses Rechtfertigungsgrundes schließt nun zwar die Strafbarkeit Antons wegen der begangenen Körperverletzung aus, ändert aber nichts daran, dass der Tatbestand der Körperverletzung erfüllt ist. Die Aufgabe in einem juristischen Gutachten ist es nun, nicht nur festzustellen, dass Anton sich nicht strafbar gemacht hat, sondern genau zu bestimmen an welcher Voraussetzung eine Strafbarkeit scheitert.

91 4. Auch ein tatbestandsmäßiges und rechtswidriges Verhalten reicht für eine Strafbarkeit noch nicht aus, hinzukommen muss weiter, dass die Tat auch **schuldhaft** begangen wurde. Dies ist dann gegeben, wenn eine Verhaltensweise nicht nur gegen die Rechtsordnung verstößt, sondern wenn man sie dem Täter auch persönlich zum Vorwurf machen kann, er also persönlich für das von ihm begangene Unrecht verantwortlich gemacht werden kann.

> **Bsp.:** Wenn Anton dem Bruno von hinten einen Stein an den Kopf wirft und kein Rechtfertigungsgrund eingreift (d. h. Antons Verhalten rechtswidrig war), kann er dennoch nicht bestraft werden, wenn er zum Zeitpunkt der Tat nicht schuldfähig war. Dies kann seine Ursache u. a. darin haben, dass Anton geistesgestört oder völlig betrunken war (vgl. § 20 StGB). Auch wenn es sich bei Anton um ein 13-jähriges Kind handelt, scheidet eine Bestrafung infolge Schuldunfähigkeit aus (vgl. § 19 StGB).

92 5. Liegen sämtliche dieser Elemente vor, dann spricht man von einer **Straftat**. Der Täter kann aus der jeweiligen Strafvorschrift, die als Rechtsfolge in der Regel einen bestimmten Strafrahmen vorgibt[208], bestraft werden.

93 In diesem Zusammenhang soll lediglich noch auf eine Besonderheit hingewiesen werden: Wenn im StGB mitunter der Begriff der **rechtswidrigen Tat** auftaucht, so ist hierunter nach § 11 Abs. 1 Nr. 5 StGB eine Tat zu verstehen, die tatbestandsmäßig und rechtswidrig ist[209]. Liegt eine solche tatbestandsmäßige und rechtswidrige Tat vor, spricht man von **Unrecht**. Wer eine rechtswidrige Tat begeht, begeht also Unrecht – auf die persönliche Schuld des Täters kommt es hierbei nicht an. Der Täter kann also eine rechtswidrige Tat begehen, ohne dass er dabei schuldhaft

---

208 Eine Ausnahme besteht für die Fälle der obligatorischen Anordnung einer lebenslangen Freiheitsstrafe (so beim Mord, § 211 StGB).
209 Vgl. zur Unterscheidung der Begriffe „Straftat" und „rechtswidrige Tat" auch *Wessels/Beulke/Satzger*, Rn. 28.

handelt. Zwar kann er in diesen Fällen nicht bestraft werden, dennoch hat das Vorliegen einer „rechtswidrigen Tat" einige wesentliche Konsequenzen[210]:

> So darf z. B. gegen eine Person, die eine rechtswidrige Tat begeht, im Wege der Notwehr, der Nothilfe oder des rechtfertigenden Notstandes vorgegangen werden. Ein schuldhaftes Verhalten des Angreifers ist nicht erforderlich[211]. Auch kann man zu einer rechtswidrigen Tat anstiften oder Hilfe leisten (vgl. §§ 26, 27 StGB). Dass der Haupttäter schuldhaft handelt, ist auch hier nicht erforderlich[212].

Die genannte Prüfungsreihenfolge (das Unrecht ist vor der Schuld zu prüfen) beruht auf dem Gedanken, dass **das Unrecht der Schuld sachlogisch vorausgehen muss**[213]. Denn es kann zwar Unrecht ohne Schuld geben (z. B. ein Geisteskranker tötet einen Menschen), das Vorliegen einer strafrechtlichen Schuld ohne Unrecht ist jedoch ausgeschlossen (wer kein Unrecht begeht, kann auch nicht „schuld sein", man kann ihm das Verhalten jedenfalls strafrechtlich nicht vorwerfen).

IV. Stellung des Vorsatzes als Ausgangspunkt verschiedener Straftheorien

Fraglich – und lange Zeit umstritten – ist allerdings die Stellung des **Vorsatzes** im Rahmen des dreigliedrigen Verbrechensaufbaus (**Tatbestandsmäßigkeit – Rechtswidrigkeit – Schuld**). Nach § 15 StGB ist nur vorsätzliches Handeln strafbar, wenn nicht das Gesetz fahrlässiges Handeln ausdrücklich mit Strafe bedroht. In jedes einzelne Delikt des Besonderen Teils des StGB ist somit das Vorsatzerfordernis über § 15 StGB mit hineinzulesen. Begreift man den Vorsatz als **Wissen und Wollen der Tatbestandsverwirklichung**[214], so wird deutlich, dass es sich jedenfalls um ein **subjektives Element** handeln muss. Der Täter muss also die konkreten Umstände kennen, die dazu führen, dass sein Handeln einen gesetzlichen Tatbestand erfüllt und er muss die Tatbestandsverwirklichung auch wollen. Dennoch ist fraglich, auf welcher Prüfungsebene der Vorsatz anzusiedeln ist[215].

1. Der klassische („kausale") Verbrechensaufbau

Die **klassische Schule**[216] sieht im Vorsatz ein reines Schuldelement. Tatbestand und Rechtswidrigkeit seien ausschließlich objektiv zu bestimmen und von der Persönlichkeit des Täters abzukoppeln. Dagegen seien sämtliche subjektiven Elemente Bestandteile der Schuld. Damit ergibt sich zwangsläufig, dass auch der Vorsatz als rein subjektives Element ein Bestandteil der **Schuld** ist. Man spricht in diesem Zusammenhang auch vom sog. „kausalen" Straftataufbau. Kausal ist

---

210 Möglich sind ferner die sog. „Maßregeln der Besserung und Sicherung". Der schuldunfähige Täter kann also z. B. nach § 63 StGB in einer psychiatrischen Anstalt untergebracht werden; vgl. hierzu bereits oben Rn. 83; im Falle der vorsätzlich herbeigeführten Trunkenheit kommt zudem eine Bestrafung nach den Grundsätzen der „actio libera in causa" in Betracht; vgl. unten Rn. 597 ff.
211 Vgl. hierzu noch ausführlich unten Rn. 317 ff., 350 ff.
212 Vgl. zu dieser „limitierten Akzessorietät" der Teilnahme ausführlich unten Rn. 1278 ff.
213 BWME-*Eisele*, § 8 Rn. 1; *Kindhäuser/Zimmermann*, § 5 Rn. 2; LK-*Rönnau*, 13. Aufl., Vor §§ 32 ff. Rn. 321; *Schönke/Schröder-Eisele*, Vor § 13 ff. Rn. 20; *Werle*, JuS 2001, L 41 (L 42).
214 Vgl. zum Vorsatzbegriff noch ausführlich unten Rn. 264 ff.
215 Vgl. zu dieser Problematik ausführlich *Ambos*, JA 2007, 1; *Jescheck/Weigend*, § 22 II-VI; *Kindhäuser*, GA 2007, 447; *Rengier*, § 7 Rn. 2 ff.; *Schumann*, JURA 2008, 408 (410 ff.); im Überblick bei *Haft*, A III; *Werle*, JuS 2001, L 41 (L 43).
216 Vgl. nur *Beling*, Grundzüge des Strafrechts, 8. Aufl. 1925, S. 20 f.; ferner auch noch *Baumann/Weber/Mitsch*, 11. Aufl., § 12 Rn. 5; hierzu *Ambos*, JA 2007, 1 (3).

dieser Aufbau deshalb, weil nach dieser Ansicht allein die **kausale Verursachung** einer unerwünschten Rechtsfolge (also z. B. der Tod eines Menschen) das **Unrecht der Tat** begründet.

> **Bsp.:** Einen Menschen zu töten, ohne dass dabei ein Rechtfertigungsgrund eingreift, bedeutet nach dieser Lehre stets Unrecht. Dabei soll es gleichgültig sein, ob der Täter vorsätzlich, fahrlässig oder „aus Versehen" gehandelt hat. Selbst wenn der Täter den Tod nicht vermeiden konnte, er also nicht einmal fahrlässig gehandelt hat, läge nach dieser Ansicht „Unrecht" vor und es wäre lediglich die Schuld ausgeschlossen.

97 In engem Zusammenhang damit steht die **kausale Handlungslehre**, wonach auch die menschliche Handlung rein naturalistisch-kausal zu bestimmen sei[217]. Hiernach versteht man unter *einer* Handlung jedes vom Willen getragene menschliche Verhalten, welches einen kausalen Erfolg in der Außenwelt verursacht. Folglich wird der **Sinn der Handlung**, d. h. der Zweck, den der Handelnde mit seinem Verhalten verknüpft, aus dem Handlungsbegriff selbst ausgeblendet. Insoweit bleibt also auch der Handlungsbegriff weitgehend frei von jeglichen subjektiven Erwägungen. Auf den sozialen Sinngehalt einer Handlung kommt es bei der Frage, ob eine Handlung vorliegt oder nicht, demnach nicht an[218].

98 Zu kritisieren ist diese kausale Lehre deswegen, weil eine rein kausale Verursachung eines strafrechtlich unerwünschten Erfolges über das Unrecht der Tat wenig aussagt. Sicherlich deutet die Tötung eines Menschen in den meisten Fällen auf ein unrechtmäßiges Verhalten hin. Der Grad des begangenen Unrechts ist aber unterschiedlich, je nachdem, ob eine vorsätzliche Tötung vorliegt, die Tötung lediglich fahrlässig herbeigeführt wurde oder ob der Verursachung eines tödlichen Erfolges überhaupt kein Pflichtverstoß zugrunde liegt.

> **Bsp.:** Anton fährt mit seinem Auto durch die Stadt und tötet dabei die vierjährige Anna, die ihm vor das Auto springt. – Bereits für die Frage des Unrechts muss es nun eine entscheidende Rolle spielen, ob er Anna vorsätzlich angefahren hat (z. B. weil es sich um sein nichteheliches Kind handelte und er sich durch deren Tötung Unterhaltszahlungen ersparen wollte), ob es zu dem Unfall kam, weil Anton in einer Spielstraße zu schnell oder betrunken gefahren ist (dann handelte er sorgfaltspflichtwidrig und es läge eine fahrlässige Tötung vor) oder ob er sich an sämtliche Verkehrsregeln gehalten hat und Anna so unglücklich zwischen zwei parkenden Autos auf die Straße sprang, dass Anton den Unfall nicht vermeiden konnte (dann läge keine Strafbarkeit Antons vor).

99 Für eine Berücksichtigung subjektiver Merkmale bereits im Rahmen des Tatbestandes eines Delikts spricht ferner, dass diese subjektiven Elemente ohnehin nicht völlig ausgeblendet werden können. So fordern manche Tatbestände ausdrücklich ein besonderes subjektives Element (z. B. die Absicht rechtswidriger Zueignung beim Diebstahl, § 242 StGB). Andere Tatbestände können ohne eine subjektive Auslegung einzelner Tatbestandsmerkmale nicht auskommen: Ob z. B. ein bestimmtes Verhalten als sexuelle Handlung i. S. der §§ 174 ff. StGB oder als ärztliche Maßnahme anzusehen ist, kann nicht immer allein nach äußeren, objektiven Kriterien beurteilt werden. Auch hier bedarf es also bereits auf Tatbestandsebene einer Prüfung der Motivation des Handelnden.

100 Schließlich ist darauf hinzuweisen, dass bei Versuchstaten, die nach §§ 22 ff. StGB ebenfalls in den meisten Fällen strafbar sind[219], der Erfolg und somit das objektiv

---

217 Vgl. hierzu noch näher unten Rn. 194 ff.
218 Vgl. zum strafrechtlichen Handlungsbegriff noch ausführlich unten § 9 (Rn. 190 ff.).
219 Vgl. hierzu noch näher unten Rn. 638 ff., 654 f.

verwirklichte Unrecht regelmäßig ausbleibt. Insoweit ist das Unrecht einer Versuchstat allein auf Grundlage der subjektiven Vorstellungen des Täters (d. h. seines Tatentschlusses) zu ermitteln, die freilich insoweit nach außen gedrungen sein müssen, als er nach § 22 StGB zu dieser Tat „unmittelbar angesetzt" haben muss.

2. Der neoklassische Verbrechensaufbau und die moderne Lehre

Infolge dieser Kritik entwickelte sich ab Anfang des 20. Jh. die Ansicht, dass das Unrecht nicht rein objektiv zu betrachten sei, sondern subjektive Merkmale des Täters mit zu berücksichtigen sind[220]. Bahnbrechend für diese Lehre war die Erkenntnis, dass jedenfalls die in manchen Tatbeständen ausdrücklich bezeichneten besonderen Motive und Absichten (Zueignungsabsicht, § 242 StGB; Bereicherungsabsicht, 263 StGB) als (subjektive) Tatbestandselemente anerkannt werden müssen. Von hier aus war es dann nur noch ein kleiner Schritt, auch den Vorsatz selbst als subjektives Element in den Tatbestand zu integrieren[221]. Denn wer letztlich gar nicht weiß, was er tut, kann jedenfalls das Unrecht eines Vorsatzdelikts nicht erfüllen[222]. Dies führte zu der Erkenntnis, dass der **Vorsatz** nicht als Bestandteil der Schuld, sondern als Bestandteil des Tatbestandes angesehen werden muss. Dogmatisch lässt sich dies heute jedenfalls so begründen, dass das Merkmal des vorsätzlichen Verhaltens über § 15 StGB in jeden Tatbestand mit hineinzulesen ist und dadurch zum (subjektiven) Tatbestandsmerkmal wird. Sowohl der Vorsatz als auch die sonstigen, in manchen Delikten zusätzlich geforderten subjektiven Merkmale (Zueignungsabsicht, Bereicherungsabsicht etc.) sind hiernach auf Tatbestandsebene zu berücksichtigen und bilden den **subjektiven Tatbestand** des Vorsatzdelikts.

Auf der Grundlage dieses heute herrschenden Straftataufbaus[223], dem auch dieses Lehrbuch folgt, ist somit der Tatbestand in einen **objektiven** und einen **subjektiven Tatbestand** aufzuspalten. Dabei kann aber die der Straftat zugrunde liegende Handlung durchaus weiterhin naturalistisch-kausal bestimmt werden[224].

3. Der finale Verbrechensaufbau

Noch weiter im Hinblick auf die Vorverlagerung der subjektiven Elemente geht der in der Mitte des 20. Jh. entwickelte **finale Verbrechensaufbau**, der auf einer **finalen Handlungslehre** basiert[225]. Diese geht davon aus, dass menschliches Handeln immer einen Zweck verfolge und niemals „zwecklos" sein könne. Unter einem menschlichen Verhalten könne man daher nur eine planvolle Lenkung des

---

220 So bereits *Hegler*, ZStW 36 (1915), 19 (31 ff.).
221 Da sich diese Ansicht allerdings zeitlich erst nach der Theorie des finalen Verbrechensaufbaus (vgl. hierzu sogleich unten Rn. 103) durchsetzte und von dieser Lehre wesentlich beeinflusst wurde, bezeichnen manche Autoren als „neo-klassischen Verbrechensaufbau" nur diejenige Ansicht, die ausschließlich die besonderen subjektiven Merkmale (Absichten etc.) dem (subjektiven) Tatbestand zuschlagen will, während die heute herrschende Ansicht, die auch den Tatbestandsvorsatz als (subjektives) Tatbestandselement einordnet, als „postfinalistische Lehre" bezeichnet wird; vgl. nur *Ambos*, JA 2001, 1 (3).
222 Vgl. hierzu schon oben Rn. 99.
223 Vgl. nur *Jescheck/Weigend*, § 21 III; *Roxin/Greco*, AT I, § 7 Rn. 23 ff., § 10 Rn. 16 ff; kritisch zum heutigen Straftataufbau *Frisch*, GA 2018, 553 (568 ff.).
224 So auch *Roxin/Greco*, AT I, § 7 Rn. 24; zu den Anforderungen an den Handlungsbegriff vgl. noch ausführlich unten Rn. 194 ff.
225 Hauptvertreter dieser Lehre war *Welzel*; vgl. nur *Welzel*, § 8 I; *ders.*, ZStW 51 (1931), 703; *ders.*, ZStW 58 (1939), 553; *ders.*, JuS 1966, 421; ferner *Armin Kaufmann*, ZStW 70 (1958), 64; *Stratenwerth*, ZStW 71 (1959), 51; *Stratenwerth/Kuhlen*, § 6 Rn. 6 ff.; in eingeschränkter Form auch vertreten von *Maurach/Zipf*, AT I, § 16 Rn. 38 ff.

Handelns auf ein bestimmtes Ziel hin (d. h. die Finalität des Handelns) verstehen. Da es somit unvorsätzliche Handlungen nicht geben könne, da dies dem menschlichen Wesen als vorausdenkendem und planendem Individuum widerspräche, könne von einer Handlung im strafrechtlichen Sinn nur bei vorsätzlichem Verhalten im Hinblick auf die Verwirklichung eines ganz bestimmten Tatbestandes gesprochen werden. Konsequenz hieraus ist, dass der Vorsatz bereits als ein Bestandteil der Handlung angesehen wird.

104 Finalität der Handlung bedeutet daher Zielgerichtetheit der Handlung. Im Gegensatz zur kausalen Handlungslehre, die danach fragt, was eine bestimmte Handlung (zweckneutral) **bewirkt**, fragt die finale Handlungslehre danach, was die Handlung im Einzelfall **bezweckt**.

105 Gegen die finale Handlungslehre lässt sich einwenden, dass man sehr wohl handeln (und eine Veränderung in der Außenwelt bewirken) kann, ohne damit stets einen ganz bestimmten Zweck zu verfolgen. Handlung und Vorsatz gehören somit nicht notwendigerweise zusammen. Im Gegenteil wird erst durch eine Trennung, d. h. eine **Zerlegung des Bedeutungsinhalts der Handlung,** ein strafrechtlicher Systembau ermöglicht. Denn objektive und subjektive Merkmale können durchaus inhaltlich getrennt und unterschiedlich beurteilt werden, ein Zusammenmischen im „großen Topf eines strafrechtlichen Handlungsbegriffs" stiftet nur Verwirrung und beeinträchtigt die notwendige differenzierte Betrachtung. Dies zeigt sich anschaulich im Bereich der **Fahrlässigkeitsdelikte**, die durch die finale Handlungslehre nicht erklärbar sind. Denn die Fahrlässigkeitsdelikte stellen als vorwerfbare Nachlässigkeit eben gerade keine bewusste Erfolgsverursachung dar[226].

> **Bsp.:** Der Krankenschwester, die dem Patienten eine Beruhigungsspritze geben will, ihm aber versehentlich eine tödliche Dosis Morphium spritzt, kann doch nur schwerlich eine Handlung abgesprochen werden. Nach der finalen Handlungslehre müsste jedoch bereits die Handlung ausscheiden, da die Krankenschwester kein planvoll auf ein bestimmtes Ziel (= Tod des Patienten) hin gerichtetes Verhalten vornimmt. Dies erscheint jedoch nicht nachvollziehbar, denn es kommt hier jedenfalls eine Fahrlässigkeitsbestrafung (§ 222 StGB) in Betracht.

106 Letztlich ist es auch begrifflich schwierig, ein Unterlassen, d. h. ein Nichts-Tun, als planvoll auf ein bestimmtes Ziel hin gelenktes Verhalten anzusehen.

> **Bsp.:** Anton steht am Ufer und unterhält sich mit Bruno. Während dieser Zeit begibt sich Antons vierjährige Tochter Anna ins Wasser und ertrinkt. – Hier unterhält sich Anton zwar „zielgerichtet" mit Bruno, im Hinblick auf die Tötung seines Kindes durch Unterlassen wird aber kaum von einem „zielgerichteten Verhalten" gesprochen werden können und zwar unabhängig davon, ob Anton vom Schicksal seiner Tochter wusste (dann kommt eine vorsätzliche Tötung durch Unterlassen, §§ 212, 13 StGB, in Betracht) oder nicht (dann verbleibt eine fahrlässige Tötung durch Unterlassen, §§ 222, 13 StGB, sofern man Anton einen Sorgfaltspflichtverstoß vorwerfen kann).

4. Lehre von den negativen Tatbestandsmerkmalen

107 Schließlich ist noch auf die Lehre von den negativen Tatbestandsmerkmalen (oder auch: Lehre vom **Gesamtunrechtstatbestand**) hinzuweisen, die sich jedoch inhaltlich und vom Ergebnis her kaum von der hier vertretenen Ansicht unterschei-

---

[226] Dies wird auch von den Vertretern des Finalismus erkannt; vgl. *Maurach/Zipf*, AT 1, § 16 Rn. 45; zur Kritik an der finalen Handlungslehre ferner *Kindhäuser/Zimmermann*, § 5 Rn. 10 f.

det. Allerdings legt sie in Struktur und Aufbau der Straftat ein leicht abgewandeltes System zugrunde[227].

Nach dieser Lehre besteht die Straftat letztlich nur aus zwei Elementen, nämlich dem **Tatbestand** auf der einen und der **Schuld** auf der anderen Seite. Der Tatbestand gliedert sich dabei in positive und in negative Tatbestandsmerkmale (hieraus leitet sich auch der Name dieser Lehre ab). Unter den positiven Tatbestandsmerkmalen werden die im gesetzlichen Tatbestand niedergelegten Merkmale verstanden (d. h. die objektiven und subjektiven Tatbestandsmerkmale im Sinne der hier vertretenen Ansicht). Dazu treten bereits im Rahmen der Tatbestandsprüfung die „negativen" Tatbestandmerkmale, worunter nichts anderes zu verstehen ist als das Fehlen von Rechtfertigungsgründen. Nur wenn die positiven Tatbestandsmerkmale erfüllt sind und das Fehlen von Rechtfertigungsgründen als negatives Tatbestandsmerkmal festgestellt ist, ist nach dieser Lehre der Tatbestand und somit gleichzeitig auch das Unrecht erfüllt. **108**

Insofern unterscheidet sich diese Lehre vom hier vertretenen Aufbau nur dadurch, dass sie die Rechtswidrigkeitsebene letztlich zum Tatbestand zählt. Inhaltlich hat dies jedoch kaum Konsequenzen. Geringe Auswirkungen hat dieser Ansatz lediglich bei der Frage des Vorsatzes, der sich nicht nur auf das Vorliegen der objektiven Tatbestandsmerkmale (= Tatbestandvorsatz), sondern auch auf das Fehlen der Rechtfertigungsgründe (= Vorsatz bzgl. der Rechtswidrigkeit) beziehen muss. Insoweit führt nach dieser Ansicht ein Irrtum über das Vorliegen eines Rechtfertigungsgrundes in direkter Anwendung des § 16 StGB zum Tatbestandsausschluss (während nach der hier vertretenen Ansicht das Unrecht der Tat in diesem Fall unberührt bleibt und lediglich die Schuld entfällt)[228]. **109**

> **Klausurtipp:** In Klausuren muss in aller Regel nicht begründet werden, warum welche Prüfungsreihenfolge gewählt wird. Dies betrifft insbesondere die genannten Modelle des Straftataufbaus. Man entscheidet sich für einen bestimmten Aufbau (zweckmäßigerweise für den herrschenden) und prüft diesen konsequent durch. Da die verschiedenen Lehren nur in wenigen Punkten zu unterschiedlichen Lösungen führen, muss lediglich dann, wenn ein solcher Punkt in einer Klausur einmal problematisch ist (in der Regel bei der Erörterung der entsprechenden Theorienstreitigkeiten) auf die verschiedenen Theorien eingegangen werden[229].

---

227 Begründet wurde diese Ansicht von *Merkel*, Lehrbuch des deutschen Strafrechts, 1889, S. 82; vertreten von *Engisch*, ZStW 70 (1958), 566 (583); *Arthur Kaufmann*, JZ 1954, 653; *ders.*, JZ 1956, 353 (393 ff.); *ders.*, ZStW 76 (1964), 543 (562 ff.); LK-*Walter*, 13. Aufl., Vor §§ 13 ff. Rn. 158; MüKo-*Freund*, 4. Aufl., Vor § 13 Rn. 216; MüKo-*Schlehofer*, 4. Aufl., Vor § 32 Rn. 36 ff.; NK-*Puppe*, Vor §§ 13 ff. Rn. 12 ff.; *Otto*, § 5 Rn. 23 ff.; *Rönnau*, JuS 2021, 499 (500 ff.); *Schröder*, ZStW 65 (1953), 178 (207); *Schünemann*, GA 1985, 341 (348 ff.); *Schünemann/Greco*, GA 2006, 777 (792); vgl. auch SK-*Hoyer*, Vor §§ 32 ff. Rn. 16 ff.
228 Vgl. zu diesem – schwierigen – Problem ausführlich den Problemschwerpunkt 28, unten Rn. 1128 ff.
229 Paradebeispiel ist die Erörterung des Erlaubnistatbestandsirrtums; vgl. hierzu unten Rn. 1126 ff.

Teil II: Der Tatbestand

§ 8 Tatbestand – Überblick und Deliktsarten

Einführende Aufsätze: *Baur,* Tatbestandstypenlehre und ihre Bedeutung für die Fallbearbeitung, ZJS 2017, 529, 655; *Bindokat,* Teleologie und Analogie im Strafrecht, JZ 1969, 541; *Eisele,* Die Regelbeispielsmethode: Tatbestands- oder Strafzumessungslösung?, JA 2006, 309; *Gottwald,* Die objektive Bedingung der Strafbarkeit, JA 1998, 771; *Haft,* Eigenhändige Delikte, JA 1979, 651; *Hohn,* Grundwissen – Strafrecht: Handlungs- und Erfolgsunrecht, JuS 2008, 494; *Krause,* Die objektiven Bedingungen der Strafbarkeit, JURA 1980, 449; *Kudlich,* Das erfolgsqualifizierte Delikt in der Fallbearbeitung, JA 2009, 246; *Kühl,* Das erfolgsqualifizierte Delikt (Teil I): Das vollendete erfolgsqualifizierte Delikt, JURA 2002, 810; *ders.,* Das erfolgsqualifizierte Delikt (Teil II): Versuch des erfolgsqualifizierten Delikts und Rücktritt, JURA 2003, 19; *Nestler,* Die Auslegung von Straftatbeständen: Auslegungsmethoden und Methodik der Auslegung, JURA 2018, 568; *Nestler/Lehner,* Was ist so besonders an Sonderdelikten?, JURA 2017, 403; *Otto,* Die Auslegung von Blankettstraftatbeständen, JURA 2005, 538; *Petersen,* Typische Subsumtionsfehler in (straf-)rechtlichen Gutachten, JURA 2002, 105; *Rönnau,* Grundwissen – Strafrecht: Erfolgs- und Tätigkeitsdelikte, JuS 2010, 961; *ders.,* Grundwissen – Strafrecht: Objektive Bedingungen der Strafbarkeit, JuS 2011, 697; *Satzger,* Die objektive Bedingung der Strafbarkeit, JURA 2006, 108; *ders.,* Die eigenhändigen Delikte, JURA 2011, 103; *Schladitz,* Die grundlegende Systematik des Unrechtstatbestandes von Erfolgsdelikten, JURA 2021, 770; *Sowada,* Das sog. „Unmittelbarkeits"-Erfordernis als zentrales Problem erfolgsqualifizierter Delikte, JURA 1994, 643; *Stree,* Objektive Bedingungen der Strafbarkeit, JuS 1965, 465.

Rechtsprechung: RGSt 32, 165 – Elektrizität (verbotene Analogie, wenn Elektrizität als Sache angesehen würde); **BGHSt 14, 132** – Kirmes (objektive Bedingung der Strafbarkeit bei § 231 StGB); **BGHSt 16, 124** – Vollrausch (objektive Bedingung der Strafbarkeit bei § 323a StGB); **BGHSt 16, 130** – Zechschuld (objektive Bedingung der Strafbarkeit bei § 231 StGB).

I. Grundlagen

110 Anknüpfungspunkt jeder Strafbarkeit ist ein **gesetzlicher Straftatbestand**[230]. Dies folgt bereits aus dem verfassungsrechtlichen Grundsatz „nulla poena sine lege", niedergelegt in Art. 103 Abs. 2 GG, § 1 StGB[231]. In diesem Tatbestand müssen sämtliche Merkmale umschrieben sein, die ein bestimmtes strafrechtliches Verbot (oder Gebot) begründen. Hier muss ein bestimmtes strafrechtliches Unrecht „vertypt" werden. Der Einzelne soll dadurch erkennen können, was grundsätzlich von der Rechtsordnung als „verboten" angesehen wird (man spricht daher auch von der „Appellfunktion des Tatbestandes").

---

230 Vgl. zur Unterscheidung des Tatbestandes im weiteren und engeren Sinne *Wessels/Beulke/Satzger,* Rn. 184 ff.; zu den einzelnen Funktionen des Tatbestandes *Roxin/Greco,* AT I, § 10 Rn. 1 ff.; ferner unten Rn. 114.
231 Vgl. zu diesem Grundsatz oben Rn. 23 ff.

> **Bsp.:** Der Tatbestand des Diebstahls wird in § 242 StGB wie folgt umschrieben: *„Wer eine fremde bewegliche Sache einem anderen in der Absicht wegnimmt, die Sache sich oder einem Dritten rechtswidrig zuzueignen, wird […] bestraft*[232]*."*

Diese **Tatbestände** befinden sich vorwiegend im **Besonderen Teil** des StGB sowie in den Vorschriften des sog. **Nebenstrafrechts**, d. h. in Strafnormen, die sich verstreut in anderen Gesetzen, zumeist solchen des besonderen Verwaltungsrechts finden (und die regelmäßig in der juristischen Ausbildung keine Rolle spielen). **111**

Im Normalfall ist ein Tatbestand **in sich abschließend** und regelt die Voraussetzungen, unter denen ein bestimmtes Verhalten strafbar ist. Dabei sind die vor die Klammer gezogenen Vorschriften des **Allgemeinen Teils** des StGB stets ergänzend heranzuziehen (z. B. das Erfordernis vorsätzlichen Verhaltens, § 15 StGB). Ebenfalls ist zu beachten, dass manche Tatbestände (Qualifikationen, Privilegierungen) auf anderen Tatbeständen (den sog. „Grundtatbeständen") aufbauen[233]. **112**

Dabei sind die Tatbestände (insbesondere im StGB) regelmäßig als sog. **Volltatbestände** konstruiert. Ausnahmsweise gibt es jedoch auch Tatbestände, die ausdrücklich auf andere Tatbestände oder Vorschriften verweisen (sog. **Blankett-Tatbestände**)[234]. **113**

> **Bsp.:** So ist eine Luftverunreinigung, § 325 StGB, nur strafbar, wenn die Verschmutzung der Luft *„unter Verletzung verwaltungsrechtlicher Pflichten"* erfolgt. Welche Pflichten das sind, ergibt sich erst unter Heranziehung von verwaltungsrechtlichen Vorschriften im Einzelfall[235]. Dabei ist zu beachten, dass die Blankett-Tatbestände, insbesondere wenn sie auf Entscheidungen des Verordnungsgebers oder von Verwaltungsorganen verweisen (sog. „echte Blankett-Tatbestände") den Anforderungen des Bestimmtheitsgrundsatzes genügen müssen[236].

Der gesetzliche Tatbestand hat die **Funktion**, diejenigen Merkmale zusammenzufassen, die den typischen Unrechtsgehalt einer Tat verkörpern. In den Straftatbeständen sind somit diejenigen Verhaltensweisen festgelegt, die der Gesetzgeber prinzipiell für strafwürdig ansieht. An den hier normierten Ge- oder Verboten soll sich der Einzelne orientieren[237]. Daher führt die Verwirklichung des Tatbestandes im Regelfall auch zu einer Strafbarkeit. Nur ausnahmsweise wird der Betreffende gerechtfertigt oder schuldlos bzw. entschuldigt handeln. **114**

II. Aufbau des Tatbestandes

Jeder Tatbestand besteht aus verschiedenen Einzelpunkten, den sog. **Tatbestandsmerkmalen**. Hier werden regelmäßig das Tatsubjekt (z. B. „Amtsträger"), das Tatobjekt (z. B. „Mensch", „Sache") und die Tathandlung (z. B. „töten", „wegnehmen") umschrieben. Es können sich darüber hinaus aber durchaus auch andere **115**

---

232 Daneben enthält § 242 StGB noch die Rechtsfolge: „Freiheitsstrafe bis zu fünf Jahren oder Geldstrafe". Diese Rechtsfolge ist jedoch nicht Teil des Tatbestandes; vgl. zum Unterschied von Straftatbestand und Rechtsfolge bereits oben Rn. 81 f.
233 Vgl. zu den Begriffen „Grundtatbestand" und „Qualifikation" noch näher unten Rn. 177 ff.
234 Vgl. zur Auslegung von Blankett-Tatbeständen BGHSt 62, 13 (16 ff.); BVerfGE 153, 310 (342 ff.); *Otto*, JURA 2005, 538; ferner *Bode/Seiterle*, ZJS 2016, 91, 173; *Hohmann*, ZIS 2007, 38; zur Unterscheidung von Blankett-Tatbeständen und normativen Tatbestandsmerkmalen *Henckel*, HRRS 2018, 273.
235 Vgl. zur insoweit bestehenden „Verwaltungsakzessorietät" des Strafrechts oben Rn. 52a.
236 Vgl. hierzu nur BVerfGE 153, 310 (344 f.); *Henckel*, HRRS 2018, 273; zum Bestimmtheitsgrundsatz oben Rn. 28 ff.
237 Vgl. hierzu *Wessels/Beulke/Satzger*, Rn. 186 („Auslesefunktion").

Merkmale in den gesetzlichen Tatbeständen wiederfinden (besondere Begehungsweisen, Tatmittel, Tatmodalitäten)[238]. Aufgabe des Rechtsanwenders, also des Richters (oder auch desjenigen, der eine juristische Klausur oder Hausarbeit zu verfassen hat), ist es, a) die einzelnen Tatbestandsmerkmale sauber voneinander zu trennen, b) festzustellen, welchen Inhalt die jeweiligen Tatbestandsmerkmale haben, was also im konkreten Fall unter dem vom Tatbestand verwendeten Begriff zu verstehen ist („Definition"), und c) zu prüfen, ob das Verhalten des Täters von der jeweiligen Definition des entsprechenden Tatbestandsmerkmals erfasst wird („Subsumtion"). Das einzelne Tatbestandsmerkmal muss also zuerst **benannt** und dann **definiert** werden. Danach hat eine **Subsumtion** unter den betreffenden Lebenssachverhalt zu erfolgen[239]. Abschließend ist dann ein **Ergebnis** zu formulieren[240].

1. Aufteilung in Tatbestandsmerkmale

116 Der erste Schritt, die Benennung der jeweils isoliert zu untersuchenden Tatbestandsmerkmale, ist relativ unproblematisch. Denn die einzelnen Tatbestandsmerkmale stehen regelmäßig im Gesetz. Ganz selten einmal kommt es vor, dass die Rechtspraxis im Hinblick auf einen ganz bestimmten Tatbestand ein sog. **ungeschriebenes Tatbestandsmerkmal** entwickelt hat. Dies ist – trotz des Grundsatzes „nulla poena sine lege scripta"[241] – zulässig, da es sich dabei regelmäßig um eine zusätzliche Voraussetzung handelt, die die Strafbarkeit des ansonsten zu weit geratenen Tatbestandes einschränkt und somit zugunsten des potentiellen Täters wirkt. Wann dies der Fall ist, muss regelmäßig „gelernt" werden, beschränkt sich jedoch auf wenige Ausnahmefälle.

> **Bsp.:** Der Betrug, § 263 StGB, setzt sowohl einen täuschungsbedingten Irrtum als auch einen eingetretenen Vermögensschaden des Opfers voraus. Als Bindeglied – und als Abgrenzung zu anderen Delikten, wie z. B. dem Diebstahl – ist es jedoch notwendig, dass der Schaden dabei auf einer freiwilligen Vermögensverfügung des Opfers beruht. Denn im Gegensatz zum genannten Diebstahl stellt der Betrug ein „Selbstschädigungsdelikt" dar. Da dies jedoch nicht ausdrücklich im Gesetz steht, ist die Vermögensverfügung als ungeschriebenes Tatbestandsmerkmal in § 263 StGB „hineinzulesen"[242].

117 Bereits im Rahmen der Darstellung der verschiedenen Systementwürfe[243] wurde festgestellt, dass ein Tatbestand regelmäßig aus **objektiven und subjektiven** Elementen besteht, die entsprechend dem hier vorgeschlagenen Straftataufbau entweder im **objektiven** oder im **subjektiven Tatbestand** untersucht werden. Dabei ist zu beachten, dass (zumindest bei Vorsatzdelikten[244]) im **subjektiven Tatbestand** stets noch der Vorsatz zu prüfen ist, der über § 15 StGB in jeden Tatbestand mit hineinzulesen ist. Dadurch ergibt sich folgender zwingender Aufbau des Tatbestandes beim vorsätzlichen Vollendungsdelikt[245]:

---

238 Vgl. hierzu *Kindhäuser/Zimmermann*, § 9 Rn. 2 f.; *Wessels/Beulke/Satzger*, Rn. 198.
239 Vgl. zum Unterschied zwischen Tatbestand und Sachverhalt bereits oben Rn. 84 ff.
240 Vgl. hierzu sowie allgemein zum Aufbau eines strafrechtlichen Gutachtens *Petersen*, JURA 2002, 105 (106).
241 Vgl. hierzu oben Rn. 26 f.
242 Vgl. hierzu *Eisele*, BT II, Rn. 554 ff.
243 Vgl. hierzu oben Rn. 95 ff.
244 Zu den Besonderheiten beim Aufbau eines Fahrlässigkeitsdelikts vgl. unten Rn. 1018.
245 Das komplette Aufbauschema des vollendeten vorsätzlichen Begehungsdelikts findet sich unten Rn. 1476.

Prüfung des Tatbestandes:
- **objektiver Tatbestand:** Prüfung der einzelnen objektiven Tatbestandsmerkmale (jeweils: Definition und Subsumtion)
- **subjektiver Tatbestand:**
  (1) Feststellung des **Vorsatzes** hinsichtlich jedes einzelnen objektiven Tatbestandsmerkmals
  (2) Prüfung der sonstigen **subjektiven Tatbestandsmerkmale** (z. B. besondere Absichten)

In einer juristischen Klausur müssen somit im ersten Schritt der Tatbestandsprüfung nicht nur die einzelnen Tatbestandsmerkmale voneinander getrennt, sondern es muss zudem festgestellt werden, welche Merkmale **objektiv** und welche Merkmale **subjektiv** sind.

> **Bsp.:** So enthält der objektive Tatbestand des Diebstahls, § 242 StGB, insgesamt vier Merkmale: als Tatobjekt eine (1) Sache, die (2) beweglich und für den Täter (3) fremd sein muss, sowie als Tathandlung (4) die Wegnahme. Im subjektiven Tatbestand ist (5) zuerst ein Vorsatz bzgl. dieser objektiven Tatbestandsmerkmale erforderlich, der Täter muss also wissen, dass er eine Sache, die beweglich und für ihn fremd ist, wegnimmt. Daneben ist (6) als weiteres (geschriebenes) subjektives Tatbestandsmerkmal notwendig, dass der Täter die Absicht hat, sich diese Sache rechtswidrig zuzueignen.

2. Definition

Die in einem zweiten Schritt notwendige **Definition,** d. h. die „Auslegung"[246] der einzelnen Tatbestandsmerkmale ist eine der wesentlichen Aufgaben des Juristen. In der Ausbildung bzw. in juristischen Klausuren ist es ratsam, zumindest die wichtigsten Definitionen zu „wissen". In der Rechtspraxis finden sich diese Definitionen in den gängigen Kommentaren zum StGB. Wenn das juristische Verstehen eine Kombination von Fleiß und juristischem Gespür darstellt, ist an dieser Stelle die Ebene des Fleißes angesprochen. Zumindest die gängigen Definitionen sollten also „gelernt" werden. Natürlich kann im Rahmen einer Klausur zu jedem Tatbestandsmerkmal eine eigene Definition entwickelt werden. Dies ist jedoch sehr zeitintensiv. Zudem wird auch der fähigste Jurist in der knapp bemessenen Zeit kaum einmal exakt diejenige Definition „treffen", die sich in der Rechtspraxis in jahrzehntelanger harter Diskussion durchgesetzt hat[247].

> **Bsp.:** So finden sich beim Straftatbestand des Diebstahls folgende Standarddefinitionen: Als Sache wird „jeder körperliche Gegenstand i. S. des § 90 BGB" angesehen. Fremd ist eine Sache, „die zumindest auch im Eigentum eines Anderen steht". Eine Sache ist beweglich, „wenn sie von ihrem bisherigen Standort körperlich fortbewegt werden kann". Unter Wegnahme versteht man „den Bruch fremden und die Begründung neuen, nicht notwendigerweise tätereigenen Gewahrsams". Zueignung schließlich bedeutet, dass „der Täter sich eine eigentümerähnliche Herrschaftsmacht über eine Sache anmaßt, indem er entweder die Sache selbst oder den in ihr verkörperten Sachwert dem eigenen Vermögen einverleibt, wobei er sich die Sache zumindest vorübergehend aneignet und den Eigentümer dabei dauerhaft enteignet" (da die Zueignung in § 242 StGB lediglich beabsichtigt sein muss, also im subjektiven Tatbestand zu prüfen ist, muss diese objektiv nicht vorliegen, es reicht also eine hierauf gerichtete entsprechende Absicht des Täters aus)[248]. – Teilweise ist es sogar notwendig, einzelne Begriffe dieser Definitionen ihrerseits wiederum zu definieren. So versteht man unter dem Be-

---

246 Vgl. zu den Auslegungsmethoden noch unten Rn. 136 ff.
247 Vgl. hierzu auch *Petersen,* JURA 2002, 105 (106).
248 Vgl. zu diesen Definitionen nur *Schönke/Schröder-Bosch,* § 242 Rn. 9, 11, 12, 22, 46 f.

griff des Gewahrsams (als Definitionsmerkmal des Begriffs der Wegnahme) „das von einem Herrschaftswillen getragene tatsächliche Herrschaftsverhältnis"[249].

3. Subsumtion

120 Als nächster Schritt folgt dann die **Subsumtion** des vorliegenden Lebenssachverhalts unter die zuvor festgestellte Definition des jeweiligen Tatbestandsmerkmals. Geprüft werden muss also – getrennt nach den einzelnen Tatbestandsmerkmalen –, ob der konkrete Fall unter die jeweilige Definition „passt"[250]. Wenn, wie bereits erwähnt, das juristische Verstehen eine Kombination von Fleiß und juristischem Gespür darstellt, ist hier Letzteres angesprochen. Denn es würde ein sinnloses – und nie endendes – Unterfangen darstellen, „lernen" zu wollen, inwieweit sämtliche in Frage kommenden Lebenssachverhalte unter die gefundenen juristischen Definitionen zu subsumieren sind. An dieser Stelle ist oftmals **Argumentation** gefragt. Insbesondere juristische Klausuren sind so konstruiert, dass es selten „eindeutige" Fälle gibt, für die nur eine Lösung denkbar ist. Zumeist sind die zu entscheidenden Punkte in Rechtsprechung und Literatur umstritten – und diese Diskussion sollte mit einigen Argumenten nachgezeichnet (und die entscheidende Frage am Ende natürlich auch entschieden) werden.

4. Konklusion

121 Als letzter Schritt hat dann eine **Konklusion**, d. h. die Feststellung des Ergebnisses zu erfolgen. Dies wird in Klausuren oft übersehen, dient aber, insbesondere nach längeren Erörterungen, der Übersichtlichkeit. Zu formulieren ist also z. B. „Die Langlaufloipe stellt daher eine Sache dar" oder „Eine Beschädigung liegt daher vor".

III. Arten von Tatbestandsmerkmalen

122 Betrachtet man die einzelnen Tatbestände, so kann man hinsichtlich der einzelnen Tatbestandsmerkmale verschiedene Differenzierungen vornehmen.

1. Geschriebene und ungeschriebene Tatbestandsmerkmale

123 Bei **geschriebenen Tatbestandsmerkmalen** handelt es sich um solche Elemente des gesetzlichen Tatbestandes, die im Gesetz ausdrücklich niedergelegt sind (z. B. beim Diebstahl, § 242 StGB, die Merkmale: Sache, fremd, beweglich, wegnehmen, Absicht rechtswidriger Zueignung).

124 Bei **ungeschriebenen Tatbestandsmerkmalen** handelt es sich dagegen um solche Merkmale, die nicht gesetzlich fixiert sind, die aber von der Rechtspraxis im Laufe der Zeit entwickelt wurden, um den jeweiligen gesetzlichen Tatbestand einzuschränken (z. B. die bereits oben[251] angesprochene Vermögensverfügung im Rahmen des Betruges, § 263 StGB)[252].

Ein wichtiges Beispiel eines ungeschriebenen Tatbestandsmerkmals ist ferner bei sämtlichen Erfolgsdelikten (d. h. solchen Delikten, die neben der Tathandlung auch einen

---

249 Vgl. wiederum nur *Schönke/Schröder-Bosch*, § 242 Rn. 23.
250 Vgl. zur Subsumtionstechnik *v. Heintschel-Heinegg*, JA 2009, 68; auch *Petersen*, JURA 2002, 105 (106).
251 Vgl. hierzu oben Rn. 116.
252 Vgl. zu den ungeschriebenen Tatbestandsmerkmalen auch BWME-*Mitsch*, § 6 Rn. 28 ff.

Erfolg in der Außenwelt voraussetzen²⁵³) eine Verbindung von Tathandlung und Erfolg, die sog. Kausalität²⁵⁴.

2. Deskriptive und normative Tatbestandsmerkmale

Unter **deskriptiven Tatbestandsmerkmalen** versteht man solche Merkmale, die sich in erster Linie in einer sachlichen Beschreibung eines bestimmten Lebensvorgangs oder Gegenstandes erschöpfen, der allgemeinen sinnlichen Wahrnehmung zugänglich sind und keine spezifisch juristische Bewertung enthalten²⁵⁵. **125**

> **Bsp.:** Der Begriff der „Sache" in § 242 StGB ist ein vorwiegend deskriptives Tatbestandsmerkmal. Was unter einer Sache zu verstehen ist, kann sich nahezu jeder ohne größere juristische Kenntnisse vorstellen. Zwar gibt es auch hier im Einzelnen Abgrenzungsschwierigkeiten²⁵⁶, im Wesentlichen ist der Kern des Sachbegriffs jedoch ohne juristische Wertung nachzuvollziehen. – Ein weiteres Beispiel ist der Begriff „Mensch" in § 212 StGB, der sich üblicherweise rein sachlich-gegenständlich beschreiben lässt²⁵⁷.

Unter **normativen Tatbestandsmerkmalen** hingegen versteht man solche Tatbestandsmerkmale, die in erster Linie eine **juristische Wertung** erfordern und nicht lediglich sachlich-beschreibend sind²⁵⁸. In aller Regel sind bei der Beurteilung andere Vorschriften aus der Rechtsordnung heranzuziehen²⁵⁹. **126**

> **Bsp.:** Der Begriff der „Fremdheit" in § 242 StGB ist ein eher normativ geprägtes Merkmal. Was man hierunter versteht, ergibt sich erst unter Heranziehung der zivilrechtlichen Eigentumsordnung und der jeweiligen Vorschriften des BGB²⁶⁰. Das Erfassen der „Fremdheit" erfordert daher eine spezifisch juristische Bewertung. – Ein weiteres Beispiel ist der Begriff der „Urkunde" in § 267 StGB.

Eindeutig ist die Grenzziehung in diesen Bereichen nicht²⁶¹. Denn jedes deskriptive Tatbestandsmerkmal enthält in Grenzbereichen auch eine juristische Bewertung²⁶² (ob ein Tier eine Sache ist²⁶³, bedarf letztlich ebenso einer Wertung wie die Frage, ab welchem Zeitpunkt der Geburt ein „Mensch" zu existieren beginnt). Relevant wird die Frage allerdings weniger bei der Auslegung des jeweiligen Merkmals, sondern erst dann, wenn sich der Täter über das Vorliegen eines dieser Merkmale irrt. Fraglich ist nämlich, ob sich der Vorsatz nur auf das Erfassen der tatsächlich vorliegenden Gegebenheiten oder auch auf die juristische Bewertung beziehen muss²⁶⁴. **127**

---

253 Vgl. hierzu unten Rn. 158.
254 Vgl. hierzu näher unten § 10 (Rn. 214 ff.).
255 Vgl. *Kindhäuser/Zimmermann*, § 9 Rn. 10; *Roxin/Greco*, AT I, § 10 Rn. 58; *Wessels/Beulke/Satzger*, Rn. 195.
256 So ist es beispielsweise umstritten, ob „Elektrizität" oder „Langlaufloipen" als Sachen i. S. der §§ 242, 303 StGB anzusehen sind.
257 Dies gilt aber auch hier nicht ausnahmslos. So bedarf z.B. die Frage, wann menschliches Leben beginnt und wann es endet, durchaus einer normativen Bewertung.
258 Vgl. *EL-Ghazi*, JA 2020, 182 (183 f.); *Kindhäuser/Zimmermann*, § 9 Rn. 11; *Roxin/Greco*, AT I, § 10 Rn. 60; *Wessels/Beulke/Satzger*, Rn. 196.
259 *Hinderer*, JA 2009, 864 (865); ferner *Henckel*, HRRS 2018, 273, auch zur Frage, ob diese zur Auslegung heranzuziehenden Normen dem Bestimmtheitsgebot unterfallen.
260 Zur insoweit bestehenden „Zivilrechtsakzessorietät" des Strafrechts vgl. bereits oben Rn. 52a.
261 Vgl. zutreffend *Dopslaff*, GA 1984, 1; *Haft*, JuS 1975, 477 (480); *Kindhäuser*, JURA 1984, 465; NK-*Puppe*, § 16 Rn. 41; *Schmitz*, JURA 2003, 593 (594); *Stratenwerth/Kuhlen*, § 8 Rn. 69 ff.; *Wessels/Beulke/Satzger*, Rn. 197.
262 So deutlich *Gössel*, GA 2006, 279 (281): „Rein deskriptive Merkmale gibt es nicht"; ferner *Ambos*, JA 2007, 1 (2 f.); *v. Heintschel-Heinegg*, JA 2009, 68; *Hinderer*, JA 2009, 864 (865); *Puppe*, NStZ 2001, 482 (484).
263 Vgl. hierzu § 90a BGB.
264 Vgl. hierzu ausführlich unten Rn. 1081 ff.

3. Tatbezogene und täterbezogene Merkmale

128 Unter **tatbezogenen Merkmalen** sind diejenigen Merkmale eines gesetzlichen Tatbestandes zu verstehen, die sich in erster Linie auf die Art und Weise der Tatbegehung beziehen (z. B. die das Unrecht steigernden Mordmerkmale der zweiten Gruppe des § 211 Abs. 2 StGB, wie etwa die grausame Begehungsweise)[265].

129 Unter **täterbezogenen Merkmalen** versteht man einerseits solche Merkmale des gesetzlichen Tatbestandes, die sich insbesondere auf die besonderen Motive des Täters beziehen (z. B. die subjektiv ausgestalteten Mordmerkmale der ersten und dritten Gruppe des Mordtatbestandes, § 211 Abs. 2 StGB, wie etwa die Habgier oder die Absicht, eine andere Straftat zu ermöglichen)[266]. Diese sind regelmäßig im subjektiven Tatbestand zu prüfen. Andererseits gibt es täterbezogene Merkmale, die eine besondere Subjekteigenschaft des Täters kennzeichnen (wie z. B. die Amtsträgereigenschaft) und die daher im objektiven Tatbestand angesprochen werden müssen.

4. Objektive und subjektive Tatbestandsmerkmale

130 Unter **objektiven Tatbestandsmerkmalen** versteht man diejenigen Umstände, die das äußere Erscheinungsbild einer Tat bestimmen, also Merkmale des **objektiven Tatbestandes** sind[267]. Es kann sich dabei sowohl um deskriptive oder normative als auch um tatbezogene oder täterbezogene Merkmale handeln (so sind z. B. in § 242 StGB die Merkmale „Sache, fremd, beweglich, wegnehmen" als objektive Tatbestandsmerkmale ausgestaltet).

131 Wesentliches Kennzeichen der objektiven Tatbestandsmerkmale ist es, dass sie einerseits objektiv vorliegen (ist dies nicht der Fall, kommt lediglich ein Versuch in Betracht), andererseits aber auch, dass sie subjektiv vom Vorsatz umfasst sein müssen (fehlt dieser, kommt lediglich eine Fahrlässigkeitsbestrafung in Betracht).

132 Unter **subjektiven Tatbestandsmerkmalen** versteht man hingegen diejenigen Umstände einer Tat, die dem psychisch-seelischen Bereich und dem Vorstellungsbild des Täters angehören[268]. Sie werden als subjektive Merkmale im **subjektiven Tatbestand** geprüft. Hierzu zählen sowohl der Vorsatz in seinen sämtlichen Erscheinungsformen[269] als auch sonstige subjektive Merkmale, die den Handlungsunwert einer Tat betreffen (d. h. die Art und Weise der Tatbegehung näher kennzeichnen)[270].

> **Bsp.:** Über § 15 StGB ist (mit Ausnahme der Fahrlässigkeitsdelikte) für die Deliktsverwirklichung stets vorsätzliches Verhalten erforderlich. In einigen Tatbeständen sind darüber hinaus noch weitere subjektive Merkmale genannt, z. B. die Absicht rechtswidriger Zueignung (§ 242 StGB) oder das Handeln „wider besseres Wissen" (§ 187 StGB). Schließlich finden sich aber zuweilen auch noch weitere subjektive Merkmale, die keine besondere Vorsatzform enthalten, wie z. B. die „niedrigen Beweggründe" in § 211 Abs. 2 StGB.

---

265 Vgl. hierzu *Wessels/Beulke/Satzger*, Rn. 873.
266 Vgl. zu dieser Unterscheidung auch BGHSt 22, 375 (378); BWME-*Eisele*, § 26 Rn. 144 f.; *Wessels/Beulke/Satzger*, Rn. 873. *Roxin/Greco*, AT I, § 10 Rn. 78 ff., spricht diesbezüglich von „unechten Gesinnungsmerkmalen", die er von den ausschließlich auf Schuldebene zu prüfenden „echten Gesinnungsmerkmalen" unterscheidet (Letztere werden im vorliegenden Lehrbuch als „spezielle Schuldmerkmale" bezeichnet; vgl. unten Rn. 544 f.); vgl. zur Kritik an dieser Unterscheidung auch unten Rn. 1350.
267 Vgl. *Rengier*, § 8 Rn. 4; *Wessels/Beulke/Satzger*, Rn. 198.
268 Vgl. *Rengier*, § 8 Rn. 16; *Wessels/Beulke/Satzger*, Rn. 201.
269 Vgl. zu den verschiedenen Erscheinungsformen des Vorsatzes noch näher unten Rn. 275 ff.
270 Vgl. hierzu auch *Maurach/Zipf*, AT 1, § 20 Rn. 4.

5. Exkurs: Objektive Strafbarkeitsbedingungen

Von den **Tatbestandsmerkmalen** zu unterscheiden sind die (im StGB selten vorkommenden) **objektiven Strafbarkeitsbedingungen**[271]. Während man unter den **(objektiven) Tatbestandsmerkmalen** diejenigen, zumeist im Gesetz festgeschriebenen, Merkmale versteht, die vom Täter verwirklicht werden müssen, um seine Strafbarkeit zu begründen (oder zu schärfen) und die auch subjektiv vom Vorsatz umfasst sein müssen, sind mit den **objektiven Bedingungen der Strafbarkeit** solche im Gesetz festgeschriebenen Voraussetzungen gemeint, die zwar ebenfalls zur Verwirklichung eines Delikts vorliegen müssen, auf die sich jedoch ausnahmsweise der **Vorsatz nicht beziehen** muss (das Gleiche gilt für Elemente der Fahrlässigkeit). Da die objektiven Bedingungen der Strafbarkeit zwar das Unrecht der Tat mitbestimmen, aber insoweit keine echten Tatbestandsmerkmale darstellen, sind sie lediglich als **Tatbestandsannexe** anzusehen. Sie sollten in einer Klausur daher auch erst im Anschluss an den subjektiven Tatbestand geprüft werden[272]. 133

> **Bsp.:** Zu nennen ist in diesem Zusammenhang z. B. die schwere Folge (Tod oder schwere Körperverletzung) im Rahmen der Beteiligung an einer Schlägerei, § 231 StGB[273]. Strafbarkeitsbegründend ist hier die Beteiligung an einer Schlägerei an sich. Dabei müssen sowohl das Vorliegen einer Schlägerei als auch die eigene Beteiligung hieran vom Vorsatz umfasst sein. Strafbar ist das Verhalten allerdings erst dann, wenn durch die Schlägerei jemand zu Tode kommt oder eine schwere Körperverletzung erleidet. Dieser besondere „Erfolg" muss als objektive Bedingung der Strafbarkeit jedoch nicht vom Vorsatz umfasst sein (wäre dem so, dann läge ohnehin ein Tötungsdelikt oder eine schwere Körperverletzung, § 226 StGB, vor und § 231 StGB hätte keine eigenständige Funktion mehr). – Ein weiteres Beispiel stellt die im Rausch begangene „rechtswidrige Tat" in § 323a StGB (Vollrausch) dar[274].

Da die objektiven Bedingungen der Strafbarkeit im Hinblick auf das **Schuldprinzip** problematisch sind, kommen sie im StGB nur äußerst selten vor und sind zudem nur dann zulässig, wenn sie zur **Einschränkung der Strafbarkeit** dienen[275]. Teilweise wird auch gefordert, dass eine rein objektive Verwirklichung des 134

---

271 Zu den objektiven Strafbarkeitsbedingungen *Beckemper*, ZIS 2018, 394; BWME-*Mitsch*, § 20; *Gottwald*, JA 1998, 771; *Jescheck/Weigend*, § 53; *Kindhäuser/Zimmermann*, § 6 Rn. 15; *Krause*, JURA 1980, 449; *Rönnau*, JuS 2011, 697; *Satzger*, JURA 2006, 108; *Schmidhäuser*, ZStW 71 (1959), 545; *Schwalm*, MDR 1959, 906; *Stratenwerth*, ZStW 71 (1959), 565; *Stree*, JuS 1965, 465; *Tiedemann*, ZRP 1975, 129; *Wessels/Beulke/Satzger*, Rn. 212 ff.; vgl. ferner die Übungsfälle bei *Becker*, ZJS 2010, 403 (418 f.); *Härtl-Meißner/Kuse*, JuS 2018, 622 (624); *Kaspar*, JuS 2005, 526 (527); *Preuß/Krüll*, JA 2018, 271 (273); *Seier/Löhr*, JuS 2006, 141 (143 f.).
272 *Bischoff/Jungkamp*, JuS 2008, 908 (912); *Gottwald*, JA 1998, 771 (772); *Kindhäuser/Zimmermann*, § 6 Rn. 22 (der jedoch auch eine Prüfung nach der Schuld als möglich ansieht); *Rönnau*, JuS 2011, 697 (699); *Satzger*, JURA 2006, 108 (112 ff.); *Seier/Löhr*, JuS 2006, 141 (143); a. M. BWME-*Mitsch*, § 20 Rn. 2; *Geerds*, JuS 1962, 24 (28); *Krause*, JURA 1980, 449 (455); *Werle*, JuS 2001, L 57 (L 58): Prüfung nach der Schuld; so auch *Stree*, JuS 1965, 465 (467): Strafausschließungsgrund.
273 BGHSt 14, 132 (134 f.); BGHSt 16, 130 (132); vgl. auch BGHSt 15, 369 (370).
274 BGHSt 1, 275 (277); BGHSt 2, 14 (18); BGHSt 6, 89; BGHSt 9, 390 (396 f.); BGHSt 16, 124 (127); BGHSt 17, 333 (334); BGHSt 20, 284 (285); BGHSt 32, 48 (55); BGHSt 42, 235 (242); BGHSt 62, 247 (269); vgl. hierzu auch den Übungsfall bei *Schumann/Azar*, JA 2017, 114 (120); weitere Beispiele sind die Nichterweislichkeit der ehrenrührigen Tatsache in § 186 StGB, vgl. BGHSt 11, 273 (274), die Rechtmäßigkeit der Diensthandlung in § 113 StGB sowie die Eröffnung des Insolvenzverfahrens beim Bankrott, § 283 Abs. 6 StGB; vgl. BGHSt 1, 186 (191); BGHSt 28, 231 (234).
275 Vgl. zu dieser Problematik *Beckemper*, ZIS 2018, 394; *Gottwald*, JA 1998, 771; *Kindhäuser/Zimmermann*, § 6 Rn. 15; LK-*Walter*, 13. Aufl., Vor § 13 ff. Rn. 181 ff.; *Rönnau*, JuS 2011, 697 (697 f.); *Satzger*, JURA 2006, 108 (110 f.); *Stree*, JuS 1965, 465 (467); *Wessels/Beulke/Satzger*, Rn. 214; zur Vereinbarkeit mit dem Schuldprinzip vgl. auch BGHSt 16, 124.

Merkmals nicht ausreichend sei, der Täter vielmehr den Erfolg jedenfalls hätte vorhersehen müssen (und insoweit wenigstens fahrlässig handelt)[276].

6. Exkurs: Rechtswidrigkeit als Tatbestandsmerkmal

135 Zeitweise findet sich im Tatbestand eines Delikts auch das – wie ein Tatbestandsmerkmal ausgestaltete – Merkmal der Rechtswidrigkeit. Hier ist jeweils im Einzelfall zu differenzieren, ob die Erwähnung der Rechtswidrigkeit tatsächlich als Tatbestandsmerkmal anzusehen ist – mit der Konsequenz, dass die Rechtswidrigkeit vom (Tatbestands)Vorsatz umfasst sein muss – oder ob es sich um einen an sich überflüssigen Hinweis des Gesetzgebers handelt, dass im Rahmen dieser Strafvorschrift besonders oft Rechtfertigungsgründe eingreifen[277]. Auf diese Problematik wird im Rahmen der Erörterung der Rechtswidrigkeit noch zurückzukommen sein[278].

> **Bsp.:** Die Absicht rechtswidriger Zueignung in § 242 StGB ist ein echtes subjektives Tatbestandsmerkmal, die Rechtswidrigkeit in § 303 StGB ist hingegen kein Tatbestandsmerkmal, sondern ein überflüssiger Hinweis auf die bei diesem Tatbestand oftmals einschlägigen Rechtfertigungsgründe.

IV. Auslegung von Tatbestandsmerkmalen

1. Abgrenzung von Auslegung und Analogie

136 Jede rechtliche Vorschrift bedarf der **Auslegung**. Die einzelnen Straftatbestände sind nicht so eindeutig gefasst, dass sich ihr Inhalt jedem ohne weiteres von selbst erschließt.

> **Bsp.:** Sowohl der Diebstahl, § 242 StGB, als auch die Sachbeschädigung, § 303 StGB, erfordern als Tatobjekt (der Wegnahme oder der Beschädigung) eine Sache. In den meisten Fällen ist es unstreitig, was darunter zu verstehen ist, in Randbereichen kann dies jedoch auch schwierig werden. So ist es z. B. problematisch, ob Langlaufloipen als Sachen anzusehen sind (die man zwar nicht wegnehmen, jedenfalls aber zerstören kann[279]) oder ob Elektrizität dem Sachbegriff unterfällt[280].

137 Dass eine Auslegung erforderlich ist, ist heute nahezu unstreitig. Andererseits ist jedoch auch der Grundsatz **nulla poena sine lege stricta** zu beachten, der ein verfassungsrechtlich garantiertes Analogieverbot enthält[281]. Während die Auslegung eines Tatbestandsmerkmals somit zulässig (und regelmäßig erforderlich) ist, ist eine Analogie (zumindest zu Lasten des Täters) verboten. **Analogie und Auslegung** sind also voneinander abzugrenzen[282]. Diese Abgrenzung betrifft eine Grundfrage unseres Rechts und soll an dieser Stelle nur im Überblick wiedergegeben werden. Es muss jedoch darauf hingewiesen werden, dass sie insbesondere im Strafrecht deswegen von großer Bedeutung ist, weil hier – im Gegensatz zum Zivilrecht – das erwähnte Analogieverbot greift.

---

276 So *Rönnau*, JuS 2011, 697 (698); *Roxin/Greco*, AT I, § 23 Rn. 9, 12; dagegen will *Beckemper*, ZIS 2018, 394, die entsprechenden Delikte in konkrete Gefährdungsdelikte umdeuten und fordert hinsichtlich der konkreten Gefahr ein vorsätzliches Verhalten.
277 Vgl. nur *Wessels/Beulke/Satzger*, Rn. 102.
278 Vgl. hierzu ausführlich unten Rn. 319 ff.
279 Vgl. hierzu BayObLG NJW 1980, 132; ferner *Walter*, JA 2013, 727 (732).
280 Ablehnend RGSt 32, 165 (180 ff.).
281 Vgl. hierzu bereits oben Rn. 35 f.
282 Vgl. zu dieser Abgrenzung auch *Haft*, JuS 1975, 477 (478 f.); *Jäger*, Rn. 13; *Kertai*, JuS 2011, 976 (978 f.); *Klesczewski*, Rn. 45 ff.; *Wessels/Beulke/Satzger*, Rn. 83.

Unter dem strafrechtlichen **Analogieverbot** versteht man das Verbot, durch einen **138**
Ähnlichkeitsvergleich (d. h. den Vergleich mit existierenden anderen Strafbestimmungen und deren Unrechtsgehalt) neue Straftatbestände zu schaffen, um vermeintlich oder tatsächlich vorhandene Lücken zu schließen. Die Abgrenzung von Auslegung und Analogie muss sich in erster Linie am Wortlaut des Gesetzes orientieren[283]. Der Wortlaut des Gesetzes bildet dabei stets die Schranke zulässiger Auslegung. Wird diese Schranke überschritten, so liegt eine (verbotene) Analogie vor[284]. Während es somit das Ziel der Analogie ist, das Gesetz zu ergänzen und Gesetzeslücken auszufüllen, indem rechtliche Vorschriften über den Wortlaut hinaus erweitert und dadurch für den zu beurteilenden Fall nutzbar gemacht werden, ist es Ziel der Auslegung, den genauen Inhalt des Gesetzes festzustellen. Dabei ist die Abgrenzung von zulässiger Auslegung und verbotener Analogie im Einzelfall nicht immer eindeutig. Die Grenzen sind – leider – fließend. Was von dem einen noch als zulässige Auslegung angesehen wird, stellt sich für den anderen schon als verbotene Analogie dar.

> **Bsp.:** Bereits oben[285] wurde auf die Rechtsprechung des Reichsgerichts[286] hingewiesen, dass Elektrizität nicht als Sache i. S. des § 242 StGB angesehen werden könne. Eine Bestrafung nach § 242 StGB bei der Entwendung von Elektrizität wäre daher nur im Wege der Analogie möglich gewesen, die aber – zu Ungunsten des Täters – unzulässig ist[287].

Da die Analogie als allgemeines Rechtsinstitut im Strafrecht aber jedenfalls zu- **139**
gunsten des Täters eingreifen kann, sollen an dieser Stelle kurz die Voraussetzungen genannt werden, die eine analoge Anwendung einer Vorschrift möglich machen. Es muss sich (1) um eine **gesetzliche Lücke** handeln, d. h. der jeweils zu beurteilende Fall „passt" nicht unter die bestehenden Vorschriften, eine Auslegung der einzelnen Merkmale führt nicht zum Erfolg. Diese Lücke muss (2) vom Gesetzgeber **nicht beabsichtigt** sein, es muss sich also um eine ungewollte Regelungslücke handeln, und (3) muss ein **Ähnlichkeitsvergleich** ergeben, dass hier eine vergleichbare Interessenlage vorliegt.

> **Bsp.:** Bereits oben[288] wurde darauf hingewiesen, dass ein Rücktritt vom Versuch nach § 24 StGB stets, ein Rücktritt vom Vollendungsdelikt (= tätige Reue) hingegen nur dann zulässig ist, wenn das Gesetz dies für bestimmte Tatbestände ausdrücklich vorsieht (vgl. u. a. §§ 306e, 330b StGB). Im Einzelfall ist es daher fraglich, ob die Vorschriften über die tätige Reue bei vergleichbaren Konstellationen auch auf Tatbestände analog anwendbar sind, die eine solche Regelung nicht vorsehen (z. B. §§ 221, 323c StGB). Dies ist immer dann abzulehnen, wenn der Gesetzgeber hier ganz bewusst nicht tätig geworden ist, was regelmäßig dann vorliegen dürfte, wenn das Problem seit langem bekannt ist und der Gesetzgeber trotz Änderungen der jeweiligen Norm eine entsprechende Regelung nicht getroffen hat.

---

283 Vgl. hierzu *Kertai*, JuS 2011, 976 (979); *Krey*, ZStW 101 (1989), 838 (842 ff.).
284 Vgl. hierzu z. B. BVerfGE 64, 389 (393); BVerfGE 71, 108 (115); BVerfGE 73, 206 (235); BVerfGE 92, 1 (12); BGHSt 41, 219 (221); *Bott/Krell*, ZJS 2010, 694 (696); *Freund/Rostalski*, § 1 Rn. 70; *Kertai*, JuS 2011, 976 (978 f.); *Roxin/Greco*, AT I, § 5 Rn. 26 ff.
285 Vgl. oben Rn. 35, 136.
286 RGSt 29, 111; RGSt 32, 165.
287 RGSt 32, 165 (185 ff.).
288 Vgl. oben Rn. 36.

2. Grundsätze der Auslegung

140 Die Grundsätze der Auslegung sollen hier ebenfalls nur kurz wiedergegeben werden[289]. Im Einzelnen lassen sich **vier verschiedene Auslegungsgrundsätze** unterscheiden, die im Zweifel zusammen berücksichtigt werden müssen, wobei ihr Verhältnis untereinander noch weitgehend ungeklärt ist.

141 a) **Grammatikalische Auslegung.** Hierunter versteht man eine Auslegung, die sich am **Wortlaut des Gesetzes** orientiert[290]. Entscheidend ist die Heranziehung des natürlichen – aber auch des juristischen – Sprachgebrauchs.

> **Natürlicher Sprachgebrauch:** Wenn beim Diebstahl, § 242 StGB, von einer Sache (Definition: körperlicher Gegenstand i. S. des § 90 BGB) die Rede ist, so wird hiervon nach dem natürlichen Sprachgebrauch ein Buch sicherlich erfasst, die Elektrizität, die „aus der Steckdose kommt", hingegen nicht. Bei einer Batterie, die ja auch Elektrizität verkörpert, ist dies allerdings schon wieder anders.
>
> **Juristischer Sprachgebrauch:** Wenn beim Diebstahl, § 242 StGB, von einer „fremden Sache" die Rede ist, dann wird hier letztlich auf den juristischen Begriff des Eigentums – und somit auf die Eigentumsordnung des Zivilrechts – verwiesen[291].

142 Insbesondere im Rahmen des juristischen Sprachgebrauchs muss dies allerdings nicht notwendigerweise so sein. Es ist also durchaus möglich und zulässig, dass ein und derselbe Begriff im Zivilrecht und im Strafrecht jeweils einen ganz anderen Inhalt hat (man spricht in diesem Zusammenhang auch von der sog. **interdisziplinären Relativität von Rechtsbegriffen**). Es ist sogar möglich, dass ein und derselbe Begriff in verschiedenen Tatbeständen des Strafgesetzbuches eine andere Bedeutung hat (sog. **intradisziplinäre Relativität von Rechtsbegriffen**)[292].

143 Die natürliche Wortlautgrenze ist dabei sowohl **erster Anhaltspunkt** als auch **Grenze** der zulässigen Auslegung. Eine Auslegung, die die Wortlautgrenze des jeweiligen Tatbestandes überschreitet, wäre in jedem Fall unzulässig[293].

144 b) **Historische Auslegung.** Die historische Auslegung orientiert sich daran, was sich der **Gesetzgeber** bei der Abfassung der jeweiligen Vorschrift gedacht hat[294]. Oftmals finden sich umfangreiche schriftliche Aufzeichnungen über das Gesetzgebungsverfahren, Protokolle und Beschlüsse, aus denen sich ergibt, warum der Gesetzgeber eine bestimmte Vorschrift ins Gesetz aufgenommen hat und wie er diese verstanden haben wollte.

145 Allerdings kann dies nur einen groben Anhaltspunkt geben[295], denn einerseits haben sich vielfach die Verhältnisse seit Erlass des Gesetzes weiterentwickelt, ande-

---

289 Vgl. allgemein zu den Auslegungsmethoden BVerfGE 11, 126 (130); BWME-*Eisele*, § 7 Rn. 65 ff.; *Kindhäuser/Zimmermann*, § 3 Rn. 7 ff.; *Nestler*, JURA 2018, 568; *Wessels/Beulke/Satzger*, Rn. 84 ff.; ferner im Überblick *Walter*, JA 2013, 727 (732 f.); kritisch hierzu *Herzberg*, JuS 2005, 1.
290 BGHSt 14, 116 (118); BGHSt 46, 146 (150 f.); *Rengier*, § 5 Rn. 5 ff.; *Wessels/Beulke/Satzger*, Rn. 84.
291 Vgl. zur „Zivilrechtsakzessorietät" des Strafrechts in diesem Bereich bereits oben Rn. 52a.
292 Vgl. BGHSt 5, 263 (266 f.).
293 BGHSt 22, 235 (236 f.); *v. Heintschel-Heinegg*, JA 2009, 68 (68 f.); *Nestler*, JURA 2018, 568 (570 f.); *Wessels/Beulke/Satzger*, Rn. 85; MüKo-*Schmitz*, 4. Aufl., § 1 Rn. 86, 108; vgl. hierzu auch BVerfG NJW 2007, 1666: Ein vorsatzloses Entfernen vom Unfallort kann nicht als „berechtigt" oder „entschuldigt" i. S. des § 142 Abs. 2 Nr. 2 StGB angesehen werden; ferner BVerfG NStZ 2009, 83: Ein PKW ist keine „Waffe" i. S. des § 113 Abs. 2 Nr. 1 StGB.
294 BGHSt 11, 47 (49); BGHSt 14, 116 (119 ff.); BGHSt 28, 224 (230); BGHSt 29, 85 (87 ff.); BGHSt 41, 219 (220 f.); BGHSt 46, 146 (149, 151); vgl. hierzu auch *Rengier*, § 5 Rn. 10 ff.; *Jescheck/Weigend*, § 17 IV 1b; *Nestler*, JURA 2018, 568 (572 ff.).
295 Vgl. hierzu auch BVerfGE 11, 126 (130).

rerseits ist es aber auch möglich, dass der Gesetzgeber fehlerhafte Begriffe verwendet hat, d. h. Begriffe, die letztlich einen ganz anderen Sinn ergeben[296]. Dies kann nur dadurch korrigiert werden, dass der Gesetzgeber das Gesetz ändert, nicht aber dadurch, dass der Rechtsanwender dem Gesetz entgegen seinem klaren Wortlaut einen anderen Sinn unterlegt. Insoweit ist nicht vom subjektiven, sondern vom objektivierten Willen des Gesetzgebers auszugehen[297].

c) Systematische Auslegung. Hierunter versteht man eine Auslegung, die sich an der **systematischen Stellung einer Vorschrift im Gesetz** orientiert[298]. Zu fragen ist also, in welchem Normzusammenhang die jeweilige Vorschrift steht. Insoweit wäre es z. B. unzulässig, eine Vorschrift, die sich im Abschnitt der Vermögensdelikte befindet und auch vom Wortlaut her auf diese zugeschnitten ist, auf Verhaltensweisen anzuwenden, die nichtvermögensrechtliche Bereiche betreffen. Insoweit kann als „Nachteil" im Rahmen der Untreue, § 266 StGB, nur ein Vermögensnachteil verstanden werden, da sich die Vorschrift in einem Abschnitt des StGB befindet, der die Straftaten gegen das Vermögen regelt.

146

d) Teleologische Auslegung. Die teleologische Auslegung knüpft **an Sinn und Zweck** einer bestimmten Vorschrift an[299]. Hier liegt – insbesondere im Strafrecht – der Schwerpunkt der Auslegung[300]. Dabei muss gefragt werden, wozu die jeweilige Strafbestimmung dient, welche Rechtsgüter sie schützen will, auf welche Weise der Schutz dieser Rechtsgüter am effektivsten erfolgen kann, was für Konsequenzen eine bestimmte Auslegung im Hinblick auf andere Tatbestände nach sich ziehen könnte und welche Auswirkungen dies im Hinblick auf die Gesamtrechtsordnung hätte[301].

147

So wäre beispielsweise eine Auslegung unzulässig, die ein Verhalten gestattet, welches durch eine andere Vorschrift gerade verboten wird. Ebenso wäre eine Auslegung unzulässig, die gegen geltendes Verfassungsrecht[302] oder auch gegen Vorschriften des internationalen Rechts verstößt[303].

148

V. Überblick über verschiedene strafrechtliche Grundbegriffe

Im Folgenden soll ein kurzer Überblick über verschiedene strafrechtliche Grundbegriffe gegeben werden. Dieser dient lediglich der groben Orientierung. Eine vertiefte Auseinandersetzung mit den einzelnen Begriffen findet an späterer Stelle statt.

149

---

296 Vgl. hierzu auch BWME-*Eisele*, § 7 Rn. 78.
297 BVerfGE 11, 126 (130 f.); BGHSt 10, 157 (159 f.); BGHSt 26, 156 (159 ff.); *Rengier*, § 5 Rn. 11; *Wessels/Beulke/Satzger*, Rn. 83; abweichend MüKo-*Schmitz*, 4. Aufl., § 1 Rn. 91 ff., 108.
298 BGHSt 5, 263 (266); *Jescheck/Weigend*, § 17 IV 1a; *Nestler*, JURA 2018, 568 (571 f.); *Rengier*, § 5 Rn. 13.
299 BVerfGE 1, 299 (312); BVerfGE 64, 389 (396); BGHSt 15, 118 (121); BGHSt 17, 21 (23); BGHSt 24, 40 (42 f.); BGHSt 26, 156 (159).
300 *Jescheck/Weigend*, § 17 IV 1b; *Krey/Esser*, Rn. 8; *Nestler*, JURA 2018, 568 (575); *Rengier*, § 5 Rn. 14, 22.
301 Vgl. hierzu instruktiv den Fall BGHSt 46, 146 (148 ff.).
302 Vgl. zur verfassungskonformen Auslegung BVerfGE 2, 266 (267, 282); BVerfGE 8, 28 (33 f.); BVerfGE 18, 97 (111); BVerfGE 35, 263 (278).
303 Es ist allerdings darauf hinzuweisen, dass vielfach die verfassungs-, europarechts- und völkerrechtskonforme Auslegung als eigene Auslegungsgrundsätze neben den genannten vier Grundsätzen anerkannt werden.

1. Verbrechen und Vergehen

150 Im Hinblick auf die Schwere der Strafandrohung, d. h. die in der jeweiligen Vorschrift angedrohte Rechtsfolge, werden die Delikte in Verbrechen und Vergehen eingeteilt[304].

151 Unter einem **Verbrechen** versteht man nach § 12 Abs. 1 StGB *„rechtswidrige Taten, die im Mindestmaß mit Freiheitsstrafe von einem Jahr oder darüber bedroht sind"* (z. B. der Totschlag, § 212 StGB, oder der Raub, § 249 StGB). Unter einem **Vergehen** versteht man hingegen nach § 12 Abs. 2 StGB *„rechtswidrige Taten, die im Mindestmaß mit einer geringeren Freiheitsstrafe oder mit Geldstrafe bedroht sind"* (z. B. der Diebstahl, § 242 StGB, oder der Betrug, § 263 StGB).

152 Maßgeblich für die Deliktsnatur ist die abstrakt im Gesetz angedrohte Strafe, nicht diejenige, die vom Richter im Einzelfall tatsächlich verhängt wurde[305]. Eine entscheidende Rolle spielt die Differenzierung insbesondere für die Versuchsstrafbarkeit (vgl. § 23 Abs. 1 StGB)[306] sowie im Rahmen des Versuchs der Beteiligung nach § 30 StGB[307]. Zudem ist zu beachten, dass eine Einstellung des Verfahrens nach §§ 153, 153a StPO nur bei Vergehen möglich ist.

2. Erfolgsunwert, Handlungsunwert, Gesinnungsunwert

153 Während die Begriffe „Erfolgsunwert" und „Handlungsunwert" das **Unrecht** einer Tat betreffen[308], spielt der „Gesinnungsunwert" erst im Rahmen der **Schuld** eine Rolle.

154 Der **Erfolgsunwert** einer Tat ist insbesondere durch den durch die Tat verursachten Erfolg gekennzeichnet (d. h. durch die Verletzung oder Gefährdung des jeweiligen Rechtsguts). Daher spielt er im Wesentlichen auch nur bei den Erfolgsdelikten eine Rolle. Entscheidend ist der Erfolgsunwert insbesondere bei der Frage der objektiven Zurechnung.

155 Dagegen bestimmt sich der **Handlungsunwert** einer Tat[309] im Wesentlichen durch die Art und Weise des Handlungsvollzugs während der Tatbegehung. Entscheidend ist der Handlungsunwert bei der Frage der subjektiven Zurechnung. So kennen Versuchsdelikte regelmäßig lediglich einen Handlungsunwert, da der Erfolgsunwert (d. h. die Rechtsgutsverletzung oder -gefährdung) gerade ausbleibt. Wesentliche Merkmale des Handlungsunwerts sind der Vorsatz und die sonstigen subjektiven Tatbestandsmerkmale (Zueignungsabsicht etc.)[310].

> **Bsp.:** Wer einen Menschen tötet, verwirklicht den Erfolgsunwert „Vernichtung fremden Menschenlebens". Dies allein reicht jedoch für die Tatbegehung noch nicht aus. Hinzukommen muss ein bestimmter Handlungsunwert. Handelt der Täter im Hinblick auf die Tötung vorsätzlich, ist § 212 StGB erfüllt; handelt er fahrlässig, liegt eine fahrlässige Tötung, § 222 StGB, vor.

---

304 Vgl. hierzu den Überblick bei *Baur*, ZJS 2017, 529 (529 ff.).
305 Vgl. zu dieser Problematik näher unten Rn. 640.
306 Der Versuch eines Verbrechens ist stets strafbar, der Versuch eines Vergehens nur dann, wenn das Gesetz dies ausdrücklich bestimmt, vgl. unten Rn. 638 ff.
307 Die versuchte Anstiftung ist nur bei einem Verbrechen strafbar, nicht hingegen bei einem Vergehen; vgl. hierzu noch ausführlich unten Rn. 1362 ff.
308 Hierzu *Bloy*, JuS 1988, L 25; *Ebert/Kühl*, JURA 1981, 225 (231); *Graul*, JuS 1995, L 41; *Hohn*, JuS 2008, 494; *Jescheck/Weigend*, § 24 III; *Kühl*, § 3 Rn. 4 f.; *Roxin/Greco*, AT I, § 10 Rn. 88 ff.; ferner BGH JZ 1988, 367.
309 Hierzu *Sancinetti*, GA 2016, 411.
310 *Kühl*, § 3 Rn. 5.

Der **Gesinnungsunwert** einer Tat schließlich ist gekennzeichnet und bestimmt **156** durch die jeweilige Schuld des Täters. Hier spiegelt sich die fehlerhafte Einstellung des Täters gegenüber den Verhaltensnormen der Rechtsordnung bzw. seine mangelnde Rechtsgesinnung wider[311].

VI. Überblick über verschiedene Deliktsarten

Im Folgenden soll noch ein kurzer Überblick über die verschiedenen strafrechtlichen Deliktsarten gegeben werden[312]. Dieser Überblick soll ebenfalls nur der groben Orientierung dienen. Eine nähere Auseinandersetzung mit den einzelnen Deliktsarten findet an späterer Stelle statt. **157**

1. Erfolgs- und Tätigkeitsdelikte

Nach der spezifischen Beziehung zwischen der strafbaren Handlung und einem möglichen Erfolg können **Erfolgsdelikte** und **Tätigkeitsdelikte** unterschieden werden[313]. Unter einem **Erfolgsdelikt** versteht man ein Delikt, bei welchem der gesetzliche Tatbestand den Eintritt eines von der Handlung räumlich, zeitlich oder gedanklich abgrenzbaren Erfolges in der Außenwelt voraussetzt (z. B. beim Totschlag, § 212 StGB – der Erfolg ist hier der Tod eines Menschen)[314]. Neben der vom Tatbestand geforderten tatbestandsmäßigen Handlung ist daher stets auch ein bestimmter (ebenfalls im Tatbestand umschriebener) Erfolg erforderlich. Als Bindeglied zwischen Handlung und Erfolg ist dabei die Ursächlichkeit genau dieser Handlung für genau diesen Erfolg notwendig. Diese Ursächlichkeit nennt man Kausalität[315]. Prüfungsstandort dieser Merkmale ist jeweils der **objektive Tatbestand**. **158**

Dagegen liegt ein (**schlichtes**) **Tätigkeitsdelikt** vor, wenn es sich um ein Delikt handelt, bei dem der Tatbestand allein durch die Handlung als solche erfüllt wird, ein konkreter Erfolg also nicht erforderlich ist (z. B. beim Meineid, § 154 StGB – allein das falsche Schwören ist hier ausreichend, ein Erfolg, etwa in der Form, dass der Richter der falschen Aussage Glauben schenkt, ist nicht notwendig)[316]. Zwar ist hier die Verwirklichung eines bestimmten Erfolges (im genannten Beispiel: das unrichtige Urteil) regelmäßig gesetzgeberisches Motiv für die Schaffung dieses Tatbestandes. Dennoch ist der Eintritt des entsprechenden Erfolges kein **Tatbestandsmerkmal**. Im objektiven Tatbestand ist daher allein die Tathandlung zu prüfen. Da die schlichten Tätigkeitsdelikte keinen Erfolg voraussetzen, sind sie durchweg als abstrakte Gefährdungsdelikte anzusehen[317]. **159**

Einige wenige Tatbestände unseres StGB gehören einer dritten Kategorie an. Es handelt sich um die sog. **kupierten Erfolgsdelikte**[318]. Hierunter versteht man Delikte, bei denen ein Erfolg zwar nicht in den objektiven Tatbestand mit einbezo- **160**

---
311 Vgl. zu den einzelnen Gesinnungsmerkmalen *Roxin/Greco*, AT I, § 10 Rn. 78 ff.
312 Vgl. hierzu auch *Kindhäuser/Zimmermann*, § 8 Rn. 12 ff.; *Krey/Esser*, Rn. 201 ff.
313 Vgl. zu diesen Deliktsarten *Baur*, ZJS 2017, 655 (659 ff.); *Rönnau*, JuS 2010, 961.
314 Hierzu *Frister*, 8. Kap. Rn. 16 ff.; *Puppe*, § 1 Rn. 10 ff.; *Rengier*, § 10 Rn. 3; *Rönnau*, JuS 2010, 961; *Roxin/Greco*, AT I, § 10 Rn. 102; *Schladitz*, JURA 2021, 770.
315 Vgl. zur Kausalität ausführlich unten § 10 (Rn. 214 ff.).
316 Hierzu *Rengier*, § 10 Rn. 7; *Rönnau*, JuS 2010, 961 (962); *Roxin/Greco*, AT I, § 10 Rn. 103; *Schladitz*, JURA 2021, 770 (771); kritisch zu dieser Rechtsfigur *Bock*, ZIS 2021, 193.
317 Zu den abstrakten Gefährdungsdelikten vgl. unten Rn. 164; hierzu auch *Rönnau*, JuS 2010, 961.
318 Vgl. hierzu *Baur*, ZJS 2017, 655 (659 ff.); ausführlich *Puppe*, 1. Aufl. 2002, AT 1, § 18 Rn. 1 ff.

gen ist, jedoch eine auf den Erfolg zielende Absicht des Täters verlangt wird (z. B. beim Diebstahl, § 242 StGB – hier ist die Zueignung kein objektives Tatbestandsmerkmal, sie muss vielmehr lediglich beabsichtigt sein). Zur Erfüllung des objektiven Tatbestandes reicht also allein eine bestimmte Tathandlung aus, der Erfolg und die im Falle des Erfolgseintritts festzustellende Kausalität müssen vom Täter lediglich beabsichtigt sein. Prüfungsstandort der Tathandlung ist dabei der **objektive Tatbestand**, der (lediglich beabsichtigte) Erfolg muss hingegen im **subjektiven Tatbestand** festgestellt werden[319]. Hieran ändert sich auch nichts, wenn der Erfolg tatsächlich eingetreten ist (der Täter sich also, im genannten Beispiel, die Sache tatsächlich zugeeignet hat).

2. Verletzungs- und Gefährdungsdelikte

161 Nach der Intensität der Beeinträchtigung des betroffenen Rechtsguts werden Verletzungs- und Gefährdungsdelikte unterschieden[320]. Dabei versteht man unter einem **Verletzungsdelikt** ein Delikt, bei dem das geschützte Rechtsgut durch eine menschliche Handlung konkret beeinträchtigt (= verletzt) werden muss (z. B. die Körperverletzung, § 223 StGB – diese ist nur erfüllt, wenn eine körperliche Misshandlung tatsächlich vorliegt)[321]. Dabei handelt es sich bei den Verletzungsdelikten in aller Regel auch um Erfolgsdelikte. Andererseits sind nicht alle Erfolgsdelikte zwingend Verletzungsdelikte, da der tatbestandsmäßige Erfolg nicht immer in der Verletzung eines bestimmten Tatobjekts oder einer Rechtsgutsbeeinträchtigung besteht (wie z. B. bei den konkreten Gefährdungsdelikten, die als Erfolgsdelikte anzusehen sind, da der tatbestandsmäßige Erfolg in der konkreten Gefährdung liegt).

162 Dagegen ist unter einem **Gefährdungsdelikt** ein Delikt zu verstehen, bei dem es ausreicht, wenn der Täter durch seine Tathandlung das Rechtsgut lediglich gefährdet. Dabei lassen sich zwei Formen von Gefährdungsdelikten unterscheiden: die konkreten und die abstrakten Gefährdungsdelikte.

163 Unter einem **konkreten Gefährdungsdelikt** versteht man ein Delikt, bei dem der tatbestandliche Erfolg in der konkreten Gefährdung des Tatobjekts liegt[322]. Die aus einer menschlichen Handlung resultierende Gefahr muss dabei konkret vorliegen, ohne dass jedoch eine Verletzung zwingend erforderlich ist (z. B. bei der Straßenverkehrsgefährdung, § 315c StGB). Der Gesetzgeber wählt hierzu regelmäßig die Formulierung: „[…] und dadurch (d. h.: durch die Tathandlung) Leib oder Leben etc. […] gefährdet". Eine konkrete Gefährdung liegt dabei immer dann vor, wenn das Ausbleiben einer Verletzung nur noch vom Zufall abhängt. Der Eintritt der konkreten Gefahr ist bei diesen Delikten (objektives) Tatbestandsmerkmal mit der Folge, dass die Gefährdung (die jeweils konkret festzustellen ist) vom Vorsatz des Täters umfasst sein muss[323].

---

319 So auch *Puppe*, § 18 Rn. 10.
320 Hierzu auch *Baur*, ZJS 2017, 655 (662 f.); *Mitsch*, JuS 2018, 1161 (1162 f.).
321 Genau genommen verletzt der Täter allerdings nicht das Rechtsgut als solches, sondern immer nur ein bestimmtes Tatobjekt (= Rechtsgutsobjekt), also einen bestimmten Menschen, eine bestimmte Sache, etc.; vgl. auch *Jakobs*, 6/78; *Rönnau*, JuS 2010, 961 (962); *Roxin/Greco*, AT I, § 10 Rn. 123.
322 Vgl. hierzu *Göttl*, JuS 2017, 306 (306 f.); *Rengier*, § 10 Rn. 10; *Roxin/Greco*, AT I, § 10 Rn. 124; § 11 Rn. 147 ff.; *Schladitz*, JURA 2021, 770 (771); es handelt sich insoweit also um Erfolgsdelikte.
323 Zum subjektiven Tatbestand bei konkreten Gefährdungsdelikten vgl. eingehend *Göttl*, JuS 2017, 306.

Unter einem **abstrakten Gefährdungsdelikt** ist hingegen ein Delikt zu verstehen, **164** bei dem die aus einer menschlichen Handlung resultierende Gefahr lediglich gesetzgeberisches Motiv, jedoch nicht Tatbestandsmerkmal ist (z. B. bei der schweren Brandstiftung, § 306a Abs. 1 StGB – diese soll das Leben von Menschen schützen, welches durch das Inbrandsetzen der genannten Gebäude regelmäßig gefährdet ist, im Tatbestand hat dieses Motiv jedoch keinen Niederschlag gefunden)[324]. Bei den abstrakten Gefährdungsdelikten hat der Gesetzgeber eine bestimmte Verhaltensweise generell als so gefährlich angesehen, dass er auf das Erfordernis des Eintritts einer konkreten Gefahr verzichtet hat[325]. Weder eine mögliche Verletzung noch eine irgendwie geartete Gefährdung sind daher Tatbestandsmerkmale. Allein die gefährliche Tätigkeit als solche ist unter Strafe gestellt. Die abstrakten Gefährdungsdelikte sind daher zumeist auch schlichte Tätigkeitsdelikte (als weiteres in der Praxis bedeutsames Beispiel ist die Trunkenheit im Verkehr, § 316 StGB, zu nennen – bereits das Fahren in fahruntauglichem Zustand ist hier unter Strafe gestellt, selbst wenn eine konkrete Gefährdung anderer Verkehrsteilnehmer nicht vorliegt).

Darüber hinaus gibt es, insbesondere im Umweltstrafrecht, noch sog. **Eignungs-** **165** **delikte** (oder auch **abstrakt-konkrete Gefährdungsdelikte**[326]). Bei diesen Delikten muss eine bestimmte Handlung wenigstens generell geeignet sein, bestimmte Verletzungen herbeizuführen (z. B. bei der Luftverunreinigung, § 325 StGB). Eine konkrete Gefährdung ist jedoch nicht erforderlich.

3. Zustands- und Dauerdelikte

Bei einem **Zustandsdelikt** verwirklicht bereits das bloße Herbeiführen eines be- **166** stimmten Zustandes den Unrechtstatbestand (z. B. bei der Körperverletzung, § 223 StGB)[327]. Den Gegensatz hierzu stellen **Dauerdelikte** dar, bei denen nicht nur die Herbeiführung eines bestimmten Zustandes, sondern auch dessen Fortdauern den gesetzlichen Tatbestand verwirklicht (z. B. beim Hausfriedensbruch, § 123 StGB – hier ist das Delikt bereits mit dem Betreten des fremden Grundstücks vollendet. Das Delikt „dauert" aber bis zum Verlassen desselben fort)[328]. Oftmals ist eine gewisse Dauer sogar für die Deliktsverwirklichung erforderlich (z. B. bei der Freiheitsberaubung, § 239 StGB – ein lediglich kurzfristiges Festhalten reicht hierfür nicht aus).

Während bei den Dauerdelikten das Delikt mit dem Beginn der tatbestandsmäßi- **167** gen Handlung regelmäßig vollendet, aber erst mit dem Ende des rechtswidrigen Zustandes beendet ist[329], ist die Tat bei den Zustandsdelikten mit dem Eintritt des tatbestandsmäßigen Erfolges zumeist zugleich vollendet und beendet[330] (z. B. bei der Körperverletzung, § 223 StGB)[331]. Es gibt aber auch hier Ausnahmen (z. B.

---

324 Vgl. hierzu *Rengier*, § 10 Rn. 11 ff.; *Roxin/Greco*, AT I, § 10 Rn. 124; § 11 Rn. 153 ff.
325 Vgl. zur Legitimation abstrakter Gefährdungsdelikte *Frister*, 3. Kap. Rn. 27 ff.; *Kleszczewski*, Rn. 128 ff.
326 Zuweilen findet sich hierfür auch der Begriff „potentielle Gefährdungsdelikte"; vgl. *Baur*, ZJS 2017, 655 (662); *Rengier*, § 10 Rn. 16; *Wessels/Beulke/Satzger*, Rn. 45; zur rechtlichen Einordnung vgl. auch BGHSt 46, 212 (218) im Hinblick auf den Tatbestand der Volksverhetzung, § 130 StGB.
327 Hierzu *Baur*, ZJS 2017, 655 (663 ff.); *Rönnau*, JuS 2010, 961 (962); *Roxin/Greco*, AT I, § 10 Rn. 106.
328 Hierzu *Roxin/Greco*, AT I, § 10 Rn. 105 ff.; vgl. zu dieser Unterscheidung auch *Frister*, 8. Kap. Rn. 22; *Kindhäuser/Zimmermann*, § 8 Rn. 26 f.; *Rengier*, § 10 Rn. 20 ff.; *Wessels/Beulke/Satzger*, Rn. 46 ff.
329 Vgl. zu den Folgen dieser Differenzierung BGHSt 42, 215; ferner *Baur*, ZJS, 2017, 655 (663 ff.); *Wessels/Beulke/Satzger*, Rn. 47.
330 Vgl. zur Vollendung und Beendigung noch ausführlich unten Rn. 707 ff.; 713 ff.
331 Hierzu LG Frankfurt NStZ 1990, 592 (593).

beim Diebstahl, § 242 StGB – Vollendung mit der Wegnahme der Sache, Beendigung mit dem Sichern der Beute). Hinzuweisen ist schließlich noch darauf, dass Dauerdelikte zumeist als schlichte Tätigkeitsdelikte ausgestaltet sind[332].

4. Begehungs- und Unterlassungsdelikte

168 Nach den beiden Grundformen menschlichen Verhaltens (Tun und Unterlassen) unterscheidet man ferner Begehungsdelikte und Unterlassungsdelikte. Dabei versteht man unter einem **Begehungsdelikt** ein Delikt, bei dem die Tatbestandsverwirklichung an ein aktives Tun anknüpft (z. B. beim Totschlag, § 212 StGB – sofern der Täter durch aktives Tun einen Menschen tötet). Der Täter muss hier also aktiv werden. Er muss den Tatbestand durch eine aktive Handlung verwirklichen[333].

169 Ein **Unterlassungsdelikt** hingegen ist ein Delikt, bei dem der Täter den tatbestandsmäßigen Erfolg durch Nichtstun, d. h. durch bloßes Unterlassen erfüllt[334]. Dabei kann man zwei unterschiedliche Formen von Unterlassungsdelikten unterscheiden: die echten und die unechten Unterlassungsdelikte.

170 Bei einem **echten Unterlassungsdelikt** werden die Voraussetzungen, unter denen ein Unterlassen strafbar ist, in einem eigenen Tatbestand vollständig umschrieben (z. B. bei der unterlassenen Hilfeleistung, § 323c StGB). Hier erschöpft sich die Tatbestandserfüllung in dem Verstoß gegen eine bestimmte Gebotsnorm, die als solche im Gesetz normiert ist. Der Täter muss dabei eine bestimmte, ihm vom Gesetz vorgeschriebene Tätigkeit nicht vornehmen. Ein darüber hinausgehender „Erfolg" ist regelmäßig nicht erforderlich (so ist bei § 323c StGB allein das Unterlassen der Hilfeleistung strafbar, auch wenn das Opfer hierdurch letztlich gar nicht geschädigt wird)[335].

171 Dagegen versteht man unter einem **unechten Unterlassungsdelikt** ein Delikt, das durch die Nichtabwendung eines tatbestandsmäßigen Erfolges (d. h. durch Unterlassen) erfüllt wird, sofern den Täter eine besondere Rechtspflicht (= Garantenpflicht) zum Handeln trifft (z. B. beim Totschlag durch Unterlassen, §§ 212, 13 StGB). Hierbei ist entscheidend, dass nahezu jedes im StGB normierte Delikt sowohl durch Tun als auch durch Unterlassen verwirklicht werden kann. Üblicherweise wird in einem Tatbestand ein Verbot ausgesprochen und ein bestimmtes Verhalten oder eine bestimmte Erfolgsherbeiführung mit Strafe bedroht. Wird nun derselbe Erfolg (z. B. der Tod eines Menschen) durch ein Nichthandeln verursacht (z. B.: die Mutter lässt ihr Kleinkind verhungern), ist dies in gleicher Weise strafbar wie wenn der Täter den Erfolg durch aktives Tun herbeigeführt hätte. Notwendig ist dabei jedoch immer eine besondere Pflicht des Unterlassenden, den tatbestandsmäßigen Erfolg abzuwenden (die bereits genannte Garantenpflicht)[336]. Besteht eine solche Pflicht nicht (wie z. B. bei einem Spaziergänger, der einem Ertrinkenden in einem einsamen Waldsee nicht hilft), scheidet eine Strafbarkeit wegen eines unechten Unterlassungsdelikts aus (in Frage kommt hier höchstens eine Strafbarkeit wegen des echten Unterlassungsdelikts der unterlassenen Hilfeleistung, § 323c StGB).

---

332 *Rönnau*, JuS 2010, 961 (962).
333 Vgl. hierzu noch ausführlich unten Rn. 863 ff.
334 Vgl. zu den Unterlassungsdelikten ausführlich unten Rn. 852 ff.
335 Hierzu *Rönnau*, JuS 2010, 961 (963).
336 Vgl. hierzu noch ausführlich unten § 27 (Rn. 918 ff.).

5. Allgemeindelikte, Sonderdelikte, eigenhändige Delikte

Straftatbestände können ferner nach dem jeweiligen **Täterkreis** abgegrenzt werden, der für die Deliktsbegehung in Frage kommt. Bei den meisten Delikten des StGB handelt es sich um **Allgemeindelikte**. Dies sind Delikte, welche von jedermann begangen werden können (z. B. die Sachbeschädigung, § 303 StGB). Es kann also jede natürliche – schuldfähige – Person als Täter in Frage kommen. Diese Delikte erkennt man regelmäßig daran, dass der entsprechende Tatbestand den Täter mit „*Wer [...]*" umschreibt. **172**

Dagegen zeichnen sich die **Sonderdelikte** dadurch aus, dass der Täter eine besondere, im jeweiligen Tatbestand eigens umschriebene Subjektsqualität aufweisen muss[337]. Dabei sind zwei Formen von Sonderdelikten zu unterscheiden: **173**

Bei den **echten Sonderdelikten** handelt es sich um Delikte, bei denen die besondere Subjektsqualität des Täters strafbegründende Bedeutung hat (z. B. die Bestechlichkeit, § 332 StGB – strafbar kann hier nur ein Amtsträger etc. sein. Ein „Grundtatbestand" für jedermann existiert nicht). Wer diese besondere Täterqualifikation nicht aufweist, kann niemals Täter dieses Delikts, sondern höchstens Anstifter oder Gehilfe sein[338]. **174**

Dagegen liegt ein **unechtes Sonderdelikt** vor, wenn die besondere Subjektsqualität des Täters strafschärfende Bedeutung hat, das Grunddelikt jedoch von jedermann begangen werden kann (z. B. die Körperverletzung im Amt, § 340 StGB – auch hier kann nur ein Amtsträger etc. Täter sein. Allerdings existiert in diesem Fall ein „Grundtatbestand" für jedermann, nämlich die einfache Körperverletzung nach § 223 StGB). Wer hier diese besondere Täterqualifikation nicht aufweist, kann sich täterschaftlich lediglich wegen des Grunddelikts strafbar machen[339]. **175**

Zu erwähnen sind in diesem Zusammenhang auch noch die **eigenhändigen Delikte**[340]. Hierunter versteht man solche Delikte, die nur durch eine persönliche Ausführung (d. h. durch die unmittelbare eigenhändige Vornahme der tatbestandsmäßigen Handlung) begangen werden können (z. B. der Meineid, § 154 StGB – nur derjenige, der selbst schwört, kann Täter sein; ferner die Trunkenheit im Verkehr, § 316 StGB – nur derjenige, der selbst betrunken Auto fährt, kommt als Täter in Frage, nicht aber der betrunkene Beifahrer[341]). Insoweit stellen eigenhändige Delikte Sonderdelikte dar – nur wird hier der Täterkreis nicht ausdrücklich im gesetzlichen Tatbestand auf eine bestimmte Personengruppe eingeschränkt. Dabei ist das maßgebliche Unrecht dieser Delikte weniger in der Gefährdung des Rechtsguts, als in der besonderen Verwerflichkeit des Handelns **176**

---

337 *Nestler/Lehner*, JURA 2017, 403 (404 f.); *Satzger*, JURA 2011, 103 (104); da diese besondere Subjektsqualität zumeist auch mit einer besonderen Pflichtenstellung verbunden ist, wird hier auch von „Pflichtdelikten" gesprochen; vgl. *Roxin/Greco*, AT I, § 10 Rn. 129.
338 *Nestler/Lehner*, JURA 2017, 403 (404); da die besondere Täterqualifikation zumeist auch ein besonderes persönliches Merkmal darstellt, welches hier strafbegründend wirkt, ist für den Anstifter oder Gehilfen, der diese Subjektsqualität nicht aufweist, § 28 Abs. 1 StGB anwendbar (obligatorische Strafmilderung); vgl. hierzu noch unten Rn. 1355 f.
339 *Nestler/Lehner*, JURA 2017, 403 (404); sofern es sich, wie meist, bei der besonderen Täterqualifikation um ein besonderes persönliches Merkmal handelt, folgt dies aus § 28 Abs. 2 StGB; vgl. hierzu noch unten Rn. 1357.
340 Vgl. hierzu ausführlich *Gerhold/Kuhne*, ZStW 124 (2012), 943; *Haft*, JA 1979, 651; *Herzberg*, ZStW 82 (1970), 896; *Nestler/Lehner*, JURA 2017, 403 (405); *Rengier*, § 10 Rn. 29 f.; *Satzger*, JURA 2011, 103; *Schall*, JuS 1979, 104; ferner monografisch *Langrock*, Das eigenhändige Delikt, 2001.
341 Vgl. auch die Auflistung bei *Satzger*, JURA 2011, 103 (104).

des Täters zu sehen³⁴². Folge dieser Einschränkung ist, dass derjenige, der die erforderliche Subjektqualität nicht besitzt, auch niemals Täter dieses Delikts sein kann. Die ansonsten bei allen Delikten möglichen Formen der Mittäterschaft und der mittelbaren Täterschaft scheiden daher bei den eigenhändigen Delikten aus (möglich ist lediglich eine Teilnahme, d. h. eine Anstiftung oder eine Beihilfe)³⁴³.

6. Grundtatbestand, Qualifikation, Privilegierung

177 In den Strafgesetzen kommen häufig bestimmte Deliktsgruppen vor, die sich dadurch auszeichnen, dass die von ihnen erfassten Delikte in einem engen systematischen Zusammenhang stehen. So gibt es viele Delikte, die auf einem bestimmten Tatbestand (dem Grundtatbestand) aufbauen, aber zusätzliche Merkmale enthalten, die die Strafe entweder schärfen (Qualifikationen) oder mildern (Privilegierungen)³⁴⁴.

178 Unter einem **Grundtatbestand** versteht man dabei einen Tatbestand, welcher zwar in sich abgeschlossen ist und eine eigenständige Strafbarkeit begründet, aber darüber hinaus – bei Hinzutreten weiterer Umstände – Ausgangspunkt für weitere Delikte sein kann (z. B. die einfache Körperverletzung, § 223 StGB).

179 Dagegen handelt es sich bei einem **Qualifikationstatbestand** um eine unselbstständige Tatbestandsabwandlung, welche sich aus einem Grundtatbestand und weiteren strafschärfenden Tatbestandsmerkmalen zusammensetzt. Kennzeichnend hierfür ist, dass diese qualifizierenden Merkmale (als objektive Tatbestandsmerkmale) grundsätzlich vom Vorsatz umfasst sein müssen (z. B. bei der gefährlichen Körperverletzung, § 224 StGB).

180 Eine Sonderform der Qualifikationen stellen die **erfolgsqualifizierten Delikte** dar³⁴⁵. Hierunter versteht man Delikte, bei denen die Strafbarkeit des Grunddelikts durch den Eintritt einer schweren Folge (zumeist den Tod des Opfers) qualifiziert wird (z. B. bei der Körperverletzung mit Todesfolge, § 227 StGB). Im Gegensatz zu den echten Qualifikationen, bei denen die qualifizierenden Merkmale vom Vorsatz umfasst sein müssen, reicht bei den Erfolgsqualifikationen hinsichtlich des Eintritts der schweren Folge nach § 18 StGB Fahrlässigkeit aus. Allerdings finden sich hier zuweilen Sonderregelungen, die den Fahrlässigkeitsmaßstab erhöhen und ein leichtfertiges Verhalten fordern (Bsp.: Raub mit Todesfolge, § 251 StGB)³⁴⁶.

---

342 BGHSt 6, 226 (227); BGHSt 48, 189 (193); BGHSt 64, 314 (316).
343 *Nestler/Lehner*, JURA 2017, 403 (405 f.); vgl. zu dieser Problematik näher unten Rn. 1197; bei manchen dieser eigenhändigen Delikte wird die konstruktiv nicht mögliche mittelbare Täterschaft durch einen eigenen Straftatbestand ersetzt, wie z. B. bei der Verleitung zur Falschaussage, § 160 StGB.
344 Vgl. hierzu auch *Baur*, ZJS 2017, 655; *Roxin/Greco*, AT I, § 10 Rn. 132 ff.
345 Vgl. zu den erfolgsqualifizierten Delikten ausführlich *B. Heinrich/Reinbacher*, JURA 2005, 743; *Kleszcewski*, Rn. 236 ff.; *Krack/Kische*, ZJS 2010, 734 (739 f.); *Kühl*, § 17a; *ders.*, JURA 2002, 810; *ders.*, JURA 2003, 19; *Kuhli*, JuS 2020, 291 (291 f.); *Rönnau*, JuS 2020, 108; *Sowada*, JURA 1994, 643; *Sternberg*, JuS 2017, 970, 1061; *Wolter*, JuS 1981, 168; ferner die Übungsfälle bei *Freund/Schaumann*, JuS 1995, 801 (802, 805); *Frisch/Murmann*, JuS 1999, 1196 (1197 f.); *v. Heintschel-Heinegg/Kudlich*, JA 2001, 129 (131 f.); *Hinderer*, JA 2009, 25 (29); *Kreß/Weißer*, JA 2006, 115 (116 ff.); *Lave/Dehne-Niemann*, JURA 2010, 73 (75); *Morgenstern*, JURA 2002, 568 (571 f.); *Murmann*, JA 2011, 593 (596 ff.); *Puppe*, AT 1, 1. Aufl., §§ 9–14; *Reinbacher*, JURA 2007, 382 (388 ff.); *Schulz*, JA 1999, 203 (210); *Seiterle*, JURA 2011, 958 (960); *Steinberg*, ZJS 2010, 518 (522); *Stief*, JuS 2009, 716 (719); *Timpe*, JURA 2009, 465 (466); *Walter*, JURA 2014, 117 (123 f.); *Wolter*, JA 2008, 604 (609 f.); kritisch zu dieser Rechtsfigur aber *Freund/Rostalski*, JZ 2020, 241 (247).
346 Vgl. zum unterschiedlichen Fahrlässigkeitsmaßstab ausführlich unten Rn. 1004 f.

Ein Blick auf die Strafhöhe zeigt, dass bei diesen Delikten ein besonderer Unwertgehalt vorliegen muss, d. h. dass eine bloße Kumulation von Grunddelikt und schwerer Folge nicht ausreicht. So beträgt das Strafmaß sowohl bei der einfachen Körperverletzung, § 223 StGB, als auch bei der fahrlässigen Tötung, § 222 StGB, Geldstrafe oder Freiheitsstrafe bis zu fünf Jahren[347]. Die Körperverletzung mit Todesfolge, also die Kombination aus § 223 StGB und § 222 StGB, besitzt hingegen eine Strafandrohung von Freiheitsstrafe nicht unter drei Jahren[348]. Insoweit ist hier – um diesen Strafrahmensprung zu rechtfertigen – stets ein **spezifischer Gefahrzusammenhang** zwischen dem verwirklichten Grunddelikt und der schweren Folge erforderlich[349], der freilich in der Rechtsprechung oftmals vernachlässigt wird[350] und sich kaum mehr von der ohnehin erforderlichen objektiven Zurechnung des jeweiligen Erfolgs unterscheidet.

Unter einem **Privilegierungstatbestand** versteht man dagegen eine unselbstständige Tatbestandsabwandlung, welche sich aus einem Grundtatbestand und weiteren strafmildernden Tatbestandsmerkmalen zusammensetzt (z. B. die Tötung auf Verlangen, § 216 StGB)[351]. Wie auch bei den Qualifikationen müssen diese privilegierenden Tatumstände vom Vorsatz des Täters umfasst sein, damit sie ihm zu Gute kommen können. Die Milderung liegt hier regelmäßig in einer geringeren Strafandrohung (wie bei § 216 StGB).

Eine Sonderrolle nehmen Tatbestände ein, die eine Kombination aus mehreren selbstständigen Delikten darstellen und die daher nicht als Qualifikation des einen oder des anderen Delikts, sondern als eigenständiger Tatbestand angesehen werden können. So setzt sich z. B. der Raub, § 249 StGB, aus einem Diebstahlsteil, § 242 StGB, und einem Nötigungsteil, § 240 StGB, zusammen. Man spricht diesbezüglich nicht mehr von einer Qualifikation, sondern von einem „delictum sui generis" oder einer selbstständigen Tatbestandsabwandlung[352].

Zu erwähnen sind schließlich noch die **Regelbeispiele**. Sie stellen eine gesetzliche Normierung von besonders schweren oder minder schweren Fällen eines bestimmten Grunddelikts dar, die allerdings – wie die besonders schweren und minder schweren Fälle an sich – ausschließlich auf **Strafzumessungsebene** zu berück-

---

347 Werden diese tateinheitlich begangen, so darf die Strafe nach § 52 StGB höchstens fünf Jahre Freiheitsstrafe betragen.
348 Der Strafrahmen beträgt hier also drei bis 15 Jahre (vgl. § 38 Abs. 2 StGB); kritisch hierzu *Freund/Rostalski*, JZ 2020, 241 (246).
349 Vgl. hierzu BGHSt 31, 96 (98 f.); BGHSt 33, 322 (323); BGHSt 48, 34 (37); BGH NJW 1971, 152; BGH NStZ 2008, 92; BGH NStZ 2008, 278; BGH NStZ 2008, 686; BGH StV 2021, 120 (121); *Baur*, ZJS 2017, 655 (657 f.); *Esser/Krickl*, JA 2008, 787 (794); *B. Heinrich/Reinbacher*, JURA 2005, 743; *Kreß/Weißer*, JA 2006, 115 (116 ff.); *Kudlich*, JA 2000, 511 (512 f.); *Kühl*, § 17a Rn. 14 ff.; *ders.*, JURA 2002, 810 (812 f.); *Laue*, JuS 2003, 743 (744); *Noak/Collin*, JURA 2006, 544 (547); *Reinbacher*, JURA 2007, 382 (389 f.); *Rönnau*, JuS 2020, 108 (109 f.); *Roxin/Greco*, AT I, § 10 Rn. 111 ff.; *Sowada*, JURA 1994, 643; *Sternberg*, JuS 2017, 1061; *Wessels/Beulke/Satzger*, Rn. 1147; *Wolter*, JuS 1981, 168 (171 ff.); vgl. ferner die Übungsfälle bei *Wolf/Langlitz*, ZJS 2018, 611 (623 ff.); *Ziegler*, JuS 2018, 883 (888).
350 Vgl. hierzu nur BGHSt 31, 96 (Hochsitzfall); darauf hinweisend auch *Freund/Rostalski*, JZ 2020, 241 (246).
351 Vgl. in diesem Zusammenhang auch BGHSt 49, 34 (37); ferner *Küper*, JURA 2007, 260 (insbesondere zu Irrtumsfragen).
352 *Kindhäuser/Zimmermann*, § 8 Rn. 11; *Roxin/Greco*, AT I, § 10 Rn. 135.

sichtigen sind[353]. Sie besitzen dabei lediglich Indizwirkung für das Vorliegen eines solchen besonders schweren oder minder schweren Falles (z. B. beim besonders schweren Fall des Diebstahls, § 243 StGB). Darunter versteht man, dass bei Vorliegen eines solchen Regelbeispiels eine widerlegbare Vermutung dafür spricht, dass ein besonders schwerer (oder minder schwerer) Fall vorliegt (= Indizwirkung). Andererseits spricht in gleicher Weise eine widerlegbare Vermutung gegen eine Strafschärfung (oder -milderung), wenn ein solches Regelbeispiel nicht vorliegt (= Gegenschlusswirkung). Demnach kann im Einzelfall das Vorliegen eines „unbenannten" besonders schweren (oder minder schweren) Falles angenommen werden, wenn zwar keines der genannten Regelbeispiele gegeben ist, der Fall aber im Unrechts- oder Schuldgehalt mit einem solchen vergleichbar ist (= Analogiewirkung)[354]. Der sich hierdurch geradezu aufdrängende Verstoß gegen das Analogieverbot des Art. 103 Abs. 2 GG[355] wird von der h. M. mit folgender Argumentation umgangen: Obwohl die Regelbeispiele zumeist tatbestandsähnlich ausgestaltet seien[356], würden sie doch keine echten Tatbestandsmerkmale darstellen, da sie als Strafzumessungsregeln keinen Einfluss auf die Strafbarkeit an sich, sondern eben nur auf die Strafzumessung besitzen[357]. Gäbe es die Regelbeispiele nicht, hätte der Richter bei der Beurteilung der besonders schweren und minder schweren Fälle überhaupt keine gesetzlichen Anhaltspunkte, die Regelbeispielstechnik würde daher die Rechtssicherheit gerade fördern und ihr nicht abträglich sein.

7. Sonstige Deliktsarten

185 Abschließend sind noch kurz einige weitere Deliktsarten zu nennen, die hier unsystematisch nebeneinandergestellt werden sollen.

186 Unter einem **Wahndelikt** versteht man ein Delikt, bei dem der Täter annimmt, gegen eine in Wirklichkeit nicht existierende Verbotsnorm zu verstoßen. Das Wahndelikt[358], welches oft vom (in der Regel strafbaren) untauglichen Versuch abzugrenzen ist, ist nach deutschem Recht straflos (Bsp.: Der Täter begeht einen Ehebruch in der Annahme, es handle sich dabei um ein strafbares Verhalten).

187 Als **Begegnungsdelikt** bezeichnet man ein Delikt, welches die Beteiligung mehrerer Personen voraussetzt und bei dem sich Täter und Opfer notwendigerweise gegenüberstehen (z. B. bei der sexuellen Nötigung, § 177 StGB)[359].

188 Unter einem **Distanzdelikt** versteht man ein Delikt, bei dem die strafrechtlich relevante Handlung und der dadurch bewirkte Erfolg notwendigerweise räumlich auseinanderfallen (z. B. bei der Verbreitung pornographischer Darbietungen durch den Rundfunk, § 184 Abs. 2 StGB). Diese Deliktsgruppe bedarf insbeson-

---

353 BGHSt 23, 254 (256 f.); BGHSt 26, 104 (105); BGHSt 28, 318 (319); BGHSt 29, 319 (322); BGHSt 33, 370 (373); BGH NStZ-RR 1997, 121; *Baur*, ZJS 2017, 655; *Braunstetter*, NJW 1975, 1570 (1571); *Graul*, JuS 1999, 852; *Laubenthal*, JZ 1987, 1065 (1069); *Reichenbach*, JURA 2004, 260 (262 f.); *Roxin/Greco*, AT I, § 10 Rn. 134; *Schönke/Schröder-Kinzig*, Vor §§ 38 ff. Rn. 47 f.; *Schönke/Schröder-Bosch*, § 243 Rn. 1; *Zipf*, JR 1981, 119 (120); a. M. *Calliess*, NJW 1998, 929 (934); *Eisele*; JA 2006, 309 (312); *Jakobs*, 6/99; *Kindhäuser/Zimmermann*, § 8 Rn. 10, die sie als unselbstständige Tatbestände ansehen.
354 Vgl. zu diesen Wirkungen der Regelbeispiele *Eisele*, JA 2006, 309 (310 f.).
355 Vgl. hierzu oben Rn. 35 f.; zu dieser Problematik auch *Reichenbach*, JURA 2004, 260 (263 f.).
356 BGHSt 33, 370 (374).
357 Vgl. nur BWME-*Mitsch*, § 6 Rn. 65; *Reichenbach*, JURA 2004, 260 (264); *Schönke/Schröder-Hecker*, § 1 Rn. 29.
358 Vgl. hierzu noch ausführlich unten Rn. 681 ff.
359 Vgl. zu diesen Delikten noch ausführlich unten Rn. 1376.

dere dann einer besonderen Betrachtung, wenn der Erfolg auf einem anderen Staatsgebiet eintritt (vgl. hierzu § 9 StGB)[360].

Unter einem **Unternehmensdelikt** schließlich ist ein Delikt zu verstehen, welches tatbestandlich sowohl den Versuch als auch die Vollendung erfasst (§ 11 Abs. 1 Nr. 6 StGB). Bereits der Versuch stellt hier also ein vollendetes Delikt dar (z. B. beim Hochverrat, § 81 StGB). Gesetzgeberisches Motiv für die Schaffung solcher Delikte ist es, hier einerseits den Versuch überhaupt tatbestandlich zu erfassen, andererseits aber auch, die üblichen Strafmilderungsmöglichkeiten beim Versuch, § 23 Abs. 2 StGB, sowie den Rücktritt vom Versuch, § 24 StGB, auszuschließen[361].

> Zu unterscheiden sind hier die **echten Unternehmensdelikte**, die man daran erkennt, dass der Gesetzgeber das „Unternehmen" der Tat ausdrücklich als solches formuliert („*Wer es unternimmt […]*" in §§ 81, 82, 309 StGB), und die **unechten Unternehmensdelikte**, bei denen es sich aus der besonderen tatbestandlichen Fassung ergibt, dass Verhaltensweisen, die an sich nur einen Versuch darstellen würden, bereits zur Vollendung des Delikts ausreichen (wie z. B. bei § 292 Abs. 1 Nr. 1 StGB: wer „*dem Wild nachstellt*", begeht an sich nur einen Versuch des Fanges oder Erlegens)[362].

§ 9   Die menschliche Handlung

Einführende Aufsätze: *Fahl*, Schlaf als Zustand verminderten Strafrechtsschutzes?, JURA 1998, 456; *Arthur Kaufmann*, Die finale Handlungslehre und die Fahrlässigkeit, JuS 1967, 145; *Welzel*, Die deutsche strafrechtliche Dogmatik der letzten 100 Jahre und die finale Handlungslehre, JuS 1966, 421.
Zur Vertiefung: *Bloy*, Finaler und kausaler Handlungsbegriff, ZStW 90 (1978), 609.
Übungsfall: *Rönnau*, Der volltrunkene Macho, JuS 2000, L 28.
Rechtsprechung: BGHSt 23, 156 – Müdigkeit (Einschlafen während des Autofahrens als Handlung); **BGHSt 40, 341** – Epilepsie (epileptischer Anfall beim Autofahren); **OLG Hamm NJW 1975, 657** – Fliege (automatisierte Verhaltensweisen als Handlung).

I.   Grundlagen[363]

Voraussetzung einer strafrechtlichen Verantwortlichkeit ist ein bestimmtes **menschliches Verhalten**. Welche Qualität dieses Verhalten aufweisen muss, ist dabei umstritten und hängt (auch) davon ab, welches strafrechtliche „System", d. h. welchen Straftataufbau man vertritt. Folgt man dem hier vorgeschlagenen Aufbau, dann kommt dem Handlungsbegriff keine entscheidende Bedeutung zu. Nicht bei der Handlung, sondern in den darauf folgenden Prüfungsebenen fällt die Entscheidung über das Ob und das Wie der Strafbarkeit[364]. Die wesentliche Funktion des Handlungsbegriffs liegt vorwiegend darin, deutlich zu machen, an welches konkrete menschliche Verhalten angeknüpft wird. Diese exakte Bestimmung der Handlung ist insbesondere für den Prüfungsaufbau in einer Klausur wichtig. Hier muss jedenfalls dann, wenn mehrere Verhaltensweisen des Täters in

---

360 Vgl. zur Anwendbarkeit des deutschen Strafrechts in diesen Fällen bereits oben Rn. 64.
361 Vgl. zu den Unternehmensdelikten noch unten Rn. 711 f.; ferner *Roxin/Greco*, AT I, § 10 Rn. 125; *Wessels/Beulke/Satzger*, Rn. 58.
362 Vgl. hierzu noch unten Rn. 711 f.
363 Vgl. hierzu bereits oben § 7 (Rn. 87 ff.).
364 Vgl. *Kühl*, § 2 Rn. 1; *Roxin/Greco*, AT I, § 8 Rn. 42; *Schönke/Schröder-Eisele*, Vor §§ 13 ff. Rn. 37.

Frage kommen, bereits im Einleitungssatz genau festgestellt werden, durch welches Verhalten sich der Täter hinsichtlich welcher Strafvorschrift möglicherweise strafbar gemacht hat.

191 Die zweite Aufgabe des Handlungsbegriffs besteht darin, bereits an dieser Stelle die sog. **"Nicht-Handlungen"** auszufiltern, wobei jedoch nochmals darauf hinzuweisen ist, dass nur eindeutige Fälle, die zudem kaum juristisches „Geschick" erfordern, über den Handlungsbegriff ausgeschieden werden[365].

> **Bsp. (1)**[366]: Anton und Bruno laufen gemeinsam durch die Stadt. Nach einem kleineren Streit gibt Anton dem Bruno einen kräftigen Stoß, wodurch Bruno in die Schaufensterauslage eines Haushaltswarengeschäfts fällt und die Fensterscheibe sowie 37 wertvolle Teller zerstört. Anton flieht. – Bei der Frage, ob sich (auch) Bruno wegen Sachbeschädigung, § 303 StGB, strafbar gemacht hat, ist als erstes zu prüfen, ob überhaupt eine Handlung Brunos vorlag. Erst wenn eine solche festgestellt werden kann (was hier zu verneinen ist), kann man sich mit der Frage beschäftigen, ob Bruno auch vorsätzlich handelte.

> **Bsp. (2):** Einen Tag später läuft Bruno – nunmehr allein – erneut durch die Stadt. Dieses Mal stolpert er aus Unachtsamkeit über einen auf dem Bürgersteig liegenden Stein und fällt wiederum in die Schaufensterauslage, wodurch dieses Mal neben der Fensterscheibe 42 Teller zu Bruch gehen. – Hier lag nun eine Handlung Brunos vor[367], es fehlt nunmehr allerdings am Vorsatz im Hinblick auf die Zerstörung der Teller. In Frage kommt somit lediglich ein fahrlässiges Verhalten, welches im Hinblick auf eine Sachbeschädigung aber nicht unter Strafe gestellt ist.

II. Handlungsformen: Tun und Unterlassen

192 Ausgangspunkt jeder Strafbarkeit ist stets ein **konkretes menschliches Verhalten**[368]. Dieses wird zuweilen auch als „menschliche Handlung" umschrieben, was jedoch zu Missverständnissen führen kann, da die Handlung vielfach auch mit einem aktiven Tun gleichgesetzt wird. Insoweit soll bereits hier festgestellt werden, dass es zwei unterschiedliche Formen menschlichen Verhaltens gibt, die beide strafrechtlich relevant werden können, nämlich (aktives) Tun und Unterlassen[369]. Als gemeinsamer Oberbegriff für Tun und Unterlassen dient der Begriff des „menschlichen Verhaltens"[370].

> Ebenso wie man einen Menschen dadurch töten kann, dass man ihn mit einem Gewehr erschießt, kann man ihn dadurch töten, dass man lebensnotwendige Hilfsmaßnahmen unterlässt. Beide Verhaltensweisen können gleichermaßen strafrechtlich bedeutsam sein. Eine Strafbarkeit kann somit sowohl an ein bestimmtes aktives Tun als auch an ein Unterlassen anknüpfen.

III. Abgrenzung von Handlung, Kausalität, Vorsatz und Schuld

193 Die Frage, ob eine bestimmte Handlung zu einem bestimmten Erfolg führt oder ob der Täter mit einer bestimmten Handlung einen bestimmten Erfolg beabsich-

---

365 Zu dieser Abgrenzungs- und Ausscheidungsfunktion auch *Kühl*, § 2 Rn. 3; *Rengier*, § 7 Rn. 7 ff.; *Schönke/Schröder-Eisele*, Vor §§ 13 ff. Rn. 37; *Werle*, JuS 2001, L 33 (L 34).
366 Vgl. auch die Beispiele bei *Werle*, JuS 2001, L 33 (L 34); *Wessels/Beulke/Satzger*, Rn. 131.
367 Dagegen lehnt *Rönnau*, JuS 2000, L 28 (L 28 f.), eine Handlung hier ab, da es sich beim Stolpern nicht um eine gewillkürte Körperbewegung handle.
368 Vgl. zu den Voraussetzungen im Einzelnen noch unten Rn. 194 ff.
369 Vgl. hierzu bereits oben Rn. 168 ff.
370 *Wessels/Beulke/Satzger*, Rn. 145; a. M. *Krey/Esser*, Rn. 293 f., 300.

tigt oder für diesen Erfolg verantwortlich ist, hat nichts mit dem Begriff der Handlung an sich zu tun. Dies ist eine Folge der strafrechtlichen Untergliederung in verschiedene Ebenen, die sauber voneinander zu trennen sind.

> **Bsp. (1):** Anton fährt mit seinem Auto durch die Innenstadt. Plötzlich springt vor ihm, ohne dass er damit gerechnet hat, ein Kind auf die Fahrbahn, wird von dem Auto erfasst und getötet. – Hier hat Anton gehandelt. Er ist Auto gefahren. Das reicht für die Feststellung der Handlung als Anknüpfungspunkt für die Prüfung strafrechtlichen Verhaltens aus. Ob sein Handeln für den Tod des Kindes ursächlich war (was hier nicht zu bezweifeln ist) oder ob er hinsichtlich des Todes des Kindes vorsätzlich, fahrlässig oder nicht fahrlässig gehandelt hat, ist für die Frage des Vorliegens einer Handlung irrelevant.
>
> **Bsp. (2):** Fabrikant Fritz verkauft gesundheitsgefährdende Produkte, ohne die erforderlichen Kontrollen durchzuführen. Ob seine Kunden durch die Produkte zu Schaden kommen, ist ihm gleichgültig. Einer der Konsumenten stirbt. Allerdings kann nicht festgestellt werden, ob sein Tod mit dem Konsum der Produkte zusammenhängt oder auf einer völlig anderen Ursache beruht. – Auch hier lag eine Handlung als Anknüpfungspunkt für eine strafrechtliche Untersuchung vor (nämlich der Vertrieb der Produkte durch Fritz; ferner könnte man auch an ein Unterlassen, nämlich die fehlenden Kontrollen, denken). Im Hinblick auf den Tod des Konsumenten handelte Fritz auch mit (bedingtem) Vorsatz. Fraglich ist jedoch, ob sein Verhalten für den Erfolg ursächlich war. Dies ist aber keine Frage der Handlung, sondern eine solche der Kausalität und insoweit von der Handlung sauber zu trennen.
>
> **Bsp. (3):** Die vierjährige Anna tritt bei einer Bergwanderung gegen einen Stein, der den Berg hinunterrollt und dabei eine Steinlawine auslöst, die mehrere Menschen unter sich begräbt. – Hier hat Anna gehandelt. Ob man ihr die Tat persönlich zum Vorwurf machen kann, d. h. ob ihr Verhalten schuldhaft war (was hier aufgrund ihres Alters ausscheidet, § 19 StGB), spielt im Hinblick auf die Beurteilung der Handlung keine Rolle.

IV. Anforderungen an die menschliche Handlung

Während die Anforderungen, die an den Handlungsbegriff zu stellen sind, noch vor wenigen Jahren zu den am meisten diskutierten Materien des Strafrechts zählten, ist man sich heutzutage weitgehend einig, dass der Handlungsbegriff lediglich eine erste Filterfunktion erfüllt und dass auf dieser Prüfungsebene nur eindeutige „Nicht-Handlungen" auszuschließen sind.

Dagegen standen sich früher der naturalistisch-kausale Handlungsbegriff (Handlung als ein vom Willen getragenes menschliches Verhalten, welches eine Veränderung in der Außenwelt bewirkt), der finale Handlungsbegriff (Handlung als bewusst auf ein bestimmtes Ziel hin gelenktes Verhalten mit der Folge, dass der Vorsatz bereits notwendiger Bestandteil der Handlung ist)[371], der soziale Handlungsbegriff (Handlung als ein vom menschlichen Willen beherrschtes oder jedenfalls beherrschbares sozialerhebliches Verhalten) und der personale Handlungsbegriff (Handlung als Äußerung der Persönlichkeit) unversöhnlich gegenüber[372].

---

371 Vgl. hierzu bereits oben Rn. 96 ff.; 103 ff.
372 Vgl. zu diesem Streit anschaulich *Kindhäuser/Zimmermann*, § 5 Rn. 10 ff.; *Krey/Esser*, Rn. 288 ff.; *Wessels/Beulke/Satzger*, Rn. 138 ff.; ferner *Bloy*, ZStW 90 (1978), 609; *BWME-Eisele*, § 9 Rn. 2 ff.; *Arthur Kaufmann*, JuS 1967, 145; *Schönke/Schröder-Eisele*, Vor §§ 13 ff. Rn. 25 ff.; *Welzel*, JuS 1966, 421; *Werle*, JuS 2001, L 33 (L 35).

196 Nach der hier vertretenen Ansicht setzt das Vorliegen einer Handlung lediglich voraus, dass (1) ein menschliches Verhalten vorliegt, welches (2) konkret feststellbar ist, (3) einen Außenbezug aufweist und (4) vom Willen getragen ist.

1. Vorliegen eines menschlichen Verhaltens

197 Um einen strafrechtlichen Vorwurf begründen zu können, muss jedenfalls ein menschliches Verhalten vorliegen. Naturereignisse (z. B. ein Dammbruch) oder das Verhalten von Tieren können keine Strafbarkeit auslösen[373]. Auch bei Naturereignissen oder Tierverhalten ist jedoch stets zu prüfen, ob nicht ein menschliches Verhalten hierfür als Auslöser diente.

> **Bsp. (1):** Ingenieur Ingo konstruiert einen statisch völlig fehlerhaft berechneten Staudamm, der kurz nach der Fertigstellung bei einem größeren Unwetter bricht und eine Überschwemmung verursacht, bei der fünf Menschen den Tod finden. Mehreren Verantwortlichen war dieser Fehler bekannt, sie unternahmen jedoch nichts. – Hier wurde der Schaden zwar durch ein Naturereignis ausgelöst (Unwetter), schadensursächlich war aber zumindest auch ein menschliches Verhalten, und zwar in Form eines aktiven Tuns (seitens des Ingo) und eines Unterlassens (seitens der sonstigen Verantwortlichen).
>
> **Bsp. (2):** Anton hat einen hoch aggressiven Hund, den er loswerden möchte. Daher öffnet er eines Abends den Hundezwinger und lässt die Türe weit aufstehen. Seine Ehefrau Berta merkt dies, unternimmt aber nichts. In der Nacht bricht der Hund aus und zerfleischt den Nachtwanderer Norbert. – Norberts Tod wurde zwar durch die Hundebisse verursacht. Dennoch lag auch hier ein zu untersuchendes menschliches Verhalten im Vorfeld vor (seitens des Anton durch aktives Tun, da er den Zwinger öffnete, seitens der Berta durch Unterlassen).

198 Nach überwiegender Ansicht können **juristische Personen** (z. B. Vereine oder Firmen) nicht „handeln", da sie keine Menschen, sondern rechtliche Konstrukte sind[374]. Für sie handeln jedoch die jeweils zuständigen Organe (z. B. der Geschäftsführer oder der Vorstand; vgl. § 14 StGB)[375].

2. Anknüpfung an ein konkretes Verhalten

199 Anknüpfungspunkt ist stets ein konkretes menschliches Verhalten. Insofern ist die (Mit)Berücksichtigung von Verhaltensweisen, deren Wurzeln früher liegen, unzulässig. Die pauschale Bestrafung für eine **schlechte Lebensführung** ist nicht möglich (das Vorverhalten kann lediglich bei der Strafzumessung, nicht aber im Hinblick auf die Frage der Strafbarkeit an sich berücksichtigt werden; vgl. § 46 Abs. 2 StGB)[376].

> **Bsp.:** Der alkoholabhängige Bruno, der seit Jahren im Dauerdelirium lebt, tötet im Zustand der Schuldunfähigkeit einen Zechkumpan, mit dem er sich um eine Flasche Schnaps gestritten hat. – Wegen der konkreten Tötungshandlung kann Bruno nicht bestraft werden, da er zu diesem Zeitpunkt schuldunfähig war, § 20 StGB. Auch eine Bestrafung wegen schlechter Lebensführung (durch das Herbeiführen seiner Alkoholabhängigkeit, die letztlich zu der Tat geführt hat) scheidet aus, weil hier kein konkret feststellbares Verhalten vorliegt, welches zwangsläufig zu dem konkreten Erfolg (dem Totschlag) geführt hat. Das Herbeiführen der Alkoholabhängigkeit an sich ist nicht strafbar.

---

373 *Werle*, JuS 2001, L 33 (L 34).
374 BWME-*Eisele*, § 9 Rn. 30; *Roxin/Greco*, AT I, § 8 Rn. 59; *Wessels/Beulke/Satzger*, Rn. 149.
375 Hierzu näher *Kindhäuser/Zimmermann*, § 7; *Otto*, JURA 1998, 409; zur Problematik der Anwendung des § 14 StGB auf „faktische" Geschäftsführer vgl. *Lindemann*, JURA 2005, 305; ferner den Übungsfall bei *Ceffinato*, JURA 2016, 1394 (1395 f., 1398 f.).
376 Vgl. hierzu aber auch *Herzberg*, Achenbach-FS 2011, S. 157.

Anders ist dies jedoch zu beurteilen, wenn ein konkretes Verhalten im Vorfeld festgestellt werden kann, welches zu der späteren Handlung führte. Dies ist insbesondere dann der Fall, wenn sich jemand vorsätzlich in einen Rauschzustand versetzt, um in diesem Zustand Straftaten zu begehen.

> **Bsp.:** Anton will einen Raubüberfall begehen, hat aber Bedenken, ob er diesen so „cool" durchziehen kann, wie er dies eigentlich vorhat. Daher trinkt er sich kräftig Mut an, was dazu führt, dass er bei Begehung des Raubes schuldunfähig ist. – Hier kann man Anton zwar nicht wegen der konkreten Handlung „Raubüberfall" bestrafen, da er zu diesem Zeitpunkt schuldunfähig war (§ 20 StGB; eine Handlung lag selbstverständlich auch hier vor), man kann jedoch an die Handlung des Sich-Betrinkens anknüpfen, welche unmittelbar vor dem Raub stattfand und in diesen mündete[377].

3. Außenbezug

Um strafrechtliche Relevanz zu erhalten, muss das menschliche Verhalten in irgendeiner Form eine Wirkung in der Außenwelt nach sich ziehen. Ein reines **„Gesinnungsunrecht"** kann nicht bestraft werden[378].

> **Bsp.:** Anton sitzt zu Hause in seinem Wohnzimmersessel und hört seinen Nachbarn Norbert zu später Stunde nach Hause kommen. Weil ihn dies stört und er Norbert ohnehin nicht leiden kann, wünscht er ihm den Tod. In der Nacht stirbt Norbert an einem Herzversagen. – Hier fehlt es nicht erst an einer feststellbaren Kausalität zwischen den bösen Wünschen und dem späteren Erfolg, es lag vielmehr bereits keine Handlung vor, da der rein innerlich bleibende Wunsch Antons strafrechtlich nicht als „Handlung" angesehen werden kann.

Der geforderte Außenbezug kann sowohl in einer **Veränderung der Außenwelt** (bei Delikten durch aktives Tun) als auch in einer **Nichtveränderung der Außenwelt** (bei Unterlassungsdelikten) bestehen. Auch im letzteren Fall liegt ein strafrechtlich relevantes Verhalten vor, welches eine Wirkung in der Außenwelt hinterlässt. Im Gegensatz zum aktiven Tun liegt das strafrechtlich relevante Verhalten hier jedoch darin, dass man eine bestimmte Veränderung in der Außenwelt gerade nicht herbeiführt, obwohl man (und dies muss bei den Unterlassungsdelikten stets noch hinzutreten) rechtlich dazu verpflichtet ist[379]. Die Außenwirkung muss sich allerdings nicht immer in einem strafrechtlichen „Erfolg" im Sinne der klassischen Erfolgsdelikte niederschlagen. So reicht bei den (abstrakten und konkreten) Gefährdungsdelikten eine Gefährdung aus. Auch hier ist jedoch ein nach außen erkennbares Verhalten erforderlich (z.B. das Führen eines Fahrzeugs in betrunkenem Zustand, §§ 315c, 316 StGB)[380].

4. Subjektives Element

Die bisher genannten Voraussetzungen sind im Wesentlichen unproblematisch festzustellen. Allerdings können sie zur vollständigen Erfassung des Begriffs „Handlung" noch nicht ausreichen. Hinzukommen muss noch ein bestimmtes subjektives Moment, dessen Inhalt und Umfang jedoch – je nachdem welcher Handlungslehre man folgt[381] – umstritten sind. Grundvoraussetzung ist jedoch stets ein Verhalten, das vom Willen des Handelnden getragen ist. Die bloße Verursachung einer Folge in der Außenwelt reicht demnach nicht aus. Andererseits ist

---

377 Zur Rechtsfigur der sog. „actio libera in causa" noch ausführlich unten § 19 (Rn. 597 ff.).
378 *Werle*, JuS 2001, L 33 (L 34).
379 Vgl. zur besonderen Rechtspflicht bei Unterlassungsdelikten (= Garantenpflicht) noch unten § 27 (Rn. 918 ff.).
380 Vgl. zu den verschiedenen Deliktskategorien bereits oben Rn. 161 ff.
381 Vgl. hierzu oben Rn. 195.

es – nach der hier vertretenen Ansicht – nicht erforderlich, dass der Handelnde mit seinem vom Willen getragenen Verhalten einen bestimmten Zweck verfolgt.

> Deutlich wird dies an den einleitend genannten **Beispielen**[382]: Wenn Bruno von Anton gestoßen wird, sodass er in die Schaufensterscheibe fällt, liegt zwar ein willensgetragenes Verhalten Antons, nicht aber ein solches des Bruno vor. Wenn Bruno dagegen stolpert und ohne Fremdeinwirkung in die Schaufensterscheibe fällt, liegt ein solches willensgetragenes Verhalten (das Laufen) vor, welches für die Zerstörung der Scheibe und der Teller ursächlich wurde. Dass Bruno die Fensterscheibe und die Teller nicht zweckgerichtet zerstört hat (und auch nicht zweckgerichtet stolperte), ist keine Frage der Handlung, sondern eine solche des Vorsatzes.

204 Insofern scheiden aus dem Handlungsbegriff diejenigen Verhaltensweisen aus, die in keiner Weise vom Willen der entsprechenden Person getragen sind. Klassische Beispiele für solche Nicht-Handlungen sind **Reflexbewegungen** (der berühmte Kniesehnenreflex oder das Zucken der Muskeln nach der Berührung eines elektrischen Zauns)[383]. Auch ein Verhalten im **Schlaf oder im Zustand der Bewusstlosigkeit**[384] kann nicht als Handlung angesehen werden. Auch „Schlafwandeln" ist insoweit kein willensgesteuertes Verhalten und daher keine Handlung im strafrechtlichen Sinn[385]. Es ist hier jedoch wiederum stets zu fragen, ob sich eine vom Willen getragene Handlung im Vorfeld finden lässt, an die eine mögliche Strafbarkeit anknüpfen kann (sog. „vorverlagerte Handlungen")[386].

> **Bsp. (1)**[387]: Anton liest nachts im Kerzenschein gerne spannende Krimis und pflegt dabei regelmäßig einzuschlafen. Als er sich im Schlaf umdreht, wirft er die noch brennende Kerze um, die das gesamte Haus in Brand setzt. – Für eine mögliche Strafbarkeit Antons wegen fahrlässiger Brandstiftung, § 306d StGB, ist es entscheidend, ob Anton gehandelt hat. Da eine Bewegung im Schlaf kein willensgesteuertes Verhalten darstellt, scheidet diesbezüglich eine Handlung aus. Vorzuwerfen ist Anton jedoch, dass er bei den ersten Ermüdungserscheinungen nicht die Kerze gelöscht hat[388]. Hierin liegt ein vom Willen getragenes Unterlassen. Zudem kann bereits das Anzünden der Kerze als aktives Tun strafrechtliche Relevanz besitzen, nämlich dann, wenn Anton damit rechnen konnte, alsbald einzuschlafen und die Kerze umzustoßen.

> **Bsp. (2)**: Bruno fällt infolge eines epileptischen Anfalls in eine Schaufensterauslage. – Da er dieses Verhalten nicht steuern konnte, lag keine strafrechtlich relevante Handlung vor. Fährt er jedoch Auto und bekommt währenddessen einen Anfall, knüpft seine strafrechtliche Verantwortlichkeit an das willensgesteuerte Autofahren (und nicht an die durch den Anfall verursachten Bewegungen) an. Dieses Steuern des Autos kann strafrechtlich dann bedeutsam sein, wenn Bruno weiß (oder wissen muss), dass er infolge seiner Epilepsie kein Auto führen darf[389].

205 Auch ein Verhalten aufgrund **äußerer Krafteinwirkung** (sog. „vis absoluta") stellt strafrechtlich keine Handlung dar[390].

---

382 Vgl. oben Rn. 191.
383 *Fahl*, JURA 1998, 456; *Arthur Kaufmann*, JuS 1967, 145; *Kühl*, § 2 Rn. 7; *Werle*, JuS 2001, L 33 (L 35); *Wessels/Beulke/Satzger*, Rn. 151; vgl. auch die Übungsfälle bei *Berster*, ZJS 2017, 468 (474); *Mitsch*, JuS 2009, 341 (342).
384 *Fahl*, JURA 1998, 456 (457); *Krey/Esser*, Rn. 296 f.; *Kühl*, § 2 Rn. 6.
385 Vgl. hierzu den Übungsfall bei *Kaspar*, JA 2006, 855.
386 BGHSt 40, 341 (343).
387 Vgl. zu einem ähnlichen Beispiel *Wessels/Beulke/Satzger*, Rn. 157; ferner *Fahl*, JURA 1998, 456 (457).
388 Vgl. auch BGHSt 23, 156 (Einschlafen während des Autofahrens); hierzu *Krey/Esser*, Rn. 296.
389 Zu diesem Beispiel BGHSt 40, 341; OLG Schleswig VRS 64 (1983), 429; ferner *Fahl*, JURA 1998, 456 (457); *Krey/Esser*, Rn. 297.
390 *Arthur Kaufmann*, JuS 1967, 145; *Krey/Esser*, Rn. 295; *Kühl*, § 2 Rn. 5; *Wessels/Beulke/Satzger*, Rn. 153.

Bsp.: Bruno wird von Anton in die Schaufensterscheibe gestoßen. Enkel Erwin führt die Hand seines gelähmten Großvaters Gustav und unterzeichnet auf diese Weise einen Brief mit beleidigendem Inhalt. – Hier handeln ausschließlich Anton und Erwin, nicht aber Bruno und Gustav.

Dabei ist allerdings die **vis absoluta** (eine absolute, durch äußere Krafteinwirkung verursachte Gewalt) von der **vis compulsiva** (eine den Willen beugende Gewalt) abzugrenzen. Da der Betreffende bei der **vis absoluta** gar nicht anders handeln kann, sein Verhalten also nicht von seinem Willen getragen ist, liegt strafrechtlich keine Handlung vor (es handelt hier aber regelmäßig der „Hintermann"). Dagegen fügt sich der Betreffende bei der **vis compulsiva** dem Zwang eines anderen, nimmt aber letztlich selbst eine willensgesteuerte Handlung vor, die zwar möglicherweise gerechtfertigt oder entschuldigt ist, jedoch Handlungsqualität aufweist[391].

Bsp.[392]: Bruno wird von Anton durch das Vorhalten einer Waffe und durch die Drohung, ihn sonst zu erschießen, gezwungen, in die Schaufensterauslage zu springen und dadurch Scheibe und Geschirr zu zerstören. – Hier lag nicht nur eine Handlung Antons (durch das Drohen), sondern auch eine Handlung Brunos vor, da dieser, wenn auch unter Zwang, letztlich selbst entscheiden konnte, ob er in die Scheibe springt oder nicht[393].

V. Problemkreise

1. „Natürlicher" Wille bei Schuldunfähigen

Insbesondere bei schuldunfähigen Personen (kleinen Kindern, sinnlos Betrunkenen, Geistesgestörten) stellt sich die Frage, ob diese zu einer Handlung, sofern man die Handlung als „willensgesteuertes menschliches Verhalten" definiert, überhaupt fähig sind. Da eine Prüfung der Schuld aber erst erfolgen darf, wenn das Unrecht einer Tat feststeht, was wiederum zwingend eine Handlung des Täters voraussetzt, müssen demnach auch Schuldunfähige handeln können[394]. Insoweit ist hinsichtlich des „willensgesteuerten Verhaltens" auf den **natürlichen Willen eines Menschen** abzustellen. Diesen besitzen aber auch schuldunfähige Personen.

> So würde niemand ernsthaft bestreiten, dass ein dreijähriges Kind oder ein Betrunkener einen „Willen" haben können. Anders ist es lediglich, wenn z. B. ein völlig Betrunkener plötzlich bewusstlos wird und in eine Schaufensterauslage fällt. Dann ist er wie derjenige zu behandeln, der einschläft: Man kann lediglich an die Handlung des Sich-Betrinkens anknüpfen. In dem Moment, in dem der Betreffende allerdings bewusstlos wird und umfällt, hat er auch keinen natürlichen Willen mehr. Eine Handlung scheidet dann aus.

2. Automatisierte Verhaltensweisen

Auch **automatisierte Verhaltensweisen** sind als strafrechtlich relevante Handlungen anzuerkennen. Hierunter versteht man Verhaltensweisen, die sich so eingeschliffen haben, dass sie im konkreten Fall vom Bewusstsein zwar kaum mehr beherrscht werden können, bei denen aber immer noch ein gewisser Rest an

---

391 BWME-*Eisele*, § 9 Rn. 40.
392 Vgl. auch *Kühl*, § 2 Rn. 5.
393 Diese Fälle des sog. „Nötigungsnotstandes" können zu einem Ausschluss der Schuld des Genötigten nach § 35 StGB führen; vgl. unten Rn. 580.
394 Vgl. zur Unterscheidung von Handlung und Schuld bereits oben Rn. 193.

Steuerungsfähigkeit verbleibt[395]. Gleiches gilt für Kurzschlusshandlungen und Spontanreaktionen.

> **Bsp.**[396]: Anton fährt mit seinem PKW auf der Autobahn, als plötzlich eine Wespe ins Auto fliegt. Er bekommt einen Schreck und schlägt wild um sich, wobei er seiner Beifahrerin Berta einen Schneidezahn ausschlägt. Wenig später springt ihm ein Hase vors Auto. Instinktiv reißt er das Lenkrad zur Seite und will ausweichen. Dabei verliert er die Kontrolle über den PKW. Es kommt zu einem Unfall, bei dem vier Menschen sterben. – Im Gegensatz zum bloßen Reflex, den man überhaupt nicht mehr steuern kann, sind die vorliegenden „automatisierten" Verhaltensweisen dennoch Ausdruck der Individualität des Einzelnen und zumindest ansatzweise steuerbar. Es besteht daher kein Grund, sie bereits auf der Handlungsebene auszugrenzen. Eine Handlung lag daher vor[397].

3. „Sozialerheblichkeit" der Handlung

209 Teilweise wird – insbesondere von der sozialen Handlungslehre – gefordert, dass das menschliche Verhalten über die bloße Wirkung in der Außenwelt hinaus auch eine gewisse Sozialerheblichkeit besitzen müsse[398]. Durch dieses Merkmal sollen Verhaltensweisen aus dem Handlungsbegriff ausgeschlossen werden, bei denen ein solcher Sozialbezug offensichtlich fehlt.

> **Bsp.:** Bruno glaubt an Geister und veranstaltet eines schönen Abends auf seinem Hausberg eine Zeremonie. Er will dem in Mailand lebenden Uwe den Tod an den Hals zaubern. Nachdem er mehrmals ein kultisches Feuer umrundet hat, stößt er einen Zauberspruch aus. Tatsächlich findet man am nächsten Morgen Uwe tot in seinem Mailänder Appartement. – Man kann hier entweder bereits die Handlung mangels eines nachvollziehbaren Sozialbezuges ausschließen oder aber auf Tatbestandsebene die erforderliche Kausalität zwischen Brunos Handlung (= Totzaubern) und dem Erfolg (= Tod Uwes) leugnen.

210 Will man durch den strafrechtlichen Handlungsbegriff erreichen, dass auf einer ersten – wertfreien – Prüfungsstufe diejenigen Verhaltensweisen bestimmt werden, an denen die spätere Prüfung einer (möglichen) Strafbarkeit ansetzt, so sollte der Handlungsbegriff frei sein von eventuellen Unschärfen, die mit jeder Wertungsfrage einhergehen. Insofern sollte auf das Erfordernis einer irgendwie gearteten Sozialerheblichkeit verzichtet werden. Ausreichend ist es, hier zwar eine Handlung des Betreffenden festzustellen, anschließend jedoch die Tatbestandsmäßigkeit des Verhaltens zu leugnen (regelmäßig wird es, wie im genannten Beispiel, bereits an der Kausalität fehlen)[399].

---

395 Vgl. OLG Hamm NJW 1975, 657; *Jescheck/Weigend*, § 23 VI 2a Fn. 34; *Krey/Esser*, Rn. 299; *Kühl*, § 2 Rn. 7 f.; *Wessels/Beulke/Satzger*, Rn. 152.

396 Fall in Anlehnung an OLG Frankfurt VRS 28 (1965), 364 und OLG Hamm NJW 1975, 657; zu diesem Problemkreis ferner *Fahl*, JURA 1998, 456 (457); *Jäger*, Rn. 29 f.; *Gropp/Sinn*, § 2 Rn. 70.; *Jakobs*, 6/35 ff.; LK-*Jescheck*, 11. Aufl., Vor § 13 Rn. 37; *Schönke/Schröder-Eisele*, Vor §§ 13 ff. Rn. 41; *Stratenwerth/Kuhlen*, § 6 Rn. 7 f.

397 So auch *Kindhäuser/Zimmermann*, § 5 Rn. 20; *Krey/Esser*, Rn. 299; *Roxin/Greco*, AT I, § 8 Rn. 67; ablehnend *Franzheim*, NJW 1965, 2000.

398 Vgl. nur *Wessels/Beulke/Satzger*, Rn. 144 ff.

399 Zur – im Ergebnis ebenfalls abzulehnenden – Strafbarkeit wegen eines untauglichen (hier: abergläubischen) Versuchs vgl. unten Rn. 678 ff.

VI. Funktion des Handlungsbegriffs und Standort der Prüfung (Zusammenfassung)

Der Prüfungspunkt der Handlung hat somit allein die Funktion, einen Anknüpfungspunkt im Verhalten eines Menschen zu finden, an dem die Prüfung der – möglichen – Strafbarkeit ansetzt. Ob dieses Verhalten für den entsprechenden Erfolg ursächlich war oder ob der Täter vorsätzlich oder schuldhaft gehandelt hat, spielt an dieser Stelle noch keine Rolle. Insofern sind über den Handlungsbegriff lediglich sog. **„Nicht-Handlungen"** wie Reflexe oder Bewegungen im Schlaf auszuschließen[400].

Insofern muss die Handlung in einem strafrechtlichen Gutachten stets zu Beginn geprüft werden. Nur wenn feststeht, an welche Handlung angeknüpft wird, kann auf die Tatbestandsmäßigkeit im Einzelnen eingegangen werden. Systematisch ist die Handlung dabei zu Beginn des objektiven Tatbestandes zu erörtern[401], wobei ein näheres Eingehen hierauf in einer Klausur nur dann zu erfolgen hat, wenn das Vorliegen einer Handlung fraglich ist[402]. Dies wird überwiegend nicht der Fall sein. In eindeutigen Fällen ist dann lediglich im Einleitungssatz festzustellen, welche Handlung zum Gegenstand der strafrechtlichen Prüfung gemacht wird.

> **Formulierungsbeispiele:** Anton könnte sich dadurch, dass er mit dem Hammer auf Bruno einschlug, wegen einer gefährlichen Körperverletzung, §§ 223, 224 Abs. 1 Nr. 2, Nr. 5 StGB, strafbar gemacht haben. – Martha könnte sich dadurch, dass sie ihrem Säugling Siegfried über mehrere Tage hinweg nichts zu essen und zu trinken gab, wegen eines versuchten Totschlags durch Unterlassen, §§ 212, 22, 13 StGB, strafbar gemacht haben. – Toni könnte sich dadurch, dass er Rudis Auto bestieg und mit diesem davonfuhr, wegen eines Diebstahls, § 242 StGB, strafbar gemacht haben.

Bedeutsam wird die Überlegung, an welche Handlung konkret anzuknüpfen ist, im Verlaufe der weiteren Prüfung an mehreren Stellen (gerade deswegen ist es unbedingt anzuraten, die zu untersuchende Handlung im Einleitungssatz der Prüfung konkret zu benennen). So muss (1) die konkrete Handlung – und nicht „irgendeine" Handlung – ursächlich für den jeweiligen Erfolgseintritt sein[403]. Ferner muss (2) der bei den Vorsatzdelikten erforderliche Vorsatz als Element des subjektiven Tatbestandes stets zum Zeitpunkt der Handlung (und nicht etwa früher oder später) vorliegen[404].

> **Bsp.:** Der Spaziergänger Sepp löst beim Bergwandern versehentlich eine Steinlawine aus, die den Bergbauern Bruno unter sich begräbt. Als Sepp den Ort des tragischen Geschehens besichtigt und merkt, dass er Bruno getötet hat, freut er sich, da er diesen ohnehin nicht leiden konnte. – Dieses spätere Billigen des Erfolges[405] führt nicht dazu, dass Sepp nun wegen einer vorsätzlichen Tötung zu bestrafen ist. Entscheidend ist, ob er zum Zeitpunkt der Handlung (dem Auslösen der Lawine) Vorsatz hatte. Da dies nicht der Fall war, liegt im Hinblick auf das Auslösen der Lawine höchstens Fahrlässigkeit vor. Wenn Bruno nun aber zum Zeitpunkt der Entdeckung noch zu retten gewesen wäre, Sepp ihm aber nicht half, sodass Bruno verblutete, läge zu diesem Zeitpunkt Vorsatz hinsichtlich der Tötung vor, der nun aber nicht mehr an das aktive Tun (Auslö-

---

400 Vgl. *Jescheck/Weigend*, § 23 I 2.
401 *Kindhäuser/Zimmermann*, § 5 Rn. 18; *Otto*, § 5 Rn. 40; dagegen *Kühl*, § 2 Rn. 3, der die Handlung bei Bedarf in einer Vorprüfungsstufe erörtern will.
402 *Kühl*, § 2 Rn. 3.
403 Vgl. zur Kausalität noch ausführlich unten Rn. 214 ff.
404 Vgl. hierzu noch ausführlich unten Rn. 256 ff., 286 ff.
405 Vgl. zur nachträglichen Billigung des unvorsätzlich verwirklichten Handelns noch unten Rn. 289.

sen der Lawine), sondern an das Unterlassen der Rettung anknüpfen würde. Der Einleitungssatz „Sepp könnte sich wegen Totschlags strafbar gemacht haben" ist daher unvollständig, da die konkret zu untersuchende Handlung nicht genannt wird.

§ 10 Kausalität

Einführende Aufsätze: *Ebert/Kühl,* Kausalität und objektive Zurechnung, JURA 1979, 561; *Erb,* Die Zurechnung von Erfolgen im Strafrecht, JuS 1994, 449; *v. Heintschel-Heinegg,* Objektive Zurechnung im Strafrecht, JA 1994, 31, 126; *Kudlich,* Objektive und subjektive Zurechnung von Erfolgen im Strafrecht – Eine Einführung, JA 2010, 681; *Puppe,* Die Lehre von der objektiven Zurechnung, JURA 1997, 408, 513, 624, JURA 1998, 21; *dies.,* Die Lehre von der objektiven Zurechnung und ihre Anwendung, ZJS 2008, 488; 600; *Rönnau/Faust/Fehling,* Durchblick: Kausalität und objektive Zurechnung, JuS 2004, 113; *Satzger,* Kausalität und Gremienentscheidungen, JURA 2014, 186; *Schlüchter,* Grundfälle zur Lehre von der Kausalität, JuS 1976, 312, 378, 518; *Toepel,* Condicio sine qua non und alternative Kausalität, JuS 1994, 1009.

Zur Vertiefung: *Hilgendorf,* Der „gesetzmäßige Zusammenhang" im Sinne der modernen Kausalitätslehre, JURA 1995, 514; *Jähnke,* Strafrechtliche Produkthaftung, JURA 2010, 582.; *Rotsch,* „Lederspray" redivivus – zur konkreten Kausalität bei Gremienentscheidungen, ZIS 2018, 1.

Rechtsprechung: RGSt 1, 373 – Arsenik (fahrlässiges Verhalten des Opfers); **BGHSt 1, 332** – Gehirnerschütterung (Verursachung einer tödlichen Folge); **BGHSt 2, 20** – KZ (Kausalität nach der Bedingungstheorie); **BGHSt 4, 360** – Rotlicht (Kausalität bei fahrlässigem Dazwischentreten Dritter); **BGHSt 7, 112** – Wettfahrt (Kausalität bei Mitverschulden des Opfers); **BGHSt 30, 228** – Massenkarambolage (hypothetische Kausalität); **BGHSt 37, 106** – Lederspray (Kausalität bei Gremienentscheidungen); **BGHSt 39, 195** – Zwei Schüsse (alternative Kausalität); **BGHSt 41, 206** – Holzschutzmittel (Kausalität von chemischen Substanzen für Gesundheitsschäden); **BGHSt 49, 1** – Ausgang (Berücksichtigung hypothetischer Kausalverläufe).

I. Grundlagen

214 Während bei den schlichten Tätigkeitsdelikten der Tatbestand bereits durch die Handlung als solche erfüllt wird, ein konkreter Erfolg in der Außenwelt also nicht erforderlich ist, setzt die überwiegende Zahl der Delikte im StGB neben der tatbestandlichen Handlung auch einen bestimmten – von der Handlung gedanklich abgrenzbaren – **Erfolg in der Außenwelt** voraus (= Erfolgsdelikte). Dieser Erfolg kann sowohl in einer Verletzung als auch in einer Gefährdung liegen[406].

> **Bsp. (1):** Anton sagt vor Gericht falsch aus und beschwört diese Aussage. – Der Meineid, § 154 StGB, setzt tatbestandlich lediglich voraus, dass der Täter vor einem Gericht falsch schwört. Ein darüber hinaus gehender Erfolg in der Form, dass der Richter dem Täter glaubt oder gar aufgrund der falschen Aussage ein falsches Urteil fällt, ist nicht erforderlich (= Meineid als schlichtes Tätigkeits- und abstraktes Gefährdungsdelikt).
>
> **Bsp. (2):** Toni erschießt Rudi mit einer Pistole. – Der Totschlag, § 212 StGB, erfordert naturgemäß mehr als eine bloße Tötungshandlung, d. h. hier wert mehr als die Abgabe des Schusses. Notwendig ist darüber hinaus ein Erfolg in der Außenwelt, nämlich der Tod eines Menschen (= Totschlag als Erfolgs- und Verletzungsdelikt).
>
> **Bsp. (3):** Anton fährt betrunken Auto. Aus Unachtsamkeit streift er den Radfahrer Rudi, der dadurch ins Straucheln gerät aber glücklicherweise unverletzt bleibt. – Wäh-

---
406 Vgl. zur Abgrenzung von Erfolgs- und schlichten Tätigkeitsdelikten oben Rn. 158 ff.

rend das Delikt der Trunkenheit im Verkehr, § 316 StGB, lediglich voraussetzt, dass der Täter im öffentlichen Straßenverkehr ein Fahrzeug in fahruntauglichem Zustand führt (= § 316 StGB als schlichtes Tätigkeits- und abstraktes Gefährdungsdelikt), ist es für die Gefährdung des Straßenverkehrs, § 315c StGB, erforderlich, dass „dadurch" (d. h. durch das Fahren in fahruntauglichem Zustand) Leib oder Leben eines anderen Menschen etc. gefährdet werden. Neben der Tathandlung ist also auch ein bestimmter Erfolg erforderlich, der zwar nicht in der Verletzung, aber jedenfalls in einer konkreten Gefährdung eines der genannten Rechtsgüter bestehen muss (= § 315c StGB als Erfolgs- und konkretes Gefährdungsdelikt). Kommt Rudi bei dem Sturz zu Tode, liegt zudem eine fahrlässige Tötung vor (= § 222 StGB als Erfolgs- und Verletzungsdelikt).

215 Wesentlich ist es nun, dass bei den Erfolgsdelikten nicht nur das Vorliegen einer Tathandlung und der Eintritt des Taterfolges festgestellt werden, sondern dass darüber hinaus auch eine bestimmte Beziehung zwischen Handlung und Erfolg bestehen muss. Der strafrechtlich unerwünschte Erfolg muss gerade **durch die jeweilige Handlung verursacht** werden.

Bsp.: Anton steht in seinem Garten und fällt einen Baum. Im selben Moment stirbt sein Nachbar Norbert an Herzversagen. – Hier lagen zwar sowohl eine Handlung (das Fällen des Baumes) als auch ein Erfolg (Norberts Tod) vor. Antons Handeln war aber für diesen Erfolg nicht ursächlich. Anders wäre es jedoch, wenn Anton in der Absicht, Norbert zu ärgern, gerade Norberts Lieblingsbaum auf dessen Grundstück fällt. Sofern nämlich dieser die Aktion bemerkt und sich so darüber aufregt, dass er eine Herzattacke erleidet und stirbt, liegt eine Ursächlichkeit vor (ob dieser Tod von Anton gewollt war oder nicht, ist dann eine Frage des Vorsatzes und keine solche der Verursachung).

216 Diese Verursachung wird üblicherweise als **Kausalität** bezeichnet. Sie muss bei Erfolgsdelikten als **ungeschriebenes Tatbestandsmerkmal** jeweils zusätzlich zu den übrigen Tatbestandsmerkmalen geprüft werden[407]. Zumeist ist die Frage der **Kausalität** unproblematisch. Die Kausalität kann jedoch in manchen Fällen auch fraglich sein und ist dann gesondert zu untersuchen. Bevor die an die Kausalität zu stellenden Anforderungen im Einzelnen erörtert werden, soll die Problematik zuerst anhand einiger Beispielsfälle aufgezeigt werden:

Bsp. (1): Anton will Bruno eine Ohrfeige geben und erhebt dazu seine Hand. Bruno weicht aus, stolpert über den Bordstein und fällt dabei so unglücklich, dass er mit dem Hinterkopf auf dem asphaltierten Gehweg aufschlägt und sofort verstirbt. – Fraglich ist hier, ob Anton durch sein Handeln Brunos Tod verursacht hat, obwohl er noch gar nicht zugeschlagen hatte.

Bsp. (2): Am nächsten Tag ohrfeigt Anton den Rudi. Dieser stolpert ebenfalls und zieht sich eine Platzwunde zu, die genäht werden muss. Auf dem Weg ins Krankenhaus stirbt er bei einem Autounfall. – Auch hier ist fraglich, ob Anton durch die Ohrfeige Rudis Tod verursacht hat.

Bsp. (3): Tags darauf will Anton den Gustav von hinten mit einem Beil erschlagen. Klara, eine Freundin Gustavs, sieht dies und fällt Anton im letzten Moment so in den Arm, dass das Beil nicht den Schädel Gustavs spaltet, sondern ihn lediglich an der Schulter trifft. Zu prüfen ist auch hier, ob Antons oder Klaras Verhalten für diese konkrete Körperverletzung kausal war[408].

Bsp. (4): Schließlich will Anton auch seine Geliebte Gisela loswerden. Er schenkt ihr ein Flugticket für eine Reise nach Mallorca in der Hoffnung, das Flugzeug werde abstürzen und Berta hierbei zu Tode kommen. Tatsächlich stürzt das Flugzeug (ohne weitere

---

407 Zu den ungeschriebenen Tatbestandsmerkmalen vgl. oben Rn. 124.
408 Vgl. zu diesem Fall noch unten Rn. 245 (Ausschluss der objektiven Zurechnung in der Fallgruppe der Risikoverringerung).

Einflussnahme Antons) beim Landeanflug ab und Gisela stirbt. – Wiederum ist zu prüfen, ob Anton diesen Tod durch das Verschenken des Flugtickets verursacht hat[409].

Bsp. (5): Kunigunde hat sowohl einen Ehemann als auch einen Liebhaber. Als die Sache herauskommt, wollen beide sie aus Rache auf einer Party umbringen. Unabhängig voneinander und ohne vorherige Absprache schütten sie ihr eine (jeweils) tödliche Dosis Gift in ihr Sektglas. Kunigunde trinkt und stirbt. Danach berufen sich beide darauf, dass Kunigundes Tod auch ohne ihr Handeln eingetreten wäre, dieses also nicht kausal gewesen sei[410].

II. Kausalitätstheorien

1. Einführung

217 Im Hinblick darauf, welche Anforderungen an die Kausalität zu stellen sind, haben sich mehrere Theorien entwickelt, die im Folgenden dargestellt werden. Für den Anfänger (und in aller Regel auch bei der Anfertigung von Klausuren) genügt es allerdings, wie folgt vorzugehen:

218 Als erstes ist die Kausalität auf der Grundlage der (sehr weitgehenden) „Äquivalenz-" oder „Bedingungstheorie" zu prüfen[411]. Hier muss festgestellt werden, dass der Täter durch sein Verhalten eine Bedingung geschaffen hat, die nicht hinweggedacht werden kann, ohne dass dadurch auch der tatbestandliche Erfolg in seiner konkreten Gestalt entfiele (sog. **„conditio-sine-qua-non"-Formel**[412]). Hierbei ist ein naturwissenschaftlicher („faktischer") Maßstab anzulegen[413]. Hat das Verhalten des Täters hiernach den Erfolg verursacht, liegt Kausalität vor[414]. Dem BGH genügt in diesem Zusammenhang eine „generelle Kausalität": Ausreichend sei es (insbesondere bei der Produkthaftung), nachzuweisen, dass ein bestimmtes Produkt entsprechende Wirkungen hat. Nicht erforderlich sei es, dass die einzelnen naturgesetzlichen Wirkungszusammenhänge im Detail geklärt und nachgewiesen werden[415].

219 Davon sauber zu trennen ist in einem zweiten Schritt die Frage, ob dem Täter strafrechtlich der Erfolg auch zugerechnet werden kann[416]. Die Prüfung der **objektiven Zurechnung**, die ebenfalls als ungeschriebenes Tatbestandsmerkmal Teil des objektiven Tatbestandes ist, schließt sich somit an die Bejahung der Kausalität an und setzt diese denklogisch voraus. Hier ist zu untersuchen, ob der Erfolg rechtlich als ein **„Werk des Täters"** anzusehen ist, ob der Täter also im Sinne der

---

409 Vgl. zu diesem Fall auch unten Rn. 245 (Ausschluss der objektiven Zurechnung in der Fallgruppe des erlaubten Risikos).
410 Vgl. zur alternativen Kausalität noch unten Rn. 228 f.
411 Vgl. hierzu näher unten Rn. 222.
412 Wörtlich übersetzt: „Bedingung, ohne die nicht"; wobei die Schreibweise schwankt zwischen „condicio" (so *Ebert*, S. 46; *Kühl*, § 4 Rn. 9) und „conditio" (so LK-*Walter*, 13. Aufl. Vor §§ 13 ff. Rn. 73). Neben der herrschenden Bedingungstheorie existieren allerdings auch andere Ansätze; vgl. dazu unten Problemschwerpunkt 1 Rn. 221 ff.
413 Hierzu *Kühl*, § 4 Rn. 6: „nach Naturgesetzen zu erklärende Verbindung".
414 Vgl. BGHSt 37, 106 (111 f.); BGHSt 41, 206 (216); hierzu *Beulke/Bachmann*, JuS 1992, 737; *Brammsen*, JURA 1991, 533; *Erb*, JuS 1994, 449; *Krey/Esser*, Rn. 302; *Kuhlen*, JR 1994, 1142 (1145 f.); *Otto*, JURA 1992, 90 (94); *Roxin/Greco*, AT I, § 11 Rn. 17; *Wohlers*, JuS 1995, 1019; kritisch *Puppe*, § 2 Rn. 2 ff., 14; *dies.*, JURA 1997, 408 (409); *Volk*, NStZ 1996, 105 (108).
415 BGHSt 37, 106 (112); vgl. hierzu *Jähnke*, JURA 2010, 582 (586); *Satzger*, JURA 2014, 186 (189).
416 Vgl. zur objektiven Zurechnung ausführlich unten § 11 (Rn. 239 ff.).

Rechtsordnung für diesen Erfolg **verantwortlich** ist. Hierfür ist eine normative Prüfung erforderlich[417].

Dabei wird die Kausalität – jedenfalls bei Delikten, die durch aktives Tun begangen werden[418] – nur selten zu verneinen sein (in den genannten Fällen ist sie nur im Bsp. 5 problematisch, aber letztlich auch hier anzunehmen[419]). Problematisch hingegen ist die Frage der objektiven Zurechnung, bei der sich mehrere Fallgruppen entwickelt haben, in denen eine Zurechnung zu verneinen ist und die an späterer Stelle dargestellt werden sollen (im Bsp. 3: Risikoverringerung[420]; im Bsp. 4: erlaubtes Risiko, der Kausalverlauf liegt außerhalb des menschlichen Beherrschungsvermögens[421]). **220**

> **Bsp.:** Norbert, Inhaber eines Haushaltswarengeschäfts, verkauft Anton ein Küchenmesser. Mit diesem tötet Anton am nächsten Morgen nach einem Streit seine Ehefrau Berta. – Folgt man der conditio-sine-qua-non-Formel, so hat Norbert den Erfolg „Tötung der Berta" mitverursacht. Denn hätte er Anton nicht genau dieses Messer verkauft, hätte dieser damit nicht seine Frau getötet. Insofern war der Verkauf des Messers kausal, d. h. ursächlich für die Tötung in ihrer konkreten Gestalt (Tötung der Berta mit diesem bestimmten Messer)[422]. Allerdings kann Norbert die Tötung nicht als sein Werk zugerechnet werden[423]. Mit der Kausalität hat diese Frage der objektiven Zurechnung jedoch nichts zu tun.

2. Kausalitätstheorien[424] (**Problemschwerpunkt 1**)

> **Fall**[425]: Die beiden Pharmakonzerne Alphafix und Betamax stellen jeweils Beruhigungstropfen für Schwangere her, die sie über Jahre hinweg vertreiben. Auffallend ist, dass bei ca. 20 % der Mütter, die entweder das Präparat von Alphafix oder dasjenige von Betamax verwendet haben, Komplikationen dergestalt auftreten, dass sie missgebildete Kinder zur Welt bringen. Bei Müttern, die sowohl das Präparat der Firma Alphafix als auch das der Firma Betamax einnahmen, liegt die Zahl ebenfalls bei 20 %. Bei Frauen, die keines dieser Präparate genommen haben, liegt die Quote bei 0,02 %. Dennoch kann in keinem Fall konkret festgestellt werden, dass die Einnahme der Präparate ursächlich für die Missbildungen war. Auch kann nicht nachgewiesen werden, welcher Stoff oder welche Stoffkombination die Missbildungen konkret herbeigeführt hat bzw. hätte herbeiführen können.
> **Problemstellung:** Unabhängig von der Frage, wer letztlich innerhalb der Konzerne strafrechtlich verantwortlich gemacht werden könnte (Stichwort: Kausalität und Verantwortlichkeit bei Gremienentscheidungen[426]), ist einerseits fraglich, ob eine – statistisch naheliegende – Kausalität im strafrechtlichen Sinne hier angenommen werden kann, selbst wenn ein konkreter Kausalitätsnachweis nicht gelingt (und zwar weder hinsichtlich der Kausalität an sich noch hinsichtlich der Ursächlichkeit einer bestimmten Stoffkombination). Andererseits muss in den Fällen, in denen die Mütter beide Präparate

221

---

417 Vgl. hierzu unten § 11.
418 Vgl. zur schwieriger zu beurteilenden Kausalitätsfrage bei Unterlassungsdelikten unten Rn. 886 ff.
419 Vgl. zur hier vorliegenden Fallgruppe der „Doppelkausalität" noch unten Rn. 228 ff.
420 Vgl. unten Rn. 246 ff.
421 Vgl. unten Rn. 245 ff.
422 Vgl. zur schwierigen Begriffsbestimmung des Erfolges „in seiner konkreten Gestalt" *Puppe*, § 1 Rn. 1 ff.; *Rengier*, § 13 Rn. 15 ff.
423 Hier liegt sowohl die – eine objektive Zurechnung ausschließende – Fallgruppe des erlaubten Risikos (vgl. unten Rn. 245) als auch diejenige des eigenverantwortlichen Dazwischentretens eines Dritten (vgl. unten Rn. 253 ff.) vor.
424 Vgl. hierzu auch *Schumann*, JURA 2008, 408 (410 ff.); ferner die Übungsfälle bei *Buttel/Rotsch*, JuS 1996, 327 (331 f.); *Hellmann*, JuS 1990, L 61 (L 62).
425 Fall inspiriert durch das „Contergan-Verfahren"; vgl. LG Aachen JZ 1971, 507; hierzu *Jähnke*, JURA 2010, 582 (583).
426 Vgl. hierzu noch unten Rn. 237.

eingenommen haben, geprüft werden, ob sich die beiden Firmen bzw. deren Mitarbeiter jeweils darauf berufen können, dass der Erfolg auch dann eingetreten wäre, wenn das eigene Präparat nicht verwendet worden wäre[427].

222 1. Nach der **Äquivalenztheorie (Bedingungstheorie)**[428] ist ursächlich im Sinne des Strafrechts jede Bedingung eines Erfolges, die nicht hinweggedacht werden kann, ohne dass der Erfolg in seiner konkreten Gestalt entfiele (conditio-sine-qua-non-Formel). Dabei wird jede Bedingung als gleichwertig (also „äquivalent") angesehen. Es wird also auf der Ebene der Kausalität noch nicht zwischen unmittelbaren und mittelbaren, typischen oder zufälligen Kausalfaktoren unterschieden. Auch jede noch so entfernt liegende Bedingung, die nicht hinweggedacht werden kann, müsse gleichwertig berücksichtigt werden. Denn eine Einschränkung der Strafbarkeit könne nicht im Bereich der naturwissenschaftlich zu beurteilenden Kausalität ansetzen. Hier müsse die reine Verursachung eines Erfolges genügen, wobei auch nicht zwischen verschiedenen zur Erfolgsherbeiführung notwendigen Bedingungen unterschieden werden dürfe. Dies führe zwar zu einer weiten Ausdehnung der Kausalität, könne aber hingenommen werden, da eine Strafbarkeit auf anderer Ebene sinnvoll eingeschränkt werden könne (objektive Zurechnung, Vorsatz). Eben gegen diese weite Ausdehnung und Vorverlagerung richtet sich aber die **Kritik** an der Äquivalenztheorie: Danach wäre z. B. die Zeugung des Mörders für den Jahre später eintretenden Tod des Opfers ebenso „kausal" wie die Überredung zu einer Flugreise, bei der das Opfer zu Tode kommt[429]. Auch helfe diese Theorie dann nicht weiter, wenn unser Erfahrungswissen nicht ausreiche, um nachzuweisen „ob" ein bestimmter Faktor den Eintritt des Erfolges tatsächlich beeinflusst habe[430]. Wenn im Ausgangsfall ein solcher konkreter Nachweis nicht gelingt, dann müsse eine Kausalität und somit eine strafrechtliche Verantwortlichkeit in konsequenter Anwendung dieser Theorie ausscheiden, selbst wenn es naheliegt, dass die Einnahme der Beruhigungstropfen die Missbildungen (mit)verursacht hat. Zudem könnten, so ein weiterer Einwand, die Fälle der Mehrfachkausalität nicht befriedigend gelöst werden (mehrere Bedingungen führen zusammen zum Erfolg, jede dieser Bedingungen hätte aber für sich allein zur Erfolgsherbeiführung ausgereicht[431]), weswegen die Äquivalenztheorie hier eine Ausnahme von der conditio-Formel machen müsse, um zu befriedigenden Ergebnissen zu gelangen. Trotz dieser Einwände erscheint es jedoch nicht angebracht, die Bedingungstheorie über Bord zu werfen. Mit einer strikten Trennung von Kausalität und Zurechnung lässt sich eine sinnvolle Begrenzung durchführen. Werden die Anforderungen an den Nachweis nicht allzu hoch gehängt, lässt sich auch der zweite Einwand entkräften. Schließlich erscheint auch die Gestaltung einer bewussten Ausnahme bei der Doppelkausalität erträglich.

223 Da das „**Hinwegdenken**" von Ursachen naturgemäß nur bei den Begehungsdelikten, wenn der Täter also aktiv handelt, gelingt, wird bei den **Unterlassungsdelik-**

---

427 Vgl. zu dieser Frage der sog. „Doppelkausalität" unten Rn. 228 ff.
428 RGSt 1, 373 (374); RGSt 44, 137 (139); RGSt 63, 211 (213); RGSt 66, 181 (184); RGSt 69, 44 (47); RGSt 75, 49 (50); BGHSt 1, 332 (333 f.); BGHSt 2, 20 (24); BGHSt 3, 62 (63); BGHSt 7, 112 (114); BGHSt 31, 96 (98); BGHSt 33, 322; BGHSt 45, 270 (294 f.); BGHSt 49, 1 (3); BWME-*Eisele*, § 10 Rn. 6 ff.; 100; *Ebert/Kühl*, JURA 1979, 561 (563); *Krey/Esser*, Rn. 306 ff.; *Kühl*, JA 2009, 321 (325); LK-*Walter*, 13. Aufl., Vor §§ 13 ff. Rn. 74; zur Mehrfachkausalität auch BGHSt 39, 195 (197).
429 Vgl. das Mallorcabeispiel (Bsp. 4) oben Rn. 216; ein Ausschluss der Strafbarkeit kann demnach nur über eine mangelnde objektive Zurechnung oder den fehlenden Vorsatz erfolgen.
430 Vgl. hierzu auch die interessante Fallkonstellation bei *Mitsch*, JA 2006, 509 (513).
431 Vgl. das Giftmischerbeispiel (Bsp. 5) oben Rn. 216.

ten die Formel angeglichen: Ursächlich im Sinne des Strafrechts ist hier jede Bedingung, die nicht hinzugedacht werden kann, ohne dass der Erfolg in seiner konkreten Gestalt mit an Sicherheit grenzender Wahrscheinlichkeit entfiele[432].

2. Die **Adäquanztheorie**[433] greift die Kritik der uferlosen Weite der Äquivalenztheorie auf und nimmt eine Einschränkung bereits auf der Ebene der Kausalität vor. Ursächlich im Sinne des Strafrechts sei nur die **tatbestandsadäquate Bedingung.** Dabei sei darauf abzustellen, ob der verursachte Erfolg bei Vornahme der jeweiligen Handlung bis zu einem gewissen Grade wahrscheinlich war oder nicht. Dies wird damit begründet, dass – wie im Zivilrecht – auch im Strafrecht ein Tun oder Unterlassen nur dann als „adäquate" Bedingung des Erfolges angesehen werden könne, wenn die Handlung die objektive Möglichkeit eines Erfolges generell, d. h. nach der allgemeinen Lebenserfahrung, in nicht unerheblicher Weise erhöhe. Kausalverläufe, die auf einer ganz ungewöhnlichen Verkettung von Umständen beruhen, mit denen nach der Erfahrung des täglichen Lebens nicht zu rechnen sei, würden nach dieser Ansicht bereits im Rahmen der Kausalität ausscheiden (so führt die Zeugung eines Kindes eben nach allgemeiner Lebenserfahrung nicht dazu, dass mit der späteren Möglichkeit eines Mordes zu rechnen ist. Die Überredung zu einer Flugreise führt im Regelfall nicht zu einem Tod des Passagiers durch ein Flugzeugunglück). Regelwidrige bzw. atypische Kausalverläufe schließen somit nach dieser Ansicht bereits die Kausalität aus[434]. Diese Theorie hat sich im Zivilrecht weitgehend durchgesetzt, findet jedoch im Strafrecht kaum Anhänger. Gegen sie wird (ebenso wie gegen die Äquivalenztheorie) vorgebracht, dass sie dann nicht weiterhelfe, wenn das Erfahrungswissen nicht ausreiche, um nachzuweisen, „ob" ein bestimmter Faktor den Eintritt des Erfolges beeinflusst habe (vgl. wiederum den Ausgangsfall). Entscheidender ist jedoch der Einwand, dass bei der (notwendigen) Einschränkung der Bedingungstheorie an der falschen Stelle angesetzt wird. Denn es wird der Kausalzusammenhang geleugnet, obwohl in Wahrheit nur dessen haftungsbegründende Relevanz, also ein normativer Umstand, fehlt. Dadurch werden Fragen der Verursachung und der Zurechnung in unzulässiger Weise vermengt.

3. Ein weiteres Einschränkungsmodell bereits auf Kausalitätsebene bietet die **Relevanztheorie**[435] an. Ursächlich im Sinne des Strafrechts ist danach jede Bedingung, die nicht hinweggedacht werden kann, ohne dass der Erfolg in seiner konkreten Gestalt entfiele, und bei der der Erfolg nach strafrechtlichen Kriterien auch zugerechnet werden kann, d. h. strafrechtlich „relevant" ist. Während sich der erste Teil der Formel mit der Äquivalenztheorie deckt, schränkt die zweite, kumulativ hinzutretende Forderung die Kausalität ein. Begründet wird dies damit, dass die schlichte Verursachung eines Erfolges und die strafrechtliche Zurechnung zu trennen seien. Während bei der Verursachung ein weiter Maßstab anzulegen sei, müsse bei der Frage der strafrechtlichen Zurechnung darauf abgestellt werden, ob innerhalb des Kausalverlaufes gerade eine tatbestandsadäquate Bedingung gesetzt wurde, wobei sowohl der Schutzzweck der Norm als auch die Besonderheiten des

---

432 BGHSt 37, 106 (126 f.); BGH NStZ 1985, 26 (27); vgl. hierzu noch unten Rn. 886 ff.
433 *Bockelmann/Volk*, § 13 A V 4a; *v. Hippel*, Deutsches Strafrecht, Bd. II, 1930, S. 144 ff.; *v. Kries*, ZStW 9 (1889), 528 (531 ff.); *Maurach/Zipf*, AT 1, § 18 Rn. 30; *Stratenwerth/Kuhlen*, § 8 Rn. 23 f.
434 Missverständlich ist es hingegen, wenn in BGHSt 23, 133 (136) von „adäquater Kausalität" die Rede ist, da es in dieser Entscheidung um den Irrtum über den Kausalverlauf geht, der eine Kausalität gerade voraussetzt.
435 *Blei*, § 28 IV, V.

einzelnen Tatbestandes berücksichtigt werden müssten. Insoweit wird also eine Kombination von Bedingungstheorie (bzgl. der Verursachung) und Adäquanztheorie (bzgl. der Zurechnung) vorgenommen. – Im Ergebnis entspricht diese Theorie der heute herrschenden „Lehre von der objektiven Zurechnung", unterscheidet sich jedoch dadurch, dass die „Zurechnung" hier als Unterpunkt der Kausalität angesehen wird und nicht als eigenständiger, von der Kausalität gelöster Prüfungsmaßstab. Auch gegen diese Ansicht wird vorgebracht, dass sie dann nicht weiterhelfe, wenn unser Erfahrungswissen nicht ausreiche, um nachzuweisen, „ob" ein bestimmter Faktor den Eintritt des Erfolges beeinflusst habe (vgl. wiederum den Ausgangsfall). Wie schon bei der Adäquanztheorie, so ist auch hier der Einwand bedeutender, dass wertende Zurechnungskriterien eben nicht schon im Bereich der Kausalität verwendet werden dürfen, sondern an anderer Stelle (in einem nach der Kausalität gesondert zu untersuchenden Punkt der objektiven Zurechnung) zu prüfen sind.

226 4. Neben der Äquivalenztheorie hat derzeit nur noch die **Lehre von der gesetzmäßigen Bedingung**[436] eine gewisse Bedeutung. Danach ist eine Bedingung dann ursächlich im Sinne des Strafrechts, wenn sie aufgrund einer gesetzmäßigen Beziehung im konkreten Erfolg tatsächlich wirksam geworden ist. Abzustellen sei darauf, ob Handlung und Erfolg nach den uns bekannten Naturgesetzen notwendigerweise verbunden sind. Dabei seien, wie auch nach der Äquivalenztheorie, alle Bedingungen gleichwertig. Begründet wird diese Theorie damit, dass bei der Kausalitätsbeurteilung darauf abgestellt werden müsse, ob Handlung und Erfolg **üblicherweise** in einer gesetzmäßigen Beziehung zueinander stehen, da ein Kausalzusammenhang im konkreten Fall oft schwer nachzuweisen sei. Folgt man dieser Ansicht, so muss in jedem Einzelfall lediglich eine gesetzmäßige Beziehung von Handlung und Erfolg nachgewiesen werden, ein konkreter Kausalitätsnachweis ist dann nicht mehr erforderlich. Insoweit kann nach dieser Ansicht auch der Ausgangsfall ohne Schwierigkeiten dahingehend gelöst werden, dass eine Kausalität anzunehmen ist, wenn eine gesetzmäßige Bedingung zwischen der Medikamenteneinnahme und den Missbildungen vorliegt, was auf der Grundlage der genannten Häufigkeitszahlen der Fall ist. Auch gegen diese Ansicht wird aber die **Kritik** vorgebracht, dass die Theorie dann nicht weiterhelfe, wenn unser Erfahrungswissen nicht ausreiche, um nachzuweisen, „ob" ein bestimmter Faktor den Eintritt des Erfolges beeinflusst habe. Insgesamt kann diese Theorie aber vor allem deswegen nicht überzeugen, weil sie bei der Begründung einer gesetzmäßigen Bedingung zu kompliziert und letztlich gekünstelt wirkt. Wann eine „gesetzmäßige Beziehung" von Handlung und Erfolg vorliegt, kann oft nicht genau ermittelt

---

[436] *Dölling/Duttge/König/Rössner-M. Heinrich*, Vor § 13 Rn. 9, 44 ff.; *Engisch*, Die Kausalität als Merkmal der strafrechtlichen Tatbestände, 1931, S. 21 ff.; *Erb*, JuS 1994, 449 (450); *Hilgendorf*, NStZ 1994, 561 (566); *ders.*, JURA 1995, 514; *Hsu*, ZIS 2021, 100 (106); *Jakobs*, 7/12 ff.; *Jescheck/Weigend*, § 28 II 4; *Kühl*, § 4 Rn. 22 ff.; *MüKo-Freund*, 4. Aufl., Vor § 13 Rn. 340; NK-*Puppe*, Vor §§ 13 ff. Rn. 90 ff.; *Otto*, § 6 Rn. 22, 31 f.; *ders.*, JURA 1992, 90 (93 ff.); *ders.*, JURA 2001, 275; *Puppe*, ZStW 92 (1980), 863 (874); *dies.*, JR 1992, 30 (31); *dies.*, ZJS 2008, 488 (490); *dies.*, ZIS 2018, 484; *Roxin/Greco*, AT I, § 11 Rn. 15 ff.; *Schönke/Schröder-Eisele*, Vor §§ 13 ff. Rn. 75; *Schulz*, Lackner-FS 1987, S. 39; SK-*Jäger*, Vor § 1 Rn. 63; *Spilgies*, ZIS 2020, 93 (100); *Stratenwerth/Kuhlen*, § 8 Rn. 19; ferner *Jäger*, Rn. 35, und *ders.*, Maiwald-FS 2010, S. 345 (353 ff.), der die Lehre von der notwendigen (statt von der gesetzmäßigen) Bedingung befürwortet; vgl. aber auch vermittelnd *Kindhäuser/Zimmermann*, § 10 Rn. 14 f.; *Rengier*, § 13 Rn. 13.

werden, beruht auf Zufälligkeiten und ist letztlich willkürlich. Vom Ergebnis her unterscheidet sie sich zudem kaum von der Äquivalenztheorie[437].

III. Formen der Kausalität

227 Kausalzusammenhänge sind oft vielschichtig, weswegen man – auf der Grundlage der Bedingungstheorie – beim Zusammentreffen mehrerer Faktoren verschiedene Konstellationen unterscheiden kann.

1. Alternative Kausalität („Mehrfachkausalität", „Doppelkausalität")

228 Unter alternativer Kausalität versteht man das zeitliche Zusammenfallen von mehreren unabhängig voneinander gesetzten Bedingungen, wobei jede für sich allein zur Erfolgsherbeiführung ausgereicht hätte.

> **Bsp.**[438]: Sowohl Anton als auch Bruno wollen Kunigunde vergiften. Auf einer Party schütten beide unabhängig voneinander eine tödliche Dosis Gift in Kunigundes Sektglas. Diese trinkt und stirbt. – Hätte jede Dosis Gift an sich ausgereicht, um Kunigunde zu töten, kann jede Dosis für sich genommen hinweggedacht werden, ohne dass der Erfolg in seiner konkreten Gestalt entfiele[439].

229 Nach der **conditio-sine-qua-non-Formel** müsste eine Kausalität in diesen Fällen ausscheiden[440]. Dies kann aber im Ergebnis nicht richtig sein. Daher wird nach h. M. in den Fällen der alternativen Kausalität die conditio-sine-qua-non-Formel wie folgt modifiziert:

> **Modifizierte Formel:** Von mehreren Bedingungen, die zwar alternativ, nicht aber kumulativ hinweggedacht werden können, ohne dass der Erfolg in seiner konkreten Gestalt entfiele, ist jede dieser Bedingungen für den Erfolg ursächlich[441].

230 Die Fälle der alternativen Kausalität sind jedoch von denjenigen Fällen abzugrenzen, in denen nicht sicher festgestellt werden kann, welche von verschiedenen Bedingungen letztlich den Erfolg (allein) herbeigeführt hat[442].

> **Bsp.:** Zwei Jäger schießen unabhängig voneinander und ohne gegenseitige Absprache auf einen Wilderer. Dieser ist am Ende tot. Es kann aber nicht festgestellt werden, wessen Kugel traf (oder: Es kann zwar festgestellt werden, dass beide Kugeln trafen, es

---

437 Weshalb den Studierenden in Übungsklausuren auch zu empfehlen ist, die einfach handzuhabende conditio-sine-qua-non-Formel zu verwenden; so auch *Kudlich*, JA 2010, 681 (682).
438 Vgl. auch die Beispiele bei *Ebert/Kühl*, JURA 1979, 561 (568); *Gropp/Sinn*, § 4 Rn. 56 ff.; *Kindhäuser*, GA 2012, 134 (138 ff.); *Kühl*, § 4 Rn. 19; *Rengier*, § 13 Rn. 27 sowie die Übungsfälle bei *Buttel/Rotsch*, JuS 1996, 327 (331 f.); *Magnus*, JURA 2009, 390; ferner den „Giftmischerfall" im oben genannten Bsp. 5, Rn. 216. Auch die problematischen Fälle der Kausalität bei Gremienentscheidungen zählen hierzu, vgl. unten Rn. 237.
439 Allerdings könnte man hier auch durchaus diskutieren, ob ein Tod durch die doppelte Giftmenge in seiner „konkreten Gestalt" nicht ein anderer ist, als ein solcher durch die normale Dosis; hierzu auch *Kudlich*, JA 2010, 681 (683).
440 *Kühl*, § 4 Rn. 19; problematisch hier allerdings BGHSt 39, 195 (198 – zwei tödliche Schüsse durch denselben Täter, beide wurden als kausal angesehen); hierzu *Krey/Esser*, Rn. 318 f.; *Murmann/Rath*, NStZ 1994, 215 (217); *Rengier*, § 13 Rn. 28 f.; *Toepel*, JuS 1994, 1009.
441 Vgl. BGHSt 39, 195 (198); *Ebert/Kühl*, JURA 1979, 561 (568); *Kindhäuser*, GA 2012, 134 (142 f.); *Krey/Esser*, Rn. 317; *Kühl*, § 4 Rn. 19; *Satzger*, JURA 2014, 186 (190); *Wessels/Beulke/Satzger*, Rn. 230; kritisch hierzu *Dölling/Duttge/König/Rössner-M. Heinrich*, Vor § 13 Rn. 35; *Gropp/Sinn*, § 4 Rn. 58; *Puppe*, ZStW 92 (1980), 863 (877 f.); *dies.*, AT 1, § 2 Rn. 62; *dies.*, ZJS 2008, 488 (491 Fn. 10); *Roxin/Greco*, AT I, § 11 Rn. 26; *Schönke/Schröder-Eisele*, Vor § 13 ff. Rn. 74; *Toepel*, JuS 1994, 1009 (1011 f.); ferner *Frister*, 9. Kap. Rn. 11; *Merkel*, Puppe-FS 2011, S. 151 (154 ff.); NK-*Puppe*, Vor §§ 13 ff. Rn. 93; vgl. auch den Übungsfall bei *Magnus*, JURA 2009, 390.
442 Vgl. hierzu BGHSt 32, 25 (27); BGH NJW 1966, 1823 (1824); *Kudlich*, JA 2010, 681 (682).

kann jedoch nicht mehr nachgewiesen werden, welche der beiden Kugeln letztlich tödlich war). – In beiden Fällen muss man nach dem Grundsatz „in dubio pro reo"[443] davon ausgehen, dass die jeweils andere Kugel traf oder jedenfalls die jeweils andere Kugel tödlich war. Alternative Kausalität liegt nur vor, wenn sicher feststeht, dass beide Kugeln genau gleichzeitig trafen und beide auch in gleicher Weise tödlich wirkten. Nur in diesem Fall ist dann eine Kausalität im Hinblick auf beide Schüsse anzunehmen.

2. Kumulative Kausalität

231 Unter einer kumulativen Kausalität versteht man das zeitliche Zusammenfallen mehrerer unabhängig voneinander gesetzter Bedingungen, die auch nur zusammen, nicht aber jede für sich allein den tatbestandlichen Erfolg herbeiführen.

> **Bsp.:** Im eben genannten Giftfall schütten sowohl Anton als auch Bruno der Kunigunde unabhängig voneinander jeweils 20 mg Gift ins Sektglas, wobei beide davon ausgehen, dass ihre Dosis für eine Tötung ausreicht. Tödlich wirken aber erst 30 mg. Kunigunde stirbt. – Hier ist die Feststellung der Kausalität auf der Grundlage der conditio-sine-qua-non-Formel unproblematisch. Fraglich ist jedoch wiederum die objektive Zurechnung des Erfolges[444].

232 Bei der kumulativen Kausalität ist jede Bedingung für den Erfolg kausal, da keine von ihnen hinweggedacht werden kann, ohne dass der Erfolg in seiner konkreten Gestalt entfiele[445]. Es kann hier allerdings entweder die objektive Zurechnung[446] oder der Vorsatz (wesentliche Abweichung des vorgestellten vom tatsächlich eingetretenen Kausalverlauf[447]) entfallen. Denn einerseits kann, solange keine Mittäterschaft durch eine vorangegangene gemeinsame Absprache vorliegt, das Verhalten des einen dem anderen nicht zugerechnet werden, andererseits war dieser konkrete Erfolg in der vorliegenden Form nicht vorhersehbar und wurde vom Täter auch nicht (zumindest nicht auf diese Weise) vorhergesehen.

232a Eine Sonderform der kumulativen Kausalität findet man im Rahmen der Unterlassungsdelikte[448], wenn zwei Personen unabhängig voneinander einen tatbestandlichen Erfolg, zu dessen Abwendung sie in rechtlich gleicher Weise verpflichtet sind, nicht abwenden. Auch hier ist eine Kausalität unproblematisch, sofern ein Tätigwerden eines Handlungsverpflichteten ausgereicht hätte.

> **Bsp.:** Die vierjährige Nichtschwimmerin Anna ist im Freibad ins Schwimmbecken gesprungen. Sowohl ihr Vater als auch der Bademeister unternehmen nichts, worauf Anna ertrinkt. – Da es hier ausreichend ist, entweder die Rettungshandlung des Vaters oder die des Bademeisters hinzuzudenken, sind beide wegen einer Tötung durch Unterlassen strafbar, §§ 212, 13 StGB. Können sie hingegen nur gemeinsam, nicht aber allein die Rettungshandlung vollziehen, läge ein Fall der alternativen Kausalität vor.

3. Hypothetische Kausalität

233 Eine hypothetische Kausalität liegt vor, wenn eine Bedingung zwar zum Erfolg führt, eine andere Bedingung aber wenig später mit Sicherheit zum selben Erfolg

---

443 Vgl. zu diesem Grundsatz bereits oben Rn. 42 und ausführlich unten Rn. 1449 ff.
444 Vgl. zu diesem Fall noch unten Rn. 249.
445 BGHSt 4, 360 (361); BGHSt 37, 106 (131); BGH NStZ 1989, 431; BWME-*Eisele*, § 10 Rn. 22 f.; *Gropp/Sinn*, § 4 Rn. 61; *Kühl*, § 4 Rn. 21; *Satzger*, JURA 2014, 186 (190); *Wessels/Beulke/Satzger*, Rn. 231; vgl. auch (auf der Grundlage der Lehre von der gesetzmäßigen Bedingung) *Schönke/Schröder-Eisele*, Vor §§ 13 ff. Rn. 83.
446 *V. Heintschel-Heinegg*, JA 1994, 126 (128); *Kudlich*, JA 2010, 681 (683); *Rengier*, § 13 Rn. 34, 94; *Satzger*, JURA 2014, 186 (190); vgl. zur objektiven Zurechnung unten § 11 (Rn. 239 ff.).
447 Vgl. zur wesentlichen Abweichung des Kausalverlaufes unten Rn. 1088 ff.
448 Vgl. allgemein zur Kausalität bei Unterlassungsdelikten unten Rn. 886 ff.

geführt hätte. Dies ändert jedoch an der Kausalität des Ausgangsverhaltens für den konkret eingetretenen Erfolg nichts. Hypothetische Kausalverläufe (sog. „Reserveursachen") dürfen also nicht hinzugedacht werden. Denn der Erfolg in seiner konkreten Gestalt wäre gerade nicht in der vorliegenden Weise, sondern eben anders eingetreten[449].

Bsp. (1): Als Anton das Flugzeug nach Thailand besteigen will, wird er von seiner Ehefrau Berta erschossen. Das Flugzeug, welches Anton benutzen wollte, explodiert kurz nach dem Start, kein Passagier überlebt. – Bertas Verhalten war für Antons Tod in seiner konkreten Gestalt kausal. Sie ist wegen Totschlags, § 212 StGB, zu bestrafen. Dass Anton ansonsten wenige Minuten später bei dem Flugzeugunglück ohnehin ums Leben gekommen wäre, ist unbeachtlich, da Reserveursachen bei der Feststellung der Kausalität nicht zu berücksichtigen sind. Entscheidend ist allein, ob der konkrete Erfolg in dieser Weise, unter diesen Umständen und auch im selben Augenblick eingetreten wäre, was im vorliegenden Fall zu verneinen ist.

Bsp. (2)[450]: Bei dichtem Nebel hat Bruno auf der Autobahn eine Panne. Aufgrund überhöhter Geschwindigkeit fährt Anton mit seinem PKW auf Brunos PKW auf, wodurch der sich noch im Wagen befindende Bruno tödlich verletzt wird. Wenige Sekunden später fährt auch Toni mit seinem PKW infolge überhöhter Geschwindigkeit auf die beiden Autos auf. Auch dieser Unfall hätte für Bruno tödliche Folgen gehabt. – Anton ist hier wegen fahrlässiger Tötung, § 222 StGB, zu bestrafen. Sein zu schnelles Fahren war für die Tötung Brunos kausal. Dass dieser wenig später durch das Auffahren Tonis ebenfalls zu Tode gekommen wäre, schließt die Kausalität nicht aus.

Bsp. (3)[451]: Arzt Armin nimmt bei Berta eine medizinisch indizierte Operation vor, wobei er – ebenfalls medizinisch vertretbar – Berta unter „Vollnarkose" setzt. Die hierfür erforderlichen Untersuchungen unter Zuhilfenahme eines Internisten unterlässt er. Infolge eines unerkannten Herzfehlers stirbt Berta infolge der Vollnarkose. Dieser Herzfehler wäre jedoch aller Voraussicht nach bei einer Durchführung der erforderlichen Untersuchungen nicht entdeckt worden, die tödlich wirkende Vollnarkose wäre dann allerdings wenige Tage später erfolgt. – Auch hier ist die Unterlassung der erforderlichen Untersuchung kausal für den Erfolg in seiner konkreten Gestalt, denn Berta wäre sonst einige Tage später gestorben. Die Strafbarkeit Armins wegen fahrlässiger Tötung, § 222 StGB, scheitert hier allerdings daran, dass die verletzte Sorgfaltsnorm (Durchführung der Untersuchungen) den Patienten nicht davor schützen will, zu einem früheren Zeitpunkt zu sterben, sondern dazu dient, für den Patienten gefährliche Narkosen grundsätzlich zu verhindern. Eben dies wäre jedoch durch die Untersuchung nicht erreicht worden. Dies ist jedoch keine Frage der Kausalität, sondern eine solche der objektiven Zurechnung (Fallgruppe: Schutzweck der Norm)[452].

Bsp. (4)[453]: Jürgen ist Leiter einer Strafvollzugsanstalt. Er genehmigt dem Langzeithäftling Anton einen Freigang, obwohl Anton in hohem Maße gefährlich ist, Fluchtgefahr besteht und der Freigang von daher nicht hätte genehmigt werden dürfen, was Jürgen auch weiß. Anton nutzt den Freigang zur Flucht und tötet wenig später die Witwe Wilma. Nach seiner Festnahme gibt er an, dass er, sofern ihm der Freigang nicht genehmigt worden wäre, aufgrund der mangelnden Sicherung der Strafvollzugsanstalt und der „maroden Gitterstäbe" seines Zellenfensters ohnehin geflohen wäre und die Wilma getötet hätte. – Auch hier nahm der BGH eine Kausalität im Hinblick auf eine fahrläs-

---

449 BGHSt 2, 20 (24); BGHSt 10, 369 (370); BGHSt 13, 13 (14 f.); BGHSt 30, 228; BGHSt 45, 270 (295); BGHSt 49, 1 (4); *Krey/Esser*, Rn. 308; *Kudlich*, JA 2010, 681 (683); *Kühl*, § 4 Rn. 12; *Mitsch*, JuS 1996, 407 (410); *Roxin/Greco*, AT I, § 11 Rn. 23 ff.; *Schiemann*, JA 2021, 480 (481); *Wessels/Beulke/Satzger*, Rn. 237; vgl. auch die Übungsfälle bei *Hotz*, JA 2018, 674 (675); *Norouzi*, JuS 2007, 146 (147 f.).
450 Fall in Anlehnung an BGHSt 30, 228; vgl. hierzu noch unten Rn. 1054.
451 Fall nach BGHSt 21, 59; vgl. hierzu *Roxin/Greco*, AT I, § 11 Rn. 84 ff.
452 Zum Schutzzweck der Norm vgl. unten Rn. 250; ferner in Rn. 954, 1046.
453 Fall in Anlehnung an BGHSt 49, 1; hierzu *Pruin*, ZIS 2022, 116 (124); *Puppe*, § 2 Rn. 1 ff.; *dies.*, ZJS 2008, 488 (489 ff.); *Schiemann*, JA 2021, 480 (481).

sige Tötung durch Jürgen, § 222 StGB, an, da hypothetische Umstände (eigenständige Flucht aus der Haftanstalt) nicht hinzugedacht werden dürfen[454]. Dies ist allerdings deswegen problematisch, weil Anton dann zwar auf eine andere Art und Weise in Freiheit gelangt, der tatbestandliche Erfolg (Tötung der Wilma) aber in gleicher Weise (Ort, Zeit, Tötungshandlung) eingetreten wäre. Begründen lässt sich die Kausalität daher allenfalls mit der Rechtsfigur der alternativen Kausalität[455].

234 Aus demselben Grund ist auch die **Beschleunigung des Erfolgseintritts** für den Erfolg in seiner konkreten Gestalt kausal[456]. So kann bei Tötungsdelikten nicht argumentiert werden, das Opfer wäre so oder so einmal gestorben. Daher verursacht auch derjenige, der einem todkranken Menschen den „Gnadenschuss" gibt, um diesem weiteres Leid zu ersparen und um den Sterbensprozess abzukürzen, den tödlichen Erfolg in seiner konkreten Gestalt.

4. Abgebrochene Kausalität (überholende Kausalität)

235 Von abgebrochener bzw. überholender Kausalität spricht man, wenn eine bereits gesetzte Bedingung zwar zum Erfolg geführt hätte, vor dem Erfolgseintritt jedoch eine andere Bedingung den Erfolg herbeiführt. Hier entfällt die Kausalität der Ersthandlung, da sie sich nicht im konkreten Erfolg niedergeschlagen hat[457].

> **Bsp.:** Wieder schütten Anton und Bruno der Kunigunde auf einer Party jeweils eine tödliche Dosis Gift in den Sekt. Diese trinkt das Glas in einem Zug aus. Bevor allerdings das Gift zu wirken beginnt, wird Kunigunde von Ludwig mit einem Gewehr erschossen. – Hier war nur die Handlung Ludwigs kausal für den konkret eingetretenen Erfolg. Denn nur seine Handlung schlug sich im konkreten Erfolgseintritt nieder. Kunigunde starb infolge des Schusses und nicht infolge des Giftes. Die Giftbeibringung stellt nur einen (strafbaren) Versuch dar, der sich im eingetretenen Erfolg nicht realisierte. Hinsichtlich der Kausalität von Ludwigs Verhalten kann der Umstand, dass Kunigunde später ohnehin an dem Gift gestorben wäre, nicht berücksichtigt werden (= hypothetische Kausalität)[458].

236 Problematisch ist dies lediglich in denjenigen Fällen, in denen zwar eine andere Bedingung hinzutritt, die ursprünglich gesetzte Bedingung aber bis zum Erfolg noch fortwirkt (sog. **„mehrstufige Kausalität"**).

> **Bsp.:** Anton gibt seiner Ehefrau Berta Gift. Diese liegt im Sterben und wälzt sich röchelnd am Boden. Es ist abzusehen, dass sie nicht mehr gerettet werden kann. Ihr Sohn Sebastian kommt hinzu, erfasst die Sachlage und erschießt Berta aus Mitleid, um sie von ihren Qualen zu erlösen. – Hier war nicht nur die Handlung Sebastians, sondern auch die Handlung Antons kausal für Bertas Tod. Denn die zweite Handlung knüpfte an die erste an, wurde also durch sie verursacht. Denkt man sich die Giftbeibringung

---

[454] BGHSt 49, 1 (3 ff.); zur Frage der Fahrlässigkeitsstrafbarkeit beim Dazwischentreten eines vorsätzlich und schuldhaft handelnden Dritten vgl. noch unten Problemschwerpunkt 25, Rn. 1050 ff.
[455] Vgl. hierzu oben Rn. 228 ff.; zu diesem Gedanken auch *Puppe*, § 2 Rn. 8; *dies.*, ZJS 2008, 488 (494); das Ergebnis steht dann allerdings in einem gewissen Widerspruch zur Rechtsprechung zum rechtmäßigen Alternativverhalten; vgl. hierzu unten Rn. 1042 ff.
[456] BGH NStZ 1981, 218 (219 f.); *Kühl*, § 4 Rn. 14; *Rostalki*, GA 2018, 700 (701); *Wessels/Beulke/Satzger*, Rn. 238; vgl. ferner den Übungsfall bei *Frisch/Murmann*, JuS 1999, 1196 (1197, 1202).
[457] RGSt 64, 370 (373); RGSt 69, 44 (47); BGHSt 4, 360 (362); BGH GA 1960, 111 (112); OLG Celle NJW 2001, 2816; BWME-*Eisele*, § 10 Rn. 44; *Gropp/Sinn*, § 4 Rn. 46; *Jescheck/Weigend*, § 28 II 5; *Krey/Esser*, Rn. 313; *Kudlich*, JA 2010, 681 (683 f.); *Kühl*, § 4 Rn. 33; *Marxen*, Fall 4c; *Rengier*, § 13 Rn. 21 f.; *Roxin/Greco*, AT I, § 11 Rn. 30; *Satzger*, JURA 2014, 695 (697 f.); *Schlüchter*, JuS 1976, 378 (380); *Wessels/Beulke/Satzger*, Rn. 245; vgl. auch die Übungsfälle bei *Bindzus/Ludwig*, JuS 1998, 1123 (1124); *Laubenthal*, JuS 1989, 827 (828 f.); *Marinitsch*, JA 2019, 190 (191 f.).
[458] Zur hypothetischen Kausalität vgl. oben Rn. 233 ff.

weg, entfiele auch der Erfolg, denn dann hätte Sebastian keinen Grund gehabt, Berta zu töten[459].

5. Kausalität bei Gremienentscheidungen

Besonders problematisch ist die Beurteilung der Kausalität dann, wenn ein Gremium mehrheitlich entscheidet und man sich die Stimmabgabe des Einzelnen hinwegdenken kann, ohne dass der Erfolg entfiele[460].

Bsp.:[461] Fritz ist Mitglied eines fünfköpfigen Vorstands einer GmbH. Diese vertreibt ein gesundheitsschädliches Holzschutzmittel. Nachdem dieser Umstand bekannt geworden ist, beschließt der Vorstand mit 4:1 Stimmen, den Vertrieb trotzdem aufrecht zu erhalten. Auch Fritz hatte dafür gestimmt. Mehrere Kunden sterben. Fritz beruft sich später darauf, dass der Vertrieb auch bei einem Abstimmungsergebnis von 3:2 fortgesetzt worden wäre, seine „Ja"-Stimme also für den Weitervertrieb und die dadurch verursachten Tötungen nicht kausal gewesen sei.

Hier hat eine zweistufige Kausalitätsprüfung zu erfolgen[462]. Als erstes ist zu prüfen, ob der Vorstandsbeschluss kausal für die Tötung der Kundin ist. Ist dies nachgewiesen, ist in einem zweiten Schritt zu untersuchen, ob das Verhalten des Fritz für den Vorstandsbeschluss ursächlich geworden ist. Hinsichtlich der zweiten Frage bekommt man mit der conditio-sine-qua-non-Formel Schwierigkeiten. Lediglich dann, wenn man Fritz das Verhalten der übrigen Vorstandsmitglieder im Wege einer Mittäterschaft über § 25 Abs. 2 StGB zurechnen kann, ist an einer Kausalität nicht zu zweifeln[463]. Ist dies nicht möglich (weil es entweder an einem gemeinsamen Tatentschluss mangelt oder ein Fahrlässigkeitsdelikt vorliegt[464]), muss hier entweder mit der Rechtsfigur der alternativen Kausalität argumen-

---

459 Vgl. auch BGHSt 4, 360 (361 f.); BGHSt 39, 322 (324); BGH NStZ 1989, 431; BGH NJW 2001, 1802 (1804); BGH NStZ 2001, 29 (30); BGH NStZ 2015, 641 (643); BGH NStZ 2016, 721 (722); BGH NStZ 2021, 494 (495); *Berkl*, JA 2006, 276 (277); *Ebert/Kühl*, JURA 1979, 561 (567 f.); *Kühl*, § 4 Rn. 31; *Satzger*, JURA 2014, 695 (697 f.); *Wessels/Beulke/Satzger*, Rn. 242; anders aber BGH NJW 1966, 1823 (1824); vgl. auch die Übungsfälle bei *Blaue*, ZJS 2016, 750; *Frisch/Murmann*, JuS 1999, 1196 (1197); *Höffler/Marsch*, JA 2017, 677 (679); *Käßner/Seibert*, JuS 2006, 810 (812); *Marinitsch*, JA 2019, 190 (191 f.); *Morgenstern*, JURA 2002, 568 (571); vgl. ferner unten Rn. 253.
460 Vgl. zu dieser Problematik insbesondere BGHSt 37, 106 (125 f.); BGHSt 48, 77 (94 f.); vgl. hierzu auch *Bachmann/Eichinger*, JA 2011, 105 (108 f.); *Dölling/Duttge/König/Rössner-M. Heinrich*, Vor § 13 Rn. 61 ff.; *S. Dreher*, JuS 2004, 17; *Hilgendorf*, NStZ 1994, 561; *Hsu*, ZIS 2021, 100 (103 ff.); *Jäger*, Rn. 538 ff.; *ders.*, Maiwald-FS 2010, S. 345; *Jähnke*, JURA 2010, 582 (585); *Kindhäuser/Zimmermann*, § 10 Rn. 39 ff.; *Knauer*, NJW 2003, 3101; LK-*Walter*, 13. Aufl., Vor §§ 13 ff. Rn. 82 f.; *Marxen*, Fall 4b; *Meier*, NJW 1992, 3193 (3197 f.); *Narjes*, ZJS 2019, 97; *Puppe*, § 2 Rn. 9 ff.; *dies.*, ZIS 2018, 57; *Rengier*, § 13 Rn. 35 ff.; *Röckrath*, NStZ 2003, 641; *Rotsch*, ZIS 2018, 1; *Satzger*, JURA 2014, 186 (191 ff.); *Spilgies*, ZIS 2020, 93.
461 Zu diesem Beispiel auch *Hsu*, ZIS 2021, 100 (103 ff.); *Narjes*, ZJS 2019, 97 (101); *Satzger*, JURA 2014, 186 (192 ff.).
462 *Narjes*, ZJS 2019, 97.
463 Vgl. hierzu *Beulke/Bachmann*, JuS 1992, 737 (742 ff.); *Hilgendorf*, NStZ 1994, 561 (563); *Krey/Esser*, Rn. 324; *Kuhlen*, NStZ 1990, 566 (570); *Rengier*, § 13 Rn. 36; *Wessels/Beulke/Satzger*, Rn. 234; ferner BGH NStZ 2011, 31 (32); abgelehnt wird diese Lösung von *Hoyer*, GA 1996, 160 (173); *Hsu*, ZIS 2021, 100 (105 ff.); *Puppe*, § 30 Rn. 3 ff.; *dies.*, JR 1992, 30 (32); *Samson*, StV 1991, 182 (184); differenzierend *Rotsch*, ZIS 2018, 1 (9 ff.), der Mittäterschaft im Hinblick auf das Abstimmungsverhalten mangels vorgeschalteten gemeinsamen Tatentschlusses ablehnt, hinsichtlich der Umsetzung des Beschlusses in der Folgezeit aber eine unterbliebene Anordnung des Rückrufs als mittäterschaftliches Unterlassen wertet, wobei im (ersten) Gremienbeschluss der gemeinsame Tatentschluss zu sehen sei.
464 Zum Problem der fahrlässigen Mittäterschaft vgl. unten Rn. 997 ff., 1241.

tiert⁴⁶⁵ oder aber nicht auf das bloße Abstimmungsergebnis abgestellt werden. Das Verhalten, welches man dem Täter nämlich zudem vorwerfen kann, ist, dass er sich im Vorfeld der Abstimmung nicht aktiv dafür eingesetzt hat, den Vertrieb zu stoppen. In diesem Fall ist es auch gleichgültig, ob der Täter bei der entscheidenden Abstimmung dafür oder dagegen gestimmt hat oder ob dies nicht mehr festgestellt werden kann. Auch kann man ihm weiter vorwerfen, sich nach der Abstimmung nicht aktiv für einen Vertriebsstopp engagiert zu haben⁴⁶⁶. Auch hier müsste dann jedoch die Kausalität dieses Unterlassens im Hinblick auf den eingetretenen Erfolg festgestellt werden⁴⁶⁷, sofern man hier nicht von einem mittäterschaftlichen Unterlassen ausgeht⁴⁶⁸.

§ 11 Objektive Zurechnung

Einführende Aufsätze: *Christmann*, Eigenverantwortliche Selbstgefährdung und Selbstschädigung, JURA 2002, 679; *Ebert/Kühl*, Kausalität und objektive Zurechnung, JURA 1979, 561; *Erb*, Die Zurechnung von Erfolgen im Strafrecht, JuS 1994, 449; *Geppert*, Zur Unterbrechung des strafrechtlichen Zurechnungszusammenhangs bei Eigenschädigung/-gefährdung des Opfers oder Fehlverhalten Dritter, JURA 2001, 490; *B. Heinrich/Reinbacher*, Objektive Zurechnung und „spezifischer Gefahrzusammenhang" beim erfolgsqualifizierten Delikt, JURA 2005, 743; *v. Heintschel-Heinegg*, Objektive Zurechnung im Strafrecht, JA 1994, 213; *Kudlich*, Objektive und subjektive Zurechnung von Erfolgen im Strafrecht – eine Einführung, JA 2010, 681; *Mitsch*, Das erlaubte Risiko im Strafrecht, JuS 2018, 1161; *Nestler*, Die objektive Zurechnung – nur eine Frage der Wahrscheinlichkeit?, JURA 2019, 1049; *Otto*, Die objektive Zurechnung eines Erfolges im Strafrecht, JURA 1992, 90; *ders.*, Wahrscheinlichkeitsgrad des Erfolgseintritts und Erfolgszurechnung, JURA 2001, 275; *Pest/Merget*, Helferfälle, JURA 2014, 166; *Puppe*, Die Lehre von der objektiven Zurechnung, JURA 1997, 408, 513, 624, JURA 1998, 21; *dies.*, Die Lehre von der objektiven Zurechnung und ihre Anwendung, ZJS 2008, 488, 600; *Rönnau*, Grundwissen Strafrecht: Sozialadäquanz, JuS 2011, 311; *Rönnau/Faust/Fehling*, Durchblick: Kausalität und objektive Zurechnung, JuS 2004, 113; *Satzger*, Die sog. „Retterfälle" als Problem der objektiven Zurechnung, JURA 2014, 695; *Schumann*, Von der sogenannten „objektiven Zurechnung" im Strafrecht, JURA 2008, 408; *Seher*, Die objektive Zurechnung und ihre Darstellung im strafrechtlichen Gutachten, JURA 2001, 814.

Zur Vertiefung: *Wolter*, Adäquanz- und Relevanztheorie. Zugleich ein Beitrag zur objektiven Erkennbarkeit beim Fahrlässigkeitsdelikt, GA 1977, 257.

Übungsfälle: *Cerny/Makepeace*, Corona-Party, JURA 2020, 1128; *Freund*, Spritztour mit dem ultra krassen 3er BMW, JuS 2001, 475; *B. Heinrich/Reinbacher*, Venezianisches Finale, JA 2007, 264.

---

465 S. *Dreher*, JuS 2004, 17 (18); *Gropp*, Heine-GS 2011, S. 143 (147); *Hanft*, JURA 2007, 58 (60); *Kindhäuser/Hilgendorf*, LPK, Vor § 13 Rn. 95 ff.; *Krey/Esser*, Rn. 324; *Kühl*, § 4 Rn. 20b; *Lackner/Kühl*, Vor § 13 Rn. 11; *Röckrath*, NStZ 2003, 641 (645); *Roxin/Greco*, AT I, § 11 Rn. 19 ff.; zur alternativen Kausalität vgl. oben Rn. 228 ff.; dagegen sehen *Bachmann/Eichinger*, JA 2011, 105 (109); *Baumann/Weber/Mitsch*, 11. Aufl., § 14 Rn. 37; NK-*Puppe*, Vor §§ 13 ff. Rn. 108 und *Puppe*, § 30 Rn. 7 f. hierin einen Fall der kumulativen Kausalität; differenzierend *Kindhäuser/Zimmermann*, § 10 Rn. 40 ff.; *Wessels/Beulke/Satzger*, Rn. 232 ff.: bei einstimmigen Entscheidungen: alternative bzw. alternativ-kumulative Kausalität, bei knappen Mehrheitsentscheidungen, bei denen es auf jede einzelne Stimme ankommt: kumulative Kausalität, nach BWME-*Eisele*, § 10 Rn. 32, ergibt sich die Kausalität der einzelnen Ja-Stimmen jedenfalls aus der Formel von der gesetzmäßigen Bedingung; beide Rechtsfiguren ablehnend *Narjes*, ZIS 2019, 97 (101); für eine Kombination der Grundsätze der alternativen und kumulativen Kausalität *Satzger*, JURA 2014, 186 (193); SSW-*Kudlich*, Vor §§ 13 ff. Rn. 48.
466 In diese Richtung auch *Rotsch*, ZIS 2018, 1 (4, 11).
467 Zur Kausalität des Unterlassens bei Gremienentscheidungen BGHSt 48, 77 (94 f.); BGH NStZ 2011, 31 (32); *Puppe*, § 30 Rn. 1 ff; *dies.*, ZIS 2018, 484 (487 f.).
468 So *Rotsch*, ZIS 2018, 1 (11).

Rechtsprechung: RGSt 63, 392 – Radleuchtenfall (Schutzzweck der Norm); **BGHSt 11, 1** – Radfahrerfall (Pflichtwidrigkeitszusammenhang); **BGHSt 32, 262** – Heroinspritzenfall (eigenverantwortliche Selbstgefährdung); **BGHSt 33, 61** – Kreuzung (Pflichtwidrigkeitszusammenhang); **OLG Stuttgart JZ 1980, 618** – Behandlungsfehler (Unterbrechung des Kausalzusammenhangs).

I. Grundlagen

Die Rechtsfigur der **objektiven Zurechnung** ist relativ neu. Sie wurde erst in der zweiten Hälfte des 20. Jh. entwickelt und entsprang der Notwendigkeit, die als zu weit empfundene Kausalität nach der Äquivalenztheorie auf einer weiteren Prüfungsebene einzuschränken[469]. Insoweit beschreibt diese Rechtsfigur – wie auch die Kausalität – den Zusammenhang von (Täter-)Handlung und (Tat-)Erfolg und ist daher nur beim vollendeten Erfolgsdelikt relevant, da bei den übrigen Delikten ein Erfolg gerade nicht erforderlich ist[470]. **239**

> **Bsp. (1):** Erwin will seinen Großvater Gustav umbringen, um an die Erbschaft zu kommen. Er schüttet ihm deshalb eine Dosis Gift, die er für tödlich hält, in dessen Kaffee. Das Gift war jedoch viel zu schwach dosiert. Gustav bekommt lediglich starke Bauchschmerzen und begibt sich zum Arzt. Auf dem Weg dorthin wird er von einem betrunkenen Autofahrer erfasst und stirbt. – Hier stellt sich die Frage, ob Gustavs Tod dem Erwin noch als „sein Werk" zuzurechnen ist oder ob ein atypischer Kausalverlauf vorliegt bzw. ob der Schutzzweck der Norm (Tötungsverbot) hier überhaupt betroffen ist[471].

> **Bsp. (2):** Fritz ist Bierbrauer, der sein selbst hergestelltes Bier auch selbst vertreibt. Der Landstreicher Ludwig kauft sich zwei Kästen dieses Bieres und leert sie an einem Abend, worauf er an einer Alkoholvergiftung stirbt. – Auch in diesem Fall ist an der Kausalität zwischen dem Verhalten des Fritz und dem eingetretenen Erfolg nicht zu zweifeln (hätte Fritz dem Ludwig nicht gerade diese Bierflasche verkauft, wäre dieser nicht an dem Konsum gerade dieses Bieres gestorben). Eine strafrechtliche Zurechnung muss jedoch deswegen ausscheiden, weil das geltende Recht dem Fritz den Verkauf des Bieres gestattet und sich Ludwig durch den übermäßigen Konsum selbst gefährdete[472].

Nach der Äquivalenztheorie sind sämtliche Handlungen für einen Erfolg kausal, die nicht hinweggedacht werden können, ohne dass der jeweilige Erfolg in seiner konkreten Gestalt entfiele (conditio-sine-qua-non-Formel)[473]. Denkt man aber in den genannten Fällen die Giftverabreichung bzw. den Verkauf des Bieres hinweg, wäre der tödliche Erfolg in seiner konkreten Gestalt nicht eingetreten. Die klassische Lehre sah daher in diesen Fällen den objektiven Tatbestand des Delikts als erfüllt an und kam regelmäßig erst über eine Ablehnung des Vorsatzes zu einer Straflosigkeit[474]. Es läge, so die Argumentation, hier eine wesentliche Abweichung **240**

---

469 Vgl. hierzu *Kühl*, § 4 Rn. 36 f.; *Nestler*, JURA 2019, 1049; *Rengier*, § 13 Rn. 38 ff.; *Seher*, JURA 2001, 814 (814 f.); *Wessels/Beulke/Satzger*, Rn. 255 f.; zur historischen Entwicklung ausführlich *Frisch*, GA 2018, 553; *Planas*, GA 2016, 285; *Schumann*, JURA 2008, 408; ferner bereits oben Rn. 217 ff.
470 Hierzu *Seher*, JURA 2001, 814.
471 Zur Fallgruppe des „atypischen Kausalverlaufes" vgl. ausführlich unten Rn. 249; zum Schutzzweck der Norm vgl. unten Rn. 250 und Rn. 1046.
472 Vgl. zur Fallgruppe des „erlaubten Risikos" ausführlich unten Rn. 245; zur frei verantwortlichen Selbstgefährdung vgl. unten Rn. 252 und Rn. 1047 ff.
473 Vgl. oben Rn. 222.
474 In diese Richtung auch *Schumann*, JURA 2008, 408 (414).

des vorgestellten vom tatsächlich eingetretenen Kausalverlauf vor, welche den Vorsatz ausschließe[475]. Anzuschließen daran war dann jeweils noch eine Fahrlässigkeitsprüfung, die aber bei einer wesentlichen Abweichung des Kausalverlaufes zumeist ebenfalls ausschied, da entweder keine Sorgfaltspflichtverletzung vorlag oder sich diese nicht im konkreten Erfolg niederschlug[476].

> In den **Beispielsfällen** soll die objektive Sorgfaltspflicht, anderen kein Gift beizubringen, davor schützen, dass jemand infolge der Gifteinwirkung schwere körperliche Schäden erleidet oder sogar stirbt. Sie soll jedoch nicht davor schützen, dass das Opfer, das sich infolge der Giftbeibringung auf dem Weg zum Arzt befindet, von einem betrunkenen Autofahrer getötet wird. Insofern ist der Schutzzweck der Norm hier nicht betroffen. – Der Verkauf von Alkohol stellt, wenn keine besonderen Umstände hinzutreten, eine Handlung dar, die sich völlig im Rahmen der sozialen Ordnung bewegt und daher nicht pflichtwidrig ist.

241 Dieser Ansatz (Annahme einer weiten Kausalität und Ablehnung des Vorsatzes infolge einer wesentlichen Abweichung des vorgestellten vom tatsächlich eingetretenen Kausalverlauf) misslingt jedoch in den Fällen, in denen das Geschehen tatsächlich einmal vom Vorsatz des Täters erfasst sein sollte.

> **Bsp. (1):** Anton will seine Ehefrau Berta loswerden, traut sich jedoch nicht, diese eigenhändig umzubringen. Daher überredet er sie, allein in den Wald zu gehen, um Pilze zu sammeln, in der Hoffnung, sie werde dort von einem Blitz erschlagen. Dies geschieht tatsächlich.
>
> **Bsp. (2)**[477]**:** Anton will auch seine Geliebte Gisela beseitigen und schenkt ihr daher zum Geburtstag eine Flugreise nach Mallorca in der Hoffnung, das Flugzeug werde abstürzen. Tatsächlich stürzt das Flugzeug ab und Gisela stirbt.

242 Da in diesen Fällen eine Bestrafung unangebracht wäre, weil der jeweils eingetretene Erfolg (hier der Tod von Berta und Gisela) nicht als **Werk des Täters**, sondern als Werk des Zufalls erscheint, in dem sich lediglich ein allgemeines Lebensrisiko verwirklicht hat, entwickelte man – in Anlehnung an die (im Rahmen der Kausalität diskutierte) Relevanztheorie[478] – die Lehre von der **objektiven Zurechnung**[479]. Als weiteres ungeschriebenes Tatbestandsmerkmal eines jeden Erfolgsdelikts muss im Anschluss an die naturwissenschaftlich zu beurteilende Kausalität geprüft werden, ob der Erfolg dem Täter strafrechtlich auch als „sein Werk" zugerechnet werden kann[480]. Dies erfordert eine **rechtliche (= normative) Bewertung** des jeweiligen Sachverhalts. Darauf hinzuweisen ist allerdings, dass die Rechtsprechung die Lehre von der objektiven Zurechnung noch nie ausdrücklich anerkannt hat und die hier problematischen Fälle meist auf subjektiver Ebene – Entfallen

---

475 Vgl. hierzu noch ausführlich unten Rn. 1088 ff.
476 Vgl. zu diesen Fällen des „fehlenden Pflichtwidrigkeitszusammenhangs" noch unten Rn. 251 und Rn. 1042 ff.
477 Hierzu schon oben Rn. 216; ferner unten Rn. 245.
478 Vgl. oben Rn. 225.
479 Die Lehre von der objektiven Zurechnung wird jedenfalls bei den Fahrlässigkeitsdelikten weitgehend anerkannt – bei den Vorsatzdelikten wird sie (bzw. ihre praktische Bedeutung) teilweise noch bestritten, so u. a. von *Hirsch*, Lenckner-FS 1998, S. 119 (122 ff.); kritisch auch *Frisch*, GA 2018, 553 (561 ff.); *Hilgendorf*, JURA 1995, 514 (521); *Krey/Esser*, Rn. 327 f.; *Puppe*, ZStW 99 (1987), 595; *Schladitz*, JR 2021, 487; *Schumann*, JURA 2008, 408 (414); *Struensee*, GA 1987, 97 (der die objektive Zurechnung als Problem des subjektiven Tatbestandes ansieht); vgl. zur historischen Entwicklung *Lesch*, JA 2001, 987.
480 Dieser „Zweistufigkeit" der Prüfung folgen u. a. *Gropp/Sinn*, § 4 Rn. 86 f.; *Jescheck/Weigend*, § 28 I 2; *Kudlich*, JA 2010, 681 (682); *Kühl*, § 4 Rn. 4; *Nestler*, JURA 2019, 1049; *Seher*, JURA 2001, 814 (816); *Wessels/Beulke/Satzger*, Rn. 224.

des Vorsatzes bei wesentlicher Abweichung des vorgestellten vom tatsächlich eingetretenen Kausalverlaufs – löst[481].

II. Inhalt der Lehre von der objektiven Zurechnung

Dabei ist man sich im Wesentlichen darüber einig, dass ein tatbestandlicher Erfolg dem Täter (nur) dann objektiv zugerechnet werden kann, wenn das für den Erfolg ursächliche Verhalten ein rechtlich missbilligtes Risiko geschaffen hat, welches sich im Erfolg in seiner konkreten Gestalt auch in tatbestandstypischer Weise realisiert hat[482]. **243**

> In den genannten **Beispielsfällen** scheidet eine objektive Zurechnung somit aus. Wenn Anton die Berta in den Wald oder Gisela nach Mallorca schickt, dann schafft er in diesen Fällen zwar ein tatsächliches, nicht jedoch ein rechtlich missbilligtes Risiko. Auch der Verkauf von Alkohol (zumindest an Erwachsene) stellt kein rechtlich missbilligtes Risiko dar. Wenn Erwin dem Gustav Gift in den Kaffee schüttet, dann schafft er zwar ein rechtlich missbilligtes Risiko. Dieses Risiko (= Tod durch Vergiftung) realisierte sich hier jedoch nicht im konkret eingetretenen Erfolg (= Tod durch Autounfall).

Auf der Grundlage der genannten Definition, verbunden mit der Erkenntnis, dass die Tat eben gerade ein „Werk des Täters" sein muss und nicht ein Werk eines Dritten oder ein Werk des Zufalls sein darf[483], lassen sich die Probleme der **objektiven Zurechnung** weitgehend lösen. Dabei kann es im Übrigen auch keine Rolle spielen, ob der Täter den Erfolg vorsätzlich oder fahrlässig herbeigeführt hat. In der Praxis haben sich diesbezüglich Fallgruppen entwickelt, in denen die objektive Zurechnung ausscheidet bzw. (in juristischen Klausuren) zumindest diskutiert werden sollte[484]. Dabei kann man auf der Grundlage der angegebenen Definition diejenigen Fälle, in denen bereits das rechtlich missbilligte Risiko ausscheidet, von denen unterscheiden, bei denen zwar ein solches Risiko geschaffen wurde, sich dieses aber nicht im konkret eingetretenen Erfolg realisierte. **244**

III. Fallgruppen, in denen kein rechtlich missbilligtes Risiko geschaffen wird

1. Erlaubtes Risiko

Objektiv nicht zurechenbar sind Verhaltensweisen, die sich noch im Rahmen des allgemeinen Lebensrisikos bzw. des von der Gesellschaft tolerierten Risikos halten **245**

---

481 Hierzu *Bechtel*, JA 2016, 906 (906 f.); vgl. hierzu auch unten Rn. 1092 f.
482 Vgl. auch die Definitionen bei AnwKomm-*Gercke*, Vor § 13 Rn. 25; *Erb*, JuS 1994, 449 (453); *Frisch*, GA 2018, 553 (558); *Frister*, 10. Kap. Rn. 4; *Gropp/Sinn*, § 4 Rn. 87; *Hoffmann-Holland*, Rn. 129; *Jescheck/Weigend*, § 28 IV; *Kölbel*, JuS 2006, 309 (310); *Krey/Esser*, Rn. 332; *Kudlich*, JA 2010, 681 (684); *Kühl*, § 4 Rn. 43; *Lesch*, JA 1987 (988); *von der Meden*, JuS 2015, 22 (23); *Nestler*, JURA 2019, 1049 (1050); *Otto*, JURA 1992, 90 (97); *Rengier*, § 13 Rn. 46 f.; *Schönke/Schröder-Eisele*, Vor §§ 13 ff. Rn. 92; *Seher*, JURA 2001, 814 (815); SSW-*Kudlich*, Vor §§ 13 ff. Rn. 55; *Wessels/Beulke/Satzger*, Rn. 258; ferner *Geppert*, JURA 2001, 490 (491) und die Übungsfälle bei *Bindzus/Ludwig*, JuS 1998, 1123 (1124 f.); *Ellbogen*, JURA 1998, 483 (489 f.); *Kaspar*, JuS 2004, 409 (413); *Norouzi*, JuS 2006, 532 (533); kritisch zu dieser Formel *Puppe*, ZStW 99 (1987), 595.
483 Hierzu *Ebert/Kühl*, JURA 1979, 561 (562); *Kühl*, § 4 Rn. 4; *Otto*, § 6 Rn. 3, § 10 Rn. 2; *Rengier*, § 13 Rn. 48; *Wessels/Beulke/Satzger*, Rn. 223, 245; vgl. auch *von der Meden*, JuS 2015, 22 (24), der zusammenfassend davon ausgeht, eine objektive Zurechnung sei immer dann ausgeschlossen, „wenn eine zum potentiellen Erfolg führende Handlung nicht beherrschbar ist und mangels objektiver Vorhersehbarkeit des Erfolgs kein strafrechtlich relevanter Anlass zu anderem Verhalten gegeben war".
484 Vgl. zu diesen Fallgruppen *Schumann*, JURA 2008, 408 (413).

und daher als sozialadäquat anzusehen sind[485]. Sie werden von der Gesellschaft meist deswegen akzeptiert, weil mit der Risikoschaffung regelmäßig ein besonderer gesellschaftlicher Nutzen verbunden ist[486]. Ob und inwieweit ein bestimmtes Verhalten als „erlaubt" anzusehen ist, bestimmt sich hierbei vielfach nach einzelnen Sorgfaltspflichtsanforderungen, die teils gesetzlich, teils aber auch anderweitig festgelegt sind[487]. Teilweise wird in diesem Zusammenhang noch eine Untergruppe der **mangelnden Beherrschbarkeit des Erfolges** gebildet. Objektiv nicht zurechenbar sind hiernach Geschehensabläufe, die nicht mehr im beherrschbaren Machtbereich des Normadressaten liegen[488].

> **Bsp. (1):** In den genannten Fällen, in denen Anton die Berta in den Wald schickt, um Pilze zu sammeln, wobei er hofft, dass sie dort vom Blitz erschlagen wird[489], oder er Gisela ein Flugticket nach Mallorca in der Hoffnung schenkt, das Flugzeug werde abstürzen, und beides tatsächlich geschieht[490], kann dieses Verhalten, obwohl es im Hinblick auf den Tod von Berta und Gisela als kausal anzusehen ist, Anton objektiv nicht als „sein Werk" zugerechnet werden. Er hat durch sein Verhalten kein rechtlich missbilligtes Risiko geschaffen, sodass eine Bestrafung ausscheidet (insoweit kommt es auf die Frage, ob zudem ein „atypischer Kausalverlauf" vorliegt, nicht mehr an).
>
> **Bsp. (2)**[491]: Anton und Berta zeugen zusammen den Sebastian. Dieser begeht im Alter von 22 Jahren einen Mord. – Zwar ist die Zeugung Sebastians kausal für den später von ihm verübten Mord. Die Zeugung eines Kindes hält sich jedoch völlig im Rahmen der sozialen Ordnung und stellt daher ein erlaubtes (und eben kein rechtlich missbilligtes) Risiko dar, selbst wenn man weiß, dass es nicht auszuschließen ist, dass Menschen später einmal straffällig werden können (und selbst dann, wenn Anton und Berta dies bei der Zeugung sogar beabsichtigt hatten).
>
> **Bsp. (3):** Anton fährt ordnungsgemäß mit seinem PKW durch die Stadt und hält sich peinlich genau an die Verkehrsregeln. Plötzlich springt ihm, ohne dass er dies vorhersehen konnte, die vierjährige Anna vors Auto. Anton kann nicht mehr bremsen und

---

485 Vgl. hierzu BGHSt 37, 106 (118); *Erb*, JuS 1994, 449 (453); *Jakobs*, 7/35 ff.; *Kindhäuser*, GA 1994, 197; *Kudlich*, JA 2010, 681 (685); *Mitsch*, JuS 2018, 1161; *Nestler*, JURA 2019, 1049 (1051); *Pastor Muñoz*, GA 2021, 16; *Rengier*, § 13 Rn. 51; *Rönnau*, JuS 2011, 311 (311 f.); *Roxin/Greco*, AT I, § 11 Rn. 65 ff.; *Silva Sánchez*, GA 2021, 298; kritisch *Schadlitz*, JR 2021, 487 (489 ff.), der das erlaubte Risiko als subjektives Zurechnungsmerkmal betrachtet; ferner die Übungsfälle bei Benz, ZJS 2021, 522 (523); Berger, JA 2020, 749 (749); *Cerny/Makepeace*, JURA 2022, 1128 (1129, 1137 f.); *Großmann*, JuS 2021, 1054 (1057); *Morgenstern*, JURA 2016, 686 (690); *Müller/Raschke*, JURA 2011, 305 (311, 312); *Nussbaum*, ZJS 2021, 350 (352 f.); *Reinhardt*, JuS 2016, 423 (425); *Wolf/Langlitz*, JURA 2019, 417 (425) und bei *Kaspar*, JuS 2004, 409 (413), der allerdings die Fallgruppen „erlaubtes Risiko" und „Sozialadäquanz" trennt; zum Verhältnis von Sozialadäquanz und erlaubtem Risiko vgl. auch *Knauer*, ZStW 126 (2014), 844 (856 ff.); vgl. ferner den Übungsfall bei *Mitsch*, JA 2006, 509 (516 f.), der auch dann ein erlaubtes Risiko annimmt, wenn die Abwendung eines strafrechtlich unerwünschten Erfolges wiederum nur durch die Begehung einer Straftat möglich wäre; ferner in Ansätzen auch bereits bei RGSt 57, 172 (173).
486 *Mitsch*, JuS 2018, 1161 (1164).
487 Hierzu *Mitsch*, JuS 2018, 1161 (1164 ff.); *Pastor Muñoz*, GA 2021, 16 (24 ff.); vgl. zu den Sorgfaltsanforderungen auch unten Rn. 1029 ff.
488 *Ebert/Kühl*, JURA 1979, 561 (569); *Erb*, JuS 1994, 449 (453); *Krey/Esser*, Rn. 334; *Kudlich*, JA 2010, 681 (685); *Kühl*, § 4 Rn. 76 ff.; *Otto*, § 6 Rn. 43 f.; *ders.*, JURA 1992, 90 (91); vgl. auch *Bloy*, JuS 1988, L 41 (L 43).
489 Vgl. zu diesem „Klassiker" BWME-*Eisele*, § 10 Rn. 18; *Ebert/Kühl*, JURA 1979, 561 (569); *Kühl*, § 4 Rn. 47, 77; *Krey/Esser*, Rn. 334; *Rengier*, § 13 Rn. 53; *Roxin/Greco*, AT I, § 11 Rn. 44, 55; *Wessels/Beulke/Satzger*, Rn. 264; vgl. aber auch *Baumann/Weber/Mitsch*, 11. Aufl. 2003, § 14 Rn. 45; *Hilgendorf*, JURA 1995, 514 (521), die bereits die Kausalität verneinen; vgl. hierzu bereits oben Rn. 241.
490 Vgl. hierzu *Krey/Esser*, Rn. 304; *Kühl*, § 4 Rn. 48; *Prittwitz*, JA 1988, 427 (439); *Roxin/Greco*, AT I, § 11 Rn. 68; *Satzger*, JURA 2014, 186 (187); SK-*Jäger*, Vor § 1 Rn. 108; *Wessels/Beulke/Satzger*, Rn. 265; hierzu bereits oben Rn. 216, 241.
491 Vgl. zu diesem Beispiel auch *Roxin*, Klug-FS 1983, S. 303 (311).

verletzt Anna tödlich. – Hier war das Fahren mit dem Auto kausal für Annas Tod. Auch ist es bekannt, dass jährlich eine große Anzahl von Menschen bei Autounfällen ums Leben kommt (insofern liegt hier kein „atypischer Kausalverlauf" vor). Das Fahren mit einem PKW ist jedoch, sofern man sich an die Verkehrsregeln hält, ein von der Gesellschaft toleriertes Risiko und daher erlaubt[492].

Bsp. (4): Anton produziert und vertreibt ein Unkrautvernichtungsmittel. Auf Grund einer einmaligen, nicht vorhersehbaren Störung des Betriebsablaufes kommt es in der Produktion zu einem „Ausreißer", d. h. zur Herstellung einiger weniger Dosen des Mittels, die gesundheitsschädliche Wirkungen haben. Kunde Kurt erleidet hierauf gesundheitliche Beeinträchtigungen. – Unabhängig von der Frage, ob hier ein objektiver Sorgfaltspflichtverstoß vorliegt, scheidet bereits die objektive Zurechnung im vorliegenden Fall aus[493].

2. Risikoverringerung

246 Objektiv nicht zurechenbar ist auch ein Erfolg, der auf einer Handlung beruht, durch die eine drohende Rechtsgutsverletzung vermindert wird, selbst wenn der Erfolg in seiner konkreten Gestalt auf das Verhalten des Handelnden zurückzuführen ist[494].

Bsp.[495]**:** Anton will Gustav durch einen Beilhieb töten. Klara sieht, wie Anton sich von hinten anschleicht und mit dem Beil ausholt. Sie kann durch ein schnelles Eingreifen gerade noch verhindern, dass der Beilhieb Gustavs Schädel spaltet. Das Beil trifft vielmehr nur dessen Schulter. – Klara hat durch ihr Eingreifen den Erfolg in seiner konkreten Gestalt (Körperverletzung Gustavs durch Beilhieb in den Arm) kausal (mit-)verursacht. Hätte sie nicht eingegriffen, wäre dieser konkrete Erfolg ausgeblieben. Sie hat durch ihr Eingreifen aber keine rechtlich missbilligte Gefahr einer Körperverletzung geschaffen, sondern im Gegenteil gerade eine schwerwiegendere Rechtsgutsverletzung verhindert.

247 Die Einordnung der Risikoverringerung in den Bereich der **objektiven Zurechnung** ist allerdings nicht unbestritten[496]. Teilweise wird dieses Problem erst auf der Ebene der **Rechtswidrigkeit**, z. B. über eine mutmaßliche Einwilligung des Opfers, gelöst[497]. Da es jedoch nicht der Sinn strafrechtlicher Normen sein kann, Handlungen zu verbieten, die darauf abzielen, Verletzungen zu verhindern oder abzumildern, muss hier bereits eine Tatbestandsmäßigkeit abgelehnt werden. Deshalb kommt es auch nicht darauf an, ob der Täter im Hinblick auf den tatsächlichen Erfolg vorsätzlich handelte oder nicht. Verneint man die objektive Zurechnung, dann scheidet insoweit auch ein Fahrlässigkeitsvorwurf aus.

248 Bei dieser Fallgruppe ist jedoch Vorsicht geboten. Eine Risikoverringerung schließt eine objektive Zurechnung nämlich nur dann aus, wenn das Verhalten

---

492 Vgl. BWME-*Eisele*, § 10 Rn. 68; *Kühl*, § 4 Rn. 48; *von der Meden*, JuS 2015, 22 (23); *Mitsch*, JuS 2018, 1161 (1164 f.); *Roxin/Greco*, AT I, § 11 Rn. 66; *Wessels/Beulke/Satzger*, Rn. 265.
493 Vgl. hierzu auch BGHSt 37, 106 (118).
494 BWME-*Eisele*, § 10 Rn. 71; *Jescheck/Weigend*, § 28 IV 2; *Kühl*, § 4 Rn. 53; *Marxen*, Fall 5b; *Nestler*, JURA 2019, 1049 (1051 f.); *Roxin*, Armin Kaufmann-FS 1989, S. 237 (243); *ders.*, Maiwald-FS 2010, S. 715 (732); *Roxin/Greco*, AT I, § 11 Rn. 53 f.; *Schönke/Schröder-Eisele*, Vor §§ 13 ff. Rn. 94; *Seher*, JURA 2001, 814 (816 f.); SSW-*Kudlich*, Vor §§ 13 ff. Rn. 57; *Wessels/Beulke/Satzger*, Rn. 292 f.; zum Ganzen auch *Pest/Merget*, JURA 2014, 166; vgl. hierzu auch den Übungsfall bei *Brand/Kanzler*, JA 2012, 37 (41 f.).
495 Vgl. zu diesem Beispiel bereits oben Rn. 216, Bsp. (3).
496 Vgl. hierzu auch *Puppe*, 1. Aufl. 2002, AT 1, § 1 Rn. 24 ff.
497 So *Brand/Kanzler*, JA 2012, 37 (42); *Kindhäuser*, ZStW 120 (2008), 481 (496 f.); *Klesczewski*, Rn. 176; *Köhler*, S. 148; LK-*Walter*, 13. Aufl., Vor §§ 13 ff. Rn. 93; *Maiwald*, Miyazawa-FS 1995, S. 465 (468 f.); *Rengier*, § 13 Rn. 58; *Schumann*, JuS 2008, 408 (415).

einen bereits in Gang gesetzten Kausalverlauf abschwächt und sich gegen dasselbe Opfer richtet. Nicht erfasst sind hingegen diejenigen Fälle, in denen eine neue, eigenständige und rechtlich ebenfalls missbilligte Gefahr geschaffen wird und sich lediglich „per Saldo" eine weniger gravierende Rechtsgutsverletzung ergibt. Beschränkt sich der Handelnde also nicht darauf, einen bereits in Gang gesetzten Ablauf zu bremsen, sondern setzt er einen völlig neuen Kausalverlauf in Gang, ist der konkret herbeigeführte Erfolg dem Handelnden objektiv zurechenbar[498].

Bsp. (1): Bahnwärter Dagobert sieht, dass der vollbesetzte Personenzug auf einem Gleis fährt, welches soeben von einer Steinlawine verschüttet wurde. Da er den Zugführer nicht mehr warnen kann, lenkt er blitzschnell den Zug auf ein anderes Gleis um. Dieses Gleis ist zwar nicht verschüttet, allerdings sind hier einige Arbeiter mit Wartungsaufgaben betraut. Einer von ihnen wird von dem Zug erfasst und getötet. – Hier hat Dagobert den Erfolg in seiner konkreten Gestalt (Tod des Arbeiters) kausal durch sein Verhalten verursacht. Dagobert handelte zwar aus lauteren Motiven und konnte auf diese Weise den Tod einer Vielzahl von Passagieren verhindern. Dennoch muss man ihm den Tod des Bahnarbeiters als sein konkretes Werk zurechnen[499]. Will man die Strafbarkeit Dagoberts (wegen fahrlässiger Tötung, § 222 StGB) ablehnen, dann muss dies auf einer anderen Deliktsebene geschehen (hier fehlt es möglicherweise an einem Sorgfaltspflichtverstoß; auch könnte ein entschuldigender Notstand[500] diskutiert werden).

Bsp. (2)[501]**:** Anton weiß, dass Rudi in einem Hinterhalt lauert und auf Bruno wartet, der nichtsahnend die Straße entlang schlendert. Rudi will Bruno überfallen und ihn mit einem Messer töten. Um dies zu verhindern, läuft Anton dem Bruno entgegen und versucht, ihn zu warnen. Doch dieser, etwas behäbig in seiner Art, versteht die Warnung nicht. Da schnell gehandelt werden muss, streckt Anton den Bruno mit einem Faustschlag nieder, worauf dieser die Flucht in die andere Richtung ergreift. – Da Anton die Körperverletzung an Bruno durch den Faustschlag kausal verursacht hat und dabei nicht nur eine bereits bestehende Gefahr „ablenkte", ist ihm diese Körperverletzung als „sein Werk" objektiv zuzurechnen. Unbeachtlich muss hierbei sein, dass Bruno „unter dem Strich" besser weggekommen ist. Im vorliegenden Fall ist Anton allerdings durch eine mutmaßliche Einwilligung gerechtfertigt (die aber in denjenigen Fällen ausscheidet, in denen sich das Opfer bewusst auf die Gefährdung einlässt). In Frage kommt auch eine Rechtfertigung nach § 34 StGB.

Bsp. (3)[502]**:** In einem brennenden Haus erblickt Anton den Säugling Siegfried, der in seinem Bettchen schläft und von seinen Eltern vergessen wurde. Da sämtliche Fluchtwege durch die Flammen verschlossen sind, bleibt ihm nur noch die Möglichkeit, Siegfried aus dem Fenster in die rettenden Arme eines Helfers zu werfen, wobei er weiß, dass Siegfried dadurch schwere Verletzungen davontragen wird. – Auch hier ist dem Anton der Erfolg in seiner konkreten Gestalt objektiv zuzurechnen, da er durch den Wurf Siegfrieds aus dem Fenster nicht nur eine bestehende Gefährdung ablenkte, son-

---

498 *Jescheck/Weigend*, § 28 IV 2; *Kindhäuser/Zimmermann*, § 11 Rn. 19; *Kindhäuser/Hilgendorf*, LPK, Vor § 13 Rn. 115; *Kühl*, § 4 Rn. 55; *Nestler*, JURA 2019, 1049 (1051 f.); *Pest/Merget*, JURA 2014, 166 (173); *Schönke/Schröder-Eisele*, Vor §§ 13 ff. Rn. 94; *Rengier*, § 13 Rn. 59; *Roxin/Greco*, AT I, § 11 Rn. 54 f.; *Seher*, JURA 2001, 814 (817); *Wessels/Beulke/Satzger*, Rn. 294 f.; kritisch hierzu *Joecks/Jäger*, Vor § 13 Rn. 42 f., der eine Lösung über § 34 StGB favorisiert.
499 Vgl. zu den Fällen, in denen eine in Gang gesetzte Kausalkette lediglich modifiziert wird, *Kühl*, § 4 Rn. 81; *Roxin/Greco*, AT I, § 11 Rn. 61.
500 Zum entschuldigenden Notstand siehe unten Rn. 564 ff.; vgl. ferner Rn. 596; dagegen scheidet ein rechtfertigender Notstand, § 34 StGB, mangels Abwägungsfähigkeit des Rechtsguts Leben aus; vgl. hierzu unten Rn. 425.
501 Zu einem vergleichbaren Fall *Pest/Merget*, JURA 2014, 166 (173 f.); *Wessels/Beulke/Satzger*, Rn. 294 f.
502 Vgl. zu diesem Fall BGH JZ 1973, 173; *Kindhäuser/Zimmermann*, § 11 Rn. 19; *Kühl*, § 4 Rn. 55; *Nestler*, JURA 2019, 1049 (1052); *Otto*, § 6 Rn. 4; *Pest/Merget*, JURA 2014, 166 (173 f.); *Rengier*, § 13 Rn. 59; *Roxin/Greco*, AT I, § 11 Rn. 54 f.; *Wessels/Beulke/Satzger*, Rn. 294 f.

dern eine neue Gefahr geschaffen hat. Wiederum greift aber auch hier der Rechtfertigungsgrund der mutmaßlichen Einwilligung bzw. der Notstandshilfe, § 34 StGB[503].

IV. Fallgruppen, in denen sich das Risiko nicht im konkreten Erfolg verwirklicht

1. Atypische Kausalverläufe

Objektiv nicht zurechenbar ist ein Erfolg, der Folge eines atypischen Kausalverlaufes ist. Als atypisch ist ein solcher Geschehensverlauf anzusehen, der völlig außerhalb dessen liegt, was nach dem gewöhnlichen Lauf der Dinge und nach der allgemeinen Lebenserfahrung zu erwarten ist[504]. Der Erfolg ist dann nicht mehr ein **Werk des Täters**, sondern ein **Werk des Zufalls**. Bei der Beurteilung ist allerdings etwas Fingerspitzengefühl und juristische Argumentation gefragt. Denn oftmals ist es nicht eindeutig, ob im konkreten Fall ein Erfolg noch im Rahmen des Möglichen oder bereits völlig außerhalb jeglicher Lebenserfahrung liegt[505].

> **Bsp. (1)**: Anton und Bruno schütten Kunigunde unabhängig voneinander jeweils 20 mg Gift ins Sektglas, wobei beide davon ausgehen, dass ihre Dosis für eine Tötung ausreicht. Tödlich wirken aber erst 30 mg. Kunigunde stirbt. – Wie bereits gezeigt[506], ist hier eine Kausalität (in Form der kumulativen Kausalität) anzunehmen. Es entfällt aber die objektive Zurechnung, sofern keiner vom anderen wusste und daher keine Mittäterschaft gegeben war[507]. Denn es entspricht nicht der allgemeinen Lebenserfahrung, dass zufällig zur gleichen Zeit am gleichen Ort ein anderer dasselbe Opfer auf die gleiche Art umbringen möchte.
>
> **Bsp. (2)**[508]: Anton sticht Bruno in Tötungsabsicht ein Messer in den Bauch. Obwohl die Verletzung nicht lebensgefährlich ist, wird Bruno ins Krankenhaus gefahren. Auf dem Weg dorthin erleidet ein Sanitäter einen Herzanfall und lässt die Trage mitsamt Bruno fallen, wodurch dieser die Krankenhaustreppe hinabfällt und sich das Genick bricht. – Da ein solcher Verlauf außerhalb jeglicher Lebenserfahrung liegt, scheidet auch hier eine objektive Zurechnung aus. Anders ist hingegen zu entscheiden, wenn Bruno während des Transportes stirbt, weil der Fahrer des Sanitätsautos betrunken ist und einen Unfall verursacht (hier liegt aber möglicherweise eine andere Fallgruppe,

---

503 *Kühl*, § 4 Rn. 55; *Otto*, § 8 Rn. 183; *ders.*, NJW 1980, 417 (422); *Pest/Merget*, JURA 2014, 166 (174); *Roxin/Greco*, AT I, § 16 Rn. 102; *Schönke/Schröder-Eisele*, Vor §§ 13 ff. Rn. 94; *Wessels/Beulke/Satzger*, Rn. 295.
504 Vgl. hierzu BGHSt 3, 62 (64); OLG Stuttgart JZ 1980, 618 (620); *Kauerhof*, JURA 2005, 790 (794); *Kretschmer*, JURA 2000, 267 (273); *Kühl*, § 4 Rn. 61; LK-*Walter*, 13. Aufl., Vor §§ 13 ff. Rn. 95; *Nestler*, JURA 2019, 1049 (1052 f.); *Rengier*, § 13 Rn. 62 ff.; *Wessels/Beulke/Satzger*, Rn. 296; mit anderer Bezeichnung auch *Krey/Esser*, Rn. 335 ff.: „Fehlende objektive Vorhersehbarkeit des Erfolgseintritts und/ oder des Kausalverlaufs".
505 BGHSt 3, 62; *Kudlich*, JA 2010, 681 (685); *Kühl*, § 4 Rn. 63; kritisch daher auch *Klesczewski*, Rn. 172 f.; vgl. auch die Übungsfälle bei *Benz*, ZJS 2021, 522 (530); *Berger*, JA 2020, 748 (753 f.); *Bergmann*, ZJS 2015, 114 (118); *Berkl*, JA 2006, 276 (277); *Blaue*, ZJS 2016, 750 (751); *Esser/Röhling*, JURA 2009, 866 (867); *Fahl*, JURA 2005, 273 (276); *Gebauer*, JA 2020, 351 (356); *Gropengießer/Mutschler*, JURA 1995, 155 (157); *Hardtung*, JuS 2008, 623 (626); *Merkel*, JuS 2011, 376; *Müller/Schmoll*, JA 2013, 756 (760 f.); *Papathanasiou*, JA 2021, 821 (830 f.); *Rackow*, JA 2003, 218 (220); *Rengier/Braun*, JuS 2012, 999 (1001); *Steinberg*, ZJS 2010, 518 (522); *Steinberg/Lachenmaier*, ZJS 2012, 649; *Steinberg/Stam*, ZJS 2011, 539 (541); *Theiß/Winkler*, JuS 2006, 1083 (1087); vgl. ferner zur Zurechenbarkeit von Spätfolgen *Puppe*, § 10 Rn. 16 ff.
506 Vgl. oben Rn. 231.
507 Anders jedoch *Klesczewski*, Rn. 170 f., der in den Fällen der kumulativen und alternativen Kausalität die objektive Zurechnung im Hinblick auf den zuletzt Handelnden bejaht.
508 Hierzu *Krey/Esser*, Rn. 335 ff.; *Rengier*, § 13 Rn. 64; vgl. allerdings auch *Bloy*, JuS 1988, L 41 (L 43) und *Kühl*, § 4 Rn. 77, die dieses Beispiel in die Fallgruppe der mangelnden Beherrschbarkeit einordnen; vgl. hierzu ferner die Übungsfälle bei *Freund*, JuS 2001, 475 (476); *Putzke*, ZJS 2011, 522.

nämlich das eigenverantwortliche Dazwischentreten eines Dritten, vor⁵⁰⁹). Stirbt Bruno, weil der Fahrer auf der Rettungsfahrt aufgrund der notwendigen hohen Geschwindigkeit in einen Unfall verwickelt wird, liegt ein solcher Verlauf ebenfalls nicht außerhalb der allgemeinen Lebenserfahrung. Auch hier ist der Erfolg dem Täter also objektiv zuzurechnen⁵¹⁰. Das Gleiche gilt dann, wenn der Verletzte in der Klinik an den Unfallfolgen stirbt, weil dem behandelnden Arzt fahrlässig ein Behandlungsfehler unterläuft⁵¹¹.

Bsp. (3): Anton wirft Bruno ohne Tötungsabsicht einen Stein an den Kopf. Für Personen mit einer durchschnittlichen physischen und psychischen Konstitution wäre dies an sich nicht lebensgefährlich. Dennoch stirbt Bruno, da er a) Bluter⁵¹² oder b) psychisch labil ist und vor Schreck einen Herzinfarkt bekommt oder c) weil er aus völlig überzogener Angst vor weiteren Steinwürfen wegrennt und in ein Auto läuft. – Diese Fälle sind nicht eindeutig zu beurteilen. Da man bei der Annahme eines „atypischen" Kausalverlaufes äußerst vorsichtig sein sollte und die geschilderten Fälle nicht gänzlich unwahrscheinlich sind, ist eine objektive Zurechnung jeweils anzunehmen. Zwar handelte Anton nicht vorsätzlich, es kommt jedoch eine Strafbarkeit wegen Körperverletzung (unter Umständen auch einer solchen mit Todesfolge, § 227 StGB⁵¹³), oder wegen fahrlässiger Tötung, § 222 StGB, in Betracht.

2. Schutzzweck der Norm

250 Objektiv nicht zurechenbar sind Verhaltensweisen, die zwar an sich pflichtwidrig sind, die jedoch einen Verstoß gegen eine Norm beinhalten, die ganz andere tatbestandsmäßige Erfolge verhindern will als denjenigen, der im konkreten Fall tatsächlich eingetreten ist. Da diese Fallgruppe in erster Linie bei Fahrlässigkeitsdelikten einschlägig sein wird, soll eine nähere Erörterung dort stattfinden und hier nur ein Beispiel genannt werden⁵¹⁴.

Bsp.⁵¹⁵**:** Anton und Bruno fahren nachts auf einer einsamen Landstraße mit dem Fahrrad hintereinander her. Beide haben kein Licht am Rad. Plötzlich kommt ihnen Gustav mit dem Auto entgegen und erfasst den vorne fahrenden Anton. Dieser stirbt. Zum Unfall wäre es nicht gekommen, wenn jedenfalls Bruno mit Licht gefahren wäre, da Gustav den von Bruno angestrahlten Anton dann gesehen hätte. – Die fehlende Beleuchtung an Brunos Rad war hier kausal für Antons Tod (denkt man sie hinzu, hätte Gustav den Anton gesehen und ihn nicht erfasst). Auch stellt das Radfahren ohne Licht auf einer unbeleuchteten Landstraße ein pflichtwidriges Verhalten dar, schafft also ein rechtlich missbilligtes Risiko. Dieses Risiko besteht jedoch darin, dass derjenige, der ohne Licht fährt, von einem Autofahrer nur schwer gesehen und dadurch einen Unfall verursachen werden kann. Die Pflicht, bei Dunkelheit nur mit eingeschaltetem Licht zu

---

509 Vgl. unten Rn. 253 ff.
510 So auch *Putzke*, ZJS 2011, 522; anders *Gropp/Sinn*, § 4 Rn. 92; *Jescheck/Weigend*, § 28 IV 3; *Krey/Esser*, Rn. 335; *Kühl/Hinderer*, JuS 2010, 697 (698, 700); *Puppe*, ZJS 2008, 600 (604 f.); SK-*Rudolphi/Jäger*, Vor § 1 Rn. 109, die im vorliegenden Fall eine objektive Zurechnung mit Berufung auf den Schutzzweck der Norm ablehnen; die Frage wird in BGHSt 1, 332 (334) ausdrücklich offen gelassen; vgl. zu diesem Fall auch *Kühl*, § 4 Rn. 61 f.; *ders.*, JA 2009, 321 (326).
511 OLG Stuttgart JZ 1980, 618.
512 Vgl. zu den Bluterfällen RGSt 54, 349; BGHSt 14, 52; BWME-*Eisele*, § 10 Rn. 85; *Kühl*, § 4 Rn. 65; eine objektive Zurechnung wird abgelehnt von *Ebert/Kühl*, JURA 1979, 561 (566, 569); *Rengier*, § 13 Rn. 72; angenommen hingegen von *Jescheck/Weigend*, § 28 IV 6; *Seher*, JURA 2001, 814 (817); vgl. zu ähnlichen „medizinischen Raritäten" BGH NStZ 2008, 686 sowie den Übungsfall bei *Marinitsch*, JA 2019, 906 (911).
513 Eine Strafbarkeit wegen § 227 StGB ist allerdings nur dann anzunehmen, wenn ein spezifischer Gefahrzusammenhang angenommen wird. Lehnt man diesen ab, liegt lediglich eine gefährliche Körperverletzung, §§ 223, 224 Abs. 1 Nr. 2 StGB, in Tateinheit mit fahrlässiger Tötung, § 222 StGB, vor.
514 Vgl. unten Rn. 1046.
515 Fall nach RGSt 63, 392; hierzu unter Rn. 1046.

fahren, soll jedoch nicht dazu dienen, andere zu beleuchten, damit diese nicht in einen Unfall verwickelt werden. Eine Strafbarkeit Brunos wegen fahrlässiger Tötung, § 222 StGB, scheidet daher aus.

3. Pflichtwidrigkeitszusammenhang

Objektiv nicht zurechenbar ist ein Erfolg, der zwar durch ein pflichtwidriges Verhalten verursacht wurde, der aber auch eingetreten wäre, wenn der Täter pflichtgemäß gehandelt hätte[516]. Da auch diese Fallgruppe in erster Linie bei Fahrlässigkeitsdelikten sowie bei Unterlassungsdelikten einschlägig ist, soll eine nähere Erörterung wiederum dort erfolgen und hier nur ein Beispiel genannt werden[517].

251

> **Bsp.**[518]: Toni fährt mit einem Blutalkoholgehalt von 2,0 Promille mit 120 km/h durch die Straßen einer Kleinstadt. Die erlaubte Höchstgeschwindigkeit beträgt 50 km/h. Da torkelt plötzlich der vollkommen betrunkene Otto auf die Fahrbahn, wird von Tonis Auto erfasst und getötet. Im Prozess stellt sich heraus, dass Toni auch in nüchternem Zustand unter Einhaltung der zulässigen Höchstgeschwindigkeit den Unfall nicht hätte verhindern können und Otto tödlich überfahren hätte. – Das Fahren mit dem PKW war hier kausal für Ottos Tod. Auch waren das Fahren in betrunkenem Zustand sowie das Fahren mit überhöhter Geschwindigkeit pflichtwidrig. Der Schutzzweck der jeweiligen Verhaltensnorm sollte auch gerade Gefahren der vorliegenden Art (Verkehrsunfälle) verhindern. Diese Pflichtwidrigkeit war jedoch nicht ursächlich für den Erfolg, da dieser auch bei pflichtgemäßem Verhalten eingetreten wäre. Der Erfolg kann Toni daher nicht objektiv zugerechnet werden. Man spricht in diesem Zusammenhang auch vom Ausschluss der objektiven Zurechnung bei rechtmäßigem Alternativverhalten.

4. Freiverantwortliche Selbstschädigung oder Selbstgefährdung des Opfers

Objektiv nicht zurechenbar sind Verhaltensweisen, die erst zusammen mit einer eigenverantwortlich gewollten und verwirklichten Selbstverletzung oder Selbstgefährdung des Opfers einen tatbestandlichen Erfolg bewirken[519]. In diesem Fall sind diejenigen Risiken, die ein Opfer selbst zu verantworten hat, einem anderen nicht zuzurechnen, sofern das Opfer freiverantwortlich handelt und sich die Mitwirkung des Täters lediglich auf die bloße Veranlassung, Ermöglichung oder Förderung der Selbstgefährdung oder -verletzung bezieht. Da auch diese Fallgruppe zumeist bei Fahrlässigkeitsdelikten einschlägig sein wird, soll eine nähere Erörterung wiederum dort stattfinden und hier nur zwei Beispiele genannt werden[520].

252

> **Bsp. (1)**[521]: Anton handelt mit Heroin. Bruno gehört zu seiner Stammkundschaft. Eines Tages stirbt Bruno an einer Überdosis Heroin, die ihm Anton beschafft und verkauft hat. – Zwar ist der Handel mit Heroin grundsätzlich verboten und auch der Grund dieses Verbots liegt gerade darin, dass durch den Konsum von Heroin Gesundheitsschäden, psychische Schäden oder gar der Tod der Konsumenten eintreten kann (Schutzzweck der Norm). Dennoch kann Anton hier Brunos Tod nicht zugerechnet werden, sofern man ein freiverantwortliches Handeln des Letzteren annimmt und dieser sich das Heroin selbst gespritzt hat.

---

516 *Kudlich*, JA 2010, 681 (686); *Kühl*, § 4 Rn. 58, 73; *Otto*, § 10 Rn. 19 ff.; *Wessels/Beulke/Satzger*, Rn. 301, 952 ff.; vgl. hierzu auch den Übungsfall bei *Mitsch*, JA 2006, 509 (513 f., 515).
517 Vgl. unten Rn. 1012, 1042 ff.
518 Fall in Anlehnung an BGHSt 24, 31; Standardfall für diese Problematik ist üblicherweise der „Radfahrerfall", BGHSt 11, 1.
519 Vgl. hierzu ausführlich unten Rn. 1047 ff.
520 Vgl. unten Rn. 1047 ff.; diese Rechtsfigur ausschließlich für die Fahrlässigkeitsdelikte verwendend *Puppe*, JZ 2011, 911.
521 Fall in Anlehnung an BGHSt 32, 262; vgl. näher unten Rn. 1048 f.

Bsp. (2): Bruno ist leidenschaftlicher Gärtner, der seine ganze Freizeit mit der Pflege und Gestaltung seines Schrebergartens verbringt. Mehrfach schon hat er in seinem Bekanntenkreis glaubhaft versichert, wenn dieses „Lebenswerk" einmal zerstört würde, sähe er in seinem Leben keinen Sinn mehr und würde sich umbringen. Sein Nachbar Anton will diesen Umstand ausnutzen, weil er Bruno nicht leiden kann. Eines Nachts zerstört er Brunos Garten vollständig. Wie erhofft, nimmt sich Bruno daraufhin das Leben. – Anton ist hier lediglich wegen Sachbeschädigung, § 303 StGB, nicht aber wegen Totschlags in mittelbarer Täterschaft, §§ 212, 25 I 2. Alt. StGB, zu bestrafen, obwohl er Brunos Tod vorsätzlich und kausal herbeigeführt hat. Denn ihm ist Brunos Tod – unabhängig von der Frage, ob er hier tatsächlich Täterqualität aufweist – jedenfalls schon deswegen nicht als „sein Werk" objektiv zurechnen, da Bruno freiverantwortlich handelte[522].

5. Eigenverantwortliches Dazwischentreten eines Dritten

253 Objektiv nicht zurechenbar sind Verhaltensweisen, die zwar ein rechtlich relevantes Risiko schaffen, bei denen der Erfolg aber erst dadurch eintritt, dass ein Dritter[523] vollverantwortlich eine neue, an die ursprüngliche Handlung anknüpfende, selbstständig auf den Erfolg hinwirkende Gefahr begründet, die sich dann auch im konkreten Erfolg realisiert[524]. Auch hier geht es letztlich um die **Abschichtung von Verantwortungsbereichen.** Jeder soll grundsätzlich nur für sein eigenes Verhalten verantwortlich sein[525]. Einschlägig ist diese Fallgruppe jedoch nur dann, wenn nicht bereits die Kausalität des Handelns für den Erfolg zu verneinen ist. Zudem wird in den Fällen des Dazwischentretens Dritter auch oft ein atypischer Kausalverlauf vorliegen[526], sodass die Rechtsfigur nur dann benötigt wird, wenn das Geschehen nicht außerhalb jeglicher Lebenserfahrung liegt.

Bsp. (1): Anton schüttet Kunigunde Gift in den Kaffee. Diese trinkt das Gift. Bevor das Gift zu wirken beginnt, wird sie jedoch von Bruno erschossen. – Da hier ein Fall der sog. „überholenden Kausalität" vorliegt[527], ist im Hinblick auf die Tötung bereits die Kausalität zu verneinen. Es kommt für Anton lediglich ein Versuch in Frage.

Bsp. (2): Anton schlägt Bruno nieder. Dieser bleibt schwer verletzt auf der Straße liegen. Da kommt Rudi vorbei, der Bruno hasst. Er will die Gunst der Stunde nutzen und tritt dem schutzlos auf dem Boden liegenden Bruno mehrmals in Tötungsabsicht kräftig mit dem Stiefel ins Gesicht. Bruno verstirbt kurz darauf an den durch die Stiefeltritte verursachten Verletzungen. – Hier liegt, obwohl Bruno an den Stiefeltritten starb, kein Fall der überholenden Kausalität vor, da das Niederschlagen seitens des Anton nicht

---

522 Vgl. auch den Übungsfall bei *B. Heinrich/Reinbacher,* JA 2007, 264 (266 f.), in dem der Täter zudem das Opfer im Hinblick auf dessen Motivation zur Selbsttötung getäuscht hatte.
523 Zur Frage, ob auch autonom handelnde Computer als Dritte anzusehen sind *Trentmann,* JuS 2018, 944 (946), der diese Frage zutreffend verneint.
524 *Nestler,* JURA 2019, 1049 (1054 f.); *Rengier,* § 13 Rn. 88 ff.; *Satzger,* JURA 2014, 695 (701); *Wessels/Beulke/Satzger,* Rn. 283 ff.; vgl. hierzu auch *Krey/Esser,* Rn. 353; ferner BGHSt 32, 25 (27 f.); BGH StV 2021, 120 (121); vielfach wird hier aber unter Zugrundelegung des Vertrauensgrundsatzes bereits die Schaffung einer rechtlich relevanten Gefahr verneint. Im Regelfall dürfte man nämlich darauf vertrauen, dass andere keine vorsätzlichen Straftaten begehen; hierzu ausführlich (und kritisch) *Puppe,* § 5 Rn. 5 ff. Die ältere „Lehre vom Regressverbot" lehnte in diesen Fällen sogar die Kausalität ab; so *Naucke,* ZStW 76 (1964), 409; zu dieser Ansicht *Jakobs,* 24/13 ff.; *Roxin,* Tröndle-FS 1989, S. 176 (185); *Roxin/Greco,* AT I, § 11 Rn. 28; *Schünemann,* GA 1999, 207 (224); SK-*Jäger,* Vor § 1 Rn. 130; ferner die Übungsfälle bei *Benz,* ZJS 2021, 522 (530); *Blaue,* ZJS 2016, 750 (750 f.); *Fahl,* JuS 2012, 1104 (1110); *Käßner/Seibert,* JuS 2006, 810 (812); *Marinitsch,* JA 2019, 190 (192 f.); *Namavicius,* JA 2007, 190 (193 f.); *Papathanasiou,* JA 2021, 821 (830); *Rengier/Braun,* JuS 2012, 999 (1001); *Steinberg/Schönemann,* ZJS 2015, 284 (285); *Wolf/Langlitz,* ZJS 2018, 611 (615); *Ziegler,* JuS 2018, 883 (888).
525 *Kühl,* § 4 Rn. 84; *Otto,* § 6 Rn. 48 f.; *Satzger,* JURA 2014, 695 (697).
526 Vgl. *Blaue,* ZJS 2016, 750 (751); *Kudlich,* JA 2010, 681 (686).
527 Vgl. hierzu oben Rn. 235 f.

hinweggedacht werden kann, ohne dass der Erfolg in seiner konkreten Gestalt entfiele[528]. Denn Rudi trat nur zu, weil Bruno bereits auf dem Boden lag, was wiederum seine Ursache darin hat, dass Anton ihn zuvor niedergeschlagen hat. Es ist jedoch die objektive Zurechnung zu verneinen, da Rudi vollverantwortlich eine neue, selbstständig auf den Erfolg hinwirkende Gefahr begründete, die sich dann allein im eingetretenen Erfolg realisiert hat.

Bsp. (3)[529]: Anton gibt seiner Ehefrau Berta Gift. Diese liegt im Sterben und wälzt sich röchelnd am Boden. Es ist abzusehen, dass sie nicht mehr gerettet werden kann. Ihr Sohn Sebastian kommt hinzu, erfasst die Sachlage und erschießt Berta aus Mitleid, um sie von ihren Qualen zu erlösen. – Anders als im Bsp. (2) ist hier im Hinblick auf einen durch Anton begangenen Mord, §§ 211, 212 StGB, nicht nur die Kausalität, sondern auch die objektive Zurechnung zu bejahen, da das eigenverantwortliche Dazwischentreten eines Dritten stets freiwillig und aus selbst gesetzten Motiven geschehen muss, was im Falle des hier vorliegenden „Gnadenschusses" ausscheidet[530].

Eine objektive Zurechnung scheidet für den Ersthandelnden allerdings nur dann aus, wenn er durch sein Handeln keine **Sicherheitsvorschriften verletzt**, die gerade dazu dienen, Vorsatz- oder Fahrlässigkeitstaten Dritter zu verhindern[531]. **254**

Bsp.: Anton hat eine umfangreiche Waffensammlung. Er lässt die Waffen zumeist unverschlossen in seinem Wohnzimmer liegen. Eines Abends bekommt er Besuch von einigen Freunden. Als Anton das Zimmer für kurze Zeit verlässt, schnappt sein Freund Bruno eine der herumliegenden Waffen und erschießt damit vorsätzlich den Rudi. – Da für Waffensammler eine gesetzliche Verpflichtung besteht, Waffen in verschlossenen Behältnissen aufzubewahren (§ 36 WaffG) und diese Vorschrift gerade dazu dient, Erfolge der vorliegenden Art zu verhindern, ist die objektive Zurechnung hier nicht ausgeschlossen. Bruno ist wegen vorsätzlicher, Anton wegen fahrlässiger Tötung zu bestrafen.

Der Grundgedanke des Ausschlusses der objektiven Zurechnung bei eigenverantwortlichem Dazwischentreten eines Dritten kann auch auf diejenigen Fälle angewandt werden, in denen der Täter selbst einen von ihm fahrlässig verursachten Kausalverlauf insoweit modifiziert, als er die Rettung des Opfers vorsätzlich unterlässt[532]. **254a**

Bsp.[533]: Anton fährt in angetrunkenem Zustand auf einer einsamen Landstraße den Mofafahrer Bruno an, der schwer verletzt liegen bleibt. Obwohl Anton klar ist, dass er umgehend helfen müsste, verlässt er den Unfallort, wobei er Brunos Tod billigend in Kauf nimmt. – Durch das Anfahren des Bruno beging Anton an sich u. a. eine fahrlässige Tötung, § 222 StGB. Das spätere Liegenlassen stellt hingegen einen vorsätzlichen Totschlag (Mord) durch Unterlassen dar, §§ 212 (211), 13 StGB. Da es sich hierbei um

---

528 Vgl. hierzu oben Rn. 235 f.
529 Vgl. auch den „Gnadenschussfall" BGH bei *Dallinger*, MDR 1956, 526; zu diesem Fall bereits oben Rn. 236.
530 Darüber hinaus kann eine objektive Zurechnung auch bei vorsätzlichem Handeln eines Dritten dann angenommen werden, wenn dessen Handeln derart mit der Ersthandlung verknüpft ist, dass es sich als typischerweise in dieser Ersthandlung angelegt darstellt (Bsp.: Anton sticht Bruno nieder und beauftragt Gustav damit, die Leiche zu entsorgen. Dieser merkt, dass Bruno noch lebt und erstickt diesen); vgl. BGH NStZ 2001, 29 (30); ferner den Übungsfall bei *Käßner/Seibert*, JuS 2006, 810 (814).
531 Vgl. hierzu noch ausführlich unten Rn. 1050 ff.
532 Vgl. hierzu ausführlich *B. Heinrich*, Geppert-FS 2011, S. 171; a. M. wohl *Steinberg/Schönemann*, ZJS 2015, 284 (285); vgl. ferner zum vorsätzlichen Dazwischentreten des Täters in seine eigene vorsätzlich begangene Tat den Übungsfall bei *Marinitsch*, JA 2019, 190 (192 f.); hierzu auch BGH NStZ 2016, 721.
533 Fall nach BGHSt 7, 287; vgl. hierzu auch unten Rn. 869 Bsp. (1) sowie die Übungsfälle bei *Kett/Straub-Linke*, JuS 2008, 717 (719); *Steinberg/Schönemann*, ZJS 2015, 284.

ein Vorsatzdelikt handelt, wird der Zurechnungszusammenhang im Hinblick auf § 222 StGB unterbrochen. § 222 StGB scheidet daher nicht erst auf Konkurrenzebene aus, sondern scheitert bereits im Rahmen der objektiven Zurechnung[534].

255 Umstritten ist, ob die objektive Zurechnung auch dann ausscheidet, wenn der dazwischentretende Dritte lediglich fahrlässig handelt. Dies ist abzulehnen, da man einerseits mit einem fahrlässigen Verhalten anderer eher zu rechnen hat als mit einer vorsätzlichen Rechtsgutsverletzung und andererseits der Bereich strafbaren Verhaltens sonst zu weit eingeschränkt würde[535]. Diskutiert wird eine Einschränkung der objektiven Zurechnung allerdings in denjenigen Fällen, in denen dem Dritten eine grobe Fahrlässigkeit vorzuwerfen ist[536].

§ 12 Subjektiver Tatbestand

Einführende Aufsätze: *Bloy*, Funktion und Elemente des subjektiven Tatbestandes im Deliktsaufbau, JuS 1989, L 1; *Bosch*, Bedingter Vorsatz und Indizienbeweis, JURA 2018, 1225; *Ebert/Kühl*, Das Unrecht der vorsätzlichen Straftat, JURA 1981, 225; *Edlbauer*, Der Stich ins Herz, JA 2008, 725; *Fahl*, Das Ende der Hemmschwellentheorie – Ein Nachruf, JuS 2013, 499; *Geppert*, Zur Abgrenzung von bedingtem Vorsatz und bewusster Fahrlässigkeit, JURA 1986, 610; *ders.*, Zur Abgrenzung von Vorsatz und bewußter Fahrlässigkeit, insbesondere bei Tötungsdelikten, JURA 2001, 55; *Henn*, Der subjektive Tatbestand der Straftat – Teil 1: Der Vorsatzbegriff, JA 2008, 699; *Hermanns/Hülsmann*, Die Feststellung des Vorsatzes bei Tötungsdelikten, JA 2002, 140; *Herzberg*, Die Abgrenzung von Vorsatz und Fahrlässigkeit – ein Problem des objektiven Tatbestandes, JuS 1986, 249; *Jeßberger/Sander*, Der dolus alternativus, JuS 2006, 1065; *Lesch*, Dolus directus, indirectus und eventualis, JA 1997, 802; *Lichtenthäler*, Typische Probleme der sog. Dolus-generalis-Fälle in der juristischen Fallbearbeitung, JuS 2020, 211; *C. Müller*, Die Abgrenzung von dolus eventualis und bewusster Fahrlässigkeit (unter Berücksichtigung der aktuellen Rechtsprechung zur „Hemmschwellentheorie"), JA 2013, 584; *Nicolai*, Die Abgrenzung von bedingtem Vorsatz und bewusster Fahrlässigkeit in der Strafrechtsklausur, JA 2019, 31; *Otto*, Der Vorsatz, JURA 1996, 468; *Rönnau*, Grundwissen – Strafrecht: Vorsatz, JuS 2010, 675; *Samson*, Absicht und direkter Vorsatz im Strafrecht, JA 1989, 449; *Satzger*, Der Vorsatz – einmal näher betrachtet, JURA 2008, 112; *Schroth*, Die Differenz von dolus eventualis und bewußter Fahrlässigkeit, JuS 1992, 1; *Sternberg-Lieben/Sternberg-Lieben*, Vorsatz im Strafrecht, JuS 2012, 884, 976; *Vavra/Holznagel*, Der bedingte Tötungsvorsatz als Klausurproblem, ZJS 2018, 559; *Witzigmann*, Mögliche Funktionen und Bedeutungen des Absichtsbegriffs im Strafrecht, JA 2009, 488.

Übungsfall: *Schramm*, Die Reise nach Bangkok, JuS 1994, 405.

Rechtsprechung: BGHSt 7, 363 – Lederriemen (bedingter Vorsatz); **BGHSt 16, 1** – Fahrkarte (Anforderungen an die Bereicherungsabsicht beim Betrug); **BGHSt 36, 1** – AIDS (Abgrenzung Vorsatz – Fahrlässigkeit); **BGHSt 57, 183** – Rivalisierende Jugendgruppen (Abschied von der „Hemmschwellentheorie"); **BGHSt 65, 42** – Raserfall (dolus eventualis); **BGHSt 65, 231** – Hammer (dolus alternativus); **BGH NStZ 1984, 19** – Zufahren (Abgrenzung Vorsatz – Fahrlässigkeit); **BGH NStZ 1998, 615** – Hooligan (bedingter Vorsatz bei versuchter Anstiftung); **BGH StV 1986, 197** – Einbruch (bedingter Vorsatz bei Mittäterschaft); **BayObLG NJW 1977, 1974** – Untergebener (Parallelwertung in der Laiensphäre).

---

534 Anders *Steinberg/Schönemann*, ZJS 2015, 284 (285).
535 Vgl. hierzu *Kühl*, § 4 Rn. 50; *Maiwald*, JuS 1984, 439 (441); *ders.* JuS 1989, 186 (187); *Puppe*, ZJS 2008, 600 (607 f.); *Rengier*, § 13 Rn. 95; ferner OLG Stuttgart JZ 1980, 618 (619); zum Spezialproblem der Zurechenbarkeit eines ärztlichen Behandlungsfehlers BGH NStZ 2009, 92 (93); *Jäger*, Rn. 49 f., sowie die Übungsfälle bei *Böß*, JA 2012, 348 (352); *Cerny/Makepeace*, JURA 2020, 1128 (1135); *Esser/Beckert*, JA 2012, 590 (594); *Rengier/Braun*, JuS 2012, 999 (1001); vgl. ferner noch unten Rn. 1054.
536 *Rengier/Braun*, JuS 2012, 999 (1001).

I. Grundlagen

Wie bereits mehrfach erwähnt[537], wird heutzutage kaum mehr bestritten, dass sich **256** die tatbestandliche Verwirklichung eines Delikts nicht im Vorliegen des objektiven Tatbestandes erschöpft. Ein Verhalten stellt sich (zumindest beim vorsätzlich begangenen Delikt[538]) nur dann als tatbestandliches Unrecht dar, wenn auch die **subjektiven** Voraussetzungen gegeben sind. Der „**subjektive Tatbestand**" ist somit ein eigenständiger Prüfungspunkt im Rahmen der Prüfung des vorsätzlichen Begehungsdelikts[539].

> **Klausurtipp:** In der Klausur muss daher unter der Überschrift „subjektiver Tatbestand" bei jedem Delikt festgestellt werden, dass der Täter hinsichtlich aller objektiven Tatbestandsmerkmale auch vorsätzlich gehandelt hat. Selbst wenn dies im Einzelfall unproblematisch ist, darf auf diesen Prüfungspunkt nicht verzichtet werden. Allerdings reicht es dann auch aus, das vorsätzliche Verhalten kurz festzustellen. Auf weitergehende Ausführungen kann in diesem Fall verzichtet werden).

Während im **objektiven Tatbestand** eine Prüfung der – regelmäßig im Gesetz **257** näher umschriebenen – objektiven Tatbestandsmerkmale erfolgt, zu denen als ungeschriebene Merkmale[540] bei den Erfolgsdelikten jeweils die Kausalität und die objektive Zurechnung (= die Zurechnung der Tat als Werk des Täters) hinzutreten, sind im Rahmen des **subjektiven Tatbestandes** zwei unterschiedliche Prüfungspunkte beachtlich:

Notwendiger Bestandteil des subjektiven Tatbestandes eines Vorsatzdelikts ist die **258** Feststellung, dass der Täter vorsätzlich im Hinblick auf jedes einzelne (geschriebene oder ungeschriebene) Tatbestandmerkmal gehandelt hat. Dies ergibt sich aus § 15 StGB, der – sofern nicht ausdrücklich fahrlässiges Handeln unter Strafe gestellt ist – das Erfordernis eines Vorsatzes für sämtliche Delikte normiert und „vor die Klammer zieht". Das Erfordernis des Vorsatzes ist daher über § 15 StGB in jedes (Vorsatz)Delikt mit hineinzulesen und somit auch als geschriebenes (subjektives) Tatbestandsmerkmal zu betrachten[541].

Darüber hinaus erfordern manche Tatbestände weitere subjektive Merkmale als **259** konstitutive Bestandteile. Diese müssen – wie die objektiven Tatbestandsmerkmale – im jeweiligen Tatbestand ausdrücklich normiert sein und bestehen in der Regel aus einer besonderen Absicht, aus einem speziellen Wissen oder sonstigen Motiven des Täters[542].

Diese zuletzt genannten besonderen subjektiven Tatbestandsmerkmale sind dabei **260** zumeist (wie die Absicht oder die Wissentlichkeit) besonders starke Ausprägungen des Vorsatzes und regelmäßig bezogen auf einzelne Tatbestandsmerkmale. Dagegen handelt es sich bei den besonderen Motiven des Täters um eigenständige Erscheinungsformen.

> **Bsp.:** Eine besondere Absicht wird z.B. gefordert beim Diebstahl, § 242 StGB (Absicht rechtswidriger Zueignung), und beim Betrug, § 263 StGB (Absicht der Verschaffung

---

537 Vgl. hierzu bereits oben Rn. 101 f.
538 Vgl. zu den Besonderheiten beim Fahrlässigkeitsdelikt unten Rn. 1018.
539 Zum Meinungsstreit um die deliktssystematische Einordnung des Vorsatzerfordernisses ausführlich *Kindhäuser/Zimmermann*, § 13 Rn. 7 f.; ferner *Seher*, JuS 2009, 1 (6); a. M. *Baumann/Weber/Mitsch*, 11. Aufl., § 12 Rn. 5.
540 Vgl. zu den wenigen Fällen ungeschriebener Tatbestandsmerkmale oben Rn. 123 f.
541 Vgl. hierzu *Bloy*, JuS 1989, L 1 (L 2); *Kühl*, § 5 Rn. 2; *Warda*, JURA 1979, 1 (2).
542 Vgl. hierzu auch die Übungsfälle bei *Hohn*, JuS 2004, 982 (982 f.); *Poller/Härtl*, JuS 2004, 1075 (1076).

eines rechtswidrigen Vermögensvorteils). Eine besondere Wissentlichkeit ist bei der Verleumdung, § 187 StGB, notwendig (Handeln „wider besseres Wissen"), während beim Mord, § 211 StGB, u. a. mit der Habgier und den sonstigen niedrigen Beweggründen eine besondere Motivation des Täters im Rahmen des subjektiven Tatbestandes Berücksichtigung findet. Letzteres ist allerdings nicht unbestritten. Teilweise werden diese besonderen Motivationslagen nicht als unrechtserhöhend, sondern als schulderhöhend angesehen und daher als „spezielle Schuldmerkmale" in der Schuld geprüft[543]. Sie seien lediglich Ausdruck eines besonderen Gesinnungsunrechts[544]. Dies ist allerdings abzulehnen, da es nicht einzusehen ist, warum das Vorliegen objektiver Mordmerkmale (wie z. B. der Heimtücke) das Unrecht der Tat steigern, bei den subjektiven Merkmalen aber der Täter eines Mordes lediglich das gleiche Unrecht verwirklichen soll wie beim Totschlag[545].

II. Vorsatz und Fahrlässigkeit

261 Wie bereits mehrfach erwähnt, ist der Vorsatz gemäß § 15 StGB notwendiger Bestandteil eines jeden Delikts, sofern nicht ausdrücklich eine **Fahrlässigkeitsbestrafung** angeordnet ist. **Vorsatz** und **Fahrlässigkeit** schließen sich dabei notwendigerweise aus. Man kann also bzgl. derselben Tat (d. h.: durch dieselbe Handlung) im Hinblick auf denselben Tatbestand und in Bezug auf dasselbe Objekt bzw. Tatopfer nicht gleichzeitig **vorsätzlich** und **fahrlässig** handeln[546].

> **Bsp.:** Anton schlägt Bruno von hinten ein Beil über den Kopf. Dabei will er ihn erheblich verletzen. Töten will er ihn zwar eigentlich nicht, er rechnet aber durchaus auch damit, dass sein Hieb tödliche Folgen haben könnte, was ihm aber gleichgültig ist. – Anton hat hier entweder eine vorsätzliche oder eine fahrlässige Tötung begangen. Ist man der Ansicht, dass die Gleichgültigkeit hinsichtlich des tödlichen Erfolges bereits ein (bedingt) vorsätzliches Verhalten darstellt, dann liegt ein Vorsatzdelikt vor. Eine Fahrlässigkeitsbestrafung kann dann nicht erfolgen. Lehnt man diese Ausdehnung des Vorsatzes auf gleichgültige Verhaltensweisen ab, so kann man Anton nur wegen einer Fahrlässigkeitstat bestrafen. In der gerichtlichen Praxis (und den Übungsarbeiten) muss hier in jedem Fall eine Entscheidung getroffen werden. Offen lassen darf man die Frage nicht[547].

262 Möglich ist es jedoch, dass ein Täter im Rahmen einer Tat zugleich einen Tatbestand vorsätzlich, einen anderen jedoch fahrlässig erfüllt.

> **Bsp.:** Sepp sitzt vor seinem Bauernhof und vespert. Toni will Sepp schon lange umbringen und nutzt nun diese Gelegenheit. Er löst die Handbremse eines am Hang abgestellten Kleintransporters, sodass dieser die Straße hinunterrollt und, wie geplant, den Sepp erfasst und tötet. Danach explodiert der Wagen, als er mit der Mauer der Scheune kollidiert, wodurch der gesamte Bauernhof in Brand gerät. Dies hat Toni nicht vorher-

---

543 So z. B. *Gerhold*, JA 2019, 81 (82); *ders.*, JA 2019, 721 (728); MüKo-*Joecks/Scheinfeld*, 4. Aufl., § 29 Rn. 3 ff.; *Roxin/Greco*, AT I, § 10 Rn. 73 ff.; *Schönke/Schröder-Eser/Sternberg-Lieben*, § 211 Rn. 6; *Wagemann*, JURA 2006, 867 (871); *Wessels/Beulke/Satzger*, Rn. 673; zu den speziellen Schuldmerkmalen vgl. noch unten Rn. 544 f.
544 Vgl. zum Gesinnungsunwert oben Rn. 156.
545 So im Ergebnis auch BGHSt 1, 368 (370 f.); *Krey/Esser*, Rn. 375.
546 *Schönke/Schröder-Sternberg-Lieben/Schuster*, § 15 Rn. 3; vgl. allerdings auch NK-*Puppe*, Vor §§ 13 ff. Rn. 154, § 15 Rn. 5; *Puppe*, § 7 Rn. 2, nach der das Vorsatzdelikt sämtliche Elemente eines Fahrlässigkeitsdelikts enthält; nach *Rönnau*, JuS 2010, 675 verwirklicht der Vorsatztäter im Vergleich zum Fahrlässigkeitstäter jedenfalls qualitativ gesteigertes (Verhaltens-)Unrecht; nach *Freund/Rostalski*, § 7 Rn. 39; *Freund/Rostalski*, JZ 2020, 241 (242 f.); MüKo-*Freund*, 4. Aufl., Vor §§ 13 ff. Rn. 299; *Rostalski*, GA 2016, 73 (83) stehen dagegen Vorsatz und Fahrlässigkeit in einem „Plus-Minus-Verhältnis".
547 Zur (im Einzelfall mitunter sehr schwierigen) Abgrenzung von Vorsatz und Fahrlässigkeit vgl. unten den Problemschwerpunkt 2, Rn. 298 ff.

gesehen, vielmehr hat er geglaubt und gehofft, der Kleintransporter würde im Acker landen. – Neben der vorsätzlichen Tötung des Sepp, § 212 StGB (in Frage kommt auch ein heimtückischer Mord, § 211 StGB), und der vorsätzlichen Sachbeschädigung am Auto, § 303 StGB, hat Bruno sich hier wegen einer fahrlässigen Brandstiftung, § 306d StGB, strafbar gemacht.

Möglich ist es ferner auch, dass ein Täter im Rahmen einer Tat denselben Tatbestand hinsichtlich einer Person vorsätzlich, hinsichtlich einer anderen Person jedoch fahrlässig erfüllt. **263**

Bsp.: Bruno sieht Anton in seinem neuen Ferrari an sich vorbeibrausen. Er zückt sein Gewehr und erschießt ihn. Der nun führerlose Wagen kommt ins Schleudern und überrollt den zufällig vorbeikommenden Passanten Paul. Damit hat Bruno nicht gerechnet. – Hier ist Bruno strafbar wegen einer vorsätzlichen Tötung Antons, § 212 StGB (bzw. wegen eines vorsätzlichen Mordes, § 211 StGB). Hinzu kommt eine Strafbarkeit wegen einer fahrlässigen Tötung Pauls, § 222 StGB.

III. Der Begriff des Vorsatzes

1. Vorsatz als Wissen und Wollen der Tatbestandsverwirklichung

Das Strafgesetzbuch definiert an keiner Stelle, was genau unter dem Begriff des Vorsatzes zu verstehen ist. Es ist jedoch weitgehend anerkannt, dass sich der Vorsatz aus zwei Elementen zusammensetzt, die kumulativ vorliegen müssen: **Vorsatz ist Wissen und Wollen der Tatbestandsverwirklichung**[548]. **264**

Man muss also sowohl Kenntnis hinsichtlich aller objektiven Tatumstände haben (= Wissen) und zudem die Verwirklichung des gesetzlichen Tatbestandes auch wollen. Allerdings ist darauf hinzuweisen, dass das „Wollen" in erster Linie nur die Tathandlung und den Taterfolg umfassen kann, im Hinblick auf weitere Tatbestandsmerkmale oftmals aber schon begrifflich kaum möglich ist[549]. **265**

So muss sich das Wissen und Wollen beim Diebstahl, § 242 StGB, zwar auf die Wegnahme erstrecken, hinsichtlich der Fremdheit, der Beweglichkeit und der Sacheigenschaft reicht jedoch das Wissen aus – wer den Geldbeutel eines anderen wegnimmt kann schlecht „wollen", dass es sich dabei um eine fremde Sache handelt, es reicht aus, dass er weiß, dass der Geldbeutel eine Sache ist, die nicht in seinem (Allein-)Eigentum steht – wenn Anton auf Bruno schießt, so kann er zwar wollen, dass Bruno tödlich verletzt wird (oder dies billigend in Kauf nehmen), er kann aber schlecht „wollen", dass es sich bei Bruno um einen Menschen handelt.

Ferner ist es entscheidend, dass sich das Wissen und Wollen nicht abstrakt auf die Tat als solche beziehen, sondern vielmehr jeden einzelnen Umstand (d. h. jedes einzelne Tatbestandsmerkmal) erfassen muss, der zur Verwirklichung eines bestimmten Tatbestandes führt. Bezugspunkte des Vorsatzes sind also die **Umstände,** **266**

---

548 Vgl. hierzu RGSt 44, 324 (327); RGSt 51, 305 (311); BGHSt 19, 79 (80); BGHSt 36, 1 (10 f.); BGH NStZ 1988, 175; *Krey/Esser*, Rn. 377; *Kühl*, § 5 Rn. 6; *Otto*, § 7 Rn. 3; *ders.*, JURA 1999, 468; *Rengier*, § 14 Rn. 5; *Rönnau*, JuS 2010, 625 (626); *Roxin/Greco*, AT I, § 10 Rn. 62; § 12 Rn. 4; *Schönke/Schröder-Sternberg-Lieben/Schuster*, § 15 Rn. 9; kritisch allerdings *Freund/Rostalski*, § 7 Rn. 41; *Putzke*, JURA 2017, 344 (348 Fn. 25). Die Frage spielt insbesondere bei der schwierigen Abgrenzung von Vorsatz und Fahrlässigkeit eine Rolle. Nach einer Ansicht ist hier auf ein besonderes Willenselement zu verzichten; vgl. hierzu ausführlich den Problemschwerpunkt 2, unten Rn. 298 ff.
549 Vgl. *Henn*, JA 2008, 699 (700); *Kühl*, § 5 Rn. 6; *Rönnau*, JuS 2010, 625 (626); *Schönke/Schröder-Sternberg-Lieben/Schuster*, § 15 Rn. 67; anders *Jakobs*, 8/16; LK-*Schroeder*, 11. Aufl., § 16 Rn. 78; hierzu *Hoyer*, GA 2021, 367 (370).

die zum gesetzlichen Tatbestand gehören[550]. Dies ergibt sich bereits aus § 16 Abs. 1 StGB, der klarstellt, dass bereits das Fehlen der Kenntnis eines solchen Umstandes den Vorsatz in Bezug auf das ganze Delikt ausschließt[551]. Zu den Umständen, die zum gesetzlichen Tatbestand gehören, zählen sowohl die geschriebenen als auch die ungeschriebenen Tatbestandsmerkmale, bei Erfolgsdelikten also insbesondere auch die Kausalität und die objektive Zurechnung.

> **Bsp.:** Anton besucht eine Party des Bruno. Als er nach Hause gehen will, vermisst er seinen Schirm. Nachdem er eine Weile gesucht hat, findet er in Brunos Besenkammer einen ähnlich aussehenden Schirm. Da er irrtümlich glaubt, es handle sich um seinen eigenen Schirm, den Bruno vor ihm versteckt hat, um ihn für sich zu behalten, nimmt er ihn an sich und bringt ihn nach Hause. – Hier ist der objektive Tatbestand eines Diebstahls, § 242 StGB, erfüllt. Anton hat eine fremde bewegliche Sache weggenommen. Der Diebstahl darf nun nicht schlicht „mangels Vorsatz" abgelehnt werden. Es muss vielmehr deutlich gemacht werden, dass Anton lediglich keinen Vorsatz hinsichtlich der Fremdheit des Schirms hatte, da er davon ausging, es handle sich um seinen eigenen. Dagegen wusste er, dass der Schirm eine bewegliche Sache war. Auch hatte er Vorsatz bzgl. der Wegnahme (= Bruch fremden und Begründung neuen Gewahrsams), da er wusste, dass er den Schirm gegen Brunos Willen aus dessen Herrschaftsbereich in seinen eigenen überführte. Genau dies wollte er auch.

267 Dabei wird sich aus dem Wissen regelmäßig auch das Wollen ergeben. Wer weiß, dass eine Handlung ein bestimmtes Tatbestandsmerkmal erfüllt, der wird dies, wenn er die Handlung dennoch vornimmt, üblicherweise auch wollen. Denn würde der Täter die Erfüllung des jeweiligen Tatbestandsmerkmals nicht wollen, dann könnte er die Handlung auch unterlassen. Daher gibt es einige Stimmen in der Literatur, die grundsätzlich bestreiten, dass neben dem Wissen um die Erfüllung eines Tatbestandsmerkmals dem Wollen noch eine eigenständige Funktion zukommt[552]. Dem ist jedoch zu widersprechen. Es gibt nämlich durchaus Fallkonstellationen, in denen Wissen und Wollen nicht unbedingt parallel laufen, weshalb auch die überwiegende Ansicht zu Recht auf dem Vorliegen beider Elemente beharrt[553]. Dies wird insbesondere im Bereich der Unterlassungsdelikte deutlich, kann aber auch in Fällen des aktiven Tuns vorliegen, wenn der Täter zwar um die Gefährlichkeit seines Verhaltens weiß, aber auf einen „guten Ausgang" vertraut.

> **Bsp. (für den Bereich des Unterlassens):** Anton will nach der Arbeit schnell mit dem Auto nach Hause fahren. Infolge einer Nachlässigkeit kollidiert er dabei mit dem Fahrradfahrer Bruno, der verletzt auf der Straße liegen bleibt. Obwohl Anton davon ausgeht, dass Bruno möglicherweise Hilfe braucht, fährt er weiter in der Hoffnung, es würde schon nicht so schlimm sein. Zudem hofft er, dass Bruno durch einen anderen Autofahrer gefunden und gerettet wird. – Hier wusste Anton, dass er durch seine verweigerte Hilfe möglicherweise einen sonst noch abwendbaren Tod Brunos verursachen könnte. Ihm war die Gefährlichkeit seines Handelns also durchaus bekannt. Dennoch wollte

---

[550] Hierzu *Kühl*, § 5 Rn. 13; *Sternberg-Lieben/Sternberg-Lieben*, JuS 2012, 884 (884 ff.); insoweit scheiden objektive Bedingungen der Strafbarkeit als Bezugspunkte des Vorsatzes aus; zu den objektiven Bedingungen der Strafbarkeit vgl. oben Rn. 133 f.
[551] Vgl. dazu, dass der Wortlaut des § 16 Abs. 1 StGB unglücklich gewählt ist, da die notwendige „Kenntnis" eines Umstandes den lediglich bedingten Vorsatz („Fürmöglichhalten") an sich ausschließt und bei Erfolgsdelikten der erst künftig eintretender Erfolg zum Zeitpunkt der Tathandlung an sich noch nicht „gekannt" werden kann, *Walter*, KriPoZ 2018, 39.
[552] Vgl. u. a. *Herzberg*, JuS 1986, 249; *Schumann*, JZ 1989, 427 (430 f.); ausführlich hierzu der Problemschwerpunkt 2, Ansicht 1, unten Rn. 299.
[553] Vgl. nur *Bloy*, JuS 1989, L 1 (L 3); *Kühl*, § 5 Rn. 11 ff.; ausführlich hierzu der Problemschwerpunkt 2, Ansicht 2, unten Rn. 300.

er den Erfolg (= Tod des Bruno) nicht. Wissen und Wollen können also auseinander fallen[554].

Bsp. (für den Bereich des aktiven Tuns): Fabrikant Fritz stellt Lacke und Farben her und vertreibt diese. Die erforderlichen Kontrollen unterlässt er. Zwar geht er davon aus, dass die Verwendung seiner Produkte bei den Konsumenten möglicherweise gesundheitliche Schäden verursachen könnte, die sich durch die (teuren aber erforderlichen) Kontrollen verhindern ließen. Er vertraut jedoch darauf, dass „schon alles in Ordnung" gehen und nichts passieren würde. Konsument Karl erleidet infolge der Verwendung des Produktes gesundheitliche Schäden. Hätte eine ordnungsgemäße Kontrolle stattgefunden, wäre das Produkt nicht auf den Markt gelangt. – Auch hier wusste Fritz um die Gefährlichkeit des (unkontrollierten) Vertriebs, rechnete auch mit möglichen Schäden, „wollte" diese aber an sich nicht und vertraute pflichtwidrig auf einen glimpflichen Ausgang.

268 Diese beiden Elemente des Vorsatzes sind insbesondere im Rahmen der oftmals schwierigen **Abgrenzung von Vorsatz und Fahrlässigkeit** sauber auseinander zu halten und zu erörtern (was in Übungsarbeiten oftmals nicht geschieht)[555].

2. Das Wissenselement (der kognitive Bereich)

269 Das Wissenselement ist bei der Prüfung des Vorsatzes logisch vorrangig[556]. Nur das, was man weiß, kann man auch wollen. Es ist somit zu fragen, ob der Täter die konkreten Umstände kannte, die zur Verwirklichung eines bestimmten Tatbestandsmerkmals führten. Dabei sind mehrere Abstufungen – vom sicheren Wissen bis zum bloßen „Für-Möglich-Halten" – denkbar, die teilweise unterschiedliche rechtliche Folgen nach sich ziehen[557]. In der juristischen Praxis müssen hierzu vielfach umfassende Ermittlungen angestellt werden (insbesondere dann, wenn der Angeklagte von seinem Schweigerecht Gebrauch macht). In juristischen Übungsarbeiten, in denen der Sachverhalt regelmäßig „aufbereitet" ist und insoweit zweifelsfrei feststeht, müssen sich entsprechende Angaben im **Sachverhalt** wieder finden. Dies kann entweder ausdrücklich geschehen oder aber in Form von Indizien, die – oftmals auch unter Berücksichtigung der allgemeinen Lebenserfahrung – **auszulegen** sind[558].

Bsp. (1): „Anton sticht Bruno ein Messer in Tötungsabsicht in den Bauch". – Aus dieser Formulierung ist eindeutig auf einen Tötungsvorsatz (hier sogar in Form der Absicht) zu schließen.

Bsp. (2): „Anton stößt, ohne es zu wollen, eine Kerze um, die das Haus in Brand setzt". – Hier findet sich im Sachverhalt ein ebenso deutlicher Hinweis darauf, dass ein Vorsatz des Täters fehlt („ohne es zu wollen").

Bsp. (3): „Anton steht an einem einsamen Bergsee und stößt Bruno, von dem er weiß, dass er Nichtschwimmer ist, ins tiefe Wasser". – Hier findet sich im Sachverhalt keine eindeutige Angabe hinsichtlich eines möglichen Tötungsvorsatzes. Eine lebensnahe Auslegung ergibt jedoch, dass derjenige, der unter den geschilderten Umständen einen Nichtschwimmer ins tiefe Wasser stößt, sich später nicht damit herausreden kann, er hätte nicht gewusst, dass dieses Verhalten lebensgefährliche Folgen haben kann. Hier

---

554 Dennoch neigt die Rechtsprechung in der genannten Konstellation weitgehend zur Annahme eines Vorsatzes; vgl. BGH NJW 1992, 583; zu dieser Problematik vgl. ferner unten Rn. 304.
555 Vgl. zur Abgrenzung von Vorsatz und Fahrlässigkeit ausführlich den Problemschwerpunkt 2, unten Rn. 298 ff.
556 *Henn*, JA 2008, 699 (702); *Rönnau*, JuS 2010, 675.
557 Vgl. hierzu noch unten Rn. 275 ff.
558 Vgl. hierzu mit weiteren Beispielen *Kühl*, § 5 Rn. 89; ferner den Übungsfall bei *Bung*, JA 2007, 868 (872).

konnte Anton also mit einem tödlichen Ausgang rechnen, auch wenn dies im Sachverhalt nicht eindeutig wiedergegeben wurde. Ob er einen entsprechenden tödlichen Ausgang auch wollte bzw. wenigstens billigend in Kauf nahm, ergibt sich hieraus jedoch noch nicht. Dies kann letztlich nur aus dem Wissen um die hohe Gefährlichkeit seines Tuns geschlossen werden.

270 Für den **Wissensbereich** ist – insbesondere im Hinblick auf die später noch zu behandelnden Irrtumsfragen[559] – lediglich erforderlich, dass der Täter die tatsächlichen Umstände kannte (vgl. auch § 16 Abs. 1 StGB). Er muss also nicht positiv wissen, dass er ein gesetzliches Tatbestandsmerkmal erfüllt[560]. Eine **rechtlich zutreffende Subsumtion** ist daher nicht notwendig.

> **Bsp.:** Anton schießt aus seinem Fenster auf die Hühner seines Nachbarn. Später beruft er sich darauf, er könne gar keine Sachbeschädigung begangen haben, da Tiere keine Sachen seien. Eine „Tierbeschädigung" aber könne er im StGB nicht finden. – Hier hat Anton die tatsächlichen Umstände (Tötung der Hühner) vollständig erfasst. Dass er eine rechtlich falsche Wertung vornahm, also den Begriff „Sache" falsch definierte, bzw. zwar richtig definierte (Sache als körperlicher Gegenstand), aber dann falsch subsumierte (Hühner sind keine körperlichen Gegenstände), ist unbeachtlich. Man spricht in diesen Fällen vom bloßen – unbeachtlichen – Subsumtionsirrtum[561].

271 Handelt es sich um eher **normativ geprägte Tatbestandsmerkmale** (d. h. solche, die neben einem deskriptiven Gehalt auch eine normative Wertung erfordern[562]), muss der Täter, um vorsätzlich zu handeln, nach herrschender Ansicht zusätzlich den Bedeutungsinhalt des Begriffs im Wege einer **„Parallelwertung in der Laiensphäre"** richtig erkannt haben. Diese – schwierige – Problematik soll an späterer Stelle im Rahmen der Behandlung des Tatbestandsirrtums noch ausführlich dargestellt werden[563].

3. Das Wollenselement (der voluntative Bereich)

272 In einem zweiten Schritt ist anschließend festzustellen, ob und inwieweit der Täter die als sicher, möglich oder wahrscheinlich erkannte Tatbestandsverwirklichung auch wollte, eventuell sogar gerade beabsichtigte oder zumindest billigend in Kauf nahm. Auch hier sind also verschiedene Abstufungen möglich[564].

273 Dabei wird man aus dem Vorliegen des Wissenselements zumeist auch auf das Wollen schließen können. Dies ist jedoch – wie bereits oben angesprochen[565] – nicht immer der Fall. Insbesondere ist der Wollensbereich dann gesondert zu untersuchen, wenn lediglich eine gewisse Möglichkeit der Tatbestandserfüllung, also ein gewisser Grad der Gefährdung gegeben ist.

> **Bsp. (1):** Anton schlägt Bruno eine Bierflasche über den Kopf. Bruno stirbt. Anton lässt sich dahingehend ein, er habe Bruno an sich nur verletzen wollen.
>
> **Bsp. (2)**[566]**:** Rudi und Toni werfen Brandsätze („Molotow-Cocktails") auf ein Asylbewerberheim, wobei sie in erster Linie Aufsehen erregen wollen. Zwar rechnen sie mit der

---

559 Vgl. hierzu bereits oben Rn. 266 sowie unten Rn. 1073 ff.
560 Vgl. hierzu auch *Puppe*, § 8 Rn. 3.
561 Vgl. hierzu noch ausführlich unten Rn. 1078 ff.
562 Vgl. zu den Begriffen „deskriptive" und „normative" Tatbestandsmerkmale oben Rn. 125 ff. und unten Rn. 1081 ff.
563 Vgl. hierzu unten Rn. 1081 ff.
564 Vgl. hierzu noch unten Rn. 275 ff.
565 Vgl. oben Rn. 267.
566 Vgl. hierzu auch den Übungsfall bei *Ellbogen*, JURA 1998, 483.

Möglichkeit, dass dadurch Menschen gefährdet werden können, machen sich hierüber aber keine weiteren Gedanken. Durch den Brand sterben zwei Menschen.

Bsp. (3)[567]: Anton hat erfahren, dass er mit HIV infiziert ist. Er wird von seinem Arzt über die möglichen Folgen umfassend aufgeklärt. Dennoch übt er auch weiterhin mit mehreren Partnern ungeschützten Geschlechtsverkehr aus, ohne diesen etwas von seiner Infizierung zu erzählen. Einer der Betroffenen infiziert sich und stirbt später an AIDS. Anton meint, er sei davon ausgegangen, es würde „schon nichts passieren".

Bsp. (4): Bruno überfährt in betrunkenem Zustand den Mofafahrer Manfred. Obwohl er mit der Möglichkeit rechnet, dass dieser schwer verletzt ist und sterben könnte, kümmert er sich um nichts und fährt weiter. Dabei hofft er, dass Passanten den Manfred finden und retten würden. Dies ist jedoch nicht der Fall. Manfred stirbt. Er hätte bei einem sofortigen Einschreiten des Bruno gerettet werden können.

274 Gerade in diesem Bereich wird die Abgrenzung von bedingtem Vorsatz und bewusster Fahrlässigkeit oftmals schwer zu treffen sein[568]. Relevant wird dies nicht nur für die Frage des anzuwendenden Tatbestandes (hier: vorsätzlicher Totschlag, § 212 StGB, oder fahrlässige Tötung, § 222 StGB), sondern vor allem auch dann, wenn der tatbestandliche Erfolg nicht eingetreten ist. Während bei Annahme eines (Tötungs)Vorsatzes wegen eines versuchten Delikts zu bestrafen ist, bleibt der Täter im Falle der Annahme bloßer Fahrlässigkeit straffrei, da der Versuch eines Fahrlässigkeitsdelikts nicht strafbar ist[569]. Bevor auf die Abgrenzung von Vorsatz und Fahrlässigkeit näher eingegangen wird, sollen jedoch vorab zum besseren Verständnis die verschiedenen Vorsatzarten dargestellt werden.

IV. Arten des Vorsatzes

275 Je nachdem, wie stark die eben dargestellten Elemente des Wissens und Wollens ausgeprägt sind, kann man zwischen verschiedenen Vorsatzarten unterscheiden[570]. Dabei ist davon auszugehen, dass sowohl im Wissens- als auch im Wollensbereich drei verschiedene Grenzwerte möglich sind, zwischen denen jedoch graduelle Abstufungen möglich sind.

276 Im **Wissensbereich** sind Abstufungen[571] denkbar vom a) sicheren Wissen um die Tatbestandsverwirklichung über das b) Für-möglich-Halten (= der Täter rechnet damit, dass er den Tatbestand erfüllt, bzw. hält dies für wahrscheinlich) – bis hin zum c) Nichtwissen (= der Täter rechnet nicht im Geringsten damit, den gesetzlichen Tatbestand zu erfüllen).

277 Im **Wollensbereich** kann differenziert werden zwischen a) dem zielgerichteten Wollen (= dem Täter kommt es gerade darauf an, einen Tatbestand bzw. ein Tatbe-

---

567 Fall in Anlehnung an BGHSt 36, 1; der BGH nahm hier bedingten Körperverletzungsvorsatz an, lehnte aber bedingten Tötungsvorsatz mit der Begründung ab, der Täter habe in Anbetracht der langen Inkubationszeit auf die Entwicklung eines Heilmittels vertrauen dürfen; hierzu *Eberbach*, JR 1986, 230; *Frisch*, JuS 1990, 362; MüKo-*Schneider*, 4. Aufl., § 212 Rn. 57 ff.; *C. Müller*, JA 2013, 584 (586 ff.); NK-*Neumann/Saliger*, § 212 Rn. 17; *Prittwitz*, JA 1988, 427, 486; *Puppe*, § 9 Rn. 22 ff.; SK-*Sinn*, § 212 Rn. 37 ff.; vgl. ferner BGHSt 36, 262 (266 f.); LG Nürnberg-Fürth NJW 1988, 2311; LG Würzburg JuS 2007, 772; vgl. auch die Übungsfälle bei *Marxen*, Fall 6a; *Schramm*, JuS 1994, 405.
568 Vgl. zu dieser Abgrenzung ausführlich den Problemschwerpunkt 2, unten Rn. 298 ff.
569 Vgl. hierzu näher unten Rn. 990 f.
570 Vgl. hierzu auch BGH NStZ 2017, 216 (217).
571 Vgl. auch die etwas andere Einteilung bei *Samson*, JA 1989, 449; *Schünemann*, GA 1985, 341 (364); vgl. auch *Henn*, JA 2008, 699 (701).

standsmerkmal zu erfüllen) – b) dem bloßen „In-Kauf-Nehmen" eines Erfolges und c) dem Nichtwollen[572].

278 Diese Elemente sind nun beliebig kombinierbar. Unproblematisch dem Bereich des Vorsatzes zuzuordnen sind die Fälle, in denen der Täter um die Tatbestandserfüllung sicher weiß und diese auch will. Problematisch sind diejenigen Fälle, in denen im Wissens- oder Wollensbereich Defizite festzustellen sind. Dabei kann allerdings ein sicheres Wissen auch Defizite im Wollensbereich ausgleichen, während ein zielgerichtetes Wollen Defizite im Wissensbereich auszugleichen vermag[573]. Lediglich dann, wenn der Täter sowohl im Wissens- als auch im Wollensbereich Defizite aufweist, ist eine Abgrenzung zur (bewussten) Fahrlässigkeit erforderlich[574]. Hieraus ergeben sich die nachfolgenden Arten des Vorsatzes. Allerdings ist darauf hinzuweisen, dass üblicherweise, d. h. wenn der Tatbestand keine Sonderregelungen enthält, jede Form des Vorsatzes (also auch bedingter Vorsatz) ausreicht, um den Anforderungen des § 15 StGB zu genügen und eine Verurteilung wegen einer vorsätzlichen Straftat zu ermöglichen.

1. Wissentlichkeit

279 Dominiert das Wissen darüber, dass der tatbestandsmäßige Erfolg eintreten wird, liegt selbst dann, wenn dem Täter der Erfolg eigentlich unangenehm ist oder er den Erfolg nicht will, ein **vorsätzliches Verhalten** vor[575].

> **Bsp.**[576]: Anton will sein gegen Feuer versichertes Haus in Brand setzen, um die Versicherungssumme zu kassieren. Er weiß dabei, dass seine Großmutter Gerda, die im 4. Stock wohnt und seit Jahren das Haus nicht mehr verlassen hat, dabei den sicheren Tod finden wird. Dies ist ihm höchst unangenehm, weshalb er bislang auch immer gezögert hat. Als die finanziellen Schwierigkeiten jedoch noch weiter zunehmen, entschließt er sich dennoch zur Tat. Gerda stirbt. – Obwohl ihm der Tod Gerdas höchst unangenehm war, handelte Anton dennoch mit sicherem Wissen, dass sie infolge seines Verhaltens sterben würde. Dies reicht für den Vorsatz aus.

280 Dieses **sichere Wissen um die Erfolgsherbeiführung** (zuweilen spricht man hier vom **dolus directus 2. Grades** oder dem **„direkten Vorsatz"**[577]) ist mehr als der bloße Vorsatz. Im StGB finden sich Tatbestände, die gerade dieses gesteigerte Wissen als besonderes Erfordernis verlangen.

> So verlangt die Falsche Verdächtigung, § 164 StGB, ebenso wie die Verleumdung, § 187 StGB, ein Handeln wider besseren Wissens; die Strafvereitelung, § 258 Abs. 1 StGB, enthält sowohl das sogleich noch darzustellende Absichts- als auch das Wissensmerkmal indem hier gefordert wird: *„Wer absichtlich oder wissentlich [...]"*.

---

572 Vgl. wiederum die etwas andere Abstufung bei *Samson*, JA 1989, 449; *Schünemann*, GA 1985, 341 (364).
573 Anders selbstverständlich diejenigen, die das Erfordernis eines Wollenselementes im Rahmen des Vorsatzes leugnen; vgl. *Puppe*, 1. Aufl., AT 1, § 16 Rn. 6 ff.; § 21 Rn. 5.
574 Vgl. hierzu den Problemschwerpunkt 2, unten Rn. 298 ff.
575 Hierzu BGH NStZ-RR 2006, 174 (175); *Bloy*, JuS 1989, L 1 (L 3); *Jakobs*, 8/18; *Jescheck/Weigend*, § 29 III 2; *Kühl*, § 5 Rn. 38 ff.; LK-*Vogel/Bülte*, 13. Aufl., § 15 Rn. 91 ff.; MüKo-*Joecks/Kulhanek*, 4. Aufl., § 16 Rn. 26 ff.; *Sternberg-Lieben/Sternberg-Lieben*, JuS 2012, 976 (977 ff.); vgl. ferner die Übungsfälle bei *Schulz*, JuS 1990, 654 (657); *Steinberg/Lachenmaier*, ZJS 2012, 649 (650).
576 Vgl. zu diesem Fall auch *Krey/Esser*, Rn. 384.
577 Vgl. zur Terminologie auch *Kühl*, § 5 Rn. 32; *Lesch*, JA 1997, 802 (805); *Otto*, § 7 Rn. 31, 33; *Samson*, JA 1989, 449 (450).

2. Absicht

Dominiert hingegen das Wollenselement, liegt also ein zielgerichtetes Wollen im Hinblick auf die Erfüllung des Tatbestandes bzw. einzelner Tatbestandsmerkmale vor, so ist – unabhängig vom Grad des Wissens, d. h. selbst dann, wenn der Täter den tatbestandlichen Erfolg nur für „möglich" oder gar für unwahrscheinlich hält – eine **Absicht** gegeben[578]. In diesen Fällen ist die Erfüllung des Tatbestandsmerkmals Hauptzweck des Täters. Es kommt ihm gerade darauf an (dagegen ist bei der Wissentlichkeit und dem bedingten Vorsatz die Tatbestandserfüllung oftmals ein bloßer Nebenzweck oder eine Nebenfolge).

281

> Bsp.: Anton ist ein furchtbar schlechter Schütze und hat zudem seine Brille nicht auf. Dennoch ist er fest entschlossen, Rudi, den Liebhaber seiner Frau, zu töten, sobald dieser das Gartentor durchschreitet. Als Rudi kommt, schießt er auf ihn, obwohl er davon ausgeht, er müsse schon großes Glück haben, um zu treffen. Er hat jedoch Glück und trifft Rudi, welcher auf der Stelle verstirbt. – Obwohl im Wissensbereich einige Defizite zu verzeichnen sind (Anton hielt die Tatbestandserfüllung für nicht sehr wahrscheinlich), reicht dies für ein vorsätzliches Verhalten aus. Es liegt hier ein (Tötungs-)Vorsatz in der Form von „Absicht" vor[579].

Diese **Absicht** als zielgerichtetes Wollen (zuweilen wird hier auch von **dolus directus 1. Grades** gesprochen[580]) ist dabei ebenfalls mehr als nur bloßer Vorsatz. Manche Tatbestände verlangen (entweder ausdrücklich oder aber aufgrund bestimmter Formulierungen) gerade eine solche Absicht[581]. In diesen Fällen reicht dann jedenfalls dolus eventualis nicht aus[582].

282

> Eine besondere Absicht wird z. B. gefordert beim Diebstahl, § 242 StGB (Absicht rechtswidriger Zueignung), und beim Betrug, § 263 StGB (Absicht der Verschaffung eines rechtswidrigen Vermögensvorteils)[583]. In § 88 Abs. 1 StGB, Verfassungsfeindliche Sabotage, wird eine „absichtliche Tatbegehung" verlangt. Darüber hinaus verlangen manche Tatbestände, dass der Täter handeln müsse, um ein bestimmtes Ziel zu erreichen, was durch die Formulierung „um zu" hervorgehoben wird (Bsp.: § 211 StGB, Mord: *„um eine andere Straftat zu ermöglichen"*; § 265 StGB, Versicherungsmissbrauch: *„um sich oder*

---

578 BGHSt 21, 283 (284 f.); BGHSt 35, 325 (327); *Bloy*, JuS 1989, L 1 (L 3); *Jescheck/Weigend*, § 29 III 1; *Kühl*, § 5 Rn. 33; *Lesch*, JA 1997, 802 (806); LK-*Schroeder*, 11. Aufl., § 16 Rn. 79; *Rengier*, § 14 Rn. 7; *Rönnau*, JuS 2010, 675 (677); *Samson*, JA 1989, 449 (450 f.); *Sternberg-Lieben/Sternberg-Lieben*, JuS 2012, 976 (977); *Wessels/Beulke/Satzger*, Rn. 325 ff.; *Witzigmann*, JA 2009, 488 (490); grundsätzlich anders NK-*Puppe*, § 15 Rn. 106 ff.; vgl. auch den Übungsfall bei *Sternberg-Lieben*, JURA 1996, 544 (548).
579 Vgl. *Krey/Esser*, Rn. 379; *Kühl*, § 5 Rn. 36; *Otto*, JURA 1999, 468 (471); *Roxin/Greco*, AT I, § 12 Rn. 8; so auch *Warda*, JURA 1979, 1 (4).
580 *Samson*, JA 1989, 449 (450 f.); *Witzigmann*, JA 2009, 488; kritisch zu diesem Begriff LK-*Schünemann*, 12. Aufl., § 289 Rn. 25.
581 Vgl. hierzu im Überblick *Witzigmann*, JA 2009, 488; sowie ausführlich *Gehring*, Der Absichtsbegriff in den Tatbeständen des Besonderen Teils des StGB, 1986.
582 Es ist jedoch darauf hinzuweisen, dass das Gesetz zuweilen von einer „absichtlichen" Tatbegehung spricht, die neben eine „wissentliche" Tatbegehung gestellt wird. Hierunter soll aber in der Regel nicht ein gesteigertes Wollen fallen, sondern ebenfalls lediglich ein bedingter Vorsatz ausgeschlossen werden (z. B. § 145 Abs. 1 und 2, § 183a, § 226 Abs. 2, § 258 Abs. 1 und 2, § 283c Abs. 1, § 344 Abs. 1 und 2 StGB); diese Uneinheitlichkeit der Verwendung des Absichtsbegriffs ist misslich; vgl. hierzu *Krey/Esser*, Rn. 382; *Kühl*, § 5 Rn. 29 f.; *Witzigmann*, JA 2009, 488, der auf eine Vielzahl von Ausnahmen hinweist, in denen trotz der Verwendung des Begriffs der Absicht oder ähnlicher Formulierungen kein gesteigertes Wollen verlangt wird; ebenso *Samson*, JA 1989, 449 (452).
583 Diese Delikte werden auch als „Absichtsdelikte" bezeichnet und in die Kategorien „unvollkommen zweiaktige Delikte" und „erfolgskupierte Delikte" eingeteilt; vgl. bereits oben Rn 160. Sie zeichnen sich durch eine „überschießende Innentendenz" aus, d. h. die Absicht bezieht sich auf ein Merkmal, welches nicht zum objektiven Tatbestand gehört; hierzu *Witzigmann*, JA 2009, 488 (489).

einem Dritten Leistungen aus der Versicherung zu verschaffen"). Auch dies deutet regelmäßig auf das besondere Erfordernis einer Absicht hin[584].

283 Fehlt das Wissen allerdings ganz, rechnet der Täter also nicht im Geringsten mit der Möglichkeit der Erfüllung des Tatbestandes, dann entfällt auch der Vorsatz[585].

> **Bsp.:** Anton will Bruno töten. Er findet hierzu jedoch keine passende Gelegenheit. Völlig verzweifelt richtet er eine Pistole, die er für eine Spielzeugpistole mit Platzpatronen hält, auf Bruno und drückt ab, weil er sich wenigstens durch das Knallen abreagieren und Bruno dadurch erschrecken will. In Wirklichkeit handelt es sich jedoch um eine echte Waffe. Bruno stirbt infolge des Schusses. – Hier kann Anton nur wegen fahrlässiger Tötung bestraft werden, da er nicht wusste, dass es sich um eine echte Waffe handelte und er somit nicht im Geringsten mit der Möglichkeit rechnete, den Tatbestand des Totschlags zu erfüllen. Dies gilt selbst dann, wenn er die Tötung „an sich" wollte.

284 Die Absicht muss dabei nicht auf das Endziel des Handelns gerichtet sein. Es reicht aus, wenn der Täter die Tatbestandserfüllung als notwendiges Zwischenziel seines Verhaltens erstrebt (so z. B. wenn er eine Sache in Zueignungsabsicht wegnimmt, um damit eine weitere Straftat zu begehen oder einen Menschen tötet, um an die Lebensversicherungssumme zu kommen)[586].

3. Bedingter Vorsatz

285 Sind weder das Wissens- noch das Wollenselement stark ausgeprägt, jedoch zumindest insoweit vorhanden, dass der Täter die Tatbestandsverwirklichung für möglich hält und den Erfolg auch billigend in Kauf nimmt, spricht man vom **bedingten Vorsatz oder dolus eventualis**[587]. Auch dieser reicht für die Annahme eines Vorsatzes üblicherweise aus[588]. Etwas anderes gilt lediglich dann, wenn der jeweilige Tatbestand ausdrücklich eine „stärkere" Vorsatzform (Absicht, Wissentlichkeit) verlangt. In diesem Bereich bestehen nun die bereits angesprochenen Probleme in der Abgrenzung zur (bewussten) Fahrlässigkeit[589].

> **Bsp.:** Anton schlägt Bruno von hinten ein Beil über den Kopf und will ihn dabei an sich nur erheblich verletzen und nicht töten. Dennoch stirbt Bruno an den Folgen des Schlages. – Sofern Anton damit rechnete, dass sein Hieb tödlich sein könnte, und er trotzdem meinte, dann hätte Bruno eben „Pech" gehabt, nahm er den Erfolg wenigstens billigend in Kauf und handelte mit bedingtem Vorsatz.

V. Besondere Erscheinungsformen des Vorsatzes

286 Im Folgenden sollen noch vier besondere Erscheinungsformen des Vorsatzes vorgestellt und auf deren rechtliche Behandlung eingegangen werden.

---

584 BGHSt 16, 1 (3); abweichend allerdings *Puppe*, AT 1, 1. Aufl., § 21 Rn. 7.
585 MüKo-*Joecks/Kulhanek*, 4. Aufl., § 16 Rn. 24; vgl. aber auch LK-*Vogel/Bülte*, 13. Aufl., § 15 Rn 84; a. M. LK-*Schroeder*, 11. Aufl., § 16 Rn. 76.
586 BGHSt 4, 107 (109 f.); BGHSt 9, 142 (146 ff.); BGHSt 16, 1 (6); BGHSt 18, 246 (251 f.); BGHSt 55, 206 (212); BGH NJW 2000, 3581 (3582); *Jescheck/Weigend*, § 29 III 1a; *Kühl*, § 5 Rn. 35; LK-*Vogel/Bülte*, 13. Aufl., § 15 Rn. 81; *Otto*, JURA 1999, 468 (471); *Roxin/Greco*, AT I, § 12 Rn. 10 f.; *Samson*, JA 1989, 449 (450 f.); *Schönke/Schröder-Sternberg-Lieben/Schuster*, § 15 Rn. 66; *Sternberg-Lieben/Lieben*, JuS 2012, 976 (977); *Witzigmann*, JA 2009, 488 (489).
587 Vgl. kritisch zu diesem Begriff *Hörnle*, JZ 2019, 440; *Puppe*, AT 1, 1. Aufl., § 16 Rn. 7 f.; *Rengier*, § 14 Rn. 11; den bedingten Vorsatz dagegen als „Grundform" des Vorsatzes betrachtend *Freund/Rostalski*, JZ 2020, 241 (243).
588 BGHSt 5, 245 (246).
589 Vgl. zur Abgrenzung von Vorsatz und Fahrlässigkeit ausführlich den Problemschwerpunkt 2, unten Rn. 298 ff.

1. Dolus generalis

287 Ein dolus generalis (Generalvorsatz) liegt dann vor, wenn sich der Vorsatz zur Tatbestandsverwirklichung nicht unbedingt auf eine bestimmte Handlung, sondern auf einen ganzen Geschehensverlauf erstreckt. Dies kommt insbesondere bei **mehraktigen Geschehensabläufen** vor, bei denen der Täter davon ausgeht, den Erfolg bereits nach dem ersten Akt erreicht zu haben, während er ihn erst (unbewusst) beim zweiten Akt verwirklicht[590].

> Bsp. – **Jauchegrubenfall**[591]: Anton will Bruno durch einen Beilhieb töten. Nachdem er ihn niedergeschlagen hat, beseitigt er die (vermeintliche) Leiche Brunos dadurch, dass er sie in eine Jauchegrube wirft. Tatsächlich hatte Anton den Bruno aber durch den Beilhieb lediglich bewusstlos geschlagen und schwer verletzt. Brunos Tod tritt nunmehr dadurch ein, dass dieser in der Jauchegrube ertrinkt. Damit hat Anton nicht gerechnet, er ging vielmehr davon aus, dass Bruno zu diesem Zeitpunkt bereits tot war. – Hier liegt der objektive Tatbestand eines Totschlags durch das Versenken in der Jauchegrube vor. Durch dieses Verhalten hat Anton den Bruno getötet. Da er jedoch davon ausging, dass Bruno bereits tot war, fehlte ihm zu diesem Zeitpunkt ein entsprechender Vorsatz.

288 Der Vorsatz muss jeweils zum Zeitpunkt der dem Täter vorgeworfenen Handlung vorliegen, d. h. es muss eine zeitliche Kongruenz vorliegen (sog. „Simultanitätsprinzip")[592]. Da dies im genannten Fall nicht gegeben ist, müsste an sich eine vorsätzliche Tötung ausscheiden. Diesem Ergebnis widerspricht die – früher vertretene – Lehre vom **dolus generalis**, die einen Gesamtvorsatz im Hinblick auf einen bestimmten Geschehensablauf ausreichen lässt. Diese Rechtsfigur wird inzwischen jedoch überwiegend abgelehnt, da sie dem genannten Kongruenzerfordernis widerspricht. Man löst das Problem heute überwiegend dadurch, dass man an die erste Handlung anknüpft und darauf abstellt, ob der Täter einem wesentlichen oder einem unwesentlichen **Irrtum über den Kausalverlauf** unterlag. Da es sich insoweit aber um ein Irrtumsproblem handelt, soll die Frage erst im Zusammenhang mit der Irrtumslehre erörtert werden[593].

2. Dolus subsequens

289 Unter einem **dolus subsequens** versteht man die nachträgliche Billigung einer zuvor unvorsätzlich verwirklichten Tat. Diese nachträgliche Billigung ist unbeachtlich[594], da der Vorsatz bereits zum Zeitpunkt der Tat, d. h. dann, wenn der Täter die Ausführungshandlung vornimmt, vorhanden sein muss (Simultanitätsprinzip)[595]. Es kommt also entscheidend auf die Vornahme der Tathandlung an. Ein

---

590 Vgl. zum „dolus generalis" allgemein *Puppe*, § 10 Rn. 25 ff.; *Rengier*, § 15 Rn. 51 ff.
591 Fall in Anlehnung an BGHSt 14, 193; vgl. hierzu noch ausführlich unten Rn. 1092 ff.
592 BGHSt 63, 88 (91).
593 Vgl. unten Rn. 1088 ff.
594 So BGHSt 63, 88 (91); BGH JZ 1983, 864; BGH NStZ 2018, 27; BGH NStZ-RR 2020, 79; *Bechtel*, JA 2018, 909 (910); BWME-*Eisele*, § 11 Rn. 39; *Eisele*, JuS 2018, 492 (493); *Hettinger*, JuS 1989, L 17 (L 19); *Kindhäuser/Zimmermann*, § 13 Rn. 9; *Kühl*, § 5 Rn. 23; *Rengier*, § 14 Rn. 69; *Roxin/Greco*, AT I, § 12 Rn. 91; *Sowada*, JURA 2004, 814 (815); *Sternberg-Lieben/Sternberg-Lieben*, JuS 2012, 976 (980); *Wessels/Beulke/Satzger*, Rn. 317.
595 Vgl. zum Zeitpunkt des Vorsatzes auch BGHSt 63, 88 (91); BGH JZ 1983, 864; BGH NStZ 1984, 214; BGH NStZ 2004, 201 (202); BGH NStZ 2018, 27; BGH NStZ 2019, 468 (469); BGH NStZ-RR 2020, 79; BGH NStZ 2022, 30; *Bechtel*, JuS 2019, 114 (114 f.); *Eisele*, JZ 2018, 549 (550); *Gründel*, ZJS 2019, 211 (213 f.); *Hettinger*, JuS 1989, L 18 (L 19); *Kühl*, § 5 Rn. 20; *Sternberg-Lieben/Sternberg-Lieben*, JuS 2012, 976 (979); ferner die Übungsfälle bei *Buttel/Rotsch*, JuS 1995, 1096 (1098); *Gropp*, JURA 1988, 542 (546); *Lorenz/Steffen*, JA 2019, 424 (430); *Noak/Sengbusch*, JURA 2005, 494 (495).

vorsätzliches Verhalten scheidet daher auch dann aus, wenn der unvorsätzlich Handelnde noch vor Erfolgseintritt diesen Erfolg billigt[596].

> **Bsp.:** Anton kauft von seinem Bekannten Bruno eine gebrauchte Kamera. Bruno hatte diese, was Anton nicht weiß, zuvor bei einem Einbruch in ein Fotogeschäft erbeutet. Ein paar Tage später erfährt Anton von dem Einbruch und erkennt, dass die gekaufte Kamera aus dieser „Quelle" stammen muss. Dennoch unternimmt er nichts und behält die Kamera. – Hier hat sich Anton nicht wegen Hehlerei, § 259 StGB, strafbar gemacht. Er hat zwar den objektiven Tatbestand des § 259 StGB erfüllt, da er eine Sache, die ein anderer gestohlen hat, angekauft hat. Zum Zeitpunkt des Ankaufs wusste er jedoch noch nicht, dass es sich bei der Kamera um Diebesgut handelte. Ihm fehlte diesbezüglich also der Vorsatz. Die nachträglich erlangte Kenntnis, dass es sich um gestohlene Ware handelte, kann diesen fehlenden Vorsatz zum Zeitpunkt der Tat nicht nachträglich begründen[597].

3. Dolus antecedens

290 Von einem **dolus antecedens** spricht man, wenn der Vorsatz, den der Täter ursprünglich hatte, zum Tatzeitpunkt nicht mehr aktuell ist. Auch in dieser Konstellation ist der (frühere) Vorsatz unbeachtlich, der Täter kann also nicht wegen eines vorsätzlich begangenen Delikts bestraft werden[598].

> **Bsp.:** Anton will Bruno töten. Er steckt zu Hause eine Pistole in seine Manteltasche und macht sich auf den Weg. Als er Bruno in der Bahnhofsgaststätte trifft, kommt es jedoch zu einem versöhnlichen Gespräch. Bei der abschließenden freundschaftlichen Umarmung löst sich versehentlich ein Schuss. Bruno wird getroffen und tödlich verletzt. – Obwohl Anton zum Zeitpunkt des Verlassens der Wohnung Tötungsvorsatz besaß (allerdings zur Tat noch nicht unmittelbar angesetzt hatte), liegt dieser Vorsatz zum Tatzeitpunkt nicht mehr vor. Daher scheidet ein Totschlag, § 212 StGB, im vorliegenden Fall aus. Es kommt lediglich eine fahrlässige Tötung, § 222 StGB, in Betracht.

291 In diesem Zusammenhang ist allerdings zu beachten, dass ein (unbeachtlicher) dolus antecedens nur dann vorliegt, wenn der Vorsatz zum **Handlungszeitpunkt** nicht mehr aktuell ist. Nicht ausreichend ist es, dass er zwischen Handlung und Erfolgseintritt wegfällt[599].

> **Bsp.:** Anton überfällt Bruno, um ihn auszurauben. Dabei schlägt er mit bedingtem Tötungsvorsatz auf ihn ein. Nach der Entwendung der Beute wird Anton verhaftet. Nun hofft er, dass der schwer verletzte und sich inzwischen im Krankenhaus befindende Bruno überleben werde. Dennoch stirbt Bruno drei Tage später an den Folgen der Schläge. – Hier ist Anton (neben §§ 249, 250, 251 StGB) auch wegen vollendeten Mordes (aus Habgier, § 211 StGB) zu bestrafen. Dass er zum Zeitpunkt des Todeseintritts diesen nicht mehr wollte, ist unbeachtlich.

---

596 BGH NStZ 2022, 30.
597 Auch eine Hehlerei durch Unterlassen, §§ 259, 13 StGB, scheidet mangels Rechtspflicht zum Tätigwerden aus. Es kommt jedoch eine Unterschlagung, § 246 StGB, in Frage, da die Kamera für den Täter weiterhin eine fremde Sache ist (er hatte infolge § 935 BGB hieran kein Eigentum erlangen können).
598 Vgl. hierzu BGH NStZ 2004, 201 (202); BGH NStZ 2010, 503; *Eisele*, JuS 2018, 492 (493); *Hettinger*, JuS 1989, L 17 (L 19); *Kindhäuser/Zimmermann*, § 13 Rn. 9; *Kühl*, § 5 Rn. 22; *Rengier*, § 14 Rn. 65, 70; *Roxin/Greco*, AT I, § 12 Rn. 89 f.; *Sowada*, JURA 2004, 814 (815); *Sternberg-Lieben/Sternberg-Lieben*, JuS 2012, 976 (979 f.); ferner den Übungsfall bei *Sternberg-Lieben/Sternberg-Lieben*, JuS 2005, 47 (48).
599 *Kühl*, § 5 Rn. 27; *Rengier*, § 14 Rn. 68; *Roxin/Greco*, AT I, § 12 Rn. 90; *Sternberg-Lieben/Sternberg-Lieben*, JuS 2012, 976 (980); *Wessels/Beulke/Satzger*, Rn. 316; vgl. hierzu auch den Übungsfall bei *Schmitt-Leonardy*, JA 2018, 187 (191): Für den Tötungsvorsatz ist es unbeachtlich, wenn der eine Kollision anstrebende „Geisterfahrer" im letzten Moment sein Vorhaben aufgibt, es aber nicht schafft, dem entgegenkommenden Fahrzeug auszuweichen.

4. Dolus alternativus

Unter einem **dolus alternativus** versteht man einen Vorsatz, der gleichzeitig die Verwirklichung mehrerer Tatbestände umfasst, wobei jedoch nur eine der in Erwägung gezogenen Taten verwirklicht werden kann[600]. Dieser Vorsatz wird hinsichtlich der tatsächlich eingetretenen Rechtsgutverletzung wie ein „normaler" Vorsatz behandelt. 292

> **Bsp.**[601]: Anton schießt mit der letzten, sich in seinem Gewehr befindlichen Kugel auf eine Gruppe von Spaziergängern, die ihre teuren Dressurhunde ausführen. Dabei ist es ihm gleichgültig, ob er einen Menschen oder einen Hund trifft und tödlich verletzt. – Trifft er einen Menschen, so ist er wegen Totschlags, § 212 StGB, zu bestrafen. Trifft er einen Hund, dann liegt eine vorsätzliche Sachbeschädigung, § 303 StGB, vor.

Fraglich ist in diesen Fällen lediglich, ob darüber hinaus auch eine (Versuchs-)Strafbarkeit im Hinblick auf die übrigen Objekte (d. h. im genannten Fall im Hinblick auf die durch den Schuss nicht getroffenen Menschen bzw. Hunde) vorliegt. Bei der Beurteilung ist nach der „Wertigkeit" der Objekte zu differenzieren: 293

Sind die anvisierten Objekte allesamt tatbestandlich gleichwertig (hier: mehrere Menschen) und will der Täter nur ein Objekt verletzen bzw. töten, stellt sich die Frage, ob hier lediglich ein Vorsatz hinsichtlich des tatsächlich getroffenen Objekts vorliegt, der den (Alternativ-)Vorsatz bzgl. der anderen Objekte „verbraucht"[602], ob zwar ein vorsätzliches Verhalten im Hinblick auf mehrere Objekte vorliegt, im Wege der Konkurrenzen aber nur wegen einer Tat bestraft wird[603] oder ob hier – jedenfalls bei höchstpersönlichen Rechtsgütern – neben der vollendeten Tat tateinheitlich (§ 52 StGB) noch eine Versuchstat hinsichtlich des nicht getroffenen Objekts vorliegt[604]. Hier ist der ersten Ansicht zu folgen, da der Täter nur den Vorsatz hatte, ein Objekt zu verletzen und der Vorsatz, trifft er dieses Opfer, insoweit „verbraucht" ist. Auch erscheint es problematisch, den Täter, der in eine 100-köpfige Menschenmenge schießt, wegen einer Vollendungstat und 99 Versuchstaten zu bestrafen, sofern er davon überzeugt ist, eben nur einen Menschen treffen zu können. Sind die Objekte jedoch tatbestandlich ungleichwertig (z. B. Mensch und Hund), so ist weiter zu differenzieren: Verletzt der Täter das höherwertige Rechtsgut (tötet er also einen Menschen), bleibt es beim einfachen Vorsatzdelikt. Daneben kommt kein Versuch (einer Sachbeschädigung) in Frage, da der Täter sonst schlechter stünde, wenn er auf einen Menschen und einen Hund schösse, als wenn es sich um zwei Menschen handeln würde. Verletzt der Täter hingegen das geringerwertige Rechtsgut (tötet er also einen Hund), so liegt hinsichtlich des geringerwertigen Rechtsguts ein vorsätzliches Vollendungsdelikt vor. 294

---

600 Vgl. hierzu die Übungsfälle bei *Böhm/Stürmer*, JA 2017, 272 (275, 276); *Gerhold/Conrad*, JA 2019, 358 (360), *Haas/Hänke*, JURA 2021, 1508 (1515 ff.); *Krell/Bernzen*, JuS 2015, 322 (325 f.).
601 Vgl. auch aus der Rechtsprechung BGHSt 65, 231 (233 ff.); BGH NStZ 1997, 233 (234); BGH NJW 2001, 980; BGH NStZ-RR 2006, 168; zum dolus alternativus ausführlich *Jeßberger/Sander*, JuS 2006, 1065; *Joerden*, ZStW 95 (1983), 565; *Li*, ZIS 2022,27; *Rengier*, § 14 Rn. 58 ff.; *Schmitz*, ZStW 112 (2000), 301.
602 *Dölling/Duttge/König/Rössner-Duttge*, § 15 Rn. 10; *Kudlich*, JuS 2021, 339 (341); LK-*Vogel/Bülte*, 13. Aufl., § 15 Rn. 139; *Mitsch*, NJW 2021, 798; NK-*Zaczyk*, § 22 Rn. 20.
603 *Li*, ZIS 2022, 27 (29 ff.); *Wessels/Beulke/Satzger*, Rn. 350 ff.
604 BGHSt 65, 231 (234 ff.); *Matt/Renzikowski-Gaede*, § 15 Rn. 28; NK-*Puppe*, § 15 Rn. 115; *Roxin*, JR 2021, 334; *Roxin/Greco*, § 12 Rn. 94; *Schuster*, NStZ 2021, 422; *Schönke/Schröder-Sternberg-Lieben/Schuster*, § 15 Rn. 91; SK-*Stein*, § 16 Rn. 59; *Theile*, ZJS 2021, 551 (552); *Wessels/Beulke/Satzger*, Rn. 352.

Tateinheitlich, § 52 StGB, tritt hierzu jedoch noch ein Versuch in Bezug auf die Verletzung des höherwertigen Rechtsguts (hier des Menschen)⁶⁰⁵.

Bsp.: Zielt Anton (alternativ) auf Spaziergänger und Hunde und trifft dabei einen Spaziergänger tödlich, dann ist er lediglich wegen einer vorsätzlichen Tötung zu bestrafen, § 212 StGB. Dass durch den Schuss auch ein anderer Mensch oder ein Hund hätte getötet werden können, ist unbeachtlich. Trifft er hingegen einen Hund, liegt tateinheitlich eine vollendete Sachbeschädigung, § 303 StGB, und ein versuchter Totschlag, §§ 212, 22 StGB, vor. Trifft er gar nicht, bleibt es beim versuchten Totschlag, §§ 212, 22 StGB, da es sich hierbei um das schwerere Delikt handelt.

294a Abzugrenzen ist der dolus alternativus allerdings vom dolus cumulativus⁶⁰⁶: Rechnet der Täter damit, dass seine Handlung auch mehrere Tatbestände gleichzeitig verwirklichen könnte (Bsp.: Die abgegebene Kugel könnte mehrere Menschen verletzen), dann begeht er tateinheitlich mehrere Versuchs- bzw. Vollendungstaten⁶⁰⁷.

VI. Abgrenzung von Vorsatz und Fahrlässigkeit

1. Einführung

295 Wenn der Täter im Wissensbereich nur mit einer gewissen Möglichkeit oder Wahrscheinlichkeit der Tatbestandserfüllung rechnet und im Wollensbereich eher gleichgültig ist, kann sowohl ein **bedingter Vorsatz** als auch **bewusste Fahrlässigkeit** vorliegen. Während der Täter bei der unbewussten Fahrlässigkeit nicht von der Möglichkeit ausgeht, dass er durch sein Verhalten den gesetzlichen Tatbestand verwirklichen könnte, rechnet er bei der bewussten Fahrlässigkeit durchaus mit einer solchen Möglichkeit (Wissenselement), will aber den tatbestandlichen Erfolg gerade nicht herbeiführen bzw. hofft auf dessen Ausbleiben⁶⁰⁸. In diesen Fällen ist die Abgrenzung zum bedingten Vorsatz problematisch. Für den Anfänger genügt es, mit der herrschenden „Billigungstheorie" folgendermaßen zu differenzieren (Fortgeschrittene müssen dagegen etwas tiefer in die Materie einsteigen; vgl. den folgenden Problemschwerpunkt):

296 Bedingter Vorsatz liegt vor, wenn der Täter mit der Möglichkeit der Tatbestandserfüllung rechnet (Wissenselement) und den Erfolg billigend in Kauf nimmt bzw. sich mit ihm abfindet oder ihm das weitere Geschehen gleichgültig ist (Wollenselement). Der Täter muss sich also sagen: „Na wenn schon".

---

605 So im Ergebnis auch *Jäger*, Rn. 86; *Li*, ZIS 2022, 27 (34); *Maurach/Zipf*, AT 1, § 22 Rn. 27; *Wessels/Beulke/Satzger*, Rn. 349 ff.; a. M. (stets Tateinheit zwischen dem Vollendungs- und dem Versuchsdelikt) BGH NStZ 2019, 419; *Böhm/Stürmer*, JA 2017, 272 (276); *v. Heintschel-Heinegg*, JA 2009, 149 (150); *Jakobs*, 8/33; *Jescheck/Weigend*, § 29 III 4; *Jeßberger/Sander*, JuS 2006, 1065 (1067); *Kindhäuser/Zimmermann*, § 14 Rn. 38; *Krey/Esser*, Rn. 403 f.; LK-*Hillenkamp*, 12. Aufl., § 22 Rn. 37; LK-*Murmann*, 13. Aufl., § 22 Rn. 46; NK-*Puppe*, § 15 Rn. 115 f.; *Rengier*, § 14 Rn. 61; *Rönnau*, JuS 2010, 675 (677); *Roxin/Greco*, AT I, § 12 Rn. 94; *Schönke/Schröder-Sternberg-Lieben/Schuster*, § 15 Rn. 91; SK-*Stein*, § 16 Rn. 58; *Stratenwerth/Kuhlen*, § 8 Rn. 121; wiederum anders *Joerden*, ZStW 95 (1983), 565 (589 ff.); *Kühl*, § 5 Rn. 27b; *Lackner/Kühl*, § 15 Rn. 29; LK-*Schroeder*, 11. Aufl., § 16 Rn. 106; LK-*Vogel/Bülte*, 13. Aufl., § 15 Rn. 136; *Otto*, § 7 Rn. 23; die jeweils nur einen Versuch bzw. eine Vollendung des schwereren Delikts annehmen und NK-*Zaczyk*, § 22 Rn. 20; *Schefer/Kemper*, HRRS 2021, 173 (175 f.), die nur wegen des Vollendungsdelikts bestrafen wollen.
606 Vgl. hierzu *Jeßberger/Sander*, JuS 2006, 1065 (1066); *Kindhäuser/Zimmermann*, § 14 Rn. 35; ferner die Übungsfälle bei *Böhm/Stürmer*, JA 2017, 272 (275); *Haas/Hänke*, JURA 2021, 1508 (1515).
607 *Jeßberger/Sander*, JuS 2006, 1065 (1066); *Roxin/Greco*, AT I, § 12 Rn. 92.
608 Vgl. zu dieser Unterscheidung noch ausführlich unten Rn. 972.

Bewusste Fahrlässigkeit hingegen ist anzunehmen, wenn der Täter zwar mit der **297** Möglichkeit der Tatbestandserfüllung rechnet (Wissenselement), dabei aber auf das Ausbleiben des Erfolges vertraut (Wollenselement). Der Täter muss sich also sagen: „Hoffentlich passiert nichts".

2. Abgrenzung von bedingtem Vorsatz und bewusster Fahrlässigkeit[609] (Problemschwerpunkt 2)

Fall: Anton ist in Norberts Haus eingedrungen und hat einige wertvolle Juwelen eingesteckt. Dabei hat Norbert ihn auf frischer Tat ertappt. Bei der anschließenden Verfolgung zieht Anton einen Revolver und gibt mehrere Warnschüsse ab. Da Norbert die Verfolgung nicht aufgibt, zielt Anton auf Norberts Beine, um diesen an der weiteren Verfolgung zu hindern, und drückt ab. Dabei geht er davon aus, dass der abgegebene Schuss für Norbert auch tödlich sein könnte, eine Folge, die ihm zwar unerwünscht ist, womit er sich aber abfindet. Norbert wird getroffen und stirbt. **298**

Problemstellung: Die Frage, ob Anton (neben § 251 StGB) wegen Mordes, §§ 211, 212 StGB, zu bestrafen ist oder ob lediglich eine (im Verhältnis zu § 251 StGB subsidiäre) Körperverletzung mit Todesfolge, § 227 StGB, oder fahrlässige Tötung, § 222 StGB, vorliegt, hängt davon ab, ob er vorsätzlich oder fahrlässig im Hinblick auf den tödlichen Erfolg gehandelt hat. Dabei kommt es vor allem darauf an, welche Anforderungen an das voluntative Element des Vorsatzes zu stellen sind[610].

a) Nach den **Wissenstheorien** handelt bereits vorsätzlich, wer den Erfolgseintritt **299** nur für möglich (**Möglichkeitstheorie**)[611] bzw. für wahrscheinlich hält (**Wahr-**

---

609 Vgl. hierzu auch *Bosch*, JURA 2018, 1225 (1226 ff.); *Hillenkamp/Cornelius*, AT, 1. Problem; *Geppert*, JURA 1986, 610; *ders.*, JURA 2001, 55 (56 ff.); *Gründel*, ZJS 2019, 211 (213); *Hermanns/Hülsmann*, JA 2002, 140 (140 f.); *Nicolai*, JA 2019, 31; *Otto*, JURA 1996, 468; *Schroth*, JuS 1992, 1; *Vavra/Holznagel*, ZJS 2018, 559; ferner die Übungsfälle bei *Abraham*, JuS 2013, 903 (906); *Berger*, JA 2020, 748 (754 f.); *Berz/Saal*, JURA 2003, 205 (209); *Beulke*, JURA 1988, 641 (644); *Brüning*, ZJS 2009, 282 (282 f.); *Daleman/Heuchemer*, JA 2004, 460 (465 f.); *Dannecker*, JuS 1989, 215; *Dessecker*, JURA 2000, 592 (593); *Dobrosz/Onimus*, ZJS 2017, 689 (700); *Edlbauer*, JURA 2007, 941 (944); *Eidam*, JA 2001, 601 (609 f.); *Eisenberg*, JURA 1989, 41 (41 f.); *Ellbogen*, JURA 1998, 483 (485); *Engelhart*, JURA 2016, 934 (944 f., 947); *Eschenbach*, JURA 1999, 88 (89); *Esser/Gerson*, JA 2015, 662 (663 f.); *Esser/Michel*, JA 2017, 585 (587); *Fahl*, JURA 1995, 654 (655 f., 658 f.); *Herb*, JA 2022, 380 (388); *Herzberg/Schlehofer*, JuS 1990, 559 (563); *Hoffmann/Koenen*, JuS 2021, 941 (942); *Hohmann*, JURA 1993, 321 (323); *Kasiske*, JURA 2012, 736 (739); *Knauer*, JuS 2002, 53 (57); *Kühl/Hinderer*, JuS 2009, 919 (922 f.); *Morgenstern*, JURA 2016, 686 (691 f.); *Murmann*, JURA 2001, 258 (264); *Nix*, JA 2015, 748 (749 f.); *Niederhuber*, JA 2021, 303 (307); *Perron/Bott/Gutfleisch*, JURA 2006, 706 (710 f.); *Philipps/Boley*, JURA 1993, 256 (265); *Rössner/Guhra*, JURA 2001, 403; *Schramm*, JuS 1994, 405 (406 ff.); *Sieg*, JURA 1986, 326 (327 ff.); *Singelnstein*, JA 2011, 756 (757 f.); *Steinberg/Merzrath*, JURA 2011, 964 (966); *Theiß/Winkler*, JuS 2006, 1083 (1086); *Viehweger*, JuS 2009, 465 (469); *Wagemann*, JURA 2006, 867 (869); *Walter/Schwabenbauer*, JA 2014, 103 (109 f.); *Wieneck*, JA 2018, 38 (41); *Wörner/Zivanic*, JA 2021, 554 (556 f.).
610 Die Fülle der zu diesem Problem vertretenen Theorien macht es erforderlich, hier eine gewisse Auswahl zu treffen; so unterscheiden *Hillenkamp/Cornelius*, AT, 1. Problem und *Kindhäuser/Zimmermann*, § 14 Rn. 15 ff. sieben Theorien; *Jescheck/Weigend*, § 29 III 3d, unterscheiden fünf Theorien; *Dannecker*, JuS 1989, 215 (215 f.) und *Wessels/Beulke/Satzger*, Rn. 334 ff., zählen fünf Theorien auf; *Roxin/Greco*, AT I, § 12 Rn. 36 ff., nennt sogar zwölf Theorien.
611 *Daleman/Heuchemer*, JA 2004, 460 (466); *Freund/Rostalski*, § 7 Rn. 69; *Frister*, 11. Kap. Rn. 24 ff.; *ders.*, ZIS 2019, 381 (383); *v. Heintschel-Heinegg*, JURA 2010, 387 (388 Fn. 10); *Jakobs*, 8/21 ff.; *Kindhäuser/Zimmermann*, § 14 Rn. 16; *Kindhäuser*, ZStW 96 (1984), 1 (25, 34); *ders.*, GA 1994, 197 (203); *Langer*, GA 1990, 435 (458 ff.); *ders.*, JURA 2003, 135 (138); *Lesch*, JA 1997, 802 (809); *Morkel*, NStZ 1981, 176 (179); *Schmidhäuser*, SB, 7/101; *ders.*, JuS 1980, 241 (251); *Schumann*, JZ 1989, 427 (430); vgl. auch *Otto*, § 7 Rn. 37; SK-*Stein*, § 16 Rn. 1, 28 ff.

scheinlichkeitstheorie)[612] und trotzdem handelt[613]. Es wird also (mit unterschiedlichen Anforderungen) allein auf das Wissenselement abgestellt, ein voluntatives Element sei nicht erforderlich. Denn auch wer die Deliktsverwirklichung nur für möglich bzw. wahrscheinlich halte, setze sich über eine Verbotsnorm bewusst hinweg. Mehr sei für ein vorsätzliches Handeln nicht erforderlich. Teilweise wird auch angenommen, dass zwischen dem Für-Möglich-Halten und der Inkaufnahme des Erfolges notwendigerweise eine Identität bestehe. Nach der Wahrscheinlichkeitstheorie soll dagegen erst die Annahme einer bestimmten „Wahrscheinlichkeit" zu einem vorsätzlichen Verhalten führen, weil es nicht ausreichen könne, wenn sich der Täter den Erfolg nur als entfernt möglich vorstelle. Da im vorliegenden Fall eine tödliche Folge nicht nur als entfernt möglich, sondern durchaus auch als wahrscheinlich anzusehen war und Anton dies auch wusste, läge hier nach beiden Theorien ein vorsätzliches Verhalten vor. Dieser Ansatz ist aber deswegen bedenklich, weil auch die bewusste Fahrlässigkeit die Möglichkeit bzw. Wahrscheinlichkeit des Erfolgseintritts umfasst. Eine Abgrenzung ist daher nur über den Willen möglich. Auch ist diese Ansicht mit der allgemeinen Definition des Vorsatzes als „Wissen und Wollen" der Tatbestandsverwirklichung nicht vereinbar. Zudem kommt diese Theorie zu kaum vertretbaren Ergebnissen: So würde ein betrunkener Autofahrer, der durchaus mit der Möglichkeit rechnet, in betrunkenem Zustand jemanden zu überfahren, aber dennoch hofft, „heil" nach Hause zu kommen, mit Tötungsvorsatz handeln (und auch in Fällen, in denen nichts passiert, wegen versuchten Totschlags, §§ 212, 22 StGB, bestraft werden müssen).

300 b) Nach den **Willenstheorien** ist daher zutreffend neben dem Wissenselement zusätzlich auch ein voluntatives Element erforderlich. Danach handelt vorsätzlich, wer den Erfolgseintritt für möglich hält und außerdem den Erfolg billigend in Kauf nimmt (**Billigungstheorie**)[614], ihn gleichgültig hinnimmt oder als Neben-

---

612 *Kargl*, Der strafrechtliche Vorsatz auf der Basis der kognitiven Handlungstheorie, 1993, S. 69 f.; *Koriath*, Grundlagen strafrechtlicher Zurechnung, 1994, S. 653; *Lacmann*, GA 1911, 109 (120 ff.); *Hellmuth Mayer*, Strafrecht Allgemeiner Teil, 1953, S. 250; MüKo-*Joecks/Kulhanek*, 4. Aufl., § 16 Rn. 64; *Prittwitz*, JA 1988, 486 (498); *Sauer*, Allgemeine Strafrechtslehre, 3. Aufl. 1955, § 21 IV 2a (3); *Welzel*, § 13 I 2c.
613 Zu dieser Gruppe ist auch die Ansicht von *Puppe*, AT 1, 1. Aufl., § 16 Rn. 37 ff., § 21 Rn. 4 zu zählen: Vorsätzlich handle, wer sich den Erfolgseintritt zu eigen mache, indem er eine (objektive) Vorsatzgefahr schaffe; vgl. auch NK-*Puppe*, § 15 Rn. 64 f.; *dies.*, ZIS 2019, 409 (411).
614 RGSt 33, 4 (5); RGSt 76, 115 (116); BGHSt 7, 363 (368 f.); BGHSt 14, 240 (256); BGHSt 21, 283 (285); BGHSt 36, 1 (9); BGHSt 44, 99 (102); BGHSt 57, 183 (186); BGHSt 62, 223 (239); BGHSt 63, 88 (92 f.); BGHSt 65, 42 (49 f.); BGHSt 65, 231 (234 f.); BGH NStZ 1982, 506; BGH StV 1986, 197 (198); BGH NStZ 1994, 19; BGH NStZ 1998, 615 (616); BGH NStZ 2001, 475 (476); BGH NStZ 2002, 315 (316); BGH NStZ 2008, 451; BGH NStZ 2008, 704 (705); BGH NStZ 2009, 629 (630); BGH NStZ 2011, 210 (211); BGH NStZ 2011, 699 (701 f.); BGH NJW 2011, 2895 (2896); BGH NStZ 2012, 86 (88); BGH NStZ 2012, 443 (444); BGH NStZ-RR 2013, 75 (76); BGH NStZ-RR 2013, 89 (90); BGH NStZ 2013, 159 (160); BGH NStZ 2013, 581 (582); BGH NStZ 2015, 266 (267); BGH StV 2015, 695; BGH NStZ 2016, 25 (26); BGH NStZ-RR 2016, 79 (80); BGH NStZ-RR 2016, 111; BGH NStZ-RR 2016, 204; BGH NStZ 2016, 670 (671); BGH NJW 2016, 1970 (1971); BGH NStZ 2017, 277 (279); BGH NStZ 2018, 37 (38); BGH NStZ-RR 2018, 154 (155); BGH NStZ-RR 2018, 371 (372); BGH NStZ-RR 2018, 373 (374); BGH NStZ 2018, 460 (461); BGH NStZ 2019, 344; BGH NStZ 2019, 468 (469); BGH NStZ-RR 2019, 137 (138); BGH NStZ 2020, 217 (218); BGH NStZ 2020, 288; BGH StV 2021, 487 (488); BGH NJW 2021, 326 (327); BGH NStZ-RR 2021, 340; BGH NStZ 2021, 605; BGH NStZ 2022, 40; BGH NStZ 2022, 101; BGH StV 2022, 72 (73); BGH StV 2022, 75 (76); BGH StV 2022, 78 (79); BGH StV 2022 162 (164); OLG Braunschweig NStZ 2013, 593 (hierzu *Helmecke/Seeger*, famos 1/2014); OLG München NJW 2006, 3364 (3365); BWME-*Eisele* § 11 Rn. 26 f.; *Hermanns/Hülsmann*, JA 2002, 140 (141); *Maurach/Zipf*, AT 1, § 22 Rn. 34.

folge positiv gutheißt (**Gleichgültigkeitstheorie**)[615] bzw. – nach einem anderen Ansatz – die Möglichkeit des Erfolgseintrittes ernst nimmt und sich mit ihm abfindet (**Ernstnahmetheorie**)[616]. Eine weitere Abwandlung dieser Ansicht nimmt vorsätzliches Handeln dann an, wenn der Täter den Erfolg für möglich hält und sein steuernder Wille nicht auf Vermeidung des Verhaltens bzw. des Erfolges gerichtet ist (**Vermeidungstheorie**)[617]. Nach diesen Ansichten ist somit gerade der Wille das entscheidende Kriterium für die Abgrenzung. Deute man den Vorsatz als „Wissen und Wollen der Tatbestandsverwirklichung", dann sei nur die gewollte Tat als vorsätzliche Tat anzusehen. Dies setze aber voraus, dass der Täter den für möglich erachteten Erfolg zumindest innerlich billige und sich mit ihm abfinde. Dabei gehen manche davon aus, dass der Vorsatz als schwerere Schuldform nicht schon bei bloßer Inkaufnahme des Erfolges anzunehmen sei, sondern über das innere Billigen hinaus eine besonders rücksichtslose Gleichgültigkeit hinsichtlich des Erfolgseintritts erfordere (die genannte Gleichgültigkeitstheorie). Teilweise wird angenommen, dass es für ein vorsätzliches Handeln erforderlich sein müsse, dass der Täter die Möglichkeit eines Erfolgseintritts nicht nur für wahrscheinlich halte, sondern auch ernstnehme und sich dennoch für ein Handeln entscheide, also nicht nur einen möglichen Erfolg verdränge (die genannte Ernstnahmetheorie). Dagegen geht die Vermeidungstheorie davon aus, dass vorsätzliches Handeln bei einem Für-Möglich-Halten des Taterfolges erst dann auszuschließen sei, wenn der Täter zeige, dass er den für möglich gehaltenen Erfolg auch vermeiden will und dies auch durch den Einsatz von entsprechenden Mitteln nach außen kenntlich mache. Richtig ist an dieser Ansicht, dass jedenfalls ein voluntatives Element vorhanden sein muss, um eine sinnvolle Abgrenzung zu den Fahrlässigkeitsdelikten zu gewährleisten. Denn auch die bewusste Fahrlässigkeit zeichnet sich ja gerade dadurch aus, dass der Täter jedenfalls mit der Möglichkeit des Erfolgseintritts rechnet. Dass ein voluntatives Element erforderlich ist, ergibt sich auch daraus, dass das StGB selbst als Sonderform des Vorsatzes die Wissentlichkeit und die Absicht nennt. Wenn aber Absicht als gesteigertes Wollen anzusehen ist, ergibt sich hieraus, dass das Wollen jedenfalls in irgendeiner Weise beim Vorsatzbegriff zu berücksichtigen ist. In diesem Zusammenhang muss aber ein Sich-Abfinden mit dem möglichen Erfolg ausreichen. Weitere Erfordernisse erscheinen nicht griffig genug, sodass sie die ohnehin problematische Abgrenzung in diesem Bereich nur komplizieren. Macht sich der Täter überhaupt keine Gedanken darüber, wie er zu einem für möglich erkannten Erfolg steht, so muss aber auch diese Gleichgültigkeit ausreichen, um nicht den rücksichtslosen und nachlässigen Täter zu privilegieren. Im vorliegenden Fall ist Anton somit wegen eines vorsätzlichen Tot-

---

615 *Beulke*, JURA 1988, 641 (644); *Engisch*, NJW 1955, 1688 (1689); *Gallas*, ZStW 67 (1955), 1 (43); LK-Schroeder, 11. Aufl. § 16 Rn. 93; *Schönke/Schröder-Sternberg-Lieben/Schuster*, § 15 Rn. 84; *Schroth*, JR 2003, 250 (252); durch die Notwendigkeit des „positiven Gutheißens" gelten somit strengere Anforderungen an den Vorsatz als bei der Billigungstheorie; vgl. auch BGHSt 40, 304 (306); zur Gleichgültigkeit ferner BGH NStZ 2019, 468 (469); BGH NStZ 2022, 40.
616 *Blei*, § 32 IV; *Edlbauer*, JURA 2007, 941 (944); *ders.*, JA 2008, 725; *Gropp/Sinn*, § 4 Rn. 199; *Hoffmann-Holland*, Rn. 166; *Jescheck/Weigend*, § 29 III 3a; *Köhler*, JZ 1981, 35 (35f.); *Kühl*, § 5 Rn. 85; *Rengier*, § 14 Rn. 30; *Roxin*, NStZ 1998, 616; *Roxin/Greco*, AT I, § 12 Rn. 29; *Sternberg-Lieben/Sternberg-Lieben*, JuS 2012, 976 (978); *Stratenwerth*, ZStW 71 (1959), 51 (57); *Stratenwerth/Kuhlen*, § 8 Rn. 117ff.; *Wessels/Beulke/Satzger*, Rn. 331, 339; *Wolff*, Gallas-FS 1973, S. 197 (225); vgl. aber auch BGHSt 62, 223 (239); BGH NStZ 2007, 700 (701); BGH NStZ 2008, 93 (94); BGH NStZ 2013, 159 (160); BGH NStZ 2020, 218 (219).
617 *Behrendt*, JuS 1989, 945 (950); *Armin Kaufmann*, ZStW 70 (1958), 64 (74f.); *Schlehofer*, NJW 1989, 2017 (2020); *Schroth*, NStZ 1990, 324 (325f.); *ders.*, JuS 1992, 1 (8).

schlags zu bestrafen. Gegen diese Theorien wird zwar die Kritik vorgebracht, dass der rein subjektive Wille oft nicht feststellbar ist und damit ein Vorsatz in vielen Fällen nicht nachweisbar sein wird. Da der Vorsatz aber insgesamt ein subjektives Element ist und dem Täter immerhin auch nachgewiesen werden muss, dass er mit der Möglichkeit der Tatbestandsverwirklichung rechnete, kann diese Kritik nicht durchgreifen. Zutreffend wird allerdings gegen die Vermeidungstheorie eingewandt, dass die Notwendigkeit tatkräftiger Vermeidung nur bei wenigen Tatmodalitäten überhaupt denkbar ist und das Abgrenzungskriterium daher nur auf wenige Fälle angewendet werden könnte. Diese Theorie wurde für wenige Spezialfälle entwickelt und ist daher kaum auf „Standardsituationen" übertragbar.

301 c) Schließlich sind noch die in verschiedenen Formen vertretenen **Risikotheorien** zu erwähnen. Nach einer Ansicht handelt vorsätzlich, wer nach seiner eigenen Einschätzung bewusst ein unerlaubtes bzw. von der Rechtsordnung nicht toleriertes Risiko der Tatbestandsverwirklichung in Gang setzt (**subjektive Variante**)[618]. Nach einer anderen Meinung ist Vorsatz bei einem objektiv qualifiziert riskanten Verhalten zu bejahen, d. h. der Täter muss eine (objektiv) ernstzunehmende, nicht nur unerlaubte, sondern auch unabgeschirmte Gefahr als solche erkannt und dennoch gehandelt haben (**objektive Variante**)[619]. Nach diesen Theorien wird zur Feststellung vorsätzlichen Handelns also darauf abgestellt, dass der Täter in dem Bewusstsein handelt, dass seine Handlung (entweder nach eigener Wertung oder aber objektiv betrachtet) ein unerlaubtes Risiko setzt. Die subjektive Variante schränkt dies allerdings dadurch ein, dass das bloße Wissen um das Risiko des Handelns nicht ausreichen soll, sondern dem Täter auch das Maß bewusst sein müsse, nach welchem das von ihm gesetzte Risiko von der Rechtsordnung missbilligt wird. Nicht normrelevante „kleine" Risiken könnten dabei ausgeschieden werden. Nach der objektiven Variante wird der Vorsatz dagegen gerade daraus hergeleitet, dass der Täter die von ihm erkannte, unerlaubte Gefahr nicht abschirme. Dies soll seiner Entscheidung gegen das Rechtsgut Ausdruck verleihen. Danach soll die Abgrenzung von Vorsatz und Fahrlässigkeit insoweit bereits im objektiven Tatbestand erfolgen. Vorsatz ist nach dieser Ansicht dann anzunehmen, wenn der Täter bewusst riskant gehandelt hat. Auf ein voluntatives Element hinsichtlich der Tatvollendung wird dabei verzichtet. Da das Schießen auf einen Menschen objektiv wie subjektiv im Hinblick auf einen tödlichen Erfolg „riskant" war, läge im vorliegenden Fall nach beiden Theorien Vorsatz vor. Gegen diese Risikotheorien lässt sich jedoch einwenden, dass auch hier eine klare Abgrenzung zur bewussten Fahrlässigkeit durch Nichtbeachtung des voluntativen Elements nicht möglich ist. Es gelten letztlich die gleichen Einwände wie gegen die Wissenstheorien.

VII. Abgrenzung von Vorsatz und Fahrlässigkeit bei Tötungsdelikten

302 Während die zuvor genannten Abgrenzungstheorien auf sämtliche Delikte zugeschnitten sind, hat insbesondere die Rechtsprechung bei bestimmten Deliktsgrup-

---

618 *Freund*, JR 1988, 116 (117); *Frisch*, JuS 1990, 362 (366); *Geppert*, JURA 1986, 610 (612); *ders.*, JURA 2001, 55 (57); *Philipps*, ZStW 85 (1973), 27 (38); ferner *Bosch*, JURA 2018, 1225 (1228 f.): Gefahrverwirklichungswille genügt.
619 *Herzberg*, JuS 1986, 249 (262); *ders.*, JuS 1987, 777 (780); *ders.*, JZ 1988, 635 (638 f.); *ders.*, JZ 1989, 470 (476); *ders.*, JZ 2018, 122 (125 ff.); vgl. auch NK-*Puppe*, § 15 Rn. 64 ff.; *dies.*, ZStW 103 (1991), 1 (14 ff.); *dies.*, JR 2018, 823: Lehre von der „Vorsatzgefahr".

pen das Vorsatzerfordernis näher konkretisiert. Vor allem bei den Tötungsdelikten führt dies zu gewissen (im Ergebnis aber nur scheinbaren) Abweichungen[620].

Nach Ansicht der Rechtsprechung liege es bei äußerst gefährlichen Gewalthandlungen zwar nahe, dass der Täter auch mit der Möglichkeit eines tödlichen Ausganges rechne und daher – fahre er mit seinem Handeln dennoch fort – einen tödlichen Erfolg auch billige[621]. Angesichts der – so jedenfalls die bisher teilweise verwandte Formulierung – **hohen Hemmschwelle**[622] gegenüber einer Tötung sei jedoch auch immer die Möglichkeit in Betracht zu ziehen, dass der Täter die Gefahr einer Tötung nicht erkenne oder jedenfalls darauf vertraue, ein solcher Erfolg werde nicht eintreten[623]. Daher müssten hier sämtliche Umstände genauestens geprüft werden, wobei insbesondere der Grundsatz „in dubio pro reo" zu beachten sei. Bei der Würdigung des Willenselements sei neben der konkreten Angriffsweise regelmäßig auch die Persönlichkeit des Täters, sein psychischer Zustand zum Tatzeitpunkt und seine Motivation mit in die erforderliche Gesamtbe-

303

---

620 Vgl. hierzu *Hermanns/Hülsmann*, JA 2002, 140 (142 ff.); *Nicolai*, JA 2019, 31 (35); *Sternberg*, JZ 2010, 712; *Vavra/Holznagel*, ZJS 2018, 559; vgl. ferner dazu, dass eine Tötungsabsicht im Vergleich zu einer mit bedingtem Tötungsvorsatz vorgenommenen Tötung strafschärfend berücksichtigt werden kann BGHSt 63, 54; BGH NStZ 2017, 216; BGH NStZ-RR 2017, 237; BGH NStZ-RR 2017, 238.
621 BGHSt 57, 183 (186); BGH NStZ 1981, 22 (23); BGH NStZ 1992, 587; BGH NJW 2006, 169; BGH NStZ 2009, 629 (630); BGH NStZ 2010, 511 (512); BGH NStZ 2012, 207 (208); BGH NStZ-RR 2013, 89 (90); BGH NStZ-RR 2013, 341 (342); BGH NStZ 2015, 516 (517); BGH StV 2015, 695; BGH NStZ 2016, 25 (26); BGH NStZ 2016, 341 (342); BGH NStZ-RR 2016, 204; BGH NStZ 2016, 670 (671); BGH NJW 2016, 1970 (1971); BGH NStZ 2017, 149 (150); BGH NStZ 2017, 281; BGH NStZ 2018, 37 (39); BGH NStZ 2018, 460 (461 f.); BGH NStZ-RR 2018, 373 (374); BGH NStZ 2019, 344; BGH NStZ-RR 2019, 137 (138); BGH NStZ 2019, 468 (469); BGH NStZ 2020, 218 (219); BGH StV 2020, 80; BGH NStZ 2020, 288 (289); BGH NStZ 2020, 349 (350); BGH NStZ-RR 2021, 134 (135); BGH NStZ-RR 2021, 340; BGH NStZ 2021, 605 (606); BGH NStZ 2022, 40; BGH StV 2022, 72 (73); BGH StV 2022, 75 (76 f.); BGH StV 2022, 78 (79).
622 Die sog. „Hemmschwellentheorie" geht zurück auf die Formulierung des BGH in VRS 50 (1976), 94 (95): „Denn vor dem Tötungsvorsatz steht eine viel höhere Hemmungsschranke als vor dem Gefährdungsvorsatz"; so auch noch BGH StV 1982, 509; BGH NStZ-RR 1996, 97; in BGH NStZ 1983, 407 wurde, soweit ersichtlich, aus der „Hemmungsschranke" zum ersten Mal ein „Hemmschwelle".
623 Vgl. BGHSt 36, 1 (15); BGHSt 36, 262 (267); BGH NStZ 1983, 407; BGH NStZ 1984, 19; BGH StV 1986, 197 (198); BGH NStZ 1988, 175; BGH NStZ 1991, 126; BGH NStZ 1992, 384; BGH NStZ 1992, 587 (588); BGH NStZ 1994, 585; BGH StV 1997, 7 (8); BGH NStZ-RR 1998, 101; BGH NStZ-RR 2001, 369; BGH NStZ 2003, 431 (432); BGH NStZ 2005, 629; BGH NStZ 2006, 444 (445); BGH NStZ-RR 2007, 199 (199 f.); BGH NStZ-RR 2007, 267; BGH NStZ-RR 2007, 304 (306); BGH NStZ-RR 2007, 307; BGH NStZ 2009, 91; BGH NStZ 2009, 210 (211); BGH NStZ 2009, 503; BGH NStZ-RR, 2010, 144 (145); BGH NStZ-RR 2010, 214 (215); BGH NStZ 2010, 511 (512); BGH NStZ 2010, 571 (572); BGH NStZ 2011, 210 (211); BGH NStZ 2011, 338 (339); BGH StV 2011, 617 (618); BGH NStZ-RR 2012, 369 (370); BGH NStZ-RR 2013, 75 (77); BGH NStZ 2016, 25 (26); BGH NStZ 2020, 349 (350); OLG Braunschweig NStZ 2013, 593 (594); vgl. aber auch BGH NStZ 2011, 699 (702); kritisch hierzu *Artkämper/Dannhorn*, NStZ 2015, 241 (243 ff.); *Edlbauer*, JA 2008, 725 (726); *Fahl*, NStZ 1997, 392; *Geppert*, JURA 2001, 55 (59); *Jahn*, JuS 2006, 1135; *ders.*, JuS 2012, 757; *Kühl*, § 5 Rn. 88; *Langer*, GA 1990, 435 (461); *Leitmeier*, NJW 2012, 2850 (2853); *Nicolai*, JA 2019, 31 (35); NK-*Puppe*, § 15 Rn. 93 ff.; *Otto*, JURA 1999, 468 (474); *Puppe*, NStZ 1992, 576; *dies.*, NStZ 2014, 183 (186 f.); *Trück*, NStZ 2005, 133 (134); *ders.*, JZ 2013, 179 (182 f.); *Vavra/Holznagel*, ZJS 2018, 559 (565 f.); *Verrel*, NStZ 2004, 308; vgl. hierzu auch die Übungsfälle von *Braun*, JURA 2015, 753 (755 f.); *Fahl*, JURA 2022, 60 (61 f.); *Hauck/Peterle*, JA 2007, 797 (802); *Herb*, JURA 2022, 380 (388); *Kasiske*, JURA 2012, 736 (739); *Kreuzner/Zetzmann*, ZJS 2011, 268 (269); *Kudlich/Litau*, JA 2012, 755 (759); *Kühl/Hinderer*, JuS 2009, 919 (922 f.); *Lindheim/Uhl*, JA 2009, 783 (789); *Moldenhauer/Willumat*, JA 2021, 563 (564 f.); *Reinbacher*, JURA 2007, 382 (385); *Theile*, ZJS 2009, 545; *Theiß/Winkler*, JuS 2006, 1083 (1086).

trachtung mit einzubeziehen[624]. Insbesondere bei spontanen, unüberlegten und in affektiver Erregung oder in Zusammenhang mit Alkoholgenuss ausgeführten Handlungen könne aus dem Wissen um einen möglichen Erfolgseintritt nicht unbesehen auf eine Billigung eines tödlichen Erfolges geschlossen werden[625]. Erforderlich sei vielmehr eine Gesamtschau aller objektiven und subjektiven Tatumstände, um eine solche Billigung feststellen zu können. Will der Täter dem Opfer selbst bei einem gezielten Schuss lediglich einen „Denkzettel" verpassen, kann dies gegen die Billigung eines tödlichen Erfolges sprechen[626].

> Der BGH lehnte auf der Grundlage dieser „Hemmschwellenrechtsprechung" ein vorsätzliches Verhalten in einem Fall ab, in dem der Täter einem anderen eine Bierflasche ins Gesicht schleuderte[627]. Dagegen wurde ein vorsätzliches Verhalten in Fällen, in denen die Täter Brandsätze auf Asylbewerberheime warfen, zumeist angenommen[628]. Denn das Vertrauen auf das Ausbleiben eines tödlichen Erfolges sei in der Regel dann zu verneinen, wenn der vorgestellte Ablauf eines Geschehens einen tödlichen Ausgang nahe lege, sodass nur noch ein glücklicher Zufall diesen verhindern könne[629]. Zusammenfassend lässt sich somit sagen: Je wahrscheinlicher die Möglichkeit eines tödlichen Ausgangs ist, desto weniger kann sich der Täter darauf berufen, er habe diesen Ausgang nicht gewollt[630]. Stellt die Vornahme einer besonders gefährlichen Gewalthandlung insoweit ein Indiz für den Tötungsvorsatz dar, kann das Vorliegen bestimmter Gegenindizien (z. B. hohe Alkoholisierung des Täters, affektive Erregung infolge vorangegangener Provokation durch das Opfer, reuiges Nachtatverhalten[631], Eigengefährdung des Täters[632]) dieses Indiz jedoch widerlegen.

304 Diese Rechtsprechung ist allerdings auf Tötungen durch aktives Tun zugeschnitten, für eine Tötung durch Unterlassen sollen diese Erwägungen hingegen nicht greifen[633]. Denn die erhöhte psychologische Hemmschwelle gelte vorwiegend bei gefährlichen Gewalttätigkeiten ohne nachvollziehbares Tötungsmotiv. Bei Unterlassungstaten, insbesondere in den Fällen der unterlassenen Hilfeleistung nach vorangegangenem schuldhaften Vorverhalten, bestehe eine vergleichbare Hemm-

---

624 BGHSt 62, 223 (239 f.); BGHSt 63, 88 (93 f.); BGHSt 65, 42 (50); BGH NStZ-RR 2007, 267 (268); BGH NStZ-RR 2009, 372; BGH NStZ 2013, 581 (582); BGH StV 2015, 695; BGH NStZ 2016, 25 (26); BGH NStZ 2016, 341 (342); BGH NStZ 2016, 668 (669); BGH NJW 2016, 1970 (1971); BGH NStZ 2017, 149 (150); BGH NStZ 2018, 37 (38); BGH NStZ-RR 2018, 371 (372); BGH NStZ-RR 2018, 373 (374); BGH NStZ 2018, 460 (461); BGH NStZ 2019, 344; BGH NStZ 2019, 468 (469); BGH NJW 2020, 217 (218); BGH NStZ 2020, 218 (219); BGH NStZ 2020, 288 (289); BGH NStZ 2020, 349 (350); BGH NStZ-RR 2021, 133 (134); BGH NJW 2021, 326 (327); BGH StV 2021, 488 (489); BGH NStZ 2021, 605 (606); BGH StV 2022, 72 (73); BGH StV 2022, 78 (79); BGH NStZ 2022, 101; BGH StV 2022, 162 (164).
625 BGH NStZ 2003, 603 (604); BGH NStZ 2009, 629 (630); BGH NStZ 2010, 571 (572); BGH NStZ 2011, 338 (339); BGH NStZ-RR 2013, 341 (342); BGH NStZ-RR 2013, 369 (370); BGH NStZ 2013, 581 (583); BGH NStZ 2015, 266 (267); BGH NStZ 2016, 25 (26); BGH NStZ-RR 2016, 204; BGH NStZ 2016, 668 (670); BGH NStZ 2017, 281 (281 f.); BGH NStZ 2018, 38 (39); BGH NStZ-RR 2018, 332; BGH NStZ-RR 2018, 373 (374); BGH StV 2020, 80; BGH NStZ 2020, 288 (289); BGH NStZ 2020, 349 (350).
626 BGH NJW 2016, 1970 (1971 f.).
627 BGH NStZ 1994, 585.
628 BGH NStZ 1994, 483 (484); BGH NStZ 1994, 584; vgl. aber auch BGH StV 1983, 360.
629 BGHSt 57, 183 (188); BGH NStZ 2005, 92; BGH NStZ 2009, 629 (630); BGH NStZ 2012, 207 (208).
630 Vgl. auch BGH NStZ 2005, 92.
631 BGH NStZ 2009, 629 (630); kritisch zur Berücksichtigung des Nachtatverhaltens als Gegenindiz *Edlbauer*, JA 2008, 725 (728); *Fischer*, § 212 Rn. 12.
632 BGHSt 63, 88 (94); BGHSt 65, 42 (53 ff.); BGH NStZ 2000, 583 (584); BGH NStZ-RR 2018, 154 (155); BGH NStZ 2018, 460 (461); *Eisele*, JZ 2018, 549 (552 ff.); *Jäger*, JA 2018, 470 (471); kritisch *Schneider*, NStZ 2018, 528 (530).
633 BGH NJW 1992, 583 (584); vgl. hierzu auch *Artkämper/Dannhorn*, NStZ 2015, 241 (249 f.).

schwelle hingegen aufgrund der typischen gegenläufigen Selbstschutzmotive nicht. Hier käme es dem Täter schließlich gerade darauf an, unerkannt zu bleiben. Der Eintritt des Todes könnte daher in solchen Fällen zwar einerseits unerwünscht sein, andererseits aber dennoch billigend in Kauf genommen werden, um den Selbstschutz zu realisieren. Diese Benachteiligung des Unterlassungstäters im Vergleich zum Begehungstäter ist allerdings (auch unter Berücksichtigung der möglichen Strafmilderung in § 13 StGB) nicht nachvollziehbar[634]. Insoweit hat der BGH inzwischen auch klargestellt, dass er mit dem Abstellen auf die „Hemmschwelle" bei besonders gefährlichen Gewalthandlungen letztlich keine erhöhten Anforderungen an den (bedingten) Vorsatz verbinde, sondern die Tatgerichte lediglich zu einer besonders sorgfältigen Prüfung verpflichte[635].

> So nahm der BGH z. B. vorsätzliches Verhalten in einem Fall an, in dem ein Unfallverursacher einen verletzten Mofafahrer am Straßenrand liegen ließ und nach Hause fuhr[636]. Besonders intensiv diskutiert werden in jüngster Zeit auch die „Autoraser-Fälle", bei denen es durch illegale Autorennen zur Tötung unbeteiligter Dritter kommt[637]. Diese Fälle führten zu einer intensiven Diskussion um eine Neubestimmung des Vorsatzbegriffes. Während teilweise vorgeschlagen wurde, die Kategorie des „bedingten Vorsatzes" insgesamt abzuschaffen und durch eine dritte Kategorie der „Leichtfertigkeit" zu ersetzen, die zwischen Vorsatz und Fahrlässigkeit stehen soll[638], sehen andere im „bedingten Vorsatz" gerade die Grundform des Vorsatzes[639] und plädieren für die Schaffung eines Tatbestandes der qualifiziert fahrlässigen Tötung[640]. Wieder andere wollen das Problem durch die verstärkte und umfassende Schaffung neuer Erfolgsqualifikationen lösen[641].

---

634 Kritisch auch *Bosch*, JURA 2018, 1225 (1236); *Puppe*, NStZ 1992, 576.
635 BGHSt 57, 183 (189); BGH NStZ-RR 2018, 371 (372); hierzu *Bosch*, JURA 2018, 1225 (1230); *Fahl*, JuS 2013, 499; *Gründel*, ZJS 2019, 211 (215); *Heghmanns*, ZJS 2012, 826; *Jahn*, JuS 2012, 756; *Leitmeier*, NJW 2012, 850; *Mandla*, NStZ 2012, 695; *C. Müller*, JA 2013, 584; *Puppe*, JR 2012, 477; *Trück*, JZ 2013, 179; *Vavra/Holznagel*, ZJS 2018, 559 (566); so bereits BGH NJW 1983, 2268; BGH NStZ 1986, 549 (550).
636 BGH NJW 1992, 583 (584).
637 Vgl. hierzu BGHSt 63, 88 (92 ff.); BGHSt 65, 42; einen Vorsatz für möglich haltend *Kubiciel/Hoven*, NStZ 2017, 439; *Puppe*, JR 2018, 323; vgl. auch BGH NStZ 2018, 460 (461 f.); einen Vorsatz ablehnend BGH NStZ-RR 2018, 154; anders noch die Vorinstanz LG Berlin NStZ 2017, 471; für Fahrlässigkeit auch BGH NStZ 2018, 29; BGH NStZ-RR 2018, 154; BGH NStZ 2018, 460; zu diesen Fällen *Arnt/Schmalow*, famos 6/2018; *Eisele*, JuS 2018, 492; *ders.*, JZ 2018, 549; *Gründel*, ZJS 2019, 211; *Grünewald*, JZ 2017, 1069; *Herzberg*, JZ 2018, 122; *Hörnle*, NJW 2018, 1576; *dies.*, JZ 2019, 440 (440 f.); *Jäger*, JA 2017, 786; *ders.*, JA 2018, 468; *Momsen*, KriPoZ 2018, 76; *Puppe*, ZJS 2017, 439; *Rostalski*, GA 2017, 585; *Schneider*, NStZ 2018, 528; *Walter*, NJW 2017, 1350; *ders.*, NStZ 2018, 412; *ders.*, KriPoZ 2018, 39; vgl. ferner den Übungsfall bei *Wörner/Zivanic*, JA 2021, 554 (556 f.).
638 *Hörnle*, JZ 2019, 440 (445 ff.); vgl. auch *Derters*, ZIS 2019, 401 (405).
639 *Freund/Rostalski*, JZ 2020, 241 (243).
640 *Freund*, Frisch-FS 2013, S. 677 (693 ff.); *Freund/Rostalski*, JZ 2020, 241 (247); *Rostalski*, GA 2017, 585 (595 ff.).
641 *Mitsch*, ZJS 2019, 234.

Teil III: Die Rechtswidrigkeit

§ 13 Rechtswidrigkeit – Einführung und Systematik

Einführende Aufsätze: *Ebert/Kühl*, Das Unrecht der vorsätzlichen Tat, JURA 1981, 225; *Geppert*, Die subjektiven Rechtfertigungselemente, JURA 1995, 103; *Küper*, Grundsatzfragen der „Differenzierung" zwischen Rechtfertigung und Entschuldigung, JuS 1987, 81; *Lenckner*, Der Grundsatz der Güterabwägung als Grundlage der Rechtfertigung, GA 1985, 295; *Satzger*, Gesetzlichkeitsprinzip und Rechtfertigungsgründe, JURA 2016, 154.

Rechtsprechung: BGHSt 5, 245 – Lichtspieltheater (subjektives Rechtfertigungselement); BGHSt 20, 342 – Rügerecht (Neuschaffung von Rechtfertigungsgründen).

I. Grundlagen

1. Prüfungsaufbau

305 Die Rechtswidrigkeit steht in der Prüfungstrias Tatbestandsmäßigkeit – Rechtswidrigkeit – Schuld an zweiter Stelle. Zusammen mit der Tatbestandsmäßigkeit eines Verhaltens kennzeichnet sie das (objektive) **Unrecht** einer Tat und ist von der Schuld im Sinne der persönlichen Vorwerfbarkeit abzugrenzen[642]. Dabei bedeutet Rechtswidrigkeit letztlich einen „Widerspruch gegen das Recht". Erfüllt ein Täter einen gesetzlichen Tatbestand, so bedeutet dies nämlich noch nicht zwingend, dass er auch Unrecht verwirklicht hat. Denn Unrecht liegt nur dann vor, wenn sein Verhalten auch der Rechtsordnung insgesamt widerspricht, d.h. rechtswidrig ist.

306 Da die Rechtswidrigkeit systematisch nach der Tatbestandsmäßigkeit zu prüfen ist, **darf** sie nur geprüft werden, wenn zuvor der (objektive und subjektive) Tatbestand eines Delikts bejaht wurde.

> **Klausurtipp:** In einer Klausur wäre es demnach ein grober Fehler, zuerst die Tatbestandsmäßigkeit eines Verhaltens abzulehnen und danach dennoch auf die Rechtswidrigkeit einzugehen. Lehnt man z.B. die Tatbestandsmäßigkeit eines Diebstahls ab, weil der Täter bei der Wegnahme einer fremden beweglichen Sache keine Zueignungsabsicht hatte, wäre es falsch, anschließend noch auf Rechtswidrigkeitsebene zu prüfen, ob sein Handeln z.B. durch Notwehr gerechtfertigt war.

2. Strafrechtliche und zivilrechtliche Rechtswidrigkeit

307 Das strafrechtliche Unrecht deckt sich nicht mit der zivilrechtlichen Rechtswidrigkeit. Es gibt durchaus Fälle, in denen eine Handlung zwar zivilrechtlich rechtswidrig ist, man strafrechtlich aber bereits deswegen gar nicht erst zu einer Rechtswidrigkeitsprüfung gelangt, weil schon kein gesetzlicher Straftatbestand erfüllt ist

---

642 Vgl. hierzu bereits oben Rn. 87 ff.

(z. B. bei einer straflosen Gebrauchsanmaßung oder einer fahrlässigen Eigentumsverletzung)[643].

308 Andererseits kann man davon ausgehen, dass strafrechtliches Unrecht stets auch zivilrechtlich ein rechtswidriges Verhalten darstellt, wobei es jedoch möglich ist, dass der Täter sich strafbar macht, ohne dass dadurch zivilrechtliche Ansprüche entstehen (wie z. B. bei der folgenlosen Trunkenheitsfahrt nach § 316 StGB).

3. Tatbestandsbezogenheit

309 Die Rechtswidrigkeit beurteilt sich auch im Strafrecht nicht allgemein, sondern stets im Hinblick auf die Verwirklichung eines ganz bestimmten Tatbestandes. So kann es möglich sein, dass ein und dieselbe Handlung im Hinblick auf einen Tatbestand gerechtfertigt, im Hinblick auf einen anderen jedoch rechtswidrig ist.

> **Bsp.:** Anton hat Bruno auf offener Straße eine teure Uhr gestohlen und läuft davon. Da Bruno dem Anton nicht folgen kann und dieser auch auf einen Warnruf nicht reagiert, nimmt Bruno einen schweren Pflasterstein und wirft ihm diesen nach. Dabei nimmt er billigend in Kauf, dass der Pflasterstein auch einen Passanten in der Menge treffen könnte. Tatsächlich trifft der Stein sowohl Anton als auch den Passanten Paul. Beide werden dadurch erheblich verletzt. – Im Hinblick auf die Körperverletzung Antons ist das Werfen des Steines nach § 32 StGB gerechtfertigt. Anders hingegen ist die Sachlage im Hinblick auf Paul. Notwehr scheidet hier aus, da von Paul kein Angriff ausging. Im Rahmen des § 34 StGB fehlt es am wesentlichen Überwiegen des geschützten Interesses (der Wert der Uhr überwiegt nicht die körperliche Unversehrtheit Pauls). Bruno ist daher wegen gefährlicher Körperverletzung, §§ 223, 224 Abs. 1 Nr. 2, Nr. 5 StGB, im Hinblick auf Paul zu bestrafen.

4. Indizwirkung

310 Die Erfüllung des gesetzlichen Tatbestandes legt es nahe, dass der Täter eine Straftat begangen hat. Denn im gesetzlichen Tatbestand des jeweiligen Delikts hat der Gesetzgeber dasjenige Verhalten umschrieben, welches er prinzipiell als strafwürdig ansieht („**Appellfunktion**" des Tatbestandes)[644]. Hat der Täter den Tatbestand erfüllt, liegt regelmäßig zumindest die **Vermutung** nahe, dass er sich auch unrechtmäßig verhalten hat. Man spricht in diesem Zusammenhang davon, dass die Erfüllung des gesetzlichen Tatbestandes eine **Indizfunktion** für das Vorliegen von Unrecht erfülle. Die Strafbarkeit entfällt regelmäßig nur dann, wenn diese Indizwirkung erschüttert wird.

311 Die **Indizwirkung** wird dann erschüttert, wenn im konkret vorliegenden Fall ausnahmsweise eine Erlaubnis vorliegt, welche die Verwirklichung des Tatbestandes **rechtfertigt.** Hier kollidiert dann die **Verbotsnorm** (z. B.: „Du sollst nicht töten" oder „Du sollst keine fremden Sachen zerstören") mit einem **Erlaubnissatz** (z. B. „Du darfst dich gegen fremde Angriffe verteidigen"). Es entfällt dann zwar nicht der Tatbestand (der Täter hat ja auch weiterhin „getötet" oder „fremde Sachen zerstört"), es fehlt jedoch die Rechtswidrigkeit des Verhaltens – und somit das Unrecht der Tat insgesamt.

312 Einen solchen Erlaubnissatz nennt man **Rechtfertigungsgrund** (im Gegensatz zum „Unrechts"-Tatbestand wird ein Rechtfertigungsgrund zuweilen auch als „Erlaubnis-"Tatbestand bezeichnet). Ein solcher Rechtfertigungsgrund kann sowohl im StGB normiert sein (wie z. B. die Notwehr in § 32 StGB oder der rechtferti-

---

643 Vgl. hierzu auch *Stam*, JR 2017, 557 (558).
644 Vgl. hierzu *Kühl*, § 6 Rn. 2.

gende Notstand in § 34 StGB)[645] als auch aus anderen Gesetzen stammen (z. B. §§ 228, 904 BGB)[646]. Denn auch hier gilt: Ein Verhalten, welches zivilrechtlich erlaubt ist, kann strafrechtlich kein Unrecht darstellen[647]. Ferner können Rechtfertigungsgründe, da sie sich zugunsten des Täters auswirken, auch gewohnheitsrechtlich verankert sein (wie z. B. bei der Einwilligung)[648] oder sich aus einer öffentlich-rechtlichen Handlung (Verwaltungsakt) ergeben[649].

313 Liegt ein solcher Rechtfertigungsgrund vor, kann der Täter im Hinblick auf das begangene Delikt nicht bestraft werden. Sein Handeln ist gerechtfertigt, d. h. gemessen an der Gesamtrechtsordnung durfte er so handeln, wie er gehandelt hat. Für den Regelfall gilt somit folgende Aussage:

> **Merksatz:** Der Tatbestand indiziert die Rechtswidrigkeit[650]. Diese scheidet nur aus, wenn ein Rechtfertigungsgrund vorliegt.

> **Klausurtipp:** Bei der Abfassung einer Klausur hat dies folgende Konsequenzen: Während im Rahmen der Prüfung des Tatbestandes die Verwirklichung jedes einzelnen Tatbestandsmerkmals konkret festgestellt werden muss, sind nähere Ausführungen auf Rechtfertigungsebene erst dann erforderlich, wenn gewisse Anhaltspunkte für das Vorliegen eines Rechtfertigungsgrundes vorliegen. Ist dies nicht der Fall, genügt es festzustellen: „Die Tat war auch rechtswidrig. Rechtfertigungsgründe sind nicht ersichtlich"[651].

5. „Offene" Tatbestände

314 Auch hier gilt jedoch: Keine Regel ohne Ausnahme! Denn die eben geschilderte „Indizwirkung" entfällt bei Tatbeständen, die eine eigenständige Definition der Rechtswidrigkeit enthalten. Man spricht in diesem Zusammenhang von den sog. **„offenen" Tatbeständen** (z. B.: §§ 240, 253 StGB)[652].

315 Diese zeichnen sich dadurch aus, dass der Gesetzgeber den Tatbestand so weit gefasst hat, dass ihm auch Verhaltensweisen unterfallen, die nicht per se strafwürdig sind. Da insoweit auch die „Appellfunktion" des Tatbestandes versagt, muss auf Rechtswidrigkeitsebene (konstitutiv) festgestellt werden, dass das Verhalten auch der Rechtsordnung widerspricht[653]. Hierfür – und um zu erkennen, ob es sich um einen solchen „offenen" Tatbestand handelt – hat der Gesetzgeber die Anforderungen an die Rechtswidrigkeit jeweils eigenständig normiert.

> **Bsp.:** Universitätsprofessor Uwe versucht, der zunehmenden Unruhe in seiner Strafrechtsvorlesung dadurch zu begegnen, dass er den Studierenden androht: „Wenn Sie jetzt nicht aufpassen, werde ich die Abschlussklausur so schwierig gestalten, dass die Hälfte von Ihnen durchfällt". Daraufhin ist Ruhe. – Nach § 240 Abs. 1 StGB reicht es für die Erfüllung des Tatbestandes der Nötigung aus, wenn ein anderer Mensch (hier: jeder einzelne Studierende) rechtswidrig mit Gewalt oder durch Drohung mit einem empfindlichen Übel (hier: der schweren Klausur bzw. dem Nichtbestehen derselben)

---

645 Vgl. hierzu noch ausführlich unten Rn. 333 ff. und Rn. 401 ff.
646 Vgl. hierzu noch ausführlich unten Rn. 479 ff.
647 Vgl. hierzu noch unten Rn. 328.
648 Vgl. hierzu aber *Satzger*, JURA 2016, 154; im Hinblick auf die Einwilligung vgl. noch ausführlich unten Rn. 453 ff.
649 Vgl. hierzu *Puppe*, § 14 Rn. 1 ff.
650 Vgl. *Jescheck/Weigend*, § 31 I 3; *Kühl*, § 6 Rn. 2; *Wessels/Beulke/Satzger*, Rn. 181; kritisch zu dieser „Formel" *Freund/Rostalski*, § 3 Rn. 2; *Kindhäuser/Zimmermann*, § 8 Rn. 15.
651 Dagegen sollte die Formel: „Der Tatbestand indiziert die Rechtswidrigkeit" in einer Klausur vermieden werden.
652 Vgl. hierzu auch *Ebert/Kühl*, JURA 1981, 225 (226); *Wessels/Beulke/Satzger*, Rn. 396.
653 Vgl. BGHSt 35, 270 (275 f.) zur Nötigung, § 240 StGB.

zu einem bestimmten Verhalten (hier: dem stillen Zuhören) genötigt wird. Da das Verhalten Uwes augenscheinlich jedoch noch kein strafwürdiges Unrecht darstellen kann, verlangt der Gesetzgeber, dass diese Nötigung auch „rechtswidrig" sein muss. Wann dies der Fall ist, bestimmt § 240 Abs. 2 StGB: „*Rechtswidrig ist die Tat* [nur dann], *wenn die Anwendung der Gewalt oder die Androhung des Übels zu dem angestrebten Zweck als verwerflich anzusehen ist*". Ist dies, wie hier, nicht der Fall, scheidet eine Strafbarkeit aus.

Bei diesen „offenen" Tatbeständen hat also eine **zweistufige Prüfung auf Rechtfertigungsebene** zu erfolgen[654]: Zuerst muss festgestellt werden, dass die Erfüllung des Tatbestandes nicht durch einen allgemeinen Rechtfertigungsgrund gedeckt ist. Liegt ein solcher vor, scheidet die Rechtswidrigkeit bereits nach den allgemeinen Grundsätzen aus. Ist hingegen kein Rechtfertigungsgrund gegeben, dann muss die Rechtswidrigkeit in einem zweiten Schritt aufgrund des Vorliegens der im Gesetz genannten Umstände positiv festgestellt werden. **316**

Bsp. (1): Der angetrunkene Anton packt abends in der Gastwirtschaft die Bedienung Rosi am Oberarm und meint, sie solle ihn noch etwas unterhalten. Nachdem näheres Zureden nichts nützt, gibt Rosi dem Anton eine kräftige Ohrfeige und stößt ihn von sich, worauf Anton von ihr ablässt. – Hier hat Rosi neben einer Körperverletzung, § 223 StGB, auch tatbestandlich eine Nötigung, § 240 StGB, begangen. Sie wendete durch die Ohrfeige und das Wegstoßen Gewalt an, um Anton zu einem Verhalten (= Unterlassen des Festhaltens) zu nötigen. Rosi ist aber bzgl. beider Delikte durch Notwehr, § 32 StGB, gerechtfertigt, da Anton sie durch das Festhalten ihrer Freiheit beraubt und zudem versucht hat, seinerseits Rosi zu einem Verhalten zu nötigen. Hier genügt die Feststellung, dass die Tat durch Notwehr gerechtfertigt ist. Eine eigenständige Verwerflichkeitsprüfung nach § 240 Abs. 2 StGB ist nicht mehr erforderlich.

Bsp. (2): Anton verprügelt Bruno, weil dieser ihm ein fälliges Darlehen nicht zurückzahlen will. Unter dem Eindruck der Schläge zahlt Bruno seine Schulden. – Anton erfüllt hier neben der Körperverletzung, § 223 StGB, den objektiven Tatbestand sowohl der Nötigung, § 240 StGB, als auch der Erpressung, § 253 StGB. Da er sich jedoch nicht „zu Unrecht" bereichern wollte (immerhin hatte er einen Anspruch auf das Geld), entfällt der subjektive Tatbestand des § 253 StGB, nicht jedoch der der Nötigung. Im Rahmen der Rechtswidrigkeitsprüfung des § 240 StGB ist nun festzustellen, dass sich Anton nicht auf einen Rechtfertigungsgrund (z.B. Notwehr) berufen kann und dass darüber hinaus die Tat auch i.S. des § 240 Abs. 2 StGB als verwerflich anzusehen ist (man darf fällige Schulden nicht einprügeln, sondern muss zur Eintreibung den Zivilrechtsweg beschreiten).

II. Abgrenzung von Rechtswidrigkeit und Schuld

Während die fehlende Rechtswidrigkeit das Unrecht der Tat ausschließt, beseitigt die fehlende Schuld lediglich die individuelle Vorwerfbarkeit, lässt das Unrecht der Tat aber bestehen[655]. Zwar kann der Täter in beiden Fällen nicht bestraft **317**

---

654 Dies ist jedoch nicht ganz unumstritten, da teilweise angenommen wird, dass die Rechtswidrigkeit dadurch, dass der Gesetzgeber sie in Abs. 1 ausdrücklich erwähnt hat, bereits als Tatbestandsmerkmal geprüft werden muss. Nach zutreffender Ansicht ist dies jedoch nicht der Fall, da sonst entweder der dreistufige Deliktsaufbau verlassen würde (auch eine mögliche Notwehr müsste dann auf Tatbestandsebene berücksichtigt werden) oder man zu dem absurden Konsequenz käme, zuerst die Verwerflichkeit des Verhaltens auf Tatbestandsebene feststellen zu müssen, um dann die (an sich verwerfliche) Tat möglicherweise wegen Notwehr als gerechtfertigt anzusehen; vgl. hierzu das Aufbauschema bei *Eisele*, BT I, Rn. 450.

655 Vgl. zur allgemein anerkannten Unterscheidung von Unrecht und Schuld *Greco*, GA 2009, 636; *Stübinger*, ZStW 123 (2011), 403 (405 ff.).

werden. Dennoch spielt die Frage, ob er sich bereits nicht rechtswidrig verhalten hat oder ob lediglich die Schuld ausgeschlossen ist, an mehreren Stellen unserer Rechtsordnung noch eine Rolle.

Bsp. (1): Anton hält Bruno auf offener Straße mit einem schmerzhaften Griff fest, weil er meint, dieser habe ihm soeben seinen Geldbeutel entwendet (was jedoch nicht der Fall war). Bruno wehrt sich, indem er Anton niederschlägt. – Bruno hat durch das Niederschlagen tatbestandlich eine Körperverletzung, § 223 StGB, begangen. Diese könnte jedoch durch Notwehr, § 32 StGB, gerechtfertigt sein. Eine Notwehr setzt einen „gegenwärtigen rechtswidrigen Angriff" voraus. Handelte Anton als Angreifer durch das Festhalten bereits nicht tatbestandsmäßig oder ist er gerechtfertigt, scheidet ein solcher rechtswidriger Angriff aus (und Bruno dürfte sich nicht verteidigen). War Anton infolge seines Irrtums aber, wie hier, lediglich entschuldigt, lag ein solcher rechtswidriger Angriff hingegen vor, der Bruno ein Notwehrrecht eröffnet[656].

Bsp. (2): Gustav wird von Toni verfolgt und bedroht. Der zufällig vorbeikommende Passant Paul reicht Gustav einen Stock, damit dieser sich verteidigen kann. Gustav nimmt den Stock, schlägt Toni damit bewusstlos und flieht. Kurze Zeit später kommt die 12-jährige Frieda vorbei. Auch ihr gibt Paul einen herumliegenden Stock und fordert sie auf, damit den bewusstlos am Boden liegenden Toni kräftig zu schlagen. Frieda macht dies. – In beiden Fällen ist zu untersuchen, ob sich Paul wegen Anstiftung bzw. Beihilfe zu einer gefährlichen Körperverletzung, §§ 223, 224 Abs. 1 Nr. 2, 26 bzw. 27 StGB, strafbar gemacht hat. Nach §§ 26, 27 StGB ist hierzu eine vorsätzlich begangene rechtswidrige Tat erforderlich. Eine solche fehlt bei Gustav, denn dieser schlug den Toni in Notwehr, d. h. gerechtfertigt, nieder. Wie Gustav, so kann auch Frieda wegen der von ihr begangenen Körperverletzung nicht bestraft werden, da sie nach § 19 StGB schuldunfähig ist. Dennoch liegt, da zu diesem Zeitpunkt kein Angriff seitens des Toni mehr vorlag, eine rechtswidrige Tat seitens der Frieda vor (sie handelte lediglich nicht schuldhaft), zu der Anstiftung und Beihilfe geleistet werden können[657].

Bsp. (3)[658]**:** Zwei Schiffbrüchige, der starke Anton und der schwächere Bruno, klammern sich nach dem Untergang ihres Bootes gemeinsam an ein schwimmendes Holzbrett. Um zu überleben, reißt Anton dem Bruno das Brett aus der Hand und klammert sich selbst daran fest. Bruno zückt daraufhin sein Messer und ersticht Anton, damit er auf dem Brett das rettende Ufer erreichen kann. Zutreffend gehen beide davon aus, dass das Brett nur einen von ihnen tragen kann und es die einzige Möglichkeit ist, gerettet zu werden. – Indem Anton dem Bruno das Brett entriss, hat er den Tatbestand des versuchten Totschlags, §§ 212, 22 StGB, erfüllt[659]. Selbst wenn er Brunos Tod nicht wollte, handelte er hier infolge „sicheren Wissens" mit Vorsatz[660]. Ein spezieller Rechtfertigungsgrund ist nicht gegeben. Allein durch das Festklammern am Brett lag noch kein Angriff Brunos vor (§ 32 StGB). Auch ist hinsichtlich der Tötung kein überwiegendes schutzwürdiges Interesse Antons festzustellen (§ 34 StGB). Das Leben des einen Menschen ist genauso viel wert, wie das eines anderen[661]. Antons Verhalten war somit rechtswidrig. Man kann es aufgrund der besonderen Situation lediglich als entschuldigt

---

656 Vgl. zur umstrittenen Frage, ob ein solcher (Erlaubnistatbestands-)Irrtum das Unrecht oder die Schuld ausschließt, unten den Problemschwerpunkt 28, Rn. 1128 ff.
657 Allerdings kommt hier auch eine mittelbare Täterschaft Pauls in Frage. Auf die Abgrenzung von mittelbarer Täterschaft und Anstiftung kann jedoch erst eingegangen werden, wenn geklärt ist, ob eine Anstiftung im vorliegenden Fall konstruktiv überhaupt möglich ist.
658 Der Fallkonstellation liegt der „klassische" Fall des „Bretts des Karneades" zugrunde; vgl. hierzu *Bechtel*, JR 2021, 14 (15); BWME-*Eisele*, § 8 Rn. 27 ff.; *Hruschka*, GA 1991, 1; *Köhler*, S. 331; *Koriath*, JA 1998, 250; *Kühl*, § 8 Rn. 2 ff.; *Maultzsch*, JA 1999, 429; *Puppe*, ZIS 2018, 484 (489 f.); vgl. auch die Fallkonstellation bei *Mitsch*, Weber-FS 2004, S. 49; *Otto*, JURA 2005, 470 (475 f.).
659 Hinzuweisen ist allerdings darauf, dass die Strafbarkeit von Toten in Klausuren regelmäßig nicht zu prüfen ist, wenn dies nicht gesondert verlangt wird. Um das Problem zu verdeutlichen, soll an dieser Stelle von diesem Grundsatz abgewichen werden.
660 Zum hier vorliegenden dolus directus zweiten Grades vgl. oben Rn. 279 f.
661 Vgl. hierzu unten Rn. 425.

ansehen, da Anton sein Leben nur dadurch retten konnte, dass er das Leben des Bruno angriff (§ 35 StGB)[662]. – Auch Bruno hat, indem er das Messer zückte und Anton tötete, tatbestandlich einen Totschlag, § 212 StGB, begangen. Anders als bei Anton ist sein Verhalten aber durch Notwehr, § 32 StGB, gerechtfertigt. Denn indem Anton ihm das Brett wegzog, beging er, wie gerade gesehen, tatbestandsmäßig und rechtswidrig einen versuchten Totschlag, §§ 212, 22 StGB. Damit lag ein rechtswidriger Angriff auf das Leben des Bruno vor, gegen den dieser sich verteidigen durfte. – Dieses Ergebnis erscheint auf den ersten Blick verblüffend, legt es doch den Betroffenen nahe, sich zuerst das Brett entreißen zu lassen, um dann in Notwehr handeln zu dürfen. Problematisch ist auch die Konsequenz, die sich daraus für einen möglichen „Zuschauer" ergibt: Sieht ein weiterer Schiffbrüchiger auf einen weiteren Holzbrett diesem Geschehen zu, dürfte er (z. B. mittels eines gezielten Schusses) zwar Anton davon abhalten, Bruno das Brett zu entreißen (denn hierin liegt, wie gesehen, ein rechtswidriger Angriff, gegen den auch Nothilfe zulässig ist), er dürfte aber nicht einschreiten, wenn Bruno daraufhin das Messer zückt (denn hierin liegt, wie gesehen, eine zulässige Verteidigung und daher kein rechtswidriges Verhalten).

Es lässt sich somit festhalten: Die gerechtfertigte Tat stellt kein Unrecht dar. Da sie insoweit nicht rechtswidrig ist, darf hiergegen auch z. B. keine Notwehr geübt werden. Die lediglich entschuldigte Tat bleibt rechtswidrig, stellt also Unrecht dar. Der Täter selbst bleibt zwar straflos, gegen die Tat darf aber z. B. in Notwehr vorgegangen werden[663].

III. Sonderproblem: Rechtswidrigkeit als Tatbestandsmerkmal

Neben den genannten Beispielen der „offenen Tatbestände" (§§ 240, 253 StGB), in denen sich bereits im Tatbestand der Begriff „rechtswidrig" wiederfindet, ohne dass die Rechtswidrigkeit damit bereits zum (objektiven) Tatbestandsmerkmal wird[664], existieren noch weitere Tatbestände, bei denen dies jedenfalls nicht in gleicher Weise eindeutig ist.

> Bsp.: § 242 StGB – *„Wer eine fremde [...] Sache [...] in der Absicht wegnimmt, die Sache sich [...] rechtswidrig zuzueignen"*; § 263 StGB – *„Wer in der Absicht, sich [...] einen rechtswidrigen Vermögensvorteil zu verschaffen [...]"*; § 303 StGB – *„Wer rechtswidrig eine fremde Sache beschädigt [...]"*.

Da nicht davon ausgegangen werden kann, dass der Gesetzgeber bei diesen Delikten die gesamten Elemente der Rechtswidrigkeit zu Tatbestandsmerkmalen machen wollte, mit der Folge, dass einerseits bei diesen Delikten die Rechtswidrigkeitsebene entfiele und man zu einem zweistufigen Aufbau gelangen würde (Tatbestandsmäßigkeit – Schuld) und andererseits – was die zwangsläufige Folge der Ausgestaltung als Tatbestandsmerkmal wäre – sämtliche Elemente der Rechtswidrigkeit vom Vorsatz des Täters umfasst sein müssten (mit entsprechenden Konsequenzen beim Irrtum), ist eine differenzierende Betrachtung erforderlich. Als grober Anhaltspunkt kann hier folgende Überlegung dienen:

---

662 Vgl. zum entschuldigenden Notstand und dessen Voraussetzungen noch unten Rn. 564 ff.
663 Neben den geschilderten Fällen (Teilnahme, Notwehr) spielt die Frage, ob eine gerechtfertigte oder aber eine (nur) entschuldigte Tat vorliegt, auch eine Rolle bei gewissen Maßregeln der Besserung und Sicherung (so setzt die Unterbringung in einem psychiatrischen Krankenhaus, § 63 StGB, oder einer Entziehungsanstalt, § 64 StGB, eine „rechtswidrige" Tat voraus). Auch knüpfen manche Straftatbestände des Besonderen Teils (vgl. u. a. §§ 257, 258, 259 StGB) ausdrücklich an eine „rechtswidrige" Tat an.
664 Vgl. oben Rn. 315 f.

321 1. Ist die Rechtswidrigkeit als **Attribut eines einzelnen Tatbestandsmerkmals** ausgestaltet, handelt es sich um ein **echtes Tatbestandsmerkmal** – und muss damit auch vom Vorsatz umfasst sein.

> **Bsp.:** Bei der „Absicht rechtswidriger Zueignung" in § 242 StGB bezieht sich das Merkmal der Rechtswidrigkeit nicht auf den gesamten Tatbestand, sondern lediglich auf die beabsichtigte Zueignung. Damit werden aber nicht die einzelnen Elemente der Rechtswidrigkeit (z. B. die Frage, ob eine Sache im Wege der Nothilfe, § 32 StGB, weggenommen werden darf) zu Tatbestandsmerkmalen. Lediglich die Rechtswidrigkeit der Zueignung wird dem Tatbestand zugeordnet. Dies hat zur Folge, dass der Täter, der eine fremde Sache wegnimmt in dem Glauben, er habe darauf einen Anspruch, sich in einem Tatbestandsirrtum befindet, da er sich die Sache gerade nicht rechtswidrig zueignen will[665].

322 2. Bezieht sich hingegen die Rechtswidrigkeit auf den **gesamten Tatbestand**, dann stellt sie einen letztlich überflüssigen Hinweis des Gesetzgebers dar, dass im Hinblick auf das jeweilige Delikt oftmals allgemeine Rechtfertigungsgründe eingreifen werden[666].

> **Bsp.:** Wenn die Sachbeschädigung, § 303 StGB, voraussetzt, dass jemand „rechtswidrig" eine fremde Sache beschädigt, dann bezieht sich die Rechtswidrigkeit auf den gesamten Tatbestand (anders, wenn es heißen würde: „Wer eine fremde Sache rechtswidrig beschädigt" – in diesem Falle würde sich die Rechtswidrigkeit nur auf das Merkmal der Beschädigung beziehen). Die Erwähnung der Rechtswidrigkeit hat hier keine eigene Funktion und könnte daher auch gestrichen werden[667].

IV. Struktur der Rechtfertigungsgründe

1. Trennung von objektiven und subjektiven Merkmalen

323 Grundsätzlich besitzen sämtliche Rechtfertigungsgründe dieselbe Struktur. Wie auch den Tatbestand, so kann man die Rechtfertigungsebene in einen **objektiven** und einen **subjektiven Teil** aufspalten[668].

2. Objektive Rechtfertigungsmerkmale

323a Dabei erfolgt die Prüfung des objektiven Teils (des „Rechtfertigungstatbestandes") zumeist[669] in zwei Schritten. Zuerst muss festgestellt werden, ob die jeweilige **Rechtfertigungslage** gegeben ist, auf welcher der Rechtfertigungsgrund aufbaut.

> **Bsp.:** Im Rahmen der Notwehr, § 32 StGB, ist mit dem *„gegenwärtigen rechtswidrigen Angriff"* eine Notwehrlage erforderlich; der rechtfertigende Notstand, § 34 StGB, verlangt mit *der „gegenwärtigen, nicht anders abwendbaren Gefahr"* für ein bestimmtes Rechtsgut eine Notstandslage; § 127 StPO fordert mit dem *„[Betreffen] auf frischer Tat"* eine Festnahmelage etc.

324 Wenn dieser rechtfertigende Sachverhalt vorliegt und der Handelnde diesen für sich in Anspruch nehmen kann, bedeutet dies jedoch nicht, dass er nunmehr

---

665 Vgl. zu den Irrtümern auf der Ebene des Tatbestandes noch unten § 30.
666 Vgl. nur *Herzberg/Scheinfeld*, JuS 2002, 649 (650).
667 Ganz eindeutig ist die vorgeschlagene Differenzierung jedoch nicht. So wird auch der „Widerrechtlichkeit" des Eindringens in § 123 StGB keine eigenständige tatbestandliche Funktion zugesprochen, obwohl sie sich vom Wortlaut her nur auf das Eindringen und nicht auf den gesamten Tatbestand bezieht.
668 Vgl. hierzu BGHSt 5, 245 (247); *Krey/Esser*, Rn. 454 ff.; *Kühl*, § 6 Rn. 11 ff.; *Rengier*, § 17 Rn. 9 f.; *Wessels/Beulke/Satzger*, Rn. 410.
669 Ausnahmen gelten allerdings bei der Einwilligung und der mutmaßlichen Einwilligung.

unbeschränkt Rechtsgüter anderer beeinträchtigen oder verletzen darf. Vielmehr ist im Rahmen der zulässigen **Rechtfertigungshandlung** zu prüfen, ob das Verhalten auch geeignet und erforderlich war. Zudem ist – bei jedem Rechtfertigungsgrund in unterschiedlicher Ausprägung – eine **Güterabwägung** notwendig. Das durch eine Handlung geschützte und das beeinträchtigte Rechtsgut müssen gegeneinander abgewogen werden, wobei verschiedene Kriterien maßgebend sind.

> **Bsp.:** Der in Notwehr Handelnde darf nach § 32 StGB auch höherwertige Rechtsgüter des Angreifers verletzen (Grenze ist hier nur ein „krasses Missverhältnis"[670]. Dagegen muss beim rechtfertigenden Notstand, § 34 StGB, das gefährdete Rechtsgut das vom Täter verletzte Rechtsgut „wesentlich überwiegen"[671]. Unterschiedlich ausgestaltet sind die Voraussetzungen beim defensiven (§ 228 BGB) und aggressiven (§ 904 BGB) zivilrechtlichen Notstand. Beim Festnahmerecht des § 127 StPO sind dagegen nur geringfügige Eingriffe in Rechtsgüter des Festgenommenen zulässig (Beeinträchtigung der körperlichen Bewegungsfreiheit und der körperlichen Integrität)[672].

3. Subjektive Rechtfertigungsmerkmale

Im subjektiven Teil[673] muss der Täter zumindest Kenntnis von der jeweils rechtfertigenden Sachlage haben und auch wissen, dass seine Handlung erforderlich und geboten ist. Darüber hinaus ist – nach allerdings umstrittener Ansicht und im Hinblick auf die einzelnen Rechtfertigungsgründe in unterschiedlicher Ausprägung – zu fordern, dass der Täter aus einer gewissen Motivation heraus handelt (nämlich gerade zum Schutz von bestimmten Rechtsgütern)[674].

> **Bsp.:** So ist bei der Notwehr, § 32 StGB, ein Verteidigungswille, beim rechtfertigenden Notstand, § 34 StGB, ein Gefahrabwendungswille und beim Festnahmerecht, § 127 StPO, ein Festnahmewille erforderlich.

Fehlt das subjektive Rechtfertigungselement, ist der Rechtfertigungsgrund nicht vollständig gegeben. Ebenso wie jemand nicht bestraft werden kann, wenn der subjektive Tatbestand nicht erfüllt ist, kommt eine Rechtfertigung nicht in Betracht, wenn die subjektive Rechtfertigungsebene fehlt. Dabei ist die konkrete Rechtsfolge allerdings umstritten. Während die Rechtsprechung mangels Vorliegens einer Rechtfertigung hier zutreffend wegen eines vollendeten Delikts bestraft, gelangen weite Teile der Literatur hier lediglich zu einer Strafbarkeit wegen Versuchs, da jedenfalls das Erfolgsunrecht in diesen Fällen wegfalle (immerhin habe der Täter ja objektiv etwas „der Rechtsordnung Entsprechendes" getan)[675].

> **Bsp.:** Anton schlägt Bruno aus einer Laune heraus nieder. Nachher stellt sich heraus, dass Bruno soeben Wilma 5000 € entwendet hat, was durch das Niederschlagen ans Licht kommt. – Hier hat Anton zwar objektiv in Nothilfe gehandelt, d. h. der Erfolgsunwert einer rechtswidrigen Körperverletzung liegt nicht vor. Er handelte jedoch subjektiv nicht mit Verteidigungswillen, da er von der Nothilfelage keine Kenntnis hatte. Insoweit wollte er eine rechtswidrige Körperverletzung begehen, der Handlungsunwert

---

670 Vgl. hierzu noch ausführlich unten Rn. 362 ff.
671 Vgl. hierzu noch ausführlich unten Rn. 422 ff.
672 Vgl. hierzu noch ausführlich unten Rn. 502 f.
673 Vgl. allgemein zu den subjektiven Elementen der Rechtfertigungsgründe *Frisch*, Lackner-FS 1987, S. 113; *Geppert*, JURA 1995, 103; *Graul*, JuS 1995, L 41; *Herzberg*, JA 1986, 190; *Kühl*, § 6 Rn. 11a; *Loos*, Oehler-FS 1985, S. 227; *Prittwitz*, JURA 1984, 74; *Rengier*, § 17 Rn. 11 f.
674 So halten die bloße Kenntnis des Handelnden von der rechtfertigenden Sachlage für ausreichend: *Roxin/Greco*, AT I, § 14 Rn. 97; *Schönke/Schröder-Sternberg-Lieben*, Vor §§ 32 ff. Rn. 14; eine darüber hinausgehende Motivation wird verlangt von BGHSt 2, 111 (114); BGHSt 5, 245 (247); *Krey/Esser*, Rn. 459 ff. Ganz ablehnend hinsichtlich der subjektiven Rechtfertigungsmerkmale LK-*Spendel*, 11. Aufl., § 32 Rn. 168 ff.; vgl. hierzu noch ausführlich den Problemschwerpunkt 5, unten Rn. 386 ff.
675 Vgl. zu diesem Streit noch ausführlich unten nach Problemschwerpunkt 5, Rn. 390 ff.

bleibt also bestehen[676]. Dies entspräche, so die wohl h. M. in der Literatur, strukturell einem Versuch, da der Täter nur „Böses" gewollt, aber „Gutes" getan habe. Die Rechtsprechung würde hingegen zutreffenderweise wegen einer vollendeten Körperverletzung bestrafen, da mit dem fehlenden subjektiven Rechtfertigungselement ein wesentlicher Teil des Rechtfertigungsgrundes nicht vorliegt.

4. Kein abgeschlossener Katalog von Rechtfertigungsgründen

327 Im Hinblick auf die einzelnen Rechtfertigungsgründe ist als erstes festzustellen, dass kein abgeschlossener Katalog von Rechtfertigungsgründen existiert. So finden sich im StGB nur vereinzelt geschriebene Rechtfertigungsnormen, wie z. B. in §§ 32, 34 StGB. Da die Rechtfertigungsgründe zugunsten des Täters eingreifen, gilt in diesem Bereich das **Analogieverbot** nicht. Dies führt zu folgenden Konsequenzen:

328 a) Rechtfertigungsgründe können auch aus anderen Gesetzen übernommen werden (z. B. aus dem BGB). Denn, wie bereits erwähnt, bedeutet Rechtwidrigkeit letztlich „Widerspruch gegen das Recht", d. h. Widerspruch gegen die Gesamtrechtsordnung. Hieraus folgt, dass es nicht zulässig sein kann, dass das Strafrecht ein bestimmtes Verhalten verbietet, welches durch das Zivilrecht oder das Öffentliche Recht erlaubt wird. Dies wäre mit der **Einheit der Rechtsordnung** unvereinbar. Demnach können die Rechtfertigungsgründe nicht nur aus dem Strafrecht, sondern darüber hinaus auch aus dem Zivilrecht und dem Öffentlichen Recht stammen[677].

329 b) Es existiert eine Vielzahl von gewohnheitsrechtlich anerkannten Rechtfertigungsgründen[678]. Dies ist mit dem Grundsatz „nulla poena sine lege" schon deswegen vereinbar, da es sich um für den Täter günstige Regelungen handelt.

> **Bsp.:** Anton hat ein altes Auto, welches er gerne verschrotten würde. Er bittet Bruno, dies für ihn zu tun. Bruno „entsorgt" daraufhin den Wagen. – Tatbestandlich hat Bruno hier eine Sachbeschädigung, § 303 StGB, begangen. Diese ist aber durch eine Einwilligung gerechtfertigt, obwohl das StGB eine solche Einwilligung nicht ausdrücklich regelt.

330 c) Es ist sogar möglich, dass für den konkret vorliegenden Einzelfall ein neuer Rechtfertigungsgrund entwickelt wird[679].

> **Bsp.**[680]**:** Der Beamte Bruno entdeckt in seiner Behörde schwerwiegende Verletzungen der verfassungsmäßigen Ordnung seitens seiner Vorgesetzten. Er wendet sich an eine überregionale Zeitung und berichtet dieser unter Verletzung des Dienstgeheimnisses (§ 353b StGB) die Vorgänge, die dadurch ans Licht kommen. – Anhand dieses Falles entwickelte der BGH den (ungeschriebenen) Rechtfertigungsgrund des (beamtenrechtlichen) Rügerechts.

5. In dubio pro reo

331 Da die Rechtfertigungsgründe zugunsten des Täters eingreifen, ist dann, wenn der Sachverhalt nicht aufgeklärt werden kann, nach dem Grundsatz „**in dubio pro reo**" im Zweifel davon auszugehen, dass dem Täter ein Rechtfertigungsgrund zur Seite stand[681].

---

676 Zu den Begriffen Handlungs- und Erfolgsunwert vgl. bereits oben Rn. 153 f.
677 Vgl. BGHSt 11, 241 (244); *Jescheck/Weigend*, § 31 III 1; *Krey/Esser*, Rn. 449 ff.; *Roxin/Greco*, AT I, § 14 Rn. 31 f.; *Stam*, JR 2017, 557 (557 f.); *Werle*, JuS 2001, L 49 (L 50); *Wessels/Beulke/Satzger*, Rn. 400 f.; ferner den Übungsfall bei *Gaul/Haseloff/Zapf*, JA 2011, 672 (673); vgl. hierzu bereits oben Rn. 312.
678 Vgl. nur BGHSt 11, 241 (244 f.); *Krey/Esser*, Rn. 453; *Schönke/Schröder-Hecker*, § 1 Rn. 12.
679 So schon RGSt 61, 242 (247).
680 Fall nach BGHSt 20, 342.
681 Vgl. zum Grundsatz „in dubio pro reo" noch ausführlich unten Rn. 1449 ff.

Bsp.: Anton ersticht Bruno. Im späteren Prozess kann nicht festgestellt werden, ob Anton in Notwehr, § 32 StGB, handelte, da Bruno ihn möglicherweise selbst zuvor mit einem Messer angegriffen hatte. – Ist eine solche Behauptung nicht völlig aus der Luft gegriffen (z. B. wenn bei Bruno tatsächlich ein Messer gefunden wurde oder Zeugen bekunden, sie hätten in Brunos Hand „etwas blitzen" sehen) muss Anton bei Unaufklärbarkeit des Sachverhalts freigesprochen werden.

6. Prüfungsreihenfolge

Um eine Tat zu rechtfertigen, reicht es aus, wenn **ein** Rechtfertigungsgrund eingreift. Dieser rechtfertigt die Tat – der Täter kann im Hinblick auf dieses Delikt nicht bestraft werden. Da jedoch in vielen Fällen mehrere Rechtfertigungsgründe einschlägig sein werden, liegt es nahe, die Rechtfertigungsgründe in einer bestimmten Reihenfolge zu prüfen. Ferner ist zu überlegen, ob es ratsam ist, stets sämtliche in Frage kommenden Rechtfertigungsgründe in einer Klausur anzusprechen. Hierzu ist zu bemerken: Die spezielleren Rechtfertigungsgründe sind stets vor den allgemeinen Rechtfertigungsgründen zu prüfen. Greift ein vorrangiger Rechtfertigungsgrund ein, brauchen die nachfolgenden Rechtfertigungsgründe nicht mehr erwähnt zu werden. Kommen mehrere gleichrangige Rechtfertigungsgründe in Betracht, so sollten diese im Einzelnen angesprochen und bejaht werden. Dabei hat sich in der Prüfungsreihenfolge eine „Trias" von Rechtfertigungsgründen entwickelt.

332

Zu beginnen ist stets mit der Notwehr, § 32 StGB, die immer dann einschlägig ist, wenn von dem später durch die Tat Verletzten ein gegenwärtiger rechtswidriger Angriff ausging[682]. Die Notwehr gibt dem Verteidiger die am weitesten gehenden Rechte. Ist der Täter nach § 32 StGB gerechtfertigt, müssen die weiteren Rechtfertigungsgründe nicht mehr angesprochen werden. Als zweite Gruppe gleichrangig nebeneinander stehen sämtliche anderen Rechtfertigungsgründe des Straf-, des Zivil- und des Öffentlichen Rechts mit Ausnahme des § 34 StGB, der als „Auffang-Rechtfertigungsgrund" in die dritte Gruppe fällt und daher nur dann angesprochen werden sollte, wenn kein anderer speziellerer Rechtfertigungsgrund greift[683].

---

682 Vgl. allerdings die abweichende Prüfungsreihenfolge bei *Wessels/Beulke/Satzger*, Rn. 421; zur Konkurrenz von Rechtfertigungsgründen *Aselmann/Krack*, JURA 1999, 254 (257 f.); *Peters*, GA 1981, 445; *Warda*, Maurach-FS 1972, S. 143; zur Behandlung in Prüfungsarbeiten auch *Gierhake*, JA 2008, 429 (435 f.).
683 So auch *Nestler*, JURA 2019, 153 (157); *Wessels/Beulke/Satzger*, Rn. 439; differenzierend *Roxin/Greco*, AT I, § 14 Rn. 48 f.; a. M. LG Magdeburg StV 2018, 335 (336): § 34 StGB ist neben § 32 StGB anwendbar; dagegen sieht *Fahl*, JA 2019, 161 (164), den § 34 StGB als lex specialis zu §§ 228, 904 BGB an.

§ 14 Notwehr, § 32 StGB

Einführende Aufsätze: *Amelung,* Sein und Schein bei der Notwehr gegen die Drohung mit einer Scheinwaffe, JURA 2003, 91; *Beaucamp,* §§ 32, 34 als Ermächtigungsgrundlagen für polizeiliches Eingreifen, JA 2003, 402; *Berz,* An der Grenze von Notwehr und Notwehrprovokation, JuS 1984, 340; *Eisele,* Notwehr und Fahrlässigkeitsdelikt, JA 2001, 922; *Engländer,* Vorwerfbare Notwehrprovokation. Strafbarkeit wegen fahrlässiger Tötung aufgrund rechtswidrigen Vorverhaltens trotz gerechtfertigten Handelns?, JURA 2001, 534; *Erb,* Nothilfe durch Folter, JURA 2005, 24; *Fahl,* Sozialethische Einschränkungen der Notwehr, JA 2000, 460; *ders.,* Neue „sozialethische Einschränkung" der Notwehr: „Folter", JURA 2007, 743; *Geilen,* Notwehr und Notwehrexzess, JURA 1981, 200, 256, 308, 370; *Graul,* Notwehr oder Putativnotwehr – Wo ist der Unterschied?, JuS 1995, 1049; *Gropengießer,* Das Konkurrenzverhältnis von Notwehr (§ 32 StGB) und rechtfertigendem Notstand (§ 34 StGB), JURA 2000, 262; *Hamm,* Der Dritte in Notwehrkonstellationen, ZJS 2021, 30; *M. Heinrich,* Die Verwendung von Selbstschutzanlagen im Lichte des Strafrechts, ZIS 2010, 183; *Herzberg,* Handeln in Unkenntnis der Rechtfertigungslage, JA 1986, 190; *Hoyer,* Das Rechtsinstitut der Notwehr, JuS 1988, 89; *Kasiske,* Begründung und Grenzen der Nothilfe, JURA 2004, 832; *Kaspar,* Die Strafbarkeit der aufgedrängten Nothilfe, JuS 2014, 769; *Kretschmer,* Notwehr bei Fahrlässigkeitsdelikten, JURA 2002, 114; *ders.,* Notwehr (§ 32 StGB) und Unterlassen (§ 13 StGB) – eine wechselseitige Beziehung zweier Rechtsfiguren, JA 2015, 589; *Kudlich,* An den Grenzen der Notwehr, JA 2014, 587; *Kühl,* „Sozialethische" Einschränkungen der Notwehr, JURA 1990, 244; *ders.,* Die „Notwehrprovokation", JURA 1991, 57; *ders.,* Notwehr und Nothilfe, JuS 1993, 177; *ders.,* Angriff und Verteidigung bei der Notwehr, JURA 1993, 57, 118, 233; *Küpper,* Die Abwehrprovokation, JA 2001, 438; *Lindemann/Reichling,* Die Behandlung der so genannten Abwehrprovokation nach den Grundsätzen der actio illicita in causa; JuS 2009, 496; *Meyer/Ulbrich,* Das „schneidige Notwehrrecht" oder: tödlicher Schusswaffeneinsatz zur Selbstverteidigung nur in Florida?, JA 2006, 775; *Mitsch,* Notwehr gegen fahrlässig provozierten Angriff, JuS 2001, 751; *ders.,* Die provozierte Provokation, JuS 2017, 19; *ders.,* Angriffsprovokation und Nothilfe, JuS 2022, 19; *Norouzi,* Folter in Nothilfe – Geboten?, JA 2005, 306; *Otto,* Die vorgetäuschte Notwehr-/Nothilfelage, JURA 1988, 330; *Prittwitz,* Der Verteidigungswille als subjektives Merkmal der Notwehr, JURA 1984, 74; *Rönnau,* „Sozialethische" Einschränkungen der Notwehr, JuS 2012, 404; *ders.,* Grundwissen Strafrecht: Antizipierte Notwehr, JuS 2015, 880; *Schröder,* Angriff, Scheinangriff und die Erforderlichkeit der Abwehr vermeintlich gefährlicher Angriffe, JuS 2000, 235; *Stemler,* Die Notwehr, ZJS 2010, 347; *Sternberg-Lieben/Sternberg-Lieben,* Zur Strafbarkeit der aufgedrängten Nothilfe, JuS 1999, 444; *I. Sternberg-Lieben,* Allgemeines zur Notwehr, JA 1996, 129; *dies.,* Voraussetzungen der Notwehr, JA 1996, 299; *dies.,* Einschränkungen der Notwehr, JA 1996, 568; *Stuckenberg,* Provozierte Notwehrlage und Actio illicita in causa: Der Meinungsstand im Schrifttum, JA 2001, 894; *Zieschang,* Einschränkung des Notwehrrechts bei engen persönlichen Beziehungen?, JURA 2003, 527.

Übungsfälle: *Berz/Saal,* Die kriminellen Brüder, JURA 2003, 205; *Beulke,* Die fehlgeschlagene Notwehr zur Sachwertverteidigung, JURA 1988, 641; *Brüning,* Streitereien mit tödlichen Folgen, JuS 2007, 255; *Ernst,* Gute Nachbarschaft, ZJS 2012, 654; *Esser/Gerson,* „‚Castle Doctrine' oder ‚Alter schützt vor Strafe nicht'", JA 2015, 662; *Geerds,* Bayreuth bei Nacht, JURA 1992, 544; *Haft/Eisele,* Sauberes Stuttgart 2000. Der Gaststättenüberfall, JURA 2000, 313; *Hoffmann/Koenen,* Rauchen kann tödlich sein, JuS 2021, 941; *Keunecke/Witt,* Worte mit Folgen, JA 1994, 470; *Mitsch,* Volksfestgeplänkel, JuS 2018, 51; *Norouzi,* Die provozierte Nothilfe, JuS 2004, 494; *Simon,* Einschränkung des Notwehrrechts bei unvermeidbar irrendem Angreifer, JuS 2001, 639.

Rechtsprechung: RGSt 34, 295 – Hundeschuss (Angriff durch Tiere); **RGSt 55, 82** – Obstdiebe (krasses Missverhältnis); **RGSt 58, 27** – Wanderstock (Notwehr gegen Dritte); **BGHSt 5, 245** – Lichtspieltheater (Verteidigungswille); **BGHSt 24, 356** – Finnendolch (Absichtsprovokation); **BGHSt 25, 229** – Streitschlichter (Notwehr bei Fahrlässigkeitstat); **BGHSt 26, 143** – Wirtshausschlägerei (schuldhaft provozierter Angriff); **BGHSt 26, 256** – Faustschlag (Provokation); **BGHSt 27, 336** – Messerstich (Einschränkung des Notwehrrechts); **BGHSt**

39, 374 – Schusswechsel (Einschränkung des Notwehrrechts); **BGHSt 42, 97** – Zugabteil (selbstverschuldet herbeigeführter Angriff); **BGHSt 48, 207** – Raubpressungen (Notwehr gegen vollendete, aber noch nicht abgeschlossene Erpressung).

I. Grundlagen

Wie im vorigen Abschnitt bereits erwähnt, ist die Notwehr der zentrale Rechtfertigungsgrund im Strafrecht und sollte daher besonders gut beherrscht werden. Als **spezieller Rechtfertigungsgrund** geht die Notwehr sämtlichen anderen Rechtfertigungsgründen vor[684], da sie dem Verteidiger die am weitesten gehenden Rechte einräumt. Die Notwehr ist daher – sofern Anhaltspunkte für einen „Angriff" vorliegen – in einer Klausur stets an erster Stelle zu prüfen. 333

Die Notwehr basiert auf dem Grundgedanken, sich bei Vorliegen eines Angriffs verteidigen zu dürfen. Denn wer einen Angriff auf die Rechtsgüter eines anderen unternimmt, der begeht selbst Unrecht – und dagegen darf sich der Angegriffene wehren. Die Tatsache, dass die Notwehr an einen fremden Angriff anknüpft, hat dabei mehrere Konsequenzen: 334

1. Es findet regelmäßig **keine Güterabwägung** zwischen dem angegriffenen und dem durch die Verteidigung verletzten Rechtsgut statt. Es gilt der Grundsatz: Das Recht braucht dem Unrecht nicht zu weichen[685]. Daher wird dem Angreifer auch zugemutet, „mehr einzustecken" als er ausgeteilt hat bzw. austeilen will[686]. Eine Verhältnismäßigkeitsprüfung ist somit nicht durchzuführen. So kann es z.B. zur Verteidigung des Eigentums zulässig sein, Abwehrhandlungen zu ergreifen, die zum Tod des Angreifers führen[687]. Ausnahmen bestehen lediglich im Falle eines krassen Missverhältnisses[688]. 335

2. § 32 StGB enthält nicht nur das Recht, im Rahmen der Notwehr eigene Rechtsgüter zu verteidigen, sondern darüber hinaus auch die Möglichkeit, im Wege der **Nothilfe** fremde Rechtsgüter zu schützen (vgl. den Wortlaut des § 32 Abs. 2 StGB: „[...] *einen [...] Angriff [...] von sich oder einem anderen abzuwenden*")[689]. Dabei darf hinsichtlich der Grenzen und des Umfangs des Notwehrrechts auch nicht danach unterschieden werden, ob der Handelnde seine eigenen (= Notwehr) oder fremde (= Nothilfe) Rechtsgüter verteidigt[690]. 336

---

684 Vgl. zum Konkurrenzverhältnis von Notwehr und rechtfertigendem Notstand *Gropengießer*, JURA 2000, 262; ferner bereits oben Rn. 332.
685 Vgl. zu dieser „Formel" *Kühl*, JuS 1993, 177 (180); ferner schon RGSt 21, 168 (170).
686 *Greco*, GA 2018, 665 (672 ff.); *Krey/Esser*, Rn. 471; *Roxin/Greco*, AT I, § 15 Rn. 2; vgl. hierzu noch unten Rn. 362.
687 Vgl. hier *Kühl*, § 7 Rn. 13; zu dieser Problematik noch ausführlich unten Problemschwerpunkt 3, Rn. 365 ff.
688 Vgl. hierzu noch unten Rn. 362 ff.
689 Vgl. hierzu auch *Kasiske*, JURA 2004, 832; *Kühl*, § 7 Rn. 137 ff.; *ders.*, JURA 1993, 233 (235 f.); ferner die Übungsfälle bei *Gropengießer/Mutschler*, JURA 1995, 155 (157); *Herzberg/Schlehofer*, JuS 1990, 559 (562 f.); *Hillenkamp*, JuS 2014, 924 (926); *Kreß/Mülfarth*, JA 2011, 269 (274 f.); *Kretschmer*, JURA 1998, 244 (247 f.); *Rengier/Jesse*, JuS 2008, 42 (46); *Zacharias*, JURA 1994, 207 (209).
690 So die h. M.; vgl. *Erb*, NStZ 2005, 594 (595); LK-*Spendel*, 11. Aufl., § 32 Rn. 145; *Rengier*, § 18 Rn. 110 f.; *Roxin/Greco*, AT I, § 15 Rn. 116; *Schönke/Schröder-Perron/Eisele*, § 32 Rn. 42; a. M. *Hoffmann-Riem*, ZRP 1977, 277 (283); *Seelmann*, ZStW 89 (1977), 36; vgl. zur Frage, ob die sozialethischen Einschränkungen im Rahmen der Gebotenheit (vgl. hierzu unten Rn. 360 ff.), die für den Angegriffenen gelten, auch für den Nothelfer einschlägig sind, *Mitsch*, JuS 2022, 19 (21).

337 3. Der in Notwehr Handelnde wird zwar in erster Linie tätig, um individuelle (eigene oder fremde) Rechtsgüter zu verteidigen (Selbstschutzprinzip). Durch die Abwehr von rechtswidrigen Angriffen wird aber zugleich auch **die Rechtsordnung als Ganzes verteidigt** (Rechtsbewährungsprinzip). Diese Doppelfunktion (= dualistische Notwehrlehre) erklärt auch, warum das Notwehrrecht relativ weit ausgestaltet ist[691].

338 4. Liegt ein rechtswidriger Angriff vor, kann es aber (in Ausnahmefällen) dazu kommen, dem Verteidiger das an sich sehr weite Notwehrrecht dennoch zu versagen (z. B. weil ein krasses Missverhältnis vorliegt oder weil er den Angreifer provoziert hat)[692]. In diesem Fall greift dann regelmäßig auch kein anderer Rechtfertigungsgrund ein (sog. „Erst-recht-Schluss")[693]. Insoweit stellt § 32 StGB bei Vorliegen eines gegenwärtigen rechtswidrigen Angriffs eine abschließende Spezialvorschrift dar.

339 5. Notwehr ist nur gegen denjenigen zulässig, der sich rechtswidrig verhält, d. h. gegen den Angreifer[694]. Denn wenn das „Recht dem Unrecht nicht zu weichen braucht", gilt dies nur gegenüber demjenigen, der dieses Unrecht begeht und nicht gegenüber demjenigen, der hinsichtlich des Angriffs keine Verantwortung trägt[695]. Die Verletzung von **Rechtsgütern Dritter** kann also niemals über § 32 StGB gerechtfertigt sein[696]. Es können hier jedoch andere Rechtfertigungsgründe eingreifen, bei denen allerdings andere Abwägungskriterien zu beachten sind.

---

691 Zu dieser Doppelfunktion BGHSt 24, 356 (359); BGHSt 48, 207 (212); BGH NJW 2013, 2133 (2135 f.); *Amelung*, GA 1982, 381 (392); *Bülte*, GA 2011, 145 (148 ff.); *Eisele*, JuS 2015, 465 (466); *Greco*, GA 2018, 665 (677 ff.); *Gropp/Sinn*, § 5 Rn. 149; *Hamm*, ZJS 2021, 30 (30 ff.); *Jäger*, GA 2016, 258; *Kasiske*, JURA 2004, 832 (833); *Kretschmer*, JR 2008, 51 (52); *Krey/Esser*, Rn. 470; *Kühl*, § 7 Rn. 7 ff., 19; *ders.*, JuS 1993, 177 (178 ff.); *Meyer/Ulbrich*, JA 2006, 775 (778); *Norouzi*, JA 2005, 305 (308 f.); *Roxin/Greco*, AT I, § 15 Rn. 1 ff.; *Schröder*, JuS 2000, 235 (238); *I. Sternberg-Lieben*, JA 1996, 129 (130); *Sternberg-Lieben/Sternberg-Lieben*, JuS 1999, 444 (446 f.); *Warda*, JURA 1990, 344 (346); zur Relevanz dieser Prinzipien im Hinblick auf die „sozialethischen Einschränkungen" des Notwehrrechts vgl. unten Rn. 374, 376; ferner *Fahl*, JURA 2007, 743 (746 ff.); *Rönnau*, JuS 2012, 404 (405); eine solche „dualistische Konzeption" hingegen ablehnend *Freund/Rostalski*, § 3 Rn. 89; *Frister*, 16. Kap. Rn. 3; *ders.*, GA 1988, 291 (299 ff.); MüKo-*Erb*, 4. Aufl., § 32 Rn. 14 ff.; SK-*Hoyer*, § 32 Rn. 6; kritisch auch *Klesczewski*, Rn. 337.
692 Zu diesen Fällen der „sozialethischen Einschränkungen des Notwehrrechts", die regelmäßig über die Gebotenheit der Notwehr ausgesondert werden, vgl. unten Rn. 360 ff.
693 *Kudlich*, JA 2014, 587 (590).
694 BGHSt 5, 245 (248); BGHSt 39, 374 (380); BGHSt 55, 191 (197); *Geilen*, JURA 1981, 256 (258); *Kindhäuser/Zimmermann*, § 16 Rn. 28; *Krey/Esser*, Rn. 501; *Kühl*, § 7 Rn. 5, 84; *ders.*, JURA 1993, 118 (118 f.); *Lanzrath/große Deters*, HRRS 2011, 161 (162); *Mitsch*, JuS 2014, 593 (597); *ders.*, JR 2018, 606 (610 f.); LK-*Rönnau/Hohn*, 13. Aufl., § 32 Rn. 159; MüKo-*Erb*, 4. Aufl., § 32 Rn. 122; *Rengier*, § 18 Rn. 31 ff.; *Roxin/Greco*, AT I, § 15 Rn. 124 ff.; *Schönke/Schröder-Perron/Eisele*, § 32 Rn. 31; *Stemler*, ZJS 2010, 347 (350); *Wessels/Beulke/Satzger*, Rn. 508; vgl. auch die Übungsfälle bei *Börgers/Grunewald*, ZJS 2008, 521 (527 f.); *Britz/Müller-Dietz*, JuS 1998, 237 (241); *Eisele*, JA 2003, 40 (44); *Haas/Hänke*, JURA 2021, 1508 (1510); *Kühl/Hinderer*, JURA 2012, 488 (489); *Küper*, JURA 1983, 206 (213 f.); *Meier*, JuS 1989, 992 (996 f.); *Nicolai*, JA 2020, 21 (31); *Radde*, JA 2016, 818 (820); *Sieg*, JURA 1986, 326 (329); *Walter/Michler*, JURA 2021, 844 (846); *Walter/Schwabenbauer*, JA 2012, 504 (509 f.); *Weber*, JURA 1984, 365 (367).
695 Zur Frage ob auch eine juristische Person „Angreifer" sein kann, gegen die sich die Notwehrhandlungen richten können *Robles Planas*, ZIS 2018, 14 (15 ff.).
696 Zur Zulässigkeit der Notwehr bei einem gefährlichen Eingriff in den Straßenverkehr, § 315b StGB, wenn die konkret gefährdete Person der Angreifer war, allerdings BGH NJW 2013, 2133 (2136); OLG Zweibrücken NSTZ 2019, 678 (679); zustimmend Müko-*Erb*, 4. Aufl., § 32 Rn. 123; vgl. hierzu auch den Übungsfall bei *Walter/Michler*, JURA 2021, 844 (851).

Bsp.[697]: Anton ist in die Villa der Witwe Wilma eingedrungen und hat deren wertvollen Schmuck eingesteckt. Er wird jedoch von Paul, dem Mitarbeiter eines privaten Sicherheitsdienstes, überrascht und verfolgt. Auf der Flucht bricht Anton das Auto des Nachbarn Norbert auf, schließt dieses kurz und braust mitsamt der Beute davon. Paul kann ihn nur noch dadurch stoppen, dass er mit seiner Pistole auf die Reifen des Wagens schießt. Dadurch bricht der Wagen, wie von Paul beabsichtigt, aus und prallt gegen einen Baum. Das Auto erleidet einen Totalschaden, Anton wird schwer verletzt. – Im Hinblick auf Anton (Beeinträchtigung der körperlichen Integrität; Nötigung zum Anhalten) war der Schuss im Rahmen der Notwehr (Nothilfe), § 32 StGB, gerechtfertigt. In Bezug auf das Auto des unbeteiligten Norbert (Sachbeschädigung, § 303 StGB) scheidet Nothilfe dagegen aus, da hier keine Rechtsgüter des Angreifers verletzt wurden (die Tatsache, dass Norberts Auto ohne dessen Willen zur Flucht benutzt wurde, macht diesen nicht zum Angreifer)[698]. Hier greift als Rechtfertigungsgrund aber möglicherweise § 904 BGB ein, der aber ganz andere Abwägungskriterien enthält: Das geschützte Rechtsgut (hier: der Schmuck) muss das beeinträchtigte Rechtsgut (hier: der Wert des Autos) wesentlich überwiegen. Eben dieses Abwägungskriterium enthält die Notwehr gerade nicht. Wäre Anton in seinem eigenen Auto geflohen, hätte Paul in jedem Fall schießen dürfen (im Übrigen: Nothilfe zugunsten Norberts im Hinblick auf die Entwendung des Autos scheidet aus, da die Zerstörung desselben wohl kaum ein geeignetes Mittel sein dürfte, Norbert vor dem Verlust des Wagens zu schützen; insofern ist auch die Annahme einer mutmaßlichen Einwilligung hier problematisch).

II. Prüfungsschema

Die Notwehr wird, wie auch die anderen Rechtfertigungsgründe[699], in **drei Prüfungsschritten** untersucht: Vorliegen einer Notwehrlage, Rechtmäßigkeit der Notwehrhandlung, Verteidigungswille (subjektives Rechtfertigungselement). Jeder dieser drei Schritte lässt sich wiederum in drei Unterpunkte gliedern. Insoweit ergibt sich folgendes Prüfungsschema[700]:

1. **Vorliegen einer Rechtfertigungssituation (Notwehrlage)**
   a) Angriff
   b) Gegenwärtigkeit des Angriffs
   c) Rechtswidrigkeit des Angriffs
2. **Rechtmäßigkeit der Notwehrhandlung**
   a) Geeignetheit
   b) Erforderlichkeit
   c) Gebotenheit (sozialethische Einschränkungen des Notwehrrechts)
3. **Verteidigungswille (subjektives Rechtfertigungselement)**
   a) Kenntnis der Notwehrlage
   b) Wissen, dass die Handlung der Verteidigung dient
   c) Handeln, um zu verteidigen (Motivation)

---

697 Zur gleichzeitigen Verletzung von Rechtsgütern des Angreifers und von Dritten vgl. auch RGSt 58, 27 (29); BGHSt 39, 374 (380); BWME-*Mitsch*, § 15 Rn. 32; *Hamm*, ZJS 2021, 30 (33 ff.); *Jäger*, Rn. 141 f.; *Kühl*, § 7 Rn. 85a f.; *Roxin/Greco*, AT I, § 15 Rn. 127; NK-*Kindhäuser*, § 32 Rn. 80 f.; abweichend allerdings LK-*Spendel*, 11. Aufl., § 32 Rn. 211, der hier § 32 StGB anwenden will; vgl. hierzu auch die Übungsfälle bei *Bergmann/Kroke*, JURA 2010, 946 (951 f.); *Walter/Michler*, JURA 2021, 844 (852).
698 Diese Situationen sind durchaus häufig anzutreffen, man denke nur daran, dass der in Notwehr Handelnde auf einen Angreifer schießt, der ein fremdes Hemd trägt. Auch sind Fälle denkbar, in denen der Angreifer für seinen Angriff ein fremdes Messer benutzt, welches durch die Verteidigungshandlung zerstört wird oder zwar im „eigenen" Auto flieht, dieses aber lediglich unter Eigentumsvorbehalt gekauft hat, vgl. hierzu auch *Hamm*, ZJS 2021, 30 (36).
699 Vgl. oben Rn. 323.
700 Vgl. zum Aufbau der Notwehrprüfung auch *Kindhäuser/Zimmermann*, § 16 Rn. 3 f.; *Kühl*, § 7 Rn. 20a; ferner den Übungsfall bei *Amelung/Boch*, JuS 2000, 261 (264 ff.); vgl. auch unten Rn. 1482.

1. Vorliegen einer Rechtfertigungssituation (Notwehrlage)

341 a) **Angriff.** Unter einem Angriff versteht man jede durch eine menschliche Handlung drohende Verletzung rechtlich geschützter individueller Güter oder Interessen[701]. Angriffe durch Tiere[702] fallen damit ebenso wenig hierunter, wie Angriffe durch juristische Personen[703]. Es muss sich hierbei jedoch um absolute Rechte (Leib, Leben, Eigentum, Hausrecht) handeln, relative Rechte (Forderungen, vertragliche Ansprüche) können hingegen nicht mittels Notwehr durchgesetzt werden[704]. Dabei ist ein objektiver Maßstab anzulegen[705]. Der Angriff muss also tatsächlich (und nicht nur in der Vorstellung des Täters) vorliegen (ex-post Betrachtung)[706]. Glaubt der Täter irrtümlich, er werde angegriffen, liegt ein Erlaubnistatbestandsirrtum vor, der die Rechtswidrigkeit unberührt lässt[707]. Zu beachten ist allerdings, dass reine Bagatellfälle bzw. sozialübliches Verhalten ausscheiden, da hier bereits die Angriffsqualität fehlt[708].

> **Bsp.:** In der voll besetzten Straßenbahn rempelt Anton mehrere Fahrgäste leicht an, um an einer Haltestelle schnell zum Ausgang zu kommen. Bruno sieht jedoch nicht ein, dass er sich von Anton zur Seite drücken lassen muss, und schlägt ihn mit einem Faustschlag zu Boden. – Zwar bedeutete das „Anrempeln" und „Zur-Seite-Drücken" eine Beeinträchtigung Brunos, die dieser an sich nicht hinnehmen musste. Dennoch ist in solchen Bagatellfällen ein Angriff abzulehnen. Bruno hat sich durch seine „Verteidigungshandlung" daher wegen einer Körperverletzung, § 223 StGB, strafbar gemacht.

---

701 *Kühl*, § 7 Rn. 23; *ders.*, JURA 1993, 57 (58); LK-*Rönnau/Hohn*, 13. Aufl., § 32 Rn. 77; *Rengier*, § 18 Rn. 6; *Wessels/Beulke/Satzger*, Rn. 494.
702 *Mitsch*, JR 2018, 606 (607); *Reinbacher*, ZIS 2019, 509 (511); zu Angriffen von Tieren, die regelmäßig unter § 228 BGB fallen, vgl. unten Rn. 484.
703 LK-*Rönnau/Hohn*, 13. Aufl., § 32 Rn. 99; *Reinbacher*, ZiS 2019, 508 (511 f.).
704 *Roxin/Greco*, AT I, § 15 Rn. 35; *Sickor*, JURA 2008, 14 (19); SK-*Günther*, 8. Aufl., § 32 Rn. 48; vgl. auch *Kühl*, JURA 1993, 57 (60).
705 BGH NStZ-RR 2002, 203 (204); BGH StV 2018, 727 (730); *Geppert*, JURA 2007, 33; *Graul*, JuS 1995, 1049 (1056); *Kühl*, § 7 Rn. 21; *ders.*, JURA 1993, 57; LK-*Spendel*, 11. Aufl., § 32 Rn. 29; MüKo-*Erb*, 4. Aufl., § 32 Rn. 63; *Otto*, § 8 Rn. 18; *Rengier*, § 18 Rn. 12; *Schönke/Schröder-Perron/Eisele*, § 32 Rn. 27; SK-*Günther*, § 32 Rn. 22; *Wessels/Beulke/Satzger*, Rn. 498.
706 BGH NStZ 2020, 147; dagegen auf eine „ex-ante"-Beurteilung aus der Sicht eines objektiven Beobachters abstellend *Bloy*, JuS 1990, L 12 (L 13 f.); *Freund*, GA 1991, 387 (406 f.); *Freund/Telöken*, ZJS 2012, 796 (804 f.); *Herzberg*, JA 1975, 243 (247); *ders.*, JA 1989, 243 (247 f.); *ders.*, JA 1991, L 68 (L 69 f.); *Armin Kaufmann*, Welzel-FS 1974, S. 393 (400 f.); *Mitsch*, JuS 1992, 289 (291); *Momsen/Rackow*, JA 2006, 550 (553 f.); MüKo-*Schlehofer*, 4. Aufl., Vor § 32 Rn. 82; NK-*Herzog*, 3. Aufl., § 32 Rn. 3; *Nowakowski*, ZStW 63 (1951), 287 (329); *Rudolphi*, Schroeder-GS 1978, S. 73 (81 f.); *ders.*, Armin Kaufmann-GS 1989, S. 371 (382 f.); *Schröder*, JuS 2000, 235 (237 ff.); zum Ganzen ausführlich *Nippert/Tinkl*, JuS 2002, 964 (965 ff.); ferner die Übungsfälle bei *Krell/Bernzen*, JuS 2015, 322 (323); *Lorenz/Flaig*, JA 2019, 108 (111 f.); *Seeland/Zivanic*, JuS 2017, 1087 (1088). Zur Angriffsqualität von „Scheinangriffen" bzw. „vorgetäuschten Angriffen" *Graul*, JuS 1995, 1049 (1056); *Kühl*, § 7 Rn. 21; *ders.*, JURA 1993, 57; LK-*Rönnau/Hohn*, 13. Aufl., § 32 Rn. 94; *Puppe*, § 12 Rn. 6 ff.; *Roxin/Greco*, AT I, § 15 Rn. 9; *Otto*, JURA 1988, 330; *Schönke/Schröder-Perron/Eisele*, § 32 Rn. 27; *Schröder*, JuS 2000, 235; *Wessels/Beulke/Satzger*, Rn. 515; ferner die Übungsfälle bei *Ambos/Rackow*, JURA 2006, 943 (945); *Bloy*, JuS 1990, L 12 (L 13); *Britz*, JuS 2002, 465 (466); *Freund/Telöken*, ZJS 2012, 796 (804 f.); *Herzberg*, JuS 1991, L 68 (L 69); *Lorenz/Flaig*, JA 2019, 108 (111 f.); zum Problem des Angriffs durch einen untauglichen Versuch *Jäger*, Rn. 132.
707 Vgl. hierzu die Übungsfälle bei *Seeland/Zivanic*, JuS 2017, 1087 (1089 f.); ferner unten Rn. 1128 ff.
708 BGH NStZ-RR 2018, 272 (273); *Kühl*, § 7 Rn. 25, 189; *ders.*, JURA 1993, 57 (58); *I. Sternberg-Lieben*, JA 1996, 568 (573); *Maurach/Zipf*, AT 1, § 26 Rn. 17; vgl. hierzu auch die Übungsfälle bei *Mürbe*, JuS 1992, 854 (855); *Reinhardt*, ZJS 2013, 493 (497); *ders.*, ZJS 2015, 222 (223 f.); nach AG Erfurt NStZ 2014, 160 stellt das „Anrauchen mit zuvor inhaliertem und damit mit Atemluft und Speichelnebel vermengtem Zigarettenrauch gegen das Gesicht" keine Bagatelle und daher einen Angriff dar; ablehnend *Jäger*, JA 2014, 472 (473); *Jahn*, JuS 2014, 176 (177); vgl. hierzu auch den Übungsfall bei *Hoffmann/Koenen*, JuS 2021, 941 (943).

Der Angriff muss zwar Handlungsqualität besitzen[709], er braucht aber – nach allerdings umstrittener Ansicht – weder gezielt[710] noch schuldhaft[711] zu sein[712]. **342**

> **Bsp. (1):** Anton fährt in betrunkenem Zustand mit seinem Auto und gerät in eine Fußgängerzone. Ohne es zu merken, fährt er auf eine Gruppe Schulkinder zu. Der Passant Paul kann einen Unfall nur dadurch verhindern, dass er eine herumstehende Mülltonne vor Antons Auto wirft und diesen dadurch zum Anhalten zwingt. Das Auto wird dabei erheblich beschädigt. – Die hier vorliegende Sachbeschädigung, § 303 StGB, ist durch Notwehr (Nothilfe) gerechtfertigt, obwohl Anton die Schulkinder nicht gezielt angegriffen hat. Denn auch bei fahrlässigem Verhalten des Angreifers muss die Möglichkeit zum Einschreiten bestehen (problematisch wäre es lediglich dann, wenn Anton am Steuer des Autos bewusstlos zusammengebrochen wäre und das Auto sich nun auf abschüssiger Straße auf eine Gruppe von Menschen zubewegt hätte, da es hier bereits an einer „Handlung" Antons fehlen würde).

> **Bsp. (2):** Der geistesgestörte Gerd dringt mit vorgehaltener Waffe in einen Supermarkt ein und beginnt, wild um sich zu schießen. Wachmann Paul schießt, nach Abgabe eines Warnschusses, gezielt auf Gerds Beine und kann auf diese Weise eine weitere Gefährdung der Kunden verhindern. – Auch hier handelte Paul in Notwehr (Nothilfe). Zwar ist das Notwehrrecht gegenüber erkennbar Schuldunfähigen eingeschränkt[713], es muss aber als ultima ratio bestehen bleiben, wenn eine Abwendung der Gefährdung auf andere Weise nicht möglich ist.

Nach zutreffender Ansicht kann ein Angriff auch in einem bloßen **Unterlassen** liegen[714]. Hierbei ist es allerdings erforderlich, dass der Unterlassende eine **Rechtspflicht zum Handeln** besitzt. Wie weit diese Pflicht geht, ist allerdings umstritten. Eine Ansicht lässt jede Pflicht, insbesondere auch die allgemeine Hilfeleistungspflicht bei Unglücksfällen (strafbewehrt in § 323c StGB) genügen[715]. Danach würde jeder, der in Unglücksfällen einem anderen keine Hilfe leistet, die Rechtsgüter des anderen „angreifen". Andere hingegen verlangen für das Vorliegen eines Angriffs eine Garantenpflicht, die derjenigen des § 13 StGB beim Unterlassungs- **343**

---

709 BWME-*Mitsch*, § 17 Rn. 5; *Jäger*, Rn. 132; *ders.*, JURA-Sonderheft Zwischenprüfung, 2004, 34 (35); *Krey/Esser*, Rn. 476; *Kühl*, § 7 Rn. 28; *ders.*, JURA 1993, 57 (59); LK-*Rönnau/Hohn*, 13. Aufl., § 32 Rn. 100; MüKo-*Erb*, 4. Aufl., § 32 Rn. 55 ff.; *Rengier*, § 18 Rn. 7; *Roxin/Greco*, AT I, § 15 Rn. 8; *Sinn*, GA 2003, 96 (98); *Stemler*, ZJS 2010, 347 (347 f.); *Wessels/Beulke/Satzger*, Rn. 494; differenzierend LK-*Spendel*, 11. Aufl., § 32 Rn. 27 f.; a. M. *Kaspar*, JA 2006, 855 (857) im Hinblick auf einen „Schlafwandler".
710 *Geilen*, JURA 1981, 200 (202 f.); *Kühl*, § 7 Rn. 28; *ders.*, JURA 1993, 57 (59); *I. Sternberg-Lieben*, JA 1996, 299 (300); *Wessels/Beulke/Satzger*, Rn. 494.
711 BGHSt 3, 217 (218); BWME-*Mitsch*, § 15 Rn. 25; *Jescheck/Weigend*, § 32 II 1a; *Klesczewski*, Rn. 344; *Krey/Esser*, Rn. 478; *Kühl*, § 7 Rn. 28; *ders.*, JURA 1993, 57 (59); *Roxin/Greco*, AT I, § 15 Rn. 10; *Schönke/Schröder-Perron/Eisele*, § 32 Rn. 24; *Wessels/Beulke/Satzger*, Rn. 497; a. M. *Hoyer*, JuS 1988, 89 (96); vgl. auch den Übungsfall bei *Eiden/Köpferl*, JURA 2010, 780 (782 f.).
712 Nach der Gegenansicht liegt ein Angriff nur bei vorsätzlich begangenen finalen Handlungen vor. Nur diese könnten die scharfen, über die ansonsten erforderliche Güterabwägung hinaus gehenden Rechtsfolgen der Notwehr rechtfertigen; vgl. *Frister*, GA 1988, 291 (305); *Hoyer*, JuS 1988, 89 (95); *Jakobs*, 12/16; LK-*Rönnau/Hohn*, 13. Aufl., § 32 Rn. 109, 242; *Otto*, § 8 Rn. 20; vgl. auch *Pawlik*, JURA 2002, 26 (28 f.); ferner die Übungsfälle bei *Otto*, JURA 1994, 96 (97); *Vogt*, JURA 1981, 380 (381).
713 Vgl. hierzu noch unten Rn. 383.
714 *Geilen*, JURA 1981, 200 (203); *Jäger*, Rn. 131; *Jescheck/Weigend*, § 32 II 1a; *Kretschmer*, JA 2015, 589; *Krey/Esser*, Rn. 476; *Kühl*, § 7 Rn. 29; *ders.*, JURA 1993, 57 (59); *Lagodny*, GA 1991, 300 (302); LK-*Rönnau/Hohn*, 13. Aufl., § 32 Rn. 102; *Marxen*, Fall 8c; *Rengier*, § 18 Rn. 15; *Stemler*, ZJS 2010, 347; a. M. *Bockelmann/Volk*, § 15 I 1a; ferner auch *Schönke/Schröder-Perron/Eisele*, § 32 Rn. 10.
715 So *Bernsmann*, JA 1991, Ü 126 (Ü 130); *Geilen*, JURA 1981, 200 (204); *Krey/Esser*, Rn. 476; LK-*Rönnau/Hohn*, 13. Aufl., § 32 Rn. 101; LK-*Spendel*, 11. Aufl., § 32 Rn. 47; NK-*Kindhäuser*, § 32 Rn. 33 f.

delikt entspricht[716]. Dieser Ansicht ist zuzustimmen. Denn nur dann, wenn sich der Unterlassende selbst wegen eines (unechten) Unterlassungsdelikts strafbar machen kann, greift er das betroffene Rechtsgut durch seine Untätigkeit in einer Weise an, die andere dazu berechtigen kann, hiergegen in Notwehr (bzw. Nothilfe) vorzugehen.

Bsp. (1)[717]: Vater Viktor sieht tatenlos zu, wie seine Tochter Anna in einem See zu ertrinken droht. Der hinzukommende Bruno zwingt Viktor mit vorgehaltener Waffe, Anna zu retten (er selbst kann nicht tätig werden, da er Nichtschwimmer ist). – Hier hat Viktor durch die Verweigerung der Rettung einen Angriff auf Annas Leben begangen, da er als Vater eine Garantenstellung besitzt (er hat sich deswegen im vorliegenden Fall auch wegen einer versuchten Tötung durch Unterlassen, §§ 212, 13, 22 StGB, strafbar gemacht). Die Nötigung Viktors durch Bruno ist daher durch Notwehr (Nothilfe) gerechtfertigt. Anders läge der Fall, wenn es sich bei Viktor nicht um den Vater, sondern um einen unbeteiligten Passanten gehandelt hätte. Denn dann bestünde lediglich die allgemeine Hilfeleistungspflicht aus § 323c StGB, die für einen Angriff durch Unterlassen nicht ausreicht. Bruno stünde dann auch kein Recht zur Nothilfe zu (es würde in diesem Fall allerdings § 34 StGB eingreifen, der jedoch ganz andere Abwägungskriterien enthält).

Bsp. (2): Rudi erleidet an einem abgelegenen Strand einen Kreislaufkollaps. Sein Freund Fritz ruft über sein Handy den Rettungswagen. Bis zu dessen Eintreffen will Fritz den Rudi im Hauszelt des Hans unterbringen, da es dort kühl und schattig ist und bei einem weiteren Aufenthalt in der Sonne ernsthafte gesundheitliche Schäden für Rudi zu befürchten sind. Hans, der vor dem Eingang seines Hauszeltes sitzt, verweigert jedoch jede Hilfe, weil ihn Rudi „nichts angehe". Da Fritz das Zelt sonst nicht betreten kann, packt er Hans, zerrt ihn vom Zelt weg und bindet ihn an einem Baum fest. – Da Hans hier kein Garant war (der bloße Besitz des möglicherweise einzigen Zeltes am Strand begründet keine Garantenstellung), scheidet ein Angriff durch Unterlassen aus. Die durch Fritz begangene Freiheitsberaubung, § 239 StGB, ist daher höchstens nach § 34 StGB, nicht aber nach § 32 StGB gerechtfertigt.

344 Der Angriff muss sich ferner gegen **individuelle Güter** oder Interessen richten. Eine Verteidigung von Rechtsgütern der Allgemeinheit ist im Wege der Notwehr nicht möglich[718]. Denn die Abwehr von Angriffen auf die öffentliche Ordnung oder die Rechtsordnung als solche ist Sache des Staates und seiner Organe und steht nicht dem Einzelnen zu. Dies ist in jüngster Zeit im Hinblick auf den Tierschutz fraglich geworden[719]. Wer unter Verletzung fremden Hausrechts, § 123

---

716 So *Jäger*, Rn. 131; *Kretschmer*, JA 2015, 589; *Maurach/Zipf*, AT 1, § 26 Rn. 9; *Rengier*, § 18 Rn. 17; *Roxin/Greco*, AT I, § 15 Rn. 11; SK-*Hoyer*, § 32 Rn. 13; *Stratenwerth/Kuhlen*, § 9 Rn. 65; *Wessels/Beulke/Satzger*, Rn. 496; vgl. auch BWME-*Mitsch*, § 15 Rn. 9 f.

717 Vgl. auch die Übungsfälle bei *Bernsmann*, JA 1991, Ü 126 (Ü 130); *Böhm/Stürmer*, JA 2017, 272 (278); *Eiden/Köpferl*, JURA 2010, 780 (783); *Eschenbach*, JURA 1999, 88 (90); *Geerds*, JURA 1992, 544 (545); *Schünemann*, JuS 1979, 275 (276); *Seier*, JuS 1986, 217; *Strauß*, JuS 2018, 1203 (1204).

718 BGHSt 5, 245 (247); BGH NJW 1975, 1161 (1162); OLG Stuttgart NJW 1966, 745 (747 f.); *Jäger*, Rn. 127 ff.; *Krey/Esser*, Rn. 475; *Kühl*, § 7 Rn. 38; *ders.*, JURA 1993, 57 (61); LK-*Rönnau/Hohn*, 12. Aufl., § 32 Rn. 79; *Marxen*, Fall 8b; *Matt/Renzikowski-Engländer*, § 32 Rn. 13; *Müko-Erb*, 3. Aufl., § 32 Rn. 100; NK-*Kindhäuser*, § 32 Rn. 37; *Rengier*, § 18 Rn. 10; *Roxin/Greco*, AT I, § 15 Rn. 36; *Stemler*, ZJS 2010, 347 (348); SSW-*Rosenau*, § 32 Rn. 8; *I. Sternberg-Lieben*, JA 1996, 299 (301 f.); *Wessels/Beulke/Satzger*, Rn. 495; vgl. auch die Übungsfälle bei *Gaul/Haseloff/Zapf*, JA 2011, 672 (697); *Krahl*, JuS 2003, 1187 (1188, 1189); *ders.*, JuS 1993, 57 (61); *Otto*, JURA 2008, 954 (956); *ders.*, JURA 1993, 118 (119 f.); *Popp/Hotz*, JA 2016, 268 (272).

719 Angeregt durch die Entscheidungen LG Magdeburg StV 2018, 335 (hierzu *Anders/Fenske*, Famos 3/2018) und in nächster Instanz OLG Naumburg NStZ 2018, 472; vgl. hierzu auch die Übungsfälle bei *Lenk/Ritz*, JA 2020, 507 (508 f.); *Marinitsch*, JA 2019, 906 (907 f.); *Rensch/Schwarz/Werres*, ZJS 2021, 370 (371 f.); *Römer*, JURA 2011, 326 (329 ff.); *Strauß*, JuS 2018, 1203 (1208); *Wolf/Langlitz*, JURA 2019, 417 (419 ff.).

StGB, in fremde Ställe eindringt, um Beweise zu sammeln, die eine massive Tierquälerei belegen, kann sich jedoch nicht auf § 32 StGB berufen[720]. Hier ist nicht das menschliche Mitgefühl als Individualrechtsgut betroffen[721], da dies nicht nur extrem subjektiv und daher nicht rechtssicher bestimmt werden könnte, sondern dadurch auch der Grundsatz, dass Allgemeinrechtsgüter gerade nicht erfasst sind, umgangen würde. Auch genießen Tiere selbst keinen Individualrechtsschutz, da sie nicht als „anderer" im Sinne des § 32 Abs. 2 StGB angesehen werden können[722]. Es kommt lediglich § 34 StGB in Frage[723]. Dabei muss stets geprüft werden, **gegen welches Rechtsgut** sich der jeweilige Angriff im Einzelfall richtet[724].

> **Bsp.:** Angler Anton bemerkt, wie Herbert nach Einbruch der Dämmerung mit seinem Kleintransporter ans Flussufer fährt und einige Fässer mit giftigen Flüssigkeiten auslädt, um diese „billig" zu entsorgen. Zwar ist eine unmittelbare Schädigung der Gesundheit von Menschen durch die Abgabe der Flüssigkeiten in das Wasser nicht zu befürchten, dennoch will Anton dem Verhalten Herberts Einhalt gebieten. Nachdem Herbert sich jedoch uneinsichtig zeigt, schlägt Anton ihn nieder, bindet ihn an einem Baum fest und holt die Polizei. – Hier hat sich Herbert wegen einer (versuchten) Gewässerverunreinigung, § 324 StGB, strafbar gemacht. Insoweit lag ein Angriff auf das Rechtsgut des § 324 StGB vor. Zwar ist es streitig, ob § 324 StGB die Umwelt als Ganzes oder das Umweltmedium „Wasser" im Speziellen schützt[725], da es sich hierbei jedoch stets um ein überindividuelles Rechtsgut handelt, scheidet eine Rechtfertigung nach § 32 StGB aus.

b) Gegenwärtigkeit des Angriffs. Ein Angriff ist dann gegenwärtig, wenn er unmittelbar bevorsteht (nachfolgend Bsp. 1)[726], gerade stattfindet (nachfolgend Bsp. 2) oder noch andauert (nachfolgend Bsp. 3)[727]. Damit fallen, was vielfach

---

720 Vgl. nur *Mitsch*, JURA 2017, 1388 (1393 f.); *Müko-Erb*, 4. Aufl., § 32 Rn. 100; a. M. LK-*Rönnau/Hohn*, 13. Aufl., § 32 Rn. 82; *Reinbacher*, ZIS 2019, 509 (513 f.).
721 LK-*Spendel*, 11. Aufl., § 32 Rn. 189; *Schönke/Schröder-Perron*, 29. Aufl., § 32 Rn. 8; erwogen auch von *Hotz*, NJW 2018, 2066; *Keller/Zetsche*, StV 2018; a.M. *Dehne-Niemann/Greissner*, GA 2019, 205 (207 ff.); *Dölling/Duttge/König/Rössner-Duttge*, § 32 Rn. 8; *Hecker*, JuS 2018, 83 (84); *Jäger*, § 4 Rn. 177; LK-*Rönnau/Hohn*, 13. Aufl., § 32 Rn. 82; *Matt/Renzikowski-Engländer*, § 32 Rn. 11; *Mitsch*, JURA 2017, 1388 (1393); *Rengier*, § 18 Rn. 9a; *Reinbacher*, ZIS 2019, 509 (512 f.); *Ritz*, JuS 2018, 333 (334 f.); *Roxin/Greco*, AT I, § 15 Rn. 34; *Schönke/Schröder-Perron/Eisele*, § 32 Rn. 8.
722 *Anders/Fenske*, famos 3/2018, S. 5 f.; *Dehne-Niemann/Greiser*, GA 2019, 205 (207); *Hecker*, JuS 2018, 83 (84); *Hotz*, NJW 2018, 2066; *Jäger*, § 4 Rn. 177; *Matt/Renzikowski-Engländer*, § 32 Rn. 11; *Mitsch*, JURA 2017, 1388 (1393 f.); *Müko-Erb*, 4. Aufl., § 32 Rn. 100; *Rengier*, § 18 Rn. 9a; *Renzikowski*, Tröndle GS 2019, S. 355 (356 ff.); *Ritz*, JuS 2018, 333 (336); *Scheuerl/Glock*, NStZ 2018, 448 (449); *Schönke/Schröder-Perron/Eisele*, § 32 Rn. 8; SK-*Hoyer*, § 32 Rn. 15; SSW-*Rosenau*, § 32 Rn. 8; *Wolf/Langlitz*, JURA 2019, 417 (419 f.); a.M. LG Magdeburg StV 2018, 335 (336); *Felde/Ort*, ZJS 2018, 468 (471); *Herzog*, JZ 2016, 190 (195); *Greco*, JZ 2019, 390 (393); *Keller/Zetsche*, StV 2018, 337 (338); LK-*Rönnau/Hohn*, 13. Aufl., § 32 Rn. 82; *Reinbacher*, ZIS 2019, 509 (513 f.); *Renzikowski*, Tröndle-GS 2019, S. 355 (358); *Roxin/Greco*, AT I, § 15 Rn. 34; *Scheuerl/Glock*, NStZ 2018, 448 (449); vgl. hierzu auch BGH NJW 2018, 2877; OLG Naumburg NStZ 2018, 472 (474); *Fahl*, JA 2019, 161 (163 f.).
723 Vgl. unten Rn. 410.
724 Zur Sonderkonstellation eines Angriffs auf Vermögenswerte einer juristischen Person vgl. *Robles Planas*, ZIS 2018, 14; zur Notwehrfähigkeit des „Rechts an einem Parkplatz" OLG Stuttgart NJW 1966, 745 sowie die Übungsfälle bei *Brand/Strauß*, JuS 2015, 332 (336); *Schmidhäuser*, JA 2019, 912 (920).
725 Vgl. hierzu nur *Eisele*, BT I, Rn. 1270 f.
726 Kritisch zu dieser Formulierung *Fahl*, JA 2017, 481, der davon ausgeht, ein Angriff, der lediglich „unmittelbar bevorsteht", sei gerade nicht gegenwärtig, es müsse vielmehr darauf abgestellt werden, ob die Rechtsgutverletzung unmittelbar bevorstehe.
727 Vgl. nur BGH NJW 1973, 255; *Frister*, 16. Kap. Rn. 14; *Geilen*, JURA 1981, 200 (206); *Gropp/Sinn*, § 5 Rn. 145; *Krey/Esser*, Rn. 485; *Kühl*, § 7 Rn. 40; *ders.*, JURA 1993, 57 (61); LK-*Rönnau/Hohn*, 13. Aufl., § 32 Rn. 140; *Rengier*, § 18 Rn. 19; *Rotsch*, JuS 2005, 12 (15); *Roxin/Greco*, AT I, § 15 Rn. 21;

verkannt wird, auch die „Fluchtfälle" bei Eigentumsdelikten in den Bereich zulässiger Notwehr, sofern der Täter die Beute noch bei sich trägt und die Gefahr hinsichtlich des endgültigen Verlusts der Sache noch abgewendet werden kann[728]. Ein Angriff steht dann unmittelbar bevor, wenn das Verhalten des Angreifers unmittelbar in eine Rechtsgutsverletzung umschlagen kann[729]. Hat der Angreifer bereits eine Verletzungshandlung begangen, dauert der Angriff solange an, wie eine Wiederholung und damit ein erneutes Umschlagen in eine Verletzung unmittelbar zu befürchten ist[730].

Bsp. (1): Bruno bemerkt, wie Anton mit gezückter Waffe in einem Hinterhalt sitzt, um den herbeieilenden Rudi zu töten, der demnächst um die Ecke biegen wird. Da er Rudi nicht mehr warnen kann, schlägt er Anton mit einem gezielten Faustschlag kampfunfähig. – Hier lag ein unmittelbar bevorstehender Angriff Antons auf Rudis Leben vor, selbst wenn Anton zu dieser Tat noch nicht unmittelbar angesetzt haben sollte (d. h. noch kein „Versuch" im strafrechtlichen Sinne vorlag)[731]. Ausreichend ist, dass sich die Gefahr durch das Verhalten des Angreifers so verdichtet hat, dass ein Hinausschieben der Abwehrhandlung unter den gegebenen Umständen entweder deren Erfolg gefährden oder den Verteidiger zusätzlich nicht mehr hinnehmbaren Risiken aussetzen würde[732]. Der Begriff des Angriffs ist insoweit unabhängig vom Versuchsbeginn zu beurteilen. Bruno ist daher durch Notwehr (Nothilfe) gerechtfertigt.

Bsp. (2): Gustav bemerkt, wie Toni gerade dabei ist, Rudi in einer Seitengasse kräftig zu verprügeln. Er eilt herbei und schlägt Toni nieder, sodass Rudi fliehen kann. – Hier liegt der klassische Fall eines gerade stattfindenden Angriffs vor[733].

Bsp. (3): Anton ist in die Villa der Witwe Wilma eingebrochen und flieht mit deren wertvollem Schmuck in der Tasche. Bruno sieht dies, verfolgt Anton, erreicht diesen nach 500 Metern und schlägt ihn von hinten nieder. – Hier liegt ein klassischer Fluchtfall vor. Solange keine eindeutige zeitliche Zäsur zwischen der Tathandlung und dem

---

Stemler, ZJS 2010, 347 (348); *Wessels/Beulke/Satzger*, Rn. 498; zur Gegenwärtigkeit vgl. auch die Übungsfälle bei *Berster/Yenimazman*, JuS 2014, 329 (330 f.); *Degener/Braband/Pampuch/Faridy*, JuS 2018, 141 (143 f.); *S. Dreher*, JA 2005, 789 (791); *Eisenberg/Müller*, JuS 1990, 120 (122); *Ernst*, ZJS 2011, 382 (383); *Geerds*, JURA 1992, 321 (321 f.); *Hertl-Meißner/Kuse*, JuS 2018, 622 (625); *Hillenkamp*, JuS 2018, 974 (976); *Hoven*, JuS 2016, 631 (632 f.); *Käßner/Seibert*, JuS 2006, 810 (812); *Koch/Loy*, ZJS 2008, 170 (171 f.); *Lorenz/Steffen*, JA 2019, 424 (426); *Rengier/Brand*, JuS 2008, 514 (516 f.); *Sickor*, JuS 2014, 807 (810).
728 OLG Zweibrücken NStZ 2019, 678 (679).
729 BGH NStZ 2000, 365; BGH NJW 2013, 2133 (2134); BGH NStZ-RR 2017, 38 (39); BGH NStZ-RR 2017, 271; BGH NStZ 2018, 84; BGH StV 2022, 88 (89); OLG Koblenz StV 2011, 622 (623); *Otto*, JURA 1999, 552; *Rengier*, § 18 Rn. 20; *Stemler*, ZJS 2010, 347 (348); ferner BGH NJW 1995, 973; vgl. hierzu auch die Übungsfälle bei *Geerds*, JURA 1992, 321 (321 f.); *Hillenkamp*, JuS 1994, 769 (772); *Müller/Raschke*, JURA 2011, 704 (705).
730 BGH NStZ 2006, 152 (153); BGH NStZ-RR 2017, 38 (39); BGH StV 2018, 727 (730).
731 So auch *Krey/Esser*, Rn. 486; LK-*Rönnau/Hohn*, 13. Aufl., § 32 Rn. 146; MüKo-*Erb*, 4. Aufl., § 32 Rn. 107; *Otto*, JURA 1999, 552; *Rengier/Brand*, JuS 2008, 514 (516); *Roxin/Greco*, AT I, § 15 Rn. 22; *Schönke/Schröder-Perron/Eisele*, § 32 Rn. 14; *Stemler*, ZJS 2010, 347 (348); *I. Sternberg-Lieben*, JA 1996, 299 (302); eine Parallele von Versuchsbeginn und unmittelbar bevorstehendem Angriff befürworten dagegen BWME-*Mitsch*, § 15 Rn. 18; *Jakobs*, 12/23; *Kühl*, § 7 Rn. 40; *ders.*, JURA 1993, 57 (61); *Lackner/Kühl*, § 32 Rn. 4; SK-*Günther*, § 32 Rn. 70; vgl. auch BGH NJW 1973, 255; BGH NStZ 2018, 84; BGH StV 2022, 88 (89); ferner die Übungsfälle bei *Degener/Braband/Pampuch/Faridy*, JuS 2018, 141 (143 f.); *Hillenkamp*, JuS 2018, 974 (976); vgl. zum unmittelbaren Ansetzen ausführlich unten § 23 (Rn. 700 ff.).
732 BGH NStZ 2000, 365; BGH NJW 2013, 2133 (2134); BGH NStZ-RR 2017, 38 (39); BGH NStZ-RR 2017, 270; BGH NStZ 2018, 84; BGH StV 2018, 727 (730); vgl. auch BGH NStZ 2020, 147.
733 Zur Gegenwärtigkeit des Angriffs bei Dauerdelikten vgl. *Erb*, JURA 2005, 24; *Kühl*, JURA 1993, 57 (62).

Einschreiten vorliegt (d. h. die Beute noch nicht „gesichert" ist), dauert der Angriff noch an und die Gegenwärtigkeit ist zu bejahen[734].

Bsp. (4): Anton ruft bei seinem Widersacher Bruno an und meint, er habe von ihm während der letzten Weihnachtsfeier einige kompromittierende Fotos „geschossen", wenn diese in die Öffentlichkeit gelangen würden, sei Bruno „Job und Frau los". Selbstverständlich würde er von einer Veröffentlichung absehen, wenn Bruno ihm 1000 € überweise. Da sich Bruno dieser Drohung nicht beugen möchte, dringt er in Antons Wohnung ein und entwendet die Fotos. – Bruno hat den Tatbestand des Hausfriedensbruchs, § 123 StGB, und des Diebstahls, § 242 StGB, erfüllt. Er ist jedoch infolge Notwehr gerechtfertigt, da er Opfer einer (versuchten) Erpressung, § 253 StGB, war. Der Angriff Antons auf Brunos Willensfreiheit und sein Vermögen war nicht etwa mit dem Ausspruch der Drohung am Telefon beendet[735], sondern vielmehr solange gegenwärtig, wie der psychische Zwang aufrechterhalten wurde[736].

346 Nicht mehr gegenwärtig ist ein Angriff jedoch dann, wenn er bereits vollständig abgeschlossen ist, also z. B. eine eindeutige zeitliche Zäsur vorliegt (nachfolgend Bsp. 1 und 2), wenn er fehlgeschlagen ist, der Täter also z. B. ohne Beute flieht (nachfolgend Bsp. 3) oder wenn lediglich eine Dauergefahr vorliegt, die aber (noch) nicht in eine aktuell bedrohliche Situation umgeschlagen ist (nachfolgend Bsp. 4)[737].

Bsp. (1): Anton hat Brunos Fahrrad entwendet. Zwei Wochen später sieht Bruno, wie Anton mit seinem Rad durch die Innenstadt fährt. Er springt ihm hinterher und zerrt ihn mit einem schmerzhaften Griff zu Boden. – Hier lag keine Notwehrsituation mehr vor. Der Diebstahl war bereits beendet, es fand eine eindeutige zeitliche Zäsur statt. Auch § 127 StPO scheidet aus, da Anton den Bruno nicht mehr auf frischer Tat ertappt hat.

Bsp. (2): Rudi gibt Norbert in seiner Stammkneipe aus Wut eine kräftige Ohrfeige. Es ist jedoch absehbar, dass er nur einmal zuschlagen wollte. Dennoch schlägt Norbert zurück, um sich zu „rächen". – Hier war Rudis Angriff abgeschlossen und Norbert durfte nicht zurückschlagen, da er nicht mehr handelte, „um sich zu verteidigen"[738].

Bsp. (3): Anton bricht in Brunos Villa ein und ist gerade dabei, das Tafelsilber einzupacken, als Bruno erwacht und das Wohnzimmer betritt. Anton lässt alles stehen und liegen. Dennoch wird er von Bruno verfolgt, der ihn mit einem kräftigen Griff festhält,

---

734 Vgl. RGSt 55, 82 (84); BGHSt 48, 207 (209); OLG Zweibrücken NStZ 2019, 678 (679); *Fischer*, § 32 Rn. 18; *Kühl*, § 7 Rn. 46; *ders.*, JURA 1993, 57 (62 f.); *ders.*, JuS 2002, 729 (735); *Mitsch*, JA 1989, 79 (83); *Otto*, JURA 1999, 552; *Rönnau/Wegner*, JuS 2019, 970 (972 f.); *Stemler*, ZJS 2010, 347 (349); *Wessels/Beulke/Satzger*, Rn. 498 f.; *Zaczyk*, JuS 2004, 750 (752); vgl. hierzu auch die Übungsfälle bei *Kaspar*, JuS 2009, 830 (834); *Knauer*, JuS 2007, 1011 (1014); *Walter/Schwabenbauer*, JA 2014, 103 (108).
735 So aber KG JR 1981, 254; *Arzt*, MDR 1965, 344; *ders.*, JZ 2001, 1052 Fn. 2; *Baumann*, MDR 1958, 346 (346 f.); *Frister*, 16. Kap. Rn. 18 f.; *Jakobs*, 12/27 Fn. 49 a. E; MüKo-*Erb*, 4. Aufl., § 32 Rn. 97 ff; *Tenckhoff*, JZ 1981, 255 (256); vgl. auch *Müller*, NStZ 1993, 366 (368).
736 *Amelung*, GA 1982, 381 (385); *Eggert*, NStZ 2001, 226 (227); *Fahl*, ZJS 2009, 63 (63 f.); *Fischer*, § 32 Rn. 18; *Jäger*, Rn. 137; *Kaspar*, JuS 2009, 830 (834); *Koch/Loy*, ZJS 2008, 170 (172); *Kühl*, JURA 1993, 57 (62); *Lackner/Kühl*, § 32 Rn. 4; LK-*Rönnau/Hohn*, 13. Aufl., § 32 Rn. 151; NK-*Kindhäuser*, § 32 Rn. 59; *Novoselec*, NStZ 1997, 218 (219 f.); *Roxin/Greco*, AT I, § 15 Rn. 29; *Schönke/Schröder-Perron*, § 32 Rn. 15; *I. Sternberg-Lieben*, JA 1996, 299 (303); *Wessels/Beulke/Satzger*, Rn. 499; vgl. auch BGHSt 5, 371 (373); BGHSt 48, 207 (212); OLG Zweibrücken NStZ 2019, 678 (679); hierzu ferner die Übungsfälle bei *Bischoff/Wächter*, JuS 2010, 246 (252); *Dötterl*, JuS 2013, 346 (352); *Eisenberg/Müller*, JuS 1990, 120 (122).
737 Vgl. *Wessels/Beulke/Satzger*, Rn. 498 f.
738 Vgl. auch *Kühl*, § 7 Rn. 49; *ders.*, JURA 1993, 57 (63); *Mitsch*, JuS 1992, 289 (291); *Roxin/Greco*, AT I, § 15 Rn. 28; *Stemler*, ZJS 2010, 347 (349); vgl. in diesem Zusammenhang auch BayObLG JR 1986, 291; BayObLG NJW 1991, 2031; ferner die Übungsfälle bei *Bloy*, JuS 1982, 52; *Berster/Yenimazman*, JuS 2014, 329 (331); *Keunecke/Witt*, JA 1994, 470 (471).

bis die Polizei eintrifft. – Der Angriff auf das Eigentum[739] war auch hier abgeschlossen, denn es lag, da Anton ohne Beute fliehen wollte, ein fehlgeschlagener Versuch vor. Notwehr, § 32 StGB, war daher unzulässig[740], es kommt lediglich das allgemeine Festnahmerecht, § 127 StPO, in Frage (welches dem Betreffenden jedoch weit weniger Eingriffsrechte verleiht).

Bsp. (4): Der Haustyrann Anton verprügelt regelmäßig seine Ehefrau Berta, wenn er in betrunkenem Zustand nach Hause kommt. Weil Berta sich nicht anders zu helfen weiß, schüttet sie eines Morgens Gift in den Kaffee ihres Mannes, obwohl dieser am Morgen stets friedlich ist. Anton stirbt. – Hier lag mangels eines gegenwärtigen Angriffs keine Notwehrlage vor. Denn die bisherigen Angriffe waren abgeschlossen, ein künftiger Angriff stand noch nicht unmittelbar bevor[741]. Natürlich dürfte Berta sich wehren, wenn Anton abends heimkommt und sie verprügelt, denn dann läge problemlos ein gegenwärtiger Angriff vor. So aber lag lediglich eine Dauergefahr vor, welche das Notwehrrecht nicht eröffnet[742].

347 Welcher Rechtfertigungsgrund letztlich eingreift, ist deswegen entscheidend, weil das Notwehrrecht wesentlich weiter reicht als andere Rechtfertigungsgründe. So rechtfertigt z. B. § 127 StPO – im Gegensatz zu § 32 StGB – nicht den Schusswaffengebrauch. Bei einer „Festnahme" darf der Fliehende z. B. nicht getötet oder schwer verletzt werden[743].

348 Im Rahmen der Gegenwärtigkeit kommt es häufig vor, dass sich der Handelnde irrt. Ein solcher Irrtum ist im Hinblick auf die Rechtswidrigkeit regelmäßig unbeachtlich. Entscheidend ist allein die objektive Sachlage[744], d. h. das tatsächliche Vorliegen eines gegenwärtigen, rechtswidrigen Angriffs. Ist ein solcher entgegen den Vorstellungen des „Verteidigers" nicht (mehr) gegeben, liegt ein Erlaubnistatbestandsirrtum vor, der lediglich auf Schuldebene zu beachten ist[745].

Bsp.: Anton ist bei Bruno eingebrochen, wird aber von diesem überrascht und flieht ohne Beute. Bruno nimmt jedoch irrtümlich an, Anton hätte kurz vor der Flucht noch einige Wertsachen in seine Jackentasche gesteckt. Da er den fliehenden Anton nicht anders stoppen kann, macht er ihn mit einem gezielten Schuss in die Beine fluchtunfähig. – Mangels Gegenwärtigkeit (der Angriff ist objektiv bereits vollständig abgeschlossen bzw. fehlgeschlagen) scheidet Notwehr, § 32 StGB, aus. § 127 StPO greift ebenfalls nicht, da dieser keine schwerwiegenden Verletzungen des Festgenommenen gestattet. Die Tat bleibt also rechtswidrig. Brunos Irrtum (der darin besteht, dass er davon ausgeht, der Angriff auf sein Eigentum sei noch gegenwärtig) kann lediglich auf Schuldebene berücksichtigt werden[746].

---

739 Vgl. zum Angriff auf das Hausrecht noch unten Rn. 354. Das Festhalten war hier jedenfalls nicht dazu geeignet, den Angriff abzuwehren.
740 Vgl. *Kühl*, § 7 Rn. 50; *ders.*, JURA 1993, 57 (63); ferner die Übungsfälle bei *Knauer*, JuS 2002, 53 (56); *Meurer/Dietmeier*, JuS 2001, L 36 (L 39).
741 *Rotsch*, JuS 2005, 12 (15); dagegen verneint *Kühl*, § 7 Rn. 24, hier bereits den Angriff; zum „Haustyrannenfall" vgl. noch unten Rn. 412.
742 Zur Dauergefahr, die eine gegenwärtige Gefahr i. S. des § 34 StGB darstellen kann, vgl. unten Rn. 412 f.
743 Vgl. zu § 127 StPO unten Rn. 499 ff.
744 Vgl. BGH NStZ-RR 2017, 38 (39); OLG Stuttgart NJW 1992, 850 (851); *Schönke/Schröder-Perron/Eisele*, § 32 Rn. 27; *Wessels/Beulke/Satzger*, Rn. 498; vgl. hierzu bereits oben Rn. 341.
745 Vgl. zum Erlaubnistatbestandsirrtum unten Rn. 1123 ff.
746 Vgl. *Kühl*, § 7 Rn. 53; *ders.*, JURA 1993, 57 (63); *Wessels/Beulke/Satzger*, Rn. 498; vgl. auch den Übungsfall bei *Vogt*, JURA 1981, 380 (383).

Abwehrmaßnahmen gegen einen künftigen, noch nicht unmittelbar bevorstehenden Angriff sind ebenfalls – unter Notwehrgesichtspunkten – nicht zulässig[747]. Dies gilt selbst dann, wenn ein Abwarten die **Abwehrchancen erheblich verschlechtern würde**. Zwar nimmt eine (Minder-)Ansicht hier eine „**notwehrähnliche Lage**" an, bei der § 32 StGB analog angewendet werden könne (es läge dann eine zulässige Analogie zugunsten des Täters vor)[748]. Diese Ansicht ist jedoch abzulehnen, da das „scharfe Schwert" des Notwehrrechts dem Handelnden nur in der kritischen Situation des Angriffs zuzugestehen ist[749]. **349**

> **Bsp.**[750]**:** Anton mischt in Brunos Beisein Gift zusammen und erzählt ihm, er werde damit am Abend seine Ehefrau Berta vergiften. Weil Bruno keine Möglichkeit sieht, Berta zu warnen, schlägt er Anton nieder, fesselt ihn, zerstört die Chemikalien und holt die Polizei. – Hier lag noch kein unmittelbar bevorstehender Angriff vor, da Berta erst am Abend vergiftet werden sollte. Eine Notwehr (Nothilfe) muss daher ausscheiden. Es können jedoch andere Rechtfertigungsgründe, hier vor allem § 34 StGB, eingreifen (diese enthalten aber andere Abwägungskriterien und gewähren Bruno weit geringere Handlungsspielräume)[751].

c) Rechtswidrigkeit des Angriffs. Ein Angriff ist dann rechtswidrig, wenn er im Widerspruch zur Rechtsordnung steht und der Angegriffene ihn daher nicht zu dulden braucht[752]. Dabei ist es nicht erforderlich, dass der Angreifer sich durch sein Verhalten strafbar macht, denn der „rechtswidrige Angriff" ist nicht identisch mit der „rechtswidrigen Tat" i. S. des § 11 Abs. 1 Nr. 5 StGB[753]. Es genügt jede Form rechtswidrigen Verhaltens[754]. **350**

> **Bsp.:** Anton trägt eine lange Holzlatte und ist gerade im Begriff, sich umzudrehen. Dabei bewegt er die Latte, ohne es zu bemerken, in Richtung der Schaufensterscheibe eines Haushaltswarengeschäftes. Bruno sieht dies und reißt Anton mitsamt der Latte von der Schaufensterscheibe fort. Dabei zieht sich Anton eine schmerzhafte Schürf-

---

[747] Vgl. zur antizipierten Notwehr auch den Überblick bei *Rönnau*, JuS 2015, 880; *Trentmann*, JuS 2018, 944; ferner die Übungsfälle bei *Trentmann/Mustafi*, JA 2020, 359 (360); *Penkuhn*, ZJS 2016, 497 (500); *Wolf/Langlitz*, JURA 2019, 417 (426 f.).

[748] *Jakobs*, 12/27; *Krey*, ZStW 90 (1978), 173 (188 f.); *Schmitt*, JuS 1967, 19 (24); grundlegend *Suppert*, Studien zur Notwehr und notwehrähnlichen Lage, 1973, S. 356 ff.; vgl. auch *Schmidhäuser*, LB, 9/94, der in diesen Fällen noch eine Gegenwärtigkeit des Angriffs annimmt.

[749] *Hirsch*, JR 1980, 115 (116); *Jescheck/Weigend*, § 32 II 1d; *Kühl*, § 7 Rn. 42; *ders.*, JURA 1993, 57 (62); *Otto*, § 8 Rn. 40, 170; *ders.*, JURA 1999, 552; *Rotsch*, JuS 2005, 12 (15); *Roxin/Greco*, AT I, § 15 Rn. 27; *Schönke/Schröder-Perron/Eisele*, § 32 Rn. 17; *Schroeder*, JuS 1980, 341; *SK-Hoyer*, § 32 Rn. 43; *Stemler*, ZJS 2010, 347 (349); *I. Sternberg-Lieben*, JA 1996, 299 (303); *Wessels/Beulke/Satzger*, Rn. 500; *Wölfl*, JURA 2000, 231 (233); *Zaczyk*, JuS 2004, 750 (752); vgl. zu dieser Problematik auch *Kühl*, JURA 1993, 57 (62).

[750] Vgl. hierzu auch die Übungsfälle bei *Bohnert*, JURA 1999, 533; *Haft/Eisele*, JURA 2000, 313 (314); *Momsen/Sydow*, JuS 2001, 1194 (1197); *Rengier/Brand*, JuS 2008, 514 (517); *Walter/Schwabenbauer*, JA 2012, 504 (507).

[751] Dazu, dass der Begriff der „Gegenwärtigkeit" in § 34 StGB anders auszulegen ist als in § 32 StGB, vgl. näher Rn. 412 f.

[752] Kritisch zu dieser „Duldungsformel" *Mitsch*, JR 2018, 606 (609 f.).

[753] Vgl. *Eisele*, JuS 2019, 591 (592); *Kühl*, § 7 Rn. 59; *ders.*, JURA 1993, 57 (65); *Reinhardt*, ZJS 2013, 493 (497); insbesondere zum rechtswidrigen aber tatbestandslosen Schwangerschaftsabbruch nach § 218a Abs. 1 StGB *Satzger*, JuS 1997, 800 (801).

[754] Vgl. BWME-*Mitsch*, § 15 Rn. 28; *Joecks/Jäger*, § 32 Rn. 11; *Kühl*, § 7 Rn. 59; *ders.*, JURA 1993, 57 (64 f.); *Roxin/Greco*, AT I, § 15 Rn. 14 ff.; *Schönke/Schröder-Perron/Eisele*, § 32 Rn. 19/20; *Stemler*, ZJS 2010, 347 (349); a. M. (auch nicht rechtswidriges Verhalten könne hierunter fallen, wenn der Angegriffene dies nicht zu dulden brauche) *Geilen*, JURA 1981, 256; *Jescheck/Weigend*, § 32 II 1c; LK-*Spendel*, 11. Aufl., § 32 Rn. 57; vgl. zum Ganzen auch die Übungsfälle bei *Gaul/Haseloff/Zapf*, JA 2011, 672 (679); *Hardtung*, JuS 1996, 1088 (1092); *Krell*, JuS 2012, 537 (540 f.); *Lenk*, JuS 2021, 754 (757); *Wagner*, ZJS 2009, 419 (419 f.).

wunde zu. – Hier drohte eine Verletzung des Eigentums (= Zerstörung der Fensterscheibe), die auch – unter zivilrechtlichen Gesichtspunkten – rechtswidrig war. Der Eigentümer war nicht verpflichtet, die Zerstörung der Scheibe zu dulden. Er hätte im Falle der Zerstörung auch einen (zivilrechtlichen) Schadensersatzanspruch aus § 823 Abs. 1 BGB besessen. Zwar würde sich Anton nicht strafbar machen, da die Sachbeschädigung, § 303 StGB, ausschließlich vorsätzlich begangen werden kann. Dies schließt jedoch die Rechtswidrigkeit des Angriffs nicht aus.

351 An einem rechtswidrigen Verhalten fehlt es aber jedenfalls dann, wenn der „Angreifer" selbst gerechtfertigt ist. **Notwehr gegen Notwehr**[755] ist daher ebenso wenig zulässig wie Notwehr gegen ein Handeln, welches durch einen sonstigen Rechtfertigungsgrund gedeckt ist[756].

> **Bsp.:** Anton verfolgt Toni, der ihm seine goldene Uhr entwendet hat. Dabei zieht er seine Schusswaffe und gibt mehrere Warnschüsse ab. Der unbeteiligte Passant Paul sieht dies und glaubt, Anton trachte Toni nach dem Leben. Er will Toni beistehen und überwältigt Anton, indem er ihn bewusstlos schlägt. – In diesen beliebten Klausurfällen einer „verschachtelten" Prüfung mehrerer (vermeintlicher) Notwehrhandlungen muss zuerst festgestellt werden, ob ein rechtswidriger Angriff seitens des Anton vorlag. Dieser scheidet aus, wenn Anton selbst infolge Notwehr gerechtfertigt war. Da ihm Toni seine goldene Uhr entwendet hat, lag ein gegenwärtiger rechtswidriger Angriff Tonis auf Antons Eigentum vor. Da es sich nicht um eine Bagatelle handelte, ist zumindest die Abgabe von Warnschüssen als zulässige Notwehrhandlung anzusehen. Anton ist also nach § 32 StGB gerechtfertigt. Der „Angriff" auf Toni war daher nicht rechtswidrig, Paul durfte hier nicht seinerseits im Wege der Nothilfe nach § 32 StGB dem Toni zu Hilfe kommen. Nachdem man insoweit eine Rechtfertigung Pauls abgelehnt hat, wäre auf Schuldebene weiter zu prüfen, ob ein Irrtum über das Vorliegen einer Rechtfertigungslage vorlag (= Erlaubnistatbestandsirrtum), der letztlich für Paul zu einem Ausschluss der Schuld führen würde[757].

352 In diesem Zusammenhang ist schließlich noch darauf hinzuweisen, dass Notwehr im Wege der Nothilfe **nicht zulässig** ist, wenn zwar an sich ein gegenwärtiger rechtswidriger Angriff vorliegt, das Opfer aber ausdrücklich erklärt, der Nothelfer solle die Hilfe unterlassen[758], oder aber das Opfer sonst erkennbar in den Angriff

---

755 RGSt 67, 337 (340 f.); BGHSt 39, 374 (376); BGH NStZ 2021, 33 (34); *Kühl*, § 7 Rn. 60; *ders.*, JURA 1993, 57 (65); *Momsen/Rackow*, JA 2006, 550 (554); *Roxin/Greco*, AT I, § 14 Rn. 107; § 15 Rn. 14; *Stemler*, ZJS 2010, 347 (349); *Wessels/Beulke/Satzger*, Rn. 503; vgl. aber auch *Freund*, GA 1991, 387 (409); *Nippert/Tinkl*, JuS 2002, 964 (969).
756 Vgl. RGSt 23, 116 (117); BGH NJW 1998, 1000; BGH StV 2011, 617 (618); BayObLG NStZ 1991, 133 (134); OLG Düsseldorf NJW 1991, 2716 (2717); *Kühl*, § 7 Rn. 61 f.; *ders.*, JURA 1993, 57 (65 ff.); *Scheffler*, JURA 1992, 352; vgl. hierzu auch die Übungsfälle bei *Esser/Langbauer*, JA 2013, 28 (30); *Geerds*, JURA 1992, 544 (545); *Hoffmann/Koenen*, JuS 2021, 941 (943); *Hütwohl*, JA 2012, 857 (865); *Meurer/Dietmeier*, JURA 1999, 643 (648); *Mitsch*, JuS 2018, 51 (52); *Müller/Raschke*, JURA 2011, 704 (705); *Otto*, JURA 1994, 96 (97); *Rostalski*, JuS 2015, 525 (527); *Sickor*, JuS 2014, 807 (810); *Sternberg-Lieben/Sternberg-Lieben*, JuS 2002, 576 (578).
757 Vgl. zum Erlaubnistatbestandsirrtum unten Rn. 1123 ff.; man kann den Fall selbstverständlich noch weiter führen und sich fragen, ob Anton sich nun seinerseits gegen den sich in einem Erlaubnistatbestandsirrtum befindenden Paul im Rahmen der Notwehr wehren darf (was zu bejahen ist, wenn man den Erlaubnistatbestandsirrtum erst auf Schuldebene für einschlägig hält); vgl. hierzu auch die Übungsfälle bei *Herzberg/Putzke*, JuS 2008, 884 (885); *Kreß/Mülfarth*, JA 2011, 269 (274).
758 BGHSt 5, 245 (248); BGH StV 1987, 59; *Jescheck/Weigend*, § 32 IV 1; *Kühl*, § 7 Rn. 143; *ders.*, JURA 1993, 233 (236); *Maurach/Zipf*, § 26 Rn. 51 f.; *Mitsch*, JURA 2021, 136 (140); *Otto*, § 8 Rn. 57 f.; *Roxin/Greco*, AT I, § 15 Rn. 118; *Schönke/Schröder-Perron/Eisele*, § 32 Rn. 25/26; *I. Sternberg-Lieben*, JA 1996, 129 (132); *Sternberg-Lieben/Sternberg-Lieben*, JuS 1999, 444; *Wessels/Beulke/Satzger*, Rn. 508; differenzierend *Kasiske*, JURA 2004, 832 (838 f.); kritisch hierzu allerdings *Lange*, JZ 1976, 546 (547); *Schröder*, Maurach-FS 1972, S. 127 (141); vgl. hierzu auch die Übungsfälle bei *Eiden/Köpferl*, JURA 2010, 780 (782); *Kreß/Mülfarth*, JA 2011, 269 (274 f.); *Kuhli/Schütt*, JuS 2016, 328 (334).

eingewilligt hat (= aufgedrängte Nothilfe)⁷⁵⁹. Denn der Nothelfer darf nicht mehr Rechte geltend machen, als der Angegriffene selbst ausüben will⁷⁶⁰.

> **Bsp.**⁷⁶¹: Manfred ist Mitglied einer Jugendgang. Er lässt sich als Mutprobe von seinen Kumpeln kräftig verprügeln. Bruno sieht dies und will Manfred helfen. Manfred verbietet ihm dies. – Zwar lag auch hier ein rechtswidriger Angriff auf Manfreds körperliche Unversehrtheit vor, da die „Mutprobe" trotz Einwilligung rechtswidrig blieb (die Einwilligung war, sofern man hier überhaupt eine ausreichende Einwilligungsfähigkeit Manfreds annimmt, jedenfalls sittenwidrig i. S. des § 228 StGB). Dennoch durfte Bruno nicht als Nothelfer auftreten, wenn Manfred ihm dies ausdrücklich untersagt hat⁷⁶². Es fehlt in diesen Fällen bereits an einer Notwehrlage.

Besondere Schwierigkeiten ergeben sich im Zusammenhang mit der Notwehr gegen hoheitliche Diensthandlungen⁷⁶³. Die Rechtsprechung⁷⁶⁴ und ein Teil des Schrifttums⁷⁶⁵ verwenden hier einen „**strafrechtlichen Rechtswidrigkeitsbegriff**". Danach ist eine Amtshandlung ungeachtet ihrer verwaltungs- oder vollstreckungsrechtlichen Rechtmäßigkeit für das Strafrecht bereits dann als rechtmäßig anzusehen, wenn die äußeren Voraussetzungen zum Eingreifen des Beamten gegeben sind, er also örtlich und sachlich zuständig ist, die wesentlichen Förmlichkeiten einhält und er sein – ihm gegebenenfalls eingeräumtes – Ermessen pflichtgemäß ausübt⁷⁶⁶. Lediglich dann, wenn sich der Hoheitsträger in einem schuldhaften Irrtum über die Erforderlichkeit der Amtsausübung befindet und sich sein Handeln daher als willkürlich oder als Missbrauch seines Amtes darstellt, ist dieses Handeln als rechtswidrig anzusehen⁷⁶⁷.

352a

2. Rechtmäßigkeit der Notwehrhandlung

Nachdem festgestellt wurde, dass eine Notwehrlage gegeben ist, d. h. ein gegenwärtiger rechtswidriger Angriff vorliegt, muss in einem weiteren Schritt die Rechtmäßigkeit der Notwehrhandlung untersucht werden. Denn das Vorliegen einer Notwehrlage stellt für den Verteidiger keinen „Freibrief" dar, nunmehr die Rechte des Angreifers in beliebigem Umfang verletzen zu dürfen. Obwohl das Notwehrrecht im Vergleich zu den übrigen Rechtfertigungsgründen sehr weit geht, sind auch hier gewisse Einschränkungen zu machen. Die Terminologie ist in diesem Bereich allerdings nicht einheitlich. Das Gesetz verwendet in § 32 Abs. 1 StGB den Begriff der „Gebotenheit" und in § 32 Abs. 2 StGB denjenigen der „Erforderlichkeit". Als erster Filter ist zudem zu prüfen, ob die Verteidigungshandlung

353

---

759 *Geilen*, JURA 1981, 308 (312); *Jakobs*, 12/59 ff.; *Kaspar*, JuS 2014, 769; *Kühl*, § 7 Rn. 138; *ders.*, JURA 1993, 233 (235); *Kuhlen*, GA 2008, 282 (285); *Mitsch*, JURA 2021, 136 (140); *ders.*, JuS 2022, 19 (20); *Roxin/Greco*, AT I, § 15 Rn. 117; *Schönke/Schröder-Perron/Eisele*, § 32 Rn. 25/26; *Seier*, NJW 1987, 2476 (2478).
760 BGHSt 5, 245 (248); *Kuhlen*, GA 2008, 282 (289, 298).
761 Fall nach BayObLG NJW 1999, 372; hierzu noch unten Rn. 438.
762 Vgl. hierzu *Kindhäuser/Hilgendorf*, LPK, § 32 Rn. 6; *Schönke/Schröder-Perron/Eisele*, § 32 Rn. 25/26; abweichend allerdings (jedenfalls bei Tötungshandlungen) *Kreß/Mülfarth*, JA 2011, 269 (275); *Kühl*, § 7 Rn. 143; *Roxin/Greco*, AT I, § 15 Rn. 119; *Seier*, NJW 1987, 2476 (2482).
763 Vgl. hierzu die Übungsfälle bei *Klesczewski/Knaupe*, JA 2016, 593 (599 ff.); *Peters*, JuS 2018, 33 (34).
764 BGHSt 60, 253; zum vergleichbaren Problem im Rahmen des § 113 Abs. 3 StGB vgl. BGHSt 4, 161 (163 f.); BGHSt 21, 334 (363 ff.).
765 *Fickenscher*, NJW 2015, 3313; *Jescheck/Weigend*, § 35 I 2; *Maurach/Zipf*, AT 1, § 29 Rn. 6; MüKo-*Erb*, 4. Aufl., § 32 Rn 77 ff.; a. M. LK-*Rönnau/Hohn*, 13. Aufl., § 32 Rn. 118 ff.; so auch *Rönnau/Hohn*, StV 2015, 313 (317): „vollstreckungsrechtlicher Rechtmäßigkeitsbegriff".
766 BGHSt 60, 253 (258).
767 BGHSt 4, 161 (163 ff.); BGHSt 21, 334 (363); BGHSt 60, 253 (258, 263); vgl. auch BVerfG NJW 1991, 3023.

überhaupt geeignet war, den Angriff abzuwehren, sodass sich eine dreistufige Prüfung ergibt: Die Notwehr ist nur zulässig, wenn eine **geeignete, erforderliche und gebotene** Verteidigungshandlung vorliegt[768].

354 **a) Geeignetheit.** Die Verteidigungshandlung muss zur Abwehr des Angriffs **geeignet** sein. Sie muss also jedenfalls grundsätzlich dazu führen können, den Angriff entweder ganz zu beenden oder zumindest abzumildern. Dabei ist auch hier ein rein tatsächlicher (= objektiver) Maßstab anzulegen[769], wobei eine Geeignetheit auch dann anzunehmen ist, wenn ein grundsätzlich zur Abwehr geeignetes Verhalten den Angriff nicht abwendet (Bsp.: Der flüchtende Dieb wird durch einen Schuss nur verletzt, kann aber dennoch entkommen). Probleme ergeben sich auf dieser Ebene recht selten[770]. Auch Verteidigungshandlungen, die den Angriff lediglich abmildern, sind als geeignete Handlungen anzusehen[771].

Bsp.: Der Landstreicher Ludwig nächtigt im Keller des Hauseigentümers Anton. Als Anton zum Bierholen in den Keller geht, entdeckt er Ludwig und ist erbost. Ludwig sucht schnell das Weite. Obwohl Anton erkennt, dass Ludwig lediglich ein Nachtlager gesucht und nichts mitgenommen hat, will er die Sache nicht auf sich beruhen lassen und wirft Ludwig, der sich immer noch auf seinem Grundstück befindet, einen Knüppel zwischen die Beine, sodass dieser stolpert und noch im Vorgarten zu Fall kommt. – Das Werfen des Knüppels war hier keine zulässige Notwehrhandlung. Zwar lag ein gegenwärtiger rechtswidriger Angriff Ludwigs auf Antons Hausrecht vor (§ 123 StGB, Hausfriedensbruch)[772], gegen den sich Anton auch verteidigen durfte. Die vorgenommene Maßnahme (das Werfen des Knüppels) führte nun aber gerade nicht dazu, dass der Angriff abgewendet wurde, sondern im Gegenteil gerade dazu, dass Ludwig noch länger auf Antons Grundstück verblieb. Zur Abwehr der Verletzung des Hausrechts war das Werfen des Knüppels daher ungeeignet[773]. In Frage käme lediglich ein Festnahmerecht nach § 127 StPO, welches aber daran scheitert, dass schwerwiegende Verletzungen hiervon nicht gedeckt sind.

355 **b) Erforderlichkeit.** Die Verteidigungshandlung muss für die Abwehr des Angriffs **erforderlich** sein (vgl. § 32 Abs. 2 StGB)[774]. Stehen dem Verteidiger mehrere Mittel

---

768 So auch *Fahl*, JuS 2000, 460; anders *Kühl*, § 7 Rn. 91, 94; *ders.*, JURA 1993, 118 (120); der Geeignetheit und Erforderlichkeit zusammenfasst.
769 Hierzu *Kühl*, § 7 Rn. 98; *ders.*, JURA 1993, 118 (121); anders *Jakobs*, 12/34.
770 So auch *Kühl*, § 7 Rn. 92; *ders.*, JURA 1993, 118 (120); *Sickor*, JURA 2008, 14 (21); *Warda*, JURA 1990, 344 (345); hierzu auch *Alwart*, JuS 1996, 953; vgl. ferner die Übungsfälle zum Merkmal der Geeignetheit bei *Gropengießer/Mutschler*, JURA 1995, 155 (157); *Haller/Steffens*, JA 1996, 648 (652, 663); *Jänicke*, JURA 2014, 446 (450); *Käßner/Seibert*, JuS 2006, 810 (812); *Laubenthal*, JA 2004, 39 (42); *Merkel*, ZJS 2011, 376 (379).
771 *Kühl*, § 7 Rn. 94 f.; *ders.*, JURA 1993, 118 (120 f.); *Meyer/Ulbrich*, JA 2006, 775 (776); *Rengier/Jesse*, JuS 2008, 42 (46); *Stemler*, ZJS 2010, 347 (350); *Warda*, JURA 1990, 344 (346).
772 Anders *I. Sternberg-Lieben*, JA 1996, 299 (300), die bereits den Angriff verneint.
773 Anders *Ingelfinger*, JuS 1995, 321 (324), der hier die Erforderlichkeit ablehnt.
774 Vgl. zum Merkmal der Erforderlichkeit die Übungsfälle bei *Amelung/Boch*, JuS 2000, 261 (264); *Beck/Valerius*, JA 2005, 728 (731); *Berster/Yenimazman*, JuS 2014, 329 (331); *Berz/Saal*, JURA 2003, 205 (206); *Beulke*, JURA 1988, 641 (642); *Britz*, JuS 2002, 465 (468); *Britz/Brück*, JuS 1996, 229 (232 f.); *Brüning*, JuS 2007, 255 (256); *S. Dreher*, JA 2005, 789 (791); *Esser/Gerson*, JA 2015, 662 (666); *Esser/Langbauer*, JA 2013, 28 (30 f.); *Esser/Wasmeier*, JA 2020, 668 (676); *Großmann/Wehrstein*, ZJS 2020, 263 (267); *Hafft/Eisele*, JURA 2000, 313 (315); *Härtl-Meißner-Kuse*, JuS 2018, 622 (625); *Hardtung*, JuS 1996, 1088 (1093); *B. Heinrich*, JURA 1997, 366 (373 f.); *Hillenkamp*, JuS 1994, 769 (773); *Hoffmann/Koenen*, JuS 2021, 941 (944); *Hoven*, JuS 2016, 631 (633); *Hütwohl*, JuS 2017, 598 (602); *Joerden*, JuS 1992, 23 (24 f.); *Kalkofen/Sievert*, JURA 2011, 229 (233); *Kaspar*, JuS 2009, 830 (834 f.); *Kett-Straub/Bauernschmitt*, JA 2017, 348 (350); *Keunecke/Witt*, JA 1994, 470 (472, 474); *Koch/Loy*, ZJS 2008, 170 (172); *Kudlich*, JuS 1999, L 85 (L 88); *Kudlich/Litau*, JA 2012, 755 (758); *Kuhlen/Roth*, JuS 1995, 711 (716); *Ladiges*, JuS 2010, 51 (53); *Lotz*, JuS 2010, 982 (986); *Mitsch*, JuS 2018, 51 (53); *Morgenstern*, JuS 2006, 251 (254); *Neubacher/Bachmann*, JA 2010, 711 (714, 716); *Popp/Hotz*, JA 2016, 268 (270 f.);

zur Verfügung, um den Angriff abzuwenden, so darf er die Rechtsgüter des Angreifers nicht in beliebigem Umfang verletzen, sondern er muss dasjenige Mittel wählen, welches den Angreifer am wenigsten belastet. Insoweit hat er sich also für das **mildeste Verteidigungsmittel** zu entscheiden[775]. Bei der Beurteilung ist jedoch besondere Vorsicht geboten. Denn oftmals sind verschiedene Verteidigungshandlungen in unterschiedlicher Weise geeignet, den Angriff abzuwehren und insoweit nicht in gleicher Weise effektiv. Der Verteidigende darf aber unter normalen Umständen[776] stets dasjenige Verteidigungsmittel wählen, welches die sofortige Beendigung des Angriffs erwarten lässt und die endgültige Beseitigung der Gefahr gewährleistet[777]. Auf riskante Abwehrmaßnahmen muss er sich daher nicht einlassen. Insoweit muss er sich also nicht zurückhalten, wenn der Einsatz eines milderen Mittels zwar möglich, dieses aber mit einer Schmälerung der Erfolgsaussichten seiner Verteidigung verbunden ist. Dabei bemisst sich die Erforderlichkeit der Notwehrhandlung – im Gegensatz zur Beurteilung der Notwehrlage –[778] nach einem objektiven Urteil ex-ante, d. h. entscheidend ist die Sicht eines objektiven Dritten in der Lage des Angegriffenen zum Zeitpunkt des Tatgeschehens[779], wobei allerdings ein Sonderwissen des Angegriffenen zu berücksichtigen ist[780].

> **Bsp. (1):** Toni stürmt mit einer Pistole in der Hand in eine Bank, nimmt sich die im Kundenraum stehende Wilma als Geisel, hält ihr die Pistole an den Kopf und fordert den Bankangestellten auf, ihm das Geld aus dem Tresor zu geben. Wachmann Paul sieht dies. Ohne lange zu zögern erschießt Paul den Toni. Danach stellt sich heraus, dass dessen Pistole nicht geladen war und es in gleicher Weise effektiv und für alle Beteiligten schonender bzw. weniger gefährlich gewesen wäre, wenn Paul dem Toni lediglich mit der Waffe gedroht oder ihn mit Körperkraft überwältigt hätte. – Da hier tatsächlich ein Angriff seitens des Toni stattgefunden hat[781], beurteilt sich die „Intensi-

---

Reinhardt, ZJS 2013, 493 (497 f.); *ders.*, ZJS 2015, 222 (223 f.); *Riemenschneider/Paetzold*, JURA 1996, 316 (319); *Seier*, JuS 1978, 692 (694); *ders.*, JuS 1989, L 85 (L 87); *Steinberg/Wolf/Füllsack*, ZJS 2016, 484 (486); *Tenckhoff*, JURA 1995, 97 (98); *Vogt*, JURA 1981, 380 (381 f.); *Walter/Schwabenbauer*, JA 2014, 103 (108); *Zacharias*, JURA 1994, 207 (211).
775 BGH NStZ 2012, 272 (274); BGH NStZ 2016, 84 (85); BGH StV 2018, 733 (734); BGH StV 2022, 152.
776 Etwas anderes gilt dann, wenn das Notwehrrecht infolge mangelnder Gebotenheit eingeschränkt ist; vgl. hierzu unten Rn. 360 ff.
777 BGHSt 24, 356 (358); BGH NStZ 1996, 29; BGH NStZ 2001, 591 (592); BGH NStZ 2006, 152 (153); BGH NStZ-RR 2011, 238; BGH NStZ 2012, 272 (274); BGH NStZ-RR 2015, 103 (104); BGH NStZ 2016, 84 (85); BGH NStZ 2016, 526 (527); BGH NStZ 2018, 84 (84 f.); BGH NStZ-RR 2018, 69 (70); BGH NStZ 2019, 598 (599); BGH StV 2022, 153 (154 f.); OLG Koblenz StV 2011, 622 (624); OLG Stuttgart NJW 1992, 850 (851); so auch *Erb*, NStZ 2005, 593; *Kühl*, § 7 Rn. 88; *ders.*, JURA 1993, 118 (120); *Stemler*, ZJS 2010, 347 (350); *Wessels/Beulke/Satzger*, Rn. 511.
778 Hierzu *Kulhanek*, NStZ 2020, 148 (149).
779 BGH NStZ 2009, 626 (627); BGH NStZ-RR 2013, 105 (106); BGH NStZ-RR 2013, 139 (140); BGH NStZ 2015, 151 (152); BGH NStZ-RR 2015, 303 (304); BGH NStZ 2016, 84 (85); BGH NStZ 2016, 593 (594); BGH NStZ 2018, 84; BGH NStZ-RR 2018, 69 (70); BGH NStZ 2019, 598 (599); BGH NStZ 2020, 725 (726); BGH StV 2022, 152; BayObLG NStZ 1988, 408 (409); *Fischer*, § 32 Rn. 30; *Jescheck/Weigend*, § 32 II 2b; *Kasiske*, JURA 2004, 832 (836); *Krey/Esser*, Rn. 504; *Kühl*, § 7 Rn. 107; *ders.*, JURA 1993, 118 (122); *Otto*, JURA 1988, 330 (330 f.); *Rengier*, § 18 Rn. 47 ff.; *Rotsch*, ZJS 2012, 109 (114); *Roxin/Greco*, AT I, § 15 Rn. 46; *Schröder*, JuS 2000, 235 (240 f.); *Sinn*, ZJS 2020, 169 (171); *SK-Hoyer*, § 32 Rn. 60; *Stemler*, ZJS 2010, 347 (350); *I. Sternberg-Lieben*, JA 1996, 299 (305 f.); *Wessels/Beulke/Satzger*, Rn. 513; kritisch *Amelung*, JURA 2003, 91 (92 f.); vgl. hierzu die Übungsfälle bei *Bloy*, JuS 1990, L 12 (L 13 f.); *Britz*, JuS 2002, 465 (468); *Brüning*, JuS 2007, 255 (256); *Hütwohl*, JuS 2017, 598 (603); *Kuhli/Schütt*, JuS 2016, 328 (334); *Lorenz/Flaig*, JA 2019, 108 (112 f.); *Seier*, JuS 1989, L 85 (L 87); *Weber*, JuS 1988, 885 (886).
780 *Amelung*, JURA 2003, 91 (93); *Erb*, NStZ 2011, 186 (188).
781 Hätte sich Paul hingegen über das Vorliegen eines Angriffs geirrt, läge ein Erlaubnistatbestandsirrtum vor; vgl. hierzu unten Rn. 1126 ff.

tät" des Angriffs nach einem objektiven Urteil ex-ante. Danach durfte Paul von einer geladenen Waffe ausgehen, die ein sofortiges Handeln erforderlich machte[782].

Bsp. (2): Anton wird abends in seiner Stammkneipe von Bruno fortlaufend angepöbelt und beleidigt. Als Bruno ihn dann auch noch packt und vom Barhocker zieht, fragt sich Anton, wie er auf Brunos Verhalten (welches sowohl seine Ehre als auch seine körperliche Integrität verletzt) reagieren soll. Es stehen ihm dabei mehrere Möglichkeiten zur Wahl: a) er könnte die mitgeführte Pistole ziehen und Bruno erschießen, b) er könnte das auf der Theke stehende Bierglas nehmen, Bruno über den Kopf schlagen und diesen dadurch lebensgefährlich verletzen, c) er könnte Bruno mit einem gezielten Faustschlag k.o. schlagen, d) er könnte ihm mit der mitgeführten Waffe lediglich drohen oder e) er könnte aufstehen und fliehen. Welche dieser Maßnahmen Anton ergreifen darf, richtet sich nach folgenden Grundsätzen:

356 Verteidigt sich jemand in Notwehr (gleiches gilt für die Nothilfe), so muss von folgenden Grundsätzen ausgegangen werden: Da der Ursprung des Geschehens in einem rechtswidrigen Verhalten des Angreifers begründet liegt, müssen dem Verteidigenden weitgehende Rechte zustehen. Das Recht braucht dem Unrecht nicht zu weichen. Insoweit setzt die Notwehr nicht voraus, dass das verteidigte und das verletzte Rechtsgut in einem angemessenen Verhältnis zueinander stehen. Dies ergibt sich auch daraus, dass der Verteidiger nicht nur das angegriffene Rechtsgut vor Verletzung bewahrt (Individualschutzprinzip), sondern zugleich die Rechtsordnung als solche verteidigt (Rechtsbewährungsprinzip)[783]. Dies führt allerdings nicht dazu, dass bereits bei geringfügigen Rechtsgutsverletzungen so einschneidende Maßnahmen wie die Tötung des Angreifers zulässig sein dürfen. Insoweit sind gewisse Einschränkungen zu machen. Erstens ist zu prüfen, ob dem Täter möglicherweise mildere, im Ergebnis allerdings gleich effektive Abwehrmöglichkeiten verbleiben. Ist dies der Fall, dann ist die Vornahme der schärferen Verteidigungshandlung **nicht erforderlich**[784]. Bestehen keine anderen Verteidigungsmöglichkeiten oder sind diese weniger erfolgversprechend, ist die Erforderlichkeit anzunehmen. Das Notwehrrecht kann dann lediglich im Ausnahmefall über das Merkmal der **Gebotenheit** eingeschränkt werden. Hier ist dann keine tatsächliche, sondern eine wertende Betrachtung erforderlich, auf die sogleich noch näher eingegangen werden soll[785].

357 Im Rahmen der **Erforderlichkeit** kommt man in der Praxis allerdings kaum zu wesentlichen Einschränkungen. Nichts ist so effektiv wie die Tötung des Angreifers. Stößt der Verteidiger den Angreifer lediglich zurück oder schlägt er ihn nieder, so besteht immer noch die Möglichkeit, dass dieser sich wieder aufrappelt und weitermacht. Ein Niederschlagen wäre hier also **nicht in gleicher Weise** geeignet, den Angriff abzuwehren. Da auf der Prüfungsebene der Erforderlichkeit insgesamt ein tatsächlicher Maßstab anzulegen ist, werden somit nur wenige Fälle ausscheiden, in denen sich eindeutig feststellen lässt, dass eine weniger einschneidende Maßnahme in gleicher Weise zur Abwehr des Angriffs tauglich war. Ist demnach die Tötung des Angreifers das effektivste Mittel und wäre ein bloßes

---

782 So im Hinblick auf die Verwendung einer Scheinwaffe auch *Jakobs*, 11/9; *Krey/Esser*, Rn. 505; *Kühl*, § 7 Rn. 108; *ders.*, JURA 1993, 118 (123); *Roxin/Greco*, AT I, § 15 Rn. 9, 46; *Schröder*, JuS 2000, 235 (239); *Warda*, JURA 1990, 344 (348); *Wessels/Beulke/Satzger*, Rn. 515; ausführlich hierzu *Amelung*, JURA 2003, 91.
783 Vgl. oben Rn. 337.
784 Vgl. auch RGSt 55, 82 (83); *Fischer*, § 32 Rn. 30; *Kasiske*, JURA 2004, 832 (836); *Kühl*, § 7 Rn. 89; *ders.*, JURA 1993, 118 (120).
785 Vgl. hierzu noch unten Rn. 360 ff.

Zurückstoßen oder Niederschlagen weniger effektiv, so würde die Tötung des Angreifers also nicht an der Erforderlichkeit scheitern. Das Gleiche gilt hinsichtlich der Frage, ob der Angegriffene darauf verwiesen werden kann, die Polizei einzuschalten oder sonstige staatliche oder private[786] Hilfe in Anspruch zu nehmen[787]. Besteht die Gefahr, dass durch das Zuwarten die zu schützenden Rechtsgüter in höherem Maße gefährdet werden, darf er auch selbst handeln. Ob die Tötung des Angreifers als „effektivste" Verteidigung insgesamt zulässig ist oder außer Verhältnis zur Schwere des Angriffs steht, ist damit allerdings noch nicht abschließend geklärt. Diese Frage ist vielmehr – wie bereits angesprochen – im Rahmen der nächsten Stufe, der **Gebotenheit**, zu prüfen.

358 Der Grund für diese weite Auslegung der Erforderlichkeit liegt darin, dass dem Angegriffenen nicht das Risiko einer möglicherweise nicht effektiven Abwehrhandlung aufgebürdet werden soll[788]. Im Zweifel darf er also das schärfere Verteidigungsmittel wählen, wenn dies eine sofortige und endgültige Beseitigung der Gefahr erwarten lässt. Er ist grundsätzlich nicht dazu gezwungen, auf die Anwendung weniger gefährlicher Verteidigungsmittel zurückzugreifen, wenn deren Wirkung für die Abwehr des Angriffs zweifelhaft ist[789]. Auf einen Kampf mit „ungewissem Ausgang" braucht er sich nicht einzulassen[790]. Auch darf er ein „schärferes" Verteidigungsmittel verwenden, wenn ihm nicht genügend Zeit bleibt um abzuschätzen, ob die ihm zur Verfügung stehenden Mittel und die Art der Verteidigung zur Abwehr des Angriffs ausreichend sind[791]. Insofern scheidet die Erforderlichkeit nur aus, wenn das mildere Mittel zur Abwehr des Angriffs **in gleicher Weise** geeignet ist, was – wie gesagt – nicht allzu häufig vorkommen wird[792].

359 Doch selbst dann, wenn es im Einzelfall tatsächlich einmal ein gleich effektives Verteidigungsmittel gibt, so ist als Kriterium auch noch die Zumutbarkeit der jeweiligen Maßnahme zu berücksichtigen[793]. Eine „schmähliche" oder „schimpfli-

---

786 BGH NJW 1980, 2263; BGH NStZ 2020, 725 (726); hierzu auch *Rückert*, NStZ 2020, 726 (727).
787 Vgl. hierzu *Erb*, JURA 2005, 24 (26); *I. Sternberg-Lieben*, JA 1996, 299 (306); *Rengier*, § 18 Rn. 50; ferner die Übungsfälle bei *Bott/Kühn*, JURA 2009, 72 (76); *Dötterl*, JuS 2013, 346 (352); *Kaspar*, JuS 2009, 830 (834).
788 BGHSt 45, 378 (383); BGH NStZ 1991, 32 (33); BGH NStZ 2000, 365; BGH NStZ 2009, 626 (627); BayObLG NStZ 1988, 408 (409); *Kühl*, § 7 Rn. 103, 112; *ders.*, JURA 1993, 118 (122, 123); *Warda*, JURA 1990, 393 (397); vgl. auch *Kasiske*, JURA 2004, 832 (836), der diesbezüglich bei der Nothilfe einen anderen Maßstab anlegen will als bei der Notwehr.
789 BGHSt 24, 356 (358); BGHSt 25, 229 (230); BGHSt 27, 336 (337); BGHSt 45, 378 (383); BGH NStZ 2002, 140; BGH NStZ 2004, 615; BGH NStZ 2005, 85 (86); BGH NStZ 2015, 151 (152); BGH NStZ 2016, 84 (85); BGH NStZ 2016, 593 (594); BGH NStZ 2017, 276; BGH StV 2018, 733 (734); BGH NStZ 2019, 136; BGH StV 2022, 152; OLG Koblenz StV 2011, 622 (623 f.); OLG Stuttgart NJW 1992, 850 (851).
790 BGHSt 1983, 117; BGH NStZ 1996, 29; BGH NStZ 1998, 508 (509); BGH NStZ 2002, 140; BGH NStZ 2019, 136; *Eisele*, JuS 2019, 1217 (1218).
791 BGH NStZ 2016, 526 (527).
792 Vgl. hierzu auch *Erb*, NStZ 2005, 593; *Kühl*, § 7 Rn. 100; *ders.*, JURA 1993, 118 (121); *Norouzi*, JA 2005, 305 (308); *Warda*, JURA 1990, 393 (396); ferner den Übungsfall bei *Hoffmann/Koenen*, JuS 2021, 941 (944).
793 Vgl. in diesem Zusammenhang auch die Frage, ob es im Rahmen einer Schweigegelderpressung („Chantage") zumutbar ist, das eigene strafbare Verhalten, mit dessen Veröffentlichung gedroht wird, selbst der Polizei anzuzeigen; hierzu *Amelung*, NStZ 1998, 70; *Eggert*, NStZ 2001, 225 (227); *Jäger*, GA 2016, 258 (261); *Kaspar*, GA 2007, 37 (44 ff.); *Novoselec*, NStZ 1997, 218 (220 f.); ferner die Übungsfälle bei *Bischoff/Wächter*, JuS 2010, 246 (252); *Koch/Loy*, ZJS 2008, 170 (172); offen gelassen in BGH NStZ 2003, 425 (428).

che" Flucht[794] ist dem Angegriffenen selbst dann nicht zuzumuten, wenn sie das schonendste Mittel darstellt und den Angriff mit der gleichen Sicherheit beenden würde[795]. Denn § 32 Abs. 2 StGB gestattet es dem Angegriffenen, die erforderliche „Verteidigung" vorzunehmen. Flucht jedoch ist keine Verteidigung[796].

> **Bsp.:** Anton wird in der Kneipe von dem etwas schwerfälligen Bruno angepöbelt. Nachdem Bruno nach einiger Zeit auch noch handgreiflich wird, schlägt ihn Anton mit einem gekonnten Faustschlag k.o., obwohl es ihm problemlos möglich gewesen wäre, die Kneipe zu verlassen und zu fliehen. Durch diese Flucht hätte Anton den Angriff auch sicher abgewendet, da er ein wesentlich schnellerer Läufer als Bruno ist. – Obwohl die Flucht hier möglich war, ist diese Anton dennoch nicht zuzumuten. Der Satz "Das Recht braucht dem Unrecht nicht zu weichen", ist hier also wörtlich zu nehmen.

360 **c) Gebotenheit.** Die Verteidigung muss im konkreten Fall **geboten** sein. Wie bereits angedeutet, beurteilt sich diese Gebotenheit nicht – wie die Erforderlichkeit – nach tatsächlichen Kriterien, es muss hier vielmehr eine **rechtliche Wertung** stattfinden. Denn grundsätzlich darf man beim Vorliegen eines gegenwärtigen und rechtswidrigen Angriffs die geeignete und erforderliche Abwehrmaßnahme ergreifen. Da das Notwehrrecht dann jedoch sehr weit ginge, sind von diesem Grundsatz einige Ausnahmen zu machen. Man spricht diesbezüglich auch von den „**sozialethischen Einschränkungen des Notwehrrechts**"[797].

> **Bsp.:** Der schwer betrunkene, aber äußerst stämmige Gustav nimmt beim Verlassen der Kneipe noch schnell eine herumliegende Packung mit vier Zigaretten mit. Diese gehören dem schmächtigen Emil, der in dieser Situation keine andere Möglichkeit sieht, seine Zigaretten wiederzuerlangen, als Gustav mit einem gezielten Schuss zu töten. – Obwohl hier ein gegenwärtiger rechtswidriger Angriff Gustavs auf Emils Eigentum vorlag und Gustavs Tötung für Emil die einzige Möglichkeit war, den Angriff abzuwehren, scheidet ein Notwehrrecht in diesen Fällen aus[798].

361 Im Rahmen der **sozialethischen Einschränkungen des Notwehrrechts** haben sich mehrere **Fallgruppen** entwickelt, die regelmäßig eine Einschränkung des

---

794 Vgl. hierzu BGH bei *Dallinger*, MDR 1958, 12 (12 f.); BGH GA 1965, 147; BGH NJW 1980, 2263; BGH NStZ 2016, 526 (527); *Engländer*, NStZ 2016, 527 (528); kritisch hierzu *Geilen*, JURA 1981, 308 (316); *Mitsch*, JuS 1992, 289 (292).
795 BGH JR 1980, 210; BGH NJW 2013, 2133 (2135 f.); vgl. auch BGHSt 3, 217 (218); BGHSt 27, 313 (314); BGH NJW 2003, 1955 (1957); BGH NStZ 2005, 31; *Greco*, GA 2018, 665 (678 f.); *ders.*, JZ 2019, 390 (394 f.); NK-*Kindhäuser*, § 32 Rn. 95; *Stemler*, ZJS 2010, 347 (350); einschränkend allerdings *Erb*, NStZ 2005, 593 (597); LK-*Rönnau/Hohn*, 13. Aufl., § 32 Rn. 182; vgl. hierzu auch die Übungsfälle bei *Degener/Braband/Pampuch/Faridy*, JuS 2018, 141 (145); *Hoven*, JuS 2016, 631 (633); *Hütwohl*, JuS 2017, 598 (603); *Mitsch*, JuS 2018, 51 (53); *Popp/Hotz*, JA 2016, 268 (270); *Reinhardt*, ZJS 2013, 493 (497).
796 Vgl. BWME-*Mitsch*, § 15 Rn. 36; *Krey/Esser*, Rn. 507; *Kühl*, § 7 Rn. 78; *ders.*, JURA 1993, 118; *Meyer/Ulbrich*, JA 2006, 775 (776); *Mitsch*, JuS 2017, 19 (20); MüKo-*Erb*, 4. Aufl., § 32 Rn. 118; *Roxin/Greco*, AT I, § 17 Rn. 49; zu den im Rahmen der sozialethischen Einschränkungen des Notwehrrechts zu beachtenden Ausnahmen vgl. unten Rn. 360 ff.
797 Vgl. zu diesem Begriff *Fahl*, JURA 2007, 743 (745); *Kretschmer*, JURA 2002, 114 (115 f.); *Kühl*, § 7 Rn. 158; *ders.*, JURA 1990, 244; *Meyer/Ulbrich*, JA 2006, 775 (778); *Roxin/Greco*, AT I, § 15 Rn. 55; *Wessels/Beulke/Satzger*, Rn. 520; kritisch *Köhler*, S. 263; *Rönnau*, JuS 2012, 404 (405); Schönke/Schröder-*Perron/Eisele*, § 32 Rn. 44.
798 Einschlägig sind hier die sogleich noch darzustellenden Fallgruppen des „krassen Missverhältnisses", Rn. 362 ff., und (möglicherweise) der „Schuldunfähigkeit des Angreifers", Rn. 383 f.

Notwehrrechts oder gar einen Ausschluss desselben nahelegen[799]. Diese Differenzierung zwischen Einschränkung und Ausschluss ist entscheidend, weil in dieser Hinsicht die jeweiligen Fallgruppen unterschiedlich zu beurteilen sind. Ist das Notwehrrecht lediglich eingeschränkt, ist zuerst zu prüfen, ob nicht andere, weniger effektive oder unter normalen Umständen nicht zumutbare Möglichkeiten der Verteidigung zur Verfügung stehen (kurzfristige Duldung des Angriffs bis zum Eintreffen der Polizei, Flucht, Ausweichen). Hier hat der BGH eine „**Drei-Stufen-Theorie**" entwickelt[800]: Zuerst muss der Täter die ihm zur Verfügung stehenden „**Ausweichmöglichkeiten**" ergreifen, selbst wenn diese – bei uneingeschränktem Notwehrrecht – als „schimpfliche Flucht" dem Angegriffenen nicht zumutbar wären[801]. Wo diese nicht bestehen, ist eine defensive **Schutzwehr** (lediglich passive, verteidigende Abwehrmaßnahmen) zu verlangen. Steht dem Angegriffenen fremde Hilfe – auch privater Art – zur Verfügung, muss er auf diese zurückgreifen. Sind ihm weniger einschneidende Verteidigungsmittel möglich, muss er zuerst diese anwenden, auch wenn sie weniger Erfolg versprechend sind[802]. Eine aggressive **Trutzwehr**, d. h. eine möglichst effektive Verteidigung unter Verletzung von höherwertigen Rechtsgütern des Angreifers, ist in diesen Fällen des eingeschränkten Notwehrrechts nur als ultima ratio zulässig[803]. Die Zulässigkeit einer solchen „Trutzwehr" kann jedoch auch ganz ausscheiden, nämlich dann, wenn nicht nur eine Einschränkung des Notwehrrechts, sondern ein vollständiger Ausschluss desselben gegeben ist. Ob dies der Fall ist, hängt davon ab, welche der sogleich noch zu erörternden Fallgruppen vorliegt. Was die einzelnen Fallgruppen angeht, ist jedoch zu bedenken, dass es sich letztlich stets um eine Auslegung des Merkmals der „Gebotenheit" handelt. Sind mehrere Fallgruppen betroffen, ohne dass jedoch eine davon einschlägig ist, kann sich dennoch aus einer „Gesamtschau" eine Einschränkung der Gebotenheit ergeben[804]. Darüber hinaus ist auch anzumerken, dass die Fallgruppen selbst nicht abschließend sind, sodass im Einzelfall die Gebo-

---

799 Die Entwicklung ist hier noch im Fluss. So wird neuerdings z. B. diskutiert, ob eine sozialethische Einschränkung bei rechtsstaatswidrigem Verhalten (Folter u. a.) anzuerkennen ist; hierzu *Böse/Kappelmann*, ZJS 2008, 290 (296 f.); *Erb*, JURA 2005, 26; *ders.*, NStZ 2005, 593 (598 ff.); *Fahl*, JURA 2007, 743 (745 ff.); *Hilgendorf*, JZ 2004, 331 (339); *Hoven*, ZIS 2021, 115; *Jäger*, JA 2008, 678; *Jerouschek*, JuS 2005, 296; *Jeßberger*, JURA 2003, 711 (713 f.); *Kinzig*, ZStW 115 (2003), 791; NK-*Kindhäuser*, § 32 Rn. 136; *Merten*, JR 2003, 404; *Norouzi*, JA 2005, 305 (310); *Saliger*, ZStW 116 (2004), 35; *Stemler*, ZJS 2010, 347 (355); kritisch zu dieser „Kasuistik" *Klesczewski*, Rn. 348.
800 BGHSt 24, 356 (358); BGHSt 26, 143 (145 f.); BGHSt 26, 256 (257); BGHSt 39, 374 (379); BGHSt 42, 97 (100); BGH NStZ 2011, 82 (83) – hierzu *Allzert/Skalski*, famos 4/2011; BGH NStZ-RR 2011, 74 (75); BGH NStZ-RR 2017, 303 (304); hierzu *Brüning*, JuS 2007, 255 (257); *Geilen*, JURA 1984, 370 (373); *Jäger*, GA 2016, 258 (264); *Krey/Esser*, Rn. 558 f.; *Kühl*, § 7 Rn. 258 ff.; LK-*Rönnau/Hohn*, 13. Aufl., § 32 Rn. 256; MüKo-*Erb*, 4. Aufl., § 32 Rn. 119 f.; *Rengier*, § 18 Rn. 56; *Schrödl*, JA 2003, 656 (658); *Stemler*, ZJS 2010, 347 (351 f.); *Wessels/Beulke/Satzger*, Rn. 522; vgl. ferner die Übungsfälle bei *Esser/Gerson*, JA 2015, 662 (666); *Mitsch*, JuS 2018, 50 (53); *Müller*, JURA 2005, 635 (639); *Nestler*, JA 2014, 262 (264).
801 BGHSt 24, 356 (359); BGHSt 26, 143 (145); BGH NStZ 2016, 84 (86); hierzu *Mitsch*, JuS 2017, 19 (21).
802 BGHSt 24, 356 (359); BGHSt 26, 143 (145); BGHSt 39, 374 (379); BGHSt 42, 97 (100).
803 Vgl. näher zu dieser „Rangfolge" *Geilen*, JURA 1981, 370 (371 f.); *Kühl*, § 7 Rn. 196; *Roxin/Greco*, AT I, § 15 Rn. 62; *Wessels/Beulke/Satzger*, Rn. 522.
804 So zutreffend *Zaczyk*, JuS 2004, 750 (754).

tenheit auch dann einmal ausgeschlossen oder eingeschränkt sein kann, wenn keine Fallgruppe einschlägig ist[805].

362 **aa) Fallgruppe 1: Vorliegen eines krassen Missverhältnisses.** Grundsätzlich bedarf es bei der Notwehr keiner Abwägung der jeweils betroffenen Güter und Interessen. Da der Angreifer durch den Angriff auf rechtlich geschützte Güter selbst Unrecht begeht, hat er im Zweifel mehr einzustecken als er austeilt (bzw. austeilen will)[806].

> Bsp.: Anton nimmt Bruno dessen neuen „Schönfelder – Deutsche Gesetze" weg. Bruno läuft ihm nach, er kann Anton aber nur dadurch stoppen, dass er diesen an seinem teuren Kaschmirmantel festhält, der dadurch einreißt. – Hier handelte Bruno in Notwehr. Die Tatsache, dass der Schaden am Kaschmirmantel den Wert des entwendeten Schönfelders bei weitem übersteigt, schließt das Notwehrrecht nicht aus.

363 In ganz extrem gelagerten Fällen ist von diesem **Verbot der Güterabwägung** jedoch eine Ausnahme zu machen.

> Bsp.[807]: Der Jäger Norbert steht in seinem Garten und zupft Unkraut. Da kommt der Lausbub Sascha daher, klettert auf einen Baum, pflückt einen Apfel, beißt hinein, grinst und läuft mitsamt dem Apfel weg. Norbert ist entsetzt, will das Ganze nicht auf sich beruhen lassen und auch den Apfel nicht einfach preisgeben. Da er Sascha jedoch nicht einholen kann, nimmt er sein Gewehr und schießt Sascha von hinten nieder. Sascha erliegt später seinen Verletzungen. – Hier steht das geschützte Rechtsgut (ein Apfel, dazu schon angebissen) zum verletzten Rechtsgut (Saschas Leben) völlig außer Verhältnis. Insofern wäre eine Berufung auf das Notwehrrecht in diesem Fall rechtsmissbräuchlich[808].

364 Bei einem solchen krassen Missverhältnis ist eine Notwehr selbst dann unzulässig, wenn die Maßnahme das einzig mögliche Mittel darstellt, um das Rechtsgut zu schützen. Das Notwehrrecht ist also in diesen Fällen nicht nur eingeschränkt, sondern vollständig ausgeschlossen[809]. Wann ein solches **„krasses", gänzlich un-**

---

805 Andererseits ist es auch möglich, dass sich neue Fallgruppen entwickeln, wie dies mitunter für die „Schweigegelderpressung" (= Chantage) diskutiert wird (der Täter verlangt von einem anderen Straftäter ein Schweigegeld und droht, ihn sonst bei der Polizei anzuzeigen – sofern hier überhaupt eine Notwehrlage vorliegt, soll jedenfalls die Notwehrhandlung nicht unbeschränkt zulässig sein); vgl. hierzu BGHSt 48, 207 (212); *Amelung*, GA 1982, 381; *ders.*, NStZ 1998, 70; *Eggert*, NStZ 2001, 225; *Kaspar*, GA 2007, 36; *Krey/Esser*, Rn. 565; *Müller*, NStZ 1993, 366; *Novoselec*, NStZ 1997, 218; *Rengier*, § 18 Rn. 90 ff.; *Roxin/Greco*, AT I, § 15 Rn. 100 ff.; ferner die Übungsfälle bei *Eggert*, NStZ 2001, 225; *Fahl*, ZJS 2009, 63 (64); *Kaspar*, JuS 2009, 830 (835); *ders.*, GA 2007, 37; *Koch/Loy*, ZJS 2008, 170 (172); *Kretschmer*, JURA 2006, 219 (226); *Maier/Ebner*, JURA 2007, 651 (657); vgl. ferner zur vorgeschlagenen neuen Fallgruppe „Abwehr von Angriffen, für die ein bestimmtes öffentlich-rechtliches Verfahren eingerichtet ist", den Übungsfall von *Klesczewski/Knaupe*, JA 2016, 593 (601).
806 Vgl. hierzu *Bülte*, GA 2011, 145; *Fahl*, JuS 2000, 460 (461 f.); *Geilen*, JURA 1981, 370 (374 ff.); *Greco*, GA 2018, 665 (680); *Kühl*, JURA 1990, 244 (249 ff.); ferner die Übungsfälle bei *Brand/Strauß*, JuS 2015, 332 (336); *Esser/Wasmeier*, JA 2020, 668 (676); *Kauerhof*, JURA 2005, 790 (796); *Knauer*, JuS 2007, 1011 (1014); *Krell/Brenzen*, JuS 2015, 322 (324); *Ladiges*, JuS 2012, 51 (54); *Lotz*, JuS 2010, 982 (986); *Schmidhäuser*, JA 2019, 912 (921); *Strauß*, JuS 2018, 1203 (1207); *Walter/Schwabenbauer*, JA 2014, 103 (108 f.); ferner im Hinblick auf die Nothilfe *Kasiske*, JURA 2004, 832 (837); vgl. hierzu bereits oben Rn. 335.
807 Vgl. auch die Fälle RGSt 55, 82; BGHSt 26, 51 (52); BGH NStZ 1981, 22 (23); BGH-NStZ-RR 2018, 272 (273); BayObLG NJW 1954, 1377; BayObLG NZV 1995, 327; OLG Braunschweig MDR 1947, 205; OLG Stuttgart DRZ 1949, 42; OLG Zweibrücken NStZ 2019, 678 (679); LG München I NJW 1988, 1860 (1862); ferner *Gasa*, JuS 2005, 890 (892 f.); *Meyer/Ulbrich*, JA 2006, 775 (776 f.); *Rönnau*, JuS 2012, 404 (405 f.); *Wessels/Beulke/Satzger*, Rn. 523.
808 *Wessels/Beulke/Satzger*, Rn. 523.
809 *Jäger*, GA 2016, 258 (259); *Kühl*, § 7 Rn. 183; *ders.*, JURA 1990, 244 (250); *ders.*, JURA 1993, 233 (235); a. M. allerdings noch RGSt 55, 82 (85 f.); ferner BWME-*Mitsch*, § 15 Rn. 53.

erträgliches Missverhältnis vorliegt, ist nun allerdings eine Frage des Einzelfalles[810]. Hier ist **juristische Argumentation** – das Abwägen von pro und contra im konkret vorliegenden Fall – gefragt. Dabei sind mehrere Gesichtspunkte maßgebend. Erforderlich ist eine Gesamtabwägung, ein bloßer abstrakter Vergleich der geschützten Rechtsgüter reicht nicht aus[811].

Bsp.[812]: Im Jahre 1947 stielt Anton dem Bruno eine Sirupflasche im Wert von zehn Pfennig. Bruno kann Antons Flucht mitsamt der Beute nur durch einen tödlichen Schuss stoppen. – Hier wurde im Hinblick auf die damals bestehende knappe Versorgungslage ein krasses Missverhältnis abgelehnt. Selbstverständlich würde man dies in heutiger Zeit anders beurteilen.

bb) Verbietet Art. 2 EMRK die Tötung von Menschen zum Schutz von Sachwerten[813]? (Problemschwerpunkt 3)

Fall[814]: Der gehbehinderte Norbert beobachtet vom Fenster seiner Wohnung aus, wie Anton und Bruno im Begriff sind, sein auf der Straße abgestelltes Auto aufzubrechen. Auf mehrfachen Zuruf, dass sie verschwinden sollen, erntet er nur sanftes Gelächter. Auch auf einen Warnschuss Norberts reagieren die beiden nicht. Norbert erkennt, dass es keine andere Möglichkeit gibt, den Diebstahl seines Autos zu verhindern, als einen gezielten Schuss auf einen der Diebe abzugeben, der infolge der geringen Entfernung auch tödliche Folgen haben kann. Dies nimmt Norbert in Kauf. Tatsächlich wird Anton durch den Schuss tödlich verletzt.

365

Problemstellung: Da Norbert hinsichtlich des Totschlags, § 212 StGB, objektiv tatbestandsmäßig und mit bedingtem Vorsatz gehandelt hat, hängt seine Strafbarkeit davon ab, ob seine Handlung durch Notwehr gemäß § 32 StGB gerechtfertigt ist. Ein gegenwärtiger rechtswidriger Angriff seitens des Anton lag vor, sodass eine Notwehrlage gegeben war, welche Norbert grundsätzlich zur Vornahme einer Notwehrhandlung berechtigte. Da Norbert keine andere gleich wirksame Handlungsalternative zur Verfügung stand, war die von ihm gewählte Verteidigung auch erforderlich. Insbesondere im Hinblick auf Art. 2 Abs. 2 Buchst. a) EMRK ist es jedoch fraglich, ob die Tötung eines Menschen zum Schutz von Sachwerten überhaupt von § 32 StGB gedeckt sein kann. Art. 2 EMRK (Recht auf Leben) lautet: „*(1) Das Recht jedes Menschen auf das Leben wird gesetzlich geschützt. Abgesehen von der Vollstreckung eines Todesurteils, das von einem Gericht im Falle eines mit der Todesstrafe bedrohten Verbrechens ausgesprochen worden ist, darf eine absichtliche Tötung nicht vorgenommen werden. (2) Die Tötung wird nicht als Verletzung dieses Artikels betrachtet, wenn sie sich aus einer unbedingt erforderlichen Gewaltanwendung ergibt: a) um die Verteidigung eines Menschen gegenüber rechtswidriger Gewaltanwendung sicherzustellen; b) um eine ordnungsgemäße Festnahme durchzuführen oder das Entkommen einer ordnungsgemäß festgehaltenen Person zu verhindern; c) um im Rahmen der Gesetze einen Aufruhr oder einen Aufstand zu unterdrücken.*"

---

810 Vgl. zum krassen Missverhältnis *Kindhäuser/Zimmermann*, § 16 Rn. 31 ff.; *Kühl*, § 7 Rn. 171 ff.; *Roxin/Greco*, AT I, § 15 Rn. 83 ff.; *Wessels/Beulke/Satzger*, Rn. 523; *Jäger*, Rn. 161, schlägt bei Sachwerten eine Geringfügigkeitsgrenze von 50 € vor.
811 So auch *Geilen*, JURA 1981, 370 (377); *Kühl*, § 7 Rn. 183.
812 Fall nach OLG Stuttgart DRZ 1949, 42.
813 Vgl. hierzu auch *Hillenkamp/Cornelius*, AT, 3. Problem; *Krey/Esser*, Rn. 549 f.; *Ladiges*, JuS 2011, 879 (881); *Stemler*, ZJS 2010, 347 (354 f.); *Zieschang*, GA 2006, 415; ferner die Übungsfälle bei *Esser/Gerson*, JA 2015, 662 (668); *Herzberg/Schlehofer*, JuS 1990, 559 (562 f.); *Käßner/Seibert*, JuS 2006, 810 (812); *Krell/Bernzen*, JuS 2015, 322 (324); *Lotz*, JuS 2010, 982 (986); *Penkuhn*, ZJS 2016, 232 (234 f.); *Strauß*, JuS 2018, 1203 (1207).
814 Zu ähnlichen Fallkonstellationen RGSt 55, 82; OLG Braunschweig MDR 1947, 205; LG München I NJW 1988, 1860; hierzu *Beulke*, JURA 1988, 641; *Fahl*, JA 2000, 460 (463); *Puppe*, JZ 1989, 728; *Schroeder*, JZ 1988, 567.

366 **aaa)** Die **absolute Theorie**[815] geht davon aus, dass die Regelung des Art. 2 Abs. 2 Buchst. a) EMRK unmittelbar für jedermann wirke und daher das Notwehrrecht des Einzelnen entsprechend einschränke. Die Regelungen der EMRK seien durch Bundesgesetz zu innerdeutschem Recht geworden und daher für jeden geltendes Recht. Eine Beschränkung der EMRK auf das Verhältnis zwischen Staat und Bürger lasse sich weder aus dem Text noch aus der Entstehungsgeschichte der Konvention begründen. Jedenfalls aber habe die EMRK Reflexwirkung. Dies habe zur Folge, dass die Tötung eines Menschen in Notwehr wegen Art. 2 Abs. 2 Buchst. a) EMRK nur noch zur Abwehr von Angriffen auf Leben, Gesundheit und Freiheit („gegenüber rechtswidriger Gewaltanwendung"), nicht aber zur Verteidigung von Sachwerten zulässig sei. In unserem Fall wäre daher auch das Notwehrrecht Norberts entsprechend eingeschränkt. Er hätte sich nicht mit einem tödlichen Verteidigungsmittel zur Wehr setzen dürfen und wäre daher nicht gemäß § 32 StGB gerechtfertigt. **Gegen** diese Auffassung spricht indes, dass die Regelungen der EMRK vielfach für Einzelpersonen nicht passen. Auch spricht Art. 2 Abs. 2 Buchst. b) EMRK gegen eine Notwehreinschränkung, denn hiernach ist eine Tötung erlaubt, „um eine ordnungsgemäße Festnahme durchzuführen". Insoweit hätte der Einzelne nach dieser Theorie zwar das Recht, den Täter auf der Flucht zu töten, nicht jedoch, die Rechtsverletzung im Wege der Notwehr zu verhindern, was kaum nachvollziehbar ist.

367 **bbb)** Die von der h. M. vertretene **Schutzrechtstheorie**[816] beschränkt die unmittelbare Wirkung der EMRK daher auf das Verhältnis zwischen Staat und Bürger. Nur das Notwehrrecht der staatlichen Stellen werde durch Art. 2 Abs. 2 Buchst. a) EMRK eingeschränkt. Im Verhältnis der Staatsbürger untereinander gelte die EMRK nicht unmittelbar, sodass sie das Notwehrrecht des Einzelnen nicht betreffen könne. Hierfür spricht, dass die EMRK als völkerrechtliche Vereinbarung zum allgemeinen Schutz der Menschenrechte ihrer Entstehungsgeschichte und ihrem Wortlaut nach nur als Schutzrecht zur Verhinderung unangemessener hoheitlicher Eingriffe gedacht war. Zudem geht die ins nationale Recht übernommene EMRK als einfaches Bundesgesetz den Regelungen des StGB nicht vor, sondern steht gleichrangig neben § 32 StGB. Mit dem deutschen Recht erscheint es ferner kaum vereinbar, nur die „absichtliche", nicht aber die mit bedingtem Vorsatz vorgenommene Tötung zur Verteidigung von Sachwerten zu verbieten. Dieses zutreffende Ergebnis folgt schließlich auch daraus, dass dem Staat eine Vielzahl milderer Machtmittel zur Verfügung steht als dem Einzelnen. Somit kann auch die Tötung eines Menschen zur Verteidigung von Sachwerten durch eine Privatperson aus Notwehr gerechtfertigt sein. Da Norbert keine andere Möglichkeit zur Verteidigung seines Eigentums hatte und auch kein „krasses" Missverhältnis vorlag, handelte er gemäß § 32 StGB gerechtfertigt. **Kritisiert** wird an dieser Auffassung zwar, dass die Beschränkung auf das Rechtsverhältnis Staat-Bürger zu Widersprüchlichkeiten führe, da einer Privatperson etwas gestattet werde, was einem Polizisten in

---

[815] *Echterhölter*, JZ 1956, 142 (143 f.); *Frister*, GA 1985, 553 (564); *Marxen*, Die „sozialethischen" Grenzen der Notwehr, 1979, S. 60 f.; *Schönke/Schröder-Perron/Eisele*, § 32 Rn. 62; *Stratenwerth*, 4. Aufl., § 9 Rn. 86; *Trechsel*, ZStW 101 (1989), 819 (821 ff.); *Woesner*, NJW 1961, 1381 (1384).

[816] *Ambos*, Internationales Strafrecht, § 10 Rn. 56; AnwKomm-*Hauck*, § 32 Rn. 22; BWME-*Mitsch*, § 15 Rn. 52; *Eisele*, JA 2000, 424 (428); *Fischer*, § 32 Rn. 40; *Gropp/Sinn*, § 5 Rn. 152; *Jakobs*, 12/39 f.; *Jescheck/Weigend*, § 32 V; *Käßner/Seibert*, JuS 2006, 810 (813); *Krey*, JZ 1979, 702 (708); *Lackner/Kühl*, § 32 Rn. 11; LK-*Rönnau/Hohn*, 13. Aufl., § 32 Rn. 55, 237; *Lotz*, JuS 2010, 982 (986); *Maurach/Zipf*, AT 1, § 26 Rn. 31; MüKo-*Erb*, 4. Aufl., § 32 Rn. 22; NK-*Herzog*, 3. Aufl., § 32 Rn. 95 ff.; *Rönnau*, JuS 2012, 404 (406); SK-*Hoyer*, § 32 Rn. 108; SSW-*Rosenau*, § 32 Rn. 37.

der gleichen Situation verboten sei. Dies ist aber eine zwangsläufige Folge der gesetzlichen Beschränkung staatlicher Hoheitsrechte zur Verteidigung von Rechtsgütern Privater und daher hinzunehmen.

ccc) Zu erwähnen ist schließlich noch die **Übereinstimmungstheorie**[817], die allerdings im Wesentlichen zu denselben Ergebnissen gelangt wie die h. M. Hiernach wird davon ausgegangen, dass die Regelung der EMRK mit dem Notwehrrecht des § 32 StGB sachlich voll übereinstimme, weshalb es letztlich zu keinen Überschneidungen komme. Denn eine sinnvolle Auslegung gerade des englischen und des französischen Textes der EMRK ergebe nicht eindeutig, dass eine Tötung nur „zum Schutz von Leib und Leben" zulässig sein soll. Vielmehr lasse sich Art. 2 Abs. 2 Buchst. a) EMRK durchaus so interpretieren, dass er mit § 32 StGB im Wesentlichen übereinstimme. Die EMRK wolle nämlich nur diejenigen Fälle erfassen, bei denen sich der Täter bedenkenlos (absichtlich!) über das Rechtsgut Leben hinwegsetze. Diese Fälle würden im deutschen Recht aber über die sozialethischen Einschränkungen des Notwehrrechts im Rahmen der Gebotenheit ausgeschieden. Auch hiernach kann die Tötung eines Menschen zur Verteidigung von Sachwerten im Ausnahmefall durch Notwehr gerechtfertigt sein, sodass Norbert auch nach dieser Ansicht gerechtfertigt ist.

368

ddd) Zusammenfassend kann man also davon ausgehen, dass auch die Gefährdung von Leib oder Leben des Angreifers als Verteidigungshandlung **nicht grundsätzlich ausgeschlossen ist**[818]. Es ist hier jedoch – im Gegensatz zu den sonstigen Notwehrmaßnahmen – stets eine Prüfung der Verhältnismäßigkeit insoweit notwendig, als eine tödliche Verteidigungsmaßnahme nur als **ultima ratio** zulässig ist, wobei es sich – jedenfalls bei der Verteidigung von Sachwerten – auch nicht um gänzlich unbedeutende Sachwerte handeln darf[819]. Während im Rahmen der Erforderlichkeit zu prüfen ist, ob ein milderes, gleich effektives Mittel existiert, ist im Rahmen der Gebotenheit unter der Fallgruppe des krassen Missverhältnisses[820] insbesondere beim **Schusswaffengebrauch** ein abgestuftes Vorgehen zu fordern. Sofern möglich, muss der Täter zuerst den Einsatz der Waffe androhen[821], dann einen Warnschuss abgeben und, wenn dieser nicht zum Erfolg führt, auf Arme oder Beine des Angreifers zielen, selbst wenn dieser Schuss den Angriff im Gegen-

369

---

817 *Bernsmann*, ZStW 104 (1992), 290 (306 ff.); *Blei*, § 39 II 3; *Otto*, § 8 Rn. 65 f.; *Roxin*, ZStW 93 (1981), 68 (99); *Roxin/Greco*, AT I, § 15 Rn. 88 ff.; *Wessels/Beulke/Satzger*, Rn. 527; *Zieschang*, GA 2006, 415 (419); *ders.* Knemeyer-FS 2012, S. 449 (458 f.).
818 So auch LG München JZ 1988, 565; *Beulke*, JURA 1988, 641 (646); *Erb*, NStZ 2005, 593 (597); *Kauerhof*, JURA 2005, 790 (796); *Kühl*, § 7 Rn. 117; *Penkuhn*, ZJS 2016, 234 (235); *Zaczyk*, JuS 2004, 750 (753); a. M. *Bernsmann*, ZStW 104 (1992), 290 (361, 383); vgl. auch den Übungsfall bei *Ingelfinger*, JuS 1995, 321 (324).
819 LG München JZ 1988, 565 (567); *Kauerhof*, JURA 2005, 790 (796 f.); hierzu auch *Schroeder*, JZ 1988, 567 (568).
820 Gegen eine Einordnung im Rahmen des krassen Missverhältnisses und eine Berücksichtigung im Rahmen der Erforderlichkeit *Fahl*, JA 2020, 102 (104).
821 So ausdrücklich BGHSt 26, 256 (258); BGH NStZ 1996, 29 (29 f.); BGH NStZ 2001, 591 (593); BGH NStZ 2012, 272 (274); BGH NStZ-RR 2013, 139 (140); BGH NStZ 2018, 84 (85); BGH NStZ 2019, 598 (599); kritisch hierzu *Rückert*, NStZ 2018, 85 (86); dem folgend *Kudlich*, JA 2018, 149 (150).

satz zum tödlichen Schuss nicht mit gleicher Sicherheit beendet[822]. Insoweit ist hier also auch ein **weniger effektives, milderes Mittel** vorrangig zu ergreifen. Ein Warnschuss ist allerdings auch dann nicht erforderlich, wenn dieser vorhersehbar zu einer weiteren Eskalation des Geschehens führen würde[823]. Auch muss sich der in Notwehr Handelnde auf einen Kampf mit ungewissem Ausgang nicht einlassen[824]. Diese Einschränkung lässt sich auf den Waffeneinsatz im Allgemeinen übertragen (gilt also auch bei der Verwendung anderer Waffen, z. B. von Messern[825], insbesondere wenn der Angreifer unbewaffnet ist[826]). Das Risiko, dass ein Schuss auf die Beine tödliche Folgen haben kann, trägt allerdings der Angreifer[827].

> **Bsp.:** Anton schießt dem flüchtenden Bruno, der eben bei einem Einbruch teuren Schmuck erbeutet hat, nach Abgabe eines Warnschusses auf die Beine. Da er jedoch kein guter Schütze ist, trifft der Schuss Bruno tödlich. – Da beim Schuss auf die Beine ein solcher Verlauf jedoch immer denkbar ist, kann der Verteidiger für fahrlässig verursachte Nebenfolgen nicht haftbar gemacht werden. Die aus einer gefährlichen Handlung resultierenden Risiken müssen hier zu Lasten des Angreifers, hier also zu Lasten Brunos, gehen. Anton ist daher im Hinblick auf eine fahrlässige Tötung, § 222 StGB, aus § 32 StGB gerechtfertigt[828].

370 Problematisch können in diesem Zusammenhang Irrtumskonstellationen sein, in denen sich der Täter über die Dringlichkeit seiner Verteidigungshandlung irrt.

> **Bsp.**[829]**:** Anton überfällt eine Bank und zückt eine Spielzeugpistole, die allerdings so täuschend echt wirkt, dass jeder sie für eine echte Waffe hält. Er richtet sie auf den Kunden Karl und fordert den Kassierer zur Herausgabe des Geldes auf. Der zufällig vorbeilaufende Wachmann Paul sieht dies und streckt Anton mit einem gezielten Todesschuss nieder. – Hier lag ein gegenwärtiger rechtswidriger Angriff Antons vor. Geht man in dieser Konstellation davon aus, dass Paul im Rahmen der Erforderlichkeit kein gleich effektives milderes Mittel zur Verteidigung möglich war, so stellt sich im Rahmen

---

822 Vgl. zum Schusswaffeneinsatz auch BGHSt 25, 229 (230 f.); BGHSt 26, 143 (146); BGH NStZ 1982, 285; BGH NStZ 1987, 172; BGH NStZ 1987, 322; BGH NStZ 1997, 96; BGH NJW 2001, 1075 (1076); BGH NJW 2001, 3200 (3201); BGH NStZ 2004, 615 (616); BGH NStZ 2005, 31; BGH NStZ 2012, 272 (274); BGH NStZ 2018, 84 (85); *Kretschmer*, JURA 2002, 114 (115); *Kühl*, § 7 Rn. 104 f.; *Schönke/Schröder-Perron/Eisele*, § 32 Rn. 37; *Wessels/Beulke/Satzger*, Rn. 512; ferner die Übungsfälle bei *Beck/Valerius*, JA 2005, 728 (731); *Beulke*, JURA 1988, 641 (642); *Esser/Gerson*, JA 2015, 662 (666 f.); *Esser/Langbauer*, JA 2013, 28 (31); *Fahl*, JURA 2003, 60 (63); *Höffler/Marsch*, JA 2017, 677 (683); *Hütwohl*, JA 2012, 857 (865 f.); *Kauerhof*, JURA 2005, 790 (794 – der dies allerdings auf der Ebene der Erforderlichkeit prüft); *Krell/Bernzen*, JuS 2015, 322 (324); *Kudlich*, JuS 1999, L 85 (L 88); *Lotz*, JuS 2010, 982 (986); *Schrödl*, JA 2003, 656 (657); *Stemler*, ZJS 2010, 347 (350); *Walter/Schwabenbauer*, JA 2014, 103 (108); *Thoss*, JURA 2005, 128 (130).
823 BGH NStZ 2012, 272 (274); hierzu *Antretter/Balzer*, famos 3/2012; vgl. auch BGH NStZ 2018, 84 (85); hierzu *Pfister/Zander*, famos 7/2018.
824 BGH NStZ 2012, 272 (274); *Engländer*, NStZ 2012, 274.
825 Vgl. zum Messereinsatz BGHSt 26, 143 (146); BGHSt 42, 97 (100); BGH NStZ 1996, 29; BGH NStZ 1998, 508; BGH NStZ-RR 1999, 264; BGH NStZ 2006, 152 (153); BGH NStZ 2011, 630 (631); BGH NStZ-RR 2011, 238; BGH NStZ-RR 2013, 105 (106); BGH NStZ-RR 2013, 139 (140); BGH NStZ 2014, 147; BGH NStZ 2016, 593; BGH NStZ-RR 2018, 69; BGH StV 2018, 733; BGH NStZ 2019, 136; BGH NStZ 2019, 598 (599); BGH NStZ 2021, 33 (34); BGH NStZ-RR 2021, 133 (134); BGH StV 2022, 151; OLG Koblenz 2011, 622 (624); *Berz/Saal*, JURA 2003, 205 (206); *Momsen/Sydow*, JuS 2001, 1194 (1197); vgl. auch die Übungsfälle bei *Hoffmann/Koenen*, JuS 2021, 941 (944); *Kett-Straub/Bauerschmitt*, JA 2017, 348 (350); *Mitsch*, JuS 2018, 51 (53).
826 BGH NStZ 2016, 526 (527); BGH NStZ 2017, 276; BGH StV 2018, 733 (734).
827 Vgl. hierzu auch *Kühl*, § 7 Rn. 112 ff., und allgemein zur Rechtfertigung ungewollter Auswirkungen der Verteidigungshandlung BGH NStZ 2005, 31 (32); BayObLG NStZ 1998, 408 (409); ferner die Übungsfälle bei *Knauer*, JuS 2002, 53 (56 f.); *Strauß*, JuS 2018, 1203 (1207).
828 Vgl. hierzu auch BGHSt 25, 229 (230 ff.), hier allerdings mit der Besonderheit, dass auch eine vorsätzliche Tötung im konkreten Fall gerechtfertigt gewesen wäre.
829 Vgl. hierzu *Schröder*, JuS 2000, 235 (239 ff.).

der Gebotenheit die Frage des krassen Missverhältnisses. Da es sich hier nur um eine Scheinwaffe handelte, wäre ein vorheriger Warnschuss oder ein Schuss auf die Beine notwendig gewesen. Hätte es sich dagegen tatsächlich um eine scharfe Waffe gehandelt, so wäre ein sofortiger gezielter Todesschuss als ultima ratio zur Rettung Karls zulässig gewesen. In diesem Fall beurteilt sich die Zulässigkeit der Notwehrhandlung – im Gegensatz zur Beurteilung der Notwehrlage – aus der Sicht eines objektiven Betrachters zur Tatzeit (ex-ante), d. h. nicht aus einer ex-post Betrachtung nach der Tat[830]. Liegt aufgrund der objektiv erkennbaren Umstände eine höchstbrisante Situation vor, so hat dies der Täter, der ja selbst rechtswidrig handelt, zu verantworten[831]. Demnach ist auch ein gezielter tödlicher Schuss hier durch Notwehr gerechtfertigt.

cc) Fallgruppe 2: Provokation des Angriffs (insbesondere Absichtsprovokation). Wer einen Angriff **provoziert**, ist hinsichtlich des Maßes der eigenen Verteidigung weniger schutzwürdig als derjenige, der unschuldig Opfer eines Angriffs wird. Das Notwehrrecht ist in diesen Fällen allerdings in der Regel nur (im Sinne der angesprochenen „Drei-Stufen-Theorie"[832]) eingeschränkt, nicht aber gänzlich ausgeschlossen[833]. **371**

Bsp.: Den ganzen Abend über provoziert Anton den Bruno, bis dieser plötzlich drohend die Hand hebt, um Anton mit den Worten „Jetzt reicht es!" kräftig zu ohrfeigen. Anton hat diesen Verlauf weder vorausgesehen, noch beabsichtigt, zieht aber sofort sein Messer, kommt Brunos Schlag zuvor und verletzt diesen durch den Stich schwer. – Zwar handelte Bruno hier rechtswidrig, da ihn Antons Provokationen nicht dazu berechtigten, diesen zu schlagen. Daher lag eine Notwehrlage vor. Dennoch war es Anton hier möglich, mildere Mittel, insbesondere auch die ansonsten nicht zumutbare „schmähliche Flucht" zu ergreifen. Diese milderen, wenn auch nicht gleich effektiven Mittel musste er auch ergreifen, da er durch sein Verhalten den Angriff provoziert hat. Lediglich wenn Bruno hier selbst ein Messer oder eine Pistole gezogen hätte und Anton keine andere Verteidigungsmöglichkeit geblieben wäre, wäre die vorgenommene Notwehrhandlung zulässig gewesen.

dd) Absichtsprovokation[834] (**Problemschwerpunkt 4**). Umstritten ist dies jedoch in den Fällen der sog. **Absichtsprovokation.** Hierunter versteht man Fälle, in denen jemand seine eigene Notwehrlage absichtlich und ausschließlich zu dem Zweck herbeiführt, den Angreifer in Notwehr zu verletzen[835]. **372**

---

830 BGH NJW 1989, 3027; *Jescheck/Weigend*, § 32 II 2b; *Schröder*, JuS 2000, 235 (240 f.); differenzierend *Schönke/Schröder-Perron/Eisele*, § 32 Rn. 34.
831 Vgl. allgemein zur Risikotragungspflicht des Angreifers im Rahmen der Notwehr den Übungsfall von *Knauer*, JuS 2007, 1011 (1014 f.).
832 Vgl. oben Rn. 361.
833 BGHSt 24, 356 (358 f.); BGHSt 26, 143 (145); *Fischer*, § 32 Rn. 45; *Stemler*, ZJS 2010, 347 (353); vgl. zur „Nothilfeprovokation" *Hauck*, NStZ 2021, 34 (36); *Kasiske*, JURA 2004, 832 (838); *Mitsch*, GA 1986, 533; *ders.*, JuS 2022, 18; ferner BGH NStZ 2021, 33 (34); BGH NStZ-RR 2021, 133 (134).
834 Vgl. hierzu auch *Hillenkamp/Cornelius*, AT, 2. Problem; *Kasiske*, JURA 2004, 832 (837 f.); *Kühl*, § 7 Rn. 228 ff.; *ders.*, JURA 1991, 57; *Rengier*, § 18 Rn. 84 ff.; *Stemler*, ZJS 2010, 347 (353); *Stuckenberg*, JA 2001, 894; ferner die Übungsfälle bei *Ernst*, ZJS 2012, 654 (656 f.); *Hohmann/König*, JURA 1990, 200 (201 f.); *Keunecke/Witt*, JA 1994, 470 (474 ff.); *Meurer/Dietmeier*, JuS 2001, L 36 (L 37, 39); *Müller*, JURA 2005, 635 (639); *Norouzi*, JuS 2004, 494 (495 f.); *Penkuhn*, ZJS 2016, 497 (507 f.); *Schulz*, JA 1995, 390 (400 f.); *Wedler*, JA 2015, 671 (678); *Werle*, JuS 1986, 902 (903); vgl. hierzu auch *Kudlich/Oğlakcıoğlu*, JA 2015, 426 (428).
835 Zur Übertragbarkeit der nachfolgenden Diskussion auf die Nothilfeprovokation *Mitsch*, JuS 2022, 19 (21 ff.); MüKo-*Erb*, 4. Aufl., § 32 Rn. 238; *Norouzi*, JuS 2004, 494 (496 f.); *Schönke/Schröder-Perron/Eisele*, § 32 Rn. 61a; differenzierend *Kasiske*, JURA 2004, 832 (838).

373 **Fall**[836]: Rudi unterhält sich auf einer Party angeregt mit Berta, der Freundin des als hochgradig eifersüchtig bekannten Anton. Diese Unterhaltung hat für Rudi ausschließlich den Zweck, Anton eine Tracht Prügel zu verabreichen, wenn dieser, von Eifersucht getrieben, ihn körperlich angreifen würde. So geschieht es denn auch. Als Anton den Rudi mit Berta plaudern sieht, stürmt er auf Rudi zu. Nach einigen patzigen Bemerkungen durch Rudi geht Anton, wie von Rudi vorhergesehen, auf diesen los, um ihn zu schlagen. Da eine Flucht nicht mehr möglich ist, kann Rudi diesen Angriff nur in der Weise abwenden, dass er Anton mit einem gezielten Faustschlag niederstreckt.

Problemstellung: Eine Notwehrlage Rudis ist hier anzunehmen, da Anton diesen tätlich angreift. Dieser Angriff war auch rechtswidrig, da Anton in dieser Situation trotz der „Provokation" kein Recht hatte, Rudi anzugreifen. Die von Rudi gewählte Notwehrhandlung war auch erforderlich, denn er konnte Antons Angriff nur dadurch entgehen, dass er diesen niederschlug. Fraglich ist jedoch, ob sein Notwehrrecht hier eingeschränkt oder gar ausgeschlossen war, da er die ganze Situation vorausgesehen und Anton nur aus dem Grund provoziert hatte, um ihn „in Notwehr" verletzen zu können[837].

374 aaa) Nach der **Rechtsbewährungstheorie**[838] bleibt die Notwehr auch gegen einen absichtlich provozierten Angriff uneingeschränkt zulässig. Das Recht brauche dem Unrecht nicht zu weichen. Der Grundgedanke der Notwehr, die Bewährung der Rechtsordnung, gelte auch hier, da immerhin ein rechtswidriger Angriff vorliege. Der Provokateur könne den Aspekt des Schutzes der Rechtsordnung nicht durch sein eigenes Verhalten gleichsam „verwirken". Das Recht verlange vielmehr vom späteren Angreifer, einer (nicht rechtswidrigen) Provokation zu widerstehen. Demnach wäre der Faustschlag Rudis hier gerechtfertigt, da ein rechtswidriger Angriff Antons vorlag. Anton müsste den Faustschlag Rudis hinnehmen, denn Notwehr gegen Notwehr ist nicht zulässig. An dieser Auffassung wird zu Recht **kritisiert,** dass gerade der Grundgedanke des Notwehrrechts, die Bewährung der Rechtsordnung, auf welchen sich diese Theorie im Wesentlichen stützt, gegenüber dem Provokateur versagt. Schließlich ist der Provokateur derjenige, der sich in Widerspruch zur Rechtsordnung setzt, da er das Notwehrrecht dazu missbrauchen will, seinen Widersacher „ungestraft" zu verletzen.

375 bbb) Aus diesem Grund geht auch die von der Rechtsprechung und der h. M. in der Literatur vertretene **Rechtsmissbrauchstheorie**[839] zutreffend davon aus, dass gegen einen absichtlich provozierten Angriff Notwehr aus dem Gedanken des

---

836 Vgl. auch die Fälle BGHSt 39, 374 (378); BGH NJW 2001, 1075 (1076); ferner BGH bei *Dallinger*, MDR 1954, 333 (335 Nr. 53); BGH NJW 1983, 2267 hierzu *Berz*, JuS 1984, 340; *Lenckner*, JR 1984, 206.

837 Teilweise wird im Rahmen der nachfolgenden Lösungen noch weiter danach differenziert, ob sich der Provozierte tatsächlich so verhält, wie dies der Provozierende beabsichtigt hat, oder ob er „überreagiert" (sog. Exzess des Provozierten); vgl. hierzu *Maurach/Zipf*, § 26 Rn. 44; *Stemler*, ZJS 2010, 347 (353) sowie den Übungsfall bei *Ernst*, ZJS 654 (656 f.).

838 BWME-*Mitsch*, § 15 Rn 56; *Drescher*, JR 1994, 423 (424); *Frister*, GA 1988, 291 (309 f.); *Hohmann/Matt*, JR 1989, 161 (162); *dies.*, JuS 1993, 131 (135 f.); LK-*Spendel*, 11. Aufl., § 32 Rn. 281 ff.; *Matt*, S. 147; *ders.*, NStZ 1993, 271; *Mitsch*, GA 1986, 533 (545); *ders.*, JuS 2001, 751 (753); *ders.*, JuS 2017, 19 (22 f.); *ders.*, NStZ 2021, 95 (96); vgl. auch *Grünewald*, ZStW 122 (2010), 59 (77 f.).

839 RGSt 60, 261, (262); BGH NJW 1962, 308 (309); BGH NJW 1983, 2267; BGH NStZ 1983, 452; BGH NJW 2001, 1075; BGH NStZ-RR 2011, 305; AnwKomm-*Hauck*, § 32 Rn. 20; *Dölling/Duttge/König/Rössner-Duttge*, § 32 Rn. 31; *Ebert*, S. 79; *Eisele*, JuS 2021, 797 (799); *Fischer*, § 32 Rn. 2; *Gropp/Sinn*, § 5 Rn. 178; *v. Heintschel-Heinegg-Momsen/Savic*, § 32 Rn. 41; *Hoffmann-Holland*, Rn. 225; *Jäger*, GA 2016, 258 (259); *Murmann*, § 25 Rn. 101; NK-*Kindhäuser*, § 32 Rn. 121 f.; *Rengier*, § 18 Rn. 88; *Roxin*, ZStW 93 (1981); *Roxin/Greco*, AT I, § 15 Rn. 65 ff. (jedenfalls bei rechtswidriger Provokation); *Schünemann*, JuS 1979, 275 (278 f.); *Stemler*, ZJS 2010, 347 (353); *Wessels/Beulke/Satzger*, Rn. 533; vgl. auch BGHSt 24, 356 (359).

Rechtsmissbrauchs heraus stets unzulässig ist. Hierfür lässt sich anführen, dass der Rechtsmissbrauchsgedanke ein allgemeiner Grundsatz des Rechts ist. Wer sich sehenden Auges und vorsätzlich in eine Situation begibt, die für ihn gefährlich werden kann, bedarf keines Schutzes durch die Rechtsordnung. Nach diesem Ansatz bleibt Antons Angriff zwar rechtswidrig, aber auch die Verteidigungshandlung wäre rechtswidrig gewesen, da diese missbräuchlich und daher nicht geboten war, sodass er wegen Körperverletzung, § 223 StGB, zu bestrafen ist[840]. Die **Gegner** dieses Ansatzes machen zwar geltend, dass das bloße Mitverschulden des Opfers durch seine Provokation nicht dazu führen könne, dass das Notwehrrecht, welches gerade auch der Bewährung der Rechtsordnung diene, ausscheide. Denn hierüber könne der Provozierende nicht verfügen. Dieses Argument lässt sich indes mit der bereits oben genannten Begründung entkräften, dass der absichtlich Provozierende, der nur unter dem „Deckmantel" der Notwehr handelt, letztlich selbst der Angreifer ist.

ccc) Nach einer anderen, nicht ganz so strengen Auffassung[841], welche als **Selbstschutztheorie** bezeichnet werden kann, soll die Notwehr gegen einen absichtlich provozierten Angriff zwar eingeschränkt sein, aber jedenfalls als ultima ratio dann zulässig bleiben, wenn keine andere Selbstschutzmöglichkeit, insbesondere keine Ausweichmöglichkeit besteht. Das Rechtsbewährungsprinzip müsse hier hinter das Selbstschutzprinzip zurücktreten. Wo sich der Angegriffene aber auf andere Weise schützen könne, brauche sich das Recht infolge der bewussten Provokation nicht zu bewähren. Der angegriffene Provokateur dürfe letztlich aber nicht in die aussichtslose Lage versetzt werden, entweder seine Rechtsgüter preisgeben zu müssen oder sich strafbar zu machen. Auch nach dieser Meinung bleibt der Angriff Antons rechtswidrig. Bei der Verteidigungshandlung Rudis ist aber die Gebotenheit der Notwehr lediglich eingeschränkt[842]. Es ist zu prüfen, ob ihm noch andere Verteidigungsmittel blieben. Wenn dies, wie im genannten Fall, zu verneinen ist, handelte Rudi trotz Provokation gerechtfertigt. Diese Auffassung lässt aber **außer Betracht**, dass auch der dem Notwehrrecht zugrunde liegende Selbstschutzgedanke gegenüber dem Provokateur versagt. Denn dieser kann sich bereits dadurch selbst schützen, dass er die vorherige Provokation unterlässt.

ddd) Nicht durchgesetzt hat sich in diesem Zusammenhang die Rechtsfigur der sog. **actio illicita in causa** („die in ihrem Ursprung unerlaubte Handlung")[843]. Hiernach wäre gegen einen absichtlich provozierten Angriff Notwehr zwar zulässig, der Handelnde hätte sich jedoch wegen der vorhergehenden absichtlichen Verursachung der Tat (actio illicita in causa) strafbar gemacht. Denn das Notwehrrecht, so die Argumentation, decke zwar die Notwehrhandlung, nicht aber das vorangegangene Verhalten. Der Provokateur könne sich der strafrechtlichen Haf-

---

840 Zum selben Ergebnis kommen *Krey/Esser*, Rn. 555; LK-*Hirsch*, 11. Aufl., Vor § 32 Rn. 62, die eine Notwehr am fehlenden Verteidigungswillen scheitern lassen wollen, da der Provokateur selbst der Angreifer sei.
841 *Berz*, JuS 1984, 340 (343); *Jakobs*, 12/50 ff.; *Jescheck/Weigend*, § 32 III 3a; *Kühl*, § 7 Rn. 239 ff.; *ders.*, JURA 1991, 175 (178); *Meurer/Dietmeier*, JuS 2001, L 36 (L 37, 39); MüKo-*Erb*, 4. Aufl., § 32 Rn. 227; *Rönnau*, JuS 2012, 404 (407); *Schmidt*, Rn. 362; *Stratenwerth/Kuhlen*, § 9 Rn. 88; vgl. auch *Lesch*, JA 1996, 833 (834).
842 Insoweit sind die Grundsätze der oben, Rn. 361, genannten Drei-Stufen-Theorie anwendbar.
843 *Baumann*, MDR 1962, 349; *Bertel*, ZStW 84 (1972), 1 (21); *Frister*, 16. Kap. Rn. 32; *Lenckner*, GA 1961, 299 (303); *Lindemann/Reichling*, JuS 2009, 496 (498 ff.); *Schmidhäuser*, SB, 6/82; *Schröder*, JR 1962, 187 (189); vgl. ferner *Puppe*, § 15 Rn. 7 ff.; *Schönke/Schröder-Perron/Eisele*, § 32 Rn. 57 a. E., 61 (allerdings noch weiter differenzierend).

tung nicht entziehen, wenn er sich selbst als rechtmäßig handelndes Werkzeug missbrauche. Die Situation sei vergleichbar mit der actio libera in causa[844]. Das Abstellen auf die frühere Handlung biete insoweit auch dann eine interessengerechte Lösung, wenn die Provokation nicht auf Vorsatz, sondern auf Fahrlässigkeit beruhe. Danach wäre Rudi zwar im Hinblick auf die Körperverletzungshandlung selbst gerechtfertigt, da er sich gegen Antons rechtswidrigen Angriff verteidigen durfte. Er wäre jedoch nach § 223 Abs. 1 StGB in Verbindung mit einer actio illicita in causa dennoch zu bestrafen. Tathandlung wäre aber die Provokation und nicht der Faustschlag. Denn auch diese Provokation hätte die Körperverletzung kausal verursacht. Diese Konstruktion ist jedoch **abzulehnen**, da sie in sich nicht konsequent ist[845]. Denn wenn man in der Provokation die rechtswidrige Setzung einer Ursache für die spätere Tat sieht, muss dann auch die Notwehr folgerichtig unzulässig sein. Zudem kann man schwerlich z. B. in einer Beleidigung bereits den Beginn einer Tötungshandlung sehen. Bliebe die Provokation erfolglos, müsste man zudem einen Versuch annehmen, was kaum hinnehmbar ist[846].

378 eee) Schließlich ist noch die **Einwilligungstheorie**[847] zu nennen, die einen ganz anderen Ansatz verfolgt. Hiernach sei gegen einen absichtlich provozierten Angriff die Notwehr deshalb unzulässig, weil der Provokateur durch seine Provokation auf den **Rechtsgüterschutz verzichte.** Es fehle daher bereits an der Rechtswidrigkeit des Angriffs, wenn der Angegriffene diesen Angriff provoziert habe. Die Provokation bedeute insoweit eine Einwilligung in eine hierdurch verursachte Rechtsverletzung. Der Provokateur verzichte dadurch konkludent auf den Schutz der angegriffenen Rechtsgüter. Auf den vorliegenden Fall angewandt wäre bereits Antons Angriff nicht rechtswidrig gewesen, da er durch Rudis Einwilligung gerechtfertigt gewesen wäre. **Kritisch** hiergegen lässt sich jedoch einwenden, dass eine Provokation keineswegs als Verzicht des Provokateurs auf seine eigenen Rechtsgüter, also als „Einwilligung" gewertet werden kann, denn der Handelnde will seine Rechtsgüter gerade nicht preisgeben. Hier eine Einwilligung anzunehmen, liefe auf eine reine Fiktion hinaus. Aus §§ 216, 228 StGB folgt zudem, dass über die Rechtsgüter Leben und körperliche Unversehrtheit nicht grenzenlos verfügt werden kann. Diese Wertung würde durch die vorliegende Theorie unterlaufen.

379 ee) **Fallgruppe 3: Selbstverschuldet herbeigeführte Angriffe.** Die Fallgruppe der selbstverschuldet herbeigeführten Angriffe ähnelt der zuvor genannten Fallgruppe der Provokation des Angriffs, zeichnet sich jedoch dadurch aus, dass der Täter die Notwehrlage nicht vorsätzlich herbeiführen wollte, sondern – zumeist ungewollt – den späteren Angriff lediglich auslöste, dabei allerdings in irgendeiner Weise vorwerfbar handelte.

---

844 Vgl. zur actio libera in causa unten § 19 (Rn. 597 ff.).
845 Vgl. auch die eingehende Kritik bei *Roxin*, ZStW 75 (1963), 541 (545 ff.); ferner *Kudlich*, JuS 2003, 32 (34).
846 Vom Ergebnis her hat der BGH allerdings in einem Fall des fahrlässig provozierten Angriffs jüngst eine solche Konstruktion gewählt; vgl. BGH NJW 2001, 1075 (1076 f.); hiergegen zu Recht *Eisele*, NStZ 2001, 416; *Engländer*, JURA 2001, 534 (536 ff.); *Jäger*, Rn. 157 f.; *ders.*, JR 2001, 512; *Roxin*, JR 2001, 667; *Stuckenberg*, JA 2002, 172; dem BGH im Ergebnis zustimmend *Mitsch*, JuS 2001, 751 (755); vgl. zur genannten Entscheidung auch die Übungsfälle bei *Berz/Saal*, JURA 2003, 205 (207 f.); *Kudlich*, JuS 2003, 32; *Müller*, JURA 2005, 635 (638 ff.); *Schrödl*, JA 2003, 656; *Thoss*, JURA 2005, 128.
847 *Maurach/Zipf*, AT 1, § 26 Rn. 43 ff.; *Wagner*, Individualistische oder überindividualistische Notwehrbegründung, 1984, S. 71.

Bsp.[848]: Anton fährt an einem kalten Wintertag im Zug erster Klasse. Nach kurzer Zeit steigt Bruno ein und setzt sich ihm gegenüber. Bruno ist schwer alkoholisiert, stinkt nach Schweiß und ist nur mit einem T-Shirt bekleidet. Er hat keinen Fahrschein (schon gar nicht erster Klasse), bleibt aber dennoch sitzen, obwohl ihn Anton aufgefordert hat, sich woanders hinzusetzen, und auch der Schaffner ihn bereits erfolglos des Abteils verwiesen hat. Da Anton das Verhalten Brunos nicht weiter dulden möchte, steht er auf und öffnet das Fenster, da er hofft, der nur leicht bekleidete Bruno werde sich wenigstens durch die Kälte vertreiben lassen. Bruno jedoch steht auf und schließt das Fenster wieder. Dieser Ablauf wiederholt sich mehrere Male, bis es Bruno zu bunt wird. Er beugt sich über Anton, um ihn kräftig zu schütteln. Anton kann sich gegen diesen körperlichen Angriff nicht anders wehren, als Bruno ein Messer in den Bauch zu stoßen. Bruno stirbt. – Auch hier lag ein gegenwärtiger rechtswidriger Angriff Brunos vor, da er kein Recht dazu hatte, Anton zu schütteln. Allerdings hatte Anton die Reaktion des Bruno vorwerfbar mitverschuldet (wenn auch nicht absichtlich provoziert, denn diesen Verlauf wollte Anton gerade nicht). Zwar war Antons Verhalten nicht rechtswidrig, jedoch reicht – wie gleich noch auszuführen sein wird – auch ein vorausgegangenes sozialwidriges Vorverhalten aus, um das Notwehrrecht einzuschränken (Drei-Stufen-Theorie)[849]. Anton musste dem Angriff ausweichen. War ihm dies nicht möglich, hätte er sich solange auf defensive Verhaltensweisen beschränken müssen, wie das durch die Notwehr verletzte Rechtsgut das durch den Angriff beeinträchtigte Rechtsgut wesentlich überwog. Da hier defensive Maßnahmen nicht möglich waren und das zu verletzende Rechtsgut (Brunos Leben) das beeinträchtigte (geringfügige Beeinträchtigung von Antons körperlicher Unversehrtheit durch Schütteln) wesentlich überwog, hatte Anton die Beeinträchtigung ausnahmsweise hinzunehmen.

380 Das Maß der jeweils zulässigen Verteidigung muss sich im Falle eines verschuldet herbeigeführten Angriffs danach richten, ob das den Angriff auslösende Verhalten rechtswidrig, lediglich sozialwidrig (wie im genannten Fall)[850] oder gar rechtmäßig war. War das Verhalten rechtmäßig und auch nicht sozialwidrig, so ist das Notwehrrecht nicht eingeschränkt, selbst wenn der Betroffene damit rechnen konnte, dass andere durch sein Verhalten zu einem rechtswidrigen Angriff veranlasst werden könnten[851]. War es hingegen rechtswidrig (z. B. eine Beleidigung, die aber abgeschlossen ist), ist eine Einschränkung auf der Grundlage der „Drei-Stu-

---

848 Fall nach BGHSt 42, 97; vgl. weitere Fälle in BGHSt 24, 356; BGHSt 26, 143; BGHSt 26, 256; BGHSt 27, 336 (338); BGHSt 39, 374 (380); BGH NStZ-RR 2015, 303 (304); BGH StV 2018, 733 (734); vgl. ferner die Übungsfälle bei *Amelung/Boch*, JuS 2000, 261 (265 f.); *Berster/Yenimazman*, JuS 2014, 329 (331); *Berz/Saal*, JURA 2003, 205 (207); *Brand/Zivanic*, JuS 2016, 332 (335); *Degener/Braband/Pampuch/Faridy*, JuS 2018, 141 (145); *S. Dreher*, JA 2005, 789 (791); *Eisenberg*, JURA 1989, 41 (45 f.); *Esser/Krickl*, JA 2008, 787 (789); *Gropengießer/Mutschler*, JURA 1995, 155 (157); *Hardtung*, JuS 1990, 302 (303 f.); *Hoffmann/Koenen*, JuS 2021, 941 (944); *Hohmann/König*, JURA 1990, 200 (201 f.); *Hohmann/Matt*, JuS 1993, 131 (134 ff.); *Hillenkamp*, JuS 1994, 769 (773); *Käßner/Seibert*, JuS 2006, 810 (813); *Kretschmer*, JURA 1998, 244 (245); *Kudlich*, JuS 2003, 32 (34); *Kuhlen/Roth*, JuS 1995, 711 (716); *Laubenthal*, JA 2004, 39 (43); *Marxen*, Fall 8a; *Morgenstern*, JuS 2006, 251 (254 f.); *Müller*, JURA 2005, 635 (639); *Müller/Raschke*, JURA 2011, 704 (706); *Nestler*, JA 2014, 262 (264); *Ritz*, JuS 2018, 254 (257); *Schrödl*, JA 2003, 656 (658); *Schünemann*, JuS 1979, 275 (278 ff.); *Tenckhoff*, JURA 1995, 97 (98); *Thoss*, JA 2005, 128 (130); *Werle*, JuS 1986, 902 (903); *Zacharias*, JURA 1994, 207 (211).
849 Vgl. hierzu oben Rn. 361.
850 Vgl. zu dieser Fallgruppe *Jakobs*, 12/55; *Kühl*, § 7 Rn. 219; *Roxin*, ZStW 93 (1981), 68 (89 ff.).
851 So auch BGHSt 27, 336 (338); BGH NStZ 1989, 474; BGH NJW 2003, 1955 (1959); BGH NStZ 2011, 82 (83); BGH NStZ-RR 2011, 74 (75); BGH StV 2018, 727 (730); *Freund/Rostalski*, § 3 Rn. 122; *Kühl*, § 7 Rn. 215, 222; *Mitsch*, JuS 2022, 19 (20); *Rengier*, § 18 Rn. 74; *Roxin/Greco*, AT I, § 15 Rn. 65, 71; SSW-*Rosenau*, § 32 Rn. 39; anders allerdings BGH NJW 1962, 308 (309); vgl. auch BGH NJW 1983, 2267.

fen-Theorie" (Ausweichen/Schutzwehr/Trutzwehr[852]) anzunehmen[853] und im Falle der Trutzwehr eine strenge Verhältnismäßigkeitsprüfung anzuschließen. Umstritten ist hingegen die vorliegende Konstellation des lediglich sozialwidrigen, nicht aber rechtswidrigen Vorverhaltens, welches den (rechtswidrigen) Angriff auslöste. Während die Rechtsprechung sowie ein Teil der Literatur[854] ein lediglich sozialwidriges Verhalten für eine Einschränkung des Notwehrrechts ausreichen lässt, fordert ein anderer Teil der Literatur[855] ein rechtswidriges Vorverhalten, da nur derjenige, der sich selbst rechtswidrig verhalte, die Legitimation verliere, sich auf das Rechtsbewährungsprinzip zu berufen. Dem ist jedoch zu widersprechen, da es letztlich darauf ankommen muss, das „schneidige" Notwehrrecht nicht zu weitgehend zuzulassen. Wer einen Angriff vorwerfbar verursacht, dem ist aber eine „schmähliche" Flucht ebenso zuzumuten wie leichte Beeinträchtigungen seiner körperlichen Integrität, wenn diese nur durch eine schwerwiegende Verletzung oder gar Tötung des Angreifers abgewendet werden können. Die Drei-Stufen-Theorie bietet hierfür einen geeigneten Abwägungsmaßstab. Erforderlich ist jedoch stets, dass ein unmittelbarer zeitlicher Zusammenhang zwischen dem verursachenden Verhalten und dem Angriff vorliegt[856] und dass der Verursacher den Angriff vorhersehen konnte[857].

380a Dagegen liegt keine Provokation – und daher auch keine Einschränkung des Notwehrrechts – vor, wenn der Sich-Verteidigende bereits zuvor mit einem Angriff

---

852 Vgl. oben Rn. 361.
853 BGH NSZ 2016, 84 (86); *Berz/Saal*, JURA 2003, 205 (207); anders allerdings (keine Einschränkung des Notwehrrechts) BWME-*Mitsch*, § 15 Rn. 36; *Erb*, ZStW 108 (1996), 266 (294 ff.); *Matt*, NStZ 1993, 271 (273); *Sauren*, NStZ 1988, 451.
854 BGHSt 24, 356 (358); BGHSt 27, 336 (338); BGHSt 39, 374 (379); BGHSt 42, 97 (100); BGH NJW 2001, 1075 (1076); BGH NStZ 2006, 332 (333); BGH NStZ 2011, 82 (83); BGH NStZ-RR 2011, 74 (75); BGH NStZ 2014, 451 (452); BGH NStZ-RR 2015, 303 (304); BGH NStZ 2016, 84 (85 f.); BGH NStZ 2021, 33 (34); BGH NStZ 2021, 93 (94); BGH NStZ 2021, 607; so auch *Bertel*, ZStW 84 (1972), 1 (31 f.); *Fischer*, § 32 Rn. 44; *Küpper*, JA 2001, 438 (439); *Morgenstern*, JuS 2006, 251 (255); *Schrödl*, JA 2003, 656 (658); *Schünemann*, JuS 1979, 275 (279); *Zaczyk*, JuS 2004, 750 (753 f.).
855 OLG Hamm NJW 1977, 590 (591); *S. Dreher*, JA 2005, 789 (791); *Geilen*, JURA 1981, 370 (373); *Grünewald*, ZStW 122 (2010), 51 (79 ff.); *Jescheck/Weigend*, § 32 III 3a; *Kretschmer*, JURA 2002, 114 (116 Fn. 19); *Krey/Esser*, Rn. 559; *Kuhlen/Roth*, JuS 1995, 711 (716); LK-*Rönnau/Hohn*, 13. Aufl., § 32 Rn. 255; LK-*Spendel*, 11. Aufl., § 32 Rn. 306; *Mitsch*, JuS 2022, 19 (20); MüKo-*Erb*, 4. Aufl., § 32 Rn. 234; *Müller/Raschke*, JURA 2011, 704 (706); *Rengier*, § 18 Rn. 78; *Rönnau*, JuS 2012, 404 (407); *Roxin/Greco*, AT I, § 15 Rn. 73 f.; *Roxin*, ZStW 93 (1981), 68 (90 f.); *ders.*, JZ 2003, 966 (967); *ders.*, StV 2006, 235 (236 f.); *Satzger*, JURA 2006, 513 (519); *Schönke/Schröder-Perron/Eisele*, § 32 Rn. 59; *Schroeder*, JuS 1973, 157 (160); *Schumann*, JuS 1979, 559 (564); SK-*Hoyer*, § 32 Rn. 89; *Stemler*, ZJS 2010, 347 (352 f.); *I. Sternberg-Lieben*, JA 1996, 568 (570); *Voigt/Hoffmann-Holland*, NStZ 2012, 362 (366); *Zaczyk*, JuS 2004, 750 (753).
856 BGH NStZ 1981, 138; BGH NStZ 1998, 508 (509); BGH NJW 2003, 1955 (1959); BGH NStZ 2006, 332 (333); BGH NStZ 2011, 82 (83); BGH NStZ-RR 2015, 303 (304); BGH NStZ 2016, 84 (85 f.); BGH NStZ 2021, 607; *Kühl*, § 7 Rn. 226; LK-*Rönnau/Hohn*, 13. Aufl., § 32 Rn. 255; *Rengier*, § 18 Rn. 79; *Schönke/Schröder-Perron/Eisele*, § 32 Rn. 59; vgl. auch die Übungsfälle bei *Eisenberg*, JURA 1989, 41 (45 Fn. 53); *Esser/Krickl*, JA 2008, 787 (789); *Nestler*, JA 2014, 262 (264).
857 BGHSt 27, 336 (338); BGHSt 39, 374 (378); BGH NStZ-RR 1999, 40 (41); BGH NStZ 2009, 626 (627); BGH NStZ-RR 2011, 74 (75); BGH NStZ-RR 2015, 303 (304); *Hecker*, JuS 2010, 172 (173); *Geilen*, JURA 1981, 370 (373); *Kühl*, § 7 Rn. 250 f.; *Maurach/Zipf*, AT I, § 26 Rn. 46; *Rengier*, § 18 Rn. 79; *Schönke/Schröder-Perron*, § 32 Rn. 59.

rechnet und sich daher vorher mit effektiven Verteidigungsmitteln ausrüstet (sog. „Abwehrprovokation")[858].

Bsp.[859]: Der etwas schwächliche Abiturient Kuno wird auf dem Schulhof schon seit Längerem von einer Gruppe von Mitschülern sowohl verbal als auch tätlich angegriffen, insbesondere hat ihn der ihm körperlich weit überlegene Olaf schon mehrfach erhebliche Verletzungen zugefügt, obwohl sich Kuno zumeist durch Flucht entziehen konnte, was regelmäßig von seinen Mitschülern durch „Feigling, Feigling"-Rufe begleitet wurde. Daher nimmt Kuno ein großes Küchenmesser mit in die Schule und versteckt dieses in seiner Jackentasche. Als ihn Olaf das nächste Mal angreift und ihm schon mit der Faust eine blutige Nase geschlagen hat, zieht Kuno das Messer. Da sich Olaf dadurch nicht beeindrucken lässt, sticht Kuno zu, obwohl ihm auch jetzt noch eine Flucht möglich gewesen wäre. Olaf stirbt. – Da Kuno hier die Notwehrlage nicht durch sein Verhalten herbeigeführt hat, ist sein Notwehrrecht nicht eingeschränkt. Er bleibt also straflos.

380b Fraglich ist ferner, ob ein wenigstens sozialwidriges Verhalten des Angegriffenen, welches dessen Notwehrrecht einschränkt, auch auf denjenigen durchschlägt, der dem Angegriffenen Nothilfe leistet[860] oder ob diesem das unbeschränkte Nothilferecht zusteht[861]. Letzteres ist abzulehnen, da das Nothilferecht nicht weiter gehen kann als das Notwehrrecht[862].

381 **ff) Fallgruppe 4: Garantenstellung zum Angreifer.** Eine weitere Fallgruppe, in der das Notwehrrecht dem Angegriffenen nur eingeschränkt zur Verfügung steht, betrifft Fälle, in denen eine **enge persönliche Beziehung** zwischen ihm und dem Angreifer besteht[863]. Dies liegt jedenfalls dann vor, wenn der Angegriffene eine **Garantenstellung** im Hinblick auf den Angreifer besitzt. Denn es wäre widersprüchlich, ihm einerseits Schutzpflichten zugunsten eines Angehörigen aufzuerlegen, ihm aber andererseits ein uneingeschränktes Notwehrrecht zuzubilligen.

---

858 So BGH NJW 1980, 2263; BGH NStZ 2011, 82 (83); *Engländer*, NStZ 2016, 527 (528); LK-*Rönnau/Hohn*, 13. Aufl., § 32 Rn. 189 f.; NK-*Kindhäuser*, § 32 Rn. 125; SK-*Günther*, 8. Aufl., § 32 Rn. 126; a. M. *Arzt*, JR 1980, 211 (212); *Lindemann/Reichling*, JuS 2009, 496 (498 ff.): jeweils Anwendung der Grundsätze der actio illicita in causa (vgl. oben Rn. 377); differenzierend aber *Bernsmann*, ZStW 104 (1992), 290 (305 f.); *Küpper*, JA 2001, 438 (439 f.); MüKo-*Erb*, 4. Aufl., § 32 Rn. 236; *Roxin/Greco*, AT I, § 15 Rn. 82 f.; *Schönke/Schröder-Perron/Eisele*, § 32 Rn. 61b (der Täter dürfe nicht absichtlich eine scharfe Waffe mitnehmen, wenn eine Gaspistole zur Verteidigung ausreiche); ferner *Stemler*, ZJS 2010, 347 (354); zum Ganzen *Küpper*, JA 2001, 438; vgl. ferner auch die Übungsfälle bei *Esser/Gerson*, JA 2015, 662 (667 f.); *Esser/Langbauer*, JA 2013, 28 (31 f.); *Scholler*, JuS 2021, 1153 (1157).
859 Fall nach BGH NJW 1980, 2263; hierzu *Arzt*, JR 1980, 221; *Hassemer*, JuS 1981, 151; *Lindemann/Reichling*, JuS 2009, 496 (497 ff.); vgl. ferner BGH NJW 1962, 308; hierzu *Gutmann*, NJW 1962, 286; *Schröder*, JR 1962, 187.
860 *Fischer*, § 32 Rn. 48; LK-*Rönnau/Hohn*, 13. Aufl., § 32 Rn. 259; *Roxin/Greco*, AT I, § 15 Rn. 122; *Schönke/Schröder-Perron/Eisele*, § 32 Rn. 61a.
861 *Kasiske*, JURA 2004, 832 (838); *Mitsch*, GA 1986, 533 (534).
862 Vgl. hierzu auch den Übungsfall bei *Brand/Zivanic*, JuS 2016, 332 (335).
863 Vgl. hierzu *Eisele*, JA 2001, 922 (924 f.); *Geilen*, JURA 1981, 370 (374); *Jescheck/Weigend*, § 31 III 3a; *Kretschmer*, JURA 2002, 114 (116); *Kühl*, § 7 Rn. 198 ff.; *ders.*, JURA 1990, 244 (252 f.); *Mitsch*, JURA 2021, 136 (139 f.); *Rengier*, § 18 Rn. 68 ff.; *Rönnau*, JuS 2012, 404 (406); *Roxin/Greco*, AT I, § 15 Rn. 93 ff.; *Schroth*, NJW 1984, 2562; *Stemler*, ZJS 2010, 347 (352); *Wessels/Beulke/Satzger*, Rn. 530 f.; *Wohlers*, JZ 1999, 434; *Zieschang*, JURA 2003, 527; ferner die Übungsfälle bei *Amelung/Boch*, JuS 2000, 261 (265); *Böhm*, ZJS 2019, 231 (233); *Brüning*, JuS 2007, 255 (256); *Kett-Straub/Linke*, JA 2010, 25 (29 f.); *Lorenz/Rehberger*, JURA 2022, 242 (248 f.); *Schulz*, JA 1995, 390 (400); *Theile*, ZJS 2009, 545 (548); ferner im Hinblick auf die Nothilfe *Kasiske*, JURA 2004, 832 (837).

Sonstige persönliche Näheverhältnisse führen dagegen nicht zur Einschränkung des Notwehrrechts[864].

Bsp.[865]: Der alkoholisierte Anton kommt spät nachts nach Hause und beginnt aus nichtigem Anlass, seine Ehefrau Berta anzupöbeln. Anschließend versetzt er ihr einige schmerzhafte Faustschläge ins Gesicht. Obwohl es Berta ohne weiteres möglich gewesen wäre, sich nach den ersten verbalen Attacken in der Küche einzuschließen und zu warten, bis sich Anton beruhigt hat, nimmt sie eine schwere Kristallvase und schlägt Anton damit bewusstlos, um sich vor weiteren Faustschlägen zu schützen. – Gerade im familiären Bereich ist eine besonders sensible Argumentation bei der Frage der sozialethischen Einschränkungen des Notwehrrechts angebracht[866]. Einerseits wird man hier dem Angegriffenen mehr zumuten müssen als einem völlig Unbeteiligten (sodass auch eine „schmähliche Flucht" hier zumutbar ist), andererseits darf dies jedoch nicht dazu führen, dass im häuslichen Bereich das „Recht des Stärkeren" gilt. Insoweit ist eine vorsichtige Einschränkung des Notwehrrechts zwar angebracht, diese darf jedoch weder einen vollständigen Ausschluss des Notwehrrechts zur Folge haben, wenn keine Möglichkeit anderer Abwendbarkeit besteht, noch dürfen die Duldungspflichten zu sehr überspannt werden[867]. Voraussetzung für eine solche Einschränkung ist allerdings stets, dass es sich um eine – ansonsten – intakte familiäre Beziehung handelt[868]. Leben z. B. Eheleute seit Jahren im ständigen Streit, begleitet von häufigen körperlichen Auseinandersetzungen, ist eine Einschränkung des Notwehrrechts abzulehnen.

382 Liegt eine Garantenstellung gegenüber dem Angreifer vor, ist dem Angegriffenen insoweit mehr zuzumuten als einem außenstehenden Dritten. Auch findet in gewissem Umfang eine Güterabwägung statt. Verletzungen der Ehre (durch Beleidigungen) und auch leichtere Verletzungen der körperlichen Integrität sind hinzunehmen, wenn diese nur durch eine schwere Verletzung oder gar Tötung des Angreifers verhindert werden können[869]. Insoweit ist auch hier die „Drei-Stufen-Theorie" (Ausweichen/Schutzwehr/Trutzwehr) einschlägig[870].

383 **gg) Fallgruppe 5: Schuldlos handelnder Angreifer.** Ähnliches gilt, wenn es der Täter mit einem schuldlos handelnden Angreifer zu tun hat. Dies ist dann der Fall, wenn der Angreifer entweder schuldunfähig ist, entschuldigt handelt (§§ 33, 35 StGB[871]) oder sich in einem schuldausschließenden Irrtum befindet. In der Praxis bedeutsam sind hier insbesondere die Fälle in denen es sich bei dem Angreifer um ein Kind, einen sinnlos Betrunkenen oder einen Geistesgestörten han-

---

864 Nach BGH NStZ 2016, 526 (527) ist selbst im Rahmen bestehender Garantenpflichten eine Einschränkung des Notwehrrechts im Rahmen der Gebotenheit nur bei enger familiärer Verbundenheit oder eheähnlichen Lebensgemeinschaften möglich.
865 Fall in Anlehnung an BGH NJW 1969, 802; vgl. ferner BGH NJW 1975, 62; BGH NJW 1984, 986; BGH NStZ 1994, 581; BGH NStZ-RR 2002, 203 (204); hierzu *Engels*, GA 1982, 109; *Roxin/Greco*, AT I, § 15 Rn. 96 f.; *Loos*, JuS 1985, 859.
866 Abgelehnt wird diese Fallgruppe von *Engels*, GA 1982, 109 (114); *Freund/Rostalski*, § 3 Rn. 128 ff.; *Frister*, GA 1988, 291 (308 f.); *Gropp/Sinn*, § 5 Rn. 164; *Klesczewski*, Rn. 350; *Kratzsch*, JuS 1975, 435 (437); *Kretschmer*, JURA 2002, 114 (116); *ders.*, JR 2008, 51 (53); *ders.*, JA 2015, 589 (591); LK-*Spendel*, 11. Aufl., § 32 Rn. 310; *Spendel*, JZ 1984, 507; *Walther*, JZ 2003, 52 (56); *Zieschang*, JURA 2003, 527 (528 ff.); *ders.*, Knemeyer-FS 2012, S. 449 (460); einschränkend auch BWME-*Mitsch*, § 5 Rn. 61; *Engländer*, NStZ 2016, 527 (528); *Krey/Esser*, Rn. 541; *Otto*, § 8 Rn. 92; *Wohlers*, JZ 1999, 434 (441 f.); *Wessels/Beulke/Satzger*, Rn. 531.
867 So auch im Ergebnis *Kühl*, § 7 Rn. 203 f.; *Roxin/Greco*, AT I, § 15 Rn. 95.
868 *Böhm*, ZJS 2019, 231 (233); *Brüning*, JuS 2007, 255 (256); MüKo-*Erb*, 4. Aufl., § 32 Rn. 221; NK-*Kindhäuser*, § 32 Rn. 115; *Theile*, ZJS 2009, 545 (548); *Wohlers*, JZ 1999, 434 (441).
869 *Mitsch*, JURA 2021, 136 (140); vgl. in diesem Zusammenhang auch *Kasiske*, JURA 2004, 832 (837), der bei der Notwehr und der Nothilfe unterschiedliche Kriterien anwendet.
870 Vgl. oben Rn. 361.
871 Vgl. hierzu den Übungsfall bei *Haas/Hänke*, JURA 2015, 1508 (1513).

delt[872]. Da hier oft die Möglichkeit bestehen wird, dem Angriff auszuweichen oder eine weniger gravierende Abwehrmaßnahme zu ergreifen, muss der Angegriffene darauf verwiesen werden, selbst wenn diese Maßnahmen nicht in gleicher Weise erfolgversprechend sind. Denn die Rechtsordnung bedarf hier nicht in gleicher Weise der Bewährung wie beim schuldhaft handelnden Angreifer[873]. Im Gegensatz zur Frage der Erforderlichkeit der Notwehrhandlung[874] ist bei der Beurteilung der Schuldunfähigkeit des Angreifers allerdings eine ex-post Betrachtung angebracht[875].

> **Bsp.:** Der völlig betrunkene Anton versucht Brunos Kneipe zu betreten. Dieser verwehrt ihm den Zutritt mit der Begründung, er würde bald schließen. Anton sieht dies nicht ein, beleidigt Bruno und fängt an, tätlich zu werden. Bruno reagiert darauf mit einem gezielten Faustschlag, der Anton bewusstlos zu Boden sacken lässt. – Sofern, was anzunehmen ist, Bruno andere Möglichkeiten offen standen, das Betreten der Kneipe durch den offensichtlich schuldunfähigen Anton zu verhindern, oder wenn er jedenfalls die Polizei hätte rufen können, durfte er nicht die „effektivere" Methode des Faustschlags wählen oder gar eine Waffe einsetzen. Sein Notwehrrecht war insoweit eingeschränkt. Wenn Anton allerdings eine Waffe gezückt oder auf Bruno eingestochen hätte, dann hätte dieser sich selbstverständlich auch mittels eines Faustschlags verteidigen dürfen[876].

hh) Fallgruppe 6: Angriffe von ersichtlich Irrenden. Mit der vorhergehenden Fallgruppe vergleichbar sind schließlich auch diejenigen Fälle, in denen der Angriff durch einen erkennbar Irrenden stattfindet, sofern für den Angegriffenen die Möglichkeit besteht, den Irrtum ohne größere Schwierigkeiten aufzuklären[877]. Auch hier ist die Notwehr im Sinne der genannten Drei-Stufen-Theorie[878] eingeschränkt[879].

> **Bsp.:** Der leicht angetrunkene und in diesem Zustand regelmäßig recht ruppige Bruno ist gerade dabei, sich beim Verlassen der Kneipe versehentlich Antons Mantel anzuziehen. Sofort stürzt Anton auf Bruno zu, hält ihn mit einem schmerzhaften Griff fest, bedroht ihn mit einem Messer und fordert ihn auf, den Mantel auszuziehen. – Obwohl Bruno infolge seines Irrtums unvorsätzlich handelte, lag dennoch ein gegenwärtiger

---

872 Vgl. BGHSt 3, 217 (218); BGH NStZ 2015, 151 (152); BGH NStZ 2016, 526 (527); BGH NStZ 2020, 725 (726); BGH StV 2022, 153 (155); BayObLG NJW 1991, 2031; *Kühl*, § 7 Rn. 192; *Meyer/Ulbrich*, JA 2006, 775 (777); *Rengier*, § 18 Rn. 66 f.; *Rönnau*, JuS 2012, 404 (406); *Roxin/Greco*, AT I, § 15 Rn. 61; *Schönke/Schröder-Perron/Eisele*, § 32 Rn. 52; *Stemler*, ZJS 2010, 347 (351 f.); *Wessels/Beulke/Satzger*, Rn. 529; *Zaczyk*, JuS 2004, 750 (754); ferner die Übungsfälle bei *Brüning*, JuS 2007, 255 (256); *S. Dreher*, JA 2005, 789 (792); *Esser/Gerson*, JA 2015, 662 (667); *Hütwohl*, JuS 2017, 598 (603); *Kaspar*, JA 2007, 855 (857); *Kunz*, JuS 1996, 39 (41); ferner im Hinblick auf die Nothilfe *Kasiske*, JURA 2004, 832 (836 f.).
873 Vgl. zu dieser Begründung BayObLG NStZ-RR 1999, 9; *Eisele*, JA 2001, 922 (924); *Kasiske*, JURA 2004, 832 (836); *Kühl*, § 7 Rn. 195; *Meyer/Ulbrich*, JA 2006, 775 (778); *Roxin/Greco*, AT I, § 15 Rn. 61; *Schönke/Schröder-Perron/Eisele*, § 32 Rn. 52; kritisch hierzu *Mitsch*, JuS 1992, 289 (292); SK-*Günther*, § 32 Rn. 119; grundsätzlich einschränkend bei selbstverschuldeter Schuldunfähigkeit *Engländer*, NStZ 2016, 527 (528).
874 Vgl. oben Rn. 355.
875 *Brüning*, JuS 2007, 255 (257).
876 Hinzuweisen ist allerdings darauf, dass die wegen Trunkenheit gem. § 20 StGB Schuldunfähigen teilweise aus dieser Fallgruppe ausgenommen werden; vgl. *Krey/Esser*, Rn. 536; hierzu auch *Jäger*, GA 2016, 258 (262 f.); *Schönke/Schröder-Perron/Eisele*, § 32 Rn. 52; vgl. aber auch BGHSt 3, 217.
877 Die Frage, ob der Irrtum des Angreifers erkennbar sein muss, ist allerdings umstritten; wie hier *Kindhäuser*, § 16 Rn. 48; *Rengier*, § 18 Rn. 66; a. M. *Mitsch*, JuS 2018, 51 (54).
878 Vgl. hierzu oben Rn. 361.
879 Vgl. *Kindhäuser/Zimmermann*, § 16 Rn. 46; *Marxen*, Fall 8e; *Schönke/Schröder-Perron/Eisele*, § 32 Rn. 52; *Schumann*, JuS 1979, 559 (565); *Simon*, JuS 2001, 639 (642 f.); *Wessels/Beulke/Satzger*, Rn. 529; ferner die Übungsfälle bei *Hillenkamp*, JuS 2001, 159 (166); *Mitsch*, JuS 2018, 51 (54).

rechtswidriger Angriff auf Antons Eigentum vor, weil dieser die Wegnahme seines Mantels nicht zu dulden brauchte. Insofern stand ihm ein Notwehrrecht zu, welches er unter normalen Umständen auch in der vorliegenden Form hätte ausüben dürfen. Da es sich bei Bruno aber um einen erkennbar Irrenden handelte, war Antons Notwehrrecht hier eingeschränkt. Er musste zuerst versuchen, den Irrtum aufzuklären, selbst wenn Bruno darauf mürrisch reagiert hätte. Nur wenn sich Bruno auch nach der Aufklärung des Irrtums noch uneinsichtig gezeigt hätte, hätte Anton handgreiflich werden dürfen.

3. Verteidigungswille (subjektives Rechtfertigungsmerkmal)

385 Bei der Erörterung der allgemeinen Struktur der Rechtfertigungsgründe wurde bereits festgestellt, dass es neben der objektiven Rechtfertigungslage regelmäßig auch erforderlich ist, dass der Täter (subjektiv) von der rechtfertigenden Sachlage weiß und auch mit einer entsprechenden (Verteidigungs-)Motivation handelt[880]. Wie weit dieser Verteidigungswille gehen muss, ist dabei allerdings ebenso umstritten wie die Frage, welche Rechtsfolge das Fehlen des Verteidigungswillens nach sich zieht. Dabei herrscht nicht einmal Einigkeit darüber, ob überhaupt ein subjektives Element erforderlich ist[881].

a) Erforderlichkeit und Reichweite des subjektiven Rechtfertigungsmerkmals[882] (Problemschwerpunkt 5)

386 **Fall:** Die beiden streitsüchtigen Brüder Anton und Bruno durchwandern eines Nachts die Straßen ihrer Heimatstadt. Als sie in eine Seitenstraße einbiegen, sehen sie Rudi, mit dem sie seit Langem verfeindet sind, auf dem Boden knien. Bei ihrem Anblick springt dieser erschrocken auf und rennt davon. Da Anton und Bruno dem Rudi schon lange „eins auswischen" wollen, verfolgen sie ihn, schlagen ihn nieder und lassen ihn liegen. Rudi hatte allerdings gerade Gustav niedergestochen und ausgeraubt, was zwar Anton erkannt hatte, Bruno jedoch nicht. Rudi und Gustav werden kurz darauf von Passanten gefunden und gerettet, wobei der vorherige Raub ans Licht kommt. Später stellt sich heraus, dass das Niederschlagen Rudis die einzige Möglichkeit war, seine Flucht mit der Beute zu verhindern.

Problemstellung: Bei der Prüfung der Strafbarkeit der an Rudi begangenen Körperverletzung, § 223 StGB, ist fraglich, ob die Tat von Anton und Bruno durch Nothilfe (§ 32 StGB) gerechtfertigt ist. Dabei sind die objektiven Voraussetzungen dieses Rechtfertigungsgrundes gegeben, denn objektiv lag eine Notwehrlage (gegenwärtiger, rechtswid-

---

880 Vgl. bereits oben Rn. 325 f.; allgemein hierzu BGHSt 3, 194 (198); *Kühl*, § 7 Rn. 124 ff.
881 Vgl. in diesem Zusammenhang auch die Frage, inwieweit ein Irrtum des Täters über die konkrete Notwehrlage beachtlich ist (Bsp.: Täter nimmt eine Notwehrlage an, obwohl objektiv eine Nothilfelage vorliegt, da der Angreifer nicht seine, sondern eine andere Sache entwendet hat); hierzu LG München I NJW 1988, 1860; zu dieser Entscheidung *Beulke*, JURA 1988, 641; *Mitsch*, NStZ 1989, 26; *Puppe*, JZ 1989, 728; *Schroeder*, JZ 1988, 567; ferner den Übungsfall bei *Kudlich*, JuS 1999, L 85 (L 88).
882 Vgl. hierzu auch *Hillenkamp/Cornelius*, AT, 4. Problem; *Geppert*, JURA 1995, 103 (103 ff.); *ders.*, JURA 1995, 194 (198); *Graul*, JuS 2000, L 41 (L 42 f.); *Grosse-Wilde*, ZIS 2011, 83; *Herzberg*, JA 1986, 190; *Kühl*, JURA 1993, 233 (233 ff.); *Prittwitz*, JURA 1984, 74; ferner die Übungsfälle bei *Börgers/Grunewald*, ZJS 2008, 521 (528 f.); *Börner*, JURA 2017, 477 (478); *Brand/Zivanic*, JA 2016, 667 (673 f.); *Britz*, JuS 2002, 465 (468 f.); *Buchholz*, JURA 2019, 211 (215 f.); *Ernst*, ZJS 2011, 382 (384 f.); *Fahl*, JuS 2005, 808 (811); *ders.*, ZJS 2009, 63 (66); *B. Heinrich*, JURA 1997, 366 (374); *Hillenkamp*, JuS 2018, 974 (977 f.); *Hoven*, JuS 2016, 631 (634); *Joerden*, JuS 1996, 622 (623); *Kett-Straub/Bauernschmitt*, JA 2017, 348 (350 f.); *Kretschmer*, JURA 1998, 244 (248); *Kühl/Hinderer*, JURA 2012, 488 (492); *Ladiges/Glückert*, JURA 2011, 552 (555); *Lenk*, JuS 2021, 754 (758); *Mitsch*, ZJS 2014, 192 (194); *Nestler*, JA 2014, 262 (267); *Nicolai*, JA 2020, 21 (28); *Putzke*, JURA 2009, 147 (148); *Ritz*, JuS 2018, 254 (258); *Sebastian/Lorenz*, ZJS 2017, 84 (93 f.); *Seier*, JuS 1978, 692 (694); *ders.*, JuS 1989, L 85 (L 86); *Seiterle*, JURA 2011, 958 (959); *Theile*, ZJS 2009, 545 (548 f.); *Viehweger*, JuS 2019, 465 (472 f.).

riger Angriff auf Gustavs Eigentum) vor. Zudem sind auch Erforderlichkeit und Gebotenheit der Notwehrhandlung zu bejahen. Fraglich ist hier allein die Notwendigkeit bzw. die Reichweite des subjektiven Rechtfertigungselements. Weder Anton noch Bruno handelten vorrangig zur Verteidigung von Gustavs Eigentum, wobei Bruno nicht einmal bekannt war, dass überhaupt eine Nothilfelage vorlag.

aa) Nach der heute kaum mehr vertretenen **objektiven Theorie**[883] ist ein subjektives Element bei Rechtfertigungsgründen grundsätzlich nicht erforderlich. Das objektive Vorliegen einer Notwehr- oder Nothilfelage genüge, um die Tat zu rechtfertigen. Eine Tat, die objektiv der Rechtsordnung nicht widerspreche, sei eben objektiv nicht rechtswidrig und könne dies auch nicht durch das Fehlen eines entsprechenden Willens des Täters werden. Insbesondere der **Rechtfertigungsgrund der Notwehr diene** aber in erster Linie dazu, die Rechtsordnung zu verteidigen. Diesem Zweck werde auch ohne Kenntnis und Willen der Verteidigung gedient. Ansonsten würde der Täter bei objektiv gerechtfertigtem Verhalten lediglich wegen seiner Gesinnung bestraft. Im vorliegenden Fall wären daher sowohl Anton als auch Bruno gerechtfertigt. **Gegen** diese Ansicht ist vorzubringen, dass letztlich nur derjenige die Rechtsordnung „verteidigen" kann, der von ihrer Verletzung auch weiß. Wenn der Tatbestand aus objektiven und subjektiven Elementen zusammengesetzt ist, so muss dies seine Entsprechung auch bei den Rechtfertigungsgründen finden.

bb) Daher wird üblicherweise ein subjektives Rechtfertigungselement bei allen Rechtfertigungsgründen verlangt. Dies folge jedenfalls für § 34 StGB schon aus dem Wortlaut („*um die Gefahr [...] abzuwenden*"), bzw. aus einem Umkehrschluss aus § 16 Abs. 1 StGB, müsse aber auch bei anderen Rechtfertigungsgründen Anwendung finden. Allerdings ist fraglich, wie weit dieses subjektive Element gehen muss. Nach einer Auffassung (sog. **Kenntnistheorie**)[884] ist es erforderlich (aber auch ausreichend), wenn der Täter Kenntnis von der Notwehrlage, d. h. Kenntnis vom Vorliegen eines gegenwärtigen rechtswidrigen Angriffs hat. Ihm müsse ferner bewusst sein, dass sein Verhalten zur Abwehr des Angriffs diene. In diesem Fall wisse er nämlich, dass er durch sein Handeln die Rechtsordnung verteidige. Nicht erforderlich sei hingegen, dass der Täter gerade aus der Motivation heraus handle, das bedrohte Rechtsgut zu verteidigen. Denn dies würde zu einer unzulässigen Bestrafung des Gesinnungsunwertes führen. Zudem sei die Motivation des Täters in den seltensten Fällen feststellbar bzw. nachweisbar. Nach dieser Ansicht wäre zwar Anton, nicht aber Bruno gemäß § 32 StGB gerechtfertigt, da nur Anton, nicht aber Bruno die Nothilfelage erkannte. **Gegen** das Erfordernis eines subjekti-

---

883 *Gropp*, 5. Aufl., § 5 Rn. 175; LK-*Spendel*, 11. Aufl., § 32 Rn. 138 ff.; *ders.*, DRiZ 1978, 327 (331); *ders.*, JR 1991, 250; *Rohrer*, JA 1986, 363; *Schmitt*, JuS 1963, 64 (65); *Spendel*, Bockelmann-FS 1979, S. 245; *ders.*, Oehler-FS 1985, S. 197 (203); vgl. auch *Schroeder*, JZ 1991, 682 (683).
884 *Bottke*, JR 1986, 292 (293); *Engländer*, HRRS 2013, 389 (391); *Freund/Rostalski*, § 3 Rn. 17 f., 20; *Frisch*, Lackner-FS 1987, S. 113 (133); *Gallas*, Bockelmann-FS 1979, S. 155 (176 f.); *Gropp*, 5. Aufl., § 5 Rn. 175; *Jäger*, Rn. 169; *Jakobs*, 11/20 f.; *Joecks/Jäger*, § 32 Rn. 23; *Kindhäuser/Zimmermann*, § 16 Rn. 59 f.; *Kühl*, § 7 Rn. 128 ff.; *ders.*, JURA 1993, 233, (234); *Lenk*, JuS 2021, 754 (758); *Loos*, Oehler-FS 19, S. 227 (235 f.); LK-*Rönnau/Hohn*, 13. Aufl., § 32 Rn. 263, 266 f.; *Matt/Renzikowski-Engländer*, § 32 Rn. 63; *Mitsch*, ZJS 2014, 192 (194); *ders.*, JuS 2017, 19 (21); MüKo-*Erb*, 4. Aufl., § 32 Rn. 241; *Murmann*, § 25 Rn. 105; NK-*Kindhäuser*, § 32 Rn. 148; *Otto*, § 8 Rn. 7; *Prittwitz*, GA 1980, 381 (386); *ders.*, JURA 1984, 74 (80); *Puppe*, § 13 Rn. 34; *Rönnau*, JuS 2009, 594 (596); *Roxin/Greco*, AT I, § 14 Rn. 97, § 15 Rn. 129; *Schmidhäuser*, SB, 6/79; *Schönke/Schröder-Sternberg-Lieben*, Vorbem. §§ 32 ff. Rn. 14, 51; *Schönke/Schröder-Perron/Eisele*, § 32 Rn. 63; *Schünemann*, GA 1985, 341 (372 f.); *Seiterle*, JURA 2011, 958 (962); SSW-*Rosenau*, § 32 Rn. 49; *Stratenwerth/Kuhlen*, § 9 Rn. 150; vgl. auch OLG Naumburg NStZ 2013, 718 (719).

ven Rechtfertigungselements wird allerdings vorgebracht, dass ein Angreifer, der erkenne, dass dem „Verteidiger" der Verteidigungswille fehle, seinerseits gegen diese (objektiv zulässige) Verteidigungshandlung Notwehr üben könne, da die Verteidigung insgesamt rechtswidrig wäre (so dürfte sich der Angreifer Rudi im vorliegenden Fall zwar gegen Bruno, nicht aber gegen Anton verteidigen). Hierbei sollte aber bedacht werden, dass eine solche Verteidigungshandlung aufgrund mangelnder Gebotenheit (verschuldet herbeigeführte Verteidigungslage) nur beschränkt zulässig ist. Stichhaltiger ist hingegen der Einwand, dass es aus den sogleich noch darzustellenden Gründen nicht einsichtig ist, innerhalb des subjektiven Merkmals zwischen der Kenntnis der Notwehrlage und Motivation zu unterscheiden.

389 cc) Für die **Lehre vom Verteidigungswillen** (sog. **Willenstheorie**)[885] genügt zur Rechtfertigung der Tat weder das objektive Vorliegen einer Notwehr- oder Nothilfelage noch deren bloße Kenntnis. Der Täter müsse vielmehr sowohl Kenntnis vom Vorliegen eines Angriffs haben und sich darüber im Klaren sein, dass sein Verhalten zur Abwehr des Angriffs dient, als auch müsse die Verteidigung des angegriffenen Rechtsguts gerade das – wenn auch nicht alleinige[886] – Motiv des Täters sein. Insoweit spricht der BGH teilweise auch vom notwendigen Vorliegen einer Verteidigungsabsicht[887]. Diese Ansicht ist zutreffend. Die subjektive Seite der Erlaubnistatbestände muss ebenso wie auch der subjektive Tatbestand der Verbotstatbestände sowohl ein kognitives als auch ein voluntatives Element enthalten. Gerade dies lässt sich der Formulierung von §§ 32, 34 StGB („um [...] zu") entnehmen. Der Verteidiger muss handeln, um sich zu verteidigen bzw. um zu helfen. Im vorliegenden Fall können sich daher weder Anton noch Bruno auf Nothilfe berufen, denn keiner von beiden handelte mit der entsprechenden Verteidigungsmotivation. Neben der allgemeinen **Kritik** am Erfordernis eines subjektiven Elements wird gegen diese Ansicht zwar geltend gemacht, dass sich eine entsprechende Motivation schwer nachweisen lasse und insbesondere bei Motivbündeln eine Beurteilung problematisch sein könne. Es ist jedoch nicht recht einsichtig, warum im Hinblick auf die Kenntnis der Notwehrlage etwas anderes gelten soll als für die Motivation. Auch in anderen Fällen (z. B. bei der Freiwilligkeit im Rahmen des § 24 StGB) muss seitens des Richters eine „Motivforschung" betrieben werden. Auch dem gegen diese Ansicht vorgebrachten Einwand einer unzulässigen Moralisierung und der Gefahr eines Gesinnungsstrafrechts[888] muss entgegengehalten werden, dass nicht jede Anknüpfung an die Motive des Täters unzulässig ist. Auch im Rahmen des Vorsatzes wird über das notwendige Wissen

---

885 RGSt 54, 196 (199 f.); RGSt 56, 259 (268); RGSt 60, 261 (262); BGHSt 2, 111 (114); BGHSt 3, 194 (198); BGHSt 5, 245 (247); BGHSt 56, 11 (22); BGH GA 1980, 67; BGH NStZ 1983, 117; BGH NStZ 1996, 29 (30); BGH NStZ 2003, 599 (600); BGH NJW 2003, 1955 (1957 f.); BGH NStZ 2005, 332 (334); BGH NStZ 2007, 325; BGH NJW 2013, 2133 (2134); BGH StV 2022, 153 (154); OLG Koblenz StV 2011, 622 (623); BWME-*Mitsch* § 15 Rn. 47; *Gaede*, Rengier-FS 2018, S. 27 (30 ff.); *Geilen*, JURA 1981, 308 (310); *Geppert*, JURA 1995, 103 (104 f.); *v. Heintschel-Heinegg-Momsen/Savic*, § 32 Rn. 46; *Jescheck/Weigend*, § 31 IV 1; *Krey/Esser*, Rn. 459; LK-*Hirsch*, 11. Aufl., Vor § 32 Rn. 53; *Maurach/Zipf*, AT 1, § 26 Rn. 27; *Rengier*, § 17 Rn. 12, § 18 Rn. 108; *Wessels/Beulke/Satzger*, Rn. 413 f.; vgl. auch *Alwart*, GA 1983, 433 (453).
886 Vgl. BGHSt 3, 194 (198); BGH NStZ 1983, 117; BGH NStZ 1996, 29 (30); BGH NStZ 2000, 365 (366); BGH NJW 2013, 2133 (2134); BGH NStZ 2021, 607 (608); BGH StV 2022, 153 (154); OLG Koblenz StV 2011, 622 (623); OLG Stuttgart NJW 1992, 850 (851); OLG Zweibrücken NStZ 2019, 678 (679).
887 BGHSt 3, 194 (198); kritisch hierzu *Gaede*, Rengier-FS 2018, S. 27 (33).
888 *Erb*, NStZ-RR 2013, 371; LK-*Rönnau/Hohn*, 13. Aufl., § 32 Rn. 266; *Roxin/Greco*, AT I, § 14 Rn. 99.

gerade ein Wollen der Tat gefordert[889]. Ist insoweit ein Verteidigungswille erforderlich, so reicht es aber aus, wenn der Handelnde das Vorliegen einer (objektiv vorliegenden) Notwehrlage lediglich für möglich hält[890].

b) Folgeproblem: Rechtsfolge des Fehlens des subjektiven Rechtfertigungselements. Ist nach den eben genannten subjektiven Theorien ein subjektives Rechtfertigungselement erforderlich, stellt sich das weitere Problem, ob das Fehlen eines solchen subjektiven Elements zur Folge hat, dass der Täter sich in vollem Umfang strafbar gemacht hat[891]. Dabei ist die Lösung innerhalb der „Kenntnistheorie" sowie der „Lehre vom Verteidigungswillen" jeweils umstritten (nach der objektiven Theorie stellt sich dieses Problem nicht, da der Täter ohnehin – auch ohne subjektive Kenntnis – in vollem Umfang gerechtfertigt ist).

390

aa) So wird teilweise nur eine Bestrafung wegen eines **versuchten Delikts** angenommen (**Versuchstheorie**)[892]. Denn eine Tat setze sich aus Erfolgs- und Handlungsunwert zusammen. Das objektive Vorliegen eines Rechtfertigungsgrundes lasse aber (lediglich) den Erfolgsunwert entfallen, da der Täter objektiv schließlich so handeln durfte, wie er gehandelt hat. Zu einer (objektiven) Rechtsgutsverletzung sei es ja gerade nicht gekommen, da das Rechtsgut verletzt werden durfte. Der Unwertgehalt der Tat beschränke sich (wie beim untauglichen Versuch) auf den subjektiven Handlungsunwert, welcher allerdings bestehen bleibe. Der Täter wollte „Unrecht" tun, handelte aber „aus Versehen" (objektiv) rechtmäßig – dies sei die typische Konstellation des Versuchs. Hiernach käme im vorliegenden Fall nur eine Bestrafung wegen versuchter Körperverletzung, §§ 223, 22 StGB, in Frage.

391

---

889 *Gaede*, Rengier-FS 2018, S. 27 (32); vgl. oben Rn. 298 ff.
890 BGH StV 2018, 727 (730); *Schönke/Schröder-Sternberg-Lieben/Schuster*, § 16 Rn. 22; a. M. LK-*Rönnau*, 13. Aufl., Vor §§ 32 ff. Rn. 84; differenzierend *Jäger*, JA 2017, 629 (631).
891 Vgl. hierzu die Übungsfälle bei *Kett-Straub/Bauernschmitt*, JA 2017, 348 (351); *Krell/Bernzen*, JuS 2015, 322 (326); *Ritz*, JuS 2018, 254 (258); *Sebastian/Lorenz*, ZJS 2020, 857 (95 f.).
892 KG GA 1975, 213 (215); OLG Naumburg NStZ 2013, 718 (719); BWME-*Mitsch*, § 14 Rn. 55, § 15 Rn. 48; *Börgers/Grunewald*, ZJS 2008, 521 (528 ff.); *Börner*, JURA 2017, 477 (478); *Brüning*, ZJS 2013, 511 (516); *Ernst*, ZJS 2011, 382 (384); *Fischer*, § 32 Rn. 27; *Geppert*, JURA 1995, 103 (105); *Graul*, JuS 1994, L 73 (L 74 f.); *dies.*, JuS 2000, L 41 (L 43); *Herzberg*, JA 1986, 190 (192 f.); *v. Heintschel-Heinegg-Momsen/Savic*, § 32 Rn. 46; *Hoffmann-Holland*, Rn. 274; *Jäger*, Rn. 169 ff.; *Jescheck/Weigend*, § 31 IV 2; *Joecks/Jäger*, Vor § 32 Rn. 12 f.; *Kindhäuser/Hilgendorf*, LPK, Vor §§ 32–35 Rn. 19; *Klesczewski*, Rn. 370; *Knobloch*, JuS 2010, 864 (867); *Kretschmer*, JURA 1998, 244 (248); *ders.*, JURA 2002, 114 (118 Fn. 33); *Krey/Esser*, Rn. 469; *Kühl*, § 6 Rn. 16; *ders.*, JURA 1993, 233 (233 ff.); *Kudlich*, JA 2014, 587 (590); *Kühl/Hinderer*, JURA 2012, 488 (492); *Lackner/Kühl*, § 22 Rn. 16; LK-*Rönnau*, 13. Aufl., Vor §§ 32 ff. Rn. 82; LK-*Rönnau/Hohn*, 13. Aufl., § 32 Rn. 268 f.; *Matt/Renzikowski-Engländer*, Vor §§ 32 ff. Rn. 8, § 32 Rn. 63; *Maurach/Zipf*, AT 1, § 25 Rn. 34; *Murmann*, § 25 Rn. 10; *Nestler*, JA 2014, 264 (267); NK-*Kindhäuser*, § 32 Rn. 149; *Plaschke*, JURA 2001, 235 (238); *Prittwitz*, JURA 1984, 74 (76 ff.); *Putzke*, JURA 2009, 147 (148); *Rengier*, § 17 Rn. 18; *Rönnau*, JuS 2009, 594 (596); *Roxin/Greco*, AT I, § 14 Rn. 104; *Schönke/Schröder-Sternberg-Lieben*, Vorbem. §§ 32 ff. Rn. 15; *Schönke/Schröder-Perron/Eisele*, § 32 Rn. 63; *Seier*, JuS 1978, 692 (695); *ders.*, JuS 1989, L 85 (L 86 f.); SK-*Rudolphi*, 8. Aufl., § 22 Rn. 29; SSW-*Rosenau*, Vor §§ 32 ff. Rn. 16; *I. Sternberg-Lieben*, JA 1996, 299 (308); *Stratenwerth/Kuhlen*, § 9 Rn. 153 ff.; *Theile*, ZJS 2009, 545 (549); *Weißer/Kreß*, JA 2003, 857 (863); *Wessels/Beulke/Satzger*, Rn. 415. Die Versuchsregeln werden hierbei teils unmittelbar angewandt, vgl. LK-*Rönnau*, 13. Aufl., Vor §§ 32 ff. Rn. 90; *Roxin/Greco*, AT I, § 14 Rn. 104; teils aber auch nur entsprechend herangezogen, so *Geppert*, JURA 1997, 33 (34); *Jescheck/Weigend*, § 31 IV 2; *Kindhäuser/Zimmermann*, § 29 Rn. 9; angewandt; hierzu auch *Puppe*, AT 1, 1. Aufl., § 25 Rn. 6.

392 **bb)** Die Gegenansicht (**Vollendungstheorie**) bestraft dagegen bei Fehlen des subjektiven Rechtfertigungselements zutreffend wegen eines **vollendeten Delikts**[893]. Ebenso wie der Tatbestand eines (Vorsatz-)Delikts nur erfüllt ist, wenn sowohl die objektiven als auch die subjektiven Voraussetzungen erfüllt sind, kann die Rechtswidrigkeit auch nur dann entfallen, wenn beide Voraussetzungen vorliegen. Dem Täter können Umstände, die seine Motivation nicht bestimmen, auch nicht zu Gute kommen. Seine Einstellung zur Rechtsordnung ist genauso fehlerhaft wie wenn die Notwehrlage objektiv nicht vorläge. Dass er zufällig das Richtige getan hat, kann ihn nicht privilegieren. Im vorliegenden Fall ist somit jedenfalls Bruno (nach der hier vertretenen Ansicht auch Anton) wegen vollendeter Körperverletzung, § 223 StGB, zu bestrafen, da eine mögliche Nothilfe durch das Fehlen des subjektiven Elements in sich zusammenfällt.

> **Klausurtipp:** Vom Klausuraufbau unproblematisch ist die Lösung der Vollendungstheorie. Der Täter hat sich wegen eines vollendeten Delikts strafbar gemacht. Folgt man der Versuchslösung, so müsste an sich zuerst auf Rechtfertigungsebene die Strafbarkeit wegen des Vollendungsdelikts abgelehnt und anschließend unter einer neuen Überschrift das Versuchsdelikt geprüft werden. Es ist jedoch in einer Klausur auch zulässig, sich diesen „Umweg" zu sparen und im Rahmen der Erörterung (und Entscheidung) dieses Problems festzustellen, dass man der Versuchslösung folgt und das Delikt nun als Versuchsdelikt weiterprüft[894].

III. Sonderprobleme

1. Notwehrüberschreitung (Exzess)

393 In Fällen der Notwehr kommt es häufig zu Situationen, in denen das Notwehrrecht überdehnt wird, sei es, dass der Täter sich zu intensiv verteidigt (intensiver Notwehrexzess), sei es, dass er sich verteidigt, obwohl der Angriff noch nicht bzw. nicht mehr gegenwärtig ist (extensiver Notwehrexzess). In beiden Fällen scheidet eine Notwehr aus, im ersten Fall deswegen, weil die Notwehrhandlung zu weitgehend war, im zweiten Fall, weil es bereits an einer Notwehrlage fehlt. Handelt der Täter hier infolge des Geschehens aus Verwirrung, Furcht oder Schrecken, so kommt (jedenfalls beim intensiven Notwehrexzess[895]) eine Anwendung des § 33 StGB, die Notwehrüberschreitung, in Betracht. Hierbei handelt es sich jedoch nicht um einen **Rechtfertigungsgrund**, sondern lediglich um einen **Entschuldigungsgrund**[896]. Das Unrecht der Tat bleibt also bestehen.

2. Putativnotwehr

394 Damit vergleichbar sind diejenigen Fälle, in denen der Täter zu Unrecht eine Notwehrlage annimmt und sich verteidigt, obwohl eine Notwehrlage in Wirklichkeit gar nicht gegeben ist. Es handelt sich dabei um den klassischen Fall eines **Irrtums** (= Erlaubnistatbestandsirrtum). Auch hier scheidet eine Rechtfertigung

---

[893] RGSt 54, 196 (199); RGSt 62, 137 (138); BGHSt 2, 111 (114); *Alwart*, GA 1983, 433 (454 f.); *Foth*, JR 1965, 366 (369); *Gallas*, Bockelmann-FS 1979, S. 155 (177); *B. Heinrich*, JURA 1997, 366 (374); *Köhler*, S. 323; *Krey*, AT 1, 3. Aufl., Rn. 423; LK-*Hirsch*, 11. Aufl., Vor § 32 Rn. 61; NK-*Zaczyk*, § 22 Rn. 57; *Otto*, § 18 Rn. 48; *Ritz*, JuS 2018, 254 (258); *Schmidhäuser*, SB, 6/24; *Stemler*, ZJS 2010, 347 (356); *Zieschang*, Rn. 232.
[894] So auch *Kudlich*, JA 2014, 587 (590); *Kühl*, § 6 Rn. 16; vgl. ferner *Joecks/Jäger*, Vor § 32 Rn. 13; *Kett-Straub/Bauernschmitt*, JA 2017, 348 (351); *Rengier*, § 17 Rn. 21; abweichend (eigenständige Prüfung der Versuchsdelikte) *Wessels/Beulke/Satzger*, Rn. 417.
[895] Vgl. im Hinblick auf den extensiven Notwehrexzess den Problemschwerpunkt 10, unten Rn. 584 ff.
[896] Vgl. hierzu noch ausführlich unten Rn. 581 ff.

aus, der Täter begeht also Unrecht. Man löst diese Irrtumsfälle nach der hier vertretenen Ansicht ebenfalls auf der **Schuldebene**[897].

3. Notwehrrecht von Hoheitsträgern: Geltung der allgemeinen Rechtfertigungsgründe, insbesondere § 32 StGB, auch für sich im Dienst befindende Hoheitsträger[898] **(Problemschwerpunkt 6)**

Fall: Bei einer Routinekontrolle in einer Gaststätte wird Polizist Paul mehrfach vom Gast Anton beleidigt und angerempelt. Auch als er das Lokal verlässt, folgt ihm Anton unter fortwährenden Beschimpfungen. Als Anton den Paul schließlich mit einem schmerzhaften Griff am Ärmel packt und zu sich her zieht, wird es diesem zu viel und er streckt Anton mit einem gezielten Faustschlag zu Boden. Daraufhin verliert Anton die Lust an der Provokation und entfernt sich.

395

Problemstellung: Tatbestandlich hat Paul eine Körperverletzung im Amt, § 340 StGB, begangen. Wäre Paul eine Privatperson gewesen, so wäre diese Körperverletzung allerdings gemäß § 32 StGB gerechtfertigt, da ein gegenwärtiger rechtswidriger Angriff des Anton auf die Ehre und die körperliche Unversehrtheit Pauls vorlag. Fraglich ist aber, ob sich Paul auf das allgemeine Notwehrrecht berufen kann, da er sich als hoheitlich handelnder Polizeibeamter im Dienst befand oder ob seine Rechte und Pflichten in den jeweiligen (Landes-)Polizeigesetzen (oder sonstigen öffentlich-rechtlichen Ermächtigungsgrundlagen) abschließend geregelt sind (obwohl die Polizeigesetze der Länder teilweise sehr unterschiedliche Regelungen bzw. Formulierungen enthalten, dürfte Pauls Verhalten im konkreten Fall nicht von einer polizeirechtlichen Ermächtigungsgrundlage gedeckt sein)[899]. Umstritten ist diese Frage insbesondere beim Schusswaffeneinsatz, der in den Polizeigesetzen teilweise sehr restriktiv geregelt ist[900], oder bei der Androhung von „Folter" gegenüber einem Entführer, damit dieser den Aufenthaltsort einer Geisel mitteilt[901].

---

897 Vgl. hierzu noch ausführlich unten Rn. 1123 ff.
898 Vgl. hierzu auch *Hillenkamp/Cornelius*, AT, 5. Problem; *Amelung*, JuS 1996, 329 (331 f.); *Beaucamp*, JA 2003, 402; *Ellbogen*, JURA 2005, 339 (341); *Fahl*, ZJS 2009, 63 (68); *Kühl*, § 7 Rn. 148 ff.; *ders.*, JURA 1993, 233 (236 ff.); *Norouzi*, JA 2005, 306 (308); *Rengier*, § 18 Rn. 94 ff.; *Rogall*, JuS 1992, 551 (558 f.); *I. Sternberg-Lieben*, JA 1996, 129 (132 f.); ferner die Übungsfälle bei *Ambos/Rackow*, JURA 2006, 943 (945); *Böse/Kappelmann*, ZJS 2008, 290 (294 ff.); *Buttel/Rotsch*, JuS 1996, 713 (717 f.); *Heimann/Prisille*, JA 2002, 305 (307, 311 f.); *Herzberg/Schlehofer*, JuS 1990, 559 (562 f.); *Jeßberger*, JURA 2003, 711 (713); *Kasiske*, JA 2007, 509 (513); *Laubenthal*, JURA 1989, 99 (103); *Marxen*, Fall 9 c; *Otto/Petersen*, JURA 1999, 480 (483); *Pielow*, JURA 1991, 482 (487); *Reinhardt*, ZJS 2013, 493 (496); *Schultz/Richter*, JuS 1985, 798 (800).
899 *Kühl*, § 7 Rn. 150, weist zutreffend darauf hin, dass stets zuerst festzustellen ist, ob nicht schon eine polizeirechtliche Ermächtigungsvorschrift das Verhalten des Polizeibeamten deckt.
900 Problematisch ist dabei, dass z. B. gemäß § 9 Abs. 2 UZwG Berlin Schusswaffen nur benutzt werden dürfen, um den Gegner angriffs- oder fluchtunfähig zu machen, nicht aber, um ihn gezielt zu töten. Eine gleichlautende Vorschrift existiert in fast allen Landesgesetzen. Manche Polizeigesetze enthalten hierzu sog. Öffnungsklauseln, vgl. z. B. das Berliner UZwG in § 8 Abs. 3: „Das Recht zum Gebrauch von Schusswaffen aufgrund anderer gesetzlicher Vorschriften bleibt unberührt." Fraglich ist, ob sich aus dieser Formulierung entnehmen lässt, dass das Notwehrrecht auch für Polizeibeamte im Dienst uneingeschränkt gilt.
901 Vgl. den „Fall Daschner", LG Frankfurt StV 2003, 325; LG Frankfurt NJW 2005, 692; BVerfG NJW 2005, 656; EGMR NJW 2007, 2461; EGMR NJW 2010, 3145; hierzu *Brugger*, JZ 2000, 165; *Ellbogen*, JURA 2005, 339; *Erb*, JURA 2005, 24; *ders.*, NStZ 2005, 593; *Esser*, NStZ 2008, 658; *Fahl*, JR 2004, 182; *ders.*, JURA 2007, 743; *Hamm*, NJW 2003, 946; *Hilgendorf*, JZ 2004, 331; *Hoven*, ZIS 2021, 115; *Jäger*, Rn. 166 f.; *Jahn*, KritV 2004, 24; *Jerouschek*, JuS 2005, 296; *Jerouschek/Kölbel*, JZ 2003, 613; *Kinzig*, ZStW 115 (2003), 791; *Klesczewski*, Rn. 352; *Kudlich*, JuS 2005, 376; *Lüderssen*, Rudolphi-FS 2004, S. 691; *Merkel*, Jakobs-FS 2007, S. 375 (376 ff.); *Miehe*, NJW 2003, 1219; *Neuhaus*, GA 2004, 521; *Norouzi*, JA 2005, 306; *Roxin*, Eser-FS 2005, S. 461; *Roxin/Greco*, AT I, § 15 Rn. 103 ff.; *Saliger*, ZStW 116 (2004), 35; *Schaefer*, NJW 2003, 947; *Wittreck*, DÖV 2003, 873; sowie die Übungsfälle bei *Ambos/Rackow*, JURA 2006, 943 (947 ff.); *Böse/Kappelmann*, ZJS 2008, 290 (294 ff.); *Jeßberger*, JURA 2003, 711; *Kasiske*, JA 2007, 509 (512 ff.); zur Folter durch Privatpersonen vgl. die Übungsfälle bei *Fahl*, JuS 2005, 808 (812); *ders.*, JURA 2009, 234 (237 ff.); *Reschke*, JuS 2001, 50 (55).

396 a) Nach der **rein öffentlich-rechtlichen Theorie**[902] sind die hoheitlichen Eingriffsbefugnisse des Staates in den entsprechenden Landesgesetzen abschließend geregelt. Daher seien die allgemeinen Rechtfertigungsgründe des Strafrechts auf Amtsträger nicht anwendbar. Denn jeder hoheitliche Eingriff bedürfe einer besonderen gesetzlichen Ermächtigung. Handeln Beamte des öffentlichen Dienstes im Rahmen ihres Amtes, so sei dies ausschließlich nach Öffentlichem Recht zu beurteilen. Hierzu gehörten die allgemeinen strafrechtlichen Rechtfertigungsgründe aber gerade nicht. Diese dürften auch keine „Lückenfüllerfunktion" einnehmen. Das Polizeirecht stelle ausreichende Regelungen zur Verfügung. Ein Amtsträger sei im Übrigen schon von Amts wegen zu einer erhöhten Gefahrtragung verpflichtet. Da im vorliegenden Fall das entsprechende Landespolizeigesetz Paul nicht zum Niederschlagen des Anton berechtigte, wäre er nach dieser Auffassung weder strafrechtlich noch polizeirechtlich gerechtfertigt. Hiergegen wird zu Recht die **Kritik** geäußert, dass ein in eine Notwehrlage geratender Polizeibeamter dann schlechter stünde als eine Privatperson.

397 b) Im Gegensatz dazu geht die **strafrechtliche Theorie**[903] davon aus, dass sich auch Amtsträger auf die allgemeinen Rechtfertigungsgründe berufen können, sodass die Handlung nicht nur strafrechtlich gerechtfertigt, sondern auch polizeirechtlich (= dienstrechtlich) rechtmäßig ist. Insoweit würden §§ 32, 34 StGB Ermächtigungsgrundlagen für staatliches Handeln darstellen. Eine Ausnahme solle nur dann gelten, wenn eine (entgegenstehende) abschließende polizeirechtliche Einzelregelung vorliege. Ein Amtsträger, der sich oft auch in heikle Situationen begeben müsse, dürfe nicht schlechter stehen als eine Privatperson. Zudem könnten die allgemeinen strafrechtlichen Rechtfertigungsgründe als Bundesrecht durch landesrechtliche Vorschriften nicht eingeschränkt werden. Dies hätte im vorliegenden Fall zur Folge, dass das ausschließlich auf Notwehr gestützte Verhalten Pauls sowohl strafrechtlich als auch polizeirechtlich rechtmäßig wäre. **Hiergegen ist allerdings einzuwenden**, dass dadurch das ganze Polizeirecht und die gesamte öffentlich-rechtliche Kompetenzordnung über die Möglichkeit der unbeschränkten Ausübung der Nothilfe – insbesondere beim polizeilichen Schusswaffengebrauch – umgangen werden könnte[904]. Es erscheint zudem unverhältnismäßig, wenn Polizeibeamte in gleicher (unkontrollierter) Weise von der Schusswaffe Gebrauch machen dürften wie Privatpersonen.

398 c) Deshalb geht die **Selbstverteidigungstheorie**[905] davon aus, dass die hoheitlichen Eingriffsbefugnisse des Staates in den entsprechenden Gesetzen zwar grundsätzlich abschließend geregelt seien. Darüber hinaus sei jedoch eine Ausnahme

---

902 *Blei*, § 39 II 4; *ders.*, JZ 1955, 625 (626 ff.); *Jakobs*, 12/42 ff., 13/42; *Kunz*, ZStW 95 (1983), 973 (981); LK-*Rönnau/Hohn*, 13. Aufl., § 32 Rn. 220; NK-*Kindhäuser*, § 32 Rn. 85; NK-*Paeffgen/Zabel*, Vor §§ 32 ff. Rn. 151; *Pielow*, JURA 1991, 482 (487 f.); *Seelmann*, ZStW 89 (1977), 36 (50 ff., 56); SSW-*Rosenau*, § 34 Rn. 4; vgl. auch *Fahl*, ZJS 2009, 63 (68); LK-*Zieschang*, 13. Aufl., § 34 Rn. 34 ff.
903 BGHSt 27, 260 (262 f. – zu § 34 StGB); BGH NJW 1958, 1405 (LS); BGH NStZ 2005, 31; BayObLG JZ 1991, 936; *Buttel/Rotsch*, JuS 1996, 713 (717 f.); *Joecks/Jäger*, § 32 Rn. 60; *Kasiske*, JA 2007, 509 (513); *Kühl*, § 7 Rn. 153; *ders.*, JURA 1993, 233 (238); LK-*Spendel*, 11. Aufl., § 32 Rn. 275; *Norouzi*, JA 2005, 306 (308); *Radtke/Schwer*, JuS 2003, 580 (584 f.); *Rengier*, § 18 Rn. 96; *Roxin/Greco*, AT I, § 15 Rn. 112 f.; *Schönke/Schröder-Perron/Eisele*, § 32 Rn. 42a f.; *Schwabe*, NJW 1977, 1902 (1906); *Spendel*, JR 1991, 250; *Stratenwerth/Kuhlen*, § 9 Rn. 94 f.; *Wessels/Beulke/Satzger*, Rn. 432.
904 Eine Formulierung wie die in § 9 Abs. 2 UZwG Berlin ergäbe dann gar keinen Sinn mehr.
905 *Amelung*, NJW 1977, 833 (839 f.); *ders.*, JuS 1986, 329 (332); *Blei*, JZ 1955, 625 (627); *Fahl*, JURA 2007, 743 (744 f., 749); *Hoffmann-Holland*, Rn. 276; *Krey/Meyer*, ZRP 1973, 1 (4); *Schünemann*, GA 1985, 341 (365 f.); vgl. auch LK-*Hirsch*, 11. Aufl., § 34 Rn. 7.

dann zu machen, wenn ein Amtsträger zum Zwecke der Selbstverteidigung in Notwehr handle. Denn die Polizeigesetze würden nur spezifisch polizeidienstliche Aufgaben regeln. Hierzu zähle zwar die Nothilfe, nicht jedoch die reine Selbstverteidigung in Fällen eines Angriffs. Auch das Polizeirecht könne einem Amtsträger das natürliche Recht zur Selbstverteidigung nicht nehmen. Diese Ansicht hat zur Folge, dass lediglich Notwehr, nicht aber eine Nothilfe des Amtsträgers strafrechtlich zulässig ist. Im genannten Fall wäre Pauls Faustschlag sowohl polizeirechtlich als auch strafrechtlich gerechtfertigt, da Paul sich selbst verteidigte. **Gegen** eine solche Differenzierung wird zwar eingewandt, dass das Gesetz in § 32 StGB Notwehr und Nothilfe gleich behandle, eine Unterscheidung daher gekünstelt wirke und keinerlei Stütze im Gesetzeswortlaut finde. Dennoch ist dieser Ansatz überzeugend, da er berücksichtigt, dass Aufgaben und Kompetenzen von Hoheitsträgern durch gesetzliche Ermächtigungsgrundlagen zwar grundsätzlich abschließend geregelt sein müssen, was auch im Falle der Selbstverteidigung im Einzelfall zu höheren Duldungspflichten des Hoheitsträgers führen kann – ein grundsätzlicher Ausschluss des Notwehrrechts ist jedoch unangebracht.

d) Zu einer anderen Lösung kommt die **Trennungstheorie**[906]. Hiernach sind hoheitliche Eingriffsbefugnisse und allgemeine strafrechtliche Rechtfertigungsgründe voneinander unabhängig. Mache ein Amtsträger bei einer hoheitlichen Tätigkeit von seinem allgemeinen Notwehrrecht Gebrauch, handle er nicht als Hoheitsträger, sondern als Privatperson. Das Recht zur Selbstverteidigung könne niemandem genommen werden. Dies gelte auch für die Nothilfe als einem Akt privater Solidarität. Da die Notrechte privatrechtlich zu beurteilen seien, gelte der öffentlich-rechtliche Verhältnismäßigkeitsgrundsatz hier gerade nicht. Strafrecht und Polizeirecht sind nach dieser Theorie also vollständig getrennte Rechtsmaterien mit eigenständigen Rechten und Pflichten. Hiernach wäre Paul sowohl polizeirechtlich als auch strafrechtlich gerechtfertigt, da er – in Notwehr handelnd – nicht mehr hoheitlich, sondern als Privatperson tätig würde. An diesem Ansatz ist – neben den gegen die strafrechtliche Theorie vorgebrachten Gründen – **zu kritisieren**, dass bereits das Recht zum Tragen einer Schusswaffe zum öffentlichen Recht zählt. Schon daher kann, wenn der Polizeibeamte von der Schusswaffe Gebrauch macht, nicht zwischen Privatrecht und öffentlichem Recht getrennt werden. Es ist kaum vorstellbar, wie ein Beamter in rasch wechselnd gefährlicher Lage ständig zwischen hoheitlichem Handeln und dem Handeln als Privatperson hin und her schwanken soll. Polizeiliches Handeln zur Verbrechensverhinderung muss daher stets hoheitliches Handeln bleiben.

e) Einen weiteren Ansatz vertritt die **gemischt öffentlich-rechtlich/strafrechtliche Theorie**[907]. Hiernach erweitern die allgemeinen Rechtfertigungsgründe zwar die öffentlich-rechtlichen Eingriffsbefugnisse nicht und stellen insoweit keine Ermächtigungsgrundlagen für hoheitliches Handeln dar. Die öffentlich-rechtlichen Eingriffskompetenzen beschränken aber im Gegenzug auch nicht die strafrechtli-

---

906 *Kinnen*, MDR 1974, 631; *Rupprecht*, JZ 1973, 263 (264 f.); *Zuck*, MDR 1988, 920 (922).
907 *Beaucamp*, JA 2003, 402 (404); *Beisel*, JA 1998, 721 (722 f.); *Böse/Kappelmann*, ZJS 2008, 290 (295 f.); *Ellbogen*, JURA 2005, 339 (341); *Erb*, JURA 2005, 24 (29); *Frister*, 16. Kap. Rn. 38; *Hoven*, ZIS 2021, 115 (120 f.); *Jerouschek*, JuS 2005, 296 (302); *Jeßberger*, JURA 2003, 711 (713 Fn. 7); *Kirchhof*, JuS 1979, 428 (429); *Klose*, ZStW 89 (1977), 61 (78); *Lackner/Kühl*, § 32 Rn. 17; *Lange*, MDR 1977, 10 (11 ff.); MüKo-*Erb*, 4. Aufl., § 32 Rn. 189; NK-*Herzog*, 3. Aufl., § 32 Rn. 58, 84 ff.; *Otto*, § 8 Rn. 57 f.; *Riegel*, NVwZ 1985, 639 (640); *Reinhardt*, ZJS 2013, 493 (496); *Rogall*, JuS 1992, 551 (558); *Schmidhäuser*, SB, 6/72; *Seebode*, StV 1991, 80 (85); SK-*Hoyer*, § 32 Rn. 103, § 34 Rn. 97.

chen Rechtfertigungsgründe. Eine strafrechtliche Haftung des Amtsträgers könne somit bei Vorliegen eines allgemeinen Rechtfertigungsgrundes ausscheiden, obwohl sie öffentlich-rechtlich als rechtswidrig anzusehen sei. Denn das Strafrecht erfasse als ultima ratio lediglich besonders sozialschädliche Verhaltensweisen. Ein ausschließlich auf Notwehr gestütztes Verhalten, wie im genannten Fall Pauls Faustschlag, wäre hiernach zwar strafrechtlich, nicht aber polizeirechtlich gerechtfertigt. Nur auf diese Weise billige man dem Polizeibeamten das natürliche Recht zur Selbstverteidigung zu, ohne dabei die vorhandenen Regelungen des Landesrechts zu ignorieren. Handle der Polizeibeamte also den landesrechtlichen Regelungen zuwider, weil er sich in einer Notwehrsituation befindet, so wird er dadurch nicht zum Straftäter, kann aber disziplinarrechtlich verfolgt werden. Hiergegen spricht jedoch, dass es unglaubwürdig wirkt, wenn ein Verhalten strafrechtlich gerechtfertigt sein soll, disziplinarrechtlich jedoch geahndet werden kann. Ein solches Auseinanderfallen der Rechtswidrigkeitsbeurteilung wäre mit der Einheit der Rechtsordnung kaum zu vereinbaren.

§ 15 Rechtfertigender Notstand, § 34 StGB

Einführende Aufsätze: *Bergmann,* Die Grundstruktur des rechtfertigenden Notstandes (§ 34 StGB), JuS 1989, 109; *Erb,* Der rechtfertigende Notstand, JuS 2010, 17, 108; *Kretschmer,* Der Begriff der Gefahr in § 34 StGB, JURA 2005, 662; *Küper,* Tötungsverbot und Lebensnotstand, JuS 1981, 785; *ders.,* Grundsatzfragen der „Differenzierung" zwischen Rechtfertigung und Entschuldigung, JuS 1987, 81; *Nestler,* Rechtfertigende Notstände – Grundlagen und notstandsfähige Interessen, JURA 2019, 153; *Otto,* Gegenwärtiger Angriff (§ 32 StGB) und gegenwärtige Gefahr (§§ 34, 35, 249, 255 StGB), JURA 1999, 552; *Schroeder,* Notstandslage bei Dauergefahr, JuS 1980, 336.

Zur Vertiefung: *Engländer,* Die Rechtfertigung des rechtfertigenden Aggressivnotstands, GA 2017, 242.

Übungsfälle: *Geerds,* Das Ende des Tyrannen, JURA 1992, 321; *Weber,* Das Urteil, JURA 1984, 367.

Rechtsprechung: RGSt 61, 242 – Schwangerschaftsabbruch (übergesetzlicher Notstand); **BGHSt 2, 111** – Schwangerschaftsabbruch (übergesetzlicher Notstand); **BGHSt 5, 371** – Meineid (Nötigungsnotstand); **BGHSt 12, 299** – Musikakademie (übergesetzlicher Notstand); **BGHSt 14, 1** – Schwangerschaftsabbruch (übergesetzlicher Notstand); **BGHSt 27, 260** – Kontaktsperre (Rechtsgüterabwägung); **BGHSt 48, 255** – Familientyrann (Dauergefahr und andere Abwendbarkeit); **BGHSt 61, 202** – Sarkoidose (mangelnde Erforderlichkeit bei staatlich vorgesehenem Verfahren); **BGH NJW 1979, 2053** – Spanner (Dauergefahr).

I. Grundlagen[908]

401 Zusammen mit der Notwehr, § 32 StGB, stellt der rechtfertigende Notstand die zweite gesetzliche Regelung eines Rechtfertigungsgrundes im StGB dar. Für die rechtliche Einordnung der Vorschrift besonders wichtig ist dabei als erstes die Feststellung, dass das Gesetz in § 34 StGB und § 35 StGB zwei unterschiedliche Fälle des Notstandes kennt: Während **§ 34 StGB**, der rechtfertigende Notstand, einen Rechtfertigungsgrund normiert (der auf Rechtfertigungsebene zu prüfen ist), handelt es sich bei **§ 35 StGB**, dem entschuldigenden Notstand, um einen Entschuldigungsgrund (der auf Schuldebene geprüft werden muss). Die beiden

---

[908] Vgl. zur Einführung auch *Küper,* JuS 1987, 81; *Nestler,* JURA 2019, 153.

Vorschriften sind zwar ähnlich konstruiert, unterscheiden sich jedoch wesentlich voneinander. Insbesondere im Rahmen der zu schützenden Rechtsgüter sowie der **Güterabwägung** sind hier völlig andere Überlegungen anzustellen. Mit Recht, denn § 34 StGB beseitigt als Rechtfertigungsgrund bereits **das Unrecht der Tat**, während § 35 StGB als Entschuldigungsgrund „lediglich" die Schuld ausschließt (mit den entsprechenden Folgen: Gegen ein gerechtfertigtes Verhalten kann keine Notwehr geübt werden, Anstiftung und Beihilfe sind nicht möglich – ist hingegen lediglich die **Schuld** ausgeschlossen, ist Notwehr prinzipiell möglich, und auch eine Teilnahme ist denkbar).

Es wurde bereits ausgeführt, dass § 34 StGB im Gefüge der sonstigen Rechtfertigungsgründe lediglich eine Auffangfunktion besitzt[909]. Ist ein spezieller Rechtfertigungsgrund anwendbar, geht dieser vor. Liegt also ein gegenwärtiger rechtswidriger Angriff vor, kommt § 32 StGB zur Anwendung, wird eine Sache weggenommen, beeinträchtigt oder zerstört, können die zivilrechtlichen Rechtfertigungsgründe (§§ 228, 904 BGB etc.) eingreifen. Ist das Opfer mit der Rechtsgutsverletzung einverstanden, ist die Tat infolge einer Einwilligung oder mutmaßlichen Einwilligung gerechtfertigt. Ist insoweit der Anwendungsbereich eines anderen Rechtfertigungsgrundes betroffen, scheitert dieser aber an speziellen Erfordernissen (z. B. der Gebotenheit bei vorliegender Notwehrlage) ist auch für § 34 StGB kein Raum[910]. Insofern bleiben für § 34 StGB nicht mehr sehr viele Fälle übrig[911]. **402**

Daher hielt man eine gesetzliche Regelung des rechtfertigenden Notstandes bis zum Jahre 1975 für überflüssig. Für die wenigen Fälle, die in diesem Bereich angesiedelt waren, wurde das Rechtsinstitut des **übergesetzlichen Notstandes** entwickelt, der gesetzlich nicht fixiert war, aber als ungeschriebener Rechtfertigungsgrund gewohnheitsrechtliche Geltung hatte[912]. Entwickelt wurde er aus dem allgemeinen Prinzip der Güter- und Pflichtenabwägung, die auch im Strafrecht Geltung beansprucht[913]. Dabei beruht der rechtfertigende Notstand auf dem Prinzip des überwiegenden Interesses: Der Eingriff in fremde Rechtsgüter ist ausnahmsweise dann erlaubt, wenn hierdurch ein (noch) größerer Schaden verhindert werden kann[914]. Dabei sind zwei unterschiedliche Formen denkbar: Beim **aggressiven Notstand** greift der Täter in Rechtsgüter bisher unbeteiligter Dritter ein, beim **defensiven Notstand** hingegen geht die Gefahr gerade von dem später **403**

---

909 Vgl. hierzu oben Rn. 332.
910 Vgl. hierzu – im Hinblick auf § 127 StPO – den Übungsfall bei *Otto*, JURA 2008, 954 (956).
911 Vgl. zu den typischen Anwendungsfällen noch unten Rn. 434 ff.
912 BGHSt 2, 111; BGHSt 12, 299; BGHSt 14, 1.
913 Praktische Bedeutung erlangte dieses Rechtsinstitut vor allem für Fälle des Schwangerschaftsabbruches, der früher durchweg verboten war. Im Falle der Gefährdung des Lebens der Mutter (heute: medizinische Indikation, § 218a Abs. 2 StGB) hielt man einen Abbruch der Schwangerschaft aufgrund einer Güterabwägung dennoch für zulässig; vgl. RGSt 61, 242; BGHSt 2, 111 (114); BGHSt 14, 1.
914 Abweichend *Engländer*, GA 2010, 15 (20 f.); *ders.*, GA 2017, 242 (247 ff.): Grundlage des § 34 StGB sei nicht der Grundsatz der Güter- und Interessenabwägung, sondern die Norm stelle eine „versicherungsgleiche Regelung auf Gegenseitigkeit" dar; vgl. auch *Frisch*, Puppe-FS 2011, S. 425 (438 f.); *Nestler*, JURA 2019, 153 (157).

verletzten Objekt aus. Dieser Umstand ist bei der jeweiligen Interessenabwägung zu berücksichtigen[915].

II. Prüfungsschema[916]

404 Wie auch bei der Notwehr, § 32 StGB, ist beim rechtfertigenden Notstand eine dreistufige Prüfung vorzunehmen:
1. **Vorliegen einer Rechtfertigungssituation (Notstandslage)**
   a) Gefahr (für ein beliebiges Rechtsgut)
   b) Gegenwärtigkeit der Gefahr
   c) Rechtswidrigkeit der Gefahr
2. **Rechtmäßigkeit der Notstandshandlung**
   a) Geeignetheit
   b) Erforderlichkeit (die Gefahr darf nicht anders abwendbar sein)
   c) Interessenabwägung
   d) Angemessenheit (§ 34 Satz 2 StGB)
3. **Gefahrabwendungswille (subjektives Rechtfertigungselement)**
   a) Kenntnis der Notstandslage
   b) Wissen, dass die Handlung der Gefahrabwendung dient
   c) Handeln, um die Gefahr abzuwenden (Motivation)

1. Vorliegen einer Rechtfertigungssituation (Notstandslage)

405 **a) Gefahr.** Unter einer **Gefahr** versteht man einen Zustand, bei dem aufgrund tatsächlicher Umstände die Wahrscheinlichkeit des Eintritts eines schädigenden Ereignisses besteht[917]. Es muss also eine Rechtsgutsverletzung drohen. Dabei ist der notwendige Grad der Wahrscheinlichkeit des Schadenseintritts im Einzelnen umstritten. Einigkeit besteht lediglich darin, dass es sich nicht nur um eine ganz entfernt liegende Möglichkeit des Schadenseintritts handeln darf[918]. Darüber hinaus sind keine hohen Anforderungen zu stellen. Vielmehr können die Fälle geringer Wahrscheinlichkeit regelmäßig über die weiteren Prüfungspunkte der Erforderlichkeit und der Interessenabwägung einer sinnvollen Lösung zugeführt werden[919].

---

915 Deutlich wird dies bei einem Vergleich von § 228 BGB (defensiver Notstand) und § 904 BGB (aggressiver Notstand), die – jeweils als spezielle Ausprägungen des rechtfertigenden Notstandes bei der Verletzung fremden Eigentums – unterschiedliche Güterabwägungskriterien enthalten; vgl. hierzu noch unten Rn. 482 ff., 489 ff.; vgl. auch *Engländer*, GA 2017, 242 (253), der das Verhältnis von Aggressiv- und Defensivnotstand anders bestimmt.
916 Vgl. auch (mit diversen Abweichungen in der Bezeichnung) *Kindhäuser/Zimmermann*, § 17 Rn. 53; *Kühl*, § 8 Rn. 14 ff.; *Rengier*, § 19 Rn. 6; vgl. ferner unten Rn. 1483.
917 BGHSt 13, 66 (69 f.); BGHSt 18, 271 (272); BGHSt 26, 176 (179); BGHSt 48, 255 (258); BGHSt 61, 202 (202 f.); vgl. hierzu auch die Definition in RGSt 66, 222 (225); ferner bei *Jescheck/Weigend*, § 26 II 2; *Kretschmer*, JURA 2005, 662; *Kühl*, § 8 Rn. 38; *Lackner/Kühl*, § 34 Rn. 2; LK-*Hirsch*, 11. Aufl., § 34 Rn. 26; *Mengler*, JR 2019, 223; MüKo-*Erb*, 4. Aufl., § 34 Rn. 74; *Nestler*, JURA 2019, 153 (156); *Rengier*, § 19 Rn. 9; *Schönke/Schröder-Perron*, § 34 Rn. 12; SK-*Hoyer*, § 34 Rn. 13.
918 Vgl. zu dieser Frage auch BGHSt 18, 271 (272); *Bergmann*, JuS 1989, 109 (110); *Kühl*, § 8 Rn. 40; LK-*Zieschang*, 12. Aufl., § 34 Rn. 32; *Mengler*, JR 2019, 223 (226 f.); *Roxin/Greco*, AT I, § 16 Rn. 14; *Schönke/Schröder-Perron*, § 34 Rn. 15.
919 So auch *Mengler*, JR 2019, 223 (227); teilweise wird der Grad der erforderlichen Gefahr an der Bedeutung des jeweiligen Rechtsguts ausgerichtet; so *Kühl*, § 8 Rn. 41; Müko-*Erb*, 3. Aufl., § 34 Rn. 71; NK-*Neumann*, § 34 Rn. 39; a. M. LK-*Zieschang*, 12. Aufl., § 34 Rn. 34; vgl. auch die Übungsfälle bei *Schlehofer*, JURA 1989, 263 (265); *Seier*, JuS 1986, 217 (219).

Ob eine solche Gefahr vorliegt, ist nicht aus der Sicht des Handelnden, sondern **406** aus der **Sicht eines objektiven Dritten** in der jeweils konkreten Situation zu beurteilen. Hieraus lassen sich mehrere Folgerungen ableiten[920]:

- Es ist nicht darauf abzustellen, ob die Gefahr tatsächlich vorlag, sondern darauf, ob sie aus der Sicht eines objektiven Dritten zum Tatzeitpunkt gegeben war. Insofern stellt der Begriff der Gefahr (im Gegensatz zum „Angriff" bei der Notwehr) immer eine **Prognose** dar[921].
- Die Beurteilung erfolgt daher ex-ante, d. h. aufgrund der zum Handlungszeitpunkt vorliegenden Kenntnisse[922]. Es erfolgt also keine Beurteilung ex-post unter Berücksichtigung später gewonnener Kenntnisse des tatsächlichen Handlungsverlaufes. Denn eine Gefahr kann in einen Schaden umschlagen, muss dies aber nicht. Liegt insoweit nach einer objektiv zu beurteilenden ex-ante-Prognose eine Gefahr vor, die sich später als ungefährlich herausstellt, spricht man von einer „Anscheinsgefahr", die im Rahmen des § 34 StGB ausreicht.
- Wird auf die Sicht eines objektiven Dritten und nicht auf die Sicht des Handelnden abgestellt, so liegt dann, wenn der Handelnde die Situation verkennt (und insoweit lediglich eine „Scheingefahr" vorliegt), kein Fall des § 34 StGB, sondern ein Irrtum über das Vorliegen einer Notstandslage und daher ein Erlaubnistatbestandsirrtum vor[923].
- Allerdings ist eine Ausnahme für den Fall zu machen, dass der Handelnde ein spezielles Sonderwissen besitzt, welches ihn von einem objektiven Dritten abhebt. Dieses Sonderwissen ist zu berücksichtigen[924].

Dem drohenden Schaden steht dabei die Intensivierung eines bereits eingetretenen Schadens gleich[925]. **407**

Bsp.[926]: Anton wurde bei einem Bootsunfall schwer verletzt. Bruno hat ihn gerettet und bereits den Krankenwagen alarmiert. Bis dieser den Unfallort erreicht, möchte Bruno den Anton im kühlen Hauszelt des Hans lagern, da durch den Aufenthalt in der prallen Sonne weitere gesundheitliche Schäden Antons zu befürchten sind. Hans weigert sich jedoch, Anton ins Zelt zu lassen. Daraufhin bindet Bruno den schimpfenden Hans an einem Baum fest und legt Anton ins Zelt. – Geht man davon aus, dass das Zelt des Hans die einzige Möglichkeit bot, einen kühlen Aufenthalt Antons zu gewährleisten, ist die Freiheitsberaubung, § 239 StGB, und Nötigung, § 240 StGB, des

---

920 Vgl. auch BayObLG StV 1986, 484 (485); BayObLG NJW 2000, 888; *Herzberg*, JA 1989, 243 (249 f.); *Kühl*, § 8 Rn. 43 ff.; *Roxin/Greco*, AT I, § 16 Rn. 15 ff.; *Rudolphi*, Armin-Kaufmann-GS 1989, S. 371 (381 ff.); ferner die Übungsfälle bei *Berster*, JuS 2018, 350 (351 f.); *Dannecker/Schröder*, JuS 2020, 860 (866 f.); *Dornseifer*, JuS 1982, 761 (763 f.); *Jänike*, JuS 2016, 1099 (1105); *Küper*, JURA 1983, 206 (214 Fn. 63); *Nestler*, JURA 2019, 153 (156); *Schlehofer*, JURA 1989, 263 (265); *Seier*, JuS 1986, 217 (218 ff.); *Seier/Hembach*, JuS 2014, 35 (36, 39); *Steinberg/Epe*, ZJS 2016, 370 (371); *Steinberg/Wolf/Füllsack*, ZJS 2016, 484 (485); *Weber*, JURA 1984, 367 (369 f.).
921 BWME-*Mitsch*, § 15 Rn. 71; *Armin Kaufmann*, Welzel-FS 1974, S. 393 (400 ff.); *Kretschmer*, JURA 2005, 662 (663); *Kindhäuser/Zimmermann*, § 17 Rn. 16; *Kühl*, § 8 Rn. 43; § 18 Rn. 45; *Rengier*, § 19 Rn. 9; *Roxin/Greco*, AT I, § 16 Rn. 15 ff.; *Wessels/Beulke/Satzger*, Rn. 462.
922 *Jakobs*, 13/13; *Jescheck/Weigend*, § 33 IV 3a; *Kretschmer*, JURA 2005, 662 (663); *Kühl*, § 8 Rn. 43; *Mengler*, JR 2019, 223 (224); *Roxin/Greco*, AT I, § 16 Rn. 15; differenzierend allerdings LK-*Hirsch*, 11. Aufl., § 34 Rn. 26 f.; NK-*Neumann*, § 34 Rn. 50; *Otto*, § 8 Rn. 166; *Schönke/Schröder-Perron*, § 34 Rn. 13; vgl. zum Ganzen ausführlich *Nippert/Tinkl*, JuS 2002, 964 (965 ff.); ferner die Übungsfälle bei *Fahl*, JURA 2013, 967 (972); *Marinitsch*, JA 2019, 906 (908); *Steinberg/Epe*, ZJS 2016, 370 (371); *Walter/Michler*, JURA 2021, 844 (845).
923 Vgl. zum Erlaubnistatbestandsirrtum noch unten Rn. 1123 ff.
924 Vgl. hierzu auch *Jakobs*, 13/13; *Kretschmer*, JURA 2005, 662 (664); LK-*Hirsch*, 11. Aufl., § 34 Rn. 29; NK-*Neumann*, § 34 Rn. 44; für einen noch strengeren Bewertungsmaßstab (Einschätzung der Situation durch eine Person mit idealem, allumfassenden Fachwissen) *Mengler*, JR 2019, 223 (225).
925 BWME-*Mitsch*, § 15, Rn. 70; *Kindhäuser/Zimmermann*, § 17 Rn. 16; *Kühl*, § 8 Rn. 42; *Wessels/Beulke/Satzger*, Rn. 461.
926 Vgl. zu einem ähnlichen Beispiel bereits oben Rn. 343.

Hans durch Bruno nach § 34 StGB gerechtfertigt, da eine Verschlimmerung von Antons Situation zu befürchten war.

408 Die Gefahr kann dabei auf einem **menschlichen Verhalten** beruhen, muss dies aber nicht[927]. Sofern die Gefahr auf einem menschlichen Verhalten beruht, wird allerdings zumeist ein „Angriff" vorliegen, der bereits eine Notwehrsituation auslöst. Dies ist aber nicht immer der Fall[928].

> **Bsp.**: Anton verfolgt Bruno und will diesen umbringen. Bruno kann sich nur noch dadurch retten, dass er in Rudis Haus einsteigt und sich hierin verbirgt. – Hier lag ein Angriff Antons vor, der Bruno jedoch nicht dazu berechtigte, in Notwehr fremde Rechtsgüter (hier: Rudis Hausrecht) zu beeinträchtigen[929]. Eine Rechtfertigung ergibt sich aber nach § 34 StGB[930].

409 Eine **Gefahr** kann auch dann vorliegen, wenn der Zustand vom Inhaber des betroffenen Rechtsguts selbst verschuldet wurde[931]. Sie scheidet jedoch mangels **Schutzbedürftigkeit** des Rechtsguts aus, wenn der Inhaber des Rechtsguts dieses in zulässiger Weise preisgegeben hat oder sich nicht helfen lassen will[932].

> **Bsp. (1)**: Anton lässt seinen teuren Kaschmirmantel in seinem Vorgarten im Regen hängen, damit dieser „etwas zerlebt" aussieht. Bruno weiß dies, ihm blutet aber dennoch das Herz. Beim nächsten Wolkenbruch dringt er in Antons Garten ein und „rettet" den Mantel. – Hier liegt ein Hausfriedensbruch, § 123 StGB, vor, der weder durch eine (mutmaßliche) Einwilligung noch durch § 34 StGB gerechtfertigt ist. Zwar lag eine Gefahr für den teuren Mantel vor, es entfiel aber die Schutzbedürftigkeit, da der Eigentümer das Rechtsgut bewusst preisgegeben hatte.

> **Bsp. (2)**: Patient Paul ist lebensgefährlich erkrankt und bedarf dringender Hilfe. Er äußert gegenüber seiner Ehefrau Elsa jedoch den Wunsch, sterben zu wollen. Gegen seinen Willen ruft diese jedoch den Hausarzt Armin an und schildert diesem sämtliche Umstände. Obwohl Armin weiß, dass Paul keine Hilfe annehmen will, setzt er sich ins Auto und fährt rasch zu ihm. Allerdings hatte Armin zuvor kräftig gefeiert und weist eine Blutalkoholkonzentration von 2,0 ‰ auf. – An sich wäre Armins Trunkenheitsfahrt, § 316 StGB, nach § 34 StGB gerechtfertigt, sofern Pauls Tod nicht anders (etwa durch Herbeirufen eines Krankenwagens) abwendbar war. Denn Pauls Leben überwiegt hier das Rechtsgut der Sicherheit des Straßenverkehrs wesentlich[933]. Da Paul jedoch jede Hilfe ablehnte, lag bereits keine Notstandslage vor, eine Rechtfertigung Armins scheidet also aus.

410 Als **zu schützende Rechtsgüter** werden in § 34 StGB ausdrücklich Leben, Leib, Freiheit, Ehre und Eigentum aufgezählt. Darüber hinaus nennt § 34 StGB jedoch auch noch jedes „andere Rechtsgut", ist also hinsichtlich der aufgeführten Rechtsgüter nicht abschließend. Da der Gesetzeswortlaut insoweit keine Beschränkung auf zu schützende Individualrechtsgüter enthält, kommen hier auch die – von der

---

[927] Vgl. zur Frage, ob „Lärm" (durch Hundegebell) eine Gefahr darstellen kann den Übungsfall bei *Schöpe*, JuS 2017, 44 (49).
[928] Vgl. hierzu ausführlich *Gropengießer*, JURA 2000, 262 (266 f.); enger allerdings *Bohnert*, JURA 1999, 533.
[929] Vgl. oben Rn. 339.
[930] Vgl. zu ähnlichen Konstellationen *Krey*, JURA 1979, 316 (318 ff.); *Küper*, JURA 1983, 206 (213 f.).
[931] Vgl. *Kühl*, § 8 Rn. 61; NK-*Neumann*, § 34 Rn. 93; a. M. *Engländer*, GA 2017, 242 (253), der § 34 StGB auf eine „intrapersonale Interessenkollision" nicht anwenden will.
[932] *Mitsch*, ZJS 2012, 38 (39); *Rengier*, § 23 Rn. 5; *Wessels/Beulke/Satzger*, Rn. 460; zweifelnd *Kühl*, § 8 Rn. 32; zur aufgedrängten Not(stands)hilfe vgl. auch den Übungsfall bei *Kreß/Mülfarth*, JA 2011, 269 (274 f.).
[933] Zu einer solchen Konstellation vgl. die Übungsfälle bei *Dannecker/Schröder*, JuS 2020, 860 (867); *Seier/Hembach*, JuS 2014, 35 (38).

Notwehr nicht erfassten – Allgemeinrechtsgüter in Frage[934]. Selbst eine Beschränkung auf durch das Strafrecht geschützte Rechtsgüter findet nicht statt, sodass z. B. auch eine Gefahr für das allgemeine Persönlichkeitsrecht eine Notstandslage begründen kann[935]. Allerdings ist in diesen Fällen die Erforderlichkeit der Maßnahme besonders sorgfältig zu prüfen, da der Schutz von Rechtsgütern der Allgemeinheit vorrangig eine staatliche Aufgabe darstellt und der Einzelne insoweit nur im Ausnahmefall tätig werden kann.

Bsp.[936]: Der volltrunkene Anton steht vor seinem Auto und versucht mehrmals, mit dem Schlüssel das Türschloss zu treffen. Als Bruno vorbeikommt und ihn fragt, was er denn vorhabe, lallt Anton zurück: „Heimfahren natürlich". Da Bruno befürchtet, Anton könne dies tatsächlich tun und die Polizei so schnell nicht erreichbar ist, nimmt er Anton unter Gewaltanwendung den Schlüssel ab und teilt ihm mit, er würde den Schlüssel morgen früh in seinem Briefkasten wiederfinden. Dadurch wird Anton genötigt, nach Hause zu laufen. – Die hier vorliegende Körperverletzung bzw. Nötigung ist nach § 34 StGB gerechtfertigt. Bruno „verteidigte" hier die Sicherheit und Zuverlässigkeit des Straßenverkehrs als Schutzgut der §§ 315c, 316 StGB. Obwohl im vorliegenden Fall ein Allgemeinrechtsgut betroffen war, ist eine Rechtfertigung über § 34 StGB möglich[937].

Auch im Rahmen des § 34 StGB ist es gleichgültig, ob der Täter eine Gefahr von sich oder einem anderen abwehren will. Denn § 34 StGB erwähnt ausdrücklich auch die **Notstandshilfe** (= um die Gefahr von sich *„oder einem anderen"* abzuwenden)[938]. **411**

b) Gegenwärtigkeit der Gefahr. Wie bei der Notwehr, so fordert auch § 34 StGB das „gegenwärtige" Vorliegen einer Gefahr. Unter Gegenwärtigkeit versteht man hier einen Zustand, dessen Weiterentwicklung den Eintritt oder die Intensivierung eines Schadens **ernstlich befürchten** lässt, sofern nicht alsbald Abwehrmaßnah- **412**

---

934 RGSt 62, 35 (46 f.); BGH NStZ 1988, 558 (559); OLG Düsseldorf NJW 2006, 630; OLG Frankfurt NStZ-RR 1996, 136; OLG Koblenz NJW 1963, 1991; *Erb*, JuS 2010, 108; *Fahl*, ZJS 2009, 63 (66); *Jakobs*, 13/10; *Jescheck/Weigend*, § 33 IV 2a; *Kindhäuser/Zimmermann*, § 17 Rn. 17; *Krey/Esser*, Rn. 588; *Kühl*, § 8 Rn. 21; *Lackner/Kühl*, § 34 Rn. 4; LK-*Zieschang*, 13. Aufl., § 34 Rn. 48 ff.; MüKo-*Erb*, 4. Aufl., § 34 Rn. 72; *Nestler*, JURA 2020, 695 (697); *Reinbacher*, ZIS 2019, 509; *Renzikowski*, Tröndle-GS 2019, S. 355 (361 ff.); *Roxin/Greco*, AT I, § 16 Rn. 13; *Schönke/Schröder-Perron*, § 34 Rn. 10; a. M. *Frister*, 17. Kap. Rn. 2; *Matt/Renzikowski-Engländer*, § 34 Rn. 17; SK-*Hoyer*, § 34 Rn. 9; differenzierend NK-*Neumann*, § 34 Rn. 22 ff.; *Nestler*, JURA 2019, 153 (156); vgl. zum Ausschluss des Notwehrrechts bei Allgemeinrechtsgütern oben Rn. 344.
935 BGH NJW 1979, 2053; ferner OLG Frankfurt NJW 1979, 1172; *Krey/Esser*, Rn. 588; *Kühl*, § 8 Rn. 23; zum Tierschutz als notstandsfähiges Rechtsgut vgl. OLG Naumburg NStZ 2018, 472 (473); LG Magdeburg StV 2018, 335 (336); *Dehne-Niemann/Greisner*, GA 2019, 205 (211 f.); *Felde/Ort*, ZJS 2018, 468 (471 f.); *Renzikowski*, Tröndle-GS 2019, S. 355 (359 ff.); *Ritz*, JuS 2018, 333 (336); *Wolf/Langlitz*, JURA 2019, 417 (421); ablehnend *Fahl*, JA 2019, 161 (164 f.); *Scheuert/Glock*, NStZ 2018, 448 (449); vgl. hierzu die Übungsfälle bei *Lenk/Ritz*, JA 2020, 507 (509 f.); *Marinitsch*, JA 2019, 906 (908); *Rensch/Schwarz/Werres*, ZJS 2021, 370 (372 f.); *Römer*, JURA 2021, 326 (330); vgl. zu den schutzfähigen Rechtsgütern auch die Übungsfälle bei *Dannecker*, JuS 1989, 215 (217); *Eisenberg/Müller*, JuS 1990, 120 (122 f.); *Fabricius*, JuS 1991, 393 (396); *Schöpe*, JuS 2017, 44 (49); *Wickel*, JA 2019, 747 (752 f.).
936 Fall in Anlehnung an OLG Koblenz NJW 1963, 1991.
937 OLG Frankfurt NStZ-RR 1996, 136; *Kühl*, § 8 Rn. 29; *Roxin/Greco*, AT I, § 16 Rn. 13; *Wessels/Beulke/Satzger*, Rn. 458.
938 Vgl. hierzu auch *Kühl*, § 8 Rn. 33; *Wessels/Beulke/Satzger*, Rn. 466.

men ergriffen werden[939]. Entscheidend ist dabei die Notwendigkeit, **umgehend** zu handeln, auch wenn der Zeitpunkt der Schädigung noch nicht absehbar ist. Dabei ist festzustellen, dass sich der Begriff der „Gegenwärtigkeit der Gefahr" nicht mit dem Begriff des „gegenwärtigen Angriffs" i. S. des § 32 StGB deckt[940]. Während im Hinblick auf die Gegenwärtigkeit des Angriffs darauf abgestellt wurde, dass der Angriff unmittelbar bevorstehen, gerade stattfinden oder noch andauern muss[941], ist der Begriff der Gegenwärtigkeit der Gefahr weiter und erfasst auch bestimmte Formen von **Vorbereitungshandlungen**[942] und sog. **Dauergefahren**[943]. Auch die bereits angesprochene[944] **notwehrähnliche Lage** fällt hierunter.

> **Bsp. (1):** Anton bastelt im Keller seines Hauses einige „Molotow-Cocktails" und säubert seine Waffen weil er, wie er seiner Ehefrau Berta erzählt, damit „nachher" ein Asylbewerberheim „platt machen" und die fliehenden Personen „abknallen" will. Berta verriegelt die Kellertür und ruft die Polizei. – Die durch das Einsperren begangene Freiheitsberaubung, § 239 StGB, ist durch § 34 StGB gerechtfertigt. Zwar lag noch kein gegenwärtiger Angriff im Sinne des § 32 StGB vor, durch die Vorbereitungshandlungen begründete Anton jedoch eine gegenwärtige Gefahr im Sinne des § 34 StGB.
>
> **Bsp. (2) – Haustyrannenfall**[945]: Anton kommt jeden Abend schwer betrunken nach Hause und prügelt dann regelmäßig seine Ehefrau Berta. Diese weiß sich nur noch dadurch zu helfen, dass sie Anton eines Morgens, als sich dieser in nüchternem und somit „ungefährlichem" Zustand befindet, Gift in den Kaffee schüttet, welches zum Tod Antons führt. – Zur Tatzeit lag kein unmittelbar bevorstehender und somit kein gegenwärtiger Angriff Antons vor. Notwehr, § 32 StGB, scheidet daher aus. Es kommt aber das Vorliegen einer Dauergefahr in Betracht.

413 Unter einer **Dauergefahr** versteht man einen gefahrdrohenden Zustand von längerer Dauer, der jederzeit in eine Rechtsgutsbeeinträchtigung umschlagen kann, ohne dass der Zeitpunkt der Rechtsgutsbeeinträchtigung jedoch konkret feststeht[946]. Eine solche Dauergefahr ist dann **gegenwärtig**, wenn der Eintritt einer Rechtsgutsverletzung entweder aktuell droht oder zwar nicht aktuell droht aber jedenfalls so dringend ist, dass die Gefahr jederzeit in einen Schaden umschlagen

---

939 Vgl. RGSt 61, 242 (255); BGHSt 14, 1 (3); BGHSt 61, 202 (203); BGH NStZ 1988, 554; BGH NJW 1989, 1289; *Felde/Ort*, ZJS 2018, 468 (472); *Krey/Esser*, Rn. 589; *Nestler*, JA 2013, 153 (156); *Otto*, JURA 1999, 552; *Rengier*, § 19 Rn. 12; *Rotsch*, JuS 2005, 12 (15); *Wessels/Beulke/Satzger*, Rn. 461; vgl. auch BGHSt 48, 255 (259); vgl. ferner die Übungsfälle bei *Radde*, JA 2016, 818 (820); *Theile*, JURA 2007, 463 (466).
940 Vgl. BGHSt 39, 133 (136 f.); so auch *Erb*, JuS 2010, 108 (109); *Kindhäuser/Zimmermann*, § 17 Rn. 20; *Kühl*, § 8 Rn. 62; *Kudlich*, JA 2014, 587 (589); LK-*Zieschang*, 13. Aufl., § 34 Rn. 69; NK-*Neumann*, § 34 Rn. 56; *Otto*, § 8 Rn. 169; *Roxin/Greco*, AT I, § 16 Rn. 20.
941 Vgl. oben Rn. 345 ff.
942 BGHSt 39, 133 (137); vgl. auch *Erb*, JuS 2010, 108 (109); *Kindhäuser/Zimmermann*, § 17 Rn. 20.
943 BGHSt 48, 255 (258); OLG Naumburg NStZ 2018, 472 (473); vgl. bereits RGSt 59, 69; RGSt 60, 318; RGSt 66, 98 (100); BGHSt 5, 371 (373); BGH NJW 1979, 2053 (2054); ferner *Felde/Ort*, ZJS 2018, 468 (472).
944 Vgl. oben Rn. 349.
945 Vgl. aus der Rechtsprechung RGSt 60, 318; BGHSt 48, 255; BGH NJW 1966, 1823; BGH JZ 1983, 966; BGH NStZ 1984, 20; BGH NStZ 2005, 154; hierzu *Adomeit/Beckemper*, JA 2005, 35; *Haverkamp*, GA 2006, 586; *Hillenkamp*, JZ 2004, 48; *Kargl*, JURA 2004, 189; *Rengier*, NStZ 2004, 233; *Rotsch*, JuS 2005, 12; ferner die Übungsfälle bei *Bohnert*, JURA 1999, 533 (533 f.); *Frisch/Murmann*, JuS 1999, 1196 (1197); *Geerds*, JURA 1992, 321; *Haverkamp/Kaspar*, JuS 2006, 895; vgl. auch *Jäger*, Rn. 138 f.
946 Vgl. hierzu BGHSt 5, 371 (373); BGHSt 48, 255 (258); BGH NJW 1979, 2053 (2054); *Kühl*, § 8 Rn. 65; ferner die Übungsfälle bei *Arzt*, JuS 1982, 449 (451); *Eisenberg/Müller*, JuS 1990, 120 (122 f.); *Frisch/Murmann*, JuS 1999, 1196 (1197); *Geerds*, JURA 1992, 321 (322); *Haft/Eisele*, JURA 2000, 313 (314 f.); *B. Heinrich/Reinbacher*, JA 2007, 264 (269); *Krey*, JURA 1979, 316 (318); *Merkel*, ZJS 2011, 376 (379); *Müller*, JURA 2005, 635 (641); *Weber*, JURA 1984, 367 (370).

und nur durch unverzügliches Handeln wirksam abgewendet werden kann[947]. Mit anderen Worten: Die Gefahr einer Rechtsgutsverletzung muss „ständig in der Luft hängen", auch wenn die Möglichkeit offen bleibt, dass der Schadenseintritt noch einige Zeit auf sich warten lässt[948]. Zu nennen sind hier insbesondere die angesprochenen Haustyrannenfälle. Zu denken ist aber auch an die Gefahr, die von einem baufälligen Gebäude ausgeht, welches beim nächsten Sturm einzustürzen droht, selbst wenn es zur Tatzeit windstill ist[949].

c) Rechtswidrigkeit der Gefahr. Die Gefahr muss zudem rechtswidrig sein. Dies ergibt sich im Gegensatz zu § 32 StGB zwar nicht aus dem Gesetz, ist aber aus allgemeinen Erwägungen heraus zu fordern. Wie beim Notwehrrecht auch, darf eine Notstandshandlung dann nicht vorgenommen werden, wenn eine Verpflichtung dazu besteht, die Gefahr oder die Verletzung von Rechtsgütern hinzunehmen[950]. **414**

> **Bsp.:** Anton ist zu Unrecht zu einer Freiheitsstrafe von drei Jahren verurteilt worden. Er wird in die Vollzugsanstalt verbracht, in der er diese Strafe absitzen muss. Bei der nächsten Gelegenheit schlägt Anton einen Wärter nieder und flieht. – Anton ist hier wegen Körperverletzung, § 223 StGB, zu bestrafen. Eine Rechtfertigung nach § 34 StGB scheidet aus. Zwar ist in der (zu Unrecht erfolgten) Verurteilung zu einer Freiheitsstrafe eine Gefahr für das Rechtsgut der Freiheit zu sehen, diese Gefahr ist jedoch nicht „rechtswidrig", da man verpflichtet ist, auch rechtswidrige Urteile „hinzunehmen"[951].

2. Rechtmäßigkeit der Notstandshandlung

Liegt eine Notstandslage vor, dann ist weiter zu prüfen, ob der Täter auch so handeln durfte, wie er tatsächlich gehandelt hat. Zu prüfen ist also die Rechtmäßigkeit der Notstandshandlung im konkreten Fall. Hierbei sind vier Prüfungspunkte zu beachten. **415**

a) Geeignetheit. Wie bei der Notwehr[952], so muss auch beim rechtfertigenden Notstand die Handlung zur Abwendung der Gefahr geeignet sein[953]. Wiederum beurteilt sich die Tauglichkeit der Maßnahme für die Erfolgsabwendung ex-ante[954]. Dabei sind Handlungen, die nur eine ganz fernliegende Rettungschance bieten, zur Gefahrenabwehr ungeeignet[955]. Allerdings schließt das bloße Scheitern **416**

---

947 BGHSt 5, 371 (373); BGHSt 48, 255 (259); BGH NJW 1979, 2053 (2054); *Kühl*, § 8 Rn. 68; *Roxin/Greco*, AT I, § 16 Rn. 21 f.; *Schönke/Schröder-Perron*, § 34 Rn. 17; SSW-*Rosenau*, § 34 Rn. 12; *Weiss*, JURA 2021, 1387 (1390).
948 BGHSt 5, 371 (373); BGHSt 48, 255 (259); BGH NJW 1979, 2053 (2054).
949 BGHSt 5, 371 (373).
950 Vgl. hierzu auch (zur vergleichbaren Problematik bei § 904 BGB) den Übungsfall bei *Schöpe*, JuS 2017, 44 (49).
951 So auch im Ergebnis *Schönke/Schröder-Eser*, § 120 Rn. 16 (kein rechtswidriger Angriff); vgl. aber auch *Kühl*, § 7 Rn. 122, § 8 Rn. 32; LK-*Hirsch*, 11. Aufl., § 34 Rn. 24, 39; *Roxin/Greco*, AT I, § 16 Rn. 54, die hier nicht die Notstandslage verneinen, sondern eine Duldungspflicht als Faktor der Interessenabwägung als gegeben ansehen; zu der Problematik auch die Übungsfälle bei *Britz/Müller-Dietz*, JuS 1998, 237 (239 f.); *Günther/Selzer*, ZJS 2018, 352 (364 f.).
952 Vgl. oben Rn. 354.
953 Wobei auch hier von manchen die Geeignetheit als Teil der Erforderlichkeit angesehen wird; vgl. *Kindhäuser/Zimmermann*, § 17 Rn. 22; *Krey/Esser*, Rn. 595; *Kühl*, § 8 Rn. 78; zur Geeignetheit vgl. auch OLG Naumburg NStZ 2013, 718 (720) sowie die Übungsfälle bei *Lenk/Ritz*, JA 2020, 507 (510); *Theile*, JURA 2007, 463 (466).
954 BWME-*Mitsch*, § 15 Rn. 87; *Kindhäuser/Zimmermann*, § 17 Rn. 23; *Kühl*, § 8 Rn. 79; LK-*Zieschang*, 13. Aufl., § 34 Rn. 90; *Seier/Hembach*, JuS 2014, 35 (38); SSW-*Rosenau*, § 34 Rn. 13; *Wessels/Beulke/Satzger*, Rn. 467.
955 *Kühl*, § 8 Rn. 81 f.; *Roxin/Greco*, AT I, § 16 Rn. 23; *Schönke/Schröder-Perron*, § 34 Rn. 19.

des Gefahrabwendungsversuchs die Geeignetheit nicht aus, wenn aufgrund einer vorherigen Prognose eine Gefahrabwendung nicht ganz unwahrscheinlich war[956].

Bsp.: Bruno wird von Anton verfolgt, der ihn verprügeln will. Auf der Flucht dringt Bruno durch ein Kellerfenster in ein fremdes Haus ein, um sich dort zu verstecken. Wider Erwarten wird er dennoch von Anton entdeckt und verprügelt. – Obwohl Bruno durch das Eindringen in ein fremdes Haus (strafbar nach § 123 StGB) die Gefahr für seine körperliche Integrität letztlich nicht abwenden konnte, waren die Handlungen dennoch grundsätzlich geeignet, der Gefahr entgegenzuwirken. Bruno ist also im Hinblick auf den tatbestandlich vorliegenden Hausfriedensbruch nach § 34 StGB gerechtfertigt.

417 **b) Erforderlichkeit (die Gefahr darf nicht anders abwendbar sein).** Auch im Rahmen des § 34 StGB ist eine Erforderlichkeitsprüfung notwendig, die im Gegensatz zu § 32 StGB häufiger zum Ausschluss dieses Rechtfertigungsgrundes führt. Im Gesetz wird diese Erforderlichkeit dadurch umschrieben, dass die Gefahr „nicht anders abwendbar" sein darf. Der Täter muss also das mildeste Mittel zur Gefahrenabwehr wählen, welches ihm zur Verfügung steht[957].

418 Die Prüfung der Erforderlichkeit ist dabei der im Rahmen des § 34 StGB notwendigen Interessenabwägung vorzuschalten. Erst dann, wenn die Handlung erforderlich war, d. h. das einzige Mittel zur Gefahrenabwehr darstellte, kann als nächster Schritt eine Interessenabwägung stattfinden. Stehen mehrere Mittel zur Wahl, muss der im Notstand Handelnde das schonendste Mittel ergreifen[958].

Bsp.: Anton wird von einem Hund angegriffen und kann diesen nur durch einen Schlag mit einem Schirm abwehren, der dadurch zerbricht. Hat Anton die Wahl, hierzu entweder seinen eigenen Schirm oder denjenigen des neben ihm stehenden Bruno zu verwenden, so muss er sich für seinen eigenen Schirm entscheiden[959].

419 Bei der Beurteilung, ob die Gefahr anders abwendbar ist, muss wiederum eine ex-ante-Sicht eines sachkundigen objektiven Betrachters gewählt werden[960]. Eine Ausnahme hiervon ist nur dann zu machen, wenn der Handelnde ein **Sonderwissen** besitzt.

420 Im Gegensatz zur Notwehr, § 32 StGB, sind bei der Wahl des mildesten Mittels allerdings auch weniger effektive Mittel zu berücksichtigen, sofern diese nicht nur ganz unsichere Erfolgschancen bieten[961]. Auch gelten im Rahmen des § 34 StGB andere Zumutbarkeitserwägungen. Wird dem Angegriffenen im Rahmen der Notwehr z. B. eine „schmähliche Flucht" nicht zugemutet, so muss im Rahmen des § 34 StGB von einer Ausweichmöglichkeit Gebrauch gemacht oder die Polizei

---

956 OLG Karlsruhe NJW 2004, 3645 (3646); OLG Naumburg NStZ 2013, 718 (720); *Erb*, JuS 2010, 108 (109); *Fischer*, § 34 Rn. 10; MüKo-*Erb*, 4. Aufl., § 34 Rn. 110; *Schönke/Schröder-Perron*, § 34 Rn. 19; SSW-*Rosenau*, § 34 Rn. 13; vgl. auch den Übungsfall bei *Seier/Hembach*, JuS 2014, 35 (38).
957 Hierzu BGHSt 2, 242 (245); BGHSt 61, 202 (203 f.); OLG Karlsruhe NJW 2004, 3645 (3646); *Kühl*, § 8 Rn. 86 ff.; vgl. zum mildesten Mittel bei der Notwehr oben Rn. 355 ff.
958 Vgl. hierzu die Übungsfälle bei *Aselmann/Krack*, JURA 1999, 254 (257); *Geerds*, JURA 1992, 321 (322); *Haft/Eisele*, JURA 2000, 313 (325); *Jeßberger/Book*, JuS 2010, 321 (325); *Krey*, JURA 1979, 316 (318 f.); *Rensch/Schwarz/Werres*, ZJS 2021, 370 (372); *Merkel*, ZJS 2011, 376 (379); *Theile*, JURA 2007, 463 (466); *Werner*, JURA 1990, 599 (604).
959 Vgl. hierzu auch *Jakobs*, 13/18; *Kühl*, § 8 Rn. 90; NK-*Neumann*, § 34 Rn. 63.
960 *Kindhäuser/Zimmermann*, § 17 Rn. 23; *Kühl*, § 8 Rn. 79; *Seier/Hembach*, JuS 2014, 35 (36); *Rengier*, § 19 Rn. 21.
961 Hierzu *Kühl*, § 8 Rn. 88; *Roxin/Greco*, AT I, § 16 Rn. 23.

gerufen werden[962]. Der Grund dieser Differenzierung ist darin zu sehen, dass der bei § 32 StGB geltende Grundsatz, dass **das Recht dem Unrecht nicht zu weichen braucht**, im Rahmen des § 34 StGB nicht gilt, da hier regelmäßig kein rechtswidriger Angriff vorliegt.

> **Bsp.:** Nach einem Sturm droht Norberts baufälliges Haus einzustürzen. Es steht zu befürchten, dass dabei Teile in Antons Vorgarten und auf dessen vor Norberts Haus abgestellten roten Ferrari fallen könnten. Anton darf nun Norberts Haus nicht sofort abreißen (lassen), sondern muss zuerst Norbert bzw. die Polizei benachrichtigen. Auch ist es ihm zuzumuten, den wertvollen roten Ferrari kurzzeitig an einer anderen Stelle zu parken.

421 Insbesondere bei den **Haustyrannenfällen**[963] wird eine Rechtfertigung nach § 34 StGB regelmäßig bereits daran scheitern, dass mögliche Verletzungen oder weitere Demütigungen „anders abwendbar" sind als durch die Tötung des „Tyrannen". Denn in aller Regel kann einem Ehegatten hier zugemutet werden, den tobenden, trinkenden und schlagenden Partner anstatt umzubringen doch eher zu verlassen, sich also von diesem zu trennen, zur Polizei zu gehen, die Scheidung einzureichen etc.[964]. Nur in extrem gelagerten Ausnahmefällen wird diese Möglichkeit einer „anderen Abwendbarkeit" scheitern, z.B. wenn der Haustyrann auch nach Trennung und Scheidung die Rechtsgutsverletzungen fortsetzt bzw. fortzusetzen droht bzw. die Polizei nicht willens oder fähig ist, ausreichenden Schutz zu gewährleisten (wobei erneut daran zu erinnern ist, dass im Moment des konkreten Angriffs selbstverständlich das Notwehrrecht des § 32 StGB greift!)[965]. Aber auch wenn dieser Ausnahmefall einmal vorliegt, so wird der rechtfertigende Notstand spätestens bei der abschließend erforderlichen **Interessenabwägung** ausscheiden, weil die körperliche Unversehrtheit des einen Ehegatten das Leben des anderen hier nicht wesentlich überwiegt.

422 c) **Interessenabwägung.** Der wesentliche Gesichtspunkt und das Charakteristikum des früheren übergesetzlichen Notstandes und des heutigen § 34 StGB ist die **Interessenabwägung.** Voraussetzung für eine Rechtfertigung ist es, dass das durch die Gefahr bedrohte Interesse das mit der Handlung beeinträchtigte Interesse **wesentlich überwiegt**. Nach dem Wortlaut des § 34 StGB sind im Rahmen der Abwägung der widerstreitenden Interessen namentlich (d.h. aber nicht: ausschließlich) die **betroffenen Rechtsgüter** und der **Grad der ihnen drohenden Gefahr** zu berücksichtigen.

423 Insofern hat eine umfassende Interessenabwägung stattzufinden, in deren Rahmen **sämtliche schutzwürdigen Interessen** berücksichtigt werden müssen, die im

---

962 AnwKomm-*Hauck*, § 34 Rn. 21; BWME-*Mitsch*, § 15 Rn. 88; *Hoffmann-Holland*, Rn. 289; *Krey/Esser*, Rn. 596; *Kühl*, § 8 Rn. 77; LK-*Zieschang*, 13. Aufl., § 34 Rn. 94; NK-*Neumann*, § 34 Rn. 58; *Schönke/Schröder-Perron*, § 34 Rn. 20; SK-*Günther*, 8. Aufl., § 34 Rn. 34; SSW-*Rosenau*, § 34 Rn. 13; *Wessels/Beulke/Satzger*, Rn. 467; vgl. hierzu auch den Übungsfall bei *Lenk/Ritz*, JA 2020, 507 (510).
963 Vgl. hierzu oben Rn. 412.
964 Darüber hinaus scheidet § 34 StGB immer dann aus, wenn ein staatlich geordnetes Verfahren existiert, welches den entsprechenden Gefahren entgegenwirken soll. Entgegen BGHSt 61, 202 ist dies allerdings erst im Rahmen der Angemessenheit zu prüfen; hierzu unten Rn. 427.
965 Nach OLG Naumburg NStZ 2013, 718 (720) scheidet § 34 StGB lediglich dann aus, wenn der Täter mit dem Eingreifen der Behörden rechnen konnte; vgl. zum Eingreifen des § 34 StGB bei Untätigkeit staatlicher Behörden ferner OLG Naumburg NStZ 2018, 472 (474); LG Magdeburg StV 2018, 335 (337); ferner die Übungsfälle bei *Lenk/Ritz*, JA 2020, 507 (510); *Römer*, JURA 2021, 326 (330 f.); *Wolf/Langlitz*, JURA 2019, 417 (421); vgl. auch *Dehne-Niemann/Greisner*, GA 2019, 205 (212 ff.), die das Problem als ein solches der Angemessenheitsklausel ansehen.

konkreten Fall betroffen sind[966]. Die „Wertigkeit" der verschiedenen Rechtsgüter ist zwar ein gewichtiges Indiz, die Abwägung erschöpft sich jedoch hierin nicht. Insofern muss im Rahmen des § 34 StGB keine reine **Güterabwägung**, sondern eine umfassende **Güter- und Interessenabwägung** vorgenommen werden. Neben den genannten Kriterien sind in die Abwägung daher z. B. mit einzubeziehen:

- Besondere Gefahrtragungspflichten (z. B. bei Feuerwehrleuten, Polizisten)[967]
- Spezielle Schutzpflichten (Garantenstellung)
- Die mit der Tat darüber hinaus noch verfolgten Motive
- Die Ersetzbarkeit des Schadens
- Die Verursachung der Gefahr durch das spätere Opfer (Defensivnotstand)[968]
- Das Ausmaß der drohenden Rechtsgutsverletzung (Schwere der Verletzung, Höhe des Sachschadens)[969]
- Wahrscheinlichkeit des Schadenseintritts (Grad der Gefahr)[970]
- Die Größe der Rettungschancen für das zu rettende Rechtsgut (je geringer die Rettungschancen sind, desto mehr Zurückhaltung ist geboten)[971]

424 Die Interessenabwägung hat somit im Hinblick auf die betroffenen Rechtsgüter **nicht abstrakt** stattzufinden. Zwar überwiegt das Rechtsgut „körperliche Integrität" nach abstrakter Betrachtung das Rechtsgut „Vermögen". Im Einzelfall kann aber auch eine geringfügige Körperverletzung gerechtfertigt sein, wenn dadurch ein Schaden in Millionenhöhe verhindert wird. Das Verbot, betrunken mit dem Auto zu fahren, dient (auch) dem Schutz des Lebens der anderen Verkehrsteilnehmer (§ 316 StGB als abstraktes Gefährdungsdelikt). Dennoch kann eine Trunkenheitsfahrt gerechtfertigt sein, wenn ein Fahrer einen Verletzten in die Klinik fährt, um eine dauerhafte und schwerwiegende Beeinträchtigung der körperlichen Integrität des Verletzten zu verhindern[972]. Einen Anhaltspunkt für die „Wertigkeit" des jeweiligen Rechtsguts gibt – neben der Reihenfolge der Aufzählung in § 34 StGB – die Höhe der Strafandrohung, welche die Strafvorschriften zu dessen Schutz vorsehen[973]. Aus den genannten Beispielen wird darüber hinaus deutlich, dass im Rahmen einer Prüfung des § 34 StGB nicht nur eine sorgfältige Analyse des Sachverhalts und eine Zusammenstellung der abzuwägenden Interessen, son-

---

966 Hierzu *Kühl*, § 8 Rn. 103; *Nestler*, JURA 2019, 153 (157); vgl. auch *Hruschka*, NJW 1980, 22; *Nestler*, JURA 2020, 695; kritisch insbesondere *Engländer*, GA 2010, 15 (17 ff.); *Köhler*, S. 282 f.; ablehnend *Klesczewski*, Rn. 308 ff.
967 Hierzu *Kühl*, § 8 Rn. 147 ff.; *Küper*, JZ 1980, 755; vgl. auch die Übungsfälle bei *Krey*, JURA 1979, 316 (320) und *Weber*, JURA 1984, 367 (371 f.).
968 Hierzu BWME-*Mitsch*, § 15 Rn. 100; *Erb*, JuS 2010, 17 (18 f.), 108 (109 f.); *Felde/Ort*, ZJS 2018, 468 (474); *Jäger*, Rn. 224 ff.; *Jescheck/Weigend*, § 33 IV 3c; *Kindhäuser/Zimmermann*, § 17 Rn. 49 ff.; *Krey/Esser*, Rn. 605; *Kühl*, § 8 Rn. 134 ff.; *Küpper*, JuS 1990, 184 (188); *Lackner/Kühl*, § 34 Rn. 4, 9; LK-*Zieschang*, 13. Aufl., § 34 Rn. 122; *Rengier*, § 19 Rn. 38 f.; *Roxin/Greco*, AT I, § 16 Rn. 72; *Schönke/Schröder-Perron*, § 34 Rn. 1; a. M. *Frister*, 17. Kap. Rn. 34; *Dehne-Niemann/Greisner*, GA 2019, 205 (216 f.) hingegen befürworten eine Verschiebung des Abwägungsmaßstabes analog § 228 BGB anstelle einer Berücksichtigung der Gefahrenverursachung als schlichtem Abwägungsposten; so auch *Jakobs*, 13/46; *Koriath*, JA 1998, 250 (255 f.); *Matt/Renzikowski-Engländer*, § 34 Rn. 5, 47 ff.; NK-*Neumann*, § 34 Rn. 86 ff.; vgl. auch *Hrschuka*, Dreher-FS 1977, 189 (203 ff.); unter dieser Fallgruppe sind auch die bereits mehrfach genannten „Haustyrannenfälle" zu erörtern; vgl. hierzu ferner den Übungsfall bei *Seeland/Zivanic*, JuS 2017, 1087 (1090).
969 Hierzu *Kindhäuser/Zimmermann*, § 17 Rn. 27; *Kühl*, § 8 Rn. 120 ff.; *Rengier*, § 19 Rn. 31 ff.
970 Vgl. hier den Übungsfall bei *Ast*, JuS 2017, 867 (870).
971 Hierzu *Kühl*, § 8 Rn. 123 ff.; *Wessels/Beulke/Satzger*, Rn. 469.
972 Vgl. hierzu *Kühl*, § 8 Rn. 117; *Mitsch*, JuS 1989, 964 (965 ff.); ferner den Übungsfall bei *Seier/Hembach*, JuS 2014, 35 (35, 38).
973 *Kindhäuser/Zimmermann*, § 17 Rn. 26; *Kühl*, § 8 Rn. 109; *Rengier*, § 19 Rn. 28; *Roxin/Greco*, AT I, § 16 Rn. 27 ff.

dern auch eine **juristische Argumentation** erforderlich ist (bei der sich in Klausuren schnell „die Spreu vom Weizen" trennt)[974].

Ein Problem stellt sich insbesondere beim **Rechtsgut Leben**. Da das geschützte Interesse das beeinträchtigte Interesse wesentlich überwiegen muss und menschliches Leben als **absolut** geschützter Rechtswert nicht abwägungsfähig ist, kann nach überwiegender Ansicht eine Beeinträchtigung über § 34 StGB niemals gerechtfertigt sein[975]. Insofern kommt hier regelmäßig nur eine Entschuldigung nach § 35 StGB in Frage. Eine Durchbrechung dieses allgemeinen Grundsatzes wird jedoch in mehrerlei Hinsicht diskutiert[976].

425

> **Bsp. (1) – Weichenstellerfall**[977]: Bahnwärter Dagobert sieht, wie ein vollbesetzter ICE mit 250 km/h auf einem Gleis fährt, welches hinter der nächsten Kurve von einer Geröll-Lawine verschüttet ist. Er kann den Zugführer nicht mehr warnen. Mindestens 200 Menschen werden durch das Zugunglück den Tod finden. Im letzten Moment lenkt er den Zug auf ein ansonsten nicht benutztes Nachbargleis um, auf dem jedoch der Bahnarbeiter Anton friedlich seinen Mittagschlaf hält. Anton wird von dem Zug erfasst und stirbt. – Nach h. M. durfte Dagobert auch zur Rettung des Lebens der 200 Zugpassagiere Antons Leben nicht vernichten[978]. Denn das Rechtsgut Leben ist absolut ge-

---

[974] Vgl. zur Interessenabwägung auch die Übungsfälle bei *Ambos/Rackow*, JURA 2006, 943 (948); *Ast*, JuS 2017, 867 (870); *Arzt*, JuS 1982, 449 (451); *Aselmann/Krack*, JURA 1999, 254 (257); *Beckemper/Müller*, ZJS 2010, 105 (111); *Bohnert*, JURA 1996, 38; *Dannecker*, JuS 1989, 215 (217); *Dannecker/Schröder*, JuS 2020, 860 (867); *Ebert*, JuS 1976, 319 (323 f.); *Eisele*, JA 2003, 40 (44 f.); *Eisenberg/Müller*, JuS 1990, 120 (121); *Fahl*, JuS 2005, 808 (812); *Geerds*, JURA 1992, 321 (322); *ders.*, JURA 1992, 544 (547); *Hartmann*, ZJS 2010, 633 (634 f., 637); *Krey*, JURA 1979, 316 (320); *Kudlich*, JA 2009, 185 (187); *Küper*, JURA 1983, 206 (214); *Meier*, JuS 1989, 992 (997); *Merkel*, ZJS 2011, 376 (379 f.); *Ostendorf*, JuS 1982, 200 (201); *Reineke*, JuS 1992, 486 (487); *Seier/Hembach*, JuS 2014, 35 (38); *Walter/Schwabenbauer*, JA 2012, 504 (508); *Weber*, JURA 1984, 367 (370).

[975] BGHSt 35, 347 (350); BGHSt 48, 255 (257); *Bechtel*, JR 2021, 14; *Coca-Vila*, GA 2021, 446 (455 ff.); *Hoffmann-Holland*, Rn. 292; *Koch*, JA 2005, 745 (747); *Kühl*, § 8 Rn. 114, 154 f.; *Küper*, JuS 1981, 785 (792); *Lackner/Kühl*, § 34 Rn. 7; *Rogall*, NStZ 2008, 1 (2); *Roxin/Greco*, AT I, § 16 Rn. 33 ff.; *Schönke/Schröder-Perron*, § 34 Rn. 23 ff.; *SSW-Rosenau*, § 34 Rn. 20; *Wessels/Beulke/Satzger*, Rn. 474 f.; *Wörner*, ZIS 2019, 41 (44); a. M. *Brauneck*, GA 1959, 260 (271); *Erb*, JuS 2010, 108 (111 f.); *Herzberg/Scheinfeld*, JuS 2003, 880 (882 f.); *Hörnle*, Herzberg-FS 2008, S. 555 (570); *Klefisch*, MDR 1950, 258 (260); *Mangakis*, ZStW 84 (1972), 447 (475); *MüKo-Erb*, 4. Aufl., § 34 Rn. 149 ff.; *NK-Neumann*, § 34 Rn. 77; *Otto*, § 8 Rn. 193 ff.; *Rengier*, § 19 Rn. 32; *Rönnau*, JuS 2016, 786 (787); *Weigend* ZIS 2017, 599 (600 f.); vgl. auch die Übungsfälle bei *Bergmann/Kroke*, JURA 2010, 946 (952 f.); *Eschenbach*, JURA 1999, 88 (90); *Frank*, JURA 2006, 783 (784 f.); *Haas/Hänke*, JURA 2021, 1508 (1511); *Hoven*, JuS 2016, 631 (637); *Kubiciel/Wachter*, JA 2013, 112 (113 f.); *Mitsch*, JA 2006, 509 (512); *Radde*, JA 2016, 818 (820 f.); *Rostalski*, JuS 2015, 525 (527); *Steinberg/Lachenmeier*, ZJS 2012, 649 (651); *Wagner*, ZJS 2009, 419 (421); *Walter/Michler*, JURA 2021, 844 (845 f.); *Weiss*, JURA 2021, 1387 (1390); *Wolf/Langlitz*, JURA 2019, 417 (427 f.).

[976] Vgl. ergänzend auch die Problematik der „indirekten Sterbehilfe", die teilweise über § 34 StGB gelöst wird; hierzu *Herzberg*, NJW 1996, 3043; *Kühl*, § 8 Rn. 162 ff.; *Otto*, JURA 1999, 434 (440 f.); *Schreiber*, NStZ 1986, 337 (340); a. M. *Arzt/Weber/Heinrich/Hilgendorf-Hilgendorf* § 3 Rn. 7 Fn. 17; *Verrel*, JZ 1996, 224 (226); andere schließen hier bereits den Tatbestand der Tötungsdelikte aus; vgl. *Krey/M. Heinrich*, BT 1, 14. Aufl., Rn. 14; zweifelnd *Wessels/Hettinger/Engländer*, BT 1, Rn. 144; zu dieser Problematik auch BGHSt 42, 301 (305); ferner die Übungsfälle bei *Fateh-Moghadam/Kohake*, ZJS 2012, 98 (101); *Jäger*, Rn. 227 f.; *ders.*, JURA-Sonderheft Zwischenprüfung, 2004, 34 (35 f. – Tötung siamesischer Zwillinge); *Kubiciel/Wachter*, JA 2013, 112 (113 f.); *Thoss*, JA 2001, 951 (955 f.).

[977] Vgl. zu diesem Fall *Bechtel*, JR 2021, 14 (19); *Gropp/Sinn*, § 5 Rn. 304 ff.; *Hörnle*, Herzberg-FS 2008, S. 555 ff.; *Jakobs*, 13/21; *Koch*, JA 2005, 745 (748 f.); *Kühl*, § 12 Rn. 104; *Mitsch*, GA 2006, 11; *MüKo-Schlehofer*, 4. Aufl., Vor § 32 Rn. 324; *NK-Neumann*, § 34 Rn. 75; *Otto*, § 8 Rn. 190, 195; *ders.*, JURA 2005, 470 (476 f.); *Roxin/Greco*, AT I, § 16 Rn. 34; *Sinn*, NStZ 2003, 585 (586); *Stübinger*, ZStW 123 (2011), 403 (444 f.); *Welzel*, ZStW 63 (1951), 47 (51); *Wörner*, ZIS 2019, 41 (43 ff.); ferner den Übungsfall bei *Mitsch*, JA 2006, 509 (512, 515); zu diesem Fall auch oben Rn. 248 und unten Rn. 596; vgl. zu einer futuristischen Variante dieses Falles *Weigend*, ZIS 2017, 599.

[978] Anders allerdings *Brauneck*, GA 1959, 260 (271); *Schild*, JA 1978, 631 (633); *Arthur Kaufmann*, Maurach-FS 1972, S. 327 (338 ff.).

schützt. Eine Abwägung darf weder hinsichtlich der Anzahl (Vernichtung eines oder mehrerer Menschenleben) noch hinsichtlich der Qualität vorgenommen werden (das Leben eines Millionärs ist also nicht „mehr wert" als das Leben eines Landstreichers)[979]. Ebenso darf das Alter des jeweiligen Menschen selbstverständlich keine Rolle spielen.

Bsp. (2) – Bergsteigerfall[980]: Anton und Bruno machen eine Gebirgstour und stürzen in eine Schlucht. Beide sind über ein Seil miteinander verbunden. Während sich Anton schwerverletzt in relativ aussichtsloser Lage befindet, könnte sich Bruno mit letzter Kraft noch retten, wenn er das Seil kappt und Anton dadurch in den sofortigen Tod befördert. Er tut dies. Anton stürzt ab und stirbt. – Hier hat Bruno Antons Tod in seiner konkreten Gestalt verursacht. Er tat dies, um sein Leben zu retten. Antons Leben wäre allerdings ohnehin verloren gewesen. Insoweit liegt hier – im Gegensatz zu Bsp. 1 – eine sog. „Gefahrgemeinschaft" mit ungleicher Chancenverteilung vor. Dennoch schließt die h. M. auch hier eine Rechtfertigung Brunos über § 34 StGB aus[981]. Der absolute Schutz des Lebens vor Vernichtung gebietet es hier, die Tat als Unrecht anzusehen. Bruno ist lediglich über § 35 StGB entschuldigt.

Bsp. (3): Bankräuber Bruno ist auf der Flucht, der Mitarbeiter des privaten Sicherheitsdienstes, Paul, verfolgt ihn. Es ist zwei Uhr nachts, die Straße ist menschenleer. Da es Paul nicht gelingt, Bruno dingfest zu machen, gibt er zuerst ein paar Warnschüsse ab, dann schießt er gezielt auf dessen Beine. Der Schuss prallt auf dem Gehweg ab und verletzt als Querschläger den Landstreicher Ludwig tödlich, der sich, von allen unerkannt, hinter einer Mülltonne versteckt hatte. – Hinsichtlich der versuchten Körperverletzung an Bruno ist Paul im Wege der Nothilfe nach § 32 StGB gerechtfertigt. Hinsichtlich der fahrlässigen Tötung Ludwigs, § 222 StGB, kann außer § 34 StGB kein Rechtfertigungsgrund eingreifen. § 32 StGB scheidet aus, da Ludwig kein Angreifer ist. Im Rahmen des § 34 StGB ist aber problematisch, dass das Rechtsgut Leben verletzt wurde. Dies geschah jedoch nicht vorsätzlich, sondern lediglich fahrlässig. Zudem war die Gefahr, dass ein Querschläger einen Passanten trifft, nicht besonders hoch. Obwohl das Rechtsgut Leben an sich absolut geschützt wird, ist hier der Grad der diesem Rechtsgut drohenden Gefahr zu berücksichtigen. Da dieser recht gering war, ist in diesem Fall ausnahmsweise auch eine fahrlässige Tötung nach § 34 StGB zu rechtfertigen[982].

Bsp. (4): Berta befindet sich mit ihrem Ehemann Anton und dessen Freund Bruno auf einem Segelboot im Mittelmeer. Sie belauscht ein Gespräch zwischen den beiden aus dem sich ergibt, dass sie Berta am nächsten Morgen, kurz vor dem Einlaufen am nächsten Hafen, von Bord stoßen und dem Tod durch Ertrinken überlassen wollen. Da Berta keine Möglichkeit sieht, andere Personen zu verständigen, stößt sie selbst in einem geeigneten Moment Anton von Bord, wobei sie dessen Tod in Kauf nimmt. Anton ertrinkt. – Hier liegt mangels Gegenwärtigkeit eines Angriffs lediglich eine „notwehrähnliche Lage" vor, die nicht zu einer Notwehr nach § 32 StGB berechtigt[983]. Während

---

979 *Krey/Esser*, Rn. 616 f.; *Roxin/Greco*, AT I, § 16 Rn. 33; so auch BGHSt 35, 347 (350).
980 Vgl. zu diesem Fall auch *Bechtel*, JuS 2021, 401 (402); *Erb*, JuS 2010, 108 (111); *Koch*, JA 2005, 745 (748 f.); *Kühl*, § 8 Rn. 140, 156; *Otto*, JURA 2005, 470 (476 f.); *Roxin/Greco*, AT I, § 16 Rn. 35; *Zieschang*, Knemeyer-FS 2012, S. 449 (463 f.); ferner den vergleichbaren Übungsfall bei *Frank*, JURA 2006, 783 (785).
981 *Bechtel*, JuS 2021, 401 (402); *ders.*, JR 2021, 14 (19); *Dölling/Duttge/König/Rössner-Duttge*, § 34 Rn. 11; *Fischer*, § 34 Rn. 15 f.; *Jakobs*, 13/23; *Kühl*, § 8 Rn. 154 f.; *Küper*, JuS 1981, 785 (792); LK-*Zieschang*, 13. Aufl., § 34 Rn. 143; *Roxin/Greco*, AT I, § 16 Rn. 39; *Schönke/Schröder-Perron*, § 34 Rn. 24; *Stratenwerth/Kuhlen*, § 9 Rn. 111; *Wessels/Beulke/Satzger*, Rn. 476; a. M. *Erb*, JuS 2010, 108 (111); *Hirsch*, Bockelmann-FS 1979, S. 89 (107 f.); LK-*Hirsch*, 11. Aufl., § 34 Rn. 74; MüKo-*Erb*, 4. Aufl., § 34 Rn. 159 ff.; NK-*Neumann*, § 34 Rn. 77; *Otto*, § 8 Rn. 193; *ders.*, JURA 2005, 470 (477); *Pawlik*, JURA 2002, 26 (31).
982 Vgl. auch *Erb*, JuS 2010, 108 (110); *Frister*, 17. Kap. Rn. 13; zur Rechtfertigung einer fahrlässigen Tötung nach § 34 StGB vgl. auch den Übungsfall bei *Eisele*, JA 2003, 40 (44 f.).
983 Vgl. oben Rn. 349.

die überwiegende Ansicht[984] der Berta auch eine Berufung auf § 34 StGB versagt (und sie lediglich nach § 35 StGB entschuldigt ansieht), wird teilweise auch hier die Möglichkeit einer Rechtfertigung nach § 34 StGB angenommen[985].

426 Fraglich ist schließlich noch, wie ein **Mitverschulden** des später im Notstand Handelnden zu berücksichtigen ist[986]. Während in § 35 Abs. 1 Satz 2 StGB für den entschuldigenden Notstand in bestimmten Fällen eine besondere Duldungspflicht im Hinblick auf die Gefahr normiert ist („*namentlich weil er die Gefahr selbst verursacht hat*"), fehlt eine solche Regelung in § 34 StGB, was jedoch nicht dazu führt, dass ein Mitverschulden gänzlich unberücksichtigt bleiben muss.

Bsp.: Anton geht mit seinem Freund Bruno am Sonntagvormittag angeln. Wie jeden Sonntag wird dabei reichlich Alkohol getrunken. Im Verlaufe eines Streits schlägt Anton den Bruno dabei mit einer Bierflasche auf den Kopf. Bruno ist schwer verletzt und muss umgehend ins Krankenhaus gefahren werden. Anton setzt sich, obwohl er absolut fahruntauglich ist, ins Auto und bringt Bruno in die Klinik. – Anton ist hier wegen einer gefährlichen Körperverletzung, §§ 223, 224 Abs. 1 Nr. 2 StGB, strafbar. Ob er darüber hinaus auch wegen Trunkenheit im Verkehr, § 316 StGB, zu bestrafen ist, richtet sich danach, ob die Trunkenheitsfahrt nach § 34 StGB gerechtfertigt war. Dies hängt davon ab, wie man sein Mitverschulden an der Gefahrenlage (Niederschlagen des Bruno) hier beurteilt. Während einige dieses Mitverschulden überhaupt nicht berücksichtigen, da es am Vorliegen der aktuellen Gefahrenlage nichts ändert[987], wollen andere das Mitverschulden in die Interessenabwägung einbinden und dem Handelnden besondere Duldungspflichten auferlegen (wobei im vorliegenden Fall Brunos Leben auch weiterhin wesentlich überwiegen würde)[988]. Eine dritte Ansicht differenziert danach, ob der schuldhaft die Notstandslage verursachende Täter seine eigenen oder aber Rechtsgüter fremder Personen schützen will[989]. Schließlich will eine weitere Ansicht zwar das Mitverschulden hinsichtlich der konkreten Tat nicht berücksichtigen (insoweit also: Rechtfertigung nach § 34 StGB), den Strafvorwurf aber an die schuldhafte Verursachung der Notstandslage knüpfen (actio illicita in causa)[990]. Hiernach hätte sich Anton wegen einer (fahrlässigen) Trunkenheitsfahrt, § 316 StGB, strafbar gemacht, wenn dieser Ablauf des Geschehens vorhersehbar gewesen wäre.

427 d) **Angemessenheitsklausel.** Nach § 34 Satz 2 StGB setzt eine Rechtfertigung über die bereits genannten Erfordernisse hinaus noch voraus, dass „*die Tat ein angemessenes Mittel ist, die Gefahr abzuwenden*"[991]. Diese Angemessenheitsklausel hat allerdings nur einen recht schmalen Anwendungsbereich, da die meisten unangemessenen Reaktionen bereits bei der Güter- und Interessenabwägung ausgeschieden werden[992]. Dennoch kann man in der Angemessenheitsklausel – ver-

---

984 Vgl. nur *Günther*, JZ 1985, 268 (273); *Schönke/Schröder-Perron*, § 34 Rn. 30.
985 *Erb*, JuS 2010, 108 (112); *Krey/Esser*, Rn. 624 f.; MüKo-*Erb*, 4. Aufl., § 34 Rn. 235 ff.; NK-*Neumann*, § 34 Rn. 90.
986 Hierzu *Gropp/Sinn*, § 5 Rn. 256 ff.; *Kühl*, § 8 Rn. 142 ff.; LK-*Hirsch*, 11. Aufl., § 34 Rn. 70; *Otto*, § 8 Rn. 174; SK-*Hoyer*, § 34 Rn. 78 ff.; vgl. ferner die Übungsfälle bei *Jäger*, JURA-Sonderheft Zwischenprüfung, 2004, 34 (36); *Sternberg-Lieben/Sternberg-Lieben*, JuS 2002, 576 (579).
987 *Hruschka*, JR 1979, 125 (126); so bereits RGSt 61, 242 (255).
988 BWME-*Mitsch*, § 15 Rn. 108; *Gropp/Sinn*, § 5 Rn. 260; *Jescheck/Weigend*, § 33 IV 3c; *Kindhäuser/Zimmermann*, § 17 Rn. 44; LK-*Zieschang*, 13. Aufl., § 34 Rn. 122; NK-*Neumann*, § 34 Rn. 95; *Otto*, § 8 Rn. 174; *Roxin/Greco*, AT I, § 16 Rn. 62; *Wessels/Beulke/Satzger*, Rn. 470.
989 *Kühl*, § 8 Rn. 146.
990 BayObLG NJW 1978, 2046; *Dencker*, JuS 1979, 779 (782); vgl. jedenfalls für die Erfolgsdelikte auch *Kühl*, § 8 Rn. 144.
991 Vgl. zu § 34 Satz 2 StGB *Joerden*, GA 1991, 411.
992 Daher wird teilweise auch in Frage gestellt, ob die Angemessenheitsklausel überhaupt einen eigenen Anwendungsbereich hat; vgl. BWME-*Mitsch*, § 15 Rn. 108; *Gropp/Sinn*, § 5 Rn. 267; *Küper*, JZ 1980, 756; LK-*Zieschang*, 13. Aufl., § 34 Rn. 151 ff.; *Otto*, § 8 Rn. 178; *Schönke/Schröder-Perron*, § 34 Rn. 46.

gleichbar mit der Gebotenheit bei der Notwehr, § 32 StGB – quasi die „**sozialethischen Einschränkungen**" des Notstandsrechts erblicken[993]. Es geht hier letztlich darum, ob eine Rechtfertigung nach § 34 StGB, die das „Unrecht" der Tat ausschließen würde (und dem Betroffenen dadurch das Notwehrrecht nimmt), mit der Gesamtrechtsordnung vereinbar wäre[994]. Dies ist insbesondere in denjenigen Fällen zu verneinen, in denen das Gesetz einen Bereich abschließend regelt[995] oder die Einhaltung von bestimmten Verfahrensregeln zwingend vorschreibt (insbesondere darf § 34 StGB nicht herangezogen werden, um staatlichen Hoheitsträgern gesetzlich nicht vorgesehene Eingriffsrechte zu verschaffen)[996]. Die Angemessenheitsklausel ist insbesondere dann von Bedeutung, wenn die Rechtsordnung ein bestimmtes rechtlich geordnetes Verfahren zur Bewältigung bestimmter Krisen- und Gefahrenlagen zur Verfügung stellt[997].

Bsp. (1): Der mittellose Ludwig braucht dringend Geld für eine lebensnotwendige Operation. Er kann sich dieses nur dadurch beschaffen, dass er nachts in die Villa des Millionärs Norbert einsteigt und aus dessen Safe 10 000 € entwendet. – Geht man allein vom Wortlaut des § 34 Satz 1 StGB aus, so wäre hier an eine Rechtfertigung zu denken: Zur Rettung des Lebens als höchstem Gut wäre es erforderlich und sicherlich auch im Rahmen der Güterabwägung zulässig, einem Millionär Geld zu entwenden. Die Behebung der geschilderten Notlage ist nun allerdings allein Sache der Sozialgemeinschaft. Versagt die Hilfe der Sozialgemeinschaft, so dürfen dem unbeteiligten Einzelnen keine besonderen Duldungspflichten auferlegt werden.

Bsp. (2): Bruno ist Sozialhilfeempfänger und hat kaum die erforderlichen finanziellen Mittel, um sich über Wasser zu halten. Als ihm zu Beginn des Monats auch noch das wenige Geld, welches er von der Behörde erhalten hat, gestohlen wird, weiß er sich nicht anders zu helfen, als von einem Marktstand drei Äpfel zu entwenden, um seinen Hunger zu stillen. – Auch hier kann man dem Verkäufer der Äpfel ein solches „Sonderopfer" nicht zumuten. Die Tat bleibt rechtswidrig, wobei im vorliegenden Fall allerdings eine Entschuldigung über § 35 StGB in Betracht kommt. Diese Einordnung hat zur Konsequenz, dass in der Wegnahme der Äpfel ein rechtswidriger Angriff zu sehen ist mit der Folge, dass dem Verkäufer das Notwehrrecht zusteht. Würde man hier eine Rechtfertigung über § 34 StGB annehmen, so müsste dieses Notwehrrecht ausscheiden und der Verkäufer müsste „sehenden Auges" die Wegnahme der Äpfel dulden.

---

993 Vgl. zur Angemessenheitsklausel *Grebing*, GA 1979, 79; *Joerden*, GA 1991, 411; ferner auch die Übungsfälle bei *Böhm/Stürmer*, JA 2017, 272 (278 f.); *Britz/Müller-Dietz*, JuS 1998, 237 (242); *Fahl*, JuS 2005, 808 (808 f., 812); *Krey*, JURA 1979, 316 (319); *Radtke/Schwer*, JuS 2003, 580 (584, 587); *Rössner/Guhra*, JURA 2001, 403 (406); *Sternberg-Lieben/Sternberg-Lieben*, JuS 2000, 576 (579); *Theile*, JURA 2007, 463 (466); *Zimmermann*, JuS 2011, 629 (633).
994 So auch *Kühl*, § 8 Rn. 166.
995 Vgl. hierzu den Übungsfall bei *Zimmermann*, JuS 2011, 629 (633); vgl. für den praxisrelevanten Fall des unerlaubten Bezuges von Betäubungsmitteln zur Schmerzlinderung BGHSt 61, 202 (204 ff.), der u. a. auf das vom Gesetzgeber abschließend vorgesehene Genehmigungsverfahren nach § 3 Abs. 2 BtMG verweist. Der BGH behandelt diese Problematik allerdings schon im Rahmen der Prüfung der Erforderlichkeit der Notstandshandlung; zu dieser Problematik ferner KG StV 2003, 167; OLG Braunschweig StV 2013, 708; OLG Karlsruhe NJW 2004, 3645; AG Berlin-Tiergarten NStZ-RR 2004, 281.
996 Vgl. hierzu BGHSt 34, 39 (51 f.); BGHSt 61, 202; *Kühl*, § 8 Rn. 179 ff.; vgl. aber auch BGHSt 27, 260 (262 f.); ausführlich zu dieser Problematik bereits den Problemschwerpunkt 6, oben Rn. 395 ff.
997 *Erb*, JuS 2010, 108 (112); *Fahl*, JuS 2005, 808; *Jakobs*, 13/36; *Jescheck/Weigend*, § 34 IV 3d; *Kindhäuser/Zimmermann*, § 17 Rn. 39; *Klesczewski*, Rn. 314; NK-*Neumann*, § 34 Rn. 119; *Rengier*, § 19 Rn. 57 f.; SK-*Günther*, 8. Aufl., § 34 Rn. 52; *Theile*, JURA 2007, 463 (466); a. M. SK-*Hoyer*, § 34 Rn. 100 ff.; vgl. hierzu auch den Übungsfall bei *Lenk/Ritz*, JA 2020, 507 (510).

Bsp. (3) – Klassischer Blutspenderfall[998]: Anton besucht seine Ehefrau Berta im Krankenhaus. Just in diesem Moment wird der schwerverletzte Bruno eingeliefert, der bei einem Autounfall viel Blut verloren hat und daher dringend eine Blutkonserve braucht. Nun hat Bruno aber eine sehr seltene Blutgruppe, die im Krankenhaus nicht vorrätig ist. Zufällig weiß der diensthabende Arzt Armin, dass Anton die erforderliche (seltene) Blutgruppe besitzt. Auf Anfrage weigert sich Anton jedoch, Blut zu spenden. Da eine Blutspende die einzige Rettungsmöglichkeit für Bruno ist, „ordnet" Armin eine solche an: Anton wird von vier stämmigen Krankenpflegern festgehalten und muss eine zwangsweise Blutentnahme durch Armin dulden. – Auch hier müsste man bei einer reinen Abwägung Antons Interesse an seiner körperlichen Integrität (Eingriff durch Blutentnahme) als wesentlich geringer ansehen als Brunos Leben. Dennoch wird hier überwiegend eine Rechtfertigung abgelehnt mit dem Argument, es wäre für die Inhaber seltener Blutgruppen unzumutbar, wider Willen als lebende Blutspender zu fungieren[999]. Im Rahmen der Angemessenheit muss daher dem Recht des Menschen auf freie Selbstbestimmung ein entscheidendes Gewicht zukommen. Im Ergebnis ist daher eine zwangsweise durchgeführte Blutentnahme unzulässig. Eine Ausnahme ist jedoch dann zu machen, wenn eine Schutz- und Beistandspflicht (Garantenpflicht) gegenüber dem Opfer vorliegt. Dann aber läge nach dem oben Gesagten[1000] durch die Weigerung zur Blutspende bereits ein Angriff durch Unterlassen vor, der das Notwehrrecht eröffnet.

Gerade dieses letzte Beispiel zeigt, dass auch bei der Angemessenheitsklausel im Rahmen des § 34 StGB eine vertiefte **juristische Argumentation** erforderlich ist, die je nach Standpunkt des Betrachters unterschiedlich ausfallen kann. Für eine Klausur entscheidend ist hier, dass man a) das Problem als solches erkennt, b) weiß, an welcher Stelle des Prüfungsaufbaus dieses Problem zu behandeln ist und c) das Problem ausreichend unter Heranziehung verschiedener pro- und contra-Argumente diskutiert.

3. Gefahrabwendungswille (subjektives Rechtfertigungselement)

Wie bereits bei der Notwehr gezeigt, ist neben den objektiven Voraussetzungen eines Rechtfertigungsgrundes stets auch ein subjektives Rechtfertigungselement erforderlich. Dies ergibt sich im Rahmen des § 34 StGB eindeutig aus dem Gesetz. Der Täter muss handeln, *„um die Gefahr […] abzuwenden"*. Dieses Erfordernis kann gedanklich wiederum unter drei verschiedenen Aspekten geprüft werden[1001].

a) Kenntnis der Notstandslage. Als erste Voraussetzung ist hier zu prüfen, ob der Handelnde überhaupt weiß, dass eine Notstandslage vorliegt.

Bsp.: Der Landstreicher Ludwig betritt Norberts Grundstück, um dort im Keller zu nächtigen. Dabei bemerkt er nicht, dass er gerade von seinem Feind Bruno verfolgt wird, der ihn töten will, und der nur deswegen davon Abstand nimmt, weil Ludwig Norberts Keller betritt. – Hier hat Ludwig einen Hausfriedensbruch, § 123 StGB, begangen. Dieser ist mangels eines Angriffs durch den Hausrechtsinhaber nicht durch Notwehr, § 32 StGB, gerechtfertigt. Auch die zivilrechtlichen Rechtfertigungsgründe grei-

---

998 Hierzu *Erb*, JuS 2010, 108 (112 f.); *Gallas*, Mezger-FS 1954, S. 311 (325 f.); *Joerden*, GA 1991, 411 (425 f.); *Kretschmer*, JA 2015, 589 (591); *Kühl*, § 8 Rn. 169 ff.; LK-*Lilie*, 11. Aufl., § 223 Rn. 21; *Rengier*, § 19 Rn. 59 ff.; *Wessels/Beulke/Satzger*, Rn. 484 f.; vgl. auch die Übungsfälle bei *Böhm/Stürmer*, JA 2017, 272 (278 f.); *Stoffers/Murray*, JuS 2000, 986 (990 f.).
999 *Erb*, JuS 2010, 108 (113); *Jescheck/Weigend*, § 33 IV 3d; *Kretschmer*, JA 2015, 589 (591); *Otto*, JURA 2005, 470 (473); SSW-*Rosenau*, § 34 Rn. 34; a. M. *Joerden*, GA 1991, 411 (425 f.); *Roxin/Greco*, AT I, § 16 Rn. 49; vgl. auch *Kühl*, § 8 Rn. 169 ff.
1000 Vgl. oben Rn. 343.
1001 Vgl. hierzu auch die Übungsfälle bei *Brand/Kanzler*, JA 2012, 37 (42); *Geerds*, JURA 1992, 321 (323); *Marxen*, Fall 9e; *Römer*, JURA 2021, 326 (331 f.).

fen nicht, da diese nur einen Eingriff in Sachen rechtfertigen, es sich beim Hausrecht jedoch um keine Sache handelt. Dagegen sind die objektiven Voraussetzungen des § 34 StGB erfüllt. Allerdings fehlt es an der Kenntnis der Notstandslage und daher am subjektiven Rechtfertigungselement.

431 b) **Wissen, dass die Handlung der Gefahrabwendung dient.** Der Handelnde muss ferner wissen, dass seine Handlung die Gefahr beseitigt. Darüber hinaus wird vielfach noch eine gewissenhafte Prüfung der sonstigen Notstandsvoraussetzungen verlangt[1002]. Insbesondere müsse der Handelnde die jeweilige Interessenabwägung sorgsam vollziehen.

432 c) **Gefahrabwendungswille.** Die überwiegende Ansicht geht ferner – wie auch bei der Notwehr – davon aus, dass die Handlung gerade von der Motivation getragen sein muss, der Gefahrenabwehr zu dienen[1003]. Ob darüber hinaus noch andere Motivationen des Täters mit eine Rolle spielen (Motivbündel), ist gleichgültig.

> **Bsp.:** Anton hat in betrunkenem Zustand einen Verkehrsunfall verursacht, bei dem Bruno schwer verletzt wurde. Da sonst niemand anwesend ist, ist es zur Rettung Brunos erforderlich, dass Anton ihn ins Krankenhaus fährt. Dies ist ihm ganz recht, da er einerseits durch sein Entfernen vom Unfallort der Polizei die Möglichkeit nimmt, seine Alkoholisierung festzustellen, und er zudem nach Hause kommt, da er in unmittelbarer Nähe des Krankenhauses wohnt. – Obwohl der Gefahrabwendungswille nicht dominiert, ist Anton im vorliegenden Fall im Hinblick auf eine Strafbarkeit nach §§ 142, 316 StGB gerechtfertigt.

433 d) **Rechtsfolge.** Wie schon bei der Notwehr, so ist auch hier umstritten, welche Folge das Fehlen des subjektiven Rechtfertigungselements nach sich zieht[1004]. Wiederum stehen sich die Vollendungs- und die Versuchslösung konkurrierend gegenüber. Nach der hier vertretenen Ansicht ist der Täter bei Fehlen des subjektiven Rechtfertigungselements wegen eines vollendeten Delikts zu bestrafen.

III. Typische Anwendungsfälle

434 Als Anwendungsfälle des § 34 StGB bleiben relativ wenige Bereiche übrig, da § 34 StGB lediglich eine Auffangfunktion erfüllt. Bei Vorliegen eines Angriffs ist Notwehr, § 32 StGB, bei Eigentumsdelikten sind in der Regel die zivilrechtlichen Rechtfertigungsgründe vorrangig zu prüfen. § 34 StGB ist daher im Wesentlichen in folgenden Fällen zu diskutieren:

1. Hausfriedensbruch

435 Hier kann § 34 StGB dann eingreifen, wenn der Täter bei einer Verfolgung durch Dritte ein fremdes Grundstück betritt. Da § 123 StGB das Hausrecht als Recht

---

1002 RGSt 62, 137 (138); BGHSt 2, 111 (114 f.); BGHSt 3, 7 (9): BWME-*Mitsch*, § 15 Rn. 109; ablehnend *Gropp/Sinn*, § 5 Rn. 272; *Jescheck/Weigend*, § 33 IV 4; *Kindhäuser/Zimmermann*, § 17 Rn. 45; *Krey/Esser*, Rn. 619; *Kühl*, § 8 Rn. 186; MüKo-*Erb*, 4. Aufl., § 34 Rn. 291; *Otto*, § 8 Rn. 181; *Puppe*, AT 1, 1. Aufl., § 24 Rn. 7 ff., § 29 Rn. 4; *Schönke/Schröder-Perron*, § 34 Rn. 49.
1003 BGHSt 2, 111 (114 f.); BWME-*Mitsch*, § 15 Rn. 109; *Jescheck/Weigend*, § 33 IV 4; LK-*Zieschang*, 13. Aufl., § 34 Rn. 80; anders *Erb*, JuS 2010, 108 (113); *Gallas*, ZStW 80 (1968), 1 (25 f.); *Kindhäuser/Zimmermann*, § 17 Rn. 45; *Kühl*, § 8 Rn. 183; MüKo-*Erb*, 4. Aufl., § 34 Rn. 290; NK-*Neumann*, § 34 Rn. 106; *Puppe*, § 13 Rn. 5, 34; *Rengier*, § 19 Rn. 63; *Roxin/Greco*, AT 1, § 16 Rn. 105; SSW-*Rosenau*, § 34 Rn. 35; vgl. hierzu auch OLG Naumburg NStZ 2013, 718 (720).
1004 Vgl. zu diesem Streit oben Rn. 385 ff., 390 ff.

(und nicht als Sache) schützt, scheiden die zivilrechtlichen Rechtfertigungsgründe regelmäßig aus.

2. Verletzung von Allgemeinrechtsgütern

Da Notwehr nur zur Verteidigung gegen Angriffe auf Individualrechtsgüter ausgeübt werden darf[1005], scheidet § 32 StGB bei Allgemeinrechtsgütern regelmäßig aus. Auch eine Einwilligung oder mutmaßliche Einwilligung ist hier nicht denkbar. Daher ist § 34 StGB oft die einzige Möglichkeit, zu einer Rechtfertigung zu kommen. So kann beispielsweise eine Trunkenheitsfahrt, § 316 StGB, nach § 34 StGB gerechtfertigt sein, wenn ein Schwerverletzter in die Klinik gebracht werden muss[1006]. Eine Rechtfertigung scheidet jedoch im Rahmen der Interessenabwägung z. B. aus, wenn es sich bei dem zu rettenden Patient um einen kranken Wellensittich handelt[1007]. **436**

3. Nötigungsnotstand

Nach überwiegender Ansicht fallen die Fälle des sog. Nötigungsnotstandes, d. h. Fälle, in denen ein Dritter den Täter durch eine Nötigung zu einer Tat zwingt[1008], nicht in den Anwendungsbereich des § 34 StGB (Ablehnung der „Angemessenheit")[1009]. Im Einzelfall kann lediglich § 35 StGB zur Anwendung kommen[1010]. **437**

> **Bsp.:** Anton zwingt Bruno mit vorgehaltener Waffe und der Drohung, ihn sonst zu erschießen, das Auto Norberts mit einem Schlüssel zu zerkratzen. Bruno tut dies, um sein Leben zu retten. – Vergleicht man allein die betroffenen Rechtsgüter, so überwiegt hier Brunos Leben Norberts Eigentum bei weitem. Dennoch muss § 34 StGB hier ausscheiden, denn der im Nötigungsnotstand Handelnde stellt sich (wenn auch gezwungenermaßen) auf die Seite des Unrechts. Diese Fälle kann man nur über § 35 StGB, den entschuldigenden Notstand, angemessen lösen, da Norbert bei einer Annahme des § 34 StGB gegen die Rechtsverletzung nicht mittels Notwehr vorgehen könnte[1011].

Die Einordnung in den Bereich der Schuld ist allerdings nicht unbestritten. Manche sehen die Fälle des Nötigungsnotstandes uneingeschränkt als durch § 34 StGB **437a**

1005 Vgl. oben Rn. 344.
1006 Vgl. auch OLG Köln NStZ 2006, 526: Verkehrsverstoß wegen eines ärztlichen Notfalls.
1007 OLG Düsseldorf NJW 1980, 2264; *Mengler*, JR 2019, 223 (227).
1008 Vgl. hierzu die Übungsfälle bei *Arzt*, JuS 1982, 449 (450 f.); *Berster*, JuS 2018, 350 (352 f.); *Britz/Müller-Dietz*, JuS 1998, 237 (242 f.); *Dannecker*, JuS 1989, 215 (217); *Dzatkowski*, JA 2019, 36 (43); *Frank*, JURA 2006, 783 (786); *Hartmann*, JA 1998, 946 (954); *Kretschmer*, JURA 2016, 1436 (1445 f.); *Kühl* JuS 2007, 742 (746 f.); *Kudlich*, JuS 2000, L 13 (L 15); *ders.*, JA 2009, 185 (187); *Krey*, JURA 1979, 316 (320 f. Fn. 33); *Lenk*, JuS 2021, 754 (757); *Mitsch*, JA 2006, 509 (512); *Müller*, JURA 2005, 635 (641); *Seier*, JuS 1994, L 92 (L 93 f.); *Stoffers*, JuS 1993, 837 (838); *Swoboda*, JURA 2007, 224 (228); *Tiedemann/Walter*, JURA 2002, 708 (710); *Weber*, JURA 1984, 367 (372 f.); vgl. auch *Kudlich/Oğlakcıoğlu*, JA 2015, 426 (427).
1009 So *Hassemer*, Lenckner-FS 1998, S. 97 (105, 115); *Jäger*, Rn. 230; *Jescheck/Weigend*, § 44 II 3; *Kudlich*, JA 2009, 185 (187); *Kühl*, § 8 Rn. 128 ff.; *Lange*, NJW 1978, 784 (785); *Marxen*, Fall 9a; *Meyer*, GA 2004, 356 (367 ff., allerdings mit Einschränkungen in Fn. 91); *Schönke/Schröder-Perron*, § 34 Rn. 41b; SK-*Günther*, 8. Aufl., § 34 Rn. 48 f.; *Weber*, ZStW 96 (1984), 376 (396 f.); *Wessels/Beulke/Satzger*, Rn. 695; ferner aus der Rechtsprechung (zur alten Rechtslage) RGSt 64, 30 (31); RGSt 66, 98; RGSt 66, 397; BGHSt 5, 371; vgl. auch *Kühl*, JuS 2007, 742 (747), der die Problematik nicht über die Angemessenheitsklausel löst, sondern im Rahmen der Güter- und Interessenabwägung berücksichtigen will.
1010 Vgl. hierzu unten Rn. 580.
1011 Zu dieser „Notwehrprobe" *Kühl*, § 8 Rn. 128; *ders.*, JuS 2007, 742 (747).

gerechtfertigt an[1012]. Denn gerade der Genötigte sei es doch, dem die Rechtsgemeinschaft durch Gewährung des § 34 StGB Schutz zukommen lassen müsse, da er sonst als Nötigungsopfer zudem auch noch eine Notwehrhandlung des Geschädigten fürchten müsse. Andere halten § 34 StGB jedenfalls dann für anwendbar, wenn es um die Abwendung von Gefahren für die in § 35 Abs. 1 StGB genannten Rechtsgüter Leben, Leib oder Freiheit geht[1013]. Schließlich will eine dritte Ansicht § 34 StGB dann zur Anwendung bringen, wenn der Genötigte einerseits Rechtsgüter des § 35 Abs. 1 StGB verteidigt, andererseits aber „nur" Allgemeinrechtsgüter oder das Rechtsgut Eigentum, nicht aber höchstpersönliche Rechtsgüter angreift[1014]. Diese Ansichten können jedoch nicht überzeugen, da sie den Umstand ausblenden, dass derjenige, der sich – wenn auch gezwungenermaßen – auf die Seite des Unrechts stellt, nicht darauf berufen kann, rechtmäßig zu handeln. Konsequenz wäre nämlich, dass der Hintermann es dann in der Hand hätte, ob das Tatopfer sich durch Notwehr verteidigen darf oder nicht: Greift er das Rechtsgut selbst an, bestünde ein solches Notwehrrecht ihm gegenüber, zwingt er einen Dritten im Rahmen des Nötigungsnotstandes, die Rechtsverletzung vorzunehmen, würde dem Tatopfer das Notwehrrecht versagt[1015].

§ 16 Sonstige Rechtfertigungsgründe

I. Einverständnis, Einwilligung und mutmaßliche Einwilligung

Einführende Aufsätze: *Amelung/Eymann,* Die Einwilligung der Verletzten im Strafrecht, JuS 2001, 937; *Beckert,* Einwilligung und Einverständnis, JA 2013, 507; *Bergmann,* Einwilligung und Einverständnis im Strafrecht, JuS 1989, L 65; *Bollacher/Stockburger,* Der ärztliche Heileingriff in der strafrechtlichen Fallbearbeitung, JURA 2006, 908; *Jansen,* Die hypothetische Einwilligung im Strafrecht, ZJS 2011, 482; *Kubink,* Strafrechtliche Probleme des Rechtsgutsverzichts im sportlichen Grenzbereich – soziale Adäquanz, erlaubtes Risiko, Einwilligung, JA 2003, 257; *Ludwig/Lange,* Mutmaßliche Einwilligung und willensbezogene Delikte – gibt es ein mutmaßliches Einverständnis?, JuS 2000, 446; *Marlie,* Zum mutmaßlichen Einverständnis, JA 2007, 112; *Mitsch,* Die mutmaßliche Einwilligung, ZJS 2012, 38; *Müller-Dietz,* Mutmaßliche Einwilligung und Operationserweiterung, JuS 1989, 280; *Otto,* Einwilligung, mutmaßliche, gemutmaßte und hypothetische Einwilligung, JURA 2004, 679; *Otto/Albrecht,* Die Bedeutung der hypothetischen Einwilligung für den ärztlichen Heileingriff, JURA 2010, 264; *Rönnau,* Voraussetzungen und Grenzen der Einwilligung im Strafrecht, JURA 2002, 665; *ders.,* Grundwissen – Strafrecht: Einwilligung und Einverständnis, JuS 2007, 18; *Rönnau/Meier,* Grundwissen – Strafrecht: Mutmaßliche Einwilligung, JuS 2018, 851; *Sickor,* Die Übertragung der hypothetischen Einwilligung auf das Strafrecht, JA 2008, 11.

Übungsfälle: *Berster,* Leber oder Leben, JA 2015, 911.

1012 BWME-*Mitsch,* § 15 Rn. 106; *Brand/Lenk,* JuS 2013, 883 (884 f.); *Freund/Rostalski,* § 4 Rn. 54 f.; *Frister,* 17. Kap. Rn. 18 ff.; *Jakobs,* 13/14; *Joecks/Jäger,* § 34 Rn. 48; *Kindhäuser/Zimmermann,* § 17 Rn. 38; *Matt/Renzikowski-Engländer,* § 34 Rn. 41; *Stratenwerth/Kuhlen,* § 9 Rn. 105; vgl. auch *Lenk,* JuS 2021, 754 (757 f.).
1013 *Kaspar,* Rn. 327; LK-*Hirsch,* 11. Aufl., § 34 Rn. 69a; *Rengier,* § 19 Rn. 54; LK-*Zieschang,* 13. Aufl., § 34 Rn. 129 ff., *Zieschang,* JA 2007, 679 (683).
1014 In diese Richtung (mit leichten Unterschieden) *Köhler,* S. 292 f.; *Krey,* JURA 1979, 316 (321 Fn. 33); *Krey/Esser,* Rn. 613 f.; MüKo-*Erb,* 4. Aufl., § 34 Rn. 193 f.; *Neumann,* JA 1988, 329 (334); NK-*Neumann,* § 34 Rn. 54 ff.; *Roxin/Greco,* AT I, § 16 Rn. 68 f.; *Roxin,* Oehler-FS 1985, S. 181 (188 f.); SK-*Hoyer,* § 34 Rn. 81; SSW-*Rosenau,* § 34 Rn. 30.
1015 So auch *Berster,* JuS 2018, 350 (354); *Roxin/Greco,* AT I, § 16 Rn. 68.

Rechtsprechung: BGHSt 4, 88 – Fausthieb (Umfang einer Einwilligung); **BGHSt 11**, 111 – Myom (Reichweite der Einwilligung); **BGHSt 12**, 379 – Wurmfortsatz (Einwilligung bei ärztlichem Heileingriff); **BGHSt 17, 359** – Pocken (Unzulässigkeit der nachträglichen Einwilligung); **BGHSt 35, 246** – Sterilisation (Irrtum über mutmaßliche Einwilligung); **BGHSt 40, 257** – Behandlungsabbruch (mutmaßliche Einwilligung und Sterbehilfe); **BGHSt 45, 219** – Sterilisation (mutmaßliche Einwilligung bei Operationserweiterung); **BGHSt 49, 166** – Sadomaso (sittenwidrige Einwilligung in eine Körperverletzung); **BGH NJW 1978, 1206** – Zahnextraktion (Unwirksamkeit der Einwilligung); **BayObLG NJW 1999, 372** – Jugendgang (Sittenwidrigkeit der Einwilligung).

Bei den Rechtfertigungsgründen der **Einwilligung** und der **mutmaßlichen Einwilligung** handelt es sich um gewohnheitsrechtlich anerkannte Rechtfertigungsgründe[1016], also solche, die gesetzlich nicht fixiert sind. Da Rechtfertigungsgründe regelmäßig zugunsten des Täters wirken, ist eine solche gewohnheitsrechtliche Begründung zulässig. Dagegen ist das **Einverständnis**, wie noch zu zeigen sein wird[1017], kein Rechtfertigungsgrund, sondern schließt bereits den Tatbestand des entsprechenden Delikts aus. Obwohl die Einwilligung gewohnheitsrechtlich begründet ist, finden sich im Besonderen Teil des StGB allerdings Vorschriften, welche sie bei einzelnen Straftatbeständen ausschließen oder einschränken. **438**

> **Bsp. (1):** Die schwer kranke Berta bittet ihren Ehemann Anton, ihr ein tödliches Gift zu verabreichen, damit sie in Ruhe und schmerzfrei sterben könne. Anton tut dies. – Aus der Strafvorschrift des § 216 StGB lässt sich schließen, dass eine Einwilligung im Hinblick auf den durch Anton begangenen Totschlag an seiner Frau unwirksam war. Denn das hier erforderliche ausdrückliche und ernsthafte Verlangen, an das Vorliegen noch höhere Anforderungen zu stellen sind als an die normale Einwilligung[1018], führt lediglich zu einer Privilegierung des Täters, nicht jedoch zu einem Strafausschluss. Hieraus folgt, dass die Einwilligung in eine Tötung die Tat nicht rechtfertigen kann. Anton hat sich nach § 216 StGB strafbar gemacht.

> **Bsp. (2)**[1019]**:** Der 15-jährige Manfred möchte Mitglied in einer Jugendgang werden. Die dortige Aufnahmeprüfung besteht darin, dass sich ein neues Mitglied zwei Minuten lang von drei anderen Mitgliedern durchprügeln lässt und dabei in aller Regel krankenhausreif geschlagen wird. Manfred unterzieht sich dieser Prozedur. – Die hier verwirklichte Körperverletzung könnte durch Manfreds Einwilligung gerechtfertigt sein. Nach § 228 StGB war die Einwilligung hier jedoch unwirksam, da sie gegen die guten Sitten verstößt.

Da sämtliche der genannten Rechtsinstitute (Einverständnis, Einwilligung und mutmaßliche Einwilligung) voraussetzen, dass der Rechtsgutsträger mit der Rechtsgutsverletzung einverstanden ist, müssen die Rechtsfiguren voneinander abgegrenzt werden. **439**

1. Einverständnis[1020]

a) **Abgrenzung von Einverständnis und Einwilligung.** Während Einwilligung und mutmaßliche Einwilligung Rechtfertigungsgründe darstellen und daher auf **440**

1016 Hierzu *Kühl*, § 9 Rn. 20.
1017 Vgl. unten Rn. 440 ff.
1018 Vgl. zu den Voraussetzungen für das Vorliegen einer wirksamen Einwilligung unten Rn. 454 ff.
1019 Fall nach BayObLG NJW 1999, 372; vgl. bereits oben Rn. 352; hierzu *Wessels/Beulke/Satzger*, Rn. 550, 602; als Übungsfall aufbereitet von *Hillenkamp*, JuS 2001, 159.
1020 Vgl. zum Einverständnis *Beulke*, JuS 1982, 815 (816); *Rengier*, § 23 Rn. 40 ff.; *Wessels/Beulke/Satzger*, Rn. 555 ff.; ferner die Übungsfälle bei *Füllkrug*, JURA 1989, 362 (363); *Hellmann*, JuS 1996, 522 (522 f.); *Jordan*, JURA 2001, 554 (556); *Mitsch*, JA 1995, 32 (34 f.); *Tag*, JuS 1996, 904 (906 f.); *Valerius/Zehetgruber*, JA 2014, 431 (433); *Walter*, JURA 2002, 415 (416).

Rechtswidrigkeitsebene zu prüfen sind, schließt das Einverständnis bereits den Tatbestand des entsprechenden Delikts aus[1021]. Man spricht daher zuweilen hinsichtlich des Einverständnisses auch – missverständlich – von einer „tatbestandsausschließenden Einwilligung"[1022]. Die Unterscheidung ist bedeutsam, weil sich an die Einordnung als tatbestandsausschließendes Merkmal oder als Rechtfertigungsgrund unterschiedliche Folgen knüpfen[1023], was sich insbesondere bei der Frage des Irrtums deutlich zeigt[1024].

441 Ob nun dadurch, dass der Rechtsgutsträger mit der Beeinträchtigung seines Rechtsguts einverstanden ist, bereits der Tatbestand oder aber erst die Rechtswidrigkeit auszuschließen ist, hängt von der Ausgestaltung des jeweils in Frage kommenden Tatbestandes bzw. der Reichweite der einzelnen Tatbestandsmerkmale ab. Entscheidend ist dabei, ob das betreffende (objektive) Tatbestandsmerkmal bereits begrifflich nicht erfüllt sein kann, wenn der Betroffene damit einverstanden ist. Ist hingegen die Erfüllung des Merkmals begrifflich auch dann möglich, wenn der Rechtsgutsträger einverstanden ist, kann seine Einwilligung an der Verwirklichung des Tatbestandes nichts ändern (und kann daher lediglich einen Rechtfertigungsgrund darstellen)[1025].

> **Bsp. (1):** Eine fremde Sache kann begrifflich sowohl mit als auch ohne den Willen des Eigentümers beschädigt oder zerstört werden. Geschieht dies mit Zustimmung des Eigentümers, ändert dieser Umstand nichts an der Tatsache, dass die betreffende Sache beschädigt oder zerstört ist.

> **Bsp. (2):** Ein Mensch kann getötet werden, unabhängig davon, ob dieser die Tötung wünscht oder nicht. Am Ergebnis (= Tod des Menschen) ändert es also nichts, ob der Getötete nun damit einverstanden ist oder nicht. Insofern kann eine Einwilligung nicht bereits das Tatbestandsmerkmal des „Tötens" ausschließen.

442 Wie bereits angemerkt, gibt es aber auch Tatbestandsmerkmale, die bereits begrifflich ein Handeln gegen oder ohne den Willen des Berechtigten (d. h. des Rechtsgutsträgers) voraussetzen. In diesen Fällen erhält die Handlung ihren deliktischen Charakter gerade dadurch, dass sie gegen bzw. ohne den Willen des Betroffenen erfolgt. Ist der Rechtsgutsträger mit der Verletzung einverstanden, ist die Erfüllung des Tatbestandes bereits begrifflich ausgeschlossen, es liegt ein tatbestandsausschließendes Einverständnis vor[1026].

1021 So zumindest die h. M.; vgl. BGHSt 23, 1 (3 f.); AnwKomm-*Hauck*, Vor §§ 32 ff. Rn. 13; *Bollacher/Stockburger*, JURA 2006, 908 (910); *Fischer*, Vor § 32 Rn. 3b; *Gropp/Sinn*, § 5 Rn. 113; *Gropp*, GA 2015, 5 (5 ff.); *Hoffmann-Holland*, Rn 304; *Jescheck/Weigend*, § 34 I 3; *Krey/Esser*, Rn. 655 ff.; *Kühl*, § 9 Rn. 22; *Marlie*, JA 2007, 112; *Otto*, JURA 2004, 679 (679 f.); *Rengier*, § 23 Rn. 3; *Schönke/Schröder-Sternberg-Lieben*, Vorbem. §§ 32 ff. Rn. 33, 33a; SSW-*Rosenau*, Vor §§ 32 ff. Rn. 32; *Wessels/Beulke/Satzger*, Rn. 551, 553; a. M. (jeweils Tatbestandsausschluss auch bei Einwilligung) *Gropengießer*, JR 1998, 89 (91); *Kindhäuser/Zimmermann*, § 12 Rn. 5; *Kühne*, JZ 1979, 241; MüKo-*Schlehofer*, 4. Aufl., Vor § 32 Rn. 146 ff.; *Rönnau*, JURA 2002, 665 (666); *ders.*, JuS 2007, 18 (19); *Rönnau/Faust/Fehling*, JuS 2004, 667 (670); *Rönnau/Hohn*, JuS 2003, 998 (1001); *Roxin/Greco*, AT I, § 13 Rn. 12 ff.; *Rudolphi*, ZStW 86 (1974), 68 (87 f.); SK-*Wolters*, § 228 Rn. 2; differenzierend *Beckert*, JA 2013, 507.
1022 So z. B. *Weißer/Kreß*, JA 2003, 857 (858); zur Terminologie *Kühl*, § 9 Rn. 25; *Wessels/Beulke/Satzger*, Rn. 551.
1023 Anders *Jescheck/Weigend*, § 34 I 2a; *Kühl*, § 9 Rn. 42 ff.; *Stratenwerth/Kuhlen*, § 9 Rn. 11, die eine solche schematische Differenzierung leugnen.
1024 Vgl. hierzu noch unten Rn. 450 ff.
1025 Zur Abgrenzung auch BGHSt 23, 1 (3); *Jäger*, Rn. 183; *Wessels/Beulke/Satzger*, Rn. 552 f.; vgl. ferner den Übungsfall bei *Weißer/Kreß*, JA 2003, 857 (858).
1026 Neben den im Folgenden genannten Strafvorschriften ist auch noch die Nötigung, § 240 StGB, zu nennen. Diese liegt bereits tatbestandlich nicht vor, wenn der Betroffene das von ihm abverlangte Verhalten freiwillig vollzieht; vgl. ferner die weiteren Beispiele bei *Krey/Esser*, Rn. 656.

> **Bsp. (1):** Anton fragt seinen Freund Bruno, ob er sich aus der auf dem Tisch liegenden Zigarettenschachtel eine Zigarette nehmen dürfe. Bruno stimmt zu. Anton zieht eine Zigarette heraus und zündet sich diese an. – Hier ist das Tatbestandsmerkmal „Wegnehmen" i. S. des § 242 StGB bereits begrifflich nicht erfüllt. Denn die Wegnahme ist gekennzeichnet durch einen Bruch fremden (und die Begründung neuen) Gewahrsams. Ein Gewahrsamsbruch setzt aber eine Aufhebung des Gewahrsams gerade gegen den Willen des Gewahrsamsinhabers voraus. Man liest also bereits in das Tatbestandsmerkmal „wegnehmen" ein Handeln gegen den Willen des Gewahrsamsinhabers hinein. Im vorliegenden Fall nimmt sich Anton zwar eine Zigarette, er nimmt diese jedoch nicht „weg".
>
> **Bsp. (2):** Rudi veranstaltet eine Party und lädt dazu seine Freunde ein. Der eingeladene Fritz betritt das Haus, nachdem er geklingelt und Rudi ihm geöffnet hat. – Hier käme niemand auf den Gedanken, das „Betreten" des Hauses durch Fritz als „Eindringen" i. S. des § 123 StGB anzusehen. Ein solches setzt nämlich bereits begrifflich ein Handeln gegen oder ohne den Willen des Berechtigten voraus. Insoweit ist der Tatbestand des § 123 StGB nicht erfüllt, wenn der Hausrechtsinhaber mit dem Betreten der Räumlichkeiten einverstanden ist.

443 Schließlich gibt es auch Tatbestände, die ein Handeln „gegen den Willen" des Rechtsgutsträgers bereits ausdrücklich als Tatbestandsmerkmal normieren (vgl. § 248b StGB, unbefugter Gebrauch eines Fahrzeugs). Handelt der Betreffende „mit Willen" des Berechtigten, liegt ein Einverständnis vor, welches auf Tatbestandsebene zu berücksichtigen ist.

444 **b) Voraussetzungen für das Vorliegen eines Einverständnisses**[1027]. Liegt ein solches Tatbestandsmerkmal vor, welches zu seiner Verwirklichung ein Handeln gegen den Willen des Berechtigten voraussetzt, so sind hierfür folgende Grundsätze zu beachten[1028]:

445 **aa)** Ausreichend für ein tatbestandsausschließendes Einverständnis ist die natürliche Willensfähigkeit des Betroffenen. Eine besondere Einsichtsfähigkeit oder Verstandesreife (wie sie bei der Einwilligung zu fordern ist) ist nicht notwendig[1029].

> **Bsp.:** Anton überredet die vierjährige Anna, ihm gegen ein Bonbon ihren neuen teuren Roller zu geben. Da Anna im Moment mehr Lust auf Bonbons und weniger Lust auf Rollerfahren hat, geht sie auf diesen Tausch ein. – Hier hat Anton der Anna den Roller nicht weggenommen, da Anna als Gewahrsamsinhaberin mit dem Tausch einverstanden war. Während man im Rahmen der Einwilligung die Tatsache berücksichtigen müsste, dass sich Anna der Tragweite ihrer Entscheidung nicht bewusst war (und eine entsprechende Einwilligung daher unwirksam wäre)[1030], reicht der natürliche Wille Annas, den Roller weggeben zu wollen, für ein Einverständnis aus.

446 **bb)** Notwendig ist allerdings eine **bewusste innere Zustimmung** im Sinne eines „Billigens". Ein bloß passives Dulden reicht nicht aus[1031].

> **Bsp.:** Anton bedroht Bruno mit einer Pistole und nimmt ihm anschließend die Geldbörse aus der Tasche. Hier liegt kein die Wegnahme ausschließendes Einverständnis vor.

1027 Vgl. hierzu auch das Prüfungsschema unten Rn. 1484.
1028 Abweichend allerdings *Frister*, 15. Kap. Rn. 3, der die Voraussetzungen eines tatbestandsausschließenden Einverständnisses für jedes Delikt gesondert bestimmen will.
1029 BGHSt 23, 1 (3); *Exner*, JURA 2013, 103 (103 f.); *Krey/Esser*, Rn. 660; *Rengier*, § 23 Rn. 45; *Rönnau*, JuS 2007, 18 (19); *Wessels/Beulke/Satzger*, Rn. 558; differenzierend *Kindhäuser/Zimmermann*, § 12 Rn. 43 ff.; *Schönke/Schröder-Sternberg-Lieben*, Vorbem. §§ 32 ff. Rn. 32a.
1030 Vgl. hierzu noch ausführlich den Problemschwerpunkt 7, unten Rn. 465 ff.
1031 RGSt 68, 306; *Wessels/Beulke/Satzger*, Rn. 559.

Das bloß passive Dulden des Gewahrsamsverlustes seitens des Bruno reicht in diesem Zusammenhang nicht aus.

447 cc) Erforderlich ist ferner eine **freiwillige Zustimmung**. Diese liegt auch vor, wenn sie durch Täuschung erschlichen wurde oder sonst auf Willensmängeln beruht[1032]. Dagegen reicht eine erzwungene Zustimmung nicht aus.

> **Bsp. (1):** Anton klingelt an der Türe der Witwe Wilma und stellt sich als Zeitungswerber vor. Wilma öffnet, will aber den ungebetenen Gast möglichst schnell wieder loswerden. Anton merkt dies und spiegelt ihr daher vor, sie habe in einem Preisausschreiben gewonnen und er wolle ihr in ihrer Wohnung den Preis überreichen (was unzutreffend ist, denn er will lediglich die Wohnung erkunden, um zu prüfen, ob sich ein späterer Einbruchsdiebstahl „lohnt"). Wilma fällt auf diesen Trick herein und bittet Anton erfreut in ihre Wohnung. – Hier hat sich Anton nicht nach § 123 StGB strafbar gemacht. Auch das „erschlichene" Einverständnis zum Betreten der Wohnung schließt ein „Eindringen" und somit den Tatbestand des Hausfriedensbruchs aus[1033], denn es entspricht Wilmas Willen, dass Anton die Wohnung betritt.
>
> **Bsp. (2):** Bei seinem nächsten Besuch hat Anton weniger Glück, denn die Witwe Klara lässt sich durch ihn nicht täuschen. Darauf zieht Anton eine Pistole, bedroht Klara mit dem Tode und fragt, ob sie nun bereit wäre, ihn ihre Wohnung betreten zu lassen. In Todesangst stimmt Klara zu und gibt den Weg frei. – Hier erreichte Anton die Zutrittsgestattung mittels Drohung (und nicht mittels Täuschung). Dies reicht für ein Einverständnis nicht aus.

448 dd) Ausreichend ist es, wenn das Einverständnis zum Zeitpunkt der Tat tatsächlich vorliegt. Es muss weder ausdrücklich noch konkludent erklärt werden[1034]. Eine Kenntnis des Täters ist nicht erforderlich[1035].

449 c) **Irrtumsfragen.** Liegt ein Einverständnis vor, ist bereits der objektive Tatbestand nicht erfüllt. Dies hat insbesondere Konsequenzen bei eventuellen Irrtumsfragen[1036].

450 aa) Glaubt der Täter irrtümlich an das Vorliegen eines Einverständnisses, handelt er im Hinblick auf die Verwirklichung des Tatbestandes ohne Vorsatz. Er unterliegt einem Tatbestandsirrtum, § 16 StGB, der den subjektiven Tatbestand entfallen lässt.

> **Bsp.:** Martha hat die Türe ihrer Villa geöffnet und ruft „Komm rein, ich hab was Feines zu essen gemacht!". Dabei meint sie ihren achtjährigen Sohn, der allerdings gerade auf der anderen Straßenseite spielt und ihre Worte nicht hört. Zufällig befindet sich allerdings der Postbote Paul vor der Türe, der das Angebot gerne annehmen möchte und daher die Wohnung betritt. – Hier hat Paul schon tatbestandlich keinen Hausfriedensbruch, § 123 StGB, begangen, da er irrtümlich ein Einverständnis annahm. Insoweit dringt er zwar objektiv in Marthas Wohnung ein, hat aber diesbezüglich keinen Vorsatz.

1032 *Krey/Esser*, Rn. 661; *Wessels/Beulke/Satzger*, Rn. 558; vgl. auch die Übungsfälle bei *Gröseling*, JuS 2003, 1097 (1099); *Herzberg*, JA 1980, 385 (391); *Kudlich/Schuhr*, JA 2007, 349 (350); abweichend im Hinblick auf § 266 StGB *Jordan*, JURA 2001, 554 (556).
1033 So *Krey/Esser*, Rn. 661; *Schönke/Schröder-Sternberg-Lieben/Schittenhelm*, § 123 Rn. 22; a. M. OLG München NJW 1972, 2275.
1034 *Wessels/Beulke/Satzger*, Rn. 559.
1035 *Gröseling*, JuS 2003, 1097 (1099); *Krey/Esser*, Rn. 659; *Rönnau*, JuS 2007, 18 (19); vgl. aber auch *Wessels/Beulke/Satzger*, Rn. 561; vgl. hierzu auch den Übungsfall bei *Sengbusch*, JURA 2009, 307 (308).
1036 Hierzu *Wessels/Beulke/Satzger*, Rn. 561.

bb) Liegt andererseits ein Einverständnis tatsächlich vor, von dem der Täter jedoch nichts weiß, entfällt bereits der objektive Tatbestand und es kommt lediglich ein Versuch in Betracht. **451**

> **Bsp.:** Anton hat in der Garage seines Freundes Bruno eine hässliche Skulptur untergestellt, die Bruno am liebsten loswerden würde. Daher lässt Bruno die Garagentüre geöffnet und hofft, dass jemand die Skulptur entwenden würde. So geschieht es auch: Der vorbeikommende Rudi nutzt die Gelegenheit, betritt nachts die Garage und entwendet die Skulptur. – Sowohl hinsichtlich des „Eindringens" im Rahmen des § 123 StGB als auch in Bezug auf die „Wegnahme" i. S. des § 242 StGB lag ein tatbestandsausschließendes Einverständnis vor. Der objektive Tatbestand scheidet daher jeweils aus. Da Rudi jedoch in ein fremdes Besitztum eindringen und eine Sache wegnehmen wollte, hat er einen versuchten Diebstahl, §§ 242, 22 StGB, und einen (nicht strafbaren) versuchten Hausfriedensbruch begangen[1037].

Würde man hier lediglich eine (rechtfertigende) Einwilligung seitens des Garagen- und Gewahrsamsinhabers Bruno annehmen, dann wäre der Tatbestand erfüllt. Objektiv läge eine Einwilligung vor, von der Rudi allerdings nichts wusste. Es würde also am subjektiven Rechtfertigungselement der Einwilligung fehlen. In diesem Fall käme es darauf an, ob man mit der hier vertretenen Ansicht[1038] bei Fehlen des subjektiven Rechtfertigungselements ein vollendetes Delikt oder mit der Gegenansicht lediglich einen Versuch annimmt (der nicht in allen Fällen strafbar ist). **452**

2. Einwilligung

a) Grundlagen. Die Einwilligung stellt einen (ungeschriebenen) Rechtfertigungsgrund dar[1039]. Dabei ist zu prüfen, ob der Rechtsgutsträger mit der Verletzung des Rechtsguts einverstanden war. Ist dies der Fall, dann ist zwar der gesetzliche Tatbestand verwirklicht, es entfällt jedoch die Rechtswidrigkeit. Grund für die Rechtfertigung ist der allgemeine Rechtsgrundsatz **„volenti non fit iniuria"** (dem, der es so haben will, geschieht kein Unrecht)[1040]. **453**

b) Voraussetzungen für das Vorliegen einer Einwilligung[1041]. Folgende Grundsätze sind im Rahmen einer Einwilligung zu beachten: **454**

aa) Es muss ein **disponibles Rechtsgut** vorliegen, d. h. über das Rechtsgut muss „verfügt" werden können[1042]. Eine solche Disponibilität scheidet aus bei Allgemeinrechtsgütern (z. B. der Umwelt, der staatlichen Rechtspflege)[1043] sowie im Ausnahmefalle bei Individualrechtsgütern, wenn die Vorschrift gerade dem Schutz des notwendiger Weise Mitwirkenden dient (z. B. beim Wucher, § 291 StGB)[1044] **455**

1037 MüKo-*Schmitz*, 4. Aufl., § 242 Rn. 88; vgl. hierzu auch die Übungsfälle bei *Buchholz*, JURA 2019, 211 (216); *Kudlich/Schuhr*, JA 2007, 349 (350); *Sengbusch*, JURA 2009, 307 (308).
1038 Vgl. hierzu noch unten Rn. 462, 464; allgemein zur Rechtsfolge beim fehlenden subjektiven Rechtfertigungselement den Problemschwerpunkt 5, oben Rn. 386 ff.
1039 Vgl. hierzu – sowie zur Gegenansicht – oben Rn. 440.
1040 Vgl. zur geschichtlichen Herleitung *Jescheck/Weigend*, § 34 II; *Kühl*, § 9 Rn. 20; *Roxin/Greco*, AT I, § 13 Rn. 1.
1041 Vgl. hierzu auch das Prüfungsschema unten Rn. 1485.
1042 Vgl. hierzu *Duttge*, JURA 2006, 15; *Kindhäuser/Zimmermann*, § 12 Rn. 10; *Otto*, JURA 2004, 679 (680); *Rönnau*, JURA 2002, 665 (667); *ders.*, JuS 2007, 18 (19); *Roxin/Greco*, AT I, § 13 Rn. 33 ff.; *Wessels/Beulke/Satzger*, Rn. 564.
1043 BGHSt 23, 261; *Jescheck/Weigend*, § 34 III 5; vgl. hierzu auch die Übungsfälle bei *Fisch/Sternberg-Lieben*, JA 2000, 124 (125); *Geppert*, JuS 1972, 271 (273); *Graul*, JuS 1992, 321 (325); *Putzke*, JURA 2015, 95 (98 f.); sowie (zu § 306 StGB) bei *Otte*, JA 2017, 510 (511).
1044 Hierzu *Kindhäuser/Zimmermann*, § 12 Rn. 10.

oder wenn sie durch Sonderregelungen ausgeschlossen wird (z. B. §§ 216, 228 StGB)[1045].

Bsp.: Anton beauftragt seinen Freund Bruno, ihn bei der Polizei zu verdächtigen einen Mord begangen zu haben. Dabei hofft er, hierdurch seine Verhaftung zu bewirken und einige Tage in den „warmen" Räumen der Justizvollzugsanstalt nächtigen zu können. So geschieht es dann auch. – Bruno hat den Tatbestand der falschen Verdächtigung, § 164 StGB, verwirklicht. Geht man davon aus, § 164 StGB schütze lediglich die Rechtsgüter desjenigen, der falsch verdächtigt wird, so würde eine Strafbarkeit entfallen, wenn der Betroffene, aus welchen Gründen auch immer, mit der falschen Anzeige einverstanden ist. Die h. M. sieht aber über den Schutz des Einzelnen hinaus durch § 164 StGB auch die staatliche Rechtspflege als geschützt an, denn die staatlichen Strafverfolgungsorgane sollen nicht überflüssig beansprucht und in die falsche Richtung gelenkt werden[1046]. Da es sich bei der „staatlichen Rechtspflege" um ein Allgemeinrechtsgut handelt, über das niemand verfügen kann, ist eine Einwilligung unzulässig.

456 bb) Der Berechtigte muss **einwilligungsfähig** sein. Dies setzt nach h. M. voraus, dass er infolge seiner geistigen und sittlichen Reife imstande ist, die Bedeutung und Tragweite des Eingriffs in das jeweilige Rechtsgut zu erkennen[1047]. Darüber hinaus muss er wissen, dass er durch sein Verhalten auf den Schutz des Rechtsguts verzichtet, und schließlich muss er auch die Sachlage sachgerecht beurteilen[1048]. Wann dies vorliegt, ist eine Sache des Einzelfalles. Abstrakte Kriterien, insbesondere Altersgrenzen, lassen sich hier nicht entwickeln (auf die Einwilligungsfähigkeit von Minderjährigen wird noch gesondert eingegangen[1049]). Eine wirksame Einwilligung scheidet aber jedenfalls nicht erst dann aus, wenn beim Einwilligenden der Zustand der Schuldunfähigkeit (§ 20 StGB) erreicht ist[1050].

Bsp.[1051]**:** Berta leidet unter ständigen Kopfschmerzen und ist der Ansicht, hieran seien ihre plombierten Zähne schuld. Sie bittet den Zahnarzt Armin, ihr sämtliche Zähne zu ziehen, obwohl dieser ihr klarzumachen versucht, dass zwischen den Plomben und

---

1045 Vgl. hierzu BGHSt 4, 24 (32); BGHSt 4, 88 (91 ff.); BGHSt 49, 34 (40 ff.); BGHSt 49, 166; BGHSt 53, 55 (62 f.); BGHSt 58, 140 (143 ff.) – hierzu auch *Epik/Krey*, famos 5/2013; BGH NStZ 2000, 87 (88); BGH NStZ 2010, 389 (390); BGH NStZ 2021, 494 (496); BGH StV 2022, 101 (102); BayObLG NJW 1999, 372; OLG München NStZ 2014, 706; ferner *Hauck*, GA 2012, 202; *Jäger*, Rn. 185 ff.; *Klesczewski*, Rn. 106; *Otto*, JURA 2004, 679 (681); vgl. auch die Übungsfälle bei *Benz*, ZJS 2021, 522 (526); *Esser/Beckert*, JA 2012, 590 (592); *Fabricius*, JuS 1991, 393 (395 f.); *Fateh-Moghadam/Kohake*, ZJS 2012, 98 (101 f.); *Gerhold/El-Ghazi*, JuS 2014, 524 (526 f.); *Großmann/Mennemann*, JuS 2018, 779 (781); *Hardtung*, JuS 1990, 302 (304); *Hinderer/Brutscher*, JA 2011, 907 (910 f.); *Hillenkamp*, JuS 2001, 159 (161 f.); *Jung*, JuS 1992, 131 (132); *Käßner/Seibert*, JuS 2006, 810 (811); *Kett-Straub/Linke*, JA 2010, 25 (27 f.); *Kreß/Mülfarth*, JA 2011, 269 (270 f.); *Kretschmer*, JURA 2016, 1436 (1443 ff.); *Kuhli/Schütt*, JuS 2016, 328 (332); *Marinitsch*, JA 2019, 906 (910, 912); *Nussbaum*, ZJS 2021, 350 (351 f.); *Preuß/Krüll*, JA 2018, 271 (273); *Schlehofer*, JURA 1989, 263 (271); *Tönnies*, ZJS 2015, 431 (433 f.); *Trüg*, JA 2002, 214 (220 f.); *Weißer*, JuS 2009, 135 (136); *Zimmermann*, JuS 2011, 629 (631); in diesen Fällen wird jedoch zumeist die Sittenwidrigkeit nicht bei der Frage der Disponibilität des Rechtsgutes, sondern als eigener Punkt geprüft; vgl. hierzu auch die Beispielsfälle oben Rn. 438.
1046 Vgl. nur BGHSt 5, 66 (68); *Geilen*, JURA 1984, 251; *Lackner/Kühl*, § 164 Rn. 1; *Schönke/Schröder-Bosch/Schittenhelm*, § 164 Rn. 1a; *Wessels/Hettinger/Engländer*, BT 1, Rn. 667; vgl. hierzu bereits oben Rn. 8; a. M. MüKo-*Zopfs*, 4. Aufl., § 164 Rn. 4; *Otto*, BT, § 95 Rn. 1 (nur staatliche Rechtspflege); NK-*Vormbaum*, § 164 Rn. 10 (nur Individualschutz).
1047 RGSt 41, 392 (396); RGSt 77, 17 (20); BGHSt 4, 88 (90); BGHSt 23, 1 (4); BGH NJW 1978, 1206; BGH NStZ 2000, 87 (88); *Bollacher/Stockburger*, JURA 2006, 908 (910); *Jescheck/Weigend*, § 34 IV 4; *Käßner/Seibert*, JuS 2006, 810 (811); *Kindhäuser/Zimmermann*, § 12 Rn. 11; *Rengier*, § 23 Rn. 15; *Rönnau*, JURA 2002, 665 (668 f.); *Wessels/Beulke/Satzger*, Rn. 566; vgl. auch die Übungsfälle bei *Hillenkamp*, JuS 2001, 159 (161); *Kunz*, JuS 1996, 39 (41); *Morgenstern*, JURA 2008, 625 (626).
1048 Vgl. hierzu auch den Übungsfall bei *Hermle*, JuS 1987, 976 (977); ferner *Jäger*, Rn. 199 ff.
1049 Vgl. hierzu noch unten Problemschwerpunkt 7, Rn. 465 ff.
1050 BGHSt 4, 88 (90 f.).
1051 Fall nach BGH NJW 1978, 1206.

den Kopfschmerzen kein Zusammenhang besteht. Schließlich gibt Armin dem Drängen Bertas nach und zieht ihr die Zähne. – Armin hat sich hier wegen einer Körperverletzung, § 223 StGB, strafbar gemacht, da Bertas Einwilligung unwirksam war. Denn Berta irrte sich hier erkennbar über die Wirkungen des vorgenommenen Eingriffs.

cc) Die Einwilligung muss ausdrücklich oder konkludent **erklärt** werden[1052]. Im Gegensatz zum tatbestandsausschließenden Einverständnis ist dabei eine Kundgabe nach außen erforderlich, die jedoch nicht zwingend gegenüber dem Täter erfolgen muss[1053]. **457**

dd) Die Einwilligung muss gerade durch den **Inhaber des betroffenen Rechtsguts** (oder den zur Disposition über dieses Rechtsgut Befugten) erklärt werden[1054]. Dabei ist eine Stellvertretung grundsätzlich zulässig[1055]. Bedenken sind allerdings dann angebracht, wenn es sich um höchstpersönliche Rechtsgüter handelt (Bsp.: Einwilligung zum Abbruch lebenserhaltender Maßnahmen durch den Betreuer[1056]). Eltern können infolge ihres elterlichen Sorgerechts wirksam für ihre einwilligungsunfähigen Kinder handeln, müssen sich dabei aber an den gesetzlichen Wertungen der §§ 1626 ff. BGB („Wohls des Kindes") orientieren[1057]. Bei juristischen Personen ist besonders sorgfältig zu prüfen, wer im Einzelfall eine wirksame Einwilligung erteilen kann[1058]. **458**

ee) Die Einwilligung muss **vor der Tatbegehung** erklärt werden. Eine nachträgliche Genehmigung ist bedeutungslos[1059]. Der Rechtsgutsträger kann also nicht nachträglich ein vorausgegangenes strafbares Verhalten eines anderen „legitimieren" und dadurch dessen Strafbarkeit beseitigen. Allerdings gibt es in der Praxis dennoch Möglichkeiten des Verletzten, eine Strafverfolgung des Täters zu verhindern. Zu denken ist hier einerseits daran, dass der Verletzte eine begangene Straftat den Behörden gegenüber nicht zur Kenntnis bringt (Unterlassen einer Strafanzeige). Ferner kann das Tatopfer zumindest bei den Antragsdelikten durch Verzicht auf die Stellung eines Strafantrages der tatsächlichen Strafverfolgung entgegenwirken (Unterlassen eines Strafantrages). Diese Möglichkeiten versagen jedoch **459**

1052 Vgl. auch BGH NJW 1956, 1106 (1107); *Amelung/Eymann*, JuS 2001, 937 (941); BWME-*Mitsch*, § 15 Rn. 133; *Jescheck/Weigend*, § 34 IV 2; *Kühl*, § 9 Rn. 31; LK-*Hirsch*, 11. Aufl., Vor § 32 Rn. 109; *Rengier*, § 23 Rn. 21; *Schönke/Schröder-Sternberg-Lieben*, Vorbem. §§ 32 ff. Rn. 43; *Wessels/Beulke/Satzger*, Rn. 578; a. M. (rein innerliche Zustimmung genügt) KG JR 1954, 428; *Jakobs*, 7/115; *Rönnau*, JURA 2002, 665 (666); vgl. hierzu den Übungsfall bei *Kuhli/Schütt*, JuS 2016, 328 (332).
1053 *Amelung/Eymann*, JuS 2001, 937 (941); *Kindhäuser/Zimmermann*, § 12 Rn. 13; *Roxin/Greco*, AT I, § 13 Rn. 75.
1054 Vgl. hierzu *Schmitz*, JA 1996, 949 (951 f.).
1055 *Kindhäuser/Zimmermann*, § 12 Rn. 16 ff.; MüKo-*Schlehofer*, 4. Aufl., Vor § 32 Rn. 166; *Roxin/Greco*, AT I, § 13 Rn. 92 ff.
1056 Vgl. hierzu *Kindhäuser/Zimmermann*, § 12 Rn. 16; *Seitz*, ZRP 1998, 417 (420); ferner den Übungsfall bei *Vogel/Hocke*, JURA 2005, 709 (711).
1057 *Amelung/Eymann*, JuS 2001, 937 (940); *Kern*, NJW 1994, 753 (756); *Lenckner*, ZStW 72 (1960), 446 (458 ff.); *Schönke/Schröder-Sternberg-Lieben*, Vorbem. §§ 32 ff. Rn. 41 ff.; vgl. hierzu auch den Übungsfall bei *Esser/Beckert*, JA 2012, 590 (593), die anstelle einer Einwilligung hier allerdings einen eigenständigen Rechtfertigungsgrund des Erziehungs- und Sorgerechts der Eltern (§ 1626 BGB) annehmen.
1058 Vgl. zur Einwilligung bei einer Ein-Personen-GmbH den Übungsfall bei *Bischoff/Wächter*, JuS 2010, 246 (250 f.).
1059 Vgl. BGHSt 17, 359 (360); *Amelung/Eymann*, JuS 2001, 937 (941); *Bollacher/Stockburger*, JURA 2006, 908 (910); *Kindhäuser/Zimmermann*, § 12 Rn. 12; *Krey/Esser*, Rn. 665; *Kühl*, § 9 Rn. 32; NK-*Paeffgen/Zabel*, § 228 Rn. 13; *Rengier*, § 23 Rn. 22; *Roxin/Greco*, AT I, § 13 Rn. 79; *Wessels/Beulke/Satzger*, Rn. 578; ferner die Übungsfälle bei *Fisch/Sternberg-Lieben*, JA 2000, 124 (125); *Schulz*, JA 1999, 203 (209).

bei Delikten, deren Verfolgung nicht von einem Strafantrag abhängig ist und die der Behörde auf andere Weise zur Kenntnis gelangen.

> **Bsp.:** Anton und Bruno sitzen in einer Kneipe und sind beide erheblich betrunken. Wie häufig in solchen Situationen bekommen sie Streit. Irgendwann steht Anton auf und schlägt Bruno eine herumstehende Bierflasche über den Kopf. Dieser bleibt ruhig, aber blutüberströmt sitzen. Als Anton nach einer halben Stunde aufstehen und gehen will, verabschiedet Bruno sich damit, dass er einen Aschenbecher nimmt und auf Anton wirft, der dadurch eine erhebliche Kopfverletzung erleidet. Hinterher äußern beide vor dem Richter, dass sie sich gegenseitig verzeihen würden und dass sie das Ganze als „gar nicht so schlimm" ansehen. – Diese nachträgliche „Genehmigung" nützt ihnen jedoch nichts. Denn die gefährliche Körperverletzung, §§ 223, 224 Abs. 1 Nr. 2, Nr. 5 StGB, ist ein Delikt, dessen Verfolgung nicht von einem Strafantrag abhängig ist (sog. Offizialdelikt).

460 ff) Die Einwilligung muss **zum Zeitpunkt der Tat** (noch) vorliegen. Eine einmal erklärte Einwilligung ist bis zum Zeitpunkt der Ausführung der Tat jederzeit widerrufbar[1060].

461 gg) Die Einwilligung muss – im Gegensatz zum tatbestandsausschließenden Einverständnis – **frei von Willensmängeln** sein. Eine durch Drohung, Täuschung oder Irrtum bedingte Einwilligung ist unwirksam[1061]. Allerdings schließt nicht jeder Irrtum die Wirksamkeit einer Einwilligung aus. Nach h. M. ist lediglich ein Irrtum darüber, dass das Rechtsgut zur Disposition gestellt wird, beachtlich. Motivationsbildende Irrtümer sind hingegen weitgehend unbeachtlich (auf die Wirksamkeit einer täuschungsbedingten Einwilligung wird noch gesondert eingegangen)[1062].

462 hh) Schließlich muss der Täter **in Kenntnis** der Einwilligung und gerade aufgrund der vorliegenden Einwilligung handeln (subjektives Rechtfertigungselement)[1063]. Fehlt diese Kenntnis oder nimmt der Täter irrtümlich das Vorliegen einer Einwilligung an, führt dies zu folgenden Konsequenzen:

463 c) **Irrtumsfragen.** Glaubt der Täter irrtümlich an das Vorliegen einer Einwilligung, so handelt er dennoch rechtswidrig. Nach h. M. entfällt lediglich die Schuld[1064].

> **Bsp.:** Anton sammelt für seinen Nachbarn Norbert während dessen Urlaubsabwesenheit absprachegemäß die Zeitungen. Nach Norberts Rückkehr ruft Anton den Norbert an und fragt, ob er die Zeitungen vorbeibringen oder wegwerfen soll. Norbert antwortet „ja natürlich" und meint damit das „Vorbeibringen". Anton bezieht das „Ja" allerdings auf „Wegwerfen" und tut dies. – Mangels wirksamer Einwilligung begeht Anton hier eine Sachbeschädigung, § 303 StGB, die auch rechtswidrig ist. Er handelte (infolge

---

1060 Vgl. RGSt 25, 375 (382); *Amelung*, ZStW 109 (1997), 490 (516); *Kindhäuser/Zimmermann*, § 12 Rn. 20; *Kühl*, § 9 Rn. 32; *Wessels/Beulke/Satzger*, Rn. 578; vgl. auch die Übungsfälle bei *Fahl*, JURA 2013, 967 (970); *Fisch/Sternberg-Lieben*, JA 2000, 124 (125).
1061 Vgl. auch *Kühl*, § 9 Rn. 35 ff.; *Otto*, JURA 2004, 679 (681); *Rengier*, § 23 Rn. 23 ff.; differenzierend für Dreieckskonstellationen *Rönnau*, JuS 2005, 481 (485 f.); vgl. zu einem möglichen Willensmangel infolge Zwang den Übungsfall bei *Tönnies*, ZJS 2015, 431 (434 f.).
1062 Vgl. hierzu noch ausführlich den Problemschwerpunkt 8, unten Rn. 468 ff.
1063 LK-*Hirsch*, 11. Aufl., Vor § 32 Rn. 57, 126; *Rengier*, § 23 Rn. 38; *Wessels/Beulke/Satzger*, Rn. 579; anders *Kühl*, § 9 Rn. 41; *Rönnau*, JuS 2005, 481 (486): Kenntnis der Einwilligung genügt; vgl. zu dieser Problematik auch *Bollacher/Stockburger*, JURA 2006, 908 (911); ferner die Übungsfälle bei *Laubenthal/Baier*, JA 1993, Ü 101 (Ü 106); *Seiterle*, JURA 2011, 958 (959, 962).
1064 Vgl. zu diesem sog. Erlaubnistatbestandsirrtum noch ausführlich unten Rn. 1123 ff.

eines Erlaubnistatbestandsirrtums = Annahme der tatsächlichen Voraussetzungen eines anerkannten Rechtfertigungsgrundes) lediglich ohne Schuld.

Liegt eine Einwilligung vor, von der der Täter jedoch nichts weiß, kommt – je nach Einschätzung der subjektiven Rechtfertigungsmerkmale – Vollendung oder Versuch in Betracht[1065].

Bsp.[1066]: Nachdem Norbert die Zeitungen im vorigen Fall drei Tage nach seiner vorgesehenen Rückkehr aus dem Urlaub immer noch nicht abgeholt hat, wird es Anton zu bunt. Er will Norbert einen „Denkzettel" verpassen und wirft den Stapel kurzerhand in den Papiermüll. Zwei Stunden später erreicht ihn ein am Vortag geschriebener Brief, in welchem Norbert ihm mitteilt, er bliebe noch vier Wochen länger im Urlaub, Anton könne die Zeitungen gerne wegwerfen. – Hier lag zum Tatzeitpunkt eine Einwilligung vor, von der Anton aber nichts wusste. Insoweit ist Anton hier entweder wegen einer vollendeten oder versuchten Sachbeschädigung zu bestrafen, je nachdem, wie man das fehlende subjektive Rechtfertigungselement rechtlich behandelt[1067].

d) Einwilligung durch Minderjährige[1068] (Problemschwerpunkt 7)

Fall: Der 15-jährige Manfred hat von seinem Großvater eine wertvolle Skulptur geerbt, die in seinem Zimmer steht. Sein Onkel Otto findet die Skulptur „abgrundtief hässlich" und meint, man müsse ihr schon Arme und Beine abschlagen, damit sie schön aussehe. Manfred, der sich über diesen Gedanken amüsiert und dem die Skulptur auch nicht gefällt, antwortet daraufhin, das solle Otto doch bitte tun. Otto nimmt sogleich einen Hammer und „bearbeitet" das Kunstwerk, während Manfred kichernd zuschaut.

Problemstellung: Tatbestandlich hat Otto hier eine Sachbeschädigung, § 303 StGB, an der Skulptur begangen. In diese hatte allerdings der Eigentümer Manfred eingewilligt. Da Manfred jedoch minderjährig ist, ist fraglich, ob seine Einwilligung strafrechtlich wirksam ist.

aa) Nach der herrschenden **Lehre von der Einsichtsfähigkeit**[1069] ist die Einwilligung eines Minderjährigen strafrechtlich dann wirksam, wenn er nach seiner geistigen und sittlichen Reife imstande ist, Wesen, Bedeutung und Tragweite des gegen ihn gerichteten Eingriffs und des Verzichts auf den Schutz des Rechtsguts zu erkennen und sachgerecht zu beurteilen. Entscheidend ist also eine natürliche „Einsichtsfähigkeit", eine bürgerlich-rechtliche Geschäftsfähigkeit ist nicht erforderlich. Diese „strafrechtliche Sicht" ist zutreffend. Die Einwilligung ist kein Rechtsgeschäft im Sinne des Zivilrechts. Daher sind die Regeln über die Willenser-

---

1065 Vgl. hierzu den Problemschwerpunkt 5, oben Rn. 386 ff.
1066 Vgl. zu einer ähnlichen Konstellation den Übungsfall bei *Putzke*, JURA 2009, 147 (148); zum subjektiven Rechtfertigungselement bei der Einwilligung vgl. auch den Übungsfall bei *Buchholz*, JURA 2019, 211 (215).
1067 Vgl. hierzu oben Rn. 390 ff.
1068 Vgl. hierzu auch *Hillenkamp/Cornelius*, AT, 6. Problem; ferner die Übungsfälle bei *Baier*, JA 2000, 300 (303); *Fabricius*, JuS 1991, 393 (396); *Hillenkamp*, JuS 2001, 159 (161); *Reschke*, JuS 2011, 50 (52).
1069 RGSt 41, 392 (394); BGHSt 5, 362 (365); BGHSt 12, 379 (382); BGH NStZ 2021, 494 (496 f.); BayObLG NJW 1999, 372; *Amelung*, ZStW 104 (1992), 525 (526 ff.); AnwKomm-*Hauck*, Vor §§ 32 ff. Rn. 15; BWME-*Mitsch*, § 15 Rn. 132; *Exner*, JURA 2013, 103 (104 f.); *Fischer*, Vor § 32 Rn. 3c; Gropp/Sinn, § 5 Rn. 80; *v. Heintschel-Heinegg-Eschelbach*, § 228 Rn. 13; Jescheck/Weigend, § 34 IV 1, 4; *Köhler*, S. 250 f.; *Kühl*, § 9 Rn. 33; *Lackner/Kühl*, Vor § 32 Rn. 16; *Lesch*, NJW 1989, 2309 (2310); LK-*Hirsch*, 11. Aufl., Vor § 32 Rn. 109, 118; Matt/Renzikowski-*Engländer*, Vor §§ 32 ff. Rn. 18; Maurach/Zipf, AT 1, § 17 Rn. 57; *Mitsch*, ZJS 2012, 38 (49 f.); *Otto*, § 8 Rn. 115; *ders.*, JURA 2004, 679 (681); *Rengier*, § 23 Rn. 15; *Rönnau*, JuS 2007, 18 (19); *Roxin/Greco*, AT I, § 13 Rn. 84; *Schmidt*, Rn. 437; Schönke/Schröder-*Sternberg-Lieben*, Vorbem. §§ 32 ff. Rn. 39; SSW-*Rosenau*, Vor §§ 32 ff. Rn. 38; Stratenwerth/Kuhlen, § 9 Rn. 24 f.; Wessels/Beulke/Satzger, Rn. 566 ff.; vgl. zur Einwilligung Geisteskranker auch BGHSt 23, 1 (4).

klärung nicht anwendbar. Da es hier nicht um die Übertragung von Rechten und einen diesbezüglichen Schutz von Minderjährigen geht, sondern um die Strafwürdigkeit einer Handlung, können keine festen Altersgrenzen gesetzt werden. Selbst wenn eine Handlung zivilrechtlich nicht rechtmäßig ist, so kann doch das strafrechtliche Subsidiaritätsprinzip ein Absehen von Strafe erfordern. Die Einwilligung eines Minderjährigen ist dabei für jeden konkreten Fall unter Berücksichtigung der besonderen Umstände und der persönlichen Reife des Betreffenden festzustellen. Im genannten Fall ist an einer natürlichen Einsichtsfähigkeit Manfreds nicht zu zweifeln. Er verstand durchaus, dass Otto das ihm gehörende Kunstwerk beschädigen würde. Otto bleibt daher infolge einer wirksamen Einwilligung seitens des Manfred straflos. An dieser Ansicht wird zwar **kritisiert**, dass der zivilrechtliche Schutz des Minderjährigen dann keine Entsprechung in einem strafrechtlichen Schutz finde. Ferner führe es zu unlösbaren Widersprüchen, wenn der Minderjährige wirksam in eine Rechtsverletzung einwilligen, sein gesetzlicher Vertreter aber genauso wirksam eine Einwilligung hierzu verweigern könnte. Dem lässt sich jedoch entgegenhalten, dass ein Auseinanderfallen von zivilrechtlichem und strafrechtlichem Schutz nicht ungewöhnlich ist.

467 bb) Dagegen macht die **Lehre von der Zivilrechtsakzessorietät**[1070] vom Grundsatz der notwendigen Einsichts- und Urteilsfähigkeit jedenfalls für die Fälle der Einwilligung in die Verletzung von Vermögensrechten eine Ausnahme. Die Einwilligung soll bei einem Minderjährigen strafrechtlich nur dann wirksam sein, wenn der Minderjährige geschäftsfähig ist (Anwendung der §§ 104 ff. BGB analog). Hinsichtlich der Verletzung von höchstpersönlichen Rechtsgütern soll es jedoch beim Abstellen auf die Einsichts- und Urteilsfähigkeit des Einwilligenden (im Sinne der herrschenden Lehre) bleiben. Grund für die unterschiedliche Behandlung sei die notwendige Einheit von Zivil- und Strafrecht. Wenn der Minderjährige nicht wirksam verfügen könne, dann sei es auch nicht einzusehen, warum er strafrechtlich in die Zerstörung seines Eigentums einwilligen könne. Zwar sei die Einwilligung keine Willenserklärung, sie sei jedoch in ihrer Bedeutung eine einer Willenserklärung entsprechende Rechtshandlung und müsse im Interesse des Minderjährigenschutzes auch entsprechend behandelt werden. Dagegen überwiege bei höchstpersönlichen Rechtsgütern das Recht auf freie Selbstbestimmung über die eigene Person. Konsequenz dieser Lösung ist, dass die Einwilligung eines Minderjährigen in eine Eigentums- oder Vermögensverletzung (wie im vorliegenden Fall) regelmäßig unwirksam ist. Otto wäre daher gemäß § 303 StGB zu bestrafen. Es käme lediglich ein (in der Regel allerdings vermeidbarer) Verbotsirrtum über die Wirksamkeit der Einwilligung in Frage. Diese Ansicht ist jedoch abzulehnen, denn es ist nicht einzusehen, warum ein Minderjähriger zwar in schwerste Verletzungen seines Körpers, nicht jedoch in Beeinträchtigungen seines Eigentums einwilligen können soll.

1070 *Haft*, D III 2c cc; *Jakobs*, 7/114; *Lenckner*, ZStW 72 (1960), 446 (456 ff.); MüKo-*Schlehofer*, 4. Aufl., Vor § 32 Rn. 179; *Schönke/Schröder-Lenckner*, 27. Aufl., Vorbem §§ 32 ff. Rn. 39 ff.; *Weber*, Der strafrechtliche Schutz des Urheberrechts, 1976, S. 274 f.; *ders.*, GA 2000, 77 (77 f.); in diese Richtung auch *Kindhäuser/Zimmermann*, § 12 Rn. 11.

e) Täuschungsbedingte Einwilligung[1071] (Problemschwerpunkt 8)

Fall: Anton kann moderne Kunst nicht ausstehen und beschließt daher, sämtliche Werke dieser Richtung, die er in die Finger bekommt, zu zerstören. Als er eines Tages bei seinem Bekannten Bruno weilt, der einige Kunstwerke im Wohnzimmer hängen hat, weist Anton sich als Kunstsachverständiger aus und macht Bruno klar, dass zwei seiner Werke mit hochgradig gesundheitsgefährdenden Farben gemalt seien und daher sofort entsorgt werden müssten. Der gesundheitsbewusste Bruno fällt auf Antons Trick herein und lässt es zu, dass Anton noch an Ort und Stelle beide Werke verbrennt.

Problemstellung: Hier hat Anton durch das Verbrennen der Bilder tatbestandlich eine Sachbeschädigung, § 303 StGB, begangen. Diese könnte jedoch durch die Einwilligung des Eigentümers Bruno gerechtfertigt sein. Es stellt sich hierbei die Frage, ob die durch Täuschung erschlichene Einwilligung wirksam ist und zu einer Rechtfertigung der Tat führt.

468

aa) Die **allgemeine Unwirksamkeitstheorie**[1072] geht davon aus, dass eine durch Täuschung bewirkte Einwilligung strafrechtlich stets unwirksam sei. Denn jede täuschungsbedingte Einwilligung hebe die Entscheidungsfreiheit des Einwilligenden auf. Die Einwilligung entspreche dann nicht mehr seinem wahren Willen. Dem ist zu folgen. Ein wirksamer Rechtsgüterschutz erfordert stets den Schutz des autonomen Willens des Tatopfers. Der Grund der rechtfertigenden Wirkung der Einwilligung liegt im notwendigen Ausgleich von Interessenskonflikten. Ein solcher funktioniert aber dann nicht mehr, wenn die Einwilligung dem wahren Willen widerspricht. Dies hat zur Folge, dass der Bereich der Einwilligung zugunsten des Tatopfers weit eingeschränkt wird. Im Beispielsfall liegt keine wirksame Einwilligung vor, da Bruno infolge der Täuschung über die (angebliche) Gesundheitsschädlichkeit der Bilder nicht frei von Willensmängeln handelte. Anton ist nach § 303 StGB zu bestrafen. Dieser Ansicht wird zwar entgegengehalten, das Strafrecht solle nicht über Umwege die Dispositionsfreiheit schützen, sondern nur vor einem Rechtsgutsverlust an sich bewahren. Gerade bei einer Rechtsgutspreisgabe in Verbindung mit einer Gegenleistung könne dabei nicht jeder Motivirrtum des Opfers beachtlich sein. Dies kann jedoch nicht überzeugen, da es den mit hoher krimineller Energie täuschenden Täter privilegieren würde.

469

1071 Vgl. hierzu auch *Hillenkamp/Cornelius*, AT, 7. Problem; *Otto*, JURA 2004, 679 (680 f.); *Rönnau/Faust/Fehling*, JuS 2004, 667 (669); ferner die Übungsfälle bei *B. Heinrich/Reinbacher*, JA 2007, 264 (269); *Großmann*, JuS 2021, 1054 (1057 f.); *Nussbaum*, ZJS 2021, 350 (354 f.); *Reschke*, JuS 2011, 50 (52); *Rönnau/Hohn*, JuS 2003, 998 (1002); *Schlehofer*, JURA 1989, 263; manche Autoren wollen die nachfolgenden Kriterien auf das tatbestandsausschließende Einverständnis übertragen. Dies ist jedoch aus den oben in Rn. 445 aufgeführten Gründen unzulässig.

1072 OLG Stuttgart NJW 1982, 2266 (2267); vgl. auch *Amelung*, ZStW 109 (1997), 490 (511 ff.); AnwKomm-*Hauck*, Vor §§ 32 ff. Rn. 16; BWME-*Mitsch*, § 15 Rn. 140 ff.; *Hoffmann-Holland*, Rn. 315; *Kindhäuser/Zimmermann*, § 12 Rn. 27; *Köhler*, S. 254 Fn. 57; *Kühl*, § 9 Rn. 39; LK-*Hirsch*, 11. Aufl., Vor § 32 Rn. 119; LK-*Rönnau*, 13. Aufl., Vor §§ 32 ff. Rn. 206; *Maurach/Zipf*, AT 1, § 17 Rn. 59; *Rengier*, § 23 Rn. 32 ff.; *Rönnau*, JURA 2002, 665 (674); *ders.*, JuS 2007, 18 (19); *Stratenwerth/Kuhlen*, § 9 Rn. 26; vgl. auch RGSt 74, 91 (93); BGHSt 32, 267.

470 bb) Die **rechtsgutsbezogene Unwirksamkeitstheorie**[1073] hält hingegen eine durch Täuschung bewirkte Einwilligung nur dann strafrechtlich für unwirksam, wenn die Täuschung eine rechtsgutsbezogene Fehlvorstellung bewirke, das Opfer also gar nicht wisse, dass es durch seine Einwilligung das Rechtsgut aufgebe. Nur dies führe zur Unkenntnis über die Bedeutung, Tragweite und Auswirkung des Rechtsgutsverzichts. Der Täter müsse also beim Opfer eine falsche Vorstellung gerade über das preiszugebende Gut an sich geweckt haben. Werde das Opfer lediglich über seine Motivation getäuscht, warum es das Rechtsgut aufgebe, sei die Einwilligung hingegen wirksam. Eine solche Wirksamkeit sei z. B. dann gegeben, wenn das Opfer lediglich über die Erbringung einer eventuellen Gegenleistung getäuscht werde (Bsp.: Anton täuscht dem Bruno vor, ihm 500 € zu bezahlen, wenn er seine Kunstwerke zerstören dürfe, worauf Bruno einwilligt). Denn das Strafrecht solle lediglich die Eigenverantwortlichkeit der Rechtsgutsfreigabe schützen. Nicht geschützt sei hingegen die bloße **Dispositions- und Tauschfreiheit.** Nach dieser Theorie wird also die Einwilligung in bestimmten Fällen für wirksam angesehen, bloße „Motivirrtümer" sind unbeachtlich. Im vorliegenden Fall wäre daher von einer wirksamen Einwilligung durch Bruno auszugehen, da er sich nicht in einem Irrtum über Tragweite und Bedeutung der Preisgabe seines Rechtsguts, nämlich seines Eigentums an den Kunstwerken, befand. Er wusste sehr wohl, dass durch das Verbrennen die Kunstwerke zerstört und damit für ihn wertlos wurden. Bruno irrte lediglich über die angebliche Gesundheitsschädlichkeit, also über ein Motiv für die Preisgabe seiner Rechtsgüter. Ein solcher Motivirrtum ist nach dieser Auffassung aber unbeachtlich. Anton wäre folglich wegen der rechtfertigenden Einwilligung Brunos straflos. An dieser Ansicht ist jedoch zu **kritisieren,** dass sie das geschützte Rechtsgut zu statisch setzt. Auch geht es zu weit, jeden Irrtum im Motiv für unbeachtlich zu erklären. Zwar ist dieser Ansicht zuzugeben, dass nicht jeder Irrtum im Randbereich die Einwilligung unwirksam machen kann, dennoch zeigt gerade der vorliegende Fall, dass der strafrechtliche Schutz zu kurz griffe, würde man hier zu einer Straflosigkeit des Täters kommen.

471 cc) Die **normative Autonomietheorie**[1074] geht schließlich davon aus, dass eine durch Täuschung bewirkte Einwilligung nur dann als strafrechtlich unwirksam anzusehen ist, wenn hierdurch eine selbstbestimmte Entscheidung des Rechtsgutsträgers ausgeschlossen wird. Dabei sei die Autonomie der Willensbetätigung nach normativen Kriterien zu bestimmen. Es sei jeweils fallgruppenbezogen und nicht abstrakt über die Bedeutung einer Täuschung auf der Grundlage des Autonomiegedankens zu differenzieren. Denn nicht jede Täuschung verhindere die Möglichkeit der autonomen Selbstverwirklichung. Dabei sei nicht jedes Motiv zu berücksichtigen, welches der Täter für wesentlich hält. Es sei vielmehr objektiv zu bestimmen, ob aufgrund des Irrtums eine freiverantwortliche Verfügung ausge-

---

1073 *Arzt,* Baumann-FS 1992, S. 201 (205 ff.); *Bergmann,* JuS 1989, L 65 (L 67); *Bloy,* ZStW 96 (1984), 703 (714 ff.); *Brandts/Schlehofer,* JZ 1987, 442 (447); *Gropp/Sinn,* § 5 Rn. 84.; *v. Heintschel-Heinegg-Eschelbach,* § 228 Rn. 14; *Jakobs,* 7/117 f.; *Jescheck/Weigend,* § 34 IV 5; *Joecks/Jäger,* Vor § 32 Rn. 31; *Küper,* JZ 1990, 510 (514); *Michel,* JuS 1988, 8 (11); *Mitsch,* JA 2009, 115 (117); MüKo-*Schlehofer,* 4. Aufl., Vor § 32 Rn. 177 ff.; *Murmann,* § 25 Rn. 129; *Rudolphi,* ZStW 86 (1974), 68 (83 ff.); *Schmidt,* Rn. 446; *Schönke/Schröder-Sternberg-Lieben,* Vorbem. §§ 32 ff. Rn. 46; *Schönke/Schröder-Sternberg-Lieben,* § 223 Rn. 39; SSW-*Rosenau,* Vor §§ 32 ff. Rn. 40; *Sternberg-Lieben,* GA 1990, 289 (292); *Wessels/Beulke/Satzger,* Rn. 571.
1074 *Roxin/Greco,* AT I, § 13 Rn. 99; vgl. auch *Gropp/Sinn,* § 5 Rn. 80; *Matt/Renzikowski-Engländer,* Vor §§ 32 ff. Rn. 21; *Otto,* § 8 Rn. 108 ff.; *ders.,* JURA 2004, 679 (680 f.); *Otto/Albrecht,* JURA 2010, 264 (270); *Rönnau,* JURA 2002, 665 (672 f.); *Rönnau/Hohn,* JuS 2003, 998 (1002).

schlossen ist. Es muss nach dieser Theorie also jeweils im Einzelfall geprüft werden, ob die autonome Entscheidung des Opfers beeinträchtigt war. Hiernach wird man im vorliegenden Fall eine wirksame Einwilligung durch Bruno annehmen können. Zwar irrte er sich über die potentielle Gefahr, die von den Bildern auszugehen schien, jedoch war dadurch seine Fähigkeit, eine autonome Entscheidung zu fällen, etwa zwischen seinen Rechtsgütern Gesundheit und Eigentum abzuwägen, nicht ausgeschlossen. Auch hätte er hier weitergehende Untersuchungen anstellen können. Anton hätte sich demnach nicht strafbar gemacht. Diese Theorie ist jedoch ebenfalls **abzulehnen**. Denn durch sie wird die spezifische Schutzrichtung der Delikte verfälscht. Der Autonomiegedanke ist zudem zu unbestimmt, um ein tragfähiges Kriterium abzugeben.

f) Sonderproblem: medizinische Aufklärungspflicht. Im Bereich der Freiheit von Willensmängeln bei der Einwilligung ist insbesondere auch die medizinische Aufklärungspflicht bei Heilbehandlungen und Operationen anzusiedeln[1075]. Geht man von der zutreffenden Ansicht aus, dass jeder ärztliche Eingriff in den Körper des Patienten tatbestandlich eine Körperverletzung darstellt, die im Regelfall von einer Einwilligung gedeckt ist[1076], so ist stets zu prüfen, ob diese Einwilligung wirksam ist. Dies wird vor allem dann relevant, wenn der Arzt den Patienten nicht über sämtliche Risiken und Nebenwirkungen aufgeklärt hat[1077]. Denn es ist allein Sache des Patienten, das Für und Wider eines ärztlichen Eingriffs zu beurteilen und abzuwägen. Hierzu ist aber eine umfassende Information seitens des behandelnden Arztes erforderlich[1078]. Konstruktiv lässt sich die mangelnde Aufklärung auch als Täuschung durch Unterlassen einordnen, wobei dem Arzt aufgrund des Behandlungsvertrages die Pflicht zur umfassenden Aufklärung obliegt[1079].

g) Einwilligung bei Fahrlässigkeitsdelikten. Eine Einwilligung nach dem vorliegenden Schema ist in erster Linie auf Vorsatzdelikte zugeschnitten. Nur hier kann der Täter auch subjektiv „aufgrund der Einwilligung" handeln. Doch auch bei Fahrlässigkeitsdelikten ist eine Einwilligung prinzipiell denkbar. Diese kann näm-

---

1075 Vgl. hierzu RGSt 25, 375; BGHSt 11, 111; BGHSt 12, 379 (382); BGHSt 16, 309; BGHSt 43, 306 (309); BGH NStZ 2008, 279; BGH NJW 2011, 1088; *Bollacher/Stockburger*, JURA 2006, 908 (911); *Jäger*, Rn. 193; *Janker*, NJW 1987, 2897 (2900); *Nowrousian*, JR 2020, 364; ferner *Puppe*, AT 1, 1. Aufl., § 22 Rn. 1 ff.; sowie die Übungsfälle bei *Berster*, JA 2015, 911 (912 f.); *Hencking/Koehler*, JA 2015, 357 (361); *Kühl/Kneba*, JA 2011, 426 (432); *Reschke*, JuS 2011, 50 (52); *Ritz*, JuS 2018, 254 (255 f.); *Rönnau/Hohn*, JuS 2003, 998 (1001 ff.).

1076 Vgl. hierzu nur BGHSt 11, 111 (112); BGHSt 12, 379 (382); BGHSt 43, 306 (308); BGHSt 45, 219 (221); BGH NStZ 1996, 34 (35); BGH NStZ-RR 2007, 340; BGH NJW 2011, 1088; AnwKomm-*Zöller*, § 223 Rn. 18; *Arzt/Weber/Heinrich/Hilgendorf-Hilgendorf*, § 6 Rn. 99; *Beulke*, medstra 2015, 67 (68 ff.); *Gropp*, GA 2015, 5 (16 f.); *Krey/Hellmann/M. Heinrich*, BT 1, Rn. 225; MüKo-*Hardtung*, 4. Aufl., § 223 Rn. 75 ff.; *Rengier*, BT II, § 13 Rn. 24; SK-*Wolters*, § 223 Rn. 9; *Wessels/Hettinger/Engländer*, BT 1, Rn. 297; a. M. (Tatbestand entfällt bei medizinisch indizierter und lege artis durchgeführter Heilbehandlung) *Gössel/Dölling*, BT 1, § 12 Rn. 73; *Heghmanns*, Rn. 387; *Lackner/Kühl*, § 223 Rn. 8 f.; *Otto*, BT, § 15 Rn. 11; differenzierend *Schönke/Schröder-Sternberg-Lieben*, § 223 Rn. 31 ff.; zu dieser Problematik auch *Bollacher/Stockburger*, JURA 2006, 908; *Dittrich/Pintaske*, ZJS 2011, 157 (164 f.); *Sickor*, JA 2008, 11 (11 f.); ferner den Übungsfall bei *Kretschmer*, JURA 2016, 1436 (1440 f., 1443 f.).

1077 Zur Frage, ob der Arzt den Patienten auch über eigene Gesundheitsprobleme (Alkoholsucht) aufklären muss vgl. *Nowrousian*, JR 2020, 364 (367 ff.).

1078 BGHSt 12, 379 (382 ff.); einschränkend *Otto/Albrecht*, JURA 2010, 264 (270).

1079 Hierzu auch *Kindhäuser/Zimmermann*, § 12 Rn. 28.

lich in Form der „Einwilligung in die Gefährdung" (= Risikoeinwilligung)[1080] vorliegen[1081]. Eine solche ist selbst in eine möglicherweise lebensgefährliche Verletzung zulässig, obwohl es sich beim menschlichen Leben nicht um ein disponibles Rechtsgut handelt[1082]. Denn das spätere Opfer willigt hier letztlich nicht in die Herbeiführung des tatbestandlichen Erfolges (= Tod), sondern in die sorgfaltspflichtwidrige Handlung (= Lebensgefährdung) ein. Eine Grenze wird allerdings dort zu ziehen sein, wo sich die Lebensgefährlichkeit des Verhaltens geradezu aufdrängt und daher z. B. auch die Einwilligung in eine vorsätzliche Körperverletzung nach § 228 StGB unwirksam wäre[1083]. Dies wird in aller Regel jedenfalls bei leichtfertigem Verhalten vorliegen[1084].

> **Bsp.:** Anton verlässt ziemlich angetrunken eine Feier und ist gerade dabei, in seinen PKW zu steigen, als ihn Bruno anspricht und darum bittet, mitgenommen zu werden. Anton teilt ihm zwar mit, dass er an sich fahruntauglich ist, dies ist Bruno aber gleichgültig. Anton verursacht einen Unfall, bei dem Bruno schwer verletzt wird. – Anton hat hier tatbestandlich eine fahrlässige Straßenverkehrsgefährdung, § 315c Abs. 3 Nr. 1 StGB, und eine fahrlässige Körperverletzung, § 229 StGB, begangen. § 315c StGB schützt mit der Sicherheit des Straßenverkehrs ein Allgemeinrechtsgut, eine Einwilligung ist also nicht denkbar[1085]. Durch das Einsteigen in den PKW hat Bruno aber in voller Kenntnis der Tragweite seiner Entscheidung in die Gefährdung seiner körperlichen Integrität eingewilligt, wobei sich allerdings ein möglicher tödlicher Ausgang der Fahrt nicht aufdrängte. Daher lag eine wirksame Einwilligung in die fahrlässige Körperverletzung vor[1086].

3. Mutmaßliche Einwilligung

474 **a) Grundlagen.** Auch die mutmaßliche Einwilligung stellt einen (ungeschriebenen) gewohnheitsrechtlich anerkannten Rechtfertigungsgrund dar[1087], der in zwei

---

1080 *Geppert*, ZStW 83 (1971), 947 (969 ff.); *Jäger*, Rn. 202 f.; *Rönnau*, JuS 2007, 18 (19); *ders.*, JuS 2019, 119 (122); vgl. auch BayObLG VRS 53 (1977), 349 (350); kritisch allerdings *Roxin*, JZ 2009, 399 (400).
1081 Kritisch hierzu allerdings *Roxin/Greco*, AT I, § 24 Rn. 108; vgl. ferner die Übungsfälle bei *Hinderer/Brutscher*, JA 2011, 907 (910 f.); *Kreß/Mülfarth*, JA 2011, 269 (272 f.); *Magnus*, JuS 2016, 914 (918); *Marinitsch*, JA 2019, 906 (912); *Wörner/Zivanic*, JA 2021, 554 (560).
1082 Vgl. BGHSt 53, 55 (62); BayObLG NJW 1968, 665; KG JR 1954, 428 (429); OLG Celle NJW 1964, 736; OLG Zweibrücken JR 1994, 518 (519); *Dölling*, JR 1994, 520 (521); *Grünewald*, GA 2012, 364 (371 ff.); *Hillenkamp*, JuS 1977, 166 (171 f.); *Kaspar*, JuS 2012, 112 (115); *Kindhäuser/Hilgendorf*, LPK, Vor § 13 Rn. 225; *Kühl*, § 9 Rn. 29; *Rönnau*, JuS 2019, 119 (122); *Schönke/Schröder-Sternberg-Lieben*, Vorbem. §§ 32 ff. Rn. 104; *Wessels/Beulke/Satzger*, Rn. 580; ablehnend *Hellmann*, Roxin-FS 2001, S. 271 (276 f.); *Hinderer/Brutscher*, JA 2011, 907 (911); *Maurach/Zipf*, AT 1, § 17 Rn. 48; MüKo-*Duttge*, 4. Aufl., § 15 Rn. 200 f.; abweichend BGHSt 4, 88 (93 – hier wird vorgeschlagen, die Einwilligung bereits bei der Frage des Sorgfaltspflichtverstoßes zu berücksichtigen); vgl. auch den Übungsfall bei *Gerhold/El-Ghazi*, JuS 2014, 524 (526).
1083 A.M. *Grünewald*, GA 2012, 364 (375 f.); *Kühl*, NJW 2009, 1158; vgl. auch *Duttge*, Otto-FS 2007, S. 227 (232); *Renzikowski*, HRRS 2009, 347 (354).
1084 Vgl. zur Leichtfertigkeit unten Rn. 1004 f.
1085 So jedenfalls die h. M.; vgl. nur BGHSt 23, 261; BGHSt 53, 55 (63); zum Streitstand *Schönke/Schröder-Hecker*, § 315c Rn. 41; vgl. auch den Übungsfall bei *Hinderer/Brutscher*, JA 2011, 907 (912).
1086 Vgl. hierzu auch die Übungsfälle bei *Otto*, JURA 2005, 416 (419 f.); *Walter/Uhl*, JA 2009, 31 (37).
1087 So die h. M.; vgl. BGHSt 16, 309 (312); BGHSt 35, 246 (249); BGHSt 45, 219 (221); *Bollacher/Stockburger*, JURA 2006, 908 (911); *Kindhäuser/Zimmermann*, § 19 Rn. 1 f.; *Krey/Esser*, Rn. 677 f.; *Kühl*, § 9 Rn. 46; *Mitsch*, ZJS 2012, 38; *Rönnau*, JuS 2018, 851 (853); *Roxin/Greco*, AT I, § 18 Rn. 3; *Wessels/Beulke/Satzger*, Rn. 581; kritisch *Otto*, § 8 Rn. 129 ff.; vgl. zur mutmaßlichen Einwilligung auch die Übungsfälle bei *Aselmann/Krack*, JURA 1999, 254 (257); *Bohnert*, JuS 2004, 640 (641); *B. Heinrich*, JURA 1997, 366 (369); *Jänicke*, JuS 2016, 1099 (1105); *Kaspar*, JuS 2004, 409 (413 f.); *Mitsch*, JA 1999, 388 (395 ff.); *Sobota/Kahl*, ZJS 2015, 206 (209 f.); *Tiedemann/Dannecker*, JURA 1984, 655 (657).

verschiedenen Konstellationen denkbar ist[1088]. In erster Linie wird eine mutmaßliche Einwilligung dann in Frage kommen, wenn die Handlung objektiv gesehen im materiellen Interesse des Betroffenen (also im Interesse des jeweiligen Rechtsgutsträgers) liegt (= Prinzip der Interessenwahrnehmung). Ausnahmsweise ist sie aber auch dann möglich, wenn sie zwar ausschließlich dem Täter nützt, die Handlung jedoch kein schutzwürdiges Interesse des Rechtsgutsträgers betrifft (= Prinzip des mangelnden Interesses).

b) Allgemeine Voraussetzungen für das Vorliegen einer mutmaßlichen Einwilligung[1089]. – **aa)** Eine mutmaßliche Einwilligung ist nur dann denkbar, wenn weder eine ausdrückliche Einwilligung erteilt noch eine solche ausdrücklich abgelehnt wurde[1090]. Sie scheidet aber auch dann aus, wenn eine Einwilligung zwar nicht ausdrücklich abgelehnt wurde, der Wille des Berechtigten der Rechtsgutsverletzung aber erkennbar entgegensteht, selbst wenn dies vom Standpunkt des objektiven Betrachters aus „unvernünftig" scheint, wie z. B. bei der Verweigerung einer lebensrettenden Operation[1091]. 475

bb) Der Berechtigte muss grundsätzlich einwilligungsfähig sein, und es muss sich um ein disponibles Rechtsgut handeln. Dabei sind die gleichen Grundsätze anwendbar wie bei der Einwilligung[1092] mit dem Unterschied, dass eine ausdrückliche Einwilligungserklärung eben gerade nicht vorliegt. Dies bezieht auch das subjektive Rechtfertigungselement mit ein[1093]. 476

c) Fallgruppe 1: Handeln im materiellen Interesse des Betroffenen. In dieser Fallgruppe ist zu beachten, dass es hier nicht um eine an objektive Kriterien gebundene Güterabwägung zwischen dem beeinträchtigten und dem geschützten Rechtsgut geht, sondern um eine Wahrscheinlichkeitsprognose hinsichtlich des **wahren Willens des Berechtigten** zum Zeitpunkt der Tat[1094]. Es muss ermittelt werden, was der Betreffende gewollt hätte, wenn man ihn zuvor hätte fragen können. Hierbei sind frühere schriftliche und mündliche Äußerungen ebenso zu berücksichtigen wie persönliche Wertvorstellungen oder – insbesondere bei der Sterbehilfe – religiöse Überzeugungen[1095]. Nur dann, wenn diesbezüglich keine Anhaltspunkte vorliegen, ist davon auszugehen, dass sein hypothetischer Wille mit dem übereinstimmt, was üblicherweise als normal und vernünftig angesehen 477

1088 Vgl. hierzu *Kindhäuser/Zimmermann*, § 19 Rn. 8 ff.; *Marxen*, Fall 10e; *Müller-Dietz*, JuS 1989, 280 (282); *Rengier*, § 23 Rn. 52 f.; *Rönnau*, JuS 2018, 851 (853); *Wessels/Beulke/Satzger*, Rn. 581.
1089 Vgl. hierzu auch das Prüfungsschema unten Rn. 1486.
1090 Vgl. zur Subsidiarität der mutmaßlichen Einwilligung BGHSt 16, 309 (312); BGH NStZ 2021, 164 (165); *Kindhäuser/Zimmermann*, § 19 Rn. 13; *Krey/Esser*, Rn. 678; *Kühl*, § 9 Rn. 46; *Müller-Dietz*, JuS 1989, 280 (282); *Rengier*, § 23 Rn. 57; *Rönnau*, JuS 2018, 851 (854); *Roxin/Greco*, AT I, § 18 Rn. 10 ff.; ferner die Übungsfälle bei *Berster*, JA 2015, 911 (913 f.); *Sobota/Kahl*, ZJS 2015, 206 (208 f.); *Vogel/Hocke*, JURA 2005, 709 (711).
1091 BGHSt 45, 219 (221); ferner *Hassemer*, JuS 1989, 145 (146); *Kühl*, § 9 Rn. 47.
1092 Vgl. oben Rn. 454 ff.
1093 Hierzu *Kühl*, § 9 Rn. 47; *Mitsch*, ZJS 2012, 38 (43); *Müller-Dietz*, JuS 1989, 280 (282).
1094 BGHSt 35, 246 (249); BGHSt 45, 219 (221); *Bollacher/Stockburger*, JURA 2006, 908 (912); *Jescheck/Weigend*, § 34 VII 1a; *Kindhäuser/Zimmermann*, § 19 Rn. 9; *Krey/Esser*, Rn. 677 f.; *Rönnau*, JuS 2018, 851 (854); *Wessels/Beulke/Satzger*, Rn. 583; vgl. auch *Vogel/Hocke*, JURA 2005, 709 (713); abweichend *Otto*, § 8 Rn. 131.
1095 BGHSt 40, 257 (263); vgl. hierzu auch BGH NStZ 2021, 164 (165); *Mitsch*, ZJS 2012, 38 (42); *Rönnau*, JuS 2018, 851 (855).

wird¹⁰⁹⁶. Lässt sich hingegen – im Wege der Prognose – feststellen, was der Betroffene voraussichtlich gewollt hätte, so muss dem entsprochen werden, auch wenn es sich objektiv gesehen als unvernünftig darstellt. Aus dem Gesagten ergibt sich, dass eine wirksame mutmaßliche Einwilligung in dieser Fallgruppe nur angenommen werden kann, wenn eine Einwilligung selbst nicht mehr rechtzeitig eingeholt werden kann¹⁰⁹⁷.

Bsp. (1): Anton sieht, dass im Hause seines Nachbarn, der sich zurzeit in Urlaub befindet, ein Feuer ausgebrochen ist. Er schlägt die Wohnungstüre ein und löscht den Brand (typischer Fall der Geschäftsführung ohne Auftrag, §§ 677 ff. BGB¹⁰⁹⁸). – Hier hat Anton eine Sachbeschädigung an der Haustüre und einen Hausfriedensbruch begangen. Er handelte aber allein im Interesse des Nachbarn, dessen mutmaßliche Einwilligung hier zu unterstellen ist¹⁰⁹⁹.

Bsp. (2)¹¹⁰⁰: Bruno wird nach einem Verkehrsunfall bewusstlos in eine Klinik eingeliefert. Um sein Leben zu retten, muss eine gefährliche Notoperation durchgeführt werden. Der Arzt Armin führt diese durch. – Tatbestandlich hat Armin eine Körperverletzung, § 223 StGB, begangen, die an sich nur durch eine wirksame Einwilligung gerechtfertigt werden kann. Weil eine solche jedoch nicht mehr rechtzeitig einzuholen war, durfte Armin operieren, da die Lebenserhaltung in Brunos Interesse lag. Hier ist jedoch zu beachten: Hat Bruno zuvor gegenüber seinen Verwandten mehrfach betont, nach einem solch schwerwiegenden Unfall jede ärztliche Hilfe abzulehnen, und weiß Armin dies, darf er auch dann nicht operieren, wenn eine Güterabwägung hier eine sofortige Operation gebietet¹¹⁰¹. Denn der wirkliche Wille geht dem „vernünftigen" Willen vor. Wird insoweit eine mutmaßliche Einwilligung abgelehnt, kann auch § 34 StGB als subsidiäre Vorschrift nicht mehr greifen.

Bsp. (3)¹¹⁰²: Arzt Armin führt bei Berta eine Kaiserschnittoperation durch. Dabei erkennt er, dass eine weitere Schwangerschaft aufgrund des schlechten körperlichen Zustandes für Berta höchstwahrscheinlich lebensgefährliche Folgen haben könnte. Ohne Absprache mit der (in Narkose liegenden) Berta und ohne weitere Nachforschungen anzustellen, nimmt er eine Sterilisation vor. Berta wünschte sich, was Armin nicht wusste, aber noch ein Kind und wäre ein entsprechendes Risiko eingegangen. – Eine

---

1096 BGHSt 35, 246 (249 f.); BGHSt 40, 257 (263); BGHSt 45, 219 (221); BGHSt 64, 69 (80); *Kindhäuser/Zimmermann*, § 19 Rn. 9; *Mitsch*, ZJS 2012, 38 (42 f.); *Müller-Dietz*, JuS 1989, 280 (282); *Rönnau*, JuS 2018, 851 (854); *Wessels/Beulke/Satzger*, Rn. 583; vgl. hierzu auch *Otto*, § 8 Rn. 129 f.; *ders.*, JURA 2004, 679 (681 f.), der diese beiden Formen begrifflich unterscheidet: bei der Ermittlung dessen, was der Betreffende gewollt hätte, müsse von „gemutmaßter" oder „indizierter" Einwilligung gesprochen werden. Werde hingegen nach den objektiven Wertvorstellungen entschieden, läge eine „mutmaßliche" Einwilligung vor, die nach den Kriterien des rechtfertigenden Notstandes, § 34 StGB, zu beurteilen sei; vgl. auch *Otto/Albrecht*, JURA 2010, 264 (265).

1097 Hierzu AG Moers medstra 2016, 123 (124); *Bollacher/Stockburger*, JURA 2006, 908 (911); *Kühl*, § 9 Rn. 46; *Mitsch*, ZJS 2012, 38 (41); *Müller-Dietz*, JuS 1989, 280 (282); *Schönke/Schröder-Sternberg-Lieben*, Vorbem. §§ 32 ff. Rn. 54; vgl. ferner die Übungsfälle bei *Bohnert*, JuS 2004, 640 (641); *Kaspar*, JuS 2004, 409 (414).

1098 *Gropp/Sinn*, § 5 Rn. 369; *Tiedemann*, JuS 1970, 108 (109); vgl. hierzu allerdings *Kühl*, § 9 Rn. 48 f., der in der Geschäftsführung ohne Auftrag einen eigenständigen Rechtfertigungsgrund sieht; so auch *Rönnau*, JuS 2018, 851 (852); vgl. ferner *Mitsch*, ZJS 2012, 38 (39); *Schroth*, JuS 1992, 476.

1099 Im Hinblick auf den Hausfriedensbruch lag dabei sogar ein mutmaßliches Einverständnis vor, da eine Zustimmung des Betroffenen zu einem tatbestandsausschließenden Einverständnis geführt hätte; vgl. hierzu auch unten Rn. 478a.

1100 Vgl. zu dieser Fallkonstellation auch *Hassemer*, JuS 1989, 145 (146); *Müller-Dietz*, JuS 1989, 280 (282); *Roxin/Greco*, AT I, § 18 Rn. 23 ff.; *Wessels/Beulke/Satzger*, Rn. 582; ferner die Übungsfälle bei *Schneider/Schumann*, ZJS 2013, 195 (198); *Vogel/Hocke*, JURA 2005, 709 (713).

1101 Vgl. *Bollacher/Stockburger*, JURA 2006, 908 (912).

1102 Fall nach BGHSt 35, 246; ähnlich BGHSt 11, 111; AG Moers medstra 2016, 123; vgl. zu diesem Komplex auch *Bollacher/Stockburger*, JURA 2006, 908 (911 f.); ferner den Übungsfall bei *Berster*, JA 2015, 911 (913 f.).

mutmaßliche Einwilligung scheidet hier aus, weil der Wille Bertas (obwohl objektiv „unvernünftig") einer solchen mutmaßlichen Einwilligung entgegensteht. Anton unterlag jedoch einem Erlaubnistatbestandsirrtum (= Irrtum über die tatsächlichen Voraussetzungen eines anerkannten Rechtfertigungsgrundes)[1103], da er vom Vorliegen eines entsprechenden Willens Bertas ausgegangen war. Der Annahme einer mutmaßlichen Einwilligung stünde dabei nicht entgegen, dass der Zustand Bertas aktuell nicht lebensbedrohend war und Armin möglicherweise fahrlässig die Möglichkeit, Berta vor der Operation aufzuklären und eine Einwilligung (zu einem früheren Zeitpunkt) einzuholen, ungenutzt ließ. In diesem Fall käme dann aber eine Bestrafung wegen fahrlässiger Körperverletzung, § 229 StGB, in Frage (Anwendung des § 16 Abs. 1 Satz 2 StGB analog).

477a Subjektiv ist es notwendig, dass der Täter gerade im materiellen Interesse des Berechtigten handeln will. Dabei muss er das Vorliegen der objektiven Voraussetzungen einer gewissenhaften Prüfung unterziehen[1104]. Er muss sämtliche für den hypothetischen Willen bedeutsame Umstände in seine Überlegung mit einbeziehen[1105]. Ist diese Voraussetzung erfüllt, bleibt die Tat auch dann rechtmäßig, wenn sich später herausstellt, dass der wirkliche Wille des Rechtsgutsträgers ein anderer war[1106]. Ausreichend ist also, dass der Handelnde lediglich aufgrund der ihm bekannten sowie der sonstigen äußeren Umstände eine nachvollziehbare Prognose hinsichtlich des wirklichen Willens trifft (Beurteilung ex-ante).

Bsp.[1107]: Anton ist auf einer längeren Kanutour durch Alaska und daher für einige Wochen nicht erreichbar. Er bekommt einen wichtig aussehenden Brief vom Landratsamt, welcher den handschriftlichen Vermerk „dringend" trägt. Nach längerer Überlegung und aufgrund der Befürchtung, es könne sich um eine eilige Terminsache handeln, öffnet seine Ehefrau Berta den Brief. Bei dem Schreiben handelte es sich jedoch um einen privaten Brief der beim Landratsamt angestellten heimlichen Geliebten Antons, von deren Existenz Berta nichts erfahren sollte. – Hier liegt zwar tatbestandlich eine Verletzung des Briefgeheimnisses, § 202 StGB, vor. Die Öffnung des Briefes lag auch objektiv nicht in Antons Interesse. Auf Grund der äußeren Umstände konnte Berta aber nach gewissenhafter Prüfung davon ausgehen, dass Anton mit der Öffnung des Briefes einverstanden war. Dass der tatsächliche Wille dem entgegenstand, ist hier unbeachtlich.

478 d) Fallgruppe 2: Handlung, die kein schutzwürdiges Interesse des Rechtsgutsträgers berührt. Im Rahmen dieser Fallgruppe liegt die Handlung zwar ausschließlich im Interesse des Täters, sie beeinträchtigt aber kein schutzwürdiges Interesse des Rechtsgutsträgers, weshalb auch hier eine Rechtfertigung anzunehmen ist[1108]. In diesen Fällen spielt es auch keine Rolle, wenn eine Einwilligung zuvor einholbar wäre, der Täter diese Nachfrage jedoch unterlässt[1109]. Subjektiv

---

1103 Vgl. hierzu ausführlich unten Rn. 1123 ff.
1104 *Gropp/Sinn*, § 5 Rn. 369; *Jescheck/Weigend*, § 34 VII 3; *Mitsch*, ZJS 2012, 37 (41 f.); *Schönke/Schröder-Sternberg-Lieben*, Vorbem. §§ 32 ff. Rn. 58; differenzierend allerdings *Kühl*, § 9 Rn. 47; a. M. LK-*Rönnau*, 13. Aufl., Vor §§ 32 ff. Rn. 194; *Rönnau*, JuS 2018, 851 (855); *Roxin/Greco*, AT I, § 18 Rn. 29.
1105 Vgl. hierzu BGHSt 45, 219 (226).
1106 *Jescheck/Weigend*, § 34 VII 2; *Kindhäuser/Zimmermann*, § 19 Rn. 14; *Maurach/Zipf*, AT 1, § 28 Rn. 15; *Mitsch*, ZJS 2012, 38 (39); *Rönnau*, JuS 2018, 851 (852); *Schönke/Schröder-Sternberg-Lieben*, Vorbem. §§ 32 ff. Rn. 58; *Wessels/Beulke/Satzger*, Rn. 589.
1107 Vgl. den ähnlichen Fall bei *Wessels/Beulke/Satzger*, Rn. 550, 603.
1108 Hierzu *Kindhäuser/Zimmermann*, § 19 Rn. 10; *Kühl*, § 9 Rn. 46; *Tiedemann*, JuS 1970, 108; *Wessels/Beulke/Satzger*, Rn. 591; vgl. zum Ganzen auch die Übungsfälle bei *B. Heinrich*, JURA 1997, 366 (369); *Herzberg/Putzke*, JuS 2008, 884 (886); *Kaspar*, JuS 2004, 409 (414).
1109 *Mitsch*, ZJS 2012, 38 (41); a. M. LK-*Rönnau*, 13. Aufl., Vor §§ 32 ff. Rn. 222; *Roxin*, Welzel-FS 1974, S. 447 (461).

muss der Täter Kenntnis davon haben, dass sein Handeln dem Interesse des Rechtsgutsträgers nicht widerspricht.

> **Bsp. (1):** Die Kassiererin Berta sammelt ausländische Euro-Münzen. Immer dann, wenn sie von einem Kunden eine solche Münze bekommt, nimmt sie diese an sich und legt stattdessen eine andere Münze in die Kasse. – Tatbestandlich (Wegnahme einer fremden beweglichen Sache) hat Berta hier einen Diebstahl, § 242 StGB, begangen, da die Münzen im (übergeordneten) Gewahrsam des Geschäftsinhabers standen (wer dies ablehnt, muss jedenfalls eine Unterschlagung, § 246 StGB, annehmen, da Berta sich hier fremde Münzen zueignet). Eine Einwilligung lag nicht vor, obwohl Berta diese hätte einholen können. Das Handeln entsprach auch nicht in erster Linie dem mutmaßlichen Willen des Rechtsgutsträgers. Er hatte hinsichtlich der Entnahme der Münzen jedoch kein schutzwürdiges Erhaltungsinteresse. Daher lag hier eine mutmaßliche Einwilligung vor[1110].
>
> **Bsp. (2)**[1111]**:** Bruno steht an der Kasse eines Supermarktes, öffnet eine (noch nicht gezahlte) Limonadenflasche und nimmt einen kräftigen Schluck. – Hier ist, neben der Frage des Diebstahls, jedenfalls an eine tatbestandliche Sachbeschädigung (durch Öffnen der Flasche) zu denken. Hatte Bruno allerdings vor, die Limonade an der Kasse zu bezahlen, stand der Öffnung der Flasche kein schutzwürdiges Interesse des Berechtigten entgegen.

478a Die soeben aufgezeigten Kriterien sind auch auf diejenigen Fälle zu übertragen, in denen die Zustimmung des Betroffenen im Wege des Einverständnisses bereits den Tatbestand ausschließt („mutmaßliches Einverständnis")[1112]. Liegt z. B. ein Hausfriedensbruch, § 123 StGB, bereits tatbestandlich nicht vor, wenn der Hausrechtsinhaber mit dem Betreten seiner Wohnung einverstanden ist, kann nichts anderes gelten, wenn er zwar sein Einverständnis nicht ausdrücklich oder konkludent erklärt hat, ein solches aber zu vermuten ist, da das Betreten entweder in seinem Interesse liegt (z. B. dann wenn in seiner Wohnung während seiner Urlaubsabwesenheit ein Brand ausbricht und der aufmerksame Nachbar sich ohne vorherige Zustimmung in die Wohnung begibt, um diesen zu löschen[1113]) oder ein schutzwürdiges Interesse jedenfalls nicht berührt ist[1114].

4. Hypothetische Einwilligung

478b Im Anschluss an die im Zivilrecht anerkannte Rechtsfigur der hypothetischen Einwilligung[1115] wird die Frage diskutiert, ob auch im Strafrecht bei fehlender ausdrücklicher Einwilligung trotz der Möglichkeit, diese vorher einzuholen, eine

---

1110 So auch *Wessels/Beulke/Satzger*, Rn. 591; *Wessels/Hillenkamp/Schuhr*, BT 2, Rn. 207; zu dieser Konstellation auch *Rönnau*, JuS 2018, 851 (855).
1111 Vgl. zu diesem Fall auch *B. Heinrich*, JURA 1997, 366 (369).
1112 Vgl. zu dieser Rechtsfigur *Lackner/Kühl*, Vor § 32 Rn. 11; *Ludwig/Lange*, JuS 2000, 446; *Marlie*, JA 2007, 112; ablehnend *Mitsch*, ZJS 2012, 38; *Rengier*, § 23 Rn. 48; *Rönnau*, JuS 2018, 851 (853).
1113 Vgl. oben Rn. 478 in Bsp. (1).
1114 So *Ludwig/Lange*, JuS 2000, 446; anders allerdings *Marlie*, JA 2007, 112 (115), nach dem die Mutmaßung eines entsprechenden Willens lediglich zu einer mutmaßlichen Einwilligung führt und den Tatbestand unberührt lässt.
1115 BGHZ 90, 103 (111); BGHZ 172, 1 (14 ff.); BGH NJW 2019, 3072; vgl. hierzu den kurzen Überblick bei *Sickor*, JA 2008, 11 (12 ff.); vgl. auch die Regelung in § 630h Abs. 2 Satz 2 BGB.

Rechtfertigung anzunehmen ist, wenn feststeht, dass das Opfer eingewilligt hätte, wenn es zuvor gefragt worden wäre[1116].

Bsp.[1117]: Arzt Armin operiert im Rahmen einer Bandscheibenoperation bei der Patientin Paula am falschen Rückenwirbel und vergisst zudem, eine Schraube aus der Wunde zu entfernen. Um seinen guten Ruf nicht zu verlieren, täuscht er ihr später unvorhergesehene Komplikationen vor, ohne sie über den wirklichen Sachverhalt zu informieren. Paula stimmt einer erneuten Operation zu. Sie hätte allerdings auch eingewilligt, wenn Armin ihr den wahren Sachverhalt geschildert hätte. – Infolge der Täuschung lag hier keine wirksame Einwilligung Paulas vor, sodass Armin an sich wegen Körperverletzung, § 223 StGB, zu bestrafen wäre[1118]. Eine im Vordringen befindliche Ansicht nimmt hier jedoch entweder eine Rechtfertigung aufgrund einer hypothetischen Einwilligung an oder verneint bereits die objektive Zurechnung der fehlerhaften Aufklärung im Hinblick auf den tatbestandlichen Erfolg[1119].

Die Rechtsfigur der hypothetischen Einwilligung ist aber abzulehnen[1120], da sie den Betreffenden geradezu ermutigen würde, auf eine ordnungsgemäße Auf- **478c**

1116 Vgl. zur hypothetischen Einwilligung *Beck*, Tröndle-GS 2019, S. 389; *Beulke*, medstra 2015, 67; *Böcker*, JZ 2005, 925; *Bollacher/Stockburger*, JURA 2006, 908 (912 f.); *Conrad/Koranyi*, JuS 2013, 979; *Gropp*, Schroeder-FS 2006, S. 197; *Krüger*, Beulke-FS 2015, S. 137; *ders.*, medstra 2017, 12; *Jäger*, Rn. 207 f.; *Jansen*, ZJS 2011, 482; *Kühl*, § 9 Rn. 47a; *Kuhlen*, JR 2004, 227; *ders.*, JZ 2005, 713; LK-*Rönnau*, 13. Aufl., Vor §§ 32 ff. Rn. 230 ff.; *G. Merkel*, JZ 2013, 975; *Mitsch*, JZ 2005, 279; *ders.*, ZJS 2012, 38 (43); *ders.*, Achenbach-FS 2011, S. 299; *Otto*, JURA 2004, 679 (682 f.); *Otto/Albrecht*, JURA 2010, 264; *Puppe*, JR 2004, 470; *dies.*, ZIS 2016, 366; *Rengier*, § 23 Rn. 62; *Rönnau*, JZ 2004, 801; *Roxin/Greco*, AT I, § 13 Rn. 119 ff.; *Sickor*, JA 2008, 11; *Sowada*, NStZ 2012, 1; *Swoboda*, ZIS 2013, 18; *Tag*, ZStW 127 (2015), 523; *Valerius*, HRRS 2014, 22; vgl. ferner auch die Übungsfälle bei *Berster*, JA 2015, 911 (914 ff.); *Henking/Koehler*, JuS 2015, 357 (361); *Paul/Schubert*, JuS 2013, 1007 (1010 f.); *Reschke*, JuS 2011, 50 (54); *Walter/Schwabenbauer*, JA 2012, 504 (505).
1117 Fall nach BGH JZ 2004, 799 (hierzu *Kuhlen*, JR 2004, 227; *Otto/Albrecht*, JURA 2010, 264; *Rönnau*, JZ 2004, 801; *Sowada*, NStZ 2012, 1); ferner BGH NStZ 1996, 34 (hierzu *Rigizahn*, JR 1996, 69; *Ulsenheimer*, NStZ 1996, 132); BGH NStZ 2004, 442 (hierzu *Jäger*, Rn. 208 ff.; *Puppe*, JR 2004, 470); BGH NStZ-RR 2007, 340 (hierzu *Bosch*, JA 2008, 70; *Jahn*, JuS 2007, 1145; *Sternberg-Lieben*, StV 2008, 189); BGH NStZ 2012, 205 (hierzu *Czempiel/Mugler*, famos 9/2012; *Hüttenrauch*, NJ 2013, 39; *Jäger*, JA 2012, 70); BGH NJW 2013, 1688 (hierzu *Beckemper*, NZWiSt 2013, 232; *Valerius*, HRRS 2014, 22); BGH NJW 2016, 3523; zum Ganzen *Jansen*, ZJS 2011, 482.
1118 Vgl. oben Rn. 472.
1119 Für eine Rechtfertigung BGH JZ 2004, 799; BGH NStZ-RR 2007, 340 (341); BGH NJW 2013, 1688; die objektive Zurechnung verneinend (teils auf Tatbestandebene) ablehnend *Kuhlen*, Roxin-FS 2001, S. 331 (342 f.); *ders.*, Müller-Dietz-FS 2001, S. 431 (442); *ders.*, JR 2004, 227; *ders.*, JZ 2005, 713; LK-*Rönnau*, 13. Aufl., Vor §§ 32 ff. Rn. 231 ff.; *Rönnau*, JZ 2004, 801 (803); *Rosenau*, Maiwald-FS 2010, S. 683 (690 f.); *Roxin/Greco*, AT I, § 13 Rn. 122; SSW-*Rosenau*, Vor §§ 32 ff. Rn. 53; vgl. auch *Beulke*, medstra 2015, 67 (72 ff.); *Böse*, ZIS 2016, 495; *Fischer*, Vor § 32 Rn. 4b; *Geppert*, JZ 1988, 1024 (1025); *Hehr/Porten*, medstra 2016, 126 (128); *Jahn*, JuS 2007, 1141 (1142); *Krauß*, Bockelmann-FS 1979, S. 557 (573); *Kühl*, § 9 Rn. 47a; *Mitsch*, JZ 2005, 279; *Murmann*, § 25 Rn. 132; *Paul/Schubert*, JuS 2013, 1007 (1010 f.); *Puppe*, ZIS 2016, 366; *Weber*, Puppe-FS 2011, S. 1059 (1064); vgl. auch die „normative Herangehensweise" von *Krüger*, Beulke-FS 2015, S. 137 (151); *ders.*, medstra 2017, 12 (16 ff.).
1120 So auch AG Moers medstra 2016, 123 (124 f.); *Arzt*, Schlüchter-GS 2002, S. 163 (169); *Berster*, JA 2015, 911 (914 ff.); *Böcker*, JZ 2005, 925 (932); *Bosch*, JA 2008, 70 (72); *Conrad/Koranyi*, JuS 2013, 979 (985); *Gropp*, Schroeder-FS 2006, S. 197 (207); *Jäger*, Rn. 209; *ders.*, Jung-FS 2007, S. 345 (359 f.); *ders.*, JA 2016, 472 (474); *Jansen*, ZJS 2011, 482 (489); *Mitsch*, Achenbach-FS 2011, S. 299 (315 f.); *Otto*, § 8 Rn. 134; *ders.*, JURA 2004, 679 (683); *Otto/Albrecht*, JURA 2010, 264 (269 ff.); *Puppe*, GA 2003, 764 (772); *dies.*, ZIS 2016, 366; *Sowada*, NStZ 2012, 1 (10); *Sternberg-Lieben*, StV 2008, 190 (191); kritisch auch *Bollacher/Stockburger*, JURA 2006, 908 (913); *Duttge*, Schroeder-FS 2006, S. 179 (190 ff.); *Eisele*, BT I, Rn. 315 f.; *ders.*, JA 2005, 252 (254); *G. Merkel*, JZ 2013, 975 (979); *Paeffgen*, Rudolphi-FS 2004, S. 187 (208 f.); *Schönke/Schröder-Sternberg-Lieben*, § 223 Rn. 40h; *Sickor*, JA 2008, 11 (16); *ders.*, JR 2008, 179 (184 f.); ablehnend zumindest bei Vorliegen einer bewussten Täuschung auch *Reschke*, JuS 2011, 50 (54); differenzierend nach Fallgruppen *Beck*, Tröndle-GS 2019, S. 389 (395 ff.).

klärung und Einholung einer wirksamen Einwilligung zu verzichten[1121]. Zudem ergäbe sich das Problem, dass ein Irrtum über das Vorliegen von tatsächlichen Umständen, die zu einer hypothetischen Einwilligung geführt hätten, als Erlaubnistatbestandsirrtum[1122] anzusehen wäre, der einer Bestrafung entgegenstünde. Während die hypothetische Einwilligung im Zivilrecht aufgrund der dort geltenden unterschiedlichen Beweisregeln[1123] unproblematisch ist, kann sie im Strafrecht somit keine Geltung beanspruchen[1124].

II. Zivilrechtliche Rechtfertigungsgründe

Einführende Aufsätze: *Braun*, Subjektive Rechtfertigungsgründe im Zivilrecht?, NJW 1998, 941; *Pawlik*, Der rechtfertigende Defensivnotstand, JURA 2002, 26; *Scheffler*, Selbsthilfe des einen oder Notwehr des anderen?, JURA 1992, 352; *Schreiber*, Die Rechtfertigungsgründe des BGB, JURA 1997, 29.
Übungsfall: *Seier*, Der Briefträger mit der Spraydose, JuS 1982, 521.
Rechtsprechung: BGHSt 17, 87 – „Moos-raus-Fall" (gewaltsame Eintreibung von Geldschulden kein Fall des § 229 StGB); **BGH JR 1985, 283** – Motorradfahrer (Subjektives Rechtfertigungselement im Rahmen des § 904 BGB); **BayObLG NStZ 1991, 133** – Gänsebrust (zu § 229 BGB); **OLG Frankfurt NJW 1994, 946** – Hausverbot (zu §§ 227, 229 BGB).

479 Wie bereits ausgeführt[1125], gebietet der Grundsatz der Einheit der Rechtsordnung, dass ein Verhalten, welches aufgrund zivilrechtlicher Vorschriften erlaubt ist, nicht als strafrechtlich verboten angesehen werden kann. Andererseits ist es, wie ebenfalls bereits dargestellt[1126], durchaus möglich, dass ein Verhalten, welches nach zivilrechtlichen Kriterien als rechtswidrig anzusehen ist, nicht zwingend auch zu einer strafrechtlichen Haftung führt. Hierin liegt kein Widerspruch, denn eine Bestrafung soll nur als „ultima ratio" bei besonders sozialschädlichen Verhaltensweisen erfolgen (fragmentarischer Charakter des Strafrechts). Sofern aber das Zivilrecht ein Verhalten ausdrücklich gestattet, muss dies dazu führen, dass das Handeln auch strafrechtlich gerechtfertigt ist. Das BGB enthält nun an mehreren Stellen, teils offen, teils versteckt, einzelne Rechtfertigungsnormen, von denen die wichtigsten im Folgenden genannt werden sollen[1127].

480 Mit Ausnahme der strafrechtlich irrelevanten Vorschrift der (zivilrechtlichen) Notwehr in § 227 BGB[1128] sind die zivilrechtlichen Rechtfertigungsgründe allesamt durch folgende Grundsätze gekennzeichnet: a) Sie stellen keine Reaktion auf einen menschlichen Angriff dar, denn hier ist die Notwehr als abschließende Spezi-

---

1121 So auch *Roxin*, medstra 2017, 129 (131).
1122 So BGH NStZ 2012, 205 (206); vgl. zu dieser Rechtsfigur unten Rn. 1123 ff.
1123 Vgl. hierzu AG Moers medstra 2016, 123 (125); *Beck*, Tröndle-GS 2019, S. 389 (392); *Jäger*, JA 2016, 472 (474); *Jansen*, ZJS 2011, 482 (483, 491); *Roxin*, medstra 2017, 129 (133).
1124 Gleiches gilt für eine hypothetische Genehmigung; vgl. hierzu *Zimmermann/Linder*, ZStW 128 (2016), 713.
1125 Vgl. oben Rn. 52a, 328.
1126 Vgl. oben Rn. 11, 308.
1127 Vgl. darüber hinaus § 241a BGB (Unbestellte Leistungen), der im Hinblick auf manche Vermögensdelikte, insbesondere § 246 StGB, teilweise als besonderer Rechtfertigungsgrund angesehen wird; so *Matzky*, NStZ 2002, 458 (462 f.); *Reichling*, JuS 2009, 111 (113); *Rengier*, BT I, § 5 Rn. 15; *Satzger*, JURA 2006, 428 (433 f.); *Wessels/Beulke/Satzger*, Rn. 423; a. M. (Eigentumsübergang) LK-*Rönnau*, 13. Aufl., Vor §§ 32 ff. Rn. 307 ff.; *Riehm*, JURA 2000, 505 (512); hierzu auch *Schwarz*, NJW 2001, 1449; ferner die Übungsfälle bei *Bülte/Becker*, JURA 2012, 319 (324 f.); *Fahl*, JA 2012, 906 (912 f.); *Kreß/Baenisch*, JA 2006, 707 (712); *Ladiges*, JuS 2012, 51 (55 f.).
1128 Diese entspricht inhaltlich § 32 StGB; vgl. hierzu sogleich unten Rn. 481.

alregelung anzusehen; b) sie rechtfertigen in der Regel nur Eingriffe in das Rechtsgut Eigentum, d. h. eine Zerstörung bzw. Beschädigung oder Wegnahme von Sachen; c) sie beruhen – in unterschiedlicher Ausprägung – allesamt auf dem Prinzip der Güter- und Interessenabwägung, die im Gesetz in den meisten Fällen auch konkret umschrieben wird[1129].

1. Zivilrechtliche Notwehr, § 227 BGB

In § 227 BGB findet sich eine Regelung über die zivilrechtliche Notwehr, die annähernd dem Wortlaut des § 32 StGB entspricht und sich inhaltlich vollständig mit dieser Vorschrift deckt. Insofern stellt sie keinen zusätzlichen Rechtfertigungsgrund dar und kann daher in strafrechtlichen Arbeiten vernachlässigt werden. § 32 StGB ist als speziellere strafrechtliche Vorschrift stets vorrangig.

2. Defensivnotstand, § 228 BGB

> § 228 Satz 1 BGB: *„Wer eine fremde Sache beschädigt oder zerstört, um eine durch sie drohende Gefahr von sich oder einem anderen abzuwenden, handelt nicht widerrechtlich, wenn die Beschädigung oder Zerstörung zur Abwendung der Gefahr erforderlich ist und der Schaden nicht außer Verhältnis zur Gefahr steht."*

a) Grundlagen. Die Vorschrift stellt einen Spezialfall des in § 34 StGB geregelten allgemeinen rechtfertigenden Notstandes dar[1130], auf den daher nicht mehr zurückzugreifen ist, wenn die zivilrechtliche Notstandsregelung einschlägig ist[1131]. Da in § 228 BGB von der Beschädigung oder Zerstörung fremder Sachen die Rede ist, liegt hier ein spezieller Rechtfertigungsgrund für eine **Sachbeschädigung** vor[1132].

> **Bsp.:** Anton geht im Wald spazieren, als ihm plötzlich Waldi, der Schäferhund seines Nachbarn Norbert, zähnefletschend gegenübersteht. Dieser hatte sich von Norbert losgerissen und streunt seit Tagen durchs Land. Weil Waldi Antons rotes Halstuch nicht gefällt, springt er diesen an und will sich in Antons Hals festbeißen. Anton kann dies nur dadurch verhindern, dass er sein Fahrtenmesser zieht und Waldi damit eine tödliche Verletzung zufügt. – Da die Schutzinteressen des Bedrohten (Leben bzw. körperliche Unversehrtheit Antons) hier höher zu bewerten sind als die Interessen des Eigentümers am Erhalt der Sache, ist die Sachbeschädigung am Hund, § 303 StGB, hier nach § 228 BGB gerechtfertigt[1133].

1129 Ergänzend ist darauf hinzuweisen, dass – um Wertungswidersprüche zu vermeiden – Wertungen des § 34 StGB im Rahmen der zivilrechtlichen Rechtfertigungsgründe zu beachten sind; vgl. z. B. *Fahl*, JuS 2005, 808 (809); *Jakobs*, 13/6; NK-*Neumann*, § 34 Rn. 123 – im Hinblick auf die Angemessenheitsklausel des § 34 Satz 2 StGB.
1130 MüKo-*Erb*, 4. Aufl., § 34 Rn. 202 ff.; *Rengier*, § 20 Rn. 1; *Roxin/Greco*, AT I, § 16 Rn. 111; einschränkend allerdings *Krey/Esser*, Rn. 578.
1131 So auch *Erb*, JuS 2010, 17 (19); *Kühl*, § 9 Rn. 13; *Joerden*, JuS 1996, 622; *Rengier*, § 20 Rn. 3; *Seier*, JuS 1982, 521 (522); vgl. ferner *Bergmann*, ZJS 2011, 260 (264); ausführlich zu § 228 BGB *Pawlik*, GA 2003, 12; ferner AG Riesa MMR 2019, 548 (549).
1132 Teilweise wird in § 228 BGB jedoch auch ein allgemeiner Rechtsgedanke dahingehend erblickt, dass auch andere „angreifende Objekte", also auch z. B. ein Mensch erfasst werden könne; vgl. *Hruschka*, JuS 1969, 385 (391); *ders.*, NJW 1980, 21 (22); *Rogall*, NStZ 2008, 1 (3); *Wessels/Beulke/Satzger*, Rn. 471; a. M. *Roxin*, NStZ 1993, 335; vgl. hierzu auch die Übungsfälle bei *Bergmann/Kroke*, JURA 2010, 946 (952); *Merkel*, ZJS 2011, 376 (380).
1133 Zwar unterfallen Tiere nicht unmittelbar dem Sachbegriff des § 90 BGB, werden aber nach § 90a BGB rechtlich wie Sachen behandelt; vgl. hierzu *Fahl*, JA 2019, 161 (161 f.).

483 b) **Prüfungsschema**[1134]. – aa) Es muss eine **Gefahr** für den Betroffenen oder einen Dritten drohen. Diese kann sich gegen sämtliche durch die Rechtsordnung geschützten Rechtsgüter richten (regelmäßig wird es sich aber um die Rechtsgüter Leben, körperliche Unversehrtheit oder Eigentum handeln)[1135]. Entscheidend ist, dass der Begriff der „drohenden" Gefahr hier weiter ist als der Begriff des „gegenwärtigen" Angriffs in § 32 StGB, da § 228 BGB einen Spezialfall des § 34 StGB darstellt.

484 bb) Es muss sich um eine Gefahr handeln, die gerade **von** der später beschädigten oder zerstörten Sache ausgeht[1136]. Hierdurch unterscheidet sich § 228 BGB von § 904 BGB. Da die Gefahr von einer Sache ausgehen muss, bedeutet dies auch, dass **kein gegenwärtiger rechtswidriger Angriff** eines Menschen vorliegen darf, gegen den sich der Täter durch die Verletzung eines Rechtsguts gerade des Angreifers verteidigt. Denn liegt ein menschlicher Angriff vor, ist regelmäßig § 32 StGB vorrangig anzuwenden. Insbesondere bei Angriffen eines **Tieres** ist dabei zu unterscheiden: Wird das Tier durch den Eigentümer auf das Opfer gehetzt, ist § 32 StGB anwendbar[1137]. Hetzt allerdings ein Dritter das Tier auf das Opfer, greift § 228 BGB ein, da § 32 StGB nicht die Zerstörung angreiferfremder Sachen rechtfertigt und insoweit nicht anwendbar ist[1138]. Greift ein Tier hingegen ohne menschliche Einwirkung an, ist stets § 228 BGB einschlägig[1139]. Neben den Tierangriffen kann die Gefährdung von Rechtsgütern aber auch von Sachen (z. B. durch ein rollendes KFZ, einen umstürzenden Baum oder ein baufälliges Haus) ausgehen[1140].

485 cc) Zur Abwehr dieser Gefahr muss die Beschädigung oder Zerstörung der Sache **erforderlich** sein. Die Erforderlichkeit ist regelmäßig dann ausgeschlossen, wenn die Gefahr anders abwendbar ist. Im Gegensatz zu § 32 StGB ist dem Handelnden

---

1134 Vgl. auch das Prüfungsschema bei *Kindhäuser/Zimmermann*, § 17 Rn. 53; *Otto*, § 8 Rn. 139; *Rengier*, § 20 Rn. 7; sowie unten Rn. 1487; ferner für die Übungsfälle bei *Bergmann*, ZJS 2011, 260 (264 ff.); *Dürre/Wegerich*, JuS 2006, 712 (716 f.); *Gaul/Haseloff/Zapf*, JA 2011, 672 (678); *Joerden*, JuS 1996, 622; *Keunecke/Witt*, JA 1994, 470 (481); *Langer*, JuS 1987, 896 (897); *Lenk*, JuS 2021, 754 (758); *Marxen*, Fall 9b; *Merkel*, ZJS 2011, 376 (380); *Meyer-Gerhards*, JuS 1972, 659 (662); *Mitsch*, JuS 2018, 51 (54); *Otto*, JuS 1986, 659 (660); *Schreiber/Steinle*, JA 2021, 473 (475); *Seier*, JuS 1982, 521 (524); *ders.*, JuS 1991, L 92 (L 95); *Strauß*, JuS 2018, 1203 (1206); *Steinberg/Epe*, ZJS 2016, 370 (371); *Werkmeister*, JA 2013, 902 (908 f.).
1135 *Nestler*, JURA 2019, 153 (154); auch das allgemeine Persönlichkeitsrecht kann hier erfasst sein; vgl. AG Riesa MMR 2019, 548.
1136 Eine analoge Anwendung (zugunsten des Täters!) des § 228 BGB kann dann in Betracht kommen, wenn die Gefahr zwar nicht von der später beschädigten oder zerstörten Sache, aber jedenfalls von einer anderen Sache desselben Rechtsgutsträgers (= Eigentümers) ausgeht; vgl. hierzu *Walter/Schwabenbauer*, JA 2014, 103 (104 f.).
1137 BWME-*Mitsch*, § 15 Rn. 111; *Fahl*, JA 2019, 161 (162); *Krey/Esser*, Rn. 474; *Kühl*, § 7 Rn. 27; *ders.*, JURA 1993, 57 (59); *Otto*, § 8 Rn. 29 f.; *Rengier*, § 20 Rn. 11; *Roxin/Greco*, AT I, § 15 Rn. 6; *Stemler*, ZJS 2010, 347; *Wessels/Beulke/Satzger*, Rn. 447; vgl. auch BGHSt 14, 152.
1138 Vgl. auch AG Riesa MMR 2019, 548 (549).
1139 *Geilen*, JURA 1981, 200 (201); *Kühl*, § 7 Rn. 26; *ders.*, JURA 1993, 57 (58 f.); *Maurach/Zipf*, AT 1, § 26 Rn. 8; MüKo-*Erb*, 4. Aufl., § 32 Rn. 57; *Nestler*, JURA 2019, 153 (154); *Ritz*, JuS 2018, 332; *Rengier*, § 18 Rn. 7; *Roxin/Greco*, AT I, § 15 Rn. 6; *Schönke/Schröder-Perron/Eisele*, § 32 Rn. 3; a. M. (Anwendung des § 32 StGB) LK-*Spendel*, 11. Aufl., § 32 Rn. 38 ff., 58; vgl. zu den Tierangriffen auch die Übungsfälle bei *Bergmann*, ZJS 2011, 260 (264 ff.); *Dürr/Wegerich*, JuS 2006, 712 (716); *Gaul/Haseloff/Zapf*, JA 2011, 672 (678); *Haller/Steffens*, JA 1996, 648 (652); *Jänicke*, JURA 2014, 446 (450); *Meyer-Gerhards*, JuS 1972, 659 (662); *Otto*, JURA 1986, 659; *Seier*, JuS 1982, 521 (522 f.); *Strauß*, JuS 2018, 1203 (1205 f.); *Steinberg/Epe*, ZJS 2016, 370 (371); vgl. zum Ganzen auch RGSt 34, 295 (296).
1140 *Nestler*, JURA 2019, 153 (154).

im Hinblick auf gegebenenfalls vorliegende Ausweich- und Fluchtmöglichkeiten hierbei allerdings mehr zuzumuten[1141].

486 **dd)** Es muss eine **Güterabwägung** stattfinden: § 228 BGB erfordert dabei allerdings – im Gegensatz zu § 34 StGB und § 904 BGB – kein (wesentliches) Überwiegen des zu schützenden Interesses. Das beeinträchtigte (= durch die Tat verletzte) Interesse darf das geschützte Interesse durchaus (z. B. materiell) überwiegen. Man spricht davon, dass die Beeinträchtigung durch die Sache hier die Rechtfertigung „indiziere". Der Schaden darf nur nicht „außer Verhältnis" zum geschützten Rechtsgut stehen, d. h. der durch die Beschädigung oder Zerstörung angerichtete Schaden darf nicht wesentlich größer sein als der Schaden, der durch diese Sache droht. Dabei wird man davon ausgehen können, dass zur Verteidigung der Rechtsgüter körperliche Integrität und Leben Eingriffe in Sachwerte in aller Regel gerechtfertigt sind[1142].

> **Bsp.:** Viktor bemerkt, dass sich Brunos teures Reitpferd aus dem Stall losgerissen hat, nun in Viktors Vorgarten steht und die Salatsetzlinge anknabbert. Sofort zieht Viktor sein Gewehr und erschießt das Pferd. – Hier liegt ein krasses Missverhältnis vor, die Tötung des Pferdes ist nicht nach § 228 BGB gerechtfertigt. Viktor hätte im konkreten Fall die Zerstörung seines Vorgartens dulden müssen (er ist im Übrigen nicht schutzlos gestellt, vielmehr steht ihm ein Schadensersatzanspruch gegen Bruno aus § 833 BGB zu). Anders wäre es aber z. B. gewesen, wenn das Reitpferd Viktors die im Vorgarten spielende vierjährige Tochter Anna gefährdet hätte.

487 Entscheidend ist dabei jedoch, dass in der Abwägung nicht ausschließlich der Wert der betroffenen Gegenstände gegenüberzustellen ist. Auch andere Umstände sind hier im Rahmen einer Gesamtabwägung zu berücksichtigen (z. B. ein Mitverschulden des Geschädigten)[1143].

> **Bsp.:** Anton reizt Brunos Dackel so lange, bis dieser sich losreißt und sich in Antons teuren Kaschmirmantel festbeißen will. – Sofern hier keine Körperverletzung des Anton zu befürchten war, durfte er den Dackel nicht töten. Allerdings ist in diesen Konstellationen eine Einzelfallentscheidung unter Berücksichtigung des § 228 Satz 2 BGB erforderlich. Aus dieser Vorschrift ergibt sich, dass ein Mitverschulden das Notstandsrecht nicht grundsätzlich ausschließt, sondern den im Notstand Handelnden lediglich zur Leistung von Schadensersatz nach Zerstörung oder Beschädigung der Sache verpflichtet.

488 **ee) Subjektives Rechtfertigungselement.** Der Täter muss die Notstandslage kennen und gerade aus der Motivation heraus handeln, die Gefahr abzuwenden. Dies ergibt sich bereits aus dem Wortlaut des § 228 BGB („*um [...] abzuwenden*").

3. Aggressivnotstand, § 904 BGB

488a § **904 Satz 1 BGB:** „*Der Eigentümer einer Sache ist nicht berechtigt, die Einwirkung eines anderen auf die Sache zu verbieten, wenn die Einwirkung zur Abwendung einer gegenwärtigen Gefahr notwendig und der drohende Schaden gegenüber dem aus der Einwirkung dem Eigentümer entstehenden Schaden unverhältnismäßig groß ist.*"

489 **a) Grundlagen.** Auch § 904 BGB stellt einen Spezialfall des in § 34 StGB geregelten allgemeinen rechtfertigenden Notstandes dar[1144]. Liegt § 904 BGB vor, darf

---

1141 AG Riesa MMR 2019, 548 (549); im Wesentlichen sind hier die zu § 34 StGB entwickelten Kriterien maßgebend; vgl. oben Rn. 417 ff.; hierzu auch den Übungsfall bei *Mitsch*, JuS 2018, 51 (54).
1142 *Erb*, JuS 2010, 17 (20 f.).
1143 Vgl. hierzu auch AG Riesa MMR 2019, 548 (550); *Erb*, JuS 2010, 17 (21); ferner die Übungsfälle bei *Bergmann*, ZJS 2011, 260 (265 f.); *Werkmeister*, JA 2013, 902 (909).
1144 *Rengier*, § 20 Rn. 1; *Roxin/Greco*, AT I, § 16 Rn. 107; einschränkend auch hier *Krey/Esser*, Rn. 580.

auf § 34 StGB demnach nicht mehr zurückgegriffen werden. Da in § 904 BGB von einer Einwirkung auf eine Sache des Eigentümers die Rede ist, liegt auch hier ein spezieller Rechtfertigungsgrund für eine **Sachbeschädigung** vor. Es handelt sich allerdings nicht um ein klassisches „Selbsthilferecht", was sich daraus ersehen lässt, dass die Regelung an einer völlig anderen Stelle ins BGB eingestellt wurde und auch eine von den üblichen Selbsthilferechten abweichende Formulierung enthält. Im Kern geht es darum, dass ausnahmsweise auch eine völlig unbeteiligte Sache beschädigt oder zerstört werden darf, wenn dadurch ein größerer Schaden verhindert wird.

> **Bsp.**[1145]: Auf einer Party des Bruno zerrt der Gast Anton die ebenfalls anwesende Kunigunde in ein Nebenzimmer, schließt die Türe ab und bedrängt Kunigunde mit einem Messer. Kunigunde kann sich nur noch dadurch helfen, dass sie eine herumstehende Kristallvase nimmt und diese auf Antons Kopf zertrümmert. – Hinsichtlich der an Anton begangenen gefährlichen Körperverletzung, §§ 223, 224 Abs. 1 Nr. 2 und Nr. 5 StGB, ist Kunigunde durch Notwehr gerechtfertigt, § 32 StGB. Es lag ein gegenwärtiger rechtswidriger Angriff Antons vor, gegen den sich Kunigunde verteidigen durfte. Durch die Zerstörung der Kristallvase hat Kunigunde jedoch auch eine Sachbeschädigung, § 303 StGB, begangen, die nicht durch Notwehr gerechtfertigt ist, da die Vase dem Hausherren Bruno und nicht dem Angreifer Anton gehörte. Hier greift allerdings der Rechtfertigungsgrund des aggressiven Notstandes, § 904 BGB, ein.

490 b) **Prüfungsschema**[1146]. – aa) Es muss eine gegenwärtige **Gefahr** für den Betroffenen oder einen Dritten vorliegen. Die Gefahr kann sich gegen sämtliche durch die Rechtsordnung geschützten Rechtsgüter richten[1147]. Wie schon bei § 228 BGB („drohende Gefahr") ist auch im Rahmen des § 904 BGB der Begriff der „gegenwärtigen" Gefahr weiter als der Begriff des „gegenwärtigen" Angriffs in § 32 StGB[1148].

491 bb) Es muss sich um eine Gefahr handeln, die gerade **nicht** von der betreffenden Sache ausgeht. Hierdurch unterscheidet sich § 904 BGB von § 228 BGB. Dies hat zur Folge, dass einer Rechtfertigung nach § 904 BGB auch ein menschlicher Angriff zugrunde liegen kann, der nur dadurch abgewehrt werden kann, dass der Angegriffene – wie im oben genannten Beispiel – Sachen **eines Dritten** beeinträchtigt[1149]. Allerdings darf kein gegenwärtiger rechtswidriger Angriff eines Menschen vorliegen, gegen den sich der Täter durch die Verletzung eines Rechtsguts gerade des Angreifers verteidigt. In diesen Fällen greift nämlich § 32 StGB vorrangig ein, da, wie erwähnt, § 904 BGB letztlich (nur) einen Spezialfall des § 34 StGB darstellt. Möglich ist es jedoch auch, dass eine Gefahr droht, deren Ursache nicht in einem menschlichen Angriff begründet liegt.

1145 Vgl. hierzu auch *Kühl*, § 7 Rn. 86; zu einer vergleichbaren Konstellation RGSt 23, 116.
1146 Vgl. auch das Prüfungsschema bei *Otto*, § 8 Rn. 141; *Rengier*, § 20 Rn. 4; im Überblick unten Rn. 1488; ferner die Übungsfälle bei *Böhm*, ZJS 2019, 231 (234 f.); *Degener/Braband/Pampuch/Faridy*, JuS 2018, 141 (146 ff.); *Dohmen*, JURA 2006, 143 (148); *Fahl*, JuS 2005, 808 (809); *Geerds*, JURA 1992, 321 (323); *Haller/Steffens*, JA 1996, 649 (654 f.); *Hartmann*, ZJS 2010, 633 (636); *Joerden*, JuS 1996, 622 (623, 625); *Kühl*, JuS 2007, 742 (746 f.); *Kühl/Hinderer*, JURA 2012, 488 (489, 492); *Marxen*, Fall 9b; *Meyer-Gerhards*, JuS 1972, 659 (660); *Nicolai*, JA 2020, 21 (31 f.); *Otto*, JURA 1986, 659 (660); *Rengier/Jesse*, JuS 2008, 42 (46); *Schöpe*, JuS 2017, 44 (49); *Seier*, JuS 1986, 217 (218 f.); *Strauß*, JuS 2018, 1203 (1206); *Swoboda*, JURA 2007, 224 (228); *Walter/Schwabenwauer*, JA 2012, 504 (510); *dies.*, JA 2014, 103 (104 f.); *Zacharias*, JURA 1994, 207 (211 f.).
1147 *Nestler*, JURA 2019, 153 (155).
1148 *Degener/Braband/Pambuch/Faridy*, JuS 2018, 141 (146); *Nestler*, JURA 2019, 153 (155).
1149 Anders allerdings LK-*Spendel*, 11. Aufl., § 32 Rn. 211, der auch hier § 32 StGB anwenden will.

Bsp.: Anton wird auf offener Straße von Brunos Dackel angegriffen, der sich von der Leine losgerissen hat. Um dem drohenden Hundebiss ins Bein zu entgehen, bricht Anton aus dem Gartenzaun seines Nachbarn Norbert eine Latte heraus, mit der er den Dackel erschlägt. – Hier lag kein menschlicher Angriff vor. § 228 BGB greift nur hinsichtlich der Tötung des Hundes, nicht aber hinsichtlich der Zerstörung des Zaunes, da die Gefahr vom Hund und nicht von der Zaunlatte ausging. Hinsichtlich der Zaunlatte ist jedoch § 904 BGB anwendbar[1150]. Anton durfte den Zaun beschädigen, muss allerdings Norbert den entstandenen Schaden ersetzen (§ 904 Satz 2 BGB). Insoweit muss Norbert diesen Eingriff auch dulden und darf sich nicht gegen das Herausbrechen der Zaunlatte wehren. Tut er dies dennoch, stellt ein solches Verhalten einen gegenwärtigen rechtswidrigen Angriff auf Anton dar, gegen den sich dieser nach § 32 StGB verteidigen kann.

cc) Die Einwirkung auf die Sache muss zur Abwendung der Gefahr „**notwendig**" **492** sein, d. h. die Gefahr darf nicht anders als gerade durch die Beeinträchtigung der fremden Sache abwendbar sein. Die „Notwendigkeit" entspricht hierbei der „Erforderlichkeit" i. S. des § 34 StGB[1151]. Auch hier ist eine Beurteilung ex-ante angebracht[1152]: es kommt also nicht darauf an, ob die an sich erfolgstaugliche Handlung die Gefahr tatsächlich abgewendet hat. Dabei wird auch hier als Tathandlung regelmäßig eine Beschädigung oder Zerstörung von Sachen vorliegen. Dies muss im Gegensatz zu § 228 BGB jedoch nicht sein, da durch § 904 BGB z. B. auch der unbefugte Gebrauch eines KFZ (d. h. die Beeinträchtigung eines Gebrauchsrechtes) gerechtfertigt sein kann, mit dem ein Verletzter ins Krankenhaus gefahren wird. Allerdings muss es sich stets um die Einwirkung auf eine Sache handeln, weshalb ein Hausfriedensbruch, § 123 StGB, nicht durch § 904 BGB gerechtfertigt werden kann, da hier keine Sache, sondern das „Hausrecht" als Rechtsgut betroffen ist[1153].

Als problematisch stellt sich die Beurteilung der Notwendigkeit (= Erforderlich- **492a** keit) in denjenigen Fällen dar, in denen der Angegriffene in Ausübung seines Notwehrrechts, § 32 StGB, den Angriff mittels einer einem Dritten gehörenden Sache abwendet, die dadurch beschädigt oder zerstört wird, sofern der Handelnde im Rahmen der Ausübung des Notwehrrechts mildere Abwehrmittel (z. B. die Flucht) nicht in Anspruch nehmen muss.

Bsp.: Anton greift aus nichtigem Anlass den Bruno auf offener Straße an und beginnt damit, diesen zu ohrfeigen. Obwohl Bruno problemlos davonlaufen könnte, reißt er aus dem Zaun des Grundstückseigentümers Rudi eine Zaunlatte heraus und schlägt Anton damit nieder. – Nach § 32 StGB war die Verletzung der körperlichen Integrität des Anton gerechtfertigt, insbesondere war Bruno hier nicht verpflichtet, eine „schimpfliche Flucht" anzutreten[1154]. Ein anderer Maßstab ist hingegen für die Notstandsregeln in § 34 StGB, § 904 BGB angezeigt. Da hier dem unbeteiligten Rudi ein Sonderopfer

---

1150 Zu der Sonderkonstellation, dass gerade eine Sache des Eigentümers des Hundes betroffen ist vgl. den Übungsfall bei *Strauß*, JuS 2018, 1203 (1206).
1151 *Nestler*, JURA 2019, 153 (155); vgl. oben Rn. 417 ff.
1152 Vgl. hierzu den Übungsfall bei *Hardtung*, JuS 2008, 623 (628).
1153 *Krey/Esser*, Rn. 582; *Roxin/Greco*, AT I, § 16 Rn. 109; a. M. *Jescheck/Weigend*, § 33 III 1 in Fn. 23.
1154 Vgl. hierzu oben Rn. 359.

auferlegt wird, kann von Bruno verlangt werden, die Flucht anzutreten[1155]. Die Beschädigung des Zaunes war insoweit nicht erforderlich.

493 dd) Auch im Rahmen des § 904 BGB ist eine **Güterabwägung** erforderlich. Im Gegensatz zu § 228 BGB[1156] – und im Gleichklang mit § 34 StGB – muss hier das geschützte Interesse (d. h. das Rechtsgut, welches verteidigt wird) das beeinträchtigte Interesse (d. h. die Sache, auf die eingewirkt wird) wesentlich überwiegen[1157]. Der durch die Einwirkung auf die Sache angerichtete Schaden darf somit keinesfalls größer, ja nicht einmal in etwa gleich groß sein als der Schaden, der dem Handelnden droht. Auch bei § 904 BGB ist davon auszugehen, dass drohende Beeinträchtigungen der körperlichen Integrität stets zu einer Rechtfertigung im Hinblick auf die Beschädigung oder Zerstörung einer Sache führen.

494 ee) **Subjektives Rechtfertigungselement.** Der Täter muss auch hier die Notstandslage kennen und gerade aus der Motivation heraus handeln, die Gefahr abzuwenden[1158].

4. Allgemeines Selbsthilferecht, § 229 BGB

494a § 229 BGB: *„Wer zum Zwecke der Selbsthilfe eine Sache wegnimmt, zerstört oder beschädigt oder wer zum Zwecke der Selbsthilfe einen Verpflichteten, welcher der Flucht verdächtig ist, festnimmt oder den Widerstand des Verpflichteten gegen eine Handlung, die dieser zu dulden verpflichtet ist, beseitigt, handelt nicht widerrechtlich, wenn obrigkeitliche Hilfe nicht rechtzeitig zu erlangen ist und ohne sofortiges Eingreifen die Gefahr besteht, dass die Verwirklichung des Anspruchs vereitelt oder wesentlich erschwert werde."*

495 a) **Grundlagen.** § 229 BGB soll die Rechte eines Gläubigers schützen, der einen zivilrechtlichen Anspruch sichern will, aber aufgrund der gegebenen Umstände keine gerichtliche Hilfe in Anspruch nehmen kann[1159]. Dabei darf der Anspruch über § 229 BGB nicht befriedigt, sondern nur gesichert werden[1160]. Durchgesetzt werden muss er weiterhin vor Gericht. Auf den ersten Blick enthält § 229 BGB auch keine Verhältnismäßigkeitsabwägung, da der Wortlaut allein auf die Eilbedürftigkeit abstellt. Eine Einschränkung enthält jedoch § 230 BGB, wonach die Selbsthilfe nicht weitergehen darf, als dies zur Abwendung der Gefahr erforderlich

---

1155 RGSt 58, 27(29); MüKo-*Erb*, 4. Aufl., § 32 Rn. 122; SK-*Hoyer*, § 32 Rn. 51; *Widmaier*, JuS 1970, 611 (614); vgl. auch den Übungsfall bei *Degener/Braband/Pampuch/Faridy*, JuS 2018, 141 (147 ff.); für eine einheitliche Bestimmung und insoweit eine Erweiterung des Notstandsrechts hingegen RGSt 21, 168 (171); RGSt 23, 116 (117); *van Calker*, ZStW 12 (1982), 443 (471); *Frank*, ZStW 14 (1984), 354 (360 f.); dagegen für eine Beschränkung des Notwehrrechts in diesen Fällen *Koch*, ZStW 122 (2010), 804 (808 ff.).
1156 Der Grund für diese Differenzierung liegt darin, dass bei § 228 BGB die Gefahr gerade von dieser Sache ausgeht, bei § 904 BGB dagegen eine völlig unbeteiligte Sache betroffen ist. Daher müssen hier strengere Maßstäbe gelten.
1157 *Wessels/Beulke/Satzger*, Rn. 451; vgl. zu dieser Abwägung den Übungsfall bei *Walter/Schwabenbauer*, JA 2014, 103 (105).
1158 Vgl. zum subjektiven Element des § 904 BGB BGH JR 1985, 283; ferner den Übungsfall bei *Kühl/Hinderer*, JURA 2012, 488 (492).
1159 „Klassiker" sind hierzu der „Moos-raus-Fall", BGHSt 17, 87; der „Gänsebrust-Fall", BayObLG NStZ 1991, 133 (hierzu *Duttge*, JURA 1993, 416), und der „Taxi-Fall", OLG Düsseldorf, NJW 1991, 2716 (hierzu *Scheffler*, JURA 1992, 352); vgl. ferner BGH StV 2011, 617 m. Anm. *Grabow*, NStZ 2012, 145; *Zieschang*, Knemeyer-FS 2012, S. 449 (451); zu § 229 BGB vgl. auch die Übungsfälle bei *Mitsch*, JuS 2018, 51 (52); *Pätzel*, JuS 2021, 539 (545); *Puschke*, JA 2014, 348 (349 f.); *Putzke*, ZJS 2014, 83 (85).
1160 BGHSt 17, 87 (89); *Krey/Esser*, Rn. 634; *Kühl*, § 9 Rn. 5; *Rengier*, § 21 Rn. 3; *Roxin/Greco*, AT I, § 17 Rn. 30.

ist. Für das in § 229 BGB ebenfalls enthaltene Festnahmerecht gelten dieselben Grundsätze wie für das Festnahmerecht nach § 127 StPO[1161].

b) Prüfungsschema[1162] **496**
aa) Bestehen eines zivilrechtlichen Anspruchs
bb) Dieser Anspruch muss einredefrei, einklagbar und vollstreckbar sein
cc) Eilbedürftigkeit: Es muss die Gefahr bestehen, dass ohne sofortiges Eingreifen die Verwirklichung des Anspruchs vereitelt oder wesentlich erschwert wird
dd) Obrigkeitliche Hilfe ist nicht rechtzeitig zu erlangen, auch nicht im Wege der einstweiligen Verfügung oder des Arrests[1163]
ee) Erforderlichkeit, § 230 Abs. 1 BGB
ff) Subjektives Rechtfertigungselement: Handeln, um den Anspruch zu sichern

5. Besitzkehr, § 859 Abs. 2 BGB[1164]

§ 859 Abs. 2 BGB: *„Wird eine bewegliche Sache dem Besitzer mittels verbotener Eigenmacht weggenommen, so darf er sie dem auf frischer Tat betroffenen oder verfolgten Täter mit Gewalt wieder abnehmen."* **496a**

Da die Besitzkehr nur selten einmal neben der Notwehr, § 32 StGB, ein eigenständiges Gewicht besitzen wird – in aller Regel wird in diesen Fällen gerade ein gegenwärtiger rechtswidriger Angriff desjenigen vorliegen, der die Sache dem Besitzer weggenommen hat – bedarf sie an dieser Stelle keiner intensiven Betrachtung[1165]. **497**

6. Besondere Selbsthilferechte

Als besondere, in juristischen Klausuren allerdings kaum einmal relevante Selbsthilferechte sind hier zu nennen: **498**

a) **§ 562b BGB:** Selbsthilferecht des Vermieters, die Entfernung von Sachen zu verhindern, die seinem Pfandrecht unterliegen
b) **§ 581 Abs. 2, § 592 Satz 4 i. V. m. § 562b BGB:** Selbsthilferechte der Verpächters
c) **§ 704 Satz 2 i. V. m. § 562b BGB:** Selbsthilferecht des Gastwirts
d) **§ 910 BGB:** Rechte des Grundstückseigentümers bei Überhang
e) **§ 962 BGB:** Verfolgungsrecht des Eigentümers eines Bienenschwarms[1166]

III. Öffentlich-rechtliche Rechtfertigungsgründe

Einführende Aufsätze: *Borchert*, Die vorläufige Festnahme nach § 127 StPO, JA 1982, 338; *Fincke*, Das Risiko des privaten Festnehmers, JuS 1973, 87; *Otto*, Probleme der vorläufigen

---

1161 Vgl. hierzu unten Rn. 499 ff.
1162 Vgl. auch das Prüfungsschema bei *Kindhäuser/Zimmermann*, § 20 Rn. 12; *Otto*, § 8 Rn. 136; *Rengier*, § 21 Rn. 5 und unten Rn. 1489; vgl. auch die Übungsfälle bei *Börgers/Grunewald*, ZJS 2008, 521 (525); *Erbe*, JURA 1981, 86 (92 f.); *Geerds*, JURA 1992, 544 (546); *Lagodny*, JURA 1992, 659 (662, 663); *Lorenz/Steffen*, JA 2019, 424 (425); *Sternberg-Lieben/Sternberg-Lieben*, JuS 2002, 576 (578 f.).
1163 Vgl. hierzu BGH StV 2011, 617 (618); OLG Frankfurt NJW 1994, 946 (947).
1164 Beim Rechtsbesitzer i. V. m. § 1029 BGB, beim Teilbesitzer i. V. m. § 865 BGB.
1165 *Eisele*, JuS 2019, 591 (592); *Hellmann*, NStZ 1987, 455 (456); *Zieschang*, Knemeyer-FS 2012, S. 449 (453 ff.); abweichend *Kühl*, § 9 Rn. 12a (Spezialität des § 859 BGB); vgl. auch *Krey/Esser*, Rn. 639; *Rengier*, § 21 Rn. 20; vgl. auch zu § 859 BGB BayObLG NJW 1965, 163 sowie die Übungsfälle bei *Dötterl*, JuS 2013, 346 (351 f.); *Gierhake*, JA 2008, 429 (435); *Lagodny*, JURA 1992, 659 (662); *Lorenz/Steffen*, JA 2019, 424 (425); *Marxen*, Fall 11c; *Morgenstern*, JuS 2006, 251 (253); *Puschke*, JA 2014, 348 (349 f.); *Walter*, JURA 2002, 415 (421); ferner aus der Rechtsprechung BGH NJW 2015, 2898 (2900 f.) m. Anm. *Jäger*, JuS 2015, 874 (876); zu § 859 BGB (auch zur Besitzwehr nach § 859 Abs. 1 BGB) vgl. auch *Stam*, JR 2017, 557 (560 ff.).
1166 Vgl. hierzu auch den Übungsfall bei *Donhauser/Bauernschmitt*, JA 2019, 262 (264 ff.).

Festnahme, § 127 StPO, JURA 2003, 685; *Satzger,* Das Jedermann-Festnahmerecht nach § 127 I 1 StPO als Rechtfertigungsgrund, JURA 2009, 107; *Schauer/Wittig,* Rechtfertigung des Fahrausweisprüfers nach § 127 I 1 StPO oder § 229 BGB?, JuS 2004, 107; *Schröder,* Das Festnahmerecht Privater und die Teilrechtfertigung unerlaubter Festnahmehandlungen (§ 127 Abs. 1 S. 1 StPO), JURA 1999, 10; *Sickor,* Das Festnahmerecht nach § 127 I 1 StPO im System der Rechtfertigungsgründe, JuS 2012, 1074; *Wagner,* Das allgemeine Festnahmerecht gem. § 127 Abs. 1 S. 1 StPO als Rechtfertigungsgrund, ZJS 2011, 465; *Wiedenbrück,* Nochmals: Das Risiko des privaten Festnehmers, JuS 1973, 418.

Rechtsprechung: BGHSt 45, 378 – Ladendetektiv (Umfang des Festnahmerechts bei Tötung des Opfers); **BayObLG NStZ 1988, 518** – Motorradfahrer (Umfang des Festnahmerechts des § 127 Abs. 2 StGB).

1. Allgemeines Festnahmerecht, § 127 StPO

499 **a) Grundlagen.** Aus dem Bereich der öffentlich-rechtlichen Rechtfertigungsgründe spielt in juristischen Klausuren ausschließlich das allgemeine Festnahmerecht, § 127 StPO, eine gewisse Rolle. Dabei enthält § 127 Abs. 1 StPO das **jedermann**, d. h. jeder Privatperson zustehende Festnahmerecht, während § 127 Abs. 2 StPO ein spezielles Festnahmerecht für Polizeibeamte enthält[1167]. Beide Festnahmerechte knüpfen dabei an unterschiedliche Voraussetzungen an. Allerdings überwiegt im Rahmen strafrechtlicher Arbeiten die Regelung des § 127 Abs. 1 StPO, die daher gut beherrscht werden sollte[1168].

§ 127 Abs. 2 StPO, das Festnahmerecht für die Staatsanwaltschaft und Polizeibeamte, knüpft an das Vorliegen der Voraussetzungen eines Haftbefehls an. Diese sind in § 112 ff. StPO geregelt. Ein solcher ist insbesondere zulässig, wenn eine Flucht- oder Verdunkelungsgefahr besteht, d. h. zu befürchten ist, dass der Verdächtige Beweismittel vernichten wird, wobei bei besonders schwerwiegenden Delikten die Anforderungen geringer sind als bei leichteren Delikten[1169].

b) Prüfungsschema[1170]

500 § 127 Abs. 1 Satz 1 StPO: *„Wird jemand auf frischer Tat betroffen oder verfolgt, so ist, wenn er der Flucht verdächtig ist oder seine Identität nicht sofort festgestellt werden kann, jedermann befugt, ihn auch ohne richterliche Anordnung vorläufig festzunehmen."*

501 **aa) Festnahmelage.** Die Festnahmelage setzt als erstes voraus, dass der Verdächtige **auf frischer Tat betroffen** oder verfolgt wird. Dabei wird vom Begriff der „Tat" nur ein strafbares Verhalten erfasst. Bloße Ordnungswidrigkeiten oder rein zivil-

---

[1167] Vgl. dazu, dass sich auch Polizeibeamte auf das allgemeine Festnahmerecht des § 127 Abs. 1 StPO berufen können („jedermann"), *Wagner,* ZJS 2011, 465 (466).

[1168] Vgl. zu § 127 StPO *Borchert,* JA 1982, 338; *Bülte,* ZStW 121 (2009), 377; *Geppert,* JURA 1991, 269 (273); *Kargl,* NStZ 2000, 8; *Satzger,* JURA 2009, 107; *Sickor,* JuS 2012, 1074; *Wagner,* ZJS 2011, 465; ferner die Übungsfälle bei *Ambos/Rackow,* JURA 2006, 943 (944); *Böhringer/Wagner,* ZJS 2014, 557 (565 ff.); *Bischoff/Jungkamp,* JuS 2009, 61 (65 f.); *Börgers/Grunewald,* ZJS 2008, 521 (523 ff.); *Grebing,* JURA 1980, 91 (99); *Knauer,* JuS 2007, 1011 (1014); *König,* JuS 1992, 48 (51); *Ladiges/Glückert,* JURA 2011, 552 (555); *Meurer/Dietmeier,* JuS 2001, L 36 (L 37, 39 f.); *Meurer/Kahle,* JuS 1993, L 60 (L 63); *Mitsch,* JuS 2018, 51 (52 f.); *Sebastian/Lorenz,* ZJS 2017, 84 (92 ff.); *Seier,* JuS 1991, L 92; *Sickor,* JuS 2014, 807 (810); *Tenckhoff,* JURA 1995, 97 (99); *Walter,* JURA 2002, 415 (421 f.).

[1169] Vgl. zu § 127 Abs. 2 StPO *Geppert,* JURA 1991, 269 (273); vgl. hierzu auch den Übungsfall bei *Bergmann/Kroke,* JURA 2010, 946 (951).

[1170] Vgl. auch die Prüfungsschemata bei *Otto,* § 8 Rn. 153 ff.; *Rengier,* § 22 Rn. 3; *Sickor,* JuS 2012, 1074; *Wagner,* ZJS 2011, 465 und unten Rn. 1490.

rechtlich rechtswidriges Verhalten fallen nicht darunter[1171]. Eine „frische Tat" liegt solange vor, wie noch ein unmittelbarer zeitlicher und räumlicher Zusammenhang mit der tatbestandlichen Ausführungshandlung vorliegt[1172]. Fraglich ist ferner, ob diese Tat tatsächlich begangen worden sein muss (so die h. M.) oder ob ein dringender Tatverdacht ausreicht (hierauf wird sogleich noch näher eingegangen[1173]). Schließlich muss der Betreffende der Flucht verdächtig sein oder seine Identität nicht sofort festgestellt werden können[1174]. Letzteres ist beispielsweise dann der Fall, wenn der Verdächtige nach einem Verkehrsunfall mit seinem PKW flieht, das Unfallopfer zwar das Nummernschild erkennt, sich aber nicht sicher ist, ob der Fliehende tatsächlich der Halter des Fahrzeugs ist[1175].

bb) Rechtmäßigkeit der Festnahmehandlung. Liegt eine solche Festnahmelage vor, darf der Betreffende festgenommen werden. Damit diese Festnahmehandlung rechtmäßig ist, muss sie jedoch bestimmte Voraussetzungen erfüllen. Insbesondere ist es entscheidend, dass § 127 StPO nur die Festnahme und die damit notwendigerweise einhergehenden Beeinträchtigungen gestattet. Damit rechtfertigt § 127 StPO lediglich die Beeinträchtigung der körperlichen Bewegungsfreiheit sowie geringfügige Körperverletzungen (z. B. einen Bluterguss infolge harten Zupackens). Hinsichtlich der Schwere der zulässigen Beeinträchtigung ist auch die Schwere der zugrunde liegenden Straftat zu berücksichtigen[1176]. Schwerwiegende Körperverletzungen oder gar Tötungen können durch § 127 StPO allerdings niemals gerechtfertigt sein[1177]. Auch ein Schusswaffengebrauch wird im Rahmen des § 127 StPO nur ausnahmsweise zulässig sein, wenn der Festnehmende z. B. einen Warnschuss abgibt, um den Flüchtenden einzuschüchtern. Ein gezielter Schuss ist niemals zulässig[1178].

Bsp.: Bruno ertappt Anton, wie dieser gerade dabei ist, sich in Brunos Keller über die Weinflaschen herzumachen. Anton flieht, ohne etwas mitzunehmen. Bruno will die

---

1171 OLG Zweibrücken NJW 1981, 2016; *Rengier*, § 22 Rn. 4; *Satzger*, JURA 2009, 107 (108 f.); *Sickor*, JuS 2012, 1074 (1075); *Wagner*, ZJS 2011, 465 (466); vgl. zur Frage, ob auch strafunmündige Kinder eine „Tat" begehen können RGSt 19, 101 (103); *Bülte*, ZStW 121 (2009), 377 (386); *Ellbogen/Wichmann*, JuS 2007, 114 (117); *Jakobs*, 16/17; *Roxin/Greco*, AT I, § 17 Rn. 26; *Satzger*, JURA 2007, 107 (108); *Streng*, Gössel-FS 2002, S. 501 (503 f.); *Verrel*, NStZ 2001, 284 (286) sowie den Übungsfall bei *Börgers/Grunewald*, ZJS 2008, 521 (523 ff.).
1172 Vgl. *Bülte*, ZStW 121 (2009), 377 (401); BWME-*Mitsch*, § 15 Rn. 176; *Geppert*, JURA 1991, 269 (273); *Kindhäuser/Zimmermann*, § 20 Rn. 7; *Krey/Esser*, Rn. 642; *Otto*, § 8 Rn. 153; *Rengier*, § 22 Rn. 6; *Satzger*, JURA 2009, 107 (110 f.); *Sickor*, JuS 2012, 1074 (1077).
1173 Vgl. hierzu den Problemschwerpunkt 9, unten Rn. 505 ff.
1174 Vgl. hierzu *Rengier*, § 22 Rn. 13; *Roxin/Greco*, AT I, § 17 Rn. 27; *Satzger*, JURA 2009, 107 (111); *Sickor*, JuS 2012, 1074 (1077 f.); *Wagner*, ZJS 2011, 465 (471 f.); ferner den Übungsfall bei *Meurer/Dietmeier*, JuS 2001, L 36 (L 39).
1175 OLG Schleswig NJW 1953, 275; *Satzger*, JURA 2009, 107 (111); *Sickor*, JuS 2012, 1074 (1078); a. M. OLG Schleswig NJW 1984, 1470 (1471).
1176 *Neubacher/Bachmann*, JA 2010, 711 (715); *Sickor*, JuS 2012, 1074 (1078).
1177 RGSt 34, 443 (446); BGHSt 45, 378 (381 f.); BayObLG NStZ 1988, 518; OLG Stuttgart NJW 1984, 1694; hierzu *Baier*, JA 2000, 630; *Mitsch* JuS 2000, 848; *Rengier*, § 22 Rn. 16; *Satzger*, JURA 2009, 107 (112); *Sickor*, JuS 2012, 1074 (1078); *Trüg/Wentzell*, JURA 2001, 30 (31); *Wagner*, ZJS 2011, 465 (473); *Zieschang*, Knemeyer-FS 2012, S. 449 (450); ferner *Kühl*, § 9 Rn. 91; vgl. auch die Übungsfälle bei *Ambos/Rackow*, JURA 2006, 943 (944); *Engelhart*, JURA 2016, 934 (943); *Ingelfinger*, JuS 1995, 321 (323 f.); *Knauer*, JuS 2007, 1011 (1014); *Kudlich*, JuS 1999, L 85 (L 86); *Kühl*, JuS 2007, 743 (745); *Lenk/Ritz*, JA 2020, 507 (511); *Meurer/Dietmeier*, JuS 2001, L 36 (L 37, 39 f.); *Mitsch*, JuS 2018, 51 (53); *Neubacher/Bachmann*, JA 2010, 711 (715, 716); vgl. auch *Kudlich/Oğlakcıoğlu*, JA 2015, 426 (428).
1178 *Jakobs*, 16/19; *Kühl*, § 9 Rn. 91; *Roxin/Greco*, AT I, § 17 Rn. 28; *Wessels/Beulke/Satzger*, Rn. 616; jeden Schusswaffengebrauch ablehnend RGSt 65, 392 (394); BWME-*Mitsch*, § 15 Rn. 178; *Bülte*, ZStW 121 (2009), 377 (409); *Jäger*, Rn. 236; *Krey/Esser*, Rn. 652; NK-*Paeffgen/Zabel*, Vor §§ 32 ff. Rn. 186; *Rengier*, § 22 Rn. 16; *Wagner*, ZJS 2011, 465 (476); vgl. aber auch BGH NStZ-RR 1998, 50.

Sache nicht auf sich beruhen lassen, ist aber ein schlechter Läufer. Daher wirft er Anton einen schweren Holzknüppel nach, der diesen am Kopf trifft. Anton kommt zu Fall und erleidet eine Platzwunde. – Da Anton nichts mitgenommen hat, lag kein gegenwärtiger Angriff mehr vor, sodass Notwehr, § 32 StGB, ausscheidet. § 127 StPO erlaubt nun zwar die Festnahme (auch ein Versuchsdelikt ist eine „Tat" i. S. des § 127 StPO). Allerdings sind zur Festnahme nicht sämtliche Mittel gestattet. Erhebliche Körperverletzungen, wie im vorliegenden Fall, sind unzulässig. Bruno musste Anton also ziehen lassen, selbst wenn er dadurch die Chance, zivilrechtlich gegen ihn vorgehen zu können, verliert. Auch wenn Bruno in der konkreten Situation aus Verwirrung, Furcht oder Schrecken überreagiert, hilft ihm dies nichts, da § 33 StGB, der Notwehrexzess[1179], auf § 127 StPO nicht analog angewendet werden kann[1180].

503 Neben der Festnahme sind allerdings auch weniger einschneidende Maßnahmen wie z. B. die Wegnahme des Personalausweises oder des Zündschlüssels zulässig, um den Verdächtigen an der Flucht mit dem Auto zu hindern[1181]. Wehrt sich der Festgenommene gegen eine zulässige Festnahme, kommt für den Festnehmenden allerdings eine Verteidigung in Notwehr, § 32 StGB, in Betracht[1182].

504 **cc) Subjektives Rechtfertigungselement (Festnahmewille).** Im Rahmen des subjektiven Rechtfertigungstatbestandes muss der Täter die Festnahmelage kennen und darüber hinaus wissen, dass seine Handlung der Festnahme dient. Ferner muss er auch mit Festnahmewillen handeln[1183]. Die Festnahme muss ferner dazu dienen, den Betreffenden der Strafverfolgung zuzuführen. Nicht ausreichend ist die Motivation, durch die Festnahme weitere Straftaten zu verhindern oder Beweise zu sichern[1184].

c) Reicht ein dringender Tatverdacht für § 127 Abs. 1 StPO aus oder muss die Tat tatsächlich begangen worden sein[1185]? (Problemschwerpunkt 9)

505 **Fall:** Anton bemerkt beim Betreten seines Hauses, dass die Fensterscheibe eingeschlagen, die Wohnung durchwühlt und Wertgegenstände entwendet wurden. Beim Blick durchs Fenster sieht er Otto mit einem größeren Koffer wegrennen. Dieser hat es so eilig, weil er seinen Zug nicht verpassen will. Er hat aber mit dem Einbruch nichts zu tun. Anton hält ihn jedoch für den Einbrecher und folgt ihm. Nachdem Otto auf

---

1179 Vgl. zum Notwehrexzess unten Rn. 581 ff.
1180 *MüKo-Erb*, 4. Aufl., § 33 Rn. 17; *Sickor*, JuS 2012, 1074 (1078 f.); a. M. *v. Heintschel-Heinegg-Heuchemer*, § 33 Rn. 14; *Jakobs*, 20/32; *Otto*, JURA 1987, 604 (607).
1181 *Jakobs*, 16/19; *Jescheck/Weigend*, § 35 IV 2; *Kindhäuser/Zimmermann*, § 20 Rn. 9; *Rengier*, § 22 Rn. 21; *Roxin/Greco*, AT I, § 17 Rn. 28; *Satzger*, JURA 2009, 107 (113); *Sickor*, JuS 2012, 1074 (1078); *Wessels/Beulke/Satzger*, Rn. 615; a. M. *Krey/Esser*, Rn. 653; differenzierend *Wagner*, ZJS 2011, 465 (473 f.); vgl. auch OLG Saarbrücken NJW 1959, 1190 (1191).
1182 BGHSt 45, 378 (381); *Krey/Esser*, Rn. 653; *Kühl*, § 9 Rn. 91; *Rengier*, § 22 Rn. 22; *Roxin/Greco*, AT I, § 17 Rn. 28; *Sickor*, JuS 2012, 1074 (1078); *Trüg/Wentzler*, JURA 2001, 30 (31); einschränkend *Kargl/Kirsch*, NStZ 2000, 604 (606); vgl. auch für die Situation, dass der Festnehmende irrtümlich von einem Angriff des Festgenommenen ausgeht, den Übungsfall bei *Ambos/Rackow*, JURA 2006, 943 (945).
1183 *Bülte*, ZStW 121 (2009), 377 (413 f.); BWME-*Mitsch*, § 14 Rn. 49; *Kühl*, § 9 Rn. 90; *Otto*, § 8 Rn. 158; *Rengier*, § 22 Rn. 23; *Roxin/Greco*, AT I, § 14 Rn. 100; *Satzger*, JURA 2009, 107 (113); vgl. ferner die Übungsfälle bei *Mitsch*, JuS 2018, 51 (53); *Sternberg-Lieben/Sternberg-Lieben*, JuS 2002, 576 (578).
1184 *Bülte*, ZStW 121 (2009), 377 (413 f.); vgl. hierzu den Übungsfall bei *Otto*, JURA 2008, 954 (956).
1185 Vgl. hierzu auch *Borchert*, JA 1982, 338 (339 f.); *Bülte*, ZStW 121 (2009), 377 (387 ff.); *Geppert*, JURA 1991, 269 (273); *Hillenkamp/Cornelius*, AT, 8. Problem; *Marxen*, Stree/Wessels-FS 1993, S. 705 (706 ff.); *Satzger*, JURA 2009, 107 (109 f.); *Sickor*, JuS 2012, 1074 (1076); *Wagner*, ZJS 2011, 465 (468 ff.); ferner die Übungsfälle bei *Böhringer/Wagner*, ZJS 2014, 557 (565 ff.); *Börgers/Grunewald*, ZJS 2008, 521 (523 ff.); *Gaul/Haseloff/Zapf*, JA 2011, 672 (679); *Geisler/Meyer*, JURA 2010, 388 (389 f.); *Grebing*, JURA 1980, 91 (99); *Herzberg/Putzke*, JuS 2008, 884 (887); *Mitsch*, JuS 2018, 51 (52 f.); *Tenckhoff*, JURA 1995, 97 (99).

mehrere Zurufe Antons nicht reagiert, fasst dieser ihn am Arm und hält ihn mit einem schmerzhaften Griff fest.

Problemstellung: Tatbestandlich hat Anton eine Körperverletzung, § 223 StGB, eine Nötigung, § 240 StGB, und eventuell (je nach Dauer des Festhaltens) eine Freiheitsberaubung, § 239 StGB, begangen. Als Rechtfertigungsgrund kommt höchstens § 127 Abs. 1 StPO in Frage (da Otto nicht der Einbrecher war, scheidet § 32 StGB aus – Antons Irrtum könnte für diesen lediglich einen Erlaubnistatbestandsirrtum darstellen, der erst auf Schuldebene zu prüfen ist[1186]). Im Rahmen des § 127 StPO ist es nun entscheidend, ob unter „Tat" nur die tatsächlich begangene Tat zu verstehen ist, oder ob bereits ein dringender Tatverdacht ausreicht.

aa) Nach der **strengen Tatlösung**[1187] ist eine Rechtfertigung gemäß § 127 StPO nur bei einer tatsächlich begangenen **rechtswidrigen und schuldhaften** Straftat möglich. Der Gesetzeswortlaut fordere nämlich in Abs. 1 eine „frische Tat", während in Abs. 2 (über § 112 Abs. 1 Satz 1 StPO) ein „dringender Tatverdacht" ausreiche. Dies zeige, dass eine Festnahme durch Privatpersonen bei bloßem Tatverdacht gerade nicht zulässig sei. Die vorläufige Festnahme durch Privatpersonen sei vielmehr als Ausnahmetatbestand eng auszulegen. Bestünden Zweifel, so sollten Eingriffe den staatlichen Behörden vorbehalten bleiben. Da diese zum Eingreifen verpflichtet sind, komme zwar den staatlichen Organen, nicht aber den Privatpersonen ein Irrtumsprivileg zu Gute. Anton kann sich nach dieser Lösung nicht auf § 127 Abs. 1 StPO berufen. Da die Festnahme danach nicht gerechtfertigt wäre, dürfte hiergegen – und das ist die entscheidende Konsequenz – seitens des Festgenommenen Notwehr geübt werden (denn der Irrtum des Festnehmenden würde bei diesem als Erlaubnistatbestandsirrtum lediglich zum Schuldausschluss führen). An dieser Auffassung wird zu Recht **kritisiert**, dass eine vorläufige Festnahme dem Betroffenen eher zuzumuten ist, als den Festnehmenden der uneingeschränkten Notwehr des Festgenommenen auszusetzen. Da eine sichere Erkenntnismöglichkeit nie besteht, müsste dem Festnehmenden immer geraten werden, sein Festnahmerecht im Zweifel nicht auszuüben. Dies würde aber der moralischen Pflicht zur Nothilfe widersprechen.

bb) Daher versuchen einige, die strikten Voraussetzungen der strengen Tatlösung herabzusetzen, indem lediglich das Vorliegen einer **rechtswidrigen Tat** für § 127 Abs. 1 StPO gefordert, auf ein schuldhaftes Handeln hingegen verzichtet wird, da dieses im Augenblick der Festnahme nur sehr schwer festzustellen sei (**eingeschränkte Tatlösung**[1188]). Zur Begründung wird insbesondere angeführt, dass auch gegen Schuldunfähige Strafverfahren durchgeführt werden könnten, weswegen ein Festnahmerecht hier zulässig sein müsse. Von anderen Autoren wird auch auf die Rechtswidrigkeit verzichtet und lediglich ein objektiv tatbestandsmäßiges Handeln vorausgesetzt (**gemischte Tat-/Verdachtslösung**[1189]). Hinsichtlich der

---

1186 Vgl. zum Erlaubnistatbestandsirrtum unten Rn. 1123 ff.
1187 *Beulke/Swoboda*, StPO, 15. Aufl. 2020, Rn. 235; BWME-*Mitsch*, § 15 Rn. 174 f.; *Fischer*, Vor § 32 Rn. 7a; *Frister*, 14. Kap. Rn. 15; *Gropp/Sinn*, § 5 Rn. 347; *Jakobs*, 16/16; *Joecks/Jäger*, Vor § 32 Rn. 53; *Kindhäuser/Zimmermann*, § 20 Rn. 5; *Krey*, JuS 1970, 290 (291); *Krey/Esser*, Rn. 646; *Lackner/Kühl*, Vor § 32 Rn. 23; LK-*Hirsch*, 11. Aufl., Vor § 32 Rn. 156; *Matt/Renzikowski-Engländer*, Vor §§ 32 ff. Rn. 38; *Maurach/Zipf*, AT 1, § 29 Rn. 13; *Otto*, § 8 Rn. 154 f.; *ders.*, JURA 2003, 685; *Schönke/Schröder-Sternberg-Lieben*, Vorbem. §§ 32 ff. Rn. 81/82; *Wessels/Beulke/Satzger*, Rn. 614; so wohl auch RGSt 12, 194 (195); OLG Hamm NJW 1972, 1826 (1827).
1188 *Günther*, Kühl-FS 2014, S. 886 (890); *Jescheck/Weigend*, § 35 IV 2; *Kühl*, § 9 Rn. 83 Fn. 138b, Rn. 86; *Satzger*, JURA 2009, 107 (109); *Wiedenbrüg*, JuS 1973, 418 (421).
1189 *Blei*, JA 1972, 792; vgl. auch HK-*Posthoft*, 5. Aufl. 2012, § 127 Rn. 8; *Meyer-Goßner/Schmitt*, StPO, 65. Aufl. 2022, § 127 Rn. 4.

übrigen Merkmale genüge nach dieser Ansicht ein dringender Tatverdacht. Der objektive Tatbestand diene hiernach als notwendiger Anknüpfungspunkt, der auch objektiv leicht feststellbar sei und von Außenstehenden beobachtet werden könne. Dagegen seien die Voraussetzungen des subjektiven Tatbestandes, der Rechtswidrigkeit und der Schuld nicht so einfach festzustellen. In dieser Hinsicht müsse also ein dringender Tatverdacht ausreichen. Da im genannten Fall der Festgenommene Otto schon nicht (objektiv) tatbestandsmäßig gehandelt hat, würde nach den beiden zuletzt genannten Auffassungen ein Festnahmerecht nach § 127 StPO für Anton ausscheiden. Otto dürfte sich daher der Festnahme durch Notwehr, § 32 StGB, widersetzen. Die **Kritik** an dieser Ansicht geht in dieselbe Richtung wie die Kritik an der strengen Tatlösung. Eine Interessenabwägung ergibt auch hier, dass eine vorläufige Festnahme dem Betroffenen eher zuzumuten ist als die Folgen eines uneingeschränkten Notwehrrechtes, dem der Festnehmende andernfalls ausgesetzt wäre. Insbesondere der gemischten Tat-/Verdachtslösung ist entgegenzuhalten, dass oft auch die Erfüllung des objektiven Tatbestandes nicht eindeutig beobachtet werden kann.

508 cc) Für die von der Rechtsprechung, aber auch von weiten Teilen der Literatur vertretene **Verdachtslösung**[1190] reicht dagegen ein dringender Tatverdacht zur Rechtfertigung gemäß § 127 Abs. 1 StPO aus, wenn der Festnehmende einen solchen Verdacht nach pflichtgemäßer Prüfung annehmen konnte. Dem ist **zuzustimmen.** § 127 StPO ist eine Norm des Prozessrechts. Die vorläufige Festnahme steht am Anfang der strafprozessualen Maßnahmen. Zu Beginn der Ermittlungen ist jedoch stets ein dringender Tatverdacht ausreichend. Auch die Privatperson, die gemäß § 127 Abs. 1 StPO einen anderen festnimmt, handelt in öffentlich-rechtlicher Funktion. Die dort bestehenden Regeln müssen insoweit auch für die Privatperson gelten. Im genannten Fall ist Anton daher gemäß § 127 Abs. 1 StPO gerechtfertigt, da er nach den beschriebenen Tatumständen von einem dringenden Tatverdacht ausgehen konnte. Eine Notwehr gegen die Festnahme seitens des Otto wäre nicht zulässig. **Hiergegen** wird zwar vorgebracht, der zu Unrecht Festgenommene wisse in manchen Fällen gar nicht, warum er angegriffen werde. Ihm das Notwehrrecht zu versagen, sei nicht nachvollziehbar. Dagegen sprechen jedoch die gegen die anderen Auffassungen vorgebrachten Einwendungen. Der Festnehmende muss unter Umständen in Bruchteilen von Sekunden entscheiden, ob er tätig wird, geht es nach dem Wortlaut des § 127 Abs. 1 StPO doch gerade darum, eine potentielle Flucht des (möglichen) Täters zu verhindern. Bei entsprechender Abwägung müssen seine Verteidigungsinteressen daher Vorrang genießen. Wehrt sich der Festgenommene, weil (auch) er die tatsächliche Sachlage verkennt, so handelt er zwar nicht gerechtfertigt, ihm ist aber in dieser Konstellation ein Erlaubnistatbestandsirrtum zuzubilligen, der seine Schuld ausschließt.

1190 BGH NJW 1981, 745; OLG Hamm NStZ 1998, 370; OLG Zweibrücken NJW 1981, 2016; *Böhringer/Wagner*, ZJS 2014, 557 (565 f.); *Borchert*, JA 1982, 338 (341); *Fincke*, JuS 1973, 87; *Freund/Rostalski*, § 3 Rn. 12 ff.; *Herzberg/Putzke*, JuS 2008, 884 (887); *Jäger*, Rn. 236; *Kargl*, NStZ 2000, 8; *Kargl/Kirsch*, NStZ 2000, 604 (605); *Klesczewski*, Rn. 355; KK-*Schultheis*, StPO, 8. Aufl. 2019, § 127 Rn. 9; *Köhler*, S. 319 f.; *Kühne*, Strafprozessrecht, 9. Aufl. 2015, § 26 Rn. 450; LK-*Rönnau*, 13. Aufl., Vor §§ 32 ff. Rn. 268; *Löwe/Rosenberg-Gärtner*, StPO, 26. Aufl. 2007, § 127 Rn. 9; *Rengier*, § 22 Rn. 10; *Roxin/Greco*, AT I, § 17 Rn. 24 f.; SK-StPO-*Paeffgen*, 5. Aufl. 2016, § 127 Rn. 10; *Wagner*, ZJS 2011, 465 (471 f.); vgl. auch BayObLG JR 1987, 344 (wenn nach der Lebenserfahrung keine Zweifel bestehen), dem zustimmend *Bülte*, ZStW 121 (2009), 377 (400).

2. Sonstige öffentlich-rechtliche Rechtfertigungsgründe

Neben § 127 StPO spielen weitere öffentlich-rechtliche Rechtfertigungsgründe in juristischen Klausuren kaum eine Rolle. Es soll daher an dieser Stelle lediglich darauf hingewiesen werden, dass eine Vielzahl von Ermächtigungsnormen des öffentlichen Rechts sowie andere Handlungsformen der Exekutive[1191] den Eingriff in Freiheitsrechte des Bürgers gestatten. Zwar kann in diesen Fällen ein gesetzlicher Tatbestand verwirklicht sein (z. B. Freiheitsberaubung, Hausfriedensbruch), die entsprechende Ermächtigungsvorschrift stellt in diesen Fällen dann aber einen Rechtfertigungsgrund dar. Zu nennen sind hier z. B. das Recht des Gerichtsvollziehers auf Durchsuchung (§ 758 ZPO), auf Pfändung (§ 808 ZPO) und auf Verhaftung des Schuldners (§ 802 g ZPO). Auch die strafprozessualen Beschlagnahmevorschriften (§§ 94 ff. StPO) und das Recht auf körperliche Untersuchung nach §§ 81 ff. StPO fallen ebenso hierunter wie das Recht auf Schusswaffengebrauch von Vollzugsbeamten nach §§ 10, 11 UZwG sowie die sonstigen in den Polizeigesetzen der Länder geregelten Ermächtigungsgrundlagen[1192]. Schließlich stellt auch ein vollstreckbares Strafurteil einen Rechtfertigungsgrund für eine Freiheitsentziehung dar[1193]. Andererseits stellt allein die Ausübung hoheitlicher Gewalt für sich genommen keinen Rechtfertigungsgrund dar, wenn hierfür keine Ermächtigungsgrundlage besteht[1194]. Unter verfassungsrechtlichen Gesichtspunkten besonders umstritten war dabei § 14 Abs. 3 des Luftsicherheitsgesetzes (a. F.)[1195], der inzwischen vom BVerfG als verfassungswidrig angesehen wurde[1196].

Bsp.[1197]**:** Terrorist Toni entführt ein Passagierflugzeug, welches sich auf dem Flug von Paris nach Berlin befindet. Nachdem er die Flugzeugbesatzung überwältigt hat, setzt er sich selbst ins Cockpit, ändert kurz vor der Landung den Kurs und steuert das Flugzeug plangemäß in Richtung des Berliner Reichstags. Da eine Evakuierung in der Kürze der Zeit nicht mehr möglich ist (es befinden sich zur Zeit etwa 1500 Personen im Reichstag), wird das Flugzeug kurz vor dem Erreichen der Berliner Stadtgrenze von Spezialeinheiten der Luftwaffe in der Weise abgeschossen, dass es auf einer freien Feldfläche abstürzt. Toni sowie alle 156 Insassen des Flugzeugs finden dabei den Tod. Die Passagiere wären mit an Sicherheit grenzender Wahrscheinlichkeit auch bei dem von Toni beabsichtigten Absturz auf den Reichstag ums Leben gekommen. – Nach § 14 Abs. 3 LuftSiG (a. F.) sollte der Abschuss als ultima ratio gerechtfertigt sein, wenn das Flugzeug gegen das Leben von Menschen eingesetzt werden soll. Diese Vorschrift verstieß jedoch einerseits gegen Art. 2 Abs. 2 EMRK (eine Tötung ist nur zur Verteidigung gegenüber rechtswidriger Gewaltanwendung, also gegenüber dem Angreifer, zulässig) und brach zudem mit dem im Rahmen des ansonsten einschlägigen § 34 StGB anerkannten Grundsatz, dass eine Abwägung Leben gegen Leben nicht stattfinden darf und eine Tötung Unbeteiligter daher nicht gerechtfertigt sein kann[1198]. Da zudem in den hier relevanten Fällen ein kaum abschätzbares Prognoserisiko besteht (bei fehlerhafter

---

1191 Vgl. hierzu ausführlich *Puppe*, § 14 Rn. 1 ff.; zu nennen sind hier insbesondere Verwaltungsakte.
1192 Vgl. zu den öffentlich-rechtlichen Dienstrechten BGHSt 35, 379 (zu § 11 UZwG); BayObLG NStZ 1988, 519 (519); OLG Bremen NJW 1964, 735; *Amelung*, JuS 1986, 329; ferner die Übungsfälle bei *Böse/Kappelmann*, ZJS 2008, 290 (294); *Heimann/Prisille*, JA 2002, 305 (307, 311 f.); *Kühl*, § 9 Rn. 117 f.; *Ladiges*, JuS 2010, 51 (53); *Reinhardt*, ZJS 2013, 493 (496); *Seibert*, JA 2008, 31 (36).
1193 Vgl. hierzu den Übungsfall bei *Britz/Müller-Dietz*, JuS 1998, 237 (239).
1194 OLG Düsseldorf NStZ 2013, 590 (591).
1195 Vgl. zu dieser Vorschrift *Hartleb*, NJW 2005, 1397; *Koch*, JA 2005, 745; *Mitsch*, JR 2005, 274; *ders.*, GA 2006, 11 (23 f.); *Otto*, JURA 2005, 470 (478); *Pawlik*, JZ 2005, 1045; *Pieroth/Hartmann*, JURA 2005, 729; *Sinn*, NStZ 2004, 585; zu dieser Thematik auch *Rogall*, NStZ 2008, 1.
1196 BVerfGE 115, 118.
1197 Zu dieser Fallkonstellation auch *Bechtel*, JR 2021, 14 (16 f.); *Rönnau*, JuS 2017, 113 (114 f.).
1198 Vgl. hierzu oben Rn. 425; abweichend allerdings *Hörnle*, Herzberg-FS 2008, S. 555 (570).

Einschätzung der Sachlage wären die Beteiligten infolge eines Erlaubnistatbestandsirrtums entschuldigt[1199]), war die Vorschrift von Anfang an bedenklich[1200].

510 Daneben können auch Rechtfertigungsgründe direkt **aus der Verfassung** abgeleitet werden. Man denke nur an das politische Widerstandsrecht nach Art. 20 Abs. 4 GG[1201]. Im Einzelfall ist auch die Möglichkeit eröffnet, Rechtfertigungsgründe direkt aus einzelnen Grundrechten abzuleiten[1202], wobei allerdings Vorsicht geboten ist. In den meisten Fällen werden die Grundrechte nämlich bereits die Auslegung der tatbestandlichen Voraussetzungen in einer Strafnorm sowie der anderen Rechtfertigungsgründe beeinflussen, sodass für einen eigenständigen Rechtfertigungsgrund kaum mehr Raum bleibt[1203].

511 Die **rechtswidrige Anordnung** bzw. der **rechtswidrige Befehl** eines Vorgesetzten stellt dagegen keinen Rechtfertigungsgrund für den untergebenen Beamten bzw. den Soldaten dar, sondern ist, wenn überhaupt, lediglich auf Schuldebene zu beachten[1204]. Dies folgt daraus, dass eine rechtswidrige Anordnung, die dazu führen würde, dass ein Untergebener eine Straftat begeht, regelmäßig unverbindlich ist und daher nicht befolgt werden muss, sofern der Untergebene die Rechtswidrigkeit der Anordnung erkennt (vgl. u. a. §§ 63 Abs. 2 Satz 4 BBG, § 5 Abs. 1 WStG, § 11 Abs. 2 SoldG)[1205]. Insbesondere im Soldatenrecht kann es im Bereich der Ordnungswidrigkeiten allerdings Situationen geben, in denen eine solche Anordnung trotz ihrer Rechtswidrigkeit verbindlich ist. Diese Situation ist dann vergleichbar mit dem Nötigungsnotstand[1206], bei dem sich der Handelnde auch gezwungenermaßen dem Unrecht beugt. Der Handelnde stellt sich auf die Seite des Unrechts und kann dadurch lediglich entschuldigt sein, da sonst dem Tatopfer das Notwehrrecht genommen würde[1207]. Diese Einordnung wird dadurch gestützt, dass auch der Gesetzgeber in § 3 VStGB bei einem Handeln auf Befehl lediglich (und das auch nur unter besonderen Umständen) ein Handeln ohne Schuld annimmt. Andererseits können Handlungen,

---

1199 Vgl. hierzu unten Rn. 1123 ff.
1200 Für eine Verfassungswidrigkeit der Vorschrift plädierten auch *Pieroth/Hartmann*, JURA 2005, 729.
1201 Hierzu *Kühl*, § 9 Rn. 93 ff.
1202 BVerfGE 73, 206 (248 ff. – aus Art. 8 GG folgt kein Recht auf Sitzblockaden); vgl. auch BGHSt 44, 34 (41); OLG Jena NJW 2006, 1892 (zu Art. 4 GG); AG Kitzingen StV 2021, 647 (zu Art. 4 GG); ferner *Bergmann*, JURA 1985, 457 (462 f.); *Böse*, ZStW 113 (2001), 40; *Kühl*, § 9 Rn. 114; *Küpper/Bode*, JURA 1993, 187 (190); *Schmidt*, ZStW 121 (2009), 645 (657 ff.); vgl. auch *Frisch*, GA 2006, 273 (277 – zu Art. 4 GG); *Krey/Hellmann/M. Heinrich*, BT 1, Rn. 440; *Radtke*, GA 2000, 19 (33); *Roxin/Greco*, AT I, § 18 Rn. 49 ff. (zu Art. 5 GG); ferner die Übungsfälle bei *Bohnert*, JuS 2004, 640 (643); *Fahrner*, JA 2019, 832 (837 – zu Art. 5 GG); *Kasiske*, ZJS 2016, 628 (634 – zu Art. 5 GG); *Preuß*, ZJS 2016, 639 (647 f. – zu Art. 5 GG); *Stoffers/Murray*, JuS 2000, 986 (987 f. – zu Art. 4 GG); *Swoboda*, JURA 2007, 224 (225 – zu Art. 5 GG); *Valerius*, JuS 2007, 1105 (1108 f., 1110 – zu Art. 4 GG); *Wilhelm*, JuS 1996, 424 (426 – zu Art. 3, 21, 38 GG).
1203 So auch *Böse*, ZStW 113 (2001), 40 (42, 61 ff.), der daher einer direkten Anwendung von Grundrechten als Rechtfertigungsgründen eher kritisch gegenüber steht.
1204 Vgl. zur möglichen Entschuldigung noch unten Rn. 594 f.; vgl. zur Sonderkonstellation der „Führer-Befehle" *Koch*, JA 2005, 745 (746).
1205 Vgl. zu den Mauerschützenfällen BGHSt 39, 1 (32 ff.).
1206 Vgl. hierzu oben Rn. 437 und unten Rn. 580.
1207 Für eine Entschuldigung *Amelung*, JuS 1986, 329 (337); BWME-*Mitsch*, § 15 Rn. 171, § 18 Rn. 71 ff.; *Fischer*, Vor § 32 Rn. 8; *Küper*, JuS 1987, 81 (92); LK-*Spendel*, 11. Aufl., § 32 Rn. 76 ff., 101; NK-*Paeffgen/Zabel*, Vor §§ 32 Rn. 192 ff.; *Seibert*, JURA 2008, 31 (36); für eine Rechtfertigung *Ambos*, JR 1998, 221 (222); *Ellbogen*, JURA 2005, 339 (342); *Gropp/Sinn*, § 5 Rn. 350 f.; *Jakobs*, 16/14; *Jescheck/Weigend*, § 35 II 3; *Kühl*, § 9 Rn. 118d; LK-*Hirsch*, 11. Aufl., Vor § 32 Rn. 177; *Roxin/Greco*, AT I, § 17 Rn. 19; *Schönke/Schröder-Sternberg-Lieben*, Vorbem. §§ 32 ff. Rn. 89; *Stratenwerth/Kuhlen*, § 9 Rn. 134; *Walter*, JR 2005, 279 (280); *Wessels/Beulke/Satzger*, Rn. 708; vgl. auch *Maurach/Zipf*, AT I, § 29 Rn. 7 ff. sowie die Übungsfälle bei *Ambos*, JuS 2000, 465 (468 f.); *Böse/Kappelmann*, ZJS 2008, 290 (297).

die im Rahmen bewaffneter Konflikte im Einklang mit völkerrechtlichen Grundsätzen vorgenommen werden, gerechtfertigt sein, selbst wenn sie die gezielte Tötung von Menschen zum Inhalt haben[1208].

IV. Weitere Rechtfertigungsgründe

Einführende Aufsätze: *Küper*, Probleme der „defizitären" rechtfertigenden Pflichtenkollision, JuS 2016, 1070; *Otto*, Rechtfertigung einer Körperverletzung durch das elterliche Züchtigungsrecht, JURA 2001, 670; *Rönnau*, Grundwissen – Strafrecht: Rechtfertigende Pflichtenkollision, JuS 2013, 113; *Rönnau/Wegner*, Grundwissen – Strafrecht: Triage, JuS 2020, 493; *Roxin*, Die strafrechtliche Beurteilung der elterlichen Züchtigung, JuS 2004, 177; *Satzger*, Die rechtfertigende Pflichtenkollision, JURA 2010, 753.

Übungsfälle: *Bergmann*, Ohrfeigen, JuS 1987, L 53; *Bohnert*, Die Eltern und ihr Sohn, JURA 1999, 533.

Rechtsprechung: BGHSt 3, 105 – Landheim (Irrtum über das Züchtigungsrecht bei Erziehern); **BGHSt 11, 241** – Volksschullehrer (Züchtigungsrecht von Lehrern); **BGHSt 12, 62** – Berufsschuldirektor (Züchtigungsrecht von Berufsschullehrern).

Neben den genannten Rechtfertigungsgründen finden sich noch weitere strafrechtliche Rechtfertigungsgründe, die nicht eindeutig einer der vorgenannten Kategorien zuzuordnen sind. Sie zeichnen sich allesamt dadurch aus, dass sie gesetzlich nicht normiert sind und ihre rechtliche Einordnung zudem lebhaft umstritten ist. Teilweise werden sie als Rechtfertigungsgründe, teilweise als Entschuldigungsgründe, teilweise auch als Strafausschließungsgründe jenseits von Unrecht und Schuld angesehen. Mitunter wird auch bereits die Tatbestandsmäßigkeit des Verhaltens im Wege einer teleologischen Reduktion verneint.

1. Rechtfertigende Pflichtenkollision

Die sog. rechtfertigende Pflichtenkollision ist ein spezieller Rechtfertigungsgrund, der im Rahmen der Unterlassungsdelikte entwickelt wurde. Ausgangspunkt hierfür ist, dass eine Person in einer konkreten Situation mehreren rechtlich begründeten Handlungspflichten ausgesetzt ist, wobei sie objektiv nur eine der Handlungen auf Kosten der anderen vornehmen kann. In diesen Fällen kann das Unterlassen der anderen Handlung nicht strafbar sein, da die Rechtsordnung vom Einzelnen nichts Unmögliches verlangen kann („impossibilium nulla obligatio est")[1209].

Bsp.: Anton hat ein Tretboot gemietet und fährt damit weit auf einen See hinaus. Mit an Bord befinden sich seine beiden Söhne Fritz und Franz sowie deren Freund Rudi. Das Tretboot kentert. Sowohl die beiden Söhne als auch Rudi können nicht schwimmen, sodass sie zu ertrinken drohen. Anton selbst ist zwar ein guter Schwimmer, kann aber infolge seiner körperlichen Konstitution nur eines der Kinder retten. Er entscheidet sich für Fritz. Franz und Rudi ertrinken. – Tatbestandlich hat Anton – bei isolierter

---

1208 GBA NStZ 2013, 644 (646); vgl. zur Rechtfertigung nach Kriegsvölker(gewohnheits)recht BGHSt 49, 189 (193 f.); BGHSt 56, 11 (22 ff.).
1209 Vgl. hierzu RGSt 20, 190 (191 f.); *Erb*, JuS 2010, 17 (29); *Jäger*, Rn. 281 ff.; *Kretschmer*, JA 2015, 589 (592); *Krey/Esser*, Rn. 630 ff.; *Küper*, JuS 2016, 1070 (1072); *ders.*, Rengier-FS 2018, S. 67; *Otto*, JURA 2005, 470 (471 f.); *Rengier*, § 49 Rn. 41; *Rönnau*, JuS 2013, 113 (113 ff.); *Rönnau/Wegner*, JuS 2020, 403 (404); *Roxin/Greco*, AT I, § 16 Rn. 119; *Satzger*, JURA 2010, 753; ferner die Übungsfälle bei *Aselmann/Krack*, JURA 1999, 254 (259); *Axt*, JuS 2017, 867 (872 f.); *Eiden/Köpferl*, JURA 2010, 780 (788); *Ernst*, ZJS 2012, 654 (659 f.); *Esser/Wasmeier*, JA 2020, 668 (671 f.); *Heimann/Prisille*, JA 2002, 305 (313 f.); *Marxen*, Fall 11e; *Mitsch*, JA 2006, 509 (512); *Ritz*, JA 2020, 113 (119); *Sowada*, ZJS 2020, 387 (391 f.); *Wolf/Langlitz*, JURA 2019, 417 (428 f.).

Betrachtung – sowohl im Hinblick auf Franz als auch hinsichtlich Rudi einen Totschlag durch Unterlassen, §§ 212, 13 StGB, begangen. Die für die Unterlassungsdelikte notwendige Garantenpflicht leitet sich bei Franz aus persönlicher Verbundenheit, bei Rudi aus freiwilliger Übernahme einer Schutzpflicht ab. Die Strafbarkeit wegen Unterlassens setzt zwar voraus, dass es dem Täter möglich war, die jeweilige Handlung vorzunehmen. Betrachtet man hier jedoch jede Person isoliert, so war für Anton die jeweilige Rettung der einzelnen Person in allen Fällen möglich. Stellt man jedoch auf das Gesamtgeschehen ab, so konnte Anton nur eines der Kinder, nicht aber alle drei Personen retten. Insofern kann die Tötung der beiden anderen Kinder (durch Unterlassen) kein Unrecht darstellen. Denn das Recht kann vom Täter keine unmöglichen Verhaltensweisen verlangen.

513a Besondere Bachtung hat die rechtfertigende Pflichtenkollision in jüngster Zeit im Hinblick auf die sogenannte **Triage** erlangt[1210]. Hierunter versteht man – im medizinischen Bereich – Notlagen, in denen Ärzte keine ausreichenden Apparaturen zur Verfügung haben, um diese allen Hilfsbedürftigen zur Verfügung zu stellen.

Bsp.: In der Klinik, in der Arzt Armin tätig ist, werden gleichzeitig Bruno und Berta eingeliefert, die nach einem Verkehrsunfall schwer verletzt sind und beide dringend ein Beatmungsgerät zum Überleben brauchen. In der Klinik ist aber nur noch ein solches Beatmungsgerät verfügbar. Armin entscheidet sich, obwohl er die Rettungschancen beider in etwa gleich hoch einschätzt, für Bruno. Berta stirbt (Fall der ex-ante Triage). Kurz darauf wird Jürgen in die Klinik eingeliefert, der ebenfalls dringend ein Beatmungsgerät benötigt. Da Armin dessen Überlebenschancen mit Beamtungsgerät als höher einschätzt als diejenigen von Bruno, löst er Bruno vom Beatmungsgerät und schließt Jürgen dort an. Bruno stirbt, Jürgen überlebt (Fall der ex-post Triage)[1211]. Während für die ex-ante Triage weitgehend die Grundsätze der rechtfertigenden Pflichtenkollision gelten[1212], ist eine Rechtfertigung der ex-post Triage regelmäßig ausgeschlossen[1213]. Denn es handelt sich bei der ex-post Triage nicht um einen Fall der (gleichrangigen) rechtfertigenden Pflichtenkollision (Kollision zweier Handlungspflich-

---

1210 Hierzu *Ast*, ZIS 2020, 268; *Coca-Vila*, GA 2021, 446; *Engländer/Zimmermann*, NJW 2020, 1398; *Gaede/Kubiciel/Saliger/Tsambikakis*, medstra 2020, 129; *Hoven*, JZ 2020, 449; *Hoven/Hahn*, JA 2020, 481; *Jäger/Gründel*, ZIS 2020, 151; *Jansen*, ZIS 2021, 155; *Lindner*, medstra 2020, 199; *ders.*, MedR 2020, 723; *Merkel/Augsberg*, JZ 2020, 704; *Rönnau/Wegener*, JuS 2020, 403; *Sowada*, NStZ, 2020, 452; *Sternberg-Lieben*, MedR 2020, 627; *Taupitz*, MedR 2020, 440; *Waßmer*, JA 2021, 298; vgl. hierzu auch den Übungsfall bei *Esser/Wasmeier*, JA 2020, 668 (671 f.).

1211 Daneben wird noch als dritte Form die „präventive Triage" diskutiert: Einem eingelieferten Patienten mit geringer Überlebenschance wird der Anschluss an das Beatmungsgerät verweigert, da voraussehbar ist, dass alsbald Patienten mit höherer Wahrscheinlichkeit eingeliefert werden, hierzu *Coca-Vila*, GA 2021, 446 (452, 457); *Engländer/Zimmermann*, NJW 2020, 1398, (1401); *Merkel/Augsberg*, JZ 2020, 704 (706); *Rönnau/Wegner*, JuS 2020, 403 (406 f.); *Waßmer*, JA 2021, 298 (299).

1212 *Engländer/Zimmermann*, NJW 2020, 1398 (1400 f.); *Gaede/Kubiciel/Saliger/Tsambikakis*, medstra 2020, 129 (132); *Hoven/Hahn*, JA 2020, 481 (482); *Jäger/Gründel*, ZIS 2020, 151 (152 f.); *Merkel/Augsberg*, JZ 2020, 704 (706); *Sowada*, NStZ 2020, 452 (453 f.); *Waßner*, JA 2021, 298 (299); vgl. auch BGHSt 48, 307 (311); die Gegenansicht geht hier allerdings lediglich von einem Entschuldigungsgrund aus; vgl. BeckOK-*Momsen/Savic*, § 34 Rn. 24; *Fischer*, Vor § 32 Rn. 11a; *Jescheck/Weigend*, § 33 V 1c; NK-*Paeffgen/Zabel*, Vor §§ 32 ff. Rn. 174.

1213 *Coca-Vila*, GA 2021, 446 (450 ff.); *Engländer/Zimmermann*, NJW 2020, 1398 (1399); *Jansen*, ZIS 2021, 155 (164 ff.); *Lindner*, medstra 2020, 199; LK-*Rönnau*, 13. Aufl. 2019, Vor § 32 ff. Rn. 123; *Merkel/Augsberg*, JZ, 704 (710 ff.); NK-*Neumann/Zabel*, § 34 Rn. 130; *Rönnau/Wegener*, JuS 2020, 403 (405 f.); *Roxin/Greco*, § 16 Rn. 33; § 22 Rn. 161; *Schönke/Schröder-Sternberg-Lieben*, Vor §§ 32 ff. Rn. 74; SK-*Rogall*, 9. Aufl. 2017, Vor § 19 Rn. 59; *Sowada*, NStZ 2020, 452 (457 f.); dagegen *Ast*, ZIS 2020, 268 (272, 264); es bleibe auch hier bei der Kollision zweier gleichrangiger Gebotsnormen; in diese Richtung auch *Hoven*, JZ 2020, 449 (453 f.); *Hoven/Hahn*, JA 2020, 481 f.; *Jäger/Gründel*, ZIS 2020, 151 (156 ff.); dagegen diskutieren *Bechtel*, JA 2021, 401 (406); *Hoven*, JZ 2020, 449 (454); *Waßmer*, JA 2021, 298 (302 f.) die Anwendung eines gesetzlichen entschuldigenden Notstands; vgl. hierzu auch die Übungsfälle bei *Ritz*, JA 2022, 113 (119 f.); *Sowada*, ZJS 2020, 387 (393 f.).

ten), sondern um eine Kollision zwischen einer Handlungspflicht und einer Unterlassungspflicht, weshalb es als rechtswidrig anzusehen ist, einem bereits beatmeten Patienten das Beatmungsgerät zu entziehen. Das Verbot, einen Menschen durch Entzug des Beatmungsgeräts zu töten, geht dem Gebot, sterbenden Menschen zu helfen, dann im konkreten Fall vor.

Wesentlich ist es aber, zwischen den verschiedenen Verhaltenspflichten zu differenzieren. Der Rechtfertigungsgrund der Pflichtenkollision kann nämlich nur dann eingreifen, wenn es zu einer **Kollision gleichrangiger Verhaltenspflichten** kommt[1214].

Bsp.: Im eben genannten Fall kollidieren im Hinblick auf die beiden Söhne zwei gleichrangige Handlungspflichten[1215]: Anton konnte nur einen der beiden vor dem Ertrinken retten. Es liegt ein Fall der echten rechtfertigenden Pflichtenkollision vor. Rettet er den Fritz, kann das Unterlassen der Rettung des Franz nicht rechtswidrig sein. Lediglich dann, wenn Anton gar nichts unternimmt und tatenlos zusieht wie seine beiden Söhne ertrinken, kann ihm strafrechtlich ein Vorwurf gemacht werden.

Bei der **Kollision ungleicher Verhaltenspflichten** hingegen muss der Täter die höherwertige Pflicht erfüllen[1216].

Bsp.: Im eben genannten Fall kollidieren auch zwei ungleichwertige Handlungspflichten: Anton konnte entweder einen seiner Söhne oder aber deren Freund Rudi vor dem Ertrinken retten. Dabei wird die Garantenpflicht aus persönlicher Verbundenheit gegenüber der Garantenpflicht aus freiwilliger Gewährsübernahme als höherrangig angesehen[1217]. Insoweit liegt kein Fall der rechtfertigenden Pflichtenkollision vor, es scheidet vielmehr bereits das tatbestandsmäßige Verhalten aus, sofern Anton die höherwertige Garantenpflicht erfüllt. Denn in diesem Fall fehlt es an der Zumutbarkeit hinsichtlich der möglichen Rettung des Freundes (sofern man die Zumutbarkeit zutreffend als Tatbestandselement ansieht).

1214 BGHSt 47, 318 (322); BGHSt 48, 307 (311); BWME-*Mitsch*, § 21 Rn. 101; *Gropp/Sinn*, § 5 Rn. 326; *Horter*, NStZ 2021, 267; *Jansen*, ZIS 2021, 155 (158); *Joecks/Jäger*, § 13 Rn. 74 ff.; *Jäger/Gründel*, ZJS 2020, 152 (152 f.); *Kindhäuser/Hilgendorf*, LPK, § 34 Rn. 60; *Kindhäuser*, § 18 Rn. 6; *Köhler*, S. 296 f.; *Krey/Esser*, Rn. 633; *Kühl*, § 18 Rn. 137; *Küper*, JuS 1987, 81 (89 f.); *ders.*, Rengier-FS 2018, S. 67 (74 ff.); *Lackner/Kühl*, § 34 Rn. 15; LK-*Rönnau*, 13. Aufl., Vor §§ 32 ff. Rn. 117; *Mitsch*, JURA 2021, 136 (141); MüKo-*Erb*, 4. Aufl., § 34 Rn. 47; MüKo-*Schlehofer*, 4. Aufl., Vor § 32 Rn. 260; *Neumann*, FS-Roxin 2001, S. 421 (430 ff.); NK-*Neumann*, § 34 Rn. 124; *Otto*, § 8 Rn. 203; *ders.*, JURA 2005, 470 (472); *Rengier*, § 49 Rn. 41 f.; *Rönnau*, JuS 2013, 113 (114); *Rönnau/Wegner*, JuS 2020, 403 (404); *Roxin/Greco*, AT I, § 16 Rn. 118, 122; *Satzger*, JURA 2010, 753 (754); *Schönke/Schröder-Sternberg-Lieben*, Vorbem. §§ 32 ff. Rn. 73; SSW-*Rosenau*, Vor §§ 32 ff. Rn. 59 f.; a. M. (lediglich Entschuldigung) *Fischer*, Vor § 32 Rn. 11a; *Jescheck/Weigend*, § 33 V 1c; NK-*Paeffgen/Zabel*, Vor §§ 32 ff. Rn. 170 ff.; anders *Freund/Rostalski*, § 6 Rn. 132 ff.; MüKo-*Freund*, 3. Aufl., § 13 Rn. 196 f., der bereits die Tatbestandsmäßigkeit des Verhaltens ausschließt.

1215 Vgl. zur Kollision zweier gleichrangiger Unterlassungspflichten bzw. einer gleichrangigen Handlungs- und Unterlassungspflicht *Otto*, JURA 2005, 470 (472 ff.); *Rengier*, § 49 Rn. 43 ff.; *Rönnau*, JuS 2011, 113 (113 f.); ablehnend zur Kollision verschiedener Unterlassungspflichten *Gropp/Sinn*, § 5 Rn. 308; *Jakobs*, 15/15a; *Kindhäuser/Zimmermann*, § 18 Rn. 2; *Roxin/Greco*, AT I, § 16 Rn. 117; *Satzger*, JURA 2010, 753 (754 f.); ablehnend zur Kollision von Handlungs- und Unterlassungspflichten auch *Krey/Esser*, Rn. 630.

1216 *Erb*, JuS 2010, 17 (20); *Jäger/Gründel*, ZJS 2020, 151 (154); *Kindhäuser/Zimmermann*, § 18 Rn. 5; *Küper*, JuS 2016, 1070 (1072); LK-*Rönnau*, 13. Aufl., Vor §§ 32 ff. Rn. 115; *Mitsch*, JURA 2021, 136 (141 f.); *Rengier*, § 49 Rn. 42; *Rönnau*, JuS 2011, 113 (114); *Roxin/Greco*, AT I, § 16 Rn. 122; *Satzger*, JURA 2010, 753 (755); *Schönke/Schröder-Sternberg-Lieben*, Vorbem. §§ 32 ff. Rn. 75; *Wessels/Beulke/Satzger*, Rn. 210; a.M. LK-*Jescheck*, 11. Aufl., Vor § 13 Rn. 80 (jedenfalls bei nicht abwägbaren Rechtsgütern); *Joecks/Jäger*, § 13 Rn. 77; kritisch auch SK-*Stein*, Vor § 13 Rn. 45.

1217 *Otto*, § 8 Rn. 194; *ders.*, JURA 2005, 470 (479); vorsichtiger *Mitsch*, JURA 2021, 136 (142); a. M. *Frister*, § 22 Rn. 64.

516 Bei Vorliegen mehrerer Handlungspflichten kann es allerdings durchaus fraglich sein, welche Pflicht höherrangig ist[1218]. Dies wird oftmals eine Frage des Einzelfalles sein. Jedenfalls geht eine Garantenpflicht i. S. des § 13 StGB der allgemeinen Hilfeleistungspflicht des § 323c StGB vor (was in diesen Fällen zum Ausschluss des Tatbestandes des § 323c StGB führt)[1219].

> **Bsp.:** Anton kommt an einem einsamen Badestrand vorbei und sieht, dass seine Ehefrau Berta zusammen mit ihrem Liebhaber gekentert ist und beide zu ertrinken drohen. – In diesem Fall darf er sich bei der Rettung nicht für den Liebhaber entscheiden. Gegenüber Berta läge nämlich eine Tötung durch Unterlassen, §§ 212, 13 StGB, vor, da Anton Garant aus natürlicher Verbundenheit ist, während gegenüber dem Liebhaber nur eine unterlassene Hilfeleistung, § 323c StGB, gegeben wäre. Rettet Anton hier Berta, macht er sich nicht nach § 323c StGB strafbar, da mangels Zumutbarkeit bereits der objektive Tatbestand ausscheidet. Für den Rechtfertigungsgrund der Pflichtenkollision ist daher kein Raum.

516a Problematisch sind ferner noch diejenigen Fälle, in denen die allgemeine Hilfeleistungspflicht (§ 323c StGB) mit einer weiteren Rettungsmöglichkeit konkurriert, hinsichtlich derer keine Rechtspflicht existiert[1220].

> **Bsp.:** Anton, der eine medizinische Ersthelferausbildung absolviert hat, kommt zufällig an einem Unfallort vorbei. Hier liegt der schwerverletzte Bruno auf der Straße, der ebenfalls schwerverletzte Rudi befindet sich in einem brennenden Auto. Anton weiß, dass er nur einen der beiden versorgen kann und der andere mangels Hilfeleistung sterben wird. Obwohl er weiß, dass eine Rettung des Rudi aus dem brennenden Auto von ihm mangels Zumutbarkeit („erhebliche eigene Gefahr", § 323c StGB) nicht verlangt werden kann, rettet Anton den Rudi. Bruno stirbt. – Hier bestand für Anton lediglich eine Rechtspflicht zur Rettung des Bruno (§ 323c StGB), nicht aber hinsichtlich Rudi. Eine „Pflichtenkollision" lag daher nicht vor. Dennoch muss das Unterlassen der Rettung des Bruno hier als gerechtfertigt angesehen werden[1221].

2. Wahrnehmung berechtigter Interessen, § 193 StGB

517 Die Wahrnehmung berechtigter Interessen, gesetzlich geregelt in § 193 StGB[1222], stellt nach zutreffender Ansicht lediglich einen speziellen Rechtfertigungsgrund für die Beleidigungsdelikte dar. Es ist hier kein allgemeiner Rechtsgrundsatz verankert, der auf andere Tatbestände analog anzuwenden wäre[1223].

1218 Vgl. hierzu auch die Übungsfälle bei *Ast*, JuS 2017, 867 (873); *Esser/Wasmeier*, JA 2020, 668 (672).
1219 *Beulke*, FS Küper 2007, 1 (5 ff.); *Ernst*, ZJS 2012, 654 (660); *Jakobs*, 15/7; *Klesczewski*, Rn. 361; LK-*Rönnau*, 13. Aufl., Vor §§ 32 ff. Rn. 125; *Murmann*, § 25 Rn. 67; *Otto*, JURA 2005, 470 (479); *Rengier*, § 49 Rn. 45; *Rönnau*, JuS 2013, 113 (114); *Satzger*, JURA 2010, 753 (756); *Schönke/Schröder-Sternberg-Lieben*, Vorbem. § 32 Rn. 75; *Stratenwerth/Kuhlen*, § 9 Rn. 124; a. M. *Schmidhäuser*, SB, 6/74.
1220 Hierzu *Küper*, JuS 2016, 1070 („defizitäre rechtfertigende Pflichtenkollision"); NK-*Neumann*, § 34 Rn. 127.
1221 *Küper*, JuS 2016, 1070 (1073); NK-*Neumann*, § 34 Rn. 127.
1222 Vgl. hierzu die Übungsfälle bei *S. Dreher*, JuS 2007, 459 (462); *Krahl*, JuS 2003, 1187 (1188 f.); *Piper*, JA 2012, 436 (438); *Preuß*, ZJS 2016, 639 (651 f.); *Reinhardt*, ZJS 2013, 493 (494 f.); *Stiel*, JURA 2017, 1327 (1330); *Swoboda*, JURA 2007, 224 (225).
1223 So im Ergebnis auch RGSt 31, 63 (66); RGSt 72, 98; OLG Düsseldorf NJW 2006, 630 (631); OLG Stuttgart NStZ 1987, 121 (122); *Bohnert*, JuS 2004, 640 (642); *Fischer*, § 193 Rn. 4; *Jakobs*, 16/37; *Krey/Hellmann/M. Heinrich*, BT 1, Rn. 442; *Kühl*, § 9 Rn. 51; *Lenckner*, JuS 1988, 349 (352); *Roxin/Greco*, AT I, § 18 Rn. 39; *Wölfl*, JURA 2000, 231 (234); a. M. *Kett-Straub/Linke*, JuS 2008, 717 (722 f. – in Bezug auf § 353b StGB); *Rogall*, NStZ 1983, 1 (6); *Schmitz*, JA 1996, 949 (953 f. – zumindest in Bezug auf § 203 StGB); vgl. aber auch *Erdsiek*, NJW 1966, 1388; *ders.*, JZ 1969, 311, der sich für die Annahme eines Entschuldigungsgrundes ausspricht; vgl. hierzu auch den Übungsfall bei *Buchholz*, ZJS 2017, 681 (683).

3. Erlaubtes Risiko

Unter dem Begriff „erlaubtes Risiko" versteht man Rechtsgutverletzungen, die auf sozial normalen, aber gefährlichen Verhaltensweisen beruhen (z. B. Straßenverkehr, Vertrieb gefährlicher Produkte). Diese können strafrechtlich kein Unrecht darstellen, sofern die erforderlichen Sicherungsmaßnahmen und Kunstregeln eingehalten werden. Teilweise wird daher ein Handeln im Rahmen des erlaubten Risikos als Rechtfertigungsgrund angesehen[1224]. Wie bei der Erörterung der objektiven Zurechnung gezeigt wurde[1225], ist hier jedoch bereits der objektive Tatbestand nicht erfüllt. Es fehlt an der objektiven Zurechnung des Erfolges. 518

4. Sozialadäquanz

Unter dem Stichwort der „Sozialadäquanz", die sich teilweise mit dem „erlaubten Risiko" überschneidet, fasst man Handlungen zusammen, die zwar vom Wortlaut einer Strafbestimmung an sich erfasst sind, sich aber völlig im Rahmen der normalen, geschichtlich gewachsenen sozialen Ordnung des Lebens bewegen und daher kein Unrecht darstellen[1226]. Voraussetzung für eine Straflosigkeit ist aber neben der sozialen Üblichkeit auch eine rechtliche Billigung des Verhaltens. In diesen Fällen ist dann allerdings (aus unterschiedlichen Gründen) bereits der objektive Tatbestand des jeweiligen Delikts nicht erfüllt, sodass für einen eventuellen Rechtfertigungsgrund kein Raum mehr bleibt[1227]. 519

> **Bsp. (1):** Gastwirt Gerd schenkt dem Gast Anton Alkohol aus, bis dieser volltrunken ist. Zwar erkennt Gerd, dass Anton wohl kaum mehr heil nach Hause kommen wird. Dennoch hindert er Anton nicht daran, alleine die Gaststätte zu verlassen. Anton torkelt vor ein fahrendes Auto und erleidet tödliche Verletzungen. – Fraglich ist, ob Gerd wegen Totschlags durch Unterlassen, §§ 212, 13 StGB, oder jedenfalls wegen einer fahrlässigen Tötung, § 222 StGB, durch aktives Tun (Ausschenken von Alkohol) bestraft werden kann. Das Ausschenken von Alkohol seitens eines Gastwirtes ist jedoch solange sozialadäquat, bis der Gast erkennbar betrunken ist (wie im vorliegenden Beispiel). Bis zu diesem Zeitpunkt besitzt der Wirt weder eine Garantenpflicht gegenüber dem Gast, noch verletzt er im Hinblick auf die Fahrlässigkeitstatbestände eine ihm zukommende Sorgfaltspflicht.

> **Bsp. (2):** Universitätsprofessor Uwe bekommt von den Studierenden des ersten Semesters am Ende der Vorlesung eine Flasche (nicht allzu teuren) Wein geschenkt, weil er eine interessante Veranstaltung abgehalten hat. – An sich erfüllt die Entgegennahme des Weins den Tatbestand der Vorteilsannahme, § 331 StGB. Die Annahme des Geschenkes hält sich jedoch völlig im Rahmen der gewachsenen sozialen Ordnung und

---

1224 Vgl. noch *Jescheck*, 3. Aufl., S. 323 f.
1225 Vgl. oben Rn. 245.
1226 Vgl. BGHSt 23, 226 (228); BWME-*Mitsch*, § 6 Rn. 35; *Cancio Meliá*, GA 1995, 179; *Eser*, Roxin-FS 2001, S. 199; *Kindhäuser*, Rengier-FS 2018, S. 49; LK-*Rönnau*, 13. Aufl., Vor §§ 32 ff. Rn. 22 ff.; *Rengier*, § 13 Rn. 51; *Rönnau*, JuS 2011, 311 (311 f.); *Roxin/Greco*, AT I, § 10 Rn. 33; *Valerius*, JA 2014, 561; vgl. auch BGHSt 15, 239 (251); BGHSt 31, 264 (279); OLG Hamm NJW 1973, 716 (718 f.); zur historischen Entwicklung auch *Knauer*, ZStW 126 (2014), 844 (846 ff.); zur Sozialadäquanz allgemein *Altermann*, Eisenberg-FS 2009, S. 233; *Hirsch*, ZStW 74 (1962); 78; *Klug*, Eb. Schmidt-FS 1961, S. 249; *Peters*, Welzel-FS 1974, S. 415; *Roxin*, Klug-FS 1983, S. 303; *Ruppert*, ZIS 2020, 14; *Schaffstein*, ZStW 72 (1960), 369; *Welzel*, ZStW 58 (1939), S. 491; *Zipf*, ZStW 82 (1970), S. 633; monographisch *Ruppert*, Die Sozialadäquanz im Strafrecht, 2020.
1227 Vgl. nur BWME-*Mitsch*, § 6 Rn. 36; *Jescheck/Weigend*, § 25 IV 1; *Rönnau*, JuS 2011, 311 (312); *Roxin/Greco*, AT I, § 10 Rn. 36; *Ruppert*, ZIS 2020, 14 (20 ff.); *Schönke/Schröder-Sternberg-Lieben*, Vorbem. §§ 32 ff. Rn. 107b; a. M. *Schmidhäuser*, SB, 6/102; differenzierend *Klug*, Eb. Schmidt-FS 1961, S. 249 (255 ff.); zum heutigen Diskussionsstand auch *Knauer*, ZStW 126 (2014), 844 (852 ff.); vgl. auch die Übungsfälle bei *Bott/Kühn*, JURA 2009, 72 (72 f.); *Buchholz*, ZJS 2017, 681 (686); *Fahl*, JURA 2009, 234 (237).

ist daher sozialadäquat. Hier ist – nach tatbestandlicher Reduktion des Begriffs „Vorteil" in § 331 StGB – bereits der objektive Tatbestand nicht erfüllt. Folgt man der tatbestandlichen Reduktion nicht, so wäre eine Rechtfertigung zudem über § 331 Abs. 3 StGB möglich, sofern Uwe den Vorteil bei seinem Vorgesetzten anzeigt.

5. Züchtigungsrecht

520 Das Züchtigungsrecht wird auch heute noch teilweise gewohnheitsrechtlich als rechtlich geduldete Erziehungsmaßregel für Eltern oder gar für Lehrer oder sonstige Aufsichtspersonen angesehen[1228]. Es soll in Ausnahmefällen zur körperlichen Züchtigung von Kindern berechtigen.

> **Bsp.:** Der achtjährige Schüler Sascha streckt dem Lehrer Anton mehrmals hinter dessen Rücken die Zunge heraus, was seine Klassenkameraden immer köstlich amüsiert. Nachdem Anton dem Gelächter auf die Spur gekommen ist, gibt er Sascha eine kräftige Ohrfeige, die diesen künftig von derartigen Aktionen abhält. Sascha, über den Vorfall erbost, erzählt dies abends am Wohnzimmertisch seinem Vater Viktor. Dieser steht auf und gibt Sascha eine erneute Ohrfeige, damit es, wie er sagt, „doppelt hält". – Hier liegt tatbestandlich jeweils eine Körperverletzung, § 223 StGB, vor. Fraglich ist, ob diese durch ein Erziehungs- oder Züchtigungsrecht des Lehrers bzw. des Vaters gerechtfertigt werden kann.

521 Ein solches Züchtigungsrecht wird inzwischen jedenfalls für Dritte (Lehrer etc.)[1229], überwiegend aber auch im Hinblick auf die Eltern zu Recht abgelehnt[1230]. Die (veraltete) Gegenansicht folgerte hingegen ein solches Recht aus §§ 1626, 1631 BGB, dem elterlichen Sorge- und Erziehungsrecht, und ließ das Züchtigungsrecht zumindest als ultima ratio zu[1231], wenn a) die Maßnahme bei hinreichendem Züchtigungsanlass[1232] objektiv zur Erreichung des Erziehungszwecks geboten war[1233], b) subjektiv vom Erziehungsgedanken beherrscht wur-

---

1228 Vgl. allgemein zum Züchtigungsrecht RGSt 43, 277 (279); RGSt 73, 258; RGSt 76, 3 (5); BGHSt 3, 105; BGHSt 6, 263; BGHSt 11, 241; BGHSt 12, 62 (64 ff.); ferner *Bergmann*, JuS 1987, L 53 (L 55); *Bohnert*, JURA 1999, 533 (534); *Hillenkamp*, JuS 2001, 159 (164 f.); *v. Heintschel-Heinegg/Kudlich*, JA 2001, 129 (130 f.); *Kühl*, JuS 2007, 743 (744 f.); *Roxin/Greco*, AT I, § 17 Rn. 32 ff.; vgl. auch die Übungsfälle bei *Bott/Kühn*, JURA 2009, 72 (72 f.); *Dannecker/Schröder*, JuS 2020, 860 (862); *Fahl*, JURA 2009, 234 (237); *ders.*, JA 2012, 906 (910).
1229 Vgl. OLG Saarbrücken NJW 1963, 2379 (2380); *Kindhäuser/Zimmermann*, § 20 Rn. 20; *Kühl*, § 9 Rn. 78 ff.; *Mitsch*, JuS 1992, 289 (290); für Lehrer aber noch abweichend BGHSt 11, 241 (247 f.); BGHSt 12, 62 (66 ff. – allerdings nicht kraft eigenen, sondern kraft übertragenen Rechts seitens der Eltern); vgl. aber auch BGHSt 14, 52 (53); BGH JZ 1977, 653; BGH NStZ 1993, 591.
1230 *Fahl*, JURA 2009, 234 (237); *Fischer*, § 223 Rn. 38 f.; *Hillenkamp*, JuS 2001, 159 (165); *Hoyer*, FamRZ 2001, 521 (524); *Jäger*, Rn. 235; *Joecks/Jäger*, § 223 Rn. 23; *Kellner*, NJW 2001, 796 (797); *Krey/Esser*, Rn. 684; LK-*Lilie*, 11. Aufl., § 223 Rn. 10; *Otto*, JURA 2001, 670 (671); *Roxin*, JuS 2004, 177 (178); *Roxin/Greco*, AT I, § 17 Rn. 46; SK-*Wolters*, § 223 Rn. 7; dies forderten bereits *Petri*, ZRP 1976, 64; *Reichert-Hammer*, JZ 1988, 617 (622); anders *Jakobs*, 16/33; *Jescheck/Weigend*, § 35 III 2, Fn. 25; *Kindhäuser/Hilgendorf*, LPK, Vor §§ 32–35 Rn. 67, § 223 Rn. 15; *ders.*, § 20 Rn. 14; *Krey*, AT 1, 3. Aufl., Rn. 640; *Krey/Hellmann/M. Heinrich*, BT 1, Rn. 1004; *Kühl*, § 9 Rn. 62, 77a, 77b; *Lackner/Kühl*, § 223 Rn. 11; *Murmann*, § 25 Rn. 153; *Noack*, JR 2002, 402 (406); vgl. auch den Übungsfall bei *Dannecker/Schröder*, JuS 2020, 860 (862).
1231 In diese Richtung noch *Jakobs*, 16/33; *Jescheck/Weigend*, § 35 III 2, Fn. 25; *Wessels/Beulke/Satzger*, Rn. 605 ff.
1232 Hierzu *Kühl*, § 9 Rn. 60; *Schönke/Schröder-Eser*, 26. Aufl. 2001, § 223 Rn. 22.
1233 *Bergmann*, JuS 1987, L 53 (L 55 – „Erforderlichkeit"); *Jakobs*, 16/33; *Schönke/Schröder-Eser*, 26. Aufl. 2001, § 223 Rn. 22; *Wessels/Beulke/Satzger*, Rn. 607; gegen eine Gebotenheitsprüfung *Kühl*, § 9 Rn. 61.

de[1234] und c) nach Art und Maß der Züchtigung in einem angemessenen Verhältnis zur Verfehlung und dem Lebensalter des Kindes stand[1235].

522 Nachdem der Gesetzgeber nunmehr jedoch in § 1631 Abs. 2 BGB geregelt hat, dass *„Kinder [...] ein Recht auf gewaltfreie Erziehung"* haben und *„körperliche Bestrafungen, seelische Verletzungen und andere entwürdigende Maßnahmen [...] unzulässig"* sind, ist diese Ansicht inzwischen mit dem Gesetz kaum mehr vereinbar[1236].

523 Es gibt jedoch auch heute noch Stimmen, die körperliche Erziehungsmaßnahmen der Eltern in gemäßigtem Umfang bereits auf Tatbestandsebene ausschließen wollen, da sie keine körperliche Misshandlung darstellen würden[1237]. Diese juristische Konstruktion ist allerdings kaum haltbar[1238]. Doch selbst diejenigen, die ein solches Züchtigungsrecht (noch) befürworten, sprechen es mittlerweile nur noch den Eltern und nicht mehr den Lehrern zu. In den meisten Bundesländern wird den Lehrern die körperliche Züchtigung von Schülern ohnehin durch das jeweilige Schulgesetz ausdrücklich untersagt. Im genannten Beispiel ist daher keine der beiden Ohrfeigen gerechtfertigt[1239].

1234 Hierzu *Kühl*, § 9 Rn. 72 f.; *Wessels/Beulke/Satzger*, Rn. 608.
1235 Hierzu *Bott/Kühn*, JURA 2009, 72/73); *Kühl*, § 9 Rn. 65 ff.; *Wessels/Beulke/Satzger*, Rn. 607; vgl. auch BGHSt 11, 241 (257); BGHSt 12, 62 (73).
1236 Vgl. allerdings *Noak*, JR 2002, 402 (406 ff.) und *Roellecke*, NJW 1999, 337, die § 1631 Abs. 2 BGB infolge eines Verstoßes gegen Art. 6 Abs. 2 Satz 1 GG für verfassungswidrig halten; vgl. ferner *Bott/Kühn*, JURA 2009, 72 (72 f.).
1237 So *Beulke*, Hanack-FS 1999, S. 538 (545); *ders.*, Schreiber-FS 2003, S. 29 (31 f.); *Eb. Schmidt*, JZ 1959, 518 (519); *Wessels/Beulke/Satzger*, Rn. 605; für die Zulässigkeit eines Züchtigungsrechts in Ausnahmefällen weiterhin *Kindhäuser/Zimmermann*, § 20 Rn. 18; *Krey*, AT 1, 3. Aufl., Rn. 640; *Marxen*, Fall 11d.
1238 So auch *Hillenkamp*, JuS 2001, 159 (165); *Kühl*, § 9 Rn. 59; MüKo-*Hardtung*, 4. Aufl., § 223 Rn. 125 f.; *Roxin*, JuS 2004, 177 (178); gegen die Tatbestandslösung bereits BGHSt 6, 263 (264); BGHSt 11, 241 (242 f.); BGHSt 12, 62 (64).
1239 Vgl. hierzu auch BGH NStZ 1993, 591.

Teil IV: Die Schuld

§ 17 Schuld – Einführung und Systematik

Einführende Aufsätze: *Blau/Franke,* Prolegomena zur strafrechtlichen Schuldfähigkeit, JURA 1982, 393; *Frister,* Der strafrechtsdogmatische Begriff der Schuld, JuS 2013, 1057; *Arthur Kaufmann,* Unzeitgemäße Betrachtung zum Schuldgrundsatz im Strafrecht, JURA 1986, 225; *Keiser,* Schuldfähigkeit als Voraussetzung der Strafe, JURA 2001, 376; *Marlie,* Schuldstrafrecht und Willensfreiheit, ZJS 2008, 41; *Schiemann,* Die Willensfreiheit und das Schuldstrafrecht – eine überflüssige Debatte?, ZJS 2012, 774; *Seelmann,* Neuere Entwicklungen beim strafrechtsdogmatischen Schuldbegriff, JURA 1980, 505; *Wolfslast,* Die Regelung der Schuldfähigkeit im StGB, JA 1981, 464.

Zur Vertiefung: *Hirsch,* Das Schuldprinzip und seine Funktion im Strafrecht, ZStW 106 (1994), 746.

Rechtsprechung: BGHSt 2, 194 – Anwaltsnötigung (Grundlagen der strafrechtlichen Irrtumslehre); **BGHSt 11, 20** – Affekttötung (Schuldfrage bei einer Affekthandlung); **BGHSt 37, 231** – Blutalkoholkonzentration (Schuldfähigkeit und Alkoholgrenzwerte); **BGHSt 43, 66** – Alkoholkonsum (kein gesicherter Rückschluss von Alkoholkonzentration auf Steuerungsunfähigkeit); **BGHSt 49, 239** – Selbstverschuldete Trunkenheit (verminderte Schuldfähigkeit bei Alkoholisierung); **BGHSt 53, 31** – Affekt (Strafmilderung bei selbst verschuldetem Affekt); **BGH NJW 1953, 513** – Euthanasie (übergesetzlicher Entschuldigungsgrund).

I. Grundlagen

524 Voraussetzung einer strafrechtlichen Verantwortlichkeit ist die (individuelle) Schuld des Täters[1240]. Während die bisher behandelten Prüfungsstufen der Tatbestandsmäßigkeit und der Rechtswidrigkeit das (objektive) Unrecht der Tat kennzeichnen, betrifft die **dritte Gliederungsebene** des Straftataufbaus die **individuelle Vorwerfbarkeit.**

> Bei der Bewertung eines Verhaltens als Unrecht ist zu prüfen, ob ein bestimmtes Verhalten objektiv der Rechtsordnung widerspricht. Dieses Unwerturteil hat weitreichende Konsequenzen: Liegt ein tatbestandsmäßiges und rechtswidriges Verhalten vor, darf dagegen Notwehr geübt werden. Auch Anstiftung und Beihilfe hierzu sind möglich. Schuld hingegen ist die persönliche Vorwerfbarkeit. Hier rückt der individuelle Täter – und nicht die Tat – in den Mittelpunkt der Betrachtung.

II. Schuldprinzip

1. Einführung

525 Dass die Schuld eine notwendige Voraussetzung für die Bestrafung eines Menschen ist, ist seit langem anerkannt. Während die germanischen Volksrechte weit-

---

[1240] Vgl. BVerfGE 20, 323 (331); BVerfGE 25, 269 (285); BVerfGE 95, 96 (130 f.); BVerfGE 96, 245 (249); BGHSt 2, 194 (200); vgl. hierzu auch den – immer noch – lesenswerten Aufsatz von *Arthur Kaufmann,* JURA 1986, 225, der ein nachdrückliches Plädoyer für das Schuldprinzip enthält.

gehend geprägt waren vom Grundsatz des **Erfolgsstrafrechts** (d. h. die Bestrafung knüpfte ausschließlich an den eingetretenen Erfolg an), setzte sich ab dem 16. Jh. das Schuldprinzip durch: Eine Strafe durfte nur dann verhängt werden, wenn die Tat dem Täter auch persönlich zum Vorwurf gemacht werden konnte. Das Schuldprinzip entwickelte sich in der Folgezeit zu einem der Grundpfeiler unseres Strafrechts. Die Schuld gilt heute als ein unantastbarer Grundsatz und zwingende Voraussetzung für die Legitimität allen staatlichen Strafens (nulla poena sine culpa) und genießt insoweit Verfassungsrang[1241]. Eine entsprechende Regelung findet sich im Grundgesetz zwar nicht ausdrücklich, folgt jedoch inzident aus dem Menschenbild des Grundgesetzes (Art. 1 Abs. 1 GG) sowie aus dem Rechtsstaatsprinzip[1242].

Dabei geht das Menschenbild des Grundgesetzes von der **Willensfreiheit eines jeden Menschen** aus[1243]. Jeder Mensch könne frei wählen, ob er sich für das Recht oder für das Unrecht entscheide[1244]. Entscheidet er sich für das Unrecht, kann ihm dies persönlich zum Vorwurf gemacht werden[1245]. Insofern ist **Schuld nichts anderes als Vorwerfbarkeit**[1246]. Sie scheidet dann aus, wenn im Einzelfall eine freie Entscheidung nicht möglich ist, z. B. bei Geisteskranken, Kindern und sinnlos Betrunkenen[1247].

526

2. Inhalt des Schuldprinzips

Das Schuldprinzip findet sich in unserem Rechtssystem in drei verschiedenen Ausprägungen wieder[1248]:

527

– Kriminalstrafe darf nur darauf gegründet werden, dass dem Täter seine Tat persönlich zum Vorwurf gemacht werden kann (Strafbegründungsschuld)[1249].

1241 Vgl. hierzu bereits oben Rn. 41.
1242 Vgl. BVerfGE 20, 323 (331); BVerfGE 23, 127 (132); BVerfGE 25, 269 (285); BVerfGE 45, 187 (259 f.); BVerfGE 57, 250 (275); BVerfGE 86, 288 (313); BVerfGE 90, 145 (173); BVerfGE 95, 96 (140); BVerfGE 95, 145 (173); BVerfGE 95, 96 (130 f.); BVerfGE 110, 1 (13); BVerfGE 120, 224 (253 f.); BVerfGE 130, 1 (26); BVerfGE 133, 168 (197); BVerfG NJW 2004, 739 (745); BVerfG NJW 2004, 2073; BGHSt 50, 40 (49); hierzu auch BWME-*Eisele*, § 16 Rn. 2; *B. Heinrich*, JURA 2003, 167 (171); *Hillenkamp*, JZ 2005, 313 (316); *Rengier*, § 24 Rn. 1; *Schiemann*, ZJS 2012, 774 (776).
1243 Vgl. zu den hier konkurrierenden Ansichten des Indeterminismus und des Determinismus *Herzberg*, Achenbach-FS 2011, S. 157 (169 ff.); *Hirsch*, ZJS 2010, 62; *Hillenkamp*, JZ 2005, 313; *Jakobs*, ZStW 117 (2005), 247; *Marlie*, ZJS 2008, 41; *Mosbacher*, JR 2005, 61; *Reinelt*, NJW 2004, 2792; *Schiemann*, NJW 2004, 2056; *Spilgies*, ZIS 2007, 155; vgl. auch *Fahl*, JA 2003, 757 (757 f.); *Jescheck/Weigend*, § 37 I 2; *Arthur Kaufmann*, JURA 1986, 225 (226 f.); *Schiemann*, ZJS 2012, 774 (776 f.); vgl. hierzu *Wessels/Beulke/Satzger*, Rn. 630 ff.
1244 BGHSt 18, 87 (94); kritisch hierzu *Herzberg*, GA 2015, 250 (251); *Schiemann*, ZJS 2012, 774 (774 f.).
1245 Vgl. BGHSt 2, 194 (200); BWME-*Eisele*, § 16 Rn. 14, 24; *Jescheck/Weigend*, § 39 III 1; *Kleszczewski*, Rn. 374; *Krey/Esser*, Rn. 689; *Kühl*, § 10 Rn. 3 f.; *Wessels/Beulke/Satzger*, Rn. 630; darauf hinzuweisen ist allerdings, dass eine „Entscheidung" für das Unrecht bei Fahrlässigkeitsdelikten, insbesondere bei der unbewussten Fahrlässigkeit, kaum festgestellt werden kann.
1246 BGHSt 2, 194 (200); *Jescheck/Weigend*, § 39 II 1; *Wessels/Beulke/Satzger*, Rn. 635.
1247 Einen grundsätzlich anderen Ansatz vertreten *Jakobs*, 17/18 ff. (Schuld sei funktional allein auszurichten an den Erfordernissen des Strafzwecks der positiven Generalprävention und diene der Einhaltung allgemeiner Normanerkennung); dagegen *Herzberg*, GA 2015, 250 (255 f.); ferner *Roxin/Greco*, AT I, § 19 Rn. 1 ff. (neben die Schuld trete gleichberechtigt die präventive Notwendigkeit strafrechtlicher Ahndung, gemeinsam würden sie die Deliktsstufe der „strafrechtlichen Verantwortlichkeit" bilden); dagegen *Herzberg*, GA 2015, 250 (256 f.); ferner *Schiemann*, ZJS 2012, 774 (Schuld basiere nicht auf der Willensfreiheit, ein „unfreies" Handeln sei daher nur in den Fällen des § 20 StGB explizit ausgeschlossen).
1248 Vgl. hierzu auch *Arthur Kaufmann*, JURA 1986, 225 (227 f.); *Wessels/Beulke/Satzger*, Rn. 618.
1249 Näher zur „Strafbegründungsschuld" *Hirsch*, ZStW 106 (1994), 746 (748).

- Notwendig ist eine Kongruenz zwischen Unrecht und Schuld, die Schuld muss also sämtliche Elemente des konkreten Unrechts umfassen (Schuld-Unrechts-Kongruenz).
- Die vom Gericht verhängte Strafe darf in ihrer Höhe das Maß der Schuld nicht übersteigen. Dies gilt selbst dann, wenn Behandlungs-, Sicherungs- oder Abschreckungsinteressen eine längere Inhaftierung wünschenswert erscheinen lassen (Strafmaßschuld). Dies ergibt sich auch aus § 46 Abs. 1 StGB.

III. Gegenstand des Schuldvorwurfs

528 Gegenstand des Schuldvorwurfs ist nicht eine allgemeine rechtsfeindliche **Gesinnung**, sondern immer nur die konkrete **Einzeltatschuld**[1250]. Zwar kann eine rechtsfeindliche Gesinnung in der jeweiligen Tat zum Ausdruck kommen, weswegen eine solche – wie auch das **Vorleben des Täters** – bei der Strafzumessung berücksichtigt werden kann. Anknüpfungspunkt für die Schuldbeurteilung ist aber stets die konkrete Tat, d. h. das tatbestandsmäßig und rechtswidrig begangene Unrecht. Dies kann insbesondere in denjenigen Fällen Probleme aufwerfen, in denen der Täter zum Zeitpunkt der Begehung der Tat (z. B. infolge eines Alkoholrausches) schuldunfähig war, er diese Schuldunfähigkeit aber zuvor vorwerfbar herbeigeführt hat[1251].

IV. Inhalt des Schuldvorwurfs

529 Die Schuld im Sinne des Strafrechts ist dabei in erster Linie ein Rechtsbegriff, eine „Schuld" im Rechtssinne. Der **Schuldvorwurf** beinhaltet insoweit also einen **rechtlichen Tadel**. Hierin wird in aller Regel auch ein **moralisch-sittlicher Tadel** liegen, denn die Rechtsordnung bestraft regelmäßig diejenigen Verhaltensweisen, die sozialethisch und sittlich zu missbilligen sind[1252].

530 Allerdings gibt es Grenzfälle, in denen rechtlicher Schuldvorwurf und sittlicher Tadel auseinanderfallen können. Als Beispiel hierfür ist der sog. **Überzeugungstäter** zu nennen[1253]. Hierunter versteht man einen Menschen, der aufgrund seiner **persönlichen Überzeugung** bewusst dem allgemein gesetzten Recht zuwiderhandelt, weil er sich zu einem solchen Tun infolge seiner sittlichen, religiösen oder politischen Anschauung berechtigt oder gar verpflichtet fühlt. Auch wenn diese Überzeugungen im Einzelfall durchaus nachvollziehbar sind, hierdurch eventuell sogar billigenswerte Fernziele verfolgt werden, können sie dennoch im Widerspruch zum geltenden Recht stehen. Hier kann der Täter im Rechtssinne schuldhaft handeln, ohne dass damit ein sittlicher Tadel verbunden sein muss. Die Motive des Täters schließen in diesen Fällen allerdings nicht die Schuld aus, sondern sind lediglich auf der Ebene der Strafzumessung zu berücksichtigen[1254].

Bsp. (1)[1255]: Karl, Mitglied der Gemeinschaft der „Zeugen Jehovas", verweigert aus religiöser Überzeugung nicht nur den Kriegsdienst, sondern auch den Zivildienst. –

1250 Vgl. *Krey/Esser*, Rn. 265; *Wessels/Beulke/Satzger*, Rn. 635.
1251 Zu der umstrittenen Rechtsfigur der „actio libera in causa" vgl. noch ausführlich unten § 19 (Rn. 597 ff.).
1252 Zum Verhältnis von Rechtsschuld und sittlicher Schuld auch *Wessels/Beulke/Satzger*, Rn. 638.
1253 Zum Überzeugungstäter BWME-*Eisele*, § 16 Rn. 23 f.; *Arthur Kaufmann*, JURA 1986, 226 (233); *Jescheck/Weigend*, § 37 II 3; *Maurach/Zipf*, AT 1, § 35 Rn. 7.
1254 Teilweise abweichend *Böse*, ZStW 113 (2001), 40.
1255 Vgl. hierzu BVerfGE 19, 135; BVerfGE 23, 127; BVerfGE 78, 391.

Hier liegt eine Strafbarkeit nach § 53 ZDG („Dienstflucht") vor, auch wenn Karl aus religiösen Motiven handelt (fraglich ist allerdings, ob eine Bestrafung hier tatsächlich erfolgen sollte). In den hierzu ergangenen Urteilen wurde darüber hinaus geprüft, ob es zulässig ist, den Täter mehrmals wegen einer solchen Weigerung strafrechtlich zur Verantwortung zu ziehen (Verbot der Doppelbestrafung wegen derselben Tat, Art. 103 Abs. 3 GG)[1256].

Bsp. (2)[1257]**:** Der achtjährige Sascha ist bei einem Autounfall schwer verletzt worden. Im Krankenhaus wird festgestellt, dass er nur durch eine Bluttransfusion gerettet werden kann. Vater Viktor verweigert eine solche Einwilligung aus religiösen Gründen. Sascha stirbt. – Hier macht sich Viktor wegen eines Totschlags durch Unterlassen strafbar, selbst wenn seine Weigerung, in die Bluttransfusion einzuwilligen, religiös motiviert war und ihm sein Glaube eine solche Einwilligung verbot.

Bsp. (3): Rudi blockiert mit mehreren Mitgliedern einer von ihm gegründeten „Friedensgruppe" die Zufahrt zu einem Rüstungsdepot der Bundeswehr. Mehrere LKW-Fahrer werden dadurch gehindert, in das Depot einzufahren bzw. dieses zu verlassen. Dabei handelt Rudi aus politischer Überzeugung, weil er durch die Rüstungspolitik die Sicherheit Deutschlands gefährdet sieht. – Zumindest die frühere Rechtsprechung sah in diesem Verhalten eine Nötigung, § 240 StGB[1258]. Sofern man mit der h. M. tatsächlich eine gewaltlose Sitzdemonstration als Gewalt im Rechtssinne ansieht, muss im Rahmen des § 240 Abs. 2 StGB festgestellt werden, ob die politischen Fernziele bei der Prüfung der Verwerflichkeit eine Rolle spielen können (was der BGH mit zweifelhafter Begründung verneint[1259]). Bejaht man die Rechtswidrigkeit des Verhaltens, so können die bei der Tatausführung vorhandenen Motive nicht auf Schuldebene, sondern nur im Rahmen der Strafzumessung berücksichtigt werden.

V. Prüfungsaufbau und Prüfungsumfang

Auch im Rahmen der Schuld sind verschiedene Prüfungspunkte zu beachten, die sich nur teilweise aus dem Gesetz ergeben:
1. **Schuldfähigkeit**
2. **Spezielle Schuldmerkmale**
3. **Unrechtsbewusstsein**
4. **Schuldform**
5. **Fehlen von Entschuldigungsgründen**

Zwar ist die Tatsache, dass der Täter **schuldhaft gehandelt** hat, stets bei jedem Delikt gesondert festzustellen. Liegen aber keine Anhaltspunkte vor, dass ein Prüfungspunkt auf Schuldebene problematisch sein könnte, sind nähere Erörterungen – wie schon bei der Feststellung der Rechtswidrigkeit – überflüssig. In der Klausur reicht dann jeweils die Feststellung: **Der Täter handelte auch schuldhaft**[1260].

1. Schuldfähigkeit

Grundsätzlich wird davon ausgegangen, dass jeder Mensch in vollem Umfang **schuldfähig**, d. h. für seine Taten voll verantwortlich ist. Einschränkungen dieses Grundsatzes finden sich in §§ 19, 20 und 21 StGB.

1256 Vgl. zum Verbot der Doppelbestrafung bereits oben Rn. 38 ff.
1257 Vgl. zu diesem Übungsfall auch *Stoffers/Murray*, JuS 2000, 986.
1258 Vgl. BGHSt 23, 46; BVerfGE 73, 206; vgl. nunmehr aber BVerfGE 92, 1.
1259 Vgl. BGHSt 35, 270 (Berücksichtigung lediglich bei der Strafzumessung).
1260 Vgl. auch *Krey/Esser*, Rn. 267, 690; *Wessels/Beulke/Satzger*, Rn. 639; zur Prüfung der Schuld in Klausuren ferner *Werle*, JuS 2001, L 49 (L 52).

534 a) **§ 19 StGB.** Diese Vorschrift setzt eine fixe Altersgrenze. Kinder unter **14 Jahren** sind prinzipiell schuldunfähig. Gegen sie darf weder ein Strafverfahren durchgeführt, noch darf eine Strafe verhängt werden. **Strafe** ist somit in jeder Form unzulässig. Es können jedoch besondere Schutz- und Erziehungsmaßnahmen durch das **Vormundschaftsgericht** bzw. durch das **Jugendamt** getroffen werden. Hierbei handelt es sich jedoch um zivilrechtlich bzw. öffentlich-rechtlich geprägte Sanktionen.

> **Bsp.:** Der 13-jährige Manfred hat sich mit einigen gleichaltrigen Kumpeln zu einer Bande zusammengeschlossen, um nachmittags nach der Schule systematisch in Kaufhäuser einzudringen und anschließend mit den teilweise gewaltsam erbeuteten Waren Handel zu treiben. – Auch wenn es sich bei Manfred um ein für sein Alter bereits weit entwickeltes Kind handelt, kann hier keine Bestrafung erfolgen.

535 Das deutsche Strafrecht kennt mehrere Altersstufen, an die sich unterschiedliche Regelungen anknüpfen:

- **Personen unter 14 Jahren** (Kinder) sind stets **schuldunfähig**. Hierzu gibt es keine Ausnahmen (vgl. § 19 StGB).
- **Personen zwischen 14 und 17 Jahren** (Jugendliche; vgl. § 1 Abs. 2 JGG) sind **bedingt schuldfähig**. Es ist hier das im JGG geregelte Jugendstrafrecht anzuwenden[1261]. Nach § 3 JGG muss dabei im Einzelfall unter Berücksichtigung der Tat und der persönlichen Entwicklungsreife des Jugendlichen festgestellt werden, ob eine Schuldfähigkeit gegeben ist oder nicht. So bestimmt § 3 Satz 1 JGG: *„Ein Jugendlicher ist strafrechtlich verantwortlich, wenn er zur Zeit der Tat nach seiner sittlichen und geistigen Entwicklung reif genug ist, das Unrecht der Tat einzusehen und nach dieser Einsicht zu handeln."* Dies ist dann aber eine Frage des **Entweder-Oder**, „ein bisschen Schuld" gibt es also nicht. Hinzuweisen ist darauf, dass das JGG neben der strafrechtlichen Verantwortlichkeit lediglich Sonderregelungen hinsichtlich des Strafverfahrens und der zu verhängenden Sanktionen enthält. Hinsichtlich des materiellen Strafrechts, d. h. der von den Jugendlichen verwirklichten Straftatbestände, gelten keine Sonderregelungen. Es sind also das StGB sowie das Nebenstrafrecht in vollem Umfang anwendbar.
- **Personen zwischen 18 und 20 Jahren** (Heranwachsende) sind grundsätzlich in vollem Umfang **schuldfähig**. Es ist nach § 105 Abs. 1 Nr. 2 JGG allerdings zu prüfen, ob es sich bei dem Delikt um eine typische **Jugendverfehlung** handelt (Schlägerei in der Disko, Fahren ohne Fahrerlaubnis etc.), was zur Folge hat, dass hinsichtlich des Verfahrens und der Rechtsfolgen (nicht aber im Hinblick auf die grundsätzliche strafrechtliche Verantwortlichkeit) Jugendstrafrecht anwendbar ist. Gleiches gilt dann, wenn bei dem Heranwachsenden eine „Reifeverzögerung" festzustellen ist (§ 105 Abs. 1 Nr. 1 JGG). Liegt keine typische Jugendverfehlung und auch keine Reifeverzögerung vor, dann gilt uneingeschränkt das Erwachsenenstrafrecht, wobei die Strafe jedoch gemildert werden kann (vgl. auch § 106 JGG).
- **Personen über 21 Jahren** sind im Regelfall voll schuldfähig, außer die Schuldfähigkeit ist nach § 20 StGB ausgeschlossen.

536 b) **§ 20 StGB.** Hier werden die Voraussetzungen normiert, unter denen eine Schuldfähigkeit ausscheidet, der Täter also **schuldunfähig** ist. Liegt diese Voraussetzung vor, kann der Täter nicht bestraft werden. Möglich bleibt jedoch, da auch

---

[1261] Zum Einstieg ist hier empfehlenswert *Böhm/Feuerhelm*, Einführung in das Jugendstrafrecht, 4. Aufl. 2004; *Laubenthal/Baier/Nestler*, Jugendstrafrecht, 3. Aufl. 2015; *Meier/Rössner/Schöch*, Jugendstrafrecht, 3. Aufl. 2013; *Ostendorf*, Jugendstrafrecht, 8. Aufl. 2015; *Schaffstein/Beulke/Swoboda*, Jugendstrafrecht, 15. Aufl. 2014; *Streng*, Jugendstrafrecht, 3. Aufl. 2012; vgl. auch die Übungsfälle bei *Ranft*, JURA 2006, 466.

weiterhin eine rechtswidrige Tat vorliegt, eine Unterbringung in einem psychiatrischen Krankenhaus oder einer Entziehungsanstalt (§§ 63, 64 StGB).

Die Beurteilung der Schuldfähigkeit nach § 20 StGB ist in der Praxis auch für den Richter eine schwierige Aufgabe, die oft nur durch Unterstützung seitens eines medizinischen, psychologischen oder psychiatrischen Sachverständigen geleistet werden kann. **537**

Eine solche Begutachtung wird in einer juristischen Klausur im Rahmen der universitären Ausbildung nicht gefordert, weshalb die folgenden Ausführungen bewusst knapp gehalten sind[1262]. **538**

> **Klausurtipp:** Als „Obersatz" kann man sich merken, dass von § 20 StGB in erster Linie Geisteskranke und Rauschtäter erfasst sind, wobei der Sachverhalt stets eindeutige Angaben enthalten muss (z. B.: „Anton tötet im Vollrausch den Bruno"; „Der geisteskranke Rudolf überfällt eine Bank"; „Viktor tötet im Zustand der Schuldunfähigkeit seine Ehefrau"). Fehlt eine Information, so ist von der vollen Schuldfähigkeit des Täters auszugehen[1263]. Insbesondere sollte man sich hüten, eigene „Erfahrungssätze" zu verallgemeinern. Die Sachverhaltsangabe: „Nach dem Genuss von vier Flaschen Bier überfällt Anton eine Bank" besagt über die Schuldfähigkeit noch gar nichts, es fehlen wesentliche Angaben über die Trinkzeit, die körperliche Konstitution Antons und seine Alkoholgewöhnung. Es ist daher von voller Schuldfähigkeit auszugehen.

Schuldunfähig handelt, wer aus den in § 20 StGB genannten Gründen entweder (1) unfähig ist, das Unrecht der von ihm begangenen Tat einzusehen (= fehlende Einsichtsfähigkeit) oder (2) das Unrecht der Tat zwar einsieht, aber unfähig ist, nach dieser Einsicht zu handeln (= fehlende Steuerungsfähigkeit)[1264]. **539**

> **Bsp.:** Der krankhafte Triebtäter Toni kann also entweder bereits nicht einsehen, dass eine Vergewaltigung, § 177 Abs. 2 StGB, überhaupt Unrecht ist, weil er denkt, dass sein Verhalten doch in Ordnung sei, oder aber er weiß zwar, dass er das, was er tut, eigentlich nicht tun darf, er kann aber infolge seines Triebes nicht anders handeln, verhält sich also ausschließlich trieb- und nicht willensgesteuert.

Die Unfähigkeit, das Unrecht einzusehen oder nach dieser Einsicht zu handeln, muss auf einer der in § 20 StGB genannten Ursachen beruhen. Es kann entweder eine **krankhafte seelische Störung** (z. B. Schizophrenie, Psychosen, Epilepsie, Alzheimer), eine **tief greifende Bewusstseinsstörung** (z. B. Vollrausch[1265], totale Übermüdung, Hypnose)[1266], **Schwachsinn** (z. B. angeborene Intelligenzschwäche, Debilität) oder **eine andere seelische Abartigkeit** (z. B. Neurosen oder Triebstörungen, bei denen keine organischen Ursachen feststellbar sind, Spielsucht) vorliegen[1267]. **540**

Eine dieser vier Voraussetzungen muss dabei kumulativ zu den oben genannten Voraussetzungen gegeben sein. Die Unfähigkeit, das Unrecht der Tat einzusehen oder nach dieser Einsicht zu handeln, muss also auf einer dieser vier Ursachen beruhen. Tritt der Zustand der Schuldunfähigkeit erst nach Versuchsbeginn ein **541**

1262 Vgl. auch *Krey/Esser*, Rn. 694; *Kühl*, § 11 Rn. 3.
1263 Vgl. auch *Keiser*, JURA 2001, 376 (377).
1264 Hierzu *Keiser*, JURA 2001, 376 (377 f.); *Wolfslast*, JA 1981, 464 (465).
1265 *Schönke/Schröder-Perron/Weißer*, § 20 Rn. 13; nach a. M. stellt der Vollrausch hingegen eine krankhafte seelische Störung dar; vgl. *Fischer*, § 20 Rn. 11; *Timpe*, JA 2010, 515.
1266 Vgl. hierzu BGHSt 11, 20.
1267 Vgl. zu den Merkmalen im Einzelnen *Keiser*, JURA 2001, 376 (379 ff.); kritisch hierzu *Frister*, JuS 2013, 1057 (1059).

(der Täter gelangt z. B. während der Tatausführung in einen sog. „Blutrausch"), so steht dies einer Bestrafung nicht entgegen, da es ausreicht, wenn der Täter zu irgendeinem Zeitpunkt der Tatbegehung schuldfähig war[1268].

542 In der Praxis (und auch in juristischen Klausuren) wird man es dabei besonders häufig mit dem **Alkoholrausch** zu tun haben. Hierfür sollen daher einige Leitlinien aufgezeigt werden: Wesentlich ist, dass bei der Frage, ob ein alkoholbedingter Rausch vorliegt, der die Schuldfähigkeit ausschließt oder zu verminderter Schuldfähigkeit führt, **keine festen Grenzwerte existieren**, wie dies z. B. bei der alkoholbedingten Fahruntauglichkeit der Fall ist[1269].

> So gibt es z. B. keinen allgemeinen Erfahrungssatz, dass ein Mensch bei einer Blutalkoholkonzentration von mehr als 3,0 Promille schuldunfähig ist. Abhängig vom Grad der Alkoholgewöhnung kann der eine schon bei 1,5 Promille schuldunfähig sein, während ein anderer auch bei 3,2 Promille noch genau weiß, was er tut. Während man früher davon ausging, dass bei Alkoholwerten über 2,0 Promille (bei Gewalttaten: 2,2 Promille) eine Prüfung der verminderten Schuldfähigkeit, ab 3,0 Promille (bei Gewalttaten ab 3,3 Promille) die Prüfung der Schuldunfähigkeit, jedenfalls nahe liege, sollen diesen Werte nach der heutigen Rechtsprechung allenfalls eine Indizfunktion zukommen, entscheidend sei aber eine Gesamtbewertung des Einzelfalles[1270]. Wird eine Schuldunfähigkeit wegen Vollrausches festgestellt ist aber stets an eine Bestrafung nach § 323a StGB zu denken, der die Bestrafung bereits an die Herbeiführung des Vollrausches anknüpft.

543 c) **§ 21 StGB.** Diese Vorschrift regelt die **verminderte Schuldfähigkeit**. Kennzeichnend hierfür ist, dass in diesen Fällen die Schuld nicht ausscheidet, sondern aufgrund der genannten Umstände lediglich eine Strafmilderung möglich ist. Die Strafe **kann** nach § 21 StGB gemildert werden, eine Milderung muss aber nicht erfolgen[1271]. Insoweit ist stets eine Einzelfallentscheidung erforderlich, weshalb § 21 StGB in juristischen Klausuren selten eine Rolle spielt (eine Erörterung müsste zudem auf der – in Übungsarbeiten regelmäßig nicht zu prüfenden – Strafzumessungsebene erfolgen). Anzumerken ist lediglich, dass bei einer selbst zu verantwortenden Trunkenheit, die zu einer Verminderung der Schuldfähigkeit führt, eine Minderung der Strafe regelmäßig ausscheidet[1272].

1268 BGHSt 7, 325; BGHSt 23, 133 (135); BGHSt 23, 356 (358 f.); BGH NStZ 2003, 535; *Marxen*, Fall 13c; *Sowada*, JURA 2004, 814 (817); *Wessels/Beulke/Satzger*, Rn. 641.
1269 *Fischer*, § 20 Rn. 19; *Krey/Esser*, Rn. 696; *Lackner/Kühl*, § 20 Rn. 18; LK-*Schöch*, 12. Aufl., § 20 Rn. 100; LK-*Verrel/Linke/Koranyi*, 13. Aufl., § 20 Rn. 100; *Rengier*, § 24 Rn. 8.
1270 Vgl. hierzu auch BGHSt 34, 29 (31); BGHSt 43, 66 (71 f.); BGHSt 57, 247; BGH NStZ 1996, 592; BGH NStZ-RR 2003, 71; BGH NStZ 2005, 92; BGH NStZ 2005, 329; BGH NStZ-RR 2006, 72; BGH NStZ 2016, 670 (670 f.); enger noch BGHSt 35, 308 (312); BGHSt 37, 231 (234 f.); BGH NStZ-RR 2021, 241 (242); ferner *Brüning*, JuS 2007, 255 (257); *Fahl*, JuS 2005, 1076 (1077); *Fischer*, § 20 Rn. 23; *Keiser*, JURA 2001, 376 (381); *Kindhäuser/Zimmermann*, § 22 Rn. 8; *Klesczewski*, Rn. 380; MüKo-*Streng*, 4. Aufl., § 20 Rn. 68 f.; NK-*Schild*, § 20 Rn. 82; *Rengier*, § 24 Rn. 9; *Wessels/Beulke/Satzger*, Rn. 646 f.; vgl. ferner die Übungsfälle bei *Arloth/König*, JURA 2008, 311 (312 f.); *Fahl*, JuS 2001, 47 (48); *Kaspar*, JURA 2007, 69 (70); *Klesczewski/Hawickhorst*, JA 2013, 589 (591); *Krell*, ZJS 2010, 640 (643); *Müller/Raschke*, JURA 2011, 305 (307 f.); *Oğlakcıoğlu*, ZJS 2013, 482 (487); *Seier/Wember*, JuS 2007, 361 (362 f.); *Steinberg/Bayer*, ZJS 2017, 225 (225 f.); *Swoboda*, JURA 2007, 224 (227); *Timpe*, JA 2010, 514.
1271 Vgl. zu § 21 StGB BGHSt 53, 31; *Wessels/Beulke/Satzger*, Rn. 650; ferner die Übungsfälle bei *Müller/Raschke*, JURA 2011, 305 (307 f.); *Seier/Wember*, JuS 2007, 361 (363).
1272 So ausdrücklich BGHSt 62, 247; in diese Richtung bereits BGH NStZ-RR 1997, 163 (165 f.); BGH NJW 2003, 2394 (2395); BGH NStZ 2016, 203; BGH NStZ-RR 2006, 305; BGH StV 2021, 421; kritisch hierzu *Streng*, Rengier-FS 2018, S. 113 (114 f., 120 f.); früher wurde überwiegend gefordert,

2. Spezielle Schuldmerkmale

Wie schon auf der Ebene des **Tatbestandes** und der **Rechtswidrigkeit**, so gibt es auch im Rahmen der Schuld vereinzelt Fälle, in denen eine gesetzliche Vorschrift die Strafbarkeit ausdrücklich an das Vorliegen zusätzlicher besonderer Merkmale knüpft[1273]. Ebenso wie bei den „offenen" Tatbeständen (z. B. § 240 StGB) die Tatbestandserfüllung die Rechtswidrigkeit ausnahmsweise nicht indiziert, sondern an bestimmte zusätzliche Voraussetzungen (Verwerflichkeit etc.) knüpft[1274], kann auch bei Strafvorschriften, die solche speziellen Schuldmerkmale (nach anderer Terminologie: Gesinnungsmerkmale[1275]) enthalten, nicht davon ausgegangen werden, dass das Unrecht der Tat die Vermutung der Schuld nahelegt. Die speziellen Schuldmerkmale müssen vielmehr positiv festgestellt werden[1276].

544

> **Bsp.:** Das „böswillige" Verächtlichmachen in § 90a Abs. 1 Nr. 1 StGB (Verunglimpfung des Staates und seiner Symbole), die „böswillige" Vernachlässigung in § 225 StGB (Misshandlung von Schutzbefohlenen), die „Rücksichtslosigkeit" in § 315c StGB (Gefährdung des Straßenverkehrs).

Es handelt sich somit bei den speziellen Schuldmerkmalen um Merkmale, die nicht das **Unrecht der Tat** betreffen, sondern nur zu einer Strafe führen, wenn die Tat auf Schuldebene einen besonderen **Gesinnungsunwert** aufweist[1277]. Insgesamt sind diese Merkmale im StGB nur sehr vereinzelt anzutreffen. Zudem ist oftmals abzugrenzen, ob es sich bei den subjektiven Anforderungen um subjektive Tatbestandsmerkmale oder um spezielle Schuldmerkmale handelt. Bedeutsam wird dieser Streit insbesondere bei den subjektiven Merkmalen der ersten und dritten Gruppe des Mordtatbestandes, § 211 StGB (Habgier, niedrige Beweggründe etc.). Die überwiegende Ansicht sieht diese Mordmerkmale allerdings zutreffend nicht als (spezielle) Schuldmerkmale, sondern als **subjektive Tatbestandsmerkmale** an, mit der Folge, dass sie für das Unrecht der Tat kennzeichnend sind und im Rahmen des Tatbestandes geprüft werden[1278].

545

3. Unrechtsbewusstsein

a) **Grundlagen.** Das Unrechtsbewusstsein ist letztlich der **Kern** des strafrechtlichen Schuldvorwurfs[1279]. Man versteht hierunter *„die Einsicht des Täters, Unrecht zu tun"* (vgl. § 17 Satz 1 StGB). Fehlt diese Einsicht, dann liegt ein Verbotsirrtum vor, der bei Unvermeidbarkeit des Irrtums die Schuld ausschließt[1280]. Dies wird

546

---

dass die im Rauschzustand zutage getretene Tatneigung zumindest vorhersehbar war, um § 21 StGB auszuschließen, es also einer signifikanten Erhöhung des Risikos der Begehung von Straftaten aufgrund der persönlichen oder situativen Verhältnisse des Einzelfalls bedurfte; vgl. BGHSt 34, 29 (33); BGHSt 35, 143 (145 f.); BGHSt 43, 66 (78); BGHSt 49, 239 (241); BGH NStZ 1986, 114 (115); BGH NStZ 1993, 537; BGH NStZ-RR 2003, 136; BGH NJW 2004, 3350 (3351); BGH NStZ-RR 2006, 185 (186); BGH NStZ 2006, 274 (274 f.); BGH NStZ 2008, 619 (620); BGH NStZ 2009, 203; BGH NStZ 2009, 496 (496 f.); BGH NStZ-RR 2003, 136; BGH NStZ-RR 2014, 238; BGH NStZ-RR 2017, 70 (71); BGH NStZ 2017, 84 (86); vgl. zur Selbstverschuldung eines die Steuerungsfähigkeit erheblich vermindernden Affekts auch BGHSt 53, 31 (32 f.).

1273 Hierzu *Wessels/Beulke/Satzger*, Rn. 673 ff.
1274 Vgl. zu den „offenen" Tatbeständen oben Rn. 315 f.
1275 Vgl. *Roxin/Greco*, AT I, § 10 Rn. 78.
1276 Grundsätzlich kritisch zu den speziellen Schuldmerkmalen NK-*Puppe*, §§ 28, 29 Rn. 19; vgl. auch *Jakobs*, 8/98.
1277 *Gerhold*, JA 2019, 81 (81 f.); *Wessels/Beulke/Satzger*, Rn. 673.
1278 Vgl. hierzu bereits oben Rn. 260.
1279 Vgl. zum Unrechtsbewusstsein *Frister*, JuS 2013, 1057 (1061 f.); *Lesch*, JA 1996, 504; *Neumann*, JuS 1993, 793; *Otto*, JURA 1996, 468 (474 ff.); *Stam*, GA 2019, 338 (340 f.).
1280 Vgl. zum Verbotsirrtum ausführlich unten Rn. 1114 ff.

jedoch nur selten der Fall sein. Denn derjenige, der vorsätzlich einen gesetzlichen Tatbestand verwirklicht und der auch weiß, dass keine Rechtfertigungssituation vorliegt, der weiß in aller Regel auch, dass er **Unrecht** tut. Er kann sich dann nicht damit herausreden, er wisse nicht, dass sein Verhalten strafbar ist.

> **Bsp.:** Wer seine Ehefrau tötet, kann nachher nicht ernsthaft behaupten, er wisse nicht, dass die Tötung von Menschen strafbar sei. – Wer einem anderen eine Sache wegnimmt, kann sich nicht auf den Standpunkt stellen, er habe nicht gewusst, dass das Stehlen verboten sei.

547 Dabei ist es nicht erforderlich, dass der Täter die verletzte Strafnorm als solche kennt. Es reicht aus, dass er entweder positiv weiß oder aber jedenfalls vermutet, dass sein Verhalten rechtlich verboten ist. Dabei genügt eine Vermutung, dass das Verhalten gegen irgendwelche rechtlichen Regelungen verstößt[1281]. Nicht ausreichend ist es hingegen, wenn der Täter sein Verhalten lediglich für moralisch bedenklich hält.

> **Bsp.:** Anton fährt betrunken Auto. Zwar weiß er nicht, dass er dadurch eine Straftat begeht, ihm ist jedoch bekannt, dass ihm deswegen der Führerschein abgenommen werden kann. Dieses Wissen, dass das eigene Verhalten „irgendwie" gegen rechtliche Vorschriften verstößt, reicht für das Vorliegen des Unrechtsbewusstseins aus.

548 Im Regelfall liegt ein solches Unrechtsbewusstsein zumindest bei Strafnormen des sog. **Kernstrafrechts**, d. h. den in das StGB aufgenommenen Strafvorschriften, vor. Dagegen kann es im Bereich des **Nebenstrafrechts** durchaus einmal vorkommen, dass der Handelnde die entsprechende Verbotsnorm nicht kennt[1282]. In diesem Bereich kann daher das Unrechtsbewusstsein zuweilen fraglich sein. Häufiger sind jedoch die Fälle, in denen sich der Täter zwar nicht über die Verwirklichung eines gesetzlichen Tatbestandes irrt, jedoch die Reichweite eines Rechtfertigungsgrundes verkennt. Dieser sog. „Erlaubnisirrtum" wird wie ein Verbotsirrtum behandelt und führt ebenfalls lediglich bei Unvermeidbarkeit zum Ausschluss der Schuld[1283].

549 **b) Unrechtsbewusstsein als selbstständiges Schuldelement.** Nach der geltenden Gesetzeslage bildet das Unrechtsbewusstsein ein **selbstständiges Schuldelement**, welches vom Vorsatz zu unterscheiden ist. Dies war nicht immer so. Vielmehr war das Verhältnis von Unrechtsbewusstsein und Vorsatz lange Zeit Gegenstand heftiger Auseinandersetzungen zwischen der sog. **Vorsatztheorie** und der sog. **Schuldtheorie**. Nachdem der BGH sich im Jahre 1952 der Schuldtheorie angeschlossen hat[1284], wurde diese 1975 in § 17 StGB auch gesetzlich verankert[1285]. Da die Diskussion allerdings auch heute noch geführt wird und in gewissem Umfang insbesondere bei der Behandlung des sog. Erlaubnistatbestandsirrtums zu unterschiedlichen Ergebnissen führen kann[1286], sollen die Theorien an dieser Stelle kurz erläutert werden[1287].

[1281] Vgl. *Krey/Esser*, Rn. 714 f.; *Kühl*, § 11 Rn. 28; *Roxin/Greco*, AT I, § 21 Rn. 12; *Wessels/Beulke/Satzger*, Rn. 678.
[1282] Vgl. hierzu den aufgearbeiteten Fall bei *Puppe*, § 19 Rn. 6 ff.
[1283] Vgl. zum Erlaubnisirrtum unten Rn. 1142 ff.
[1284] BGHSt 2, 194 (204 ff.).
[1285] Kritisch hierzu *Freund/Rostalski*, § 4 Rn. 80 f.; vgl. zum Theorienstreit auch *Lesch*, JA 1996, 346 (347 f.).
[1286] Vgl. zum Theorienstreit beim Erlaubnistatbestandsirrtum unten Rn. 1128 ff.
[1287] Zu den Vor- und Nachteilen der einzelnen Theorien vgl. ausführlich BGHSt 2, 194 (204 ff.); zu den Auswirkungen dieses Theorienstreits im Vertragsrecht *Toepel*, Rengier-FS 2018, S. 125.

Die **Vorsatztheorie** sieht im Unrechtsbewusstsein lediglich einen Bestandteil des Vorsatzes. Der Vorsatz soll als Oberbegriff demnach sowohl den Vorsatz im Hinblick auf den Tatbestand (**Tatbestandsvorsatz**) und als auch den Vorsatz hinsichtlich der Rechtswidrigkeit (**Unrechtsbewusstsein**) umfassen. Vorsätzliches Handeln liegt somit nur dann vor, wenn der Täter auch weiß, dass er durch sein Verhalten Unrecht begeht. Dies hat entscheidende Konsequenzen für den Irrtum: Wer ausnahmsweise einmal nicht weiß, dass er durch sein Handeln Unrecht begeht, wem also das Bewusstsein der Rechtswidrigkeit seines Verhaltens fehlt, der handelt im konkreten Fall auch **ohne Vorsatz**. Es liegt daher nach dieser Ansicht bei fehlendem Unrechtsbewusstsein keine vorsätzliche Tat vor. – Diese Theorie wurde insbesondere von denjenigen vertreten, die den Vorsatz (nach der klassischen Lehre) ohnehin in vollem Umfang als Schuldelement ansahen. Sie standen jedoch vor dem Problem, dass stets dann, wenn dem Täter das Unrecht seiner Tat nicht bewusst war – und sei es auch aus grundsätzlicher Rechtsfeindlichkeit oder Rechtsblindheit – an sich eine Bestrafung wegen einer Vorsatztat ausschied und lediglich eine Fahrlässigkeitsbestrafung möglich war, sofern das Gesetz einen entsprechenden Fahrlässigkeitstatbestand kannte. **550**

Nach der **Schuldtheorie** ist das Unrechtsbewusstsein hingegen ein eigenständiger Bestandteil der Schuld und somit vom Vorsatz hinsichtlich der Verwirklichung des gesetzlichen Tatbestandes zu trennen. Es ist also durchaus möglich, dass der Täter vorsätzlich handelt und dennoch das Unrecht seiner Tat nicht kennt, etwa weil er sich irrtümlich für gerechtfertigt hält. **551**

c) **Aktuelles und potentielles Unrechtsbewusstsein.** In aller Regel wird dem Täter das Unrecht seiner Tat bewusst sein. Man spricht dann vom **aktuellen Unrechtsbewusstsein**[1288]. Aus der Regelung des § 17 StGB, nach der bei einem Verbotsirrtum die Schuld nur dann entfällt, wenn der Täter den Irrtum „vermeiden" konnte, ist allerdings zu folgern, dass der Täter nicht notwendigerweise eine aktuelle Unrechtskenntnis haben muss. Vielmehr reicht es aus, wenn er bei einem für ihn zumutbaren Einsatz seiner Erkenntniskräfte und Wertvorstellungen das Unrecht der Tat hätte einsehen können, insoweit also Einsicht in das Unrecht hätte gewinnen können. Man spricht in diesen Fällen von einem **potentiellen Unrechtsbewusstsein**[1289]. **552**

> Insoweit handelt es sich bei einem (vermeidbaren) Verbotsirrtum um einen Irrtum des Täters über die Wertvorstellungen der Gesellschaft. Er hält sein Verhalten für erlaubt, obwohl er bei näherem Nachdenken hätte darauf kommen können, dass sein Verhalten verboten war.

In der Praxis wird die Grenze der Vermeidbarkeit des Irrtums und somit die Reichweite des potentiellen Unrechtsbewusstseins oft sehr weit gezogen. Auf die Frage, welche Fälle des unvermeidbaren Verbotsirrtums letztlich zum Ausschluss der Schuld führen, soll bei der Behandlung des Verbotsirrtums näher eingegangen werden[1290]. **553**

1288 BGHSt 15, 377 (383); hierzu auch *Puppe*, § 19 Rn. 1 ff., 27.
1289 Hierzu BGHSt 21, 18 (20); *Kühl*, § 11 Rn. 29; *Wessels/Beulke/Satzger*, Rn. 680; kritisch *Köhler*, S. 402 ff.
1290 Vgl. unten Rn. 1115 ff.

554 d) **Tatbestandsbezogenheit des Unrechtsbewusstseins.** Darauf hinzuweisen ist noch, dass das Unrechtsbewusstsein **tatbestandsbezogen und teilbar** ist[1291]. Dies bedeutet, dass der Täter jeweils den spezifischen Unrechtsgehalt der konkreten Tat erfassen muss[1292]. Sind mehrere Strafvorschriften betroffen, reicht es also nicht aus, dass der Täter sein Verhalten insgesamt für rechtswidrig hält. In dieser Konstellation ist es nämlich denkbar, dass der Täter – obwohl er vom Verbotensein seines Verhaltens ausgeht – nur bzgl. des einen, nicht aber im Hinblick auf den anderen Straftatbestand Unrechtsbewusstsein besitzt[1293].

> **Bsp.:** Der ausländische Urlauber Tony verkehrt während einer Urlaubsreise in Deutschland geschlechtlich mit seiner 17-jährigen Tochter. – Er erfüllt dadurch sowohl den Tatbestand des sexuellen Missbrauchs von Schutzbefohlenen, § 174 Abs. 1 Nr. 3 StGB, als auch den des Beischlafes zwischen Verwandten, § 173 Abs. 1 StGB. Nun ist es aber durchaus möglich, dass Tony zwar den Tatbestand des sexuellen Missbrauchs von Schutzbefohlenen kannte, nicht aber den des Beischlafes zwischen Verwandten, da ein solches Verhalten in vielen Rechtsordnungen nicht strafbar ist. Nimmt man insoweit einen unvermeidbaren Irrtum an, dann fehlt ihm in dieser Hinsicht das Unrechtsbewusstsein, während ein solches im Hinblick auf § 174 StGB vorliegt.

4. Schuldform

555 Unter dem Begriff der Schuldform erörterte die frühere kausale Lehre[1294] die Abgrenzung von Vorsatz und Fahrlässigkeit. Hiernach waren Vorsatz und Fahrlässigkeit keine Bestandteile des (subjektiven bzw. objektiven) Tatbestandes und daher des Unrechts einer Tat, sondern sie waren als subjektive Merkmale vollständig der Schuld zuzuordnen[1295]. Da jedoch das Unrecht z. B. einer vorsätzlichen Tötung wesentlich höher ist als das Unrecht einer fahrlässigen Tötung oder gar einer Tötung, die der Täter zwar kausal verursacht hat, hinsichtlich derer man ihm aber keinen Vorwurf machen kann, sieht die heute herrschende Lehre den (Tatbestands)Vorsatz als Merkmal des subjektiven Tatbestandes, die Verletzung der objektiv erforderlichen Sorgfalt beim Fahrlässigkeitsdelikt als Element des objektiven Tatbestandes an. Insofern sind sie auf Schuldebene nicht erneut zu berücksichtigen[1296].

556 Dies führt jedoch nicht dazu, dass dieser Prüfungspunkt auf Schuldebene vollständig entfällt. Denn nach h. M. werden lediglich der Vorsatz im Hinblick auf das Vorliegen der objektiven Tatbestandsmerkmale sowie die objektiven Fahrlässigkeitselemente in den Tatbestand vorverlagert. Dagegen verbleiben der Vorsatz im Hinblick auf das Vorliegen der tatsächlichen Voraussetzungen einer Rechtfertigungslage und die subjektiven Fahrlässigkeitselemente als Prüfungspunkte im Rahmen der Schuld. Diese sollen im Folgenden kurz angesprochen, im Wesentlichen aber an späterer Stelle ausführlich behandelt werden.

1291 BGHSt 10, 35; a. M. noch BGHSt 3, 342; hierzu auch *Krey/Esser*, Rn. 720; *Kühl*, § 11 Rn. 32; *Roxin/Greco*, AT I, § 21 Rn. 16 ff.; *Wessels/Beulke/Satzger*, Rn. 678.
1292 Vgl. auch *Puppe*, AT 1, 1. Aufl., § 34 Rn. 6.
1293 Vgl. BGHSt 10, 35 (39); BGHSt 42, 123; BGH NStZ-RR 1996, 24 (25).
1294 Vgl. hierzu oben Rn. 96 ff.
1295 Grundlage hierfür war der „psychologische Schuldbegriff", der das Wesen der Schuld in der subjektiv-seelischen Beziehung des Täters zur Tat sah und daher alle subjektiven Vorstellungen der Schuld zuwies; dagegen betrachtet der heute herrschende „normative Schuldbegriff" die Schuld ausschließlich nach dem Kriterium der „Vorwerfbarkeit"; vgl. den Überblick bei *Krey/Esser*, Rn. 688 f.; *Roxin/Greco*, AT I, § 19 Rn. 10 ff.
1296 Vgl. hierzu ausführlich oben Rn. 101 f.

a) **Vorsatzdelikt.** Beim Vorsatzdelikt ist lediglich der Vorsatz bzgl. der Verwirklichung der objektiven Tatbestandsmerkmale **im subjektiven Tatbestand** zu prüfen (Tatbestandsvorsatz). Liegt ein solcher Vorsatz vor, dann deutet dies regelmäßig darauf hin, dass der Täter auch Kenntnis von der Rechtswidrigkeit seines Verhaltens hat, sofern kein Rechtfertigungsgrund vorliegt. **557**

Etwas anderes gilt jedoch dann, wenn der Täter sich über die Rechtswidrigkeit seines Verhaltens irrt, weil er annimmt, ihm stünde ein Rechtfertigungsgrund zur Seite. Hierbei sind zwei Formen auseinander zu halten: Nimmt der Täter einen Rechtfertigungsgrund für sich in Anspruch, den die Rechtsordnung nicht anerkennt (z. B. das Züchtigungsrecht eines Lehrers), oder überdehnt er den Anwendungsbereich eines anerkannten Rechtfertigungsgrundes (glaubt er z. B., man dürfe gegen vierjährige Kinder in vollem Umfang das Notwehrrecht ausüben), dann steht er mit seiner Wertung außerhalb der Rechtsordnung. Man spricht hier von einem „Erlaubnisirrtum"[1297], der, wie bereits angesprochen, wie ein Verbotsirrtum zu behandeln ist und nach § 17 StGB (nur) bei Vermeidbarkeit das Unrechtsbewusstsein entfallen lässt. **558**

Anders hingegen, wenn der Täter Umstände annimmt, die, wenn sie tatsächlich vorlägen, ihm einen anerkannten Rechtfertigungsgrund zur Seite stellen würden. Hier liegt ein sog. „Erlaubnistatbestandsirrtum" (= Irrtum über die tatsächlichen Voraussetzungen der Rechtswidrigkeit des Verhaltens) vor, der nach der hier vertretenen Ansicht[1298] in analoger Anwendung des § 16 StGB den Vorsatz entfallen lässt. Da der Täter aber auch in diesen Fällen weiß, dass er den gesetzlichen Tatbestand erfüllt (er also mit Tatbestandsvorsatz handelt), fehlt ihm lediglich der Vorsatz hinsichtlich der Rechtswidrigkeit seines Verhaltens. Die Tat selbst ist allerdings weiterhin als „Unrecht" einzuordnen, sodass dieser „Rechtswidrigkeitsvorsatz" (vielfach unglücklich als „Schuldvorsatz" bzw. „Vorsatzschuld" bezeichnet) als Bestandteil der Schuld und insoweit unter dem Merkmal der „Schuldform" zu prüfen ist[1299]. **559**

> **Bsp.:** Der verwegen aussehende Landstreicher Ludwig begegnet nachts dem verschüchterten Anton und will diesen nach dem Weg fragen. Hierzu greift er in seine Manteltasche, um einen Stadtplan herauszuholen. Anton deutet diese Geste falsch. Er denkt, Ludwig wolle ihn überfallen und zu diesem Zweck ein Messer aus der Manteltasche ziehen. Mit einem blitzschnellen Faustschlag streckt er daher den völlig überraschten Ludwig nieder. – Hier hatte Anton zwar Vorsatz im Hinblick auf die Erfüllung der Tatbestandsmerkmale einer Körperverletzung, § 223 StGB. Er nahm jedoch eine Sachlage an (Angriff Ludwigs), die ihn zu einem Handeln in Notwehr berechtigen würde. Ihm fehlte also der Vorsatz hinsichtlich der Rechtswidrigkeit seines Verhaltens (sog. Erlaubnistatbestandsirrtum). Dies führt dazu, dass die Schuld entfällt (anzuschließen ist nach § 16 StGB analog aber eine Fahrlässigkeitsprüfung, hier also eine Prüfung der fahrlässigen Körperverletzung, § 229 StGB).

b) **Fahrlässigkeitsdelikt.** Während im objektiven Tatbestand des Fahrlässigkeitsdelikts stets festgestellt werden muss, ob der Täter objektiv vorhersehbar und vermeidbar eine Sorgfaltspflicht verletzt hat, ist im Rahmen der Schuld zu fragen, ob dem jeweiligen Täter die Einhaltung der im Verkehr erforderlichen Sorgfalt auch individuell möglich war[1300]. Denn im Gegensatz zum Vorsatzdelikt kennt **560**

1297 Zum Erlaubnisirrtum vgl. unten Rn. 1142 ff.
1298 Zum Erlaubnistatbestandsirrtum vgl. unten Rn. 1123 ff.
1299 Vgl. unten Rn. 1133.
1300 Vgl. zum Aufbau des Fahrlässigkeitsdelikts unten Rn. 1006 ff., 1026.

das Fahrlässigkeitsdelikt – zumindest nach h. M. – keinen subjektiven Tatbestand, sodass die **individuelle Vorhersehbarkeit und Vermeidbarkeit** des tatbestandlichen Erfolges als subjektive Elemente in der Schuld anzusprechen sind. Hier muss also festgestellt werden, dass die Pflichtverletzung auf einer besonders sorglosen oder nachlässigen Einstellung des Täters gegenüber den Sorgfaltsanforderungen der Rechtsordnung beruhte.

5. Fehlen von Entschuldigungsgründen

561 Während das Vorliegen von Rechtfertigungsgründen die Rechtswidrigkeit eines Verhaltens ausschließt, führt das Vorliegen von Entschuldigungsgründen dazu, dass im Einzelfall die Schuld des Täters entfällt. Hierzu soll im folgenden Kapitel Stellung genommen werden[1301].

§ 18 Entschuldigungsgründe

Einführende Aufsätze: *Bechtel*, Der übergesetzliche entschuldigende Notstand, JuS 2021, 401; *Bosch*, Grundprobleme des entschuldigenden Notstands (§ 35 StGB), JURA 2015, 347; *Brand/Lenk*, Probleme des Nötigungsnotstands, JuS 2013, 883; *Bünemann/Hömpler*, Nötigungsnotstand bei Gefahr für nichthöchstpersönliche Rechtsgüter, JURA 2010, 184; *Engländer*, Die Entschuldigung nach § 33 StGB bei Putativnotwehr und Putativnotwehrexzess, JuS 2012, 408; *Fahl*, Der „Wettermannfall" des Reichsgerichts, JA 2013, 274; *Geppert*, Notwehr und Irrtum, JURA 2007, 33; *Heuchemer*, Die Behandlung von Motivbündeln beim Notwehrexzeß (§ 33 StGB) in der Rechtsprechung, JA 2000, 382; *Heuchemer/Hartmann*, Grundprobleme des Notwehrexzesses – § 33 StGB: eine Vorschrift im Schnittfeld von Schuld- und Notwehrlehre, JA 1999, 165; *Hörnle*, Der entschuldigende Notstand (§ 35 StGB), JuS 2009, 873; *Müller-Christmann*, Der Notwehrexzess, JuS 1989, 717; *ders.*, Der Notwehrexzess, JuS 1993, L 41; *ders.*, Überschreiten der Notwehr, JuS 1994, 649; *ders.*, Der entschuldigende Notstand, JuS 1995, L 65; *Neumann*, Der strafrechtliche Nötigungsnotstand – Rechtfertigungs- oder Entschuldigungsgrund, JA 1988, 329; *Otto*, Grenzen der straflosen Überschreitung der Notwehr, § 33 StGB, JURA 1987, 604; *Rönnau*, Grundwissen – Strafrecht: Entschuldigender Notstand (§ 35 StGB), JuS 2016, 786; *ders.*, Grundwissen – Strafrecht: Übergesetzlicher entschuldigender Notstand (analog § 35 StGB), JuS 2017, 113; *Rotsch*, Die Tötung des Familientyrannen: heimtückischer Mord? – Eine Systematisierung aus aktuellem Anlass, JuS 2005, 12; *Roxin*, Rechtfertigungs- und Entschuldigungsgründe in Abgrenzung von sonstigen Strafausschließungsgründen, JuS 1988, 425; *ders.*, Der entschuldigende Notstand nach § 35 StGB, JA 1990, 97, 137; *Sauren*, Zur Überschreitung des Notwehrrechts, JURA 1988, 567; *Theile*, Der bewusste Notwehrexzess, JuS 2006, 965; *Timpe*, Grundfälle zum entschuldigenden Notstand (§ 35 I StGB) und zum Notwehrexzess (§ 33 StGB), JuS 1984, 859; JuS 1985, 35, 117.

Übungsfälle: *Vormbaum*, Die hilfreiche Schwester, JuS 1980, 367; *Weber*, Das Urteil, JURA 1984, 367.

Rechtsprechung: **RGSt 66, 397** – Meineid (Nötigungsnotstand); **RGSt 72, 246** – Wettermann (besondere Gefahrtragungspflicht); **BGHSt 5, 371** – Meineid (Nötigungsnotstand); **BGHSt 18, 311** – KZ-Wachmann (Prüfungspflicht); **BGHSt 39, 1** – Mauerschützen (rechtswidriger Befehl); **BGHSt 39, 133** – Bordellbesitzer (Notwehrüberschreitung bei planmäßiger Einmischung).

I. Grundlagen

562 In gleicher Weise, wie das Vorliegen eines Rechtfertigungsgrundes die Rechtswidrigkeit und somit das Unrecht der Tat beseitigt, lässt die Annahme eines Entschul-

---

1301 Vgl. sogleich unten Rn. 562 ff.

digungsgrundes die Schuld des Täters entfallen. Begrifflich sind die **Entschuldigungsgründe** dabei abzugrenzen von den **Schuldausschließungsgründen**[1302]. Unter den letzteren versteht man diejenigen Faktoren, die die Schuld als solches ausschließen, da es an einem konstitutiven Merkmal der Schuld fehlt (Schuldunfähigkeit, § 20 StGB; Unrechtsbewusstsein).

Demgegenüber wird bei den Entschuldigungsgründen infolge einer bestehenden Konfliktlage lediglich der Unrechts- und Schuldgehalt der Tat soweit herabgesetzt, dass der Gesetzgeber von der Erhebung eines Schuldvorwurfes absieht[1303]. Kennzeichnend für die Entschuldigungsgründe ist, dass der Täter sich in einer außergewöhnlichen Situation einem so großen Motivationsdruck ausgesetzt sieht, dass ihm die Einhaltung der Gebote und Verbote des geltenden Rechts kaum mehr möglich ist. Die Rechtsordnung verzichtet dann auf eine Einordnung der Tat als „schuldhaft", da die Tat infolge der vorliegenden Konfliktsituation keinen Ausdruck rechtsfeindlicher Gesinnung darstellt[1304]. Das StGB kennt mit dem entschuldigenden Notstand, § 35 StGB, und dem Notwehrexzess, § 33 StGB, zwei geschriebene Entschuldigungsgründe. Wie schon bei den Rechtfertigungsgründen ausgeführt[1305], ist dieser Katalog jedoch nicht notwendigerweise abschließend, auch wenn sich bis heute nur wenige allgemein anerkannte Entschuldigungsgründe entwickelt haben.

II. Entschuldigender Notstand, § 35 StGB

Der entschuldigende Notstand, § 35 StGB, entspricht in seiner Struktur dem rechtfertigenden Notstand, § 34 StGB. Auch hier ist zwischen der Notstandslage und der Zulässigkeit der Notstandshandlung zu unterscheiden. Zudem muss der Täter auch subjektiv aufgrund des vorliegenden besonderen Motivationsdruckes (seelische Zwangslage) handeln[1306]. Daraus ergibt sich bei § 35 StGB folgendes Prüfungsschema[1307]:

1. **Vorliegen einer Notstandslage**
   a) Gefahr für ein bestimmtes Rechtsgut (Leib, Leben, Freiheit)
   b) Gefahr für eine bestimmte Person
   c) Gegenwärtigkeit der Gefahr
2. **Rechtmäßigkeit der Notstandshandlung**
   a) Geeignetheit
   b) Erforderlichkeit (die Gefahr darf nicht anders abwendbar sein)
   c) Verhältnismäßigkeit

1302 Vgl. zu dieser begrifflichen Trennung *Hörnle*, JuS 2009, 873 (873 f.); *Jescheck/Weigend*, § 43 II; *Krey/Esser*, Rn. 748; *Kühl*, § 12 Rn. 9; *Müller-Christmann*, JuS 1995, L 65; *Rönnau*, JuS 2016, 786 (787); *Schönke/Schröder-Sternberg-Lieben*, Vorbem. §§ 32 ff. Rn. 108; ablehnend MüKo-*Schlehofer*, 4. Aufl., Vor § 32 Rn. 309 ff.; *Roxin/Greco*, AT I, § 19 Rn. 6.
1303 Vgl. zu dieser Begründung auch *Bechtel*, JuS 2021, 401 (402); *Frister*, JuS 2013, 1057 (1062 ff.); *Hörnle*, JuS 2009, 873 (875 f.); *Kühl*, § 12 Rn. 2 f.; LK-*Rönnau*, 13. Aufl., Vor §§ 32 ff. Rn. 337; LK-*Zieschang*, 13. Aufl., § 35 Rn. 2 ff.; *Rönnau*, JuS 2016, 786 (788); *Schönke/Schröder-Perron*, § 35 Rn. 2; *Wessels/Beulke/Satzger* Rn. 682; gegen diese Konzeption MüKo-*Müssig*, 4. Aufl., § 35 Rn 8; NK-*Neumann*, § 35 Rn. 4 ff.; *Roxin/Greco*, AT I, § 22 Rn. 9 ff.
1304 Vgl. zu den verschiedenen Begründungen für die Schuldfreistellung auch den Überblick bei *Fahl*, JA 2013, 274 (274 f.).
1305 Vgl. hierzu oben Rn. 327 ff.
1306 Vgl. zu diesem Motivationsdruck RGSt 66, 397 (398); ausführlich zu den verschiedenen „Notstandstheorien" *Roxin*, JA 1990, 97; *Timpe*, JuS 1984, 859 (860 ff.).
1307 Vgl. zu diesem Prüfungsschema auch unten Rn. 1491.

d) Besondere Hinnahmepflichten, § 35 Abs. 1 Satz 2 StGB
   aa) Selbstverursachung der Gefahr
   bb) Bestehen eines besonderen Rechtsverhältnisses
   cc) Gesetzliche Duldungspflichten
3. **Handeln aufgrund eines besonderen Motivationsdruckes (subjektives Element)**
   a) Kenntnis der Notstandslage
   b) Wissen, dass die Handlung zur Gefahrabwendung dient
   c) Handeln, um die Gefahr abzuwenden (Motivation)

1. Vorliegen einer Notstandslage

565 **a) Gefahr für ein bestimmtes Rechtsgut.** Im Hinblick auf das Vorliegen einer Gefahr gelten dieselben Erwägungen wie beim rechtfertigenden Notstand[1308]. Man versteht hierunter einen Zustand, bei dem aufgrund tatsächlicher Umstände die Wahrscheinlichkeit des Eintritts eines schädigenden Ereignisses besteht. Welchen Ursprung die Gefahr hat, ist gleichgültig. Sie kann also durch Naturereignisse, Unglücksfälle, den gefährlichen Zustand von Sachen, aber auch durch menschliche Angriffe verursacht werden. Im letzteren Fall wird aber – mit Ausnahme des sogleich noch zu behandelnden Nötigungsnotstandes[1309] – zumeist schon ein Rechtfertigungsgrund vorliegen.

566 Anders als beim rechtfertigenden Notstand, bei dem eine Gefahr für ein beliebiges Rechtsgut ausreicht[1310], ist es im Rahmen des § 35 StGB erforderlich, dass sich die Gefahr gerade gegen die Rechtsgüter **Leib, Leben oder Freiheit** richtet. Die Begriffe sind eng auszulegen[1311]. So versteht man unter Freiheit nur die Fortbewegungsfreiheit, nicht hingegen die allgemeine Handlungsfreiheit[1312]. Auch müssen Bagatellfälle ausgeschlossen werden[1313]. Nicht erfasst sind im Rahmen des § 35 StGB somit die Rechtsgüter Eigentum, Vermögen und Ehre sowie sämtliche überindividuellen Rechtsgüter. Die Aufzählung in § 35 StGB ist abschließend, eine analoge Anwendung auf andere Rechtsgüter ist ausgeschlossen[1314].

567 **b) Gefahr für eine bestimmte Person.** Im Gegensatz zu § 34 StGB muss sich die Gefahr im Rahmen des § 35 StGB gegen eine ganz bestimmte Person richten. Erfasst sind neben dem Täter selbst nur **Angehörige** und andere, dem Täter **nahestehende Personen**. Grund hierfür ist, dass nur bei diesen „Sympathiepersonen" der psychische Motivationsdruck, Hilfe zu leisten, in einer Weise gegeben ist, dass

---

1308 Vgl. oben Rn. 405 ff.; speziell zu § 35 StGB RGSt 60, 318; RGSt 66, 222 (226); BGHSt 5, 371 (373); ferner *Rönnau*, JuS 2016, 786 (788).
1309 Vgl. unten Rn. 580.
1310 Vgl. oben Rn. 410.
1311 Vgl. hierzu mit Beispielen *Kühl*, § 12 Rn. 28 ff.; ferner *Bosch*, JURA 2015, 347 (349).
1312 *Jescheck/Weigend*, § 44 I 1; *Kindhäuser/Zimmermann*, § 24 Rn. 6; *Klesczewski*, Rn. 428; *Krey/Esser*, Rn. 750; *Kühl*, § 12 Rn. 30; *Müller-Christmann*, JuS 1995, L 65 (L 66); *Rengier*, § 26 Rn. 5; *Rönnau*, JuS 2016, 786 (788); *Schönke/Schröder-Perron*, § 35 Rn. 8; *Schroeder*, JuS 1991, 362 (364); *Wessels/Beulke/Satzger*, Rn. 685; anders aber wohl BGH NJW 1979, 2053 (2054); vgl. hierzu den Übungsfall bei *Küper*, JURA 1983, 206 (215 f.).
1313 *Jescheck/Weigend*, § 44 I 1; *Kühl*, § 12 Rn. 32; *Schönke/Schröder-Perron*, § 35 Rn. 6/7; differenzierend LK-*Zieschang*, 13. Aufl., § 35 Rn. 30.
1314 *Achenbach*, JR 1975, 492 (496); BWME-*Eisele*, § 18 Rn. 13; *Kindhäuser/Zimmermann*, § 24 Rn. 6; *Kühl*, § 12 Rn. 26; LK-*Zieschang*, 13. Aufl., § 35 Rn. 23; *Maurach/Zipf*, AT 1, § 34 Rn. 13; *Müller-Christmann*, JuS 1995, L 65 (L 67); *Rönnau*, JuS 2016, 786 (788); *Roxin*, JA 1990, 97 (100 f.); a. M. *Timpe*, JuS 1984, 859 (863 f.); vgl. auch NK-*Neumann*, § 35 Rn. 13; ferner zur Frage, ob auch das „ungeborene" Leben erfasst ist, die Übungsfälle bei *Hillenkamp*, JuS 2014, 924 (927); *Walter/Schwabenbauer*, JA 2012, 504 (509).

es dem Täter „nachgesehen" wird, sich unrechtmäßig zu verhalten[1315]. Während sich der Begriff des Angehörigen nach § 11 Abs. 1 Nr. 1 StGB bestimmt und dabei nicht geprüft werden muss, ob der Betreffende dem Täter auch wirklich nahe steht (unwiderlegbare gesetzliche Vermutung), ist der Personenkreis der sonstigen „nahestehenden Personen" nicht klar umrissen. Entscheidend muss hier darauf abgestellt werden, dass der Täter in eine vergleichbare Motivationslage gerät, wie es der Fall wäre, wenn ein Angehöriger in Not geraten wäre. Allerdings muss die Nähebeziehung tatsächlich vorliegen und auch zur Tatzeit noch aktuell sein[1316]. Eine solche Nähebeziehung wird beim Lebensgefährten und bei engen Freunden gegeben sein, nicht hingegen bei Nachbarn oder Arbeitskollegen[1317].

c) Gegenwärtigkeit der Gefahr. Auch im Hinblick auf die Gegenwärtigkeit gelten dieselben Voraussetzungen wie beim rechtfertigenden Notstand, § 34 StGB[1318]. Die Grenzen sind also nicht so eng wie bei der Gegenwärtigkeit des Angriffs im Rahmen des § 32 StGB. Auch im Rahmen des § 35 StGB ist somit die Dauergefahr erfasst[1319], was insbesondere in den Haustyrannenfällen[1320] und den Fällen des sich im Nötigungsnotstand befindenden Täters eines Meineids[1321] eine gewisse Rolle spielt. **568**

2. Rechtmäßigkeit der Notstandshandlung

a) Geeignetheit. Die Handlung muss zur Abwendung der Gefahr **geeignet** sein. Auch hier gelten die gleichen Voraussetzungen wie bei der Notwehr oder dem rechtfertigenden Notstand[1322]. Insoweit ist eine Handlung schon dann zur Abwendung der Gefahr geeignet, wenn die Erhaltung des gefährdeten Rechtsguts nicht ganz unwahrscheinlich ist[1323]. **569**

b) Erforderlichkeit: Die Gefahr darf nicht anders abwendbar sein. Die Notstandshandlung muss auch hier – wie im Rahmen des § 34 StGB – als ultima ratio den letzten Ausweg aus der Notlage bieten[1324]. Dabei ist ein objektiver Maßstab anzulegen. Hat der Täter mehrere Möglichkeiten zur Gefahrabwendung, ist stets das mildeste Mittel zu wählen[1325]. Allerdings muss sich der Täter nicht auf unsichere Mittel oder auf solche Mittel verweisen lassen, die die Gefahr nur hinausschieben[1326]. Die Zumutbarkeitsschwelle bei riskanten Gefahrabwendungen im Rahmen des § 35 StGB ist dabei etwas höher anzusiedeln als bei § 34 StGB[1327]. Insbesondere bei den „Haustyrannenfällen" wird die Inanspruchnahme staatlicher **570**

1315 *Bechtel*, JuS 2021, 401 (402); *Kühl*, § 12 Rn. 34; *Rönnau*, JuS 2016, 786 (789); *Roxin*, JA 1990, 97 (102).
1316 *Kühl*, § 12 Rn. 36; *Mitsch*, JURA 2021, 136 (137).
1317 Vgl. die Beispiele bei *Kühl*, § 12 Rn. 38 ff.; *Mitsch*, JURA 2021, 136 (137); ferner die Übungsfälle bei *Gropengießer/Mutschler*, JURA 1995, 155 (158); *Kudlich*, JA 2009, 185 (187 f.); *Küper*, JURA 1983, 206 (215 f.); *Steinberg/Lachenmaier*, ZJS 2012, 649 (651).
1318 *Kühl*, § 12 Rn. 41; vgl. zur Gegenwärtigkeit auch den Übungsfall bei *Vormbaum*, JuS 1980, 367 (367 f.).
1319 Vgl. hierzu ausführlich oben Rn. 412 f.
1320 Vgl. hierzu unten Rn. 570.
1321 Vgl. hierzu unten Rn. 580.
1322 Vgl. oben Rn. 354 sowie oben Rn. 416.
1323 *Kühl*, § 12 Rn. 47.
1324 *Bosch*, JURA 2015, 347 (355); vgl. oben Rn. 417 ff.
1325 Vgl. zur anderen Abwendbarkeit im Rahmen des § 35 StGB auch die Übungsfälle bei *Lagodny*, JURA 1992, 659 (664); *Vormbaum*, JuS 1980, 367.
1326 BGHSt 48, 255 (260); BGH NJW 1979, 2053 (2054).
1327 Vgl. hierzu BGH NStZ 1992, 487; *Kühl*, § 12 Rn. 50.

Schutzmaßnahmen in aller Regel zur Abwendung der Gefahr führen, sodass die Tötung des „Tyrannen" nicht nach § 35 StGB entschuldigt ist[1328].

571 **c) Verhältnismäßigkeit.** Obwohl in § 35 StGB nicht ausdrücklich genannt, ist auch beim entschuldigenden Notstand der Grundsatz der Verhältnismäßigkeit zu beachten. Es darf kein krasses Missverhältnis zwischen angerichtetem Schaden und zu befürchtender Gefahr vorliegen[1329]. Im Gegensatz zu § 34 StGB ist hier jedoch keine allgemeine Güter- und Interessenabwägung vorzunehmen. Eine Rechtsverletzung kann auch dann entschuldigt sein, wenn das geschützte Interesse das beeinträchtigte nicht wesentlich überwiegt. Im Gegensatz zum rechtfertigenden Notstand kann somit in Extremfällen auch einmal die Tötung eines Menschen als entschuldigt angesehen werden, wenn dadurch das eigene Leben gerettet werden kann. Dagegen ist die Tötung eines Unbeteiligten zur Vermeidung geringfügiger Verletzungen nicht zulässig[1330].

572 **d) Besondere Hinnahmepflichten, § 35 Abs. 1 Satz 2 StGB.** § 35 Abs. 1 Satz 2 StGB enthält eine Ausnahmeregelung bzw. eine Einschränkung des Anwendungsbereiches des entschuldigenden Notstandes. Eine Entschuldigung scheidet aus, wenn dem Täter aufgrund besonderer Umstände zugemutet werden kann, die Gefahr hinzunehmen[1331]. In diesen Fällen kann zwar die Strafe nach § 49 Abs. 1 StGB gemildert werden, eine Entschuldigung scheidet hingegen aus. Das Gesetz nennt für die Zumutbarkeit der Gefahr zwei nicht abschließende („namentlich") Beispiele[1332]: Die Selbstverursachung der Gefahr und den Umstand, dass der Täter in einem besonderen Rechtsverhältnis stand[1333]. Darüber hinaus bestehen im Einzelfall noch besondere gesetzliche Duldungspflichten. Nicht ausdrücklich genannt, im Rahmen der Zumutbarkeit aber ebenfalls zu berücksichtigen, sind die jeweils beeinträchtigten Rechtsgüter sowie der Grad der ihnen drohenden Gefahr. Drohen dem Täter nur (geringfügige) Gefahren für seine körperliche Integrität oder seine Freiheit, ist ihm die Hinnahme der Gefahr eher zuzumuten, als wenn sein Leben gefährdet ist[1334]. Dies gilt umso mehr, je intensiver er selbst Rechtsgüter anderer gefährdet.

1328 BGHSt 48, 255 (261 f.); *Kargl*, JURA 2004, 189 (190); vgl. aber auch *Rotsch*, JuS 2005, 12 (16); vgl. zu den Haustyrannenfällen auch oben Rn. 412, 421.
1329 RGSt 66, 397 (399); *Jescheck/Weigend*, § 44 II 1; *Rönnau*, JuS 2016, 786 (789); SK-*Rogall*, § 35 Rn. 18; *Timpe*, JuS 1984, 859 (864 f.); *Wessels/Beulke/Satzger*, Rn. 689; vgl. auch die Übungsfälle bei *Arzt*, JuS 1982, 449 (451); *Haas/Hänke*, JURA 2021, 1508 (1511); *Wagner*, ZJS 2009, 419 (423); nach a. M. ist die Verhältnismäßigkeit kein eigener Prüfungspunkt, sondern Teil der Zumutbarkeitsklausel des § 35 Abs. 1 Satz 2 StGB; vgl. *Krey/Esser*, Rn. 751; *Kühl*, § 12 Rn. 53, 87 f.; LK-*Hirsch*, 11. Aufl., § 35 Rn. 62 f.; *Roxin/Greco*, AT I, § 22 Rn. 54; *Schönke/Schröder-Perron*, § 35 Rn. 33.
1330 *Rönnau*, JuS 2016, 786 (789); *Roxin/Greco*, AT I, § 22 Rn. 54.
1331 Hierzu ausführlich *Hörnle*, JuS 2009, 873 (877 ff.); ferner *Bosch*, JURA 2015, 347 (352); sowie den Übungsfall bei *Böhm/Stürmer*, JA 2017, 272 (278); vgl. zur Kritik an dieser Regelung *Krey/Esser*, Rn. 754.
1332 Vgl. zu weiteren ungeschriebenen Zumutbarkeitseinschränkungen *Hörnle*, JuS 2009, 873 (877 ff.); *Kühl*, § 12 Rn. 81 ff.
1333 Vgl. hierzu auch den Fall RGSt 72, 246 – Wettermann, der beide Fallgruppen koordiniert; zu dieser Entscheidung *Fahl*, JA 2013, 274; *Puppe*, § 17 Rn. 1 ff.; ferner *Timpe*, JuS 1985, 35.
1334 Vgl. hierzu *Hörnle*, JuS 2009, 873 (878); *Kühl*, § 12 Rn. 87 f.; LK-*Zieschang*, 13. Aufl., § 35 Rn. 91 ff.; *Schönke/Schröder-Perron*, § 35 Rn. 33; *Stratenwerth/Kuhlen*, § 10 Rn. 106 f.; zuweilen wird die Einschränkung auch grundsätzlich für unanwendbar angesehen, wenn der Täter sein eigenes Leben opfern müsste, vgl. *Fahl*, JA 2013, 274 (277 f.); *Frister*, 20. Kap. Rn. 13; *Gropp/Sinn*, § 6 Rn. 151; LK-*Zieschang*, 13. Aufl., § 35 Rn. 75; NK-*Neumann*, § 35 Rn. 44; *Roxin/Greco*, AT I, § 22 Rn. 52.

aa) **Selbstverursachung der Gefahr.** Während die selbstverschuldete Herbeiführung der Gefahr im Rahmen des § 34 StGB lediglich in die allgemeine Interessenabwägung mit einfließt, stellt dieses Merkmal über § 35 Abs. 1 Satz 2 StGB einen selbstständigen Ausschlussgrund dar. Umstritten ist, welche „Qualität" die Gefahrverursachung aufweisen muss. Einig ist man sich, dass eine rein kausale Verursachung der Gefahr nicht ausreichen kann. Streitig ist aber, ob ein objektiv pflichtwidriges Vorverhalten ausreicht[1335], ob ein schuldhaftes Vorverhalten, d. h. eine schuldhafte Verursachung der Gefahr notwendig ist[1336], oder ob darauf abzustellen ist, dass sich der Täter ohne Grund in eine Gefahr begeben hat, die in vorhersehbarer Weise zu einer Notstandslage führen konnte[1337].

573

> **Bsp.:** Anton und Bruno veranstalten gemeinsam eine Segelpartie. Aus Nachlässigkeit vergisst Anton seine Schwimmweste zu Hause. Als das Boot infolge eines Sturmes kentert, kann er sich nur noch dadurch retten, dass er Brunos Schwimmweste an sich nimmt und für sich benutzt. Dies hat allerdings zur Folge, dass Bruno, nunmehr ohne Schwimmweste, ertrinkt. – Hier liegen die Voraussetzungen des § 35 Abs. 1 Satz 2 StGB vor: Anton konnte sein Leben nur durch die Vernichtung von Brunos Leben retten. Da er seine Lebensgefahr aber durch das zumindest fahrlässige „Vergessen" der eigenen Schwimmweste selbst verursacht hat, scheidet eine Entschuldigung im vorliegenden Fall aus[1338].

Besonders problematisch ist in diesem Zusammenhang die Frage, auf welches Verschulden abzustellen ist, wenn der Täter als „Notstandshelfer" zugunsten eines Dritten handelt. Nach dem eindeutigen Wortlaut des Gesetzes ist auch hier (allein) auf das Verschulden des Handelnden und nicht auf die schuldhafte Gefahrverursachung des in Not Geratenen abzustellen[1339] – ein nicht sehr geglücktes Ergebnis,

574

1335 So *Bosch*, JURA 2015, 347 (353); *Jäger*, Rn. 265; *Jescheck/Weigend*, § 44 III 2a; LK-*Hirsch*, 11. Aufl., § 35 Rn. 49; LK-*Zieschang*, 13. Aufl., § 35 Rn. 71; *Maurach/Zipf*, AT 1, § 34 Rn. 5; *Stree*, JuS 1973, 461 (470); *Wessels/Beulke/Satzger*, Rn. 691.
1336 So *Jescheck/Weigend*, § 44 III 2a; *Klesczewski*, Rn. 431; *Krey/Esser*, Rn. 755; *Kühl*, § 12 Rn. 63; *Schönke/Schröder-Perron*, § 35 Rn. 20.
1337 So *Erb*, GA 2020, 605; *Rengier*, § 26 Rn. 19; *Roxin/Greco*, AT I, § 22 Rn. 46; *Roxin*, JA 1990, 137 (139) so auch *Lackner/Kühl*, § 35 Rn. 8; vgl. auch *Hörnle*, JuS 2009, 873 (879), die eine unvernünftige und gewichtige Obliegenheitsverletzung fordert; so auch MüKo-*Müssig*, 4. Aufl., § 35 Rn. 54; NK-*Neumann*, § 35 Rn. 35; vgl. hierzu auch den Übungsfall bei *Hoven*, JuS 2016, 631 (637).
1338 Vgl. zu diesem Beispiel auch *Kühl*, § 12 Rn. 63; *Rönnau*, JuS 2016, 786 (789); *Roxin/Greco*, AT I, § 22 Rn. 48; *Roxin*, JA 1990, 137 (139 f.); *Timpe*, JuS 1985, 35 (36); anders *Hörnle*, JuS 2009, 873 (880); vgl. ferner zur Gefahrverursachung die Übungsfälle bei *Eschenbach*, JURA 1999, 88 (90, 92); *Gropengießer/Mutschler*, JURA 1995, 155 (158 f.); *Hardtung*, JuS 2008, 623 (625); *Jäger*, JA 2007, 604 (610); *Kaspar*, JURA 2007, 69 (73); *Kretschmer*, JURA 2016, 1436 (1446); *Müller*, JURA 2005, 635 (642); *Sternberg-Lieben/Sternberg-Lieben*, JuS 2002, 576 (580); *Wagner*, ZJS 2009, 419 (425).
1339 So auch *Baumann/Weber/Mitsch*, 11. Aufl., § 23 Rn. 28; *Kaspar*, JURA 2007, 69 (73); *Matt/Renzikowski-Engländer*, § 35 Rn. 10; *Maurach/Zipf*, AT 1, § 34 Rn. 6; *Schönke/Schröder-Perron*, § 35 Rn. 20a; SK-*Rogall*, § 35 Rn. 35; *Stree*, JuS 1973, 461 (470); a. M. *Fischer*, § 35 Rn. 11; *Jescheck/Weigend*, § 44 III 2a; LK-*Zieschang*, 13. Aufl., § 35 Rn. 74; *Müller-Christmann*, JuS 1995, L 65 (L 67); *Krey/Esser*, Rn. 756; *Kühl*, § 12 Rn. 67; LK-*Hirsch*, 11. Aufl., § 35 Rn. 51; *Mitsch*, JURA 2021, 136 (143); SSW-*Rosenau*, § 35 Rn. 15; NK-*Neumann*, § 35 Rn. 38; *Rönnau*, JuS 2016, 786 (790); *Roxin/Greco*, AT I, § 22 Rn. 50; *Roxin*, JA 1990, 137 (140); *Wessels/Beulke/Satzger*, Rn. 691; anders auch MüKo-*Müssig*, 4. Aufl., § 35 Rn. 57, der in beiden Fällen eine Entschuldigung versagt; vgl. auch *Jäger*, Rn. 265, der zwar auch auf das Verschulden des Handelnden abstellen will, diesem aber dennoch eine Entschuldigung zubilligt, sowie BWME-*Eisele*, § 18 Rn. 32 f., der darauf abstellt, dass es sich bei der vom Gesetz genannten Konstellation lediglich um besonders herausgehobene Beispielsfälle handelt („namentlich"), sodass auch in Fällen der umgekehrten Konstellation im Einzelfall eine Entschuldigung angenommen werden könne; vgl. schließlich auch den differenzierenden Ansatz von *Erb*, GA 2020, 605 (608 ff.), der in beiden Fällen eine Entscheidung zwar als möglich ansieht, jedoch jeweils höhere Anforderungen an die Verhältnismäßigkeit stellt; zu dieser Problematik vgl. auch die Übungsfälle bei *Böhm/Stürmer*, JA 2017, 272 (278); *Hardtung*, JuS 2008, 623 (625); *Nicolai*, JA 2018, 825 (830).

denn eine besondere Konfliktsituation wird doch gerade dann bestehen, wenn man selbst eine Gefahr für einen nahen Angehörigen verursacht hat.

> **Bsp.:** Viktor ist mit seiner vierjährigen Tochter Anna und deren Freundin Klara mit dem Schlauchboot unterwegs. Infolge eigener Unachtsamkeit kentert das Boot und sinkt. Zwar kann sich Viktor selbst mit großer Mühe über Wasser halten, er kann jedoch als schlechter Schwimmer keines der Kinder an Land ziehen. Klara konnte sich jedoch aus eigener Kraft auf ein zufällig vorbeitreibendes Holzbrett retten, auf dem jedoch nur sie Platz hat. Da Anna zu ertrinken droht, ergreift Viktor die einzige Rettungsmöglichkeit: Er zerrt Klara vom Brett und stellt es seiner Tochter zur Verfügung. Anna wird gerettet, Klara ertrinkt. – Hier ist Viktor wegen einer vorsätzlichen Tötung Klaras zu bestrafen, § 212 StGB. § 35 StGB greift nicht, weil er durch seine Unachtsamkeit die Gefahr für Anna selbst verursacht hat.

575 bb) **Bestehen eines besonderen Rechtsverhältnisses.** Die Duldungspflicht auf der Basis eines **besonderen Rechtsverhältnisses** besteht im Rahmen der Ausübung von Berufen, die typischerweise Gefahren für Leib, Leben und Gesundheit mit sich bringen (Bsp.: Polizist, Feuerwehrmann, Soldat)[1340]. Allerdings gilt die besondere Gefahrtragungspflicht nur für **berufstypische Gefahren**[1341].

> **Bsp.:** Der Polizeibeamte Paul wird im Rahmen seiner dienstlichen Tätigkeit in einen Bankraub mit Geiselnahme verwickelt. Um sein Leben zu retten, stößt er die von den Geiselnehmern ebenfalls bedrohte Angestellte Gisela in die Gruppe der Geiselnehmer, damit er den Augenblick der Verwirrung zum rettenden Sprung aus dem Fenster nutzen kann. Dabei nimmt er billigend in Kauf, dass Gisela im Rahmen dieser Aktion erschossen wird, was auch geschieht. – Hier rettete sich Paul auf Kosten des Lebens der Gisela. Hinsichtlich der von ihm bedingt vorsätzlich verwirklichten Tötung kann er sich nicht auf § 35 StGB berufen, da er als Polizeibeamter zur Hinnahme der Gefahr verpflichtet war.

576 Während teilweise davon ausgegangen wird, dass das besondere Rechtsverhältnis eine Pflichtenstellung gegenüber der Allgemeinheit erfordert[1342], lassen andere auch Schutzpflichten gegenüber einzelnen Personen genügen[1343]. Der zuletzt genannten Auffassung ist nicht zuzustimmen. So kann z.B. eine Garantenstellung hinsichtlich desjenigen, der durch die Tat Schaden erleidet, nicht als besonderes Rechtsverhältnis angesehen werden, welches besondere Hinnahmepflichten begründet. So darf der Vater, der mit seinem Sohn auf einer Segelyacht kentert, sich auch auf dessen Kosten retten[1344]. Auch stellt die Ehe kein Rechtsverhältnis dar, welches zur Duldung häuslicher Gewalt verpflichtet[1345].

1340 Zum Hintergrund dieser Ausnahme RGSt 72, 246 (249); *Fahl*, JA 2013, 274 (276 f.); *Hörnle*, JuS 2009, 873 (878 f.); *Kühl*, § 12 Rn. 19, 73; *Lermann*, ZStW 127 (2015), 284; LK-*Hirsch*, 11. Aufl., § 35 Rn. 47, 53; SK-*Rogall*, § 35 Rn. 37 ff.; als weitere Personen sind auch Ärzte und Richter zu nennen; vgl. ferner die Übungsfälle bei *Ambos*, JuS 2000, 465 (469); *Arzt*, JuS 1982, 449 (452); *Britz/Müller-Dietz*, JuS 1998, 237 (242); *Heimann/Prisille*, JA 2002, 305 (310); *Krey*, JURA 1979, 316 (321); *Weber*, JURA 1984, 367 (375).
1341 *Bosch*, JURA 2015, 347 (353); *Rönnau*, JuS 2016, 786 (790).
1342 *Rengier*, § 26 Rn. 23; *Roxin/Greco*, AT I, § 22 Rn. 39; *Schönke/Schröder-Perron*, § 35 Rn. 22; SK-*Rogall*, § 35 Rn. 37; vgl. auch *Kühl*, § 12 Rn. 70, 82, der in Fällen der Obhutspflichten aber eine ungeschriebene Zumutbarkeitseinschränkung vornimmt; ähnlich *Müller-Christmann*, JuS 1995, L 65 (L 67).
1343 *Hörnle*, JuS 2009, 873 (879); LK-*Hirsch*, 11. Aufl., § 35 Rn. 53; LK-*Zieschang*, 13. Aufl., § 35 Rn. 79; *Rönnau*, JuS 2016, 786 (790).
1344 *Jescheck/Weigend*, § 44 III 4; vgl. aber auch *Krey/Esser*, Rn. 759; differenzierend *Roxin/Greco*, AT I, § 22 Rn. 53; a. M. *Kühl*, § 12 Rn. 83.
1345 BGHSt 48, 255 (259); *Haverkamp/Kaspar*, JuS 2006, 895 (896).

577 Fraglich ist auch in dieser Gruppe, ob der besonders Verpflichtete die Gefahren nur hinzunehmen hat, wenn sie ihm selbst drohen, oder ob dies auch in Notstandshilfefällen gilt, wenn er die Gefahr von einem nahen Angehörigen abwendet, der selbst nicht in einem besonderen Rechtsverhältnis steht (z. B. der Richter, der eine Rechtsbeugung, § 339 StGB, begeht, weil ihm die hinter dem Angeklagten stehende Organisation damit droht, seine Kinder zu töten). Auch hier stellt allerdings das Gesetz ausdrücklich darauf ab, ob sich der Täter selbst in dieser Pflichtenstellung befindet[1346].

578 cc) **Gesetzliche Duldungspflichten.** Besondere **gesetzliche Duldungspflichten** zur Hinnahme einer Gefahr[1347] liegen z. B. vor bei der Pflicht zur Duldung von körperlichen Eingriffen, insbesondere Blutentnahmen, in einem Strafverfahren, § 81a StPO, oder zur Duldung einer Freiheitsentziehung aufgrund eines rechtskräftigen Urteils, selbst wenn dieses im Einzelfall falsch sein sollte[1348]. Insoweit darf auch ein Zeuge in einem Prozess gegen einen Angehörigen nicht die Unwahrheit sagen (strafbar nach §§ 153, 154 StGB), um dadurch ein materiell richtiges Urteil herbeizuführen[1349].

3. Handeln aufgrund eines besonderen Motivationsdruckes (subjektives Element)

579 Wie schon beim rechtfertigenden Notstand ausgeführt[1350], muss der Täter auch im Rahmen des § 35 StGB die Gefahrenlage kennen (sonst befindet er sich nicht in der vom Gesetz vorausgesetzten Zwangslage), und er muss auch wissen, dass seine Handlung zur Gefahrabwendung dient. Nach zutreffender (aber umstrittener) Ansicht muss er auch gerade aus der Motivation heraus handeln, die Gefahr abzuwenden, da § 35 StGB ausdrücklich verlangt, der Täter müsse handeln, *„um die Gefahr [...] abzuwenden"*[1351]. Überwiegen andere Gründe, so kann er sich nicht auf § 35 StGB berufen[1352]. Dagegen ist eine darüber hinausgehende „intensive Prüfungspflicht" hinsichtlich anderweitiger Abwendungsmöglichkeiten als zusätzliches subjektives Erfordernis nicht zu fordern[1353].

1346 Vgl. hierzu *Hörnle*, JuS 2009, 873 (879); *Kühl*, § 12 Rn. 75; LK-*Zieschang*, 13. Aufl., § 35 Rn. 95 f.; *Roxin/Greco*, AT I, § 22 Rn. 43; ferner die Übungsfälle bei *Arzt*, JuS 1982, 449 (452); *Weber*, JURA 1984, 367 (375); für die umgedrehte Konstellation auch *Krey*, JURA 1979, 316 (323); *Roxin*, JA 1990, 137 (139).
1347 Vgl. zu den gesetzlichen Duldungspflichten *Jescheck/Weigend*, § 44 III 3; *Kühl*, § 12 Rn. 77 ff.; *Rengier*, § 26 Rn. 25 ff.; *Schönke/Schröder-Perron*, § 35 Rn. 24; vgl. aber auch die abweichende Einordnung dieser Pflichten bei *Roxin*, JA 1990, 137 (138); *Roxin/Greco*, AT I, § 22 Rn. 42; Übungsfälle hierzu finden sich bei *Britz/Müller-Dietz*, JuS 1998, 237 (239 f.); *Lagodny*, JURA 1992, 659 (664); *Sternberg-Lieben/Sternberg-Lieben*, JuS 2002, 576 (580); *Theile*, JURA 2007, 463 (466 f.); *Vormbaum*, JuS 1980, 367.
1348 So die h. M.; vgl. *Jescheck/Weigend*, § 44 III 3; LK-*Hirsch*, 11. Aufl., § 35 Rn. 60; *Rönnau*, Jus 2016, 786 (790); SK-*Rogall*, § 35 Rn. 37; *Theile*, JURA 2007, 463 (467); *Timpe*, JuS 1985, 35 (36); *Vormbaum*, JuS 1980, 367; abweichend für Ausnahmefälle *Kühl*, § 12 Rn. 79 f.; *Schönke/Schröder-Perron*, § 35 Rn. 26; vgl. auch den Übungsfall bei *Zimmermann*, JuS 2011, 629 (633).
1349 *Theile*, JURA 2007, 463 (466 f.).
1350 Vgl. zum subjektiven Rechtfertigungselement im Rahmen des § 34 StGB oben Rn. 429 ff.
1351 Vgl. *Bachmann*, JA 2009, 510 (512); *Kühl*, § 12 Rn. 57; *Maurach/Zipf*, AT 1, § 34 Rn. 15; *Rönnau*, JuS 2016, 786 (789); *Roxin*, JA 1990, 97 (102 f.); *Roxin/Greco*, AT I, § 22 Rn. 32; *Schönke/Schröder-Perron*, § 35 Rn. 16; a. M. *Jakobs*, 20/10 f.; *Timpe*, JuS 1984, 859 (860); vgl. auch den Übungsfall bei *Vormbaum*, JuS 1980, 367 (368).
1352 Vgl. zum Hineinwirken anderer Gründe auch BWME-*Eisele*, § 18 Rn. 29; *Heuchemer*, JA 2000, 382; *Müller-Christmann*, JuS 1995, L 65 (L 67); ferner den Übungsfall bei *Vormbaum*, JuS 1980, 367 (368).
1353 So aber teilweise die Rechtsprechung; vgl. BGHSt 18, 311; BGH NStZ 1992, 487; dagegen *Gropp/Sinn*, § 6 Rn. 146 f.; *Kühl*, § 12 Rn. 58; *Rönnau*, JuS 2016, 486 (489).

4. Sonderfall: Nötigungsnotstand

580 Einen Spezialfall des entschuldigenden Notstandes stellt der Nötigungsnotstand dar, der, wie bereits gesehen[1354], nicht schon nach § 34 StGB rechtfertigend wirkt. Hierunter versteht man eine Situation, in welcher der Täter von einem anderen durch Gewalt oder Drohung mit einer gegenwärtigen, nicht anders abwendbaren Gefahr für Leib, Leben oder Freiheit zu einer rechtswidrigen Tat genötigt wird (der Täter also selbst Opfer einer Nötigung, § 240 StGB, ist).

> **Bsp. (1):** Anton entführt Brunos Tochter und fordert von diesem, er solle den Ferrari seines Nachbarn Norbert anzünden, sonst würde er die entführte Tochter töten. Bruno zündet den Ferrari an, um das Leben seiner Tochter zu retten. – Es wurde bereits festgestellt, dass Bruno hier nicht nach § 34 StGB gerechtfertigt ist[1355], obwohl das Leben seiner Tochter bei weitem das Eigentum Norberts überwiegt. Denn der im Nötigungsnotstand Handelnde stellt sich (wenn auch gezwungenermaßen) auf die Seite des Unrechts. Würde man hier § 34 StGB anwenden, dann könnte sich nämlich Norbert nicht seinerseits im Rahmen der Notwehr, § 32 StGB, gegen das Anzünden seines Ferraris verteidigen, was nicht sachgerecht ist[1356]. Daher greift für Bruno lediglich § 35 StGB ein, wenn die Voraussetzungen des entschuldigenden Notstandes vorlagen[1357]. Dies ist hier der Fall. Eine Bestrafung wegen Sachbeschädigung, § 303 StGB, scheidet daher aus.
>
> **Bsp. (2)**[1358]**:** Rudi hat einen Bankraub beobachtet und Toni dabei als Täter erkannt. Nun soll er im Strafprozess eine entsprechende Aussage machen. Am Abend vorher bekommt er Besuch von einigen verwegen aussehenden Herren, die ihm mitteilen, sie seien Mitglieder eines Verbrechersyndikates, zu dem auch Toni gehöre. Sofern Rudi morgen eine belastende Aussage mache, würde man zuerst seine Tochter, im Wiederholungsfalle seine Ehefrau und dann ihn selbst „kalt" machen. Völlig eingeschüchtert schwört Rudi tags darauf, dass der anwesende Toni auf keinen Fall der von ihm beobachtete Bankräuber sei. – Hier leistete Rudi einen Meineid, § 154 StGB, der nach § 35 StGB entschuldigt ist, wenn man davon ausgeht, dass eine Abwendung der Gefahr auf anderem Wege nicht möglich war. Geht Rudi irrtümlich davon aus, dass staatliche Hilfe ihm und seiner Familie nichts nützen würde, greift bei Unvermeidbarkeit des Irrtums § 35 Abs. 2 StGB ein[1359]. Da es sich bei § 154 StGB im Übrigen um ein eigenhändiges Delikt handelt, ist eine mittelbare Täterschaft der Hintermänner nicht möglich. Diese können aber wegen der Anstiftung bestraft werden, was nicht möglich wäre, wenn man für Rudi eine Rechtfertigung nach § 34 StGB annehmen würde.

III. Notwehrexzess, § 33 StGB

1. Intensiver und extensiver Exzess

581 In Fällen der Notwehr kommt es häufig zu Situationen, in denen das Notwehrrecht überdehnt wird, sei es, dass der Täter sich zu intensiv verteidigt (intensiver Notwehrexzess), sei es, dass er sich verteidigt, obwohl der Angriff bereits nicht

---

[1354] Vgl. bereits oben Rn. 437.
[1355] Vgl. oben Rn. 437.
[1356] Zu beachten ist allerdings, dass das Notwehrrecht hier über das Merkmal der Gebotenheit eingeschränkt ist, da sich die Notwehr gegen einen schuldlos Handelnden richtet; vgl. oben Rn. 383.
[1357] Hinzuweisen ist darauf, dass § 35 StGB aber insoweit enger ist als § 34 StGB, als hier eine Entschuldigung bei einem Handeln zur Rettung von Eigentum oder zugunsten nicht nahestehender Personen nicht entschuldigend wirkt. Daher wollen *Bünemann/Hömpler*, JURA 2010, 184 (187) hier § 35 StGB analog anwenden.
[1358] Fall in Anlehnung an BGHSt 5, 371.
[1359] Vgl. zu ähnlichen Fällen RGSt 66, 98; RGSt 66, 222; RGSt 66, 397 (398); *Roxin*, JA 1990, 100; *Timpe*, JuS 1984, 864 (Bsp. 3); *Vormbaum*, JuS 1980, 367 (368).

mehr gegenwärtig ist (extensiver Notwehrexzess). Diese beiden Formen sind grundsätzlich auseinander zu halten.

Bsp. (1)[1360]**:** Der rabiate Gastwirt Gerd packt den schmächtigen Gast Karl, der auf die Toilette gehen möchte, an der Schulter, brüllt ihn an, er habe zuerst noch seine Zeche zu bezahlen, und droht mit ihren Prügel an. Karl bekommt es mit der Angst zu tun, nimmt eine auf dem Tresen stehende Bierflasche und schlägt sie Gerd mit bedingtem Tötungsvorsatz über den Kopf. Gerd stirbt. – Hier lag ein gegenwärtiger Angriff auf die körperliche Unversehrtheit und Freiheit Karls vor, sodass eine Notwehrlage gegeben war. Allerdings war Karls Notwehrrecht hier infolge mangelnder Gebotenheit der konkreten Verteidigungshandlung eingeschränkt, da eine Tötung im Vergleich zu den geringfügigen Beeinträchtigungen in einem krassen Missverhältnis stand und zudem Gerd erkennbar irrte (er dachte, Karl sei ein Zechpreller). Karl wäre es dabei ohne weiteres möglich gewesen, den Irrtum aufzuklären. Insofern hat er hier trotz Bestehens einer Notwehrlage sein Notwehrrecht überschritten (intensiver Notwehrexzess).

Bsp. (2)[1361]**:** Bruno wird auf der Straße von dem aggressiven Anton angegriffen. Obwohl Anton stärker ist, gelingt es Bruno, Anton mit einem gezielten Schlag niederzustrecken. Anton hat daraufhin erkennbar genug, dreht sich um und tritt den Rückzug an. Obwohl Bruno dies erkennt, wirft er ihm aus Angst und Verwirrung noch einen Pflasterstein an den Kopf, woraufhin Anton verstirbt. – Hier lag zwar ein Angriff durch Anton und insoweit eine Notwehrlage vor. Der Angriff war jedoch, was Bruno auch erkannte, spätestens dann beendet, als Anton den Rückzug antrat. Insofern bestand zum Zeitpunkt des Wurfes des Pflastersteins keine Notwehrlage mehr (nachzeitiger extensiver Notwehrexzess).

582 Ein solcher Notwehrexzess kann bei Vorliegen der in § 33 StGB genannten Gründe (Täter handelt aus Verwirrung, Furcht oder Schrecken; sog. „**asthenische Affekte**") dazu führen, dass der Täter „nicht bestraft" wird. Obwohl sich das Gesetz nicht ausdrücklich dazu äußert, ist man sich darüber einig, dass ein solcher Notwehrexzess keinen Rechtfertigungsgrund, sondern (lediglich) einen Entschuldigungsgrund darstellt[1362].

583 Unstreitig ist dies jedoch nur beim **intensiven Notwehrexzess** (der Täter überschreitet bei vorliegender Notwehrlage das Maß der notwendigen Verteidigung, Bsp. 1). Dagegen lehnt die h. M. die Anwendbarkeit des § 33 StGB beim **extensiven Notwehrexzess** (der Täter verteidigt sich, obwohl der Angriff noch nicht vorliegt oder bereits abgeschlossen ist, Bsp. 2) ab[1363].

1360 Vgl. zu weiteren Fällen des intensiven Notwehrexzesses BGH NStZ 1987, 172; vgl. auch die Übungsfälle bei *Esser/Gerson*, JA 2015, 662 (669); *Kudlich/Litau*, JA 2012, 755 (759).
1361 Vgl. zu weiteren Fällen des extensiven Notwehrexzesses BGH NStZ 2002, 141.
1362 BGHSt 3, 194 (197 f.); BGH NStZ 1981, 229; BGH NStZ 1983, 177; BGH NStZ 1991, 528 (528 f.); *Engländer*, JuS 2012, 408; *Geppert*, JURA 2007, 33 (38); *Gropp/Sinn*, § 6 Rn. 157 f.; *Jakobs*, 20/28; *Jescheck/Weigend*, § 45 II 2; *Kühl*, § 12 Rn. 126 ff.; *Lackner/Kühl*, § 33 Rn. 1; MüKo-*Erb*, 4. Aufl., § 33 Rn. 1; *Müller-Christmann*, JuS 1994, 649 (650); NK-*Kindhäuser*, § 33 Rn. 4; *Rengier*, § 27 Rn. 1; *Otto*, JURA 1987, 604 (607); *Schönke/Schröder-Perron/Eisele*, § 33 Rn. 2; *Theile*, JuS 2006, 965; *Wessels/Beulke/Satzger*, Rn. 698; vgl. zu den einzelnen Erklärungsansätzen der „ratio" des § 33 StGB *Heuchemer/Hartmann*, JA 1999, 165 (167 f.); *Müller-Christmann*, JuS 1989, 717 (717 f.); *ders.*, JuS 1993, L 41 (L 42).
1363 Vgl. zum extensiven Notwehrexzess *Kühl*, § 12 Rn. 139 ff.; *Sauren*, JURA 1988, 567 (570 f.); vgl. auch zu dem Sonderfall, dass sich die Verteidigungshandlung gegen einen unbeteiligten Dritten richtet, *Frank*, JURA 2006, 783 (785).

2. Anwendbarkeit des § 33 StGB beim extensiven Notwehrexzess[1364] (Problemschwerpunkt 10)

584 **Fall:** Anton greift Bruno mit einem Messer tätlich an. Bruno kann den Angriff jedoch abwehren und Anton mit einem gezielten Faustschlag zu Boden strecken. Obwohl Bruno erkennt, dass Anton keine Anstalten macht, den Angriff fortzusetzen, tritt er aus einem Gefühl der Verunsicherung und Furcht heraus dem vor ihm liegenden Anton noch einmal gegen den Kopf.

Problemstellung: Da Antons Angriff abgeschlossen war, war Notwehr nicht mehr zulässig. Es lag ein sog. (nachzeitiger) extensiver Notwehrexzess Brunos vor. Fraglich ist, ob die „Überschreitung der Notwehr" in § 33 StGB auch die zeitliche Überschreitung erfasst oder sich auf die Überschreitung des erforderlichen Maßes der Notwehr (intensiver Notwehrexzess) beschränkt. – Dabei ist darauf hinzuweisen, dass man zu dieser Problematik des extensiven Notwehrexzesses nur dann gelangt, wenn Bruno wusste, dass entweder der Angriff noch nicht vorlag (vorzeitiger Exzess) oder dieser Angriff bereits abgeschlossen war (nachzeitiger Exzess). Ging Bruno hingegen davon aus, dass ein gegenwärtiger Angriff schon oder noch vorlag, obwohl dieser noch nicht begonnen hatte oder bereits beendet war, befand er sich in einem (die Schuld ausschließenden) Erlaubnistatbestandsirrtum[1365].

585 a) Nach der **restriktiven Theorie**[1366] (h. M.) umfasst § 33 StGB nur den intensiven, nicht aber den extensiven Notwehrexzess. Denn wer die Grenzen des Notwehrrechts überschreiten will, dem müsse dieses Recht zum Zeitpunkt der Tat auch zustehen. Ein nicht bestehendes Recht könne auch nicht überschritten werden. Dies ergebe sich neben dem Wortlaut des § 33 StGB auch daraus, dass dieser an § 32 StGB anknüpfe. Die Schuldminderung nach § 33 StGB folge ferner auch daraus, dass der Täter zugleich einen rechtswidrigen Angriff abwehre, was beim extensiven Notwehrexzess gerade nicht der Fall sei. Die Möglichkeit der Straffreiheit nach § 33 StGB wird nach dieser Ansicht also stark eingeschränkt. Im vorliegenden Fall wäre eine Anwendung des § 33 StGB für Bruno ausgeschlossen. Zu **kritisieren** ist hieran, dass es nicht einzusehen ist, warum schwere Folgen intensiver Exzesse (Bsp.: schwere Verletzung des Diebes einer Bierflasche) immer, harmlose Folgen extensiver Exzesse (Bsp.: „Blauer Fleck" durch Tritt nach Tötungsangriff) nie zur Straffreiheit führen sollen.

586 b) Die **extensive Theorie**[1367] geht daher davon aus, dass § 33 StGB sowohl den intensiven als auch den extensiven Notwehrexzess umfasst. Die „Grenzen des Notwehrrechts" könne auch derjenige überschreiten, der die zeitlichen Grenzen überdehne. Allein entscheidend sei, dass die Tat im Zusammenhang mit der Ausübung eines Notwehrrechts geschehe. Für die Schuld des Täters könne es keinen Unter-

---

1364 Vgl. hierzu auch *Hillenkamp/Cornelius*, AT, 12. Problem; *Müller-Christmann*, JuS 1989, 717 (718 f.); *ders.*, JuS 1993, L 41 (L 42 f.); *Timpe*, JuS 1985, 117 (120 f.); ferner die Übungsfälle bei *Frisch/Murmann*, JuS 1999, 1196 (1197); *Kett-Straub/Linke*, JuS 2008, 717 (719); *Nestler*, JA 2014, 262 (266); *Nicolai*, JA 2020, 21 (29 f.); *Noak*, JURA-Sonderheft Zwischenprüfung, 2004, 20 (22); *Rengier/Jesse*, JuS 2008, 42 (47); *Ritz*, JuS 2018, 254 (259); *Schuster*, JURA 2008, 228 (232).
1365 Vgl. zum Erlaubnistatbestandsirrtum unten Rn. 1123 ff.
1366 RGSt 21, 189 (190); RGSt 54, 36 (37); RGSt 62, 76 (77); RGSt 63, 215 (223); BGH NJW 1962, 308 (309); BGH NStZ 1987, 20; BGH NStZ 2002, 141; *Dölling/Duttge/König/Rössner-Duttge*, § 33 Rn. 7 ff.; *Fischer*, § 33 Rn. 2, 5; *Frister*, 16. Kap. Rn. 42; *Geilen*, JURA 1981, 370 (379); *Gropp/Sinn*, § 6 Rn. 158 ff.; *Hoffmann-Holland*, Rn. 411; *Jescheck/Weigend*, § 45 II 4; *Krey/Esser*, Rn. 765; *Maurach/Zipf*, AT 1, § 34 Rn. 27; *Sauren*, JURA 1988, 567 (571); *Schmidhäuser*, SB, 8/29; *SK-Rogall*, § 33 Rn. 11.
1367 *Erb*, JR 2016, 598 (602); *Haft*, E IV 5b cc; *v. Heintschel-Heinegg-Heuchemer*, § 33 Rn. 8; *Jakobs*, 20/31; *MüKo-Erb*, 4. Aufl., § 33 Rn. 14; *Roxin/Greco*, AT I, § 22 Rn. 88; *Schönke/Schröder-Perron/Eisele*, § 33 Rn. 7.

schied machen, ob er die Grenzen rechtmäßiger Verteidigung in Intensität oder zeitlicher Hinsicht überdehne. Durch diese Meinung wird die Möglichkeit der Straffreiheit ausgedehnt. Bruno wäre daher gemäß § 33 StGB entschuldigt. Dieser Auffassung ist aber **entgegenzuhalten**, dass die asthenischen Affekte (Verwirrung, Furcht, Schrecken) gerade nicht allein, sondern nur zusammen mit der Tatsache, dass damit ein rechtswidriger Angriff abgewendet wird, zur Straffreiheit führen sollen. Liegt ein solcher Angriff aber noch gar nicht vor und weiß dies der Täter auch (sonst unterläge er einem Erlaubnistatbestandsirrtum), dann ist nicht einzusehen, warum er diesbezüglich privilegiert werden soll.

c) Schließlich unterscheidet eine **differenzierende Theorie**[1368] zwischen dem vorzeitigen und dem nachzeitigen extensiven Notwehrexzess. § 33 StGB umfasse neben dem intensiven auch den nachzeitigen, nicht jedoch den vorzeitigen extensiven Notwehrexzess. Diese Differenzierung überzeugt aus folgendem Grund: Um die Notwehr überschreiten zu können, muss der Täter jedenfalls zu irgendeinem Zeitpunkt ein Notwehrrecht besitzen. Derjenige, der sich zu früh wehrt, war aber zu keiner Zeit einem Angriff tatsächlich ausgesetzt. Dagegen befand sich derjenige, der sich zu spät wehrt, in einer Notwehrlage und überschreitet die Grenzen seines Notwehrrechts lediglich in zeitlicher Hinsicht. Wenn sich der Notwehrexzess unmittelbar an die Notwehrhandlung anschließt, so liegt eine vergleichbare psychische Situation auf Seiten des Angegriffenen vor wie beim intensiven Exzess. Es kann dabei keinen Unterschied machen, ob der Täter einmal zu fest zutritt oder mehrmals hintereinander, obwohl der Angreifer den Angriff bereits nach dem ersten Tritt beendet hat. Bruno handelte daher im vorliegenden Fall ohne Schuld, da er nach Beendigung der Notwehrlage aus Furcht vor einem neuen Angriff reagierte. Zwar wird dieser Ansicht **entgegengehalten**, dass das Gesetz die Differenzierung von vorzeitigem und nachzeitigem Exzess nicht kenne. Ebenso wenig kennt das Gesetz aber auch eine Differenzierung von intensivem und extensivem Notwehrexzess. Vielmehr muss die Ratio des Schuldausschlusses berücksichtigt werden (Berücksichtigung der psychischen Zwangslage des Opfers), die lediglich den Wortlaut des Gesetzes nicht überschreiten darf.

3. Vorliegen eines asthenischen Affektes: Verwirrung, Furcht oder Schrecken

Ausreichend ist nun aber nicht bereits das bloße Vorliegen einer Notwehrüberschreitung. Vielmehr muss diese gerade eine Folge der im Gesetz genannten psychischen Zustände sein. Die Handlung des Täters muss aus Verwirrung, Furcht oder Schrecken erfolgen[1369]. Man spricht hier von den sog. „asthenischen Affek-

---

1368 *Beulke*, JURA 1988, 641 (643); *Blei*, § 62; *Geppert*, JURA 2007, 33 (38); *Joecks/Jäger*, § 33 Rn. 5; *Kindhäuser/Zimmermann*, § 25 Rn. 14; *Klesczewski*, Rn. 440 f.; *Kühl*, § 12 Rn. 141, 144; *Kudlich*, JA 2014, 587 (589); *Lackner/Kühl*, § 33 Rn. 2; LK-*Spendel*, 11. Aufl., § 33 Rn. 4 ff., 10; *Matt/Renzikowski-Engländer*, § 33 Rn. 5; *Maurach/Zipf*, AT 1, § 34 Rn. 30; *Nestler*, JA 2014, 262 (266); *Nicolai*, JA 2020, 21 (30); NK-*Kindhäuser*, § 33 Rn. 11 f.; *Noak*, JURA-Sonderheft Zwischenprüfung, 2004, 20 (22); *Otto*, § 14 Rn. 22 f.; *ders.*, JURA 1987, 604 (605 f.); *Rengier*, § 27 Rn. 19; *Rengier/Jesse*, JuS 2008, 42 (47); *Timpe*, JuS 1985, 117 (121); *Trüg/Wentzell*, JURA 2001, 30 (34); *Wessels/Beulke/Satzger*, Rn. 701; vgl. auch LK-*Zieschang*, 13. Aufl., § 33 Rn. 9 ff., der für den vorzeitigen extensiven Exzess jedoch eine analoge Anwendung des § 33 StGB diskutiert.
1369 Vgl. zu den asthenischen Affekten auch den kurzen Überblick bei *Geppert*, JURA 2007, 33 (38); *Rengier*, § 27 Rn. 22 ff.

ten", die darauf beruhen, dass der Täter aus einem besonderen Gefühl der Bedrohtheit heraus handelt[1370].

589 Abzugrenzen sind die asthenischen Affekte von den „aggressiven" Gemütsregungen, den sog. „sthenischen" Affekten, insbesondere Hass, Wut, Empörung, Rachsucht und Zorn, die für § 33 StGB gerade nicht ausreichen[1371]. Dabei ist jedoch zu beachten, dass ein zusätzliches Hinzutreten eines sthenischen Affektes unschädlich ist, sofern der Täter jedenfalls aus einem der genannten asthenischen Affekte heraus handelt, diese also jedenfalls mitursächlich waren[1372].

4. Kein Erfordernis eines zusätzlichen subjektiven Merkmals

590 Im Gegensatz zu den Rechtfertigungsgründen und auch im Gegensatz zum entschuldigenden Notstand nach § 35 StGB ist es bei der Notwehrüberschreitung nach § 33 StGB umstritten, ob auch hier ein zusätzliches subjektives Merkmal hinzutreten muss. Nahezu unstreitig ist, dass der Verteidigende jedenfalls zum Zwecke der Verteidigung, also mit Verteidigungswillen, handeln muss[1373]. Fraglich ist darüber hinaus, ob § 33 StGB nur dann anwendbar ist, wenn der Täter die Grenzen der Notwehr unbewusst überschreitet[1374], oder ob § 33 StGB auch in den Fällen Anwendung finden soll, in denen sich der Verteidigende der Überschreitung der Notwehr durchaus bewusst ist, aber infolge der genannten Affekte dennoch überreagiert[1375]. Im Ergebnis wird man auf ein zusätzliches subjektives Merkmal hier verzichten müssen und auch die bewusste Überschreitung der Notwehr von § 33 StGB als gedeckt ansehen müssen. Grund hierfür ist, dass die geforderten asthenischen Affekte in diesen Fällen ohnehin so dominieren müssen, dass ein zusätzliches subjektives Kriterium nicht erforderlich ist.

1370 BGH NStZ-RR 1997, 194; BGH StV 1999, 145 (146 f.); BGH NJW 2001, 3200; BGH NStZ-RR 2009, 70; BGH NJW 2013, 2133 (2134); BGH NStZ 2018, 84 (85); BGH NStZ-RR 2018, 272 (273); vgl. ferner *Theile*, JuS 2006, 965; hierzu auch die Übungsfälle bei *Brüning*, JuS 2007, 255 (258); *Engelhart*, JURA 2016, 934 (943); *Fahl*, JURA 2003, 60 (65); *Frank*, JURA 2006, 783 (785); *Frisch/Murmann*, JuS 1999, 1196 (1197); *Marinitsch*, JA 2019, 190 (195); *Rengier/Jesse*, JuS 2008, 42 (47); *Swoboda*, JURA 2007, 224 (225).
1371 *Kühl*, § 12 Rn. 146.
1372 BGHSt 3, 194 (198); BGH NJW 1969, 802; BGH NJW 2001, 3200 (3202); BGH NJW 2013, 2133 (2136); *Brüning*, JuS 2007, 255 (258); *Geppert*, JURA 2007, 33 (38); *Heuchemer*, JA 2000, 383 (384 f.); *Krey/Esser*, Rn. 767; *Kühl*, § 12 Rn. 147; LK-*Zieschang*, 13. Aufl., § 33 Rn. 30; *Müller-Christmann*, JuS 1989, 717 (719); *ders.*, JuS 1993, L 41 (L 43); *ders.*, JuS 1994, 649 (651); NK-*Kindhäuser*, § 33 Rn. 25; *Noak*, JURA-Sonderheft Zwischenprüfung, 2004, 20 (22); *Otto*, JURA 1987, 604 (606); *Roxin/Greco*, AT I, § 22 Rn. 80; vgl. dazu, dass diese asthenischen Affekte nicht vorschnell angenommen werden sollten, BGH NStZ 1995, 76 (77); BGH NJW 2001, 3200 (3202).
1373 Vgl. BGHSt 3, 194 (198); *Kühl*, § 12 Rn. 149a; LK-*Zieschang*, 13. Aufl., § 33 Rn. 22; vgl. hierzu auch den Übungsfall bei *Popp/Hotz*, JA 2016, 268 (271); zum Verteidigungswillen vgl. schon oben Rn. 389.
1374 *Schmidhäuser*, SB, 8/31; *Schönke/Schröder-Perron/Eisele*, § 33 Rn. 6; *Welzel*, § 14 II 5.
1375 RGSt 21, 189 (191); RGSt 56, 33 (34); BGHSt 39, 133 (139); BGH NStZ 1987, 20; BGH NStZ 1989, 474 (475); BGH NStZ 1995, 76 (77); BGH NStZ 2011, 630 (630 f.); BWME-*Eisele*, § 18 Rn. 64; *Geilen*, JURA 1981, 370 (380); *Geppert*, JURA 2007, 33 (39); *Heuchemer/Hartmann*, JA 1999, 165 (166); *Jakobs*, 20/30; *Jescheck/Weigend*, § 45 II 3; *Klesczewski*, Rn. 445; *Kühl*, § 12 Rn. 148; *Lackner/Kühl*, § 33 Rn. 3; LK-*Zieschang*, 13. Aufl., § 33 Rn. 23; *Marxen*, Fall 15b; *Maurach/Zipf*, AT I, § 34 Rn. 30; MüKo-*Erb*, 4. Aufl., § 33 Rn. 15; *Müller-Christmann*, JuS 1989, 717 (719); *ders.*, 1993, L 41 (L 43); *ders.*, JuS 1994, 649 (650 f.); NK-*Kindhäuser*, § 33 Rn. 26; *Noak*, JURA-Sonderheft Zwischenprüfung, 2004, 20 (22); *Otto*, JURA 1987, 604 (606); *Popp/Hotz*, JA 2016, 268 (271); *Rengier*, § 27 Rn. 26; *Rudolphi*, JuS 1969, 461 (463); *Roxin/Greco*, AT I, § 22 Rn. 82 f.; *Roxin*, Schaffstein-FS 1975, S. 105 (108); *Sauren*, JURA 1988, 567 (570); SK-*Rogall*, § 33 Rn. 21; *Theile*, JuS 2006, 965 (965 f.); *Timpe*, JuS 1985, 117; *Wessels/Beulke/Satzger*, Rn. 699 f.; vgl. ferner bereits RGSt 56, 33 (34).

5. Einschränkungen

In einigen neueren Entscheidungen hat der BGH auch bei Vorliegen der Voraussetzungen des § 33 StGB eine Entschuldigung aufgrund einer Notwehrüberschreitung dann abgelehnt, wenn der Täter sich planmäßig in eine Auseinandersetzung hineinbegeben hat, die Notwehrsituation also mitverursacht bzw. sogar bewusst provoziert hat.

591

> **Bsp.**[1376]: Toni, Besitzer eines Bordells, hat in Erfahrung gebracht, dass eine Gruppe Jugendlicher plant, am Abend sein Lokal zu überfallen und zu zerstören. Toni will diese Angelegenheit „selbst in die Hand nehmen" und keine Polizei einschalten. Er will damit bezwecken, den Jugendlichen klar zu machen, wer „Herr in der Stadt ist", und ihnen gleichzeitig einen Denkzettel verpassen. Als Toni am Abend die herannahenden Jugendlichen bemerkt, fährt er ihnen mit seinem PKW entgegen, steigt aus, sagt, sie sollen verschwinden und richtet seine mitgeführte Pistole auf sie. Dennoch nähert sich deren Anführer Anton provokativ mit erhobenen Händen und sagt: „Schieß doch". Toni ist über die Wendung des Geschehens erschrocken und zieht sich in seinen PKW zurück. Anton nähert sich weiter, hält die Beifahrertür fest und zieht ein Messer aus seiner Tasche. Inzwischen haben sich auch andere Jugendliche genähert. Nunmehr bekommt es Toni mit der Angst zu tun, zielt mit bedingtem Tötungsvorsatz auf Antons Kopf und drückt ab, obwohl auch ein Schuss auf die Beine den Angriff beendet hätte. Durch den Schuss wird Anton tödlich getroffen. – Zwar lag hier eine Notwehrlage vor, der gezielte tödliche Schuss überschritt jedoch die Grenzen zulässiger Verteidigung, da das Notwehrrecht infolge der verschuldet herbeigeführten Notwehrlage eingeschränkt war. Dies gilt umso mehr, als auch ein Schuss auf die Beine des Angreifers den Angriff mit Sicherheit beendet hätte. Insoweit lag hier ein intensiver Notwehrexzess vor, der, da Toni aus Furcht handelte, an sich beachtlich gewesen wäre. Dennoch ist § 33 StGB im vorliegenden Fall nach Ansicht des BGH abzulehnen, da ein entschuldigtes Überschreiten der Notwehr dann nicht in Betracht komme, wenn der Täter sich planmäßig in eine tätliche Auseinandersetzung mit seinem Gegner eingelassen habe, um unter Ausschaltung der an sich erreichbaren Polizei einen ihm angekündigten Angriff mit eigenen Mitteln abzuwehren und die Oberhand über seine Gegner zu gewinnen[1377].

6. Putativnotwehrexzess

Eine analoge Anwendung des § 33 StGB wird in denjenigen Fällen diskutiert, in denen der Täter irrtümlich eine Notwehrlage annimmt und dabei das (ihm in Wirklichkeit gar nicht zustehende) Notwehrrecht überschreitet (Putativnotwehrexzess)[1378].

592

> **Bsp.:** Der ängstliche Bruno wird eines Nachts auf der Straße von dem verwegen aussehenden Toni in einer ihm nicht verständlichen Sprache angesprochen. Er glaubt irrtüm-

---

1376 Fall nach BGHSt 39, 133; hierzu *Arzt*, JZ 1994, 314; *Jäger*, Rn. 271 f.; *Lesch*, StV 1993, 578; *Müller-Christmann*, JuS 1994, 649; *Roxin*, NStZ 1993, 335; ferner BGH NJW 1962, 308 (309); BGH NJW 1995, 973; OLG Hamm, NJW 1965, 1928; andererseits aber auch BGH NStZ-RR 2009, 70 (71); BGH NStZ 2016, 84 (86); vgl. hierzu ferner die Übungsfälle bei *Haft/Eisele*, JURA 2000, 313 (315 f.); *Hillenkamp*, JuS 1994, 769 (774 Fn. 47); *Marxen*, Fall 15a; *Morgenstern*, JuS 2006, 251 (255 f.); *Wagner*, ZJS 2009, 419 (421).

1377 Dem BGH zustimmend *Drescher*, JR 1994, 423 (425); dagegen *Arzt*, JZ 1994, 314 (315); *Geppert*, JURA 2007, 33 (39); *Kühl*, § 12 Rn. 153; *Lackner/Kühl*, § 33 Rn. 4; *Müller-Christmann*, JuS 1989, 717 (720); *ders.*, JuS 1993, L 41 (L 43); *ders.*, JuS 1994, 649 (651 f.); NK-*Paeffgen/Zabel*, Vor §§ 32 ff. Rn. 291; *Rengier*, § 27 Rn. 15; *Roxin/Greco*, AT I, § 22 Rn. 93; *Roxin*, NStZ 1993, 335 (336); vgl. auch *Rudolphi*, JuS 1969, 461.

1378 Vgl. hierzu BGH NJW 1968, 1885; BGH NStZ 2011, 630; *Engländer*, JuS 2012, 408 (410 f.); *Geilen*, JURA 1981, 370 (379); *Kühl*, § 12 Rn. 155 ff.; *Sauren*, JURA 1988, 567 (570); *Timpe*, JuS 1985, 117 (121 f.); vgl. hierzu auch die Übungsfälle bei *Berster*, JuS 2014, 998 (1000 ff.); *Höffler/Marsch*, JA 2017, 677 (683 f.); *Momsen/Sydow*, JuS 2001, 1194 (1197 f.); *Steinberg/Wolf/Füllsack*, ZJS 2016, 484 (486 f.); *Vogt*, JURA 1981, 380 (384).

lich, dass Toni ihn ausrauben will, und zieht aus Furcht und Verwirrung sofort seine mitgeführte Pistole und erschießt Toni. – Hier irrte sich Bruno über die tatsächlichen Voraussetzungen einer Notwehrlage und befand sich somit in einem Erlaubnistatbestandsirrtum[1379]. Zudem verteidigte er sich zu intensiv, da ein tödlicher Schuss ohne Vorandrohung hier auch bei einer tatsächlich vorliegenden Notwehrlage nicht gerechtfertigt gewesen wäre.

593 In diesen Fällen ist eine analoge Anwendung des § 33 StGB, der zu einem Schuldausschluss führen würde, unangemessen. Denn dann würde derjenige, der die vermeintliche Notwehr überschreitet, besser stehen als derjenige, der lediglich über das Vorliegen einer Notwehrlage irrt (und für den nach § 16 Abs. 1 Satz 2 StGB immerhin eine Fahrlässigkeitsbestrafung in Betracht kommt)[1380]. Die Situation ist vergleichbar mit derjenigen eines Doppelirrtums auf Rechtfertigungsebene[1381], bei dem ebenfalls die strengeren Regelungen des Erlaubnisirrtums vorgehen.

IV. Handeln aufgrund eines für verbindlich gehaltenen dienstlichen Befehls

594 Insbesondere Beamten und Soldaten handeln oftmals auf ausdrückliche Anordnung ihres Vorgesetzten. Dabei kann es vorkommen, dass diese Vorgesetzten dienstliche Weisungen erlassen oder Befehle erteilen, die sich später als rechtswidrig herausstellen. Während sich der Vorgesetzte hier problemlos strafbar machen kann, wird bei den Untergebenen diskutiert, ob und inwieweit bei ihnen eine Strafbarkeit ausscheidet. Bereits ausgeführt wurde, dass ein **Rechtfertigungsgrund** hier nicht vorliegen kann[1382]. Aber auch ein **Schuldausschluss** ist in den meisten Fällen nicht möglich, da eine rechtswidrige Anordnung, die dazu führen würde, dass der Untergebene eine Straftat begeht, regelmäßig unverbindlich ist und daher nicht befolgt werden muss, sofern der Untergebene die Rechtswidrigkeit der Anordnung erkennt oder dies nach den ihm bekannten Umständen offensichtlich ist (vgl. u. a. §§ 62 Abs. 2 Satz 4 BBG, § 5 Abs. 1 WStG, § 11 Abs. 2 SoldG)[1383]. Lediglich im Soldatenrecht kann es im Bereich der Ordnungswidrigkeiten zu rechtswidrigen Befehlen kommen, die für den Soldaten verbindlich sind. Diese Fälle sind vergleichbar mit dem Nötigungsnotstand und schließen daher ein schuldhaftes Verhalten des Untergebenen aus[1384].

1379 Vgl. hierzu unten Rn. 1123 ff.
1380 So im Ergebnis auch BGH NJW 1968, 1885; BGH NStZ 1983, 453; BGH NStZ-RR 2002, 203 (204); BGH NStZ 2003, 599 (600); *Berster*, JuS 2014, 998 (1002); *Geppert*, JURA 2007, 33 (40); *Heuchemer*, JA 1999, 724 (725); *Jakobs*, 20/33; *Jescheck/Weigend*, § 45 II 4; *Krey/Esser*, Rn. 769; *Kühl*, § 12 Rn. 156 f.; LK-*Spendel*, 11. Aufl., § 33 Rn. 32; *Maurach/Zipf*, AT 1, § 37 Rn. 54; *Müller-Christmann*, JuS 1989, 717 (720); NK-*Kindhäuser*, § 33 Rn. 16; *Rengier*, § 27 Rn. 30; *Schönke/Schröder-Perron/Eisele*, § 33 Rn. 8; *Timpe*, JuS 1985, 117 (121 f.); *Wessels/Beulke/Satzger*, Rn. 704; einschränkend *Rudolphi*, JuS 1969, 461 (464); SK-*Rogall*, § 33 Rn. 14; a. M. *Köhler*, S. 424; differenzierend *Engländer*, JuS 2012, 408 (410 f.); LK-*Zieschang*, 13. Aufl., § 33 Rn. 20 f.; MüKo-*Erb*, 4. Aufl., § 33 Rn. 18; *Otto*, JURA 1987, 604 (607); *Roxin/Greco*, AT I, § 22 Rn. 96; *Roxin*, Schaffstein-FS 1975, S. 105 (120); für eine Anwendung des § 35 Abs. 2 StGB analog hingegen *Bachmann*, JA 2009, 510 (511 f.); *Sauren*, JURA 1988, 567 (572 f.).
1381 Vgl. hierzu unten Rn. 1148 ff.
1382 Vgl. bereits oben Rn. 511.
1383 Vgl. hierzu auch den Übungsfall bei *Böse/Kappelmann*, ZJS 2008, 290 (297 f.).
1384 Vgl. hierzu oben Rn. 580.

Weil für einen Untergebenen die Verbindlichkeit des Befehls nicht immer klar erkennbar ist, ist mit Rücksicht auf das vorliegende Über- und Unterordnungsverhältnis jedenfalls dann ein schuldloses Handeln anzunehmen, wenn der Untergebene die Unverbindlichkeit des Befehls nicht kennt und auch nicht hätte erkennen können (vgl. z. B. § 3 VStGB, § 5 Abs. 1 WStG)[1385]. Konstruktiv handelt es sich hierbei allerdings um einen (unvermeidbaren) Verbotsirrtum[1386].

V. Übergesetzliche Entschuldigungsgründe

Fraglich ist, ob neben den gesetzlich normierten Entschuldigungsgründen jedenfalls in Ausnahmefällen auch ein übergesetzlicher Entschuldigungsgrund[1387] bzw. ein ungeschriebener Entschuldigungsgrund der „Unzumutbarkeit normgemäßen Verhaltens"[1388] anzuerkennen ist. Da es in der Tat einige (wenige) Fälle gibt, in denen vom Handelnden ein normgemäßes Verhalten nicht notwendigerweise erwartet werden kann, ohne dass das Verhalten jedoch einem geschriebenen Entschuldigungsgrund unterfällt, ist im Einzelfall ein Schuldausschluss anzuerkennen[1389].

> **Bsp. (1) – Euthanasie-Fall**[1390]: Der für das NS-Regime tätige Arzt Armin wird damit beauftragt, eine Vielzahl von Menschen in einer größeren Euthanasieaktion zu töten. Um dies zu verhindern und um sicher zu stellen, dass auch kein anderer Arzt mit der Durchführung dieser Aktion betraut wird, beschränkt er die Tötungshandlungen auf

---

1385 BGH NStZ 1995, 286 (286 f.); *Ellbogen*, JURA 2005, 339 (342); *Kühl*, § 12 Rn. 159; vgl. auch *Walter*, JR 2005, 279 (281 f.); relevant wurde dies vor allem in den Mauerschützen-Fällen; vgl. BGHSt 39, 1 (33 ff.); BGHSt 41, 10 (15); BGHSt 42, 356 (362); BGH NStZ 1993, 488 (489); *Amelung*, JuS 1993, 637 (642); *ders.*, NStZ 1995, 27 (28); *Arnold/Kühl*, JuS 1992, 991 (996 f.); *Dannecker*, JURA 1994, 585 (593 f.); vgl. auch die Übungsfälle bei *Ambos*, JuS 2000, 465 (466 f., 469, 470); *Schreiber*, ZStW 107 (1995), 157 (171 f.); *Seibert*, JURA 2008, 31 (36).
1386 BGHSt 39, 1 (35); *Jakobs*, 19/53; LK-*Schroeder*, 11. Aufl., § 17 Rn. 52; anders *Walter*, JR 2005, 279 (281 f.).
1387 So *Achenbach*, JR 1975, 492; *ders.*, JURA 1997, 631 (634 f.); *Bechtel*, JuS 2021, 401; BWME-*Eisele*, § 18 Rn. 46. ff.; *Hörnle*, Herzberg-FS 2008, S. 555 (571); *Koch*, JA 2005, 745 (748); *Kühl*, § 12 Rn. 12, 92 ff.; LK-*Rönnau*, 13. Aufl., Vor §§ 32 ff. Rn. 354 ff.; NK-*Neumann*, § 35 Rn. 54; *Rengier*, § 26 Rn. 40 ff.; *Rönnau*, JuS 2017, 113; *Stratenwerth/Kuhlen*, § 10 Rn. 129; *Waßmer*, JA 2021, 298 (302 f.); *Weigend*, ZIS 2017, 599 (604 f.); *Wessels/Beulke/Satzger*, Rn. 711; offen gelassen in BGHSt 35, 347 (350 f.); ablehnend RGSt 66, 397 (399); MüKo-*Schlehofer*, 4. Aufl., § 32 Rn. 331; vgl. auch *Schönke/Schröder-Sternberg-Lieben*, Vorbem. §§ 32 ff. Rn. 115 ff.; ferner die Übungsfälle bei *Ast*, JuS 2017, 867 (873); *Bartsch/Böhme/Brettel*, ZJS 2015, 417 (429 f.); *Bott/Kühn*, JURA 2009, 72 (77); *Böse/Kappelmann*, ZJS 2008, 290 (298); *Bergmann/Kroke*, JURA 2010, 946 (953); *Jäger*, JURA-Sonderheft Zwischenprüfung, 2004, 34 (36 f.); *Mitsch*, JA 2006, 509 (515); *Radde*, JA 2016, 818 (821 f.); *Schlehofer*, JURA 1989, 263 (270); *Steinberg/Lachenmaier*, ZJS 2012, 649 (651 f.); *Walter/Michler*, JURA 2021, 844 (846); *Wolf/Langlitz*, JURA 2019, 417 (429 f.).
1388 Ablehnend RGSt 30, 25 (28); RGSt 66, 397 (399); *Jescheck/Weigend*, § 47 II 2 f.; *Krey/Esser*, Rn. 771; *Rengier*, § 28 Rn. 1; *Schönke/Schröder-Sternberg-Lieben*, Vorbem. §§ 32 ff. Rn. 122/123; vgl. auch die Übungsfälle bei *Ebert*, JuS 1976, 319 (321); *Harrendorf/Lagler*, JuS 2018, 1066; *Helmrich*, JuS 2011, 1114 (1119); vgl. ferner unten Rn. 1025.
1389 Vgl. hierzu auch AG Kitzingen StV 2021, 647 (Kirchenasyl); *Bechtel*, JuS 2021, 402 (405 ff.); *Krey*, JuS 1971, 248 (249); *Küper*, JuS 1971, 474 (477).
1390 Vgl. hierzu BGH NJW 1953, 513; OGHSt 1, 321; OGHSt 2, 117; *Bechtel*, JuS 2021, 401 (405 f.); *Brauneck*, GA 1959, 261 (270 f.); BWME-*Eisele*, § 18 Rn. 47; *Gropp/Sinn*, § 6 Rn. 183 ff.; *Jäger*, Rn. 277 f.; *Jescheck/Weigend*, § 33 V 1b; *Klefisch*, MDR 1950, 258; *Koch*, JA 2005, 745 (748); *Krey/Esser*, Rn. 772 f.; *Kühl*, § 12 Rn. 95 ff.; *Oehler*, JR 1951, 489; *Otto*, JURA 2005, 470 (477 f.); *Rönnau*, JuS 2017, 113; *Roxin/Greco*, AT I, § 22 Rn. 147 f.; *Eb. Schmidt*, SJZ 1949, 559; *Schönke/Schröder-Sternberg-Lieben*, Vorbem. §§ 32 ff. Rn. 115, 116; *Sinn*, NStZ 2004, 585 (586); SK-*Rudolphi*, Vor § 19 Rn. 8; *Welzel*, MDR 1949, 373 (375); *Wessels/Beulke/Satzger*, Rn. 711; vgl. allerdings auch BGHSt 35, 347 (350 f.).

wenige Patienten. – Hier kommt ausnahmsweise ein über den § 35 StGB hinausgehender Entschuldigungsgrund wegen eines übergesetzlichen Notstandes in Betracht[1391].

Bsp. (2) – Weichenstellerfall[1392]: Der Schrankenwärter Dagobert bemerkt, wie ein vollbesetzter Zug auf einem Gleis herannaht, welches gerade von einer Steinlawine verschüttet wurde. Im letzten Moment kann Dagobert den Zug noch auf ein anderes Gleis umleiten, auf welchem der Streckenarbeiter Otto gerade seinen Mittagschlaf hält. Zwar hat Dagobert dies erkannt, er geht aber zutreffend davon aus, dass bei einer Weiterfahrt des Zuges auf dem verschütteten Gleis Hunderte von Menschen sterben würden. – Auch in dieser Konstellation wird teilweise eine Entschuldigung wegen übergesetzlichen Notstandes angenommen[1393]. Dem ist jedoch entgegen zu halten, dass hier mit Otto eine bisher völlig ungefährdete Person betroffen ist, der man nicht zumuten kann, ihr Leben „für andere" zu opfern[1394]. Sähe man dies anders, würde menschliches Leben letztlich doch zum Gegenstand einer quantitativen Abwägung gemacht.

§ 19 Actio libera in causa

Einführende Aufsätze: *Ambos,* Der Anfang vom Ende der actio libera in causa, NJW 1997, 2296; *Dold,* Die actio libera in causa als Sonderfall der mittelbaren Täterschaft, GA 2008, 427; *Fahl,* Actio libera in causa, „Milchfahrerfall", JA 1999, 842; *B. Heinrich/Wissmann,* Die actio libera in causa, Ad Legendum 2016, 146; *Hruschka,* Der Begriff der actio libera in causa und die Begründung ihrer Strafbarkeit, JuS 1968, 554; *Jerouschek,* Die Rechtsfigur der actio libera in causa: Allgemeines Zurechnungsprinzip oder verfassungswidrige Strafbarkeitskonstruktion, JuS 1997, 385; *Krause,* Probleme der actio libera in causa, JURA 1980, 169; *Makepeace,* Die „actio libera in causa" in der strafrechtlichen Fallbearbeitung – ein Spagat zwischen Gerechtigkeit und Gesetzlichkeit, JURA 2021, 378; *Mutzbauer,* Actio libera in causa, JA 1997, 97; *Otto,* Actio libera in causa, JURA 1986, 426; *ders.,* BGHSt 42, 235 und die actio libera in causa, JURA 1999, 217; *Puppe,* Grundzüge der actio libera in causa, JuS 1980, 346; *Rath,* Zur actio libera in causa bei Schuldunfähigkeit des Täters, JuS 1995, 405; *Rönnau,* Dogmatisch-konstruktive Lösungsmodelle zur actio libera in causa, JA 1997, 707; *ders.,* Grundwissen – Strafrecht: Actio libera in causa, JuS 2010, 300; *Satzger,* Dreimal „in causa" – actio libera in causa, omissio libera in causa und actio illicita in causa, JURA 2006, 513; *Schweinberger,* Actio libera in causa: Folgeprobleme des herrschenden Tatbestandsmodells, JuS 2006, 507; *Streng,* Actio libera in causa und verminderte Schuldfähigkeit, JuS 2001, 540.

Übungsfälle: *Ellbogen,* Der Brand im Asylbewerberheim, JURA 1998, 483; *Hecker,* Ein folgenschwerer Denkzettel, JuS 1991, L 85; *Kaspar,* Von Niederlagen und Niederschlägen, JURA 2007, 69; *Kunz,* Eine Schlägerei mit üblen Folgen, JuS 1996, 39; *Mitsch,* Die rachsüchtigen Studenten, JURA 1989, 485; *Rönnau,* Der volltrunkene Macho, JuS 2000, L 28; *Steinberg/Bayer,* Übungsfall: Korn und Schrot, ZJS 2017, 225; *Timpe,* Das scharfe Brotmesser, JA 2010, 514.

1391 Für die Annahme eines persönlichen Strafausschließungsgrundes OGHSt 1, 321 (337 f.); OGHSt 2, 117 (126); dagegen sogar für eine Rechtfertigung *Otto,* § 8 Rn. 195; *ders.,* JURA 2005, 470 (478); kritisch BGH NJW 1953, 513 (514), wo allerdings ein möglicher Erlaubnisirrtum diskutiert wurde, da die betreffenden Ärzte ihr Verhalten für gerechtfertigt hielten.
1392 Vgl. zu diesem Fall bereits oben Rn. 248 und Rn. 425.
1393 *Bechtel,* JuS 2021, 401 (405 f.); *ders.,* JR 2021, 14 (20); *Bergmann/Kroke,* JURA 2010, 946 (953); *Kühl,* § 12 Rn. 104 f.; LK-*Rönnau,* 13. Aufl., Vor §§ 32 ff. Rn. 357 ff.; *Rönnau,* JuS 2017, 113 (115); *Schönke/Schröder-Sternberg-Lieben,* Vor §§ 32 ff. Rn. 117a; SK-*Rogall,* Vor § 19 Rn. 58; *Stratenwerth/Kuhlen,* § 12 Rn. 129; *Welzel,* ZStW 63 (1951), 47 (51 ff.); *Zieschang,* Knemeyer-FS 2012, S. 449 (463); vgl. ferner *Jäger,* Rn. 280 („übergesetzlicher entschuldigender Notstand"); *ders.,* ZStW 115 (2003), 765 (779); *Jakobs,* 20/41 f.; *Mitsch,* JA 2006, 509 (515); *ders.,* GA 2006, 11 (13 f.); NK-*Neumann,* § 35 Rn. 61; *Weigend,* ZIS 2017, 599 (604 f.).
1394 So auch *Steinberg/Lachenmaier,* ZJS 2012, 649 (652); *Stübinger,* ZStW 123 (2011), 403 (445 f.); *Roxin/Greco,* AT I, § 22 Rn. 162 ff.; *Walter/Michler,* JURA 2021, 844 (847); *Wessels/Beulke/Satzger,* Rn. 714.

Actio libera in causa **597, 598**

Rechtsprechung: BGHSt 2, 14 – Rauschtat (fahrlässige a. l. i. c.); **BGHSt 17, 259** – Rauschtat (vorsätzliche a. l. i. c.); **BGHSt 17, 333** – Autofahrt (Konkurrenzen zwischen a. l. i. c.-Taten und § 323a StGB); **BGHSt 21, 381** – Mehrere Diebstahlstaten (Bestimmtheit der Rauschtat); **BGHSt 42, 235** – Grenzkontrollstelle (zur Einschränkung der a. l. i. c.).

I. Einführung in die Problematik

Wie bereits im Rahmen der Behandlung der Schuld festgestellt[1395], muss die Schuldfähigkeit zum Zeitpunkt der Tatbegehung, d. h. zum Zeitpunkt der Vornahme bzw. Nichtvornahme der tatbestandsmäßigen Handlung vorliegen (Koinzidenzprinzip, § 8 StGB). Ist der Täter zu diesem Zeitpunkt (z. B. infolge eines Alkoholrausches) schuldunfähig, so scheidet eine Strafbarkeit aus, § 20 StGB. Allerdings kommt in den Fällen, in denen die Schuldunfähigkeit auf einem fahrlässig oder vorsätzlich herbeigeführten Rauschzustand beruht, eine Strafbarkeit wegen Vollrausches, § 323a StGB, in Frage. **597**

> **Bsp. (1):** Anton weiß, dass er unter Alkoholgenuss zu Gewalttätigkeiten neigt. Dennoch besucht er jeden Freitag nach der Arbeit mit seinen Kollegen die in der Nähe liegende Kneipe, wo er sich an manchen Abenden bis zur Schuldunfähigkeit betrinkt. Eines Abends beginnt er, da ihm der Wirt kein weiteres Bier mehr ausschenken will, in schuldunfähigem Zustand zu randalieren und schlägt die halbe Einrichtung kurz und klein. – Da Anton zum Zeitpunkt der Tat (dem Randalieren) schuldunfähig war, scheidet eine Strafbarkeit nach § 303 StGB aus. Allerdings kommt eine Strafbarkeit nach § 323a StGB in Betracht, da Anton sich jedenfalls fahrlässig, wenn nicht sogar (bedingt) vorsätzlich in einen Rauschzustand versetzt hat.

> **Bsp. (2):** Toni will seinen Nachbarn Norbert mittels eines Beilhiebes töten, hat aber Bedenken, ob er im entscheidenden Moment den Mut dazu aufbringen würde. Außerdem fürchtet er im Fall der Aufdeckung die lebenslange Freiheitsstrafe wegen Mordes. Also fasst er folgenden Plan: Da er weiß, dass Norbert an jedem Samstagvormittag gegen 11 Uhr hinter seinem Haus Gartenarbeiten verrichtet, setzt er sich gegen 10 Uhr auf seine Veranda und leert eine Flasche Schnaps in wenigen Zügen. Das Beil hat er vorsorglich bereit gelegt. Da Toni nicht trinkgewohnt ist, hat der Alkohol die erhoffte Wirkung und versetzt ihn in kurzer Zeit in einen seine Schuldfähigkeit ausschließenden Rausch. In diesem Zustand erschlägt er den nichtsahnenden Norbert, als dieser kurze Zeit später den Garten betritt. – Auch hier scheidet eine Strafbarkeit wegen Mordes aus Heimtücke, § 211 StGB, an sich aus, da Toni zum Zeitpunkt der Vornahme der Tötungshandlung schuldunfähig war. Insoweit ist auch hier lediglich an eine Bestrafung wegen Vollrausches, § 323a StGB, zu denken[1396].

Die Bestrafung „lediglich" wegen Vollrausches ist jedoch Bedenken ausgesetzt. Dies gilt in erster Linie im Hinblick auf die **Strafandrohung** des Vollrauschtatbestandes (Freiheitsstrafe bis zu fünf Jahren), die im Bsp. 2 von der Strafandrohung wegen Mordes (lebenslange Freiheitsstrafe) erheblich abweicht. Außerdem käme bei einer Bestrafung wegen Vollrausches nicht zum Ausdruck, was der Täter tatsächlich getan hat. Aus dem Urteilstenor wäre also nicht ersichtlich, ob der Voll- **598**

1395 Vgl. hierzu oben Rn. 528.
1396 Sofern nicht, wie sogleich darzustellen ist, über die Rechtsfigur der actio libera in causa eine Strafbarkeit wegen vorsätzlichen Mordes „konstruiert" wird. Zudem ist darauf hinzuweisen, dass auch eine fahrlässige Tötung, § 222 StGB, in Betracht kommt, da es sorgfaltspflichtwidrig ist, sich zu betrinken, wenn man weiß, dass man in diesem Zustand zu Gewalttätigkeiten neigt (und erst recht, wenn man diese sogar beabsichtigt). Dabei ist nicht auf den Zeitpunkt der Tötungshandlung (zu dem Toni ja schuldunfähig war), sondern auf den Zeitpunkt des Trinkens abzustellen. Denn das Trinken war in diesem Fall das pflichtwidrige Verhalten – und zu diesem Zeitpunkt war Toni noch schuldfähig.

rauschtäter „lediglich" eine Sachbeschädigung (Bsp. 1) oder einen Mord (Bsp. 2) begangen hat. Aus dem Schuldspruch „wegen Vollrausches" kann also letztlich nicht auf die konkrete Tat geschlossen werden.

599 Da insoweit eine Bestrafung nur wegen Vollrausches im Ergebnis nicht befriedigen kann, wurde schon früh diskutiert, ob man die Strafbarkeit bzw. den Schuldvorwurf nicht zumindest in denjenigen Fällen, in denen der Täter seine Schuldunfähigkeit gerade im Hinblick auf die Begehung eines bestimmten Delikts vorsätzlich herbeiführt, in irgendeiner Weise **vorverlagern** kann. Insoweit wurde die Möglichkeit einer Bestrafung **gewohnheitsrechtlich** über die Rechtsfigur der sog. **actio libera in causa** entwickelt[1397], die in zwei Formen denkbar ist: Handelt der Täter zum Zeitpunkt des Trinkbeginns sowohl hinsichtlich der Herbeiführung des Rausches als auch hinsichtlich der im Rausch begangenen Tat vorsätzlich, liegt eine **„vorsätzliche actio libera in causa"** vor (der Täter ist danach also z. B. wegen eines vorsätzlichen Totschlags zu bestrafen). Liegt hinsichtlich dieser Merkmale (Verursachung des Rausches, Begehung der Rauschtat) zum Zeitpunkt des Trinkbeginns ein fahrlässiges Verhalten vor, dann kommt eine **„fahrlässige actio libera in causa"** (also z. B. eine Bestrafung wegen fahrlässiger Tötung) in Betracht[1398]. Diese ist als rechtliche Konstruktion zwar denkbar, aber überflüssig, da hier bereits nach allgemeinen Grundsätzen eine Fahrlässigkeitsstrafbarkeit vorliegt[1399]: Es ist sorgfaltspflichtwidrig, sich zu betrinken, wenn damit zu rechnen ist, dass man in betrunkenem Zustand eine Straftat begehen wird.

600 Fraglich ist allerdings, auf welchem Wege man eine solche Strafbarkeit rechtlich begründen kann, bricht doch diese Rechtsfigur mit dem Grundsatz, dass allein auf das Verhalten des Täters zum Zeitpunkt der Tat abzustellen ist[1400]. Dies soll im Folgenden anhand der hierzu entwickelten Theorien dargestellt werden.

II. Geltungsumfang und Begründung der actio libera in causa[1401] (Problemschwerpunkt 11)

601 **Fall:** Anton, ansonsten ein recht friedliebender Mensch, neigt dazu, in alkoholisiertem Zustand gewalttätig zu werden. Er ist daher auch schon mehrere Male wegen gefährlicher Körperverletzung, §§ 223, 224 StGB, verurteilt worden. Eines Abends begibt er

---

1397 Genauer: „Actio libera in causa sed non libera in actu" (ein Verhalten, das nur in seinem Ursprung, nicht aber in seiner Ausführung frei ist).
1398 Vgl. zu den verschiedenen Formen der actio libera in causa noch unten Rn. 608 ff.; ferner wurde der Rechtsgedanke der actio libera in causa auch auf die verminderte Schuldfähigkeit, § 21 StGB, übertragen; vgl. BGH NStZ 1999, 448; BGH NStZ 2000, 584 (585); hierzu *Streng*, JuS 2001, 540; dagegen *Puppe*, § 16 Rn. 18 ff.; teilweise wurde auch eine grundsätzliche Unanwendbarkeit des § 21 StGB bei selbstverschuldeter Trunkenheit angenommen; vgl. BGH NJW 2003, 2394; BGHSt 49, 239 („in der Regel"); ablehnend *Verrel/Hoppe*, JuS 2005, 308.
1399 BGHSt 42, 235 (236); *Makepeace*, JURA 2021, 378 (381); *Rönnau*, JuS 2010, 300.
1400 Dieses Problem stellt sich lediglich dann nicht, wenn man nicht auf das Sich-Versetzen in den schuldunfähigen Zustand (als aktives Tun), sondern auf das Unterlassen von Vorkehrungsmaßnahmen zur Verhinderung der Begehung späterer Straftaten zum Zeitpunkt der Schuldfähigkeit abstellt; so *Beck*, ZIS 2018, 204 (206 ff.).
1401 Vgl. hierzu auch *Hillenkamp/Cornelius*, AT, 13. Problem; *Satzger*, JURA 2006, 513 (513 ff.); ferner die Übungsfälle bei *Bindzus/Ludwig*, JuS 1998, 1123 (1127); *Bischoff/Kosmeier*, JuS 2015, 59 (63); *Ellbogen*, JURA 1998, 483 (485); *Hecker*, JuS 1991, L 85 (L 86 f.); *Heger*, JA 2008, 859 (863 f.); *Hohmann*, JuS 1995, 135 (136 f.); *Kaspar*, JURA 2007, 69 (71); *Kleszewski/Hawickhorst*, JA 2013, 589 (591 f.); *Krell*, ZJS 2010, 640 (644 f.); *Kunz*, JuS 1996, 39 (39 f.); *Marxen*, Fall 13a; *Mitsch*, JURA 1989, 485; *Oğlakcıoğlu*, ZJS 2013, 482 (489); *Penkuhn*, ZJS 2016, 497 (502 f.); *Rönnau*, JuS 2000, L 28

sich in seine Stammkneipe, um dort mit seinen Kumpanen kräftig zu trinken. Er weiß, dass diese Trinkgelage regelmäßig dazu führen, dass er sich dabei in einen die Schuldfähigkeit ausschließenden Rausch versetzt. Auch weiß er, dass sein Nebenbuhler Bruno, der ihm erst kürzlich seine Ehefrau „ausgespannt" hat, voraussichtlich an diesem Abend dieselbe Kneipe besuchen wird. Anton rechnet daher damit, dass er an diesem Abend Bruno eine „Abreibung" verpassen könnte, nimmt dies aber in Kauf. Nachdem sich Anton bereits kurz nach Mitternacht in einen seine Schuldfähigkeit ausschließenden Rausch versetzt hat, betritt Bruno das Lokal. Ohne Vorwarnung nimmt Anton einen Bierkrug und schlägt auf Bruno ein, der lebensgefährliche Verletzungen erleidet.

Problemstellung: Anton hat eine tatbestandsmäßige und rechtswidrige gefährliche Körperverletzung, §§ 223, 224 Abs. 1 Nr. 2, Nr. 5 StGB, begangen. Fraglich ist, ob dies auch schuldhaft geschah. Gemäß § 20 StGB handelt ohne Schuld, wer bei Begehung der Tat aufgrund eines dort genannten Defekts nicht die erforderliche Unrechtseinsicht hatte. Unabhängig davon, ob man den Alkoholrausch als krankhafte seelische Störung oder als tief greifende Bewusstseinsstörung qualifiziert[1402], befand sich Anton im Zeitpunkt des Schlages mit dem Bierkrug jedenfalls in einem solchen, seine Schuldfähigkeit ausschließenden Zustand. Er könnte daher an sich nur nach § 323a StGB bestraft werden. Gleichwohl könnte eine Bestrafung über das Rechtsinstitut der actio libera in causa (a. l. i. c.) in Betracht kommen. Hiernach wird der Täter bestraft, wenn er in freiverantwortlichem Zustand wissentlich und vorsätzlich die Ursache (causa) für eine spätere, in schuldunfähigem Zustand begangene Tat gesetzt hat. Fraglich ist, ob und wie diese Konstruktion zuzulassen ist, insbesondere, wie sie mit dem Schuldprinzip zu vereinbaren ist.

1. Die **Vorverlagerungstheorie** (auch Tatbestandsmodell genannt)[1403] erkennt die a. l. i. c. in vollem Umfang an. Sie wurde insbesondere von der früheren Rechtsprechung und der jedenfalls früheren h. M. vertreten. Dabei wird der Tatvorwurf an die vorhergehende, im schuldfähigen Zustand begangene Handlung (das „Sich-Berauschen") und nicht an die unmittelbare Tatausführung angeknüpft. Es findet also eine Vorverlagerung der Tat statt. Tathandlung sei das Trinken, welches kausal den späteren Erfolg verursache. Bereits durch das Trinken setze der Täter eine Ursache für sein späteres Tun und sei daher für die Tat verantwortlich. Zu diesem Zeitpunkt – dem Beginn des Trinkens – sei er auch noch schuldfähig, sodass eine Kongruenz von Tathandlung und Schuld gegeben sei. Für eine vorsätzliche a. l. i. c. sei es weiter Voraussetzung, dass der Täter bereits zu diesem Zeitpunkt sowohl Vorsatz im Hinblick auf das Sich-Versetzen in einen Rausch als auch Vorsatz bzgl. der später im Rausch begangenen Tat habe. Andernfalls käme eine fahrlässige a. l. i. c. in Betracht. Dabei weist diese Ansicht auf die Notwendigkeit hin, Strafbarkeitslücken zu schließen. Zur Begründung wird ferner von manchen Vertretern

---

(L 29 ff.); *Saal*, JURA 1994, 153 (154 f.); *Safferling*, JA 2007, 183 (184 f.); *Schumann/Azar*, JA 2017, 114 (119); *Sieren*, JA 2020, 268 (270 ff.); *Steinberg/Bayer*, ZJS 2017, 225 (226 f.); *Swoboda*, JURA 2007, 224 (227); *Timpe*, JA 2010, 514 (515 f.).

1402 Vgl. hierzu oben Rn. 540.

1403 RGSt 73, 177 (182); BGHSt 17, 259; BGHSt 17, 333 (335); BGHSt 21, 381 (381 f.); BGHSt 34, 29 (33); OLG Schleswig NStZ 1986, 511 (jeweils zur vorsätzlichen a. l. i. c.); RGSt 22, 413 (414 f.); RGSt 60, 29 (30); BGHSt 2, 14 (18); BGHSt 17, 333 (334 f.); BayObLG JZ 1967, 502; OLG Celle NJW 1968, 1938 (jeweils zur fahrlässigen a. l. i. c.); *Ellbogen*, JURA 1998, 483, (486); *Hirsch*, NStZ 1997, 230; *Krause*, JURA 1980, 169; *Krell*, ZJS 2010, 640 (644); *Maurach/Zipf*, AT 1, § 36 Rn. 57; *Puppe*, JuS 1980, 346 (346 ff.); *Schlüchter*, Hirsch-FS 1999, S. 345 (348 ff.); SK-*Rogall*, § 20 Rn. 77; *Spendel*, JR 1997, 133; vgl. auch LK-*Spendel*, 11. Aufl., § 323a Rn. 27 ff.; ferner *Schönke/Schröder-Perron/Weißer*, § 20 Rn. 35b, der aber davon ausgeht, zumindest de lege lata sei die a. l. i. c. nur für § 21 StGB anwendbar.

auf die Rechtsfigur der **mittelbaren Täterschaft** verwiesen[1404]: Der Täter benutze sich selbst als (schuldunfähiges) Werkzeug. Anton wäre daher wegen gefährlicher Körperverletzung gemäß §§ 223, 224 Abs. 1 Nr. 2, Nr. 5 StGB i. V. m. den Grundsätzen der a. l. i. c. zu bestrafen, da er sich vorsätzlich berauscht und dabei auch (bedingt) vorsätzlich bzgl. der späteren Tat gehandelt hat. Gegen diese Ansicht wird vorgebracht, dass als „Tat" hier nicht das an sich straflose Sich-Berauschen, sondern erst die jeweilige Rauschtat selbst anzusehen sei. Hierin, nicht im Trinken, liege das unrechtmäßige Verhalten. Das Sich-Betrinken sei insoweit als bloße Vorbereitungshandlung anzusehen. Auch das Kausalitätsargument überzeuge nicht, denn es könne durchaus sein, dass der Täter die spätere Tat auch in nüchternem Zustand begangen hätte. Zudem ergebe sich ein Problem im Versuchsbereich: Sehe man nämlich als Tathandlung das Sich-Betrinken an, liege bereits dann, wenn der Täter mit dem Trinken beginnt, ein unmittelbares Ansetzen und daher ein Versuch vor. Es sei aber nicht einzusehen, denjenigen, der sich vorsätzlich betrinke, um später z. B. einen Menschen zu töten, dann aber unverrichteter Dinge einschlafe, wegen eines versuchten Tötungsdelikts zu bestrafen (was nach den Grundsätzen über den Versuchsbeginn bei der mittelbaren Täterschaft[1405] allerdings konsequent wäre). Die Versuchsgrenze werde dadurch zu weit nach vorne verlagert. Aus einer Verbotsnorm (z. B.: „Du sollst nicht töten") könne zudem nicht die Verhaltensanweisung abgeleitet werden, sich nicht zu betrinken. Auch wäre – unter Zugrundelegung der Konstruktion der mittelbaren Täterschaft – ein Rücktritt nach § 24 StGB schwer zu begründen, wenn der betrunkene Täter später die Tatbestandsverwirklichung freiwillig unterlässt. Zudem komme die Vorverlagerungstheorie zu Problemen im Bereich der eigenhändigen, verhaltensgebundenen und schlichten Tätigkeitsdelikte, bei denen die Konstruktion der Vorverlagerung auf das Trinken bzw. die Konstruktion der mittelbaren Täterschaft versage. Letztere sei zudem bereits vom Wortlaut des § 25 Abs. 1, 2. Alt. StGB nicht gedeckt (*„durch einen anderen begeht"*). Der Täter werde nämlich dadurch, dass er sich betrinke, nicht zu einem anderen. Schließlich sei es auch nicht angebracht, gegen den Täter, der gerade dabei ist, sich zu betrinken, bereits Notwehr nach § 32 StGB üben zu können.

603 2. Einige der genannten Kritikpunkte werden von der **eingeschränkten Vorverlagerungstheorie**[1406] vermieden. Nach dieser Ansicht, die insbesondere von der neueren Rechtsprechung vertreten wird[1407], ist die Konstruktion der a. l. i. c. zwar grundsätzlich auf dem Boden der Vorverlagerungstheorie möglich, es müssten

---

1404 Vgl. hierzu *Baumann/Weber/Mitsch*, 11. Aufl., § 19 Rn. 45; *Dold*, GA 2008, 427; *Hirsch*, JR 1997, 391 (392); *Jakobs*, 17/64; *Joecks/Jäger*, § 323a Rn. 33; *Puppe*, § 16 Rn. 8 ff.; *Roxin/Greco*, AT I, § 20 Rn. 61; dagegen *Ambos*, NJW 1997, 2296 (2297); *Baier*, GA 1999, 272 (279 f.); BWME-*Eisele*, § 17 Rn. 38; *Hettinger*, Rengier-FS 2018, S. 39 (47); *Rath*, JuS 1995, 405 (409); *Rönnau*, JuS 2010, 300 (302); *Safferling*, JA 2007, 183 (185); *Salger/Mutzbauer*, NStZ 1993, 561 (564 f.).

1405 Vgl. hierzu unten Rn. 747 ff.

1406 BGHSt 42, 235; BGH JR 1997, 391 (LS) m. Anm. *Hirsch*; BGH NStZ 1999, 442; BGH NStZ 2000, 584; BWME-*Eisele*, § 17 Rn. 37, 40 f.; *Hoffmann-Holland*, Rn. 383, 393; *Jäger*, Rn. 248, 255; *Joecks/Jäger*, § 323a Rn. 35; *Kudlich*, JA 2008, 703 (708); *Rengier*, § 25 Rn. 19 f.; *Roxin/Greco*, AT I, § 20 Rn. 62 ff.; *Satzger*, JURA 2006, 513 (515); SK-*Wolters*, § 323a Rn. 30 ff.; *Swoboda*, JURA 2007, 224 (227); *Timpe*, JA 2010, 514 (516); vgl. auch *Jakobs*, 17/64 ff.; SK-*Rudolphi*, 8. Aufl., § 20 Rn. 28d, die zwar der Einschränkung für die eigenhändigen Delikte folgen, jedoch auch weiterhin eine fahrlässige a. l. i. c. anerkennen.

1407 Bahnbrechend BGHSt 42, 235; hierzu *Horn*, StV 1997, 264; *Otto*, JURA 1999, 217; der Entscheidung im Wesentlichen zustimmend *Hruschka*, JZ 1997, 22; *Mutzbauer*, JA 1997, 97 (100); *Neumann*, StV 1997, 23; ablehnend *Hirsch*, NStZ 1997, 230; *Spendel*, JR 1997, 133.

hiervon aber einige Deliktsarten ausgenommen werden. Zutreffend geht diese Ansicht davon aus, dass zumindest bei den eigenhändigen und den schlichten Tätigkeitsdelikten die konstruktive Begründung über eine mittelbare Täterschaft versagt. Daneben gebe es, so diese Ansicht, aber auch sog. „verhaltensgebundene Delikte", bei denen die Tathandlung im Tatbestand bereits so konkret beschrieben sei, dass sie nicht ohne weiteres mit dem Trinken gleichgesetzt bzw. vorverlagert werden könne (als Beispiel wird hier die Trunkenheit im Verkehr, § 316 StGB, genannt – das Betrinken könne nicht mit dem Autofahren gleichgesetzt werden). Auch bedürfe es der Konstruktion einer „fahrlässigen a. l. i. c." nicht, denn die hiervon erfassten Fälle könnten ohne weiteres in den „normalen" Fahrlässigkeitsaufbau integriert werden[1408]. Auch dies ist zutreffend, da zumindest bei den Erfolgsdelikten jeder Sorgfaltspflichtverstoß (also auch das Sich-Betrinken) für eine Strafbarkeit ausreicht, sofern hierdurch der Erfolg kausal verursacht wird und vorhersehbar war. Diese Ansicht überzeugt, denn es werden von der a. l. i. c. nunmehr lediglich diejenigen Delikte (vorsätzlich begangene Erfolgsdelikte) erfasst, die besonders schwer wiegen und für die die oben vorgebrachten Einwände (zu geringer Strafrahmen des § 323a StGB, keine ausreichende Bezeichnung des Unrechts im Schuldspruch) gelten. Allerdings sollte der unscharfe Begriff der „verhaltensgebundenen Delikte" vermieden und lediglich die schlichten Tätigkeitsdelikte sowie die eigenhändigen Delikte, bei denen die Konstruktion einer mittelbaren Täterschaft versagt, vom Anwendungsbereich ausgeschlossen werden. Anton ist daher wegen gefährlicher Körperverletzung gemäß §§ 223, 224 Abs. 1 Nr. 2, Nr. 5 StGB i. V. m. den Grundsätzen der a. l. i. c. zu bestrafen, da er sich vorsätzlich berauscht und dabei auch vorsätzlich bzgl. der späteren Tat gehandelt hat. Dem **Einwand**, die Versuchsstrafbarkeit würde zu weit vorverlagert, kann mit Blick auf die ähnlich gelagerte Problemlösung bei der mittelbaren Täterschaft begegnet werden.

3. Nach der **Ausdehnungstheorie**[1409] ist hingegen die Tathandlung nicht vollständig auf das Trinken vorzuverlagern. Vielmehr müsse sowohl das Sich-Betrinken als auch die später vorgenommene Rauschtat als eine „Tat" angesehen werden. Dies sei dadurch zu erreichen, dass man den Begriff „bei Begehung der Tat" in § 20 StGB ausdehnend interpretiere, sodass er auch schuldrelevantes Vorverhalten (auf der Schuldebene!) erfasse. Dies bedeute allerdings noch nicht, dass der Täter damit bereits mit dem Beginn des Trinkens „zur Verwirklichung des Tatbestandes" i. S. des § 22 StGB unmittelbar ansetze. Denn Schuldbewertungen und Schuldzuschreibungen seien nie ausschließlich auf den Tatzeitpunkt begrenzbar, sondern könnten bereits früher ansetzen. Die „Tat" in § 20 StGB könne daher weiter sein als die „Verwirklichung des Tatbestandes" in § 22 StGB. Der Täter setze daher erst dann unmittelbar an, wenn er mit der Rauschtat beginne. Auch diese Theorie erkennt somit die Rechtsfigur der a. l. i. c. in vollem Umfang an, knüpft bei der Versuchsstrafbarkeit jedoch an den Beginn der Rauschtat (und nicht an den Zeitpunkt des „Sich-Berauschens") an. Auch nach dieser Meinung wäre Anton gemäß § 224 Abs. 1 Nr. 2, Nr. 5 StGB zu bestrafen. **Gegen** diese Ausdehnungstheorie spricht aber, dass die Wortlautgrenze des Begriffs „Tat" überschritten wird, wenn

---

1408 So nunmehr eindeutig BGHSt 42, 235 (236 f.); in diese Richtung bereits BGHSt 40, 341 (343); ferner *Jäger*, Rn. 253.
1409 MüKo-*Streng*, 4. Aufl., § 20 Rn. 128 ff.; *Safferling*, JA 2007, 183 (185); *Streng*, ZStW 101 (1989), 273 (310 ff.); *ders.*, JZ 1994, 709 (711 ff.); *ders.*, JZ 2000, 20 (22 ff.); *ders.*, JuS 2001, 540 (542 ff.); vgl. auch *Frisch*, ZStW 101 (1989), 538 (608 ff.); *Herzberg*, Spendel-FS 1992, S. 203 (235 f.); *Jerouschek*, JuS 1997, 385 (388 f. – „Relationstheorie").

an sich strafloses Vorverhalten, welches auch für den Versuchsbeginn nicht relevant sein soll, bereits zur Unrechtsbegründung mit einbezogen wird. Zudem wird die Schuld in den §§ 17 und 35 StGB auch nicht im genannten Sinne interpretiert.

605 4. Eine ähnliche Konstruktion verfolgt die **Unrechtstheorie**[1410]. Es findet hiernach zwar keine Vorverlagerung der tatbestandlichen Handlung statt, das die Schuldunfähigkeit herbeiführende Verhalten wird jedoch in die „materielle Unrechtsbetrachtung" mit einbezogen und begründet dadurch die Strafbarkeit. Vom Unrechtsbereich der Tatbestände werden nach dieser Ansicht ganz allgemein auch Vorfeldhandlungen erfasst, die bereits den Achtungsanspruch des Rechts verletzen. Insoweit werde das den Defekt begründende Verhalten vom Unrechtstatbestand bereits miterfasst. Auch diese Ansicht erkennt die Rechtsfigur der a. l. i. c. somit in vollem Umfang an, wobei aber auch hiernach der Versuch erst dann möglich ist, wenn zur Rauschtat selbst angesetzt wird. Im vorliegenden Fall wäre Anton ebenfalls wegen gefährlicher Körperverletzung zu bestrafen. Auch hiergegen sprechen jedoch die bereits gegen die Ausdehnungstheorie vorgebrachten **Kritikpunkte**. Zudem erscheint es fragwürdig, warum Elemente, die nicht zur tatbestandsmäßigen Handlung gehören, bei der Unrechtsbetrachtung mit einbezogen werden sollen.

606 5. Einen ganz anderen Ansatz vertritt die **Ausnahmetheorie** (auch Schuldlösung)[1411]. Für sie bleibt die im Rausch begangene Tat die eigentliche Tathandlung. Die a. l. i. c. stelle dabei eine (gewohnheitsrechtlich anerkannte) Ausnahme von der Norm des § 20 StGB dar. Diese müsse teleologisch im Hinblick auf den Rechtsmissbrauchsgedanken reduziert werden. Derjenige, der sich schuldhaft um seine Schuldfähigkeit bringe, könne sich nicht auf § 20 StGB berufen. Das Rechtsmissbrauchsprinzip beanspruche in verschiedener Form im Strafrecht (auch und gerade zu Lasten des Täters) Geltung. So schränke es u. a. auch die Möglichkeit der Notwehr in den Fällen der Notwehrprovokation ein. Das Schuldprinzip werde nicht verletzt, da dies nur eine Kongruenz von Unrecht und Schuld, nicht aber Koinzidenz fordere. Der nulla-poena-Grundsatz gelte zudem im Allgemeinen Teil des Strafrechts nur eingeschränkt. Auch nach dieser Ansicht ist die Rechtsfigur der a. l. i. c. in vollem Umfang anzuerkennen. Wiederum wäre Anton gemäß § 224 Abs. 1 Nr. 2, Nr. 5 StGB strafbar. **Gegen** diese Theorie lässt sich jedoch einwenden, dass eine ungeschriebene Ausnahme zu § 20 StGB zu Lasten des Täters verfassungsrechtlich bedenklich und mit dem Wortlaut des Art. 103 Abs. 2 GG unvereinbar ist. Es ist auch nicht ersichtlich, warum dieser Grundsatz im Allgemeinen Teil nicht gelten sollte. Wenn der Rechtsmissbrauchsgedanke als Erweiterung der Strafbarkeit in größerem Umfang als bisher herangezogen wird, fördert dies zudem die Rechtsunsicherheit.

1410 *Schmidhäuser*, Die actio libera in causa: ein symptomatisches Problem der deutschen Strafrechtswissenschaft, 1992, S. 27 ff.; *ders.*, SB, 5/76 f.
1411 *Hruschka*, JuS 1968, 554 (558 f. – anders aber nunmehr *ders.*, JZ 1996, 64 (67 f.); *ders.*, JZ 1997, 22 (24); *Jescheck/Weigend*, § 40 VI 1; *Kühl*, § 11 Rn. 10, 18; *Lackner/Kühl*, § 20 Rn. 25; LK-*Jähnke*, 11. Aufl., § 20 Rn. 78; *Otto*, § 13 Rn. 24 ff.; *ders.*, Geerds-FS 1995, S. 623 (654); *ders.*, JURA 1986, 426 (429 ff.); *ders.*, JURA 1999, 217 (218); *Wessels/Beulke/Satzger*, Rn. 654; vgl. auch *Krey/Esser*, Rn. 710.

607 6. Schließlich äußern die Vertreter der **Unvereinbarkeitstheorie**[1412], die Rechtsfigur der a. l. i. c. sei wegen der oben genannten Kritik (insbesondere der verfassungsrechtlichen Bedenken) mit dem geltenden Recht unvereinbar. Der Grundsatz des nullum crimen sine lege gelte umfassend und erfasse auch die Vorschriften des Allgemeinen Teils. Eine Ausdehnung der Strafbarkeit über den Wortlaut des § 20 StGB hinaus sei nicht möglich. Notwendig sei vielmehr eine gesetzliche Änderung, z. B. in Form einer ausdrücklichen Ausnahmeklausel in § 20 StGB. § 323a StGB reiche allerdings für eine adäquate Bestrafung aus. Wer in schuldunfähigem Zustand eine Straftat begeht, kann nach dieser Meinung also nur nach § 323a StGB bestraft werden. Folgt man dieser Ansicht, so kann Anton im vorliegenden Fall lediglich wegen Vollrausches bestraft werden, obwohl er seinen Rausch und die spätere Tat genau so vorhergesehen und geplant hatte. Die Unvereinbarkeitstheorie verkennt jedoch, dass Strafbarkeitslücken entstehen, wenn die Rechtsfigur der a. l. i. c. nicht mehr angewendet wird. Insbesondere ein Vergleich der unterschiedlichen Strafrahmen eines vorsätzlichen Mordes und des Vollrausches nach § 323a StGB zeigt dies deutlich. Insoweit wird durch eine bloße Bestrafung nach § 323a StGB der Unrechts- und Schuldgehalt der Tat nicht voll erfasst.

III. Formen der actio libera in causa

608 Im Folgenden sollen die verschiedenen Möglichkeiten vorsätzlicher und fahrlässiger Straftatbegehung im Zusammenhang mit der Rechtsfigur der **actio libera in causa** auf der Grundlage der hier vertretenen **eingeschränkten Vorverlagerungstheorie** durchgespielt werden. Dabei ist davon auszugehen, dass es sich hier jeweils um ein **zweiaktiges Geschehen** handelt: Tathandlung selbst ist das Sich-Betrinken bzw. das Sich-Versetzen in einen Rauschzustand (= actio praecedens). Daran schließt sich die im Rausch begangene Straftat (Rauschtat) an (= actio subsequens). Wesentlich ist nun, dass für die Beurteilung, ob ein vorsätzliches oder fahrlässiges Verhalten vorliegt, (wie auch sonst) allein der Zeitpunkt der Tathandlung, d. h. das Sich-Betrinken, entscheidend ist. Zu diesem Zeitpunkt kann beim Täter sowohl im Hinblick auf die Tathandlung selbst als auch im Hinblick auf die Rauschtat sowohl fahrlässiges als auch vorsätzliches Verhalten vorliegen. Daraus ergeben sich folgende Kombinationen[1413]:

1. **Der Täter berauscht sich vorsätzlich und handelt mit Vorsatz bzgl. der späteren Tat**

   609 **Bsp.:** Anton will seinen Nebenbuhler Bruno töten, traut sich dies in nüchternem Zustand jedoch nicht zu. Daher begibt er sich in seine Stammkneipe, da er weiß, dass Bruno diese am Abend aufsuchen wird. Bis zum Eintreffen Brunos betrinkt sich Anton, um anschließend Bruno in schuldunfähigem Zustand zu töten. Dies geschieht auch. –

1412 *Ambos*, NJW 1997, 2296 (2297 f.); *Bott/Krell*, ZJS 2010, 694 (697, 699); *Hettinger*, Die actio libera in causa: Strafbarkeit wegen Begehungstat trotz Schuldunfähigkeit, 1988, S. 434 f., 449; *ders.*, Geerds-FS 1995, S. 623 (654); *ders.*, GA 1989, 1 (13 ff.); *ders.*, Rengier-FS 2018, S. 39 (48); *Horn*, GA 1969, 289 (306); *ders.*, StV 1997, 264; *Hruschka*, JZ 1996, 64 (67 f.); *ders.*, JZ 1997, 22 (24); *Kaspar*, JURA 2007, 69 (72); *Klesczewski*, Rn. 409; *Klesczewski/Hawickhorst*, JA 2013, 589 (592); *Köhler*, S. 397; *Kunz*, JuS 1996, 39 (40); *Makepeace*, JURA 2021, 378 (386); *Mutzbauer*, JA 1997, 97 (100); NK-*Paeffgen*, Vor § 323a Rn. 21 ff., 29; *Paeffgen*, ZStW 97 (1985), 513 (516 ff.); *Penkuhn*, ZJS 2016, 497 (503); *Rath*, JuS 1995, 405 (412); *Rönnau*, JA 1997, 707 (715 f.); *ders.*, JuS 2000, L 28 (L 30); *Salger/Mutzbauer*, NStZ 1993, 561 (565); *Schweinberger*, JuS 1998, 191; *ders.*, JuS 2006, 507 (511); *Wolff*, NJW 2007, 2032 (2033).
1413 Vgl. hierzu auch *Rath*, JuS 1995, 405 (406).

Hier liegt der bereits genannte klassische Fall der vorsätzlichen actio libera in causa vor[1414]. Anton handelte sowohl hinsichtlich der Herbeiführung seines Rausches als auch im Hinblick auf die sich anschließende Rauschtat mit Vorsatz und ist daher wegen eines vorsätzlich begangenen Totschlags (bzw. Mordes) strafbar[1415].

Problematisch ist die Konstellation, wenn der Täter zur Rauschtat nicht unmittelbar ansetzt (im genannten Fall z. B. deswegen, weil Bruno entweder an diesem Abend die Kneipe gar nicht betritt oder weil Anton vorher einschläft). Da nach der eingeschränkten Vorverlagerungstheorie die Tathandlung aber nicht die Rauschtat, sondern das Sich-Betrinken ist, reicht es für den Versuch aus, wenn der Täter – nach den Grundsätzen über den Versuchsbeginn bei der mittelbaren Täterschaft – das Geschehen aus der Hand gibt. Dies wird zwar noch nicht bei Trinkbeginn, spätestens aber dann der Fall sein, wenn er die Schwelle zur Schuldunfähigkeit überschreitet[1416]. Ab diesem Zeitpunkt ist dann auch ein Rücktritt vom Versuch möglich, wenn der Täter freiwillig die weitere Tatausführung aufgibt[1417].

610 Im Hinblick auf die Berauschung und die spätere Rauschtat reicht jeweils **bedingter Vorsatz** aus[1418]. Der Vorsatz hinsichtlich der Rauschtat muss sich dabei allerdings immer auf eine konkrete Tat beziehen, insoweit also „bestimmt" sein[1419]. Es reicht somit nicht aus, wenn sich der Täter betrinkt, weil er beabsichtigt, im Rausch **irgendeine Tat** zu begehen. Allerdings ist ein später im Rausch begangener **Irrtum** beachtlich[1420].

Bsp. (1): Anton berauscht sich, um zur Abregung seiner Frustration eine Straftat zu begehen. Dabei ist es ihm gleichgültig, ob es sich dabei um einen Raub, ein Verkehrsdelikt oder einen Mord handelt. Im Rausch tötet er Bruno. – Hier liegt lediglich eine fahrlässige Tötung vor, da der Vorsatz zum Zeitpunkt des Sich-Berauschens noch nicht konkret gefasst war.

Bsp. (2): Anton nimmt sich vor, Bruno im Rausch zu verprügeln. Am nächsten Morgen erfährt er, dass er im Rausch versehentlich Gustav zusammengeschlagen hat. – Hier lag zwar möglicherweise im Hinblick auf die Rauschtat ein unbeachtlicher error in persona vor. Da es jedoch als Tathandlung auf das Sich-Betrinken ankommt, stellt sich die Situa-

---

1414 Vgl. zu dieser Konstellation den Übungsfall bei *Kaspar*, JURA 2007, 69 (70).
1415 Vgl. zum Erfordernis des doppelten Vorsatzes auch BGHSt 23, 356 (358); *Kühl*, § 11 Rn. 19; *Rath*, JuS 1995, 405 (406); *Roxin/Greco*, AT I, § 20 Rn. 67; a. M. aber LK-*Jähnke*, 11. Aufl., § 20 Rn. 81.
1416 So im Ergebnis auch *Hirsch*, NStZ 1997, 230 (231 f.); *Joecks/Jäger*, § 323a Rn. 40 f.; *Roxin/Greco*, AT I, § 20 Rn. 61; SK-*Jäger*, § 22 Rn. 42; vgl. auch *Putzke*, JuS 2009, 985 (990); a. M. *Mitsch*, JURA 1989, 485 (488); *Schweinberger*, JuS 2006, 507 (509); für die Möglichkeit eines Versuchsbeginns bereits mit Beginn des Trinkens BWME-*Eisele*, § 17 Rn. 53.
1417 BWME-*Eisele*, § 17 Rn. 54; MüKo-*Streng*, 4. Aufl., § 20 Rn. 147; *Roxin/Greco*, AT I, § 20 Rn. 66; vgl. auch BGHSt 23, 356; a. M. *Jakobs*, 17/68; NK-*Zaczyk*, § 24 Rn. 76; vgl. auch *Schweinberger*, JuS 2006, 507 (510).
1418 BGHSt 17, 259 (261); BGH NStZ 2002, 28; *Kühl*, § 11 Rn. 21; *Rath*, JuS 1995, 405 (406); a. M. *Puppe*, § 16 Rn. 16.
1419 BGHSt 2, 14 (17); BGHSt 17, 259 (261); BGHSt 21, 381 (382); *Kaspar*, JURA 2007, 69 (70); *Kühl*, § 11 Rn. 22; *Puppe*, JuS 1980, 346 (348); *Rath*, JuS 1995, 405 (406); *Salger/Mutzbauer*, NStZ 1993, 561 (562); *Schönke/Schröder-Perron/Weißer*, § 20 Rn. 37.
1420 *Lackner/Kühl*, § 20 Rn. 26; LK-*Verrel/Linke/Koranyi*, 13. Aufl., § 20 Rn. 203; *Otto*, JURA 1986, 426 (432); *Roxin/Greco*, AT I, § 20 Rn. 75; *Schönke/Schröder-Perron/Weißer*, § 20 Rn. 37; *Wessels/Beulke/Satzger*, Rn. 667; a.M. BGHSt 21, 381 (384); *Krell*, ZJS 2010, 640 (644 f.); LK-*Jähnke*, 11. Aufl., § 20 Rn. 80; MüKo-*Streng*, 4. Aufl., § 20 Rn. 144; differenzierend BWME-*Eisele*, § 17 Rn. 47; *Kühl*, § 11 Rn. 23; *Rengier*, § 25 Rn. 23; hierzu auch die Übungsfälle bei *Hecker*, JuS 1991, L 85 (L 86); *Heger*, JA 2008, 859 (864); *Kaspar*, JURA 2007, 69 (70); *Mitsch*, JURA 1989, 485 (486); *Rönnau*, JuS 2000, L 28 (L 30 f.); *Steinberg/Bayer*, ZJS 2017, 225 (227).

tion als eine beachtliche aberratio ictus dar[1421]. Es kommt nur eine fahrlässige Körperverletzung, § 229 StGB, in Tateinheit mit einer versuchten Körperverletzung, §§ 223, 22 StGB, in Betracht. Anders wäre der Fall zu beurteilen, wenn Anton sich in nüchternem Zustand vorgenommen hätte, irgendeinen Menschen zu verprügeln und er dann später im Rausch den Gustav schlägt, den er für Bruno hielt.

Allerdings ist es im Hinblick auf das Vorliegen des Vorsatzes ausreichend, wenn der Täter sich vornimmt, ein bestimmtes Delikt zu begehen, das Opfer jedoch noch nicht ausgewählt hat. **611**

Bsp.: Anton betrinkt sich, wobei er sich vornimmt, im Rausch den ersten Gast zu verprügeln, der nach Mitternacht die Kneipe betritt. Dies geschieht auch. – Obwohl er sein Tatopfer zuvor noch nicht individualisiert hat, reicht diese Konstellation aus, um Anton wegen einer vorsätzlichen Körperverletzung in Verbindung mit einer actio libera in causa zu bestrafen.

2. Der Täter berauscht sich fahrlässig und hat Vorsatz bzgl. der späteren Tat

Bsp.: Anton will Bruno verprügeln (= Vorsatz) und geht vorher in die Kneipe, um sich ein wenig Mut anzutrinken. Ohne es zu bemerken und ohne es zu wollen, versetzt er sich dabei in einen Zustand der Schuldunfähigkeit (= Fahrlässigkeit). In diesem Zustand verprügelt er später tatsächlich den Bruno. – Hier kommt nur eine Fahrlässigkeitsbestrafung in Frage, da Anton sich lediglich fahrlässig in den Zustand der Schuldunfähigkeit versetzt hat[1422]. Nach zutreffender Ansicht ist die Konstruktion der actio libera in causa bei Fahrlässigkeitstaten allerdings nicht erforderlich, da in diesen Fällen eine Fahrlässigkeitsstrafbarkeit nach den allgemeinen Grundsätzen vorliegt[1423]. Das Betrinken war in dieser Konstellation sorgfaltspflichtwidrig, da es vorhersehbar und vermeidbar einen strafrechtlich unerwünschten Erfolg (= Körperverletzung des Bruno) verursachte. Anton ist somit wegen fahrlässiger Körperverletzung, § 229 StGB, strafbar[1424]. Ein Versuch ist hier nicht möglich, da Fahrlässigkeitstaten nicht versucht werden können. **612**

3. Der Täter berauscht sich vorsätzlich und handelt bzgl. der späteren Tat fahrlässig

Bsp.: Anton betrinkt sich vorsätzlich, wie er dies jeden Samstag tut. Obwohl er es nicht vorhatte, verprügelt er später in schuldunfähigem Zustand den Bruno. Damit konnte er allerdings rechnen, da er weiß, dass er in alkoholisiertem Zustand zu Gewalttätigkeiten neigt. – Im Hinblick auf die Rauschtat handelte Anton zwar nicht vorsätzlich, da diese Folge aber vorhersehbar und vermeidbar war, liegt fahrlässiges Verhalten vor. Auch hier ist die Konstruktion einer fahrlässigen actio libera in causa entbehrlich, denn eine Bestrafung wegen fahrlässiger Körperverletzung kann bereits nach allgemeinen Kriterien begründet werden[1425]. Es ist pflichtwidrig, sich zu betrinken, wenn man damit rechnen kann, später infolge des Rausches eine Straftat zu begehen. **613**

1421 Vgl. zu diesen Irrtumsformen unten Rn. 1099 ff. und Rn. 1105 ff.
1422 Anders allerdings LK-*Jähnke*, 11. Aufl., § 20 Rn. 81: Da sich der Täter bereits durch den Beginn des Trinkens im Versuchsstadium befinde, liege lediglich eine unwesentliche Abweichung vom Kausalverlauf vor.
1423 BGHSt 40, 341 (343); BGHSt 42, 235 (236 f.); vgl. hierzu auch die Übungsfälle bei *Kaspar*, JURA 2007, 69 (72); *Swoboda*, JURA 2007, 224 (227).
1424 Fraglich ist, ob darüber hinaus noch eine Strafbarkeit wegen Vollrausches, § 323a StGB, in Idealkonkurrenz anzunehmen ist, so jedenfalls *Kaspar*, JURA 2007, 69 (74); *Schönke/Schröder-Hecker*, § 323a Rn. 32; a. M. RGSt 70, 85 (87 f.).
1425 So auch *Satzger*, JuS 2006, 513 (516).

4. **Der Täter berauscht sich fahrlässig und handelt auch bzgl. der späteren Tat fahrlässig**

Bsp.: Anton trinkt in einer Kneipe einige Schnäpse und gerät dadurch, ohne es zu wollen, in einen Zustand der Schuldunfähigkeit. Später verprügelt er in diesem Zustand den Bruno. Zwar wollte er dies vorher ebenfalls nicht, er hätte jedoch damit rechnen können, weil er weiß, dass er unter Alkoholeinfluss zu Gewalttätigkeiten neigt. – Da sich Anton hier (lediglich) fahrlässig betrank und hinsichtlich der Verletzung des Bruno zum Zeitpunkt des Trinkens ebenfalls (lediglich) fahrlässig handelte, kommt auch hier nur eine fahrlässige Körperverletzung in Frage[1426]. Die Konstruktion einer fahrlässigen actio libera in causa ist wiederum entbehrlich.

1426 Vgl. hierzu allerdings auch BGHSt 2, 14 (17).

Teil V: Sonstige Strafbarkeitsvoraussetzungen

§ 20 Sonstige Strafbarkeitsvoraussetzungen

Einführende Aufsätze: *Bloy*, Die Rolle der Strafausschließungs- und Strafaufhebungsgründe in der Dogmatik und im Gutachten, JuS 1993, L 33; *Kett-Straub*, Der Strafantrag gemäß § 77 StGB, JA 2011, 694; *Mitsch*, Strafantragsdelikte, JA 2014, 1; *Roxin*, Rechtfertigungs- und Entschuldigungsgründe in Abgrenzung von sonstigen Strafausschließungsgründen, JuS 1988, 425.

I. Grundlagen[1427]

Unter den Begriff der „sonstigen Strafbarkeitsvoraussetzungen" fallen diejenigen Merkmale, die über die Erfüllung der bisherigen Prüfungstrias (Tatbestandsmäßigkeit, Rechtswidrigkeit, Schuld) hinaus vorliegen müssen, damit der Täter wegen einer von ihm begangenen Tat bestraft werden kann. Dabei handelt es sich um dogmatisch völlig unterschiedliche Problembereiche, die keine gemeinsame Systematik aufweisen[1428]. Dennoch wird mitunter von einer sog. **„Vierten Ebene der Strafbarkeit"** gesprochen, die letztlich auf die Frage der Strafwürdigkeit eines (an sich strafbaren) Verhaltens abzielt. 615

Insoweit handelt es sich um **bestimmte Strafbarkeitskorrekturen** jenseits von Unrecht und Schuld[1429], die in Prüfungsarbeiten in einem vierten Prüfungspunkt nach der Schuld zu prüfen sind. Dabei soll das **Strafwürdigkeitskriterium** als vierter eigenständiger Prüfungspunkt nach der Schuld dazu dienen, trotz „eigentlich" vorhandener Strafbarkeit eine solche auszuschließen und den Täter straffrei zu lassen, wenn das begangene Delikt so sehr vom Normalfall abweicht, dass die Rechtsordnung zu ihrer Bewährung einer Bestrafung des Täters nicht bedarf. 616

II. Persönliche Strafausschließungs- und Strafaufhebungsgründe

Die persönlichen Strafausschließungs- und Strafaufhebungsgründe stellen Elemente des materiellen Strafrechts dar. Es handelt sich um **streng personenbezogene Gründe**, die jenseits von Unrecht und Schuld stehen und kraft einer gesetzlichen Sonderregelung eine Strafbarkeit des Täters ausschließen. 617

1. Persönliche Strafausschließungsgründe

Unter persönlichen Strafausschließungsgründen versteht man gesetzlich normierte Umstände, die an persönliche Gründe anknüpfen und von vorne herein zur Straflosigkeit führen. Sie können aus verschiedenen, systematisch nicht ein- 618

[1427] Vgl. allgemein zu den Elementen der Strafbarkeit oben Rn. 87 ff.
[1428] *Bloy*, JuS 1993, L 33.
[1429] Vgl. *Bloy*, JuS 1993, L 33 (L 34); *Krey/Esser*, Rn. 779; *Wessels/Beulke/Satzger*, Rn. 778.

heitlich zu erfassenden Gründen normiert sein und müssen bereits zum Zeitpunkt der Begehung der Tat vorgelegen haben.

> **Bsp.:** Anton kommt blutüberströmt nach Hause und berichtet seiner Frau Berta, er habe gerade im Rahmen einer Schlägerei auf der Straße den Bruno getötet. Als kurz darauf der Polizeibeamte Paul klingelt und sich nach Anton erkundigt, versichert Berta, Anton sei seit zwei Tagen in New York auf einer Geschäftsreise und würde erst am Wochenende zurückkommen. Sie erreicht dadurch, wie von ihr beabsichtigt, dass der Verdacht von Anton abgewendet und die weiteren Ermittlungen in die falsche Richtung gelenkt werden. – Hier liegt der klassische Fall einer Strafvereitelung, § 258 StGB, vor. Berta wäre an sich strafbar. Da sie die Tat jedoch zugunsten eines Angehörigen beging, kommt ihr die Strafbefreiung nach § 258 Abs. 6 StGB zu Gute[1430].

619 **Weitere Beispiele** persönlicher Strafausschließungsgründe sind: § 173 Abs. 3 StGB (jugendliches Alter beim Beischlaf zwischen Verwandten); § 218 Abs. 4 Satz 2 StGB (Nichtbestrafung der Schwangeren beim Versuch des Schwangerschaftsabbruchs – weitere Regelungen zugunsten der Schwangeren finden sich in § 218a Abs. 4 Satz 1, § 218b Abs. 1 Satz 3 und § 218c Abs. 2 StGB); § 257 Abs. 3 StGB (Beteiligung an der Vortat bei der Begünstigung); § 258 Abs. 5 StGB (Beteiligung an der Vortat bei der Strafvereitelung). Auch § 36 StGB (strafrechtliche Indemnität von Abgeordneten) gehört hierzu.

620 Der Grund, warum hier ein Strafbarkeitsausschluss stattfindet, ist nicht einheitlich zu beurteilen. Teilweise knüpfen die Strafausschließungsgründe an **kriminalpolitische Zwecküberlegungen** an (wie bei der Indemnität der Abgeordneten, § 36 StGB), teilweise nehmen sie Rücksicht auf **notstandsähnliche Konfliktsituationen** (wie bei der Strafvereitelung zugunsten eines Angehörigen, § 258 Abs. 6 StGB)[1431].

621 Für die persönlichen Strafausschließungsgründe gilt dabei die Vorschrift des § 28 Abs. 2 StGB[1432]. Sie stellen sog. **besondere persönliche Merkmale dar**. Dies hat zur Folge, dass sie nur für denjenigen Beteiligten einschlägig sind, bei dem sie tatsächlich vorliegen[1433].

> **Bsp.:** Anton hat einen Einbruchsdiebstahl begangen und ist auf der Flucht. Um seine Entdeckung und eine anschließende Strafverfolgung zu verhindern, lässt ihn sein Bruder Bruno in sein Auto einsteigen und bringt ihn zu ihrem gemeinsamen Freund Rudi, bei dem Anton eine Weile Unterschlupf findet. – Während sich Rudi hier wegen Strafvereitelung strafbar gemacht hat, scheidet eine solche für Bruno aufgrund von § 258 Abs. 6 StGB aus. Hätte ein weiterer Freund Bruno in Kenntnis der Sachlage das Auto für die Flucht geliehen, so könnte dieser sich allerdings dennoch wegen Beihilfe zur Strafvereitelung strafbar gemacht haben, obwohl der Haupttäter (= Bruno) selbst nicht bestraft werden kann. Denn eine vorsätzlich begangene rechtswidrige Haupttat liegt vor. Lediglich eine Bestrafung Brunos kann aufgrund von § 258 Abs. 6 StGB nicht erfolgen.

1430 Vgl. hierzu den Übungsfall bei *Mitsch*, JURA 2006, 381 (385); a. M. *Roxin/Greco*, AT I, § 23 Rn. 16, der diese Fälle auf Schuldebene prüfen möchte.
1431 Vgl. allerdings die andere Einteilung bei *Bloy*, JuS 1993, L 33 (L 34 f.), der § 258 Abs. 6 StGB als Entschädigungsgrund ansieht.
1432 *Krey/Esser*, Rn. 779; *Wessels/Beulke/Satzger*, Rn. 778; vgl. hierzu unten Rn. 1348 ff.
1433 Zur besonderen Problematik des Irrtums über einen persönlichen Strafausschließungsgrund vgl. unten Rn. 1160 ff.

2. Persönliche Strafaufhebungsgründe

Unter den persönlichen Strafaufhebungsgründen versteht man solche gesetzlich normierten Umstände, die **nach der Begehung** einer Straftat die eigentlich bereits begründete Strafbarkeit rückwirkend wieder beseitigen.

> **Bsp.:** Anton trifft seinen Widersacher Bruno abends auf der Straße. Sie geraten in Streit. Unvermittelt nimmt Anton eine herumstehende leere Bierflasche und zertrümmert diese in Tötungsabsicht auf Brunos Kopf. Bruno sackt zusammen. Anton erkennt, dass Bruno sterben wird, wenn er nicht sofort ärztliche Hilfe herbeiholt. Obwohl er Bruno eigentlich töten wollte, besinnt er sich eines Besseren und ruft einen Krankenwagen. Bruno überlebt. – Hier liegt ein Versuch eines Totschlags vor. Von diesem ist Anton allerdings nach § 24 Abs. 1 StGB mit strafbefreiender Wirkung zurückgetreten. § 24 StGB (Rücktritt vom Versuch) stellt einen persönlichen Strafaufhebungsgrund dar. Anton ist demnach nur wegen einer (vollendeten) gefährlichen Körperverletzung, §§ 223, 224 Abs. 1 Nr. 2, Nr. 5 StGB, zu bestrafen.

Weitere Beispiele persönlicher Strafaufhebungsgründe sind: § 31 StGB (Rücktritt vom Versuch der Verbrechensbeteiligung); § 163 Abs. 2 StGB (Berichtigung einer falschen Aussage beim fahrlässigen Falscheid); Vorschriften über die tätige Reue beim vollendeten Delikt (§ 98 Abs. 2, § 149 Abs. 2, § 264 Abs. 5, § 306e Abs. 2, § 314a Abs. 3, § 320 Abs. 3, § 330b Abs. 1 Satz 2 StGB)[1434].

Auch für die persönlichen Strafaufhebungsgründe gilt die Vorschrift des § 28 Abs. 2 StGB. Sie gelten also nur für denjenigen, bei dem sie tatsächlich vorliegen.

> **Bsp.:** Anton und Bruno schlagen nachts auf der Straße den vorbeikommenden Rudi nieder, um ihn zu berauben. Dabei nehmen sie dessen Tod zumindest billigend in Kauf. Sie zerren ihn in eine dunkle Ecke und lassen ihn hinter einem Verschlag liegen. Kurz darauf bekommt Anton Gewissensbisse. Bruno hingegen ist der Ansicht, man müsse Rudi sterben lassen. In einem unbeobachteten Moment eilt Anton zum Telefon und meldet der Polizei unter genauer Ortsangabe, dass hinter einem Verschlag ein Schwerverletzter liegt. Rudi kann daraufhin gerade noch gerettet werden. – Während sich Bruno wegen eines versuchten Mordes strafbar gemacht hat, ist Anton vom Mordversuch nach § 24 Abs. 2 StGB strafbefreiend zurückgetreten.

III. Strafverfolgungsvoraussetzungen und Strafverfolgungshindernisse

Die folgenden Prüfungspunkte sind konstruktiv dem Strafprozessrecht zuzuordnen und daher als Prozessvoraussetzungen zu prüfen. Sie betreffen nicht die Strafbarkeit an sich, sondern lediglich die Zulässigkeit der Strafverfolgung, nachdem festgestellt wurde, dass ein strafbares Verhalten an sich vorliegt.

1. Strafverfolgungsvoraussetzungen

Bei den Strafverfolgungsvoraussetzungen handelt es sich um strafprozessuale Voraussetzungen, die vorliegen müssen, damit eine Strafverfolgung bei an sich gegebener Strafbarkeit überhaupt in Gang kommen kann. Klassisches Beispiel hierfür ist das Erfordernis eines **Strafantrages**[1435].

1434 Daneben gibt es auch Fälle in denen das Gericht in ähnlicher Konstellation lediglich die Strafe mildern oder von der Bestrafung absehen kann; vgl. §§ 129 Abs. 6, 129a Abs. 7 StGB („Ausstieg" aus einer kriminellen oder terroristischen Vereinigung), § 314a Abs. 1 und Abs. 2 StGB (tätige Reue).
1435 Vgl. hierzu umfassend *Kett-Straub*, JA 2011, 694; *Mitsch*, JA 2014, 1.

> **Bsp.:** Bei einer abendlichen Auseinandersetzung in einer Gaststätte gibt Anton dem Bruno eine kräftige Ohrfeige. Bruno quittiert dies kurze Zeit später mit einem kräftigen Faustschlag, der Antons Nase zertrümmert. Am nächsten Tag verstehen die beiden sich wieder prächtig, keiner möchte eine Bestrafung des anderen erreichen. – Bei bestimmten, weniger schwer wiegenden Delikten wird die Strafverfolgung davon abhängig gemacht, dass der Verletzte einen Strafantrag nach §§ 77 ff. StGB stellt. Sieht er davon ab, so darf die Tat entweder gar nicht (= absolutes Antragsdelikt) oder aber nur dann verfolgt werden, wenn die Staatsanwaltschaft ein besonderes öffentliches Interesse an der Strafverfolgung bejaht (= relatives Antragsdelikt), sofern eine solche Möglichkeit in der entsprechenden Vorschrift vorgesehen ist (vgl. hier § 230 StGB).

627 **Weitere Strafverfolgungsvoraussetzungen** sind die mitunter vorgesehenen Ermächtigungen (vgl. u. a. § 77e, § 90 Abs. 4, § 194 Abs. 4 StGB) und die Genehmigung des Bundestages nach Art. 46 Abs. 2 GG.

2. Strafverfolgungshindernisse

628 Strafverfolgungshindernisse sind gesetzlich normierte Umstände, die im Einzelfall einer Strafverfolgung entgegenstehen, obwohl sich der Täter an sich strafbar gemacht hat. Klassisches Beispiel hierfür ist die **Verjährung**[1436].

> **Bsp.:** Anton hat seinem Freund Bruno vor zwanzig Jahren einen goldenen Kugelschreiber gestohlen. Anlässlich der Feier seines fünfzigsten Geburtstages entdeckt Bruno den Kugelschreiber in Antons Vitrine und meldet dies erbost der Polizei. – Zwar hat Anton hier einen Diebstahl nach § 242 StGB begangen, dieser verjährt jedoch nach § 78 Abs. 3 Nr. 4 StGB in fünf Jahren. Eine Strafverfolgung kann somit nicht mehr stattfinden.

629 **Weitere Strafverfolgungshindernisse** stellen der Strafklageverbrauch (ne bis in idem, Art. 103 Abs. 3 GG), die Immunität von Abgeordneten (Art. 46 Abs. 2 GG) und die sog. Exterritorialität von Diplomaten (§§ 18, 19 GVG[1437]) dar.

3. Absehen von Strafe

630 Ebenfalls von Strafwürdigkeitserwägungen getragen sind etliche weitere Vorschriften, die im Einzelfall bestimmen, dass von Strafe abgesehen werden **kann** (Ermessensentscheidung), wenn bestimmte Voraussetzungen vorliegen (z. B. § 142 Abs. 4, § 60 StGB). Hier wird der Täter allerdings **nicht freigesprochen**. Er ist schuldig und trägt die Kosten des Verfahrens. Lediglich die Strafe selbst entfällt.

[1436] Vgl. hierzu auch den Übungsfall bei *Zorn*, JuS 2006, 628 (633).
[1437] Anders *Bloy*, JuS 1993, L 33 (L 35), der § 18 GVG als Strafausschließungsgrund ansieht.

Teil VI: Das Versuchsdelikt

§ 21 Das Versuchsdelikt – Übersicht und Deliktsaufbau

Einführende Aufsätze: *Hardtung*, Gegen die Vorprüfung beim Versuch, JURA 1996, 293; *Kudlich*, Der Versuch des unechten Unterlassungsdelikts, JA 2008, 601; *Kühl*, Grundfälle zu Vorbereitung, Versuch, Vollendung und Beendigung, JuS 1979, 718, 874; JuS 1980, 120, 273; *Kusche*, Lernbeitrag Strafrecht: Zur Subjektivität und Normativität der Versuchsstrafbarkeit, JURA 2019, 913; *Putzke*, Der strafbare Versuch, JuS 2009, 894, 985; *Rath*, Zum Standort einer error in objecto-Prüfung im Unrechtsaufbau des Versuchs, JuS 1997, 424; *ders.*, Grundfälle zum Unrecht des Versuchs, JuS 1998, 1006, 1106; JuS 1999, 32, 140.

Zur Vertiefung: *Hirsch*, Die subjektive Versuchstheorie, ein Wegbereiter der NS-Strafrechtsdoktrin, JZ 2007, 494; *Jung*, Die Vorstellung von der Tat beim strafrechtlichen Versuch, JA 2006, 228; *Zimmermann*, Zum Strafgrund des Versuchs (§§ 22 f. StGB) – Plädoyer für eine erweiterte Gefährlichkeitstheorie, JR 2018, 23.

Übungsfälle: *Dessecker*, Zwei Tötungsversuche mit glimpflichem Ausgang, JURA 2000, 592; *Kinzig/Luczak*, Verscherbeln, Abzocken und andere Geschäfte, JURA 2002, 493.

Rechtsprechung: BGHSt 12, 306 – Ausbruch (bedingter Tatentschluss).

I. Grundsätzlicher Überblick zum Einstieg

Das **Versuchsdelikt** ist – zumindest in der juristischen Ausbildung sowie in den strafrechtlichen Klausuren – mindestens ebenso häufig anzutreffen wie das **Vollendungsdelikt.** Da es im Aufbau an einigen Stellen vom Vollendungsdelikt abweicht, kann die Prüfung, insbesondere wenn der Versuch mit anderen Deliktsarten (wie etwa dem Unterlassungsdelikt) kombiniert wird, durchaus anspruchsvoll sein. Der Aufbau sollte deshalb gut beherrscht werden. Die gesetzliche Regelung des Versuchsdelikts findet sich in §§ 22–24 StGB. **631**

1. Strafgrund des Versuchs

Als erstes sollte man sich grundsätzlich Gedanken darüber machen, warum der Versuch überhaupt strafbar ist[1438]. Dies versteht sich jedenfalls nicht von selbst. **632**

> **Bsp.:** Anton zielt mit seiner Pistole auf Bruno, schießt aber mehrere Meter vorbei. – In diesem Fall ist „eigentlich" nichts passiert. Jedenfalls ist der tatbestandsmäßige Erfolg einer Körperverletzung oder Tötung nicht eingetreten. Wenn Anton abdrückt und versehentlich nicht einmal eine Patrone im Lauf hat, war Brunos Leben zudem zu keiner Zeit gefährdet. Man muss sich deswegen fragen, warum der Gesetzgeber diese Fälle überhaupt unter Strafe gestellt hat und ob dies ausnahmslos für alle Delikte des StGB gilt.

1438 Vgl. hierzu näher BWME-*Mitsch*, § 22 Rn. 21 ff.; *Kindhäuser/Zimmermann*, § 30 Rn. 5 ff.; *Rath*, JuS 1998, 1006 (1007 ff.); *Rönnau*, JuS 2013, 879 (879 f.); *Satzger*, JURA 2013, 1017 (1024 f.); *Weigend/Wasser*, JA 2021 793 (793 ff.).

633 Hinsichtlich des Strafgrundes des Versuchs werden verschiedene Theorien vertreten, die nachfolgend kurz zu skizzieren sind. Eine Vertiefung ist für das grundsätzliche Verständnis des Versuchsdelikts zwar sinnvoll, für die juristische Klausur ist die nachfolgende Diskussion jedoch entbehrlich, insbesondere auch deshalb, weil sich der Gesetzgeber in § 22 StGB für die gemischt subjektiv-objektive Versuchstheorie[1439] entschieden hat (die inhaltlich jedoch nur verstanden werden kann, wenn die anderen Versuchstheorien bekannt sind).

634 a) **Subjektive Versuchstheorie.** Nach der subjektiven Theorie soll der Strafgrund des Versuchs allein in dem geäußerten rechtsfeindlichen Willen des Täters liegen[1440]. Der Täter wolle etwas „Böses" tun und müsse allein deswegen bestraft werden. Daher sei auch der objektiv untaugliche Versuch in vollem Umfang strafbar, da sich (auch) hierin die rechtsfeindliche Gesinnung des Täters zeige. Gegen diese Ansicht ist jedoch einzuwenden, dass eine Bestrafung wegen Versuchs dann nahe an ein **Gesinnungsstrafrecht** heranrücken würde[1441]. Der Täter würde letztlich allein wegen seiner rechtsfeindlichen Gesinnung bestraft. Auch der abergläubische Versuch[1442] müsste nach dieser Ansicht bestraft werden.

> **Bsp.:** Anton steht in der Straßenbahn und versucht, mittels Augenzwinkern den neben ihm stehenden Bruno „tot zu hexen". – Stellt man allein auf die rechtsfeindliche Gesinnung ab, müsste Anton hier wegen einer versuchten Tötung bestraft werden.

635 b) **Objektive Versuchstheorie.** Nach dieser Ansicht ist der Strafgrund des Versuchs ausschließlich in der konkreten Rechtsgutsgefährdung zu sehen, die sich zudem auch in dem negativen Eindruck niederschlägt, den das Verhalten des Täters nach außen macht und welches das Rechtsbewusstsein der übrigen Bevölkerung beeinträchtigen kann[1443]. Der Versuch wird insoweit von manchen als „abstraktes Gefährdungsdelikt" angesehen[1444]. Dies hätte jedoch zur Folge, dass der objektiv untaugliche Versuch (schon mangels Rechtsgutsgefährdung) nicht – oder nur in engen Grenzen – strafbar sein könnte, was jedoch der gesetzlichen Regelung in § 23 Abs. 3 StGB widerspricht. Ferner ist gegen diese Ansicht einzuwenden, dass die völlige Außerachtlassung subjektiver Kriterien unserem Strafrecht an sich fremd ist und auch dem Wortlaut des § 22 StGB widerspricht, der ausdrücklich die Vorstellung des Täters von der Tat zum Ausgangspunkt der Bestrafung macht. Stellt man dagegen allein auf den Eindruck nach außen ab, dann müsste z. B. auch eine versuchte Fahrlässigkeitstat bestraft werden[1445]. Denn oft ist nach außen nicht erkennbar, ob der Täter nun vorsätzlich oder fahrlässig handelt.

1439 Vgl. unten Rn. 637.
1440 RGSt 1, 439 (441 f.); RGSt 8, 198 (203); RGSt 17, 158; RGSt 33, 321 (323); RGSt 34, 217 (219); auch das RG verlangte aber stets eine äußere Handlung des Täters, die über das Vorbereitungsstadium hinausgegangen sein und nach der Ansicht des Täters zum Erfolg führen musste; vgl. darüber hinaus aber auch noch BGHSt 2, 74 (76); BGHSt 11, 324 (326 ff.); vgl. auch noch BGHST 30, 363 (366); aus der Literatur *v. Buri*, GS 32 (1880), 321 (322); *ders.*, ZStW 1 (1881), 185 (203); *Mezger*, NJW 1952, 514; vgl. auch *Fischer*, § 22 Rn. 2b.
1441 Daher wird die subjektive Versuchstheorie von *Hirsch*, JZ 2007, 494, auch als „Wegbereiter der NS-Strafrechtsdoktrin" bezeichnet.
1442 Vgl. hierzu unten Rn. 678.
1443 *Dicke*, JuS 1968, 157; *Spendel*, ZStW 65 (1953), 519 (521); *ders.*, NJW 1965, 1881; *ders.*, Stock-FS 1966, S. 89 (93); *ders.*, JuS 1969, 314; *Zimmermann*, JR 2018, 23 (25 ff.); vgl. ferner die Literaturnachweise bei *Hirsch*, JZ 2007, 494 (496 in Fn. 15–21); in diese Richtung auch MüKo-*Hoffmann-Holland*, 4. Aufl., § 22 Rn. 4 ff.
1444 So ausdrücklich *Zimmermann*, JR 2018, 22; kritisch *Haas*, ZStW 123 (2011), 226 (230 f.); LK-*Hillenkamp*, 12. Aufl., Vor § 22 Rn. 91, 94; LK-*Murmann*, 13. Aufl., Vor §§ 22 ff. Rn. 98, 101.
1445 Zur Straflosigkeit des Versuchs einer Fahrlässigkeitstat vgl. unten Rn. 651, 659, 990 f.

c) **Gemischt subjektiv-objektive Versuchstheorie.** Diese Theorie verbindet beide Elemente und fordert für die Strafbarkeit des Versuchs eine rechtsfeindliche Gesinnung des Täters, die er in irgendeiner Weise nach außen manifestiert hat bzw. die einen rechtserschütternden Eindruck[1446] hinterlässt, der geeignet ist, das Rechtsbewusstsein der Bevölkerung zu beeinträchtigen und den Rechtsfrieden zu gefährden[1447]. **636**

Der Gesetzgeber hat sich, wie erwähnt, seit der Gesetzesänderung im Jahre 1975 der gemischt subjektiv-objektiven Theorie angeschlossen[1448]. Einen Versuch begeht nach § 22 StGB nunmehr, *„wer nach seiner Vorstellung von der Tat* [subjektives Element] *zur Verwirklichung des Tatbestandes unmittelbar ansetzt* [objektives Element]". In den Begriff des „unmittelbaren Ansetzens" wird dabei eine Betätigung des Willens nach außen sowie eine gewisse Rechtsgutsgefährdung hineingelesen. **637**

2. Strafbarkeit des Versuchs

Selbst wenn man sich grundsätzlich über den Strafgrund des Versuchs Klarheit verschafft hat, bedeutet dies noch nicht, dass der Versuch vom Gesetzgeber auch tatsächlich in allen Fällen, d. h. im Hinblick auf sämtliche Tatbestände des Besonderen Teils des StGB, als strafbar angesehen wird. Wann eine solche Strafbarkeit gegeben ist, folgt aus § 23 Abs. 1 StGB: Liegt ein **Verbrechen** vor, ist der Versuch stets strafbar, handelt es sich hingegen um ein **Vergehen**, ist der Versuch nur dann strafbar, *„wenn das Gesetz es ausdrücklich bestimmt"*, d. h. wenn die Versuchsstrafbarkeit in der jeweiligen Strafvorschrift des Besonderen Teils ausdrücklich normiert ist (vgl. § 242 Abs. 2 StGB hinsichtlich des einfachen Diebstahls: *„Der Versuch ist strafbar"*). **638**

Zu klären ist daher, wann ein Verbrechen und wann ein Vergehen vorliegt. Das Gesetz enthält hierfür in § 12 StGB eine Legaldefinition: **Verbrechen** sind nach § 12 Abs. 1 StGB *„rechtswidrige Taten, die im Mindestmaß mit Freiheitsstrafe von einem Jahr bedroht sind"*. **Vergehen** sind dagegen nach § 12 Abs. 2 StGB *„rechtswidrige Taten, die im Mindestmaß mit einer geringeren Freiheitsstrafe oder mit Geldstrafe bedroht sind"*. **639**

Diese Definitionen erfassen abschließend sämtliche Delikte des Strafrechts. Eine rechtswidrige Tat ist also entweder ein Verbrechen oder ein Vergehen. Eine dritte Kategorie gibt es nicht. Ferner ergibt sich aus der jeweiligen Definition, dass es entscheidend auf das **Mindestmaß** der durch die entsprechende Vorschrift angedrohten Strafe ankommt. Dabei muss erkannt werden (und dies wird vielfach **640**

1446 Insoweit ist diese Theorie auch unter dem Namen „Eindruckstheorie" bekannt; vgl. *Bosch*, JURA 2011, 909; *Gropp/Sinn*, § 9 Rn. 88; *Jescheck/Weigend*, § 49 II 3; *Kindhäuser/Zimmermann*, § 30 Rn. 9; *Radtke*, JuS 1996, 878 (880); *Rath*, JuS 1999, 1006 (1008); *Rönnau*, JuS 2013, 879 (880); *Roxin*, AT II, § 29 Rn. 46 ff.; *ders.*, JuS 1979, 1; *Satzger*, JURA 2013, 1017 (1024 f.); *Schönke/Schröder-Eser/Bosch*, Vorbem. § 22 Rn. 22; *Steinberg*, GA 2008, 516 (517 f.); zur Kritik vgl. *Krey/Esser*, Rn. 1205; LK-*Hillenkamp*, 12. Aufl., Vor § 22 Rn. 77 ff.; LK-*Murmann*, 13. Aufl., Vor §§ 22 ff. Rn. 83 ff.; *Mitsch*, ZIS 2016, 352 (357); *Zimmermann*, JR 2018, 23 (25).
1447 Hierzu BGHSt 11, 324 (328); BWME-*Mitsch*, § 22 Rn. 26; *Jescheck/Weigend*, § 49 II 3; *Joecks/Jäger*, Vor § 22 Rn. 15; *Kratzsch*, JA 1983, 420 (424 f. – jedenfalls im Hinblick auf „Verbrechen"); *Maurach/Gössel/Zipf-Gössel*, AT 2, § 40 Rn. 20; *Otto*, § 18 Rn. 3 f.; SK-*Jäger*, Vor § 22 Rn. 15, 17; *Wessels/Beulke/Satzger*, Rn. 930; vgl. aber auch *Kühl*, § 15 Rn. 1, 39 ff.; *ders.*, JuS 1980, 120 (121); *Frister*, 23. Kap. Rn. 3, die unter diesen Voraussetzungen (noch) von einer „subjektiven" Versuchstheorie sprechen; ebenso LK-*Hillenkamp*, 12. Aufl., Vor § 22 Rn. 60 ff.; LK-*Murmann*, 13. Aufl., Vor §§ 22 ff. Rn. 61 ff. zur Kritik vgl. *Rath*, JuS 1998, 1006 (1008 f.); *Zimmermann*, JR 2018, 23 (25).
1448 Vgl. hierzu BGHSt 26, 201 (202).

übersehen!), dass es auf die **abstrakte** Strafandrohung im Gesetz ankommt und nicht etwa auf diejenige Strafe, die der Richter im Einzelfall verhängt[1449].

> **Bsp.:** Wenn der (einfache) Diebstahl, § 242 Abs. 1 StGB, als Rechtsfolge *„Freiheitsstrafe bis zu fünf Jahren oder [...] Geldstrafe"* vorsieht, kann zwar auch eine Freiheitsstrafe von zwei Jahren verhängt werden, das **Mindestmaß** liegt jedoch unter einem Jahr (nach § 38 Abs. 2 StGB ist das Mindestmaß einer zeitigen Freiheitsstrafe ein Monat). Es ist hier sogar möglich, lediglich eine Geldstrafe zu verhängen. Der (einfache) Diebstahl ist somit ein **Vergehen**, selbst wenn der Richter im konkreten Fall eine zweijährige Freiheitsstrafe verhängt. Der Versuch ist daher nur strafbar, wenn dies gesondert angeordnet ist. Eben dies hat der Gesetzgeber in § 242 Abs. 2 StGB getan.

641 Klassische Beispiele für **Verbrechen** sind Mord (§ 211 StGB), Totschlag (§ 212 StGB), Geiselnahme (§ 239b StGB), Raub (§ 249 StGB), Brandstiftung (§ 306 StGB), aber z. B. auch Meineid (§ 154 StGB) und Rechtsbeugung (§ 339 StGB). Beispiele für **Vergehen** sind Beleidigung (§ 185), Freiheitsberaubung (§ 239 StGB), Diebstahl (§ 242 StGB) und Betrug (§ 263 StGB).

642 Trotz dieser Zweiteilung und der Notwendigkeit, bei Vergehen die Strafbarkeit des Versuchs im Gesetz ausdrücklich anzuordnen, zeigt sich die Tendenz, dass der Gesetzgeber zumindest im Bereich des „Kernstrafrechts" (d. h. bei Straftaten, die im StGB normiert sind) eine solche Versuchsstrafbarkeit vermehrt anordnet, sodass es hier immer weniger Delikte gibt, bei denen der Versuch nicht strafbar ist[1450]. **Keine Versuchsstrafbarkeit** existiert allerdings bisher beim Hausfriedensbruch (§ 123 StGB), der Falschen uneidlichen Aussage (§ 153 StGB), den Beleidigungsdelikten (§§ 185 ff. StGB), der Aussetzung (§ 221 StGB), der Untreue (§ 266 StGB), der Begünstigung (§ 257 StGB), der unterlassenen Hilfeleistung (§ 323c StGB), der Trunkenheit im Verkehr (§ 316 StGB) und den Bestechungsdelikten (§§ 331 ff. StGB). Betrachtet man diese Straftatbestände näher, so fällt jedoch auf, dass es sich hierbei zumeist[1451] um solche handelt, die als schlichte Tätigkeitsdelikte ausgestaltet sind oder aber bei denen die Tathandlung so weit vorverlagert wurde, dass ohnehin ein Versuch kaum denkbar ist.

> **Bsp.:** Der Tatbestand der Bestechung, § 334 StGB, ist bereits dann erfüllt, wenn dem Amtsträger der Vorteil auch nur „angeboten" wird. Dieser muss weder darauf eingehen, noch muss es zu der erstrebten Diensthandlung oder der Zuwendung des Vorteils gekommen sein. Durch diese sehr weite Vorverlagerung der Strafbarkeit bliebe für einen Versuch ohnehin kaum mehr ein Anwendungsbereich übrig.

643 Die Einteilung in Verbrechen und Vergehen ist relativ unproblematisch, sofern es sich um die „klassischen" **Grunddelikte** handelt. Näherer Überlegungen bedarf es jedoch, wenn Qualifikationen, Privilegierungen oder sonstige Strafschärfungen oder Strafmilderungen zu beurteilen sind. Denn hier stellt sich die Frage, ob sich die Einteilung nach der Strafandrohung des Grunddelikts richtet oder ob eine eigenständige Beurteilung vorgenommen werden muss. Dabei lässt sich jedenfalls festhalten, dass normale **Qualifikationen** sowie **Privilegierungen** als eigenstän-

---

1449 *Gropp/Sinn*, § 2 Rn. 39 ff.
1450 Vgl. nur *Krey/Esser*, Rn. 1194.
1451 Ausnahme ist allerdings die Untreue, § 266 StGB. Gerade hier wird daher die fehlende Versuchsstrafbarkeit in Prüfungsarbeiten oft übersehen und zu Unrecht eine versuchte Untreue angenommen.

dige Tatbestände anzusehen sind[1452], die demnach auch einer eigenständigen Beurteilung unterliegen[1453].

> **Bsp.:** Betrachtet man die Diebstahlstatbestände, §§ 242 ff. StGB, so fällt auf, dass der einfache Diebstahl, § 242 StGB, sowie der Diebstahl mit Waffen etc., § 244 Abs. 1 StGB, als Mindeststrafe mit einer **Freiheitsstrafe unter einem Jahr** bedroht und daher als **Vergehen** anzusehen sind, während der Wohnungseinbruchsdiebstahl in eine dauerhaft genutzte Privatwohnung, § 244 Abs. 4, und der schwere Bandendiebstahl, § 244a StGB, jeweils **Verbrechen** darstellen (Freiheitsstrafe von einem Jahr bis zu zehn Jahren). – Um den Versuch durchweg bestrafen zu können, musste der Gesetzgeber bei § 242 StGB und § 244 Abs. 1 StGB jeweils in Abs. 2 eine eigenständige Versuchsstrafbarkeit anordnen. Diese gesonderte Anordnung fehlt in § 244 Abs. 4 StGB sowie in § 244a StGB – und das zu Recht: denn eine solche gesonderte Anordnung ist unnötig, da §§ 244 Abs. 4, 244a StGB jeweils Verbrechen darstellen und sich die Strafbarkeit daher direkt aus § 23 Abs. 1 StGB ergibt.

644 Problematisch wird die Einordnung aber dann, wenn es sich nicht um selbstständige Qualifikationen oder Privilegierungen, sondern um sonstige **unselbstständige Strafschärfungen oder Strafmilderungen** handelt.

> **Bsp.:** So enthält der besonders schwere Fall des Diebstahls in § 243 StGB keine eigene Versuchsstrafbarkeit, was auf den ersten Blick verwundert, da der einfache Diebstahl, § 242 StGB, eine solche Versuchsstrafbarkeit kennt. Auch nach der in § 243 StGB angedrohten Strafe – Freiheitsstrafe von drei Monaten bis zu zehn Jahren – handelt es sich lediglich um ein Vergehen. Es wäre aber seltsam, wenn gerade der Versuch des § 243 StGB straflos wäre.

645 Die Lösung ergibt sich aus **§ 12 Abs. 3 StGB**: Schärfungen oder Milderungen, die entweder nach den Vorschriften des Allgemeinen Teils (vgl. das nachfolgende Bsp. 1) oder für besonders schwere oder minder schwere Fälle (vgl. das nachfolgende Bsp. 2) vorgesehen sind, bleiben für die Einteilung als Verbrechen oder Vergehen außer Betracht. Es ist also allein das Grunddelikt maßgebend.

> **Bsp. (1):** Kann die Strafe bei einem Raub nach § 249 Abs. 1 StGB („nicht unter einem Jahr", also: Verbrechen) wegen verminderter Schuldfähigkeit, § 21 StGB, gemildert werden, weil der Täter bei der Tatbegehung stark angetrunken war, dann ergibt sich eine Mindeststrafe von drei Monaten (§ 21 StGB verweist auf § 49 Abs. 1 StGB, hier greift Nr. 3, Alt. 3 ein). Dies ändert jedoch an der **Verbrechensqualität** des begangenen Raubes nichts (§ 12 Abs. 3 StGB: Milderung nach den Vorschriften des Allgemeinen Teils). Der Versuch des Raubes ist somit auch dann strafbar, wenn dieser im Zustand verminderter Schuldfähigkeit begangen wurde.

> **Bsp. (2):** Gleiches gilt für sämtliche **minder schweren und besonders schweren Fälle** des Besonderen Teils des StGB. – Auch wenn der Strafrahmen beim minder schweren Fall des Raubes nach § 249 Abs. 2 StGB lediglich Freiheitsstrafe von sechs Monaten bis zu fünf Jahren beträgt (die Mindeststrafe also unter einem Jahr Freiheitsstrafe liegt), bleibt der minder schwere Fall des Raubes dennoch ein Verbrechen. Die Versuchsstrafbarkeit musste somit nicht eigenständig angeordnet werden, sondern ergibt sich aus dem Verbrechenscharakter des Raubes. – Im Übrigen kann man bei diesen besonders schweren und minder schweren Fällen i. S. des § 12 Abs. 3 StGB auf den Wortlaut des Gesetzes vertrauen: Sie liegen stets (aber auch nur dann) vor, wenn das Gesetz sie auch tatsächlich als solche bezeichnet (in neuerer Zeit werden sie zwar zunehmend mit sog.

1452 Vgl. auch BWME-*Mitsch*, § 22 Rn. 12; *Kühl*, § 15 Rn. 15; *Rath*, JuS 1998, 1006 (1010).
1453 Eine Ausnahme hiervon ist allerdings für solche erfolgsqualifizierten Delikte zu machen, die von ihrer Strafandrohung her ein Verbrechen darstellen würden, aber auf einem Grundtatbestand aufbauen, der lediglich ein Vergehen (ohne Versuchsstrafbarkeit) darstellt; vgl. z. B. § 221 StGB; hierzu *Kühl*, § 15 Rn. 15 f.

„Regelbeispielen" versehen, vgl. §§ 243, 263 Abs. 3 StGB, dies ändert an ihrer Rechtsnatur allerdings nichts). Verwendet das Gesetz dagegen nicht den Terminus des besonders schweren oder minder schweren Falles, so handelt es sich regelmäßig um eine (selbstständige) Qualifikation oder Privilegierung[1454].

3. Rechtsfolgen

646 Ist der Versuch strafbar, so gilt der Strafrahmen des jeweiligen Delikts in gleicher Weise für das vollendete wie für das versuchte Delikt. § 23 Abs. 2 StGB sieht jedoch eine fakultative Strafmilderung vor: Der Versuch **kann** milder bestraft werden als die vollendete Tat[1455]. Es kann also eine Strafrahmenverschiebung nach § 49 Abs. 1 StGB erfolgen. Dies muss aber nicht geschehen.

4. Grundlagen des Versuchsaufbaus[1456]

647 Was den Aufbau des Versuchsdelikts angeht, sollte man sich merken, dass dieser im Vergleich zum Vollendungsdelikt einige wesentliche Änderungen erfährt. Der Grund ist darin zu sehen, dass beim Versuchsdelikt schlecht damit begonnen werden kann, den **objektiven Tatbestand** zu prüfen, da der Versuch sich ja gerade dadurch auszeichnet, dass „nichts passiert" ist, es also zumindest nicht zur Erfüllung des objektiven Tatbestandes (oder noch genauer: zur Erfüllung aller objektiven Tatbestandsmerkmale) eines bestimmten Delikts gekommen ist.

> **Bsp.:** Anton schießt auf Bruno, verfehlt diesen jedoch. – In diesem Fall ist der objektive Tatbestand einer vorsätzlichen Tötung nicht erfüllt, denn der tatbestandsmäßige Erfolg (hier: die Tötung eines Menschen) ist nicht eingetreten.

648 Kernstück des Versuchs kann somit nur das sein, was der Täter **wollte**, nicht hingegen das, was er tatsächlich erreicht hat. Im Mittelpunkt steht also die Vorstellung des Täters von der Tat (vgl. § 22 StGB), d.h. der Entschluss des Täters, einen bestimmten Tatbestand zu verwirklichen (= **Tatentschluss**)[1457]. Als „objektives" Merkmal (vgl. wiederum § 22 StGB) kommt lediglich das „unmittelbare Ansetzen zur Tatbestandsverwirklichung" in Frage. Dieses ist nach der genannten gemischt subjektiv-objektiven Versuchstheorie erforderlich, um den nach außen gerichteten rechtserschütternden Eindruck zu bewirken, der die Strafbarkeit des Versuchs legitimiert.

649 Bereits an dieser Stelle ist also festzuhalten: Das unmittelbare Ansetzen zur Tatbestandsverwirklichung ist das **einzige** – und für alle Versuchsformen gleiche – objektive Tatbestandsmerkmal des Versuchs. Ob der Täter einen versuchten Mord oder eine versuchte Sachbeschädigung begeht, entscheidet sich somit nicht – wie beim Vollendungsdelikt – im objektiven Tatbestand, sondern allein danach, was der Täter wollte. Denn wenn im objektiven Tatbestand bei sämtlichen Versuchsdelikten lediglich das unmittelbare Ansetzen zur Tatbestandsverwirklichung als einziges objektives Tatbestandsmerkmal zu prüfen ist, kann dieses rein äußerliche Verhalten oftmals keinen Hinweis auf das jeweils versuchte Delikt geben[1458].

1454 So z.B. für den Fall des § 239 Abs. 3 Nr. 1 StGB *Kühl*, § 15 Rn. 13 ff.
1455 Vgl. hierzu ausführlich LK-*Murmann*, 13. Aufl., § 23 Rn. 12 ff.
1456 Zum Aufbau des versuchten vorsätzlichen Begehungsdelikts vgl. auch das Prüfungsschema unten Rn. 1477.
1457 Zum Inhalt der Vorstellung des Täters vgl. auch *Puppe*, § 20 Rn. 34 f.
1458 Hierzu auch *Rath*, JuS 1999, 1006 (1010 f.).

Bsp. (1): Anton bricht die Tür zur Wohnung der Witwe Wilma auf und schleicht ins Haus. – Dieses Verhalten kann nun neben einer vollendeten Sachbeschädigung, § 303 StGB, und einem vollendeten Hausfriedensbruch, § 123 StGB, sowohl ein unmittelbares Ansetzen zum Wohnungseinbruchsdiebstahl, § 244 Abs. 1 Nr. 3, Abs. 4 StGB, zum Mord, § 211 StGB, oder auch zu einer sexuellen Nötigung, § 177 StGB, darstellen, je nachdem, was Anton wollte. Allein das subjektive „Wollen" des Täters kann daher Aufschluss darüber geben, welches Versuchsdelikt der Täter begangen hat.

Bsp. (2): Toni schießt auf Rudi, verfehlt diesen jedoch knapp. – Ohne zu wissen, was Toni wollte, kann nicht ermittelt werden, ob er zu einem versuchten Totschlag oder zu einer versuchten Körperverletzung unmittelbar angesetzt hat (oder zu keinem dieser Delikte, wenn er z. B. den Rudi nur „erschrecken" wollte).

Muss beim Vollendungsdelikt im Rahmen des **subjektiven Tatbestandes** festgestellt werden, dass der Täter Vorsatz hinsichtlich sämtlicher von ihm tatsächlich verwirklichten objektiven Tatbestandsmerkmale hatte, so kann dies beim Versuchsdelikt also nicht gelten. Denn als einziges objektives Tatbestandsmerkmal ist beim Versuchsdelikt das unmittelbare Ansetzen zur Tatbestandsverwirklichung zu prüfen, welches aber über das konkrete Delikt, wie gesehen, nicht sehr viel aussagt. Diese Erkenntnis führt nun zwangsläufig dazu, dass beim Versuchsdelikt der Aufbau der Strafbarkeitsprüfung umgedreht werden muss: **Der subjektive Tatbestand muss vor dem objektiven Tatbestand geprüft werden.** Nur wenn man weiß, was der Täter eigentlich wollte, kann in einem weiteren Schritt festgestellt werden, dass er genau dazu auch unmittelbar angesetzt hat. Nur diese Prüfungsreihenfolge entspricht der Logik des Versuchsaufbaus[1459]. **650**

So wäre es unsinnig, wenn man im eben genannten Beispiel (Anton betritt die Villa der Witwe Wilma) eine abstrakte Vorprüfung des unmittelbaren Ansetzens vornehmen würde. Denn abgesehen davon, dass man vorab gar nicht wissen kann, welches Delikt Anton eigentlich begehen wollte, kann man noch nicht einmal sagen, ob er überhaupt zu einer bestimmten Tat unmittelbar angesetzt hat. Denn möglicherweise wollte Anton nur den Tatort erkunden, um einen Tag später wiederzukommen, vielleicht suchte er auch lediglich ein Nachtlager. Alles dies weiß man nicht, wenn man den Tatplan, d. h. die subjektive Seite noch nicht geprüft hat.

II. Der Aufbau des Versuchsdelikts im Einzelnen

Nachfolgend soll ein Überblick über den Versuchsaufbau gegeben werden, wobei Prüfungsgegenstand das versuchte vorsätzliche **Begehungsdelikt** ist[1460]. Hinsichtlich des versuchten Unterlassungsdelikts gelten einige (kleinere) Besonderheiten, auf die später eingegangen werden soll[1461]. Fahrlässigkeitsdelikte können nicht versucht werden (da es hier an einem „Tatentschluss", der regelmäßig vorsätzliches Verhalten erfordert, gerade mangelt)[1462]. **651**

1459 Vgl. auch BWME-*Mitsch*, § 22 Rn. 29; *Kühl*, § 15 Rn. 20; *Kusche*, JURA 2019, 913 (918); LK-*Hillenkamp*, 12. Aufl., § 22 Rn. 30; LK-*Murmann*, 13. Aufl., § 22 Rn. 28; *Roxin*, JuS 1979, 1 (2); kritisch hierzu *Bock*, JR 2021, 497 (500).
1460 Zum Versuchsaufbau auch *Kaltenhäuser*, JA 2017, 268 (269); *Kusche*, JURA 2019, 913 (913 f.); *Putzke*, JuS 2009, 894 (895 f.); *Rath*, JuS 1999, 1006 (1009) sowie unten Rn. 1477; vgl. ferner die Übungsfälle bei *Bock*, JuS 2006, 603 (604); *Hartmann*, JA 1998, 946; *Hirschmann*, JURA 2001, 711; *Krahl*, JuS 2003, 1187 (1190 f.); *Meier/Loer*, JURA 1999, 424.
1461 Vgl. hierzu näher unten Rn. 875 f., 1479.
1462 Vgl. hierzu näher unten Rn. 659 und unten Rn. 990 f.

Vorprüfung
    a) Nichtvollendung der Tat
    b) Strafbarkeit des Versuchs (vgl. § 23 Abs. 1 StGB)
1. **Tatbestandsmäßigkeit**
    a) Subjektiver Tatbestand (= Tatentschluss)
        aa) Vorsatz bzgl. sämtlicher geschriebener oder ungeschriebener objektiver Tatbestandsmerkmale des jeweiligen Delikts
        bb) Tatbestandsspezifische subjektive Merkmale (z. B. Zueignungsabsicht beim Diebstahl)
    b) Objektiver Tatbestand (= unmittelbares Ansetzen zur Tatbestandsverwirklichung, § 22 StGB)
2. **Rechtswidrigkeit** (hier gelten keine Besonderheiten[1463])
3. **Schuld** (hier gelten ebenfalls keine Besonderheiten)
4. **Möglichkeit des Rücktritts vom Versuch (§ 24 StGB)**

1. Vorprüfung

652 Bevor man mit der eigentlichen Prüfung des Tatbestandes beginnt, müssen im Rahmen einer Vorprüfung[1464] zwei Dinge festgestellt werden:

653 a) **Nichtvollendung der Tat.** Das Delikt darf **nicht vollendet** sein. Der objektive Tatbestand darf also nicht oder zumindest nicht vollständig verwirklicht worden sein. Ist es für das Vorliegen des objektiven Tatbestandes erforderlich, dass mehrere (geschriebene oder ungeschriebene) Tatbestandsmerkmale erfüllt sind, so reicht die Nichterfüllung eines Tatbestandsmerkmals aus. Dies ist z. B. auch dann der Fall, wenn es bei einem Erfolgsdelikt an der Kausalität oder der objektiven Zurechenbarkeit fehlt (und der Täter daher nicht wegen des Vollendungsdelikts bestraft werden kann)[1465].

> **Bsp. (1):** Anton will der Witwe Wilma unter Anwendung von Schlägen den Inhalt ihrer Handtasche entwenden. Nachdem er sie kräftig verprügelt und ihr die Tasche aus der Hand gerissen hat, muss er enttäuscht feststellen, dass diese leer ist. Er lässt die Tasche fallen und flieht. – Hier hat Anton zwar bereits Gewalt angewendet (und insofern eine vollendete Körperverletzung, § 223 StGB, begangen). Zur Erfüllung des objektiven Tatbestandes des Raubes, § 249 StGB, gehört jedoch auch die Wegnahme einer fremden beweglichen Sache. Eben hieran fehlt es jedoch, da die Tasche leer war und Anton daher nichts wegnehmen konnte (ein Raub an der Tasche selbst scheidet aus, weil er diesbezüglich keine Zueignungsabsicht hatte). Es kommt also lediglich ein versuchter Raub, §§ 249, 22 StGB, in Frage.
>
> **Bsp. (2):** Anton will Bruno töten, verletzt ihn aber nur leicht. Dennoch stirbt Bruno, weil ein weiterer Widersacher Brunos, der Rudi, die Gunst der Stunde nutzt und den

---

[1463] Vgl. allerdings *Herzberg*, Stree/Wessels-FS 1993, S. 203 (221); *Herzberg/Scheinfeld*, JuS 2003, 880 (882); *Lampe*, JuS 1967, 564 (568 Nr. 6), die darauf hinweisen, dass beim Versuchsdelikt lediglich das subjektive Rechtfertigungselement geprüft werden müsse, da beim Versuch nur der Handlungsunwert (und nicht der fehlende Erfolgsunwert) entscheidend sei; hierzu auch *Börgers/Grunewald*, ZJS 2008, 521 (522 f.); *Frister*, 23. Kap. Rn. 16; *Kühl*, JuS 1980, 120 (125); MüKo-*Hoffmann-Holland*, 4. Aufl., § 22 Rn. 146 f.

[1464] Vgl. hierzu BWME-*Mitsch*, § 22 Rn. 27; *Bergmann*, ZJS 2009, 412 (415); *Kühl*, § 15 Rn. 8; *Kühl/Hinderer*, JuS 2010, 697 (698); *Rath*, JuS 1999, 1006 (1009); abweichend *Börgers/Grunewald*, ZJS 2008, 521 (522); *Hardtung*, JURA 1996, 293; *Herzberg/Hardtung*, JuS 1994, 492 (495); *Herzberg/Scheinfeld*, JuS 2003, 880 (881); *Langer*, JuS 1987, 896 (897 Fn. 13); *Putzke*, JuS 2009, 894 (895); einschränkend auch *Rengier*, § 34 Rn. 3 ff.

[1465] *Krey/Esser*, Rn. 1195; *Kühl*, § 15 Rn. 10; LK-*Hillenkamp*, 12. Aufl., § 22 Rn. 20 ff.; LK-*Murmann*, 13. Aufl., § 22 Rn. 20 ff.; *Wessels/Beulke/Satzger*, Rn. 937; vgl. auch die Übungsfälle bei *Böß*, JA 2012, 348 (352 f.); *Hertel*, JURA 2011, 391 (392); *Putzke*, ZJS 2011, 522 (523); *Steinberg/Lachenmeier*, ZJS 2012, 649 (650).

benommenen, am Boden liegenden Bruno ersticht, nachdem Anton diesen verlassen hat. – Hier hat Anton den Tod Brunos zwar kausal verursacht, es fehlt jedoch an der objektiven Zurechenbarkeit[1466]. Daher liegt seitens des Anton kein vollendeter Totschlag, § 212 StGB, vor, obwohl der beabsichtigte Tatererfolg (= Brunos Tod) tatsächlich eingetreten ist. Falsch wäre es nun zu sagen: „Die Tat wurde durch Anton nicht vollendet, da Bruno nicht getötet wurde". Es muss vielmehr festgestellt werden: „Die Tat wurde nicht vollendet, da Brunos Tod Anton objektiv nicht zugerechnet werden kann"[1467].

Klausurtipp: In eindeutigen Fällen ist in einer Klausur sofort mit dem Versuch eines Delikts zu beginnen[1468]. In schwierigeren Fällen bietet es sich an, zuerst die Strafbarkeit wegen des Vollendungsdelikts (umfangreich) zu prüfen[1469]. Kommt man zu dem Ergebnis, dass es hinsichtlich des Vollendungsdelikts an der Verwirklichung eines objektiven Tatbestandsmerkmals fehlt, ist die Vollendungsstrafbarkeit abzulehnen und (unter einer neuen Überschrift!) der Versuch zu erörtern[1470]. Innerhalb dieser Prüfung reicht es dann, im Rahmen der Erörterung der Nichtvollendung der Tat festzustellen: „Wie oben gesehen, ist die Tat nicht vollendet".

b) Strafbarkeit des Versuchs. Als nächstes muss kurz festgestellt werden, dass der Versuch des jeweiligen Delikts überhaupt strafbar ist. Nach § 23 Abs. 1 StGB ist dies der Fall, wenn entweder ein Verbrechen (vgl. § 12 Abs. 1 StGB) vorliegt oder das Gesetz die Versuchsstrafbarkeit bei einem Vergehen (vgl. § 12 Abs. 2 StGB) ausdrücklich bestimmt[1471]. **654**

Klausurtipp: Regelmäßig genügen in einer Klausur im Rahmen der Vorprüfung wenige Sätze. In dem gerade geschilderten Bsp. (1) reicht es daher aus zu schreiben: „Anton könnte sich dadurch, dass er der Wilma unter Schlägen den Inhalt ihrer Handtasche entwenden wollte, wegen eines Raubes, § 249 StGB, strafbar gemacht haben. Die Tat wurde nicht vollendet, da die Tasche leer war und Anton daher nichts wegnehmen konnte. Der Versuch des Raubes ist strafbar, da es sich beim Raub um ein Verbrechen handelt (§§ 23 Abs. 1, 12 Abs. 1 StGB)".

2. Tatentschluss

Kernstück der Versuchsprüfung ist der Tatentschluss, denn im Mittelpunkt der Versuchsstrafbarkeit steht nach § 22 StGB die „*Vorstellung* [des Täters] *von der Tat*". Im Rahmen dieses notwendig vor der Prüfung des objektiven Tatbestandes zu untersuchenden subjektiven Tatbestandes ist dabei festzustellen, dass der Täter mit **Tatentschluss bzgl. sämtlicher objektiver Merkmale des betreffenden Tatbestandes** gehandelt hat. **655**

In der Klausur bietet sich diesbezüglich die Überschrift „Tatentschluss" an, wobei auch die Erörterung unter der Überschrift „subjektiver Tatbestand" zulässig ist[1472]. Etwas ungenau ist hingegen die Verwendung des Begriffs „Vorsatz" als Überschrift, **656**

1466 Vgl. hierzu näher oben Rn. 253 ff.
1467 Vgl. auch den Fall bei *Rath*, JuS 1999, 1006 (1009).
1468 So auch *Kühl*, § 15 Rn. 8; *Mitsch*, JA 2022, 205 (206); *Otto*, § 18 Rn. 45.
1469 *Jäger*, Rn. 405; *Krey/Esser*, Rn. 1196; *Kühl*, § 15 Rn. 9 f.
1470 Vgl. zu dieser Vorgehensweise ausführlich *Kühl*, JuS 1980, 120 (122 f.); ferner *Rath*, JuS 1998, 1006 (1009).
1471 Vgl. hierzu näher oben Rn. 638 ff.
1472 So auch *Krey/Esser*, Rn. 1208; *Rath*, JuS 1999, 1006 (1011); dagegen will *Putzke*, JuS 2009, 894 (896) den Terminus „Vorstellung von der Tatbestandverwirklichung" verwenden; kritisch zum Begriff des „Tatentschlusses" BWME-*Mitsch*, § 22 Rn. 31; *Jung*, JA 2006, 228 (229); LK-*Vogler*, 10. Aufl., § 22 Rn. 9; *Schmitt-Leonardy*, JA 2018, 187 (192); vgl. auch *Bock*, JuS 2006, 603 (604); *Kratzsch*, JA 1983, 578 (583); MüKo-*Herzberg*, 1. Aufl., § 22 Rn. 35.

da beim Tatentschluss neben dem Vorsatz auch die sonstigen subjektiven Tatbestandsmerkmale zu prüfen sind[1473].

657 Zwei Dinge sind im Rahmen des Tatentschlusses auseinander zu halten, die oft verwechselt werden und zu teilweise dramatischen Versuchsprüfungen in einer Klausur führen: Die Feststellung, was der Täter wollte (= Vorstellungsbild des Täters), und die Prüfung, ob das Gewollte auch den (objektiven) Tatbestand eines Delikts erfüllen würde (= Subsumtion). Dies soll an folgendem Ausgangsfall verdeutlicht werden:

> **Ausgangsfall:** Anton dringt nachts in Brunos Wohnung ein, um dort die im Keller untergebrachten Terrarien zu öffnen. In diesen Terrarien befinden sich hochgiftige Schlangen. Zwar will Anton dem Bruno eigentlich nur einen Schreck einjagen, er rechnet aber durchaus auch damit, dass die Schlangen sich im Haus verteilen und Bruno tödlich verletzen könnten. Dies nimmt Anton aber ebenso billigend in Kauf wie den Umstand, dass einige der Schlangen in den Garten entweichen und nicht wieder eingefangen werden könnten. Damit, dass die Schlangen andere Personen als Bruno gefährden könnten, rechnet Anton jedoch ebenso wenig wie damit, dass die Schlangen verenden könnten. Nachdem er die Terrarien geöffnet hat, entfernt er sich. Kurze Zeit später betritt Bruno überraschend den Keller, sieht die geöffneten Terrarien und verschließt sie wieder, noch bevor eine Schlange entweichen konnte.

658 **a) Vorstellungsbild des Täters.** Als erstes ist im Rahmen des Tatentschlusses zu prüfen, was der Täter **wollte**, d. h. inwieweit er den **Vorsatz** hatte, bestimmte Dinge zu tun (oder auch: nicht zu tun = zu unterlassen). Erforderlich ist dabei diejenige Vorsatzform, die auch für das Vollendungsdelikt notwendig gewesen wäre. Da es für die Mehrzahl der (Vollendungs-)Delikte genügt, wenn der Täter mit **bedingtem Vorsatz** handelt, ist dieser auch bei den meisten Versuchsdelikten ausreichend[1474]. Man muss also gegebenenfalls feststellen, was der Täter für möglich hielt und billigend in Kauf nahm (inwieweit er also bedingten Vorsatz hatte)[1475].

> Im **Ausgangsfall** müssten die Ausführungen zu Beginn der Prüfung des subjektiven Tatbestandes des §§ 212, 22 StGB[1476] daher lauten: „Anton wollte dadurch, dass er in Brunos Wohnung die Terrarien öffnete, erreichen, dass die Giftschlangen entweichen und Bruno einen Schreck einjagen. Ferner rechnete Anton aber durchaus auch damit, dass die Schlangen Bruno tödlich verletzen könnten. Dies nahm er auch billigend in Kauf und handelte insoweit mit bedingtem Vorsatz. Dagegen rechnete er nicht damit, dass die Schlangen andere Personen gefährden könnten, in dieser Hinsicht scheidet also ein bedingter Vorsatz aus." Hinsichtlich der Prüfung einer versuchten Sachbeschädigung an den Schlangen, §§ 303, 22 StGB, müsste (unter einer neuen Überschrift!) festgestellt werden: „Anton rechnete auch damit, dass die Schlangen infolge des Öffnens der Terrarien in den Garten entweichen und nicht wieder eingefangen werden könnten.

1473 Vgl. hierzu unten Rn. 662.
1474 RGSt 53, 220 (221); RGSt 61, 159 (160); BGHSt 22, 330 (332 f.); BGH NStZ 1998, 615; *Bock*, JR 2021, 497 (502); BWME-*Mitsch*, § 22 Rn. 33; *Gropp/Sinn*, § 9 Rn. 22; *Jakobs*, 25/24; *Jescheck/Weigend*, § 49 III 1; *Kindhäuser/Zimmermann*, § 31 Rn. 9; *Krey/Esser*, Rn. 1212; *Kühl*, § 15 Rn. 25 f.; LK-*Hillenkamp*, 12. Aufl., § 22 Rn. 36; LK-*Murmann*, 13. Aufl., § 22 Rn. 41; MüKo-*Hoffmann-Holland*, 4. Aufl., § 22 Rn. 44 f.; *Rath*, JuS 1998, 1006 (1011); *Roxin*, AT II, § 29 Rn. 71; Schönke/Schröder-*Eser/Bosch*, § 22 Rn. 17; SK-*Jäger*, § 22 Rn. 5; *Wessels/Beulke/Satzger*, Rn. 939; ferner die Übungsfälle bei *Dessecker*, JURA 2000, 592 (594); *Hirschmann*, JURA 2001, 711; *Knauer*, JuS 2002, 53 (57); einschränkend aber *Bauer*, wistra 1991, 168 (169 ff.); *Lampe*, NJW 1958, 332 (333); NK-*Zaczyk*, § 22 Rn. 19; *Puppe*, NStZ 1984, 491.
1475 Zu der hier vertretenen „Billigungstheorie" vgl. oben Rn. 300.
1476 Auf eine Prüfung des versuchten Mordes, §§ 211, 22 StGB (Heimtücke), soll an dieser Stelle verzichtet werden.

Dies nahm er billigend in Kauf, sodass er auch diesbezüglich mit bedingtem Vorsatz handelte. Dagegen rechnete er nicht damit, dass die Schlangen verenden könnten".

Da der Tatentschluss, aufbauend auf dem, was der Täter wollte, ein zentrales Element im Rahmen der Versuchsprüfung darstellt, ergibt sich zwangsläufig, dass **Fahrlässigkeitsdelikte** nicht versucht werden können. Denn hier fehlt es gerade an einem solchen Vorsatz in Bezug auf die Verwirklichung des objektiven Tatbestandes[1477]. Konsequenterweise hat der Gesetzgeber daher auch bei keinem Fahrlässigkeitsdelikt (die durchweg „Vergehen" darstellen) eine Versuchsstrafbarkeit angeordnet.

b) **Subsumtion.** Für die weitere Prüfung muss nun unterstellt werden, dass das, was der Täter zumindest bedingt vorsätzlich in Kauf genommen hat, auch tatsächlich eingetreten ist. Insoweit dient das vom Täter Gewollte nun als Grundlage für die weitere Subsumtion unter den gesetzlichen Tatbestand. Stellt man hierbei z. B. fest, dass die Vorstellungen des Täters auf die Verwirklichung einer (vermeintlichen) Tat gerichtet waren, welche die Rechtsordnung gar nicht unter Strafe stellt, so liegt lediglich ein **Wahndelikt** vor[1478], welches zur Straflosigkeit des Täters führt[1479]. Auch ein eventueller Tatbestandsirrtum ist an dieser Stelle zu prüfen, sofern der Täter tatsächliche Umstände falsch wahrnimmt[1480].

Dieser Teil der Prüfung des Tatentschlusses ist identisch mit der üblicherweise im objektiven Tatbestand stattfindenden Subsumtion und erfolgt nach den gleichen Regeln. Einziger Unterschied ist hier, dass die Tat eben nur in der Vorstellung des Täters so vor sich gehen sollte, aber tatsächlich nicht in dieser Form stattfand (sonst würde ein vollendetes Delikt vorliegen), weshalb diese „Prüfung des objektiven Tatbestandes" hier systematisch im subjektiven Tatbestand vorzunehmen ist[1481].

Im **Ausgangsfall** wäre in der Prüfung des versuchten Totschlags, §§ 212, 22 StGB, also fortzufahren: „Die in Kauf genommene Tötung Brunos durch einen Schlangenbiss könnte den Tatbestand des Totschlags gem. § 212 StGB erfüllen. Anton hätte Bruno – obwohl er nicht selbst Hand an ihn legen wollte – durch sein Verhalten getötet[1482], da seine Tathandlung (Öffnen der Terrarien) kausal für den tödlichen Schlangenbiss gewesen wäre. Die Tat wäre Anton auch objektiv zurechenbar gewesen. Er hatte somit Tatentschluss zu einem versuchten Totschlag". Im Hinblick auf §§ 303, 22 StGB wäre hingegen festzustellen: „Zu prüfen ist jedoch, ob das Entweichen der Schlangen den Tatbestand der Sachbeschädigung erfüllt hätte. Zwar sind die Schlangen für Anton

---

1477 Vgl. hierzu BWME-*Mitsch*, § 22 Rn. 32; *Jescheck/Weigend*, § 49 III 1a; *Kühl*, § 15 Rn. 23; konstruktiv möglich wäre der Versuch eines Fahrlässigkeitsdelikts allerdings in der Form der bewussten Fahrlässigkeit zumindest insoweit, als man hier auf den Vorsatz bzw. den Tatentschluss im Hinblick auf das sorgfaltswidrige Verhalten abstellt; hierzu *Jakobs*, 25/28; *Maurach/Gössel/Zipf-Gössel*, AT 2, § 40 Rn. 76; ausführlich hierzu unten Rn. 990 f.
1478 Vgl. hierzu näher unten Rn. 681 ff.
1479 Für eine Prüfung dieser Abgrenzung von (untauglichem) Versuch und Wahndelikt im Rahmen des Tatentschlusses *Kühl*, § 15 Rn. 18; im Rahmen des unmittelbaren Ansetzens hingegen *Seier/Gaude*, JuS 1999, 456 (458); differenzierend *Rath*, JuS 1999, 32 (34); vgl. hierzu noch unten Rn. 681 ff.
1480 So auch *Kühl*, § 15 Rn. 28; *Rath*, JuS 1997, 424 (424 f.); *Wessels/Beulke/Satzger*, Rn. 939; differenzierend *Graul*, JuS 1997, 1150 (1151).
1481 Vgl. hierzu anschaulich am Übungsfall bei *Weißer*, JuS 2005, 620 (620 ff.).
1482 An sich müsste hier auch noch festgestellt werden, dass Anton tauglicher Täter eines Totschlags ist („Wer"), dass Bruno ein „Mensch" i. S. des § 212 StGB ist und dass die Verursachung des Todes das Tatbestandsmerkmal „töten" erfüllt. Diese Dinge sind jedoch derart selbstverständlich, dass man sich hüten sollte, sie in einer juristischen Arbeit gesondert auszuführen. Das Merkmal „ohne Mörder zu sein" hat in § 212 StGB nach zutreffender Ansicht keine eigenständige Funktion.

fremde Sachen. Ein Entweichen von Tieren stellt aber mangels Substanzbeeinträchtigung weder ein Beschädigen noch ein Zerstören dar. Daher fehlt es an einem Tatentschluss für eine Sachbeschädigung i. S. des § 303 StGB, sofern sich Anton nicht vorstellte, die Schlangen könnten nach dem Entweichen in den Garten ums Leben kommen. Dies war aber laut Sachverhalt gerade nicht der Fall". Hätte Anton beabsichtigt, durch das Öffnen der Terrarien ausschließlich ein Entweichen der Schlangen zu veranlassen, würde somit lediglich ein strafloses Wahndelikt vorliegen, sofern Anton davon ausging, sich durch dieses Verhalten wegen einer Sachbeschädigung strafbar zu machen[1483].

662 c) **Besondere subjektive Merkmale.** Bei der Prüfung des subjektiven Tatbestandes muss schließlich noch berücksichtigt werden, ob der Täter über den normalen Vorsatz hinaus auch die weiteren, bei einigen Tatbeständen zusätzlich geforderten **subjektiven Komponenten** erfüllt, wie z. B. die Zueignungs**absicht** beim Diebstahl oder die Bereicherungs**absicht** beim Betrug[1484].

3. Besonderheiten im Rahmen des Tatentschlusses

663 Zuweilen – wenn auch in juristischen Klausuren nicht sehr häufig – sind noch einige Besonderheiten im Rahmen des Tatentschlusses zu beachten, die auf der ersten Prüfungsebene die Feststellung betreffen, was der Täter konkret **wollte**. So ist als erstes zu berücksichtigen, dass der Entschluss des Täters **endgültig** sein muss[1485].

> **Bsp.:** Anton will in die Villa der Witwe Wilma einbrechen und deren Schmuck entwenden, der sich im Schrank über ihrem Bett befindet. Dabei geht er beim Einbrechen ins Haus davon aus, dass er Wilma nach dem Betreten des Schlafzimmers durch einen Schlag mit einer eigens hierzu mitgeführten Eisenstange betäuben muss. – Hier liegt ein endgültiger Tatenschluss bzgl. eines versuchten Raubes, §§ 249, 22 StGB, vor.
>
> **Gegenbeispiel:** Anders wäre der Fall zu beurteilen, wenn sich Anton zuvor noch keine weiteren Gedanken gemacht hat und vielmehr davon ausgeht, dass Wilma sein Eindringen in das Zimmer infolge ihres tiefen Schlafes nicht bemerken würde. Wenn er sich dann vornimmt, seine weitere Reaktion von den jeweiligen Umständen abhängig zu machen und spontan zu entscheiden, ob er Gewalt anwenden oder unverrichteter Dinge das Weite suchen soll, ist hierin (noch) kein endgültiger Tatentschluss, sondern lediglich eine **Tatgeneigtheit**[1486] im Hinblick auf einen versuchten Raub, §§ 249, 22 StGB, zu erblicken. Ein unbedingter Tatentschluss ist dann lediglich bzgl. eines versuchten Wohnungseinbruchsdiebstahls, §§ 242, 244 Abs. 1 Nr. 3, Abs. 4 StGB, gegeben. – Diese Fälle sind allerdings zu unterscheiden vom bloßen **Rücktrittsvorbehalt**, der dann vorliegt, wenn Anton zwar vorhat, zuzuschlagen, sich jedoch vorbehält, dies nochmals zu überdenken, wenn Wilma nach dem Aufwachen aus Angst jämmerlich zu

---

1483 Vgl. zum Wahndelikt noch unten Rn. 681 ff.
1484 Vgl. BWME-*Mitsch*, § 22 Rn. 51; *Krey/Esser*, Rn. 1213; LK-*Hillenkamp*, 12. Aufl., § 22 Rn. 53; LK-*Murmann*, 13. Aufl., § 22 Rn. 67.
1485 Vgl. hierzu BGHSt 12, 306 (309 f.); BGH StV 1987, 528 (529); BGH NStZ 2013, 579; *Frister*, 23. Kap. Rn. 24; *Kindhäuser/Zimmermann*, § 31 Rn. 6 f.; *Klesczewski*, Rn. 475; *Krey/Esser*, Rn. 1208 ff.; *Kühl*, § 15 Rn. 30; LK-*Hillenkamp*, 12. Aufl., § 22 Rn. 40; LK-*Murmann*, 13. Aufl., § 22 Rn. 49; *Rath*, JuS 1998, 1006 (1011 f.); *Rengier*, § 34 Rn. 7; *Schönke/Schröder-Eser/Bosch*, § 22 Rn. 18; *Wessels/Beulke/Satzger*, Rn. 941; vgl. hierzu auch den Übungsfall bei *Esser/Wasmeier*, JA 2020, 668 (670).
1486 Vgl. zur Tatgeneigtheit RGSt 68, 339 (341); BGH NStZ 1999, 395 (396); BGH NStZ 2010, 579; *Krey/Esser*, Rn. 1208 f.; *Kühl*, § 15 Rn. 33 ff.; LK-*Murmann*, 13. Aufl., § 22 Rn. 54 ff.; einschränkend *Arzt*, JZ 1969, 54 (56 f.); differenzierend *Putzke*, JuS 2009, 894 (897); *Roxin*, AT II, § 29 Rn. 81; *ders.*, JuS 1979, 1 (2 f.).

weinen beginnt. Ein solcher Rücktrittsvorbehalt ändert an der Unbedingtheit des Tatentschlusses nichts[1487].

Die fehlende Endgültigkeit des Tatentschlusses ist ferner zu unterscheiden vom lediglich **bedingten Tatentschluss**, sofern der Täter auf die Bedingung keinen Einfluss besitzt[1488]. **664**

> **Bsp.:** Sofern sich Anton im eben genannten Beispiel vornimmt, Wilma nach Betreten des Schlafzimmers nur dann mit der mitgebrachten Eisenstange zu betäuben, wenn Wilma wider Erwarten nicht schlafen sollte, liegt ein zwar bedingter, aber dennoch endgültiger Tatentschluss vor, da Anton auf den Bedingungseintritt (Wachsein der Wilma) keinen Einfluss besitzt.

Die Endgültigkeit des Tatentschlusses betrifft schließlich auch lediglich das „Ob" und nicht das „Wie" der Tatausführung. Lässt der Täter lediglich das „Wie" offen, liegt ebenfalls ein endgültiger Tatentschluss vor. **665**

> **Bsp.:** Anton nimmt sich im eben genannten Beispiel vor, nach Betreten des Schlafzimmers Wilma unabhängig davon, ob sie wach sein würde oder nicht, „zur Sicherheit" bewusstlos zu schlagen. Dabei stellt er sich vor, dass er beim vorherigen Durchschreiten des Wohnzimmers ein passendes Schlagwerkzeug finden würde, ansonsten plant er, zum Schlag die Nachttischlampe zu verwenden. Falls diese jedoch nicht schlagkräftig genug sein sollte, müsse er Wilma eben mit dem Telefonkabel bis zur Bewusstlosigkeit würgen. – Auch hier liegt ein endgültiger Tatentschluss bzgl. der Gewaltanwendung (und damit des Raubes) vor, auch wenn das Gewaltmittel noch nicht exakt feststeht.

4. Häufige Fehler bei der Prüfung des Tatentschlusses

Dieser Prüfungsaufbau – subjektiver Tatbestand vor objektivem Tatbestand – klingt auf den ersten Blick nicht sonderlich problematisch. Dennoch werden in juristischen Klausuren oftmals (entscheidende!) Aufbaufehler gemacht, insbesondere dann, wenn ein Täter einzelne Tatbestandsmerkmale erfüllt, andere aber nicht verwirklicht, sondern nur geplant hat. Auch hier gilt ausnahmslos: **Einziges im objektiven Tatbestand zu prüfendes Merkmal ist das unmittelbare Ansetzen zur Tatbestandsverwirklichung**. Die Subsumtion unter die einzelnen Tatbestandsmerkmale hat stets im Rahmen des Tatentschlusses zu erfolgen, selbst wenn der Täter sie im Einzelfall voll verwirklicht hat[1489]. **666**

> **Bsp. (1):** Anton will Bruno erpressen. Er bedroht ihn mit einem Messer und fordert ihn auf, die Geldbörse herauszugeben. Bruno geht darauf nicht ein und schlägt Anton mit einem gezielten Faustschlag nieder. – Anton hat hier eine versuchte räuberische Erpressung, §§ 253, 255, 22 StGB, begangen (Bruno ist selbstverständlich nach § 32 StGB gerechtfertigt). Obwohl Anton die Drohung schon vollständig verwirklicht hat und lediglich der beabsichtigte Nötigungserfolg ausgeblieben ist, sind beide Merkmale

---

1487 Vgl. hierzu BGH NStZ 2013, 579; *Jäger*, NStZ 2000, 415 (416); *ders.*, JA 2013, 949 (950); *Kindhäuser/Zimmermann*, § 31 Rn. 7; *Krey/Esser*, Rn. 1210; *Kühl*, § 15 Rn. 32; LK-*Hillenkamp*, 12. Aufl., § 22 Rn. 51; LK-*Murmann*, 13. Aufl., § 22 Rn. 64; *Rath*, JuS 1998, 1006 (1012 f.); SK-*Jäger*, § 22 Rn. 9; differenzierend *Putzke*, JuS 2009, 894 (897).
1488 Vgl. hierzu BGHSt 12, 306 (309 f.); BGHSt 21, 14 (17); *Frister*, 23. Kap. Rn. 24; *Gropp/Sinn*, § 9 Rn. 24 ff.; *Kindhäuser/Zimmermann*, § 31 Rn. 7; *Krey/Esser*, Rn. 1208 f.; *Kühl*, § 15 Rn. 31; *Otto*, § 18 Rn. 20 f.; *Rath*, JuS 1998, 1006 (1012); *Schönke/Schröder-Eser/Bosch*, § 22 Rn. 18; *Wessels/Beulke/Satzger*, Rn. 942; ferner die Übungsfälle bei *Kinzig/Luczak*, JURA 2002, 493 (497); *Poschade/Sigmund*, JuS 2019, 366 (368); *T. Schneider*, JuS 2019, 1171 (1174 f.).
1489 Vgl. allerdings auch *Kühl*, § 15 Rn. 24: „Auf diese bereits erfolgte Verwirklichung eines objektiven Tatumstands […] ist dann noch einmal beim objektiven Tatbestand des Versuchs, dem unmittelbaren Ansetzen […] einzugehen". – Wird bereits ein Teil eines Delikts verwirklicht, kann dies ein Indiz dafür sein, dass zur Tat unmittelbar angesetzt wurde. Dennoch muss die Subsumtion ausschließlich im Rahmen des Tatentschlusses erfolgen.

im Rahmen des Tatentschlusses zu prüfen. Das Gleiche gilt für den versuchten Raub, §§ 249, 22 StGB, wenn der Täter zwar sein Opfer bereits niedergeschlagen hat, dann aber feststellen muss, dass die Geldbörse des Opfers leer ist und er daher unverrichteter Dinge wieder abziehen muss. Während die Gewaltanwendung bei der Prüfung der gleichzeitig verwirklichten (vollendeten) Körperverletzung, § 223 StGB, im objektiven Tatbestand anzusprechen ist, verbleibt sie, obwohl vollendet, bei der Prüfung des Raubes im Tatentschluss.

Bsp. (2): Vater Viktor sieht, wie seine Tochter Frieda im See zu ertrinken droht. Obwohl er rettend eingreifen könnte, unternimmt er nichts, weil ihm Friedas Tod gerade recht kommt. Glücklicherweise wird Frieda von einem anderen gerettet. – Bei der Prüfung, ob Viktor Tatentschluss zu einer versuchten Tötung durch Unterlassen, §§ 212, 13 StGB, hatte, muss nun einerseits festgestellt werden, dass er einen Menschen töten wollte, andererseits muss aber bereits im Rahmen des Tatentschlusses festgestellt werden, dass er sämtliche weiteren Voraussetzungen eines Unterlassungsdelikts in seinen Vorsatz mit aufgenommen hat (sonst wollte er eben gerade kein unechtes Unterlassungsdelikt begehen). So sind die Merkmale der physisch-realen Handlungsmöglichkeit und der Garantenstellung an dieser Stelle anzusprechen. Viktor muss wissen, dass ihm eine Rettung möglich gewesen wäre und dass es sich bei der Ertrinkenden um seine Tochter handelt. Auch Ausführungen darüber, dass aufgrund des persönlichen Näheverhältnisses eine Garantenstellung bestand, müssen demnach – obwohl es sich dabei an sich um ein objektives Tatbestandsmerkmal handelt – im subjektiven Tatbestand geprüft werden.

5. Unmittelbares Ansetzen zur Tatbestandsverwirklichung

667 Auf das unmittelbare Ansetzen zur Tatbestandsverwirklichung als einziges Merkmal im Rahmen des objektiven Tatbestandes des Versuchsdelikts wird später ausführlich eingegangen werden[1490].

§ 22 Formen des Versuchs

Einführende Aufsätze: *B. Heinrich,* Die Abgrenzung von untauglichem, grob unverständigem und abergläubischem Versuch, JURA 1998, 393; *Hotz,* Untauglicher Versuch und Wahndelikt bei Fehlvorstellungen über rechtsinstitutionelle Umstände, JuS 2016, 221; *Kühl,* Grundfälle zu Vorbereitung, Versuch, Vollendung und Beendigung, JuS 1981, 193; *ders.,* Das erfolgsqualifizierte Delikt (Teil II): Versuch des erfolgsqualifizierten Delikts und Rücktritt, JURA 2003, 19; *Kuhli,* Der Versuch beim erfolgsqualifizierten Delikt, JuS 2020, 289; *Laue,* Ist der erfolgsqualifizierte Versuch einer Körperverletzung mit Todesfolge möglich?, JuS 2003, 743; *Otto,* Der Versuch des erfolgsqualifizierten Delikts, JURA 1985, 671; *Radtke,* An der Grenze des strafbaren untauglichen Versuchs, JuS 1996, 878; *Roxin,* Der fehlgeschlagene Versuch, JuS 1981, 1; *Satzger,* Der irreale Versuch – über die Schwierigkeiten der Strafrechtsdogmatik, dem abergläubischen Versuch Herr zu werden, JURA 2013, 1017; *Schmitz,* Die Abgrenzung von strafbarem Versuch und Wahndelikt, JURA 2003, 593; *Seier/Gaude,* Untaugliche, grob unverständige und abergläubische Versuche, JuS 1999, 456; *Sowada,* Die erfolgsqualifizierten Delikte im Spannungsfeld zwischen Allgemeinem und Besonderem Teil des Strafrechts, JURA 1995, 644; *Sternberg-Lieben,* Versuch und § 243 StGB, JURA 1986, 183; *Valerius,* Untauglicher Versuch und Wahndelikt, JA 2010, 113; *Weigand/Wasser,* Warum sind untaugliche Versuche strafbar?, JA 2021, 793.

Übungsfälle: *Kudlich,* Nie gefreit – nie bereut, JuS 1997, L 69; *Meurer/Dietmeier,* Das Ehepaar, der Liebhaber und die Fleischgabel, JuS 2001, L 36.

Rechtsprechung: BGHSt 13, 235 – Bezugskarten (Abgrenzung von Versuch und Wahndelikt); **BGHSt 40, 299** – Münzhändler (untauglicher Versuch); **BGHSt 41, 94** – Detmol (un-

---

1490 Vgl. unten § 23 (Rn. 700 ff.).

tauglicher Versuch aus grobem Unverstand); **BGHSt 42, 268** – Urologe (Abgrenzung von Versuch und Wahndelikt); **BGHSt 48, 34** – Verfolgungsjagd (erfolgsqualifizierter Versuch).

I. Der untaugliche Versuch

1. Definition

Unter einem untauglichen Versuch versteht man einen Versuch, der unter den gegebenen Umständen entgegen den Vorstellungen des Täters entweder aus tatsächlichen oder aus rechtlichen Gründen nicht zur Verwirklichung des Tatbestandes führen konnte[1491]. Es darf dabei höchstens eine abstrakte (oder gar keine) Gefahr für das geschützte Rechtsgut eingetreten sein. Wird das Rechtsgut hingegen konkret gefährdet, liegt ein an sich tauglicher Versuch vor.

> **Bsp.:** Anton zielt mit seiner Pistole in Tötungsabsicht auf Bruno und drückt ab. Er hatte aber versehentlich keine Kugel im Lauf. – Hier konnte der Versuch aus tatsächlichen Gründen (keine Kugel im Lauf) nicht zum Erfolg führen. Er war also von vorne herein untauglich. Anders hingegen, wenn Anton als schlechter Schütze mit zitternden Händen kaum eine Chance hatte, Bruno zu treffen und daher auch, wie erwartet, vorbei schießt. Infolge der trotz allem eingetretenen konkreten Gefährdung lag hier ein an sich tauglicher Versuch vor.

Der untaugliche Versuch zeichnet sich somit dadurch aus, dass die Unmöglichkeit der vollständigen Erfüllung des Tatbestandes objektiv bereits zum Zeitpunkt des Versuchsbeginns („ex-ante") feststeht, der Täter dies jedoch nicht erkennt. Insofern liegt jedem untauglichen Versuch eine besondere **Irrtumskonstellation** zugrunde: Der Täter irrt sich darüber, dass er das angestrebte Ziel mit den vorhandenen Mitteln nicht erreichen kann[1492]. Diese Untauglichkeit kann auf mehreren Ursachen beruhen (die rechtlich allerdings gleich behandelt werden)[1493]:

a) Untauglichkeit des Tatobjekts. In diesen Fällen entspricht bereits das vom Täter anvisierte Objekt nicht den Anforderungen des Tatbestandes, den der Täter verwirklichen möchte. Der Versuch kann also *„nach der Art des Gegenstandes, an dem [...] die Tat begangen werden sollte, überhaupt nicht zur Vollendung führen"* (§ 23 Abs. 3 StGB).

> **Bsp.:** Anton will Bruno töten. Er legt sich nachts in dessen Garten auf die Lauer und schießt, als er eine Gestalt daherkommen sieht, auf diese. Allerdings handelt es sich bei der Gestalt um Brunos Schäferhund, der im Garten herumstreunte. Dieser wird getroffen und stirbt. – Das tatsächlich getroffene Objekt (= Hund) war zwar taugliches Objekt einer Sachbeschädigung, nicht aber eines Totschlags, weil dieser nach § 212 StGB einen Menschen als Tatobjekt voraussetzt. Es liegt hier der klassische Fall eines error in persona vel obiecto vor[1494].

b) Untauglichkeit des Tatmittels. Hier verwendet der Täter zur Tatbestandsverwirklichung ein Mittel, welches für den beabsichtigten Zweck völlig ungeeignet

---

1491 Vgl. hierzu nur BWME-*Mitsch*, § 22 Rn. 37; *B. Heinrich*, JURA 1998, 393 (393 f.); *Jescheck/Weigend*, § 50 I 1; *Rengier*, § 35 Rn. 1; *Satzger*, JURA 2013, 1017 (1019); *Valerius*, JA 2010, 113; *Weigand/Wasser*, JA 2021, 793; *Wessels/Beulke/Satzger*, Rn. 979.
1492 Vgl. hierzu auch *Puppe*, § 20 Rn. 1 ff.
1493 Die folgenden Fallgruppen sind nicht abschließend. So kann die Untauglichkeit des Versuchs z. B. auch darauf beruhen, dass das Tatopfer mit der Tatbegehung einverstanden war, was der Täter jedoch nicht erkannte; vgl. hierzu den Übungsfall bei *Kudlich/Schuhr*, JA 2007, 349 (350 f.).
1494 Vgl. hierzu näher unten Rn. 1099; aus der Rechtsprechung RGSt 1, 451 (452 – Tötungsversuch an einer Leiche nach Totgeburt); RGSt 34, 217 (Abtreibungsversuch einer Nichtschwangeren); vgl. hierzu auch den Übungsfall bei *Bergmann*, ZJS 2009, 412 (414 f.).

ist. Der Versuch kann also „*nach der Art des [...] Mittels, mit dem die Tat begangen werden sollte, überhaupt nicht zur Vollendung führen*" (§ 23 Abs. 3 StGB).

> **Bsp.**: Anton zielt mit seiner Pistole in Tötungsabsicht auf Bruno und drückt ab. Er hatte aber vergessen, die Pistole zu laden, sodass sich kein Schuss lösen kann. – Hier ist das Tatmittel (= ungeladene Pistole) zur Verwirklichung des Tatbestandes (= Tötung mittels eines Schusses) als völlig ungeeignet anzusehen[1495].

672 **c) Untauglichkeit des Tatsubjekts.** Die – selteneren – Fälle der Untauglichkeit des Tatsubjekts betreffen Tatbestände, die eine besondere Subjektsqualität des Täters voraussetzen (Sonderdelikte). Der Täter geht hier davon aus, diese Qualität zu besitzen (z. B. die Amtsträgereigenschaft oder die Garantenstellung beim unechten Unterlassungsdelikt[1496]), obwohl diese in Wirklichkeit fehlt. Die Fallgruppe der Untauglichkeit des Tatsubjekts ist in § 23 Abs. 3 StGB nicht erwähnt, weswegen hier teilweise eine Straflosigkeit angenommen wird[1497]. Dies überzeugt jedoch nicht, da § 23 Abs. 3 StGB die Strafbarkeit des untauglichen Versuchs nicht konstitutiv begründet, sondern lediglich in Teilbereichen eine Strafmilderungsmöglichkeit vorsieht[1498]. Der Gegenansicht ist nur insoweit zu folgen, als hier eine besonders sorgfältige Abgrenzung zum Wahndelikt vorgenommen werden muss[1499].

> **Bsp. (1):** Anton wird zum Richter ernannt und ist als Richter am Amtsgericht tätig. Seine Ernennung ist aber, was sich erst später herausstellt, wegen eines gravierenden Formfehlers nichtig. Anton nimmt das Angebot seines Freundes Gerd an, in dessen Gaststätte kostenlos zu speisen, wenn er Gerds Ehefrau in einer bevorstehenden Strafsache freispreche. – Hier kommt eine Richterbestechlichkeit, § 332 Abs. 2 StGB, in Frage, die jedoch daran scheitert, dass Anton objektiv (infolge der Nichtigkeit der Ernennung) kein Richter war. Daher bleibt nur die Versuchsstrafbarkeit in der Fallgruppe „Untauglichkeit des Tatsubjekts" übrig[1500]. – Für Gerd liegt dagegen im Hinblick auf eine mögliche Strafbarkeit wegen Richterbestechung, § 334 Abs. 2 StGB, die Fallgruppe „Untauglichkeit des Tatobjekts" vor.

1495 Vgl. aus der Rechtsprechung RGSt 34, 217 (Abtreibungsversuch mittels harmlosem Schmerzmittel); BGHSt 41, 94 (viel zu geringe Dosierung eines Giftes); vgl. auch den Übungsfall bei *Hertel*, JURA 2011, 391 (392).
1496 BGHSt 16, 155 (160); *Wessels/Beulke/Satzger*, Rn. 979.
1497 *Foth*, JR 1965, 366 (371); *Frister*, 23. Kap. Rn. 23; *Hardwig*, GA 1957, 170 (174 ff.); *Jakobs*, 25/43; *Klesczewski*, Rn. 483; *Köhler*, S. 457 ff.; *Krey*, AT 2, 3. Aufl., Rn. 447; NK-*Zaczyk*, § 22 Rn. 39; *Otto*, § 18 Rn. 77; *Rath*, JuS 1999, 32 (34); *Schmitz*, JURA 2003, 593 (601); *Stratenwerth/Kuhlen*, § 11 Rn. 65 f.; *Tiedemann*, Schröder-GS 1978, S. 289 (295 f.); *Valerius*, JA 2010, 113 (115); vgl. zu dieser Diskussion *B. Heinrich*, JURA 1998, 393 (394 m. w. N. in Fn. 12); *Schönke/Schröder-Eser/Bosch*, § 22 Rn. 75 f.; hierzu auch RGSt 8, 198 (200 f.); RGSt 29, 419 (421).
1498 Für eine Einbeziehung des untauglichen Tatsubjekts daher auch RGSt 47, 189 (190 f.); RGSt 72, 109 (112 f.); BWME-*Mitsch*, § 22 Rn. 40; *Bruns*, GA 1979, 161 (183 ff.); *Exner*, JURA 2010, 276 (277); *Fischer*, § 22 Rn. 55; *B. Heinrich*, JURA 1998, 393 (394); *Herzberg*, GA 2001, 257 (270 f.); *Jescheck/Weigend*, § 50 I 1; *Kühl*, § 15 Rn. 91, 102 ff.; *Lackner/Kühl*, § 22 Rn. 11; LK-*Hillenkamp*, 12. Aufl., § 22 Rn. 232 ff.; LK-*Murmann*, 13. Aufl., § 22 Rn. 305 ff.; *Maurach/Gössel/Zipf-Gössel*, AT 2, § 40 Rn. 242; MüKo-*Hoffmann-Holland*, 4. Aufl., § 22 Rn. 62 ff.; NK-*Kindhäuser*, § 283 Rn. 101; NK-*Kuhlen*, § 331 Rn. 123; *Putzke*, JuS 2009, 894 (898); *Rengier*, § 35 Rn. 6; *Schlüchter*, JuS 1985, 527 (529); *Schönke/Schröder-Eser/Bosch*, § 22 Rn. 76; *Seier/Gaude*, JuS 1999, 456 (457 f.); SK-*Rudolphi*, 8. Aufl., § 22 Rn. 28 f.; *Streng*, GA 2009, 529 (539); *Wessels/Beulke/Satzger*, Rn. 980 f.; differenzierend *Roxin*, AT II, § 29 Rn. 356 ff.; *Schünemann*, GA 1986, 293 (317 ff.); SK-*Jäger*, § 22 Rn. 49.
1499 Vgl. zum Wahndelikt unten Rn. 681 ff.; zu den Kriterien dieser Abgrenzung *B. Heinrich*, JURA 1998, 393 (394).
1500 So auch BWME-*Mitsch*, § 22 Rn. 40; *B. Heinrich*, JURA 1998, 393 (394); *Jescheck/Weigend*, § 50 III 2c; *Kühl*, § 15 Rn. 105; *ders.*, JuS 1981, 193 (194); *Schönke/Schröder-Eser/Bosch*, § 22 Rn. 76; *Wessels/Beulke/Satzger*, Rn. 979.

Bsp. (2): Anton sieht zu, wie ein kleines Kind im See von der Luftmatratze fällt und zu ertrinken droht. Er hält dieses Kind irrtümlich für seine vierjährige Tochter Anna und unternimmt nichts. – Hier liegt ein versuchter Totschlag durch Unterlassen, §§ 212, 22, 13 StGB, vor. Anton glaubte infolge eines Irrtums über einen tatsächlichen Umstand (nämlich dass es sich bei dem ertrinkenden Kind um seine Tochter handle), dass er hier Garant und daher taugliches Subjekt eines unechten Unterlassungsdelikts sei[1501]. Anders hingegen wenn er zwar erkennt, dass es sich bei dem ertrinkenden Kind um ein fremdes Kind handelt, er aber irrtümlich annimmt, auch in diesen Fällen sei man als Garant zur Hilfeleistung verpflichtet. Dann nämlich läge lediglich ein strafloses Wahndelikt vor[1502] (dazu tritt hier jeweils noch eine vollendete unterlassene Hilfeleistung, § 323c StGB).

2. Rechtsfolge

673 Der untaugliche Versuch ist in gleicher Weise strafbar wie der an sich taugliche Versuch[1503]. Dies ergibt sich bereits aus der Regelung des **§ 23 Abs. 3 StGB**[1504]. Denn diese Norm bestimmt, dass in denjenigen Fällen, in denen der Täter aus **grobem Unverstand** verkennt, dass sein Handeln völlig ungeeignet ist, eine Tatvollendung herbeizuführen (und somit ein untauglicher Versuch vorliegt!), eine Strafmilderung in größerem Umfange möglich ist als bei an sich tauglichen Versuchskonstellationen. Handelt der Täter hingegen bei der Begehung eines untauglichen Versuchs nicht grob unverständig, bleibt ihm – klassischer Umkehrschluss – eine solche Strafmilderungsmöglichkeit versagt. Daraus folgt, dass der Gesetzgeber von der grundsätzlichen Strafbarkeit (auch) des untauglichen Versuchs ausgeht[1505].

674 Dieses Ergebnis wird ferner durch § 22 StGB bestätigt. Hiernach begeht derjenige einen Versuch, der **nach seiner Vorstellung von der Tat** (und das heißt eben nicht: nach einer rein objektiven Betrachtungsweise, die auch die objektive Tauglichkeit der Versuchshandlung mit einschließt) zur Verwirklichung des Tatbestandes unmittelbar ansetzt[1506].

II. Der grob unverständige Versuch, § 23 Abs. 3 StGB

1. Definition

675 Unter dem grob unverständigen Versuch, der in § 23 Abs. 3 StGB geregelt ist, versteht man einen Versuch, der aus den oben (unter I.) genannten Gründen ob-

---

1501 *B. Heinrich*, JURA 1998, 393 (394); *Armin Kaufmann*, Klug-FS, Bd. II, 1983, S. 277 (285); *Wessels/Beulke/Satzger*, Rn. 979.
1502 BGHSt 16, 155 (160); *B. Heinrich*, JURA 1998, 393 (394).
1503 Dies ist ständige Rechtsprechung seit RGSt 1, 439 (441 ff.); vgl. aus jüngerer Zeit BGHSt 41, 94 (96); ferner *Bock*, 2021, 497 (501); *B. Heinrich*, JURA 1998, 393; *Mitsch*, ZIS 2016, 352 (356); *Rudolph*, JA 2011, 346 (347); *Satzger*, JURA 2013, 1017 (1019); *Valerius*, JA 2010, 113; ablehnend *Köhler*, S. 457 ff., 463; kritisch im Hinblick auf die Weite der Strafbarkeit auch *Klesczewski*, Rn. 483 ff.; NK-*Zaczyk*, § 22 Rn. 37; *Schmitz*, JURA 2003, 593 (598).
1504 Vgl. hierzu BWME-*Mitsch*, § 22 Rn. 39; *B. Heinrich*, JURA 1998, 393; *Kühl*, § 15 Rn. 86; *ders.*, JuS 1981, 193; *Kusche*, JURA 2019, 913 (914); *Mitsch*, JURA 2014, 583 (586); *Rath*, JuS 1998, 1106 (1111); *Roxin*, JuS 1973, 329 (330); *Satzger*, JURA 2013, 1017 (1019); *Schönke/Schröder-Eser/Bosch*, § 22 Rn. 61; *Valerius*, JA 2010, 113; *Wessels/Beulke/Satzger*, Rn. 980; kritisch *Mitsch*, ZIS 2016, 352 (354).
1505 *Krey/Esser*, Rn. 1246 f.; LK-*Hillenkamp*, 12. Aufl., § 22 Rn. 183; LK-*Murmann*, 13. Aufl., § 22 Rn. 233 ff.
1506 Vgl. hierzu *B. Heinrich*, JURA 1998, 393; *Kühl*, § 15 Rn. 87; einschränkend *Rath*, JuS 1998, 1106 (1111 f.); kritisch auch *Mitsch*, ZIS 2016, 352 (354 f.).

jektiv untauglich ist und bei dem der Täter zudem (subjektiv) diese Untauglichkeit aus grobem Unverstand verkennt[1507]. Es darf also – objektiv – jedenfalls keine konkrete Gefährdung des Opfers bestanden haben[1508]. Subjektiv muss der Täter grob unverständig handeln. Grober Unverstand liegt dann vor, wenn der Täter völlig abwegige Vorstellungen von gemeinhin bekannten Ursachenzusammenhängen besitzt, er also naturgesetzliche Kausalzusammenhänge völlig verkennt[1509].

Bsp.[1510]: Anton regt sich über den zunehmenden Fluglärm auf und will in der Weise dagegen vorgehen, dass er ein Flugzeug „abschießt", wobei er den Tod von Menschen billigend in Kauf nimmt. Er kauft sich eine große Steinschleuder, installiert diese in seinem Garten und schießt mehrmals Steinbrocken in Richtung der Flugzeuge, sobald diese über seinem Haus erscheinen. Die Steinbrocken werden jedoch höchstens 30 Meter in die Höhe geschleudert[1511]. – Hier liegt infolge der Untauglichkeit des Tatmittels (Steinschleuder mit viel zu geringer Reichweite) ein (objektiv) untauglicher Versuch vor, der auch grob unverständig ist, da es regelmäßig völlig unmöglich ist, mit Steinschleudern Flugzeuge in mehreren tausend Metern Höhe zu treffen. – Problematisch wird dies jedoch in den Fällen, in denen der Täter ein grundsätzlich taugliches Mittel verwendet, dies aber viel zu gering dosiert (z. B. Verwendung von einem Gramm eines bestimmten Giftes zur Tötung eines Menschen, wobei das Gift erst ab 100 Gramm überhaupt geeignet ist, körperliche Reaktionen zu bewirken). Sofern das Mittel ab einer bestimmten Menge „an sich" tauglich ist, ist ein grob unverständiger Versuch abzulehnen[1512].

676 Dagegen führt eine **grob unverständige Motivation** des Täters (z. B.: Anton glaubt, seine Ehefrau Erna sei vom Teufel besessen, weil sie infolge eines Schüttelfrostes zu zittern beginnt. Er will sie daraufhin zur Seelenrettung mit der Axt erschlagen, schlägt aber knapp vorbei[1513]) oder eine **grob unverständige Verkennung von tatsächlichen Umständen** (z. B.: Bruno hält eine billig aussehende Plastik-Spielzeugpistole für eine scharfe Waffe und versucht, damit auf seinen Gegner zu schießen) nicht zum Vorliegen eines grob unverständigen Versuchs[1514]. In diesen Fällen liegt daher ein ganz „normaler" (untauglicher) Versuch vor.

1507 Vgl. hierzu nur *B. Heinrich*, JURA 1998, 393 (394); abweichend BGHSt 41, 94 (95): Hier wird nicht zwischen den objektiven und subjektiven Elementen getrennt, sondern diese werden vielmehr als „Einheit" geprüft; ebenso die wohl h. M.; vgl. nur *Fischer*, § 23 Rn. 7; LK-*Vogler*, 10. Aufl., § 23 Rn. 33; ferner LK-*Murmann*, 13. Aufl., § 23 Rn. 69.
1508 Vgl. dagegen BGHSt 41, 94 (95); hier wird für das Vorliegen eines grob unverständigen Verstandes verlangt, dass objektiv weder eine konkrete noch eine abstrakte Gefährdung vorliege.
1509 Vgl. hierzu nur BGHSt 41, 94 (95); *Bloy*, ZStW 113 (2001), 76; *Fischer*, § 23 Rn. 7; *B. Heinrich*, JURA 1998, 393 (396 f.); *Jescheck/Weigend*, § 50 I 5b bb; *Kühl*, § 15 Rn. 92; *ders.*, JuS 1981, 193; *Lackner/Kühl*, § 23 Rn. 8; LK-*Hillenkamp*, 12. Aufl., § 23 Rn. 60 ff.; LK-*Murmann*, 13. Aufl., § 23 Rn. 69 ff.; *Marxen*, Fall 21e; *Radtke*, JuS 1996, 878; *Rath*, JuS 1998, 1106 (1112); *Rengier*, § 35 Rn. 9; *Roxin*, JuS 1973, 329 (330 ff.); *Satzger*, JURA 2013, 1017 (1020); *Schönke/Schröder-Eser/Bosch*, § 23 Rn. 17; *Seier/Gaude*, JuS 1999, 456 (459); *Valerius*, JA 2010, 113 (116); *Wessels/Beulke/Satzger*, Rn. 982; vgl. hierzu auch den Übungsfall bei *Hillenkamp*, JuS 2003, 157 (164).
1510 Ein anschaulicher weiterer Fall findet sich in BGHSt 41, 94. Dieser wurde als Übungsfall aufbereitet von *Kudlich*, JuS 1997, L 69.
1511 Vgl. weitere Fälle bei *B. Heinrich*, JURA 1998, 393 (395 f.); *Kühl*, § 15 Rn. 92; *Seier/Gaude*, JuS 1999, 456 (459).
1512 So ausdrücklich BGHSt 8, 263 (268); BGHSt 41, 94 (96); vgl. ferner hierzu *B. Heinrich*, JURA 1998, 393 (395 ff.); *Roxin*, JuS 1973, 329 (332).
1513 Ist lediglich die Motivation grob unverständig, wird oft – wie auch im vorliegenden Fall – der Versuch selbst tauglich sein.
1514 Vgl. *B. Heinrich*, JURA 1998, 393 (396); *Jakobs*, 25/84; *Schönke/Schröder-Eser/Bosch*, § 23 Rn. 17; a. M. *Rath*, JuS 1998, 1106 (1112 f.).

2. Rechtsfolge

677 Auch der grob unverständige Versuch ist als Unterfall des untauglichen Versuchs strafbar[1515]; es erfolgt allerdings eine fakultative Strafmilderung nach § 23 Abs. 3 StGB. Für den hier nicht geregelten Fall der Untauglichkeit des Tatsubjekts ist die Milderungsvorschrift des § 23 Abs. 3 StGB analog heranzuziehen[1516].

III. Der abergläubische Versuch

1. Definition

678 Unter einem abergläubischen (oder auch „irrealen") Versuch versteht man einen Versuch, bei dem der Täter auf die Wirksamkeit nicht existierender oder nach dem Stand der wissenschaftlichen Erkenntnis jedenfalls nicht nachweisbarer magischer Kräfte vertraut (Zauberei, Teufelsanbetung, Verhexen, Totbeten etc.)[1517].

> **Bsp.:** Anton veranstaltet zu Hause in einem abgedunkelten Zimmer bei Kerzenschein mit Freunden zusammen einen „kultischen Abend". Gemeinsam stellen sie ein Foto Rudis in die Mitte des Raumes und überziehen dieses mit bösen Flüchen in der Hoffnung, dies würde den Tod Rudis herbeiführen. Dabei sind sie überzeugt, dass die Zuhilfenahme dieser magischen Kräfte zur Herbeiführung des gewünschten Erfolges tauglich ist.

679 Der Täter irrt sich in diesen Fällen darüber, dass eine bestimmte Verhaltensweise schon ihrer Art nach niemals einen tatbestandlichen Erfolg herbeiführen kann. Selbst wenn dieser Erfolg tatsächlich einträte, würde man dem Täter diesen Erfolg nach den heutigen wissenschaftlichen Erkenntnissen niemals als sein Werk zurechnen[1518]. Man würde sein Verhalten nicht einmal als kausal für den Eintritt des Erfolges ansehen.

> **Bsp.:** Wenn Anton an einer heiligen Stätte um Mitternacht bei Vollmond den zu Hause in seinem Bett liegenden Bruno mit einem „tödlichen Fluch" überzieht und Bruno wenige Minuten später an einem Herzschlag stirbt, so käme niemand auf die Idee, Anton wegen eines vollendeten Tötungsdelikts zu bestrafen. Es ist daher nur konsequent, auch einen Totschlagsversuch zu verneinen, wenn Bruno den Fluch (was anzunehmen ist) überlebt.

2. Rechtsfolge

680 Der abergläubische Versuch ist nach h. M. straflos. Dieses Ergebnis kann auf zweierlei Wegen begründet werden. So wird behauptet, dass es sich beim abergläubischen Versuch um eine eigenständige, von der Versuchsstrafbarkeit nicht erfasste

---

1515 Für eine Straflosigkeit de lege ferenda *Roxin*, AT II, § 29 Rn. 369 f.; *Satzger*, JURA 2013, 1017 (1025); für eine Verfassungswidrigkeit einer Bestrafung der Fälle des grob unverständigen Versuches *Mitsch*, ZIS 2016, 352.
1516 Vgl. hierzu nur *B. Heinrich*, JURA 1998, 393 (395 f.) m. w. N.
1517 Vgl. hierzu nur RGSt 33, 321; *Gössel*, GA 1971, 225 (233); *B. Heinrich*, JURA 1998, 393 (397); *Hilgendorf*, JZ 2009, 139 (142); *Lackner/Kühl*, § 22 Rn. 14; MüKo-*Hoffmann-Holland*, 4. Aufl., § 22 Rn. 86 ff.; *Rengier*, § 35 Rn. 13; *Satzger*, JURA 2013, 1017 (1018); anders *Krey/Esser*, Rn. 1254, die diese Fälle als Wahndelikt behandeln; vgl. hierzu auch den Übungsfall bei *Hillenkamp*, JuS 2003, 157 (164).
1518 *Herzberg*, GA 2001, 257 (268); MüKo-*Hoffmann-Holland*, 4. Aufl., § 22 Rn. 88; *Satzger*, JURA 2013, 1017 (1018).

Kategorie handelt[1519]. Andere gehen davon aus, dass hier zwar ein Fall des grob unverständigen Versuchs vorliegt, der aber obligatorisch nach § 23 Abs. 3 StGB zum Absehen von Strafe führen muss[1520]. Letzteres ist zutreffend, weil eine eindeutige Abgrenzung des grob unverständigen vom abergläubischen Versuch kaum möglich ist[1521], bei einer derart krassen Verkennung von existierenden und nichtexistierenden Kräften jedoch das Strafbedürfnis fehlt. Einen rechtserschütternden Eindruck nach außen[1522] hinterlässt ein solches Verhalten regelmäßig nicht. Als weiterer Grund für das Absehen von Strafe lässt sich – wie bereits erwähnt – anführen, dass selbst dann, wenn der vom Täter angestrebte Erfolg tatsächlich einträte, es nach derzeitigen Erkenntnissen an der Kausalität von Handlung und Erfolg fehlen würde.

IV. Das Wahndelikt

1. Definition

681 Unter einem Wahndelikt – welches oftmals vom untauglichen Versuch abzugrenzen ist – versteht man die irrige Annahme des Täters, sein in tatsächlicher Hinsicht vollständig und richtig erkanntes Verhalten würde einen Straftatbestand erfüllen, sofern dieser Tatbestand a) entweder nur in seiner Einbildung existiert oder b) zwar existiert, der Täter ihn aber infolge einer falschen rechtlichen Wertung in seinem Anwendungsbereich überdehnt[1523].

> **Bsp. (1):** Ehemann Emil betrügt seine Frau Erna mit seiner Sekretärin Sigrid und geht dabei irrig davon aus, Ehebruch sei nach deutschem Recht ein Straftatbestand. – Hier nahm Emil die Verwirklichung eines Straftatbestandes an, den die (deutsche) Rechtsordnung nicht (mehr) kennt.
>
> **Bsp. (2):** Bruno zerreißt ein Foto seines Nachbarn Norbert und glaubt dabei, er hätte durch dieses Verhalten eine Körperverletzung begangen. – Hier existiert zwar ein entsprechender Straftatbestand (§ 223 StGB), dieser erfasst jedoch Brunos Verhalten nicht. Anders wäre es allerdings, wenn Bruno davon ausginge, dass Norbert durch das Zerreißen des Fotos und einem gleichzeitig ausgesprochenen Fluch körperliche Schmerzen zugefügt würden. Dann läge ein abergläubischer Versuch vor[1524].

1519 So die h. M.; vgl. RGSt 33, 321 (323); *Dölling/Duttge/König/Rössner-Ambos*, § 23 Rn. 9; *Frister*, 23. Kap. Rn. 22; *Gössel*, GA 1971, 225 (235); *Herzberg*, JURA 1990, 16 (19); *Jakobs*, 25/22; *Jescheck/Weigend*, § 50 I 6; *Kindhäuser/Zimmermann*, § 30 Rn. 15; *Kretschmer*, JR 2004, 444 (445); *Kudlich*, JZ 2004, 72 (75 f.); *Kühl*, § 15 Rn. 93; *ders.*, JuS 1981, 193; *Lackner/Kühl*, § 22 Rn. 14; LK-*Hillenkamp*, 12. Aufl., § 22 Rn. 190; *Maurach/Gössel/Zipf*, AT 2, 7. Aufl., § 40 Rn. 124, 142; *J. Meyer*, ZStW 87 (1975), 598 (618); NK-*Zaczyk*, § 23 Rn. 17; *Rath*, JuS 1998, 1106 (1113); *Rengier*, § 35 Rn. 13 f.; *Roxin*, AT II, § 29 Rn. 373; *ders.*, JuS 1973, 329 (331); *Schönke/Schröder-Eser/Bosch*, § 23 Rn. 13a; *Seier/Garde*, JuS 1999, 456 (459 f.); vgl. auch den Übungsfall bei *Hillenkamp*, JuS 2003, 157 (164).
1520 Vgl. hierzu nur *Fischer*, § 23 Rn. 9; *B. Heinrich*, JURA 1998, 393 (398); LK-*Murmann*, 13. Aufl., § 22 Rn. 247; *Otto*, § 18 Rn. 60 ff.; *Putzke*, JuS 2009, 894 (898); *Satzger*, JURA 2013, 1017 (1024); *Stratenwerth/Kuhlen*, § 11 Rn. 62; *Valerius*, JA 2010, 113 (116); vgl. auch *Bloy*, ZStW 113 (2001), 76 (108 f.), der aber bereits die begriffliche Unterscheidung zwischen irrealem und grob unverständigen Versuch leugnet; ferner *Hilgendorf*, JZ 2009, 139 (142 f.), der in Ausnahmefällen sogar zur Strafbarkeit gelangen will; anders wiederum BWME-*Mitsch*, § 22 Rn. 47, der in diesen Fällen den Tatvorsatz leugnet.
1521 So auch *Fischer*, § 23 Rn. 10; *Mitsch*, ZIS 2016, 352 (358); *Satzger*, JURA 2013, 1017 (1020).
1522 Vgl. zum Strafgrund des Versuchs oben Rn. 632 ff.
1523 Vgl. hierzu BGHSt 8, 263 (268); *Jäger*, Rn. 413; *Kühl*, § 15 Rn. 96; *Kusche*, JURA 2019, 913 (915 f.); *Putzke*, JuS 2009, 894 (898); *Rengier*, § 35 Rn. 15; *Schmitz*, JURA 2003, 593; *Valerius*, JA 2010, 113; ferner *Burkhardt*, JZ 1981, 681; *Kindhäuser*, JuS 2019, 953 (958); *Puppe*, § 20 Rn. 10 ff., 35; *Streng*, GA 2009, 529.
1524 Vgl. hierzu näher oben 678 ff.

2. Rechtsfolge

682 Das Wahndelikt ist straflos[1525]. Dies ist im Bsp. 1 eindeutig, da hier schon keine Strafnorm existiert, nach welcher der Täter bestraft werden könnte. Aber auch im Bsp. 2 ist eine Bestrafung nicht angebracht, weil der Gesetzgeber das vorgenommene Verhalten dem jeweiligen Tatbestand nicht unterstellt hat.

683 Bei der rechtlichen Einordnung des Wahndelikts – und seiner Abgrenzung vom untauglichen Versuch – muss letztlich die gleiche rechtliche Differenzierung herangezogen werden, die auch beim Irrtum für die Unterscheidung von Tatbestands- und Verbotsirrtum einschlägig ist[1526]:

> Irrt sich der Täter über die tatsächlichen Voraussetzungen, die die Untauglichkeit seines Versuchs begründen (Bsp.: Er nimmt fälschlich an, er habe noch eine Kugel im Lauf; er meint, bei dem im Garten herumstreunenden Hund handle es sich um seinen Nachbarn; er glaubt, seine Ernennung zum Richter sei wirksam[1527]), so liegt ein strafbarer **untauglicher Versuch** vor. Der Täter stellt sich in diesem Fall nämlich eine Sachlage vor, die, wenn sie wirklich vorläge, einen (existierenden) gesetzlichen Tatbestand erfüllen würde. Systematisch kann man hier auch von einem **umgekehrten Tatbestandsirrtum** sprechen[1528]. Dabei genügt ein bedingter Vorsatz[1529].
>
> Irrt sich der Täter hingegen auf rechtlicher Ebene darüber, dass ein vom Tatsächlichen her vollständig richtig erkanntes Verhalten vom Gesetzgeber nicht als strafbar angesehen wird, dann liegt ein **Wahndelikt** vor. Dieses ist, wie erwähnt, straflos[1530].

684 Wie der Irrtum, so kann auch ein Wahndelikt auf sämtlichen Ebenen der Strafbarkeit vorkommen. In einer Klausur ist daher ein unterschiedlicher Prüfungsstandort angebracht[1531].

> **Bsp. (1):** Emil glaubt an die Existenz einer Strafnorm (z. B.: Ehebruch), die es (nach deutschem Recht) nicht (mehr) gibt. – Hier liegt auf Tatbestandsebene ein „**umgekehrter Verbotsirrtum**" vor. Eine Prüfung ist hier entbehrlich, da ein Tatbestand für das entsprechende Verhalten fehlt.
>
> **Bsp. (2):** Bruno nimmt an, er begehe durch das Zerreißen eines Fotos eine Körperverletzung. – Hier liegt, ebenfalls auf Tatbestandsebene, ein „**umgekehrter Subsumtionsirrtum**" vor. Eine Prüfung erfolgt im Rahmen des Tatentschlusses auf Tatbestandsebene[1532].
>
> **Bsp. (3):** Anton ist der Ansicht, Notwehr dürfe nur zur Rettung des eigenen Lebens geleistet werden. Dennoch verletzt er Bruno, der gerade dabei ist, Antons Auto aufzubrechen, um dieses zu entwenden, in der Absicht, sein Eigentum zu verteidigen. – Hier

---

1525 Vgl. hierzu nur BWME-*Mitsch*, § 22 Rn. 49 f.; *Dölling/Duttge/König/Rössner-Ambos*, § 23 Rn. 10; *Frister*, 23. Kap. Rn. 18 f.; *Kindhäuser/Zimmermann*, § 30 Rn. 25; *Kindhäuser*, JuS 2019, 953 (95); *Krey/Esser*, Rn. 1253; *Kühl*, § 15 Rn. 97; LK-*Murmann*, 13. Aufl., § 22 Rn. 259; *Rengier*, § 35 Rn. 15; *Valerius*, JA 2010, 113.
1526 So auch *Frister*, 23. Kap. Rn. 19 ff.; *Kindhäuser*, JuS 2019, 953 (958); zu dieser Unterscheidung näher unten 1065 ff.
1527 Vgl. zu diesen Beispielen oben Rn. 670 ff.
1528 BGHSt 42, 268; *Puppe*, § 20 Rn. 1 ff.; *Wessels/Beulke/Satzger*, Rn. 990.
1529 BGHSt 42, 268 (271).
1530 BGHSt 14, 345; BGHSt 42, 268 (273); *Rath*, JuS 1999, 32; *Wessels/Beulke/Satzger*, Rn. 990.
1531 Vgl. zum Prüfungsstandort in der Fallbearbeitung auch *Kühl*, § 15 Rn. 18; *Rath*, JuS 1999, 32 (34); *Valerius*, JA 2010, 113 (113 f.).
1532 Weitere Beispiele aus der Rechtsprechung: Irrtum über die Wartepflicht bei § 142 StGB (BGHSt 8, 263 [268]); Irrtum über die Urkundeneigenschaft (BGHSt 13, 235; anders noch BGHSt 7, 53 [58]); vgl. hierzu auch den Übungsfall bei *Herzberg/Scheinfeld*, JuS 2003, 880 (886); Irrtum über das Bestehen einer Garantenpflicht (BGHSt 16, 155 [160]); ferner den Übungsfall bei *Hertel*, JURA 2011, 391 (394).

liegt ein „**umgekehrter Erlaubnisirrtum**" vor. Eine Prüfung erfolgt im Rahmen des subjektiven Rechtfertigungselements auf Rechtswidrigkeitsebene[1533].

685 Diese an sich recht einfach nachvollziehbare Unterscheidung wird – wie schon bei der Abgrenzung von Tatbestandsirrtum und Verbotsirrtum[1534] – dann problematisch, wenn sich der Täter im Bereich der normativen Tatbestandsmerkmale irrt[1535].

> **Bsp.:** Anton „verpfändet" seine wertvolle Uhr, indem er sie zur Sicherheit für eine alsbald zurückzuzahlende Darlehenssumme dem Bruno überlässt. Dieser legt demonstrativ einen Zettel mit der Aufschrift „gehört vorübergehend Bruno" auf die Uhr. Bei einem Besuch bei Bruno nimmt Anton die Uhr heimlich wieder an sich und lässt den Zettel verschwinden. Dabei glaubt er, sowohl einen Diebstahl, § 242 StGB, als auch einen Siegelbruch, § 133 Abs. 2 StGB, und eine Urkundenunterdrückung, § 274 StGB, begangen zu haben. – Dies ist jedoch nicht der Fall, Anton hat diesbezüglich ein strafloses Wahndelikt begangen (es liegt lediglich eine strafbare Pfandkehr, § 289 StGB, vor). Anders (im Hinblick auf den Diebstahl) liegt der Fall hingegen, wenn Anton dem Bruno die Uhr zur Sicherheit übereignet hat, sich diese Übereignung aber infolge einer Geisteskrankheit Brunos als unwirksam herausstellt. Hier läge dann ein untauglicher Versuch eines Diebstahls vor.

V. Der erfolgsqualifizierte Versuch

1. Grundlagen

686 Im Rahmen der Behandlung des erfolgsqualifizierten Versuchs ist zuerst eine begriffliche Klärung vorzunehmen. Es sind hier nämlich zwei grundsätzlich unterschiedliche Konstellationen zu unterscheiden: der **erfolgsqualifizierte Versuch** und der **Versuch einer Erfolgsqualifikation**[1536].

687 Um diese Unterscheidung verstehen zu können, muss man sich die Definition des **erfolgsqualifizierten Delikts** erneut klar machen[1537]. Hierunter versteht man ein Delikt, bei dem sich an ein **vorsätzlich verwirklichtes Grunddelikt** eine schwere Folge anschließt. Bezüglich dieser schweren Folge ist nun nicht – wie bei einer normalen Qualifikation – Vorsatz erforderlich. Vielmehr genügt nach § 18 StGB in diesen Fällen ein fahrlässiges Verhalten. Nur in Sonderfällen (vgl. § 251 StGB) verlangt der jeweilige Tatbestand eine gesteigerte Form der Fahrlässigkeit (Leichtfertigkeit).

> **Bsp.:** Anton schlägt die Witwe Wilma in ihrer Villa mit einer Eisenstange bewusstlos und entwendet aus ihrem Safe den hierin gelagerten Schmuck (Grunddelikt: Raub, § 249 StGB). Durch den Schlag stirbt Wilma (schwere Folge), was Anton zwar nicht wollte und auch nicht billigend in Kauf nahm, was er jedoch hätte vorhersehen kön-

---

1533 Vgl. hierzu *Kühl*, § 15 Rn. 101; *Rath*, JuS 1999, 32.
1534 Vgl. hierzu unten Rn. 1065 ff.
1535 Vgl. hierzu *Fischer*, § 22 Rn. 51 ff.; *Frisch*, GA 2019, 305; *Jäger*, Rn. 414 ff.; *Kindhäuser/Zimmermann*, § 30 Rn. 26 ff.; *Kühl*, § 15 Rn. 98 ff.; *Lackner/Kühl*, § 22 Rn. 15; *Puppe*, § 20 Rn. 10 ff.; *Rath*, JuS 1999, 32 (33 f.); *Roxin*, JZ 1996, 981 (982); *Toepel*, ZIS 2017, 606 (608 ff.); vgl. auch die Übungsfälle bei *S. Dreher*, JuS 2007, 459 (461 f.); *Herzberg/Scheinfeld*, JuS 2003, 880 (886); *Heuchemer*, JA 2000, 946 (948 ff.); *Rudolph*, JA 2011, 346 (348); *Tiedemann/Waßmer*, JURA 2000, 533 (539); *Weißer*, JA 2010, 433 (438); zum Irrtum über normative Tatbestandsmerkmale vgl. ausführlich unten Rn. 1081 ff.
1536 Vgl. zu dieser Unterscheidung BGHSt 46, 24 (28); BGHSt 64, 80 (85); BGH NJW 2001, 2187; BWME-*Mitsch*, § 22 Rn. 52 f.; *Bloy*, JuS 1995, L 17 (L 19 f.); *Kudlich*, JA 2009, 246 (248 ff.); *Kühl*, § 17a Rn. 32 ff.; *ders.*, JuS 1981, 193 (196); *ders.*, JuS 2003, 19; *ders.*, JuS 2007, 742 (749); *Rath*, JuS 1999, 140 (141 f.).
1537 Vgl. hierzu bereits oben Rn. 180 f.; ferner unten Rn. 1057 ff.

nen. Da die Todesverursachung hier leichtfertig herbeigeführt wurde, liegt ein Raub mit Todesfolge, § 251 StGB, vor. – Wollte Anton die Wilma lediglich verletzen, um ihr eine Lektion zu erteilen, und hatte er es nicht auf den Schmuck abgesehen, liegt eine Körperverletzung mit Todesfolge, § 227 StGB, vor. Hier genügt für die schwere Folge (= Tod) nach § 18 StGB einfache Fahrlässigkeit.

2. Versuch einer Erfolgsqualifikation

Der Versuch einer Erfolgsqualifikation zeichnet sich dadurch aus, dass neben dem (vorsätzlich verwirklichten oder versuchten) Grunddelikt auch die schwere Folge vom Vorsatz des Täters voll umfasst war, jedoch nicht eingetreten ist[1538]. Obwohl an sich, wie gezeigt, hinsichtlich des Eintritts der schweren Folge Fahrlässigkeit (oder, je nach tatbestandlicher Fassung: Leichtfertigkeit) ausreichend ist, muss hier erst recht vorsätzliches Verhalten erfasst sein, da § 18 StGB ausdrücklich davon spricht, dass dem Täter „wenigstens" Fahrlässigkeit zur Last gelegt werden muss[1539]. Dabei sind wiederum zwei verschiedene Ausprägungen denkbar, die rechtlich jedoch gleich zu behandeln sind[1540]. **688**

a) Das Grunddelikt wird verwirklicht, die schwere Folge nicht[1541] **689**

Bsp.: Anton schlägt Wilma mit der Eisenstange bewusstlos, um ihren Safe ausrauben zu können. Dabei nimmt er bedingt vorsätzlich ihren Tod in Kauf. Nach dem Niederschlagen räumt er den Safe aus und verschwindet (damit ist der Raub vollendet). Wilma wird von einem Nachbarn gefunden und überlebt (kein Eintritt der schweren Folge Tod).

b) Weder das Grunddelikt noch die schwere Folge werden verwirklicht[1542] **690**

Bsp.: Anton schlägt Wilma mit der Eisenstange bewusstlos, um ihren Safe ausrauben zu können. Dabei nimmt er bedingt vorsätzlich ihren Tod in Kauf. Allerdings ist der Safe dieses Mal leer und Anton muss unverrichteter Dinge nach Hause gehen (d. h. der Raub konnte mangels Wegnahme nicht vollendet werden). Wilma wird gefunden und überlebt (kein Eintritt der schweren Folge Tod). – Ebenso ist der Fall zu beurteilen, wenn bereits das Niederschlagen der Wilma misslingt, da Anton mit der Eisenstange daneben schlägt und dabei so unglücklich stürzt, dass ihn Wilma ihrerseits überwältigen kann und es daher nicht zur Wegnahme von Gegenständen kommt.

c) Rechtliche Behandlung.
In beiden Fällen hat sich der Täter wegen eines Versuchs der Erfolgsqualifikation strafbar gemacht (hier: Versuch des § 251 StGB). Daneben ist regelmäßig auch der vorsätzlich begangene Versuch der schweren Folge selbst strafbar und mit (zumeist) höherer Strafe bedroht (hier: versuchter **691**

1538 Zur versuchten Erfolgsqualifikation vgl. *Kuhli*, JuS 2020, 289 (292 f.).
1539 BGH NJW 2022, 254; *Kühl*, JURA 2003, 19; vgl. hierzu die Übungsfälle bei *Dannecker/Schröder*, JuS 2020, 860 (865); *Frank*, JURA 2006, 783 (788 f.); *Frisch/Murmann*, JuS 1999, 1196 (1200); *Kasiske*, JURA 2012, 736 (741); *Kudlich*, JuS 2003, 32 (34 f.); *Kühl*, JuS 2007, 742 (749); *Kuhli/Schütt*, JuS 2016, 328 (330); *Moldenhauer/Willumat*, JA 2021, 563 (570 f.); *Putzke*, ZJS 2011, 522 (526); *Reinbacher*, JURA-Sonderheft Zwischenprüfung, 2004, 26 (30 f.); ferner die Beispielsfälle bei *Krey/Esser*, Rn. 1371 ff.
1540 Vgl. auch die Übersicht bei *Wessels/Beulke/Satzger*, Rn. 997; ferner *Jäger*, Rn. 568 ff.; *Krey/Esser*, Rn. 1371 f.; *Mitsch*, NZWiSt 2019, 121 (122); *Schönke/Schröder-Sternberg-Lieben/Schuster*, § 18 Rn. 10 ff.
1541 BGHSt 21, 194 (194 f. - zu § 226 StGB); BGH NJW 2001, 2187 m. Anm. *Baier*, JA 2001, 751; vgl. auch *Kuhli*, JuS 2020, 289 (292).
1542 Auch diese Fallgruppe ist überwiegend anerkannt; vgl. BGH NJW 2022, 254; *Gropp/Sinn*, § 9 Rn. 94; *Jakobs*, 25/26; *Jescheck/Weigend*, § 49 VII 2b; *Krey/Esser*, Rn. 1372; *Kudlich*, JA 2009, 246 (249); *Kühl*, § 17a Rn. 37; *ders.*, JURA 2003, 19 (20); *Kuhli*, JuS 2020, 289 (293); *Lackner/Kühl*, § 18 Rn. 10; *Sowada*, JURA 1995, 644 (650); *Schönke/Schröder-Sternberg-Lieben/Schuster*, § 18 Rn. 12; *Wessels/Beulke/Satzger*, Rn. 998; a. M. *Maurach/Schroeder/Maiwald*, BT 1, § 9 Rn. 26.

Mord aus Habgier). Dann ist im Einzelfall das Konkurrenzverhältnis der beiden Versuchsdelikte zu klären. Im vorliegenden Fall liegt Idealkonkurrenz, § 52 StGB, zwischen dem versuchten Mord und dem versuchten Raub mit Todesfolge vor[1543]. Dagegen tritt die versuchte Körperverletzung mit Todesfolge regelmäßig hinter einen versuchten Totschlag oder Mord zurück[1544]. Eigenständige Bedeutung bekommt der Versuch der Erfolgsqualifikation aber z. B. bei § 239 Abs. 3 Nr. 1 StGB (versuchte Freiheitsberaubung über eine Woche) oder § 226 StGB (versuchte schwere Körperverletzung), da hier die versuchte Herbeiführung der schweren Folge nicht – im Gegensatz zur Herbeiführung des Todes – einer eigenen Strafnorm unterfällt[1545]. Abzulehnen ist der Versuch der Erfolgsqualifikation nur in denjenigen Fällen, in denen das (nicht verwirklichte) Grunddelikt (wie z. B. die Aussetzung, § 221 StGB) selbst keine Versuchsstrafbarkeit vorsieht[1546]. In diesen Fällen ist auch der Versuch der Erfolgsqualifikation nicht eigenständig erfasst, selbst wenn es sich hierbei um ein Verbrechen handeln sollte[1547].

3. Erfolgsqualifizierter Versuch

692 **a) Definition.** Umstrittener sind die Fälle des sog. „erfolgsqualifizierten Versuchs". Hierunter versteht man Konstellationen, in denen bereits durch den Versuch des Grunddelikts die schwere Folge herbeigeführt wird, die der Täter auch hätte vorhersehen können, ohne dass ihm diesbezüglich jedoch ein (zumindest bedingt) vorsätzliches Verhalten zur Last gelegt werden könnte. Das Grunddelikt bleibt also im Versuch „stecken", während die schwere Folge eintritt[1548].

> **Bsp.**[1549]: Anton und Rudi verfolgen Bruno, um ihn kräftig durchzuprügeln. Nach einer wilden Verfolgungsjagd will sich Bruno in Todesangst mittels eines Sprunges durch eine Glasscheibe in ein Wohnhaus retten. Er zieht sich dabei eine Schnittwunde zu, an der er verblutet. Anton und Rudi finden Bruno nicht mehr und verschwinden. – Die Verfolgungsjagd stellte bereits ein unmittelbares Ansetzen zur Körperverletzung, § 223 StGB, dar. Auch war ein solches Panikverhalten des Opfers vorhersehbar und lag nicht außerhalb jeglicher Lebenserfahrung, sodass die Verletzung den Tätern auch als „ihr Werk" objektiv zuzurechnen ist (kein Ausschluss der objektiven Zurechnung durch eine freiverantwortliche Selbstgefährdung des Opfers). Insoweit ist hier eine versuchte Körperverletzung mit Todesfolge, §§ 227, 22 StGB, zu prüfen.

693 Die Frage, ob der erfolgsqualifizierte Versuch eines Delikts strafbar ist, ist im Einzelnen umstritten (vgl. hierzu Problemschwerpunkt 12, sogleich unten Rn. 694 ff.). Die h. M. differenziert danach, um welches Delikt es sich im Einzelfall

---

1543 *Joecks/Jäger*, § 251 Rn. 13; *Kudlich*, JA 2009, 246 (249); *Kühl*, § 17a Rn. 35; *ders.*, JURA 2003, 19.
1544 Vgl. hierzu nur *Kühl*, § 17a Rn. 34; *ders.*, JURA 2003, 19; dagegen verneinen bereits den Tatbestand des §§ 227, 22 StGB: *Krey/M. Heinrich*, BT 1, 14. Aufl., Rn. 263; SK-*Wolters*, § 227 Rn. 18.
1545 Vgl. hierzu nur *Kühl*, § 17a Rn. 36; *ders.*, JURA 2003, 19 (19 f.); LK-*Murmann*, 13. Aufl., Vor §§ 22 ff. Rn. 126 f.; ausführlich hierzu auch *Puppe*, AT 1, 1. Aufl., §§ 11, 12.
1546 Vgl. *Krey/Esser*, Rn. 1373; a. M. *Mitsch*, NZWiSt 2019, 121 (123); vgl. hierzu auch *Kuhli*, JuS 2020, 289 (293).
1547 Die Frage stellt sich in gleicher Weise beim erfolgsqualifizierten Versuch; vgl. hierzu bereits oben Rn. 643 und unten Rn. 699.
1548 Vgl. zum erfolgsqualifizierten Versuch *Kühl*, JURA 2003, 19 (20 ff.); *Küper*, JZ, 2019, 872; *Kuhli*, JuS 2020, 289 (291 ff.); ein Aufbauschema bietet *Steinberg*, JuS 2017, 1051 (1065).
1549 Fall nach BGHSt 48, 34 („Gubener Hetzjagd"); hierzu *Hardtung*, NStZ 2003, 261; *Heger*, JA 2003, 455; *Kudlich*, JA 2009, 246 (249); *Kühl*, JZ 2003, 637; *Laue*, JuS 2003, 743; *Puppe*, § 20 Rn. 25 ff.; *dies.*, JR 2003, 123; *Sowada*, JURA 2003, 549; als Übungsfall aufbereitet von *Lenk/Ritz*, JA 2020, 507 (511 f.); *Müller*, JURA 2005, 635; *Norouzi*, JuS 2006, 531; *Safferling*, JURA 2004, 64; *Wolter*, JA 2007, 354 (358 ff.); ferner *Müller/Schmoll*, JA 2013, 756 (760 ff.).

handelt, wobei deutliche Tendenzen erkennbar sind, den Versuch eines erfolgsqualifizierten Delikts weitgehend als möglich anzusehen.

b) Rechtliche Behandlung des erfolgsqualifizierten Versuchs[1550] **(Problemschwerpunkt 12)**

Fall: Anton will Brunos Geldbörse entwenden. Mit einem Faustschlag streckt er Bruno nieder. Dieser hat jedoch seine Geldbörse gar nicht dabei. Bruno fällt jedoch so unglücklich, dass er verstirbt. **694**

Problemstellung: Hier hat Anton versucht, Bruno zu berauben, §§ 249, 22 StGB. Durch diesen Versuch des Raubes ist Brunos Tod verursacht worden. In solchen Fällen ist es fraglich, ob neben einer vollendeten Köperverletzung mit Todesfolge, § 227 StGB, sowie einem versuchten Raub, §§ 249, 22 StGB, zusätzlich ein versuchter Raub mit Todesfolge, §§ 251, 22 StGB, anzunehmen ist.

aa) Nach der **Theorie der Erfolgsgefährlichkeit**[1551] setzt die Anwendung eines erfolgsqualifizierten Tatbestandes grundsätzlich die Vollendung des Grunddelikts voraus. Denn bei den erfolgsqualifizierten Delikten schlage sich in der schweren Folge gerade die dem Grunddelikt zugrunde liegende besondere Gefährlichkeit nieder. Da es aber beim Versuch des Grunddelikts noch nicht zum Erfolg desselben gekommen sei, fehle es hier an diesem erforderlichen „Zwischenerfolg". Der die Gefahr begründende Erfolg des Grunddelikts müsse also tatsächlich verwirklicht sein. Auch sei das erfolgsqualifizierte Delikt gerade durch die fahrlässig herbeigeführte Folge gekennzeichnet, insoweit dominiere hier das Fahrlässigkeitselement, welches nicht versucht werden könne[1552]. Zudem setze ein Versuch auch gerade voraus, dass der Täter nach seiner Vorstellung von der Tat unmittelbar ansetze. Hier habe der Täter aber keine Vorstellung von der ganzen Tat (d.h. der Erfolgsherbeiführung). Schließlich würde – sofern man die Rechtsfigur des erfolgsqualifizierten Versuchs durchweg anerkenne – bei Delikten, bei denen der Versuch des Grunddelikts nicht strafbar sei, der qualifizierenden Folge nicht nur strafschärfende, sondern contra legem strafbegründende Wirkung zufallen. Daher müsse der Grundtatbestand immer verwirklicht sein, bevor eine Erfolgsqualifikation geprüft werden könne. Insofern wäre Anton lediglich wegen eines versuchten Raubes in Tateinheit mit Körperverletzung mit Todesfolge, §§ 249, 22; § 227; § 52 StGB, zu bestrafen. **Gegen** diese Ansicht spricht nicht nur die gesetzliche Regelung in § 11 Abs. 2 StGB (erfolgsqualifizierte Delikte werden insgesamt als Vor- **695**

1550 Vgl. hierzu auch *Hillenkamp/Cornelius*, AT, 16. Problem; *Jäger*, Rn. 568 ff.; *Kühl*, JURA 2003, 19 (20 ff.); ferner die Übungsfälle bei *Börner*, JA 2017, 832 (836 f.); *Brand/Burkart*, JuS 2019, 139 (142 f.); *Eiden/Köpferl*, JURA 2010, 780 (784); *Großmann*, JuS 2021, 1054 (1058); *Günther/Selzer*, ZJS 2018, 352 (353); *Heger*, JA 2008, 859 (861); *Hertel*, JUA 2011, 391 (394 f.); *Kinzig/Linke*, JuS 2012, 229 (232); *Krack/Gasa*, JuS 2008, 1005 (1006); *Krack/Kische*, ZJS 2010, 734 (739); *Kreß/Weißer*, JA 2006, 115 (116 ff.); *Kudlich*, JuS 2003, 32 (35); *Lenk/Ritz*, JA 2020, 507 (511 f.); *Lotz/Reschke*, JURA 2012, 481 (483); *Müller/Raschke*, JURA 2011, 704 (709 ff.); *Müller/Schmoll*, JA 2013, 756 (762); *Norouzi*, JuS 2006, 531 (534); *Otto/Petersen*, JURA 1999, 480 (482 f.); *Radtke/Matula*, JA 2012, 265 (268); *Safferling*, JURA 2004, 64 (66 f.); *Schapiro*, JA 2005, 615 (617); *Schröder*, ZJS 2018, 162 (163 f.); *Steinberg/Stam*, ZJS 2011, 539 (541); *Stief*, JuS 2009, 716 (718 f.); *Wagner/Drachsler*, ZJS 2011, 530 (533 f.); *Wolter*, JA 2007, 354 (359 f.).
1551 So die frühere Rechtsprechung, vgl. RGSt 40, 321 (325); aus der Literatur *Altenhain*, GA 1996, 19 (30 ff.); *Gössel*, ZIS 2011, 386 (389 ff.); *Hirsch*, GA 1972, 65 (75); *Maurach/Gössel/Zipf*, AT 2, 7. Aufl., § 43 Rn. 117; *Schmidhäuser*, SB, 11/107.
1552 *Gössel*, ZIS 2011, 386 (390 f.); *Maurach/Gössel/Zipf*, AT 2, 7. Aufl., § 43 Rn. 117; vgl. auch MüKo-*Hardtung*, 4. Aufl., § 18 Rn. 77 ff.; dagegen *Kühl*, § 17a Rn. 41; *ders.*, JURA 2003, 19 (20 f.), mit dem zutreffenden Argument, das Gegenteil ergebe sich aus dem Gesetz, § 11 Abs. 2 StGB.

satzdelikte angesehen, sodass ein Versuch prinzipiell möglich sein muss)[1553], sondern auch die Tatsache, dass der Täter dann trotz des Eintritts einer schweren Folge, die gerade auch eine Folge der dem Grunddelikt innewohnenden Gefährlichkeit darstellt, nur wegen des allgemeinen Fahrlässigkeitstatbestandes bestraft werden könnte, was im Hinblick auf den geringeren Strafrahmen nicht angebracht erscheint.

696 **bb)** Nach der **Theorie der Handlungsgefährlichkeit**[1554] ist die Anwendung eines erfolgsqualifizierten Tatbestandes grundsätzlich auch dann möglich, wenn der Versuch des Grunddelikts fehlschlägt, durch diesen Versuch jedoch die schwere Folge herbeigeführt wird. Dabei sei es gleichgültig, um welches Grunddelikt es sich handle. Begründet wird dies damit, dass sich gerade in der schweren Folge die bereits typischerweise in der Handlung angelegte Gefahr verwirkliche. Dann aber könne es nicht mehr darauf ankommen, ob das Grunddelikt nun vollendet werde oder nicht. Ferner bezeichne auch das Gesetz die schwere Folge pauschal als straferhöhenden Umstand, ohne zwischen Vollendung und Versuch zu differenzieren. Dieser Ansicht ist zuzustimmen. Tritt nämlich die unerwünschte schwere Folge ein, so hat sich gezeigt, dass bereits der zugrunde liegenden (Versuchs-)Handlung eine entsprechende Gefährlichkeit innewohnte. Auf die Verwirklichung des Grunddelikts kann es daher nicht mehr ankommen. Allerdings ist stets einschränkend zu beachten, dass die erfolgsqualifizierten Delikte jeweils einen spezifischen Gefahrzusammenhang erfordern. Insofern ist im Einzelfall zu prüfen, ob – die Verwirklichung des Grunddelikts unterstellt – im Hinblick auf den eingetretenen Erfolg ein solcher Gefahrzusammenhang gegeben wäre[1555]. Ferner ist auch zu beachten, dass in diesen Fällen oftmals bereits die objektive Zurechnung problematisch ist, wenn der Täter den Erfolg zwar durch sein (Versuchs)Verhalten verursacht, der Erfolg aber dennoch nicht als „sein Werk" anzusehen ist. Schließlich ist zu beachten, dass der Versuch des Grunddelikts strafbar sein muss (was z. B. bei § 221 StGB ausscheidet), da sonst der fahrlässig herbeigeführten Folge insoweit strafbegründende und nicht nur strafschärfende Wirkung zukäme. Diese Ansicht hat zur Folge, dass beim Eintritt der schweren Folge im Rahmen eines vorsätzlichen Versuchs grundsätzlich ein Versuch des erfolgsqualifizierten Delikts möglich ist. Anton hat sich somit, da im vorliegenden Fall sämtliche weiteren Voraussetzungen vorliegen, wegen eines versuchten Raubes mit Todesfolge §§ 251, 22 StGB, in Tateinheit mit einer Körperverletzung mit Todesfolge, § 227 StGB, strafbar gemacht. **Hiergegen** wird zwar vorgebracht, dass die Strafschärfung beim erfolgsqualifizierten Delikt regelmäßig an die erhöhte Gefährlichkeit des Verletzungserfolges anzuknüpfen habe. Trete ein solcher Erfolg nicht ein, knüpfe die Bestrafung nur an die Verletzung von Sorgfaltspflichten an, was bereits durch die bestehenden Fahrlässigkeitstatbestände ausreichend erfasst würde. Betrachtet man jedoch die jeweilige Strafandrohung, so kann diese – bestraft man lediglich wegen des Fahrlässigkeitsdelikts – das Unrecht der Tat oftmals nicht ausreichend abdecken.

1553 Grundsätzliche Kritik an der Heranziehung des § 11 Abs. 2 StGB als Argument in diesem Zusammenhang allerdings bei *Küper*, JZ 2019, 872 (877).
1554 BGHSt 7, 37 (39); LK-*Vogel/Bülte*, 13. Aufl., § 18 Rn. 79; *Otto*, § 18 Rn. 87; *ders.*, JURA 1985, 671 (672); *Schröder*, JZ 1967, 368; *Stree*, GA 1960, 289 (292 ff.); ferner *Wolter*, JuS 1981, 168 (178 f.); *ders.*, GA 1984, 443 (445).
1555 Vgl. zu diesem spezifischen Gefahrzusammenhang bereits oben Rn. 181.

cc) Einen Mittelweg versucht die **differenzierende Theorie**[1556] dadurch zu erreichen, dass sie den erfolgsqualifizierten Versuch nicht pauschal zulässt oder ablehnt, sondern entscheidend darauf abstellt, wie das erfolgsqualifizierte Delikt im Einzelfall ausgestaltet ist und ob – was durch Auslegung zu ermitteln sei – der erhöhte Strafrahmen dadurch zu rechtfertigen ist, dass sich bereits das Grunddelikt durch eine erhöhte Handlungsgefährlichkeit auszeichnet. Knüpfe die schwere Folge gerade an die Gefährlichkeit der tatbestandsmäßigen Handlung an, sei ein Versuch möglich (z. B. bei §§ 178, 251 StGB – insoweit läge im vorliegenden Fall also eine Strafbarkeit des erfolgsqualifizierten Versuchs vor). Knüpfe die schwere Folge hingegen an den durch das Grunddelikt herbeigeführten Erfolg an, scheide ein Versuch aus (z. B. bei §§ 226 Abs. 1, 306c StGB[1557]). Eine solche Differenzierung, die stets eine Einzelanalyse von Struktur, Schutzrichtung und Ausgestaltung des jeweiligen Tatbestandes erfordert, kann jedoch nicht befriedigen. Zwar kann z. B. bei §§ 178, 251 StGB das Mittel (Gewalt) vom erstrebten Ziel (Beischlaf, Wegnahme) getrennt werden und gerade hierin die erhöhte Gefährlichkeit gesehen werden, die auch dann relevant wird, wenn der Täter sein Ziel nicht erreicht. Bei anderen Delikten, wie z. B. der Körperverletzung mit Todesfolge, § 227 StGB, gelingt diese Differenzierung jedoch gerade nicht. **Kritisch** ist daher festzustellen, dass es kaum möglich ist, dem jeweiligen Tatbestand Kriterien zu entnehmen, inwieweit die schwere Folge nun an die Handlung an sich oder an den Erfolg des Grundtatbestandes anknüpft. Diese Schwierigkeiten verbieten daher eine differenzierende Lösung, zumal deren Vertreter (insbesondere auch der BGH) sich im jeweiligen Einzelfall zunehmend für eine Zulässigkeit des erfolgsqualifizierten Versuchs entscheiden.

697

Der Streit entzündete sich in letzter Zeit insbesondere bei der Beurteilung der Strafbarkeit einer versuchten Körperverletzung mit Todesfolge, §§ 227, 22 StGB[1558]. Denn auch innerhalb der differenzierenden Theorie ist es umstritten, ob bei § 227 StGB die normierte schwere Folge gerade auf die Erfolgsgefährlichkeit des Grunddelikts (dann würde ein entsprechender Versuch ausscheiden) oder an die Handlungsgefährlichkeit anknüpft (dann wäre ein solcher Versuch möglich). Während in der Literatur eine Strafbarkeit des erfolgsqualifizierten Versuchs bei § 227 StGB überwiegend abgelehnt wird[1559], hat der BGH – im Ergebnis zu Recht – die Möglichkeit eines erfolgsqualifizierten Versuchs hier angenommen, wobei er zwar einen spezifischen Gefahrzusammenhang bei § 227 StGB forderte,

698

1556 RGSt 62, 422 (424 – zu § 251 StGB); RGSt 69, 332 (zu § 178 StGB); BGHSt 42, 158 (zu § 251 StGB); BGHSt 46, 24; BGHSt 48, 34 (37 f. - zu § 227 StGB); *Blei*, § 65 III 2; *Fischer*, § 18 Rn. 7; *Hertel*, JURA 2011, 391 (394 f.); *Jakobs*, 25/26; *Jescheck/Weigend*, § 49 VII 2a; *Joecks/Jäger*, § 18 Rn. 6; *Kindhäuser/Zimmermann*, § 30 Rn. 18; *Krack/Gasa*, JuS 2008, 1005 (1006); *Krack/Kische*, ZJS 2010, 734 (739); *Krey/Esser*, Rn. 1375; *Kudlich*, JA 2009, 246 (249 f.); *Kühl*, § 17a Rn. 48 ff.; *ders.*, JuS 1981, 193 (196); *ders.*, JURA 2003, 19 (22); *Kuhli*, JuS 2020, 289 (291); *Lackner/Kühl*, § 18 Rn. 9; *Laubenthal*, JZ 1987, 1065 (1067); LK-*Murmann*, 13. Aufl., Vor §§ 22 ff. Rn. 120; LK-*Schroeder*, 11. Aufl., § 18 Rn. 38; *Mitsch*, NZWiSt 2019, 121 (125 ff.); *Oehler*, ZStW 69 (1957), 503 (520); *Roxin*, AT II, § 29 Rn. 323; *Schmidhäuser*, SB, 11/104 ff.; *Schmidt*, Rn. 901; *Schönke/Schröder-Sternberg-Lieben/Schuster*, § 18 Rn. 9; SK-*Stein*, § 18 Rn. 55 f.; *Stief*, JuS 2009, 716 (718 f.); *Sowada*, JURA 1994, 643 (647); *ders.*, JURA 1995, 644 (651 f.); *Welzel*, § 24 VI 3; *Wessels/Beulke/Satzger*, Rn. 999; vgl. auch die – im Detail aber abweichende – Ansicht bei *Müko-Hardtung*, 4. Aufl., § 18 Rn. 73 ff.
1557 A.M. BGHSt, 7, 37 (38 f.); MüKo-*Radtke*, 3. Aufl., § 306b Rn. 38; *Stief*, JuS 2009, 716 (719).
1558 Vgl. hierzu den Beispielsfall oben Rn. 692.
1559 *Eiden/Köpferl*, JURA 2010, 780 (785); *Joecks/Jäger*, § 227 Rn. 8; *Krey/Esser*, Rn. 1375; *Krey/M. Heinrich*, BT 1, 14. Aufl., Rn. 271 f., 275; *Lackner/Kühl*, § 227 Rn. 2; *Puppe*, NStZ 1983, 22 (24); *Rath*, JuS 1999, 140 (142); *Roxin/Greco*, AT I, § 10 Rn. 115.

diesen aber bereits durch die gefährliche Handlung als solche als verwirklicht angesehen hat[1560].

699 Bei den Theorien bb) und cc) ist es weiterhin umstritten, ob der (an sich mögliche) Versuch des erfolgsqualifizierten Delikts auch dann strafbar ist, wenn das (nicht verwirklichte) Grunddelikt (wie z. B. die Aussetzung, § 221 StGB) selbst keine Versuchsstrafbarkeit vorsieht. Während einige sich über diese Hürde mit dem Argument hinwegsetzen, auch hier müsse der Versuch eines Verbrechens stets strafbar sein[1561], begegnet eine solche Einbeziehung Bedenken. Denn dann würde die lediglich Fahrlässigkeit erfordernde Erfolgsqualifikation (z. B. der Tod infolge der versuchten Aussetzung, § 221 StGB) entgegen der ausdrücklichen gesetzlichen Regelung in § 18 StGB die Strafbarkeit eines Versuchsdelikts nicht nur, wie üblich, schärfen, sondern begründen, da die versuchte Aussetzung straflos ist[1562].

§ 23 Unmittelbares Ansetzen

Einführende Aufsätze: *Berz*, Grundlagen des Versuchsbeginns, JURA 1984, 511; *Bosch*, Unmittelbares Ansetzen zum Versuch, JURA 2011, 909; *Dornis*, Der Versuchsbeginn in Selbstschädigungsfällen, JURA 2001, 664; *Engländer*, Der Versuchsbeginn bei der Elektrofalle, JuS 2003, 330; *Herzberg*, Der Anfang des Versuchs bei mittelbarer Täterschaft, JuS 1985, 1; *Hoffmann*, Über das unmittelbare Ansetzen während zeitlich gestreckter Handlungsabläufe, JA 2016, 194; *Krack*, Jetzt geht's los – typische Klausurfehler im Rahmen der Versuchsprüfung, JA 2015, 905; *Kretschmer*, Unmittelbares Ansetzen (§ 22 StGB) bei mittelbarer Täterschaft und Mittäterschaft, JA 2020, 583; *Kühl*, Grundfälle zu Vorbereitung, Versuch, Vollendung und Beendigung, JuS 1980, 506, 650, 811; *ders.*, JuS 1982, 110, 189; *Putzke*, Der strafbare Versuch, JuS 2009, 985; *Reichenbach*, Über den Versuch des Regelbeispiels, JURA 2004, 260; *Mitsch*, Die Beendigung als ungeschriebenes Merkmal der Straftat, JA 2017, 407; *Rönnau*, Grundwissen – Strafrecht: Versuchsbeginn, JuS 2013, 879; *ders.*, Grundwissen – Strafrecht: Versuchsbeginn bei Mittäterschaft, mittelbarer Täterschaft und unechten Unterlassungsdelikten, JuS 2014, 109; *Rönnau/Wegener*, Grundwissen – Strafrecht: Tatbeendigung, JuS 2019, 970; *Roxin*, Tatentschluß und Anfang der Ausführung beim Versuch, JuS 1979, 1; *Sonnen/Hansen-Siedler*, Die Abgrenzung des Versuchs von Vorbereitung und Vollendung, JA 1988, 17.

Übungsfälle: *Rackow*, E-mail für die B, JA 2003, 218; *Rosenau/Klöhn*, Der Apotheker, der Dieb und der Bayerwald Bärwurz: Einbruch mit fast tödlichem Ausgang, JURA 2000, 427.

Rechtsprechung: BGHSt 3, 297 – Begleiter (unmittelbares Ansetzen zum Raub); **BGHSt 4, 270** – Bestandslisten (unmittelbares Ansetzen beim mittelbaren Täter); **BGHSt 22, 80** – Lenkradschloss (Beginn der Ausführungshandlung); **BGHSt 26, 201** – Tankstelle (Abgrenzung von Vorbereitungshandlung und Versuch); **BGHSt 30, 363** – Salzsäure (unmittelbares

---

1560 BGHSt 48, 34 (37 f.); ferner BGH NStZ 2008, 278; BGH NStZ-RR 2019, 378; in diesem Sinne auch bereits BGHSt 14, 110 (112); BGHSt 31, 96 (101); so auch *Heger*, JA 2008, 859 (861); *Lenk/Ritz*, JA 2020, 507 (512); *Müller/Raschke*, JURA 2011, 704 (710); *Norouzi*, JuS 2006, 531 (534); *Steinberg*, JuS 2017, 1061 (1064); *Wessels/Beulke/Satzger*, Rn. 999; hierzu kritisch *Laue*, JuS 2003, 743 (746 f.); *Safferling*, JURA 2004, 64 (67); anders auch *Schönke/Schröder-Sternberg-Lieben*, § 227 Rn. 5.
1561 BWME-*Mitsch*, § 22 Rn. 14; *Heger*, ZStW 117 (2007), 593 (620 f.); *Mitsch*, NZWiSt 2019, 121 (123 ff.); *Otto*, § 18 Rn. 89; *Rath*, JuS 1999, 140 (142); *Sowada*, JURA 1995, 644 (652 f.); SK-*Stein*, § 18 Rn. 56; ebenso, aber mit abweichender Begründung, *Steinberg*, JuS 2017, 1016 (1064).
1562 So auch *Bussmann*, GA 1999, 21 (23 f.); *Eiden/Köpferl*, JURA 2010, 780 (784); *Gropp/Sinn*, § 9 Rn. 93; *Jakobs*, 25/26; *Krack/Kische*, ZJS 2010, 734 (739); *Krey/Esser*, Rn. 1375; *Kudlich*, JA 2009, 246 (249); *Kühl*, § 17a Rn. 45; *ders.*, JuS 1981, 193 (196); *ders.*, JURA 2003, 19 (21); *Lackner/Kühl*, § 18 Rn. 11; MüKo-*Hardtung*, 4. Aufl., § 18 Rn. 84; NK-*Paeffgen*, § 18 Rn. 112; *Roxin*, AT II, § 29 Rn. 323; *Schönke/Schröder-Sternberg-Lieben/Schuster*, § 18 Rn. 9; *Wessels/Beulke/Satzger*, Rn. 998; *Wolter*, JuS 1981, 168 (179).

Ansetzen des mittelbaren Täters); **BGHSt 33, 370** – Butzenscheiben (unmittelbares Ansetzen zur Verwirklichung eines Regelbeispiels); **BGHSt 36, 249** – Haschischschmuggel (unmittelbares Ansetzen bei unerlaubter Einfuhr von Betäubungsmitteln); **BGHSt 39, 236** – Scheintäter (unmittelbares Ansetzen bei vermeintlicher Mittäterschaft); **BGHSt 40, 299** – Münzhändler (unmittelbares Ansetzen bei vermeintlicher Mittäterschaft); **BGHSt 43, 177** – Giftfalle (unmittelbares Ansetzen bei notwendiger Mitwirkung des Opfers); **BGH NJW 1952, 514** – Pfeffertüte (unmittelbares Ansetzen).

I. Zeitliche Stufen der Deliktsbegehung

Jede vorsätzliche Straftat durchläuft vor ihrem endgültigen Abschluss mehrere Stufen der Willens- und Deliktsverwirklichung. Diese sind im Hinblick auf ihre strafrechtliche Bedeutung unterschiedlich zu bewerten. In den Tatbeständen des Besonderen Teils des StGB ist regelmäßig die **Vollendung** des Delikts als Anknüpfungspunkt gewählt. Jedoch gibt es eine Vielzahl von Handlungen, die vor oder nach diesem Zeitpunkt stattfinden (können) und sich auf das jeweilige Delikt beziehen. Diese sollen im Folgenden in zeitlicher Folge dargestellt werden[1563].

1. (Innerer) Tatentschluss

Die erste Stufe der Straftatverwirklichung ist der bloße, nach außen nicht erkennbare **Entschluss des Täters**, eine Straftat begehen zu wollen.

> **Bsp.:** Nachdem Anton von einer Erbschaft seines Nachbarn Bruno gehört und aus sicherer Quelle erfahren hat, dass dieser das Geld zu Hause in einem Safe aufbewahrt, beschließt er, daheim in seinem Wohnzimmersessel sitzend, am nächsten Freitag in die Wohnung des Bruno einzudringen, um das Geld zu entwenden.

Dieser Entschluss bleibt als rein innerer Vorgang, der nach außen in keinerlei Weise in Erscheinung tritt, **straflos**[1564]. Wäre dem nicht so, läge eine reine **Gesinnungsbestrafung** vor. Eine solche Gesinnungsbestrafung ist unserem Strafrecht jedoch fremd[1565].

2. Vorbereitungshandlungen

Als zweiter Schritt der Straftatverwirklichung sind bloße **Vorbereitungshandlungen** anzusehen[1566]. Der Täter bereitet hier die Deliktsbegehung vor, ohne dass die Tat im unmittelbaren Anschluss daran verwirklicht werden soll.

> **Bsp.:** Anton macht sich auf den Weg und besorgt einen Dietrich, um Brunos Eingangstüre während dessen Urlaubsabwesenheit zu öffnen. Ferner kauft er beim Eisenwarenhändler eine Brechstange, mit der er den Safe aufbrechen will. Schließlich ruft er unter falschem Namen bei einem Freund Brunos an, um herauszubekommen, wann genau Bruno in den Urlaub fährt[1567].

1563 Vgl. zu diesen Deliktsstadien *Krey/Esser*, Rn. 1193 ff.; *Mitsch*, JA 2017, 407 (407 f.); *Rath*, JuS 1998, 1006 (1006 f.); *Rengier*, § 33 Rn. 7 ff.; ferner den Übungsfall bei *Fahl/Scheurmann-Kettner*, JA 1999, 124.
1564 *Kindhäuser/Zimmermann*, § 31 Rn. 1; *Krey/Esser*, Rn. 1193; LK-*Murmann*, 13. Aufl., Vor §§ 22 ff. Rn. 3; *Mitsch*, JURA 2013, 696 (696 f.).
1565 Vgl. auch *Rath*, JuS 1998, 1006 (1007).
1566 Vgl. hierzu ausführlich *Mitsch*, JURA 2013, 696.
1567 Weitere Beispiele für Vorbereitungshandlungen bei *Krey/Esser*, Rn. 1193; vgl. ferner aus der Rechtsprechung BGHSt 28, 162; BGH NStZ 1989, 473; BGH NStZ 1996, 38.

704 Die genannten Handlungen sind bloße Vorbereitungshandlungen, die der eigentlichen Straftatbegehung zeitlich vorausgehen. Sie sind beim Alleintäter regelmäßig straflos, da eine Rechtsgutsgefährdung zu dieser Zeit noch nicht vorliegt[1568]. Nur in seltenen Ausnahmefällen werden diese Vorbereitungshandlungen strafrechtlich erfasst und zwar dann, wenn der Gesetzgeber hierfür einen **eigenen Vorfeldtatbestand** geschaffen hat[1569].

> **Bsp.:** § 80 StGB (Vorbereitung eines Angriffskrieges); § 83 StGB (Vorbereitung eines hochverräterischen Unternehmens); § 149 StGB (Vorbereitung der Fälschung von Geld oder Wertpapieren); § 234a Abs. 3 StGB (Vorbereitung einer Verschleppung).

705 Um kriminellen Machenschaften bereits im Vorfeld entgegenzutreten, hat der Gesetzgeber allerdings dann, wenn mehrere Täter gemeinsam die Begehung eines Verbrechens planen, bereits diese Verabredung unter Strafe gestellt[1570]. Nach **§ 30 Abs. 2 StGB** ist wegen **Verbrechensverabredung** strafbar, wer sich – ernsthaft – bereit erklärt, das Erbieten eines anderen annimmt oder mit einem anderen verabredet, ein Verbrechen zu begehen[1571]. Zwar ist diese Verabredung an sich ebenfalls eine bloße Vorbereitungshandlung, der Gesetzgeber sah sie jedoch als so gefährlich an, dass er sie durch die Sonderregelung des § 30 Abs. 2 StGB eigenständig unter Strafe stellte. Es ist jedoch erforderlich, dass es sich bei der geplanten Tat tatsächlich um ein von mehreren geplantes **Verbrechen** handelt, wobei sich der Verbrechensbegriff wiederum nach § 12 Abs. 1 StGB bestimmt[1572].

3. Unmittelbares Ansetzen zur Tatbestandsverwirklichung

706 Als dritter möglicher Zeitpunkt nach dem rein innerlichen Entschluss des Täters und den bloßen Vorbereitungshandlungen folgt **das unmittelbare Ansetzen zur Tatbestandsverwirklichung**, d. h. der **Versuchsbeginn**. Hier verläuft in den meisten Fällen die Schnittstelle zwischen der Straflosigkeit und der Strafbarkeit des Täters, weswegen gerade bei der Bestimmung dieses Zeitpunktes besondere Sorgfalt geboten ist. Dabei ist der Zeitpunkt des unmittelbaren Ansetzens im Einzelfall sehr schwierig zu bestimmen, wie folgender Fall zeigt:

> **Bsp.:** Anton will Bruno töten und lädt zu diesem Zweck zu Hause sein Gewehr. Dann begibt er sich in Brunos Vorgarten, versteckt sich mit dem schussbereiten Gewehr hinter einer Hecke und wartet. Als er Bruno die Straße entlangkommen sieht, legt er an. Nachdem dieser das Gartentor durchschritten hat, drückt Anton ab, sein Schuss verfehlt jedoch knapp das Ziel. – Am Ende hat Anton (spätestens durch den Schuss) unstreitig unmittelbar angesetzt und ist daher wegen eines versuchten Totschlags zu bestrafen. Fraglich ist jedoch, ob das unmittelbare Ansetzen nicht bereits früher stattfand, möglicherweise bereits a) als Anton zu Hause das Gewehr lud, b) als er den Garten des Bruno betrat, c) als er sich dort auf die Lauer legte, d) als er Bruno das erste Mal sah, e) als Bruno sich bis auf Schussweite genähert hatte, f) als Anton sein Gewehr anlegte, g) als er seinen Finger an den Abzug legte oder h) als er damit begann, den Finger am Abzug zu bewegen[1573].

1568 *Kindhäuser/Zimmermann*, § 31 Rn. 1; *Kühl*, § 14 Rn. 3; *Stratenwerth/Kuhlen*, § 11 Rn. 6 ff.
1569 Vgl. mit weiteren Beispielen *Mitsch*, JURA 2013, 696 (699 f.).
1570 Vgl. hierzu und zur Entstehung des § 30 Abs. 2 StGB *Kühl*, JuS 1979, 874 (874 f.).
1571 Vgl. zu § 30 Abs. 2 StGB noch unten Rn. 1368 ff.
1572 Vgl. hierzu oben Rn. 150 ff., 639 ff.
1573 Hierzu auch den vergleichbaren „Annäherungsfall" bei *Hohmann*, JURA 1993, 321; ferner die Übungsfälle bei *Gropengießer/Kohler*, JURA 2003, 277 (279); *Langer*, JURA 2003, 135 (136); *Safferling*, JA 2007, 183 (186); *Wolter*, JA 2008, 605 (607 f.); ferner zum „Auflauern" unten Rn. 737 f.

Diese Frage hat durchaus auch eine **weitergehende Bedeutung**. Man denke nur an den Fall, dass Anton von der sich in Brunos Haus aufhaltenden Haushälterin Hilde beobachtet wird, die die Sachlage sofort durchschaut und die mittels eines gezielten Wurfes einer Steinvase Antons Treiben ein Ende setzen könnte. Natürlich sollte Hilde hier möglichst schnell einschreiten und nicht erst warten, bis Anton das Gewehr angelegt hat, weil sie den Schuss dann möglicherweise nicht mehr verhindern kann. Setzt man das unmittelbare Ansetzen nun aber zu spät an, z. B. erst beim Abdrücken durch Anton, so wäre dieser, wird er zuvor überwältigt, straflos, da er zu diesem Zeitpunkt noch nicht ins Versuchsstadium eingetreten wäre und reine Vorbereitungshandlungen nicht strafbar sind. Zudem könnte sich Hilde möglicherweise noch nicht einmal auf Nothilfe, § 32 StGB, berufen, da Antons Angriff auf Bruno zu diesem Zeitpunkt noch nicht gegenwärtig war[1574]. Setzt man andererseits das unmittelbare Ansetzen zu früh an, z. B. dann, wenn Anton den Garten betritt, und wird weiter angenommen, Hilde würde bereits jetzt eingreifen, so könnte Anton argumentieren, eine Rechtsgutsgefährdung hätte zu diesem Zeitpunkt noch nicht vorgelegen, vielleicht hätte er es sich beim Anblick Brunos ja auch noch anders überlegt. Nimmt man dann einen so frühen Versuchsbeginns an, läge im vorliegenden Fall eine Strafbarkeit vor, da ein Rücktritt vom Versuch hier mangels freiwilliger Tataufgabe (der Vasenwurf beendet die Tatausführung nicht nur schmerzhaft, sondern auch unfreiwillig) ausscheidet.

4. Vollendung

a) Vollendung. Als nächster strafrechtlich relevanter Zeitpunkt ist die **Vollendung des jeweiligen Delikts** zu nennen[1575]. Hierunter versteht man denjenigen Zeitpunkt, in dem der gesetzliche Tatbestand formell verwirklicht wird.

707

> **Bsp.**[1576]: Anton lässt in einem Selbstbedienungsladen eine Wurstdose in seiner Manteltasche verschwinden, wobei er vorhat, diese an der Kasse nicht zu bezahlen. Dabei wird er vom Hausdetektiv Hans beobachtet. – Der Diebstahl, § 242 StGB, verlangt tatbestandlich die Wegnahme einer fremden beweglichen Sache in Zueignungsabsicht. Eine Wegnahme liegt dann vor, wenn fremder Gewahrsam gebrochen und neuer Gewahrsam begründet wird. Dies ist nach h. M. bei einem Diebstahl in einem Selbstbedienungsladen bereits dann der Fall, wenn der Täter kleinere Sachen (z. B. eine Wurstdose) aus dem Regal nimmt und in seiner Mantel- oder Einkaufstasche verschwinden lässt[1577]. Im vorliegenden Fall ist daher bereits zu diesem Zeitpunkt der Diebstahl vollendet, weil Anton sämtliche Tatbestandsmerkmale verwirklicht hat. Dies gilt auch dann, wenn er bei seiner Handlung beobachtet wurde und daher keine Chance hatte, mit der Beute zu entkommen[1578]. Ein solches „Sichern der Beute" verlangt § 242 StGB nicht.

Wesentlich ist diese Abgrenzung von Versuch und Vollendung eines Delikts nicht nur im Hinblick darauf, ob der Täter eben gerade wegen Versuch oder Vollendung strafbar ist – wovon auch die Möglichkeit der fakultativen Strafmilderung nach § 23 Abs. 3 StGB abhängt. Manchmal entscheidet sich hier die Frage der Strafbarkeit oder Straflosigkeit des Verhaltens an sich. Dies ist dann der Fall, wenn der Versuch eines Delikts nicht strafbar ist oder wenn der Täter später das Geschehen wieder rückgängig macht, bevor die Rechtsgutsverletzung endgültig eingetreten ist. Denn ein Rücktritt nach § 24 StGB ist nur beim Versuch, nicht jedoch beim Vollendungsdelikt möglich.

708

1574 Zur Frage, ob die Gegenwärtigkeit im Rahmen der Notwehr zeitlich mit dem Versuchsbeginn durch den Angreifer zusammenfällt, vgl. oben Rn. 345.
1575 Vgl. hierzu *Kühl*, JuS 1982, 110.
1576 Vgl. hierzu auch den Übungsfall bei *Bergmann*, JA 2008, 504.
1577 BGHSt 16, 271 (273 f.); BGHSt 23, 254 (255); *Arzt/Weber/Heinrich/Hilgendorf-B. Heinrich*, § 13 Rn. 42; *Eisele*, BT II, Rn. 41 f.; *Rengier*, BT I, § 2 Rn. 47.
1578 *Arzt/Weber/Heinrich/Hilgendorf-B. Heinrich*, § 13 Rn. 58; *Eisele*, BT II, Rn. 43; *Rengier*, BT I, § 2 Rn. 66.

> **Bsp.:** Anton überkommt im eben genannten Selbstbedienungsladenfall auf dem Weg zur Kasse die Reue. Er nimmt die Wurstdose wieder aus seiner Tasche und stellt sie zurück ins Regal. – An sich läge hierin ein klassischer Rücktritt vom Versuch, sofern zu diesem Zeitpunkt noch ein Versuch vorlag. Nimmt man dagegen an, dass die Wegnahme und somit der Diebstahl bereits vollendet war, dann wäre ein Rücktritt nicht mehr möglich. Das Zurückstellen der Wurstdose würde dem Täter im Hinblick auf eine mögliche Strafbefreiung nichts mehr „bringen" (und könnte lediglich bei der Strafzumessung berücksichtigt werden).

709 **b) Exkurs: Tätige Reue.** In diesem Zusammenhang soll kurz darauf hingewiesen werden, dass es in Ausnahmefällen auch beim Vollendungsdelikt noch die Möglichkeit gibt, strafbefreiend „zurückzutreten". Man nennt dies rechtstechnisch jedoch nicht mehr **Rücktritt**, sondern **Tätige Reue**[1579]. Diese ist nur dann möglich, wenn sie in Bezug auf ein bestimmtes Delikt ausdrücklich gesetzlich angeordnet ist. Zumeist ist dies bei Delikten der Fall, die als Vorfeldtatbestände nicht erst die Verletzung eines bestimmten Rechtsguts, sondern bereits dessen Gefährdung unter Strafe stellen (abstrakte oder konkrete Gefährdungsdelikte). Verhindert der Täter trotz ursprünglicher Gefährdung am Ende den Eintritt des an sich ja zur Tatbestandserfüllung gar nicht mehr notwendigen Erfolges, sieht der Gesetzgeber an manchen Stellen eine (fakultative oder obligatorische) Strafmilderung oder gar ein Absehen von Strafe im Wege der tätigen Reue vor.

> **Bsp.:** Anton will das Wohnhaus seines Nebenbuhlers Norbert in Brand stecken. Er schleicht sich nachts in dessen Keller, zündet einen mitgebrachten benzingetränkten Lappen an und wirft diesen auf eine hölzerne Kiste, die sofort Feuer fängt. Daraufhin verlässt er das Haus. Wenig später bekommt er jedoch Gewissensbisse. Als er zurückkehrt, brennt es im Keller bereits anständig. Auch die hölzernen Türrahmen haben bereits Feuer gefangen[1580]. Mit einem mitgebrachten Feuerlöscher löscht Anton den Brand. – Hier ist die Vorschrift des § 306e StGB über die tätige Reue hinsichtlich der Brandstiftungsdelikte der §§ 306, 306a StGB anwendbar. Diese erfasst jedoch nicht die begangene Sachbeschädigung nach § 303 StGB an der Holzkiste und dem Türrahmen, da im Hinblick auf § 303 StGB eine tätige Reue gesetzlich nicht vorgesehen ist.

710 Weitere Fälle der gesetzlichen Anordnung tätiger Reue sind u. a.: § 330b StGB (bei bestimmten Umweltdelikten), § 142 Abs. 4 StGB (beim unerlaubten Entfernen vom Unfallort). Umstritten ist hingegen, ob diese Vorschriften auch analog auf vergleichbare Tatbestände angewandt werden können, die ebenfalls eine bloße Gefährdung unter Strafe stellen, bei denen aber die Möglichkeit einer tätigen Reue gesetzlich nicht vorgesehen ist (Bsp.: § 323c StGB: Der Täter verlässt den Unglücksort, kehrt aber wenig später zurück und hilft; § 221 StGB: Der Täter setzt sein Kind auf einer einsamen Waldlichtung aus, kehrt aber wenige Stunden später zurück und rettet es, ohne dass das Kind ernsthafte gesundheitliche Schäden erlitten hat[1581]). Eine Analogie wäre hier – da sie zugunsten des Täters wirkt – grundsätzlich zulässig, ist aber im Ergebnis abzulehnen[1582], da es allein dem Gesetzgeber vorbehalten bleiben muss, die Möglichkeit einer tätigen Reue anzuordnen (da das Problem bekannt ist und das StGB inzwischen mehrere Reformen über sich

---

1579 Vgl. zur tätigen Reue *Oğlakcıoğlu/Kuhlanek*, JURA 2014, 462.
1580 Da die Türrahmen als wesentliche Bestandteile des Gebäudes anzusehen sind, ist ein Inbrandsetzen gegeben; vgl. *Eisele*, BT I, Rn. 1011.
1581 Vgl. hierzu *Guhra/Sommerfeld*, JA 2003, 775; ferner die Übungsfälle bei *Börner*, JURA 2017, 477 (482 f.); *Hanft*, JuS 2005, 1010 (1014); *Reinbacher*, JURA-Sonderheft Zwischenprüfung 2004, 26 (30, 31); *Schumann*, ZJS 2016, 489 (494).
1582 So auch *Guhra/Sommerfeld*, JA 2003, 775 (779 f.); *Hinderer*, JuS 2009, 625 (628); *Krey/Esser*, Rn. 1336; teilweise anders (jedenfalls bei den Unternehmensdelikten) *Frister*, 23. Kap. Rn. 12.

hat ergehen lassen müssen, der Gesetzgeber aber in dieser Hinsicht nichts unternommen hat, ist auf seinen Willen zu schließen, eben keine entsprechende Regelung treffen zu wollen – es liegt somit keine „unbewusste Regelungslücke" vor)[1583]. Ferner scheidet eine analoge Anwendung der Vorschriften über die tätige Reue aus, wenn der Täter nach Vollendung einer Straftat den Schaden wieder gut macht (Bsp.: Der Täter bringt die gestohlene Ware umgehend zurück, noch bevor der Diebstahl bemerkt wurde)[1584].

c) Exkurs: Unternehmensdelikte. In manchen Fällen hat der Gesetzgeber ausdrücklich angeordnet, dass Versuch und Vollendung gleich zu behandeln sind, dass also der Täter ein Delikt bereits in vollem Umfang verwirklicht, wenn er (lediglich) ins Versuchsstadium eintritt. Er ist daher bereits zu diesem Zeitpunkt wegen Vollendung dieses Delikts zu bestrafen. Man spricht hier von **Unternehmensdelikten**[1585]. Diese kann man daran erkennen, dass der Gesetzgeber den Terminus verwendet: „*Wer es unternimmt […]*". Als Beispiel ist die Vorschrift über den Hochverrat in § 81 StGB zu nennen. Weitere Beispiele finden sich in § 184 Abs. 1 Nr. 4, 8, 9, §§ 307, 309, 316c Abs. 1 Satz 1 Nr. 2, § 357 StGB. Was dieser Terminus „unternimmt" bedeutet, ergibt sich aus **§ 11 Abs. 1 Nr. 6 StGB**. Hier wird klargestellt, dass unter dem „Unternehmen einer Tat" sowohl deren Versuch als auch deren Vollendung zu verstehen ist. Somit begeht bereits derjenige einen vollendeten Hochverrat nach § 81 StGB, der Handlungen vornimmt, die ansonsten lediglich als Versuch zu werten wären[1586]. Dies hat zur Folge, dass weder die fakultative Strafmilderung nach § 23 Abs. 2 StGB greift noch ein Rücktritt nach § 24 StGB möglich ist[1587]. Allerdings sieht der Gesetzgeber teilweise die Möglichkeit einer tätigen Reue vor (§§ 83a, 314a, 320 StGB). **711**

Von diesen sog. „echten" Unternehmensdelikten sind noch die sog. „unechten" Unternehmensdelikte zu unterscheiden, bei denen bereits ein Tatbestandsmerkmal so weit gefasst ist, dass es Versuchshandlungen und nicht erst die Erfolgsherbeiführung erfasst (vgl. z. B. die Jagdwilderei in § 292 StGB: „*Wer […] dem Wild nachstellt […]*")[1588]. **712**

5. Beendigung

Letzter relevanter Zeitpunkt ist schließlich die **Beendigung** des jeweiligen Delikts[1589]. Hierunter versteht man denjenigen Zeitpunkt, zu dem die Rechtsgutsverletzung materiell abgeschlossen ist, zu dem also, bildlich gesprochen „die Beute gesichert ist"[1590]. Diese materielle Beendigung folgt oftmals zeitlich der rein for- **713**

1583 Vgl. zu dieser Diskussion bereits oben Rn. 36, 139.
1584 Vgl. hierzu auch den Übungsfall bei *Hinderer*, JuS 2009, 625 (628).
1585 Vgl. hierzu *Frister*, 23. Kap. Rn. 10 ff.; *Rath*, JuS 1999, 32 (34 f.); ferner bereits oben Rn. 189.
1586 Vgl. hierzu BWME-*Mitsch*, § 22 Rn. 8.
1587 *Fischer*, § 11 Rn. 28a f.; *Frister*, 23. Kap. Rn. 10; *Jescheck/Weigend*, § 49 VIII 2; *Schönke/Schröder-Hecker*, § 11 Rn. 48 f.
1588 Vgl. hierzu *Kindhäuser/Zimmermann*, § 8 Rn. 28 ff.
1589 Vgl. hierzu BGHSt 43, 1 (7); BGHSt 52, 300 (302 f.); BGH NStZ 2004, 41; BGH NJW 2006, 925 (927); *Kühl*, JuS 1982, 110 (113 f.), 189; *Lackner/Kühl*, Vor § 22 Rn. 2; *Mitsch*, JA 2017, 407; MüKo-*Mitsch*, 4. Aufl., § 78a Rn. 5; *Rönnau/Wegner*, JuS 2019, 970.
1590 Vgl. zu diesem Zeitpunkt BGHSt 27, 342 sowie den Übungsfall bei *Mitsch*, JA 1997, 655 (657 f.); kritisch hierzu *Kühl*, Roxin-FS 2001, S. 665 (673 f.).

mellen Vollendung der Tat nach[1591] und ist bei den verschiedenen Delikten unterschiedlich zu beurteilen[1592]. Probleme ergeben sich insbesondere bei den Zustandsdelikten[1593]:

> **Bsp.:** Wurde im genannten Beispielsfall (Diebstahl einer Wurstdose im Selbstbedienungsladen)[1594] die Vollendung des Delikts bereits mit dem Einstecken der Wurstdose (= Vollendung des Gewahrsamsbruchs und daher der Wegnahme) angenommen, so ist noch nichts darüber gesagt, ob der Täter die gestohlene Ware auch sicher nach Hause bringen und dort verzehren kann. Denn der Diebstahl kann immer noch an der Kasse entdeckt werden. Auch ist ein Ergreifen des Täters durch den ihn beobachtenden Hausdetektiv noch nach dem Verlassen des Gebäudes möglich, sodass bis zur Beendigung der Tat durchaus einige Zeit vergehen kann.

714 Für den Diebstahl, § 242 StGB (ebenso für den Raub, § 249 StGB), ist als Beendigungszeitpunkt spätestens die Sicherung der Beute[1595], für den Betrug, § 263 StGB, die tatsächliche Vorteilserlangung[1596] und für das unerlaubte Entfernen vom Unfallort, § 142 StGB, das Erreichen des ursprünglichen Fahrtzieles oder ein sonstiges In-Sicherheit-Bringen des Täters[1597] anzusehen. Für die Deliktsverwirklichung selbst spielt die Beendigung allerdings keine wesentliche Rolle mehr, eine Strafbarkeit ist ja bereits in vollem Umfang begründet, wenn die Tat **vollendet** ist.

715 Dennoch kann der Zeitpunkt für den Alleintäter Relevanz besitzen, wird vielfach doch von der Möglichkeit ausgegangen, dass qualifizierende Umstände, die zwischen Vollendung und Beendigung eintreten, die bereits vollendete Tat noch zu einer qualifizierten Tat machen könnten (Bsp.: Der Täter eines einfachen Raubes, § 249 StGB, der nach Vollendung der gewaltsamen Wegnahme auf der Flucht die zuvor im Auto zurückgelassene Pistole an sich nimmt, wäre danach wegen schweren Raubes, § 250 Abs. 1 Nr. 1a StGB, zu bestrafen)[1598]. Dem ist jedoch aus mehreren Gründen zu widersprechen[1599]. Einerseits führt diese Ansicht zu einer – auch im Hinblick auf den Bestimmtheitsgrundsatz, Art. 103 Abs. 2 GG[1600], bedenklichen – Ausweitung der Tatbestandsphase über die eigentliche Tathandlung (z. B. Wegnahme) hinaus, andererseits führt sie zu einer Überschneidung mit (oft rest-

---

1591 Vgl. hierzu *Freund/Rostalski*, § 8 Rn. 28; *Jescheck/Weigend*, § 49 III 3; *Schönke/Schröder-Eser/Bosch*, Vorbem. §§ 22 ff. Rn. 4; *Wessels/Beulke/Satzger*, Rn. 65; kritisch zur verfassungsrechtlichen Legitimation des gesetzlich nicht fixierten Beendigungszeitpunktes *Gropp/Sinn*, § 9 Rn. 9; *Jakobs*, 25/12; *Kühl*, § 14 Rn. 21 ff.; NK-*Zaczyk*, § 22 Rn. 6; mit deutlich restriktiver Tendenz auch *Kühl*, JuS 1982, 189 (190).
1592 *Wessels/Beulke/Satzger*, Rn. 66; vgl. auch *Krey/Esser*, Rn. 1197 f.; *Küper*, JuS 1986, 862 (868 f.); *Mitsch*, JA 2017, 407 (408).
1593 Vgl. zu den Zustandsdelikten oben Rn. 167; dagegen sind die Dauerdelikte hier einfacher zu handhaben; vgl. unten Rn. 718.
1594 Vgl. oben Rn. 707.
1595 Vgl. BGHSt 4, 132 (133); BGHSt 8, 390 (391); BGHSt 20, 194 (196); BGHSt 28, 224 (229); BGH NStZ 2001, 88 (89); *Mitsch*, JA 2017, 407 (409); *Rönnau/Wegner*, JuS 2018, 970; *Wessels/Beulke/Satzger*, Rn. 67; kritisch hierzu *Kühl*, JuS 1982, 189 (190).
1596 Vgl. BGH NStZ 2014, 516; OLG Stuttgart NJW 1974, 914; hierzu auch *Mitsch*, JA 2017, 407 (409).
1597 Vgl. BayObLG NJW 1980, 412; kritisch hierzu *Kühl*, JuS 1982, 189 (191); *Lackner/Kühl*, § 142 Rn. 40.
1598 BGHSt 20, 194 (197); BGHSt 22, 227 (228 f.); BGH NStZ 1998, 354; vgl. auch BGH NStZ 2010, 327 (zu § 250 Abs. 2 Nr. 1 StGB); BGHSt 38, 295 (297 ff.); BGH NStZ 2001, 371 (jeweils zu § 251 StGB); BGHSt 53, 234 (zu § 250 Abs. 2 Nr. 3 Buchst. a StGB) sowie BGHSt 31, 105 (106), wo eine Qualifikation nach einem fehlgeschlagenen Raubversuch abgelehnt wurde.
1599 So auch *Krey/Esser*, Rn. 1198; *Kühl*, JuS 1982, 189 (191 f.); *Lackner/Kühl*, § 244 Rn. 2; *Mitsch*, JA 2017, 407 (411 f.); NK-*Zaczyk*, § 22 Rn. 6; *Rengier*, BT I, § 4 Rn. 48 f.; *Schünemann*, JA 1980, 393 (394); vgl. hierzu auch *Geppert*, JURA 1992, 496.
1600 Vgl. hierzu oben Rn. 28 ff.

riktiver ausgestalteten) Tatbeständen, die der Gesetzgeber für ein bestimmtes Nachtatverhalten vorgesehen hat (z. B. § 252 StGB)[1601]. Unstreitig beginnt allerdings die Verjährung nach § 78a StGB (erst) mit der Beendigung der Tat[1602].

Andererseits kann dann, wenn der Täter in der Zeit zwischen Vollendung und Beendigung der Tat eine weitere Tat begeht, zwischen diesen Taten (noch) Idealkonkurrenz, § 52 StGB, angenommen werden, während nach der Beendigung einer Tat regelmäßig nur noch Realkonkurrenz, § 53 StGB, mit der nachfolgenden Tat möglich ist (Bsp.: Der Täter eines Raubes beschädigt während der Flucht mit seinem PKW mehrere andere Fahrzeuge)[1603].

Der Zeitpunkt der Beendigung einer Straftat ist aber auch für weitere Beteiligte relevant, die erst in der Phase zwischen Vollendung und Beendigung hinzutreten (sukzessive Beteiligung). Denn hier muss oft abgegrenzt werden, inwieweit in dieser Phase noch **(sukzessive) Beihilfe** nach § 27 StGB oder gar **(sukzessive) Mittäterschaft** nach § 25 Abs. 2 StGB oder schon **Begünstigung** nach § 257 StGB vorliegt[1604].

> Bsp.: Anton hat einen Einbruchsdiebstahl begangen und ist auf der Flucht. Der Wohnungseigentümer Winfried verfolgt ihn. Antons Freund Bruno, den Anton zufällig trifft und der die Lage sofort durchschaut, stellt Winfried ein Bein, sodass dieser stolpert und die Verfolgung abbrechen muss. Rudi, ein weiterer Freund Antons, beobachtet die Szene und lässt Anton in sein Auto einsteigen, um ihn mit der Beute nach Hause zu fahren. – Nach der Rechtsprechung und einem Teil der Literatur sollen hier, je nach Willensrichtung des Beteiligten, sowohl Beihilfe (wenn die Tat unterstützt werden soll) als auch Begünstigung (wenn die Vorteile der begangenen Tat gesichert werden sollen) möglich sein[1605]. Vor Vollendung der Tat (d. h. hier: vor dem Gewahrsamsbruch) ist hingegen ausschließlich Beihilfe denkbar, nach Beendigung der Tat (d. h. nach Sicherung der Beute) dagegen nur noch Begünstigung, § 257 StGB[1606].

Hinzuweisen ist schließlich noch darauf, dass eine Differenzierung von Vollendung und Beendigung insbesondere bei **Dauerdelikten**[1607] hingegen problemlos vorgenommen werden kann. So ist die Freiheitsberaubung, § 239 StGB, bereits zum Zeitpunkt des Einsperrens vollendet. Beendet ist sie aber erst dann, wenn der Täter das Opfer wieder frei lässt[1608]. Dass dieser Zeitraum auch rechtlich relevant werden kann, zeigt sich am Qualifikationstatbestand des § 239 Abs. 3 Nr. 1 StGB (Freiheitsberaubung von über einer Woche Dauer). Insoweit können hier also zwischen der Vollendung und der Beendigung der Tat Qualifikationsmerkmale erfüllt werden. Auch ist eine sukzessive Beteiligung Dritter (als Mittäter oder Gehilfe) in diesem Zeitraum problemlos möglich[1609]. Als weitere Delikte, bei de-

---

1601 Vgl. hierzu *Rönnau/Wegner*, JuS 2018, 970 (972).
1602 Zu entsprechenden Fällen BGHSt 27, 342; BGHSt 52, 300 (302); BGH NStZ 2001, 650; hierzu auch *Kühl*, JuS 1982, 189 (193); *Rönnau/Wegner*, JuS 2019, 970.
1603 Vgl. zu den Auswirkungen auf die Konkurrenzen *Kühl*, JuS 1982, 189 (193); vgl. zu den Konkurrenzen noch ausführlich unten § 40 (Rn. 1378 ff.).
1604 Vgl. hierzu *Kühl*, JuS 1982, 189; *Rönnau/Wegner*, JuS 2019, 970 (970 f.); zu dieser Streitfrage ausführlich unten Rn. 1324.
1605 Zu den Vertretern dieser Ansicht und dazu, dass diese Ansicht zu kaum lösbaren Abgrenzungsproblemen führt und daher abzulehnen ist vgl. unten Rn. 1324.
1606 BGH NStZ 2008, 152.
1607 Vgl. zu den Dauerdelikten oben Rn. 167.
1608 BGHSt 20, 227 (228); *Kühl*, § 14 Rn. 22; *Rönnau/Wegner*, JuS 2019, 970; ferner *Mitsch*, JA 2017, 407 (408).
1609 *Krey/Esser*, Rn. 1197; *Mitsch*, JA 2017, 407 (410).

nen dies relevant werden kann, sind zu nennen: der Hausfriedensbruch (§ 123 StGB), die Trunkenheitsfahrt (§ 316 StGB) und der unbefugte Gebrauch eines Fahrzeugs (§ 248b StGB). Von den Delikten zu unterscheiden sind Delikte mit einer sog. „iterativen Handlungsstruktur" (z. B.: Anton schlägt dem Bruno in schneller Folge 20 Mal mit der Faust ins Gesicht = eine Körperverletzung bestehend aus 20 Teilakten)[1610]. Hier ist das Delikt mit Abschluss des ersten Teilaktes vollendet, mit dem letzten Teilakt hingegen beendet[1611].

6. Abschließender Hinweis

719 Die genannten fünf Stufen der Deliktsverwirklichung können zwar gedanklich unterschieden werden, sie sind allerdings nicht bei jedem Delikt und bei jeder Tat sauber voneinander zu trennen. So fallen insbesondere bei Straftaten gegen das Leben oder die körperliche Unversehrtheit Vollendung und Beendigung oft zusammen.

> **Bsp.:** In einer Kneipe grinst Bruno den Anton dumm an. Kurz entschlossen donnert Anton daraufhin seine Faust in Brunos Gesicht. – In Sekundenbruchteilen hat Anton hier sämtliche fünf Stufen der Deliktsverwirklichung durchlaufen. Die verschiedenen Stufen können hier nicht sauber voneinander getrennt werden. Dies ist allerdings – im Hinblick auf die Strafbarkeit Antons wegen vollendeter vorsätzlicher Körperverletzung, § 223 StGB – auch nicht erforderlich.

720 Diese Erkenntnis ändert jedoch nichts daran, dass sich die fünf Prüfungsstufen gedanklich isolieren lassen und in manchen Fällen zur Beurteilung auch isoliert werden müssen.

II. Unmittelbares Ansetzen zur Tatbestandsverwirklichung

721 Wie bereits mehrfach festgestellt, markiert das unmittelbare Ansetzen zur Tatbestandsverwirklichung den Zeitpunkt des Versuchsbeginns (und damit auch meist den Beginn strafbaren Verhaltens). Nach der Feststellung des (subjektiven) Tatentschlusses des Täters, stellt das unmittelbare Ansetzen zur Tatbestandsverwirklichung dabei das **einzige objektive Tatbestandsmerkmal** des Versuchsdelikts dar[1612].

> **Merksatz:** Im objektiven Tatbestand des Versuchsdelikts sind **ausschließlich** Ausführungen zum unmittelbaren Ansetzen zur Tatbestandsverwirklichung zu machen – weitere Erwägungen haben hier nichts zu suchen[1613].

722 Dabei ist der Zeitpunkt, wann der Täter im konkreten Fall die Schwelle zum Versuch überschreitet, wann also das unmittelbare Ansetzen zur Tatbestandsverwirklichung vorliegt, oft nicht eindeutig zu bestimmen. Man denke nur an den eingangs dargestellten Fall des „Todesschützen", der sich im Vorgarten seines Nebenbuhlers auf die Lauer legt[1614]. Hier ist stets eine Einzelfallbetrachtung erforderlich, allgemeingültige Regeln lassen sich nur schwer aufstellen.

1610 Vgl. zu den Konkurrenzverhältnissen bei iterativer Tatbegehung unten Rn. 1414.
1611 *Kühl*, § 14 Rn. 23; *Maurach/Gössel/Zipf*, AT 2, § 39 Rn. 59; *Mitsch*, JA 2017, 407 (409); *Otto*, § 18 Rn. 11.
1612 Kritisch zur Verortung des unmittelbaren Ansetzens im objektiven Tatbestand allerdings *Bock*, JR 2021, 497 (499 f.); *Börgers/Grunewald*, ZJS 2008, 521 (529 Fn. 92); *Frister*, 23. Kap. Rn. 16; MüKo-*Herzberg*, 1. Aufl., § 22 Rn. 30 f.; *Puppe*, AT 2, 1. Aufl., § 35 Rn. 5; vgl. auch *Putzke*, JuS 2009, 985.
1613 Zu den häufigsten Fehlern im Versuchsaufbau vgl. bereits oben Rn. 666.
1614 Vgl. oben Rn. 706.

Dennoch können – auf der Grundlage des § 22 StGB – einige Leitlinien entwickelt werden, wobei diese zuerst für den klassischen Fall der Alleintäterschaft aufgezeigt werden sollen. Besonderheiten ergeben sich für die Fälle der Mittäterschaft, der mittelbaren Täterschaft und für das Unterlassungsdelikt, die anschließend dargestellt werden sollen[1615]. **723**

1. Unmittelbares Ansetzen des Alleintäters

Nach der gemischt subjektiv-objektiven Versuchstheorie, die in § 22 StGB ihren gesetzlichen Niederschlag gefunden hat[1616], sind für den Versuchsbeginn jedenfalls ein subjektives und ein objektives Merkmal erforderlich. Der Täter muss „nach seiner Vorstellung von der Tat" (subjektives Element) „zur Verwirklichung des Tatbestandes unmittelbar ansetzen" (objektives Element)[1617]. Hieraus ergibt sich in Bezug auf den Versuchsbeginn ein jedenfalls zweistufiges Prüfungsschema[1618]. **724**

a) Subjektives Element. Der Täter muss nicht nur (subjektiv) zur Tat entschlossen sein (dieser „Tatentschluss" stellt den bereits erörterten subjektiven Tatbestand des Versuchsdelikts dar), sondern er muss auch subjektiv davon ausgehen, dass er auf der Grundlage seines Tatplans „jetzt" zur Tatbestandsverwirklichung ansetzt. Entscheidend ist hier also allein die Vorstellung des Täters[1619]. **725**

> **Bsp.**[1620]: Anton will seine Frau Berta mit dem Auto in den Wald fahren und dort erschießen. Da sich Berta weigert, in das Auto einzusteigen, fesselt und knebelt er sie, sperrt sie in den Kofferraum und fährt los. Im Wald angekommen bemerkt Anton, dass Berta im Kofferraum erstickt ist. Damit hatte Anton nicht gerechnet. – Hier ist ein unmittelbares Ansetzen zum Totschlagsversuch abzulehnen, da es am subjektiven Ansetzen zur Tatbestandsverwirklichung fehlte. Hätte Anton hingegen mit dem Erstickungstod gerechnet, läge ein unmittelbares Ansetzen bereits durch das Einsperren im Kofferraum vor. Anton ist also (nur) wegen fahrlässiger Tötung in Tateinheit mit gefährlicher Körperverletzung, §§ 222; 223, 224 Abs. 1 Nr. 2, 5; 52 StGB, zu bestrafen[1621].

Der BGH formulierte das subjektive Ansetzen einmal etwas salopp – aber durchaus prägnant – mit der Bemerkung, der Täter setze seinem Vorstellungsbild entsprechend dann unmittelbar an, wenn er subjektiv die Schwelle zum „**Jetzt geht** **726**

1615 Vgl. zur Mittäterschaft unten Rn. 739 ff.; zur mittelbaren Täterschaft unten Rn. 747 ff. und zum Unterlassungsdelikt unten Rn. 752 ff.
1616 Vgl. hierzu oben Rn. 636.
1617 Nicht mehr vertretbar ist daher die formal-objektive Sichtweise, die den Beginn der tatbestandsmäßigen Handlung als solche fordert; vgl. RGSt 70, 151 (157), sowie die rein subjektive Theorie, die allein auf das Vorstellungsbild des Täters abstellt.
1618 Vgl. zu dieser zweistufigen Prüfung BGHSt 26, 201 (203 f.); BGH NStZ 1997, 83; *Fischer*, § 22 Rn. 10 f.; *Krey/Esser*, Rn. 1215; *Kusche*, JURA 2019, 913 (917 f.); *Lackner/Kühl*, § 22 Rn. 4; *Otto*, § 18 Rn. 23; *Putzke*, JuS 2009, 985; *Rath*, JuS 1998, 1106; *Rönnau*, JuS 2013, 879 (880 f.); *Wessels/Beulke/Satzger*, Rn. 946; hierauf aufbauend untergliedert *Kühl*, § 15 Rn. 44 ff., sogar in sechs Prüfungsschritte; kritisch hingegen MüKo-*Herzberg*, 1. Aufl., § 22 Rn. 119; *Roxin*, AT II, § 29 Rn. 129 ff.; *Schönke/Schröder-Eser/Bosch*, § 22 Rn. 40 f.
1619 Vgl. hierzu nur BGHSt 28, 162 (163); BGHSt 30, 363 (364); BGHSt 31, 178 (181 f.); BGHSt 35, 6 (8); BGHSt 43, 177 (179); BGH NStZ 2019, 79; BGH NStZ 2021, 338 (339); *Gropp/Sinn*, § 9 Rn. 45; *Puppe*, § 20 Rn. 40; *Wessels/Beulke/Satzger*, Rn. 946; vgl. ferner die Übungsfälle bei *Ambos*, JURA 2004, 492 (494); *Kühl*, JuS 2007, 742 (746); *Safferling*, JuS 2005, 135 (138).
1620 Fall nach BGH NStZ 2002, 309; vgl. auch BGH NStZ 2002, 475; BGH NStZ 2018, 27; vgl. zu diesem Fall ferner unten Rn. 1091 Bsp. (2).
1621 BGH NStZ 2002, 309; zustimmend *Bechtel*, JA 2018, 909 (911 f.); *Engländer*, NStZ 2018, 28 (29).

es los" überschreite[1622]. Noch einprägsamer könnte man formulieren: In dem Moment, in dem ein Durchschnittsbürger in einer vergleichbaren Situation „ins Schwitzen kommt", dann, wenn sein Herz „etwas schneller zu schlagen" beginnt, weil die Möglichkeit, „erwischt" zu werden, steigt und er davon ausgeht, das eigene Verhalten anderen gegenüber nicht mehr glaubhaft erklären zu können, ist subjektiv der Versuchsbeginn erreicht.

> **Bsp.:** Wenn Anton seinen Nachbarn Bruno vergiften will, wird er kaum „Herzklopfen" bekommen, wenn er einige Tage vorher in einem Geschäft die entsprechenden Chemikalien erwirbt. Denn zu diesem Zeitpunkt wird ihn noch niemand wegen des konkret geplanten Mordes überführen können. Auch wenn er diese Materialien im Keller zusammenmixt, ändert sich an dieser Situation nichts. Wenn er dann tags darauf mit dem Gift in der Tasche auf eine von Bruno veranstaltete Party geht, wird er beim Betreten der Wohnung seines Gastgebers ebenfalls noch nicht davon ausgehen, den entscheidenden Schritt getan und das Entdeckungsrisiko gesteigert zu haben. Ohne unliebsame Konsequenzen fürchten zu müssen, könnte er problemlos die Tat auch noch auf einen anderen Tag verschieben. Selbst wenn jemand das Gift in der Tasche entdecken würde, wäre dadurch ein konkreter Nachweis seines Tatplans noch nicht erbracht. Erst dann, wenn er das Gift in einem unbeobachteten Moment aus der Tasche nimmt, um es Bruno ins Glas zu schütten, wird er – subjektiv – davon ausgehen, es werde nun „ernst".

727 b) Objektives Element. Der Täter muss ferner auch (objektiv) zur Verwirklichung des Tatbestandes unmittelbar ansetzen. Dieser Zeitpunkt wird oftmals mit dem subjektiven „Jetzt geht es los" des Täters zusammenfallen, kann aber im Einzelfall auch einmal davon abweichen. Als „Tatbestand" ist hier stets derjenige des Vollendungsdelikts anzusehen, einen „Versuch des Versuchs" gibt es nicht[1623].

> **Merksatz:** Ein unmittelbares Ansetzen liegt dann vor, wenn der Täter eine Handlung vornimmt, die nach seinem Tatplan in ungestörtem Fortgang ohne wesentliche Zwischenakte unmittelbar[1624] zur Tatbestandsverwirklichung führen soll oder in unmittelbarem räumlichen und zeitlichen Zusammenhang mit ihr steht (sog. „Teilakts- oder Zwischenaktstheorie")[1625]. Davon abweichend orientiert sich die „Gefährdungstheorie" mehr an dem geschützten Rechtsgut und nimmt ein unmittelbares Ansetzen dann an,

---

1622 BGHSt 26, 201 (203); BGHSt 28, 162 (163); BGHSt 36, 249 (250); BGHSt 37, 294 (297); BGHSt 40, 257 (268); BGHSt 48, 34 (36); BGHSt 56, 170 (171); BGHSt 65, 15 (16); BGH NJW 1980, 1759; BGH NStZ 1989, 473 (474); BGH NJW 1996, 38; BGH NStZ 2008, 465 (466); BGH NJW 2010, 623; BGH NStZ 2011, 89; BGH NStZ 2011, 517; BGH NStZ-RR 2011, 367 (368 – hierzu *Rasch/Selz*, famos 1/2012); BGH NStZ 2013, 156 (157); BGH StV 2017, 441 (442); BGH NStZ 2018, 616 (617); BGH NStZ 2018, 648 (649); BGH NStZ-RR 2019, 378; BGH NStZ 2020, 598; so auch KG NStZ-RR 2013, 138; OLG Köln NStZ 2021, 48 (49); LG Ravensburg NStZ-RR 2018, 201; *Bock*, JR 2021, 497 (505); *Kretschmer*, JA 2020, 583 (584 f.); *Krey/Esser*, Rn. 1212; *Puppe*, § 20 Rn. 27, 40; *Safferling*, JuS 2005, 135 (138); *Thoss*, JURA 2005, 128 (129); *Wessels/Beulke/Satzger*, Rn. 947; kritisch *Putzke*, JuS 2009, 985 (986); *Rengier*, § 34 Rn. 23; *Rönnau*, JuS 2013, 879 (881); *Stein*, GA 2010, 129 (150).
1623 BWME-*Mitsch*, § 22 Rn. 18.
1624 Insbesondere durch die Einführung des Unmittelbarkeitserfordernisses wollte der Gesetzgeber die Versuchsstrafbarkeit einschränken, weshalb in Zweifelsfällen eine restriktive Auslegung angebracht erscheint; vgl. hierzu BGHSt 43, 177 (181); *Kühl*, § 15 Rn. 46; *Küper*, NJW 1984, 777; *Puppe*, § 20 Rn. 27; *Wessels/Beulke/Satzger*, Rn. 949.
1625 BGHSt 26, 201 (203); BGHSt 28, 162 (163); BGHSt 30, 363 (364); BGHSt 31, 178 (181 f.); BGHSt 35, 6 (8 f.); BGHSt 35, 363 (364); BGHSt 36, 249 (250); BGHSt 37, 294 (297 f.); BGHSt 40, 257 (268); BGHSt 40, 299 (301); BGHSt 43, 177 (179); BGHSt 44, 34 (40); BGHSt 48, 34 (36); BGHSt 56, 170 (171); BGHSt 63, 228 (234); BGHSt 65, 15 (16); BGH NStZ 2006, 331; BGH NStZ 2011, 517; BGH NStZ-RR 2011, 367 (368); BGH NStZ 2013, 156 (157); BGH NStZ 2014, 447 (448); BGH NStZ 2017, 86 (87); BGH StV 2017, 441 (442); BGH NStZ 2018, 616 (617); BGH NStZ 2018 648 (649); BGH NStZ 2019, 79; BGH NStZ-RR 2019, 378; BGH NStZ 2021, 537; KG NStZ-RR 2013, 138; LG Ravensburg NStZ-RR 2018, 201; *Berz*, JURA 1984, 511 (514 ff.); BWME-*Mitsch* § 22 Rn. 68;

wenn das geschützte Rechtsgut unmittelbar gefährdet wird[1626]. Schließlich stellt die „Sphärentheorie" darauf ab, ob der Täter räumlich in die Sphäre des Opfers eingreift und seine Handlungen zeitlich in einem engen Zusammenhang mit dem geplanten deliktischen Erfolg steht[1627]. Schließlich soll nach einer weiteren Ansicht ein unmittelbares Ansetzen dann vorliegen, wenn der Täter aus seiner Sicht bereits die „Feuerprobe der kritischen Situation überstanden hat"[1628]. Die genannten Theorien schließen sich jedoch nicht gegenseitig aus, sondern ergänzen sich und werden daher auch oft miteinander kombiniert.[1629]

Nicht erforderlich ist dabei, dass der Täter bereits ein Tatbestandsmerkmal verwirklicht hat[1630]. Vielmehr genügt es, wenn er Handlungen vornimmt, die das geschützte Rechtsgut unmittelbar gefährden, sofern der Taterfolg sich unmittelbar anschließen soll[1631]. **Indizien** für ein unmittelbares Ansetzen sind eine konkrete Rechtsgutsgefährdung (die aber, wie beim untauglichen Versuch, auch völlig ausbleiben kann[1632]), ein gewisser Handlungsbezug zur Opfersphäre (insbesondere bei Körperverletzungs- oder Tötungsdelikten muss das Opfer in den „Wirkungskreis" des Täters gelangt sein[1633]), ein enger zeitlicher und räumlicher Zusammenhang zwischen der Handlung und dem erwarteten Erfolgseintritt sowie die Aufgabe der Geschehensherrschaft[1634].

728

Fischer, § 22 Rn. 10; *Freund/Rostalski*, § 8 Rn. 60; *Hardtung*, NStZ 2003, 261 (262); *Jescheck/Weigend*, § 49 IV 3; *Kindhäuser/Zimmermann*, § 31 Rn. 18; *Krey/Esser*, Rn. 1221; *Kühl*, § 15 Rn. 58; *ders.*, JuS 1980, 650 (650 ff.); *Lackner/Kühl*, § 22 Rn. 4; LK-*Hillenkamp*, 12. Aufl., § 22 Rn. 77, 85; LK-*Murmann*, 13. Aufl., § 22 Rn. 102; *Maurach/Gössel/Zipf-Gössel*, AT 2, § 40 Rn. 48; MüKo-*Hoffmann-Holland*, 4. Aufl., § 22 Rn. 122 ff.; *Rudolphi*, JuS 1973, 20 (23); SK-*Jäger*, § 22 Rn. 23.
1626 *Otto*, § 18 Rn. 28 f.; *ders.*, JA 1980, 641 (642 f.); vgl. auch *Gropp/Sinn*, § 9 Rn. 49; *Küper*, JZ 1992, 338 (340 f.); *Schönke/Schröder-Eser/Bosch*, § 22 Rn. 42.
1627 *Roxin*, AT II, § 29 Rn. 139; *ders.*, JuS 1979, 1 (5); *ders.*, Herzberg-FS 2008, S. 341 (347 f.); vgl. auch *Jäger*, Rn. 421; *Jakobs*, 25/68.
1628 *Bockelmann*, JZ 1954, 468 (473); *Otto*, NJW 1976, 578 (579); *Puppe*, § 20 Rn. 27.
1629 Vgl. dazu die Zusammenfassung bei *Bosch*, JURA 2011, 909 (909 f.); *Otto*, NStZ 1998, 243; *Rönnau*, JuS 2013, 879 (881 f.); ferner *Christmann*, JURA Sonderheft Zwischenprüfung, 2004, 37 (38); *Engländer*, JuS 2003, 330 (331); *Hecker*, JuS 2019, 176 (177); *v. Heintschel-Heinegg-Cornelius*, § 22 Rn. 35 ff.; *Jäger*, Rn. 421; *Putzke*, JuS 2009, 985 (986); *Rengier*, § 34 Rn. 25 f.; vgl. auch die Übungsfälle bei *Herrmann/Heyer*, JA 2012, 190 (192); *Kleszewski/Knaupe*, JA 2016, 593 (595); *Nix*, JA 2015, 748 (750 f.); *Wolter*, JA 2008, 605 (607).
1630 BGHSt 22, 80 (81); BGHSt 28, 162 (163); BGHSt 30, 363 (364); BGHSt 31, 10 (12); BGHSt 31, 178 (182); BGHSt 37, 294 (296 f.); BGHSt 48, 34 (35); BGHSt 65, 15 (16); BGH NStZ 2006, 331; BGH NStZ 2008, 209; BGH NStZ 2011, 517; BGH NStZ 2013, 156; BGH NStZ 2014, 447 (448); BGH NStZ 2015, 207; BGH NStZ 2018, 648 (649); BGH NStZ 2019, 79; BGH NStZ-RR 2019, 378; BGH NStZ 2021, 537; BGH NStZ-RR 2021, 335; BGH NStZ-RR 2021, 338 (339); OLG Köln NStZ 2021, 48 (49); *Fischer*, § 22 Rn. 10; *Jäger*, Rn. 425; *Krey/Esser*, Rn. 1218; *Kühl*, § 15 Rn. 57; *Rengier*, § 34 Rn. 29; *Roxin*, JuS 1979, 1 (3).
1631 BGHSt 2, 380 (381); BGHSt 4, 333 (334); BGHSt 22, 80 (81); BGHSt 30, 363 (364); BGHSt 31, 10 (12); BGHSt 48, 34 (35 f.); BGH NStZ-RR 2019, 378; BGH NStZ-RR 2021, 335; BGH NStZ-RR 2021, 338 (339). In BGH NJW 1952, 514 m. Anm. *Mezger*, nahm der BGH ein unmittelbares Ansetzen an, wenn die Täter dem Opfer, welches sie betäuben und dann ausrauben wollen, an einer einsam gelegenen Straßenbahnhaltestelle auflauern und die Straßenbahn vorfährt (der Betreffende dann aber nicht in der Straßenbahn weilt bzw. nicht aussteigt).
1632 Vgl. *Krey*/Esser, Rn. 1224.
1633 Vgl. hierzu nur BGHSt 43, 177 (181); ferner den Übungsfall bei *Penkuhn*, ZJS 2016, 496 (499 f.).
1634 Vgl. zum unmittelbaren Ansetzen bei Installation einer digitalen Selbstschussanlage *Trentmann*, JuS 2018, 944 (946 ff.).

729 Dabei ist nicht jeder gedanklich konstruierbare weitere Zwischenakt geeignet, eine Zäsur zu bewirken, die ein unmittelbares Ansetzen ausschließt[1635]. Entscheidend ist, dass es sich im Rahmen einer normativen Wertung um wesentliche Zwischenakte handelt[1636]. Zwischenakte, die im Hinblick auf die Tatbestandserfüllung unwesentlich sind und wegen ihrer notwendigen Zusammengehörigkeit mit der Tathandlung nach dem Plan des Täters als deren Bestandteil erscheinen, weil sie an diese zeitlich und räumlich angrenzen und mit ihr im Falle der Ausführung eine räumliche Einheit bilden (Bsp.: Der Täter muss nach Einbrechen in die Wohnung erst noch ins Schlafzimmer gehen und dort den Tresor aufbrechen) sind allerdings unbeachtlich[1637]. Gegen ein unmittelbares Ansetzen spricht dabei insbesondere, wenn es zur Herbeiführung des Erfolges noch eines weiteren, neuen Willensimpulses bedarf[1638]. Unter Beachtung der genannten Indizien ist daher stets eine **Einzelfallbetrachtung** erforderlich. Hier ist dann – insbesondere in einer juristischen Klausur – auch eine entsprechende Argumentation notwendig.

Bsp.[1639]**:** Anton klingelt an Brunos Wohnungstür und hat ein Messer in der Hand, mit dem er Bruno unmittelbar nach dem Öffnen erstechen will. Zu seiner Überraschung öffnet jedoch Brunos Ehefrau Hilde, worauf Anton seinen Plan aufgibt. – Nach Ansicht des BGH liegt hier bereits ein unmittelbares Ansetzten vor, da Anton gerade das Überraschungsmoment ausnutzen wollte[1640].

730 **c) Einzelfälle. – aa) Mehrere Delikte.** Im Rahmen des unmittelbaren Ansetzens ist stets der Bezug zum jeweiligen Tatbestand zu beachten, da der Versuchsbeginn – sofern der Täter Tatentschluss zur Begehung mehrerer Delikte hat – durchaus auch zu unterschiedlichen Zeitpunkten stattfinden kann[1641].

Bsp.: Anton beabsichtigt, in die Villa der Witwe Wilma einzudringen, um deren Schmuck zu entwenden. Dazu muss er jedoch zuerst deren Hund Bello „ausschalten". Er wirft eine vergiftete Wurst über den Zaun und wartet, bis Bello sich diese Wurst geschnappt hat. Anschließend geht er in die Kneipe, um erst einmal in Ruhe ein Bier zu trinken. Zwei Stunden später übersteigt er die Gartenmauer und ist gerade dabei, die Wohnungstüre aufzubrechen, als er von Bello gestellt wird, der die Wurst wider Erwarten verschmähte. – Hier hat Anton durch das Werfen der Wurst zwar zu einer Sachbeschädigung (des Bello), § 303 StGB, nicht aber zum geplanten Wohnungseinbruchsdiebstahl, § 244 Abs. 1 Nr. 3, Abs. 4 StGB, unmittelbar angesetzt. Denn dieser

---

1635 So nahm der BGH in BGHSt 22, 80 (81) ein unmittelbares Ansetzen in einem Fall an, in dem der Täter, der Autos entwenden wollte, an den Vorderrädern rüttelte, um festzustellen, ob das Lenkradschloss eingerastet war. Sollte dies nicht der Fall sein, wollte er im unmittelbaren Anschluss daran das Auto aufbrechen. Insoweit bewertete der BGH das geplante Aufbrechen des Fahrzeugs nicht mehr als „wesentlichen" Zwischenakt; zustimmend *Roxin*, JuS 1979, 1 (6); *Rudolphi*, JuS 1973, 20 (24); zu diesem Fall *Jäger*, Rn. 422 f.
1636 BGH NStZ 1993, 133; BGH NStZ-RR 2021, 355; *Kühl*, § 15 Rn. 60 f.; vgl. auch *Krey/Esser*, Rn. 1223; ferner die Übungsfälle bei *Burghardt/Bröckers*, JuS 2014, 238 (241 f.); *Gerhold/Conrad*, JA 2019, 358 (361); *Thoss*, JURA 2005, 128 (129); *Wagemann*, JURA 2006, 867 (868); *Walter/Schneider*, JA 2008, 262 (265 f.); *Wolter*, JA 2007, 354 (356); *ders.*, JA 2008, 604 (607 f.).
1637 BGHSt 65, 15 (16); BGH NJW 1980, 1759.
1638 BGHSt 31, 178 (182); BGHSt 65, 15 (17); BGH NStZ 2015, 207; BGH NStZ-RR 2021, 338 (339); OLG Köln NStZ 2021, 48 (49).
1639 Fall nach BGH NStZ 2012, 85; vgl. ferner BGHSt 26, 201; BGHSt 39, 236; so auch *Roxin*, JuS 1979, 1 (6); kritisch *Otto*, NJW 1976, 578 (579); zu den „Klingelfällen" auch *Bosch*, JURA 2011, 909 (912); *Kusche*, JURA 2019, 913 (919 f.).
1640 BGH NStZ 2012, 85; vgl. auch BGH StV 2017, 441 (443); so auch *Kudlich*, JA 2012, 310 (311); anders hingegen, wenn die Tatbegehung noch von weiteren Umständen abhängig sein soll, so BGH NStZ 1999, 395 (396), sowie den Übungsfall bei *Poschadel/Sigmund*, JuS 2019, 366 (369); vgl. auch BGH StV 1984, 420; BGH NStZ-RR 2004, 361 (362).
1641 BGH NJW 2010, 623; BGH NStZ 2015, 207; BGH NStZ 2020, 729 (730); BGHSt 37, 294 (296).

sollte erst nach einer zeitlichen Zäsur (Kneipenbesuch) stattfinden. Ein unmittelbares Ansetzen zum Diebstahl liegt dann (erst) beim Übersteigen der Gartenmauer bzw. dann vor, wenn Anton beginnt, die Wohnungstüre aufzubrechen. Obwohl er zu diesem Zeitpunkt weder in die Wohnung eingedrungen noch mit der konkreten Wegnahmehandlung des Schmucks begonnen hat, sollte die Wegnahme doch in unmittelbarer zeitlicher Folge und ohne Dazwischenschaltung weiterer wesentlicher Zwischenakte stattfinden[1642].

bb) Zusammengesetzte Delikte. Weitere Besonderheiten sind bei zusammengesetzten Delikten zu beachten. Hier stellt nämlich regelmäßig die Verwirklichung des zeitlich ersten Teilaktes bereits ein unmittelbares Ansetzen zum Gesamtdelikt dar[1643]. Wesentlich ist jedoch die jeweilige Deliktsstruktur:

Bsp.: Anton dringt in die Villa der Witwe Wilma ein und will deren Schmuck entwenden. Zuvor will er sie jedoch durch einen Schlag mit der Eisenstange betäuben (Tatentschluss zu einem Raub, § 249 StGB). Als er zum Schlag ausholt (= unmittelbares Ansetzen zur Gewaltanwendung), wird er vom zufällig anwesenden Hausdiener Hubert überwältigt. – Hier hat sich Anton wegen eines versuchten Raubes, §§ 249, 22 StGB, strafbar gemacht. Dagegen liegt lediglich ein versuchter (Wohnungseinbruchs-) Diebstahl, §§ 244 Abs. 1 Nr. 3, Abs. 4, 22 StGB, (und kein versuchter Raub) vor, wenn der Täter zum zweiten Teilakt unmittelbar ansetzt und sich den ersten lediglich vorbehält (wider Erwarten ist Wilma nicht zu Hause, Anton beginnt mit dem Aufbrechen des Safes und behält sich vor, Wilma mit der Eisenstange zu betäuben, sofern sie ins Zimmer kommen sollte)[1644].

cc) Ansetzen zu einer Qualifikation. Eine Besonderheit gilt dann, wenn der Täter, bevor er mit der eigentlichen Tatbestandsverwirklichung beginnt, bereits Merkmale eines Qualifikationstatbestandes erfüllt. Ist dies der Fall, dann kann hierin zugleich ein unmittelbares Ansetzen zur Tatbestandsverwirklichung des Grunddelikts liegen. Erforderlich ist allerdings, dass das Grunddelikt nach dem Vorstellungsbild des Täters in unmittelbarem Anschluss (d. h. ohne zeitliche Zäsur) verwirklicht werden soll[1645].

Bsp.: Im eben genannten Beispiel (Beginn des Aufbrechens der Wohnungstüre, um dort den Schmuck zu entwenden) setzt Anton bereits unmittelbar mit der Tatbestandsverwirklichung des qualifizierenden Merkmals des § 244 Abs. 1 Nr. 3, Abs. 4 StGB (Ein-

---

1642 Vgl. zum Sonderproblem des Ansetzens zu einer Qualifikation sogleich unten Rn. 732.
1643 *Kühl*, § 15 Rn. 48; *Rath*, JuS 1999, 140; *Schönke/Schröder-Eser/Bosch*, § 22 Rn. 38; *Wessels/Beulke/Satzger*, Rn. 959; *Putzke*, JuS 2009, 985 (987); differenzierend LK-*Hillenkamp*, 12. Aufl., § 22 Rn. 126; LK-*Murmann*, 13. Aufl., § 22 Rn. 161; sehr weitgehend BGHSt 3, 297: Täter setzt unmittelbar zum Raub an, wenn er durch Schläge den Begleiter des späteren Raubopfers vertreibt.
1644 *Kühl*, § 15 Rn. 49; *ders.*, JuS 1980, 506 (509); *Rath*, JuS 1999, 140; *Schönke/Schröder-Eser/Bosch*, § 22 Rn. 38; zur Sonderkonstellation des § 252 StGB vgl. ferner LK-*Murmann*, 13. Aufl., § 22 Rn. 161; *Putzke*, JuS 2009, 985 (987); SK-*Jäger*, § 22 Rn. 32.
1645 BGHSt 33, 370 (373); viel zu weit gehend OLG Hamm MDR 1976, 155; vgl. auch BGHSt 65, 15 (17); BGH NStZ 2015, 207 (207 f.); BGH NStZ 2017, 86; BGH NJW 2020, 2570; vgl. ferner (mit gewissen Einschränkungen) *Bosch*, JURA 2011, 909 (911); *Krey/Esser*, Rn. 1234; *Kühl*, § 15 Rn. 50 ff.; LK-*Hillenkamp*, 12. Aufl., § 22 Rn. 123; LK-*Murmann*, 13. Aufl., § 22 Rn. 158 f.; *Mitsch*, JA 2014, 268 (268 ff.); *Putzke*, JuS 2009, 985 (989); *Rath*, JuS 1999, 140 (140 f.); *Roxin*, AT II, § 29 Rn. 170 ff.; *ders.*, JuS 1979, 1 (7); *Schönke/Schröder-Bosch*, § 243 Rn. 45; *Sternberg-Lieben*, JURA 1986, 183 (186); *Wessels/Beulke/Satzger*, Rn. 957; vgl. hierzu auch die Übungsfälle bei *Dzatkowski/Wolter*, JA 2017, 190 (192); *Fahl*, JuS 2001, 47 (48); *Klesczewski/Knaupe*, JA 2016, 593 (595); *Kunz*, JuS 1997, 242 (246); *Laubenthal*, JURA 1989, 99 (100).

brechen in eine Wohnung) an[1646]. Dies genügt für die Annahme eines unmittelbaren Ansetzens zum Wohnungseinbruchsdiebstahl, wenn die Verwirklichung des Grunddelikts (Wegnahme des Schmucks) in unmittelbarem zeitlichem Anschluss erfolgen soll. – Dagegen liegt im Aufbrechen der Türe noch kein unmittelbares Ansetzen, wenn sich der Täter in der Wohnung erst den Safetyp anschauen möchte, um dann tags darauf mit dem richtigen Werkzeug wiederzukommen[1647]. Wird er also nach Betreten der Wohnung gestellt, liegt zwar ein vollendeter Hausfriedensbruch, § 123 StGB, in Tateinheit, § 52 StGB, mit einer vollendeten Sachbeschädigung an der Wohnungstüre, § 303 StGB, vor, ein versuchter Wohnungseinbruchsdiebstahl scheidet hier jedoch aus. Da es ausschließlich auf die subjektiven Vorstellungen des Täters ankommt, ändert sich hieran im Übrigen auch nichts, wenn der Safe an diesem Tage zufällig offen steht und Anton den Schmuck problemlos mitnehmen kann.

733 Dennoch ist auch in diesen Fällen eine Einzelfallbetrachtung erforderlich. So stellt es z. B. noch kein unmittelbares Ansetzen zu einem Diebstahl mit Waffen, § 244 Abs. 1 Nr. 1a StGB, dar, wenn der Täter zu Hause eine Waffe einsteckt und sich auf den Weg macht, um am anderen Ende der Stadt in ein fremdes Wohnhaus einzubrechen und Wertgegenstände zu entwenden[1648]. Auch hier ist es also entscheidend, dass das Grunddelikt in unmittelbarem zeitlichen Abstand und ohne wesentliche Zwischenakte verwirklicht werden soll, was im konkreten Fall frühestens dann der Fall ist, wenn der Täter damit beginnt, das fremde Grundstück zu betreten.

733a **dd) Versuch eines besonders schweren Falles.** Besonders umstritten ist die Frage, ob und wann sich der Täter wegen eines Versuchs eines besonders schweren Falles, insbesondere in Form des Versuchs eines Regelbeispiels strafbar machen kann[1649]. Dies ist deswegen problematisch, weil es sich bei Regelbeispielen nach überwiegender Ansicht gerade nicht um Qualifikationstatbestände, sondern um bloße Strafzumessungsregeln handelt[1650]. Während eine Ansicht den Versuch von Regelbeispielen stets ablehnt[1651], wird dieser von anderen unbeschränkt für zulässig erachtet, jedenfalls insoweit, als der Versuch des Regelbeispiels zugleich ein unmit-

---

1646 Gerade im Hinblick auf das unmittelbare Ansetzen zum Wohnungseinbruchsdiebstahl liegt eine umfangreiche, nicht immer einheitliche Rechtsprechung vor; vgl. BGHSt 33, 370 (Aufbiegen der Bleiumfassung einer Butzenscheibe einer Eingangstüre reicht aus); BGH NStZ 2017, 86 (Zuschaffenmachen vor der Terassentür und Anleuchten des Rollos reicht nicht); BGH NStZ 2019, 716 (Durchbohrung des Holzrahmens einer Terassentür, um diese anschließend zu öffnen, soll nicht ausreichen); BGH NStZ 2020 353 (Aufhebeln eines Küchenfensters oder einer Terassentür reicht aus); BGH NStZ-RR 2020, 246; BGH NStZ 2021, 537; zum Ganzen *Fahl*, JR 2020, 420; *ders.*, NStZ-RR 2021, 341; *Hoven*, NStZ 2021, 588; *Kudlich*, JA 2017, 152; *ders.*, NStZ 2020, 353.
1647 Nach *Dzatkowski/Wolter*, JA 2017, 190 (192 f.), liegt im Öffnen eines verschlossenen Safes grundsätzlich ein wesentlicher Zwischenschritt, sodass in diesen Fällen der Versuch des Wohnungseinbruchsdiebstahls immer erst mit dem Öffnen des Safes beginnen würde.
1648 *Putzke*, JuS 2009, 985 (989); zu weiteren Ausnahmen vgl. die Übungsfälle bei *Kudlich*, JuS 2003, 32 (34 f.); *Mitsch*, JuS 2003, 340 (341 – uneidliche Falschaussage noch kein unmittelbares Ansetzen zum späteren Meineid).
1649 Vgl. hierzu BGHSt 33, 370; BGH NStZ 1984, 262; BGH NStZ 1985, 217; BGH NStZ-RR 1997, 293; BGH NJW 1998, 2987; BGH NStZ 2003, 602; ausführlich *Eisele*, JA 2006, 309 (313 f.); LK-Murmann, 13. Aufl., § 22 Rn. 163 f.; *Reichenbach*, JURA 2004, 260; *Sternberg-Lieben*, JURA 1986, 183; ferner *Marxen*, Fall 21f; vgl. auch die Übungsfälle bei *v. Atens/Schröder*, ZJS 2016, 61 (70 f.); *Kasiske*, JA 2007, 509 (512); *Koch/Rößler*, JA 2021, 637 (641); *Kreß/Baenisch*, JA 2006, 707 (713); *Kromrey*, JURA 2013, 533 (538); *Müller/Schmoll*, JA 2013, 756 (758 f.); *Poller/Härtl*, JuS 2004, 1075 (1077 f.); *Schmitt-Leonardy*, JuS 2017, 436 (441).
1650 Vgl. hierzu bereits oben Rn. 184.
1651 *Arzt*, JuS 1972, 515 (517 f.); *Bott/Krell*, ZJS 2010, 694 (698); *Degener*, Stree/Wessels-FS 1993, S. 305 (328 f.); *Dreher*, MDR 1974, 57; differenzierend *Mitsch*, BT 2, 1.3.1.5; vgl. auch noch BGH NStZ 1997, 293.

telbares Ansetzen zum Grunddelikt darstellt[1652]. Im Ergebnis ist hier zwischen verschiedenen Fallgruppen zu differenzieren, wobei entscheidend darauf abzustellen ist, ob das Regelbeispiel verwirklicht wurde oder nicht: (1) Sofern das Grunddelikt vollendet, das Regelbeispiel jedoch nur versucht ist, bleibt es bei einer Strafbarkeit wegen des vollendeten Grunddelikts, eine hierzu in Idealkonkurrenz stehende Strafbarkeit wegen eines Versuchs des besonders schweren Falles scheidet aus, weil das Regelbeispiel nur dann seine Indizfunktion für das Vorliegen eines besonders schweren Falles entfalten kann, wenn es voll verwirklicht ist[1653]. (2) Ist hingegen das Regelbeispiel verwirklicht, das Grunddelikt aber nur versucht, ist die Indizwirkung des Regelbeispiels erfüllt und es ist daher eine Strafbarkeit wegen eines Versuchs des Grunddelikts in einem besonders schweren Fall gegeben[1654]. (3) Ist weder das Regelbeispiel noch das Grunddelikt vollendet, hat der Täter aber zu beidem unmittelbar angesetzt, bleibt es beim Versuch des Grunddelikts, da auch hier die Indizwirkung des Regelbeispiels entfällt[1655].

Bsp.: Anton will in Norberts Geschäftsräume einbrechen, um aus dem Safe wertvolle Schmuckstücke zu entwenden. Als er sich gerade anschickt, die Eingangstür mit einem Stemmeisen aufzubrechen, bemerkt er, dass die Tür offen steht. Er betritt daraufhin den Geschäftsraum. Als er dort den Safe aufstemmt, bemerkt er, dass dieser leer ist. – Fraglich ist, ob Anton hier einen versuchten einfachen Diebstahl, §§ 242, 22 StGB, oder einen versuchten Diebstahl in einem besonders schweren Fall, §§ 242, 243 Abs. 1 Satz 2 Nr. 1 und Nr. 2, 22 StGB, begangen hat. Im Hinblick auf das Einbrechen in einen verschlossenen Raum scheidet ein Versuch des § 243 Abs. 1 Satz 2 Nr. 1 StGB aus, da das Regelbeispiel nicht verwirklicht wurde. Dagegen liegt im Hinblick auf den Safe ein Versuch des §§ 242, 243 Abs. 1 Satz 2 Nr. 2, 22 StGB vor. – Hätte auch der Safe offen gestanden, läge insgesamt lediglich ein versuchter Diebstahl, §§ 242, 22 StGB, vor. Die Indizwirkung des Regelbeispiels wäre auch dann entfallen, wenn Anton tatsächlich etwas mitgenommen hätte (er wäre dann nur wegen eines vollendeten einfachen Diebstahls, § 242 StGB, und nicht zusätzlich noch wegen eines versuchten Diebstahls in einem besonders schweren Fall zu bestrafen gewesen).

1652 BGHSt 33, 370 (373 ff.); BGH NStZ 1984, 262 (263); BayObLG NStZ 1997, 442; *Eisele*, BT II, Rn. 6 ff.; *ders.*, JA 2006, 309 (314); *Fabry*, NJW 1986, 15 (20); *Fischer*, § 46 Rn. 101, § 243 Rn. 28; *Kindhäuser*, Trifferer-FS 1996, S. 123 (133 f.); *Krey/Esser*, Rn. 1234; *Küper*, JZ 1986, 518 (525); *Laubenthal*, JZ 1987, 1065 (1069); *Maurach/Schroeder/Maiwald*, BT 1, § 33 Rn. 109; NK-*Kindhäuser*, § 243 Rn. 48; *Reichenbach*, JURA 2004, 260 (265 f.); *Schäfer*, JR 1986, 522 (523); SK-*Horn*, § 46 Rn. 77; *Zipf*, JR 1981, 119 (121); *ders.*, Dreher-FS 1977, S. 389 (392 f.); offen gelassen in BGH NStZ 1984, 262 (263).
1653 BGH NStZ-RR 1997, 293; BGH NStZ 2003, 602; *Arzt/Weber/Heinrich/Hilgendorf-B. Heinrich*, § 14 Rn. 38; BWME-*Mitsch*, § 22 Rn. 66; *Braunstetter*, NJW 1975, 1570 (1571); *Gössel*, Hirsch-FS 1999, S. 183 (185); *Küper*, JZ 1986, 518 (524 f.); *Lackner/Kühl*, § 46 Rn. 15; *Lieben*, NStZ 1984, 538 (539 ff.); LK-*Ruß*, 11. Aufl., § 243 Rn. 36; *Müller/Schmoll*, JA 2013, 756 (759); MüKo-*Schmitz*, 4. Aufl., § 243 Rn. 87; *Otto*, JZ 1985, 21 (24); *ders.*, JURA 1989, 200 (201); *Rengier*, BT I, § 3 Rn. 55; *Schönke/Schröder-Bosch*, § 243 Rn. 44; *Sternberg-Lieben*, JURA 1986, 183 (187 f.); a. M. allerdings *Eisele*, JA 2006, 309 (315).
1654 BGH NStZ 1985, 217 (218); BayObLG JZ 1980, 418; OLG Düsseldorf NJW 1983, 2712; OLG Stuttgart NStZ 1981, 222 (223); *Arzt/Weber/Heinrich/Hilgendorf-B. Heinrich*, § 14 Rn. 38; *Fischer*, § 46 Rn. 103; *Graul*, JuS 1999, 852 (854); *Lieben*, NStZ 1984, 538 (540 f.); MüKo-*Schmitz*, 4. Aufl., § 243 Rn. 86; *Otto*, JURA 1989, 200 (201); *Rath*, JuS 1999, 140 (141); *Schönke/Schröder-Bosch*, § 243 Rn. 44; *Sternberg-Lieben*, JURA 1986, 183 (188); *Wessels*, Maurach-FS 1972, S. 295 (306 f.); *ders.*, Lackner-FS 1987, S. 423 (432 ff.); *Zieschang*, JURA 1999, 561 (566); a. M. MüKo-*Hoffmann-Holland*, 4. Aufl., § 23 Rn. 7 f.
1655 BayObLG JZ 1980, 418 (419); OLG Stuttgart NStZ 1981, 222 (223); *Arzt/Weber/Heinrich/Hilgendorf-B. Heinrich*, § 14 Rn. 38; a. M. BGHSt 33, 370 (374); *v. Atens/Schröder*, ZJS 2016, 61 (70 f.); *Eisele*, JA 2006, 309 (314).

734 ee) **Unbeendeter Versuch – Beendeter Versuch.** Im Zusammenhang mit dem unmittelbaren Ansetzen zur Deliktsverwirklichung sind noch zwei weitere Begriffe bedeutsam, die schwerpunktmäßig allerdings erst bei der Problematik des **Rücktritts vom Versuch** eine Rolle spielen werden: die Begriffe des **beendeten Versuchs** und des **unbeendeten Versuchs**[1656]. Dennoch sind sie bereits hier anzusprechen, weil das Vorliegen eines beendeten Versuchs eine Indizwirkung dafür hat, dass der Täter zur Tatbegehung unmittelbar angesetzt hat.

735 Unter einem **beendeten Versuch** versteht man einen Versuch, bei dem der Täter davon ausgeht, bereits alles getan zu haben, was nach seiner Vorstellung zur Herbeiführung des tatbestandsmäßigen Erfolges erforderlich ist[1657].

> **Bsp.:** Anton hat um 15 Uhr eine Zeitbombe in der Fußgängerzone deponiert und auf 17 Uhr eingestellt. Daraufhin entfernt er sich und wartet ab. – Er hat zu diesem Zeitpunkt bereits alles getan, was er nach seiner Vorstellung tun musste, um den tatbestandsmäßigen Erfolg (Tötung von Menschen; Sachbeschädigung an Gebäuden) herbeizuführen. Er muss jetzt nur noch abwarten, bis die Bombe um 17 Uhr explodiert. Die Tatbestandsverwirklichung würde sich also völlig unabhängig von einem weiteren Tatbeitrag des Täters vollziehen.

736 Hat der Täter alles Erforderliche getan, was er zur Tatbestandserfüllung als notwendig ansieht, so ist regelmäßig auch ein unmittelbares Ansetzen zur Tatbestandsverwirklichung und somit ein (beendeter) Versuch zu bejahen (= Indizwirkung). Auch hier sind jedoch im Einzelfall Ausnahmen zu machen. Dies gilt insbesondere dann, wenn der Täter den Geschehensverlauf noch vollständig in der Hand hält[1658].

> **Bsp. (1)**[1659]**:** Anton hat in eine in der Küche stehende Limonadenflasche eine tödliche Menge Gift geschüttet, mittels derer er seine Frau Berta töten will. Er weiß, dass diese immer dann, wenn sie nach Hause kommt, einen Schluck Limonade zu trinken pflegt. – Hier liegt ein beendeter Versuch vor, da Anton alles getan hat, was er glaubte tun zu müssen, um den Tatbestand (Tötung der Berta) zu verwirklichen. Er muss jetzt nur noch warten, bis Berta heimkommt und trinkt. Dennoch ist hier ein unmittelbares Ansetzen erst dann anzunehmen, wenn er sich entweder aus dem Haus entfernt (Kriterium: Aufgabe der Geschehensherrschaft) oder wenn Berta nach Hause kommt und die Küche betritt (Kriterien: Opfer tritt in den Wirkungskreis der Gefahr; Eintritt einer konkreten Rechtsgutsgefährdung).

> **Bsp. (2)**[1660]**:** Beim Apotheker Alois ist bereits mehrfach eingebrochen worden. Da weitere Einbrüche zu befürchten sind, steht das Haus ständig unter polizeilicher Beobachtung. Dennoch stellt Alois eine Schnapsflasche, die er mit Gift gefüllt hat, im Eingangsbereich auf, da er davon ausgeht, die Einbrecher würden, wie sonst auch, bei der „Arbeit" die vorhandenen Alkoholika konsumieren. Danach verlässt Alois das Haus. –

1656 Vgl. zu dieser Unterscheidung im Hinblick auf den Versuchsbeginn auch *Rath*, JuS 1998, 1106 (1107 f.).
1657 Vgl. zum beendeten Versuch noch ausführlich unten Rn. 782 f.
1658 Vgl. hierzu nur BGHSt 43, 177 (179); *Jäger*, Rn. 428; *Roxin*, JuS 1979, 1 (9); vgl. aber auch LK-*Hillenkamp*, 12. Aufl., § 22 Rn. 135 ff.; LK *Murmann*, 13. Aufl., § 22 Rn. 137 ff.
1659 Vgl. hierzu auch die Fallbeispiele bei *Kratzsch*, JA 1983, 578 (585 f.); *Roxin*, Maurach-FS 1972, S. 213 (214 ff.); *ders.*, JuS 1979, 1 (9 f.).
1660 Fall nach BGHSt 43, 177; Vorinstanz OLG München NStZ-RR 1996, 71; hierzu *Hoffmann*, JA 2016, 194 (195 ff.); *Kretschmer*, JA 2020, 583 (586 ff.); als Übungsfall aufgearbeitet von *Rosenau/Klöhn*, JURA 2000, 427; Übungsfälle mit vergleichbarer Problematik finden sich auch bei *Bergmann/Kroke*, JURA 2010, 946 (947 f.); *Penkuhn*, ZJS 2016, 496 (499 f.); *Putzke*, JURA 2017, 344 (350 ff.); *Sternberg-Lieben/v. Ardenne*, JURA 2007, 149; hierzu auch *Baier*, JA 1999, 771; *Bosch*, JA 2011, 909 (913); *Böse*, JA 1999, 342; *Derksen*, GA 1998, 592; *Dornis*, JURA 2001, 664; *Heckler*, NStZ 1999, 79; *Jäger*, Rn. 429 f.; *Kudlich*, JuS 1998, 596; *Kühl*, § 15 Rn. 85a ff.; *Martin*, JuS 1998, 273; *Marxen*, Fall 21c;

Der BGH lehnte hier zu Unrecht ein unmittelbares Ansetzen ab. Er argumentierte, ein Versuch liege in den Fällen, in denen die Mitwirkung des Opfers zwingend erforderlich, aber noch ungewiss sei, erst dann vor, wenn sich das Opfer in den Wirkungskreis der Gefahr begebe (hier also: mit dem Betreten des Hauses)[1661]. Denn andernfalls fehle der enge zeitliche Zusammenhang zwischen dem unmittelbaren Ansetzen und der Tat. Nach dem eben Gesagten sowie im Einklang mit den Grundsätzen des unmittelbaren Ansetzens des mittelbaren Täters (trinkendes Opfer als Werkzeug gegen sich selbst)[1662] muss aber entweder das Rechtsgut bereits unmittelbar gefährdet sein **oder** der Täter das Geschehen aus der Hand gegeben haben. Letzteres war hier jedoch der Fall, wenn Alois das Haus verließ. Ob das Erscheinen des Opfers gewiss oder ungewiss ist, kann dabei keine Rolle spielen[1663].

Noch problematischer ist die Abgrenzung, wenn ein sog. **unbeendeter Versuch** vorliegt. Hierunter versteht man einen Versuch, bei dem der Täter davon ausgeht, noch nicht alles getan zu haben, was nach seiner Vorstellung zur Herbeiführung des tatbestandsmäßigen Erfolges erforderlich ist[1664].

Bsp.: Anton lauert seinem Feind Bruno auf, um ihn mit seinem Gewehr zu erschießen. Er sieht Bruno des Weges kommen und legt an. Noch bevor er jedoch schießen kann, wird er vom Förster Franz überwältigt. – Zu diesem Zeitpunkt lag lediglich ein unbeendeter Versuch vor, weil Anton ja noch nicht alles getan hatte, was er nach seiner Vorstellung tun musste, um den tatbestandsmäßigen Erfolg herbeizuführen. Denn er musste jedenfalls noch den Abzug betätigen und schießen (anders wäre es hingegen, wenn Anton eine Tretmine ausgelegt hätte und jetzt nur noch zusehen müsste, ob Bruno auf sie tritt).

Hat der Täter in einer solchen Situation noch nicht alles getan, was nach seiner Vorstellung zur Tatbestandserfüllung notwendig war, muss aufgrund der genannten Abgrenzungskriterien jeweils eine Einzelfallbetrachtung vorgenommen werden. Im genannten Fall wird man ein unmittelbares Ansetzen (und somit einen unbeendeten Versuch) bereits dann annehmen können, wenn sich Bruno dem Anton in Schussweite genähert hat und Anton das Gewehr erhebt[1665].

Otto, NStZ 1998, 243; Rath, JuS 1998, 1106 (1110 f.); Roxin, JZ 1998, 211; Wolters, NJW 1998, 578; vgl. auch die Konstellation der „Sprengfalle", BGH NStZ 1998, 294 (hierzu Herzberg, JuS 1999, 224, sowie unten Rn. 1112), und den „Steckdosenfall", BGH NStZ 2001, 475; ferner aus der Übungsfallliteratur Englmann, JA 2010, 185 (187); Rackow, JA 2003, 218.

1661 BGHSt 43, 177 (181 f.); BGH NStZ 2001, 475; so auch Dölling/Duttge/König/Rössner-Ambos, § 22 Rn. 28; Dornis, JURA 2001, 664 (667); Gössel, JR 1976, 249 (250); Kühl, § 15 Rn. 85d; LK-Hillenkamp, 12. Aufl., § 22 Rn. 140 f.; Otto, § 18 Rn. 43; ders., JA 1980, 641 (645); ders., NStZ 1998, 243 (244); Wessels/Beulke/Satzger, Rn. 950.
1662 Vgl. unten Problemschwerpunkt 15, Rn. 747 ff.
1663 So Roxin, JuS 1979, 1 (9 f.); ders., JZ 1998, 211 (221); vgl. auch Bosch, JURA 2011, 909 (913 f.); Böse, JA 1999, 342 (344 f.); Burkhardt, JuS 1983, 428 (430); Gropp/Sinn, § 9 Rn. 73; Herzberg, JuS 1985, 1 (6 ff.); ders., JuS 1999, 224 (225); Krack, JuS 1999, 832; Kretschmer, JA 2020, 583 (587 f.); Penkuhn, ZJS 2016, 496 (500); Putzke, JURA 2017, 344 (351); Rengier, § 34 Rn. 51; Streng, Zipf-GS 1999, S. 325 (332 ff.); ferner schon RGSt 66, 141 (142).
1664 Vgl. zum unbeendeten Versuch noch ausführlich unten Rn. 779 ff.
1665 Vgl. zu den Auflauerungsfällen RGSt 68, 336; RGSt 77, 1; BGH NJW 1954, 567; BGH bei Dallinger, MDR 1973, 728; BGH StV 1997, 241; Bosch, JURA 2011, 909 (912); Krey/Esser, Rn. 1223; Kühl, § 15 Rn. 75; ders., JuS 1980, 811 (813); vgl. ferner den Übungsfall bei Ellbogen, JuS 2002, 151; weiter allerdings der BGH im „Pfeffertütenfall", NJW 1952, 514: Ausreichend sei es, wenn der Täter dem Opfer angriffsbereit an der Stelle auflauert, an dem das Opfer nach seiner Berechnung zu einem bestimmten Zeitpunkt (hier: mit der Straßenbahn) eintreffen muss; hierzu Fahl, JA 1997, 635; Rath, JuS 1998, 1106 (1108 ff.).

2. Unmittelbares Ansetzen bei Mittäterschaft[1666] (Problemschwerpunkt 13)

739 **Fallbeispiel:** Anton, Bruno und Rudi wollen gemeinsam in die Villa der zurzeit im Urlaub weilenden Witwe Wilma einbrechen und deren Schmuck entwenden. Rudi, der Kopf der Bande, hat alles im Detail genau geplant und übergibt den anderen das erforderliche Werkzeug. Anton soll damit abends gegen 22 Uhr in die Villa eindringen und die Wertsachen in zwei mitgebrachte Taschen packen, Bruno soll in einer Kneipe um die Ecke warten, sich um 22.30 Uhr ins Auto setzen und vorfahren, damit Anton mit den Wertsachen schnell einsteigen kann und die beiden anschließend flüchten können. Um 22.15 Uhr wird Anton beim Zusammenpacken der Sachen von der Polizei gestellt, die von einem aufmerksamen Nachbarn alarmiert wurde. Bruno bemerkt das Polizeiaufgebot und verbringt daher den Rest des Abends in der Kneipe.

Problemstellung: Im Hinblick auf den Versuch des mittäterschaftlich begangenen Wohnungseinbruchsdiebstahls, §§ 242, 244 Abs. 1 Nr. 3, Abs. 4, §§ 25 Abs. 2, 22 StGB, ist fraglich, ob – und wenn ja, wann – ein unmittelbares Ansetzen zur Tatbestandsverwirklichung vorlag. Dies ist insbesondere bei Bruno problematisch, da er jedenfalls im Hinblick auf den ihm zugedachten Tatbeitrag (Vorfahren mit dem Auto) noch nichts unternommen hatte.

740 a) Nach der von der h. M. und der Rechtsprechung vertretenen **Gesamtlösung**[1667] beginnt der Versuch für alle Mittäter dann, wenn einer von ihnen in Vollzug des gemeinsamen Tatplans zur Tatbestandsverwirklichung ansetzt. Als **Argument** wird hier darauf hingewiesen, dass nach § 25 Abs. 2 StGB das Verhalten eines Mittäters den anderen zugerechnet werden kann und muss. Nur diese Lösung führt zu annehmbaren Ergebnissen. Denn die Mittäter wollen gemeinsam eine Tat begehen. Nach § 25 Abs. 2 StGB muss daher eine umfassende Zurechnung der Tatbeiträge stattfinden, unabhängig davon, wann der einzelne Mittäter „seinen" Tatbeitrag erbringt. Es muss darauf abgestellt werden, wann die Tat als Ganzes die Versuchsschwelle überschreitet. Der Versuch beginnt dann für alle Mittäter zu dem Zeitpunkt, zu dem der erste Mittäter unmittelbar ansetzt. Im vorliegenden Fall hätten also sowohl Anton als auch Bruno und Rudi in dem Moment unmittelbar zum Versuch angesetzt, in dem Anton in die Villa der Wilma einbrach. Hieran wird zwar kritisiert, dass der Zeitpunkt des Versuchsbeginns für einzelne Mittäter

---

1666 Vgl. hierzu auch *Jäger*, Rn. 431 ff.; *Rönnau*, JuS 2014, 109 (109 f.); ferner die Übungsfälle bei *Ambos*, JURA 2004, 492 (494); *Böhringer/Wagner*, ZJS 2015, 412 (419); *Gropengießer/Kohler*, JURA 2003, 277 (280, 281); *Hanft*, JuS 2005, 1010 (1010 f.); *Kinzig/Luczak*, JURA 2002, 493 (497 f.); *Krell*, JURA 2012, 150 (152); *Kromrey*, JURA 2013, 533 (536 f.); *Lenk*, JURA 2021, 1113 (1125); *Putzke*, JURA 2015, 95 (105); *Schmitt-Leonardy*, JuS 2017, 436 (441); *Stam*, ZJS 2017, 351 (354); *Weißer/Kreß*, JA 2003, 857 (860, 865 f.); *Zopfs*, JURA 2013, 1072 (1073).

1667 RGSt 58, 279; BGHSt 36, 249 (250); BGHSt 39, 236 (237 f.); BGHSt 40, 299 (301 f.); BGH NStZ 1981, 99; BWME-*Mitsch*, § 22 Rn. 79; *Bosch*, JURA 2011, 909 (915); *Dölling/Duttge/König/Rössner-Ambos*, § 22 Rn. 34; *Erb*, NStZ 1995, 424 (426 f.); *Fischer*, § 22 Rn. 21; *Gropengießer/Kohler*, JURA 2003, 277 (281); *Gropp/Sinn*, § 10 Rn. 191; *Hauf*, NStZ 1994, 263 (265 f.); *ders.*, JA 1995, 776 (778 f.); *Heckler*, GA 1997, 72 (76); *v. Heintschel-Heinegg-Cornelius*, § 22 Rn. 61; *Hoffmann-Holland*, Rn. 646; *Ingelfinger*, JZ 1995, 704 (713); *Jakobs*, 21/61; *Jescheck/Weigend*, § 63 IV 1; *Kindhäuser/Zimmermann*, § 40 Rn. 15; *Krack*, ZStW 110 (1998), 611 (621); *Kretschmer*, JA 2020, 583 (588 f.); *Krey/Esser*, Rn. 1241; *Kudlich*, JA 2008, 703 (707); *Kühl*, § 20 Rn. 123 f.; *Küper*, JZ 1979, 775 (777 f.); *Küpper/Mosbacher*, JuS 1995, 488 (491); *Lackner/Kühl*, § 22 Rn. 9; *Matt/Renzikowski-Heger/Petzsche*, § 22 Rn. 51; *Maurach/Gössel/Zipf-Renzikowski*, AT 2, § 49 Rn. 99; MüKo-*Joecks/Scheinfeld*, 4. Aufl., § 25 Rn. 267 f.; LK-*Murmann*, 13. Aufl., § 22 Rn. 212; *Mylonopoulos*, GA 2011, 462; NK-*Zaczyk*, § 22 Rn. 67; *Otto*, JA 1980, 641 (646); *Rath*, JuS 1999, 140 (144); *Rengier*, § 36 Rn. 20 ff.; *Riemenschneider*, JuS 1997, 627 (631); *Rönnau*, JuS 2014, 109 (110); *Safferling*, JuS 2005, 135 (140 f.); *Schönke/Schröder-Eser/Bosch*, § 22 Rn. 55; *Seher*, JuS 2009, 304 (309); SSW-*Kudlich/Schuhr*, § 22 Rn. 52; *Stratenwerth/Kuhlen*, § 12 Rn. 107 f.; *Wessels/Beulke/Satzger*, Rn. 962; *Zopfs*, JURA 1996, 19 (23); in modifizierter Form auch *Klesczewski*, Rn. 818.

unangemessen weit vorverlagert und diesen im Einzelfall der Rücktritt nach § 24 Abs. 2 StGB verwehrt werde[1668]. So könne einem Mittäter, der seinen Tatbeitrag noch gar nicht erbracht habe (wie im vorliegenden Fall Bruno), bereits vor Erbringung dieses Tatbeitrages die Rücktrittsmöglichkeit verwehrt sein. Außerdem könnten auch diejenigen als Mittäter eines Versuchs bestraft werden, deren Verhalten lediglich den Unwertgehalt einer Verbrechensverabredung habe. Diese Einwände können jedoch nicht überzeugen, da dem Betreffenden auch vor Erbringung des eigenen Tatbeitrages zugemutet werden kann, die auf einem gemeinsamen Tatplan beruhende Tat zu verhindern.

b) Dagegen soll nach der **strengen Einzellösung**[1669] der Versuch für jeden Mittäter getrennt danach beginnen, wann er zur Verwirklichung **seines** die Mittäterschaft begründenden Tatbeitrages unmittelbar ansetzt. Als Argument wird dabei angeführt, dass eine – der Täterschaft zugrunde liegende – Tatherrschaft nur ab dem Zeitpunkt möglich sei, zu dem der Mittäter selbst tätig werde. **Konsequenz** dieser Ansicht ist, dass für jeden Mittäter der Versuch erst dann beginnt, wenn er selbst unmittelbar ansetzt. Rudi hätte also bereits zu dem Zeitpunkt unmittelbar angesetzt, als er Anton und Bruno losschickte (Aufgabe der Geschehensherrschaft), Anton dann, als er in die Villa einbrach, und Bruno hätte noch gar nicht unmittelbar angesetzt, da er mit seinem Tatbeitrag noch nicht begonnen hatte. Dagegen wird jedoch zutreffend eingewandt, dass bei einem gemeinsamen Tatplan auch alle Mittäter in gleicher Weise die Verantwortung tragen müssen. Nimmt man diese Theorie ernst, kommt es bei nacheinander zu erbringenden Tatbeiträgen mehrerer einerseits zu einer ungerechtfertigten Ausdehnung der Versuchsstrafbarkeit auf typische Vorbereitungshandlungen (bei Rudi), andererseits zu einer nicht zu begründenden Einschränkung der Versuchsstrafbarkeit (bei Bruno). Zudem würde es seltsam anmuten, wenn Bruno – wäre die Tat im vorliegenden Fall geglückt – erst dann unmittelbar ansetzen würde, wenn die Tat (Wegnahme der Sache) bereits vollendet ist (denn er sollte Anton ja nur beim Abtransport, also nach Vollendung der Wegnahme behilflich sein).

c) Zumindest die Ausdehnung der Versuchsstrafbarkeit auf bloße Vorbereitungshandlungen wird nach der **modifizierten Einzellösung**[1670] vermieden. Hiernach soll der Versuch zwar auch für jeden Mittäter getrennt danach beginnen, wann er zur Verwirklichung seines die Mittäterschaft begründenden Tatbeitrages unmittelbar ansetzt. Allerdings müsse die „Gesamthandlung" aller Mittäter bereits das Versuchsstadium erreicht haben, was im vorliegenden Fall zu dem Zeitpunkt vorlag, als Anton in die Villa einbrach. Erst dann hätte nach dieser Ansicht auch der Hintermann Rudi unmittelbar angesetzt, Bruno hingegen wäre nach dieser Ansicht ebenfalls noch nicht ins Versuchsstadium gelangt. Gegen diese Theorie sprechen wiederum die oben bei der strengen Einzeltheorie genannten Gründe. Auch wenn eine Ausdehnung der Versuchsstrafbarkeit auf Vorbereitungshandlungen vermieden wird, ändert dies nichts an der Tatsache, dass der Strafrechtsschutz teilweise zu spät (oder gar nicht) einsetzt.

1668 Zum Folgenden *Valdágua*, ZStW 98 (1986), 839 (869 f.); hierzu auch *Peña*, GA 2021, 283 (287).
1669 *Peña*, GA 2021, 283 (287); *Schilling*, Der Verbrechensversuch des Mittäters und des mittelbaren Täters, 1975, S. 104 ff.; *Valdágua*, ZStW 98 (1986), 839 (870 ff.); in diese Richtung auch *Kratzsch*, JA 1983, 578 (587); *Puppe*, AT 2, 1. Aufl. 2005; § 37 Rn. 7, § 39 Rn. 13, § 44 Rn. 1.
1670 *Rudolphi*, Bockelmann-FS 1979, S. 369 (383 ff.); SK-*Jäger*, § 22 Rn. 35; in diese Richtung auch *Günther*, GA 1983, 330 (333); LK-*Roxin*, 11. Aufl., § 25 Rn. 199; LK-*Schünemann/Greco*, 13. Aufl., § 25 Rn. 228; *Roxin*, AT II, § 29 Rn. 297 ff.; *ders.*, Odersky-FS 1996, S. 489 (491 ff.).

3. Unmittelbares Ansetzen beim vermeintlichen Mittäter[1671] (Problemschwerpunkt 14)

743 **Fall:** Anton und Bruno planen gemeinsam einen Banküberfall und versuchen hierfür einen Komplizen zu gewinnen. Rolf, ein V-Mann der Polizei, erklärt sich auf Anfrage zum Schein bereit. Dem gemeinsamen Tatplan entsprechend fahren die drei zu einer Sparkasse. Anton wartet im PKW, um eine schnelle Flucht zu ermöglichen, Bruno bleibt an der Eingangstüre, um „Schmiere" zu stehen, Rolf begibt sich in den Kassenraum der Bank. In dem Moment, in dem Rolf seine Waffe zückt, um den (in alles eingeweihten) Kassierer zur Herausgabe des Geldes zu bewegen, greift, wie zuvor abgesprochen, eine Spezialeinheit der Polizei ein und verhaftet die drei Täter.

Problemstellung: Eine Strafbarkeit Rolfs wegen versuchter schwerer räuberischer Erpressung in Mittäterschaft, §§ 253, 255, 250 Abs. 2 Nr. 1, 25 Abs. 2, 22 StGB, scheidet mangels vorsätzlichen Handelns aus (er wollte die Vollendung der Tat, insbesondere die Vermögensverfügung, gerade nicht herbeiführen)[1672]. „Objektiv" stellt sein Handeln jedoch ein unmittelbares Ansetzen zur Tatbestandsverwirklichung dar. Fraglich ist, ob auch Anton und Bruno, die beide vorsätzlich handelten, bereits unmittelbar angesetzt haben, bzw. ob ihnen Rolfs Handeln über § 25 Abs. 2 StGB zuzurechnen ist.

744 a) Nach der **weiten Gesamtlösung**[1673] beginnt der Versuch für alle Mittäter zu dem Zeitpunkt, zu dem ein Mittäter in Vollzug des gemeinsamen Tatplans zur Tatbestandsverwirklichung ansetzt. Zwar enthalte das unmittelbare Ansetzen eine objektive und eine subjektive Komponente. Das Vorliegen der objektiven Komponente müsse aber für die Zurechnung nach § 25 Abs. 2 StGB ausreichen. Denn auch sonst beziehe sich die Zurechnung im Rahmen der Mittäterschaft nach § 25 Abs. 2 StGB grundsätzlich nur auf objektive Tatbeiträge. Entscheidend müsse es daher auf den objektiven Beobachterstandpunkt (und nicht auf den Willen des vermeintlichen Mittäters) ankommen. Zudem zeige auch der Wortlaut des § 22 StGB („nach seiner Vorstellung"), dass es in erster Linie auf die subjektive Sichtweise des sich im Hintergrund befindenden Mittäters ankommen müsste. Diese – im Ergebnis zutreffende – Ansicht hat im vorliegenden Fall zur Konsequenz, dass Anton und Bruno das (objektive) unmittelbare Ansetzen Rolfs zugerechnet werden kann. **Gegen** diese Ansicht wird allerdings vorgebracht, dass nur diejenigen Tatbeiträge über § 25 Abs. 2 StGB zugerechnet werden könnten, die ein anderer auch vollständig, d. h. objektiv und subjektiv tatbestandsmäßig erfüllt.

745 b) Insoweit führt nach der **engen Gesamtlösung**[1674] das Ansetzen des nur vermeintlichen Mittäters nicht dazu, dass eine Zurechnung über § 25 Abs. 2 StGB erfolgen kann. Als Argument wird dabei angeführt, dass eine Aufspaltung des

---

1671 Vgl. hierzu *Rönnau*, JuS 2014, 109 (110 f.); ferner die Übungsfälle bei *Christmann*, JURA Sonderheft Zwischenprüfung, 2004, 37 (39); *Gropengießer/Kohler*, JURA 2003, 277 (281 f.); *Hanft*, JuS 2005, 1010 (1011); *Krell*, JURA 2012, 150 (152); *Kudlich*, JA 2002, 27; *ders.*, JuS 2008, 703 (707); *Marxen*, Fall 18d; *Otto/Petersen*, JURA 1999, 480; *Riemenschneider*, JuS 1997, 627; *Weißer/Kreß*, JA 2003, 857 (860 f.).
1672 Vgl. zum Ausschluss der Strafbarkeit beim „agent provocateur" unten Rn. 1312 ff.
1673 BGHSt 40, 299 (302 f.); *Fischer*, § 22 Rn. 23a; *Gropp/Sinn*, § 10 Rn. 194; *Hauf*, NStZ 1994, 263 (265 f.); *ders.*, JA 1995, 776 (779); *Heckler*, GA 1997, 72 (76 ff.); *Putzke*, JuS 2009, 1083 (1083 f.); *Weber*, Lenckner-FS 1998, S. 435 (446 f.); *Weißer/Kreß*, JA 2003, 857 (861); vgl. auch BGH NStZ 2004, 110 (111).
1674 BGHSt 39, 236 (238); *Ahrens*, JA 1996, 664 (668 ff.); *Beulke*, Kühl-FS 2014, S. 115 (129 f.); *Bloy*, ZStW 117 (2005), 3 (29); *Bosch*, JURA 2011, 909 (915 f.); *Christmann*, JURA Sonderheft Zwischenprüfung, 2004, 37 (39); *Dölling/Duttge/König/Rössner-Ambos*, § 22 Rn. 35; *Erb*, NStZ 1995, 424 (427 f.); *Frister*, 29. Kap. Rn. 14; *Gropengießer/Kohler*, JURA 2003, 277 (282); *Hanft*, JuS 2005, 1010 (1011); *Hoffmann-Holland*, Rn. 647; *Ingelfinger*, JZ 1995, 704 (713 f.); *Jäger*, Rn. 431, 433; *Jescheck/Weigend*, § 63 IV 1;

unmittelbaren Ansetzens in einen objektiven und einen subjektiven Teil nicht möglich sei. Mangels subjektiver Komponente setze der vermeintliche Mittäter aber gerade nicht an und handle daher selbst nicht tatbestandsmäßig. Daher könne auch keine Zurechnung über § 25 Abs. 2 StGB erfolgen. Der bloße Glaube an die Mittäterschaft des anderen könne dessen unmittelbares Ansetzen (§ 22 StGB verlange schließlich ein Handeln „nach seiner Vorstellung") nicht ersetzen. Als Konsequenz dieser Ansicht wäre Rolfs Handeln den beiden anderen nicht zurechnen, sodass sich diese nur im Rahmen des § 30 Abs. 2 StGB wegen Verbrechensverabredung, nicht aber wegen eines Versuchsdelikts strafbar gemacht hätten. Dem ist jedoch zu widersprechen. Die lediglich innerliche Distanzierung eines Mittäters darf die anderen nicht besser stellen. Zudem würden ungerechtfertigter Weise Strafbarkeitslücken entstehen, wenn es sich bei der Tat nicht um ein Verbrechen handelt, denn § 30 Abs. 2 StGB ist bei Vergehen nicht anwendbar.

c) Keine Schwierigkeiten mit dieser Konstellation haben sowohl die **strenge Einzellösung**[1675] als auch die **modifizierte Einzellösung**[1676], die jedoch aus den genannten Gründen abzulehnen sind.

4. Unmittelbares Ansetzen bei mittelbarer Täterschaft[1677] (**Problemschwerpunkt 15**)

Fall: Anton überredet den schwachsinnigen und ihm hörigen Bruno, am nächsten Morgen Rudi in der Badewanne zu erschießen. Er übergibt ihm eine geladene Pistole sowie Rudis Adresse und weitere Instruktionen. Bruno geht nach Hause, verliert aber Rudis Adresse und tut daher nichts.

Problemstellung: Hier hat der Tatmittler Bruno (der infolge Schuldunfähigkeit nach § 20 StGB ohnehin für die Tat nicht hätte bestraft werden können) zur Tatbestandsverwirklichung noch nicht unmittelbar angesetzt. Fraglich ist aber, ob Anton als Hintermann wegen eines versuchten Totschlags in mittelbarer Täterschaft, §§ 212, 25 Abs. 1, 2. Alt. StGB, zu bestrafen ist. Hier kommt es darauf an, ob es für ihn zu einer Vorverlagerung des Zeitpunktes des Versuchsbeginns kommt, oder ob ein Versuch des mittelbaren Täters – vergleichbar mit der Gesamtlösung bei der Mittäterschaft[1678] – erst zu dem Zeitpunkt beginnt, in dem der Tatmittler zur Tatbestandsverwirklichung unmittelbar ansetzt.

Joecks, wistra 1995, 58 (59); *Joerden*, JZ 1995, 735 (736); *Kindhäuser/Hilgendorf*, LPK, § 22 Rn. 41; *Kindhäuser/Zimmermann*, § 40 Rn. 18; *Krack*, NStZ 2004, 697 (698); *ders.*, ZStW 117 (2005), 555 (560 f.); *Krell*, JURA 2012, 150 (152); *Kretschmer*, JA 2020, 583 (589); *Krey/Esser*, Rn. 1242; *Kudlich*, JuS 2002, 27 (29); *ders.*, JA 2008, 703 (707); *Kühl*, § 20 Rn. 123 f.; *Kühne*, NJW 1995, 934; *Küpper/Mosbacher*, JuS 1995, 488 (492); *Lackner/Kühl*, § 22 Rn. 9; *Matt/Renzikowski-Heger/Petzsche*, § 22 Rn. 52; *MüKo-Hoffmann-Holland*, 4. Aufl., § 22 Rn. 142; *Mylonopoulos*, GA 2011, 462 (471); NK-*Zaczyk*, § 22 Rn. 68; *Otto*, § 21 Rn. 126; *Otto/Petersen*, JURA 1999, 480 (482); *Rath*, JuS 1999, 140 (144); *Rengier*, § 36 Rn. 27; *Riemenschneider*, JuS 1997, 627 (631); *Rönnau*, JuS 2014, 109 (111); *Schönke/Schröder-Eser/Bosch*, § 22 Rn. 55a; *Streng*, ZStW 109 (1997), 862 (891); *Wessels/Beulke/Satzger*, Rn. 964; *Zopfs*, JURA 1996, 19 (23).

1675 Vgl. oben Rn. 741.
1676 Vgl. oben Rn. 742.
1677 Vgl. hierzu auch *Engländer*, JuS 2003, 330 (331 ff.); *Hillenkamp/Cornelius*, AT, 15. Problem; *Putzke*, JuS 2009, 985 (989 f.); *Rönnau*, JuS 2014, 109 (111 f.); ferner die Übungsfälle bei *Ambos*, JURA 2004, 492 (494); *Bergmann/Kroke*, JURA 2010, 946 (947 f.); *Bergmann/Rensch*, JURA 2012, 553 (558); *Bung*, JA 2007, 868 (870 f.); *Ensenbach*, JURA 2011, 787 (793 f.); *Edlberger*, JURA 2007, 941 (945); *Ernst*, ZJS 2011, 382 (386 f.); *Haas/Hänke*, JURA 2021, 1508 (1517); *Haverkamp/Kaspar*, JuS 2006, 895 (899); *Krack/Schwarzer*, JuS 2008, 140 (141); *Krahl*, JuS 2003, 1187 (1190 f.); *Marxen*, Fall 21a; *Moldenhauer*, JA 2019, 589 (596 f.); *Morgenstern*, JURA 2011, 146 (151); *Rackow*, JA 2003, 218 (220 ff.); *Saliger*, JuS 1995, 1004 (1008 f.); *Schuster*, JURA 2008, 228 (232); *Sternberg-Lieben/v. Ardenne*, JURA 2007, 149 (150); *Wagner*, ZJS 2009, 619 (622).
1678 Vgl. oben Problemschwerpunkt 13, Rn. 740.

748 a) Nach der strengen **Akzessorietätstheorie**[1679] beginnt das Versuchsstadium auch für den mittelbaren Täter erst in dem Moment, in dem der Tatmittler unmittelbar zur Tatbestandsverwirklichung ansetzt. Denn das Einwirken auf den Tatmittler und dessen (dem mittelbaren Täter zurechenbares) Verhalten würden eine normative Einheit bilden. Der mittelbare Täter handle gerade „durch" den Tatmittler und somit nicht früher als dieser. Die bei der Mittäterschaft entwickelte „Gesamtlösung" müsse daher auf die mittelbare Täterschaft übertragen werden. Dies hat zur Konsequenz, dass Vorbereitungsstadium und Versuch für den mittelbaren Täter und den Tatmittler zur gleichen Zeit beginnen und enden. Im vorliegenden Fall würde somit ein unmittelbares Ansetzen des Anton ausscheiden. Dies kann jedoch nicht richtig sein. Denn diejenige Handlung, die dem mittelbaren Täter vorzuwerfen ist, ist das Einwirken auf den Tatmittler. Dessen spätere Tat ist lediglich der Erfolg dieser Handlung, vergleichbar mit dem Ingangsetzen eines mechanischen Werkzeugs. Der Zeitpunkt des unmittelbaren Ansetzens des Tatmittlers ist dem mittelbaren Täter zudem oftmals gar nicht bekannt und für diesen daher höchst zufällig. Auch würden, wie der vorliegende Fall zeigt, erhebliche Strafbarkeitslücken entstehen. Insbesondere wäre es auch seltsam, wenn – bei Verbrechen – bereits das vergebliche Einwirken auf einen vollverantwortlich handelnden Täter als versuchte Anstiftung, § 30 Abs. 1 StGB, bestraft werden kann, das erfolgreiche Einwirken auf einen nicht voll verantwortlich handelnden Tatmittler aber erst dann unter Strafe stünde, wenn dieser selbst unmittelbar zur Tat ansetzt.

749 b) Allein auf das Verhalten des mittelbaren Täters stellt dagegen die **Einwirkungstheorie**[1680] ab. Hiernach beginnt das Versuchsstadium für den mittelbaren Täter bereits dann, wenn er auf den Tatmittler einzuwirken beginnt (enge Auslegung) bzw. wenn diese Einwirkung abgeschlossen ist (weite Auslegung). Begründet wird dies mit dem an sich zutreffenden Argument, die tatbestandsmäßige Handlung des **mittelbaren Täters** sei gerade und nur das Einwirken auf den Tatmittler. Hierdurch werde eine Kausalkette in Gang gesetzt, die ein gewisses Risiko hervorrufe und bei der damit zu rechnen sei, dass der Erfolg nur noch dann abgewendet werden könne, wenn der mittelbare Täter erneut auf den Tatmittler einwirke, um das Geschehen aufzuhalten. Dies aber sei die typische Konstellation eines Rücktritts vom Versuch. Die Situation sei vergleichbar mit der versuchten Anstiftung, die auch mit der Einwirkung des Anstifters auf den Täter beginne. Diese Ansicht hat zur Konsequenz, dass der Versuchsbeginn weit ins Vorbereitungsstadium vorverlegt wird. Anton hätte hiernach bereits dann unmittelbar angesetzt, als er damit begann, Bruno den Auftrag zu erteilen (enge Auslegung) bzw. den Auftrag vollständig erteilt hat (weite Auslegung). Hiergegen lässt sich jedoch anführen, dass die Einschaltung eines Tatmittlers nicht zu einer Vorverlagerung der Versuchsstraf-

---

1679 BWME-*Mitsch*, § 22 Rn. 78 („Gesamtlösung"); *Bung*, JA 2007, 868 (871); *Eschenbach*, JURA 1992, 637 (645); *Gössel*, JR 1976, 249 (250); *Kadel*, GA 1983, 299 (307); *Köhler*, S. 541 f.; *Krack*, ZStW 110 (1998), 611 (628); *Krack/Schwarzer*, JuS 2008, 140 (141); *Krey/Esser*, Rn. 1239; *Kühl*, § 20 Rn. 91; *ders.*, JuS 1983, 180 (182); *Küper*, JZ 1983, 361 (369 f.); *Küpper*, GA 1986, 437 (447); *Lackner/Kühl*, § 22 Rn. 9; LK-*Vogler*, 10. Aufl., § 22 Rn. 104; *Matt/Renzikowski-Heger-Petzsche*, § 22 Rn. 53 f.; *Maurach/Gössel/Zipf*, AT 2, 7. Aufl., § 48 Rn. 112 ff.; *Rath*, JuS 1999, 140 (143); *Eb. Schmidt*, Frank-FG 1930, Bd. 2, S. 106 (132); SK-*Hoyer*, § 25 Rn. 147; *Stratenwerth/Kuhlen*, § 12 Rn. 105.
1680 *Baumann*, JuS 1963, 85 (93); *Bockelmann*, JZ 1954, 468 (473); *Bockelmann/Volk*, § 22 II 3b; *Herzberg*, MDR 1973, 89 (94 f.); *ders.*, Roxin-FS 2001, S. 749 (751 f.); *Jakobs*, 21/105; *Merkel*, ZStW 107 (1995), 545 (550); *Meyer*, ZStW 87 (1975) 598 (607 f.); *Puppe*, § 20 Rn. 28 ff.; *dies.*, JuS 1989, 361 (363 f.); *dies.*, Kuper-FS 2007, S. 443 (453 f.); *Saliger*, JuS 1995, 1004 (1008 f.); *Schilling*, Der Verbrechensversuch des Mittäters und des mittelbaren Täters, S. 104 ff.; *Wagner*, ZJS 2009, 419 (422); vgl. zu einer vergleichbaren Vorverlagerung der Versuchsstrafbarkeit auch RGSt 53, 45; RGSt 77, 172.

barkeit ins Vorbereitungsstadium führen darf. Die straflose Verabredung eines Vergehens bei Annahme von Mittäterschaft wäre dann nämlich bei der mittelbaren Täterschaft bereits ein Versuch, da die Verabredung bei der mittelbaren Täterschaft dem Einwirken entspricht. Ferner liegt in einer so weiten Vorverlagerung ein Verstoß gegen das Unmittelbarkeitserfordernis des § 22 StGB.

c) Einen ganz eigenen Weg geht die **differenzierende Theorie**[1681], die danach unterscheidet, ob das Werkzeug gutgläubig ist (also hinsichtlich der Tatbestandsverwirklichung durch den mittelbaren Täter getäuscht wurde) oder ob es bösgläubig ist (also genau weiß, dass ein Straftatbestand verwirklicht werden soll, jedoch aus anderen Gründen, etwa – wie im vorliegenden Fall – wegen Schuldunfähigkeit, nicht bestraft werden kann). Ist das Werkzeug gutgläubig, soll der Versuch für den mittelbaren Täter bereits mit dem Einwirken auf den Tatmittler beginnen, bei Bösgläubigkeit hingegen setze auch der mittelbare Täter erst zu dem Zeitpunkt unmittelbar an, zu dem der Tatmittler unmittelbar ins **Versuchsstadium eintritt.** Denn sei das Werkzeug gutgläubig, so setze der mittelbare Täter mit der Einwirkung eine Kausalkette in Gang, bei der damit zu rechnen sei, dass der Erfolg nur noch dann abgewendet werden könne, wenn der mittelbare Täter erneut auf den Tatmittler einwirke, um das Geschehen zu stoppen. Die Situation sei hier vergleichbar mit dem Ingangsetzen eines mechanischen Werkzeugs oder dem Hetzen eines Tieres. Sei das Werkzeug hingegen bösgläubig, entscheide dieses selbst darüber, ob und wann es handle. Da Bruno im vorliegenden Fall trotz seines Schwachsinns bösgläubig war, hätte Anton als mittelbarer Täter noch nicht unmittelbar angesetzt. Hiergegen lässt sich **einwenden**, dass auch bei Vollendung des Delikts die Handlungen des Tatmittlers dem mittelbaren Täter ohne Rücksicht darauf zugerechnet werden, ob der Tatmittler gut- oder bösgläubig ist. Zudem ist es nicht einzusehen, warum der mittelbare Täter bei einem gutgläubigen Werkzeug eher bestraft werden soll als bei einem bösgläubigen. Aus dem Gesetz jedenfalls lässt sich eine solche Differenzierung nicht herleiten.

750

d) Zu Recht geht daher die herrschende **Rechtsgutsgefährdungstheorie**[1682] davon aus, dass das Versuchsstadium für den mittelbaren Täter erst dann beginne, wenn das betroffene Rechtsgut unmittelbar gefährdet wird. Dies ist spätestens dann der Fall, wenn das Werkzeug unmittelbar zur Tatbestandsverwirklichung ansetzt, kann aber auch bereits dann vorliegen, wenn der mittelbare Täter das Geschehen aus der Hand gibt und ohne weitere Einflussmöglichkeiten auf den

751

1681 *Blei*, § 72 II 4; *Kohlrausch/Lange*, Strafgesetzbuch Kommentar, 1956, II 3 vor § 43; *Welzel*, § 24 III 5.
1682 BGHSt 4, 270 (273); BGHSt 30, 363 (365); BGHSt 40, 257 (268 f.); BGHSt 43, 177 (180); BGH NStZ 1986, 547; BGH NJW 2020, 559 (560); OLG München NJW 2006, 3364; *Beulke*, Kühl-FS 2014, S. 115 (132); *Bosch*, JURA 2011, 909 (915); *Engländer*, JuS 2003, 330 (335); *Fischer*, § 22 Rn. 26 ff.; *Herzberg*, JuS 1985, 1 (6); *Hirsch*, JR 1997, 391 (393); *Hoffmann-Holland*, Rn. 644; *Jäger*, Rn. 427; *Jescheck/Weigend*, § 62 IV 1; *Kindhäuser/Zimmermann*, § 39 Rn. 56 („modifizierte Einzellösung"); *Kretschmer*, JA 2020, 583 (586); *Krahl*, JuS 2003, 1187 (1191); *Kudlich*, JuS 1998, 596 (600 f.); LK-*Roxin*, 11. Aufl., § 25 Rn. 152; LK-*Murmann*, 13. Aufl., § 22 Rn. 197 ff.; *Maier*, MDR 1986, 358 (361); *Otto*, § 21 Rn. 127; *Rengier*, § 36 Rn. 14; *Rönnau*, JuS 2014, 109 (112); *Roxin*, AT II, § 29 Rn. 230, 244 ff.; *ders.*, Maurach-FS 1972, S. 213 (217 f.); *ders.*, JuS 1979, 1 (11 f.); *Satzger*, JURA 2006, 513 (515); *Schönke/Schröder-Eser/Bosch*, § 22 Rn. 54 f.; SK-*Jäger*, § 22 Rn. 39; SSW-*Kudlich/Schuhr*, § 22 Rn. 58 f.; *Wessels/Beulke/Satzger*, Rn. 969 f.; vgl. auch LK-*Hillenkamp*, 12. Aufl., § 22 Rn. 158 ff. (modifizierte Zwischenaktstheorie), der auf das Kriterium der Handlungsunmittelbarkeit abstellt; ferner *Klesczewski*, Rn. 809 ff.; *Kraatz*, JURA 2007, 531 (535); NK-*Zaczyk*, § 22 Rn. 30; *Putzke*, JuS 2009, 985 (989 f.).

Tatmittler überträgt[1683]. Denn erst dann, wenn der mittelbare Täter keine Einwirkungsmöglichkeiten mehr besitzt, setzt er die Kausalkette vollständig in Gang. Solange es zur Bewirkung des Erfolges noch weiterer Teilakte des mittelbaren Täters bedarf[1684] oder er das Geschehen auch weiterhin kontrollieren kann, befindet sich die Tat hingegen lediglich im Vorbereitungsstadium, da der mittelbare Täter das Geschehen noch vollständig beherrscht. Dagegen verliert er die Kontrolle, wenn er – und sei es auch nur vorübergehend – seinen Einfluss auf den Tatmittler aufgibt. Hier liegt der Unterschied zur Mittäterschaft, da es bei der mittelbaren Täterschaft an einer gemeinschaftlichen Tatbegehung und einem gemeinsamen Tatentschluss gerade fehlt. Insoweit setzte Anton im vorliegenden Fall als mittelbarer Täter dann unmittelbar zur Tatbestandsverwirklichung an, als er Bruno losschickte und dadurch die Kontrolle über das weitere Geschehen aus der Hand gab.

5. Unmittelbares Ansetzen beim Unterlassungsdelikt[1685] (Problemschwerpunkt 16)

752

Fall: Anton geht gemeinsam mit seiner Ehefrau Berta am Sonntagnachmittag gegen 16 Uhr spazieren. Als sie auf einem einsamen Feldweg eine Bahnlinie überqueren, stolpert Berta so unglücklich, dass sie mit dem Kopf auf die Schienen fällt und bewusstlos liegen bleibt. Anton geht davon aus, dass zwar die Bewusstlosigkeit nicht zum Tode führen würde, er weiß aber, dass auf dieser Bahnlinie täglich um 17 Uhr der (einzige) Zug verkehrt und infolge der Streckenführung der Fahrer Berta zu spät bemerken und überfahren würde. Da ihm Bertas Tod gerade recht kommt, lässt er sie liegen und geht in die nächste Kneipe, um ein Bier zu trinken. Dort trifft er seinen Kollegen Fritz, dem er die Geschichte erzählt. Dieser ist entrüstet und zwingt den Anton unter Androhung von Schlägen und einer Anzeige, Berta sofort von den Schienen zu holen. Anton beugt sich diesem Druck, eilt zurück und bringt die Berta gegen 16.50 Uhr in Sicherheit.

Problemstellung: Anton ist Garant für das Leben seiner Frau und hat sich daher durch seine Untätigkeit möglicherweise wegen eines versuchten Totschlags durch Unterlassen (§§ 212, 13, 22 StGB) strafbar gemacht. Da ein möglicher Rücktritt nach § 24 StGB hier infolge der Drohung durch Fritz mangels Freiwilligkeit ausscheidet, hängt die Strafbarkeit allein davon ab, ob Anton bereits unmittelbar zur Tatbestandsverwirklichung angesetzt hat.

1683 Dabei ist auch hier ein subjektiver Maßstab anzulegen: es kommt nicht darauf an, dass das betroffene Rechtsgut tatsächlich gefährdet wird, sondern darauf, dass der mittelbare Täter hiervon ausgeht. Insofern reicht es aus, wenn das Werkzeug sich nur zum Schein dazu bereit erklärt, die entsprechende Tat auszuführen; vgl. BGHSt 30, 363 (366); es ist allerdings auch darauf hinzuweisen, dass innerhalb dieser Theorie Differenzen dahingehend bestehen, ob das „Aus-der-Hand-Geben" ein Kriterium für die Rechtsgutsgefährdung darstellen kann.

1684 Insoweit verneint der BGH ein unmittelbares Ansetzen, wenn nach dem Einwirken auf den Tatmittler noch längere Zeit bis zur Tatbegehung verstreichen soll oder wenn es ungewiss ist, ob und wann der Tatmittler tätig wird, vgl. BGH NZWiSt 2014, 432 (436); BGH NJW 2020, 559 (560); zustimmend *Kretschmer*, JA 2020, 583 (586).

1685 Vgl. hierzu auch *Hillenkamp/Cornelius*, AT, 14. Problem; *Rönnau*, JuS 2014, 109 (112 f.); ferner die Übungsfälle bei *Abraham*, JuS 2013, 902 (908); *Berster*, ZJS 2017, 468 (480); *Dannecker/Schröder*, JuS 2020, 860 (864); *Ellbogen/Stage*, JA 2005, 353 (358); *Frisch/Murmann*, JuS 1999, 1069 (1099); *Hanft*, JuS 2005, 1010 (1013); *v. Heintschel-Heinegg/Kudlich*, JA 2001, 129 (134); *Hillenkamp*, JuS 2018, 974 (980 f.); *Giannini*, JuS 2019, 778 (784); *Kett-Straub/Linke*, JA 2010, 25 (28 f.); *Kudlich/Koch*, JA 2018, 914 (919); *Kudlich/Schuhr*, JA 2007, 349 (352); *Ladiges/Glückert*, JURA 2011, 522 (556); *Lindheim/Uhl*, JA 2009, 783 (785); *Ritz*, JA 2022, 113 (116 f.); *Schumann/Azar*, JA 2017, 114 (116); *Sowada*, ZJS 2020, 387 (391); *Steinberg/Mengler/Wolf*, ZJS 2015, 228 (230).

1. Nach der **Theorie des letztmöglichen Eingriffs**[1686] liegt beim Unterlassungsdelikt ein unmittelbares Ansetzen zur Tatbestandsverwirklichung (erst) dann vor, wenn der Garant die nach seiner Vorstellung letzte Rettungsmöglichkeit verstreichen lässt. Denn die Rechtsordnung verlange nur, dass der tatbestandsmäßige Erfolg abgewendet werde. Sofern aber die Erfolgsabwendung noch möglich sei, müsse es dem Handlungspflichtigen überlassen bleiben, zu welchem Zeitpunkt er einschreiten wolle. Ansonsten würde das Strafrecht – entgegen den Grundsätzen bei den Begehungsdelikten – die sich nicht manifestierende verbrecherische Gesinnung sanktionieren. Diese Ansicht hat zur Konsequenz, dass es immer nur einen beendeten, nie aber einen unbeendeten Unterlassungsversuch geben kann, da Beginn und Ende des Versuchs notwendigerweise zusammenfallen (sonst wäre es nicht die „letztmögliche" Rettungsmöglichkeit). Möglich ist daher in der Regel nur ein fehlgeschlagener oder ein untauglicher Versuch. Auch ein Rücktritt vom Versuch ist nach dieser Theorie daher kaum mehr möglich. Im vorliegenden Fall hätte Anton also noch nicht unmittelbar angesetzt, da er sogar noch zehn Minuten länger die Möglichkeit gehabt hätte, Berta zu retten. Dieser Ansicht ist jedoch **nicht zuzustimmen**, da sie, insbesondere bei sich über einen längeren Zeitraum erstreckendem Unterlassen, im Interesse eines wirksamen Rechtsgüterschutzes zu spät ansetzt. Denn Garantenpflichten verlangen nicht nur die bloße Erfolgsabwendung, sondern bereits die Abwendung einer Gefährdung. Auch widerspricht es der gesetzlichen Regelung, wenn für den gesamten Unterlassungsbereich der Rücktritt vom Versuch schon begrifflich nicht mehr möglich wäre. Zudem würde diese Ansicht dazu führen, dass derjenige, der irrtümlich weitere, in Wirklichkeit nicht vorliegende Rettungsmöglichkeiten annimmt, sich in einem vorsatzausschließenden Tatbestandsirrtum befinden würde. Bei den Begehungsdelikten entspricht dieser Irrtum hingegen einem unbeachtlichen Irrtum über den Kausalverlauf.

2. Dagegen liegt nach der **Theorie des erstmöglichen Eingriffs**[1687] ein unmittelbares Ansetzen zur Tatbestandsverwirklichung beim Unterlassungsdelikt bereits in dem Zeitpunkt vor, in dem der Garant die nach seiner Vorstellung erste Rettungsmöglichkeit verstreichen lässt. Denn im Interesse des gefährdeten Rechtsguts müsse ein möglichst rasches Einschreiten gefordert werden. Dadurch würde allerdings die Strafbarkeit auf einen sehr frühen Zeitpunkt vorverlegt. Bei später doch noch vorgenommener Handlung käme dann zwar häufig ein Rücktritt vom Versuch in Betracht, der aber, wie im vorliegenden Fall, dann ausscheidet, wenn der Täter unfreiwillig handelt oder wenn ihm jemand mit der Rettung zuvorkommt. **Gegen** diese Ansicht spricht ferner, dass die Vorverlagerung des Versuchsbeginns dazu führen würde, dass ein Verhalten, welches mangels Rechtsgutsgefährdung weder erforderlich noch geboten ist, bereits ein strafrechtlich relevantes Unterlassen darstellen könnte. Durch die zu weite Vorverlagerung der Strafbarkeit gerät diese Theorie daher in die Nähe eines Gesinnungsstrafrechts. Hätte Anton im vorliegenden Fall nach Bertas Sturz auch nur fünf Minuten gewartet und wäre

---

1686 AK-*Seelmann*, § 13 Rn. 84; *Armin Kaufmann*, Die Dogmatik der Unterlassungsdelikte (1959), S. 210 ff.; *Welzel*, § 28 A IV; vgl. auch *Grünwald*, JZ 1959, 46 (49); *Küper*, ZStW 112 (2000), 1 (29 Fn. 62).
1687 *Herzberg*, MDR 1973, 89 (96); *Klesczewski*, Rn. 493; *Lönnies*, NJW 1962, 1950 (1951); *Maihofer*, GA 1958, 289 (297); *Schröder*, JuS 1962, 81 (86); vgl. auch aus der Rechtsprechung RGSt 61, 360 (361 f.); OGHSt 1, 357 (359 ff.); wohl auch BGHSt 40, 257 (271), obwohl hier aber auch auf eine Rechtsgutsgefährdung abgestellt wird.

dann zur Rettung gezwungen worden, läge eine Strafbarkeit vor, obwohl das Leben Bertas zu keiner Zeit gefährdet war.

755 3. Zutreffend stellt daher die h. M. (**Theorie der unmittelbaren Rechtsgutsgefährdung**)[1688] darauf ab, dass ein unmittelbares Ansetzen zur Tatbestandsverwirklichung beim Unterlassungsdelikt in dem Zeitpunkt vorliegt, in dem der Garant nach seiner Vorstellung entweder durch eine weitere Verzögerung der Rettungshandlung eine unmittelbare Gefahr für das Rechtsgut schafft oder aber – vergleichbar mit dem mittelbaren Täter – den Kausalverlauf aus der Hand gibt. Denn Sinn und Zweck der Handlungspflicht ist es, dass das betroffene Rechtsgut nicht gefährdet wird. Nur eine solche Gefährdung kann pflichtwidrig sein. Vor diesem Zeitpunkt ist eine Rettungshandlung weder erforderlich noch geboten. Auf der anderen Seite ist der Garant nicht nur zur bloßen Schadensabwendung, sondern auch bereits zur Vermeidung der Gefahr für das bedrohte Rechtsgut verpflichtet. Es muss also stets eine konkrete Rechtsgutsgefährdung festgestellt werden. Eine solche ist aber jedenfalls dann anzunehmen, wenn der Täter das Geschehen aus der Hand gibt. Im vorliegenden Fall wäre eine konkrete Rechtsgutsgefährdung – angenommen, Anton wäre bei Berta geblieben – erst dann zu bejahen gewesen, wenn kurz vor 17 Uhr der Zug naht. Erst zu diesem Zeitpunkt hätte auch derjenige, der mit einem nichtsahnenden Opfer auf einer Brücke steht und dieses bei Herannahen eines Zuges hinunterstoßen möchte, beim Begehungsdelikt unmittelbar angesetzt. Der Zeitpunkt verschiebt sich jedoch nach vorne, wenn der Täter, wie hier, das Geschehen aus der Hand gibt. Ein solches Aus-der-Hand-Geben ist hier darin zu sehen, dass Anton ein Bier trinken ging und die Situation nicht mehr überschauen konnte (immerhin hätte ausnahmsweise der Zug bereits früher ankommen können). Zwar kann auch dieser Ansicht die Irrtumsfrage entgegengehalten werden, wenn der Täter irrig annimmt, eine Rechtsgutsgefährdung liege noch nicht vor, diese bloße „Irrtumsgefahr" kann jedoch eine frühere Pflicht des Täters zum Einschreiten nicht begründen.

§ 24 Rücktritt vom Versuch

Einführende Aufsätze: *Beckemper,* Rücktritt vom Versuch trotz Zweckerreichung, JA 2003, 203; *Blaue,* Der Teilrücktritt vom qualifizierten Delikt: Nichts Halbes und nichts Ganzes?, ZJS 2015, 580; *Bloy,* Zurechnungsstrukturen des Rücktritts vom beendeten Versuch und Mitwirkung Dritter an der Verhinderung der Tatvollendung, JuS 1987, 528; *Bosch,* Gesamtbetrachtungslehre und Rücktrittshorizont, JURA 2014, 395; *Bott,* Die sogenannten „Denkzettelkonstellationen": Der Rücktritt vom Versuch trotz des Erreichens eines außertatbestandlichen

---

[1688] BWME-*Mitsch,* § 22, Rn. 76; *Blei,* § 86 III 2; *Bosch,* JURA 2011, 909 (914); *Dölling/Duttge/König/Rössner-Tag,* § 13 Rn. 32; *Exner,* JURA 2010, 641 (279); *Fischer,* § 22 Rn. 31 ff.; *Frisch/Murmann,* JuS 1999, 1196 (1199); *Gropp/Sinn,* § 9 Rn. 77; *v. Heintschel-Heinegg/Kudlich,* JA 2001, 129 (134); *Hoffmann-Holland,* Rn. 650; *Jäger,* Rn. 426; *Jescheck/Weigend,* § 60 II 2; *Kindhäuser/Zimmermann,* § 36 Rn. 41; *Krey/Esser,* Rn. 1245; *Kudlich,* JA 2008, 601 (603); *Kühl,* § 18 Rn. 148; *Lackner/Kühl,* § 22 Rn. 17; LK-*Jescheck,* 11. Aufl., § 13 Rn. 47; LK-*Weigend,* 13. Aufl., § 13 Rn. 80; *Matt/Renzikowski-Heger-Petzsche,* § 22 Rn. 50; MüKo-*Hoffmann-Holland,* 4. Aufl., § 22 Rn. 115; NK-*Gaede,* § 13 Rn. 23; NK-*Zaczyk,* § 22 Rn. 64; *Otto,* JA 1980, 641 (645); *Puppe,* § 32 Rn. 6 f., 30; *Ransiek,* JuS 2010, 678 (681); *Rengier,* § 36 Rn. 36; *Rönnau,* JuS 2014, 109 (112 f.); *Roxin,* Maurach-FS 1972, S. 213 (231 f.); *ders.,* JuS 1979, 1 (12); *Schönke/Schröder-Eser/Bosch,* Vorbem. §§ 22 ff. Rn. 27, 50 f.; SK-*Stein,* Vor § 13 Rn. 66; SSW-*Kudlich/Schuhr,* § 22 Rn. 70; *Stratenwerth/Kuhlen,* § 14 Rn. 4; *Vogel,* MDR 1995, 337 (339 f.); *Wessels/Beulke/Satzger,* Rn. 1223 f.; vgl. aber auch BGHSt 38, 356 (360); ferner LK-*Hillenkamp,* 12. Aufl., § 22 Rn. 145 ff. (modifizierte Zwischenaktstheorie).

Ziels, JURA 2008, 753; *Bürger,* Der fehlgeschlagene Versuch: rechtliche Einordnung und Anwendung des Zweifelssatzes bei fehlenden Feststellungen zum Vorstellungsbild des Täters, ZJS 2015, 23; *Dorn-Haag,* Klausurrelevante Fragen des Rücktritts mehrerer Beteiligter gemäß § 24 II StGB, JA 2016, 674; *Engländer,* Die hinreichende Verhinderung der Tatvollendung, JuS 2003, 641; *Fahl,* Freiwilligkeit beim Rücktritt, JA 2003, 757; *ders.,* „Fehlschlag" in Folge „rechtlicher Unmöglichkeit", JA 2021, 926; *Fahrenhorst,* Fehlschlag des Versuchs bei weiterer Handlungsmöglichkeit?, JURA 1987, 291; *Guhra/Sommerfeld,* Rücktritt vom vollendeten Delikt?, JA 2003, 775; *Herzberg,* Aufgeben durch bloßes Aufhören? Der BGH im Dilemma einer Theorie, JuS 1990, 273; *Hoven,* Der Rücktritt vom Versuch in der Fallbearbeitung, JuS 2013, 305; 403; *Kölbel/Selter,* § 24 II StGB – Der Rücktritt bei mehreren Tatbeteiligten, JA 2012, 1; *Krauß,* Der strafbefreiende Rücktritt vom Versuch, JuS 1981, 883; *Kretschmer,* Der Rücktritt vom Versuch bei mehreren Tatbeteiligten – § 24 II StGB, JA 2016, 645; *Kudlich,* Grundfälle zum Rücktritt vom Versuch, JuS 1999, 240, 349, 449; *Kühl,* Grundfälle zu Vorbereitung, Versuch, Vollendung und Beendigung, JuS 1981, 193; *Küpper,* Rücktritt vom Versuch eines Unterlassungsdelikts, JuS 2000, 225; *Ladiges,* Der strafbefreiende Rücktritt bei Beteiligung mehrerer, JuS 2016, 15; *Lettl,* Der Rücktritt des Alleintäters vom Versuch gemäß § 24 I 1 StGB, JuS 1998, L 81; *Murmann,* Der fehlgeschlagene Versuch, JuS 2021, 385; *ders.,* Die Abgrenzung von unbeendetem und beendetem Versuch, JuS 2021, 1001; *ders.,* „Aufgeben" der weiteren Tatausführung und „Verhindern" von deren Vollendung iSv § 24 I 1 StGB, JuS 2022, 193; *Noltensmeier/Henn,* Der Rücktritt vom Versuch nach § 24 I 2 StGB, JA 2010, 269; *Otto,* Fehlgeschlagener Versuch und Rücktritt, JURA 1992, 423; *ders.,* Rücktritt und Rücktrittshorizont, JURA 2001, 341; *Puppe,* Ein ganz kleines Fällchen. Die Entwicklung der Rechtsprechung zum Rücktritt durch Aufgeben der Tat, ZJS 2020, 332; *Roxin,* Der fehlgeschlagene Versuch, JuS 1981, 1; *Scheinfeld,* Der strafbefreiende Rücktritt vom Versuch in der Fallbearbeitung, JuS 2002, 250; *ders.,* Gibt es einen antizipierten Rücktritt vom strafbaren Versuch?, JuS 2006, 397; *Seier,* Rücktritt vom Versuch bei bedingtem Tötungsvorsatz, JuS 1989, 102.

Übungsfälle: *Bloy,* Die Sterne lügen doch, JuS 1986, 986; *Bock,* Versuch und Rücktritt, JuS 2005, 603; *Borchert/Hellmann,* Übungsklausur Strafrecht: Rücktritt vom Versuch; Tötungsdelikte, JURA 1982, 658; *Busch,* Der eifersüchtige Gastwirt, JuS 1993, 104; *Hauf,* Der ungeliebte Verfolger, JuS 1995, 524; *Hirschmann,* Nachbarstreitigkeiten, JURA 2001, 711; *Krahl,* Aktienhandel mit fast tödlicher Folge, JuS 2003, 57; *Theile,* Eine Beziehung im Sinkflug, ZJS 2009, 545; *Walter/Schneider,* Aus dem Leben eines Steuerberaters, JA 2008, 262.

Rechtsprechung: BGHSt 4, 180 – Wirtschaftskasse (Freiwilligkeit); **BGHSt 7, 296** – Erna (Freiwilligkeit); **BGHSt 9, 48** – Lilo (Freiwilligkeit); **BGHSt 10, 129** – Flachmann (Tatplantheorie); **BGHSt 22, 176** – Rohrzange (Tatplantheorie); **BGHSt 31, 46** – Krankenhaus (Anforderungen an die Rücktrittshandlung); **BGHSt 31, 170** – Mitbewohnerin (Lehre vom Rücktrittshorizont); **BGHSt 33, 295** – Schläfenschuss (Lehre vom Rücktrittshorizont); **BGHSt 34, 53** – Begleiterrisiko (fehlgeschlagener Versuch); **BGHSt 35, 90** – Nackenstich (Abgrenzung beendeter – unbeendeter Versuch); **BGHSt 35, 184** – Fleischermesser (Freiwilligkeit); **BGHSt 36, 224** – „Ich-lebe-noch" (Korrektur des Rücktrittshorizonts); **BGHSt 39, 221** – Messerstecher (unbeendeter Versuch trotz außertatbestandlicher Zweckerreichung); **BGHSt 40, 75** – Übergabeversuche (unmittelbarer zeitlicher Zusammenhang mehrerer Versuchshandlungen); **BGHSt 40, 304** – Springmesser (fehlende Tätervorstellung bei Tatende); **BGHSt 42, 158** – Versehentlicher Schuss (Rücktritt vom erfolgsqualifizierten Delikt nach Eintritt der schweren Folge); **BGHSt 48, 147** – Gashähne (keine Bestleistung beim Rücktritt vom unechten Unterlassungsdelikt); **BGH NStZ 1986, 264** – Benzinfall (Lehre vom Rücktrittshorizont).

I. Grundlagen und rechtsdogmatische Einordnung

Der Rücktritt vom Versuch ist in § 24 StGB gesetzlich geregelt. Es stellen sich dabei eine Vielzahl von Problemen, angefangen von der rechtsdogmatischen Einordnung über die konkreten Anforderungen, die an einen Rücktritt zu stellen sind, bis hin zu dem Kriterium der Freiwilligkeit des Rücktritts, welches für sämtliche Rücktrittsarten erforderlich ist.

757 **Klausurtipp:** Am Ende jeder Versuchsprüfung ist – nach der Annahme von Tatbestandsmäßigkeit, Rechtswidrigkeit und Schuld – stets an die Möglichkeiten eines Rücktritts zu denken. Selbst wenn dieser auf den ersten Blick fernliegend erscheint, so sind hier doch vielfach Probleme angesiedelt, die in einer Klausur nicht vernachlässigt werden dürfen. Lediglich dann, wenn ein Rücktritt im konkreten Fall völlig abwegig ist, muss dazu nicht Stellung genommen werden.

758 Umstritten ist bereits die Frage, unter welchem Prüfungspunkt der Rücktritt vom Versuch in einer Klausur anzusprechen ist. Dies hängt eng mit der **rechtsdogmatischen Einordnung** des Rücktritts zusammen. Ist es doch notwendig, eine Begründung dafür zu finden, **warum** derjenige, der einen Versuch begonnen hat, letzten Endes nicht bestraft werden soll, nur weil er die Tat später freiwillig wieder aufgibt. Was also ist der Grund, hier von Strafe abzusehen, obwohl der Täter die Schwelle zum „Jetzt-geht-es-los" bereits überschritten hat? Zur Veranschaulichung dieses Problems sollen drei Beispielsfälle vorangestellt werden:

Bsp. (1): Anton will seine Ehefrau Berta töten. Da er Berta körperlich weit überlegen ist, plant er, sie nachts mit einem Kopfkissen zu ersticken. Nachdem er sich ein Kissen geschnappt und es auf den Kopf der schlafenden Berta gedrückt hat, fängt diese verzweifelt an zu winseln und zu zappeln. Da bekommt Anton Mitleid und lässt das Kissen wieder los. Berta überlebt.

Bsp. (2): Erwin will seinen Großvater Gustav töten, weil er sich eine umfangreiche Erbschaft erhofft. Er schüttet ihm deshalb eine Dosis Gift in den Morgentee. Nachdem Gustav den Tee getrunken hat, berichtet er Erwin, dass er ihn am Vortag durch Testament, welches bei einem Notar hinterlegt wurde, „enterbt" hat. Da die ganze Aktion nun keinen Sinn mehr hat, schnappt Erwin sich seinen Großvater und fährt ihn ins nahegelegene Krankenhaus, um ihm den Magen auspumpen zu lassen.

Bsp. (3): Anton und Bruno beschließen, die reiche Witwe Wilma zu überfallen, ihren Safe leerzuräumen und sie anschließend zu töten. Nachdem sie ins Haus eingedrungen sind, überwältigen und fesseln sie die Wilma. Daraufhin leeren sie den Safe. Als Anton anschließend, dem gemeinsamen Tatplan entsprechend, mit einer Eisenstange auf Wilma einzuschlagen beginnt, wird Bruno plötzlich klar, dass ihnen dann möglicherweise eine lebenslange Freiheitsstrafe droht. Mit den Worten: „Stopp, aufhören!", bringt er Anton dazu innezuhalten. Nach kurzer Diskussion meint auch Anton, eigentlich reiche das jetzt, man könne Wilma ruhig am Leben lassen. Beide entfernen sich mit der Beute. Wilma überlebt.

759 In allen drei Fällen sind die Beteiligten vom Versuch des Mordes strafbefreiend zurückgetreten. Dieser Rücktritt ändert selbstverständlich an deren Strafbarkeit wegen einer – vollendeten – Körperverletzung nichts. Im Bsp. 3 bleibt die Strafbarkeit wegen eines vollendeten schweren Raubes ebenfalls bestehen. Offen bleibt dabei allerdings die Frage, **warum** man hier den Tätern einen strafbefreienden Rücktritt gewährt. Drei Erklärungsansätze haben sich hierzu entwickelt, die sowohl in ihrer Begründung als auch in der rechtsdogmatischen Einordnung des Rücktritts als Entschuldigungsgrund oder als persönlicher Strafaufhebungsgrund voneinander abweichen[1689]:

1689 Vgl. auch den Überblick bei *Fahl*, JA 2003, 757 (758 ff.); *ders.*, JA 2021, 926 (929 f.); *Hoven*, JuS 2013, 305 (305 f.); *Kudlich*, JuS 1999, 240; *Puppe*, AT 2, 1. Aufl., § 36 Rn. 1 ff.; *Rengier*, § 37 Rn. 5 ff.; ferner die Übungsfälle bei *Herzberg/Schlehofer*, JuS 1990, 559 (561); *Knapp*, JuS 1976, 801 (802 f.); *Langer*, JuS 1987, 896 (899); *Wagner*, ZJS 2009, 419 (423).

1. Kriminalpolitische Theorie[1690]

Dem Täter soll eine „goldene Brücke" gebaut werden, damit die Vollendung der bereits begonnenen Tat am Ende doch (noch) verhindert wird. Getragen wird dieser Ansatz von der kriminalpolitischen Überlegung, dass sich ein Rücktritt ansonsten für den Täter möglicherweise nicht lohnen würde, da dieser seine Strafbarkeit nicht mehr beseitigen könnte. Der Täter würde sich aber durch die „Belohnung" mit der Straflosigkeit eher dazu motivieren lassen, aufzuhören oder Gegenmaßnahmen zu ergreifen[1691]. Insofern diene die Eröffnung der Möglichkeit des Rücktritts vor allem auch dem Opferschutz.

2. Verdienstlichkeitstheorie (oder auch Prämientheorie oder Gnadentheorie)[1692]

Diese Theorie wird getragen von dem Gedanken, dass der Rücktritt des Täters prämiert werden soll. Dem Täter soll ein Anreiz gegeben werden, den Rechtsfrieden wieder herzustellen. Er soll dafür belohnt werden, dass er – trotz vorübergehender Abweichung – zum Recht zurückgekehrt ist. Damit stehen nicht in erster Linie Opferschutzgesichtspunkte, sondern die Täterpersönlichkeit selbst im Mittelpunkt der Betrachtung.

3. Strafzwecktheorie[1693]

Nach dieser Theorie soll die Schwelle, ab der das Strafrecht einzugreifen habe, insgesamt heraufgesetzt werden. Ausgehend von den Strafzwecken wird argumentiert, dass weder spezialpräventive noch generalpräventive Gründe eine Bestrafung des Täters erfordern würden. Spezialpräventive Gründe lägen nicht vor, da der verbrecherische Wille des Täters eben doch nicht so stark sei und er freiwillig zum Recht zurückkehre. Generalpräventive Gründe für eine Bestrafung würden ebenfalls entfallen, da im Falle einer freiwilligen Umkehr des Täters keine große Erschütterung des Rechtsfriedens festzustellen sei. Die durch den Versuch zum Ausdruck gekommene Gefährlichkeit des Täters habe sich nachträglich als weit weniger schwerwiegend herausgestellt. Da aber jede Bestrafung notwendigerweise von einem Strafgrund getragen sein müsse, könne das Strafrecht hier nicht zur Anwendung kommen.

Bei genauer Prüfung muss man feststellen, dass sich die dargestellten Theorien letztlich nicht wesentlich voneinander unterscheiden, sondern das Phänomen des Rücktritts lediglich von verschiedenen Seiten aus beleuchten. Bedeutender ist al-

---

1690 Vgl. RGSt 39, 37 (39); RGSt 63, 158 (159); RGSt 72, 349 (350); RGSt 73, 52 (60); BGHSt 39, 221 (232); BGH NStZ 1989, 317; *Grünwald*, Welzel-FS 1974, S. 701 (709 f.); *Kudlich*, JuS 1999, 240 (241); *Puppe*, NStZ 1984, 488 (490); SSW-*Kudlich/Schuhr*, § 24 Rn. 14.
1691 Fraglich ist jedoch, ob der Täter solche Überlegungen überhaupt anstellt; vgl. zu Recht BGHSt 9, 48 (52); BWME-*Mitsch*, § 23 Rn. 10; *Bockelmann/Volk*, § 27 V 4; *Fahl*, JA 2003, 757 (759); *Streng*, NStZ 1993, 582 (583).
1692 Vgl. *Bockelmann/Volk*, § 27 V 4; *Jescheck/Weigend*, § 51 I 3; *Puppe*, NStZ 1986, 14 (18); *dies.*, NStZ 1990, 433 (434); *Schröder*, MDR 1956, 321 (322); *ders.*, JuS 1962, 81; *Wessels/Beulke/Satzger*, Rn. 1001; vgl. auch Ansätze in BGHSt 35, 90 (93 f.); BGH NStZ 1986, 264 (265 – allerdings unter Hinweis auf den Opferschutz, insoweit also Annäherung an die kriminalpolitische Theorie).
1693 Vgl. BWME-*Mitsch*, § 23 Rn. 11; *Busch*, JuS 1993, 305 (307); *Guhra/Sommerfeld*, JA 2003, 775 (776); *Krauß*, JuS 1981, 883 (888); *Krey/Esser*, Rn. 1262; *Kühl*, § 16 Rn. 6; *Murmann*, JuS 2021, 385 (386 f.); *Roxin*, AT II, § 30 Rn. 8; *ders.*, Heinitz-FS 1972, S. 251 (271); *Schönke/Schröder-Eser/Bosch*, § 24 Rn. 2b; vgl. auch SK-*Jäger*, § 24 Rn. 5, der auf die „Gefährdungsumkehr" abstellt; vgl. auch Ansätze in BGHSt 9, 48 (52); BGHSt 14, 75 (80); hier wird jedoch mehr darauf abgestellt, dass sich der Täter durch den Rücktritt als „ungefährlich" erwiesen habe.

lerdings die Frage, an welcher Stelle des Straftataufbaus der Rücktritt vom Versuch anzusiedeln ist.

764 Die h. M. sieht den Rücktritt zu Recht als **persönlichen Strafaufhebungsgrund** jenseits von Unrecht und Schuld[1694]. Sie geht davon aus, dass der **Schuldvorwurf** durch den Rücktritt zwar nicht ganz beseitigt wird, der Täter aber dennoch straflos gestellt werden soll, weil er letztlich, ohne Schaden anzurichten, freiwillig zum Recht zurückgekehrt ist. Für den Prüfungsaufbau hat dies zur Folge, dass nach der Feststellung des Vorliegens eines vorsätzlichen, rechtswidrigen und schuldhaften Versuchs auf der „vierten Ebene der Strafbarkeit" (d. h. nach der Schuld) der Rücktritt anzusprechen ist. Im Gegensatz hierzu sieht eine Minderansicht den Rücktritt bereits als **Entschuldigungsgrund** an[1695], der die Schuld selbst entfallen lässt. Konsequenzen hat dies aber lediglich für den Aufbau, inhaltliche Änderungen sind mit dieser Einordnung nicht verbunden.

> **Klausurtipp:** In einer Klausur muss zu den genannten Theorien nicht Stellung genommen werden, da es sich hier lediglich um eine Aufbaufrage und nicht um eine inhaltliche Frage handelt. Zu beachten ist allerdings, dass der Rücktritt vom Versuch im Rahmen einer Klausur stets an derselben Stelle geprüft wird.

II. Verschiedene Versuchsformen und ihre Relevanz für einen Rücktritt

765 Der Rücktritt vom Versuch ist in § 24 StGB geregelt. Dieser kennt eine Vielzahl verschiedener Varianten, auf die später noch näher eingegangen werden soll[1696]. Neben der Frage, ob eine oder mehrere Personen an der Tat beteiligt sind, ist für die Unterscheidung wesentlich, ob ein **unbeendeter** oder ein **beendeter** Versuch vorliegt[1697]. Von § 24 StGB nicht erfasst ist nach h. M. der **fehlgeschlagene Versuch**[1698]. Die Möglichkeit einer Strafbefreiung ist ebenso versperrt, wenn es sich um einen misslungenen **Rücktritt** handelt. Diese Formen sollen im Folgenden kurz dargestellt werden.

1. Misslungener Rücktritt

766 Unter einem misslungenen Rücktritt versteht man Rücktrittsbemühungen des Täters, die eine Vollendung der Tat letztlich nicht mehr verhindern können.

> **Bsp.:** Anton schüttet seiner Ehefrau Berta ein schnell wirkendes Gift in den Nachmittagskaffee. Nachdem Berta diesen getrunken hat, überkommt Anton die Reue und er möchte sie umgehend ins Krankenhaus fahren. Da er auf der Fahrt jedoch in den Feierabendstau kommt, kann auch die von ihm nebenbei alarmierte Polizei sowie ein

---

1694 Vgl. RGSt 72, 349 (350); BGHSt 61, 188 (191); BGH StV 1982, 1; BGH NStZ-RR 2019, 337 (338); *Bürger*, ZJS 2015, 23; *Kühl*, § 16 Rn. 8; *Lettl*, JuS 1998, L 81; *Murmann*, JuS 2021, 385 (387); *Rengier*, § 37 Rn. 1; *Stratenwerth/Kuhlen*, § 11 Rn. 72; *Wessels/Beulke/Satzger*, Rn. 1001; SK-*Jäger*, § 24 Rn. 10, will § 24 sogar als eigenen Strafbefreiungstatbestand auffassen.
1695 Vgl. *Haft*, JA 1979, 306 (312); *Herzberg*, NStZ 1990, 172; *Jescheck/Weigend*, § 51 I 6; NK-*Zaczyk*, § 24 Rn. 5 f.; *Roxin*, Heinitz-FS 1972, S. 251 (273 f.); SK-*Rudolphi*, 8. Aufl., § 24 Rn. 6; *Streng*, ZStW 101 (1989), 273 (324); *Wolter*, JA 2007, 354 (359); dagegen siedelt *Bloy*, JuS 1993, L 33 (L 36), den Rücktritt bereits auf der Unrechtsebene an; ebenso *Haas*, ZStW 123 (2011) 226 (256), der bereits die Tatbestandsebene als betroffen ansieht.
1696 Vgl. unten Rn. 784 ff.
1697 Hierzu bereits oben Rn. 734 ff.; kritisch zur Verwendung dieser Begriffe *Herzberg*, JuS 1990, 273 (274 f.); *ders.*, NJW 1991, 1633; *Maurach/Gössel/Zipf*, AT 2, 7. Aufl., § 41 Rn. 16; *Scheinfeld*, JuS 2002, 250 (251); ähnlich *Lampe*, JuS 1989, 610 (615).
1698 Vgl. unten Rn. 770 ff.

herbeigerufener Krankenwagen nicht mehr helfen. – Berta verstirbt neben dem verzweifelten Anton im Auto.

767 Ein solcher misslungener Rücktritt hilft dem Täter grundsätzlich nichts und kann daher nicht zu einer Strafbefreiung führen[1699]. Denn einerseits ist die Tat, wenn der Rücktritt fehlschlägt, in aller Regel vollendet – insofern handelt es sich nicht mehr um einen Versuch, sondern um ein vollendetes Delikt, von dem nicht zurückgetreten werden kann –, andererseits hat der Täter durch sein Verhalten ein Kausalgeschehen in Gang gesetzt, welches in einen strafrechtlich unerwünschten Erfolg mündet, wofür der Täter einzustehen hat, selbst wenn er im Zeitpunkt des Erfolgseintritts diesen gar nicht mehr will. Er trägt insoweit das Risiko seines vorangegangenen (Fehl-) Verhaltens.

> So würde z. B. niemand an der Strafbarkeit wegen Totschlags zweifeln, wenn ein Bankräuber auf der Flucht mit bedingtem Tötungsvorsatz auf einen Verfolger schießt, der dann vier Wochen später im Krankenhaus seinen Schussverletzungen erliegt, wobei der Täter den tödlichen Erfolg zu diesem Zeitpunkt nicht mehr will. Dies gilt selbstverständlich auch dann, wenn der Täter – egal ob im Versteck oder im Gefängnis – zu dieser Zeit inbrünstig darauf hofft, der Getroffene möge überleben, und er ihm jeden Tag Blumen ins Krankenhaus schickt.

768 Allerdings gibt es hierzu eine (scheinbare) **Ausnahme:** Nach § 24 Abs. 2 Satz 2, 2. Alt. StGB kann auch derjenige strafbefreiend zurücktreten, der bei einer Tat, die von mehreren begangen (und vollendet) wurde, freiwillig „aussteigt" und sich dabei ernsthaft (aber erfolglos) um die Verhinderung der Tat bemüht. Dies gilt jedoch nur dann, wenn die Tat gänzlich ohne seinen früheren Tatbeitrag vollendet wurde[1700]. Insofern kann ein misslungener Rücktritt nur dann zu einer Straflosigkeit des Täters führen, wenn bereits die Kausalität bzw. die objektive Zurechenbarkeit im Hinblick auf den konkreten Erfolg entfällt[1701].

769 Ein misslungener Rücktritt liegt – jedenfalls nach h. M. – auch dann vor, wenn der Täter nach Versuchsbeginn zurücktreten will und sich dabei darüber **irrt**, dass seine Rücktrittsbemühungen Erfolg hatten. Tritt der tatbestandsmäßige Erfolg dennoch ein, ist er in vollem Umfang strafbar[1702].

> **Bsp. (1):** Anton schießt auf Bruno und glaubt, er habe danebengeschossen. Obwohl er noch mehrere Kugeln im Lauf hat, überkommt ihn jedoch die Reue und er beschließt, keine weiteren Schüsse mehr abzufeuern. Kurz nachdem er sich entfernt hat, bricht Bruno, den der Schuss wider Erwarten doch getroffen hat, zusammen und stirbt. – Anton ist wegen Totschlags strafbar, der Irrtum über seinen „Rücktritt" ist unbeachtlich.
>
> **Bsp. (2):** Anton schüttet seiner Ehefrau Berta ein schnell wirkendes Gift in den Kaffee. Nachdem Berta diesen getrunken hat, überkommt ihn jedoch die Reue. Er beichtet ihr alles und möchte sie umgehend ins Krankenhaus fahren. Berta hingegen erwidert, sie habe Antons Plan zuvor durchschaut und das Gift bereits im Vorfeld gegen Traubenzucker ausgetauscht. Dies trifft zwar nicht zu, da Berta aber ohnehin vorhatte, aus dem

---

1699 Vgl. zum misslungenen Rücktritt auch *Krauß*, JuS 1981, 883 (886); *Kühl*, § 16 Rn. 79 ff.
1700 Vgl. zu § 24 Abs. 2 Satz 2, 2. Alt. noch unten Rn. 807 f.
1701 Vgl. *Krauß*, JuS 1981, 883 (886); SK-*Jäger*, § 24 Rn. 95; *Wessels/Beulke/Satzger*, Rn. 1006.
1702 Vgl. *Jescheck/Weigend*, § 51 III 3; *Krauß*, JuS 1981, 883 (886); *Krey/Esser*, Rn. 1268 f.; *Kühl*, § 16 Rn. 81; *Lackner/Kühl*, § 24 Rn. 15; *Otto*, § 18 Rn. 54; *ders.*, JURA 2001, 341 (343 f.); SK-*Jäger*, § 24 Rn. 53; *Wessels/Beulke/Satzger*, Rn. 1006; a. M. *Gropp/Sinn*, § 9 Rn. 130 ff.; *Jakobs*, 26/13; LK-*Schroeder*, 11. Aufl., § 16 Rn. 34; *Wolter*, ZStW 89 (1977), 649 (697 f.); vgl. allerdings auch *Schönke/Schröder-Eser/Bosch*, § 24 Rn. 22 ff.; vgl. in diesem Zusammenhang auch den Übungsfall bei *Saal*, JA 1998, 563 (566).

Leben zu scheiden, kommt ihr diese Situation gerade recht. Erleichtert nimmt Anton von weiteren Rettungsbemühungen Abstand. Zu seiner Überraschung stirbt Berta eine halbe Stunde später an dem verabreichten Gift. – Auch hier nützen Anton die Rücktrittsbemühungen nichts. Er ist wegen eines vollendeten Totschlags strafbar (sofern man nicht die objektive Zurechnung verneint, da Berta vorsätzlich „dazwischentritt" und durch ihre Täuschung die Tatherrschaft an sich reißt[1703]).

2. Fehlgeschlagener Versuch

770 Unter einem fehlgeschlagenen Versuch[1704] versteht man einen Versuch, bei dem der Täter davon ausgeht, dass er mit den ihm zur Verfügung stehenden Mitteln den tatbestandsmäßigen Erfolg entweder gar nicht mehr oder zumindest nicht mehr ohne zeitlich relevante Zäsur herbeiführen kann[1705]. Dabei ist – im Hinblick auf einen möglichen Rücktritt – ein rein subjektiver Maßstab anzulegen. Darauf, dass die zur Ausführung der Tat vorgenommene Handlung ihr Ziel objektiv nicht erreichen kann, kommt es also nicht an[1706].

Bsp. (1): Anton weiß, dass er nur noch eine Patrone im Magazin hat, und will damit Bruno töten. Er legt an und schießt vorbei. – Hier ist der Versuch fehlgeschlagen. Dies gilt auch dann, wenn sich noch eine weitere Kugel im Magazin befand, von der Anton jedoch nichts wusste. Glaubte er hingegen irrtümlich, dass sich noch weitere Kugeln im Magazin befanden, dann war der Versuch zwar objektiv, nicht aber subjektiv fehlgeschlagen. Da es ausschließlich auf die subjektive Sichtweise ankommt, liegt in dieser Konstellation kein fehlgeschlagener Versuch vor.

Bsp. (2): Ludwig bricht in die Villa der Witwe Wilma ein, um deren Schmuck aus dem Safe zu entwenden. Nach der Öffnung des Safes muss er jedoch feststellen, dass dieser leer ist.

1703 Vgl. hierzu *Kühl*, § 16 Rn. 81; ferner oben Rn. 253 ff.
1704 Der Begriff des fehlgeschlagenen Versuchs ist weitgehend anerkannt; vgl. BGHSt 31, 170 (175); BGHSt 34, 53; BGHSt 35, 90 (94); BGHSt 39, 221 (228); BGHSt 39, 244 (245 f.); BGHSt 41, 368 (369); BGH NStZ 1986, 264 (265); BGH NStZ 2009, 264; BGH NStZ 2010, 690 (691); BGH NStZ-RR 2012, 239 (240); BGH NStZ 2012, 562; BGH NStZ-RR 2013, 273 (274); BGH NStZ 2014, 634; BGH NStZ-RR 2015, 105 (106); BGH NStZ 2016, 332; BGH NStZ 2016, 720; BGH StV 2018, 482 (483); BGH StV 2018, 715; BGH NStZ 2019, 198; BGH NStZ-RR 2019, 137; BGH NStZ-RR 2020, 102 (103); BGH NStZ 2020, 82 (82 f.); BGH StV 2020, 469 (465); LK-*Murmann*, 13. Aufl., § 24 Rn. 71; *Murmann*, JuS 2021, 385 (387); *Roxin*, AT II, § 30 Rn. 77; *Schönke/Schröder-Eser/Bosch*, § 24 Rn. 8; SSW-*Kudlich/Schuhr*, § 24 Rn. 16; kritisch zu diesem Begriff bzw. zur eigenständigen strafrechtlichen Bedeutung allerdings BWME-*Mitsch*, § 23 Rn. 18; *Borchert/Hellmann*, JURA 1982, 658 (661); *Bürger*, ZJS 2015, 23 (28); *Gössel*, GA 2012, 65; *Haft*, NStZ 1994, 536; *v. Heintschel-Heinegg*, ZStW 109 (1997), 29 (36); *ders.*, JA 2008, 545; *Maurach/Gössel/Zipf*, AT 2, 7. Aufl., § 41 Rn. 38 ff.; MüKo-*Herzberg*, 1. Aufl., § 24 Rn. 58; *Petersen*, JURA 2002, 105 (107); *Putzke*, ZJS 2011, 522 (524); *ders.*, ZJS 2013, 620 (622); *Ranft*, JURA 1987, 527 (528 f.); *Scheinfeld*, JuS 2002, 250 (251); *Schroeder*, NStZ 2009, 9 (gegen ihn ausdrücklich *Roxin*, NStZ 2009, 319); *Wörner*, NStZ 2010, 66 (71); kritisch auch *Frister*, 24. Kap. Rn. 20 ff.; *Heger*, StV 2010, 320; *Krey/Esser*, Rn. 1274.
1705 Vgl. BGHSt 34, 53 (56 f.); BGHSt 35, 90 (94); BGHSt 39, 221 (228); BGH NStZ 1986, 264 (265); BGH NStZ 2007, 399; BGH NStZ 2008, 393; BGH NStZ 2009, 264 (265); BGH NStZ 2009, 628; BGH NStZ 2010, 690 (691); BGH NStZ 2011, 629; BGH NStZ-RR 2012, 239 (240); BGH NStZ 2013, 156 (157); BGH NStZ 2013, 639 (640); BGH NStZ-RR 2014, 136 (137); BGH NStZ-RR 2014, 171 (172); BGH NJW 2015, 2898 (2899); BGH NStZ 2015, 330; BGH NStZ 2016, 207 (208); BGH NStZ 2016, 332; BGH NStZ 2016, 720; BGH NStZ 2017, 149 (151); BGH NStZ-RR 2017, 335; BGH StV 2018, 482 (483); BGH StV 2018, 715; BGH NStZ-RR 2019, 137; BGH StV 2020, 79 (80); LG Augsburg NJW 2012, 93 (95); *Bott*, JURA 2008, 753 (754); *Bürger*, ZJS 2015, 23 (24); NK-*Zaczyk*, § 24 Rn. 120; *Rengier*, § 37 Rn. 15; *Safferling*, JURA 2004, 64 (65); *Wessels/Beulke/Satzger*, Rn. 1010.
1706 BGH NStZ-RR 2015, 105 (106); BGH NStZ 2016, 207 (208); BGH NStZ 2018, 718 (719); BGH NStZ 2020, 82 (82 f.); *Heger*, StV 2010, 320 (320 f.); *Hoven*, JuS 2013, 305 (306); *Krey/Esser*, Rn. 1272; *Kühl*, § 16 Rn. 11; vgl. auch die Übungsfälle bei *Esser/Herz*, JA 2021, 373 (377); *Hertel*, JURA 2011, 391 (393); *Lotz*, JuS 2010, 982 (984); *Mitsch*, JA 2022, 205 (207).

Bsp. (3): Vater Viktor sieht zu, wie sein Sohn Sascha im See zu ertrinken droht, und unternimmt nichts, weil ihm Saschas Tod gerade recht ist. Allerdings muss Viktor beobachten, wie Sascha kurz vor dem Ertrinken von einem zufällig vorbeikommenden Ruderer gerettet wird.

Liegt ein fehlgeschlagener Versuch vor, ist ein Rücktritt im Regelfall **nicht möglich**[1707]. Dies ist allgemein anerkannt. Umstritten ist nur, wie die Unanwendbarkeit des § 24 StGB zu begründen ist.

a) Eine Meinung geht davon aus, der fehlgeschlagene Versuch falle überhaupt nicht in den Anwendungsbereich des § 24 StGB[1708]. Denn diese Vorschrift erfasse ausdrücklich nur den unbeendeten und den beendeten Versuch. Da das Gesetz für den fehlgeschlagenen Versuch somit keine Rücktrittsmöglichkeit vorsehe, bleibe es bei der Strafbarkeit.

b) Eine zweite Ansicht sieht den fehlgeschlagenen Versuch als Unterfall des unbeendeten Versuchs an. Insofern unterfiele er zwar grundsätzlich dem Anwendungsbereich des § 24 StGB. Da die Vollendung des Tatbestandes mit den vorgesehenen Mitteln für den Täter aber nicht mehr möglich sei, könne er die Tat auch nicht **aufgeben**. Da die Tataufgabe aber stets Voraussetzung für einen Rücktritt sei, greife § 24 StGB nicht ein[1709].

c) Auch eine dritte Meinung geht davon aus, der fehlgeschlagene Versuch unterfalle grundsätzlich dem Anwendungsbereich des § 24 StGB. Allerdings verlange § 24 StGB in allen seinen Varianten einen **freiwilligen Rücktritt**. An einer solchen Freiwilligkeit fehle es jedoch, wenn der Versuch für den Täter erkennbar fehlgeschlagen ist[1710].

Inhaltlich kommen diese drei Ansätze jeweils zum gleichen Ergebnis. Allerdings spricht vieles dafür, den (vom Täter als solchen erkannten) fehlgeschlagenen Ver-

---

1707 Ganz h. M.; vgl. hierzu nur BGHSt 34, 53 (56 f.); BGHSt 35, 90 (94); BGHSt 39, 221 (228); BGH NStZ 2005, 263 (264); BGH NStZ 2007, 265; BGH NStZ 2008, 393; BGH NStZ 2009, 264 (265); BGH NStZ-RR 2012, 239 (240); BGH NStZ 2013, 156 (157); BGH NStZ-RR 2013, 273 (274); BGH NStZ 2019, 198; BGH NStZ-RR 2020, 102 (103); *Bürger*, ZJS 2015, 23 (24); *Krey/Esser*, Rn. 1271; *Kühl*, § 16 Rn. 9; *Rengier*, § 37 Rn. 15; *Wessels/Beulke/Satzger*, Rn. 1008; ferner die Übungsfälle bei *Adam/Frosch*, JA 2012, 378 (383, 384); *Brand/Zivanic*, JA 2016, 667 (672 f.); *Ellbogen*, JuS 2002, 151 (153); *Esser/Lutz*, JURA 2016, 311 (315); *Fahl*, JuS 2001, 47 (48); *Giannini*, JuS 2019, 778 (784); *Hertel*, JURA 2011, 391 (393); *Hörnle*, JURA 2001, 44 (45, 49); *Hoven*, JuS 2013, 305 (306); *Krahl*, JuS 2003, 57 (58); *Kreuzner/Zetzmann*, ZJS 2011, 268 (271 f.); *Langer*, JURA 2003, 135 (136); *Laubenthal*, JA 2004, 39 (41); *Meurer/Dietmeier*, JURA 1999, 643 (644); *Namavicius*, JA 2007, 189 (191 f.); *Perron/Bott/Gutfleisch*, JURA 2006, 706 (712); *Radtke/Matula*, JA 2012, 265 (269); *Rosenau/Klöhn*, JURA 2000, 427 (430); *Preuß/Krüll*, JA 2018, 271 (278); *Safferling*, JURA 2004, 64 (65); *Sobota/Kahl*, ZJS 2015, 206 (212); *Walter/Schneider*, JA 2008, 262 (263 ff.); etwas anderes gilt lediglich dann, wenn der Täter zuerst irrtümlich einen Fehlschlag angenommen hat, dann aber erkennt, dass eine Erfolgsherbeiführung doch noch möglich ist, diese dann aber unterlässt.
1708 BGHSt 34, 53 (56); *Gropengießer/Kohler*, JURA 2003, 277 (279); *v. Heintschel-Heinegg-Cornelius*, § 24 Rn. 11; *Jahn*, JuS 2011, 78 (79); *Kudlich*, JuS 1999, 240 (242); *Lettl*, JuS 1998, L 81 (82); *Roxin*, AT II, § 30 Rn. 77 ff.; *ders.*, JuS 1981, 1 (2); *Schönke/Schröder-Eser/Bosch*, § 24 Rn. 7; *Wessels/Beulke/Satzger*, Rn. 1008.
1709 Vgl. *Kindhäuser/Zimmermann*, § 32 Rn. 15; *Kühl*, § 16 Rn. 9; *Lackner/Kühl*, § 24 Rn. 10 f.; *Langer*, JURA 2003, 135 (138); *Otto*, JURA 2001, 341 (342); *Roxin*, NStZ 2009, 319 (320); *Petersen*, JURA 2002, 105 (108); ferner *Herzberg*, JuS 1990, 273 (277); *Matt/Renzikowski-Heger-Petzsche*, § 24 Rn. 12.
1710 Vgl. RGSt 45, 6 (7); RGSt 70, 1 (2 f.); *Fahl*, JA 2003, 757 (762); *ders.*, JuS 2005, 1076 (1079 Fn. 46); *Krey/Esser*, Rn. 1274; *Kühl*, JuS 1980, 193 (195 f.); SSW-*Kudlich/Schuhr*, § 24 Rn. 17; vgl. auch *Herzberg*, NStZ 2009, 9 (12); *Maurach/Gössel/Zipf*, AT 2, 7. Aufl., § 41 Rn. 36; *Schroeder*, NStZ 2009, 9, die sich allerdings ausdrücklich gegen den Begriff des „fehlgeschlagenen Versuchs" wenden.

such ganz aus dem Anwendungsbereich des § 24 StGB herauszunehmen. Im strafrechtlichen Gutachten muss dies aber nicht begründet werden. Es muss lediglich klargestellt werden, dass ein Rücktritt vom fehlgeschlagenen Versuch nicht möglich ist. Liegt **kein** fehlgeschlagener Versuch vor – und kann daher die Rücktrittsprüfung fortgesetzt werden – kann dies mit folgenden Worten (nach Annahme der Tatbestandsmäßigkeit, Rechtswidrigkeit und Schuld eines bestimmten Versuchsdelikts) formuliert werden:

776 **Formulierungshilfe:** Fraglich ist, ob der Täter vom Versuch zurückgetreten ist. Erste Voraussetzung hierfür ist, dass kein fehlgeschlagener Versuch vorliegt. Unter einem fehlgeschlagenen Versuch versteht man [...]. Im vorliegenden Fall hätte der Täter, was er auch wusste, den ursprünglich angestrebten Erfolg [...] mit den vorhandenen Mitteln [...] noch erreichen können. Denn er hätte problemlos [...]. Daher liegt kein fehlgeschlagener Versuch vor. [...]

777 Die Tatbestandserfüllung kann sowohl aus tatsächlichen als auch aus rechtlichen Gründen unmöglich geworden sein. Letzteres liegt z. B. dann vor, wenn der Täter zu einer Vergewaltigung unmittelbar ansetzt, das Opfer ihm aber – um weitere Misshandlungen zu vermeiden – vorspielt, es sei mit dem Vollzug des Geschlechtsverkehrs einverstanden (was dazu führt, dass beim Täter der Vorsatz entfällt, gegen den Willen des Opfers zu handeln)[1711]. Daneben soll nach h. M. auch die **sinnlos** gewordene Tat unter den Begriff des fehlgeschlagenen Versuchs fallen[1712].

Bsp.[1713]: Anton liegt auf der Lauer und will Bruno von hinten mit einem Prügel erschlagen. Als sich in der Dämmerung Rudi nähert, der Bruno täuschend ähnlich sieht, verlässt Anton sein Versteck und schlägt in dem Glauben zu, Bruno vor sich zu haben. Nach dem ersten Schlag, der Rudi lediglich verletzt, erkennt Bruno seinen Irrtum und unterlässt weitere (ihm durchaus noch mögliche) Schläge. – Hier hat Anton neben einer vollendeten gefährlichen Körperverletzung auch einen Totschlagsversuch begangen, denn er hat durch den ersten (nicht tödlichen) Schlag unmittelbar zur Tatbestandsverwirklichung angesetzt. Zwar irrte er sich über die Identität seines Opfers, dieser Irrtum war als error in persona jedoch unbeachtlich[1714]. Da nach dem Erkennen der wahren Sachlage die weitere Tatausführung für ihn sinnlos geworden ist (er wollte nur Bruno töten), soll hier ein fehlgeschlagener Versuch vorliegen. Diese Ansicht ist jedoch problematisch, da sie den sich in einem error in persona befindlichen Täter doppelt belastet. Geht man davon aus, dass sich der Vorsatz auf denjenigen konkretisiert, den der Täter anvisiert, so muss es hinsichtlich eines möglichen Rücktritts ebenfalls auf

---

1711 *Bottke*, JZ 1994, 71 (75); *Hoven*, JuS 2013, 305 (307); *Murmann*, JuS 2021, 385 (390 f.); *Roxin*, AT II, § 30 Rn. 89; *ders.*, NStZ 2009, 319 (320); abweichend allerdings BGHSt 39, 244 (246 f.); BGH NStZ 1988, 550; *Amelung*, ZStW 120 (2008), 205 (224); MüKo-*Hoffmann-Holland*, 4. Aufl., § 24 Rn. 70; vgl. auch BGHSt 7, 296 (299 f.) und ausführlich *Fahl*, JA 2021, 926.
1712 *Fischer*, § 24 Rn. 8; *Hoven*, JuS 2013, 305 (307); *Kühl*, § 16 Rn. 15; LK-*Murmann*, 13. Aufl., § 24 Rn. 122 ff.; *Murmann*, JuS 2021, 385 (391); NK-*Zaczyk*, § 24 Rn. 25; *Otto*, § 19 Rn. 24; *Rengier*, § 37 Rn. 22 ff.; *Roxin*, AT II, § 30 Rn. 94; *ders.*, JuS 1981, 1 (3 f.); *Schönke/Schröder-Eser/Bosch*, § 24 Rn. 11; *Seier*, JuS 1978, 692 (694 f.); *Wessels/Beulke/Satzger*, Rn. 1010; beschränkt auf den unbeendeten Versuch *Brand/Kanzler*, JA 2012, 37 (39); *Brand/Wostry*, GA 2008, 611 (619 ff.); a. M. BGH NStZ 2008, 275 (276); *Feltes*, GA 1992, 395 (413); *Frister*, 24. Kap. Rn. 21; differenzierend *Matt/Renzikowski-Heger-Petzsche*, § 24 Rn. 21.
1713 Vgl. hierzu auch die Übungsfälle bei *Brand/Kanzler*, JA 2012, 37 (38 f.); *Gropengießer/Kohler*, JURA 2003, 277 (279); *Hardtung*, JuS 2006, 54 (56); *Koch/Rößler*, JA 2021, 637 (639 f.); *Safferling*, JURA 2004, 64 (65); *Walter/Schneider*, JA 2008, 262 (263); ferner BGHSt 4, 56; BGHSt 13, 156 – hier wird die Fallkonstellation, dass der Täter bei einem Diebstahl nur für ihn unbrauchbare Sachen findet, deren Wegnahme er unterlässt, allerdings unter dem Merkmal der Freiwilligkeit erörtert; hierzu *Roxin*, NStZ 2009, 319 (320); einen Rücktritt in dieser Konstellation jedoch annehmend RGSt 39, 37 (40); hierzu auch *Murmann*, JuS 2021, 385 (391).
1714 Vgl. unten Rn. 1099 ff.

diese Person (also hier auf Rudi) ankommen. Eine Tötung der konkret anvisierten Person wäre dem Täter aber weiterhin möglich. Spielt die Motivation beim error in persona keine Rolle, darf dies auch beim Rücktritt nicht der Fall sein.

Dagegen liegt auch nach h. M. kein fehlgeschlagener Versuch vor, wenn der ursprünglich geplante Verwirklichungsakt nicht zum Ziel geführt hat, der Täter aber glaubt, dieses Ziel in unmittelbarem zeitlichen Anschluss noch auf andere Weise (entweder durch das bereits eingesetzte oder durch andere bereitstehende Mittel) erreichen zu können[1715]. Ein Fehlschlag liegt erst dann vor, wenn der Täter glaubt, dass es zur Herbeiführung des Erfolges eines erneuten Ansetzens, verbunden mit einer deutlichen zeitlichen Zäsur bedarf[1716].

> **Bsp.**[1717]: Anton plant, die Witwe Wilma in Ihrer Villa umzubringen, um danach in Ruhe ihren Safe ausräumen zu können. Er hat vor, sie mit der mitgebrachten Pistole zu erschießen, aber sämtliche acht Schüsse im Magazin gehen fehl. Deshalb nimmt er den auf dem Tisch liegenden Aschenbecher und will sie erschlagen, was nach den vorliegenden Umständen möglich gewesen wäre und vom Täter auch zutreffend erkannt wurde. Im letzten Moment überkommt ihn aber die Reue und er verschont Wilma. – Obwohl die geplanten Tötungsakte (durch Erschießen) fehlgeschlagen sind, hätte Anton sein ursprüngliches Ziel (die Tötung Wilmas) noch problemlos (durch Erschlagen) erreichen können. Daher scheidet ein fehlgeschlagener Versuch aus.

3. Unbeendeter Versuch

Liegt kein fehlgeschlagener Versuch vor, so kann es sich entweder um einen **unbeendeten** oder um einen **beendeten Versuch** handeln[1718]. Diese Unterscheidung spielt für die verschiedenen Rücktrittsvarianten des § 24 StGB eine große Rolle, da § 24 Abs. 1 Satz 1 StGB in der 1. Alt. (*„die weitere Ausführung der Tat aufgibt"*) auf den unbeendeten Versuch abstellt, in § 24 Abs. 1 Satz 1, 2. Alt. StGB (*„deren Vollendung verhindert"*) hingegen den beendeten Versuch ins Zentrum der Betrachtung rückt. Im Einzelnen kann die Abgrenzung dabei höchst problematisch werden[1719].

Unter einem **unbeendeten Versuch** versteht man einen Versuch, bei dem der Täter davon ausgeht, noch nicht alles getan zu haben, was nach seiner Vorstellung zur Herbeiführung des tatbestandsmäßigen Erfolges erforderlich ist (obwohl er zur Tat bereits unmittelbar angesetzt hat)[1720]. Mit anderen Worten: Der Täter hält sein bisheriges Tun noch nicht für ausreichend[1721].

1715 BGHSt 34, 53 (56); BGHSt 35, 90 (94 f.); BGHSt 39, 221 (228); BGH NStZ 1986, 264 (265); BGH NStZ 2009, 264 (265); BGH NStZ 2009, 688 (689); BGH NStZ-RR 2014, 105 (106); BGH NStZ 2014, 450; BGH NJW 2015, 2898 (2899); BGH NStZ 2016, 332; BGH NStZ 2020, 82 (83); BGH NStZ 2022, 39; *Wessels/Beulke/Satzger*, Rn. 1018 f.; dies ist allerdings nicht unumstritten und wird u. a. von der Einzelaktstheorie abgelehnt; vgl. unten Rn. 820.
1716 BGHSt 39, 221 (232); BGHSt 41, 368 (369); BGH NStZ 2005, 263 (264); BGH NStZ 2007, 399; BGH NJW 2015, 2898 (2899); BGH NStZ 2016, 207 (208); BGH NStZ 2016, 332; BGH NStZ 2020, 82 (83).
1717 Vgl. auch den Fall BGH NStZ 1986, 264; hierzu *Krey/Esser*, Rn. 1275 ff.
1718 Vgl. zur Abgrenzung insbesondere *Murmann*, JuS 2021, 1001.
1719 Vgl. noch unten Rn. 818 ff.
1720 BGHSt 31, 170 (171); BGHSt 35, 90 (92); BGHSt 36, 224 (225); BGHSt 39, 221 (227); BGH NStZ-RR 2006, 101 (102); BGH NStZ-RR 2013, 273 (274); BGH NStZ 2015, 331; BGH NStZ 2015, 509; BGH StV 2018, 715; BGH NStZ 2018, 706; BGH NStZ 2018, 718 (719 f.); BGH NStZ 2019, 198 (198 f.); BGH NStZ-RR 2019, 270; BGH NStZ 2019, 399; *Bosch*, JURA 2014, 395 (396); *Hoven*, JuS 2013, 403; *Kindhäuser/Zimmermann*, § 32 Rn. 21; *Kühl*, § 16 Rn. 25; *Rengier*, § 37 Rn. 31.
1721 Vgl. auch oben Rn. 737.

> Bsp.: Anton lauert seinem Feind Bruno auf, um ihn mit seinem Gewehr zu erschießen. Er sieht Bruno des Weges kommen und legt an. – Zu diesem Zeitpunkt lag lediglich ein unbeendeter Versuch vor, weil Anton noch nicht alles getan hatte, was nach seiner Vorstellung erforderlich war, um den tatbestandsmäßigen Erfolg herbeizuführen. Denn hierzu musste er zumindest noch schießen. Durch das Anlegen des Gewehrs hat er allerdings bereits unmittelbar zur Tatbestandsverwirklichung angesetzt.

781 Wie im gesamten Versuchsstrafrecht ist hierbei ausschließlich ein **subjektiver Maßstab** anzulegen. Entscheidend ist also nicht, ob der Täter objektiv bereits alles getan hat, was zur Tatbestandsverwirklichung erforderlich ist, sondern ob er subjektiv davon ausgeht, noch weitere Schritte unternehmen zu müssen[1722]. Dabei gilt – wie auch sonst im Strafrecht – dass bei Unaufklärbarkeit der Umstände nach dem Grundsatz „in dubio pro reo" die für den Täter günstigere Situation zu unterstellen ist (hier also: ein unbeendeter Versuch, bei dem der Täter durch bloßes Aufhören zurücktreten kann). Allerdings müssen für eine solche Unterstellung bestimmte reale Anknüpfungspunkte vorliegen[1723]. Macht sich der Täter hingegen keine Gedanken über die Folgen seines bisherigen Verhaltens, ist von einem beendeten Versuch auszugehen[1724].

4. Beendeter Versuch

782 Unter einem **beendeten Versuch** versteht man einen Versuch, bei dem der Täter davon ausgeht, bereits alles getan zu haben, was nach seiner Vorstellung zur Herbeiführung des tatbestandsmäßigen Erfolges erforderlich ist (ohne dass jedoch der Erfolg bereits eingetreten ist) und er den Erfolgseintritt nun ohne weiteres Zutun für möglich ansieht. Mit anderen Worten: Der Täter hält sein bisheriges Tun für ausreichend[1725]. Dabei genügt es, wenn er die naheliegende Möglichkeit des Erfolgseintritts erkennt, selbst wenn er den Erfolg nicht (mehr) will bzw. nicht (mehr) billigt[1726]. Gleichgültig ist dabei, ob er seinen früheren Tatplan voll ausgeschöpft hat oder nicht[1727].

> Bsp.: Anton hat eine mit einem Zeitzünder versehene Bombe gelegt und eingestellt. – Hier liegt ein beendeter Versuch vor. Anton muss jetzt nur noch abwarten, bis die Bombe hochgeht. Die Tatbestandsverwirklichung würde sich also völlig unabhängig von einem weiteren Tatbeitrag vollziehen. Anton hat bereits alles getan, was er glaubte, tun zu müssen, um den tatbestandsmäßigen Erfolg herbeizuführen[1728].

783 Wie bereits mehrfach angedeutet, ist es auch für die Abgrenzung von unbeendetem und beendetem Versuch entscheidend, dass sich diese ausschließlich nach **subjektiven Kriterien** vollzieht. Nicht das, was objektiv vorliegt, sondern das, was

---

[1722] Vgl. hierzu noch näher unten Rn. 783.
[1723] BGH NStZ 2009, 264 (266); BGH NStZ 2009, 630 (631); BGH NStZ 2013, 703 (704); BGH StV 2018, 711 (712); BGH NStZ-RR 2021, 271; BGH NStZ-RR 2021, 272; *Schwerdtfeger*, NStZ 2018, 583.
[1724] BGH NStZ 2007, 634 (635); BGH NStZ 2019, 399; BGH NStZ-RR 2021, 271; BGH NStZ-RR 2021, 272.
[1725] BGHSt 14, 75 (79); BGHSt 31, 170 (175); BGHSt 33, 295 (299); BGHSt 39, 221 (226 f.); BGH NStZ 1992, 434; BGH NStZ 1997, 485; BGH NStZ 2005, 263 (264); BGH NStZ 2011, 336 (337); BGH NStZ-RR 2013, 273 (274); BGH NStZ 2015, 261; BGH NStZ 2015, 331; BGH StV 2018, 715; BGH NStZ-RR 2019, 270; BGH StV 2020, 80; BGH NStZ 2019, 399; LG Augsburg NJW 2012, 93 (95); *Bosch*, JURA 2014, 395 (396); *Hoven*, JuS 2013, 403; *Kindhäuser/Zimmermann*, § 32 Rn. 21; *Kühl*, § 16 Rn. 25; *Rengier*, § 37 Rn. 32; *Wessels/Beulke/Satzger*, Rn. 1035.
[1726] BGH NStZ 2005, 263, (264); BGH NStZ-RR 2017, 303 (304); BGH NStZ 2020, 340.
[1727] Vgl. BGHSt 31, 170 (175); *Wessels/Beulke/Satzger*, Rn. 1035.
[1728] Vgl. hierzu bereits oben Rn. 735.

der Täter subjektiv glaubt, ist ausschlaggebend. Es kommt damit ausschließlich auf das **Vorstellungsbild des Täters** an[1729].

Bsp. (1): Anton schießt im Wald mit seinem Gewehr in Tötungsabsicht auf Bruno. Dieser bricht getroffen zusammen und ruft um Hilfe. Anton sieht dies und verlässt den Tatort. – Wenn Anton nun glaubt, Bruno würde alsbald an der Schussverletzung sterben, liegt ein beendeter Versuch vor, denn Anton sieht sein bisheriges Verhalten für die Herbeiführung des Todes als ausreichend an. Er könnte daher nur zurücktreten, wenn er einen aktiven Gegenakt vollzieht, also z. B. Bruno ins Krankenhaus fährt. Dabei ist es völlig gleichgültig, ob Bruno tatsächlich (objektiv) derart getroffen wurde, dass er ohne fremde Hilfe sterben würde, oder ob er lediglich einen (ungefährlichen) Streifschuss abbekommen hat. – Auch im umgekehrten Fall ist ausschließlich auf das subjektive Vorstellungsbild abzustellen: Nimmt Anton an, Bruno habe lediglich einen (ungefährlichen) Streifschuss erlitten und könne sich selbst problemlos nach Hause schleppen, liegt ein unbeendeter Versuch vor, von dem Anton durch bloßes Aufhören zurücktreten kann (es reicht daher aus, dass er nicht mehr weiter schießt, obwohl er noch eine Kugel im Lauf hat, und nach Hause geht). Dies gilt selbst dann, wenn Bruno entgegen seiner Erwartung lebensgefährlich verletzt wurde, wenig später bewusstlos zusammenbricht und nur zufällig von einem Spaziergänger gefunden wird.

Bsp. (2): Anton will seine Ehefrau Berta durch die sukzessive Beifügung gewisser Kräuter ins Jenseits befördern. Zu diesem Zweck mischt er ihr drei Wochen lang diese Kräuter ins Mittagessen. Danach hört er damit auf. Die Kräuter sind allerdings, was Anton nicht wusste, für eine Tötung völlig ungeeignet. – Objektiv ist hier nichts passiert, das Beimischen der Kräuter stellt einen untauglichen (und somit objektiv fehlgeschlagenen) Tötungsversuch dar (untaugliches Tatmittel). Da jedoch auch der untaugliche Versuch strafbar ist[1730], kommt es darauf an, ob Anton dadurch, dass er aufhörte, der Berta noch weitere Kräuter ins Essen zu mischen, vom Versuch zurückgetreten ist. Ein Rücktritt würde ausscheiden, wenn man von einem beendeten Versuch ausgeht (ein bloßes Aufhören würde dann nicht ausreichen; erforderlich wäre ein aktiver Gegenakt, den Anton nicht vornahm). Ein solcher beendeter Versuch wäre dann anzunehmen, wenn Anton glaubte, die bisher verabreichte Menge der Kräuter reiche für eine Tötung bereits aus und er müsse nun nur noch Bertas Tod abwarten. Dagegen läge ein unbeendeter Versuch und somit ein strafbefreiender Rücktritt vor, wenn Anton meinte, zu einer Tötung wäre eine Kräuterverabreichung von mindestens sechs Wochen erforderlich. Hört er dann freiwillig nach drei Wochen auf, reicht dies für einen Rücktritt aus. Hatte Anton hingegen erkannt, dass ein Weiterhandeln unsinnig gewesen wäre, weil die Kräuter sich als völlig ungefährlich erwiesen hatten, läge ein (auch subjektiv) fehlgeschlagener Versuch vor, von dem ein Rücktritt nicht mehr möglich ist.

III. Die verschiedenen Rücktrittsvarianten des § 24 StGB

Nach der begrifflichen Klärung der verschiedenen Versuchsformen ist nun auf die Grundstruktur des § 24 StGB und die hier normierten Rücktrittsvarianten einzugehen. Wesentlich – auch und vor allem in der Klausur – ist der unterschied-

---

[1729] Ganz h. M.; vgl. nur BGHSt 4, 180 (181); BGHSt 22, 176 (177); BGHSt 22, 330 (331); BGHSt 31, 170 (171); BGHSt 33, 295 (299); BGHSt 35, 90 (93); BGH NStZ 2007, 399 (400); BGH NStZ 2014, 507 (509); BGH NStZ-RR 2015, 106 (107); BGH NStZ-RR 2015, 138 (139); BGH NStZ 2016, 207 (208); BGH StV 2018, 715; BGH NStZ 2018, 468; BGH NStZ 2020, 340; BGH StV 2021, 90; *Bosch*, JURA 2014, 395 (396); *Gropp/Sinn*, § 9 Rn. 109; *Krauß*, JuS 1981, 883 (885); *Kühl*, § 16 Rn. 24; einschränkend allerdings *Geilen*, JZ 1972, 335 (336); *Köhler*, S. 475; *Maurach/Gössel/Zipf*, AT 2, 7. Aufl., § 41 Rn. 20 ff.; *Murmann*, JuS 2021, 1001 (1003 f.); *Otto*, JURA 2001, 341 (346); *Rengier*, § 37 Rn. 34; ferner *Borchert/Hellmann*, GA 1982, 429 (436 f.), die auf die „objektive Erfolgsgefahr" abstellen; vgl. hierzu auch den Übungsfall bei *Sobota/Kahl*, ZJS 2015, 206 (215).

[1730] Vgl. oben Rn. 668 ff.

liche Anwendungsbereich der beiden Absätze des § 24 StGB: In Abs. 1 ist der Rücktritt des **Alleintäters** geregelt, während Abs. 2 – der die strengeren Rücktrittsvoraussetzungen enthält – zur Anwendung kommt, wenn **mehrere** an der Tat beteiligt sind.

785 Diese Unterscheidung ist zwingend, denn wenn nur ein Täter handelt, kann hinsichtlich der Rücktrittsvoraussetzungen auch nur auf diesen Täter abgestellt werden. Sind jedoch mehrere Personen an der Tat beteiligt, kann es vorkommen, dass ein Beteiligter zurücktreten will, während die anderen noch weiterhandeln wollen bzw. tatsächlich weiterhandeln. Hier kann es für den Zurücktretenden (der möglicherweise bereits entscheidende Vorarbeiten geleistet hat) aber nicht ausreichen, einfach auszusteigen und die anderen weiterhandeln zu lassen. Genau diese besonderen Konstellationen berücksichtigt § 24 Abs. 2 StGB.

> **Klausurtipp:** In einer Klausur bietet sich daher für die Rücktrittsproblematik folgende Prüfungsreihenfolge an[1731]: a) Ist nur eine oder sind mehrere Personen an der Tat beteiligt (d. h. ist § 24 Abs. 1 oder § 24 Abs. 2 StGB anwendbar)? b) Liegt ein fehlgeschlagener Versuch vor (dann ist § 24 StGB unanwendbar)? c) Welche Variante des jeweiligen Absatzes liegt vor (bei § 24 Abs. 1 Satz 1 StGB insbesondere: Ist ein unbeendeter oder ein beendeter Versuch gegeben)? d) Sind die Voraussetzungen der jeweiligen Variante erfüllt (wurde die Tat aufgegeben, wurde die Vollendung verhindert, hat der Täter sich ernsthaft bemüht?)? e) Handelte der Zurücktretende freiwillig?

786 Dabei ist der Rücktritt stets Sache des einzelnen Täters. Er stellt einen **persönlichen Strafaufhebungsgrund** dar[1732]. Jeder Einzelne kann also nur für sich selbst zurücktreten, der Rücktritt des einen wird den übrigen Beteiligten nicht „zugerechnet". Es liegt somit eine individuelle Strafbefreiung vor, wobei ausschließlich das Verhalten des jeweils Zurücktretenden zu berücksichtigen ist[1733].

787 Wenn das Gesetz in § 24 Abs. 2 StGB von mehreren **Beteiligten** spricht, dann fallen hierunter sowohl mehrere Täter als auch Anstifter oder Gehilfen. Die Qualität der einzelnen Tatbeiträge ist dabei völlig gleichgültig. Von diesem Grundsatz ist jedoch eine **Ausnahme** zu machen[1734].

788 **Ausnahme:** Sind an der Tat ein Anstifter und ein Haupttäter (und daher an sich auch „mehrere") beteiligt, so gilt der vom Wortlaut eigentlich ausnahmslos anwendbare § 24 Abs. 2 StGB nur für den Anstifter. Denn dieser ist hinsichtlich der Durchführung der Tat vom Haupttäter abhängig. Anders stellt sich die Situation für den Haupttäter selbst dar: Sein strafrechtlich relevantes Verhalten nach vollendeter Anstiftung entspricht demjenigen eines allein handelnden Einzeltäters. Wenn er – bei einem unbeendeten Versuch – schlicht aufhört, passiert nichts mehr. Insoweit muss ihm auch die Privilegierung des § 24 Abs. 1 StGB zu Gute kommen. Während sich der Rücktritt des Anstifters nach § 24 Abs. 2 StGB richtet, kann der Angestiftete somit unter den Voraussetzungen

---

1731 Zur Prüfungsreihenfolge auch *Dorn-Haag*, JA 2016, 674 (676); *Eisele*, JA 1999, 922; *Hoven*, JuS 2013, 305 (306); *Kudlich*, JuS 1999, 240 (241 f.); *Kühl*, § 16 Rn. 3a; *Ladiges*, JuS 2016, 15 (17); *Rengier*, § 37 Rn. 14; abweichend allerdings *Scheinfeld*, JuS 2002, 250 (251); vgl. ferner die Übungsfälle bei *Busch*, JuS 1993, 304 (305 ff.); *Dessecker*, JURA 2000, 592 (597); *Eisenberg*, JURA 1987, 265 (266); *Kudlich*, JuS 2001, L 53 (L 54, L 55 f.); *Langer*, JuS 1987, 896 (898 f.); *Mitsch*, JURA 1991, 373 (374 f.); *Mürbe*, JURA 1992, 324 (326 f.); *Siebrecht*, JuS 1997, 1101 (1103).
1732 Vgl. zu den persönlichen Strafaufhebungsgründen auch oben Rn. 622 ff.
1733 Vgl. zu der Sonderkonstellation des aktiven Rücktritts eines Mittäters bei Billigung durch die anderen Mittäter unten Rn. 804.
1734 Vgl. hierzu auch *Dorn-Haag*, JA 2016, 674 (675 f.), die insgesamt aber drei Ausnahmen nennt.

des § 24 Abs. 1 StGB zurücktreten[1735]. Gleiches muss dann gelten, wenn ein Gehilfe oder Mittäter[1736] an der Tat beteiligt ist und er lediglich im Vorbereitungsstadium tätig wurde.

1. Rücktritt des Alleintäters, § 24 Abs. 1 StGB

§ 24 Abs. 1 StGB enthält drei verschiedene Varianten, die auseinander zu halten sind, da sie an einen strafbefreienden Rücktritt jeweils unterschiedliche Anforderungen stellen. Voraussetzung für die Anwendung ist jeweils, dass das Versuchsstadium der Tat erreicht ist – sonst wäre der Bereich des strafbaren Verhaltens noch gar nicht eröffnet – und dass die Tat (noch) nicht vollendet wurde – denn in diesem Falle wäre ein Rücktritt nicht mehr möglich. Weitere Voraussetzung in allen drei Varianten ist, dass der Täter glaubt, noch weitermachen bzw. die Vollendung der Tat noch verhindern zu können – denn sonst läge ein fehlgeschlagener Versuch vor, von dem ein Rücktritt nicht mehr möglich ist. Schließlich muss der Rücktritt stets – worauf noch zurückzukommen sein wird – freiwillig erfolgen[1737].

a) Rücktritt vom unbeendeten Versuch, § 24 Abs. 1 Satz 1, 1. Alt. StGB.

Die erste Variante des § 24 Abs. 1 Satz 1 StGB („*Wegen Versuchs wird nicht bestraft, wer freiwillig die weitere Ausführung der Tat aufgibt*") regelt den Rücktritt vom unbeendeten Versuch. Da der Täter hier nach seiner Vorstellung von der Tat (subjektiver Maßstab!) eben **noch nicht alles getan hat**, was nach seiner Vorstellung zur Erfüllung des Tatbestandes erforderlich ist, kann eine Rechtsgutsverletzung **durch bloßes Aufhören** verhindert werden. Dabei ist es unbeachtlich, ob der Täter zuvor mit direktem oder nur mit bedingtem Vorsatz gehandelt hat[1738].

Der Täter muss die Tat **aufgeben**[1739]. Hierzu ist ein endgültiger und unbedingter **(Gegen-)Entschluss** erforderlich, die Tat nun nicht mehr begehen zu wollen, obwohl der Täter glaubt, sie noch begehen zu können. Grundsätzlich muss der Täter dabei **endgültig** und **vollständig** von der Tat Abstand nehmen. Nimmt er nur vorübergehend von der Tatbegehung Abstand, so ist fraglich, ob unter der Tat nur die konkrete Tathandlung (dann Tataufgabe) oder die Tat als Ganzes (dann keine Tataufgabe) anzusehen ist[1740].

Der Täter muss jedoch keine aktiven Gegenmaßnahmen oder Rettungsversuche durchführen – er hat ja gerade noch nichts getan, was ohne sein weiteres Zutun (nach seiner Vorstellung) in unmittelbarer Folge zur Tatbestandserfüllung führen könnte.

Bsp. (1): Anton legt sein Gewehr an und zielt auf Bruno. Im letzten Moment entschließt er sich, Bruno doch nicht zu töten und lässt ihn vorbeilaufen. – Hier liegt ein

---

1735 *Dorn-Haag*, JA 2016, 674 (676); *Fischer*, § 24 Rn. 37; *Hoven*, JuS 2013, 305 (308); *Kölbel/Selter*, JA 2012, 1 (1 f.); *Ladiges*, JuS 2016, 15, (16); LK-*Murmann*, 13. Aufl., § 24 Rn. 55, 427; *Mitsch*, Baumann-FS 1992, S. 89 (92 ff., 100); *Schönke/Schröder-Eser/Bosch*, § 24 Rn. 73; *Schulz*, JA 1999, 203 (207); *Wessels/Beulke/Satzger*, Rn. 1074; a. M. *Herzberg*, NJW 1991, 1631 (1638 f.); *Kühl*, § 20 Rn. 264; *Lackner/Kühl*, § 24 Rn. 25; NK-*Zaczyk*, § 24 Rn. 96; SSW-*Kudlich/Schuhr*, § 24 Rn. 53; vgl. hierzu auch die Übungsfälle bei *Brand/Kanzler*, JA 2012, 37 (38); *Englmann*, JA 2010, 185 (188); *Koch/Rößler*, JA 2021, 637 (639); *Lotz*, JuS 2010, 982 (984); *Rotsch*, JuS 2002, 887 (892); *Sobota/Kahl*, ZJS 2015, 206 (213).
1736 *Dorn-Haag*, JA 2016, 674 (676); *Kölbel/Selter*, JA 2012, 1 (2); *Ladiges*, JuS 2016, 15 (16); *Loos*, JURA 1996, 518 (519); vgl. auch *Mitsch*, Baumann-FS 1992, S. 89 (97).
1737 Vgl. hierzu unten Rn. 809 ff.
1738 BGHSt 22, 330 (332 f.); BGHSt 39, 221 (228).
1739 Hierzu *Murmann*, JuS 2022, 193 (194 f.).
1740 Vgl. unten Rn. 840 ff. und Problemschwerpunkt 19, Rn. 1512.

Rücktritt vom unbeendeten Versuch vor. Der Erfolg kann ohne eine weitere Handlung Antons nicht eintreten, weshalb es ausreichend war, dass Anton schlicht aufhörte.

Bsp. (2): Nachdem Rudi bereits Wilmas halbe Wohnung durchsucht hat, sieht er endlich das ersehnte Schmuckkästchen hinten im Regal stehen. Plötzlich packt ihn jedoch die Reue. Er lässt das Kästchen stehen und verlässt unverrichteter Dinge Wilmas Haus. – Hier liegt ein Rücktritt vom Versuch eines Wohnungseinbruchsdiebstahls, §§ 244 Abs. 1 Nr. 3, Abs. 4, 22 StGB, vor. Hieran würde sich im Übrigen selbst dann nichts ändern, wenn das Kästchen – ohne dass Rudi es gemerkt hätte – leer gewesen wäre. Denn es kommt, wie gezeigt, bei der Einordnung (hier: als unbeendeter oder fehlgeschlagener Versuch) ausschließlich auf das Vorstellungsbild des Täters an. Rudi ist lediglich wegen eines Hausfriedensbruchs, § 123 StGB, zu bestrafen.

793 Insoweit kann der Täter also auch vom **objektiv untauglichen Versuch** zurücktreten[1741], solange er die Untauglichkeit des Versuchs nicht erkennt (es ist allein sein Vorstellungsbild entscheidend!). – Erkennt er aber die Untauglichkeit, liegt ein (nunmehr auch subjektiv) fehlgeschlagener Versuch vor. Ein Rücktritt ist in diesem Falle ausgeschlossen.

794 Zulässig ist auch ein **Teilrücktritt**, wenn der Täter, nachdem er bereits unmittelbar zu einem Qualifikationstatbestand angesetzt hat (oder diesen sogar bereits verwirklicht hat[1742]), auf der Grundlage eines freiwilligen Entschlusses zur Verwirklichung „lediglich" des Grundtatbestandes zurückkehrt[1743].

Bsp.: Anton will Bruno mittels mehrerer Schläge mit einer Eisenstange Verletzungen zufügen. Nachdem er einmal vorbei geschlagen hat, meint der daneben stehende Toni, fairer sei es wohl, Bruno nur mit Fäusten zu traktieren. Das findet Anton nun auch, er wirft die Stange beiseite und versetzt Bruno mit den Fäusten eine Tracht Prügel. – Hier ist Anton freiwillig vom Versuch einer gefährlichen Körperverletzung, §§ 224 Abs. 1, Nr. 2, 22 StGB, zurückgetreten. Er hat lediglich eine einfache Körperverletzung, § 223 StGB, begangen.

795 b) **Rücktritt vom beendeten Versuch, § 24 Abs. 1 Satz 1, 2. Alt. StGB.** Die zweite Variante des § 24 Abs. 1 Satz 1 StGB („*Wegen Versuchs wird nicht bestraft, wer freiwillig die [...] Vollendung verhindert*") regelt den Rücktritt vom beendeten Versuch. Da der Täter hier nach seiner Vorstellung von der Tat (subjektiver Maßstab!) **bereits alles getan zu haben glaubt**, was zur Erfüllung des Tatbestandes erforderlich ist, kann ein reiner Gegenentschluss, ein **bloßes Aufhören**, hier nicht ausreichen. Denn dies würde ja (zumindest nach der Vorstellung des Täters) nicht verhindern, dass das Geschehen in ungestörtem Fortgang in die Tatbestandserfüllung mündet.

1741 RGSt 68, 82 (83); vgl. das Vergiftungsbeispiel oben Rn. 783.
1742 Was u. a. beim Beisichführen einer Waffe im Rahmen eines Raubes oder einer räuberischen Erpressung der Fall sein kann, wenn sich der Täter der Waffe freiwillig entledigt, das (Grund-)Delikt aber fortsetzen will; vgl. zu dieser Konstellation BGHSt 51, 276 (279); BGHSt 64, 80 (89); BGH NStZ 1984, 216 (217): Hier wird ein solcher Teilrücktritt bei Verwirklichung des Qualifikationstatbestandes abgelehnt; anders *Kaspar*, § 8 Rn. 158; LK-*Vogel*, 12. Aufl., § 244 Rn. 39; *Roxin*, AT II, § 30 Rn. 299; SSW-*Kudlich/Schuhr*, § 24 Rn. 77; hierzu auch *Schröder*, JR 2004, 480 (481); *Streng*, GA 2021, 487 (497); differenzierend *Küper*, JZ 1997, 229; *ders.*, GA 2020, 585 (602 ff.).
1743 BGHSt 64, 80 (88); *Blaue*, ZJS 2015, 580; *Freund/Rostalski*, § 9 Rn. 56; *Küper*, GA 2020, 585; LK-*Murmann*, 13. Aufl., § 24 Rn. 581; *Mitsch*, JA 2014, 268 (271 ff.); *Matt/Renzikowski*-Heger-Petzsche, § 24 Rn. 64; MüKo-*Hoffmann-Holland*, 4. Aufl., § 24 Rn. 98 f.; NK-*Zaczyk*, § 24 Rn. 79; *Schönke/Schröder-Eser/Bosch*, § 24 Rn. 113; *Streng*, JZ 1984, 652 (654 f.); *ders.*, JZ 2007, 1089 (1090); *Wessels/Beulke/Satzger*, Rn. 1052; *Zaczyk*, NStZ 1984, 217.

Notwendig ist also ein **aktiver** Gegenakt, ein bewusstes Gegensteuern[1744]. Der **796**
Täter muss durch Rettungshandlungen verhindern, dass der tatbestandsmäßige
Erfolg eintritt[1745]. Dabei reicht es aus, wenn er eine neue Kausalreihe in Gang
setzt, die für das Ausbleiben der Vollendung wenigstens mitursächlich wird (vgl.
zur Frage, ob er darüber hinaus das „Bestmögliche" tun, also eine optimale Rücktrittsleistung erbringen muss, den Problemschwerpunkt 21[1746]; Rn. 1513).

> **Bsp. (1):** Der Täter muss sein Opfer, welchem er zuvor Gift verabreicht oder eine Kugel in den Leib geschossen hat, ins Krankenhaus fahren (Rücktritt vom beendeten Versuch eines Totschlags).
>
> **Bsp. (2):** Der Täter muss den brennenden Stofflappen, den er ins Haus geworfen hat und der im Begriff ist, dieses in Brand zu setzen, löschen (Rücktritt vom beendeten Versuch einer Brandstiftung).

c) Rücktritt vom (unerkannt) untauglichen oder fehlgeschlagenen Versuch, 797 § 24 Abs. 1 Satz 2 StGB. Die Vorschrift („*Wird die Tat ohne Zutun des Zurücktretenden nicht vollendet, so wird er straflos, wenn er sich [...] bemüht, die Vollendung zu verhindern*") ist auf den ersten Blick etwas schwierig zu verstehen. Vom Anwendungsbereich erfasst sind Taten, die „ohne Zutun des Täters" nicht vollendet werden[1747]. Man spricht hier auch vom „nicht kausalen" oder „versuchten" Rücktritt und will damit zum Ausdruck bringen, dass das Rücktrittsverhalten des Täters für die Nichtvollendung der Tat nicht ursächlich wurde. Es kann sich dabei entweder um einen von vorne herein **untauglichen** oder um einen an sich zwar tauglichen, aber im konkreten Fall (objektiv) **fehlgeschlagenen** Versuch handeln.

Da aber auch ein untauglicher Versuch (objektiv) regelmäßig „fehlschlägt" und **798** der fehlgeschlagene Versuch an sich nicht unter § 24 StGB fällt[1748], fragt man sich, welche Fälle diese Konstellation hier überhaupt erfassen soll. Die Lösung ergibt sich aus folgender Überlegung: Es gibt objektiv untaugliche sowie objektiv fehlgeschlagene Versuche, die der Täter als solche nicht erkennt. Geht er in diesen Fällen subjektiv – und nur hierauf kommt es ja beim Rücktritt an – davon aus, es läge ein an sich tauglicher bzw. nicht fehlgeschlagener Versuch vor, so muss er hiervon auch zurücktreten können[1749].

> **Bsp. (1):** Anton fährt Bruno mit seinem PKW an und lässt diesen dann schwer verletzt im Straßengraben liegen. Nach wenigen Minuten überkommt ihn die Reue. Er kehrt

---

1744 Zu der – seltenen – Fallkonstellation, dass ein solcher Gegenakt bereits vor Versuchsbeginn vorgenommen wird („antizipierter Rücktritt") vgl. *Bloy*, JuS 1987, 528 (532 f. Fn. 41); *Hardtung*, JuS 1990, 302 (304); *Scheinfeld*, JuS 2006, 397; kritisch *Murmann*, JuS 2022, 193 (195); vgl. auch die Übungsfälle bei *Rotsch*, JuS 2002, 887 (892 f.); *Singelnstein*, JA 2011, 756 (761); ferner BGHSt 44, 204 (206 f.).
1745 Vgl. aber auch *Weißer/Kreß*, JA 2003, 857 (864), die davon ausgehen, dass auch die Herbeiführung eines Rechtfertigungsgrundes nach Tatbeginn trotz Eintritt des tatbestandsmäßigen Erfolges einen Rücktritt ermöglichen würde.
1746 Vgl. unten Rn. 848 ff.
1747 Ausführlich zu dieser Vorschrift *Noltensmeier/Henn*, JA 2010, 269.
1748 Vgl. oben Rn. 770 ff.
1749 Vgl. hierzu BGHSt 11, 324 (327 f.); BGHSt 31, 46 (49 f.); BGHSt 33, 295 (301 f.); BGH NStZ 2008, 329; BGH NStZ-RR 1997, 193; BGH NStZ-RR 2005, 70; *Kudlich/Hannich*, StV 1998, 370 (371); *Noltensmeier/Henn*, JA 2010, 269 (270); *Wessels/Beulke/Satzger*, Rn. 1059; ferner für die Übungsfälle bei *Danneker/Schröder*, JuS 2020, 860 (864 f.); *Englmann*, JA 2010, 185 (188); *Frisch/Murmann*, JuS 1999, 1197 (1199 f.); *Hanft*, JuS 2003, 1010 (1014); *Kett-Straub/Linke*, JA 2010, 25 (26 f.); *Kreß/Weißer*, JA 2006, 115 (118); *Langer*, JURA 2003, 135 (136); *Putzke*, ZJS 2011, 522 (525); *Schrott*, JuS 2022, 138 (142); vgl. auch *Hinderer*, JuS 2009, 625 (627 f.) zu der Sonderkonstellation, dass der Täter seine Tat für vollendet hält, obwohl objektiv lediglich ein untauglicher Versuch vorliegt. Hier scheidet ein Rücktritt aus.

zum Unfallort zurück und will Bruno retten. Dieser wurde aber bereits von einem Passanten entdeckt und ins Krankenhaus gefahren. – Hier lag zu Beginn ein (tauglicher) Totschlagsversuch durch Unterlassen vor. In dem Moment, in dem Bruno aber ins Krankenhaus gefahren und gerettet wurde, war dieser Versuch (für Anton zuerst unerkannt) fehlgeschlagen. Da er sich jedoch freiwillig und ernsthaft bemüht, Bruno zu retten, ist er nach § 24 Abs. 1 Satz 2 StGB zurückgetreten.

Bsp. (2): Anton bemerkt, dass seine Ehefrau Berta beim Fensterputzen von der Leiter gestürzt ist und schwer verletzt am Boden liegt. Zwar glaubt er, dass sie durch das sofortige Herbeirufen eines Notarztes noch zu retten sei, er unternimmt aber nichts, da ihm ihr Tod gerade recht kommt. Wenig später überkommt ihn jedoch die Reue und er ruft doch den Notarzt herbei. Dieser kann nur noch den Tod feststellen. Berta wäre allerdings auch bei sofortiger Verständigung des Notarztes nicht mehr zu retten gewesen. – Eine Strafbarkeit Antons wegen eines versuchten Totschlages durch Unterlassen scheidet hier aus. Zwar hat er zum (untauglichen) Versuch unmittelbar angesetzt, er ist jedoch durch sein Bemühen, die Tat zu verhindern, strafbefreiend zurückgetreten[1750].

799 Nimmt er dabei einen **unbeendeten Versuch** an, kann er nach § 24 Abs. 1 Satz 1, 1. Alt. StGB durch bloßes Aufhören zurücktreten[1751]. Geht er jedoch von einem **beendeten Versuch** aus, so müsste er nach dem Wortlaut des § 24 Abs. 1 Satz 1, 2. Alt. StGB dessen Vollendung verhindern. Dies kann er **objektiv** jedoch nicht mehr, da der Versuch ja **objektiv** bereits fehlgeschlagen ist (oder eben von vorne herein untauglich war). Er kann sich aber jedenfalls freiwillig und ernsthaft **bemühen**, die – objektiv ohnehin nicht mögliche – Vollendung zu verhindern. Genau dies regelt § 24 Abs. 1 Satz 2 StGB[1752].

Bsp. (1)[1753]**:** Anton will seine Ehefrau Berta mit Schlaftabletten vergiften. Versehentlich verabreicht er ihr aber statt Schlaftabletten Schokobonbons, ohne dies jedoch zu erkennen. Als Berta davon Bauchschmerzen bekommt, überkommt ihn die Reue und er fährt sie umgehend in die Klinik, um sie vor der vermeintlichen Vergiftung zu retten. – Die Vollendung verhindern konnte Anton hier nicht, weil es objektiv nichts zu verhindern gab (Berta war von vorne herein nicht in Todesgefahr). Er konnte sich aber bis zu einer Aufdeckung des Irrtums um eine Rettung ernsthaft bemühen. Dies reicht für einen Rücktritt nach § 24 Abs. 1 Satz 2 StGB aus.

Bsp. (2): Anton will seine beiden Söhne, Fritz und Franz, vergiften und mischt ihnen tödlich wirkendes Gift in den Tee, den beide trinken. Obwohl das Gift noch nicht wirkt, überkommt ihn später die Reue und er ruft den Notarzt. Noch bevor dieser eintrifft, wird Fritz, der gerade im Garten arbeitet, vom Nachbarn Norbert erschlagen. Franz wird ins Krankenhaus eingeliefert, wo er auf den behandelnden Arzt Armin trifft, der Franz hasst und der ihn durch eine vorsätzliche falsche Behandlung tötet. – Eine Strafbarkeit Antons wegen eines vorsätzlichen (Heimtücke-)Mordes, §§ 212, 211, scheitert bei Fritz an der fehlenden Kausalität[1754], bei Franz hingegen an der objektiven Zurechnung (Dazwischentreten eines vorsätzlich handelnden Dritten)[1755]. Eine mögli-

---

1750 So auch *Brand/Fett*, NStZ 1998, 507; *Küper*, ZStW 112 (2000), 1 (6 ff.); *Küpper*, JuS 2000, 225 (229); *Kudlich/Hannich*, StV 1998, 370; LK-*Murmann*, 13. Aufl., § 24 Rn. 563 ff.; *Noltensmeier/Henn*, JA 2010, 269 (273 f.); *Roxin*, AT II, § 30 Rn. 48; *Schönke/Schröder-Eser/Bosch*, § 24 Rn. 70; *Stuckenberg*, JA 1999, 273; anders wohl BGH NStZ 1997, 485; vgl. hierzu auch den Übungsfall bei *Kudlich/Schuhr*, JA 2007, 349 (352 f.). Zum Sonderproblem, ob es einen Rücktritt vom untauglichen Unterlassungsversuch überhaupt geben kann, vgl. unten Rn. 817a.
1751 Vgl. hierzu oben Rn. 779 ff., 783.
1752 Vgl. zu den hierzu möglichen Fallgruppen *Krauß*, JuS 1981, 883 (885 f.).
1753 Zu einem ähnlichen Bsp. auch *Noltensmeier/Henn*, JA 2010, 269 (270, 273 f.).
1754 Es liegt eine abgebrochene (= überholende) Kausalität vor, vgl. hierzu oben Rn. 235 f.
1755 Vgl. hierzu oben Rn. 253 ff.

che Versuchsstrafbarkeit scheitert hier daran, dass Anton sich freiwillig und ernsthaft bemüht hat, die Vollendung zu verhindern, § 24 Abs. 1 Satz 2 StGB[1756].

In Fällen, in denen die Tat durch das Eingreifen Dritter verhindert wird, reicht jedoch nicht ein irgendwie geartetes Bemühen aus, vielmehr ist ein Bemühen erforderlich, welches sich in der Vorstellung des Täters als ein bewusstes und gewolltes Abbrechen des in Bewegung gesetzten Kausalverlaufes darstellt. Der Täter muss hier alles tun, was in seinen Kräften steht und was nach seiner Überzeugung zur Erfolgsabwendung erforderlich ist[1757]. Dabei kann er auch die Hilfe Dritter in Anspruch nehmen, muss sich dann aber vergewissern, dass die Hilfsperson das (seiner Ansicht nach) Notwendige und Erforderliche getan hat[1758]. Insofern kommt hier – im Gegensatz zu § 24 Abs. 1 Satz 1, 2. Alt. StGB – der Gedanke der „Bestleistung" zum Tragen[1759].

2. Rücktritt bei mehreren Beteiligten, § 24 Abs. 2 StGB

Wie bereits erwähnt, regelt § 24 Abs. 2 StGB den Rücktritt für den Fall, dass mehrere Personen an der Tat beteiligt sind[1760]. Dabei ist es gleichgültig, ob es sich um Täter oder Teilnehmer handelt[1761]. Wie ebenfalls bereits ausgeführt, sind in § 24 Abs. 2 StGB strengere Voraussetzungen für einen Rücktritt aufgestellt. Der Täter kann nicht – wie beim unbeendeten Versuch des Alleintäters – durch schlichtes Aufhören zurücktreten. Erforderlich ist stets ein aktiver Gegenakt. Insofern spielt die Unterscheidung von unbeendetem und beendetem Versuch hier keine Rolle[1762]. Auch wenn ein Tatbeteiligter glaubt, selbst noch nicht alles getan zu haben, um den tatbestandsmäßigen Erfolg herbeizuführen (unbeendeter Versuch), muss er dennoch (aktiv!) die Tatbegehung durch die übrigen Beteiligten verhindern (§ 24 Abs. 2 Satz 1 StGB) oder dies zumindest versuchen, wenn die Tat aus anderen Gründen nicht vollendet wird (§ 24 Abs. 2 Satz 2, 1. Alt. StGB).

Auch § 24 Abs. 2 StGB enthält drei verschiedene Varianten. Voraussetzung ist jeweils, dass die Tat bereits das Versuchsstadium erreicht hat[1763]. Sie darf ferner – zumindest in den ersten beiden Varianten – nicht vollendet werden. Lediglich in der dritten Variante ist eine Vollendung unschädlich. Insoweit kommt es also ausschließlich auf das Versuchsstadium der Tat an. Ob und inwieweit der Beteiligte seinen Tatbeitrag bereits (möglicherweise sogar umfänglich) geleistet hat, ist irrelevant[1764]. Ferner muss der Täter auch im Rahmen des § 24 Abs. 2 StGB glauben,

---

1756 Vgl. hierzu auch *Noltensmeier/Henn*, JA 2010, 269 (270 ff.).
1757 BGHSt 31, 46 (49 f.); BGHSt 33, 295 (302); BGH NStZ 2008, 329; BGH NStZ-RR 2010, 276 (277 – hierzu *Karrasch/Fitzke*, famos 3/2011); BGH NStZ 2012, 28 (29); *Hoven*, JuS 2013, 403 (405 f.); *Küpper*, JuS 2000, 225 (229); *Puppe*, NStZ 1984, 488; *Roxin*, AT II, § 30 Rn. 275; *Rudolphi*, NStZ 1989, 508 (511 ff.); *Wessels/Beulke/Satzger*, Rn. 1060; a. M. *Grünwald*, Welzel-FS 1974, S. 701 (715).
1758 BGHSt 33, 295 (302); BGH NJW 1985, 813 (814); BGH NStZ 1986, 25 (26); BGH StV 1997, 244; BGH NStZ 2008, 329; BGH NStZ 2008, 508 (509); BGH NStZ-RR 2010, 276 (277); BGH StV 2020, 82; *Wessels/Beulke/Satzger*, Rn. 1060.
1759 Vgl. hierzu noch unten Rn. 848 ff.
1760 Ausführlich zu dieser Vorschrift *Kölbel/Selter*, JA 2012, 1; ferner die Übungsfälle bei *Herb*, JURA 2022, 380 (390); *Koch/Rößler*, JA 2021, 637 (6432); *Steinberg/Wolf/Chatard*, ZJS 2015, 507 (508).
1761 Vgl. zur Definition des „Beteiligten" § 28 Abs. 2 StGB. Zu beachten ist allerdings die in Rn. 787 f. geschilderte Ausnahme.
1762 Zur analogen Anwendung des § 24 Abs. 2 StGB, wenn ein Tatbeteiligter bereits im Vorbereitungsstadium Rücktrittsbemühungen unternimmt, *Dorn-Haag*, JA 2016, 674 (678); *Kretschmer*, JA 2020, 645 (648).
1763 *Kretschmer*, JA 2020, 645 (649).
1764 *Dorn-Haag*, JA 2016, 674; NK-*Zaczyk*, § 24 Rn. 95; SSW-*Kudlich/Schuhr*, § 24 Rn. 56.

noch weiterhandeln bzw. die Vollendung der Tat noch verhindern zu können. Schließlich muss der Rücktritt in allen drei Varianten freiwillig erfolgen[1765].

803 **a) Verhinderung der Tatvollendung, § 24 Abs. 2 Satz 1 StGB.** Nach § 24 Abs. 2 Satz 1 StGB kann derjenige Beteiligte vom Versuch zurücktreten, der *„freiwillig die Vollendung verhindert"*. Voraussetzungen sind also die Nichtvollendung des Delikts und das (freiwillige) Verhindern der Vollendung gerade durch den Zurücktretenden. Notwendig ist immer ein aktiver Gegenakt. Dabei wird – wie bereits erwähnt – sowohl der **beendete** als auch der **unbeendete Versuch** erfasst. § 24 Abs. 2 Satz 1 StGB stellt insoweit eine Verschärfung zu Abs. 1 beim Alleintäter dar, da der Beteiligte beim unbeendeten Versuch nicht durch bloßes Aufhören „aussteigen" kann[1766].

> **Bsp.:** Eine siebenköpfige Bande dringt nachts in die Villa der alleinstehenden Witwe Wilma ein, um diese zu berauben. Als sie Wilma gegenüberstehen und einer der Bandenmitglieder absprachegemäß damit beginnt, sie mit Schlägen zu traktieren, bekommt Bandenmitglied Bruno plötzlich Mitleid. Er will aufhören. – Hier reicht es im Gegensatz zur Alleintäterschaft nicht aus, dass er unverrichteter Dinge flieht. Er muss vielmehr, obwohl zu diesem Zeitpunkt lediglich ein unbeendeter Versuch vorliegt, die anderen Bandenmitglieder von der Fortsetzung der Tat abhalten, um strafbefreind vom (Raub-)Versuch zurückzutreten.

804 Grund für diese Verschärfung ist, dass der Gesetzgeber den Versuch mehrerer als wesentlich gefährlicher angesehen hat als den Versuch des Alleintäters, weswegen er an einen Rücktritt höhere Anforderungen stellt[1767]. Allerdings sind auch Konstellationen denkbar, in denen ein Beteiligter durch bloßes Unterlassen weiterer Mitarbeit wirksam zurücktreten kann und zwar dann, wenn er zutreffend davon ausgeht, dass seine (weitere) Mitwirkung zwingende Voraussetzung für die Vollendung der Tat ist (Bsp.: Während eines Einbruchsdiebstahls entfernt sich derjenige Beteiligte, der als einziger die Tresorkombination kennt)[1768]. Liegt ein unbeendeter Versuch vor, kann es ferner genügen, wenn mehrere Mittäter einvernehmlich nicht mehr weiterhandeln, obwohl sie dies könnten[1769]. Die Verhinderung einer von mehreren begangenen Tat lediglich durch einen Beteiligten kann den anderen aber nur dann zugerechnet werden, wenn diese mit der Verhinderung einverstanden sind[1770].

> **Bsp.:** Anton, Bruno und Rudi wollen gemeinsam Norberts Wohnhaus in Brand setzen. Nachdem Anton einen benzingetränkten Stofflappen im Keller entzündet hat, kommen ihnen jedoch Bedenken. Absprachegemäß dringt Bruno nochmals in den Keller

---

1765 Vgl. hierzu unten Rn. 809 ff.
1766 *Wessels/Beulke/Satzger*, Rn. 1072.
1767 *Rengier*, § 38 Rn. 5; *Wessels/Beulke/Satzger*, Rn. 1072; kritisch hierzu *Jescheck/Weigend*, § 51 IV 3 Fn. 60; *Krey/Esser*, Rn. 1325; *Roxin*, AT II, § 30 Rn. 333.
1768 BGH NStZ 1989, 317 (318); *Dorn-Haag*, JA 2016, 674 (678 f.); *Fischer*, § 24 Rn. 40a; *Hoven*, JuS 2013, 403 (406); *Kölbel/Selter*, JA 2012, 1 (6); *Kudlich*, JuS 1999, 449 (450); LK-*Murmann*, 13. Aufl., § 24 Rn. 468 f.; MüKo-*Hoffmann-Holland*, 4. Aufl. § 24 Rn. 166; NK-*Zaczyk*, § 24 Rn. 98; *Rengier*, § 38 Rn. 18; *Wessels/Beulke/Satzger*, Rn. 1077.
1769 BGHSt 42, 158 (162); BGH NStZ 1989, 317 (318); BGH NStZ 2007, 91 (92); BGH NStZ-RR 2012, 167 (168); BGH StV 2015, 687; BGH NStZ-RR 2016, 367; vgl. hierzu auch *Eisele*, JuS 2016, 656 (657).
1770 RGSt 39, 37 (41); BGHSt 42, 158 (162); BGHSt 44, 204 (206 f.); BGH NStZ 2007, 91 (92); BGH NStZ-RR 2012, 239 (241); BGH NStZ 2013, 521; BGH StV 2014, 472 (473); *Ambos*, JURA 2004, 492 (495); *Fischer*, § 24 Rn. 40; *Kudlich*, JA 1999, 624 (626); *Ladiges*, JuS 2016, 15 (18 f.); *Müssig*, JR 2001, 228 (229); *Wessels/Beulke/Satzger*, Rn. 1077; vgl. auch *Dorn-Haag*, JA 2016, 674 (679); ferner den Übungsfall bei *Zopfs*, JURA 2013, 1072 (1074 f.).

ein und löscht das Feuer, noch bevor das Haus in Brand gesetzt wurde. – Hier sind alle drei Beteiligten nach § 24 Abs. 2 Satz 1 StGB zurückgetreten, auch wenn nur Bruno „aktiv" das Feuer gelöscht hat.

Die fehlende Rücktrittsmöglichkeit durch bloßes Aufhören gilt im Übrigen unabhängig davon, ob die Tat bereits ins Versuchsstadium gelangt war. Auch derjenige, der ausschließlich im Vorbereitungsstadium mitgewirkt hat und noch vor Versuchsbeginn „aussteigt", muss die Vollendung verhindern, sofern die übrigen Mittäter später ins Versuchsstadium eintreten[1771]. **805**

> **Bsp.:** Eine siebenköpfige Bande plant einen Wohnungseinbruchsdiebstahl. Bruno ist an der Tatvorbereitung wesentlich beteiligt, hat das Objekt ausgekundschaftet und einen Nachschlüssel besorgt. Am Abend vor der geplanten Tat überwirft er sich mit den anderen und steigt aus der Bande aus. Der Einbruchsdiebstahl wird jedoch wie geplant auf der Grundlage des ursprünglichen Tatplans durchgeführt. – Obwohl Bruno noch vor Versuchsbeginn von der geplanten Tat Abstand genommen hat, ist er aufgrund der im Vorfeld geleisteten Tatbeiträge Mittäter. Um Straffreiheit zu erlangen, hätte er die Tat aktiv verhindern müssen. Dies gilt selbst dann, wenn die übrigen Mittäter sich zum Schein damit einverstanden erklären, von der Tat Abstand zu nehmen, dann aber doch weiterhandeln. Der „Aussteiger" trägt insoweit das Risiko, dass sein eventueller Umstimmungsversuch fehlschlägt.

b) Verhinderungsbemühungen bei Nichtvollendung, § 24 Abs. 2 Satz 2, 1. Alt. StGB. Wird die Tat ohne Zutun des Zurücktretenden nicht vollendet, so reicht *„sein freiwilliges und ernsthaftes Bemühen, die Vollendung der Tat zu verhindern"*, aus[1772]. Voraussetzung ist hier also, dass das sich im Versuchsstadium befindende Delikt nicht vollendet wird, diese Nichtvollendung jedoch gerade nicht auf einem Verhalten des Zurücktretenden beruht. Das Delikt muss also aus anderen Gründen nicht vollendet worden sein. Allerdings muss der Zurücktretende sich freiwillig und ernsthaft bemüht haben, die Vollendung des Delikts zu verhindern. **806**

> **Bsp.:** Im eben genannten Beispiel[1773] verlässt Bruno die Villa und eilt zur nächsten Telefonzelle, um dort die Polizei zu verständigen. Als er mit der Polizeiwache verbunden wird, erfährt er, dass diese bereits von einem Nachbarn alarmiert wurde und die Beamten gerade dabei sind, das Haus zu umstellen. – Hier hatte nicht Brunos Handeln die Vollendung der Tat verhindert, sondern der Anruf des Nachbarn. Bruno hatte sich jedoch freiwillig und ernsthaft um die Verhinderung bemüht. Das reicht für einen Rücktritt aus.

c) Beseitigung des eigenen Tatbeitrages, § 24 Abs. 2 Satz 2, 2. Alt. StGB. Bei dieser Variante ist ein Rücktritt nach dem Wortlaut des Gesetzes möglich, obwohl die Tat vollendet wurde und die Rechtsgutsverletzung demnach eingetreten ist. Der Täter ist dennoch straflos, wenn er sich freiwillig und ernsthaft bemüht, die Vollendung der Tat zu verhindern und diese **unabhängig von seinem früheren** **807**

[1771] RGSt 55, 105 (106); BGHSt 28, 346 (347 f.); BGH JR 2000, 70 (71 f.); *Eisele*, ZStW 112 (2000), 745 (759); *Wessels/Beulke/Satzger*, Rn. 1083; vgl. hierzu auch den Übungsfall bei *Walter/Schneider*, JA 2008, 262 (269); bleibt die Tat hingegen ohne Zutun des „Aussteigers" im Versuch stecken, ist § 24 Abs. 2 Satz 2, 1. Alt. StGB analog anwendbar; vgl. *Kölbel/Selter*, JA 2012, 1 (3); LK-*Murmann*, 13. Aufl., § 24 Rn. 438 f.; NK-*Zaczyk*, § 24 Rn. 101; *Schönke/Schröder-Eser/Bosch*, § 24 Rn. 80/81; SK-*Jäger*, § 24 Rn. 106; für direkte Anwendung hingegen LK-*Lilie/Albrecht*, 12. Aufl., § 24 Rn. 377; *Rengier*, § 38 Rn. 14.
[1772] Vgl. hierzu *Dorn-Haag*, JA 2016, 674 (679); *Kretschmer*, JA 2020, 645 (651 f.); ferner die Übungsfälle bei *Ambos*, JURA 2004, 492 (494 f.); *Putzke*, JURA 2009, 631 (636).
[1773] Vgl. oben Rn. 805; vgl. auch das Beispiel bei *Krey/Esser*, Rn. 1324; ferner *Kölbel/Selter*, JA 2012, 1 (6 f.).

Tatbeitrag begangen wird[1774]. Entscheidend ist also, dass der Täter die Kausalität seines eigenen Tatbeitrages für den eingetretenen tatbestandsmäßigen Erfolg **vollständig beseitigt**. In diesen Fällen kann er mangels Kausalität seines Verhaltens zwar nicht für die Vollendung verantwortlich gemacht werden. Eine Versuchsstrafbarkeit wäre jedoch denkbar, wenn er seinen Tatbeitrag erst nach Erreichen des Versuchsstadiums, d. h. nach dem unmittelbaren Ansetzen zur Tatbestandsverwirklichung zurückgenommen hat. Da die Tat nämlich insgesamt vollendet wurde, greifen in diesem Fall die sonstigen Rücktrittsvoraussetzungen allesamt nicht[1775]. Auch im Rahmen des § 24 Abs. 2 Satz 2, 2. Alt. StGB reicht es jedoch nicht, dass der Zurücktretende lediglich aussteigt und seinen kausalen Beitrag beseitigt, er muss sich darüber hinaus auch freiwillig und ernsthaft bemühen, die Vollendung der Tat zu verhindern[1776].

808 Die entscheidende (und vielfach schwer zu beurteilende) Frage ist hierbei, ob es dem Täter tatsächlich gelingt, die Kausalität seines eigenen Verhaltens vollständig zu eliminieren.

> **Bsp.:** Im eben genannten Beispiel[1777] (Einbruchsdiebstahl bei Wilma) hat Anton die Tresorkombination besorgt. Nachdem mehrere Bandenmitglieder in die Villa eingedrungen sind, beschließt Anton, auszusteigen. Er entreißt dem Bandenchef Rudi den vorher übergebenen Zettel mit der Kombination, flieht und verständigt die Polizei. Als diese am Tatort eintrifft, sind die Täter jedoch bereits mit der Beute entkommen. – Konnte sich Rudi die Kombination zuvor einprägen und infolge dieser Kenntnis den Tresor öffnen, hat Anton „Pech" gehabt, die Kausalität seines Beitrages bleibt bestehen. Müssen die Bandenmitglieder hingegen mit der Brechstange den Safe aufstemmen, hat Anton „an sich" die Kausalität seines Beitrages beseitigt. Dies sollte jedoch nicht vorschnell angenommen werden. Denn auch in diesen Fällen kann die Kausalität (und zwar in Form der psychischen Beihilfe) weiterhin existent sein[1778]. Wenn nämlich die Bandenmitglieder den Einbruch nur deswegen durchgeführt haben, weil sie im Besitz der Kombination waren und sich niemals allein auf die Brechstange verlassen hätten, reicht die Wegnahme des Zettels nicht aus, da Antons Verhalten als Ganzes nicht hinweggedacht werden kann, ohne dass der strafrechtlich unerwünschte Erfolg entfiele. Um den Anwendungsbereich des § 24 Abs. 2 Satz 2, 2. Alt. StGB nicht zu sehr zu beschränken, ist hier allerdings eine restriktive Auslegung der Beihilferegeln angebracht[1779].

808a Am Ende dieses Abschnitts ist noch auf Konstellationen hinzuweisen, in denen der Teilnehmer seinen Tatbeitrag zurücknimmt und dadurch straflos bleibt, ohne dass § 24 Abs. 2 StGB bemüht werden muss:

> **Bsp. (1):** Bruno stellt Anton für dessen geplante Tötung seiner Ehefrau Erna ein schnell wirksames Gift zur Verfügung, welches Anton in seinem Keller lagert. Wenige Tage vor der Tat holt Bruno das Gift von dort wieder zurück und teilt dies Anton mit, der sich daraufhin ein entsprechendes Gift von einem anderen Freund besorgt. – Zwar erinnert diese Situation an diejenige des § 24 Abs. 2 Satz 2, 2. Alt. StGB, der hier jedoch deswegen nicht zur Anwendung kommt, weil Bruno seinen Tatbeitrag bereits vor Ver-

---

1774 Vgl. zu dieser Vorschrift *Dorn-Haag*, JA 2016, 674 (679 f.); *Kölbel/Selter*, JA 2012, 1 (7 f.).
1775 Vgl. hierzu *Krauß*, JuS 1981, 883 (889).
1776 *Dorn-Haag*, JA 2016, 674 (680); vgl. zu der Konstellation, dass der Zurücktretende von den übrigen Beteiligten über die wirksame Rücknahme seines Beitrags getäuscht wird *Walter/Schneider*, JA 2008, 262 (269).
1777 Vgl. oben Rn. 805.
1778 Vgl. BGHSt 28, 346 (348); *Krauß*, JuS 1981, 883 (889).
1779 So auch *Krey/Esser*, Rn. 1332; *Roxin*, AT II, § 30 Rn. 340.

suchsbeginn zurückgenommen hat. Dann aber fehlt es schon an einer ausreichenden Hilfeleistung.

Bsp. (2): Wenige Zeit später stellt Bruno dem Anton für dessen geplante Tötung seines Nebenbuhlers Toni dasselbe Gift nochmals zur Verfügung. Wenige Tage vor der Tat tauscht Bruno das Gift jedoch, von Anton unbemerkt, gegen ein harmloses Pulver aus. Anton verabreicht daraufhin Toni das Pulver, worauf aber nichts passiert. – Hier hat Anton einen untauglichen Versuch eines Mordes an Toni begangen, §§ 211, 212, 22 StGB. Hierbei hat ihn Bruno zwar unterstützt, durch das Austauschen des Giftes wollte er den Erfolg der Tötung aber gerade verhindern, was auch gelang. Während hier teilweise bereits auf das Fehlen einer Hilfeleistung abgestellt wird[1780], fehlt es jedenfalls am Vorsatz des Bruno hinsichtlich des Tatererfolges[1781]. Zur Prüfung des § 24 Abs. 2 StGB gelangt man somit gar nicht.

3. Gemeinsame Voraussetzung aller Rücktrittsvarianten: Freiwilligkeit

Alle sechs Rücktrittsvarianten des § 24 StGB setzen voraus, dass der Täter **freiwillig** handelt. Unter **Freiwilligkeit** versteht man ein Handeln, welches nicht durch zwingende (= heteronome) Gründe veranlasst wird, sondern der **autonomen** Entscheidung des Täters entspringt (psychologischer Ansatz)[1782].

Der Täter muss sich also denken: „Ich will die Tat nicht mehr durchführen, obwohl ich das Delikt noch vollenden könnte". Dagegen liegt Unfreiwilligkeit vor, wenn er denkt „Ich kann das Delikt nicht mehr vollenden, selbst wenn ich es wollte" (sog. „Frank'sche Formel"[1783]).

Beispiele für solche autonomen, selbstgesetzten Motive sind Angst, Scham, Reue, Mitleid mit dem Opfer, Gewissensbisse, aber auch die plötzliche Angst vor Strafe[1784].

Zwar dürfen diese Motive von außen **beeinflusst** sein, diese äußeren Einflüsse dürfen jedoch keinen **zwingenden Charakter** annehmen[1785]. Entscheidend ist,

---

1780 *Kühl*, § 20 Rn. 265; LK-*Murmann*, 13. Aufl., § 24 Rn. 437.
1781 *Dorn-Haag*, JA 2106, 674 (676); NK-*Zaczyk*, § 24 Rn. 123; *Roxin*, AT II, § 26 Rn. 151; *Schönke/Schröder-Eser/Bosch*, § 24 Rn. 83; zum vergleichbaren Problem des agent provocateur unten Rn. 1312 ff.
1782 Vgl. hierzu BGHSt 7, 296 (299); BGHSt 9, 48 (50); BGHSt 35, 184 (187); BGH NStZ 2007, 265; BGH NStZ 2007, 399; BGH NStZ 2011, 688 (689); BGH StraFo 2018, 31; BGH StV 2018, 715 (716); BGH NStZ 2020, 84 (81 f.); BGH StV 2021, 93 (94); OLG Düsseldorf NJW 1999, 2911; *Amelung*, ZStW 120 (2008), 205; BWME-*Mitsch*, § 23 Rn. 25 ff.; *Hoffmann-Holland*, Rn. 714; *Kleszewski*, Rn. 519; *Krey/Esser*, Rn. 1302; *Kudlich*, JuS 1999, 349 (352 f.); LK-*Murmann*, 13. Aufl., § 24 Rn. 273; *Otto*, § 19 Rn. 38; *Puppe*, § 21 Rn. 25 ff.; *Rengier*, § 37 Rn. 91; SSW-*Kudlich/Schuhr*, § 24 Rn. 64 ff.; *Wessels/Beulke/Satzger*, Rn. 1068; differenzierend *Schönke/Schröder-Eser/Bosch*, § 24 Rn. 43; zur Freiwilligkeit vgl. die Übungsfälle bei *Beck/Valerius*, JA 2005, 729 (731); *Berndt/Serbest*, JURA 2017, 587 (591); *Bülte/Härtl*, JA 2016, 345 (349); *Burghardt/Bröckers*, JuS 2014, 238 (242); *Dannecker/Gaul*, JuS 2008, 345 (348); *Dannecker/Schröder*, JuS 2020, 860 (865); *Dietmeier*, JuS 2007, 824 (827); *Esser/Krickl*, JA 2008, 787 (791); *Giannini*, JuS 2019, 778 (784); *Hauck/Peterle*, JURA 2007, 797 (802 f.); *Hörnle*, JURA 2001, 44 (45); *Hoffmann-Holland*, JuS 2008, 430 (431); *Ihring/Noak*, JURA 2007, 787 (788 f.); *Kinzig/Luczak*, JURA 2002, 493 (496 f.); *Krell*, JURA 2012, 150 (154); *Kromrey*, JURA 2013, 533 (538); *Linke/Hacker*, JA 2009, 347 (351); *Lorenz/Rehberger*, JURA 2022, 242 (246 f.); *Moldenhauer/Willumat*, JA 2021, 563 (568); *Momsen/Sydow*, JuS 2001, 1194 (1195); *Perron/Butt/Gutfleisch*, JURA 2006, 706 (712 f.); *Preuß/Krüll*, JA 2018, 271 (279); *Puschke*, ZJS 2013, 285 (294); *ders.*, JA 2014, 348 (351); *Reschke*, JuS 2011, 50 (55); *Rosenau/Klöhn*, JURA 2000, 427 (431); *Safferling*, JuS 2005, 135 (138); *Schapiro*, JA 2005, 615 (619); *Schmitt/Leonardy*, JuS 2017, 436 (439); *Schrott*, JuS 2022, 138 (143); *Walter/Schneider*, JA 2008, 262 (264); vgl. aber auch *Jäger*, Rn. 443.
1783 *Frank*, Das Strafgesetzbuch für das Deutsche Reich, 18. Aufl. 1931, § 46 Anm. II; kritisch zu dieser Formel *Puppe*, § 21 Rn. 28.
1784 Vgl. hierzu auch *Puppe*, § 21 Rn. 31; *Rengier*, § 37 Rn. 94; *Wessels/Beulke/Satzger*, Rn. 1068.
1785 BGHSt 7, 296 (299); BGH NStZ-RR 2003, 199; BGH NStZ 2011, 455; BGH NStZ-RR 2014, 105; BGH StV 2015, 687 (688); BGH StraFo 2018, 31 (31 f.); BGH NStZ 2020, 81 (82); BGH NStZ 2020, 341; BGH StV 2021, 93 (94); BGH NStZ 2022, 94 (95).

dass der Täter letztlich eine freie autonome Entscheidung treffen kann. Er muss „Herr seiner Entschlüsse" bleiben[1786], darf also weder durch eine unüberwindliche innere noch durch eine unüberwindliche äußere Zwangslage zum Aufhören bzw. zur Verhinderung des Taterfolges bestimmt werden („psychologische Betrachtungsweise").

Bsp. (1): Anton will Berta mit einem Kissen ersticken. Im Laufe eines längeren Gerangels fleht ihn Berta jedoch so lange jämmerlich an, bis Anton von ihr ablässt. – Hier liegt das Merkmal der Freiwilligkeit vor, da Anton letztlich aus autonomen Gründen aufhörte, obwohl er wusste, dass er noch hätte weiterhandeln können.

Bsp. (2): Anton und Bruno fesseln Rudi und nötigen diesen zur Preisgabe der Tresorkombination. Anschließend will Anton den Rudi umbringen und beginnt, mit einem Hammer auf ihn einzuschlagen. Bruno meint, Anton solle das unterlassen und weist ihn auf die möglichen strafrechtlichen Konsequenzen (lebenslange Freiheitsstrafe wegen Mordes) hin. Darüber hat sich Anton zuvor noch gar keine Gedanken gemacht. Nachdem er darüber nachgedacht hat, erscheinen ihm Brunos Bedenken plausibel und er lässt von Rudi ab. – Auch hier war Antons Entschluss, den Mord doch nicht durchzuführen, letztlich durch eine freiwillige Entscheidung bedingt.

Bsp. (3)[1787]**:** Toni will seine Ehefrau erstechen und hat sie bereits mittels eines Messers schwer verletzt. Unvorhergesehen betreten die beiden minderjährigen Kinder den Raum und schreien. Dadurch gerät Toni so in Panik, dass er nicht mehr weiterhandeln kann auch und vor allem deshalb, weil er die Tat nicht vor den Augen seiner Kinder begehen will. – Der BGH lehnte in diesem Fall ein freiwilliges Handeln ab. Es liege hier eine Unfreiwilligkeit in der Form des psychischen Unvermögens vor, wenn beim Täter innere Hemmungen solcher Art vorhanden seien, dass sie für ihn einen zwingenden Grund darstellen würden, die Tat nicht vollenden zu können[1788].

812 Schwierig wird die Einschätzung der Freiwilligkeit in den Fällen, in denen der Täter aufhört, weil er (auch) eine Entdeckung der Tat befürchtet[1789]. Hier wird öfters ein normativer Ansatz gewählt[1790] und auf das Kriterium der sog. „Verbrechervernunft" abgestellt: Freiwilligkeit liege dann nicht mehr vor, wenn es der normalen Verbrechervernunft entspräche, die Tat abzubrechen. Dagegen sei ein Rücktritt freiwillig, wenn ein Aufhören aus der Sicht eines sorgfältig abwägenden Verbrechers unvernünftig wäre, weil sich die Tat noch problemlos fortsetzen ließe[1791].

1786 BGHSt 7, 296 (299); BGHSt 35, 184 (186); BGH NStZ 1993, 279; BGH NStZ 2007, 399 (400); BGH NStZ-RR 2014, 9 (10); BGH NStZ-RR 2014, 241; BGH StV 2015, 687 (688); BGH StraFo 2018, 31 (31 f.); BGH StV 2018, 715 (716); BGH NStZ 2020, 81 (82); BGH NStZ 2020, 341; BGH StV 2020, 465 (466); BGH StV 2021, 93 (94); BGH NStZ 2022, 94 (95); *Wessels/Beulke/Satzger*, Rn. 1068.
1787 Fall nach BGH NStZ 1994, 428; hierzu *Fahl*, JA 2003, 757 (763 f.); ferner *Jäger*, JA 2016, 235 (235 f.), der in solchen Fällen dazu tendiert, bereits einen fehlgeschlagenen Versuch anzunehmen, da der Täter gar nicht mehr weiterhandeln kann.
1788 BGHSt 35, 90 (95); BGH NStZ 1994, 428; kritisch hierzu *Krey/Esser*, Rn. 1304; vgl. zu weiteren Fällen, in denen eine innere Zwangslage letztlich aber abgelehnt wurde, BGHSt 7, 296 (299); BGHSt 21, 216 (217); BGHSt 35, 184 (186); ferner BGHSt 9, 48; BGHSt 42, 158 (161); BGH NStZ-RR 2014, 171 (172); BGH NStZ 2014, 450; BGH StV 2017, 673 (674); zum Ganzen auch *Fahl*, JA 2003, 757.
1789 Vgl. hierzu BGHSt 9, 48 (50); der Fall wurde aufgearbeitet von *Fahl*, JA 2003, 757; vgl. ferner BGHSt 24, 48 (zur alten Rechtslage); BGH NStZ 2007, 399 (400); BGH StV 2018, 715 (716); BGH NStZ 2020, 81 (82); BGH NStZ 2020, 341 (342); BGH StV 2021, 93 (94).
1790 Ausdrücklich gegen eine solche „normative Betrachtungsweise" BGHSt 35, 184 (187).
1791 Vgl. hierzu BGHSt 9, 48 (50); *Beckemper*, JA 2003, 203 (207); *Fahl*, JA 2003, 757 (762); *Roxin*, AT II, § 30 Rn. 383; *ders.*, ZStW 77 (1965), 60 (96 f.); SK-*Rudolphi*, 8. Aufl., § 24 Rn. 25; ferner die Übungsfälle bei *Borchert/Hellmann*, JURA 1983, 658 (663); *Buchholz*, JURA 2019, 211 (215); *Poschadel/Sigmund*, JuS 2019, 366 (369); *Safferling*, JA 2007, 183 (187); *Schmitt-Leonardy*, JuS 2017, 436 (439); *Walter/Schneider*, JA 2008, 262 (264); *Wolter*, JA 2007, 354 (359); kritisch hierzu *Wessels/Beulke/Satzger*, Rn. 1070.

Bsp.: Anton ist in die Villa der Witwe Wilma eingebrochen und macht sich an deren Safe zu schaffen. Da erfährt er über eine Lautsprecherdurchsage, dass das Haus von einer Polizeieinheit umstellt ist. Anton sieht nun keine Möglichkeit mehr, ohne Eingehung eines hohen Risikos die Beute zu sichern. Er ergibt sich und verlässt mit erhobenen Händen das Haus. – Hier gab Anton die Tat zwar auf, obwohl er zumindest die Wegnahmehandlung noch durchführen und sich auf einen äußerst riskanten Fluchtversuch hätte einlassen können. Die Tataufgabe war hier aber nicht mehr freiwillig, da es völlig unvernünftig wäre, die Tat fortzusetzen.

Wird ausschließlich auf eine „autonome Entscheidung des Täters" abgestellt, liegt Freiwilligkeit auch dann vor, wenn der Täter nicht aus sittlich billigenswerten Motiven, sondern deswegen zurücktritt, weil ihm andere (möglicherweise ebenfalls deliktische) Ziele vorrangig erscheinen[1792].

Bsp.[1793]**:** Fritz will seine geschiedene Ehefrau Beate und deren neuen Freund Gerd töten. Er lauert beiden an einer einsamen Stelle auf. Zuerst erscheint Gerd, den Fritz mit einigen Messerstichen in Tötungsabsicht niedersticht. Obwohl er erkennt, dass diese noch nicht ausreichen, um Gerd tödliche Verletzungen zuzufügen, wendet er sich von diesem ab, um zunächst Beate zu töten, die inzwischen ebenfalls aufgetaucht und im Begriff ist, zu fliehen. Anschließend will er sich weiter um den verletzt am Boden kauernden Gerd „kümmern". Hierzu kommt es aber nicht mehr, weil inzwischen die Polizei eingetroffen ist. – Der BGH nahm einen Rücktritt des Fritz vom Tötungsversuch (bzgl. Gerd) an, da er, wenigstens vorübergehend, von ihm abließ, um (zuerst) Beate zu töten[1794].

IV. Rücktritt vom Versuch des Unterlassungsdelikts

Die bisher behandelten Fälle beziehen sich durchweg auf den Rücktritt vom Versuch eines Begehungsdelikts. Aber auch beim Unterlassungsdelikt sind entsprechende Konstellationen denkbar, in denen der Täter, nachdem er zur Tatbestandsverwirklichung unmittelbar angesetzt hat, sich eines Besseren besinnt und doch noch tätig wird[1795]. Dabei ist es auch hier gleichgültig, ob es sich um einen tauglichen oder einen untauglichen Versuch handelt[1796].

Bsp. (1): Viktor sieht, dass sein Sohn Sascha im See mit seinem Schlauchboot kentert und zu ertrinken droht. Dennoch unternimmt er nichts, weil ihm ein möglicher Tod Saschas nicht unlieb wäre. Erst eine halbe Stunde später, Sascha wird immer schwächer, hat bereits Wasser in die Lungen bekommen und taucht kaum mehr auf, bekommt Viktor doch Mitleid, springt ins Wasser und rettet Sascha gerade noch rechtzeitig.

1792 RGSt 37, 402 (404); RGSt 61, 115 (117 f.); BGHSt 7, 296 (299 f.); BGHSt 9, 48 (49 f.); BGHSt 33, 142 (145 f.); BGHSt 35, 184 (186); BGHSt 39, 221 (230); BGHSt 39, 244 (248); BGH NStZ 2005, 150 (151); BGH NStZ 2007, 91; BGH NStZ-RR 2015, 286 (287); BGH NStZ 2020, 341; LG Rostock NStZ 1997, 391 (392); *Bloy*, JR 1989, 70 (71); *Rengier*, § 37 Rn. 99; *Scheinfeld*, NStZ 2006, 375; vgl. auch die Übungsfälle bei *Maier/Ebner*, JuS 2007, 651 (655); *Preuß/Krüll*, JA 2018, 271 (279); *Putzke*, JURA 2009, 631 (636); kritisch hierzu *Schönke/Schröder-Eser/Bosch*, § 24 Rn. 56.
1793 Fall nach BGHSt 35, 184; hierzu *Amelung*, ZStW 120 (2008), 205 (241 f.); *Fahl*, JA 2003, 757 (763); ähnlich BGH NStZ 2020, 341; kritisch v. *Heintschel-Heinegg*, ZStW 109 (1997), 29 (45); *Puppe*, ZJS 2020, 332 (336).
1794 Vgl. zum Problem der lediglich vorübergehenden Tataufgabe Problemschwerpunkt 19, unten Rn. 840 ff.
1795 Vgl. hierzu BGH NStZ 1997, 485; BGH NStZ 2003, 252; zu diesen Fällen *Jäger*, Rn. 465 ff.
1796 *Brand/Fett*, NStZ 1998, 507 (507 f.); v. *Heintschel-Heinegg/Kudlich*, JA 2001, 129 (135); *Küpper*, JuS 2000, 225 (228 f.); *Stuckenberg*, JA 1999, 273 (275); *Wessels/Beulke/Satzger*, Rn. 1229; vgl. hierzu noch ausführlich unten Rn. 875 f.

Bsp. (2)[1797]: Nach einem Streit mit ihrem Ehemann Anton verkriecht sich Berta im Badezimmer und klemmt sich in einer Weise hinter dem dortigen Heizkörper ein, dass sie sich nicht mehr selbst befreien kann. Anton legt sich daraufhin schlafen. Am nächsten Morgen wird ihm die bedrohliche Lage klar, da er erkennt, dass die Hitzeentwicklung Bertas Tod herbeiführen könnte. Dies ist ihm jedoch gleichgültig und er entfernt sich. Zwei Stunden später kehrt er zurück, um Berta zu retten, muss aber feststellen, dass sie bereits verstorben war. Allerdings wäre sie bereits am Morgen nicht mehr zu retten gewesen, was Anton jedoch nicht erkannte. – Da Anton erst zum Zeitpunkt des Sich-Entfernens am nächsten Morgen Tötungsvorsatz hatte, Berta aber zu diesem Zeitpunkt bereits tödliche Verletzungen erlitten hatte, liegt hier lediglich ein versuchter Totschlag durch Unterlassen (in Form des untauglichen Versuchs) vor. Auch dieser ist grundsätzlich strafbar[1798], ein Rücktritt muss daher möglich sein. Im konkreten Fall lehnte der BGH einen solchen Rücktritt allerdings ab, weil der Taterfolg (= Tod der Berta) eingetreten war und vom Täter gerade nicht mehr verhindert wurde[1799]. Dies ist indes unzutreffend, denn dies würde dazu führen, dass dem Täter der Rücktritt aufgrund eines Umstandes verwehrt würde, der vor Fassung seines Tatentschlusses lag[1800].

815 Im Gegensatz zum Begehungsdelikt, ist beim Unterlassungsdelikt umstritten, ob auch hier eine Unterscheidung von unbeendetem und beendetem Versuch (mit der Folge der Anwendung der entsprechenden Rücktrittsvarianten des § 24 Abs. 1 Satz 1 StGB) zu treffen ist[1801]. Dagegen spricht, dass diese Unterscheidung beim Begehungsdelikt erforderlich ist, um festzustellen, ob der Täter durch bloßes Aufhören zurücktreten kann (beim unbeendeten Versuch) oder ob eine aktive Erfolgsverhinderung erforderlich ist (beim beendeten Versuch). Diese Unterscheidung ist beim Unterlassungsdelikt nicht notwendig, da vom Täter in jedem Fall ein aktives Verhalten (= Einschreiten) verlangt wird[1802]. Dennoch ist eine Unterscheidung von unbeendetem und beendetem Versuch auch hier möglich (wenn auch die praktischen Auswirkungen sehr gering sind)[1803].

816 Ein **unbeendeter Versuch** liegt vor, wenn der Täter davon ausgeht, dass er den Eintritt des tatbestandsmäßigen Erfolges noch durch die Nachholung der ursprünglich gebotenen Handlung abwenden kann (also z. B. bei der Rettung eines

---

1797 Fall nach BGH NStZ 1997, 485; hierzu *Brand/Fett*, NStZ 1998, 507; *Gropp/Sinn*, § 9 Rn. 146 ff.; *Kudlich*, JA 2008, 61 (604); *Kudlich/Hannich*, StV 1998, 370; *Kudlich/Schuhr*, JA 2007, 349 (352 f.); *Küpper*, JuS 2000, 225; *ders.*, JuS 2005, 224; *Stuckenberg*, JA 1999, 273.
1798 Vgl. hierzu noch unten Rn. 875 f.
1799 BGH NStZ 1997, 485.
1800 So auch *Brand/Fett*, NStZ 1998, 507; *Exner*, JURA 2010, 276 (280); *Kudlich*, JA 2008, 601 (604); *Kudlich/Schuhr*, JA 2007, 349 (356 f.); *Küper*, ZStW 112 (2000), 1 (6 f.); *Wessels/Beulke/Satzger*, Rn. 1229.
1801 Hierzu *Kaltenbrunner*, JA 2017, 268 (271).
1802 Gegen eine solche Unterscheidung daher BGH NStZ 1997, 485; BGH NStZ 2003, 252 (253): zu behandeln wie ein beendeter Versuch; ebenso *Borchert/Hellmann*, GA 1982, 429 (444 f.); *Dölling/Duttge/König/Rössner-Ambos*, § 24 Rn. 18; *Freund/Rostalski*, § 8 Rn. 69, § 9 Rn. 52; *Hanft*, JuS 2005, 1010 (1013 f.); *Herzberg*, MDR 1973, 89 (93); *Köhler*, S. 482; *Kudlich*, JA 2008, 601 (604); LK-*Weigend*, 13. Aufl., § 13 Rn. 81; NK-*Gaede*, § 13 Rn. 25; *Puppe*, § 32 Rn. 9; *Ransiek*, JuS 2010, 678 (681); *Roxin*, AT II, § 29 Rn. 269 f.; offen gelassen in BGHSt 48, 147 (149); vgl. aber auch *Engländer*, JZ 2012, 130 (131); hierzu auch die Übungsfälle bei *Abraham*, JuS 2013, 903 (908); *Ladiges/Glückert*, JURA 2011, 552 (557); *Haverkamp/Kaspar*, JuS 2006, 895 (899); *Ritz*, JA 2022, 113 (118); *Steinberg/Mengler/Wolf*, ZJS 2015, 228 (230 f.).
1803 So auch *Blei*, § 86 III 3; *Exner*, JURA 2010, 276 (280); *Frister*, 24. Kap. Rn. 24 f.; *Jakobs*, 29/116; *Jescheck/Weigend*, § 60 II 3; *Krey/Esser*, Rn. 1319 f.; *Kühl*, § 18 Rn. 154; *Küper*, ZStW 112 (2000), 1 (42); LK-*Lilie/Albrecht*, 12. Aufl., § 24 Rn. 467; *Reinbacher*, JURA-Sonderheft Zwischenprüfung 2004, 26 (29); *Rengier*, § 49 Rn. 62 f.; *Maurach/Gössel/Zipf*, AT 2, § 40 Rn. 106; *Schönke/Schröder-Eser-Bosch*, § 24 Rn. 27 ff.; SK-*Rudolphi*, Vor § 13 Rn. 67; *Stein*, GA 2010, 129 (130); *Wessels/Beulke/Satzger*, Rn. 1227 f.

Ertrinkenden durch das – allerdings verspätete – Zuwerfen eines Rettungsrings)[1804].

Dagegen liegt ein **beendeter Versuch** vor, wenn der Täter davon ausgeht, dass die Nachholung der ursprünglich gebotenen Handlung für sich alleine nicht mehr ausreicht, um den tatbestandsmäßigen Erfolg abzuwenden, sondern dass zusätzliche Maßnahmen erforderlich sind (z. B. die Rettung eines Ertrinkenden durch das Herausholen aus dem Wasser und den anschließenden Transport ins Krankenhaus, wenn zuvor bereits das einfache Zuwerfen eines Rettungsringes zur Rettung genügt hätte)[1805].

V. Spezielle Abgrenzungsprobleme (für Fortgeschrittene)

Nach diesen allgemeinen Erörterungen soll im Folgenden vertieft auf die Abgrenzung zwischen dem beendeten, dem unbeendeten und dem fehlgeschlagenen Versuch in einigen speziellen Konstellationen eingegangen werden. Diese Abgrenzung kann oftmals über die Strafbarkeit des Handelnden entscheiden, denn: beim **unbeendeten Versuch** ist Rücktritt durch bloßes Aufhören möglich, beim **beendeten Versuch** erfordert der Rücktritt einen aktiven Gegenakt und beim **fehlgeschlagenen Versuch** ist der Rücktritt gar nicht mehr möglich.

1. Rücktritt nach fehlgeschlagenem Einzelakt, wenn die Tatvollendung weiterhin möglich bleibt[1806] (Problemschwerpunkt 17)

Fall: Anton hat acht Patronen in seinem Revolver. Er will Bruno töten, wobei er davon ausgeht, als sicherer Schütze treffe er beim ersten Mal. Wider Erwarten schießt er jedoch vorbei. Zwar hat er nun noch weitere sieben Patronen im Magazin und er geht auch weiterhin davon aus, dass einer der nächsten Schüsse treffen würde, er nimmt nun jedoch freiwillig Abstand von der weiteren Tatausführung und macht sich auf den Heimweg.

Problemstellung: Fraglich ist hier, ob sich Anton wegen eines versuchten Totschlags strafbar gemacht hat oder aber strafbefreiend vom Versuch zurückgetreten ist, weil er nicht mehr weitergeschossen hat, obwohl ihm dies problemlos möglich gewesen wäre. Hierfür ist entscheidend, ob man den abgegebenen Schuss als Einzelhandlung bewertet, die abgeschlossen und fehlgeschlagen ist.

1804 *Wessels/Beulke/Satzger*, Rn. 1227; vgl. auch den Übungsfall bei *v. Heintschel-Heinegg/Kudlich*, JA 2001, 129 (135).
1805 *Wessels/Beulke/Satzger*, Rn. 1228.
1806 Vgl. hierzu auch *Bosch*, JURA 2014, 395 (397 ff.); *Jäger*, Rn. 449 ff.; *Kudlich*, JuS 1999, 240 (243); *ders.*, JuS 1999, 349 (350 f.); *Hillenkamp/Cornelius*, AT, 18. Problem; *Otto*, JURA 2001, 341 (342 f.); *Rengier*, § 37 Rn. 41 ff.; ferner die Übungsfälle bei *Berndt/Serbest*, JURA 2007, 587 (589 f.); *Bock*, JuS 2006, 603 (605 f.); *Boxleitner*, JuS 2010, 632 (637 f.); *Brand/Zivanic*, JA 2016, 667 (672 f.); *Busch*, JuS 1993, 304 (305 ff.); *S. Dreher*, JA 2005, 789 (792 f.); *Engelhart*, JURA 2016, 934 (937 ff.); *Esser/Herz*, JA 2021, 373 (377); *Esser/Krickl*, JA 2008, 787 (790); *Haas/Hänke*, JURA 2021, 1508 (1517 f.); *Hauck/Peterle*, JURA 2007, 797 (802); *Herb*, JURA 2022, 380 (389); *Hertel*, JURA 2011, 391 (396); *Jäger*, JURA 2009, 53 (53 f., 56 f.); *Krack/Schwarzer*, JuS 2008, 140 (143); *Krahl*, JuS 2003, 57 (58); *Krell*, JURA 2012, 150 (153); *Kühl/Kneba*, JA 2011, 426 (428); *Langer*, JURA 2003, 135 (138); *Lenk*, JuS 2021, 754 (761 f.); *Lorenz/Rehberger*, JURA 2022, 242 (245 f.); *Müller/Raschke*, JURA 2011, 704 (713); *Niehaus*, ZJS 2010, 396 (398); *Papathanasiou*, JA 2021, 821 (824 f.); *Perron/Bott/Gutfleisch*, JURA 2006, 706 (712); *Puschke*, JA 2014, 348 (350 f.); *Schulz*, JuS 1990, 914 (917); *Schuster*, JURA 2008, 228 (231); *Sobota/Kahl*, ZJS 2015, 206 (212 f.); *Walter/Schneider*, JA 2008, 262 (263).

820 a) Nach der lange Zeit vorherrschenden **Einzelaktstheorie**[1807] muss jede einzelne, auf einen Erfolg gerichtete Tätigkeit, die der Täter als zur Erfolgsherbeiführung geeignet ansieht, als selbstständiger Versuch angesehen werden. Schlage dieser fehl, so sei ein Rücktritt nicht mehr möglich – und zwar unabhängig davon, ob der Täter bereits in seinem Tatplan mehrere Tatmittel berücksichtigt habe oder nicht. Gebe der Täter also acht Schüsse auf das Opfer ab, von denen erst der achte Schuss treffe, so habe er zuvor konstruktiv sieben Mal einen fehlgeschlagenen Versuch begangen. Als Argument wird angeführt, dass es für die Frage des Fehlschlags einer in sich abgeschlossenen Tathandlung, die grundsätzlich dazu geeignet sei, den Erfolg herbeizuführen, nicht darauf ankommen könne, ob noch weitere Handlungen möglich seien, mit denen der Täter zu Beginn seiner Tätigkeit womöglich noch gar nicht gerechnet habe. Ferner könne es nicht sein, dass jede ausgelassene Handlungsmöglichkeit des Täters als Rücktritt zu honorieren sei. Denn die Möglichkeit solcher weiterer Handlungen hänge oft vom Zufall ab und könne zudem dem Täter auch nur schwer widerlegt werden. Konsequenz dieser Ansicht ist, dass die Möglichkeiten eines Rücktritts vom Versuch stark eingeschränkt werden. **Gegen** diese Ansicht spricht, dass hier einheitliche Vorgänge zu sehr auseinander gerissen werden[1808]. Zudem erscheint es unsinnig, denjenigen, der sein Opfer erst mit dem zehnten Messerstich tötet, wegen einer vollendeten Tötung und neun Fällen der versuchten Tötung zu bestrafen. Schließlich würde derjenige, der „vorbeischießt" schlechter stehen als derjenige, der sein Opfer beim ersten Schuss trifft und danach rettet, da in diesem Fall ein Rücktritt nach § 24 Abs. 1, 2. Alt. StGB greift[1809].

821 b) Daher stellt die inzwischen herrschende **Gesamtbetrachtungslehre**[1810] zu Recht auf das gesamte Tatgeschehen ab. Ein Rücktritt muss solange zulässig sein, wie es dem Täter (aus seiner Sicht) mit den ihm zur Verfügung stehenden Mitteln noch möglich ist, den tatbestandsmäßigen Erfolg in unmittelbarem zeitlichen und räumlichen Zusammenhang[1811] zu erreichen. Dies folgt aus dem Sinn und Zweck des Rücktritts: Demjenigen, der – und sei es auch nur durch bloßes Aufhören – sein ursprüngliches Ziel aufgibt und in die „Legalität" zurückkehrt, muss das Rücktrittsprivileg zu Gute kommen. Auch Gründe des Opferschutzes sprechen für dieses Ergebnis, liegt es doch im Interesse des Opfers, dem Täter selbst dann, wenn ein Einzelakt fehlgeschlagen ist, noch Anreize zu geben, von der Tat zurück-

---

1807 *Backmann*, JuS 1981, 336 (340f.); *Bergmann*, ZStW 100 (1988), 329 (351); *Bosch*, JA 2009, 392 (393f.); *ders.*, JA 2010, 70; *ders.*, JURA 2014, 395 (398f.); *Freund/Rostalski*, § 9 Rn. 28ff., 41; *Freund*, NStZ 2004, 326 (327); *Freund/Putz*, NStZ 2003, 242 (247); *Frister*, 24. Kap. Rn. 17; *Geilen*, JZ 1972, 335 (338f.); *v. Heintschel-Heinegg*, ZStW 109 (1997), 29 (51); *Jakobs*, 26/15; *ders.*, JuS 1980, 714 (715f.); *ders.*, ZStW 104 (1992), 82 (89); *Kühl*, JuS 1981, 193 (195); *Paeffgen*, Puppe-FS 2011, 792; *Ulsenheimer*, JZ 1984, 852 (853); vgl. auch *Herzberg*, NJW 1988, 1559; *ders.*, NJW 1989, 197; *ders.*, NJW 1991, 1633 (1642); *Schönke/Schröder-Eser/Bosch*, § 24 Rn. 10, 21; vgl. auch RGSt 39, 220 (221); RGSt 43, 137 (138f.).
1808 BGHSt 34, 53 (57).
1809 *Kühl*, § 16 Rn. 19; *Puppe*, § 21 Rn. 6; *Roxin*, JuS 1981, 1 (7f.).
1810 Vgl. die in Rn. 823, 824 genannten Fundstellen.
1811 Wann dieser unmittelbare zeitliche und räumliche Zusammenhang vorliegt, ist im Einzelnen streitig; teilweise wird darauf abgestellt, die Handlungen müssten in natürlicher Handlungseinheit stehen; vgl. BGH NStZ 2001, 315; teilweise wird gefordert, sie müssten einen „einheitlichen Lebensvorgang" bilden; vgl. BGHSt 34, 53 (57); BGHSt 40, 75 (77); BGH NStZ 1996, 96 (97). Zu weit geht es, Handlungen ausreichen zu lassen, die in Fortsetzungszusammenhang stehen; so noch BGHSt 21, 319 (321f.); vgl. zu dieser Frage auch BGH NStZ 1986, 264 (265 – „ohne tatbestandlich relevante Zäsur"); BGH NStZ 1993, 39 (40 – „unmittelbare Fortsetzung").

zutreten[1812]. **Gegen** diese Ansicht wird zwar vorgebracht, sie bevorzuge den skrupellosen Täter, der sich beliebig viele Fehlschläge leisten könne, solange er nur davon ausgehe, noch eine weitere Möglichkeit zur Erfolgsverwirklichung zu besitzen[1813]. Diese Kritik kann jedoch nicht überzeugen, da dem Täter bereits aus Opferschutzgesichtspunkten jederzeit eine Rücktrittsmöglichkeit offenstehen muss.

Auf der Grundlage der Gesamtbetrachtungslehre ergibt sich aber nun ein weiteres Problem: Für die Abgrenzung von fehlgeschlagenem und (noch) unbeendetem Versuch[1814] kommt es nämlich darauf an, auf welchen **Zeitpunkt** man im Hinblick auf die Gesamtbetrachtung der Tat abstellt. Soll für die Gesamtbetrachtung entscheidend sein, was sich der Täter bei Tatbeginn vorgestellt hat, oder soll ein späterer Zeitpunkt maßgeblich sein? **822**

aa) Nach der früher in der Rechtsprechung vertretenen **Tatplantheorie**[1815] soll allein die Tätervorstellung bei Tatbeginn entscheidend sein. Hat der Täter von vorne herein seinen Tatplan auf bestimmte Tätigkeitsakte beschränkt und schlagen diese fehl, so müsse der Versuch nach Abschluss der ursprünglich geplanten Handlungen als beendet bzw. fehlgeschlagen angesehen werden, ein Rücktritt sei dann ausgeschlossen. Hatte der Täter hingegen keinen fest umrissenen Tatplan oder kam es ihm auf die Mittel nicht an, so sei für die Abgrenzung von fehlgeschlagenem, beendetem und unbeendetem Versuch die Vorstellung des Täters nach Abschluss der letzten Ausführungshandlung maßgeblich. Ein Rücktritt bleibe also möglich. Begründet wird dies damit, dass es beim Versuch auf die subjektive Vorstellung des Täters ankommen müsse. Hiernach richte sich auch die Entscheidung, ob mehrere selbstständige Handlungen oder ein einheitliches Geschehen vorlägen. Lediglich der von vorne herein gefasste Entschluss, eine Tat während des ganzen Geschehens fortzusetzen, könne aber mehrere Handlungen zu einem unbeendeten Versuch zusammenfassen. Auch verrate ein noch ungezieltes Wollen eine geringere kriminelle Energie als ein genau gefasster Plan und müsse daher belohnt werden. Diese Ansicht hat freilich unbefriedigende Konsequenzen. Denn die Möglichkeit eines Rücktritts würde ausscheiden, wenn der Täter zuvor seinen Tatplan auf bestimmte Tatmittel oder Handlungen beschränkt hat, selbst wenn er nach deren Abschluss erkennt, dass sein bisheriges Handeln noch nicht ausreichend war. Dagegen würde derjenige Täter privilegiert, der sich entweder zu Beginn überhaupt keine Gedanken macht, oder aber derjenige, der umsichtig planend gleich sämtliche weitere Möglichkeiten ins Kalkül zieht, wie er nach einem möglichen Fehlschlag nunmehr sein Ziel erreichen kann. Zudem sind nach dieser Theorie oftmals psychologische Fiktionen notwendig, um herauszufinden, was der Täter nun in seinen Tatplan mit aufgenommen hatte und was nicht. **823**

bb) Deshalb stellt die heute h. M. zusammen mit der neueren Rechtsprechung im Rahmen der Gesamtbetrachtungslehre auf den Rücktrittshorizont des Täters ab **824**

1812 BGH NStZ 1986, 264 (265); *Kühl*, § 16 Rn. 20; *Otto*, JURA 1992, 423 (428 f.).
1813 Vgl. zur Kritik insbesondere *Bosch*, JURA 2014, 395 (404 f.); *Schönke/Schröder-Eser/Bosch*, § 24 Rn. 18a.
1814 Dieses Problem stellt sich in gleicher Weise bei der Abgrenzung von fehlgeschlagenem und beendetem Versuch.
1815 BGHSt 4, 180 (181); BGHSt 10, 129 (131); BGHSt 14, 75 (79); BGHSt 21, 319 (321 f.); BGHSt 22, 176 (177); BGHSt 22, 330 (331); BGH NJW 1980, 195; BGH NStZ 1981, 342; BGH NStZ 1984, 116; eine gute Zusammenfassung dieser Rechtsprechung findet sich in BGHSt 31, 170 (171 ff.); vgl. aber auch BGHSt 4, 180 (181).

(**Lehre vom Rücktrittshorizont**)[1816]. Entscheidend ist hiernach nicht die Tätervorstellung bei Tatbeginn, sondern diejenige nach Abschluss der **letzten Ausführungshandlung**. Geht der Täter zu diesem Zeitpunkt davon aus, dass sein bisheriges Handeln (noch) nicht erfolgreich war und dass noch weitere Handlungen notwendig (und möglich!) sind, um den Erfolg herbeizuführen, liegt weiterhin ein unbeendeter Versuch vor, von dem ein Rücktritt durch bloßes Aufhören möglich ist. Diese Ansicht ist zutreffend. Denn die Unterscheidung, ob ein fehlgeschlagener, ein beendeter oder ein unbeendeter Versuch vorliegt, kann der Täter nur nach Abschluss der letzten Ausführungshandlung treffen. Steht dem Täter nach seiner Ansicht im unmittelbaren Anschluss daran der Einsatz eines weiteren Mittels zur Verfügung, mit dem er sein Ziel erreichen zu können glaubt, so handelt es sich bei der Anwendung dieses Mittels lediglich um eine Fortsetzung des ursprünglichen Tatentschlusses. Es liegt kein neuer Tatentschluss zur Begehung einer neuen Tat vor, selbst wenn der Täter, der bisher mit bedingtem Vorsatz handelte, nunmehr die Tat mit direktem Vorsatz fortsetzen müsste[1817]. Verzichtet der Täter auf dieses weitere Mittel, so kehrt er zur Legalität zurück, was zu honorieren ist. Gegen diese Ausweitung der Rücktrittsmöglichkeit wird jedoch auch **Kritik** geäußert. Der skrupellose Täter könne sich nämlich beliebig viele Fehlschläge leisten und danach dennoch durch schlichtes Aufhören Strafbefreiung erlangen. Ferner wird gegen diese Ansicht vorgebracht – und darauf wird später noch zurückzukommen sein[1818] –, dass die Fälle des Handelns mit bedingtem Vorsatz, in denen der Täter eine Gefährdung des Opfers billigend in Kauf nimmt, um ein anderes Ziel zu erreichen (und dieses andere Ziel dann auch erreicht), nicht befriedigend gelöst werden könnten. Diesem Einwand kann jedoch durch eine restriktive Auslegung dieser „Zweckerreichungsfälle" begegnet werden.

825 Dass nur die Lehre vom Rücktrittshorizont zu brauchbaren Ergebnissen führt, bestätigt ein weiteres Beispiel:

Bsp.: Anton will seine Ehefrau Berta durch Erschießen töten. Im entscheidenden Moment klemmt jedoch der Abzug. Daraufhin schnappt er sich schnell ein Telefonkabel und würgt sie – doch das Telefonkabel reißt. Anschließend versucht er, sie mit einem

---

1816 Vgl. BGHSt 31, 170 (175); BGHSt 33, 295 (299); BGHSt 34, 53 (57 f.); BGHSt 35, 90 (91 ff.); BGHSt 35, 347 (349); BGHSt 36, 224 (225 f.); BGHSt 39, 221 (227); BGHSt 40, 304 (306); BGH NStZ 1986, 264; BGH NStZ 1999, 299; BGH NStZ 2002, 427 (428); BGH NStZ 2007, 399; BGH NStZ 2008, 393; BGH NStZ 2009, 25; BGH NStZ 2009, 86; BGH NStZ 2009, 264 (266); BGH NStZ 2009, 688 (689); BGH NStZ 2010, 690 (691); BGH NStZ 2011, 35; BGH NStZ 2011, 90; BGH NStZ 2011, 209; BGH NStZ 2011, 337 (338); BGH NStZ 2011, 688 (hierzu *Freiesleben/Zeis*, famos 11/2011); BGH NStZ-RR 2013, 273 (274); BGH NStZ 2014, 507 (509); BGH NStZ-RR 2015, 105 (106); BGH NStZ 2015, 509; BGH NJW 2015, 2898 (2899); BGH NStZ 2016, 332; BGH NStZ 2016, 720; BGH NStZ 2017, 576; BGH NStZ 2018, 468; BGH StV 2018, 482 (483); BGH StV 2018, 711 (712); BGH StV 2018, 716; BGH NStZ 2018, 706; BGH NStZ 2019, 198; BGH NStZ-RR 2019, 137; BGH NStZ 2019, 388; BGH StV 2020, 79 (80); BGH NStZ 2020, 340; BGH StV 2020, 464 (465); BGH NStZ 2022, 39; *Bock*, JuS 2006, 603 (605); *Bott*, JURA 2008, 753 (754); *Bürger*, ZJS 2015, 23 (25); *Busch*, JuS 2003, 305 (306 f.); *Fischer*, § 24 Rn. 15 ff.; *Gropp/Sinn*, § 9 Rn. 163 ff.; *Jäger*, JURA 2009, 53 (57); *Jescheck/Weigend*, § 51 II 3; *Joecks/Jäger*, § 24 Rn. 20; *Kindhäuser/Zimmermann*, § 32 Rn. 8; *Köhler*, S. 478 f.; *Krack/Schwarzer*, JuS 2008, 140 (143); *Krauß*, JuS 1981, 883 (884); *Krey/Esser*, Rn. 1277, 1285; *Kudlich*, JuS 1999, 349 (350); *Kühl*, § 16 Rn. 27, 33; *Lettl*, JuS 1998, L 81 (82); LK-*Murmann*, 13. Aufl., § 24 Rn. 90 ff.; *Matt/Renzikowski-Heger-Petzsche*, § 24 Rn. 17; *Murmann*, JuS 1996, 590 (591); NK-*Zaczyk*, § 24 Rn. 27; *Otto*, § 19 Rn. 14 ff.; *ders.*, JURA 2001, 341 (343); *Rengier*, § 37 Rn. 34; *Roxin*, AT II, § 30 Rn. 187 ff.; SSW-*Kudlich/Schuhr*, § 24 Rn. 21; *Stratenwerth/Kuhlen*, § 11 Rn. 76 f.; *Wessels/Beulke/Satzger*, Rn. 1039 ff.; vermittelnd *Puppe*, AT 2, 1. Aufl., § 36 Rn. 16; *dies.*, NStZ 1986, 14 (14 f.); modifizierend *Jäger*, Rn. 438.
1817 BGH StV 2020, 79 (80).
1818 Vgl. unten Rn. 835 ff.

Kissen zu ersticken, aber das Kissen platzt. Als schließlich auch noch die Eisenstange, mit der er zuschlagen will, zerbricht, beschließt er, von seinem Vorhaben Abstand zu nehmen, obwohl er Berta noch problemlos mit weiteren, im Zimmer herumliegenden Gegenständen hätte erschlagen können, was er auch erkannte. – Wird im Rahmen der Gesamtbetrachtungslehre auf den ursprünglichen Tatplan abgestellt, dann müsste hier ein fehlgeschlagener Versuch angenommen werden, sofern Anton zu Beginn ausschließlich daran dachte, seine Ehefrau durch Erschießen zu töten. Dies kann jedoch nicht richtig sein[1819]. Denn hätte der Täter sich zuvor einen genau ausgetüftelten Schlachtplan entworfen, der in etwa hätte lauten können: erst Erschießen, wenn das nicht klappt, Erdrosseln, wenn auch dies nicht funktioniert, Ersticken, wenn dies „fehlschlägt", Erschlagen und wenn auch dies nicht zum Erfolg führt, in der Badewanne ertränken, dann müsste man davon ausgehen, dass diese Gesamttat nach dem Tatplan noch nicht fehlgeschlagen war. Man darf jedoch denjenigen Täter, der sich zuvor über den weiteren Tathergang keine Gedanken macht, nicht benachteiligen. Auch kann es keine Rolle spielen, dass der Täter während der Tatbegehung die hierzu eingesetzten Mittel ändert. Hatte er eine Tötung durch Erschießen geplant, erscheint ihm nach dem Leerschießen seines Magazins aber auch noch eine Tötung durch Erwürgen problemlos möglich und lässt er hiervon freiwillig ab, muss ein Rücktritt möglich sein[1820].

c) **Ergebnis.** Bei der Abgrenzung von fehlgeschlagenem, beendetem oder unbeendetem Versuch ist darauf abzustellen, **was der Täter bei Abschluss der letzten Ausführungshandlung glaubt.** Geht er davon aus, der Versuch sei fehlgeschlagen und ein Erfolgseintritt nicht mehr möglich, so liegt ein fehlgeschlagener Versuch vor. Ein Rücktritt ist dann nicht möglich. Glaubt er hingegen, der Versuch sei beendet und der tatbestandsmäßige Erfolg würde in unmittelbarer Folge ohne sein weiteres Zutun eintreten, liegt ein beendeter Versuch vor. Ein Rücktritt ist hier nur möglich, wenn der Täter konkrete Gegenmaßnahmen ergreift. Ist er hingegen der Ansicht, sein bisheriges Handeln sei noch nicht ausreichend, die Erfüllung des Tatbestandes sei jedoch auch weiterhin möglich, so liegt ein unbeendeter Versuch vor. Ein Rücktritt ist in diesem Fall durch bloßes Aufhören möglich[1821].

Fraglich ist lediglich noch, wie zu entscheiden ist, wenn sich der Täter zu diesem Zeitpunkt überhaupt keine Gedanken über den Erfolg oder Misserfolg seiner Tat macht:

Bsp.[1822]: Anton und Bruno stehen seit längerem im Streit. Aus nichtigem Anlass zieht Anton bei der nächsten Begegnung ein Messer und sticht es Bruno zwei Mal in den Bauch, wobei er dessen Tod in Kauf nimmt. Daraufhin entfernt er sich, ohne dass er sich weitere Gedanken über Brunos Zustand macht. Der lebensgefährlich verletzte Bruno kann gerettet werden. – Macht sich der Täter nach der letzten Ausführungshandlung überhaupt keine Vorstellungen über die Folgen seines Tuns, so ist ein beendeter

---

1819 BGHSt 34, 53 (57); BGHSt 35, 90 (94); BGH NStZ 1986, 264 (265); BGH NStZ 2007, 399; *Kühl*, § 16 Rn. 36.
1820 BGHSt 34, 53 (58); BGHSt 40, 75 (77); BGH NStZ 1986, 264 (265); *Rengier*, § 37 Rn. 57; *ders.*, JZ 1988, 931 (932 f.); eine Beschränkung der Gesamtbetrachtungslehre auf „artgleiche" Angriffe (also z. B. Schüsse) befürwortet hingegen *Ranft*, JURA 1987, 527 (533); *ders.*, JZ 1989, 1128 (1129).
1821 Einen ganz anderen Ansatz vertritt hingegen die sog. „Strafzwecktheorie": Für den Rücktritt allein entscheidend sei, ob das Unterlassen der weiteren Tatausführung durch den Täter gezeigt habe, dass er den Weg des Unrechts verlassen habe, sodass weder aus spezialpräventiven noch aus generalpräventiven Gründen geboten sei. Dies wird im Wesentlichen mit dem Sinn und Zweck des Rücktritts begründet; vgl. hierzu *Roxin*, JuS 1981, 1 (8); *Rudolphi*, NStZ 1983, 361 (362); SK-*Jäger*, § 24 Rn. 37; vgl. auch *Otto*, GA 1967, 144 (149 ff.).
1822 Fall nach BGHSt 40, 304; hierzu *Hauf*, JR 1996, 29; *Heckler*, NJW 1996, 2490; *Murmann*, JuS 1996, 590; *ders.*, JuS 2021, 1001 (1004); *Puppe*, NStZ 1995, 403; *Schmidt*, JuS 1995, 650.

Versuch anzunehmen[1823]. Es kann hier nicht „in dubio pro reo" davon ausgegangen werden, dass er glaubte, noch nicht alles zu Tatbestandserfüllung Erforderliche getan zu haben. Denn dies würde den gleichgültig handelnden Täter privilegieren und zu einer kaum mehr nachvollziehbaren Strafbefreiung führen.

2. Möglichkeit der Korrektur des Rücktrittshorizonts, wenn der Täter nach Ausführung seiner letzten Handlung erkennt, dass seine ursprüngliche Einschätzung unzutreffend war[1824] (Ergänzung des Problemschwerpunktes 17)

828 **Fall:** Anton will Bruno töten. Als Bruno sich nähert, feuert Anton einen gezielten Schuss aus nächster Nähe auf Brunos Brust ab und ist dabei der Ansicht, dass dieser Schuss zur Tötung ausreichen müsste. Bruno geht getroffen zu Boden. Anton glaubt daraufhin, dass Bruno alsbald sterben werde. Zu seiner Überraschung erhebt sich der schwer, aber nicht lebensgefährlich verletzte Bruno jedoch nach wenigen Augenblicken wieder und schleppt sich davon. Anton erkennt nun, dass – entgegen seiner ursprünglichen Annahme – sein Schuss zur Tötung des Bruno doch nicht ausreichend war. Obwohl er weiß, dass er noch weitere Schüsse im Magazin hat und ihm die Tötung des Bruno daher noch problemlos möglich wäre, unterlässt er dies und lässt Bruno fliehen.

Problemstellung: Durch den Schuss hat Anton zur Tötung unmittelbar angesetzt. Der konkrete Versuchsakt ist jedoch fehlgeschlagen. Nach Abschluss der letzten Ausführungshandlung (= Schuss) glaubte Anton auch, alles Erforderliche getan zu haben, um Brunos Tod herbeizuführen, sodass ein beendeter (im Übrigen objektiv fehlgeschlagener) Versuch angenommen werden müsste. Andererseits erkannte er kurze Zeit später, dass sein Tun doch nicht ausreichend war, sodass er zu diesem Zeitpunkt von einem unbeendeten Versuch ausging. Fraglich ist, ob eine solche „Korrektur" des Rücktrittshorizonts möglich ist.

829 a) Nach der **Einzelaktstheorie**[1825] läge durch den ersten Schuss bereits ein abgeschlossener (und fehlgeschlagener) Versuch vor. Ein Rücktritt wäre nicht mehr möglich.

830 b) Nach der **Gesamtbetrachtungslehre** in der Form der **Tatplantheorie**[1826] ist für die Abgrenzung die Tätervorstellung bei Tatbeginn ausschlaggebend. Da Anton zu diesem Zeitpunkt davon ausging, Bruno mit einem einzigen Schuss töten zu können, läge zuerst ein beendeter Versuch, nach Erkennen der wahren Sachlage dann ein fehlgeschlagener Versuch vor, ein Rücktritt wäre ebenfalls nicht mehr möglich.

831 c) Nach der **Gesamtbetrachtungslehre** in der Form der **Lehre vom Rücktrittshorizont** lag zum Zeitpunkt der letzten Ausführungshandlung ein beendeter Versuch vor. Ein Rücktritt wäre hier nur dadurch möglich, dass Anton aktive Maßnahmen ergreift, um das Leben Brunos zu retten. Nach dem Erkennen der wahren

---

[1823] BGHSt 40, 304 (305); BGH NStZ 2009, 264 (266); BGH NStZ 2011, 35; BGH NStZ 2013, 703 (704); BGH NStZ 2014, 507 (508); BGH NStZ 2015, 509; BGH NStZ 2016, 207 (208); BGH NStZ 2017, 576; ähnlich BGH NStZ 1999, 300 (301); im Wesentlichen zustimmend *Bosch*, JURA 2014, 395 (400 f.); *Gropp/Sinn*, § 9 Rn. 111; *Krey/Esser*, Rn. 1287; *Kühl*, § 16 Rn. 31; NK-*Zaczyk*, § 24 Rn. 44; *Otto*, JURA 2001, 341; *Rengier*, § 37 Rn. 33; kritisch *Heckler*, NJW 1996, 2490; *Murmann*, JuS 2021, 1001 (1004); *Schmidt*, JuS 1995, 650 (651).

[1824] Vgl. hierzu auch *Bosch*, JURA 2014, 395 (401 ff.); die Übungsfälle bei *Bülte/Härtl*, JA 2016, 345 (352); *Haas/Härtel*, JURA 2021, 1508 (1519); *Hertel*, JURA 2011, 391 (396); *Hirschmann*, JURA 2001, 711 (712); *Ibold*, JA 2016, 505 (511 f.); *Mitsch*, JA 2022, 205 (208); ferner *Jäger*, Rn. 441.

[1825] Vgl. hierzu oben Rn. 820.

[1826] Vgl. hierzu oben Rn. 823.

Sachlage ist jedoch von einem unbeendeten Versuch auszugehen. Daher wäre ein Rücktritt durch bloßes Aufhören möglich.

Nur die letztgenannte Möglichkeit führt zu einem befriedigenden Ergebnis[1827]. **832** Dem Täter muss es im Rahmen einer Gesamtbetrachtung des Rücktrittsgeschehens möglich sein, seinen **Rücktrittshorizont innerhalb einer gewissen Frist zu korrigieren**. Hält der Täter nach der letzten Ausführungshandlung den Eintritt des angestrebten Erfolges zwar zunächst für möglich, erkennt er aber unmittelbar darauf, dass er sich geirrt hat, so ist diese korrigierte Vorstellung für den „Rücktrittshorizont" maßgeblich[1828]. Der Täter kann also, sofern seine Handlungsmöglichkeiten unverändert fortbestehen, durch Abstandnahme von weiteren Ausführungshandlungen mit strafbefreiender Wirkung vom Versuch zurücktreten. Denn er darf beim unbeendeten Versuch nicht schlechter stehen als beim beendeten, bei dem ein Rücktritt durch einen aktiven Gegenakt noch möglich wäre. Dieser aktive Gegenakt ist aber nach dem Erkennen der wahren Sachlage zur Rettung des Opfers hier gar nicht mehr erforderlich. Der unmittelbare zeitliche Zusammenhang ist dabei solange gegeben, wie ein Weiterhandeln noch als eine Tat im Rechtssinne angesehen werden kann[1829].

Wird in dieser Konstellation der Rücktrittshorizont zugunsten des Täters insoweit **833** korrigiert, dass sich ein beendeter Versuch nachträglich in einen unbeendeten Versuch umwandelt, so muss dies (nun zu Ungunsten des Täters) auch für den umgekehrten Fall gelten[1830].

> **Bsp.**[1831]**:** Aus Verärgerung darüber, dass Bruno ihn auf der Straße angebettelt hat, zieht Anton ein Messer und sticht Bruno mit einem gezielten wuchtigen Stich mit bedingtem Tötungsvorsatz nieder. Dabei ist er an sich davon überzeugt, dass dieser Stich tödlich sein müsste. Zur Überraschung Antons entfernt sich Bruno jedoch, nachdem Anton das Messer wieder herausgezogen hat. Anton geht daher davon aus, dass sein Stich doch nicht zum Tode Brunos führen würde. Obwohl es ihm möglich gewesen wäre, nochmals zuzustechen, lässt er Bruno ziehen. Kurze Zeit später sieht er jedoch, dass

---

1827 So auch BGHSt 36, 224 (226); BGHSt 39, 221 (228); BGH NJW 1993, 2125 (2126); BGH NStZ 1997, 593; BGH NStZ 1999, 299; BGH NStZ 1999, 449 (450); BGH NStZ-RR 2002, 73 (74); BGH NStZ 2005, 150 (151); BGH NStZ 2005, 331 (332); BGH NStZ 2007, 399 (400); BGH NStZ-RR 2008, 335 (336); BGH NStZ 2010, 690 (691 f.); BGH NStZ 2012, 688 (689); BGH NStZ 2013, 463; BGH NStZ-RR 2013, 273 (274); BGH NStZ 2014, 569 m. Anm. *Nestler*; BGH NStZ-RR 2015, 106 (107); BGH NStZ 2017, 459; BGH NStZ 2017, 576 (577); BGH StV 2017, 672 (673); BGH StV 2020, 80; BGH StV 2021, 30; LG Augsburg NJW 2012, 93 (95 f.); *Eisele*, JA 1999, 922 (924); *Hoven*, JuS 2013, 403 (404); *Kindhäuser/Zimmermann*, § 32 Rn. 13; *Kühl*, § 16 Rn. 34; *Lettl*, JuS 1998, L 81 (83 f.); *Matt/Renzikowski-Heger/Petzsche*, § 24 Rn. 18; *Murmann*, JuS 2021, 1001 (1005); *Otto*, JURA 1992, 423 (429); *ders.*, JURA 2001, 341 (344 f.); SSW-Kudlich/Schuhr, § 24 Rn. 36; kritisch jedoch *Bosch*, JURA 2014, 395 (402 f.); *Puppe*, JR 2000, 72; *Ranft*, JZ 1989, 1128 (1129); auch *Jäger*, NStZ 2017, 460; *Ruppert*, JR 2018, 88 (90) plädieren – jedenfalls im Hinblick auf vom BGH entschiedene Einzelfälle – für eine restriktive Auslegung des Rücktrittshorizonts.
1828 Anders ist dies allerdings dann, wenn der Täter sein Opfer zunächst für tot hält und dann erkennt, dass es noch lebt. Hier entsteht der „Rücktrittshorizont" erstmals dort, der Täter kann ihn also nicht „korrigieren"; so BGH NStZ 2011, 688 (689); hierzu *Bosch*, JURA 2014, 395 (404).
1829 BGHSt 36, 224 (226); BGH NStZ 2010, 146; vgl. auch BGH NStZ 2012, 688 (689): „engster" zeitlicher und räumlicher Zusammenhang; für eine restriktive Auslegung *Ruppert*, JR 2018, 88 (92 f.).
1830 Vgl. hierzu auch die Übungsfälle bei *Donhauser/Bauernschmitt*, JA 2019, 262 (270 f.); *Esser/Michel*, JA 2017, 585 (593); *Kett-Straub/Bauernschmitt*, JA 2017, 348 (356); *Sobota/Kahl*, ZJS 2015, 206 (214 f.).
1831 Fall nach BGH NStZ 1998, 614; hierzu *Bosch*, JURA 2014, 395 (403 f.); *Jäger*, NStZ 1999, 608; vgl. ferner BGH NStZ 2005, 151; BGH NStZ 2005, 263; BGH StraFo 2008, 212; BGH NStZ 2010, 146; BGH StV 2021, 90; vgl. ferner *Hecker*, JuS 2019, 914 (916); *Jäger*, JA 2017, 550 (552).

Bruno zusammenbricht und geht nunmehr davon aus, dass der Stich wohl doch ausreichend war, um Brunos Tod herbeizuführen. Obwohl er annimmt, dass der Tod nur durch ein sofortiges Einschreiten verhindert werden könnte, unternimmt er nichts und entfernt sich. Bruno wird von einem Passanten gefunden und gerettet. – Nach der Gesamtbetrachtungslehre in Form der Tatplantheorie läge hier ein beendeter Versuch vor, da Anton vorhatte, nur einmal zuzustechen. Nach der Lehre vom Rücktrittshorizont läge an sich ein unbeendeter Versuch vor, da Anton unmittelbar nach dem Stich davon ausging, er hätte Bruno doch nicht tödlich getroffen. Auch hier muss jedoch eine Korrektur des Rücktrittshorizonts in unmittelbarem zeitlichen Abstand möglich sein[1832]. Aus dem unbeendeten Versuch wird somit ein beendeter Versuch, wenn der Täter erkennt, dass sein Verhalten zur Herbeiführung des ursprünglich angestrebten Erfolges doch tauglich war.

834 Eine solche Korrektur des Rücktrittshorizonts ist jedoch – wie erwähnt – nur in unmittelbarem zeitlichen Zusammenhang möglich.

Bsp.: Anton sticht Bruno mit bedingtem Tötungsvorsatz nieder. Bruno ist zwar lebensgefährlich getroffen, Anton erkennt dies jedoch nicht, sondern glaubt, dass sein Stich zur Tötung Brunos nicht ausreichend war. Dennoch handelt er nicht weiter und entfernt sich. Nach zwei Stunden kehrt er an den Tatort zurück und sieht Bruno blutüberströmt, aber noch lebend am Boden liegen. Er erkennt jetzt, dass Bruno durch den Stich doch lebensgefährlich verletzt wurde. Trotzdem unternimmt er auch jetzt nichts und entfernt sich erneut. Bruno wird anderweitig gerettet. – Nach der Lehre vom Rücktrittshorizont ist hier ein unbeendeter Versuch anzunehmen, von dem Anton durch schlichtes Aufhören zurücktreten konnte. Eine „Korrektur" ist infolge des zeitlichen Abstandes nicht mehr möglich. Allerdings geht Anton im vorliegenden Fall nicht straflos aus. Zwar ist er vom ursprünglichen Tötungsversuch zurückgetreten, es kommt nun aber eine Strafbarkeit wegen einer Tötung durch Unterlassen in Betracht (die erforderliche Garantenstellung ergibt sich hier aus Ingerenz)[1833].

3. Möglichkeit des Rücktritts, wenn der Täter lediglich mit bedingtem Vorsatz handelte und in erster Linie einen anderen Zweck verfolgte, den er auch erreicht hat[1834] (Problemschwerpunkt 18)

835 **Fall**[1835]**:** Toni hat beim Pokern in einer Gaststätte sein gesamtes Bargeld an Bruno verloren. Als Bruno die Gaststätte verlässt, folgt ihm Toni, um sich sein Geld zurückzuholen. Als Bruno sich weigert, ihm das Geld zu geben, zieht Toni seine Pistole und schießt mit bedingtem Tötungsvorsatz auf Bruno. Dieser sackt zusammen und leistet keinen Widerstand mehr. Toni nimmt sich das Geld und verschwindet. Dabei erkennt er, dass Bruno lediglich leicht verletzt ist und überleben wird. Er weiß auch, dass er

---

1832 So auch BGH NStZ 1998, 614; BGH NStZ 2010, 146; BGH NStZ-RR 2013, 273 (274); BGH StV 2020, 83 (85); *Hoven*, JuS 2013, 403 (404); *Kühl*, § 16 Rn. 32; *Murmann*, JuS 2021, 1001 (1005 f.); abweichend *Bosch*, JURA 2014, 395 (403); *Jäger*, NStZ 1999, 608 (609); NK-*Zaczyk*, § 24 Rn. 42; *Otto*, § 19 Rn. 62; *ders.*, JURA 2001, 341 (345), die auf den unmittelbaren zeitlichen und räumlichen Zusammenhang verzichten wollen.
1833 Vgl. zur Garantenpflicht aus Ingerenz unten Rn. 953 ff.
1834 Vgl. hierzu *Bott*, JURA 2008, 753; die Übungsfälle bei *Adam/Frosch*, JA 2012, 378 (384); *Bock*, JuS 2006, 603 (606); *Brand/Zivanic*, JA 2016, 667 (669 f.); *Engelhart*, JURA 2016, 934 (939); *Esser/Herz*, JA 2021, 373 (378 f.); *Esser/Michel*, JA 2017, 585 (592); *Frank*, JURA 2006, 783 (788); *Hauck/Peterle*, JURA 2007, 797 (802); *Hauf*, JuS 1995, 524 (526 f.); *Herb*, JURA 2022, 380 (389 f.); *Kett-Straub/Bauernschmitt*, JA 2017, 348 (356); *Krell*, JURA 2012, 150 (154); *Kühl/Schramm*, JuS 2003, 681 (684); *Lettl*, JuS 1998, L 81 (L 83 f.); *v. Lewinski*, JuS 2006, 431 (432); *Niehaus*, ZJS 2010, 396 (398); *Marxen*, Fall 22a; *Morgenstern*, JURA 2011, 147 (152 f.); *Perron/Bott/Gutfleisch*, JURA 2006, 706 (712 f.); *Rotsch*, JuS 2002, 887 (890 f.); *Schuster*, JURA 2008, 228 (231); *Sobota/Kahl*, ZJS 2015, 206 (215); *Theile*, ZJS 2009, 545 (546 f.); *Walter/Schneider*, JA 2008, 262 (263 f.).
1835 Fall nach BGH NStZ 1990, 30; hierzu *Hassemer*, JuS 1990, 420; *Herzberg*, JuS 1990, 273; *Schall*, JuS 1990, 623; *Schmitz*, JA 1990, 320.

Bruno problemlos mit einem weiteren Schuss töten könnte, hat aber hieran kein Interesse mehr, weil er sein eigentliches Ziel, die Zurückerlangung des Geldes, erreicht hat.

Problemstellung: Fraglich ist, ob ein Rücktritt auch in dieser Konstellation möglich ist. Zwar liegt hinsichtlich der Tötung lediglich ein unbeendeter Versuch vor, von dem Toni an sich durch bloßes Aufhören zurücktreten kann. Allerdings ist hier die Besonderheit zu berücksichtigen, dass er im Hinblick auf die Tötung nur mit bedingtem Vorsatz handelte und sein eigentliches Ziel nunmehr erreicht hat, sodass ein Weiterhandeln auf der Grundlage seines ursprünglichen Tatplans nicht mehr erforderlich ist. Insoweit ist also fraglich, ob er die Tat noch „aufgeben" konnte.

a) Nach der insbesondere von der Rechtsprechung vertretenen **rücktrittsfreundlichen Theorie**[1836] ist auch in dieser Konstellation ein Rücktritt zulässig, wenn der Täter nach Abschluss der letzten Ausführungshandlung die Erreichung des tatbestandsmäßigen Erfolges noch für möglich hält. Denn der mit lediglich **bedingtem Tötungsvorsatz** handelnde Täter dürfe nicht schlechter gestellt werden als der mit direktem Tötungsvorsatz Handelnde. Auch wenn das Handeln des Täters primär auf ein anderes (außertatbestandliches) Ziel gerichtet gewesen sei, was er auch erreicht habe, und er daher an der Tötung des Opfers kein Interesse mehr habe, müsse dennoch ein Rücktritt möglich sein. § 24 Abs. 1 Satz 1, 1. Alt. StGB fordere nämlich lediglich einen Verzicht auf die weitere Tatausführung. Unter „Tat" sei aber allein die in den gesetzlichen Straftatbeständen umschriebene tatbestandsmäßige Handlung bzw. der tatbestandsmäßige Erfolg zu verstehen. Allein hierauf müsse sich der Vorsatz des Täters beziehen. Weitere außertatbestandliche Beweggründe dürften keine Rolle spielen. Von einem honorierbaren Verzicht sei in § 24 StGB nicht die Rede. Erforderlich sei lediglich, dass der Täter freiwillig von weiteren, das Leben des Opfers gefährdenden Handlungen Abstand nehme, obwohl er diese noch für möglich halte. Hätte der Täter im genannten Fall weiter gehandelt und stünden beide Handlungen in einem einheitlichen Zusammenhang würde eine getrennte Beurteilung aber eine unnatürliche Aufspaltung eines einheitlichen Vorgangs darstellen. Schließlich diene die Möglichkeit, den Täter zum Aufhören zu ermutigen, auch hier letztlich dem Opferschutz[1837].

b) Dagegen lehnt die **Zweckerreichungstheorie**[1838] in diesen Fällen zu Recht einen Rücktritt ab. Der Täter, dem es in erster Linie auf die Erreichung eines außertatbestandlichen Zieles ankommt, kann dann, wenn er dieses Ziel erreicht hat, nicht mehr strafbefreiend zurücktreten, da sein Weiterhandeln für ihn im Hin-

---

1836 BGHSt 39, 221 (230 f.); BGH NStZ 1990, 30 (31); BGH NJW 1993, 943 (944); BGH NStZ 1997, 593; BGH NStZ 2006, 685; BGH NStZ 2007, 399 (400); BGH NStZ 2008, 275 (276); BGH NStZ 2009, 86; BGH NStZ-RR 2010, 371; BGH NStZ 2011, 35; BGH NStZ 2011, 90; BGH NStZ 2011, 629; BGH NStZ-RR 2013, 105; BGH NStZ-RR 2014, 105; BGH NStZ 2014, 450; BGH NStZ 2016, 720; BGH StV 2018, 408; BGH NStZ-RR 2019, 271; *Bock*, JuS 2006, 603 (606); *Bott*, JURA 2008, 753 (757 f.); *Bott/Krell*, ZJS 2010, 694 (698); *Fischer*, § 24 Rn. 9 ff.; *Frank*, JURA 2006, 783 (788); *Gropp/Sinn*, § 9 Rn. 142; *Hauck/Peterle*, JURA 1997, 797 (802); *Hauf*, MDR 1993, 929; *ders.*, JuS 1995, 524 (526); *Hoven*, JuS 2013, 403 (404); *Krell*, JURA 2012, 150 (154); *Krey/Esser*, Rn. 1293; *Kudlich*, JuS 1999, 349 (354); *Lettl*, JuS 1998, L 81 (83); LK-*Lilie/Albrecht*, 12. Aufl., § 24 Rn. 190 ff.; MüKo-*Hoffmann-Holland*, 4. Aufl., § 24 Rn. 85 ff.; NK-*Zaczyk*, § 24 Rn. 34; *Pahlke*, GA 1995, 72 (76); *Perron/Bott/Gutfleisch*, JURA 2006, 706 (712); *Rengier*, § 37 Rn. 62; *Schroth*, GA 1997, 151 (157 f.); *Schuster*, JURA 2008, 228 (231); *Sobota/Kahl*, ZJS 2015, 206 (215); SSW-*Kudlich/Schuhr*, § 24 Rn. 71; *Theile*, ZJS 2009, 545 (546 f.); *Walter/Schneider*, JA 2008, 262 (263); *Wessels/Beulke/Satzger*, Rn. 1047; *Wörner*, NStZ 2010, 66 (72).
1837 BGHSt 39, 221 (232).
1838 So noch BGH StV 1986, 15; BGH NJW 1984, 1693; BGH NStZ 1990, 77; BGH NStZ 1991, 127 (128); aus der Literatur *Bauer*, NJW 1993, 2590; *ders.*, MDR 1994, 132; BWME-*Mitsch*, § 23 Rn. 35;

blick auf seinen ursprünglichen Tatplan sinnlos geworden ist. Er hat genau das erreicht, was er erreichen wollte. Insofern kann von einem „Aufgeben" der Tat nicht mehr die Rede sein[1839]. Handelt er dennoch weiter, so bedarf es hierzu eines neuen Tatentschlusses[1840]. Dies zeigt auch der vorliegende Fall: Wenn es dem Täter gerade nicht auf die Tötung des Opfers, sondern auf die Wegnahme des Geldes ankam, ist es müßig, sich Gedanken darüber zu machen, ob und auf welche Weise er das Opfer noch hätte töten können, sobald er das Geld an sich genommen hat. Dabei kann es sogar nicht einmal eine Rolle spielen, ob er zur Wegnahme des Geldes das Opfer mit bedingtem oder mit direktem Vorsatz töten wollte.

838 Dass nur die Ablehnung eines Rücktritts in diesen Fällen zu nachvollziehbaren Ergebnissen führt, zeigt folgendes Beispiel:

Bsp.[1841]**:** Anton und Bruno haben einen Supermarkt überfallen und wertvolle Gegenstände sowie den Kasseninhalt mitgenommen. Sie fliehen mit dem Auto. Auf der Flucht verfolgt sie Paul, ein Angestellter des Supermarktes, mit seinem PKW. Als sie sich auf einer wenig befahrenen Landstraße befinden, schießt Bruno drei Mal absprachegemäß mit bedingtem Tötungsvorsatz auf Paul, um diesen in die Flucht zu schlagen. Der dritte Schuss durchschlägt die Frontscheibe von Pauls Wagen, was diesen zum Abbruch seiner Verfolgung bewegt. Als Bruno erkennt, dass er Paul „in die Flucht geschlagen" hat, unterlässt er es, weitere Schüsse abzugeben, obwohl ihm dies auch weiterhin möglich ist. Problemlos hätten Anton und Bruno auch anhalten bzw. umdrehen können, um den inzwischen völlig verschüchterten Paul, der seinen PKW am Straßenrand abgestellt hat, mit einem gezielten Schuss zu töten. – Auch hier liegt ein unbeendeter (Mord-)Versuch vor, von dem die Täter durch bloßes Aufhören zurücktreten konnten. Da Anton und Bruno jedoch vorrangig ein anderes Handlungsziel (= Flucht) verfolgten, kam ein Weiterhandeln im Hinblick auf die (ohnehin nur bedingt vorsätzlich in Kauf genommene) Tötung für sie nicht mehr in Frage. Von einer „Rückkehr in die Legalität" kann hier ebenso wenig die Rede sein wie davon, dass man aus Opferschutzgesichtspunkten den Tätern eine „goldene Brücke" bauen müsste[1842].

Beckemper, JA 2003, 203 (206 f.); *Dölling/Duttge/König/Rössner-Ambos*, § 24 Rn. 10; *Engelhart*, JURA 2016, 934 (939); *Fahrenhorst*, NStZ 1987, 278 (279); *Freund/Rostalski*, § 9 Rn. 40; *Frister*, 24. Kap. Rn. 36; *v. Heintschel-Heinegg*, JA 2008, 545 (546); *Herzberg*, NJW 1988, 1559 (1564); *ders.*, JuS 1990, 273 (277); *Kühl*, § 16 Rn. 41; *Lackner/Kühl*, § 24 Rn. 12; LK-*Murmann*, 13. Aufl., § 24 Rn. 200 f.; *Mayer*, NJW 1988, 2589 (2590); *Morgenstern*, JURA 2011, 146 (153); MüKo-*Herzberg*, 1. Aufl., § 24 Rn. 100; *Murmann*, JuS 2021, 385 (392); NK-*Zaczyk*, § 24 Rn. 53; *Otto*, § 19 Rn. 31; *ders.*, JURA 1992, 423 (430); *Puppe*, § 21 Rn. 10 ff.; *dies.*, NStZ 1986, 14 (17); *dies.*, NStZ 1990, 433; *dies.*, JZ 1993, 361; *dies.*, ZJS 2020, 332 (335 f.); *Rengier*, JZ 1988, 931 (932); *Roxin*, AT II, § 30 Rn. 58; *ders.*, JR 1986, 424 (426); *ders.*, JZ 1993, 896; *Rudolphi*, JZ 1991, 525 (527); *Schall*, JuS 1990, 623 (627, 630); *Scheinfeld*, JuS 2002, 250 (253); *Seier*, JuS 1989, 102 (106); SK-*Jäger*, § 24 Rn. 26, der auf die Unfreiwilligkeit des Rücktritts abstellt; *Stratenwerth/Kuhlen*, § 11 Rn. 81.

1839 BWME-*Mitsch*, § 23 Rn. 33; *Herzberg*, JuS 1990, 273 (277); *Kühl*, § 16 Rn. 41, 50; *Lackner/Kühl*, § 24 Rn. 12; *Murmann*, JuS 2021, 385 (392); *Puppe*, § 21 Rn. 12; *dies.*, NStZ 1990, 433; *dies.*, JZ 1993, 361; *Schall*, JuS 1990, 623 (630).

1840 *Puppe*, § 21 Rn. 11; andere Stimmen in der Literatur verneinen nicht den fehlenden Tatentschluss, sondern die fehlende Freiwilligkeit der Tataufgabe; vgl. *Beckemper*, JA 2003, 203 (207); *Maurach/Gössel/Zipf*, AT 2, 7. Aufl., § 41 Rn. 119.

1841 Fall nach BGH NStZ 1990, 77 (78); hierzu *Herzberg*, JuS 1990, 273; *Puppe*, NStZ 1990, 433; ferner *Bott*, JURA 2008, 753 (753, 755 – Bsp. 4); sowie den Übungsfall bei *Kühl/Schramm*, JuS 2003, 681 (684).

1842 Interessanterweise lehnte auch der BGH in NStZ 1990, 77 (78) hier einen Rücktritt mit der Begründung ab, für ein Anhalten und Umkehren, um den Tötungsakt zu vollziehen, wäre ein neuer Tatentschluss erforderlich gewesen.

In diesem Zusammenhang sind auch die sog. „**Denkzettelfälle**"[1843] zu nennen, **839** in denen es dem Täter vorrangig darauf ankommt, dem Opfer einen Denkzettel zu verpassen, er aber hierzu mit bedingtem Tötungsvorsatz handelt.

> **Bsp.:** Anton befürchtet, in seinem „Milieu" die dominierende Rolle zu verlieren, weil ihm sein Widersacher Bruno den Rang streitig macht. Um die Verhältnisse wieder richtig zu stellen, sticht Anton eines Abends mit einem Messer auf Bruno ein, um ihn einzuschüchtern und ihm einen Denkzettel zu verpassen. Dabei handelt er mit bedingtem Tötungsvorsatz. Unter dem Beifall seiner Kumpane zieht er das Messer wieder heraus, bespuckt Bruno und geht. Dabei erkennt er, dass Bruno durch den Messerstich nicht allzu schwer verletzt wurde. Ein nochmaliges Zustechen wäre zwar problemlos möglich gewesen, ist für ihn jedoch nicht mehr erforderlich, da er sein primäres Ziel, die Wiederherstellung der „Rangverhältnisse" erreicht hat. – Auch hier tendiert die Rechtsprechung dazu, einen Rücktritt anzunehmen[1844], was aber aus den oben genannten Gründen abzulehnen ist.

4. Möglichkeit des Rücktritts bei nur vorläufiger Abstandnahme von der Tat[1845] (Problemschwerpunkt 19)

> **Fall:** Bruno, der eine wertvolle Briefmarkensammlung in seinem Wandsafe im Schlaf- **840** zimmer aufbewahrt, ist für mehrere Wochen in den Urlaub gefahren. Toni hat davon erfahren und beabsichtigt, die Sammlung zu entwenden. Am Samstagabend bricht er in Brunos Wohnung ein und versucht, den Safe zu knacken. Dabei merkt er, dass seine Wahl des mitgebrachten Werkzeugs nicht sonderlich glücklich war. Zwar könnte er damit den Safe öffnen, dies würde jedoch wesentlich mehr Zeit in Anspruch nehmen als mit dem richtigen Werkzeug. Toni packt seine Sachen zusammen und beschließt, mit dem passenden Werkzeug irgendwann in den nächsten Tagen wiederzukommen. Hierzu kommt es jedoch nicht, da Toni zuvor verhaftet wird.
>
> **Problemdarstellung:** Die Bestrafung Tonis wegen eines versuchten (Wohnungs-)Einbruchsdiebstahls gemäß §§ 242, 244 Abs. 1 Nr. 3, Abs. 4, 22 StGB hängt davon ab, ob er wirksam vom Versuch zurückgetreten ist. Der Rücktritt war prinzipiell möglich, da es sich nicht um einen fehlgeschlagenen Versuch handelte (er hätte den Safe mit dem vorhandenen Werkzeug noch öffnen können). Der Rücktritt geschah auch freiwillig. Auch hat Toni diese konkrete Tat zumindest vorübergehend aufgegeben. Er nahm jedoch nicht endgültig von der Tat Abstand. Fraglich ist daher, ob ein „Verschieben" der Tat als Tataufgabe i. S. des § 24 StGB angesehen werden kann.

a) Nach der **weiten Tattheorie**[1846] ist ein Rücktritt vom Versuch nur dann mög- **841** lich, wenn der Täter von seinem gesamten Tatplan „im Ganzen und endgültig" Abstand nimmt. Ein vorübergehendes Aufschieben genüge nicht. Begründet wird dies damit, dass die Strafaufhebung ein besonderes Privileg für denjenigen darstelle, der von der Tat Abstand nehme, nicht aber für denjenigen, der die Tatausführung lediglich auf einen günstigeren Zeitpunkt verschiebe. § 24 StGB wolle

---

1843 Vgl. u. a. BGHSt 39, 221; BGH NStZ 1989, 317; hierzu *Bott*, JURA 2008, 753; *Beckemper*, JA 2003, 203; *Jäger*, Rn. 442; *Matt/Renzikowski-Heger-Petzsche*, § 24 Rn. 42; *Puppe*, § 21 Rn. 8 ff.; vgl. ferner die Übungsfälle bei *Niehaus*, ZJS 2010, 396 (398); *Perron/Bott/Gutfleisch*, JURA 2006, 706 (712 f.); *Rengier*, § 37 Rn. 58 ff.; *Theile*, ZJS 2009, 545 (546 f.).
1844 BGHSt 39, 221 (230 f.).
1845 Vgl. hierzu auch *Hillenkamp/Cornelius*, AT, 17. Problem; ferner die Übungsfälle bei *Bloy*, JuS 1986, 986; *Esser/Herz*, JA 2021, 373 (378); *Marxen*, Fall 22b; *Rosenau/Klöhn*, JURA 2000, 427 (430); *Wagemann*, JURA 2006, 867 (868 f.).
1846 RGSt 72, 349 (351 f.); BGHSt 7, 296 (297); BGHSt 21, 319 (321); BGH NJW 1980, 602; *Bockelmann*, NJW 1955, 1417 (1421); *Hruschka*, JZ 1969, 495 (498); *Welzel*, § 25 I 2b; vgl. ferner BGH NStZ 2009, 501 (592); BGH NStZ 2010, 384.

nur den im Ergebnis ungefährlichen und nicht strafwürdigen Täter privilegieren. Wer die Tat jedoch lediglich aufschiebe, bleibe weiterhin gefährlich und somit strafwürdig. Daher komme das Rücktrittsprivileg nur demjenigen zu Gute, der endgültig von der begonnenen Tatausführung Abstand nehme. Dieser Ansicht ist jedoch **entgegenzuhalten**, dass sie letztlich lediglich die fortbestehende verbrecherische Gesinnung bestraft, denn immerhin hat der Täter seinen bisherigen Tatbeitrag vollständig zurückgenommen. Wer eine endgültige Tataufgabe fordert, der fordert praktisch eine „seelische Läuterung", die § 24 StGB aber nicht vorsieht.

842 b) Nach der **Theorie des eingeschränkten Tatbegriffs**[1847] ist ein Rücktritt vom Versuch hingegen bereits dann möglich, wenn der Täter von der konkreten Tat (d. h. der Tat im materiell-rechtlichen Sinne) freiwillig Abstand nimmt. Aus welchen Motiven er dabei handle, sei gleichgültig. Einschränkend sei jedoch zu fordern, dass der Täter nicht bereits konkrete Pläne zur Fortsetzung seiner Tat gefasst habe. Im vorliegenden Fall dürfte Toni also nicht konkret geplant haben, bereits am nächsten Tag mit dem geeigneten Werkzeug wiederzukommen. Der Vorbehalt, die Tat „irgendwann" einmal erneut zu versuchen, schade dagegen nicht. Diese Ansicht ist bestrebt, zwischen dem Sinn und Zweck der Vorschrift des § 24 StGB („Rückkehr zur Legalität") und seinem Wortlaut, der lediglich vom Aufgeben der „Tat" spricht, einen Mittelweg zu finden, der sich jedoch nicht rücktrittshemmend auswirken dürfe. Immer dann, wenn der Täter später einen neuen Vorsatz fassen müsse, um die Tat erneut zu versuchen, sei daher ein Rücktritt möglich. Konsequenz dieser Ansicht ist, dass stets festzustellen ist, was der Täter im Hinblick auf die geplante Folgetat geplant hatte. **Problematisch** ist an dieser Ansicht jedoch, dass eine solche Differenzierung jedenfalls im Gesetzestext des § 24 StGB nicht zum Ausdruck kommt und die entsprechenden Feststellungen in der Praxis auch schwer zu treffen sein dürften.

843 c) Streng am Wortlaut des § 24 StGB orientiert sich dagegen die **enge Tattheorie**[1848], wonach der Rücktritt vom Versuch immer dann möglich sein soll, wenn der Täter die konkrete Form der Tatausführung aufgebe. Dabei sei es unbeachtlich, ob er die Tat später erneut versuchen wolle und hierfür möglicherweise sogar schon konkrete Pläne habe. Die Folgetat dürfe lediglich zu dem bereits begangenen Versuch nicht in natürlicher Handlungseinheit stehen (letzteres läge im genannten Fall z. B. dann vor, wenn Toni das Haus verlassen hätte, um sich geeignetes Werkzeug aus dem vor dem Haus geparkten Auto zu holen). Diese Ansicht überzeugt. Denn das Gesetz fordert lediglich die „Aufgabe der weiteren Tatausführung", nicht aber die „Aufgabe der auf die Tatausführung gerichteten Absicht". Hinsichtlich der konkreten Tat hat sich der Täter als weniger gefährlich erwiesen. Der bloße Plan, die Tat irgendwann noch einmal zu versuchen, kann aber erst dann strafwürdig sein, wenn der Täter zu dieser Tat neu ansetzt. Ein solches erneutes unmittelbares Ansetzen ist nur dann entbehrlich, wenn das Gesamtgeschehen als natürliche Handlungseinheit zu werten wäre. Zudem lässt sich eine endgültige

---

1847 *Blei*, § 69 III 1; *Bloy*, JuS 1986, 986 (987); *Gropp/Sinn*, § 9 Rn. 159; *Krauß*, JuS 1981, 883 (884); *Kühl*, § 16 Rn. 43, 46; *Küper*, JZ 1979, 775 (779); *Lackner/Kühl*, § 24 Rn. 8 f.; LK-*Murmann*, 13. Aufl., § 24 Rn. 231; *Maurach/Gössel/Zipf*, AT 2, 7. Aufl., § 41 Rn. 54 f.; *Rengier*, § 37 Rn. 88; *Schönke/Schröder-Eser/Bosch*, § 24 Rn. 39 f.; *Wessels/Beulke/Satzger*, Rn. 1048.
1848 BGHSt 33, 142 (144 f.); BGHSt 35, 184 (186 f.); BGH NStZ 2010, 28; BGH NStZ 2020, 341; *Fischer*, § 24 Rn. 26; *Freund/Rostalski*, § 9 Rn. 53 f.; *Jakobs*, 26/10; *Krahl*, JuS 2003, 57 (58 f.); LK-*Lilie/Albrecht*, 12. Aufl., § 24 Rn. 214 ff.; MüKo-*Hoffmann-Holland*, 4. Aufl., § 24 Rn. 96 f.; *Murmann*, JuS 2022, 193 (194 f.); *Otto*, § 19 Rn. 21; *Rosenau/Klöhn*, JURA 2000, 427 (430 f.); *Stratenwerth/Kuhlen*, § 11 Rn. 82.

Tataufgabe praktisch kaum nachweisen. Ein Rücktritt wirkt somit auch dann strafbefreiend, wenn er von einer sachlichen „Verbrechervernunft" getragen ist und das Rechtsgut auch weiterhin (aber eben nicht unmittelbar) gefährdet bleibt. Im vorliegenden Fall ist Toni somit wirksam zurückgetreten. **Gegen** diese Ansicht wird zwar vorgebracht, dass hier eine gut kalkulierte verbrecherische Berechnung des „günstigsten" Zeitpunktes dem Täter zur Straffreiheit verhelfen würde und insoweit von einer strafrechtlich zu privilegierenden „Rückkehr zur Legalität" kaum mehr gesprochen werden könne. Dem ist jedoch entgegen zu halten, dass § 24 StGB eben lediglich eine freiwillige Umkehr und keine seelische Läuterung verlangt. Auch wer aus reiner Bequemlichkeit zurücktritt, kann die Voraussetzungen des § 24 StGB erfüllen und versetzt sich dadurch zurück in das Stadium, in welchem er sich vor dem unmittelbaren Ansetzen befand.

844 d) Einen etwas anderen Ansatz vertritt hingegen die **kriminalpolitische Theorie**[1849], die danach differenziert, ob der Täter sich durch das Aufgeben der konkreten Tatausführung als ungefährlich erwiesen hat oder nicht. Dabei wird allein auf die ratio des § 24 StGB abgestellt. Derjenige Täter, der sich durch die Aufgabe der Tatausführung als für die Rechtsordnung ungefährlich erwiesen habe, solle straffrei bleiben. Es komme also entscheidend darauf an, aus welchen Motiven der Täter von der konkreten Tatausführung Abstand nehme. Eine „Rückkehr in die Legalität" liege hierbei nicht vor, wenn die „Verschiebung" von einer sachgemäßen „Verbrechervernunft" getragen werde. Nach dieser Ansicht müssen also stets die Motive ermittelt werden, die für die Abstandnahme von der konkreten Tatausführung ausschlaggebend sind. Im vorliegenden Fall wäre ein Rücktritt daher abzulehnen. **Kritisch** hierzu muss jedoch angemerkt werden, dass sich in § 24 StGB keine Anhaltspunkte für eine solche Differenzierung finden lassen.

5. Möglichkeit des Rücktritts vom erfolgsqualifizierten Versuch nach Eintritt der schweren Folge[1850] **(Problemschwerpunkt 20)**

845 **Fall:** Anton und Bruno sind in die Villa der Witwe Wilma eingedrungen, um dort den Safe zu knacken und den sich hierin befindenden Schmuck mitzunehmen. Anton führte dabei eine Pistole mit sich, um – dem gemeinsamen Tatplan entsprechend – möglichen Widerstand zu brechen. Falls Wilma auftauchen würde, sollte aber lediglich in die Luft oder auf die Beine geschossen werden. Tatsächlich betritt Wilma das Zimmer. Absprachegemäß zückt Anton die Waffe und will Wilma damit drohen. Versehentlich löst sich jedoch ein Schuss, der Wilma tödlich trifft. Verunsichert und erschrocken geben Anton und Bruno die weitere Tatausführung auf, obwohl diese noch möglich ist, und flüchten ohne Beute.

Problemstellung: Zu prüfen ist, ob Anton und Bruno hier wegen eines versuchten schweren Raubes mit Todesfolge in Mittäterschaft, §§ 251, 22, 25 Abs. 2 StGB, oder nur wegen fahrlässiger Tötung Wilmas, § 222 StGB, zu bestrafen sind. Der Versuch des Raubes mit Todesfolge ist, wie ausgeführt[1851], als erfolgsqualifizierter Versuch möglich. Von diesem könnten die Täter allerdings nach § 24 Abs. 2 Satz 1 StGB zurückgetreten

---

1849 *Roxin*, ZStW 77 (1965), 60 (99); SK-*Jäger*, § 24 Rn. 56.
1850 Vgl. hierzu *Küper*, GA 2019, 661; *Wolters*, GA 2007, 65; ferner die Übungsfälle bei *Börner*, JA 2017, 832 (837); *Brand/Burkhart*, JuS 2019, 139 (143); *Großmann*, JuS 2021, 1054 (1060); *Günther/Selzer*, ZJS 2018, 352 (355 f.); *Kinzig/Linke*, JuS 2012, 229 (232 f.); *Krack/Gasa*, JuS 2008, 1005 (1007); *Kreß/Weißer*, JA 2006, 115 (117 f.); *Lave/Dehne-Niemann*, JURA 2010, 73 (74 f.); *Lotz/Reschke*, JURA 2013, 481 (485); *Müller/Raschke*, JURA 2011, 704 (712); *Schapiro*, JA 2005, 615 (618 f.); *Schröder*, ZJS 2018, 162 (168 f.); *Schumann/Azar*, JA 2017, 114 (118); *Steinberg/Stahm*, ZJS 2011, 539 (542); ferner *Jäger*, Rn. 463 f.
1851 Vgl. oben Rn. 688 ff.

sein. Fraglich ist jedoch, ob dies auch dann noch möglich ist, wenn zwar das Grunddelikt (= Raub) nicht vollendet wurde, jedoch die schwere Folge (= Tod) bereits eingetreten ist.

846 a) Nach der **weiten Rücktrittstheorie**[1852] ist ein solcher Rücktritt auch weiterhin möglich. Der Gesetzeswortlaut spreche nur von der „Ausführung der Tat" und nicht von der Berücksichtigung eventueller Folgen. Daher komme es allein auf den Rücktritt vom Grunddelikt an. Entfällt dieses infolge des Rücktritts, ist auch für die Erfolgsqualifikation kein Raum mehr. Diese Lösung hält sich streng an den Wortlaut des § 24 StGB. Für sie spricht ferner, dass auch bei sonstigen Qualifikationen (z. B. beim Eintritt der Lebensgefährdung nach § 250 Abs. 2 Nr. 3b StGB) ein Rücktritt möglich ist, wenn der Täter vom Grunddelikt Abstand nimmt. Zwar mag diese Ansicht im Einzelfall zu unangemessenen Ergebnissen führen, eine Einschränkung des § 24 StGB entgegen dessen insoweit eindeutigen Wortlauts würde aber eine im Strafrecht unzulässige Analogie zu Lasten des Täters bedeuten.

847 b) Dagegen lehnt die **enge Rücktrittstheorie**[1853] einen Rücktritt in derartigen Fällen ab. Ein solcher sei hier deswegen ausgeschlossen, weil die tatbestandsspezifische Gefahr sich bereits im Erfolgseintritt realisiert habe. Die Tat sei daher – trotz formeller Nichtvollendung des Grundtatbestandes – im Hinblick auf den Eintritt der schweren Folge materiell vollendet. Das strafbefreiende Privileg des Rücktritts sei daher verfehlt. Die „Tat" i. S. des § 24 StGB sei nicht mit der Begehung des Grunddelikts gleichzusetzen. Dies ist zwar zutreffend, ändert aber nichts daran, dass das Grunddelikt ein notwendiger Bestandteil des erfolgsqualifizierten Delikts ist und die Täter hiervon freiwillig Abstand nehmen können. Zudem würde sich, folgt man dieser Ansicht, ein Rücktritt für den Täter kaum noch lohnen, da eine Strafbarkeit (zumindest wegen Versuchs) bereits begründet wäre.

1852 RGSt 75, 52 (54); BGHSt 42, 158 (160); *Anders*, GA 2000, 64 (76); *Ebert*, S. 139 f.; *Günther*, Hirsch-FS 1999, S. 543 (553); *v. Heintschel-Heinegg-Cornelius*, § 24 Rn. 84; *Hoven*, JuS 2013, 403 (407); *Jakobs*, 26/49; *Krack/Gasa*, JuS 2008, 1005 (1007); *Kreß/Weißer*, JA 2006, 115 (118); *Kudlich*, JuS 1999, 349; *ders.*, JA 2009, 246 (250); *Kühl*, § 17a Rn. 57; *ders.*, JURA 2003, 19 (22 f.); *Küper*, JZ 1997, 229; *ders.*, GA 2019, 661 (67 ff.); *Kuhli*, JuS 2020, 289 (297); *Lackner/Kühl*, § 24 Rn. 22; *Kinzig/Linke*, JuS 2012, 229 (232 f.); *Lave/Dehne-Niemann*, JURA 2010, 73 (75); *Lettl*, JuS 1998, L 81 (84); LK-*Murmann*, 13. Aufl., § 24 Rn. 540; LK-*Schroeder*, 11. Aufl., § 18 Rn. 42; LK-*Vogel/Bülte*, 13. Aufl., § 18 Rn. 85; *Lotz/Reschke*, JURA 2012, 481 (485); *Matt/Renzikowski-Heger-Petzsche*, § 24 Rn. 66; MüKo-*Hardtung*, 4. Aufl., § 18 Rn. 86; MüKo-*Hoffmann-Holland*, 4. Aufl., § 24 Rn. 100 f.; *Müller/Raschke*, JURA 2011, 704 (712); NK-*Paeffgen*, § 18 Rn. 130; *Otto*, § 19 Rn. 84; *ders.*, JURA 1997, 464 (476); *Schapiro*, JA 2005, 615 (618 f.); *Schönke/Schröder-Sternberg-Lieben/Schuster*, § 18 Rn. 13; *Schönke/Schröder-Eser/Bosch*, § 24 Rn. 26; SK-*Stein*, § 18 Rn. 57; *Sowada*, JURA 1995, 644 (653); *Steinberg*, JuS 2016, 1061 (1065); *Wessels/Beulke/Satzger*, Rn. 1086.

1853 *Dölling/Duttge/König/Rössner-Ambos*, § 24 Rn. 9; *Jäger*, Rn. 464; *ders.*, NStZ 1998, 161 (163 f.); LK-*Herdegen*, 11. Aufl., § 251 Rn. 16; NK-*Zaczyk*, § 24 Rn. 81; *Roxin*, AT II, § 30 Rn. 289 ff.; *Schröder*, ZJS 2018, 162 (168 f.); SK-*Jäger*, § 24 Rn. 61; *Streng*, JZ 2007, 1089 (1093); *ders.*, Küper-FS 2007, S. 629 (632 ff.); *ders.*, GA 2021, 487 (492); *Ulsenheimer*, Bockelmann-FS 1979, S. 405 (412 ff.); *Wolter*, JuS 1981, 168 (178); *Wolters*, GA 2007, 65 (78 f.).

6. Konkrete Anforderungen an die Verhinderung der Vollendung beim Rücktritt[1854] (Problemschwerpunkt 21)

Fall[1855]: Anton schlägt seine Ehefrau Berta mit bedingtem Tötungsvorsatz nieder und fügt ihr dabei lebensgefährliche Verletzungen zu. Zutreffend geht er anschließend davon aus, dass Berta sterben wird, wenn nicht alsbald Rettungsmaßnahmen eingeleitet werden. Aus einem plötzlichen Gefühl von Mitleid heraus beschließt er, Berta zu retten. Er legt sie in seinen PKW, um sie zu einem Krankenhaus zu bringen. Da er sie jedoch, weil er um seine Entdeckung fürchtet, nicht direkt im Krankenhaus abliefern möchte, legt er sie etwa hundert Meter vor einem Nebeneingang ab und hofft, dass sie sich aus eigener Kraft ins Krankenhaus schleppen würde. Danach entfernt er sich. Berta bricht jedoch nach wenigen Metern bewusstlos zusammen, kann am Ende aber dennoch gerettet werden, weil sie ein zufällig vorbeikommender Passant entdeckt und ins Krankenhaus bringt.

Problemstellung: Fraglich ist, ob Anton mit strafbefreiender Wirkung vom Totschlagsversuch zurückgetreten ist. Da hier ein beendeter Versuch vorlag, ist es entscheidend, ob seine Maßnahmen ausreichen, die Vollendung der Tat zu verhindern (vgl. § 24 Abs. 1 Satz 1, 2. Alt. StGB), oder ob er hier mehr hätte tun müssen. Nimmt man einen Rücktritt hier an, verbleibt es bei einer Strafbarkeit nach § 224 Abs. 1 Nr. 5 StGB (zu prüfen wäre dann noch eine Strafbarkeit wegen vollendeter Aussetzung, § 221 Abs. 1 Nr. 1 StGB, die aber scheitert, wenn Anton im Hinblick auf eine mögliche Lebensgefährdung Bertas beim Sich-Entfernen nicht wenigstens mit bedingtem Vorsatz handelte).

a) Nach der **Chanceneröffnungstheorie**[1856] ist eine Verhinderung der Vollendung bereits dann gegeben, wenn der Täter eine neue Kausalreihe in Gang setzt, die für die Nichtvollendung der Tat wenigstens mitursächlich wird. Ohne Belang sei dabei, ob der Täter noch mehr hätte tun können oder ob andere, vom Willen des Täters unabhängige Umstände zur Verhinderung der Tat führen, sofern er nur die ihm bekannten und zur Verfügung stehenden Mittel benutzt habe, die aus seiner Sicht den Erfolg verhindern konnten. Selbst Verschleierungsbemühungen hinsichtlich der eigenen Täterschaft würden einen Rücktritt nicht ausschlie-

---

1854 Vgl. hierzu *Engländer*, JuS 2003, 641 (643 ff.); ferner die Übungsfälle bei *Abraham*, JuS 2013, 903 (908); *Ambos*, JURA 2004, 492 (495); *Bock*, JuS 2006, 603 (607); *Böß*, JA 2012, 348 (354 f.); *S. Dreher*, JA 2005, 789 (793); *T. Schneider*, JuS 2019, 1171 (1173); *Haverkamp/Kaspar*, JuS 2006, 895 (899 f.); *Jäger*, JURA 2009, 53 (54 f., 59); *Krell*, ZJS 2010, 640 (641); *Kubiciel/Stam*, JA 2014, 512 (518); *Kühl/Kneba*, JA 2011, 426 (428); *Ladiges/Glückert*, JURA 2011, 552 (557); *Moldenhauer/Willumat*, JA 2021, 563 (567 f.); *Pape*, JURA 2008,147 (150); *Rostalski*, JuS 2015, 525 (529); *Schmitt-Leonardy*, JA 2018, 187 (192 f.); *Steinberg/Wolf/Chatard*, ZJS 2015, 507 (509); *Walter/Schneider*, JA 2008, 262 (264); *Weiss*, JURA 2021, 1387 (1392); *Wendeburg*, JA 2017, 25 (28 f.).
1855 Fall nach BGHSt 31, 46; für den Bereich des Unterlassens vgl. BGHSt 48, 147; hierzu *Engländer*, JuS 2003, 641.
1856 BGHSt 33, 295 (301); BGHSt 44, 204 (207); BGHSt 64, 80 (86 f.); BGH StV 1981, 396 (397); BGH NJW 1985, 813 (814); BGH NJW 1986, 1001 (1002); BGH NStZ 1999, 128; BGH NStZ 2003, 28; BGH NStZ 2004, 614 (615); BGH NStZ 2006, 503 (505); BGH NStZ 2008, 508 (509); BGH NStZ 2010, 276 (277); BGH NStZ-RR 2010, 276 (277); BGH NJW 2018, 2908 (2909); BGH NStZ-RR 2019, 171 (172); BGH StV 2020, 82; BGH NStZ 2022, 94; *Bloy*, JuS 1987, 528 (535); *Bock*, JuS 2006, 603 (607); *Dölling/Duttge/König/Rössner-Ambos*, § 24 Rn. 16; *S. Dreher*, JA 2005, 789 (793); *Fischer*, § 24 Rn. 35 f.; *Grünwald*, Welzel-FS 1974, S. 701 (715); *Hoven*, JuS 2013, 403 (405); *Jescheck/Weigend*, § 51 IV 2; *Köhler*, S. 475 f.; *Kühl*, § 16 Rn. 70; *Kühl/Kneba*, JA 2011, 426 (428); LK-*Lilie/Albrecht*, 12. Aufl., § 24 Rn. 307 ff.; *Maurach/Gössel/Zipf-Gössel*, AT 2, § 41 Rn. 160; MüKo-*Hoffmann-Holland*, 4. Aufl., § 24 Rn. 133; *Neubacher*, NStZ 2003, 576 (579 ff.); *Rengier*, § 37 Rn. 132; *Rudolphi*, NStZ 1989, 508 (511 ff.); *Schönke/Schröder-Eser/Bosch*, § 24 Rn. 59; SK-*Rudolphi*, § 24 Rn. 27c; *Trüg*, JA 2003, 836; *Walter/Schneider*, JA 2008, 262 (264); für den Rücktritt vom unechten Unterlassungsdelikt auch BGHSt 48, 147 (150 ff.); für den Rücktritt im Rahmen des § 24 Abs. 2 StGB auch BGH NStZ 2004, 614 (615).

ßen[1857]. Begründet wird dies mit dem Wortlaut des § 24 StGB, der lediglich verlange, dass der Täter (kausal) den Erfolg verhindern, nicht aber, dass er dies auf die bestmögliche Weise tun müsse. Auch werden hier Opferschutzgesichtspunkte mit ins Spiel gebracht. Für das Opfer sei es günstiger, wenn der Täter wenigstens teilweise Rettungsmaßnahmen einleite. Weiter wird angeführt, dass für die Verhinderung eines tatbestandsmäßigen Erfolges die gleichen Zurechnungskriterien gelten müssten, wie für die Herbeiführung eines solchen. Dann muss es aber genügen, wenn der Täter eine Rettungschance schafft, die sich im Verhinderungserfolg realisiert. Konsequenz dieser Ansicht ist eine Ausweitung der Möglichkeiten eines Rücktritts, der auch im vorliegenden Fall anzunehmen wäre. **Gegen** diese Ansicht wird eingewandt, dass der Täter nur dann vollständig in die Legalität zurückkehre und die von ihm geschaffene Gefahr vollständig beseitige, wenn er alles ihm Mögliche unternehme, um den tatbestandsmäßigen Erfolg zu verhindern. Auch sei es nicht einzusehen, dass möglicherweise völlig belanglose Tätigkeiten, die eine rettende Kausalkette zur Folge haben, für einen Rücktritt ausreichen.

850 b) Dagegen geht die **Bestleistungstheorie**[1858] davon aus, dass eine Verhinderung der Vollendung nur dann vorliegt, wenn der Täter objektiv oder zumindest aus seiner Sicht die bestmöglichen Rettungsmaßnahmen ergreift und dadurch den Erfolg verhindert[1859]. Er dürfe sich nicht mit Maßnahmen begnügen, die, wie er erkennt, (möglicherweise) unzureichend sind, sofern ihm bessere Verhinderungsmöglichkeiten zur Verfügung stehen. Als **Argument** wird dabei angeführt, dass derjenige, der lediglich eine unsichere Rettungsmaßnahme ergreife, den Erfolgseintritt weiterhin für möglich halten und ihn auch billigend in Kauf nehmen müsse. Dann aber handle er weiterhin mit dolus eventualis hinsichtlich der Tatbestandsverwirklichung. Da ein solcher Eventualvorsatz für die Annahme einer vorsätzlichen Vollendungstat ausreiche, könne damit aber nicht gleichzeitig ein Rücktritt begründet werden. Auch beim Rücktritt vom untauglichen Versuch (§ 24 Abs. 1 Satz 2 StGB) werde durchweg ein „ernsthaftes Bemühen" nur dann angenommen, wenn der Täter das aus seiner Sicht Beste zur Verhinderung des Erfolges unternehme[1860]. Dann aber müsse dies für einen tauglichen Versuch erst recht gelten. Schließlich werde auch beim (unechten) Unterlassungsdelikt vom erfolgsabwendungspflichtigen Garanten durchweg gefordert, dass er sein Bestes tue. Es sei nicht einzusehen, warum dies beim aktiv handelnden Täter anders sein solle. Konsequenz dieser Ansicht ist, dass die Möglichkeiten eines Rücktritts stark eingeschränkt werden und ein Rücktritt daher auch im vorliegenden Fall ausscheiden würde. **Gegen** diese Ansicht lassen sich ebenfalls Opferschutzgesichtspunkte an-

---

1857 BGH NStZ-RR 2019, 171 (172); vgl. auch BGH NJW 1986, 1001 (1002).
1858 BGHSt 31, 46 (49); BGH bei *Dallinger*, MDR 1972, 750 (751); BGH bei *Holtz*, MDR 1978, 279; BGH bei *Holtz*, MDR 1978, 984 (985); in diese Richtung auch noch BGH NStZ 1989, 525; aus der Literatur BWME-*Mitsch*, § 23 Rn. 40; *Blei*, § 69 III 2a; *Frister*, 24. Kap. Rn. 45; *v. Heintschel-Heinegg*, ZStW 109 (1997), 29 (53); *Herzberg*, NJW 1989, 862 (867); *ders*., NStZ 1989, 49; *ders*., NJW 1991, 1633 (1636 f.); *Jakobs*, 26/21; *ders*., ZStW 104 (1992), 82 (91 f.); *Krey/Esser*, Rn. 1314; *Ladiges/Glückert*, JURA 2011, 552 (557); LK-*Murmann*, 13. Aufl., § 24 Rn. 339 ff.; MüKo-*Herzberg*, 1. Aufl., § 24 Rn. 160; *Murmann*, JuS 2022, 193 (197 f.); *Puppe*, § 21 Rn. 41 ff.; *dies*., NStZ 1995, 403 (404); *dies*., NStZ 2003, 309; *Römer*, MDR 1989, 945 (947); *Schiemann*, NJW 2019, 3662; vgl. aber auch *Roxin*, AT II, § 30 Rn. 278; *ders*., JR 1986, 424 (427).
1859 In abgeschwächter Form (sog. „Erforderlichkeitstheorie") stellen auch manche darauf ab, dass der Täter jedenfalls eine aus seiner Sicht verlässliche bzw. ausreichende Rettungshandlung wählen muss. Dies scheide aus, wenn es der Täter lediglich für möglich hält, dass seine Handlung zur Erfolgsverhinderung beiträgt; vgl. NK-*Zaczyk*, § 24 Rn. 61; *Otto*, § 19 Rn. 48 f.
1860 Vgl. oben Rn. 800.

führen. Wenn nämlich vom Täter optimale Rettungsmaßnahmen gefordert werden, wird dieser oft völlig von Maßnahmen absehen, um sich nicht selbst überführen zu müssen.

c) Eine Zwischenposition nimmt die in verschiedenen Varianten vertretene **Differenzierungstheorie**[1861] ein, wonach es bei einer eigenhändigen Erfolgsverhinderung ausreiche, wenn der Täter irgendwelche für die Rettung kausalen Maßnahmen ergreife. Dagegen müsse bei einer fremdhändigen Erfolgsverhinderung gefordert werden, dass der Täter die optimale Leistung erbringe[1862]. Begründet wird dies damit, dass derjenige, der den tatbestandsmäßigen Erfolg letztendlich eigenhändig verhindere, die Rechtsgutsverletzung vollständig beseitige. Ob er es noch besser oder gefahrloser hätte verwirklichen können, dürfe keine Rolle spielen, denn letztlich „gebe ihm der Erfolg recht". Mehr fordere aber auch der Gesetzeswortlaut nicht. Dagegen verlasse sich der Täter bei der fremdhändigen Erfolgsverhinderung darauf, dass ein anderer tätig werde und den Erfolg verhindere. Dann aber müsse man fordern, dass der Täter das Bestmögliche zu dieser Erfolgsverhinderung beitrage. Im Ergebnis muss nach dieser Ansicht immer zwischen eigenhändiger und fremdhändiger Erfolgsverhinderung getrennt werden. Zwar lässt sich gegen die vorgeschlagene Differenzierung vorbringen, sie sei willkürlich und lasse sich dem Gesetz nicht entnehmen. Dennoch ist sie überzeugend. Wenn der Täter selbst einen Kausalverlauf in Gang gesetzt hat, der ohne Gegenmaßnahme zum tatbestandlichen Erfolg führen würde, so muss es reichen, dass er eine Maßnahme ergreift, die diese Umkehr bewirkt. Dabei darf er jedoch nicht darauf vertrauen, dass andere, die er lediglich dazu auffordert, diese Gegenmaßnahmen durchführen. Insoweit ist ein Rücktritt im genannten Fall ausgeschlossen, da sich Anton letztlich darauf verlassen hatte, dass andere (entweder Berta oder ein Passant) die Handlung erbringen, die er selbst hätte problemlos durchführen können.

[1861] *Engländer*, JuS 2003, 641 (644 f.); *Jäger*, JURA 2009, 53 (58); *Lackner/Kühl*, § 24 Rn. 19b; *Roxin*, AT II, § 30 Rn. 243 ff.; *ders.*, Hirsch-FS 1999, S. 327 (335 ff.); vgl. ferner die differenzierten Ansätze bei *Haverkamp/Kaspar*, JuS 2006, 895 (900); *Jäger*, Rn. 444; *Kindhäuser/Zimmermann*, § 32 Rn. 32; ferner *Böß*, JA 2012, 348 (355), der die fremdhändige Rettung im Hinblick darauf prüft, ob diese dem Zurücktretenden noch objektiv zurechenbar ist.
[1862] Weiter differenzierend *Engländer*, JuS 2003, 641 (644): Dies gelte jedenfalls dann, wenn dem Dritten die Rettung vollständig überlassen werde; anders hingegen, wenn der Täter an der Erfolgsverhinderung wie ein Mittäter oder mittelbarer Täter mitwirke: ähnlich *T. Schneider*, JuS 2019, 1171 (1173); Rücktritt sei nur dann ein „Werk des Täters", wenn er den Rettungsakt des Dritten mit Tatherrschaft steuere.

Teil VII: Das Unterlassungsdelikt

§ 25 Das Unterlassungsdelikt – Übersicht

Einführende Aufsätze: *Exner*, Versuch und Rücktritt vom Versuch eines Unterlassungsdelikts, JURA 2010, 276; *Führ*, Die Abgrenzung von Tun und Unterlassen im Strafrecht – vom „Ziegenhaarfall" zu „Terri Schiavo", JURA 2006, 265; *Kühl*, Das Unterlassungsdelikt, JA 2014, 507; *Otto*, Das Problem der Abgrenzung von Tun und Unterlassen, JURA 2000, 549; *Otto/Brammsen*, Grundlagenprobleme der Unterlassungsdelikte, JURA 1985, 530, 592, 646; JURA 1986, 37; *Ransiek*, Das unechte Unterlassungsdelikt, JuS 2010, 490, 585; 678; *Seelmann*, Probleme der Unterscheidung von Handeln und Unterlassen im Strafrecht, JuS 1987, L 33; *Stoffers*, Die Rechtsfigur „Unterlassen durch Tun", JA 1992, 138, 177; *ders.*, „Schwerpunkt der Vorwerfbarkeit" und die Abgrenzung von Tun und Unterlassen, JuS 1993, 23; *ders.*, Die Abgrenzung von Tun und Unterlassen in der neueren Rechtsprechung, JURA 1998, 580.

Zur Vertiefung: *Maiwald*, Grundlagenprobleme der Unterlassungsdelikte, JuS 1981, 473.

Übungsfälle: *Dannecker*, Eine folgenschwere Gasexplosion, JURA 1988, 657; *v. Danwitz*, Reden ist Silber, Schweigen ist Gold, JURA 2000, 486; *Lindheim/Uhl*, Familiäre Tragödie, JA 2009, 783; *Murmann*, Eine folgenreiche Entscheidung, JuS 1998, 630; *Rudolphi*, Examensklausur Strafrecht, JURA 1979, 39; *Stoffers*, Fehlschlag mit Folgen, JuS 1993, 837; *ders.*, Ein Tag im Leben des Bademeisters A, JURA 1993, 376; *Stoffers/Murray*, Zeugen Jehovas, JuS 2000, 986.

Rechtsprechung: RGSt 63, 211 – Ziegenhaarfall (Abgrenzung Tun – Unterlassen); **RGSt 63, 392** – Radleuchtenfall (Abgrenzung Tun – Unterlassen); **BGHSt 14, 280** – Kahlpfändung (strafbare Beihilfe zum Unterlassungsdelikt); **BGHSt 37, 106** – Lederspray (Haftung des Produzenten beim Inverkehrbringen gefährlicher Produkte); **BGHSt 57, 28** – Balkongeländer (Keine Anwendung des § 13 Abs. 2 StGB auf echte Unterlassungsdelikte).

I. Grundlagen

1. Struktur des Unterlassungsdelikts

852 Neben den bisher behandelten **Begehungsdelikten** stellen die **Unterlassungsdelikte** eine zweite große Deliktsgruppe im Strafrecht dar[1863]. Allgemein kann man davon ausgehen, dass sich „menschliches Verhalten" (als Oberbegriff) in die Kategorien Tun (= Begehen, „aktives" Handeln, „aktives" Tun) und Unterlassen (= Nichtstun) einordnen lässt. Die Frage, ob ein Tun oder ein Unterlassen vorliegt, wird dabei üblicherweise unter dem Prüfungspunkt der „Handlung" zu Beginn des objektiven Tatbestandes anzusprechen sein[1864].

853 Entscheidend ist dabei, dass auch bloßes Nichtstun strafrechtlich relevant sein kann – und zwar dann, wenn eine besondere **Rechtspflicht zum Handeln** besteht. Diese Rechtspflicht kann sowohl unmittelbar aus dem Gesetz (beim „ech-

---

1863 Vgl. zur Unterscheidung von Begehungs- und Unterlassungsdelikten bereits oben Rn. 168 ff.
1864 So auch *Krey/Esser*, Rn. 1105; vgl. hierzu bereits oben Rn. 192; abweichend *Kühl*, § 18 Rn. 12a; *Wessels/Beulke/Satzger*, Rn. 1156 („Vorprüfung").

ten" Unterlassungsdelikt) als auch mittelbar aus einer besonderen Pflichtenstellung heraus (die sog. Garantenpflicht beim „unechten Unterlassungsdelikt") folgen[1865].

Vom Aufbau und der Struktur her sind die Unterlassungsdelikte mit den Begehungsdelikten vergleichbar und zeichnen sich lediglich dadurch aus, dass einige zusätzliche Voraussetzungen zu beachten sind (z. B. die physisch-reale Handlungsmöglichkeit sowie – bei den unechten Unterlassungsdelikten – die bereits genannte Garantenpflicht, § 13 StGB). 854

Auch darüber hinaus unterliegt das Unterlassungsdelikt den allgemeinen Regelungen. Möglich sind also auch hier der **Versuch**, die **fahrlässige Begehung** und die Möglichkeit der **Beteiligung** (Täterschaft und Teilnahme)[1866], wobei sowohl die (aktive) Teilnahme an einem fremden Unterlassungsdelikt als auch die Teilnahme durch Unterlassen an einem fremden Begehungsdelikt möglich sind. Auch bei den subjektiven Voraussetzungen (**Vorsatz- und Irrtumsfragen**) gelten keine Besonderheiten. 855

> **Bsp.:** Gibt Martha ihrem Säugling Siegfried vorsätzlich nichts zu Essen, weil sie sich seiner entledigen will, liegt eine vorsätzliche Tötung durch Unterlassen vor. Handelt sie aus reiner Nachlässigkeit, kommt eine fahrlässige Tötung durch Unterlassen in Frage. Sofern Martha vorsätzlich handelt, Siegfried aber gerettet wird, weil eine aufmerksame Nachbarin das Fehlverhalten bemerkt, liegt eine versuchte Tötung durch Unterlassen vor. Hilft Marthas Freundin Beate – in Kenntnis der Sachlage – die aufmerksame Nachbarin zu beschwichtigen, damit diese nicht einschreitet, kann sich Beate wegen einer Beihilfe zur Tötung durch Unterlassen strafbar machen[1867] (da Beate hier eine Beihilfe durch aktives Tun leistet, bedarf es für sie nicht einmal einer Garantenpflicht[1868]). Erfährt Vater Viktor, der sich gerade auf einer Geschäftsreise befindet, von Marthas Vorhaben und unternimmt auch er nichts, dann leistet er Beihilfe durch Unterlassen.

2. Strafbarkeit des Unterlassens

Der wesentliche Unterschied zwischen einem aktiven Begehungsdelikt und einem (unechten) Unterlassungsdelikt ist darin zu sehen, dass ein **Begehungsdelikt immer strafbar** ist, während ein Unterlassen nur dann strafrechtlich relevant ist, wenn eine **besondere Rechtspflicht zum Handeln** besteht. Durch diese gesetzgeberische Entscheidung soll verhindert werden, dass sich grundsätzlich jeder strafbar macht, der einen strafrechtlich unerwünschten Erfolg abwenden könnte, dies aber unterlässt. 856

> **Bsp. (1):** Anton entwendet ein vor der Universität abgestelltes Fahrrad. Sein Freund Bruno sieht dies, unternimmt aber nichts. – Hier macht sich Anton wegen eines Diebstahls strafbar, § 242 StGB. Bruno, der tatenlos zusieht, erfüllt nur dann den objektiven Tatbestand eines Diebstahls durch Unterlassen, §§ 242, 13 StGB, wenn er zum Handeln, d. h. zum Einschreiten verpflichtet ist. Dies ist unter normalen Umständen nicht der Fall (anders, wenn Bruno z. B. als Mitarbeiter eines Wachdienstes gerade die Aufgabe hatte, den Diebstahl zu verhindern). Insofern war Bruno hier zwar zum Einschreiten berechtigt (§ 32 StGB – Nothilfe), aber nicht zu einem solchen verpflichtet.

1865 Vgl. zur Unterscheidung von echten und unechten Unterlassungsdelikten sogleich unten Rn. 857 ff.
1866 BGHSt 37, 106 (129) für einen Fall des mittäterschaftlichen Unterlassens; ferner RGSt 66, 71 (74); vgl. auch *Arzt*, JA 1980, 553 (557 f.).
1867 Bzgl. einiger Besonderheiten im Hinblick auf die Beteiligung beim Unterlassungsdelikt vgl. unten Problemschwerpunkt 22 Rn. 878 ff.
1868 Möglich ist lediglich eine Strafmilderung über § 28 Abs. 1 StGB, da es sich bei der Garantenpflicht um ein besonderes persönliches Merkmal handelt; vgl. hierzu ausführlich unten Rn. 971, 1355.

Bsp. (2): Nachbar Norbert schlägt den achtjährigen Sascha krankenhausreif, weil dieser ihm die Zunge herausgestreckt hat. Mutter Martha und die Nachbarin Rosi schauen zu. – Norbert ist hier strafbar wegen einer Körperverletzung, § 223 StGB. Martha hatte als Mutter eine Rechtspflicht zum Einschreiten, weswegen sie sich wegen einer Körperverletzung durch Unterlassen strafbar gemacht hat, §§ 223, 13 StGB[1869]. Rosi hingegen ist straflos, weil sie keine Rechtspflicht zum Tätigwerden traf.

3. Echte und unechte Unterlassungsdelikte

857 Wie bereits angesprochen[1870], kann sich die besondere Verpflichtung zum Handeln aus zwei Gründen ergeben: Entweder sie ist gesetzlich **ausdrücklich bestimmt** (= echtes Unterlassungsdelikt), oder dem Einzelnen ist im Hinblick auf das gefährdete Rechtsgut eine besondere Rechtspflicht zum Handeln auferlegt (die sog. „**Garantenpflicht**"). Letztere führt dazu, dass der Betreffende einen bestimmten tatbestandsmäßigen Erfolg, der üblicherweise durch aktives Tun herbeigeführt wird, zu verhindern hat (= unechtes Unterlassungsdelikt). Somit ergibt sich folgende Unterscheidung[1871]:

858 **Echte Unterlassungsdelikte:** Delikte, bei denen die Voraussetzungen, unter denen ein Unterlassen strafbar ist, in einem eigenen Tatbestand vollständig umschrieben werden. Hier erschöpft sich die Tatbestandserfüllung in dem Verstoß gegen eine bestimmte Gebotsnorm, die als solche im Gesetz abschließend normiert ist.

859 **Unechte Unterlassungsdelikte:** Delikte, bei denen eine Unterlassung nicht ausdrücklich im Tatbestand normiert ist, sondern die Nichtabwendung eines tatbestandsmäßigen Erfolges erst im Wege eines Vergleichs mit einem Begehungsdelikt unter den Voraussetzungen des § 13 StGB begründet werden kann, was regelmäßig voraussetzt, dass der Täter eine besondere Rechtspflicht zum Handeln (Garantenpflicht) besitzt.

860 a) Als „klassische" **echte Unterlassungsdelikte** sind die unterlassene Hilfeleistung (§ 323c StGB) und die Nichtanzeige geplanter Straftaten (§ 138 StGB; allerdings nur bzgl. der hier genannten schweren Straftaten) zu nennen. Einer besonderen Garantenpflicht bedarf es hier nicht (= Jedermannsdelikt). Als weiteres Beispiel ist die Aussetzung in der Form des „Im-Stich-Lassens", § 221 Abs. 1 Nr. 2 StGB zu nennen. Auch hier bedarf es keines Rückgriffs auf § 13 StGB, die Voraussetzungen der „Garantenpflicht" sind vielmehr in § 221 Abs. 1 Nr. 2 StGB abschließend umschrieben. Kennzeichnend für diese Delikte ist, dass sie ausschließlich durch Unterlassen begangen werden können. Eine Deliktsbegehung durch aktives Tun ist nicht möglich. Neben diesen eindeutigen Fällen existieren jedoch auch echte Unterlassungsdelikte, die auf den ersten Blick nicht als solche erkennbar sind, wie z. B. die Untreue (§ 266 StGB)[1872]. Tatbestandsmäßig ist hier die Schädigung fremden Vermögens, sofern der Täter eine besondere Vermögensbetreuungspflicht be-

---

1869 Vgl. zur Frage, ob sich Martha hier wegen eines täterschaftlichen Unterlassungsdelikts oder lediglich wegen einer Beihilfe durch Unterlassen strafbar gemacht hat, noch ausführlich unten, Problemschwerpunkt 32, Rn. 1212 ff.
1870 Vgl. oben Rn. 853; ferner Rn. 169 ff.
1871 Vgl. zu dieser Unterscheidung auch *Hoffmann-Holland*, Rn. 727; *Kühl*, JuS 2007, 497 (498 f.); *Puppe*, AT 2, 1. Aufl., § 45 Rn. 10 ff.; *Ransiek*, JuS 2010, 490 (490 f.); *Rengier*, § 48 Rn. 2 ff.; *Satzger*, JURA 2011, 432 (432 f.); abweichende Einteilung hingegen bei SK-*Rudolphi/Stein*, Vor § 13 Rn. 10.
1872 BGHSt 36, 227; OLG Bremen NStZ 1989, 228; BWME-*Mitsch*, § 21 Rn. 7.

sitzt. Diese Schädigung kann sowohl durch aktives Tun als auch durch Unterlassen erfolgen.

> **Bsp.:** Es spielt im Hinblick auf den zu erzielenden Gewinn keine Rolle, ob der Bankangestellte Bert das fremde Geld, das er gewinnbringend anlegen soll, bewusst in eine verlustbringende Anlage investiert (= aktives Tun), oder ob er es schlicht und einfach in der Schublade liegen lässt, anstatt es anzulegen (= Unterlassen). – § 266 StGB stellt deswegen (auch) ein echtes Unterlassungsdelikt dar, weil hier sämtliche Tatbestandsmerkmale abschließend im Tatbestand genannt sind und es einer darüber hinausgehenden Garantenpflicht und somit eines „Umwegs" über § 13 StGB nicht bedarf.

b) Als unechte Unterlassungsdelikte kommen sämtliche Straftatbestände in Frage, die üblicherweise durch aktives Tun begangen werden, aber gemäß § 13 StGB bei Vorliegen einer Garantenpflicht auch durch Unterlassen erfüllt werden können (z. B. Totschlag durch Unterlassen, §§ 212, 13 StGB; Betrug durch Unterlassen, §§ 263, 13 StGB). Diese Delikte stellen somit ein Spiegelbild zu den Begehungsdelikten dar und sind in gleicher Weise strafwürdig, sofern das *„Unterlassen der Verwirklichung des gesetzlichen Tatbestandes durch ein Tun entspricht"* (§ 13 Abs. 1 StGB), was regelmäßig der Fall sein dürfte[1873]. Lediglich für die Rechtsfolgen stellt § 13 Abs. 2 StGB klar, dass die Strafe bei einem Unterlassungsdelikt (nach § 49 Abs. 1 StGB) gemildert werden kann, wenn eine Gesamtabwägung ergibt, dass ein Unterlassen hier weniger schwer wiegt. Die Strafe **kann** also gemildert werden, **muss** aber nicht (fakultative Strafmilderung)[1874].

> **Bsp.**[1875]**:** Mutter Martha kümmert sich nicht um den drei Monate alten Säugling Siegfried, worauf dieser verhungert. Die Verursachung des Todes durch Unterlassen muss hier in gleicher Weise strafbar sein, wie wenn Martha den Siegfried mittels eines Kissens (d. h. durch aktives Tun) erstickt oder mittels Verabreichung eines vergifteten Breis getötet hätte. Der „Erfolg" bleibt derselbe. Als Mutter hat sie auch eine Rechtspflicht zum Handeln (= Garantenpflicht) aus natürlicher Verbundenheit[1876].

c) Sowohl bei den echten, als auch bei den unechten Unterlassungsdelikten kann es sich um **Erfolgsdelikte** oder aber um **schlichte Unterlassungsdelikte** handeln. Die schlichten Unterlassungsdelikte stellen dabei das Gegenstück zu den schlichten Tätigkeitsdelikten[1877] dar (vgl. § 323c StGB: Strafbar ist allein das bloße Nicht-Hilfeleisten; auf einen bestimmten Erfolg, z. B. den Tod des in Not Geratenen, kommt es nicht an). Sie dominieren bei den echten Unterlassungsdelikten, wogegen bei den unechten Unterlassungsdelikten die Erfolgsdelikte häufiger anzutreffen sind (z. B. §§ 212, 13 StGB, Tötung durch Unterlassen). Es gibt hierzu jedoch auch Ausnahmen (so stellt das echte Unterlassungsdelikt der Untreue, § 266 StGB, ein Erfolgsdelikt dar, da hier die Schädigung fremden Vermögens erforderlich ist)[1878].

1873 Die in § 13 Abs. 1 StGB normierte „Entsprechungsklausel" hat kaum praktische Auswirkungen, vgl. unten Rn. 907 ff.
1874 Kritisch im Hinblick auf die Möglichkeit der fakultativen Strafmilderung *Lermann*, GA 2008, 78 (88 ff.).
1875 Vgl. zu diesem Beispiel *Krey/Esser*, Rn. 1100.
1876 Vgl. zu dieser Garantenpflicht noch unten Rn. 930 ff.
1877 Vgl. zu diesem Begriff oben Rn. 159.
1878 Unklar BGHSt 14, 280 (281); hier wird davon gesprochen, dass sich bei (allen) echten Unterlassungsdelikten das strafbare Verhalten im Verstoß gegen eine Gebotsnorm erschöpfe, ein darüber hinaus gehender Erfolg also nie notwendig sei, wobei dann offen gelassen wird, ob dies „ausnahmsweise" auch einmal anders sein könne. § 266 StGB setzt einen solchen Erfolg (= Vermögensschädigung) jedenfalls auch im Falle der Schädigung durch Unterlassen voraus.

II. Abgrenzung von aktivem Tun und Unterlassen

1. Grundsatz

863 Während bei den echten Unterlassungsdelikten ein Nicht-Handeln unmittelbar tatbestandsmäßig ist, stellt sich bei den unechten Unterlassungsdelikten oftmals die Frage, ob ein aktives Tun oder Unterlassen vorliegt[1879]. Dies kann für die Strafbarkeit des Einzelnen entscheidende Bedeutung erlangen, sofern keine Garantenpflicht vorliegt: Nimmt man ein aktives Tun an, ist die Strafbarkeit begründet, liegt ein Unterlassen vor, hat sich der Täter mangels Garantenpflicht nicht strafbar gemacht.

864 Die Abgrenzung ist in vielen Fällen eindeutig: Immer dann, wenn der Täter einen Kausalverlauf durch **aktives Handeln** (zielgerichteter Einsatz körperlicher Energie) in Gang setzt, liegt ein **Tun** vor. Bleibt er lediglich passiv und unternimmt er nichts, ist ein **Unterlassen** gegeben.

> **Bsp. (1):** Anton sieht bei einer Bergwanderung, dass der abgestürzte Bergsteiger Bruno an einem Seil bewusstlos in einer Felsspalte hängt. Er schneidet das Seil durch, wodurch Bruno zu Tode kommt. – Hier liegt eine Tötung durch aktives Tun vor, § 212 StGB.
>
> **Bsp. (2):** Anton sieht den abgestürzten Bruno am Seil hängen und unternimmt nichts, sodass dieser wenige Stunden später stirbt, obwohl er durch Antons Einschreiten hätte gerettet werden können. – Hier liegt eine Tötung durch Unterlassen vor, die jedoch nach §§ 212, 13 StGB nur strafbar ist, wenn Anton eine Garantenpflicht besaß, die in der vorliegenden Konstellation nicht erkennbar ist. Es bleibt „lediglich" eine Strafbarkeit wegen unterlassener Hilfeleistung nach § 323c StGB.

2. Mehrdeutige Verhaltensweisen

865 Während in den genannten Fällen eine Abgrenzung anhand des Kriteriums des „Energieeinsatzes" unproblematisch ist, gibt es aber auch Situationen, in denen dies nicht eindeutig ist. Man spricht hier von **mehrdeutigen Verhaltensweisen**, die sowohl als Tun als auch als Unterlassen angesehen werden könnten.

> **Ausgangsfall 1**[1880]: Ein Händler vertreibt verseuchtes Rindfleisch, ohne die erforderlichen Kontrollen durchzuführen. Dies führt bei mehreren Konsumenten zu gesundheitlichen Schäden. Später erfährt er, dass das Fleisch verseucht ist. Obwohl es ihm möglich gewesen wäre, nimmt er den erforderlichen Rückruf nicht vor, was dazu führt, dass in der Folgezeit weitere Konsumenten gesundheitliche Schäden erleiden. – Das Verkaufen des Rindfleisches stellt ein aktives Tun dar. Stellt man hingegen auf die fehlenden vorherigen Kontrollen ab, liegt ein Unterlassen vor. Das Gleiche gilt hinsichtlich des nicht vorgenommenen Rückrufs. Somit muss hier geprüft werden, welches Verhalten man dem Händler vorwirft: das Unterlassen der Kontrollen, den Verkauf des Fleisches oder den mangelnden Rückruf.
>
> **Ausgangsfall 2**[1881]: Anton fährt ohne Licht mit dem Fahrrad auf einem Feldweg. Er stößt im Dunkeln mit einem entgegenkommenden Fahrradfahrer zusammen, den er schwer verletzt. – Stellt man auf das Radfahren ab, so liegt ein aktives Tun vor, legt man den Schwerpunkt auf das Nichteinschalten des Lichts, ist ein Unterlassen gegeben.

1879 Vgl. hierzu auch die Übungsfälle bei *Albrecht/Kaspar*, JuS 2010, 1071 (1074); *Ast*, JuS 2017, 867 (868); *Berster*, ZJS 2017, 468 (477); *Bischoff/Jungkamp*, JuS 2008, 908 (912); *Bott/Kühn*, JURA 2009, 72 (77); *Esser/Wassmeier*, JA 2020, 668 (669 f.); *Höffler/Marsch*, JA 2017, 677 (678 f.); *Lindheim/Uhl*, JA 2009, 783; *Reinhardt*, JuS 2016, 423 (424); *Rotsch*, JuS 2004, 607 (611 f.); *Wolf/Langlitz*, ZJS 2018, 611 (618).

1880 Vgl. auch den Fall in BGHSt 37, 106 (114) – *Lederspray*.

1881 Fall nach RGSt 63, 392 – *Radleuchtenfall*.

Ausgangsfall 3[1882]: Fabrikant Fritz überlässt seinen Arbeitern Ziegenhaare zur Herstellung von Pinseln. Entgegen seiner gesetzlichen Pflicht hat Fritz die Ziegenhaare, die er aus dem Ausland bezogen hat, nicht desinfizieren lassen. Mehrere Arbeiter sterben an Milzbrand, da die Haare verseucht waren. – Das Überlassen der Ziegenhaare an die Arbeiter stellt ein aktives Tun dar, die vorherige fehlende Desinfektion ist ein klassisches Unterlassen.

Ausgangsfall 4: Anton, der allein durch den Wald schlendert, sieht, wie dem Spaziergänger Bruno ein schwerer Felsbrocken auf den Kopf fällt. Anstatt zu helfen, rennt er weg, weil er kein Blut sehen kann. Bruno stirbt, was Anton billigend in Kauf nimmt. Hätte er geholfen, so wäre Bruno nicht gestorben. – Während man im Wegrennen ein aktives Tun sehen kann, liegt in der fehlenden Hilfeleistung ein Unterlassen. Dieser Fall ist deswegen besonders brisant, weil man, je nachdem, ob man ein Tun oder ein Unterlassen annimmt, zu ganz unterschiedlichen Ergebnissen kommt. Bei einem aktiven Tun liegt die Strafbarkeit wegen Totschlags vor, § 212 StGB. Nimmt man hingegen ein Unterlassen an, scheitert eine Strafbarkeit wegen Totschlags durch Unterlassen, §§ 212, 13 StGB, an der fehlenden Garantenstellung Antons. Es käme „lediglich" eine unterlassene Hilfeleistung, § 323c StGB, in Betracht.

Eine Lösung lässt sich in diesen Fällen nicht immer zweifelsfrei entwickeln. Während eine Ansicht hier streng am Kriterium des **Energieeinsatzes** festhält[1883], sehen andere sowohl ein Delikt durch aktives Tun als auch ein solches durch Unterlassen als erfüllt an und lösen das Problem auf **Konkurrenzebene**[1884]. Keine dieser Ansichten kann jedoch restlos befriedigen, weil in Einzelfällen trotz eines vorliegenden Energieeinsatzes die Unterlassenskomponente überwiegen kann. Die Entscheidung hängt vielmehr stets von einer **normativen Wertung** unter Berücksichtigung des sozialen Handlungssinns ab. Es muss gefragt werden, welches Verhalten man dem Täter letztlich vorwirft, worin also der **Schwerpunkt der Vorwerfbarkeit**, d.h. der Schwerpunkt des strafrechtlich relevanten Verhaltens gesehen werden kann[1885]. Diese – leider recht unbestimmte – Formel[1886] erfordert zwar letztlich immer eine Einzelfallprüfung, man wird hierdurch aber in die Lage versetzt, im Wege einer wertenden Beurteilung interessensgerechte Ergebnisse zu

---

1882 Fall nach RGSt 63, 211 – *Ziegenhaarfall*; vgl. hierzu *Führ*, JURA 2006, 265 (266 f.); *Engisch*, Gallas-FS 1973, S. 163 (184 ff.).
1883 *Brammsen*, GA 2002, 193 (205); *Duttge*, JR 2004, 34 (37); *Engisch*, Gallas-FS 1973, S. 163 (170 ff.); *Führ*, JURA 2006, 265 (269); *Joecks/Jäger*, § 13 Rn. 18; *Kindhäuser/Zimmermann*, § 35 Rn. 4; *Maurach/Gössel/Zipf-Gössel*, AT 2, § 45 Rn. 42; MüKo-*Freund*, 4. Aufl., § 13 Rn. 8 f.; NK-*Gaede*, § 13 Rn. 7; *Otto*, § 9 Rn. 2; *ders.*, JURA 2000, 549; *Otto/Brammsen*, JURA 1985, 530 (531 f.); *Roxin*, AT II, § 31 Rn. 78; *ders.*, ZStW 74 (1963), 411 (415); *Samson*, Welzel-FS 1974, S. 579 (589 ff.); *Sieber*, JZ 1983, 431 (436); SK-*Stein*, Vor § 13 Rn. 8; 76 f.; *Struensee*, Stree/Wessels-FS 1993, S. 133 (144 ff.); *Zieschang*, Rn. 591; vgl. auch *Kargl*, GA 1999, 459; *Ulsenheimer*, StV 2007, 77 (79).
1884 BWME-*Mitsch*, § 21 Rn. 27 f.; *Jakobs*, 28/4; *Kindhäuser/Hilgendorf*, LPK, § 13 Rn. 73; *Rotsch*, JuS 2004, 607 (612); *ders.*, ZIS 2018, 1 (2 f.); *Seelmann*, JuS 1987, L 33 (L 35); *Walter*, ZStW 116 (2004), 555 (567 f.); *ders.*, ZIS 2011, 76; vgl. auch *Frister*, 22. Kap. Rn. 12; *Stoffers*, GA 1993, 262 (274 f.); *ders.*, JURA 1998, 580 (581).
1885 BGHSt 6, 46 (59); BGHSt 40, 257 (265 f.); BGHSt 49, 147 (164); BGHSt 51, 165 (173); BGHSt 55, 191 (201); BGHSt 56, 277 (286); BGHSt 57, 28 (30); BGHSt 59, 292 (296); BGH NStZ 1999, 607; BGH NStZ 2003, 657; BGH NStZ 2005, 446 (447); BGH NStZ-RR 2006, 174; BGH NJW 2010, 1087 (1093); BGH NJW 2011, 2895 (2897); BGH NStZ 2012, 86 (88); BGH NStZ-RR 2019, 74; AnwKomm-*Gercke*, § 13 Rn. 2; *Haft*, JA 1982, 473 (474); *Hoffmann-Holland*, Rn. 732; *Kaspar*, JA 2006, 855 (856); *Krey/Esser*, Rn. 1107; *Rengier*, § 48 Rn. 10; *Schönke/Schröder-Bosch*, Vorbem. §§ 13 ff. Rn. 158a; *Wessels/Beulke/Satzger*, Rn. 1159; kritisch hierzu *Arzt*, JA 1978, 557 (562); *Jäger*, Rn. 477; *Klesczewski*, Rn. 255; *Puppe*, § 28 Rn. 2 f.; *Struensee*, Stree/Wessels-FS 1993, S. 133 (136 ff.).
1886 Vgl. zur Kritik *Czerner*, JR 2005, 94 (95); *Führ*, JURA 2006, 265 (267 ff.); *Stoffers*, JuS 1993, 24 (27); *ders.*, JURA 1998, 580 (582); *Streng*, ZStW 122 (2010), 1 (8).

erzielen[1887]. Allerdings können zur besseren Orientierung verschiedene Fallgruppen gebildet werden:

867 **a) Zeitliches Zusammenfallen von Tun und Unterlassen.** In diesen (komplizierteren) Fällen muss im Einzelfall nach den genannten Kriterien jeweils der Schwerpunkt der Vorwerfbarkeit ermittelt werden. Tendenziell wird man davon ausgehen können, dass hier die stärkere Begehungsform des Tuns dem Unterlassen vorgeht[1888]. Dies gilt jedenfalls dann, wenn die Rechtsordnung ein bestimmtes gefährliches Verhalten zwar gestattet, aber an die Einhaltung bestimmter Sicherheitsvorkehrungen knüpft. Werden diese Vorkehrungen unterlassen, wird das gesamte Handeln dadurch pflichtwidrig.

> **Bsp.:** In den Ausgangsfällen 1 (verseuchtes Rindfleisch), 2 (Radleuchtenfall) und 3 (Ziegenhaarfall) liegt der Schwerpunkt der Vorwerfbarkeit auf dem aktiven Tun (gerade durch dieses Tun gefährdet der Täter die jeweiligen Rechtsgüter). Dagegen liegt im Ausgangsfall 4 (Felsbrockenfall) ein Unterlassen vor (man wirft dem Täter hier nicht vor, dass er weggelaufen ist, sondern dass er nicht geholfen hat – die Strafbarkeit wegen Unterlassens wäre in gleicher Weise begründet gewesen, wenn Anton schlicht nichts getan, also stehen geblieben wäre, um zuzusehen, wie Bruno stirbt; daher kann es auf das Weglaufen nicht ankommen)[1889].

868 **b) Zeitliches Auseinanderfallen von Tun und Unterlassen.** Fallen Tun und Unterlassen zeitlich auseinander, verdrängt ein vorhergegangenes Tun, welches den tatbestandsmäßigen Erfolg herbeiführt, regelmäßig das spätere Unterlassen, sofern dieses lediglich darin besteht, den durch das Tun herbeigeführten Erfolg nicht wieder rückgängig zu machen[1890].

> **Bsp.:** Anton schlägt Bruno in Tötungsabsicht eine Eisenstange auf den Kopf. Danach lässt er den schwerverletzten Bruno liegen und entfernt sich. Bruno stirbt kurze Zeit später. Er hätte allerdings noch gerettet werden können, wenn Anton ihn nach dem Schlag ins Krankenhaus gefahren oder den Notarzt gerufen hätte, was er aus naheliegenden Gründen unterlässt. – Anton hat hier einen Totschlag, § 212 StGB, durch aktives Tun begangen. Er ist nicht noch zusätzlich (oder stattdessen) wegen Totschlags durch Unterlassen, §§ 212, 13 StGB, strafbar. Auch eine (zusätzliche) unterlassene Hilfeleistung, § 323c StGB, scheidet hier konsequenterweise aus.

869 **Anders** ist dies jedoch dann zu beurteilen, wenn sich Tun und Unterlassen qualitativ unterscheiden. Dies ist insbesondere dann der Fall, wenn ein **Vorsatzwechsel** vorliegt bzw. der **Vorsatz** erst nachträglich hinzutritt oder der Täter aus sonstigen, neu hinzukommenden Gründen (z. B. aus Habgier) nicht tätig wird.

> **Bsp. (1)**[1891]: Anton verursacht in betrunkenem Zustand einen Autounfall, bei dem Bruno schwer verletzt wird. Anton erkennt dies, fährt jedoch weiter, weil er „keinen Ärger" haben will. Dabei nimmt er bedingt vorsätzlich Brunos Tod in Kauf. Bruno stirbt. – Die Verursachung des Unfalls stellt ein aktives Tun dar, das spätere Sich-Entfernen ein Unterlassen (auch hier könnte man zwar daran denken, im „Davonfahren" ein

---

1887 Dagegen will *Ransiek*, JuS 2010, 490 (494), die Frage offen lassen und im Einzelfall lediglich prüfen, ob für den Betreffenden eine Pflicht bestand, sich in gewisser Weise zu verhalten.
1888 *Puppe*, § 28 Rn. 11.
1889 Vgl. auch BGH NStZ 1999, 607: Eine Mutter lässt ihre dreijährige Tochter allein zu Hause, obwohl diese bereits mehrfach die Herdplatten angedreht hatte. Die Tochter setzt durch das Anschalten des Herdes das Haus in Brand und kommt in den Flammen um; zu diesem Fall *Puppe*, § 28 Rn. 1 ff.
1890 *Puppe*, 1. Aufl. 2005, AT 2, § 45 Rn. 15; *Ransiek*, JuS 2010, 490 (492).
1891 Fall nach BGHSt 7, 287; vgl. hierzu auch die Übungsfälle bei *Reinbacher*, JURA-Sonderheft Zwischenprüfung, 2004, 26; *Steinberg/Schönemann*, ZJS 2015, 412; ferner auch *Hanft*, JuS 2005, 1010 (1013); *Ransiek*, JuS 2010, 490 (491 f.).

aktives Tun zu sehen; da man Anton aber letztlich nicht vorwirft, dass er davon gefahren ist, sondern dass er Bruno nicht geholfen hat, liegt der Schwerpunkt hier auf dem Unterlassen der Rettung). Da die Verursachung des Unfalls lediglich fahrlässig war (§ 222 StGB), das Nicht-Helfen aber vorsätzlich (§§ 211, 212, 13 StGB; zur Verdeckung einer Straftat) und Anton aufgrund seines fahrlässigen (= pflichtwidrigen) Vorverhaltens eine Garantenpflicht besaß[1892], liegt der Schwerpunkt der Vorwerfbarkeit hier auf dem (vorsätzlichen) Unterlassen. In diesem „beliebten" Klausurfall ist Anton daher strafbar wegen § 315c Abs. 3 Nr. 2 StGB (Unfall) in Tatmehrheit (§ 53 StGB) zu §§ 211, 212, 13 StGB (und § 142 Abs. 1, § 316, § 52 StGB)[1893].

Bsp. (2): Insoweit ist im Ausgangsfall 1 zu differenzieren, je nachdem ob der Händler die Kontrollen vorsätzlich unterließ (und insoweit bereits zu diesem Zeitpunkt mit bedingtem Körperverletzungsvorsatz handelte) oder ob er erst durch die bekannt gewordenen Schadensfälle auf die unterlassenen Kontrollen aufmerksam wurde. Im ersten Fall liegt durch den Vertrieb ein vorsätzliches Handeln (§ 223 StGB) vor, welches das vorsätzliche Unterlassen der Kontrollen (§§ 223, 13 StGB) verdrängt (insoweit: Gleichzeitigkeit von Tun und Unterlassen). Das spätere vorsätzliche Unterlassen des Rückrufs (§§ 223, 13 StGB) erlangt keine eigenständige Bedeutung mehr. Im zweiten Fall ist im Vertreiben des Fleisches (lediglich) ein fahrlässiges aktives Handeln (§ 229 StGB) anzunehmen, welches ebenfalls dem fahrlässigen Unterlassen der Kontrollen (§§ 229, 13 StGB) vorgeht (insoweit: Gleichzeitigkeit von Tun und Unterlassen). Der Schwerpunkt der Vorwerfbarkeit liegt jedoch – schon mit Blick auf den angedrohten Strafrahmen – im späteren vorsätzlichen Unterlassen der Rückrufaktion nach Erkennen der Sachlage (insoweit also: Mehraktigkeit). Es liegt demnach eine Strafbarkeit nach §§ 223, 13 StGB vor.

c) **Sonderproblem: Arztstrafrecht/Sterbehilfe.** Insbesondere im Arztstrafrecht, wo es zumeist um die Rettung von Patienten geht, wird die Frage der Abgrenzung von Tun und Unterlassen häufig relevant[1894].

Bsp.[1895]**:** Berta ist unheilbar an Krebs erkrankt. Sie liegt seit Monaten im Koma, die Ärzte halten es für aussichtslos, dass sie jemals wieder ihr Bewusstsein erlangt. Ihr Leben wird lediglich noch durch den Anschluss an lebensverlängernde Geräte aufrecht erhalten. Nach Rücksprache mit den Angehörigen schaltet Arzt Armin die Geräte ab. Berta stirbt.

Zusammenfassend gesagt galt in Deutschland lange Zeit der Grundsatz, dass **aktive Sterbehilfe** als Maßnahme der aktiven Lebensbeendigung (z. B. mittels einer Todesspritze) stets als Totschlag strafbar ist, während die **passive Sterbehilfe** zwar konstruktiv als Totschlag durch Unterlassen zu erfassen wäre, man hier jedoch von einer Straflosigkeit des Arztes auszugehen hatte, wenn bestimmte Voraussetzungen vorliegen. So führte der BGH[1896] aus: „Sterbehilfe ist nur entsprechend dem erklärten oder mutmaßlichen Patientenwillen durch die Nichteinleitung oder den

---

1892 Vgl. zu dieser Garantenstellung aus „Ingerenz" unten Rn. 952 ff., insbesondere Rn. 955a.
1893 Vgl. aber auch BGHSt 7, 287; *Seelmann*, JuS 1987, L 33 (L 35): Realkonkurrenz zwischen fahrlässiger Tötung durch Tun und versuchter Tötung durch Unterlassen, wenn der Täter lediglich irrtümlich davon ausging, dem Opfer sei noch zu helfen.
1894 Vgl. hierzu BGHSt 40, 257 (265 f.); BGHSt 55, 191; *Engländer*, JZ 2011, 513; *Puppe*, AT 2, 1. Aufl., § 46 Rn. 9 ff.; *Ransiek*, JuS 2010, 490 (493 f.); *Rissing-van Saan*, ZIS 2011, 544; *Rosenau*, Rissing-van Saan-FS 2011, S. 547; *Seelmann*, JuS 1987, L 33 (L 34); ferner die Übungsfälle bei *Fateh-Moghadam/Kohake*, ZJS 2012, 98 (99 ff.); *Gaede/Miranowicz*, JuS 2018, 556; *Herzberg/Scheinfeld*, JuS 2003, 880; *Kubiciel/Wachter*, JA 2013, 112 (114 f.); *Puschke*, JA 2014, 348 (352); *Rudolphi*, JURA 1979, 39; *Thoss*, JA 2001, 951; *Vogel/Hocke*, JURA 2005, 709.
1895 Zu dieser Fallkonstellation auch *Führ*, JURA 2006, 265 (266 ff.); *Jäger*, Rn. 483 ff.; *Krey/Esser*, Rn. 1115.
1896 BGHSt 37, 376 (379); restriktiver noch BGHSt 32, 367 (371).

Abbruch lebensverlängernder Maßnahmen zulässig, um dem Sterben [...] seinen natürlichen, der Würde des Menschen gemäßen Verlauf zu lassen".

872 Letztlich ordnete man also die passive Sterbehilfe durch den Abbruch lebenserhaltender Maßnahmen als Unterlassen ein, wobei eine Garantenpflicht des Arztes abgelehnt wurde, wenn sein Verhalten vom tatsächlichen oder mutmaßlichen Willen des Patienten gedeckt war. Problematisch waren nun aber diejenigen Fälle, in denen der Arzt eine (künstliche) Lebensverlängerung durch das **Abschalten** des Gerätes beendet. Denn hier könnte daran gedacht werden, in seinem Verhalten ein **aktives Tun** zu sehen, wodurch eine (strafbare) aktive Sterbehilfe vorläge (immerhin erfordert das Abschalten des Gerätes einen Energieeinsatz)[1897]. Der BGH hat diese Problematik nun dahingehend gelöst, dass er sich in diesen Fällen nicht mehr am Begriff Tun oder Unterlassen orientiert, sondern lediglich prüft, ob ein Fall des „zulässigen Behandlungsabbruches" vorliegt[1898]. Der Fall hätte aber auch weiterhin mit der Schwerpunktformel gelöst werden können: Der Schwerpunkt des Verhaltens des Arztes liegt letztlich darin, dass er es **unterlässt**, durch das Abschalten des Gerätes die lebenserhaltenden Maßnahmen durchzuführen bzw. fortzusetzen[1899]. Hätte er z. B. zur Rettung des Patienten eine Herzmassage betrieben und würde er damit aufhören, weil er sie für sinnlos erachtet, käme ebenfalls lediglich ein Unterlassen in Frage.

Schaltet der behandelnde Arzt das Gerät ab, liegt, bei Vorliegen der sonstigen Voraussetzungen der passiven Sterbehilfe, ein strafloses Unterlassen (der Weiterbehandlung) und kein Tun (durch Abschalten) vor[1900]. – Dass die Abgrenzung von Tun und Unterlassen mittels der Formel „Schwerpunkt der Vorwerfbarkeit" eine normative Wertung erfordert, sieht man nicht zuletzt daran, dass das gleiche Verhalten (= Abschalten des Gerätes) seitens eines habgierigen Erben unproblematisch als aktives Tun angesehen werden kann, denn dieser unterlässt keine lebenserhaltenden Maßnahmen, sondern handelt aktiv[1901]. Gleichsam dazwischen (aber wertungsmäßig noch auf der Ebene des Tuns) liegt der Fall, dass ein Angehöriger auf die dringende Bitte des sterbewilligen Patienten (und gegen den Willen des Arztes) das Gerät abschaltet[1902]. Einer Strafbarkeit

---

1897 So in der Tat diejenigen, die die Schwerpunktformel ablehnen und den Energieeinsatz als entscheidendes Kriterium ansehen; vgl. nur BWME-*Mitsch*, § 21 Rn. 34 f.; *Joecks/Jäger*, § 13 Rn. 18; *Kargl*, GA 1999, 459 (480); *Maurach/Gössel/Zipf-Gössel*, AT 2, § 45 Rn. 44; NK-*Gaede*, § 13 Rn. 10; *Otto*, JURA 1999, 434 (438); *ders.*, JURA 2000, 549 (550); SK-*Rudolphi/Stein*, 8. Aufl., Vor § 13 Rn. 82; *Stoffers*, JURA 1998, 580 (583); *Zieschang*, Rn. 591.
1898 BGHSt 55, 191 (201 ff.); hierzu *Bosch*, JA 2010, 908; *Brunhöber*, JuS 2011, 401; *Gaede*, NJW 2010, 2925; *Hecker*, JuS 2010, 1027; *Kubiciel*, ZJS 2010, 656; *Mandla*, NStZ 2010, 698; *Rissing-van-Saan*, ZIS 2011, 544; *Verrel*, NStZ 2010, 671; *Walter*, ZIS 2011, 76; *Zieschang*, Knemeyer-FS 2012, S. 449 (467 ff.); als Übungsfall aufgearbeitet von *M. Vormbaum*, JURA 2012, 652; vgl. ferner auch den Übungsfall bei *Kubiciel/Wachter*, JA 2013, 112 (116).
1899 *Czerner*, JR 2005, 94 (98); *Führ*, JURA 2006, 265 (269); *Jäger*, Rn. 488; *ders.*, ZStW 115 (2003), 765 (769); *Krey/Esser*, Rn. 1115; *Kühl*, § 18 Rn. 17; *Küper*, JuS 1971, 474 (476); MüKo-*Schneider*, 4. Aufl., Vor §§ 211 ff. Rn. 119; *Puppe*, AT 2, 1. Aufl., § 46 Rn. 13 ff.; *Roxin*, AT II, § 31 Rn. 115 ff.; *Schönke/Schröder-Bosch*, Vorbem. §§ 13 ff. Rn. 160; *Streng*, ZStW 122 (2010), 1 (14); hier in der Form des sog. „Unterlassens durch Tun"; kritisch hierzu *Stoffers*, JURA 1998, 580 (582).
1900 Ähnlich liegt der Fall BGHSt 40, 257 (265 f.): Entfernung einer Magensonde und Anordnung der Weiterernährung lediglich mit Tee bis zum Tod des Patienten; vgl. auch die entsprechende Falllösung bei *Murmann*, JuS 1998, 630; ferner die Übungsfälle bei *Rudolphi*, JURA 1979, 39; *Vogel/Hocke*, JURA 2005, 709 (710); kritisch hierzu *Stoffers*, JURA 1998, 580.
1901 *Wessels/Beulke/Satzger*, Rn. 1165.
1902 Für aktives Tun in den Fällen des Abschaltens eines Beatmungsgerätes *Duttge*, GA 2006, 573 (576); *Otto*, § 9 Rn. 5; *Stoffers*, JURA 1998, 580 (583); für ein Unterlassen LG Ravensburg NStZ 1987, 229; *Roxin*, NStZ 1987, 345 (348 ff.); im Ergebnis auch BGHSt 55, 191 (198), weshalb hier der Weg über den „zulässigen Behandlungsabbruch" gewählt wurde; vgl. auch *Kühl*, § 18 Rn 18; vgl. auch die Übungsfälle bei *Fateh-Moghadam/Kohake*, ZJS 2012, 98 (99 ff.); *M. Vormbaum*, JURA 2012, 652 (656).

nach § 216 StGB steht hier jedoch – wie erwähnt – nach der neueren BGH-Rechtsprechung[1903] der „zulässige Behandlungsabbruch" entgegen, ein Ergebnis welches im Einzelfall allerdings auch über § 34 StGB erzielt werden könnte, wenn man davon ausgeht, dass das „Recht auf einen menschenwürdigen Tod" als Ausdruck der durch Art. 1 GG gewährleisteten Menschenwürde das an sich „absolut" geschützte menschliche Leben wesentlich überwiegt[1904].

d) Sonderproblem: Abbruch von Rettungsbemühungen. Besondere Probleme ergeben sich bei der Abgrenzung von Tun und Unterlassen in denjenigen Fällen, in denen jemand eigene Rettungsbemühungen abbricht oder fremde Rettungshandlungen vereitelt (Abbruch bzw. Verhinderung des Ingangsetzens eines rettenden Kausalverlaufes)[1905]. Anhand mehrerer Beispielsfälle, die beliebig variierbar sind, soll die Problematik deutlich gemacht werden. In einer Klausur wird allerdings kaum einmal „genau der Lehrbuchfall" abgeprüft, es geht also darum, die verschiedenen Differenzierungskriterien zu verstehen, um sie auf „unbekannte" Fälle anzuwenden. 873

Bsp. (1): Anton sieht zu, wie Bruno auf einem Baggersee mit seinem Schlauchboot kentert. Weit und breit ist kein Mensch zu sehen. Anton selbst ist Nichtschwimmer, er könnte Bruno aber durch das Zuwerfen eines Seils retten, welches er am Ufer findet. Dennoch unternimmt er nichts und entfernt sich, da er sich nicht die Finger schmutzig machen will. Bruno ertrinkt. – Hier liegt nach den oben genannten Grundsätzen (Felsbrockenfall)[1906] eindeutig ein Unterlassen der Rettungshandlung (und kein aktives Tun durch das Weglaufen) vor. Anton ist lediglich wegen unterlassener Hilfeleistung, § 323c StGB, und (mangels Garantenstellung) nicht wegen Totschlags durch Unterlassen strafbar.

Bsp. (2): Anton nimmt das am Ufer liegende Seil auf und will es dem Ertrinkenden zuwerfen. Gerade als er dazu ansetzt, entdeckt er, dass es sich bei dem Ertrinkenden um Bruno, seinen Nebenbuhler, handelt. Er legt das Seil wieder am Flussufer ab und geht heim. Bruno ertrinkt. – Auch hier liegt der Schwerpunkt der Vorwerfbarkeit auf dem Unterlassen der Rettung des Bruno. Das dazwischen geschaltete kurzfristige Tun (Aufnehmen des Seils) hat keine rechtliche Bedeutung erlangt[1907]. Da Anton kein Garant ist, kommt auch hier lediglich § 323c StGB in Betracht.

Bsp. (3): Anton wirft dem Ertrinkenden das Seil zu. Jetzt erst erkennt er, dass es sich bei dem Ertrinkenden um seinen Nebenbuhler Bruno handelt. Er lässt das Seil wieder los und entfernt sich. Zwar kann Bruno noch das Seil ergreifen, dies hilft ihm jedoch nichts mehr, da das andere Ende inzwischen „unbesetzt" ist. Er ertrinkt. – Sowohl das Zuwerfen als auch das Loslassen des Seils (und wiederum das Weggehen) stellen jeweils aktive Verhaltensweisen dar. Stellt man hingegen auf die Nichtrettung Brunos insgesamt ab, liegt ein Unterlassen vor. Hier liegt der Schwerpunkt ebenfalls (noch) auf dem Unterlassen, da man auch in diesem Fall dem Täter letztlich nicht vorwirft, dass er ein Seil losgelassen oder sich entfernt hat, sondern dass er Bruno nicht gerettet hat. Es kommt ebenfalls nur § 323c StGB in Frage.

Bsp. (4): Anton wirft Bruno das Seil zu, welches dieser auch ergreift. Nachdem er Bruno einige Meter in Richtung Ufer gezogen hat, erkennt er, dass es sich um seinen

---

1903 BGHSt 51, 191 (201 ff.).
1904 Zu dieser Kontroverse der Absolutheit des Schutzes des menschlichen Lebens im Rahmen des § 34 StGB vgl. bereits oben Rn. 425.
1905 Vgl. hierzu BGHSt 62, 223 (242); *Puppe*, ZIS 2018, 484 (486); *Ransiek*, JuS 2010, 490 (494); *Roxin*, AT II, § 31 Rn. 109; zum Abbruch eines rechtswidrigen rettenden Kausalverlaufs *Horter*, NStZ 2021, 267; ferner auch die Übungsfälle bei *Berster*, ZJS 2017, 468 (477); *Esser/Wasmeier*, JA 2020, 668 (670); *Ingelfinger*, JuS 1995, 321 (326); *Kett-Straub*, JA 2012, 831 (837); *Kudlich/Litau*, JA 2012, 755 (758); vgl. auch die Beispiele bei *Jäger*, Rn. 481.
1906 Vgl. oben Rn. 865, 867.
1907 Vgl. nur *Kühl*, § 18 Rn. 21.

Nebenbuhler handelt. Daraufhin lässt er das Seil los. Bruno ertrinkt. – Hier hat Anton durch das Loslassen des Seils (= Tun) einen rettenden Kausalverlauf unterbrochen. Diese Rettung hatte sich jedoch ebenso wie in den vorhergehenden Fällen noch nicht konkretisiert, da Bruno allein durch das Ergreifen des Seils noch nicht gerettet war. Anton hätte ihn vielmehr noch herausziehen müssen. Durch das Loslassen des Seils stellt Anton somit lediglich den vorigen Zustand wieder her. Für Bruno hatte sich somit noch keine realisierbare Rettungsmöglichkeit eröffnet, die unabhängig von Antons weiterem Verhalten zum Ziel führen konnte. Wiederum liegt nur ein Unterlassen vor, es kommt lediglich § 323c StGB in Betracht[1908].

Bsp. (5): Anton befestigt das am Ufer liegende Seil an einem Baum und wirft es ins Wasser. Jetzt erkennt er, dass es sich bei dem Ertrinkenden um seinen Nebenbuhler Bruno handelt. Kurz bevor Bruno das Seil ergreifen kann, zieht Anton es wieder zurück und geht heim. – Hier hat Anton durch das Zuwerfen des Seils eine Handlung vorgenommen, die in ungestörtem Fortgang zur Rettung des Bruno geführt hätte. Da er diese Rettungshandlung, die sich zugunsten Brunos bereits konkretisiert hatte, „unterbrach", liegt der Schwerpunkt der Vorwerfbarkeit nun auf dem aktiven Tun (= Zurückziehen). Er hat hier also einen Totschlag durch aktives Tun begangen. Voraussetzung ist allerdings, dass das Seil Bruno tatsächlich erreicht und dieser sich aus eigener Kraft hätte aus dem Wasser ziehen können[1909]. Hätte Bruno auch nach Ergreifen des Seils die (weitere) Mithilfe Antons benötigt, läge wiederum lediglich ein Unterlassen vor.

Bsp. (6): Der zufällig herbeieilende Passant Paul will als guter Schwimmer den gekenterten Bruno aus dem Wasser holen. Anton verhindert dies, indem er Paul kurzerhand niederschlägt und an einem Baum festbindet. – Im Gegensatz zu den vorigen Beispielen handelt es sich hier nicht lediglich um einen Abbruch eigener Rettungsbemühungen, sondern um eine Vereitelung einer fremden Rettungshandlung. Insoweit liegt eindeutig ein aktives Tun vor[1910]. Je nachdem wie weit sich diese fremden Rettungsbemühungen bereits konkretisiert hatten, spricht man entweder von der Verhinderung des Ingangsetzens eines rettenden Kausalverlaufes oder vom Abbruch eines rettenden Kausalverlaufes[1911]. Anton ist strafbar nach § 212 StGB (Bruno) und §§ 223, 239, 240 StGB (Paul).

Bsp. (7): Der zufällig herbeieilende Passant Paul will als guter Schwimmer den ertrinkenden Bruno aus dem Wasser holen. Anton verhindert dies, indem er Paul 100 € anbietet, damit dieser Bruno ertrinken lässt. Paul nimmt das Angebot erfreut an, Bruno ertrinkt. – Die Zahlung des Geldes an Paul stellt ebenfalls ein aktives Tun dar, welches Brunos Rettung verhindert. Dies kann aber – unabhängig von der Frage der Abgrenzung von Tun und Unterlassen – dennoch nicht zu einer Täterschaft durch aktives Tun führen. Denn geht

---

1908 Ähnlich *Stoffers*, JuS 1993, 837 (841 f.), der auf die fehlende „Effektivität" der begonnenen Rettungshandlung abstellt; die überwiegende Ansicht scheint in diesen Konstellationen hingegen ein aktives Tun anzunehmen; vgl. *Kühl*, § 18 Rn. 21; *Rengier*, § 48 Rn. 23; *Schönke/Schröder-Bosch*, Vorbem. §§ 13 ff. Rn. 160; *Wessels/Beulke/Satzger*, Rn. 1162; ferner müssen auch diejenigen, die jeden Energieeinsatz als Kriterium für ein aktives Tun anerkennen (vgl. oben Rn. 866), hier konsequenterweise zu einem Tun gelangen, was jedoch nicht immer der Fall ist; vgl. *Roxin*, AT II, § 31 Rn. 109; SK-*Stein*, Vor § 13 Rn. 82.
1909 Hinzuweisen ist darauf, dass im Hinblick auf die Kausalität des Handelns für den Eintritt des tatbestandsmäßigen Erfolges auch dann, wenn man ein aktives Tun des Eingreifenden annimmt, die Grundsätze der Unterlassens („Quasikausalität", vgl. unten Rn. 887 ff.) gelten: Hypothetische Kausalverläufe sind zu berücksichtigen, der Erfolg muss, denkt man das Eingreifen hinweg, lediglich mit „an Sicherheit grenzender Wahrscheinlichkeit" nicht eingetreten sein; vgl. hierzu BGHSt 62, 223 (242); *Jäger*, JA 2017, 873 (875); kritisch im Hinblick auf eine entsprechende Versuchsstrafbarkeit *Hoven*, NStZ 2017, 707; *Kudlich*, NJW 2017, 3255 (3256).
1910 Vgl. *Bachmann/Eichinger*, JA 2011, 105 (106); *Ebert*, JuS 1976, 319 (319 f.); *Gropp/Sinn*, § 11 Rn. 146 ff.; LK-*Weigend*, 13. Aufl., § 13 Rn. 8; *Rengier*, § 48 Rn. 18; *Roxin/Greco*, AT I, § 11 Rn. 33; *Schönke/Schröder-Bosch*, Vorbem. §§ 13 ff. Rn. 159; *Streng*, ZStW 122 (2010), 1 (15); *Wessels/Beulke/Satzger*, Rn. 1161; a.M. *Gössel*, ZStW 96 (1984), 321 (333 f.); zweifelnd auch *Seelmann*, JuS 1987, L 33 (L 34); vgl. auch den Übungsfall bei *Kett-Straub*, JA 2012, 831 (838).
1911 Vgl. auch zu der Konstellation, dass ein Garant durch Täuschung dazu veranlasst wird, eine erforderliche Rettungshandlung zu unterlassen, den Übungsfall bei *Kudlich/Litau*, JA 2012, 755 (758).

man davon aus, dass Anton mangels eigener Handlungsmöglichkeit Bruno nicht selbst retten konnte, hatte allein Paul die Tatherrschaft (insofern geht es also um die Abgrenzung von Täterschaft und Teilnahme)[1912]. Zwar wurde er von Anton „bestochen", er entschied sich aber dennoch selbstverantwortlich für das Untätigbleiben. Daher ist Paul hier wegen unterlassener Hilfeleistung und Anton lediglich wegen einer (durch aktives Tun begangenen) Anstiftung hierzu zu bestrafen, §§ 323c, 26 StGB[1913].

Bsp. (8): Der herbeieilende Passant Paul ist selbst ebenfalls Nichtschwimmer, er will Bruno aber dadurch retten, dass er einen Notarzt ruft. Er fordert Anton auf, ihm hierfür sein Handy zu geben. Anton weigert sich. – Hier verhinderte Anton ebenfalls fremde Rettungsbemühungen. Er griff jedoch nicht in einen bereits ablaufenden rettenden Kausalverlauf ein, sondern verhinderte durch sein Untätigbleiben lediglich, dass ein solcher in Gang kam. Hier liegt demnach lediglich ein Unterlassen vor[1914].

III. Weitere Sonderprobleme (für Fortgeschrittene)

1. Omissio libera in causa[1915]

Ein Sonderproblem der Abgrenzung von Tun und Unterlassen stellt sich in denjenigen Fällen, in denen sich der Täter durch aktives Tun seiner Handlungsfähigkeit beraubt und daher im entscheidenden Moment die erforderliche und gebotene Handlung nicht mehr vornehmen kann[1916].

Bsp.: Bademeister Bruno verbringt einen verregneten Tag im Freibad in seiner Bademeisterkabine mit dem Trinken von Schnaps. Dies führt am Spätnachmittag dazu, dass er volltrunken einschläft. Daher hört er die Schreie der vierjährigen Nichtschwimmerin Anna nicht, die ins Wasser gefallen ist und jämmerlich ertrinkt. – Hier hatte Bruno aufgrund seines Vertrages eine Rechtspflicht zum Einschreiten[1917], war also tauglicher Täter eines (unechten) Unterlassungsdelikts. Allerdings fehlt es zu dem Zeitpunkt, als Anna ins Wasser fiel, an einem willensgetragenen menschlichen Verhalten, da Bruno schlief[1918]. Fraglich ist daher, ob an sein vorheriges „Handeln" (Trinken von Schnaps) angeknüpft werden kann und ob in diesem Fall eine (mangels Vorsatz bzgl. der Tötung der Anna) fahrlässige Tötung durch Tun oder durch Unterlassen vorliegt. Das Trinken im Dienst war jedenfalls pflichtwidrig und begründet einen Fahrlässigkeitsvorwurf[1919]. Der Schwerpunkt der Vorwerfbarkeit liegt hier aber weiterhin in einem Unterlassen: Bruno unterließ es (durch das Trinken), seine Handlungsfähigkeit aufrecht zu erhalten, was sich im konkreten „Erfolg" (Nichtrettung, die zum Tod Annas führte) niederschlug[1920]. Daher liegt auch hier lediglich eine fahrlässige Tötung durch Unterlassen, §§ 222, 13 StGB, vor.

1912 Vgl. hierzu unten Rn. 1210 ff.
1913 Eine vergleichbare Konstellation findet sich in der Falllösung bei *v. Danwitz*, JURA 2000, 486 (490 ff.).
1914 *Wessels/Beulke/Satzger*, Rn. 1161.
1915 Wörtlich übersetzt: „Die in der Ursache freie Unterlassung"; gemeint ist damit die durch einen Handlungspflichtigen selbstverschuldet herbeigeführte Handlungsunfähigkeit.
1916 Vgl. zu dieser Problematik BGHSt 47, 318 (320 f.); BWME-*Mitsch*, § 21 Rn. 29 ff.; *Jäger*, Rn. 489; *Puppe*, § 28 Rn. 1 ff.; *Rengier*, § 49 Rn. 11 f., *Roxin*, AT II, § 31 Rn. 103 ff.; *Satzger*, JURA 2006, 513 (516 ff.); *Stein*, GA 2010, 129 (142); ferner die Übungsfälle bei *Baier*, JA 2000, 300 (307 f.); *Ceffinato*, JURA 2016, 1394 (1399); *Mitsch*, JA 2006, 509 (514).
1917 Vgl. zu der Garantenstellung aus Vertrag noch unten Rn. 941 f.
1918 Ist Bruno lediglich schwer betrunken und kann deshalb nicht mehr handeln, fehlt ihm dagegen die Handlungsmöglichkeit.
1919 Auf die umstrittene Rechtsfigur der „actio libera in causa" (vgl. oben Rn. 597 ff.) braucht daher nicht zurückgegriffen werden.
1920 So im Ergebnis auch *Brammsen*, GA 2002, 193 (211 f.); *Hoffmann-Holland*, Rn. 740; *Kindhäuser/Hilgendorf*, LPK, § 13 Rn. 84; *Kühl*, § 18 Rn. 22; LK-*Weigend*, 13. Aufl., § 13 Rn. 67; *Roxin*, AT II,

2. Strafbarkeit des untauglichen Versuchs eines unechten Unterlassungsdelikts

875 Während der (an sich taugliche) Versuch eines unechten Unterlassungsdelikts nach den normalen Versuchsregeln möglich ist[1921] (Bsp.: Mutter Martha versucht, ihren Säugling Siegfried dadurch zu töten, dass sie ihm nichts mehr zu essen gibt; kurz bevor Siegfried stirbt, kann er gerettet werden, da ein aufmerksamer Nachbar die Polizei alarmiert), ist die Möglichkeit eines untauglichen Versuchs eines unechten Unterlassungsdelikts umstritten.

> **Bsp.**[1922]: Nach einer Zechtour treffen Anton und Bruno am Bahnhof auf Otto, den sie ohne Grund brutal niederschlagen. Darauf beschließt Anton, der inzwischen bewusstlose Otto müsse „verschwinden", da er sie möglicherweise identifizieren könne, und legt ihn auf die Bahngleise, damit Otto vom Zug überrollt werde. Bruno billigt dies zwar nicht, unternimmt aber auch nichts dagegen, obwohl es ihm möglich gewesen wäre, Anton umzustimmen. Darauf flüchten die beiden. Otto kann jedoch gerettet werden, da es sich bei dem herannahenden Zug um einen Kurzzug handelt, der ordnungsgemäß wenige Meter vor Otto zum Stehen kommt. – Während Anton hier einen versuchten Mord durch aktives Tun begangen hat, stellt sich für Bruno die Frage, ob er neben der mittäterschaftlich begangenen Körperverletzung auch eine versuchte Tötung bzw. einen versuchten Mord durch Unterlassen, §§ 212 (211), 13, 22 StGB, verwirklichte, obwohl die Tatvollendung hier nicht möglich war (Kurzzug). Eine Garantenpflicht aus Ingerenz (durch das Niederschlagen) lag jedenfalls vor[1923].

876 Nach der Rechtsprechung des **BGH**[1924] ist auch der untaugliche Versuch eines unechten Unterlassungsdelikts strafbar. Dagegen wollen einige Stimmen in der Literatur den untauglichen Versuch zumindest dann von der Strafbarkeit ausnehmen, wenn von vorne herein keine Gefahr für das betreffende Rechtsgut besteht[1925]. Dies ist abzulehnen. Denn dann würde derjenige ohne Grund privilegiert, der z. B. nach einem fahrlässig verursachten Verkehrsunfall glaubt, das in Wirklichkeit bereits tote Opfer lebe noch, und sich daraufhin in dem Glauben entfernt, durch sein Nichthandeln den Tod des Opfers zu verursachen.

---

§ 31 Rn. 106; *Satzger*, JuS 2006, 513 (517); *Schönke/Schröder-Bosch*, Vorbem. §§ 13 ff. Rn. 144; *Stoffers*, JA 1992, 177 (181); *Stratenwerth/Kuhlen*, § 13 Rn. 4; *Struensee*, Stree/Wessels-FS 1993, S. 133 (146 ff.); *Streng*, ZStW 122 (2010), 1 (15); *Roxin*, AT II, § 31 Rn. 106; für aktives Tun *Jakobs*, 7/69, der für die Annahme einer Strafbarkeit dann aber dennoch eine Garantenstellung fordert; vgl. auch *Seelmann*, JuS 1985, L 35 (L 36); differenzierend BWME-*Mitsch*, § 21 Rn. 30 f.; dagegen scheint NK-*Gaede*, § 13 Rn. 13, eine Strafbarkeit ganz ablehnen zu wollen.

1921 Vgl. BGHSt 7, 287 (288); BGHSt 14, 282 (284); BGHSt 38, 356 (358 f.).
1922 Fall nach BGHSt 38, 356; hierzu *Marxen*, Fall 25a; *Niepoth*, JA 1994, 337; vgl. ferner BGH NStZ 1997, 485; hierzu oben Rn. 814 Bsp. (2).
1923 Vgl. zur Garantenpflicht aus „Ingerenz" unten Rn. 953 ff.
1924 BGHSt 38, 356 (359); BGHSt 40, 257 (270 ff.); zustimmend auch die h. M. in der Literatur; vgl. nur *Exner*, JURA 2010, 276 (277 f.); *Fischer*, § 22 Rn. 40; *Jescheck/Weigend*, § 60 II vor 1; *Kühl*, § 18 Rn. 151; *Küpper*, JuS 2005, 225 (228); LK-*Murmann*, 13. Aufl., § 22 Rn. 248 f.; LK-*Weigend*, 13. Aufl., § 13 Rn. 78; *Rath*, JuS 1999, 32 (36); *Roxin*, AT II, § 29 Rn. 377; *Satzger*, JURA 2011, 432 (436); *Schönke/Schröder-Eser-Bosch*, § 22 Rn. 68, 91; SK-*Stein*, Vor § 13 Rn. 64; *Wessels/Beulke/Satzger*, Rn. 1229; vgl. auch die Übungsfälle bei *Dannecker/Schröder*, JuS 2020, 860 (864); *Hinderer*, JA 2009, 25 (30); *Meurer/Dietmeier*, JuS 2001, L 36 (L 36 f., L 38); *Walter*, JURA 2014, 117 (125).
1925 *Herzberg*, MDR 1973, 89 (89 f.); NK-*Zaczyk*, § 22 Rn. 60; *Rudolphi*, MDR 1967, 1 (3); *ders.*, ZStW 86 (1974), 68 (69); *Schmidhäuser*, SB, 13/27; *ders.*, Gallas-FS 1973, S. 81 (96 f.); vgl. auch die Übungsfälle bei *Eisenberg*, JuS 1986, 795 (795 f.); *Marxen*, Fall 25b.

3. Fakultative Strafmilderung nach § 13 Abs. 2 StGB bei echten Unterlassungsdelikten

Nach § 13 Abs. 2 StGB „kann" die Strafe im Falle des § 13 Abs. 1 StGB gemildert werden. § 13 Abs. 1 StGB stellt die Grundnorm für die **unechten Unterlassungsdelikte** dar. Fraglich ist, ob die Strafmilderungsmöglichkeit des § 13 Abs. 2 StGB nur für diese unechten Unterlassungsdelikte oder auch für die echten Unterlassungsdelikte (z. B. § 221 Abs. 1 Nr. 2, § 266 StGB) anwendbar ist. Die **h. M.**[1926] lehnt dies mit dem Argument ab, § 13 StGB sei für die unechten Unterlassungsdelikte als lex specialis anzusehen. Eine andere Lösung widerspreche dem Sinn der Strafnormen des Besonderen Teils, in denen Tun und Unterlassen eben in gleicher Weise tatbestandsmäßig sind. Die **Gegenansicht** lässt die Anwendung des § 13 Abs. 2 StGB auch bei den echten Unterlassungsdelikten entweder pauschal zu[1927] oder differenziert danach, ob bei dem betreffenden echten Unterlassungsdelikt die Unterlassungsalternative ausdrücklich im Text mit aufgenommen wurde (dann keine Strafmilderungsmöglichkeit; z. B. § 323c StGB) oder ob sich erst durch die Auslegung des Gesetzestextes eine solche echte Unterlassensalternative ergibt (dann Anwendung des § 13 Abs. 2 StGB; z. B. § 266 StGB)[1928]. Diese zutreffende Ansicht lässt sich aus dem Zweck des § 13 Abs. 2 StGB ableiten: Kann ein Delikt sowohl durch Tun als auch durch Unterlassen begangen werden, wiegt das Unterlassen der Abwendung eines tatbestandsmäßigen Erfolges weniger schwer als die aktive Herbeiführung dieses Erfolges. Dies kann jedoch dann nicht gelten, wenn ein echtes Unterlassungsdelikt, wie z. B. § 323c StGB, gar nicht durch Tun verwirklicht werden kann.

877

4. Erfolgsqualifiziertes Delikt durch Unterlassen

Während Erfolgsdelikte, wie z. B. ein Totschlag, § 212 StGB, oder eine Körperverletzung, § 223 StGB, Standardfälle eines Unterlassungsdelikts darstellen[1929], ist es fraglich, inwieweit auch erfolgsqualifizierte Delikte[1930] durch Unterlassen begangen werden können. Unproblematisch sind diejenigen Fälle, in denen der Täter vorsätzlich einen Grundtatbestand durch Unterlassen verwirklicht und dadurch fahrlässig die schwere Folge herbeigeführt wird[1931].

877a

> **Bsp.:** Vater Viktor hatte seinem Sohn Siegfried mehrfach verboten, im Stall zu spielen. Als Siegfried sich beim nächsten Besuch im Stall versehentlich selbst einschließt und sich nicht mehr befreien kann, meint Viktor, aus erzieherischen Gründen sei es angebracht, Siegfried mehrere Tage im Stall „darben" zu lassen. Dass der nur leicht bekleidete Siegfried bei Minustemperaturen gesundheitliche Schäden erleiden würde, nimmt Viktor dabei billigend in Kauf. Siegfried erleidet schwere Erfrierungen, die später zu seinem Tod führen. Mit Letzterem hatte Viktor nicht gerechnet. – Viktor verwirklicht hier sowohl den Grundtatbestand der Körperverletzung (§§ 223, 13 StGB) als auch der

---

1926 BGHSt 57, 28 (30 – hierzu *Epping/Lingens*, famos 4/2012); BWME-*Mitsch*, § 21 Rn. 13; *Jescheck/Weigend*, § 58 V 4; *Tenckhoff*, Spendel-FS 1992, S. 347 (354); *Theile*, ZJS 2012, 389 (392).
1927 *Maurach/Gössel/Zipf-Gössel*, AT 2, § 46 Rn. 188; *Rotsch*, JA 2013, 278 (283); *Roxin*, AT II, § 31 Rn. 250 f.; *Schünemann*, ZStW 96 (1984), 287 (303 Fn. 50, 317).
1928 BGHSt 36, 227; so auch AK-*Seelmann*, § 13 Rn. 21; *Jäger*, JA 2012, 154 (156); *Krüger/Wengenroth*, NStZ 2013, 101 (102); *Lackner/Kühl*, § 13 Rn. 19.
1929 Vgl. unten Rn. 885 ff.
1930 Vgl. hierzu oben Rn. 180 f.
1931 BGHSt 59, 292 (295 ff.); BGH NStZ 1995, 589 (589 f.); *Eisele*, Rengier-FS 2018, S. 3 (5 ff.); LK-*Vogel/Bülte*, 13. Aufl., § 18 Rn. 63; MüKo-*Hardtung*, 4. Aufl., § 18 Rn. 7; *Rengier*, BT II, § 16 Rn. 37; *Schönke/Schröder-Sternberg-Lieben/Schuster*, § 18 Rn. 7; *Wessels/Hettinger/Engländer*, BT 1, Rn. 272 f.; *Wolter*, GA 1984, 443 (446).

Freiheitsberaubung (§§ 239, 13 StGB). Da der hierdurch verursachte Tod vorhersehbar war und daher ein fahrlässiges Verhalten vorlag, liegen auch die Erfolgsqualifikationen, begangen durch Unterlassen, vor, §§ 227, 13, 229 III, 13 StGB[1932].

877b Fraglich sind hingegen diejenigen Fälle, in denen der Täter entweder einen Erfolg fahrlässig herbeiführt und anschließend vorsätzlich Hilfsmaßnahmen unterlässt[1933] oder in denen ein Dritter einen Erfolg herbeiführt und der Garant anschließend ihm mögliche Hilfsmaßnahmen unterlässt, wodurch letztlich die schwere Folge eintritt.

> **Bsp. (1):** Mutter Martha mischt ihrem Kleinkind Klara versehentlich eine giftige Substanz in den Brei. Als Klara später erbricht und es ihr gesundheitlich erkennbar schlechter geht, ruft Martha keinen Arzt, weil es ihr peinlich ist. Sie hofft vielmehr, es würde alles gut gehen, auch wenn sie damit rechnet, dass sich die Heilung durch ihre Untätigkeit erheblich verzögern wird. Klara stirbt. – Fraglich ist, ob neben der fahrlässigen Tötung, § 222 StGB (Ansatzpunkte sind hier sowohl die Verabreichung des vergifteten Breis, als auch die unterlassene Herbeirufung des Arztes, in letzterem Fall läge ein Unterlassen vor), auch eine Körperverletzung mit Todesfolge durch Unterlassen, §§ 227, 13 StGB, vorliegt. Dies hängt davon ab, ob in der Gesundheitsverschlechterung durch das Nichtherbeirufen des Arztes eine eigenständige vorsätzlich verwirklichte Körperverletzung durch Unterlassen, §§ 223, 13 StGB, zu sehen ist.
>
> **Bsp. (2)**[1934]**:** Marthas Lebensgefährte Anton misshandelt Marthas Sohn Siegfried schwer. Obwohl Siegfried unter starken Schmerzen leidet, unternimmt Martha nichts. Siegfried stirbt an den Folgen der Misshandlung. – Hat Martha, obwohl es ihr möglich war, schon gegen die Misshandlungen nichts unternommen, liegt eine Beihilfe zur Körperverletzung mit Todesfolge durch Unterlassen vor, §§ 227, 27, 13 StGB[1935]. Erfährt sie von der Misshandlung erst später und unternimmt nichts, kann in der unterlassenen Schmerzlinderung zwar eine Körperverletzung durch Unterlassen, §§ 223, 13 StGB, gesehen werden, da aber nicht aus dieser, sondern aus der ursprünglichen Misshandlung der tödliche Erfolg resultierte, fehlt es jedenfalls am **spezifischen Gefahrzusammenhang**[1936]. Es liegt durch die unterlassene Benachrichtigung des Arztes allerdings eine fahrlässige Tötung durch Unterlassen, §§ 222, 13 StGB, vor, sofern durch die ärztliche Behandlung der Tod noch abgewendet werden konnte. Anders liegt der Fall aber dann, wenn festgestellt werden kann, dass Marthas Unterlassen, die aufgrund der vorherigen Misshandlung bestehende Lebensgefahr erheblich erhöhte und sich hieraus dann der tödliche Erfolg ergab[1937]. Hinsichtlich der Verschlechterung des Gesundheitszustandes müsste Martha dann aber vorsätzlich gehandelt haben.

1932 So im Ergebnis auch BGH bei *Holtz*, MDR 1982, 624.
1933 Vgl. hierzu auch den Fall BGHSt 61, 318; hierzu *Brüning*, ZJS 2017, 727; *Eisele*, JuS 2017, 561; *Fahl*, GA 2018, 418 (430 ff.); *Kudlich*, JA 2017, 229; *Lorenz*, NStZ 2017, 226.
1934 Fall nach BGH NStZ 1995, 589; hierzu *Ingelfinger*, GA 1997, 573; *Schmidt*, JuS 1996, 270; *Wolters*, JR 1996, 471.
1935 BGH NStZ 1995, 589 (590); *Eisele*, Rengier-FS 2018, S. 3 (6); zur Abgrenzung von Täterschaft und Teilnahme bei der Nichtverhinderung einer Begehungstat seitens eines Garanten vgl. unten Problemschwerpunkt 32, Rn. 1212 ff.
1936 Darüber hinaus wird dann aber in den meisten Fällen schon die Kausalität fehlen, wenn der Erfolg nicht mehr abgewendet werden kann; so auch *Eisele*, Rengier-FS 2018, S. 3 (11).
1937 BGH NStZ 2006, 686; *Eisele*, Rengier-FS 2018, S. 3 (13); *Ingelfinger*, GA 1997, 573 (590).

IV. Möglichkeit der Beteiligung eines Nichtgaranten an einem fremden Unterlassungsdelikt[1938] (Problemschwerpunkt 22)

Fall: Vater Viktor geht mit seinem achtjährigen Sohn Sascha spazieren und trifft auf dem Weg seinen Freund Fritz, mit dem er ins Gespräch kommt. Sascha erkundet derweil die Gegend und macht sich am Hundezwinger des Hundehalters Hubert zu schaffen, obwohl ihm Viktor mehrmals zuruft, er solle dies unterlassen. Als Sascha schließlich in den Hundezwinger eindringt, fallen die beiden Hunde über ihn her. Nachdem Viktor und Fritz dies bemerkt haben, schickt sich Viktor an, Sascha aus den Klauen der Hunde zu befreien, Fritz meint jedoch, Viktor solle ruhig noch eine Weile warten, dies geschehe dem ungehorsamen Bengel gerade recht. Viktor lässt sich von Fritz überzeugen und befreit Sascha erst zehn Minuten später. Sascha hat in dieser Zeit erhebliche Bisswunden erlitten und muss im Krankenhaus behandelt werden.

Problemstellung: Viktor hat sich hier jedenfalls wegen einer Körperverletzung durch Unterlassen gemäß §§ 223, 13 StGB strafbar gemacht. Als Vater besaß er eine Garantenstellung gegenüber seinem Sohn. Umstritten ist aber, ob sich Fritz wegen Anstiftung zu dieser Tat des Viktor strafbar gemacht hat. Es stellt sich hier die grundsätzliche Frage, ob die Anstiftung (ebenso wie die Beihilfe) zu einem Unterlassungsdelikt durch einen Nichtgaranten überhaupt strafbar ist.

1. Die Vertreter der **Begehungstheorie** verneinen diese Frage und halten die Teilnahme an einem Unterlassungsdelikt für ausgeschlossen[1939]. Dies folge daraus, dass es grundsätzlich einen „Unterlassungsvorsatz" nicht geben könne, was bedeute, dass stets auch ein Tatentschluss nicht möglich sei. Gebe es aber keinen Tatentschluss, könne ein solcher auch nicht gefördert (Beihilfe) bzw. geweckt (Anstiftung) werden. Weiter wird die Unmöglichkeit der Teilnahme damit begründet, dass es beim Unterlassen keine „Tathandlung" gebe, eine solche daher ebenfalls nicht gefördert werden könne. Die Anstiftung zum Unterlassen sei in Wirklichkeit aber eine aktive Verhinderung der Gebotserfüllung eines anderen und daher als positives Tun zu werten. Fritz hätte sich nach dieser Argumentation zwar nicht wegen einer Anstiftung zur Körperverletzung durch Unterlassen des Viktor strafbar gemacht. Das Einreden auf Viktor wäre aber als positives Tun zu werten mit der Konsequenz, dass hier eine Täterschaft des Fritz in Betracht käme. Fritz hätte sich insoweit wegen einer täterschaftlich begangenen Körperverletzung nach § 223 StGB strafbar gemacht. Die Konsequenz dieser Ansicht, dass nämlich die aktive Teilnahme an einem Unterlassungsdelikt stets eine Begehungstat darstellt, ist jedoch auf berechtigte **Kritik** gestoßen. Wer beim Täter den Unterlassungsvorsatz zwar leugnet, ihn aber dennoch wegen eines Vorsatzdelikts verurteilt, muss dies auch für den Teilnehmer gelten lassen. Ferner würden hier Strafbarkeitslücken insbesondere bei Sonderdelikten oder bei anderen Delikten auftreten, die eine besondere Täterqualifikation verlangen. Auf der anderen Seite würde bereits eine geringfügige psychische Beihilfe als Täterschaft anzusehen sein, was die gesetzgeberische Wertung auf den Kopf stellt.

2. Überzeugender ist daher die von der h. M. vertretene **Teilnahmetheorie**. Diese stellt darauf ab, dass Anstiftung und Beihilfe zu einem Unterlassungsdelikt nach

---

[1938] Vgl. hierzu auch *Hillenkamp/Cornelius*, AT, 30. Problem; ferner den Problemschwerpunkt 32, unten Rn. 1212 ff.; hierzu auch die Übungsfälle bei *Hinderer*, JA 2009, 25 (26 f.); *Sowada*, ZJS 2020, 387 (393); *Walter*, JURA 2014, 117 (128).

[1939] *Armin Kaufmann*, Die Dogmatik der Unterlassungsdelikte, 1959, S. 190 ff.; *Welzel*, § 27 A V 2, 3; vgl. auch *Grünwald*, GA 1959, 110.

den allgemeinen Regeln möglich sein müssen[1940]. Dieser Theorie wird zwar entgegengehalten, dass es nicht einzusehen sei, warum der Anstifter bei Veranlassung eines fremden Unterlassens trotz gleicher Handlung unterschiedlich bestraft würde, je nachdem, ob der Haupttäter ein Garant sei oder nicht[1941] (ist der Haupttäter Garant, läge eine Anstiftung zu einer Tötung durch Unterlassen vor, ist er hingegen kein Garant, käme lediglich eine Anstiftung zu einer unterlassenen Hilfeleistung in Frage). Dieser Einwand ist jedoch nicht berechtigt. Da sich jede Teilnahme nach dem Unwertgehalt der Haupttat richten muss, ist es trotz gleicher Handlung des Teilnehmers zu vertreten, eine unterschiedliche Strafe auch für den Anstifter zu verhängen, je nachdem, ob der Täter Garant ist oder nicht. Dem Teilnehmer fehlt zudem regelmäßig die Tatherrschaft, da es allein Sache des Täters ist, ob er einschreitet oder nicht. Schon deswegen kann eine Täterschaft des Veranlassenden, wie die Begehungsdeliktstheorie dies annimmt, nicht in Betracht kommen. Im Beispielsfall ist Fritz daher wegen Anstiftung zur Körperverletzung durch Unterlassen nach §§ 223, 13, 26 StGB zu bestrafen, weil er durch sein Einreden auf Viktor in diesem den Entschluss hervorgerufen hat, nicht bzw. noch nicht einzugreifen. Konsequenz der Teilnahmetheorie ist, dass die aktive Beteiligung an einem Unterlassungsdelikt regelmäßig als Anstiftung oder Beihilfe zu diesem Delikt zu bestrafen ist. Daran anschließend stellt sich die Frage, ob die Garantenstellung ein „besonderes persönliches Merkmal" i. S. des § 28 Abs. 1 StGB ist, was dazu führen würde, dass für den Anstifter bzw. Gehilfen eine Strafmilderung nach § 49 Abs. 1 StGB eintritt. Auch dies ist umstritten, im Ergebnis aber zu bejahen, weil die Garantenstellung eine persönliche, das Vertrauen auf der Opferseite auslösende Pflichtenstellung ist[1942]. Die weitere Kritik an der Teilnahmetheorie, dass nämlich die aktive Teilnahme den Unwertgehalt einer Unterlassungstat übersteige und daher nicht in den Genuss der jedenfalls im Falle der Beihilfe dafür vorgesehenen Strafmilderung (§ 27 Abs. 2 Satz 2 StGB) kommen dürfe, ist ebenfalls nicht überzeugend. Schon die Annahme, dass aktives Tun per se einen höheren Unwertgehalt aufweise als ein Unterlassen, ist – zumindest in dieser Pauschalität – unzutreffend. Der Unwertgehalt einer Handlung kann nur unter Zugrundelegung des konkreten Falls bestimmt werden. Dabei ist es immer möglich, dass ein Unterlassen im Hinblick auf den Unrechtsgehalt an ein positives Tun heranreicht.

§ 26 Aufbau des Unterlassungsdelikts

Einführende Aufsätze: *Engländer*, Kausalitätsprobleme beim unechten Unterlassungsdelikt, JuS 2001, 958; *Fahl*, Zum (richtigen) Prüfungsstandort der Entsprechungsklausel in § 13 StGB, JA 2013, 674; *Fahl/Scheurmann-Kettner*, Unterlassungsdelikte, JA 1998, 658; *Kölbel*, Objektive Zurechnung beim unechten Unterlassen, JuS 2006, 309.

1940 RGSt 27, 157 (158); RGSt 48, 18 (21); RGSt 51, 39 (41); RGSt 77, 268 (269); BGHSt 14, 280 (282); BGH NStZ 1998, 83 (84); *Arzt*, JA 1980, 553 (557); *Bachmann/Eichinger*, JA 2011, 509 (510); BWME-Mitsch, § 26 Rn. 110; *Jakobs*, 29/108 f.; *Jescheck/Weigend*, § 60 III 1; *Kindhäuser/Hilgendorf*, LPK, Vor §§ 25–31 Rn. 50; *Kindhäuser/Zimmermann*, § 42 Rn. 24; *Köhler*, S. 537 ff.; *Kühl*, § 20 Rn. 271; *Lackner/Kühl*, § 26 Rn. 3; LK-*Roxin*, 11. Aufl., § 26 Rn. 102; LK-*Weigend*, 13. Aufl., § 13 Rn. 86; MüKo-*Freund*, 4. Aufl., § 13 Rn. 260; NK-*Gaede*, § 13 Rn. 28; *Otto*, § 22 Rn. 60 f.; *Rengier*, § 51 Rn. 7 f.; *Schönke/Schröder-Heine/Weißer*, Vorbem. §§ 25 ff. Rn. 99 f.; SK-*Rudolphi/Stein*, Vor § 13 Rn. 54; *Sowada*, JURA 1986, 399 (410); *Stratenwerth/Kuhlen*, § 14 Rn. 20 f.; *Stree*, GA 1963, 1; *Wessels/Beulke/Satzger*, Rn. 1209.
1941 Vgl. *Welzel*, § 27 A V 2, 3.
1942 Vgl. hierzu noch unten Rn. 971, 1353.

Übungsfälle: *v. Heintschel-Heinegg/Kudlich,* Der Regensburger Fenstersturz, JA 2001, 129; *Otto/Brammsen,* Gefahren des Steinbruchs, JURA 1986, 37.

Rechtsprechung: BGHSt 16, 155 – Feldweg (Irrtum über die Garantenpflicht als Verbotsirrtum); **BGH NStZ 2011, 31** – Reichenhaller Eissporthalle (Kausalität bei Unterlassungsdelikten).

I. Prüfungsaufbau des (unechten) Unterlassungsdelikts im Überblick

Der Prüfungsaufbau des **unechten Unterlassungsdelikts** weist im Vergleich zu demjenigen des Begehungsdelikts einige kleinere Besonderheiten auf. Denn neben der in § 13 Abs. 1 StGB geforderten Rechtspflicht zum Tätigwerden (= Garantenpflicht) sind noch weitere ungeschriebene Tatbestandsmerkmale (Handlungsmöglichkeit, Erforderlichkeit etc.) für die Deliktserfüllung notwendig. Das **echte Unterlassungsdelikt** hingegen entspricht im Aufbau im Wesentlichen den Begehungsdelikten, da die einzelnen Tatbestandsmerkmale hier abschließend im gesetzlichen Tatbestand umschrieben sein müssen. Dies schließt jedoch nicht aus, dass auch hier ungeschriebene zusätzliche Tatbestandsmerkmale zu beachten sind. Darüber hinaus entsprechen die Unterlassungsdelikte in ihrer Struktur (Tatbestandsmäßigkeit, Rechtswidrigkeit, Schuld) dem Begehungsdelikt. Für das **unechte Unterlassungsdelikt** ergibt sich dabei folgender Prüfungsaufbau[1943]:

1. **Tatbestandsmäßigkeit**
   a) **Objektiver Tatbestand**
      – Handlung (Abgrenzung Tun – Unterlassen)
      – Tatbestandsmäßigkeit des Verhaltens (bei Erfolgsdelikten: Erfolgseintritt, Kausalität, objektive Zurechnung)
      – Garantenpflicht
      – Nichtvornahme der gebotenen Handlung
      – Möglichkeit der Vornahme der gebotenen Handlung
      – Erforderlichkeit der Handlung
      – Zumutbarkeit (str., a. M.: Schuldmerkmal)
      – Entsprechungsklausel, § 13 StGB
   b) **Subjektiver Tatbestand** (hier keine Spezialprobleme)
      – Vorsatz bzgl. sämtlicher objektiver Tatbestandsmerkmale
      – tatbestandsspezifische subjektive Merkmale
2. **Rechtswidrigkeit** (hier keine Spezialprobleme; möglich: rechtfertigende Pflichtenkollision)
3. **Schuld** (hier keine Spezialprobleme)

[1943] Vgl. zum Aufbau auch *Geilen,* JURA 1979, 536 (545 f.); *Kaltenhäuser,* JA 2017, 268 (270); *Ransiek,* JuS 2010, 490 (492 f.); *Rengier,* § 49 Rn. 4 f.; sowie unten Rn. 1478; beim fahrlässigen Unterlassungsdelikt kommen im objektiven Tatbestand noch die Merkmale der Sorgfaltspflichtverletzung sowie (bei Erfolgsdelikten) des Pflichtwidrigkeitszusammenhangs und die objektive Vorhersehbarkeit und Vermeidbarkeit des Erfolges hinzu. Beim versuchten Unterlassungsdelikt (vgl. hierzu das Prüfungsschema in Rn. 1479) wird die Prüfung mit dem subjektiven Tatbestand (= Tatentschluss) begonnen, der sämtliche, hier unter 1a) und 1b) genannten Merkmale enthält. Einziges objektives Tatbestandsmerkmal ist auch beim versuchten Unterlassungsdelikt das unmittelbare Ansetzen zur Tatbestandsverwirklichung (vgl. hierzu Problemschwerpunkt 16, oben Rn. 752 ff.); hierzu auch *Kudlich,* JA 2008, 601 (601 f.).

II. Prüfungsaufbau im Einzelnen

882 Die einzelnen Prüfungspunkte dieses Schemas sollen nun anhand des folgenden Ausgangsfalles näher erläutert werden:

> **Ausgangsfall:** Mutter Martha kümmert sich mehrere Tage lang bewusst nicht mehr um ihren drei Monate alten Säugling Siegfried, worauf dieser verhungert.

1. Objektiver Tatbestand

883 a) **Handlung.** Wie auch beim Begehungsdelikt, so kann sich ein strafrechtlicher Vorwurf stets nur an ein bestimmtes Verhalten knüpfen. Es ist also zuerst festzustellen, welches Verhalten dem Täter konkret vorgeworfen werden kann und ob dieses Verhalten als Tun oder als Unterlassen zu qualifizieren ist. Hierzu ist, wie oben gesehen[1944], insbesondere bei **mehrdeutigen Verhaltensweisen** zu prüfen, ob der Schwerpunkt der strafrechtlichen Vorwerfbarkeit im Unterlassensbereich anzusiedeln ist. Benötigt man beim Begehungsdelikt als Handlung ein vom Willen getragenes menschliches Verhalten[1945], so ist konsequenterweise beim Unterlassungsdelikt ein **vom Willen getragenes menschliches Untätigbleiben** zu fordern[1946].

> **Bsp. (1):** Rettet die schlafende Ehefrau ihren nach Hause kommenden Ehemann nicht, wenn dieser in betrunkenem Zustand die Treppe hinunterfällt und verblutet, dann handelt sie bereits nicht willentlich (auch bei den Begehungsdelikten ist den Körperbewegungen im Schlaf die Handlungsqualität abzusprechen[1947]). Die Strafbarkeit scheitert also bereits am fehlenden strafrechtlich relevanten Verhalten und nicht erst an der mangelnden Handlungsmöglichkeit oder am mangelnden Vorsatz.

> **Bsp. (2):** Im **Ausgangsfall** unterlässt Martha willentlich die Ernährung Siegfrieds. Ein willentliches Unterlassen würde nur dann ausscheiden, wenn Martha den Siegfried z. B. kurz zu Hause lässt, um einzukaufen, auf dem Weg jedoch verunglückt und in einer Klinik drei Wochen lang im Koma liegt.

884 b) **Tatbestandsmäßigkeit des Verhaltens.** Die Tatbestandsmäßigkeit des Verhaltens ist auf der Grundlage des jeweiligen Tatbestandes des Besonderen Teils zu prüfen. An dieser Stelle ist nochmals darauf hinzuweisen, dass das vorliegende Schema nur für die unechten Unterlassungsdelikte gilt, da bei den echten Unterlassungsdelikten ohnehin sämtliche Merkmale im Tatbestand eigenständig umschrieben sind. Da in § 13 StGB allerdings vom erforderlichen Unterlassen der Abwendung eines zum Tatbestand gehörenden „Erfolges" die Rede ist, wirft dies die Frage auf, ob nur die klassischen Erfolgsdelikte durch Unterlassen begangen werden können oder ob der Begriff des „Erfolges" hier in einem weiteren Sinne verstanden werden muss und man hierunter schlicht die Erfüllung irgendeines Tatbestandes versteht. Letzteres ist zutreffend, da es keinen Grund gibt, weshalb schlichte Tätigkeitsdelikte im Einzelfall nicht auch durch Unterlassen begangen werden können. Insofern ist der Begriff des „Erfolges" hier in einem weiten Sinne zu verstehen[1948].

[1944] Vgl. oben Rn. 865 ff.
[1945] Vgl. zum Handlungsbegriff oben Rn. 194 ff.
[1946] SK-*Stein*, Vor § 13 Rn. 2 ff.
[1947] Vgl. oben Rn. 204.
[1948] Im Ergebnis ebenso BGHSt 46, 212 (222); BWME-*Mitsch*, § 21 Rn. 47; *Jakobs*, 29/2; LK-*Weigand*, 13. Aufl., § 13 Rn. 14 f.; *Ransiek*, JuS 2010, 490 (495); *Rengier*, § 49 Rn. 7; *Schönke/Schröder-Bosch*, § 13 Rn. 3; a. M. *Jescheck*, Tröndle-FS 1989, S. 795 (796); vgl. hierzu auch *Tenckhoff*, Spendel-FS 1992, S. 347.

Im **Ausgangsfall** kommt ein Totschlag durch Unterlassen, §§ 212, 13 StGB, in Betracht. Es ist also ein unechtes Unterlassungsdelikt zu prüfen.

aa) Erfolgseintritt (bei Erfolgsdelikten). Handelt es sich, wie zumeist, um Erfolgsdelikte, so gehört zum objektiven Tatbestand des unechten Unterlassungsdelikts auch der **Eintritt des Erfolges**[1949]. 885

Im **Ausgangsfall** wäre daher festzustellen, dass der Tod eines Menschen eingetreten ist, da Siegfried verhungerte.

bb) Kausalität (bei Erfolgsdelikten). Wie auch bei den Begehungsdelikten, ist im Anschluss an die Feststellung, dass der Erfolg eingetreten ist, die Frage zu erörtern, ob das Unterlassen der Handlung für diesen Erfolgseintritt kausal geworden ist[1950]. Dies scheint (nur) auf den ersten Blick in vielen Fällen einfach zu sein. 886

Im **Ausgangsfall** müsste also folgende Feststellung getroffen werden: Hätte Martha den Siegfried ernährt, wäre dieser nicht gestorben. Das Nicht-Ernähren war also kausal für dessen Tod.

Allerdings sind bei der Beurteilung der Kausalität im Unterlassensbereich gewisse Besonderheiten zu beachten. Da der Unterlassende gerade keine Veränderung in der Außenwelt hervorruft[1951], kann es sich nämlich nur um eine **Quasi-Kausalität** handeln[1952]. Denn letztlich lässt sich ein solcher hypothetischer Kausalverlauf, der stets nur im Wege einer **Prognose** möglich ist, niemals mit vollständiger Gewissheit voraussagen[1953]. 887

Im **Ausgangsfall** ist es zwar sehr wahrscheinlich, dass der Tod Siegfrieds nicht eingetreten wäre, wenn Martha ihn ernährt hätte. Es ist jedoch nicht mit völliger Sicherheit auszuschließen, dass Siegfried aufgrund anderer Ursachen ebenfalls zu Tode gekommen wäre (so hätte die ihm von Martha zu verabreichende Nahrung etwa verdorben sein und Siegfried dadurch zu Tode kommen können).

Da die Möglichkeit des anderweitigen Erfolgseintritts zumeist nicht gänzlich ausgeschlossen werden kann, müsste der Täter in diesen Fällen – nach dem Grundsatz „in dubio pro reo" – freigesprochen werden. Dies würde jedoch zu kaum vertretbaren Ergebnissen führen, weshalb bei der Feststellung der **Quasi-Kausalität** ein 888

1949 Hinzuweisen ist an dieser Stelle darauf, dass nicht nur die klassischen Erfolgsdelikte, sondern auch erfolgsqualifizierte Delikte durch Unterlassen begangen werden können, vgl. hierzu *Eisele*, Rengier-FS 2018, S. 3 sowie näher oben Rn. 877a.
1950 Vgl. hierzu *Engländer*, JuS 2001, 958.
1951 Auf Grund dieses Umstandes wird teilweise auch bestritten, dass ein Unterlassen überhaupt jemals kausal für einen Erfolg sein kann.
1952 So auch *Freund/Rostalski*, § 6 Rn. 138 ff.; *Gropp/Sinn*, § 11 Rn. 161 ff.; *Kölbel*, JuS 2006, 309 (310); *Krey/Esser*, Rn. 1123; *Kühl*, § 18 Rn. 35; LK-*Weigend*, 13. Aufl., § 13 Rn. 70; *Satzger*, JURA 2011, 432 (433); *Schönke/Schröder-Bosch*, § 13 Rn. 61; vgl. auch BGHSt 48, 77 (92 ff.); BGHSt 59, 292 (301); BGH NStZ 2011, 31; *Wessels/Beulke/Satzger*, Rn. 1172; dagegen lassen (auf der Grundlage der Lehre von der gesetzmäßigen Bedingung) die üblichen Kausalitätskriterien gelten: *Engländer*, JuS 2001, 958 (960 Fn. 16); *Hilgendorf*, NStZ 1994, 561 (564); *Puppe*, AT 2, 1. Aufl., § 45 Rn. 3 ff.; ferner auch *Jäger*, Maiwald-FS 2010, S. 345 (363).
1953 Vgl. zur Kausalität bei Unterlassungsdelikten BGHSt 6, 1 (2); BGHSt 37, 106 (126 f.); BGHSt 43, 381 (387); BGHSt 52, 159 (164 f.); BGHSt 59, 292 (hierzu *Ruschin/Schrameyer*, famos 1/2015); BGHSt 62, 223 (241 f.); BGH NStZ 2001, 31; ferner die Übungsfälle bei *Berster*, ZJS 2017, 468 (478); *Frisch/Murmann*, JuS 1999, 1196 (1199); *Gaede/Miranowicz*, JuS 2018, 556 (559); *Günther*, JuS 1988, 386 (388); *Heger*, JA 2008, 859 (863); *B. Heinrich/Reinbacher*, JA 2007, 264 (267); *v. Heintschel-Heinegg/Kudlich*, JA 2001, 129 (133); *Hettinger*, JuS 2011, 910 (911); *Hohmann/Matt*, JURA 1990, 544 (548); *Kudlich/Schuhr*, JA 2007, 349 (351); *Lindheim/Uhl*, JA 2009, 783 (784); *Niehaus*, ZJS 2010, 396 (402); *Schlehofer*, JURA 1989, 263 (268); *Schneider/Schumann*, ZJS 2013, 195 (196, 198); *Sieren*, JA 2020, 268 (274); *Thoss*, JA 2001, 951 (952, 955).

Wahrscheinlichkeitsurteil genügen muss: Der strafrechtlich unerwünschte Erfolg muss – so zumindest die h. M.[1954] – durch die Vornahme der gebotenen Handlung lediglich „mit an Sicherheit grenzender Wahrscheinlichkeit" verhindert worden sein (noch geringere Anforderungen stellen die Vertreter der „Risikoerhöhungstheorie", wonach eine Kausalität bereits dann vorliegen soll, wenn durch die gebotene Handlung das Risiko des Erfolgseintritts gemindert wird[1955]). Hinsichtlich der für die Kausalität wesentlichen **conditio-sine-qua-non-Formel** kommt man daher zu einer Abwandlung:

889 **Merksatz:** Ein Unterlassen ist immer dann kausal, wenn die rechtlich gebotene Handlung nicht hinzugedacht werden kann, ohne dass der tatbestandsmäßige Erfolg mit an Sicherheit grenzender Wahrscheinlichkeit entfiele[1956].

Bsp.[1957]: Arzt Armin unterlässt es aus Nachlässigkeit, dem Krebspatienten Paul die erforderlichen Medikamente zu verabreichen. Paul stirbt. Wissenschaftlich erwiesen ist, dass das entsprechende Medikament lediglich bei 90 % der Patienten „anschlägt" und zu einer Lebensverlängerung führt. – Hier kann Armin nach h. M. nicht wegen fahrlässiger Tötung durch Unterlassen, §§ 222, 13 StGB, bestraft werden, da die Verabreichung des Medikaments nicht „mit an Sicherheit grenzender Wahrscheinlichkeit" den tödlichen Erfolg verhindert hätte[1958]. Dies mag auf den ersten Blick unbefriedigend erscheinen, insbesondere deswegen, weil ein feststehender Prozentsatz, ab dem eine Wahrscheinlichkeit anzunehmen ist, nicht existiert. Diese Unsicherheit muss aber (leider) hingenommen werden[1959]. Bei Vorsatzdelikten kann dabei jedoch in aller Regel auf eine Versuchsstrafbarkeit ausgewichen werden. Diese Möglichkeit scheidet jedoch bei fahrlässigen Unterlassungsdelikten aus, da Fahrlässigkeitsdelikte nicht versucht werden können[1960].

1954 BGHSt 37, 106 (126 f.); BGHSt 43, 381 (397); BGHSt 59, 292 (302); BGHSt 62, 223 (242); BGH NStZ 1986, 127; BGH NStZ 2000, 583; BGH NJW 2000, 2754 (2757); BGH NStZ 2011, 31; AnwKomm-*Gercke*, Vor § 13 Rn. 17, § 13 Rn. 6; BWME-*Mitsch*, § 21 Rn. 25; *Frister*, 22. Kap. Rn. 25; *Hoffmann-Holland*, Rn. 787; *Jäger*, Rn. 477; *Kölbel*, JuS 2006, 309 (310 f.); *Krey/Esser*, Rn. 1123; *Kühl*, § 18 Rn. 36 f.; *Lindheim/Uhl*, JA 2009, 783 (784); LK-*Jescheck*, 11. Aufl., § 13 Rn. 17 f.; LK-*Walter*, 13. Aufl., Vor §§ 13 ff. Rn. 86; MüKo-*Freund*, 4. Aufl., § 13 Rn. 213; *Ransiek*, JuS 2010, 490 (496); *Rengier*, § 49 Rn. 13 f.; *Schönke/Schröder-Bosch*, § 13 Rn. 61; *Schünemann*, StV 1985, 229 (232 f.); SSW-*Kudlich*, Vor §§ 13 ff. Rn. 49, § 13 Rn. 10; *Wessels/Beulke/Satzger*, Rn. 1172; vgl. hierzu auch *Rönnau/Faust/Fehling*, JuS 2004, 113 (114); gegen das Kriterium der Wahrscheinlichkeit *Engländer*, JuS 2001, 958 (960).
1955 *Brammsen*, MDR 1989, 123 (126 f.); *Maurach/Gössel/Zipf*, AT 2, 7. Aufl., § 46 Rn. 23; *Otto*, § 9 Rn. 99; *ders.*, JURA 2001, 275 (276 f.); *Roxin*, ZStW 74 (1962), 411 (430 ff.); *Stratenwerth/Kuhlen*, § 13 Rn. 52 ff.; in diese Richtung auch *Puppe*, ZJS 2008, 600 (601); differenzierend *Roxin*, AT II, § 31 Rn. 54 ff; ausführlich zur Risikoerhöhungstheorie und den Gegenpositionen *Schmoller*, Wolter-FS 2013, S. 479.
1956 Vgl. bereits RGSt 58, 130 (131); RGSt 63, 392 (393); RGSt 75, 49 (50); BGHSt 6, 1 (2); BGHSt 37, 106 (126); BGHSt 48, 77 (93); BGHSt 59, 292 (301 f.); BGH JZ 1973, 173; BGH NStZ 1985, 26 (27); BGH NJW 1987, 2940; BGH NJW 2000, 2754 (2757); *Arzt*, JA 1980, 553 (556); BWME-*Mitsch*, § 21 Rn. 25; *Fischer*, Vor § 13 Rn. 21; *Freund/Rostalski*, § 6 Rn. 140; *Gropp/Sinn*, § 11 Rn. 162; *Jescheck/Weigend*, § 59 III 3; *Krey/Esser*, Rn. 1123; *Kühl*, § 18 Rn. 36; *Lackner/Kühl*, Vor § 13 Rn. 12; *Lindemann*, ZJS 2008, 404 (407); LK-*Weigend*, 13. Aufl., § 13 Rn. 70; *Satzger*, JURA 2011, 423 (433); *Schönke/Schröder-Bosch*, § 13 Rn. 61; *Wessels/Beulke/Satzger*, Rn. 1172.
1957 Fall in Anlehnung an BGH NJW 1987, 2940; vgl. auch BGHSt 62, 223 (242); hierzu *Kölbel*, JuS 2006, 309 (310 f.); *Ransiek*, JuS 2010, 490 (496); vgl. ferner BGH NStZ 1986, 217 (218); BGH NJW 2000, 2754 (2757); vgl. auch *Puppe*, AT 2, 1. Aufl., § 48 Rn. 19 ff., sowie den Übungsfall bei *Schneider/Schumann*, ZJS 2013, 195 (198).
1958 BGH NJW 1987, 2940; *Kühl*, § 18 Rn. 36 ff.; *Rengier*, § 49 Rn. 18; a. M. *Otto*, § 9 Rn. 101.
1959 Vgl. hierzu ergänzend BGH StV 1985, 229 m. Anm. *Schünemann*; *Otto/Brammsen*, JURA 1985, 646 (652); *dies.*, JURA 1986, 37 (40).
1960 Vgl. hierzu bereits oben Rn. 651, 659 und unten Rn. 990 f.

Hinzuweisen ist allerdings darauf, dass der Prüfungsstandort der Kausalität beim Unterlassungsdelikt nicht in gleicher Weise wie beim Begehungsdelikt eine „Filterfunktion" erfüllt. Denn im **Ausgangsfall** ist nicht nur Marthas Unterlassen für Siegfrieds Tod kausal, sondern gleichsam das Verhalten jedes anderen Menschen, unabhängig davon, wo dieser sich zur Zeit des Todeseintritts aufhält und auch unabhängig davon, ob er von der Existenz von Martha und Siegfried überhaupt wusste oder nicht. Denn wäre er eingeschritten und hätte den Siegfried ernährt, wäre dieser nicht verhungert. Die Strafbarkeit scheitert in diesen Fällen erst im Rahmen der weiteren Prüfungspunkte (Möglichkeit, Garantenstellung, Vorsatz), nicht aber an der Kausalität[1961]. **890**

cc) **Objektive Zurechnung (bei Erfolgsdelikten).** Handelt es sich um Erfolgsdelikte, so gehört zum objektiven Tatbestand des unechten Unterlassungsdelikts auch die **objektive Zurechnung des Erfolges**. Wie auch bei den durch aktives Tun begangenen Delikten, so muss der Erfolg dem Täter als „sein Werk" zugerechnet werden können[1962]. Auch hier lassen sich Fallgruppen bilden, in denen eine solche Zurechnung ausscheidet[1963]. Eine objektive Zurechnung liegt insbesondere dann nicht vor, wenn der strafrechtlich unerwünschte Erfolg nicht auf dem pflichtwidrigen Unterlassen, sondern auf anderen Gründen beruht. **891**

> **Bsp. (1):** Berta ist unheilbar an Krebs erkrankt. Sie beschließt daher, aus dem Leben zu scheiden, bevor ihr Leidensprozess unerträglich wird. Dies teilt sie ihrem Ehemann Anton mit. Am Abend nimmt sie in seiner Gegenwart eine Überdosis Schlaftabletten ein. Anton wacht nachts an ihrem Bett, bis sie sanft entschlafen ist. Durch das Rufen eines Krankenwagens wäre ihm eine Rettung Bertas möglich gewesen, er wollte jedoch den Wunsch seiner Frau respektieren. – An sich liegen hier sämtliche Voraussetzungen einer Unterlassenstäterschaft vor: Nach dem Einschlafen Bertas hatte Anton nicht nur Tatherrschaft, er war als Garant vielmehr auch verpflichtet, Berta zu retten. Es scheidet hier jedoch eine objektive Zurechnung des Erfolges aus, da Berta freiverantwortlich gehandelt hat. Ihr Tod ist daher als „ihr Werk" und nicht als Antons Werk anzusehen[1964].
>
> **Bsp. (2)**[1965]**:** Im zehnten Stock eines Hochhauses ist ein Feuer ausgebrochen. Anton ist allein mit der vierjährigen Anna zurückgeblieben. Sämtliche Fluchtwege sind versperrt. Anton kann sich selbst durch ein Hinabklettern an den Fensterläden mit einer gewissen Wahrscheinlichkeit retten. Anna jedoch könnte er lediglich aus dem Fenster werfen und hoffen, dass sie den Sturz in die Arme eines unten stehenden Helfers überlebt. Die Wahrscheinlichkeit ist jedoch relativ gering. Aus Scheu unternimmt er nichts. Letztlich kann sich Anton retten, Anna hingegen kommt in den Flammen um. – Fraglich ist erstens, ob Antons Unterlassen für den Erfolgseintritt kausal geworden ist. Dabei muss überlegt werden, ob auf den Tod in seiner konkreten Gestalt (= Flammentod) oder auf den Todeseintritt insgesamt (egal ob durch die Flammen oder den Sturz) abzustellen ist. Für den Flammentod (= Tod in seiner konkreten Gestalt) war das Unterlassen kausal, weil Anton die Anna durch den Wurf aus dem Fenster jedenfalls vor den Flammen (und dadurch vor dieser konkreten Todesart) gerettet hätte. Für den Tod an sich war das Verhalten Antons jedoch nicht kausal, da man das gebotene Verhalten (=

1961 Vgl. hierzu *Arzt*, JA 1980, 553.
1962 Vgl. zur Frage der objektiven Zurechnung bei Begehungsdelikten oben Rn. 239 ff.
1963 Vgl. hierzu ausführlich *Kölbel*, JuS 2006, 309 (311 ff.); *Ransiek*, JuS 2010, 490 (493), sieht darüber hinaus auch die Garantenpflicht als Element der objektiven Zurechnung an; vgl. ferner den Übungsfall bei *Otto/Brammsen*, JURA 1986, 37 (40).
1964 So auch *Kindhäuser/Zimmermann*, § 36 Rn. 32; für den Arzt LG Hamburg, NStZ 2018, 281; differenzierend *Lindheim/Uhl*, JA 2009, 783 (785); anders noch BGHSt 32, 367 (373 ff.); vgl. ferner den Übungsfall bei *Gaede/Miranowicz*, JuS 2018, 556.
1965 Fall nach BGH JZ 1973, 173; hierzu *Jäger*, GA 2021, 272 (276); *Kaltenhäuser*, JA 2017, 268 (270).

Hinauswerfen) nicht hinzudenken kann, ohne dass der Erfolg mit an Sicherheit grenzender Wahrscheinlichkeit entfiele (nach dem Grundsatz „in dubio pro reo" muss davon ausgegangen werden, dass Anna durch den Sturz ebenfalls gestorben wäre). Die Frage, auf welchen Erfolg man hier abstellen muss, ist umstritten. Stellt man zutreffend auf den Tod in seiner konkreten Gestalt ab, so scheitert eine Strafbarkeit Antons erst an der objektiven Zurechnung. Denn wäre der tatbestandsmäßige Erfolg (= Annas Tod) hier auch bei pflichtgemäßem Verhalten eingetreten (nur eben in anderer Form) oder lässt sich dies jedenfalls nach dem Grundsatz „in dubio pro reo" nicht ausschließen, so fehlt es am Pflichtwidrigkeitszusammenhang zwischen der unterlassenen Handlung und dem eingetretenen Erfolg[1966]. Denn das Gebot „Du sollst Hilfe leisten" soll hier Annas Tod insgesamt verhindern und nicht lediglich dazu beitragen, dass Anna nicht in den Flammen stirbt.

892 Die Problematik im zuletzt genannten Beispiel ist vergleichbar mit der des rechtmäßigen Alternativverhaltens beim Fahrlässigkeitsdelikt[1967]. Der Erfolg ist nur dann zurechenbar, wenn die geforderte Handlung mit an Sicherheit grenzender Wahrscheinlichkeit nicht nur den Eintritt des Erfolges in seiner konkreten Gestalt verhindert, sondern dem Erhalt des Rechtsguts an sich gedient hätte. Im Zweifelsfall muss der Täter hier nach dem Grundsatz **„in dubio pro reo"** freigesprochen werden. Allerdings ist diese Ansicht umstritten. Die Vertreter der **Risikoerhöhungstheorie**[1968], die auch beim Fahrlässigkeitsdelikt zu einer strengeren Haftung tendieren, bejahen die **Erfolgszurechnung** bereits dann, wenn die Möglichkeit der Gefahrverringerung durch das Nichtergreifen einer – wenn auch unsicheren – Rettungschance nicht genutzt wird.

893 c) **Garantenpflicht.** Bei sämtlichen unechten Unterlassungsdelikten ist die Feststellung erforderlich, dass den Handelnden als Garant eine besondere rechtliche Pflicht zur Abwendung des tatbestandsmäßigen Erfolges trifft. Da es sich bei der Feststellung der Garantenstellung bzw. der sich daraus ergebenden Garantenpflichten um eine sehr umfangreiche Problematik handelt, soll diese an einer späteren Stelle ausführlich behandelt werden[1969]. Im Hinblick auf die Prüfungsreihenfolge in einer Klausur ist an dieser Stelle lediglich festzuhalten, dass beim fahrlässigen unechten Unterlassungsdelikt die Prüfung der Garantenpflicht und diejenige des Sorgfaltspflichtverstoßes regelmäßig zusammenfallen: Gerade die Rechtspflicht zum Handeln ist die Grundlage des Sorgfaltpflichtverstoßes[1970].

894 d) **Nichtvornahme der gebotenen Handlung.** Als nächstes muss festgestellt werden, welches Verhalten, d. h. welches konkrete Unterlassen dem Täter vorgeworfen werden kann. Es muss also geprüft werden, welches die **gebotene Handlung** gewesen wäre. Handelt es sich, wie zumeist, um ein Erfolgsdelikt, so besteht die gebotene Handlung in der Abwendung des tatbestandsmäßigen Erfolges. Dabei muss genau bestimmt werden, wie dieser tatbestandsmäßige Erfolg hätte abgewendet werden können. Anschließend empfiehlt es sich, kurz festzustellen, dass der

---

1966 So *Joecks/Jäger*, § 13 Rn. 24; *Wessels/Beulke/Satzger*, Rn. 1203; vgl. auch *Jäger*, GA 2021, 272 (276); *Kölbel*, JuS 2006, 309 (313); *Schlüchter*, JuS 1976, 793 (794); *Spendel*, JZ 1973, 137 (139 ff.); ferner *Frister*, 22. Kap. Rn. 25; *Ransiek*, JuS 2010, 490 (496); *Ulsenheimer*, JuS 1972, 252 (die die Frage allerdings als Kausalitätsproblem ansehen); zu dieser Problematik auch BGHSt 37, 106 (115 f.); *Herzberg*, MDR 1971, 881.
1967 Vgl. hierzu unten Rn. 1042 ff.
1968 *Brammsen*, MDR 1989, 123 (126 f.); *Otto*, JURA 2001, 275 (277); *Otto/Brammsen*, JURA 1985, 646 (652 f.); vgl. hierzu bereits oben Rn. 888.
1969 Vgl. unten § 27 (Rn. 918 ff.).
1970 Vgl. auch *Ransiek*, JuS 2010, 490 (493).

Täter eben diese gebotene Handlung nicht vorgenommen hat (ob ihm diese Handlung im konkreten Fall möglich war, wird dann in einem weiteren Prüfungsschritt untersucht).

>Im **Ausgangsfall** kommt man zu dem Ergebnis, dass die gebotene Handlung zur Verhinderung des Erfolges die Ernährung Siegfrieds gewesen wäre und dass Martha diese Handlung nicht vorgenommen hat.

Sind mehrere Handlungen denkbar, die allesamt zur Erfolgsabwendung (mehr oder weniger) geeignet sind, lohnt es sich, bereits an dieser Stelle die konkret erfolgstauglichen Handlungen genau festzustellen (um dann in einem weiteren Schritt jede der aufgezählten Handlungen daraufhin zu untersuchen, ob sie dem Täter auch möglich und zumutbar war). **895**

>**Bsp.:** Anton sieht, wie seine Ehefrau Berta beim Fensterputzen ausrutscht, aus dem dritten Stock hinunter auf den Gehsteig fällt und dort schwer verletzt liegen bleibt. Es sind nun mehrere gebotene Handlungen denkbar, die allesamt geeignet sind, den tatbestandsmäßigen Erfolg (= Bertas Tod) abzuwenden (ob sie dem Täter möglich sind und ob er sich für die „effektivste" entscheiden muss, kann an dieser Stelle noch offen bleiben). Geboten sind: die ärztliche Versorgung Bertas, die Beförderung Bertas in ein Krankenhaus mit dem eigenen PKW, das Herbeirufen eines Notarztes oder die Verständigung eines Nachbarn, damit dieser den Notarzt herbeiruft.

Fraglich ist, wie zu entscheiden ist, wenn der Täter zwar keine der an sich gebotenen Handlungen vornimmt, jedoch nicht untätig bleibt, er also einen **untauglichen Erfolgsabwendungsversuch** startet. **896**

>**Bsp.:** Der Nichtschwimmer Anton sieht, wie sein Sohn Sebastian mit dem Schlauchboot auf einem See gekentert ist und zu ertrinken droht. Statt sogleich den Rettungsdienst zu alarmieren, versucht Anton, Sebastian zuerst mehrmals ein Seil zuzuwerfen. Dies ist aber „objektiv" zu kurz. Nachdem Anton dies nach einer Viertelstunde erkannt hat, ruft er schließlich doch den Rettungsdienst. Dieser kommt nun aber zu spät. – Hier hat Anton die gebotene Handlung nicht oder jedenfalls zu spät vorgenommen. Damit ist der objektive Tatbestand des Totschlags durch Unterlassen, §§ 212, 13 StGB, erfüllt. Die Tatsache, dass er einen untauglichen Erfolgsabwendungsversuch mit untauglichen Mitteln startete, ist lediglich im Rahmen des subjektiven Tatbestandes zu prüfen. Neben dem fehlenden Tötungsvorsatz irrte er sich zudem darüber, welche Handlung geboten war. Dieser Irrtum schließt nach § 16 StGB seinen Vorsatz aus, möglich bleibt dagegen eine Bestrafung wegen fahrlässiger Tötung, § 222 StGB.

e) **Möglichkeit der Vornahme der gebotenen Handlung.** Nachdem im vorigen Prüfungspunkt festgestellt wurde, welche Handlungen im konkreten Fall zur Abwendung des tatbestandsmäßigen Erfolges geboten waren, muss nun (bereits auf der Ebene des objektiven Tatbestandes) geprüft werden, ob der Täter – bei grundsätzlich bestehender Handlungsfähigkeit[1971] – die jeweiligen Handlungen überhaupt vornehmen konnte, kurz: **ob dem Täter die Vornahme der gebotenen Handlung physisch-real möglich war**[1972]. Ist dies nicht der Fall, dann ist zu untersuchen, ob möglicherweise auf eine andere, zwar weniger effektive, aber dennoch zur Erfolgsabwendung geeignete Handlung zurückgegriffen werden kann. **897**

>Einem Nichtschwimmer ist es nicht möglich, einen Ertrinkenden durch einen Sprung in den See zu retten. – Einem Taubstummen ist es nicht möglich, mittels eines Telefons

---

[1971] Fehlt die Handlungsfähigkeit ganz, ist der Täter also zu einem willensgetragenen menschlichen Verhalten nicht (mehr) fähig, wie z. B. der Schlafende oder der Betrunkene, schließt dies eine Strafbarkeit bereits auf der Ebene der Handlung aus; vgl. oben Rn. 883.
[1972] Vgl. BGH NStZ 1997, 545; BGH NStZ-RR 2019, 271 (272); nach *Ransiek*, JuS 2010, 490 (492 f.), kann die physisch-reale Handlungsmöglichkeit auch im Rahmen der Kausalität mitgeprüft werden.

den Notarzt herbeizurufen. – Jemandem, der noch nie in seinem Leben ein Auto gesteuert hat, ist es nicht möglich, den Verletzten ins Krankenhaus zu fahren. – Im **Ausgangsfall** war es Martha dagegen durchaus möglich, Siegfried Nahrung zu geben und ihn dadurch vor dem drohenden Verhungern zu retten.

898 Dabei kann man hinsichtlich der **physisch-realen Möglichkeit** zwei Fallgruppen unterscheiden (die allerdings von der Rechtsfolge her identisch sind – bei beiden fehlt es an der Handlungsmöglichkeit): die **objektive Unmöglichkeit** (niemand kann in der konkreten Situation, in der sich der Täter befindet, die gebotene Handlung vollbringen) und die **individuelle Unmöglichkeit** (der konkrete Täter kann die gebotene Handlung nicht vollbringen, obwohl andere in derselben Situation hätten helfen können)[1973]. Nicht erfasst ist hingegen die **rechtliche Unmöglichkeit**[1974] (der Täter könnte zwar helfen, würde dabei jedoch gegen Rechtsvorschriften verstoßen) sowie die Pflichtenkollision (der Täter kann von mehreren Pflichten lediglich eine erfüllen und muss sich damit gegen die Erfüllung der anderen Pflicht entscheiden)[1975], welche erst auf Rechtfertigungsebene zu berücksichtigen sind.

> **Bsp. (1):** Bei einem Brand eines Hochhauses ruft die vierjährige Anna aus einem Fenster im siebten Stockwerk um Hilfe. Die Flammen haben bereits alle Zugänge derart ergriffen, dass man Anna selbst mit feuerfester Kleidung nicht in ausreichender Zeit aus dem Gebäude retten kann. Der verzweifelte Vater Viktor sieht zu und unternimmt nichts (objektive Unmöglichkeit).
>
> **Bsp. (2):** Der technisch eher unbegabte Bruno trifft bei einem Waldspaziergang auf den verunglückten Rudi, der sofortiger Hilfe bedarf. Da Bruno keine „Erste Hilfe" leisten kann, versucht er, wenigstens mit Rudis Handy den Notarzt anzurufen. Da Bruno sich aber mit Handys ebenfalls nicht auskennt, schafft er es nicht, die Tastensperre zu lösen. Rudi stirbt (individuelle Unmöglichkeit).

899 Allerdings ist im Rahmen der Möglichkeit zu differenzieren: Ist dem Täter ein Handeln objektiv oder individuell nicht möglich, entfällt der objektive Tatbestand. Wäre ihm eine bestimmte Handlung zwar möglich, weiß er aber von den ihm zur Verfügung stehenden Möglichkeiten nichts, bleibt die Handlung objektiv möglich und es entfällt lediglich der Vorsatz[1976]. Nimmt der Täter hingegen eine in Wirklichkeit nicht bestehende Handlungsmöglichkeit an und handelt trotzdem nicht, liegt ein untauglicher Versuch vor.

> **Bsp.:** Der Nichtschwimmer Anton, der seinen ertrinkenden Sohn Sebastian nicht rettet, handelt bereits objektiv nicht tatbestandsmäßig, wenn eine Rettung gerade erfordern würde, dass Anton selbst ins Wasser springt. – Könnte Anton dem Sebastian hingegen einen am Ufer liegenden Rettungsring zuwerfen, von dessen Existenz er aber nichts weiß, dann wäre ihm die Rettung trotz Unkenntnis dieses Umstandes individuell möglich. Es entfällt lediglich im Rahmen des subjektiven Tatbestandes der Vorsatz, da er sich über seine individuelle Rettungsmöglichkeit irrt. – Glaubt Anton hingegen, dass sich in einem bereitstehenden Kasten ein Rettungsring befindet, den er zuwerfen könnte, handelt er aber dennoch nicht, weil ihm Sebastians Tod ganz gelegen kommt,

---

[1973] Hierzu *Maiwald*, JuS 1981, 473 (476); vgl. hierzu auch den Übungsfall bei *Reinhardt*, JuS 2016, 423 (426).
[1974] Vgl. hierzu BWME-*Mitsch*, § 21 Rn. 17.
[1975] Vgl. hierzu BWME-*Mitsch*, § 21 Rn. 19; hierzu noch unten Rn. 915 sowie oben Rn. 513 ff.
[1976] BWME-*Mitsch*, § 21 Rn. 16; *Kühl*, § 18 Rn. 31; *Maiwald*, JuS 1981, 473 (478 f.); *Schönke/Schröder-Bosch*, Vorbem. §§ 13 ff. Rn. 141; a.M. *Armin Kaufmann*, Die Dogmatik der Unterlassungsdelikte, 1959, S. 41 f.; *Welzel*, § 26 I.

so liegt dann, wenn dieser Rettungsring objektiv nicht vorhanden war, ein (strafbarer) untauglicher Versuch vor[1977].

Sind mehrere Handlungen möglich, reicht es aus, wenn der Täter wenigstens eine von ihnen vornimmt. Fraglich ist, ob der Täter stets die effektivste Möglichkeit zu wählen hat. **900**

> **Bsp.:** Anton hat Bruno in betrunkenem Zustand mit seinem PKW angefahren. Bruno bedarf dringend ärztlicher Versorgung. Um nicht wegen der vorangegangenen Straftaten (§ 315c Abs. 3, § 229, § 52 StGB) belangt zu werden, fährt Anton den Bruno zwar in Richtung des Krankenhauses, legt ihn aber 200 Meter vorher am Straßenrand ab und hofft, dass Bruno von einem Passanten gefunden wird, was auch geschieht. – Hier entfällt eine Strafbarkeit wegen Unterlassens, da Anton den Erfolg verhindert hat. Auch eine Bestrafung wegen Versuchs ist nicht angebracht. Wird Bruno hingegen nicht gerettet, erweist sich Antons Handlung im Nachhinein als untauglich. Er hat somit die gebotene Handlung nicht vorgenommen, obwohl ihm diese möglich gewesen wäre, was zu einer Strafbarkeit nach §§ 212, (211,) 13 StGB führt[1978].

f) Erforderlichkeit der Handlung. In der Regel wird die zur Erfolgsverhinderung gebotene Handlung auch erforderlich sein. Die Erforderlichkeit der Handlung wird daher nur in wenigen Ausnahmefällen ausscheiden. Ein Beispiel hierfür ist die Anwesenheit vorrangiger Rettungspflichtiger. **901**

> **Bsp.:** Lehrerin Linda ist mit ihrer Grundschulklasse im Freibad. Die Schülerin Frieda springt trotz eines entsprechenden Verbots ins Schwimmerbecken und droht zu ertrinken. Der kräftige Bademeister Bruno eilt sogleich herbei und schickt sich an, ins Wasser zu springen. Linda widmet sich daraufhin dem Rest der völlig aufgeregten Klasse. Obwohl er Hilfe leisten müsste, springt Bruno am Ende allerdings doch nicht ins Wasser, weil er erkennt, dass es sich bei Frieda um die verhasste Nachbartochter handelt, was Linda allerdings nicht mehr bemerkt. Frieda ertrinkt. – Hier ist Linda nicht wegen eines Totschlags durch Unterlassen strafbar, weil ihre Hilfeleistung infolge der vorrangigen Rettungspflicht Brunos nicht erforderlich war. Nimmt man dennoch – objektiv – eine Erforderlichkeit an, weil Bruno z. B. von vorne herein nicht vor hatte zu helfen, fehlt es jedenfalls an einem entsprechenden Vorsatz Lindas im Hinblick auf die Erforderlichkeit, § 16 StGB.

Die **Erforderlichkeit** spielt insbesondere dann eine Rolle, wenn ein echtes und ein unechtes Unterlassungsdelikt zusammentreffen, also z. B. bei einem Unglücksfall sowohl ein Garant als auch ein Nichtgarant am Unfallort anwesend sind. Hier geht die Garantenpflicht der allgemeinen Hilfeleistungspflicht stets vor. Dies gilt aber nur so lange, wie der vorrangig zur Hilfeleistung Verpflichtete fähig und willens ist einzuschreiten. Hilft dieser nicht oder ist er zur Hilfeleistung nicht bereit, dann ist das Tätigwerden des nachrangig Verpflichteten erforderlich. Bleibt dieser ebenfalls untätig, liegt für ihn eine Strafbarkeit nach § 323c StGB vor (subjektiv muss er diese Erforderlichkeit jedoch auch erkennen, andernfalls fehlt es am Vorsatz hinsichtlich der Erforderlichkeit, § 16 StGB). **902**

g) Zumutbarkeit. In Ausnahmefällen kann – trotz vorhandener Möglichkeit – die Zumutbarkeit der Erfolgsabwendung für den Einzelnen ausscheiden. Dies gilt **903**

1977 Vgl. zur Strafbarkeit des untauglichen Versuchs oben Rn. 673 f.
1978 Die Problematik ist hier vergleichbar mit derjenigen des Rücktritts vom Versuch, wenn der Täter nach Abschluss der (vorsätzlichen) Tathandlung zwar einen Rettungsversuch unternimmt, eine wesentlich effektivere Rettungsmöglichkeit jedoch nicht wahrnimmt; vgl. hierzu den Problemschwerpunkt 21, oben Rn. 848 ff.

insbesondere dann, wenn die Rettung für den Unterlassenden eine ernsthafte Gefahr für sein eigenes Leben oder seine eigene Gesundheit darstellen würde[1979].

904 Strittig ist allerdings, ob die Zumutbarkeit (bei den unechten Unterlassungsdelikten) überhaupt als Tatbestandsmerkmal anzusehen ist. Nach zutreffender Ansicht[1980] ist dies aus § 323c StGB analog zu folgern, denn im Rahmen des echten Unterlassungsdelikts der unterlassenen Hilfeleistung ist das Merkmal der Zumutbarkeit ausdrücklich im gesetzlichen Tatbestand genannt. Zudem wird man nur schwerlich eine dem Unterlassenden nicht zumutbare Handlung als „Unrecht" einstufen können (mit der Folge, dass man dagegen unter Umständen sogar unter Notwehrgesichtspunkten vorgehen könnte). Nach a. M.[1981] ist die Zumutbarkeit hingegen im Rahmen eines allgemeinen Rechtfertigungsgrundes der „Unzumutbarkeit normgemäßen Verhaltens" und somit auf Rechtfertigungsebene zu prüfen. Schließlich möchte eine dritte Gruppe[1982] die Unzumutbarkeit infolge der hier erforderlichen Konfliktsituation lediglich auf Schuldebene berücksichtigen[1983].

> **Bsp.**[1984]: Anton ist Schiffer auf dem Rhein. Er ist verheiratet mit Berta, die unter extremer Schizophrenie leidet. Eines Nachts im Februar, Anton ist stark alkoholisiert, kommt es auf seinem Kahn zu einem Streit, in dessen Folge sich Berta auf Deck begibt, um ins Wasser zu springen und sich das Leben zu nehmen. Anton weiß, dass seine Frau Nichtschwimmerin ist und in diesem Augenblick die Tragweite ihres Handelns nicht erfasst. Draußen ist es dunkel, die Wassertemperatur beträgt 9,5 Grad. Anton geht beschwichtigend auf Berta zu, doch diese springt. Daraufhin unternimmt Anton nichts und legt sich schlafen. Berta ertrinkt. Eine Rettung wäre höchstens dadurch möglich gewesen, dass Anton ihr – unter Gefährdung seines eigenen Lebens bei höchst ungewisser Rettungschance – nachspringt. – Anton war Garant für das Leben seiner Frau. Fraglich ist lediglich die Zumutbarkeit der Erfolgsabwendung[1985]. Zumutbar können auch gefährliche Handlungen sein. Allerdings scheidet die Zumutbarkeit dann aus, wenn sich der Rettende in eine akute Lebensgefahr begeben müsste. Erforderlich ist dabei eine Abwägung, bei der neben der Bedeutung des Rechtsguts und dem Umfang der Selbstgefährdung auch die Erfolgsaussichten der in Betracht kommenden Handlung berücksichtigt werden müssen. Im konkreten Fall lehnte der BGH eine Handlungspflicht aufgrund der objektiv geringen Erfolgsaussichten ab.

1979 Anerkannt seit RGSt 58, 97; vgl. zur Frage der Zumutbarkeit bei Unterlassungsdelikten auch BGH NStZ 1997, 545 sowie die Übungsfälle bei *Herles/Steinhauser*, JURA 2013, 1281 (1283); *Hettinger*, JuS 2011, 910 (913); *Mitsch*, JA 2006, 509 (511); *Radtke*, JURA 1997, 477 (483); *Steinberg/Schönemann*, ZJS 2015, 284 (287).
1980 AK-*Seelmann*, § 13 Rn. 63 ff.; *Fischer*, § 13 Rn. 81; *Krey/Esser*, Rn. 1173; NK-*Gaede*, § 13 Rn. 17; *Pawlik*, GA 1995, 360 (372); *Ransiek*, JuS 2010, 585 (586); *Schönke/Schröder-Sternberg-Lieben*, Vorbem. §§ 32 ff. Rn. 120; *Schönke/Schröder-Bosch*, Vorbem. §§ 13 ff. Rn. 155; *Stree*, Lenckner-FS 1998, S. 393; vgl. auch BGH NJW 1994, 1357.
1981 *Gropp/Sinn*, § 11 Rn. 115 ff.; *Köhler*, S. 297 f.; *Schmidhäuser*, SB, 12/70.
1982 BWME-*Mitsch*, § 21 Rn. 28; *Ernst*, ZJS 2012, 654 (660); *Herles/Steinhauser*, JURA 2013, 1281 (1283); *Jakobs*, 29/98; *Kühl*, § 18 Rn. 33, 140 f.; *Lackner/Kühl*, § 13 Rn. 5; *Maurach/Gössel/Zipf-Gössel*, § 46 Rn. 176; *Rengier*, § 49 Rn. 47; *Roxin*, AT II, § 31 Rn. 233 f.; *Stratenwerth/Kuhlen*, § 13 Rn. 81 ff.; *Wessels/Beulke/Satzger*, Rn. 1218; vgl. auch BGHSt 6, 46 (57): „Schuldausschließungsgrund"; grundsätzlich ablehnend im Hinblick auf das Kriterium der Unzumutbarkeit *Achenbach*, JURA 1997, 631 (634 f.).
1983 Zu den entsprechenden Konsequenzen dieser Einordnung für die Frage des Irrtums vgl. den Übungsfall bei *Herles/Steinhauser*, JURA 2013, 1281 (1283 f.).
1984 Fall nach BGH NJW 1994, 1357; hierzu *Krey/Esser*, 1171 ff.; *Loos*, JR 1994, 511.
1985 Freilich könnte man hier schon die „Quasikausalität" des Unterlassens für den tödlichen Erfolg ablehnen, da ein Rettungsversuch nicht „mit an Sicherheit grenzender Wahrscheinlichkeit" zur Rettung geführt hätte; im Rahmen der dann erforderlichen Prüfung eines versuchten Totschlags durch Unterlassen wäre aber in gleicher Weise auf die Frage der Zumutbarkeit einzugehen; vgl. hierzu auch den Übungsfall bei *Hettinger*, JuS 2011, 910 (912 f.).

905 Die Zumutbarkeit der Erfolgsabwendung scheidet allerdings nicht allein deswegen aus, weil sich der Täter, insbesondere bei vorangegangenem pflichtwidrigen Tun, durch sein Verhalten der Gefahr einer Strafverfolgung aussetzt[1986].

906 Bei der Prüfung der Zumutbarkeit wird vielfach eine Einzelfallentscheidung erforderlich sein, bei der insbesondere auch der Grad der Gefahr für das bedrohte Rechtsgut eine entscheidende Rolle spielt[1987]. So sah es der **BGH** u. a. als zumutbar an, dass ein Gastwirt die Polizei verständigen muss, wenn sich ein Gast anschickt, im alkoholbedingt fahruntauglichen Zustand nach dem Kneipenbesuch in sein Auto zu steigen, um heimzufahren (selbst wenn der Wirt dadurch möglicherweise einen Stammgast verlieren könnte)[1988].

907 **h) Entsprechungsklausel, § 13 StGB.** Nach § 13 Abs. 1, 2. Halbsatz StGB hängt die strafrechtliche Haftung des Garanten davon ab, dass ein Unterlassen der Erfolgsabwendung **wertungsmäßig** einer Verwirklichung des gesetzlichen Tatbestandes durch aktives Tun entspricht[1989]. Dies ist zwar in der Regel der Fall, es gibt hierzu jedoch einige wenige Ausnahmen bei den sog. **verhaltensgebundenen (Erfolgs-)Delikten**[1990]. Es geht hier also um die „Gleichwertigkeit" von Tun und Unterlassen im Hinblick auf das verwirklichte Unrecht.

908 **Verhaltensgebundene Delikte** sind Delikte, die nicht allein auf die Erfolgsverursachung abstellen, sondern darüber hinaus eine bestimmte Verhaltensweise erfordern, welche zu dieser Erfolgsverursachung führt. Man spricht hier auch von einer notwendigen **„Modalitätenäquivalenz"**. Entscheidend für die Tatbestandserfüllung ist also, dass der Erfolg gerade auf eine bestimmte Art und Weise („Modalität") herbeigeführt wird[1991].

> So ist z. B. beim Betrug, § 263 StGB, nicht allein die Verursachung eines Vermögensschadens beim Opfer erforderlich. Vielmehr muss dieser Vermögensschaden gerade durch eine Täuschung herbeigeführt werden. Insoweit muss konkret geprüft werden, ob eine Täuschung durch Unterlassen wertungsmäßig einer Täuschung durch aktives Tun entspricht[1992]. Ein ähnliches Problem stellt sich beim Verdeckungsmord, wenn der Täter nach vorangegangenem strafbaren Verhalten dem Opfer nicht hilft, da er befürchtet, dass durch diese Hilfeleistung sein vorheriges strafbares Verhalten ans Licht kommt[1993].

1986 BGHSt 11, 353 (355 f.); BGHSt 14, 282 (286); BGHSt 43, 381 (399); BGHSt 61, 71 (84 f.); BGH NStZ 1984, 452 (452 f.: vorheriges Überlassen von Heroin); *Lackner/Kühl*, § 13 Rn. 5 a. E.; *Noak*, JURA-Sonderheft Zwischenprüfung, 2004, 20 (25); *Otte*, JA 2017, 598 (599 f.); *Rengier*, § 49 Rn. 50; *Theile*, JURA 2007, 463 (464).
1987 Vgl. BGHSt 37, 106 (122) zur Frage der Zumutbarkeit einer Rückrufaktion beim Vertrieb gesundheitsschädlicher Produkte.
1988 BGHSt 4, 20 (23); zur Garantenpflicht des Gastwirtes in diesen Fällen vgl. Rn. 945, 954.
1989 Vgl. ausführlich zur Entsprechungsklausel und ihrem systematischen Prüfungsaufbau *Fahl*, JA 2013, 674.
1990 *Krey/Esser*, Rn. 1129; *Kühl*, § 18 Rn. 123; *ders.*, JuS 2007, 497 (498); NK-*Gaede*, § 13 Rn. 19; *Rengier*, § 49 Rn. 32 f.; *Rönnau*, JuS 2018, 526 (526 f.); *Roxin*, AT II, § 32 Rn. 225; *Schönke/Schröder-Bosch*, § 13 Rn. 4; *Wessels/Beulke/Satzger*, Rn. 1205; a. M. *Arzt*, JA 1980, 712 (716 f.), *Schünemann*, GA 2016, 301 (301 f.), die der Entsprechungsklausel bei allen Erfolgsdelikten Bedeutung zumessen; zum Ganzen auch *Fahl*, JA 2013, 674.
1991 *Kühl*, JuS 2007, 497 (498); *Rengier*, § 49 Rn. 32; *Rönnau*, JuS 2018, 526 (526 f.).
1992 Vgl. hierzu *Ransiek*, JuS 2010, 585 (589); *Rengier*, JuS 1989, 802 (808).
1993 BGHSt 28, 300 (307); BGH NJW 2000, 1730 (1732); *Freund*, NStZ 2004, 123; *Grünewald*, GA 2005, 502; *dies.*, JURA 2005, 519; *Theile*, JuS 2006, 110 (111 f.); vgl. hierzu auch die Übungsfälle bei *Freund/Schaumann*, JuS 1995, 801 (805 f.); *Heger*, JA 2008, 859 (863); *Hellmann*, JuS 1990, L 61; *Kett-Straub/Linke*, JuS 2008, 717 (719 f.); *Theile*, JURA 2007, 463 (465).

909 Allein schon der Begriff des „verhaltensgebundenen Delikts" ist jedoch erheblicher Kritik ausgesetzt[1994]. Denn jede Strafbarkeit setzt ein zurechenbares menschliches Verhalten voraus. Vielmehr ist über die Entsprechungsklausel in Ausnahmefällen im Rahmen einer normativen Wertung eine Strafbarkeit zu verneinen, wenn sich das Unterlassen soweit vom Leitbild der Strafbarkeit durch aktives Tun entfernt, dass eine Bestrafung offensichtlich unangebracht wäre.

> **Klausurtipp:** Die Prüfung der Entsprechungsklausel wird sich oftmals erübrigen. Da nur in extremen Ausnahmefällen über die Entsprechungsklausel eine Strafbarkeit auszuschließen sein wird, kann insbesondere in Anfängerklausuren auf eine Prüfung verzichtet werden. Sollte sie in Ausnahmefällen doch vorgenommen werden, ist Prüfungsstandort der letzte Prüfungspunkt im Rahmen des objektiven Tatbestandes[1995].

2. Subjektiver Tatbestand

910 Im Rahmen des **subjektiven Tatbestandes** müssen – wie beim normalen Begehungsdelikt auch – zwei Dinge festgestellt werden:

911 **a) Vorsatz bzgl. sämtlicher objektiver Tatbestandsmerkmale.** Hier ist als erstes streitig, ob es überhaupt einen Unterlassensvorsatz geben kann[1996]. Zu Recht wird dies von der h. M. angenommen. Der Unterlassungsvorsatz liegt darin, dass der Täter sich – in Kenntnis sämtlicher objektiver Tatbestandsmerkmale – für das Untätigbleiben entscheidet, obwohl er weiß, dass er tätig werden müsste und dabei (bei Erfolgsdelikten) den tatbestandsmäßigen Erfolg wenigstens billigend in Kauf nimmt[1997]. Der Vorsatz muss sich auch hier auf sämtliche objektive Tatbestandsmerkmale beziehen. Dies ist insbesondere im Rahmen der Kausalität von gebotener Handlung und abzuwendendem Erfolg mitunter problematisch. Denn der Täter muss wissen, dass die von ihm erwartete Handlung den Erfolg verhindern würde[1998].

912 Wie beim Begehungsdelikt, so reicht auch beim Unterlassungsdelikt ein bedingter Vorsatz aus[1999]. Anders als beim Begehungsdelikt, bei dem im Hinblick auf den Tötungsvorsatz zuweilen von einer „besonderen Hemmschwelle" des Täters ausgegangen wird, will der BGH hingegen beim Unterlassungsdelikt weit geringere Anforderungen stellen, da insbesondere bei vorangegangenem pflichtwidrigen Verhalten die „typischen gegenläufigen Selbstschutzmotive" die Hemmschwelle senken würden[2000]. Dem ist zu widersprechen, da der Unterlassungstäter dann schlechter stünde als der Begehungstäter, was der gesetzlichen Wertung in § 13 StGB nicht entspricht[2001].

1994 Zur Kritik auch *Krey/Esser*, Rn. 1130; *Krey/Hellmann/M. Heinrich*, BT 2, Rn. 583; *Kühl*, § 18 Rn. 122; *Rengier*, JuS 1989, 802 (808); vgl. auch *Roxin*, JuS 1973, 197 (199).
1995 *Fahl*, JA 2013, 674 (674 f.).
1996 Vgl. hierzu bereits oben Rn. 879.
1997 Vgl. BGHSt 19, 295 (299); BGHSt 46, 373 (379); vgl. auch die Übungsfälle bei *Otto/Brammsen*, JURA 1986, 37 (38 f.); *Stoffers*, JURA 1993, 376 (380).
1998 BGH StV 2022, 162 (164).
1999 BGH NStZ 2000, 414 (415); BGH NJW 2021, 326 (327); BGH StV 2022, 75 (76); BGH StV 2022, 162 (164); *Engländer*, JuS 2001, 958 (960); *Jakobs*, 29/82; LK-*Schroeder*, 11. Aufl., § 16 Rn. 218; *Rengier*, § 49 Rn. 35; *Spendel*, JZ 1973, 137 (142); *Wessels/Beulke/Satzger*, Rn. 1207; vgl. hierzu u. a. die Übungsfälle bei *Eisenberg*, JURA 1989, 41 (44); *Hettinger*, JuS 2011, 910 (912); *Otto/Brammsen*, JURA 1986, 37 (38); *Puschke*, JA 2014, 348 (352 f.); *Reinbacher*, JURA Sonderheft Zwischenprüfung, 2004, 26 (28); a. M. BGH JZ 1973, 173 (174); *Kühl*, § 18 Rn. 143.
2000 Vgl. BGH NJW 1992, 583 (584); hierzu *Hassemer*, JuS 1992, 524; *v. Heintschel-Heinegg*, JA 1992, 287; *Puppe*, NStZ 1992, 576; *Schwarz*, JR 1994, 31; vgl. hierzu bereits oben Rn. 304.
2001 Kritisch auch *Kühl*, § 18 Rn. 131; *Puppe*, NStZ 1992, 576 (577).

Da beim unechten Unterlassungsdelikt auch die Garantenstellung zum objektiven **913** Tatbestand gehört, muss der Täter auch die (tatsächlichen) Umstände kennen, die eine solche Garantenstellung begründen. Erkennt er diese, geht er aber irrig davon aus, dass aus der erkannten Sachlage keine Garantenstellung bzw. Garantenpflicht folgt[2002], lässt dies hingegen den Vorsatz unberührt und ist lediglich auf Schuldebene (als möglicher Verbotsirrtum in Form eines „Gebotsirrtums", § 17 StGB) zu beachten[2003].

> **Bsp.:** Vater Viktor sieht zu, wie sein Adoptivsohn Albert mit dem Schlauchboot im See kentert und ertrinkt. Er hält Albert jedoch für den verhassten Nachbarsohn und unternimmt nichts. – Da sich Viktor hier über die tatsächlichen Voraussetzungen irrte, die seine Garantenstellung begründen, liegt ein Tatbestandsirrtum vor, der seinen Vorsatz ausschließt (§ 16 StGB). Es bleibt bei einer Strafbarkeit nach § 323c StGB. Anders wäre der Fall zu beurteilen, wenn er erkennt, dass es sich bei dem Ertrinkenden um Albert handelt, aber der Ansicht ist, eine Garantenpflicht bestehe nur gegenüber leiblichen, nicht aber gegenüber Adoptivkindern. Hier bleibt der Vorsatz bestehen, es liegt lediglich ein (vermeidbarer) Verbotsirrtum (in Form eines Gebotsirrtums) vor (§ 17 StGB).

b) Tatbestandsspezifische subjektive Merkmale. Darüber hinaus ist auch beim **914** Unterlassungsdelikt auf subjektiver Tatseite die Erfüllung besonderer subjektiver Tatbestandsmerkmale festzustellen, wenn der entsprechende Tatbestand diese vorsieht (z. B. die Zueignungsabsicht beim Diebstahl durch Unterlassen oder die Bereicherungsabsicht beim Betrug durch Unterlassen)[2004].

3. Rechtswidrigkeit

Im Rahmen der Prüfung von Rechtswidrigkeit und Schuld sind – im Vergleich **915** zum normalen Begehungsdelikt – keine Besonderheiten zu verzeichnen[2005]. Allerdings ist daran zu erinnern, dass bei den Unterlassungsdelikten insbesondere der Rechtfertigungsgrund der **Pflichtenkollision** eine Rolle spielen kann, wenn der Täter bei mehreren gleichzeitig bestehenden Handlungspflichten nur eine der eigentlich gebotenen Handlungen erfüllen kann[2006].

> **Bsp.:** Vater Viktor, der mit seinen beiden Söhnen eine Bootsfahrt unternimmt und kentert, kann nur einen Sohn retten. Das Unterlassen der Rettung des anderen Sohnes ist zwar tatbestandsmäßig, jedoch infolge einer rechtfertigenden Pflichtenkollision nicht rechtswidrig.

4. Schuld

Im Rahmen der Schuld findet sich bei vielen Autoren der Entschuldigungsgrund **916** der **Unzumutbarkeit normgemäßen Verhaltens.** Nach der hier vorgeschlagenen

---

2002 Zur Unterscheidung von Garantenstellung und Garantenpflicht vgl. unten Rn. 919 ff.
2003 BGHSt 16, 155 (158); BWME-*Mitsch*, § 21 Rn. 51; *Krey/Esser*, Rn. 1175; *Kühl*, § 18 Rn. 128 f.; *ders.*, JuS 2007, 497 (503 f.); *Wessels/Beulke/Satzger*, Rn. 1207; vgl. aber auch *Klesczewski*, Rn. 275; *Puppe*, § 31 Rn. 3 ff.; *Rengier*, § 49 Rn. 37, 53; im Ergebnis auch *Stratenwerth/Kuhlen*, § 13 Rn. 72 f.; hierzu die Übungsfälle bei *v. Danwitz*, JURA 2000, 486 (491); *Kaspar*, JA 2006, 855 (859); *Kühl/Hinderer*, JuS 2009, 919 (920); *Murmann*, JuS 1998, 630 (631); *Steinberg/Schönemann*, ZJS 2015, 284 (286); zum Ganzen auch ausführlich unten Rn. 1168 ff.; das Gleiche gilt auch für das echte Unterlassungsdelikt des § 138 StGB; vgl. BGHSt 19, 295 (297).
2004 Vgl. hierzu auch *Puppe*, AT 2, 1. Aufl., § 45 Rn. 8.
2005 Vgl. zu Rechtfertigungskonstellationen bei Unterlassungsdelikten die Übungsfälle bei *Aselmann/Krack*, JURA 1999, 254 (258 f.); *Heimann/Prisille*, JA 2002, 305 (313 f.); insbesondere zur Frage der Einwilligung bzw. mutmaßlichen Einwilligung bei passiver Sterbehilfe BGHSt 40, 257; *Höfling*, JuS 2000, 111; *Otto*, JURA 1999, 434.
2006 Vgl. oben Rn. 513 ff.; ferner oben Rn. 898.

Lösung ist das Element der Zumutbarkeit jedoch bereits im objektiven Tatbestand zu berücksichtigen[2007].

917 In Ausnahmefällen kann die Schuld entfallen, wenn ein unvermeidbarer Verbotsirrtum, § 17 StGB, vorliegt. Möglich ist hier der bereits angesprochene[2008] Irrtum über die Garantenstellung bzw. die Garantenpflicht (= Gebotsirrtum), wenn der Täter zwar alle die Garantenstellung begründenden Umstände erkennt, sich aber über die hieraus folgende Pflicht irrt[2009]. Ansonsten gelten im Hinblick auf den Verbotsirrtum die allgemeinen Grundsätze.

§ 27 Garantenpflichten

Einführende Aufsätze: *Arzt*, Zur Garantenstellung beim unechten Unterlassungsdelikt, JA 1980, 553, 647, 712; *Bosch*, Der Einfluss des Gesetzes sowie materieller Kriterien auf die Entstehung von Garantenpflichten, JURA 2019, 1239; *Ceffinato*, Die Beendigung von Garantenstellungen, NStZ 2021, 65; *Herzberg*, Garantenpflichten aufgrund gerechtfertigtem Vorverhalten, JuS 1971, 74; *Kretschmer*, Die Garantenstellung (§ 13 StGB) auf familienrechtlicher Grundlage, JURA 2006, 898; *Kühl*, Die strafrechtliche Garantenstellung – Eine Einführung mit Hinweisen zur Vertiefung, JuS 2007, 497; *Laubenthal*, Strafrechtliche Garantenhaftung von Polizisten und außerdienstliche Kenntniserlangung, JuS 1993, 907; *Lilie*, Garantenstellung für nahestehende Personen, JZ 1991, 541; *Nikolaus*, Die Begründung und Beendigung der Garantenstellung in der Familie, JA 2005, 605; *Rönnau*, Grundwissen Strafrecht – Garantenstellungen, JuS 2018, 526; *Schultz*, Aufhebung von Garantenstellungen und Beteiligung durch Unterlassen, JuS 1985, 270; *Sowada*, Die Garantenstellung aus vorangegangenem Tun (Ingerenz), JURA 2003, 236; *Tenckhoff*, Garantenstellung des Wohnungsinhabers bei Angriffen auf einen Gast, JuS 1978, 308.

Zur Vertiefung: *Otto/Brammsen*, Die Grundlagen der strafrechtlichen Haftung des Garanten wegen Unterlassens, JURA 1985, 530, 592, 646.

Übungsfälle: *Dannecker*, Eine folgenschwere Gasexplosion, JURA 1988, 657; *v. Danwitz*, Reden ist Silber, Schweigen ist Gold, JURA 2000, 486; *Saal*, Zur strafrechtlichen Haftung eines nicht handelnden Garanten, JURA 1996, 476.

Rechtsprechung: BGHSt 2, 150 – Ehegattenselbstmord (Rettungspflicht nach Selbsttötungsversuch); **BGHSt 4, 20** – Gastwirt (Ingerenz durch Ausschenken von Alkohol); **BGHSt 7, 211** – Bereitschaftsarzt (Garantenpflicht eines Arztes); **BGHSt 17, 321** – Scheidungsprozess (Meineidsbeihilfe durch Unterlassen); **BGHSt 19, 152** – Gastwirt (Ingerenz durch Ausschenken von Alkohol); **BGHSt 19, 167** – Familienkomplott (natürliche Verbundenheit); **BGHSt 23, 327** – Zechkumpan (Ingerenz bei gerechtfertigtem Vorverhalten); **BGHSt 25, 218** – Normalfahrer (keine Garantenstellung eines sich ordnungsgemäß verhaltenden Kraftfahrers); **BGHSt 26, 35** – Regenrohr (Garantenstellung eines Gastwirts); **BGHSt 27, 10** – Beherbergung (Garantenpflicht infolge Aufnahme in der Wohnung); **BGHSt 30, 391** – Wohnungsinhaber (Garantenpflicht aus faktischer Übernahme); **BGHSt 32, 367** – Peterle (Garantenpflicht eines Arztes gegenüber bewusstlosem Suizidpatienten); **BGHSt 34, 82** – Kleinkraftrad (Ingerenz bei schuldlos herbeigeführtem Unfall); **BGHSt 37, 106** – Lederspray (Garantenpflicht beim Inverkehrbringen gefährlicher Produkte); **BGHSt 38, 325** – Bürgermeister (Garantenstellung eines Bürgermeisters bei Umweltdelikten); **BGHSt 38, 356** – S-Bahnhof (Pflicht zur Verhinderung von Exzesstaten eines Mittäters); **BGHSt 43, 82** – Strafvollzugsbeamter (keine Pflicht zur Erstattung von Strafanzeigen); **BGHSt 47, 224** – Schwebebahn (Garantenpflicht bei arbeitsteiligem Vorgehen); **BGHSt 48, 301** – Ehegatten (Erlöschen der Ga-

---

2007 Vgl. hierzu oben Rn. 903 ff.
2008 Vgl. oben Rn. 913.
2009 BGHSt 16, 155 (159 f.); *Rengier*, § 49 Rn. 53.

rantenpflicht); **BGHSt 52, 159** – Bremsdefekt (Garantenstellung des Werkstattprüfers); **BGHSt 53, 38** – Gebäudeeinsturz (Pflicht zur Überwachung einer Gefahrenquelle); **BGHSt 54, 44** – Innenrevisor (Pflicht zu Verhinderung von Straftaten innerhalb eines Unternehmens); **BGHSt 57, 42** – Bauhof (Garantenpflicht von Vorgesetzen im Arbeitsverhältnis); **BGHSt 61, 21** – GBL (Garantenpflicht nach eigenverantwortlicher Selbstgefährdung); **BGH NStZ 1984, 452** – Heroinüberlassung (Garantenpflicht aus Ingerenz trotz eigenverantwortlicher Selbstgefährdung); **BGH NJW 2017, 3609** – Verwahrloste Mutter (Garantenpflicht der Kinder für ihre Eltern).

I. Grundlagen – Unterscheidung von Garantenstellung und Garantenpflicht

Wie bereits mehrfach erwähnt, gibt es zwei Formen von Unterlassungsdelikten, nämlich die **echten** und die **unechten** Unterlassungsdelikte[2010]. Diese beiden Formen unterscheiden sich im Wesentlichen dadurch, dass beim **unechten Unterlassungsdelikt** ein Unterlassen nur dann strafbar ist, wenn der Täter *„rechtlich dafür einzustehen hat, dass der Erfolg nicht eintritt"* (er also eine „Garantenpflicht" besitzt), während beim **echten Unterlassungsdelikt** die Voraussetzungen, unter denen ein Unterlassen strafbar ist, im jeweiligen Tatbestand abschließend umschrieben sind. Auch die echten Unterlassungsdelikte können dabei spezielle Garantenpflichten zum geschriebenen Tatbestandsmerkmal erheben (vgl. § 221 Abs. 1 Nr. 2 StGB), müssen dies aber nicht (wie z. B. die allgemeine Hilfeleistungspflicht in § 323c StGB zeigt, die eben gerade jedermann trifft). Bei den **unechten Unterlassungsdelikten** dagegen ist die Rechtspflicht zum Handeln über § 13 Abs. 1 StGB stets als (ungeschriebenes) Tatbestandsmerkmal zu prüfen[2011]. 918

Bevor nun die Garantenpflichten im Einzelnen analysiert werden, ist kurz noch auf die **Abgrenzung von Garantenstellung und Garantenpflicht** einzugehen, da diese terminologisch oftmals durcheinander geraten[2012]. 919

1. Garantenstellung

Unter einer Garantenstellung versteht man das besondere Rechtsverhältnis, in dem sich eine Person befindet, also z. B. die Stellung als Ehegatte oder von Eltern in Bezug auf ihre Kinder. 920

2. Garantenpflicht

Unter einer Garantenpflicht versteht man die aus diesem Rechtsverhältnis (also der Garantenstellung) folgende Pflicht zum Tätigwerden, also z. B. die Pflicht der Eltern, Schäden von ihren Kindern abzuwenden. 921

Üblicherweise folgt aus einer Garantenstellung auch eine Garantenpflicht. Diese kann allerdings in Einzelfällen aufgrund besonderer Umstände auch einmal ausscheiden. Man muss daher stets prüfen, ob in der konkreten Situation eine bestimmte Garantenstellung dazu führt, dass der Betroffene eine Rechtspflicht hat, 922

2010 Vgl. oben Rn. 169 ff. und Rn. 857 ff.
2011 BGHSt 16, 155 (158); hier wird allerdings ausgeführt, die Garantenstellung selbst gehöre zum Tatbestand, die Garantenpflicht hingegen sei Bestandteil der Rechtswidrigkeit; vgl. auch *Lilie*, JZ 1991, 541; *Gropp/Sinn*, § 11 Rn. 218.
2012 Vgl. hierzu auch BGHSt 16, 155 (157); *Ceffinato*, NStZ 2021, 65 (66 f.); *Lackner/Kühl*, § 13 Rn. 6; *Nikolaus*, JA 2005, 605; *Ransiek*, JuS 2010, 585 (585 f.); *Rengier*, § 50 Rn. 39; *Rotsch*, ZJS 2009, 712 (714); vgl. auch BGHSt 48, 301 (wo aber öfters zwischen den Begrifflichkeiten gewechselt wird).

gerade in einer bestimmten Art und Weise tätig zu werden[2013]. Prüfungsstandort ist jeweils der objektive Tatbestand[2014].

Bsp.: Die gegenüber dem Ehegatten bestehende Garantenstellung[2015] führt in der Regel dazu, dass man diesen vor Schäden zu bewahren hat (man also die Pflicht hat einzuschreiten, wenn ihm Gefahren für Leib oder Leben drohen). Dies geht allerdings nicht so weit, dass man verpflichtet wäre, den Ehegatten z. B. von der Begehung von Straftaten abzuhalten[2016]. Hier überwiegt das Prinzip der Eigenverantwortlichkeit. Die Bejahung einer Garantenstellung darf nicht zur Bevormundung des Ehegatten führen, sodass z. B. die Ehefrau, die genau weiß, dass ihr Mann regelmäßig am Samstagabend in seiner Stammkneipe andere Gäste verprügelt (und dabei auch selbst verprügelt wird), nicht wegen Körperverletzung durch Unterlassen strafbar ist, wenn sie dagegen nicht einschreitet. Gleiches gilt auch für freiverantwortlich vorgenommene vorsätzliche Selbstschädigungen. So ist der Ehegatte nicht dazu verpflichtet, dagegen einzuschreiten, wenn der andere Ehegatte einen freiverantwortlich gefassten Selbsttötungsentschluss in die Tat umsetzt[2017]. Eine solche Trennung – die ihre Ursache in der unterschiedlichen Behandlung von Irrtumskonstellationen hat[2018] – ist jedoch nicht angezeigt, vielmehr sind beide Elemente auf der Ebene des objektiven Tatbestandes zu prüfen[2019].

922a Was den Prüfungsstandort angeht, wird mitunter vorgeschlagen, die Garantenstellung als objektives Tatbestandsmerkmal zu prüfen, die sich daraus ergebende Garantenpflicht hingegen als Bestandteil der Rechtswidrigkeit anzusehen[2020].

II. Einteilung der Garantenpflichten

923 Bevor die einzelnen Garantenpflichten erläutert werden, soll ein grober Überblick darüber gegeben werden, woraus sich diese Pflichten im Einzelnen ergeben und nach welchen Kriterien sie eingeteilt werden können.

924 Die Garantenpflichten sind im Gesetz nicht näher umschrieben[2021]. Schon vor der Einführung des § 13 StGB wurde durch Rechtsprechung und Literatur jedoch eine gewisse **Kasuistik** entwickelt. Man bildete Fallgruppen, die sich allerdings früher in erster Linie daran orientierten, **woraus** sich im Einzelfall eine Garantenpflicht ergab (formelle Betrachtungsweise, Einteilung nach Entstehungsgründen). Dabei unterschied man zwischen Garantenpflichten[2022]

- aus Gesetz (normierte Garantenpflichten)
- aus Vertrag (freiwillig übernommene Garantenpflichten)

2013 Vgl. hierzu auch *Puppe*, AT 2, § 49 Rn. 3 f.; *Sowada*, JURA 2003, 236 (237 Fn. 16).
2014 *Ransiek*, JuS 2010, 585 (585 f.); *Rengier*, § 49 Rn. 28 und 50 Rn. 39 ff.
2015 Vgl. unten Rn. 930 ff.
2016 Vgl. näher unten Rn. 933 f.
2017 Hierzu *Hoven*, Tröndle-GS 2019, S. 575 (588 ff.).
2018 Vgl. hierzu BGHSt 16, 155 (158).
2019 Vgl. zum Irrtum über die Garantenstellung und die Garantenpflicht unten Rn. 1168 ff.
2020 So im Ergebnis auch *Bosch*, JURA 2918, 1239.
2021 Teilweise werden deswegen verfassungsrechtliche Bedenken (Verstoß gegen das Bestimmtheitsgebot des Art. 103 Abs. 2 GG) erhoben; vgl. *Jescheck/Weigend*, § 58 IV 4; *Köhler*, S. 213 f.; LK-*Jescheck*, 11. Aufl., § 13 Rn. 14; NK-*Gaede*, § 13 Rn. 31; das BVerfG ist diesen Bedenken aber entgegengetreten; vgl. BVerfGE 96, 68 (97 ff.); BVerfG NJW 2003, 1030; dem BVerfG zustimmend *Lackner/Kühl*, § 13 Rn. 21; LK-*Weigend*, 13. Aufl., § 13 Rn. 19; *Ransiek*, JuS 2010, 585 (586); *Roxin*, GA 2021, 190; *Schönke/Schröder-Bosch*, § 13 Rn. 5/6; vgl. zu dieser Problematik auch *Bosch*, JURA 2019, 1239 (1239 f.); BWME-*Mitsch*, § 21 Rn. 42 ff.; *Kretschmer*, JURA 2006, 898 (902); *Lilie*, JZ 1991, 541 (542 f.).
2022 Vgl. u. a. RGSt 58, 130 (131 f.); RGSt 63, 392 (394); BGHSt 2, 150 (153); BGHSt 19, 167 (168); BGHSt 30, 391 (393 f.); so heute noch BWME-*Mitsch*, § 21 Rn. 58 ff.; vgl. auch *Krey/Esser*, Rn. 1128; *Puppe*, § 29 Rn. 47.

- aus einer engen Lebensbeziehung (persönliches Näheverhältnis)
- aus vorangegangenem gefährdenden Tun.

Diese Einordnung ist inzwischen überholt. Heutzutage teilt man die verschiedenen Garantenpflichten nicht mehr nach ihrer **Herkunft**, sondern nach ihrer **Funktion** (materielle Betrachtungsweise; Funktionenlehre) in zwei verschiedene Gruppen ein[2023]: **925**

1. Schutzpflichten

(Pflichten zum Schutz bestimmter Rechtsgüter – sog. Obhuts- oder Beschützergaranten). Eine bestimmte Person ist aufgrund besonderer tatsächlicher oder rechtlicher Bindungen zum Schutz eines bestimmten Rechtsgutes verpflichtet, dem Gefahren von außen drohen. Er muss also **eine** bestimmte Person vor **allen** ihr drohenden Gefahren schützen. **926**

2. Überwachungspflichten

(Verantwortlichkeit für eine bestimmte Gefahrenquelle – sog. Sicherungs- oder Überwachungsgaranten). Eine bestimmte Person ist aufgrund einer tatsächlichen oder rechtlichen Übernahme von Verantwortung für eine bestimmte Gefahrenquelle verpflichtet, dafür zu sorgen, dass durch diese Gefahrenquelle nicht Rechtsgüter anderer geschädigt werden. Er muss also **alle** Personen vor **einer** bestimmten Gefahrenquelle schützen. **927**

Allen diesen Pflichten ist gemein, dass es sich um **Rechtspflichten** handelt, d. h. Pflichten, die aus rechtlichen Gesichtspunkten heraus den Einzelnen zum Handeln verpflichten. Rein **sittliche** oder **moralische Pflichten** genügen also nicht[2024]. Wie noch zu zeigen sein wird, können aus einem bestimmten Rechtsverhältnis auch mehrere Pflichten folgen. So sind Eltern minderjähriger Kinder nicht nur verpflichtet, Schäden von ihren Kindern abzuhalten (Schutzpflicht), sondern sie sind auch dafür verantwortlich, dass ihre Kinder anderen keine Schäden zufügen (Überwachungspflicht). Fraglich ist es in diesem Zusammenhang allerdings, inwieweit es möglich ist, solche Überwachungspflichten auf andere Personen zu übertragen[2025]. **928**

2023 Begründet durch *Armin Kaufmann*, Dogmatik der Unterlassungsdelikte, S. 283 f.; vgl. zu dieser Zweiteilung auch BGHSt 48, 77 (91 f.); *Arzt*, JA 1980, 647 (648); *Bosch*, JURA 2019, 1239 (1240); *Klesczewski*, Rn. 248 ff.; *Kretschmer*, JURA 2006, 898 (899); *Kühl*, § 18 Rn. 44 ff.; *ders.*, JuS 2007, 497 (500); *Ransiek*, JuS 2010, 585 (587); *Rengier*, § 50 Rn. 3 ff.; *Rotsch*, ZJS 2009, 712 (715); *Schönke/Schröder-Bosch*, § 13 Rn. 9 ff.; *Sowada*, JURA 2003, 236 (237); zum Ganzen auch *Nikolaus*, JA 2005, 605; *Schultz*, JuS 1985, 270 (271 f.); kritisch im Hinblick auf diese Einteilung *Silva Sanchez*, Roxin-FS 2001, S. 641; zu anderen Erklärungsmodellen, die alle Garantenpflichten auf einen einheitlichen Entstehungsgrund zurückführen, vgl. die kurze Übersicht bei *Rönnau*, JuS 2018, 526 (527); dagegen will *Roxin*, GA 2021, 190 (191 ff.) die Garantenstellungen in drei Gruppen einteilen.
2024 RGSt 66, 71 (73); BGHSt 7, 268 (271); BGHSt 30, 391 (394); BWME-*Mitsch*, § 21 Rn. 45; *Kretschmer*, JURA 2006, 898 (900); *ders.*, JR 2008, 51 (52); *Maiwald*, JuS 1981, 473 (480); *Ransiek*, JuS 2010, 585 (587); *Rönnau*, JuS 2018, 526 (527); *Schönke/Schröder-Bosch*, § 13 Rn. 7; *Sowada*, JURA 2003, 236 (237).
2025 Kritisch im Hinblick auf die Übernahme einer Garantenpflicht aus Ingerenz BGH NStZ 2003, 239.

III. Die einzelnen Schutzpflichten (Obhuts- oder Beschützergaranten)

929 Die in dieser Gruppe zusammengefassten Garantenpflichten dienen – wie bereits erwähnt – dem Schutz eines bestimmten Rechtsgutes vor Gefahren, die ihm von außen drohen.

1. Natürliche (familiäre) Verbundenheit

930 Die Garantenstellung aus natürlicher Verbundenheit ist sozusagen die „klassische" Garantenstellung. Man ist dafür verantwortlich, dass nahe stehenden Personen nichts zustößt. Dabei ist man verpflichtet, Gefahren, die diesen Personen von außen drohen, von ihnen abzuwenden.

931 Diese Garantenstellung ergibt sich zumeist schon aus den familienrechtlichen Bestimmungen, z. B. aus § 1353 BGB, und besteht unabhängig davon, ob die Betreffenden in einer häuslichen Gemeinschaft zusammenleben[2026]. Um die Einstandspflichten hier nicht ins Uferlose auszudehnen, ist jedoch eine Begrenzung auf den Kernbereich der Familie erforderlich, sodass der Angehörigenbegriff des § 11 Abs. 1 Nr. 1 StGB keinen tauglichen Ansatz bietet[2027].

> Anerkannt sind jedenfalls die Garantenstellungen von Verwandten gerader Linie, z. B. von **Eltern** gegenüber ihren **Kindern** (§§ 1601, 1618a, 1626, 1631 BGB)[2028] und umgekehrt (vgl. auch §§ 1601, 1618a BGB)[2029], sonstigen **Verwandten gerader Linie**[2030] sowie zwischen **Ehegatten** (§ 1353 Abs. 1 Satz 2 BGB)[2031] und **Lebenspartnern** i. S. des Lebenspartnerschaftsgesetzes (§ 2 LPartG) untereinander. Umstritten ist eine solche Garantenstellung aber schon im Verhältnis des Vaters gegenüber dem nichtehelichen Kind

---

2026 BGHSt 48, 301 (304 f.); *Mitsch*, JURA 2021, 136 (138); offen lassend BGH NStZ 2017, 401; einschränkend BGH NJW 2017, 3609 (3610); a. M. SK-*Stein*, § 13 Rn. 68.

2027 *Kretschmer*, JURA 2006, 898 (899); *Kühl*, § 18 Rn. 60; *ders.*, JuS 2007, 497 (500); *Schönke/Schröder-Bosch*, § 13 Rn. 18; vgl. dagegen den viel zu weit gehenden Vorschlag von *Lilie*, JZ 1991, 541 (545 f.), eine Anleihe bei der „nahestehenden Person" in § 35 StGB zu nehmen und den Schutz gleichzeitig auf Gefahren für Leib, Leben oder Freiheit zu beschränken.

2028 Vgl. u. a. RGSt 66, 71 (74); BGHSt 7, 268 (272); BGHSt 41, 113 (116 f.); *Arzt*, JA 1980, 647 (651); *Frister*, 22. Kap. Rn. 40; *Jäger*, Rn. 505; *Kretschmer*, JURA 2006, 898 (900); *Kühl*, JuS 2007, 497 (500 f.); *Lilie*, JZ 1991, 541 (543); *Nikolaus*, JA 2005, 605 (609); *Rengier*, § 50 Rn. 13; ferner die Übungsfälle bei *Beulke/Mayer*, JuS 1987, 12 (126); *Bohnert*, JURA 1999, 533 (537); *Hinderer*, JA 2009, 25 (26); *Lindheim/Uhl*, JA 2009, 783 (784); *Ritz*, JA 2022, 113 (115).

2029 BGHSt 19, 167; BGH NStZ 2017, 401; hierzu *Arzt*, JA 1980, 647 (651); *Kretschmer*, JURA 2006, 898 (900); *Otto/Brammsen*, JURA 1985, 530 (538); a. M. *Bosch*, JURA 2019, 1239 (1244); *Jakobs*, 29/62; MüKo-*Freund*, 4. Aufl., § 13 Rn. 177; *Murmann*, JuS 1998, 630 (634); NK-*Gaede*, § 13 Rn. 61; vgl. auch *Putzke*, ZJS 2011, 522 (528); nunmehr auf der Grundlage des § 1618a BGB auf den Einzelfall abstellend BGH NJW 2017, 3609 (3609 f.); zustimmend *Kudlich*, NStZ 2018, 36 (37).

2030 RGSt 39, 397 (398); RGSt 72, 373 (374); differenzierend *Kühl*, § 18 Rn. 53; *Nikolaus*, JA 2005, 605 (610 f.); *Schönke/Schröder-Bosch*, § 13 Rn. 18.

2031 RGSt 64, 273 (278); RGSt 71, 187 (189); BGHSt 2, 150 (153); vgl. auch *Kretschmer*, JURA 2006, 898 (901 f.); *Kühl*, JuS 2007, 497 (501); SK-*Stein*, § 13 Rn. 68; die Garantenstellung endet jedoch, wenn die Ehegatten dauerhaft getrennt leben und die Ehe gescheitert ist, da hier ein entsprechender Vertrauenstatbestand entfällt; vgl. BGHSt 6, 322 (324); BGHSt 7, 268 (271); BGHSt 48, 301 (304 ff.); *Baier*, JA 2004, 354 (355 f.); *Bosch*, JURA 2019, 1239 (1243 f.); *Ceffinato*, NStZ 2021, 65 (68); *Freund*, NJW 2003, 3384; *Ingelfinger*, NStZ 2004, 409; *Joecks/Jäger*, § 13 Rn. 35 f.; *Mitsch*, JURA 2021, 136 (139); *Nikolaus*, JA 2005, 605 (608); *Otto*, § 9 Rn. 49; *Ransiek*, JuS 2010, 585 (588); *Rengier*, § 50 Rn. 21; *Rönnau*, JR 2004, 158 (159 f.); *ders.*, JuS 2018, 526 (528); a. M. *Jakobs*, 29/64; LK-*Jescheck*, 11. Aufl., § 13 Rn. 22 (der auf den Zeitpunkt der Scheidung abstellt); dagegen kann mangels Bestimmtheit des Kriteriums eine bloße „Zerrüttung" der Ehe ohne Getrenntleben an der Garantenstellung nichts ändern; so auch *Wessels/Beulke/Satzger*, Rn. 1180; auch ein bloßes „Nebeneinanderherleben" bei im Übrigen bestehender Lebensgemeinschaft schließt eine Garantenstellung nicht

(eine Garantenstellung ist hier spätestens nach Änderung des § 1684 BGB zu bejahen²⁰³²). Ebenfalls umstritten ist die Garantenstellung bei **Geschwistern**²⁰³³. Dafür spricht, dass auch hier eine „Blutsverwandtschaft" vorliegt, die z. B. im Strafprozessrecht zu einem Zeugnisverweigerungsrecht führt (§ 52 Abs. 1 Nr. 3 StPO). Dagegen spricht jedoch, dass das BGB z. B. keinerlei Unterhaltsverpflichtungen enthält, sodass letztlich keine „Rechtspflicht" normiert ist, den anderen zu unterstützen. Ebenso problematisch ist das Verhältnis von **Verlobten** untereinander²⁰³⁴. Abzulehnen ist eine Garantenstellung aus natürlicher Verbundenheit jedenfalls bei Verschwägerten²⁰³⁵, nichtehelichen Lebensgemeinschaften (sofern keine Lebenspartnerschaft i. S. des LPartG vorliegt), bloßen Freundschaften oder Wohngemeinschaften²⁰³⁶.

Allerdings darf man sich hier nicht täuschen lassen: Selbst wenn in den genannten Fällen eine Garantenstellung aus natürlicher Verbundenheit abgelehnt wird, kommt doch im Einzelfall eine solche aus **enger Gemeinschaftsbeziehung** in Frage. Der Unterschied zwischen diesen beiden Gruppen von Garantenstellungen liegt darin begründet, dass es bei der Garantenstellung aus natürlicher Verbundenheit auf eine effektive Familiengemeinschaft, d. h. auf eine tatsächliche Nähebeziehung nicht ankommt. Diese Nähebeziehung ist aber das prägende Element der sogleich zu erörternden Fallgruppe der „engen Gemeinschaftsbeziehung"²⁰³⁷. **932**

Bsp.: Die Garantenstellung zwischen Eltern und Kindern besteht auch nach dem Auszug der Kinder aus der elterlichen Wohnung noch fort, selbst wenn man sich jahrelang nicht gesehen hat²⁰³⁸. Anders ist es hingegen bei Geschwistern. Leben diese allerdings noch oder wieder in häuslicher Gemeinschaft, ergibt sich eine Garantenstellung aus einer engen Gemeinschaftsbeziehung²⁰³⁹.

Die Garantenstellung führt im Regelfall dazu, dass der Verpflichtete einzuschreiten hat, wenn dem anderen eine Gefährdung von außen droht. Darüber hinaus besteht aber auch grundsätzlich die Pflicht, Selbstschädigungen zu verhindern. In diesen Fällen kollidiert die Schutzpflicht jedoch mit dem Prinzip der Eigenverant- **933**

---

aus; vgl. BGH NStZ 2017, 219 (220); vgl. hierzu auch die Übungsfälle bei *v. Danwitz*, JURA 2000, 486 (491); *Kett-Straub/Linke*, JuS 2008, 717 (721); *dies.*, JA 2010, 25 (28); *Kühl/Hinderer*, JuS 2009, 919 (924); *Lindheim/Uhl*, JA 2009, 783 (787 f.); *Lorenz/Rehberger*, JURA 2022, 242 (250 f.); *Meurer/Dietmeier*, JuS 2001, L 36 (L 36, L 38); *Noak*, JURA-Sonderheft Zwischenprüfung, 2004, 20 (23); *Sieren*, JA 2020, 268 (275); *Wendeburg*, JA 2017, 25 (31).

2032 So auch *Krey/Esser*, Rn. 1155; *Kühl*, § 18 Rn. 53; ferner bereits RGSt 66, 71; a. M. wohl *Kretschmer*, JURA 2006, 898 (901).

2033 Dafür *Bekti*, JA 2006, 276 (278); *Jescheck/Weigend*, § 59 IV 3a; *Krey/Esser*, Rn. 1153; *Lackner/Kühl*, § 13 Rn. 10; LK-*Jescheck*, 11. Aufl., § 13 Rn. 22; *Mitsch*, JURA 2021, 136 (139); *Rengier*, § 50 Rn. 16; *Rönnau*, JuS 2018, 526 (528); *Schönke/Schröder-Bosch*, § 13 Rn. 18; dagegen BGH StV 2022, 75 (77); LG Kiel NStZ 2004, 157 (158 f.); *Freund/Rostalski*, § 6 Rn. 122; *Frister*, 22. Kap. Rn. 42; *Jakobs*, 29/62; *Kretschmer*, JURA 2006, 898 (903); *Lilie*, JZ 1991, 541 (546); *Nikolaus*, JA 2005, 605 (606); SK-*Stein*, § 13 Rn. 67.

2034 Eine Garantenstellung wird angenommen von BGH JR 1955, 104 (105); zustimmend *Joecks/Jäger*, § 13 Rn. 31; *Krey*, AT 2, 3. Aufl., Rn. 355; *Schönke/Schröder-Bosch*, § 13 Rn. 18; *Wessels/Beulke/Satzger*, Rn. 1180; ablehnend hingegen *Jakobs*, 29/65; *Kretschmer*, JURA 2006, 898 (902); *Maiwald*, JuS 1981, 473 (481).

2035 *Maiwald*, JuS 1981, 473 (481); *Schönke/Schröder-Bosch*, § 13 Rn. 18; *Rengier*, § 50 Rn. 24; vgl. aber BGHSt 13, 162 (166); anders noch RGSt 73, 389 (391).

2036 Abweichend allerdings *Mitsch*, JURA 2021, 136 (139).

2037 Vgl. unten Rn. 935 ff.

2038 *Rengier*, § 50 Rn. 14; *Schönke/Schröder-Bosch*, § 13 Rn. 19/20; *Wessels/Beulke/Satzger*, Rn. 1180; anders *Bülte*, GA 2013, 391 (396 ff.); LK-*Weigend*, 13. Aufl., § 13 Rn. 26; *Nikolaus*, JA 2005, 605 (610); *Roxin*, AT II, § 32 Rn. 39 f.; vgl. auch *Jakobs*, 29/61 (Garantenpflicht endet mit Volljährigkeit).

2039 Vgl. auch BGH NStZ 1994, 163; *Kretschmer*, JURA 2006, 898 (903); *Rengier*, § 50 Rn. 16; anders aber LG Kiel NStZ 2004, 157 (158 f.); *Nikolaus*, JA 2005, 605 (607); hierzu *Jäger*, Rn. 496.

wortlichkeit des Handelnden, sodass, wie oben bereits angesprochen, Garantenstellung und Garantenpflicht auch auseinander fallen können[2040].

934 **Beispielsfälle aus der Rechtsprechung, in denen eine Garantenpflicht aus natürlicher Verbundenheit angenommen wurde:** (1) Ein 18-jähriger, noch bei seinen Eltern lebender Sohn erfährt von einem bevorstehenden Anschlag auf seinen Vater und unternimmt nichts[2041]. (2) Eine Ehefrau nimmt eine illegale Abtreibung vor. Ihr Ehemann, der von der Schwangerschaft und ihrem Vorhaben wusste, unternimmt nichts[2042]. – Hier nahm der BGH eine Garantenstellung des Vaters zugunsten des Embryos an. Die Entscheidung ist in der Literatur zu Recht auf teilweise herbe Kritik gestoßen[2043]. (3) Der in einer zerrütteten Ehe lebende Ehemann verlässt Frau und Kind, obwohl ihm die Gefahr bewusst ist, dass die Ehefrau sich und das Kind aus Trauer umbringen könnte, was auch geschieht[2044]. – Der BGH verneinte zwar eine Garantenstellung hinsichtlich der Ehefrau, da im Ehegattenverhältnis keine Pflicht zur Abwendung selbst geschaffener Gefahren bestehe (Prinzip der Eigenverantwortlichkeit), bejahte jedoch die Garantenpflicht gegenüber dem Kind. (4) Eine Ehefrau bemerkt, dass sich ihr Ehemann nach einem häuslichen Streit erhängt hat. Sie unternimmt nichts, obwohl sie erkennt, dass er noch zu retten gewesen wäre[2045]. – Der BGH nahm hier eine Garantenpflicht an, was aus heutiger Sicht unter Berücksichtigung der Straflosigkeit der Beteiligung an einer freiverantwortlichen Selbsttötung eines anderen problematisch ist[2046]. (5) Ein Ehemann verhindert nicht, dass seine Ehefrau einen Käufer beim Abschluss eines Kaufvertrages betrügt[2047]. – Obwohl hier eine Garantenstellung aus dem Ehegattenverhältnis folgt, beinhaltet diese nicht die Pflicht, die Ehefrau davor zu schützen, dass sie selbst Straftaten begeht. Die Obhutspflicht zur Hilfe und Fürsorge aufgrund natürlicher Verbundenheit darf nicht zur Bevormundung des anderen führen. Die Beaufsichtigungspflicht wird insoweit verdrängt durch das Prinzip der Eigenverantwortlichkeit des Handelnden[2048]. Auch eine Sicherungspflicht (= Pflicht, andere vor Straftaten der Ehefrau zu schützen) greift hier nicht. Denn eine Garantenpflicht hinsichtlich des Vermögens des Käufers besteht nicht.

2. Enge Gemeinschaftsbeziehung

935 Die Garantenstellung aus enger Gemeinschaftsbeziehung erfordert eine **tatsächliche** (und nicht, wie bei der natürlichen Verbundenheit, eine rechtliche) Verbundenheit. Der Grundgedanke dieser Garantenpflicht besteht darin, dass immer dort, wo eine Gemeinschaft darauf angelegt ist, dass ihre Mitglieder sich gegenseitig Hilfe und Beistand leisten, auch ein dementsprechendes Vertrauensverhältnis begründet wird[2049]. Dabei spielt es keine Rolle, ob es sich um ein gemeinsames

---

2040 Vgl. oben Rn. 922; hierzu auch *Frister*, 22. Kap. Rn. 41; *Kretschmer*, JURA 2006, 898 (900); *Lilie*, JZ 1991, 541 (543); erschöpft sich das Verhalten des Opfers in einer eigenverantwortlichen Selbst*gefährdung*, lebt die Pflicht des Garanten aber in dem Moment wieder auf, in dem die bloße abstrakte Gefährdung in eine konkrete Gefahr für das zu schützende Rechtsgut umschlägt; vgl. BGH NStZ 2017, 219 (221 f.).
2041 BGHSt 19, 167; zu diesem Fall *Otto/Brammsen*, JURA 1985, 530 (538).
2042 BGH bei *Dallinger*, MDR 1973, 369.
2043 Zustimmend *Arzt*, JA 1980, 647 (651); kritisch hierzu *Otto/Brammsen*, JURA 1985, 530 (538 f.); differenzierend *Nikolaus*, JA 2005, 605 (610), die eine Garantenstellung der Mutter ab dem Beginn der Schwangerschaft, eine solche des Vaters aber erst mit der Vollendung der Geburt annimmt.
2044 BGHSt 7, 268; zu diesem Fall *Otto/Brammsen*, JURA 1985, 530 (539).
2045 BGHSt 2, 150.
2046 So auch *Otto/Brammsen*, JURA 1985, 530 (539); vgl. ferner *Schultz*, JuS 1985, 270.
2047 OLG Hamm MDR 1970, 162; hierzu *Otto/Brammsen*, JURA 1985, 530 (541); vgl. aber auch BGHSt 6, 322 (323 f.); ferner den Übungsfall bei *Boxleitner*, JuS 2010, 632 (638).
2048 Vgl. hierzu noch unten Rn. 970.
2049 *Kühl*, JuS 2007, 497 (501); skeptisch allerdings BWME-*Mitsch*, § 21 Rn. 83; *Maurach/Gössel/Zipf-Gössel*, AT 2, § 46 Rn. 76; *Stratenwerth/Kuhlen*, § 13 Rn. 41; auch *Kleszczewski*, Rn. 260, fordert eine „rechtsgeschäftliche Grundlage".

Wohnen (Lebensgemeinschaft) oder um sozialtypische Gefahrenlagen (Gefahrengemeinschaft) handelt. Es kann insoweit zwischen folgenden Fallgruppen unterschieden werden:

a) **Lebensgemeinschaften.** Hierunter fallen insbesondere nichteheliche Lebensgemeinschaften[2050], im Einzelfall auch Wohngemeinschaften, wenn es sich nicht um reine Zweckgemeinschaften handelt[2051], sowie Pflegeverhältnisse[2052]. **936**

> **Bsp.:** Rudi und Gisela bewohnen gemeinsam eine Zweier-Wohngemeinschaft. Sie kochen regelmäßig zusammen und schauen auch ab und zu gemeinsam Fernsehen. Eines Abends hört Gisela im Nachbarzimmer ein Rumpeln und sieht durch die zumeist offene Zimmertür, dass Rudi beim Staubwischen von der Leiter gefallen ist, bewusstlos auf dem Boden liegt und dringend Hilfe benötigt. Sie unternimmt jedoch nichts. – Hier ist eine Garantenstellung zu bejahen[2053], die zu einer Bestrafung wegen eines Totschlags durch Unterlassen, §§ 212, 13 StGB, und nicht nur wegen unterlassener Hilfeleistung, § 323c StGB, führt.

b) **Gefahrgemeinschaften.** Schließen sich verschiedene Personen zu einer Gefahrengemeinschaft zusammen mit dem Ziel, durch den Zusammenschluss drohende Gefahren zu reduzieren (z. B. im Rahmen einer Bergtour oder einer Expedition), dann muss sich jeder darauf verlassen können, dass der andere in Notfällen auch tatsächlich Hilfe leistet[2054]. **937**

> **Bsp.:** Toni und Sepp machen gemeinsam eine „Survival-Tour" in den entlegeneren Winkeln der deutschen Alpen. Sie ernähren sich von Wurzeln und Kleintieren und übernachten in Felshöhlen. Eines Morgens merkt Toni, dass Sepp schwer erkrankt ist, nur noch röchelt und dringend Hilfe benötigt. Darauf bricht Toni die Tour ab und begibt sich nach Hause. Den Sepp lässt er in der Höhle liegen, worauf dieser stirbt. – Hier hat sich Toni nicht lediglich wegen unterlassener Hilfeleistung, § 323c StGB, sondern wegen eines Totschlags durch Unterlassen, §§ 212, 13 StGB, strafbar gemacht.

Eine enge Gemeinschaftsbeziehung wird hingegen abgelehnt bei Freundschaften, Liebesverhältnissen[2055] oder bloßen Zufallsgemeinschaften (wie z. B. Zechkumpa- **938**

2050 So die h. M.; vgl. BWME-*Mitsch*, § 21 Rn. 80; *Jescheck/Weigend*, § 59 IV 3b; *Joecks/Jäger*, § 13 Rn. 37; *Köhler*, S. 217; *Kretschmer*, JR 2008, 51 (52); *Kühl*, § 20 Rn. 61; *ders.*, JuS 2007, 497 (501); LK-*Weigend*, 13. Aufl., § 13 Rn. 38; *Maurach/Gössel/Zipf-Gössel*, § 46 Rn. 78; *Rengier*, § 50 Rn. 25; *Roxin*, AT II, § 32 Rn. 51; SK-*Stein*, § 13 Rn. 69; *Stratenwerth/Kuhlen*, § 13 Rn. 39; a. M. *v. Danwitz*, JURA 2000, 486 (488); *Geilen*, FamRZ 1961, 149 (153); *Jakobs*, 29/66; LK-*Jescheck*, 11. Aufl., § 13 Rn. 21; *Seebode*, Spendel-FS 1992, S. 317 (342); *Wessels/Beulke/Satzger*, Rn. 1181; differenzierend *Schönke/Schröder-Bosch*, § 13 Rn. 25.
2051 Im Einzelnen ist hier vieles streitig; zur Diskussion vgl. u. a. BGH NStZ 1984, 163; BGH NStZ 1985, 122; BGH NJW 1987, 850; LG Kiel NStZ 2004, 157 (158); *Gropp/Sinn*, § 11 Rn. 55 f.; *Kühl*, JuS 2007, 497 (501); *Marxen*, Fall 26e; *Nikolaus*, JA 2005, 605 (607); *Otto*, § 9 Rn. 53; *Otto/Brammsen*, JURA 1985, 530 (540); *Roxin*, AT II, § 32 Rn. 56; *Rudolphi*, NStZ 1984, 149; *Tenckhoff*, JuS 1993, 309 (310 f.).
2052 RGSt 69, 321; RGSt 74, 309.
2053 Vgl. auch *Kühl*, § 18 Rn. 64; anders bei bloßem häuslichen Zusammenleben BGH NJW 1987, 850; *Wessels/Beulke/Satzger*, Rn. 1181.
2054 Vgl. zu den Gefahrgemeinschaften BWME-*Mitsch*, § 21 Rn. 81; *Beulke/Mayer*, JuS 1987, 125 (128 f.); *Bosch*, JURA 2019, 1239 (1245 f.); *Frister*, 22. Kap. Rn. 48; *Gropp/Sinn*, § 11 Rn. 50; *Kühl*, § 18 Rn. 67; *Gropp*, JuS 2007, 497 (501); *Maiwald*, JURA 1981, 473 (481); *Otto/Brammsen*, JURA 1985, 592; *Rengier*, § 50 Rn. 26 f.; *Rönnau*, JuS 2018, 526 (528); *Roxin*, AT II, § 32 Rn. 55; ferner die Übungsfälle bei *Albrecht/Kaspar*, JuS 2010, 1071 (1077); *Herles/Steinhauser*, JURA 2013, 1281 (1282); *Sowada*, ZJS 2020, 387 (388).
2055 OLG Düsseldorf NJW 1994, 272 (273); *Arzt*, JA 1980, 712 (713).

nen[2056], „Unglücksgemeinschaften"[2057] oder beim gemeinsamen Erwerb und Besitz von Drogen[2058]).

> **Bsp.:** Anton und Bruno kennen sich oberflächlich. Eines Abends beschließen sie, gemeinsam Heroin zu konsumieren, welches Anton zuvor erworben hatte. Nachdem Bruno seine Dosis inhaliert hat, bricht er bewusstlos zusammen. Anton erkennt, dass sofortige Hilfe erforderlich ist, unternimmt aber nichts. – Hier ist eine Garantenstellung aus enger Gemeinschaftsbeziehung abzulehnen[2059]. Der BGH bejaht dagegen eine solche aus Ingerenz[2060] (eine fahrlässige Tötung durch aktives Tun scheidet im vorliegenden Fall deswegen aus, weil Bruno sich freiverantwortlich selbst gefährdete).

939 Fraglich ist auch innerhalb dieser Fallgruppe, inwieweit jeweils aus einer festgestellten Garantenstellung eine Garantenpflicht folgt. Wiederum ist dabei – wie schon im Rahmen der persönlichen Nähebeziehung – der Grundsatz der Eigenverantwortlichkeit zu berücksichtigen.

> **Bsp.**[2061]**:** Gustav wird wegen Betruges angeklagt. Zur Hauptverhandlung begleitet ihn seine langjährige Lebensgefährtin Beate. Das Gericht beschließt, diese als Zeugin zu hören. Beate sagt bewusst die Unwahrheit, um Gustav zu entlasten. Sie wird vereidigt. Gustav hört zu, sagt aber nichts. Das Aussageverhalten wurde zuvor nicht zwischen ihnen abgesprochen. – Fraglich ist, ob Gustavs Schweigen als Beihilfe zum Meineid durch Unterlassen gewertet werden kann. Notwendig hierfür wäre, dass aus der an sich durchaus anzunehmenden Garantenstellung aus enger Gemeinschaftsbeziehung (nichteheliche Lebensgemeinschaft) auch eine Garantenpflicht zur Verhinderung von Falschaussagen folgt (eine solche aus Ingerenz scheidet aus, da Gustav seine Freundin Beate zuvor nicht pflichtwidrig beeinflusst und sie auch nicht, etwa durch die Benennung als Zeugin, in eine besondere, dem Prozess nicht mehr eigentümliche Gefahr einer solchen Falschaussage gebracht hat[2062]). Das bloße Bestehen einer Liebesbeziehung ohne Hinzutreten weiterer Umstände, die dem Angeklagten anzulasten sind, kann jedoch nicht ausreichen, ihm die Pflicht aufzuerlegen, eine ihm günstige Falschaussage seiner Lebensgefährtin zu verhindern.

3. Freiwillige (tatsächliche) Übernahme von Schutz- oder Beistandspflichten

940 Die Garantenstellung aus freiwilliger Übernahme kann mehrere Wurzeln haben. Unproblematisch sind die Fälle des Abschlusses eines hierauf gerichteten **Vertrags**. Die Übernahme von Schutz- oder Beistandspflichten kann aber auch auf einem **vertragsähnlichen Verhältnis**, im Einzelfall sogar auf einer **rein faktischen Übernahme** beruhen[2063]. Als Begründung ist auch hier auf die Schaffung eines entsprechenden Vertrauensverhältnisses zu verweisen, welches den hierdurch Be-

---

2056 Vgl. BGHSt 19, 152 (155); ferner BGH NJW 1954, 1047 (1048); OLG Stuttgart NStZ 2009, 102 (103); hierzu *Gropp/Sinn*, § 11 Rn. 51; OLG Düsseldorf NJW 1966, 1175 (1176); *Haurand/Vahle*, JA 1996, 466 (471).
2057 BGH NStZ 2008, 276 (277); *Kühl*, JuS 2007, 497 (501); *Rengier*, § 50 Rn. 27; vgl. hierzu aber auch *Arzt*, JA 1980, 712 (713); zur „Gefahrengemeinschaft" von Straftätern während der Begehung einer Straftat *Wilhelm*, NStZ 2009, 15.
2058 OLG Stuttgart NJW 1981, 182.
2059 *Otto/Brammsen*, JURA 1985, 592 (594); *Schönke/Schröder-Bosch*, § 13 Rn. 40/41.
2060 BGH NStZ 1984, 452; vgl. hierzu noch unten Rn. 953 ff.; ferner auch Bsp. (4) in Rn. 966.
2061 Fall nach OLG Düsseldorf NJW 1994, 272; vgl. auch BGHSt 14, 229.
2062 Dies wird von der Rechtsprechung als Voraussetzung für das Bestehen einer Garantenpflicht teilweise gefordert; vgl. BGHSt 17, 321 (323); OLG Düsseldorf NJW 1994, 272 (273); ferner BGHSt 14, 229 (231); zu dieser Problematik ausführlich *B. Heinrich*, JuS 1995, 1115 (1119 f.); vgl. auch den Übungsfall bei *Gaede*, JuS 2003, 774 (778).
2063 Vgl. hierzu auch die Übungsfälle bei *Brodowski*, JuS 2015, 430 (431); *Ritz*, JA 2022, 113 (115); *Sengbusch*, JURA 2008, 307 (311 f.); *Sowada*, ZJS 2020, 387 (390); *Theile*, JURA 2007, 463 (464).

günstigten veranlasst, auf anderweitigen Schutz und auf Sicherungsmaßnahmen zu verzichten[2064]. Aus diesen Erwägungen ergibt sich unter anderem, dass die freiwillige Übernahme auch nicht zum Zeitpunkt des tatsächlichen Gefahreintritts gekündigt werden kann.

a) Vertrag. In vielen Fällen wird eine Schutzpflicht durch einen zivilrechtlichen Vertrag begründet[2065], wie z. B. bei Kinderpflegern, Babysittern oder Bademeistern im Schwimmbad[2066]. Auch der Abschluss eines Arztvertrages[2067], eines Bankvertrages[2068], einer Fondseinlage[2069] oder die Beauftragung eines Rechtsanwalts[2070] gehört hierher. Maßgeblich ist dabei allerdings immer die tatsächliche – faktische – Übernahme. Es kommt also weder auf die Wirksamkeit des zivilrechtlichen Vertrages an, noch reicht (im Regelfall) ein bloßer Vertragsabschluss aus, wenn die versprochenen Dienste erkennbar nicht angetreten wurden[2071]. **941**

> **Bsp.:** Der 17-jährige Babysitter Edgar macht sich, anstatt auf den Säugling Siegfried aufzupassen, über die Alkoholvorräte des Hausherrn her. Nachdem er betrunken einschläft, robbt Siegfried eine Kerze um und setzt damit das Haus in Brand. Siegfried erleidet dadurch erhebliche Verletzungen. – Auch wenn der zivilrechtliche Vertrag infolge der Minderjährigkeit Edgars nicht wirksam war, war dieser dennoch Garant. Er hat sich daher sowohl wegen fahrlässiger Brandstiftung, §§ 306d, 13 StGB als auch wegen einer fahrlässigen Körperverletzung Siegfrieds, §§ 229, 13 StGB, jeweils begangen durch Unterlassen, strafbar gemacht. Eine Garantenstellung würde dagegen dann ausscheiden, wenn Edgar zum ausgemachten Zeitpunkt gar nicht erschienen wäre und die Eltern Siegfried daraufhin alleine zurück gelassen hätten[2072]. Anders ist jedoch der Fall zu beurteilen, wenn die Eltern sich um 20.45 Uhr entfernen und Edgar ab 21 Uhr den schlafenden Siegfried „übernehmen" sollte, aber nicht erscheint. Hier wäre trotz fehlender tatsächlicher Übernahme ein Vertrauensverhältnis begründet worden, welches eine Garantenstellung nach sich gezogen hätte[2073].

Maßgeblich ist jedoch nicht, dass in irgendeiner Weise ein Vertragsverhältnis besteht, sondern dass der Vertrag gerade Schutz- und Beistandspflichten zum Gegenstand hat. Dies scheidet u. a. bei normalen Kaufverträgen aus[2074]. **942**

2064 Vgl. u. a. *Arzt*, JA 1980, 647 (652); *Kühl*, JuS 2007, 497 (502); *Maiwald*, JuS 1981, 473 (481); vgl. aber auch *Otto/Brammsen*, JURA 1985, 592 (594).
2065 Vgl. hierzu auch die Übungsfälle bei *Kuhli/Schütt*, JuS 2016, 328 (332); *Steinberg/Bonnin*, ZJS 2017, 342 (346).
2066 Hierzu *Rengier*, § 50 Rn. 31; vgl. auch die Übungsfälle bei *Eisele*, JURA 2002, 59 (61); *Radtke/Steinsiek*, JuS 2010, 417 (418).
2067 Vgl. u. a. BGHSt 32, 367 (374); BGHSt 40, 257 (266); LG Berlin NStZ-RR 2018, 246 (247); LG Gießen NStZ 2013, 43; LG Hamburg NStZ 2018, 281; vgl. auch *Otto/Brammsen*, JURA 1985, 592 (594 ff.); *Rengier*, § 50 Rn. 30; *Schultz*, JuS 1995, 270.
2068 Vgl. zu dieser Problematik u. a. BGHSt 46, 196; ferner den Übungsfall bei *Günther/Selzer*, ZJS 2018, 352 (360 f.).
2069 BGHSt 62, 72 (hier nimmt der BGH eine allgemeine Pflicht zur Aufklärung über vermögensrelevante Tatsachen gegenüber den Anlegern an).
2070 BGHSt 59, 318.
2071 *Arzt*, JA 1980, 647 (652); *Kühl*, § 18 Rn. 69; *ders.*, JuS 2007, 497 (502); *Lindemann*, ZJS 2008, 404 (405 f.); *Maiwald*, JuS 1981, 473 (481); *Ransiek*, JuS 2010, 585 (588); *Rengier*, § 50 Rn. 28; *Rönnau*, JuS 2018, 526 (528); SK-*Stein*, § 13 Rn. 86; *Wessels/Beulke/Satzger*, Rn. 1182; kritisch allerdings BWME-*Mitsch*, § 21 Rn. 65 ff.; *Kleszczewski*, Rn. 261.
2072 *Krey/Esser*, Rn. 1141; *Kühl*, § 18 Rn. 69; SK-*Stein*, § 13 Rn. 86.
2073 So auch *Joecks/Jäger*, § 13 Rn. 40; *Krey/Esser*, Rn. 1142 f.; *Kühl*, § 18 Rn. 70; SK-*Stein*, § 13 Rn. 86.
2074 Vgl. *Otto/Brammsen*, JURA 1985, 592 (598); vgl. zum Girokontovertrag auch BGHSt 39, 392 (399); BGHSt 46, 196 (202 f.); hierzu auch der Übungsfall bei *Günther/Selzer*, ZJS 2018, 352 (360 f.); ferner allgemein die Übungsfälle bei *Dannecker/Gaul*, JuS 2008, 345 (350); *Radtke/Steinsiek*, JuS 2010, 417 (418).

Bsp.: Anton kauft im Supermarkt eine Flasche Schnaps für 9 €. An der Kasse überreicht er der Kassiererin Elsa einen 10-€-Schein. Elsa hält diesen jedoch für einen 100-€-Schein und gibt Anton 91 € zurück. Dieser freut sich und nimmt das Geld ohne Widerspruch an. – Anton hat hier keinen Betrug durch Unterlassen, §§ 263, 13 StGB, begangen. Zwar kann sein wortloses Entgegennehmen des Geldes als Täuschung durch Unterlassen angesehen werden, der bloße Kaufvertrag begründete jedoch keine Garantenpflicht. Etwas anderes würde nach den Grundsätzen von Treu und Glauben lediglich ausnahmsweise bei langjährigen Geschäftsbeziehungen gelten, sofern hierdurch ein besonderes Vertrauensverhältnis geschaffen wurde.[2075]

942a Noch weitgehend ungeklärt ist die Reichweite der Schutzpflichten, die sich für den Arbeitgeber aus dem Arbeitsvertrag im Hinblick auf seine Arbeitnehmer ergeben und inwieweit diese innerhalb eines Betriebes auf einzelne Vorgesetzte delegiert werden können[2076].

Bsp.[2077]: Paul ist Vorarbeiter in einer Straßenbaukolonne einer größeren Stadt. Ihm unterstehen die Arbeiter Anton und Bruno. Diese misshandeln während der Dienstzeit wiederholt den Kurt, der ebenfalls bei der Stadt angestellt ist, aber einer anderen Baukolonne angehört. Obwohl Paul davon Kenntnis hat und sich während der Misshandlungen teilweise auch in der Nähe aufhält, lässt er Anton und Bruno gewähren und unternimmt nichts. – Der BGH verneinte hier eine im Wege der Delegation auf Paul übertragene Schutzpflicht gegenüber Kurt, da dieser nicht dem Paul unterstellt war und insoweit nicht seinem Verantwortungsbereich unterlag[2078]. Auch eine Überwachungspflicht[2079] im Hinblick auf die ihm unterstellten Anton und Bruno lehnte er im konkreten Fall ab. Zwar könne sich aus der Stellung als Betriebsinhaber bzw. Vorgesetzter im Einzelfall eine solche Pflicht zur Verhinderung von Straftaten nachgeordneter Mitarbeiter gegenüber Dritten ergeben. Diese Pflicht beschränke sich aber auf die Verhinderung „betriebsbezogener" Straftaten und umfasse solche Straftaten nicht, die lediglich „bei Gelegenheit" der betrieblichen Tätigkeit begangen werden[2080]. Insoweit sei Paul hier lediglich wegen unterlassener Hilfeleistung, § 323c StGB, und nicht wegen Beihilfe zu einer gefährlichen Körperverletzung durch Unterlassen, §§ 223, 224 Abs. 1 Nr. 4, 27, 13 StGB zu bestrafen.

943 **b) Vertragsähnliches Verhältnis.** Ein entsprechendes Vertrauensverhältnis kann aber auch ohne ausdrücklich oder konkludent abgeschlossenen zivilrechtlichen Vertrag vorliegen[2081].

Bsp.: Der Bergführer Sepp erklärt sich kurzfristig bereit, dem ihm flüchtig bekannten Fritz, den er zufällig beim Bergwandern getroffen hat, den berüchtigten „Teufelssteig" zu zeigen. Als Fritz sich in dem unwegsamen Gelände den Fuß verstaucht und penetrant zu jammern beginnt, eilt Sepp verärgert davon und überlässt Fritz seinem Schicksal. Dieser verirrt sich und erfriert in der Nacht. – Hier liegt eine Strafbarkeit Sepps wegen fahrlässiger Tötung durch Unterlassen, §§ 222, 13 StGB, vor. Der Schwerpunkt der Vorwerfbarkeit liegt dabei nicht im Hineinführen in den Teufelssteig und auch nicht im aktiven Sich-Entfernen, sondern darin, dass Sepp den Fritz nicht nach Hause

---

2075 Vgl. BGHSt 6, 198 (199); *Otto/Brammsen*, JURA 1985, 592 (598); *Wessels/Beulke/Satzger*, Rn. 1181; vgl. auch BGHSt 39, 392 (399 f.); BGHSt 46, 196 (203); BGH wistra 1984, 223 (224); BGH wistra 1988, 262; ferner die Übungsfälle bei *Bergmann*, JA 2008, 504 (508); *Braum*, JuS 2004, 225 (225 f.); *Günther/Selzer*, ZJS 2018, 352 (360 f.); *Schulz/Slowinski*, JURA 2010, 706 (711); vgl. zum Grundsatz von Treu und Glauben aber auch BGHSt 39, 392 (399); BGHSt 46, 196 (203); BGHSt 62, 72 (77).
2076 Vgl. hierzu *Roxin*, AT II, § 32 Rn. 134 ff.; *ders.*, JR 2012, 305 (307).
2077 Fall nach BGHSt 57, 42; hierzu *Buchmann/Ruft*, famos 6/2012; *Bosch*, JURA 2019, 1239 (1249 f.); *Jäger*, JA 2012, 392; *Roxin*, JR 2012, 305.
2078 BGHSt 57, 42 (45).
2079 Zu den einzelnen Überwachungspflichten vgl. unten Rn. 952 ff.
2080 BGHSt 57, 42 (45 f.); vgl. hierzu noch unten Rn. 970.
2081 Vgl. hierzu auch den Übungsfall bei *Morgenstern*, JURA 2008, 625 (626).

bringt. Obwohl sich Sepp nicht vertraglich zu einer Führung des Fritz verpflichtet hatte, folgt eine Garantenstellung hier aus einem jedenfalls vertragsähnlichen Verhältnis.

c) Faktische Übernahme. Schließlich kann im Einzelfall auch eine Garantenstellung durch faktische Übernahme angenommen werden, wobei allerdings eine besonders sorgfältige Prüfung erforderlich ist[2082]. **944**

Bsp. (1)[2083]**:** Arzt Armin hat nachts den Bereitschaftsdienst übernommen, begnügt sich aber damit, per Telefon Ferndiagnosen durchzuführen. Die Patientin Paula stirbt, da die Ferndiagnose unrichtig war. – Hier ist eine Garantenstellung des Arztes durch Übernahme des Dienstes bzw. Übernahme der Behandlung zu bejahen. Da auch hier der Schwerpunkt der Vorwerfbarkeit in der unterbliebenen Heilbehandlung (und nicht in der aktiven unzureichenden Ferndiagnose) liegt, ist Armin wegen fahrlässiger Tötung durch Unterlassen zu bestrafen, §§ 222, 13 StGB.

Bsp. (2)[2084]**:** Wohnungsinhaber Winfried hat dem Obdachlosen Otto in seiner Wohnung Unterschlupf gewährt. Nach einem gemeinsamen Zechgelage mit seinem Freund Anton fällt dieser über Otto her, um ihn zu misshandeln. Winfried unternimmt nichts und schaut zu. – Hier ist eine Garantenpflicht Winfrieds anzunehmen. Wer einen anderen in seiner Wohnung aufnimmt, der schafft eine Vertrauensgrundlage, den Aufgenommenen jedenfalls vor schweren Gefahren zu schützen (nicht aber etwa vor leichten Beleidigungen). Dies gilt vor allem dann, wenn dem Aufgenommenen die Gefahren von einem anderen Gast drohen[2085]. Allerdings muss dabei auf die besonderen Umstände des Einzelfalles abgestellt werden. Eine andere Beurteilung ist z. B. dann angebracht, wenn die Gefahren von einem außenstehenden Dritten (etwa einem Einbrecher) herrühren. Auch hat der Gastgeber einer Geburtstagsparty üblicherweise keine Rechtspflicht zum Einschreiten, wenn mehrere seiner Gäste sich gegenseitig verprügeln.

Problematisch sind diejenigen Fälle, in denen jemand in einer Notsituation einem anderen zuerst Beistand leistet, die Hilfeleistung dann aber abbricht. Allein die Tatsache, dass mit der Hilfeleistung begonnen wurde, macht ihn noch nicht zum Garanten. Eine Garantenstellung entsteht erst dann, wenn der Helfer die Situation des Hilfsbedürftigen in risikosteigernder Weise verändert, d. h. seine Rettungsmöglichkeiten verschlechtert[2086]. **945**

Bsp.[2087]**:** Gastwirt Gerd möchte seine Kneipe schließen. Er fordert daher seinen letzten Gast, den stark betrunkenen Bruno, auf, nach Hause zu gehen. Dieser schafft es trotz mehrmaligen Ansätzen nicht, die Ausgangstüre zu treffen. Kurzer Hand schnappt ihn

---

2082 Vgl. BGHSt 47, 224 (229); BGHSt 52, 159 (163); BGHSt 53, 38 (44); BGH StV 2022, 75 (77 f.); hierzu *Bosch*, JA 2008, 737; *Kühl*, NJW 2008, 1899; *Lindemann*, ZJS 2008, 404; *Schönke/Schröder-Bosch*, § 13 Rn. 26 ff.; zweifelnd allerdings BWME-*Mitsch*, § 21 Rn. 67 f.; vgl. auch *Jäger*, Rn. 508 f., 514 f.; vgl. auch die Übungsfälle bei *Herles/Steinhauser*, JURA 2013, 1281 (1282); *Reinhardt*, JuS 2017, 423 (427).
2083 Fall nach BGHSt 7, 211; zu diesem Fall *Otto/Brammsen*, JURA 1985, 592 (594); ferner *Roxin*, AT II, § 32 Rn. 70 ff.; vgl. zum Bereitschaftsarzt auch *Kühl*, § 18 Rn. 73 f.; vgl. auch die Übungsfälle bei *Bayer*, JA 2022, 122 (125); *Ritz*, JA 2022, 113 (118); *Sowada*, ZJS 2020, 387 (390 f.).
2084 Fall nach BGHSt 27, 10; zu diesem Fall *Naucke*, JR 1977, 290; *Tenckhoff*, JuS 1978, 308.
2085 BGHSt 27, 10 (12 f.); vgl. aber auch BGHSt 30, 391 (394); wie hier *Otto/Brammsen*, JURA 1985, 646; *Wessels/Beulke/Satzger*, Rn. 1182; a. M. *Schönke/Schröder-Bosch*, § 13 Rn. 54; *Tenckhoff*, JuS 1978, 308 (311); zu trennen hiervon ist allerdings die Frage, ob der Wohnungsinhaber (zudem) auch noch Sicherungsgarant ist; vgl. hierzu *Kretschmer*, JR 2014, 39 (41 ff.) und unten Rn. 966.
2086 Vgl. hierzu BGHSt 26, 35 (39); BGH NJW 1993, 2628; *Arzt*, JA 1980, 712 (713); *Jäger*, Rn. 511 f.; *Kühl*, § 18 Rn. 75; *Mitsch*, JuS 1994, 555 (556); *Ransiek*, JuS 2009, 585 (587); *Schönke/Schröder-Bosch*, § 13 Rn. 27; weitergehend aber BGH NJW 1993, 2628 (bereits das Ausschließen einer weiteren nur abstrakt möglichen Rettungschance genügt).
2087 Fall nach BGHSt 26, 35.

Gerd am Arm, geleitet ihn auf die Straße, lehnt ihn an eine Regenrinne und rät ihm, sich dort festzuhalten, bis er wieder nüchtern sei. Nachdem sich Gerd entfernt hat, kommt Bruno ins Torkeln, fällt auf die Straße, wird überfahren und stirbt. – Auch hier ist eine Garantenpflicht Gerds zu bejahen. Wenn er Bruno aus der „sicheren" Kneipe hinaus auf die Straße führt, dann darf er ihn in dieser Situation nicht seinem Schicksal überlassen. Da Bruno auf offener Straße stärkeren Gefahren ausgesetzt war als in der Kneipe, hat Gerd Brunos Situation auch in risikosteigernder Weise verändert. In diesem Fall hat sich Gerd im Übrigen nicht „nur" wegen fahrlässiger Tötung durch Unterlassen, §§ 222, 13 StGB, sondern auch wegen einer (schwereren) Aussetzung mit Todesfolge, § 221 Abs. 1 Nr. 2, Abs. 3 StGB strafbar gemacht (auch hier ist im Rahmen der Nr. 2 das Bestehen einer Schutz- oder Obhutspflicht erforderlich; es liegt insoweit ein echtes Unterlassungsdelikt vor).

946 Schließlich muss an dieser Stelle nochmals auf die im **Arztstrafrecht** umstrittene Problematik hingewiesen werden, ob der behandelnde Arzt verpflichtet ist, dem Wunsch eines sterbewilligen Patienten nach einem „würdigen Tod" zu entsprechen, oder ob er infolge seiner Garantenstellung verpflichtet ist einzuschreiten, zumindest dann, wenn der Patient in Bewusstlosigkeit versunken ist und daher keine Herrschaft über das Geschehen mehr besitzt[2088]. Nachdem nun auch der BGH dem Selbstbestimmungsrecht des Patienten ein gewisses Gewicht zuschreibt und die Zulässigkeit der passiven Sterbehilfe anerkannt hat, ist – auch unter Berücksichtigung der Tatsache, dass eine Behandlung gegen den Willen des Patienten von dessen Einwilligung nicht mehr gedeckt ist und daher den Straftatbestand der Körperverletzung, § 223 StGB, erfüllen kann – eine Garantenpflicht des Arztes dann abzulehnen, wenn tatsächlich eine frei verantwortliche Entscheidung des Patienten vorliegt[2089]. Insoweit folgt aus der Garantenstellung aus dem (Arzt-)Vertrag auch hier nicht zwingend eine Pflicht, lebenserhaltende Maßnahmen zu ergreifen.

4. Stellung als Amtsträger oder als Organ einer juristischen Person

947 Diese relativ neue Fallgruppe innerhalb der Garantenstellungen entwickelte sich als besondere Ausprägung der eben geschilderten Fallgruppe der **freiwilligen Übernahme von Schutzpflichten**. Inhalt und Umfang dieser Garantenstellung sind allerdings umstritten.

948 a) **Amtsträger.** Bei den Amtsträgern richten sich Inhalt und Umfang der Garantenpflicht nach der Art der Dienstpflicht und dem jeweiligen Aufgabenbereich[2090]. Mit der Anerkennung dieser Fallgruppe der **freiwilligen Übernahme**

2088 Hierzu BGHSt 32, 367 (371 ff.); OLG Hamburg NStZ 2016, 530; OLG München NJW 1987, 2840; LG Berlin NStZ-RR 2018, 246; LG Hamburg NStZ 2018, 281; *Jäger*, Rn. 517; *Otto/Brammsen*, JURA 1985, 592 (596); *Puppe*, AT 2, 1. Aufl., § 50 Rn. 30 ff.; *Schultz*, JuS 1995, 270; vgl. ferner die Übungsfälle bei *Aselmann/Krack*, JURA 1999, 254 (258); *Gaede/Miranowicz*, JuS 2018, 556 (560 f.); *Lorenz/Heidemann*, JA 2020, 836 (839 ff.); *Radtke/Schwer*, JuS 2003, 580 (583); *Thoss*, JA 2001, 951 (952 f.).
2089 LG Berlin NStZ-RR 2018, 246 (hierzu auch *Leibold/Prosiegel*, famos 11/2018; LG Hamburg NStZ 2018, 281; *Ceffinato*, NStZ 2021, 65 (68); *Fischer*, § 216 Rn. 6; *Hoven*, Tröndle-GS 2019, S. 575 (579 f., 589 ff.); NK-*Neumann/Saliger*, § 216 Rn. 9; differenzierend MüKo-*Schneider*, 4. Aufl., § 216 Rn. 65 ff.; vgl. hierzu bereits OLG München NJW 1987, 2940; OLG Hamburg NStZ 2016, 530.
2090 BGHSt 54, 44 (49); BGHSt 59, 292 (297).

durch die Übernahme eines Amtes wird gerade im Umweltbereich die Strafbarkeit „träger" Amtsträger in Zukunft größere Bedeutung erlangen[2091].

Bsp.[2092]: Winfried, Leiter eines Wasserwirtschaftsamtes, beauftragt die Firma seines Freundes Fritz mit der Entölung von Gewässern, obwohl er weiß, dass die Kapazitäten des Schiffes dieser Firma nicht ausreichen, um eine vollständige Entölung zu ermöglichen. Durch die unterlassene vollständige Entölung kommt es zu einer erheblichen Gewässerverunreinigung. – Hier ist eine Garantenpflicht anzunehmen, da es dem Leiter des Amtes als Amtsträger obliegt, im Interesse der Allgemeinheit das überindividuelle Rechtsgut „Gewässer" zu schützen und im Interesse der Allgemeinheit eine schädliche Belastung desselben zu verhindern. Diese Pflicht bestand jedenfalls dann, wenn Winfried, was anzunehmen ist, das Amt freiwillig übernommen hat. Es liegt daher eine Strafbarkeit wegen Gewässerverunreinigung durch Unterlassen, §§ 324, 13 StGB, vor.

Die Garantenpflichten von Amtsträgern sind jedoch nicht auf den Umweltbereich beschränkt. Eine Garantenpflicht kann auch bejaht werden für Sozialarbeiter, die im Bereich der Kinder- und Jugendhilfe tätig sind (Pflicht zum Schutz der betreuten Kinder)[2093] oder für Dienstgruppenleiter eines Polizeireviers für die dort in Gewahrsam genommenen Personen[2094]. Problematisch – aber im Ergebnis ebenfalls zu bejahen – ist die Annahme einer Rechtspflicht zum Einschreiten von Justizvollzugsbeamten bei der Misshandlung von Gefangenen[2095]. Fraglich ist, ob allgemein im Bereich des Polizeirechts eine Pflicht der (Polizei-)Beamten zum Schutz von Individualrechtsgütern besteht[2096], ob sie also z. B. verpflichtet sind, Straftaten zu verhindern[2097].

Bsp.[2098]: Emil, Leiter eines Ordnungsamtes, ist für die Überwachung der Einhaltung von Vorschriften des Gaststättengesetzes zuständig. Trotz Hinweisen schreitet er nicht gegen einen Bordellbetrieb ein, in dem Prostituierte ausgebeutet werden. – Auch hier liegt eine Garantenpflicht Emils vor. Der Einzelne muss darauf vertrauen können, dass der Staat und seine Repräsentanten, deren „ureigenste Aufgabe" es ist, für den Schutz der Rechtsunterworfenen zu sorgen, diese Aufgabe auch wahrnehmen. (Polizei-)Beamte trifft daher jedenfalls im Rahmen ihrer Dienstausübung in den Grenzen ihres örtlichen

---

2091 Vgl. aus der Rechtsprechung BGHSt 38, 325 (332 ff.): Pflicht des Bürgermeisters, Gewässerverunreinigungen ortsansässiger Grundstückseigentümer zu verhindern; OLG Frankfurt NJW 1987, 2753 (2757); OLG Köln NJW 1988, 2119 (2121); OLG Stuttgart NStZ 1989, 122 (123); allerdings ist dies nicht ganz unbestritten; vgl. zur Diskussion *Kühl*, § 18 Rn. 79 ff.; *Otto*, JURA 1991, 308 (315); *Puppe*, § 29 Rn. 26 ff.
2092 Fall nach LG Bremen NStZ 1982, 164 m. Anm. *Möhrenschlager*; in dieser Entscheidung wurde – soweit ersichtlich – erstmals eine Garantenpflicht eines Amtsträgers im Umweltbereich angenommen; zu diesem Fall *Otto/Brammsen*, JURA 1985, 592 (597); *Seier*, JA 1985, 23 (28 f.).
2093 OLG Oldenburg NStZ 1997, 238; OLG Stuttgart NJW 1998, 3131; LG Osnabrück NStZ 1996, 437.
2094 BGHSt 59, 292 (297).
2095 Vgl. aber BGHSt 43, 82 (84 f.): keine Pflicht von Strafvollzugsbeamten, in der Vollzugsanstalt begangene Straftaten anzuzeigen, da Vollzugsbeamte nicht zum Kreis derjenigen gehören, denen die Strafverfolgung als amtliche Aufgabe übertragen ist; zustimmend *Fischer*, § 13 Rn. 34; *Lackner/Kühl*, § 258 Rn. 7a; MüKo-*Cramer*, 4. Aufl., § 258 Rn. 19; *Verrel*, GA 2003, 595 (598 ff.); einschränkend *Rengier*, § 50 Rn. 37; dies ändert jedoch nichts daran, dass Strafvollzugsbeamte verpflichtet sind, drohende Rechtsgutsverletzungen im Hinblick auf ihnen unterstellte Personen zu verhindern; vgl. hierzu den Übungsfall bei *Neubacher*, JuS 2005, 1101 (1102 f.).
2096 Vgl. hierzu auch die Übungsfälle bei *Fahrner*, JA 2019, 499 (506); *Freund/Telöken*, ZJS 2012, 796 (802).
2097 Vgl. OLG Rostock NStZ 2001, 199 (Ablehnung der Garantenpflicht); hierzu *Puppe*, § 29 Rn. 26 ff.; ferner *Jahn*, JuS 2018, 181; *Rengier*, § 50 Rn. 35.
2098 Fall nach BGH NJW 1987, 199; kritisch hierzu *Ranft*, JZ 1987, 908 (914 f.); *Rudolphi*, JR 1987, 336; vgl. auch BGH NJW 1989, 914 (916).

und sachlichen Verantwortungsbereiches die Pflicht, Straftaten anderer zu verhindern[2099].

950 Anders ist die Sachlage jedoch zu beurteilen, wenn der Beamte außerdienstlich Kenntnis von einem bevorstehenden Verbrechen erhält[2100]. Zwar will der BGH[2101] in diesem Fall jedenfalls dann eine Verpflichtung zum Einschreiten sehen, wenn bei Dauerdelikten oder auf ständige Wiederholung angelegten Handlungen, die während der Dienstausübung fortwirken, nach Abwägung aller betroffenen öffentlichen und privaten Belange, insbesondere unter Berücksichtigung des Gewichts des betroffenen Rechtsgutes und der Intensität der Bedrohung, ein Tätigwerden erforderlich erscheine[2102]. Eine solche Pflicht lässt sich jedoch kaum begründen[2103].

951 b) **Organe juristischer Personen.** Eine etwas andere Schutzrichtung weist die Garantenstellung von Organen juristischer Personen auf. Durch die (freiwillige) Übernahme der Organstellung innerhalb eines Unternehmens sind diese verpflichtet, Schäden (hier in aller Regel Eigentums- und Vermögensschäden) von der juristischen Person fernzuhalten (sog. „Geschäftsherrenhaftung")[2104]. Strafbar können sich aber auch hier nur einzelne Personen, nicht das Organ als solches machen[2105]. Nicht zu verwechseln hiermit ist die Überwachungspflicht im Hinblick auf das Inverkehrbringen gefährlicher Produkte[2106] oder hinsichtlich sonstiger Straftaten, die von Unternehmensangehörigen gegenüber Dritten begangen werden[2107].

IV. Die einzelnen Überwachungspflichten (Sicherungs- oder Überwachungsgaranten)

952 Diese Gruppe von Garantenstellungen dient dem Schutz unbestimmt vieler Rechtsgüter vor einer Gefahrenquelle, für die der Garant (aus unterschiedlichen, nachfolgend dargestellten Gründen) verantwortlich ist. Bereits an dieser Stelle ist darauf hinzuweisen, dass diese Sicherungs- und Überwachungspflichten auch **übertragen** werden können. Nicht nur derjenige, der originär für eine bestimmte

---

2099 BGHSt 38, 388 (390); BGH NJW 1987, 199; *Jakobs*, 29/77d; *Kühl*, § 18 Rn. 86 ff.; *Laubenthal*, JuS 1993, 907 (909); NK-*Gaede*, § 13 Rn. 52, 62 ff.; *Otto*, § 9 Rn. 68; *Otto/Brammsen*, JURA 1985, 592 (596 f.); *Schönke/Schröder-Bosch*, § 13 Rn. 52; *Wessels/Beulke/Satzger*, Rn. 1183; gegen eine solche Beschützergarantenstellung von Polizeibeamten *Mitsch*, NStZ 1993, 384; *Ranft*, JZ 1987, 908 (916); *Schünemann*, GA 1985, 341 (379 f.); SK-*Rudolphi/Stein*, § 13 Rn. 54c; zurückhaltend auch noch BGH NJW 1989, 914 (916); vgl. zum Ganzen auch *Jahn*, JuS 2018, 181; *Pawlik*, ZStW 111 (1999), 335 (353); vgl. ferner die Übungsfälle bei *Ellbogen/Stage*, JA 2005, 353 (355); *Noak/Collin*, JURA 2006, 544 (548); *Radtke/Meyer*, JuS 2011, 521 (525, 526 f.).
2100 Vgl. allgemein BGHSt 38, 388 (390 f.); hierzu auch die Übungsfälle *Fahrner*, JA 2019, 499 (506); bei *Rosenau/Witteck*, JURA 2002, 781 (784 f.).
2101 BGHSt 38, 388 (391 f.); BGH NStZ 2000, 147; im Wesentlichen zustimmend *Kühl*, § 18 Rn. 86.
2102 Anders noch BGHSt 5, 225 (229); BGHSt 12, 277 (280 f.) – entscheidend sei die Schwere des Verbrechens; noch weitergehender RGSt 70, 251 (252); OLG Stuttgart NJW 1950; 198.
2103 Ebenfalls ablehnend *Krause*, JZ 1984, 548 (550); *Laubenthal*, JuS 1993, 907 (911 f.); *Mitsch*, NStZ 1993, 383 (384); SK-*Hoyer*, § 258a Rn. 6; *Wagner*, JZ 1987, 705 (711).
2104 *Joecks/Jäger*, § 13 Rn. 42; *Kühl*, § 18 Rn. 78; *Rönnau*, JuS 2018, 526 (529); SK-*Stein*, § 13 Rn. 73; vgl. hierzu auch die Übungsfälle bei *Esser*, JURA 2004, 273 (274); *M. Vormbaum*, JURA 2010, 861 (865).
2105 Vgl. hierzu bereits oben Rn. 198.
2106 Vgl. hierzu unten Rn. 968.
2107 Vgl. zu Strafbarkeit des Leiters der Innenrevision, der betrügerischen Verhaltensweisen seitens des Unternehmens gegenüber Dritten nicht entgegentritt, BGHSt 54, 44, sowie den Übungsfall bei *Luther/Zivanic*, JuS 2017, 943 (945); vgl. hierzu noch unten Rn. 970.

Gefahrenquelle verantwortlich ist, sondern auch derjenige, der – zumeist vertraglich – diese Pflichten übernimmt, kann also strafrechtlich zur Verantwortung gezogen werden[2108].

1. Vorangegangenes pflichtwidriges Verhalten (Ingerenz)

a) Einführung. Jeder, der durch ein objektiv gefährliches (Vor-)Verhalten die Gefahr eines (weiteren) Schadens für andere Rechtsgüter geschaffen hat, ist zur Abwendung dieses drohenden Schadens und zu entsprechenden Rettungsmaßnahmen verpflichtet[2109]. Dies ist jedenfalls der Grundgedanke der Garantenstellung aus **Ingerenz,** die jedoch in ihrer Reichweite besonders umstritten ist[2110]. Teilweise wird sogar ihre Existenz als eigenständige Gruppe innerhalb der unterschiedlichen Garantenstellungen überhaupt in Frage gestellt[2111].

953

Erkennt man die Ingerenz als eigenständige Fallgruppe an, so müssen deren Grenzen abgesteckt werden. Einschränkend ist jedenfalls zu berücksichtigen, dass nicht jedes gefährliche Vorverhalten ausreichen kann, sondern dass es sich um ein solches handeln muss, welches eine „nahe" Gefahr des Eintritts eines tatbestandsmäßigen Erfolges schafft[2112]. Darüber hinaus ist es umstritten, ob bereits ein lediglich gefahrschaffendes (Vor-)Verhalten ausreicht oder ob dieses Verhalten auch **objektiv pflichtwidrig** sein muss. Eine solche Pflichtwidrigkeit ist mit der h. M. zu fordern (vgl. hierzu ausführlich den Problemschwerpunkt 23[2113]). Wird eine solche Pflichtwidrigkeit festgestellt, muss dann – im Rahmen der objektiven Zurechnung – geprüft werden, ob gerade das pflichtwidrige Verhalten den Erfolg verursacht hat. Es muss also ein sog. Pflichtwidrigkeitszusammenhang bestehen[2114]. Ferner muss sich die Pflichtwidrigkeit auf die Verletzung einer Norm[2115] beziehen, die gerade dem Schutz des später betroffenen Rechtsgutes dient (Schutzzweckzusammenhang)[2116]. Ein **schuldhaftes** (Vor-)Verhalten ist hingegen nicht

954

2108 Hierzu *Jasch,* NStZ 2005, 8; vgl. ferner *Kühl,* § 18 Rn. 119 ff., der in dieser Übernahme von Sicherungspflichten eine eigene Gruppe von Garantenpflichten sieht.
2109 Vgl. hierzu die Übungsfälle bei *v. Danwitz,* JURA 2000, 486; *Freund,* JuS 1990, 213 (216); *Giannini,* JuS 2019, 778 (783); *Hecker,* JURA 1999, 197; *Herb,* JURA 2022, 380 (394); *Jänicke,* JURA 2014, 446 (447); *Norouzi,* JuS 2005, 914 (915); *Steinberg/Schönemann,* ZJS 2015, 284 (286); *M. Vormbaum,* JURA 2010, 861 (865); *Zimmermann,* JuS 2011, 629 (632).
2110 Vgl. nur *Sowada,* JURA 2003, 236 (238) sowie unten Problemschwerpunkt 23, Rn. 957 ff.
2111 *Lampe,* ZStW 72 (1960), 93 (106); *Langer,* Lange-FS 1976, S. 241 (243 Fn. 12); *Oehler,* JuS 1961, 154; *Roxin,* ZStW 83 (1971), 369 (403); *Schünemann,* Grund und Grenzen der unechten Unterlassungsdelikte, 1971, S. 313 ff.; *ders.,* GA 1974, 231 (233); *Seebode,* Spendel-FS 1992, S. 317 (342 ff.); *ders.,* NStZ 1993, 83 (84); hierzu noch unten Rn. 958.
2112 Vgl. BGHSt 37, 106 (115 f.); BGHSt 54, 44 (47); BGHSt 59, 68 (70); BGH NStZ 1998, 83 (84); BGH NStZ 2000, 583; BGH NStZ 2009, 381 (382); BGH NStZ 2012, 379 (380); BGH NStZ 2013, 578 (579); *Rengier,* § 50 Rn. 96 ff.; *Schönke/Schröder-Bosch,* § 13 Rn. 34; *Sowada,* JURA 2003, 236 (238); ferner die Übungsfälle bei *Giannini,* JuS 2019, 778 (783); *Luther/Zivanic,* JuS 2017, 943 (944).
2113 Vgl. hierzu unten Rn. 957 ff.
2114 Anders allerdings BGHSt 34, 82 (84); BGH NJW 2000, 2754 (2757); kritisch hierzu *Kühl,* § 18 Rn. 102; für die Erforderlichkeit eines Pflichtwidrigkeitszusammenhanges *Jakobs,* 29/39; *Rengier,* § 50 Rn. 96; *Rudolphi,* JR 1987, 162 (163); *Schönke/Schröder-Stree/Bosch,* § 13 Rn. 35a; *Sowada,* JURA 2003, 236 (242 f.); vgl. auch die Übungsfälle zum Pflichtwidrigkeitszusammenhang bei *Freund,* JuS 1990, 213 (216 f.) und *Ransiek,* JuS 1989, L 60 (L 61).
2115 Fraglich ist, ob es sich bei der Norm, gegen die verstoßen wurde, um ein gesetzliches Verbot handeln muss oder ob auch andere Regelungen, wie z. B. standesrechtliche Pflichten ausreichen; hierzu (ablehnend) *Hoven,* Tröndle-GS 2019, S. 575 (580 ff.).
2116 *Sowada,* JURA 2003, 236 (243); vgl. zu diesen Prüfungspunkten auch oben Rn. 250 f.

erforderlich[2117], sodass es bei einem fahrlässigen Pflichtverstoß nicht darauf ankommt, ob das Verhalten auch subjektiv sorgfaltspflichtwidrig war[2118]. Schließlich ist noch darauf hinzuweisen, dass – im Gegensatz zu den übrigen Garantenstellungen – im Rahmen der Ingerenz eine (vertragliche oder faktische) Übernahme durch Dritte erheblichen Einschränkungen unterliegt[2119].

Bsp. (1)[2120]: Gastwirt Gerd schenkt seinem schon schwer betrunkenen Gast Bruno Alkohol aus. Als Bruno aufsteht und mit seinem PKW nach Hause fahren will, hindert Gerd ihn nicht daran, obwohl er weiß, dass Bruno fahruntauglich ist. Auf dem Heimweg überfährt Bruno einen Passanten tödlich. – Bei der Frage, ob neben Bruno auch Gerd wegen einer fahrlässigen Tötung (bei Gerd: durch Unterlassen) zu bestrafen ist, kommt es entscheidend darauf an, ob diesen eine Garantenpflicht trifft. Bei der Beurteilung einer möglichen Pflichtwidrigkeit durch das Ausschenken von Alkohol ist eine differenzierende Lösung angebracht. Üblicherweise entspricht das Ausschenken von Alkohol in einer Kneipe sozial anerkannten Regeln. Ein sozial übliches und von der Allgemeinheit gebilligtes Verhalten kann aber nicht als pflichtwidrig angesehen werden[2121]. Dies ändert sich jedoch dann, wenn die Trunkenheit offensichtlich einen solchen Grad erreicht hat, dass ein eigenverantwortliches Handeln des Gastes ausgeschlossen ist (vgl. § 20 Nr. 2 GaststättenG, der das als Ordnungswidrigkeit sanktionierte Verbot enthält, einem „erkennbar Betrunkenen" Alkohol auszuschenken)[2122]. So lange dies noch nicht der Fall ist, kann auch der Umstand, dass Gerd hier weiß, dass Bruno in fahruntauglichem Zustand nach Hause fahren wird, keine besondere Garantenstellung begründen. Bei privaten Gastgebern ist im Übrigen ein weniger strenger Maßstab anzulegen, da hier das Verbot des § 20 Nr. 2 GaststättenG nicht gilt.

Bsp. (2)[2123]: Anton und Bruno beschließen, gemeinsam Heroin zu konsumieren, welches Anton zuvor erworben hat. Nachdem Bruno seine Dosis Heroingemisch inhaliert hat, bricht er bewusstlos zusammen. Anton erkennt, dass sofortige Hilfe erforderlich ist, und unternimmt nichts. – Der BGH bejahte hier eine Garantenpflicht aus Ingerenz durch die pflichtwidrige Aushändigung des Heroins (Straftat nach § 29 Abs. 1 BtMG). Mit der h. M. ist hier jedoch eine Garantenpflicht abzulehnen, da in der Einnahme des Heroins eine freiverantwortliche Selbstgefährdung Brunos vorlag[2124]. Hieran ändert auch der Umstand nichts, dass – trotz des bewusst eingegangenen Risikos – letztlich ein vom Opfer nicht gewollter Erfolg eintrat.

Bsp. (3)[2125]: Der ordnungsgemäß fahrende Autofahrer Anton kollidiert mit dem unachtsam fahrenden Radfahrer Rudi. Dieser kommt zu Fall und verletzt sich schwer.

2117 BGHSt 37, 106 (119); BWME-*Mitsch*, § 21 Rn. 76; *Schönke/Schröder-Bosch*, § 13 Rn. 38; *Sowada*, JURA 2003, 236 (238).
2118 Zur Stellung der subjektiven Sorgfaltspflichtverletzung als Schuldelement beim Fahrlässigkeitsdelikt vgl. unten Rn. 976 ff., 1023.
2119 Vgl. hierzu BGH NStZ 2003, 259; *Kühl*, § 18 Rn. 121.
2120 Vgl. aus der Rechtsprechung BGHSt 4, 20; BGHSt 19, 152; BGHSt 26, 35; OLG Karlsruhe JZ 1960, 179 m. Anm. *Welzel*; hierzu *Sowada*, JURA 2003, 236 (238 f.).
2121 BGHSt 26, 35 (38); BGHSt 49, 239 (252); *Rengier*, § 50 Rn. 82.
2122 Vgl. BGHSt 19, 152 (155); BGHSt 25, 218 (221); BGHSt 26, 35 (37 f.); BGHSt 49, 239 (252); eine Rechtspflicht zum Einschreiten bereits bei Erreichen der Grenze der Fahruntauglichkeit wurde dagegen noch in BGHSt 4, 20 (22) angenommen; vgl. hierzu auch *Otto/Brammsen*, JURA 1985, 646 (650); *Sowada*, JURA 2003, 236 (239).
2123 Fall nach BGH NStZ 1984, 452; in diese Richtung auch BGH NStZ 1985, 319 (320); BGH NStZ 2017, 219 (221 f.); hierzu vgl. bereits oben Rn. 938; ferner Bsp. (4) in Rn. 966.
2124 *Herzberg*, JA 1985, 265 (271 Fn. 102); *Kölbel*, JuS 2006, 309 (314); *Kühl*, § 18 Rn. 105; *ders.*, JuS 2007, 497 (503); *Otto/Brammsen*, JURA 1985, 646 (650 f.); *Rengier*, § 50 Rn. 101; *Roxin*, AT II, § 32 Rn. 175; *ders.*, NStZ 1985, 320 (320 f.); *Sowada*, JURA 2003, 236 (243 ff.); *Stree*, JuS 1985, 179 (183); vgl. hierzu auch den Übungsfall bei *Lorenz/Heidemann*, JA 2020, 427 (431).
2125 Fall nach BGHSt 25, 218; hierzu auch BGHSt 34, 82; ferner *Arzt*, JA 1980, 712 (716); *Jäger*, Rn. 530 f.; *Müller*, JuS 1990, 749; *Sowada*, JURA 2003, 236 (239); vgl. auch den Übungsfall bei *Schneider/Schumann*, ZJS 2013, 198 (196 f.).

Obwohl Anton dies bemerkt, fährt er weiter und lässt Rudi auf der Straße liegen. Rudi wird von einem anderen Autofahrer überfahren und stirbt. – Hier scheidet eine Garantenpflicht aus Ingerenz aus, da die allgemeine Gefährdung, die das Autofahren mit sich bringt, hinter der schuldhaften Selbstgefährdung Rudis zurücktritt. Da das Autofahren unter (vollständiger) Einhaltung der Verkehrsregeln ein sozial übliches und gebilligtes Verhalten darstellt, lag bereits keine Pflichtwidrigkeit Antons vor, weshalb eine Strafbarkeit nach § 221 Abs. 1 Nr. 2 und Abs. 3 StGB bzw. §§ 222, 13 StGB ausscheidet[2126]. Es bleibt bei einer Strafbarkeit nach §§ 323c, 142 Abs. 1, Abs. 3 StGB[2127]. Dies würde im Übrigen auch dann gelten, wenn zwar eine Pflichtwidrigkeit vorlag, diese sich aber auf das konkrete Schadensereignis nicht ausgewirkt hat (fehlender Pflichtwidrigkeitszusammenhang)[2128].

955 Wichtig ist in diesem Zusammenhang, dass die Verletzung der allgemeinen Hilfeleistungspflicht des § 323c StGB für sich gesehen noch keine Garantenpflicht aus Ingerenz begründet, da sonst derjenige, der bei Unglücksfällen keine Hilfe leistet, in aller Regel auch wegen eines weiteren unechten Unterlassungsdelikts strafbar wäre[2129].

Bsp.: Anton sieht auf dem Weg in seine Stammkneipe den durch einen Verkehrsunfall verletzten Paul blutüberströmt im Straßengraben liegen. Er hilft nicht und geht weiter. – Anton hat sich hier lediglich nach § 323c StGB wegen unterlassener Hilfeleistung strafbar gemacht. Sieht er Paul eine Stunde später auf dem Rückweg von der Kneipe immer noch dort liegen, kann nicht argumentiert werden, die vorherige Verletzung der allgemeinen Hilfeleistungspflicht stelle ein pflichtwidriges Vorverhalten dar, welches nunmehr eine Garantenstellung aus Ingerenz begründe.

955a Eine Garantenpflicht aus Ingerenz liegt auch dann vor, wenn der Täter die Gefahr zuvor vorsätzlich herbeigeführt hat[2130]. Zwar geht die Rechtsprechung teilweise davon aus, dass in diesen Fällen eine Rechtspflicht zum Handeln entfallen müsse, da niemand verpflichtet sein könne, eine zuvor vorsätzlich verursachte Gefahr zu beseitigen[2131]. Dem ist jedoch zu widersprechen. Zwar tritt hier das Unterlassungsdelikt regelmäßig auf Konkurrenzebene hinter das vorsätzliche Begehungsdelikt zurück. Dies gilt jedoch dann nicht, wenn der Täter im Rahmen seines Unterlassens zusätzliche qualifizierende Merkmale erfüllt. Zudem lässt sich auch nur so die Strafbarkeit von Beteiligten erfassen, die erst zum Zeitpunkt des Unterlassens hinzutreten[2132].

2126 So auch *Otto/Brammsen*, JURA 1985, 646 (650); *Sowada*, JURA 2003, 236 (239); anders allerdings *Freund/Rostalski*, § 6 Rn. 93: Garantenstellung aus allgemeiner Betriebsgefahr.
2127 Dagegen ist der Fall des Kraftfahrers, der einen Passanten durch fahrlässiges Verhalten (betrunkenes oder zu schnelles Fahren, Unachtsamkeit) verletzt, insbesondere in Klausuren die „typische" Fallkonstellation der Begründung einer Garantenstellung aus Ingerenz; vgl. *Günther*, JuS 1988, 386; *Hellmann*, JuS 1990, L 61; *Mitsch*, JuS 1996, 213 (218 f.); hierzu auch BGHSt 7, 287; BGH NStZ 1992, 125; *Krey/Esser*, Rn. 1147 ff.; *Kühl*, § 18 Rn. 92 f.; *Sowada*, JURA 2003, 236 (237).
2128 Anders allerdings BGHSt 34, 82 (84).
2129 BGHSt 3, 65 (67); *Arzt*, JA 1980, 647 (649); BWME-*Mitsch*, § 21 Rn. 58; *Ransiek*, JuS 2010, 585 (587); *Rönnau* JuS, 2018, 526 (527); *Wessels/Beulke/Satzger*, Rn. 1178; anders noch RGSt 71, 187.
2130 BGH NStZ 2004, 89 (90); BGH NStZ 2013, 280 (281); *Freund*, NStZ 2004, 123 (124); *Hoven*, Tröndle-GS 2019, S. 575 (585); *Kühl*, § 18 Rn. 105a; LK-*Jähnke*, 11. Aufl., § 221 Rn. 33; MüKo-*Freund*, 4. Aufl., § 13 Rn. 130; NK-*Gaede*, § 13 Rn. 44; *Norouzi*, JuS 2005, 914 (915); *Rengier*, § 50 Rn. 76; *Roxin*, AT II, § 32 Rn. 193; *Schneider*, NStZ 2004, 91 (92); *Schönke/Schröder-Bosch*, § 13 Rn. 38; *Sowada*, JURA 2003, 236 (245 f.); *Stein*, JR 1999, 265 (269 ff.); *Steinberg/Wolf/Langlitz*, ZJS 2013, 606 (607); *Theile*, JuS 1996, 110; *ders.*, JURA 2007, 463 (464); *Walter/Sowada*, JA 2008, 262 (267); *Wessels/Beulke/Satzger*, Rn. 1196; *Wilhelm*, NStZ 2005, 177 (178).
2131 BGH NStZ-RR 1996, 131; BGH JR 1999, 294; so auch *Hillenkamp*, Otto-FS 2007, S. 287 (300 ff.); *Otto*, JURA 2008, 954 (957 f.); offen gelassen in BGH NJW 2003, 1060 (1061).
2132 Vgl. hierzu auch den Übungsfall bei *Steinberg/Wolf/Langlitz*, ZJS 2013, 606 (607, 610).

Bsp.: Anton wird von Bruno aus nichtigem Anlass provoziert. Aus Wut nimmt er einen Holzprügel und schlägt mit bedingtem Tötungsvorsatz auf Bruno ein, bis dieser blutüberströmt zu Boden sinkt. Nachdem sich Anton wieder etwas beruhigt hat, spielt er mit dem Gedanken, Bruno zu retten. Weil er sich aber nicht sicher ist, ob er dies tatsächlich tun soll, ruft er über sein Handy seinen Freund Toni an, der Anton dazu auffordert, die Gelegenheit zu nutzen und Bruno verbluten zu lassen, weil dies doch die einzige Möglichkeit sei, die Spielschulden, die sowohl Toni als auch Anton noch bei Bruno haben, nicht bezahlen zu müssen. Dies leuchtet Anton ein und er unternimmt nichts. – Hier hat Anton sowohl einen vorsätzlichen Totschlag, § 212 StGB, als auch einen Mord durch Unterlassen aus Habgier, §§ 212, 211, 13 StGB, begangen. Ausnahmsweise tritt hier das Begehungsdelikt hinter das Unterlassungsdelikt zurück[2133], da letzteres in der konkreten Situation einen höheren Unwertgehalt besitzt. Toni ist, da er selbst habgierig handelte, wegen einer Anstiftung zum Mord durch Unterlassen, begangen durch aktives Tun (er überredete „aktiv"), §§ 212, 211, 13, 26 StGB, zu bestrafen[2134]. Letzteres wäre nicht möglich, wenn mangels Ingerenz der Mord des Anton durch Unterlassen (und somit die Haupttat) entfiele.

956 Fraglich ist schließlich noch, ob und inwieweit derjenige, der durch sein Vorverhalten die Gefahr schafft, dass andere eine Straftat begehen, verpflichtet ist, hiergegen einzuschreiten[2135]. Eine Garantenpflicht aus Ingerenz scheidet jedenfalls dann aus, wenn das Vorverhalten nicht pflichtwidrig war (Eisenwarenhändler Fritz verkauft dem Killer Karl morgens ein langes Messer, abends trifft er ihn zufällig wieder und erkennt, dass Karl gerade im Begriff ist, mittels dieses Messers einen Mord zu begehen)[2136]. Problematisch sind hingegen diejenigen Fälle, in denen das Vorverhalten pflichtwidrig war.

Bsp.[2137]: Nach einer Zechtour treffen Anton und Bruno am Bahnhof auf Otto, den sie ohne Grund brutal niederschlagen. Darauf beschließt Anton, der inzwischen bewusstlose Otto müsse „verschwinden", da er sie möglicherweise identifizieren könne, und legt ihn auf die Bahngleise, damit Otto vom Zug überrollt werde. Bruno billigt dies zwar nicht, unternimmt aber auch nichts dagegen, obwohl es ihm möglich gewesen wäre, Anton umzustimmen. Otto wird vom Zug erfasst und stirbt. – Fraglich ist, ob Bruno hier wegen eines Totschlags durch Unterlassen, §§ 212, 13 StGB, zu bestrafen ist. Der BGH neigte jedenfalls in früheren Urteilen zu einer weitgehenden Annahme von Ingerenz[2138], während eine stark vertretene Literaturmeinung diese zutreffend zumin-

---

2133 *Schönke/Schröder-Sternberg-Lieben/Bosch*, Vorbem. §§ 52 ff. Rn. 121.
2134 Vgl. zur Möglichkeit der Beteiligung eines Nichtgaranten an einem fremden Unterlassungsdelikt oben den Problemschwerpunkt 22, Rn. 878 ff.
2135 Vgl. auch die Übungsfälle bei *Niehaus*, ZJS 2010, 396 (402); *Seier*, JuS 1979, 732 (734); *Steinberg/Wolf/Langlitz*, ZJS 2013, 606 (609).
2136 So *Kühl*, § 18 Rn. 104; *Otto/Brammsen*, JURA 1985, 646 (651); *Schönke/Schröder-Bosch*, § 13 Rn. 39; *Sowada*, JURA 2003, 236 (245); anders noch BGHSt 11, 353 (355).
2137 Fall in Anlehnung an BGHSt 38, 356; ähnlich BGH StV 1982, 218; BGH JR 1993, 159; BGH NStZ 2009, 381; hierzu *Otto/Brammsen*, JURA 1985, 646 (652); zu diesem Fall bereits oben Rn. 875; vgl. auch den Übungsfall bei *Murmann*, JA 2011, 593 (600 f.).
2138 BGHSt 38, 356 (358); BGH NJW 1992, 1246; so auch *Fischer*, § 13 Rn. 55; *Steinberg/Wolf/Langlitz*, ZJS 2013, 606 (609); anders aber nunmehr BGH NStZ-RR 1997, 292; BGH NStZ 1998, 83 (84); BGH NJW 1999, 69 (71 f.); BGH NStZ 2000, 583; BGH NStZ-RR 2009, 366: das pflichtwidrige Vorverhalten müsse jedenfalls die naheliegende Gefahr des Eintritts des jeweiligen Erfolges schaffen; so auch BGHSt 54, 44 (47); BGHSt 59, 68 (70); BGHSt 61, 71 (80); BGH NStZ 2013, 578 (579); ferner den Übungsfall bei *Luther/Zivanic*, JuS 2017, 943 (944); strenger wiederum BGH NStZ 2009, 321 (322); BGH NStZ 2009, 381 (382); BGH NStZ 2013, 280 (281); vgl. hierzu auch BGH NStZ 2013, 462.

dest in den Fällen ablehnt, in denen es sich um einen nicht vorhersehbaren Exzess des Mittäters handelt[2139].

b) Ingerenz bei lediglich allgemein gefahrschaffendem bzw. gerechtfertigtem Vorverhalten ohne Pflichtwidrigkeit[2140] (Problemschwerpunkt 23)

Fall: An einem kalten Winterabend wärmt sich Anton in seinem Auto im Wald. Der vorbeikommende Bruno entwendet in einem Moment der Unachtsamkeit eine Flasche Wein, die Anton vor dem Auto abgestellt hatte. Bei der Verfolgung stellt Anton dem Bruno ein Bein, um diesen an der Flucht mit der „Beute" zu hindern. Dabei stürzt Bruno so unglücklich, dass er sich den Fuß bricht. Obwohl Anton die hilflose Lage Brunos erkennt, schnappt er seine Weinflasche und lässt Bruno liegen. Dessen möglichen Tod nimmt er in Kauf. Tatsächlich erfriert Bruno in der Nacht, da ihm in dem einsamen Waldstück niemand zu Hilfe kommt.

Problemstellung: Fraglich ist hier, ob sich Anton wegen eines Totschlags durch Unterlassen, §§ 212, 13 StGB[2141], oder lediglich wegen unterlassener Hilfeleistung, § 323c StGB, strafbar gemacht hat. Hierbei kommt es entscheidend darauf an, ob Anton eine Garantenpflicht gegenüber dem verletzten Bruno besaß, wobei im vorliegenden Fall lediglich eine solche aus Ingerenz in Frage kommt. Da die vorausgegangenen Handlungen, d. h. die Verfolgung des Bruno und das Beinstellen, jedoch durch Notwehr, § 32 StGB, gedeckt und daher nicht pflichtwidrig waren, käme eine Garantenpflicht aus Ingerenz nur dann in Frage, wenn auch ein lediglich gefahrschaffendes Vorverhalten eine solche Pflicht auslöst.

aa) Einen eigenständigen Weg gehen diejenigen, welche die **Ingerenz als Garantenstellung grundsätzlich ablehnen**[2142]. Nach dieser Ansicht kann selbst ein vorangegangenes pflichtwidriges Vorverhalten bei Unterlassungsdelikten keine Garantenstellung begründen, da die Anerkennung einer solchen allgemeinen Garantenstellung eine zu ungenaue Rechtspflicht zur Folge habe, die letztlich die Garantiefunktion des Tatbestandes sprenge. Die strafrechtliche Haftung sei ferner durch die Haftung für das vorangegangene Tun bereits ausreichend abgesichert. Bezogen auf den vorliegenden Fall wäre Anton nicht nach §§ 212, 13 StGB strafbar, denn sein Vorverhalten wäre insoweit (selbst wenn es pflichtwidrig gewesen wäre) nicht zu berücksichtigen. **Diese Theorie ist entschieden abzulehnen**, weil hierdurch nicht zu rechtfertigende Strafbarkeitslücken entstehen. Denn eine Strafbarkeit wegen unterlassener Hilfeleistung (§ 323c StGB) und eventuell wegen

---

2139 *Kühl*, § 18 Rn. 104; *Neumann*, JR 1993, 161; *Otto*, § 9 Rn. 76, 82 (jeweils Fall 1); *Schönke/Schröder-Bosch*, § 13 Rn. 35a; SK-*Stein*, § 13 Rn. 60; vgl. auch *Sowada*, JURA 2003, 236 (245); ferner den Übungsfall bei *Giannini*, JuS 2019, 778 (783).

2140 Vgl. hierzu auch *Hillenkamp/Cornelius*, AT, 29. Problem; *Jäger*, Rn. 532 f.; ferner die Übungsfälle bei *Berster*, ZJS 2017, 468 (478); *Bülte/Hartl*, JA 2016, 345 (353); *Eisenberg*, JURA 1989, 41 (46); *Ellbogen/Richter*, JuS 2002, 1192 (1195); *Ellbogen/Stage*, JA 2005, 353 (357); *Grebing*, JURA 1980, 91 (100 f.); *B. Heinrich*, JURA 1997, 366 (371); *Hoven*, JuS 2016, 631 (636 f.); *Kudlich*, JuS 2000, L 13 (L 14 f.); *Kühl/Hinderer*, JuS 2009, 919 (923 f.); *Lorenz/Rehberger*, JURA 2022, 242 (251); *Marxen*, Fall 24a; *Mitsch*, JURA 2006, 381 (383); *Müller*, JuS 1980, 749; *Noak*, JURA-Sonderheft Zwischenprüfung, 2004, 20 (24); *Penkuhn*, ZJS 2016, 232 (243); *Schneider/Schumann*, ZJS 2013, 195 (196 f.); *Scholler*, JuS 2021, 1153 (1157); *Steinberg/Schönemann*, ZJS 2015, 284 (287 f.); *Stoffers*, JuS 1993, 837 (842).

2141 Lehnt man einen Tötungsvorsatz hier ab, so liegt eine Aussetzung mit Todesfolge, § 221 Abs. 1 Nr. 2, Abs. 3 StGB vor, sofern man eine Obhutsgarantenstellung bejaht.

2142 *Lampe*, ZStW 72 (1960), 93 (106); *Langer*, Das Sonderverbrechen, 1972, S. 504 f.; *ders.*, Lange-FS 1976, S. 241 (243 Fn. 12); *Oehler*, JuS 1961, 154; *Roxin*, Kriminalpolitik und Strafrechtssystem, 2. Aufl., 1970, S. 18 f.; *ders.*, ZStW 83 (1971), 369 (403 - anders aber inzwischen *ders.*, AT II, § 32 Rn. 150); *Schünemann*, GA 1974, 231 (233 ff. - einschränkend aber *ders.*, ZStW 96 [1984], 287 [308 f.]); *Seebode*, Spendel-FS 1992, S. 317 (342 ff.); vgl. hierzu bereits oben Rn. 953.

Fahrlässigkeit kann in vielen Fällen den Unwertgehalt einer vorsätzlichen Unterlassungstat nicht abdecken.

959 bb) Nach der **Verursachungstheorie**[2143] setzt eine Garantenstellung lediglich die Verursachung einer Gefahr voraus. Ein pflichtwidriges Vorverhalten sei nicht erforderlich. Denn es sei widersprüchlich, einerseits dem in Notwehr Handelnden Beschränkungen aufzuerlegen, andererseits ihm freizustellen, nach dem Angriff Schutzmaßnahmen zu ergreifen oder nicht. Im Übrigen fühle sich subjektiv jeder für Gefahren verantwortlich, die durch ihn hervorgerufen werden, unabhängig davon, ob dieses Verhalten nun pflichtwidrig war oder nicht. Nach Abschluss eines Angriffs dürfe der Angreifer zudem nicht „vogelfrei" werden. Folgt man diesem Ansatz, hätte sich Anton im vorliegenden Fall wegen Totschlags durch Unterlassen strafbar gemacht, da sein Vorverhalten (Verfolgung und Beinstellen) zwar nicht pflichtwidrig war, aber die Gefahr eines Unglücksfalls für Bruno geschaffen hat. Dieser Umstand allein soll nach dieser Ansicht ausreichen, um eine Ingerenz und eine daraus folgende Garantenpflicht anzunehmen. Dies hat allerdings zur Folge, dass die Garantenstellung aus Ingerenz erheblich ausgeweitet und somit die Unterlassensstrafbarkeit insgesamt ausgedehnt wird. Eben diese Möglichkeit der uferlosen Ausdehnung spricht jedoch **gegen** diese Ansicht. Im Grunde könnte dann jedes Vorverhalten eine Garantenstellung verursachen. Allein eine an sich wertfreie Kausalität kann aber niemals menschliche Verantwortung begründen. Schließlich wäre es paradox, dass derjenige, der in Notwehr oder Nothilfe (das heißt auch: zur Verteidigung der Rechtsordnung) handelt, eben gerade deswegen mit einer Garantenpflicht belastet werden soll.

960 cc) Die von der (bisher wohl) h. M. vertretene **Pflichtwidrigkeitstheorie**[2144] setzt dagegen zutreffenderweise für die Entstehung einer Garantenstellung voraus, dass das vorangegangene gefährliche Tun im Hinblick auf die hervorgerufene Gefahr pflichtwidrig war. Ansonsten würde derjenige, der zur Verteidigung der Rechtsordnung in Notwehr handelt, mit einer Garantenpflicht belastet werden. Auch würde derjenige, der durch einen Angriff seine Notlage selbst verschuldet, besser stehen als derjenige, der unverschuldet in Not gerät (er würde daher in unberechtigter Weise auch bei einer Pflichtenkollisionslage Vorrang gegenüber der Rettung eines sonstigen Hilfsbedürftigen haben). Nur bei einer wirklichen Pflichtwidrigkeit kann von einer Verantwortlichkeit des Unterlassenden für den jeweiligen Ge-

---

[2143] *Arzt*, JA 1980, 712 (714 ff.); *Baumann/Weber*, 9. Aufl., § 18 II 4c; *Herzberg*, JuS 1971, 74 (76); *ders.*, JZ 1986, 986; *Arthur Kaufmann/Hassemer*, JuS 1964, 151; *Lackner/Kühl*, § 13 Rn. 13; *Maurach/Gössel-Zipf-Gössel*, AT 2, § 46 Rn. 98 f.; *Noak*, JURA-Sonderheft Zwischenprüfung, 2004, 20 (24); *Rengier*, JuS 1989, 802 (807); *Seelmann*, GA 1989, 241 (255); *Welp*, JZ 1971, 433 (434); vgl. aus der früheren Rechtsprechung BGHSt 3, 203 (204 f.); BGHSt 4, 20 (22); BGHSt 11, 353 (355); vom Grundsatz her auch noch BGHSt 19, 152 (154); in diese Richtung auch *Kühl*, § 18 Rn. 95; *ders.*, JuS 2007, 497 (503).

[2144] BGHSt 23, 327 (ausdrücklich aber nur für ein Handeln in Notwehr); BGHSt 25, 218 (221); BGHSt 34, 82 (84); BGHSt 37, 106 (115 ff.); BGHSt 43, 381 (396 f.); BGH NStZ 1987, 171 (172); BGH NStZ 1998, 83 (84); BGH NJW 1998, 1568 (1573); BGH NJW 1999, 69 (71); BGH NStZ 2000, 414; BGH NStZ 2018, 84 (85); BWME-*Mitsch*, § 21 Rn. 72 f.; *Blei*, § 87 I 2c; *Ellbogen/Stage*, JA 2005, 353 (357); *Fischer*, § 13 Rn. 52; *Geppert*, JURA 2001, 490 (492); *Gropp/Sinn*, § 11 Rn. 69 ff.; *B. Heinrich*, JuS 1995, 1115 (1120); *Jescheck/Weigend*, § 59 IV 4a; *Kretschmer*, JA 2015, 589 (592); *Kudlich*, JA 2014, 587 (591); LK-*Jescheck*, 11. Aufl., § 13 Rn. 33; *Matt/Renzikowski-Haas*, § 13 Rn. 75; *Mitsch*, JURA 2006, 381 (383); NK-*Gaede*, § 13 Rn. 43; *Ransiek*, JuS 2010, 585 (589); *Rönnau*, JuS 2018, 526 (529); *Rudolphi*, JR 1987, 162 (164); *Schönke/Schröder-Bosch*, § 13 Rn. 35; *Schmidhäuser*, SB, 12/31; SK-*Stein*, § 13 Rn. 50 ff.; *Zieschang*, Rn. 617; im Wesentlichen auch (obwohl in Randbereichen zweifelnd) *Otto*, § 9 Rn. 81; *Sowada*, JURA 2003, 236 (242); *Wessels/Beulke/Satzger*, Rn. 1196 ff.

fahrenzustand gesprochen werden. Im vorliegenden Fall hat sich Anton deshalb nicht wegen eines Totschlags durch Unterlassen strafbar gemacht. Sein Verhalten war durch Notwehr gerechtfertigt und daher nicht pflichtwidrig. Diese Begrenzung der Ingerenz auf die Pflichtwidrigkeit des Vorverhaltens führt zu einer sinnvollen Einschränkung der Garantenpflicht. Zwar lässt sich hiergegen einwenden, dass insoweit letztlich der Gedanke der Friedlosigkeit und Verwirkung zum Tragen komme, der dem Notwehrrecht an sich fremd ist. Dem ist aber zu entgegnen, dass den Angegriffenen lediglich keine gegenüber § 323c StGB gesteigerte Pflicht zur Hilfeleistung trifft. Der verletzte Angreifer wird daher nicht „friedlos" gestellt, sondern, wie jeder beliebige Dritte, durch § 323c StGB geschützt[2145].

dd) Zwischen diesen beiden Ansichten entwickelte sich – von unterschiedlichen Ausgangspunkten aus – eine vierte Ansicht, die jedenfalls bei einem Handeln in Notwehr eine Garantenstellung ablehnt. Hierzu wird von einigen die Verursachungstheorie insoweit modifiziert, als zwar ein gefahrschaffendes Vorverhalten zur Begründung einer Garantenstellung ausreichen müsse, ein Handeln in Notwehr allerdings von diesem Grundsatz auszunehmen sei und keine Garantenstellung begründen könne, da das Opfer die Gefahr in diesen Fällen selbst verschuldet habe (**modifizierte Verursachungstheorie**)[2146]. Zum gleichen Ergebnis kommen diejenigen, die zwar grundsätzlich am Erfordernis der Pflichtwidrigkeit des Handelns festhalten, bei Vorliegen anderer Rechtfertigungsgründe als der Notwehr jedoch ausnahmsweise auch ein gerechtfertigtes Vorverhalten zur Begründung einer Garantenstellung ausreichen lassen (**modifizierte Pflichtwidrigkeitstheorie**)[2147]. Beide Ansichten würden im vorliegenden Fall eine Garantenpflicht ablehnen, da Anton in Notwehr handelte. **Gegen** diese Ansichten spricht jedoch, dass ein Maßstab, welche gerechtfertigten Handlungen nun zu einem Ausschluss oder einer Begründung einer Garantenpflicht führen sollen, nicht eindeutig festgelegt werden kann. Letztlich müsste man für jeden Rechtfertigungsgrund oder jedes weitere gefahrschaffende, aber nicht pflichtwidrige Vorverhalten eine eigenständige Beurteilung anlegen. Dies aber widerspricht dem Gedanken der Rechtssicherheit.

961

ee) Problematisch wird das Abstellen auf die Pflichtwidrigkeit im Rahmen der Ingerenz allerdings in folgenden Fällen:

962

Bsp. (1)[2148]: Anton fährt am Spätnachmittag mit seinem Fahrrad ordnungsgemäß auf dem Radweg. Da kommt ihm plötzlich ein rasant fahrender Ferrari entgegen, der den Radweg als Überholspur benutzt. Anton kann sein Leben gerade noch dadurch retten, dass er mit dem Rad auf den Fußgängerweg ausweicht und dabei die Rentnerin Renate umfährt. Diese bleibt verletzt liegen und benötigt dringend Hilfe. Anton jedoch entfernt sich, ohne zu helfen. Renate stirbt. – Hier hat sich Anton beim Ausweichen nicht pflichtwidrig verhalten, er ist vielmehr nach § 34 StGB gerechtfertigt. Zur Rettung

---

2145 Vgl. *Maiwald*, JuS 1981, 473 (483).
2146 *Jakobs*, 29/42 ff.; *Kindhäuser/Hilgendorf*, LPK, § 13 Rn. 51; *Maiwald*, JuS 1981, 473 (483); MüKo-*Freund*, 4. Aufl., § 13 Rn. 141 ff., 152; vgl. auch *Dölling/Duttge/König/Rössner-Tag*, § 13 Rn. 22; *Stratenwerth/Kuhlen*, § 13 Rn. 26 ff.
2147 *Hoffmann-Holland*, Rn. 770 f.; *Krey/Esser*, Rn. 1151 f.; *Rengier*, § 50 Rn. 91 ff.; in diese Richtung auch *Jäger*, Rn. 535, 537; *Otto/Brammsen*, JURA 1985, 646 (649); *Puppe*, § 29 Rn. 3; SSW-*Kudlich*, § 13 Rn. 24; vgl. auch *Roxin*, AT II, § 32 Rn. 155 ff., 181 ff., der zwar auf die Zurechenbarkeit abstellt, eine Garantenstellung bei § 32 StGB aber ablehnt, jedoch bei § 34 StGB annimmt.
2148 Eine Garantenpflicht für diesen Fall wird angenommen bei *Krey/Esser*, Rn. 1152; *Kühl*, § 18 Rn. 96; *Otto*, § 9 Rn. 84, Fall 4; *Rönnau*, JuS 2018, 526 (530); vgl. zu diesem Fall auch *Herzberg*, JZ 1986, 986 (987); *Seelmann*, GA 1989, 241 (255); *Sowada*, JURA 2003, 236 (240 f.).

seines Lebens durfte er die körperliche Integrität Renates beeinträchtigen. Wer mit der h. M. (Meinung 3) ein pflichtwidriges Vorverhalten fordert, muss hier eine Garantenstellung ablehnen und lediglich § 323c StGB annehmen (ebenso Meinung 1). Nach Meinung 2 und 4 müsste eine Garantenstellung hingegen angenommen und Anton wegen Totschlags durch Unterlassen, §§ 212, 13 StGB, bestraft werden.

Bsp. (2)[2149]: Gastwirt Gerd sperrt den randalierenden Gast Rudi, der gerade dabei ist, die Einrichtung zu zertrümmern, kurzerhand in der Besenkammer ein, wo Rudi alsbald einschläft. Als Rudi am nächsten Morgen aufwacht und reumütig um „Freiheit" bittet, meint Gerd grinsend: „frühestens in drei Wochen". Nach Ablauf dieser drei Wochen ist Rudi verhungert, was Gerd in Kauf genommen hat. – Da das Einsperren Rudis im konkreten Fall nach § 32 StGB gerechtfertigt (und daher nicht pflichtwidrig) war, liegt nur nach Meinung 2 eine Garantenstellung aus Ingerenz vor, die zu einer Strafbarkeit nach § 239 Abs. 1, 3 und 4, § 13 StGB sowie §§ 212, 211, 13 StGB führen würde.

2. Pflicht zur Überwachung von Gefahrenquellen

963 Wer eine Gefahrenquelle in Gang setzt oder die Herrschaft über einen Gefahrenbereich ausübt, der muss dafür Sorge tragen, dass hierdurch Rechtsgüter Dritter nicht geschädigt werden[2150]. Insoweit obliegt ihm eine Verkehrssicherungspflicht bei tatsächlicher oder rechtlicher Herrschaft über gefährliche Sachen[2151]. Die Schaffung der Gefahrenquelle muss dabei (im Gegensatz zur oben behandelten Garantenstellung aus Ingerenz) nicht pflichtwidrig sein[2152]. Demjenigen, dem die Rechtsordnung ein gefährliches Verhalten in bestimmten Grenzen gestattet, muss im Gegenzug auch die Pflicht auferlegt werden, (weitergehende) Schäden zu verhindern, die sich aus seinem Verhalten ergeben.

964 Die Garantenstellung kann hier insbesondere entspringen aus allgemeinen Verkehrssicherungspflichten[2153], der Kfz-Haftung[2154], der Tierhalter-Haftung[2155], der Haftung des Grundstückseigentümers, des Gebäudeeigentümers, des Veranstalters von Sportwettkämpfen[2156] oder der Haftung für eine Baugrube[2157]. Auch derjenige, der eine industrielle Anlage betreibt, muss dafür Sorge tragen, dass durch die Anlage keine Umweltgefahren verursacht werden[2158]. Schließlich hat auch die später noch zu behandelnde Produkthaftung ihren Ursprung im Gedanken der Verkehrssicherungspflicht.

Bsp. (1)[2159]: Hauseigentümer Hans sorgt sich nicht um die ordnungsgemäße Beleuchtung seines Treppenhauses. Ein Besucher bricht sich ein Bein. – Hier ist eine Garanten-

---

2149 Eine Garantenpflicht annehmend *Kühl*, § 18 Rn. 97; zu diesem Fall *BWME-Mitsch*, § 21 Rn. 75; *Joecks/Jäger*, § 13 Rn. 61 f.; *Rönnau*, JuS 2018, 526 (530); *Roxin*, AT II, § 32 Rn. 189; *Schönke/Schröder-Bosch*, § 13 Rn. 36; *Sowada*, JURA 2003, 236 (241).
2150 BGHSt 53, 38 (41 f.); BGHSt 61, 21 (23); BGHSt 61, 318 (323); BGH NStZ 2012, 319 (320); *Jahn*, Wessing-FS 2015, S. 537 (545 ff.); *Kühl*, JuS 2007, 497 (502); *Rengier*, § 50 Rn. 45; vgl. auch die Übungsfälle bei *Albrecht/Kaspar*, JuS 2010, 1071 (1075); *Esser*, JURA 2004, 273 (274 f.); *Gülzow*, JURA 1983, 102 (104 f.); *Hillenkamp*, JuS 2001, 159 (163 f.); *ders.*, JuS 2018, 974 (980); *Meier*, JuS 1989, 992 (996); *Saal*, JURA 1996, 476 (478 f.).
2151 BGH NStZ 2012, 319 (320); AG Waldshut-Tiengen NJW 2002, 153.
2152 Vgl. *Hecker*, JuS 2012, 755 (756); *Wessels/Beulke/Satzger*, Rn. 1187.
2153 Vgl. hierzu BGHSt 53, 38 (41 f.); vgl. auch den Übungsfall bei *Ast*, JuS 2017, 867 (871).
2154 Vgl. hierzu noch unten Rn. 966 in Bsp. (3).
2155 Vgl. hierzu den Übungsfall bei *Strauß*, JuS 2018, 1203 (1204).
2156 Vgl. hierzu BGH NJW 1975, 533; AG Waldshut-Tiengen NJW 2002, 153; *Albrecht/Kaspar*, JuS 2010, 1071 (1075).
2157 Vgl. auch *Otto/Brammsen*, JURA 1985, 592 (599).
2158 Vgl. BGH NJW 1992, 122.
2159 Fall nach RGSt 14, 362.

stellung von Hans anzunehmen, die ihn zum Täter einer fahrlässigen Körperverletzung durch Unterlassen, §§ 229, 13 StGB, machen kann.

Bsp. (2): Hundehalter Hubert („Mein Hund beißt nicht") hat einen Schäferhund namens Waldi. Eines Abends vergisst er, den Hundezwinger zu schließen, worauf Waldi entweicht und einen einsamen Wanderer beißt[2160]. – Hier ist Hubert wegen einer fahrlässigen Körperverletzung durch Unterlassen strafbar, §§ 229, 13 StGB.

Fraglich ist, wie weit hier eine entsprechende Garantenpflicht geht, insbesondere, ob der Überwachungsgarant nur die akute Gefahrschaffung verhindern muss oder ob er auch weitergehende Rettungspflichten hat. **965**

Bsp.: Am nächsten Tag läuft Hubert mit seinem (nun angeleinten) Schäferhund Waldi durch den Wald. Plötzlich reißt sich dieser von der Leine los und fällt den Spaziergänger Sepp an, der mit stark blutenden Bisswunden liegen bleibt. Hubert meint: „Selbst schuld, was schaut der auch meinen Waldi so dumm an" und entfernt sich. Sepp verblutet. – Geht man hier zugunsten Huberts davon aus, dass der Hundebiss selbst nicht durch ein pflichtwidriges Verhalten (z. B. durch mangelndes Festhalten der Leine) verursacht wurde (sonst: Ingerenz), stellt sich die Frage, ob seine grundsätzlich bestehende Garantenstellung infolge der Verantwortung für eine Gefahrenquelle („Waldi") dazu führte, dass er auch nach Eintritt der Gefährdung eine Rechtspflicht zum Handeln hatte. Die wohl überwiegende Ansicht lehnt eine solche ab und bestraft hier lediglich nach § 323c StGB[2161]. Dem ist jedoch nicht zu folgen, da es doch gerade die Gefahrenquelle („Waldi") war, die, wenn auch möglicherweise nicht pflichtwidrig, die Gefahr verursacht hat[2162]. Es ist aber nicht einzusehen, dass Hubert zwar eine Rechtspflicht zur Verhinderung des Bisses hatte, er aber für die aus dem Biss resultierenden Folgen nur im Rahmen des § 323c StGB haften soll.

Ebenso problematisch sind diejenigen Fälle, in denen die Gefahr zwar von der zu überwachenden Gefahrenquelle ausgeht, die konkrete Schädigung aber durch das Verhalten voll verantwortlich handelnder Dritter oder dem eigenverantwortlichen Handeln des später Geschädigten verursacht wird. **966**

Bsp. (1)[2163]**:** Gastwirt Gerd bemerkt, dass in seiner Kneipe vier seiner Stammgäste einer Frau gewaltsam die Haare abschneiden. Er lässt sie gewähren und unternimmt nichts. – Der BGH nahm hier die Garantenpflicht an: Es bestehe eine Rechtspflicht aus dem Gaststättengesetz, in den Galasträumen für Ordnung zu sorgen und Gäste vor Ausschreitungen anderer zu schützen.

Bsp. (2)[2164]**:** Wohnungsinhaber Winfried hat dem Obdachlosen Otto in seiner Wohnung Unterschlupf gewährt. Nach einem gemeinsamen Zechgelage mit einem anderen Freund fällt dieser über Otto her, um ihn zu misshandeln. Winfried unternimmt nichts. – Neben der bereits bejahten Garantenstellung aus faktischer Übernahme[2165] ist auch an eine solche aus der Verantwortlichkeit für eine Gefahrenquelle (Wohnung) zu den-

---

[2160] Vgl. aus der Rechtsprechung BayObLG NJW 1993, 2001; OLG Hamm NJW 1996, 1295; ferner OLG Düsseldorf NJW 1993, 1609.
[2161] *Kühl*, § 18 Rn. 111; *Schönke/Schröder-Bosch*, § 13 Rn. 45/46; SK-*Stein*, § 13 Rn. 37; vgl. auch *Brüning*, ZJS 2017, 726 (731).
[2162] *Brammsen*, Die Entstehungsvoraussetzungen der Garantenpflichten, 1986, S. 241 ff.; *Herzberg*, Die Unterlassung im Strafrecht und das Garantenprinzip, 1972, S. 322 ff.; *Köhler*, S. 220; NK-*Gaede*, § 13 Rn. 49.
[2163] Fall nach BGH NJW 1966, 1763; vgl. auch RGSt 58, 299; zustimmend *Otto/Brammsen*, JURA 1985, 646 (647 f.); anders aber BGH GA 1971, 336; kritisch auch *Schönke/Schröder-Bosch*, § 13 Rn. 54; vgl. auch den Übungsfall bei *Hillenkamp*, JuS 2001, 159 (163 f.).
[2164] Fall nach BGHSt 27, 10; zustimmend *Otto/Brammsen*, JURA 1985, 646; kritisch hierzu *Jakobs*, 29/37a; *Nauke*, JR 1977, 290; *Tenckhoff*, JuS 1978, 308 (311); vgl. hierzu auch die Übungsfälle bei *Hillenkamp*, JuS 2018, 974 (980); *Saal*, JURA 1996, 476 (478 f.); ferner bereits oben Rn. 944.
[2165] Vgl. oben Rn. 944.

ken, da Winfried den Otto in seinem „Herrschaftsbereich" beherbergt und dadurch einen Vertrauenstatbestand geschaffen hat. Hier dürfen aber die verschiedenen Garantenstellungen nicht miteinander vermischt werden. Im Gegensatz zu einer Gastwirtschaft stellt eine Privatwohnung keinen Bereich dar, von dem typischerweise Gefahren für andere ausgehen. Auch das Argument, wem die Rechtsordnung besondere Abwehrrechte (Art. 13 GG) gewähre, den würden als Reflex auch besondere Pflichten treffen[2166], kann hier nicht greifen, da es allein auf die typischen Gefahrenlagen ankommt. So lehnte der BGH auch in einem anderen Fall[2167] eine Garantenpflicht eines Wohnungseigentümers ab, der bemerkte, dass sein vorübergehend bei ihm wohnender Freund eine Frau gewaltsam ins Haus schleppte, um sie zu vergewaltigen. Die Stellung als Wohnungsinhaber allein, so der BGH, könne ohne vorherige Begründung eines Vertrauensverhältnisses zur Begründung einer Garantenstellung nicht ausreichen. Ebenso wenig besteht für den Wohnungsinhaber eine Pflicht, Drogengeschäfte seines Untermieters zu unterbinden[2168].

Bsp. (3): Student Sebastian ist ganz stolz auf die Neuerwerbung eines alten „Trabi". Sein WG-Mitbewohner Karl meint, er müsse sich das „coole Gefährt" heute Abend gleich mal ausleihen, und schnappt sich die Schlüssel. Sebastian unternimmt nichts dagegen, obwohl er weiß, dass Karl schon mehrmals wegen Alkoholdelikten im Straßenverkehr aufgefallen ist und daher auch keinen Führerschein mehr hat. Karl überfährt am Abend in betrunkenem Zustand mit dem „Trabi" eine Passantin tödlich. – Hier ist eine Garantenstellung Sebastians anzunehmen, weil er als Fahrzeughalter verpflichtet ist zu verhindern, dass unzuverlässige Personen ohne Fahrerlaubnis sein Auto benutzen (vgl. auch die entsprechende Strafbarkeit nach § 21 Abs. 1 Nr. 2 StVG)[2169].

Bsp. (4)[2170]: Anton hatte mit seinen Freunden ausgiebig gefeiert. Nach Rückkehr in seine Wohnung, wo sie weiterfeiern wollten, stellt Anton eine Flasche des im Handel frei verkäuflichen Lösungsmittels „Gammabutyrolacton" (GBL) auf den Tisch und teilt den anderen zutreffend mit, das Mittel habe berauschende Wirkung, allerdings sei die unverdünnte Einnahme tödlich und es dürften nie mehr als drei Milliliter verdünnt konsumiert werden. Kurz darauf trinkt der anwesende Bruno, der die Warnung gehört hatte, einen Schluck des unverdünnten GBL aus der Flasche und fällt daraufhin ins Koma. Obwohl Anton davon ausgeht, Bruno habe eine tödliche Menge GBL getrunken und könne nur noch durch eine sofortige Herbeirufung des Notarztes gerettet werden, unternimmt er nichts. Bruno stirbt. – Im Rahmen der Prüfung, ob sich Anton wegen eines Totschlags durch Unterlassen strafbar gemacht hat, kommt es entscheidend darauf an, ob ihn eine Garantenpflicht zur Überwachung einer Gefahrenquelle trifft, da er das GBL offen zugänglich auf dem Tisch abstellte. Der BGH nahm dies an: Aufgrund des unkontrollierten Suchtverhaltens der Gäste bestand die Gefahr, dass ein Gast auf die Flasche zugreift. Die offen zugängliche Flasche stellte insoweit eine Gefahrenquelle dar. In Folge der hohen Lebensgefährlichkeit des Konsums des GBL genügte die bloße Warnung der Gäste durch Anton nicht. Zwar ist es anerkannt, dass ein eigenverantwort-

---

2166 *Lackner*, JR 1969, 29 (30).
2167 BGHSt 30, 391 (394 ff.); so auch BGH StV 1999, 212; KG NJW 1998, 3791; zustimmend *Jäger*, Rn. 551; *Krey/Esser*, Rn. 1158; *Otto/Brammsen*, JURA 1985, 646 (647); *Ransiek*, JuS 2010, 585 (588); *Rengier*, § 50 Rn. 56; *Schönke/Schröder-Bosch*, § 13 Rn. 54; kritisch *Bosch*, JA 2010, 306 (307 f.); *ders.*, JURA 2019, 1239 (1249).
2168 BGH wistra 1993, 59; BGH NJW 1993, 76; BGH NStZ-RR 2002, 146; BGH NStZ-RR 2003, 153; BGH StV 2007, 81; BGH NStZ-RR 2009, 184; BGH NStZ 2010, 221 (222); BGH NStZ-RR 2012, 58 (59); BGH NStZ-RR 2013, 249; zustimmend *Bosch*, JA 2010, 306 (307 f.); *ders.*, JURA 2019, 1239 (1248); *Kretschmer*, JR 2014, 39 (42).
2169 BGHSt 14, 24 (28); BGHSt 17, 289 (291 f.); BGHSt 18, 359 (361); *Kühl*, § 18 Rn. 108; *Otto/Brammsen*, JURA 1985, 592 (600 f.); vgl. hierzu auch *Puppe*, § 29 Rn. 5 ff.
2170 Fall nach BGHSt 61, 21; ähnlich bereits BGH NStZ 2012, 319; ferner BGHSt 61, 318; hierzu *Bosch*, JURA 2019, 1239 (1247 f.); *Herbertz*, JR 2016, 548; *Rönnau*, JuS 2019, 119 (121); *Roxin*, StV 2016, 178; *Schiemann*, NJW 2016, 178; vgl. hierzu auch die Übungsfälle bei *Lorenz/Heidemann*, JA 2020, 427 (432); *Wolf/Langlitz*, ZJS 2018, 611 (620); ferner bereits oben Bsp. (2) in Rn. 954.

liches Handeln des später Geschädigten eine Garantenpflicht entfallen lassen kann. Der BGH nimmt jedoch – entgegen manchen Stimmen in der Literatur[2171] – das Bestehen einer solchen Garantenpflicht dann (wieder) an, wenn sich das aus der zu überwachenden Gefahrenquelle resultierende Gefahrenpotential (hier: für das Leben des Bruno) tatsächlich realisiert[2172]. Begründet wird dies damit, dass sich Bruno hier nicht selbst töten, sondern lediglich selbst gefährden wollte, er aber seinen Tod nicht billigend in Kauf nahm[2173].

In vielen Bereichen ist die Reichweite der entsprechenden Garantenpflicht allerdings problematisch. So soll nach der Rechtsprechung eine Verkehrssicherungspflicht auf das Ergreifen solcher Maßnahmen beschränkt sein, die nach den Gesamtumständen zumutbar sind und die ein verständiger und umsichtiger Mensch für notwendig und ausreichend hält, um andere vor Schäden zu bewahren[2174]. Ferner wurde eine Garantenpflicht u. a. angenommen für den Grundstücksinhaber, der für die Beseitigung von „wildem Müll" verantwortlich ist, den andere auf seinem Grundstück ablagern[2175], und für den Internet-Provider, der nicht einschreitet, wenn ein Nutzer eine Homepage mit pornografischem Inhalt ins Netz stellt[2176]. **967**

3. Inverkehrbringen gefährlicher Produkte

Die Fallgruppe des Inverkehrbringens gefährlicher Produkte entwickelte sich aus der eben genannten Fallgruppe der Verantwortlichkeit für eine bestimmte Gefahrenquelle heraus zu einer eigenständigen Fallgruppe. Derjenige, der in rechtlich zulässiger Weise Produkte in den Verkehr bringt, die auch bei bestimmungsgemäßer Verwendung aufgrund ihrer Beschaffenheit für den Verbraucher die Gefahr des Eintritts von Gesundheitsschäden zur Folge haben, ist dazu verpflichtet, schadensverhütende Maßnahmen (z. B. Rückrufaktionen) durchzuführen[2177]. Dabei entspricht die Pflicht im Wesentlichen den Grundsätzen der zivilrechtlichen Produkthaftung (Pflicht zur Produktbeobachtung)[2178]. Wie schon bei der Verantwortlichkeit für eine bestimmte Gefahrenquelle, so ist es auch hier nicht Voraussetzung, dass die ursprüngliche Handlung pflichtwidrig war. **968**

Bsp. (1)[2179]**:** Großhändler Fritz liefert an mehrere Einzelhändler Rindfleisch. Später erfährt er, dass es sich hierbei um verseuchtes Fleisch handelt. Er unternimmt nichts.

2171 *Bosch*, JURA 2019, 1239 (1248); *Fahl*, GA 2018, 418 (432); *Fünfsinn*, StV 1985, 57; *Lackner/Kühl*, Vor § 211 Rn. 16; *Lorenz/Heidemann*, JA 2020, 427 (432); *Rönnau*, JuS 2019, 119 (121); *Roxin/Greco*, AT I, § 11 Rn. 112 f.
2172 BGHSt 61, 21 (26 f.); BGHSt 61, 318 (323); ähnlich bereits BGH NStZ 1984, 452; BGH NStZ 2012, 319; ferner BGH NStZ 2017, 219 (221 f.).
2173 BGH NStZ 2017, 219 (221 f.); so auch MüKo-*Freund*, 4. Aufl., § 13 Rn. 190; a. M. *Murmann*, NStZ 2012, 387 (388 f.).
2174 BGHSt 53, 38 (42); BGHSt 61, 21 (23).
2175 Hierzu OLG Frankfurt NJW 1974, 1666; *Lackner/Kühl*, § 326 Rn. 7a.
2176 Zur Providerhaftung vgl. LG München I NJW 2000, 1051; LG München I NJW 2000, 2214; vgl. ferner die Spezialnormen in §§ 7 ff. des Telemediengesetzes (TMG); hierzu *Haft/Eisele*, JuS 2001, 112 (116 ff.); *Heghmanns*, JA 2001, 71; *Kudlich*, JURA 2001, 305 (309 f.); *Rosenau/Witteck*, JURA 2002, 781 (786 ff.).
2177 BGHSt 37, 106 (114); *Beulke/Bachmann*, JuS 1992, 737; *Freund/Rostalski*, § 6 Rn. 95 f.; *Jähnke*, JURA 2010, 582 (584); *Krey/Esser*, Rn. 1168; *Kühl*, § 18 Rn. 110; *ders.*, JuS 2007, 497 (502); *Kuhlen*, NStZ 1990, 566; *ders.*, JZ 1994, 1142; *Rengier*, § 50 Rn. 59; *Roxin*, AT II, § 32 Rn. 195 ff.; *Stratenwerth/Kuhlen*, § 13 Rn. 49; *Wessels/Beulke/Satzger*, Rn. 1201; kritisch zu dieser Fallgruppe *Rönnau*, JuS 2018, 526 (529); vgl. hierzu auch die Übungsfälle bei *Esser*, JURA 2004, 273 (274 f.); *Sternberg-Lieben/Sternberg-Lieben*, JuS 2005, 47 (51).
2178 BGHSt 37, 106 (114 f.).
2179 Fall nach BGH NStE Nr. 5 zu § 223 StGB.

In den nächsten Wochen erleiden mehrere Personen gesundheitliche Schäden, nachdem sie das Fleisch gegessen haben. – Hier hätte Fritz zur Verhinderung von Gesundheitsschäden eine Rückrufaktion durchführen müssen. Da er ein Produkt in den Verkehr gebracht hatte, traf ihn eine diesbezügliche Garantenpflicht zur Verhinderung weitergehender Schäden. Er ist wegen einer fahrlässigen Körperverletzung durch Unterlassen, § 222, 13 StGB, strafbar.

Bsp. (2) – Lederspray-Urteil[2180]: Eine Firma stellt Ledersprays her, die, abgefüllt in Treibgasdosen, zum Versprühen bestimmt sind. Eines Tages gehen Schadensmeldungen ein, in denen berichtet wird, dass Personen nach dem Gebrauch des Ledersprays gesundheitliche Beeinträchtigungen erlitten haben, teilweise sogar wegen lebensgefährlicher Zustände in der Intensivstation behandelt werden mussten. Die Schadensmeldungen lösen lediglich firmeninterne Untersuchungen aus, die jedoch kaum nennenswerte Befunde bringen. Nachdem sich die Schadensmeldungen fortsetzen, beschließen die Geschäftsführer in einer gemeinsamen Sitzung, weitere Untersuchungen durchführen zu lassen und Warnhinweise auf den Spraydosen anzubringen. Rückruf- oder Warnaktionen sollen hingegen erst gestartet werden, wenn ein Produktfehler tatsächlich festgestellt werden sollte. In der Folgezeit kommt es zu weiteren Gesundheitsschäden nach Verwendung des Sprays. Das Spray wird erst Jahre später aus dem Verkehr gezogen. – (1) Zuerst ist hier zwischen Tun und Unterlassen abzugrenzen: Einerseits wurde das giftige Produkt seit Jahren hergestellt und vertrieben, sodass man an ein aktives Tun denken könnte. Andererseits beschlossen die Geschäftsführer, die das Produkt ja nicht eigenhändig herstellten und vertrieben, die Weiterführung der Produktreihe nicht ständig neu. Möglicherweise waren sie auch an der ursprünglichen Entscheidung, das Produkt herzustellen, gar nicht beteiligt. Auch als sie von den ersten Schadensfällen Kenntnis erlangten, wurde der Weitervertrieb nicht explizit neu beschlossen. Insofern lag hier der Schwerpunkt der Vorwerfbarkeit auf dem Unterlassen (des Produktionsstopps bzw. des Rückrufs)[2181]. Erst nachdem auf der Sitzung der Geschäftsführer der Weitervertrieb mit dem Aufdruck von Warnhinweisen beschlossen wurde, lag ein aktives Tun vor (insofern wäre auch in einer Klausur hier sauber zu trennen!). (2) Problematisch ist als nächstes, welchen Personen das Verhalten strafrechtlich zum Vorwurf gemacht werden kann. Der BGH nahm hier zu Recht eine „Generalverantwortung und Allzuständigkeit" sämtlicher Geschäftsführer jedenfalls in Krisen- und Ausnahmesituationen an. Dabei sind Produktion und Vertrieb von Erzeugnissen durch eine im Rahmen ihres Gesellschaftszwecks tätige GmbH allen Geschäftsführern als eigenes Handeln zuzurechnen. (3) Fraglich ist, was konkret getan werden musste, um eine weitere Gefährdung zu verhindern (= „gebotene Handlung"). Hier wäre sowohl ein Vertriebsstopp als auch eine Warn- und Rückrufaktion[2182] in Betracht gekommen. (4) Zwar konnten die einzelnen Geschäftsführer einen entsprechenden Beschluss nicht alleine durchsetzen, sie hatten jedoch die Pflicht, alles ihnen Mögliche und Zumutbare zu tun, um einen entsprechenden Beschluss der Gesamtgeschäftsführung über Anordnung und Vollzug des gebotenen Rückrufs herbeizuführen. (5) Dabei ist die Tatsache zu berücksichtigen, dass es sich um eine Kollektiventscheidung handelt. Insofern ist die bereits an anderer Stelle[2183] angesprochene Problematik der Kausalität in Gremienentscheidungen zu erörtern. (6)

2180 Fall nach BGHSt 37, 106 – *Erdal*; hierzu *Beulke/Bachmann*, JuS 1992, 737; *Gropp*, Heine-GS 2011, S. 143 (145 ff.); *Jäger*, Rn. 539 f.; *Jähnke*, JURA 2010, 582 (583 f.); *Kuhlen*, NStZ 1990, 566; *Puppe*, JR 1983, 30; *Rotsch*, ZIS 2018, 1; *Samson*, StV 1991, 182; *Sowada*, JuS 2003, 236 (242).
2181 In diesem Zusammenhang stellt sich auch die Frage der Kausalität des Unterlassens des einzelnen Vorstandsmitgliedes, da ein möglicher Rückruf nur als Kollegialentscheidung hätte ergehen können, der Einzelne ihn also gar nicht hätte bewirken können. Das Problem ist hier in gleicher Weise zu lösen wie bei der Beschlussfassung durch aktives Tun; vgl. oben Rn. 237; zur Problematik speziell im Hinblick auf das Unterlassen *Beulke/Bachmann*, JuS 1992, 737 (742 ff.); *Hilgendorf*, NStZ 1994, 561 (562); *Kühl*, § 18 Rn. 39a ff.
2182 Gegen eine Strafbarkeit unterlassener Rückrufmaßnahmen allerdings *Schünemann*, wistra 1982, 41 (44 f.).
2183 Vgl. oben Rn. 221 und Rn. 237.

Fraglich ist allerdings die Garantenstellung. Möglich wäre hier eine solche aus Ingerenz. Problematisch ist dabei jedoch, dass das Vorverhalten entweder bereits objektiv nicht „pflichtwidrig" war (da der Erfolg objektiv nicht vorhersehbar war, solange niemand die Gefährdung erkennen konnte) oder es jedenfalls an der subjektiven Pflichtwidrigkeit fehlte (da die Verantwortlichen eine Gesundheitsschädlichkeit vor Bekanntwerden der ersten Schadensfälle nicht erkennen konnten). Der BGH bejahte hier eine „objektive" Pflichtwidrigkeit mit dem Argument, dass derjenige, der gesundheitsgefährliche Produkte in den Verkehr bringe, stets pflichtwidrig eine Gefahr für den Verbraucher herbeiführe und daher prinzipiell dafür Sorge tragen müsse, dass sich diese Gefahr nicht in einem entsprechenden Schaden verwirkliche. Naheliegender erscheint es jedoch, eine Ingerenz abzulehnen[2184] und eine Garantenstellung wegen Inverkehrbringens gefährlicher Produkte anzuerkennen, in der es auf die Frage der Pflichtwidrigkeit (und Vorwerfbarkeit) des Vorverhaltens gerade nicht ankommt.

4. Beaufsichtigungspflichten

Vergleichbar mit der Fallgruppe der Verantwortlichkeit für eine bestimmte Gefahrenquelle ist hier eine Verantwortlichkeit dahingehend begründet, dass jemand für das **Handeln einer anderen Person** verantwortlich ist. Allerdings muss der Garant hier nicht zum Schutz dieser Person tätig werden, sondern er ist dafür verantwortlich, dass **von** dieser von ihm zu beaufsichtigenden Person keine Gefährdung anderer Personen oder der Allgemeinheit ausgeht[2185].

Beispiele: Beaufsichtigungspflicht der Eltern für ihre minderjährigen Kinder[2186], der Lehrer für ihre Schüler, der Vorgesetzten für ihre Untergebenen (vgl. auch § 357 StGB), der Ärzte für die Insassen einer psychiatrischen Anstalt, der Vollzugsbeamten für die Insassen einer Strafvollzugsanstalt[2187].

Streitig ist hier insbesondere das Verhältnis von **Ehegatten** untereinander. Mit der h. M. ist dabei davon auszugehen, dass ein Ehegatte nicht für Straftaten verantwortlich gemacht werden kann, die sein Ehepartner begeht[2188]. Er hat insoweit auch keine Rechtspflicht zum Einschreiten. Gleiches gilt für Eltern hinsichtlich ihrer **volljährigen Kinder**[2189]. Auch hier gilt der Grundsatz, dass Erwachsene für ihr Verhalten grundsätzlich selbst verantwortlich sind und im Normalfall keine Außenstehenden brauchen, die dafür Sorge tragen (müssen), dass sie sich rechtmäßig verhalten. Anders kann sich die Sache für den **Betriebsinhaber** darstellen, der in bestimmten Fällen verpflichtet ist, betriebsbezogene Straftaten seiner Angestell-

---

2184 So auch *Beulke/Bachmann*, JuS 1992, 737 (739); *Freund/Rostalski*, § 6 Rn. 96; *Jähnke*, JURA 2010, 582 (584); *Kühl*, § 18 Rn. 103; *Kuhlen*, NStZ 1990, 566 (568); *Meier*, NJW 1992, 3193 (3196); *Schünemann*, GA 2016, 301 (307 f.); im Ergebnis auch *Sowada*, JURA 1993, 236 (242).
2185 Vgl. hierzu auch den Übungsfall bei *Kuhli/Schütt*, JuS 2016, 328 (332).
2186 BWME-*Mitsch*, § 21 Rn. 60; *Frister*, 22. Kap. Rn. 29; *Kühl*, JuS 2007, 497 (502); *Rengier*, § 50 Rn. 63 f.; *Schönke/Schröder-Bosch*, § 13 Rn. 52; *Stratenwerth/Kuhlen*, § 13 Rn. 18; vgl. den Übungsfall bei *Seier*, JuS 1979, 732 (734).
2187 Vgl. auch BGHSt 2, 150 (153); vgl. auch den Fall bei *Otto/Brammsen*, JURA 1985, 592 (599).
2188 Vgl. BWME-*Mitsch*, § 21 Rn. 61; *Ebert*, S. 179; *Kretschmer*, JURA 2006, 898 (902); *Kühl*, § 18 Rn. 117; *ders.*, JuS 2007, 497 (502); *Rengier*, § 50 Rn. 66 f.; *Roxin*, AT II, § 32 Rn. 49; *Schönke/Schröder-Bosch*, § 13 Rn. 21a; SK-*Stein*, § 13 Rn. 47; *Stratenwerth/Kuhlen*, § 13 Rn. 40; *Wessels/Beulke/Satzger*, Rn. 1195; anders noch RGSt 74, 283 (285); BGHSt 6, 322 (323 f.); BGH NJW 1953, 591; zweifelnd bereits BGHSt 19, 295 (297); hierzu auch *Arzt*, JA 1980, 647 (652).
2189 Vgl. *Arzt*, JA 1980, 647 (653); *Otto/Brammsen*, JURA 1985, 592 (599); *Rengier*, § 50 Rn. 64, 67; *Wessels/Beulke/Satzger*, Rn. 1195; a. M. KG JR 1969, 27; vgl. ferner den Übungsfall bei *Hillenkamp*, JuS 2018, 974 (979 f.).

ten zu verhindern (sog. „Geschäftsherrenhaftung")[2190]. Insbesondere in größeren Betrieben kann eine solche Pflicht auch delegiert werden[2191]. So geht der BGH davon aus, es bestünde eine – auch strafrechtlich sanktionierbare – Pflicht des „Compliance Officers", im Zusammenhang mit der Tätigkeit des Unternehmens stehende Straftaten von Unternehmensangehörigen zu verhindern[2192]. Eine solche Geschäftsherrenhaftung hat aber ihren Ursprung eher in der Verantwortung für eine Gefahrenquelle (Betrieb) als in einer möglichen Beaufsichtigungspflicht für volljährige Personen[2193].

970a Hiermit zusammen hängend ist auch die Frage zu erörtern, ob man als Mensch selbst eine „Gefahrenquelle" darstellen kann mit der Folge, dass man eine Überwachungsgarantenstellung im Hinblick auf die eigene Person besitzen kann[2194]. Zu denken ist etwa daran, dass jemand unter Alkoholeinfluss dazu neigt, entgegen seiner früheren Absicht gewalttätig zu werden oder doch mit dem Auto nach Hause zu fahren[2195]. Ferner ist daran zu denken, dass jemand, der eine extrem ansteckende Krankheit hat, andere davor warnen muss, dass sie sich ihm nicht zu weit nähern. Sofern man hier nicht bereits ein (zumeist fahrlässig begangenes) Delikt durch aktives Tun (Trinken von Alkohol; Besuch anderer Personen) annimmt, ist eine solche Garantenstellung in engen Grenzen anzuerkennen[2196].

V. Garantenstellung als besonderes persönliches Merkmal

971 Umstritten ist schließlich, ob die Garantenstellung beim unechten Unterlassungsdelikt als ein „besonderes persönliches Merkmal" i. S. des § 28 Abs. 1 StGB anzusehen ist[2197]. Dies ist hier anzunehmen, da es sich bei der Garantenstellung und der aus ihr folgenden Garantenpflicht um eine persönliche, ein Vertrauen auf der

---

2190 BGHSt 57, 42 (45 f.); BGH NStZ 2018, 648; *Bülte*, NZWiSt 2012, 176; *Jahn*, JA 2012, 392 (394); *Kühl*, § 18 Rn. 118; *Lackner/Kühl*, § 13 Rn. 14; LK-*Tiedemann*, 12. Aufl., § 263 Rn. 71; *Mosbacher/Dierlamm*, NStZ 2010, 268; NK-*Gaede*, § 13 Rn. 53; *Otto*, Schroeder-FS 2006, S. 339; *Rengier*, § 50 Rn. 68; *Rogall*, ZStW 98 (1986), 573 (616 f.); *Roxin*, AT II, § 31 Rn. 137; *Schall*, Rudolphi-FS 2004, S. 267; *Schünemann*, wistra 1982, 41; *ders.*, ZStW 96 (1984), 287 (310 f.); *Stratenwerth/Kuhlen*, § 13 Rn. 46 ff.; hierzu auch bereits RGSt 58, 130; eine solche Garantenpflicht ablehnend LK-*Jescheck*, 11. Aufl., § 13 Rn. 45; *Otto*, § 9 Rn. 93; *ders.*, JURA 1998, 409 (413); kritisch auch *Hefendahl*, GA 2019, 705 (709 ff.); einschränkend OLG Karlsruhe GA 1971, 281 (283); *Schönke/Schröder-Bosch*, § 13 Rn. 53; SK-*Stein*, § 13 Rn. 43 f.; vgl. auch den Übungsfall bei *Tiedemann/Walter*, JURA 2002, 708 (712 f.); hierzu auch bereits oben Rn. 942a.
2191 Vgl. hierzu bereits oben Rn. 951.
2192 BGHSt 54, 44 (49 f.); im Wesentlichen zustimmend *Kraft*, wistra 2010, 81 (84 f.); *Kretschmer*, JR 2009, 474 (476); *Momsen*, Puppe-FS 2011, S. 751 (756); *Rönnau/Schneider*, ZIP 2010, 53 (57 f.); ablehnend *Berndt*, StV 2009, 689 (691); *Campos Nave/Vogel*, BB 2009, 2546; *Grau/Blechschmidt*, DB 2009, 2145; *Mosbacher/Dierlamm*, NStZ 2010, 268; *Schwarz*, wistra 2012, 13 (15 ff.); *Spring*, GA 2010, 222 (226 f.); *Stoffers*, NJW 2009, 3176; *Warneke*, NStZ 2010, 312 (314 ff.); vgl. hierzu auch *Rotsch*, ZJS 2009, 712; als Übungsfall aufgearbeitet bei *Luther/Zivanic*, JuS 2017, 943 (945); *M. Vormbaum*, JURA 2010, 861.
2193 So auch *Roxin*, JR 2012, 305 (306).
2194 Vgl. hierzu auch den Übungsfall bei *Kaspar*, JA 2006, 855 (856 f.).
2195 So auch *Jakobs*, 29/31; *Kaspar*, JA 2006, 855 (857); MüKo-*Freund*, 4. Aufl., § 13 Rn. 114 f.; a. M. SK-*Stein*, § 13 Rn. 32.
2196 Vgl. hierzu den Fall BayObLG JR 1979, 289 m. Anm. *Horn*.
2197 Vgl. hierzu bereits oben Rn. 880 und unten Rn. 1353; ferner die Übungsfälle bei *Hinderer*, JA 2009, 26 (27 f.); *Steinberg/Wolf/Langlitz*, ZJS 2013, 606 (610); *Wolf/Langlitz*, ZJS 2018, 611 (625).

Opferseite auslösende Pflichtenstellung handelt[2198]. Sie ist nicht nur ein die Gleichstellung (mit dem positiven Tun) bewirkender tatbestandsbezogener Umstand[2199].

2198 So auch BGHSt 41, 1 (3); *Arzt*, JA 1980, 553 (557); BWME-*Eisele*, § 26 Rn. 151; *Fischer*, § 28 Rn. 5a; *Hake*, JR 1996, 162 (164); *Hinderer*, JA 2009, 26 (28); *Kühl*, § 20 Rn. 161; LK-*Weigend*, 13. Aufl., § 13 Rn. 87; MüKo-*Joecks/Scheinfeld*, 4. Aufl., § 28 Rn. 32; NK-*Gaede*, § 13 Rn. 28; *Ransiek*, JR 2019, 345 (347); *Rengier*, § 51 Rn. 9; *Roxin*, AT II, § 27 Rn. 68; SK-*Hoyer*, § 28 Rn. 35; *Steinberg/Wolf/Langlitz*, ZJS 2013, 606 (610); *Wessels/Beulke/Satzger*, Rn. 873; differenzierend *Kindhäuser/Zimmermann*, § 38 Rn. 64; vgl. auch LK-*Schünemann/Greco*, 13. Aufl., § 28 Rn. 61.
2199 So aber im Ergebnis *Geppert*, ZStW 82 (1970), 40 (70 ff.); *Gropp/Sinn*, § 11 Rn. 25; *Jescheck/Weigend*, § 61 VII 4a; *Lackner/Kühl*, § 28 Rn. 6; MüKo-*Freund*, 4. Aufl., § 13 Rn. 263; *Schönke/Schröder-Heine/Weißer*, § 28 Rn. 19; *Valerius*, JURA 2013, 15 (19); differenzierend *Otto*, JURA 2004, 469 (473).

Teil VIII: Das Fahrlässigkeitsdelikt

§ 28 Das Fahrlässigkeitsdelikt – Übersicht und Deliktsaufbau

Einführende Aufsätze: *Beck,* Achtung: Fahrlässiger Umgang mit der Fahrlässigkeit!, JA 2009, 111, 268; *Christmann,* Eigenverantwortliche Selbstgefährdung und Selbstschädigung, JURA 2002, 679; *Kaspar,* Grundprobleme der Fahrlässigkeitsdelikte, JuS 2012, 16, 112; *Kretschmer,* Das Fahrlässigkeitsdelikt, JURA 2000, 267; *Lasson,* Eigenverantwortliche Selbstgefährdung und einverständliche Fremdgefährdung, ZJS 2009, 359; *Laue,* Der Tatbestand des fahrlässigen Erfolgsdelikts, JA 2000, 666; *Maiwald,* Ein alltäglicher Strafrechtsfall oder: Einige Schwierigkeiten der Fahrlässigkeitsdogmatik, JuS 1989, 186; *Mitsch,* Fahrlässigkeit und Straftatsystem, JuS 2001, 105; *ders.,* Erfolgszurechnung bei tödlichem Wettrennen im Straßenverkehr, JuS 2013, 20; *Otto,* Grenzen der Fahrlässigkeitshaftung im Strafrecht, JuS 1974, 702; *Pfeiffer,* Notwendigkeit und Legitimität der fahrlässigen Mittäterschaft, JURA 2004, 519; *Quentin,* Fahrlässigkeit im Strafrecht, JuS 1994, L 41, L 49, L 57; *Rönnau,* Grundwissen – Strafrecht: Einverständliche Fremdgefährdung, JuS 2019, 119; *Rostalski,* Theorie und Praxis der Fallbearbeitung beim Fahrlässigkeitsdelikt, JuS 2021, 827; *Schünemann,* Moderne Tendenzen in der Dogmatik der Fahrlässigkeits- und Gefährdungsdelikte, JA 1975, 435, 511, 575, 647, 715, 787; *Spendel,* Fahrlässige Teilnahme an Selbst- und Fremdtötung, JuS 1974, 749.

Weiterführende Aufsätze: *Herzberg,* Die Schuld beim Fahrlässigkeitsdelikt, JURA 1984, 402; *Koch,* Zur Strafbarkeit unbewusster Fahrlässigkeit, ZIS 2010, 175.

Übungsfälle: *Albrecht/Kaspar,* Der tödliche Berglauf, JuS 2010, 1071; *Eisele,* Das misslungene Bremsmanöver, JA 2003, 40; *Freund,* Spritztour mit dem ultra krassen 3er BMW, JuS 2001, 475; *Hinderer/Brutscher,* Der Tod war schneller, JA 2011, 907; *Kudlich,* Eine mißglückte Rache, JuS 2003, 32; *Magnus,* Zwei Geisterfahrer begegnen sich: der beidseitige Verkehrsverstoß, JURA 2009, 390.

Rechtsprechung: **RGSt 30, 25** – Leinenfänger (Vorhersehbarkeit des Erfolges und erlaubtes Risiko); **BGHSt 11, 1** – Radfahrerfall (rechtmäßiges Alternativverhalten); **BGHSt 21, 59** – Zahnarzt (objektive Zurechnung beim Fahrlässigkeitsdelikt); **BGHSt 24, 31** – Verkehrsunfall (rechtmäßiges Alternativverhalten bei Alkoholfahrten); **BGHSt 33, 61** – Kreuzung (objektive Zurechnung beim Fahrlässigkeitsdelikt); **BGHSt 39, 322** – Retterfall (eigenverantwortliche Selbstgefährdung); **BGHSt 51, 18** – Kochsalzvergiftung (objektive und subjektive Vorhersehbarkeit); **BGHSt 53, 55** – Wettrennen (Abgrenzung von eigenverantwortlicher Selbstgefährdung und einverständlicher Fremdgefährdung).

I. Grundlagen

972 Neben den Vorsatzdelikten bilden die Fahrlässigkeitsdelikte die zweite große Deliktsgruppe im Strafrecht. Während nach § 15 StGB vorsätzliches Verhalten stets strafbar ist, gilt dies für fahrlässiges Verhalten nur dann, wenn es das Gesetz (d. h. ein strafrechtlicher Tatbestand) ausdrücklich mit Strafe bedroht. Wurde bei den Vorsatzdelikten festgestellt[2200], dass ein vorsätzliches Handeln nur dann vorliegt,

---

2200 Vgl. oben Rn. 264.

wenn der Täter mit **Wissen und Wollen** den gesetzlichen Tatbestand verwirklicht, so ist die Fahrlässigkeit dadurch gekennzeichnet, dass der Täter im Zeitpunkt der Tat entweder gar nicht damit rechnet, dass er einen gesetzlichen Tatbestand verwirklichen könnte (**unbewusste Fahrlässigkeit**) oder zwar mit der (entfernten) Möglichkeit einer Tatbestandsverwirklichung rechnet, aber darauf hofft, dass schon „alles gut gehen" wird (**bewusste Fahrlässigkeit**)[2201]. Die Unterscheidung ist also allein im subjektiven Bereich angesiedelt[2202], wie folgender Fall zeigt:

> **Bsp.:** Anton schießt im Wald mit einer Pistole und trifft Bruno, der durch den Schuss getötet wird. – (1) Wenn Anton die Pistole auf Bruno richtet, um ihn zu erschießen, handelt er vorsätzlich. Er ist wegen vorsätzlicher Tötung, § 212 StGB, oder gar wegen Mordes, §§ 212, 211 StGB, strafbar. (2) Wenn Anton lediglich zum Spaß auf Äste zielt und gar nicht damit rechnet, dass sich irgendwelche Personen in seiner Nähe befinden könnten, so fehlt ihm bereits die **Wissenskomponente** des Vorsatzes. Er weiß bei Abgabe des Schusses gar nicht, dass er Bruno dadurch gefährden bzw. töten kann. Er hält eine solche Gefährdung nicht einmal für möglich. Vorsatz scheidet also aus, es kommt jedoch eine fahrlässige Tötung, § 222 StGB, in Betracht (unbewusste Fahrlässigkeit). (3) Wenn Anton zwar auf Bruno zielt, ihn jedoch nur verletzen will, fehlt ihm die **Wollenskomponente** hinsichtlich einer Tötung. Er will Bruno ja nicht umbringen. Auch hier scheidet eine vorsätzliche Tötung aus und es kommt lediglich eine Fahrlässigkeitsstrafbarkeit in Betracht. Da er in diesem Fall allerdings um die Gefährlichkeit seines Handelns weiß und lediglich auf das Ausbleiben eines tödlichen Erfolges vertraut, handelt er **bewusst fahrlässig**. (4) Vergleichbares gilt, wenn Anton zwar auf Äste zielt, ihm aber durchaus bewusst ist, dass sich im Wald ab und zu Spaziergänger aufhalten, die durch einen Querschläger getötet werden können. Hier liegt im **Wissensbereich** jedenfalls ein Für-möglich-Halten der Tatbestandsverwirklichung vor. Vertraut Anton nun darauf, es werde schon nichts passieren, handelt er auch hier bewusst fahrlässig. Ist es ihm dagegen völlig gleichgültig, ob er einen Menschen trifft oder nicht, nimmt er also den Tod eines zufällig vorbeilaufenden Spaziergängers als Erfolg billigend in Kauf, liegt **bedingter Vorsatz** vor, der zu einer Bestrafung wegen eines vorsätzlichen Delikts führt[2203].

973 Im Bereich der Fahrlässigkeitsdelikte sind im Folgenden insbesondere drei Problemkreise zu beachten: a) der vom Vorsatzdelikt abweichende unterschiedliche **Aufbau des Fahrlässigkeitsdelikts** (ungeschriebene objektive Tatbestandsmerkmale der Sorgfaltspflichtverletzung und der objektiven Vorhersehbarkeit und Vermeidbarkeit; Fehlen eines subjektiven Tatbestandes; obligatorische Prüfung der subjektiven Vorhersehbarkeit und Vermeidbarkeit in der Schuld)[2204]; b) die **Abgrenzung von Vorsatz und Fahrlässigkeit**, vor allem im Bereich der bewussten Fahrlässigkeit[2205] und c) die **Art und der Umfang der Sorgfaltspflichtverletzung**[2206].

II. Bedeutung und historische Entwicklung

974 Auf die historische Entwicklung soll an dieser Stelle deswegen kurz eingegangen werden, weil diese für den heutigen Aufbau des Fahrlässigkeitsdelikts entschei-

---

2201 Vgl. zu dieser Unterscheidung bereits RGSt 56, 343 (349); ferner BWME-*Eisele*, § 12 Rn. 5 ff.; *Beck*, JA 2009, 111 (111 f.); *Rengier*, § 52 Rn. 7 f.
2202 Abweichend allerdings *Herzberg*, JuS 1986, 249 (260 ff.); *Puppe*, AT 1, 1. Aufl., § 16 Rn. 37 ff.
2203 Vgl. allgemein zur Abgrenzung von bedingtem Vorsatz und bewusster Fahrlässigkeit oben Rn. 298 ff.
2204 Vgl. hierzu unten Rn. 1006 ff.
2205 Vgl. hierzu oben Rn. 298 ff.
2206 Vgl. hierzu unten Rn. 1027 ff.

dend ist, der ohne die historischen Hintergründe kaum verständlich wäre. Anfänger können jedoch die historische Entwicklung fürs erste überspringen.

1. Bedeutung der Fahrlässigkeitsdelikte

975 Die Unterscheidung zwischen dem Vorsatz (= dem sog. dolus) und der Fahrlässigkeit (= der sog. culpa) geht auf das römische Recht zurück[2207]. Die Fahrlässigkeit führte jedoch lange Zeit ein Schattendasein. Dies änderte sich allerdings in den letzten Jahrzehnten insbesondere mit dem Aufkommen neuer und vor allem gefährlicher Verhaltensweisen und Technologien. Insbesondere ist hier der Bereich des Straßenverkehrs zu nennen, in dem es täglich zu einer Vielzahl von fahrlässigen Tötungen und Körperverletzungen kommt. Aber auch der Vertrieb von gefährlichen Produkten oder die Nutzung gefährlicher Anlagen hat sprunghaft zugenommen und führt zu einer Vielzahl von fahrlässigen Gesundheitsverletzungen oder auch Tötungen. Im Bereich der Erfolgsdelikte spielen die Fahrlässigkeitsdelikte daher in der Praxis heute eine bedeutendere Rolle als die Vorsatzdelikte[2208].

2. Elemente des Fahrlässigkeitsdelikts in ihrer historischen Entwicklung *(für Fortgeschrittene)*

976 Der Aufbau und das Wesen des Fahrlässigkeitsdelikts waren lange Zeit umstritten – und sie sind es auch heute noch. Bis auf wenige Stimmen ist es allerdings inzwischen anerkannt, dass das Fahrlässigkeitsdelikt jedenfalls irgendeinen **Sorgfaltspflichtverstoß** seitens des Täters erfordert[2209]. Dem Täter muss also, damit ihm ein fahrlässiges Verhalten vorgeworfen werden kann, ein konkreter Verstoß gegen irgendeine – geschriebene oder ungeschriebene – Sorgfaltspflicht zur Last gelegt werden. Dabei ist die Einordnung dieses Pflichtverstoßes in den Straftataufbau nicht eindeutig.

977 Einigkeit besteht jedenfalls darin, dass an dem dreigliedrigen Straftataufbau, der auch beim Vorsatzdelikt gilt, festzuhalten ist. Fraglich ist nur, **an welcher Stelle im Deliktsaufbau die Sorgfaltspflichtwidrigkeit zu prüfen ist**[2210]. Als Möglichkeiten werden diskutiert:
- einheitliche Prüfung der Sorgfaltspflichtwidrigkeit; Prüfung als reines **Tatbestandsmerkmal**;
- einheitliche Prüfung der Sorgfaltspflichtwidrigkeit; Prüfung als reines **Schuldmerkmal**;
- Trennung der Sorgfaltspflichtwidrigkeit in ein objektives und ein subjektives Element; objektive Sorgfaltspflichtwidrigkeit als **Rechtswidrigkeitsmerkmal**; subjektive Sorgfaltspflichtwidrigkeit als **Schuldmerkmal**;
- Trennung der Sorgfaltspflichtwidrigkeit in ein objektives und ein subjektives Element; objektive Sorgfaltspflichtwidrigkeit als **Tatbestandsmerkmal**; subjektive Sorgfaltspflichtwidrigkeit als **Schuldmerkmal**.

978 **a) Klassische kausale Lehre (Lehre vom Erfolgsunwert).** Diese Lehre, die auch im Bereich der Vorsatzdelikte den Vorsatz nicht als Problem des (subjektiven)

2207 Hierzu ausführlich MüKo-*Duttge*, 4. Aufl., § 15 Rn. 43 f.
2208 Vgl. hierzu BWME-*Eisele*, § 12 Rn. 1; *Kretschmer*, JURA 2000, 267; *Rostalski*, JuS 2021, 827.
2209 Abweichend aber LK-*Schroeder*, 11. Aufl., § 16 Rn. 12 ff., 16; *Schroeder*, JZ 1989, 776, der die Fahrlässigkeit lediglich die „Erkennbarkeit der Tatbestandsverwirklichung" prüft; ferner *Roxin/Greco*, AT I, § 24 Rn. 10 ff., der zur Begründung der Fahrlässigkeit allein Kriterien der objektiven Zurechnung als maßgeblich ansieht; kritisch auch *Gropp/Sinn*, § 12 Rn. 28 ff.; *Jakobs*, 9/6 ff.; *Kindhäuser*, GA 1994, 197; *Schünemann*, Meurer-GS 2002, S. 37.
2210 Vgl. den kurzen Abriss der geschichtlichen Entwicklung bei *Laue*, JA 2000, 666.

Tatbestandes, sondern als reines Schuldelement ansieht (kausaler Aufbau)[2211], ordnet konsequenterweise auch bei den Fahrlässigkeitsdelikten die Sorgfaltspflichtwidrigkeit lediglich als **Schuldmerkmal** ein und prüft sämtliche Fahrlässigkeitselemente daher in der Schuld[2212]. Hiernach ist der Tatbestand erfüllt, wenn der tatbestandsmäßige Erfolg eingetreten ist (bei Erfolgsdelikten) oder das tatbestandsmäßige Verhalten vorgenommen wurde (bei schlichten Tätigkeitsdelikten oder abstrakten Gefährdungsdelikten). Der **Unrechtsgehalt** des Fahrlässigkeitsdelikts beschränkt sich somit auf die kausale Verursachung des sozialschädlichen Erfolges. Die Frage, ob dem Handelnden diese Tat zum Vorwurf gemacht werden kann, ist hiernach ebenso wie die Frage, ob das Verhalten pflichtwidrig, vorhersehbar oder erkennbar war, allein eine Frage der Schuld. Im Rahmen der **Schuld** wird sodann eine zweistufige Prüfung vorgenommen: (1) wird geprüft, ob der Täter eine Sorgfaltspflicht verletzt hat und (2) ob ihm die Nichteinhaltung der Sorgfaltspflicht auch individuell zum Vorwurf gemacht werden kann, ob er also infolge seiner Fähigkeiten und Möglichkeiten die Sorgfaltspflicht hätte erkennen und danach handeln können.

Gegen diese Lehre ist jedoch einzuwenden, dass den gesetzlichen Tatbeständen eine Appellfunktion zukommen soll, d. h. die Tatbestände müssen eine gesetzliche Verhaltensanweisung darstellen. Sie müssen das Unrecht konkret umschreiben. Dann aber darf nicht bereits die bloße kausale Erfolgsverursachung, sondern nur ein sorgfaltspflichtwidriges Verhalten den Tatbestand eines Strafgesetzes erfüllen[2213]. **979**

> **Bsp.:** Der Händler Herbert verkauft dem erwachsenen Kunden Karl ein Küchenmesser, mit dem dieser am Abend seine Ehefrau ersticht[2214]. – Hier hat (auch) Herbert diese Tötung kausal verursacht. Er hätte nach der kausalen Lehre somit das Unrecht einer Tötung begangen. Lediglich auf Schuldebene käme man zu dem Ergebnis, dass der Verkauf von Küchenmessern keine objektive Sorgfaltspflichtverletzung darstellt und insofern der Fahrlässigkeitsvorwurf entfällt. Dieses Ergebnis ist nicht nachvollziehbar, bedenkt man, dass – konsequent zu Ende gedacht – gegen den Verkauf des Messers dann sogar Nothilfe ausgeübt werden dürfte, da ja jedenfalls tatbestandsmäßiges Unrecht verwirklicht wurde. Auch muss es – und dies ist ein prinzipieller Einwand gegen diese Lehre – bereits bei der Frage des Unrechts einen Unterschied machen, ob eine vorsätzliche Tötung, eine fahrlässige Tötung oder eine bloße Verursachung eines tödlichen Erfolges vorliegt, für die der Täter nicht verantwortlich gemacht werden kann. Denn bereits das Unrecht – und nicht erst die Schuld – einer vorsätzlichen Tötung ist höher als das Unrecht einer Tötung, für die man dem Verursacher nicht einmal einen Fahrlässigkeitsvorwurf machen kann[2215].

b) Neo-klassische Lehre. Diese Erkenntnis hat selbst bei den meisten Vertretern der kausalen Lehre dazu geführt, dass die Elemente des Sorgfaltspflichtverstoßes bereits im Bereich des Unrechts angesiedelt werden. Dennoch geht diese **neoklassische Lehre** – wie auch die soeben genannte klassische Lehre – davon aus, dass bei den Fahrlässigkeitsdelikten die **Fahrlässigkeit lediglich als Schuldform** zu betrachten sei. Hiernach sei der Tatbestand gegeben, wenn der tatbestandsmä- **980**

2211 Vgl. hierzu oben Rn. 96 ff.
2212 Vgl. nur *Frank*, Das Strafgesetzbuch für das Deutsche Reich, 18. Aufl. 1931, § 59 VIII 4.
2213 Hierzu auch *Kretschmer*, JURA 2000, 267 (269); *Kühl*, § 17 Rn. 9; MüKo-*Duttge*, 4. Aufl., § 15 Rn. 89 ff.; *Roxin/Greco*, AT I, § 24 Rn. 3 ff.; *Schönke/Schröder-Eisele*, Vorbem. §§ 13 ff. Rn. 52/53.
2214 Vgl. zu dieser Problematik der „Beihilfe durch neutrale Handlungen" noch unten Problemschwerpunkt 41, Rn. 1330 ff.
2215 Vgl. hierzu bereits oben Rn. 98.

ßige Erfolg eingetreten ist (bei Erfolgsdelikten) oder das tatbestandsmäßige Verhalten vorgenommen wurde (bei schlichten Tätigkeitsdelikten oder abstrakten Gefährdungsdelikten). Im Gegensatz zur klassischen Lehre werden jedoch die **objektive Pflichtwidrigkeit** und die **objektive Vorhersehbarkeit und Vermeidbarkeit** des Verhaltens aus dem Schuldbereich der Fahrlässigkeit herausgenommen und der Rechtswidrigkeit zugeordnet[2216]. Das, was gemeinhin als objektive Sorgfaltspflichtverletzung angesehen wird, findet nach dieser Lehre seinen Standpunkt somit in der Rechtswidrigkeit. Die Einhaltung der im Verkehr erforderlichen Sorgfalt wird daher faktisch zum Rechtfertigungsgrund.

981 Damit hat diese Lehre einen entscheidenden Schritt in die richtige Richtung unternommen: die Trennung der Fahrlässigkeit in einen objektiven (wird „objektiv" eine Sorgfaltspflicht verletzt?) und einen subjektiven Teil (kann dies dem Täter zum Vorwurf gemacht werden?) sowie die Zuordnung des objektiven Pflichtverstoßes in den Bereich des **Unrechts** der Tat[2217].

982 c) **Moderne Lehren.** Die heute herrschende Lehre vom kombinierten Handlungs- und Erfolgsunwert geht noch weiter und sieht die Beurteilung der objektiven Sorgfaltspflichtverletzung als Tatbestandsproblem an. Hiernach wird neben der Handlung und dem Eintritt des tatbestandsmäßigen Erfolges auch die objektive Sorgfaltspflichtwidrigkeit als notwendiges Element des **objektiven Tatbestandes** angesehen[2218]. Denn gerade der (objektive) Sorgfaltspflichtverstoß kennzeichne das Unrecht des Fahrlässigkeitsdelikts. Überwiegend werden darüber hinaus auch die objektive Vorhersehbarkeit (Erkennbarkeit), die objektive Vermeidbarkeit sowie die objektive Zurechenbarkeit als Elemente des objektiven Tatbestandes betrachtet[2219]. Die subjektiv-individuelle Sorgfaltspflichtwidrigkeit wird hingegen weiterhin als Problem der **Schuld** behandelt und dort belassen[2220]. Insgesamt vereinigt daher das Fahrlässigkeitsdelikt als „besonderer Typus strafbaren Verhaltens" sowohl Unrechts- als auch Schuldelemente[2221].

983 Allerdings könnte man in konsequenter Weiterentwicklung dieser Lehre auch dazu kommen, die **Verletzung der objektiven Sorgfaltspflicht** als objektives Tatbestandsmerkmal anzusehen, welches seine Entsprechung – wie beim Vorsatzdelikt auch – in einem **subjektiven Tatbestand** findet, in dessen Rahmen dann die **individuelle Sorgfaltspflichtverletzung** geprüft wird. Dies wird jedoch nur vereinzelt vertreten[2222]. Vielmehr verzichtet die ganz h. M. beim Fahrlässigkeitsdelikt auf einen subjektiven Tatbestand. Die subjektiven Elemente sind also weiter-

---

2216 Vgl. nur *Baumann/Weber/Mitsch*, 11. Aufl. 2003, § 22 Rn. 20 ff.; *Henkel*, Mezger-FS 1954, S. 249 (281 ff.).
2217 Es ist jedoch darauf hinzuweisen, dass es auch moderne Lehren gibt, die diesen „Schritt" wieder rückgängig machen wollen, indem sie die Sorgfaltspflichtverletzung ausschließlich als individuelle Pflichtverletzung ansehen, diesen Pflichtverstoß dann aber dennoch im Tatbestand des Fahrlässigkeitsdelikts prüfen; vgl. MüKo-*Duttge*, 4. Aufl., § 15 Rn. 95 ff.; ferner unten Rn. 983a.
2218 BWME-*Eisele*, § 12 Rn. 21; *Jäger*, Rn. 561; *Jescheck/Weigend*, § 54 I 3, 4; *Krey/Esser*, Rn. 1343; *Kühl*, § 17 Rn. 14 ff.; *Lackner/Kühl*, § 15 Rn. 36; *Schönke/Schröder-Sternberg-Lieben/Schuster*, § 15 Rn. 118 f.
2219 Wobei teilweise die objektive Erkennbarkeit als Element der Sorgfaltspflichtwidrigkeit, teils aber auch als eigenständiges Element angesehen wird; vgl. hierzu Rn. 1013 ff.
2220 Vgl. nur *Gropp/Sinn*, § 12 Rn. 181, 190; *Herzberg*, JURA 1984, 402 (406 ff.); *Kühl*, § 17 Rn. 89; *Schönke/Schröder-Sternberg-Lieben/Schuster*, § 15 Rn. 194 ff.; *Wessels/Beulke/Satzger*, Rn. 1103.
2221 Vgl. hierzu *Roxin/Greco*, AT I, § 24 Rn. 54; *Wessels/Beulke/Satzger*, Rn. 1102.
2222 Vgl. hierzu noch unten Rn. 1018.

hin **in der Schuld zu prüfen** – und zwar unter dem Prüfungspunkt der „Schuldform"²²²³.

Darüber hinaus existieren jedoch auch Lehren, die auf die Unterscheidung von objektivem und subjektivem Sorgfaltspflichtverstoß gänzlich verzichten wollen und die – im objektiven Tatbestand zu prüfende – Sorgfaltspflichtverletzung ausschließlich nach individuellen Kriterien bestimmen²²²⁴. **983a**

III. Grundsätzliches zu den Fahrlässigkeitsdelikten

Bei den Fahrlässigkeitsdelikten sind einige Grundsätze zu beachten, die im Folgenden dargestellt werden sollen und deren Beachtung entscheidend für die Prüfung dieser Deliktsform ist. Dabei soll als erstes darauf hingewiesen werden, dass die Merkmale des Fahrlässigkeitsdelikts stets eigenständig zu prüfen sind. Weder folgt aus der Ablehnung vorsätzlichen Verhaltens zwangsläufig die Annahme von Fahrlässigkeit noch schließt die Annahme vorsätzlichen Verhaltens die Fahrlässigkeit notwendigerweise aus²²²⁵. Vorsatz und Fahrlässigkeit stehen also nicht in einem logischen Stufenverhältnis²²²⁶, die Fahrlässigkeit ist gegenüber dem Vorsatz ein „aliud"²²²⁷. **984**

1. Strafbarkeit des Fahrlässigkeitsdelikts

Fahrlässigkeit ist nur dann strafbar, wenn dies ausdrücklich gesetzlich bestimmt ist. Dies ergibt sich aus § 15 StGB. Dabei spielt die Fahrlässigkeit im Rahmen der **Erfolgsdelikte** eine große Rolle (z. B. fahrlässige Körperverletzung, § 229 StGB; fahrlässige Tötung, § 222 StGB; fahrlässige Brandstiftung, § 306d StGB). Es gibt jedoch auch schlichte **Tätigkeitsdelikte**, die fahrlässig begangen werden können (z. B. fahrlässiger Falscheid, § 163 StGB; fahrlässige Gefährdung des Straßenverkehrs, § 315c Abs. 3 StGB; fahrlässige Trunkenheit im Verkehr, § 316 Abs. 2 StGB). **985**

Sofern die Rechtsgüter Leben oder körperliche Unversehrtheit betroffen sind, sind dabei Fahrlässigkeitstatbestände häufig, seltener existieren solche im Eigentums- und Vermögensbereich²²²⁸. Gerade hier (vgl. z. B. die fahrlässige Sachbeschädi- **986**

2223 Vgl. zur Schuldform als Element der Schuld oben Rn. 555 ff.
2224 *Dölling/Duttge/König/Rössner-Duttge*, § 15 Rn. 29; *Freund/Rostalski*, § 5 Rn. 23 f.; *Frister*, 12. Kap. Rn. 6 ff.; *ders.*, JuS 2013, 1057 (1058); *Gropp/Sinn*, § 12 Rn. 190; *Gropp*, GA 2009, 265 (276); *Jakobs*, 9/8; *Kindhäuser/Hilgendorf*, LPK, § 15 Rn. 100 f.; *Maurach/Gössel/Zipf*, AT 2, 7. Aufl., § 43 Rn. 6 f.; MüKo-*Duttge*, 4. Aufl., § 15 Rn. 95 ff.; *Otto*, § 10 Rn. 14 ff.; *Rostalski*, GA 2016, 73 (78); *dies.*, JuS 2021, 827 (829 f.); *Schladitz*, JR 2021, 487; SK-*Hoyer*, Anh. zu § 16 Rn. 13 ff.; *Stratenwerth/Kuhlen*, § 15 Rn. 12 ff., 46; *Struensee*, JZ 1986, 54 (57 ff.); vgl. auch *Struensee*, GA 1987, 97 (105).
2225 RGSt 59, 83; BGHSt 4, 340 (341); BGHSt 26, 175; *Kretschmer*, JURA 2000, 267; *Wessels/Beulke/Satzger*, Rn. 1102; vgl. auch BGHSt 17, 210 (212 f.); BGHSt 32, 48 (57); *Roxin*, AT I, 4. Aufl., § 24 Rn. 79; abweichend *Jakobs*, 9/4; zum Verhältnis von Vorsatz und Fahrlässigkeit bereits oben Problemschwerpunkt 2, Rn. 298 ff.
2226 *Fischer*, § 15 Rn. 12a; MüKo-*Duttge*, 4. Aufl., § 15 Rn. 102 f.; anders: *Roxin/Greco*, AT I, § 24 Rn. 80; dies schließt jedoch nicht aus, dass Vorsatz und Fahrlässigkeit im Hinblick auf die Konkurrenzen in einem *normativen* Stufenverhältnis stehen; vgl. hierzu unten Rn. 1461.
2227 BWME-*Eisele*, § 12 Rn. 3; *Krey/Esser*, Rn. 1338; MüKo-*Duttge*, 4. Aufl., § 15 Rn. 104 f.; *Rengier*, § 52 Rn. 2; anders *Rostalski*, JuS 2021, 827 (828), die davon ausgeht, es handle sich nicht um strukturell unterschiedliche Verbrechenserscheinungsformen", es handle sich vielmehr um ein „Plus-Minus-Verhältnis"; ähnlich *Jakobs*, 914.
2228 Vgl. die Ausnahmen in § 261 Abs. 5, § 264 Abs. 4 StGB, ferner aber auch § 306d i. V. m. § 306 StGB und § 324 Abs. 3 StGB.

gung) fallen daher zivilrechtliche Haftung (§ 823 Abs. 1 BGB) und strafrechtliche Haftung (Straflosigkeit) oftmals auseinander.

2. Definition der Fahrlässigkeit

987 Eine gesetzliche Definition des strafrechtlichen Fahrlässigkeitsbegriffs gibt es nicht. Einen Anhaltspunkt bietet allerdings das Zivilrecht, welches im Hinblick auf den (zivilrechtlichen) Verschuldensmaßstab in § 276 Abs. 1 Satz 2 BGB die Regelung enthält: *„Fahrlässig handelt, wer die im Verkehr erforderliche Sorgfalt außer Acht lässt"*. Diese Definition hat auch im Strafrecht ihre Berechtigung[2229] – auch wenn sie notwendigerweise sehr abstrakt gehalten ist. Etwas konkreter ist die Definition, die sich zeitweise in Urteilen des BGH findet: „Fahrlässig handelt, wer eine objektive Pflichtwidrigkeit begeht, sofern er diese nach seinen subjektiven Kenntnissen und Fähigkeiten vermeiden konnte, und wenn gerade die Pflichtwidrigkeit objektiv und subjektiv vorhersehbar den Erfolg gezeigt hat"[2230].

3. Fahrlässiges Unterlassen

988 Möglich ist auch eine Strafbarkeit wegen fahrlässigen Unterlassens. Ob der Täter z. B. fahrlässig sein Kind durch Tun tötet oder ob er diesen Erfolg durch Unterlassen verwirklicht, darf keine Rolle spielen[2231].

> **Bsp.:** Es kann für die Strafwürdigkeit keine Rolle spielen, ob die Mutter eines Kleinkindes aus Versehen hochgiftige Substanzen in den Babybrei gibt oder aus Nachlässigkeit vergisst, ihr Baby zu ernähren. Wird hierdurch der Tod des Babys verursacht, liegt eine Strafbarkeit nach § 222 StGB bzw. §§ 222, 13 StGB vor.

989 Bei der Prüfung des fahrlässigen Unterlassungsdelikts sind die Elemente der Unterlassensstrafbarkeit (Garantenstellung, Möglichkeit etc.) und der Fahrlässigkeit (Sorgfaltspflichtverstoß etc.) jeweils im objektiven Tatbestand zu prüfen. Eine zwingende Prüfungsreihenfolge existiert nicht. Möglich – und im modernen Wirtschaftsleben häufig – ist auch ein fahrlässiges Unterlassen mehrerer garantenpflichtiger Personen[2232]. Hier ist für jede einzelne Person getrennt zu prüfen, ob ihr eine Pflichtverletzung zur Last fällt.

4. Kein fahrlässiger Versuch

990 Bei den Fahrlässigkeitsdelikten gibt es hingegen keinen Versuch[2233]. Denn der Versuch eines Delikts setzt begrifflich den Entschluss voraus, eine Straftat zu begehen. § 22 StGB spricht davon, dass der Täter *„nach seiner Vorstellung von der Tat zur Verwirklichung des Tatbestandes unmittelbar ansetzt"*. Beim Fahrlässigkeitsdelikt liegt aber gerade kein Tatentschluss vor. Der Versuch eines Fahrlässigkeitsdelikts ist somit straflos.

991 Lediglich am Rande ist allerdings darauf hinzuweisen, dass ein Versuch des Fahrlässigkeitsdelikts im Hinblick auf das objektive Tatbestandsmerkmal der Sorgfalts-

---

2229 So auch *Herzberg*, NStZ 2005, 602 (604); *Kühl*, § 17 Rn. 3; kritisch *Freund/Rostalski*, § 5 Rn. 22.
2230 BGHSt 49, 1 (5); BGHSt 49, 166 (174); BGHSt 53, 55 (58); BGHSt 64, 212 (222); so auch *Pruin*, ZIS 2022, 216.
2231 Vgl. BGH NStZ 2022, 102; *Kaltenbrunner*, JA 2017, 268 (271); *Kaspar*, JuS 2012, 112 (116 f.); *Rengier*, § 54 Rn. 1; hierzu auch die Übungsfälle bei *Ast*, JuS 2017, 867 (870 f.); *Radtke/Meyer*, JuS 2011, 521 (525 f.); *Sternberg-Lieben/Sternberg-Lieben*, JuS 2005, 47 (49 f.); ferner bereits oben Rn. 855.
2232 BGHSt 47, 224; BGH NStZ 2022, 102 (103).
2233 Vgl. nur BGH NStZ 2011, 31; *Beck*, JA 2009, 111 (113); *Kaspar*, JuS 2012, 16 (17); *Kretschmer*, JURA 2000, 267 (268); *Rengier*, § 52 Rn. 3; *Wessels/Beulke/Satzger*, Rn. 1104.

pflichtwidrigkeit jedenfalls konstruktiv möglich wäre[2234] – und zwar im Rahmen der **bewussten Fahrlässigkeit**. Zu einer Strafbarkeit des Versuchs könnte man dann aber (ganz abgesehen davon, dass Fahrlässigkeitsdelikte in der Regel Vergehen sind und ein Versuch gesetzlich nicht normiert ist, § 23 Abs. 1 StGB) nur kommen, wenn man bei den fahrlässigen Erfolgsdelikten den Erfolg als objektive Bedingung der Strafbarkeit ansieht und den „eigentlichen" Vorwurf im vorsätzlichen Verstoß gegen die objektive Sorgfaltspflicht sieht.

> **Bsp.:** Anton fährt in stark betrunkenem Zustand Auto und weiß auch, dass er absolut fahruntauglich ist. Zwar rechnet er damit, dass er möglicherweise auf der Fahrt einen Menschen töten könnte, er vertraut aber darauf, dass nichts passiert. – Wenn nun tatsächlich etwas passiert, dann ist er wegen fahrlässiger Tötung, § 222 StGB, strafbar. Passiert hingegen nichts, ist er im Hinblick auf das Tötungsdelikt straflos (es liegt lediglich § 316 Abs. 1 StGB vor), obwohl man hier durchaus an einen Versuch denken könnte. Dieser scheidet nach der h. M. aber bereits begrifflich aus, da man nicht unmittelbar zu einer Tat (hier: der Tötung eines Menschen als „Erfolg" des § 222 StGB) ansetzen kann, die man nicht will. Ferner sähe § 222 StGB als Vergehen auch keine Versuchsstrafbarkeit vor.

5. Keine Teilnahme an einem Fahrlässigkeitsdelikt

Bei den Fahrlässigkeitsdelikten ist auch eine Teilnahme ausgeschlossen[2235]. Dies ergibt sich eindeutig aus dem Gesetz. Denn sowohl die Anstiftung als auch die Beihilfe erfordern nach §§ 26, 27 StGB eine **vorsätzlich** begangene rechtswidrige Haupttat.

> **Bsp.:** Anton hat von seinem Großvater eine Pistole geerbt. Sein Freund Bruno überredet ihn dazu, die Pistole doch einmal auszuprobieren. Sie gehen gemeinsam in den Wald und Bruno fordert Anton dazu auf, einen Ast vom Baum zu schießen. Anton schießt. Die Kugel prallt jedoch ab und trifft einen sich in der Nähe befindenden Spaziergänger, der sofort tot ist. – Da das Schießen im Wald (als unerlaubtes Führen einer Waffe zudem strafbar nach § 52 WaffG) eine Verletzung der objektiv erforderlichen Sorgfalt darstellt und die Gefahr von Querschlägern hier nicht ganz ausgeschlossen werden kann, ist Anton im vorliegenden Fall wegen fahrlässiger Tötung, § 222 StGB, strafbar. Bruno hat Anton zwar zum Schießen angestiftet. Da eine Anstiftung nach § 26 StGB jedoch eine vorsätzlich begangene Haupttat voraussetzt und Anton – im Hinblick auf die Tötung – gerade nicht vorsätzlich gehandelt hat, kann Bruno hier nicht wegen Anstiftung zur fahrlässigen Tötung strafbar sein.

Dieses Ergebnis ist nur auf den ersten Blick seltsam und unbefriedigend. Zwar scheidet in der Tat eine Teilnahme an der Tat des Haupttäters aus, es kommt allerdings in den meisten Fällen eine **eigene (Fahrlässigkeits-)Täterschaft** in Frage[2236], da der Handelnde selbst ebenfalls eine objektive Sorgfaltspflicht verletzt. Dies wird **oft übersehen**.

> So stellt im genannten **Beispiel** das Überreden Antons, die Waffe im Wald auszuprobieren, ein **eigenes pflichtwidriges Verhalten** Brunos dar, das kausal für die Tötung des Spaziergängers ist. Bruno ist daher neben Anton in gleicher Weise wegen fahrlässiger Tötung strafbar, auch wenn er nicht selbst geschossen hat. Die Strafbarkeit folgt hier jedoch nicht aus einer Anstiftung, sondern ergibt sich aus einer **eigenen täterschaftlich begangenen fahrlässigen Tötung**.

2234 Vgl. auch *Mitsch*, ZIS 2016, 352 (356); MüKo-*Duttge*, 4. Aufl., § 15 Rn. 215.
2235 *Kretschmer*, JURA 2000, 267 (268); *Rengier*, § 52 Rn. 3.
2236 Hierzu *Alwart*, JuS 1979, 351 (356); *Kretschmer*, JURA 2000, 267 (268); *Mitsch*, JuS 2001, 105 (109); *Rengier*, § 53 Rn. 2; vgl. auch BGHSt 47, 224; es gibt allerdings Stimmen in der Literatur, die auch im Fahrlässigkeitsbereich zwischen Täterschaft und Teilnahme unterscheiden wollen, wobei die fahrlässige Teilnahme stets als straflos angesehen werden soll; dagegen *Puppe*, GA 2009, 486 (491).

994 Wie bei der Behandlung der Teilnahmelehre noch gezeigt werden wird[2237], gibt es beim Fahrlässigkeitsdelikt (im Gegensatz zum Vorsatzdelikt) somit keine Zweiteilung von Täterschaft und Teilnahme. Im Fahrlässigkeitsbereich kennt man nur den **Einheitstäter**: Jeder, der eine Sorgfaltspflicht verletzt, ist Täter. Anstiftung und Beihilfe sind ausgeschlossen[2238].

6. Keine fahrlässige Teilnahme

995 Konsequenterweise ist nicht nur die Teilnahme **an** einem Fahrlässigkeitsdelikt, sondern auch die **fahrlässige Teilnahme** an sich straflos. Auch dies ergibt sich unmittelbar aus dem Gesetz. Denn dieses kennt als Teilnahmeformen nur Anstiftung und Beihilfe. Beide setzen jedoch ein vorsätzliches Verhalten des Teilnehmers voraus. Der Anstifter muss einen anderen **vorsätzlich** zu dessen (vorsätzlich begangener) Tat bestimmen, der Gehilfe muss einem anderen **vorsätzlich** Hilfe leisten.

> **Bsp. (1):** Anton erzählt seinem Kumpel Bruno, von dem er weiß, dass dieser zuweilen zu kriminellem Verhalten neigt, dass seine reiche Nachbarin Wilma für sechs Wochen zur Kur gefahren sei und dass er es eigentlich unverantwortlich von ihr finde, das Haus so lange allein zu lassen. Er denkt sich bei dieser Äußerung nichts weiteres. Bruno allerdings nutzt den „Tipp", bricht bei Wilma ein und entwendet deren wertvollen Schmuck. – Da Anton hier Bruno nicht vorsätzlich zu dessen Tat veranlasst hat, scheidet eine Anstiftung aus, selbst wenn Anton vorhersehen konnte, dass Bruno seine Information zu einer entsprechenden Tatbegehung nutzen würde.

> **Bsp. (2):** Anton kommt Brunos Bitte, ihm für einen Tag seinen Ferrari zu leihen, gerne nach. Zwar weiß Anton, dass Bruno öfters einmal einen über den Durst trinkt und danach auch gerne noch heimfährt. Er vertraut jedoch darauf, dass Bruno das Trinken an diesem Abend sein lässt. – Wenn Bruno dennoch mit Antons Ferrari betrunken nach Hause fährt und dabei eine Fußgängerin tödlich überfährt, ist Anton, obwohl er durch das Zurverfügungstellen des Ferraris objektiv Hilfe zu Brunos Trunkenheitsfahrt geleistet hat, mangels vorsätzlichen Verhaltens nicht wegen Beihilfe (zu § 222 StGB bzw. § 315c Abs. 1 Nr. 1, eventuell in Verbindung mit Abs. 3 StGB) strafbar.

996 Wiederum ist aber auch hier zu prüfen, ob Anton durch den Tipp an den als Straftäter bekannten Bruno und das Überlassen des Ferrari trotz Wissen um die Trinkgewohnheiten seines Freundes eine **eigene Pflichtverletzung** begangen hat, die **ihn selbst zum Fahrlässigkeitstäter macht**[2239]. Hinsichtlich des Einbruchs in Bsp. (1) scheidet dies aus, da ein fahrlässiger Diebstahl straflos ist. Dies muss auch für die Trunkenheitsfahrt bzw. die Gefährdung des Straßenverkehrs gelten, denn die Straßenverkehrsdelikte sind **eigenhändige Delikte**. Eine **fahrlässige Tötung**, § 222 StGB, im Hinblick auf die Tötung der Fußgängerin ist dagegen denkbar, weil das Überlassen des PKW an einen unzuverlässigen Fahrer eine (eigene) Pflichtverletzung darstellt.

7. Sonderproblem: fahrlässige Mittäterschaft[2240]

997 Mangels eines bewussten und gewollten Zusammenwirkens gibt es im Fahrlässigkeitsbereich – zumindest nach bislang herrschender Ansicht – auch **keine Mittä-**

[2237] Vgl. unten Rn. 1177.
[2238] Vgl. hierzu *Schönke/Schröder-Heine/Weißer*, Vorbem. §§ 25 ff. Rn. 107; a. M. *Hoyer*, GA 2006, 298; NK-*Puppe*, Vor §§ 13 ff. Rn. 179; SK-*Hoyer*, § 25 Rn. 152.
[2239] Vgl. hierzu auch *Spendel*, JuS 1974, 749 (zum Problem der fahrlässigen Teilnahme an einer Selbsttötung und ihrer Abgrenzung zur fahrlässigen Tötung).
[2240] Vgl. hierzu monographisch *Kamm*, Die fahrlässige Mittäterschaft, 1999; *Kraatz*, Die fahrlässige Mittäterschaft, 2006.

terschaft[2241]. Denn eine solche setzt – wie noch zu zeigen sein wird[2242] – ein bewusstes und gewolltes Zusammenwirken bei der Tatbegehung voraus. Möglich ist hingegen sowohl eine **Nebentäterschaft** als auch (sofern das fahrlässige Verhalten anderer vorsätzlich ausgenutzt wird) eine **mittelbare Täterschaft**[2243]. Bei der Nebentäterschaft[2244] kann jedem Beteiligten aber nur eigenes, nicht jedoch fremdes Verhalten zugerechnet werden[2245].

> **Bsp.:** Anton und Bruno haben im Wald eine Pappfigur aufgestellt und halten Schießübungen ab. Als unvermittelt der Spaziergänger Sepp auftritt, trifft ihn sowohl ein Schuss aus Antons als auch aus Brunos Pistole. Sepp wird schwerverletzt ins Krankenhaus eingeliefert. – Das Wesen der Mittäterschaft besteht darin, dass über § 25 Abs. 2 StGB den Mittätern das Verhalten des jeweils anderen als eigenes Tun zugerechnet wird. Dies setzt nach h. M. jedoch voraus, dass sie bei der Tatbegehung im Hinblick auf den **Erfolg** (hier: die Verletzung) und nicht lediglich im Hinblick auf das pflichtwidrige Verhalten (hier: das Schießen) bewusst und gewollt zusammenwirken. Das tatbestandsmäßige Verhalten ist hier aber die Verletzung Sepps[2246]. Da Anton und Bruno die Verletzung Sepps nicht geplant hatten, wirkten sie nun zwar hinsichtlich der Begehung der Pflichtwidrigkeit (Schießen im Wald), nicht jedoch hinsichtlich des Tatrerfolges (Verletzung Sepps) bewusst und gewollt zusammen. Dies hat zur Folge, dass jeder nur für sein eigenes pflichtwidriges Verhalten verantwortlich ist. Es wird also jedem nur die Körperverletzung zugerechnet, die er selbst verursacht hat.

Problematisch wird diese Anwendung von Nebentäterschaft aber in denjenigen Fällen, in denen die Kausalitätsfrage nicht geklärt werden kann.

> **Bsp.:** Wenn im eben genannten Fall den Sepp nur eine Kugel trifft und nachher nicht mehr festgestellt werden kann, aus wessen Pistole diese Kugel abgeschossen wurde, müssten beide Beteiligten freigesprochen werden, da jeweils „in dubio pro reo" davon auszugehen ist, dass die Kugel des anderen getroffen hat. Da eine gegenseitige mittäterschaftliche Zurechnung der Schüsse nicht möglich ist, kann dem einen das Verhalten des anderen nicht zur Last gelegt werden. Es ließe sich höchstens daran denken, eine Kausalität des eigenen Verhaltens für den tödlichen Erfolg insoweit anzunehmen, dass durch das eigene Schießen der Partner darin bestärkt wurde, selbst auch zu schießen. Hätte also Anton nicht geschossen, wenn Bruno sich an den Schießübungen nicht beteiligt hätte, könnte Brunos Verhalten für Sepps Tod unabhängig davon als kausal angesehen werden, welcher Schuss traf. Auch könnte man hier daran denken, den strafrechtlichen Vorwurf nicht an den jeweiligen Schuss, sondern an die vorhergehende Vereinbarung, gemeinsam zu schießen, zu knüpfen[2247]. Gegen eine solche Vorverlage-

---

2241 OLG Schleswig NStZ 1982, 116; BWME-*Eisele*, § 12 Rn. 74, § 25 Rn. 87; *Bottke*, GA 2001, 463 (473 ff.); *Gropp/Sinn*, § 10 Rn. 215; *Gropp*, GA 2009, 265 (272 f.); *Günther*, JuS 1988, 386 (Fn. 3); *Hsu*, ZIS 2021, 100 (102 f.); *Jäger*, Rn. 540; *Jähnke*, JURA 2010, 582 (585); *Jescheck/Weigend*, § 63 I 3a; *Krey/Esser*, Rn. 1342; *Lackner/Kühl*, § 25 Rn. 13; *Maurach/Gössel/Zipf*, AT 2, 7. Aufl., § 47 Rn. 103 f.; *Puppe*, AT 2, 1. Aufl., § 44 Rn. 4; *dies.*, GA 2004, 129; SSW-*Murmann*, § 25 Rn. 35; vgl. zu diesem Problem auch *Peters/Bildner*, JuS 2020, 731 (732); *Geppert*, JURA 2011, 30 (32 ff.) und die Übungsfälle bei *Böß*, JA 2012, 348 (350 f.); *Brammsen/Kaiser*, JURA 1992, 35 (39 f.).
2242 Vgl. unten Rn. 1218 ff.
2243 Vgl. nur *Wessels/Beulke/Satzger*, Rn. 1104.
2244 Vgl. zur Nebentäterschaft unten Rn. 1186 ff.
2245 Vgl. zur Fahrlässigkeitsstrafbarkeit, wenn mehrere Personen arbeitsteilig zur Beseitigung einer Gefahrenquelle verpflichtet sind, BGHSt 47, 224.
2246 Zu einem anderen Ergebnis würde man allerdings dann kommen, wenn man den „eigentlichen" Vorwurf beim Fahrlässigkeitsdelikt im vorsätzlichen Verstoß gegen die Sorgfaltspflicht erblicken würde und den Verletzungserfolg nur als objektive Bedingung der Strafbarkeit ansähe; vgl. hierzu bereits oben Rn. 991.
2247 Vgl. *Günther*, JuS 1988, 386 (387).

rung spricht aber, dass nicht mehr auf das rechtsgutsbeeinträchtigende Verhalten, sondern auf ein – nicht unmittelbar gefahrbegründendes – Vorverhalten abgestellt wird[2248].

999 Gerade dieses Beispiel hat in der Literatur aber zu Recht Forderungen laut werden lassen, eine fahrlässige Mittäterschaft anzuerkennen[2249]. So wird argumentiert, dass es für einen Fahrlässigkeitsvorwurf auch hinsichtlich der Tat des anderen ausreichen müsse, wenn mehrere Personen zwar nicht bewusst und gewollt einen Erfolg herbeiführen wollen, sie jedoch bewusst und gewollt gemeinsam pflichtwidrig handeln. Dies ist zutreffend, denn da gerade die Verletzung einer objektiven Sorgfaltspflicht den Kern des Fahrlässigkeitsdelikts ausmacht, muss es ausreichen, wenn die Beteiligten diesen Pflichtverstoß gemeinsam begehen.

8. Formen der Fahrlässigkeit

1000 Bereits oben[2250] wurde darauf hingewiesen, dass sich **zwei Formen** der Fahrlässigkeit begrifflich unterscheiden lassen: die unbewusste und die bewusste Fahrlässigkeit.

1001 Bei der **unbewussten Fahrlässigkeit** lässt der Täter bei einem bestimmten Tun oder Unterlassen diejenige Sorgfalt außer Acht, zu der er nach den Umständen (objektiv) und nach seinen persönlichen Verhältnissen (subjektiv) verpflichtet und fähig ist, und verwirklicht infolgedessen den Tatbestand, ohne mit einer solchen Möglichkeit zuvor gerechnet zu haben[2251].

> Bsp.: Anton schießt mit seiner Pistole im Wald auf Äste und rechnet nicht damit, dass ein Spaziergänger vorbeikommen könnte. Zu seiner Überraschung trifft ein Querschläger den Spaziergänger Sepp, der durch den Schuss tödlich verletzt wird.

1002 Bei der **bewussten Fahrlässigkeit** hingegen hält es der Täter zumindest für möglich, dass er den gesetzlichen Tatbestand verwirklicht, vertraut jedoch pflichtwidrig (objektiv) und vorwerfbar (subjektiv) darauf, dass er ihn nicht verwirklichen werde[2252].

> Bsp.: Anton weiß im vorigen Beispiel genau, dass ab und zu Spaziergänger im Wald vorbeikommen. Er hat dennoch Lust, mit seiner Pistole auf Äste zu schießen, wobei er allerdings darauf vertraut, es werde schon nichts passieren. Kommt tatsächlich ein Spaziergänger vorbei, der durch den Schuss tödlich verletzt wird, liegt eine bewusste Fahrlässigkeit vor, die zu einer Strafbarkeit nach § 222 StGB führt.

2248 Hierzu *Hsu*, ZIS 2021, 100 (102 f.).
2249 *Beulke/Bachmann*, JuS 1992, 737 (744); *Bindokat*, JZ 1979, 434; *Brammsen*, JURA 1991, 533 (537 f.); *Brammsen/Kaiser*, JURA 1992, 35 (38 ff.); *Eschenbach*, JURA 1992, 637 (643 f.); *Hilgendorf*, NStZ 1994, 561 (563); *Küpper*, GA 1998, 519 (526 f.); *Lampe*, ZStW 106 (1994), 683 (693); *Lesch*, JA 2000, 73 (78); LK-*Schünemann/Greco*, 13. Aufl., § 25 Rn. 242; MüKo-*Joecks/Scheinfeld*, 4. Aufl., § 25 Rn. 292 ff.; *Otto*, § 21 Rn. 114 ff.; *ders.*, JURA 1990, 47 (49); *ders.*, JURA 1998, 409 (412); *ders.*, Spendel-FS 1992, S. 271 (281 ff.); *Pfeiffer*, JURA 2004, 519 (525); *Rengier*, § 53 Rn. 3; *Renzikowski*, Otto-FS 2007, S. 423 (436 ff.); *ders.*, ZIS 2021, 92 (97 ff.); *Roxin*, AT II, § 25 Rn. 242; SK-*Hoyer*, § 25 Rn. 154; *Stratenwerth/Kuhlen*, § 16 Rn. 7; *Utsumi*, JURA 2001, 538 (540); *Weißer*, JZ 1998, 230 (234 ff.); im Ergebnis auch das schweizerische Bundesgericht in BGE 113 IV, 1987, S. 58 (60); kritisch hierzu *Mitsch*, JuS 2001, 105 (109 f.).
2250 Vgl. oben Rn. 972.
2251 Vgl. hierzu *Beck*, JA 2009, 111; *Wessels/Beulke/Satzger*, Rn. 1106.
2252 Vgl. hierzu RGSt 56, 343 (349); RGSt 58, 130 (134); RGSt 72, 246 (247 f.); *Beck*, JA 2009, 111 (111 f.); *Rengier*, § 52 Rn. 7; *Wessels/Beulke/Satzger*, Rn. 1106.

Die Unterscheidung zwischen der bewussten und der unbewussten Fahrlässigkeit ist für die Strafbarkeit an sich **bedeutungslos**[2253]. Sie spielt lediglich für die Strafzumessung eine Rolle[2254]. Insofern muss die jeweilige Form der Fahrlässigkeit im Rahmen einer Klausur auch nicht notwendigerweise angesprochen werden[2255]. Liegt jedoch eine bewusste Fahrlässigkeit vor, ist oftmals eine Abgrenzung zum bedingten Vorsatz erforderlich[2256]. Hinzuweisen ist ferner darauf, dass die Unterscheidung von bewusster und unbewusster Fahrlässigkeit von manchen als Element des ansonsten beim Fahrlässigkeitsdelikt nicht existierenden **subjektiven Tatbestandes** angesprochen und geprüft wird[2257]. Rechtliche Konsequenzen hat aber auch ein solches Vorgehen nicht.

9. Unterscheidung von einfacher Fahrlässigkeit und Leichtfertigkeit

Während das Begriffspaar bewusste/unbewusste Fahrlässigkeit darauf abstellt, ob der Täter mit der Möglichkeit des Erfolgseintritts gerechnet hat, lässt sich eine weitere Unterscheidung dahingehend treffen, ob der Täter die im Verkehr erforderliche Sorgfalt in lediglich geringem oder in besonders hohem Maße verletzt hat, bzw. ob die Rechtsgutsverletzung im Hinblick auf sein Verhalten eher fern lag oder sich geradezu aufdrängte. Auch diese Unterscheidung wirkt sich beim normalen Fahrlässigkeitsdelikt nicht auf die Frage der Strafbarkeit an sich, sondern lediglich bei der Strafzumessung aus. Im Regelfall reicht zur Begründung der Strafbarkeit nämlich – wie auch bei der Begründung der zivilrechtlichen Schadensersatzpflicht nach § 823 Abs. 1 BGB – ein leicht fahrlässiges Verhalten aus[2258].

Manche Vorschriften enthalten allerdings das Erfordernis **leichtfertigen Handelns** (vgl. den Raub mit Todesfolge, § 251 StGB; die Brandstiftung mit Todesfolge, § 306c StGB)[2259]. Unter Leichtfertigkeit versteht man einen gesteigerten Grad an Fahrlässigkeit, der in etwa dem Maßstab der **groben Fahrlässigkeit** des Zivilrechts entspricht[2260], von diesem aber insoweit abweicht, als auch die individuellen Kenntnisse und Fähigkeiten des Täters zu berücksichtigen sind[2261]. Leichtfertig soll demnach derjenige handeln, der die gebotene Sorgfalt **in ungewöhnlich hohem Maße** verletzt[2262]. Dies soll dann der Fall sein, wenn sich die Gefahr

---

2253 Allerdings wird seit langem diskutiert, ob die Bestrafung unbewusster Fahrlässigkeit nicht möglicherweise gegen den Schuldgrundsatz verstößt; vgl. hierzu *Arthur Kaufmann*, JURA 1986, 225 (231, 232); *Koch*, ZIS 2010, 175; *Köhler*, S. 178 ff.; *Roxin/Greco*, AT I, § 24 Rn. 69.
2254 *Kaspar*, JuS 2012, 16 (17); *Kretschmer*, JURA 2000, 267 (268); MüKo-*Duttge*, 4. Aufl., § 15 Rn. 219; *Rengier*, § 52 Rn. 8; *Roxin/Greco*, AT I, § 24 Rn. 68.
2255 Vgl. hierzu oben Rn. 298 ff.
2256 Vgl. hierzu oben Rn. 298 ff.
2257 Vgl. hierzu näher unten Rn. 1018.
2258 Zu Recht kritisch zu dieser weiten strafrechtlichen Fahrlässigkeitshaftung *Köhler*, S. 178 ff.; zur Problematik der Strafbarkeit leicht fahrlässigen Verhaltens auch BWME-*Eisele*, § 12 Rn. 13 f.; *Kühl*, § 17 Rn. 44a; *Stratenwerth/Kuhlen*, § 15 Rn. 54.
2259 Weitere Beispiele finden sich in § 138 Abs. 3, § 178, § 264 Abs. 4, § 308 Abs. 3 StGB.
2260 BGHSt 14, 240 (255); BGHSt 20, 315 (323 f., 327); BGHSt 33, 66 (67); BGHSt 38, 295 (300); BGH StV 1994, 480; BGHSt 50, 347 (352); OLG Karlsruhe wistra 2016, 372 (373); hierzu *Beck*, JA 2007, 111 (112); *Krey/Esser*, Rn. 1337; *Krey/Hellmann/M. Heinrich*, BT 2, Rn. 334; *Kudlich*, JA 2000, 511 (512); *Kühl*, § 17 Rn. 44; *Reinbacher*, JURA 2007, 382 (389); *Rengier*, § 52 Rn. 9; vgl. auch *Roxin/Greco*, AT I, § 24 Rn. 81 ff.; ferner die Übungsfälle bei *v. Atens/Schröder*, ZJS 2016, 61 (65); *Corell*, JURA 2010, 627 (631); *Krack/Gasa*, JuS 2008, 1005 (1006); *Kreß/Weißer*, JA 2006, 115 (121); *Schröder*, ZJS 2018, 162 (167 f.).
2261 BGHSt 50, 347 (352); BGH NJW 2008, 2516 (2517); OLG Karlsruhe, wistra 2016, 372 (373).
2262 So jedenfalls BGHSt 42, 158 (159); *Duttge*, wistra 2000, 201 (206 f.); *Krack/Gasa*, JuS 2008, 1005 (1006); *Kretschmer*, JURA 2000, 267 (268); *Wessels/Beulke/Satzger*, Rn. 1107.

des Erfolgseintritts geradezu „aufdrängt"[2263]. Bei diesen Definitionen ist jedoch Vorsicht geboten. Denn bei der Leichtfertigkeit ändert sich nicht die Art und Weise des Sorgfaltspflichtverstoßes an sich, sondern lediglich der Grad der Vorhersehbarkeit der Rechtsgutsverletzung[2264]. Hinzuweisen ist schließlich darauf, dass der Täter bei den genannten Delikten stets **bei Tatbegehung** leichtfertig gehandelt haben muss. Ein späteres leichtfertiges Verhalten (z. B. durch unvorsichtige oder verzögerte Rettungsmaßnahmen) ist hier nicht mehr zu berücksichtigen[2265].

IV. Aufbau des Fahrlässigkeitsdelikts

1006 Auch beim Fahrlässigkeitsdelikt wird die grundsätzliche Trennung in Tatbestandsmäßigkeit, Rechtswidrigkeit und Schuld beibehalten[2266].

1. Tatbestand

1007 a) **Handlung.** Wie beim normalen Vorsatzdelikt ist zuerst zu prüfen, welche **Handlung** dem Täter vorzuwerfen ist. Es kann sich hierbei sowohl um ein Tun als auch um ein Unterlassen handeln.

> **Ausgangsfall 1:** Anton fährt in betrunkenem Zustand Auto und überfährt Bruno, der an der Unfallstelle verstirbt. – Die vorwerfbare Handlung ist hier nicht das Trinken selbst, sondern das Autofahren in betrunkenem Zustand. Der Unfall ist ebenso wie der Tod Brunos eine Folge dieser Handlung.
> **Ausgangsfall 2:** Mutter Martha vergisst aus Nachlässigkeit, ihren Säugling Siegfried zu ernähren, welcher durch die Unterernährung schwere gesundheitliche Schäden erleidet. – Das vorwerfbare Verhalten ist hier das Unterlassen der erforderlichen Ernährung Siegfrieds.

1008 b) **Erfolg.** Sofern es sich – was überwiegend der Fall sein wird – um ein Erfolgsdelikt handelt, muss darüber hinaus der **Eintritt des tatbestandsmäßigen Erfolges** geprüft werden.

> **Ausgangsfälle:** Hier muss festgestellt werden, dass Bruno tödlich verletzt wurde und Siegfried schwere gesundheitliche Schäden erlitten hat.

1009 c) **Kausalität.** Zwischen Handlung und Erfolg muss – ebenso wie beim Vorsatzdelikt – eine **Kausalität** im Sinne einer conditio sine qua non bestehen. Das Verhalten des Täters muss für den Erfolgseintritt ursächlich sein. Gerade im Fahrlässigkeitsbereich kann hierbei oftmals auch ein zeitlich weit zurückliegendes Verhalten in Frage kommen, welches leicht zu einer Ausuferung der Fahrlässigkeitsbestrafung führen kann. Dieser Gefahr kann lediglich durch eine Einschränkung über die objektive Zurechenbarkeit ausreichend begegnet werden[2267].

> **Ausgangsfälle:** Wäre Anton nicht mit seinem PKW gefahren, wäre der Bruno nicht infolge des Unfalls tödlich verletzt worden. – Hätte Martha ihr Kind ausreichend ernährt, hätte dieses (mit an Sicherheit grenzender Wahrscheinlichkeit) keine gesundheitlichen Schäden erlitten. Die Kausalität liegt also in beiden Fällen vor.

2263 Hierzu BGHSt 33, 66 (67); *Krey/Hellmann*, BT 2, Rn. 204 Fn. 49; *Kühl*, § 17a Rn. 11; LK-*Vogel/Bülte*, 13. Aufl., § 15 Rn. 297; *Rengier*, § 52 Rn. 9.
2264 *B. Heinrich/Reinbacher*, JURA 2005, 743 (747); *Kühl*, § 17a Rn. 11; *Reinbacher*, JURA 2007, 382 (389).
2265 BGHSt 33, 66 (68 f.).
2266 Vgl. hierzu auch das Aufbauschema des vollendeten fahrlässigen Begehungsdelikts unten Rn. 1480 und des vollendeten fahrlässigen Unterlassungsdelikts unten Rn. 1481.
2267 So auch *Wessels/Beulke/Satzger*, Rn. 1113, 1126 ff.; vgl. hierzu noch unten Rn. 1011 ff., 1041 ff.

d) Sorgfaltspflichtverletzung. Während die bis jetzt genannten Punkte denjenigen des Vorsatzdelikts entsprechen, folgen nunmehr vier Prüfungspunkte, die speziell für das Fahrlässigkeitsdelikt prägend sind. Als erstes ist zu untersuchen, ob der Täter eine **Sorgfaltspflichtverletzung** begangen hat. Da die Sorgfaltspflichtverletzung den „Kern" des Fahrlässigkeitsdelikts darstellt, soll hierzu an späterer Stelle umfassend Stellung genommen werden[2268]. 1010

> **Ausgangsfälle**: Das Autofahren in betrunkenem Zustand stellt eine Pflichtwidrigkeit dar. Dies ergibt sich schon daraus, dass ein solches Verhalten eine Strafbarkeit nach § 316 StGB oder jedenfalls eine Ordnungswidrigkeit nach § 24a StVG darstellt. – Die Pflicht, sein Kind zu ernähren, ergibt sich zwar nicht unmittelbar und ausdrücklich aus dem Gesetz, ist aber Teil der Pflicht der Eltern, für das minderjährige Kind zu sorgen, § 1626 Abs. 1 Satz 1 BGB.

e) Objektive Zurechnung. Während die **Verletzung der objektiven Sorgfalt** ein eigenständiges Tatbestandsmerkmal des Fahrlässigkeitsdelikts darstellt, sind die weiteren Prüfungspunkte lediglich **spezielle Ausprägungen der objektiven Zurechnung**, die sich jedoch im Rahmen der Fahrlässigkeitsprüfung zu selbstständigen Prüfungspunkten entwickelt haben[2269]. Da die objektive Zurechnung beim Fahrlässigkeitsdelikt im Gegensatz zum Vorsatzdelikt oftmals problematisch ist, sollten diese speziellen Ausprägungen stets (wenn auch nur kurz) angesprochen werden[2270]. 1011

aa) Pflichtwidrigkeitszusammenhang. Als erstes muss ein besonderer **Pflichtwidrigkeitszusammenhang** festgestellt werden[2271]. Wenn dem Täter die Tat als sein (durch einen Sorgfaltspflichtverstoß herbeigeführtes) Werk zugerechnet werden soll, muss es gerade seine Pflichtverletzung (und nicht etwa ein sonstiger Umstand) sein, die den jeweiligen Erfolg verursacht hat. Insoweit muss also beim Fahrlässigkeitsdelikt neben die Kausalität von Handlung und Erfolg (im Sinne der conditio-sine-qua-non-Formel) auch eine „Kausalität" zwischen Pflichtwidrigkeit und Erfolg treten[2272]. Um begriffliche Verwirrungen zu vermeiden, sollte man hier jedoch nicht von Kausalität, sondern vom „Pflichtwidrigkeitszusammenhang" sprechen[2273]. Dieser scheidet dann aus, wenn der Erfolg auch bei pflichtgemäßem Verhalten eingetreten wäre (Problematik des „rechtmäßigen Alternativverhaltens")[2274]. 1012

bb) Objektive Vorhersehbarkeit. Nächster Prüfungspunkt ist die **objektive Vorhersehbarkeit** des Erfolges[2275]. Durch dieses Merkmal – welches von der „objekti- 1013

2268 Vgl. hierzu unten Rn. 1027 ff.
2269 *B. Heinrich/Reinbacher*, JURA 2005, 743 (746 f.); a. M. (objektive Voraussehbarkeit als integraler Bestandteil der Sorgfaltspflichtverletzung) *Jescheck/Weigend*, § 54 I 4; *Kühl*, § 17 Rn. 19; *Wessels/Beulke/Satzger*, Rn. 1114 ff.
2270 Zusammenfassend zur objektiven Zurechnung bei Fahrlässigkeitsdelikten *Kretschmer*, JURA 2000, 267 (272 f.); vgl. ferner *Beck*, JA 2009, 111 (112); *B. Heinrich/Reinbacher*, JURA 2005, 743 (746 f.).
2271 Zur Terminologie *Kretschmer*, JURA 2000, 267 (273); *Kühl*, § 17 Rn. 45, 47; *Mitsch*, JuS 2001, 105 (108).
2272 *Puppe*, ZJS 2008, 448 (492); vgl. auch BGHSt 33, 61 (64): „Ursachenzusammenhang".
2273 Zu dieser terminologischen Frage auch *Kühl*, § 17 Rn. 47; *Mitsch*, JuS 1996, 407 (410); *Puppe*, ZStW 99 (1987), 595 (601).
2274 Vgl. hierzu noch ausführlich unten Problemschwerpunkt 24, Rn. 1042 ff.
2275 Vgl. hierzu RGSt 29, 218; RGSt 73, 370; BGHSt 4, 360 (362); BGHSt 12, 75 (77 f.); BGH 49, 166 (174 f.); BGH NStZ 1997, 341; OLG Stuttgart JZ 1980, 618 (620); ferner *Kaspar*, JuS 2012, 16 (19); *Pruin*, ZIS 2022, 116 (122 f.).

ven" Sorgfaltspflichtwidrigkeit getrennt anzusprechen ist[2276] – werden im Wesentlichen diejenigen Fälle ausgegrenzt, die beim Vorsatzdelikt im Rahmen der objektiven Zurechnung unter die Fallgruppe des **atypischen Kausalverlaufes** fallen[2277], also außerhalb der Lebenserfahrung liegen[2278], wobei allerdings insoweit eine Modifikation stattfindet als nicht auf einen allwissenden Betrachter, sondern auf das Wissen des einschlägigen Verkehrskreises abzustellen ist. Ein nicht völlig außerhalb jeder Lebenserfahrung liegender Geschehensablauf ist damit stets vorhersehbar[2279]. Allerdings ist es nicht erforderlich, dass die konkreten Auswirkungen des eigenen Handelns in allen Einzelheiten vorausgesehen werden[2280]. Im Straßenverkehr ist auch ein fahrlässiges Verhalten des geschädigten Unfallgegners (= Mitverschulden) objektiv vorhersehbar, wenn es nicht in einem gänzlich unvernünftigen oder außerhalb der Lebenserfahrung liegenden Verhalten besteht[2281].

1014 Objektiv vorhersehbar ist somit ein Erfolg dann, wenn (1) ein umsichtig handelnder Mensch (2) aus dem Verkehrskreis des Täters (3) unter den jeweils gegebenen Umständen (4) aufgrund der allgemeinen Lebenserfahrung (5) mit dem Eintritt des Erfolges gerechnet hätte[2282]. Dabei reicht es aus, dass der strafrechtlich unerwünschte Erfolg sich als mögliche Folge des Verhaltens darstellt[2283].

> **Bsp.[2284]:** Die in Gesundheitsfragen wenig bewanderte Mutter Martha zwingt ihre vierjährige und ca. 15 kg schwere Tochter Anna zu „Erziehungszwecken" dazu, einen von Anna versehentlich mit 30 g Kochsalz statt mit Zucker „versüßten" Pudding zu essen. Da bereits die Aufnahme einer geringen Menge Kochsalz (0,5 bis 1 g pro Kilogramm Körpergewicht) in aller Regel tödlich wirkt, stirbt Anna nach kurzer Zeit. Martha hatte zwar damit gerechnet, dass Anna Bauchschmerzen bekommen würde, mit einer möglicherweise tödlichen Wirkung rechnete sie jedoch nicht. – Neben einer Strafbarkeit wegen gefährlicher Körperverletzung, §§ 223, 224 Abs. 1 Nr. 1 StGB, ist hier an eine Körperverletzung mit Todesfolge, § 227 StGB, zu denken. Dies würde neben der objektiven Sorgfaltspflichtverletzung eine objektive Vorhersehbarkeit der tödlichen Folge voraussetzen. Zwar ist die tödliche Wirkung der Aufnahme einer bestimmten Menge

---

2276 *Beck*, JA 2009, 111 (115); *B. Heinrich/Reinbacher*, JURA 2005, 743 (746 f.); *Hoffmann-Holland*, Rn. 825; *Kaspar*, JuS 2012, 16 (19); *Kretschmer*, JURA 2000, 267 (270); MüKo-*Duttge*, 4. Aufl., § 15 Rn. 110; anders aber *Freund/Rostalski*, § 5 Rn. 43; *Kühl*, § 17 Rn. 19 (abweichend dann aber Rn. 40); *Laue*, JA 2000, 666 (668); *Schroeder*, JZ 1989, 776; *Seher*, JURA 2001, 814 (818); SSW-*Momsen*, § 15 Rn. 73; so auch *Wessels/Beulke/Satzger*, Rn. 1114: „Vorhersehbarkeit des Erfolges und Sorgfaltspflichtverletzung sind als Bestandteile des Handlungsunrechts innerlich miteinander verknüpft, so dass sie nicht isoliert beurteilt werden können"; vgl. hierzu auch die Übungsfälle bei *v. Heintschel-Heinegg/Kudlich*, JA 2001, 129 (131); *Herles/Steinhauser*, JURA 2013, 1281 (1288 f.); *Hillenkamp*, JuS 2018, 974 (975); *Kuhlen/Roth*, JuS 1995, 711 (713 Fn. 26).
2277 Vgl. oben Rn. 249; hierzu RGSt 30, 25 (27); BGHSt 31, 96 (101); *B. Heinrich/Reinbacher*, JURA 2005, 743 (747); *Kaspar*, JuS 2012, 112 (112 f.); vgl. auch die Übungsfälle bei *Becker*, ZJS 2010, 403 (414); *Dannecker*, JURA 1988, 657 (658 f.); *Esser/Krickl*, JA 2008, 787 (792); *Graul*, JuS 1999, 562 (567); *Hillenkamp*, JuS 2018, 974 (975); *Kalkofen/Sievert*, JURA 2011, 229 (231); *Kauerhof*, JURA 2005, 790 (797); *Kuhlen/Roth*, JuS 1995, 711 (713 f.); *Noak/Collin*, JURA 2006, 544 (547); *Siebrecht*, JuS 1997, 1101 (1104).
2278 BGHSt 64, 217 (233).
2279 BGHSt 31, 96 (101); *Schiemann*, JA 2021, 480 (482).
2280 BGHSt 37, 179 (180); BGHSt 53, 55 (59); BGHSt 64, 217 (232); BGH NStZ-RR 2018, 378 (379); BGH NStZ 2022, 102; *Schiemann*, JA 2021, 480 (482).
2281 BGHSt 12, 75 (78); OLG Hamm NStZ-RR 2016, 27: Hiernach stellt ein vorsätzlich begangener qualifizierter Rotlichtverstoß ein solches gänzlich vernunftwidriges Verhalten dar; hierzu auch *Eisele*, JuS 2016, 80.
2282 So auch *B. Heinrich/Reinbacher*, JURA 2005, 743 (746); *Wessels/Beulke/Satzger*, Rn. 1115.
2283 *Beck*, JA 2009, 111 (115).
2284 Fall nach BGHSt 51, 18; hierzu *Bosch*, JA 2006, 743; *Jahn*, JuS 2006, 758; als Übungsfall aufbereitet bei *Pape*, JURA 2008, 147.

Kochsalz gerade eine typische Folge (insofern liegt also gerade kein atypischer Kausalverlauf vor), fraglich ist jedoch, ob einer „durchschnittlichen" Mutter eben dieser Umstand bewusst ist (abzustellen ist auf den Verkehrskreis des Täters). Wenn man davon ausgeht, dass nur eine in Gesundheitsfragen überdurchschnittlich sachkundige Person die Wirkung von Kochsalz kennt, muss bereits die objektive Voraussehbarkeit hier verneint werden[2285]. Ansonsten entfällt im vorliegenden Fall bei Martha die subjektive Vorhersehbarkeit als Element der Schuld.[2286]

Bei den schlichten Tätigkeitsdelikten (Bsp.: fahrlässiges Schwören eines Meineides) entfällt naturgemäß der Prüfungspunkt der objektiven Vorhersehbarkeit des Erfolges (ein solcher ist für die Tatbestandserfüllung ja gerade nicht erforderlich). Stattdessen hat man hier die **objektive Erkennbarkeit der Tatbestandsverwirklichung** zu prüfen[2287].

cc) Objektive Vermeidbarkeit. Als weiteres objektives Tatbestandsmerkmal wird oftmals die **objektive Vermeidbarkeit** des Erfolges genannt. Könne der Erfolg in der betreffenden Situation objektiv nicht vermieden werde, entfiele der Fahrlässigkeitsvorwurf. Bei genauerer Betrachtung ist dieser Einwand aber nicht anders als derjenige des „rechtmäßigen Alternativverhaltens", welches zum Ausschluss des Pflichtwidrigkeitszusammenhanges führt[2288]: Wäre der Erfolg auch dann eingetreten, wenn sich der Handelnde rechtmäßig verhalten hätte, dann war der Erfolg auch bei rechtmäßigem Verhalten nicht zu vermeiden.

dd) Sonstige Merkmale der objektiven Zurechnung. Neben diesen speziellen Ausprägungen der objektiven Zurechnung können beim Fahrlässigkeitsdelikt auch die – bereits beim Vorsatzdelikt angesprochenen – weiteren Fallgruppen zu einem Ausschluss der objektiven Zurechnung führen. Zu nennen sind: die fehlende Verletzung des **Schutzzwecks der Norm** (der Täter verletzt zwar eine Sorgfaltsnorm, diese dient jedoch nicht dazu, diesen konkreten Erfolg zu verhindern)[2289], die **freiverantwortliche Selbstgefährdung des Opfers**[2290] und das **eigenverantwortliche Dazwischentreten eines Dritten**[2291].

f) Subjektiver Tatbestand. Einen **subjektiven Tatbestand** kennt das Fahrlässigkeitsdelikt nach zutreffender Ansicht nicht[2292]. Lediglich die Unterscheidung von bewusster und unbewusster Fahrlässigkeit könnte hier angesprochen werden, die jedoch ausschließlich für die Strafzumessung, nicht aber für die Strafbarkeit an sich relevant ist[2293]. Allerdings prüft eine **Mindermeinung** die individuelle Vorhersehbarkeit und Vermeidbarkeit (die nach der h. M. Schuldelemente darstellen)

2285 So auch *Pape*, JURA 2008, 147 (149).
2286 So wohl BGHSt 51, 18 (22); vgl. hierzu unten Rn. 1023 f.
2287 So auch *Kühl*, § 17 Rn. 12; *Wessels/Beulke/Satzger*, Rn. 1110.
2288 Vgl. *B. Heinrich/Reinbacher*, JURA 2005, 743 (747); *Wessels/Beulke/Satzger*, Rn. 1129; vgl. zum Pflichtwidrigkeitszusammenhang oben Rn. 1012 sowie ausführlich unten Rn. 1042 ff.
2289 Vgl. hierzu unten Rn. 1046.
2290 Vgl. hierzu unten Rn. 1047 ff.
2291 Vgl. hierzu noch ausführlich Problemschwerpunkt 25, Rn. 1050 ff.
2292 *Kühl*, § 17 Rn. 40, 42; *Rengier*, § 52 Rn. 6; anders *Roxin/Greco*, AT I, § 24 Rn. 73, zumindest für die bewusste Fahrlässigkeit; vgl. auch *Klesczewski*, Rn. 230 ff.; *Kretschmer*, JURA 2000, 267 (269); ferner *Mitsch*, JuS 2001, 105 (108), der meint, im subjektiven Tatbestand sei das „Wissen des Täters um die objektiven Gegebenheiten, die das Verhalten objektiv sorgfaltspflichtwidrig machen", anzusprechen.
2293 Vgl. oben Rn. 972, 1000 ff.

im subjektiven Tatbestand und erreicht dadurch eine mit dem Vorsatzdelikt zumindest vergleichbare Struktur[2294].

2. Rechtswidrigkeit

1019 Auf **Rechtswidrigkeitsebene** gibt es beim Fahrlässigkeitsdelikt keine Besonderheiten. Die Rechtswidrigkeit scheidet aus, wenn ein Rechtfertigungsgrund vorliegt. In diesem Zusammenhang wird dabei oft auf das **erlaubte Risiko** als Rechtfertigungsgrund verwiesen: Gefahren, die sich auch bei größter Sorgfalt nicht vermeiden lassen, die aber aufgrund ihrer Sozialnotwendigkeit hingenommen werden müssen, sollen als gerechtfertigt angesehen werden. Nach richtiger Ansicht scheidet hier jedoch bereits ein objektiver Sorgfaltspflichtverstoß aus, sodass das Verhalten schon nicht tatbestandsmäßig ist[2295].

1020 Dabei sind sämtliche Rechtfertigungsgründe, die beim Vorsatzdelikt möglich sind, auch beim Fahrlässigkeitsdelikt denkbar[2296]. Möglich ist also eine Rechtfertigung durch Notwehr[2297], Notstand[2298], Festnahmerecht[2299], Einwilligung (hier in der Regel in der Form der Einwilligung in eine als sorgfaltspflichtwidrig einzustufende einverständliche Fremdgefährdung[2300]) etc.[2301].

Bsp. (1): Anton greift Bruno an, dieser verteidigt sich dadurch, dass er Anton mit dem Gewehrkolben niederschlägt. Dabei löst sich versehentlich ein Schuss, der Anton tödlich verletzt. – Unproblematisch liegt hier ein Handeln in Notwehr, § 32 StGB, vor, wenn auch eine vorsätzliche Tötung in Notwehr möglich gewesen wäre[2302]. Eine Notwehr kann aber auch dann noch als zulässig angesehen werden, wenn zwar nicht die vorsätzliche Tötung, aber jedenfalls der Einsatz des Gewehrs als Schlagwaffe trotz des hiermit verbundenen Risikos als erforderlich und geboten anzusehen war[2303].

Bsp. (2): Rudi ist nach einem Kneipenbesuch absolut fahruntauglich und weiß dies auch. Dennoch fährt er mit seinem PKW nach Hause. Toni fragt, ob er mitfahren könne. Rudi öffnet ihm die Tür, weist ihn jedoch darauf hin, dass er „stockbetrunken" sei. Toni ist dies gleichgültig. Es kommt zu einem Unfall, bei dem Toni schwer verletzt

---

2294 Vgl. *Castaldo*, GA 1993, 495; *Kindhäuser*, GA 1994, 197 (208); *Kindhäuser/Hilgendorf*, LPK, § 15 Rn. 40, 77 ff.; *Kindhäuser/Zimmermann*, § 9 Rn. 6; *Köhler*, S. 200; *Maurach/Gössel/Zipf-Gössel*, AT 2, § 43 Rn. 170 ff.; *Schmoller*, Frisch-FS 2013, S. 237 (255 f.); *ders.*, Kühl-FS 2014, S. 433 (448); *Struensee*, JZ 1987, 541; vielfach wird aber darüber hinaus bei der Bestimmung des Sorgfaltsmaßstabes ohnehin in erster Linie auf die individuellen Fähigkeiten und Kenntnisse abgestellt, insoweit also vorrangig ein subjektiver Maßstab angelegt; vgl. oben Rn. 983a.
2295 *Kretschmer*, JURA 2002, 114; vgl. hierzu oben Rn. 245, 518.
2296 Vgl. BWME-*Eisele*, § 12 Rn. 58; *Kühl*, § 17 Rn. 77; *Mitsch*, JURA 2001, 105 (110); *Rengier*, § 52 Rn. 73; *Wessels/Beulke/Satzger*, Rn. 1141.
2297 BGHSt 25, 229; BGH NJW 2001, 3200; OLG Hamm NJW 1962, 1169; hierzu auch *Beulke*, JURA 1988, 641 (646); *Eisele*, JA 2001, 922; *Kretschmer*, JURA 2002, 114; *Puppe*, AT 1, 1. Aufl., § 26 Rn. 25 ff.; *Rengier*, § 52 Rn. 75; *Roxin/Greco*, AT I, § 24 Rn. 100 ff.; ferner die Übungsfälle bei *Fahl*, JURA 2003, 60 (63 f.); *Thoss*, JURA 2005, 128 (131).
2298 Vgl. hierzu *Rengier*, § 52 Rn. 76; *Roxin/Greco*, AT I, § 24 Rn. 104 ff.; ferner den Übungsfall bei *Eisele*, JA 2003, 40 (44 f.).
2299 OLG Stuttgart NJW 1984, 1694.
2300 Vgl. oben Rn. 473, ferner unten Rn. 1049; hierzu *Geppert*, ZStW 83 (1971), 947; *Kühl*, § 17 Rn. 82 ff.; *Rengier*, § 52 Rn. 77; *Roxin/Greco*, AT I, § 24 Rn. 107 f.; *Wessels/Beulke/Satzger*, Rn. 1141; ein Anwendungsfeld ist in diesem Zusammenhang auch der Bereich der Sportverletzungen; vgl. hierzu die Übungsfälle *Morgenstern*, JURA 2016, 686 (689 ff.); *Reinhardt*, JuS 2016, 423 (425 f.); ferner BGHSt 49, 166 (175).
2301 Zu weiteren möglichen Rechtfertigungsgründen *Jescheck/Weigend*, § 56 I 2, III.
2302 BGHSt 25, 229 (231); BGH NJW 2001, 3200 (3201); OLG Hamm NJW 1962, 1169; hierzu auch *Eisele*, JA 2001, 922; *Jescheck/Weigend*, § 56 I 4; *Kretschmer*, JURA 2000, 267 (276); *ders.*, JURA 2002, 114; *Roxin/Greco*, AT I, § 24 Rn. 101; problematisch hingegen RGSt 56, 285.
2303 Vgl. BGHSt 27, 313; *Kretschmer*, JURA 2002, 114; *Kühl*, § 17 Rn. 78; *Roxin/Greco*, AT I, § 24 Rn. 100.

wird. – Zwar hat Toni nicht in die Verletzung, wohl aber in die Gefährdung eingewilligt, da er den Zustand des Rudi kannte. Dies schließt eine Strafbarkeit Rudis nach § 229 StGB (nicht jedoch nach § 315c Abs. 3 Nr. 1 StGB!) aus[2304]. Stirbt Toni infolge des Unfalls, ist – nach allerdings umstrittener Ansicht – trotz § 216 StGB eine Einwilligung zumindest in eine Lebensgefährdung denkbar, die eine Strafbarkeit wegen fahrlässiger Tötung, § 222 StGB, ausschließt[2305].

Probleme bereitet in diesen Fällen lediglich das subjektive Rechtfertigungselement, welches von vielen daher für eine Rechtfertigung des Verhaltens beim Fahrlässigkeitsdelikt nicht gefordert wird[2306]. Dies ist aber nur dann einleuchtend, wenn es sich um ein unbewusst fahrlässiges Verhalten handelt[2307]. Bei bewusst fahrlässigem Verhalten muss der Handelnde jedenfalls Kenntnis von der Rechtfertigungslage besitzen und sich darüber im Klaren sein, dass er eine Abwehrhandlung vornimmt[2308].

Bsp.: Anton zielt mit einer vermeintlich ungeladenen Waffe auf Bruno. Es löst sich ein Schuss, der Bruno tötet. Im Nachhinein stellt sich heraus, dass Bruno eben im Begriff war, eine Waffe zu ziehen und Anton zu töten und dass Antons Schuss die einzige Möglichkeit war, diesen Angriff abzuwehren. – Hätte Anton vorsätzlich gehandelt, wäre er nach § 212 StGB zu bestrafen, da er nicht zur Verteidigung handelte[2309]. Dies muss aber auch für eine Fahrlässigkeitstat gelten, sodass eine Strafbarkeit nach § 222 StGB vorliegt. Diejenigen, die beim Fehlen des subjektiven Rechtfertigungsmerkmals lediglich wegen Versuchs bestrafen wollen[2310], kämen hingegen nicht zu einer Verurteilung, da der Versuch eines Fahrlässigkeitsdelikts straflos ist[2311].

3. Schuld

Auf **Schuldebene** sind an erster Stelle die beim Vorsatzdelikt relevanten Punkte (Schuldfähigkeit, das Fehlen von Entschuldigungsgründen etc.) anzusprechen[2312].

2304 BWME-*Eisele*, § 12 Rn. 56; *Kühl*, § 17 Rn. 83; *Lackner/Kühl*, § 228 Rn. 2a; NK-*Paeffgen/Zabel*, § 228 Rn. 112; anders *Krey/Esser*, Rn. 675, die die Strafbarkeit hier schon auf Tatbestandsebene wegen Fehlens der objektiven Fahrlässigkeit verneinen; vgl. auch die Übungsfälle bei *Geppert*, JuS 1972, 271; *Trüg*, JA 2002, 214 (220).
2305 Vgl. hierzu *Kühl*, § 17 Rn. 87; *Schönke/Schröder-Sternberg-Lieben*, Vorbem. §§ 32 ff. Rn. 103 f.; *Weber*, Baumann-FS 1992, S. 47; anders allerdings BGHSt 7, 112 (114 f.); weiterer Anwendungsfall: einverständlicher Geschlechtsverkehr mit einem AIDS-Infizierten trotz Kenntnis der Ansteckungsgefahr; vgl. auch die Übungsfälle bei *Rudolphi*, JURA 1980, 258 (262 f.); *Schramm*, JuS 1994, 405 (409).
2306 *Beck*, JA 2009, 268 (269); *Eisele*, JA 2001, 922 (925); *Frisch*, Lackner-FS 1987, S. 113 (130); *Gropp/Sinn*, § 12 Rn. 166 f.; *Jakobs* 11/30; *Jescheck/Weigend*, § 56 I 3; *Joecks/Jäger*, § 15 Rn. 68; *Kretschmer*, JURA 2002, 114 (118); *Mitsch*, JuS 2001, 105 (110 f.); *Otto*, § 10 Rn. 29; *Puppe*, AT 1, 1. Aufl., § 26 Rn. 27 f.; *Schmitt*, JuS 1963, 64 (65 ff.); *Schönke/Schröder-Sternberg-Lieben*, Vorbem. §§ 32 ff. Rn. 99; *Stratenwerth/Kuhlen*, § 15 Rn. 42; offen gelassen in BGHSt 25, 229 (232); problematisch OLG Frankfurt NJW 1950, 119 (120); OLG Karlsruhe NJW 1986, 1358 (1360); ferner BayObLG NStZ 1988, 408; zum Ganzen *Geppert*, JURA 1995, 103 (107); NK-*Paeffgen/Zabel*, Vor §§ 32 ff. Rn. 139 ff.; ferner die Übungsfälle bei *Fahl*, JA 2012, 906 (914); *Hillenkamp*, JuS 2018, 974 (977 f.).
2307 So auch *Kühl*, § 17 Rn. 79 f.; dies zeigen deutlich die oben in Rn. 1020 aufgeführten Fälle; dagegen nehmen BWME-*Mitsch*, § 14, Rn. 56 ff. und *Maurach/Gössel/Zipf-Gössel*, AT 2, § 44 Rn. 9 f., sogar bei der unbewussten Fahrlässigkeit ein subjektives Rechtfertigungselement an.
2308 *Alwart*, GA 1983, 433 (455); *Fahl*, JURA 2003, 60 (65); *Geppert*, ZStW 83 (1971), 947 (979); *Hassemer*, JuS 1980, 712 (714); vgl. auch *Geppert*, JURA 1995, 103 (107); *Kaspar*, JuS 2012, 112 (115); LK-*Hirsch*, 11. Aufl., Vor § 32 Rn. 58; *Maurach/Gössel/Zipf-Gössel*, AT 2, § 44 Rn. 10; NK-*Paeffgen/Zabel*, Vor §§ 32 ff. Rn. 143; *Puppe*, AT 1, 1. Aufl., § 26 Rn. 30; *Rengier*, § 52 Rn. 78; *Roxin/Greco*, AT I, § 24 Rn. 102; anders wohl *Rönnau*, JuS 2009, 594 (596); ferner OLG Hamm NJW 1962, 1169 (1170).
2309 Vgl. oben Rn. 389.
2310 Vgl. oben Rn. 391.
2311 So ausdrücklich *Hillenkamp*, JuS 2018, 974 (978); vgl. auch oben Rn. 990 f.
2312 Vgl. hierzu *Herzberg*, JURA 1984, 402 (411); *Nestler*, JURA 2015, 562 (565 ff.); zum Problem der fahrlässigen actio libera in causa vgl. oben Rn. 599, 608 ff.

Auch das Unrechtsbewusstsein spielt beim Fahrlässigkeitsdelikt eine Rolle, und zwar in Form des potentiellen Unrechtsbewusstseins (d. h. der Möglichkeit der Unrechtseinsicht).

1023 Im Bereich der Schuldform (hier wird beim Vorsatzdelikt lediglich die Vorsatzschuld geprüft, die dann ausscheidet, wenn ein Erlaubnistatbestandsirrtum vorliegt[2313], während beim Fahrlässigkeitsdelikt hier sämtliche Irrtümer zu prüfen sind[2314]) ist beim Fahrlässigkeitsdelikt allerdings noch die **subjektive Sorgfaltspflichtwidrigkeit** anzusprechen. Hierunter versteht man das Außerachtlassen der dem Täter individuell möglichen Sorgfalt. Eine Pflichtverletzung liegt dann vor, wenn der Erfolg **individuell vorhersehbar und vermeidbar** war[2315].

1024 **Individuell vorhersehbar** ist der Erfolg dann, wenn der Täter mit seinen individuellen Fähigkeiten die Gefährlichkeit seiner Handlung im Hinblick auf die entsprechende Sorgfaltspflicht und den zu vermeidenden Erfolg erkennen kann[2316]. Erforderlich ist dabei auch die Vorhersehbarkeit des Kausalverlaufes in seinen wesentlichen Grundzügen[2317]. **Individuell vermeidbar** ist der Erfolg, wenn der Täter mit seinen individuellen Fähigkeiten den Sorgfaltspflichtverstoß hätte vermeiden können[2318]. Dies ist insbesondere bei (in aller Regel länger andauernden) physischen oder psychischen Mängeln oder (zumeist kurzfristig auftretenden) körperlichen Stresssituationen oder Zuständen der Verwirrung, der Furcht oder eines besonderen Schreckens problematisch, sofern diese noch nicht den in § 20 StGB erforderlichen Grad erreichen[2319]. Auch die schlichte Unfähigkeit, Sorgfaltspflichten einzuhalten, gehört hierher.

> **Bsp.:** Anton findet den schwer verletzten Motorradfahrer Bruno nach einem Verkehrsunfall allein im Wald. Es müssen sofort wesentliche Erste-Hilfe-Maßnahmen durchgeführt werden, die Anton nur unvollständig beherrscht. Sonstige Hilfe ist in entsprechender Zeit nicht zu erlangen. Anton versucht es trotzdem. Er lagert Bruno jedoch so unglücklich, dass dieser verstirbt. – Fraglich ist hier bereits, ob Anton eine objektive Sorgfaltspflicht verletzt hat. Denn dies könnte man nur annehmen, wenn ein durchschnittlicher Kraftfahrer die Pflicht hat, Erste-Hilfe-Maßnahmen ordnungsgemäß durchzuführen, und die falsche Lagerung Brunos hier insoweit objektiv pflichtwidrig war[2320]. Nimmt man dies an, so läge zwar tatbestandlich eine fahrlässige Tötung vor. Da die Erfolgsverursachung hier aber individuell nicht vermeidbar war, handelte Anton ohne Schuld.

1025 War ein pflichtgemäßes Verhalten für den Betroffenen individuell nicht möglich, weil er die entsprechenden Fähigkeiten nicht besaß, so ist stets an ein mögliches

---

2313 Vgl. hierzu oben Rn. 555 ff., 560; zum Erlaubnistatbestandsirrtum unten Rn. 1123 ff.
2314 Vgl. hierzu *Exner*, ZJS 2009, 516 (517, 525 f.); *Herzberg*, JuS 2008, 385 (386); *Roxin/Greco*, AT I, § 24 Rn. 111 f.
2315 Vgl. *Rengier*, § 52 Rn. 83; diese Prüfungspunkte entfallen lediglich dann, wenn man bereits beim Sorgfaltspflichtverstoß auf Tatbestandsebene einen individuellen Maßstab anlegt; vgl. oben Rn. 983a.
2316 Dies wurde u. a. verneint in BGHSt 3, 62 (63 f.); BGHSt 12, 75 (77 ff.); BGHSt 40, 341 (348 f.); OLG Karlsruhe NJW 1976, 1853; BayObLG NJW 1998, 3580 (Fall „Jason"); hierzu *Laue*, JA 2000, 666 (670 f.); vgl. hierzu auch den Übungsfall bei *Murmann*, JURA 2001, 258 (261).
2317 BGHSt 37, 322 (324); BGHSt 53, 55 (59); *Beck*, JA 2008, 268 (270); *Kühl*, § 17 Rn. 92; *Wessels/Beulke/Satzger*, Rn. 1144.
2318 Vgl. hierzu BGHSt 49, 1 (4); *Fischer*, § 15 Rn. 12a; *Herzberg*, JURA 1984, 402 (406 ff.); *Lackner/Kühl*, § 15 Rn. 49; vgl. auch den Übungsfall bei *Ast*, JuS 2017, 867 (871).
2319 Vgl. hierzu *Rengier*, § 52 Rn. 84; *Schönke/Schröder-Sternberg-Lieben/Schuster*, § 15 Rn. 195.
2320 Gegen eine solche Überspannung von Sorgfaltspflichten vgl. unten Rn. 1036.

Übernahmeverschulden zu denken[2321]. Als spezieller **Entschuldigungsgrund** ist insbesondere bei Fahrlässigkeitsdelikten darüber hinaus auch die **Unzumutbarkeit normgemäßen Verhaltens** anerkannt[2322]. Im Rahmen des Fahrlässigkeitsdelikts kann der Täter dann einem Verbotsirrtum, § 17 StGB, unterliegen, wenn er sich über das Bestehen oder die rechtlichen Grenzen einer Sorgfaltspflicht irrt[2323].

Zusammengefasst ergibt sich somit folgendes **Schema**[2324]:

1. **Tatbestandsmäßigkeit**
   – Handlung des Täters (Tun oder Unterlassen)
   – Tatbestandsmäßiger Erfolg (bei Erfolgsdelikten)
   – Kausalität (bei Erfolgsdelikten)
   – Vorliegen einer objektiven Sorgfaltspflichtverletzung
   – objektive Zurechnung (bei Erfolgsdelikten)
   – Pflichtwidrigkeitszusammenhang
   – objektive Vorhersehbarkeit des Erfolges
   – sonstige Merkmale der objektiven Zurechnung
2. **Rechtswidrigkeit**
3. **Schuld**
   – Schuldfähigkeit
   – Fehlen von Entschuldigungsgründen
   – (potentielles) Unrechtsbewusstsein (Möglichkeit der Unrechtseinsicht)
   – Schuldform: Vorliegen einer subjektiven Sorgfaltspflichtverletzung
   – subjektive Vorhersehbarkeit des Erfolges (bei Erfolgsdelikten)
   – subjektive Vermeidbarkeit des Erfolges (bei Erfolgsdelikten)

V. Objektive Sorgfaltspflichtverletzung

Die Sorgfaltspflichtverletzung stellt den „Kern" des Fahrlässigkeitsdelikts dar. Sie gliedert sich, wie bereits erwähnt[2325], in eine objektive und eine subjektive Pflichtwidrigkeit.

Unter der objektiven Sorgfaltspflichtverletzung versteht man dabei die Außerachtlassung der im Verkehr erforderlichen Sorgfalt. Da kein abschließender Katalog an Sorgfaltspflichten existiert, muss zuerst eine solche Sorgfaltsnorm festgestellt werden, d. h. geprüft werden, welches Verhalten von der Rechtsordnung in einer bestimmten Situation gefordert wird, um dann in einem zweiten Schritt zu untersuchen, ob und wodurch der Täter gegen diese Sorgfaltspflicht verstoßen hat[2326]. Art und Maß der anzuwendenden Sorgfalt ergeben sich dabei aus den Anforde-

---

2321 Vgl. hierzu unten Rn. 1056.
2322 Vgl. hierzu RGSt 30, 25 (28); RGSt 36, 78 (81); BGH NStZ 1994, 29; *Beck,* JA 2008, 268 (270); *B. Heinrich/Reinbacher,* JURA 2005, 743 (747); *Jescheck/Weigend,* § 57 IV; *Kaspar,* JuS 2012, 112 (116); *Kühl,* § 17 Rn. 97; LK-*Rönnau,* 13. Aufl., Vor §§ 32 ff. Rn. 348; LK-*Vogel/Bülte,* 13. Aufl., § 15 Rn. 312 ff.; *Pest/Merget,* JURA 2014, 166 (171 f.); *Rengier,* § 52 Rn. 87 f.; *Roxin,* AT I, § 24 Rn. 122 ff.; *Schönke/Schröder-Sternberg-Lieben,* Vorbem. §§ 32 ff. Rn. 126; *Wessels/Beulke/Satzger,* Rn. 1145, 1218; diese Rechtsfigur ablehnend *Achenbach,* JURA 1997, 631 (635); *Krey/Esser,* Rn. 1352; *Maurach/Gössel-Zipf-Gössel,* AT 2, § 44 Rn. 59 ff.; *MüKo-Schlehofer,* 4. Aufl., Vor § 32 Rn. 335 f.; *MüKo-Hardtung,* 4. Aufl., § 222 Rn. 93; vgl. hierzu bereits oben Rn. 596.
2323 Hierzu *Beck,* JA 2008, 268 (270).
2324 Vgl. zu ähnlichen Vorschlägen *Beck,* JA 2009, 111 (112); *B. Heinrich/Reinbacher,* JURA 2005, 743 (747); *Kaltenhäuser,* JA 2017, 268 (269); *Kretschmer,* JURA 2000, 267 (269); *Kühl,* § 17 Rn. 8; *Laue,* JA 2000, 666 (670); *Rengier,* § 52 Rn. 12; *Wessels/Beulke/Satzger,* Rn. 1111; ferner den Übungsfall bei *Riemenschneider,* JuS 1997, 627 (628); vgl. auch unten Rn. 1480.
2325 Vgl. oben Rn. 982.
2326 Zu diesem Vorgehen *Kühl,* § 17 Rn. 22.

rungen, die bei einer Betrachtung der Gefahrenlage **ex-ante**[2327] an einen besonnenen und gewissenhaften Menschen in der konkreten Lage und der sozialen Situation des Handelnden zu stellen sind[2328]. Es wird also auf das Leitbild des sorgfältigen Teilnehmers eines bestimmten Verkehrskreises abgestellt[2329]. Auch wenn im Einzelfall besondere Verhaltensregeln nicht – oder nicht in ausreichendem Maße – vorhanden sind, können aufgrund außergewöhnlicher Umstände, die ein vorhandenes Risiko erkennbar erhöhen, Sorgfaltspflichten begründet werden, die über das Maß der gewöhnlichen Pflichten hinausgehen[2330].

1. Bestimmung der Sorgfaltspflicht

1029 Der Vielgestaltigkeit menschlichen Lebens entsprechend, gibt es keinen abgeschlossenen Katalog an Sorgfaltspflichten. Die jeweilige Sorgfaltspflicht muss vielmehr im Einzelfall konkret bestimmt werden, wobei sich lediglich bestimmte Leitlinien vorgeben lassen[2331]. Insoweit ist es also Aufgabe des Richters (bzw. Klausurverfassers) die jeweilige Sorgfaltspflicht zu bestimmen und einen entsprechenden Verstoß festzustellen[2332].

1030 Relativ unproblematisch sind diejenigen Pflichten, die sich bereits unmittelbar aus einer **rechtlichen Regelung** (Gesetz, Rechtsverordnung etc.) ergeben (sog. Rechtspflichten).

> **Bsp.:** Das in § 2 Abs. 1 StVO geregelte Rechtsfahrgebot verpflichtet den Führer eines Kfz, auch bei übersichtlicher Straße die rechte Fahrspur einzuhalten. Wer also zum Spaß auf einer übersichtlichen Straße Schlangenlinien oder längere Zeit auf der linken Spur fährt, begeht einen (vorsätzlichen) Pflichtverstoß, der sich, wenn es zu einem Unfall kommt, in einem tatbestandlichen Erfolg (Tötung, Körperverletzung) niederschlagen kann[2333].

1031 Ferner können Sorgfaltspflichten aber auch aus bestimmten **Verkehrsnormen** herrühren (so z. B. aus Regelwerken, die von privaten Interessensverbänden geschaffen wurden, wie DIN-Normen, Vorschriften der Sportverbände oder der Bundesärztekammer)[2334].

2327 BGHSt 64, 217 (222); BGH GA 1969, 246; *Rengier*, § 52 Rn. 15; OLG München NStZ-RR 2015, 209 (210); *Wessels/Beulke/Satzger*, Rn. 1118.
2328 BGHSt 7, 307 (309 f.); BGHSt 20, 315 (321); BGHSt 37, 184, (189); BGHSt 64, 217 (222 f.); BGH NJW 2000, 2754 (2758); BGH NStZ 2022, 102; OLG München NStZ-RR 2015, 209 (210); LG Karlsruhe StV 219, 400 (403); *Eisele*, JA 2003, 40 (43); *Jescheck/Weigend*, § 55 I 2b; *Kretschmer*, JURA 2000, 267 (270); *Krey/Esser*, Rn. 1345; *Kühl*, § 17 Rn. 25; *Neubacher*, JURA 2005, 857 (860); *Quentin*, JuS 1994, L 49 (L 50); *Pruin*, ZIS 2022, 116 (117); *Rengier*, § 52 Rn. 15; *Schiemann*, JA 2021, 480 (481); *Wessels/Beulke/Satzger*, Rn. 1118; anders wiederum diejenigen, die einen individuellen Maßstab bei der Bestimmung der Sorgfaltspflicht zugrunde legen wollen; vgl. oben Rn. 983a.
2329 *Kretschmer*, JURA 2000, 267 (270); *Rengier*, § 52 Rn. 15.
2330 BGHSt 37, 184 (189).
2331 Vgl. hierzu auch die Übungsfälle bei *Fahl*, JURA 1995, 654 (658); *Neubacher*, JuS 2005, 1101 (1104 f.).
2332 *Jescheck/Weigend*, § 54 I 3; *Krey/Esser*, Rn. 1350; *Roxin/Greco*, AT I, § 24 Rn. 94; *Wessels/Beulke/Satzger*, Rn. 1105.
2333 Vgl. zu den Rechtspflichten im Straßenverkehr BGHSt 4, 182; *Kretschmer*, JURA 2000, 267 (270); *Schneider*, ZJS 2013, 362 (364 f.); vgl. ferner die Übungsfälle bei *Eisele*, JA 2003, 40 (43 f., 47 f.); *Hinderer/Brutscher*, JA 2011, 907 (908); vgl. ferner zu Prognoseentscheidungen im Rahmen von Vollzugslockerungen BGHSt 64, 217; hierzu *Pruin*, ZIS 2022, 116; *Schiemann*, JA 2021, 480 (481 ff.).
2334 Vgl. hierzu OLG München NStZ-RR 2015, 209 (210); *Kaspar*, JuS 2012, 16 (20); *Kretschmer*, JURA 2000, 267 (270 f.); *Krey/Esser*, Rn. 1350; *Rengier*, § 52 Rn. 16; *Roxin/Greco*, AT I, § 24 Rn. 18 ff.; ferner die Übungsfälle bei *Herles/Steinhauser*, JURA 2013, 1281 (1287); *Reinhardt*, JuS 2016, 423 (425).

Schließlich existiert aber auch über die eben genannten geschriebenen Regelungen hinaus noch eine Vielzahl allgemeiner Sorgfalts- und Überwachungspflichten, die zumeist aus allgemeinen **Erfahrungssätzen**[2335] oder der Verkehrssitte herrühren. Zu nennen sind in diesem Zusammenhang u. a. die „allgemein anerkannten Regeln der Technik" oder die „Regeln der ärztlichen Kunst"[2336]. **1032**

> **Bsp.:** Wer in zulässiger Weise im Freien ein Lagerfeuer entfacht, darf dieses am Ende des Abends nicht nur oberflächlich löschen oder gar weiter brennen lassen. Er verletzt somit seine Sorgfaltspflicht, wenn er sich trotz Glimmens des Feuers entfernt.

Auch wenn diese Kriterien recht vage sind und sich daher mit Blick auf den Bestimmtheitsgrundsatz, Art. 103 Abs. 2 GG, die Frage nach der Verfassungsmäßigkeit stellt[2337], ist eine Bestrafung fahrlässigen Verhaltens dennoch legitim, wenn die Sorgfaltsanforderungen nicht überspannt werden[2338]. Ferner ist zu beachten, dass selbst die Nichtbefolgung der eben genannten Regeln lediglich ein Indiz für einen Sorgfaltspflichtverstoß im konkreten Fall darstellt[2339]. **1033**

2. Begrenzung der Sorgfaltspflichten

Die eben genannten Sorgfaltspflichten werden begrenzt durch den **Vertrauensgrundsatz**. Wer selbst die gebotene Sorgfalt aufwendet, darf sich darauf verlassen, dass sich seine Mitmenschen ebenfalls sorgfaltsgerecht verhalten, sofern nicht das Gegenteil deutlich erkennbar ist[2340]. Dies gilt nicht nur im Verhältnis von Täter und Opfer, sondern auch dann, wenn mehrere Personen arbeitsteilig zusammenwirken (wie z. B. bei medizinischen Operationen, Rettungsaktionen[2341] oder bei der gemeinsamen Durchführung von Baumaßnahmen[2342]). **1034**

> **Bsp.:** Ein Autofahrer darf sich z. B. darauf verlassen, dass ein Fußgänger nicht unvermittelt auf die Straße tritt – er muss also nicht darauf achten und vorsorglich bremsen, wenn er an einer Gruppe Fußgänger vorbeifährt. – Anders ist die Sachlage allerdings zu beurteilen, wenn es sich bei den Fußgängern um eine Gruppe Schulkinder oder erkennbar Betrunkene handelt[2343].

In diesem Zusammenhang ist auch die Fallgruppe des **erlaubten Risikos** zu nennen: Es gibt riskante Verhaltensweisen, die sich jedoch noch im Rahmen des allge- **1035**

2335 Hierzu *Kühl*, § 17 Rn. 23.
2336 BGH NJW 2000, 2754 (2758); *Rengier*, § 52 Rn. 18; *Schönke/Schröder-Sternberg-Lieben/Schuster*, § 15 Rn. 212.
2337 Sehr kritisch MüKo-*Duttge*, 4. Aufl., § 15 Rn. 33 ff.; MüKo-*Schmitz*, 4. Aufl., § 1 Rn. 61.
2338 So auch *Jescheck/Weigend*, § 54 I 3; *Roxin/Greco*, AT I, § 24 Rn. 95.
2339 BGHSt 4, 182 (185); *Kaspar*, JuS 2012, 16 (20); *Krey/Esser*, Rn. 1350; *Roxin/Greco*, AT I, § 24 Rn. 16; *Wessels/Beulke/Satzger*, Rn. 1125; a. M. *Maurach/Gössel/Zipf-Gössel*, AT 2, § 43 Rn. 62.
2340 Hierzu BGHSt 4, 47; BGHSt 7, 118; BGHSt 9, 92 f.; BGHSt 12, 81 (83); *Duttge*, ZIS 2011, 349 (350); *Eidam*, JA 2011, 912; *Fischer*, § 222 Rn. 14 ff.; *Kaspar*, JuS 2012, 16 (20); *Kretschmer*, JURA 2000, 267 (270); *Krey/Esser*, Rn. 1351; *Kühl*, § 17 Rn. 36; MüKo-*Duttge*, 4. Aufl., § 15 Rn. 140; *Pruin*, ZIS 2022, 116 (123 f.); *Roxin/Greco*, AT I, § 24 Rn. 21 f.; *Wessels/Beulke/Satzger*, Rn. 1120; *Wilhelm*, JURA 1985, 182 (186); vgl. ferner die Übungsfälle bei *Albrecht/Kaspar*, JuS 2010, 1071 (1074); *Graul*, JURA 1999, 562 (567); *Hillenkamp*, JuS 2018, 974 (975).
2341 BGHSt 43, 306 (310); BGH NJW 1980, 649 (650); BGH NJW 1987, 2293 (2295); BGH NJW 1989, 1536 (1538); BGH NJW 1994, 797 (798); *Duttge*, ZIS 2011, 349; *Eidam*, JA 2011, 912 (914 f.); *Krey/Esser*, Rn. 1351; *Roxin/Greco*, AT I, § 24 Rn. 25 ff.; *Wessels/Beulke/Satzger*, Rn. 946; *Wilhelm*, JURA 1985, 182.
2342 BGHSt 47, 224; BGHSt 53, 38; *Renzikowski*, StV 2009, 443.
2343 Zu diesen Ausnahmen vom Vertrauensgrundsatz BGHSt 12, 81 (83); BGHSt 13, 169 (172 f.); BGHSt 43, 306 (310); *Eidam*, JA 2011, 912 (913 f.); *Kaspar*, JuS 2012, 16 (20); *Kretschmer*, JURA 2000, 267 (270); *Krey/Esser*, Rn. 1351; *Puppe*, JURA 1998, 21 (22); *Quentin*, JuS 1994, L 49 (L 57); *Rengier*, § 52 Rn. 22; *Schönke/Schröder-Sternberg-Lieben/Schuster*, § 15 Rn. 150.

meinen Lebensrisikos bzw. des von der Gesellschaft tolerierten Risikos halten und die daher als „sozialadäquate Verhaltensweisen" bereits keinen Sorgfaltspflichtverstoß darstellen[2344]. Während diese Fälle bei den Vorsatzdelikten über die objektive Zurechnung ausgeschieden werden[2345], begrenzen sie im Fahrlässigkeitsbereich bereits die Sorgfaltspflicht[2346].

> **Bsp. (1):** Anton fährt ordnungsgemäß mit seinem PKW durch die Stadt und hält sich peinlich genau an die Geschwindigkeitsbegrenzungen. Plötzlich springt unvorhergesehen die vierjährige Anna zwischen zwei parkenden Autos auf die Straße. Es kommt zu einem Unfall, durch den Anna schwere Prellungen erleidet[2347]. – Zwar ist das Fahren mit dem Auto kausal für Annas Verletzung[2348]. Auch ist es bekannt, dass jährlich eine stattliche Anzahl von Menschen bei Verkehrsunfällen sterben oder schwer verletzt werden, insofern war der Unfall auch objektiv vorhersehbar. Dennoch ist das Fahren mit einem PKW auf öffentlichen Straßen dann und solange erlaubt (und als von der Gesellschaft toleriertes Risiko anzusehen), solange dabei die Verkehrsregeln eingehalten werden.
>
> **Bsp. (2)**[2349]**:** Karl ist Veranstalter von Marathon- und Extrem-Bergläufen, an denen jedermann teilnehmen kann. Bei diesen Läufen kommt es regelmäßig zu Todesfällen, weil einzelne Teilnehmer unerkannte gesundheitliche Vorschäden aufweisen oder sich – oftmals auch witterungsbedingt – nicht richtig kleiden oder sich aus „sportlichem Ehrgeiz" überanstrengen. – Unabhängig davon, dass hier in den meisten Fällen auch eine eigenverantwortliche Selbstgefährdung der Opfer vorliegen wird[2350], scheidet eine Strafbarkeit Karls wegen fahrlässiger Tötung, § 222 StGB, schon mangels einer Sorgfaltspflichtverletzung aus: Da die Veranstaltung solcher Läufe sozial erwünscht ist, auch wenn es in Einzelfällen zu tödlichen Unglücksfällen kommt, kann Karl hier strafrechtlich kein Vorwurf gemacht werden, wenn er die sonstigen Sorgfaltsmaßstäbe beachtet (ausreichende Absicherung der Strecke, Anwesenheit von Rettungssanitätern etc.).

1036 Allgemein sollte beachtet werden, dass insbesondere bei riskanten Handlungen, die dem Allgemeininteresse dienen, die Sorgfaltspflichten nicht überspannt werden[2351].

> Für denjenigen, der Sofortmaßnahmen am Unfallort durchführt (oder durchführen muss, da er sich sonst nach § 323c StGB strafbar macht), dürfen bereits die objektiven Sorgfaltspflichtmaßstäbe nicht zu hoch angesetzt werden. Eine fachgerechte Lagerung des Verletzten etc. kann der am Unfallort Helfende oftmals nicht leisten. Hier sollte daher nicht erst der subjektive Sorgfaltspflichtverstoß zu einem Ausschluss der Schuld führen.

2344 Vgl. hierzu RGSt 30, 25 (27).
2345 Vgl. oben Rn. 345.
2346 Vgl. BWME-*Eisele*, § 12 Rn. 30; *Eidam*, JA 2011, 912 (916 f.); *Frisch*, JuS 2011, 116 (119); *Kaspar*, JuS 2012, 112 (113); *Kretschmer*, JURA 2000, 267 (269 f.); *Kühl*, § 17 Rn. 16; *Mitsch*, JuS 2018, 1161 (1167); MüKo-*Duttge*, 4. Aufl., § 15 Rn. 145; *Neubacher*, JURA 2005, 857 (860); Schönke/Schröder-*Sternberg-Lieben/Schuster*, § 15 Rn. 144 ff., 211 ff.; *Wilhelm*, JURA 1985, 192 (196); a. M. (Rechtfertigungsgrund) *Baumann/Weber/Mitsch*, 11. Aufl. 2003, § 14 Rn. 91, § 22 Rn. 26, 31, 34, 39; *Schmidhäuser*, LB, 6/107; vgl. hierzu auch die Übungsfälle bei *Albrecht/Kaspar*, JuS 2010, 1071 (1072); *Mitsch*, JuS 2018, 51 (55); *Norouzi*, JuS 2007, 146 (148).
2347 Zu diesem Fall auch *Wessels/Beulke/Satzger*, Rn. 1100, 1125.
2348 BGHSt 11, 1 (7) – hier wird zutreffend die Kausalität im „mechanisch-naturwissenschaftlichen" Sinne angenommen und lediglich die objektive Zurechnung verneint; vgl. hierzu noch unten Rn. 1042 ff.
2349 Zu dieser Problematik auch *Kuhli*, HRRS 2008, 385; vgl. hierzu den Übungsfall bei *Albrecht/Kaspar*, JuS 2010, 1071.
2350 Vgl. hierzu noch unten Rn. 1047 ff.
2351 *Wessels/Beulke/Satzger*, Rn. 1119; vgl. in diesem Zusammenhang allerdings auch OLG Stuttgart NJW 1998, 3131; LG Oldenburg NStZ 1997, 238 (239).

3. Feststellung des Sorgfaltspflichtverstoßes

Sofern man die jeweilige Sorgfaltspflicht im Einzelnen bestimmt hat, muss nun in einem zweiten Schritt festgestellt werden, dass der Täter durch sein Verhalten gegen diese zuvor aufgestellte Sorgfaltspflicht verstoßen hat[2352]. Denn erfüllt er durch sein Verhalten die festgestellte Sorgfaltspflicht, fährt ein Autofahrer also z. B. ordnungsgemäß, handelt er selbst dann nicht fahrlässig, wenn er einen strafrechtlich unerwünschten Erfolg verursacht.

4. Exkurs: Sonderwissen; besondere Fähigkeiten

Bisher wurde davon ausgegangen, dass unter einem Sorgfaltspflichtverstoß die Verletzung der im Verkehr erforderlichen (objektiven) Sorgfalt zu verstehen ist. Es wurde dargelegt, dass dabei auf den „Maßstab eines durchschnittlichen Mitglieds des jeweiligen Verkehrskreises" abgestellt werden muss. Von diesem „Normalmaßstab" ist aber **zu Ungunsten** des Täters abzuweichen, wenn dieser mit einem bestimmten Sonderwissen ausgestattet ist bzw. besondere Fähigkeiten besitzt[2353]. Dieser Maßstab wird – obwohl es sich um subjektive Kriterien handelt – nicht erst im Rahmen der **Schuld** geprüft, sondern verändert bereits den Inhalt der objektiven Sorgfaltspflicht für den konkreten Täter. In diesen Ausnahmefällen sind also die individuellen Faktoren bereits bei der Prüfung des objektiven Tatbestandes – und zwar strafbegründend zu Ungunsten des Täters – zu berücksichtigen[2354]. Sie erhöhen den Sorgfaltsmaßstab im zu prüfenden Fall.

> **Bsp. (Sonderwissen)**[2355]: Anton fährt mit seinem Auto durch die Stadt. Als Ortskundiger weiß er, dass er an einer bestimmten Straßenkreuzung, obwohl von links kommend, infolge einer geänderten Vorfahrtsregelung vorfahrtsberechtigt ist. Er weiß aber auch, dass das Verkehrsschild für die von rechts kommenden (wartepflichtigen) Verkehrsteilnehmer nur schlecht sichtbar ist, sodass sich oftmals Unfälle ereignen. Dennoch verringert er, als er von links kommend (und somit vorfahrtsberechtigt) in die Kreuzung einfährt, seine Geschwindigkeit nicht, obwohl er sieht, dass von rechts Toni mit seinem PKW heranaht. Es kommt zum Unfall, bei dem Toni schwer verletzt wird. – Bei der Prüfung der Strafbarkeit Antons wegen fahrlässiger Körperverletzung, § 229 StGB, ist zu beachten, dass er sich selbst zwar an die Vorfahrtsregelung gehalten hat, dass ihn als Ortskundigen aber eine höhere Sorgfaltspflicht trifft[2356]. Daher kann er sich nicht auf den Standpunkt stellen, eine Verletzung der objektiv erforderlichen Sorgfalt läge nicht vor, da jeder durchschnittliche Fahrer auf die vermeintliche Vorfahrt vertraut und in die Kreuzung eingefahren wäre. Sein individuelles Sonderwissen erhöhte also bereits den objektiven Sorgfaltsmaßstab. Auch der oben[2357] angesprochene Vertrauensgrundsatz gilt in diesem Fall nicht.

2352 Vgl. hierzu *Wessels/Beulke/Satzger*, Rn. 1124.
2353 *Beck*, JA 2009, 111 (114); *Jäger*, Rn. 561; *Krey/Esser*, Rn. 1349; *Kühl*, § 17 Rn. 27 f.; *Rengier*, § 52 Rn. 19; *Roxin/Greco*, AT I, § 24 Rn. 62; *Schmoller*, Kühl-FS 2014, S. 433 (450); *Schönke/Schröder-Sternberg-Lieben/Schuster*, § 15 Rn. 138 ff.; *Wessels/Beulke/Satzger*, Rn. 1119; zu dieser Problematik auch *Kretschmer*, JURA 2000, 267 (271 f.); *Laue*, JA 2000, 666 (668); dieses Problem stellt sich bei den Vertretern, die im Rahmen des Tatbestandes bereits einen individuellen Maßstab anlegen, nicht, da besondere Fähigkeiten und Kenntnisse den individuellen Sorgfaltspflichtmaßstab verschieben; vgl. oben Rn. 983a.
2354 Ablehnend zu dieser Konstruktion *Schünemann*, JA 1975, 611 (613 ff.); vgl. auch *Jescheck/Weigend*, § 54 I 3, die allerdings dann die einzelnen Verkehrskreise sehr eng begrenzen.
2355 Hierzu *Greco*, ZStW 117 (2005), 519; *Kaspar*, JuS 2012, 16 (20); *Rengier*, § 52 Rn. 20; *Wessels/Beulke/Satzger*, Rn. 1119; *Wolter*, GA 1977, 257 (269 ff.).
2356 Zum genannten Beispiel auch *Kretschmer*, JURA 2000, 267 (272); *Kühl*, § 17 Rn. 32; *Laue*, JA 2000, 666 (669); *Rengier*, § 52 Rn. 20; *Wessels/Beulke/Satzger*, Rn. 944.
2357 Vgl. oben Rn. 1034.

Bsp. (individuelles Können)[2358]**:** Herzspezialist Armin ist infolge seiner Fähigkeiten ein absoluter Fachmann auf seinem Gebiet. Während bei einer besonders riskanten Herzoperation das Risiko eines tödlichen Ausgangs für den Patienten üblicherweise bei 30 % liegt, kann Armin infolge seiner Fähigkeiten das Risiko auf etwa 10 % reduzieren. Bei der Operation Pauls erscheint Armin betrunken zum Dienst. Paul stirbt infolge der Operation. Armin kann im Prozess nachweisen, dass er in betrunkenem Zustand etwa die gleichen Fähigkeiten besitzt wie ein anderer Operateur in nüchternem Zustand, sodass das Risiko eines tödlichen Ausgangs bei ihm, wenn er in betrunkenem Zustand operiert, ebenfalls bei 30 % liegt. – Hier war der Maßstab der an Armins Handeln anzulegenden Sorgfalt aufgrund seiner besonderen Fähigkeiten erhöht. Erscheint Armin betrunken zum Dienst und erfüllt er infolgedessen nur die „normalen" Anforderungen, die alle sonstigen Operateure erfüllen, liegt für ihn dennoch eine objektive Sorgfaltspflichtverletzung vor. Er ist im vorliegenden Fall also wegen fahrlässiger Tötung zu bestrafen[2359].

5. Sonderproblem: gerechtfertigtes Verhalten

1039 Im Rahmen der Prüfung der **objektiven Sorgfaltspflichtwidrigkeit** ist es fraglich, ob bereits an dieser Stelle Elemente der Rechtswidrigkeit mit zu berücksichtigen sind.

Bsp. (1): Der Nichtschwimmer Anton wird am Rande eines Gebirgssees vom Nichtschwimmer Bruno angegriffen. Dieser will ihn mit bedingtem Tötungsvorsatz in den See werfen. Im Zuge der nun entstehenden Rangelei wehrt sich Anton tapfer und gibt letztlich dem angreifenden Bruno einen kräftigen Stoß, worauf dieser, ohne dass Anton dies wollte, ins Wasser fällt und ertrinkt. – Hier handelte Anton in Notwehr, § 32 StGB. Fraglich ist jedoch, ob eine Strafbarkeit wegen fahrlässiger Tötung bereits mangels Sorgfaltspflichtverstoß auf Tatbestandsebene oder erst mangels Rechtswidrigkeit ausscheidet.

Bsp. (2)[2360]**:** Wachmann Paul verfolgt den mit einer wertvollen Beute fliehenden Dieb Toni. Nach mehreren Warnschüssen auf menschenleerer Straße zielt Paul auf Tonis Füße. Ein Querschläger verletzt den zufällig sich hinter einer Mülltonne versteckt haltenden Ludwig schwer. – Im Hinblick auf die fahrlässige Körperverletzung Ludwigs kommt für den Wachmann Paul eine Rechtfertigung nach § 34 StGB in Frage. Fraglich ist jedoch auch hier, ob überhaupt ein Sorgfaltspflichtverstoß vorlag.

1040 Man kann sich hier auf den Standpunkt stellen, ein letztlich gerechtfertigtes Handeln könne nicht pflichtwidrig sein. Bei Vorliegen eines Rechtfertigungsgrundes müsse daher bereits die Sorgfaltspflichtwidrigkeit auf Tatbestandsebene verneint werden[2361]. Diese Ansicht hätte aber zur Folge, dass die zweite Prüfungsebene, nämlich die Ebene der Rechtswidrigkeit, bei Fahrlässigkeitsdelikten gar nicht bzw. kaum mehr existieren würde. Daher geht die h. M. zu Recht davon aus, dass im Rahmen der Sorgfaltspflichtwidrigkeit diejenigen Elemente, die zu einer Rechtfertigung des Täters führen, nicht zu berücksichtigen sind[2362].

2358 Zu diesem Fall auch *Krey/Esser*, Rn. 1349; ferner BGH JZ 1987, 877.
2359 Vgl. zur Berücksichtigung des individuellen Könnens auch *Krey/Esser*, Rn. 1349 (beschränkt auf den Rahmen des Zumutbaren); *Roxin/Greco*, AT I, § 24 Rn. 57 ff.; *Schönke/Schröder-Sternberg-Lieben*, § 15 Rn. 138 ff.; *Wolter*, GA 1977, 257 (271); zum „Herzspezialisten" vgl. auch *Kretschmer*, JURA 2000, 267 (271 f.).
2360 Vgl. zu diesem Beispiel bereits oben Rn. 425 Bsp. (3).
2361 In diese Richtung *Freund/Rostalski*, § 5 Rn. 59; *Ludes/Pannenberg*, JURA 2013, 24 (28); *Otto*, JURA 1995, 468 (475); *ders.*, NStZ 2001, 594 (595).; *ders.*, Schlüchter-GS 2002, S. 77 (95).
2362 *Börner*, GA 2002, 276 (277 f.); *Hillenkamp*, JuS 2018, 974 (978); *Jakobs*, 11/30; *Jescheck/Weigend*, § 56 I 1; *Kühl*, § 17 Rn. 77; *Mitsch*, JuS 2001, 105 (110); MüKo-*Duttge*, 4. Aufl., § 15 Rn. 197; *Roxin/Greco*, AT I, § 24 Rn. 99; *Schönke/Schröder-Sternberg-Lieben/Schuster*, § 15 Rn. 188; *Wessels/Beulke/Satzger*, Rn. 1141; vgl. ferner den Übungsfall bei *Fahl*, JURA 2003, 60 (63 f.).

In den genannten **Beispielen** stellt das Rangeln mit einem Nichtschwimmer am Ufer eines Sees sowie das Schießen mit einer Waffe auf offener Straße einen objektiven Sorgfaltspflichtverstoß dar. Die objektive Pflichtwidrigkeit entfällt nicht dadurch, dass das Verhalten (möglicherweise) gerechtfertigt ist. Dieser Umstand ist ausschließlich auf Rechtswidrigkeitsebene zu berücksichtigen.

VI. Problemschwerpunkte im Rahmen der objektiven Zurechnung

Wie bereits angesprochen[2363], muss beim Fahrlässigkeitsdelikt neben die Kausalität von Handlung und Erfolg (im Sinne der conditio-sine-qua-non-Formel) auch eine „Kausalität" zwischen Pflichtwidrigkeit und Erfolg treten, die mit dem Begriff des Pflichtwidrigkeitszusammenhangs umschrieben wird und die in folgenden vier Fallgruppen problematisiert werden kann: 1041

1. Rechtmäßiges Alternativverhalten bei Fahrlässigkeitsdelikten (Pflichtwidrigkeitszusammenhang)[2364] (Problemschwerpunkt 24)

Fall[2365]**:** Toni fährt mit einem Blutalkoholgehalt von 2,0 Promille mit 120 km/h durch die Straßen einer Kleinstadt. Die erlaubte Höchstgeschwindigkeit beträgt 50 km/h. Da torkelt plötzlich der vollkommen betrunkene Otto auf die Fahrbahn und wird von Tonis Auto erfasst und getötet. Toni wendet im nachfolgenden Prozess ein, dass Otto so plötzlich zwischen zwei parkenden Autos auf die Straße fiel, dass er ihn auch in nüchternem Zustand unter Einhaltung der zulässigen Höchstgeschwindigkeit tödlich überfahren hätte. Diese Behauptung lässt sich im Prozess weder beweisen, noch ist sie widerlegbar. 1042

Problemstellung: Im Hinblick auf die Kausalität bestehen im vorliegenden Fall keine Probleme, denn denkt man Tonis Handlung (= Autofahren) hinweg, so hätte er Otto nicht überfahren und getötet. Auch handelte Toni sorgfaltspflichtwidrig (überhöhte Geschwindigkeit, Trunkenheit). Hinsichtlich der Bestrafung Tonis wegen fahrlässiger Tötung, § 222 StGB, und fahrlässiger Straßenverkehrsgefährdung, § 315c Abs. 1 Nr. 1a, Abs. 3 Nr. 1 (oder Nr. 2) StGB, ist jedoch fraglich, ob und inwieweit bei der Prüfung des Pflichtwidrigkeitszusammenhangs der Einwand rechtmäßigen Alternativverhaltens („Hätte ich mich sorgfaltsgemäß verhalten, wäre der Erfolg in gleicher Weise eingetreten") zu berücksichtigen ist.

a) Nach der teilweise vertretenen **reinen Kausalitätstheorie**[2366] haftet der Täter für den durch sein pflichtwidriges Verhalten verursachten Erfolg unabhängig davon, ob dieser auch bei pflichtgemäßem Verhalten eingetreten wäre oder nicht. 1043

2363 Vgl. oben Rn. 1012; vgl. ferner bereits den Überblick im Rahmen der objektiven Zurechnung oben Rn. 251.
2364 Hierzu auch *Erb*, JuS 1994, 449 (454 ff.); *Hillenkamp/Cornelius*, AT, 31. Problem; *Kretschmer*, JURA 2000, 267 (273 ff.); *Marxen*, Fall 5a; *Pruin*, ZIS 2022, 116 (124 f.); ferner die Übungsfälle bei *Aselmann/Krack*, JURA 1999, 254; *Bühler*, JURA 1989, 651 (658); *Dannecker/Schröder*, JuS 2020, 860 (863); *Dencker*, JuS 1980, 210 (212); *Eisele*, JA 2003, 40 (46, 47 ff.); *Freund*, JuS 2001, 475 (476 f.); *Hillenkamp*, JuS 2018, 975 (976 f.); *Kasiske*, JA 2007, 509 (510); *Lenk/Ritz*, JA 2020, 507 (513 f.); *Magnus*, JURA 2009, 390; *Noak*, JURA-Sonderheft Zwischenprüfung, 2004, 20 (23); *Steinberg/Schönemann*, ZJS 2015, 284 (287).
2365 Fall in Anlehnung an BGHSt 24, 31; hierzu *Puppe*, § 3 Rn. 23 ff.; zu einem ähnlichen Fall auch *Marxen*, Fall 5c; *Wessels/Beulke/Satzger*, Rn. 1100, 1131; Standardfall für diese Problematik ist üblicherweise der „Radfahrerfall", BGHSt 11, 1; hierzu *Freund/Rostalski*, § 5 Rn. 82 ff.; *Joecks/Jäger*, § 222 Rn. 22; *Krey/Esser*, Rn. 1355 ff.; *Kühl*, § 17 Rn. 48 ff.; *Puppe*, § 3 Rn. 18 ff.
2366 *Reinelt*, NJW 1968, 2152; *Spendel*, JuS 1964, 14; *ders.*, Eb. Schmidt-FS 1961, S. 183 (198); vgl. auch *Bindokat*, JZ 1977, 549 (551); *Jakobs*, 7/72 ff., 84.

Denn denke man im Rahmen der conditio-sine-qua-non-Formel die pflichtwidrige Handlung als Ganzes hinweg, entfiele auch der Erfolg. Dies müsse ausreichen. Es wäre falsch, in diesem Zusammenhang das pflichtgemäße Verhalten wieder hinzudenken zu müssen. Wenn beide Verhaltensweisen, die pflichtgemäße und die pflichtwidrige, zum missbilligten Erfolg führen würden, werde dadurch nicht die Rechtmäßigkeit des pflichtwidrigen Verhaltens, sondern eher die Rechtswidrigkeit des eigentlich pflichtgemäßen Verhaltens begründet. Nach dieser Ansicht wäre Toni also auch dann strafbar, wenn der Erfolg auch bei pflichtgemäßem Verhalten eingetreten wäre, da selbst der gelungene Nachweis rechtmäßigen Alternativverhaltens den objektiven Tatbestand des Fahrlässigkeitsdelikts nicht ausschließen würde. Dieser Ansatz muss aber deswegen **abgelehnt** werden, weil nicht nachvollziehbar ist, warum der Täter selbst in solchen Fällen strafbar sein soll, in denen feststeht, dass sein Verhalten zwar pflichtwidrig war, er das Risiko jedoch nicht gesteigert, in Einzelfällen vielleicht sogar verringert hat. Vielmehr würde hierdurch der (an sich überwundenen) Erfolgshaftung (versari in re illicita) wieder zur Geltung verholfen, wonach derjenige, der etwas Verbotenes tut, für sämtliche Folgen einstehen muss, die sich aus seinem (pflichtwidrigen) Verhalten ergeben.

1044 b) Die **Risikoerhöhungslehre**[2367] hingegen geht davon aus, dass dem Täter der Erfolg jedenfalls dann nicht zugerechnet werden kann, wenn ihm der **Nachweis** gelingt, dass dieser Erfolg auch bei pflichtgemäßem Verhalten eingetreten wäre. Diesen Nachweis müsse der Täter jedenfalls dann erbringen, wenn sein Verhalten zu einer das Maß des erlaubten Risikos erheblich übersteigenden Gefährdung geführt habe. Dann müsse er konkret beweisen, dass der Erfolg auch bei pflichtgemäßem Verhalten mit Sicherheit eingetreten wäre. Eine bloße Möglichkeit reiche hierfür nicht aus. Dieses Ergebnis wird damit begründet, dass Sorgfaltspflichten auch dann zu beachten seien, wenn nicht sicher ist, ob dadurch auch wirklich Gefahren vermieden werden können oder nicht. Wer aber eine das erlaubte Risiko übersteigende Gefahrerhöhung herbeiführe, müsse sich den Erfolg zurechnen lassen, außer es gelinge ihm nachzuweisen, dass die erhöhte Gefährdung sich eben im konkreten Erfolg gerade nicht realisiert hat. Konsequenz dieser Lösung ist gewissermaßen eine (dem Strafrecht sonst fremde) Umkehr der Beweislast. Da es dem Toni im vorliegenden Fall nicht gelingt, mit Sicherheit nachzuweisen, dass der Erfolg auch in nüchternem Zustand und bei langsamerer Fahrt eingetreten wäre, läge eine Fahrlässigkeitstat vor. Dem ist **entgegenzuhalten,** dass dann, wenn allein eine Gefahrerhöhung für die Erfolgszurechnung ausreichen würde, die normalen Verletzungsdelikte letztlich zu Gefährdungsdelikten umgestaltet würden. Zudem ist zu beachten, dass durch diese Umkehr der Beweislast ein Verstoß gegen den Grundsatz „in dubio pro reo" vorliegt.

[2367] AK-*Zielinski*, §§ 15, 16 Rn. 120; *Gimbernat*, GA 2018, 65 (68 ff.); *ders.*, GA 2018, 127; *Jescheck/Weigend*, § 55 II 2b; *Kahlo*, GA 1987, 75; *Kratsch*, Oehler-FS 1985, S. 65 (70 f.); *Kaspar*, JuS 2012, 112 (115); *Kleszewski*, Rn. 226; *Köhler*, S. 197 ff.; *Küper*, Lackner-FS 1987, S. 247 (282 f.); *Lackner/Kühl*, § 15 Rn. 44; *Otto*, § 10 Rn. 17 ff.; *ders.*, Maurach-FS 1972, S. 91 (102 f.); *ders.*, NJW 1980, 421; *Roxin/Greco*, AT I, § 11 Rn. 88 ff.; *Roxin*, ZStW 74 (1962), 411 (441); *ders.*, ZStW 78 (1966), 217; *Rudolphi*, JuS 1969, 549 (553 f.); *Schünemann*, JA 1975, 647 (649); *ders.*, GA 1985, 341 (354 ff.); *ders.*, StV 1985, 230; *Stratenwerth/Kuhlen*, § 8 Rn. 36 f.; jedenfalls im Ergebnis auch *Maurach/Gössel/Zipf*, AT 2, 7. Aufl., § 43 Rn. 105 f.; vgl. ferner *Kühl*, § 17 Rn. 56 ff.; nahestehend auch NK-*Puppe*, Vor §§ 13 ff. Rn. 204 f.; *Puppe*, § 3 Rn. 23 ff.; *dies.*, ZStW 99 (1987), 595 (615 f.); *dies.*, JURA 1997, 513 (517 ff.); vgl. auch die differenzierende Lösung bei *Erb*, JuS 1994, 449 (445 f.); ausführlich zur Risikoerhöhungslehre und den Gegenpositionen *Schmoller*, Wolter-FS 2013, S. 479.

c) Daher ist in Übereinstimmung mit der sog. **Pflichtwidrigkeits- oder Vermeidbarkeitstheorie**[2368] davon auszugehen, dass ein Erfolg dem Täter dann nicht zugerechnet werden kann, wenn dieser Erfolg auch bei pflichtgemäßem Verhalten des Täters eingetreten wäre. Zum Nachweis reichen konkrete Umstände, die es jedenfalls als möglich erscheinen lassen, dass der Erfolg auch unabhängig von der Pflichtwidrigkeit eingetreten wäre. Begründet werden kann dies damit, dass der strafrechtlich missbilligte Erfolg gerade auf der Sorgfaltspflichtverletzung beruhen muss, was dann der Fall ist, wenn der Erfolg bei Anwendung der erforderlichen Sorgfalt mit an Sicherheit grenzender Wahrscheinlichkeit nicht eingetreten wäre. Da es sich bei dem Zusammenhang von Pflichtwidrigkeit und Erfolg um eine haftungsbegründende Voraussetzung handelt, muss hier der Grundsatz „in dubio pro reo" gelten. Im Ergebnis bleibt also der Täter (hier Toni) straflos, wenn er jedenfalls die Möglichkeit glaubhaft darlegt, dass der Erfolg auch bei pflichtgemäßem Verhalten eingetreten wäre[2369]. **Gegen** diese Ansicht wird zwar vorgebracht, dass sie die Strafbarkeit bei Fahrlässigkeitsdelikten zu sehr einschränke, da sich die Möglichkeit des Erfolgseintritts auch bei pflichtgemäßem Verhalten oft nicht ausschließen lasse. Diesem Einwand muss jedoch entgegengehalten werden, dass der Täter schließlich die Möglichkeit rechtmäßigen Alternativverhaltens wenigstens glaubhaft machen muss.

2. Schutzzweck der Norm

Objektiv nicht zurechenbar sind ferner Verhaltensweisen, die zwar an sich pflichtwidrig sind, die jedoch einen Verstoß gegen eine Norm beinhalten, welche ganz andere tatbestandsmäßige Erfolge verhindern soll als denjenigen, der im konkreten Fall tatsächlich eingetreten ist[2370].

2368 BGHSt 11, 1; BGHSt 21, 59 (61); BGHSt 24, 31 (34); BGHSt 33, 61 (63); BGHSt 49, 1 (4); OLG Frankfurt JR 1994, 77 (78); OLG Karlsruhe GA 1970, 313; BWME-*Eisele*, § 10 Rn. 89 f., § 12 Rn. 43; *Beck*, JA 2008, 268; *Bockelmann/Volk*, § 20 B I 4c; *Dencker*, JuS 1980, 210 (212); *Freund/Rostalski*, § 5 Rn. 84 ff.; *Freund*, JuS 2001, 475 (476); *Gropp/Sinn*, § 12 Rn. 79; *Jäger*, Rn. 44; *v. Heintschel-Heinegg-Kudlich*, § 15 Rn. 54.2; *Hoffmann-Holland*, Rn. 827; *Kasiske*, JA 2007, 509 (510); *Kindhäuser*, GA 1994, 219; *Kretschmer*, JURA 2000, 267 (274); *Krey/Esser*, Rn. 1360; LK-*Schroeder*, 11. Aufl., § 16 Rn. 190; *Magnus*, JURA 2009, 390 (391); MüKo-*Duttge*, 4. Aufl., § 15 Rn. 163; *Norouzi*, JuS 2007, 146 (148); *Rengier*, § 52 Rn. 35; *Schlüchter*, JA 1984, 673; *Schönke/Schröder-Sternberg-Lieben/Schuster*, § 15 Rn. 173 ff.; SK-*Hoyer*, Anh. zu § 16 Rn. 67; SK-*Jäger*, Vor § 1 Rn. 119; SSW-*Momsen*, § 15 Rn. 78; *Welzel*, JuS 1966, 421 (424 f.); *Wessels/Beulke/Satzger*, Rn. 1128 ff.; vgl. ferner RGSt 15, 151; RGSt 63, 211 (213).

2369 Verfehlt ist allerdings die Ansicht des BGH in BGHSt 24, 31 (35) bzw. BGH NStZ 2013, 231 und BayObLG NStZ 1997, 388, bei einem betrunkenen Autofahrer nicht darauf abzustellen, ob ein nüchterner Autofahrer den Unfall hätte vermeiden können, sondern darauf, ob es auch bei einer seiner Trunkenheit angemessenen reduzierten Geschwindigkeit zu dem Unfall gekommen wäre; dem BGH im Ergebnis folgend BayObLG NStZ 1997, 338; *Lenk/Ritz*, JA 2020, 507 (514); MüKo-*Duttge*, 4. Aufl., § 15 Rn. 176 f.; wohl auch *Fischer*, Vor § 13 Rn. 34; zu Recht abweichend *Hecker*, JuS 2013, 466 (467); *Jahn*, JA 2013, 393 (394); *Kühl*, § 17 Rn. 63; *Otto*, § 10 Rn. 22; *Puppe*, JURA 1997, 624 (628 f.); *dies.*, NStZ 1997, 389; *Rengier*, § 52 Rn. 41; *Schönke/Schröder-Sternberg-Lieben/Schuster*, § 15 Rn. 158; *Schünemann*, JA 1975, 715 (718); *Wessels/Beulke/Satzger*, Rn. 1131; vgl. ferner *El-Ghazi*, ZJS 2014, 23; *Puppe*, JR 2013, 473.

2370 Vgl. hierzu BGHSt 33, 61 (64); *Erb*, JuS 1994, 449 (453 f.); *Kretschmer*, JURA 2000, 267 (275); *Kudlich*, JA 2010, 681 (686); *Kühl*, § 4 Rn. 74; *Nestler*, JURA 2019, 1049 (1055); *Puppe*, ZStW 99 (1987), 595 (612 ff.); *Rengier*, § 52 Rn. 37; SK-*Jäger*, Vor § 1 Rn. 110; *Wessels/Beulke/Satzger*, Rn. 261 ff., 1127; vgl. allerdings auch BGHSt 17, 299 (302), wo eine Zurechenbarkeit angenommen wird; a. M. (Rechtfertigungsgrund) *Lampe*, ZStW 101 (1989), 3 (49); abweichend auch MüKo-*Duttge*, 4. Aufl., § 15 Rn. 185 f., der die Kategorie des Schutzzweckzusammenhangs insgesamt ablehnt, da hier bereits die (von ihm nach individuellen Kriterien bestimmte) Sorgfaltspflichtverletzung ausscheide; vgl. ferner die Übungsfälle bei *Gaul/Haseloff/Zapf*, JA 2011, 672 (676); *Herles/Steinhauser*, JURA 2013, 1281 (1289); *Marinitsch*, JA 2019, 906 (911); *Schneider/Schumann*, ZJS 2013, 195 (196).

Bsp. (1)[2371]: Anton und Bruno fahren nachts auf einer einsamen Landstraße mit dem Fahrrad hintereinander her. Beide haben kein Licht am Rad. Plötzlich kommt ihnen Gustav mit dem Auto entgegen und erfasst den vorne fahrenden Anton. Dieser stirbt. Zum Unfall wäre es nicht gekommen, wenn jedenfalls Bruno mit Licht gefahren wäre, da Gustav den von Bruno angestrahlten Anton dann gesehen hätte. – Die fehlende Beleuchtung an Brunos Rad war hier kausal für Antons Tod (denkt man sie hinzu, hätte Gustav den Anton gesehen und nicht erfasst). Auch stellt das Radfahren ohne Licht auf einer unbeleuchteten Landstraße ein pflichtwidriges Verhalten dar (vgl. § 17 StVO), schafft also ein rechtlich missbilligtes Risiko. Dieses Risiko besteht jedoch darin, dass derjenige, der ohne Licht fährt, von einem Autofahrer nur schwer gesehen und dadurch ein Unfall verursacht werden kann. Die Pflicht, bei Dunkelheit nur mit eingeschaltetem Licht zu fahren, soll jedoch nicht dazu dienen, andere zu beleuchten, damit diese nicht in einen Unfall verwickelt werden. Eine Strafbarkeit Brunos wegen fahrlässiger Tötung, § 222 StGB, scheidet daher aus.

Bsp. (2)[2372]: Rudi rast mit 150 km/h mit seinem Ferrari durch die Stadt, obwohl er nur 50 km/h hätte fahren dürfen. Als er plötzlich in einem Wohngebiet eine Geschwindigkeitsbeschränkung auf 30 km/h sieht, bremst er ab und hält diese Geschwindigkeit nun ein. Plötzlich springt unvorhergesehen die vierjährige Anna zwischen zwei Autos auf die Straße. Sie wird von Anton erfasst und schwer verletzt. – Das ordnungsgemäße Autofahren mit angepasster Geschwindigkeit ist an sich nicht pflichtwidrig. Zwar wird auch hierdurch ein Risiko geschaffen, dieses hält sich jedoch im Rahmen des von der Rechtsordnung erlaubten Risikos[2373]. Allerdings handelte Rudi dadurch pflichtwidrig, dass er zuvor mit 150 km/h durch die Stadt brauste. Auch der Pflichtwidrigkeitszusammenhang ist gegeben, denn wäre Rudi ordentlich gefahren (= rechtmäßiges Alternativverhalten), wäre er zu einem späteren Zeitpunkt an der Unfallstelle gewesen und hätte Anna nicht erfasst. Geschwindigkeitsbeschränkungen sollen aber nach ihrem Schutzzweck lediglich verhindern, dass auf dem limitierten Streckenabschnitt keine Unfälle passieren, da der Fahrer nicht rechtzeitig abbremsen, ausweichen oder anhalten kann[2374]. Es soll dadurch aber nicht verhindert werden, dass er später als sonst an einem anderen Ort ankommt. Ansonsten könnte man Rudi nämlich auch vorwerfen, dass er nicht noch schneller gefahren ist, denn dann hätte er die betreffende Stelle noch früher erreicht und es wäre ebenfalls nicht zu einem Unfall gekommen[2375].

Bsp. (3): Toni fährt mit, den Verkehrs- und Sichtverhältnissen an sich angemessenen, 40 km/h durch ein Wohngebiet und überfährt die vierjährige Anna, die unvorhergesehen auf die Straße springt, tödlich. In dem Wohngebiet galt eine allein aus Lärmschutzgründen, § 30 Abs. 1 StVO, angeordnete Geschwindigkeitsbegrenzung von 30 km/h. Bei Einhaltung dieser Geschwindigkeit hätte Toni noch rechtzeitig bremsen können. – Auch hier fehlt es im Hinblick auf eine Strafbarkeit wegen fahrlässiger Tötung, § 222 StGB, am Schutzzweckzusammenhang, da die Geschwindigkeitsbegrenzung allein aus Lärmschutzgründen angeordnet wurde und es daher für die Beurteilung der Fahrlässigkeitsbestrafung nicht hierauf, sondern allein auf die angepasste Geschwindigkeit ankam[2376].

[2371] Fall nach RGSt 63, 392; hierzu *Jäger*, Rn. 39; *Nestler*, JURA 2019, 1049 (1055); *Popp/Hotz*, JA 2016, 268 (269 f.); *Puppe*, § 3 Rn. 5 ff.; *Wessels/Beulke/Satzger*, Rn. 263; ferner bereits oben Rn. 250.

[2372] Zu diesem Fall *Kaspar*, JuS 2012, 112 (114); *Kühl*, § 17 Rn. 69 f.; *Küper*, FS-Lackner 1987, S. 247 (250 f.); *Neubacher*, JURA 2005, 857 (861); *Rengier*, § 52 Rn. 38 f.; *Roxin/Greco*, AT I, § 11 Rn. 75; *Stratenwerth/Kuhlen*, § 8 Rn. 39; *Wessels/Beulke/Satzger*, Rn. 262, 1127; zu ähnlichen Fällen *Freund*, JuS 1990, 213 (215); *Kaltenhäuser*, JA 2017, 268 (269); *Kretschmer*, JURA 2000, 267 (275); *Mitsch*, JA 2006, 509 (514); *Puppe*, § 4 Rn. 8 ff.; *dies.*, JURA 1997, 624 (629); *dies.*, ZJS 2008, 600 (602 ff.); *Wolf/Langlitz*, ZJS 2018, 611 (614); vgl. auch BGHSt 21, 59 (61); BGHSt 33, 61 (64).

[2373] Zum Ausschluss der objektiven Zurechnung in diesen Fällen bereits oben Rn. 245.

[2374] Vgl. BGHSt 33, 61 (65).

[2375] So im Ergebnis auch zutreffend BGH VRS 73 (1987), 94; *Wessels/Beulke/Satzger*, Rn. 1127; anders OLG Karlsruhe NJW 1958, 430.

[2376] Vgl. hierzu auch den Übungsfall bei *Kett-Straub/Linke*, JuS 2008, 717 (718).

3. Freiverantwortliche Selbstschädigung oder Selbstgefährdung des Opfers

Objektiv nicht zurechenbar sind auch Verhaltensweisen, die erst zusammen mit einer eigenverantwortlich gewollten und verwirklichten Selbstverletzung oder Selbstgefährdung des Opfers einen tatbestandlichen Erfolg bewirken[2377]. Hier kann dem Täter strafrechtlich nicht vorgeworfen werden, dass er durch sein pflichtwidriges Verhalten im Vorfeld einen vorhersehbaren Erfolg mit verursacht hat. Bei der Beurteilung dieser Frage geht es letztlich um die Zuweisung von **Verantwortungsbereichen**. Jeder ist primär für sein Verhalten selbst verantwortlich. Daher sind diejenigen Risiken, die ein Opfer selbst zu verantworten hat, einem anderen nicht zuzurechnen[2378]. Dies ergibt sich auch aus der Überlegung, dass die vorsätzliche Beihilfe zu einer fremden Selbsttötung nach deutschem Recht mangels rechtswidriger Haupttat straflos ist. Dann aber wäre es widersprüchlich, die fahrlässige (Mit-)Verursachung einer fremden Selbsttötung oder Selbstgefährdung unter Strafe zu stellen[2379].

Notwendig ist allerdings, dass das Opfer **freiverantwortlich** handelt und sich die Mitwirkung des Täters lediglich auf die bloße **Veranlassung**, **Ermöglichung** oder **Förderung** der Selbstgefährdung bezieht. Eine Fahrlässigkeitsbestrafung scheidet daher nicht aus, wenn dem Opfer lediglich ein gleich schwerer oder gar geringerer Sorgfaltspflichtverstoß vorgeworfen werden kann[2380]. Letztlich geht es also auch hier darum, ob man die Tat dem Täter als „sein Werk" zurechnen kann oder nicht. Dabei sind die Kriterien, die an ein freiverantwortliches Handeln anzulegen sind,

---

2377 BGHSt 32, 262; BGHSt 36, 1 (17); BGHSt 37, 179 (181); BGHSt 39, 322 (325); BGHSt 46, 279 (288 f.); BGHSt 49, 34 (39); BGHSt 53, 55 (60); BGHSt 53, 288 (290); BGHSt 59, 150 (167 f.); BGHSt 61, 21 (25); BGH NStZ 1984, 452; BGH NStZ 1985, 25; BGH NStZ 1986, 266; BGH NStZ 1987, 406; BGH NJW 2000, 2286 (2287); BGH NJW 2003, 2326; BGH NStZ 2009, 92 (93); BGH NJW 2009, 2611; BGH StV 2013, 27 (29 f.); BGH NStZ 2017, 219 (221); BayObLG NJW 1990, 131; BayObLG NStZ 1997, 341; BayObLG NStZ-RR 1997, 51; *Christmann*, JURA 2002, 679; *Geppert*, JURA 2001, 490 (491); *Gropp/Sinn*, § 12 Rn. 100; *Kaspar*, JuS 2012, 112 (113); *Kindhäuser/Zimmermann*, § 11 Rn. 23; *Krawczyk/Neugebauer*, JA 2011, 264 (265); *Kreß/Mülfarth*, JA 2011, 269 (271 f.); *Kretschmer*, JURA 2000, 267 (275); *Krey/Esser*, Rn. 355 f.; *Kudlich*, JA 2010, 681 (686); *Kühl*, § 4 Rn. 72, 86; *Nestler*, JURA 2019, 1049 (1053); *Otto*, § 6 Rn. 60 ff.; *Puppe*, § 6 Rn. 1 ff.; *dies.*, ZIS 2007, 247; *Rönnau*, JuS 2019, 119 (119 f.); *Roxin/Greco*, AT I, § 11 Rn. 107 ff.; SK-*Jäger*, Vor § 1 Rn. 139 ff.; *Wessels/Beulke/Satzger*, Rn. 1133; *Wirsch*, JuS 2006, 400 (402); vgl. aber auch *Freund*, JuS 1999, 235 (237); ferner die Übungsfälle bei *Albrecht/Kaspar*, JuS 2010, 1071 (1072 ff.); *Benz*, ZJS 2021, 522 (523); *Berster*, ZJS 2017, 468 (575 f.); *Beulke/Mayer*, JuS 1987, 125 (126 f.); *Bindzus/Ludwig*, JuS 1998, 1123 (1124 f.); *Brünig*, JuS 2007, 255 (259); *Buttel/Rotsch*, JuS 1996, 327 (332 f.); *Cerny/Makepeace*, JURA 2020, 1128 (1130); *Esser*, JURA 2004, 273 (275 f.); *Fahl*, JuS 2009, 234 (237); *Fahrner*, JURA 2020, 1259 (1260 f.); *Großmann*, JuS 2021, 1054 (1056); *Großmann/Mennemann*, JuS 2018, 779 (780 f.); *Haas/Schneider*, ZJS 2021, 213 (215); *B. Heinrich/Reinbacher*, JA 2007, 264 (265); *Herzberg*, JURA 2004, 670; *Hillenkamp*, JuS 2001, 159 (160 f.); *Hinderer/Brutscher*, JA 2011, 907 (909 f.); *Kienapfel*, JURA 1989, 145 (146); *Lorenz/Heidemann*, JA 2020, 427 (428 ff.); *Lorenz/Steffen*, JA 2019, 424 (429); *Magnus*, JUS 2016, 914 (918); *Marinitsch*, JA 2019, 906 (910); *Marxen/Winter*, JuS 1979, 204 (207); *Müller*, JURA 2005, 635 (635 f., 639 f.); *Noak/Collin*, JURA 2006, 544 (547); *Norouzi*, JuS 2006, 531 (532, 534); *ders.*, JuS 2007, 146 (149); *Otto*, JURA 2005, 416 (419 f.); *Penkuhn*, ZJS 2016, 232 (241); *Reinbacher*, JURA 2007, 382 (385); *Reinhardt*, JuS 2016, 423 (425); *Safferling*, JURA 2004, 64 (66); *Schramm*, JuS 1994, 405 (406); *Schrödl*, JA 2003, 656 (661 f.); *Seier*, JuS 1989, L 11 (L 12 f.); *Seiterle*, JURA 2011, 958 (960 f.); *Stief*, JuS 2009, 716 (719); *Timpe*, ZJS 2009, 550 (551 ff.); *Thoss*, JURA 2005, 128 (131); *Walter*, JURA 2014, 117 (119 f.); *Wedler*, JA 2015, 671 (674 f.); *Wolf/Langlitz*, ZJS 2018, 611 (617 f.); *Wolter*, JA 2007, 354 (359).
2378 *Nestler*, JURA 2019, 1049 (1053); *Kretschmer*, JURA 2000, 267 (275); *Satzger*, JURA 2014, 695 (699).
2379 Hierzu ausführlich BGHSt 24, 342 (343 f.); BGHSt 32, 262 (264); LG Gießen NStZ 2013, 43 (44); ferner *Rengier*, § 13 Rn. 77 ff; *Rönnau*, JuS 2019, 119 (119 f.).
2380 Vgl. hierzu *Hecker/Witteck*, JuS 2005, 397; ferner BGHSt 32, 262 (265); BGH NStZ 1985, 25 (26).

umstritten. Während manche eine solche Freiverantwortlichkeit nur dann ausschließen, wenn das Opfer schuldunfähig ist (§ 20 StGB, § 3 JGG) oder sich in einem die Schuld ausschließenden Zustand befindet (§ 35 StGB)[2381], stellt die zutreffende Ansicht auf die Kriterien der Einwilligung ab und fragt, ob sich das Opfer in der konkreten Situation der Bedeutung und Tragweite seiner Handlung bewusst ist, was bei Gewalt, Täuschung oder Drohung regelmäßig ausscheidet[2382].

Bsp. (1)[2383]: Anton handelt mit Heroin. Bruno gehört zu seiner Stammkundschaft. Eines Tages stirbt Bruno an einer Überdosis Heroin, die ihm Anton beschafft und verkauft hat. – Zwar ist der Handel mit Heroin grundsätzlich verboten, und auch der Grund dieses Verbots liegt gerade darin, dass durch den Konsum von Heroin Gesundheitsschäden, psychische Schäden oder gar der Tod der Konsumenten eintreten kann (Schutzzweck der Norm). Dennoch kann dem Anton hier Brunos Tod nicht zugerechnet werden, sofern man ein freiverantwortliches Handeln des Letzteren annimmt und dieser sich das Heroin selbst gespritzt hat[2384] (dies ist in den Heroinfällen im Übrigen häufig problematisch – stellt man nämlich fest, dass bei Bruno bereits ein hohes Suchtpotential vorhanden war, so schließt dies die Freiverantwortlichkeit aus[2385]).

Bsp. (2)[2386]: Rudi sticht Toni mit einem Messer nieder. Dieser wird schwer verletzt in ein Krankenhaus gebracht. Er wäre aber durch eine einfache Bluttransfusion zu retten. Aus unerfindlichen Gründen weigert sich Toni jedoch, eine solche durchzuführen. Tags darauf stirbt er. – Hier hat Rudi eine rechtlich missbilligte Gefahr geschaffen (= Niederstechen), die sich „an sich" auch im konkreten Erfolg (= Tonis Tod infolge der Stichwunde) realisierte. Dennoch ist Rudi dieser Erfolg nicht als „sein Werk" zuzurechnen. Denn der Erfolg beruhte letztlich im Wesentlichen auf der Weigerung Tonis, eine medizinisch indizierte Behandlung durchführen zu lassen. Wenn dies in voller Kenntnis des

---

2381 *Arzt/Weber/Heinrich/Hilgendorf-Hilgendorf*, § 3 Rn. 28; *Dannecker/Stoffers*, StV 1997, 642 (644); *Lasson*, ZJS 2009, 359 (362 f.); LK-*Roxin*, 11. Aufl., § 25 Rn. 66 ff.; MüKo-*Schneider*, 4. Aufl., Vor §§ 211 ff. Rn. 55 ff.; *Roxin*, AT II, § 25 Rn. 54, 57; *ders.*, Dreher-FS 1977, S. 331 (346); vgl. auch *Schönke/Schröder-Heine/Weißer*, § 25 Rn. 11.
2382 BGHSt 53, 288 (290); BGH NStZ 1985, 25 (26); BayObLG NJW 1990, 131 (132); *Amelung*, NJW 1996, 2393 (2395); *ders.*, NStZ 1994, 338; *Brandts*, JURA 1996, 495 (497 f.); *Freund/Rostalski*, § 5 Rn. 77; *Herzberg*, JuS 1974, 374 (376); *Krey/Esser*, Rn. 913; *Krey/Hellmann/M. Heinrich*, BT 1, Rn. 112; *Kühl*, § 4 Rn. 88; *ders.*, JA 2009, 321 (327); *Lackner/Kühl*, § 211 Rn. 13a; *Murmann*, § 23 Rn. 69; *Rönnau*, JuS 2019, 119 (121); *Satzger*, JURA 2014, 695 (700); *Schönke/Schröder-Eser/Sternberg-Lieben*, Vorbem. §§ 211 ff. Rn. 36; *Wessels/Hettinger/Engländer*, BT 1, Rn. 117; vgl. hierzu auch die Übungsfälle bei *Gafus/Weigl*, JuS 2022, 336 (337 f.); *Hoven*, JuS 2016, 631 (632); *Lindheim/Uhl*, JA 2009, 783 (785); *Lorenz/Heidemann*, JA 2020, 427 (428 f.); *dies.*, JA 2020, 836 (837 f.); *Walter*, JURA 2014, 117 (119) sowie oben Rn. 461, 468 ff.
2383 Fall in Anlehnung an BGHSt 32, 262; hierzu *Beck*, JA 2008, 268 (268 f.); *Dach*, NStZ 1985, 24; *Fahl*, GA 2018, 418; *Geppert*, JURA 2001, 490 (491 f.); *Käßner/Seibert*, JuS 2006, 810 (811); *Lasson*, ZJS 2009, 359 (360 ff.); *Roxin*, NStZ 1984, 411; *Stree*, JuS 1985, 179; vgl. ferner den Übungsfall bei *Lorenz/Heidemann*, JA 2020, 427 (428 f.); BGHSt 37, 179 (hierzu kritisch *Puppe*, AT 1, 1. Aufl., § 6 Rn. 23 ff.); BGHSt 49, 34; BGHSt 53, 288; BGH NStZ 1981, 350; BGH NStZ 1983, 72; BGH NStZ 1984, 452; BGH NStZ 1985, 319 (319 f.); BGH NJW 2000, 2286 (2287); BayObLG NStZ-RR 1997, 51; *Marxen*, Fall 5e; vgl. bereits oben Rn. 252.
2384 *Lorenz/Heidemann*, JA 2020, 427 (430 f.); *Wessels/Beulke/Satzger*, Rn. 1133; a. M. *Köhler*, MDR 1992, 739 (741); MüKo-*Duttge*, 4. Aufl., § 15 Rn. 155; NK-*Puppe*, Vor §§ 13 ff. Rn. 193; vgl. aber auch BGH NStZ 1981, 350; BGH NStZ 1983, 72; teilweise wird auch § 30 Abs. 1 Nr. 3 BtMG (leichtfertige Todesverursachung durch Betäubungsmittelabgabe) als Argument gegen einen Zurechnungsausschluss gerade in BtM-Fällen angeführt; dieser würde quasi leer laufen, nähme man einen Ausschluss der objektiven Zurechnung an, wenn das Opfer das Betäubungsmittel eigenverantwortlich einnimmt; vgl. BGHSt 37, 179 (180 ff.); BGH NStZ 2001, 204 (205 f.); *Hardtung*, NStZ 2001, 206 (208).
2385 Vgl. hierzu *Amelung*, NJW 1996, 2393; *Lasson*, ZJS 2009, 359 (368); vgl. auch BGH NStZ 1983, 72; eine Freiverantwortlichkeit scheidet auch dann aus, wenn der Täter dem Opfer versehentlich Heroin statt Kokain aushändigt und das Opfer infolgedessen an einer Überdosis stirbt; so BGHSt 53, 288 (290).
2386 Fall in Anlehnung an BGH NStZ 1994, 394; hierzu *Geppert*, JURA 2001, 490 (492).

damit verbundenen Risikos geschah, lag darin eine die strafrechtliche Verantwortung Rudis ausschließende Selbstgefährdung[2387].

Bsp. (3)[2388]: Anton will Bruno verprügeln. Als er ihn auf der Straße trifft, versetzt er ihm einen kräftigen Faustschlag. Da Bruno merkt, dass Anton es nicht dabei bewenden lassen will, gerät er in Panik. Er dreht sich um und will über die Straße fliehen. Dort wird er von einem Auto erfasst und getötet. – Bei der hier zu prüfenden Strafbarkeit Antons wegen Körperverletzung mit Todesfolge, § 227 StGB, sind zwei Dinge auseinander zu halten: erstens muss der tödliche Erfolg Anton als „sein Werk" zuzurechnen sein. Zwar gefährdet sich Bruno durch sein Fluchtverhalten selbst, dieser Selbstgefährdung liegt jedoch eine panikartige Reaktion zugrunde, welche die Freiverantwortlichkeit ausschließt, sodass der Erfolg dem Anton objektiv zuzurechnen ist. Eine andere Frage ist, ob hier der für ein erfolgsqualifiziertes Delikt erforderliche gefahrspezifische Zusammenhang vorliegt[2389]. Während dies von der Rechtsprechung früher abgelehnt wurde[2390], wird inzwischen die panikartige Flucht als deliktsspezifische Gefahr angesehen[2391].

Bsp. (4)[2392]: Rudi hat Brunos Haus in Brand gesteckt. Feuerwehrmann Fritz vermutet in dem Gebäude noch schlafende Personen und begibt sich ins Innere. Dort wird er von einem herunterstürzenden brennenden Dachbalken erschlagen. – Auch hier stellt sich für die Beurteilung, ob sich Rudi wegen Brandstiftung mit Todesfolge, § 306c StGB, strafbar gemacht hat, zuerst die Frage, ob die objektive Zurechnung aufgrund einer freiverantwortlichen Selbstgefährdung des Fritz ausgeschlossen ist. Dies muss auch hier verneint werden, da Fritz als Feuerwehrmann zur Rettung von Menschenle-

---

2387 *Kühl*, JURA 2002, 810 (814); *ders.*, JA 2009, 321 (326); *Lasson*, ZJS 2009, 359 (368); *Rengier*, § 13 Rn. 84 ff.; *Roxin/Greco*, AT I, § 11 Rn. 118; *Schönke/Schröder-Eisele*, Vorbem. §§ 13 ff. Rn. 102b; anders aber BGH NStZ 1994, 394; einschränkend auch OLG Celle NJW 2001, 2816; *Weigend*, Rengier-FS 2018, S. 135; vgl. hierzu auch die Übungsfälle bei *Brüning*, JuS 2007, 255 (259); *Esser*, JURA 2004, 273 (275 f.); *Lorenz/Steffen*, JA 2019, 424 (429); *Steinberg/Lachenmaier*, ZJS 2012, 649 (650 f.).
2388 Vgl. zu diesen „Fluchtfällen" auch BGHSt 48, 34; BGH NJW 1971, 152; BGH NStZ 2008, 278; *B. Heinrich/Reinbacher*, JURA 2005, 743 (750, Fall 4); *Nestler*, JURA 2019, 1049 (1053); ferner die Übungsfälle bei *Bischoff/Schneider*, JuS 2012, 741 (745 f.); *Kasiske*, JURA 2012, 736 (740); *Krack/Kische*, ZJS 2010, 734 (739 f.); *Kühl*, JuS 2007, 742 (750); *Müller*, JURA 2005, 635 (635 f.); *Müller/Raschke*, JURA 2011, 704 (712); *Müller/Schmoll*, JA 2013, 756 (760); *Rengier*, § 52 Rn. 55 f.; *Safferling*, JURA 2004, 64; *Steinberg*, JZ 2009, 1053 (1055 ff.); *Steinberg*, JuS 2017, 1061 (1066); *Timpe*, JURA 2009, 465 (466 f.); *Wagner/Drachsler*, ZJS 2011, 530 (531 f.); *Wolter*, JA 2007, 354 (358 ff.).
2389 Vgl. hierzu ausführlich *B. Heinrich/Reinbacher*, JURA 2005, 743.
2390 BGH NJW 1971, 152 (153) – „Rötzel-Fall"; hierzu *Puppe*, AT 1, 1. Aufl., § 10 Rn. 1 ff.; ablehnend hierzu *Rengier*, JURA 1986, 143.
2391 BGHSt 48, 34 (38 f.); BGH NJW 1992, 1708; vgl. auch *Bosch*, JA 2008, 547 (548 f.); *v. Heintschel-Heinegg/Kudlich*, JA 2001, 129 (132); *Steinberg*, NStZ 2010, 72 (74); *Wessels/Hettinger/Engländer*, BT 1, Rn. 266; hierzu auch die Übungsfälle bei *Bischoff/Schneider*, JuS 2012, 741 (746); *Stief*, JuS 2009, 716 (719).
2392 Vgl. zu diesen „Retterfällen" BGHSt 39, 322 (324 ff.); BGH NStZ 2022, 102; OLG Stuttgart NJW 2008, 1971; *Beck*, JA 2008, 268 (269); *Frisch*, NStZ 1992, 1, 62; *B. Heinrich/Reinbacher*, JURA 2005, 743; *Hoffmann-Holland*, Rn. 137; *Kreß/Weißer*, JA 2006, 115 (119 f.); *Kühl*, § 4 Rn. 96; *ders.*, JA 2009, 321 (327); *Mitsch*, JuS 1995, 888 (889); *Murmann*, JURA 2001, 258 (260); *Puppe*, § 6 Rn. 10 ff.; *dies.*, ZJS 2008, 600 (606 f.); *Radtke/Hoffmann*, GA 2007, 201; *Rengier*, § 52 Rn. 48 f.; *Roxin/Greco*, AT I, § 11 Rn. 115 f.; *Roxin*, Honig-FS 1970, S. 133, 142; *ders.*, Gallas-FS 1973, S. 241 (246 f.); *Rudolphi*, JuS 1969, 549 (556 f.); *Satzger*, JURA 2014, 695 (698 ff.); *Schönke/Schröder-Sternberg-Lieben/Schuster*, § 15 Rn. 168; *Steinberg*, JZ 2009, 1053 (1054 f.); *ders.*, JuS 2017, 1061 (1066 f.); *Zieschang*, JuS 1995, 775; sowie die Übungsfälle bei *Ernst*, JURA 2014, 1292 (1298); *Harrendorf/Lagler*, JuS 2018, 1066 (1071); *Müller/Raschke*, JURA 2011, 704 (708); *Noak/Collin*, JURA 2006, 544 (547); *Paul*, ZJS 2013, 94 (98 f.); *Penkuhn*, ZJS 2016, 232 (241); *Reinbacher*, JURA 2007, 382 (385, 390); *Schumann*, ZJS 2016, 489 (493 f.); *Seiterle*, JURA 2011, 950 (960 f.); *Sowada*, ZJS 2020, 387 (388 f.); *Timpe*, ZJS 2009, 550 (553 f.); zu einem „atypischen" Retterfall (Verkehrsunfall nach Verfolgungsfahrt im Zuge einer vorausgegangenen Straftat) BGH NJW 1964, 1363 (1364); zu diesen „Verfolgerfällen" auch *Stuckenberg*, FS-Puppe 2011, S. 1039; zu einem vergleichbaren Problem auch der Übungsfall bei *Schumann/Azar*, JA 2017, 114 (117 f.).

ben verpflichtet war und pflichtgemäß und nachvollziehbar handelte[2393]. Insoweit ist in diesen „Retterfällen" trotz einer bewussten Selbstgefährdung des Opfers der Erfolg dem Täter zuzurechnen, wenn die Rettungsmaßnahmen nicht als völlig unvernünftig anzusehen sind[2394]. Auch der gefahrspezifische Zusammenhang liegt hier vor, denn die vorliegende Todesursache ist geradezu eine typische Folge im Zusammenhang mit einer Brandstiftung[2395].

1049 Die Fallgruppe der Beteiligung an einer freiverantwortlichen Selbstschädigung bzw. Selbstgefährdung des Opfers ist dabei abzugrenzen von der **einverständlichen Fremdschädigung** bzw. **Fremdgefährdung**[2396]. Denn es macht einen Unterschied, ob der Täter lediglich einen Beitrag dazu leistet, dass sich das Opfer selbst **schädigt,** oder ob das Opfer damit einverstanden ist, durch den Täter gefährdet oder geschädigt zu werden[2397]. Bei dieser Abgrenzung ist entscheidend darauf abzustellen, wer letztlich (die bei der Abgrenzung von Täterschaft und Teilnahme entscheidende) **Tatherrschaft** über das Geschehen besitzt[2398]. Neben den allgemeinen Kriterien ist hierbei insbesondere auch zu berücksichtigen, ob der eine Selbstgefährdung eines anderen Veranlassende aufgrund seiner dominierenden

---

2393 BGHSt 39, 322 (326); BGH NStZ 2022, 102 (103); OLG Stuttgart NJW 2008, 1971 (1972); hierzu *Alwart*, NStZ 1994, 84; *Amelung*, NStZ 1994, 338; *Bernsmann/Zieschang*, JuS 1995, 775; *Derksen*, NJW 1995, 240; *Günther*, StV 1995, 77; *Jäger*, Rn. 57 f.; *Puppe*, § 6 Rn. 10 ff.; *dies.*, NStZ 2009, 333; *Rengier*, § 52 Rn. 49; *Sowada*, JZ 1994, 663.
2394 Zu einem Fall einer solchen „unvernünftigen" Rettungshandlung OLG Stuttgart NJW 2008, 1971 m. Anm. *Puppe*, NStZ 2008, 333; anders *Weigend*, Rengier-FS 2018, S. 135 (141 f.), der auch bei „unvernünftigem" Opferverhalten eine Zurechnung nicht ausschließt; vgl. hierzu auch den Übungsfall bei *Sowada*, ZJS 2020, 387 (388 f.).
2395 *Schönke/Schröder-Heine/Bosch*, § 306c Rn. 4; hierzu auch *v. Atens/Schröder*, ZJS 2016, 61 (65).
2396 Vgl. hierzu *Christmann*, JURA 2002, 679 (680 f.); *Dölling*, JR 1990, 474 (475); *Fahl*, GA 2018, 418 (427 ff.); *Grünewald*, GA 2012, 364 (365 ff.); *Hecker/Witteck*, JuS 2005, 397; *Hellmann*, Roxin-FS 2001, S. 271 (272); *Herzberg*, Puppe-FS 2011, S. 497; *Käßner/Seibert*, JuS 2006, 810 (811); *Krawczyk/Neugebauer*, JA 2011, 264; *Lasson*, ZJS 2009, 359; LK-*Schroeder*, 11. Aufl., § 16 Rn. 178 ff.; LK-*Walter*, 13. Aufl., Vor §§ 13 ff. Rn. 123 ff.; *van der Meden*, JuS 2015, 22 (27); *Otto*, § 6 Rn. 60 ff.; *ders.*, JURA 1984, 536; *ders.*, Tröndle-FS 1989, S. 157; *Rönnau*, JuS 2019, 119 (120 f.); SK-*Jäger*, Vor § 1 Rn. 147 ff.; *Walter*, NStZ 2013, 673 (675 ff.); für eine Gleichstellung hingegen OLG Zweibrücken JR 1994, 518 (519 f.); *Cancio Meliá*, ZStW 111 (1993), 357 (368 ff.); *Geppert*, JURA 2001, 490 (493); LK-*Vogel/Bülte*, 13. Aufl., § 15 Rn. 241; *Puppe*, ZIS 2007, 247 (250); *dies.*, ZJS 2008, 600 (606); *Radtke*, Puppe-FS 2011, S. 831 (841 f.); *Roxin*, Gallas-FS 1973, S. 241 (252); *ders.*, NStZ 1984, 411 (422); *ders.*, JZ 2009, 339 (400 f.); *Roxin/Greco*, AT I, § 11 Rn. 127 f.; *Schünemann*, JA 1975, 715 (722 f.); *Timpe*, ZJS 2009, 550 (557); inzwischen differenzierend danach, wer die Verantwortung für die Gefährdung trägt, *Roxin*, GA 2012, 655 (663 ff.); *ders.*, GA 2018, 250 (254 ff.); unklar BGHSt 53, 55 (60); vgl. zum Ganzen auch die Übungsfälle bei *Brand/Hotz*, JuS 2014, 714 (718); *Gafus/Weigl*, JuS 2022, 336 (337 f.); *Großmann*, JuS 2021, 1054 (1057); *Lorenz/Heidemann*, JA 2020, 427 (429); *Rostalski*, JuS 2015, 525 (526 f.); *Walter/Uhl*, JA 2009, 31 (37); *Wedler*, JA 2015, 671 (674 f.).
2397 BGHSt 49, 34 (39); BGHSt 49, 166 (169); BGHSt 53, 55 (60 f.); BayObLG NJW 1990, 131 (132); BayObLG JR 1990, 473; anders noch die frühere Rechtsprechung, die diese Differenzierung lediglich im Rahmen der Sorgfaltspflichtwidrigkeit mitberücksichtigte; vgl. den „Memel-Fall", RGSt 57, 172; BGHSt 7, 112 (114 f.).
2398 BGHSt 49, 34 (39); BGHSt 53, 55 (60); BGHSt 63, 161 (165); *Brüning*, ZJS 2009, 194; *Krawczyk/Neugebauer*, JA 2011, 264 (265); *Kudlich*, JA 2009, 389; *Kühl*, § 4 Rn. 88a f.; *Lasson*, ZJS 2009, 359 (367); *Rönnau*, JuS 2019, 119 (120); zu den hier vorzunehmenden Modifikationen der Täterschaftslehre bei der Mitwirkung an fremden Selbsttötungen *Sowada*, Merkel-FS 2020, S. 1109 (1114 ff.); vgl. hierzu unten Rn. 1203 ff.; teilweise wird hier auch darauf abgestellt, wer die Herrschaft über den unmittelbar lebensbeendenden Akt inne habe; zur Kritik vgl. *Christmann*, JURA 2002, 679 (680 f.); a. M. allerdings *Arzt/Weber/Heinrich/Hilgendorf-Hilgendorf*, § 3 Rn. 42, der auf ein „psychologisches Kriterium" abstellt: entscheidend sei, ob der potenzielle Selbstmörder die Hemmung, Hand an sich zu legen, gerade dadurch überwindet, dass er sich in die Hand eines anderen begibt; a. M. auch *Roxin*, GA 2012, 655 (659 f.); *ders.*, GA 2018, 250 (258), der darauf abstellt, von wem die Gefahr ausgeht, die unmittelbar in den Erfolg einmündet; kritisch ferner *Hoven*, Tröndle-GS 2019, S. 575 (577 f.).

Stellung oder seines überlegenen Sachwissens die Risiken der jeweiligen Handlung besser abschätzen kann als der sich selbst Gefährdende[2399].

Bsp. (1): Im eben genannten **Heroinbeispiel** macht es einen Unterschied, ob Anton dem Bruno Heroin besorgt, welches dieser dann dazu nutzt, sich den „goldenen Schuss" zu setzen, oder ob Bruno den Anton bittet, ihm die Dosis Heroin zu spritzen, an welcher Bruno dann verstirbt. – Geht Anton auf die Brunos Bitte ein, ist ihm die Tat objektiv zuzurechnen, da er durch das Spritzen selbst die Tatherrschaft innehatte. Zwar lag eine Einwilligung Brunos vor, diese ist jedoch bei vorsätzlichen Tötungsdelikten unwirksam (arg. § 216 StGB) und bei fahrlässigen Tötungsdelikten bei vorangegangener Körperverletzung an § 228 StGB zu messen[2400].

Bsp. (2)[2401]**:** Rudi steuert einen PKW, Sebastian liegt oben auf dem Fahrzeug und hält sich rechts und links an den oberen Enden der Autotüren (die Fenster sind leicht nach unten gekurbelt) fest (sog. „Autosurfen"). Rudi soll aufgrund einer vorherigen Absprache bis auf 100 km/h beschleunigen und dann langsam abbremsen. Kurz vor Erreichen der Höchstgeschwindigkeit kann Sebastian sich nicht mehr festhalten. Er erleidet durch den Aufprall auf der Straße erhebliche Verletzungen. – Rudi hat hier die Tatherrschaft inne, da er den PKW steuert[2402]. Daher ist ihm Sebastians Verletzung im Wege der einverständlichen Fremdgefährdung objektiv zurechenbar. Eine Einwilligung ist wegen § 228 StGB ausgeschlossen (anders liegt der Fall allerdings dann, wenn sich Rudi nicht auf das Auto legt, sondern sich auf ein Skateboard stellt und sich an der Heckklappe des PKW festhält. Denn dann hat er die Möglichkeit, vorher loszulassen, und besitzt daher die Tatherrschaft hinsichtlich seiner eigenen Gefährdung[2403]).

Bsp. (3)[2404]**:** Anton und sein ihn anfeuernder Beifahrer Bruno veranstalten auf der Autobahn mit ihrem PKW ein Wettrennen mit Rudi und dessen Beifahrer Toni. Diese Wettrennen hatten sie schon mehrfach unternommen, wobei sich die Beteiligten in der Fahrer- bzw. Beifahrerrolle abwechselten. Als sie mit etwa 240 km/h auf der zweispurigen Autobahn den auf der rechten Fahrspur fahrenden PKW des Sepp etwa zeitgleich überholen, gerät Anton mit dem linken Vorderrad auf den Grünstreifen. Dadurch verliert er die Beherrschung über den Wagen, der ins Schleudern gerät und sich mehrfach überschlägt. Dadurch erleidet der Beifahrer Bruno tödliche Verletzungen. – Obwohl Bruno hier durch sein Anfeuern aktiv an der Wettfahrt beteiligt war, steuerte Anton den PKW alleine und hatte daher Tatherrschaft. Es liegt daher eine einverständliche Fremdgefährdung vor, welche die objektive Zurechnung nicht ausschließt. Anton ist neben § 315c Abs. 1 Nr. 2 Buchst. b StGB tateinheitlich wegen fahrlässiger Tötung, § 222 StGB, zu bestrafen[2405]. Eine – auch bei Fahrlässigkeitsdelikten grundsätzlich mög-

---

2399 BGHSt 32, 262 (265); BGHSt 46, 279 (289); BGHSt 53, 55 (60); BGHSt 59, 150 (168); *Dölling*, GA 1984, 71 (76); *Walter*, JURA 2014, 117 (119, 120 f.); hierzu auch den Übungsfall bei *Marinitsch*, JA 2019, 906 (910) zum Thema Doping.
2400 Vgl. zu dieser Problematik auch BGHSt 49, 34; BGHSt 53, 55 (62 f.); BGH NStZ 2011, 341 (342); hierzu *Grünewald*, GA 2012, 364 (369 f.); *Käßner/Seibert*, JuS 2006, 810 (811); *Roxin*, JZ 2009, 399 (400); *Roxin/Greco*, AT I, § 11 Rn. 110 ff.; abweichend *Lasson*, ZJS 2009, 359 (368); vgl. ferner den Übungsfall bei *Lorenz/Heidemann*, JA 2020, 427 (429).
2401 Fall in Anlehnung an OLG Düsseldorf NStZ-RR 1997, 325; LG Mönchengladbach NStZ-RR 1997, 169; hierzu *Hammer*, JuS 1998, 785; *Jäger*, Rn. 202 f.; *Puppe*, AT 1, 1. Aufl., § 6 Rn. 12 ff.; *Roxin*, GA 2018, 250 (255 f.); vgl. ferner auch die Übungsfälle bei *Putzke*, JURA 2009, 631 (637); *Wedler*, JA 2015, 671 (674 f.).
2402 Anders allerdings *Putzke*, JURA 2009, 631 (637), der beiden die Tatherrschaft zuschreibt und daher zu einer eigenverantwortlichen Selbstgefährdung kommt.
2403 Vgl. auch den „Skateboard-Fall", BayObLG NZV 1989, 80.
2404 Fall nach BGHSt 53, 55; hierzu *Brüning*, ZJS 2009, 194; *Duttge*, NStZ 2009, 690; *Grünewald*, GA 2012, 364 (370); *Jahn*, JuS 2009, 370; *Kudlich*, JA 2009, 389; *Kühl*, NJW 2009, 1158; *Mitsch*, JuS 2013, 20; *Murmann*, Puppe-FS 2011, S. 767; *Puppe*, GA 2009, 486; *Rengier*, StV 2013, 30; *Renzikowski*, HRRS 2009, 347; *Roxin*, JZ 2009, 399; vergleichbar auch BGH StV 2013, 27; OLG Celle NZV 2012, 345; OLG Stuttgart StV 2012, 23; vgl. hierzu auch den Übungsfall bei *Timpe*, ZJS 2009, 170.
2405 BGHSt 53, 55 (60 f.); BGH StV 2013, 27 (29).

liche[2406] – Einwilligung scheitert dabei an dem sich aufdrängenden lebensgefährlichen Verhalten (arg. §§ 216, 228 StGB).

Bsp. (4)[2407]: Anton will sich selbst töten, dies jedoch nicht eigenhändig durchführen. Er bittet daher seine Ehefrau Berta, „zum Spaß" mit einer ihr zuvor übergebenen Pistole auf ihn zu schießen, wobei er ihr vortäuscht, die Waffe sei nicht geladen. Berta glaubt ihm, schießt und verletzt ihn tödlich. – Berta hat hier keine (straflose) Beihilfe zu einer tatbestandslosen Selbsttötung, sondern eine strafbare fahrlässige Tötung, § 222 StGB, begangen, sofern sie den Erfolg subjektiv vorhersehen konnte. Denn sie hatte die Tatherrschaft über den letztlich todbringenden Akt (= Schuss) und handelte dabei objektiv sorgfaltspflichtwidrig (wer mit einer echten Waffe auf einen anderen Menschen zielt, muss sich zuvor vergewissern, dass die Waffe ungeladen ist). Dabei spielt es keine Rolle, dass sie durch die Täuschung Antons selbst „Werkzeug" des Opfers wurde[2408].

4. Dazwischentreten eines vorsätzlich und schuldhaft handelnden Dritten[2409] (Problemschwerpunkt 25)

1050 **Fall**[2410]: Toni, der in seiner Wohnung eine umfangreiche Waffensammlung besitzt, ist gerade dabei, eine seiner Pistolen zu laden, als das Telefon klingelt. Er lässt daher die geladene Waffe auf seinem Schreibtisch liegen und vergisst sie dort. Im Laufe des Abends hat Toni Gäste, unter anderem auch seinen als jähzornig bekannten Freund Anton sowie Bruno, der mit Anton schon öfters eine Auseinandersetzung hatte. Als es schließlich zum Streit kommt, greift Anton nach der auf dem Schreibtisch liegenden Waffe und erschießt Bruno.

Problemstellung: Fraglich ist, ob Toni wegen fahrlässiger Tötung, § 222 StGB, zu bestrafen ist. Das Liegenlassen einer geladenen Waffe stellt eine Sorgfaltspflichtverletzung dar, zumindest dann, wenn sich in dem Raum mehrere Personen aufhalten. Diese Sorgfaltspflichtverletzung war für Brunos Tod auch kausal. Allerdings könnte Brunos Tod dem Toni deshalb nicht zurechenbar sein, weil Anton vorsätzlich und schuldhaft gehandelt (und sich dadurch wegen eines vorsätzlich begangenen Totschlags, § 212 StGB, strafbar gemacht) hat.

1051 a) Nach der unter anderem von der Rechtsprechung vertretenen **Theorie des adäquaten Zurechnungszusammenhangs**[2411] schließt das vorsätzliche und schuld-

---

2406 Vgl. oben Rn. 473.
2407 Fall nach OLG Nürnberg NJW 2003, 454; hierzu *Engländer*, JURA 2004, 234 (236 f.); *Hecker/Witteck*, JuS 2005, 397; *Herzberg*, NStZ 2004, 1; *ders.*, JURA 2004, 670; *ders.*, Puppe-FS 2011, S. 497 (503 ff.); *Küpper*, JuS 2004, 757; *Sowada*, Merkel-FS 2020, S. 1109 (1118 ff.); vgl. in diesem Zusammenhang auch BGH NJW 2003, 2326; *Norouzi*, JuS 2007, 146 (149); ferner den Übungsfall bei *Timpe*, ZJS 2009, 550 (555 ff.).
2408 OLG Nürnberg NJW 2003, 454; BGH NJW 2003, 2326 (2327); *Herzberg*, NStZ 2004, 1; *ders.*, JURA 2004, 670 (671); *Kindhäuser/Hilgendorf*, LPK, Vor §§ 211–222 Rn. 42 f.; *Küpper*, JuS 2004, 757 (760); LK-*Walter*, 13. Aufl., Vor §§ 13 ff. Rn. 134; a. M. *Dölling/Duttge/König/Rössner-Duttge*, § 15 Rn. 46; *Engländer*, JZ 2003, 747 (748); *ders.*, JuS 2004, 234 (236 f.); NK-*Neumann/Saliger*, § 222 Rn. 4; *Roxin/Greco*, AT I, § 11 Rn. 27; *Roxin*, Otto-FS 2007, S. 441 (445); *Timpe*, ZJS 2009, 550 (557); *Wessels/Hettinger/Engländer*, BT 1, Rn. 135 f.
2409 Vgl. hierzu auch *Hillenkamp/Cornelius*, AT, 32. Problem; ferner die Übungsfälle bei *Brand/Hotz*, JuS 2014, 714 (718); *Hussels*, JURA 2005, 877 (882); *Marxen*, Fall 23a; *Morgenstern*, JuS 2006, 251 (256); *Neubacher*, JuS 2005, 1101 (1105); *Norouzi*, JuS 2007, 146 (148); *Putzke*, JURA 2015, 95 (105); *Reinhardt*, JuS 2016, 423 (429 f.); *Trentmann/Mustafi*, JA 2020, 359 (364); zur Sonderkonstellation, in welcher der Täter selbst durch eine weitere vorsätzliche Handlung, die anfangs nicht geplant war, „dazwischentritt", *Kudlich*, JuS 2003, 32 (35).
2410 Vgl. hierzu auch OLG Stuttgart JR 1997, 517 m. Anm. *Gössel*; BGH NStZ 2013, 238 m. Anm. *Braun*, JR 2013, 37; *Puppe*, § 5 Rn. 1 ff.; ferner den Fall 5 bei *Hecker/Witteck*, JuS 2005, 397 (400).
2411 RGSt 61, 318 (320); BGHSt 4, 360 (361 f.); BGHSt 7, 268; OLG Karlsruhe MDR 1986, 431; LG Karlsruhe StV 2019, 400 (404); *Fischer*, Vor § 13 Rn. 38; *Jescheck/Weigend*, § 54 IV 2; *Maurach/Zipf*, AT 1, § 18 Rn. 62.; NK-*Puppe*, Vor §§ 13 ff. Rn. 253 f.; *Puppe*, JURA 1998, 21 (26 f.); *Schlüchter*, JuS 1976, 378 (379); *Schmidhäuser*, SB, 5/73; *Wessels/Beulke/Satzger*, Rn. 242 ff., 283 ff.

hafte Dazwischentreten eines vollverantwortlich handelnden Dritten die Fahrlässigkeitshaftung des die Vorbedingungen schaffenden Ersthandelnden **nicht** aus. Der Erfolg ist lediglich dann nicht zuzurechnen, wenn das Dazwischentreten des Dritten so weit außerhalb jeglicher Lebenserfahrung liegt, dass mit ihm vernünftigerweise nicht zu rechnen war. Argumentiert wird damit, dass Ursachenzusammenhänge nicht dadurch unterbrochen würden, dass Dritte Zwischenursachen setzten, ohne die der Erfolg nicht eingetreten wäre (Äquivalenztheorie). Die Haftung müsse jedoch auf diejenigen Fälle begrenzt werden, in denen die fahrlässig gesetzte Bedingung bis zum Erfolg weiterwirkt, der vorsätzlich Dazwischentretende also an die pflichtwidrige Handlung anknüpft und das Eingreifen des Dritten auch objektiv vorhersehbar ist (einschränkendes Korrektiv). Als weiteres Argument wird darauf abgestellt, dass auch die fahrlässige Ermöglichung oder Erleichterung einer fremden Straftat eine Fahrlässigkeitshaftung begründen müsse. Nach diesem Ansatz ist somit die fahrlässige Teilnahme an einer Vorsatztat als fahrlässige Täterschaft strafbar, Toni wäre daher nach § 222 StGB zu bestrafen[2412]. Dieser Ansicht muss jedoch **entgegengehalten** werden, dass aus den Regelungen der §§ 26, 27 StGB hervorgeht, dass nur die vorsätzliche, nicht aber die fahrlässige Teilnahme strafbar ist. Ferner führt die Ansicht zu einer Überdehnung der Strafbarkeit und der anzustellenden Ermittlungen, wenn bei jeder Vorsatztat noch danach geforscht werden müsste, wer fahrlässig Vorbedingungen hierzu gesetzt hat.

b) Nach der **Theorie der Unterbrechung des Zurechnungszusammenhangs**[2413] **1052** schließt dagegen das vorsätzliche und schuldhafte Dazwischentreten eines vollverantwortlich handelnden Dritten stets die Fahrlässigkeitshaftung des die Vorbedingungen schaffenden Ersthandelnden aus. Der Erfolg könne ihm nicht zugerechnet werden. Dies wird damit begründet, dass strafrechtliche Normen die Vermeidung beherrschbarer Erfolge gebieten sollen. Die Beherrschbarkeit ende jedoch mit dem Dazwischentreten eines vollverantwortlich handelnden Dritten. Auch werde die Erfolgsherbeiführung bereits durch die Bestrafung des vorsätzlich handelnden Täters geahndet. Die zusätzliche Bestrafung des fahrlässig handelnden Hintermannes sei nicht erforderlich. Als Konsequenz dieser Lösung bliebe die fahrlässige Teilnahme an einer Vorsatztat stets straflos, im vorliegenden Fall könnte also lediglich Anton, nicht aber Toni bestraft werden. **Hiergegen spricht**, dass auch die Beherrschung einer fremden Vorsatztat grundsätzlich denkbar ist, sodass es jedenfalls prinzipiell möglich ist, einen Unrechtserfolg sowohl dem Täter als auch dem Ersthandelnden objektiv zuzurechnen. Einen allgemeinen Satz, dass man sich auf das rechtstreue Verhalten anderer verlassen könne, gibt es in dieser uneingeschränkten Form nicht. Zudem existieren oftmals Vorschriften, die bestimmte Personen gerade dazu verpflichten, bestimmte Sicherungsmaßnahmen bei erlaubten, aber gefährlichen Verhaltensweisen zu beachten, gerade damit Dritte nicht – und sei es auch durch das Verhalten anderer Personen – geschädigt werden[2414].

2412 BGHSt 53, 55 (60 f.).
2413 *Köhler*, S. 145 f.; *Maurach/Gössel/Zipf-Gössel*, AT 2, § 43 Rn. 98; *Otto*, § 6 Rn. 52 ff.; *Rutkowsky*, NJW 1963, 165; vgl. auch die Lehre vom Regressverbot, vertreten u. a. von *Naucke*, ZStW 76 (1964), 409.
2414 Vgl. u. a. § 36 WaffG; § 24 Abs. 2 Nr. 4 SprengG; § 14 Abs. 2 Satz 2 StVO.

1053 c) Die Nachteile der vorgenannten Ansichten werden durch die **Theorie der begrenzten Verantwortungsbereiche**[2415] vermieden, die jedenfalls teilweise in der Rechtsprechung Anklang gefunden hat. Hiernach bestimmt sich die Zurechnung durch eine Abgrenzung der Verantwortungsbereiche der Beteiligten. Grundsätzlich darf jeder auf das rechtstreue Verhalten anderer vertrauen. Ein vorsätzliches und schuldhaftes Dazwischentreten eines vollverantwortlich handelnden Dritten kann dem die Vorbedingungen schaffenden Ersthandelnden allerdings dann (aber auch nur dann) zugerechnet werden, wenn entweder erkennbare Anzeichen für die **Tatgeneigtheit** des Dritten vorliegen oder der Ersthandelnde als **Garant** zur Schadensvermeidung verpflichtet ist. Aus dem Prinzip der Eigenverantwortlichkeit muss nämlich letztlich auch eine Begrenzung der jeweiligen Verantwortungsbereiche folgen. Jeder hat sein Verhalten in erster Linie nur darauf einzurichten, dass er selbst keine fremden Rechtsgüter gefährdet, er muss nicht gleichzeitig dafür sorgen, dass auch andere Personen keine Gefährdungshandlungen vornehmen. Ein ständiges Misstrauen-Müssen würde nämlich zum Erliegen sämtlicher Tätigkeiten führen. Das sanktionsfreie Vertrauen endet lediglich dann, wenn sich dem Ersthandelnden aufdrängen muss, dass sein Verhalten zur Deliktsverwirklichung führen wird oder er eine besondere Schutzpflicht besitzt. Mit dieser Lösung ist die fahrlässige Teilnahme an einer Vorsatztat nur in Ausnahmefällen strafbar. Im vorliegenden Fall liegt jedoch ein solcher Ausnahmefall vor. Dies folgt – ohne dass man hier auf eine eventuell erkennbare Tatgeneigtheit abstellen muss – schon aus § 36 WaffG, der den Waffenbesitzberechtigten zu einer sorgfältigen Aufbewahrung seiner Waffen verpflichtet. Aus dieser Vorschrift folgt eine besondere Garantenstellung (Überwachung einer Gefahrenquelle)[2416]. Toni ist daher wegen einer fahrlässigen Tötung, § 222 StGB, zu bestrafen.

5. Fahrlässiges Verhalten anderer Personen

1054 Nicht ausgeschlossen wird die **objektive Zurechnung** hingegen dann, wenn ein pflichtwidriges Verhalten eines Dritten den Erfolg in gleicher Weise (fahrlässig) herbeigeführt hat bzw. hätte[2417].

> **Bsp.**[2418]: Im dichten Nebel bleibt Antons Auto wegen eines Reifenschadens am Straßenrand liegen. Während Anton den Reifen wechselt, bleibt seine Frau Berta im Wagen sitzen. Rudi nähert sich mit überhöhter Geschwindigkeit, erkennt daher Antons Auto zu spät und kann nicht mehr bremsen. Es kommt zu einem Unfall, bei dem die im Auto sitzende Berta tödlich verletzt wird. Wenige Sekunden später nähert sich auch Viktor mit überhöhter Geschwindigkeit und fährt auf die Autos von Anton und Rudi auf. Nachweislich hätte auch sein Verhalten zum sicheren Tod Bertas geführt. – Dies schließt jedoch eine Fahrlässigkeitshaftung Rudis nicht aus. Hier liegt im Übrigen kein Problem des rechtmäßigen Alternativverhaltens vor, sondern das Problem der Nichtbeachtung von Reserveursachen (hypothetische Kausalität)[2419].

2415 BGHSt 19, 152 (155); BGHSt 26, 35 (38); BWME-*Eisele*, § 10 Rn. 142 ff., § 12 Rn. 50; *Beck*, JA 2008, 268 (269); *Jäger*, Rn. 72; *Kaspar*, JuS 2012, 112 (114); *Kühl*, § 4 Rn. 49, 67; *ders.*, JA 2009, 321 (326 f.); LK-*Schroeder*, 11. Aufl., § 16 Rn. 184; *Morgenstern*, JuS 2006, 251 (256); MüKo-*Duttge*, 4. Aufl., § 15 Rn. 157 ff.; *Neubacher*, JURA 2005, 857 (862); *Neumann*, JR 1993, 161 (162); *Rengier*, § 52 Rn. 58; *Roxin/Greco*, AT I, § 24 Rn. 26 f.; *Schönke/Schröder-Sternberg-Lieben/Schuster*, § 15 Rn. 171; *Schönke/Schröder-Eisele*, Vorbem. §§ 13 ff. Rn. 100 ff.
2416 Vgl. oben Rn. 963 ff.
2417 *Kaspar*, JuS 2012, 112 (113); vgl. hierzu auch den Übungsfall bei *Ast*, JuS 2017, 867 (874).
2418 Fall in Anlehnung an BGHSt 30, 228; hierzu auch BGHSt 4, 360 (361 f.); *Kühl*, § 17 Rn. 66; *ders.*, JR 1983, 32; *Otto*, § 10 Rn. 26; *Puppe*, JuS 1982, 660; *Schönke/Schröder-Eisele*, Vorbem. §§ 13 ff. Rn. 100 ff.; *Wessels/Beulke/Satzger*, Rn. 1138; ferner bereits oben Rn. 233 Bsp. (2).
2419 Vgl. hierzu oben Rn. 233 f.

Der Erfolg ist ferner auch dann objektiv zurechenbar, wenn erst das Verhalten **1055** mehrerer zusammen den Erfolg herbeiführt und alle Beteiligten pflichtwidrig handeln.

> **Bsp.**[2420]: Bei dichtem Nebel fahren zwei Fahrzeuge auf einer engen Gebirgsstraße aufeinander zu. Beide fahren zu schnell und pflichtwidrig nicht am rechten Fahrbahnrand, sondern in der Straßenmitte. Sie stoßen frontal zusammen, wobei eine Beifahrerin stirbt. Wären beide rechts gefahren, dann hätten sie aneinander vorbeifahren können. Wäre nur einer rechts gefahren, wäre es dennoch zum Unfall gekommen. – Hier kann sich der eine Fahrer nicht jeweils im Vergleich zum anderen Fahrer auf ein rechtmäßiges Alternativverhalten berufen, da letztlich beide pflichtwidrig gehandelt haben und nur dadurch der Erfolg herbeigeführt wurde (Fall der Nebentäterschaft)[2421].

VII. Problematik der Übernahmefahrlässigkeit

Bei der Erörterung der subjektiven Fahrlässigkeit wurde dargelegt, dass zur Annahme einer Fahrlässigkeitsschuld eine **individuelle Vermeidbarkeit** des Erfolges gegeben sein muss. Fehlt diese, weil sich der Täter in einer Situation befindet, in der ihm die erforderlichen Kenntnisse, Fähigkeiten oder Hilfsmittel fehlen, so muss allerdings weiter geprüft werden, ob er nicht durch die schuldhafte Herbeiführung dieser Situation sich selbst vorwerfbar in diese Lage gebracht hat. Denn sorgfaltswidrig ist auch die Übernahme einer Tätigkeit, wenn die hierfür erforderlichen Kenntnisse, Fähigkeiten oder Hilfsmittel fehlen. Man spricht in diesem Zusammenhang auch von der sog. **Übernahmefahrlässigkeit** oder auch der **fahrlässigen Tätigkeitsübernahme**[2422]. **1056**

> **Bsp.:** Der medizinisch völlig ungebildete Armin erschleicht sich eine Zulassung als Arzt, obwohl er niemals eine medizinische Ausbildung absolviert hat. Bereits am zweiten Tage seiner Tätigkeit wird der Notfallpatient Bruno bei ihm eingeliefert. Infolge unsachgemäßer Behandlung durch Anton stirbt Bruno noch in der Arztpraxis. – Hier lag eine objektive Pflichtwidrigkeit vor, wenn Bruno im Falle einer den Regeln der ärztlichen Kunst entsprechenden Behandlung mit einer an Sicherheit grenzenden Wahrscheinlichkeit überlebt hätte. Hinsichtlich der konkreten Behandlung ist Armin aber trotz Verletzung der objektiven Sorgfalt kein Fahrlässigkeitsvorwurf zu machen, weil der Erfolg (Brunos Tod infolge falscher Behandlung) für ihn subjektiv nicht vermeidbar war. Denn als Nichtarzt konnte er die Regeln der ärztlichen Kunst nicht einhalten. Hinsichtlich der konkreten Behandlung scheidet daher ein Fahrlässigkeitsvorwurf aus. Ein solcher ist jedoch deswegen zu erheben, weil Armin die Notfallbehandlung überhaupt durchgeführt und Bruno nicht an einen fähigen Arzt überwiesen hat. Dieser Vorwurf könnte lediglich dann entfallen, wenn unverzügliches

---

2420 Fall nach BayObLG NJW 1960, 1964; hierzu *Wessels/Beulke/Satzger*, Rn. 1140; ferner *Kindhäuser/Zimmermann*, § 33 Rn. 48; *Kindhäuser*, ZIS 2016, 574 (593); *Maurach/Gössel/Zipf*, AT 2, 7. Aufl., § 43 Rn. 109; *Otto*, § 10 Rn. 26; *Puppe*, ZJS 2008, 488 (494); vgl. hierzu auch BGHSt 30, 228 (232); BGHSt 37, 106 (131); ferner den Übungsfall bei *Magnus*, JURA 2009, 390.
2421 Anders allerdings *Magnus*, JURA 2009, 390 (391 f.).
2422 Hierzu auch RGSt 59, 356; RGSt 64, 263 (271); RGSt 67, 12 (23); BGHSt 10, 133 (134); BGHSt 43, 306 (311); BGH NJW 1979, 1258 (1259); BGH JR 1986, 248 (250); BGH NJW 2010, 2595 (2598); BGH NJW 2011, 2895 (2997); *Beck*, JA 2009, 111 (114 f.); *Jescheck/Weigend*, § 55 I 3a, § 57 II 3; *Kindhäuser/Zimmermann*, § 33 Rn. 56; *Kretschmer*, JURA 2000, 267 (271 f.); *Krey/Esser*, Rn. 1366; *Kühl*, § 17 Rn. 35, 91; LK-*Vogel/Bülte*, 13. Aufl., § 15 Rn. 303 ff.; *Maurach/Gössel/Zipf-Gössel*, AT 2, § 43 Rn. 71 ff.; *Nestler*, JURA 2015, 562 (566 f.); *Roxin/Greco*, AT I, § 24 Rn. 117 ff.; *Schönke/Schröder-Sternberg-Lieben/Schuster*, § 15 Rn. 136; SK-*Hoyer*, Anh. zu § 16 Rn. 22; *Wessels/Beulke/Satzger*, Rn. 1117; a. M. MüKo-*Duttge*, 4. Aufl., § 15 Rn. 134, der diese Konstruktion für überflüssig hält, da die Sorgfaltspflichtverletzung individuell, d. h. mit einem konkret-situativen Maßstab zu bestimmen sei; vgl. oben Rn. 983a.

Handeln erforderlich und kein anderer Arzt erreichbar war, der die erforderliche Hilfe hätte leisten können. Dann aber läge ein Übernahmeverschulden jedenfalls darin, dass Armin überhaupt als Arzt tätig wurde, obwohl er die entsprechende Ausbildung nicht absolvierte. Hätte er dies nämlich unterlassen, wäre Bruno als Notfallpatient gar nicht erst bei ihm eingeliefert worden[2423].

VIII. Sonderformen: Vorsatz-Fahrlässigkeits-Kombinationen

1057 Neben den reinen Vorsatzdelikten und den reinen Fahrlässigkeitsdelikten kennt unser Strafgesetzbuch auch sog. Vorsatz-Fahrlässigkeits-Kombinationen[2424]. Hierunter versteht man Delikte, bei denen der Täter hinsichtlich der Tathandlung vorsätzlich, hinsichtlich der dadurch herbeigeführten Folgen aber lediglich fahrlässig handeln muss.

1058 Hierbei handelt es sich einerseits um die klassischen **Erfolgsqualifikationen** gewisser Grunddelikte (z. B. § 227 StGB, Körperverletzung mit Todesfolge; § 251 StGB, Raub mit Todesfolge)[2425]. Sofern der Tatbestand hier keine besonderen Anforderungen aufstellt (z. B. die Leichtfertigkeit in § 251 StGB), ist nach § 18 StGB bzgl. der schweren Folge **wenigstens fahrlässiges Handeln** erforderlich.

1059 Daneben gibt es aber auch noch Vorsatz-Fahrlässigkeits-Kombinationen, bei denen der Vorsatzteil für sich gesehen **nicht strafbar** ist, d. h. ohne die Herbeiführung der schweren Folge keine Strafnorm erfüllt ist (z. B. § 308 Abs. 5 StGB, Herbeiführen einer Sprengstoffexplosion, sowie die Straßenverkehrsdelikte der § 315a Abs. 3, § 315b Abs. 4, § 315c Abs. 3 i. V. m. § 315c Abs. 1 Nr. 2 StGB)[2426].

1060 Diese Delikte sind nach § 11 Abs. 2 StGB insgesamt als Vorsatzdelikte anzusehen – mit den entsprechenden Konsequenzen insbesondere bei der Teilnahme (Anstiftung und Beihilfe sind also möglich, obwohl die jeweiligen Delikte einen Fahrlässigkeitsteil enthalten)[2427] und beim Versuch (dieser ist möglich, wobei sich der Tatentschluss nur auf das vorsätzlich begangene Grunddelikt beziehen muss)[2428]. Sind mehrere an der Tat beteiligt, so muss für jeden Beteiligten die Fahrlässigkeit eigenständig festgestellt werden[2429].

1061 Fraglich ist, welche Anforderungen an das fahrlässige Verhalten zu stellen sind. In der Regel wird bereits in der Verwirklichung der vorsätzlich begangenen Tathandlung eine Sorgfaltspflichtverletzung liegen, sodass lediglich noch festgestellt werden muss, dass die Herbeiführung der entsprechenden Folge (z. B. Tod bei § 251 StGB; konkrete Gefahr bei § 315c Abs. 3 StGB) objektiv und subjektiv vorherseh-

---

2423 Insoweit knüpft also der Fahrlässigkeitsvorwurf an ein anderes Verhalten an (nämlich die Übernahme der Tätigkeit, nicht die fehlerhafte Notfallbehandlung); anders wohl *Krey/Esser*, Rn. 1366, die den subjektiven Fahrlässigkeitsmaßstab modifizieren wollen.
2424 Vgl. hierzu *Noak*, JuS 2005, 312; *Rengier*, § 55 Rn. 1 ff.
2425 Zum erfolgsqualifizierten Delikt vgl. oben Rn. 180.
2426 Hierzu *Rönnau*, JuS 2020, 108.
2427 *Rengier*, § 55 Rn. 7; dies ergibt sich zudem aus dem Wortlaut des § 18 StGB („so trifft sie den Täter oder den Teilnehmer nur […]"); vgl. hierzu *Kudlich*, JA 2000, 511; ferner die Übungsfälle bei *Noak/Sengbusch*, JURA 2005, 494 (498); *Radtke/Meyer*, JuS 2011, 521 (527).
2428 Vgl. hierzu oben Rn. 686 ff.
2429 Vgl. hierzu den Übungsfall bei *Esser/Krickl*, JA 2008, 787 (793 f.).

bar und vermeidbar war[2430]. Darüber hinaus ist jedoch stets – insbesondere bei den genannten Erfolgsqualifikationen – ein gefahrspezifischer Zusammenhang erforderlich, den der Täter auch subjektiv erkennen muss[2431].

2430 BGHSt 24, 213 (215); BGHSt 51, 18 (21); BGH NStZ 1982, 27; BGH NStZ 2001, 478; BGH NStZ 2008, 686; BWME-*Eisele*, § 13 Rn. 11; *Kaspar*, JuS 2012, 112 (117); *Kudlich*, JA 2000, 511 (513); *Kühl*, JuS 2007, 742 (750); LK-*Schroeder*, 11. Aufl., § 18 Rn. 30; *Lorenz/Steffen*, JA 2019, 424 (428); *Reinbacher*, JURA 2007, 382 (389); *Rönnau*, JuS 2020, 108 (112); *Schönke/Schröder-Sternberg-Lieben/Schuster*, § 18 Rn. 5; vorsichtiger aber *Wessels/Beulke/Satzger*, Rn. 1147; a. M. *Wolter*, JuS 1981, 168 (171); *ders.*, JA 2008, 604 (610).
2431 Vgl. hierzu oben Rn. 181.

Teil IX: Der Irrtum

§ 29 Die Irrtumslehre – Übersicht

Einführende Aufsätze: *Backmann,* Grundfälle zum strafrechtlichen Irrtum, JuS 1972, 196, 326, 452, 649; JuS 1973, 30, 299; *Exner,* Kompendium der strafrechtlichen Irrtumslehre, ZJS 2009, 516; *Hettinger,* Der Irrtum im Bereich der äußeren Tatumstände, JuS 1988, L 71; *Koriath,* Überlegungen zu einigen Grundsätzen der strafrechtlichen Irrtumslehre, JURA 1996, 113; *Knobloch,* Examensrelevante Irrtümer im Strafrecht – Eine systematische Darstellung, JuS 2010, 864; *Rath,* Arbeitsschritte zur Behandlung strafrechtlicher Irrtumsfälle, JURA 1998, 539; *Rönnau/Faust/Fehling,* Durchblick: Der Irrtum und seine Rechtsfolgen, JuS 2004, 667; *Warda,* Grundzüge der strafrechtlichen Irrtumslehre, JURA 1979, 1, 71, 113, 286.

Übungsfälle: *Backmann,* Grundfälle zum strafrechtlichen Irrtum. Fallbeispiel: Die Unfallflucht, JuS 1974, 40.

Rechtsprechung: BGHSt 2, 194 – Anwaltsnötigung (Grundlage der strafrechtlichen Irrtumslehre); **BGHSt 3, 105** – Landheim (Irrtum über das Züchtigungsrecht); **BGHSt 4, 1** – Volksbefragung (Irrtum über Vorschriften zum Schutze der öffentlichen Ordnung); **BGHSt 23, 281** – Ehegattendiebstahl (Irrtümliche Annahme, eine Sache gehöre dem Ehegatten).

I. Grundlagen[2432]

1062 Die Irrtumsproblematik wird oftmals als das **schwierigste Kapitel** des Allgemeinen Teils des Strafrechts bezeichnet. Dies geschieht teilweise zu Recht, teilweise aber auch zu Unrecht. Wie in kaum einem anderen Bereich ist es nämlich im Rahmen der Irrtumslehre erforderlich, sich mit den allgemeinen Strukturen vertraut zu machen. Dabei kann man einen Großteil des Irrtumsgeflechts dadurch entwirren, dass man sich vorab Klarheit darüber verschafft, **über was** sich der Täter alles irren kann. Dabei ist festzustellen, dass sich ein Täter strafrechtlich eigentlich **über alles irren** kann, d. h. über sämtliche Merkmale, die eine Strafbarkeit begründen oder ausschließen können. Es ist daher entscheidend, nach welchen Kriterien man die verschiedenen Irrtümer einteilen kann.

II. Irrtümer auf den verschiedenen Ebenen des Deliktsaufbaus

1063 Als erstes ist festzuhalten, dass sich ein Irrtum auf Merkmale in jeder der im Prüfungsaufbau relevanten Ebenen (Tatbestand – Rechtswidrigkeit – Schuld) beziehen kann.

> **Bsp. (1):** Anton schießt in der Dämmerung zum Spaß auf die Mülltonnen in seinem Garten. Hinter einer dieser Mülltonnen hat sich jedoch, für Anton völlig überraschend, das Nachbarkind Anna versteckt, welches durch den Schuss getroffen wird und stirbt.

2432 Vgl. zur geschichtlichen Entwicklung der Irrtumslehre und der Bedeutung der „Grundsatzentscheidung" des BGH in BGHSt 2, 194.

– Hier lag ein Irrtum über die Tatbestandsmerkmale „Mensch" bzw. „Töten" vor. Die Irrtümer betrafen jeweils die Tatbestandsebene.

Bsp. (2): Rudi greift in seine Manteltasche, um einen Stadtplan heraus zu holen, weil er Bruno nach dem Weg fragen will. Bruno deutet dies falsch und meint, Rudi würde ein Messer aus der Tasche ziehen. Daher schlägt er Rudi in Erwartung eines unmittelbar bevorstehenden Angriffs nieder. – Hier lag ein Irrtum über das Bestehen einer Notwehrlage auf Rechtfertigungsebene vor.

Bsp. (3): Toni muss als Zeuge vor Gericht gegen einige Mitglieder einer kriminellen Vereinigung aussagen. Er geht irrtümlich davon aus, im Falle einer belastenden Aussage würden die übrigen Mitglieder der Vereinigung seine Kinder töten, weil ihm sein Freund Erwin „aus Jux" einen entsprechenden anonymen Drohbrief geschrieben hat. Toni schwört daher einen Meineid zugunsten der Angeklagten. – Hier lag ein Irrtum über das Vorliegen der Voraussetzungen eines Nötigungsnotstandes vor, der, wenn er tatsächlich vorläge, einen Entschuldigungsgrund darstellen würde[2433].

Es gibt also Irrtümer über **tatbestandliche Voraussetzungen** (d. h. über Merkmale des gesetzlichen Tatbestandes oder über die Existenz einer Strafnorm an sich), Irrtümer auf **Rechtswidrigkeitsebene** (d. h. über das Vorliegen eines rechtfertigenden Sachverhalts oder über die Existenz bzw. Tragweite eines Rechtfertigungsgrundes) und Irrtümer auf **Schuldebene** (d. h. über das Vorliegen eines entschuldigenden Sachverhalts oder über die Existenz bzw. Tragweite eines Entschuldigungsgrundes). Darüber hinaus ist selbst ein **Irrtum über sonstige Strafbarkeitsvoraussetzungen** auf der sog. „vierten Prüfungsebene der Strafbarkeit" denkbar (z. B. Irrtümer über persönliche Strafausschließungsgründe[2434]). Sämtliche dieser auf den verschiedenen Prüfungsebenen vorkommenden Irrtümer haben dabei unterschiedliche Konsequenzen.

III. Irrtum über tatsächliche Umstände oder über die rechtliche Bewertung

Schwieriger als die Frage, auf welche Prüfungsebene im Deliktsaufbau sich der Irrtum des Täters bezieht, ist die zweite Differenzierung, die im Rahmen der rechtlichen Bewertung von Irrtümern getroffen werden muss. Man kann nämlich (und dies betrifft sämtliche Prüfungsebenen) **qualitativ** zwei Arten von Irrtümern unterscheiden:

1. Irrtum über tatsächliche Umstände

Einerseits kann sich der Täter über das Vorliegen von **tatsächlichen Umständen** irren, d. h. er „erkennt" bestimmte Dinge, die in der Wirklichkeit vor sich gehen, nicht oder nimmt sie falsch wahr. Im Ergebnis muss dieser Irrtum dem jeweiligen Täter zu Gute kommen, weil der Betroffene auch hier grundsätzlich noch auf der Seite des Rechts steht, sich daher an sich „rechtstreu"[2435] verhalten will und lediglich ein tatsächliches Geschehen falsch aufnimmt.

Bsp.: Anton hält Anna im Dunkeln für seine Mülltonne und schießt auf sie (d. h. er „erkennt" nicht, dass er auf einen Menschen schießt – tatsächlicher Irrtum auf Tatbestandsebene); Bruno deutet Rudis Griff in die Manteltasche fälschlicherweise als Angriff (d. h. er „erkennt" nicht, dass Rudi in Wirklichkeit nur einen Stadtplan herausziehen

---

2433 Vgl. hierzu noch unten Rn. 1153; zur Problematik des Nötigungsnotstandes oben Rn. 437, 580.
2434 Vgl. hierzu ausführlich unten, Problemschwerpunkt 30, Rn. 1159 ff.
2435 Vgl. BGHSt 3, 105 (107); *Freund/Rostalski*, § 7 Rn. 82; *Kühl*, § 13 Rn. 72; kritisch *Hörnle*, ZStW 112 (2000), 356 (369).

möchte – tatsächlicher Irrtum auf Rechtfertigungsebene). Toni glaubt infolge des falschen Drohbriefes, dass eine tatsächliche Gefahr für seine Familie vorliegt (d. h. er „erkennt" nicht, dass das Schreiben eigentlich von Erwin stammt – tatsächlicher Irrtum auf Schuldebene).

2. Irrtum über die rechtliche Bewertung

1067 Andererseits kann sich der Täter – wiederum auf sämtlichen Prüfungsebenen – über die **rechtliche Bewertung** eines an sich (d. h. vom Tatsächlichen her) zutreffend erkannten Sachverhalts irren. Hier hat also der Irrtum seinen Ursprung darin, dass der Täter zwar vom tatsächlichen Geschehen her alles erkennt, was es zu erkennen gibt, dass er aber – trotz richtig erkannter Sachlage – aus den erkannten Umständen einen falschen rechtlichen Schluss zieht (nämlich: so handeln zu dürfen, wie er gehandelt hat). Dieser Irrtum muss für den Täter belastender sein, weil er durch seine abweichende rechtliche Bewertung zeigt, dass er sich von der existierenden Rechtsordnung entfernt hat, er sich also gerade **nicht rechtstreu** verhält, sondern eine Wertung trifft, die mit der Bewertung der Rechtsordnung nicht übereinstimmt.

> **Bsp.:** Anton verkehrt geschlechtlich mit seiner volljährigen Tochter, weiß dies auch, meint aber, dieses Verhalten sei nicht strafbar, weil seine Tochter bereits erwachsen ist (d. h. er kennt die Strafnorm des § 173 StGB nicht – rechtlicher Irrtum auf Tatbestandsebene). Bruno schießt in Tötungsabsicht auf den flüchtenden Rudi, der ihm eine Zigarette entwendet hat, und ist dabei der Ansicht, dieses Verhalten sei durch sein Notwehrrecht gedeckt (d. h. er überdehnt den Rechtfertigungsgrund der Notwehr, § 32 StGB – rechtlicher Irrtum auf Rechtfertigungsebene). Toni schwört vor Gericht einen Meineid zugunsten seines Chefs, weil er weiß, dass er, im Falle der Äußerung der Wahrheit berufliche Nachteile zu erleiden hat. Dabei glaubt er, dass dieses Verhalten vom Entschuldigungsgrund des § 35 StGB gedeckt ist (was nicht zutrifft, da § 35 StGB als zu schützende Rechtsgüter nur „Leben, Leib oder Freiheit" nennt – rechtlicher Irrtum auf Schuldebene).

1068 Da diese Unterscheidung zwischen einem **Irrtum über tatsächliche Umstände** und dem **Irrtum über die rechtliche Bewertung** im Hinblick auf das Verständnis der Irrtumslehre entscheidend ist (und zu einer jeweils unterschiedlichen rechtlichen Einordnung führt), soll im Folgenden – unter der Berücksichtigung, dass diese Unterscheidung auf jeder der drei Deliktsebenen getroffen werden kann – je ein Beispiel für jede der sich somit ergebenden sechs Fallgruppen genannt werden. Wer diese Grundregeln – sei es in der Praxis, sei es in juristischen Klausuren – befolgt, also in jedem Fall prüft, auf welcher Ebene der Irrtum angesiedelt ist und um welche Art des Irrtums (tatsächlich/rechtlich) es sich handelt, wird kaum mehr in die Verlegenheit kommen, sich im Bereich des Irrtums zu irren. Zur Verdeutlichung sollen die jeweiligen Fälle auch sogleich eine rechtliche Einordnung erfahren, die allerdings lediglich als Vorgriff auf die in den nächsten Abschnitten noch im Detail vorgenommene Darstellung dieser Irrtumsformen zu verstehen ist.

> **Bsp. (1):** Anton schießt zum Spaß im Wald auf einen Baum. Nachdem er ihn getroffen hat, stellt sich heraus, dass der Baum in Wirklichkeit ein Mensch war, der nun tot umfällt. – Während Anton in Wirklichkeit einen Menschen tötete, wollte er selbst höchstens, wenn überhaupt, eine Sachbeschädigung an einem Baum begehen. Hier lag (a) ein Irrtum auf Tatbestandsebene vor (§ 212 StGB statt § 303 StGB), der sich (b) auf das Erkennen eines tatsächlichen Umstandes (Mensch statt Baum) bezog (rechtliche Einordnung: Tatbestandsirrtum, § 16 StGB; im Rahmen des subjektiven Tatbestandes

entfällt der Vorsatz, es kommt lediglich eine Fahrlässigkeitsbestrafung nach § 222 StGB in Betracht)[2436].

Bsp. (2): Im Laufe der Geburt tötet Mutter Martha ihr Kind, und zwar noch bevor sie es von der Nabelschnur getrennt hat. Dabei geht sie davon aus, dass vor der Trennung von der Nabelschnur das geborene Wesen noch nicht als „Mensch" im Sinne des Strafrechts anzusehen sei. – Hier hat Martha auf tatsächlicher Ebene alles erkannt, was es zu erkennen gab. Sie wusste, dass sie ein Kind geboren hatte und dass sie das Leben des vor sich liegenden Wesens durch ihr Handeln auslöschte. Worüber sie sich irrte, war kein tatsächlicher Umstand, sondern ein rechtlicher. Sie wertete rechtlich falsch und meinte, das vor ihr liegende Wesen sei rechtlich noch nicht als „Mensch" anzusehen[2437], womit sie die zutreffende rechtliche Wertung verkannte. Es lag hier demnach (a) ein Irrtum auf Tatbestandsebene vor, der (b) auf einer falschen rechtlichen Bewertung des Tatbestandsmerkmals „Mensch" beruhte (rechtliche Einordnung: Verbotsirrtum, § 17 StGB; dieser lässt lediglich bei Unvermeidbarkeit das Unrechtsbewusstsein auf Schuldebene entfallen. Ist der Irrtum jedoch, wovon regelmäßig auszugehen sein wird, vermeidbar[2438], kommt lediglich eine Strafmilderung nach § 17 Satz 2, § 49 Abs. 1 StGB in Betracht[2439]).

Bsp. (3): Als Anton nach Hause kommt, bemerkt er, dass bei ihm eingebrochen wurde. Als er vor die Tür tritt, sieht er den Passanten Paul mit einem Koffer schnell davon laufen. Er hält diesen für den Einbrecher, läuft ihm nach und schlägt ihn nieder. In Wirklichkeit handelte es sich um einen völlig Unbeteiligten. – Hier irrte sich Anton darüber, dass Paul derjenige war, der bei ihm eingebrochen hatte. Insoweit irrte er sich über das tatsächliche Vorliegen einer Notwehrlage bzw. den tatsächlichen „Angreifer", er nahm hier nämlich einen gegenwärtigen Angriff Pauls an, der tatsächlich nicht gegeben war. Es lag (a) ein Irrtum auf Rechtfertigungsebene vor, der sich (b) auf das Erkennen eines tatsächlichen Umstandes bezog (rechtliche Einordnung: Erlaubnistatbestandsirrtum, der nach h. M. gemäß § 16 Abs. 1 StGB analog die Vorsatzschuld auf Schuldebene entfallen lässt; es kommt lediglich eine Fahrlässigkeitsbestrafung, hier wegen fahrlässiger Körperverletzung, § 229 StGB, in Betracht[2440]).

Bsp. (4): Die vierjährige Anna hat aus dem Garten des gehbehinderten Anton einen Gartenzwerg weggenommen und läuft davon. Anton sieht dies und streckt Anna mit einem gezielten Schuss aus seinem Gewehr nieder. Dabei meint er, zu einem solchen Handeln berechtigt zu sein, denn schließlich läge ein Fall der Notwehr vor. – Hier erkannte Anton auf tatsächlicher Ebene zutreffend, dass Anna den Gartenzwerg weggenommen hat und insoweit eine Notwehrlage bestand. Auch erkannte er, dass es sich bei Anna um ein erst vierjähriges Mädchen handelte. Anton erfasste den Sachverhalt also völlig richtig. Er irrte sich lediglich darüber, dass ihm hier ein Notwehrrecht zustand (dieses scheitert im vorliegenden Fall an der Gebotenheit: Es liegt ein krasses Missverhältnis von geschütztem und beeinträchtigtem Rechtsgut und zudem ein Angriff durch ein schuldunfähiges Kind vor). Anton verkannte also die rechtlichen Grenzen des Notwehrrechts und war insoweit nicht mehr „rechtstreu". Es lag (a) ein Irrtum auf Rechtfertigungsebene vor, der (b) auf einer falschen rechtlichen Wertung beruhte (rechtliche Einordnung: Erlaubnisirrtum[2441]; dieser ist zu behandeln wie ein Verbotsirr-

---

2436 Vgl. zum Tatbestandsirrtum noch ausführlich unten Rn. 1073 ff.
2437 Nach ganz h. M. beginnt menschliches Leben bereits mit dem Beginn des Geburtsaktes; vgl. BGHSt 31, 348; *Schönke/Schröder-Eser/Sternberg-Lieben*, Vorbem. §§ 211 ff. Rn. 13.
2438 Vgl. hierzu noch unten Rn. 1115 ff.
2439 Vgl. zum Verbotsirrtum noch ausführlich unten Rn. 1114 ff.
2440 Vgl. zum Erlaubnistatbestandsirrtum noch ausführlich unten Rn. 1123 ff., insbesondere den Problemschwerpunkt 28, unten Rn. 1128 ff.
2441 Vgl. zum Erlaubnisirrtum noch ausführlich unten Rn. 1142 ff.

tum, § 17 StGB, der wiederum lediglich bei Unvermeidbarkeit das Unrechtsbewusstsein auf Schuldebene ausschließt)[2442].

Bsp. (5): Berta wird von ihrem Ehemann Anton in regelmäßigen Abständen schwer misshandelt. Sie weiß auch, dass Anton als „Chef" einer kriminellen Bande seinen Untergebenen den Befehl gegeben hat, Berta und die gemeinsamen Kinder zu töten, wenn er aufgrund einer Anzeige ihrerseits verhaftet würde. Sie sieht daher zutreffend keine andere Möglichkeit, sich und ihre Kinder zu retten, als Anton zu töten. Eines Nachts glaubt sie, dass Anton erneut schwer betrunken nach Hause gekommen ist und sich auf dem Wohnzimmersofa zum Schlafen gelegt hat. In ihrer Verzweiflung erschießt sie den Schlafenden mit einer Pistole, die Anton ausnahmsweise zu Hause vergessen hatte. Bei dem Getöteten handelt es sich allerdings um einen Zechkumpanen ihres Mannes, dem dieser den Hausschlüssel ausgehändigt und dem er gestattet hatte, in der gemeinsamen Ehewohnung zu übernachten. Dies hatte Berta in ihrer Aufregung und infolge der Dunkelheit nicht erkannt. – Hier irrte sich Berta auf tatsächlicher Ebene darüber, dass der Schlafende nicht ihr Ehemann war. Unterstellt, dass eine Tötung ihres Ehemannes in dieser Sondersituation ausnahmsweise nach § 35 StGB zulässig wäre (was streitig ist[2443]), läge hier (a) ein Irrtum auf Schuldebene vor, der sich (b) auf das Erkennen eines tatsächlichen Umstandes bezog (rechtliche Einordnung: Entschuldigungstatbestandsirrtum, § 35 Abs. 2 StGB; dieser schließt lediglich bei Unvermeidbarkeit die Schuld aus[2444]).

Bsp. (6): Auch Elsa wird von ihrem Ehemann Paul in regelmäßigen Abständen schwer misshandelt. Allerdings wäre es ihr problemlos möglich, sich dieser Angriffe durch eine Trennung von Paul und dadurch, dass sie ihn, notfalls mit gerichtlicher Hilfe, aus der gemeinsamen Wohnung weist, zu entziehen. Obwohl sie dies weiß, erscheint ihr dieser Weg jedoch zu umständlich und nervenaufreibend. Sie hält es für effektiver, den schlafenden Paul mit einer Eisenstange zu erschlagen, was sie auch tut. Dabei geht sie davon aus, dass dieses Verhalten von § 35 StGB gedeckt ist. – Elsa irrte hier über die tatsächliche Tragweite des Entschuldigungsgrundes des § 35 StGB, der infolge fehlender Erforderlichkeit (die Gefahr war anders abwendbar) diese Fälle gerade nicht deckt. Auf tatsächlicher Ebene hat sie hier alles richtig erkannt, lediglich der hieraus gezogene Schluss, d. h. die rechtliche Wertung, war falsch. Es lag (a) ein Irrtum auf Schuldebene vor, der (b) auf einer falschen rechtlichen Wertung beruhte (rechtliche Einordnung: der Irrtum ist als Entschuldigungsirrtum unbeachtlich[2445]).

3. Bedeutung dieser Unterscheidung

1069 Diese Unterscheidung zwischen einem **Irrtum auf tatsächlicher Ebene** und einem **Irrtum auf der Ebene der rechtlichen Bewertung** ist wesentlich und muss **immer vollzogen werden.** Nur wer dies verstanden hat, wird sich in der Irrtumslehre zurechtfinden. Besonders schwierig wird es, wenn mehrere Irrtümer zusammentreffen (weshalb sich diese Konstellationen auch als Klausurthema trefflich eignen):

Bsp. (1): Anton schrammt mit seinem Ferrari beim Rückwärtsfahren Brunos Opel, bemerkt dies aber nicht. Er ist aber ohnehin der Ansicht, bei Blechschäden unter 500 Euro gebe es weder eine Feststellungs- noch eine Wartepflicht. – Anton irrte sich hier in zweifacher Hinsicht über die tatbestandlichen Voraussetzungen des § 142 Abs. 1

2442 Gegenbeispiel: Anton hält Anna in der Dunkelheit für einen Erwachsenen und meint, dieser hätte ihm eine 50 000 € teure antike Vase gestohlen, die er im Garten abgestellt hatte. – Hier läge der Irrtum (wie in Bsp. 3) im Tatsächlichen: Anton nimmt eine Sachlage an, bei der ihm die Rechtsordnung in vollem Umfang ein Notwehrrecht zugestehen würde (sofern man eine Tötung zum Schutz von Sachwerten zulässt und Anton zuvor einen Warnschuss abgegeben bzw. auf die Beine geschossen hat, vgl. hierzu oben Rn. 369).
2443 Vgl. zum entschuldigenden Notstand in diesen „Haustyrannenfällen" oben Rn. 568, 570.
2444 Vgl. zum Entschuldigungstatbestandsirrtum noch ausführlich unten Rn. 1153 ff.
2445 Vgl. zum Entschuldigungsirrtum noch ausführlich unten Rn. 1156 ff.

StGB: Einerseits lag ein Irrtum im tatsächlichen Bereich vor, da er nicht erkannte, dass er Brunos Opel beschädigt hatte und insofern ein Unfall vorlag (= tatsächlicher Irrtum auf Tatbestandsebene). Andererseits lag eine falsche rechtliche Wertung vor, da er die umfassenden Pflichten des § 142 StGB verkannte (= rechtlicher Irrtum auf Tatbestandsebene)[2446].

Bsp. (2): Bruno hat Anton in einer Kneipe die Zigarettenpackung entwendet. Anton bemerkt den Verlust, hält aber irrtümlich den schnell in Richtung Ausgang laufenden Paul für den Dieb. Durch einen gezielten Wurf mit einem auf dem Tisch stehenden schweren Steinaschenbecher streckt er Paul nieder und fügt ihm dabei, was er billigend in Kauf nimmt, eine tödliche Kopfverletzung zu. Dabei glaubt er, zu diesem Verhalten berechtigt zu sein. – Auch hier irrte sich Anton in zweifacher Hinsicht, allerdings jeweils über Elemente, die die Rechtswidrigkeitsebene betreffen. Ein Irrtum im Tatsächlichen lag darin, dass er Paul für den Dieb hielt und insoweit davon ausging, dieser greife gegenwärtig sein Eigentum an (tatsächlicher Irrtum auf Rechtfertigungsebene). Darüber hinaus verkannte er jedoch auch die Grenzen seines Notwehrrechts, da er annahm, er dürfe zur Verteidigung einer Schachtel Zigaretten einen Menschen in Notwehr töten (rechtlicher Irrtum auf Rechtfertigungsebene)[2447].

IV. Irrtum zu Lasten und zugunsten des Täters

Die bisher aufgezeigten Fälle sind dadurch gekennzeichnet, dass es sich durchweg um Irrtümer zugunsten des Täters handelt (der Täter nimmt einen für ihn günstigeren Umstand an oder nimmt eine für ihn günstigere rechtliche Bewertung vor). In gleicher Weise kann der Täter jedoch auch zu seinen Ungunsten irren (er nimmt einen für ihn ungünstigeren Umstand an oder nimmt eine für ihn ungünstigere rechtliche Bewertung vor)[2448]. Hier handelt es sich strukturell um die Abgrenzung von (in der Regel) strafbarem Versuch und straflosem Wahndelikt. Dabei gelten die gleichen Abgrenzungskriterien wie beim Irrtum zugunsten des Täters. Auch hier kann ein Irrtum auf jeder Ebene des Deliktsaufbaus vorkommen. Für die Frage der Strafbarkeit und Straflosigkeit des Täters ist es dabei wiederum entscheidend, ob sich der Täter über einen tatsächlichen Umstand irrt (dann Versuch) oder ob er eine falsche rechtliche Bewertung trifft (dann Wahndelikt)[2449].

Bsp. (1): Bruno will seinen Nachbarn Norbert, über den er sich schon mehrfach geärgert hat, töten. In der abendlichen Dunkelheit glaubt er, Norbert in dessen Gartenstuhl sitzen zu sehen, und gibt einen gezielten Schuss in Tötungsabsicht auf ihn ab. Allerdings trifft er nicht Norbert, sondern die Mülltonne, die Norbert auf dem Gartenstuhl abgestellt hatte. – Hier verkannte Bruno im tatsächlichen Bereich, dass es sich bei dem Gegenstand auf dem Gartenstuhl nicht um einen Menschen (= Norbert), sondern um eine Sache (= Mülltonne) handelte. Er hat durch seinen Schuss somit keinen Menschen

---

2446 Zur rechtlichen Bewertung vgl. ausführlich unten Rn. 1146 – da hier der Tatbestandsirrtum bereits den Vorsatz ausschließt, kommt es auf den gleichzeitigen Verbotsirrtum nicht mehr an. Anton bleibt straflos.
2447 Zur rechtlichen Bewertung vgl. ausführlich unten Rn. 1148 ff. – da Anton selbst dann nicht in der vorliegenden Weise hätte handeln dürfen, wenn Paul der wirkliche Dieb gewesen wäre, geht hier der Erlaubnisirrtum vor. Da Anton diesen (bei einigem Nachdenken) hätte vermeiden können, ist er wegen Totschlags, § 212 StGB, strafbar. Lediglich seine Strafe kann nach § 17 Satz 2, § 49 Abs. 1 Nr. 2 StGB gemildert werden.
2448 Vgl. zu dieser Unterscheidung auch *Exner*, ZJS 2009, 516 (516 f.).
2449 Vgl. zu dieser Abgrenzung auch *Dehne-Niemann/Weber*, JA 2009, 868 (875); *Laue/Dehne-Niemann*, JURA 2010, 73 (78 f.); *Plaschke*, JURA 2001, 235 (236); *Rönnau/Faust/Fehling*, JuS 2004, 667 (669); vgl. auch den Übungsfall bei *Sebastian/Lorenz*, ZJS 2017, 84 (94 f.); zum Wahndelikt ferner unten Rn. 681 ff.

getötet, sondern allenfalls eine Sache beschädigt. Es lag (a) ein Irrtum auf Tatbestandsebene vor, der sich (b) auf das Erkennen eines tatsächlichen Umstandes bezog. Da Bruno einen Menschen töten und keine Sache beschädigen wollte, ist sein Verhalten als versuchter Totschlag (bzw. Mord) anzusehen (die ebenso vorliegende fahrlässige Sachbeschädigung ist nicht strafbar, kann allerdings zivilrechtliche Schadensersatzansprüche, § 823 BGB, auslösen)[2450]. Strukturell lag hier ein „untauglicher" Versuch vor, den man, wie bereits ausgeführt, auch als „umgekehrten Tatbestandsirrtum" bezeichnen kann[2451].

Bsp. (2): Anton geht nach einer feuchtfröhlichen Weihnachtsfeier mit seiner Sekretärin fremd, wobei er davon ausgeht, dass Ehebruch strafbar sei. – Auch hier lag ein Irrtum auf Tatbestandsebene vor, der sich dieses Mal jedoch auf eine rechtlich falsche Bewertung bezog. Anton erkannte den Sachverhalt vollständig richtig (er wusste, dass es sich bei seiner Sekretärin nicht um seine Ehefrau handelte), dachte aber, er habe durch sein Verhalten einen Straftatbestand erfüllt, den unsere Rechtsordnung in Wirklichkeit nicht (mehr) kennt. Es lag hier demnach (a) ein Irrtum auf Tatbestandsebene vor, der (b) auf einer falschen rechtlichen Wertung beruhte (rechtliche Behandlung: strafloses Wahndelikt).

1071 Während bei den Irrtümern zugunsten des Täters ein Irrtum über einen tatsächlichen Umstand den Täter somit privilegiert, wohingegen der Irrtum über die rechtliche Bewertung dem Täter nur im Ausnahmefall (bei Unvermeidbarkeit) zu Gute kommt, weil ihm stets mangelnde Rechtstreue vorgeworfen wird, verläuft diese Wertung bei den Irrtümern zu Lasten des Täters somit genau umgekehrt: Hier privilegiert den Täter eine falsche rechtliche Bewertung (strafloses Wahndelikt), während er bei einem Verkennen der tatsächlichen Sachlage wegen Versuchs bestraft werden kann, sofern dieser strafbar ist.

§ 30 Irrtümer auf Tatbestandsebene

Einführende Aufsätze: *Bechtel,* Von der Jauchegrube bis zum Scheunenmord – zum Umgang mit Abweichungen vom (vorgestellten) Kausalverlauf bei mehraktigem Tatgeschehen, JA 2016, 906; *El-Ghazi,* Die Abgrenzung von error in persona (vel obiecto und aberratio ictus), JuS 2016, 303; *ders.,* Der Tatumstandsirrtum, JA 2020, 182; *Geerds,* Der vorsatzausschließende Irrtum, JURA 1990, 421; *Henn,* Der subjektive Tatbestand der Straftat – Teil 2: Überblick über die Irrtumskonstellationen, JA 2008, 854; *Herzberg,* Vorsatzausschließende Rechtsirrtümer, JuS 2008, 385; *Herzberg/Hardtung,* Grundfälle zur Abgrenzung von Tatumstandsirrtum und Verbotsirrtum, JuS 1999, 1073; *Hettinger,* Der Irrtum im Bereich der äußeren Tatumstände, JuS 1989, L 17, L 41; JuS 1990, L 73; JuS 1991, L 9, L 25, L 33, L 49; JuS 1992, L 65, L 73, L 81; *Heuchemer,* Zur funktionalen Revision der Lehre vom konkreten Vorsatz: Methodische und dogmatische Überlegungen zur aberratio ictus, JA 2005, 275; *Heuser,* „Aberratio ictus" als „error in persona vel objecto" in der Sphäre des § 16 Abs. 1 StGB (?), ZJS 2019, 181; *Hinderer,* Tatumstandsirrtum oder Verbotsirrtum?, JA 2009, 864; *Kindhäuser,* Zur Abgrenzung des Irrtums über Tatumstände vom Verbotsirrtum, JuS 2019, 953; *Koriath,* Einige Überlegungen zum error in persona, JuS 1998, 215; *Kudlich/Koch,* Tatbestandsirrtum – error in persona – aberratio ictus, JA 2017, 827; *Küper,* § 16 II StGB: eine Irrtumsregelung „im Schatten" der allgemeinen Strafrechtslehre, JURA 2007, 260; *Lesch,* Dogmatische Grundlagen zur Behandlung des Verbotsirrtums, JA 1996, 346; *ders.,* Unrechtseinsicht und Erscheinungsformen des Verbotsirrtums, JA 1996, 504; *ders.,* Die Vermeidbarkeit des Verbotsirrtums, JA 1996, 607;

2450 Zur rechtlichen Einordnung dieses „error in persona vel obiecto" bei Ungleichwertigkeit der Objekte vgl. unten Rn. 1099 ff.
2451 Vgl. BGHSt 42, 268 (272); *Wessels/Beulke/Satzger,* Rn. 368, 979; vgl. zum untauglichen Versuch auch oben Rn. 668 ff.

Lichtenthäler, Typische Probleme der sog. Dolus-generalis-Fälle in der juristischen Fallbearbeitung, JuS 2020, 211; *Lubig*, Die Auswirkungen von Personenverwechslungen auf übrige Tatbeteiligte – Die Abgrenzung von Motiv- und Tatbestandsirrtümern, JURA 2006, 665; *Neumann*, Der Verbotsirrtum (§ 17 StGB), JuS 1993, 793; *Nestler/Prochota*, Error in persona und aberratio ictus in sog. Distanzfällen, JURA 2020, 132, 560; *Nierwetberg*, Der strafrechtliche Subsumtionsirrtum – Tatbestands- oder Verbotsirrtum, Wahndelikt oder untauglicher Versuch?, JURA 1985, 238; *Otto*, Der Verbotsirrtum, JURA 1990, 645; *Rolofs*, Der Irrtum über Tatbestandsalternativen und alternative Paragrafen, JA 2003, 304; *Schlüchter*, Grundfälle zum Bewertungsirrtum des Täters im Grenzbereich zwischen §§ 16 und 17 StGB, JuS 1985, 373, 527, 617; *dies.*, Zur Abgrenzung von Tatbestands- und Verbotsirrtum, JuS 1993, 14; *Sowada*, Der umgekehrte „dolus generalis": Die vorzeitige Erfolgsherbeiführung als Problem der subjektiven Zurechnung, JURA 2004, 814; *Sternberg-Lieben/Sternberg-Lieben*, Der Tatumstandsirrtum, JuS 2012, 289; *Valerius*, Irrtum über den Kausalverlauf bei mehraktigem Geschehen, JA 2006, 261; *Zaczyk*, Der verschuldete Verbotsirrtum, JuS 1990, 889.

Übungsfälle: *Dürre/Wegerich*, Aberratio ictus und Erlaubnistatbestandsirrtum, JuS 2006, 712; *Kudlich*, Schlecht beraten, JuS 2003, 243; *Noltensmeier/Henn*, Dumm gelaufen, JA 2007, 772.

Rechtsprechung: BGHSt 4, 236 – Benzinmarken (Vermeidbarkeit des Verbotsirrtums); **BGHSt 7, 325** – Blutrausch (Irrtum über den Kausalverlauf); **BGHSt 14, 193** – Jauchegrube (Irrtum über den Kausalverlauf); **BGHSt 23, 133** – Affektamnesie (Irrtum über den Kausalverlauf); **BGHSt 37, 214** – Hoferbe (Auswirkungen eines error in persona des Haupttäters für den Anstifter); **BGHSt 38, 32** – Drogenkurier (Irrtum über den Kausalverlauf); **OLG Bremen NStZ 1981, 265** – Rechtsauskunft (Unvermeidbarkeit eines Verbotsirrtums).

I. Grundlagen

Wie im vorigen Abschnitt bereits angedeutet, handelt es sich bei den hier zu behandelnden Irrtümern um den in § 16 StGB normierten Tatbestandsirrtum und den in § 17 StGB niedergelegten Verbotsirrtum. Beide betreffen den gesetzlichen Tatbestand, unterscheiden sich jedoch in einem wesentlichen Punkt: Nach § 16 Abs. 1 Satz 1 StGB unterliegt derjenige einem **Tatbestandsirrtum**, der *„bei Begehung der Tat einen Umstand nicht kennt, der zum gesetzlichen Tatbestand gehört"* (der also z. B. gar nicht weiß, dass er einen Menschen tötet, weil er meint, er schieße auf eine Mülltonne). Es liegt hier ein Irrtum im Bereich des tatsächlichen „Erkennens", d. h. über das **Vorliegen oder Nichtvorliegen tatsächlicher Umstände** vor. Dagegen unterliegt nach § 17 Satz 1 StGB derjenige einem **Verbotsirrtum**, dem *„bei Begehung der Tat die Einsicht, Unrecht zu tun"* fehlt (der also z. B. gar nicht weiß, dass die Tötung eines Menschen Unrecht darstellt). In diesem Fall liegt ein Irrtum über die **rechtliche Bewertung** vor: Der Täter weiß, was er tut, d. h. er erkennt alle tatsächlichen Umstände, er hält sein Handeln jedoch für straflos, weil er die gesetzliche Verbotsnorm entweder überhaupt nicht oder jedenfalls deren einzelne tatbestandliche Anforderungen nicht kennt.

II. Tatbestandsirrtum (§ 16 StGB)[2452]

1. Grundform

1073 Der Tatbestandsirrtum als Irrtum über das Vorliegen oder Nichtvorliegen tatsächlicher Umstände ist nichts anderes als die Kehrseite des Vorsatzes[2453], genauer gesagt: des **Wissenselements des Vorsatzes**. Der Handelnde **weiß nicht**, was er in tatbestandlicher Hinsicht tut. Dies kann seine Ursache darin haben, dass er sich entweder gar keine Vorstellungen im Hinblick auf eine mögliche Tatbestandsverwirklichung macht (Bsp.: Aus der für ungeladen gehaltenen Pistole löst sich versehentlich ein Schuss, der einen Menschen tötet) oder seine diesbezüglichen Vorstellungen nicht der Wirklichkeit entsprechen (Bsp.: Die vermeintliche Mülltonne, auf die der Täter in der Dunkelheit schießt, entpuppt sich später als Mensch, der nach dem Schuss tot umfällt)[2454]. Da der Täter in beiden Fällen das Erreichte auch nicht gewollt hat, ist es auch konsequent, dass jeweils der Vorsatz entfällt, gleichgültig, ob der Täter den Irrtum vermeiden konnte oder nicht[2455].

1074 Da der Vorsatz nach heute herrschender Ansicht Bestandteil des Tatbestandes (genauer: des subjektiven Tatbestandes) ist und sich gerade durch das Wissen (und Wollen) im Hinblick auf sämtliche Merkmale des objektiven Tatbestandes auszeichnet, ist der Prüfungsstandort des Tatbestandsirrtums auch der **subjektive Tatbestand**.

1075 Hier ist festzustellen, dass der Täter infolge eines Tatbestandsirrtums nicht vorsätzlich handelte. Es muss sich dann allerdings eine Fahrlässigkeitsprüfung anschließen, sofern das Gesetz eine entsprechende Fahrlässigkeitsstrafbarkeit kennt (vgl. § 16 Abs. 1 Satz 2 StGB).

> **Klausurtipp:** In Prüfungsarbeiten wird eine solche Fahrlässigkeitsprüfung oft vergessen, andererseits wird mindestens genauso häufig der Fehler gemacht, dass nach Annahme eines Tatbestandsirrtums ohne weitere Prüfung eine Fahrlässigkeitsstrafbarkeit angenommen wird. Erstens muss aber ein solcher Fahrlässigkeitstatbestand überhaupt existieren (vgl. § 15 StGB) und zweitens müssen die Voraussetzungen einer solchen Fahrlässigkeitsstrafbarkeit eigenständig festgestellt werden[2456]. Wenn § 16 Abs. 1 Satz 2 StGB davon spricht, die „*Strafbarkeit wegen fahrlässiger Strafbarkeit [bleibe] unberührt*", so wird hierdurch weder ein Fahrlässigkeitstatbestand konstitutiv begründet, noch eine Fahrlässigkeitsbestrafung als notwendige Rechtsfolge angeordnet. Wer z. B. vorsätzlich eine Sache zerstört in der Annahme, es sei seine eigene, der kann (da er nicht weiß, dass er eine „fremde" Sache zerstört = Tatbestandsirrtum) nicht wegen einer vorsätzlichen Sachbeschädigung, § 303 StGB, bestraft werden. Eine Strafbarkeit wegen fahrlässiger Sachbeschädigung kommt nun aber schon deshalb nicht in Frage, weil das Gesetz einen solchen Straftatbestand der fahrlässigen Sachbeschädigung nicht kennt.

2452 Nach anderer, inhaltlich aber nicht abweichender Terminologie „Tatumstandsirrtum"; vgl. BWME-*Eisele*, § 11 Rn. 57; *Kühl*, § 13 Rn. 2, 9; *ders.*, JuS 2007, 743 (744); *Murmann*, § 24 Rn. 39; *Sternberg-Lieben/Sternberg-Lieben*, JuS 2012, 289; vgl. auch *Exner*, ZJS 2009, 516 (517 f.); *Kindhäuser*, JuS 2019, 953 (956).
2453 BWME-*Eisele*, § 11 Rn. 57; *Kühl*, § 13 Rn. 12; *Rönnau/Faust/Fehling*, JuS 2004, 667.
2454 Zu dieser Differenzierung zwischen „negativen" und „positiven" Irrtümern *Hettinger*, JuS 1988, L 71 (L 72); *Kühl*, § 13 Rn. 7 f.
2455 Vgl. zur Begründung *Knobloch*, JuS 2010, 864 (865); *Kühl*, § 13 Rn. 14; *Wessels/Beulke/Satzger*, Rn. 364; dieser allgemeine Grundsatz ist jüngst im Hinblick auf das Steuerstrafrecht angezweifelt worden, vgl. *Knauer/Schomburg*, NStZ 2019, 305 (314): Übertragbarkeit der Kriterien der Vermeidbarkeit auf den Tatbestandsirrtum; dagegen zutreffend *Kuhlen*, wistra 2022, 45.
2456 Vgl. hierzu auch den Übungsfall bei *Böhm*, ZJS 2019, 231 (234).

1076 Im Rahmen der Fahrlässigkeitsprüfung muss untersucht werden, ob der Täter seinen Irrtum (der zum Ausschluss der Strafbarkeit wegen vorsätzlicher Begehung geführt hat) pflichtwidrig verursacht oder sonst sorgfaltspflichtwidrig gehandelt hat[2457].

> **Bsp.:** Anton schießt in seinem Vorgarten zum Spaß auf Mülltonnen. Dabei tötet er versehentlich die vierjährige Anna, die sich in einer der Mülltonnen versteckt hatte[2458]. – Da Anton nicht wusste, dass er durch den Schuss einen Menschen töten könnte (er glaubte, er schieße nur auf Mülltonnen), lag ein Tatbestandsirrtum vor, der seinen Vorsatz im Hinblick auf eine vorsätzliche Tötung ausschloss. – Bei der Prüfung einer fahrlässigen Tötung, § 222 StGB, muss geprüft werden, ob es grundsätzlich sorgfaltspflichtwidrig ist, im eigenen Garten auf Mülltonnen zu schießen, bzw. ob Anton hätte erkennen können, dass sich in der Mülltonne ein spielendes Kind befand (was im Regelfall anzunehmen ist, da es grundsätzlich verboten ist, außerhalb genehmigter Schießstätten mit „scharfen" Waffen Schießübungen abzuhalten).

1077 Einen Sonderfall regelt § 16 Abs. 2 StGB: Wer aufgrund eines Irrtums über tatsächliche Verhältnisse annimmt, er erfülle den Tatbestand eines milderen Gesetzes, kann auch nur nach diesem milderen Gesetz bestraft werden (da ihm der Vorsatz hinsichtlich des schwereren Delikts fehlt)[2459].

> **Bsp.:** Krankenschwester Rosi wird vom Patienten Paul eindringlich dazu aufgefordert, seinem Leben durch eine Überdosis eines bestimmten Medikaments ein Ende zu bereiten. Rosi tut dies aus Mitleid. Paul war allerdings, was Rosi nicht wusste, geisteskrank. – Objektiv beging Rosi hier einen Totschlag nach § 212 StGB. Die Voraussetzungen des § 216 StGB lagen nicht vor, da Paul infolge seiner Geisteskrankheit einwilligungsunfähig war und insofern seine Tötung auch nicht ausdrücklich und ernsthaft im Sinne des § 216 StGB verlangen konnte. Da Rosi aber von einem ernsthaften und ausdrücklichen Verlangen ausging, also Umstände annahm, die den Tatbestand des im Vergleich zu § 212 StGB milderen § 216 StGB verwirklichen würden, ist sie auch nur wegen Tötung auf Verlangen, § 216 StGB, zu bestrafen.

2. Sonderformen

1078 **a) Subsumtionsirrtum.** Unter einem Subsumtionsirrtum versteht man einen Irrtum, bei dem der Täter bei vollständig richtig erkanntem Sachverhalt zu einer falschen rechtlichen Bewertung kommt, weil er entweder zu seinen Gunsten oder zu seinen Ungunsten den erkannten Sachverhalt unrichtig unter ein bestimmtes Tatbestandsmerkmal subsumiert[2460].

> **Bsp.:** Anton erschlägt den Hund seines Nachbarn, weil ihn dessen ständiges Gekläffe ärgert. Später stellt er sich auf den Standpunkt, er habe keine Sachbeschädigung begangen, da man ein Tier nicht als Sache i. S. des § 303 StGB bezeichnen könne. Da es im StGB aber keinen Tatbestand der „Tierbeschädigung" gebe, müsse er straflos bleiben. – Hier hat Anton vom Tatsächlichen her alles richtig erkannt, er irrt sich lediglich über die rechtliche Einordnung eines Tieres als „Sache".

1079 Da – wie bereits bei der Behandlung des Vorsatzes gezeigt[2461] – eine exakte juristische Subsumtion keine notwendige Voraussetzung für die Bildung eines Vorsatzes

---

2457 Vgl. hierzu BGH NJW 1992, 516 (517).
2458 Vgl. zu einem ähnlichen Fall auch *Wessels/Beulke/Satzger*, Rn. 364.
2459 Vgl. zu § 16 Abs. 2 StGB; BGH NStZ 2012, 85 (86); BWME-*Eisele*, § 11 Rn. 105 ff.; *Exner*, ZJS 2009, 516 (521 f.); *Hettinger*, JuS 1989, L 40 (L 41 f.); *Knobloch*, JuS 2010, 864 (866); *Küper*, JURA 2006, 260; ferner die Übungsfälle bei *Kett-Straub*, JA 2012, 831 (836); *Putzke*, JURA 2017, 344 (347 f.).
2460 Vgl. hierzu ausführlich *Nierwetberg*, JURA 1985, 238; ferner *El-Ghazi*, JA 2020, 182 (185); *Hinderer*, JA 2009, 864 (866); *Rengier*, § 15 Rn. 4 ff.
2461 Vgl. oben Rn. 270.

ist, irrt sich der Täter hier lediglich über die rechtliche Bewertung eines zutreffend erkannten Sachverhalts – und unterliegt daher nach der oben getroffenen Unterscheidung einem Irrtum über die rechtliche Bewertung, der auf Tatbestandsebene gerade nicht zu einem Tatbestandsirrtum, sondern zu einem Verbotsirrtum führt[2462]. Dieser Irrtum ist zwar im Rahmen der Prüfung auf Tatbestandsebene kurz anzusprechen, im Ergebnis aber abzulehnen und anschließend – wie ein gewöhnlicher Verbotsirrtum – auf Schuldebene zu erörtern. Insoweit ist der in der juristischen Literatur oftmals gebrauchte Terminus des „Subsumtionsirrtums" an sich entbehrlich, da es sich, sofern dem Täter tatsächlich die Einsicht fehlt, Unrecht zu tun, eben um einen reinen Verbotsirrtum handelt (der allerdings im Regelfall vermeidbar ist und die Schuld des Täters bestehen lässt)[2463].

1080 Subsumiert der Täter zu seinen **Ungunsten** falsch, liegt demnach auch – konsequenterweise – ein strafloses Wahndelikt vor.

> **Bsp.:** Bruno zerreißt ein Foto des Rudi und meint, diesen dadurch körperlich misshandelt zu haben (§ 223 StGB), weil er auch die Zerstörung einer Fotografie unter dieses Tatbestandsmerkmal subsumiert. – Es liegt hier ein strafloses Wahndelikt vor.

1081 **b) Irrtum über normative Tatbestandsmerkmale (für Fortgeschrittene).** Mit der im vorigen Abschnitt getroffenen Unterscheidung des Irrtums über eine tatsächliche Voraussetzung (= Tatbestandsirrtum) und des Irrtums über die rechtliche Bewertung (= Verbotsirrtum) ist in den meisten Fällen eine sinnvolle Lösung zu erzielen. Lediglich in Grenzbereichen, bei stark **normativ geprägten Tatbestandsmerkmalen,** soll diese Unterscheidung – nach h. M. – zu unbefriedigenden Ergebnissen führen. Doch selbst dann, wenn man mit der h. M. eine Abweichung von den genannten Grundsätzen bei stark normativen Tatbestandsmerkmalen anerkennt, führt dies nicht dazu, die genannte Unterscheidung grundsätzlich aufzugeben, da man nur in wenigen **Ausnahmefällen** zu einem abweichenden Ergebnis kommen wird[2464].

1082 **Klausurtipp:** Die folgenden Ausführungen bergen eher die Gefahr in sich, die einmal „durchdrungene" Irrtumsmaterie wieder undurchsichtig zu machen und den Sinn der grundsätzlichen Differenzierung von tatsächlichem und rechtlichem Irrtum zu bezweifeln. Dies sollte vermieden werden. Man sollte sich vielmehr darüber im Klaren sein, dass der Irrtum über normative Tatbestandsmerkmale, der einen nach der getroffenen Unterscheidung „an sich" gegebenen Verbotsirrtum ausnahmsweise zum Tatbestandsirrtum machen soll, nur in gravierenden Ausnahmefällen anerkannt wird, an denen sich zwar die Dogmatik die Zähne ausbeißen kann, durch die sich die Studierenden jedoch nicht die Klausur verderben lassen sollten.

1083 Auszugehen ist dabei von der bereits oben[2465] getroffenen Unterscheidung von eher deskriptiv geprägten (= beschreibenden) Tatbestandsmerkmalen, bei denen das Gesetz Begriffe der täglichen Umgangssprache verwendet (wie z. B. „Mensch", „zerstören" oder „Sache") und den eher normativ geprägten (= wertenden) Merk-

---

2462 So die ganz h. M.; vgl. nur BWME-*Eisele*, § 11 Rn. 66 f.; *Hettinger*, JuS 1989, L 17 (L 18); *Kühl*, § 13 Rn. 10, 56; *Neumann*, JuS 1993, 793 (797); a. M. wohl *Herzberg*, JuS 2008, 385.
2463 Vgl. auch *Roxin/Greco*, AT I, § 12 Rn. 101; teilweise wird allerdings – terminologisch – davon ausgegangen, dass es sich beim Subsumtionsirrtum nicht einmal um einen Verbotsirrtum handle; vgl. *S. Dreher*, JuS 2007, 459 (463); *Exner*, ZJS 2009, 516 (525); *Hinderer*, JA 2009, 864 (866): bloßer „Strafbarkeitsirrtum".
2464 Vgl. hierzu ausführlich *B. Heinrich*, Roxin-FS 2011, S. 449.
2465 Vgl. oben Rn. 125 ff., 271.

malen, bei denen sich das Gesetz Begriffen aus der Rechtssprache bedient (wie z. B. „fremd", „Urkunde" oder „Amtsträger").

Während bei den eher deskriptiv geprägten Tatbestandsmerkmalen die Unterscheidung zwischen den Irrtümern im Bereich des tatsächlichen Erkennens und denjenigen der falschen rechtlichen Bewertung des (vom Tatsächlichen her) richtig erkannten Sachverhalts strikt durchgehalten werden kann[2466], macht die überwiegende Ansicht bei den eher normativ geprägten Tatbestandsmerkmalen in Einzelfällen eine Ausnahme, indem sie auch eine falsche rechtliche Bewertung als Tatbestandsirrtum anerkennt[2467].

> **Bsp.:** Anton verkauft seinen gebrauchten Ferrari an Bruno und übereignet ihm diesen. Als Bruno den ihm für eine Woche gestundeten Kaufpreis nicht zahlt, nimmt Anton den Ferrari mit einem heimlich zurückbehaltenen Zweitschlüssel wieder an sich. Dabei nimmt er an, der Ferrari „gehöre" schließlich noch ihm, da Bruno diesen noch nicht bezahlt habe. – Anton irrte sich hierbei über das normativ geprägte Tatbestandsmerkmal „fremd" in § 242 StGB. Er nahm an, dass sich der Ferrari mangels Kaufpreiszahlung noch in seinem Eigentum befand (was nicht der Fall war, da er bereits nach § 929 BGB übereignet wurde). Insoweit lag nach dem oben Gesagten „eigentlich" ein Irrtum über die rechtliche Bewertung und kein Irrtum über das Vorliegen eines tatsächlichen Umstandes vor, da Anton vom Tatsächlichen her alles richtig erfasst hatte (er wusste, dass er den Ferrari an Bruno verkauft und ihm den Wagen übergeben hatte und dass Bruno den Kaufpreis noch nicht bezahlt hatte). Dennoch soll hier „ausnahmsweise" ein Tatbestandsirrtum vorliegen, sofern man zu der Erkenntnis gelangt, dass Anton „an sich rechtstreu" war und lediglich eine höchst komplizierte juristische Bewertung im Rahmen eines stark normativ geprägten Tatbestandsmerkmals nicht nachvollzogen hat.

Als Prüfungsmaßstab einer solchen „Ausnahme", bei der ein Irrtum über die rechtliche Bewertung zu einem Tatbestandsirrtum führen soll (der den Vorsatz des Täters ausschließen würde), gilt nach h. M. die sog. **„Parallelwertung in der Laiensphäre"**[2468]. Hat der Handelnde den Begriffskern des jeweiligen Tatbestandsmerkmals zwar generell erfasst (weiß er also z. B. üblicherweise, wann eine Sache in seinem Eigentum steht und wann nicht), hat er aber im konkreten Fall

---

2466 Oftmals findet sich bei einer falschen rechtlichen Bewertung im Bereich der mehr deskriptiv geprägten Tatbestandsmerkmale der Ausdruck „Subsumtionsirrtum", der jedoch nach dem eben Gesagten entbehrlich ist, da es sich dabei um einen reinen Verbotsirrtum handelt; vgl. oben Rn. 1079.

2467 Vgl. BWME-*Eisele*, § 11 Rn. 62 f.; *Bloy*, JuS 1989, L 1 (L 3); *El-Ghazi*, JA 2020, 182 (187); *Exner*, ZJS 2009, 516 (518); *Floeth*, NStZ-RR 2018, 182 (183); *Herzberg/Hardtung*, JuS 1999, 1073 (1074); *Hinderer*, JA 2009, 864 (866 ff.); *Kühl*, § 13 Rn. 11; *Papathanasiou*, JR 2019, 369 (371); *Rönnau/Faust/Fehling*, JuS 2004, 667 (668); im Ergebnis ebenso BGHSt 2, 194 (197); BGHSt 8, 321 (323); BGHSt 48, 322 (328 f.); BGH NStZ 2019, 146 (148); ferner OLG Braunschweig NStZ-RR 1998, 175; hierzu *Brede*, NStZ 1999, 137; zum Ganzen *Kindhäuser*, JuS 2019, 953 (959 f.); vgl. auch die Übungsfälle bei *Brand/Burkart*, JuS 2019, 139 (140); *S. Dreher*, JuS 2007, 459 (463); *B. Heinrich*, JURA 1999, 585 (591); *Käßner/Seibert*, JuS 2006, 810 (812); *Krack/Gasa*, JuS 2008, 1005 (1008); *Kudlich*, JuS 2003, 243; *Kudlich/Roy/Tyszkiewicz*, JA 2006, 779 (783); *Putzke*, JURA 2009, 147 (150); *Rudolph*, JA 2011, 346 (348).

2468 BGHSt 3, 248 (255); BGHSt 4, 347 (352); BGH NJW 2018, 3467 (3468); BWME-*Eisele*, § 11 Rn. 63; *Jakobs*, 8/49; *Jescheck/Weigend*, § 29 II 3a; *Krey/Esser*, Rn. 415; *Kühl*, § 5 Rn. 93; *Marxen*, Fall 6c; MüKo-*Joecks/Kulhanek*, 4. Aufl., § 16 Rn. 70 ff.; *Otto*, § 7 Rn. 14; *Rengier*, § 15 Rn. 4; *Rönnau/Faust/Fehling*, JuS 2004, 667 (668); *Roxin/Greco*, AT I, § 12 Rn. 101; *Rudolph*, JA 2011, 346 (348); *Schönke/Schröder-Sternberg-Lieben/Schuster*, § 15 Rn. 43a; *Sternberg-Lieben/Sternberg-Lieben*, JuS 2012, 289 (291); *Wessels/Beulke/Satzger*, Rn. 361; kritisch zu diesem Begriff *Herzberg/Hardtung*, JuS 1999, 1074 (1075); *Kindhäuser*, GA 1990, 407 (417 ff.); LK-*Vogel/Bülte*, 13. Aufl., § 16 Rn. 30; NK-*Puppe*, § 16 Rn. 45 ff.; *Papathanasiou*, JR 2019, 369 (370 f.); *Puppe*, § 8 Rn. 13 ff., 46; *dies.*, NStZ 2001, 482 (485); *Schulz*, Bemmann-FS 1997, S. 246; *Stratenwerth/Kuhlen*, § 8 Rn. 71 f.; vgl. auch *Kindhäuser/Zimmermann*, § 27 Rn. 28 ff.

– nach Laienansicht nachvollziehbar – eine falsche rechtliche Bewertung getroffen, soll ausnahmsweise ein Tatbestandsirrtum vorliegen[2469].

1086 Dogmatisch wird dies folgendermaßen konstruiert: Bei stark normativ geprägten Tatbestandsmerkmalen müsse der Täter, um ein vorsätzliches Handeln annehmen zu können, neben der Kenntnis aller tatsächlichen Umstände auch die rechtliche Bedeutung des Begriffs in etwa erfasst haben (sog. „Bedeutungskenntnis")[2470]. Denn verkenne jemand trotz vollständiger Tatsachenkenntnis nachvollziehbar eine juristisch komplizierte und vielleicht sogar umstrittene rechtliche Einordnung, sei ihm der soziale Sinn seines Handelns nicht bewusst[2471] und er stehe mit seiner Ansicht nicht außerhalb der Rechtsordnung, weshalb hier § 16 StGB zur Anwendung kommen müsse.

> **Bsp. (1):** Verkauft und übereignet Anton im genannten Fall den Ferrari an Bruno und nimmt er ihn später „guten Gewissens" wieder an sich, so irrt er sich über das Tatbestandsmerkmal „fremd". Der Vorsatz hinsichtlich der Fremdheit einer Sache (und insoweit also: im Hinblick auf eine zivilrechtliche Vorfrage) umfasst dabei das Bewusstsein, dass die Sache einem anderen gehört, d. h. einem anderen im Rechtsverkehr eindeutig zugeordnet ist. Hierzu muss der Täter allerdings keine umfangreichen zivilrechtlichen Kenntnisse besitzen, er muss lediglich nach Laienart wissen, dass ihm die Sache „rechtlich nicht zusteht". Im vorliegenden Fall ging Anton trotz vollständiger Sachverhaltskenntnis – nach Laiensicht nachvollziehbar – davon aus, dass der Ferrari bis zur Bezahlung des Kaufpreises im Rechtsverkehr gerade nicht ausschließlich dem Bruno gehörte, wobei er allerdings an sich den Begriffskern des Tatbestandsmerkmals „fremd" sehr wohl erfasst hatte. Daher billigt ihm die h. M. hier ausnahmsweise einen Tatbestandsirrtum zu, obwohl er alle tatsächlichen Umstände zutreffend erkannte und sich lediglich über die rechtliche Einordnung irrte[2472].

> **Bsp. (2):** Anton glaubt, alles, was sich in seinem Haus befinde, gehöre automatisch ihm. Dies gelte selbst für Dinge, die er lediglich ausgeliehen hat oder die von anderen in seiner Wohnung vergessen wurden. – Auch hier irrte sich Anton über das normative Tatbestandsmerkmal „fremd". Dennoch soll hier kein Tatbestandsirrtum vorliegen, da ein solcher Irrtum auch nach einer Parallelwertung in der Laiensphäre nicht mehr nachvollziehbar sei. Der Grund sei darin zu sehen, dass Anton schon den Begriffskern des Merkmals „Eigentum" nicht richtig erfasst habe.

> **Bsp. (3)**[2473]**:** Anton fängt den Postboten Paul ab, der seinem Nachbarn Bruno ein großes Paket bringen will. Er gibt sich Paul gegenüber als Bruno aus und nimmt das Paket an sich. Dabei weiß er zwar, dass seine Vorgehensweise nicht ganz „fair" ist, er meint aber dennoch, durch die Übergabe des Pakets an ihn sei er Eigentümer desselben geworden (was nicht zutrifft, da Paul an Bruno und nicht an Anton übereignen wollte). – Nach der Parallelwertung in der Laiensphäre wusste Anton allerdings, dass ihm das Paket nach der Rechtsordnung nicht zustand, weshalb auch hier ein Tatbestandsirrtum ausscheidet.

2469 So *Floeth*, NStZ-RR 2018, 182 (183); *Kühl*, § 13 Rn. 11; *Krey/Esser*, Rn. 423; *Rengier*, § 15 Rn. 8 f.; im Hinblick auf das Merkmal der Rechtswidrigkeit einer beabsichtigten Zueignung bzw. eines erstrebten Vorteils im Rahmen der §§ 242, 253, 263 StGB vgl. BGHSt 17, 87 (90 f.); BGH StV 2000, 79; BGH NStZ 2002, 481; BGH NStZ 2002, 597; BGH NStZ 2003, 663; *Brand/Burkart*, JuS 2019, 139 (140); *Jahn/Dickmann*, JA 2000, 541 (542); *Kudlich*, JuS 2003, 243; *Puppe*, AT 1, 1. Aufl., § 32 Rn. 8 ff.
2470 Vgl. BGHSt 54, 202 (213); *Kühl*, § 13 Rn. 11; *Rengier*, § 15 Rn. 4, 8; *Sternberg-Lieben/Sternberg-Lieben*, JuS 2012, 289 (290 ff.); vgl. auch *Roxin/Greco*, AT I, § 12 Rn. 101.
2471 *Roxin/Greco*, AT I, § 12 Rn. 104.
2472 Vgl. zu Irrtümern im Bereich der Fremdheit *Kindhäuser/Zimmermann*, § 27 Rn. 29; *Krey/Esser*, Rn. 422; *Kühl*, § 5 Rn. 96; *Rengier*, § 15 Rn. 9; *Roxin/Greco*, AT I, § 12 Rn. 103; *Satzger*, JURA 2008, 112 (114 f.); *Wessels/Beulke/Satzger*, Rn. 361.
2473 Vgl. hierzu auch den Übungsfall bei *B. Heinrich*, JURA 1999, 585 (591).

Die genannten Beispiele zeigen, dass Irrtümer über normativ geprägte Tatbestandsmerkmale, die ausnahmsweise zu einem Tatbestandsirrtum führen sollen, eher selten vorkommen werden. Schon von daher kann bezweifelt werden, ob diese wenigen Fälle eine Durchbrechung des Grundsatzes rechtfertigen, dass nur Irrtümer im Bereich des tatsächlichen Erkennens (und nicht im Bereich der rechtlichen Wertung) zu einem Tatbestandsirrtum führen können. Eine solche Durchbrechung ist aber auch sachlich nicht angebracht. Vollzieht der Täter eine höchst komplizierte bzw. umstrittene juristische Subsumtion eines Lebenssachverhalts unter ein bestimmtes Merkmal des gesetzlichen Tatbestandes nicht nach, so reicht es aus, ihm auf Schuldebene einen (dann in der Regel unvermeidbaren) Verbotsirrtum zuzubilligen[2474]. Die Rechtsordnung muss sein Verhalten auch hier als „Unrecht" bewerten (und den übrigen Beteiligten ein Notwehr- bzw. Nothilferecht zubilligen). Dies umso mehr, als, wie oben gezeigt[2475], bereits eine saubere Unterscheidung von deskriptiven und normativen Tatbestandsmerkmalen nicht gelingt, wie folgender Fall deutlich macht: **1087**

> **Bsp.**[2476]: Der todkranke Paul erleidet in der Klinik einen Herzstillstand, der nicht mehr zu beseitigen ist. Oberarzt Armin schafft es jedoch, ihn an eine Herz-Lungen-Maschine anzuschließen, die den Kreislauf künstlich aufrechterhält. Ein Hirntod ist noch nicht feststellbar (nach h. M. ist daher der Tod noch nicht eingetreten[2477]). Abends erzählt der im Krankenhaus zur Nachtwache eingeteilte Medizinstudent Sebastian der hier arbeitenden Putzhilfe Rosi, dass „in diesem medizinisch interessanten Fall Pauls Herz für immer still stehen werde, die Maschine aber die Hirnfunktionen aufrechterhält". Rosi hat den Vortrag Sebastians zwar verstanden, hält Paul jedoch für „eigentlich tot" und das ganze Vorgehen für ein menschenunwürdiges Experiment. Um dies zu beenden, schaltet sie die Maschine ab. – Rosi hat hier den objektiven Tatbestand des Totschlags, § 212 StGB, erfüllt. Fraglich ist, ob sie auch Vorsatz hinsichtlich der Merkmale „töten" bzw. „Mensch" hatte. Da es sich bei diesen Merkmalen um (rein) deskriptive Merkmale handeln soll, müsste eine Parallelwertung in der Laiensphäre an sich ausscheiden[2478]. Dennoch hat Rosi den Begriffskern „Mensch" an sich erkannt und sich über eine höchst umstrittene juristische Subsumtion geirrt (nämlich die Frage, wann menschliches Leben endet), was nach h. M. zu einem Tatbestandsirrtum führen könnte. Sinnvoller erscheint es allerdings auch hier, ausschließlich darauf abzustellen, dass Rosi auf tatsächlicher Ebene alles richtig erkannt und eben rechtlich eine nicht der h. M. entsprechende Wertung getroffen hat, was zu einem (in diesem Falle unvermeidbaren) Verbotsirrtum führen muss.

c) Irrtum über den Kausalverlauf. – aa) Einführung. Unter einem Irrtum über den Kausalverlauf versteht man einen Irrtum, bei dem sich der Täter über die Art und Weise der Herbeiführung eines angestrebten Erfolges irrt[2479]. Da die Kausalität ein (ungeschriebenes) objektives Tatbestandsmerkmal eines jeden Erfolgsde- **1088**

2474 So im Ergebnis auch *B. Heinrich*, Roxin-FS 2011, S. 449 (465); *Knobloch*, JuS 2010, 864 (865); *Schülke/Schuster*, famos 2019, S. 6.
2475 Vgl. oben Rn. 127.
2476 Vgl. hierzu auch *Schmitz*, JURA 2003, 593, (594 Fn. 17).
2477 Vgl. nur *Schönke/Schröder-Eser/Sternberg-Lieben*, Vorbem. §§ 211 ff. Rn. 19.
2478 Vgl. aber auch *Krey/Esser*, Rn. 420.
2479 Vgl. aus der Rechtsprechung BGHSt 23, 133; BGHSt 38, 32; BGHSt 48, 34 (37); BGHSt 56, 162 (166); vgl. ferner die Übungsfälle bei *Britz/Müller-Dietz*, JURA 1997, 313 (321); *Ellbogen/Stage*, JA 2005, 353 (356); *Gebauer*, JA 2020, 351 (356 f.); *Hardtung*, JuS 2006, 54 (59); *ders.*, JuS 2008, 623 (627); *Heger*, JA 2008, 859 (860); *Jahn/Ebner*, JuS 2007, 923 (926); *Käßner/Seibert*, JuS 2006, 810 (814); *Knapp*, JuS 1976, 801 (803 f.); *Laubenthal*, JuS 1989, 827 (829); *Marinitsch*, JA 2019, 190 (193 f.); *Müller*, JURA 2005, 635 (636); *Norouzi*, JuS 2006, 531 (532 f.); *Saal*, JA 1998, 563 (564); *Safferling*, JURA 2004, 64 (66); *Schumann*, ZJS 2016, 489 (492); *Singelnstein*, JA 2011, 756 (758); *Wagner/Drachsler*, ZJS 2011, 530 (532).

likts darstellt und zur Kausalität auch der Kausalverlauf (d. h. die Art und Herbeiführung des Tatererfolgs) gehört, muss sich auch der Vorsatz hierauf beziehen[2480]. Irrt sich der Täter über die Kausalität seines Verhaltens bzw. über den Kausalverlauf, so irrt er sich über das Vorliegen eines Umstandes, der zum gesetzlichen Tatbestand gehört und der den Anwendungsbereich des § 16 StGB eröffnet[2481].

Bsp. (1)[2482]: Anton will Bruno mit einem Kopfschuss töten. Er trifft Bruno jedoch nur am Bein. Auf dem Transport ins Krankenhaus stirbt Bruno aber an den Folgen eines Verkehrsunfalls, da der Fahrer des Krankenwagens stark alkoholisiert war und die Kontrolle über den Wagen verlor. – Hier ist bereits das Vorliegen des objektiven Tatbestandes (im konkreten Fall: des Totschlags, § 212 StGB) fraglich. Anton hat Brunos Tod auf der Grundlage der Äquivalenztheorie zwar kausal verursacht, da er durch den Schuss eine Bedingung setzte, die nicht hinweggedacht werden kann, ohne dass der Erfolg (Brunos Tod) entfiele. Nach zutreffender Ansicht scheidet in diesen Fällen des atypischen Kausalverlaufes aber bereits die objektive Zurechnung des Erfolges aus[2483]. Lehnt man jedoch die Rechtsfigur der objektiven Zurechnung (zumindest in dieser Fallgruppe) ab[2484] und bejaht das Vorliegen des objektiven Tatbestandes, so muss im Rahmen des subjektiven Tatbestandes geprüft werden, ob Anton hinsichtlich Brunos Tod vorsätzlich handelte. Zwar wollte er den letztlich eingetretenen Erfolg (Brunos Tod), er irrte sich jedoch über die Art und Weise, wie dieser Erfolg zustande kommen würde (er wollte einen Tod durch Erschießen und erreichte einen Tod durch Verkehrsunfall).

Bsp. (2)[2485]: Anton will Bruno mit einem Stock verprügeln, weil er sich einmal richtig „abreagieren" möchte. Bevor es dazu kommt, flieht Bruno. Anton verfolgt ihn, bricht die Verfolgung dann aber ab, weil er Bruno aus den Augen verloren hat. Bruno bekommt hiervon jedoch nichts mit und springt in Panik und aus Angst vor Schlägen eine drei Meter hohe Mauer hinunter, wobei er sich schwer verletzt. – Die Körperverletzung ist dem Verfolger Anton hier zwar objektiv zurechenbar (es ist nicht atypisch, dass ein Verfolgter aus Angst um sein Leben panikartig reagiert, mangels freiverantwortlichem Handeln scheidet insoweit auch eine freiverantwortliche Selbstgefährdung bzw. -verletzung aus), der eingetretene Erfolg (Verletzung durch Sturz) stellt jedoch eine wesentliche Abweichung vom vorgestellten (und beabsichtigten) Kausalverlauf dar (Verletzung durch Prügel).

1089 Da ein Täter einen Kausalverlauf allerdings niemals in sämtlichen Einzelheiten exakt vorhersehen kann (es handelt sich hierbei schließlich stets nur um eine „Prognose"),

---

2480 Vgl. aus der Rechtsprechung BGHSt 7, 325 (327); aus der Literatur BWME-*Eisele*, § 11 Rn. 68; *Bloy*, JuS 1989, L 1 (L 3); *El-Ghazi*, JA 2020, 182 (186); *Exner*, ZJS 2009, 516 (519); *Henn*, JA 2009, 699 (701); *Krey/Esser*, Rn. 426; *Rengier*, § 15 Rn. 11; *Wessels/Beulke/Satzger*, Rn. 383; a. M. LK-*Schroeder*, 11. Aufl., § 16 Rn. 29; *Maurach/Zipf*, AT 1, § 23 Rn. 29; *Wolter*, ZStW 89 (1977), 649; kritisch auch *Roxin/Greco*, AT I, § 12 Rn. 154; vgl. hierzu auch den Übungsfall bei *Käßner/Seibert*, JuS 2006, 810 (812).
2481 Anders hingegen im Hinblick auf die objektive Zurechnung. Da diese eine normative Wertung erfordert, muss der Täter hier nur die tatsächlichen Umstände kennen, welche die objektive Zurechnung begründen oder ausschließen; vgl. *Kudlich*, JA 2010, 681 (687).
2482 Vgl. zu einem ähnlichen Fall bereits oben, Rn. 239 und Rn. 249 Bsp. (2).
2483 So auch *Britz/Müller-Dietz*, JURA 1997, 313 (321); *Kühl*, § 13 Rn. 42; *Roxin/Greco*, AT I, § 12 Rn. 152; *Rengier*, § 15 Rn. 12; SK-*Stein*, § 16 Rn. 43 f.; *Wessels/Beulke/Satzger*, Rn. 384; insoweit ist es umstritten, ob es der Rechtsfigur des Irrtums über den Kausalverlauf (als Form der „subjektiven Zurechnung") überhaupt bedarf; hierzu auch NK-*Puppe*, § 16 Rn. 75 ff. – Sie ist aber jedenfalls dann erforderlich, wenn eine Abweichung vom Kausalverlauf nicht atypisch ist, der Täter jedoch mit einem solchen Verlauf nicht rechnete; vgl. *Jescheck/Weigend*, § 29 V 6b; *Klesczewski*, Rn. 173; *Maurach/Zipf*, AT 1, § 23 Rn. 28 f.; anders wohl *Krey/Esser*, Rn. 427: objektive Zurechnung entfällt stets dann, wenn eine wesentliche Abweichung des vorgestellten vom eingetretenen Kausalverlauf vorliegt, sodass die Rechtsfigur letztlich entbehrlich wäre.
2484 Vgl. hierzu BGHSt 38, 32 (34), wo diese Frage ausdrücklich offen gelassen wurde.
2485 Fall in Anlehnung an BGHSt 48, 34; hierzu *Rengier*, § 15 Rn. 17; ferner die Übungsfälle bei *Lenk/Ritz*, JA 2020, 507 (511); *Norouzi*, JuS 2006, 531 (532 f.).

führt eine lediglich geringfügige („unwesentliche") Abweichung des vorgestellten vom tatsächlich eingetretenen Kausalverlauf nicht zu einem Ausschluss des Vorsatzes[2486]. Wäre dies der Fall, dann würde man den Täter in unzulässiger Weise privilegieren.

> **Bsp.:** Anton will Bruno durch einen gezielten Kopfschuss töten. Er zielt jedoch ungenau und schießt Bruno direkt ins Herz. Diese letztlich unwesentliche Abweichung kann nicht zu einem Ausschluss einer vorsätzlichen Tötung führen[2487].

Liegt hingegen eine erhebliche Abweichung vor, so muss diese – schließt man nicht bereits die objektive Zurechnung aus – spätestens auf Vorsatzebene beachtlich sein[2488]. Als Begründung hierfür lässt sich anführen, dass der Vorsatz stets auch die Tatbestandsverwirklichung in ihrer konkreten Gestalt erfassen und daher der Täter den Kausalverlauf wenigstens in seinen wesentlichen Umrissen erkannt haben muss.

> **Bsp.:** Stirbt Bruno im genannten Fall erst an den Folgen des durch den betrunkenen Fahrer verursachten Verkehrsunfalls, so lag (schließt man nicht bereits die objektive Zurechnung aus[2489]) eine wesentliche Abweichung des vorgestellten vom tatsächlich eingetretenen Kausalverlauf vor. – Anton ist lediglich wegen versuchten Totschlags, §§ 212, 22 StGB, in Tateinheit mit vollendeter gefährlicher Körperverletzung, §§ 223, 224 Abs. 1 Nr. 2 und Nr. 5 StGB, zu bestrafen (eine Fahrlässigkeitsbestrafung, § 222 StGB bzw. § 227 StGB, scheitert hier an der mangelnden Vorhersehbarkeit des Erfolges – wobei wiederum der Erfolg in seiner konkret eingetretenen Gestalt als Maßstab heranzuziehen ist[2490]).

1090

Insoweit ist also stets eine Einzelfallbetrachtung erforderlich, die sich daran orientiert, ob eine Abweichung **„wesentlich" oder „unwesentlich"** ist. Die lediglich unwesentliche Abweichung lässt dabei den Vorsatz unberührt[2491]. Eine solche wird immer dann angenommen, wenn sich die Abweichung noch innerhalb der Grenzen des nach allgemeiner Lebenserfahrung Vorhersehbaren hält und keine andere Bewertung der Tat rechtfertigt[2492]. Diese „Grenzen der allgemeinen Lebenserfahrung" werden dabei recht weit gesteckt, sodass nur in Ausnahmefällen eine – vorsatzausschließende – wesentliche Abweichung anzuerkennen ist.

1091

2486 BGHSt 7, 325 (329); BGHSt 14, 193 (194); BGHSt 23, 133 (135); BGH NStZ 2016, 721 (723); *Bechtel*, JA 2018, 909 (913); *El-Ghazi*, JA 2020, 182 (186); *Kudlich*, JA 2010, 681 (687); *Kühl*, § 13 Rn. 41; *Rengier*, § 15 Rn. 14.

2487 Zu diesem Fall auch *Burkhardt*, Nishihara-FS 1998, S. 15 (31); *Jakobs*, 8/69; *Kühl*, § 13 Rn. 41; vgl. in diesem Zusammenhang auch die Übungsfälle von *Ellbogen/Stage*, JA 2005, 353 (356), *Kuhlen/Roth*, JuS 1995, 711 (715).

2488 BGHSt 38, 32 (34); BGHSt 48, 34 (37); vgl. zur Frage, ob trotz vorliegender objektiver Zurechnung die subjektive Zurechnung im Hinblick auf den Vorsatz ausscheiden kann, da hier engere Voraussetzungen gelten, insbesondere *Roxin/Greco*, AT I, § 12 Rn. 155 ff. (Kriterium der „Planverwirklichung"); ferner *Rengier*, § 15 Rn. 18; *Sternberg-Lieben/Sternberg-Lieben*, JuS 2012, 289 (293 f.); vgl. hierzu auch die Übungsfälle bei *Lenk/Ritz*, JA 2020, 507 (511); *Müller*, JURA 2005, 635 (636).

2489 Vgl. hierzu oben Rn. 249 und oben Rn. 1088.

2490 Vgl. hierzu auch *Puppe*, GA 2008, 569.

2491 RGSt 67, 258 (259); RGSt 70, 257 (258); BGHSt 7, 325 (329); BGHSt 14, 193 (194); BGH NStZ 2001, 29 (30); BGH NStZ 2002, 475 (476); BGH NStZ 2016, 721 (722 f.); BWME-*Eisele*, § 11 Rn. 69; LK-*Vogel/Bülte*, 13. Aufl., § 16 Rn. 70 ff.; *Maurach/Zipf*, AT 1, § 23 Rn. 27; die Rechtsfigur ablehnend *Puppe*, GA 2008, 569; vgl. auch die Übungsfälle bei *Marinitsch*, JA 2019, 190 (193 f.); *Müller*, JURA 2005, 635 (636); *Rackow*, JA 2003, 218 (220); *Safferling*, JURA 2004, 64 (66); *Walter/Schneider*, JA 2008, 262 (268); *Wolter*, JA 2007, 354 (358, 360).

2492 BGHSt 7, 325 (329); BGHSt 9, 240 (242); BGHSt 23, 133 (135); BGHSt 37, 214 (218); BGHSt 38, 32 (34); BGHSt 48, 34 (37); BGHSt 56, 162 (166); BGH NStZ 2002, 475 (476); BGH GA 1955, 123 (125); BGH NStZ 2001, 29 (30); BGH NJW 2011, 2065 (2066 f.); BGH NStZ 2016, 721 (723); *El-Ghazi*, JA 2020, 182 (186); Schönke/Schröder-*Sternberg-Lieben/Schuster*, § 15 Rn. 55; kritisch *Kleszewski*, Rn. 182; *Köhler*, S. 153 f.; *Puppe*, § 10 Rn. 6 ff.

Bsp. (1): Anton will die vierjährige Anna dadurch töten, dass er sie von einer Brücke aus ins Wasser wirft. Anna stirbt jedoch bereits beim Aufprall auf den Brückenpfeiler. – Da sich ein solches Geschehen noch in den Grenzen des nach allgemeiner Lebenserfahrung Vorhersehbaren hält, lag hier lediglich eine unwesentliche Abweichung vor. Anton ist wegen vollendeten Totschlags, § 212 StGB, strafbar[2493].

Bsp. (2)[2494]**:** Anton will seine Frau Berta dadurch töten, dass er sie an einer einsamen Stelle im Wald erschlägt und die Leiche anschließend vergräbt. Zu diesem Zweck fesselt und knebelt er sie und sperrt sie in den Kofferraum seines Autos. Im Wald angekommen, merkt er, dass Berta im Kofferraum erstickt ist, womit er nicht gerechnet hat. – Hier wollte Anton die Berta töten und erreichte dies auch. Dabei war sein Verhalten für Bertas Tod kausal und der Tod ist ihm auch objektiv zurechenbar. Dennoch hatte er sich einen anderen Kausalverlauf vorgestellt (Tod durch Erschlagen im Wald und nicht durch Ersticken im Auto). Bevor sich hier allerdings Gedanken über eine wesentliche oder unwesentliche Abweichung vom Kausalverlauf macht, muss geprüft werden, ob eine Strafbarkeit wegen einer vorsätzlichen Tötung, § 212 StGB, hier möglicherweise aus anderen Gründen ausscheidet. Dies ist der Fall, wenn Anton nach seiner subjektiven Vorstellung zum Zeitpunkt des Einsperrens in den Kofferraum zum Tötungsversuch noch nicht unmittelbar angesetzt hat, der tödliche Erfolg also noch vor dem geplanten Versuchsbeginn eintrat[2495]. Da Anton die Berta hier erst im Wald erschlagen wollte, stellt der Transport im Auto lediglich eine Vorbereitungshandlung dar, sodass Anton hier (lediglich) wegen fahrlässiger Tötung, § 222 StGB, in Tateinheit mit gefährlicher Körperverletzung, §§ 223, 224 Abs. 1 Nr. 2 und Nr. 5 StGB, zu bestrafen ist. Noch problematischer ist allerdings die umgedrehte Konstellation:

bb) Tötung bei mehraktigem Geschehen, wenn der Täter irrtümlich glaubt, den Erfolg bereits durch den ersten Akt erreicht zu haben, während er ihn tatsächlich erst durch den zweiten Akt erreicht[2496] (Problemschwerpunkt 26)

1092 **Fall**[2497]**:** Anton will Bruno durch einen Beilhieb töten. Nachdem er ihn niedergeschlagen hat, beseitigt er die vermeintliche Leiche Brunos dadurch, dass er sie in eine Jauchegrube wirft. Tatsächlich hat Anton den Bruno aber durch den Beilhieb lediglich be-

---

2493 So im Ergebnis auch *Dold*, ZStW 122 (2010), 785 (799 ff.); *Kühl*, § 13 Rn. 41; *Roxin/Greco*, AT I, § 12 Rn. 155; *Sowada*, JURA 2004, 814 (818 f.); *Wessels/Beulke/Satzger*, Rn. 386; vgl. zum „Brückenpfeilerfall" *Kindhäuser/Zimmermann*, § 27 Rn. 44 f.; *Puppe*, AT 1, 1. Aufl., § 19 Rn. 9 ff.; *Stratenwerth/Kuhlen*, § 8 Rn. 89; a. M. *Herzberg*, ZStW 85 (1973), 867 (871 f.); einschränkend aber wiederum *ders.*, JA 1981, 369 (374); kritisch auch *Jakobs*, 8/64.
2494 Fall nach BGH NStZ 2002, 309; vgl. hierzu ferner BGH NStZ 2002, 475; BGH NStZ 2018, 27; *Bechtel*, JA 2018, 909 (909 f.); *Bosch*, JURA 2011, 909 (916); *Fad*, JA 2002, 745; *Gaede*, JuS 2002, 1058; *Herzberg*, JuS 1985, 1 (5); *Jäger*, Rn. 90 f.; *ders.*, JR 2002, 383; *Kindhäuser/Zimmermann*, § 27 Rn. 48 f.; *Kühl*, § 13 Rn. 48a; *Puppe*, § 10 Rn. 35 ff.; *Roxin/Greco*, AT I, § 12 Rn. 182 ff.; *Roxin*, GA 2003, 257 (260); *Schönke/Schröder-Sternberg-Lieben/Schuster*, § 15 Rn. 49; *SK-Stein*, § 16 Rn. 45; *Sowada*, JURA 2004, 814 (817 ff.); *Valerius*, JA 2006, 261 (264 f.); *Wessels/Beulke/Satzger*, Rn. 387; *Wolter*, GA 2006, 406; vgl. hierzu auch die Übungsfälle bei *Herrmann/Heyer*, JA 2012, 190; *Rackow*, JA 2003, 218 (220); *Wolter*, JA 2007, 354 (355 f., 357 f.) – hier auch zu dem umstrittenen Problem, ob ein vollendetes oder nur ein versuchtes Delikt vorliegt, wenn der Täter zwar die Schwelle zum Versuch bereits überschritten hat, aber glaubt, noch mehr tun zu müssen, um den tatbestandlichen Erfolg zu erreichen (= unbeendeter Versuch), der Erfolg aber dennoch bereits jetzt, d. h. „verfrüht" eintritt; vgl. ferner bereits oben Rn. 725.
2495 Vgl. *Bechtel*, JA 2018, 909 (911 f.); *Gaede*, JuS 2002, 1058 (1059); *Roxin/Greco*, AT I, § 12 Rn. 184; vgl. aber auch *Maurach/Zipf*, AT 1, § 23 Rn. 36.
2496 Vgl. hierzu die Übungsfälle bei *Buttel/Rotsch*, JuS 1995, 1096 (1098); *Höffler/Marsch*, JA 2017, 677 (680 f.); *Kalkofen/Sievert*, JURA 2011, 229 (230 f.); *Marxen*, Fall 7d; *Noltesmeier/Henn*, JA 2007, 772 (772 ff.); ferner *Marinitsch*, JA 2019, 190 (195 f.).
2497 Fall in Anlehnung an BGHSt 14, 193; ähnlich RGSt 67, 258; RGSt 70, 257; BGH bei *Dallinger* MDR 1952, 16; BGH NStZ 2001, 29; BGH NStZ 2016, 721; hierzu *Bechtel*, JA 2016, 906; *Hettinger*, JuS 1992, L 81; *ders.*, GA 2006, 289; *Jäger*, Rn. 109 f.; *Krey/Esser*, Rn. 425 ff.; *Lichtenthäler*, JuS 2020, 211; *Oğlakcıoğlu*, JR 2011, 103; *Roxin/Greco*, AT I, § 12 Rn. 174 ff.; *Valerius*, JA 2006, 261.

wusstlos geschlagen und schwer verletzt. Brunos Tod tritt nunmehr dadurch ein, dass dieser in der Jauchegrube ertrinkt. Damit hat Anton nicht gerechnet, er ging vielmehr davon aus, dass Bruno zu diesem Zeitpunkt bereits tot war.

Problemstellung: Im Hinblick auf die Bestrafung Antons wegen eines vorsätzlichen Totschlags, § 212 StGB, ist problematisch, dass Anton zwar während des Beilhiebes Tötungsvorsatz hatte, hierdurch aber der Erfolg nicht eintrat. Beim Versenken Brunos in der Jauchegrube fehlte es hingegen an einem vorsätzlichen Tötungsakt, da Anton glaubte, eine Leiche zu versenken, er insoweit also einem Tatbestandsirrtum, § 16 StGB, unterlag[2498]. Da in diesen Fällen auch nach der hier vertretenen Ansicht der objektive Tatbestand nicht mangels objektiver Zurechnung ausscheidet, da sich die Tötung Brunos ausschließlich als Antons „Werk" darstellt[2499], kann eine Lösung nur über den subjektiven Tatbestand gefunden werden.

aaa) Die früher vertretene **Lehre vom dolus generalis**[2500] geht in diesen Fällen davon aus, dass ein Gesamtvorsatz hinsichtlich der Tötung gegeben sei. Anton wollte Bruno töten und tötete ihn auch. Es dürfe in diesen Fällen nicht zwischen den verschiedenen Akten differenziert werden, sondern es sei vielmehr von einem einheitlichen Handlungsgeschehen auszugehen, sodass auch der zweite Teilakt noch vom Tötungsvorsatz umfasst sei. Anton wäre demnach wegen vorsätzlichen Totschlags zu bestrafen. Diese Lehre widerspricht allerdings dem Grundsatz, dass Bezugspunkt jeder Strafbarkeit eine konkrete menschliche Handlung sein muss, auf die sich der Vorsatz jeweils beziehen muss (Simultanitätsprinzip). Eine „Fortwirkung" des Vorsatzes auf andere Handlungen ist insoweit unzulässig. Zudem will der Täter eben meist auf eine ganz bestimmte Art und Weise und nicht nur „irgendwie" töten.

bbb) In konsequenter Beachtung des zuletzt genannten Grundsatzes geht die **Trennungstheorie**[2501] von einer strikten Trennung der Geschehensabläufe aus. Beide Tathandlungen müssten auseinander gehalten und jeweils isoliert daraufhin untersucht werden, ob Vollendungseintritt und (bedingter) Vorsatz vorlägen. Dies würde im vorliegenden Fall dazu führen, dass sich Anton lediglich wegen eines versuchten Totschlags (erster Teilakt) in Kombination mit einer fahrlässigen Tötung (zweiter Teilakt) strafbar gemacht hat. Gegen diese Ansicht spricht, dass sie einen einheitlichen Handlungskomplex willkürlich auseinander reißt und den Täter zu sehr privilegiert. Zudem verkennt sie, dass auch sonst ein Vorsatz lediglich

---

2498 Vgl. zur notwendigen Kongruenz von Tathandlung und Vorsatz bereits oben Rn. 288.
2499 Durch den Beilhieb wurde eine rechtlich relevante Gefahr des Todes geschaffen, die auch nicht durch ein weiteres vorsätzliches Handeln (Fallgruppe des eigenverantwortlichen Dazwischentretens eines Dritten, vgl. oben Rn. 253 – hier wäre Anton selbst der „Dritte") unterbrochen wurde, da Anton beim Versenken der Leiche in der Jauchegrube lediglich fahrlässig handelte; a.M. *Noltensmeier/Henn*, JA 2007, 772 (774); auch ein „atypischer Kausalverlauf" scheidet vorliegend aus; so auch *Bechtel*, JA 2016, 906 (907); *Eisele*, JuS 2016, 368 (369).
2500 Diese Lehre wird auf *Welzel*, § 13 I 3d, zurückgeführt, der einen dolus generalis freilich nur dann annimmt, wenn insgesamt eine „heimliche" Tötung mit anschließendem Verbergen der Leiche geplant war; damit steht er aber eher der unter ccc) dargestellten Theorie vom Gesamtvorsatz nahe; vgl. bereits oben Rn. 287 f.
2501 *Backmann*, JuS 1972, 196 (199); *Freund/Rostalski*, § 7 Rn. 150 ff.; *Gropp/Sinn*, § 4 Rn. 135; *Hettinger*, Spendel-FS 1992, S. 237 (246 ff.); *ders.*, JuS 1992, L 81 (L 83 f.); *ders.*, GA 2006, 289 (294); *Höffler/Marsch*, JA 2017, 677 (680 f.); *Hruschka*, JuS 1982, 317 (320); *Jäger*, Schroeder-FS 2006, S. 241 (255); *Jakobs*, 8/78; *Jerouschek/Kölbel*, JuS 2001, 417 (422 ff.); *Kalkofen/Sievert*, JURA 2011, 229 (230 f.); *Köhler*, S. 154; *Kühl*, § 13 Rn. 48; *Lackner/Kühl*, § 15 Rn. 11; *Maiwald*, ZStW 78 (1966), 30 (54 ff.); *Maurach/Zipf*, AT 1, § 23 Rn. 35; *Noltensmeier/Henn*, JA 2007, 772 (774); *Otto*, § 7 Rn. 90 f.; *Toepel*, JuS 1994, 1009 (1013); wohl auch *Jakobs*, 8/78 f.; *Kindhäuser/Zimmermann*, § 27 Rn. 52.

zum Handlungszeitpunkt (hier: dem Beilhieb) vorliegen muss, ob der Täter zum Zeitpunkt des Erfolgseintritts (hier: dem Ertrinken) noch einen Tötungsvorsatz aufweist, ist an sich unbeachtlich.

1095 ccc) Die **Theorie vom Gesamtvorsatz**[2502] differenziert hingegen danach, ob der Täter den zweiten Akt (hier: das Versenken in der Jauchegrube) bereits von Anfang an vorhatte oder nicht. Entspricht das Verhalten des Täters seinem ursprünglichen Plan, dann sei es angebracht, den tatsächlichen Tötungsakt noch als vom Vorsatz des Täters umfasst anzusehen, wohingegen ein solcher Vorsatz dann abzulehnen sei, wenn der zweite Akt auf einem neuen Entschluss beruhte. Hiergegen spricht allerdings, dass der spontan und „planlos" handelnde Täter dann ohne Grund privilegiert würde.

1096 ddd) Nach der **Fortwirkungstheorie**[2503] muss hingegen geprüft werden, ob die durch den ersten Akt stattgefundene Verletzung bei ungestörtem Fortgang für sich genommen zum Tod geführt hätte, die Ersthandlung also bereits konkret „erfolgstauglich" war (nur dann läge ein vorsätzliches Verhalten vor) oder nicht. Im vorliegenden Fall müsste also geprüft werden, ob der Beilhieb, denkt man das Versenken in der Jauchegrube hinweg, ohne weitere Hilfsmaßnahmen ebenfalls (wenn auch später) zum Tod des Bruno geführt hätte. Dieser Ansicht ist jedoch entgegen zu halten, dass es auf die isolierte Feststellung der Erfolgstauglichkeit eines Umstandes, der letztlich eben gerade nicht zum Erfolg geführt hat, nicht ankommen kann.

1097 eee) Nach der **Planverwirklichungstheorie**[2504] soll lediglich dann eine vollendete Vorsatztat vorliegen, wenn der Täter im Hinblick auf den Taterfolg absichtlich gehandelt hat, während es beim Versuch bleiben soll, wenn der Erfolg lediglich schlicht-vorsätzlich verwirklicht werden sollte. Diese Differenzierung im Vorsatzbereich findet allerdings im Gesetz keine Stütze.

1098 fff) Zutreffend stellt daher die wohl herrschende **Lehre des Irrtums über den Kausalverlauf**[2505] auf das Kriterium der wesentlichen oder unwesentlichen Abweichung ab. Anknüpfungspunkt bleibt dabei die vom Täter vorgenommene Ersthandlung. Gefragt wird anschließend danach, ob der durch die Zweithandlung tatsächlich bewirkte Erfolg eine wesentliche oder unwesentliche Abweichung des vorgestellten vom tatsächlich eingetretenen Kausalverlauf darstellt (insoweit ist es also gleichgültig, ob der zweite Akt durch den Täter selbst oder einen Dritten vorgenommen wird[2506]). Eine unwesentliche Abweichung liegt immer dann vor, wenn sich die Abweichung noch innerhalb der Grenzen des nach allgemeiner Lebenserfahrung Voraussehbaren hält und keine andere Bewertung der Tat recht-

---

2502 SK-*Stein*, § 16 Rn. 45; vgl. auch *Sternberg-Lieben/Sternberg-Lieben*, JuS 2012, 289 (295); *Stratenwerth/Kuhlen*, § 8 Rn. 93.
2503 LK-*Schroeder*, 11. Aufl., § 16 Rn. 31.
2504 *Gropp/Sinn*, § 4 Rn. 135; *Roxin/Greco*, AT I, § 12 Rn. 177 ff.; vgl. auch *Marxen*, Fall 7d.
2505 RGSt 67, 258 (259); BGSt 70, 257 (258 f.); BGHSt 7, 325 (329 f.); BGHSt 14, 193 (194); BGHSt 23, 133 (135); BGHSt 38, 32 (34); *Bechtel*, JA 2016, 906 (908); BWME-*Eisele*, § 11 Rn. 76; *Exner*, ZJS 2009, 516 (521); *Fischer*, § 16 Rn. 9; *v. Heintschel-Heinegg-Kudlich*, § 16 Rn. 11; *Jescheck/Weigend*, § 29 V 6d; *Joecks/Jäger*, § 15 Rn. 36 f.; *Klesczewski*, Rn. 185; *Lackner/Kühl*, § 15 Rn. 11; LK-*Vogel/Bülte*, 13. Aufl., § 16 Rn. 73; *Rengier*, § 15 Rn. 57; *Schönke/Schröder-Sternberg-Lieben/Schuster*, § 15 Rn. 58; *Sowada*, JURA 2004, 814 (815 f.); *Wessels/Beulke/Satzger*, Rn. 390; im Ergebnis auch (allerdings mit anderer Begründung) NK-*Puppe*, § 16 Rn. 84 f.; *Puppe*, § 10 Rn. 25 ff.
2506 *Wessels/Beulke/Satzger*, Rn. 392.

fertigt[2507]. Diese Theorie hat den Vorteil, dass im Wege der Einzelfallentscheidung gerechte Ergebnisse erzielt werden können. Im vorliegenden Fall muss man dabei zu dem Ergebnis gelangen, dass der eingetretene Kausalverlauf nicht außerhalb des nach der Lebenserfahrung Vorhersehbaren liegt und daher eine vorsätzliche Tötung anzunehmen ist. Dieses letzten Endes „gerechte" Ergebnis geht allerdings – und insoweit ist der Trennungstheorie Recht zu geben – zu Lasten dogmatischer Klarheit und weist auch den Nachteil einer gewissen Unbestimmtheit auf, die der Rechtsfigur des „Irrtums über den Kausalverlauf" insgesamt anhaftet. Auch führt diese Ansicht, da in den meisten Fällen eine „unwesentliche Abweichung" angenommen werden dürfte, regelmäßig zu den gleichen Ergebnissen, wie die Lehre vom „dolus generalis", die aber aus den genannten Gründen[2508] abzulehnen ist.

d) Irrtum über das Handlungsobjekt (error in persona vel obiecto). Beim Irrtum über das Handlungsobjekt handelt es sich um einen Irrtum auf Tatbestandsebene, bei dem der Täter über die Person (error in persona) oder das Objekt (error in obiecto) irrt, auf die bzw. auf das sich sein Handeln bezieht. Dabei verletzt der Täter zwar das von ihm anvisierte Objekt (z.B. die Person, auf die er tatsächlich gezielt hat), er wollte jedoch eigentlich ein anderes Tatobjekt verletzen[2509]. Er unterliegt somit einer Fehlvorstellung über die Identität (oder eine bestimmte Eigenschaft) des Objekts, kurz: Es liegt eine **Objektsverwechslung** vor[2510].

1099

Bsp. (1): Anton will Bruno töten. Als er ihn eines Abends allein im Garten arbeiten sieht, hält er die Gelegenheit für günstig. Er holt sein Gewehr, schleicht sich von hinten an und schießt auf den vor ihm Stehenden, der sofort tot umfällt. Nun erst erkennt Anton, dass es sich bei dem Getöteten nicht um Bruno, sondern um den Gärtner Gustav handelt, der Bruno in Größe und Statur ähnlich sah und diesem bei der Gartenarbeit behilflich war.

Bsp. (2): Am nächsten Tag will Anton nun aber den richtigen Bruno töten. Er dringt nachts in dessen Haus ein, um ihn zu erschießen. Nachdem er durch das Fenster ins Wohnzimmer gelangt ist, sieht er im Schlafzimmer im Dunkeln eine Gestalt und schießt, in der Annahme, es handle sich um Bruno. Bei der Gestalt handelt es sich jedoch um eine lebensgroße Keramikfigur einer griechischen Halbgöttin, die in tausend Splitter zerspringt.

2507 In BGHSt 14, 193 wird zudem klargestellt, dass dieses Ergebnis auch dann gilt, wenn der Täter beim ersten Akt lediglich mit bedingtem Tötungsvorsatz gehandelt hat.
2508 Vgl. oben Rn. 1093.
2509 Vgl. zu der Sonderkonstellation, in der der Täter das Opfer nicht optisch wahrnimmt, unten Rn. 1112.
2510 Vgl. hierzu die Übungsfälle bei *Bergmann*, ZJS 2009, 412 (412 f.); *Beulke*, JURA 2014, 639 (642); *Böhm*, ZJS 2019, 231 (232); *Britz/Brück*, JuS 1996, 229 (230); *Dohmen*, JURA 2006, 143 (144); *El-Ghazi*, JA 2014, 26 (28); *Edlbauer*, JURA 2007, 941 (943); *Ernst*, ZJS 2011, 382; *Esser/Langbauer*, JA 2013, 28 (29); *Fahl*, JURA 2005, 273 (274); *ders.*, ZJS 2009, 63 (64); *Gropengießer/Kohler*, JURA 2003, 277 (278 f.); *Großmann/Wehrstein*, ZJS 2020, 263 (264); *Härtl-Meißner-Kuse*, JuS 2018, 622 (625); *Hardtung*, JuS 2006, 54 (55); *Heger*, JA 2008, 859 (862); *Höffler/Marsch*, JA 2017, 677 (682); *Hussels*, JURA 2005, 877 (878); *Kalkofen/Sievert*, JURA 2011, 229 (230); *Kaspar*, JuS 2004, 409 (412 f.); *Kett-Straub*, JA 2012, 831 (836); *Kraatz*, JURA 2012, 994 (997); *Krell*, ZJS 2010, 640 (643); *Kubiciel/Stam*, JA 2014, 512 (515); *Kudlich/Pragal*, JuS 2004, 791 (793); *Lenk*, JURA 2021, 1113 (1122); *Lorenz/Steffen*, JA 2019, 424 (430 f.); *Marxen*, Fall 7a; *Nicolai*, JA 2020, 21 (23); *Norouzi*, JuS 2006, 531 (533); *Nussbaum*, ZJS 2019, 54 (54 f.); *Peters*, JuS 2020, 328 (329); *Putzke*, JURA 2009, 147 (148); *ders.*, JURA 2015, 95 (99 ff.); *Rosenau/Zimmermann*, JuS 2009, 541 (542); *Saal*, JA 1998, 563 (564); *Safferling*, JURA 2004, 64 (65); *ders.*, JURA 2005, 135 (137); *ders.*, JA 2007, 183 (184); *Sahan*, ZJS 2008, 177; *Schöpe*, JuS 2017, 44 (46 f.); *Schuster*, JURA 2008, 228; *Sebastian*, JURA 2015, 992 (999); *Seier*, JuS 1989, L 85; *Sievert/Kalkofen*, JA 2012, 107 (108); *Steinberg/Bayer*, ZJS 2017, 225; *Steinberg/Bonnin*, ZJS 2017, 342 (347); *Sowada*, JURA 1994, 37 (40); *Sternberg-Lieben/v. Ardenne*, JURA 2007, 149; *Stoffers*, JuS 1993, 837; *Werle*, JuS 1986, 902 (905).

1100 In beiden Fällen wollte Anton einen Menschen töten (Vorsatz hinsichtlich eines Totschlags, § 212 StGB) und konkretisierte seinen Tötungsvorsatz auch auf ein bestimmtes Objekt. Nachdem er die Tathandlung vollbracht hat, stellt sich jedoch heraus, dass das von ihm anvisierte und auch getroffene Objekt ein anderes war als das, was er vermutete. In beiden Fällen verwirklichte er auch den objektiven Tatbestand einer Strafnorm (in Bsp. 1 tötete er einen Menschen, § 212 StGB, in Bsp. 2 zerstörte er eine Sache, § 303 StGB). Dennoch können beide Fälle nicht gleich behandelt werden.

1101 Einfacher zu lösen ist der zweite Fall: Hinsichtlich der Tötung eines Menschen fehlt es bereits an der Verwirklichung des objektiven Tatbestandes des § 212 StGB. Da Anton aber einen Menschen töten wollte und durch den Schuss (auf die Statue) hierzu auch unmittelbar angesetzt hat, liegt ein versuchter Totschlag vor, §§ 212, 22 StGB (Versuch am untauglichen Objekt[2511]). In Bezug auf das zum objektiven Tatbestand der Sachbeschädigung, § 303 StGB, gehörende Merkmal „Zerstörung einer Sache" fehlte es hingegen am Vorsatz – Anton wollte ja keine Sache zerstören, sondern einen Menschen töten. Hier lag insoweit ein Tatbestandsirrtum vor, § 16 StGB, der den Vorsatz entfallen lässt. Eine Bestrafung aus einem Fahrlässigkeitsdelikt, § 16 Abs. 1 Satz 2 StGB, ist nicht möglich, da die fahrlässige Sachbeschädigung straflos ist[2512].

1102 Problematischer ist hingegen der erste Fall. Hier wollte Anton einen Menschen töten und er tötete auch einen Menschen. Er hat auch genau den Menschen getötet, den er anvisierte. Allerdings dachte er, es handle sich um Bruno und nicht um Gustav. Fraglich ist demnach, ob die Identität eines Menschen ein Merkmal ist, welches *„zum gesetzlichen Tatbestand"* i. S. des § 16 StGB gehört. Dies ist jedenfalls dann nicht der Fall, wenn der Täter seinen Vorsatz zum Zeitpunkt der Tathandlung **auf einen ganz bestimmten Menschen konkretisiert** hat. Denn dann will er genau denjenigen töten, der vor ihm steht. Mehr fordert § 212 StGB nicht („Wer einen Menschen tötet" [...]). Die Frage, **warum** er diesen konkreten Menschen töten will (eben weil er ihm eine ganz bestimmte Identität unterstellt), darf keine Rolle spielen. Es handelt sich dabei um einen reinen **Motivirrtum**. Solche reinen Motivirrtümer müssen aber in der strafrechtlichen Beurteilung unbeachtlich bleiben, denn Bezugspunkte des Vorsatzes sind nach § 16 StGB die äußeren Tatumstände, nicht jedoch die mit der Tat verfolgten Zwecke[2513].

> **Bsp.:** Anton hat erfahren, dass Bruno ihn in seiner Stammkneipe als „feige Sau" bezeichnet haben soll. Aus „Rache" dringt er in Brunos Wohnung ein und schlägt diesen ohne Vorankündigung krankenhausreif. Später stellt sich heraus, dass Bruno die besagte Äußerung nie gemacht hat, weshalb Anton sein Verhalten bereut und sich entschuldigt.

2511 Vgl. zum untauglichen Versuch in der Form der Untauglichkeit des Tatobjekts oben Rn. 670.
2512 Vgl. hierzu auch *Exner*, ZJS 2009, 516 (520); *Kudlich*, JA 2017, 827 (828).
2513 Für die Unbeachtlichkeit des error in persona in diesen Fällen vgl. nur RGSt 18, 337 (338); BGHSt 11, 268 (270); BGHSt 37, 214 (216); BGH NStZ 1998, 294 (295); *Ambos*, JURA 2004, 492 (493); BWME-*Eisele*, § 11 Rn. 85; *Bemmann*, MDR 1958, 815 (817); *Bergmann*, ZJS 2009, 412 (413); *Ernst*, ZJS 2011, 382 (382 f.); *Fischer*, § 16 Rn. 5; *Hettinger*, JuS 1992, L 65 (L 67); *Heuser*, ZJS 2019, 181 (182); *Hussels*, JURA 2005, 877 (878); *Jakobs*, 8/82; *Jescheck/Weigend*, § 29 V 6a; *Kindhäuser/Zimmermann*, § 27 Rn. 41; *Kalkofen/Sievert*, JURA 2011, 229 (230); *Knobloch*, JuS 2010, 864 (865); *Köhler*, S. 151 f.; *Koriath*, JuS 1998, 215; *Krey/Esser*, Rn. 431; *Kubiciel*, JA 2005, 694 (695); *Kudlich*, JA 2017, 827; *Kühl*, § 13 Rn. 23 ff.; LK-*Vogel/Bülte*, 13. Aufl., § 16 Rn. 74 ff.; *Lubig*, JURA 2006, 655 (656); *Maurach/Zipf*, AT 1, § 23 Rn. 25; *Nestler/Prochota*, JURA 2020, 132 (133); *Otto*, § 7 Rn. 99; *Puppe*, AT 1, 1. Aufl., § 20 Rn. 25; *Rengier*, § 15 Rn. 22; *Roxin/Greco*, AT I, § 12 Rn. 196; *Wessels/Beulke/Satzger*, Rn. 371.

– Selbstverständlich schließt dieser „Motivirrtum" Antons seine Strafbarkeit wegen einer vorsätzlich begangenen Körperverletzung, § 223 StGB, nicht aus[2514].

1103 Insofern muss man beim **error in persona vel obiecto**[2515] (in freier Übersetzung: Irrtum in der Person oder über einen Gegenstand) danach differenzieren, ob das tatsächlich getroffene Objekt und das eigentlich gewollte Objekt tatbestandlich gleichwertig sind oder nicht[2516]:

1104 Sind beide Objekte **tatbestandlich gleichwertig** (handelt es sich also z.B. um zwei Menschen), dann ist der Irrtum als bloßer Motivirrtum unbeachtlich. Denn Bezugspunkte des Vorsatzes sind nur die äußeren Tatumstände, nicht aber die mit der Tat verbundenen Beweggründe und Fernziele. Sind hingegen beide Objekte **tatbestandlich nicht gleichwertig** (Tötung eines Menschen und Zerstörung einer Sache), ist der Irrtum beachtlich[2517]. Es liegt dann lediglich (sofern strafbar) ein Versuch hinsichtlich des gewollten und (sofern strafbar) eine Fahrlässigkeitstat hinsichtlich des tatsächlich getroffenen Objekts vor.

> **Klausurtipp:** Sind beide Objekte tatbestandlich gleichwertig und ist daher der Irrtum des Täters unbeachtlich, da sich sein Vorsatz auf dasjenige Objekt (z. B. denjenigen Menschen) konkretisiert hatte, welches er auch tatsächlich getroffen hat, so ist sein Vorsatz dadurch gleichzeitig „verbraucht". Verfehlt wäre es, nun auch noch einen Versuch bzgl. desjenigen Objekts zu prüfen, welches er tatsächlich verletzen oder zerstören wollte. Schießt Anton z.B. auf Gustav, meint er aber, er schieße auf Bruno, so ist Anton nur wegen eines an Gustav begangenen vollendeten Totschlags strafbar. Daneben liegt nicht zugleich auch noch eine versuchte Tötung Brunos vor. Wer hierin gleichzeitig ein vom Vorsatz getragenes unmittelbares Ansetzen hinsichtlich der Tötung Brunos sieht, würde Anton einen zweifachen Vorsatz unterstellen, den dieser nicht hatte[2518]. – Ein insbesondere in Anfängerarbeiten oftmals gemachter Fehler.

1104a Unterliegt ein Mittäter einem error in persona vel objecto, der für ihn unbeachtlich ist, gilt dies auch im Hinblick auf Mittäter[2519]. Umstritten ist hingegen die Auswirkung eines error in persona des Haupttäters im Hinblick auf den Anstifter[2520].

1105 e) **Fehlgehen der Tat (aberratio ictus)**[2521] (**Problemschwerpunkt 27**). Unter einer aberratio ictus versteht man einen Vorgang, bei dem der Täter nicht das anvi-

---

2514 Vgl. hierzu auch die Fallkonstellation bei *Bergmann*, ZJS 2009, 412 (413).
2515 Kritisch zu dieser Gleichsetzung von „error in persona" und „error in objecto" allerdings *Heuser*, ZJS 2019, 181 (182).
2516 Kritisch zu dieser Differenzierung wiederum *Heuser*, ZJS 2019, 181 (183).
2517 Vgl. nur *Edlbauer*, JURA 2007, 941 (946); *Rengier*, § 15 Rn. 24f.; *Wessels/Beulke/Satzger*, Rn. 370.
2518 So im Ergebnis auch *Ambos*, JURA 2004, 492 (495); *Edlbauer*, JURA 2007, 941 (944); *Großmann/Wehrstein*, ZJS 2020, 263 (264); *Kalkofen/Sievert*, JURA 2011, 229 (232); *Kudlich*, JA 2017, 827; *Kudlich/Pragal*, JuS 2004, 791 (793); *Safferling*, JA 2007, 183 (186); *Sievert/Kalkofen*, JA 2012, 107 (109); *Wessels/Beulke/Satzger*, Rn. 372; ferner *Fahl*, JURA 2005, 273 (275).
2519 BGHSt 11, 268 (271); BGH NStZ 2019, 511 (512); *Jäger*, JA 2019, 467 (469); *Nestler/Prochota*, JURA 2020, 561 (564); *Puppe*, ZIS 2007, 234 (243 ff.); *Schönke/Schröder-Heine/Weißer*, § 25 Rn. 101; a. M. *Dehne-Niemann*, ZJS 2007, 351 (353 f.); *Rudolphi*, Böckelmann-FS 1979, S. 369 (380 f.); vgl. hierzu auch die Übungsfälle bei *Großmann/Wehrstein*, ZJS 2020, 263 (266); *Lenk*, JURA 2021, 1113 (1124 f.); *Putzke*, JURA 2012, 95 (105); hierzu ferner für die Sonderkonstellation, dass der Mittäter infolge des Irrtums eines anderen Mittäters selbst Tatopfer wird, Rn. 1230.
2520 Vgl. hierzu Problemschwerpunkt 38, Rn. 1307 ff.
2521 Vgl. hierzu auch *Degener*, GA 2020, 345; *El-Ghazi*, JuS 2016, 303 (304 f.); *Hillenkamp/Cornelius*, AT, 9. Problem; *Kudlich*, JA 2017, 827 (828 f.); *Lubig*, JURA 2006, 655 (656 ff.); *Mitsch*, Puppe-FS 2011, S. 729; *Nestler/Prochota*, JURA 2020, 132 (134 ff.); *Schmollmüller/Lengauer*, ZJS 2020, 341; *Schreiber*, JuS 1995, 873; ferner die Übungsfälle bei *Böhringer/Wagner*, ZJS 2014, 413 (416); *Bott/Pfister*,

sierte Tatobjekt (z. B. die Person, auf die er gezielt hatte), sondern ein anderes Tatobjekt verletzt (z. B. daneben schießt). Man spricht daher auch von einem „Fehlgehen der Tat" (oder in korrekter Übersetzung einer „Abirrung des Pfeiles")[2522]. Angriffs- und Verletzungsobjekt sind in diesen Fällen also nicht identisch.

Fall: Anton startet den dritten Versuch, Bruno zu töten, und lauert ihm mit einem geladenen Gewehr auf. Als Bruno die Straße entlang kommt, gibt Anton einen gezielten Schuss auf Bruno ab. Der Schuss verfehlt jedoch sein Ziel und trifft den hinter dem Bruno laufenden Otto tödlich.

Problemstellung: Fraglich ist auch hier, ob Anton wegen eines vollendeten Totschlags (oder Mordes) gemäß § 212 (bzw. § 211 StGB – Heimtücke) zu bestrafen ist. Dabei ist zu berücksichtigen, dass er wiederum, wie auch beim oben genannten error in persona, einen Menschen töten wollte und durch die Handlung auch ein Mensch zu Tode kam. Infolge des Fehlgehens der Tat war der Getötete jedoch auch hier nicht derjenige, den Anton tatsächlich töten wollte. Was die aberratio ictus jedoch vom error in persona unterscheidet, ist die Tatsache, dass das Angriffsobjekt und das Verletzungsobjekt nicht identisch sind. Anton traf hier nicht das Objekt, auf das sich sein Vorsatz konkretisiert hatte, sondern ein ganz anderes. Er schoss daneben und traf „zufällig" einen Unbeteiligten. Fraglich ist, ob dies eine andere rechtliche Bewertung erfordert. Diese Frage ist in der Rechtslehre umstritten (Anfänger können allerdings den folgenden Theorienstreit „überspringen" und sich bedenkenlos der inzwischen ganz herrschenden Versuchslösung anschließen).

1106 aa) Nach der **Gleichwertigkeitstheorie**[2523] ist die aberratio ictus bei tatbestandlicher Gleichwertigkeit der Objekte unbeachtlich. Wie beim error in persona soll der Täter in diesem Fall wegen eines vorsätzlichen vollendeten Delikts (hier: eines Totschlags bzw. Mordes) zu bestrafen sein. Denn er wolle ein bestimmtes Rechtsgut verletzen und verletze dieses Rechtsgut auch. Über das abstrakte Tatbestandsmerkmal hinaus (hier: der [heimtückischen] Tötung eines Menschen) verlange das Gesetz aber keine Konkretisierung des Vorsatzes[2524]. Dem ist jedoch **entgegen zu halten**, dass die Annahme einer vollendeten Vorsatztat hier dem Schuldprinzip widerspricht, da man dem Täter letztlich einen Gattungsvorsatz unterstellt. Auch

---

JURA 2010, 226 (230); *Daleman/Heuchemer*, JA 2004, 460 (461); *Dannecker*, JuS 1988, L 67 (L 68); *Dürre/Wegerich*, JuS 2006, 712 (714); *Edlbauer*, JURA 2007, 941 (943); *Esser/Herz*, JA 2021, 373 (374 f.); *Esser/Röhling*, JURA 2009, 866 (868); *Fahl*, JURA 2005, 273 (275); *Grommes*, JA 2021, 669 (680 f.); *Hettinger*, JuS 1992, L 73; *Hohmann*, JuS 1994, 860 (861); *Hussels*, JURA 2005, 877 (879 f.); *Karitzky*, JURA 2000, 368 (370 f.); *Kauerhof*, JURA 2005, 790 (795 f.); *Linke/Hacker*, JA 2009, 347 (349 ff.); *Lorenz/Rehburger*, JURA 2022, 242 (243 f.); *Lorenz/Steffen*, JA 2019, 424 (431); *Lotz*, JuS 2010, 982 (985); *Meurer/Dietmeier*, JURA 1999, 643 (646); *Mitsch*, JuS 1988, 468 (469); *ders.*, JURA 1991, 373 (373 f.); *Morgenstern*, JuS 2006, 251 (254); *dies.*, JURA 2011, 146 (152); *Nicolai*, JA 2020, 21 (23 f.); *Rath*, JA 2005, 709; *Reinbacher*, JURA 2007, 382 (386); *Reinhardt*, ZJS 2015, 222 (226 f.); *Riemenschneider/Paetzold*, JURA 1996, 316 (320); *Ritz*, JA 2022, 113 (120 f.); *Saliger*, JuS 1995, 1004 (1005 f.); *Schöpe*, JuS 2017, 44 (47); *Seier*, JuS 1986, L 13 (L 13 ff.); *Stoffers*, JuS 1994, 948 (953); *Theiß/Winkler*, JuS 2006, 1083 (1087); *Weber*, JURA 1983, 544 (549).

2522 Nachdrücklich darauf hinzuweisen ist, dass „aberratio" weiblich ist, man also von „der" aberratio ictus spricht.

2523 *Daleman/Heuchemer*, JA 2004, 460 (462 f.); *Frister*, 11. Kap. Rn. 58 ff.; *Heuchemer*, JA 2005, 275; *Loewenheim*, JuS 1966, 310 (313); *Noll*, ZStW 77 (1965), 1 (5); vgl. auch *Kuhlen*, Die Unterscheidung von vorsatzausschließendem und nichtvorsatzausschließendem Irrtum, 1987, S. 479 ff.

2524 Nach einer Mindermeinung („materielle" Gleichwertigkeitstheorie) soll dies jedenfalls bei allen nicht höchstpersönlichen Rechtsgütern gelten. Dagegen sei bei den höchstpersönlichen Rechtsgütern der Irrtum beachtlich, da es hier gerade die Individualität des Angriffsobjekts sei, welche für das im Tatbestand vertypte Unrecht entscheidende Bedeutung erlange; vgl. *Hillenkamp*, Die Bedeutung von Vorsatzkonkretisierungen bei abweichendem Tatverlauf, 1971, S. 85 ff.; ähnlich *Maurach/Zipf*, AT 1, § 23 Rn. 32.

müsste dann konsequenterweise derjenige, der in Notwehr auf einen Menschen schießt, aber einen anderen trifft, wegen Totschlags bestraft werden, da ihm gegenüber dem getroffenen Menschen gerade kein Notwehrrecht zusteht. Ferner gibt es nach dieser Theorie Probleme, wenn durch eine Handlung das Zielobjekt (nur) verletzt, gleichzeitig aber ein anderes getötet wird.

bb) Nach der **Vorhersehbarkeitstheorie**[2525] soll eine aberratio ictus jedenfalls dann unbeachtlich sein, wenn das Fehlgehen der Tat bei gleichwertigem Tatobjekt vorhersehbar war. Liegt ein ungleichwertiges Tatobjekt vor oder war das Fehlgehen der Tat unvorhersehbar, komme dagegen lediglich ein Versuch in Betracht. Dies wird damit begründet, dass die aberratio ictus letztlich nur einen Unterfall des Irrtums über den Kausalverlauf darstelle und daher auch nach dessen Regeln zu behandeln sei. Eine innerhalb der allgemeinen Lebenserfahrung liegende Abweichung müsse dem Täter hierbei zugerechnet werden. Insoweit müsse er oftmals mit der Möglichkeit rechnen, dass ein anderes, gleichwertiges Opfer in den Wirkungsbereich seines Angriffsmittels gerät. Konsequenz dieser Ansicht ist, dass die aberratio ictus nur bei einer wesentlichen Abweichung vom Kausalverlauf zum Ausschluss eines Vollendungsdelikts führt. **Gegen diese Lösung** ist vorzubringen, dass sie mit dem ansonsten dem Fahrlässigkeitsbereich zuzuordnenden Begriff der Vorhersehbarkeit Kriterien anwendet, die dem Vorsatz an sich fremd sind.

cc) Unter Beachtung der genannten Kritikpunkte behandelt die **Versuchslösung** (h. M.)[2526] daher die aberratio ictus zutreffend als beachtlichen Irrtum. Der Täter kann im Falle des Fehlgehens der Tat lediglich wegen Versuchs hinsichtlich des Zielobjekts sowie wegen einer Fahrlässigkeitstat hinsichtlich des tatsächlich getroffenen Objekts bestraft werden (sofern der Versuch des entsprechenden Tatbestandes strafbar ist bzw. ein Fahrlässigkeitstatbestand existiert). Dies folgt aus der grundsätzlichen Notwendigkeit der Konkretisierung des Vorsatzes auf ein bestimmtes Objekt. Dieser – für die konkrete Tat erforderliche – Vorsatz muss sich aber vom Vorsatz, irgendein Objekt einer entsprechenden Gattung zu verletzen, abheben, um nicht mit dem Schuldprinzip in Konflikt zu geraten. Zudem ergibt sich diese Folge (ohne dass hierfür eine besondere „Rechtsfigur" erforderlich wäre) bereits aus einer isolierten Betrachtung der beiden in den Wirkungskreis des Tä-

---

2525 *Welzel*, § 13 I 3d; vgl. auch AK-*Zielinski*, §§ 15, 16 Rn. 64; *Geppert*, JURA 1992, 165; NK-*Puppe*, § 16 Rn. 102 ff.; *Puppe*, § 10 Rn. 39 ff., 58; *dies.*, GA 1981, 1; *dies.*, JZ 1989, 728 (730); SK-*Rudolphi/Stein*, § 16 Rn. 32; ferner *Herzberg*, ZStW 85 (1973), 867 (873 ff.).
2526 RGSt 2, 335 (337); RGSt 3, 384; RGSt 19, 179 (180); RGSt 54, 349 (350); RGSt 58, 27 (28); BGHSt. 34, 53 (55); BGHSt 38, 295 (296 f.); BGH NStZ 2009, 210 (211); BWME-*Eisele*, § 11 Rn. 91; *Beulke*, JURA 1988, 641 (642 f.); *Böhringer/Wagner*, ZJS 2014, 413 (416); *Bott/Pfister*, JURA 2010, 226 (230); *Dürre/Wegerich*, JuS 2006, 712 (714); *Esser/Röhling*, JURA 2009, 866 (868); *Exner*, ZJS 2009, 516 (520 f.); *Fahl*, JURA 2005, 273 (275); *Fischer*, § 16 Rn. 6; *Freund/Rostalski*, § 7 Rn. 92 ff.; *Gropp/Sinn*, § 13 Rn. 152 ff.; *Hettinger*, GA 1990, 531 (540 ff.); *Hoffmann-Holland*, Rn. 191; *Hruschka*, JZ 1991, 488; *Hussels*, JURA 2005, 877 (880); *Jäger*, Rn. 115; *Jakobs*, 8/80; *Jescheck/Weigend*, § 29 V 6c; *Kauerhof*, JURA 2005, 790 (796); *Kindhäuser/Zimmermann*, § 27 Rn. 57; *Knobloch*, JuS 2010, 864 (865); *Koriath*, JuS 1997, 901 (902 ff.); *Krey/Esser*, Rn. 437; *Kudlich*, JA 2017, 827 (828); *Kühl*, § 13 Rn. 32, 38; *Lackner/Kühl*, § 15 Rn. 12; *Linke/Hacker*, JA 2009, 347 (350); LK-*Schroeder*, 11. Aufl., § 16 Rn. 9; *Lubig*, JURA 2006, 655 (657); *Lucht*, JuS 1998, 768; *Matt/Renzikowski-Gaede*, § 16 Rn. 29; *Maurach/Zipf*, AT 1, § 23 Rn. 30 f.; *Mitsch*, Puppe-FS 2011, S. 729 (748); *Morgenstern*, JuS 2006, 254 (254); MüKo-*Joecks/Kulhanek*, 4. Aufl., § 16 Rn. 104; *Nestler/Prochota*, JURA 2020, 132 (135); *Otto*, § 7 Rn. 96; *Rath*, JA 2005, 709; *Reinbacher*, JURA 2007, 382 (386); *Rengier*, § 15 Rn. 34; *Schönke/Schröder-Sternberg-Lieben/Schuster*, § 15 Rn. 57; *Schreiber*, JuS 1985, 873 (875); *Sternberg-Lieben/Sternberg-Lieben*, JuS 2012, 289 (296); *Stratenwerth/Kuhlen*, § 8 Rn. 95 f.; *Toepel*, JA 1996, 886 (887 f.); *Wessels/Beulke/Satzger*, Rn. 375 ff.; nahestehend auch *Roxin/Greco*, AT I, § 12 Rn. 165.

ters gelangten Tatobjekte. Gegenüber dem einen liegt ein Versuch, gegenüber dem anderen eine Fahrlässigkeitstat vor. Diese beiden unterschiedlichen Delikte können nun aber nicht zu einer vollendeten Tat zusammengerechnet werden. Demzufolge ist die aberratio ictus stets beachtlich, Anton ist im vorliegenden Fall wegen eines versuchten Mordes (an Bruno), §§ 212, 211, 22 StGB, in Tateinheit mit einer fahrlässigen Tötung (an Otto), § 222 StGB, zu bestrafen. Dieses Ergebnis lässt sich schließlich auch über § 16 Abs. 1 Satz 1 StGB direkt begründen: Trifft der Täter ein anderes als das anvisierte Objekt, liegt darin ein wesentlicher Irrtum über den – zum gesetzlichen Tatbestand gehörenden – Kausalverlauf[2527]. Zwar kann gegen diese Lösung die **Kritik** vorgebracht werden, dass der Annahme eines bloßen Versuchs hier entgegenstehen müsse, dass ein Tatbestandserfolg tatsächlich eingetreten ist. Auch gegen die Annahme eines Fahrlässigkeitsdelikts ließe sich einwenden, dass der Täter hinsichtlich der Tötung eines Menschen schließlich mit Vorsatz handelte. Diese Kritik kann aber die Forderung nicht entkräften, dass der Vorsatz stets auf ein bestimmtes Objekt konkretisiert sein muss, um nicht der bloßen Zufallshaftung Tür und Tor zu öffnen. Der weiteren Kritik, dass der Täter in den Fällen straflos bleibe, in denen weder der Versuch noch die fahrlässige Begehensweise strafbar sei, ist entgegenzuhalten, dass dies nur wenige Fälle leichterer Kriminalität betrifft, in denen ein Strafbedürfnis kaum einmal vorliegen wird.

1109 Hinzuweisen ist allerdings darauf, dass die geschilderte Konsequenz der aberratio ictus (Versuch plus Fahrlässigkeitstat) nur dann eintritt, wenn der Täter **ausschließlich** das anvisierte Objekt treffen will. Hält er hingegen ein Fehlgehen der Tat für möglich und findet sich damit ab, handelt er im Hinblick auf das getroffene Objekt (bedingt) vorsätzlich[2528].

> **Bsp.:** Anton schießt in Tötungsabsicht auf Bruno, der in einer Menschenmenge steht. Dabei ist ihm bewusst, dass er mit seinem Schuss auch einen anderen Menschen treffen könnte, dies ist ihm jedoch gleichgültig. Tatsächlich trifft er den neben Bruno stehenden Rudi. – Hier ist Anton wegen einer vorsätzlichen Tötung (bzw. eines vorsätzlichen Mordes) an Rudi zu bestrafen. Da er nur einen Menschen töten wollte, scheidet eine Bestrafung wegen einer gleichzeitig verwirklichten versuchten Tötung an Bruno aus[2529].

1110 **f) Grenzfälle.** Ein Grenzfall der aberratio ictus liegt dann vor, wenn der Täter das anvisierte Objekt verfehlt, das tatsächlich getroffene Objekt aber zufällig genau dasjenige ist, welches der Täter ursprünglich treffen wollte[2530].

> **Bsp.:** Anton versucht ein weiteres Mal, Bruno zu töten. Wiederum lauert er ihm mit einem geladenen Gewehr auf. Erneut kommt aber ein Fremder (nämlich Fritz) vorbei, der dem Bruno ähnlich sieht. Anton zielt auf Fritz, der Schuss verfehlt jedoch sein Ziel. Dieses Mal hat Anton jedoch „Glück", denn der fehlgegangene Schuss trifft den zufällig hinter dem Fritz laufenden Bruno.

2527 Zu diesem Begründungsansatz *Nestler/Prochota*, JURA 2020, 132 (135 f.).
2528 Vgl. BGHSt 34, 53 (55); BGHSt 38, 295 (297); BGHSt 39, 374; BGH NJW 1993, 210 (211); BGH NStZ 2009, 210 (211); *Hettinger*, JuS 1992, L 73 (L 74); *Kindhäuser/Zimmermann*, § 27 Rn. 59; *Kudlich*, JA 2017, 827 (829); *Kudlich/Oğlakcıoğlu*, JA 2015, 426 (429 f.); *Kühl*, § 13 Rn. 31; *Mitsch*, Puppe-FS 2011, S. 729 (746 ff.); *Morgenstern*, JuS 2006, 251 (255); *Nestler/Prochota*, JURA 2020, 132 (134); *Wessels/Beulke/Satzger*, Rn. 376; *v. Heintschel-Heinegg*, JA 2009, 149, weist darauf hin, dass in diesen Fällen bereits begrifflich gar keine aberratio ictus vorliegt; vgl. hierzu auch den Übungsfall bei *Böhm/Stürmer*, JA 2017, 272 (275).
2529 Vgl. zu diesem „dolus alternativus" bereits oben Rn. 292 ff.; so im Ergebnis auch *Kühl*, § 13 Rn. 31; *Otto*, § 7 Rn. 23; anders allerdings *Roxin/Greco*, AT I, § 12 Rn. 164.
2530 Vgl. hierzu den Übungsfall bei *Nicolai*, JA 2020, 21 (23 f.).

Eigentlich liegt hier eine Kombination eines error in persona mit tatbestandlich **1111** gleichwertigen Objekten (Anton hielt den Fritz für Bruno) mit einer aberratio ictus (die Kugel traf nicht den anvisierten Menschen, sondern einen anderen) vor[2531]. Hätte es sich bei dem Getroffenen um eine ganz andere Person gehandelt, so läge nach der hier vertretenen Ansicht eine aberratio ictus vor. Da Anton aber am Ende genau denjenigen getroffen hat, den er ursprünglich treffen wollte, nehmen einige Vertreter der Versuchslösung in dieser Konstellation eine Ausnahme vom allgemeinen Grundsatz an und wollen wegen eines vollendeten vorsätzlich begangenen Totschlags (oder Mordes) bestrafen[2532]. Nimmt man die Vorsatzkonkretisierung jedoch ernst, kann dies nicht richtig sein: Da sich Antons Vorsatz im Moment des Schusses auf Fritz konkretisierte, den er am Ende jedoch verfehlt hat, muss auch dann, wenn die Kugel letztlich doch den „Richtigen" trifft, eine aberratio ictus angenommen werden[2533]. Anton ist wegen eines versuchten Totschlags (oder Mordes) an Fritz in Tateinheit mit fahrlässiger Tötung des Bruno zu bestrafen, §§ 212 (211), 22; § 222; § 52 StGB.

Weitere Grenzfälle zwischen error in persona und aberratio ictus liegen in folgenden Konstellationen vor[2534]: **1112**

> **Bsp. (1)**[2535]: Anton will Bruno töten. Er bringt unter Brunos Ferrari, der vor dessen Haus abgestellt ist, eine Autobombe an, deren Auslösung an den Zündungsmechanismus des Wagens gekoppelt ist. Dabei geht Anton davon aus, dass die Bombe in dem Moment gezündet wird, in dem Bruno, der jeden Morgen allein mit seinem Ferrari zur Arbeit fährt, den Zündschlüssel dreht. Tatsächlich hat Anton die Bombe jedoch versehentlich an Rudis Ferrari angebracht, der an diesem Abend zufällig vor Brunos Haus parkte. Als Rudi in der Nacht davon fahren will, stirbt er infolge der Explosion.
> – Im Ergebnis ist hier eine aberratio ictus anzunehmen, da die Bombenexplosion denjenigen verfehlte, den sie treffen sollte (nämlich Bruno)[2536]. Zwar ließe sich hier argumentieren, Anton habe seinen Vorsatz auf denjenigen Menschen konkretisiert, der den Zündschlüssel drehte („mittelbare" Individualisierung)[2537]. Dies würde aber eine zu weite Vorverlagerung der Vorsatzkonkretisierung bedeuten (ebenso zu beurteilen wären die Fälle des Auslegens einer Tretmine oder des Absendens einer Briefbombe, wenn

---

2531 Zu weiteren Formen, in denen ein solcher „Doppelirrtum" vorkommen kann, vgl. unten Rn. 1145 ff.
2532 Zu diesem Ergebnis gelangt, vom Standpunkt der Vorhersehbarkeitstheorie aus, auch *Puppe*, GA 1981, 1 (8).
2533 BWME-*Eisele*, § 11 Rn. 97; *Jäger*, Rn. 119; *Kudlich*, JA 2017, 827 (829); *Nestler/Prochota*, JURA 2020, 132 (139); *Wessels/Beulke/Satzger*, Rn. 382.
2534 Von *Nestler/Prochota*, JURA 2020, 132 (136) als „Distanzfälle" bzw. als „Distanzdelikte" bezeichnet.
2535 Fall in Anlehnung an BGH NStZ 1998, 294 – „Sprengfalle"; hierzu *El-Ghazi*, JuS 2016, 303 (305 ff.); *Herzberg*, JuS 1999, 224; *Krack*, JuS 1999, 832; *Krey/Esser*, Rn. 440 ff.; *Kudlich*, JA 2017, 827 (829 f.); *Petersen*, JURA 2002, 105 (108 f.); *Puppe*, § 10 Rn. 44 ff.; *Rengier*, § 15 Rn. 42 ff.; *Schliebitz*, JA 1998, 833; ferner die Übungsfälle bei *Ambos*, JURA 2004, 492; *Bergmann/Kroke*, JURA 2010, 946 (949); *Böhringer/Wagner*, ZJS 2014, 413 (415 f.); *Englmann*, JA 2010, 185 (186 f.); *Großmann/Wehrstein*, ZJS 2020, 263 (264); *Hefendehl*, JURA 1992, 374 (381); *Hettinger*, JuS 1999, 224 (224 f.); *Kudlich*, JA 2009, 185 (188); *Merkel*, ZJS 2011, 376 (376 ff.); *Nussbaum*, ZJS 2019, 54 (55); *Penkuhn*, ZJS 2016, 497 (504 f.); *Reinbacher*, JURA 2007, 382 (386); *Reinbacher/Brodowski*, JA 2016, 106 (113 f.); *Sternberg-Lieben/v. Ardenne*, JURA 2007, 149.
2536 So auch *Dannecker*, JuS 1988, L 67 (L 69); *Erb*, Frisch-FS 2013, S. 389 (397); *Esser/Röhling*, JURA 2009, 866 (868); *Herzberg*, JA 1981, 470 (473); *ders.*, JuS 1999, 224 (224 f.); *ders.*, NStZ 1999, 217 (221); *Krack*, JuS 1999, 832; vgl. auch *Merkel*, ZJS 2011, 376 (378).
2537 So BGH NStZ 1998, 294; *Ambos*, JURA 2004, 492 (493); BWME-*Eisele*, § 11 Rn. 95; *Dölling/Duttge/König/Rössner-Duttge*, § 16 Rn. 8; *Edlbauer*, JURA 2007, 941 (943); *Englmann*, JA 2010, 185 (186 f.); *Exner*, ZJS 2009, 516 (521); *Geppert*, JURA 1992, 163 (164); *Heuser*, ZJS 2019, 181 (191); *Jäger*, Rn. 388; *Jakobs*, 8/81; *Kindhäuser/Zimmermann*, § 27 Rn. 59; *Kudlich*, JA 2009, 185 (188); *ders.*, JA 2017, 827 (830); *Kühl*, § 13 Rn. 27; LK-*Schroeder*, 11. Aufl., § 16 Rn. 13; *Lubig*, JURA 2006, 655 (658);

der Täter hierdurch einen ganz bestimmten Menschen töten will, dieses Ziel jedoch verfehlt und einen anderen tötet, der zufällig auf die Mine tritt oder den Brief öffnet).

Bsp. (2)[2538]**:** Anton stellt eine vergiftete Flasche Schnaps in seinen Kühlschrank. Dabei geht er davon aus, dass seine Ehefrau Berta alsbald davon trinken und daran sterben werde, was er auch so beabsichtigt. Tags darauf nimmt jedoch die Haushälterin Hilde unbefugter Weise einen kräftigen Schluck aus der Flasche und stirbt. – Auch hier ist im Ergebnis eine aberratio ictus anzunehmen[2539], da die Tat letztlich fehlgeht. Die Gegenansicht[2540] (Rudi habe hier seinen Vorsatz auf denjenigen konkretisiert, der aus der Flasche trinkt) verkennt, dass er eben darauf, wer letztlich aus der Flasche trinkt, keinen Einfluss mehr hatte.

Bsp. (3)[2541]**:** Anton will Bruno dadurch töten, dass er, auf einer Brücke stehend, einen großen Stein nach unten wirft. Kurz bevor dieser Stein den Bruno trifft, weicht dieser aus, um dem Passanten Paul, den Anton zuvor nicht gesehen hat, Platz zu machen. Der Stein trifft Paul tödlich. – Auch hier liegt eine aberratio ictus vor[2542], obwohl der Stein exakt so fällt, wie er fallen sollte, also an sich keine „Abirrung" vorliegt. Denn Anton hat seinen Vorsatz auf Bruno konkretisiert. Dass Paul hier unvorhergesehen dazwischentritt, muss daher den Vorsatz entfallen lassen.

1113 **g) Irrtum über besonders schwere oder minder schwere Fälle.** Besonders schwere oder minder schwere Fälle sind zwar regelmäßig nicht als eigenständige Tatbestände, sondern nur als Strafzumessungsregeln einzuordnen. Dennoch muss der Täter auch hinsichtlich dieser privilegierenden bzw. strafschärfenden Umstände Kenntnis haben. Hat der Täter keine Kenntnis von erschwerenden Umständen, kommt ihm dieser Irrtum in analoger Anwendung des § 16 Abs. 1 StGB zugute. Bei irriger Annahme der Voraussetzungen eines minder schweren Falles ist § 16 Abs. 2 StGB analog heranzuziehen[2543]. Kennt er dagegen den privilegierenden Umstand nicht, bleibt ihm die Strafmilderung versagt.

1113a **h) Irrtum über Tatbestandsalternativen.** Eine Vielzahl von Tatbeständen zeichnet sich dadurch aus, dass mehrere Tatobjekte (vgl. § 306 StGB: Gebäude, Kirche, Räumlichkeit), Tathandlungen (vgl. § 303 StGB: Beschädigen, Zerstören) oder Tatmodalitäten genannt werden, die alternativ erfüllt werden können[2544]. Glaubt der Täter nun, dass er eine dieser möglichen Tatbestandsalternativen erfüllt, während

---

Petersen, JURA 2002, 105 (109); *Prittwitz*, GA 1983, 110 (127 ff.); *Rengier*, § 15 Rn. 47 f.; *Roxin/Greco*, AT I, § 12 Rn. 197; *Schönke/Schröder-Sternberg-Lieben/Schuster*, § 15 Rn. 59; *Sternberg-Lieben/Sternberg-Lieben*, JuS 2012, 289 (297); *Stratenwerth*, Baumann-FS 1992, S. 57 (60 ff.); *Stratenwerth/Kuhlen*, § 8 Rn. 97; *Streng*, JuS 1991, 910 (913); *Toepel*, JA 1996, 886 (891); *ders.*, JA 1997, 948 (948 f.); *Wessels/Beulke/Satzger*, Rn. 380. Eine weitere Ansicht differenziert danach, ob der Täter objektive Maßnahmen zur Objektindividualisierung getroffen hat (dann aberratio ictus) oder nicht (dann error in persona); vgl. *Nestler/Prochota*, JURA 2020, 132 (137).

2538 Zu dieser Fallkonstellation *Jescheck/Weigend*, § 29 V 6c; *Toepel*, JA 1997, 948 (949); vgl. ferner *Jäger*, Rn. 114 f. sowie die Übungsfälle bei *Dannecker*, JuS 1998, L 67; *Esser/Röhling*, JURA 2009, 866 (867 f.); eine weitere Fallkonstellation findet sich bei *Fahl*, JURA 2005, 273 (276 f.).

2539 So auch *Esser/Röhling*, JURA 2009, 866 (868); *Jäger*, Rn. 115; *Jescheck/Weigend*, § 29 V 6c; *Krey/Esser*, Rn. 446.

2540 *Jakobs*, 8/81; *Kühl*, § 13 Rn. 27; *Rengier*, § 15 Rn. 49; *Schönke/Schröder-Sternberg-Lieben/Schuster*, § 15 Rn. 59; *Streng*, JuS 1991, 910 (913).

2541 Fall nach *Heuser*, ZJS 2019, 181 (190).

2542 Anders *Heuser*, ZJS 2019, 181 (190).

2543 BWME-*Eisele*, § 11 Rn. 112 f.; *Exner*, ZJS 2009, 516 (519); *Roxin/Greco*, AT I, § 12 Rn. 143; *Warda*, JURA 1979, 286 (287).

2544 Vgl. hierzu *Exner*, ZJS 2009, 516 (523); *Matejko*, ZJS 2006, 165; *Rengier*, § 15 Rn. 66 ff.; *Rolofs*, JA 2003, 304; *Schroeder*, GA 1979, 321; SK-*Stein*, § 16 Rn. 42; *Sternberg-Lieben/Sternberg-Lieben*, JuS 2012, 289 (292); *Warda*, Stree/Wessels-FS 1993, S. 267; *Wessels/Beulke/Satzger*, Rn. 367.

er tatsächlich eine andere verwirklicht, ist zwischen mehreren Konstellationen zu differenzieren:

> **Bsp. (1):** Anton möchte an der Lieblingstasse seines Arbeitskollegen Bruno den Henkel abschlagen, um diesen zu ärgern. Er schlägt jedoch so fest zu, dass die Tasse in tausend Scherben zerspringt. – Hier wollte Anton die Tasse beschädigen, er hat sie jedoch zerstört, da ihr Gebrauchszweck nicht nur gemindert, sondern völlig aufgehoben wurde. Da die beiden Tatbestandsalternativen hier in einem Verhältnis des „Mehr oder Weniger" stehen, kommt hier stets nur eine Bestrafung wegen des „Weniger" in Betracht. Anton hat sich also wegen Sachbeschädigung, § 303 StGB, in der Variante des „Beschädigens" strafbar gemacht.
>
> **Bsp. (2):** Rudi zündet das Gewächshaus seines Nachbarn Kurt an, der einen landwirtschaftlichen Betrieb unterhält. Entgegen seiner Vermutung hatte Kurt hier jedoch keine Salatsetzlinge angepflanzt, sondern abgepackte Güter gelagert. – Hier wollte Rudi eine landwirtschaftliche Anlage im Sinne des § 306 Abs. 1 Nr. 6 StGB in Brand setzen, zündete aber ein Warenlager nach § 306 Abs. 1 Nr. 3 StGB an. Da beide Tatbestandsalternativen qualitativ gleichwertig sind, muss der Irrtum hier als unbeachtlich angesehen werden[2545].

III. Verbotsirrtum (§ 17 StGB)

Wie bereits dargelegt[2546], versteht man unter einem Verbotsirrtum einen Irrtum über das Verbotensein einer Tat. Der Täter kennt die Verbots- oder Gebotsnorm nicht, ihm fehlt bei voller Tatsachenkenntnis *„die Einsicht, Unrecht zu tun"* (§ 17 StGB). Es handelt sich auch beim Verbotsirrtum um einen Irrtum auf Tatbestandsebene, bei dem der Täter bei vollständig richtig erkannter Sachlage zu seinen Gunsten eine rechtlich unzutreffende Bewertung vornimmt und insoweit annimmt, sein Verhalten sei erlaubt[2547]. Insoweit zählt auch der bereits angesprochene Subsumtionsirrtum[2548] zu den Verbotsirrtümern. Darüber hinaus kann auch demjenigen die Einsicht fehlen, Unrecht zu tun, der sich über das Erlaubtsein seines Verhaltens überhaupt keine Gedanken macht[2549]. Ein Verbotsirrtum entfällt allerdings dann, wenn der Täter bei der Begehung der Tat mit der Möglichkeit rechnet, Unrecht zu tun und dies billigend in Kauf nimmt[2550]. Insoweit reicht auch das Bewusstsein, die Handlung verstoße gegen irgendwelche, im Einzelnen nicht klar umrissene gesetzliche Bestimmungen[2551]. Das fehlende Un-

---

2545 So auch *Haft*, JuS 1980, 430 (435); *Rengier*, § 15 Rn. 66; *Rolofs*, JA 2003, 304 (310); anders *Kuhlen*, Die Unterscheidung von vorsatzausschließendem und nichtvorsatzausschließendem Irrtum, 1987, S. 508 ff.; differenzierend RGSt 35, 285 (286 f.); *Schroeder*, GA 1979, 321 (325 ff.); SK-*Rudolphi/Stein*, § 16 Rn. 35; vgl. auch den Übungsfall bei *Morgenstern*, JURA 2011, 146 (149).
2546 Vgl. oben Rn. 546 sowie oben Rn. 1072.
2547 Vgl. hierzu BGHSt 5, 105 (107); *Neumann*, JuS 1993, 793; ferner die Übungsfälle bei *Bergmann*, JuS 1987, L 53 (L 54 ff.); *Fahrner*, JA 2019, 499 (500 f.); *Hermle*, JuS 1987, 976 (979); *Ladiges*, JURA 2013, 844 (848); *Meurer/Dietmeier*, JuS 2001, L 36 (L 37, L 40); *Peters*, JuS 2019, 33 (35); *Seier*, JuS 1986, 217 (221); *Stoffers*, JURA 1993, 376 (378); zum Verbotsirrtum im Ordnungswidrigkeitenrecht ferner den Übungsfall bei *Noak*, ZJS 2013, 611 (612 f.).
2548 Vgl. oben Rn. 1078 ff.
2549 *Krey/Esser*, Rn. 714; *Roxin/Greco*, AT I, § 21 Rn. 21.
2550 BGHSt 4, 1 (4); BGHSt 56, 174 (182); BGHSt 58, 15 (27); BGH NStZ 1996, 236 (237); BGH NStZ 2016, 460 (462); hierzu auch *Kudlich/Oğlakcıoğlu*, JA 2015, 426 (429); *Nestler*, JURA 2018, 135 (140); *Zabel*, GA 2008, 33 (46 f.); anders allerdings NK-*Neumann*, § 17 Rn. 34: Die auf Vorsatzebene zum dolus eventualis entwickelten Grundsätze seien auf das (bedingte) Unrechtsbewusstsein nur eingeschränkt übertragbar.
2551 BGHSt 11, 263 (266); BGHSt 56, 174 (182); vgl. auch BGHSt 52, 307 (313); ferner *Leite*, GA 2019, 554 (563).

rechtsbewusstsein kann sich dabei auf die Strafnorm an sich oder auf die Reichweite der Norm beziehen[2552].

> **Bsp. (1):** Anton sieht, dass die Rentnerin Renate in ihrem Garten schwer gestürzt ist und zu verbluten droht. Dennoch unternimmt er nichts, weil er glaubt, niemand wäre bei Unglücksfällen verpflichtet, anderen Hilfe zu leisten. – Hier hat Anton zwar die Sachlage richtig erkannt, er kannte jedoch die Strafnorm des § 323c StGB nicht.
>
> **Bsp. (2):** Rudi verursacht beim Ausparken einen leichten Blechschaden am Auto seines Nachbarn. Er meint jedoch, bei Blechschäden reiche es aus, dem Geschädigten einen Zettel mit seiner Adresse an die Windschutzscheibe zu klemmen. Er tut dies und fährt davon. – Anton traf hier, obwohl er vom Tatsächlichen her die Situation richtig erkannt hat, eine falsche rechtliche Bewertung. Obwohl er wusste, dass man bei Unfällen im Straßenverkehr als Unfallbeteiligter zur Aufklärung verpflichtet ist, irrte er über die Reichweite des § 142 StGB, im konkreten Fall über die Dauer und den Umfang der Wartepflicht. Der in der Praxis oft angeführte Zettel an der Windschutzscheibe (der zudem meist vom Wind davongetragen wird) genügt den Anforderungen des § 142 StGB eben gerade nicht.

1115 Das Vorliegen eines Verbotsirrtums hat zur Folge, dass im Rahmen der Schuld (unter dem Prüfungspunkt des Unrechtsbewusstseins[2553]) festgestellt werden muss, ob der Täter den Irrtum **vermeiden** konnte[2554]. Lediglich bei Unvermeidbarkeit des Irrtums handelt der Täter ohne Schuld, § 17 Satz 1 StGB.

1116 War der Irrtum hingegen vermeidbar, kommt lediglich (fakultativ!) eine Strafmilderung nach § 49 StGB in Frage (§ 17 Satz 2 StGB). Hieraus folgt, dass nicht nur derjenige bestraft werden kann, der ein aktuelles Unrechtsbewusstsein hat, sondern auch derjenige, der aufgrund eines vermeidbaren Irrtums kein Unrechtsbewusstsein hatte, dies aber „hätte haben können" (sog. „potentielles" Unrechtsbewusstsein). Der Verbotsirrtum hat also nichts mit der Frage des Tatbestandsvorsatzes zu tun, da der Täter weiß, was er tut (und somit vorsätzlich handelt) und lediglich annimmt, sein Verhalten sei straflos[2555].

> **Klausurtipp:** In der Praxis wird die Berufung auf einen Verbotsirrtum zumeist als Schutzbehauptung abgetan (insofern muss der Richter zuerst feststellen, ob sich der Täter tatsächlich „irrte"[2556]). Da die Strafvorschriften zumindest des Kernstrafrechts (d. h. die Straftatbestände des StGB) regelmäßig in der Bevölkerung bekannt sein dürften, kommt in der Praxis sowie in Prüfungsarbeiten kaum einmal ein „echter" (= direkter) Verbotsirrtum vor[2557]. Häufiger sind hingegen die Fälle des ebenfalls nach § 17 StGB zu beurteilenden Erlaubnisirrtums (= „indirekter" Verbotsirrtum)[2558]. Geht man im Einzelfall aber davon aus, dass sich der Täter tatsächlich irrte, so wird auch hier kaum einmal eine Unvermeidbarkeit des Irrtums vorliegen.

2552 Hierzu *El-Ghazi*, JA 2020, 182 (185).
2553 Vgl. hierzu bereits die Ausführung im Rahmen der Schuld, oben Rn. 546 ff.
2554 Vgl. zur Vermeidbarkeit *Lesch*, JA 1996, 903; *Nestler*, JURA 2015, 562 (567 ff.); *Puppe*, § 19 Rn. 6 ff.; *Zabel*, GA 2008, 33 (49 ff.).
2555 So jedenfalls die ganz h. M.; vgl. nur *Krey/Esser*, Rn. 716; anders die sog. „Vorsatztheorie", vgl. oben Rn. 549 f. und unten Rn. 1127, 1129.
2556 Ein Irrtum scheidet auch dann aus, wenn der Täter zwar die Verbotsnorm kennt, er aber dennoch handelt, weil er das Verbot aus politischen, religiösen oder weltanschaulichen Gründen ablehnt; vgl. BGHSt 4, 1 (3).
2557 Anders aber im Nebenstrafrecht; vgl. *Kühl*, § 13 Rn. 51a; *Lesch*, JA 1996, 603 (608).
2558 Vgl. zum Erlaubnisirrtum unten Rn. 1142 ff.

Bei der Frage der **Vermeidbarkeit** legt insbesondere die Rechtsprechung einen **1117** sehr strengen Maßstab an[2559]. So wird eine Unvermeidbarkeit erst dann angenommen, wenn es dem Täter nach den Umständen des Falles, seiner Persönlichkeit, seiner sozialen Stellung, insbesondere seines Lebens- und Berufskreises und nach seinen individuellen Fähigkeiten auch bei der ihm zumutbaren Anspannung seines Gewissens[2560] und unter Zuhilfenahme anderer möglicher Erkenntnisquellen nicht möglich war, das Unrecht der Tat einzusehen[2561].

Der Täter hat also schon bei den geringsten **Zweifeln** an der Rechtmäßigkeit **1118** seines Verhaltens eine Erkundigungspflicht[2562]. Dabei muss sich der Rechtsunkundige vor seinem Handeln im Rahmen des ihm Zumutbaren durch Einholung eines Rechtsrates bei einem Fachmann Gewissheit über die Strafbarkeit (bzw. Straflosigkeit) seines Verhaltens verschaffen. Einschränkend wird jedoch inzwischen gefordert, dass die Erkundigung bei einer kompetenten Stelle auch tatsächlich zu einer richtigen Auskunft geführt hätte („hypothetische Auskunft"[2563]), was bei einer unklaren Rechtslage zumindest zweifelhaft sei[2564]. Hat er keine Zweifel über die Rechtmäßigkeit seines Verhaltens, so wird ferner, wie bereits ausgeführt[2565], geprüft, ob der Täter Unrechtseinsicht hätte haben können (potentielles Unrechtsbewusstsein). Insofern haben sich lediglich einige wenige Fallgruppen herausgebildet, in denen eine Unvermeidbarkeit ernsthaft diskutiert werden kann:

– der Handelnde hat auf Nachfrage von einem für vertrauenswürdig und kompetent gehaltenen Anwalt eine falsche, d. h. das Unrecht verneinende Auskunft bekom-

---

2559 Vgl. BGHSt 40, 257 (264); BGH NStZ 2018, 215 (217); hierzu auch *Leite*, GA 2019, 554 (559); *Wessels/Beulke/Satzger*, Rn. 735 f.; kritisch zu den „zu hohen Anforderungen" *Hassemer*, Lenckner-FS 1998, S. 97 (116); *Krey/Esser*, Rn. 726; *Kühl*, § 13 Rn. 61; LK-*Vogel/Bülte*, 13. Aufl., § 17 Rn. 39; *Puppe*, § 19 Rn. 6 ff.; *Rengier*, § 31 Rn. 17; *Roxin/Greco*, AT I, § 21 Rn. 45; eine Unvermeidbarkeit wurde allerdings angenommen in BGHSt 44, 52 (60).
2560 Kritisch zu diesem Erfordernis *Baumann/Weber/Mitsch*, 11. Aufl. 2003, § 21 Rn. 60; *Krey/Esser*, Rn. 725; NK-*Neumann*, § 17 Rn. 57; *Roxin/Greco*, AT I, § 21 Rn. 46; *Schönke/Schröder-Sternberg-Lieben/Schuster*, § 17 Rn. 15; *Zaczyk*, JuS 1990, 889 (892 f.).
2561 Vgl. nur BGHSt 2, 194 (201); BGHSt 3, 357 (366); BGHSt 4, 1 (5); BGHSt 4, 236 (242 f.); BGHSt 9, 164 (172); BGHSt 15, 332 (340); BGHSt 21, 18 (20); BGHSt 35, 347 (350); BGHSt 59, 292 (295); BGH NStZ 2000, 307 (309); BGH NStZ 2013, 461; BGH NStZ 2018, 215 (217); BGH NJW 2018, 3467 (3468); vgl. zur Vermeidbarkeit ferner die Übungsfälle bei *Ambos*, JuS 2000, 465 (467, 470); *Bergmann*, JuS 1987, L 53 (L 55 f.); *Bischoff/Jungkamp*, JuS 2008, 908 (912); *Bohnert*, JURA 1993, 451 (457); *Bottke*, JuS 1992, 765; *Fabricius*, JuS 1991, 393 (397); *Fahl*, JuS 2001, 47 (53); *Frank*, JURA 2006, 783 (785); *Großmann/Wehrstein*, ZJS 2020, 263 (268); *Kaspar*, JA 2006, 855 (858); *Krell/Bernzen*, JuS 2015, 322 (326 f.); *Kühl*, JuS 2007, 742 (746); *Ladiges*, JURA 2013, 844 (848); *Meier/Ebner*, JuS 2007, 651 (653); *Morgenstern*, JURA 2002, 568 (570 f.); *Murmann*, JuS 1998, 630 (633); *Radde*, JA 2017, 818 (821); *Radtke/Schwer*, JuS 2003, 580 (586); *Schlehofer*, JURA 1989, 263 (265); *Stoffers*, JURA 1993, 376 (378); *Walter/Schwabenbauer*, JA 2012, 504 (506, 507); *Weiss*, JURA 2021, 1387 (1391).
2562 Zur Erkundigungspflicht BGHSt 4, 1 (5); BGHSt 5, 284 (289); BGHSt 40, 257 (263 f.); BGHSt 58, 15 (29); BGH NStZ 1993, 594 (595); BGH NJW 2017, 2463 (2464); BGH NJW 2018, 3467 (3468); *Klesczewski*, Rn. 417; *Krey/Esser*, Rn. 725; *Leite*, GA 2019, 554 (563 f.); *Puppe*, § 19 Rn. 11 ff.; *Stam*, GA 2019, 339 (347 ff.); *Wessels/Beulke/Satzger*, Rn. 736; zu Zweifeln allgemein *Nestler*, JURA 2018, 135.
2563 Zum notwendigen Inhalt dieser „hypothetischen Auskunft" *Loose*, StV 2017, 76 (77 f.).
2564 BGHSt 37, 55 (67); BGH NStZ 2016, 460 (462); BayObLG NJW 1989, 1744 (1745); OLG Celle NJW 1977, 1644 (1645); *Loose*, StV 2017, 76 (77); MüKo-*Joecks/Kulhanek*, 4. Aufl., § 17 Rn. 71; *Schönke/Schröder-Sternberg-Lieben/Schuster*, § 17 Rn. 22; *Stam*, GA 2019, 339 (353); a. M. noch BGHSt 21, 18 (21).
2565 Vgl. oben Rn. 1115.

men²⁵⁶⁶ (Gleiches gilt bei einer Auskunft der zuständigen Behörde²⁵⁶⁷, wobei „Gefälligkeitsgutachten" nicht ausreichen, um eine Vermeidbarkeit anzunehmen²⁵⁶⁸),
- es handelt sich um eine entlegene Vorschrift des Nebenstrafrechts²⁵⁶⁹, die kaum jemand kennt und die auch der Täter nicht aufgrund seiner Zugehörigkeit zu einem bestimmten Verkehrskreis hätte kennen müssen (z. B. muss ein Gastwirt auch an sich unbekannte Spezialvorschriften des Gaststättengesetzes kennen),
- es handelt sich um eine in Rechtsprechung und Literatur umstrittene Rechtsfrage (insbesondere dann, wenn der BGH eine langjährige Rechtsprechung zu Ungunsten des Täters ändert oder wenn die Auslegung eines Tatbestandsmerkmals uneindeutig ist)²⁵⁷⁰.

§ 31 Irrtümer auf Rechtswidrigkeitsebene

Einführende Aufsätze: *Christoph*, Der Erlaubnistatbestandsirrtum in der Falllösung, JA 2016, 32; *Dieckmann*, Plädoyer für die eingeschränkte Schuldtheorie beim Irrtum über Rechtfertigungsgründe, JURA 1994, 178; *Dust/Wehrstein*, Unrechtsvorsatz und Vorsatzschuldvorwurf beim Erlaubnistatbestandsirrtum, JA 2020, 514; *Fahl*, Zum Zusammenspiel von Erlaubnistatbestandsirrtum und § 35 II StGB, JA 2017, 481; *Gasa*, Die Behandlung des Irrtums über rechtfertigende Umstände im Gutachten – Typische Fehler, JuS 2005, 890; *Herzberg/Scheinfeld*, Der Erlaubnistatbestandsirrtum – dargestellt in Form eines Seminarvortrags, JuS 2002, 649; *Herzberg*, Erlaubnistatbestandsirrtum und Deliktsaufbau, JA 1989, 243, 294; *Heuchemer*, Die Behandlung des Erlaubnistatbestandsirrtums in der Klausur, JuS 2012, 795; *Graul*, Der Erlaubnistatbestandsirrtum, JuS 1992, L 49; *Kelker*, Erlaubnistatbestands- und Erlaubnisirrtum – eine systematische Erörterung, JURA 2006, 591; *Ludes/Pannenborg*, Der Erlaubnistatbestandsirrtum im Fahrlässigkeitsdelikt, JURA 2013, 24; *Momsen/Rackow*, Der Erlaubnistatbestandsirrtum in der Fallbearbeitung, JA 2006, 550, 654; *Nestler*, Der Wissenshorizont des Täters beim (Erlaubnistatumstands-)Irrtum: Wer zweifelt verliert, JURA 2018, 135; *Nippert/Tinkl*, Erlaubnistatbestandsirrtum? Auswirkungen der ex-ante- bzw. ex-post-Beurteilung der Rechtfertigungslage von § 32 und § 34 StGB, JuS 2002, 964; *Scheffler*, Der Erlaubnistatbestandsirrtum und seine Umkehrung, das Fehlen subjektiver Rechtfertigungselemente, JURA 1993, 617; *Schmelz*, Der Erlaubnistatbestandsirrtum im Gutachten – Eine klausuraufbauorientierte „Regieanweisung", JURA 2002, 391; *Stiebig*, Der Erlaubnistatbestandsirrtum in der Prüfungsarbeit, JURA 2009, 274; *Trüg/Wentzell*, Grenzen der Rechtfertigung und Erlaubnistatbestandsirrtum, JURA 2001, 30.

Übungsfälle: *Berster/Yenimazman*, Gugelhupf meets Kung Fu, JuS 2014, 329; *Kühl/Hinderer*, Scherben bringen nicht immer Glück, JURA 2012, 488; *Momsen/Sydow*, Überraschungen im Parkhaus, JuS 2001, 1194.

Rechtsprechung: BGHSt 2, 194 – Anwaltsnötigung (Grundlage der strafrechtlichen Irrtumslehre); **BGHSt 3, 105** – Landheim (Abgrenzung von Erlaubnistatbestandsirrtum und Erlaubnisirrtum).

2566 BGHSt 20, 342 (371 f.); BGHSt 58, 15 (29); BGH NStZ 2013, 461; BGH NStZ 2017, 284 (288); OLG Bremen NStZ 1981, 265; *Eidam*, ZStW 127 (2015), 120 (127 ff.); *Krey/Esser*, Rn. 728 f.; *Kühl*, § 13 Rn. 61; LK-*Vogel/Bülte*, 13. Aufl., § 17 Rn. 67 ff.; *Roxin/Greco*, AT I, § 21 Rn. 62 ff.; *Stam*, GA 2019, 39 (348 f.); vgl. aber auch BGHSt 45, 97 (102); BGH NStZ 2018, 215 (217).
2567 *Krey/Esser*, Rn. 727; *Roxin/Greco*, AT I, § 21 Rn. 64; *Schönke/Schröder-Sternberg-Lieben/Schuster*, § 17 Rn. 18; *Stam*, GA 2019, 339 (347 f.); vgl. im Hinblick auf die Auskunft einer unzuständigen Behörde BGH NStZ 2000, 364.
2568 BGH NStZ 2013, 461; zu dieser Entscheidung *Conze/Küster*, famos 4/2014; *Dahs*, StV 2014, 14; ferner BGHSt 58, 15 (30); *Eidam*, ZStW 127 (2015), 120 (140 f.).
2569 Vgl. OLG Oldenburg NStZ-RR 1999, 122.
2570 BGH NJW 2007, 3078 (3079); OLG Stuttgart NJW 2006, 2422 (2424); OLG Stuttgart NJW 2008, 243 (245); *Krey/Esser*, Rn. 727; NK-*Neumann*, § 17 Rn. 68 ff.; *Rengier*, § 31 Rn. 24 f.; *Roxin/Greco*, AT I, § 21 Rn. 65; *Schönke/Schröder-Sternberg-Lieben/Schuster*, § 17 Rn. 20 f.; *Stam*, GA 2019, 339 (354 f.).

I. Grundlagen

Im Gegensatz zu den bereits erörterten Irrtümern auf Tatbestandsebene sind die Irrtümer, die sich auf die Ebene der Rechtswidrigkeit beziehen, gesetzlich nicht normiert. Daher ist auch ihre rechtliche Einordnung in vielen Bereichen umstritten. Von den Studierenden sollten daher gerade diese Irrtümer gut beherrscht werden, da sie sich häufig in Klausuren wiederfinden.

Zunächst sollte man sich verdeutlichen, dass es auch hier letztlich zwei verschiedene Irrtumsformen gibt, die streng zu trennen sind und die eine unterschiedliche rechtliche Bewertung erfordern. Wiederum kann sich der Täter über die tatsächlichen Voraussetzungen irren, die ihm – ihr Vorliegen unterstellt – einen von der Rechtsordnung anerkannten Rechtfertigungsgrund zur Seite stellen würden (sog. **Erlaubnistatbestandsirrtum**), oder er kann bei vollständiger und zutreffender Kenntnis aller Tatsachen aufgrund einer rechtlich falschen Wertung irrtümlich glauben, ihm stehe ein Rechtfertigungsgrund zur Seite, obwohl dies nicht der Fall ist (sog. **Erlaubnisirrtum**). Auch hier muss derjenige, der sich über einen tatsächlichen Umstand irrt, besser stehen als derjenige, der eine rechtlich falsche Bewertung vornimmt.

> **Klausurtipp:** In der Klausur ist es einerseits wichtig, genau festzustellen, über was der Täter eigentlich irrt (insbesondere dann, wenn er sich, was nicht selten vorkommt, über mehrere Dinge irrt). Als nächstes muss – im Wege der Subsumtion – festgestellt werden, um welche Form des Irrtums es sich dabei handelt. In einem dritten Schritt ist dann darzulegen, wie dieser Irrtum rechtlich zu behandeln ist (eine Frage, die insbesondere beim Erlaubnistatbestandsirrtum umstritten ist)[2571].

Da bereits die Abgrenzung der beiden Irrtümer Schwierigkeiten bereitet, sollen die in der Einführung zur Irrtumslehre genannten Beispiele nochmals nebeneinander gestellt werden, wobei erneut darauf hinzuweisen ist, dass es sich sowohl beim Erlaubnistatbestandsirrtum als auch beim Erlaubnisirrtum um Irrtümer über das Vorliegen oder die rechtlichen Grenzen **von Rechtfertigungsgründen** handelt.

> **Bsp. (1):** Rudi greift in seine Manteltasche, um einen Stadtplan heraus zu holen, weil er Bruno nach dem Weg fragen will. Bruno deutet dies falsch, meint, Rudi würde ein Messer aus der Tasche ziehen, und schlägt ihn in Erwartung eines unmittelbar bevorstehenden Angriffs nieder. – Hier lag ein Irrtum über einen tatsächlichen Umstand (nämlich das Vorliegen eines „Angriffs") vor, der Rudi, läge der Angriff tatsächlich vor, den Rechtfertigungsgrund der Notwehr, § 32 StGB, zur Seite stellen würde = Erlaubnistatbestandsirrtum.
>
> **Bsp. (2):** Anton schießt in Tötungsabsicht auf den flüchtenden Karl, der ihm eine Zigarette entwendet hat. Dabei ist er der Ansicht, dieses Verhalten sei durch sein Notwehrrecht gedeckt. – Hier lag ein Irrtum über die rechtlichen Grenzen der Notwehr vor. Zwar stand Anton wegen des noch gegenwärtigen Angriffs auf sein Eigentum „an sich" ein Notwehrrecht zu, ein gerechtfertigtes Handeln in Notwehr entfiel hier aber mangels Gebotenheit der Verteidigungshandlung (krasses Missverhältnis) = Erlaubnisirrtum.

2571 Vgl. hierzu ausführlich unten Rn. 1128 ff.

II. Erlaubnistatbestandsirrtum

1. Definition des Erlaubnistatbestandsirrtums

1123 Unter einem Erlaubnistatbestandsirrtum versteht man einen Irrtum über das Vorliegen eines Umstandes, der, wenn er tatsächlich vorläge, die Voraussetzungen eines anerkannten Rechtfertigungsgrundes erfüllen würde[2572].

> **Bsp. (1):** Bruno ertappt Anton, als dieser in seinem Wohnzimmer die Schränke durchwühlt. Anton flieht. Da Bruno glaubt, Anton habe wertvollen Schmuck entwendet, schießt er nach Abgabe eines Warnschusses gezielt auf dessen Beine, worauf Anton stürzt und sich schwer verletzt. In Wirklichkeit hatte Anton nichts entwendet. – Hier irrte Bruno (auf tatsächlicher Ebene) über das Vorliegen einer Notwehrlage, da er glaubte, es läge noch ein gegenwärtiger Angriff auf sein Eigentum vor (sog. Putativnotwehr). § 127 StPO scheidet hier ebenfalls aus, da, unabhängig von der Frage, ob ein dringender Tatverdacht für § 127 StPO bereits ausreicht, ein gezielter Schuss nicht mehr vom Festnahmerecht umfasst ist[2573].
>
> **Bsp. (2):** Rudi besitzt in seinem Garten einen großen Obstbaum, der zur Verärgerung seines Nachbarn Norbert oft Laub in dessen Garten abwirft. Während einer Urlaubsabwesenheit Rudis meldet sich Norbert telefonisch beim Förster Franz, gibt sich als Rudi aus und erteilt Franz den Auftrag, den Baum zu fällen und zu zersägen. Franz fällt den Baum. – Hier irrte Franz (auf tatsächlicher Ebene) über das Vorliegen einer Einwilligung Rudis im Hinblick auf die Zerstörung seines Eigentums.

1124 Beim Erlaubnistatbestandsirrtum liegt also ein Irrtum über einen **tatsächlichen Umstand** vor. Der Täter glaubt, sich in einer Situation zu befinden, in der ihm ein Rechtfertigungsgrund zur Seite stehen würde. Insoweit ist er an sich rechtstreu, nimmt also keine rechtlich unzutreffende Wertung vor, sondern irrt lediglich über das Vorliegen eines bestimmten Sachverhalts. Dabei kann er sich über sämtliche tatsächlichen Voraussetzungen des – angenommenen – Rechtfertigungsgrundes irren, bei der Notwehr, § 32 StGB, als z. B. über das Vorliegen eines Angriffs, aber auch über Elemente, die die Geeignetheit, die Erforderlichkeit[2574] oder die Gebotenheit der Verteidigungshandlung betreffen.

1125 > **Klausurtipp:** Da ein Erlaubnistatbestandsirrtum nur dann vorliegt, wenn der Täter auf der Grundlage der von ihm angenommenen tatsächlichen Situation auch wirklich gerechtfertigt wäre[2575], ist in einer Klausur bereits an dieser Stelle – d. h. vor der Frage der rechtlichen Behandlung des Erlaubnistatbestandsirrtums – zu prüfen, ob die Voraussetzungen eines Rechtfertigungsgrundes auf der Grundlage dessen, was sich der Täter gedacht hat, tatsächlich gegeben wären[2576]. Wie noch zu zeigen sein wird, ist es

---

[2572] Vgl. zur Definition auch *Kühl*, § 13 Rn. 68; *Schmelz*, JURA 2002, 391; zur Putativnotwehr (auch im Vergleich zum spanischen Recht) *Requejo*, JA 2005, 114 (115); vgl. auch den rechtsvergleichenden Überblick mit dem österreichischen Recht bei *Schmoller*, Fuchs-FS 2014, S. 453.
[2573] Vgl. zu den angesprochenen Problemen im Rahmen des § 127 StPO oben Rn. 502, 505 ff.
[2574] VGl. hierzu BGH NStZ-RR 2013, 139 (141); BGH NStZ 2020, 725.
[2575] *Eisele*, JuS 2020, 985 (986).
[2576] Vgl. hierzu *Gasa*, JuS 2005, 890 (892); *Kühl*, § 13 Rn. 64; *ders.*, JuS 2007, 743 (745); *Kudlich*, JA 2014, 587 (588); *Rengier*, § 30 Rn. 5; *Schmelz*, JURA 2002, 391; ferner die Übungsfälle bei *Böhm*, ZJS 2019, 231 (233); *Höffler/Marsch*, JA 2017, 677 (683); *Steinberg/Wolf/Füllsack*, ZJS 2016, 484 (485 f.).

daher zweckmäßig – gleich welcher Theorie man folgt – den Erlaubnistatbestandsirrtum (erst) auf der Ebene der Schuld zu prüfen[2577].

2. Rechtliche Einordnung des Erlaubnistatbestandsirrtums

a) Vorsatz- und Schuldtheorie. Um den Streit im Hinblick auf die rechtliche Einordnung des Erlaubnistatbestandsirrtums nachvollziehen zu können, muss man sich nochmals mit den Ausführungen zur grundsätzlichen Stellung des **Vorsatzes** und des **Unrechtsbewusstseins** im Allgemeinen Straftataufbau befassen[2578]. 1126

Während die früher vertretene **Vorsatztheorie** das Unrechtsbewusstsein als Bestandteil des Vorsatzes ansah (mit der Folge, dass jeder Irrtum, d. h. auch derjenige, der lediglich das Unrechtsbewusstsein betrifft, den Vorsatz ausschloss), erkennt die heute herrschende (und im Gesetz in § 17 StGB verankerte) **Schuldtheorie** das Unrechtsbewusstsein als selbstständiges Schuldelement an (mit der Folge, dass ein Irrtum, der das Unrechtsbewusstsein betrifft, den Vorsatz des Täters unberührt lässt). Nur wer diese Differenzierung „begriffen" hat, kann die nachfolgende (äußerst schwierige) Diskussion nachvollziehen. Da die rechtliche Behandlung des Erlaubnistatbestandsirrtums zu den zentralen Problemen des Allgemeinen Teils des Strafrechts gehört, sollten sich insbesondere auch Anfänger mit dieser Materie beschäftigen. 1127

b) Rechtliche Behandlung des Erlaubnistatbestandsirrtums[2579] **(Problemschwerpunkt 28)** 1128

2577 So auch *Stiebig*, JURA 2009, 274 (276); abweichend (Prüfung auf bzw. nach der Rechtswidrigkeitsebene) *Graul*, JuS 2000, L 41 (L 43 Fn. 23); *Herzberg/Scheinfeld*, JuS 2002, 649 (652, 654); *Joecks/Jäger*, § 16 Rn. 50; *Kühl*, § 13 Rn. 77; *ders.*, JuS 2007, 743 (745); *Momsen/Rackow*, JA 2006, 654 (657 f.); *Putzke*, JURA 2015, 95 (101 f.); *Rengier*, § 30 Rn. 10 f.; *Scheffler*, JURA 1993, 617 (625); *Schuster*, JuS 2007, 617 (618 Fn. 2); *Steinberg/Mengler*, ZJS 2014, 687 (689); in diese Richtung auch *Gasa*, JuS 2005, 890 (891); vgl. zu den verschiedenen Möglichkeiten des Prüfungsaufbaus auch *Nestler*, JURA 2018, 135 (137).
2578 Vgl. hierzu ausführlich oben Rn. 95 ff., 549 ff.
2579 Vgl. hierzu auch *Geppert*, JURA 2007, 33 (35 ff.); *Heuchemer*, JuS 2012, 795 (797 ff.); *Hillenkamp/Cornelius*, AT, 10. Problem; *Jäger*, Rn. 153, 295; *Kelker*, JURA 2006, 591 (592 ff.); *Ludes/Pannenborg*, JURA 2013, 24 (24 ff.); *Plaschke*, JURA 2001, 235 (237); *Rengier*, § 30 Rn. 13 ff.; zur rechtlichen Behandlung in Übungsfällen *Böhm*, ZJS 2019, 231 (233 f.); *Brüning*, JuS 2007, 255 (257); *Bülte/Becker*, JURA 2012, 319 (325); *Christoph*, JA 2016, 32; *Dohmen*, JURA 2006, 143 (146 f.); *Dannecker/Schröder*, JuS 2020, 860 (867 f.); *Dürre/Wegerich*, JuS 2006, 712 (717); *Esser/Langbauer*, JA 2013, 28 (32 f.); *Esser/Michel*, JA 2017, 585 (590 f.); *Gasa*, JuS 2005, 890 (891); *Gaul/Haseloff/Zapf*, JURA 2010, 672 (674 f.); *Geisler/Meyer*, JURA 2010, 388 (390); *Graul*, JuS 1992, L 49; *Herzberg/Scheinfeld*, JuS 2002, 653; *Ingelfinger*, JuS 1995, 321 (324); *Jänicke*, JuS 2016, 1099 (1105); *Käßner/Seibert*, JuS 2006, 810 (812); *Kühl/Kneba*, JA 2011, 426 (432 f.); *Lenk*, JuS 2021, 754 (757 f.); *Lotz*, JuS 2010, 982 (986); *Mitsch*, JuS 2018, 51 (55); *Momsen/Rackow*, JA 2006, 654 (660 ff.); *Scheffler*, JURA 1993, 617 (618 ff.); *Schmelz*, JURA 2002, 391; *Seeland/Zivanic*, JuS 2017, 1087 (1089); *Stiebig*, JURA 2009, 274; vgl. ferner die Übungsfälle bei *Ambos/Rackow*, JURA 2006, 943 (945 f.); *Berster/Yenimazman*, JuS 2014, 329 (332 f.); *Britz*, JuS 2002, 465 (466 f.); *Fahl*, JuS 2005, 808 (811); *Helmrich*, JA 2006, 351 (356); *Joerden*, JuS 1996, 622 (624); *Krell/Bernzen*, JuS 2015, 322 (325); *Kühl/Hinderer*, JURA 2012, 488 (489); *Kudlich/Litau*, JA 2012, 755 (761); *Marxen*, Fall 12a; *Meurer/Kahle*, JuS 1993, L 60 (L 61 f.); *Mitsch*, JA 1995, 32 (36); *Momsen/Sydow*, JuS 2001, 1194 (1197); *Neubacher/Bachmann*, JA 2010, 711 (718 f.); *Noltensmeier/Henn*, JA 2007, 772 (775); *Norouzi*, JuS 2007, 146 (150); *Putzke*, JURA 2015, 95 (101 f.); *Rengier/Brand*, JuS 2008, 514 (517 f.); *Rengier/Braun*, JuS 2012, 999 (1003); *Rudolphi*, JURA 1980, 258 (266 ff.); *Saliger*, JuS 1995, 1004 (1009 f.); *v. Schenck*, JURA 2008, 553 (556 f.); *Seier/Hembach*, JuS 2014, 35 (39); *Schreiber/Steinle*, JA 2020, 473 (476 ff.); *Simon*, JuS 2001, 639 (640 f.); *Steinberg/Epe*, ZJS 2016, 370 (372 f.); *Trentmann/Mustafi*, JA 2020, 359 (361); *Walter*, JURA 2002, 415 (423); *Walter/Michler*, JURA 2021, 844 (849 ff.).

Fall: Der 18-jährige Erwin, der noch bei seinen Eltern wohnt, beauftragt seinen Freund Sebastian damit, ein paar Unterlagen aus seinem Schreibtisch zu holen. Dazu gibt er ihm den Wohnungsschlüssel mit. Als Sebastian gerade dabei ist, Erwins Schreibtisch zu öffnen, kommt Viktor, Erwins Vater, überraschend von einer Geschäftsreise zurück und vermutet in Sebastian einen Einbrecher. Durch einen gezielten Schlag mit einem Holzscheit überwältigt Viktor den ahnungslosen Sebastian und fügt ihm eine schwere Kopfverletzung zu.

Problemstellung: Viktor hat hier tatbestandlich eine Körperverletzung gemäß §§ 223, 224 Abs. 1 Nr. 2 StGB an Sebastian begangen. Er handelte auch vorsätzlich, da er die körperliche Misshandlung bewusst und gewollt herbeiführte. Die Tat war auch rechtswidrig, da Sebastian zum Betreten der Wohnung und zum Durchsuchen des Schreibtisches berechtigt war (tatbestandsausschließendes Einverständnis bzw. Einwilligung seitens des Erwin). Jedoch unterlag Viktor einem Erlaubnistatbestandsirrtum, da er sich eine Situation vorstellte (Einbruchsdiebstahl), die ihn, wenn sie tatsächlich vorläge, infolge Notwehr, § 32 StGB, gerechtfertigt hätte (Putativnotwehr). Die rechtliche Behandlung des Erlaubnistatbestandsirrtums ist ebenso umstritten wie die Frage, an welcher Stelle des Deliktsaufbaus dieser Irrtum zu prüfen ist.

1129 aa) Nach der (früher vertretenen) **Vorsatztheorie**[2580] schließt lediglich der Tatbestandsirrtum (als Irrtum über das tatsächliche Vorliegen eines Umstandes, der zum gesetzlichen Tatbestand gehört) den Vorsatz aus, während sämtliche weitere Irrtümer das Unrechtsbewusstsein beseitigen. Dies betrifft insbesondere die Irrtümer auf der Rechtswidrigkeitsebene, die als „Irrtümer über die Rechtswidrigkeit des Verhaltens" den Täter über das „Verbotensein der Tat" irren lassen. Der Erlaubnistatbestandsirrtum würde daher in gleicher Weise wie der Erlaubnisirrtum „lediglich" das Unrechtsbewusstsein betreffen. Da aber nach der Vorsatztheorie das fehlende Unrechtsbewusstsein ebenso wie der fehlende Tatbestandsvorsatz den Vorsatz des Täters insgesamt beseitigt (der Vorsatz setzt sich nach dieser Ansicht ja gerade aus Tatbestandsvorsatz und Unrechtsbewusstsein zusammen), spielt die unterschiedliche Einordnung der verschiedenen Irrtümer im Ergebnis keine Rolle. Jeder Irrtum (auch der vermeidbare Verbotsirrtum) beseitige den **Vorsatz**, da vorsätzliches Handeln nur bei aktuellem Unrechtsbewusstsein überhaupt denkbar sei. Alles andere widerspreche dem Schuldprinzip. Zwar sehe § 17 StGB eine andere Regelung vor (das Unrechtsbewusstsein beseitigt hiernach lediglich die Schuld), diese Regelung verstoße jedoch gegen das verfassungsrechtlich garantierte Schuldprinzip und sei daher unanwendbar. Insoweit werde jeder Irrtum von § 16 StGB erfasst, § 17 StGB würde jeglichen Anwendungsbereich verlieren[2581]. Es käme lediglich eine Fahrlässigkeitsbestrafung in Betracht. Eine Teilnahme wäre mangels vorsätzlich begangener Haupttat nicht möglich (es käme lediglich mittelbare Täterschaft in Frage). Im vorliegenden Fall läge daher lediglich eine Strafbarkeit wegen fahrlässiger Körperverletzung, § 229 StGB, vor, wenn der Irrtum Viktors sorgfaltspflichtwidrig war. Die Vorsatztheorie ist jedoch in dieser reinen Form mit der heutigen gesetzlichen Regelung in §§ 16, 17 StGB, die ja gerade zwischen Tatbestands- und Verbotsirrtum unterscheidet und das Unrechtsbewusstsein als selbstständiges Schuldmerkmal anerkennt, unvereinbar. Insbesondere sieht das Gesetz beim vermeidbaren Verbotsirrtum nach § 17 Satz 2 StGB gerade eine Bestrafung wegen eines Vorsatzdelikts vor. Es ist nicht nachvollziehbar, warum hierin

---

[2580] *Lang-Hinrichsen*, JR 1952, 184; *Schröder*, MDR 1950, 646; *ders.*, ZStW 65 (1953), 178 (192).
[2581] Da die Vertreter der Vorsatztheorie ursprünglich auch den Vorsatz insgesamt als reines Schuldelement ansahen, spielte die unterschiedliche Einordnung für den Prüfungsstandort keine Rolle, da sowohl Vorsatz als auch Unrechtsbewusstsein im Schuldbereich verankert waren.

ein Verstoß gegen das Schuldprinzip liegen soll. Auch inhaltlich kann diese Theorie nicht überzeugen, da sie dem Täter eine zu weitgehende Straffreiheit gewährt. Eine Differenzierung zwischen dem grundsätzlich rechtstreuen Täter und demjenigen, dessen rechtliche Wertung sich von derjenigen der Rechtsordnung unterscheidet, wäre nicht möglich. Derjenige, der dem Recht gleichgültig gegenüber steht, würde privilegiert. Strafbarkeitslücken würden schließlich auch dort entstehen, wo Fahrlässigkeitstatbestände fehlen.

Da diese Einwände nahezu zwingend sind, wird die Vorsatztheorie von den wenigen Vertretern, die ihr noch folgen, heutzutage auch nur noch in **eingeschränkter** bzw. **modifizierter Form**[2582] vertreten. Zwar wird das Modell der Vorsatztheorie grundsätzlich beibehalten, auf der Ebene des Unrechtsbewusstseins wird jedoch insoweit eine entscheidende Ausnahme gemacht. Bei demjenigen Täter, der aus **Rechtsfeindschaft** oder **Rechtsblindheit** irrt, was in aller Regel beim Erlaubnisirrtum (nicht aber beim Erlaubnistatbestandsirrtum) der Fall ist, soll das Unrechtsbewusstsein ausnahmsweise bestehen bleiben. Darüber hinaus wird aber daran festgehalten, dass ein fehlendes Unrechtsbewusstsein den Vorsatz ausschließe. Allerdings kann auch diese Ansicht die grundsätzlichen Einwände gegen die Vorsatztheorie nicht beseitigen.

bb) Einen anderen Standpunkt vertritt die **strenge Schuldtheorie**[2583], wonach der Vorsatz streng vom Unrechtsbewusstsein zu trennen sei. Hiernach ist es problemlos möglich, dass der Täter zwar vorsätzlich (im Hinblick auf die Verwirklichung des gesetzlichen Tatbestandes) handelt, aber dennoch das Unrecht seiner Tat nicht kennt, weil er sich über Umstände irrt, welche die Rechtswidrigkeit seines Verhaltens betreffen. Auch diese Theorie unterscheidet dabei zwischen dem klassischen Tatbestandsirrtum, der in den Anwendungsbereich des § 16 StGB fällt und den (Tatbestands-)Vorsatz ausschließt, und den sonstigen Irrtümern, für die allesamt § 17 StGB gilt. Insoweit konsequent wird dann keine Differenzierung mehr zwischen den verschiedenen Irrtümern auf Rechtswidrigkeitsebene getroffen. Erlaubnistatbestandsirrtum und Erlaubnisirrtum beträfen als Irrtum über das Verbotensein der Tat das Unrechtsbewusstsein, da der Täter nicht über Tatbestandsmerkmale, sondern über die Rechtswidrigkeit seines Verhaltens irre. Da das Unrechtsbewusstsein nach § 17 StGB als selbstständiges Schuldelement anzusehen sei, könne somit allein § 17 StGB greifen. Die Rechtfertigungsgründe würden eben nicht die Tatbestandsmäßigkeit eines Verhaltens, sondern nur die Rechtswidrigkeit beseitigen. Da der Täter den Tatbestand kenne, fehle ihm lediglich das Bewusstsein, Unrecht zu tun. Der Grund hierfür müsse unbeachtlich bleiben. Da der Täter bewusst und gewollt ein strafrechtlich geschütztes Rechtsgut verletze, müsse man ihm besondere Prüfungspflichten auferlegen, weswegen lediglich die

---

[2582] Vgl. in verschiedenen Spielarten *Geerds*, JURA 1990, 421 (430); *Langer*, GA 1976, 193 (212 f.); *Lesch*, JA 1996, 346 (351 f.); *Mezger*, NJW 1951, 500 (502); *ders.*, NJW 1953, 2 (4 f.); *Otto*, § 15 Rn. 5 ff.; *ders.* JURA 1990, 645 (647); *ders.*, JURA 1996, 468 (476); *Schmidhäuser*, SB, 7/87; *ders.*, JZ 1979, 361 (368 f.); im Ergebnis auch *Herzberg*, Stree/Wessels-FS 1993, S. 203 (222); *ders.*, JuS 2008, 385 (391).

[2583] *Bockelmann*, Strafrecht AT, 3. Aufl., S. 129; *Dornseifer*, JuS 1982, 761 (765); *Fukuda*, JZ 1958, 143 (146 f.); *Gössel*, JR 1978, 292; *ders.*, GA 1993, 329 (331); *Hartung*, NJW 1951, 209 (212); *v. Heintschel-Heinegg-Heuchemer*, § 17 Rn. 8 ff.; *Heitzer*, NJW 1953, 210; *Heuchemer*, JuS 2012, 795 (799 f.); *Hirsch*, ZStW 94 (1982), 239 (257 ff.); *Armin Kaufmann*, JZ 1955, 37 (40); *Kleszczewski*, Rn. 397 ff., 455 (der jedoch § 35 Abs. 2 Satz 2 StGB analog anwenden will); LK-*Schroeder*, 11. Aufl., § 16 Rn. 52; *Maurach/Gössel/Zipf-Gössel*, AT 2, § 44 Rn. 77; NK-*Paeffgen/Zabel*, Vor §§ 32 ff. Rn. 108 ff.; *Paeffgen*, Armin Kaufmann-FS 1989, S. 399 (411 f.); *Warda*, JR 1950, 546; *Welzel*, § 22 III 1 f.; *ders.*, JZ 1955, 142 (144); *Zieschang*, Rn. 359; vgl. auch *Maurach/Zipf*, AT 1, § 37 Rn. 16 ff.

Frage nach der Vermeidbarkeit oder Unvermeidbarkeit des Irrtums hier zu vertretbaren Ergebnissen führen könne. Nur wenn der Täter – im vorliegenden Fall Viktor – den Irrtum nicht vermeiden konnte, handle er ohne Schuld. Der Erlaubnistatbestandsirrtum ist somit nach dieser Ansicht ausschließlich nach § 17 StGB zu behandeln. In Bezug auf den Teilnehmer liegt hiernach stets eine vorsätzliche rechtswidrige Haupttat vor. Dieser Theorie ist jedoch **entgegenzuhalten**, dass auch sie mit dem verfassungsrechtlich verankerten Schuldprinzip nicht vereinbar ist. Denn der Täter ist, wie oben gezeigt wurde[2584], beim Irrtum über tatsächliche Voraussetzungen an sich rechtstreu. Konsequent zu Ende gedacht, dürfte zudem bei einem unvermeidbaren Irrtum auch keine Fahrlässigkeitsprüfung mehr erfolgen, was den Bedürfnissen der Praxis nicht entspricht. Führt hingegen fahrlässiges Verhalten dazu, dass man den Irrtum als „vermeidbar" und somit unbeachtlich ansieht, wird letztlich ein fahrlässig handelnder Täter wegen eines Vorsatzdelikts bestraft. Nach § 17 StGB träte dann lediglich eine fakultative Strafmilderung ein, was auch der gesetzlichen Wertung des § 35 Abs. 2 StGB widerspräche, der selbst beim vermeidbaren Entschuldigungstatbestandsirrtum[2585] eine obligatorische Strafmilderung vorsieht.

1132 cc) Unter Berücksichtigung dieser Kritik und im Hinblick auf die grundsätzliche Unterscheidung zwischen einem Irrtum über tatsächliche Voraussetzungen und einem solchen über die rechtliche Bewertung[2586], kann daher allein die **eingeschränkte Schuldtheorie**[2587] zu tragfähigen Ergebnissen gelangen. Hiernach muss der Erlaubnistatbestandsirrtum als Irrtum über die tatsächlichen Voraussetzungen eines Rechtfertigungsgrundes letztlich wie ein Tatbestandsirrtum, der Erlaubnisirrtum als Irrtum über das Verbotensein der Tat hingegen wie ein Verbotsirrtum behandelt werden. Dies folgt daraus, dass der Täter sich beim Erlaubnistatbestandsirrtum an sich rechtstreu verhalten will. Er stellt sich auf tatsächlicher Ebene Umstände vor, die, wenn sie vorlägen, sein Verhalten rechtfertigen würden. Was man ihm vorwerfen kann, ist also letztlich nur, dass er einen bestimmten Sachverhalt nicht richtig erfasst, nicht aber, dass er sich mit seinem Denken und Verhalten außerhalb der Rechtsordnung befindet. Er steht daher wertungsmäßig dem Tatbestandsirrtum näher als dem Verbotsirrtum, der letztlich aus falschen Vorstellungen über Recht oder Unrecht resultiert. Da allerdings § 16 StGB vom Wortlaut her nur den Irrtum über Merkmale des gesetzlichen Tatbestandes (und nicht über Rechtfertigungsgründe) betrifft, kann hier lediglich eine **analoge Anwendung des § 16 StGB** weiterführen. Eine solche Analogie ist zulässig, da es sich hier um eine Analogie zugunsten des Täters handelt. Als Konsequenz dieser Ansicht kann man somit festhalten, dass beim Erlaubnistatbestandsirrtum nach § 16 StGB analog der Vorsatz entfällt und eine Fahrlässigkeitsprüfung anzuschließen ist. Daher scheidet im vorliegenden Fall eine Strafbarkeit Viktors wegen vorsätzlicher Körperverletzung aus. Zwar wird dieser Theorie **entgegengehalten**, dass sie dort zu Strafbarkeitslücken führen würde, wo eine Fahrlässigkeitsbestrafung nicht vorgesehen sei, dies ist jedoch eine Konsequenz der gesetzlichen Regelung in § 16 StGB und des fragmentarischen Charakters des Strafrechts.

2584 Vgl. oben Rn. 1066, 1124.
2585 Vgl. unten Rn. 1153 ff.
2586 Vgl. oben Rn. 1065 ff., 1120.
2587 Da die eingeschränkte Schuldtheorie in mehreren Varianten vertreten wird, die sich insbesondere hinsichtlich der Frage unterscheiden, ob der – im Ergebnis nach § 16 StGB zu behandelnde – Täter noch „vorsätzlich" handelt, ist hier auf die in den nachfolgenden beiden Fußnoten genannten Vertreter zu verweisen.

Innerhalb dieses Ansatzes ist es nun aber umstritten, ob die analoge Anwendung des § 16 StGB zur Folge hat, dass der **Vorsatz** insgesamt, das heißt der Vorsatz als Element des subjektiven Tatbestandes ausscheidet (Ausschluss des Unrechtsvorsatzes). Dies hätte u. a. zur Folge, dass mangels Vorliegens einer vorsätzlichen rechtswidrigen Haupttat die Möglichkeit einer Teilnahme ausgeschlossen wäre[2588]. Dies kann jedoch nicht richtig sein[2589], da der Täter immerhin im Hinblick auf die Verwirklichung des objektiven Tatbestandes vorsätzlich handelt, der subjektive Tatbestand insoweit also problemlos erfüllt ist. Was dem Täter fehlt, ist lediglich der Vorsatz hinsichtlich der Rechtswidrigkeit seines Verhaltens. Er irrt sich über das Vorliegen solcher Voraussetzungen, die ihm einen Rechtfertigungsgrund gewähren würden. Nicht der Tatbestandsvorsatz, sondern der „Rechtswidrigkeitsvorsatz" muss demnach entfallen. Fraglich kann daher nur sein, auf welcher Prüfungsebene dieser Vorsatz im Hinblick auf die Rechtswidrigkeit eine Rolle spielt. Man könnte daran denken, dass das Fehlen dieses Vorsatzes die Rechtswidrigkeit des Verhaltens (und somit ebenfalls das Unrecht der Tat) ausschließt. Dann würde auch die Rechtswidrigkeit (wie schon der Tatbestand) aus einem objektiven und einem subjektiven Element bestehen, ein rechtswidriges Verhalten läge nur vor, wenn die Tat objektiv nicht von einem Rechtfertigungsgrund gedeckt ist und der Täter hiervon auch Kenntnis besitzt[2590]. Hierfür würde sprechen, dass für das Vorliegen eines Rechtfertigungsgrundes die Notwendigkeit der subjektiven Rechtfertigungselemente seit langem anerkannt ist[2591], insofern also subjektive Elemente bei der Beurteilung der Rechtswidrigkeit ohnehin eine Rolle spielen. Zudem wird auf den Widerspruch hingewiesen, dass man bei einem nicht pflichtwidrigen Irrtum zwar das Unrecht der vorsätzlichen Tat annehmen, hingegen das Unrecht der Fahrlässigkeitstat (vgl. § 16 Abs. 1 Satz 2 StGB) ablehnen müsste. Dennoch spricht gegen diese – dogmatisch an sich konsequente – Lösung, dass eine Tat, die der Täter irrtümlich als gerechtfertigt ansieht, trotzdem als Unrecht angesehen werden muss. Wäre dies nicht der Fall, würde also die Rechtswidrigkeit eines entsprechenden Verhaltens und damit das Unrecht bereits dann entfallen, wenn der Täter

---

2588 *Baumann/Weber/Mitsch*, 11. Aufl. 2003, § 30 Rn. 23; *Bock*, JA 2007, 599 (600); *Dieckmann*, JURA 1994, 178 (179, 185); *Frister*, 14. Kap. Rn. 30; *Geppert*, JZ 1988, 1024 (1028); *ders.*, JURA 1997, 299 (302 f.); *ders.*, JURA 2007, 33 (36 f.); *Graul*, JuS 1995, 1049 (1050); *Hruschka*, Roxin-FS 2001, S. 441 (455 f.); *Joecks/Jäger*, § 27 Rn. 19; *Kelker*, JURA 2006, 591 (595); *Kindhäuser/Zimmermann*, § 29 Rn. 23; *Köhler*, S. 324; *Krey/Hellmann/M. Heinrich*, BT 1, Rn. 621; *Kühl*, § 13 Rn. 73; *Kühl/Hinderer*, JURA 2012, 488 (490); *Lackner/Kühl*, § 17 Rn. 14; LK-*Vogel/Bülte*, 13. Aufl., § 16 Rn. 116 ff.; *Mitsch*, JA 1995, 32 (36, 40 f.); MüKo-*Joecks/Kulhanek*, 4. Aufl., § 16 Rn. 136, Vor §§ 26, 27 Rn. 22 f.; *Roxin/Greco*, AT I, § 14 Rn. 64; *Scheffler*, JURA 1993, 617 (621 ff.); *v. Schenck*, JURA 2008, 553 (557); *Schönke/Schröder-Heine/Weißer*, Vorbem. §§ 25 ff. Rn. 29; *Schönke/Schröder-Sternberg-Lieben/Schuster*, § 15 Rn. 35, § 16 Rn. 18; *Simon*, JuS 2001, 639 (641 ff.); SK-*Hoyer*, Vor §§ 26–31 Rn. 37; *Stratenwerth/Kuhlen*, § 9 Rn. 165 f.
2589 So auch *Ambos/Rackow*, JURA 2006, 943 (946); *Blei*, § 59 II 3; *Bloy*, JuS 1990, L 12 (L 14); *Bockelmann/Volk*, § 16 C II 6; *Börker*, JR 1960, 168; *Fahl*, JA 2017, 481 (481 f.); *Fischer*, § 16 Rn. 20, 22; *Gallas*, Bockelmann-FS 1979, S. 155 (170); *Gropp/Sinn*, § 13 Rn. 211; *Helmrich*, JA 2006, 351 (356); *Jescheck/Weigend*, § 41 IV 1d; *Krey/Esser*, Rn. 743 ff.; *Krümpelmann*, GA 1968, 129; LK-*Spendel*, 11. Aufl., § 32 Rn. 342 f.; *Matt*, S. 232 f.; *Maurach/Zipf*, AT 1, § 37 Rn. 43; *Mitsch*, JA 2006, 509 (512); *Nestler*, JURA 2018, 135 (139); *Noltensmeier/Henn*, JA 2007, 772 (777); *Rengier*, § 30 Rn. 22; *Rengier/Brand*, JuS 2008, 514 (518); *Schmelz*, JURA 2002, 391 (392); *Stiebig*, JURA 2009, 274 (275); *Walter/Michler*, JURA 2021, 844 (850); *Wessels/Beulke/Satzger*, Rn. 754; vgl. auch NK-*Puppe*, § 16 Rn. 138; darauf hinzuweisen ist, dass zu diesem Ergebnis auch einige Vertreter der (vorsatzausschließenden) eingeschränkten Schuldtheorie kommen, indem sie bei Teilnahme §§ 26, 27 StGB anders auslegen als bei § 16 StGB; vgl. nur LK-*Roxin*, 11. Aufl., Vor § 26 Rn. 27; LK-*Vogel*, 12. Aufl., § 16 Rn. 126.
2590 Zu dieser Lösung gelangt die in Rn. 1135 geschilderte „Lehre von den negativen Tatbestandsmerkmalen".
2591 Vgl. hierzu oben Rn. 323, 325, 385 ff.

irrtümlich eine rechtfertigende Sachlage annimmt, könnte das Tatopfer hiergegen keine Notwehr üben, da es an einem rechtswidrigen Angriff fehlen würde. Insoweit muss hier abgewogen und gefragt werden, wer in solchen Konstellationen das Risiko zu tragen hat. Dabei muss man zu dem Ergebnis kommen, dass das Risiko einer irrtümlichen Annahme eines rechtfertigenden Sachverhalts letzten Endes der Irrende und nicht das angegriffene Opfer tragen sollte – letzteres muss sich auch weiterhin rechtmäßig verteidigen können[2592]. Dogmatisch kann dieses Ergebnis wie folgt konstruiert werden: Während nach der früheren Lehre sämtliche subjektiven Elemente in der Schuld zu prüfen waren, geht die moderne Lehre davon aus, dass der Vorsatz im Hinblick auf die Verwirklichung der einzelnen Tatbestandsmerkmale als Tatbestandselement im Rahmen des (subjektiven) Tatbestandes zu prüfen ist[2593]. Sämtliche weiteren subjektiven Merkmale (und somit auch der Vorsatz hinsichtlich der Rechtswidrigkeit) verbleiben auf der Ebene der Schuld. Der hierfür gebrauchte Begriff der „Vorsatzschuld[2594]" bzw. des „Schuldvorsatzes" als eigenständiges Schuldmerkmal bei den Vorsatzdelikten ist dabei allerdings etwas unglücklich. Besser wäre es, vom „Vorsatz hinsichtlich der Rechtswidrigkeit" als eigenständigem Schuldmerkmal zu sprechen, welches im Rahmen des Prüfungspunktes der „Schuldform" zu prüfen ist[2595]. Nach dieser zutreffenden Ansicht bleibt also der Tatbestandsvorsatz bestehen, es entfällt lediglich der Vorsatz hinsichtlich der Rechtswidrigkeit auf Schuldebene.

1134 dd) Dieses Ergebnis entspricht auch der von der Rechtsprechung vertretenen Ansicht, die sich oftmals unter dem Namen **rechtsfolgenverweisende (eingeschränkte)** oder **rechtsfolgenbeschränkte Schuldtheorie**[2596] findet. Dabei verzichtet die Rechtsprechung weitgehend auf eine genaue dogmatische Einordnung. Der Erlaubnistatbestandsirrtum soll zwar den Vorsatz nicht entfallen lassen, der Täter soll jedoch hinsichtlich der Rechtsfolgen so gestellt werden, als wäre er einem Tatbestandsirrtum erlegen. Der Erlaubnistatbestandsirrtum sei weder ein Tatbestandsirrtum noch ein Verbotsirrtum, sondern ein Irrtum eigener Art. Konsequenz dieser Ansicht ist, dass zwar der Vorsatz bestehen bleibt, der irrende Täter – im vorliegenden Fall Viktor – aber hinsichtlich der Rechtsfolgen wie ein fahrlässig handelnder Täter behandelt wird. Eine solche „Rechtsfolgenverweisung" hängt jedoch dogmatisch „in der Luft". Wie gezeigt[2597], kann man dieses Ergebnis durchaus dogmatisch herleiten, indem man den Vorsatz hinsichtlich der Rechtswidrigkeit als Schuldmerkmal anerkennt. Dies führt nicht nur dazu, dass dem zu Unrecht Angegriffenen das Notwehrrecht verbleibt, sondern man gelangt auch

---

2592 Vgl. hierzu auch den Übungsfall bei *Seeland/Zivanic*, JuS 2017, 1087 (1089 f.), die jedenfalls ein Notwehrrecht desjenigen ablehnen, der den Irrtum des sich in einem Erlaubnistatbestandsirrtum Befindenden selbst verschuldet hat.
2593 Vgl. hierzu oben Rn. 101.
2594 Diesen Begriff verwendet aber inzwischen auch der BGH; vgl. BGH NStZ 2012, 272 (273); vgl. auch OLG Hamm NJW 1987, 1034 (1035).
2595 Vgl. zu diesem im Rahmen der Schuld anzusprechenden Schuldmerkmal oben Rn. 555 ff.
2596 Vgl. BGHSt 3, 105 (107); BGHSt 3, 357 (364); BGHSt 31, 264 (286 f.); BGHSt 45, 219 (224 f.); BGHSt 45, 378 (384); BGHSt 49, 34 (44); BGH NStZ 1996, 29 (30); BGH NStZ 2001, 530; BGH NStZ 2002, 141 (141 f.); BGH NStZ-RR 2011, 238 (239); BGH NStZ 2012, 272 (273); BGH NStZ-RR 2013, 139 (141); BGH NStZ 2014, 30 (30 f.); BGH NStZ 2020, 725; hinzuweisen ist allerdings darauf, dass sich der Begriff „rechtsfolgenverweisende Schuldtheorie" in der Literatur auch oft als Bezeichnung für die oben, Rn. 1133, genannte zweite Variante der eingeschränkten Schuldtheorie findet, der auch dieses Lehrbuch folgt. Dies ist aber insoweit unzutreffend, als hier eine Lösung in der Schuld (Ausschluss der „Vorsatzschuld") und gerade nicht (erst) auf Rechtsfolgenebene erreicht wird.
2597 Vgl. oben Rn. 1133.

bei der Teilnahme zu befriedigenden Ergebnissen²⁵⁹⁸. Da eine „vorsätzlich" begangene rechtswidrige Haupttat lediglich erfordert, dass der Täter im Hinblick auf das Vorliegen sämtlicher Tatbestandsmerkmale vorsätzlich handelt, bleibt es auch dann, wenn der Täter einem Erlaubnistatbestandsirrtum erliegt, bei der vorsätzlichen Tat i. S. der §§ 26, 27 StGB, eine Teilnahme ist daher möglich. Für den Täter selbst entfällt die Schuld, es ist aber analog § 16 StGB eine Fahrlässigkeitsprüfung anzuschließen²⁵⁹⁹.

ee) Zu erwähnen ist schließlich noch die **Lehre von den negativen Tatbestandsmerkmalen**²⁶⁰⁰, die, wie bereits ausgeführt²⁶⁰¹, grundsätzlich einen zweistufigen (und nicht einen dreistufigen) Deliktsaufbau bevorzugt. Diese Lehre geht davon aus, dass der gesetzliche (Unrechts-) Tatbestand aus positiven Tatbestandsmerkmalen (den im jeweiligen gesetzlichen Tatbestand genannten Merkmalen) und negativen Tatbestandsmerkmalen (dem Fehlen von Rechtfertigungsgründen) bestehe. Insofern erscheint es konsequent, dass nach dieser Ansicht der fehlende Vorsatz bzgl. des Vorliegens von positiven Tatbestandsmerkmalen in gleicher Weise den gesamten Unrechtstatbestand ausschließt wie der fehlende Vorsatz bzgl. der Rechtswidrigkeit (da die Rechtfertigungsgründe negative Tatbestandsmerkmale darstellen). Bezugspunkte des Vorsatzes sind nach dieser Lehre sowohl das Vorliegen von Tatbestandsmerkmalen auf Tatbestandsebene als auch das Fehlen von Rechtfertigungsgründen. Da es sich bei den Rechtfertigungsgründen dann um (negative) Tatbestandsmerkmale handle, so entfiele damit auch der Vorsatz hinsichtlich eines Umstandes, *„der zum gesetzlichen Tatbestand gehört"*, mit der Konsequenz, dass § 16 StGB direkt angewendet werden könnte²⁶⁰². Beim Erlaubnistatbestandsirrtum handelt es sich nach dieser Ansicht also um einen gewöhnlichen Tatbestandsirrtum, der nach § 16 StGB den Unrechtstatbestand entfallen lässt. Anzuschließen wäre eine Fahrlässigkeitsprüfung. Eine Teilnahme wäre in diesem Fall mangels vorsätzlich begangener Haupttat nicht möglich. Zwar spricht für diese Lehre, dass es oft auf gesetzgeberischen Zufälligkeiten beruht, ob ein Merkmal (z. B. die Einwilligung) als Tatbestandsmerkmal oder als Rechtfertigungsgrund ausgestaltet ist. Dennoch spricht gegen diese Lehre (insgesamt), dass sie die verschiedenartigen Funktionen von Tatbestand (als vertyptes Unrecht) und Rechtfertigungsgründen (als Ausnahmefälle) verkennt, weswegen der dreigliedrige Aufbau vorzuziehen ist. Ferner ist es problematisch, dass ein bösgläubiger Teilnehmer mangels Vorliegens einer vorsätzlichen rechtswidrigen Haupttat möglicherweise straffrei ausgehen soll (zwar liegt hier regelmäßig eine mittelbare Täterschaft vor, die aber bei eigenhändigen Delikten, Sonderdelikten und Pflichtdelikten ausgeschlossen ist).

2598 Zu diesem Problem ausführlich Problemschwerpunkt 29, unten Rn. 1136 ff.
2599 Vgl. zum fahrlässig herbeigeführten Irrtum BGHSt 45, 378 (384 f.); ferner BGH NStZ 2014, 30 (31).
2600 *Arthur Kaufmann*, JZ 1954, 653; *ders.*, JZ 1956, 353 (393); *ders.*, Lackner-FS 1987, S. 185 (187); *Kindhäuser/Hilgendorf*, LPK, Vor §§ 32–35 Rn. 39 ff.; *Schaffstein*, MDR 1951, 196 (197); *Schroth*, Vorsatz und Irrtum, 1998, S. 116 ff.; *ders.*, Arthur Kaufmann-FS 1993, S. 595 (597 ff.); *Schünemann/Greco*, GA 2006, 777 (790 f.); *v. Weber*, NJW 1953, 2 (6); vgl. auch *Schünemann*, GA 1985, 341 (349 f.); im Ergebnis auch *Herzberg/Scheinfeld*, JuS 2002, 649 (651 f.); ferner *Momsen/Rackow*, JA 2006, 654 (658) auf der Grundlage der von ihnen vertretenen sog. „Unrechtstheorie"; auch *Exner*, ZJS 2009, 516 (524) löst das Problem auf Rechtswidrigkeitsebene, will dafür allerdings § 16 StGB ebenfalls nur analog anwenden; für eine direkte Anwendung des § 16 StGB auch SK-*Hoyer*, Vor § 32 ff. Rn. 51.
2601 Vgl. hierzu oben Rn. 107 ff.
2602 Anders allerdings *Schönke/Schröder-Eisele*, Vorbem. §§ 13 ff. Rn. 19, der auch auf der Basis der Lehre von den negativen Tatbestandsmerkmalen § 16 StGB nur analog anwenden will.

1135a Entfällt nach der hier vorgeschlagenen Ansicht der Vorsatz hinsichtlich der Rechtswidrigkeit auf Schuldebene nach § 16 StGB analog, so ist eine Fahrlässigkeitsprüfung anzuschließen, sofern ein entsprechender Fahrlässigkeitstatbestand existiert. Zu prüfen ist hier, ob der Täter dadurch eine Sorgfaltspflicht verletzt hat, dass er dem entsprechenden Irrtum erlegen ist[2603]. Da der Täter vorsätzlich den Tatbestand verwirklichte und sich lediglich gerechtfertigt glaubte, handelte er jedenfalls objektiv sorgfaltspflichtwidrig. Da die Tat auch nicht gerechtfertigt ist, kann lediglich die subjektive Sorgfaltspflichtwidrigkeit auf Schuldebene entfallen[2604].

1136 **c) Liegt eine für die Anstiftung oder Beihilfe erforderliche „vorsätzlich" begangene Haupttat vor, wenn sich der Täter in einem Erlaubnistatbestandsirrtum befindet?**[2605] **(Problemschwerpunkt 29)**

Fall: Toni hat seinem Freund Otto den Geldbeutel aus der Hosentasche gezogen und eingesteckt. Nachdem Otto das Fehlen bemerkt hat, weist ihn Toni mit den Worten „der dort war es" auf den davoneilenden Rudi hin. Otto verfolgt daraufhin, wie von Toni beabsichtigt, den Rudi. Bruno, der die ganze Szene mit angesehen hat und die Sache höchst amüsant findet, feuert Otto bei der Verfolgung Rudis kräftig an. Als Otto schließlich den nichts ahnenden Rudi eingeholt hat und dieser sich (verständlicherweise) weigert, Otto den angeblich von ihm gestohlenen Geldbeutel zurückzugeben, schlägt Otto ihn nieder, um auf diese Weise zu seinem Geldbeutel zu kommen.

Problemstellung: Zwar hat Otto hier eine Körperverletzung, § 223 StGB, begangen, er unterlag jedoch einem Erlaubnistatbestandsirrtum, da er annahm, Rudi hätte ihm den Geldbeutel entwendet. Träfe dies zu, läge ein gegenwärtiger rechtswidriger Angriff auf Ottos Eigentum vor. Otto wäre im Hinblick auf den Schlag wegen Notwehr, § 32 StGB, gerechtfertigt. Über die Frage der rechtlichen Behandlung des Erlaubnistatbestandsirrtums hinaus stellt sich hier die Frage, ob trotz dieses Irrtums ein vorsätzliches Verhalten Ottos vorliegt. Dieses ist Voraussetzung für eine Strafbarkeit Tonis wegen Anstiftung gemäß § 26 StGB (sofern man hier keine mittelbare Täterschaft in Form der Irrtumsherrschaft annimmt) und Brunos wegen psychischer Beihilfe gemäß § 27 StGB (hier käme eine mittelbare Täterschaft nicht in Frage). Relevant wird dieser Streit insbesondere bei Sonderdelikten und eigenhändigen Delikten, bei denen eine mittelbare Täterschaft ausgeschlossen ist. Wäre hier auch eine Teilnahme wegen Fehlens einer „vorsätzlich" begangenen Haupttat nicht möglich, würde dies zu einer Straffreiheit auch des bösgläubigen Hintermannes führen. Insoweit sollen hier die zuvor genannten Theorien[2606] auf ihre Tauglichkeit hin untersucht werden.

1137 **aa)** Nach der **(modifizierten) Vorsatztheorie**[2607] ist auch der Erlaubnistatbestandsirrtum wie ein vorsatzausschließender Tatbestandsirrtum gemäß § 16 StGB zu behandeln. Da der Haupttäter somit nicht vorsätzlich handelt, wäre sowohl Anstiftung als auch Beihilfe mangels vorsätzlich begangener rechtswidriger Haupttat nicht möglich (die Frage der mittelbaren Täterschaft bleibt hiervon jedoch unberührt). Toni und Bruno könnten nicht wegen Anstiftung bzw. Beihilfe bestraft werden.

2603 Vgl. hierzu BGH NJW 1968, 1885; BGH NStZ 2012, 172 (174); allgemein zu dieser Problematik *Erb*, Rengier-FS 2018, S. 15; ferner den Übungsfall bei *Seier/Hembach*, JuS 2014, 35 (38).
2604 So auch *Momsen/Rackow*, JA 2006, 654 (659 f.).
2605 Vgl. hierzu auch *Hillenkamp/Cornelius*, AT, 22. Problem; ferner die Übungsfälle bei *Böhm*, ZJS 2019, 231 (235); *Kühl/Hinderer*, JURA 2012, 488 (491); *Rengier/Brandt*, JuS 2008, 514 (518); *Schreiber/Steinle*, JA 2021, 473 (479); *Trentmann/Mustafi*, JA 2020, 359 (362).
2606 Vgl. oben Problemschwerpunkt 28, Rn. 1128 ff.
2607 Vgl. *Otto*, § 15 Rn. 5, § 22 Rn. 30.

bb) Nach der **strengen Schuldtheorie** wird der Erlaubnistatbestandsirrtum wie ein Verbotsirrtum nach § 17 StGB behandelt. Der Täter handelt auf jeden Fall vorsätzlich und lediglich bei Unvermeidbarkeit des Irrtums ohne Schuld. Da dann aber eine vorsätzlich begangene rechtswidrige Haupttat vorläge, wäre auch eine Beteiligung hieran in Form von Anstiftung und Beihilfe möglich (und somit abzugrenzen von der mittelbaren Täterschaft). Toni und Bruno könnten wegen Anstiftung bzw. Beihilfe bestraft werden. **1138**

cc) Innerhalb der **eingeschränkten Schuldtheorie** sind die Lager gespalten. Eine Ansicht nimmt hier eine umfassende Analogie zu § 16 StGB an mit der Folge, dass bei dem Täter, der einem Erlaubnistatbestandsirrtum unterliegt, der Vorsatz insgesamt, d. h. bereits auf der Ebene des Unrechts entfallen soll[2608]. Unabhängig von der dogmatischen Begründung des Erlaubnistatbestandsirrtums müsse dann aber auch eine Teilnahme ausscheiden. Denn aus der rechtlichen Gleichbehandlung von Tatbestandsirrtum und Erlaubnistatbestandsirrtum folge, dass auch hinsichtlich der Beteiligung bei diesen Irrtumsarten keine unterschiedlichen Ergebnisse erzielt werden können. Dies ergebe sich auch daraus, dass die Einordnung als Tatbestandsirrtum oder Erlaubnistatbestandsirrtum oft von gesetzgeberischen Zufälligkeiten abhänge. Ferner sei es nicht sachgerecht, denjenigen, der bei einem Sonderdelikt das Werkzeug in einen Tatbestandsirrtum versetze, straffrei zu lassen, hingegen denjenigen, der sein Werkzeug in einen Erlaubnistatbestandsirrtum versetze, wegen Anstiftung zu bestrafen. Anstiftung und Beihilfe wären demnach nicht möglich. Es bliebe (im genannten Fall für Toni, nicht aber für Bruno) lediglich die Möglichkeit einer mittelbaren Täterschaft. Dagegen spricht jedoch, dass derjenige, der einen anderen in einen Erlaubnistatbestandsirrtum versetzt, nur in der Regel mittelbarer Täter ist. Diese Konstruktion versagt bei den genannten eigenhändigen Delikten, den Pflichtdelikten und den Sonderdelikten. Wenn aber in diesen Fällen die Möglichkeit der Teilnahme abgeschnitten wird, bleibt der Hintermann straflos, was zu einer nur schwer zu vertretenden Strafbarkeitslücke in diesem Bereich führen würde. **1139**

Daher ist mit der Gegenansicht[2609] im Rahmen der eingeschränkten Schuldtheorie – zum gleichen Ergebnis kommt die **rechtsfolgenverweisende eingeschränkte Schuldtheorie** – der Begriff des Vorsatzes i. S. der §§ 26, 27 StGB eng auszulegen und auf den Tatbestandsvorsatz zu beschränken[2610]. Dieser fällt beim Erlaubnistatbestandsirrtum aber gerade nicht weg. Es entfällt lediglich der Vorsatz bzgl. der Rechtswidrigkeit (oder auch die „Vorsatzschuld" bzw. der „Schuldvorsatz") auf Schuldebene. Eine vorsätzliche Haupttat liegt somit vor. Denn wer einen anderen dazu bewegt, eine Straftat zu begehen, weckt in diesem den Tatbestandsvorsatz, auch wenn er ihm die Rechtswidrigkeit seines Tuns verschleiert. Nach dem Sinn der Teilnahmevorschriften ist mit vorsätzlichem Verhalten i. S. der §§ 26, 27 StGB aber nur der Vorsatz zur Verwirklichung des Tatbestandes gemeint. Die zuvor genannte Ansicht, die von einer umfassenden Analogie ausgeht, verkennt **1140**

2608 Vgl. zu den Vertretern dieser Ansicht oben Rn. 1133 Alt. 1.
2609 Vgl. zu den Vertretern dieser Ansicht oben Rn. 1133 Alt. 2.
2610 Dies wird im Ergebnis aber auch von manchen Vertretern der Gegenansicht so gesehen, die zwar beim Täter das Unrecht (und nicht die Schuld) infolge des Fehlens des Vorsatzes hinsichtlich der Rechtswidrigkeit ausschließen, im Hinblick auf die „vorsätzliche Tat" i. S. der §§ 26, 27 StGB jedoch ausschließlich auf den Vorsatz im Hinblick auf die Verwirklichung des objektiven Tatbestandes abstellen; vgl. *Kühl/Hinderer*, JURA 2012, 488 (491); LK-*Roxin*, 11. Aufl., Vor § 26 Rn. 27; LK-*Vogel*, 12. Aufl., § 16 Rn. 126.

die grundsätzliche Teilbarkeit des Vorsatzes in Tatbestandsvorsatz und Vorsatz bzgl. der Rechtswidrigkeit. Daraus folgt, dass auch dann, wenn der Haupttäter wegen eines Erlaubnistatbestandsirrtums schuldlos handelt, Anstiftung und Beihilfe weiterhin möglich sind. Toni und Bruno könnten daher wegen Anstiftung bzw. Beihilfe bestraft werden.

1141 dd) Dagegen lehnen die Vertreter der **Lehre von den negativen Tatbestandsmerkmalen** ein vorsätzliches Verhalten des Haupttäters infolge der direkten Anwendbarkeit des § 16 StGB ab, sodass lediglich eine mittelbare Täterschaft (für Toni, nicht aber für Bruno), nicht aber Anstiftung und Beihilfe möglich sind.

III. Erlaubnisirrtum

1. Definition des Erlaubnisirrtums

1142 Unter einem Erlaubnisirrtum versteht man einen Irrtum über das Bestehen oder die rechtlichen Grenzen eines anerkannten Rechtfertigungsgrundes. Der Täter nimmt hier also entweder einen Rechtfertigungsgrund an, den die Rechtsordnung (schon von seiner Existenz her) nicht anerkennt, oder er dehnt die Grenzen eines an sich anerkannten Rechtfertigungsgrundes zu weit aus[2611].

> **Bsp. (1):** Anton glaubt, in akuten Notfällen sei aktive Sterbehilfe erlaubt. Er tötet daher seine sterbenskranke Mutter mit Gift, um ihr weitere Leiden zu ersparen. – Anton irrte hier (bei vollständiger Kenntnis der tatsächlichen Sachlage) über die Existenz eines Rechtfertigungsgrundes „aktive Sterbehilfe".
>
> **Bsp. (2)**[2612]**:** Lehrerin Linda schlägt ihrem Schüler Sascha als Erziehungsmaßnahme kräftig ins Gesicht, weil dieser während der Unterrichtsstunde gerülpst hat. – Linda irrte hier über die Existenz eines Rechtfertigungsgrundes „Züchtigungsrecht"[2613].
>
> **Bsp. (3):** Rudi wird vom erkennbar geisteskranken Robert fortlaufend angepöbelt. Er wehrt sich dagegen, indem er Robert kräftig ins Gesicht schlägt. – Rudi irrte sich hier über die rechtlichen Grenzen des (an sich von der Rechtsordnung anerkannten) Rechtfertigungsgrundes der Notwehr (diese scheidet hier mangels Gebotenheit aus).
>
> **Bsp. (4):** Anton ertappt Bruno bei einem Einbruchsdiebstahl. Bruno flieht. Obwohl Anton erkennt, dass Bruno nichts mitgenommen hat, wirft er ihm einen schweren Stein an den Kopf, um ihn zu stoppen, damit seine Identität festgestellt werden kann. – Anton irrte sich hier über die rechtlichen Grenzen des (an sich von der Rechtsordnung anerkannten) Rechtfertigungsgrundes des Festnahmerechts (§ 127 StPO erlaubt nur die mit dem Festhalten verbundenen leichten Körperverletzungen)[2614].

1143 In den genannten Fällen ist jedoch stets (und vorrangig) zu prüfen, ob sich der Täter überhaupt irrte, d. h. ob er überhaupt davon ausging, ihm stünde ein Rechtfertigungsgrund zu. Weiß er nämlich, dass er an sich nicht so handeln durfte, wie er gehandelt hat, dann entfällt bereits der Irrtum und es erübrigen sich alle weiteren Überlegungen.

2611 Vgl. hierzu auch die Übungsfälle bei *Brüning*, JuS 2007, 255 (260); *Bülte/Becker*, JURA 2012, 319 (329 f.); *Frank*, JURA 2006, 783 (785); *Kaspar*, JuS 2004, 409 (414); *Kauerhof*, JURA 2005, 790 (795); *Ladiges*, JuS 2012, 51 (53); *Neubacher/Bachmann*, JA 2010, 711 (718); *Schulz*, JA 1999, 203 (209); zur Behandlung in Übungsfällen allgemein *Gasa*, JuS 2005, 890 (894 f.).
2612 Vgl. hierzu auch den Fall BGHSt 3, 105, wobei bei der Lektüre zu beachten ist, dass damals das Züchtigungsrecht in engen Grenzen noch als Rechtfertigungsgrund anerkannt war.
2613 Vgl. zum Züchtigungsrecht oben Rn. 520 ff.
2614 Vgl. hierzu oben Rn. 502.

2. Rechtliche Behandlung des Erlaubnisirrtums

Der Erlaubnisirrtum ist rechtlich als (indirekter) Verbotsirrtum i. S. des § 17 StGB anzusehen[2615]. Da es sich um einen Irrtum im Bereich der rechtlichen Wertung handelt, betrifft er nicht den Vorsatz, sondern das Unrechtsbewusstsein. Dieses kann entfallen, wenn der Täter infolge einer falschen rechtlichen Bewertung eines vom Tatsächlichen her richtig erkannten Sachverhalts entweder über die Existenz der Strafvorschrift an sich irrt („reiner" Verbotsirrtum auf Tatbestandsebene) oder aber zwar weiß, dass sein Verhalten an sich strafbar ist, er aber irrtümlich aufgrund einer falschen rechtlichen Wertung annimmt, ihm stünde ein Rechtfertigungsgrund zur Seite (den es in Wirklichkeit nicht oder jedenfalls nicht in diesem Umfang gibt). Beide Fälle müssen rechtlich gleich behandelt werden. Lediglich bei Unvermeidbarkeit dieses Irrtums entfällt daher die Schuld, ansonsten ist der Täter strafbar. Es kommt lediglich eine fakultative Strafmilderung nach § 49 Abs. 1 StGB in Betracht.

1144

§ 32 Sonstige Irrtümer

Einführende Aufsätze: *Bachmann,* Irrtümer im Bereich der Schuld, JA 2009, 510; *Brocker,* Wider die Angst vor dem sog. doppelten Irrtum im Strafrecht – der „Mauswieselfall", JuS 1994, L 17; *Haft,* Der doppelte Irrtum im Strafrecht, JuS 1980, 430, 588, 659; *Plaschke,* Ein Nagetier schreibt Rechtsgeschichte: Der Doppelirrtum im Strafrecht, JURA 2001, 234; *Satzger,* Der irrende Garant – zur Abgrenzung von Tatbestands- und Gebotsirrtum beim vorsätzlichen unechten Unterlassungsdelikt, JURA 2011, 432; *Schuster,* Der Doppelirrtum auf Rechtfertigungsebene, JuS 2007, 617; *Wolf,* Doppelirrtümer im Strafrecht, ZIS 2019, 418.
Übungsfälle: *Britz,* Errare humanum est?, JuS 2002, 465; *Stoffers,* Ein Tag im Leben des Bademeisters A, JURA 1993, 376.
Rechtsprechung: BayObLG NJW 1963, 310 – Eigentumsvorbehalt (Doppelirrtum auf Tatbestandsebene).

I. Rechtliche Behandlung des Doppelirrtums

Besondere Schwierigkeiten ergeben sich in denjenigen Fällen, in denen mehrere Irrtümer zusammentreffen. Dies gilt insbesondere dann, wenn es sich um die Kombination eines Irrtums über tatsächliche Umstände mit einem solchen über die rechtliche Bewertung handelt. Auch hier muss zuerst festgestellt werden, über was der Täter im konkreten Fall geirrt hat. Danach sind die jeweiligen Irrtümer zu klassifizieren, um anschließend darzulegen, wie sie rechtlich zu behandeln sind. Handelt es sich um einen Doppelirrtum[2616], so sind auf dieser Ebene teilweise weitere Erwägungen notwendig. Exemplarisch soll dies im Folgenden anhand zweier Fälle dargestellt werden.

1145

[2615] BGHSt 3, 105 (108); BGHSt 22, 223 (225); BGHSt 45, 219 (225); *Kelker,* JURA 2006, 591 (596 f.); *Kühl,* § 13 Rn. 4; *Kudlich,* JA 2014, 587 (588); *Lackner/Kühl,* § 17 Rn. 19; *Wessels/Beulke/Satzger,* Rn. 760.
[2616] Kritisch zum Begriff des Doppelirrtums *Gropp,* ZIS 2016, 601; dazu die Erwiderung von *Wolf,* ZIS 2019, 418.

1. Kombination von Tatbestands- und Verbotsirrtum auf Tatbestandsebene

1146 Unterliegt der Täter im Rahmen einer Tat sowohl einem Tatbestandsirrtum als auch einem Verbotsirrtum (Doppelirrtum auf Tatbestandsebene), so geht der **Tatbestandsirrtum** vor mit der Folge, dass der Vorsatz des Täters ausscheidet und sich eine Fahrlässigkeitsprüfung anschließt, sofern ein entsprechender Fahrlässigkeitstatbestand existiert[2617]. Dies folgt bereits daraus, dass der Tatbestandsirrtum den Vorsatz auf Tatbestandsebene ausschließt und man zur Frage der Schuld (bei der ein Verbotsirrtum relevant werden könnte) gar nicht mehr kommt. Eine andere Beurteilung würde zu einem **Gesinnungsstrafrecht** führen, denn man würde den Täter lediglich wegen seiner Rechtsunkenntnis bestrafen.

> **Bsp.**[2618]: Anton streift beim Ausparken das Auto seines Nachbarn Norbert, bemerkt dies jedoch nicht. Im Übrigen ist er ohnehin der Ansicht, bei bloßen Blechschäden bestünde keine Wartepflicht. – Hier lag sowohl ein Tatbestandsirrtum vor (= Irrtum über die Tatsache, dass ein „Unfall" vorlag), als auch ein Verbotsirrtum (= Unkenntnis darüber, dass man auch bei Unfällen mit Blechschäden warten muss; Anton irrte sich hier über die Reichweite des Straftatbestandes des § 142 Abs. 1 Satz 2 StGB). Auf Letzteres kommt es jedoch nicht an, da auf subjektiver Tatbestandsebene bereits der Vorsatz entfällt, § 16 Abs. 1 StGB.

1147 Problematisch ist jedoch die Konstellation, dass der Täter einen an sich strafbaren Sachverhalt als solchen nicht erkennt (d.h. einem Tatbestandsirrtum unterliegt), sein Verhalten aber dennoch aufgrund einer rechtlich falschen Wertung für strafbar hält (was es tatsächlich auch ist, aber auf der Grundlage des vom Täter angenommenen Sachverhalts nicht wäre).

> **Bsp.** („**Mauswieselfall**")[2619]: Der Wilderer Winfried erlegt ein Mauswiesel (= jagdbares Tier nach § 2 Abs. 1 Satz 1 BJagdG und damit „Wild" i. S. des § 292 StGB). Er hält das Tier jedoch für eine Maus (= kein „Wild" i. S. des § 292 StGB). Insoweit irrt er sich über einen tatsächlichen Umstand und unterliegt einem Tatbestandsirrtum, der nach § 16 StGB den Vorsatz ausschließt. Allerdings meint er, auch Mäuse seien „jagdbare Tiere" und würden dem Wildereitatbestand des § 292 StGB unterfallen. Dies stellt für sich gesehen einen Irrtum über die rechtliche Bewertung zu seinen Lasten (= Wahndelikt) dar. – Während eine Ansicht hier darauf abstellt, dass sich Tatbestandserfüllung und Unrechtsbewusstsein in diesem Fall letztlich decken, der Irrtum also unbeachtlich sein müsse[2620], führt eine strikte und im Ergebnis konsequente Trennung der verschiedenen Irrtümer auch hier zutreffend zu einem Ausschluss der Strafbarkeit, da der Täter gerade den strafbarkeitsbegründenden Umstand nicht kennt und sein „Gesinnungsunrecht" allein die Strafbarkeit nicht begründen kann[2621].

[2617] Vgl. hierzu *Kindhäuser*, JuS 2019, 953 (958).
[2618] Zu diesem Fall *Gropp*, ZIS 2016, 601 (601 f.), der hierin keinen Doppelirrtum sieht.
[2619] Fall nach *Baumann*, AT, 3. Aufl. 1964, S. 383; hierzu BWME-*Eisele*, § 18 Rn. 97; *Brocker*, JuS 1994, L 17; *Gropp*, ZIS 2016, 601 (601 f., 605); *Haft*, JuS 1980, 430 (432); *Kindhäuser*, GA 1990, 407 (420 f.); *Krack*, JuS 1994, 448; *Luckey*, JuS 1995, 280; *Plaschke*, JURA 2001, 235; *Puppe*, AT 1, 1. Aufl., § 19 Rn. 3, § 32 Rn. 44; *Rath*, JURA 1998, 539 (541 f.); *Wolf*, ZIS 2019, 418 (418 f., 426 ff.); vgl. hierzu auch den Übungsfall bei *Krell/Brenzen*, JuS 2015, 322 (324).
[2620] BayObLG NJW 1963, 310; *Jescheck/Weigend*, § 50 II 2; *Puppe*, GA 1990, 145 (156 Fn. 17).
[2621] BWME-*Eisele*, § 18 Rn. 98; *Brocker*, JuS 1994, L 17 (L 18); *Haft*, JuS 1980, 588 (591); *Knobloch*, JuS 2010, 864 (868); *Plaschke*, JURA 2001, 235 (235 f.); SK-*Rogall*, § 17 Rn. 15; *Wolf*, ZIS 2019, 418 (429 f.).

2. Kombination von Erlaubnistatbestandsirrtum und Erlaubnisirrtum auf Rechtswidrigkeitsebene

Treffen hingegen auf Rechtswidrigkeitsebene ein Erlaubnistatbestandsirrtum und ein Erlaubnisirrtum zusammen, so geht – im Gegensatz zu den Irrtümern auf Tatbestandsebene – der Irrtum über die rechtliche Bewertung, d. h. der Erlaubnisirrtum vor, sodass der Täter nach § 17 StGB zu beurteilen ist. Seine Schuld entfällt nur dann, wenn der Irrtum für ihn unvermeidbar war[2622]. Eine Fahrlässigkeitsprüfung, die an sich nach Annahme eines Erlaubnistatbestandsirrtums folgen müsste (vgl. § 16 Abs. 1 Satz 2 StGB), findet in diesen Fällen nicht mehr statt[2623].

1148

Bsp. (1): Anton bemerkt eines Nachts, dass sich im Keller seines Hauses der Landstreicher Ludwig an seinem Weinvorrat zu schaffen macht. Er eilt hinunter und überrascht Ludwig, der aber fliehen kann. Kurz vor Verlassen des Kellers greift sich Ludwig allerdings noch eine Weinflasche im Wert von 1,99 €. Anton will dies nicht auf sich beruhen lassen und verfolgt ihn. In der Dunkelheit verwechselt er Ludwig jedoch mit dem Landstreicher Otto, der unabhängig von Ludwig in Antons Garten sein Nachtlager genommen hatte und ebenfalls eilig davonläuft. Ohne große Vorwarnung schießt Anton mit seinem Jagdgewehr auf Otto, wobei er dessen Tod billigend in Kauf nimmt. Dabei hält er sich infolge Notwehr für gerechtfertigt. – Da Otto nicht der Dieb der Weinflasche war (Irrtum über einen tatsächlichen Umstand), lag diesbezüglich eine dem Erlaubnistatbestandsirrtum vergleichbare Situation vor. Anton stellte sich Umstände vor, die eine Notwehrlage begründet hätten. Gleichzeitig irrte er jedoch auch über die Grenzen des Notwehrrechts. Es lag ein krasses Missverhältnis der betroffenen Rechtsgüter vor. Wegen einer Weinflasche im Wert von 1,99 darf man nicht auf Menschen schießen. Insoweit traf Anton im Hinblick auf den Umfang des Notwehrrechts eine rechtlich falsche Wertung, sodass zusätzlich ein Erlaubnisirrtum vorlag (gleichzeitig lag hier auch noch auf Tatbestandsebene ein error in persona vor, der jedoch infolge der Vorsatzkonkretisierung auf Otto wegen tatbestandlicher Gleichwertigkeit der „Objekte" unbeachtlich ist)[2624].

Bsp. (2): Anton will das Leiden seiner Mutter Renate, die seit drei Jahren bewusstlos und irreversibel geschädigt in einer Klinik liegt, verkürzen. Er hält sich für gerechtfertigt, da er davon ausgeht, aktive Sterbehilfe sei in diesen Fällen erlaubt, er hätte es aber leider mit einem sehr uneinsichtigen Arzt zu tun. Eines Nachts dringt er in die Klinik ein und schaltet sämtliche Apparate aus. Ohne dass er dies wusste, wurde Renate jedoch wenige Stunden zuvor in ein anderes Zimmer verlegt. Bei der im Bett schlafenden Person handelte es sich um eine neue Patientin, die an diesem Tag nach einem Verkehrsunfall frisch eingeliefert wurde und die infolge des Abschaltens der Geräte verstirbt. – Da Anton hier irrtümlich davon ausging, aktive Sterbehilfe sei ein anerkannter Rechtfertigungsgrund, was jedoch von der Rechtsordnung abgelehnt wird, wertete er rechtlich falsch und unterlag einem Erlaubnisirrtum. Gleichzeitig lag eine dem Erlaubnistatbestandsirrtum vergleichbare Situation vor, da er sich über die tatsächlichen Voraussetzungen irrte, die ihm diesen von ihm angenommenen Rechtfertigungsgrund erst eröffnen würden (er tötete ja nicht seine kranke Mutter, sondern eine ganz andere Person). Wie im Beispiel (1) lag im Übrigen auch hier zudem ein (unbeachtlicher) error in persona vor.

2622 Vgl. nur *Jäger*, Rn. 299; *Kelker*, JURA 2006, 591 (597); *Kühl*, § 13 Rn. 80; *Plaschke*, JURA 2001, 235 (236 f.); *Schuster*, JuS 2007, 617 (619); *Wessels/Beulke/Satzger*, Rn. 767 f.; a. M. wohl *Haft*, JuS 1980, 659 (661 f.); ferner die Übungsfälle bei *Britz*, JuS 2002, 465 (466 f.); *Großmann/Wehrstein*, ZJS 2020, 263 (267 f.); *Kasiske*, JA 2007, 509 (513); *Neubacher/Bachmann*, JA 2010, 711 (717 f.); *Radde*, JA 2016, 818 (821); *Stoffers*, JURA 1993, 376 (377); *Wolf*, ZIS 2019, 418 (421); vgl. auch die Konstellationen in BGHSt 3, 105 (108); BGHSt 35, 347 (350); BGH NJW 1978, 1206; LG München I NJW 1988, 1860 (1861); eine Kombination eines Erlaubnistatbestandsirrtums mit einem Wahndelikt findet sich im Übungsfall bei *Ingelfinger*, JuS 1995, 321 (324 f.).
2623 Anders allerdings *Schuster*, JuS 2007, 617 (619 ff.).
2624 Vgl. zum error in persona oben Rn. 1099 ff.

1149 Der Vorrang des Erlaubnisirrtums ergibt sich nach der hier vorgeschlagenen Einordnung des Erlaubnistatbestandsirrtums[2625] noch nicht unmittelbar aus dem Prüfungsaufbau, da beide Irrtümer auf Schuldebene zu prüfen sind (im Rahmen des Schuldvorsatzes bzw. des Unrechtsbewusstseins)[2626]. Begründet werden kann der Vorrang des Erlaubnisirrtums jedoch wie folgt:

1150 Einerseits könnte man bereits daran zweifeln, dass überhaupt ein rechtlich relevanter Erlaubnistatbestandsirrtum vorliegt[2627]. Denn dieser setzt voraus, dass sich der Täter eine Sachlage vorstellt, bei deren Vorliegen ein rechtlich anerkannter Rechtfertigungsgrund einschlägig wäre. Insoweit muss bei der Erörterung eines Erlaubnistatbestandsirrtums immer geprüft werden, ob dem Täter bei Vorliegen der vorgestellten Sachlage auch tatsächlich ein Rechtfertigungsgrund zur Seite gestanden hätte. Dies ist hier aber gerade nicht der Fall (die Tötung wäre auch dann nicht zulässig gewesen, wenn es sich tatsächlich um den Dieb bzw. um Antons Mutter gehandelt hätte). Insofern liegt streng genommen gar keine Konkurrenz verschiedener Irrtümer vor, da für die Beurteilung nur noch ein Erlaubnisirrtum übrig bleibt.

1151 Andererseits folgt dieses Ergebnis auch aus folgender Überlegung: Nimmt man hier jedenfalls eine dem Erlaubnistatbestandsirrtum vergleichbare Situation an und kommt so zu einem Konkurrenzverhältnis der beiden Irrtümer, so geht auch hier der Erlaubnisirrtum vor. Denn der Täter hätte selbst dann nicht so handeln dürfen, wie er gehandelt hat, wenn man sich den von ihm angenommenen Umstand hinzudenkt (wäre Otto tatsächlich der Dieb gewesen, hätte Anton auch dann nicht schießen dürfen; hätte tatsächlich seine Mutter in dem Bett gelegen, hätte er sie dennoch nicht töten dürfen). Das „Hinzutreten" eines zusätzlichen Irrtums über die tatsächliche Sachlage darf den Täter jedoch nicht privilegieren[2628] (insoweit decken sich im Ergebnis die beiden Begründungsansätze).

II. Irrtümer auf Schuldebene

1152 Im Folgenden soll noch ein kurzer Überblick über die Irrtümer auf Schuldebene gegeben werden[2629], die jedoch bei weitem nicht die Bedeutung haben wie die Irrtümer auf Tatbestands- oder auf Rechtswidrigkeitsebene. Auch ist deren rechtliche Einordnung weit weniger umstritten. Einig ist man sich darüber, dass Irrtümer über Schuldausschließungsgründe (§ 20 StGB, § 17 StGB) unbeachtlich sind[2630]. Dagegen muss bei Irrtümern über Entschuldigungsgründe[2631] wiederum zwischen einem **Irrtum über tatsächliche Voraussetzungen** und einem **Irrtum über die rechtliche Bewertung** unterschieden werden. In begrifflicher Anleh-

---

2625 Anwendung des § 16 Abs. 1 StGB analog auf Schuldebene; vgl. oben Rn. 1132 f.
2626 Vgl. zur jeweiligen Einordnung oben Rn. 1133 und Rn. 1144.
2627 In diese Richtung *Frister*, 14. Kap. Rn. 36; *Gropp*, ZIS 2016, 601 (607); *Gropp/Sinn*, § 13 Rn. 258; *Kasiske*, JA 2007, 509 (513); *Krey/Esser*, Rn. 746; *Momsen/Sydow*, JuS 2001, 1190 (1197); *Wessels/Beulke/Satzger*, Rn. 767; *Wolf*, ZIS 2019, 418 (421 f.).
2628 In diese Richtung *Kelker*, JURA 2006, 591 (597); *Neubacher/Bachmann*, JA 2010, 711 (718); *Plaschke*, JURA 2001, 235 (237); *Schönke/Schröder-Sternberg-Lieben/Schuster*, § 17 Rn. 11; vgl. auch *Jäger*, Rn. 299; *Schuster*, JuS 2007, 617 (619).
2629 Vgl. hierzu auch *Bachmann*, JA 2009, 510.
2630 *Bachmann*, JA 2009, 510 (513); MüKo-*Joecks/Kulhanek*, 4. Aufl., § 16 Rn. 139; *Schönke/Schröder-Sternberg-Lieben/Schuster*, § 16 Rn. 33.
2631 Zur Differenzierung zwischen Entschuldigungs- und Schuldausschließungsgründen vgl. oben Rn. 562.

nung an die Irrtümer auf Rechtswidrigkeitsebene kann man diesbezüglich von einem **Entschuldigungstatbestandsirrtum** sowie einem **Entschuldigungsirrtum** sprechen.

1. Entschuldigungstatbestandsirrtum

Unter einem **Entschuldigungstatbestandsirrtum** versteht man einen Irrtum über das Vorliegen eines Umstandes, der, wenn er wirklich vorläge, die Voraussetzungen eines anerkannten Entschuldigungsgrundes erfüllen würde[2632].

> **Bsp.**[2633]: Toni muss als Zeuge vor Gericht gegen einige Mitglieder einer kriminellen Vereinigung aussagen. Er geht irrtümlich davon aus, im Falle einer belastenden Aussage würden die übrigen Mitglieder der Vereinigung seine Kinder töten, weil ihm sein Freund Erwin „aus Jux" einen entsprechenden anonymen Drohbrief geschrieben hat. Toni schwört daher einen Meineid zugunsten der Angeklagten. – Läge tatsächlich eine solche Gefahr vor, dann wäre Toni nach § 35 StGB entschuldigt, da die Voraussetzungen eines Nötigungsnotstandes vorlägen. Insoweit irrte er sich hier über die tatsächlichen Voraussetzungen, die ihm ein solches Notstandsrecht gewähren würden[2634].

Der **Entschuldigungstatbestandsirrtum** ist in § 35 Abs. 2 StGB zumindest für den entschuldigenden Notstand (§ 35 StGB) ausdrücklich geregelt. Der Täter handelt bei Unvermeidbarkeit des Irrtums ohne Schuld. Als Begründung hierfür kann angeführt werden, dass die psychische Zwangslage des Täters gleich ist, unabhängig davon, ob die Gefahr tatsächlich besteht oder nur in seiner Vorstellung existiert[2635]. Die Rechtsfolgen sind also dieselben wie beim Verbotsirrtum in § 17 StGB, wobei eine Unvermeidbarkeit des Irrtums allerdings nur selten festzustellen sein wird.

Diese in § 35 Abs. 2 StGB für den entschuldigenden Notstand normierte Rechtsfolge ist für die anderen Entschuldigungsgründe analog anzuwenden[2636]. Systematisch wird der Entschuldigungstatbestandsirrtum innerhalb der Schuld geprüft und zwar jeweils im Rahmen des entsprechenden Entschuldigungsgrundes.

2. Entschuldigungsirrtum

Unter einem **Entschuldigungsirrtum** versteht man einen Irrtum über das Bestehen oder die rechtlichen Grenzen eines anerkannten Entschuldigungsgrundes[2637]. Der Täter nimmt also entweder einen Entschuldigungsgrund an, den die Rechtsordnung nicht anerkennt, oder aber er überdehnt die Grenzen eines anerkannten Entschuldigungsgrundes.

2632 Vgl. zur Definition auch *Bachmann*, JA 2009, 510; *Kühl*, § 13 Rn. 83; NK-*Neumann*, § 35 Rn. 64; vgl. hierzu auch die Übungsfälle bei *Berster*, JuS 2018, 350 (354); *Fahl*, JURA 2009, 234 (238); *Hardtung*, JuS 2008, 623 (625); *Haverkamp/Kaspar*, JuS 2006, 895 (896).
2633 Fall in Anlehnung an BGHSt 5, 371; hierzu *Otto*, § 16 Rn. 1, 10; vgl. ferner RGSt 64, 30; RGSt 66, 222; zu einem weiteren Beispiel vgl. BGHSt 48, 255 (262): Tötung eines „Haustyrannen" in der irrigen Annahme, die Gefahr sei nicht anders abwendbar; hierzu *Haverkamp/Kaspar*, JuS 2006, 895 (896), *Kargl*, JURA 2004, 189 (190); *Rotsch*, JuS 2005, 12 (17); vgl. ferner *Knobloch*, JuS 2010, 864 (868), sowie den Übungsfall bei *Bergmann/Kroke*, JURA 2010, 946 (953).
2634 Der Irrtum kann sich dabei sowohl auf die Voraussetzungen des § 35 Abs. 1 S. 1 StGB (Notstandslage) als auch auf Satz 2 (Besondere Hinnahmepflichten) beziehen; vgl. *Bachmann*, JA 2009, 510 (511); ferner *Roxin*, JA 1990, 137 (142); ausführlich zum Ganzen *Hardtung*, ZStW 108 (1996), 26.
2635 *Wessels/Beulke/Satzger*, Rn. 770.
2636 Vgl. *Bachmann*, JA 2009, 510 (511); BWME-*Eisele*, § 18 Rn. 44; *Kühl*, § 13 Rn. 84; *Kindhäuser/Zimmermann*, § 28 Rn. 17; *Rengier*, § 32 Rn. 1; *Rönnau/Faust/Fehling*, JuS 2004, 667 (669); *Schönke/Schröder-Sternberg-Lieben/Schuster*, § 16 Rn. 31; *Wessels/Beulke/Satzger*, Rn. 769.
2637 Vgl. zur Definition auch *Kühl*, § 13 Rn. 85; *Wessels/Beulke/Satzger*, Rn. 775.

> **Bsp.:** Ein Schiffbrüchiger zerrt einen anderen von der rettenden Planke, um sein wertvolles Gepäck dort zu lagern und zu retten. Dabei glaubt er irrig, im entschuldigenden Notstand (§ 35 StGB) zu handeln. Dies trifft aber schon allein deswegen nicht zu, weil das Eigentum in § 35 StGB nicht erwähnt ist. – Der Täter überdehnte also den Anwendungsbereich des § 35 StGB.

1157 Der **Entschuldigungsirrtum** ist gesetzlich nicht geregelt. Im Ergebnis muss ein solcher Irrtum als unbeachtlich angesehen werden, da sich der Täter in diesen Fällen so weit von der Rechtsordnung entfernt, dass selbst eine Prüfung der Vermeidbarkeit dieses Irrtums sowie eine fakultative Strafmilderung, wie sie die Regelung des § 17 StGB vorsieht, hier unangebracht wären[2638].

1158 Eine Prüfung des **Entschuldigungsirrtums** findet innerhalb der Schuld im Rahmen des jeweiligen Entschuldigungsgrundes statt. Hier kann festgestellt werden, dass ein entsprechender Irrtum vorlag, dieser jedoch als unbeachtlich anzusehen ist.

III. Irrtümer auf der „Vierten Ebene der Strafbarkeit"

1159 Nach der Behandlung der Irrtümer auf Schuldebene sollen im Folgenden die Irrtümer über Elemente, die sich auf der oben genannten **„Vierten Ebene der Strafbarkeitsprüfung"**[2639] bewegen, erörtert werden, wobei deren praktische Relevanz allerdings als gering anzusehen ist. Auch hier kann die getroffene Unterscheidung zwischen einem Irrtum über die **tatsächlichen Voraussetzungen** und einem Irrtum über die **rechtliche Bewertung** aufrechterhalten werden. Exemplarisch soll sich die folgende Prüfung auf die persönlichen Strafausschließungsgründe beziehen (die Ausführungen können jedoch auch auf andere Elemente der „Vierten Ebene", insbesondere auf die persönlichen Strafaufhebungsgründe, übertragen werden). Zu beachten ist allerdings, dass Irrtümer über **Strafverfolgungsvoraussetzungen** (z. B. über die Angehörigeneigenschaft beim Familiendiebstahl, § 247 i. V. m. § 11 Abs. 1 Nr. 1 StGB) stets unbeachtlich sind[2640].

1. Irrtum über tatsächliche Voraussetzungen eines persönlichen Strafausschließungsgrundes[2641] (Problemschwerpunkt 30)

1160 Von der rechtlichen Einordnung her versteht man hierunter einen Irrtum über das Vorliegen eines Umstandes, der, wenn er wirklich vorläge, die Voraussetzungen eines anerkannten Strafausschließungsgrundes erfüllen würde. Die rechtliche Behandlung ist umstritten. Zu prüfen ist diese Frage im Rahmen der Erörterung des jeweiligen Strafausschließungsgrundes.

> **Fall:** Toni ist Antiquitätenhändler und besorgt sich seine wertvollen Stücke in unregelmäßigen Abständen durch Einbruchsdiebstähle. Gerd hat ihm dabei bereits zweimal gegen Entgelt geholfen. Eines Tages kommt Toni zu Gerd und bittet diesen, drei wertvolle gestohlene Uhren eine Zeit lang für ihn aufzubewahren, da man ihm „auf der

---

2638 Vgl. *Bachmann*, JA 2009, 510 (512); BWME-*Eisele*, § 18 Rn. 45; *Gropp/Sinn*, § 13 Rn. 247; *Kühl*, § 13 Rn. 85; *Rengier*, § 32 Rn. 3; *Rönnau/Faust/Fehling*, JuS 2004, 667 (669); *Schönke/Schröder-Perron*, § 35 Rn. 45; *Wessels/Beulke/Satzger*, Rn. 775; a. M. *Fischer*, § 35 Rn. 17; *Frister*, 20. Kap. Rn. 18; *Joecks/Jäger*, § 17 Rn. 12 (Anwendung von § 17 StGB); *Lindner*, medstra 2020, 199 (201).
2639 Vgl. oben Rn. 615 ff.
2640 *Jescheck/Weigend*, § 29 V 7 g; LK-*Greger/Weingarten*, 13. Aufl., Vor §§ 77–77e Rn. 14; *Mitsch*, JA 2014, 1 (3 f.); *Roxin/Greco*, AT I, § 12 Rn. 150; *Wessels/Beulke/Satzger*, Rn. 790; vgl. auch BGHSt 18, 123 (125).
2641 Vgl. hierzu auch *Hillenkamp/Cornelius*, AT, 11. Problem; ferner den Übungsfall bei *Marxen*, Fall 16a.

Spur" sei. Gerd stimmt zu, wobei er davon ausgeht, dass es sich dabei um die Uhren handelt, die beim letzten Einbruch, an dem er auch selbst teilnahm, erbeutet wurden. Tatsächlich handelt es sich jedoch um Uhren, die Toni allein gestohlen hatte.

Problemstellung: Gerd hat durch die Entgegennahme der Uhren und die Aufbewahrung eine Begünstigung, § 257 StGB, begangen. Gemäß § 257 Abs. 3 Satz 1 StGB wird er jedoch nicht bestraft, wenn er wegen Beteiligung an der Vortat strafbar ist. Absatz 3 stellt insoweit einen persönlichen Strafausschließungsgrund dar. Da Gerd seine Beteiligung an der Vortat annahm (in diesem Falle wäre er straflos), er aber tatsächlich nicht an dieser beteiligt war (insoweit wäre das Verhalten an sich strafbar), stellt sich die Frage, wie ein diesbezüglicher Irrtum zu bewerten ist.

a) Nach der **objektiven Theorie**[2642] soll für die Annahme eines persönlichen Strafausschließungsgrundes allein die objektive Sachlage entscheidend sein. Denn die persönlichen Strafausschließungsgründe seien „objektive" Straflosigkeitsbedingungen jenseits von Unrecht und Schuld. Der Tätervorsatz müsse sich aber regelmäßig nur auf die rechtswidrige Tatbestandsverwirklichung beziehen. Nach dieser Lösung ist ein Irrtum des Täters stets unbeachtlich. Andererseits kommt ihm – im umgekehrten Fall – auch die Nichtkenntnis des Strafausschließungsgrundes zu Gute (d. h. er könnte nicht wegen vollendeter Begünstigung bestraft werden, wenn sich nach der Tat herausstellt, dass die gestohlenen Uhren aus einem Einbruch stammten, an dem er selbst beteiligt gewesen war, selbst wenn er davon zum Tatzeitpunkt nichts wusste). **Gegen** diese Theorie ist einzuwenden, dass der Täter nach dem Schuldprinzip nur im Hinblick auf diejenigen Voraussetzungen bestraft werden kann, die er in seinen Vorsatz aufgenommen hat. Davon aber die persönlichen Strafausschließungsgründe auszunehmen, ist unzulässig. Zudem muss bei einem Irrtum über einen persönlichen Strafausschließungsgrund die Schuld des Täters als derart gering angesehen werden, dass eine Bestrafung verfehlt wäre.

b) Nach der **subjektiven Theorie**[2643] soll für die Annahme eines persönlichen Strafausschließungsgrundes allein die Tätervorstellung entscheidend sein. Denn die persönlichen Strafausschließungsgründe würden gerade auf Umständen beruhen, die die besondere Motivation und den Umfang der Schuld des Täters betreffen. Diesbezüglich sei aber gerade die Sicht des Täters entscheidend. Wer an das Vorliegen eines Umstandes glaubt, der einen persönlichen Strafausschließungsgrund zur Folge hat, befinde sich psychisch in der gleichen Situation, wie wenn dieser Umstand tatsächlich vorläge. Hiernach wäre ein Irrtum des Täters beachtlich. Die Nichtkenntnis des Strafausschließungsgrundes führt zur Strafbarkeit. Diesem Ansatz ist **entgegenzuhalten**, dass dieses Ergebnis der gesetzgeberischen Intention in den Fällen widerspricht, in denen der Strafausschließungsgrund auch der Abschirmung der privaten Sphäre vor staatlichen Eingriffen dient. In diese könnte jedoch dann eingegriffen werden, wenn der Täter vom Vorliegen des Strafausschließungsgrundes keine Kenntnis hat.

[2642] RGSt 61, 270 (271); BGHSt 18, 123 (125); BGHSt 23, 281 (282); BWME-*Eisele*, § 19 Rn. 12; *Fischer*, § 16 Rn. 27; *Jescheck/Weigend*, § 29 V 7d; LK-*Hirsch*, 11. Aufl., Vor § 32 Rn. 228; *Otto*, § 20 Rn. 4; *Roxin/Greco*, AT I, § 12 Rn. 149; SK-*Stein*, § 16 Rn. 5.
[2643] *Stree*, FamRZ 1962, 55 (58 f.); vgl. auch OLG Düsseldorf NJW 1986, 1822; *Horn*, MDR 1971, 8; *Kohlhaas*, ZStW 70 (1958), 217 (220 f.).

1163 c) Daher wird bei der **differenzierenden Theorie**[2644] zutreffend nach der Art des jeweiligen persönlichen Strafausschließungsgrundes differenziert. So ist die objektive Sachlage dann entscheidend, wenn staatspolitische Belange oder kriminalpolitische Zweckmäßigkeitserwägungen den Strafausschluss begründen (§§ 36, 173 Abs. 3 StGB). Dagegen ist die Tätervorstellung entscheidend, wenn dem Strafausschluss eine notstandsähnliche Motivationslage zugrunde liegt (§ 257 Abs. 3 Satz 1, § 258 Abs. 6 StGB). Denn die persönlichen Strafausschließungsgründe beruhen auf keinem einheitlichen Konzept. Daher kann es bei der Frage des Irrtums hierüber dogmatisch keine einheitliche Lösung geben. Eine Beurteilung hat sich danach zu richten, welche gesetzgeberische Absicht jeweils hinter den einzelnen Normen steckt. Zielt die gesetzgeberische Absicht auf Umstände außerhalb des Unrechts- und Schuldbereichs, so muss die objektive, zielt sie hingegen auf den subjektiven, schuldrelevanten Bereich, muss die subjektive Sachlage entscheidend sein. Daher muss bei Vorliegen eines solchen Irrtums immer geprüft werden, welchen Zweck der Gesetzgeber mit der jeweiligen Norm verfolgt. Dieser Ansicht wird zwar **entgegengehalten**, dass nicht bestimmte Deliktsarten, sondern nur bestimmte Täter durch die persönlichen Strafausschließungsgründe straflos bleiben sollen und daher nicht zwischen den verschiedenen Delikten differenziert werden könne. Diese Kritik verkennt jedoch, dass der Gesetzgeber die Straffreistellung eben gerade aus völlig unterschiedlichen Gründen gewährt hat.

1164 Wird nach der subjektiven oder der differenzierenden Theorie der Irrtum als beachtlich angesehen, so sind die sich hieraus ergebenden Rechtsfolgen wiederum umstritten: Nach einer Ansicht[2645] ist hier § 16 Abs. 2 StGB analog anzuwenden mit der Folge, dass lediglich eine Fahrlässigkeitsprüfung vorzunehmen ist. Nach anderer Ansicht[2646] findet hier § 35 Abs. 2 StGB analoge Anwendung, was dazu führt, dass eine Vermeidbarkeitsprüfung anzuschließen ist.

2. Überdehnung eines persönlichen Strafausschließungsgrundes

1165 Hierunter versteht man den Irrtum über das Bestehen oder die rechtlichen Grenzen eines anerkannten persönlichen Strafausschließungsgrundes. Der Täter nimmt somit einen persönlichen Strafausschließungsgrund an, den die Rechtsordnung nicht anerkennt, bzw. überdehnt die Grenzen eines rechtlich anerkannten persönlichen Strafausschließungsgrundes.

> **Bsp.:** Gustav erfährt, dass seine bei ihm wohnende Freundin Beate vor wenigen Stunden einen Einbruchsdiebstahl begangen und einen Koffer erbeuteter Uhren im Schlafzimmer versteckt hat. Als der Polizeibeamte Paul klingelt und sich nach Beate erkundigt, behauptet Gustav, obwohl er genau weiß, dass sich Beate im Schlafzimmer versteckt hält, er wisse von nichts, zudem würde sich Beate derzeit auf einer mehrwöchigen Urlaubsreise befinden, sie könne den Einbruch also gar nicht begangen haben. Paul lässt sich dadurch täuschen und verlässt unverrichteter Dinge die Wohnung. Beate kann fliehen. Gustav geht davon aus, er könne wegen der von ihm begangenen Strafvereitelung, § 258 StGB, nicht bestraft werden, weil er sie zugunsten einer Angehörigen begangen habe, § 258 Abs. 6 i. V. m. § 11 Abs. 1 Nr. 1 StGB. Dies trifft jedoch nicht zu, da Freundschaften nicht vom Angehörigenprivileg erfasst werden.

2644 *Exner*, ZJS 2009, 516 (523); *Joecks/Jäger*, § 17 Rn. 14; MüKo-*Joecks/Kulhanek*, 4. Aufl., § 16 Rn. 70; *Rengier*, § 32 Rn. 6 f.; *Schönke/Schröder-Sternberg-Lieben/Schuster*, § 16 Rn. 34; *Schönke/Schröder-Sternberg-Lieben*, Vorbem. §§ 32 ff. Rn. 132; *Warda*, JURA 1979, 286 (294); *Wessels/Beulke/Satzger*, Rn. 784.
2645 *Schönke/Schröder-Sternberg-Lieben/Schuster*, § 16 Rn. 34; *Stree*, JuS 1976, 137 (141); *Wessels/Beulke/Satzger*, Rn. 787.
2646 *Preisendanz*, § 258 VIII 3; vgl. auch *Horn*, MDR 1971, 8 (11).

1166 Der genannte Irrtum ist ebenfalls gesetzlich nicht geregelt. Im Ergebnis muss er als unbeachtlich angesehen werden, da sich der Täter auch hier so weit von der Rechtsordnung entfernt, dass selbst eine Prüfung der Vermeidbarkeit dieses Irrtums sowie eine fakultative Strafmilderung, wie sie die Regelung des § 17 StGB vorsieht, unangebracht wären.

1167 Eine Prüfung dieses Irrtums findet im Rahmen des jeweiligen persönlichen Strafausschließungsgrundes statt. Hier kann zwar festgestellt werden, dass ein entsprechender Irrtum vorliegt, im Ergebnis muss der Irrtum dann aber als unbeachtlich angesehen werden.

IV. Irrtum über die Garantenstellung beim unechten Unterlassungsdelikt

1168 Besondere Aufmerksamkeit ist dann angebracht, wenn sich der Täter im Rahmen eines **unechten Unterlassungsdelikts** über seine Rechtspflicht zum Handeln, d. h. über seine **Garantenpflicht** irrt. Da es sich bei der Garantenpflicht um ein objektives Tatbestandsmerkmal handelt, liegt hier ein Irrtum auf Tatbestandsebene vor. Nach der oben vorgenommenen Differenzierung[2647] kommt es bei der Abgrenzung von Tatbestandsirrtum und Verbotsirrtum darauf an, ob sich der Täter über tatsächliche Umstände irrt, die seine Garantenstellung begründen, oder ob er bei vollständiger Tatsachenkenntnis im Hinblick auf seine Garantenpflicht eine falsche rechtliche Wertung trifft[2648]. Die gleiche Unterscheidung ist auch im umgekehrten Fall zu treffen, wenn der Täter zu Unrecht eine Garantenpflicht annimmt (Unterscheidung von untauglichem Versuch und Wahndelikt).

1. Irrtum über die tatsächlichen Voraussetzungen einer Garantenstellung

1169 Dieser Irrtum ist als Tatbestandsirrtum nach § 16 StGB zu behandeln[2649].

> **Bsp.:** Anton sieht während eines Spazierganges, dass ein Kind im See ertrinkt. Obwohl er helfen könnte, unterlässt er dies, weil er glaubt, es handle sich um den Nachbarsohn, den er nicht leiden kann. In Wirklichkeit handelt es sich um seinen eigenen Sohn. – Objektiv besaß Anton hier eine Garantenstellung im Hinblick auf seinen Sohn. Er erfüllte somit den objektiven Tatbestand des Totschlags durch Unterlassen, §§ 212, 13 StGB. Dagegen käme hinsichtlich des Nachbarsohnes lediglich eine Strafbarkeit wegen unterlassener Hilfeleistung, § 323c StGB, in Betracht. Da Anton hier die tatsächlichen Umstände nicht kannte, die seine Garantenstellung begründeten (er wusste nicht, dass es sich um seinen eigenen Sohn handelte), unterlag er aber einem Tatbestandsirrtum. Beruhte dieser Irrtum auf Fahrlässigkeit, liegt eine Strafbarkeit wegen fahrlässiger Tötung durch Unterlassen vor, §§ 222, 13 StGB. Ansonsten verbleibt es bei einer Strafbarkeit wegen unterlassener Hilfeleistung, § 323c StGB. – Nimmt er hingegen irrtümlich an, bei dem Ertrinkenden handle es sich um seinen Sohn, während in Wirklichkeit ein

---

2647 Vgl. oben Rn. 1065 ff.
2648 Vgl. hierzu auch BGHSt 2, 150 (155); ferner bereits oben Rn. 913.
2649 *Baur*, ZJS 2017, 529 (533); BWME-*Mitsch*, § 21 Rn. 51; *Exner*, ZJS 2009, 516 (519); *Kindhäuser/Zimmermann*, § 36 Rn. 35; *Krey/Esser*, Rn. 1175; *Kühl*, § 18 Rn. 128; *Rönnau*, JuS 2018, 526 (530); *Satzger*, JURA 2011, 432 (435 f.); *Wessels/Beulke/Satzger*, Rn. 1207; vgl. hierzu auch den Übungsfall bei *Ritz*, JA 2022, 113 (115).

Nachbarkind ertrinkt, liegt neben der unterlassenen Hilfeleistung, § 323c StGB, ein (untauglicher) Versuch eines Totschlags durch Unterlassen, §§ 212, 13 StGB, vor[2650].

2. Irrtum über die Existenz oder die rechtlichen Grenzen einer Garantenstellung

1170 Dieser Irrtum ist ebenso wie der Irrtum darüber, dass aus einer Garantenstellung eine Garantenpflicht folgt, als Irrtum über die rechtliche Bewertung eines zutreffend erkannten Sachverhalts, mithin wie ein Verbotsirrtum (hier in der Form des sog. „Gebotsirrtums") nach § 17 StGB zu behandeln[2651].

Bsp. (1): Erwin sieht, wie sein Vater Viktor im See ertrinkt. Er glaubt jedoch, dass man nur seinen Kindern gegenüber zur Hilfeleistung verpflichtet ist, nicht aber gegenüber seinen Eltern. Er unternimmt nichts, worauf Viktor stirbt. – Hier lag ein (im Ergebnis in der Regel vermeidbarer) Gebotsirrtum vor, der nach § 17 StGB lediglich zu einer fakultativen Strafmilderung führt. – Sieht Erwin hingegen, dass ein Nachbarkind ertrinkt und glaubt er, auch gegenüber Nachbarn bestünde eine Garantenpflicht, liegt neben der vollendeten unterlassenen Hilfeleistung, § 323c StGB, lediglich ein strafloses Wahndelikt vor[2652].

Bsp. (2): Anton unternimmt mit seiner Arbeitskollegin Kunigunde und seinem fünf Jahre alten Sohn Fritz eine Tour mit einem Ruderboot. Sowohl Kunigunde als auch Fritz sind, wie Anton weiß, Nichtschwimmer. Das Boot kentert. Da Anton nur eine Person retten kann, entscheidet er sich für Kunigunde und lässt Fritz ertrinken. – Hier liegt ein Fall der „unechten" Pflichtenkollision vor[2653]. Gegenüber Fritz bestand eine Garantenstellung aus natürlicher Verbundenheit, während gegenüber Kunigunde nur die allgemeine Hilfeleistungspflicht des § 323c StGB bestand (selbst wenn man eine Garantenstellung aufgrund der gemeinsam unternommenen Bootsfahrt annimmt, wäre diese im Vergleich zur Garantenstellung gegenüber Fritz „schwächer"[2654]. Hätte sich Anton über die „Wertigkeit" verschiedener Hilfspflichten geirrt, läge ein (in der Regel wiederum vermeidbarer) Gebotsirrtum vor.

2650 *Kudlich*, JA 2008, 601 (603); *Satzger*, JURA 2011, 432 (436); vgl. auch BGHSt 38, 356 (359); ferner zur Frage, ob es überhaupt einen strafbaren untauglichen Versuch eines Unterlassungsdelikts geben kann, oben Rn. 875 f.

2651 BGHSt 16, 155 (158); BGHSt 19, 295 (298 f.); BWME-*Mitsch*, § 11 Rn. 45, § 21 Rn. 51; *Kindhäuser/Zimmermann*, § 36 Rn. 37; *Krey/Esser*, Rn. 1175; *Kühl*, § 18 Rn. 129; *ders.*, JuS 2007, 497 (503 f.); LK-*Weigend*, 13. Aufl., § 13 Rn. 76; MüKo-*Joecks/Kulhanek*, 4. Aufl., § 17 Rn. 6; *Ransiek*, JuS 2010, 585 (586); *Rönnau*, JuS 2018, 526 (530); *Satzger*, JURA 2011, 432 (435 f.); SK-*Stein*, Vor § 13 Rn. 53; *Wessels/Beulke/Satzger*, Rn. 1207; anders noch BGHSt 2, 150 (155); BGHSt 3, 82 (89); BGHSt 4, 327 (331); BGHSt 5, 187 (190); einschränkend NK-*Gaede*, § 13 Rn. 20; SSW-*Kudlich*, § 13 Rn. 41; ferner die Übungsfälle bei *v. Danwitz*, JURA 2000, 486 (491); *Kaspar*, JA 2006, 855 (859); *Morgenstern*, JURA 2008, 625 (626); *Murmann*, JuS 1998, 630 (631); *Reinhardt*, JuS 2016, 423 (428); *Ritz*, JA 2022, 113 (117); *Steinberg/Schönemann*, ZJS 2015, 284 (286, 287); *Steinberg/Wolf/Langlitz*, ZJS 2013, 606 (609).

2652 BGHSt 16, 155 (160); BGH GA 1968, 336 (337); *Kudlich*, JA 2008, 601 (603); *Roxin*, AT II, § 29 Rn. 387; *Satzger*, JURA 2011, 432 (437).

2653 Vgl. hierzu oben Rn. 515.

2654 Vgl. hierzu bereits oben Rn. 516.

Sonstige Irrtümer　　　　　　　　　　　　　　　　　　　　　　　　　　**1171**

V. Zusammenfassung und Überblick über die verschiedenen Irrtumsarten

1. Der Tatbestandsirrtum (§ 16 StGB)　　　　　　　　　　　　　　　　**1171**

- a) **Definition:** Irrtum über das Vorliegen eines Umstandes, der zum gesetzlichen Tatbestand gehört (d. h. der Täter irrt sich über das tatsächliche Vorliegen eines bestimmten Tatbestandsmerkmals). Nicht erfasst ist hingegen der „error in persona vel obiecto", da hier ein reiner Motivirrtum des Täters vorliegt.
- b) **Rechtsfolge:** Täter handelt ohne (Tatbestands-)Vorsatz. Lediglich Fahrlässigkeitsprüfung anzuschließen.
- c) **Einordnung:** Prüfung innerhalb des subjektiven Tatbestandes (nach der modernen Lehre, bei der der Tatbestandsvorsatz als subjektives Tatbestandselement angesehen wird) oder innerhalb der Schuld (nach der veralteten kausalen Theorie, bei der der Vorsatz innerhalb der Schuld zu prüfen ist).
- d) **Beispiel:** Der Täter erschießt im Dunkeln einen Menschen, dachte aber, er schieße auf einen Hund.

2. Der Verbotsirrtum (§ 17 StGB)

- a) **Definition:** Irrtum über das Verbotensein einer Tat (der Täter kennt die Verbots- oder Gebotsnorm nicht, ihm fehlt also bei voller Tatsachenkenntnis die Einsicht, Unrecht zu tun).
- b) **Rechtsfolge:** Täter handelt bei Unvermeidbarkeit (selten!) des Irrtums ohne Schuld; bei Vermeidbarkeit lediglich (fakultative) Strafmilderung (§ 49 Abs. 1 StGB).
- c) **Einordnung:** Prüfung innerhalb der Schuld im Rahmen des Unrechtsbewusstseins.
- d) **Beispiele:** Der Täter meint, man wäre bei Unglücksfällen nicht verpflichtet, Hilfe zu leisten (d. h. er kennt die Norm des § 323c StGB nicht). Der Täter meint, es gäbe bei Verkehrsunfällen mit geringem Sachschaden keine Wartepflicht (d. h. er kennt den genauen Inhalt des § 142 StGB nicht).

3. Der Erlaubnistatbestandsirrtum (gesetzlich nicht geregelt)

- a) **Definition:** Irrtum über das Vorliegen eines Umstandes, der, wenn er tatsächlich vorläge, die Voraussetzungen eines anerkannten Rechtfertigungsgrundes erfüllen würde.
- b) **Rechtsfolge:** Die rechtliche Behandlung ist umstritten (vgl. Problemschwerpunkt 28, Rn. 1128 ff.). Nach h. M. Anwendung des § 16 StGB analog. Täter handelt ohne (Schuld-)Vorsatz (= fehlender Vorsatz bzgl. der Rechtswidrigkeit). Anzuschließen ist eine Fahrlässigkeitsprüfung.
- c) **Einordnung:** Prüfung innerhalb der Schuld im Rahmen der Schuldform (Schuldvorsatz als Schuldelement).
- d) **Beispiel:** Der Täter erschießt einen Menschen, weil er irrig annimmt, dieser würde ihn angreifen, und er daher glaubt, es läge eine Notwehrsituation vor (Putativnotwehr).

1171

4. **Der Erlaubnisirrtum (gesetzlich nicht geregelt)**
   a) **Definition:** Irrtum über das Bestehen oder die rechtlichen Grenzen eines anerkannten Rechtfertigungsgrundes. Der Täter nimmt also entweder einen Rechtfertigungsgrund an, den die Rechtsordnung (schon von seiner Existenz her) nicht anerkennt, oder aber er überdehnt den Anwendungsbereich eines an sich anerkannten Rechtfertigungsgrundes.
   b) **Rechtsfolge:** Behandlung nach § 17 StGB (wie ein Verbotsirrtum).
   c) **Einordnung:** Prüfung innerhalb der Schuld im Rahmen des Unrechtsbewusstseins.
   d) **Beispiele:** Der Täter tötet einen Menschen, weil er glaubt, aktive Sterbehilfe sei ein anerkannter Rechtfertigungsgrund, oder er tötet einen Menschen auf der Flucht, weil er irrtümlich glaubt, auch eine Tötung sei vom Festnahmerecht des § 127 StPO gedeckt.

5. **Der Entschuldigungstatbestandsirrtum (geregelt in § 35 Abs. 2 StGB für den entschuldigenden Notstand)**
   a) **Definition:** Irrtum über das Vorliegen eines Umstandes, der, wenn er tatsächlich vorläge, die Voraussetzungen eines anerkannten Entschuldigungsgrundes erfüllen würde.
   b) **Rechtsfolge:** Der Täter handelt bei Unvermeidbarkeit des Irrtums (selten!) ohne Schuld; bei Vermeidbarkeit lediglich (obligatorische) Strafmilderung. Diese in § 35 Abs. 2 StGB für den entschuldigenden Notstand normierte Rechtsfolge gilt für die anderen Entschuldigungsgründe analog.
   c) **Einordnung:** Prüfung innerhalb der Schuld im Rahmen der Entschuldigungsgründe.
   d) **Beispiel:** Der Täter leistet einen Meineid, da er irrtümlich davon ausgeht, im Falle der Äußerung der Wahrheit werde er von Verbündeten des Angeklagten erschossen. Träfe dies zu, stünde ihm tatsächlich ein Entschuldigungsgrund zu.

6. **Der Entschuldigungsirrtum (gesetzlich nicht geregelt)**
   a) **Definition:** Irrtum über das Bestehen oder die rechtlichen Grenzen eines anerkannten Entschuldigungsgrundes. Der Täter nimmt also entweder einen Entschuldigungsgrund an, den die Rechtsordnung (schon von seiner Existenz her) nicht anerkennt, oder aber er überdehnt die Grenzen eines an sich anerkannten Entschuldigungsgrundes.
   b) **Rechtsfolge:** Der Irrtum ist unbeachtlich.
   c) **Einordnung:** Prüfung innerhalb der Schuld im Rahmen der Entschuldigungsgründe mit der Feststellung, dass der Irrtum unbeachtlich ist.
   d) **Beispiele:** Eine Mutter glaubt, bei der Tötung eines frisch geborenen Kindes kurz nach der Geburt liege ein anerkannter Entschuldigungsgrund vor; der Täter erschießt, ohne dass eine Notwehrlage vorliegt, einen Menschen, um sein Eigentum zu retten. Dabei glaubt er irrtümlich, im ent-

schuldigenden Notstand (§ 35 StGB) zu handeln (Eigentum ist in § 35 StGB nicht erwähnt).

7. **Der Irrtum über tatsächliche Voraussetzungen persönlicher Strafausschließungsgründe (gesetzlich nicht geregelt)**
   a) **Definition:** Irrtum über das Vorliegen eines Umstandes, der, wenn er tatsächlich vorläge, die Voraussetzungen eines anerkannten persönlichen Strafausschließungsgrundes erfüllen würde.
   b) **Rechtsfolge:** Der Irrtum ist unbeachtlich, wenn staatspolitische Belange oder kriminalpolitische Zweckmäßigkeitsüberlegungen den Strafausschluss begründen (z. B. bei § 36 StGB). Er ist hingegen beachtlich, wenn dem Strafausschluss eine notstandsähnliche Motivationslage zugrunde liegt (z. B. § 257 Abs. 3 Satz 1 StGB). – Streitig (vgl. Problemschwerpunkt 30, Rn. 1160 ff.)
   c) **Einordnung:** Prüfung innerhalb des jeweiligen persönlichen Strafausschließungsgrundes.
   d) **Beispiel:** Der Täter verwahrt gestohlene Uhren seines Freundes in der irrigen Annahme, sie würden aus einem Einbruch stammen, an dem er selbst beteiligt war, was jedoch nicht zutrifft.

8. **Die Überdehnung von persönlichen Strafausschließungsgründen (gesetzlich nicht geregelt)**
   a) **Definition:** Irrtum über das Bestehen oder die rechtlichen Grenzen eines anerkannten persönlichen Strafausschließungsgrundes. Der Täter nimmt also entweder einen persönlichen Strafausschließungsgrund an, den die Rechtsordnung (schon von seiner Existenz her) nicht anerkennt, oder aber er überdehnt die Grenzen eines an sich anerkannten persönlichen Strafausschließungsgrundes.
   b) **Rechtsfolge:** Der Irrtum ist unbeachtlich.
   c) **Einordnung:** Prüfung im Rahmen des jeweiligen persönlichen Strafausschließungsgrundes mit der Feststellung, dass der Irrtum unbeachtlich ist.
   d) **Beispiel:** Der Täter begeht eine Strafvereitelung zugunsten eines Freundes (von § 258 Abs. 6 StGB nicht erfasst).

VI. Schaubild

Tatbestand	→ Tatbestandsirrtum (§ 16 StGB) ⇒ Rechtsfolge: Vorsatz entfällt, Fahrlässigkeitsbestrafung bleibt möglich
Rechtswidrigkeit	
Schuld	→ Verbotsirrtum (§ 17 StGB) ⇒ Rechtsfolge bei Unvermeidbarkeit: Schuld entfällt ⇒ Rechtsfolge bei Vermeidbarkeit: fakultative Strafmilderung, § 49 Abs. 1 StGB → Erlaubnistatbestandsirrtum (h. M.: § 16 StGB analog) ⇒ Rechtsfolge: Schuldvorsatz entfällt, Fahrlässigkeitsbestrafung bleibt möglich → Erlaubnisirrtum (nach § 17 StGB zu beurteilen) ⇒ Rechtsfolge: wie Verbotsirrtum → Entschuldigungstatbestandsirrtum (§ 35 Abs. 2 bzw. § 35 Abs. 2 StGB analog) ⇒ Rechtsfolge bei Unvermeidbarkeit: Schuld entfällt ⇒ Rechtsfolge bei Vermeidbarkeit: obligatorische Strafmilderung, § 49 Abs. 1 StGB → Entschuldigungsirrtum ⇒ Rechtsfolge: Irrtum ist unbeachtlich
„Vierte Ebene"	→ Irrtum über tatsächliche Voraussetzungen eines persönlichen Strafausschließungsgrundes ⇒ Rechtsfolge (str.): unbeachtlich, wenn staatspolitische Belange oder kriminalpolitische Zweckmäßigkeit den Strafausschluss begründen; beachtlich, wenn notstandsähnliche Motivationslage dem Strafausschluss zugrunde liegt → Überdehnung eines persönlichen Strafausschließungsgrundes ⇒ Rechtsfolge: Irrtum ist unbeachtlich

Teil X: Täterschaft und Teilnahme

§ 33 Die Beteiligungslehre – Überblick; Abgrenzung von Täterschaft und Teilnahme

Einführende Aufsätze: *Bachmann/Eichinger*, Täterschaft beim Unterlassungsdelikt, JA 2011, 105, 509; *Baumann*, Täterschaft und Teilnahme, JuS 1963, 51, 85, 125; *Bock*, Beteiligungssystem und Einheitstätersystem, JURA 2005, 673; *Geerds*, Täterschaft und Teilnahme – Zu den Kriterien einer normativen Abgrenzung, JURA 1990, 173; *Herzberg*, Grundfälle zur Lehre von Täterschaft und Teilnahme, JuS 1974, 237, 374, 574, 719, JuS 1975, 35, 171, 575, 647, JuS 1976, 40; *Kienapfel*, Das Prinzip der Einheitstäterschaft, JuS 1974, 1; *Otto*, Beihilfe durch Unterlassen, JuS 2017, 289; *Rönnau*, Mittäterschaft in Abgrenzung zur Beihilfe, JuS 2007, 514; *Sowada*, Täterschaft und Teilnahme beim Unterlassungsdelikt, JURA 1986, 399.

Zur Vertiefung: *Roxin*, Täterschaft und Tatherrschaft, 10. Aufl. 2019; *Herzberg*, Täterschaft und Teilnahme, 1977.

Übungsfall: *Tiedemann/Walter*, Der reuige Provisionsvertreter, JURA 2002, 78.

Rechtsprechung: RGSt 74, 84 – Badewannenfall (subjektive Tätertheorie); **BGHSt 8, 393** – Kameradenmord (Abgrenzung von Täterschaft und Teilnahme bei eigenhändiger Tatausführung); **BGHSt 18, 87** – Staschynskij-Fall (subjektive Tätertheorie).

I. Grundlagen

Der Bereich der Täterschaft und Teilnahme findet seine gesetzliche Normierung in den §§ 25 ff. StGB. Dabei fällt zunächst auf, dass das Gesetz zwischen Täterschaft und Teilnahme unterscheidet. Gemeinsamer Oberbegriff ist derjenige des **Beteiligten** (vgl. die Legaldefinition in § 28 Abs. 2 StGB)[2655]. Der Begriff der **Täterschaft** wird in § 25 StGB umschrieben. Als **Teilnahmeformen** (vgl. die Legaldefinition des Begriffs „Teilnehmer" in § 28 Abs. 1 StGB) nennt das Gesetz (abschließend) die **Anstiftung** (§ 26 StGB) und die **Beihilfe** (§ 27 StGB).   **1173**

1. Dualistisches Beteiligungssystem oder Einheitstäterschaft

Das deutsche Strafrecht basiert somit auf einem **dualistischen Beteiligungssystem** (= Trennung von Täterschaft und Teilnahme)[2656]. Dieses System ist nicht selbstverständlich. Als Alternative hierzu findet sich in einigen Rechtsordnungen das sog. **Einheitstätersystem**[2657]. Nach diesem System ist jeder Beteiligte, der einen ursächlichen Beitrag zur Tatbestandsverwirklichung geleistet hat, ohne Rück-   **1174**

2655 Kritisch hierzu *Schroeder*, JuS 2002, 139.
2656 *B. Heinrich*, JURA 2017, 1367 (1370 f.); *Krey/Esser*, Rn. 783; *Rengier*, § 40 Rn. 1; *Wessels/Beulke/Satzger*, Rn. 793 ff.
2657 Vgl. z. B. § 58 des norwegischen StGB; § 23 Abs. 1 Satz 1 des dänischen StGB; ferner § 12 des österreichischen StGB und Art. 110 des italienischen Codice Penale; zum Ganzen auch *Bock*, JURA 2005, 673; *Kienapfel*, JuS 1974, 1; *Seier*, JA 1990, 342.

sicht auf die sachliche Qualität seines Beitrages als Täter anzusehen[2658]. Entscheidend ist beim Einheitstätersystem also allein die Kausalität des Handelns für einen bestimmten Erfolg.

> **Bsp.:** Nach dem Einheitstätersystem ist derjenige, der dem Tatausführenden einen Tipp über den Aufenthaltsort des Opfers gibt (oder der ihm die Tatwaffe zur Verfügung stellt), ebenso als Täter eines Mordes anzusehen, wie derjenige, der die Tötung letztlich vollzieht.

1175 Ob der Tatbeitrag schwerwiegend oder weniger schwerwiegend ist, ob der Handelnde als **Zentralgestalt** bei der Tatausführung fungiert oder lediglich eine untergeordnete **Randfigur** darstellt, ob er die Tat nur veranlasst, nur irgendwie fördert oder aber eigenhändig durchführt, spielt beim System der Einheitstäterschaft zumindest für die **Strafbegründung** keine Rolle. Allerdings differenziert das Einheitstätersystem dann bei der Strafzumessung. Natürlich verdient derjenige, der dem Mörder die Tatwaffe zur Verfügung stellt, eine geringere Strafe als der Tatausführende selbst. Insoweit wird der einzelne Tatbeitrag auch beim Einheitstätersystem bei der **Strafzumessung** berücksichtigt[2659]. Dennoch werden sämtliche Beteiligte vom Gericht wegen eines täterschaftlich begangenen Mordes verurteilt.

1176 Im Gegensatz dazu differenziert das dualistische Beteiligungssystem des StGB bereits **auf Tatbestandsebene** zwischen **Täterschaft und Teilnahme**. Der Beteiligte wird also – je nach Gewichtung seines Tatbeitrages – entweder wegen eines täterschaftlich begangenen Mordes oder wegen Anstiftung oder Beihilfe zu diesem Mord bestraft.

1177 Dennoch ist das Einheitstätersystem auch dem deutschen Strafrecht nicht fremd. Denn es sieht das dualistische System nur bei den **Vorsatzdelikten** vor. Bei den **Fahrlässigkeitsdelikten** hingegen gilt auch im deutschen Recht das Einheitstätersystem[2660]. Dies ergibt sich daraus, dass Anstiftung und Beihilfe nach §§ 26, 27 StGB jeweils sowohl ein vorsätzliches Handeln des Teilnehmers als auch eine vorsätzlich verwirklichte Haupttat des Täters erfordern. Im Fahrlässigkeitsbereich hingegen reicht jede Verletzung einer im Verkehr erforderlichen Sorgfalt, die kausal und zurechenbar einen tatbestandsmäßigen Erfolg verursacht, aus, um eine Täterschaft zu begründen[2661]. Ferner beruht auch das deutsche **Ordnungswidrigkeitenrecht** (vgl. § 14 OWiG) auf dem Prinzip des Einheitstäters[2662]. Auch hier wird also nicht zwischen Täterschaft und Teilnahme differenziert.

1178 Somit bleibt für das dualistische Beteiligungssystem nur der – allerdings sehr große – Bereich der **vorsätzlich begangenen Straftaten** übrig. Als Begründung für diese unterschiedliche Beurteilung lässt sich anführen, dass für das Strafrecht mit seinen einschneidenden Rechtsfolgen der vergröbernde Maßstab des Einheitstätersystems ungeeignet ist. Differenzierungen aufgrund der Intensität des Tatbei-

---

2658 BWME-*Eisele*, § 24 Rn. 3; *Wessels/Beulke/Satzger*, Rn. 794; zum Einheitstäter auch *Kienapfel*, JuS 1974, 1; *Schmoller*, GA 2006, 365; *Seier*, JA 1990, 342, 382; vgl. auch den Überblick bei *Ambos*, Der Allgemeine Teil des Völkerstrafrechts, S. 543 ff.
2659 Vgl. hierzu *Kienapfel*, JuS 1974, 1 (7).
2660 Umstritten ist dies nur im Bereich der „fahrlässigen Mittäterschaft"; vgl. hierzu oben Rn. 997 ff.
2661 Vgl. hierzu oben Rn. 1010, 1027 ff.
2662 Zum Einheitstäterbegriff im Ordnungswidrigkeitenrecht OLG Braunschweig NStZ 1998, 44; *Bock*, JURA 2005, 673 (678 f.); *Dreher*, NJW 1970, 217; *Krey/Esser*, Rn. 781; *Seier*, JA 1990, 342, 382; vgl. ferner den Übungsfall bei *Noak*, ZJS 2013, 611 (614); BGHSt 31, 309; monographisch bei *Schumann*, Zum Einheitstätersystem des § 14 OWiG, 1979.

trages sind hier – insbesondere im Hinblick auf die Beihilfe – erforderlich, um das Unrecht der Tat ausreichend zu beschreiben[2663]. Zudem würde die Anwendung des Einheitstätersystems zu einer Ausweitung der Strafbarkeit führen, da dadurch auch die – bisher straflose – versuchte Beihilfe sowie die versuchte Anstiftung zu Vergehen erfasst würden[2664]. Aus Praktikabilitätsgründen konnte man hierauf bei den weniger schwerwiegenden Fahrlässigkeitsdelikten und den Ordnungswidrigkeiten verzichten[2665].

2. Extensiver oder restriktiver Täterbegriff

Eng mit der Problematik „**Einheitstäterbegriff oder dualistisches Beteiligungssystem**" verbunden ist die Frage, inwieweit unser Strafrecht auf einem **extensiven oder restriktiven Täterbegriff** beruht. Diese Auseinandersetzung spielt zwar für den Klausuraufbau kaum eine Rolle, ist aber für das allgemeine Verständnis des Verhältnisses von Täterschaft und Teilnahme bedeutsam. Hierbei ist zu klären, ob die Strafbarkeit des Teilnehmers (d. h. des Anstifters und des Gehilfen) im Vergleich zur Strafbarkeit des Täters im Wege einer Strafausdehnung oder einer Strafeinschränkung zu erreichen ist. Dabei legt der Einheitstäterbegriff eine eher extensive, das dualistische Beteiligungssystem hingegen eine eher restriktive Betrachtung des Täterbegriffs nahe[2666].

a) Geht man auch im Rahmen des dualistischen Beteiligungssystems grundsätzlich von einem **extrem weiten Täterbegriff** aus, wonach – wie beim Einheitstätersystem – jede kausale Verursachung eines strafrechtlich unerwünschten Erfolges „an sich" eine Täterstellung begründet[2667], dann muss man die gesetzlichen Vorschriften der §§ 26, 27 StGB, die eine gesonderte Strafbarkeit von Anstiftung und Beihilfe normieren, systematisch als eine **Strafeinschränkung** ansehen. Denn bei einem weiten Verständnis des Täterbegriffs wären an sich auch die Teilnehmer als Täter anzusehen, das Gesetz würde sie nach dieser Ansicht allerdings ausdrücklich **privilegieren** und, jedenfalls bei der Beihilfe, die Strafbarkeit des Teilnehmers einschränken. Würde man also die Vorschriften der §§ 26, 27 StGB ersatzlos streichen, dann wären sowohl der Anstifter als auch der Gehilfe nach dieser Theorie in vollem Umfang als Täter strafbar.

b) Vertritt man dagegen im Rahmen des dualistischen Beteiligungssystems einen **restriktiven Täterbegriff**[2668], so umfasst dieser lediglich die Formen der Täterschaft. Um eine Strafbarkeit auch wegen Anstiftung und Beihilfe zu erreichen, benötigt man daher die Vorschriften der §§ 26, 27 StGB, die insofern **strafbegründend** wirken. Sie dehnen nach diesem Verständnis die Strafbarkeit aus, die sonst nur den Täter erfassen würde. Würde man – auf der Grundlage des restriktiven Täterbegriffs – die Vorschriften der §§ 26, 27 StGB ersatzlos streichen, so wären

---

2663 Vgl. hierzu *Bock*, JURA 2005, 673 (679 f.); *Krey/Esser*, Rn. 784 f.; *Kühl*, § 20 Rn. 9; LK-*Schünemann/Greco*, 13. Aufl., Vor §§ 25 Rn. 5 ff.; dagegen für die Anwendung des Einheitstäterprinzips im gesamten StGB *Roeder*, ZStW 69 (1957), 223 (238 f. – „exklusiver Täterbegriff").
2664 *Jescheck/Weigend*, § 61 II 1; *Krey/Esser*, Rn. 785; *Roxin*, AT II, § 25 Rn. 3.
2665 BWME-*Eisele*, § 24 Rn. 3 f.
2666 Vgl. hierzu *Bock*, JURA 2005, 673 (674); *Kienapfel*, JuS 1974, 1 (2); *Kühl*, § 20 Rn. 8.
2667 Vgl. auch RGSt 74, 21 (23); BGHSt 3, 4 (5); *Spendel*, JuS 1974, 749 (754).
2668 *Bock*, JURA 2005, 673 (674 f.); BWME-*Eisele*, § 24 Rn. 31; *Geppert*, JURA 2008, 34; *Gropp*, GA 2009, 265 (271); *Jakobs*, 21/8; *Jescheck/Weigend*, § 61 III 1, 3; *Kindhäuser/Zimmermann*, § 38 Rn. 11; *Krey/Esser*, Rn. 791; *Kühl*, § 20 Rn. 5; LK-*Roxin*, 11. Aufl., Vor §§ 25 Rn. 12; *Maurach/Gössel/Zipf*, AT 2, 7. Aufl., § 47 Rn. 28, 37 ff., 44 ff.; MüKo-*Joecks/Scheinfeld*, 4. Aufl., Vor §§ 25 Rn. 15; *Roxin*, AT II, § 25 Rn. 5 ff.; *Schönke/Schröder-Heine/Weißer*, Vorbem. §§ 25 ff. Rn. 4; kritisch *Renzikowski*, StV 2009, 443.

demnach sowohl der Anstifter als auch der Gehilfe straflos. Insoweit ist der restriktive Täterbegriff auch Grundlage unseres dualistischen Beteiligungssystems, da sich restriktiver Täterbegriff und Einheitstätersystem naturgemäß ausschließen[2669].

1182 c) Da der Streit zwischen der extensiven und der restriktiven Täterlehre allerdings kaum praktische Auswirkungen hat, muss an dieser Stelle nicht vertieft dazu Stellung genommen werden.

3. Überblick über die verschiedenen Beteiligungsformen

1183 a) **Gesetzlich geregelte Täterschaftsformen.** Das deutsche Strafrecht kennt insgesamt vier verschiedene Formen der Täterschaft und zwei Formen der Teilnahme. Dabei werden in § 25 drei der vier Formen der **Täterschaft** ausdrücklich normiert. In **§ 25 Abs. 1, 1. Alt. StGB** findet sich die Grundform der **Alleintäterschaft**: *„Als Täter wird bestraft, wer die Straftat selbst [...] begeht"* (Bsp.: Anton nimmt an der Garderobe eines Gasthauses Brunos teuren Ledermantel mit, um ihn für sich zu behalten). Die Alleintäterschaft ist das Kernstück der Täterschaft. Es findet keine Zurechnung irgendwelcher Tatbeiträge eines anderen statt. Jeder Täter wird nur und ausschließlich für sein eigenes Handeln bestraft.

1184 In **§ 25 Abs. 1, 2. Alt. StGB** wird die **mittelbare Täterschaft** umschrieben: *„Als Täter wird bestraft, wer die Straftat [...] durch einen anderen begeht"* (Bsp.: Anton beauftragt den achtjährigen Sascha damit, ihm den an der Garderobe hängenden schwarzen Ledermantel des Bruno zu bringen, wobei er ihm gegenüber behauptet, es handle sich um seinen eigenen Mantel).

1185 Schließlich regelt **§ 25 Abs. 2 StGB** die **Mittäterschaft**: *„Begehen mehrere die Straftat gemeinschaftlich, so wird jeder als Täter bestraft"* (Bsp.: Anton und Rudi wollen gemeinsam Brunos teuren Mantel stehlen, um ihn zu verkaufen und den Erlös zu teilen. Absprachegemäß steht Rudi „Schmiere", während Anton den Mantel von der Garderobe nimmt). Hier findet eine gegenseitige Zurechnung der jeweils erbrachten Tatbeiträge statt.

1186 b) **Nebentäterschaft.** Gesetzlich nicht geregelt ist die **Nebentäterschaft**, bei der mehrere Personen einen tatbestandsmäßigen Erfolg herbeiführen, **ohne dass ein gemeinsamer Tatplan vorliegt**[2670].

> Bsp.: Unabhängig voneinander und ohne voneinander zu wissen, schütten sowohl Anton als auch Bruno auf einer Party dem Rudi eine jeweils tödliche Menge Gift ins Glas. Rudi trinkt und stirbt infolge der Vergiftung. – Beide sind hier wegen Totschlags strafbar[2671].

1187 Da in diesen Fällen kein bewusstes und gewolltes Zusammenwirken vorliegt, wird jeder Beteiligte nur wegen seines eigenen Tatbeitrages und des durch ihn herbeigeführten Erfolges zur Verantwortung gezogen. Eine Zurechnung der Tatbeiträge des anderen findet nicht statt. Da insoweit jeder Täter wie ein Alleintäter behan-

---

2669 *Kienapfel*, JuS 1974, 1 (2).
2670 Vgl. zur Nebentäterschaft ausführlich *Fincke*, GA 1975, 161; *Murmann*, Die Nebentäterschaft im Strafrecht, 1993; ferner den Übungsfall bei *Adam/Frosch*, JA 2012, 378 (384).
2671 Vgl. zu dieser Form der Doppelkausalität oben Rn. 228 ff.

delt wird²⁶⁷², konnte der Gesetzgeber auf eine Regelung verzichten. Eine gesonderte Behandlung der Nebentäterschaft ist daher auch im vorliegenden Lehrbuch nicht erforderlich.

Es soll an dieser Stelle lediglich darauf hingewiesen werden, dass die Nebentäterschaft – wie das konstruiert wirkende Beispiel oben zeigt – bei Vorsatzdelikten extrem selten vorkommt. Kaum einmal werden mehrere Personen, ohne voneinander zu wissen, zur gleichen Zeit den gleichen tatbestandsmäßigen Erfolg herbeiführen. Allerdings ist es durchaus möglich, dass jemand einen ihm bekannten Tatplan eines anderen für seine Zwecke ausnutzt.

1188

> **Bsp.**²⁶⁷³: Anton hat erfahren, dass Bruno ihn abends töten will, wenn er in der Dämmerung nach Hause kommt. Er will sich diesen Umstand zunutze machen und auf diese Weise seinen Widersacher Ludwig beseitigen. Anton lädt Ludwig daher abends zu sich nach Hause ein. Als dieser in der Dämmerung Antons Haus betritt, wird er, was von Anton auch so geplant war, von Bruno aus dem Hinterhalt erschossen, weil Bruno den Ludwig für Anton hält. – Hier lag mangels eines bewussten und gewollten Zusammenwirkens von Anton und Bruno keine Mittäterschaft vor, da Anton zwar von Brunos Machenschaften wusste, nicht aber umgekehrt. Fraglich ist, ob Anton hier als mittelbarer Täter²⁶⁷⁴ anzusehen ist, da er durch sein Verhalten Bruno in einen (für diesen unbeachtlichen²⁶⁷⁵) error in persona versetzte²⁶⁷⁶. Zwar übte Anton hier in gewisser Weise eine Irrtumsherrschaft aus, diese reicht jedoch nicht für eine Tatherrschaft aus, da es auch weiterhin allein Sache des voll verantwortlich handelnden Bruno ist, ob und in welcher Form er die Tat durchführt. Auch eine Anstiftung scheidet aus, da Anton einerseits nicht mit Bruno in kommunikativen Kontakt trat²⁶⁷⁷, andererseits dieser auch bereits zur Tatbegehung entschlossen war²⁶⁷⁸. Insoweit kommt hier nur eine Nebentäterschaft in Betracht²⁶⁷⁹. – Anders hingegen wäre die Situation dann zu bewerten, wenn Anton den Bruno auffordert, den in der Dämmerung heraneilenden Ludwig zu erschießen, indem er ihm einredet, es handle sich dabei um Brunos Nebenbuhler Kurt. In diesem Fall liegt eine Anstiftung vor, mittelbare Täterschaft scheidet auch hier mangels Tatherrschaft aus²⁶⁸⁰. Problematisch ist hingegen der Fall, dass Bruno bereits dazu ent-

---

2672 Vgl. hierzu RGSt 19, 141 (145 f.); RGSt 55, 78 (79); RGSt 68, 251 (256); BGHSt 4, 20 (21); BGHSt 30, 228 (232); BGH NStZ 1996, 227 (228); BWME-*Eisele*, § 25 Rn. 41 ff.; *Jescheck/Weigend*, § 63 II 3; *Kindhäuser/Zimmermann*, § 39 Rn. 3; *Krey/Esser*, Rn. 982 ff.; *Kühl*, § 20 Rn. 36; *Otto*, § 21 Rn. 54; *Rengier*, § 42 Rn. 3; *Roxin*, AT II, § 25 Rn. 266; SK-*Hoyer*, § 25 Rn. 2; *Wagemann*, JURA 2006, 867 (870).
2673 Bekannt unter dem Namen „Dohna-Fall" nach *Graf zu Dohna*, Übungen im Strafrecht und Strafprozeßrecht, 3. Aufl., 1929, Nr. 26; hierzu BWME-*Eisele*, § 25 Rn. 140 ff.; vgl. hierzu auch den Übungsfall bei *Saal*, JA 1998, 563.
2674 Vgl. zur mittelbaren Täterschaft unten Rn. 1243 ff.
2675 Vgl. zur Unbeachtlichkeit des error in persona bei tatbestandlicher Gleichwertigkeit der Objekte oben Rn. 1099 ff.
2676 Für mittelbare Täterschaft BWME-*Eisele*, § 25 Rn. 142; *Haft/Eisele*, Keller-GS 2003, S. 81 (99); *Köhler*, S. 508; *Kühl*, § 20 Rn. 74; *Lackner/Kühl*, § 25 Rn. 4; LK-*Roxin*, 11. Aufl., § 25 Rn. 104 f.; LK-*Schünemann/Greco*, 13. Aufl., § 25 Rn. 124; *Rönnau*, JuS 2021, 923 (927); *Roxin*, AT II, § 25 Rn. 102; *ders.*, Lange-FS 1976, S. 173 (190 ff.); *Saal*, JA 1998, 563 (569); *Sax*, ZStW 69 (1957), 412 (434); Schönke/Schröder-*Heine/Weißer*, § 25 Rn. 24.
2677 Vgl. zur Anforderung an eine Anstiftung noch ausführlich unten Rn. 1289 ff.
2678 Anders *Otto*, § 21 Rn. 91; *ders.*, JURA 1987, 246 (255), der hier eine Anstiftung annimmt.
2679 So auch *Herzberg*, JuS 1974, 574 (576 f.); *Kindhäuser/Zimmermann*, § 39 Rn. 3 ff.; NK-*Schild*, § 25 Rn. 152; *Spendel*, Lange-FS 1976, S. 147 (168); *Welzel*, § 15 V; für eine Beihilfe allerdings *Koch*, JuS 2008, 399 (402); MüKo-*Joecks/Scheinfeld*, 4. Aufl., § 25 Rn. 121; wohl auch *Jakobs*, 21/102; SK-*Hoyer*, § 25 Rn. 78; für eine Kombination von mittelbarer Täterschaft und Nebentäterschaft *Küpper*, GA 1998, 519 (528 f.).
2680 Vgl. hierzu auch die Übungsfälle bei *Mitsch*, JURA 1989, 485 (487); *Saal*, JURA 1998, 563 (568 f.); *Sahan*, ZJS 2008, 177 (179 f.).

schlossen ist den Kurt zu töten, sich auf die Lauer legt und Anton ihm einredet, bei dem sich nähernden Ludwig handelt es sich um Kurt, woraufhin Bruno abdrückt[2681].

1189 Bei den Fahrlässigkeitsdelikten hingegen ist Nebentäterschaft häufiger anzutreffen, da es hier durchaus möglich ist, dass mehrere Personen durch ihr pflichtwidriges Verhalten unabhängig voneinander einen tatbestandsmäßigen Erfolg verursachen[2682].

1190 c) **Teilnahmeformen.** Als Teilnahmeformen nennt das Gesetz die **Anstiftung** und die **Beihilfe**. Unter einer **Anstiftung** (§ 26 StGB) versteht man das vorsätzliche Bestimmen eines anderen zu dessen vorsätzlich und rechtswidrig – aber nicht notwendigerweise schuldhaft – begangener Haupttat (Bsp.: Anton gibt einem berufsmäßigen „Killer" 10 000 €, damit dieser seine Ehefrau Berta umbringt). Der Anstifter wird – ohne Möglichkeit einer Strafmilderung – wie ein Täter bestraft. Unter **Beihilfe** (§ 27 StGB) ist dagegen das vorsätzliche Hilfeleisten zu einer vorsätzlich und rechtswidrig – wiederum aber nicht notwendigerweise schuldhaft – begangenen Tat eines anderen zu verstehen (Bsp.: Bruno besorgt Anton eine Pistole, damit dieser seine Ehefrau Berta umbringen kann). Die Strafbarkeit der Beihilfe richtet sich zwar ebenfalls nach der Haupttat. Es findet jedoch eine **obligatorische Strafmilderung** nach § 27 Abs. 2 StGB statt.

d) **Schaubild**

1191

Beteiligung	
Täterschaft = Begehen einer eigenen Tat • **Alleintäterschaft**, § 25 Abs. 1, 1. Alt StGB → „selbst [...] begeht" • **Mittelbare Täterschaft**, § 25 Abs. 1, 2. Alt StGB → „durch einen anderen begeht" • **Mittäterschaft**, § 25 Abs. 2 StGB → „gemeinschaftlich (begeht)" • **Nebentäterschaft** → mehrere führen einen tatbestandsmäßigen Erfolg herbei, ohne gemeinschaftlich zu handeln	**Teilnahme** = Beteiligung an einer fremden, vorsätzlich und rechtswidrig begangenen Tat • **Anstiftung**, § 26 StGB → „einen anderen zu dessen [...] Tat bestimmt" Rechtsfolge: Bestrafung gleich einem Täter • **Beihilfe**, § 27 StGB → „einem anderen zu dessen [...] Tat Hilfe leistet" Rechtsfolge: obligatorische Strafmilderung gemäß §§ 27 Abs. 2 Satz 2, 49 Abs. 1 StGB ⇒ gemäß §§ 26, 27, 29 StGB gilt **Grundsatz der limitierten Akzessorietät**, d. h. die Teilnahme ist **abhängig** von einer **vorsätzlich** und **rechtswidrig** begangenen **Haupttat**

2681 Für eine Anstiftung in diesem Fall *Gropp/Sinn*, § 10 Rn. 114; *Krey/Esser*, Rn. 937; für mittelbare Täterschaft *Frister*, 27. Kap. Rn. 14; *Jäger*, Rn. 346; LK-*Roxin*, 11. Aufl., § 25 Rn. 104; *Roxin*, AT II, § 25 Rn. 102; vgl. hierzu auch den Übungsfall bei *Lenk*, JuS 2021, 754 (760).
2682 Vgl. hierzu u. a. BGHSt 30, 228 (232); BGHSt 49, 1 (7); ferner *Roxin*, AT II, § 25 Rn. 265.

II. Abgrenzung von Täterschaft und Teilnahme – Grundsätze

1. Grundlagen

Wesensmerkmal der **Täterschaft** ist es, dass der Täter **eine eigene Tat begeht**, während der **Teilnehmer** sich lediglich an **einer fremden Tat beteiligt**. Es kommt also entscheidend darauf an, ob für den Beteiligten eine eigene oder eine fremde Tat vorliegt. Diese Beurteilung kann im Einzelfall schwierig sein und ist (daher) auch oft Gegenstand strafrechtlicher Klausuren. Die Abgrenzung ist in der Strafrechtswissenschaft auch vom theoretischen Ansatz her sehr umstritten. Dabei existieren mehrere **Abgrenzungstheorien**, die sogleich[2683] noch vertieft dargestellt werden und jedenfalls in ihren wesentlichen Grundzügen beherrscht werden sollten. **1192**

> Schwierigkeiten ergeben sich insbesondere bei der Abgrenzung von **Mittäterschaft und Beihilfe**[2684], wenn mehrere Personen bei der Tatausführung am Tatort sind (Bsp.: Während Bruno „Schmiere" steht, dringt Anton in die Villa der Witwe Wilma ein, knackt deren Safe und entwendet eine teure Schmuckkassette. – Fraglich ist, ob Bruno hier Mittäter oder Gehilfe ist[2685]). Ferner können sich Abgrenzungsprobleme im Vergleich von **mittelbarer Täterschaft und Anstiftung**[2686] ergeben, wenn eine Person lediglich im Vorfeld der Tatausführung auf den später unmittelbar Handelnden einwirkt (Bsp.: Anton überredet in einer Kneipe den schwer betrunkenen Bruno, den Rudi kräftig durchzuprügeln. Bruno tut dies. – Fraglich ist hier, ob Anton als Anstifter oder mittelbarer Täter anzusehen ist). **1193**

Zunächst ist erneut darauf hinzuweisen, dass die Unterscheidung zwischen Täterschaft und Teilnahme lediglich bei **Vorsatzdelikten** eine Rolle spielt. Bei Fahrlässigkeitsdelikten hingegen ist stets derjenige als Täter anzusehen, der durch eine Sorgfaltspflichtverletzung in objektiv zurechenbarer Weise zur Tatbestandsverwirklichung beigetragen hat[2687]. Es gilt hier – wie bereits dargelegt – das Einheitstätersystem[2688]. **Anstiftung und Beihilfe zum Fahrlässigkeitsdelikt sind daher nicht möglich** (dies ergibt sich bereits aus §§ 26, 27 StGB, welche die Teilnahme an eine vorsätzlich begangene rechtswidrige Haupttat knüpfen). **1194**

Bevor in einer Fallbearbeitung auf die verschiedenen Abgrenzungstheorien von Täterschaft und Teilnahme eingegangen wird, muss in einem ersten Schritt geprüft werden, ob die einzelnen Beteiligten überhaupt die sonstigen, für eine Täterschaft notwendigen Merkmale in ihrer Person aufweisen[2689]. Bei vielen Delikten wird nämlich bereits von der tatbestandsmäßigen Umschreibung her der Täterkreis eingegrenzt, sodass eine Täterschaft des Beteiligten bereits aus diesem Grunde ausscheidet und es unnötig, ja sogar falsch wäre, hier auf die Abgrenzungstheorien einzugehen. Diesbezüglich sind **drei Fallgruppen** zu nennen: **1195**

2. Sonderdelikte

Hierunter versteht man Delikte, die eine besondere **Subjektsqualität** bzw. eine besondere **Pflichtenstellung** des Täters voraussetzen, wie etwa die Amtsträgereigenschaft bei den Amtsdelikten (vgl. z. B. § 332 StGB), die Garantenpflicht bei **1196**

2683 Vgl. unten Rn. 1203 ff.
2684 Vgl. BWME-*Eisele*, § 25 Rn. 49 f.
2685 Vgl. zu dieser Abgrenzung unten Rn. 1225 ff.
2686 Vgl. BGHSt 35, 347 (351 f.).
2687 Vgl. hierzu oben Rn. 993, 1027 ff.
2688 Vgl. hierzu oben Rn. 994, 1177.
2689 So auch BWME-*Eisele*, § 25 Rn. 16, 37; *Marlie*, JA 2006, 613.

den Unterlassungsdelikten oder die Vermögensbetreuungspflicht bei der Untreue, § 266 StGB[2690]. Man spricht hier auch von Sonder- bzw. Pflichtdelikten[2691]. Wer diese besondere Subjektsqualität oder Pflichtenstellung nicht aufweist, **kann niemals Täter sein**[2692]. Er kann objektiv noch so viel „Tatherrschaft" besitzen und subjektiv noch so sehr Täter sein wollen, aus rechtlichen Gesichtspunkten kommt hier höchstens eine Teilnahme in Frage[2693]. In diesem Zusammenhang ist allerdings auch § 14 StGB zu beachten: Handelt jemand für einen anderen (z. B. als Geschäftsführer oder Vorstand für die betreffende juristische Person), so reicht es aus, wenn der Vertretene die besondere Subjektsqualität oder Pflichtenstellung besitzt[2694].

3. Eigenhändige Delikte

1197 Hierunter versteht man Delikte, die nur von demjenigen begangen werden können, der die tatbestandsmäßige Handlung in seiner Person selbst vornimmt, wie z. B. die Aussagedelikte, §§ 153 ff. StGB[2695], oder die Verkehrsdelikte, §§ 315c, 316 StGB[2696]. Eine Mittäterschaft nach § 25 Abs. 2 StGB oder eine mittelbare Täterschaft ist hier nicht möglich[2697].

> Wer nicht selbst falsch schwört oder (betrunken) Auto fährt, kann niemals Täter sein, auch wenn dies auf einem gemeinsamen Tatplan beruht oder der Hintermann einen anderen dazu benutzt, einen Meineid zu leisten oder (betrunken) Auto zu fahren. Daher scheidet auch dann, wenn das „Werkzeug" unvorsätzlich handelt oder schuldunfähig ist, eine mittelbare Täterschaft aus (um Strafbarkeitslücken bei den Aussagedelikten zu vermeiden, musste daher § 160 StGB geschaffen werden)[2698].

4. Absichtsdelikte etc.

1198 Hierunter fallen Delikte, die besondere **subjektive Voraussetzungen** für die Deliktsverwirklichung fordern, wie z. B. die **Absichtsdelikte** (insbesondere Diebstahl und Betrug). Wer diese besondere Absicht nicht hat, kann niemals Täter sein[2699].

2690 Vgl. auch *Otto*, JURA 1987, 246 (257); ferner den Übungsfall bei *Schmitz*, JURA 2001, 335 (337).
2691 Vgl. hierzu auch BWME-*Eisele*, § 25 Rn. 4 ff.; *Kindhäuser/Zimmermann*, § 38 Rn. 50 ff.; *Krey/Esser*, Rn. 867 ff.; *Kühl*, § 20 Rn. 13 f.; MüKo-*Joecks/Scheinfeld*, 4. Aufl., § 25 Rn. 53; *Nestler/Lehner*, JURA 2017, 403 (405); *Puppe*, AT 2, 1. Aufl., § 39 Rn. 30 ff.; *Roxin*, AT II, § 25 Rn. 267 ff. („Pflichtdelikte"); *Satzger*, JURA 2011, 103 (104); *Wessels/Beulke/Satzger*, Rn. 801; vgl. hierzu bereits oben Rn. 173 ff.
2692 *Satzger*, JURA 2011, 103 (104).
2693 *Rengier*, § 41 Rn. 1; vgl. hierzu auch den Übungsfall bei *Seier/Löhr*, JuS 2006, 241 (245); ferner *Kudlich/Oğlakcıoğlu*, JA 2015, 426 (430).
2694 Vgl. hierzu auch BWME-*Eisele*, § 25 Rn. 8 ff.; *Kindhäuser/Zimmermann*, § 7 Rn. 3; *Rengier*, § 42 Rn. 8 ff.; vgl. ferner – insbesondere auch zum Problem des „faktischen Geschäftsführers" – die Übungsfälle bei *Ceffinato*, JURA 2016, 1394 (1395 f., 1398 f.); *Seier/Löhr*, JuS 2006, 241 (242).
2695 Vgl. zu diesem Komplex *H.E. Müller*, JURA 2007, 697 (698); *Puppe*, § 23 Rn. 19 ff.
2696 *Fischer*, § 315c Rn. 2; LK-*König*, 12. Aufl., § 315c Rn. 201 ff.; Müko-*Pegel*, 3. Aufl., § 315c Rn. 117; kritisch *Roxin*, AT II, § 25 Rn. 295; vgl. hierzu auch oben Rn. 176.
2697 Vgl. hierzu auch BGHSt 6, 226; BGHSt 27, 205 (zur Frage, ob die Vergewaltigung als eigenhändiges Delikt anzusehen ist); BGHSt 64, 314 (316); ferner LK-*Schünemann*, 12. Aufl., § 25 Rn. 45 ff.; *Satzger*, JURA 2011, 103 (106 f.); *Wessels/Beulke/Satzger*, Rn. 56; gegen die Doktrin der Eigenhändigkeit und für die Zulassung von Mittäterschaft und mittelbarer Täterschaft *Gerhold/Conrad*, JA 2019, 358 (361 f.); *Gerhold/Kuhne*, ZStW 124 (2012), 943 (988 ff.); *Gerhold/Meglalu*, ZJS 2018, 321 (321 f.); NK-*Puppe*, §§ 28, 29 Rn. 75; *Puppe*, ZStW 120 (2008), 504 (516); *Schubarth*, ZStW 110 (1988), 827 (844 f.); kritisch zum Ganzen auch *Mitsch*, NStZ 2011, 39 (40).
2698 Vgl. hierzu *Kindhäuser/Zimmermann*, § 38 Rn. 52 f.; *Kühl*, § 20 Rn. 16; MüKo-*Joecks/Scheinfeld*, 4. Aufl., § 25 Rn. 55; *Satzger*, JURA 2011, 103 (105); *Wessels/Beulke/Satzger*, Rn. 56, 800; kritisch SK-*Hoyer*, § 25 Rn. 17 ff.
2699 Vgl. in diesem Zusammenhang *Otto*, JURA 1987, 246 (249 f.).

5. Allgemeindelikte

Liegt keiner der genannten Fälle vor, kommt im Hinblick auf das jeweilige Delikt sowohl Täterschaft als auch Teilnahme in Frage. In diesen Fällen ist die Abgrenzung anhand der sogleich darzustellenden Theorien[2700] vorzunehmen.

6. Aufbauhinweis für die Fallbearbeitung

Hinzuweisen ist in diesem Zusammenhang darauf, dass die Abgrenzung von Täterschaft und Teilnahme – selbst wenn man hierfür subjektive Kriterien anwendet – zweckmäßigerweise als erster Prüfungspunkt im Rahmen des **objektiven Tatbestandes** erfolgen sollte (d. h.: nicht in einer abstrakten Vorprüfung). Die Frage „Täterschaft oder Teilnahme" ist somit ein Problem des objektiven Tatbestandes[2701].

Nach zutreffender Ansicht ist dabei das nahezu in allen Straftatbeständen vorkommende Merkmal „wer" („wer" einen Menschen tötet; „wer" eine fremde bewegliche Sache wegnimmt etc.) zu lesen als: „wer als Täter" (tötet, wegnimmt etc.)[2702]. Insoweit müssen Täterschaft und Teilnahme für jedes Delikt gesondert untersucht werden, was dazu führt, dass innerhalb desselben strafrechtlichen Gutachtens die Beteiligungsrolle bei verschiedenen Delikten wechseln kann.

> **Klausurtipp:** Sind mehrere an einer Deliktsverwirklichung beteiligt, muss bei jedem geprüften Delikt zu Beginn des objektiven Tatbestandes die Beteiligungsform festgestellt werden. Zulässig ist allerdings der Verweis nach oben, wenn bereits dort die (Mit-)Täterschaft festgestellt wurde oder sich sachlich keine Änderungen ergeben. Zu formulieren ist also z. B.: „Wie im Rahmen des oben erörterten Diebstahls bereits ausgeführt, handelte Anton auch bei der anschließenden Zerstörung der Vase in bewusstem und gewolltem Zusammenwirken mit Bruno und ist daher als (Mit)Täter anzusehen".

Hinsichtlich der Prüfungsreihenfolge von Täterschaft und Teilnahme ist Folgendes zu beachten: Die einzige zwingende Aufbauregel, die in einem strafrechtlichen Gutachten zu beachten ist, ist der Grundsatz: **Täterschaft ist notwendigerweise vor der Teilnahme zu prüfen.** Denn die Teilnahme setzt stets (vgl. den Wortlaut der §§ 26, 27 StGB) eine vorsätzlich begangene rechtswidrige Haupttat eines anderen voraus. Diese ist **(objektives) Tatbestandsmerkmal der Anstiftung bzw. der Beihilfe.** Das Vorliegen einer Haupttat kann aber nur dann angenommen werden, wenn diese Tat, d. h. das täterschaftlich durch einen anderen begangene Delikt, zuvor bereits geprüft wurde. Als schwerer Fehler in Prüfungsarbeiten ist es daher zu werten, wenn die Teilnahme vor der Täterschaft untersucht wird[2703].

III. Abgrenzung von Täterschaft und Teilnahme – Theorien[2704] (Problemschwerpunkt 31)

Fall: Händler Herbert ist auf den Verkauf von gebrauchten Elektrogeräten spezialisiert, die er sich von verschiedenen Bekannten „beschaffen" lässt. So beauftragt er z. B. Anton

---

2700 Vgl. unten Rn. 1203 ff.
2701 Vgl. hierzu auch *Kühl*, § 20 Rn. 5; *Jescheck/Weigend*, § 61 I 2; *Krey/Esser*, Rn. 791; *Wessels/Beulke/Satzger*, Rn. 796.
2702 Vgl. hierzu auch *Krey/Esser*, Rn. 791; *Kühl*, § 20 Rn. 11.
2703 Vgl. hierzu *Geppert*, JURA 1999, 266 (267): „Todsünde"; *Kühl*, § 20 Rn. 134 f.
2704 Vgl. hierzu auch *Hillenkamp/Cornelius*, AT, 19. Problem; *Rönnau*, JuS 2007, 514; ferner die Übungsfälle bei *Amelung/Boch*, JuS 2000, 261 (262); *Bergmann/Rensch*, JURA 2012, 553 (557); *Beulke*, JURA 2014, 639 (648); *Berkl*, JA 2006, 276 (282); *Corell*, JURA 2010, 627 (629 f.); *Cornelius*, JA 2009, 425 (429); *Dobrosz/Onimus*, ZJS 2017, 689 (692 f.); *Duttge/Burghardt*, JURA 2016, 810 (814);

und Bruno damit, in einige Villen einzubrechen, wobei er ihnen für jeden „Bruch" 1000 € zusagt. Von seinem Bekannten Rudi hat er zuvor eine Liste von Villen erstellen lassen, deren Bewohner zurzeit im Urlaub sind. Anton und Bruno machen sich eines Nachts mit ihren Bekannten Gustav, Emil und Fritz auf den Weg. Gustavs Aufgabe ist es, die Alarmanlage auszuschalten, Emil soll „Schmiere" stehen und mit Fritz wird abgesprochen, dass er zu einer bestimmten Zeit mit einem LKW vorfährt, um die mitgenommenen Gegenstände zu Herbert zu fahren. Aus Sorge um das Wohlbefinden ihres Mannes gibt Berta, die Ehefrau Antons, diesem „zur Sicherheit" noch eine Pistole mit.

Problemstellung: Die Strafbarkeit sämtlicher Beteiligter richtet sich in erster Linie danach, ob sie Täter oder Teilnehmer eines Einbruchsdiebstahls gemäß §§ 242, 243 Abs. 1 Satz 2 Nr. 1, Nr. 3, § 244 Abs. 1 Nr. 1a, Nr. 2, Nr. 3, Abs. 4 StGB sind. In Frage kommen sowohl Mittäterschaft als auch Anstiftung oder Beihilfe.

1204 1. Nach der **formal-objektiven Theorie**[2705], die bis etwa 1930 herrschend war, kann nur derjenige Täter sein, der den Tatbestand durch seine Handlung entweder ganz oder teilweise objektiv erfüllt. Erforderlich sei dabei, dass er die Ausführungshandlung ganz oder teilweise selbst vornehme. Teilnehmer hingegen sei, wer zur Tatbestandsverwirklichung nur durch eine Vorbereitungs- oder Unterstützungshandlung beitrage. Es wird also eine enge Auslegung des Täterbegriffs gefordert, die sich an objektiven Kriterien orientieren müsse. Denn eine wertende Betrachtung, die an subjektive Kriterien anknüpfe, führe zu Rechtsunsicherheit und begrifflicher Unschärfe. Folge dieser Theorie ist, dass Täter nur sein kann, wer bei der Ausführungshandlung mitwirkt. Im Beispielsfall könnten also nur Anton und Bruno Täter sein, da nur sie eigenhändig „wegnehmen". Gegen diese sehr enge Fassung des Täterbegriffs sind jedoch **folgende Bedenken** vorzubringen: Nicht oder nur unzureichend erfasst werden können hierdurch die Rechtsfiguren der mittelbaren Täterschaft (derjenige, der sich zur Tatbegehung eines menschlichen Werkzeugs bedient, ist ja regelmäßig gerade nicht am Tatort) und der arbeitsteiligen Mittäterschaft (der Bandenchef, der allein die Vorbereitung und Planung übernimmt, ist regelmäßig an der Ausführungshandlung „vor Ort" selbst nicht beteiligt). Da die mittelbare Täterschaft aber in § 25 Abs. 1, 2. Alt. StGB inzwischen gesetzlich verankert ist, ist diese Theorie heute nicht mehr haltbar[2706].

1205 2. Die Rechtsprechung vertritt – inzwischen mit einigen Einschränkungen – die **subjektive Theorie** (oder auch: animus-Theorie)[2707]. Für die Abgrenzung komme

---

Dzatkowski, JA 2019, 36 (38); *Eisele/Freudenberg*, JURA 2005, 204 (205 f.); *Gaede*, JuS 2003, 774 (776 f.); *Geerds*, JURA 1986, 438 (440); *Gerhold*, JURA 2014, 854 (857); *Goeckenjahn*, JuS 2001, L 4 (L 7); *Haas/Hänke*, JURA 2015, 1508 (1514); *Heinze*, JURA 2021, 1252 (1260 f.); *Kauerhof*, JURA 2005, 790 (792 f.); *Kühl/Kneba*, JA 2011, 426 (429 f.); *Meier*, JuS 1989, 992 (995); *Momsen/Sydow*, JuS 2001, 1194 (1196); *Morgenstern*, ZJS 2019, 311 (315); *Murmann*, JURA 2001, 258 (263); *Nix*, JA 2015, 24 (26 f.); *Poller/Härtl*, JuS 2004, 1075 (1079); *Preuß/Krüll*, JA 2018, 271 (276); *Putzke*, JURA 2015, 95 (104); *Reinhardt*, ZJS 2013, 493 (503); *Reschke*, JuS 2011, 50 (53); *Schulz/Slowinski*, JURA 2010, 706 (710); *Seher*, JuS 2007, 132 (137); *Seibert*, JURA 2008, 31 (34); *Stoffers/Murray*, JuS 2000, 986 (989); *Uhlig/Brockhaus*, JuS 2006, 311 (314 f.); *Valerius/Zehetgruber*, JA 2014, 431 (433); *Weißer*, JuS 2005, 620 (622); *Windsberger*, JuS 2020, 445 (449 f.).

2705 *Beling*, Die Lehre vom Verbrechen, 1906, S. 408 ff.; *Frank*, Das Strafgesetzbuch für das Deutsche Reich, 18. Aufl. 1931, § 47 II; *v. Hippel*, Deutsches Strafrecht, Bd. II, 1930, S. 453 ff.; *Mezger*, Strafrecht, 2. Aufl. 1933, S. 444; *Wegner*, Strafrecht AT, 1951, S. 249; sympathisierend aus heutiger Zeit allerdings noch *Freund/Rostalski*, § 10 Rn. 36 ff.; vgl. auch *Kindhäuser*, Tröndle-GS 2019, S. 295 (308).

2706 Vgl. nur *Jescheck/Weigend*, § 61 III 3; *Krey/Esser*, Rn. 825 f.; *Kühl*, § 20 Rn. 24; *Roxin*, AT II, § 25 Rn. 29; *ders.*, JuS 1973, 329 (335); *Wessels/Beulke/Satzger*, Rn. 804.

2707 RGSt 2, 160 (163); RGSt 3, 181 (182 f.); RGSt 37, 55 (58); RGSt 54, 152 (153); RGSt 57, 274; RGSt 63, 101 (102 f.); RGSt 64, 273 (275); RGSt 66, 236 (240); RGSt 71, 364; RGSt 74, 21 (23); RGSt 74,

es allein auf die innere Willensrichtung an. Täter sei, wer die Tat **als eigene wolle**, d. h. mit Täterwillen (animus auctoris) handle. Teilnehmer sei hingegen, wer die Tat **als fremde veranlassen oder fördern wolle**, d. h. mit Teilnehmerwillen (animus socii) tätig werde[2708]. Ausgangspunkt ist dabei der extensive Täterbegriff: Objektiv sei jeder, der einen kausalen Beitrag zur Tatbestandsverwirklichung geleistet habe, als Täter anzusehen. Einschränkungen können daher nur im subjektiven Bereich vorgenommen werden. Nur dann, wenn der Schwerpunkt auf den Willen gelegt werde, könnten auch in den Fällen, in denen im Hintergrund agierende Beteiligte sich Handlangern bedienen würden, um ihre geplanten Taten auszuführen, sachgerechte Entscheidungen getroffen werden. Zudem müsse auch und gerade bei Unterlassungsdelikten mangels objektiver Tathandlung auf den Willen abgestellt werden. Der subjektiven Theorie gelingt es daher, auch den im Hintergrund agierenden Bandenchef als Täter zu erfassen, der sich eines voll-deliktisch handelnden Mittäters bedient. Durch die Betonung des subjektiven Elements soll zudem gewährleistet werden, im Einzelfall zu einer angemessenen Einordnung der Tatbeiträge zu kommen. Diese große Flexibilität lässt Täterschaft und Teilnahme freilich zu **beliebig austauschbaren Begriffen** werden[2709]. Damit wird die Rechtsunsicherheit gefördert, da es letztlich dem Ermessen des Richters überlassen bleibt, die Abgrenzung vorzunehmen. Ferner widerspricht der Umstand, dass derjenige, der den Tatbestand durch seine Handlung objektiv erfüllt, d. h. die Tat eigenhändig begeht, bei entsprechendem Willen nur Gehilfe sein soll, dem klaren Wortlaut des § 25 StGB. Diese Konsequenz, die früher von der in der Rechtsprechung herrschenden **extrem-subjektiven Theorie** tatsächlich gezogen wurde[2710], wird durch die heute vertretene **gemäßigt-subjektive Theorie**[2711], die jedenfalls dem die Tat unmittelbar Ausführenden stets einen Täterwillen unterstellt, zwar vermieden[2712], dennoch kann auch diese Ansicht infolge des Abstellens auf das unsichere Willenskriterium nicht befriedigen.

3. Die h. M. in der Literatur vertritt – in unterschiedlichen Ausprägungen – die **Tatherrschaftslehre** (oder auch: materiell-objektive Theorie)[2713]. Täter sei, wer die Tat beherrsche, d. h. als Schlüsselfigur (oder auch: „Zentralgestalt") das Tatge-

---

84 (85); BGHSt 2, 150 (151); BGHSt 2, 169 (170); BGHSt 3, 349 (350); BGHSt 4, 20 (21); BGHSt 4, 41 (42); BGHSt 6, 248 (250); BGHSt 8, 70 (73); BGHSt 8, 390 (391); BGHSt 8, 393 (396); BGHSt 16, 12 (13); BGHSt 18, 87 (89 f.); BGHSt 28, 346 (348); vgl. ferner die in Rn. 1207 a. E. genannten Entscheidungen, die eher einen gemischt subjektiv-objektiven Ansatz verfolgen. Aus der Literatur stehen der subjektiven Theorie nahe: *Arzt*, JZ 1981, 412 (414); *ders.*, JZ 1984, 428 (429); *Baumann*, NJW 1963, 561 (565); *ders.*, JuS 1963, 85 (88 f.); *Baumann/Weber/Mitsch*, 11. Aufl. 2003, § 29 Rn. 59 ff.; *Hartung*, JZ 1954, 430 (431).
2708 Eine Spielart der subjektiven Theorie stellt die sog. „Interessentheorie" dar. Täter soll hiernach derjenige sein, der ein gesteigertes Interesse an der Tatbegehung habe, Teilnehmer hingegen derjenige, der lediglich ein untergeordnetes Interesse hieran besitze; vgl. RGSt 74, 84 (85); ferner BGHSt 18, 87 (95 f.). Diese Theorie führt aber insbesondere bei Auftragsmorden zu unbefriedigenden Ergebnissen. Denn der Auftraggeber hat regelmäßig ein größeres Interesse am Taterfolg als der beauftragte „Killer". Dennoch ist der Auftraggeber zutreffenderweise lediglich als Anstifter zu bestrafen.
2709 *Hecker*, JuS 2016, 658 (659); *Jakobs*, 21/32; *Krey/Esser*, Rn. 852; *Putzke*, ZJS 2018, 293 (295).
2710 Vgl. nur RGSt 74, 84 (85); BGHSt 18, 87 (90); hierzu noch näher unten Rn. 1208 f.
2711 Vgl. die Nachweise in Rn. 1207 a. E.
2712 Insoweit wird auch empfohlen, die extrem-subjektive Theorie in Klausuren und Hausarbeiten nicht mehr anzusprechen und nur die gemäßigt-subjektive Theorie zu erörtern; vgl. *Kühl*, § 20 Rn. 21; *Rengier*, § 41 Rn. 4.
2713 AnwKomm-*Waßmer*, Vor §§ 25 ff. Rn. 18 ff.; BWME-*Eisele*, § 25 Rn. 34; *Gropp/Sinn*, § 10 Rn. 77 ff.; *Hecker*, JuS 2016, 658 (659); v. *Heintschel-Heinegg-Kudlich*, § 25 Rn. 15; *Hoffmann-Holland*, Rn. 474;

schehen nach seinem Willen hemmen, lenken oder mitgestalten könne, also die **Tatherrschaft** innehabe. Teilnehmer sei, wer die Tat nicht beherrsche und lediglich als Randfigur die Begehung der Tat veranlasse oder in irgendeiner Weise fördere. Ausgangspunkt ist somit der restriktive Täterbegriff, der auch die objektive Theorie prägt. Nur auf diese Art und Weise könne eine Rechtsunsicherheit vermieden werden. Dennoch müssen aber auch nach dieser Ansicht subjektive Gesichtspunkte berücksichtigt werden, um die Rechtsfiguren der mittelbaren Täterschaft und der arbeitsteiligen Mittäterschaft erklären zu können. Die Tatherrschaftslehre kommt insoweit zutreffend zu einer wertenden Betrachtung auf der Grundlage des objektiven Kriteriums der Tatherrschaft. Dabei wird unter Tatherrschaft das vom Vorsatz umfasste „In-den-Händen-Halten" des tatbestandsmäßigen Geschehensablaufes verstanden[2714]. Dieses konkretisiert sich beim unmittelbar handelnden Täter in der Handlungsherrschaft, beim Mittäter in einer funktionalen Tatherrschaft und beim mittelbaren Täter in einer Herrschaft kraft überlegenen Wissens oder Willens im Hinblick auf das Handeln des Tatmittlers[2715]. Allerdings ist auch diese Auffassung Kritik ausgesetzt. So wird vorgebracht, die Lehre versage beim absichtslos-dolosen Werkzeug[2716], da dieses die Tatherrschaft besitze, ohne Täter zu sein. Schwierigkeiten bestünden auch bei der arbeitsteiligen Mittäterschaft, da jeder nur die Tatherrschaft über seinen Tatbeitrag besitze. Auch bei Unterlassungsdelikten, bei denen sowohl der Täter als auch der Gehilfe untätig bleibe, könne schwerlich davon gesprochen werden, der eine unterlasse mit Tatherrschaft und der andere ohne[2717]. Zudem könne auch die Tatherrschaftslehre keine „eindeutigen" Abgrenzungskriterien liefern, der Begriff der „Tatherrschaft" bliebe teilweise nebulös[2718]. Da diese Theorie aber jedenfalls mehr Rechtssicherheit bietet als die subjektive Theorie, ist diesem Ansatz der Vorzug zu geben.

1207 4. Neben diesen hier aufgezeigten „Grundlinien" finden sich in der Literatur noch einige weitere Ansätze, auf die an dieser Stelle jedoch nicht näher eingegangen werden soll[2719]. Es soll lediglich darauf hingewiesen werden, dass heutzutage der Streit zwischen subjektiver Theorie und Tatherrschaftslehre an **Bedeutung zu verlieren** scheint, da sich die Positionen in vielen Punkten aufeinander zu bewe-

---

Jakobs, 21/32 ff.; *Jescheck/Weigend*, § 61 V; *Krey/Esser*, Rn. 844 ff., 863 ff.; *Kühl*, § 20 Rn. 29; *Lackner/Kühl*, Vor § 25 Rn. 6; LK-*Roxin*, 11. Aufl., § 25 Rn. 30 ff.; *Maurach/Gössel/Zipf-Renzikowski*, AT 2, § 47 Rn. 85 ff.; MüKo-*Joecks/Scheinfeld*, 4. Aufl., § 25 Rn. 33 ff.; *Murmann*, JA 2008, 521 (521 f.); *Otto*, § 21 Rn. 21 ff.; *Rengier*, § 41 Rn. 10; *ders.*, JuS 2010, 281 (283); *Roxin*, AT II, § 25 Rn. 27 ff.; SK-*Hoyer*, Vor § 25 Rn. 11; *Schönke/Schröder-Heine/Weißer*, Vorbem. §§ 25 ff. Rn. 57 ff.; *Stratenwerth/Kuhlen*, § 12 Rn. 15 ff.; *Wessels/Beulke/Satzger*, Rn. 808; *Wiehmann*, JuS 1993, 1003 (1005 f.).

2714 Zurückgehend auf *Maurach*, AT, 4. Aufl. 1971, § 49 II C 2; so auch *Kühl*, § 20 Rn. 26; *Rengier*, § 41 Rn. 11; *Wessels/Beulke/Satzger*, Rn. 806.

2715 Vgl. hierzu *Kühl*, § 20 Rn. 27; LK-*Roxin*, 11. Aufl., § 25 Rn. 24; *Rengier*, § 41 Rn. 13; SK-*Hoyer*, § 25 Rn. 27; *Wessels/Beulke/Satzger*, Rn. 806.

2716 Hierunter versteht man denjenigen, der bösgläubig („dolos") im Zusammenwirken mit dem mittelbaren Täter den objektiven Tatbestand erfüllt, wobei ihm aber bestimmte Absichten fehlen, weshalb er selbst nicht Täter sein kann; vgl. hierzu oben Rn. 1198.

2717 Vgl. hierzu noch unten, Problemschwerpunkt 32, Rn. 1212 ff.

2718 Vgl. *Meurer*, NJW 1990, 2540.

2719 Vgl. insbesondere noch der sog. „Ganzheitstheorie", die die Abgrenzung von Täterschaft und Teilnahme nach einer wertenden gesamtheitlichen Betrachtung in Bezug auf den jeweiligen Unrechtstatbestand vornimmt, da sich anhand der Komplexität der Materie eine abstrakte Abgrenzungsdefinition verbiete; hierzu *Köhler*, S. 499; *Schmidhäuser*, LB, 14/7, 14/156 ff.; *ders.*, SB, 10/44 ff., 10/163 ff.; *ders.*, Stree/Wessels-FS 1993, S. 343; vgl. auch *Blei*, § 71 I, II (entscheidend sei die ratio des jeweiligen Tatbestandes); ferner *Klesczewski*, Rn. 542 („Angriffstheorie").

gen[2720]. Insbesondere nähert sich die Rechtsprechung der Tatherrschaftslehre an[2721]. So findet sich in einigen Urteilen die Wendung, dass der die Täterschaft begründende „Täterwille" aufgrund einer „wertenden Betrachtung" zu ermitteln sei, welcher sämtliche Umstände der Tat mit einschließen müsse. Wesentliche Anhaltspunkte dieser wertenden Betrachtung sollen hierbei sein: der gemeinsame Tatplan, der Umfang der Tatbeteiligung, der Grad des eigenen Interesses am Taterfolg, die Tatherrschaft oder wenigstens der „Wille zur Tatherrschaft"[2722], teilweise auch als „normative Kombinationstheorie" bezeichnet[2723].

1208 Hintergrund der (heute nicht mehr vertretenen) extrem-subjektiven Theorie der Rechtsprechung war ursprünglich ein eher pragmatischer Ansatz, der insbesondere im **„Badewannenfall"** des Reichsgerichts deutlich wird: Um die damals noch zwingend vorgesehene Todesstrafe für einen täterschaftlich begangenen Mord zu umgehen, suchte man eine Möglichkeit, die unmittelbar handelnde Beteiligte „lediglich" als Gehilfin anzusehen, um ihre Strafe mildern zu können (ähnliche Erwägungen tragen später das **„Staschynskij-Urteil"** des BGH):

Badewannenfall[2724]: Mutter Martha will ihr neugeborenes nichteheliches Baby in einer Badewanne ertränken, ist hierfür aber infolge der gerade erfolgten Geburt zu schwach. Sie bittet ihre Schwester Sigrid, die Tat für sie auszuführen, was diese auch macht. – Nimmt man eine (Allein)Täterschaft Marthas an, hätte sie als Täterin wegen der damaligen Privilegierung der Kindstötung in § 217 StGB a. F. recht milde bestraft werden können (die Privilegierung knüpfte daran an, dass die Mutter eines nicht ehelich geborenen Kindes sich in einer besonderen Konfliktlage befand). Sigrid hätte dann als Gehilfin ebenfalls zu einer milderen Strafe verurteilt werden können. Nimmt man hingegen eine Täterschaft der unmittelbar handelnden Sigrid an, wäre für sie nach damaligem Recht die Todesstrafe unvermeidbar gewesen (da sie als Außenstehende nicht in den Genuss der Privilegierung des § 217 StGB a. F. kommen konnte). Eben diese Konsequenz verhinderte das Reichsgericht auf der Grundlage der extrem-subjektiven Theorie. Obwohl Sigrid das Kind mit ihren eigenen Händen ertränkte, habe sie nur mit „animus socii" gehandelt. Das RG sah sie daher nur als Gehilfin an.

2720 Vgl. hierzu *Burghardt*, JZ 2016, 106 (107); *Geerds*, JURA 1990, 173 (175); *Geppert*, JURA 2011, 30; *Kühl*, § 20 Rn. 35.
2721 Vgl. nur *Rengier*, § 41 Rn. 16; insofern spricht *Küpper*, GA 1986, 437 (441), auch von einer „gemischt subjektiv-objektiven Tatherrschaftslehre"; teilweise wird auch von einer „subjektiven Theorie auf objektiv-tatbestandlicher Grundlage" gesprochen; vgl. *Kühl*, § 20 Rn. 30 a. E.
2722 Vgl. in ähnlicher Formulierung BGHSt 19, 135 (138); BGHSt 34, 124 (125); BGHSt 36, 363 (367); BGHSt 37, 289 (291); BGHSt 38, 32 (33); BGHSt 38, 315 (319); BGHSt 39, 381 (386); BGHSt 43, 219 (232); BGHSt 48, 52 (56); BGHSt 54, 69 (128); BGHSt 64, 314 (317); BGH NStZ 1988, 406; BGH NStZ 1991, 91; BGH NStZ 2003, 253 (254); BGH NJW 2004, 3051 (3053); BGH NStZ 2006, 94; BGH NStZ 2008, 273 (275); BGH NStZ 2009, 25 (26); BGH NStZ 2010, 445 (447); BGH NStZ-RR 2010, 236; BGH NJW 2011, 2065 (2066); BGH NJW 2011, 2375; BGH wistra 2012, 433 (434); BGH NStZ 2013, 104; BGH NStZ-RR 2013, 40 (41); BGH NStZ-RR 2016, 6 (7); BGH JZ 2016, 103 (104); BGH NStZ-RR 2016, 335; BGH NJW 2016, 884 (886); BGH StV 2016, 648; BGH NStZ-RR 2017, 5 (6); BGH NStZ-RR 2017, 116; BGH NStZ-RR 2018, 40; BGH NStZ-RR 2018, 271 (272); BGH NStZ 2018, 144 (145); BGH NStZ 2018, 462 (463); BGH NStZ 2018, 650; BGH wistra 2018, 254 (255); BGH NStZ-RR 2019, 72; BGH NStZ-RR 2019, 73; BGH NStZ 2019, 93 (94); BGH NStZ 2019, 96 (96 f.); BGH NStZ-RR 2019, 203 (204); BGH NStZ 2020, 22; BGH NStZ 2020, 344; BGH NStZ 2020, 600; BGH NStZ 2021, 354 (355); BGH NJW 2021, 2896 (2899); BGH NStZ 2022, 95 (96).
2723 *Jäger*, JA 2017, 150 (151); *ders.*, NStZ 2018, 146; MüKo-*Joecks/Scheinfeld*, 4. Aufl., § 25 Rn. 24; *Putzke*, ZJS 2018, 293 (294); *Schönke/Schröder-Heine/Weißer*, Vorbem. §§ 25 ff. Rn. 64; zur Kritik an dieser normativen Kombinationstheorie vgl. *Harden*, NStZ 2021, 193 (200 f.).
2724 RGSt 74, 84; zu den Hintergründen vgl. die Ausführungen des an der Entscheidung beteiligten Richters *Hartung*, JZ 1954, 430; vgl. zu diesem Fall auch *Krey/Esser*, Rn. 817 ff.

Staschynskij-Fall[2725]: Der russische Agent Staschynskij tötet auf Weisung des sowjetischen Geheimdienstes in Deutschland heimtückisch den Klassenfeind Karl. – Um auch für ihn, der lediglich ein untergeordnetes Werkzeug eines großen, im Hintergrund agierenden Machtapparates war, die lebenslange Freiheitsstrafe wegen eines täterschaftlich begangenen Mordes zu vermeiden, sah der BGH ihn nur als Gehilfe der im Ausland agierenden Täter an.

1209 Die extrem-subjektive Theorie ist nur historisch erklärbar, jedoch inzwischen überholt und auch mit der heutigen Fassung des § 25 Abs. 1, 1. Alt. StGB nicht mehr vereinbar[2726]. Derjenige, der den gesetzlichen Tatbestand eigenhändig verwirklicht, ist stets als Täter anzusehen und kann nicht zum bloßen Gehilfen herabgestuft werden[2727]. Der BGH vertritt die subjektive Theorie – nach Wegfall der zwangsläufigen Todesstrafe bei Mord – heutzutage auch nicht mehr in dieser Schärfe. Dies wurde spätestens bei den **Mauerschützenprozessen**[2728] deutlich. Auch die „Mauerschützen" wurden als Täter eines Totschlags bzw. Mordes an der innerdeutschen Grenze bestraft, obwohl auch sie lediglich Handlanger eines hinter ihnen stehenden Machtapparates waren[2729].

IV. Täterschaft und Teilnahme beim Unterlassungsdelikt

1. Überblick

1210 Auch beim Unterlassungsdelikt ist es mitunter erforderlich, Formen von Täterschaft und Teilnahme auseinanderzuhalten, wobei hier einige Besonderheiten zu beachten sind. So ist es zwar denkbar, dass mehrere Handlungspflichtige in bewusstem und gewolltem Zusammenwirken (d. h. einem gemeinsamen Untätigbleiben) einen tatbestandsmäßigen Erfolg herbeiführen und insoweit als **Mittäter** handeln[2730]. Eine gegenseitige Zurechnung der Tatbeiträge über § 25 Abs. 2 StGB ist beim Unterlassen allerdings nur dann erforderlich, wenn die Betreffenden den tatbestandsmäßigen Erfolg nur durch ein gemeinsames Handeln verhindern könnten, nicht jedoch dann, wenn bereits das aktive Handeln einer Person ausgereicht hätte[2731]. Zudem muss eine **mittelbare Täterschaft** durch Unterlassen ausscheiden, da die mittelbare Täterschaft gerade einen bestimmenden Einfluss des mittelbaren Täters auf den Tatmittler voraussetzt, welcher bei einem Unterlassen nicht denkbar ist[2732] (in diesen Fällen wird aber regelmäßig eine unmittelbare Unterlas-

---

2725 BGHSt 18, 87; hierzu *Baumann*, NJW 1963, 561; *Krey/Esser*, Rn. 821 ff.; *Otto*, § 21 Rn. 33; *Sax*, JZ 1963, 329.
2726 Vgl. auch BGHSt 8, 393 (395); BGHSt 38, 315 (316 f.); *Wessels/Beulke/Satzger*, Rn. 805.
2727 So auch *Krey/Esser*, Rn. 824, 845; *Kühl*, § 20 Rn. 37; *Küpper*, JuS 1991, 639 (640); *Roxin*, JuS 1973, 329 (335); anders wohl *Otto*, JURA 1987, 246 (252); offen gelassen in BGH NStZ 1987, 224 (225).
2728 BGHSt 39, 1 (31 f.); BGHSt 40, 218 (236).
2729 Vgl. hierzu noch unten Rn. 1255 ff.
2730 So auch BWME-*Eisele*, § 25 Rn. 86; *Kühl*, § 20 Rn. 268; *Ransiek*, JuS 2010, 678 (679 f.).
2731 *Ransiek*, JuS 2010, 678 (678 f.).
2732 So auch *Bachmann/Eichinger*, JA 2011, 105 (106); *Gropp/Sinn*, § 10 Rn. 139; *Jescheck/Weigend*, § 60 III 1, § 62 IV 2; *Knauer*, NJW 2003, 3101 (3102); *Kühl*, § 20 Rn. 267; NK-*Gaede*, § 13 Rn. 27; *Otto*, § 21 Rn. 108; *Ransiek*, JuS 2010, 678 (679); *Rengier*, § 51 Rn. 5; *Roxin*, AT II, § 31 Rn. 175; *Schönke/Schröder-Heine/Weißer*, § 25 Rn. 56 ff.; *Stratenwerth/Kuhlen*, § 14 Rn. 14; *Streng*, ZStW 122 (2010), 1 (16); anders BGHSt 40, 257 (266); BGHSt 48, 77 (88 ff.); *Brammsen*, NStZ 2000, 337; *S. Dreher* 2004, 17 (18); *Frister*, 27. Kap. Rn. 48; *Jakobs*, 29/103; LK-*Schünemann/Greco*, 13. Aufl., § 25 Rn. 238; *Maurach/Gössel/Zipf*, AT 2, 7. Aufl., § 48 Rn. 95; *Murmann*, JA 2008, 321 (325); *Ranft*, JZ 2003, 582 (583); *ders.*, Otto-FS 2007, S. 403 (417); vgl. hierzu auch den Übungsfall bei *Bott/Kühn*, JURA 2009, 72 (78).

sungstäterschaft vorliegen[2733]). Dagegen ist eine Teilnahme (Anstiftung oder Beihilfe) an einem Unterlassungsdelikt problemlos möglich[2734].

Veranlasst dagegen ein Handlungspflichtiger einen rettungspflichtigen oder rettungswilligen Dritten durch Gewalt, Täuschung oder Drohung dazu, eine Rettungsmaßnahme zu unterlassen, dann liegt neben einer eigenen Unterlassungstäterschaft zugleich eine (diese verdrängende) Täterschaft durch aktives Tun vor[2735]. Begrifflich abzugrenzen ist ferner die (aktive) Beteiligung an einem (fremden) Unterlassungsdelikt[2736] von einer Beteiligung durch Unterlassen[2737]. **1211**

> Bsp.: Vater Viktor sieht zu, wie sein Sohn Sascha mit seinem Schlauchboot auf dem See kentert und zu ertrinken droht. Er unternimmt jedoch nichts, weil ihm der Tod seines Sohnes gerade recht kommt. Als sich jedoch der zufällig vorbeikommende Passant Paul anschickt, Sascha zu retten, schlägt Viktor diesen nieder und bindet ihn an einem Baum fest, bis Sascha ertrunken ist. – Der Schwerpunkt der Vorwerfbarkeit liegt hier nicht im Unterlassen der Rettung (eine Strafbarkeit könnte hier z. B. daran scheitern, dass Viktor Nichtschwimmer ist und somit keine rettungstaugliche Handlung vornehmen konnte), sondern in der Verhinderung der Rettung, die ein aktives Tun darstellt (Abbruch eines rettenden Kausalverlaufes).

2. Abgrenzung von Täterschaft und Teilnahme beim Unterlassungsdelikt (Nichtverhinderung der Begehungstat eines Dritten seitens des Garanten)[2738] (Problemschwerpunkt 32)

Fall: Vater Viktor sieht aus dem Fenster seiner Wohnung, wie sein Nachbar Norbert gerade dabei ist, aus einem nichtigen Anlass Sascha, den Sohn Viktors, zu verprügeln. Obwohl Viktor eingreifen und Norbert ohne größere Schwierigkeiten von den Schlägen abhalten könnte, tut er nichts, da er der Meinung ist, diese Tracht Prügel geschehe seinem Sohn gerade recht. **1212**

Problemstellung: Hier hat Norbert eine Körperverletzung gemäß § 223 StGB begangen. Viktor besaß als Vater eine Garantenstellung gegenüber seinem Sohn. Daher war er verpflichtet, die Körperverletzung durch Norbert zu verhindern. Fraglich ist nur, ob Viktors Untätigkeit als täterschaftlich begangene Körperverletzung durch Unterlassen

---

2733 BWME-*Eisele*, § 25 Rn. 152.
2734 Hierzu *Bachmann/Eichinger*, JA 2011, 105 (108); *Krey/Esser*, Rn. 1189 f.; *Kühl*, § 20 Rn. 271 f.; LK-*Roxin*, 11. Aufl., § 26 Rn. 102, § 27 Rn. 53; *Rengier*, § 51 Rn. 7 f.; vgl. ferner den Übungsfall bei *Stoffers/Murray*, JuS 2000, 986 (989 f.); vgl. hierzu bereits ausführlich oben Problemschwerpunkt 22, Rn. 878 ff.
2735 Vgl. zu diesen Fällen des Abbruchs eines rettenden Kausalverlaufes oben Rn. 873.
2736 Vgl. hierzu oben Problemschwerpunkt 22, Rn. 878 ff.
2737 Zur Teilnahme durch Unterlassen sogleich unten Rn. 1212 ff.; ferner LK-*Roxin*, 11. Aufl., § 27 Rn. 43; *Stratenwerth/Kuhlen*, § 14 Rn. 23.
2738 Vgl. hierzu auch *Bachmann/Eichinger*, JA 2011, 105 (106 ff.); *Hillenkamp/Cornelius*, AT, 20. Problem; *Ransiek*, JuS 2010, 678 (680 f.); *Hoffmann-Holland*, ZStW 118 (2006), 620; *Otto*, JuS 2017, 289 (290 ff.); *Puppe*, § 32 Rn. 12 ff.; *Sowada*, JURA 1986, 399 (399 ff.); *Wengenroth*, JA 2014, 428 (428 f.); ferner die Übungsfälle bei *Bosch*, JA 2007, 418 (420 f.); *Eiden/Köpferl*, JURA 2010, 780 (789); *Ellbogen/Stage*, JA 2005, 353 (355 f.); *Eisenberg*, JURA 1987, 265 (267 ff.); *Ernst*, ZJS 2014, 654 (658 f.); *Freund*, JuS 1990, 213 (218 f.); *Herb*, JURA 2022, 380; *Hillenkamp*, JuS 2001, 159 (164); *Hohmann*, JuS 1995, 135 (137); *Kühl/Hinderer*, JuS 2009, 919 (921, 924); *Kuhli/Schütt*, JuS 2016, 328 (333); *Langrock*, JuS 1971, 529 (532 f.); *Lindheim/Uhl*, JA 2009, 783 (788); *Mitsch*, JA 2006, 509 (511); *Murmann*, JuS 1998, 630 (632 f.); *Noak/Collin*, JURA 2006, 544 (548 f.); *Putzke*, ZJS 2011, 522 (528 f.); *Reinhardt*, JuS 2016, 423 (428); *Saal*, JURA 1996, 476 (478 f.); *Tiedemann/Walter*, JURA 2002, 708 (713); M. *Vormbaum*, JURA 2010, 861 (864 f.); *Weißer*, JA 2010, 433 (435 f.); *Wendeburg*, JA 2017, 25 (31 f.); *Zimmermann*, JuS 2011, 629 (632); zum Spezialproblem der Beihilfe zum Meineid bzw. zur uneidlichen Falschaussage durch Unterlassen *Bartholme*, JA 1998, 204; *Kelker*, JURA 1996, 89 (97); ferner monographisch *Schwab*, Täterschaft und Teilnahme bei Unterlassungen, 1996; *Sering*, Beihilfe durch Unterlassen, 2000.

anzusehen ist (in diesem Zusammenhang wäre zudem § 225 Abs. 1 StGB, die Misshandlung von Schutzbefohlenen, anzusprechen) oder ob Viktor lediglich als Teilnehmer (hier Gehilfe) durch Unterlassen zu betrachten ist. – Dabei gehen die nachfolgenden Theorien 1 und 2 im Wesentlichen davon aus, dass die Abgrenzung von Tun und Unterlassen beim Begehungs- und beim Unterlassungsdelikt gleich zu behandeln ist, während die Theorien 3 bis 5 beim Unterlassungsdelikt einen Sonderweg einschlagen wollen.

1213 a) Die vor allem von der Rechtsprechung vertretene **subjektive Theorie**[2739] will auch beim Unterlassungsdelikt Täterschaft und Teilnahme danach abgrenzen, ob der untätig Bleibende die Tatverhinderung mit Täter- oder mit Teilnehmerwillen unterlässt. Dabei könnten allerdings objektive Kriterien zur Feststellung des Willens herangezogen werden. Begründet wird dies damit, dass sowohl ein Tun als auch ein Unterlassen einen Erfolg herbeiführen könnten und beide Verhaltensformen gleich zu behandeln seien. Die animus-Theorie liefere auch hier brauchbare Ergebnisse. Unterlassungstäter sei derjenige, der mit Täterwillen unterlasse. Auf den Beispielsfall übertragen müsste also geklärt werden, ob Viktor die Tat als eigene herbeiführen, oder ob er nur die Tat Norberts durch sein Unterlassen fördern wollte, was hier eher naheliegt. **Gegen** diese Ansicht muss aber eingewendet werden, dass der „Täter- oder Teilnehmerwillen" bereits bei den Begehungsdelikten kaum nachweisbar ist. Da aber im Unterlassensbereich noch weniger an äußere Indizien angeknüpft werden kann, die auf einen Täterwillen schließen lassen, bleibt jede Beurteilung bloße Spekulation. Selbst Viktor würde in unserem Ausgangsfall auf die Frage des Richters, ob er denn nun mit Täter- oder mit Teilnehmerwillen beim Verprügeln zugesehen habe, sicherlich keine Antwort wissen.

1214 b) Zutreffend grenzt daher die von der h. M. in der Literatur vertretene **Tatherrschaftstheorie**[2740] auch bei den Unterlassungsdelikten Täterschaft und Teilnahme nach dem Kriterium der Tatherrschaft ab. Obwohl im Unterlassensbereich noch weniger „griffig" als beim aktiven Tun, ist die Tatherrschaft auch hier das geeignete Abgrenzungskriterium, da sie sich nicht in der bloßen Möglichkeit der Erfolgsverhinderung erschöpft. Hat der Täter die Möglichkeit, den Erfolg zu verhindern (nur dann kommt eine Strafbarkeit überhaupt in Frage), so muss danach differenziert werden, bei wem die maßgebliche Entscheidung für die Tatausführung und damit die Tatherrschaft (insoweit in der Form der „potentiellen" Tatherrschaft) liegt. Im Beispielsfall muss Viktor daher als Täter angesehen werden, da er weitere Schläge durch Norbert problemlos hätte verhindern können. Die **Kritiker**

2739 RGSt 64, 273 (275); BGHSt 2, 150 (151); BGHSt 4, 20 (21); BGHSt 13, 162 (166); BGHSt 27, 10 (12); BGHSt 38, 356 (360); BGHSt 43, 381 (396); BGHSt 54, 44 (51); BGH NJW 1963, 1763; BGH NJW 1966, 1783; BGH NStZ 1985, 24; BGH StV 1986, 59; BGH NStZ 1992, 31; BGH NJW 1992, 1246 (1247); BGH NStZ 2009, 321 (322); *Arzt*, JA 1980, 553 (558 f.); *ders.*, StV 1986, 337 (338); *Baumann/Weber/Mitsch*, 11. Aufl., 2003, § 29 Rn. 58 f., 71 f.; *Seelmann*, StV 1992, 416; ähnlich *Otto*, § 21 Rn. 50; *ders.*, JURA 1987, 246 (251); vgl. aber auch BGHSt 32, 367 (373 ff.); BGHSt 48, 77; BGH NStZ 2009, 321 (322); hier stellt der BGH neben dem Täterwillen auch auf die Innehabung der „Tatherrschaft" ab.
2740 *Baier*, JA 2004, 354 (355); BWME-*Eisele*, § 25 Rn. 48; *Gössel*, ZStW 96 (1984), 321 (334); *Joecks/Jäger*, § 13 Rn. 84; *Kielwein*, GA 1955, 225 (227); LK-*Weigend*, 13. Aufl., § 13 Rn. 94; *Maurach/Gössel/Zipf*, AT 2, 7. Aufl., § 49 Rn. 87; § 50 Rn. 72; *Mitsch*, JA 2006, 509 (511); MüKo-*Joecks/Scheinfeld*, 4. Aufl., § 25 Rn. 286; *Puppe*, § 32 Rn. 17 ff., 32; *Ransiek*, JuS 2010, 678 (680 f.); *Rengier*, § 51 Rn. 18 ff.; *ders.*, JuS 2010, 281 (284); *Satzger*, JURA 2011, 432 (434); SK-*Stein*, Vor § 13 Rn. 54; *Weißer*, JA 2010, 433 (435 f.); *Wessels/Beulke/Satzger*, Rn. 1211; vgl. ferner *Otto*, JuS 2017, 289 (294 f.), der Tatherrschaft dann annimmt, wenn der Unterlassende den Erfolg unabhängig vom Begehungstäter verhindern kann, eine Beihilfe läge hingegen dann vor, wenn er dies nur mittels Einwirkung auf den Begehungstäter verwirklichen könne.

dieser Theorie weisen allerdings darauf hin, dass sich ein Unterlassen ja gerade dadurch auszeichne, dass der Unterlassende nichts tue. Für dieses Nichtstun dann aber objektive Kriterien heranziehen zu wollen und neben der Möglichkeit der Erfolgsverhinderung noch weiter danach zu differenzieren, ob der Unterlassende zudem Tatherrschaft habe oder nicht, sei kaum möglich. Dem ist zuzugeben, dass eine Differenzierung hier in der Tat problematisch ist, weshalb bei der Nichtverhinderung der Begehungstat eines Dritten in der Regel davon ausgegangen werden kann, dass der unterlassende Garant die Tatherrschaft besitzt[2741]. Dennoch kann eine solche in Ausnahmefällen auch einmal ausscheiden, sodass das Abgrenzungskriterium der Tatherrschaft hier durchaus auch weiterhin seine Berechtigung hat.

c) Die **Täterschaftstheorie**[2742] geht davon aus, dass ein Garant, der eine fremde Tat nicht verhinderte, stets Täter sei. Eine Beihilfe sei lediglich bei denjenigen Delikten möglich, die besondere Täterqualifikationen (z. B. eine besondere Subjektsqualifikation) voraussetzen. Als Begründung wird angeführt, dass eine Abgrenzung zwischen Täterschaft und Teilnahme beim Unterlassungsdelikt gar nicht möglich sei. Gemäß § 13 StGB sei das Unterlassen nämlich (nur) dann strafbar, wenn es der täterschaftlichen Verwirklichung des Tatbestandes entspreche. Insoweit könne es allein darauf ankommen, ob eine Rechtspflicht zum Einschreiten bestehe (dann Täterschaft) oder nicht (dann keine Bestrafung). Eine Abstufung innerhalb der Rechtspflicht zur Verhinderung eines tatbestandsmäßigen Erfolges sei nicht möglich. Der Unterlassende wäre somit nach der Tätertheorie immer Täter. Beihilfe durch Unterlassen in Garantenstellung wäre bei Taten Dritter nie möglich. Im Beispielsfall wäre Viktor somit als Täter einer Körperverletzung durch Unterlassen zu bestrafen. Gerade gegen diese starre Lösung richtet sich aber die **Kritik**. Auch im Unterlassensbereich muss es eine Unterscheidung zwischen Täterschaft und Teilnahme geben. Der Unterlassende würde sonst die zwingende Strafmilderungsmöglichkeit bei der Beihilfe (§ 27 StGB) verlieren und damit schlechter stehen als der Handelnde (wobei allerdings § 13 Abs. 2 StGB beim Unterlassen stets eine fakultative Strafmilderungsmöglichkeit vorschreibt). Auch geht § 9 Abs. 2 Satz 1 StGB von der Möglichkeit einer Teilnahme durch Unterlassen aus. Schließlich käme es zu Wertungswidersprüchen, wenn der unterlassende den Täter z. B. durch Zureden aktiv unterstützt. In diesem Fall käme nämlich nur eine (psychische) Beihilfe zur Haupttat durch aktives Tun in Frage.

1215

d) Die **Teilnahmetheorie**[2743] nimmt eine der Tätertheorie genau entgegengesetzte Position ein. Der Garant, der eine fremde Tat nicht verhindere, sei stets nur als Gehilfe anzusehen. Denn der Unterlassende sei immer nur mittelbar beteiligt und

1216

2741 Anders LK-*Weigend*, 13. Aufl., § 13 Rn. 95, der davon ausgeht, der unterlassende Garant würde in der Regel die Tatherrschaft gerade nicht besitzen.
2742 *Bachmann/Eichinger*, JA 2011, 105 (107 f.), 509; *Blei*, § 86 IV 2b; *Bloy*, JA 1987, 490 (492 f.); *Eiden/Köpferl*, JURA 2010, 780 (789); *Ellbogen/Stage*, JA 2005, 353 (355 f.); *Frister*, 26. Kap. Rn. 40, 28. Kap. Rn. 53; *Haft*, G VII; *Armin Kaufmann*, Die Dogmatik der Unterlassungsdelikte, S. 291 ff.; LK-*Roxin*, 11. Aufl., § 25 Rn. 206, § 27 Rn. 43; *Mitsch*, JURA 1989, 193 (197); NK-*Gaede*, § 13 Rn. 26; *Roxin*, AT II, § 31 Rn. 140 ff.; *Stratenwerth/Kuhlen*, § 14 Rn. 13, 23; *Welzel*, § 28 A V 2; vgl. auch *Becker*, HRRS 2009, 242 (246 ff.), der jedoch das Unterlassen im Vorfeld der Tatbestandsverwirklichung davon ausnimmt.
2743 *Gallas*, JZ 1952, 371 (372); *ders.*, JZ 1960, 686 (687); *v. Heintschel-Heinegg-Kudlich*, § 25 Rn. 17.2; *Jescheck/Weigend*, § 63 IV 2; § 64 III 5; *Kühl*, § 20 Rn. 230; *Kühl/Hinderer*, JuS 2009, 919 (921, 924); *Lackner/Kühl*, § 27 Rn. 5; LK-*Jescheck*, 11. Aufl., § 13 Rn. 57; *Ranft*, ZStW 94 (1982), 815 (828 ff.); SSW-*Kudlich*, § 13 Rn. 47.

könne nur dann die Tatherrschaft besitzen, wenn der den Tatverlauf beherrschende Begehungstäter diese verloren habe. Gegenüber dem Begehungstäter spiele der Unterlassungstäter immer nur eine untergeordnete Rolle. Täterschaft durch Unterlassen in Garantenstellung bei Taten Dritter ist nach dieser Theorie also nicht möglich. Viktor wäre im Beispielsfall nur Gehilfe. **Gegen** diese Teilnahmetheorie wird jedoch zu Recht der Einwand erhoben, dass es auch im Unterlassensbereich eine Unterscheidung zwischen Täterschaft und Teilnahme geben muss. Der Unterlassende mag zwar nur Randfigur des Geschehens sein. Im Hinblick auf den allein für ihn geltenden Gebotstatbestand ist er als Garant aber gerade nicht Randfigur, sondern Zentralgestalt. Auch muss es gleichgültig sein, ob die Gefahr für das Opfer von einem anderen Menschen ausgeht oder selbstverschuldet ist bzw. von Naturgewalten verursacht wird (dann ist für den Unterlassenden mangels Haupttat ohnehin nur eine Täterschaft möglich). Schließlich widerspricht diese Ansicht der in § 13 StGB grundsätzlich vorgesehenen Gleichstellung von Tun und Unterlassen.

1217 e) Die **differenzierende Theorie**[2744] schließlich grenzt zwischen Täterschaft und Teilnahme beim Unterlassungsdelikt je nach der Art der Garantenstellung ab. Der unterlassende Obhuts- oder Beschützergarant sei stets als Täter anzusehen, während der Sicherungs- oder Überwachungsgarant immer nur als Gehilfe zu bestrafen sei. Diese Differenzierung wird damit begründet, dass auch bei den echten Unterlassungsdelikten die Qualität der Garantenpflicht zur Orientierung bei der Unterscheidung zwischen Täterschaft und Teilnahme diene. Der Obhuts- oder Beschützergarant müsse das zu schützende Rechtsgut vor jeder Gefahr bewahren, die diesem von außen drohe, er trage die unmittelbare Verantwortung für das betroffene Rechtsgut. Dagegen sei der Sicherungs- oder Überwachungsgarant nur für eine bestimmte Gefahrenquelle verantwortlich. Nur der Obhuts- oder Beschützergarant kann also nach dieser Theorie Täter einer Unterlassungstat sein. Im Beispielsfall wäre Viktor als Beschützergarant damit als Täter anzusehen. **Gegen** diese Differenzierung nach der Art der Garantenstellung ist jedoch einzuwenden, dass das Gesetz selbst nur das Merkmal der Rechtspflicht zum Handeln (Garantenpflicht) an sich kennt und nicht nach einzelnen Funktionen der Garantenstellung unterscheidet. Zudem kommt diese Ansicht dann in Schwierigkeiten, wenn der Betreffende sowohl als Obhuts- als auch als Sicherungsgarant anzusehen ist.

§ 34 Mittäterschaft

Einführende Aufsätze: *Dehne-Niemann,* Zum fünfzigjährigen Jubiläum des „Verfolgerfalls" (BGHSt 11, 268), ZJS 2008, 351; *Geppert,* Die Mittäterschaft (§ 25 Abs. 2 StGB), JURA 2011, 30; *Grabow/Pohl,* Die sukzessive Mittäterschaft und Beihilfe, JURA 2009, 656; *Haas,* Erscheinungsformen und Problematik der teilweisen Mittäterschaft, JURA 2014, 104; *Isfen,* Der Exzess beim erfolgsqualifizierten Delikt, JURA 2014, 1087; *Küper,* Zur Problematik der sukzessi-

---

[2744] *Bosch,* JA 2007, 418 (421); *Ebert,* S. 192; *Geppert,* JURA 1999, 266 (271); *Gropp/Sinn,* § 11 Rn. 43; *Herzberg,* JuS 1975, 171; *Hoffmann-Holland,* Rn. 806 f.; *Kindhäuser/Zimmermann,* § 38 Rn. 71 ff.; *Krey/Esser,* Rn. 1181 f.; *Langrock,* JuS 1971, 529 (533); LK-*Schünemann/Greco,* 13. Aufl., § 25 Rn. 235 f.; *Noak/Collin,* JURA 2006, 544 (549); *Schönke/Schröder-Heine/Weißer,* Vorbem. §§ 25 ff. Rn. 95 ff., 102; *Seher,* JuS 2009, 793 (797); *Seier,* JA 1990, 382 (383 f.); *Vogel/Hocke,* JURA 2005, 709 (711); vgl. auch *Hoffmann-Holland,* ZStW 118 (2006), 620 (637 f.); ferner (mit genau umgedrehter Differenzierung) *Krüger,* ZIS 2011, 1 (6 ff.).

ven Mittäterschaft, JZ 1981, 568; *Lesch,* Gemeinsamer Tatentschluß als Voraussetzung der Mittäterschaft?, JA 2000, 73; *Marlie,* Voraussetzungen der Mittäterschaft – Zur Fallbearbeitung in der Klausur, JA 2006, 613; *Murmann,* Zu den Voraussetzungen der (sukzessiven) Beteiligung, ZJS 2008, 456; *Otto,* Täterschaft, Mittäterschaft, mittelbare Täterschaft, JURA 1987, 246; *Peters/Bildner,* Die Mittäterschaft gem. § 25 II StGB und ihre Herausforderung in der Fallbearbeitung, JuS 2020, 731; *Renzikowski,* Zurechnungsprobleme bei Scheinmittäterschaft und verwandten Konstellationen, JuS 2013, 481; *Roxin,* Die Mittäterschaft im Strafrecht, JA 1979, 519; *Rengier,* Täterschaft und Teilnahme – Unverändert aktuelle Streitpunkte, JuS 2010, 281; *Seelmann,* Mittäterschaft im Strafrecht, JuS 1980, 571; *Seher,* Vorsatz und Mittäterschaft – Zu einem verschwiegenen Problem der strafrechtlichen Beteiligungslehre, JuS 2009, 1; *ders.,* Grundfälle zur Mittäterschaft, JuS 2009, 304; *Utsumi,* Fahrlässige Mittäterschaft, JURA 2001, 538; *Wirsch,* Tatbeteiligte als Tatopfer, JuS 2006, 400.

Übungsfälle: *Christmann,* SEK statt CLK, JURA Sonderheft Zwischenprüfung, 2004, 37; *Frommeyer/Nowak,* Der ungeliebte Geliebte, JuS 2001, L 44; *Gaede,* Täterschaft und Teilnahme beim Bandendiebstahl, JuS 2003, 774; *Goeckenjahn,* Das verlorene Fußballspiel, JuS 2001, L 4; *Safferling,* Mittäterschaftlicher Diebstahl, JuS 2005, 135.

Rechtsprechung: BGHSt 2, 344 – Verkaufsbude (sukzessive Mittäterschaft); **BGHSt 6, 248** – Kartenspieler (Anforderungen an die Mittäterschaft); **BGHSt 11, 268** – Verfolger-Fall (Zurechnung eines error in persona, wenn ein Mittäter selbst Opfer der Straftat wird); **BGHSt 16, 12** – Spritztour (geistige Mitwirkung im Vorbereitungsstadium); **BGHSt 27, 205** – Vergewaltigung (Mittäterschaft bei Vergewaltigung); **BGHSt 36, 231** – Bleikristallvase (Mittäterschaft bei Mord und Totschlag); **BGHSt 37, 289** – Polizistenmord (Aufgabe des gemeinsamen Tatentschlusses).

I. Grundlagen

Unter Mittäterschaft versteht man die gemeinschaftliche Begehung einer Straftat durch mindestens zwei Personen im Wege des **bewussten und gewollten Zusammenwirkens** auf der Grundlage eines gemeinsamen Tatplans. In der Regel wird es sich dabei um ein arbeitsteiliges Vorgehen von im Wesentlichen gleichberechtigten Partnern handeln. Eine gesetzliche Regelung der Mittäterschaft findet sich in § 25 Abs. 2 StGB: *„Begehen mehrere die Straftat gemeinschaftlich, so wird jeder als Täter bestraft".*

1218

Die Besonderheit der Mittäterschaft besteht darin, dass die jeweiligen **objektiven Tatbeiträge** der einzelnen Personen – ebenso wie die **Tatfolgen** – wechselseitig jedem Mittäter als eigene Tat über § 25 Abs. 2 StGB zugerechnet werden – sofern sie von einem gemeinsamen Tatplan getragen wurden[2745]. Jeder Mittäter wird also so gestellt, als hätte er sämtliche Tatbeiträge eigenhändig begangen, selbst wenn er (wie z.B. der „Bandenchef" im Hintergrund) gar nicht am Tatort anwesend war. Weitere Voraussetzung ist allerdings, dass die jeweils handelnden Personen auch als Täter (und nicht nur als Gehilfen) anzusehen sind, was nach der hier vertretenen Ansicht voraussetzt, dass sie (wegen des arbeitsteiligen Vorgehens jedenfalls „funktionelle"[2746]) **Tatherrschaft** besitzen und taugliche Täter des jeweili-

1218a

[2745] Zu dieser „wechselseitigen Zurechnung" *Krey/Esser,* Rn. 941; *Kühl,* § 20 Rn. 100; *Schönke/Schröder-Heine,* Vorbem. §§ 25 ff. Rn. 73; kritisch *Freund/Rostalski,* § 10 Rn. 154; darüber hinaus stellt *Kudlich,* Rengier-FS 2018, S. 59 (64 ff.) die Frage, ob eine solche Zurechenbarkeit von Tatbeiträgen auch von Gehilfen (§ 27 StGB) möglich ist, wenn sie für den (Haupt-)Täter unrechtssteigernd wirken.
[2746] Zum Begriff der „funktionellen Tatherrschaft" vgl. LK-*Roxin,* 11. Aufl., § 25 Rn. 154.

gen Delikts sein können²⁷⁴⁷. Nicht zugerechnet werden können hingegen subjektive Tatbestandsmerkmale oder Schuldmerkmale. Diese muss der Täter jeweils in seiner eigenen Person erfüllen.

1219 Eine solche Zurechnung ist streng genommen allerdings nur dann erforderlich, wenn der jeweilige Mittäter nicht ohnehin alle Tatbestandsmerkmale in eigener Person verwirklicht. Erfüllen nämlich mehrere Täter jeweils sämtliche Tatbestandsmerkmale selbst, so ergäbe schon die isolierte Prüfung der Handlung jedes einzelnen Täters eine eigene Strafbarkeit, sodass eine gesonderte Zurechnung über § 25 Abs. 2 StGB gar nicht erforderlich wäre²⁷⁴⁸.

> Bsp.: Anton und Bruno verprügeln gemeinsam den Ludwig. Wenn sowohl Anton als auch Bruno zuschlagen, begeht jeder für sich eine Körperverletzung, ohne dass es der Zurechnungsnorm des § 25 Abs. 2 StGB bedarf. – In diesen Fällen wird es in der Praxis allerdings oft nicht klar sein, wer welche Verletzungsfolgen konkret herbeigeführt hat. Insoweit ist es sinnvoll, sämtliche bei Ludwig eingetretenen Verletzungsfolgen sowohl Anton als auch Bruno in vollem Umfang zuzurechnen. Dies kann auch für die Strafzumessung Bedeutung erlangen, da eine Vielzahl von Schlägen mit höherer Strafe geahndet werden kann als ein Schlag²⁷⁴⁹.

1220 Entscheidende Bedeutung gewinnt § 25 Abs. 2 StGB (und somit die Rechtsfigur der Mittäterschaft) allerdings dann, wenn die einzelnen Beteiligten nicht jeder für sich den Tatbestand in vollem Umfang verwirklichen, sondern jeder nur einen isolierten Tatbeitrag leistet.

> Bsp.²⁷⁵⁰: Anton und Bruno wollen Ludwig berauben. Anton hält Ludwig mit Gewalt fest, während Bruno ihm die Brieftasche aus der Jacke zieht. – Gäbe es die mittäterschaftliche Zurechnungsnorm des § 25 Abs. 2 StGB nicht, so könnte der festhaltende Anton lediglich wegen Nötigung bzw. Körperverletzung, der wegnehmende Bruno nur wegen Diebstahls bestraft werden. § 25 Abs. 2 StGB ermöglicht es nun bei Vorliegen eines gemeinsamen Tatplans, dem Bruno auch Antons Gewaltanwendung und diesem wiederum die Wegnahme der Brieftasche durch Bruno zuzurechnen. Dies hat zur Folge, dass beide über § 25 Abs. 2 StGB so behandelt werden, als hätten sie sowohl Gewalt angewendet als auch eine Sache weggenommen. Beide haben sich daher wegen eines Raubes nach §§ 249, 25 Abs. 2 StGB strafbar gemacht.

1221 Somit lässt sich festhalten: Die Mittäterschaft ist in erster Linie dann von Bedeutung, wenn ein **arbeitsteiliges Zusammenwirken mehrerer Tatbeteiligter** vorliegt. Dabei ist derjenige als Mittäter anzusehen, der einen eigenen Tatbeitrag leistet und diesen so in die Tat einfügt, dass er als Teil der Handlung eines anderen Beteiligten und umgekehrt dessen Handeln als Ergänzung des eigenen Tatanteils erscheint²⁷⁵¹.

2747 Sie müssen also bei den Sonder- und Pflichtdelikten auch die jeweilige Sonderstellung innehaben bzw. entsprechend verpflichtet sein; vgl. Rn. 1196; ferner *Wessels/Beulke/Satzger*, Rn. 824, sowie den Übungsfall bei *Jordan*, JURA 1999, 304; bereits an dieser Stelle ist darauf hinzuweisen, dass diese besonderen Subjektsqualitäten oder subjektiven Merkmale gerade *nicht* über § 25 Abs. 2 StGB zugerechnet werden können; hierzu noch unten Rn. 1231.
2748 Vgl. hierzu BGHSt 38, 315 (316); *Ambos*, JuS 2000, 465 (466 Fn. 3); BWME-*Eisele*, § 25 Rn. 54; *Marlie*, JA 2006, 613; zu den verschiedenen Formen der Mittäterschaft auch *Kleszcewski*, Rn. 628 ff.
2749 Im Rahmen des § 223 StGB ist jedoch zusätzlich noch zu beachten, dass die durch mehrere Beteiligte gemeinschaftlich begangene Körperverletzung nach § 224 Abs. 1 Nr. 4 StGB sogar eine eigenständige Qualifikation darstellt.
2750 Vgl. auch BWME-*Eisele*, § 25 Rn. 55.
2751 BGH NStZ 2020, 22; BGH NStZ 2020, 344; BGH NStZ 2020, 600; BGH NStZ 2021, 354; BGH NJW 2021, 2896 (2899); BGH NStZ 2022, 95 (96).

II. Voraussetzungen der Mittäterschaft

Zur Begründung einer Mittäterschaft sind im konkreten Fall sowohl subjektive als auch objektive Elemente erforderlich[2752]. Auf subjektiver Ebene muss jedenfalls ein gemeinsamer Tatentschluss bzw. ein **gemeinsamer Tatplan** festgestellt werden. Darüber hinaus ist jedoch zusätzlich – für jeden Mittäter gesondert – auf objektiver Ebene das Vorliegen eines irgendwie gearteten **objektiven Tatbeitrages** erforderlich, der allerdings nach h. M. auch in einer **Vorbereitungshandlung** oder sogar in einer **rein geistigen Mitwirkung** liegen kann[2753]. Welche Qualität dieser objektive Tatbeitrag haben muss, hängt davon ab, welcher Theorie man bei der Abgrenzung von Täterschaft und Teilnahme folgt. Nach der hier vertretenen Ansicht[2754] muss der Täter stets (funktionelle) Tatherrschaft besitzen, nach der subjektiven Theorie der Rechtsprechung genügt dagegen auch ein völlig untergeordneter Beitrag, sofern er mit Täterwillen erbracht wurde[2755].

1. Gemeinsamer Tatplan

Grundvoraussetzung der Mittäterschaft ist ein Einvernehmen zwischen den Beteiligten, gemeinsam eine Tat begehen zu wollen. Es muss also ein Tatentschluss im Hinblick auf die gemeinsame (wenn auch möglicherweise arbeitsteilige) Verwirklichung eines bestimmten Delikts festgestellt werden[2756]. Dieses erforderliche Einvernehmen kann sowohl **ausdrücklich** als auch **konkludent** erfolgen[2757]. Ein konkludent gefasster Tatentschluss liegt aber nicht bereits darin, dass das Handeln eines anderen lediglich beobachtet und innerlich gebilligt wird, ohne dagegen einzuschreiten[2758]. Der Tatentschluss sowohl vor der Tatbegehung als auch noch während der Ausführung der Tat begründet werden (in letzterem Fall spricht man von sukzessiver Mittäterschaft)[2759]. Nicht ausreichend ist es hingegen, wenn mehrere Personen nebeneinander und ohne Absprache handeln und dabei das gleiche Ziel verfolgen, auch wenn sie ihr Handeln gegenseitig wahrnehmen (z. B. Steinwerfer bei einer Demonstration)[2760].

Der ursprünglich gefasste Tatplan kann im Laufe der Tatbegehung gemeinsam geändert werden. Dies setzt jedoch voraus, dass – wiederum ausdrücklich oder konkludent – eine neue Vereinbarung getroffen wird, welche die bisherige ablöst. Geht ein Mittäter über den ursprünglichen Tatplan hinaus (= Mittäterexzess[2761]), so genügt eine bloße Kenntnisnahme und Billigung des Verhaltens durch den

---

2752 Vgl. hierzu *Krey/Esser*, Rn. 942.
2753 Einen grundsätzlich anderen Prüfungsaufbau (Verursachungsbeitrag; gemeinsame Tatausführung; gemeinsamer Tatplan) wählt *Marlie*, JA 2006, 613 (614).
2754 Vgl. oben Rn. 1203.
2755 Vgl. hierzu noch ausführlich unten Problemschwerpunkt 33, Rn. 1226 ff.
2756 *Gründel*, ZJS 2019, 211 (216); zum Tatentschluss vgl. die Übungsfälle bei *Ambos*, JuS 2000, 465 (467 f.); *Britz*, JuS 1997, 146 (147); *Paeffgen*, JURA 1980, 479 (491 f.); *Wagemann*, JURA 2006, 867 (870); zum Wegfall des Tatentschlusses bei (nur) einem Mittäter vor dem Zeitpunkt des unmittelbaren Ansetzens vgl. auch den Übungsfall bei *Kudlich*, JA 2008, 703 (706).
2757 BGHSt 37, 289 (292); BGHSt 41, 149 (151); BGHSt 63, 88 (97); BGHSt 65, 42 (47); BGH NStZ 1999, 510; BGH NStZ 2012, 207 (208); BGH NStZ-RR 2016, 136 (137); BGH wistra 2018, 254 (255); BWME-*Eisele*, § 25 Rn. 61; *Freund/Rostalski*, § 10 Rn. 163; *Geppert*, JURA 2011, 30 (32); *Kühl*, § 20 Rn. 104; *Rengier*, § 44 Rn. 11a; *Seher*, JuS 2009, 304 (305); ablehnend im Hinblick auf konkludente Vereinbarungen *Puppe*, § 23 Rn. 17 f.
2758 BGH NStZ-RR 2019, 271 (272).
2759 Hierzu noch näher unten Rn. 1236.
2760 BGHSt 41, 149 (151).
2761 Vgl. zum Mittäterexzess noch unten Rn. 1232 f.

anderen Mittäter nicht[2762]. Er muss, soll ihm dieser Tatbeitrag zugerechnet werden, sein Einverständnis (zumindest konkludent) erklären. Dabei ist auch hier stets ein **gegenseitiges** Einvernehmen erforderlich[2763].

Bsp. (1): Anton bricht in die Villa der Witwe Wilma ein, um Schmuck zu stehlen. Seine Ehefrau Berta erzählt dies seinem Freund Bruno, der ihm nacheilt, um ihm zu helfen. Vor der Villa bemerkt er, dass der Nachbar Norbert dem Anton auf der Spur ist und zu einer Telefonzelle eilt, um die Polizei zu alarmieren. Kurzerhand schlägt Bruno den Norbert nieder. Anton hat von den Geschehnissen vor der Villa nichts mitbekommen und verlässt mit dem erbeuteten Schmuck wenig später das Haus. – Hier scheitert eine Mittäterschaft am begangenen Wohnungseinbruchsdiebstahl, §§ 242, 244 Abs. 1 Nr. 3, Abs. 4 StGB, jedenfalls daran, dass es an einem gemeinsamen Tatentschluss fehlte. Das „einseitige" Mithelfen Brunos reicht nicht aus[2764], selbst wenn er anschließend die Hälfte der Beute fordert und auch bekommt. Dasselbe gilt für eine Zurechnung des Handelns von Bruno im Hinblick auf Anton: Weil Anton nichts über Brunos Tun weiß, kann ihm dessen Gewaltanwendung auch nicht zugerechnet werden.

Bsp. (2): Rudi verprügelt Toni. Als dieser am Boden liegt, tritt der hinzukommende Ludwig dem Toni ohne Absprache mit Rudi nochmals kräftig in den Bauch. Selbst wenn Rudi diese Mitwirkung durchaus recht ist, liegt hier keine Mittäterschaft vor, da das Verhalten zuvor nicht abgesprochen wurde. – Dagegen liegt Mittäterschaft dann vor, wenn Rudi sagt „und jetzt machen wir ihn gemeinsam fertig" und beide daraufhin weiter zutreten.

2. Objektiver Tatbeitrag

1225 a) Einführung. In objektiver Hinsicht setzt Mittäterschaft voraus, dass jeder Beteiligte auf der Grundlage des gemeinsamen Tatentschlusses einen für die Deliktsbegehung förderlichen **Tatbeitrag** leistet[2765]. Welches Gewicht und welche Bedeutung dieser Tatbeitrag haben muss, ist allerdings – insbesondere im Hinblick darauf, dass auch der Gehilfe regelmäßig einen Tatbeitrag erbringt – umstritten. Die Rechtsprechung, die vorwiegend auf den Täterwillen abstellt, ist dabei sehr großzügig und lässt mitunter bereits die „rein geistige Mitwirkung" als Tatbeitrag ausreichen. Problematisch wird dies insbesondere dann, wenn der Beteiligte einen solchen Tatbeitrag lediglich im Vorbereitungsstadium erbringt (Abgrenzung zur

---

2762 BGH NStZ 2003, 85; BWME-*Eisele*, § 25 Rn. 66; BGH NStZ 2012, 207 (209); BGH NStZ 2012, 379 (380); BGH NStZ 2013, 462; *Geppert*, JURA 2011, 30 (32); *Hecker*, JuS 2013, 943 (945); *Krey/Esser*, Rn. 946; *Wessels/Beulke/Satzger*, Rn. 827; vgl. auch den Übungsfall bei *Kett-Straub/Bauernschmitt*, JA 2017, 348 (353).

2763 BGH NStZ 2016, 400 (401); BGH NStZ-RR 2016, 136 (137).

2764 Vgl. BGHSt 6, 248 (249); BGH NStZ 2003, 85; BGH NStZ-RR 2016, 136 (137); BWME-*Eisele*, § 25 Rn. 56, 66; *Geppert*, JURA 2011, 30 (32); *Kühl*, § 20 Rn. 106; LK-*Roxin*, 11. Aufl., § 25 Rn. 174; *Rengier*, § 44 Rn. 12; *Seher*, JuS 2009, 304 (305); anders allerdings *Derksen*, GA 1993, 163; *Jakobs*, 21/43; *Lesch*, ZStW 105 (1993), 271 (291 ff.); *ders.*, JA 2000, 73 (77 – ausreichend sei lediglich ein „Einpassungs-Entschluss" des Hinzutretenden); vgl. auch die Übungsfälle bei *Knauer*, JuS 2002, 53 (54); *Rotsch*, JuS 2004, 607 (611); *Wagemann*, JURA 2006, 867 (870).

2765 Vgl. auch die Übungsfälle bei *Ambos*, JuS 2000, 465 (468, 471); *Böhringer/Wagner*, ZJS 2014, 412 (418 f.); *Buttel/Rotsch*, JuS 1995, 1096 (1101); *Fabricius*, JuS 1991, 393 (398); *Herb*, JURA 2022, 380 (393); *Jordan*, JURA 1999, 304 (306); *Meier*, JuS 1989, 992 (995); *Paeffgen*, JURA 1980, 479 (491 f.); *Putzke*, JuS 2019, 1094 (1096); *Radtke*, JuS 1994, 589 (591); *Safferling*, JURA 2004, 64 (65); *Saliger*, JuS 1995, 1004 (1007); *Sebastian*, JURA 2015, 992 (997); *Stoffers*, JuS 1994, 948 (951 f.).

Anstiftung) oder am Tatort lediglich eine untergeordnete Rolle einnimmt (Abgrenzung zur Beihilfe)[2766].

b) Umfang des objektiven Tatbeitrages bei der Mittäterschaft[2767] (Problemschwerpunkt 33)

Fall: Anton, Bruno und Ludwig planen gemeinsam einen Banküberfall. Anton, der Kopf der Bande, tüftelt die Feinheiten aus, besorgt Strumpfmasken und Waffen und erläutert Bruno und Ludwig den Lageplan der Bank. Dann schickt er die beiden los. Bruno stürmt mit gezogener Waffe absprachegemäß die Bank, bedroht den Kassierer und lässt sich das Geld geben. Ludwig wartet mit laufendem Motor vor dem Eingang. Nach der gemeinsamen Flucht teilen Anton, Bruno und Ludwig das Geld unter sich auf.

Problemstellung: Fraglich ist hier insbesondere, inwieweit der im Hintergrund agierende Anton, der an der Ausführungshandlung selbst nicht beteiligt war, als Mittäter des Banküberfalls, d. h. konkret: der schweren räuberischen Erpressung (§§ 253, 255, 250 Abs. 2 Nr. 1 StGB), angesehen werden kann. Drei Theorien stehen sich dabei gegenüber.

aa) Nach der **strengen Tatherrschaftslehre**, die von einer Minderansicht in der Literatur vertreten wird, ist stets eine wesentliche Mitwirkung im Ausführungsstadium des jeweiligen Delikts erforderlich[2768]. Zwar sei eine persönliche Anwesenheit am Tatort nicht unbedingt notwendig[2769], der Betreffende müsse dann aber mit den übrigen Beteiligten wenigstens **in Kontakt** stehen, d. h. sie von einer

---

2766 Problematisch ist hier insbesondere das „Schmiere"-Stehen, um andere Beteiligte, welche die Tat unmittelbar ausführen, im Bedarfsfall zu warnen. Hier ist im Einzelfall darauf abzustellen, inwieweit der Handelnde an der Ausarbeitung des Tatplans mitwirkt, ob seine Handlung zwingend erforderlich ist und inwieweit er bei der Beuteaufteilung gleichberechtigt beteiligt ist; zu diesem Komplex BGH NJW 2011, 2375 (2376); *Freund/Rostalski*, § 10 Rn. 166 ff.; *Geppert*, JURA 2011, 30 (31); *Jakobs*, 21/54; *Jäger*, Rn. 318 f.; *Klesczewski*, Rn. 621; LK-*Roxin*, 11. Aufl., § 25 Rn. 191 (Einbeziehung aller Umstände des konkreten Geschehensablaufes); *Puppe*, § 23 Rn. 9, 26; *Roxin*, Miyazawa-FS 1995, S. 501 (511); vgl. auch die Übungsfälle bei *Esser/Herz*, JuS 2017, 997 (1002 f.); *Gaede*, JuS 2003, 774 (776); *Momsen/Sydow*, JuS 2001, 1194 (1196); *Schmitt/Leonardy*, JuS 2017, 436 (443).
2767 Vgl. hierzu auch *Geppert*, JURA 2011, 30 (34); *Marlie*, JA 2006, 613 (615); ferner die Übungsfälle bei *Ambos*, JURA 2004, 492 (493); *Berster*, ZJS 2017, 468 (473 f.); *Berz*, JURA 1990, 315; *Christmann*, JURA Sonderheft Zwischenprüfung, 2004, 37 (38); *Corell*, JURA 2010, 627 (629 f.); *Drenkhahn*, JURA 2011, 63 (67 f., 69); *Duttge/Burghardt*, JURA 2016, 810 (814 f.); *Gaede*, JuS 2003, 774 (776 f.); *Großmann/Wehrstein*, JURA 2020, 263 (265); *Heinze*, JURA 2021, 1252 (1260 f.); *Heissler/Marzahn*, ZJS 2008, 639 (645); *Helmrich*, JA 2006, 351 (354); *Hettinger*, JuS 2011, 910 (915); *Ivanov/Köpferl*, JURA 2016, 554 (560 f.); *Kramer/Pannenborg*, JA 2013, 349 (356); *Küper*, JURA 1996, 205 (210); *Lenk*, JURA 2021, 1113 (1123 f.); *Liebig/Wiesen*, ZJS 2012, 530 (534 f.); *Lück*, JuS 2018, 1148 (1153); *Marquardt/v. Danwitz*, JuS 1998, 814 (819 f.); *Morgenstern*, JURA 2008, 625 (629); *Müller*, JURA 2005, 635 (640); *Noltenius*, JuS 2006, 988 (990 f.); *Peters*, JuS 2020, 328 (331); *Piepenburg/Sonnenschein*, ZJS 2022, 94 (99 f.); *Poller/Härtl*, JuS 2004, 1075 (1079); *Putzke*, JuS 2019, 1094 (1097); *Radtke/Krutisch*, JuS 2001, 258 (262); *Raschke/Zirzlaff*, ZJS 2012, 219 (223); *Rössner/Guhra*, JURA 2001, 403 (410); *Safferling*, JuS 2005, 135 (139 f.); *Safferling/Menz*, JURA 2008, 382 (386 f.); *Scholler*, JuS 2021, 1153 (1154); *Schmitt-Leonardy*, JuS 2017, 436 (440); *Stam*, ZJS 2017, 351 (354); *Steinberg/Müller*, ZJS 2012, 807 (810); *Singelnstein*, JA 2011, 756 (759 f.); *Wagemann*, JURA 2006, 867 (872); *Weißer/Kreß*, JA 2003, 857 (859 f.).
2768 *Bloy*, GA 1996, 424; *Bottke*, GA 2001, 463 (472); *Gimbernat Ordeig*, ZStW 80 (1965) 915 (931 f.); *Gropp/Sinn*, § 10 Rn. 181; *Harden*, NStZ 2021, 193 (200 f.); *Herzberg*, JuS 1974, 719 (722); *ders.*, ZStW 99 (1987), 49 (58); *ders.*, JZ 1991, 856 (859); *Jäger*, JA 2017, 150 (152); *Köhler*, S. 518; *Krey/Esser*, Rn. 978; LK-*Roxin*, 11. Aufl., § 25 Rn. 181 f.; LK-*Schünemann/Greco*, 13. Aufl., § 25 Rn. 205 ff.; NK-*Schild*, § 25 Rn. 139; *Puppe*, § 22 Rn. 5, § 23 Rn. 5 ff., 26; *Roxin*, AT II, § 25 Rn. 198 ff., 210; *ders.*, JA 1979, 519 (522 f.); *Stein*, StV 1993, 411 (414); *Zieschang*, ZStW 107 (1995), 361 (381); vgl. auch *Rudolphi*, Bockelmann-FS 1979, S. 369 (372 ff.); *ders.*, NStZ 1984, 433 (436).
2769 Anders allerdings *Rudolphi*, Bockelmann-FS 1979, S. 369 (379).

Befehlszentrale aus dirigieren und koordinieren können (z. B. über Funk oder Telefon). Nur dann könne man davon sprechen, dass er die Tat nicht nur „beeinflusst", sondern „beherrscht", da hierfür neben dem gemeinsamen Tatplan gerade das arbeitsteilige Vorgehen für eine funktionelle Taterrschaft charakteristisch sei. Diese Arbeitsteilung müsse sich aber auch und gerade auf die Erfüllung des gesetzlichen Tatbestandes beziehen. Insoweit könnte man den im Hintergrund agierenden Anton hier nicht als Mittäter ansehen. **Gegen** diese Ansicht spricht jedoch, dass der Bandenchef, der oftmals als Zentralfigur die Planung und Organisation übernimmt und auch ein wesentliches Interesse am Taterfolg besitzt, dann in vielen Fällen nur als Anstifter erfasst werden könnte, was seiner dominierenden Rolle nicht gerecht wird. Zudem würden dann Zufälligkeiten in der Aufgabenverteilung über Mittäterschaft oder Beihilfe entscheiden.

1228 bb) Daher lässt die **gemäßigte Tatherrschaftslehre** (h. M.) auch einen Tatbeitrag im Vorbereitungsstadium der Tat ausreichen, wenn dieser während des gemeinsamen Tatgeschehens fortwirkt und den tatausführenden Mittäter in dessen Tatentschluss bestärkt[2770]. Allerdings muss dieser Tatbeitrag von einigem Gewicht sein. Ein „Minus" bei der Tatausführung muss von einem „Plus" bei der konkreten Tatplanung im Vorbereitungsstadium ausgeglichen werden (sog. „funktionelle Tatherrschaft"). Damit wird es ermöglicht, dass der vorausschauend planende Bandenchef, der sich bei der Tatausführung bewusst im Hintergrund hält, als Mittäter der Tat angesehen werden kann. Dieser Ansicht ist zu folgen, da die Einordnung des Bandenchefs lediglich als Anstifter seiner tatsächlichen Bedeutung nicht gerecht wird.

1229 cc) Anzuführen ist schließlich noch die vorwiegend von der Rechtsprechung vertretene **subjektive Tätertheorie**, die – wie bei der Abgrenzung von Täterschaft und Teilnahme insgesamt – auch hier vorwiegend subjektive Kriterien heranzieht[2771]. Täter sei, wer die Tat als eigene, Teilnehmer hingegen, wer die Tat als fremde wolle. Eine Beteiligung während der Tatausführung sei demnach nicht erforderlich. Durch diese vorwiegend subjektive Abgrenzung wird das objektive

---

2770 AnwKomm-*Waßmer*, § 25 Rn. 61; *Baumann*, JuS 1963, 85 (86 f.); BWME-*Eisele*, § 25 Rn. 81; *Beulke*, JR 1980, 423 (424); *Christmann*, JURA Sonderheft Zwischenprüfung, 2004, 37 (38); *Eisele/Freudenberg*, JURA 2005, 204 (206); *Frister*, 26. Kap. Rn. 26 f.; *Gaede*, JuS 2003, 774 (777); *Helmrich*, JA 2006, 351 (354); *Hoffmann-Holland*, Rn. 530; *Jescheck/Weigend*, § 63 III 1; *Joecks/Jäger*, § 25 Rn. 85; *Kühl*, § 20 Rn. 110 f.; *Küpper*, GA 1986, 437 (444 ff.); *Lackner/Kühl*, § 25 Rn. 11; *Liebig-Wiesen*, ZJS 2012, 530 (535); *Maurach/Gössel/Zipf*, AT 2, 7. Aufl., § 49 Rn. 28 ff.; *Morgenstern*, JURA 2008, 625 (629); MüKo-*Joecks/Scheinfeld*, 4. Aufl., § 25 Rn. 204; *Murmann*, § 27 Rn. 68; *Otto*, § 21 Rn. 61; *Rengier*, § 41 Rn. 19; § 44 Rn. 43; *ders.*, JuS 2010, 281 (282); *Safferling*, JuS 2005, 135 (137); *Safferling/Menz*, JURA 2008, 382 (387); *Schönke/Schröder-Heine/Weißer*, § 25 Rn. 67; *Seelmann*, JuS 1980, 571 (574); *Seher*, JuS 2009, 304 (308); SSW-*Murmann*, § 25 Rn. 43; *Stratenwerth/Kuhlen*, § 12 Rn. 93 f.; *Rengier*, JuS 2010, 281 (282); *Wessels/Beulke/Satzger*, Rn. 823; vgl. auch *Jakobs*, 21/48 ff.; *Otto*, § 21 Rn. 61; *ders.*, JURA 1998, 409 (410); einschränkend SK-*Hoyer*, § 25 Rn. 119 (tatvorbereitende Planung muss sich auf wesentlichen Beitrag im Ausführungsstadium beziehen).

2771 RGSt 2, 160 (163 f.); RGSt 74, 21 (23); BGHSt 11, 268 (271 f.); BGHSt 14, 123; BGHSt 16, 12 (14); BGHSt 28, 346 (348); BGHSt 33, 50 (53); BGHSt 37, 289 (292 f.); BGHSt 39, 381 (386); BGHSt 40, 299 (300); BGHSt 48, 34 (39); BGHSt 54, 69 (128); BGH NStZ 1995, 285; BGH NJW 1998, 2149 (2150); BGH NJW 1999, 2449; BGH NStZ 2000, 114 (115); BGH NJW 2003, 253 (254); BGH NStZ 2008, 273 (275); BGH NStZ 2009, 25 (26); BGH NJW 2011, 2375; BGH wistra 2012, 433 (434); BGH NStZ 2013, 104; BGH NStZ-RR 2016, 6 (7); BGH JZ 2016, 103 (104); BGH NStZ-RR 2016, 335; BGH StV 2016, 648; BGH NStZ-RR 2017, 116; BGH NStZ 2018, 144 (145); BGH NStZ 2018, 584; BGH NStZ 2018, 650; BGH NStZ-RR 2019, 72; BGH NStZ-RR 2019, 73; BGH NStZ-RR 2019, 203 (204); BGH NStZ 2020, 22; BGH NStZ 2021, 354 (355); BGH NJW 2021, 2896 (2899); OLG Celle NJW 1994, 142 (143).

Kriterium im Ergebnis stark beschnitten, eine **rein geistige Mitwirkung**[2772] (z. B. eine psychische Einwirkung auf den Täter von erheblichem Gewicht) oder das „Bestärken des Täters in Tatortnähe"[2773] kann hiernach genügen, wenn sie von einem „Täterwillen" getragen ist und die Tat objektiv fördert oder erleichtert[2774]. Daraus folgt zwangsläufig, dass eine Beteiligung während der Tatausführung gerade nicht erforderlich ist und bloße Vorbereitungshandlungen ausreichen können[2775]. Nach dieser Ansicht ist der im Hintergrund agierende Bandenchef daher im Regelfall als Täter anzusehen[2776], was zwar vom Ergebnis her zu billigen ist, aber nicht notwendig für die subjektive Theorie spricht, die aus den bereits genannten Gründen **nicht überzeugen** kann[2777]. Im Hinblick auf den im Hintergrund agierenden Bandenchef kann das Ergebnis auf dem Boden der Tatherrschaftslehre ebenso – und letztlich mit „griffigeren" Kriterien – begründet werden. Interessant ist in diesem Zusammenhang auch, dass es der BGH nicht ausreichen lässt, wenn der Beteiligte in der Hauptverhandlung angibt, er habe die Tat als eigene „gewollt", er aber äußerlich – außer seiner Anwesenheit am Tatort – keine Tathandlungen vollzogen hat[2778].

III. Sonderprobleme

1. Prüfungsstandort

Die Frage der Mittäterschaft ist – wie die Abgrenzung von Täterschaft und Teilnahme insgesamt – zu Beginn des **objektiven Tatbestandes** eines jeden Delikts zu erörtern[2779]. Dabei darf man sich auch hier nicht daran stören, dass über das Merkmal des gemeinsamen Tatentschlusses **subjektive Kriterien** im Rahmen des objektiven Tatbestandes anzusprechen sind. Denn die Frage, welche Form der Täterschaft vorliegt, bleibt ein Merkmal des **objektiven Tatbestandes** (das gleiche Problem stellt sich, wie oben gesehen[2780], ohnehin für diejenigen, die bei der Abgrenzung von Täterschaft und Teilnahme mit der Rechtsprechung auf der Grundlage der subjektiven Theorie auf den Täter- oder Teilnehmerwillen abstellen. Auch hier müssen subjektive Kriterien im Rahmen des objektiven Tatbestandes geprüft werden).

Wichtig ist aber, dass über § 25 Abs. 2 StGB nur **objektive Kriterien** zugerechnet werden können. Nicht möglich ist die Zurechnung eines fremden Vorsatzes, fremder Absichten oder täterschaftsbegründender Sonderstellungen[2781]. Insoweit kön-

---

2772 BGHSt 11, 268 (271); BGHSt 16, 12 (14); BGHSt 32, 165 (168 ff.); BGH NJW 2021, 2896 (2899).
2773 BGHSt 37, 289 (292).
2774 BGH NStZ 2014, 351 (352); BGH NStZ-RR 2018, 40; BGH NStZ-RR 2019, 203 (204); BGH NStZ 2022, 95 (96).
2775 BGHSt 40, 299 (301); BGHSt 48, 52 (56); BGH NStZ 1999, 609; BGH NStZ 2002, 145 (146); BGH NStZ 2013, 104; BGH NStZ-RR 2016, 355; BGH NJW 2016, 884 (886); BGH StV 2016, 648; BGH NStZ-RR 2017, 116; BGH NStZ 2018, 144 (145); BGH NStZ 2018, 40; BGH NStZ-RR 2018, 271 (272); BGH NStZ 2018, 144 (145); BGH NStZ 2018, 462 (463); BGH NStZ 2018, 584; BGH NStZ 2018, 650; BGH wistra 2018, 254 (255); BGH NStZ-RR 2019, 73.
2776 Vgl. nur BGHSt 46, 138 (140); BGH NStZ-RR 2019, 203 (204); BGH NStZ-RR 2021, 388 (390); BGH NStZ 2021, 354 (355).
2777 Vgl. oben Rn. 1205.
2778 BGH NStZ 2018, 144 (145); BGH NStZ-RR 2019, 203 (204).
2779 Vgl. abweichend *Safferling*, JuS 2005, 135 (136); *Seher*, JuS 2009, 1 (6 f.).
2780 Vgl. oben Rn. 1205.
2781 BGHSt 14, 123 (129); BGHSt 15, 1; BGH NStZ 2020, 290 (291); BWME-*Eisele*, § 24 Rn. 11; *Geppert*, JURA 2011, 30 (30 f.); *Rönnau*, JuS 2007, 514 (515).

nen objektive Tatbeiträge aber auch dann zugerechnet werden, wenn einem Mittäter subjektive Elemente fehlen[2782].

Bsp. (1): Absprachegemäß hält Anton den Rudi fest, während Bruno diesem das Handy aus der Tasche zieht. Während Anton sich das Handy zueignen wollte (insoweit: Raub, § 249), wollte Bruno das Handy nur für einige Anrufe benutzen (insoweit: straflose Gebrauchsanmaßung). Es lässt sich nicht aufklären, ob Bruno von Antons Absicht wusste (er also mit Drittzueignungsabsicht handelte). Dennoch kann Anton hier wegen eines Raubes in Mittäterschaft, §§ 249, 25 Abs. 2 StGB, bestraft werden, wobei ihm die Wegnahmehandlung Brunos auch dann über § 25 Abs. 2 StGB zugerechnet werden kann, wenn sich dieser gar nicht wegen Raubes (sondern nur einer mittäterschaftlich begangenen Nötigung, §§ 240, 25 Abs. 2 StGB) strafbar gemacht hat.

Bsp. (2): Ein Nicht-Amtsträger kann über § 25 Abs. 2 StGB niemals Mittäter eines Amtsdelikts werden, da er auch hier stets in seiner Person diese Sondereigenschaft besitzen muss. Die Amtsträgereigenschaft ist aber kein objektiver Tatbeitrag.

2. Mittäterexzess

1232 Über § 25 Abs. 2 StGB können nur diejenigen Tatbeiträge zugerechnet werden, die von einem gemeinsamen Tatplan gedeckt sind. Geht ein Mittäter über das Vereinbarte hinaus, macht er also mehr als abgesprochen, so liegt ein **Mittäterexzess** vor, der den übrigen Beteiligten nicht zugerechnet werden kann[2783].

Bsp.: Anton und Bruno vereinbaren, in die Villa der Witwe Wilma einzudringen, deren Safe zu knacken und den Inhalt zu entwenden. Dies gelingt ihnen auch. Als sie sich mit der Beute bereits auf dem Rückzug befinden, zerstört Anton zu Brunos Überraschung mit einem herumstehenden Schürhaken noch drei im Wohnzimmer stehende chinesische Porzellanvasen. – Diese Sachbeschädigung, § 303 StGB, ist vom gemeinsamen Tatplan nicht mehr erfasst. Sie stellt einen Mittäterexzess dar, der Bruno nicht zugerechnet werden kann.

1233 Insofern kann man also auch dann, wenn ein einheitliches Geschehen zu beurteilen ist, an dem mehrere Personen beteiligt sind, zu einem für die jeweiligen Personen unterschiedlichen Ergebnis gelangen. Allerdings ist die Frage des Abweichens vom gemeinsamen Tatplan stets einer sorgfältigen Prüfung zu unterziehen, da der Tatplan in vielen Fällen „offen" gestaltet ist und neben dem ausdrücklich abgesprochenen Verhalten oftmals Elemente enthält, die „stillschweigend" mit einbezogen wurden[2784]. Darüber hinaus werden Handlungen eines anderen Tatbe-

---

2782 Vgl. hierzu BGH StV 1991, 349; *Frister*, 25. Kap. Rn. 23; *Rengier*, Puppe-FS 2011, S. 849; ferner *Dehne-Niemann*, JuS 2008, 589 (591); vgl. hierzu auch den Übungsfall bei *Windsberger*, JuS 2020, 445 (451).

2783 RGSt 57, 307 (308); RGSt 67, 367 (369 f.); BGHSt 53, 145 (155); BGH NStZ-RR 2006, 36 (37); BGH NStZ 2012, 379 (380); BGH NStZ 2012, 563; BGH NStZ 2013, 400; BGH NStZ 2013, 462; BGH NStZ 2017, 272 (272 f.); BGH NStZ 2020, 290 (291); BWME-*Eisele*, § 25 Rn. 62; *Fischer*, § 25 Rn. 36 f.; *Geppert*, JURA 2011, 30 (32); *Isfen*, JURA 2014, 1087 (1088); *Kühl*, § 20 Rn. 117; *Peters/Bilder*, JuS 2020, 731 (732 f.); *Schönke/Schröder-Heine/Weißer*, § 25 Rn. 100; *Seher*, JuS 2009, 304 (306); *Steinberg/Wolf/Langlitz*, ZJS 2013, 606 (608); *Wessels/Beulke/Satzger*, Rn. 826; vgl. auch die Übungsfälle bei *Ambos*, JuS 2000, 465 (468); *Becker*, ZJS 2010, 403 (409 f.); *Fahrner*, JA 2019, 832 (840); *Herb*, JURA 2022, 380 (392 f.); *Kett-Straub/Bauernschmitt*, JA 2017, 348 (353); *Kramer/Pannenborg*, JA 2013, 349 (351); *Morgenstern*, JURA 2011, 146 (148); *Paeffgen*, JURA 1980, 479 (492); *Peters*, JuS 2020, 328 (353); *dies.*, ZJS 2021, 206 (210 f.); *Radtke*, JURA 1997, 477 (480); *Safferling*, JuS 2005, 135 (139); *Seher*, JuS 2007, 132 (137); *Ulsenheimer*, JURA 1981, 149 (153); *Wieneck*, JA 2018, 38 (45 f.); zur Unterscheidung von qualitativem und quantitativem Mittäterexzess auch *Puppe*, § 27 Rn. 3 f.; vgl. hierzu bereits oben Rn. 1224.

2784 Vgl. hierzu BGH NJW 1973, 377; BGH NStZ 2005, 93 (94); BGH NStZ 2005, 261 (262); BGH NStZ 2008, 280 (281); OLG Düsseldorf NJW 1987, 268 (269); *Kühl*, § 20 Rn. 118; *Otto*, JURA 1987, 246 (252); *Rengier*, § 44 Rn. 24; ferner auch die Übungsfälle bei *Helmrich*, JA 2006, 351; *Kett-Straub/Bauernschmitt*, JA 2017, 348 (354); *Peters*, JuS 2020, 328 (330); *Walter/Schneider*, JA 2008, 262 (265).

teiligten, mit denen nach den Umständen des Falles gerechnet werden muss, regelmäßig vom Willen der anderen Mittäter umfasst[2785]. Gleiches gilt, wenn die verabredete Tatausführung durch eine in ihrer Schwere und Gefährlichkeit gleichwertige ersetzt wird[2786]. Auch scheidet ein Exzess in den Fällen aus, in denen eine gemeinsame Tatbegehung vereinbart wurde und es dem einen Mittäter gleichgültig ist, wie „intensiv" der andere Mittäter handelt[2787].

3. Aufkündigung des gemeinsamen Tatplans

Will ein Mittäter, nachdem ein gemeinsamer Tatplan gefasst wurde, „aussteigen", so ist zu differenzieren[2788]: Kündigt er den Tatplan auf, bevor die Tat ins Versuchsstadium gelangt, so scheidet eine Mittäterschaft aus (möglich bleibt allerdings eine Beihilfe, wenn seine „Leistung", z. B. das Besorgen des Nachschlüssels, noch fortwirkt)[2789]. Problematischer ist es, wenn die Tat bereits ins Versuchsstadium gelangt ist und die anderen Mittäter die Tat vollenden. In diesen Fällen kann dem aussteigenden Mittäter allein ein Rücktritt nach § 24 Abs. 2 Satz 2, 2. Alt. StGB helfen[2790]. Fraglich ist allerdings darüber hinaus, welche Anforderungen an die Aufkündigung des Tatentschlusses zu stellen sind:

1234

> **Bsp.[2791]**: Anton und Bruno, beide polizeilich gesucht, vereinbaren, ihren Lebensunterhalt durch die Begehung von Straftaten zu bestreiten und sich im Bedarfsfalle gegenseitig Unterstützung und Schützenhilfe zu geben, selbst wenn dies zum Tod von Menschen führen könnte. Anton übergibt Bruno zu diesem Zweck eine Schusswaffe. Zwar nimmt Bruno sich vor, die Waffe im Ernstfall nicht zu benutzen, davon erzählt er Anton jedoch nichts. Eines Abends werden sie von einer Polizeistreife kontrolliert. Anton zieht sofort die Waffe und erschießt einen Beamten, um sich der drohenden Festnahme zu entziehen. Dabei geht er absprachegemäß davon aus, auch Bruno würde die Waffe zur Verteidigung und zur gegenseitigen Schützenhilfe einsetzen. Obwohl Bruno weiß, dass Anton dies auch von ihm erwartet, bleibt er passiv und erhebt sofort nach dem Schuss beide Arme zum Zeichen der Aufgabe. Anton bekommt hiervon jedoch nichts mit und erschießt einen weiteren Beamten. Hierauf läuft Bruno mit erhobenen Armen davon. Anton bemerkt auch hiervon noch nichts und erschießt einen dritten Beamten, bevor er überwältigt wird. – Da Bruno selbst keine Schüsse abgegeben hat, kommt eine Strafbarkeit wegen eines mittäterschaftlich begangenen Totschlags bzw. Mordes nur dann in Frage, wenn ihm Antons Verhalten über § 25 Abs. 2 StGB zugerechnet werden kann. In der vor der Tat getroffenen Absprache lag nach Ansicht des BGH ein gemeinsamer Tatentschluss zur zumindest bedingt vorsätzlichen Tötung der kontrollierenden Beamten. Dieser wurde nicht dadurch ausgeschlossen, dass Bruno

---

2785 BGH NStZ 2012, 563; BGH NStZ 2013, 400; BGH NStZ 2017, 272 (273); *Hecker*, JuS 2013, 943 (944).
2786 BGH NStZ 2010; 33 (34); BGH NStZ-RR 2015, 71 (72); BGH NStZ 2017, 272 (273).
2787 BGH NStZ 2002, 597 (598); BGH NStZ 2005, 261 (262); BGH NStZ-RR 2005, 71 (72); BGH NStZ 2010, 33 (34); BGH NStZ 2012, 563; BGH NStZ 2013, 400; BGH NStZ 2017, 272 (273); *Hecker*, JuS 2013, 943 (944); *Wessels/Beulke/Satzger*, Rn. 826.
2788 Vgl. auch zur „umgedrehten" Situation BGH NStZ 2012, 508: Wenn ein Mittäter eines gemeinsamen Raubes während der Tatausführung insgeheim beschließt, die Beute alleine für sich zu behalten, wird die Tat dem anderen dennoch über § 25 Abs. 2 StGB zugerechnet.
2789 BGHSt 28, 346; BGH NStZ 1987, 364; BGH NStZ 1994, 29; BGH NStZ 1999, 449 (450); *Geppert*, JURA 2011, 30 (38); *Kühl*, § 20 Rn. 105; *Küper*, JZ 1979, 775 (781 f.); *Rengier*, § 44 Rn. 16 ff.; *ders.*, JuS 2010, 281 (286 f.); vgl. auch die Übungsfälle bei *Gafus/Weigl*, JuS 2022, 336 (340); *Hörnle*, JURA 2001, 44 (46).
2790 Hierzu *Eisele*, ZStW 112 (2000), 745 (756 Fn. 44); *Kühl*, § 20 Rn. 105; vgl. zu dieser wenig erfolgversprechenden Rücktrittsmöglichkeit oben Rn. 807 f.
2791 Fall nach BGHSt 37, 289; hierzu *Erb*, JuS 1992, 197; *Hauf*, NStZ 1994, 263 (265); *Herzberg*, JZ 1991, 856; *Jäger*, Rn. 322 f.; *Krey/Esser*, Rn. 855 ff.; *Puppe*, NStZ 1991, 571; *Roxin*, JR 1991, 206; *Stein*, StV 1993, 411.

sich insgeheim vorbehielt, selbst nicht zu schießen[2792]. Ferner lag auch ein ausreichender objektiver Tatbeitrag vor[2793]. Nach den geringen Anforderungen, die diesbezüglich zu stellen sind, genügt hierfür ein bewusstes und gewolltes Zusammenwirken bei der Tatausführung. Dabei reicht es aus, wenn das eigene Verhalten den tatausführenden Mittäter in dessen Tatentschluss bestärkt. Dies kann bereits in der bloßen Anwesenheit am Tatort liegen, wenn der andere Mittäter aufgrund des (wenn auch nur konkludent) vereinbarten Waffengebrauchs davon ausgeht, Unterstützung zu erfahren und sich dadurch in Sicherheit wiegt. Dies gilt auch dann, wenn (wie hier bei der Tötung des zweiten und dritten Beamten) sich zwar ein Mittäter vom gemeinsamen Tatplan (auch nach außen erkennbar) distanziert, der andere Mittäter hiervon aber nichts mitbekommt. Denn sein geleisteter Tatbeitrag wirkt insoweit noch fort. Ein „Aussteigen" kann daher nur dann Einfluss auf das Verhalten der anderen Mittäter haben, wenn es zu deren Kenntnis gelangt[2794]. Insofern ist (auch) Bruno wegen dreifachen Totschlags bzw. Mordes in Mittäterschaft zu bestrafen.

1235 Diese Lösung kann auch mit den Grundsätzen des Rücktritts vom Versuch begründet werden. Nach § 24 Abs. 2 StGB erlangt ein Mittäter lediglich dann Straffreiheit, wenn er, nachdem die Tat ins Versuchsstadium gelangt ist, entweder die Vollendung verhindert oder die Tat ohne seinen früheren Tatbeitrag begangen wird. Wenn der Tatbeitrag jedoch in einer geistigen Unterstützungshandlung liegt (und man eine solche ausreichen lässt), kann dieser Beitrag lediglich dann nicht mehr weiterwirken, wenn der Mittäter vom Entzug der zugesagten Unterstützung Kenntnis erlangt[2795].

1235a Problematisch ist auch die umgekehrte Situation, in welcher der die Tat unmittelbar verwirklichende Mittäter subjektiv vom gemeinsamen Tatplan abweicht und diesen insoweit ebenfalls „aufkündigt".

Bsp.[2796]: Anton und Bruno beschließen, gemeinsam die Wilma in ihrer Villa zu berauben. Während Bruno die Wilma in der Küche gewaltsam festhält, durchsucht Anton die Wohnung. Als er einige teure Schmuckstücke findet, beschließt er, diese für sich alleine zu behalten. Er steckt die Schmuckstücke in die Hosentasche und erzählt Bruno anschließend, er habe nichts Wertvolles gefunden. – Während Anton hier wegen eines mittäterschaftlichen Raubes, §§ 249, 25 Abs. 2 StGB zu bestrafen ist, ist dies für Bruno fraglich. Während der BGH ihm die Wegnahme durch Anton hier zurechnet, da ihn die Aufkündigung des gemeinsamen Tatplans nicht erreicht hat[2797], nimmt die Gegenansicht hier lediglich einen versuchten Raub in Mittäterschaft, §§ 249, 25 Abs. 2, 22, an[2798], da die Wegnahme durch Anton hier nicht mehr auf der Grundlage des gemeinsamen Tatplans erfolge.

4. Zurechnungsprobleme bei der sukzessiven Mittäterschaft

1236 Bereits mehrfach wurde klargestellt, dass Mittäterschaft nicht nur dann vorliegen kann, wenn mehrere Personen von Anfang an arbeitsteilig zusammenwirken, sondern auch dann, wenn ein Mittäter erst nachträglich in das Tatgeschehen „einsteigt", nachdem ein anderer mit der Tat bereits begonnen hat (**sukzessive Mittä-**

2792 Kritisch hierzu *Herzberg*, JZ 1991, 856 (861 f.); *Jäger*, Rn. 322 f.; *Puppe*, NStZ 1991, 571; *Stein*, StV 1993, 412.
2793 Anders *Roxin*, JR 1991, 206 (207); *Seher*, JuS 2009, 304 (308); *Stein*, StV 1993, 411 (412).
2794 Vgl. zum Ganzen BGHSt 37, 289 (292 ff.); BWME-*Eisele*, § 25 Rn. 74 ff.; *Rengier*, § 44 Rn. 19 ff.; *ders.*, JuS 2010, 281 (287); kritisch hierzu *Krey/Esser*, Rn. 858 f; *Renzikowski*, JuS 2013, 481 (487).
2795 Zu § 24 Abs. 2 StGB vgl. oben Rn. 801 ff.
2796 Fall nach BGH NStZ 2012, 508.
2797 BGH NStZ 2012, 508.
2798 *Renzikowski*, JuS 2013, 481 (481, 486).

terschaft)[2799]. Auch hier ist jedoch sowohl ein gemeinsamer Tatplan – der üblicherweise während der Tatbegehung ausdrücklich oder stillschweigend gefasst wird – als auch ein objektiver Tatbeitrag des später Hinzukommenden erforderlich.

Was den **Zeitpunkt** des Eintretens des hinzukommenden Mittäters angeht, so ist fraglich, ob das Hinzutreten nur zwischen Versuchsbeginn und Vollendung[2800] oder auch noch später, d. h. in der Phase zwischen Vollendung und Beendigung der Tat möglich ist[2801]. Während insbesondere die Rechtsprechung eine Mittäterschaft auch noch nach Vollendung der Tat zulässt[2802], lehnt die Gegenansicht dies zu Recht mit dem Argument ab, die vom Tatbestand geforderten Handlungen seien im Zeitpunkt der Vollendung des Delikts bereits abgeschlossen[2803]. Nur diese Vollendung, nicht aber die gesetzlich nicht fixierte und zeitlich nur schwer auszumachende Beendigung der Tat ist daher für die sukzessive Mittäterschaft entscheidend, zumal ab diesem Zeitpunkt die Sondertatbestände der §§ 257 ff. StGB einschlägig sind.

1237

> **Bsp.**[2804]: Anton ist in die Villa der Witwe Wilma eingebrochen und flüchtet mit der Beute. Er wird vom Wachmann Paul verfolgt, der das Geschehen beobachtet hat. Auf der Flucht trifft Anton seinen Freund Bruno, der zufällig mit seinem PKW unterwegs ist. Anton ruft ihm zu „Ich hab 'nen Bruch gemacht, wir teilen die Beute, wenn du mich hier wegbringst". Daraufhin reißt Bruno die Beifahrertür auf, lässt Anton ins Auto springen und braust davon. Paul hat das Nachsehen. – Hier war zwar die Wegnahmehandlung bereits vollständig abgeschlossen (= vollendet), der Wohnungseinbruchsdiebstahl, §§ 242, 244 Abs. 1 Nr. 3, Abs. 4 StGB, war hingegen noch nicht beendet, da die Sicherung der Beute noch nicht erfolgt war. Nach der hier vertretenen Ansicht war eine (sukzessive) Mittäterschaft Brunos in diesem Fall jedoch nicht mehr möglich. Es kommt lediglich eine Begünstigung, § 257 StGB, in Betracht.

2799 Vgl. RGSt 8, 42 (43); BGHSt 2, 344 (345); BGHSt 37, 106 (130); BGH NStZ-RR 2011, 111 (112); BGH NStZ 2012, 207 (208 – hierzu *Kühn/Lockau*, famos 7/2012); BGH NStZ-RR 2017, 221 (221 f.); BGH NStZ-RR 2019, 205 (206); BGH NStZ 2021, 494 (497); BWME-*Eisele*, § 25 Rn. 82; *Freund/Rostalski*, § 10 Rn. 165; *Geppert*, JURA 2011, 30 (32); *Grabow/Pohl*, JURA 2009, 656; *Kleszczewski*, Rn. 638 ff.; *Krey/Esser*, Rn. 954; *Kühl*, § 20 Rn. 126 ff.; *Murmann*, ZJS 2008, 456; *Otto*, JURA 1987, 246 (253); *Peters/Bildner*, JuS 2020, 731 (733); *Rengier*, § 44 Rn. 35 f.; *Rönnau/Wegner*, JuS 2019, 970 (972); *Roxin*, AT II, § 25 Rn. 219; *Wessels/Beulke/Satzger*, Rn. 830; ferner die Übungsfälle bei *Becker*, ZJS 2010, 403 (411); *Celik*, JA 2010, 855 (862); *Freund/Schaumann*, JuS 1995, 801 (804); *Günther/Selzer*, ZJS 2016, 756 (761 f.); *Hörnle*, JURA 2001, 44 (49); *Hohmann*, JuS 1994, 860 (864); *Kromrey*, JURA 2013, 533 (540); *Radtke*, JURA 1997, 477 (480 f.); *Riemenschneider/Paetzold*, JURA 1996, 316 (317 f.); *Schmitt-Leonardy*, JuS 2017, 436 (443 f.); *Sebastian*, JURA 2015, 992 (1002 f.); *Sebastian/Lorenz*, ZJS 2017, 84 (88 f.); *Ulsenheimer*, JURA 1981, 149 (153 f.).
2800 In diesem Zeitraum ist eine sukzessive Mittäterschaft problemlos möglich; vgl. *Kindhäuser/Zimmermann*, § 40 Rn. 10; *Krey/Esser*, Rn. 955; *Kühl*, § 20 Rn. 126; *Roxin*, AT II, § 25 Rn. 219 f.
2801 Dasselbe Problem stellt sich auch bei der Beihilfe; vgl. hierzu unten Rn. 1324.
2802 Vgl. BGHSt 2, 344 (345); BGHSt 6, 248 (251); BGH GA 1966, 210; BGH NStZ 1999, 510; BGH NStZ 2000, 594; BGH NStZ 2000, 280 (281); BGH wistra 2018, 254 (255); vgl. auch *Hoffmann-Holland*, Rn. 541 und (allerdings wesentlich restriktiver) *Baumann/Weber/Mitsch*, 11. Aufl. 2003, § 29 Rn. 106 f.; *Fischer*, § 25 Rn. 46.
2803 Vgl. AnwKomm-*Waßmer*, § 25 Rn. 69; BWME-*Eisele*, § 24 Rn. 8, § 25 Rn. 82 f.; *Dölling/Duttge/König/Rössner-Ingelfinger*, § 25 Rn. 47; *Geppert*, JURA 2011, 30 (35); *Grabow/Pohl*, JURA 2009, 656 (657 f.); *Kindhäuser/Zimmermann*, § 40 Rn. 11; *Kleszczewski*, Rn. 646; *Krey*, ZStW 101 (1989), 838 (848); *Krey/Esser*, Rn. 957, 964, 967; *Kühl*, § 20 Rn. 126; LK-*Roxin*, 11. Aufl., § 25 Rn. 192; LK-*Schünemann/Greco*, 13. Aufl., § 25 Rn. 221; *Murmann*, ZJS 2008, 456 (458); *Rengier*, JuS 2010, 281 (282 f.); *Rönnau/Wegner*, JuS 2019, 970 (972); *Sebastian/Lorenz*, ZJS 2017, 84 (88 f.); *Seher*, JuS 2009, 304 (306); SK-*Hoyer*, § 25 Rn. 114, 123 ff.; SSW-*Murmann*, § 25 Rn. 40.
2804 Vgl. auch *Krey/Esser*, Rn. 966 f.

1238 Insbesondere bei mehraktigen Delikten kann es aber vorkommen, dass zwar einzelne Handlungen bereits vollständig abgeschlossen sind, das Delikt selbst aber noch nicht vollendet ist. Hier ist fraglich, ob dem später hinzutretenden Mittäter die bereits abgeschlossenen Tatbeiträge der anderen noch angelastet werden können.

Bsp.[2805]: Anton will Ludwig berauben und schlägt ihn bewusstlos. Da kommt zufällig Bruno vorbei und hilft Anton, Ludwig zu durchsuchen. Sie finden gemeinsam Ludwigs Brieftasche, entwenden diese und teilen sich die Beute. – Hier handeln Anton und Bruno zum Zeitpunkt der Wegnahme als Mittäter. Fraglich ist aber, ob dem Bruno der bereits abgeschlossene Tatbeitrag Antons (nämlich das Niederschlagen) zugerechnet werden kann, mit der Folge, dass er wegen eines mittäterschaftlich begangenen Raubes, §§ 249, 25 Abs. 2 StGB, zu bestrafen ist. Ist dies nicht der Fall, so läge bei ihm lediglich ein mittäterschaftlich begangener Diebstahl, §§ 242, 25 Abs. 2 StGB, vor. Ferner ist fraglich, ob dem Bruno auch die Körperverletzung durch Anton, § 223 StGB, als Mittäter zugerechnet werden kann.

1239 Hier ist eine differenzierende Lösung angebracht: Eine mittäterschaftliche Zurechnung muss dann ausscheiden, wenn der Tatbeitrag des zuerst Handelnden (wie im vorliegenden Beispiel) **vollständig abgeschlossen** ist[2806]. Denn dann fehlt es hinsichtlich der Verwirklichung dieses Tatbestandsmerkmals (hier: der Gewaltanwendung bzw. Körperverletzung) sowohl an einem gemeinsamen Tatplan als auch an einem objektiven Tatbeitrag des Hinzutretenden. Eine nachträgliche wechselseitige Billigung kann diese Voraussetzungen nicht ersetzen[2807]. Anders ist hingegen zu entscheiden, wenn der Tatbeitrag (hier: die Gewaltanwendung im Rahmen des Raubes) noch aktuell fortwirkt und sich der hinzutretende Mittäter an der weiteren Deliktsverwirklichung durch die Einbringung objektiv fördernder Tatbeiträge beteiligt[2808].

Bsp. (1): Anton bedroht Ludwig in einem Hinterhof mit einer Waffe, während er in dessen Manteltaschen nach Wertsachen sucht. Da kommt Bruno hinzu und hilft beim Durchsuchen. Sie entwenden Ludwigs Geldbeutel und laufen davon. – Da die Bedro-

---

2805 Vgl. hierzu *Krey/Esser*, Rn. 955 ff.; *Küper*, JZ 1981, 568.
2806 So auch BGH bei *Dallinger*, MDR 1969, 532 (533); BGH NStZ 1997, 272 (im Hinblick auf vollständig abgeschlossene Taten); BGH NStZ 2008, 280 (281); BGH NStZ 2009, 631 (632); BGH NStZ 2010, 146 (im Hinblick auf einen bereits eingetretenen Vermögensschaden); BGH NStZ 2011, 699 (702); BGH NStZ-RR 2014, 73; BGH NStZ-RR 2017, 221 (222); in diese Richtung auch BGH GA 1977, 144 (145); BGH NStZ 1984, 548 (548 f.); BGH NStZ 1998, 565; BGH NStZ 2016, 524 (525); BGH NStZ-RR 2017, 134 (135); BGH NStZ 2019, 513; BGH NStZ 2019, 725 (726); *Becker*, ZJS 2010, 403 (411); *Freund/Rostalski*, § 10 Rn. 165; *Jakobs*, 21/60; *Kindhäuser/Zimmermann*, § 40 Rn. 12; *Köhler*, S. 520; *Krey/Esser*, Rn. 961; *Kühl*, § 20 Rn. 129; *Küper*, JZ 1981, 568 (570 ff.); *Lackner/Kühl*, § 25 Rn. 12; LK-*Roxin*, 11. Aufl., § 25 Rn. 227; LK-*Schünemann/Greco*, 13. Aufl., § 25 Rn. 224; *Maurach/Gössel/Zipf*, AT 2, 7. Aufl., § 49 Rn. 67, 76 ff.; MüKo-*Joecks/Scheinfeld*, 4. Aufl., § 25 Rn. 212 f.; *Otto*, § 21 Rn. 66 f.; *ders.*, JURA 1987, 246 (253); *Roxin*, AT II, § 25 Rn. 227; *Schönke/Schröder-Heine/Weißer*, § 25 Rn. 96; SK-*Hoyer*, § 25 Rn. 125; *Stratenwerth/Kuhlen*, § 12 Rn. 88 f.; *Wessels/Beulke/Satzger*, Rn. 831.
2807 *Grabow/Pohl*, JURA 2009, 656 (659); *Murmann*, ZJS 2008, 456 (459); SSW-*Murmann*, § 25 Rn. 39; anders allerdings BGH NStZ 1996, 227 (228) – hier wird ausgeführt, dass dem später Hinzutretenden ein vorangegangenes Tatgeschehen jedenfalls dann angelastet werden könne, wenn er davon billigend Kenntnis erlangt habe, bevor er seinen eigenen Tatbeitrag geleistet habe; so auch bereits BGHSt 2, 344 (346 f.): Wer in Absprache mit dem Vortäter eines Einbruchdiebstahls diesem beim Abtransport der Beute hilft, dem kann mittäterschaftlich auch das Einbrechen zugerechnet werden, auch wenn das Aufbrechen der Tür zum Zeitpunkt seiner Tatbeteiligung bereits abgeschlossen war; ferner BGH JZ 1981, 596; BGH NStZ 2008, 280; vgl. aber auch BGHSt 54, 69 (129); BGH NStZ 2019, 513; vgl. auch *Frister*, 26. Kap. Rn. 13; *Jescheck/Weigend*, § 63 II 2; *Jescheck*, Welzel-FS 1974, S. 683 (696 f.).
2808 Vgl. hierzu auch *Murmann*, ZJS 2008, 456.

hung hier noch aktuell fortwirkte, d. h. noch nicht abgeschlossen war, kann sie Bruno über § 25 Abs. 2 StGB auch zugerechnet werden. Er ist daher nach §§ 249, 25 Abs. 2 StGB wegen eines Raubes in Mittäterschaft zu bestrafen.

Bsp. (2): Anton sperrt seinen Widersacher Kurt im Keller seines Hauses ein. Als eine Woche später Antons Ehefrau Berta von einer Geschäftsreise nach Hause kommt, versorgen sie fortan den Kurt gemeinsam mit Wasser und Brot. – Da § 239 StGB, die Freiheitsberaubung, eine Dauerstraftat darstellt, begeht Anton insgesamt nur eine Tat (§ 239 Abs. 3 Nr. 1 StGB). Berta ist hieran als Mittäterin, § 25 Abs. 2 StGB, beteiligt, auch wenn sie erst später zu der Tat hinzustößt[2809].

Bsp. (3)[2810]**:** Toni verabreicht Bruno eine Tracht Prügel, indem er ihn mit insgesamt 37 Faustschlägen traktiert. Nach dem zwanzigsten Faustschlag eilt Rudi herbei und schlägt kräftig mit. – Toni begeht hier lediglich eine Körperverletzung, da die 37 Schläge als natürliche Handlungseinheit (iterative Tatbegehung[2811]) anzusehen sind. Rudi beteiligt sich hieran als Mittäter, auch wenn er erst später hinzutritt (ab diesem Zeitpunkt liegt dann für beide eine gefährliche Körperverletzung, § 224 Abs. 1 Nr. 4 StGB, vor).

5. Mittäterschaftliche Zurechnung, wenn ein Mittäter selbst Tatopfer wird

Fall[2812]**:** Anton und Bruno kommen überein, gemeinsam in die Villa der Witwe Wilma einzubrechen. Sie vereinbaren zudem, dass sie im Falle ihrer Entdeckung Waffen einsetzen wollen, um eine Flucht zu ermöglichen. Wenn es nicht zu vermeiden sei, solle auch auf eventuelle Verfolger geschossen und dabei deren Tod in Kauf genommen werden. Nachdem sie in die Villa eingedrungen sind, werden sie tatsächlich von einer zufällig in der Nähe weilenden Polizeistreife überrascht. Bei der anschließenden Flucht verlieren sich Anton und Bruno aus den Augen. Plötzlich merkt Anton, dass jemand dicht hinter ihm herläuft. Er hält den Verfolger für einen Polizisten und feuert in der Dunkelheit mit bedingtem Tötungsvorsatz zwei Schüsse auf ihn ab. Bei dem hinter ihm Laufenden handelte es sich jedoch um Bruno. Dieser wird getroffen und bleibt schwer verletzt liegen.

Anton ist hier wegen versuchten Mordes, §§ 212, 211, 22 StGB, in Tateinheit mit gefährlicher Körperverletzung, §§ 223, 224 Abs. 1 Nr. 2, Nr. 5 StGB, strafbar. Fraglich ist, ob über § 25 Abs. 2 StGB auch Bruno die Schüsse Antons zugerechnet werden können und er daher als Mittäter in gleicher Weise zu bestrafen ist. Dagegen spricht, dass er selbst **Opfer** dieser Taten wurde. Er würde also letztlich wegen versuchten Mordes und Körperverletzung an sich selbst bestraft. Strafbar ist aber an sich nur, wer **einen anderen** körperlich misshandelt oder tötet (oder zu misshandeln oder töten versucht)[2813]. Für eine Mittäterschaft spricht allerdings, dass Bruno ja nicht sein eigenes Verhalten angelastet wird, sondern das Verhalten Antons, welches ihm **über § 25 Abs. 2 StGB zugerechnet wird.** Anton aber hat einen „anderen" töten und verletzen wollen. Zwar unterlag er dabei einem **error in persona,** weil er Bruno für einen Polizeibeamten hielt[2814]. Dieser Irrtum ist für Anton aber unbeachtlich. Ebenso muss der Irrtum auch für Bruno unbeacht-

---

2809 Vgl. *Grabow/Pohl*, JURA 2009, 656 (659); *Krey/Esser*, Rn. 962; *Kühl*, § 20 Rn. 126; *Roxin/Greco*, AT I, § 10 Rn. 107.
2810 Vgl. hierzu auch *Grabow/Pohl*, JURA 2009, 656 (657, 659).
2811 Vgl. hierzu unten Rn. 1414.
2812 Fall nach BGHSt 11, 268; vgl. dazu *Dehne-Niemann*, ZJS 2008, 351; *Jäger*, Rn. 310 f.; *Krey/Esser*, Rn. 949 ff.; *Marxen*, Fall 7b; *Scheffler*, JuS 1992, 920; ferner die Übungsfälle bei *Lave/Dehne-Niemann*, JURA 2010, 73 (77 f.); *Nix*, JA 2015, 24 (31); *Noltensmeier/Henn*, JA 2007, 772 (776 f.); *Sebastian*, JURA 2015, 992 (1000 f.); *Sternberg-Lieben/v. Ardenne*, JURA 2007, 149 (152 f.).
2813 Daher im Ergebnis eine Mittäterschaft ablehnend *Gropp/Sinn*, § 10 Rn. 189; *Schreiber*, JuS 1985, 873 (876); wohl auch *Lave/Dehne-Niemann*, JURA 2010, 73 (78).
2814 Zum error in persona vgl. oben Rn. 1099 ff.; zum error in persona des Mittäters Rn. 1104a.

lich sein, wenn sich Antons Verhalten im Rahmen des gemeinsamen Tatplans hielt und die bestehenden Abmachungen nicht überschritten wurden[2815].

6. Fahrlässige Mittäterschaft

1241 Da die Mittäterschaft im Hinblick auf den jeweiligen Tatbestand einen gemeinsamen Tatentschluss voraussetzt, der bei Fahrlässigkeitsdelikten gerade nicht vorliegt, wird zumindest von der h. M. die Möglichkeit einer fahrlässigen Mittäterschaft abgelehnt, was allerdings bedenklich ist[2816].

7. Mittäterschaft bei erfolgsqualifizierten Delikten

1241a Dagegen ist eine Mittäterschaft bei erfolgsqualifizierten Delikten denkbar, sofern das vorsätzlich verwirklichte Grunddelikt mittäterschaftlich verwirklicht wurde[2817]. Im Hinblick auf den – wenigstens fahrlässig verursachten – Erfolg ist die fahrlässige Verursachung jedoch grundsätzlich für jeden Mittäter getrennt zu prüfen.

8. Unmittelbares Ansetzen beim Mittäter

1242 Auf die Frage, wann beim Zusammenwirken mehrerer Mittäter ein unmittelbares Ansetzen und somit ein Versuchsbeginn anzunehmen ist, wurde bereits im Rahmen der Behandlung des Versuchs eingegangen (vergleiche Problemschwerpunkte 13 und 14)[2818].

9. Irrtum eines Mittäters

1242a Unterliegt ein Mittäter einem error in persona vel objecto, der für ihn unbeachtlich ist, gilt dies auch für den anderen Mittäter[2819]. In gleicher Weise ist auch eine aberratio ictus eines Mittäters für den anderen Mittäter beachtlich und führt für diesen zu einer Versuchs- und einer Fahrlässigkeitstat[2820].

2815 Wie hier BGHSt 11, 268 (271); *Freund/Rostalski*, § 10 Rn. 180; *Jakobs*, 21/45; *Kubiciel*, JURA 2005, 694 (699); *Kühl*, § 20 Rn. 120 f.; *Maurach/Gössel/Zipf*, AT 2, 7. Aufl., § 49 Rn. 60; *Nestler/Prochota*, JURA 2020, 561 (564); *Noltensmeier/Henn*, JA 2007, 772 (777); *Safferling*, JuS 2005, 135 (139); *Schönke/Schröder-Heine/Weißer*, § 25 Rn. 101; *Sternberg-Lieben/v. Ardenne*, JURA 2007, 149 (152); *Streng*, JuS 1991, 916; *Toepel*, JA 1997, 250, 949; *Wessels/Beulke/Satzger*, Rn. 829; a. M. (fahrlässiger und daher beachtlicher Exzess des Mittäters) LK-*Roxin*, 11. Aufl., § 25 Rn. 178; *Roxin*, Täterschaft und Tatherrschaft, 10. Aufl. 2019, S. 319 ff.; ferner *Jäger*, Rn. 311; *Krey/Esser*, Rn. 951 f.; *Rudolphi*, Bockelmann-FS 1979, S. 369 (380 f.); *Schreiber*, JuS 1985, 873 (876); *Sebastian*, JURA 2015, 992 (1001); *Seelmann*, JuS 1980, 571 (572); teilweise wird hier auch dahingehend differenziert, dass zwar ein (untauglicher) Versuch an dem vermeintlichen Verfolger vorliege, dem Mittäter aber nicht das Vollendungsdelikt (an sich selbst) angelastet werden könne; vgl. *Scheffler*, JuS 1992, 920 (922); *Schröder*, JR 1958, 427.
2816 Vgl. hierzu ausführlich oben Rn. 997 ff.
2817 *Geppert*, JURA 2011, 30 (32); LK-*Schünemann/Greco*, 13. Aufl., § 25 Rn. 201; *Roxin*, AT II, § 25 Rn. 179.
2818 Vgl. oben Rn. 739 ff., 743 ff.
2819 *Nestler/Prochota*, JURA 2020, 561 (564); *Schönke/Schröder-Heine/Weißer*, § 25 Rn. 101; hierzu schon oben Rn. 1104a, 1240.
2820 *Nestler/Prochota*, JURA 2020, 561 (564).

§ 35 Mittelbare Täterschaft

Einführende Aufsätze: *Beulke/Witzigmann*, Fallgruppen mittelbarer Täterschaft, Ad Legendum 2013, 59; *S. Dreher*, Mittelbare Unterlassungstäterschaft und Kausalität bei kollektivem Unterlassen, JuS 2004, 17; *Herzberg*, Abergläubische Gefahrenabwendung und mittelbare Täterschaft durch Ausnutzung eines Verbotsirrtums, JURA 1990, 16; *Koch*, Grundfälle zur mittelbaren Täterschaft, § 25 I Alt. 2 StGB, JuS 2008, 399, 496; *Kretschmer*, Mittelbare Täterschaft – Irrtümer über die tatherrschaftsbegründende Situation, JURA 2003, 535; *Kubiciel*, Strafbarkeit des Veranlassens eines Selbsttötungsversuches bei Täuschung des Opfers über die Tragweite des eigenen Tuns – „Sirius"-Fall, JA 2007, 729; *von der Meden*, Objektive Zurechnung und mittelbare Täterschaft, JuS 2015, 22; *Murmann*, Grundwissen zur mittelbaren Täterschaft (§ 25 I 2. Alt. StGB), JA 2008, 321; *Otto*, Täterschaft, Mittäterschaft, mittelbare Täterschaft, JURA 1987, 246; *ders.*, Täterschaft kraft organisatorischen Machtapparates, JURA 2001, 753; *Radde*, Von Mauerschützen und Schreibtischtätern – Die mittelbare Täterschaft kraft Organisationsherrschaft und ihre Anwendung auf Wirtschaftsunternehmen de lege lata, JURA 2018, 1210; *Rönnau*, Grundwissen – Strafrecht: „Der Täter hinter dem Täter", JuS 2021, 923; *Sippel*, Nochmals: Mittelbare Täterschaft bei deliktisch handelndem Werkzeug, JA 1984, 480; *Teubner*, Mittelbare Täterschaft bei deliktisch handelndem Werkzeug, JA 1984, 144.

Übungsfälle: *Ambos*, Mauerschützen, JuS 2000, 465; *Brandts*, Selbstmord und Fremdtötung – provoziert durch Täuschung, JURA 1986, 495; *Edlbauer*, Von süßen und salzigen Spielplatzfallen, JURA 2007, 941; *Kudlich*, Irrtumsprobleme bei der mittelbaren Täterschaft, JuS 2003, 755; *Rackow*, E-mail für die B, JA 2003, 218; *Radde*, Ein Opfer für den Katzenkönig, JA 2016, 818.

Rechtsprechung: BGHSt 3, 4 – Luftwaffe (mittelbare Täterschaft bei Freiheitsberaubung); **BGHSt 32, 38** – Sirius-Fall (Abgrenzung von Totschlag in mittelbarer Täterschaft und Beihilfe an strafloser Selbsttötung); **BGHSt 35, 347** – Katzenkönig (mittelbare Täterschaft bei vermeidbarem Verbotsirrtum des unmittelbar Handelnden); **BGHSt 40, 218** – Mauerschützen III (mittelbare Täterschaft bei organisierten Machtapparaten); **BGHSt 44, 204** – Minensperren (Rücktritt vom Totschlagsversuch des mittelbaren Täters); **BGHSt 45, 270** – Krenz (strafrechtliche Verantwortlichkeit von Mitgliedern des Politbüros); **BGHSt 48, 77** – Mauerschützen IV (mittelbare Täterschaft durch Unterlassen).

I. Grundlagen

Unter der Rechtsfigur der mittelbaren Täterschaft versteht man die Begehung einer Straftat **durch einen anderen**. Eine gesetzliche Regelung findet sich in § 25 Abs. 1, 2. Alt. StGB: *„Als Täter wird bestraft, wer die Straftat [...] durch einen anderen begeht"*[2821]. Die mittelbare Täterschaft zeichnet sich dabei dadurch aus, dass der mittelbare Täter die tatbestandsmäßige Handlung nicht selbst, d. h. eigenhändig, sondern durch einen von ihm beherrschten sog. „Tatmittler" (oder auch: **„menschliches Werkzeug"**[2822]) vornehmen lässt. Dabei hält der mittelbare Täter (= Hintermann) das Gesamtgeschehen kraft seines planvoll lenkenden Willens vollständig in der Hand, besitzt also **Tatherrschaft**. Dagegen muss – so zumindest im Regelfall – der Tatmittler (d. h. die unmittelbar handelnde Person) irgendeinen „Defekt" in der Strafbarkeit aufweisen, sodass er strafrechtlich – zumindest im Hinblick auf dieses Delikt – nicht zur Verantwortung gezogen werden kann. Genau diesen Umstand macht sich der mittelbare Täter zu Nutze[2823].

> **Bsp.:** Anton zwingt seine zwölfjährige Tochter Frieda (diese ist nach § 19 StGB schuldunfähig) dazu, im Supermarkt Lebensmittel zu stehlen. Tags darauf überredet er seinen

---
2821 Sprachlich korrekt müsste es allerdings heißen: „[...] *durch einen anderen begehen lässt*".
2822 Vgl. zur Terminologie *Krey/Esser*, Rn. 873.
2823 Zu den Ausnahmefällen des „Täters hinter dem Täter" vgl. unten Rn. 1254 ff.

schwachsinnigen Freund Otto (dieser ist nach § 20 StGB schuldunfähig), seinen Widersacher Bruno zu töten.

1244 Kennzeichnend für die mittelbare Täterschaft ist also eine aus tatsächlichen oder rechtlichen Gründen unterlegene Stellung des Tatmittlers und eine beherrschende Rolle des Hintermannes (= des mittelbaren Täters). Diese kann in Form der Ausnutzung konstitutioneller Mängel (konstitutionsbedingte Herrschaft), der Hervorrufung eines Irrtums (Irrtumsherrschaft), überlegenen Sachwissens (Wissensherrschaft) oder durch Zwang (Nötigungsherrschaft) vorkommen[2824].

1245 Eine mittelbare Täterschaft ist jedoch – wie jede andere Täterschaftsform – nur dann möglich, wenn der mittelbare Täter neben der erforderlichen Tatherrschaft auch die für eine Täterschaft notwendigen Merkmale und Sondereigenschaften des jeweiligen Delikts aufweist. Sie scheidet daher aus bei **eigenhändigen Delikten** (da der Hintermann die Handlung nicht selbst unmittelbar vornimmt) und bei **Sonder- und Pflichtdelikten** (sofern dem Hintermann die besondere Pflichtenstellung fehlt)[2825]. Auch bei **Fahrlässigkeitsdelikten** ist eine mittelbare Täterschaft nicht denkbar, da es an einem bewussten Ausnutzen des menschlichen Werkzeugs fehlt (hier liegt aber infolge des bei den Fahrlässigkeitsdelikten existierenden Einheitstäterprinzips zumeist eine „normale" Alleintäterschaft vor).

1246 Oftmals wird eine mittelbare Täterschaft zudem von der **Anstiftung** abzugrenzen sein, da auch der Anstifter einen anderen zur Begehung einer Straftat veranlasst, die nach § 26 StGB jedoch nicht schuldhaft verwirklicht werden muss[2826]. Die Abgrenzung von Anstiftung und mittelbarer Täterschaft richtet sich nach den allgemeinen Kriterien der Abgrenzung von Täterschaft und Teilnahme, also danach, wer die Tatherrschaft besitzt[2827].

> **Klausurtipp:** In einer Klausur ist der unmittelbar Handelnde als Tatnächster zuerst zu prüfen[2828]. Kommt man dann an irgendeinem Punkt zur Ablehnung der Strafbarkeit, ist in einem zweiten Schritt die Strafbarkeit des Hintermannes zu untersuchen. Dieser muss – um mittelbarer Täter sein zu können – Täterqualität besitzen und das (straflose) Handeln des Tatmittlers bewusst veranlasst, gesteuert oder ausgenutzt haben.

II. Formen der mittelbaren Täterschaft

1247 Die mittelbare Täterschaft kann in mehreren Formen vorliegen, je nachdem, auf welcher Ebene des Straftataufbaus ein strafrechtlicher Defekt des Tatmittlers liegt, den sich der mittelbare Täter zu Nutze macht. Da sich der unmittelbar handelnde Tatmittler insoweit regelmäßig nicht strafbar macht, ist bei der Prüfung der Strafbarkeit des Hintermannes insbesondere hinsichtlich der besonderen Täterqualitäten oder der subjektiven Merkmale stets auf diesen abzustellen. Der mittelbare

---

[2824] Eine abweichende Einteilung trifft *Koch*, JuS 2008, 399, der zwischen Irrtumsherrschaft, Nötigungsherrschaft, Organisationsherrschaft und normativer Tatherrschaft trennt.
[2825] *Koch*, JuS 2008, 399 (400); ferner ausführlich *Klesczewski*, Rn. 574 ff.; vgl. hierzu schon oben Rn. 1196 f.; wer allerdings durch eine Täuschung einen Garant von erforderlichen Rettungsmaßnahmen abhält, ist mittelbarer Täter durch aktives Tun; vgl. hierzu den Übungsfall bei *Kudlich/Litau*, JA 2012, 755 (757 f.).
[2826] Vgl. zur sog. „limitierten Akzessorietät" der Teilnahme noch unten Rn. 1278 ff.
[2827] Vgl. zur Abgrenzung von Täterschaft und Teilnahme oben Rn. 1192 ff.
[2828] Zum Prüfungsaufbau bei der mittelbaren Täterschaft auch *Koch*, JuS 2008, 399 (399 f.); *Kühl*, § 20 Rn. 44, 134a; *Rengier*, § 43 Rn. 4 f.

Täter (nicht das Werkzeug) muss tauglicher Täter sein können, vorsätzlich handeln, die entsprechende Absicht besitzen etc.

1. Der Tatmittler handelt nicht objektiv tatbestandsmäßig[2829]

Bsp. (1): Emil hat als Beamter geheimhaltungsbedürftige Informationen bekommen. Er bittet seinen Freund Fritz, der selbst kein Amtsträger ist, diese aus seiner Schreibtischschublade zu nehmen und sie der örtlichen Tageszeitung zuzuspielen. – Da Fritz selbst kein Amtsträger ist, konnte er schon tatbestandlich keine Verletzung eines Dienstgeheimnisses, § 353b StGB, begehen[2830].

1248

Bsp. (2): Anton ist zu schnell mit seinem Auto gefahren und hat daher eine Ordnungswidrigkeit begangen. Er bittet seinen Freund Fritz, gegenüber der Behörde anzugeben, er (= der Fritz) sei der Fahrer gewesen. Fritz macht dies und Anton entgeht dadurch einer Ahndung. – Fritz macht sich hier nicht wegen einer falschen Verdächtigung nach § 164 Abs. 2 StGB[2831] strafbar, weil er keinen „anderen" verdächtigt. Er handelt daher tatbestandslos. Daher scheidet für Anton eine strafbare Anstiftung (§ 26 StGB) aus. Es kommt aber eine mittelbare Täterschaft in Form der „normativen Tatherrschaft" in Frage[2832]. Allein ein überwiegendes Tatinteresse des Anton und die Möglichkeit der Behörde den wahren Sachverhalt zu offenbaren, reichen jedoch zur Begründung einer Tatherrschaft nicht aus[2833]. Diese – hier prinzipiell denkbare – Tatherrschaft muss sich aus weiteren Umständen ergeben (Nötigungsherrschaft, Irrtumsherrschaft, Organisationsherrschaft etc.), die dazu führen, dass der Hintermann das Geschehen „in der Hand hat"[2834].

Bsp. (3)[2835]**:** Anton fordert die ihm hörige Gisela auf, zu seinen Gunsten eine Lebensversicherung abzuschließen und sich daraufhin selbst zu töten. Gisela tut dies. – Gisela handelte bei der von ihr vorgenommenen Selbsttötung nicht tatbestandsmäßig, da § 212 StGB nach zutreffender Ansicht voraussetzt, dass ein anderer Mensch getötet wird[2836]. Die Selbsttötung ist also nicht strafbar. Für Anton stellt sich die Tötung jedoch als Fremdtötung in mittelbarer Täterschaft dar, sofern er Tatherrschaft besaß. Kommt man hingegen zu dem Ergebnis, dass Antons Mitwirkung nur als Anstiftung oder Beihilfe zu einer freiverantwortlichen Selbsttötung zu qualifizieren ist, dann ist er mangels vorsätzlich begangener rechtswidriger Haupttat straflos[2837].

2829 Vgl. auch die Übungsfälle bei *Mitsch*, JuS 2004, 323 (324 f.): Vereiteln der Zwangsvollstreckung durch den Beauftragten des Schuldners; *Ensenbach*, JURA 2011, 787 (792) und *Seier*, JuS 1993, L 75 (L 78): Sachbeschädigung durch getäuschten Eigentümer; ferner *B. Heinrich/Reinbacher*, JA 2007, 264 (266 f.).

2830 Vgl. zu diesen Fällen des „qualifikationslos-dolosen Werkzeugs", bei denen der Hintermann aufgrund seiner persönlichen Eigenschaften als Garant für das durch die Strafnorm geschützte Rechtsgut anzusehen ist (z. B. §§ 266, 288, 348 StGB) vgl. *Freund/Rostalski*, § 10 Rn. 74 f. (mit anderer rechtlicher Herleitung); *Herzberg*, JURA 2004, 670 (670 f.); *Jescheck/Weigend*, § 62 II 7; *Kühl*, § 20 Rn. 56b; *Lackner/Kühl*, § 25 Rn. 4; LK-*Schünemann/Greco*, 13. Aufl., § 25 Rn. 153 ff.; *Murmann*, JA 2008, 521 (522); *Rengier*, § 43 Rn. 14 ff.; abweichend *Koch*, JuS 2003, 496 (499); *Mitsch*, JuS 2004, 323 (325); *Otto*, § 21 Rn. 93 ff.; *Stratenwerth/Kuhlen*, § 12 Rn. 38; *Valerius*, JURA 2013, 15 (16); vgl. auch auf der Grundlage der „Lehre von den Pflichtdelikten" *Roxin*, AT II, § 25 Rn. 275 ff.

2831 § 164 Abs. 1 StGB scheidet aus, da es sich nicht um eine „rechtswidrige Tat" (nach § 11 Abs. 1 Nr. 5 StGB: Straftat), sondern um eine Ordnungswidrigkeit handelt.

2832 So OLG Stuttgart NStZ 2016, 155 (156 f.).

2833 So OLG Stuttgart NJW 2017, 1971 (1973); LG Heilbronn StraFo 2017, 118; *Böse*, ZJS 2018, 189 (190); *Dehne-Niemann*, HRRS 2016, 453 (456 ff.); *Hecker*, JuS 2016, 82; *ders.*, Jus 2017, 795 (797 f.); *ders.*, NJW 2017, 1973; *Kudlich*, JA 2017, 632 (633).

2834 *Hecker*, JuS 2017, 795 (796); *Rengier*, § 43 Rn. 3; *Schönke/Schröder-Heine/Weißer*, § 25 Rn. 9.

2835 Vgl. hierzu den klassischen Sirius-Fall, BGHSt 32, 38 (näher unten Rn. 1262); ferner die Übungsfälle bei *Beulke*, JURA 2014, 639 (643); *Brandts*, JURA 1986, 495; *Pape*, JURA 2008, 147 (148); *Rackow*, JA 2003, 218; *Sahan*, ZJS 2008, 177 (182).

2836 Vgl. unten Rn. 1262 ff.

2837 Zu dieser Problematik *Kühl*, § 20 Rn. 46; vgl. auch LG Gießen NStZ 2013, 43 (44).

1248a Das letzte Beispiel zeigt, dass eine mittelbare Täterschaft nicht notwendigerweise ein Drei-Personen-Verhältnis voraussetzt. Sie kann vielmehr auch dann vorliegen, wenn das Opfer als „Tatmittler gegen sich selbst" tätig wird[2838]. Dies ist regelmäßig dann der Fall, wenn er das Opfer zu einer Selbstschädigung nötigt („**Nötigungsherrschaft**"), kann aber auch dann vorliegen, wenn er es durch Täuschung zu einer Selbstschädigung veranlasst („Irrtumsherrschaft"), wobei die Voraussetzungen hier umstritten sind[2839].

2. Der Tatmittler handelt nicht vorsätzlich[2840]

1249 **Bsp. (1):** Anton fordert Bruno nach einem Kneipenbesuch auf, ihm seinen an der Garderobe hängenden „schwarzen Mantel" nach draußen zu bringen. Bei dem fraglichen schwarzen Mantel handelt es sich allerdings um den (sehr teuren) Mantel Rudis, auf den es Anton schon seit längerem abgesehen hat. Bruno bringt den Mantel nach draußen in der Annahme, es handle sich um Antons Mantel. – Bruno nahm hier eine fremde bewegliche Sache weg, handelte jedoch hinsichtlich der Wegnahme nicht vorsätzlich, da er glaubte, der berechtigte Gewahrsamsinhaber (Anton) hätte ihm die Mitnahme gestattet. Anton hingegen hat einen Diebstahl in mittelbarer Täterschaft (in der Form der Irrtumsherrschaft) begangen, da er selbst die erforderlichen subjektiven Qualitäten (hier insbesondere auch die Absicht rechtswidriger Zueignung) aufwies.

Bsp. (2)[2841]**:** Toni „verkleidet" sich als Arzt und weist die neu in der Klinik angestellte Krankenschwester Rosi an, dem Patienten Paul in Zimmer 42 eine Beruhigungsspritze zu geben. Die ihr übergebene Spritze enthält jedoch ein tödliches Gift. Rosi verabreicht die Spritze, Paul stirbt. – Hier fehlte es bei Rosi am Tötungsvorsatz, da sie bei der Verabreichung der Spritze nicht wusste, dass es sich um Gift handelte. Toni ist mittelbarer Täter eines vorsätzlichen Totschlags, § 212 StGB (bzw. Mordes, §§ 212, 211 StGB), da er diesen Irrtum bei Rosi hervorgerufen hat (mittelbare Täterschaft kraft überlegenen Wissens). Diese Strafbarkeit wird selbst dann nicht ausgeschlossen, wenn man Rosi einen Fahrlässigkeitsvorwurf machen kann, der bei ihr zu einer Strafbarkeit wegen fahrlässiger Tötung, § 222 StGB, führt[2842].

2838 In diese Richtung auch BGHSt 43, 177 (180); für die Zulässigkeit von mittelbarer Täterschaft im Zwei-Personen-Verhältnis auch *Berkl*, JA 2006, 276 (277); *Jahn*, JA 2002, 560 (561); *Koch*, JuS 2008, 399 (400); *Kudlich*, JuS 1998, 596 (598 f.); *Kühl*, § 20 Rn. 46; LK-*Schünemann/Greco*, 13. Aufl., § 25 Rn. 126; *Murmann*, JA 2008, 521 (522); *Pape*, JURA 2008, 147 (148); *Schapiro*, JA 2005, 615 (616); *Wessels/Beulke/Satzger*, Rn. 849; a. M. *Dölling/Duttge/König/Rössner-Ingelfinger*, § 25 Rn. 11, 33; NK-*Schild*, § 25 Rn. 46 f.; *Schumann*, Puppe-FS 2011, S. 971 (984 f.); wohl auch BGH NStZ 2006, 506; vgl. hierzu auch die Übungsfälle bei *Gerhold/Conrad*, JA 2019, 358 (358 f.); *Pape*, JURA 2008, 147 (148).

2839 Vgl. hierzu noch näher unten Rn. 1263 ff.

2840 Vgl. hierzu auch die Übungsfälle bei *Börger*, JURA 2017, 477 (484); *Bung*, JA 2007, 868 (869); *Cantzler*, JA 1999, 859 (864); *Edlbauer*, JURA 2007, 941; *Hohmann/Matt*, JuS 1993, 131 (132 f.); *Krack/Schwarzer*, JuS 2008, 140 (141); *Kudlich/Litau*, JA 2012, 755 (757 f.); *Lück*, JuS 2018, 1148 (1150); *Mitsch*, JuS 2007, 555 (557); *Morgenstern*, JURA 2011, 146 (151); *Murmann*, JURA 2001, 258 (263); *ders.*, JA 2008, 521 (523); *Norouzi*, JuS 2007, 146 (150); *Ostendorf*, JuS 1980, 664 (665); *Otte*, JA 2017, 510 (514); *Paul/Schubert*, JuS 2013, 1007 (1011); *Putzke*, JuS 2019, 1094 (1097); *Schuhr*, JuS 2015, 189 (195); *Schultz/Richter*, JuS 1985, 798 (801 f.); *Thoss*, JuS 1996, 816 (818); *Vogel*, JURA 1996, 265 (269); ferner *Kudlich*, JuS 2003, 755: Tatmittler glaubt an tatbestandsausschließendes Einverständnis.

2841 Eine vergleichbare Fallkonstellation findet sich in BGHSt 30, 363 (364 f.), hier allerdings mit der Besonderheit, dass das Werkzeug sich bewusst darüber war, eine Körperverletzung zu begehen (d.h. deliktisch zu handeln) und nur über die tödliche Wirkung des Tatmittels getäuscht wurde; zustimmend *Jakobs*, 21/75; *Krey/Esser*, Rn. 892; *Roxin*, AT II, § 25 Rn. 66; SK-*Hoyer*, § 25 Rn. 66; *Teubner*, JA 1984, 144; ablehnend *Sippel*, NJW 1983, 2226; *ders.*, JA 1984, 480.

2842 So auch *Jakobs*, 21/74; *Krey/Esser*, Rn. 886, 890; *Kühl*, § 20 Rn. 52; LK-*Roxin*, 11. Aufl., § 25 Rn. 77; *Roxin*, AT II, § 25 Rn. 63, 65; *Schönke/Schröder-Heine/Weißer*, § 25 Rn. 16.

3. Dem Tatmittler fehlen sonstige zusätzliche, für die Tatbestandsverwirklichung notwendige subjektive Merkmale

Bsp.[2843]: Anton überredet Bruno, ihm den an der Garderobe hängenden Mantel Rudis **1250** nach draußen zu bringen, wobei er Bruno darüber aufklärt, dass es sich zwar um Rudis Mantel handelt, er sich diesen aber nur kurz ausleihen möchte, um Zigaretten zu holen. Er werde den Mantel nachher gleich wieder zurückbringen. Letzteres hatte Anton aber nie vor. Bruno bringt ihm den Mantel. – Hier nahm Bruno zwar vorsätzlich eine fremde bewegliche Sache weg, er handelte jedoch ohne (Dritt-)Zueignungsabsicht, da er glaubte, es läge hier nur eine (straflose) Gebrauchsanmaßung durch Anton vor (sog. „**absichtslos-doloses Werkzeug**"[2844]). Da Anton die Tat Brunos veranlasste, selbst aber Zueignungsabsicht besaß, ist er mittelbarer Täter eines Diebstahls, § 242 StGB[2845].

4. Der Tatmittler handelt nicht rechtswidrig

Bsp. (1)[2846]: Anton beschuldigt den wohnsitzlosen Ludwig unter Vorlage von gefälsch- **1251** tem Beweismaterial bei der Staatsanwaltschaft der Begehung eines Verbrechens und weist glaubhaft (aber unzutreffend) darauf hin, dass Ludwig wolle sich ins Ausland absetzen. Wie von ihm beabsichtigt, wird Ludwig tags darauf durch richterlichen Haftbefehl in Untersuchungshaft genommen. – Die Verhaftung (und die damit verbundene Freiheitsberaubung, § 239 StGB) seitens der Staatsanwaltschaft und dem Gericht war rechtmäßig, da ein dringender Tatverdacht sowie der Haftgrund der Fluchtgefahr vorlag. Anton hat jedoch eine Freiheitsberaubung in mittelbarer Täterschaft begangen (überlegene Wissensherrschaft durch Täuschung.)[2847]

Bsp. (2): Bruno vermisst seine Geldbörse. Anton sagt zu ihm bewusst wahrheitswidrig, der schnell zum Bahnhof eilende Rudi habe die Geldbörse entwendet. Bruno rennt hinter Rudi her, hält diesen mit einem schmerzhaften Griff fest und fordert ihn unter Schlägen auf: „Geld her!". Der nichtsahnende Rudi schlägt daraufhin den Bruno mit

---

2843 Vgl. zu einem ähnlichen Fall *Wessels/Beulke/Satzger*, Rn. 844.

2844 Wobei hier mit „dolos" gemeint ist, dass der Tatmittler jedenfalls Vorsatz hinsichtlich der Verwirklichung des objektiven Tatbestandes hatte. Er muss also nicht insgesamt bösgläubig gewesen sein; ablehnend zu dieser Rechtsfigur *Krämer*, JURA 2005, 833 (836), mit der Argumentation, hier entfiele bereits der Vorsatz des Tatmittlers nach § 16 Abs. 1 Satz 1 StGB, sodass bereits die Fallgruppe der unvorsätzlich begangenen Tat vorläge.

2845 Vgl. hierzu den „klassischen" Gänsebuchtfall, RGSt 48, 58; ferner RGSt 39, 37 (39 f.); BGH wistra 1987, 253; das Ergebnis ist allerdings umstritten, da (auch) dem vorsätzlich wegnehmenden (insoweit also „dolos" handelnden) Tatmittler Tatherrschaft zukommt; daher wurde hier teilweise eine „normative Tatherrschaft" des Hintermannes konstruiert; vgl. *Fahl*, JuS 1998, 24 (24 f.); *Hoffmann-Holland*, Rn. 492; *Jäger*, Rn. 351; *Jescheck/Weigend*, § 62 II 7; *Kühl*, § 20 Rn. 54 ff.; *Schönke/Schröder-Heine/Weißer*, § 25 Rn. 19; mit anderer Begründung *Murmann*, JA 2008, 521 (523); SSW-*Murmann*, § 25 Rn. 16; ablehnend BWME-*Eisele*, § 25 Rn. 124; *Dehne-Niemann*, JuS 2008, 589 (592); *Dehne-Niemann/Weber*, JA 2009, 868 (870); *Freund/Rostalski*, § 10 Rn. 72 ff.; *Frister*, 27. Kap. Rn. 42; *Gropengießer*, JuS 1997, 1010 (1012 f.); *Gropp/Sinn*, § 10 Rn. 123 ff.; *Köhler*, S. 512; *Krey/Esser*, Rn. 921; *Mitsch*, BT 2 1.2.2.3.3.6.; *Neumann*, JuS 1993, 746 (747); *Otto*, § 21 Rn. 97; *Roxin*, AT II, § 25 Rn. 153 ff.; SK-*Hoyer*, § 25 Rn. 46 f.; *Stratenwerth/Kuhlen*, § 12 Rn. 37; zum Irrtum über die „Rechtswidrigkeit" der Zueignung *Krüger*, JURA 1998, 616; vgl. zum Ganzen auch den Übungsfall bei *Hillenkamp*, JuS 2003, 157 (160).

2846 Vgl. auch die Fälle des Prozessbetruges, in denen der Kläger in einem Zivilprozess durch falsche Behauptungen und Vorlage gefälschter Beweismittel erreicht, dass der Richter den Beklagten zu Unrecht zu einer Zahlung verurteilt; hierzu *Krey/Esser*, Rn. 897; *Rengier*, § 43 Rn. 24; *Roxin*, AT II, § 25 Rn. 68.

2847 So auch BWME-*Eisele*, § 25 Rn. 127; *Jakobs*, 21/81; *Jescheck/Weigend*, § 62 II 3; *Krey/Esser*, Rn. 895 f.; *Kühl*, § 20 Rn. 57; LK-*Schünemann/Greco*, 13. Aufl., § 25 Rn. 105; MüKo-*Joecks/Scheinfeld*, 4. Aufl., § 25 Rn. 94; *Murmann*, JA 2008, 521 (523 f.); *Rengier*, § 43 Rn. 24; *Roxin*, AT II, § 25 Rn. 68; *Schönke/Schröder-Heine/Weißer*, § 25 Rn. 32; a. M. *Koch*, JuS 2008, 399 (401); vgl. zu ähnlichen Fällen aus der Rechtsprechung RGSt 13, 426; RGSt 64, 23 (24); BGHSt 3, 4 (5 f.); BGHSt 10, 306 (307); BGHSt 42, 275 (276); ablehnend für den Fall einer rechtskräftigen Verurteilung zu einer Freiheitsstrafe aber NK-*Sonnen*, § 239 Rn. 24; *Otto*, BT, § 28 Rn. 7; ferner die Übungsfälle bei *Bühler*, JURA 1989, 651 (656); *Hecker*, JURA 1999, 197 (200 f.).

einem Faustschlag nieder, da er von einem Raubüberfall ausgeht. Eben dies hatte Anton vorausgesehen. – Rudi handelt im Rahmen seines Faustschlages gerechtfertigt nach § 32 StGB, da jedenfalls ein gegenwärtiger rechtswidriger Angriff auf seine körperliche Integrität vorliegt. Anton nutzt dies für seine Zwecke aus und ist daher wegen zweier Körperverletzungen in mittelbarer Täterschaft zu bestrafen. (Bruno war infolge eines Erlaubnistatbestandsirrtums entschuldigt[2848], Rudi handelte infolge Notwehr gerechtfertigt)[2849].

1251a Mittelbare Täterschaft ist auch denkbar in Fällen, in denen ein Vorgesetzter einen Untergebenen zu einem Verhalten veranlasst, welches für diesen infolge der Verbindlichkeit des Befehls ausnahmsweise als gerechtfertigt[2850] bzw. – nach der hier vertretenen Ansicht – als entschuldigt[2851] anzusehen ist, oder in denen ein Amtsträger eine materiell rechtswidrige Genehmigung (z. B. zum Einleiten von Schadstoffen in einen Fluss) erteilt, die dazu führt, dass der einleitende Fabrikant nicht „unbefugt" (und somit rechtmäßig) i. S. des § 324 StGB handelt[2852].

5. Der Tatmittler handelt nicht schuldhaft

1252 Hierunter fallen sämtliche Konstellationen, in denen der Tatmittler entweder schuldunfähig ist (§§ 19, 20 StGB)[2853], sich in einem unvermeidbaren Verbotsirrtum befindet (§ 17 StGB)[2854] oder in denen für ihn ein Entschuldigungsgrund (z. B. § 35 StGB) greift[2855]. Ferner fallen hierunter die Konstellationen, in denen der mittelbare Täter den Tatmittler in einen Erlaubnistatbestandsirrtum versetzt[2856].

Bsp.: Anton überredet den geisteskranken Otto und die zwölfjährige Frieda dazu, Flaschen von einer Autobahnbrücke auf fahrende Autos zu werfen, wodurch mehrere Personen verletzt werden[2857].

1252a In dieser Konstellation ist allerdings zu beachten, dass nicht jede Verleitung eines Schuldunfähigen zu einer mittelbaren Täterschaft des Hintermannes führen muss.

2848 Vgl. zur Rechtsfolge des Erlaubnistatbestandsirrtums oben Rn. 1128 ff.
2849 *Roxin*, AT II, § 25 Rn. 69; *Schönke/Schröder-Heine/Weißer*, § 25 Rn. 33; vgl. zum gerechtfertigt handelnden Werkzeug auch den Übungsfall bei *Haas/Hänke*, JURA 2021, 1508 (1514).
2850 Vgl. hierzu *Kühl*, § 20 Rn. 60; *Schönke/Schröder-Heine/Weißer*, § 25 Rn. 34.
2851 Vgl. hierzu oben Rn. 511, 594 f.
2852 Vgl. OLG Frankfurt NJW 1987, 2753 (2756 f.); *Kühl*, § 20 Rn. 60; LK-*Schünemann/Greco*, 13. Aufl., § 25 Rn. 107; *Rengier*, BT II, § 47 Rn. 25; vgl. auch BGHSt 39, 381 (387 ff.); a. M. *Otto*, JURA 1991, 308 (314); *Schall*, JuS 1993, 719 (721); differenzierend *Schönke/Schröder-Heine/Hecker*, Vorbem. §§ 324 ff. Rn. 35.
2853 *Freund/Rostalski*, § 10 Rn. 78 f.; *Frister*, 27. Kap. Rn. 34; *Jescheck/Weigend*, § 62 II 4; *Krey/Esser*, Rn. 898 ff.; *Koch*, JuS 2008, 399 (401); *Kühl*, § 20 Rn. 66 f.; LK-*Schünemann/Greco*, 13. Aufl., § 25 Rn. 135; *Murmann*, JA 2008, 521 (524); *Rengier*, § 43 Rn. 27; *Roxin*, AT II, § 25 Rn. 140; SK-*Hoyer*, § 25 Rn. 51; a. M. *Jakobs*, 2/96; *Köhler*, S. 509; MüKo-*Joecks/Scheinfeld*, 4. Aufl., § 25 Rn. 108 ff.; vgl. hierzu den Übungsfall bei *Edlbauer*, JURA 2007, 941.
2854 Vgl. hierzu *Krey/Esser*, Rn. 903; *Koch*, JuS 2008, 399 (401); *Kühl*, § 20 Rn. 69; *Otto*, JURA 1987, 244 (255); *Puppe*, AT 2, 1. Aufl., § 40 Rn. 21 ff.; *Rengier*, § 43 Rn. 30; *Roxin*, AT II, § 25 Rn. 78; a. M. *Köhler*, S. 509.
2855 Vgl. hier insbesondere die Fälle des Nötigungsnotstandes; hierzu *Jescheck/Weigend*, § 62 II 6; *Krey/Esser*, Rn. 881 ff.; *Kühl*, § 20 Rn. 62 ff.; *Otto*, JURA 1987, 246 (254); *Puppe*, § 24 Rn. 12 ff.; *Roxin*, AT II, § 25 Rn. 47 f.; SK-*Hoyer*, § 25 Rn. 51; vgl. ferner die Übungsfälle bei *Dannecker*, JuS 1989, 215 (218); *Frank*, JURA 2006, 783 (786 f.); *Kühl*, JuS 2007, 742 (748).
2856 Dieser schließt nach der hier vertretenen Ansicht (vgl. oben Rn. 1132 ff.) die Vorsatzschuld aus; vgl. LK-*Schünemann/Greco*, 13. Aufl., § 25 Rn. 108; MüKo-*Joecks/Scheinfeld*, 4. Aufl., § 25 Rn. 95; *Rengier*, § 43 Rn. 31; ferner die Übungsfälle bei *Ingelfinger*, JuS 1995, 321 (325); *Rengier/Braun*, JuS 2012, 999 (1003); *Steinberg/Epe*, ZJS 2016, 370 (373).
2857 Vgl. ferner die einleitenden Beispielsfälle oben Rn. 1243 und den Übungsfall bei *Mitsch*, JURA 1989, 485 (487).

Denn infolge der (lediglich) limitierten Akzessorietät der Teilnahme[2858] ist hier grundsätzlich auch eine Anstiftung möglich, sodass eine Abgrenzung von Täterschaft und Teilnahme erforderlich ist[2859].

6. Abgrenzungsfragen

In den aufgezeigten Fällen können die unmittelbar handelnden Tatmittler nicht wegen der von ihnen begangenen Delikte bestraft werden. Insofern ist eine Strafbarkeit des im Hintergrund Agierenden wegen mittelbarer Täterschaft notwendig. Allerdings könnte man im letztgenannten Fall, in dem das Werkzeug (lediglich) nicht schuldhaft handelt, auch eine Anstiftung annehmen, da diese keine schuldhafte, sondern nur eine vorsätzlich begangene rechtswidrige Haupttat voraussetzt[2860]. Dies kann jedoch oftmals nicht befriedigen, da dann niemand „als Täter" für die begangene Tat verantwortlich gemacht werden könnte. Daher wird bei der Abgrenzung von mittelbarer Täterschaft und Anstiftung regelmäßig dann eine mittelbare Täterschaft vorliegen, wenn der Hintermann das schuldlose Handeln des Tatmittlers erkennt und gerade diesen Umstand insoweit ausnutzt, dass er den Tatmittler als Werkzeug „in der Hand" hält und daher die Tatbegehung kraft seines planvoll lenkenden Willens beherrscht[2861].

III. Fallgruppen des „Täters hinter dem Täter"

In den bisher genannten Konstellationen ist die Möglichkeit einer mittelbaren Täterschaft weitgehend unumstritten. Darüber hinausgehend wird aber diskutiert, ob eine mittelbare Täterschaft auch dann vorliegen kann, wenn der Tatmittler für seine Tat voll verantwortlich ist, d. h. wegen der Tatbegehung selbst bestraft werden kann. Man spricht in diesem Zusammenhang von der **Rechtsfigur des Täters hinter dem Täter**[2862]. Die Annahme einer solchen Rechtsfigur würde dazu führen, dass beide Beteiligte als Täter des jeweiligen Delikts bestraft werden könnten, ohne dass jedoch ein mittäterschaftliches Zusammenwirken vorliegt. Im Ergebnis ist dies in bestimmten Ausnahmefällen anzuerkennen, in denen infolge des steuernden Einflusses des Hintermannes die Annahme einer bloßen Anstiftung ver-

---

2858 Vgl. hierzu noch unten Rn. 1278 ff.
2859 So wird in der Literatur zuweilen darauf abgestellt, ob der Tatmittler trotz Schuldunfähigkeit im Einzelfall dennoch über eine gewisse Einsichtsfähigkeit verfügt; hierzu *Ellbogen/Wichmann*, JuS 2007, 114 (116); *Exner*, JURA 2013, 103 (107 f.); vgl. zur Abgrenzung von Täterschaft und Teilnahme allgemein oben Rn. 1203 ff.
2860 Vgl. hierzu unten Rn. 1278 ff., 1285.
2861 *Jescheck/Weigend*, § 62 II 4; LK-*Schünemann/Greco*, 13. Aufl., § 25 Rn. 135; vgl. aber auch *Joecks/Jäger*, § 25 Rn. 34; MüKo-*Joecks/Scheinfeld*, 4. Aufl., § 25 Rn. 108; *Rengier*, § 43 Rn. 36; vgl. auch RGSt 61, 265 (267); ferner *Kühl*, JuS 2007, 742 (748), der sowohl eine mittelbare Täterschaft als auch eine Anstiftung bejaht, die dann aber auf Konkurrenzebene zurücktreten lässt; ferner den Übungsfall bei *Frank*, JURA 2006, 783 (787).
2862 Vgl. hierzu ausführlich BWME-*Eisele*, § 25 Rn. 136 ff.; *Kühl*, § 20 Rn. 72 ff.; *Radde*, JURA 2018, 1210 (1212 f.); *Rengier*, § 43 Rn. 38 ff.; *Rönnau*, JuS 2021, 923; *Roxin*, AT II, § 25 Rn. 94 ff.; ablehnend im Hinblick auf diese Rechtsfigur aber z. B. *Jakobs*, 21/63; *Jescheck/Weigend*, § 62 I 3, § 62 II 8; *Klesczewski*, Rn. 556; *Kretschmer*, JURA 2003, 535 (537); *Krey*, JURA 1979, 316 (325); *Krey/Esser*, Rn. 875 ff.

fehlt wäre. Die Rechtsfigur des „Täters hinter dem Täter" wird dabei in drei Fallgruppen diskutiert[2863]:

1. Organisierte Machtapparate

1255 In Fällen eines im Hintergrund agierenden organisierten Machtapparates (wie z. B. bei staatlich organisierter Kriminalität), einem organisierten Bandenwesen (wie z. B. der Mafia[2864]) oder unternehmerischen Organisationsstrukturen[2865] wird die Rechtsfigur des „Täters hinter dem Täter" zwar teilweise sehr kontrovers diskutiert, in den Fällen der staatlichen Machtapparate jedoch überwiegend anerkannt (Fälle der sog. **Organisationherrschaft**)[2866]. Denn es besteht ein Bedürfnis, neben dem die Tat unmittelbar Ausführenden auch die „Drahtzieher" und Bandenchefs als

---

[2863] Zu erwähnen ist schließlich noch die – im Ergebnis abzulehnende – Fallgruppe der Täuschung über die Unrechtshöhe eines tatbestandlichen Verhaltens (z. B. wenn der Hintermann den Vordermann über den Wert des von diesem tatbestandsmäßig, rechtswidrig und schuldhaft zerstörten Gegenstandes täuscht); hierzu *Koch*, JuS 2008, 399 (402); *Murmann*, JA 2008, 321 (324); für eine Einbeziehung *Frister*, 27. Kap. Rn. 13; *Jäger*, Rn. 346; *Kühl*, § 20 Rn. 75; *Roxin*, AT II, § 25 Rn. 96; *Schönke/Schröder-Heine/Weißer*, § 25 Rn. 22, 25; SK-*Hoyer*, § 25 Rn. 76; wie hier ablehnend *Hünerfeld*, ZStW 99 (1987), 228 (242 f.); *Jescheck/Weigend*, § 62 II 2; *Kindhäuser/Zimmermann*, § 39 Rn. 37; *Krey/Esser*, Rn. 938; MüKo-*Joecks/Scheinfeld*, 4. Aufl., § 25 Rn. 112; *Otto*, § 21 Rn. 88 f.; diskutiert wird die Rechtsfigur ferner bei Personen, die „lediglich" im Zustand des § 21 StGB (verminderte Schuldfähigkeit) handeln, aber vom Hintermann beeinflusst werden; für eine Einbeziehung *Frister*, 27. Kap. Rn. 35; *Schönke/Schröder-Heine/Weißer*, § 25 Rn. 46; dagegen *Jakobs*, 21/94; *Stratenwerth/Kuhlen*, § 12 Rn. 52; differenzierend LK-*Schünemann/Greco*, 13. Aufl., § 25 Rn. 136 ff.; *Roxin*, AT II, § 25 Rn. 150 f.; vgl. ferner zum Versetzen des voll verantwortlich handelnden Tatmittlers in einen error in persona oben Rn. 1188.

[2864] Kritisch zu dieser Fallgruppe *Köhler*, S. 510; *Murmann*, GA 1996, 269 (278 ff.); ferner *Koch*, JuS 2008, 496 (498); *Schulz*, JuS 1997, 109 (111): Beschränkung auf totalitäre, repressive Systeme; gänzlich ablehnend *Krey/Esser*, Rn. 936; *Zaczyk*, GA 2006, 411 (414).

[2865] Vgl. hierzu BGHSt 40, 218 (236 f.); BGHSt 40, 257 (266); BGHSt 43, 219 (231 f.); BGHSt 45, 270 (296); BGHSt 48, 331 (342); BGHSt 49, 147 (163 f.); BGH NStZ 1997, 544 (545); BGH NStZ 1998, 568 (569); BGH JZ 2004, 737 (740); BGH JR 2004, 245 m. Anm. *Rotsch*; BGH NStZ 2008, 89 (90); *Hefendehl*, GA 2004, 575 (586); *Hellmann/Beckemper*, Wirtschaftsstrafrecht, 4. Aufl. 2013, Rn. 935; *Lackner/Kühl*, § 25 Rn. 2; *Mittelsdorf*, ZIS 2011, 123; *Murmann*, JA 2008, 321 (325); *Nack*, GA 2006, 342 (343 ff.); ferner *Kühl*, § 20 Rn. 73b (zumindest bei „hierarchischen" Organisationsstrukturen); einschränkend *Tiedemann/Walter*, JURA 2002, 708 (713); ablehnend *Ambos*, GA 1998, 226 (239); *Bottke*, JuS 2002, 320 (321 f.); *Frister*, 27. Kap. Rn. 40; *M. Heinrich*, Frey-FS 2010, S. 147 (154 ff.); *Koch*, JuS 2008, 496 (498 f.); *Krey/Esser*, Rn. 936; *Küpper*, GA 1998, 519 (524 f.); LK-*Schünemann*, 12. Aufl., § 25 Rn. 132; MüKo-*Joecks/Scheinfeld*, 4. Aufl., § 25 Rn. 163 ff.; *Otto*, JURA 2001, 753 (759); *Radde*, JURA 2018, 1210 (1223 f.); *Rengier*, § 43 Rn. 67 f.; *Rotsch*, NStZ 1998, 491 (493 f.); *ders.*, ZStW 112 (2000), 518 (561); *ders.*, NStZ 2005, 13 (14 ff.); *Roxin*, AT II, § 25 Rn. 129 ff.; *ders.*, JZ 1995, 49 (51); *Schönke/Schröder-Heine/Weißer*, § 25 Rn. 30; *Schulz*, JuS 1997, 109 (111); *Zieschang*, Otto-FS 2007, S. 505 (509 f.); für die Annahme einer Mittäterschaft in diesen Fällen LK-*Schünemann/Greco*, 13. Aufl., § 25 Rn. 152; vgl. hierzu auch die Übungsfälle bei *Kubiciel/Wachter*, JA 2013, 112 (115 f.); *Lück*, JuS 2018, 1148 (1152); *Stefanopoulou*, ZJS 2021, 508 (511).

[2866] Vgl. hierzu BGHSt 40, 218 (236); BGHSt 45, 270 (296); BGHSt 48, 77 (91); BGH NStZ 2008, 89 (90); BGH JZ 2016, 103 (105); zum Ganzen *Ambos*, GA 1998, 226; AnwKomm-*Waßmer*, § 25 Rn. 37; *Bloy*, GA 1996, 424 (441 f.); *B. Heinrich*, JURA 2017, 1367 (1372); *Hoffmann-Holland*, Rn. 505; *Koch*, JuS 2008, 496 (496 f.); LK-*Schünemann/Greco*, 13. Aufl., § 25 Rn. 142 f.; *Otto*, JURA 2001, 753; *Radde*, JURA 2018, 1210 (1213 f.); *Rengier*, § 43 Rn. 60 ff.; *Rönnau*, JuS 2021, 923 (926); *Roxin*, GA 1963, 193; (hierzu *Czisnik*, ZIS 2021, 310); *ders.*, GA 2012, 395; *Schlösser*, JR 2006, 102; *ders.*, GA 2007, 161; *Voli*, GA 2019, 385; *Zaczyk*, GA 2006, 411; aus völkerstrafrechtlicher Sicht *Ambos*, Internationales Strafrecht, § 7 Rn. 29 ff.; *ders.*, Der Allgemeine Teil des Völkerstrafrechts, S. 590 ff.; ferner *Radtke*, GA 2006, 350; ablehnend *Frister*, 27. Kap. Rn. 40; *Jescheck/Weigend*, § 62 II 8; *Hruschka*, ZStW 110 (1998), 581 (606 ff.); *Krey/Esser*, Rn. 936; *Krey/Nuys*, Amelung-FS 2009, S. 203 (214 f.); *Jakobs*, ZIS 2009, 572 (572 ff.); *Lampe*, ZStW 119 (2007), 471 (505 f.); NK-*Schild*, § 25 Rn. 123; *Orozco López*, ZIS 2021, 233 (236 f.); *Rotsch*, ZStW 112 (2000); 518 (525 ff.); *ders.*, NStZ 2005, 13 (18).

„Täter" strafrechtlich zur Verantwortung zu ziehen[2867]. Zwar könnten diese auch wegen Anstiftung, § 26 StGB, mit der gleichen Strafe belegt werden, dies würde jedoch der Bedeutung ihres dominierenden Einflusses auf die Tatbegehung nicht gerecht. In der Literatur[2868] wird das Vorliegen einer solchen „Organisationsherrschaft"[2869] im Wesentlichen von drei Voraussetzungen abhängig gemacht: (1) dem Vorliegen einer vertikal hierarchisch gegliederten Organisation (Machtapparat), (2) der Austauschbarkeit der die Tat konkret ausführenden Personen (Fungibilität)[2870] und (3) dem Wirken des Machtapparates außerhalb der Rechtsordnung (Rechtsgelöstheit)[2871]. Die zuletzt genannte Voraussetzung ist allerdings deswegen problematisch, weil – im Übrigen „legal" tätige – wirtschaftliche Unternehmen dann nicht erfasst wären[2872].

Bsp. (Mauerschützenfall)[2873]: An der ehemaligen deutsch-deutschen Grenze wird der Republikflüchtling Rainer vom diensthabenden Wachmann Wilhelm durch drei Schüsse schwer verletzt und anschließend so lange auf dem „Todesstreifen" liegen gelassen, bis er verblutet. Bereits bei der Abgabe der Schüsse handelt Wilhelm mit bedingtem Tötungsvorsatz. Grundlage für die Tötung war der sog. „Schießbefehl". Dieser ging zurück auf die „Jahresbefehle" des Ministers für Nationale Verteidigung der DDR. Notwendige Voraussetzung dieser Jahresbefehle war ein vorangegangener Beschluss des Nationalen Verteidigungsrates der DDR, einem zentralen staatlichen Organ, dem die einheitliche Leitung der Verteidigungs- und Sicherheitsmaßnahmen der DDR oblag. Er bestand aus ca. 14 Mitgliedern, allesamt hohe Funktionsträger aus Partei und Staat, unter ihnen der nunmehr angeklagte Egon. Auf Grund des Schießbefehls wurden mehrere Menschen durch ausgelegte Tretminen, Selbstschussanlagen oder durch gezielte Schüsse von Grenzsoldaten getötet.

2867 Vgl. hierzu *Kühl*, § 20 Rn. 73 ff.; *Rengier*, § 43 Rn. 60 f.; *Wessels/Beulke/Satzger*, Rn. 852; ablehnend *Klesczewski*, Rn. 568; *Köhler*, S. 510.

2868 Vgl. hierzu vor allem *Roxin*, AT II, § 25 Rn. 105 ff.; *ders.*, Grünwald-FS 1999, S. 549; ferner LK-*Roxin*, 11. Aufl., § 25 Rn. 128 ff.; ferner *Rengier*, § 43 Rn. 62.

2869 Zu diesem Begriff *Kühl*, § 20 Rn. 73; MüKo-*Joecks/Scheinfeld*, 4. Aufl., § 25 Rn. 143 ff.; Schönke/Schröder-*Heine/Weißer*, § 25 Rn. 26; *Wessels/Beulke/Satzger*, Rn. 852; kritisch hierzu, inhaltlich aber im Wesentlichen übereinstimmend *Schulz*, JuS 1997, 109 (111 ff.).

2870 Vgl. hierzu vor allem *Roxin*, AT II, § 25 Rn. 105 ff.; *ders.*, Grünwald-FS 1999, S. 549; ferner LK-*Roxin*, 11. Aufl., § 25 Rn. 128 ff.; im Wesentlichen zustimmend auch *Ambos*, GA 1986, 226 (233); *Bloy*, GA 1996, 424 (440 ff.); *Gropp*, JuS 1996, 13 (15 f.); *Knauer*, NJW 2003, 3101 (3102); LK-*Schünemann/Greco*, 13. Aufl., § 25 Rn. 142; *Radde*, JURA 2018, 1210 (1214); a.M. *Orozco López*, ZIS 2021, 233 (242 ff.); *Schroeder*, ZIS 2009, 569 (570).

2871 Vgl. hierzu LK-*Roxin*, 11. Aufl., § 25 Rn. 129; *Radde*, JURA 2018, 1210 (1215); *Roxin*, JZ 1995, 49 (51); *ders.*, Grünwald-FS 1999, S. 549 (556 ff.); *Voli*, GA 2019, 385 (386 f.); vgl. auch *M. Heinrich*, Krey-FS 2010, S. 147 (162 ff.), der die Voraussetzung der „Rechtsgelöstheit" mit dem Kriterium der „organisationstypischen Tatgeneigtheit" der unmittelbar Handelnden anreichern will, welche er als maßgeblich für die Begründung der Organisationsherrschaft ansieht, in diese Richtung nun auch *Roxin*, Schroeder-FS 2006, S. 387 (397); zweifelnd *Ambos*, GA 1986, 226 (243); ablehnend *Orozco López*, ZIS 2021, 233 (240 ff.); vgl. hierzu auch den Übungsfall bei *Kubiciel/Wachter*, JA 2013, 112 (116).

2872 Vgl. auch *Nack*, GA 2006, 342 (344 f.), der daher auf die „Ausnutzung regelhafter Abläufe" abstellt.

2873 Vgl. hierzu BGHSt 39, 1; BGHSt 39, 168; BGHSt 39, 353; BGHSt 40, 48; BGHSt 40, 113; BGHSt 40, 218; BGHSt 40, 241; BGHSt 41, 10; BGHSt 41, 101; BGHSt 42, 65; BGHSt 42, 356; BGHSt 44, 204; BGHSt 45, 270; BGHSt 47, 100 (Annahme von Beihilfe bei „Vergatterung" von Mauerschützen); BGHSt 48, 77; BGHSt 50, 16; ferner BVerfGE 95, 96; vgl. auch EGMR NJW 2001, 3035; EGMR NJW 2001, 3042; hierzu auch *Amelung*, NStZ 1995, 29; *Dannecker*, JURA 1994, 585; *S. Dreher*, JuS 2004, 17; *Gropp*, JuS 1996, 13; *B. Heinrich*, JURA 2017, 1367 (1371 f.); *Herrmann*, NStZ 1993, 487; *Jakobs*, GA 1994, 1; *ders.*, NStZ 1995, 26; *Jung*, JuS 1995, 173; *Arthur Kaufmann*, NJW 1995, 81; *Koch*, JuS 2008, 496 (497 f.); *Laskowski*, JA 1994, 151; *Murmann*, JA 2008, 321 (325); *Pawlik*, GA 1994, 472; *Roxin*, JZ 1995, 49; *Schroeder*, JR 1995, 177; *Schulz*, JuS 1997, 109; *Sonnen*, JA 1995, 98; vgl. auch den Übungsfall bei *Ambos*, JuS 2000, 465.

1256 Nach Ansicht des BGH soll sich der unmittelbar handelnde Grenzsoldat – in Abweichung zur extrem-subjektiven Tätertheorie im Staschynskij-Urteil[2874] – hier wegen eines täterschaftlich begangenen Totschlags, § 212 StGB, strafbar gemacht haben. Objektiver und subjektiver Tatbestand eines Totschlags liegen vor, da Wilhelm mit wenigstens bedingtem Tötungsvorsatz auf Rainer schoss. Im Hinblick auf eine mögliche Rechtfertigung geht der BGH davon aus, dass die Tötungshandlungen zwar möglicherweise vom Wortlaut des § 27 des DDR-Grenzgesetzes gedeckt waren oder jedenfalls durch interne Dienstanweisungen und staatliche Duldung hervorgerufen und gefördert wurden[2875]. Die Annahme eines Rechtfertigungsgrundes scheitere jedoch wegen eines offensichtlichen und unerträglichen Verstoßes gegen elementare Gebote der Gerechtigkeit und völkerrechtlich geschützte Menschenrechte (Radbruch'sche Formel)[2876]. Auch verwehrte der BGH den „Mauerschützen" eine Berufung auf einen Entschuldigungs- oder Schuldausschließungsgrund[2877], eine Entscheidung, die zumindest angreifbar ist.

1257 Unabhängig von diesem Problem stellt sich jedoch die Frage nach der Strafbarkeit der „Hintermänner", d. h. der Mitglieder des Nationalen Verteidigungsrates. Eine **Anstiftung** scheidet deswegen aus, weil es an der Bestimmung zur konkreten Einzeltat fehlt[2878]. Es wurden lediglich „allgemeine Befehle" erteilt, die jedoch in dieser pauschalen Form für eine Anstiftung nicht ausreichen[2879]. Zudem wäre es kriminalpolitisch kaum tragbar, die eigentlich Verantwortlichen lediglich als Teilnehmer anzusehen und sie dadurch zu Figuren am Rande des Geschehens herabzustufen[2880]. Diese Erwägung gilt erst recht für die Annahme einer bloßen **Beihilfe** (obwohl bei dieser üblicherweise keine so strengen Anforderungen an die Bestimmtheit der Tat zu stellen sind[2881]). Gegen die Annahme von **Nebentäterschaft** spricht, dass Wilhelm und Egon nicht unabhängig voneinander und ohne vom anderen zu wissen, den tatbestandsmäßigen Erfolg herbeiführten, es lag ja vielmehr gerade ein organisatorisches Gefüge vor. Damit verbleiben die Rechtsfiguren der Mittäterschaft und der mittelbaren Täterschaft. Gegen eine **Mittäterschaft** spricht, dass nur schwer von einem gemeinsamen Tatentschluss die Rede sein kann, wenn der Hintermann den unmittelbar Handelnden und die konkreten Tatumstände gar nicht kennt[2882]. Für einen gemeinsamen Tatentschluss (zu einer konkreten Tat) ist regelmäßig mehr zu fordern als das Bewusstsein, derselben Organisation anzugehören. Auch fehlt es an der gemeinsamen Tatausführung, denn die Verantwortlichen haben diese gänzlich den eingesetzten Grenzsol-

---

2874 BGHSt 18, 87; vgl. hierzu oben Rn. 1208.
2875 Vgl. zur Rechtfertigung vor Inkrafttreten des DDR-Grenzgesetzes im Jahre 1982 auch BGHSt 40, 48 (51 ff.); BGHSt 40, 241; BGHSt 41, 101 (103 ff.); ferner den Übungsfall bei *Ambos*, JuS 2000, 465 (466).
2876 BGHSt 39, 1 (14 ff.); BGHSt 41, 101 (104 ff.).
2877 BGHSt 40, 48 (54); BGHSt 40, 241; BGHSt 47, 100 (101 f.); vgl. auch BVerfGE 95, 96 (140 ff.); vgl. ferner BGH NStZ 1993, 488; vgl. auch den Übungsfall bei *Ambos*, JuS 2000, 465 (466 f.).
2878 Für die Annahme einer Anstiftung allerdings *Hruschka*, ZStW 110 (1998), 581 (606 ff.); *Köhler*, S. 510; NK-*Schild*, § 25 Rn. 123; *Rotsch*, ZStW 112 (2000), 518 (561 f.); *Zaczyk*, GA 2006, 411 (414); vgl. auch *Brammsen/Apel*, ZJS 2008, 256 (263 f.); offen gelassen bei *Krey/Esser*, Rn. 936.
2879 Vgl. zu den strengen Anforderungen an die Bestimmtheit der Tat bei der Anstiftung unten Rn. 1288, 1305.
2880 Vgl. hierzu auch BGHSt 45, 270 (302); *Radde*, JURA 2018, 1210 (1219).
2881 Vgl. hierzu unten Rn. 1320 ff., 1337.
2882 Für die Annahme einer Mittäterschaft allerdings *Frister*, 26. Kap. Rn. 2, 27. Kap. Rn. 40; *Jakobs*, 21/103; *ders.*, NStZ 1995, 26 (27); *Jescheck/Weigend*, § 62 II 8; *Joecks/Jäger*, § 25 Rn. 60; *Lampe*, ZStW 119 (2007), 492 (508 ff.); *Otto*, § 21 Rn. 92; *ders.*, JURA 1987, 246 (255); *ders.* JURA 2001, 753 (758 f.); offen gelassen bei *Krey/Esser*, Rn. 936.

daten überlassen. Wiederum sprechen auch kriminalpolitische Argumente gegen eine Mittäterschaft. Denn bei Annahme einer solchen gewänne man leicht den Eindruck, die Mitglieder des Nationalen Verteidigungsrates und die Grenzsoldaten hätten gleichberechtigt nebeneinander gestanden und in gleicher Weise die Verantwortung für das Geschehen getragen. Daher sprechen die besseren Argumente für die Annahme einer **mittelbaren Täterschaft**[2883]: Die Verantwortlichen hatten letztlich das Geschehen unter Kontrolle und konnten es jederzeit stoppen. Insofern war ihre Tatherrschaft noch umfassender als in vielen Fällen sonstiger mittelbarer Täterschaft. Wilhelm war als menschliches Werkzeug austauschbar, der Beitrag der Verantwortlichen führte somit „automatisch" zur erstrebten Tatbestandsverwirklichung[2884]. Letztlich kann man für die mittelbare Täterschaft nicht verlangen, dass der Hintermann den konkreten Vordermann unter unmittelbarer Kontrolle hat und beherrscht, es muss ausreichen, wenn er den organisatorischen „Apparat" beherrscht, dessen Teil der konkret handelnde Tatmittler ist. Insoweit hat der BGH auch die Möglichkeit einer mittelbaren Täterschaft durch Unterlassen bejaht, wenn ein Politbüromitglied zwar an den Befehlen nicht aktiv beteiligt war, diese jedoch durch seinen Einsatz hätte stoppen können[2885]. Dieser Ansicht ist jedoch zu widersprechen, da es hier an dem notwendigen „bestimmenden Einfluss" des Hintermannes fehlt[2886].

2. Der Täter hinter dem Täter bei vermeidbarem Verbotsirrtum des Tatmittlers[2887] (Problemschwerpunkt 34)

Fall[2888]: Wilhelm, Bruno und Hilde leben in einem von Mystizismus, Scheinerkenntnis und Irrglauben geprägten neurotischen Beziehungsgeflecht zusammen. Hilde und Wilhelm machen sich einen Spaß daraus, den leicht beeinflussbaren Bruno durch Tricks und allerlei mystische Kulthandlungen von der Existenz eines sog. Katzenkönigs zu überzeugen, der die ganze Menschheit bedrohe und den man bekämpfen müsse. Eines Tages erfährt Hilde, dass ihre frühere Jugendliebe Paul geheiratet hat. Sie beschließt, dessen Frau Elsa aus Hass und Eifersucht zu töten. Zur Tatbegehung will sie Bruno einspannen, den sie mit Wilhelms Hilfe davon überzeugt, dass der Katzenkönig nunmehr ein Menschenopfer verlange, da er sonst auf einen Schlag große Teile der Menschheit vernichten würde. Dieses Menschenopfer müsse durch die Tötung Elsas erbracht werden. Bruno weiß zwar, dass die Tötung von Menschen an sich Unrecht ist, lässt sich jedoch von Hilde davon überzeugen, dass der göttliche Auftrag des Katzenkönigs das Tötungsverbot in diesem Falle ausnahmsweise außer Kraft setzen würde. Schließlich gehe es ja auch darum, eine Vielzahl anderer Menschen zu retten. Mit einem von Wilhelm zur Verfügung gestellten Messer macht sich Bruno auf den Weg und sticht Elsa in deren Wohnung mehrmals von hinten mit Tötungsabsicht in den Rücken. Diese überlebt jedoch den Anschlag.

2883 So auch im Ergebnis BGHSt 40, 218 (232 ff.); BWME-*Eisele*, § 25 Rn. 148 f.; *B. Heinrich*, JURA 2017, 1367 (1371 f.); LK-*Schünemann/Greco*, 13. Aufl., § 25 Rn. 147; *Radde*, JURA 2018, 1210 (1219 f.).
2884 *Kühl*, § 20 Rn. 73; LK-*Roxin*, 11. Aufl., § 25 Rn. 128.
2885 Vgl. hierzu auch oben Rn. 1210; vgl. zur strafrechtlichen Haftung der Mitglieder des Politbüros ferner BGHSt 45, 270 (296 ff.).
2886 Vgl. hierzu bereits oben Rn. 1210.
2887 Vgl. hierzu auch *Hillenkamp/Cornelius*, AT, 21. Problem; teilweise wird diese Fallgruppe ausgedehnt auf weitere Konstellationen, die zur Annahme einer verminderten Schuldfähigkeit (§ 21 StGB) beim Vordermann führen; *Murmann*, JA 2008, 321 (325).
2888 Der Sachverhalt ist dem klassischen „Katzenkönig-Fall" nachgebildet; vgl. BGHSt 35, 347; hierzu *Herzberg*, JURA 1990, 16; *Jäger*, Rn. 340 f.; *Koch*, JuS 2008, 399 (401 f.); *Krey/Esser*, Rn. 924 ff.; *Küper*, JZ 1989, 617, 935; *Murmann*, JA 2008, 321 (325); *Schaffstein*, NStZ 1989, 153; *Schumann*, NStZ 1990, 32; vgl. zu dieser Problematik auch die Übungsfälle bei *Bottke*, JuS 1992, 765 (767 ff.); *Radde*, JA 2016, 818; *Steinberg/Wolf/Füllsack*, ZJS 2016, 484 (488); *Weiss*, JURA 2021, 1387 (1393 ff.).

Problemstellung: Im vorliegenden Fall ist Bruno – bei dem trotz seiner abstrusen Vorstellungen keine Schuldunfähigkeit zu erkennen ist – wegen versuchten Mordes zu bestrafen. Auf Schuldebene lag lediglich ein Verbotsirrtum in Form eines Erlaubnisirrtums[2889] vor, da Bruno annahm, Elsa gerechtfertigt töten zu dürfen. Dabei irrte er sich in doppelter Hinsicht: Einerseits glaubte er zu Unrecht an die Existenz eines Katzenkönigs, irrte sich also über einen tatsächlichen Umstand, was an sich die Möglichkeit eines Erlaubnistatbestandsirrtums eröffnen würde. Gleichzeitig irrte er sich jedoch auch über die Reichweite tatsächlich existierender Rechtfertigungsgründe (= Erlaubnisirrtum). Selbst wenn ein Katzenkönig tatsächlich existiert und die Menschheit bedroht hätte, hätte dies eine Tötung Elsas nicht nach § 34 StGB gerechtfertigt[2890]. Dieser Erlaubnisirrtum war jedoch vermeidbar[2891], da Bruno hätte erkennen können (und auf Nachfrage auch erfahren hätte), dass sein Verhalten von der Rechtsordnung nicht gedeckt ist. Fraglich ist nun, ob Hilde und Wilhelm, die Bruno in diesen Irrtum versetzt hatten, trotz Brunos eigener Täterschaft wegen mittelbarer Täterschaft bestraft werden können oder ob hier lediglich eine Strafbarkeit wegen Anstiftung möglich ist.

1259 a) Die Vertreter der **Theorie der strengen Verantwortlichkeit**[2892] sind der Auffassung, dass nur ein unvermeidbarer Verbotsirrtum zur Täterschaft des Hintermannes führen könne. Handle der Tatmittler hingegen selbst tatbestandsmäßig, rechtswidrig und schuldhaft, komme für den Hintermann lediglich Anstiftung in Betracht. Denn ein frei verantwortlich handelnder Täter könne niemals in gleicher Weise wie ein schuldlos Handelnder als „Werkzeug" des Hintermannes angesehen werden. Schließlich werde die Tat, die ein Täter im vermeidbaren Verbotsirrtum begehe, diesem in vollem Umfang zugerechnet, die Rechtsordnung werte sie als „Tat des Irrenden". Soweit dem Täter aber ein Rest an Verantwortung bleibe, könne der Hintermann keine vorrangige Zuständigkeit und Herrschaft besitzen. Diesbezüglich würden daher die akzessorischen Teilnahmevorschriften besser passen. Auch müsse man dann konsequenterweise in anderen Bereichen, in denen die Schuld lediglich gemildert ist (z. B. § 21 StGB, § 3 JGG) eine mittelbare Täterschaft zulassen, was zu einer Verwässerung des Verantwortungsprinzips führen würde. Einen „Täter hinter dem Täter" kann es nach der genannten Auffassung also in dieser Konstellation nicht geben. Im Beispielsfall wären Hilde und Wilhelm demnach als Anstifter zu bestrafen. **Gegen** diese Theorie spricht, dass das Recht auch bei Mittäterschaft und Nebentäterschaft eine Trennung von Verantwortungsbereichen kennt und daher mehrere Personen unabhängig voneinander Tatherrschaft besitzen können. Es leuchtet daher nicht ein, weshalb dies nicht auch in der vorliegenden Konstellation möglich sein sollte. Zudem ist die Rechtsfigur des Täters hinter dem Täter auch bei organisierten Machtapparaten weitgehend anerkannt, sodass bereits dort eine Aufweichung des starren Verantwortungsprinzips stattfindet.

2889 Vgl. zum Erlaubnisirrtum oben Rn. 1142 ff.
2890 Vgl. zur Konstellation dieses „Doppelirrtums" ausführlich oben Rn. 1148 ff.
2891 Das Gleiche gilt für einen eventuellen Entschuldigungstatbestandsirrtum nach § 35 Abs. 2 StGB, wenn man annimmt, Bruno ginge von Voraussetzungen aus, bei deren Vorliegen ausnahmsweise ein übergesetzlicher Entschuldigungsgrund eingreifen würde; hierzu oben Rn. 1153 ff.; zu dieser Problematik auch *Krey/Esser*, Rn. 925.
2892 *Bloy*, Die Beteiligungsform als Zurechnungstypus im Strafrecht, 1985, S. 347 ff.; *Bockelmann/Volk*, § 22 II 2e; *Bottke*, JuS 1992, 765 (768 f.); *Herzberg*, JuS 1974, 374; *Jescheck/Weigend*, § 62 II 5; *Krey/Esser*, Rn. 927 f.; *Krey/Nuys*, Amelung-FS 2009, S. 203 (214 ff.); *Maiwald*, ZStW 88 (1976), 712 (736 f.); *ders.*, ZStW 93 (1981), 890 (892 f.); *Spendel*, Lüderssen-FS 2002, S. 605 (610); *Stratenwerth/Kuhlen*, § 12 Rn. 53 ff.; vgl. auch *Jakobs*, 21/94; *ders.*, NStZ 1995, 26 f.; *ders.*, GA 1997, 553 (570 f.); *Kleszewski*, Rn. 564; *Zaczyk*, GA 2006, 411 (414).

b) Im Gegensatz dazu steht die **Theorie der eingeschränkten Verantwortlichkeit**, die von der Rechtsprechung[2893] und großen Teilen der Literatur[2894] vertreten wird. Zutreffend wird hier davon ausgegangen, dass auch ein vermeidbarer Verbotsirrtum des Vordermannes zur mittelbaren Täterschaft des Hintermannes führen kann. Ob der Hintermann Täter oder Anstifter ist, bestimmt sich dabei nach den allgemeinen Kriterien. Als Begründung lässt sich anführen, dass auch beim vermeidbaren Verbotsirrtum des Vordermannes der Hintermann durch die Täuschung Tatherrschaft besitzen kann. Ob dies der Fall ist, kann und muss jeweils im Einzelfall geprüft werden. Ein starres Verantwortungsprinzip würde diese sinnvolle Differenzierung verhindern. Entscheidend ist letztlich nicht das schuldhafte oder schuldlose Verhalten des unmittelbar Handelnden, sondern die Frage, ob es dem Hintermann gelingt, den Tatmittler seiner Herrschaft zu unterwerfen. Die Vermeidbarkeit oder Unvermeidbarkeit des Irrtums des Tatmittlers ist dabei für sich gesehen kein geeignetes Abgrenzungskriterium. In beiden Fällen fehlt es dem Handelnden nämlich an der Unrechtseinsicht und es wird im Hinblick auf die Beurteilung seiner Schuld lediglich gefragt, ob er Unrechtseinsicht hätte haben können. Die Beurteilung der Schuldfrage des Werkzeugs darf aber für den Hintermann, der in beiden Fällen den Tatverlauf steuert, nicht ausschlaggebend sein. Insoweit ist auch hier die Rechtsfigur des „Täters hinter dem Täter" anzuerkennen. Im Beispielsfall sind Hilde und Wilhelm als mittelbare Täter zu bestrafen, da sie Bruno gesteuert haben. **Gegen** diese Ansicht wird zwar vorgebracht, dass nach einem normativ zu bestimmenden Verantwortungsprinzip nicht beide, Tatmittler und Hintermann, in gleicher Weise für die Tat verantwortlich sein könnten. Wenn man aber das Verantwortungsprinzip verlasse, sei eine klare Abgrenzung nicht mehr möglich, denn jeder Irrtum eines voll verantwortlichen Täters könnte dann zur mittelbaren Täterschaft des Hintermannes führen. Diese Bedenken sind zwar nachvollziehbar, können aber die Argumente der h. M. nicht entkräften: Nicht die mögliche Unrechtskenntnis des Werkzeugs, sondern die tatsächlich vorliegende Tatherrschaft muss entscheidend sein.

3. Nötigung des Tatmittlers

Schließlich ist die Rechtsfigur des „Täters hinter dem Täter" auch noch in einer dritten Konstellation anzuerkennen. Diese ist dadurch gekennzeichnet, dass der Tatmittler vom mittelbaren Täter zur Tat genötigt wird, wobei er dieser Nötigung jedoch im Hinblick auf den Rang des zu schützenden Rechtsgutes hätte standhalten müssen[2895].

> **Bsp.:** Arbeitgeber Fritz möchte seinen Angestellten Bruno unter Androhung von Schlägen und der Ankündigung, dass er sonst seine Arbeitsstelle verlieren werde, dazu bringen, den Ludwig zu erschießen. Nach mehreren Repressalien beugt sich Bruno dem

---

2893 BGHSt 35, 347 (353 f.); BGHSt 40, 257 (266 f.).
2894 *Blei*, § 72 I 3c; BWME-*Eisele*, § 25 Rn. 138 f.; *Freund/Rostalski*, § 10 Rn. 87 ff.; *Frister*, 27. Kap. Rn. 12; *Gropp/Sinn*, § 10 Rn. 109 f.; *Haft*, H III 2c; *Herzberg*, JURA 1990, 16 (22 ff.); *Hoffmann-Holland*, Rn. 502; *Jäger*, Rn. 341; *Kindhäuser/Zimmermann*, § 39 Rn. 35; *Koch*, JuS 2008, 399 (402); *Küper*, JZ 1989, 935 (948); *Lackner/Kühl*, § 25 Rn. 4; LK-*Roxin*, 11. Aufl., § 25 Rn. 87; *Maurach/Gössel/Zipf*, AT 2, 7. Aufl., § 48 Rn. 11, 87; MüKo-*Joecks*, 2. Aufl., § 25 Rn. 99; *Otto*, § 21 Rn. 84; *ders.*, JURA 1987, 246 (254 f.); *Puppe*, AT 2, 1. Aufl., § 40 Rn. 21 ff., § 44 Rn. 7; *Radde*, JA 2016, 818 (824 f.); *Rengier*, § 43 Rn. 42; *Rönnau*, JuS 2021, 923 (925); *Roxin*, AT II, § 25 Rn. 76 ff.; *ders.*, JZ 1995, 49 ff.; *Schaffstein*, NStZ 1989, 153 (156); *Schöch*, NStZ 1995, 153 (157); *Schönke/Schröder-Heine/Weißer*, § 25 Rn. 43; *Schroeder*, Der Täter hinter dem Täter, S. 76 ff., 126 ff.; *ders.*, JR 1995, 177 ff.; *Schulz*, JuS 1997, 109 (110 f.); *Schumann*, NStZ 1990, 32; *Weiss*, JURA 2021, 1387 (1394 f.).
2895 Zu den Fällen des Nötigungsnotstandes, in denen die Nötigung einen Grad erreicht, der für den Tatmittler einen Entschuldigungsgrund darstellt, oben Rn. 580.

Druck des Fritz und führt die Tat aus. – Trotz der Nötigung durch Fritz ist Bruno wegen Totschlags, möglicherweise sogar wegen Mordes zu bestrafen. Die rechtswidrige Nötigung durch Fritz stellte für ihn keinen Rechtfertigungsgrund im Hinblick auf die Tatbegehung dar. Auch für einen Entschuldigungsgrund reicht sie im konkreten Fall nicht aus, denn in Anbetracht der Schwere des verletzten Rechtsgutes (Tod eines Menschen) hätte man Bruno zumuten können, die Repressalien auf sich zu nehmen oder die Polizei zu verständigen. Fritz ist als Hintermann nun nicht nur wegen einer Anstiftung, sondern wegen **mittelbarer Täterschaft** zu bestrafen, da er durch seine Drohungen Tatherrschaft besaß[2896].

IV. Sonderproblem: Abgrenzung von strafloser Anstiftung zur Selbsttötung und Totschlag in mittelbarer Täterschaft

1262 Besondere Abgrenzungsprobleme stellen sich dann, wenn eine andere Person zur Begehung einer Selbsttötung veranlasst wird. Es stellt sich dabei die Frage, ob und inwieweit eine mittelbare Täterschaft auch dann möglich ist, wenn der Täter das Opfer als Werkzeug gegen sich selbst einsetzt[2897].

Fall[2898]: Anton unterhält eine Beziehung mit der ihm hörigen, unselbstständigen und komplexbeladenen Gisela. Im Mittelpunkt ihrer Beziehung stehen Gespräche über Psychologie und Philosophie. Anton nimmt für Gisela die Funktion eines Lehrers und Beraters in allen Lebensfragen ein. Mit der Zeit beginnt er ihr vorzuspiegeln, er sei ein Abgesandter des Sternes Sirius und hätte den Auftrag, vor dem Untergang der Erde einige wertvolle Menschen, darunter Gisela, zu retten. Nach dem völligen Zerfall des Körpers in der hiesigen Welt könne sie in einem neuen Körper auf einem anderen Planeten weiterleben. Zuvor sei es jedoch schon zu Lebzeiten auf der Erde notwendig, den alten Körper durch einen neuen zu ersetzen. Da man in seinem „neuen Leben" jedoch auch Geld brauche, solle Gisela eine Lebensversicherung abschließen und ihn als alleinigen Bezugsberechtigten einsetzen. Gisela möchte nun zwar keine Selbsttötung begehen, willigt jedoch in die Entledigung ihres bisherigen Körpers ein, um in einem neuen Körper weiterzuleben. Anton trägt ihr auf, einen Unfall vorzutäuschen, indem sie sich in ihre Badewanne setzen und einen eingeschalteten Fön ins Wasser werfen soll. Nach diesem Unfall werde sie in einem roten Raum am Genfer See in einem neuen Körper erwachen, der dort für sie schon bereitstehe. Gisela tut wie ihr geheißen, jedoch die Macht des Sternes Sirius versagt und sie verspürt nur ein leichtes Kribbeln und keinen tödlichen Stromstoß.

Problemstellung: Da die freiverantwortliche Selbsttötung nach deutschem Recht straflos ist[2899], ist mangels Vorliegens einer vorsätzlichen rechtswidrigen Haupttat auch eine Beteiligung hieran straflos. Zu einer Strafbarkeit Antons gelangt man somit nur dann,

---

2896 So auch im Ergebnis BGHSt 40, 257 (267 f.); *Frister*, 27. Kap. Rn. 29; *Maurach/Gössel/Zipf*, AT 2, 7. Aufl., § 48 Rn. 86; *Schönke/Schröder-Heine/Weißer*, § 25 Rn. 40; SK-*Hoyer*, § 25 Rn. 101 f.; a. M. (Anstiftung) *Jakobs*, 21/96; *Koch*, JuS 2008, 496; *Krey*, JURA 1979, 316 (325); *Krey/Esser*, Rn. 923; *Kühl*, § 20 Rn. 64; LK-*Roxin*, 11. Aufl., § 25 Rn. 62; LK-*Schünemann/Greco*, 13. Aufl., § 25 Rn. 89; MüKo-*Joecks/Scheinfeld*, 4. Aufl., § 25 Rn. 67; *Otto*, § 21 Rn. 77; *ders.*, JURA 1987, 246 (254); *Puppe*, § 24 Rn. 12; *Rengier*, § 43 Rn. 45; *Roxin*, AT II, § 25 Rn. 48 ff.; *Stratenwerth/Kuhlen*, § 12 Rn. 57; *Tiedemann/Walter*, JURA 2002, 708 (713 f.); *Uhlig/Brockhaus*, JURA 2006, 311 (313 Fn. 18).
2897 Vgl. hierzu bereits oben Rn. 1248a.
2898 Der Sachverhalt dem klassischen „Sirius-Fall" nachgebildet; vgl. BGHSt 32, 38; zu dieser Entscheidung *Freund/Rostalski*, § 10 Rn. 61 f., 98; *Jäger*, Rn. 347; *Koch*, JuS 2008, 399 (400 f.); *Krey/Esser*, Rn. 911 f.; *Kubiciel*, JA 2007, 729; *Kühl*, § 20 Rn. 48; *Küpper*, JA 1983, 672; *Neumann*, JuS 1985, 677; *Otto*, JURA 1987, 246 (256); *Roxin*, NStZ 1984, 71; vgl. ferner die Übungsfälle bei *Albrecht/Kaspar*, JuS 2010, 1071 (1077); *Beyer*, JA 2022, 122 (128 f.); *B. Heinrich/Reinbacher*, JA 2007, 264 (266 f.); *Paul/Schubert*, JuS 2013, 1007 (1012); *Rackow*, JA 2003, 218.
2899 Vgl. nur BGHSt 2, 150 (152); BGHSt 32, 367 (371); vgl. hierzu aber auch *Fahl*, GA 2018, 418 (418 f.).

wenn man ihm eine täterschaftliche Tötung nachweisen kann. Da er selbst den Fön nicht ins Wasser geworfen hat, kommt hier nur eine mittelbare Täterschaft in Betracht. Hierzu müsste Anton die Gisela als „Werkzeug gegen sich selbst" eingesetzt haben. Dies setzt wiederum voraus, dass sie nicht freiverantwortlich handelte. Die Kriterien, die an eine solche Freiverantwortlichkeit zu stellen sind, sind dabei umstritten.

Der **BGH** verurteilte hier zu Recht wegen eines versuchten Mordes in mittelbarer Täterschaft. Wird der Getötete durch eine **Täuschung** zur Vornahme der Tötungshandlung bestimmt, so ist der Täuschende dann mittelbarer Täter, wenn er kraft überlegenen Wissens den Irrenden lenkt und zum Werkzeug gegen sich selbst macht (sog. „Irrtumsherrschaft"[2900]). Da Gisela hier weder schuldunfähig war, noch in irgendeinem Notstand handelte, müssen die allgemeinen Kriterien der Abgrenzung von Täterschaft und Teilnahme herangezogen, also gefragt werden, wer die Tatherrschaft besaß. Verschleiert der Handelnde dem Opfer, dass dieses eine Ursache für den eigenen Tod setzt (sog. „rechtsgutsbezogener Irrtum"), beherrscht er das Geschehen und besitzt Tatherrschaft kraft überlegenen Wissens. Im vorliegenden Fall glaubte Gisela nicht, dass sie sich selbst töten werde, sondern sie dachte, ihren alten Körper lediglich gegen einen neuen auszutauschen[2901]. Diesen Irrtum hatte Anton veranlasst und wollte ihn für seine Zwecke ausnutzen. Insoweit ist mittelbare Täterschaft zu bejahen. In der **Literatur** werden teilweise andere Maßstäbe angelegt, wobei als entscheidendes Kriterium stets gilt, ob das Handeln des sich selbst tötenden Opfers noch als „freiverantwortlich" angesehen werden kann. Nach einer sehr engen Ansicht scheidet eine solche Freiverantwortlichkeit nur dann aus, wenn das Opfer schuldunfähig ist (§ 20 StGB, § 3 JGG) oder im Falle einer Fremdtötung entschuldigt handeln würde (z. B. nach § 35 StGB)[2902]. Zutreffend stellt die wohl h. M. dagegen darauf ab, ob – die Verfügbarkeit des Rechtsgutes Leben unterstellt – eine wirksame Einwilligung des Tatopfers vorläge (die u. a. bei bestimmten Täuschungen ausscheidet)[2903]. **1263**

Umstritten ist in diesem Zusammenhang, ob auch das Hervorrufen eines bloßen Motivirrtums, der einen anderen zur Selbsttötung veranlasst, zur Irrtumsherrschaft und daher zur mittelbaren Täterschaft führt (Bsp.: Dem Opfer wird vorgetäuscht, es leide unter einer unheilbaren, im weiteren Stadium sehr schmerzhaften Krankheit, worauf sich dieses selbst tötet; dem emotional abhängigen Ehemann wird vorgespiegelt, seine Ehefrau sei bei einem Verkehrsunfall ums Leben gekommen, worauf sich dieser spontan zur Selbsttötung entschließt). Zwar irrt das Opfer hier nicht darüber, dass es seinem Leben ein Ende setzt, dennoch „beherrscht" der Hintermann auch hier die Entscheidung des Opfers, weshalb in diesen Fällen **1264**

[2900] Zu einem Sonderfall der fahrlässigen Irrtumsherrschaft, die nicht zur Tatherrschaft führt, vgl. BGH NStZ 2011, 341 (342) m. Anm. *Puppe*, JZ 2011, 910.

[2901] Der BGH deutet jedoch auch an, dass selbst dann, wenn das Tatopfer hier davon ausgegangen wäre, für kurze Zeit die Schwelle des Todes überwinden zu müssen, um dann zu neuem Leben zu erwachen, der Täter aufgrund des Hervorrufens eines „Irrtums über den konkreten Handlungssinn" als mittelbarer Täter anzusehen wäre; vgl. BGHSt 32, 38 (43).

[2902] *Arzt/Weber/Heinrich/Hilgendorf-Hilgendorf*, § 3 Rn. 28; *Hirsch*, JR 1979, 429 (432); *Jäger*, Rn. 347; LK-*Roxin*, 11. Aufl., § 25 Rn. 66 ff.; MüKo-*Schneider*, 4. Aufl., Vor §§ 211 ff. Rn. 54, 62; *Roxin*, AT II, § 25 Rn. 54, 57, 72, 144; *ders.*, NStZ 1984, 71 (72); SK-*Hoyer*, § 25 Rn. 54; *Stree*, JuS 1985, 179 (182 f.).

[2903] *Freund/Rostalski*, § 5 Rn. 77, § 10 Rn. 97; *Frister*, 27. Kap. Rn. 33; *Kindhäuser/Zimmermann*, § 39 Rn. 46 f.; *Krey/Esser*, § 25 Rn. 913 ff.; *Krey/Hellmann/M. Heinrich*, BT 1, Rn. 112; *Kubiciel*, JA 2007, 729 (732 f.); *Maurach/Gössel/Zipf*, AT 2, 7. Aufl., § 48 Rn. 93; *Mitsch*, JuS 1995, 888 (891 f.); *Neumann*, JuS 1985, 677 (680); *Otto*, § 21 Rn. 103; *Schönke/Schröder-Eser/Sternberg-Lieben*, Vorbem. §§ 211 ff. Rn. 36; *Wessels/Hettinger/Engländer*, BT 1, Rn. 117; vgl. zu diesem Streit bereits oben Rn. 1047; zur täuschungsbedingten Einwilligung vgl. oben Rn. 498 ff.

ebenfalls eine mittelbare Täterschaft anzunehmen ist[2904]. Allerdings muss hierbei auf den Einzelfall abgestellt werden, da eine mittelbare Täterschaft dann ausscheidet, wenn trotz der Täuschung letztlich ein freiverantwortliches Handeln des Opfers vorliegt[2905].

Bsp.[2906]: Frieda will ihren Ehemann Herbert, einen Stardirigenten, loswerden. Dieser besitzt ein sog. „absolutes Gehör" und hat schon mehrfach glaubhaft versichert, er würde seinem Leben ein Ende setzen, würde sich sein Gehör einmal erheblich verschlechtern. Im Rahmen einer Erkältung bittet Herbert seine Frau, die selbst Ärztin ist, ihm zur Auffrischung einige Vitaminspritzen zu injizieren. Frieda macht dies, versieht die Vitaminspritzen jedoch mit einem starken Antibiotikum, welches als Nebenfolge zu erheblichen Gehörschäden führen kann. Als Herberts Gehör daraufhin tatsächlich nachlässt und ihm ein weiterer Arzt eine irreversible Hörschädigung von 50 % attestiert, wirft sich Herbert – wie von Frieda vorausgesehen und beabsichtigt – nach reiflicher Überlegung und ohne nochmalige Rücksprache mit Frieda – vor einen fahrenden Zug und stirbt. – Hier begeht Herbert eigenverantwortlich eine Selbsttötung. Frieda hat dies zwar veranlasst, besitzt hinsichtlich des todbringenden Aktes jedoch keine Tatherrschaft. Herbert irrt sich weder über die Tatsache, dass er seinem Leben ein Ende setzt, noch über das ausschlaggebende Motiv (seine irreversible Hörschädigung). Er irrt sich lediglich darüber, wie es zu der Hörschädigung kam. Zu einer Selbsttötung wäre es aber höchstwahrscheinlich auch dann gekommen, wenn ihn Frieda über deren Ursache später aufgeklärt hätte. Frieda ist daher lediglich wegen einer gefährlichen Körperverletzung, §§ 223, 224 Abs. 1 Nr. 1, Nr. 3 StGB strafbar.

V. Irrtumsfragen

1265 Ein Irrtum im Hinblick auf die eigene Beteiligungsform kann bei der mittelbaren Täterschaft in zwei Konstellationen vorkommen[2907]: Nimmt der Hintermann an, er beherrsche den Tatmittler, während dieser genau weiß, was er tut (und daher mangels Werkzeugqualität unmittelbarer Täter ist), liegt – zumindest auf der Grundlage der hier vertretenen Tatherrschaftslehre – beim Hintermann objektiv (nur) eine Anstiftung, subjektiv hingegen mittelbare Täterschaft vor[2908]. Da der Vorsatz in Bezug auf die mittelbare Täterschaft den Anstiftervorsatz mitenthält,

---

2904 So auch *Frister*, 27. Kap. Rn. 22; LK-*Schünemann/Greco*, 13. Aufl., § 25 Rn. 127; *Maurach/Gössel/Zipf*, AT 2, 7. Aufl., § 48 Rn. 91; *Mitsch*, JuS 1995, 888 (891 f.); *Murmann*, JA 2008, 321 (322); *Otto*, JURA 1987, 246 (257); *Schönke/Schröder-Heine/Weißer*, § 25 Rn. 12; a. M. *Jescheck/Weigend*, § 62 II 1; *Koch*, JuS 2008, 399 (400 f.); *Kubiciel*, JA 2007, 729 (731); *Roxin*, AT II, § 25 Rn. 71 f.; *ders.*, NStZ 1984, 71 (72); *Zieschang*, Otto-FS 2007, S. 505 (521 f.); vgl. zu diesem Problem ferner *Küpper*, JA 1983, 672; *Neumann*, JA 1987, 244 (253); *Seier*, JuS 1993, L 75 (L 77).
2905 Vgl. hierzu die Übungsfälle bei *B. Heinrich/Reinbacher*, JA 2007, 264 (266 f.); *Lorenz/Heidemann*, JA 2020, 836 (837 f.).
2906 Beispiel nach *B. Heinrich/Reinbacher*, JA 2007, 264 nach dem Motiv von *Donna Leon*, Venezianisches Finale, Commissario Brunettis erster Fall, 1993.
2907 Vgl. hierzu *Kretschmer*, JURA 2003, 535; *Murmann*, JA 2008, 321 (325); *Rengier*, § 43 Rn. 76 ff.; ferner die Übungsfälle bei *Krell*, ZJS 2010, 640 (642); *Kudlich*, JuS 2003, 755; *Rengier*, JURA 1984, 212 (215 f.); *Schapiro*, JA 2005, 615 (621); *Seier*, JuS 2000, L 85 (L 86 f.); *Tenckhoff*, JuS 1976, 526 (527 f.).
2908 Hierzu *Beulke*, Kühl-FS 2014, S. 114; *Küper*, Roxin-FS 2011, S. 895; vgl. auch die Übungsfälle bei *Böse/Nehring*, JA 2008, 110 (114); *Duttge/Burghardt*, JURA 2016, 810 (816 f.); *Eisele*, JA 2003, 40 (49); *Ernst*, ZJS 2011, 382 (387 f.); *Kudlich/Koch*, JA 2018, 914 (916 ff.); *Nussbaum*, ZJS 2019, 54 (57); *Norouzi*, JuS 2007, 146 (152); ferner *Ensenbach*, JURA 2011, 787 (794) zur vergleichbaren Abgrenzung von versuchter Anstiftung (§ 30 Abs. 1 StGB) und versuchter mittelbarer Täterschaft.

ist der Hintermann wegen Anstiftung zu bestrafen[2909]. Die ebenfalls vorliegende versuchte mittelbare Täterschaft tritt dahinter zurück[2910]. Dies hat seinen Grund darin, dass bei einer Verurteilung (nur) wegen versuchter mittelbarer Täterschaft nicht zum Ausdruck kommt, dass eine vom Hintermann letztlich verursachte Rechtsgutsverletzung tatsächlich eingetreten ist[2911].

Will der Hintermann hingegen lediglich anstiften, veranlasst er aber objektiv z. B. ein (unerkannt) schuldunfähiges Werkzeug zur Tat („fehlgeschlagene" Anstiftung), so liegt objektiv eine mittelbare Täterschaft, subjektiv hingegen eine Anstiftung vor. Im Ergebnis muss der Täter hier wegen einer vollendeten Anstiftung bestraft werden, was damit begründet werden kann, dass der Unrechtsgehalt der Anstiftung in der schwereren Form der mittelbaren Täterschaft (mit-)enthalten ist[2912]. Dies kann aufgrund des eindeutigen Wortlautes des § 26 StGB – obwohl kriminalpolitisch wünschenswert – allerdings dann nicht gelten, wenn das Werkzeug unvorsätzlich handelt und es insoweit an einer „vorsätzlichen" rechtswidrigen Haupttat fehlt[2913]. Hier kommt – ebenso wie beim nicht tatbestandsmäßig oder nicht rechtswidrig handelnden Werkzeug – nur eine versuchte Anstiftung, § 30 Abs. 1 StGB, in Betracht.

1266

Neben dem Irrtum über die eigene Beteiligtenrolle ist noch die Konstellation zu untersuchen, dass der Tatmittler einem Identitätsirrtum unterliegt[2914]. Liegt bei

1267

2909 So auch *Beulke*, Kühl-FS 2014, S. 115 (124 f.); *Buttel/Rotsch*, JuS 1995, 1092 (1102); *Ernst*, ZJS 2011, 382 (388): *Hoffmann-Holland*, Rn. 514; *Jescheck/Weigend*, § 62 III 1; *Kindhäuser/Zimmermann*, § 39 Rn. 70; *Kühl*, § 20 Rn. 83, 87; *Lackner/Kühl*, § 25 Rn. 5; LK-*Schünemann/Greco*, 13. Aufl., § 25 Rn. 167; *Murmann*, § 27 Rn. 51; *Roxin*, AT II, § 25 Rn. 167; *Stratenwerth/Kuhlen*, § 12 Rn. 216; *Wessels/Beulke/Satzger*, Rn. 860; dagegen wollen *Bock*, JA 2007, 599 (600); *Bott/Krell*, ZJS 2010, 694 (698); *Ebert*, S. 199; *Eschenbach*, JURA 1993, 407 (411); *Frister*, 28. Kap. Rn. 29; *Gropp/Sinn*, § 10 Rn. 156; *Herzberg*, JuS 1974, 574 (575); *Jäger*, Rn. 353; *Joecks/Jäger*, § 25 Rn. 63; *Kretschmer*, JURA 2003, 535 (537); *Krey/Esser*, Rn. 1093; *Krell*, ZJS 2010, 640 (642); *Kudlich*, JuS 2003, 755 (758); *Kudlich/Koch*, JA 2018, 914 (917 f.); *Maurach/Gössel/Zipf*, AT 2, 7. Aufl., § 48 Rn. 41; MüKo-*Joecks/Scheinfeld*, 4. Aufl., § 25 Rn. 172; *Rengier*, § 43 Rn. 82; *Schapiro*, JA 2005, 615 (621); *Seier*, JuS 2000, L 85 (L 86 f.); SK-*Hoyer*, § 25 Rn. 145 hier lediglich wegen versuchter mittelbarer Täterschaft bestrafen; dagegen müsste die subjektive Theorie, die auf den Täter*willen* als entscheidendes Kriterium abstellt, hier zu einer mittelbaren Täterschaft kommen; vgl. *Baumann*, JZ 1958, 230 (233).
2910 *Beulke*, Roxin-FS 2011, S. 115 (134 f.); anders *Ernst*, ZJS 2011, 382 (388); LK-*Roxin*, 11. Aufl., § 25 Rn. 146 f.; *Roxin*, AT II, § 25 Rn. 163 ff., wonach hier wegen versuchter mittelbarer Täterschaft in Tateinheit mit vollendeter Anstiftung zu bestrafen ist; vgl. hierzu auch *Jäger*, Rn. 353; LK-*Schünemann/Greco*, 13. Aufl., § 25 Rn. 166 f.; *Murmann*, JA 2008, 321 (326 Fn. 85); SSW-*Murmann*, § 25 Rn. 29.
2911 Eine abweichende Regelung findet sich hingegen bei den Aussagedelikten, da § 160 StGB hier gegenüber §§ 154, 26 StGB eine privilegierende Sondervorschrift für die Fälle der – bei den Aussagedelikten nicht möglichen – mittelbaren Täterschaft enthält; vgl. hierzu *B. Heinrich*, JuS 1995, 1115 (1118), sowie den Übungsfall bei *Günther/Selzer*, ZJS 2018, 352 (366 f.).
2912 So auch die h. M.; vgl. *Jäger*, Rn. 353; *Jescheck/Weigend*, § 62 III 1; *Kretschmer*, JURA 2003, 535 (536); *Kühl*, § 20 Rn. 85; LK-*Roxin*, 11. Aufl., § 25 Rn. 145; *Wessels/Beulke/Satzger*, Rn. 857; a. M. (lediglich Strafbarkeit wegen *versuchter* Anstiftung) *Maurach/Gössel/Zipf*, AT 2, 7. Aufl., § 48 Rn. 28 ff.; vgl. hierzu auch den Übungsfall bei *Reinhardt*, ZJS 2013, 493 (503).
2913 So auch BWME-*Eisele*, § 25 Rn. 166; *Bloy*, ZStW 117 (2005), 3 (10); *Bock*, JA 2007, 599 (599 f.); *Eschenbach*, JURA 1993, 407 (411); *Frister*, 27. Kap. Rn. 46 f.; *Geppert*, JURA 1997, 358 (364); *Gropp/Sinn*, § 10 Rn. 156; *Jäger*, Rn. 353; *Jakobs*, 22/18; *Jescheck/Weigend*, § 61 VII 3, § 62 III 1; *Joecks/Jäger*, § 25 Rn. 65; *Kindhäuser/Zimmermann*, § 39 Rn. 75; *Kretschmer*, JURA 2003, 535 (535 f.); *Krey/Esser*, Rn. 1005 f.; *Kühl*, § 20 Rn. 89; *Lackner/Kühl*, Vor § 25 Rn. 10; LK-*Roxin*, 11. Aufl., § 25 Rn. 143; LK-*Schünemann/Greco*, 13. Aufl., § 25 Rn. 164; *Murmann*, JA 2008, 321 (325); *Reinhardt*, ZJS 2013, 493 (503); *Roxin*, AT II, § 25 Rn. 160; *Schönke/Schröder-Heine/Weißer*, Vorbem. §§ 25 ff. Rn. 76; SK-*Hoyer*, § 25 Rn. 139; *Wessels/Beulke/Satzger*, Rn. 859; a. M. *Schöneborn*, ZStW 87 (1975); 902 (911 Fn. 38).
2914 Vgl. zum ähnlichen Problem des „error in persona" beim Angestifteten unten Rn. 1307 ff. (Problemschwerpunkt 38).

ihm ein solcher error in persona vor, weil er z. B. das anvisierte Opfer verwechselt und daher einen Falschen tötet, wirkt sich dies für den mittelbaren Täter als aberratio ictus aus[2915]. Denn es kann für diesen keine Rolle spielen, ob er ein mechanisches Werkzeug (z. B. einen Stein) verwendet, welches das anvisierte Objekt verfehlt und ein anderes trifft oder ob er sich eines menschlichen Werkzeugs bedient, welches sich irrt. Macht der Tatmittler bewusst etwas anderes als vom Hintermann beabsichtigt, liegt hingegen ein Exzess des Werkzeugs vor, der dem mittelbaren Täter nicht zuzurechnen ist[2916].

VI. Unmittelbares Ansetzen zur Tatbestandsverwirklichung beim mittelbaren Täter

1268 Auf die Problematik des unmittelbaren Ansetzens beim mittelbaren Täter wurde bereits im Rahmen des Versuchs eingegangen (vergleiche Problemschwerpunkt 15 Rn. 1508)[2917].

§ 36 Teilnahme – Überblick

Einführende Aufsätze: *Kretschmer*, Welchen Einfluss hat die Lehre der objektiven Zurechnung auf das Teilnahmeunrecht?, JURA 2008, 265; *Kudlich*, Die Teilnahme am erfolgsqualifizierten Delikt, JA 2000, 511; *Nowak*, Der Tatteilnehmer als sein eigenes Opfer – Zugleich Überlegungen zum Strafzweck der Anstiftung, JuS 2004, 197; *Otto*, Anstiftung und Beihilfe, JuS 1982, 558; *Roxin*, Zum Strafgrund der Teilnahme, Stree/Wessels-FS 1993, S. 369; *Satzger*, Teilnehmerstrafbarkeit und „Doppelvorsatz", JURA 2009, 514.

Zur Vertiefung: *Heghmanns*, Überlegungen zum Unrecht von Beihilfe und Anstiftung, GA 2000, 473; *Less*, Der Unrechtscharakter der Anstiftung, ZStW 69 (1957), 43; *Lüderssen*, Der Strafgrund der Teilnahme, 1967; *Noak*, Teilfahrlässige Teilnahme an Vorsatz-Fahrlässigkeits-Kombinationen, JuS 2005, 312.

Rechtsprechung: RGSt 5, 227 – Lupinien (Anstiftung zu mehreren Taten); **RGSt 15, 315** – Abtreibungsmittel (Anstiftung zum untauglichen Versuch); **BGHSt 4, 355** – Ehescheidung (limitierte Akzessorietät).

I. Einführung und Strafgrund der Teilnahme

1269 Wie sich aus § 28 Abs. 1 StGB ergibt, sind **Anstiftung** und **Beihilfe** die beiden einzigen Formen der Teilnahme. Da sie einige **Gemeinsamkeiten** aufweisen, sollen diese vorweg zusammen erörtert werden. Dabei soll zuerst auf den **Strafgrund der Teilnahme** an sich eingegangen werden. Ausgangspunkt ist die Frage, durch welchen Umstand eine Teilnehmerstrafbarkeit überhaupt begründet werden kann,

---

2915 *Jescheck/Weigend*, § 62 III 2; LK-*Roxin*, 11. Aufl., § 25 Rn. 149; LK-*Schünemann/Greco*, 13. Aufl., § 25 Rn. 169; *Paul/Schubert*, JuS 2013, 1007 (1011); a. M. (abzustellen sei darauf, ob der mittelbare Täter dem Tatmittler die Individualisierung des Opfers überlassen hat und das Werkzeug vorsätzlich handelt – dann error in persona – oder nicht – dann aberratio ictus) BWME-*Eisele*, § 25 Rn. 159 f.; *Edlbauer*, JURA 2007, 941 (943); *Jakobs*, 21/106; *Nestler/Prochota*, JURA 2020, 560 (561); *Rengier*, § 43 Rn. 74; *Schönke/Schröder-Heine/Weißer*, § 25 Rn. 54 f.; *Stratenwerth*, Baumann-FS 1992, S. 57 (65, 69); *Streng*, JuS 1991, 910 (916); *Toepel*, JA 1997, 248 (253); *Wessels/Beulke/Satzger*, Rn. 862; wohl auch *Kühl*, § 20 Rn. 89a; wiederum anders (stets error in persona) *Gropp/Sinn*, § 10 Rn. 165; differenzierend schließlich *Lubig*, JURA 2006, 655 (658); MüKo-*Joecks/Scheinfeld*, 4. Aufl., § 25 Rn. 175.
2916 *Nestler/Prochota*, JURA 2020, 560 (561 f.).
2917 Vgl. oben Rn. 747 ff.

d. h. warum derjenige, der bei der Tatbestandserfüllung eines anderen lediglich eine Randfigur darstellt, wegen seiner Beteiligung an einer fremden Tat überhaupt zur Verantwortung gezogen, also für eine Tat bestraft wird, die letztlich ein anderer begangen hat.

1. Extensiver Täterbegriff

Geht man von einem **extensiven Täterbegriff** aus[2918], bei dem jede kausale Verursachung eines strafrechtlich unerwünschten Erfolges „an sich" eine Täterstellung begründet und die gesetzlichen Vorschriften der §§ 26, 27 StGB, die eine gesonderte Strafbarkeit von Anstiftung und Beihilfe normieren, systematisch eine **Strafeinschränkung** bedeuten, hat man mit der Legitimation der Teilnehmerstrafbarkeit keine Probleme. Man müsste sich lediglich Gedanken darüber machen, aus welchem Grund die Teilnehmer, insbesondere die Gehilfen, gegenüber dem Täter privilegiert werden.

1270

2. Restriktiver Täterbegriff

Von einem ganz anderen Standpunkt geht der herrschende **restriktive Täterbegriff** aus[2919], wonach grundsätzlich nur derjenige als Täter angesehen werden kann, der Täterqualität besitzt. Dies lässt sich nicht zuletzt aus dem Gedanken der objektiven Zurechnung heraus begründen: Da jeder grundsätzlich nur für sein eigenes Verhalten verantwortlich ist, der Teilnehmer aber letztlich einen für sein Verhalten vollständig verantwortlichen Täter lediglich unterstützt, kann ihm der Erfolg täterschaftlich nicht zugerechnet werden (Fallgruppe des eigenverantwortlichen Dazwischentretens eines Dritten)[2920]. Da die Vorschriften über Anstiftung und Beihilfe, §§ 26, 27 StGB, insoweit **strafbegründend** wirken und die Strafbarkeit ausdehnen, muss hierfür eine Begründung gefunden werden, die als Legitimationsgrundlage diese Strafausdehnung rechtfertigt.

1271

3. Strafgrund der Teilnahme[2921] (Problemschwerpunkt 35)

Fall: Berta bittet ihren Ehemann Anton, sie zu töten, da sie infolge einer langen Krankheit ständig Schmerzen habe und das Leben für sie unerträglich sei. Anton flößt ihr daraufhin eine giftige Substanz ein. Wider Erwarten überlebt Berta.

1272

Problemstellung: Anton hat sich wegen einer versuchten Tötung auf Verlangen, §§ 216, 22 StGB, strafbar gemacht. Fraglich ist, ob Berta, die durch ihre Bitte den Tatentschluss bei Anton hervorgerufen hat, wegen Anstiftung zu dieser Tat zu bestrafen ist. Prüfungsstandort der Frage ist dabei der objektive Tatbestand[2922]. Fraglich ist, ob das Tatbestandsmerkmal der vorsätzlich begangenen rechtswidrigen Haupttat insoweit teleologisch reduziert werden muss, als Fälle nicht erfasst sind, die sich gegen Rechtsgüter des Teilnehmers selbst richten.

2918 Vgl. hierzu oben Rn. 1179 f.
2919 Vgl. hierzu oben Rn. 1181.
2920 Vgl. hierzu oben Rn. 253; zu dieser Begründung auch *Kretschmer*, JURA 2008, 265.
2921 Vgl. hierzu auch den Überblick bei BWME-*Eisele*, § 26 Rn. 2 ff., 90; *Geppert*, JURA 1997, 299; *ders.*, JURA 2008, 34 (34 f.); *Gerson*, ZIS 2016, 183 (184 ff.); *Heghmanns*, GA 2000, 473; *Klesczewski*, Rn. 675 ff.; *Krell*, JURA 2011, 499 (500); *Krey/Esser*, R. 984 ff.; LK-*Schünemann/Greco*, 13. Aufl., Vor §§ 26, 27 Rn. 1 ff.; MüKo-*Joecks/Scheinfeld*, 4. Aufl., Vor § 26 Rn. 3 ff.; *Nowak*, JuS 2004, 197; *Otto*, JuS 1982, 557; *Satzger*, JURA 2008, 514 (516 f.); *Schulz*, JuS 1986, 933 (937 f.); ferner die Übungsfälle bei *Börgers/Grunewald*, ZJS 2008, 521 (522); *Börner*, JURA 2017, 477 (480); *Burghardt/Bröckers*, JuS 2014, 238 (243); *Dehne-Niemann/Weber*, JA 2009, 868 (873 f.); *Kretschmer*, JURA 2016, 1436 (1447); *Kudlich/Pragal*, JuS 2004, 791 (794); *Mitsch*, JuS 1999, 372 (373 f.); *Park*, JuS 1999, 887 (890).
2922 So auch *Nowak*, JuS 2004, 197 (198).

1273 a) Die vor allem in früherer Zeit herrschende **Schuldteilnahmetheorie**[2923] knüpft allein an die Wirkung an, die das Verhalten des Teilnehmers **auf den Täter** besitzt. Der Teilnehmer werde in erster Linie deswegen bestraft, weil er den Haupttäter „**in Schuld und Strafe verstricke**". Insbesondere der Anstifter „mache nicht nur das Verbrechen", sondern er „mache auch den Verbrecher". Konsequenterweise müsste Berta daher wegen Anstiftung bestraft werden. Diese Theorie ist heute infolge der Einführung des § 29 StGB (eine fremde Schuldzurechnung soll gerade nicht mehr stattfinden) und der Tatsache, dass die Teilnahme gar keine schuldhaft begangene Tat mehr voraussetzt, kaum noch haltbar. Sie wird daher nur noch vereinzelt in Form der **modifizierten Schuldteilnahmetheorie**[2924] vertreten, wonach der Strafgrund der Teilnahme darin liegen soll, dass der Teilnehmer die soziale Desintegration des Täters fördere. Auch hiernach richtet sich die Tat des Teilnehmers also in erster Linie gegen den Täter (und nicht gegen das vom Haupttäter angegriffene Rechtsgut). Insoweit stellt also auch diese Ansicht auf die Wirkungen des Verhaltens des Teilnehmers auf den Täter ab und ist daher ähnlichen Einwänden ausgesetzt. Letzten Endes hat es nämlich der Täter und nicht der Teilnehmer zu verantworten, wenn er durch die Tat sozial desintegriert wird. Zudem müsste sich nach dieser Theorie die Strafbarkeit des Teilnehmers nicht an der **Haupttat**, sondern am Maß der sozialen Desintegration des Täters orientieren. Derjenige, der z. B. einen Auftragsmörder zum 27. Mord anstiftet, müsste danach milder bestraft werden als derjenige, der einen bislang unbescholtenen Bürger zu einem Diebstahl verleitet, da Letzterer durch die Tat in höherem Maße „desintegriert" wird als der professionelle „Killer".

1274 b) Daher wird von der Rechtsprechung und einem Großteil der Literatur die (akzessorietätsorientierte) **Verursachungs- bzw. Förderungstheorie**[2925] vertreten, die sich nicht an der Schuld des Täters, sondern allein am Unrechtsgehalt der vom Täter begangenen **Haupttat** orientiert. Der Strafgrund der Teilnahme liege darin, dass der Teilnehmer durch das Hervorrufen des Tatvorsatzes des Haupttäters (bzw. durch andere Unterstützungshandlungen) die rechtswidrige Haupttat eines anderen – und somit eine fremde Tat – verursache (bzw. fördere). Der Teilnehmer verletze das angegriffene Rechtsgut dabei nicht selbst, sondern greife es durch seine Einwirkung auf den Täter lediglich mittelbar an[2926]. Kritisch hierzu muss jedoch angemerkt werden, dass der Teilnehmer, stellt man allein auf die Verursachung oder Förderung einer **fremden Tat** ab, auch bestraft werden müsste, wenn er selbst das betroffene Rechtsgut gar nicht angreifen könnte. So müsste Berta im vorliegenden Fall wegen Anstiftung zur versuchten Tötung auf Verlangen bestraft

---

2923 *Less*, ZStW 69 (1957), 43 (46 ff.); *Hellmuth Mayer*, Strafrecht Allgemeiner Teil, 1953, S. 334; *ders.*, Rittler-FS 1957, S. 243 (254); *Schaffstein*, ZStW 57 (1938), 295 (323).
2924 *Trechsel*, Der Strafgrund der Teilnahme, 1967, S. 54 ff.; in diese Richtung auch *Gerson*, ZIS 2016, 183 (188 ff.); *ders.*, ZIS 2016, 295 (306); teilweise wird diese Theorie auch als „Unrechtsteilnahmetheorie" bezeichnet, da der Teilnehmer den Haupttäter nicht in „Schuld", sondern in „Unrecht" verstricke; vgl. hierzu (ablehnend) *Krey/Esser*, Rn. 991.
2925 Teilweise – etwas verwirrend ebenfalls – auch „Unrechtsteilnahmetheorie" oder „Theorie des akzessorischen Rechtsgutsangriffs" genannt; vgl. RGSt 15, 315 (316); BGHSt 4, 355 (358); BGHSt 37, 214 (217); BGHSt 43, 317 (320); BGH NStZ 1999, 513 (514); OLG Frankfurt NJW 2004, 2028 (2032); *Beulke*, Kühl-FS 2014, S. 115 (123 f.); BWME-*Eisele*, § 26 Rn. 5; *Freund/Rostalski*, § 10 Rn. 110; *Gaede*, JA 2007, 757; *Gropp/Sinn*, § 10 Rn. 230; *Heghmanns*, GA 2000, 473; *Jescheck/Weigend*, § 64 I 2; *Kudlich/Pragal*, JuS 2004, 791 (794); *Küper*, ZStW 104 (1992), 559 (577); *Maurach/Gössel/Zipf*, AT 2, 7. Aufl., § 50 Rn. 57; *Otto*, § 22 Rn. 7; *ders.*, JuS 1982, 557 (558); *Stratenwerth/Kuhlen*, § 12 Rn. 121; *Wessels/Beulke/Satzger*, Rn. 868; wohl auch *Kühl*, § 20 Rn. 132.
2926 BGHSt 37, 214 (217).

werden. Da das „Opfer" das betroffene Rechtsgut (nämlich sein eigenes Leben) aber an sich nicht angreifen kann, wäre dieses Ergebnis unsinnig[2927]. Insoweit kann also nicht allein auf die Verursachung oder Förderung einer fremden Tat abgestellt werden. Auch könnte man, folgt man dieser Ansicht, weder die Straflosigkeit des agent provocateur, der lediglich den Versuch der Haupttat erstrebt[2928], noch die (sonstigen) Fälle der notwendigen Teilnahme, befriedigend lösen.

c) Dagegen stellt die **Theorie des selbstständigen Rechtsgutsangriffs des Teilnehmers**[2929] darauf ab, dass der Teilnehmer durch die Tat selbst die Rechtsgutsverletzung vornimmt und somit **ausschließlich eigenes Unrecht** verwirklicht. Denn auch der Teilnehmer verstoße durch sein Verhalten gegen das Verbot, andere Rechtsgüter zu gefährden. Insoweit wird also – im Gegensatz zur Verursachungs- oder Förderungstheorie – nicht beim Erfolgsunwert, sondern beim Handlungsunwert der Tat angesetzt. Jeder Handelnde könne letztlich nur für die eigene Tatbegehung, d. h. den eigenen Rechtsgutsangriff, verantwortlich gemacht werden. Dies könne beim Teilnehmer nicht anders sein als beim Täter. Im vorliegenden Fall wäre Berta daher straflos, da unsere Rechtsordnung den Angriff auf das eigene Leben nicht sanktioniert. Auch diese Ansicht kann jedoch nicht überzeugen. Denn nach dem Grundsatz der (limitierten) Akzessorietät muss die Teilnahme von der Strafbarkeit der Haupttat abhängig sein. Geht man hingegen ausschließlich von einem selbstständigen Rechtsgutsangriff aus, so müsste aber z. B. die Teilnahme an einer (für den Haupttäter straflosen) Selbsttötung strafbar sein, da der Teilnehmer in diesem Fall gerade ein fremdes Rechtsgut angreift. Andererseits müsste die Teilnahme an einem fremden Sonder- bzw. Pflichtdelikt straflos sein, sofern der Teilnehmer die besondere Subjektsstellung oder Pflicht nicht besitzt, da er dann das betroffene Rechtsgut selbst gar nicht angreifen kann. Der Gesetzgeber stellt diese Fälle jedoch gerade nicht straflos, sondern hat in § 28 Abs. 1 StGB lediglich eine Strafmilderung vorgesehen[2930].

d) Die Aspekte der beiden vorgenannten Theorien werden durch die zunehmend in der Literatur vertretene **gemischte Verursachungstheorie** (oder auch: „Theorie des selbstständigen akzessorischen Rechtsgutsangriffs") verbunden[2931]. Der Strafgrund der Teilnahme liegt hiernach darin, dass der Teilnehmer sowohl durch das

---
[2927] So auch im Ergebnis *Geppert*, JURA 1997, 299 (300); *Herzberg*, GA 1991, 145 (145 f.); *Kühl*, § 20 Rn. 139; *Sitzmann*, GA 1991, 71 (80); vgl. ferner die Übungsfälle bei *Kretschmer*, JURA 2016, 1436 (1447); *Mitsch*, JuS 1999, 372 (373 f.); *Park*, JuS 1999, 887 (890).
[2928] Vgl. hierzu unten Rn. 1277 und ausführlich unten Rn. 1312 ff.
[2929] *Lüderssen*, Zum Strafgrund der Teilnahme, 1967, S. 117 ff.; *ders.*, Miyazawa-FS 1995, S. 449; *Schmidhäuser*, SB, 10/9 f.
[2930] Als Abwandlung dieser Ansicht wird vielfach die „Solidarisierungstheorie" genannt. Hiernach liegt der Strafgrund der Teilnahme darin, dass der Teilnehmer sich mit dem Täter solidarisiere und daher für die Rechtsgemeinschaft ein unerträgliches Beispiel abgebe. Allein schon dadurch verwirkliche er einen besonderen Handlungsunwert; vgl. *Schumann*, Strafrechtliches Handlungsunrecht und das Prinzip der Selbstverantwortung des Anderen, 1986, S. 44 ff.; dann aber müssten auch die versuchte Anstiftung und die versuchte Beihilfe in vollem Umfange strafbar sein, da ja auch hier eine Solidarisierung mit dem Täter zumindest erstrebt wird.
[2931] *Amelung*, Schroeder-FS 2006, S. 147 (148 f.); *Geppert*, JURA 1997, 299; *ders.*, JURA 1999, 266; *ders.*, JURA 2008, 34 (35); *Jakobs*, 22/8; *Klesczewski*, Rn. 682; *Kretschmer*, JURA 2008, 265 (266); *Krey/Esser*, Rn. 985 ff.; LK-*Roxin*, 11. Aufl., Vor § 26 Rn. 7, 22; MüKo-*Joecks/Scheinfeld*, 4. Aufl., Vor § 26 Rn. 16; *Rengier*, § 45 Rn. 2; *Roxin*, AT II, § 26 Rn. 26 ff.; *ders.*, Stree/Wessels-FS 1993, S. 365 (369 ff.); Schönke/Schröder-*Heine/Weißer*, Vorbem. §§ 25 ff. Rn. 16; SK-*Hoyer*, Vor §§ 26–31 Rn. 21; SSW-*Murmann*, Vor §§ 25 ff. Rn. 18; in diese Richtung auch *Frister*, 25. Kap. Rn. 28; *Satzger*, JURA 2008, 514 (517); *ders.* JURA 2017, 1169 (1170).

Hervorrufen des Tatvorsatzes des Haupttäters (bzw. durch andere Unterstützungshandlungen) die rechtswidrige Haupttat eines anderen verursacht (bzw. fördert) als auch darin, dass er das Rechtsgut durch dieses Verhalten selbst angreift. Es findet also eine Kombination von Handlungs- und Erfolgsunwert statt. Nicht nur der Haupttäter greift das Rechtsgut an, auch der Teilnehmer begeht durch sein Verhalten einen selbstständigen Angriff auf dieses Rechtsgut, welcher kumulativ zu dem ihm zugerechneten Rechtsgutsangriff des Haupttäters hinzutritt. Da im vorliegenden Fall das Handlungsunrecht entfällt, wäre Berta hiernach straflos. Diese Theorie verfolgt insoweit den richtigen Ansatz, denn strafbares Verhalten kann sich nicht ausschließlich auf den Handlungs- oder den Erfolgsunwert der Tat stützen. Allerdings sind auch hier die Einwände nicht von der Hand zu weisen, die gegen eine zu weitgehende Straflosigkeit des Teilnehmers bei der eben genannten selbstständigen Teilnahmetheorie angeführt wurden. Auch diese gemischte Theorie kann also die Teilnahme an einem fremden Sonder- oder Pflichtdelikt an sich nicht begründen.

1277 Zusammenfassend sollen die Einwände gegen die vorgenannten Theorien an drei weiteren Fällen aufgezeigt werden:

Anstiftung zum untauglichen Versuch[2932]: Anton verkauft Bruno ein völlig untaugliches Abtreibungsmittel in dem Wissen, dass dieser versuchen wird, das Mittel seiner Freundin beizubringen, um deren Schwangerschaft ein Ende zu bereiten. Bruno versucht dies auch, der Versuch misslingt jedoch (wie zu erwarten war). – Dennoch hat sich Bruno hier wegen eines versuchten Schwangerschaftsabbruches nach § 218 Abs. 4 S. 1 StGB strafbar gemacht. Bei Anton hingegen stellt sich die Frage, ob er sich wegen Anstiftung zum versuchten Schwangerschaftsabbruch strafbar gemacht hat, obwohl er genau wusste, dass die Abtreibung keinen Erfolg haben konnte. Nach der Schuldteilnahmetheorie verstrickte er Bruno dennoch in Schuld und Strafe – dieser hat ja jedenfalls einen Versuch begangen. Auch die Verursachungstheorie käme zu einer Bestrafung wegen Anstiftung, da ein Rechtsgutsangriff des Haupttäters tatsächlich vorlag (und Anton diese Haupttat auch verursachte). Da er selbst aber das Rechtsgut nicht angreifen wollte und mit dem zur Verfügung gestellten Mittel auch nicht angreifen konnte, eine Rechtsgutsgefährdung also zu keiner Zeit vorlag, muss seine Bestrafung wegen Anstiftung richtigerweise ausscheiden. Dies kann nur auf der Basis der Theorie des selbstständigen Rechtsgutsangriffs sowie im Rahmen der gemischten Theorie erreicht werden. Anton ist also nicht wegen Anstiftung zum versuchten Schwangerschaftsabbruch zu bestrafen (allerdings stellt der Verkauf des untauglichen Mittels einen vollendeten Betrug, § 263 StGB, dar).

„**Agent provocateur**": Der verdeckte Ermittler Rolf veranlasst Toni, der seinen Lebensunterhalt mit Wohnungseinbruchsdiebstählen bestreitet, dazu, den nächsten Einbruch in der Villa der Witwe Wilma zu begehen. Als Toni durch das Kellerfenster eingestiegen ist, empfängt ihn dort, von Rolf veranlasst, die Polizei. – Toni hat sich hier wegen eines versuchten Einbruchsdiebstahls, §§ 242, 244 Abs. 1 Nr. 3, Abs. 4 StGB, strafbar gemacht. Rolf hat ihn dazu angestiftet. Da er jedoch lediglich den Versuch der Haupttat und nicht die Vollendung erreichen wollte, muss er straflos bleiben. Dies ist weder mit der Schuldteilnahmetheorie (er wollte Toni ja gerade „in Schuld und Strafe verstricken") noch mit der Verursachungstheorie (er verursachte eine fremde rechtswidrige Versuchstat) zu erklären. Dagegen kommt man mit der Theorie des selbstständigen Rechtsgutsangriffs zu einem brauchbaren Ergebnis: Rolf wollte das Rechtsgut nicht verletzen, da er den Erfolg der Haupttat und daher die Gefährdung des betroffenen Rechtsgutes gerade verhindern wollte. Zum gleichen Ergebnis kommt die gemischte Verursachungstheorie, die ja einerseits eben diesen eigenen Rechtsgutsangriff voraus-

---

[2932] Fall nach RGSt 15, 315; vgl. hierzu auch den Übungsfall bei *Putzke*, JURA 2017, 344 (352).

setzt, aber darüber hinaus noch die Verursachung und Förderung einer fremden Haupttat als kumulativ hinzutretendes Element verlangt. Entfällt aber schon der eigene Rechtsgutsangriff, so kann eine Bestrafung auch nach dieser Theorie nicht erfolgen.

Anstiftung zur Unterschlagung von Sachen, die dem Anstifter gehören[2933]: Großvater Gustav hat Bruno ein wertvolles Buch geliehen. Viktor, der Enkel Gustavs, gibt Bruno den Ratschlag, er solle das Buch verkaufen, Gustav habe nämlich sicher vergessen, dass er das Buch verliehen habe. Bruno tut dies. Wenige Stunden vor dem Verkauf des Buches war Gustav allerdings, was weder Bruno noch Viktor wussten, verstorben und hatte Viktor zum Alleinerben bestimmt. – Bruno hat hier eine Unterschlagung, § 246 StGB, begangen. Der Irrtum über den wirklichen Eigentümer ist für ihn ein unbeachtlicher error in persona vel obiecto, da die Sache für ihn jedenfalls fremd bleibt. Eine Einwilligung durch Viktor liegt nicht vor, da dieser von seiner Eigentümerstellung nichts wusste, die Einwilligung also nicht frei von Willensmängeln war. Viktor hat Bruno zwar zu dieser Tat überredet, dennoch muss eine vollendete Anstiftung hier ausscheiden, weil Viktor als Eigentümer des Buches dieses Rechtsgut gar nicht angreifen konnte. Dies folgt schon daraus, dass auch eine Mittäterschaft nicht möglich wäre. Dann aber kann auch eine Anstiftung nicht möglich sein. Dieses Ergebnis lässt sich aber weder mit der Schuldteilnahmetheorie noch mit der Verursachungs- bzw. Förderungstheorie begründen. – Im Anschluss stellt sich hier noch die Frage, ob wenigstens eine Anstiftung zur versuchten Unterschlagung, §§ 246, 22 StGB, vorliegt, da das Handlungsunrecht einer Anstiftung zur Unterschlagung bestehen bleibt und nur das Erfolgsunrecht entfällt (auch im Falle einer Mittäterschaft käme man zu einer Bestrafung wegen eines untauglichen Versuchs)[2934] oder ob hier lediglich ein Fall der – hier straflosen – versuchten Anstiftung zur Unterschlagung vorliegt[2935]. Letzteres ist zutreffend, da Täter und Teilnehmer hier getrennt zu bewerten sind. Bruno konnte das Rechtsgut – Viktors Eigentum – angreifen, Viktor hingegen nicht. Bruno hat daher seine Tat vollendet, Viktor hingegen nur versucht. Viktors „Tat" war jedoch seine Anstiftung, weswegen es bei einer versuchten Anstiftung bleiben muss.

II. Grundsatz der limitierten Akzessorietät

Voraussetzung für die Strafbarkeit sowohl des Anstifters als auch des Gehilfen ist das Vorliegen einer **vorsätzlichen rechtswidrigen Haupttat eines anderen**. Man spricht in diesem Zusammenhang auch von der **Akzessorietät** der Teilnahme. Damit ist gemeint, dass die Strafbarkeit des Teilnehmers in jedem Fall abhängig ist von der Existenz einer fremden Tat. Die Teilnahme steht und fällt mit dieser Haupttat. Sie leitet ihren Unrechtsgehalt vom Unrecht der Haupttat ab. Stellt man fest, dass der Haupttäter nicht tatbestandsmäßig gehandelt hat oder gerechtfertigt war, kann es daher auch keine Teilnahme geben.

1278

Bsp.: Anton gibt dem hoch verschuldeten Bruno den Tipp, in seiner Lage wäre es wohl das Beste für ihn und seine Familie, sich umzubringen. Dabei hofft er darauf, dass Bruno dies tut, da er es insgeheim auf Brunos Frau abgesehen hat und dadurch seine Chancen steigen sieht. Am nächsten Morgen liegt Bruno tot mit seinem Fön in der Hand in der Badewanne. – Hier hat Anton zwar eine Anstiftung zu einer Selbsttötung geleistet, da diese „Haupttat" aber bereits nicht tatbestandsmäßig ist, kann auch die Anstiftung hierzu nicht bestraft werden. Möglich wäre lediglich eine mittelbare Täter-

---

2933 Weitere Fallbeispiele bei *Nowak*, JuS 2004, 197 (199); vgl. auch die Übungsfälle bei *Dehne-Niemann/Weber*, JA 2009, 868 (873 f.); *Mitsch*, JuS 1999, 372 (373 f.); *Park*, JuS 1999, 887 (889).
2934 So *Jakobs*, 22/8; *Mitsch*, JuS 1999, 372 (373 f.); *Nowak*, JuS 2004, 197 (199); *Schönke/Schröder-Heine/Weißer*, Vorbem. §§ 25 ff. Rn. 16; *Stieper*, JuS 2000, 832.
2935 So *Dehne-Niemann*, ZJS 2008, 351 (362 f.); *Dehne-Niemann/Weber*, JA 2009, 868 (874); *Park*, JuS 1999, 887 (890).

schaft, wenn Anton den Bruno vorsätzlich in einen Irrtum versetzt oder sonst irgendwie „gesteuert" hätte, wofür hier jedoch nichts ersichtlich ist[2936].

1279 Diese **Akzessorietät** ging früher sehr weit: Nur wenn der Haupttäter selbst schuldhaft handelte und deswegen in der Regel auch selbst wegen der Tatbegehung bestraft werden konnte, war auch eine Teilnahme an dieser Tat möglich. Diese **strenge Akzessorietät der Teilnahme** hat der Gesetzgeber aber im Jahre 1943 aufgelöst und durch die bis heute geltende sog. **limitierte Akzessorietät** ersetzt. Anstiftung und Beihilfe setzen nun nicht mehr voraus, dass die Haupttat **schuldhaft** begangen wird (daher „limitiert")[2937]. Denn nach § 29 StGB soll jeder Beteiligte letzten Endes ohne Rücksicht auf die Schuld des anderen ausschließlich nach seiner eigenen Schuld bestraft werden. Notwendig ist lediglich das Vorliegen einer **vorsätzlich begangenen rechtswidrigen Tat**[2938]. Wer den Vorsatz als subjektives Tatbestandsmerkmal dem Tatbestand zuweist, kommt also bereits dann zur Teilnahme, wenn der Haupttäter die ersten beiden Prüfungsstufen durchlaufen hat, also tatbestandsmäßig und rechtswidrig gehandelt und damit das Unrecht der Tat verwirklicht hat[2939]. Zwar wird in denjenigen Fällen, in denen es beim unmittelbar Handelnden an der Schuld fehlt, regelmäßig eine mittelbare Täterschaft vorliegen[2940]. Diese scheidet jedoch z. B. dann aus, wenn der Anstifter oder der Gehilfe den „Defekt" des Vordermanns nicht kennt oder der steuernde Hintermann das jeweilige Delikt tatbestandlich nicht begehen kann, wie dies bei den Sonder- oder Pflichtdelikten der Fall ist[2941].

> **Bsp.:** Anton veranlasst den, wie er weiß, geisteskranken Richter Rudolf dazu, eine Rechtsbeugung, § 339 StGB, zu begehen. – Während Rudolf hier freizusprechen ist (vgl. § 20 StGB), macht sich Anton wegen Anstiftung zur Rechtsbeugung strafbar. Eine mittelbare Täterschaft scheidet aus, da Anton die subjektive Täterqualität, nämlich die Eigenschaft eines Richters, fehlt.

1280 Eine vorsätzliche rechtswidrige Haupttat liegt – nach allerdings umstrittener Ansicht – auch dann vor, wenn sich der Haupttäter in einem **Erlaubnistatbestandsirrtum** befindet, da in diesen Fällen lediglich auf Schuldebene die Vorsatzschuld (und eben nicht der Tatbestandsvorsatz) entfällt[2942].

1281 Nimmt der Hintermann irrtümlich ein vorsätzliches Verhalten des Haupttäters an, dann fehlt es an einer entsprechenden Haupttat. Es liegt objektiv die Situation

---

2936 Vgl. zur Abgrenzung von strafloser Anstiftung zur Selbsttötung und Totschlag in mittelbarer Täterschaft Rn. 1262 ff.
2937 Kritisch hierzu *Hruschka*, ZStW 110 (1998), 581 (603 f.); *Jakobs*, GA 1996, 253 (254 f. Fn. 5); *Kindhäuser*, Tröndle-GS 2019, S. 295 (310).
2938 Vgl. zur limitierten Akzessorietät auch BGHSt 3, 355 (356 ff.); BWME-*Eisele*, § 24 Rn. 18 ff.; *Bock*, JA 2007, 599; *Geppert*, JURA 1997, 299 (300 ff.); *Krey/Esser*, Rn. 995 ff.; LK-*Roxin*, 11. Aufl., Vor § 26 Rn. 23 ff.; MüKo-*Joecks/Scheinfeld*, 4. Aufl., Vor § 26 Rn. 18 ff.; *Roxin*, AT II, § 26 Rn. 4 ff.; *Seher*, JuS 2009, 793; *Wessels/Beulke/Satzger*, Rn. 870; zur geschichtlichen Entwicklung auch BGHSt 9, 370 (374 ff.); vgl. ferner zur Kritik an der Aufnahme des Vorsatzerfordernisses im Rahmen der (limitierten) Akzessorietät *Frister*, 25. Kap. Rn. 26; *Jakobs*, 22/17; *Roxin*, AT II, § 26 Rn. 36; *Schönke/Schröder-Heine*, 28. Aufl., Vorbem. §§ 25 ff. Rn. 29 ff.; dagegen *Krey/Esser*, Rn. 1002.
2939 Insoweit muss der Haupttäter neben dem Vorsatz also auch die erforderlichen weiteren subjektiven Merkmale (z. B. die Zueignungsabsicht beim Diebstahl) verwirklicht haben; vgl. nur *Kühl*, § 20 Rn. 144.
2940 Vgl. auch *Kühl*, § 20 Rn. 146; LK-*Roxin*, 11. Aufl., Vor § 26 Rn. 25.
2941 Darüber hinaus scheidet eine mittelbare Täterschaft dann aus, wenn der unmittelbar Handelnde schuldunfähig ist, der Hintermann dies aber nicht erkennt; auch hier kommen dann lediglich Anstiftung und Beihilfe in Frage; vgl. hierzu oben Rn. 1266.
2942 Vgl. hierzu ausführlich Problemschwerpunkt 28, oben Rn. 1128 ff.

einer mittelbaren Täterschaft vor, während der Täter subjektiv nur anstiften will. Nach den oben[2943] erörterten Grundsätzen ist hier lediglich, sofern ein Verbrechen vorliegt, wegen einer versuchten Anstiftung, § 30 Abs. 1 StGB, zu bestrafen. Verursacht der Hintermann hingegen mittels einer Täuschung ein unvorsätzliches Handeln des Vordermannes, so fehlt es zwar auch an der Haupttat, es kommt jedoch eine mittelbare Täterschaft in Frage. Diese scheitert allerdings bei eigenhändigen Delikten oder solchen Delikten, die eine besondere Pflichtenstellung voraussetzen.

> **Bsp.:** Anton hat beim Ausparken ein anderes Auto berührt, ist sich jedoch nicht sicher, ob dies zu einem Schaden geführt hat. Als er aussteigen und nachsehen will, kommt sein Freund Bruno hinzu und ruft ihm (bewusst wahrheitswidrig) zu, es sei nichts passiert, Anton sei lediglich leicht gegen die Stoßstange gefahren. Anton fährt daraufhin in dem Glauben davon, dass tatsächlich nichts passiert sei. – Für Anton scheidet eine Strafbarkeit gemäß § 142 StGB mangels vorsätzlichen Handelns aus (er wusste nicht, dass ein Schaden entstanden war und kannte daher das Tatbestandsmerkmal des „Unfalls" nicht). Da insoweit die Haupttat fehlt, kann Bruno auch nicht Anstifter sein. Da er aber auch nicht Unfallbeteiligter nach § 142 Abs. 5 StGB war, kann er auch nicht als mittelbarer Täter bestraft werden. Eine solche „Urheberschaft" ist nach deutschem Recht straflos[2944].

1282 Anstiftung und Beihilfe sind ferner auch – und dies wird vielfach übersehen – möglich beim **erfolgsqualifizierten Delikt**[2945]. Dies ist auf den ersten Blick problematisch, da sich das **erfolgsqualifizierte Delikt** gerade dadurch auszeichnet, dass zu einem vorsätzlich begangenen Grunddelikt eine **fahrlässig herbeigeführte Folge** hinzutreten muss (z.B. § 227 StGB, Körperverletzung mit Todesfolge: Neben eine vorsätzliche Körperverletzung tritt die wenigstens fahrlässige Erfolgsverursachung)[2946]. Anstiftung und Beihilfe sind aber an sich nur bei einem **vorsätzlichen Delikt** möglich. Eine Lösung ergibt sich sowohl aus dem Wortlaut des § 18 StGB, der den Teilnehmer ausdrücklich nennt, als auch aus § 11 Abs. 2 StGB. Denn hiernach ist eine Tat auch dann **vorsätzlich** begangen, wenn sie einen gesetzlichen Tatbestand verwirklicht, der hinsichtlich der Handlung Vorsatz voraussetzt, hinsichtlich einer dadurch verursachten besonderen Folge jedoch Fahrlässigkeit ausreichen lässt. Allerdings muss in diesen Fällen auch dem Teilnehmer im Hinblick auf die schwere Folge Fahrlässigkeit zu Last fallen[2947]. Darüber hinaus kann eine Anstiftung bzw. Beihilfe zum erfolgsqualifizierten Delikt auch vorliegen, wenn nur dem Anstifter bzw. Gehilfen, nicht aber dem Haupttäter Fahrlässigkeit vorgeworfen werden kann. Es liegt insoweit eine Lockerung der Akzessorietät vor[2948].

1282a Hinzuweisen ist an dieser Stelle jedoch noch auf die in § 28 StGB vorgenommene „**Lockerung der Akzessorietät**", wenn es sich bei den jeweiligen Tatbestandsmerkmalen um „besondere persönliche Merkmale" handelt[2949]. Auch ist zu beach-

---

[2943] Vgl. hierzu oben Rn. 1265 f.
[2944] *Krey/Esser*, Rn. 1004; *Kühl*, § 20 Rn. 140; *Lackner/Kühl*, Vor § 25 Rn. 9.
[2945] Vgl. *Börner*, JURA 2017, 477 (484 f.); *Kühl*, § 20 Rn. 140; *Kudlich*, JA 2000, 511; *ders.*, JA 2009, 246 (251); *Noak*, JuS 2005, 312 (313 f.); *Seher*, JuS 2009, 793; *Wessels/Beulke/Satzger*, Rn. 866.
[2946] Vgl. zum erfolgsqualifizierten Delikt oben Rn. 180 f.
[2947] BWME-*Eisele*, § 26 Rn. 9 f.; *Kudlich*, JA 2000, 511 (514); *ders.*, JA 2009, 246 (251); *Kühl*, § 20 Rn. 140; *Schönke/Schröder-Hecker*, § 11 Rn. 68; dies folgt zudem bereits aus dem Grundsatz des § 29 StGB.
[2948] BGHSt 19, 339 (341 f.); *Börner*, JURA 2017, 477 (484 f.); NK-*Paeffgen*, § 18 Rn. 132 f.; *Schönke/Schröder-Sternberg-Lieben/Schuster*, § 18 Rn. 6; SK-*Stein*, § 18 Rn. 50; SSW-*Momsen*, § 18 Rn. 5; a.M. *Küper*, Kühl-FS 2014, S. 315 (326); SK-*Stein/Deiters*, § 11 Rn. 98.
[2949] Vgl. hierzu ausführlich unten Rn. 1348 ff.

ten, dass besonders schwere und minder schwere Fälle – auch wenn sie mit Regelbeispielen versehen sind[2950] – an der Akzessorietät nicht teilhaben, da sie – für jeden Beteiligten getrennt – nur auf Strafzumessungsebene geprüft werden[2951].

§ 37 Anstiftung

Einführende Aufsätze: *Bloy,* Anstiftung durch Unterlassen?, JA 1987, 490; *Bock,* Grundwissen zur Anstiftung (§ 26 StGB), JA 2007, 599; *Börner,* Die sukzessive Anstiftung, JURA 2006, 415; *Dehne-Niemann/Weber,* „Über den Einfluß des Irrtums im Objekte beim Morde und bei der Anstiftung zu diesem Verbrechen", JURA 2009, 373; *Deiters,* Straflosigkeit des agent provocateur?, JuS 2006, 302; *Geppert,* Zum „error in persona vel obiecto" und zur „aberratio ictus", insbesondere vor dem Hintergrund der neuen „Rose-Rosahl-Entscheidung", JURA 1992, 163; *ders.,* Die Anstiftung (§ 26 StGB), JURA 1997, 299, 358; *Gerson,* Strafgrund, Wesen und Tathandlung der Anstiftung, § 26 StGB: Soziale Desintegration mittels doppelt-pathologischen Diskurs, Teil 1, ZIS 2016, 183; *Grabow,* Die sukzessive Anstiftung, JURA 2009, 408; *Hilgendorf,* Was meint „zur Tat bestimmen" in § 26 StGB?, JURA 1996, 9; *Koch/Wirth,* Grundfälle zur Anstiftung, JuS 2010, 203; *Krüger,* Zum „Bestimmen" im Sinne von §§ 26, 30 StGB, JA 2008, 492; *Kubiciel,* StGB: Strafbarkeit des Anstifters bei Personenverwechslung des Täters, JA 2005, 694; *Kudlich,* Die Abstiftung, JuS 2005, 592; *Maaß,* Die Behandlung des „agent provocateur" im Strafrecht, JURA 1981, 514; *Otto,* Anstiftung und Beihilfe, JuS 1982, 557; *Rönnau,* Grundwissen – Strafrecht: Agent provocateur, JuS 2015, 19; *Schulz,* Anstiftung oder Beihilfe?, JuS 1986, 933; *Satzger,* Der „omnimodo facturus" – und das, was man in jedem Fall dazu wissen muss!, JA 2017, 1169; *Streng,* Die Strafbarkeit des Anstifters bei error in persona des Täters (und verwandte Fälle), JuS 1991, 910.

Übungsfälle: *Kudlich/Pragal,* Der Anstifter als Opfer des Angestifteten, JuS 2004, 791; *Sowada,* Das Opfer ist manchmal der Gärtner, JURA 1994, 37.

Rechtsprechung: **BGHSt 2, 223** – Kopfschuss (Exzess des Haupttäters); **BGHSt 9, 370** – Pantopon (zur vorsätzlichen Haupttat); **BGHSt 19, 339** – Stuhlbein (Aufstiftung); **BGHSt 31, 136** – Killer (Verhältnis von Anstiftung und Beihilfe); **BGHSt 34, 63** – „Eine Bank machen" (Bestimmtheit der Haupttat); **BGHSt 37, 214** – Hoferbe (Auswirkungen eines error in persona des Haupttäters auf den Anstifter); **BGHSt 45, 373** – Jugendclub („Bestimmen" i. S. d. § 30 BtMG); **BGHSt 47, 44** – Heroinerwerb (Tatprovokation durch Vertrauensperson).

I. Grundlagen

1283 Gemäß § 26 StGB ist als Anstifter anzusehen, *„wer vorsätzlich einen anderen zu dessen vorsätzlich begangener rechtswidriger Tat bestimmt hat"*[2952]. Der Anstifter wird *„gleich einem Täter bestraft"*, was bedeutet, dass für ihn der gleiche Strafrahmen gilt (individuelle Strafzumessungsgründe gelten selbstverständlich für jeden Beteiligten gesondert)[2953]. Wie bei den Tatbeständen des Besonderen Teils, so ist auch bei der Anstiftung zwischen dem objektiven und dem subjektiven Tatbestand zu unterscheiden. Im **objektiven Tatbestand** ist dabei zuerst das Vorliegen einer (fremden) Haupttat sowie als Tathandlung der Anstiftung das Bestimmen des

---

2950 Vgl. hierzu oben Rn. 184.
2951 *Seier/Justenhaven,* JuS 2010, 795 (799); für eine analoge Anwendung des § 28 Abs. 2 StGB allerdings *Burchhard/Engelhart,* JA 2009, 270 (277); *Schönke/Schröder-Heine/Weißer,* § 28 Rn. 29; *Wessels/Beulke/Satzger,* Rn. 871; vgl. hierzu auch den Übungsfall bei *Dzatkowski,* JA 2019, 36 (38 f.).
2952 Vgl. zum Strafgrund der Anstiftung BGHSt 37, 214 (217); *Geppert,* JURA 1997, 299 (299 f.); *Heghmanns,* GA 2000, 473 (482 ff.); *Koch/Wirth,* JuS 2010, 203 (203 f.); *Kühl,* § 20 Rn. 168; *Schulz,* JuS 1986, 933 (938); ferner bereits oben Rn. 1269 ff.
2953 Kritisch hierzu *Jakobs,* 22/31; *Krey/Esser,* Rn. 796 ff.; *Roxin,* AT II, § 26 Rn. 182.

Haupttäters zu dieser Tat festzustellen. Der **subjektive Tatbestand** erfordert – wie auch sonst – ein vorsätzliches Handeln des Täters im Hinblick auf die genannten objektiven Tatbestandsmerkmale. Bei der Prüfung der Rechtswidrigkeit und der Schuld ergeben sich keine Besonderheiten. Insoweit ergibt sich also folgendes Prüfungsschema[2954]:

1. **Tatbestand**
    a) **objektiver Tatbestand**
        – Vorliegen einer vorsätzlichen rechtswidrigen Haupttat
        – Bestimmen des Haupttäters zu dieser Tat
    b) **subjektiver Tatbestand**
        – Vorsatz bzgl. des Vorliegens der vorsätzlichen rechtswidrigen Haupttat
        – Vorsatz bzgl. des Bestimmens zu dieser Tat
2. **Rechtswidrigkeit** (es gelten keine Besonderheiten)
3. **Schuld** (es gelten keine Besonderheiten)

Dabei ist eine Anstiftung auch in Form des „mittäterschaftlichen" Zusammenwirkens möglich, und zwar dann, wenn ein Haupttäter von mehreren Anstiftern aufgrund eines gemeinsamen Tatplans zur Tat bestimmt wird[2955]. Hierbei reicht es dann aus, wenn einer der Mittäter die Anstiftung ausführt. Anstiftung ist ferner in der Form denkbar, dass der Anstifter einen anderen durch eine dritte (für die Tat nicht verantwortliche) Person nach dem Grundgedanken der mittelbaren Täterschaft anstiftet. In diesen Fällen spricht man auch von **mittelbarer Anstiftung**[2956]. Schließlich ist eine Anstiftung auch in der Weise möglich, dass ein Dritter zu einer Anstiftung des Haupttäters angestiftet wird. In diesem Fall liegt eine Kettenanstiftung[2957] vor.

1284

Klausurtipp: Da die Anstiftung schon infolge der höheren Strafdrohung im Vergleich zur Beihilfe als das schwerere Delikt anzusehen ist und diese im Falle des Zusammentreffens auf Konkurrenzebene auch verdrängt[2958], ist in einer Klausur die Anstiftung stets vor der Beihilfe zu prüfen[2959].

II. Der objektive Tatbestand der Anstiftung

1. Vorliegen einer vorsätzlichen rechtswidrigen Haupttat

Bei der Prüfung dieses Tatbestandsmerkmals gibt es in der Regel kaum Probleme. Die einzige **prüfungstechnische Notwendigkeit**, die an dieser Stelle zu beachten ist, ist der Grundsatz, dass stets der **Täter vor dem Teilnehmer** geprüft werden muss. Nur dann, wenn die Strafbarkeit des Haupttäters festgestellt wurde, kann untersucht werden, ob ein anderer sich an dieser – für ihn fremden – Tat beteiligt

1285

2954 Vgl. hierzu auch unten Rn. 1492.
2955 BGH NStZ 2000, 421 (422); *Geppert*, JURA 1997, 358 (365); *Hecker*, ZJS 2012, 485 (486); *Kindhäuser/ Zimmermann*, § 41 Rn. 2; *Kühl*, § 20 Rn. 194; MüKo-*Joecks/Scheinfeld*, 4. Aufl., § 26 Rn. 107; *Rengier*, § 45 Rn. 74; *Roxin*, AT II, § 26 Rn. 173 f.; *Schönke/Schröder-Heine/Weißer*, § 26 Rn. 5 („Mitanstiftung"); a.M. *Maurach/Gössel/Zipf*, AT 2, 7. Aufl., § 50 Rn. 130 f.; vgl. hierzu auch die Übungsfälle bei *Kuhlen/Roth*, JuS 1995, 711 (712); *Reschke*, JuS 2011, 50 (53).
2956 BGHSt 8, 137 (139); *Geppert*, JURA 1997, 358 (365); *Hecker*, ZJS 2012, 485 (486); *Kühl*, § 20 Rn. 194; MüKo-*Joecks/Scheinfeld*, 4. Aufl., § 26 Rn. 109; *H.E. Müller*, JURA 2007, 697 (698); *Roxin*, AT II, § 26 Rn. 175; *Schönke/Schröder-Heine/Weißer*, § 26 Rn. 31; SK-*Hoyer*, § 26 Rn. 31; a.M. *Maurach/Gössel/Zipf*, 7. Aufl., AT 2, § 50 Rn. 130 f.; vgl. aber auch BGHSt 6, 359 (361), wo der Begriff der mittelbaren Anstiftung für die Kettenanstiftung verwendet wird; hierzu unten Rn. 1342.
2957 Hierzu noch näher unten Rn. 1341 f.
2958 Vgl. hierzu unten Rn. 1440.
2959 So auch *Satzger*, JURA 2008, 514 (515).

hat. Längere Ausführungen sind hier nur dann erforderlich, wenn ausnahmsweise (in einer juristischen Klausur oder Hausarbeit) die Strafbarkeit des Haupttäters nicht isoliert geprüft werden kann, da der Haupttäter verstorben ist oder nach seiner Strafbarkeit nicht gefragt wird[2960]. Dann wäre es falsch, vorab die Strafbarkeit des Haupttäters isoliert zu erörtern.

1286 Ansonsten ist in diesem Zusammenhang lediglich noch die „limitierte" Akzessorietät zu beachten: Ein schuldhaftes Handeln des Haupttäters ist nicht erforderlich.

> **Klausurtipp:** Auf den ersten Blick problematisch erscheint oftmals die Frage, ob eine Anstiftung auch dann möglich ist, wenn der Haupttäter die Tat lediglich **versucht** hat. Hier darf man sich nicht täuschen lassen: Auch der Versuch einer Tat stellt eine vorsätzliche rechtswidrige Haupttat dar. Zu dieser kann daher angestiftet und Beihilfe geleistet werden, selbst wenn der Teilnehmer an sich die Vollendung wollte[2961]. Bei der Prüfung des Vorsatzes ist dabei festzustellen, dass im Vorsatz hinsichtlich der Vollendung der Vorsatz im Hinblick auf den Versuch mit enthalten ist. Lediglich bei der sogleich noch anzusprechenden Problematik des „agent provocateur"[2962] ergeben sich in diesem Zusammenhang Schwierigkeiten.

2. Bestimmen des Haupttäters zu dessen Tat

1287 Die weitaus größeren Probleme bei der Anstiftung ergeben sich bei der Frage, wann ein **Bestimmen** des Haupttäters zur Tat vorliegt. Dabei bedeutet Bestimmen das **objektive Hervorrufen des Tatentschlusses** beim Täter im Hinblick auf eine konkrete rechtswidrige Tat[2963]. Wie dieses Bestimmen bzw. die Hervorrufung des Tatentschlusses im Einzelnen aussehen muss, welche Anforderungen zu stellen sind und welche Mittel eingesetzt werden müssen, ist jedoch umstritten[2964]. Insbesondere ist es fraglich, ob eine rein kausale Verursachung der Tat eines anderen ausreicht oder ob und inwieweit hier ein zielgerichtetes Verhalten des Anstifters erforderlich ist, welches sich zudem auf eine ganz bestimmte Tat richten muss.

> **Bsp.:** Im Rahmen einer kleineren Protestkundgebung des „Vereins gegen den Kapitalismus" schließt der Redner mit der Aufforderung: „Und daher wäre es doch sinnvoll, wenn einer von uns einmal eine Bank überfallen würde, dann wissen die Herren dort, dass die Stunde geschlagen habe und wir können zudem unsere angeschlagenen Finanzen aufbessern". Tags darauf überfällt das Vereinsmitglied Viktor, durch die Rede motiviert, die örtliche Sparkasse und übergibt später dem überraschten Vereinsvorstand die erbeuteten 100.000 €. – Hier stellt sich einerseits die Frage, ob die Aufforderung an einen unbestimmten Personenkreis für eine Anstiftung ausreichte, andererseits, ob die Aufforderung, „irgendeine" Bank zu überfallen, genügte (darüber hinaus wäre im vorliegenden Fall auch der Anstiftervorsatz fraglich).

1288 Auf Grund der hohen Strafandrohung für den Anstifter, der in gleicher Weise wie der Täter zu bestrafen ist, muss im Rahmen des Bestimmens mehr als eine bloß kausale Verursachung gefordert werden. Das Veranlassen einer fremden Tat muss

---

2960 Vgl. hierzu auch den Übungsfall bei *Ingelfinger*, JuS 1995, 321 (322).
2961 Vgl. hierzu auch *Kretschmer*, JA 2022, 299 (300); ferner die Übungsfälle bei *Koch/Rößler*, JA 2021, 637 (640 f.); *Noltensmeier/Henn*, JA 2007, 772 (776).
2962 Vgl. hierzu Rn. 1312 ff.
2963 Vgl. *Kindhäuser/Zimmermann*, § 41 Rn. 5; *Kühl*, § 20 Rn. 169; *Rengier*, § 45 Rn. 24; Schönke/Schröder-*Heine/Weißer*, § 26 Rn. 2; Wessels/Beulke/Satzger, Rn. 881.
2964 Vgl. hierzu auch die Übungsfälle bei *Amelung/Boch*, JuS 2000, 261 (262); *Kett-Straub*, JA 2012, 831 (835); *Kett-Straub/Linke*, JuS 2008, 717 (722); *Kleszewski/Hawickhorst*, JA 2013, 589 (595); *Krack/Schwarzer*, JuS 2008, 140 (144); *Kuhlen/Roth*, JuS 1995, 711 (712); *Langer*, JuS 1987, 896 (899); *Murmann*, JA 2011, 593 (602); *Sowada*, JURA 1994, 37 (41); *Tiedemann/Walter*, JURA 2002, 708 (711).

seinen Grund in einer zielgerichteten Aufforderung zur Begehung einer bestimmten Tat haben. Eine entsprechende Einschränkung sollte – entgegen der wohl h. M.[2965], die dies erst im subjektiven Tatbestand (Vorsatz hinsichtlich des Bestimmens zu einer konkreten Tat) prüft – bereits auf der Ebene des objektiven Tatbestandes geschehen[2966]. Die Aufforderung an eine unbestimmte Menschenmenge kann somit die Anforderungen an eine „Bestimmung" nicht erfüllen, es kommt hier lediglich eine Strafbarkeit nach § 111 StGB in Betracht[2967]. Andererseits muss es ausreichen, wenn der Täter seine Aufforderung an mehrere, für ihn individualisierbare Personen richtet, von denen danach einer zur Tat schreitet, sofern es sich um einen überschaubaren Personenkreis handelt[2968]. Im Hinblick auf die konkrete Tat ist es notwendig (aber auch ausreichend), dass diese in ihren wesentlichen Grundzügen erfasst wird, wobei jedoch Tatort, Tatzeit und Tatopfer nicht zwingend feststehen müssen[2969]. In allen Einzelheiten muss die Tat hingegen nicht besprochen werden, sie muss jedoch als konkret-individualisierbares Geschehen erkennbar sein. Insofern reicht die Aufforderung, „irgendeine" Straftat zu begehen oder „irgendeinen" Menschen zu verprügeln nicht aus[2970].

Bsp.[2971]: Bruno will sich ins Ausland absetzen und benötigt hierfür einen falschen Pass. Er wendet sich an seinen Bekannten Anton, der meint, er könne einen solchen Pass gegen eine „Gebühr" von 10 000 € besorgen. Bruno entgegnet, er habe leider kein Geld. Darauf erwidert Anton, dann solle er eben „eine Bank oder Tankstelle machen". Mehr wird darüber an diesem Abend nicht gesprochen. Anton und Bruno vereinbaren schließlich, am nächsten Mittwoch noch einmal über die falschen Papiere zu reden. Daraufhin überfällt

---

2965 Für die h. M. BGHSt 34, 63 (64); *Ebert*, S. 212; *Geppert*, JURA 1997, 358 (359 f.); *Jescheck/Weigend*, § 64 II 2b; *Kindhäuser/Zimmermann*, § 41 Rn. 22; *Rengier*, § 45 Rn. 49 ff.; *Satzger*, JURA 2008, 514 (519); *Sobota/Kahl*, ZJS 2015, 206 (220); *Wessels/Beulke/Satzger*, Rn. 891.
2966 So auch *Berz*, JA 1990, Ü 246 (Ü 249); *Bock*, JA 2007, 599 (601); *Frister*, 28. Kap. Rn. 24; *Herzberg*, JuS 1987, 617 (617 f.); *Koch/Wirth*, JuS 2010, 203 (205 f.); *Kretschmer*, NStZ 1998, 401; *ders.*, JURA 2008, 265 (267); *Kühl*, § 20 Rn. 188; *Lackner/Kühl*, § 26 Rn. 5; *Maurach/Gössel/Zipf*, AT 2, 7. Aufl., § 51 Rn. 8; *Puppe*, § 25 Rn. 2; *Roxin*, AT II, § 26 Rn. 134; *Schmidhäuser*, SB, 10/111; *Sternberg-Lieben/Sternberg-Lieben*, JuS 2012, 884 (887).
2967 *Kühl*, § 20 Rn. 188; *Rengier*, § 45 Rn. 51; kritisch im Hinblick auf den in Rn. 1287 genannten Fall *Fahl*, JURA 2020, 431 (439); hierzu auch *Kasiske*, GA 2016, 756; vgl. zu den Anforderungen an das „Bestimmen" sogleich noch ausführlich den Problemschwerpunkt 36, unten Rn. 1289 ff.
2968 *Bock*, JA 2007, 599 (601); *Geppert*, JURA 1997, 358 (359); *Jakobs*, 22/27; *Joecks/Jäger*, § 26 Rn. 21; *Kindhäuser/Zimmermann*, § 41 Rn. 20; *Koch/Wirth*, JuS 2010, 203 (206); *Krey/Esser*, Rn. 1052; *Kühl*, § 20 Rn. 189; LK-*Roxin*, 11. Aufl., § 26 Rn. 55; MüKo-*Joecks/Scheinfeld*, 4. Aufl., § 26 Rn. 67; *Roxin*, AT II, § 26 Rn. 148; *Schönke/Schröder-Heine/Weißer*, § 26 Rn. 19; a. M. SK-*Hoyer*, Vor §§ 26–31 Rn. 55 (Anstiftung sei auch bei großer und dem Anstifter unbekannter Menschenmenge möglich).
2969 RGSt 26, 361 (362 f.); BGHSt 6, 359 (361); BGHSt 15, 276 (277); BGHSt 34, 63 (66 f.); BGHSt 40, 218 (231); BGHSt 42, 332 (334); *Bock*, JA 2007, 599 (601); *Frister*, 28. Kap. Rn. 24; *Kindhäuser/Zimmermann*, § 41 Rn. 22; *Kleszczewski*, Rn. 706; *Koch/Wirth*, JuS 2010, 203 (206); *Krack/Schwarzer*, JuS 2008, 140 (144); *Krey/Esser*, Rn. 1053; *Kühl*, § 20 Rn. 190 ff.; *Schönke/Schröder-Heine/Weißer*, § 26 Rn. 18; *Stratenwerth/Kuhlen*, § 12 Rn. 149; *Wessels/Beulke/Satzger*, Rn. 891; andere wiederum fordern, die Aufforderung müsse die „wesentlichen Dimensionen des Unrechts" erfassen; so *Kretschmer*, NStZ 1998, 401 (402 f.); *ders.*, JURA 2008, 265 (267); LK-*Roxin*, 11. Aufl., § 26 Rn. 47; *Roxin*, AT II, § 26 Rn. 136; anders wiederum *Herzberg*, JuS 1987, 617 (618 ff.), der auf eine Konkretisierung der Haupttat verzichten will; dagegen will *Satzger*, JURA 2008, 514 (520), die Lösung über einen „Test der hypothetischen Anwesenheit" des Anstifters am Tatort bestimmen: Erkenne dieser „seine Tat" wieder, läge Anstiftung vor.
2970 RGSt 26, 361 (362); RGSt 34, 327 (328); BGHSt 34, 63 (64).
2971 Fall nach BGHSt 34, 63; hierzu *Günther*, StV 1988, 421; *Herzberg*, JuS 1987, 617; *Puppe*, § 25 Rn. 1 ff.; *Roxin*, JZ 1986, 908; vgl. zu dieser Problematik auch die Übungsfälle bei *Berz*, JA 1990, Ü 246 (Ü 249); *Bott/Pfister*, JURA 2010, 226 (232, 233); *Dannecker*, JuS 1988, L 67 (L 69 f.); *Dobrosz/Onimus*, ZJS 2017, 689 (693); *Hussels*, JURA 2005, 877 (880); *Kett-Straub*, JA 2012, 831 (885); *Koch/Exner*, JuS 2007, 40 (42 f.); *Rehmet/Ströle*, ZJS 2021, 359 (368); *Sobota/Kahl*, ZJS 2015, 206 (220); *Sowada*, JURA 1994, 37 (41); *Stoffers*, JuS 1993, 837 (839).

Bruno eine Kreissparkasse und erbeutet 20 000 €. Nach seinen späteren Aussagen hatte ihn ausschließlich die Äußerung Antons zu diesem Verhalten motiviert. – Bruno hat hier entweder eine räuberische Erpressung nach §§ 253, 255 StGB oder einen Raub nach § 249 StGB begangen. Nach seiner Aussage hat ihn erst Antons „Tipp" auf diese Idee gebracht, sodass eine kausale Verursachung des Tatentschlusses vorliegt. Dies reicht jedoch nach der hier vertretenen Ansicht für ein Bestimmen nicht aus. Vielmehr ist es erforderlich, dass die Tatobjekte nicht nur ihrer Gattung nach umrissen werden, sondern dass sich die Bestimmung auf ein konkret individualisierbares Geschehen bezieht, was hier nicht der Fall war[2972]. Eine Anstiftung scheidet daher aus.

1289 a) **Anstiftung ohne kommunikative Beeinflussung**[2973] (**Problemschwerpunkt 36**)

Fall: Anton geht die Sammelleidenschaft seiner Ehefrau Berta für altägyptische Vasen mit zunehmender Ehezeit auf die Nerven. Kurz vor einem gemeinsamen Urlaub lässt er daher heimlich die von Berta streng behüteten Schlüssel für die Wohnzimmervitrinen, in denen sich die Vasen befinden, nachmachen und legt die nachgemachten Schlüssel am Tag der Abreise gut sichtbar auf den Wohnzimmertisch. Dabei geht er davon aus, dass sich die Hausangestellte Hilde diese einmalige Gelegenheit nicht entgehen lassen und sich mit den ihm verhassten aber wertvollen Vasen aus dem Staub machen wird. So geschieht es denn auch.

Problemstellung: Hilde hat hier einen Diebstahl, § 242 StGB, begangen. Da bei Anton schon mangels Zueignungsabsicht eine Täterschaft entfällt (er will schließlich nur, dass die Vasen irgendwie „verschwinden"), kommt für ihn lediglich eine Teilnahme an Hildes Diebstahl in Betracht. Im Hinblick auf eine Anstiftung ist in diesem Zusammenhang umstritten, ob die bloße Schaffung eines Tatanreizes ohne kommunikative Beeinflussung ausreichend ist oder ob das „Bestimmen" in § 26 StGB mehr voraussetzt.

1290 aa) Die Vertreter der **Verursachungstheorie**[2974] sind der Auffassung, das Tatbestandsmerkmal des „Bestimmens" in § 26 StGB setze lediglich die kausale Verursachung einer Haupttat voraus. Das Schaffen einer zur Tat anreizenden Sachlage reiche daher aus. Anstifter und Täter müssten nicht in kommunikativen Kontakt treten. Denn Strafgrund der Anstiftung[2975] sei allein die Verursachung einer fremden Straftat. Die Art und Weise dieser Verursachung sei gleichgültig, da es lediglich darauf ankomme, ob die Psyche des Haupttäters beeinflusst werde. Für die Strafwürdigkeit des Anstifters spiele es keine Rolle, ob der Angestiftete die Anstiftung erkenne oder nicht. Diese Auffassung führt zu einer Ausdehnung der Anstifterstrafbarkeit. Im Beispielsfall könnte Anton als Anstifter zu Hildes Diebstahl bestraft werden. **Gegen** diese Auffassung spricht, dass die Strafbarkeit unangemessen weit ausgedehnt wird, was sich u. a. daran zeigt, dass bereits jede erfolglose Schaffung einer zu einem Verbrechen provozierenden Tatsituation gemäß § 30

2972 BGHSt 34, 63 (65).
2973 Vgl. hierzu auch *Fahl*, JURA 2020, 431 (432 f.); *Hillenkamp/Cornelius*, AT, 23. Problem; *Gerson*, ZIS 2016, 295 (295 ff.); *Hilgendorf*, JURA 1996, 9 (11); *Koch/Wirth*, JuS 2010, 203 (204 f.); *Krüger*, JA 2008, 492; ferner die Übungsfälle bei *Amelung/Boch*, JuS 2000, 261 (262 f.); *Cornelius*, JuS 2009, 425 (431); *Duttge/Burghardt*, JURA 2016, 810 (816); *Gilles/Stiel*, JuS 2017, 748 (752 f.); *Goeckenjahn*, JuS 2008, 702 (706); *Hinderer*, JuS 2009, 625 (629); *Klesczewski/Hawickhorst*, JA 2013, 589 (595); *Kuhlen/Roth*, JuS 1995, 711 (712); *Langer*, JuS 1987, 896; *Marxen*, Fall 19a; *Meier/Loer*, JURA 1999, 424 (426); *Scholler*, JuS 2021, 1153 (1155); *Sowada*, JURA 1994, 37 (41); *Wagemann*, JURA 2006, 867 (870 f.).
2974 *Baumann/Weber/Mitsch*, 11. Aufl. 2003, § 30 Rn. 63; *Blei*, § 79 II 2; *Heghmanns*, GA 2000, 473 (487); *Herzberg*, JuS 1976, 40 (41); *Hillenkamp*, JR 1987, 254 (256); *Kindhäuser/Zimmermann*, § 41 Rn. 7; *Kuhlen/Roth*, JuS 1995, 711 (712); *Lackner/Kühl*, § 26 Rn. 2; *Widmaier*, JuS 1970, 241 (242 f.); vgl. auch BGHSt 9, 370 (379); BGHSt 45, 373 (374); BGH NJW 1985, 924; BGH NStZ 2000, 421; KG NStZ-RR 2002, 10; *Hilgendorf*, JURA 1996, 9 (11).
2975 Vgl. hierzu oben Rn. 1269 ff.

Abs. 1 StGB bestraft werden müsste (z. B. das Liegenlassen eines Messers mit dem zumindest bedingten Vorsatz, dass ein anderer das Messer ergreifen werde, um damit einen Menschen zu töten). Zudem kann gegen diese Theorie das Eigenverantwortlichkeitsprinzip angeführt werden[2976]. Tagtäglich werden durch eigenes Verhalten Gefahren geschaffen, die andere zur Begehung von Straftaten nutzen können. Von diesen wird aber erwartet, dass sie diesen Gefahren standhalten. Tun sie es nicht, kann aber nicht derjenige, der diese allgemeinen Gefahren – wenn auch vorsätzlich – schafft, die Verantwortung hierfür auferlegt werden.

bb) Dagegen setzt die **Kommunikationstheorie**[2977] für das Tatbestandsmerkmal des „Bestimmens" in § 26 StGB wenigstens eine irgendwie geartete kommunikative Beeinflussung des Täters durch den Anstifter voraus. Nur das Erfordernis einer solchen kommunikativen Beeinflussung gewährleiste in diesem Bereich eine sinnvolle Abgrenzung zwischen der Anstiftung und der Beihilfe. Dabei sei auch die Entstehungsgeschichte der Norm heranzuziehen. § 48 StGB a. F. habe schon vom Wortlaut her einen kommunikativen Kontakt vorausgesetzt, eine materielle Änderung sei aber mit der Neufassung des § 26 StGB nicht beabsichtigt gewesen. Zudem spräche hierfür ein Vergleich mit § 30 StGB, der in Abs. 1 ebenfalls das Merkmal des „Bestimmens" enthält. Da nun § 30 Abs. 2 StGB vom Wortlaut her einen kommunikativen Kontakt voraussetzt („bereit erklären", „Erbieten annehmen") und hiernach „ebenso bestraft" werden soll wie in Abs. 1, müsse auch das „Bestimmen" in § 30 Abs. 1 StGB einen kommunikativen Kontakt erfordern. Für § 26 StGB könne dann aber nichts anderes gelten[2978]. Anstifter kann nach dieser Auffassung also nur sein, wer in irgendeiner Form mit dem Täter in kommunikativen Kontakt getreten ist. Im Beispielsfall würde eine Anstiftung daher ausscheiden. **Gegen** diese Verengung der Anstifterstrafbarkeit wird einerseits vorgebracht, gerade das Schaffen tatprovozierender Umstände sei oft aussichtsreicher und erfordere mehr Raffinesse als die unmittelbare kommunikative Beeinflussung. Andererseits wird aber auch zutreffend darauf hingewiesen, dass sich dann, wenn lediglich eine kommunikative Beeinflussung, nicht aber ein darüber hinausgehendes kollusives Zusammenwirken gefordert wird, Anstiftung und (psychische) Beihilfe kaum trennen lassen. Denn auch die Beihilfe setzt zumeist ein kommunikatives Zusammenwirken voraus.

cc) Diesen zuletzt genannten Kritikpunkt nimmt die **Kollusionstheorie**[2979] zum Anlass, noch höhere Anforderungen an das Zusammenwirken zwischen Anstifter und Täter zu stellen. Das Tatbestandsmerkmal des „Bestimmens" in § 26 StGB

2976 *Fahl*, JURA 2020, 431 (433).
2977 *Amelung/Boch*, JuS 2000, 261 (263); *Beulke*, Kühl-FS 2014, S. 115 (119); *Dölling/Duttge/König/Rössner-Ingelfinger*, § 26 Rn. 8; *Ebert*, S. 210 f.; *Fischer*, § 26 Rn. 3; *Geppert*, JURA 1997, 299 (304); *Hinderer*, JuS 2009, 625 (629); *Jäger*, Rn. 362; *Jescheck/Weigend*, § 64 II 2a; *Kretschmer*, JURA 2008, 265 (266); *Krey/Esser*, Rn. 1038; *Krüger*, JA 2008, 492 (497 f.); *Maurach/Gössel/Zipf*, AT 2, 7. Aufl., § 51 Rn. 16; *Plate*, ZStW 84 (1972), 294 (295 Fn. 2); *Rengier*, § 45 Rn. 30; *Rogall*, GA 1979, 11 (12); *Schönke/Schröder-Heine/Weißer*, § 26 Rn. 2; *Sowada*, JURA 1994, 37 (41); *Welzel*, § 16 II 1; vgl. auch BGH NStZ 2009, 393; MüKo-*Joecks/Scheinfeld*, 4. Aufl., § 26 Rn. 18 ff.
2978 Zu dieser Argumentation *Krüger*, JA 2008, 492 (497).
2979 *Amelung*, Schroeder-FS 2006, S. 147 (163 ff.); BWME-*Eisele*, § 26 Rn. 27; *Freund/Rostalski*, § 10 Rn. 115 f.; *Gerson*, ZIS 2016, 295 (298); *Kaspar*, § 6 Rn. 74; *Kett-Straub/Linke*, JuS 2008, 717 (722); *Köhler*, S. 525 f.; *Kühl*, AT, 20 Rn. 172 ff.; LK-*Roxin*, 11. Aufl., § 26 Rn. 15; LK-*Schünemann/Greco*, 13. Aufl., § 26 Rn. 15; *Marxen*, Fall 19a; *D. Meyer*, JuS 1970, 529 (531); *ders.*, MDR 1975, 982 (984); NK-*Schild*, § 26 Rn. 5 ff.; *Otto*, § 22 Rn. 35; *ders.*, JuS 1982, 557 (560); *Roxin*, AT II, § 26 Rn. 76, 81; *ders.*, Stree/Wessels-FS 1993, S. 365 (377); *Satzger*, JURA 2008, 514 (515); *ders.*, JURA 2017, 1169 (1171); SSW-*Murmann*, § 26 Rn. 4; *Stratenwerth/Kuhlen*, § 12 Rn. 143; SK-*Hoyer*, § 26 Rn. 12; *Wagemann*, JURA 2006, 867 (871); *Wessels/Beulke/Satzger*, Rn. 814.

setze voraus, dass der Anstifter unmittelbar auffordernd auf den Willen des Täters einwirke. Ein beiläufig geäußerter Rat oder eine bloße Information könnten nicht ausreichen. Im Gegensatz zur Beihilfe müsse bei der Anstiftung ein einverständlich-kollusives Zusammenwirken gefordert werden, sei es durch Überredung, die Äußerung konkreter Wünsche oder Anregungen, das Versprechen von Geschenken oder auch durch die Ausnutzung eines Über-/Unterordnungsverhältnisses bzw. durch eine Drohung. Dem ist aus der Erwägung heraus zuzustimmen, dass nur eine solche restriktive Auslegung die hohe Strafandrohung („gleich einem Täter") ohne Milderungsmöglichkeit bei der Anstiftung rechtfertigen kann. Dies ergibt sich auch aus einem Vergleich mit der Mittäterschaft, bei der ebenfalls ein kollusives Zusammenwirken – hier jedoch nicht beschränkt auf den Tatentschluss – notwendig ist. Im Ergebnis führt diese Ansicht daher zu einer Einschränkung der Anstiftung zugunsten der Beihilfe. Im Beispielsfall ist Anton lediglich wegen Beihilfe zum Diebstahl zu bestrafen. **Gegen** diese Ansicht wird zwar ebenfalls vorgebracht, dass gerade das Schaffen tatprovozierender Umstände oft aussichtsreicher sei und mehr kriminelle Energie erfordere als die unmittelbare kommunikative Beeinflussung. Ferner sei gerade eine kommunikative Beeinflussung ohne unmittelbare Aufforderung zur Straftatbegehung häufig besonders geeignet, beim Täter den Tatentschluss hervorzurufen. Schließlich könnte das kollusive Zusammenwirken oft nur schwer nachgewiesen werden, sodass im Zweifel lediglich eine Beihilfe anzunehmen sei. Dies muss jedoch im Hinblick auf die hohe Strafandrohung der Anstiftung in Kauf genommen werden[2980].

1293 b) **Anstiftung durch Unterlassen.** Nach zutreffender Ansicht ist eine Anstiftung nur durch aktives Tun möglich[2981]. Dies folgt schon daraus, dass, wie eben gesehen, das **Bestimmen** nicht nur eine aktive Einwirkung auf den Willen des Haupttäters verlangt, sondern sogar ein kollusives Zusammenwirken mit diesem. Insoweit ist ein Bestimmen durch Unterlassen nicht möglich, da ein bloßes Unterlassen jedenfalls keine psychische Einflussnahme auf den Haupttäter darstellen kann.

1294 c) **Anstiftung eines bereits zur Tat Entschlossenen – omnimodo facturus.** Weitgehend anerkannt ist ferner, dass ein bereits zur konkreten Tat fest Entschlos-

---

[2980] Darüber hinaus findet sich in der Literatur eine Ansicht, die noch höhere Anforderungen an das Zusammenwirken stellt und einen förmlichen „Unrechtspakt" zwischen Täter und Anstifter verlangt; vgl. *Kindhäuser/Zimmermann*, § 41 Rn. 9; *Puppe*, § 25 Rn. 3 ff.; *dies.*, GA 1984, 101 (112 ff.); *dies.*, NStZ 2006, 424 (425); *dies.*, GA 2013, 514 (517 ff.); ähnlich *Jakobs*, 22/22 (Täter muss seinen Entschluss in Abhängigkeit vom Willen des Beeinflussenden fassen und durchhalten); vgl. auch *Klesczewski*, Rn. 692 f.

[2981] *Bachmann/Eichinger*, JA 2011, 509 (510); *Dölling/Duttge/König/Rössner-Ingelfinger*, § 26 Rn. 9; *Jescheck/Weigend*, § 64 II 6; *Krey/Esser*, Rn. 1184a; LK-*Roxin*, 11. Aufl., § 26 Rn. 61 ff.; NK-*Gaede*, § 13 Rn. 28; *Otto*, § 22 Rn. 40; *ders.*, JuS 1982, 557 (560); *Roxin*, AT II, § 26 Rn. 86; *Schönke/Schröder-Heine/Weißer*, § 26 Rn. 4; *Wessels/Beulke/Satzger*, Rn. 881; a. M. AnwKomm-*Waßmer*, § 26 Rn. 13; *Bloy*, JA 1987, 490; *Bock*, JA 2007, 599 (601); *Freund/Rostalski*, § 10 Rn. 118; *Geppert*, JURA 1997, 358 (365); *Jakobs*, 29/104; LK-*Roxin*, 11. Aufl., § 26 Rn. 63; *Rengier*, § 51 Rn. 29; SSW-*Murmann*, § 26 Rn. 5; differenzierend *Ransiek*, JuS 2010, 678 (681); *Streng*, ZStW 122 (2010), 1 (17).

sener nicht mehr zu dieser Tat angestiftet werden kann²⁹⁸². Es fehlt hier an einer ursächlichen „Bestimmung" zu dieser Tat. Man spricht in diesen Fällen von der **Rechtsfigur des „omnimodo facturus"**²⁹⁸³.

Wollte der vermeintliche Anstifter den Täter zur Tat bestimmen und scheiterte dies lediglich daran, dass dieser bereits zur Tat entschlossen war, kommt aber eine Strafbarkeit wegen **versuchter Anstiftung**, § 30 Abs. 1 StGB, in Betracht, die jedoch nur bei einem Verbrechen strafbar ist. Ferner ist an eine Strafbarkeit wegen **psychischer Beihilfe** durch Bestärken des Tatvorsatzes zu denken²⁹⁸⁴. Dagegen ist die Anstiftung eines lediglich **Tatgeneigten**, der sich jedoch hinsichtlich der konkreten Tatbegehung noch unschlüssig ist, durchaus möglich²⁹⁸⁵.

1295

> **Bsp.:** Ehemann Anton fällt beim Gardinenaufhängen vom Hocker und bleibt blutüberströmt und lebensgefährlich verletzt auf dem Boden liegen. Als seine Ehefrau Berta hinzukommt, sieht sie darin an sich eine willkommene Gelegenheit, Anton „loszuwerden", weil er ihrem Liebesverhältnis mit Rudi entgegensteht. Sie ist sich jedoch unschlüssig und ruft daher bei Rudi an, um diesen zu fragen, was er von dieser Idee halte. Rudi fordert sie daraufhin eindringlich dazu auf, Hilfsmaßnahmen zu unterlassen, weil das „die Chance" für sie beide sei. Berta folgt diesem Rat und unternimmt keine Rettungsmaßnahmen. Anton stirbt. – Hier war Berta hinsichtlich der Tötung (bzw. des Mordes) durch Unterlassen zum Zeitpunkt des Anrufes lediglich tatgeneigt. Die konkrete Tat wurde letztlich durch Rudis Aufforderung verursacht. Dies muss für eine Anstiftung ausreichen. An diesem Beispiel wird übrigens deutlich, dass zwar eine Anstiftung **durch Unterlassen** nicht möglich ist, eine Anstiftung **zu einem Unterlassen** hingegen schon.

2982 BGHSt 2, 223 (225); BGHSt 45, 373 (374); BGH wistra 1988, 108; BGH NStZ-RR 1996, 1; BGH NStZ 2001, 41 (42), BGH NStZ 2017, 401 (402); BGH NStZ-RR 2021, 273 (274); AnwKomm-*Waßmer*, § 26 Rn. 8; *Bock*, JA 2007, 599 (600); *Esser/Röhling*, JURA 2009, 866 (870); *Frister*, 28. Kap. Rn. 14; *Freund/Rostalski*, § 10 Rn. 115; *Geppert*, JURA 1997, 299 (304); *Gerson*, ZIS 2016, 295 (304); *Grabow*, JURA 209, 408 (409); v. *Heintschel-Heinegg-Kudlich*, § 26 Rn. 15; *Jäger*, Rn. 363; *Jakobs*, 21/24; *Kindhäuser/Zimmermann*, § 41 Rn. 10; *Koch/Wirth*, JuS 2010, 203 (205); *Krey/Esser*, Rn. 1042; *Kühl*, § 20 Rn. 177; *Lackner/Kühl*, § 26 Rn. 2a; LK-*Roxin*, 11. Aufl., § 26 Rn. 17; *Otto*, § 22 Rn. 37; *ders.*, JuS 1982, 557 (560); *Rengier*, § 45 Rn. 33; *Roxin*, AT II, § 26 Rn. 65; *Satzger*, JURA 2008, 514 (515); *ders.*, JURA 2017, 1169 (1170); *Schönke/Schröder-Heine/Weißer*, § 26 Rn. 6; SSW-*Murmann*, § 26 Rn. 5; *Stratenwerth/Kuhlen*, § 12 Rn. 144; *Wessels/Beulke/Satzger*, Rn. 883; vgl. hierzu auch die Übungsfälle bei *Buchholz*, ZIS 2017, 681 (688); *Dannecker/Gaul*, JuS 2008, 345 (348); *Esser/Beckert*, JA 2012, 590 (595); *Hotz*, JA 2018, 674 (677); *Kaspar*, JuS 2004, 409 (411); *Langer*, JURA 2003, 135 (136 f.); *Laubenthal*, JA 2004, 39 (46); *Noak/Sengbusch*, JURA 2005, 494 (498); *Walter*, JURA 2014, 117 (128); kritisch NK-*Schild*, § 26 Rn. 8 f.; *Puppe*, § 25 Rn. 12; zur historischen Herleitung dieses Grundsatzes *Bock*, JR 2008, 143.

2983 Diese Rechtsfigur ablehnend NK-*Puppe*, § 15 Rn. 101; *Puppe*, § 22 Rn. 6, § 25 Rn. 12, 17; *dies.*, GA 1984, 101 (116 f.); *Scheinfeld*, GA 2007, 695 (702 f.); kritisch auch SK-*Hoyer*, § 26 Rn. 7 f.; SSW-*Murmann*, § 26 Rn. 6.

2984 RGSt 72, 373 (375); BGH NStZ-RR 1996, 1; BGH NStZ 2017, 401 (403); *Bock*, JA 2007, 599 (600); *ders.*, JR 2008, 143 (144); *Kindhäuser/Zimmermann*, § 41 Rn. 10; *Kühl*, § 20 Rn. 177 f.; *Roxin*, AT II, § 26 Rn. 65, 67; *Satzger*, JURA 2008, 514 (515); *ders.*, JURA 2008, 1169 (1174); *Schönke/Schröder-Heine/Weißer*, § 26 Rn. 6; vgl. auch die Übungsfälle bei *Hotz*, JA 2018, 674 (677 f.); *Jordan*, JURA 2001, 554 (557); *Walter*, JURA 2014, 117 (128 ff.).

2985 BGHSt 45, 373 (374); BGH NStZ 1994, 29 (30); BGH NStZ 2001, 41 (42); BGH NStZ 2017, 401 (402); *Bock*, JA 2007, 599 (600 f.); *Geppert*, JURA 1997, 299 (304); *Kindhäuser/Zimmermann*, § 41 Rn. 10; *Koch/Wirth*, JuS 2010, 203 (205); *Krey/Esser*, Rn. 1042 f.; *Kühl*, § 20 Rn. 179; *Lackner/Kühl*, § 26 Rn. 2a; LK-*Roxin*, 11. Aufl., § 26 Rn. 18; *Noak/Sengbusch*, JURA 2005, 494 (498); *Satzger*, JURA 2017, 1169 (1172 f.); vgl. hierzu auch die Übungsfälle bei *Bülte/Härtl*, JA 2016, 347 (351); *Esser/Wasmeier*, JA 2020, 668 (673); *Gerhold/Conrad*, JA 2019, 359 (363); *Hotz*, JA 2018, 674 (677); *Lave-Dehne-Niemann*, JURA 2010, 73 (76 f.); *Nicolai*, JA 2018, 825 (827); *Steinberg/Wolf/Langlitz*, ZJS 2013, 606 (610).

1295a Eine Anstiftung liegt aber dann vor, wenn der Haupttäter nur allgemein dazu entschlossen ist, bestimmte Delikte (regelmäßig) zu begehen, hierzu aber abwartet, bis er konkrete Aufträge dazu bekommt[2986]. Dies ist auch in Fällen möglich, in denen er selbst die Initiative zu den Taten ergriffen hat[2987].

> **Bsp.:** Anton ist auf Einbruchdiebstähle spezialisiert und führt diese immer dann durch, wenn der Hehler Herbert ein entsprechendes Interesse an einem (bestimmten) Gegenstand bekundet. Nachdem Herbert ihm mitgeteilt hat, er benötige eine bestimmte Computeranlage, bricht Anton in die Büroräume des Bruno ein, beschafft sich diese und veräußert sie an Herbert. Hier hat sich Anton nach §§ 242, 243 Abs. 1 Satz 2 Nr. 1 StGB wegen eines besonders schweren Falls des Diebstahls strafbar gemacht, Herbert ist wegen einer Hehlerei, § 259 StGB, und wegen einer Anstiftung zu §§ 242, 243 Abs. 1 Satz 2 Nr. 1 StGB zu bestrafen. Die Taten des Herbert stehen in Realkonkurrenz, § 53 StGB[2988].

1296 **d) Anstiftung zu einer anderen Tat („Umstiftung").** Diese Fallkonstellation ist relativ unproblematisch: Wer einen anderen zur Begehung einer anderen Tat anstiftet, als von diesem ursprünglich geplant, wird als „Umstifter" wegen Anstiftung zu dieser neuen Tat bestraft[2989]. Die Tatsache, dass der Täter die ursprünglich beabsichtigte Tat nicht begeht, kann nicht zur Straflosigkeit des Anstifters führen. Dieser Umstand kann höchstens im Rahmen der Strafzumessung berücksichtigt werden.

> **Bsp.:** Anton will sich an Bruno rächen und ist fest entschlossen, diesen kräftig zu verprügeln. Er erzählt seinem besten Freund Toni von diesen Plänen. Dieser meint, es wäre doch effektiver, wenn er Brunos neuen Ferrari mit einer Eisenstange kräftig demoliere. Nach einem längeren Gespräch lässt sich Anton umstimmen. Am Abend darauf verwandelt er Brunos Ferrari in einen Schrotthaufen. – Hier hat Anton eine Sachbeschädigung, § 303 StGB, begangen. Toni hat ihn hierzu angestiftet. Dass er ihn gleichzeitig davon abgehalten hat, Bruno zu verprügeln und dadurch eine Körperverletzung nach § 223 StGB zu begehen, kann nicht zum Ausschluss der Anstifterstrafbarkeit führen.

1296a In diesem Zusammenhang kann es allerdings durchaus fraglich sein, ob bei Änderung von Tatumständen noch von derselben Tat (dann Beihilfe zur vom Täter geplanten Tat) oder bereits von einer anderen Tat (dann „Umstiftung", also Anstiftung zur neuen Tat) auszugehen ist. Wer einen anderen dazu überredet, seinen Widersacher nicht auf das rechte, sondern auf das linke Auge zu schlagen oder ihn statt mit einer Holzlatte mit einer Eisenstange zu traktieren, stiftet diesen nicht zu einer anderen Tat an, sondern leistet nur (psychische) Beihilfe. Anders hingegen ist der Fall zu beurteilen, wenn der Haupttäter geplant hatte, seine Ehefrau nächstes Jahr im Urlaub von den Klippen zu stürzen und er von seinem Freund überzeugt wird, dies doch besser gleich zu tun. Denn in der Lebensverkür-

---

[2986] BGH NStZ 1994, 29 (30); BGH NStZ-RR 2021, 273 (274); *Immel*, NStZ 2017, 404; *Satzger*, JURA 2017, 1169 (1173); teilweise anders aber BGH NStZ 2017, 401 (402).
[2987] BGH NStZ-RR 2021, 273 (274).
[2988] BGHSt 22, 206 (207 ff.); SSW-*Jahn*, § 259 Rn. 53; vgl. auch BGHSt 13, 403 (406 f.).
[2989] BGH NStZ-RR 1996, 1; *Bock*, JA 2007, 599 (602); *Frister*, 28. Kap. Rn. 17; *Kindhäuser/Hilgendorf*, LPK, § 26 Rn. 15; *Koch/Wirth*, JuS 2010, 203 (206 f.); *Krey/Esser*, Rn. 1049; *Kühl*, § 20 Rn. 180; *Küpper*, JuS 1996, 23 (23 f.); LK-*Roxin*, 11. Aufl., § 26 Rn. 26 ff.; *Otto*, JuS 1982, 557 (561); *Rengier*, § 45 Rn. 42; *Satzger*, JURA 2017, 1169 (1179); *Schönke/Schröder-Heine/Weißer*, § 26 Rn. 8 (die allerdings den Begriff der „Umstiftung" für eine andere Konstellation verwenden); vgl. auch die Übungsfälle bei *Buchholz*, ZJS 2017, 681 (688); *Mitsch*, JuS 1987, 726 (729).

zung ist hier – trotz gleichbleibendem Opfer – ein eigenständiger Unwertgehalt zu sehen²⁹⁹⁰.

e) Anstiftung zu einer leichteren Tat („Abstiftung"). Ist der Täter entschlossen, ein qualifiziertes Delikt zu begehen, und veranlasst ihn der „Anstifter" lediglich zur Durchführung des Grunddelikts, so ist der Täter im Hinblick auf das Grunddelikt als **omnimodo facturus** anzusehen²⁹⁹¹. Eine Anstiftung scheidet also aus, da der Haupttäter, der ein qualifiziertes Delikt begehen will, jedenfalls auch zur Begehung des Grunddelikts entschlossen ist. Ferner muss hier eine Strafbarkeit an den Grundsätzen der objektiven Zurechnung (Fallgruppe der Risikoverringerung) scheitern²⁹⁹². Möglich ist hingegen eine **psychische Beihilfe** zum Grunddelikt, wenn der Handelnde den Täter zur Begehung des (minder schweren) Delikts ausdrücklich ermutigt bzw. ihm die Tat dadurch erleichtern will²⁹⁹³. In diesen Fällen kommt aber eine Rechtfertigung nach § 34 StGB in Betracht, wenn die Abstiftung die einzige Möglichkeit war, die schwerere Tat zu verhindern²⁹⁹⁴.

f) Anstiftung eines zur Tat Entschlossenen zu einer Qualifikation („Aufstiftung")²⁹⁹⁵ (Problemschwerpunkt 37)

> **Fall:** Anton will zur Nachtzeit in Ingos Geschäftsräume einbrechen, um dort Waren zu entwenden. Er weiß, dass die Räume nachts unbewacht sind. Als er sich auf den Weg machen will, überredet ihn seine Ehefrau Berta, die ansonsten mit derartigen Geschäften ihres Mannes nichts zu tun hat, „zur Sicherheit" doch eine Pistole mitzunehmen. Anton lässt sich hierzu überreden und entwendet bei Ingo zwei Computeranlagen. Da ihm niemand in die Quere kommt, braucht er die stets griffbereite Waffe nicht einzusetzen.

2990 So auch *Bock*, JA 2007, 599 (602); *Satzger*, JURA 2017, 1169 (1180); SK-*Hoyer*, § 26 Rn. 24.
2991 *Bock*, JA 2007, 599 (602); *Frister*, 28. Kap. Rn. 20; *Geppert*, JURA 1997, 299 (304); *Kindhäuser/Zimmermann*, § 41 Rn. 14; *Koch/Wirth*, JuS 2010, 203 (207); *Krey/Esser*, Rn. 1048; *Kudlich*, JuS 2005, 592; *Kühl*, § 20 Rn. 177; *Rengier*, § 45 Rn. 43; *Roxin*, AT II, § 26 Rn. 69; *Satzger*, JURA 2017, 1169 (1175); *Schönke/Schröder-Heine/Weißer*, § 26 Rn. 10; SK-*Hoyer*, § 26 Rn. 17; problematisch sind allerdings diejenigen Fälle, in denen der Anstifter den Haupttäter zu einer anderen Tatmodalität innerhalb desselben Delikts umstimmt, ihn also z.B. dazu verleitet, statt in ein Wohnhaus (§ 244 Abs. 1 Nr. 3, Abs. 4 StGB) in ein Geschäftshaus („nur" §§ 242, 243 Abs. 1 S. 2 Nr. 2 StGB) einzubrechen, dafür aber eine Waffe (§ 244 Abs. 1 Nr. 1 Buchst. a StGB) mitzunehmen.
2992 *Bock*, JA 2007, 599 (602); *Geppert*, JURA 1997, 299 (304); *Kühl*, § 20 Rn. 185; *Lackner/Kühl*, § 26 Rn. 2a; LK*Roxin*, 11. Aufl., § 26 Rn. 33; *Rengier*, § 45 Rn. 43; *Roxin*, AT II, § 26 Rn. 69; *Satzger*, JURA 2017, 1169 (1176); *Schönke/Schröder-Heine/Weißer*, § 26 Rn. 10; differenzierend *Kudlich*, JuS 2005, 592 (593 f.); vgl. zur Risikoverringerung allgemein oben Rn. 246 ff.
2993 *Geppert*, JURA 1997, 299 (304 f.); *Koch/Wirth*, JuS 2010, 203 (207); *Kudlich*, JuS 2005, 592 (593 f.); LK-*Roxin*, 11. Aufl., § 26 Rn. 33; *Roxin*, AT II, § 26 Rn. 70; *Wessels/Beulke/Satzger*, Rn. 886; a.M. *Kühl*, § 20 Rn. 185; *Rengier*, § 45 Rn. 43; *Satzger*, JURA 2017, 1169 (1176); *Schönke/Schröder-Heine/Weißer*, § 26 Rn. 10; vgl. auch MüKo-*Joecks/Scheinfeld*, 4. Aufl., § 26 Rn. 39.
2994 *Bock*, JA 2007, 599 (602); *Geppert*, JURA 1997, 229 (304 f.); *Koch/Wirth*, JuS 2010, 203 (208); *Krey/Esser*, Rn. 1048; *Kühl*, § 20 Rn. 185; *Küpper*, JuS 1996, 23 (24); *Lackner/Kühl*, § 26 Rn. 2a; LK-*Roxin*, 11. Aufl., § 26 Rn. 34 f.; *Rengier*, § 45 Rn. 43; *Roxin*, AT II, § 26 Rn. 70; *Satzger*, JURA 2017, 1169 (1176); differenzierend *Kudlich/Oğlakcıoğlu*, JA 2015, 426 (430).
2995 Vgl. auch BGHSt 19, 339: Der Täter wird von einem „einfachen" Raub, § 249 StGB, zu einem schweren Raub, § 250 StGB, aufgestiftet; hierzu *Krey/Esser*, Rn. 1044 ff.; *Puppe*, § 25 Rn. 8 ff.; zu dieser Problematik auch *Hillenkamp/Cornelius*, AT, 25. Problem; ferner die Übungsfälle bei *Amelung/Boch*, JuS 2000, 261 (266 f.); *Bartsch/Böhme/Brettel*, ZJS 2015, 417 (427 f.); *Berz/Saal*, JURA 2003, 205 (208); *Celik*, JA 2010, 855 (862); *Cornelius*, JuS 2009, 425 (431 f.); *Ellbogen/Stage*, JuS 2005, 353 (354); *Hussels*, JURA 2005, 877 (880 f.); *Ingelfinger*, JuS 1995, 321 (322 f.); *Jeßberger/Book*, JuS 2010, 321 (325 f.); *Kaspar*, JuS 2004, 139 (141); *Langer*, JURA 2003, 135 (137); *Laubenthal*, JA 2004, 39 (46); *Marxen*, Fall 19b; *Preuß*, JURA 2019, 660 (668); *Schmidhäuser*, JA 2019, 912 (922 f.); *Steinberg*, ZJS 2010, 518 (520); *Sternberg-Lieben*, JuS 1996, 136 (141 f.); *Tausch*, JuS 1995, 614 (617); *Wendeburg*, JA 2017, 25 (29 f.); *Wagner/Drachsler*, ZJS 2011, 530 (537).

Problemstellung: Anton war hier entschlossen, einen besonders schweren Fall des Diebstahls, §§ 242, 243 Abs. 1 Satz 2 Nr. 1 StGB, zu begehen. Berta stiftete ihn darüber hinaus zum Qualifikationstatbestand des § 244 Abs. 1 Nr. 1 Buchst. a StGB an. Da Anton zum Diebstahl fest entschlossen war, konnte er von Berta hierzu nicht mehr angestiftet werden (Rechtsfigur des „omnimodo facturus"). Fraglich ist aber, wie die Anstiftung Antons zur Begehung des Qualifikationstatbestandes (sog. „Aufstiftung") durch Berta rechtlich zu behandeln ist.

1299 aa) Die **Qualifikationstheorie**[2996] will denjenigen, der einen zum Grunddelikt entschlossenen Täter zu einer Qualifikation anstiftet, stets wegen Anstiftung zu dieser Qualifikation bestrafen. Denn durch eine Qualifikation werde die Tatidentität geändert, weshalb eine völlig neue Bewertung möglich und notwendig sei. Das qualifizierte Delikt sei eine selbstständige Unrechtseinheit und nicht lediglich ein Unrechtsplus. Im Ergebnis würde damit die Anstiftung zu einer Qualifikation die an sich nicht mehr mögliche Anstiftung zum Grunddelikt wieder aufleben lassen. Im Beispielsfall wäre Berta daher wegen Anstiftung zum Diebstahl mit Waffen, §§ 244 Abs. 1 Nr. 1 Buchst. a, 26 StGB, zu bestrafen. Dem wird jedoch zu Recht **entgegengehalten**, dass eine nur geringfügige Steigerung des Unwertgehalts dann zu unangemessen hohen Strafen für den Anstifter führen würde. Denn § 26 StGB sieht keine Strafmilderungsmöglichkeit vor. Dem Anstifter würden hier Unrechtsteile angelastet, für die er nicht verantwortlich ist. Dies wird durch die Überlegung untermauert, dass dann, wenn Grundtatbestand und Qualifikation wirklich wesensmäßig verschieden wären, auch derjenige wegen einer Anstiftung zum Grunddelikt bestraft werden müsste, der einen anderen „abstiftet", d. h. dem Täter die Begehung des Qualifikationsdelikts ausredet.

1300 bb) Die unter anderem von der Rechtsprechung vertretene **Unwertsteigerungstheorie**[2997] modifiziert die eben genannte Ansicht dahingehend, dass derjenige, der einen zur Begehung des Grunddelikts Entschlossenen zu einer Qualifikation überredet, nur dann wegen Anstiftung bestraft werden kann, wenn der Unwert der geplanten Tat konkret gesteigert wird. Denn die Abgrenzung, ob das qualifizierte Delikt mit dem Grunddelikt noch identisch sei und somit eine Tatidentität darstelle, dürfe nicht nach formalen Aspekten, sondern müsse nach dem materiellen Kriterium des Unrechtsgehalts erfolgen. Werde das Unrecht konkret gesteigert (was bereits bei einer gefährlicheren Art der Ausführung des Delikts der Fall sein könnte), so sei Anstiftung zum Tatganzen möglich, da diese konkrete Tat in der vorliegenden Form vom Täter nicht beabsichtigt gewesen sei. Die Erfüllung eines Qualifikationstatbestandes sei hierbei bereits ein Indiz für eine konkrete Unwertsteigerung. **Hiergegen** spricht jedoch, dass ein vernünftiger Maßstab dafür, wann bei einer Qualifikation das Unrecht gesteigert wird und wann nicht, kaum gefunden werden kann. Insoweit wäre eine entsprechende Einordnung willkürlich. Auch im vorliegenden Fall ist die Frage, ob ein Diebstahl mit Waffen das Unrecht

---

[2996] *Fischer*, § 26 Rn. 5; *Haft*, H IV 3c ee (3); *Langer*, JURA 2003, 135 (137); *Otto*, § 22 Rn. 38; *ders.*, JuS 1982, 557 (561); *Satzger*, JURA 2017, 1169 (1178); *Stree*, Heinitz-FS 1972, S. 277 (293); vgl. auch *Frister*, 28. Kap. Rn. 19; *Puppe*, § 25 Rn. 16.

[2997] BGHSt 19, 339 (340 f.); *Amelung/Boch*, JuS 2000, 261 (267); *Berz/Saal*, JURA 2003, 205 (208); BWME-*Eisele*, § 26 Rn. 37; *Ellbogen/Stage*, JA 2005, 354; *Hünerfeld*, ZStW 99 (1987), 228 (249); *Jäger*, Rn. 363; *Jeßberger/Book*, JuS 2010, 321 (326); *Lackner/Kühl*, § 26 Rn. 2a; LK-*Roxin*, 11. Aufl., § 26 Rn. 39; LK-*Schünemann/Greco*, 13. Aufl., § 26 Rn. 34 ff.; *Maurach/Gössel/Zipf*, AT 2, 7. Aufl., § 51 Rn. 11; *Rengier*, § 45 Rn. 38; *Roxin*, AT II, § 26 Rn. 105; *Schmidhäuser*, SB, 10/120; *Steinberg*, ZJS 2010, 518 (520); *Tausch*, JuS 1995, 614 (617).

der Tat im Vergleich zu einem Einbruchsdiebstahl konkret steigert, nicht eindeutig zu beurteilen.

cc) Von der eben genannten Ansicht unterscheidet sich die von Teilen der Literatur vertretene **Wesentlichkeitstheorie**[2998] nur leicht. Wer einen zur Begehung des Grunddelikts entschlossenen Täter zu einer Qualifikation anstifte, sei nur dann wegen Anstiftung zum Tatganzen zu bestrafen, wenn die Tatabwandlung „wesentlich" sei. Denn die Frage der Tatidentität werde durch viele, abstrakt nicht festlegbare Faktoren bestimmt. Es träten hierbei ähnliche Probleme auf wie im Rahmen der Kausalität. Deren Regelung – die Unterscheidung in wesentliche und unwesentliche Abweichungen vom Kausalverlauf[2999] – könnte daher übertragen werden. Das Kriterium der „Wesentlichkeit" werde schließlich auch bei der Frage benutzt, inwieweit der Anstifter zu bestrafen sei, wenn der Täter etwas anderes mache als vorgesehen, sich also nicht exakt an die Vorgaben des Anstifters halte. Im Ergebnis ist hiernach der Qualifikationstatbestand – unabhängig vom Unrechtsgehalt – daraufhin zu untersuchen, ob seine Begehung eine wesentliche Abweichung im Vergleich zum Grunddelikt enthält oder nicht. Im Beispielsfall müsste daher, um eine Anstiftung annehmen zu können, festgestellt werden, dass ein Diebstahl mit Waffen etwas wesentlich anderes ist als ein Diebstahl in einem besonders schweren Fall (was im Ergebnis abzulehnen ist). Wie schon gegen die Unwertsteigerungstheorie lässt sich auch **gegen** die Wesentlichkeitstheorie einwenden, dass ein vernünftiger Maßstab dafür, wann bei einer Qualifikation die Abweichung wesentlich sei und wann nicht, kaum gefunden werden kann. Eine entsprechende Differenzierung wäre daher oft willkürlich.

1301

dd) Diese Rechtsunsicherheit wird von der **Beihilfetheorie**[3000] im Wesentlichen vermieden. Diese Ansicht geht davon aus, dass derjenige, der einen zur Begehung des Grunddelikts entschlossenen Täter zur Begehung einer Qualifikation überrede, nicht wegen Anstiftung zu dieser Qualifikation bestraft werden könne. Anstiftung sei nur dort möglich, wo nicht zu einem „Mehr" sondern zu einem „aliud" angestiftet werde (daher wird diese Theorie oft auch als „aliud-Theorie" bezeichnet). Werde lediglich zu einem „Mehr" angestiftet, so sei nur eine Strafbarkeit wegen psychischer Beihilfe zum Tatganzen möglich. Diese Ansicht geht zutreffend davon aus, dass eine Anstiftung sich nur auf denjenigen Teil der Straftat beziehen kann, zu dessen Begehung der Täter nicht bereits entschlossen war (Gedanke des „omnimodo facturus"). Nur wenn dieser Teil für sich gesehen einen Straftatbestand erfüllt, kann er dem Handelnden als Anstiftung angelastet werden. Es muss somit differenziert werden zwischen der Anstiftung zu einem abgrenzbaren Tatteil und der Beihilfe zum Tatganzen. Ein „Steigern" ist eben kein „Hervorrufen", wie es § 26 StGB verlangt, sondern ein typischer Fall der Beihilfe. Strafbarkeitslücken entstehen hier nicht, da die Beihilfestrafbarkeit trotz der obligatorischen Strafmilderung des § 27 StGB für diese Fälle ausreichend ist. Im

1302

2998 *Cramer*, JZ 1965, 31 (32); *Geilen*, AT, 5. Aufl. 1980, S. 202; *Krey/Esser*, Rn. 1047; *Welzel*, § 16 II 2; vgl. auch *Schulz*, JuS 1986, 933 (938).
2999 Vgl. hierzu oben Rn. 1091.
3000 *Bock*, JA 2007, 599 (602); *Freund/Rostalski*, § 10 Rn. 120 ff.; *Gropp/Sinn*, § 10 Rn. 267; *Grünwald*, JuS 1965, 311 (313); *Ingelfinger*, JuS 1995, 321 (322 f.); *Jescheck/Weigend*, § 64 II 2c; *Kindhäuser/Zimmermann*, § 41 Rn. 13; *Klesczewski*, Rn. 699; *Koch/Wirth*, JuS 2010, 203 (207); *Küpper*, JuS 1996, 23 (24); *MüKo-Joecks/Scheinfeld*, 4. Aufl., § 26 Rn. 45; *Puppe*, ZStW 92 (1980), 863 (887); *Schönke/Schröder-Heine/Weißer*, § 26 Rn. 9; *SK-Hoyer*, § 26 Rn. 19; *Sternberg-Lieben*, JuS 1996, 136 (142); *Stratenwerth/Kuhlen*, § 12 Rn. 145.

Ergebnis muss also jeder Qualifikationstatbestand daraufhin untersucht werden, ob er ein bloßes „Mehr" oder einen eigenständigen Deliktstatbestand, d. h. ein „aliud" darstellt. Im Beispielsfall ist der Diebstahl mit Waffen gegenüber dem Diebstahl in einem besonders schweren Fall kein aliud, sondern ein „Mehr", Berta kann also nur wegen Beihilfe zum Diebstahl mit Waffen verurteilt werden. Daneben ist aber noch an eine Anstiftung zum unerlaubten Führen einer Waffe, § 52 WaffG, zu denken. **Gegen diese Theorie** wird zwar ebenfalls vorgebracht, dass sich die Grenze zwischen einem „Mehr" und einem „aliud" nicht eindeutig ziehen lasse und einheitliche materielle Kriterien nicht existieren würden. Dennoch bietet diese Ansicht mehr Rechtssicherheit als die eben genannten Theorien und garantiert mit der obligatorischen Strafmilderung im Rahmen der Beihilfestrafbarkeit auch eine angemessenere Bestrafung.

1302a g) **Anstiftung zum Weiterhandeln.** Mit den eben genannten Fällen der „Aufstiftung" zwar vergleichbar, im Ergebnis aber anders zu behandeln, sind die Fälle der Anstiftung zum Weiterhandeln („sukzessive" Anstiftung)[3001]. Wollte der Täter nach Tatvollendung mit der Tatbegehung aufhören und fordert ihn der Beteiligte zum Weiterhandeln auf, liegt hierin eine eigenständige Anstiftungshandlung.

> **Bsp. (1):** Anton schlägt Rudi mit der Faust mehrmals ins Gesicht. Nach zehn Schlägen in Folge meint Anton dann: „So, und jetzt noch zwei, dann reicht es". Der daneben stehende und bisher unbeteiligte Bruno meint: „Nein, gib ihm noch sechs". Anton tut dies. – Anton begeht durch die 16 Faustschläge nur eine Körperverletzung, § 223 StGB (natürliche Handlungseinheit)[3002]. Da Bruno ihn zu vier dieser Schläge – die für sich gesehen vier natürliche Handlungen darstellen[3003] – angestiftet hat, liegt bei ihm eine Anstiftung zur Körperverletzung vor, §§ 223, 26 StGB, obwohl Anton zur Tatbegehung (im Hinblick auf zwölf Schläge) bereits entschlossen war[3004].
>
> **Bsp. (2):** Nach einer Feier beschließt der schwer betrunkene Toni, doch noch mit dem Auto nach Hause zu fahren. Nach den ersten Fahrfehlern kommen ihm jedoch Bedenken und er möchte anhalten. Sein Mitfahrer Kurt überredet ihn jedoch, weiter zu fahren. – Toni begeht hier eine einheitliche Trunkenheitsfahrt, § 316 StGB. Hinsichtlich der Weiterfahrt hat Kurt ihn dazu angestiftet, §§ 316, 26 StGB[3005].

III. Der subjektive Tatbestand der Anstiftung

1303 Der **subjektive Tatbestand** erfordert, wie auch bei den sonstigen Delikten, ein **vorsätzliches** Handeln hinsichtlich sämtlicher objektiver Tatbestandsmerkmale. Dabei ist ein sog. **doppelter Anstiftervorsatz** notwendig, nämlich sowohl ein Vorsatz in Bezug auf das Vorliegen einer **vorsätzlichen rechtswidrigen Haupttat**

[3001] Vgl. hierzu *Börner*, JURA 2006, 415; *Grabow*, JURA 2009, 408.
[3002] Vgl. hierzu unten Rn. 1414.
[3003] Hierin liegt der Unterschied zur Aufstiftung, oben Rn. 1298 ff., da hier nur eine – in ihrer Qualität gesteigerte – Handlung vorliegt.
[3004] *Börner*, JURA 2006, 514; a. M. *Grabow*, JURA 2009, 408 (411), der dies nur bei einer wesentlichen Modifizierung der Tat annimmt, die nur bei einer erheblichen Unrechtssteigerung anzunehmen ist.
[3005] Ähnliche Konstellationen finden sich bei den Unterlassungsdelikten: Anton sperrt Bruno ein und will ihn dann frei lassen, Toni überredet Anton, die Freiheitsberaubung noch einen Tag fortzusetzen; vgl. hierzu *Börner*, JURA 2006, 514; *Grabow*, JURA 2009, 408.

als auch ein Vorsatz hinsichtlich des **Bestimmens** zu dieser Tat. In beiden Fällen reicht dabei bedingter Vorsatz aus[3006].

Ein Vorsatz hinsichtlich der Bestimmung eines Anderen liegt regelmäßig dann vor, wenn der Täter weiß (oder jedenfalls billigend in Kauf nimmt), dass er beim Haupttäter den Tatentschluss hervorruft. Problematisch ist hingegen oft der Vorsatz hinsichtlich des Vorliegens der **vorsätzlichen rechtswidrigen Haupttat**. Dieser muss nämlich sämtliche Elemente dieser Tat erfassen, also sowohl die objektiven und subjektiven Tatbestandsmerkmale als auch die Rechtswidrigkeit der vom Haupttäter ausgeführten Tat[3007]. Bei einer Anstiftung zum Diebstahl muss der Anstifter also z. B. wissen, dass der Haupttäter mit Zueignungsabsicht handelt (während er selbst diese Absicht nicht besitzen muss)[3008]. Eine Lockerung dieser strengen Akzessorietät findet allerdings bei den besonderen persönlichen Merkmalen statt (vgl. § 28 Abs. 1 und 2 StGB)[3009]. Folgende weitere Problembereiche verdienen darüber hinaus besonderer Erwähnung: 1304

1. Vorsatz hinsichtlich der Bestimmtheit der Tat

Fraglich ist hier vor allem, wie bestimmt die vorsätzliche rechtswidrige Haupttat in der Vorstellung des Anstifters sein muss, damit noch von einer Anstiftung **zu dieser Tat** gesprochen werden kann. Einerseits kann ein Vorsatz, den Haupttäter zur Begehung „irgendeiner" Straftat anzustiften, nicht ausreichen, andererseits darf nicht gefordert werden, dass die konkrete Haupttat bereits in allen Einzelheiten vom Vorstellungsbild des Anstifters erfasst ist. Wer für die objektive Bestimmung eines anderen zu dessen Tat eine rein kausale Verursachung ausreichen lässt, muss daher im subjektiven Bereich Einschränkungen vornehmen. Vorzuziehen ist jedoch, wie oben gesehen[3010], bereits eine Einschränkung des objektiven Tatbestandsmerkmals der „Bestimmung" eines anderen zu einer ganz bestimmten Tat, sodass sich dieses Problem im subjektiven Tatbestand nicht mehr stellt. 1305

2. Exzess des Haupttäters

Der Anstifter ist nur insoweit strafbar, als die begangene Haupttat mit seinem Vorsatz übereinstimmt. Ein **Exzess** des Haupttäters wird ihm nicht zugerechnet. Unwesentliche Abweichungen sind allerdings bedeutungslos[3011]. Dagegen stellt es eine wesentliche Abweichung dar, wenn der Angestiftete vorsätzlich ein anderes 1306

3006 Hierzu BGHSt 2, 279 (281 f.); BGHSt 44, 99; BGHSt 50, 1 (6); BGHSt 64, 152 (155); BGH GA 1980, 183 (184); BGH NStZ 1996, 434; BGH NStZ 1998, 615; BGH NStZ 2017, 401 (402); BGH NStZ-RR 2021, 273 (274); *Bock*, JA 2007, 599 (602); *Kühl*, § 20 Rn. 195 f.; *Rengier*, § 45 Rn. 44; *Satzger*, JURA 2008, 514 (517); ferner den Übungsfall bei *Nuzinger/Sauer*, JuS 1999, 980 (985), zur nicht ernst gemeinten Anstiftung.
3007 Vgl. zum Problem, ob auch bei einer Anstiftung zu einer Vorsatz-Fahrlässigkeitskombination hinsichtlich der fahrlässigen Erfolgsherbeiführung beim Anstifter Vorsatz vorliegen muss, den Übungsfall bei *Noak/Sengbusch*, JURA 2005, 494 (499).
3008 Hierzu *Kühl*, § 20 Rn. 197; LK-*Roxin*, 11. Aufl., § 26 Rn. 66; *Wessels/Beulke/Satzger*, Rn. 888.
3009 Vgl. hierzu noch ausführlich unten Rn. 1348 ff.
3010 Vgl. hierzu oben Rn. 1288.
3011 Hierzu BGHSt 2, 223 (225); BGH NStZ 1998, 511 (513); *Kühl*, § 20 Rn. 200; *Satzger*, JURA 2008, 514 (522); *Wessels/Beulke/Satzger*, Rn. 894; vgl. ferner die Übungsfälle bei *Haller/Steffens*, JA 1996, 648 (661); *Langer*, JURA 2003, 135 (139); *Safferling*, JA 2007, 183 (189); *Stiebig*, JA 2009, 600 (605, 606).

Tatopfer wählt (z. B. eine andere Person bestiehlt, beraubt oder tötet)[3012]. Der Anstiftervorsatz muss ferner nicht in gleicher Weise konkret sein wie z. B. der Vorsatz eines Mittäters oder mittelbaren Täters[3013].

Bsp.: Anton überredet Bruno, durch eine, wie er annimmt, stets offene Kellertüre in Ingos Geschäftsräume einzusteigen, um dort Wertsachen zu entwenden. Dabei weist er noch darauf hin, wenn Bruno keine Spuren hinterlasse, dann werde Ingo den Diebstahl erst viel später bemerken. Weil die Kellertüre jedoch geschlossen ist, zertrümmert Bruno kurzerhand die Eingangstüre, dringt in den Geschäftsraum ein und entwendet die Wertsachen. Weil er gerade schlecht gelaunt ist, zerschlägt er zudem „zum Spaß" noch fünf Computermonitore mit einer herumliegenden Eisenstange. – Bruno hat sich wegen eines Diebstahls in einem besonders schweren Fall, §§ 242, 243 Abs. 1 Satz 2 Nr. 2 StGB, sowie wegen Sachbeschädigung, § 303 StGB, strafbar gemacht. Anton hingegen ist nur wegen einer Anstiftung zum einfachen Diebstahl, § 242 StGB, strafbar, da sich sein Vorsatz weder auf das „Einbrechen" noch auf die Zerstörung der Monitore bezog. Diesbezüglich lag ein Exzess Brunos vor.

3. Auswirkung eines error in persona des Haupttäters auf den Anstifter[3014] (Problemschwerpunkt 38)

Fall[3015]: Vater Viktor beabsichtigt, seinen Sohn Erwin zu töten. Da er die Tat jedoch nicht selbst ausführen will, heuert er seinen Bekannten Bruno an. Diesem gibt er genaueste Anweisungen über Erwins Aussehen und dessen Gewohnheiten. Ferner übergibt er ihm eine Fotografie, damit er Erwin eindeutig identifizieren kann. Die Tötung soll im Pferdestall vor sich gehen, den Erwin jeden Abend zur gleichen Zeit mit einer Plastiktüte in der Hand durchquert. Wie verabredet, wartet Bruno am Tatabend in einem Versteck im Pferdestall, um Erwin zu erschießen. Zu besagter Zeit öffnet sich die Stalltüre und der Nachbar Norbert, der Erwin in Größe, Gestalt und Aussehen ähnlich sieht und der ebenfalls eine Plastiktüte mit sich führt, tritt ein. Daraufhin erschießt Bruno den Norbert in dem Glauben, es handle sich um Erwin.

Problemstellung: Der Haupttäter Bruno ist wegen Mordes, § 211 StGB (Habgier, Heimtücke), zu bestrafen. Zwar unterlag er einem Identitätsirrtum, dieser stellt sich jedoch lediglich als unbeachtlicher error in persona dar (tatbestandliche Gleichwertig-

---

3012 Vgl. hierzu die Übungsfälle bei *Murmann*, JA 2011, 593 (602 f.) sowie *Tiedemann/Walter*, JURA 2002, 708 (711 f.), die insoweit von einer beachtlichen aberratio ictus ausgehen. Weicht hingegen der Angestiftete unvorsätzlich ab, unterliegt er also einem error in persona, stellt sich das in Rn. 1307 ff. behandelte Problem.

3013 Vgl. auch BGH NStZ 1996, 434; *Wessels/Beulke/Satzger*, Rn. 894.

3014 Vgl. hierzu auch *Hillenkamp/Cornelius*, AT, 26. Problem; *Lubig*, JURA 2006, 655 (658 f.); *Nestler/Prochota*, JURA 2020, 561 (565 f.); ferner die Übungsfälle bei *Alwart*, JuS 1979, 351 (355 f.); *Ambos*, JURA 2004, 492 (498 f.); *Bartsch/Böhme/Brettel*, ZJS 2015, 417 (425 f.); *Brand/Kanzler*, JA 2012, 37 (40 f., 43); *Dehne-Niemann/Weber*, JA 2009, 868 (872); *Dohmen*, JURA 2006, 143 (145); *Englmann*, JA 2010, 185 (189 f.); *Fahl*, ZJS 2009, 63 (65); *Freund*, JuS 1990, L 36 (L 37 f.); *Heger*, JA 2008, 859 (865); *Hussels*, JURA 2005, 877 (881); *Kubiciel/Stam*, JA 2014, 512 (515 f.); *Kudlich/Pragal*, JuS 2004, 791 (794 f.); *Mitsch*, JURA 1991, 373 (375); *Müller-Dietz/Backmann*, JuS 1971, 412 (415 f.); *Noltensmeier/Henn*, JA 2007, 772 (778); *Nussbaum*, ZJS 2019, 54 (56); *Rönnau/Nebendahl*, JuS 1990, 745 (748 f.); *Rosenau/Zimmermann*, JuS 2009, 541 (545 f.); *Safferling*, JA 2007, 183 (188 f.); *Schuster*, JURA 2008, 228 (229); *Sievert/Kalkofen*, JA 2012, 107 (110); *Sowada*, JURA 1994, 37 (41); *Stoffers*, JuS 1993, 837 (839).

3015 Fall nach BGHSt 37, 214 (Hoferbenfall). Die Konstellation ist auch bekannt unter dem Namen „Rose-Rosahl-Fall", den das Preußische Obertribunal bereits im Jahre 1859, GA 7 (1859), 322, zu entscheiden hatte; zu diesen Fällen ausführlich *Bemmann*, MDR 1958, 817; *Dehne-Niemann/Weber*, JURA 2009, 373; *Geppert*, JURA 1992, 163 (166); *ders.*, JURA 1997, 358 (362 f.); *Jäger*, Rn. 116 f., 370 f.; *Kubiciel*, JA 2005, 694; *Kudlich*, JA 2017, 827 (830 f.); *Küpper*, JR 1992, 294; *Marxen*, Fall 19c; *Müller*, MDR 1991, 830; *Puppe*, § 27 Rn. 5 ff.; *dies.*, NStZ 1991, 124; *Schlehofer*, GA 1992, 307; *Sonnen*, JA 1991, 103; *Streng*, JuS 1991, 910; *Toepel*, JA 1997, 248, 344, 948; *Weßlau*, ZStW 104 (1992), 105.

keit der Objekte)³⁰¹⁶. Problematisch ist die Beurteilung der Strafbarkeit Viktors. Dieser ist jedenfalls als Anstifter und nicht als Mittäter anzusehen, da er seinen Sohn gerade nicht selbst töten, sondern durch Bruno töten lassen wollte. Auch hatte er hinsichtlich der konkreten Tat keine Tatherrschaft. Fraglich ist jedoch, ob Viktor eine Anstiftung zum vollendeten Mord, eine Anstiftung zum versuchten Mord oder eine versuchte Anstiftung zum Mord begangen hat. Entscheidend kommt es dabei darauf an, wie sich der zuvor festgestellte – für den Täter selbst unbeachtliche – error in persona für den Anstifter als Hintermann auswirkt.

a) Nach der vom Preußischen Obertribunal vertretenen **Unbeachtlichkeitstheorie**, der weite Teile der Literatur gefolgt sind, ist ein für den Täter unbeachtlicher error in persona auch für den Anstifter unbeachtlich (= strenge Akzessorietät)³⁰¹⁷. Dieser habe den Täter dazu bewogen, einen Menschen zu töten und dieser Erfolg sei eingetreten. Aus der Akzessorietät von Anstiftung und Haupttat folge aber, dass ein Irrtum des Täters sich in gleicher Weise auf den Anstifter auswirken müsse. Da der Anstifter den Tatentschluss beim Täter hervorgerufen habe, müsse er auch für einen Irrtum des Angestifteten haften. Es sei unbillig, ihn im Vergleich zum Täter zu privilegieren. Eine Anstiftung scheide lediglich dann aus, wenn der Angestiftete einen Exzess begehe, was aber nur dann der Fall sei, wenn er sich bewusst über die Vorgaben des Anstifters hinwegsetze. Viktor hätte sich daher wegen Anstiftung zum Mord strafbar gemacht. **Dagegen** lässt sich jedoch einwenden, dass dann, wenn der Täter seinen Irrtum bemerkt und er die Tat später erneut begeht – und zwar dieses Mal am richtigen Objekt – der Anstifter konsequenterweise wegen einer Anstiftung zu beiden Taten bestraft werden müsste³⁰¹⁸. Denn während ihm der erste Mord nach der Unbeachtlichkeitstheorie zugerechnet werden müsste, macht der Haupttäter beim zweiten Mord genau das, was er tun sollte. Zwei Morde hat der Anstifter jedoch in seinen Vorsatz nicht aufgenommen (sog. „Blutbadargument"), weshalb eine vollendete Anstiftung im ersten Fall abzulehnen ist. Auch käme man zu einem absurden Ergebnis, wenn der Anstifter selbst das versehentliche Opfer des von ihm veranlassten Angriffs würde. Denn dann müsste er wegen einer Anstiftung zur vollendeten Körperverletzung an sich selbst bestraft werden (bei einer Tötung stellt sich die Frage der Bestrafung des versehentlich getöteten Anstifters nicht mehr).

1308

b) Diese sehr weitgehende Unbeachtlichkeit wird durch die inzwischen vom BGH vertretene **Wesentlichkeitstheorie** eingeschränkt³⁰¹⁹. Hiernach ist ein Irrtum des Täters über die Person des Tatopfers zwar auch für den Anstifter grundsätzlich unbeachtlich. Dies gelte jedoch nur dann, wenn keine „wesentliche Abweichung" des vorgestellten vom tatsächlich eingetretenen Kausalverlauf vorliege. Denn da in diesen Fällen eine Fülle von Möglichkeiten und Varianten denkbar seien, könne nur ein **flexibler Beurteilungsmaßstab** mit dem Kriterium der Wesentlichkeit zu befriedigenden Ergebnissen führen. Liege eine unwesentliche Abweichung vor, bliebe es bei der Anstifterstrafbarkeit. Liege hingegen eine wesentliche Abwei-

1309

3016 Zum error in persona vgl. ausführlich oben Rn. 1099 ff.
3017 Preußisches Obertribunal GA 7 (1859), 322 (337); *Backmann*, JuS 1971, 113 (119 f.); *Brand/Kanzler*, JA 2012, 37 (40 f.); *Fischer*, § 26 Rn. 14a; *Gropp/Sinn*, § 10 Rn. 283; *Loewenheim*, JuS 1966, 310 (314); *Mitsch*, JURA 1991, 373 (375); NK-*Puppe*, § 16 Rn. 107 ff.; *Puppe*, § 27 Rn. 9 ff.; *dies.*, GA 1984, 101 (120); *dies.*, NStZ 1991, 124 (126); *Schmitt*, JURA 1982, 549 (552); *Welzel*, § 13 I 3d γ, § 16 II 5.
3018 Anders *Geppert*, JURA 1992, 163 (167 f.); *Puppe*, § 27 Rn. 14 f.; *Streng*, JuS 1991, 910 (915), die bei der nachfolgenden Tötung des ursprünglich angestrebten Opfers einen (quantitativen) Exzess annehmen, obwohl der Täter nun genau das vollbringt, was der Anstifter eigentlich wollte.
3019 BGHSt 37, 214 (218); BGH NStZ 1998, 294.

chung vor, dann entfalle der Vorsatz und es liege nur eine versuchte Anstiftung in Tateinheit mit einer fahrlässigen Rechtsverletzung vor. Zur Beurteilung dieser Wesentlichkeit werden nun verschiedene Lösungsmöglichkeiten angeboten. Der BGH geht davon aus, dass eine Abweichung dann wesentlich sei, wenn die Verwechslung des Opfers durch den Täter außerhalb der Grenzen des nach allgemeiner Lebenserfahrung Vorhersehbaren liege[3020], was im vorliegenden Fall nicht gegeben sei, da es durchaus noch innerhalb der Lebenserfahrung gelegen habe, dass Bruno im dunklen Stall den ihm unbekannten Erwin mit einem Dritten verwechseln konnte. Andere stellen darauf ab, dass jedenfalls bei höchstpersönlichen Rechtsgütern stets eine wesentliche Abweichung anzunehmen sei[3021]. Folgt man dieser zuletzt genannten Ansicht, läge eine wesentliche Abweichung vor und Bruno könnte nur wegen versuchter Anstiftung zum Mord in Tateinheit mit fahrlässiger Tötung bestraft werden. Wieder andere wollen bei der Beurteilung der Wesentlichkeit darauf abstellen, wie konkret sich der Anstifter die Tat nach Ort und Zeit vorgestellt habe und kommen im vorliegenden Fall ebenfalls zu einer wesentlichen Abweichung[3022]. **Gegen** diese Ansicht spricht neben dem bereits genannten „Blutbadargument", dass eine Abgrenzung nach dem Kriterium der Wesentlichkeit letztlich nur willkürlich erfolgen kann und geeignete Abgrenzungskriterien kaum denkbar sind.

1310 c) Die **Individualisierungstheorie**[3023], deren Ergebnisse sich allerdings weitgehend mit der zuvor genannten Ansicht decken, kommt zu dem Ergebnis, dass eine Verwechslung des Tatopfers durch den Haupttäter für den Anstifter jedenfalls dann unbeachtlich sei, wenn der Anstifter dem Haupttäter – wie dies in der Regel der Fall sein wird – die Individualisierung des Opfers überlassen habe. Denn in diesem Fall trage er das Risiko einer Verwechslung in gleicher Weise wie der Haupttäter. Eine Verwechslung des Opfers durch den Täter stelle zwar eine Abweichung vom geplanten Tatablauf dar, halte sich aber regelmäßig in den Grenzen des nach allgemeiner Lebenserfahrung Vorhersehbaren[3024]. **Gegen** diese Ansicht spricht nicht nur, dass sie in gleicher Weise unbestimmt ist wie die Wesentlichkeitstheorie, sondern dass bereits das Merkmal der „Individualisierung" unklar ist. Von den Vertretern dieser Theorie wird nämlich kein Fall benannt, in welchem der Anstifter das Opfer selbst individualisiert und ein entsprechender Irrtum daher

---

3020 BGHSt 37, 214 (218); BGH NStZ 1998, 294; dem folgend *Geppert*, JURA 1992, 163 (167); *Maurach/Zipf*, AT 1, § 23 Rn. 26; *Streng*, JuS 1991, 910 (915); vgl. auch *Kubiciel*, JA 2005, 694 (697 f.); *Kudlich/Pragal*, JuS 2004, 791 (795).
3021 *Otto*, § 22 Rn. 46; *ders.*, JuS 1982, 557 (562).
3022 *Baumann/Weber/Mitsch*, 11. Aufl. 2003, § 30 Rn. 89; ähnlich *Toepel*, JA 1997, 248 (254), 344, 948 (950 f.), der darauf abstellt, ob der Hintermann eine Verwechslung vorhergesehen und mit bedingtem Vorsatz erfasst habe, wofür entscheidend sei, inwieweit der Anstifter das Opfer genau beschrieben habe.
3023 *Blei*, § 79 II 1; BWME-*Eisele*, § 26 Rn. 74; *Haft*, H IV 2h; *Kleszewski*, Rn. 711; *Küpper*, JR 1992, 294 (296); *Maurach/Gössel/Zipf*, AT 2, 7. Aufl., § 51 Rn. 57; *Nestler/Prochota*, JURA 2020, 561 (566); *Noltensmeier/Henn*, JURA 2007, 772 (778); *Rengier*, § 45 Rn. 58; *Rosenau/Zimmermann*, JuS 2009, 541 (546); *Safferling*, JA 2007, 183 (189); *Schönke/Schröder-Heine/Weißer*, § 26 Rn. 26; *Stratenwerth*, Baumann-FS 1992, S. 57 (65, 69); *Stratenwerth/Kuhlen*, § 8 Rn. 98; *Wessels/Beulke/Satzger*, Rn. 898; *Weßlau*, ZStW 104 (1992), 105 (130 f.); in diese Richtung auch *Kudlich*, JA 2017, 827 (831); *Lubig*, JURA 2006, 655 (659); vgl. auch *Müller-Dietz/Backmann*, JuS 1971, 412 (415 f.), die ebenfalls auf die Individualisierung abstellen, am Ende aber stets zu einer Unbeachtlichkeit des Irrtums gelangen.
3024 So im Ergebnis auch MüKo-*Joecks/Scheinfeld*, 4. Aufl., § 26 Rn. 93 f., welche die Gefahr für das Opfer als Tatbestandsmerkmal ansehen, welches vom Vorsatz des Anstifters erfasst sein muss. Töte der Täter eine andere Person und sei dies unvorhersehbar gewesen, weil der Getötete ganz andere Eigenschaften aufweise, sei dieser Irrtum für den Anstifter relevant.

beachtlich sei. Es steht zu vermuten, dass in diesen Fällen aber bereits ein error in persona des Haupttäters ausscheidet, weil er nur das tut, zu was ihn der Anstifter auffordert. Fraglich sind zudem die Anforderungen an eine solche Individualisierung. So ist unklar, ob Viktor im vorliegenden Fall durch die Übergabe des Fotos und die detailgetreue Mitteilung der Lebensgewohnheiten Erwin (der auf dem Foto abgebildet ist) oder Norbert (der zur fraglichen Zeit am genannten Ort auftaucht) individualisiert hat[3025].

d) Die genannten Schwächen der aufgezeigten Theorien werden durch die in weiten Teilen der Literatur vertretene **Aberratio-ictus-Theorie**[3026] vermieden. Hiernach stellt ein für den Täter unbeachtlicher error in persona für den Anstifter grundsätzlich eine aberratio ictus dar. Die Akzessorietät von Haupttat und Anstiftung müsse in diesem Falle aufgehoben werden. Es dürfte nämlich keinen Unterschied machen, ob der Täter ein mechanisches Werkzeug losschicke, welches fehlgeht oder ob der Anstifter ein „menschliches Werkzeug" verwende, welches sich irrt. Dies ist zutreffend. Der Anstifter muss stets eine konkrete Tat in seine Vorstellung aufnehmen. Die Anstiftung ist jedoch misslungen, wenn der Täter einen anderen tötet als den, den er töten soll. Innerhalb dieser Ansicht ist die Rechtsfolge dieses (beachtlichen) Irrtums allerdings umstritten, was sich daraus ergibt, dass eine aberratio ictus üblicherweise dazu führt, dass ein Versuch in Tateinheit mit einem Fahrlässigkeitsdelikt vorliegt[3027]. Unproblematisch ist hier die Annahme eines Fahrlässigkeitsdelikts (im vorliegenden Fall ist es sorgfaltspflichtwidrig, jemanden damit zu beauftragen, einen Menschen zu töten). Daneben kann aber aufgrund der Tatsache, dass der Haupttäter „den Falschen" tötet – und somit auch nur gegenüber diesem unmittelbar ansetzt – im Hinblick auf das vom Anstifter gewollte Opfer nur eine versuchte Anstiftung[3028] (nach § 30 Abs. 1 StGB nur strafbar bei Verbrechen) und keine Anstiftung zum Versuch[3029] vorliegen (da es zu diesem Versuch – am beabsichtigten Opfer – ja gerade nicht gekommen ist

1311

3025 Zwar wird im Ausgangsfall regelmäßig eine Individualisierung durch den Haupttäter angenommen. Dagegen sehen *Maurach/Gössel/Zipf*, AT 2, 7. Aufl., § 51 Rn. 57, eine Individualisierung durch den Anstifter als gegeben an.
3026 *Alwart*, JuS 1979, 351 (355 f.); *Ambos*, JURA 2004, 492 (498 f.); *Bemmann*, MDR 1958, 817 (822); *ders.*, Stree/Wessels-FS 1993, S. 397; *Dehne-Niemann/Weber*, JURA 2009, 373 (378); *Fahl*, ZJS 2009, 63 (65); *Hauf*, S. 98; *Hünerfeld*, ZStW 99 (1987), 228 (249 f.); *Jäger*, Rn. 371; *Jescheck/Weigend*, § 64 II 4; *Joecks/Jäger*, § 26 Rn. 33; *Köhler*, S. 529; *Kühl*, § 20 Rn. 209; *Lackner/Kühl*, § 26 Rn. 6; LK-*Schroeder*, 11. Aufl., § 16 Rn. 14; LK-*Roxin*, 11. Aufl., § 26 Rn. 97; *Müller*, MDR 1991, 830 (831); *Otto*, § 22 Rn. 46; *Rönnau/Nebendahl*, JuS 1990, 745 (748); *Roxin*, AT II, § 26 Rn. 119 f.; *ders.*, JZ 1991, 680; *ders.*, Spendel-FS 1992, S. 289 (291 ff.); *Sax*, ZStW 90 (1978), 927 (947); *Schlehofer*, GA 1992, 307 (312 ff.); *Schmidhäuser*, SB, 10/126; *Schreiber*, JuS 1985, 873 (877); *Sowada*, JURA 1994, 37 (42); *Stoffers*, JuS 1993, 837 (839); vgl. auch *Bock*, JA 2007, 599 (604); SK-*Hoyer*, Vor §§ 26–31 Rn. 52 f., die danach differenzieren, ob der Irrtum des Vordermannes auf dessen Fahrlässigkeit oder lediglich auf einem Planungsfehler des Hintermannes beruht.
3027 Vgl. hierzu oben Rn. 1105 ff.
3028 So zutreffend *Ambos*, JURA 2004, 492 (498 f.); *Dehne-Niemann/Weber*, JURA 2009, 373 (378 f.); *Heger*, JA 2008, 859 (865); *Jäger*, Rn. 371; *Jescheck/Weigend*, § 64 II 4; *Köhler*, S. 529; *Kühl*, § 20 Rn. 210; LK-*Roxin*, 11. Aufl., § 26 Rn. 97; *Rönnau/Nebendahl*, JuS 1990, 745 (748 f.); *Roxin*, AT II, § 26 Rn. 120; *Schmidhäuser*, SB, 10/126; *Schuster*, JURA 2008, 228 (230); vgl. auch *Rengier*, § 45 Rn. 62; eine solche Verurteilung konnte allerdings im „klassischen" Rose-Rosahl-Fall des Preußischen Obertribunals GA 7 (1859), 322, nicht erfolgen, da es damals eine dem heutigen § 30 StGB entsprechende Strafvorschrift noch nicht gab.
3029 So aber *Freund/Rostalski*, § 10 Rn. 132 ff.; *Haft*, H IV 2h; *Joecks/Jäger*, § 26 Rn. 33; LK-*Schroeder*, 11. Aufl., § 16 Rn. 14; *Nestler/Prochota*, JURA 2020, 561 (566); *Puppe*, NStZ 1991, 124; *Safferling*, JA 2007, 183 (190); *Stratenwerth*, Baumann-FS 1992, S. 57 (66 ff.); *Stratenwerth/Kuhlen*, § 8 Rn. 98; vgl. auch *Blei*, § 79 II 1; *Streng*, ZStW 109 (1997), 862 (896).

und es daher an der Haupttat fehlt). **Gegen** diese Ansicht spricht zwar, dass der Anstifter die Tat letztlich verursacht hat und es an sich problematisch ist, dass derjenige, der den Tatentschluss beim Täter weckt, gegenüber eben jenem Haupttäter privilegiert wird. Dieser Einwand kann jedoch nicht darüber hinweg helfen, dass der Anstifter gerade eine andere Tat wollte.

IV. Anstiftervorsatz beim agent provocateur[3030] (Problemschwerpunkt 39)

Fall: Der verdeckte Ermittler Rolf hat Anton und Bruno im Verdacht, besonders in den Sommermonaten Einbruchsdiebstähle in Villenvierteln durchzuführen. Da er die beiden auf frischer Tat ertappen will, teilt er ihnen bei einem Treffen mit, der Eigentümer der Villa in der Schlossallee 11 sei – was tatsächlich zutrifft – vom 14. bis zum 26. August auf Urlaubsreise, das Haus sei in dieser Zeit unbewohnt und auch nicht durch eine Alarmanlage gesichert. Die Gelegenheit sei günstig, sie sollten „jetzt zuschlagen". Dabei geht Rolf davon aus, dass die das Haus beobachtenden Polizeibeamten zwar das Einbrechen nicht verhindern würden, dass es ihnen aber problemlos möglich sein werde, die beiden Einbrecher beim Verlassen des Hauses festzunehmen. Er hält es allerdings ebenfalls für möglich, dass Anton und Bruno mit der Beute entkommen könnten. Für diesen Fall nimmt er sich vor, sie mit Hilfe der Polizei bei der Übergabe der Ware an den Hehler Herbert zu stellen. Tatsächlich stellen sich Anton und Bruno so geschickt an, dass die vor dem Haus in einem Versteck postierten Polizeibeamten vom Einbruch nichts mitbekommen. Erst bei der Übergabe der Beute an Herbert werden die beiden festgenommen.

Problemstellung: Hier haben sich Anton und Bruno jedenfalls wegen eines Wohnungseinbruchsdiebstahls, § 244 Abs. 1 Nr. 3, Abs. 4 StGB (möglicherweise zudem § 244 Abs. 1 Nr. 2, § 244a StGB)[3031], strafbar gemacht. Rolf hat sie zu dieser Tat durch seine Hinweise bestimmt. Fraglich ist jedoch, ob in einem solchen Fall tatsächlich eine strafbare Anstiftung vorliegt. Diese scheidet jedenfalls dann aus, wenn der „agent provocateur" lediglich den Versuch, nicht aber die Vollendung der Tat in seinen Vorsatz mit aufnimmt. Umstritten sind jedoch diejenigen Fälle, in denen die Tat nach der Vorstellung des Täters bereits in Teilen vollendet werden muss (hier bzgl. der ansonsten konsumierten Delikte der Sachbeschädigung und des Hausfriedensbruches) bzw. eine weitere Gefährdung des Rechtsgutes nicht ausgeschlossen werden kann. Wird hier tatbestandsmäßig eine Anstiftung angenommen, muss man sich allerdings zumindest beim polizeilichen „Lockspitzel" damit auseinandersetzen, ob nicht ein Rechtfertigungsgrund eingreift[3032].

[3030] Vgl. hierzu auch *Deiters*, JuS 2006, 302; *Hillenkamp/Cornelius*, AT, 24. Problem; *Klaus*, ZIS 2021, 388 (395 ff.); *Maaß*, JURA 1981, 514; *Rönnau*, JuS 2015, 19; ferner die Übungsfälle bei *Dzatkowski/Wolter*, JA 2017, 190 (197); *Hinderer*, JuS 2009, 625 (629); *Ranft*, JURA 1993, 487 (492); *Seier*, JA 1992, Ü 206 (Ü 209); *Seier/Schlehofer*, JuS 1983, 50 (54).

[3031] Der ebenfalls verwirklichte Hausfriedensbruch, § 123 StGB, tritt im Wege der Konsumtion zurück; vgl. hierzu noch unten Rn. 1442. Zur Frage der Auswirkung auf den agent provocateur vgl. *Deiters*, JuS 2006, 302 (304).

[3032] Hierzu *Deiters*, JuS 2006, 302 (304); ein weiteres Problem stellt sich dann, wenn eine bisher unverdächtige und zunächst nicht tatgeneigte Person von einer Vertrauensperson der Polizei zu einer Tat veranlasst wird. Zutreffend geht der Europäische Gerichtshof für Menschenrechte in diesen Fällen der Tatprovokation von einem Verstoß gegen Art. 6 Abs. 1 EMRK aus, der im Hinblick auf die Strafverfolgung des Angestifteten ein Verfahrenshindernis darstellt; vgl. EGMR NStZ 1999, 47; so auch *J. Meyer*, ZStW 95 (1983), 834 (853); ferner *Berz*, JuS 1982, 416 (418 ff. – Beweisverwertungsverbot). Der BGH hingegen nahm in BGHSt 45, 321 (326 ff.) lediglich einen Strafmilderungsgrund an; ebenso BGHSt 32, 345 (348 ff.); BGHSt 33, 356 (362); BGHSt 47, 44 (51); der 2. Strafsenat folgte inzwischen allerdings der Lösung des EGMR; vgl. BGHSt 60, 276; zur Frage einer möglichen Unterlassungstäterschaft des agent provocateurs, wenn sich das Tatgeschehen anders entwickelt als geplant und er den erwarteten Erfolgseintritt nicht verhindert *Sowada*, Rengier-FS 2018, S. 103.

1. Nach der **Theorie der Rechtsgutsgefährdungsgrenze**[3033] scheidet eine Anstiftung nur dann aus, wenn es der Anstifter lediglich zum Versuch der Haupttat unter Ausschluss weiterer Gefährdung des Tatobjekts kommen lassen will. Könne die Vollendung der Tat nicht ausgeschlossen werden oder sei eine formelle Vollendung der Tat sogar notwendig, liege stets eine Anstiftung vor. Denn die für den Teilnehmer strafbegründende Angriffsrichtung für das Rechtsgut liege bereits in der Möglichkeit der Rechtsgutsgefährdung. Die bloße Abwehrbereitschaft des agent provocateur könne dem Handeln nicht den rechtsgutsverletzenden Charakter nehmen. Ferner müsse der straffreie Spielraum, der zu Lasten des Rechtsgutsträgers gehe, eingeschränkt werden. Sobald also eine Gefährdung des Rechtsgutes nicht ausgeschlossen werden kann oder die Tat formell vollendet werden soll, ist nach dieser Ansicht eine Anstiftung seitens des agent provocateur gegeben[3034]. Es kommt dann lediglich eine Rechtfertigung gemäß § 34 StGB in Betracht. Im genannten Fall hat Rolf damit den Tatbestand einer Anstiftung zum Einbruchsdiebstahl erfüllt. Diese Ansicht wird zutreffend deshalb **kritisiert**, weil es oft kriminalpolitisch sinnvoll und notwendig ist, die Vollendung eines Delikts abzuwarten, um den Täter besser überführen zu können. Dies ist jedenfalls dann unschädlich, wenn eine bleibende Rechtsgutsverletzung nicht zu erwarten ist. Diese Fälle über § 34 StGB zu lösen, ist insbesondere im Hinblick auf die Fragwürdigkeit der Anwendung allgemeiner Rechtfertigungsgründe bei Amtsträgern[3035] nicht sinnvoll. Zudem wird der agent provocateur im Rahmen einer Rechtsgutsgefährdung hinsichtlich des Taterfolges regelmäßig nur bewusst fahrlässig handeln, eine Strafbarkeit wegen vorsätzlichen Handelns muss dann aber ausscheiden. Nur dolus eventualis kann ein solches vorsätzliches Verhalten begründen.

2. Die Vertreter der **Theorie der formellen Vollendungsgrenze**[3036] verneinen eine Anstiftung ebenfalls nur dann, wenn es der Anstifter lediglich zum Versuch der Haupttat kommen lassen will. Dabei spiele es allerdings keine Rolle, wenn der Anstifter eine weitere Gefährdung nicht ausschließen könne. Nur dann, wenn er die formelle Vollendung der Tat in seinen Vorsatz mit aufnehme, liege eine Anstiftung vor. Begründet wird dies wie folgt: Notwendig für die Anstiftung sei ein vorsätzliches Verhalten hinsichtlich des Erfolgseintrittes. Vorsatz liege auch dann vor, wenn der Erfolg billigend in Kauf genommen werde, fehle aber, wenn lediglich ein Gefährdungsvorsatz vorliege und hinsichtlich des Erfolges nur bewusst fahrlässig gehandelt werde. Ab dem Zeitpunkt der Vollendung, d. h. der eingetretenen Rechtsgutsverletzung, böten die Vorschriften über die Rechtswidrigkeit, also insbesondere § 34 StGB, hingegen die besseren Abwägungskriterien. Im Beispielsfall wäre damit auch hiernach der Tatbestand der Anstiftung zum Wohnungseinbruchsdiebstahl erfüllt. Die Theorie von der formellen Vollendungsgrenze begegnet den **gleichen Einwänden** wie die zuvor genannte Theorie. Es

---

3033 *Baumann*, JuS 1963, 125 (133 f.); *Jescheck/Weigend*, § 64 II 2b; *Plate*, ZStW 84 (1972), 294 (306 f.); *Schmidhäuser*, LB, 14/108.
3034 Geprüft werden müsste im konkreten Fall dann allerdings, ob neben den Tätern auch der Anstifter eine Zueignungsabsicht besitzen muss und ob diese auch dann anzunehmen ist, wenn der Anstifter lediglich mit der Möglichkeit rechnet, dass die Sache dem Eigentümer dauerhaft abhanden kommt. Scheidet insoweit §§ 244, 26 StGB aus, lebt allerdings §§ 123, 26 StGB wieder auf; hierzu *Deiters*, JuS 2006, 302 (304).
3035 Vgl. hierzu den Problemschwerpunkt 6, oben Rn. 395 ff.
3036 BWME-*Eisele*, § 26 Rn. 43 ff.; *Bitzilekis*, ZStW 99 (1987), 723 (744 ff.); *Gropp/Sinn*, § 10 Rn. 276 ff.; *Jakobs*, 23/17; *Klaus*, ZIS 2021, 388 (396); *Kühl*, § 20 Rn. 203; *Küper*, GA 1974, 321 (330 f.); *Seier/Schlehofer*, JuS 1983, 50 (53); SK-*Hoyer*, Vor §§ 26–31 Rn. 71; *Stratenwerth/Kuhlen*, § 12 Rn. 150.

erscheint nämlich oft kriminalpolitisch sinnvoll und notwendig, auch die Vollendung eines Delikts abzuwarten, um den Täter überführen zu können. Dies gilt jedenfalls dann, wenn eine bleibende Rechtsgutsverletzung nicht zu erwarten ist.

1314 3. Dagegen scheidet eine Anstiftung nach der **Theorie der materiellen Vollendungsgrenze**[3037] nicht nur dann aus, wenn es der Anstifter nur zum Versuch der Tat kommen lassen will, sondern auch dann, wenn er zudem die formelle Vollendung der Tat (bedingt) vorsätzlich in Kauf nimmt. Er sei nur dann Anstifter, wenn er auch die materielle Beendigung der Haupttat anstrebe. Denn der Anstifter wolle dem Rechtsgutsinhaber letztlich keinen Schaden zufügen. Es fehle daher in denjenigen Fällen, in denen der Täter zwischen Vollendung und Beendigung überführt werden soll, an einem die Anstifterstrafbarkeit begründenden materiellen Rechtsgutsangriff[3038]. Die Erweiterung der Straffreiheit sei zudem aus kriminalpolitischen Gründen sinnvoll. Diese Ansicht führt dazu, dass der agent provocateur nicht wegen Anstiftung strafbar ist, sofern er nicht auch die materielle Beendigung der Tat in seinen Vorsatz mit aufnimmt. Nimmt er eine solche wenigstens bedingt vorsätzlich in Kauf, kommt nur noch § 34 StGB in Betracht. Im vorliegenden Fall wäre auch nach dieser Theorie eine Anstiftung anzunehmen, da Anton und Bruno unerkannt mit der Beute entkommen konnten und Rolf dies zuvor in Kauf genommen hatte. An dieser Ansicht wird einerseits deswegen **Kritik** geübt, weil die Straffreistellung hier zu weit ginge. Andererseits kann es, wie der vorliegende Fall zeigt, auch sinnvoll sein, selbst die materielle Tatvollendung zuzulassen, wenn feststeht, dass dem Rechtsgut kein dauerhafter Schaden droht. Gegen eine materielle Vollendungsgrenze spricht auch, dass eine solche Grenze nur schwer feststellbar ist und eine Grenzziehung daher oft nur willkürlich erfolgen kann.

1315 4. Letztlich zuzustimmen ist daher der **Theorie der irreparablen Rechtsgutsverletzung**[3039], die dem agent provocateur tendenziell einen noch weiteren straffreien Raum gewährt als die vorgenannte Theorie. Es ist nämlich durchaus sinnvoll, den Anstifter auch dann straffrei ausgehen zu lassen, wenn er zwar die materielle Beendigung der Haupttat in Kauf nimmt, es aber letztlich nicht zu einer irreparablen Rechtsgutsverletzung kommen lassen will. Erst bei der Inkaufnahme einer irreparablen Schädigung des Rechtsgutes ist daher die Grenze zur Strafbarkeit überschritten. Begründet werden kann dies damit, dass der Anstifter dem Rechtsgutsinhaber letztlich keinen Schaden zufügen will. Es fehlt daher an einem die Anstifterstrafbarkeit begründenden materiellen Rechtsgutsangriff. Dieser Angriff liegt – auch wenn das Rechtsgut kurzfristig beeinträchtigt wird – nur dann vor, wenn es am Ende irreparabel geschädigt wird. Das Beispiel des Dieb-

---

[3037] *Fischer*, § 26 Rn. 12; *Franzheim*, NJW 1979, 2014 (2016); *Janssen*, NStZ 1992, 237 (238); *Krey*, Miyazawa-FS 1995, S. 595 (601); *Krey/Esser*, Rn. 1061 ff.; *Krey/Hellmann/M. Heinrich*, BT 2, Rn. 46; *Lackner/Kühl*, § 26 Rn. 4; LK-*Roxin*, 11. Aufl., § 26 Rn. 67 ff.; *Maaß*, JURA 1981, 514 (518); *Otto*, § 22 Rn. 42; *Roxin*, AT II, § 26 Rn. 156.
[3038] Teilweise wird hier noch weiter differenziert: Entscheidend sei, ob das Rechtsgut bereits durch die Vollendung verletzt sei (wie z.B. beim Betrug = Eintritt des Vermögensschadens auch ohne Bereicherung des Täters) oder erst durch die Beendigung beeinträchtigt wird (wie z.B. beim Diebstahl = Durch die Wegnahme wird nur der Gewahrsam gebrochen, erst die tatsächliche Zueignung beeinträchtigt das Rechtsgut des Eigentums); so *Maaß*, JURA 1981, 514 (518 ff.).
[3039] *Geppert*, JURA 1997, 358 (362); *Köhler*, S. 530 f.; *Kretschmer*, JURA 2008, 265 (267); *Maurach/Gössel/Zipf*, AT 2, 7. Aufl., § 51 Rn. 35; MüKo-*Joecks/Scheinfeld*, 4. Aufl., § 26 Rn. 77; *Rengier*, § 45 Rn. 71; *Schönke/Schröder-Heine/Weißer*, § 26 Rn. 23 f.; *Schwarzburg*, NStZ 1995, 469 (470 f.); ähnlich *Wessels/Beulke/Satzger*, Rn. 893.

stahls in Kaufhäusern zeigt, dass es hinsichtlich des verletzten Rechtsgutes völlig gleichgültig ist, ob man den Täter bei Ergreifen des Gegenstandes, beim Einstecken desselben, beim Verlassen des Gebäudes oder bei der Übergabe der Ware an den Hehler überführt. Auch im Betäubungsmittelstrafrecht kann die Teilnahme am Handel mit Betäubungsmitteln, z. B. der (zumeist dann aber täterschaftliche) Ankauf, sinnvoll sein, um sich in die entsprechenden „Kreise" einzuschleusen, ohne dass das Rechtsgut irreparabel geschädigt wird, insbesondere wenn die Betäubungsmittel nach dem Ankauf der Polizei übergeben und vernichtet werden. Eine Anstiftung kommt hiernach also erst dann in Betracht, wenn die Rechtsgutsverletzung dauerhaft eingetreten ist und der Anstifter dies auch in Kauf genommen hat. In diesem Fall ist dann aber immer noch an eine Rechtfertigung nach § 34 StGB zu denken. Im genannten Beispiel wäre der Tatbestand der Anstiftung zu einem Einbruchsdiebstahl lediglich dann erfüllt, wenn Rolf davon ausginge, Anton und Bruno könnten unerkannt mit der Beute entkommen, eine Überführung bei der Übergabe an Herbert nicht sicher sei und man daher auf den nächsten Einbruch warten müsse. Geht Rolf jedoch sicher davon aus, dass die Täter bei der Übergabe an Herbert gestellt und die gestohlenen Sachen geborgen werden, entfällt die Anstifterstrafbarkeit selbst dann, wenn eine Überführung bei Herbert später nicht gelingen sollte. Die gegen diese Ansicht vorgebrachte **Kritik** richtet sich darauf, dass eine Grenze, wann von einer solchen irreparablen Rechtsgutsverletzung auszugehen ist, kaum gefunden werden könne. Diese Grenzziehung sei daher willkürlich. Da eine solche Grenzziehung aber auch bei den anderen Theorien nicht eindeutig ist (jedenfalls aber regelmäßig zu früh ansetzt) und im Rahmen des § 34 StGB dann doch wieder wertende Kriterien erforderlich sind, ist die zuletzt genannte Theorie trotz ihrer weitgehenden Straffreistellung auf Tatbestandsebene vorzuziehen.

§ 38 Beihilfe

Einführende Aufsätze: *Ambos*, Beihilfe durch Alltagshandlungen, JA 2000, 721; *Bechtel*, Die neutrale Handlung – Problemfeld im Rahmen des Förderungsbeitrags iSd § 27 StGB, JURA 2016, 865; *Beckemper*, Strafbare Beihilfe durch alltägliche Geschäftsvorgänge, JURA 2001, 163; *Gaede*, Die strafbare Beihilfe und ihre aktuellen Probleme – Die gelungene Prüfung der §§ 27 und 28 StGB, JA 2007, 757; *Geppert*, Die Beihilfe (§ 27 StGB), JURA 1999, 266; *ders.*, Zum Begriff der „Hilfeleistung" im Rahmen von Beihilfe (§ 27 StGB) und sachlicher Begünstigung (§ 257 StGB), JURA 2007, 589; *Laubenthal*, Zur Abgrenzung zwischen Begünstigung und Beihilfe zur Vortat, JURA 1985, 630; *Lesch*, Strafbare Beteiligung durch „berufstypisches Verhalten", JA 2001, 986; *Murmann*, Zum Tatbestand der Beihilfe, JuS 1999, 548; *Otto*, Anstiftung und Beihilfe, JuS 1982, 557; *Rönnau/Wegner*, Grundwissen – Strafrecht: Beihilfe und „neutrales" Verhalten, JuS 2019, 527; *Rotsch*, „Neutrale Beihilfe" – Zur Fallbearbeitung im Gutachten, JURA 2004, 14; *Schulz*, Anstiftung oder Beihilfe?, JuS 1986, 933; *Seher*, Grundfälle zur Beihilfe, JuS 2009, 793; *Stoffers*, Streitige Fragen der psychischen Beihilfe im Strafrecht, JURA 1993, 11; *Timpe*, Der Tatbestand der Beihilfe, JA 2012, 430.

Rechtsprechung: RGSt 67, 343 – Revolver (Bestimmtheit der Haupttat); **BGHSt 14, 229** – Ehebruch (Beihilfe durch Unterlassen zum Meineid); **BGHSt 31, 136** – Killer (Verhältnis von Anstiftung und Beihilfe); **BGHSt 42, 135** – Wertgutachten (Bestimmtheit der Haupttat); **BGHSt 46, 107** – Bankmitarbeiter (neutrale bzw. berufstypische Handlungen als Beihilfe); **BGHSt 47, 100** – Vergatterung (Beihilfe bei Mauerschützen); **BGH NJW 2007, 384** – El Motassadeq (Bestimmtheit der Haupttat).

I. Grundlagen

1316 Beihilfe leistet derjenige, der an einer fremden Tat mitwirkt, ohne Anstifter oder selbst Täter zu sein. Strukturell entspricht die Beihilfe weitgehend der Anstiftung[3040]. Auch die Beihilfe setzt die Existenz einer **vorsätzlich begangenen rechtswidrigen Haupttat** voraus. Hat der Haupttäter nicht tatbestandsmäßig gehandelt oder war er gerechtfertigt, scheidet daher auch eine Beihilfe aus. So ist z. B. die Beihilfe zu einer Selbsttötung straflos, weil die Selbsttötung keinen Straftatbestand erfüllt. Auch für die Beihilfe gilt ferner der Grundsatz der **limitierten Akzessorietät**: Die Haupttat, zu der Hilfe geleistet wurde, muss zwar vorsätzlich und rechtswidrig verwirklicht werden, sie braucht jedoch nicht schuldhaft begangen worden zu sein. Insoweit stellt sich auch hier, bei der Hilfeleistung zur Tat eines **Schuldunfähigen**, das Problem der Abgrenzung von Beihilfe und **mittelbarer Täterschaft**. Auch bei der Beihilfe ist schließlich zu beachten, dass – im Gegensatz zur Mittäterschaft oder mittelbaren Täterschaft – der Gehilfe nicht die tatbestandlich vorausgesetzten Täterqualifikationen erfüllen muss, da § 27 StGB lediglich das Vorliegen der Haupttat eines anderen verlangt. So kann z. B. auch ein Nichtamtsträger Beihilfe zu einem Amtsdelikt leisten (wobei für ihn dann aber die privilegierende Vorschrift des § 28 StGB greift[3041]).

1317 Auch die Beihilfe gliedert sich in einen objektiven und einen subjektiven Tatbestand. Dabei ist im **objektiven Tatbestand** – wie schon bei der Anstiftung – zuerst das Vorliegen der (fremden) Haupttat und danach die Tathandlung der Beihilfe, nämlich das Hilfeleisten zu dieser Tat, festzustellen. Der **subjektive Tatbestand** erfordert auch hier ein vorsätzliches Handeln des Täters im Hinblick auf die genannten objektiven Tatbestandsmerkmale. Bei der Prüfung der Rechtswidrigkeit und der Schuld bestehen wiederum keine Besonderheiten. Insoweit ergibt sich also folgendes Prüfungsschema[3042]:

1. **Tatbestand**
   a) **objektiver Tatbestand**
      – Vorliegen einer vorsätzlichen rechtswidrigen Haupttat
      – Objektive Hilfeleistung zu dieser Tat
   b) **subjektiver Tatbestand**
      – Vorsatz bzgl. des Vorliegens der vorsätzlichen rechtswidrigen Haupttat
      – Vorsatz bzgl. des Hilfeleistens zu dieser Tat
2. **Rechtswidrigkeit** (es gelten keine Besonderheiten)
3. **Schuld** (es gelten keine Besonderheiten)

1318 Dabei ist auch eine Beihilfe in Form eines „mittäterschaftlichen" Zusammenwirkens möglich und zwar dann, wenn ein Haupttäter von mehreren Gehilfen unterstützt wird, welche die Hilfeleistung gemeinsam verabreden[3043]. Beihilfe ist ferner in der Weise denkbar, dass der Gehilfe den Haupttäter durch eine dritte (nicht eigenverantwortlich handelnde) Person nach den Grundgedanken der mittelbaren Täterschaft unterstützt (Bsp.: Anton schickt seinen 13-jährigen Sohn, um Bruno eine Pistole zu bringen, mit der dieser dann den Toni töten will). Hier spricht man auch von **mittelbarer Beihilfe**. Diese ist zugleich als unmittelbare Beihilfe

---

3040 Vgl. zur Anstiftung oben Rn. 1283 ff.
3041 Vgl. hierzu ausführlich unten Rn. 1355.
3042 Vgl. hierzu auch unten Rn. 1493.
3043 BGH NJW 2007, 384 (389); *Hecker*, ZJS 2012, 485 (487).

zur Haupttat anzusehen³⁰⁴⁴. Schließlich kann eine Beihilfe auch in Form der **Kettenbeihilfe**³⁰⁴⁵ vorliegen.

II. Der objektive Tatbestand der Beihilfe

1. Vorliegen einer vorsätzlichen rechtswidrigen Haupttat

Bei der Feststellung der fremden Haupttat wird es in einer strafrechtlichen Prüfung kaum einmal ernsthafte Probleme geben. Zu beachten ist lediglich auch hier wieder der Grundsatz der **limitierten Akzessorietät**: Der Täter kann zwar die Haupttat schuldhaft verwirklicht haben, muss dies aber nicht. Notwendig ist lediglich eine **vorsätzlich begangene rechtswidrige Haupttat** (vgl. hierzu § 11 Abs. 1 Nr. 5 StGB). Auch bei der Beihilfe gilt wieder der bereits genannte Grundsatz: Der **Täter ist vor dem Teilnehmer** zu prüfen. Wenn zuvor in einer eigenständigen Prüfung festgestellt wurde, dass der Haupttäter eine strafbare Handlung vorgenommen hat, kann man problemlos auf diese Ausführungen verweisen.

2. Objektive Hilfeleistung zu dieser Tat³⁰⁴⁶

a) Tathandlung. Ein **Hilfeleisten** liegt in jedem Tatbeitrag, der die Haupttat entweder ermöglicht, erleichtert oder die vom Täter begangene Rechtsgutsverletzung verstärkt³⁰⁴⁷. Dabei kommt es jeweils auf den konkreten Tatbeitrag an. Im Einzelnen ist es aber umstritten, inwieweit eine Beihilfe auch dann vorliegen kann, wenn der Täter die Tat auch ohne diesen Beitrag durchgeführt hätte oder sich der Beitrag nachher als überflüssig erweist³⁰⁴⁸.

> **Bsp.:** Anton will einen Einbruchsdiebstahl begehen, §§ 242, 243 Abs. 1 Satz 2 Nr. 1 StGB. Bruno besorgt ihm hierfür beim Eisenwarenhändler ein Stemmeisen und steht während der Tatzeit „Schmiere", um Anton gegebenenfalls über sein Handy zu warnen, wenn sich „verdächtige Personen" nähern. – Hier liegt eine Beihilfe zum Einbruchsdiebstahl auch dann vor, wenn Anton sich ohne Brunos Hilfe das Stemmeisen selbst besorgt hätte. Ebenso kann es keine Rolle spielen, ob sich das „Schmiere-Stehen" deswegen als überflüssig erwiesen hat, weil in der fraglichen Zeit niemand vorbeikam³⁰⁴⁹.

Im Gegensatz zur Anstiftung kann eine Beihilfe – nach allerdings umstrittener Ansicht³⁰⁵⁰ – auch durch Unterlassen geleistet werden, sofern dem Gehilfen eine Garantenpflicht obliegt³⁰⁵¹.

3044 *Hecker*, ZJS 2012, 485 (487); *Kühl*, § 20 Rn. 242a; LK-*Roxin*, 11. Aufl., § 27 Rn. 60; LK-*Schünemann/Greco*, 13. Aufl., § 27 Rn. 82.
3045 Vgl. hierzu noch unten Rn. 1346.
3046 Vgl. hierzu *Gaede*, JA 2007, 757 (758 ff.); *Rengier*, § 45 Rn. 81 ff.; *Stoffers*, JURA 1993, 11 (12 f.); ferner die Übungsfälle bei *Ambos*, JuS 2000, 465 (471); *Amelung/Boch*, JuS 2000, 261 (263); *Hörnle*, JURA 2001, 44 (50 f.); *Hohmann*, JuS 1995, 135 (138); *Radtke/Krutisch*, JuS 2001, 258 (262); *Timpe*, JA 2012, 430 (430 ff.).
3047 *B. Heinrich*, JURA 2017, 1367 (1373); *Seher*, JuS 2009, 793 (794).
3048 Vgl. zu der Frage, inwieweit der Gehilfenbeitrag für den Erfolg der Haupttat ursächlich („kausal") geworden sein muss, unten, Problemschwerpunkt 40, Rn. 1325 ff.
3049 Vgl. hierzu *Kindhäuser/Hilgendorf*, LPK, § 27 Rn. 4; *Kühl*, § 20 Rn. 218; LK-*Roxin*, 11. Aufl., § 27 Rn. 8; *Seher*, JuS 2009, 793 (794 f.).
3050 Vgl. hierzu auch oben, Problemschwerpunkt 32, Rn. 1212 ff., da nach der „Tätertheorie" eine Beihilfe hier nicht in Frage kommt.
3051 BGHSt 14, 229; BGHSt 48, 301 (302); BGH NStZ 2009, 321 (322); BGH NStZ-RR 2022, 40; *Gaede*, JA 2007, 75 (761); *Geppert*, JURA 1999, 266 (271); *Puppe*, § 32 Rn. 12 ff., 32; *Ranft*, ZStW 94 (1982), 815 (862); *Rengier*, § 51 Rn. 12; *Seher*, JuS 2009, 793 (797); vgl. auch *Bachmann/Eichinger*, JA 2011, 509 (511 f.); *Sowada*, JURA 1986, 399 (401 ff.); ferner die Übungsfälle bei *Fahl*, JA 1996, 40 (45); *Radtke/Meyer*, JuS 2011, 521 (527); *Zöller*, JA 2021, 731 (735 f.).

Bsp.: Norbert geht mit seinem 17-jährigen Sohn Edgar zu einem Fußballspiel. Als sie auf dem Heimweg den gegnerischen Fan Fritz alleine auf der Straße laufen sehen, nimmt Edgar eine herumliegende Eisenstange und beginnt mit den Worten „Papa, jetzt zeig ich Dir, dass ich ein richtiger Mann bin!" auf Fritz einzuschlagen. Norbert sieht dem Treiben kommentarlos zu, weil er stolz auf seinen Sohn ist. Fritz wird schwer verletzt. – Hier hat Edgar eine gefährliche Körperverletzung, §§ 223, 224 Abs. 1 Nr. 2 StGB, begangen (eine fehlende Strafmündigkeit nach § 3 JGG würde lediglich die Schuld betreffen). Vater Norbert besaß hinsichtlich seines Sohnes eine Garantenpflicht (Beaufsichtigungspflicht[3052]), die hier aufgrund der besonderen Umstände nicht durch ein eigenverantwortliches Verhalten Edgars ausgeschlossen war. Andererseits konnte sein bloßes Nichtstun keine Mittäterschaft begründen. Norbert ist daher wegen Beihilfe durch Unterlassen zu einer gefährlichen Körperverletzung, §§ 223, 224 Abs. 1 Nr. 2, 13, 27 StGB, zu bestrafen.

1322 Die Mittel, mit denen Beihilfe geleistet werden kann, sind vielfältig[3053]. Möglich ist eine Beihilfe sowohl in Form der „technischen" Unterstützung, z. B. durch Mithilfe am Tatort oder Übergabe des Tatwerkzeugs (**physische Beihilfe**), als auch in Form der intellektuellen Unterstützung, z. B. durch Erteilung von Ratschlägen oder schlichtes Bestärken des Tatentschlusses (**psychische Beihilfe**)[3054]. Nicht ausreichend ist hingegen eine bloße Kenntnisnahme und Billigung der Tat[3055]. Dabei ist insbesondere die Reichweite der psychischen Beihilfe umstritten, da hier nur schwer festzustellen ist, inwieweit sich die Beihilfe auf den Erfolg der Haupttat ausgewirkt hat[3056].

Bsp.: Es ist also gleichgültig, ob Bruno dem Anton, der einen Wohnungseinbruchsdiebstahl plant, ein geeignetes Tatwerkzeug zur Verfügung stellt (physische Unterstützung), ob er ihm „Tipps" gibt, wie die möglichen Entdeckungsrisiken minimiert werden könnten (psychische Unterstützung durch Erteilung von Ratschlägen), oder ob er ihn durch ständiges Zureden ermuntert und in seinem Entschluss bestärkt, die Tat zu begehen (psychische Unterstützung durch Bestärkung des Tatentschlusses)[3057]. Auch das Versprechen, dem Täter bei der Flucht oder der Sicherung der Diebesbeute zu helfen, gehört hierher[3058]. Dagegen ist eine bloße Anwesenheit am Tatort nicht ausreichend, sofern

---

3052 Vgl. hierzu oben Rn. 969 f.
3053 Vgl. hierzu die Übungsfälle bei *Bloy*, JuS 1994, L 69 (L 70); *Cornelius/Birner*, JA 2020, 188 (193); *Fahl*, JA 1996, 40 (44 f.); *Hellmann/Beckemper*, JuS 2001, 1095 (1099 f.); *Kleszcewski/Schröder*, JA 2021, 917 (923); *Kudlich/Herold*, JA 2013, 511 (516); *Kunz*, JURA 1995, 483 (487).
3054 BGHSt 40, 307 (315 f.); BGHSt 61, 252 (258); BGHSt 64, 10 (31); BGH NStZ 2009, 321 (322); BGH NStZ 2012, 316; BGH NStZ-RR 2013, 249; BGH NStZ 2016, 463 (464); BGH NStZ-RR 2019, 271 (272); *Gaede*, JA 2007, 757 (759); *Geppert*, JURA 2007, 590 (591); *B. Heinrich*, JURA 2017, 1367 (1397); *Kühl*, § 20 Rn. 223 f.; *Laubenthal*, JA 2004, 39 (46); *H.E. Müller*, JURA 2007, 697 (699); *Rengier*, § 45 Rn. 86 ff.; *Seher*, JuS 2009, 793 (795); *Timpe*, JA 2012, 430 (435); ablehnend im Hinblick auf die psychische Beihilfe *Bloy*, JuS 1994, L 69 (L 70 f.); *Hruschka*, JR 1983, 177 (178); kritisch ebenfalls *Ambos*, JuS 2000, 465 (471); *Joerden*, JuS 1999, 1063 (1064); *Matt/Renzikowski-Haas*, § 27 Rn. 24 ff.; *Puppe*, § 26 Rn. 6 f.; *Roxin*, AT II, § 26 Rn. 208.
3055 BGH NStZ 2019, 461; BGH NStZ-RR 2022, 40.
3056 Vgl. *Kudlich*, JuS 2005, 592 (593); *Kühl*, § 20 Rn. 226; *Rengier*, § 45 Rn. 90; ferner die Übungsfälle bei *Bosch*, JA 2007, 418 (422); *Bott/Pfister*, JURA 2010, 226 (232); *Corell*, JURA 2010, 627 (633); *Daleman/Heuchemer*, JA 2004, 460 (465); *Esser/Beckert*, JA 2012, 590 (595); *Hotz*, JA 2018, 674 (677 f.); *Ingelfinger*, JuS 1995, 321 (323); *Kaspar*, JuS 2004, 409 (411 f.); *Otte*, JA 2017, 684 (686); *Kromrey*, JURA 2013, 533 (541); *Schröder*, JURA 2017, 210 (216); *Sengbusch*, JURA 2007, 623 (629); *Weißer*, JuS 2005, 260 (262); ferner den Problemschwerpunkt 40, unten Rn. 1325 ff.
3057 Hierzu RGSt 73, 52 (53); BGHSt 40, 307 (315 f.); BGH wistra 1999, 386 (387); BGH NStZ 2002, 139; *Gropp/Sinn*, § 10 Rn. 299; *Rengier*, § 45 Rn. 88 f.; *Stoffers*, JURA 1993, 11; *Timpe*, JA 2012, 430 (435 f.).
3058 BGH NStZ 1993, 535; BGH JR 2000, 423 (424); *Hoffmann/Wissmann*, StV 2001, 249 (251 f.); *Rengier*, § 45 Rn. 90; *Sengbusch*, JURA 2007, 623 (629); kritisch *Freund/Rostalski*, § 10 Rn. 149; *Krack*, JR 2000, 424 (425); vgl. auch BGH NStZ 2019, 461.

keine erkennbare Unterstützung stattfindet[3059]. Auch insoweit muss dem Gehilfen also nachgewiesen werden, dass er durch sein Verhalten zum Erfolg der Haupttat beigetragen hat[3060]. Während es im Rahmen der physischen Beihilfe nicht erforderlich ist, dass der Haupttäter von dieser überhaupt etwas mitbekommt (heimliche Beihilfe)[3061], ist dies bei der psychischen Beihilfe anders: Eine solche kann nur dann wirksam werden, wenn der Haupttäter von ihr etwas mitbekommt[3062].

1323 Die Beihilfe muss ferner nicht bei der Tatausführung selbst geleistet werden. Eine Beihilfehandlung kann insbesondere – und insoweit unstreitig – vor der Tatausführung stattfinden, sofern der Gehilfenbeitrag bei der konkreten Tatausführung noch fortwirkt[3063]. Der Gehilfenbeitrag kann auch geleistet werden, bevor der Haupttäter den Entschluss zur Tatbegehung gefasst hat[3064].

Bsp.: Bruno besorgt Anton, der einen Raubüberfall begehen will, im Vorfeld der Tat die Tatwaffe und liefert ihm nützliche Hinweise bzgl. des Tatorts. – Auch wenn diese Form der Hilfeleistung eine geraume Zeit vor der eigentlichen Tatbegehung stattfand, schließt dies eine Beihilfe Brunos zum Raub, §§ 249, 27 StGB, nicht aus.

1324 Fraglich und umstritten ist, ob eine Beihilfe auch dann noch möglich ist, wenn der Helfende in der Form der **sukzessiven Beihilfe** seinen Beitrag erst nach der Vollendung, aber noch vor Beendigung[3065] der Tat erbringt (z. B. wenn Bruno dem Anton im vorigen Beispiel lediglich beim Abtransport der Beute behilflich ist)[3066]. Während die Rechtsprechung dies als möglich ansieht (und daher zu kaum lösbaren Abgrenzungsproblemen im Hinblick auf die Begünstigung, § 257 StGB, kommt)[3067] ist eine solche „nachträgliche" Beihilfe (ebenso wie eine „nach-

---

3059 BGH NStZ 1993, 385; BGH NStZ 1995, 490 (490 f.); BGH NStZ 1996, 563 (564); BGH NStZ 1998, 517 (518); BGH NStZ-RR 2001, 40; BGH NStZ 2002, 139; BGH NStZ-RR 2016, 136 (137); BGH NStZ-RR 2019, 74; *Krey/Esser*, Rn. 1077; *Seher*, JuS 2009, 793 (795); anders allerdings BGH bei *Dallinger*, MDR 1967, 173; BGH JZ 1983, 462; hierzu auch *Puppe*, AT 2, 1. Aufl., § 42 Rn. 16 ff.; vgl. ferner die Übungsfälle bei *Boxleitner*, JuS 2010, 632 (638); *Preuß*, JURA 2019, 660 (669).
3060 BGH NStZ 2019, 461; vgl. zur Frage, inwieweit der Gehilfenbeitrag für den Erfolg der Haupttat kausal geworden sein muss, unten Problemschwerpunkt 40, Rn. 1325 ff.
3061 BGH NStZ 2012, 347 (348); *Wagemann*, JURA 2006, 867 (871); vgl. auch *Timpe*, JA 2012, 430 (431); vgl. ferner die Übungsfälle bei *Lenk*, JuS 2021, 754 (760).
3062 BGH NStZ 2012, 347 (348); BGH NStZ-RR 2016, 136 (137); vgl. auch BGHSt 64, 10 (31); ferner *Hecker*, ZJS 2012, 485 (490); *Maurach/Gössel/Zipf*, AT 2, 7. Aufl., § 52 Rn. 7; SSW-*Murmann*, § 27 Rn. 4 f.
3063 RGSt 28, 287; RGSt 58, 113 (114); RGSt 67, 191 (193); BGHSt 2, 344 (345 f.); BGHSt 46, 107 (115); BGHSt 61, 252 (257); BGH NJW 1985, 1035 (1036); BGH NStZ 2007, 384 (389); BGH NStZ 2017, 158 (159); BGH NStZ 2018, 328; *B. Heinrich*, JURA 2017, 1367 (1375); *Kühl*, § 20 Rn. 232.
3064 BGHSt 2, 344 (345 f.); BGHSt 61, 252 (257 f.); BGH NStZ 2012, 264; LK-*Schünemann/Greco*, 13. Aufl., § 27 Rn. 39.
3065 Nach der Beendigung der Tat (vgl. zu diesem Begriff oben Rn. 713 ff.) ist eine Beihilfe nach allen Ansichten ausgeschlossen, vgl. BGH NStZ 2000, 31; BGH NStZ 2007, 36 (36); BGH NJW 2013, 2211 (2213); BGH NStZ 2014, 82.
3066 Vgl. hierzu die Übungsfälle bei *Dehne-Niemann/Weber*, JA 2009, 868 (871); *Günther/Selzer*, ZJS 2016, 756 (763 f.); *Kuhlen/Roth*, JuS 1995, 711 (714); *Lotz/Reschke*, JURA 2012, 481 (486); *Niesler*, JuS 2008, 629 (633); *Puschke*, ZJS 2013, 285 (291); *Radtke*, JURA 1997, 477 (481); *Schmitt-Leonardy*, JuS 2017, 436 (444); *Tenckhoff*, JuS 1976, 526 (530); *Viehweger*, JuS 2019, 465 (471 f.); *Weißer*, JuS 2005, 620 (622); *Zöller*, JA 2021, 731 (736).
3067 RGSt 52, 202 (203); RGSt 58, 13 (14 – hier wird sogar zeitgleich Beihilfe und Begünstigung angenommen); RGSt 71, 193 (194); BGHSt 2, 344 (346); BGHSt 3, 40 (43 f.); BGHSt 4, 132 (133); BGHSt 6, 248 (251); BGHSt 14, 280 (281); BGHSt 19, 323 (325); BGHSt 61, 252 (258); BGH NStZ 2000, 594; BGH NStZ 2007, 35 (36); BGH NStZ 2008, 152; BGH NStZ 2013, 463 (464); BayObLG NStZ 1999, 568; OLG Bamberg NJW 2006, 2935 (2937 f.); vgl. aber auch BGH NStZ 2010, 699 (702); BGH NStZ 2012, 264; ebenso *Fischer*, § 27 Rn. 6; *Frister*, 28. Kap. Rn. 50; *Grabow/Pohl*, JURA 2009, 656 (660); *Gropp/Sinn*, § 10 Rn. 296; *Jescheck/Weigend*, § 64 III 2b; *Krey/Esser*, Rn. 1088; *Küper*, JuS 1986, 862 (866); *Laubenthal*, JURA 1985, 630 (631 ff.); *Murmann*, ZJS 2008, 456 (460); *Otto*, § 22

trägliche" Mittäterschaft³⁰⁶⁸) abzulehnen, sofern der Täter den Tatbestand bereits vollständig verwirklicht hat³⁰⁶⁹. Denn zu Vorgängen, die in der Vergangenheit liegen, kann keine Hilfe geleistet werden. Insoweit ist nach dem Eintritt des tatbestandsmäßigen Erfolges³⁰⁷⁰ lediglich noch eine Begünstigung, § 257 StGB, möglich. Unproblematisch möglich ist eine (sukzessive) Beihilfe dagegen bei Dauerdelikten zwischen der Vollendung und der Beendigung der Tat (z. B. bei § 239 StGB)³⁰⁷¹.

1324a Problematisch kann die Beurteilung von **Beihilfehandlungen** dann sein, wenn der Betreffende – insbesondere im Rahmen der Mitwirkung im Zusammenhang mit organisierten Verbrechen – durch allgemeine Unterstützungshandlungen an einer Vielzahl von Verbrechen über einen längeren Zeitraum hinweg mitwirkt.

Bsp.³⁰⁷²: Anton war als Verwaltungsangestellter in einem deutschen Vernichtungslager während der **NS-Herrschaft** tätig. An nicht mehr feststellbaren Tagen war er auch zum „Rampendienst" eingeteilt. Seine Aufgabe war es, bei neu eintreffenden Zügen von Deportierten, die in unmittelbarem Anschluss in den Gaskammern des Lagers getötet wurden, das dort abgestellte Gepäck zu bewachen und Diebstähle zu verhindern. Uniformiert und bewaffnet war er dabei auch Teil der „Drohkulisse", die bei den neu Eintreffenden jeden Gedanken an einen möglichen Widerstand im Keim ersticken sollte. Während der gesamten Zeit, in der Anton im Lager tätig war, wurden dort insgesamt mindestens 300 000 Menschen getötet. – Die Tötung der Deportierten stellt einen Mord, § 211 StGB, dar³⁰⁷³. Dabei sind sowohl die Verantwortlichen in der politischen Leitungsebene³⁰⁷⁴, die den Beschluss zur Errichtung und Aufrechterhaltung des Lagers und zur Durchführung des Vernichtungsprogramms erließen, als auch die Mitglieder der Lagerleitung und die unmittelbar die Gaskammern bedienenden Personen, als Täter anzusehen. Fraglich ist, ob Anton – und wenn ja, in wie vielen Fällen – wegen Beihilfe zum Mord, §§ 211, 27 StGB,

---

Rn. 66; *Schmitt-Leonardy*, JuS 2017, 436 (444); *Schönke/Schröder-Heine/Weißer*, § 27 Rn. 20; *Seelmann*, JuS 1983, 32 (33); *Viehweger*, JuS 2019, 465 (471 f.); *Wessels/Beulke/Satzger*, Rn. 911; ferner (im Hinblick auf bereits vollendete Qualifikationsmerkmale) LK-*Schünemann/Greco*, 13. Aufl., § 25 Rn. 225; vgl. hierzu bereits oben Rn. 717.

3068 Vgl. hierzu oben Rn. 1236 ff.

3069 So auch BWME-*Eisele*, § 24 Rn. 8, § 26 Rn. 120; *Bitzilekis*, ZStW 99 (1987), 732 (732 ff.); *Dehne-Niemann/Weber*, JA 2009, 868 (871); *Dölling/Duttge/König/Rössner-Ingelfinger*, § 27 Rn. 17; *Geppert*, JURA 1999, 266 (272); *Grabow*, JURA 2009, 408 (411); *Jakobs*, 22/39; *Joecks/Jäger*, § 27 Rn. 12; *Klesczewski*, Rn. 747 ff.; *Kudlich*, JA 2007, 308; *Kühl*, § 20 Rn. 236 f.; *ders.*, Roxin-FS 2001, S. 665 (679 ff.); *ders.*, JuS 2002, 729 (734); *Lackner/Kühl*, § 27 Rn. 3; LK-*Roxin*, 11. Aufl., § 27 Rn. 35; LK-*Schünemann/Greco*, 13. Aufl., § 27 Rn. 44 f.; *Mitsch*, JA 2017, 407 (411 f.); MüKo-*Joecks/Scheinfeld*, 4. Aufl., § 27 Rn. 21 f.; NK-*Kindhäuser*, § 242 Rn. 131; NK-*Zaczyk*, § 22 Rn. 6; *Rengier*, § 45 Rn. 124; *Rönnau/Wegner*, JuS 2018, 970 (971); *Roxin*, AT II, § 26 Rn. 259 ff.; *Seher*, JuS 2009, 793 (797); *Sengbusch*, JURA 2007, 623 (630); SK-*Hoyer*, § 27 Rn. 18; *Steffan*, JuS 2007, 348 (351); *Stratenwerth/Kuhlen*, § 12 Rn. 135; allerdings ist darauf hinzuweisen, dass bei Dauerdelikten (z. B. Hausfriedensbruch, Freiheitsberaubung) eine Beihilfe noch bis zum Ende des rechtswidrigen Zustands möglich ist; vgl. hierzu auch den Übungsfall bei *Bott/Kühn*, JURA 2009, 72 (75).

3070 Noch restriktiver *Rudolphi*, Jescheck-FS 1985, S. 559 (576), der nicht auf den Erfolg, sondern auf die tatbestandsmäßige Handlung abstellt; ebenso SK-*Jäger*, Vor § 22 Rn. 10; dagegen zutreffend *Kühl*, § 20 Rn. 234.

3071 Hierzu *Rönnau/Wegner*, JuS 2018, 970 (971).

3072 Fall nach BGHSt 61, 252 – Fall Gröning; zu diesem Komplex vgl. *Brüning*, ZJS 2018, 285; *Burghardt*, ZIS 2019, 21; *Fahl*, HRRS 2016, 167; *Grünewald*, NJW 2017, 500; *B. Heinrich*, JURA 2017, 1367; *Momsen*, StV 2017, 546; *Rommel*, NStZ 2017, 161; *Roxin*, JR 2017, 88; *Safferling*, JZ 2017, 258; *Weißer*, GA 2019, 244; vgl. auch zum ähnlich gelagerten Fall „Demjanjuk" *Fahl*, ZJS 2011, 299; *Kurz*, ZIS 2013, 122; *Prittwitz*, StV 2010, 648; *Rüter/Bästlein*, ZRP 2010, 92.

3073 Nach heutiger Rechtslage käme darüber hinaus noch der Tatbestand des Völkermordes, § 6 VStGB, in Betracht.

3074 Nach den vom BGH in den „Mauerschützenfällen" aufgestellten Grundsätzen, sind diese als „mittelbare Täter" anzusehen; vgl. oben Rn. 1255 ff.

zu verurteilen ist. Hier ist einerseits zu prüfen, ob und inwieweit die Verwaltungs- und Rampentätigkeit Antons die jeweiligen Tötungen förderte und ob – gerade im Hinblick auf die „Rampentätigkeit" – festgestellt werden muss, welche konkreten Tötungen hierdurch gefördert wurden (was im Einzelnen nicht mehr feststellbar ist). Der BGH scheint – jedenfalls in seiner neueren Rechtsprechung[3075] – die Grenzen der Beihilfe weit zu ziehen: Anton habe bereits durch seine allgemeine Dienstausübung im Lager die Taten der politischen Leitungsebene gefördert. Denn diese konnten ihre Anordnungen nur treffen und die entsprechenden Vernichtungsprogramme nur durchführen, weil sie wussten, dass das Lager mit den dort beschäftigten Personen reibungslos funktionierte und man dadurch „in der Lage war, in kürzester Zeit eine Vielzahl von Mordtaten umzusetzen"[3076]. Infolge dieser – sehr weit gehenden – Vorverlagerung der strafbaren Förderungshandlungen kommt es daher auf die konkreten Förderungshandlungen hinsichtlich der einzelnen Tötungen gar nicht mehr an[3077].

b) Kausalität der Beihilfe für die Haupttat[3078] (Problemschwerpunkt 40)

Fall: Erwin hat sich dazu entschlossen, seinen Vater Viktor zu töten, um schneller an seine Erbschaft zu kommen. Auf dem Weg zu Viktors Wohnung begegnet Erwin seinem Freund Toni, dem er von seinem Vorhaben erzählt. Auch Toni kann Viktor nicht ausstehen und gibt Erwin, „damit es auch wirklich klappt", seinen Revolver mit. Bei Viktor angekommen, merkt Erwin, dass der Revolver, was Toni nicht wusste, funktionsunfähig ist. Erwin ersticht daraufhin Viktor mit einem mitgebrachten Messer, so wie er es von Beginn an vorhatte.

Problemstellung: Erwin ist hier wegen Mordes, §§ 212, 211 StGB (Habgier), zu bestrafen. Fraglich ist, ob Toni wegen Beihilfe zum Mord bzw. Beihilfe zum Totschlag strafbar ist, da er Erwin ein – allerdings völlig untaugliches – Tatwerkzeug mit auf den Weg gab, welches jedoch weder für die Durchführung noch für den Erfolg der Haupttat in irgendeiner Weise eine Rolle spielte.

aa) Nach der **Kausalitätstheorie** (die in verschiedenen Varianten vertreten wird), liegt eine Beihilfe nur dann vor, wenn das Verhalten für die Haupttat **ursächlich geworden** ist. Begründet wird dies damit, dass als Beihilfe nur die Mitwirkung an fremdem Unrecht anzusehen sei. Von einer Mitwirkung könne jedoch nicht gesprochen werden, wenn es an einem kausalen Beitrag fehle. Der Gehilfenbeitrag müsse daher zum einen objektiv kausal sein, zum anderen müsse der Gehilfe die Kausalität seines Beitrages für die Haupttat auch in seinen Vorsatz mit aufnehmen. Handle der Gehilfe vorsätzlich, fehle es aber objektiv an der Kausalität seines Tatbeitrages, so sei lediglich ein (bei der Beihilfe nicht strafbarer) Versuch gegeben. Hinsichtlich der Anforderungen, die an die Kausalität des Gehilfenbeitrages für den Erfolg der Haupttat gestellt werden müssen, gibt es allerdings im Rahmen dieser Theorie unterschiedliche Auffassungen. Einige Stimmen in der Literatur fordern eine **strenge Kausalität**[3079]. Der Gehilfenbeitrag müsse in vollem Umfang für den Erfolg der Haupttat ursächlich sein. Wer dem folgt, muss im Beispielsfall

---

3075 BGHSt 61, 252.
3076 BGHSt 61, 252 (260).
3077 *B. Heinrich*, JURA 2017, 1367 (1377).
3078 Vgl. hierzu auch *Hillenkamp/Cornelius*, AT, 27. Problem; *Jäger*, Rn. 375 ff.; *Puppe*, § 26 Rn. 1 ff.; *Timpe*, JA 2012, 430 (432 f.); ferner die Übungsfälle bei *Ambos*, JuS 2000, 465 (471); *Amelung/Boch*, JuS 2000, 261 (263); *Bloy*, JuS 1994 L 69 (L 70 f.); *Burchard/Engelhart*, JA 2009, 271 (278); *Drenkhahn*, JURA 2011, 63 (70); *Hohmann*, JuS 1995, 135 (138); *Kaspar*, JuS 2004, 409 (412); *Klesczewski/Hawickhorst*, JA 2013, 589 (596 f.); *Krack/Gasa*, JuS 2008, 1005 (1009); *Marxen*, Fall 19d; *Schmidt*, JA 1992, Ü 84 (Ü 86 f.).
3079 *Fischer*, § 27 Rn. 14a; *Gropp/Sinn*, § 10 Rn. 300 ff.; *Hauf*, S. 100; *Jakobs*, 22/34; *Kaspar*, JuS 2004, 409 (412); *Klesczewski*, Rn. 727; *Maurach/Gössel/Zipf*, AT 2, 7. Aufl., § 52 Rn. 19; *Rudolphi*, StV 1982, 528 (529); *Schönke/Schröder-Heine/Weißer*, § 27 Rn. 6.

eine Beihilfe jedenfalls im Hinblick auf das Überlassen der – funktionsunfähigen – Pistole mangels Kausalität für den Erfolg der Haupttat ablehnen. Allerdings kommt eine psychische Beihilfe in Frage, sofern man eine solche anerkennt und deren Voraussetzungen vorliegen (Bestärkung des Tatentschlusses). Andere stellen geringere Anforderungen und verlangen nur eine **Verstärkungskausalität**[3080]. Der Gehilfenbeitrag müsse für den Erfolg der Haupttat insofern kausal sein, dass er die Tatbestandsverwirklichung fördere und somit die Kausalität „verstärke", er müsse die Tatbestandsverwirklichung „ermöglichen, erleichtern, intensivieren oder absichern". Diese „Verstärkung der Kausalität" ist allerdings ein begrifflich kaum fassbares Kriterium. Insoweit wird der Nachweis im konkreten Fall kaum einmal mit Sicherheit gelingen. Ähnlichen Bedenken begegnet die dritte Variante dieser Theorie, die jedenfalls eine **„modifizierende" Kausalität**[3081] des Gehilfenbeitrages für den Erfolg der konkreten Haupttat fordert. Der Gehilfenbeitrag müsse für den Erfolg zumindest in der vorliegenden Modifikation ursächlich geworden sein. Insgesamt wird die Kausalitätstheorie in allen Varianten insbesondere deswegen **kritisiert**, weil sich gerade im Bereich der psychischen Beihilfe eine Kausalität kaum jemals nachweisen lasse, was zur Folge habe, dass eine Beihilfestrafbarkeit in vielen Fällen zu Unrecht ausscheide. Diese Bedenken lassen sich jedoch dadurch ausräumen, dass man auf der Grundlage der strengen Kausalitätstheorie die Anforderungen für die psychische Kausalität nicht überspannt. Unter dieser Prämisse führt diese Theorie daher am ehesten zu brauchbaren Ergebnissen. Denn es ist nicht einzusehen, warum im Bereich der Beihilfe auf das ansonsten stets erforderliche Merkmal der Kausalität verzichtet werden soll. Eine Beihilfe scheidet lediglich dann aus, wenn dem Haupttäter die psychische Unterstützung seitens des anderen gleichgültig ist oder er davon überhaupt nichts mitbekommt. Im vorliegenden Fall ist hingegen eine psychische Beihilfe anzunehmen, sofern Tonis Verhalten Erwin in seinem Entschluss psychisch bestärkt hat.

1327 bb) Die insbesondere von der Rechtsprechung vertretene **Förderungstheorie**[3082] fordert hingegen keinen kausalen Gehilfenbeitrag, sondern lässt jede irgendwie geartete „Förderung" genügen. Begründet wird dies damit, dass § 27 StGB bereits das „Hilfeleisten" unter Strafe stelle. Ohne Rücksicht auf eventuelle Kausalitätsfragen solle hier die bewusste und gewollte Komplizenschaft erfasst werden. Der

---

3080 *Beckemper*, JURA 2001, 163 (164); *Claß*, Stock-FS 1966, S. 115 (125 f.); *Dreher*, MDR 1972, 553; *Geppert*, JURA 1999, 266 (268); *v. Hoffmann-Holland*, Rn. 583; *Jescheck/Weigend*, § 64 III 2c; *Kühl*, § 20 Rn. 215; *Lackner/Kühl*, § 27 Rn. 2; *H.E. Müller*, JURA 2007, 697 (700); SK-*Hoyer*, § 27 Rn. 9 ff.; vgl. auch MüKo-*Joecks/Scheinfeld*, 4. Aufl., § 27 Rn. 35 ff.; ferner aber auch LK-*Roxin*, 11. Aufl., § 27 Rn. 2 ff.; *Roxin*, AT II, § 26 Rn. 184, 210; *ders.*, Miyazawa-FS 1995, S. 501 (509), der neben der Kausalität auch auf eine Risikoerhöhung abstellt; dem folgend *Schmidhäuser*, SB, 10/146.
3081 *Baumann*, JuS 1963, 125 (136); *Gaede*, JA 2007, 757 (759); *Schlüchter/Duttge*, NStZ 1997, 595 (595 f.).
3082 RGSt 6, 169 (170); RGSt 8, 267 (268 f.); RGSt 58, 113 (114 f.); RGSt 67, 191 (193); BGHSt 2, 129 (130 f.); BGHSt 14, 280 (281); BGHSt 20, 89 (90); BGHSt 42, 135 (136); BGHSt 46, 107 (109); BGHSt 54, 140 (142 f.); BGHSt 61, 252 (257); BGHSt 64, 10 (31); BGH NStZ 1985, 318; BGH NStZ 1995, 27 (28 – allerdings mit der missverständlichen Formulierung, die Förderung müsse „in irgendeiner Weise kausal geworden sein"); BGH StV 1995, 524; BGH NJW 2001, 2409 (2410); BGH NStZ 2004, 499 (500); BGH NStZ 2007, 230 (232); BGH NJW 2007, 384 (388); BGH NJW 2008, 1460 (1461); BGH NStZ 2008, 284; BGH NJW 2008, 1458 (1459); BGH NStZ 2012, 264; BGH NStZ 2012, 316; BGH NStZ-RR 2015, 343 (344); BGH NStZ 2016, 400 (401); BGH NStZ-RR 2016, 136 (137); BGH NStZ 2017, 337 (338); BGH NStZ 2018, 328; BGH NStZ 2019, 461; BGH NStZ 2021, 7 (8 f.); so auch BWME-*Eisele*, § 26 Rn. 101 ff.; *Blei*, § 80 II 2b; *Fahl*, JR 2018, 109 (110); *Hohmann*, JuS 1995, 135 (138); *Krey/Esser*, Rn. 1079; *Matt/Renzikowski-Haas*, § 27 Rn. 6; *Seher*, JuS 2009, 793 (795); *Wessels/Beulke/Satzger*, Rn. 901; vgl. auch *Freund/Rostalski*, § 10 Rn. 141, der zusätzlich einen eindeutigen deliktischen Sinnbezug fordert.

Taterfolg selbst werde dem Gehilfen gerade nicht als „sein" Werk zugerechnet. Ferner wäre es unsinnig, eine tatbestandsmäßige Hilfeleistung später wieder hinwegzudenken, wenn sich herausgestellt habe, dass diese Hilfe für den tatbestandsmäßigen Erfolg im Ergebnis doch nicht ursächlich gewesen sei. Daher sei lediglich darauf abzustellen, ob der Gehilfenbeitrag die Haupttat gefördert habe. Dies scheide bei einer aktiven Unterstützung des Haupttäters lediglich dann aus, wenn der Handlung jede Eignung zu Förderung der Haupttat von vornherein fehlt oder sie erkennbar nutzlos für das Gelingen der Tat ist[3083]. Jedenfalls mit Blick auf die psychische Unterstützung von Erwin durch Toni wäre ein Fördern im Beispielsfall zu bejahen[3084]. **Kritisch** muss hierzu jedoch bemerkt werden, dass durch diese weite Auslegung in vielen Fällen aus einer an sich straflosen versuchten Beihilfe ein vollendetes Beihilfedelikt wird. Somit wird die gesetzgeberische Entscheidung umgangen, die versuchte Beihilfe straflos zu lassen.

cc) Die von Teilen der Literatur vertretene **Risikoerhöhungstheorie**[3085] verlangt ebenfalls keine Ursächlichkeit des Gehilfenbeitrages für den Erfolg der Haupttat. Ausreichend sei eine Risikoerhöhung für das angegriffene Rechtsgut. Denn der Strafgrund der Beihilfe liege gerade nicht in der Verursachung des Erfolges, sondern in der Steigerung der Erfolgschancen. Das Merkmal „Förderung" könne inhaltlich sinnvoll nur durch den Begriff der Risikoerhöhung bestimmt werden, um die bloße (straflose) Erleichterung der Tat auszuschließen. Nach dieser Ansicht muss also immer festgestellt werden, ob durch den Gehilfenbeitrag das Risiko der Tatbegehung erhöht wurde, was im vorliegenden Fall gegeben war. Gegen diese Ansicht richtet sich **Kritik** von mehreren Seiten. Einerseits wird (von den Vertretern der abstrakten Gefährdungstheorie) vorgebracht, dass sie entgegen dem Gesetzeswortlaut aus einem abstrakten ein konkretes Gefährdungsdelikt mache. Andererseits würde diese Ansicht aber auch dort zu Strafbarkeitslücken führen, wo nicht genau festgestellt werden könne, ob sich der Täter eine Erleichterung nicht auch selbst hätte verschaffen können. Auch der Vergleich mit der Mittäterschaft ergebe, dass hier nicht nach einer Risikoerhöhung gefragt werde, denn „überflüssige Mittäter" blieben hier straffrei. Gewichtiger ist jedoch das Argument, dass man durch den Verzicht auf die Kausalität aus der an sich straffreien versuchten Beihilfe ein vollendetes Beihilfedelikt machen würde. Die Argumente gegen die Förderungstheorie gelten somit auch hier.

3083 BGHSt 54, 140 (143).
3084 Gerade in Fällen rein psychischer Unterstützung soll aber auch nach der Rspr. ein Fördern nicht vorschnell anzunehmen sein; vielmehr bedürfe es genauer Feststellungen darüber, dass und wodurch die Tatbegehung in ihrer konkreten Gestalt objektiv gefördert und erleichtert wurde; vgl. BGH NStZ 1993, 233; BGH NStZ 1993, 385; BGH NStZ 2019, 461.
3085 *Burchard/Engelhart*, JA 2009, 271 (278); *Dölling/Duttge/König/Rössner-Ingelfinger*, § 27 Rn. 3 f.; *Geppert*, JURA 2007, 589 (590); *Klesczewski/Hawickhorst*, JA 2013, 589 (597); LK-*Schünemann/Greco*, 13. Aufl., § 27 Rn. 5 f.; *Murmann*, JuS 1999, 548 (550 ff.); *ders.*, ZJS 2008, 456 (463); *Otto*, § 22 Rn. 53; *ders.*, JuS 1982, 557 (562); *Puppe*, § 26 Rn. 17; *Schaffstein*, Honig-FS 1970, S. 169; SSW-*Murmann*, § 27 Rn. 3; *Stratenwerth/Kuhlen*, § 12 Rn. 158; *ders.*, ZStW 87 (1975), 935 (942); vgl. aber auch *Roxin*, AT II, § 26 Rn. 210 ff.; *ders.*, Miyazawa-FS 1995, S. 501 (509), der die Beihilfe als „kausale Risikosteigerung" ansieht, damit aber letztlich nur meint, dass *zusätzlich* zur Kausalität auch noch eine Risikosteigerung vorliegen muss (insoweit also neben der Kausalität auch noch eine objektive Zurechnung des Erfolges vorliegen muss); so auch *Ambos*, JA 2000, 721 (721 f.).

1329 dd) Die Vertreter der **abstrakten Gefährdungstheorie**[3086] sind schließlich der Auffassung, dass der Gehilfenbeitrag für den Erfolg der Haupttat weder ursächlich sein, noch diesen in irgendeiner Weise fördern müsse. Denn die Beihilfe sei ein abstraktes Gefährdungsdelikt, bei dem bereits das bloße Hilfeleisten wegen der damit in aller Regel verbundenen gefahrerhöhenden Wirkung unter Strafe gestellt werde. Eine Kausalitätsprüfung ist nach dieser Ansicht nicht erforderlich. Im Beispielsfall wäre Toni also unproblematisch wegen Beihilfe zum Totschlag bzw. Mord zu bestrafen. **Gegen** diese Ansicht ist vorzubringen, dass sie die Strafbarkeit der Beihilfe zu weit ausdehnt. Fälle, die an sich eine versuchte Beihilfe darstellen, würden dann zum vollendeten Beihilfedelikt erklärt. Dies aber würde die Entscheidung des Gesetzgebers unterlaufen, den Versuch der Beihilfe straflos zu lassen (vgl. § 30 Abs. 1 StGB: strafbar ist nur die versuchte Anstiftung – und auch dies nur beim Verbrechen).

c) Beihilfe durch neutrale Handlungen[3087] (Problemschwerpunkt 41)

1330 **Fall:** Herbert betreibt einen Eisenwarenladen, in dem er auch Messer verkauft. Vormittags veräußert er ein Taschenmesser an den verwegen aussehenden Anton. Mittags verkauft er ein großes Küchenmesser an Toni. Dabei hatte er am Abend zuvor zufällig in seiner Stammkneipe mit angehört, wie Toni in alkoholisierter Stimmung erzählte, seine Ehefrau nerve ihn zurzeit so sehr, dass er sie irgendwann einmal „kalt machen" werde. Am Abend bemerkt Herbert schließlich, dass vor seinem Laden eine Schlägerei stattfindet. Rudi, der wutentbrannt und mit einer Wunde am Arm in den Laden stürmt, verlangt „das größte Messer, welches der Laden hier hergibt", welches Herbert ihm dann auch verkauft. Zwar kommt Herbert bei allen diesen Geschäften der Gedanke, dass die Messer ja durchaus zu etwas anderem benutzt werden könnten als zum „Zwiebelschneiden". Dies ist ihm jedoch gleichgültig, da er davon ausgeht, er müsse ja schließlich auch von etwas leben und sei nicht verpflichtet, selbst bei zweifelhaften Personen Nachforschungen anzustellen, zumal die von ihm verkauften Messer nicht waffenscheinpflichtig seien. An diesem Abend ersticht Anton bei einer Messerstecherei im „Milieu" einen Zuhälter, Toni tötet seine Ehefrau und Rudi verletzt mit dem Messer im Rahmen der Schlägerei seinen Widersacher tödlich. Dabei wird jeweils das bei Herbert gekaufte Messer benutzt.

Problemstellung: Unabhängig von einer möglichen Strafbarkeit wegen fahrlässiger Tötung, § 222 StGB (hierbei kommt es darauf an, ob der Verkauf der Messer objektiv sorgfaltspflichtwidrig war), ist jeweils eine Beihilfe zum Totschlag, §§ 212, 27 StGB zu prüfen. In allen drei Fällen lag eine Haupttat vor, zu der Herbert auch durch den Verkauf der Messer objektiv Hilfe geleistet hat. Da er zudem jeweils mit einer solchen Tat rechnete und ihm ein möglicher Taterfolg gleichgültig war, ist auch ein bedingter Vorsatz anzunehmen. Fraglich ist dennoch, ob sein Verhalten für eine Bestrafung wegen Beihilfe ausreicht.

3086 *Herzberg*, GA 1971, 1 (4 ff.); vgl. auch *Coenders*, ZStW 46 (1925), 1 (4); *Vogler*, Heinitz-FS 1972, S. 295 (309); *Zieschang*, Küper-FS 2007, S. 733 (744 ff.).

3087 Vgl. auch die zusammenfassende Darstellung bei *Bechtel*, JURA 2016, 865; *Geppert*, JURA 1999, 266 (269 ff.); *Kretschmer*, JURA 2008, 265 (268 ff.); *Putzke*, ZJS 2014, 635; *Rönnau/Wegner*, JuS 2019, 527; *Rotsch*, JURA 2004, 14; *Seher*, JuS 2009, 793 (795 f.); ferner *Ambos*, JA 2000, 721; *Beckemper*, JURA 2001, 163; *Gaede*, JA 2007, 757 (759 f.); *Greco*, wistra 2015, 1; *Hillenkamp/Cornelius*, AT, 28. Problem; *Jäger*, Rn. 381 ff.; *Lesch*, JA 2001, 986; *Puppe*, § 26 Rn. 8 ff.; *Tag*, JR 1997, 49; vgl. ferner die Übungsfälle bei *Amelung/Boch*, JuS 2000, 261 (263); *Bürger*, JA 2015, 271 (274); *Hefendehl*, JURA 1992, 374 (376 f.); *Kasiske*, ZJS 2016, 628 (631 f.); *Kett-Straub/Linke*, JA 2010, 25 (30 f.); *Krack/Gasa*, JuS 2008, 1005 (1009 f.); *Ladiges*, JuS 2010, 51 (55); *Lotz/Reschke*, JURA 2012, 481 (485); *Lück*, JuS 2019, 1148 (1154); *Rotsch*, JuS 2004, 607 (612 f.); *Sahan*, ZJS 2008, 177 (181 f.); *Schreiber/Steinle*, JA 2021, 473 (479); *Timpe*, JA 2010, 514 (518 ff.); *Trentmann/Mustafi*, JA 2020, 359 (363).

aa) Die **Beihilfetheorie**[3088] will die normalen Regeln der Beihilfe auch auf die sog. neutralen Handlungen anwenden. Eine Einschränkung der Gehilfenstrafbarkeit sei nicht gerechtfertigt, denn § 27 StGB gelte für jedermann und sehe eine Privilegierung etwa für geschäftsmäßige Tätigkeiten nicht vor. Dies überzeugt, denn es ist nicht einzusehen, warum in Teilbereichen die allgemeinen Beihilferegelungen außer Kraft gesetzt werden sollten. Wer vorsätzlich einem anderen zu dessen Tat Hilfe leistet, begeht eine Beihilfe, auch wenn er an der Tat kein Interesse hat, sondern in erster Linie aus beruflichen Gründen handelt. Auch darüber hinaus lässt unser Recht regelmäßig bedingten Vorsatz ausreichen und es ist nicht einzusehen warum im Rahmen der Beihilfe hiervon eine Ausnahme zu machen sein soll. Im Beispielsfall könnte Anton also wegen Beihilfe zum Totschlag (bzw. Mord) bestraft werden, wenn man ihm hinsichtlich der Haupttaten jedenfalls Eventualvorsatz nachweisen kann. **Gegen** diese Ansicht wird zwar vorgebracht, dass sie die Strafbarkeit unangemessen weit ausdehne, an sozialen Gegebenheiten vorbeigehe und dazu führe, dass wirtschaftliche Tätigkeiten blockiert würden. Dem kann jedoch dadurch begegnet werden, dass das Vorliegen eines dolus eventualis besonders kritisch geprüft wird. So wird man bei sachgerechter Auslegung im Beispielsfall nur beim Verkauf des Messers an Rudi von einem dolus eventualis ausgehen können.

1331

bb) Dagegen wollen die Vertreter der **objektiven Einschränkungslehren** bereits auf der Ebene des objektiven Tatbestandes Einschränkungen vornehmen. Nach der **Lehre von der Sozialadäquanz**[3089] sollen Handlungen, die sozialüblich sind, grundsätzlich aus der Gehilfenstrafbarkeit ausscheiden. Denn ein Verhalten, welches sich vollständig im Rahmen der normalen sozialen Ordnung bewege, könne nicht tatbestandsmäßig sein und stelle daher kein „Hilfeleisten" dar. Ähnlich argumentiert die **Lehre von der professionellen Adäquanz**[3090], die bei der Prüfung der Sozialadäquanz darauf abstellt, ob sich der Gehilfe im Rahmen seiner Berufsregeln hält. Auch die Vertreter der **Lehre von der objektiven Zurechnung**[3091] kommen zu ähnlichen Ergebnissen: Erfolge, die auf Handlungen beruhen, die kein rechtlich missbilligtes Risiko setzen, seien objektiv nicht zurechenbar und daher nicht tatbestandsmäßig. An einem solchen rechtlich missbilligten Risiko würde es in den vorliegenden Fällen aber regelmäßig fehlen. Denn es komme entscheidend darauf an, ob ein Erfolg gerade nach strafrechtsspezifischen Kriterien dem Handelnden als seine Tat zugerechnet werden könne, was eine wertende

1332

3088 *Beckemper*, JURA 2001, 163 (169); *Dörn*, DStR 1993, 374 (375); *Frank*, Das Strafgesetzbuch für das Deutsche Reich, 18. Aufl. 1931, § 49 Anm. II; *Hruschka*, JR 1984, 258 (263); *Krey/Esser*, Rn. 1083 ff.; *Niedermair*, ZStW 107 (1995), 507.
3089 *Moos*, Trechsel-FS 2002, S. 477 (503 f.); *Murmann*, JuS 1999, 548 (552); SK-*Stein*, § 13 Rn. 60.
3090 *Hassemer*, wistra 1995, 41, 81 (83); ferner *Barton*, StV 1993, 156 (162 f.); *Behr*, wistra 1999, 245 (247); *Gallandi*, wistra 1988, 125 (127); *Kett-Straub/Linke*, JA 2010, 25 (31); *Kniffka*, wistra 1987, 309 (310); *Volk*, BB 1987, 139 (141 ff.), der jedoch eine dogmatische Verankerung entweder beim Vorsatz oder im Rahmen der Rechtswidrigkeit bevorzugt.
3091 *Gaede*, JA 2007, 757 (760 – allerdings unter Einbeziehung auch subjektiver Elemente); *Gropp/Sinn*, § 10 Rn. 318; *Jakobs*, 24/15 ff.; *Kretschmer*, JURA 2008, 265 (271); ders., JR 2014, 39 (40); ders., Rogall-FS 2019, S. 195 (201); *Kudlich*, NStZ 2018, 329 (330 f.); *Lackner/Kühl*, § 27 Rn. 2a; *Lesch*, JA 2001, 986 (990 f.); *Rabe von Kühlewein*, JZ 2002, 1139 (1143); *Ransiek*, wistra 1997, 41 (43 ff.); *Schall*, Meurer-GS 2002, S. 103 (113 ff.); *Wohlers*, NStZ 2000, 169 (172 ff.); in diese Richtung auch *Hefendehl*, JURA 1992, 374 (376 f.).

Betrachtung erfordere³⁰⁹². Im Beispielsfall könnte Herbert nicht wegen Beihilfe zum Totschlag bzw. Mord bestraft werden, da der Verkauf der Messer sozialadäquat war bzw. sich innerhalb der Berufsregeln hielt und daher kein rechtlich missbilligtes Risiko schuf. **Dagegen** spricht jedoch, dass sowohl der Begriff der Sozialadäquanz als auch der der professionellen Adäquanz zu farblos und unbestimmt sind und keine trennscharfe Abgrenzung ermöglichen. Zudem würden sie zu einer Privilegierung bestimmter Berufsgruppen führen und den Grundsatz missachten, dass Berufsregeln nicht unbesehen auf das Strafrecht übertragen werden dürfen. Nicht alles, was „sozialüblich" ist, kann zum Ausschluss der Strafbarkeit führen (wie das Beispiel der Steuerhinterziehung nachdrücklich zeigt).

1333 cc) Einen ganz anderen Weg gehen die **subjektiven Einschränkungstheorien**, die allein auf den Handlungszweck abstellen und zusätzliche subjektive Anforderungen verlangen. So geht eine Ansicht davon aus, dass eine Gehilfentätigkeit bei neutralen Alltagshandlungen dann straflos bleiben müsse, wenn im Hinblick auf die Haupttat lediglich **dolus eventualis** vorliege³⁰⁹³. Da sich eine Tatbegehung oft nicht ausschließen lasse, müsse jedenfalls im Wissens-Bereich mehr als ein bloßes „Für-möglich-Halten" vorliegen. Dies gilt nach dem BGH jedenfalls dann, wenn nicht das vom Handelnden erkannte Risiko eines strafbaren Verhaltens des von ihm Unterstützten derart hoch ist, dass es dem Handelnden hätte klar sein müssen, dass er es mit einem erkennbar tatgeneigten Täter zu tun hat³⁰⁹⁴. In der Rechtsprechung wird dabei aber auch auf den Wollens-Bereich abgestellt und gefordert, dass der Gehilfe einen besonderen **Tatförderungswillen**³⁰⁹⁵ aufweisen müsse. Ein Wissen um die Tatbegehung allein könne nicht ausreichen. Da die Handlung selbst neutral sei, müsse es vielmehr gerade darauf ankommen, wie der Handelnde zur späteren Tat stehe. Wieder andere wollen darauf abstellen, ob die Handlung einen **deliktischen Sinnbezug** aufweise³⁰⁹⁶, d. h. der Gehilfe wisse, dass seine Handlung (hier: der Verkauf des Messers) für den Haupttäter nur im Hinblick auf das zu begehende Delikt einen Sinn ergibt (und ihm nicht auch sonst in irgendeiner Form nützlich sein kann). Nach diesen Theorien wäre Her-

---

3092 Zurechenbarkeit läge z. B. vor, wenn die Beihilfehandlung ohne die Haupttat – objektiv – keinen „Sinn" ergeben würde (z. B. *Lesch*, JA 2001, 986 [991]; *Meyer-Arndt*, wistra 1989, 281 [285 ff.]); wenn sie z. B. aufgrund der Monopolstellung des Gehilfen nur ihm möglich sei (*Löwe-Krahl*, wistra 1995, 201 [205]) oder wenn sie ungeschriebene Berufsregeln verletze (*Ransiek*, wistra 1997, 41 [43]).
3093 *Klesczewski*, Rn. 740; *Ladiges*, JuS 2012, 51 (55); *Otto*, Lenckner-FS 1998, S. 193 (214 f.); *ders.*, JZ 2001, 436 (443 f.); *SK-Hoyer*, § 27 Rn. 30 ff.; vgl. auch BGHSt 46, 107 (112); BGH wistra 1999, 459; BGH NJW 2006, 522 (528); BGH wistra 2015, 176 (178); BGH NStZ 2017, 337; BGH NStZ 2018, 328 (329); ferner *Ambos*, JA 2000, 721 (724 f.); *LK-Roxin*, 11. Aufl., § 27 Rn. 21; *Rengier*, § 45 Rn. 110; *Tag*, JR 1997, 49 (54 ff.), die aber darüber hinaus auch einen deliktischen Sinnbezug fordern.
3094 BGHSt 46, 107 (112 f.); BGH NStZ 2004, 41 (43); BGH NStZ 2017, 337 (338 f.); BGH NStZ 2017, 461 (462); BGH NStZ 2021, 7 (9); LG Karlsruhe StV 2019, 400 (401); kritisch hierzu *Kudlich*, NStZ 2017, 339 (340).
3095 RGSt 37, 321 (323 f.); RGSt 39, 44 (48); RGSt 60, 6 (8); RGSt 75, 112 (113); BGHSt 29, 99 (105 f.); BGH StV 1985, 279; BGH NStZ 2000, 34; BGH NJW 2001, 2409 (2410); dem folgend *Baumgarten*, wistra 1992, 41 (43).
3096 *Hoffmann-Holland*, Rn. 588; *Jäger*, Rn. 383; *Jescheck/Weigend*, § 64 III 2c; *LK-Roxin*, 11. Aufl., § 27 Rn. 16 ff.; *LK-Schünemann/Greco*, 13. Aufl., § 27 Rn. 18 ff.; *Rengier*, § 45 Rn. 112; *Roxin*, AT II, § 26 Rn. 221 ff.; *ders.*, Stree/Wessels-FS 1993, S. 365 (379); *Samson*, ZStW 99 (1987), 615 (633); vgl. aber auch *Otto*, § 22 Rn. 68; *Puppe*, § 26 Rn. 14; *Tag*, JR 1997, 49 (54 ff.); auf den deliktischen Sinnbezug (allerdings als objektive Voraussetzung) stellen ferner ab: *Bechtel*, JURA 2016, 865 (868 f. – bezeichnet als „gemischt subjektiv-objektiver Ansatz"); ebenso *Rönnau/Wegner*, JuS 2019, 527 (530); *Freund/Rostalski*, § 10 Rn. 141 ff.; *Lesch*, JA 2001, 986 (991); *Meyer-Arndt*, wistra 1989, 281 (285); vgl. auch BGHSt 46, 107 (112); BGH NStZ 2001, 364 (365); BGH wistra 2014, 176 (178); BGH NStZ 2021, 7 (9); zur Kritik an diesem Merkmal *Putzke*, ZJS 2014, 635 (639).

bert im Beispielsfall straffrei, da er weder von einer Tatbegehung sicher ausgehen konnte noch diese bewusst fördern wollte. Auch konnte er durchaus davon ausgehen, dass der Verkauf der Messer für die Haupttäter über die spätere Deliktsbegehung hinaus auch zu anderen Zwecken sinnvoll sein konnte (daran ließe sich lediglich beim Verkauf des Messers an Rudi zweifeln). Gegen die subjektiven Ansichten ist allerdings durchweg **einzuwenden**, dass sie letztlich auf ein Gesinnungsstrafrecht hinauslaufen, da an sich neutrale Handlungen nur dann strafbar wären, wenn der Gehilfe etwas „Böses" will. Zudem ist es mit der gängigen Vorsatzdogmatik unvereinbar, in Einzelfällen ohne gesetzliche Grundlage höhere Anforderungen im Wissens- oder Wollensbereich zu verlangen.

dd) Einen wiederum anderen Ansatzpunkt verfolgt die **Lehre vom Rechtswidrigkeitsausschluss**[3097]. Bei neutralen Handlungen sei der Tatbestand der Beihilfe nach den allgemeinen Regeln gegeben, allerdings könne das Verhalten im Einzelfall gerechtfertigt sein. § 27 StGB müsse einerseits für jedermann gelten, andererseits sei aber eine Abwägung auf Rechtswidrigkeitsebene vorzunehmen. Dabei greife allerdings keiner der gängigen Rechtfertigungsgründe ein, es sei vielmehr eine „allgemeine Abwägung" erforderlich. Im Beispielsfall wäre der Tatbestand der Beihilfe zum Totschlag (bzw. Mord) erfüllt. Ein Rechtfertigungsgrund kann nach dieser Ansicht jedoch nicht eingreifen, da beim Rechtsgut Leben kaum eine Abwägung zugunsten des Täters ausfallen wird. **Gegen** diese Verlagerung auf die Rechtswidrigkeitsebene spricht jedoch, dass die Prüfungsebene der Rechtswidrigkeit nicht den Zweck hat, „normale Verhaltensweisen" straflos zu stellen. Zudem würde hier ein „übergesetzlicher Rechtfertigungsgrund" jenseits des § 34 StGB begründet, was nicht überzeugen kann. **1334**

III. Subjektiver Tatbestand

Im subjektiven Tatbestand ist auch bei der Beihilfe ein vorsätzliches Handeln hinsichtlich sämtlicher objektiver Tatbestandsmerkmale notwendig. Da das Delikt der Beihilfe – wie auch die Anstiftung – zwei objektive Tatbestandsmerkmale aufweist, muss auch hier ein sog. doppelter Gehilfenvorsatz vorliegen, wobei wiederum jeweils bedingter Vorsatz ausreicht[3098]. Schließlich ist auch bei der Beihilfe zu beachten, dass über § 28 StGB eine Lockerung der Akzessorietät bei besonderen persönlichen Merkmalen stattfinden kann[3099]. **1335**

1. Vorsatz bzgl. des Vorliegens der vorsätzlichen rechtswidrigen Haupttat

Der Täter muss nicht nur um die Möglichkeit der Begehung einer bestimmten Haupttat wissen, sondern er muss darüber hinaus auch – wie schon bei der Anstiftung – die **Vollendung der Haupttat** wollen[3100]. Insofern stellt sich auch bei der **1336**

[3097] *Amelung*, Grünwald-FS 1999, S. 9 (27 – jedenfalls für besondere Fälle); *Mallison*, Rechtsauskunft als strafbare Teilnahme, 1979, S. 134; *K. Müller*, Schreiber-FS 2003, S. 343 (357).
[3098] BGHSt 2, 279 (281); BGHSt 42, 135 (137); BGH NStZ 2011, 399 (400); BGH NStZ 2012, 264; *Gaede*, JURA 2007, 757 (761); *Rengier*, § 45 Rn. 114; *Satzger*, JURA 2008, 514 (518); zum Gehilfenvorsatz vgl. die Übungsfälle bei *Bott/Kühn*, JURA 2009, 72 (75); *Meier/Momberg*, JuS 1983, 699 (703); *Schmidt*, JA 1992, Ü 84 (Ü 87).
[3099] Vgl. hierzu unten Rn. 1348 ff.
[3100] *Kühl*, § 20 Rn. 241; LK-*Roxin*, 11. Aufl., § 27 Rn. 48; *Marxen*, Fall 19e; *Otto*, § 22 Rn. 64; einschränkend allerdings BGHSt 46, 107 (109).

Beihilfe ein Problem bei der rechtlichen Behandlung des **agent provocateur**[3101]. Darüber hinaus muss der Gehilfe auch eine bestimmte Tat im Auge haben.

> **Bsp.:** Es genügt also nicht, dass der Gehilfe einem anderen eine Waffe zur Verfügung stellt in dem Wissen, dass dieser damit irgendwann einmal irgendeine Straftat, sei es einen Mord, sei es einen Banküberfall oder sei es eine bloße Bedrohung, begehen wird.

1337 Allerdings sind die Anforderungen, die an den Vorsatz hinsichtlich der Bestimmtheit der Tat zu stellen sind, hier **wesentlich geringer** als bei der Anstiftung oder der Täterschaft[3102]. Es genügt, wenn das Vorstellungsbild des Gehilfen den wesentlichen Unrechtsgehalt der Tat erfasst[3103]. Konkrete Einzelheiten der Tatausführung braucht der Gehilfe dagegen nicht zu kennen und er braucht auch keine entsprechende Vorstellung diesbezüglich zu haben[3104]. Eine Beihilfe kann dabei bereits dann vorliegen, wenn der Gehilfe dem Haupttäter ein wesentliches Tatmittel (z. B. ein unrichtiges Wertgutachten, eine Pistole) willentlich übergibt und damit bewusst das Risiko erhöht, dass durch den Einsatz gerade dieses Mittels typischerweise bestimmte Haupttaten gefördert werden[3105]. Auch kommt es auf die konkrete Zahl der Opfer (z. B. bei einem Attentat) nicht an, wenn der Gehilfe weiß, dass der Täter einen Angriff auf Menschen plant[3106]. Für einen Exzess des Haupttäters haftet der Gehilfe allerdings ebenso wenig wie der Anstifter[3107]. Unterliegt der Haupttäter einem error in persona, so gelten für den Gehilfen die gleichen Grundsätze wie für den Anstifter[3108].

2. Vorsatz bzgl. des Hilfeleistens zu dieser Tat

1338 Der Gehilfe muss ferner die Eignung seiner Handlung zur Förderung der Haupttat erkannt und zumindest billigend in Kauf genommen haben, dass er durch seine Hilfeleistung zum Erfolg der Haupttat beiträgt. Wollte der Gehilfe den Haupttäter ursprünglich zur Tatbegehung anstiften, scheitert diese Anstiftung jedoch, da der Haupttäter zur Tatbegehung bereits entschlossen ist (omnimodo facturus)[3109], so liegt eine Beihilfe vor, da der Beihilfevorsatz stets im Anstiftungsvorsatz mit enthalten ist[3110].

3101 Vgl. hierzu oben Rn. 1312 ff.
3102 BGHSt 64, 10 (32); hierzu auch *Cornelius*, ZJS 2019, 246 (247); *Fahl*, JURA 2020, 431 (432).
3103 Vgl. hierzu RGSt 67, 343 (344); BGHSt 42, 135 (138); BGHSt 42, 332 (334); BGHSt 46, 107 (109); BGHSt 64, 10 (32); BGH NStZ 1990, 501; BGH NStZ 2002, 145 (146); BGH NStZ 2007, 230 (233); BGH NJW 2007, 384 (389 f.); BGH NStZ 2011, 399 (400); BGH NStZ 2012, 264; BGH NStZ 2017, 274 (275); *Ambos*, JURA 2004, 492 (497); *Gaede*, JURA 2007, 757 (761); *B. Heinrich*, JURA 2017, 1367 (1378); *Koch/Exner*, JuS 2007, 40 (43); *Kretschmer*, NStZ 1998, 401 (403); *ders.*, JURA 2008, 265 (268); *Kühl*, § 20 Rn. 242; *Rengier*, § 45 Rn. 115 ff.; *Seher*, JuS 2009, 793 (797); *Sternberg-Lieben/Sternberg-Lieben*, JuS 2012, 884 (887); *Timpe*, JA 2012, 430 (436); *Wessels/Beulke/Satzger*, Rn. 905; hierzu auch *Geppert*, JURA 1999, 266 (273); LK-*Roxin*, 11. Aufl., § 27 Rn. 51; LK-*Schünemann/Greco*, 13. Aufl., § 27 Rn. 65 f.; *Satzger*, JURA 2008, 514 (520 ff.); *Scheffler*, JuS 1997, 598 (599 ff.); anders SK-*Hoyer*, Vor §§ 26–31 Rn. 47; vgl. auch die Übungsfälle bei *Fahrner*, JA 2019, 499 (500 f.); *Kromrey*, JURA 2013, 533 (541 f.); *Petermann/Savanovic*, JuS 2011, 1003 (1008); *Schröder*, JURA 2017, 210 (216); *Trentmann/Mustafi*, JA 2020, 359 (362); *Viewweger*, JuS 2019, 465 (469).
3104 BGHSt 64, 10 (33); BGH NStZ 2011, 399 (400); BGH NStZ 2012, 264; BGH NStZ 2018, 328; LG Karlsruhe StV 2019, 400 (402).
3105 BGHSt 42, 135 (138); BGH NStZ 2017, 274 (275); vgl. auch LG Karlsruhe StV 2019, 400 (402) zum Betrieb einer Darknet-Plattform.
3106 BGH NJW 2007, 384 (390) – El Motassadeq; vgl. hierzu *Kudlich*, JA 2007, 309 (311); kritisch *Satzger*, JURA 2008, 514 (521 f.).
3107 *Seher*, JuS 2009, 793 (797).
3108 *Nestler/Prochota*, JURA 2020, 561 (567); vgl. hierzu oben Rn. 1307 ff.
3109 Vgl. oben Rn. 1294 f.
3110 Vgl. hierzu den Übungsfall bei *Joerden*, JURA 2001, 554 (557).

IV. Rechtswidrigkeit und Schuld

Nach der Tatbestandsprüfung schließt sich die übliche Prüfung von Rechtswidrigkeit und Schuld an. Hier bestehen im Rahmen der Beihilfe keine Besonderheiten.

1339

V. Sonstiges

Über die genannten Punkte hinaus ist lediglich noch darauf hinzuweisen, dass die versuchte Beihilfe straflos ist, was sich im Umkehrschluss aus § 30 Abs. 1 StGB ergibt. Dagegen ist die Beihilfe zum Versuch in vollem Umfang strafbar, da es sich beim Versuch um eine vorsätzlich begangene rechtswidrige Tat handelt[3111]. Nach § 27 Abs. 2 StGB richtet sich die Strafe für den Gehilfen nach der Strafdrohung für den Täter; sie ist aber obligatorisch nach § 49 Abs. 1 StGB zu mildern.

1340

§ 39 Sonstige Teilnahmeprobleme

Einführende Aufsätze: *Bülte/Wick,* Das „Sich-bereit-Erklären" zu einem Verbrechen, § 30 Abs. 2 Var. 1 StGB, JA 2019, 508; *Dehne-Niemann,* Die Auswirkung strafschärfender besonderer persönlicher Merkmale (§ 28 Abs. 2 StGB) auf den Verbrechenscharakter der Haupttat bei § 30 StGB, JURA 2009, 695; *Dessecker,* Im Vorfeld eines Verbrechens: Die Handlungsmodalitäten des § 30 StGB, JA 2005, 549; *Engländer,* Die Teilnahme an Mord und Totschlag, JA 2004, 410; *Fischer/Gutzeit,* Grundfragen zu § 28 StGB, JURA 1998, 41; *Gerhold,* Akzessorietätseinschränkungen und -durchbrechungen nach den §§ 28, 29 StGB in Klausur und Praxis, JA 2019, 81; *ders.,* Grundfragen der Akzessorietät mehrerer an einem vorsätzlichen Tötungsdelikt iSd §§ 211 f., 28 f. StGB, JA 2019, 721; *Geppert,* Die versuchte Anstiftung (§ 30 Abs. 1 StGB), JURA 1997, 546; *ders.,* Die Akzessorietät der Teilnahme (§ 28 StGB) und die Mordmerkmale, JURA 2008, 34; *Geppert/Schneider,* Mordmerkmale und Akzessorietät der Teilnahme (§ 28 StGB), JURA 1986, 106; *Hecker,* Strafbare Beihilfe zur Anstiftung?, ZJS 2012, 485; *Herzberg,* Die Problematik der „besonderen persönlichen Merkmale" im Strafrecht, ZStW 88 (1976), 68; *Hinderer,* Versuch der Beteiligung, § 30 StGB, JuS 2011, 1072; *Krell,* Die Kettenanstiftung, JURA 2011, 499; *Kretschmer,* Die §§ 30, 31 StGB: Anwendungsbereich und Rechtsprobleme, JA 2022, 299; *Kroß,* Die versuchte Kettenanstiftung und der Rücktritt der an ihr Beteiligten, JURA 2003, 250; *Kütterer-Lang,* Versuch der Anstiftung und Rücktritt, JuS 2006, 206; *Magata,* Die Entwicklung der Lehre von der notwendigen Teilnahme, JURA 1999, 246; *D. Meyer,* Zum Problem der „Kettenanstiftung", JuS 1973, 755; *H.E. Müller,* Beihilfe zur Anstiftung oder versuchte Anstiftung zur Falschaussage?, JURA 2007, 697; *Otto,* „Besondere persönliche Merkmale" im Sinne des § 28 StGB, JURA 2004, 469; *Radtke,* Besondere persönliche Merkmale gem. § 28 StGB, JuS 2018, 641; *Roxin,* Die Strafbarkeit von Vorstufen der Beteiligung (§ 30 StGB), JA 1979, 169; *Valerius,* Besondere persönliche Merkmale, JURA 2013, 15; *Vietzke,* Gekreuzte Mordmerkmale in der Strafrechtsklausur, JURA 2003, 394; *Wolter,* Notwendige Teilnahme und straflose Beteiligung, JuS 1982, 343.

Übungsfälle: *Krahl,* Aktienhandel mit fast tödlicher Folge, JuS 2003, 57; *Mitsch,* Teilnahme, Versuch und Rücktritt bei Aussagedelikten, JuS 2005, 340; *ders.,* Brandreden, JA 2009, 115; *Piazena,* Der falsche Freund, ZJS 2021, 72.

Rechtsprechung: BGHSt 6, 359 – Passausstellung (Kettenanstiftung); **BGHSt 22, 375** – Judenreferat (Verjährung bei der Beihilfe zum Mord, wenn Gehilfe kein eigenes Mordmerkmal verwirklicht); **BGHSt 28, 346** – Bankraub (Rücktritt vom Versuch der Beteiligung); **BGHSt 41, 1** – Steuerpflicht (Garantenpflicht als besonderes persönliches Merkmal); **BGHSt 44, 91** – Killer (Tatmehrheit von versuchter Anstiftung und Anstiftung zum Versuch); **BGHSt 44, 99** – Hooligan (Ernstlichkeit im Rahmen der versuchten Anstiftung); **BGHSt 50, 1** – Auf-

---

3111 Zweifelnd hieran allerdings *Puppe,* AT 2, 1. Aufl., § 42 Rn. 2.

tragsmord (gekreuzte Mordmerkmale); **BGHSt 50, 142** – Nebenbuhler (Rücktritt von versuchter Anstiftung); **BGHSt 53, 174** – Manipulationsabrede (Sich-Bereit-Erklären zu einer Anstiftung); **BGHSt 62, 96** – Ausbruch aus JVA (Verbrechensverabredung bei mangelnder Ernstlichkeit); **BGHSt 63, 161** – Hinrichtung (Sich-Bereiterklären gegenüber dem potentiellen Opfer); **BGH NStZ 2000, 421** – Liebhaber (Beihilfe zur Anstiftung).

I. Kettenteilnahme

1341 Unter einer Kettenteilnahme versteht man, dass mehrere Personen im Vorfeld einer Tat Teilnahmebeiträge erbringen, die sich nicht unmittelbar an den Haupttäter, sondern an einen weiteren Teilnehmer richten. Kennzeichnend ist, dass der Kettenteilnehmer stets wegen Anstiftung oder Beihilfe zur Haupttat bestraft wird (also nicht z. B. wegen Beihilfe zur Anstiftung), wobei der am Anfang der Kette stehende Teilnehmer den Haupttäter nicht einmal zu kennen braucht[3112]. Liegen lediglich mehrere Anstiftungen vor, ist eine Anstiftung zur Haupttat gegeben. Befindet sich an irgendeiner Stelle in der Kette des Ablaufes eine Beihilfe, wird lediglich wegen Beihilfe zur Haupttat bestraft. Insoweit können die im Folgenden behandelten vier Konstellationen auseinander gehalten werden:

1. Anstiftung zur Anstiftung

1342 **Bsp.:** Anton ist auf Einbruchsdiebstähle spezialisiert. Linda, die Ehefrau Brunos, weiß dies. Sie fordert ihren Ehemann nachdrücklich auf, dass dieser Anton den Tipp geben solle, ihre Nachbarn seien für längere Zeit verreist und die Wohnung sei nicht gesichert. Anton könne sich für den Tipp ihr gegenüber ja „erkenntlich" zeigen und ihr eine erbeutete Perlenkette abgeben. So geschieht es dann auch. – Hier stiftete Bruno den Anton zu einem Wohnungseinbruchsdiebstahl, §§ 242, 244 Abs. 1 Nr. 3, Abs. 4, § 26 StGB, an. Linda hat wiederum Bruno zu dieser Anstiftung angestiftet. Diese Kettenanstiftung ist als normale Anstiftung zum verwirklichten Delikt zu bestrafen[3113]. Sowohl Linda als auch Bruno sind strafbar nach §§ 242, 244 Abs. 1 Nr. 3, Abs. 4, § 26 StGB.

2. Anstiftung zur Beihilfe

1343 **Bsp.:** Linda hat von einem weiteren bevorstehenden Einbruchsdiebstahl Antons erfahren. Sie fordert ihren Ehemann Bruno, der von Beruf Schlosser ist, eindringlich dazu auf, für Anton ein paar geeignete Werkzeuge herzustellen und zu präparieren. Anton werde sich dafür schon erkenntlich zeigen. Bruno macht dies. Anton führt mit diesen Werkzeugen den Diebstahl aus. – Hier hat Bruno dem Anton Beihilfe zum Wohnungseinbruchsdiebstahl, §§ 242, 244 Abs. 1 Nr. 3, Abs. 4, § 27 StGB, geleistet, indem er ihm das geeignete Werkzeug beschafft hat. Hierzu hat ihn Linda angestiftet. Diese Anstif-

---

[3112] BGHSt 6, 359 (361); BGH NStZ 1994, 29 (30); *Fischer*, § 26 Rn. 9; *Geppert*, JURA 1997, 358 (364); *Gropp/Sinn*, § 10 Rn. 274; *Krell*, JURA 2011, 499; *Kühl*, § 20 Rn. 193; *Rengier*, § 45 Rn. 76; *Rönnau*, JuS 2005, 481 (482).

[3113] Hierzu BGHSt 6, 359 (361); BGHSt 7, 234 (236); BGHSt 8, 137 (138 f.); BGHSt 14, 156 (157); BGHSt 40, 307 (313); BWME-*Eisele*, § 26 Rn. 79; *Bock*, JA 2007, 599; *Geppert*, JURA 1997, 358 (364 f.); *Hecker*, ZJS 2012, 485 (487); *v. Heintschel-Heinegg-Kudlich*, § 26 Rn. 26.1; *Jescheck/Weigend*, § 64 IV 1; *Kindhäuser/Zimmermann*, § 38 Rn. 5; *Krell*, JURA 2011, 499; *Krey/Esser*, Rn. 1098 f.; *Küpper*, JuS 1996, 23 (25); *Kühl*, § 20 Rn. 193; LK-*Roxin*, 11. Aufl., § 26 Rn. 108; LK-*Schünemann/Greco*, 13. Aufl., § 26 Rn. 104; *Magnus*, NStZ 2015, 57 (60); *H.E. Müller*, JURA 2007, 698 (699); *Rengier*, § 45 Rn. 76; *Roxin*, AT II, § 26 Rn. 176; *Schönke/Schröder-Heine/Weißer*, § 26 Rn. 15; SK-*Hoyer*, § 26 Rn. 32; dagegen sehen *Kraatz*, JURA 2006, 613 (619); *Langer*, JuS 1987, 896 (900); *D. Meyer*, JuS 1973, 755 (758); *Stratenwerth/Kuhlen*, § 12 Rn. 224, hierin lediglich eine „Anstiftung zur Anstiftung"; vgl. auch die Übungsfälle bei *Ambos*, JURA 2004, 492 (500); *Dehne-Niemann/Weber*, JA 2009, 868 (873); *Eisele/Freudenberg*, JURA 2005, 204 (210); *Kühl/Hinderer*, JuS 2010, 697 (698, 702); *Langer*, JuS 1987, 896 (900); *Murmann*, JuS 1998, 630 (634).

tung zur Beihilfe ist als Beihilfe zur Haupttat strafbar[3114]. Sowohl Linda als auch Bruno sind strafbar nach §§ 242, 244 Abs. 1 Nr. 3, Abs. 4, § 27 StGB.

3. Beihilfe zur Anstiftung

Bsp.: Linda bekommt langsam Spaß daran, neue Einbruchsobjekte für Anton auszukundschaften. Nachdem sie eine geeignete Villa gefunden und erfahren hat, dass sich die Eigentümer längere Zeit im Ausland aufhalten, will sie Anton dies (dieses Mal persönlich) mitteilen. Sie bittet daher Bruno darum, ein geeignetes Treffen für sie zu organisieren und sie dort hinzufahren. Bruno macht dies. – Linda hat hier eine Anstiftung zum Wohnungseinbruchsdiebstahl, §§ 242, 244 Abs. 1 Nr. 3, Abs. 4, § 26 StGB, begangen. Bruno half ihr dabei, indem er das Treffen arrangierte und sie hinfuhr. Diese Beihilfe zur Anstiftung ist wiederum als Beihilfe zur Haupttat strafbar[3115]. **1344**

Zudem ist hier zu beachten, dass Linda im zuletzt genannten Beispielsfall auch noch eine **Anstiftung** des Bruno zu dessen Beihilfe zur Anstiftung geleistet hat, da sie ihn ja gebeten hatte, das Treffen zu arrangieren. Diese **Anstiftung zur Beihilfe zur Anstiftung** ist wiederum als Beihilfe zur Haupttat zu bestrafen, tritt aber hinter der Anstiftung zur Haupttat zurück[3116]. **1345**

4. Beihilfe zur Beihilfe

Bsp.: Bruno besorgt Anton im Hinblick auf einen weiteren Einbruch erneut ein paar Werkzeuge und einen Dietrich. Seine Ehefrau Linda hilft ihm beim Bearbeiten und Verpacken der Werkzeuge. – Dadurch, dass Bruno dem Anton das Werkzeug zur Verfügung stellte, hat er eine Beihilfe zum Wohnungseinbruchsdiebstahl, §§ 242, 244 Abs. 1 Nr. 3, Abs. 4, § 27 StGB, begangen. Da Linda ihm dabei half, beging sie eine Beihilfe zur Beihilfe. Diese ist als Beihilfe zur Haupttat strafbar[3117]. **1346**

II. Konkurrenzen

Leistet ein Teilnehmer sowohl eine Anstiftung als auch eine Beihilfe zur selben Haupttat, geht die Anstiftung als stärkere Form der Teilnahme der Beihilfe vor[3118]. **1347**

Bsp.: Stiftet Bruno den Anton zu einem Wohnungseinbruchsdiebstahl an und besorgt er ihm überdies geeignetes Werkzeug, welches Anton zur Tatbestandsverwirklichung benötigt, so tritt diese Beihilfe hinter die Anstiftung auf Konkurrenzebene zurück. Bruno ist nur wegen Anstiftung zum Wohnungseinbruchsdiebstahl, §§ 242, 244 Abs. 1 Nr. 3, Abs. 4, § 26 StGB, zu bestrafen.

3114 Hierzu BWME-*Eisele*, § 26 Rn. 81; *Bock*, JA 2007, 599; *Geppert*, JURA 1997, 358 (365); *Hecker*, ZJS 2012, 485 (488); *v. Heintschel-Heinegg-Kudlich*, § 26 Rn. 26.1; *Jescheck/Weigend*, § 64 IV 1; *Kühl*, § 20 Rn. 194; LK-*Roxin*, 11. Aufl., § 26 Rn. 110; LK-*Schünemann/Greco*, 13. Aufl., § 26 Rn. 106; *Roxin*, AT II, § 26 Rn. 178; *Schönke/Schröder-Heine/Weißer*, § 26 Rn. 15, § 27 Rn. 26; SSW-*Murmann*, § 26 Rn. 11.
3115 RGSt 14, 318 (320); BGHSt 48, 77 (82); BGH NStZ 1996, 562 (563); BGH NStZ 2000, 421 (422); OLG Bamberg NJW 2006, 2935 (2937); *Ambos*, JURA 2004, 492 (497); BWME-*Eisele*, § 26 Rn. 81; *Hecker*, ZJS 2012, 485 (488, 489 f.); *Geppert*, JURA 1997, 358 (365); *v. Heintschel-Heinegg-Kudlich*, § 26 Rn. 26.1; LK-*Roxin*, 11. Aufl., § 26 Rn. 110; LK-*Schünemann/Greco*, 13. Aufl., § 26 Rn. 106; MüKo-*Joecks/Scheinfeld*, 4. Aufl., § 26 Rn. 111; *Roxin*, AT II, § 26 Rn. 178; *Schönke/Schröder-Heine/Weißer*, § 27 Rn. 27; SSW-*Murmann*, § 26 Rn. 11; anders *Kühl*, § 20 Rn. 242a („mittelbare Beihilfe zur Anstiftung"); vgl. hierzu aber auch *H.E. Müller*, JURA 2007, 697 (699 f.); *ders.*, StV 2007, 531.
3116 Vgl. zur Konkurrenz von Anstiftung und Beihilfe sogleich unten Rn. 1347.
3117 RGSt 4, 60; BGH NJW 2001, 2409 (2410); BGH NStZ 2016, 463 (464); BWME-*Eisele*, § 26 Rn. 134; *Eisele*, JuS 2016, 470; *Gaede*, JA 2007, 757 (758); *Geppert*, JURA 1999, 266 (267); *Hecker*, ZJS 2012, 485 (488); *Jescheck/Weigend*, § 64 IV 1; *Krey/Esser*, Rn. 1098 f.; *Kühl*, § 20 Rn. 242a; *Schönke/Schröder-Heine/Weißer*, § 27 Rn. 27.
3118 RGSt 62, 74 (75); vgl. hierzu auch den Übungsfall bei *Laubenthal*, JA 2004, 39 (46 f.).

III. Lockerungen der Akzessorietät, §§ 28, 29 StGB

1. Allgemeines

1348 Nicht nur hinsichtlich des „Ob" ist die Teilnehmerstrafbarkeit vom Vorliegen einer Haupttat abhängig. Auch im Hinblick auf den Strafrahmen richtet sich die Strafbarkeit des Teilnehmers nach derjenigen des Haupttäters. Nach § 26 StGB wird **der Anstifter gleich einem Täter bestraft**. Nach § 27 Abs. 2 StGB richtet sich die Strafe eines Gehilfen ebenfalls nach der für den Haupttäter geltenden Strafandrohung, sie ist jedoch obligatorisch nach § 49 Abs. 1 StGB zu mildern[3119].

1349 In den §§ 28, 29 StGB finden sich allerdings Lockerungen dieses strikten Akzessorietätserfordernisses[3120], die entweder im Hinblick auf die zu verhängende Strafe (§ 28 Abs. 1 StGB) oder im Hinblick auf den Schuldspruch (§ 28 Abs. 2 und § 29 StGB) Sonderregelungen enthalten, wenn es gerade **besondere persönliche Merkmale** (§ 28 StGB) oder **Schuldmerkmale** (§ 29 StGB) des Täters sind, die seine Strafbarkeit entweder begründen oder die für ihn strafschärfend oder strafmildernd wirken. Da diese Merkmale nicht notwendig beim Teilnehmer in gleicher Weise vorhanden sein müssen, sollen ihm diese im konkreten Fall auch nicht angelastet werden.

> **Bsp.:** Anton hat aus Habgier seinen reichen Erbonkel getötet, um schneller an sein Erbe zu kommen (Mord nach §§ 212, 211 StGB). Sein Freund Bruno hat ihm die Tatwaffe besorgt (= Beihilfe), um Anton einen Gefallen zu tun. – Neben der obligatorischen Strafmilderung bei der Beihilfe (nach § 27 Abs. 2 StGB) muss sich Bruno hier zusätzlich darauf berufen können, dass er selbst das Mordmerkmal der Habgier nicht erfüllt hat. Hatte er hingegen zudem nicht einmal Kenntnis von der Habgier seines Freundes, so handelte er im Hinblick auf den Mord (= die hier einschlägige vorsätzlich begangene Haupttat) nicht einmal vorsätzlich, da lediglich Vorsatz hinsichtlich eines Totschlags, § 212 StGB, gegeben war[3121]. In beiden Fällen ist eine Strafbarkeit wegen Beihilfe zum Mord daher unangebracht und es liegt lediglich Beihilfe zum Totschlag vor[3122].

2. Besondere persönliche Merkmale

1350 Man spricht im Rahmen der besonderen persönlichen Merkmale i. S. des § 28 StGB auch von **täterbezogenen Merkmalen** und unterscheidet diese von den **tatbezogenen Merkmalen**[3123]. Letztere beschreiben die Tat, d. h. die Art und Weise der Tatbegehung, den Tathergang, den tatbestandsmäßigen Erfolg, die besondere Gefährlichkeit des Täterverhaltens oder besondere Tatumstände und sind

---

3119 Allerdings ist darauf hinzuweisen, dass sich – ist der Strafrahmen erst einmal festgestellt – die konkrete Strafzumessung gemäß § 46 StGB nach der im Einzelfall feststellbaren Schuld des jeweiligen Täters richtet.

3120 Vgl. aber auch *Küper*, JZ 2006, 1157 (1162 Fn. 31), der statt von einer „Lockerung" von einer „Aufhebung" der Akzessorietät spricht.

3121 BGH NStZ 1996, 384 (385); *Kühl*, § 20 Rn. 150; vgl. hierzu auch *Fischer/Gutzeit*, JA 1998, 41 (44).

3122 Anders aber teilweise die Rechtsprechung, die hier § 28 Abs. 1 StGB anwendet, wegen Beihilfe zum Mord bestraft und die Strafe ein weiteres Mal nach § 49 Abs. 1 StGB mildert; vgl. hierzu noch unten Rn. 1358 f.

3123 Zu dieser Unterscheidung BGHSt 6, 260 (262); BGHSt 8, 70 (72); BGHSt 17, 215 (217); BGHSt 22, 375 (378); BGHSt 23, 39 (40); BGHSt 23, 103 (105); BGHSt 39, 326 (328); BGHSt 41, 1 (1 f.); BGHSt 55, 229 (231); BGHSt 63, 282 (284); BGH NJW 2010, 3669; *Beer*, ZJS 2017, 536 (537); BWME-*Eisele*, § 26 Rn. 144; *Dippel*, NStZ 1994, 182; *Gerhold*, JA 2019, 321 (322 f.); *Geppert*, ZStW 82 (1970), 40 (54); *ders.*, JURA 1997, 299 (301); *ders.*, JURA 2008, 34 (35); *Gropp/Sinn*, § 10 Rn. 239 f.; *Hake*, JR 1996, 162 (163); *Krey/Esser*, Rn. 1016; *Kühl*, § 20 Rn. 154; *Lackner/Kühl*, § 28 Rn. 3 ff.; *Rengier*, § 46 Rn. 13; *Schönke/Schröder-Heine/Weißer*, § 28 Rn. 15; *Wessels/Beulke/Satzger*, Rn. 873; kritisch hierzu *Herzberg*, GA 1991, 145 (148); *Hoyer*, GA 2012, 123 (127); *Otto*, § 22 Rn. 16;

im Wesentlichen identisch mit den objektiven Tatbestandsmerkmalen. Die tatbezogenen Merkmale kennzeichnen somit den sachlichen Unrechtsgehalt, d. h. die „Verwerflichkeit" einer Tat als solche[3124]. Für sie gilt § 28 StGB nicht[3125], es bleibt beim Grundsatz der strengen Akzessorietät der Teilnahme. Dagegen beziehen sich die seltener vorkommenden **täterbezogenen Merkmale** auf den konkreten Täter und knüpfen seine Strafbarkeit (bzw. Strafschärfungen oder -milderungen) an das Vorliegen besonderer persönlicher Umstände, Motive, Beweggründe, Gesinnungen oder an seine besondere Pflichtenstellung, eben an die **besonderen persönlichen Merkmale**.

Dabei ist darauf hinzuweisen, dass es sich bei den besonderen persönlichen Merkmalen zwar oft, jedoch nicht notwendigerweise um subjektive Tatbestandsmerkmale handelt[3126]. So ist z. B. das objektive Tatbestandsmerkmal der „Amtsträgereigenschaft" bei den Amtsdelikten, §§ 331 ff. StGB, ein (täterbezogenes) besonderes persönliches Merkmal[3127], während das subjektive Tatbestandsmerkmal der Zueignungsabsicht beim Diebstahl, § 242 StGB[3128], oder die Bereicherungsabsicht bei § 235 Abs. 4 Nr. 2 StGB[3129] oder § 271 Abs. 3 StGB[3130] tatbezogen ist. Handelt es sich hingegen um ein Merkmal, welches ausschließlich die Schuld des Beteiligten betrifft (z. B. die Schuldunfähigkeit, § 20 StGB, das Vorliegen von Entschuldigungsgründen, z. B. § 35 StGB[3131], oder „Rücksichtslosigkeit" in § 315c Abs. 1 Nr. 2 StGB), geht § 29 StGB vor[3132]. **1351**

§ 28 StGB ist ausschließlich dann anwendbar, wenn ein solches besonderes persönliches Merkmal gegeben ist. In allen anderen Fällen findet dagegen keine Akzessorietätslockerung statt und es bleibt beim allgemeinen Grundsatz, dass sich die Strafe des Teilnehmers nach der des Täters richtet, sofern beim Teilnehmer ein entsprechender Vorsatz vorliegt. **1352**

> Bsp.: Bruno überredet Anton dazu, dass dieser im Rahmen der nächsten tätlichen Auseinandersetzung mit dem streitsüchtigen und stets aggressiven Rudi ein Messer ziehen und diesen töten solle. Anton kommen anschließend jedoch Bedenken, dass diese Tö-

---

ders., JURA 2004, 469 (470); *Schünemann*, JURA 1980, 354 (359 ff.); ablehnend LK-*Roxin*, 11. Aufl., § 28 Rn. 27 ff.; LK-*Schünemann/Greco*, 13. Aufl., § 28 Rn. 36; NK-*Puppe*, §§ 28, 29 Rn. 53 ff.; *Puppe*, § 27 Rn. 22; *Roxin*, AT II, § 27 Rn. 32; SK-*Hoyer*, § 28 Rn. 14; vgl. zu dieser Unterscheidung bereits oben Rn. 128 f.; ferner auch die Übungsfälle bei *Bülte/Härtl*, JA 2016, 345 (350); *Gerhold/Conrad*, JA 2019, 358 (363 f.); *Hinderer*, JA 2009, 25 (27).
3124 BGHSt 22, 375 (378); BGHSt 55, 229 (232); BGHSt 63, 282 (284).
3125 BGHSt 23, 103 (105); BGHSt 48, 189 (192); *Wessels/Beulke/Satzger*, Rn. 873; vgl. auch Kudlich/Oğlakcıoğlu, JA 2015, 426 (430 f.).
3126 Vgl. hierzu *Ebert*, S. 208 f.; *Kühl*, § 20 Rn. 159; *Wessels/Beulke/Satzger*, Rn. 873.
3127 Vgl. *Kühl*, § 20 Rn. 158; *Otto*, JURA 2004, 469 (472 f.); *Radtke*, JuS 2018, 641 (642); *Rengier*, § 46 Rn. 17; *Seher*, JuS 2009, 793 (794); *Valerius*, JURA 2013, 15 (17).
3128 Vgl. BGHSt 22, 375 (380); BGHSt 63, 284 (286); *Geppert*, JURA 2008, 34 (36); *Kühl*, § 20 Rn. 159; *Lackner/Kühl*, § 28 Rn. 6; *Rengier*, § 46 Rn. 20; *Schönke/Schröder-Heine/Weißer*, § 28 Rn. 16; *Wessels/Beulke/Satzger*, Rn. 873; a. M. *Hoyer*, GA 2012, 123 (128); SK-*Hoyer*, § 28 Rn. 24; vgl. auch *Puppe*, § 27 Rn. 52.
3129 BGHSt 55, 229 (231); a. M. *Schönke/Schröder-Eisele*, § 235 Rn. 22; kritisch auch *Hoyer*, GA 2012, 123 (126); hierzu *Wieck-Noodt*, NStZ 2011, 458 (459).
3130 BGHSt 53, 34 (38); LK-*Zieschang*, 12. Aufl., § 271 Rn. 108; *Schönke/Schröder-Heine/Schuster*, § 271 Rn. 44; a. M. *Hoyer*, GA 2012, 123 (130); SK-*Hoyer*, § 271 Rn. 36.
3131 *Radtke*, JuS 2018, 641 (644); *Schönke/Schröder-Heine/Weißer*, § 28 Rn. 4.
3132 Vgl. hierzu ausführlich *Gerhold*, JA 2019, 81 (84 f.); *Kühl*, § 20 Rn. 156 f.; *Küper*, ZStW 104 (1992), 559 (587 ff.); ferner *Kleszewski*, Rn. 766 ff.; *Puppe*, § 27 Rn. 36 ff., 54 f.; a. M. *Radtke*, JuS 2018, 641 (644 f.); *Schönke/Schröder-Heine/Weißer*, § 28 Rn. 4; vgl. aber auch LK-*Schünemann/Greco*, 13. Aufl., § 28 Rn. 82.

tungsart für ihn möglicherweise zu gefährlich sein könnte. Er tötet Rudi daher aus dem Hinterhalt mit einem gezielten Schuss. – Anton hat hier einen Mord (Mordmerkmal: Heimtücke) begangen, §§ 212, 211 StGB. Bruno wollte Anton jedoch (lediglich) zu einer nicht heimtückischen Tötung anstiften, die nur den Tatbestand des § 212 StGB erfüllt hätte. Das Mordmerkmal der Heimtücke ist ein tatbezogenes Merkmal (und als solches zugleich objektives Tatbestandsmerkmal). Es kennzeichnet die Begehungsweise der Tat und stellt nicht auf eine besondere Motivation des Täters ab. § 28 StGB ist daher nicht anwendbar, es bleibt also bei den allgemeinen Akzessorietätsgrundsätzen. Da Bruno hinsichtlich des objektiven Tatbestandsmerkmals der Heimtücke nicht vorsätzlich handelte, scheidet aber eine Anstiftung zum Mord, §§ 212, 211, 26 StGB, aus. Er hat lediglich eine Anstiftung zum Totschlag begangen, §§ 212, 26 StGB.

1353 Eine – letztlich nicht sehr viel weiterführende[3133] – Umschreibung der **besonderen persönlichen Merkmale** findet sich in § 14 StGB[3134]: Besondere persönliche Merkmale sind hiernach *„besondere persönliche Eigenschaften, Verhältnisse oder Umstände"*. Ob ein Tatbestandsmerkmal nun an eine besondere persönliche Eigenschaft, ein besonderes persönliches Verhältnis oder einen besonderen persönlichen Umstand anknüpft oder nicht, muss dabei jeweils im Einzelfall unter Berücksichtigung von Sinn und Zweck der Norm festgestellt werden[3135]. Diese Beurteilung kann mitunter schwierig sein[3136].

Bsp.: Neben den Mordmerkmalen der ersten und dritten Gruppe des § 211 StGB (Mordlust, Befriedigung des Geschlechtstriebes, Habgier, sonstige niedrige Beweggründe, Verdeckungs- und Ermöglichungsabsicht[3137]) sind als besondere persönliche Merkmale anerkannt: a) Merkmale, die eine besondere Pflichtstellung höchstpersönlicher Art umschreiben, wie die Vermögensbetreuungspflicht bei der Untreue, § 266 StGB[3138], oder das Anvertrautsein bei der veruntreuenden Unterschlagung, § 246 Abs. 2 StGB[3139]; b) die Garantenstellung beim unechten Unterlassungsdelikt[3140]; c) die Eigenschaft als Mitglied einer Bande, z. B. beim Bandendiebstahl, § 244 Abs. 1 Nr. 2 StGB[3141];

3133 *Radtke*, JuS 2018, 641 (645).
3134 Hinzuweisen ist allerdings darauf, dass sich die Begriffe in § 14 StGB und § 28 StGB nicht decken; vgl. *Gerhold*, JA 2019, 721 (722); *Lackner/Kühl*, § 14 Rn. 9; *Nestler/Lehner*, JURA 2017, 403 (407 f.); *Norouzi*, JuS 2005, 914 (917); *Schönke/Schröder-Perron/Eisele*, § 14 Rn. 8; *Valerius*, JURA 2013, 15 (17).
3135 BGHSt 41, 1 (5); BGHSt 63, 282 (285).
3136 Vgl. hierzu näher mit weiteren Beispielen *Kühl*, § 20 Rn. 158 ff.; ferner *Fischer/Gutzeit*, JA 1998, 41 (42).
3137 BGHSt 22, 375 (378); *Krey/Hellmann/M. Heinrich*, BT 1, Rn. 20 f.; *Kühl*, § 20 Rn. 164; teilweise wird hier aber auch angenommen, es handle sich um spezielle Schuldmerkmale, die nach § 29 StGB zu beurteilen sind; vgl. *Haft*, H IV 2d; *Wessels/Hettinger/Engländer*, BT 1, Rn. 92; ferner *Gerhold*, JA 2019, 721 (727), der hierzu ferner auch die subjektiven Komponenten der Mordmerkmale der zweiten Gruppe zählt.
3138 BGHSt 26, 53; BGHSt 41, 1 (2); BGHSt 63, 282 (284); BGH StV 1995, 73; BGH StV 1997, 281; BGH NStZ 1997, 281; BGH NStZ-RR 2006, 109; BGH NStZ-RR 2009, 102; BGH NStZ 2012, 316 (317); *Kühl*, § 20 Rn. 161; *Otto*, JURA 2004, 469 (472 f.); *Radtke*, JuS 2018, 641 (643); *Seier*, JuS 1998, 46 (49); a. M. *Schönke/Schröder-Perron*, § 266 Rn. 52; vgl. auch den Übungsfall bei *Eisele/Freudenberg*, JURA 2005, 204 (209).
3139 BGH StV 1995, 84; *Lackner/Kühl*, § 246 Rn. 13; *Radtke*, JuS 2018, 641 (643); *Wessels/Beulke/Satzger*, Rn. 872; vgl. hierzu auch den Übungsfall bei *Dannecker/Gaul*, JuS 2008, 345 (349).
3140 Vgl. hierzu bereits oben Rn. 880, 971.
3141 BGHSt 12, 220 (226); BGHSt 46, 120 (128); BGHSt 47, 214 (216); *Fischer*, § 244 Rn. 44; *Kühl*, § 20 Rn. 158; LK-*Vogel*, 12. Aufl., § 244 Rn. 71; Müko-*Schmitz*, 4. Aufl., § 244 Rn. 79; *Wessels/Beulke/Satzger*, Rn. 872; a. M. noch BGHSt 6, 260 (262); BGHSt 8, 70 (72); BGHSt 8, 205 (208); NK-*Kindhäuser*, § 244 Rn. 48; *Otto*, JURA 2004, 469 (472 f.); *ders.*, BT, § 41 Rn. 65; *Schönke/Schröder-Bosch*, § 244 Rn. 28/29; *Schönke/Schröder-Heine/Weißer*, § 28 Rn. 18; SK-*Hoyer*, § 28 Rn. 34; *Valerius*, JURA 2013, 15 (19).

d) die Stellung als Unfallbeteiligter nach § 142 Abs. 5 StGB[3142], aber auch z. B. e) die Schwangerschaft in § 218 StGB[3143].

3. Die Rechtsfolgen des § 28 StGB

Wenn nun besondere persönliche Merkmale beim Täter und beim Teilnehmer in unterschiedlicher Weise vorliegen, ist wie folgt zu differenzieren: Fehlen besondere persönlichen Merkmale, welche die Strafe für den Täter **begründen**, beim Teilnehmer, dann gilt für ihn § 28 Abs. 1 StGB. Sind die besonderen persönlichen Merkmale hingegen **strafschärfend** (bei Qualifikationen), **strafmildernd** (bei Privilegierungen) oder **strafausschließend** zu berücksichtigen, ist § 28 Abs. 2 StGB anwendbar. Hierzu im Einzelnen:

a) § 28 Abs. 1 StGB. Diese Vorschrift regelt den Fall, dass besondere persönliche Merkmale die Strafbarkeit des Täters begründen. Weist der Teilnehmer diese besonderen persönlichen Merkmale nicht auf, ist seine Strafe nach den Grundsätzen des § 49 Abs. 1 StGB zu mildern, Prüfungsstandort ist insoweit die Strafzumessungsebene[3144]. Die Strafbarkeit „**begründen**" heißt hier, dass das Vorliegen der besonderen persönlichen Merkmale nach der tatbestandlichen Fassung erforderlich ist, damit es überhaupt zu einer Strafbarkeit wegen eines bestimmten Delikts kommen kann.

> Bsp.: Die Amtsträgereigenschaft stellt bei den Amtsdelikten ein besonderes persönliches Merkmal dar, da sie an den persönlichen Status des Handelnden anknüpft. Sie wirkt allerdings nur in denjenigen Fällen strafbegründend, in denen es sich um echte Amtsdelikte handelt, also um Delikte, welche in dieser Form ausschließlich durch Amtsträger begangen werden können und ansonsten straflos sind. Ein Beispiel hierfür ist die Rechtsbeugung, § 339 StGB. Dieses Delikt kann nur durch einen Richter oder durch einen sonstigen Amtsträger begangen werden. Ein entsprechendes Delikt für Privatpersonen existiert nicht. Stiftet nun ein Nicht-Richter einen Richter zu einer Rechtsbeugung an, so fehlt dem Nicht-Richter das besondere persönliche Merkmal der Richtereigenschaft, das beim Richter die Strafbarkeit wegen Rechtsbeugung begründet. Die Strafe des Anstifters ist daher gemäß § 28 Abs. 1 StGB zu mildern[3145]. Liegt eine Beihilfe vor, bei der die Strafe nach § 27 Abs. 2 Satz 2 StGB ohnehin zwingend nach § 49 Abs. 1 StGB zu mildern ist, führt die Anwendung des § 28 Abs. 1 StGB insoweit zu einer doppelten Milderung[3146]. – Als Gegenbeispiel ist das unechte Amtsdelikt der Körperverletzung im Amt, § 340 StGB, zu nennen. Hier wirkt die Amtsträgereigenschaft nicht strafbegründend, sondern strafschärfend. Begeht ein Nicht-Amtsträger eine Körperverletzung, so liegt ebenfalls ein Delikt, nämlich das Grunddelikt der Körperverletzung, § 223 StGB, vor.

Liegt das besondere persönliche Merkmal lediglich beim Teilnehmer, nicht aber beim Täter vor, so scheitert eine Teilnehmerstrafbarkeit bei strafbegründenden Merkmalen daran, dass es bereits an der Haupttat fehlt. Denn der unmittelbar Handelnde kann den Tatbestand in seiner Person gar nicht erfüllen (ein Nicht-

---

3142 *Arzt/Weber/Heinrich/Hilgendorf-Hilgendorf*, § 38 Rn. 57; *Krey/Esser*, Rn. 1017; LK-*Schünemann/Greco*, 13. Aufl., § 28 Rn. 62; MüKo-*Zopfs*, 4. Aufl., § 142 Rn. 124; SK-*Hoyer*, § 28 Rn. 34; a. M. *Lackner/Kühl*, § 142 Rn. 39; LK-*Geppert*, 11. Aufl., § 142 Rn. 182; LK-*Roxin*, 11. Aufl., § 28 Rn. 68; *Otto*, JURA 2004, 469 (472 f.); *Roxin*, AT II, § 27 Rn. 60; SK-*Rudolphi/Stein*, § 142 Rn. 53a.
3143 BGHSt 1, 139 (142); BGHSt 3, 228 (228 f.).
3144 *Fischer/Gutzeit*, JA 1998, 41 (46); *Valerius*, JURA 2013, 15 (17).
3145 Vgl. zu weiteren Konstellationen den Übungsfall bei *Seier/Löhr*, JuS 2006, 241 (245 f.).
3146 *Valerius*, JURA 2013, 15 (18); vgl. einschränkend BGHSt 26, 53 (54); BGH NStZ-RR 2006, 109; *Fischer*, § 28 Rn. 7 (nur einmalige Milderung, wenn die Gehilfenstellung gerade darauf beruht, dass dem Beteiligten das besondere persönliche Merkmal fehlt).

Richter kann keine Rechtsbeugung begehen). Mangels Haupttat kann es dann auch keine Teilnahme geben. Hier kommt aber für den im Hintergrund Agierenden – nach allerdings umstrittener Ansicht – oftmals eine mittelbare Täterschaft in Betracht, sofern es sich nicht um ein eigenhändiges Delikt handelt[3147].

1357 b) **§ 28 Abs. 2 StGB.** Diese Vorschrift regelt den Fall, dass **besondere persönliche Merkmale** die Strafe schärfen, mildern oder ausschließen. Weist ein Beteiligter (und hierbei kann es sich – im Gegensatz zu § 28 Abs. 1 StGB – sowohl um den Täter als auch um einen Teilnehmer handeln) diese besonderen persönlichen Merkmale nicht auf, dann ist er nach dem **Grunddelikt** zu bestrafen. Es findet insoweit also eine **Tatbestandsverschiebung** statt[3148], Prüfungsstandort ist insoweit der Tatbestand zweckmäßigerweise als Tatbestandsannex nach Erörterung des objektiven und subjektiven Tatbestandes[3149]. **Schärfen, mildern oder ausschließen** heißt in diesem Zusammenhang, dass die besonderen persönlichen Merkmale jeweils bei demjenigen, bei dem sie vorliegen, zu einer Qualifikation, Privilegierung oder zu einem Strafaufhebungsgrund führen[3150].

> **Bsp.:** Der Student Sebastian überredet den Polizisten Paul, bei der nächsten Studentendemo die Teilnehmer kräftig zu verprügeln. Dies geschieht. – Während Paul hier eine Körperverletzung im Amt, § 340 StGB, beging, fehlte dem Anstifter Sebastian das besondere persönliche Merkmal der Amtsträgereigenschaft. Da § 340 StGB als unechtes Amtsdelikt eine Qualifikation des § 223 StGB darstellt, bei dem die Amtsträgereigenschaft die Strafe schärft (und nicht begründet), ist Sebastian lediglich wegen Anstiftung zu einer einfachen Körperverletzung, §§ 223, 26, 28 Abs. 2 StGB, zu bestrafen.

1358 c) **§ 28 StGB und die Tötungsdelikte.** Besonders problematisch ist die Anwendung des § 28 StGB bei den Tötungsdelikten. Denn hier ist umstritten, ob der Mord, § 211 StGB, eine Qualifikation des Totschlags, § 212 StGB, darstellt oder als eigenständiges Delikt anzusehen ist[3151].

3147 Vgl. hierzu bereits oben Rn. 1245.
3148 So jedenfalls die h. M. vgl. BGHSt 55, 229 (231); BWME-*Eisele*, § 26 Rn. 167; *Fischer*, § 28 Rn. 8; *Jescheck/Weigend*, § 61 VII 4; *Küper*, ZStW 104 (1992), 558 (581); *Lackner/Kühl*, § 28 Rn. 1; *Maurach/Gössel/Zipf-Renzikowski*, AT 2, § 53 Rn. 88 ff.; *Mitsch*, ZStW 110 (1998), 187 (202); MüKo-*Joecks/Scheinfeld*, 4. Aufl., § 28 Rn. 57; *Rengier*, § 46 Rn. 4 ff.; *Sahan*, ZJS 2008, 177 (185); Schönke/Schröder-*Heine/Weißer*, § 28 Rn. 27 f.; *Valerius*, JURA 2013, 15 (18); nach a. M. findet hingegen lediglich eine Strafrahmenverschiebung statt: Der Beteiligte, dem das besondere persönliche Merkmal fehlt, ist zwar – ebenso wie der Haupttäter – nach dem Qualifikationsdelikt zu bestrafen, der Strafrahmen wird jedoch dem Grunddelikt entnommen; vgl. *Cortes Rosa*, ZStW 90 (1978), 413 (439); *Gerhold*, JA 2019, 81 (84); *Hirsch*, Tröndle-FS 1989, S. 19 (35); *Radtke*, JuS 2018, 641 (643 f.); *Roxin*, AT II, § 27 Rn. 20, 81 ff.; vgl. auch *Schünemann*, GA 1986, 293 (340).
3149 *Valerius*, JURA 2013, 15 (18).
3150 Dagegen ist § 28 Abs. 2 StGB auf besonders schwere Fälle nicht anwendbar, da hier bereits keine akzessorische Haftung vorliegt; vgl. hierzu bereits oben Rn. 1282a sowie den Übungsfall bei *Seier/Justenhaven*, JuS 2010, 795 (799).
3151 Vgl. zu dieser Problematik *Baur*, ZJS 2017, 655 (655 f.); *Beer*, ZJS 2017, 536; *Dittrich/Pintaske*, ZJS 2011, 157 (163 f.); *Engländer*, JA 2004, 410; *Esser/Röhling*, JURA 2009, 866 (871); *Fischer/Gutzeit*, JA 1998, 41 (43 f.); *Geppert*, JURA 2008, 34 (36 ff.); *Geppert/Schneider*, JURA 1986, 106; *Kraatz*, JURA 2006, 613 (616 ff.); *Kühl*, § 20 Rn. 164; *Küpper*, JZ 2006, 1157; *Vietze*, JURA 2003, 394; ferner die Übungsfälle bei *Ambos*, JURA 2004, 492 (497 f.); *Beulke*, JURA 2014, 639 (650 f.); *Bosch*, JA 2007, 418 (420); *Brand/Kanzler*, JA 2012, 37 (41); *Cornelius*, JuS 2009, 425 (432 f.); *Cornelius/Birner*, JA 2020, 188 (194); *Dannecker*, JuS 1988, L 67 (L 69, L 71); *Esser/Wasmeier*, JA 2020, 668 (674); *Gerhold*, JA 2019, 721 (724 ff.); *Hettinger*, JuS 2011, 910 (916 f.); *Hohmann*, JuS 1995, 135 (139); *Hohmann/König*, JURA 1990, 200 (203); *Hussels*, JURA 2005, 877 (882); *Ihring/Noak*, JURA 2007, 787 (790 f.); *Käßner/Seibert*, JuS 2006, 810 (814); *Krahl*, JuS 2003, 57 (59 f.); *Kühl/Hinderer*, JuS 2010, 697 (698 f., 701 f.); *Kühl/Kneba*, JA 2011, 426 (430 f.); *Li/Kürten*, ZJS 2020, 269 (276 ff.); *Linke/Hacker*, JA 2009, 347 (351 f.); *Lotz*, JuS 2010, 982 (985); *Nicolai*, JA 2018, 825 (827 f.); *Niehaus*, ZJS 2010, 396 (400);

Sieht man – wie ein Großteil der Literatur³¹⁵² – im Mord zutreffend eine Qualifi- **1359** kation des Totschlags, dann stellen die besonderen persönlichen Merkmale der ersten und dritten Gruppe des § 211 Abs. 2 StGB **strafschärfende** Merkmale dar. Dies hat zur Folge, dass § 28 Abs. 2 StGB anwendbar ist und für den Täter diejenigen Merkmale gelten, die er selbst in seiner Person aufweist. Sieht man – wie insbesondere die Rechtsprechung³¹⁵³ – den Mord aufgrund des hierin verkörperten eigenständigen Unwertgehalts als selbstständiges Delikt und nicht als Qualifikation des Totschlags an, dann würden die Mordmerkmale **strafbegründenden** und nicht nur strafschärfenden Charakter besitzen. Dies würde dazu führen, dass nicht § 28 Abs. 2 StGB, sondern § 28 Abs. 1 StGB anwendbar ist, wenn dem Teilnehmer die besonderen persönlichen Merkmale fehlen³¹⁵⁴.

> **Bsp.:** Tötet Anton seinen Erbonkel aus Habgier und hat ihm Bruno (ohne selbst habgierig zu handeln) für diese Tat eine Waffe überlassen, würde die Rechtsprechung Bruno nach §§ 212, 211, 27, 28 Abs. 1 StGB wegen Beihilfe zum Mord bestrafen (und die Strafe nach § 49 Abs. 1 StGB mildern), während man nach der (zutreffenden) Gegenansicht aufgrund des § 28 Abs. 2 StGB lediglich zu einer Strafbarkeit Brunos wegen Beihilfe zum Totschlag, §§ 212, 27 StGB, kommt. – Dies hat im Hinblick auf die Strafzumessung folgende Konsequenzen: Nach der Rechtsprechung wird die lebenslange Freiheitsstrafe wegen Mordes für Bruno zwei Mal nach § 49 Abs. 1 StGB gemildert, einmal wegen Fehlens des besonderen persönlichen Merkmals der Habgier (§ 28 Abs. 1 StGB), das andere Mal wegen der obligatorischen Strafmilderung bei der Beihilfe (§ 27 Abs. 2 StGB). Nach § 49 Abs. 1 Nr. 1 StGB wird aus der „lebenslangen Freiheitsstrafe" eine Freiheitsstrafe „nicht unter drei Jahren". Diese wird nach § 49 Abs. 1 Nr. 3, 2. Alt. StGB nochmals verringert auf eine Freiheitsstrafe „nicht unter sechs Monaten". Nach der Gegenansicht (Anwendung des § 28 Abs. 2 StGB) wird die Strafe des Totschlags (Freiheitsstrafe nicht unter fünf Jahren) nur einmal wegen der obligatorischen Strafmilderung bei der Beihilfe nach § 49 Abs. 1 Nr. 3, 1. Alt. StGB gemildert, wodurch man zu einem Mindeststrafmaß von zwei Jahren Freiheitsstrafe kommt (das insoweit also wesentlich höher liegt). Der Täter wird hiernach zwar „nur" wegen Beihilfe zum Totschlag (und nicht zum Mord) verurteilt, hat aber eine höhere Strafe zu befürchten.

Auf der anderen Seite kann sich nach der letztgenannten Ansicht über § 28 Abs. 2 **1360** StGB das Strafmaß des Teilnehmers aber auch erhöhen, wenn nämlich dem Teil-

---

Norouzi, JuS 2005, 914 (917); *Nuzinger/Sauer*, JuS 1999, 980 (984 f.); *Otte*, JA 2017, 684 (686); *Rosenau/Zimmermann*, JuS 2009, 541 (546 f.); *Sahan*, ZJS 2008, 177 (185); *Schmitt-Leonardy*, JA 2018, 187 (189); *T. Schneider*, JuS 2019, 1171 (1175 f.); *Sievert/Kalkofen*, JA 2012, 107 (111); *Sowada*, JURA 1994, 37 (43); *ders.*, ZJS 2020, 387 (395 f.); *Steinberg/Blumenthal*, ZJS 2011, 81 (83 f.); *Stoffers*, JuS 1993, 837 (840); *Wagemann*, JURA 2006, 867 (871); *Walter*, JURA 2014, 117 (130); *Walter/Schneider*, JA 2008, 262 (269 f.); *Weiss*, JURA 2021, 1387 (1396 ff.); *Weißer*, JuS 2009, 135 (137); *Windsberger*, JuS 2020, 445 (451).

3152 Vgl. nur AnwKomm-*Mitsch*, § 211 Rn. 2; *Arzt/Weber/Heinrich/Hilgendorf-Hilgendorf*, § 2 Rn. 26; *Beer*, ZJS 2017, 536 (543); *Eisele*, BT I, Rn. 28; *Fischer*, § 211 Rn. 6; *Geppert/Schneider*, JURA 1986, 106 (108); LK-*Jähnke*, 11. Aufl., Vor § 211 Rn. 43 ff.; § 211 Rn. 63; LK-*Schünemann/Greco*, 13. Aufl., § 28 Rn. 74; *Maurach/Schroeder/Maiwald*, BT 1, § 2 Rn. 5; MüKo-*Schneider*, 1. Aufl., Vor §§ 211 ff. Rn. 185 ff.; *Otto*, BT, § 2 Rn. 20 ff.; *Rengier*, BT II, § 5 Rn. 9 ff.; *Schönke/Schröder-Eser/Sternberg-Lieben*, Vorbem. §§ 211 ff. Rn. 5.
3153 Vgl. nur BGHSt 1, 368 (370 f.); BGHSt 2, 251 (255); BGHSt 6, 329 (330); BGHSt 22, 375 (377); BGHSt 36, 231 (233); BGHSt 50, 1 (5); BGH NStZ-RR 2002, 139; zweifelnd allerdings BGH NJW 2006, 1008 (1013).
3154 Anders wiederum diejenigen, die in den Mordmerkmalen der ersten und dritten Gruppe des § 211 StGB „spezielle Schuldmerkmale" sehen (vgl. hierzu oben Rn. 544 f.); folgt man dieser Ansicht (vgl. *Gerhold*, JA 2019, 721 (728); *Haft*, E IV 6a; *Jescheck/Weigend*, § 42 II 3a; *Wessels/Beulke/Satzger*, Rn. 673), ist nicht § 28 StGB, sondern § 29 StGB anwendbar (die Rechtsfolgen entsprechen hier aber denjenigen des § 28 Abs. 2 StGB).

nehmer eigene besondere persönliche Merkmale strafschärfend zugerechnet werden, die der Täter nicht erfüllt.

> **Bsp.:** Anton tötet Gustav im Verlaufe eines Streites, ohne dabei ein Mordmerkmal zu erfüllen. Er wurde hierzu von Erwin, dem Enkel und Erben Gustavs, angestiftet, der habgierig handelte. – Hier hat der Haupttäter Anton einen Totschlag begangen, § 212 StGB. Erwin ist, da er als Anstifter habgierig handelte, nach der Ansicht der Rechtsprechung lediglich wegen Anstiftung zum Totschlag strafbar (Akzessorietät). Seine eigene habgierige Motivation ist lediglich im Rahmen der Strafzumessung zu berücksichtigen (ausgehend vom Strafrahmen des § 212 StGB). Nach der hier vertretenen Gegenansicht hat Erwin sich wegen einer Anstiftung zum Mord strafbar gemacht, da ihm über § 28 Abs. 2 StGB die eigene Habgier als besonderes persönliches strafschärfendes Merkmal zugerechnet wird (als Rechtsfolge knüpft sich hieran eine zwingende lebenslange Freiheitsstrafe).

1361 Zusammenfassend soll der Streit um die Anwendung des § 28 Abs. 1 oder Abs. 2 StGB bei den Tötungsdelikten in folgendem **Schaubild** zusammengefasst werden:

Rechtsprechung (§ 28 Abs. 1 StGB)	h. M. Literatur (§ 28 Abs. 2 StGB)
§§ 216, 212, 211 StGB → **jeweils eigenständige Delikte**	zwischen §§ 216, 212, 211 StGB besteht **Stufenverhältnis § 216 ← § 212 → § 211** (Privilegierung) (Grunddelikt) (Qualifikation)
Bsp.: Täter handelt habgierig, Gehilfe nicht Täter → strafbar nach § 211 Teilnehmer → leistet Beihilfe, § 27 Abs. 1 StGB	**Bsp.:** Täter handelt habgierig, Gehilfe nicht Täter → strafbar nach § 211 Teilnehmer → leistet Beihilfe, § 27 Abs. 1 StGB
Rechtsfolge für den Teilnehmer: ⇒ Anwendung des **§ 28 Abs. 1 StGB** Bestrafung nach §§ 211, 27 Abs. 1 StGB (Beihilfe zum Mord) mit **doppelter** Strafmilderung gemäß § 27 Abs. 2 StGB und § 28 Abs. 1 StGB	**Rechtsfolge für den Teilnehmer:** ⇒ Anwendung des **§ 28 Abs. 2 StGB** ⇒ Bestrafung nach §§ 212, 27 Abs. 1 StGB (Beihilfe zum Totschlag) mit **einfacher** Strafmilderung gemäß § 27 Abs. 2 StGB

IV. Die versuchte Teilnahme[3155]

1. Grundsatz

1362 Nach den allgemeinen **Akzessorietätsgrundsätzen** sind Anstiftung und Beihilfe nur strafbar, wenn eine **vorsätzliche rechtswidrige Haupttat** vorliegt. Da der **Versuch** einer Straftat ebenfalls eine **vorsätzliche rechtswidrige Haupttat** darstellt, ist auch die Anstiftung und die Beihilfe zum Versuch in vollem Umfang strafbar[3156].

1363 Dies gilt jedoch nur dann, wenn der Teilnehmer tatsächlich die Vollendung der Haupttat anstrebt. Möchte es der Teilnehmer, wie z. B. der **agent provocateur**, lediglich zum Versuch der Haupttat, nicht aber zur Vollendung kommen lassen, ist er ausnahmsweise straflos[3157].

[3155] Vgl. hierzu die Übungsfälle bei *Ambos*, JURA 2004, 492 (498, 499); *Ellbogen*, JuS 2002, 151 (153); *Herzberg*, JURA 1983, 367 (372); *Herzberg/Schlehofer*, JuS 1990, 559 (563 f.); *Hillenkamp*, JuS 2014, 924 (930); *Gerhold*, JURA 2014, 854; *Giannini*, JuS 2019, 778 (779); *Mitsch*, JuS 2003, 340 (342 f.); *ders.*, JA 2009, 115 (116 ff.); *Riemenschneider*, JuS 1997, 627 (631 f.); *Sowada*, JURA 1994, 37 (42 ff.); *Vogler/Kadel*, JuS 1976, 245 (249); *Winters*, JuS 1977, 819 (823); ferner monographisch *Thalheimer*, Die Vorfeldstrafbarkeit nach §§ 30, 31 StGB, 2008.
[3156] Vgl. zu dieser Problematik oben Rn. 1286, 1340.
[3157] Vgl. zur Problematik des agent provocateur oben Problemschwerpunkt 39, Rn. 1312 ff.

2. Einzelfälle

1364 Von dieser (strafbaren) **Anstiftung bzw. Beihilfe zum Versuch** streng zu unterscheiden sind die **versuchte Anstiftung** bzw. die **versuchte Beihilfe**. Diese zeichnen sich dadurch aus, dass es nicht zu einer vorsätzlich begangenen rechtswidrigen Haupttat kommt, die geplante Tat also nicht einmal das Versuchsstadium erreicht oder aber die Anstiftungs- bzw. Beihilfehandlung für die Haupttat nicht ursächlich wird[3158]. Es handelt sich also insoweit um eine **erfolglose (= misslungene) Teilnahme**[3159].

1365 a) **Versuchte Anstiftung.** Eine versuchte Anstiftung ist – was insbesondere in Klausuren oft verkannt wird – **nur bei einem Verbrechen** strafbar[3160], bei einem Vergehen ist sie hingegen straflos (vgl. § 30 Abs. 1 StGB). Probleme ergeben sich, wenn die Tat für den Haupttäter ein Verbrechen darstellen würde, für den Anstifter hingegen infolge des Vorliegens eines persönlichen Strafmilderungsgrundes oder des Nichtvorliegens eines straferhöhenden besonderen persönlichen Merkmals, § 28 Abs. 2 StGB, lediglich Vergehenscharakter hätte sowie umgekehrt, wie z. B. bei einer versuchten Anstiftung zu einem schweren Bandendiebstahl, § 244a StGB, wenn entweder der Anstifter oder der Haupttäter nicht gewerbsmäßig handeln[3161]. Grund für die Strafbarkeit der versuchten Anstiftung ist die besondere Gefährlichkeit für das betroffene Rechtsgut, die den Gesetzgeber dazu veranlasste, hier eine **Vorbereitungshandlung** selbstständig mit Strafe zu bedrohen[3162]. Dies erscheint allerdings insofern inkonsequent, als (zumindest in bestimmten Konstellationen) die versuchte mittelbare Täterschaft und die versuchte Mittäterschaft, mangels unmittelbarem Ansetzen straflos sind (z. B.: Anton hat erfahren, dass Bruno den Rudi töten möchte und bittet ihn, mitmachen zu dürfen. Bruno lehnt entrüstet ab, weil er die Tat alleine begehen will). Bei der Abgrenzung von bloßen Vorbereitungshandlungen zur versuchten Anstiftung ist entscheidend, dass die Bestimmungshandlung auf eine ausreichend bestimmte Tat konkretisiert wird und der Angestiftete die Tat begehen könnte,

---

3158 Vgl. hierzu oben Rn. 1294 f. (omnimodo facturus) und Rn. 1325 ff. (mangelnde Kausalität der Beihilfehandlung).

3159 Vgl. zur Fallbearbeitung im Hinblick auf § 30 Abs. 1 StGB *Geppert*, JURA 1997, 546 (548); ferner den Übungsfall bei *Mitsch*, JuS 2005, 340 (342 f.).

3160 Eine Ausnahme gilt für das Vergehen der uneidlichen Falschaussage. Hier ordnet § 159 StGB die entsprechende Anwendung des § 30 Abs. 1 StGB ausdrücklich an.

3161 Für ein Abstellen auf die Person des Anzustiftenden: RGSt 32, 367 (368 f.); BGHSt 3, 228 (229); BGHSt 4, 17 (18); BGHSt 6, 308 (309 ff.); BGHSt 14, 353 (355); BGHSt 53, 174; BGH StV 1987, 386; BGH NStZ-RR 2017, 140 (141); *Frister*, 29. Kap. Rn. 33; *Gallas*, ZStW 80 (1968), 1 (33); *Hinderer*, JuS 2011, 1072 (1073); *Jescheck/Weigend*, § 65 I 4; *Niese*, JZ 1955, 320 (324 f.); *Rengier*, § 47 Rn. 15; *Stratenwerth/Kuhlen*, § 12 Rn. 173; *Valerius*, JURA 2013, 15 (20); *Vogler/Kadel*, JuS 1976, 245 (249); dagegen auf den Anstifter abstellend: *Dessecker*, JA 2005, 549 (553); *Fischer*, § 30 Rn. 6a; *Geppert*, JURA 1997, 546 (548 f.); *Jakobs*, 27/6; *Kretschmer*, JA 2022, 299 (301); *Kühl*, § 20 Rn. 247; ders., JuS 1979, 874 (876); *Lackner/Kühl*, § 30 Rn. 2; *Mitsch*, JR 2010, 359; ders., JURA 2014, 583 (589); *Nutzinger/Sauer*, JuS 1999, 980 (986); *Otto*, § 22 Rn. 80; *Schönke/Schröder-Heine/Weißer*, § 30 Rn. 13; *Schröder*, JuS 1967, 289 (292 f.); *Wessels/Beulke/Satzger*, Rn. 916; die Verbrechensqualität sowohl für den Angestifteten als auch für den Anstifter fordern BWME-*Eisele*, § 26 Rn. 183; *Dehne-Niemann*, JURA 2009, 695; ders., StV 2018, 214 (217 ff.); LK-*Schünemann/Greco*, 13. Aufl., § 30 Rn. 44; MüKo-*Joecks/Scheinfeld*, 4. Aufl., § 30 Rn. 20; NK-*Zaczyk*, § 30 Rn. 29; differenzierend danach, ob die besonderen persönlichen Merkmale das Unrecht oder die Schuld betreffen, *Kindhäuser/Zimmermann*, § 43 Rn. 13; LK-*Roxin*, 11. Aufl., § 30 Rn. 40 ff.; *Roxin*, AT II, § 28 Rn. 26 ff; vgl. hierzu auch den Übungsfall bei *Gerhold*, JURA 2014, 854 (861 f.).

3162 Zur Legitimation, diese „Vorstufen der Beteiligung" unter Strafe zu stellen, vgl. BGHSt 44, 91 (95); BGHSt 44, 99 (102 f.); BGH NJW 2013, 1106; BGH NStZ 2019, 595 (596); *Kühl*, § 20 Rn. 244; ders., JuS 1979, 874 (874 f.); *Roxin*, JA 1979, 169 (170 f.); kritisch hierzu *Jakobs*, ZStW 97 (1985), 751 (756); *Köhler*, S. 545; *Mitsch*, JR 2010, 358; NK-*Zaczyk*, § 30 Rn. 4 f.; ferner auch *Bloy*, JZ 1999, 157.

wenn er diese wollte³¹⁶³. Entscheidend hierfür ist die Vorstellung des Anstifters³¹⁶⁴. Die versuchte Anstiftung ist in mehreren Formen möglich³¹⁶⁵:

> **Bsp. (1):** Erwin meldet sich bei seinem Freund Bruno und fragt diesen, ob er bereit sei, gegen eine Belohnung von 10 000 € Gustav zu töten. Bruno lehnt entrüstet ab. – Erwin ist nach §§ 30 Abs. 1, 212, 211 StGB wegen einer versuchten Anstiftung zum Mord strafbar (= „misslungene Anstiftung")³¹⁶⁶. Dies gilt jedoch nicht, wenn er Bruno dazu überreden wollte, lediglich einen Diebstahl zu begehen, weil ein Diebstahl kein Verbrechen, sondern nur ein Vergehen darstellt (vgl. § 12 Abs. 2 StGB).

> **Bsp. (2):** Erwin wendet sich daraufhin mit seinem „Angebot" an Rudi. Dieser erklärt sich dazu bereit, den Mord durchzuführen. Noch bevor er jedoch zur Tat unmittelbar ansetzt, kommen ihm Bedenken und er teilt Erwin mit, er steige aus. – Auch hier ist Erwin nach §§ 30 Abs. 1, 212, 211 StGB wegen einer versuchten Anstiftung zum Mord strafbar (= „erfolglose Anstiftung")³¹⁶⁷.

> **Bsp. (3):** Erwin fordert schließlich auch Toni zur Ermordung Gustavs auf. Toni erklärt ihm daraufhin, genau dies habe er ohnehin für den folgenden Tag geplant gehabt. – Auch in diesen Fällen der „Anstiftung" eines bereits zur Tat Entschlossenen (omnimodo facturus)³¹⁶⁸ liegt konstruktiv lediglich eine versuchte Anstiftung vor (= „untaugliche Anstiftung")³¹⁶⁹.

1366 Im subjektiven Bereich ist ein doppelter Anstiftervorsatz erforderlich. Ausreichend ist allerdings auch hier ein Eventualvorsatz, sodass es genügt, wenn der Anstifter bei einer an sich „nicht ernst gemeinten" Aufforderung jedenfalls damit rechnet, der Angestiftete könnte trotzdem tätig werden und er dies billigend in Kauf nimmt³¹⁷⁰. Erforderlich ist darüber hinaus jedoch, dass die Tat, zu der angestiftet werden soll, ausreichend bestimmt ist, wobei hier dieselben Kriterien heranzuziehen sind wie bei der vollendeten Anstiftung³¹⁷¹. Schließlich regelt § 30 Abs. 1 Satz 1 StGB auch die versuchte Kettenanstiftung („oder zu ihm anzustiften")³¹⁷². Die Strafe bei der versuchten Anstiftung richtet sich nach der Strafe für den Ver-

---

3163 BGHSt 18, 160 (161); BGHSt 50, 142 (145); BGH NStZ 2019, 595 (596).
3164 BGH NStZ 2019, 595 (596); *Kretschmer*, NStZ 1998, 401 (402); *Kühl*, NStZ 2006, 94 (95).
3165 Vgl. hierzu *Dessecker*, JA 2005, 549 (551); *Geppert*, JURA 1997, 299 (302); *ders.*, JURA 1997, 546 (547); *Kretschmer*, JA 2022, 299 (302); *Kudlich*, JA 2010, 664 (665): jeweils drei Fallgruppen; *Kroß*, JURA 2003, 250 (zwei Fallgruppen); LK-*Roxin*, 11. Aufl., § 30 Rn. 12; LK-*Schünemann/Greco*, 13. Aufl., § 30 Rn. 14 (jeweils sieben Fallgruppen); vgl. auch zur misslungenen Kettenanstiftung („Anstiftung zur versuchten Anstiftung") *Kühl*, § 20 Rn. 250; ein Aufbauschema für die versuchte Anstiftung findet sich bei *Hinderer*, JuS 2011, 1072 (1072 f.).
3166 Vgl. hierzu auch den Fall BGHSt 44, 91 (92); ferner *Jäger*, Rn. 390 f.; *Schönke/Schröder-Heine/Weißer*, § 30 Rn. 20; zur Frage, wann in diesen Fällen der Anstiftungsversuch beginnt, vgl. BGHSt 8, 261 (262 f.); *Joecks/Jäger*, § 30 Rn. 10 f.; *Kühl*, § 20 Rn. 249; *Kütterer-Lang*, JuS 2006, 206 (207); LK-*Roxin*, 11. Aufl., § 30 Rn. 14 ff.; vgl. hierzu auch die Übungsfälle bei *Jeßberger/Book*, JuS 2010, 321 (325); *Sowada*, ZJS 2020, 387 (393 ff.).
3167 *Geppert*, JURA 1997, 546 (547); *Kroß*, JURA 2003, 250 (251); LK-*Roxin*, 11. Aufl., § 30 Rn. 12; *Schönke/Schröder-Heine/Weißer*, § 30 Rn. 20.; vgl. hierzu auch den Übungsfall bei *Tachau/Gaede*, JuS 2008, 256 (260): Angestifteter erklärt sich nur zum Schein bereit.
3168 Vgl. zum „omnimodo facturus" oben Rn. 1294 f.
3169 *Geppert*, JURA 1997, 546 (547); *Kroß*, JURA 2003, 250 (251); LK-*Roxin*, 11. Aufl., § 30 Rn. 12.
3170 BGHSt 44, 99; BGH NJW 2013, 1106; *Bloy*, JR 1992, 493 (495); *Jescheck/Weigend*, § 65 II 2; *Kühl*, § 20 Rn. 251; *Rengier*, § 47 Rn. 10; *Roxin*, NStZ 1998, 616; *Schönke/Schröder-Heine/Weißer*, § 30 Rn. 28; *Schröder*, JuS 1967, 289 (295); *Wessels/Beulke/Satzger*, Rn. 914; a. M. noch BGHSt 7, 234 (238); vgl. hierzu den Übungsfall bei *Murmann*, JA 2011, 593 (603).
3171 BGH NStZ 1998, 347 (348); BGH NJW 2013, 1106; *Frister*, 29. Kap. Rn. 31; *Jäger*, Rn. 392 f.; *Krack/Schwarzer*, JuS 2008, 140 (144); *Rengier*, § 47 Rn. 11 f.; *Roxin*, AT II, § 28 Rn. 20; *ders.*, JA 1979, 169 (172 f.); vgl. zur Bestimmtheit bei der vollendeten Anstiftung oben Rn. 1288.
3172 Vgl. hierzu ausführlich *Kroß*, JURA 2003, 250; ferner *Hinderer*, JuS 2011, 1072 (1074) sowie den Übungsfall bei *Gerhold*, JURA 2014, 854 (855 ff.).

such des jeweiligen Verbrechens, wobei jedoch eine obligatorische Strafmilderung nach § 49 Abs. 1 StGB erfolgt (§ 30 Abs. 1 Satz 2 StGB). Handelt es sich um einen grob unverständigen Anstiftungsversuch, ist § 23 Abs. 3 StGB anwendbar (§ 30 Abs. 1 Satz 3 StGB).

b) Versuchte Beihilfe. Die versuchte Beihilfe ist immer straflos, da eine dem § 30 Abs. 1 StGB entsprechende Regelung für die Beihilfe fehlt. **1367**

> **Bsp.:** Erwin will einen Mord an seinem Großvater Gustav begehen, um schnell an seine Erbschaft zu kommen. Er begibt sich daher in Gustavs Wohnung. Seine Freundin Sigrid hat dies mitbekommen und sich bislang zurückgehalten. Jetzt bemerkt sie, dass Erwin in der Aufregung die Munition für seine Pistole vergessen hat. Schnell läuft sie ihm nach. Als sie das Haus erreicht, hat Erwin seinen Großvater bereits mit einem Beil erschlagen. – Sigrid ist hier straflos, da ihre Hilfeleistung nach jeder Ansicht „zu spät" kam und die Tat auch nicht förderte[3173].

3. Verbrechensverabredung, § 30 Abs. 2 StGB

Gesondert unter Strafe gestellt hat der Gesetzgeber zudem konspirative Absprachen mehrerer, die auf die Begehung eines **Verbrechens** gerichtet sind. § 30 Abs. 2 StGB enthält dabei drei verschiedene Varianten: **1368**

a) Sich-Bereit-Erklären, ein Verbrechen zu begehen, § 30 Abs. 2, 1. Alt. StGB. **1369**
Hierunter versteht man die ernsthafte Kundgabe einer Bereitschaft gegenüber einem anderen, ein Verbrechen zu begehen[3174] oder zu einem solchen anzustiften[3175]. Um die – ohnehin schon fragwürdige[3176] – Ausdehnung der Strafbarkeit auf solche an sich kaum gefahrbegründenden Vorfeldhandlungen einzuschränken, ist dabei zu fordern, dass das Angebot dem Empfänger jedenfalls zugeht[3177]. Ein Sich-Bereit-Erklären kann entweder eine Reaktion auf eine Anfrage oder Aufforderung eines Anderen (= eines Anstifters) sein oder aber ein einseitiges Angebot des Sich-Bereit-Erklärenden an eine andere Person darstellen[3178], sofern die Durchführung der Tat von dessen „Zustimmung" abhängig gemacht wird[3179]. Ein Sich-

---

3173 Zur Frage der Kausalität der Beihilfe vgl. oben, Problemschwerpunkt 40, Rn. 1325 ff.
3174 Vgl. BGHSt 6, 346; BGHSt 62, 96 (99); BGHSt 63, 161 (167); *Dessecker*, JA 2005, 549 (552); *Wessels/Beulke/Satzger*, Rn. 917; vgl. ferner die Übungsfälle bei *Ellbogen*, JuS 2002, 151 (152); *Gafus/Weigl*, JuS 2022, 336 (341); *Mitsch*, JuS 2005, 340 (342); *ders.*, JA 2009, 115 (117 f.); *Nuzinger/Sauer*, JuS 1999, 980 (981 f.); *Piazena*, ZJS 2021, 72 (75 f.); *T. Schneider*, JuS 2019, 1171 (1177); die Vorschrift geht auf den Fall „Duchesne" zurück: Im Jahre 1873 hatte sich der Kesselschmied Duchesne gegenüber dem Erzbischof von Paris zur Ermordung Bismarcks bereit erklärt. Zu den Hintergründen *Dessecker*, JA 2005, 549 (550 f.); *Jescheck/Weigend*, § 65 I 1; SK-*Hoyer*, § 30 Rn. 1.
3175 BGHSt 53, 174 (177).
3176 Für eine Streichung dieser Vorschrift auch *Dessecker*, JA 2005, 549 (554); ferner *Klesczewski*, Rn. 830, der die Vorschrift sogar für verfassungswidrig hält; ebenso *Köhler*, S. 545; *Mitsch*, JR 2010, 359; *ders.*, JR 2019 262; NK-*Zaczyk*, § 30 Rn. 34; anders BGHSt 63, 161 (171 ff.), wonach die Vorschrift nicht gegen die Verfassung verstößt.
3177 OLG Celle MDR 1991, 174; *Dessecker*, JA 2005, 549 (552); *Jescheck/Weigend*, § 65 III 3; MüKo-*Joecks/Scheinfeld*, 4. Aufl., § 30 Rn. 48; *Otto*, § 22 Rn. 88; *Roxin*, AT II, § 28 Rn. 80; *Schröder*, JuS 1967, 289 (291); SK-*Hoyer*, § 30 Rn. 40; SSW-*Murmann*, § 30 Rn. 21; a. M. *Fischer*, § 30 Rn. 10; *Hinderer*, JuS 2011, 1072 (1073 f.); LK-*Schünemann/Greco*, 13. Aufl., § 30 Rn. 90; *Maurach/Gössel/Zipf-Renzikowski*, AT 2, § 53 Rn. 135; *Rengier*, § 47 Rn. 31; *Schönke/Schröder-Heine/Weißer*, § 30 Rn. 22; differenzierend BWME-*Eisele*, § 26 Rn. 189; offengelassen in BGHSt 63, 161 (167 f.); vgl. hierzu auch die Übungsfälle bei *Hillenkamp*, JuS 2003, 157 (163); *Tachau/Gaede*, JuS 2008, 256 (259 f.).
3178 BGHSt 62, 96 (99); BGH NJW 2015, 1032 (1033); BGH NStZ-RR 2018, 221 (222 f.).
3179 *Frister*, 29. Kap. Rn. 38; *Hinderer*, JuS 2011, 1072 (1074 f.); *Kindhäuser/Zimmermann*, § 43 Rn. 18; LK-*Roxin*, 11. Aufl., § 30 Rn. 89; *Rengier*, § 47 Rn. 32; *Roxin*, AT II, § 28 Rn. 79; *Schönke/Schröder-Heine/Weißer*, § 30 Rn. 20; SK-*Hoyer*, § 30 Rn. 37; teilweise abweichend *Jakobs*, 27/10; MüKo-*Joecks/Scheinfeld*, 4. Aufl., § 30 Rn. 44.

Bereit-Erklären ist bei Tötungsdelikten, bei denen eine Einwilligung des Opfers unbeachtlich ist[3180], auch gegenüber dem potentiellen Opfer möglich, wenn hierdurch eine „motivationale Selbstbindung" des Täters eintritt[3181]. Die Tat muss ausreichend konkretisiert sein und der Täter muss mit der gebotenen Ernsthaftigkeit handeln[3182]. Allerdings muss es sich bei der Tat auch tatsächlich um ein Verbrechen handeln. Stellt die Tat nur in der Vorstellung des Sich-Bereit-Erklärenden ein Verbrechen dar, liegt nur ein strafloser Versuch des Sich-Bereit-Erklärens vor[3183]. Erklärt sich der Täter einem anderen gegenüber bereit und fordert diesen auf mitzumachen, liegt nur ein Sich-Bereit-Erklären vor, die gleichzeitig verwirklichte versuchte Anstiftung zur mittäterschaftlichen Begehung tritt dahinter zurück[3184].

1370 b) **Annahme des Erbietens eines anderen, § 30 Abs. 2, 2. Alt. StGB.** Dieser Fall stellt das genaue Gegenstück zum Sich-Bereit-Erklären dar[3185]. Der Handelnde muss hier das Angebot eines anderen annehmen und sich mit ihm solidarisieren. Dabei reicht es aus, wenn der Annehmende damit rechnet, der andere werde seine Erklärung ernst nehmen und ihr entsprechend handeln[3186]. Ist dies der Fall, liegt eine Strafbarkeit auch dann vor, wenn die Annahme des Erbietens des anderen nur zum Schein erfolgt[3187]. Nicht erforderlich ist, dass das Angebot selbst ernsthaft war, sofern der Täter die mangelnde Ernsthaftigkeit nicht erkennt[3188].

1371 c) **Verbrechensverabredung, § 30 Abs. 2, 3. Alt. StGB.** Der wichtigste Fall des § 30 Abs. 2 StGB ist jedoch die **Verbrechensverabredung** im Sinne der Verabredung eines gemeinsamen Tatplans[3189], § 30 Abs. 2, 3. Alt. StGB. Strafgrund der Verbrechensverabredung ist dabei die durch eine Willensbildung mehrerer Personen gesteigerte Gefahr für das bedrohte Rechtsgut. Denn das konspirative Zusammenwirken Mehrerer entfaltet regelmäßig eine gewisse Gruppendynamik, welche die Beteiligten psychisch binden und so die spätere Ausführung der Tat wahr-

---

3180 Hierzu BGHSt 63, 161 (173).
3181 BGHSt 63, 161 (168 f.); ablehnend *Mitsch*, JR 2019 262; vgl. hierzu auch den Übungsfall bei *Beyer*, JA 2022, 122 (128 f.).
3182 BGHSt 63, 161 (167).
3183 Hierzu *Mitsch*, JA 2009, 115 (117).
3184 BGHSt 62, 96 (100); *Eisele*, JuS 2017, 891 (892); kritisch *Kudlich* NJW 2017, 2136; *Weißer*, ZJS 2018, 197 (199); vgl. aber auch BGH NStZ 1994, 383; vgl. hierzu auch den Übungsfall bei *Piazena*, ZJS 2021, 72 (76).
3185 Vgl. zu dieser Vorschrift BGHSt 10, 388; BGHSt 62, 96 (101 f.); vgl. hierzu die Übungsfälle bei *Piazena*, ZJS 2021, 72 (76 f.); *T. Schneider*, JuS 2019, 1171 (1178).
3186 BGHSt 62, 96 (101); vgl. auch BGH NStZ 1988, 403 (404); so auch *Eisele*, JuS 2017, 891 (892 f.); *Kudlich*, NJW 2017, 2136.
3187 BGHSt 62, 96 (101); ferner den Übungsfall bei *Piazena*, ZJS 2021, 72 (77).
3188 BGHSt 10, 388; *Eisele*, JuS 2017, 891 (893); *Hinderer*, JuS 2011, 1072 (1075); *Lackner/Kühl*, § 30 Rn. 6; *Schönke/Schröder-Heine/Weißer*, § 30 Rn. 23; SSW-*Murmann*, § 30 Rn. 23; *Wessels/Beulke/Satzger*, Rn. 920; a.M. RGSt 1, 338 (342); RGSt 57, 243 (244 ff.); MüKo-*Joecks/Scheinfeld*, 4. Aufl., § 30 Rn. 46; SK-*Hoyer*, § 30 Rn. 41; vgl. hierzu auch die Übungsfälle bei *Hillenkamp*, JuS 2003, 157 (164); *ders.*, JuS 2014, 924 (931).
3189 Hierzu *Dessecker*, JA 2005, 549 (550 f.); *Kühl*, § 20 Rn. 252; *Wessels/Beulke/Satzger*, Rn. 918; vgl. ferner die Übungsfälle bei *Christmann*, JURA Sonderheft Zwischenprüfung, 2004, 37 (40); *Fisch/Sternberg-Lieben*, JA 2000, 124 (128); *Hörnle*, JURA 2001, 44 (48); *Kinzig/Luczak*, JURA 2002, 493 (498); *Krell*, JURA 2012, 150 (152 f.); *Kudlich*, JuS 2002, 27 (29); *Kühl/Hinderer*, JuS 2010, 697 (699 f.); *Laubenthal*, JURA 1989, 99; *Nuzinger/Sauer*, JuS 1999, 980 (982 ff.); *Poschadel/Sigmund*, JuS 2019, 366 (369 f.); *Piazena*, ZJS 2021, 72 (73 ff.); *Schmitt-Leonardy*, JuS 2017, 436 (441); *Stoffers*, JuS 1994, 948 (950); *Tachau/Gaede*, JuS 2008, 256 (258 f.); zum Prüfungsaufbau *Hinderer*, JuS 2011, 1072 (1074).

scheinlicher machen kann[3190]. Die Verbrechensverabredung ist die Vorstufe einer späteren Mittäterschaft[3191]. Sie muss sich also auf eine spätere mittäterschaftliche Begehung eines Verbrechens richten. Die Zusage einer Gehilfenschaft nach § 27 StGB reicht nicht aus[3192]. Um die weite Vorverlagerung der Strafbarkeit zu rechtfertigen, muss ferner verlangt werden, dass die geplante Tat nicht nur gattungsmäßig umrissen, sondern im Hinblick auf Tatobjekt, Tatort und Tatzeit in ihren wesentlichen Grundzügen konkretisiert wurde[3193]. Auch muss – im Gegensatz zu § 30 Abs. 1 StGB – verlangt werden, dass der Täter die Tatbegehung ernstlich will[3194]. Die Täter müssen also unbedingt zur Begehung einer Straftat entschlossen sein[3195]. Nicht erforderlich ist hingegen, dass sich die Betreffenden – wie z. B. bei einer Verabredung über das Internet – persönlich kennen[3196]. Bei gegenseitiger Anonymität ist jedoch die Ernstlichkeit besonders sorgfältig zu prüfen[3197].

Insoweit scheidet eine Verbrechensverabredung dann aus, wenn zwei Personen sich zur Tatbegehung verabreden, ein Beteiligter sich jedoch nur zum Schein bereit erklärt, um den anderen später bei der Polizei anzuzeigen[3198]. In diesem Fall bleibt es bei einer Strafbarkeit des „ernsthaften" Beteiligten nach § 30 Abs. 2, 1. Alt. StGB (Sich-Bereit-Erklären)[3199] bzw. nach § 30 Abs. 2, 2. Alt. StGB (Annahme des Erbietens). Ausreichend hingegen ist es, wenn die Täter wahlweise mehrere Taten oder Begehungsmöglichkeiten verbindlich planen, von denen lediglich eine ein Verbrechen darstellt (Bsp.: Die Täter wollen gemeinsam in ein Wochenendhaus einbrechen, §§ 242, 244 Abs. 1 Nr. 3 StGB, sollten sie dabei den Hausbesitzer

1372

3190 BGHSt 61, 84 (92); BGHSt 62, 96 (98); vgl. auch BGH NStZ 2011, 570 (571); ferner *Eisele*, JuS 2017, 891 (892); *Theile*, ZJS 2019, 246; *Weißer*, ZJS 2018, 197 (198).
3191 BGHSt 53, 174 (176); BGHSt 62, 96 (98); BGH NStZ 1988, 406; BGH NStZ 1993, 137 (138); BGH NStZ-RR 2002, 74 (75); BGH NStZ 2007, 697; BGH NStZ 2009, 497; BGH NStZ 2011, 570 (571); BGH NStZ 2019, 655 (656); AnwKomm-*Waßmer*, § 30 Rn. 36; *Dessecker*, JA 2005, 549 (551); *v. Heintschel-Heinegg/Cornelius*, § 30 Rn. 15 ff.; *Hinderer*, JuS 2011, 1072 (1072, 1075); *Jescheck/Weigend*, § 65 III 1; *Kindhäuser/Zimmermann*, § 43 Rn. 21; *Fischer*, § 30 Rn. 12; *Kudlich*, JA 2008, 146 (147); *Kühl*, § 20 Rn. 252; *Mitsch*, JR 2019, 262 (264); *Piazena*, ZJS 2021, 72 (74); *Rengier*, § 47 Rn. 24; *Roxin*, AT II, § 28 Rn. 43; *Schönke/Schröder-Heine/Weißer*, § 30 Rn. 24; *Tachau/Gaede*, JuS 2008, 256 (258); *Wessels/Beulke/Satzger*, Rn. 918; kritisch im Hinblick auf diese Regelung *Stratenwerth/Kuhlen*, § 11 Rn. 5, § 12 Rn. 179.
3192 BGH NStZ 1982, 244; BGH NStZ-RR 2002, 74; BGH StV 2017, 308 (309); BGH StV 2017, 441 (443); *Kudlich*, JA 2006, 824; *Kühl*, § 20 Rn. 252; *Rengier*, § 47 Rn. 24; *Schönke/Schröder-Heine/Weißer*, § 30 Rn. 24; SK-*Hoyer*, § 30 Rn. 50; vgl. ferner die Übungsfälle bei *Hillenkamp*, JuS 2014, 924 (930); *Poschadel/Sigmund*, JuS 2019, 366 (370).
3193 Vgl. hierzu BGHSt 62, 96 (98); BGH NStZ 2007, 697; BGH NStZ 2009, 497 (498); BGH NStZ 2013, 33 (34); BGH NStZ 2019, 655 (656); BGH NStZ 2021, 338 (339); *Dessecker*, JA 2005, 549 (552); *Hinderer*, JuS 2011, 1072 (1076); *Kudlich*, JA 2008, 146 (148); *Kühl*, § 20 Rn. 253; *Kühl/Hinderer*, JuS 2010, 697 (699); LK-*Roxin*, 11. Aufl., § 30 Rn. 66; *Rengier*, § 47 Rn. 29; *Roxin*, JA 1979, 169 (172 f.); vgl. allerdings auch SK-*Hoyer*, § 30 Rn. 54; vgl. hierzu auch den Übungsfall bei *Piazena*, ZJS 2021, 72 (74).
3194 BGHSt 53, 174 (176); BGHSt 62, 96 (98); BGH NStZ 1998, 403; BGH NStZ 2011, 570; BGH StV 2017, 308 (309); hierzu *Eisele*, JuS 2017, 891 (892); *Reinbacher*, NStZ-RR 2012, 40; *Valerius/Weber*, famos 10/2011; *Fischer*, § 30 Rn. 12a; *Kudlich*, JA 2008, 146 (148); *Wessels/Beulke/Satzger*, Rn. 918; a. M. *Schönke/Schröder-Heine/Weißer*, § 30 Rn. 29.
3195 BGH NStZ 2009, 497 (498); BGH NStZ-RR 2018, 221 (223).
3196 BGH NStZ 2011, 570 (571).
3197 BGH NStZ 2011, 570 (572).
3198 BGHSt 62, 96 (98); *Kudlich*, NJW 2017, 2136; *Tachau/Gaede*, JuS 2008, 256 (259); a. M. *Rotsch*, ZJS 2012, 680 (688); *Schönke-Schröder-Heine/Weißer*, § 30 Rn. 29; vgl. hierzu auch die Übungsfälle bei *Hillenkamp*, JuS 2014, 924 (930); *Piazena*, ZJS 2021, 72 (74 f.).
3199 BGHSt 62, 96 (99); a. M. *Schönke/Schröder-Heine/Weißer*, § 30 Rn. 29; vgl. hierzu auch den Übungsfall bei *Piazena*, ZJS 2021, 72 (75 f.).

antreffen, würden sie ihn niederschlagen, § 249 StGB)[3200]. Werden mehrere Taten verabredet, liegt bei gleichzeitiger Verabredung Tateinheit, § 52 StGB, vor, selbst wenn die vereinbarten Taten (z. B. mehrere Morde an unterschiedlichen Tagen) in Tatmehrheit, § 53 StGB, stehen würden[3201].

Klausurtipp: § 30 Abs. 2 StGB, insbesondere die Verbrechensverabredung, ist nur dann eigenständig zu prüfen, wenn die geplante Straftat nicht ins Versuchsstadium gelangt, d. h. solange es an einem unmittelbaren Ansetzen fehlt. Ist ein solches unmittelbares Ansetzen festzustellen (oder wird die Tat gar vollendet), tritt § 30 Abs. 2 StGB zwar in den überwiegenden Fällen „eigentlich" erst auf Konkurrenzebene zurück (als mitbestrafte Vortat, da in dem jeweiligen Verhalten zumeist eine andere Handlung i. S. des § 52 StGB zu sehen ist), eine Prüfung ist aber dennoch nicht angezeigt[3202]. Ebenfalls ist zu beachten, dass eine Strafbarkeit nach § 30 StGB auch dann nicht wieder auflebt, wenn die Tat bereits ins Versuchsstadium gelangt ist, der Beteiligte aber von diesem Versuch strafbefreiend zurückgetreten ist[3203].

4. Rücktritt vom Versuch der Beteiligung, § 31 StGB

1373 Da § 30 StGB eigenständige, als Vollendungsdelikt ausgestaltete Vorfeldtatbestände enthält, können die Vorschriften über den Rücktritt vom Versuch, § 24 StGB, hier nicht angewendet werden. Deshalb hat der Gesetzgeber in § 31 StGB eine **eigenständige Rücktrittsregelung** geschaffen, die derjenigen des § 24 StGB ähnelt und ebenfalls einen persönlichen Strafaufhebungsgrund darstellt[3204]. Dabei betrifft § 31 Abs. 1 Nr. 1 StGB die Strafbarkeit nach § 30 Abs. 1 StGB. Die Rücktrittsregelungen des § 31 Abs. 1 Nr. 2 und Nr. 3 StGB betreffen dagegen § 30 Abs. 2 StGB[3205]. Darüber hinaus enthält § 31 Abs. 2 StGB noch eine Sonderregelung für diejenigen Fälle, in denen die Tat aus anderen Gründen unterbleibt. Erforderlich ist in allen Konstellationen ein freiwilliges Handeln des Zurücktretenden[3206] sowie der endgültige Verzicht auf die konkret ins Auge gefasste Tat[3207].

Bsp. (1): Anton will Rudi zur Begehung eines Mordes überreden. Rudi erklärt sich dazu auch bereit. Noch bevor Rudi jedoch zur Tat unmittelbar ansetzt, kommen ihm Bedenken und er teilt Anton mit, er steige aus. – Anton hat hier sowohl nach § 30 Abs. 1 StGB eine versuchte Anstiftung begangen als auch nach § 30 Abs. 2, 2. Alt. StGB das Erbieten eines anderen angenommen (wobei er allerdings nur einmal nach § 30

3200 BGH NStZ 2011, 158.
3201 BGHSt 56, 170 (172); BGH wistra 2011, 299 (300); BGH NStZ 2013, 33 (34); *Bachmann/Goeck*, JR 2011, 425 (429); *Duttge*, NStZ 2012, 438.
3202 Zu Prüfungs- und Aufbaufragen vgl. *Kudlich*, JA 2008, 146 (147); *Kühl*, § 20 Rn. 254; *ders.*, JuS 1979, 874 (875); *Weißer*, ZJS 2018, 197; ferner die Übungsfälle bei *Hörnle*, JURA 2001, 44 (48); *Marquardt/v. Danwitz*, JuS 1998, 814 (815, 818); zur Konkurrenz vgl. noch unten Rn. 1440 Bsp. (1).
3203 Hierzu BGHSt 14, 378; *Kühl*, § 20 Rn. 263.
3204 Vgl. BGHSt 50, 142; BGH NStZ 1992, 537; BGH NStZ 2011, 570 (571); hierzu *Jäger*, Rn. 398 f.; ferner *Kretschmer*, JA 2022, 299 (303); *Kroß*, JURA 2003, 250 (252 ff.); *Kühl*, § 20 Rn. 255; *Lackner/Kühl*, § 31 Rn. 1; *Wessels/Beulke/Satzger*, Rn. 1087 ff.; vgl. ferner die Übungsfälle bei *Christmann*, JURA Sonderheft Zwischenprüfung, 2004, 37 (40); *Ellbogen*, JuS 2002, 151 (152 f.); *Gafus/Weigl*, JuS 2022, 336 (342); *Kindhäuser/Korthals/Nußbaum*, JA 1991, 107 (108 f.); *Kinzig/Luczak*, JURA 2002, 493 (498, 499); *Kudlich*, JuS 2002, 27 (29); *ders.*, JA 2008, 703 (706); *Mitsch*, JURA 1991, 373 (376); *ders.*, JuS 2005, 340 (342, 343); *Piazena*, ZJS 2021, 72 (76); *Poschadel/Sigmund*, JuS 2019, 366 (369); *T. Schneider*, JuS 2019, 1171 (1177); *Rönnau/Nebendahl*, JuS 1990, 745 (749); *Steinberg/Winter/Chatard*, ZJS 2015, 507 (510 f.); *Weißer/Kreß*, JA 2003, 857 (864).
3205 Zur Frage, ob hierfür ein aktiver Gegenakt erforderlich ist oder ein bloßes Nichtweiterhandeln ausreicht, vgl. BGHSt 32, 133 (134 f.); BGH NJW 1984, 2169; BGH NStZ 2011, 570 (572); *Dessecker*, JA 2005, 549 (552); *Kühl*, § 20 Rn. 260; *Rengier*, § 47 Rn. 44; ferner den Übungsfall bei *Poschadel/Sigmund*, JuS 2019, 366 (369).
3206 Vgl. zum Merkmal der Freiwilligkeit oben Rn. 809 ff.
3207 BGH NStZ 1992, 537 („Tatidentität"); *Kühl*, § 20 Rn. 256.

StGB zu bestrafen ist). Rudi hingegen hat zwar ebenfalls § 30 Abs. 2 StGB (in der Form des Sich-Bereit-Erklärens, 1. Alt.) erfüllt, er ist aber nach § 31 Abs. 1 Nr. 2 StGB strafbefreiend zurückgetreten.

Bsp. (2)[3208]: Bruno beauftragt Rolf damit, seinen Nebenbuhler Gustav am übernächsten Wochenende zu töten und übergibt ihm eine Anzahlung. Die näheren Einzelheiten sollen allerdings erst zwei Tage später besprochen werden. Bei diesem zweiten Treffen meint Bruno, die Tötung sei derzeit nun doch nicht „aktuell", er behalte sich jedoch vor, Rolf „bei Bedarf" den endgültigen Auftrag zu erteilen. Die Anzahlung könne er behalten. Darauf besichtigen beide Gustavs Anwesen und besprechen den Ablauf der möglichen Tatausführung. Rolf war – was Bruno nicht wusste – ein verdeckt ermittelnder Polizeibeamter. – Hier wollte Bruno den Rolf zu einem Mord (aus Habgier) anstiften und handelte dabei selbst aus niederen Beweggründen. Da die Tat bereits im Detail abgesprochen war und Rolf die Tatbegehung zusagte, hat Bruno zum Versuch der Anstiftung unmittelbar angesetzt[3209]. Der Versuch war jedoch objektiv fehlgeschlagen, da Rolf sich nur zum Schein zur Tatbegehung bereit erklärte. Daher kann Bruno durch den freiwilligen „Aufschub" lediglich nach § 31 Abs. 2, 1. Alt. StGB zurückgetreten sein. Hierzu reicht das bloße Aufschieben der Tat jedoch nicht aus, vielmehr muss der Täter die aus seiner Sicht bestehende Gefahr endgültig beseitigen[3210].

Steigt hingegen ein Tatbeteiligter aus der gemeinsam geplanten Tat aus, ohne dass er verhindern kann, dass die anderen Beteiligten die Tat trotzdem durchführen, trägt er – wie auch bei § 24 Abs. 2 StGB – das Risiko dieses „Misslingens seines Rücktritts", sofern er es nicht schafft, seinen Tatbeitrag vollständig rückgängig zu machen, was allerdings selten der Fall sein dürfte[3211]. Andererseits kann ein Täter auch durch bloßes Untätigbleiben die Tat verhindern und dadurch zurücktreten, wenn ohne ihn die Tat nicht durchgeführt werden kann und er dies auch weiß[3212] oder wenn sämtliche Beteiligten übereinkommen, von der Tat abzusehen[3213].

V. Die notwendige Teilnahme

Unter dem Begriff der notwendigen Teilnahme versteht man die Teilnahme an einem Delikt eines anderen, welches bereits vom Tatbestand her so gefasst ist, dass seine Verwirklichung eine Mitwirkung mehrerer Personen voraussetzt[3214]. Die notwendige Teilnahme kann dabei in zwei verschiedenen Formen vorkommen:

3208 Fall nach BGHSt 50, 142; hierzu *Kütterer-Lang*, JuS 2006, 206; *Steinberg*, GA 2008, 516.
3209 Anders allerdings *Kühl*, NStZ 2006, 94 (95); *Kütterer-Lang*, JuS 2006, 206 (207).
3210 BGHSt 50, 142 (147); vgl. auch LK-*Roxin*, 11. Aufl., § 31 Rn. 26; a. M. *Puppe*, JR 2006, 75 (76), die eine vorübergehende Tataufgabe ausreichen lässt und in einer möglichen abspracherwidrigen Tatbegehung des Angestifteten einen Exzess sieht; auch *Kütterer-Lang*, JuS 2006, 206 (208), beklagt, der BGH würde hier höhere Anforderungen stellen als bei § 24 StGB.
3211 Vgl. zu dieser Problematik BGHSt 28, 346; BGHSt 32, 133; *Eisele*, ZStW 112 (2000), 745 (767); *Kühl*, § 20 Rn. 257; *Wessels/Beulke/Satzger*, Rn. 1095 f.
3212 BGHSt 32, 133 (134 f.).
3213 BGH NStZ-RR 2016, 367.
3214 Vgl. zur notwendigen Teilnahme RGSt 2, 439; RGSt 5, 275; RGSt 5, 435; RGSt 61, 31; RGSt 71, 114; BGHSt 4, 396 (400 f.); BGHSt 17, 369 (373); LK-*Roxin*, 11. Aufl., Vor § 26 Rn. 32 ff.; *Magata*, JURA 1999, 246; *Otto*, Lange-FS 1976, S. 197; *Rönnau*, JuS 2005, 481 (482); *Roxin*, AT II, § 26 Rn. 41 ff.; *Wolter*, JuS 1982, 343; monographisch: *Gropp*, Deliktstypen mit Sonderbeteiligung: Untersuchung zur Lehre von der „notwendigen Teilnahme", 1991; *Lange*, Die notwendige Teilnahme, 1940; *Sowada*, Die „notwendige Teilnahme" als funktionales Privilegierungsmodell im Strafrecht, 1992; *Zöller*, Die notwendige Teilnahme, 1970.

1. Begegnungsdelikte

1376 Diese Deliktsgruppe setzt voraus, dass jedenfalls ein Beteiligter auf Täterseite und ein Beteiligter auf Opferseite **freiwillig** zusammenwirken[3215]. Dieses freiwillige Zusammenwirken von Täter und Opfer, insbesondere die einverständliche Mitwirkung des Tatopfers, wird zwar bei den meisten Delikten infolge eines tatbestandsausschließenden Einverständnisses oder einer rechtfertigenden Einwilligung zur Straflosigkeit des Täters führen. Ist ein solches Einverständnis oder eine solche Einwilligung allerdings unwirksam (z. B. bei § 216 StGB) oder aufgrund der tatbestandlichen Fassung des Delikts unbeachtlich (z. B. beim Wucher, § 291 StGB), macht sich jedenfalls der Täter strafbar. Der (notwendig) Teilnehmende muss in diesen Fällen jedoch (obwohl eine Teilnehmerstrafbarkeit konstruktiv denkbar wäre) straflos bleiben, sofern die Vorschrift gerade seinem Schutz dienen soll[3216]. Dies ergibt sich bereits aus dem Strafgrund der Teilnahme[3217]. Gleiches gilt für diejenigen Begegnungsdelikte, bei denen der Täter und ein Dritter zusammenwirken, wie etwa bei der Gläubigerbegünstigung, § 283c StGB[3218], sofern nicht das Gesetz, wie bei den Bestechungsdelikten, §§ 331 ff. StGB, die Strafbarkeit beider Beteiligter anordnet und der notwendige Teilnehmer nicht das Maß der notwendigen Teilnahme überschreitet.

> **Bsp. (1):** Lehrerin Linda geht ein Verhältnis mit ihrem 17-jährigen Schüler Edgar ein. – Linda ist wegen eines sexuellen Missbrauchs von Schutzbefohlenen nach § 174 Abs. 1 Nr. 2 StGB strafbar. Edgar ist straflos, da die Norm gerade seinem Schutz dienen soll.
>
> **Bsp. (2):** Die 80-jährige Klara fordert ihren Enkel Fritz ausdrücklich und ernsthaft dazu auf, ihrem „alten und kranken Leben" ein Ende zu setzen. Aus Mitleid erklärt sich Fritz dazu bereit. Der Versuch, Klara mit Gift zu töten, schlägt jedoch fehl. – Hier hat sich Fritz wegen einer versuchten Tötung auf Verlangen strafbar gemacht, §§ 216, 22 StGB. Obwohl bei Klara eine Anstiftung zur versuchten Tötung auf Verlangen, §§ 216, 22, 26 StGB, konstruktiv möglich wäre, bleibt auch sie hier infolge notwendiger Teilnahme straflos, da auch § 216 StGB das Inidividualrechtsgut Leben schützt, welches vom Getöteten selbst nicht angegriffen werden kann (= Straflosigkeit der Selbsttötung)[3219].
>
> **Bsp. (3)**[3220]**:** Anton entführt den Fabrikanten Fritz und fordert von dessen Ehefrau Paula ein Lösegeld in Höhe von 100 000 Euro. Paula geht darauf ein und bittet Hans, einen Freund des Fritz, als Lösegeldbote das Geld zu überbringen, was dieser auch macht. – Weder Paula noch Hans machen sich hier wegen Beihilfe zum erpresserischen Menschenraub, §§ 239a, 27 StGB, bzw. zur räuberischen Erpressung, §§ 253, 255, 27 StGB, strafbar. Dies folgt im Hinblick auf Paula bereits daraus, dass sie selbst das Erpressungsopfer ist und die Vorschrift daher ihrem Schutz dienen soll. Aber auch Hans ist hier straflos, da er auf Paulas Bitte tätig wurde[3221].

3215 Vgl. zu den Begegnungsdelikten bereits oben Rn. 187.
3216 RGSt 65, 416 (417); BGHSt 10, 386 (387); *Jescheck/Weigend*, § 64 V 2a; *Rönnau*, JuS 2005, 481 (482); *Roxin*, AT II, § 26 Rn. 44; *Wessels/Beulke/Satzger*, Rn. 921; *Wolter*, JuS 1982, 343 (344 f.); vgl. zum Ganzen auch *Magata*, JURA 1999, 246 (252).
3217 *Frister*, 28. Kap. Rn. 8 f.; zum Strafgrund der Teilnahme vgl. oben Rn. 1269 ff.
3218 RGSt 2, 439 (440 f.); LK-*Roxin*, 11. Aufl., Vor § 26 Rn. 32; *Magata*, JURA 1999, 246 (248, 253); vorsichtiger im Hinblick auf eine Anstiftung RGSt 5, 275 (276 f.); RGSt 5, 435 (436 f.); a. M. *Herzberg*, GA 1971, 1 (9 f.); *ders.*, JuS 1975, 792 (795).
3219 Vgl. zu dieser Konstellation bereits oben Rn. 1272 ff.
3220 Vgl. hierzu *Rönnau*, JuS 2005, 481.
3221 Zum Spezialproblem der Beteiligung an einer notwendigen Teilnahme *Rönnau*, JuS 2005, 481, der hier von einer wirksamen Einwilligung des Opfers ausgeht; im Ergebnis ebenso, aber mit abweichender Begründung *Arzt/Weber/Heinrich/Hilgendorf-B. Heinrich*, § 18 Rn. 21; *Jakobs*, 24/9; LK-*Roxin*, 11. Aufl., Vor § 26 Rn. 42; *Roxin*, AT II, § 26 Rn. 56.

2. Sonstige Fälle

In den sonstigen Fällen notwendiger Teilnahme (zumeist bezeichnet als „Konvergenzdelikte"[3222]), wenn bei einem Zusammenwirken mehrerer Personen nicht einer als Täter und der andere als Opfer angesehen werden kann (insbesondere weil die Norm nicht gerade dem Schutz des einen Beteiligten dient), gelten keine Besonderheiten. Hier werden sämtliche Mitwirkenden wegen ihrer Tatbeteiligung bestraft.

1377

> **Bsp.:** Zwei Geschwister vollziehen gemeinsam den Beischlaf. – Nach § 173 Abs. 2 Satz 2 StGB sind beide wegen Beischlafs zwischen Verwandten strafbar. Dies gilt lediglich nach Abs. 3 für denjenigen nicht, der zum Tatzeitpunkt noch nicht volljährig ist.

3222 *Kindhäuser/Zimmermann*, § 38 Rn. 6; *Magata*, JURA 1999, 246.

Teil XI: Konkurrenzen und Wahlfeststellung

§ 40 Konkurrenzen

Einführende Aufsätze: *Bauerkamp/Chastenier*, Grundzüge der strafrechtlichen Konkurrenzlehre (§§ 52 ff. StGB), ZJS 2020, 347, 432; *Dorn-Haag*, Die Konkurrenzen in der gutachterlichen Fallbearbeitung, JURA 2020, 322; *Geisler*, Der Beschluß des Großen Senats zum Fortsetzungszusammenhang, JURA 1995, 74; *Geppert*, Grundzüge der Konkurrenzlehre (§§ 52 bis 55 StGB), JURA 1982, 358, 418; *ders.*, Die „fortgesetzte Tat" im Spiegel jüngerer Rechtsprechung und neuerer Literatur, JURA 1993, 649; *ders.*, Zur Rechtsfigur der Tateinheit durch Verklammerung, JURA 1997, 214; *ders.*, Grundzüge der Konkurrenzlehre (§§ 52 bis 55 StGB), JURA 2000, 598, 651; *Greip*, Verblüffend einfach: Die nachträgliche Bildung der Gesamtstrafe nach §§ 55 StGB, 460 StPO, JuS 1994, 690; *Kretschmer*, Konkurrenzlehre (§§ 52 und 53 StGB) im Strafrecht, JA 2019, 581, 666; *Kühl*, Das leidige Thema der Konkurrenzen, JA 1978, 475; *Mitsch*, Konkurrenzen im Strafrecht, JuS 1993, 385; *ders.*, Gesetzeseinheit im Strafrecht, JuS 1993, 471; *Puppe*, Was ist Gesetzeskonkurrenz?, JuS 2016, 961; *dies.*, Die Lehre von der Tateinheit, JuS 2017, 503, 637; *Rückert*, Die Lehre von den Konkurrenzen in der Klausurpraxis, JA 2014, 826; *Schroeder*, Die Behandlung der natürlichen Handlungseinheit in strafrechtlichen Übungsarbeiten, JURA 1980, 240; *Seher*, Zur strafrechtlichen Konkurrenzlehre – Dogmatische Strukturen und Grundfälle, JuS 2004, 392, 482; *Seier*, Die Gesetzeseinheit und ihre Rechtsfolgen, JURA 1983, 225; *Sowada*, Probleme der natürlichen Handlungseinheit, JURA 1995, 245; *Steinberg/Bergmann*, Über den Umgang mit den „Konkurrenzen" in der Strafrechtsklausur, JURA 2009, 905; *Tiedemann*, Grundzüge der Konkurrenzlehre, JuS 1987, L 17; *Wagemann*, Natürliche Handlungseinheit bei Angriffen auf höchstpersönliche Rechtsgüter, JURA 2006, 580; *Walter*, Zur Lehre von den Konkurrenzen: Die Bedeutung der Konkurrenzen und wie man sie prüft, JA 2004, 133; *ders.*, Zur Lehre von den Konkurrenzen: Handlungseinheit und Handlungsmehrheit, JA 2004, 572; *ders.*, Zur Lehre von den Konkurrenzen: die Gesetzeskonkurrenz, JA 2005, 468; *Warda*, Grundfragen der strafrechtlichen Konkurrenzlehre, JuS 1964, 81.

Übungsfälle: *Mitsch*, Kein Kavalier der Straße, JuS 1993, 222.

Rechtsprechung: BGHSt 2, 246 – Ex-Braut (Klammerwirkung); **BGHSt 4, 219** – Verkaufsbude (natürliche Handlungseinheit); **BGHSt 18, 376** – Unterhaltspflicht (Konkurrenz bei gleichzeitigem Unterlassen mehrerer Pflichten); **BGHSt 40, 138** – Fortsetzungstaten (Ende der Rechtsfigur des Fortsetzungszusammenhangs); **BGHSt 41, 368** – Dagobert (mehrmaliges Ansetzen zur Tatbestandsverwirklichung als rechtlich eine Handlung); **BGHSt 46, 24** – Schnapsflasche (Tateinheit von §§ 251, 22 StGB und § 227 StGB); **BGHSt 53, 23** – Grillanzünder (Tateinheit von § 224 Abs. 1 Nr. 5 StGB und § 226 StGB).

I. Grundlagen

1378 Nach der Prüfung, welche Strafvorschriften der Täter durch welche Handlung(en) erfüllt hat, ist – nicht nur in der strafrechtlichen Praxis, sondern auch in der juristischen Klausur – festzustellen, ob und in welcher Form diese Straftatbestände im **Urteilstenor** Berücksichtigung finden. Dieser Urteilstenor setzt sich sowohl aus dem **Schuldspruch** („Der Täter wird wegen Diebstahls [...]") als auch dem **Rechtsfolgenausspruch** oder **Strafausspruch** („[...] zu einer Freiheitsstrafe von drei Jahren verurteilt") zusammen. Dabei spielen die Konkurrenzen in erster Linie für die Frage, welche Tatbestände im Schuldspruch auftauchen, eine wesentliche Rolle. Da der Schuldspruch die Grundlage für die Strafzumessung ist, haben die Konkurrenzen auch für die Entscheidung, welche Strafe letztlich verhängt wird, eine entscheidende Bedeutung. Daher sind die Konkurrenzen, geregelt in §§ 52–55 StGB, auch der einzige Bereich des Strafrechts, der mit Sicherheit in jeder Klausur vorkommt[3223].

Denn man wird in einer strafrechtlichen Klausur (hier durchaus im Gegensatz zur strafrechtlichen Praxis) kaum einmal zu dem Ergebnis kommen, dass nach einer umfassenden Prüfung der Strafbarkeit am Ende sämtliche Beteiligten straflos ausgehen. Eher selten ist es auch, dass man lediglich zur Strafbarkeit wegen der Erfüllung nur eines einzigen Straftatbestandes gelangt. In aller Regel haben die einzelnen Beteiligten mehrere Straftatbestände verwirklicht und es muss geprüft werden, ob wegen sämtlicher Straftatbestände eine Strafe auszusprechen ist oder ob am Ende einzelne Tatbestände zurücktreten, was letztlich auch Einfluss auf die zu verhängende Strafe haben kann. Denn das deutsche Strafrecht geht in §§ 52 ff. StGB einerseits davon aus, dass nicht wegen jeder Gesetzesverletzung eine eigene Strafe auszusprechen ist, die am Ende schlichtweg mit den weiteren verwirklichten Einzelstrafen addiert wird (Kumulationsprinzip). Andererseits wird auch nicht für sämtliche begangenen Delikte lediglich eine Strafe ausgesprochen (Einheitsstrafe)[3224]. 1379

Vielmehr muss zwischen verschiedenen Formen von Konkurrenzverhältnissen differenziert werden[3225], die – da sie zu unterschiedlichen Rechtsfolgen führen – gut auseinander zu halten sind und die am folgenden Ausgangsfall verdeutlicht werden sollen: 1380

> **Ausgangsfall:** Anton entwendet beim Eisenwarenhändler Herbert eine Eisenstange. Tags darauf schlägt er auf der Straße die Rentnerin Renate mit dieser Eisenstange bewusstlos und entwendet deren Handtasche.

1. Erstens kann eine vom Täter verwirklichte Strafnorm vollständig in einer anderen, gleichzeitig verwirklichten Strafnorm aufgehen. In diesem Fall tritt sie in vollem Umfang zurück, d. h. man bestraft hier nur wegen **einer Straftat**. 1381

> **Ausgangsfall:** Anton hat Renate mit Gewalt (= Niederschlagen) die Handtasche entwendet. Durch die Wegnahme der Tasche (= fremde bewegliche Sache) mittels Gewaltanwendung hat Anton sowohl einen Diebstahl (§ 242 StGB) als auch einen Raub (§ 249 StGB) begangen. Da in jedem Raub notwendigerweise sämtliche Elemente des Diebstahls enthalten sind, verliert der Diebstahl seinen eigenständigen Gehalt und tritt daher zurück. Da Anton beim Raub auch ein gefährliches Werkzeug verwendet hat (und durch den Schlag Renate in die Gefahr des Todes brachte), liegt gleichzeitig auch ein schwerer Raub vor, § 250 Abs. 2 Nr. 1 und Nr. 3b StGB, der seinerseits den einfachen Raub (sowie den Diebstahl mit Waffen, § 244 Abs. 1 Nr. 1a StGB) verdrängt.

2. Als nächstes ist der Fall zu untersuchen, dass durch **eine Handlung** nicht nur mehrere unterschiedliche Strafnormen erfüllt werden, die im Verhältnis des 1382

3223 So auch *Geppert*, JURA 2000, 598; *v. Heintschel-Heinegg*, JA 2008, 899 (900); *Kretschmer*, JA 2019, 581 (582); *Puppe*, JuS 2016, 961; *Rückert*, JA 2014, 826; *Steinberg/Bergmann*, JURA 2009, 905; *Walter*, JA 2004, 133.
3224 So aber z.B. in Österreich (§ 28 Abs. 1 östStGB) und in der Schweiz (Art. 68 Abs. 1 S. 1 schweizStGB); auch im deutschen Jugendstrafrecht gilt nach § 31 Abs. 1 JGG das System der Einheitsstrafe.
3225 Vgl. hierzu auch *Puppe*, § 33 Rn. 1 ff.

„Mehr oder Weniger" stehen, sondern dass durch die verschiedenen Strafnormen auch unterschiedliche Rechtsgüter verletzt werden. Dann liegt ein Fall der **Tateinheit** oder **Idealkonkurrenz** nach § 52 StGB vor.

> **Ausgangsfall:** Neben dem schweren Raub hat Anton durch das Niederschlagen gleichzeitig eine gefährliche Körperverletzung, §§ 223, 224 Abs. 1 Nr. 2, Nr. 5 StGB, begangen. Diese tritt **nicht** hinter den schweren Raub zurück, da sie nicht notwendigerweise in jedem Raub enthalten ist (ein Raub ist nach § 249 StGB auch in der Form möglich, dass der Täter dem Opfer „lediglich" mit einer gegenwärtigen Gefahr für Leib oder Leben droht, zu einer Verletzung muss es also nicht gekommen sein). Da die Gewaltanwendung im Rahmen des Raubes und die Körperverletzung durch **eine Handlung** (= Niederschlagen) begangen wurden, liegt Tateinheit zwischen dem (schweren) Raub und der (gefährlichen) Körperverletzung vor. – Dagegen tritt die einfache Körperverletzung, § 223 StGB, hinter der gefährlichen Körperverletzung, § 224 StGB, zurück, da es sich in diesem Verhältnis wiederum um ein „Mehr oder Weniger" handelt.

1383 3. Schließlich ist auch noch der Fall zu betrachten, dass der Täter durch **mehrere Handlungen** mehrere Straftaten begangen hat, die nicht notwendigerweise etwas miteinander zu tun haben. Dann liegt ein Fall der **Tatmehrheit** oder **Realkonkurrenz** nach § 53 StGB vor.

> **Ausgangsfall:** Anton hat tags zuvor die Eisenstange bei Herbert entwendet. Hierdurch hat er einen Diebstahl, § 242 StGB, begangen, der äußerlich mit dem tags darauf begangenen schweren Raub zu Lasten Renates nichts zu tun hat. Der Diebstahl wurde durch eine vollkommen andere Handlung vollzogen und betraf ein anderen Rechtsgutsträger (das Eigentum Herberts). Antons Motivation, die Eisenstange später zu einem Raub zu verwenden, bleibt dabei unberücksichtigt. Beide Straftaten stehen weder in einem räumlichen noch in einem zeitlichen Zusammenhang. Es liegt hier der klassische Fall einer Tatmehrheit vor.

II. Die einzelnen Konkurrenzen im Überblick

1384 Bevor im Folgenden auf die Fragen eingegangen wird, a) wann **eine** Handlung oder wann **mehrere** Handlungen vorliegen und b) wann und warum eine Strafnorm hinter einer anderen zurücktritt, soll an dieser Stelle kurz dargestellt werden, welche **Konsequenzen** die oben genannte Einordnung (Zurücktreten, Tateinheit oder Tatmehrheit) nach sich zieht[3226]. Denn nur dann, wenn klar ist, welche Folgen die einzelnen Konkurrenzverhältnisse haben, kann man begreifen, welchen Zwecken die Konkurrenzlehre eigentlich dient.

1385 Die Konkurrenzlehre betrifft einerseits die Lehre von der **Straftat**, andererseits ist sie wesentlich für die Beurteilung der konkret auszusprechenden **Strafe**. Sie steht daher systematisch zwischen der Bestimmung der Strafbarkeit an sich (wegen welcher Vorschriften hat sich der Täter strafbar gemacht) und der – im Rahmen des universitären Studiums regelmäßig nicht zu berücksichtigenden – Strafzumessung.

1. Unechte Konkurrenz: Ein Tatbestand wird ein Mal verwirklicht

1386 Wird durch eine Handlung lediglich ein Tatbestand ein Mal verwirklicht, liegt lediglich eine Tat und somit gar kein Konkurrenzverhältnis vor.

> **Bsp.:** Anton zielt mit einer Pistole auf Bruno und schießt. Bruno sinkt getroffen zu Boden und stirbt. – Hier hat Anton durch eine Handlung (= Schuss) einen Erfolg (=

[3226] Vgl. hierzu auch *Puppe*, § 33 Rn. 17 f; *dies.*, JuS 2017, 637 (637 f.).

Brunos Tod) bewirkt. Er hat den Tatbestand des Totschlags **ein Mal** verwirklicht. Er wird wegen **eines** Totschlags nach § 212 StGB zu **einer** Strafe verurteilt, deren Höhe sich aus dem entsprechenden Tatbestand ergibt. Treten keine besonderen Milderungen ein, wird er *„mit Freiheitsstrafe nicht unter fünf Jahren bestraft"*. Der Richter wird also z. B. folgende Strafe aussprechen: „Anton wird wegen Totschlags zu einer Freiheitsstrafe von acht Jahren verurteilt".

Dies klingt einfach und ist es zumeist auch. Problematisch wird es nur dann, wenn aufgrund einer rechtlichen Wertung mehrere natürliche Handlungen **zu einer Handlung zusammengefasst** werden. Man spricht hier auch von der sog. **unechten Konkurrenz**, was an sich widersprüchlich ist, da hier genau genommen gar kein Konkurrenzverhältnis vorliegt. Denn in diesen Fällen bleibt am Ende eben nur ein Tatbestand übrig, der ein Mal verwirklicht wurde[3227].

Bsp. (1): Anton gibt Bruno auf einer Party in schneller Folge fünf kräftige Ohrfeigen. – In diesem Fall werden mehrere natürliche Handlungen zu rechtlich einer Handlung zusammengefasst[3228]. Denn es wäre unsinnig, Anton hier wegen fünf Körperverletzungen zu bestrafen. Es liegt also im Ergebnis nur **eine Körperverletzung** vor. Anton wird nur zu **einer Strafe** verurteilt.

Bsp. (2): Anton ruft Berta auf der Straße hinterher, sie sei eine dumme Gans, ziemlich bescheuert und zu nichts zu gebrauchen. – Auch hier liegt lediglich **eine Beleidigung**, § 185 StGB, und nicht etwa wegen jeder Äußerung eine eigenständige Straftat vor.

2. Scheinbare Konkurrenz: Zwei Tatbestände werden verwirklicht, einer tritt vollständig hinter den anderen zurück

Andererseits gibt es Fälle, in denen mehrere Tatbestände verwirklicht werden, man aber letztlich nur wegen der Verwirklichung **eines Straftatbestandes** bestraft. Da in diesen Fällen auch nur ein Straftatbestand im Schuldspruch auftaucht, spricht man hier von **scheinbarer Konkurrenz**.

Ausgangsfall: Wenn Anton die Renate mit einer Eisenstange niederschlägt und ihre Handtasche entwendet, verdrängt, wie oben gesehen[3229], der schwere Raub, § 250 StGB, sowohl den Grundtatbestand des einfachen Raubes als auch den Diebstahl (mit Waffen). Treffen, wie hier (§ 249 StGB und § 250 StGB), Grundtatbestand und Qualifikation zusammen, wird also nur wegen des qualifizierten Delikts bestraft. Gleiches gilt, wenn ein Delikt vollständig in einem anderen enthalten ist (ohne dass eine „Qualifikation" vorliegt, wie z. B. im Verhältnis von Diebstahl und Raub). Der Richter bestraft hier also wegen schweren Raubes und entnimmt die Strafe dem Strafrahmen des § 250 Abs. 2 StGB (Freiheitsstrafe nicht unter fünf Jahren). Das Urteil kann hier also lauten: „Anton wird wegen schweren Raubes zu einer Freiheitsstrafe von sieben Jahren verurteilt". Der gleichzeitig verwirklichte einfache Raub taucht im Schuldspruch ebenso wenig auf wie der im Raub enthaltene Diebstahl.

Obwohl der Tatbestand erfüllt ist, wird der Diebstahl im Schuldspruch somit weder extra genannt noch wird für ihn eine besondere Strafe festgesetzt. Es bleibt dabei: Der Täter wird wegen **eines schweren Raubes** zu **einer Strafe** verurteilt.

3227 Hierzu auch *Kühl*, § 21 Rn. 5, der jedoch nicht zwischen scheinbarer und unechter Konkurrenz differenziert; andererseits wird der Begriff der „unechten Konkurrenz" auch teilweise synonym für die Gesetzeskonkurrenz gebraucht; vgl. *Wessels/Beulke/Satzger*, Rn. 1265; für BWME-*Mitsch*, § 27 Rn. 8, ist dagegen ein „scheinbare Konkurrenz" ein Synonym für die Gesetzeskonkurrenz; die Terminologie ist also nicht einheitlich.
3228 Wann dies der Fall ist, ist nicht immer einfach zu beurteilen; vgl. hierzu noch ausführlich unten Rn. 1411 f.
3229 Vgl. oben Rn. 1381.

Es liegt also letztlich nur eine **scheinbare Konkurrenz**³²³⁰ vor. Von der **unechten Konkurrenz** unterscheidet sich diese **scheinbare Konkurrenz** dadurch, dass wenigstens vom Wortlaut her mehrere verschiedene Tatbestände erfüllt sind, auch wenn am Ende infolge des Zurücktretens des Diebstahls nur ein Tatbestand übrig bleibt.

3. Echte Konkurrenz: Zwei Tatbestände werden verwirklicht, beide tauchen im Schuldspruch auf

1390 Anzusprechen sind nun noch diejenigen Fälle, in denen am Ende tatsächlich mehrere selbstständige Straftatbestände übrig bleiben, die im Schuldspruch des Urteils eigens genannt werden (in denen also kein Fall unechter oder scheinbarer Konkurrenz vorliegt). Diese Fälle der **echten Konkurrenz** sind gesetzlich ausdrücklich in den §§ 52 und 53 StGB geregelt.

1391 a) **Tateinheit oder Idealkonkurrenz, § 52 StGB.** § 52 StGB regelt den Fall, dass der Täter durch **eine Handlung** mehrere Delikte begeht. Dabei sind zwei Möglichkeiten denkbar³²³¹:

1392 **Gleichartige Konkurrenz** liegt vor, wenn der Täter durch eine Handlung denselben Tatbestand mehrfach erfüllt.

> **Bsp.:** Anton tötet durch das Zünden einer Bombe 15 Menschen – er wird deshalb wegen Mordes in 15 Fällen, §§ 212, 211 StGB, bestraft.

1393 **Ungleichartige Konkurrenz** liegt vor, wenn der Täter durch eine Handlung mehrere unterschiedliche Tatbestände verwirklicht.

> **Bsp.:** Im Rahmen einer Party seines Freundes Bruno nimmt Anton eine herumstehende wertvolle Porzellanvase und zertrümmert diese auf dem Kopf seines Nebenbuhlers Norbert. Hier liegt – begangen durch eine Handlung – sowohl eine Sachbeschädigung an der Vase, § 303 StGB, als auch eine gefährliche Körperverletzung, §§ 223, 224 Abs. 1 Nr. 2 und Nr. 5 StGB, vor.

1394 Die Erfüllung mehrerer Tatbestände kann sich dabei entweder gegen einen oder aber gegen mehrere Rechtsgutsträger richten.

> **Bsp.:** Die 15 Morde richten sich notwendigerweise gegen 15 verschiedene Personen. Wird der Täter wegen Sachbeschädigung und Körperverletzung bestraft, kann sich die Tat entweder gegen denselben Rechtsgutsträger richten (wenn der Verletzte zugleich Eigentümer der Sache war) oder zwei verschiedene Personen betreffen (wenn der Verletzte, wie im eben genannten Fall, nicht Eigentümer der Sache war).

1395 Liegt insoweit eine **echte Konkurrenz** vor, stehen die verschiedenen verwirklichten Delikte in Idealkonkurrenz, § 52 StGB, wenn sie durch **eine Handlung** begangen wurden. Liegen dagegen **mehrere Handlungen** vor, ist die sogleich noch zu besprechende Realkonkurrenz, § 53 StGB, gegeben³²³².

> **Bsp.:** Wenn Anton durch eine Bombe 15 Menschen tötet, liegt eine Handlung (= Idealkonkurrenz) vor. Tötet der Serienmörder an 15 aufeinander folgenden Tagen jeweils einen Menschen, sind dagegen mehrere Handlungen gegeben (= Realkonkurrenz).

1396 Diese Frage (eine oder mehrere Handlungen) hat nun entscheidenden Einfluss auf das Strafmaß. Es wurde bereits darauf hingewiesen, dass dem deutschen Straf-

---
3230 Vgl. zu diesem Begriff auch *Kühl*, § 21 Rn. 5; *Walter*, JA 2004, 133 (136).
3231 Hierzu auch *Geppert*, JURA 2000, 651; *Walter*, JA 2004, 133 (134).
3232 Hierzu noch ausführlich unten Rn. 1400 ff.

recht eine reine Kumulation verschiedener Strafen für einzelne Delikte fremd ist[3233]. Begründet wird dies damit, dass eine bloße Addition von Einzelstrafen das Maß der Schuld des Täters übersteigen würde (und man zudem die unsinnige Konsequenz vermeiden will, den Täter z. B. zu 479 Jahren Freiheitsstrafe verurteilen zu müssen)[3234]. Vielmehr findet sich in den §§ 52 ff. StGB eine differenzierende Regelung, die von dem Grundgedanken ausgeht, dass der Täter besser stehen muss, wenn er mehrere Straftatbestände durch **eine Handlung** erfüllt (= Idealkonkurrenz), als wenn er diese durch **mehrere Handlungen** verwirklicht (= Realkonkurrenz)[3235].

Werden durch dieselbe Handlung mehrere Straftatbestände erfüllt, die auch selbstständig im Schuldspruch auftauchen (Idealkonkurrenz, § 52 StGB), so wird im Ergebnis nur auf **eine Strafe** erkannt. Der Täter wird im Strafausspruch nach dem Strafrahmen beurteilt, den die **schwerste Tat** vorgibt (sog. **Absorptionsprinzip**)[3236].

Für die anderen Taten wird überhaupt keine Strafe ausgesprochen, sie gelten durch die Bestrafung wegen der schwersten Tat als mit abgegolten. Allerdings erscheinen sie, wie erwähnt, im Schuldspruch und kennzeichnen daher das Unrecht der Tat. Sie fallen also hinsichtlich des **Schuldvorwurfes**, den man dem Täter macht, nicht weg, sondern sind lediglich im Hinblick auf den zur Verfügung stehenden **Strafrahmen** unbeachtlich.

> Bsp.: Ein Urteilstenor könnte also lauten: „Rudi Rottler wird wegen versuchten Totschlags in Tateinheit mit Körperverletzung und Sachbeschädigung [= Schuldspruch] zu einer Freiheitsstrafe von drei Jahren [= Strafausspruch] verurteilt". – Dies gilt im Übrigen auch dann, wenn mehrere Straftaten denselben Strafrahmen besitzen: „Bruno Bauer wird wegen fünf tateinheitlich begangener Morde zu einer lebenslangen Freiheitsstrafe verurteilt".

Im Gegensatz zu den oben genannten Fällen der scheinbaren Konkurrenz, in denen der verdrängte Tatbestand weder im Schuld- noch im Strafausspruch auftaucht, hat die Aufnahme der weniger schwerwiegenden Delikte im Schuldspruch folgende Konsequenzen: a) durch die Aufnahme in den Schuldspruch kann die Tat vollständig beschrieben werden, das **„Unwerturteil"** über die Tat und den Täter ist insoweit abschließend; b) sämtliche im Schuldspruch auftauchende Delikte werden ins **Bundeszentralregister** aufgenommen und können daher bei einer erneuten Verurteilung als „einschlägige Vorstrafen" zur Strafschärfung herangezogen werden; c) zwar wird der Strafrahmen ausschließlich dem schwersten Delikt entnommen, die weiteren Delikte können jedoch bei der konkreten **Strafzumessung** berücksichtigt werden (wenn als Strafmaß beim Raub „Freiheitsstrafe nicht unter einem Jahr" vorgesehen ist, stellt es dennoch einen Unterschied dar, ob der Richter gerade ein Jahr Freiheitsstrafe verhängt oder – unter Berücksichtigung der Tatsache, dass im Rahmen des Raubes fünf Personen vom Täter schwer verletzt wurden – das Urteil auf fünf oder zehn Jahre Freiheitsstrafe lautet).

b) **Tatmehrheit oder Realkonkurrenz, § 53 StGB.** Etwas komplizierter – und für den Täter ungünstiger – ist die Berechnung dann, wenn die Straftaten nicht durch

---

3233 Anders allerdings im Ordnungswidrigkeitenrecht, § 20 OWiG.
3234 Hierzu auch *Wessels/Beulke/Satzger*, Rn. 1239.
3235 Hierzu auch *Kretschmer*, JA 2019, 581 (583).
3236 Hierzu *Dorn-Haag*, JURA 2020, 322 (323).

eine Handlung, sondern durch **mehrere Handlungen** begangen wurden. Wie bei der Idealkonkurrenz können sich die verschiedenen Handlungen auch hier auf denselben Straftatbestand beziehen (gleichartige Realkonkurrenz; Bsp.: Anton zertrümmert regelmäßig am Samstag nach dem Diskothekenbesuch auf dem Heimweg fremde Autos) oder aber verschiedene Straftatbestände betreffen (ungleichartige Realkonkurrenz; Bsp.: Bruno tötet am Montag seine Ehefrau und begeht am Dienstag einen Banküberfall).

1401 Liegt Tatmehrheit vor, so wird, da hier die Schuld des Täters als höher anzusehen ist, für jede der begangenen Straftaten eine gesonderte Strafe ausgesprochen. Aus diesen **Einzelstrafen** wird dann eine **Gesamtstrafe** gebildet. Zwar erscheint im Urteilstenor nur diese Gesamtstrafe, die Einzelstrafen werden aber in den Urteilsgründen gesondert erwähnt. Bei der Bildung der Gesamtstrafe findet nun wiederum **keine reine Addition der Einzelstrafen** statt. Nach **§ 54 StGB** wird der Gesamtstrafe die schwerste (Einzel)Strafe zugrunde gelegt (Einsatzstrafe) und unter Berücksichtigung der anderen Strafen leicht erhöht (sog. **„Asperationsprinzip"**)[3237].

Im **Ausgangsfall** (Diebstahl der Eisenstange, um tags darauf die Rentnerin Renate bewusstlos zu schlagen und zu berauben) muss der Richter also zuerst die Einzelstrafen für die durch die verschiedenen Handlungen begangenen Delikte festlegen. So kann er z. B. wegen des begangenen Diebstahls der Eisenstange eine Freiheitsstrafe von acht Monaten und wegen des schweren Raubes (in Tateinheit mit gefährlicher Körperverletzung) eine Freiheitsstrafe von fünf Jahren verhängen. Hieraus ist nun eine Gesamtstrafe zu bilden, indem die höhere Strafe (fünf Jahre Freiheitsstrafe) als Einsatzstrafe genommen und unter Berücksichtigung der geringeren Strafen erhöht wird.

1402 Wie stark diese Erhöhung ist, liegt im **Ermessen des Richters**, der unter Berücksichtigung der Persönlichkeit des Täters eine **neue (Gesamt)Strafzumessung** vornimmt. Die Gesamtstrafe darf dabei nicht geringer sein als die höchste Einzelstrafe (= Einsatzstrafe) und nicht höher als die Addition aller Einzelstrafen.

Im **Ausgangsfall** könnte der Richter also eine Freiheitsstrafe verhängen, die zwischen fünf Jahren (Einsatzstrafe für den begangenen schweren Raub) und fünf Jahren und acht Monaten (bei Kumulation der Strafen) liegt.

1403 In der Praxis zeigt sich die Tendenz, dass bei der Bildung der Gesamtstrafe die höchste Strafe veranschlagt und mit der Hälfte der zweithöchsten Strafe addiert wird.

Im **Ausgangsfall** könnte das Urteil daher lauten: „Anton Maier wird wegen eines in Tateinheit mit einer gefährlichen Körperverletzung begangenen schweren Raubes sowie wegen Diebstahls zu einer Freiheitsstrafe von fünf Jahren und vier Monaten verurteilt".

1404 Wichtig ist also auch hier, dass am Ende nur auf **eine Strafe** erkannt wird. Der Verurteilte soll aus dem Urteilstenor unmittelbar ersehen können, welche (Gesamt)Strafe ihn erwartet. Die jeweils gebildeten Einzelstrafen tauchen, wie erwähnt, im Urteilstenor nicht auf. Sie müssen allerdings in der Begründung des Urteils im Einzelnen genannt und auch begründet werden. Dies hat z. B. den Vorteil, dass keine erneute Strafzumessung stattfinden muss, wenn in der nächsten Instanz festgestellt wird, dass der Täter eine der beiden Taten nicht begangen hat.

Wird im **Ausgangsfall** in der Revisionsinstanz festgestellt, dass Anton die Eisenstange nicht entwendet und insoweit keinen Diebstahl begangen hat, so hebt das Gericht

---

[3237] Hierzu auch *Geppert*, JURA 2000, 651 (653 f.); *Rengier*, § 56 Rn. 78; *Walter*, JA 2004, 133 (134).

diesen Teil der Verurteilung auf. Es bleibt dann aber (ohne dass eine neue Strafzumessung stattfinden muss) bei der Verurteilung zu fünf Jahren Freiheitsstrafe wegen des in Tateinheit mit der gefährlichen Körperverletzung begangenen schweren Raubes.

Ergänzend soll in diesem Zusammenhang noch auf § 55 StGB hingewiesen werden. Es kann nämlich vorkommen, dass ein Täter mehrere Taten begangen hat, die von mehreren Gerichten abgeurteilt werden, ohne dass die jeweils anderen Verfahren den verschiedenen Richtern bekannt sind. Dann aber würde der Verurteilte den „Bonus" der eben geschilderten Gesamtstrafenbildung bei tatmehrheitlich begangenen Delikten verlieren. Daher kann in diesen Fällen **nachträglich eine Gesamtstrafe** gebildet werden, die für den Täter regelmäßig günstiger ausfällt als die Addition der Einzelstrafen. Denn es darf ihm nicht zum Nachteil gereichen, dass die einzelnen Verfahren nicht miteinander verbunden wurden. **1405**

> **Bsp.:** Anton wird vom Amtsgericht Berlin-Tiergarten wegen einer Körperverletzung zu sechs Monaten Freiheitsstrafe verurteilt. Wenig später wird er vom Amtsgericht Tübingen wegen eines vor der ersten Verurteilung begangenen Diebstahls zu einem Jahr Freiheitsstrafe verurteilt. – Hier muss nach § 55 StGB nachträglich eine Gesamtstrafe gebildet werden. Statt einem Jahr und sechs Monaten wird dann möglicherweise nur eine Freiheitsstrafe von einem Jahr und drei Monaten verhängt.

Diese nachträgliche Gesamtstrafenbildung nach § 55 StGB ist jedoch nur bei Straftaten möglich, die **beiden Urteilen** zeitlich vorgelagert waren (nur diese hätten die Richter in ihren Urteilen auch berücksichtigen können). Wird Anton also wegen eines Diebstahls verurteilt und verprügelt er aus Wut über diese Verurteilung beim Verlassen des Gerichtssaales den Justizwachtmeister, kann diesbezüglich später keine Gesamtstrafenbildung mehr erfolgen. **1406**

III. Prüfungsschema

Nach der Feststellung, welche Straftaten der Täter insgesamt begangen hat, folgt die Prüfung der Konkurrenzen gedanklich in zwei Schritten. Als Erstes muss gefragt werden, ob der Täter die verschiedenen Delikte durch eine oder durch mehrere Handlungen verwirklicht hat (unten 1.). Hier können auch bereits die Fälle der **unechten Konkurrenz** ausgeschieden werden, in denen der Täter durch eine Handlung das gleiche Rechtsgut desselben Rechtsgutsträgers mehrfach verletzt (Körperverletzung durch mehrere Schläge, Beleidigung durch mehrere üble Ausdrücke, Diebstahl mehrerer Sachen). Anschließend muss geprüft werden, ob auch tatsächlich alle Straftaten im Schuldspruch auftauchen sollen bzw. ob der Täter wegen aller dieser Taten verurteilt werden soll. Dies ist nur dann der Fall, wenn nicht eine der im Folgenden zu erörternden Fallgruppen der Gesetzeskonkurrenz oder eine mitbestrafte Vor- oder Nachtat vorliegt (unten 2.). **1407**

> **Klausurtipp:** Bei umfangreicheren Sachverhalten bietet sich regelmäßig eine Prüfung nach Sachverhaltskomplexen (= Handlungsabschnitten) an, die sich an den einzelnen Handlungen der Beteiligten zu orientieren haben. Dann aber wird zumeist auch jedem Sachverhaltskomplex „eine Handlung" (im Sinne der Konkurrenzregeln) zugrunde liegen[3238]. Die Konkurrenzen sollten dann zuerst innerhalb der einzelnen Handlungsabschnitte geklärt werden (zur besseren Übersicht am besten auch gleich am Ende des jeweiligen Sachverhaltskomplexes). Am Ende sind dann die Konkurrenzen der verschie- **1408**

3238 Hierzu auch *Kretschmer*, JA 2019, 581 (584).

denen Handlungsabschnitte untereinander zu erörtern[3239], wobei zwischen den einzelnen Handlungsabschnitten dann in der Regel Realkonkurrenz anzunehmen sein dürfte. Auch ist es angebracht, bei eindeutigen Fällen der Gesetzeskonkurrenz auf die gesonderte Prüfung des verdrängten Tatbestandes zu verzichten und es bei einem entsprechenden Hinweis im Ergebnissatz des vorrangigen Delikts zu belassen (z. B.: Anton ist daher wegen Raubes, § 249 StGB, zu bestrafen. Der zugleich verwirklichte Diebstahl bzw. die begangene Nötigung treten im Wege der Spezialität zurück)[3240].

1409 Diese Vorüberlegungen führen zu folgendem **Schaubild**:

Überblick Konkurrenzen	Ein Tatbestand wird nur einmal verwirklicht	Ein Tatbestand wird mehrmals erfüllt oder es werden mehrere Tatbestände verwirklicht (= echte Konkurrenz)	
		Schuldspruch wegen sämtlicher Taten (= wirkliche Konkurrenz)	Schuldspruch nur wegen einer Tat, da andere Taten verdrängt werden (= scheinbare Konkurrenz)
Eine Handlung (Handlungseinheit): – natürliche Handlung (z. B. eine Körperbewegung) – natürliche Handlungseinheit (mehrere natürliche Handlungen in engem zeitlichen und räumlichen Zusammenhang) – tatbestandliche Handlungseinheit (Verknüpfung mehrerer natürlicher Handlungen durch einen Tatbestand; z. B. Raub, § 249 StGB) – Verklammerung (mehrere Einzeldelikte werden durch eine – schwerere – Dauerstraftat verknüpft) – (Fortsetzungszusammenhang; veraltet)	Keine Konkurrenz (= unechte Konkurrenz) z. B. mehrere Schläge in schneller Folge als eine Körperverletzung	**§ 52 StGB**, Tateinheit oder Idealkonkurrenz Rechtsfolge: Strafe richtet sich nach der Strafandrohung des schwersten Delikts; Absorptionsprinzip	Gesetzeskonkurrenz – **Spezialität** (ein Tatbestand enthält einen anderen vollständig und zusätzlich noch weitere Merkmale; z. B. Qualifikationen) – **Subsidiarität** (ein Tatbestand tritt aufgrund ausdrücklicher gesetzlicher Anordnung oder aus systematischen Gründen zurück, z. B. § 246 StGB.) – **Konsumtion** (eine Strafnorm ist zwar nicht notwendige, aber typische Begleittat einer schwereren Norm)
Mehrere Handlungen (Handlungsmehrheit)	Nicht denkbar	**§ 53 StGB**, Tatmehrheit oder Realkonkurrenz Rechtsfolge: Bildung einer Gesamtstrafe; Asperationsprinzip (nicht: Kumulation)	– **mitbestrafte Vortat** (die der Vorbereitung der Haupttat dient) – **mitbestrafte Nachtat** (die der Sicherung der Haupttat dient, z. B. Sicherungsbetrug)

1. Unterscheidung: eine Handlung oder mehrere Handlungen

1410 Der für die Konkurrenzfrage entscheidende **materiell-rechtliche Handlungs- und Tatbegriff** i. S. der §§ 52 ff. StGB ist vom **prozessualen Tatbegriff** i. S. der §§ 155, 264 StPO und dem **Tatbegriff des Art. 103 Abs. 3 GG** zu unterscheiden. Letztere spielen z. B. eine Rolle dafür, ob ein Strafklageverbrauch eintritt, wenn

---

3239 Hinweise zur Behandlung der Konkurrenzen in der Fallbearbeitung finden sich auch bei *Kühl*, § 21 Rn. 69 ff., der allerdings in Rn. 75 ff. einer schrittweisen Darstellung der Konkurrenzen eher skeptisch gegenübersteht; hierzu ferner *Dorn-Haag*, JURA 2020, 322; *Gropp/Sinn*, § 14 Rn. 21 ff.; *Rengier*, § 56 Rn. 5 ff.; *Rückert*, JA 2014, 826; *Walter*, JA 2004, 133 (136); *Wessels/Beulke/Satzger*, Rn. 1292 ff.

3240 Vgl. in diesem Zusammenhang auch *Blei*, JuS 1963, 505 (509 Fn. 7); *Kühl*, § 21 Rn. 79; *Otto*, § 23 Rn. 35; *Walter*, JA 2004, 133 (136).

der Täter wegen einer Tat bereits verurteilt wurde³²⁴¹. Dieser Tatbegriff ist regelmäßig weiter und umfasst das gesamte Verhalten des Angeklagten, soweit es einen einheitlichen Lebensvorgang bildet³²⁴². Dagegen knüpft der materiell-rechtliche Handlungsbegriff an die „natürliche Handlung" an und erfasst darüber hinaus lediglich in geringerem Maße die sogleich noch im Einzelnen darzustellenden Fälle, in denen mehrere natürliche Handlungen im Rahmen einer **rechtlichen Bewertung** zu einer Handlung im Rechtssinne zusammengefasst werden. Lediglich dann, wenn eine der im Folgenden genannten Fallgruppen vorliegt, ist von **einer Handlung** im Rechtssinne auszugehen. Ist dies nicht der Fall, liegen notwendigerweise **mehrere Handlungen** vor.

a) Natürliche Handlung. Die natürliche Handlung ist die Grundform aller strafrechtlich relevanten Handlungen. Sie lässt sich regelmäßig durch die Vornahme (oder bei Unterlassungsdelikten: durch die Nichtvornahme³²⁴³) einer Körperbewegung kennzeichnen³²⁴⁴. Regelmäßig wird hier durch einen Handlungsentschluss eine Willensbetätigung realisiert³²⁴⁵. **1411**

> Bsp.: Ein Schuss, ein Schlag, das Zünden einer Bombe. Auch wer eine Bombe in eine Menschenmenge wirft und dabei zehn Menschen tötet, begeht nur **eine natürliche Handlung** (= Werfen der Bombe), selbst wenn dadurch mehrere höchstpersönliche Rechtsgüter verletzt werden³²⁴⁶. Ferner fällt hierunter auch ein beleidigender Satz, selbst wenn dieser aus mehreren Worten besteht³²⁴⁷.

Zu beachten ist dabei, dass jeweils an die natürliche Handlung derjenigen Person angeknüpft werden muss, deren Strafbarkeit im konkreten Fall beurteilt wird. Sind an einer Tat mehrere (insbesondere Täter und Teilnehmer) beteiligt, so ist diese Frage für jeden von ihnen gesondert zu prüfen, wobei man im Einzelfall zu unterschiedlichen Ergebnissen kommen kann³²⁴⁸. **1412**

> Bsp.: Anton übergibt Bruno 20 000 € mit der Aufforderung, er solle sämtliche fünf Liebhaber seiner Ehefrau töten. Bruno macht dies. – Hier nahm Anton selbst nur eine natürliche Handlung vor und ist daher auch nur wegen einer Anstiftung zu einem fünffachen Mord strafbar, selbst wenn der angestiftete Bruno fünf rechtlich selbststän-

---

3241 Vgl. hierzu *Seher*, JuS 2004, 392 (393); *Wankel*, JA 1997, 231.
3242 Hierzu BGHSt 35, 60 (62); *Walter*, JA 2004, 133 (135); *Wessels/Beulke/Satzger*, Rn. 1242.
3243 Zu den Unterlassungsdelikten vgl. *Kühl*, § 21 Rn. 9; anders lediglich, wenn seitens des Täters mehrere Handlungen erforderlich bzw. mehrere Pflichten zu erfüllen sind, wie z. B. mehrere Unterhaltszahlungen; hierzu BGHSt 18, 376 (379 f.). Dann liegen auch im Hinblick auf die Konkurrenzen mehrere Unterlassungen mit der Folge der Tatmehrheit vor.
3244 BGHSt 63, 1 (4 ff.); BGH NStZ-RR 2019, 9; *Geppert*, JURA 2000, 598 (600).
3245 Vgl. BGHSt 1, 20 (21); BGHSt 6, 81; BGHSt 63, 1 (5 f.); BGH NStZ 2016, 415; *Bauerkamp/Chastenier*, ZJS 2020, 347 (349); *Puppe*, JuS 2017, 637 (638); *Rengier*, § 56 Rn. 15; *Seher*, JuS 2004, 392 (393); *Wessels/Beulke/Satzger*, Rn. 1245.
3246 BGHSt 1, 20; BGHSt 2, 246 (247); BGHSt 6, 81; BGHSt 16, 397 (397 f.); *Dorn-Haag*, JURA 2020, 322 (324); *Geppert*, JURA 2000, 598 (601); *Kretschmer*, JA 2019, 581 (583); *Kühl*, § 21 Rn. 7; *Puppe*, § 34 Rn. 3; *Seher*, JuS 2004, 392 (393); *Steinberg/Bergmann*, JURA 2009, 905 (906); *Wessels/Beulke/Satzger*, Rn. 1245; vgl. allerdings auch BGH NStZ 1997, 493.
3247 Hier kann aber, insbesondere bei mehreren aufeinander folgenden Sätzen mit mehreren beleidigenden Äußerungen, auch eine natürliche Handlungseinheit vorliegen; vgl. unten Rn. 1413 ff.
3248 BGHSt 40, 218 (238); BGHSt 49, 177 (182 f.); BGHSt 56, 170 (172); BGH NJW 1995, 2933 (2933 f.); BGH wistra 2001, 336; BGH NStZ 2009, 443 (444); BGH NStZ-RR 2011, 367 (368); BGH NStZ 2013, 641; BGH NStZ 2015, 334; BGH wistra 2014, 437; BGH StV 2015, 421; BGH NStZ-RR 2017, 306 (306 f.); BGH NStZ 2020, 235 (236); BGH NStZ 2020, 403; *Dorn-Haag*, JURA 2020, 322 (329); *Geppert*, JURA 1997, 358 (366); *Kretschmer*, JA 2019, 581 (583 f.); *Kühl*, § 21 Rn. 6.

dige Taten begangen hat, die allesamt für ihn in Tatmehrheit stehen[3249]. – Gleiches würde auch dann gelten, wenn Bruno schuldunfähig und Anton daher nicht Anstifter, sondern mittelbarer Täter wäre. Auch dann läge in der Aufforderung an Bruno lediglich eine Handlung Antons, die zu mehreren „Erfolgen" führt[3250]. Ebenso ist bei der (sukzessiven) Mittäterschaft zu entscheiden, wenn der Tatbeitrag eines Mittäters sich lediglich auf eine (natürliche) Handlung im Vorfeld beschränkt[3251]. Ebenfalls von einer Handlungseinheit ist auszugehen, wenn ein Gehilfe durch mehrere Unterstützungshandlungen Beihilfe zu lediglich einer Haupttat leistet[3252].

1413 **b) Natürliche Handlungseinheit.** Eine natürliche Handlungseinheit liegt dann vor, wenn mehrere im Wesentlichen gleichartige Verhaltensweisen von einem einheitlichen Willen getragen werden und aufgrund ihres räumlich-zeitlichen Zusammenhangs derart eng miteinander verbunden sind, dass das gesamte Tätigwerden objektiv auch für einen Dritten bei natürlicher Betrachtungsweise als ein einheitliches zusammenhängendes Geschehen erscheint[3253]. In diesen Fällen ist lediglich eine Handlung im Rechtssinne anzunehmen, da eine Aufspaltung in verschiedene (Einzel)Handlungen dem Gesamtgeschehen nicht gerecht würde. Entscheidend ist aber stets, dass das Verhalten von einem einheitlichen Vorsatz getragen ist. Findet ein Vorsatzwechsel statt bzw. fasst der Täter einen neuen Tatentschluss, liegt auch eine neue Tat vor[3254]. Dagegen ist es unschädlich, wenn der Täter in schneller Folge das Tatmittel wechselt, also z. B. bei einer beabsichtigten Tötung zuerst mit einer Pistole schießt und anschließend mit einem Messer zusticht[3255].

1414 Die natürliche Handlungseinheit richtet sich in ihrer **Grundform** gegen dasselbe Rechtsgut und gegen denselben Rechtsgutsträger[3256]. Dabei kann es sich um eine

---

3249 Vgl. auch *Bauerkamp/Chastenier*, ZJS 2020, 347 (350); *Bock*, JA 2007, 599 (604); *Steinberg/Bergmann*, JURA 2009, 905 (906); *Wessels/Beulke/Satzger*, Rn. 1245; das Gleiche gilt für die Beihilfe; hierzu *Gaede*, JA 2007, 757 (762); *Geppert*, JURA 1997, 358 (366); *ders.*, JURA 1999, 266 (274); *Schönke/Schröder-Heine/Weißer*, § 27 Rn. 42; *Viehweger*, JuS 2019, 465 (469); aus der Rechtsprechung BGHSt 37, 214 (219); BGHSt 40, 374 (377); BGHSt 49, 306 (316); BGHSt 56, 170 (172); BGH NStZ 1999, 451; BGH NStZ 2000, 83; BGH NStZ 2000, 430; BGH NStZ 2007, 526 (526 f.); BGH NJW 2013, 2211 (2212); BGH NStZ 2020, 235 (236); BGH NStZ 2020, 403; anders noch RGSt 5, 227 (229); RGSt 38, 26.
3250 BGHSt 40, 218 (238 f.); BGH wistra 1996, 230; *Brandts*, JURA 1986, 495 (498); *Kühl*, § 21 Rn. 8; *Schönke/Schröder-Sternberg-Lieben/Bosch*, § 52 Rn. 21; *Wessels/Beulke/Satzger*, Rn. 1245.
3251 BGHSt 49, 177 (183); BGHSt 56, 170 (172); BGH wistra 2001, 336; BGH NStZ-RR 2017, 306 (307); BGH NStZ-RR 2018, 44 (45); *Schönke/Schröder-Sternberg-Lieben/Bosch*, § 52 Rn. 21; *Wessels/Beulke/Satzger*, Rn. 1245.
3252 BGH NStZ 2020, 403.
3253 Vgl. hierzu RGSt 58, 113 (116 f.); BGHSt 4, 219 (220); BGHSt 10, 230 (231); BGHSt 40, 75 (78); BGHSt 41, 368; BGHSt 43, 312 (315); BGHSt 43, 381 (386 f.); BGHSt 63, 1 (6); BGH NStZ 2005, 263; BGH StV 2013, 382 (383); BGH NStZ 2016, 415; BGH NStZ 2016, 594; BGH NStZ 2017, 459 (460); BGH StV 2017, 673 (675); BGH NStZ-RR 2019, 9; BGH NStZ 2019, 471; BGH NStZ-RR 2020, 136 (137); *Bauerkamp/Chastenier*, ZJS 2020, 432 (432 ff.); *Blei*, JA 1973, 96; *Dorn-Haag*, JURA 2020, 323 (327 f.); *Geppert*, JURA 2000, 598 (601); *Kretschmer*, JA 2019, 581 (584, 587 ff.); *Kühl*, § 21 Rn. 10 ff.; *Puppe*, § 34 Rn. 3 ff.; *Rengier*, § 56 Rn. 69; *Rückert*, JA 2014, 826 (828); *Sowada*, JURA 1995, 245 (246); *Steinberg/Bergmann*, JURA 2009, 905 (908); *Warda*, JuS 1964, 81 (83); *Wessels/Beulke/Satzger*, Rn. 1254; ferner die Übungsfälle bei *Hörnle*, JURA 2001, 44 (48); *Murmann*, JURA 2001, 258 (262 f.); *Tiedemann/Walter*, JURA 2002, 708 (711).
3254 *Steinberg/Bergmann*, JURA 2009, 905 (907); vgl. aber BGH StV 2017, 673 (674 f.), wonach eine kurzfristige Aufgabe des Tatentschlusses der Annahme einer natürlichen Handlungseinheit nicht zwingend entgegensteht, sofern eine sehr enge räumlich-zeitliche Verknüpfung der Einzelakte gegeben ist; kritisch hierzu *Jäger*, JA 2017, 387 (390).
3255 BGH NStZ-RR 2013, 273 (275 f.); BGH NStZ 2017, 459 (460); BGH NStZ-RR 2019, 9.
3256 Vgl. hierzu auch BGH NStZ 1984, 214; BGH NStZ 1990, 490.

iterative (= wiederholte) oder eine sukzessive (= sich nach und nach vollziehende) Tatbegehung handeln³²⁵⁷.

> **Bsp. (1):** Anton bricht in die Villa der Witwe Wilma ein und leert dort deren Safe, indem er durch einen jeweils neuen Griff ins Innere insgesamt zehn Bündel mit je 200 Scheinen zu je 50 € entnimmt und in seine mitgebrachte Aktentasche steckt (iterative Tatbegehung). – Hier hat Anton lediglich einen (Wohnungseinbruchs)Diebstahl, §§ 242, 244 Abs. 1 Nr. 3, Abs. 4 StGB, begangen. Denn es darf keine Rolle spielen, ob er die Geldscheine gleichzeitig oder nacheinander aus Wilmas Safe holt³²⁵⁸. Ebenfalls ist es gleichgültig, ob es sich um gleichartige oder ungleichartige Sachen handelt. Selbst wenn Anton neben den Geldscheinen auch noch Wilmas Schmuck und deren Wertpapiere mitnimmt, handelt es sich nur um eine Tat. Ebenso begeht derjenige lediglich eine Beleidigung, der seinen Nebenbuhler auf dem Heimweg zwei Stunden lang mit beleidigenden Sätzen traktiert, auch wenn er dazwischen jeweils kurz Luft holt.
>
> **Bsp. (2):** Anton schießt acht Mal in schneller Folge mit seiner Pistole auf Bruno, wobei er ihn die ersten drei Male verfehlt, die nächsten vier Male lediglich verletzt und erst beim letzten Schuss tötet (sukzessive Tatbegehung). – Auch hier liegt eine natürliche Handlungseinheit vor, die auch dann nicht unterbrochen wird, wenn Anton nach dem vierten Schuss kurz nachladen muss. Unschädlich wäre es auch, wenn Anton die Tötungsart wechselt, also z. B. nach Leerschießen des Magazins dazu übergeht, Bruno zu erwürgen³²⁵⁹.

Die in natürlicher Handlungseinheit begangenen Taten können sich jedoch auch **1415** gegen **verschiedene Rechtsgüter** desselben Rechtsgutsträgers richten, wenn eine enge zeitliche und räumliche Verknüpfung vorliegt³²⁶⁰.

> **Bsp.:** Anton schlägt Klara nieder, wobei er sie böse beschimpft. Als Klara am Boden liegt, zerreißt er ihre Bluse, entwendet ihre Handtasche, die sie beim Sturz fallen ließ, und macht sich davon. – Obwohl sich die begangenen Delikte der Körperverletzung, Beleidigung, Sachbeschädigung und des Diebstahls gegen verschiedene Rechtsgüter (körperliche Unversehrtheit, Ehre, Eigentum) richten, stehen sie aufgrund ihres unmittelbaren zeitlichen und räumlichen Zusammenhangs in natürlicher Handlungseinheit.

Schließlich ist es in **Ausnahmefällen** auch anerkannt, dass Taten, die im unmittel- **1416** baren zeitlichen und räumlichen Zusammenhang stehen, als natürliche Handlungseinheit zu betrachten sind, selbst wenn sie sich gegen unterschiedliche Rechtsgutsträger richten³²⁶¹.

> **Bsp. (1):** Anton bricht nachts in eine Tiefgarage ein und entwendet aus mehreren Fahrzeugen verschiedener Eigentümer Wertgegenstände. – Anders als in den Fällen, in denen der Täter aus einem Fahrzeug mehrere Gegenstände nacheinander wegnimmt (= eine Diebstahlstat), liegen hier zwar mehrere Diebstähle vor, die jedoch in natürlicher Handlungseinheit stehen, obwohl sie sich gegen mehrere Eigentümer richten³²⁶².

3257 Hierzu BGHSt 1, 168 (170 – sukzessiv); BGHSt 4, 219 (iterativ); BGHSt 10, 230; BGHSt 54, 189 (200 f. – sukzessiv); zum Ganzen *Rengier*, § 56 Rn. 16 ff.; so auch *Rückert*, JA 2014, 826 (828); *Seher*, JuS 2004, 392 (396); dagegen wird bei *Bauerkamp/Chastenier*, ZJS 2020, 432 (434 f.); *Dorn-Haag*, JURA 2020, 322 (326); *Steinberg/Bergmann*, JURA 2009, 905 (907); *Wessels/Beulke/Satzger*, Rn. 1251, eine tatbestandliche Handlungseinheit angenommen; die Frage offenlassend *Kretschmer*, JA 2019, 581 (586 f.); zur tatbestandlichen Handlungseinheit unten Rn. 1419 ff.
3258 *Kretschmer*, JA 2019, 581 (587); vgl. hierzu auch die Übungsfälle bei *Gaede*, JuS 2003, 774 (775); *Swoboda*, JURA 2007, 224 (226).
3259 Vgl. hierzu auch BGHSt 10, 129; *Steinberg/Bergmann*, JURA 2009, 905 (907); ferner den Übungsfall bei *Momsen/Sydow*, JuS 2001, 1194 (1198).
3260 RGSt 32, 137 (138).
3261 Vgl. hierzu BGH NStZ-RR 2020, 136 (137); *Steinberg/Bergmann*, JURA 2009, 905 (908); ferner die Übungsfälle bei *Frank*, JURA 2006, 783 (789); *Helmrich*, JuS 2011, 1114 (1119).
3262 BGH NStZ 1996, 493 (494); BGH NStZ-RR 2011, 111; BGH NStZ-RR 2016, 274 (275); *Kretschmer*, JA 2019, 581 (587 f.); a. M. (Tatmehrheit) *Schönke/Schröder-Sternberg-Lieben/Bosch*, Vor §§ 52 ff. Rn. 17b.

Bsp. (2): Anton flieht in seinem PKW vor einem Polizeiauto. Dabei schießt er mehrmals wild um sich, wobei er zwei Polizeibeamte und einen Passanten tötet. Außerdem beschädigt er während der Flucht vier geparkte Fahrzeuge und fährt eine auf dem Fußgängerüberweg stehende Frau an, die dadurch schwer verletzt wird (sog. „Polizeifluchtfälle"[3263]). – Sind diese Taten durch einen einheitlichen Fluchtwillen des Täters motiviert, ist es angebracht, lediglich eine Handlung des Täters anzunehmen, selbst wenn die Flucht einige Zeit dauert[3264]. Diese Ansicht wird allerdings in der Literatur im Hinblick auf die Einbeziehung höchstpersönlicher Rechtsgüter teilweise heftig kritisiert[3265]. Auch wird eingewandt, hier liege im Hinblick auf die einzelnen Teilakte keine „einheitliche Begehungsweise" mehr vor. Dem ist jedoch entgegenzuhalten, dass auch in diesen Fällen ein äußerlich zusammenhängendes und von einem einheitlichen Willen[3266] getragenes Geschehen vorliegt und man durch eine Aufspaltung einen einheitlichen Lebensvorgang auseinanderreißen würde[3267]. Im Hinblick auf das Strafmaß muss es einen Unterschied machen, ob der Täter die genannten Delikte auf einer zusammenhängenden Fluchtfahrt begeht oder ob diese Taten ohne Zusammenhang an verschiedenen Tagen stattfinden.

Bsp. (3): Anton beschließt, seinem Leben ein Ende zu setzen und seine Familie mit in den Tod zu nehmen. Am Tattag erwürgt er zuerst seine Ehefrau und erstickt anschließend nacheinander seine beiden schlafenden Kinder in deren jeweiligen Schlafzimmern. Sein anschließend vorgenommener Selbsttötungsversuch scheitert. – Zwar liegen hier drei verschiedene Tötungshandlungen vor, infolge des einheitlichen Tatentschlusses und der unmittelbaren zeitlichen Abfolge ist jedoch eine natürliche Handlungseinheit, § 52 StGB, anzunehmen[3268]. Denn es kann keinen Unterschied machen, ob er die drei Personen durch eine Handlung (Zünden einer Bombe, Inbrandsetzen des Wohnhauses) oder durch drei unmittelbar aufeinander folgende Handlungen tötet.

1417 Eine natürliche Handlungseinheit liegt ferner auch bei einer **Teilidentität der Ausführungshandlungen** vor[3269], denn eine Handlungseinheit setzt keine volle Kongruenz der tatbestandlichen Handlungen voraus. Insbesondere bei der – so-

---

3263 Vgl. hierzu BGHSt 22, 67 (76); BGHSt 48, 233 (239); BGH NJW 1989, 2550; BGH NStZ-RR 1997, 331; zu den Polizeifluchtfällen auch *Bauerkamp/Chastenier*, ZJS 2020, 432 (433); *Dorn-Haag*, JURA 2020, 322 (327); *Kretschmer*, JA 2019, 581 (589); *Kühl*, § 21 Rn. 16 f.; *Geppert*, JURA 2000, 598 (601); *Sowada*, JURA 1995, 245 (251 ff.); *Steinberg/Bergmann*, JURA 2009, 905 (908).
3264 BGHSt 22, 67 (76); a. M. *Geppert*, JURA 2000, 598 (601); *Lackner/Kühl*, § 52 Rn. 3; *Wessels/Beulke/Satzger*, Rn. 1255; vgl. auch *Tiedemann/Walter*, JURA 2002, 708 (711).
3265 Hierzu *Wagemann*, JURA 2006, 580; eine Einbeziehung auch höchstpersönlicher Rechtsgüter wird abgelehnt von BGHSt 2, 246 (247); BGHSt 16, 397 (398); BGH StV 1981, 396 (397); BGH NJW 1998, 619 (620); *Bauerkamp/Chastenier*, ZJS 2020, 432 (434); BWME-*Mitsch*, § 27 Rn. 22; *Kühl*, § 21 Rn. 19 f.; *Maiwald*, NJW 1978, 300 (301); *Mitsch*, JuS 1993, 385 (388); *Roxin*, AT II, § 33 Rn. 38; SK-*Jäger*, Vor § 52 Rn. 58; *Warda*, Oehler-FS 1985, S. 241 (256); differenzierend *Lackner/Kühl*, Vor § 52 Rn. 7; *Wessels/Beulke/Satzger*, Rn. 1256; für die Einbeziehung der höchstpersönlichen Rechtsgüter im Ausnahmefall aber BGHSt 45, 64 (82); BGHSt 65, 231 (235); BGH NStZ 1985, 217; BGH StV 1990, 544; BGH StV 1994, 537 (538); BGH NStZ 1996, 129; BGH NStZ-RR 1998, 233; BGH NStZ 2001, 219 (220); BGH NStZ-RR 2001, 82; BGH NStZ 2003, 366 (367); BGH NStZ 2005, 262 (263); BGH NJW 2006, 167 (169); BGH NStZ 2012, 562; BGH StV 2013, 382 (383); BGH NStZ 2016, 594 (595); BGH NStZ-RR 2019, 211; *Fischer*, Vor § 52 Rn. 7; *Gropp/Sinn*, § 14 Rn. 81; *Jakobs*, 32/36; *Jescheck/Weigend*, § 66 III 1; *Geppert*, JURA 2000, 598 (601); *Otto*, § 23 Rn. 13; *Schönke/Schröder-Sternberg-Lieben/Bosch*, Vorbem. §§ 52 ff. Rn. 23; *Seher*, JuS 2004, 392 (396).
3266 *Wagemann*, JURA 2006, 580 (583), stellt darauf ab, der Täter müsse hier seine Hemmschwelle nur ein Mal überwinden.
3267 Vgl. die Formulierung in BGH NStZ-RR 2011, 82; BGH NStZ 2016, 594 (595).
3268 Die Rechtsprechung ist hier aber mitunter sehr restriktiv, vgl. nur BGH NStZ 2006, 284; BGH NStZ 2016, 207 (208); BGH NStZ-RR 2019, 211; BGH NStZ-RR 2020, 136 (137).
3269 Hierzu RGSt 32, 137 (139); BGHSt 18, 29; BGHSt 22, 206 (208); BGHSt 26, 24 (27); BGHSt 27, 66 (67); BGHSt 33, 163 (165); BGHSt 37, 106 (135); BGHSt 43, 317 (319); BGHSt 63, 1 (5, 8 f.); BGH NStZ 2016, 415 (416); BGH NStZ-RR 2018, 44 (45); BGH NStZ 2019, 97; *Geppert*, JURA 2000, 651; *Kretschmer*, JA 2019, 581 (585); *Rengier*, § 56 Rn. 68 ff.; *Wessels/Beulke/Satzger*, Rn. 1282; vgl.

gleich noch näher zu besprechenden³²⁷⁰ – tatbestandlichen Handlungseinheit, die gerade durch eine Mehraktigkeit des Geschehens gekennzeichnet ist, reicht es zur Begründung einer natürlichen Handlungseinheit aus, wenn **ein Teilakt** zur Verwirklichung mehrerer Tatbestände beiträgt³²⁷¹.

> **Bsp.:** Anton schlägt Bruno nieder und greift in dessen Manteltasche, um ihm den Geldbeutel wegzunehmen. Er wird dabei von Rudi beobachtet, der herbeieilt, um Bruno zu helfen. Daraufhin erschießt Anton den Rudi mit einer in Brunos Jackentasche gefundenen Pistole. Anschließend zieht er Bruno, wie von Anfang an beabsichtigt, dessen Geldbeutel aus der Tasche und flieht. – Hier fallen die noch nicht abgeschlossene Wegnahmehandlung (als Teilakt des Raubes) und die Gewaltanwendung gegenüber Rudi (als weiterer Teilakt des Raubes sowie als Tötungshandlung) zeitlich zusammen. Es liegt daher eine natürliche Handlungseinheit zwischen dem Raub an Bruno und dem Mord an Rudi vor, obwohl die Gewaltanwendung gegenüber Bruno zum Zeitpunkt des Schusses auf Rudi schon abgeschlossen war³²⁷². Umstritten ist dies lediglich dann, wenn das weitere Delikt erst zwischen Vollendung und Beendigung des ersten Delikts stattfindet. Dies wäre im genannten Beispiel dann der Fall, wenn Anton die Brieftasche bereits vor Rudis Einschreiten eingesteckt hätte und durch die Tötung Rudis lediglich die bereits vollendete Wegnahme sichern wollte³²⁷³. Da die tatbestandsmäßige Handlung (= Wegnahme) in diesem Fall bereits abgeschlossen war, kann hier im Ergebnis keine Überschneidung angenommen werden³²⁷⁴.

Diese Teilidentität der Ausführungshandlungen gilt – nach allerdings umstrittener Ansicht – auch dann, wenn ein Unterlassungsdelikt mit einem Begehungsdelikt bzw. ein Dauerdelikt mit einem Zustandsdelikt zusammentrifft, der Täter also z. B. während eines Hausfriedensbruches eine Körperverletzung begeht oder während der Entführung im Rahmen eines erpresserischen Menschenraubes gegenüber einem Dritten Lösegeldforderungen durchsetzt³²⁷⁵.

c) Tatbestandliche Handlungseinheit. Unter einer tatbestandlichen Handlungseinheit sind diejenigen Fälle zu verstehen, in denen bereits aufgrund der Fassung des gesetzlichen Tatbestandes mehrere natürliche Handlungen zu einer rechtlich-sozialen Bewertungseinheit verbunden werden³²⁷⁶. Da hier am Ende stets nur ein

---

aber auch *Kühl*, § 21 Rn. 33 ff., der diese Fälle „partieller Handlungsidentität" als Unterfall einer „rechtlichen Handlungseinheit" ansieht; ebenso *Steinberg/Bergmann*, JURA 2009, 905 (907); *Bauerkamp/Chastenier*, ZJS 2020, 347 (351) und *Seher*, JuS 2004, 392 (393), sehen hierin eine tatbestandliche Handlungseinheit.

3270 Vgl. unten Rn. 1419 ff.
3271 Vgl. zu weiteren Beispielen BGHSt 22, 362 (364 – fahrlässige Tötung und Raub); BGHSt 43, 317 (Anstiftung zur Falschaussage und Prozessbetrug); BGHSt 47, 22 (25 f. – Bestechlichkeit und Untreue); BGHSt 63, 1 (8 f. – mehrere, sich auf unterschiedliche Betäubungsmittel beziehende Umsatzgeschäfte); ferner *Eger*, JURA 1991, 645 (652); *Mitsch*, JuS 1993, 222 (224 – Schläge als Beginn einer Freiheitsberaubung); nicht ausreichend ist hingegen eine Teilidentität von Handlungen im Vorbereitungsstadium, BGHSt 33, 163 (165).
3272 Die natürliche Handlungseinheit scheidet auch nicht deswegen aus, weil hier höchstpersönliche Rechtsgüter betroffen sind; vgl. BGHSt 43, 366 (367 f.); BGH NStZ-RR 2000, 139; *Kühl*, § 21 Rn. 34.
3273 Die Rechtsprechung nimmt hier dennoch eine zeitliche Überschneidung an; vgl. BGHSt 26, 24 (27); BGH NStZ 1993, 77; BGH NStZ 2002, 33; ebenso *Jescheck/Weigend*, § 67 II 2; SK-*Jäger*, § 52 Rn. 15; *Warda*, JuS 1964, 81 (87); differenzierend *Kühl*, § 21 Rn. 40 f.; *ders.*, JuS 2002, 729 (735 f.).
3274 Vgl. zu diesem Problem bereits oben, Rn. 717 und oben Rn. 1324.
3275 BGHSt 16, 316 (320); BGH NStZ 1999, 83; dagegen *Geppert*, JURA 2000, 651; vgl. hierzu noch näher unten Rn. 1430 ff.
3276 Vgl. hierzu *Bauerkamp/Chastenier*, ZJS 2020, 347 (350 ff.); *Geppert*, JURA 2000, 598 (601 ff.); *Klesczewski*, Rn. 904 f.; *Kretschmer*, JA 2019, 581 (584 f.); *Kühl*, § 21 Rn. 23; *Otto*, § 23 Rn. 14 ff.; *Rengier*, § 56 Rn. 24; *Rückert*, JA 2014, 826 (827 f.); *Seher*, JuS 2004, 392 (393 ff.); vgl. zur Bewertungseinheit auch BGH NJW 2011, 2448; BGH NStZ 2016, 415.

Tatbestand einmal verwirklicht wird, liegt auch stets nur eine „unechte Konkurrenz" vor³²⁷⁷.

1420 aa) Eine tatbestandliche Handlungseinheit kann sich bereits eindeutig aus der tatbestandlichen Fassung des jeweiligen Delikts ergeben (man spricht hier auch von einem „mehraktigen Delikt")³²⁷⁸:

> **Bsp.:** Der Raub, § 249 StGB, erfordert bereits nach dem Gesetzeswortlaut eine Zweiaktigkeit. Zuerst muss der Täter Gewalt anwenden oder mit gegenwärtiger Gefahr für Leib oder Leben drohen, dann muss er eine Sache wegnehmen. Es liegen also notwendigerweise zwei natürliche Handlungen vor, die in einem Tatbestand zu einer tatbestandlichen Handlungseinheit zusammengefasst werden.

1421 bb) Eine tatbestandliche Handlungseinheit ergibt sich ferner bei den **Dauerdelikten** sowie bei Tatbeständen, die mehrere natürliche Handlungen zu einer **rechtlichen Bewertungseinheit** zusammenfassen³²⁷⁹.

> **Bsp. (1):** Anton hält Bruno gegen dessen Willen mehrere Tage in seinem Haus fest. – Er hat hier eine Freiheitsberaubung begangen, § 239 StGB. Sämtliche natürliche Handlungen, die er zur Begründung oder Aufrechterhaltung dieses widerrechtlichen Zustandes beging, werden zu einer Handlung, d. h. einer Freiheitsberaubung, verknüpft³²⁸⁰.

> **Bsp. (2):** Otto ist mehrere Jahre als Geheimagent für einen fremden Staat in Deutschland tätig. – Auch die geheimdienstliche Agententätigkeit, § 99 StGB, erfordert und verknüpft jeweils mehrere natürliche Handlungen, die dieser Agententätigkeit dienen, zu einer tatbestandlichen Handlungseinheit³²⁸¹. Man spricht hier auch von Delikten mit einer „pauschalisierten Handlungsbeschreibung"³²⁸². In dieser Fallgruppe ist es besonders umstritten, ob einzelne Zustandsdelikte, die anlässlich dieses Dauerdelikts begangen werden, durch dieses oft mehrere Jahre dauernde Delikt zu einer Handlung verklammert werden können³²⁸³.

1422 cc) Eine tatbestandliche Handlungseinheit kann schließlich auch bei den **Unterlassungsdelikten** vorliegen³²⁸⁴.

3277 Vgl. auch *Steinberg/Bergmann*, JURA 2009, 905 (907).
3278 Vgl. hierzu auch BGHSt 63, 1 (6); *Dorn-Haag*, JURA 2020, 322 (325); *Kretschmer*, JA 2019, 581 (584).
3279 Vgl. hierzu BGHSt 63, 1 (6 f.); BGH NJW 2018, 3467 (3468 f.); *Bauerkamp/Chastenier*, ZJS 2020, 347 (351 f.); *Dorn-Haag*, JURA 2020, 322 (325); *Kretschmer*, JA 2019, 581 (584); LK-*Rissing-van Saan*, 12. Aufl., Vor § 52 Rn. 39 f.; a. M. Müko-*v. Heintschel-Heinegg*, 3. Aufl., § 52 Rn. 39 (eigenständige Rechtsfigur).
3280 Vgl. ferner auch die Trunkenheit im Verkehr, § 316 StGB. Hier ist es besonders umstritten, ob ein Unfall das Dauerdelikt unterbricht; so BGHSt 21, 203 (204 f.); BGHSt 23, 141 (144); *Wessels/Beulke/Satzger*, Rn. 1283; a. M. *Schönke/Schröder-Sternberg-Lieben/Bosch*, Vorbem. §§ 52 ff. Rn. 85 (eine Zäsur sei nur im Ausnahmefall anzunehmen, etwa wenn der Fahrer aussteige und den Willen zur Weiterfahrt erst neu bilde).
3281 Vgl. hierzu BGHSt 28, 169; differenzierend BGHSt 42, 215 (§ 99 StGB sei kein Dauerdelikt, es liege aber dennoch eine tatbestandliche Handlungseinheit vor); ebenso BGHSt 43, 1 (3 ff.); *Popp*, JURA 1999, 577; ferner sind in diesem Zusammenhang zu nennen: das Handeltreiben mit Betäubungsmitteln, § 29 BtMG (hierzu BGH NJW 2002, 1810; BGHSt 43, 252 [259 ff.]); Völkermord, § 6 VStGB (hierzu BGHSt 45, 64 [73 ff., 79]); das Quälen von Schutzbefohlenen, § 225 StGB (hierzu BGHSt 41, 113 [115]; hier lehnt der BGH zwar eine Bewertungseinheit ab, kommt aber dennoch zu einer tatbestandlichen Handlungseinheit), die Bildung krimineller Vereinigungen, § 129 StGB (hierzu BGHSt 29, 288, mit problematischen Konsequenzen im Hinblick auf den Strafklageverbrauch); das Betreiben von Bankgeschäften ohne Erlaubnis nach § 54 KWG (hierzu BGH NJW 2018, 3467); kritisch zur Rechtsfigur der rechtlichen Bewertungseinheit *Puppe*, JZ 2000, 735, die jedenfalls eine „dogmatische Präzisierung" fordert.
3282 BGHSt 63, 1 (6); BGH NJW 2018, 3467 (3469); *Seher*, JuS 2004, 392 (394 f.).
3283 Zu dieser Klammerwirkung noch unten Rn. 1430 ff.
3284 *Dorn-Haag*, JURA 2020, 322 (325 f.).

Bsp.: Vater Viktor sieht zwei Stunden lang zu, wie sein Sohn Sascha, der mit einem Boot auf dem Meer gekentert ist, mit dem Ertrinken kämpft und dann endlich untergeht. Viktor hätte in dieser Zeit mehrmals die Möglichkeit gehabt, Sascha zu retten, er unternimmt aber nichts. – Selbstverständlich hat Viktor hier nicht mehrere Unterlassungsdelikte, sondern nur einen Totschlag durch Unterlassen begangen. Dies gilt auch dann, wenn durch sein Unterlassen mehrere tatbestandsmäßige Erfolge eingetreten wären (z. B. wenn zwei seiner Kinder im Boot gesessen hätten)[3285]. Anders ist jedoch zu entscheiden, wenn er durch mehrere Handlungen mehrere Erfolge hätte verhindern müssen (er also z. B. beide Kinder durch mehrmaliges Hinschwimmen hätte retten müssen)[3286].

dd) Nach der Rechtsprechung des BGH sollen auch mehrere, auf ein und dasselbe Ziel gerichtete Versuchstaten eine tatbestandliche Handlungseinheit darstellen, wenn eine Gesamtbetrachtung ergibt, dass der Täter trotz eines mehrmaligen unmittelbaren Ansetzens zur Tatbestandsverwirklichung jederzeit noch strafbefreiend hätte zurücktreten können (und insofern kein Einzelakt als fehlgeschlagener Versuch zu bewerten ist)[3287]. **1423**

Bsp.[3288]**:** Der Erpresser Dagobert verlangt vom Inhaber eines Kaufhauses die Zahlung von 100 000 €, andernfalls werde das Kaufhaus „in die Luft fliegen". Da die Verantwortlichen nicht reagieren, legt er eines Nachts im Kaufhaus eine Bombe und kündigt in einem zweiten Erpresserschreiben weitere Anschläge an. Als darauf immer noch keine Reaktion erfolgt, zündet er zu Geschäftszeiten eine Rauchbombe im Eingangsbereich. Dies wiederholt Dagobert einige Male, bis er schließlich überführt wird. – Hier liegt lediglich **eine** versuchte schwere räuberische Erpressung, §§ 253, 255, 250, 22 StGB, vor, da Dagobert nach der Gesamtbetrachtungslehre[3289] vom Versuch dieser räuberischen Erpressung (aber selbstverständlich nicht von der jeweiligen vollendeten Sachbeschädigung) jederzeit hätte strafbefreiend zurücktreten können.

d) Fortsetzungszusammenhang. Bis vor wenigen Jahren war es anerkannt, dass auch über die Rechtsfigur des sog. Fortsetzungszusammenhangs mehrere an sich selbstständige natürliche Handlungen zu einer Handlung im Rechtssinne zusammengefasst werden konnten[3290]. Nachdem der BGH durch eine Entscheidung aus dem Jahre 1994 diese Rechtsfigur für (teilweise) unanwendbar erklärt hat[3291], gibt **1424**

3285 Hierzu auch RGSt 76, 140 (144); BGHSt 37, 106 (134); vgl. aber auch BGHSt 18, 376 (379 f.); BGH NStZ-RR 1999, 104.
3286 Hierzu auch BGHSt 18, 376 (379 f.); BGH NStZ 2000, 83; *Dorn-Haag*, JURA 2020, 322 (325 f.); *Wessels/Beulke/Satzger*, Rn. 1250; vgl. zum Ganzen kritisch *Puppe*, JuS 2017, 637 (640).
3287 BGHSt 41, 368 (369); BGH NJW 1998, 619; vgl. auch BGHSt 43, 381 (387), wobei hier eher auf eine natürliche Handlungseinheit abgestellt wird; ablehnend zu dieser Verknüpfung der Konkurrenz- und Rücktrittsproblematik *Bergmann*, ZStW 100 (1988), 329 (341 – anderer Tatbegriff bei Rücktritt und Konkurrenzen); *Momsen*, NJW 1999, 982 (986); *Otto*, JURA 1992, 423 (427); hierzu auch *Bauerkamp/Chastenier*, ZJS 2020, 347 (352); *Dorn-Haag*, JURA 2020, 322 (326).
3288 Zu einer vergleichbaren Konstellation vgl. BGHSt 41, 368 – Dagobert; hierzu *Kühl*, § 21 Rn. 25a; *Lesch*, JA 1996, 629 (631); *Puppe*, AT 2, 1. Aufl., § 53 Rn. 8 ff.; *Steinberg/Bergmann*, JURA 2009, 905 (907 f.); *Wessels/Beulke/Satzger*, Rn. 1253; vgl. in diesem Zusammenhang auch BGHSt 43, 381 (386 ff. – Erweiterung dieser Grundsätze auf andere Strafvorschriften); ferner *Martin*, JuS 1998, 462.
3289 Vgl. hierzu oben Rn. 821.
3290 BGHSt 3, 165 (167 f.); BGHSt 5, 136 (137 f.); BGHSt 8, 34 (35); BGHSt 15, 268; BGHSt 19, 323 (324 f.); BGHSt 25, 290 (292 f.); BGHSt 30, 207 (209); BGHSt 33, 4 (5).
3291 BGHSt 40, 138; der Leitsatz des Urteils lautet: „Die Verbindung mehrerer Verhaltensweisen, die jede für sich einen Straftatbestand erfüllen, zu einer fortgesetzten Handlung setzt voraus, daß dies, was als Straftatbestand zu messen ist, zur sachgerechten Erfassung des verwirklichten Unrechts und der Schuld unumgänglich ist. Jedenfalls bei den Tatbeständen der §§ 173, 174, 176 und 263 StGB ist dies nicht der Fall"; vgl. zu dieser Entscheidung *Geisler*, JURA 1995, 74; *Hamm*, NJW 1994, 1636; *Zschockelt*, NStZ 1994, 361; trotz dieser Einschränkung auf bestimmte Deliktsgruppen wurde ein Fortsetzungszusammenhang in späteren Entscheidungen vom BGH, soweit ersichtlich, auch bei anderen Delikten nicht mehr angenommen; vgl. hierzu *Wessels/Beulke/Satzger*, Rn. 1263.

es heute jedoch kaum noch Stimmen, die eine weitere Anwendung befürworten[3292]. Dennoch sollen die Grundzüge dieser Rechtsfigur hier kurz dargestellt werden, um deutlich zu machen, welche Verhaltensweisen heute **nicht mehr** als eine Handlung im Rechtssinne angesehen werden können[3293]. Da die Aufgabe der fortgesetzten Handlung die Praxis vor große Probleme stellt, ist teilweise die Tendenz zu beobachten, diese Fälle durch eine extensive Auslegung der natürlichen oder der tatbestandlichen Handlungseinheit zu lösen, was aber im Ergebnis nicht befriedigen kann[3294]. Wirken mehrere Personen zusammen, neigt die Rechtsprechung seit Aufgabe des Fortsetzungszusammenhangs auch dazu, Einzeltaten zu einem (uneigentlichen) Organisationsdelikt zusammenzufassen, durch welches mehrere Einzelhandlungen oder mehrere natürliche Handlungseinheiten rechtlich zu einer Tat verbunden werden können[3295].

1425 Unter der Rechtsfigur des **Fortsetzungszusammenhangs** verstand man die Zusammenfassung von Handlungsreihen mit gleichartig wiederkehrender Tatbestandsverwirklichung zu einer Tat[3296].

> **Bsp. (1):** Arzt Armin rechnet aufgrund eines vorgefassten Entschlusses zwischen 2003 und 2008 in 21 Fällen jeweils vierteljährlich überhöhte Behandlungskosten gegenüber der Krankenkasse ab.
>
> **Bsp. (2):** Vater Viktor begeht über einen Zeitraum von insgesamt 15 Jahren hinweg gegenüber seiner minderjährigen Tochter in mehr als 230 Fällen einen sexuellen Missbrauch.
>
> **Bsp. (3):** Großverdiener Fritz gibt über einen Zeitraum von 20 Jahren hinweg aufgrund eines einmal gefassten Entschlusses eine Einnahmequelle in seiner jährlich abzugebenden Einkommensteuererklärung nicht an und hinterzieht dadurch jedes Jahr Steuern in Millionenhöhe.

1426 In allen diesen Fällen wurde früher lediglich eine Tat im Rechtssinne angenommen. Voraussetzungen dieses **Fortsetzungszusammenhangs** waren: a) das Vorliegen mehrerer an sich rechtlich selbstständiger Taten (d. h. an sich selbstständiger natürlicher Handlungen), b) die Verletzung eines gleichartigen Rechtsguts, wobei es jedoch (mit Ausnahme von höchstpersönlichen Rechtsgütern[3297]) nicht erforderlich war, dass es sich um dieselben Rechtsgutsträger handelte, c) eine im Wesentlichen gleichartige Begehungsweise, d. h. die Taten mussten nach demselben „Schema" vor sich gehen[3298], und d) als besondere subjektive Voraussetzung ein von Anfang an gefasster Gesamtvorsatz, d. h. sämtliche Teile der geplanten Handlungsreihe mussten in ihren wesentlichen Grundzügen nach Zeit, Ort und Art der Begehungsweise sowie der Person des Verletzten, von einem zuvor gefassten

---

3292 Für eine Anwendung im Ordnungswidrigkeitenrecht aber *Geisler*, JURA 1995, 74 (82 f.).
3293 Vgl. auch den kurzen Überblick bei *Jäger*, Rn. 587.
3294 So auch *Geisler*, JURA 1995, 74 (83); vgl. zu den verschiedenen Lösungsansätzen *Wessels/Beulke/Satzger*, Rn. 1263 m. w. N.; den Befürchtungen entgegentretend *Geppert*, JURA 2000, 598 (601); vgl. hierzu auch den Übungsfall bei *Ambos*, JURA 1997, 602 (606).
3295 Vgl. BGHSt 49, 177 (184); BGH NJW 2004, 375 (378).
3296 Vgl. zu den Voraussetzungen im Einzelnen *Geppert*, JURA 1993, 649 (651); *v. Heintschel-Heinegg*, JA 1993, 136; *Jung*, JuS 1989, 289.
3297 Zu den Ausnahmen bei höchstpersönlichen Rechtsgütern BGHSt 16, 124 (128); BGHSt 16, 397; BGHSt 26, 24 (26 f.).
3298 Umstritten war, ob die Taten in einem nahen räumlichen und engen zeitlichen Zusammenhang stehen mussten; vgl. zum Kriterium der „gleichartigen Taten" auch BGHSt 8, 34 (35); BGHSt 15, 268 (273), BGHSt 30, 207 (210 ff.).

Vorsatz umfasst sein³²⁹⁹, wobei dieser Vorsatz – nach neuerer Rechtsprechung – jeweils noch bis zur Beendigung des letzten Teilakts auf weitere Handlungsteile erstreckt werden konnte³³⁰⁰. Nach einer stark vertretenen Ansicht in der Literatur genügte dagegen auch ein „Fortsetzungsvorsatz", d. h. es war ausreichend, wenn nach Abschluss der bisherigen Tat ein neuer Entschluss gefasst wurde, der als Fortsetzung des vorangegangenen Tatentschlusses angesehen werden konnte, sodass alle Tatentschlüsse eine „fortlaufende psychische Linie" bildeten³³⁰¹.

1427 Zweifellos hatte die Annahme dieses Fortsetzungszusammenhangs für den Täter den **Vorteil**, dass er nur wegen einer Tat bestraft werden konnte und das Strafmaß damit regelmäßig geringer ausfiel. Ferner konnte z. B. eine bandenmäßige Begehung, die regelmäßig die Begehung mehrerer Taten voraussetzt, nicht angenommen werden, wenn das Geschehen insgesamt nur als eine Tat beurteilt wurde³³⁰². Wurde der Täter verurteilt und stellte sich nachher heraus, dass er noch weitere Einzelakte begangen hatte, so konnten diese wegen des Strafklageverbrauchs nicht mehr beachtet werden³³⁰³. Für den BGH überwogen dagegen – abgesehen davon, dass eine gesetzliche Regelung völlig fehlte³³⁰⁴ und auch die Rechtsprechung in vielen Fragen uneinheitlich war – die **Nachteile** der fortgesetzten Handlung für den Täter³³⁰⁵. So beginnt die Verjährung nach § 78a StGB erst mit Beendigung der gesamten Tat. Beim Fortsetzungszusammenhang konnten somit auch Handlungen (noch) bei der Strafzumessung berücksichtigt werden, die bei einer Einzelbetrachtung bereits verjährt gewesen wären³³⁰⁶. Auch veränderte sich in denjenigen Fällen der Strafrahmen, in denen eine Strafschärfung an eine Mengenangabe (z. B. die „nicht geringe Menge" in § 29a Abs. 1 Nr. 2 oder § 30 Abs. 1 Satz 4 BtMG) geknüpft ist und diese erst bei einer Addition mehrere Einzelhandlungen erreicht wurde³³⁰⁷. Schließlich zeigte sich in der Praxis, dass im Hinblick auf die einzelnen Tathandlungen vom Gericht oft nur pauschale Feststellungen getroffen wurden, die aber mit der Revision nicht angegriffen werden konnten³³⁰⁸.

1428 Die Aufgabe des Fortsetzungszusammenhanges führt in der Praxis allerdings zu erheblichen Problemen, da nunmehr auch bei gleichartigen Handlungsreihen jeder Einzelakt nach Ort, Zeit und Begehungsweise im Einzelnen festgestellt werden

---

3299 RGSt 44, 223 (228); RGSt 70, 51 (52); RGSt 75, 207; BGHSt 1, 313 (315); BGHSt 2, 163 (167); BGHSt 15, 268 (271); BGHSt 16, 124 (128); BGHSt 25, 290 (292 f.); BGHSt 26, 4 (7 f.); BGHSt 30, 207 (209); BGHSt 33, 4 (5); BGHSt 36, 105 (110 f.); BGHSt 37, 45 (47); zum Gesamtvorsatz auch *Timpe*, JA 1991, 12.
3300 BGHSt 19, 323 (324); BGHSt 21, 319 (322); BGHSt 23, 33 (35); BGHSt 37, 45 (47); einschränkend aber BGHSt 36, 105 (114); vgl. zusammenfassend BGHSt 40, 138 (146).
3301 Vgl. u. a. *Maurach/Gössel/Zipf*, AT 2, 7. Aufl., § 54 Rn. 78.
3302 Vgl. hierzu BGHSt 39, 216 (217); BGHSt 40, 138 (148 f.); das Gleiche gilt für die Sicherungsverwahrung, die nach § 66 StGB ebenfalls mehrere Taten voraussetzt; kritisch zu diesem Argument *Geisler*, JURA 1995, 74 (78).
3303 RGSt 70, 243 (244); BGHSt 6, 92 (96); BGHSt 6, 122 (124); BGHSt 9, 324 (326); BGHSt 15, 268 (270 ff.); BGHSt 17, 5 (9); BGHSt 33, 122 (1243 ff.); BGHSt 36, 105 (109).
3304 Lediglich beim Haftgrund des § 112a Abs. 1 Nr. 2 StPO taucht auch heute noch der Begriff der fortgesetzten Tat beiläufig auf; hierzu *Geisler*, JURA 1995, 74 (77).
3305 Vgl. die ausführliche Darstellung der Vor- und Nachteile in BGHSt 40, 138 (145 ff.); kritisch zu dieser Rechtsfigur bereits *Jakobs*, 32/50; *Jescheck/Weigend*, § 66 V 1; *Jung*, NJW 1994, 916; *Schmidhäuser*, LB, 18/20; *ders.*, SB, 14/18; *Timpe*, JA 1991, 12 (16); *Wahle*, GA 1968, 97 (109).
3306 BGHSt 1, 84 (91 f.); BGHSt 24, 218 (220 f.); BGHSt 36, 105 (109); BGHSt 40, 138 (153); vgl. auch BGHSt 37, 45 (48); BGH NJW 1985, 1719; eine Ausnahme machte der BGH lediglich bei den Presseinhaltsdelikten; vgl. BGHSt 25, 347; BGHSt 27, 18 (19 f.); BGHSt 33, 271 (273).
3307 BGHSt 40, 138 (151); BGH NStZ 1992, 389.
3308 BGHSt 10, 137 (139); hierzu auch BGHSt 40, 138 (147); ferner *Geisler*, JURA 1995, 74 (75).

muss und anschließend, da keine Handlungseinheit, sondern Handlungsmehrheit vorliegt, über § 53 StGB für jede Tat eine Einzelstrafe zu bilden ist, die dann wiederum zu einer Gesamtstrafe zusammengefasst werden muss[3309].

1429 **e) Klammerwirkung.** Neben den genannten Formen der Handlungseinheit gibt es schließlich auch noch die Möglichkeit, mehrere Handlungen, die sich entweder zeitlich überschneiden oder aber zeitlich sogar auseinander fallen und an sich nichts miteinander zu tun haben, durch eine weitere Handlung zu einer Handlung im Rechtssinne zu **verklammern** – mit der Konsequenz, dass auch hier keine Realkonkurrenz, § 53 StGB, sondern Idealkonkurrenz, § 52 StGB, anzunehmen ist. Dabei sind mehrere Fallgruppen zu unterscheiden[3310]:

1430 **aa) Zusammentreffen eines Dauerdelikts mit einem Zustandsdelikt**[3311]

> **Bsp.:** Anton bricht in das Landhaus der alleinstehenden Kunigunde ein und sperrt diese in die Besenkammer. Nachdem er sich einige Stunden im Haus umgesehen hat, schließt er die Kammer wieder auf und vergewaltigt Kunigunde. Anschließend lässt er sie frei und verlässt das Haus. – Sowohl die Freiheitsberaubung, § 239 StGB, als auch der Hausfriedensbruch, § 123 StGB, stellen Dauerstraftaten dar, die während der gesamten Zeit stattfanden. Fraglich ist, wie sich die Vergewaltigung, § 177 Abs. 6 Satz 2 Nr. 1 StGB, als Zustandsdelikt hierzu verhält.

1430a Die Rechtsprechung geht hier davon aus, dass eine Handlung im Rechtssinne nur dann vorliegt, wenn eine Teilidentität der Ausführungshandlungen[3312] festzustellen ist, die Dauerstraftat also gerade notwendiger Bestandteil des Zustandsdelikts ist[3313]. In der Literatur werden hingegen verschiedene Ansätze vertreten. So gehen die einen davon aus, Handlungseinheit liege nur vor, wenn das Dauerdelikt (hier der Hausfriedensbruch bzw. die Freiheitsberaubung) gerade Mittel oder Voraussetzung zur Begehung des anderen Delikts (hier der Vergewaltigung) sein sollte oder wenn das Zustandsdelikt gerade dazu dienen soll, das Dauerdelikt zu ermöglichen (z. B. Sachbeschädigung durch Zerstören der Türe zur Ermöglichung des Hausfriedensbruchs)[3314]. Eine weitere Ansicht nimmt eine Klammerwirkung nur an, wenn das Zustandsdelikt gerade dazu dient, das Dauerdelikt aufrecht zu erhalten (z. B. eine Körperverletzung, die das gefangen gehaltene Opfer am Verlassen des Raumes hindert)[3315]. Weitgehend einig ist man sich jedoch, dass jedenfalls dann mehrere Handlungen gegeben sind, wenn das Zustandsdelikt nur „anlässlich" der Tat und aufgrund eines neuen Entschlusses verübt wird[3316].

> **Bsp.:** Nach Vornahme der Vergewaltigung schickt sich Anton an, das Haus zu verlassen. Da fällt ihm ein, dass er eigentlich noch etwas Kleingeld mitnehmen könnte. Er öffnet Kunigundes Geldbörse und entnimmt dieser 2,67 Euro. Aus Wut darüber, dass er nicht mehr findet, zerschlägt er die Wohnungseinrichtung und verschwindet. – Hier liegen

---

3309 So schon RGSt 70, 243 (244); gegen diese Bedenken im Vorfeld allerdings BGHSt 40, 138 (158 ff.).
3310 Vgl. hierzu auch *Kretschmer*, JA 2019, 581 (585 f.); *Rückert*, JA 2014, 826 (828).
3311 Hierzu auch *Kretschmer*, JA 2019, 581 (584 f.).
3312 Hierzu bereits oben Rn. 1417 f.
3313 BGHSt 18, 29 (33 – keine Identität bei Hausfriedensbruch und Vergewaltigung); BGHSt 18, 66 (69); BGHSt 28, 18 (19); BGH NStZ 1999, 83 (Idealkonkurrenz von Freiheitsberaubung und Vergewaltigung); so schon RGSt 32, 137 (140); RGSt 54, 288.
3314 *Wessels/Beulke/Satzger*, Rn. 1283; a. M. (Realkonkurrenz) *Geppert*, JURA 2000, 651; *Schönke/Schröder-Sternberg-Lieben/Schittenhelm*, § 123 Rn. 36; vgl. auch *Rengier*, § 56 Rn. 59.
3315 LK-*Rissing-van Saan*, 13. Aufl., § 52 Rn. 24; vgl. auch *Rengier*, § 56 Rn. 58.
3316 Vgl. hierzu *Kühl*, § 21 Rn. 34b; *Lackner/Kühl*, § 52 Rn. 7; LK-*Rissing-van Saan*, 13. Aufl., § 52 Rn. 25; *Jescheck/Weigend*, § 67 III 2; *Rengier*, § 56 Rn. 61; *Seher*, JuS 2004, 392 (394); vgl. aber auch *Schönke/Schröder-Sternberg-Lieben/Bosch*, Vorbem. §§ 52 ff. Rn. 90.

nach der h. M. mehrere Handlungen vor, da der Diebstahl und die Sachbeschädigung nicht von vornherein geplant waren und nur „anlässlich" der Tat stattfanden.

bb) Verklammerung mehrerer Einzeldelikte durch ein Dauerdelikt

Bsp. (1): Anton führt unerlaubt eine Waffe mit sich (strafbar nach § 52 WaffG) und bedroht damit auf der Straße die Witwe Wilma. Anschließend nimmt er ihr die Handtasche weg. Danach geht er unter weiterer Mitführung der Waffe, wie er es von Anfang an geplant hatte, zu seiner Geliebten Gisela und erschießt diese. – Der an Wilma begangene schwere Raub, §§ 249, 250 Abs. 1 Nr. 1 StGB, und das Mitsichführen der Waffe stellen nach den oben dargestellten Grundsätzen der Teilidentität der Ausführungshandlungen[3317] eine Handlung im Rechtssinne dar. Gleiches gilt für den Totschlag an Gisela, § 212 StGB, und das Mitsichführen der Waffe. Fraglich ist nun aber, ob in diesem Fall das Dauerdelikt des unerlaubten Führens der Waffe den Raub und den Totschlag, die an sich nichts miteinander zu tun haben, zu einer Tat verklammern kann[3318].

1431

Bsp. (2): Rudi ist Mitglied einer kriminellen Vereinigung, § 129 StGB. Während einer Zeit von zwei Jahren begeht er im Auftrag der Vereinigung 15 Banküberfälle. – Hier ist fraglich, ob die Mitgliedschaft in einer kriminellen Vereinigung sämtliche Banküberfälle zu einer Handlung verklammern kann[3319].

Im Hinblick auf die Möglichkeit der „Verklammerung" mehrerer Einzelhandlungen durch ein Dauerdelikt sind folgende Leitlinien zu beachten[3320]: Ist das Dauerdelikt schwerer als die jeweiligen Einzeldelikte, dann ist eine Verklammerung möglich. Da es aber nur wenige Dauerdelikte mit extrem hoher Strafandrohung gibt, sind diese Fälle praktisch kaum relevant.

1431a

Bsp.: Das unerlaubte Mitsichführen einer vollautomatischen Schusswaffe (§ 51 WaffG; Strafandrohung: Freiheitsstrafe von einem bis zu fünf Jahren) kann mehrere einfache Bedrohungen (§ 241 StGB; Strafandrohung: Freiheitsstrafe bis zu einem Jahr oder Geldstrafe) zu einer Handlung verklammern.

Wiegen dagegen die Einzeldelikte schwerer als das jeweilige Dauerdelikt, schied nach der **früheren Rechtsprechung des BGH** eine Verklammerung zu einer Handlung grundsätzlich aus[3321]. Dies galt unabhängig davon, ob nur ein oder ob mehrere Einzeldelikte schwerer wogen als das Dauerdelikt. Diese Rechtsprechung wurde später jedoch aufgegeben. Nunmehr – und im Ergebnis zu Recht – scheidet eine Verklammerung nur dann aus, wenn beide Einzeldelikte schwerer sind als das Dauerdelikt. Ist hingegen lediglich ein Delikt schwerer als das Dauerdelikt, ist eine Verklammerung möglich[3322]. Dabei stellt der BGH bei der Beurteilung der

1432

3317 Vgl. hierzu oben Rn. 1417 f., 1430.
3318 Vgl. hierzu auch BGHSt 29, 288 (291 f.); BGHSt 31, 29; BGHSt 36, 151; BGH NStZ-RR 1999, 8; *Puppe*, § 34 Rn. 16.
3319 Vgl. zu dieser Frage auch BVerfGE 56, 22; BGHSt 29, 388; BGHSt 60 308; BGH NStZ 2011, 577 (578).
3320 Grundsätzlich kritisch zur Rechtsfigur der Verklammerung *Geppert*, JURA 1997, 214 (215); *ders.*, JURA 2000, 651 (652 f.); *Jakobs*, 33/11 f.; *Kretschmer*, JA 2019, 581 (585 f.); *Otto*, § 23 Rn. 18 ff.; *Stratenwerth/Kuhlen*, § 18 Rn. 31 f.; *Wahle*, GA 1968, 97 (103 ff.).
3321 BGHSt 3, 165 (167); BGHSt 29, 388 (391 f.); so heute noch aus der Literatur *Jescheck/Weigend*, § 67 II 3; vgl. auch BGHSt 1, 67 (69); BGHSt 2, 246 (248); BGHSt 6, 92 (95 f.); BGHSt 18, 26 (28); BGHSt 18, 66 (69); BGH NJW 1975, 985 (986); vgl. allerdings auch RGSt 68, 216 (218).
3322 BGHSt 31, 29 (31); BGHSt 54, 189 (201 f.); BGHSt 60, 308 (311); BGH NStZ 1993, 39 (40); BGH NStZ 2005, 262 (263); BGH NStZ 2008, 209 (210); BGH NStZ 2009, 692 (693); BGH NStZ 2011, 577 (578); BGH NStZ 2012, 158; BGH NStZ-RR 2013, 273 (274); BGH NJW 2014, 871 (872); BGH NStZ 2015, 344 (345); so auch BWME-*Mitsch*, § 27 Rn. 34; LK-*Rissing-van Saan*, 13. Aufl., § 52 Rn. 32; *Rengier*, § 56 Rn. 63; *Schönke/Schröder-Sternberg-Lieben/Bosch*, § 52 Rn. 18; *Wessels/Beulke/Satzger*, Rn. 1284; für Waffendelikte allerdings differenzierend BGHSt 36, 151 (154).

Schwere des Delikts nicht auf einen abstrakten Vergleich (z. B.: Verbrechen stets schwerer als Vergehen), sondern auf eine konkrete Betrachtung im Einzelfall ab[3323].

Bsp. (1)[3324]: Im oben genannten Fall (Raub zu Lasten Wilmas; Tötung Giselas – jeweils unter Mitsichführen einer Schusswaffe) wäre eine Verklammerung der Delikte zu einer Tat nicht möglich, da das Waffendelikt (§ 52 WaffG) im Verhältnis zum Raub und zum Totschlag nicht schwerer wiegt.

Bsp. (2): Begeht der Täter jedoch unter Mitsichführen einer Waffe zuerst einen Banküberfall und nötigt er anschließend seine Freundin in deren Wohnung unter Androhung von Gewalt, ihm ein gutes Essen zu kochen, würde das Waffendelikt den Banküberfall und die Nötigung zu **einer Handlung** verklammern (nach der Mindermeinung in der Literatur würde dies allerdings nur gelten, wenn die Nötigung von vornherein geplant war und nicht nur „anlässlich" des Waffendelikts stattfand, da dann das Waffendelikt und die Nötigung selbst nicht in Tateinheit stehen und daher eine Verklammerung ausscheidet).

2. Selbstständigkeit der Delikte oder Zurücktreten eines Delikts

1433 Liegt lediglich eine Handlung vor und werden dadurch mehrere Straftatbestände erfüllt (der Begriff „Verletzung mehrerer Gesetze" in § 52 StGB bedeutet „Verwirklichung mehrerer Straftatbestände"), so muss entschieden werden, ob alle diese Tatbestände selbstständig in den Schuldspruch aufgenommen werden sollen oder ob einzelne Straftatbestände hinter andere zurücktreten (und daher im Schuldspruch nicht auftauchen)[3325]. Gleiches gilt dann, wenn mehrere Handlungen vorliegen. Hier kann entweder – bei selbstständiger Beurteilung – Realkonkurrenz, § 53 StGB, vorliegen oder aber ein Straftatbestand kann (auch hier) hinter einem anderen zurücktreten.

1434 Entscheidend für die Frage, ob trotz mehrfacher Gesetzesverletzung nur wegen einer Tat verurteilt werden soll, ist letztlich die rechtliche Bewertung, ob der **Unrechtsgehalt** der gesamten Tat durch die Verurteilung wegen eines Tatbestandes bereits **vollständig abgegolten** ist oder ob nur die Aufnahme auch des anderen Tatbestandes in den Schuldspruch den Unwertgehalt des Tatgeschehens umfassend kennzeichnet und daher zur Klarstellung mit aufzunehmen ist (was zumeist dann der Fall ist, wenn die verwirklichten Taten nichts miteinander zu tun haben, sich gegen verschiedene Rechtsgüter oder – bei höchstpersönlichen Rechtsgütern – gegen verschiedene Rechtsgutsträger richten)[3326].

3323 BGHSt 33, 4 (7); BGH NStZ 1989, 20; BGH NStZ 1993, 133 (134); BGH NStZ 2009, 692 (693); BGH NStZ 2011, 577 (578); hierzu *Kühl*, § 21 Rn. 35; kritisch hierzu LK-*Rissing-van Saan*, 13. Aufl., § 52 Rn. 34; *Schönke/Schröder-Sternberg-Lieben/Bosch*, § 52 Rn. 16.

3324 Vgl. ferner die Beispielsfälle bei *Geppert*, JURA 1997, 214 (215 ff.); *Kraß*, JuS 1991, 821 (822 f.); *Kretschmer*, JA 2019, 581 (586); *Kühl*, § 21 Rn. 36 f.; aus der Übungsfallliteratur *Dessecker*, JURA 2000, 592 (598).

3325 Nicht ganz konsequent will der BGH das zurücktretende Delikt bei der Strafzumessung aber insoweit berücksichtigen, als eine in der zurücktretenden Vorschrift vorgesehene Mindeststrafe dennoch nicht unterschritten werden dürfe; vgl. BGHSt 1, 152 (155 f.); BGHSt 10, 312 (315); BGHSt 15, 345 (346); BGHSt 19, 188 (189); BGHSt 20, 235 (238); ebenso *Wessels/Beulke/Satzger*, Rn. 1273 (die hiervon aber dann eine Ausnahme machen, wenn der verdrängende Tatbestand als eine mildere lex specialis anzusehen ist); dagegen *Geppert*, JURA 2000, 651 (655); *Mitsch*, JuS 1993, 471 (475).

3326 BGHSt 44, 196 (198); BGHSt 46, 24 (25 f.): Versuchter § 251 StGB stehe in Tateinheit zu vollendetem § 227 StGB, da im Raubversuch nicht notwendigerweise eine vollendete Körperverletzung enthalten sei; BGHSt 53, 23 (24): Tateinheit zwischen gefährlicher und schwerer Körperverletzung; BGHSt 65, 36 (40); vgl. hierzu auch *Bauerkamp/Chastenier*, ZJS 2020, 432 (436 f.); LK-*Rissing-van Saan*, 13. Aufl., § 52 Rn. 3, 43; *Wessels/Beulke/Satzger*, Rn. 1265.

In der Rechtslehre wurden verschiedene Fallgruppen entwickelt, bei denen ein solches Zurücktreten anzunehmen ist. Liegt keine der im Folgenden genannten Fallgruppen vor, ist von einer Selbstständigkeit der Tatbestände auszugehen. In diesem Fall ist dann – je nachdem ob eine oder mehrere Handlungen vorliegen – Idealkonkurrenz, § 52 StGB[3327], oder Realkonkurrenz, § 53 StGB, anzunehmen. **1435**

Liegt hingegen eine der sogleich noch näher erörterten Fallgruppen vor, ist zu differenzieren: Wird die mehrfache Gesetzesverletzung durch **eine Handlung** begangen, ist ein Zurücktreten eines Tatbestandes im Wege der **Spezialität**, der **Subsidiarität** oder der **Konsumtion** möglich. Man spricht in diesen Fällen von **Gesetzeskonkurrenz**[3328]. Wird das Gesetz durch **mehrere Handlungen** mehrfach verletzt, ist ein Zurücktreten eines Tatbestandes (nur) im Wege der **mitbestraften Vor- oder Nachtat** möglich. Dabei zeichnen sich sämtliche Fallgruppen dadurch aus, dass der Unrechtsgehalt der verdrängten Vorschrift im Unrechtsgehalt der vorrangig anwendbaren Vorschrift vollständig enthalten ist. **1436**

a) **Spezialität.** Spezialität liegt dann vor, wenn eine Strafnorm **begriffsnotwendig** alle Merkmale einer anderen Vorschrift enthält, sodass die Verwirklichung dieses spezielleren Delikts zwangsläufig auch den in Betracht kommenden allgemeinen Tatbestand erfüllt. Kurz: Ein Tatbestand enthält sämtliche Merkmale eines anderen und zumindest noch ein weiteres Merkmal[3329]. **1437**

Bsp. (1): § 249 StGB enthält sämtliche Merkmale der §§ 242 und 240 StGB.

Bsp. (2): Jede Qualifikation enthält notwendigerweise den Grundtatbestand[3330]; ein schwerer Raub, § 250 StGB, umfasst also stets den einfachen Raub, § 249 StGB. Gleiches gilt für eine Privilegierung, die ebenfalls den Grundtatbestand vollständig enthält[3331].

Bsp. (3): Eine Körperverletzung mit Todesfolge, § 227 StGB, setzt einerseits die vorsätzliche Verwirklichung einer Körperverletzung, andererseits den Eintritt einer tödlichen Folge voraus, die nach § 18 StGB zumindest fahrlässig verursacht worden sein muss. – Damit enthält die Körperverletzung mit Todesfolge notwendigerweise sowohl eine einfache Körperverletzung, § 223 StGB, als auch eine fahrlässige Tötung, § 222 StGB[3332].

Bsp. (4): Dagegen liegt bei der Verwirklichung eines erfolgsqualifizierten Delikts dann, wenn die schwere Folge (in der Regel: der Tod des Opfers) nicht nur fahrlässig, sondern vorsätzlich herbeigeführt wurde, oftmals aus Klarstellungsgründen Idealkonkurrenz mit dem gleichzeitig verwirklichten Tötungsdelikt vor, so z.B. dann, wenn der Täter einen anderen mit bedingtem Tötungsvorsatz niederschlägt, um ihn zu berauben und

---

3327 Übungsfälle zur Idealkonkurrenz finden sich bei *Eisenberg*, JURA 1989, 41 (44); *Regge/Rose/Steffens*, JuS 1999, 159 (162).
3328 BGHSt 65, 36 (40); *Kretschmer*, JA 2019, 666 (666f.); *Kühl*, § 21 Rn. 51; kritisch zur Verwendung dieses Begriffs *Mitsch*, JuS 1993, 385; vgl. zur Gesetzeskonkurrenz allgemein *Seier*, JURA 1983, 225; *Walter*, JA 2005, 468; *Rengier*, § 56 Rn. 26; teilweise werden die Rechtsfiguren der mitbestraften Vor- und Nachtat ebenfalls unter den Oberbegriff der Gesetzeskonkurrenz eingeordnet; vgl. *v. Heintschel-Heinegg*, JA 2008, 899 (900).
3329 Vgl. hierzu *Bauerkamp/Chastenier*, ZJS 2020, 432 (437); BWME-*Mitsch*, § 27 Rn. 12; *Geppert*, JURA 2000, 651 (654); *Kretschmer*, JA 2019, 666 (667); *Kühl*, § 21 Rn. 52; *Puppe*, § 33 Rn. 10ff., *dies.*, JuS 2016, 961 (963); *Rengier*, § 56 Rn. 29; *Seher*, JuS 2004, 482; *Steinberg/Bergmann*, JURA 2009, 905 (909); *Walter*, JA 2005, 468; *Wessels/Beulke/Satzger*, Rn. 1266; ferner BGHSt 49, 34 (37); BGHSt 65, 36 (40); zu der interessanten, aber kaum examensrelevanten Frage, ob eine Strafnorm ausnahmsweise dann im Wege der Spezialität von einer Ordnungswidrigkeit verdrängt werden kann, wenn diese gerade auf die vorliegende spezielle Konstellation zugeschnitten ist, BayObLG NJW 2005, 309; ferner den Übungsfall bei *Zorn*, JuS 2006, 628 (632f.).
3330 BWME-*Mitsch*, § 27 Rn. 13; *Kretschmer*, JA 2019, 666 (667); *Seher*, JuS 2004, 482; *Tiedemann*, JuS 1987, L 17 (L 19); *Wessels/Beulke/Satzger*, Rn. 1266.
3331 BWME-*Mitsch*, § 27 Rn. 14.
3332 Vgl. hierzu BGHSt 8, 54; *Rengier*, § 56 Rn. 29; *Wessels/Beulke/Satzger*, Rn. 1266.

das Opfer stirbt – hier liegt Tateinheit zwischen einem Mord, §§ 212, 211 StGB, und einem Raub mit Todesfolge, § 251 StGB, vor, da der Raub mit Todesfolge nicht notwendigerweise eine vorsätzliche Tötung und diese wiederum nicht notwendigerweise stets einen Raub mit Todesfolge enthält[3333].

1438 b) **Subsidiarität.** Eine **Subsidiarität** liegt dann vor, wenn eine Strafvorschrift entweder bereits nach der Fassung des gesetzlichen Tatbestandes nur anwendbar ist, wenn nicht bereits ein anderer Tatbestand eingreift (formelle bzw. gesetzliche Subsidiarität) oder aber eine schwächere Begehungsform aus systematischen Erwägungen hinter einer stärkeren Begehungsform zurücktritt (materielle oder systematische Subsidiarität)[3334]. Der subsidiäre Tatbestand gilt hier also nur „hilfsweise" und erfüllt gleichsam eine Auffangfunktion.

1439 aa) **Formelle Subsidiarität.** In vielen Fällen enthält bereits das Gesetz eine ausdrückliche konkurrenzrechtliche Regelung. Hier ist z. B. § 145d StGB, die Vortäuschung einer Straftat, zu nennen, die ausdrücklich nur dann gilt, wenn die Tat nicht in §§ 164, 258 oder 258a StGB mit Strafe bedroht ist (spezielle Subsidiarität). Noch weiter gefasst ist § 248b StGB, der unbefugte Gebrauch eines Fahrzeugs, der aufgrund ausdrücklicher Anordnung nur dann gilt, „*wenn die Tat nicht in anderen Vorschriften mit schwererer Strafe bedroht ist*" (allgemeine Subsidiarität). Hiermit ist insbesondere eine gesetzliche Subsidiarität zum Diebstahl gemeint. Das Gleiche gilt für § 246 StGB, die Unterschlagung, wobei sich die Subsidiarität hier auf Vermögensdelikte beschränken muss[3335]. Weitere Beispiele finden sich in § 145 Abs. 2, § 265a und § 316 StGB.

1440 bb) **Systematische Subsidiarität.** Über die formelle Subsidiarität hinaus treten aus systematischen Gründen Strafvorschriften einer schwächeren Begehungsform eines Delikts dann zurück, wenn durch dieselbe Handlung eine stärkere Begehungsform dieses Delikts erfüllt und dadurch das betroffene Rechtsgut intensiver verletzt wird[3336]. Dies gilt z. B. im Verhältnis von Versuch und Vollendung[3337], im Verhältnis eines bloßen Gefährdungsdelikts zum (schwereren) Verletzungsde-

---

3333 BGHSt 39, 100 (108 f.).
3334 Vgl. hierzu *Kretschmer*, JA 2019, 666 (668); *Rengier*, § 56 Rn. 36 ff.; *Walter*, JA 2005, 468 (469 f.); vgl. ferner BGHSt 65, 36 (40 f.).
3335 Die Fassung des § 246 StGB ist insoweit missglückt, da sie – zumindest auf den ersten Blick – nicht nur eine gesetzliche Subsidiarität zu den Eigentums- und Vermögensdelikten, sondern zu sämtlichen Delikten anordnet; so jedenfalls BGHSt 47, 243; *Heghmanns*, JuS 2003, 954; *Kretschmer*, JA 2019, 666 (668); *Lackner/Kühl*, § 246 Rn. 14; MüKo-*Hohmann*, 4. Aufl., § 246 Rn. 66; *Otto*, BT, § 43 Rn. 25; wie hier (lediglich Subsidiarität zu den Eigentums- und Vermögensdelikten) *Arzt/Weber/Heinrich/Hilgendorf-B. Heinrich*, § 15 Rn. 42a; *Cantzler/Zauner*, JURA 2003, 483 (484 f.); *Freund/Putz*, NStZ 2003, 242 (245); *Geppert*, JURA 2000, 651 (654); *Hoyer*, JR 2002, 517; *Küpper*, JZ 2002, 1115; *Puppe*, JuS, 1996, 961 (964); *Schönke/Schröder-Bosch*, § 246 Rn. 32; *Wessels/Beulke/Satzger*, Rn. 1269; *Wessels/Hillenkamp/Schuhr*, BT 2, Rn. 340; vgl. ferner *Geppert*, JURA 2002, 278 (282), sowie die Übungsfälle bei *Graul*, JURA 2000, 204 (209); *Jäger*, JuS 2000, 1167 (1170); *Jordan*, JURA 1999, 304 (311); *Zieschang*, JuS 1999, 49 (52).
3336 Vgl. hierzu *Geppert*, JURA 2000, 651 (654); ferner den Übungsfall bei *Siebrecht*, JuS 1997, 1101 (1102); vgl. auch *Bauerkamp/Chastenier*, ZJS 2020, 432 (438); *Kretschmer*, JA 2019, 666 (668); *Rückert*, JA 2014, 826 (829); *Seher*, JuS 2004, 482 (482 f.); *Steinberg/Bergmann*, JURA 2009, 905 (909), die hier von „materieller Subsidiarität" sprechen; *Puppe*, § 33 Rn. 11; *dies.*, JuS 2016, 961 (964), hingegen nimmt in diesen Fällen Spezialität an.
3337 *Geppert*, JURA 2000, 651 (654); *Kretschmer*, JA 2019, 666 (668); *Kühl*, § 21 Rn. 54; *Rengier*, § 56 Rn. 41; *Rückert*, JA 2014, 826 (829); *Wessels/Beulke/Satzger*, Rn. 1268; differenzierend BWME-*Mitsch*, § 27 Rn. 10 Fn. 39, Rn. 16: auch Merkmale der Spezialität; im Ergebnis bejahen aber auch sie Subsidiarität.

likt³³³⁸, im Verhältnis von Beihilfe und Anstiftung³³³⁹ sowie im Verhältnis von Teilnahme und Täterschaft³³⁴⁰. Auch Delikte, die lediglich ein Durchgangsstadium der Begehung eines anderen Delikts darstellen (z. B. die einer Tötung vorgelagerte Körperverletzung), sind systematisch subsidiär. Im Gegensatz zur Spezialität ist hier das leichtere Delikt nicht notwendigerweise im schwereren Delikt enthalten, es liegt daher keine „logische", sondern eine „normative" Subsidiarität vor³³⁴¹.

Bsp. (1): Anton und Bruno verabreden, gemeinsam den Rudi zu töten. Sie lauern ihm auf und schießen mehrmals auf ihn. Erst der siebte Schuss trifft und verletzt Rudi tödlich. – Hier liegt zu Beginn eine Verbrechensverabredung, § 30 Abs. 2 StGB, vor. Diese tritt (im Wege der mitbestraften Vortat³³⁴²) zurück, sobald das verabredete Delikt ins Versuchsstadium übergeht, also spätestens beim ersten Schuss auf Rudi. Hierdurch liegt begrifflich ein versuchter Mord, §§ 212, 211, 22 StGB, vor. Dieser tritt jedoch zurück, wenn durch dieselbe Handlung (natürliche Handlungseinheit) beim siebten Schuss die Vollendung eintritt und nunmehr wegen eines (mittäterschaftlich begangenen) vollendeten Mordes zu bestrafen ist.

Bsp. (2): Anton verbringt seinen 84-jährigen, etwas verwirrten Großonkel Günther auf eine abgelegene Berghütte und lässt ihn dort allein. Günther findet nicht mehr zurück und stirbt am vierten Tag. Dies hatte Anton auch beabsichtigt. – Hier hat Anton Günthers Leben dadurch gefährdet, dass er ihn i. S. des § 221 Abs. 1 Nr. 1 StGB in eine hilflose Lage versetzte. Da Anton darüber hinaus nicht nur Gefährdungsvorsatz, sondern sogar Tötungsvorsatz hatte und Günther auch tatsächlich zu Tode kam, tritt § 221 Abs. 1 Nr. 1, Abs. 3 StGB hinter §§ 212, 211 StGB zurück³³⁴³.

Bsp. (3): Toni überredet Rudi, der ihm noch eine beträchtliche Summe Geld schuldet, beim Autohändler Karl einzubrechen und dessen Tageskasse zu entwenden. Damit alles unkompliziert abläuft, versorgt Toni den Rudi mit einem kräftigen Stemmeisen, um die Türe und die Kasse aufzubrechen. Ferner übergibt er ihm einen detailgetreuen Plan von Karls Büroräumen. – Hier hat Toni den Rudi nicht nur zur Begehung eines besonders schweren Falls des Diebstahls, §§ 242, 243 Abs. 1 Satz 2 Nr. 1 und Nr. 2 StGB, angestiftet, sondern ihm zusätzlich durch die Übergabe von Stemmeisen und Plan auch Hilfe geleistet. Diese Beihilfe tritt jedoch hinter der stärkeren Begehungsform der Anstiftung zurück.

Bsp. (4): Ein Spezialproblem stellt das Verhältnis von Körperverletzung und Tötung dar. Trotz des unterschiedlichen Rechtsgutes tritt die vollendete Körperverletzung hinter dem vollendeten Totschlag zurück, selbst wenn das Opfer nach dem Anschlag tagelang leidet, bis es verstirbt³³⁴⁴. Lange Zeit umstritten war das Verhältnis von versuchtem Totschlag und vollendeter Körperverletzung. Früher sah der BGH hier die vollendete Körperverletzung als subsidiär an, da infolge der hohen Strafandrohung des versuchten Totschlags der Unrechtsgehalt der vollendeten Körperverletzung vollständig durch die

---

3338 RGSt 68, 407 (409); BGHSt 4, 113 (116); BGHSt 38, 325 (338 f.); *Geppert*, JURA 2000, 651 (655); *Kretschmer*, JA 2019, 666 (668); *Rengier*, § 56 Rn. 41; *Seher*, JuS 2004, 482 (483); *Wessels/Beulke/Satzger*, Rn. 1268; vgl. zum Vorrang des (auch nur versuchten) Verletzungsdelikts auch den Übungsfall bei *Kudlich/Schuhr*, JA 2007, 349 (354).
3339 BWME-*Mitsch*, § 27 Rn. 16; *Geppert*, JURA 2000, 651 (655); *Rengier*, § 45 Rn. 128; *Seher*, JuS 2004, 482 (483); *Wessels/Beulke/Satzger*, Rn. 1268; vgl. auch *Herzberg/Scheinfeld*, JuS 2003, 880 (885).
3340 BGHSt 62, 96 (100 f.); BGH NStZ 1997, 281; *Geppert*, JURA 1997, 358 (366); *ders.*, JURA 1999, 266 (274); *ders.*, JURA 2000, 651 (655); *Kretschmer*, JA 2019, 666 (668); *Seher*, JuS 2004, 482 (483); *Wessels/Beulke/Satzger*, Rn. 1268; a. M. (Spezialität) *Herzberg/Scheinfeld*, JuS 2003, 880 (885).
3341 BWME-*Mitsch*, § 27 Rn. 15; vgl. auch *Seher*, JuS 2004, 482 (483).
3342 Vgl. hierzu noch unten Rn. 1442; teilweise wird hier allerdings auch Subsidiarität angenommen; vgl. *Geppert*, JURA 2000, 651 (654); *Steinberg/Bergmann*, JURA 2009, 905 (909).
3343 BGHSt 4, 113 (116).
3344 BGHSt 16, 122; *Geppert*, JURA 2000, 651 (655); *Kühl*, § 21 Rn. 56.

Bestrafung wegen des versuchten Totschlags abgedeckt sei[3345]. Inzwischen ist der BGH aber zu Recht der überwiegenden Ansicht in der Literatur gefolgt und nimmt aus Klarstellungsgründen Idealkonkurrenz an[3346]. Denn im Schuldspruch muss zum Ausdruck kommen, dass die Tat „wenigstens" zu einer Körperverletzung geführt hat[3347].

1441 c) **Konsumtion.** Schließlich gibt es noch Fälle, in denen ein Straftatbestand als **typische Begleittat** eines anderen, schwereren Tatbestandes anzusehen ist[3348]. Die Strafbedürftigkeit für diesen Tatbestand kann dann entfallen, obwohl dieser – im Gegensatz zu den Fällen der Spezialität – in dem anderen Tatbestand nicht notwendig enthalten ist. Die Konsumtion unterscheidet sich somit von der Spezialität dadurch, dass hier eine Strafnorm nicht **notwendigerweise**, sondern nur **typischerweise** mit einer anderen zusammentrifft und zudem eine andere Schutzrichtung aufweist[3349]. Wenn in diesen Fällen der Unrechts- und Schuldgehalt der Strafnorm durch das schwerere Delikt mit erfasst und vollständig abgedeckt wird[3350], tritt das Begleitdelikt im Wege der Konsumtion zurück. Wann dies der Fall ist, entzieht sich – leider – der abstrakten Beurteilung und ist eine Frage des Einzelfalles[3351]. Eine wesentliche – aber nicht allein entscheidende – Rolle spielen dabei die durch die Strafnormen geschützten Rechtsgüter[3352].

> **Bsp. (1):** Anton verändert eine Urkunde derart, dass er aus der hierin enthaltenen Summe von „100 Euro" durch Hinzufügung einer Null „1000 Euro" macht. – Hier hat Anton nicht nur eine echte Urkunde verfälscht und eine unechte Urkunde hergestellt, § 267 Abs. 1 Alt. 1 und Alt. 2 StGB, sondern er hat darüber hinaus den Beweiswert der ursprünglichen Urkunde zunichte gemacht. Darin liegen in der Regel (aber nicht immer) eine Urkundenunterdrückung, § 274 StGB, sowie eine Sachbeschädigung, § 303 StGB, die jedoch im Wege der Konsumtion zurücktreten[3353].
>
> **Bsp. (2):** Als typisches Beispiel einer Konsumtion galt lange Zeit der klassische Einbruchsdiebstahl (besonders schwerer Fall des Diebstahls, §§ 242, 243 Abs. 1 Satz 2 Nr. 1 StGB). Wer zur Ausführung der Tat in ein Gebäude einbricht (= gewaltsames Öffnen), der beschädigt dabei in aller Regel Fenster oder Türen (= Sachbeschädigung, § 303

3345 BGHSt 16, 122; BGHSt 21, 265 (266 f.); BGHSt 22, 248 (249).
3346 BGHSt 44, 196 (198 f.); so auch *Kühl*, § 21 Rn. 56; *Schönke/Schröder-Eser/Sternberg-Lieben*, § 212 Rn. 23; *Wessels/Beulke/Satzger*, Rn. 1265; zur „Klarstellungsfunktion" auch *Kretschmer*, JA 2019, 581.
3347 Aus den gleichen Gründen wird z. B. auch Idealkonkurrenz zwischen einem versuchten Raub mit Todesfolge, §§ 251, 22 StGB, und vollendeter Körperverletzung mit Todesfolge, § 227 StGB (BGHSt 46, 24), zwischen versuchtem Raub, §§ 249, 22 StGB, und vollendetem Diebstahl, § 242 StGB (BGHSt 21, 78), und zwischen versuchter schwerer Körperverletzung, §§ 226, 22 StGB, und vollendeter gefährlicher Körperverletzung, § 224 StGB (BGHSt 21, 194), angenommen.
3348 BGHSt 63, 253 (258 f.); *Puppe*, JuS 2016, 961 (964 f.), spricht in diesen Fällen von „stillschweigender Subsidiarität".
3349 Vgl. zur Konsumtion BGHSt 11, 15 (17); BGHSt 31, 380 (380 f.); BGHSt 39, 100 (108); BGHSt 41, 113 (115 f.); BGHSt 65, 36 (41); *Bauerkamp/Chastenier*, ZJS 2020, 432 (437); *Fahl*, GA 2019, 721; *Geppert*, JURA 2000, 651 (655); *Kretschmer*, JA 2019, 666 (668 f.); *Kühl*, § 21 Rn. 60; *Puppe*, § 33 Rn. 15 f.; *Rengier*, § 56 Rn. 30 ff.; *Seher*, JuS 2004, 482 (483); *Steinberg/Bergmann*, JURA 2009, 905 (909); *Walter*, JA 2005, 468 (468 f.); *Warda*, JuS 1964, 81 (90 f.); *Wessels/Beulke/Satzger*, Rn. 1270 ff.; ferner den Übungsfall bei *Hirsch/Dölling*, JuS 2019, 997 (1000); diese Rechtsfigur ablehnend *Klug*, ZStW 68 (1956), 399 (406 ff., 415).
3350 Vgl. hierzu BGHSt 63, 253 (258); BGH NJW 2002, 150 (151).
3351 Vgl. hierzu die Fälle bei *Kühl*, § 21 Rn. 61; *Rengier*, § 56 Rn. 33 ff.; ein klausurrelevanter Fall ist auch die Konsumtion des Diebstahls bzw. der Unterschlagung am verbrauchten Benzin im Fall eines unbefugten Gebrauchs eines fremden Fahrzeugs, § 248b StGB; vgl. hierzu BGHSt 14, 386 (389); *Fahl*, GA 2019, 721 (727 ff.); weitere Fälle bei *Bindzus/Ludwig*, JuS 1998, 1123 (1128); *Ellbogen*, JURA 1998, 483 (489 – §§ 306a ff. StGB konsumieren § 306 StGB); *Zieschang*, JuS 1999, 49 (52).
3352 BGHSt 65, 36 (41); v. *Heintschel-Heinegg*, JA 2020, 707 (709).
3353 *Geppert*, JURA 2000, 651 (655); vgl. aber auch *Schönke/Schröder-Heine/Schuster*, § 274 Rn. 22 (Subsidiarität).

StGB) und begeht zudem einen Hausfriedensbruch (= § 123 StGB). Eine Spezialität liegt hier nicht vor, da es auch Fälle des Einbruchsdiebstahls geben kann, bei denen §§ 123, 303 StGB nicht erfüllt werden (z. B.: Der volljährige, nicht mehr zu Hause wohnende Sohn dringt nachts mittels eines Zweitschlüssels in die Wohnung seines Vaters ein, um zu stehlen). Der BGH hat in diesen Fällen nunmehr eine Konsumtion mit der Begründung ausgeschlossen, dass Regelbeispiele keine eigenständigen Tatbestände verdrängen könnten[3354]. Dies überzeugt jedoch nicht, da es im Hinblick auf die Konkurrenzen nicht davon abhängen kann, ob der Gesetzgeber eine Strafschärfung mittels eines Regelbeispiels oder einer Qualifikation (z. B. bei § 244 Abs. 1 Nr. 3, Abs. 4 StGB) anordnet. Insoweit konsequent hat der BGH inzwischen aber auch in Bezug auf § 244 Abs. 1 Nr. 3 StGB festgestellt, dass dieser in Tateinheit, § 52 Abs. 1 StGB, zu einer zusätzlich begangenen Sachbeschädigung, § 303 StGB, steht[3355].

d) Mitbestrafte Vortat. Eine **mitbestrafte Vortat** liegt dann vor, wenn eine Tat im Vergleich zu der ihr nachfolgenden Haupttat eine untergeordnete Bedeutung hat[3356]. Dies setzt notwendigerweise voraus, dass zwei verschiedene Handlungen vorliegen, die ansonsten im Verhältnis der Realkonkurrenz, § 53 StGB, stünden[3357]. Eine solche untergeordnete Bedeutung – und somit das Zurücktreten der Vortat – liegt immer dann vor, wenn die untergeordnete Tat als **notwendiges Durchgangsstadium** einen funktionellen Bestandteil der Haupttat darstellt[3358]. Sie erfüllt für sich gesehen zwar einen eigenen Straftatbestand, die Rechtsgutsverletzung geht aber nicht über das hinaus, was durch die spätere Tat bereits abgedeckt ist.

1442

Bsp. (1): Anton nimmt bei einer Party bei Bruno dessen Autoschlüssel mit. Am nächsten Tag dringt er in Brunos Garage ein und entwendet, wie er es von Anfang an geplant hatte, mittels dieses Schlüssels dessen PKW. – Der Diebstahl des Schlüssels und der Diebstahl des Autos beruhen auf zwei getrennten Handlungen. Dennoch war der Diebstahl des Schlüssels nur eine Vorbereitungshandlung für das, was Anton tatsächlich wollte, nämlich die Wegnahme des Autos[3359].

Bsp. (2): Rudi überfährt an einem Fußgängerüberweg in betrunkenem Zustand den Karl. Obwohl Rudi den Unfall bemerkt und auch weiß, dass Karl sofortiger Hilfe be-

---

3354 BGH NJW 2002, 150 (152); ebenso *Kargl/Rüdiger*, NStZ 2002, 202 (203); *Kleszcewski*, Rn. 910; *Mundt*, ZJS 2010, 646 (650); *Rengier*, JuS 2002, 850 (854); *Schönke/Schröder-Hecker*, § 303 Rn. 25; *Seher*, JuS 2004, 482 (483); *Steinberg/Bergmann*, JURA 2009, 905 (909); *Sternberg-Lieben*, JZ 2002, 514 (515); *Zieschang*, JURA 1999, 561 (567); für eine Konsumtion hingegen (jedenfalls im „Normalfall") *Geppert*, JURA 2000, 651 (655); *Jescheck/Weigend*, § 69 II 3b; *Kühl*, § 21 Rn. 60; *Lackner/Kühl*, § 243 Rn. 24; *Schönke/Schröder-Bosch*, § 243 Rn. 59; *Wessels/Beulke/Satzger*, Rn. 1271; vgl. hierzu auch die Übungsfälle bei *Buchholz*, JURA 2019, 211 (219); *Hirsch/Dölling*, JuS 2019, 997 (1000); *Werkmeister*, JA 2013, 902 (909).
3355 BGHSt 63, 253 (257 ff.); BGH NStZ 2018, 708; in diese Richtung bereits BGH NStZ 2014, 40; zust. *Mitsch*, NJW 2019, 1091; abl. *Fahl*, JR 2019, 107; in BGH NStZ-RR 2017, 340 (341) ging das Gericht dagegen noch davon aus, Idealkonkurrenz läge nur dann vor, „wenn die Sachbeschädigung bei konkreter Betrachtung von dem regelmäßigen Ablauf eines Einbruchsdiebstahls oder Wohnungseinbruchsdiebstahls abweicht, von einem eigenständigen Unrechtsgehalt geprägt ist und sich nicht als typische Begleittat erweist".
3356 BGHSt 64, 152 (156).
3357 Wenn *Geppert*, JURA 2000, 651 (656), und *Wessels/Beulke/Satzger*, Rn. 1275 ff., die mitbestrafte Vortat als Unterfall der Subsidiarität oder Konsumtion sowie ferner die mitbestrafte Nachtat als Unterfall der Konsumtion ansehen, ist das inhaltlich zwar zutreffend, begrifflich jedoch problematisch; vgl. ähnlich *Rengier*, § 56 Rn. 43; *Walter*, JA 2005, 468 (469); vgl. schließlich auch *Puppe*, § 33 Rn. 15 f., § 34 Rn. 6 ff., die hier infolge der „Erfolgseinheit" Idealkonkurrenz annehmen will.
3358 Zur mitbestraften Vortat BGHSt 64, 152; ferner mit weiteren Beispielen *Kretschmer*, JA 2019, 666 (670); *Kühl*, § 21 Rn. 67; *Rengier*, § 56 Rn. 44; *Steinberg/Bergmann*, JURA 2009, 905 (910); vgl. ferner die Übungsfälle bei *Corell*, JURA 2010, 627 (635); *Graul*, JURA 2000, 204 (209).
3359 OLG Hamm MDR 1979, 421; *Rückert*, JA 2014, 826 (829).

darf, fährt er weiter. Karl stirbt. – Schließt man hier im Hinblick auf die fahrlässige Tötung, § 222 StGB, nicht bereits die objektive Zurechnung aus (Dazwischentreten eines vorsätzlich handelnden Dritten, wobei der Täter selbst als Dritter anzusehen ist), so tritt die durch den Unfall verursachte fahrlässige Tötung jedenfalls hinter die durch die nicht vorgenommene Hilfeleistung verwirklichte vorsätzliche Tötung durch Unterlassen, §§ 212, 13 StGB, im Wege der mitbestraften Vortat zurück[3360].

Bsp. (3): Wird ein gemeinsam geplanter Mord einige Tage später tatsächlich verübt oder wenigstens versucht, dann tritt die Verbrechensverabredung nach § 30 Abs. 2 StGB als mitbestrafte Vortat zurück[3361].

1443 **e) Mitbestrafte Nachtat.** Eine **mitbestrafte Nachtat** liegt dann vor, wenn der Täter durch eine neue Tat lediglich die durch eine vorangegangene Haupttat erlangten Vorteile sichert, ausnutzt oder verwertet und dem Rechtsgutsträger dadurch kein neuer Schaden entsteht[3362]. Der Unrechtsgehalt der mitbestraften Nachtat wird dann durch die Bestrafung der in erster Linie strafwürdigen Haupttat mit abgegolten[3363]. Die Nachtat lebt erst dann wieder auf, wenn eine Bestrafung wegen der Vortat aus irgendwelchen Gründen (z. B. wegen Verjährung) nicht erfolgen kann[3364].

Bsp.: Anton hat in einem Supermarkt eine CD entwendet und in seine Manteltasche gesteckt. An der Kasse fragt ihn die Kassiererin, ob er etwas zu bezahlen habe. Anton verneint und passiert den Kassenbereich. – Hier hat Anton bereits mit dem Einstecken der CD die Wegnahme vollendet, also bereits im Supermarkt einen Diebstahl, § 242 StGB, begangen. Die nachfolgende Täuschung der Kassiererin stellt für sich gesehen einen Betrug, § 263 StGB, dar. Dieser soll Anton aber lediglich die Vorteile der Vortat sichern. Er tritt daher als sog. Sicherungsbetrug hinter den Diebstahl zurück[3365].

1444 Liegt in der nachfolgenden Tat jedoch eine Schadensvertiefung oder werden andere Rechtsgutsträger geschädigt (wie beim Verkauf einer gestohlenen Sache an einen gutgläubigen Kunden, der infolge § 935 BGB kein Eigentum erwerben kann

---

3360 Hierzu auch *Geppert*, JURA 2000, 651 (655).
3361 BGHSt 1, 131; BGHSt 14, 378; BGH NStZ 1986, 565 (566); *Kindhäuser/Zimmermann*, § 43 Rn. 24; *Mitsch*, JURA 2013, 696 (703); *Walter*, JA 2005, 468 (469); teilweise wird hier aber auch Subsidiarität angenommen; vgl. BGHSt 39, 88 (89); BWME-*Mitsch*, § 27 Rn. 16; *Geppert*, JURA 1997, 546 (552); Müko-*Joecks/Scheinfeld*, 4. Aufl., § 30 Rn. 73; NK-*Zaczyk*, § 30 Rn. 73; *Rengier*, § 33 Rn. 9; *Schönke/Schröder-Heine/Weißer*, § 30 Rn. 37 f.; *Schönke/Schröder-Sternberg-Lieben/Bosch*, Vorbem. §§ 52 ff. Rn. 109 f. Dagegen ist dann, wenn der Täter mehrfach versucht, einen anderen zu einem Mord anzustiften, und dies erst nach einigen Anläufen gelingt, danach zu differenzieren, ob sich das Ansinnen stets an dieselbe oder aber – aufgrund eines neuen Tatentschlusses nach dem Fehlschlagen des ersten Anstiftungsversuchs – an mehrere Personen nacheinander gerichtet hat; vgl. BGHSt 44, 91 (94 ff.); hierzu auch der Übungsfall bei *Dzatkowski*, JA 2019, 36 (40); *Müller-Christmann*, JuS 1999, 677 (678 f.).
3362 BGH NStZ 2009, 38; BGH NStZ 2016, 34 (36 f.); vgl. hierzu *Kretschmer*, JA 2019, 666 (670); *Steinberg/Bergmann*, JURA 2009, 905 (910); *Walter*, JA 2005, 468 (469); ferner die Übungsfälle bei *Jansen*, ZJS 2019, 132 (142); *Steinberg/Merzrath*, JURA 2011, 964 (967); *Steinberg/Wolf/Langlitz*, ZJS 2013, 606 (608).
3363 BGHSt 5, 295 (297); BGHSt 6, 67 (68); BGHSt 38, 366 (369); BGH wistra 1999, 233; BGH NStZ 2001, 195 (196); BGH NStZ 2008, 396; BGH NStZ 2009, 37 (38); BGH NStZ 2014, 579 (580); *Geppert*, JURA 2000, 651 (655 f.); *Seher*, JuS 2004, 482 (484); *Wessels/Beulke/Satzger*, Rn. 1278.
3364 BGHSt 38, 366 (368); BGHSt 39, 233 (235); BGH NJW 1993, 2692; BGH NStZ 2009, 202; BGH NStZ 2016, 34 (37); *Kühl*, § 21 Rn. 65; LK-*Rissing-van Saan*, 13. Aufl., Vor § 52 Rn. 190 ff.; SK-*Jäger*, Vor § 52 Rn. 110; *Wessels/Beulke/Satzger*, Rn. 1279; differenzierend *Geppert*, JURA 2000, 651 (657); *Schönke/Schröder-Sternberg-Lieben/Bosch*, Vorbem. §§ 52 ff. Rn. 135; a. M. *Jescheck/Weigend*, § 69 II 3a.
3365 Zum Sicherungsbetrug vgl. auch *Kühl*, § 21 Rn. 64; vgl. ferner den Übungsfall bei *Maier/Ebner*, JuS 2007, 651 (654); dagegen lehnt *Kretschmer*, JA 2019, 666 (670 f.) den Betrug bereits tatbestandlich mangels Vermögensschadens ab.

– dieses Verhalten stellt einen eigenständigen Betrug nach § 263 StGB dar[3366]), greift diese Rechtsfigur nicht. In diesen Fällen ist dann Realkonkurrenz, § 53 StGB, anzunehmen (selbst wenn der Täter den Verkauf von vornherein geplant hatte)[3367].

§ 41 Wahlfeststellung und „in dubio pro reo"

Einführende Aufsätze: *Baur*, Die ungleichartige Wahlfeststellung nach der Entscheidung des Großen Strafsenats, JA 2018, 568; *Beulke/Fahl*, Prozessualer Tatbegriff und Wahlfeststellung, JURA 1998, 262; *Deubner*, Die Grenzen der Wahlfeststellung, JuS 1962, 21; *Eicker*, Was der Grundsatz in dubio pro reo bedeutet (und was nicht), JA 2021, 330; *Geppert*, Zum Verhältnis von Täterschaft/Teilnahme an der Vortat und sich anschließender Hehlerei (§ 259 StGB), JURA 1994, 100; *Huber*, Grundwissen – Strafprozessrecht: In dubio pro reo, JuS 2015, 596; *Köchel/Wilhelm*, Zu den Möglichkeiten echter Wahlfeststellung zwischen Strafvereitelung und falscher Verdächtigung, ZJS 2014, 269; *Kruse*, Wahlfeststellung in Gutachten, Strafurteil und Anklageschrift, JURA 2008, 173; *Noak*, Tatsächlich unklare Sachverhalte im Strafrecht: Zu „in dubio pro reo" sowie eindeutigen und wahldeutigen Straffeststellungen, JURA 2004, 539; *Norouzi*, Grundfälle zur Wahlfeststellung, Präpendenz und Postpendenz, JuS 2008, 17, 113; *Richter*, Die Postpendenzfeststellung, JURA 1994, 130; *Röhmel*, Die Wahlfeststellung, JA 1975, 371; *Schröder*, Aus der Praxis: Die in der Hauptverhandlung festgestellte Wahlfeststellung – Die Sicht der Verteidigung, JuS 2005, 707; *Schulz*, Wahlfeststellung und Tatbestandsreduktion, JuS 1964, 635; *Stuckenberg*, In dubio pro reo, JA 2000, 568; *ders.*, Wahlfeststellung, JA 2001, 221; *Walper*, Die Voraussetzungen der Postpendenzfeststellung und der Tenor des Strafurteils, JURA 1998, 662.
Zur Vertiefung: *Wolter*, Grundfälle zu „in dubio pro reo" und Wahlfeststellung, JuS 1983, 363, 602, 769; JuS 1984, 37, 530, 606.
Übungsfälle: *Fahl*, Der gestohlene Jaguar, JuS 1999, 93; *Hedel*, Fernweh, ZJS 2021, 531; *Siebrecht*, Brutaler Besuch, JuS 1997, 1101.
Rechtsprechung: RGSt 68, 257 – Wahlfeststellung (Wahlfeststellung zwischen Diebstahl und Hehlerei); **BGHSt 4, 340** – Offenbarungseid (Wahlfeststellung zwischen Meineid und unbewusst fahrlässigem Falscheid); **BGHSt 9, 390** – Rausch (rechtsethische und psychologische Vergleichbarkeit); **BGHSt 12, 386** – Wahlfeststellung (Wahlfeststellung zwischen Diebstahl und Hehlerei); **BGHSt 15, 63** – Diebesgut (Wahlfeststellung zwischen Diebstahl und Hehlerei); **BGHSt 23, 203** – Aufpasser (Stufenverhältnis von Täterschaft und Beihilfe); **BGHSt 25, 182** – Kellner (Wahlfeststellung zwischen Raub und Unterschlagung); **BGHSt 31, 136** – Killer (Stufenverhältnis von Anstiftung und Beihilfe); **BGHSt 32, 48** – Wahlfeststellung (normatives Stufenverhältnis); **BGHSt 32, 146** – Verkehrsunfall (Wahlfeststellung zwischen Falschaussage und falscher Verdächtigung); **BGHSt 35, 86** – Wahlfeststellung (Postpendenzverhältnis); **BGHSt 36, 262** – AIDS II (Tatsachenalternative; unechte Wahlfeststellung); **BGHSt 46, 85** – Missbrauch (unklarer Tatzeitpunkt); **BGHSt 62, 164** – Wahlfeststellung (Zulässigkeit der echten Wahlfeststellung).

I. Grundlagen

Zwar können sowohl das Rechtsinstitut der **Wahlfeststellung** als auch der Grundsatz **„in dubio pro reo"** nicht mehr zu den **Konkurrenzen** im eigentlichen Sinne gezählt werden, dennoch bietet sich eine Erörterung im vorliegenden Zusammen- **1445**

3366 Hierzu auch BGH NStZ 2009, 38 (38 f.); *Geppert*, JURA 2000, 651 (655); *Kretschmer*, JA 2019, 666 (671).
3367 BGH NStZ 2009, 38 (39); BGH NStZ 2014, 579 (580); *Kühl*, § 21 Rn. 66; *v. Heintschel-Heinegg*, JA 2008, 899 (900); zu einem weiteren Beispiel vgl. auch BGH NStZ 1993, 283.

hang an. Während die Konkurrenzen die Frage betreffen, wie mehrere festgestellte Straftaten im Verhältnis zueinander stehen, regeln die hier zu behandelnden Rechtsinstitute die Frage, wie zu entscheiden ist, wenn nach Ausschöpfung sämtlicher Erkenntnis- und Beweismittel in der strafrechtlichen Hauptverhandlung weiterhin verschiedene Lebenssachverhalte möglich bleiben und das Gericht nicht die erforderliche Überzeugung erlangt hat, dass sich die Tat auf eine bestimmte Art und Weise abspielte. In diesen Fällen kommen mehrere Möglichkeiten in Betracht:

1446 1. Das Gericht muss den Angeklagten nach dem Grundsatz „in dubio pro reo" **freisprechen**, wenn nach Ausschöpfung aller Erkenntnis- und Beweismittel noch mehrere als möglich anzusehende Tatvarianten übrig bleiben und der Täter sich jedenfalls nach einer dieser denkbaren Sachverhaltsalternativen **nicht** strafbar gemacht hat[3368].

> **Bsp.:** Rudi ist auf Antons Anwesen mit einem Beil erschlagen worden, auf dem sich u. a. Antons Fingerabdrücke befinden. Anton behauptet, in der Tatnacht bei seiner 100 km entfernt wohnenden Geliebten Gisela gewesen zu sein, die dies auch bestätigt. Das Gericht hält die Aussage von Gisela an sich für glaubhaft, kann aber nicht ausschließen, dass die Tat möglicherweise schon am späten Nachmittag begangen wurde (in diesem Fall käme eine Täterschaft in Betracht). Auch erscheint es dem Gericht möglich, dass Anton das Beil, bevor er zu Gisela fuhr, einem angeworbenen Killer übergeben hatte (in diesem Fall käme eine Anstiftung in Betracht). Andererseits ist es auch denkbar, dass Anton mit der Sache gar nichts zu tun hatte (dann wäre Anton straflos). – Hier muss „in dubio pro reo" die für den Täter günstigste Variante unterstellt werden. Anton ist daher freizusprechen.

1447 2. Das Gericht kann den Täter bei Bestehen eines **zeitlichen** oder **normativen** Stufenverhältnisses wegen eines bestimmten Delikts verurteilen, wenn feststeht, dass er **jedenfalls dieses Delikt** begangen hat (und lediglich unklar ist, ob er darüber hinaus auch noch ein anderes, schwereres Delikt verwirklicht hat, welches die Bestrafung wegen des zu prüfenden Delikts ausschließen würde). Liegt ein zeitliches Stufenverhältnis vor, so spricht man von **Post- oder Präpendenz**[3369].

> **Bsp.:** Anton, der sich im kriminellen Milieu bewegt, ist im Besitz mehrerer wertvoller Uhren, die vor wenigen Tagen bei einem Einbruch in ein Juweliergeschäft gestohlen wurden. Wegen dieses Einbruchs wurde Bruno verhaftet, es kann jedoch nicht geklärt werden, ob dieser allein tätig wurde oder ob noch weitere Personen als Mittäter bei dem Einbruch dabei waren. Anton wird gestellt, nachdem er in der Altstadt dem Passanten Paul eine aus dem Einbruch stammende Uhr für ein Zehntel des Neupreises verkauft hat. Weitere 34 dieser Uhren befinden sich in der Innenseite seines Mantels. Aus seinem Verhalten lässt sich eindeutig schließen, dass Anton klar war, dass es sich um gestohlene Ware handelt. Es kann jedoch nicht geklärt werden, ob er die Uhren von Bruno erlangt hat oder an dem Diebstahl selbst als Mittäter beteiligt war. – In diesem Fall müsste Anton an sich freigesprochen werden, denn hinsichtlich des Diebstahls ist ihm eine Beteiligung nicht nachzuweisen (so das „in dubio pro reo" davon auszugehen ist, dass er nicht beteiligt war). Im Hinblick auf die Hehlerei müsste (ebenfalls „in dubio pro reo") davon ausgegangen werden, dass er Täter des Diebstahls war. Dann nämlich hätte nicht „ein anderer" i. S. des § 259 StGB, sondern er selbst die Uhren zuvor entwendet und Hehlerei würde ausscheiden. Ein solcher, auf einer zweifachen Anwendung des Grundsatzes „in dubio pro reo" beruhender Freispruch erscheint jedoch unangebracht, wenn sicher feststeht, dass Anton jedenfalls eine der beiden Strafta-

---

3368 Vgl. zum Grundsatz „in dubio pro reo" ausführlich unten Rn. 1449 ff.
3369 Vgl. zur Post- und Präpendenzfeststellung ausführlich unten Rn. 1454 ff.

ten begangen hat. Anton ist daher wegen der sicher feststehenden Anschlusstat der Hehlerei zu bestrafen.

3. Das Gericht kann schließlich dann, wenn mehrere Lebenssachverhalte möglich sind, die allesamt zu einer Strafbarkeit des Täters führen, wobei die hierdurch möglicherweise begangenen Straftaten sich aber gegenseitig ausschließen und diese auch **nicht** in einem zeitlichen oder normativen Stufenverhältnis stehen, unter bestimmten, gleich noch näher zu erläuternden Voraussetzungen, aufgrund **wahldeutiger Feststellung** des Sachverhalts (**Wahlfeststellung**) verurteilen[3370]. **1448**

Bsp.[3371]: Anton gibt nach einem Verkehrsunfall bei der Polizei an, dass Otto das verunglückte Fahrzeug gesteuert habe. Später sagt er vor Gericht aus, er selbst sei gefahren. Es ist nicht aufklärbar, welche der beiden Angaben richtig ist. – Anton hat entweder eine falsche Verdächtigung, § 164 StGB, oder eine falsche uneidliche Aussage, § 153 StGB, begangen.

II. Grundsatz „in dubio pro reo"

Nach dem Grundsatz „in dubio pro reo" (im Zweifel für den Angeklagten) ist eine Verurteilung des Angeklagten wegen einer Straftat nur dann möglich, wenn **zur Überzeugung des Gerichts feststeht**, dass der Täter die Straftat auch begangen hat[3372]. Bleiben für den Richter ernsthafte Zweifel übrig, dass sich ein bestimmtes Tatgeschehen nicht so, sondern möglicherweise anders abgespielt hat, so muss er die für den Angeklagten jeweils **günstigere Konstellation** annehmen, d. h. ihn im Zweifel freisprechen[3373]. Der Grundsatz „in dubio pro reo" ist insoweit keine Beweisregel (er beeinflusst nicht die Frage der richterlichen Beweiswürdigung), sondern eine Entscheidungsregel (geregelt ist also, wie zu entscheiden ist, wenn der erforderliche Beweis nicht erbracht ist). **1449**

Einen **gesetzlichen Anknüpfungspunkt** findet der genannte Grundsatz in Art. 103 Abs. 2 GG, Art. 6 Abs. 2 EMRK sowie in § 261 StPO, selbst wenn er hier nicht ausdrücklich normiert ist. Dennoch ist es heutzutage anerkannt, dass der Grundsatz „in dubio pro reo" nicht nur allgemein im Strafrecht gilt, sondern sogar **Verfassungsrang** besitzt[3374]. **1450**

Vom Anwendungsbereich her betrifft dieser Grundsatz allerdings nur das Vorliegen oder Nichtvorliegen eines **tatsächlichen Sachverhalts** (z. B. die Frage, ob der Täter bei der Tatbegehung anwesend war oder nicht, ob er vom späteren Opfer tatsächlich angegriffen wurde oder ob der Angriff allein von ihm ausging). Insoweit ist der Grundsatz für sämtliche Umstände relevant, welche die Schuld- oder Straffrage betreffen. Es ist also gleichgültig, ob es sich um eine Frage des Tatbestandes, der Rechtswidrigkeit oder der Schuld handelt oder ob Strafausschließungs- **1451**

3370 Vgl. zur Wahlfeststellung ausführlich unten Rn. 1463 ff.
3371 Fall nach BGHSt 32, 146.
3372 Vgl. zum Grundsatz in dubio pro reo BGH StV 2022, 78 (79); *Eicker*, JA 2021, 330; *Huber*, JuS 2015, 596; *Kindhäuser/Zimmermann*, § 48 Rn. 1 ff.; *Rengier*, § 57 Rn. 1 ff.; *Stuckenberg*, JA 2000, 568.
3373 Vgl. hierzu BWME-*Eisele*, § 28 Rn. 1 ff.; *Stuckenberg*, JA 2000, 568 (568 f.); *Wessels/Beulke/Satzger*, Rn. 1298; vgl. auch die Übungsfälle bei *Oğlakcıoğlu*, ZJS 2013, 482 (491); *Schwaab*, JuS 2015, 621 (623 f.); *Steinberg/Mengler/Wolf*, ZJS 2015, 228.
3374 BayVerfGH NJW 1983, 1600; offen gelassen in BVerfG NJW 1988, 477; vgl. hierzu bereits oben, Rn. 42.

oder Strafaufhebungsgründe davon betroffen sind[3375]. Nicht anwendbar ist der Grundsatz hingegen bei **Rechtsfragen**[3376]. Der Richter kann sich also nicht darauf berufen, eine bestimmte Rechtsfrage sei in der juristischen Praxis noch nicht eindeutig geklärt, daher müsse er den Angeklagten freisprechen. Vielmehr muss der Richter diese Rechtsfragen stets entscheiden, auch wenn es möglich ist, dass die nächste Instanz das Urteil wieder aufhebt und anders entscheidet.

1452 Lediglich an wenigen, ausdrücklich im Gesetz genannten Stellen wird der Grundsatz „in dubio pro reo" durchbrochen bzw. findet eine Umkehr der Beweislast statt, die im Strafrecht üblicherweise den Staat und nicht den Bürger trifft.

> **Bsp.:** Nach § 186 StGB wird derjenige bestraft, der eine ehrenrührige Tatsache über einen anderen behauptet, die nicht erweislich wahr ist. Kann die Wahrheit der behaupteten Tatsache nicht nachgewiesen werden, trägt derjenige, der sie äußert (also der Täter), das Risiko, dass ihm der Wahrheitsbeweis nicht gelingt und er sich deswegen strafbar macht[3377].

1453 Die **Wahlfeststellung** ist eine zweite solche – allerdings gesetzlich nicht vorgesehene und daher auch umstrittene – Ausnahme[3378].

III. Post- und Präpendenzfeststellung

1454 Steht der tatsächliche Tathergang nicht sicher fest, hat sich der Täter am Ende jedoch nach allen noch übrig bleibenden Möglichkeiten strafbar gemacht, wäre ein Freispruch nach dem eben erörterten Grundsatz „in dubio pro reo" in den meisten Fällen nicht gerechtfertigt[3379]. Daher wurden hier Kriterien entwickelt, nach denen gegen den Täter dennoch eine Strafe verhängt werden kann. Stehen dabei mehrere vom Täter möglicherweise begangene Taten in einem **zeitlichen Stufenverhältnis** (d. h. die Taten folgen zeitlich aufeinander) und würde die Strafbarkeit wegen einer dieser Taten die Strafbarkeit wegen der anderen logisch ausschließen, spricht man von einer **Postpendenz-** oder **Präpendenzfeststellung**. Hierbei lässt sich – im Gegensatz zur Wahlfeststellung – ein Sachverhaltskomplex sicher feststellen, ein weiterer bleibt jedoch unklar (einseitige Sachverhaltsungewissheit)[3380].

3375 BWME-*Eisele*, § 28 Rn. 8; *Huber*, JuS 2015, 596; *Noak*, JURA 2004, 539 (540); *Stuckenberg*, JA 2000, 568 (570); umstritten ist allerdings, ob der Grundsatz auch für Prozessvoraussetzungen gilt; hierzu BGHSt 18, 274 (zur Verjährung); *Schünemann*, JA 1982, 123 (analoge Anwendung bei Verfahrensfragen).
3376 BGHSt 14, 68 (73); *Eicker*, JA 2021, 330 (331); *Huber*, JuS 2015, 596; *Norouzi*, JuS 2008, 17; *Stuckenberg*, JA 2000, 568 (571); *Wessels/Beulke/Satzger*, Rn. 1301; *Wolter*, JuS 1983, 363.
3377 Vgl. näher BWME-*Eisele*, § 28 Rn. 8.
3378 Eine gesetzliche Regelung für die Wahlfeststellung wurde im Jahre 1935 in § 2b RStGB geschaffen, die Norm wurde allerdings als typisches nationalsozialistisches Unrecht durch das Kontrollratsgesetz Nr. 11 vom 30. Januar 1946 wieder aufgehoben; dennoch hielt der BGH an der durch RGSt 68, 257 begründeten Rechtsprechung zur Wahlfeststellung ausdrücklich fest; vgl. BGHSt 1, 127 (128 ff.); BGHSt 1, 275 (276 ff.); BGHSt 1, 302 (304); vgl. auch den kurzen Überblick bei *Kröpil*, JR 2015, 116 (117 ff.); *Nourozi*, HRRS 2016, 285 (290).
3379 Vgl. hierzu bereits oben Rn. 1447.
3380 BGHSt 35, 86 (88 ff.); *Rengier*, § 57 Rn. 34; vgl. allerdings hierzu auch die abweichende Differenzierung bei *Schönke/Schröder-Hecker*, § 1 Rn. 91 ff.

1. Postpendenzfeststellung

Unter der Postpendenzfeststellung versteht man eine Konstellation, in der bei zwei aufeinander folgenden Sachverhalten der **zeitlich spätere sicher feststeht**, der frühere Sachverhalt jedoch nicht mit Sicherheit nachgewiesen werden kann[3381].

Bsp.: Im bereits genannten Fall (Diebstahl oder Hehlerei)[3382] kann nachgewiesen werden, dass Anton die gestohlenen Uhren an Paul verkauft (= abgesetzt i. S. des § 259 StGB) hat. Unklar ist lediglich, ob er sie selbst (als Mittäter) gestohlen, vom Dieb Bruno zuvor angekauft oder sonst irgendwie erlangt hat. – Hätte Anton den Diebstahl selbst begangen, müsste er wegen dieses Diebstahls bestraft werden, eine Bestrafung wegen Hehlerei schiede dann aus, da Hehlerei nur in Bezug auf Sachen möglich ist, die ein anderer gestohlen hat. Hätte er den Diebstahl nicht begangen, käme hingegen eine Hehlerei in Frage. Wäre der Grundsatz „in dubio pro reo" hier doppelt anzuwenden, dann müsste Anton freigesprochen werden.

Dieses Ergebnis (Freispruch) wäre grob unbillig, da ja tatsächlich feststeht, dass Anton die Uhr später abgesetzt und daher jedenfalls eine der beiden Straftaten begangen hat. Insofern wird hier zu Recht davon ausgegangen, dass eine Verurteilung wegen des tatsächlich nachgewiesenen Delikts (hier der Hehlerei) erfolgen muss[3383]. Dies gilt jedenfalls dann, wenn der nachgewiesene spätere Sachverhalt nicht zu einer Bestrafung wegen eines Delikts führen würde, welches schwerer wiegt als das vorherige. Anton ist im genannten Beispiel also wegen Hehlerei zu bestrafen (denn diese wird nicht schwerer bestraft als der Diebstahl). Neben einer solchen Verurteilung auf eindeutiger Grundlage im Wege der Postpendenzfeststellung ist eine wahldeutige Verurteilung im Wege der echten Wahlfeststellung[3384] nicht möglich. Die Verurteilung im Wege der Postpendenzfeststellung geht der Verurteilung im Wege der Wahlfeststellung insoweit vor[3385].

2. Präpendenzfeststellung

Unter der Präpendenzfeststellung versteht man eine Konstellation, in der bei zwei aufeinander folgenden Sachverhalten der **zeitlich frühere sicher feststeht**, der spätere jedoch nicht mit Sicherheit festgestellt werden kann[3386].

Bsp.: Anton hat mit Bruno vereinbart, Rudi zu töten (= Verbrechensverabredung, § 30 Abs. 2 StGB). Rudi wird später auch tatsächlich umgebracht. Es kann jedoch nicht festgestellt werden, ob Anton bei der Tötung Rudis dabei war oder ob er zuvor „ausgestiegen" ist. – In diesen Fällen muss das Gleiche gelten wie zuvor, allerdings in umgekehrter Richtung. Der Satz „in dubio pro reo" schließt den zweiten Sachverhalt und

---

3381 BGHSt 35, 86 (schwere räuberische Erpressung und anschließende Hehlerei; hierzu *Joerden*, JZ 1988, 847; *Wolter*, NStZ 1988, 456); BGHSt 39, 164 (Brandstiftung und anschließende unterlassene Hilfeleistung); BGH NStZ 1989, 266 (Betrug und anschließende Hehlerei); BGH NStZ-RR 2018, 47 (Diebstahl und anschließende Hehlerei); BGH NStZ-RR 2018, 49 (Beihilfe zum gewerbsmäßigen Diebstahl und anschließende Beihilfe zur gewerbsmäßigen Hehlerei); BGH NStZ 1989, 574 (Diebstahl und anschließende Hehlerei); BGH NStZ 2007, 396 (betrügerische Scheckeinlösung und anschließender Computerbetrug); BGH NJW 2011, 510 (Diebstahl und anschließende Hehlerei); OLG Hamm NJW 1974, 1957 (1958); vgl. hierzu auch *Geppert*, JURA 1994, 441 (446); *Hoffmann-Holland*, Rn. 899 ff.; *Hruschka*, NJW 1971, 1392; *Küper*, Lange-FS 1976, S. 65; *Noak*, JURA 2004, 539 (542 f.); *Rengier*, § 57 Rn. 32; *Wessels/Beulke/Satzger*, Rn. 1315; *Wolter*, JuS 1983, 602 (603 ff.); ferner den Übungsfall bei *Fahl*, JuS 1999, 903 (904).
3382 Vgl. oben Rn. 1447.
3383 BGHSt 35, 86 (89); BWME-*Eisele*, § 28 Rn. 39; *Joerden*, JuS 1999, 1063 (1065 f.); *Kindhäuser/Zimmermann*, § 48 Rn. 19; *Kühl*, § 21 Rn. 68; *Noak*, JURA 2004, 539 (542 f.); *Norouzi*, JuS 2008, 113 (115); *Rengier*, § 57 Rn. 33; *Stuckenberg*, JA 2001, 221 (225); *Walper*, JURA 1998, 622 (623).
3384 Hierzu noch unten Rn. 1463 ff.
3385 BGHSt 35, 86; BGHSt 55, 148 (152); BGH NStZ 1995, 500; BGH NStZ-RR 2018, 49 (50).
3386 Vgl. hierzu *Noak*, JURA 2004, 539 (543); *Rengier*, § 57 Rn. 34.

somit die Strafbarkeit wegen eines vollendeten Totschlags (bzw. Mordes) aus, es verbleibt aber die Strafbarkeit wegen der zuerst verwirklichten Tat[3387]. Anton ist somit lediglich wegen einer Verbrechensverabredung nach § 30 Abs. 2 StGB zu bestrafen (diese würde dann, wenn Anton den Totschlag begangen hätte, als mitbestrafte Vortat zurücktreten)[3388].

1458 Dieser Weg versagt allerdings wiederum in denjenigen Fällen, in denen der frühere Tatbestand schwerer wiegt als der spätere und die Anwendung des Satzes **„in dubio pro reo"** dem Angeklagten daher zum Nachteil gereichen würde.

IV. Normatives Stufenverhältnis

1459 Die Wahlfeststellung ist ferner abzugrenzen vom normativen Stufenverhältnis. Dieses kann in zwei Formen vorkommen, dem logischen Stufenverhältnis und dem normativen Stufenverhältnis im engeren Sinne.

1. Logisches Stufenverhältnis

1460 Unter einem **logischen Stufenverhältnis** versteht man eine Konstellation, bei der zwar die Begehung eines Tatbestandes (zumeist des Grundtatbestandes) festgestellt werden kann, es jedoch unklar ist, ob der Täter darüber hinaus noch weitere (qualifizierende) Merkmale erfüllt hat[3389].

> **Bsp.:** Anton hat Bruno geschlagen. Unklar bleibt, ob er dies mit der bloßen Faust getan hat oder ob er dazu eine Eisenstange benutzte, denn Bruno kann sich an nichts mehr erinnern. – Hier liegt ein logisches Stufenverhältnis in der Form von Grundtatbestand und Qualifikation vor. Eine Wahlfeststellung kann im vorliegenden Fall nicht greifen, da es hier niemals ein „Entweder-Oder" geben kann (die Tatbestände § 223 StGB und § 224 Abs. 1 Nr. 2 StGB schließen sich nicht gegenseitig aus, sondern bauen aufeinander auf). Es liegt vielmehr ein klassischer Anwendungsfall des Grundsatzes „in dubio pro reo"[3390] vor. Die Bestrafung erfolgt nur nach dem minder schweren Delikt, hier also nach § 223 StGB[3391]. – Gleiches gilt, wenn nicht ausgeschlossen werden kann, dass ein privilegierender Tatbestand eingreift (dann Bestrafung wegen der Privilegierung), sowie wenn unklar ist, ob ein versuchtes Delikt auch zur Vollendung gelangt ist[3392].

3387 Vgl. hierzu BWME-*Eisele*, § 28 Rn. 43; *Rengier*, § 57 Rn. 34.
3388 Vgl. hierzu auch BGH NStZ 1992, 83; ferner oben Rn. 1442.
3389 Vgl. hierzu BGHSt 31, 136 (137 f.); BGH NJW 2018, 1557 (1558); *Kruse*, JURA 2008, 173; *Noak*, JURA 2004, 539 (542); *Rengier*, § 57 Rn. 8 f.; *Stuckenberg*, JA 2000, 568 (573).
3390 BGHSt 11, 100 (101 f.); BGHSt 22, 154 (156); BGHSt 31, 136 (137); BWME-*Eisele*, § 28 Rn. 13 ff.; *Kindhäuser/Zimmermann*, § 48 Rn. 4; *Kühl*, § 21 Rn. 68b; *Noak*, JURA 2004, 539 (542); *Wessels/Beulke/Satzger*, Rn. 1309; *Wolter*, JuS 1983, 602 (605 f.).
3391 Dieses logische Stufenverhältnis ist nicht auf „klassische" Qualifikationen beschränkt, sondern erfasst auch vergleichbare Konstellationen, z. B. das Verhältnis von § 249 StGB und §§ 242, 240 StGB, wenn unklar ist, ob der Täter den Wegnahmevorsatz vor oder nach der Gewaltanwendung fasste; vgl. *Norouzi*, JuS 2008, 17 (20 f.).
3392 BGHSt 22, 154 (156); BGHSt 36, 262 (268); BGH NJW 1989, 596 (597 f.); vgl. näher BWME-*Eisele*, § 28 Rn. 19; *Noak*, JURA 2004, 539 (542); *Norouzi*, JuS 2008, 17 (19); *Rengier*, § 57 Rn. 8 f.; *Stuckenberg*, JA 2000, 568 (573); *Wolter*, JuS 1983, 602 (605 f.); anders wohl BGHSt 32, 48 (57), der hier zur Annahme eines normativen Stufenverhältnisses im engeren Sinne neigt; vgl. ferner den Übungsfall bei *Norouzi*, JuS 2007, 146 (153).

2. Normatives Stufenverhältnis im engeren Sinne

Bei einem **normativen Stufenverhältnis i. e. S.** besteht die Besonderheit, dass der Täter zwar – wie beim logischen Stufenverhältnis – entweder eine leichtere oder eine schwerere Begehungsform gewählt hat, diese sich aber gegenseitig ausschließen[3393]. **1461**

> **Bsp.:** Anton schlägt Bruno eine Bierflasche über den Kopf. Bruno stirbt. Es kann nicht festgestellt werden, ob Anton hinsichtlich der Tötung (bedingt) vorsätzlich oder bewusst fahrlässig gehandelt hat. – Da sich Vorsatz und Fahrlässigkeit begrifflich ausschließen, also nicht etwa in jedem Vorsatzdelikt ein Fahrlässigkeitsdelikt enthalten ist, liegt hier ein „Entweder-Oder"-Verhältnis vor[3394]. Dennoch gilt das zum logischen Stufenverhältnis Gesagte auch hier: Lässt sich das schwerere Delikt nicht nachweisen, kann nach dem Grundsatz „in dubio pro reo"[3395] nur nach dem leichteren Delikt bestraft werden, hier also nach § 222 StGB bzw. § 227 StGB (denn es liegt jedenfalls ein pflichtwidriges Verhalten Antons vor). Es wäre unbillig, Anton unter Anwendung des Grundsatzes „in dubio pro reo" freizusprechen[3396].

Weitere Fälle des normativen Stufenverhältnisses im engeren Sinne betreffen die Abgrenzung von Täterschaft (schwerere Begehungsform) und Teilnahme (leichtere Begehungsform)[3397] sowie von Anstiftung (schwerere Begehungsform) und Beihilfe (leichtere Begehungsform)[3398]. Gleiches gilt auch für das Verhältnis einer möglichen Tatbeteiligung an einer Katalogtat des § 138 StGB und der Nichtanzeige dieser Tat (als leichterer Begehungsform)[3399]. Auch zwischen Begehungs- und Unterlassungsdelikten besteht ein normatives Stufenverhältnis[3399a]. **1462**

V. Echte Wahlfeststellung

Für die **echte Wahlfeststellung** verbleiben somit lediglich die (umstrittenen) Fälle, in denen sicher feststeht, dass der Täter durch eine Handlung einen von zwei sich gegenseitig ausschließenden Tatbeständen verwirklicht hat[3400]. Hier hat **1463**

3393 Vgl. hierzu *Baur*, JA 2018, 568 (569); *Kruse*, JURA 2008, 173 (173 f.); *Noak*, JURA 2004, 539 (542); *Rengier*, § 57 Rn. 10 ff.; *Schönke/Schröder-Hecker*, § 1 Rn. 85 ff.; *Wessels/Beulke/Satzger*, Rn. 1309.

3394 *Baur*, JA 2018, 568 (569); MüKo-*Duttge*, 4. Aufl., § 15 Rn. 104; *Rengier*, § 57 Rn. 10 f.; a. M. MüKo-*Hardtung*, 4. Aufl., § 222 Rn. 1; *Noak*, JURA 2004, 539 (542), die deshalb hier ein logisches Stufenverhältnis annehmen müssen.

3395 Nach BGHSt 31, 136 (138) ist der Grundsatz „in dubio pro reo" jedenfalls „entsprechend" auf die vorliegenden Konstellationen anzuwenden.

3396 BGHSt 17, 210; BGHSt 32, 48 (57); BGH NJW 2011, 2067 (2067 f.); hierzu BWME-*Eisele*, § 28 Rn. 25 f.; *Jakobs*, GA 1971, 257 (260 f.); *Norouzi*, JuS 2008, 17 (20); abweichend noch BGHSt 4, 340 (Wahlfeststellung zwischen Meineid und fahrlässigem Falscheid).

3397 Vgl. hierzu *Rengier*, § 57 Rn. 10; *Schönke/Schröder-Hecker*, § 1 Rn. 87; unstreitig ist dies für das Verhältnis von (Mit-)Täterschaft und Beihilfe; vgl. BGHSt 23, 203 (207); BGHSt 31, 136 (138); BGHSt 32, 48 (57); BGHSt 43, 41 (53); BGH NStZ-RR 1997, 297; dagegen wurde im Verhältnis von (Mit-)Täterschaft und Anstiftung infolge des gleichen Strafrahmens von BGHSt 1, 127 (128) eine echte Wahlfeststellung angenommen; vgl. auch OLG Düsseldorf NJW 1976, 579; dagegen *Norouzi*, JuS 2008, 17 (20).; zweifelnd inzwischen auch BGH NStZ 2009, 258.

3398 BGHSt 31, 136 (138); BGHSt 32, 48 (57); *Rengier*, § 57 Rn. 10; kritisch hierzu *Hruschka*, JR 1983, 177.

3399 BGHSt 55, 148 (151); anders noch BGHSt 36, 167 (174); BGHSt 39, 164 (167); so auch SK-*Rudolphi/Stein*, § 138 Rn. 35; ablehnend MüKo-*Hohmann*, 4. Aufl., § 138 Rn. 33; NK-*Ostendorf*, §§ 138, 139 Rn. 25; *Schiemann*, NJW 2010, 2293; differenzierend *Heghmanns*, ZJS 2010, 788 (791).

3399a BGH NStZ 2018, 462 (463); BWME-*Eisele*, § 28 Rn. 27; *Schönke/Schröder-Hecker*, § 1 Rn. 86.

3400 Teilweise wird hier auch von „ungleichartiger Wahlfeststellung" gesprochen; vgl. *Kröpil*, JR 2015, 116; *Rengier*, § 57 Rn. 21; vgl. auch zur Wahlfeststellung im Ordnungswidrigkeitenrecht *Mitsch*, Rengier-FS 2018, S. 79.

sich der Täter also auf jeden Fall strafbar gemacht, es ist aber völlig unklar, welchen Tatbestand er verwirklichte (Fall der sog. **Tatsachenalternativität**)[3401].

> **Bsp.:** Anton wird mit 34 teuren Uhren, die er verkaufsbereit im Inneren seines Mantels aufgereiht hat, gestellt. Die Uhren stammen nachweislich aus einem am Vortag begangenen Einbruchsdiebstahl. Es kann Anton aber nicht nachgewiesen werden, ob er die Uhren nun gestohlen (§ 242 StGB) oder illegal angekauft (§ 259 StGB) hat. Eine weitere Möglichkeit (etwa ein gutgläubiger Erwerb) kann jedoch ausgeschlossen werden. – Dieses Beispiel unterscheidet sich von dem oben[3402] genannten Fall der Postpendenz, da dort jedenfalls der spätere Sachverhalt sicher feststand (Anton hat die Uhr bösgläubig an einen Dritten weiterverkauft = Hehlerei durch Absetzen) und es lediglich fraglich ist, wie er in den Besitz der Uhr gekommen ist. Im Falle der echten Wahlfeststellung steht dagegen kein Einzelakt sicher fest. Ob Anton hier durch Wegnahme oder durch Übernahme in den Besitz der Uhren kam, bleibt fraglich.

1464 Auch in diesen Fällen der **Tatsachenalternativität** (Erlangung des Gewahrsams durch Diebstahl oder Hehlerei) wäre es kaum nachvollziehbar, im Wege einer doppelten Anwendung des Grundsatzes „**in dubio pro reo**" zu einem Freispruch des Täters zu kommen, da feststeht, dass er wenigstens einen der beiden in Frage kommenden Tatbestände erfüllt hat.

1465 Dennoch lehnt eine Minderansicht hier eine Verurteilung unter strikter Berufung auf den Grundsatz „in dubio pro reo" ab[3403]. Einer Verurteilung stünde hier das Prinzip der **Rechtssicherheit** entgegen. Art. 103 Abs. 2 GG verpflichte die Justiz, einem Täter eine bestimmte Tat zweifelsfrei nachzuweisen, ansonsten müsse er freigesprochen werden. Dem hatte sich der 2. Strafsenat des BGH in einem Anfragebeschluss an die übrigen Strafsenate nach § 132 Abs. 3 Satz 1 GVG angeschlossen und die Sache anschließend dem Großen Senat für Strafsachen vorgelegt[3404]. Er argumentiert, bei der echten Wahlfeststellung handele es sich um strafbegründendes Richterrecht, sodass das in Art. 103 Abs. 2 GG verankerte Analogieverbot[3405] verletzt sei. Dem hat der Große Senat für Strafsachen im Jahre 2017 widersprochen und die Zulässigkeit der echten Wahlfeststellung im Hinblick auf die „unverzichtbaren Gebote der Gerechtigkeit" bestätigt[3406]. Bei der Wahlfeststellung handle es sich um eine besondere, dem Strafverfahrensrecht zuzuordnende Ent-

---

3401 Vgl. RGSt 68, 257; BGHSt 1, 302; BGHSt 11, 26; BGHSt 16, 184; BGHSt 46, 85 (86 f.); BGH NStZ 2000, 473; *Fahl*, JuS 1999, 903; *Noak*, JURA 2004, 539 (543); Übungsfälle zur echten Wahlfeststellung finden sich bei *Böhringer*, ZJS 2015, 512 (518 ff.); *Cantzler*, JA 1999, 859 (861); *Hedel*, ZJS 2021, 531 (532, 536); *Kühl/Lange*, JuS 2010, 42 (48); *Rosenau/Zimmermann*, JuS 2009, 541 (544 f.); *Seibert*, JURA 2008, 31 (35); *Siebrecht*, JuS 1997, 1101 (1105).

3402 Vgl. oben Rn. 1455.

3403 *Alwart*, GA 1992, 545 (562 ff. – jedenfalls im Hinblick auf § 212 StGB und § 323a StGB); *Freund/Rostalski*, JZ 2015, 164; *Haas*, HRRS 2016, 190 (194 ff.); *Heinitz*, JZ 1952, 99 (100); *Köhler*, S. 96; *Linder*, ZIS 2017, 311 (318 ff.); NK-*Frister*, Nach § 2 Rn. 83 f.; *Pohlreich*, ZStW 128 (2016), 676 (681, 688 ff.); ferner *Kotsoglou*, ZStW 127 (2015), 334 (354 f., 359 f.); *Kröpil*, JR 2015, 116 (121); *Norouzi*, HRRS 2016, 285 (289 ff.).

3404 BGH NStZ 2014, 392; BGH StV 2016, 212; hierzu *Bauer*, wistra 2014, 475; *El-Ghazi*, JR 2015, 343; *Freund/Rostalski*, JZ 2015, 164; *Frister*, StV 2014, 584; *Haas*, HRRS 2016, 190; *v. Heintschel-Heinegg*, JA 2014, 710; *Jahn*, JuS 2014, 753; *Kotsoglou*, ZStW 127 (2015), 334; *Kröpil*, JR 2015, 116; *Linder*, ZIS 2017, 311; *Norouzi*, HRRS 2016, 285 (289 ff.); *Schuhr*, NStZ 2014, 437; *Stuckenberg*, ZIS 2014, 461; *ders.*, JZ 2015, 714; *Wagner*, ZJS 2014, 436; die anderen Strafsenate hatten daraufhin erklärt, an ihrer Rechtsprechung festhalten zu wollen (BGH NStZ-RR 2014, 307; BGH NStZ-RR 2014, 308; BGH NStZ-RR 2015, 39; BGH NStZ-RR 2015, 40).

3405 Zum Analogieverbot vgl. oben Rn. 35 f.

3406 BGHSt 62, 164 (172); bestätigt durch BVerfG NJW 2019, 2837; hierzu *Baur*, JA 2018, 568; *Jahn*, NJW 2017, 2846; *Kudlich*, JA 2017, 870; *Stuckenberg*, StV 2017, 815; vgl. auch BGHSt 61, 245 (247).

scheidungsregel, die nicht den Schutzbereich des Art. 103 Abs. 2 GG berühre[3407]. Auch andere Befürworter stellen das **Prinzip der materiellen Gerechtigkeit** in den Vordergrund[3408]. Nach dem Grundsatz der Einzelfallgerechtigkeit, der ebenfalls aus dem Rechtsstaatsprinzip hervorgehe, müsse hier eine Verurteilung stets zulässig sein. Hierfür sprächen dringende kriminalpolitische Bedürfnisse. Es könne nicht angehen, dass sich der Täter eine zusätzliche Variante möglicher Strafbarkeit ausdenke, welche ihm nicht widerlegt werden könne, und er deswegen straffrei ausgehe.

Keine der beiden Ansichten kann jedoch restlos überzeugen[3409]. Vielmehr muss mit der h. M. eine (an sich zulässige) Wahlfeststellung an bestimmte einschränkende Kriterien geknüpft werden, um einer sorgsamen Abwägung der genannten Grundsätze Genüge zu tun[3410]. Insgesamt wurden diesbezüglich folgende vier Kriterien entwickelt: **1466**

1. Nichterforschbarkeit des Sachverhalts

Das Gericht muss nach Ausschöpfung aller prozessualen Erkenntnismittel zu dem Schluss kommen, dass der Sachverhalt nicht (mehr) aufklärbar ist[3411]. **1467**

2. Ausschließliches Vorliegen strafbarer Tatbestandsalternativen

Jede der in Frage kommenden tatsächlichen Konstellationen muss unter Ausschluss jeder weiteren Möglichkeit einen (unterschiedlichen) Straftatbestand erfüllen[3412]. Dabei dürfen die in Frage kommenden Tatbestände nicht in einem Stufenverhältnis stehen[3413]. **1468**

3. Gleiche Schwere der Straftaten

Die in Betracht kommenden Straftatbestände müssen gleich schwer wiegen. Liegt ein Verhältnis des „Mehr oder Weniger", also ein normatives Stufenverhältnis vor[3414], gilt der Grundsatz „in dubio pro reo" in vollem Umfang, sodass der Täter (lediglich) wegen des minder schweren Delikts zu bestrafen ist[3415]. **1469**

3407 BVerfG NJW 2019, 2837 (2838).
3408 Für eine unbegrenzte Zulassung der Wahlfeststellung *v. Hippel*, NJW 1963, 1533 (1535); *Nüse*, GA 1953, 33 (39); *ders.*, GA 1954 (24); *Zeiler*, ZStW 64 (1952), 156 (180 f., 188 f.); *ders.*, ZStW 72 (1960), 4 (20); vgl. auch *Deubner*, JuS 1962, 21 (23).
3409 Vgl. zur Diskussion *Noak*, JURA 2004, 539 (543 f.); *Stuckenberg*, JA 2001, 221 (221 f.); *Wessels/Beulke/Satzger*, Rn. 1304 ff.; *Wolter*, JuS 1983, 363 (364).
3410 Vgl. BWME-*Eisele*, § 28 Rn. 45 ff.; *Beulke/Fahl*, JURA 1998, 265; *v. Heintschel-Heinegg*, JA 2008, 660 (661); *Köchel/Wilhelm*, ZJS 2014, 269 (269 f.); *Kühl*, § 21 Rn. 68d; *Noak*, JURA 2004, 539 (544); *Rengier*, § 57 Rn. 14; *Stuckenberg*, JA 2001, 221 (223); *Wessels/Beulke/Satzger*, Rn. 1307; *Wolter*, JuS 1983, 363 (367 ff.).
3411 Vgl. BGHSt 21, 152; BGHSt 31, 136 (137); BGHSt 62, 164 (168 f.); zu weiteren verfahrensrechtlichen Voraussetzungen *Baur*, JA 2018, 568 (572).
3412 BGHSt 12, 386 (388 f.); BGHSt 38, 83 (85); BGHSt 62, 164 (169); *Fahl*, JuS 1999, 903 (904); *Köchel/Wilhelm*, ZJS 2014, 269 (270); *Noak*, JURA 2004, 539 (543); *Stuckenberg*, JA 2001, 221 (223).
3413 RGSt 53, 231 (232); BGHSt 11, 100 (101); BGHSt 15, 63 (66); *Baur*, JA 2018, 568 (572).
3414 Vgl. hierzu Rn. 1459 ff.
3415 BGHSt 32, 48 (56 f.); BGHSt 38, 83 (85 f.).

4. Vergleichbarkeit der Straftaten

1470 Die wahlweise zu berücksichtigenden Verhaltensweisen bzw. Tatbestände müssen **rechtsethisch und psychologisch vergleichbar** oder gleichwertig sein[3416]. Unter **rechtsethischer Vergleichbarkeit** ist hierbei eine annähernd gleiche Schwere der Schuld und darüber hinaus auch eine sittlich und rechtlich vergleichbare Bewertung zu verstehen[3417]. Dies setzt z. B. voraus, dass durch die Taten annähernd gleiche Rechtsgüter verletzt werden und für sie auch in etwa die gleiche Strafe festgesetzt werden müsste[3418].

> **Bsp.:** Anton tötet nachts den Bruno. Man kann ihm jedoch nicht nachweisen, ob er die Tat in nüchternem oder im Zustand des (Voll-)Rausches begangen hat. Beide Möglichkeiten sind gleich wahrscheinlich. Die Delikte des Totschlags, § 212 StGB, und des Vollrausches, § 323a StGB, sind rechtsethisch jedoch nicht vergleichbar[3419].

1471 Unter einer **psychologischen Vergleichbarkeit** versteht man eine einigermaßen gleichgeartete seelische Beziehung des Täters zu den mehreren in Frage kommenden Verhaltensweisen[3420]. Diese Beziehung ist unter Berücksichtigung der Einstellung des Täters zu den jeweils verletzten Rechtsgütern sowie seiner Motivationslage zu beurteilen[3421].

> **Bsp.:** Im genannten Fall (Anton hat die Uhr entweder gekauft oder gestohlen) liegt eine rechtsethische und psychologische Vergleichbarkeit zwischen Hehlerei durch Ankaufen und Diebstahl durch Wegnahme vor. Beide Taten wiegen in etwa gleich schwer und richten sich gegen dasselbe Rechtsgut[3422].

1472 Nach den vorgenannten Kriterien ist eine Wahlfeststellung möglich zwischen Diebstahl, § 242 StGB, und Begünstigung, § 257 StGB[3423], oder Betrug, § 263 StGB, und Computerbetrug, § 263a StGB[3424]. Ferner zwischen uneidlicher Falschaussage, § 153 StGB, und falscher Verdächtigung, § 164 StGB[3425], sowie zwischen

---

3416 RGSt 68, 257 (261 f.); BGHSt 9, 390 (394); BGHSt 11, 26 (28); BGHSt 21, 152 (153); BGHSt 22, 154 (156); BGHSt 23, 203 (204); BGHSt 23, 360 (360 f.); BGHSt 25, 182 (183 f.); BGHSt 30, 77 (78); BGHSt 62, 164 (176 f.); BGH NJW 2018, 1557 (1558); *Baur*, JA 2018, 568 (572 f.); BWME-*Eisele*, § 28 Rn. 47 ff.; *Köchel/Wilhelm*, ZJS 2014, 269 (270); *Kruse*, JURA 2008, 173; *Kühl*, § 21 Rn. 68d; *Kühl/Lange*, JuS 2010, 42 (48); *Lackner/Kühl*, § 1 Rn. 13; *Rengier*, § 57 Rn. 25; *Seibert*, JURA 2008, 31 (35); *Wessels/Beulke/Satzger*, Rn. 1310; vgl. auch BVerfG NJW 2019, 2837 (2840); anders noch BGHSt 4, 340 (342); kritisch zu dieser „Formel" *Günther*, JZ 1976, 665 (667); *Linder*, ZIS 2017, 311 (318 f.); *Norouzi*, JuS 2008, 113; *ders.*, HRRS 2016, 285 (291); *Pohlreich*, ZStW 128 (2016), 676 (702 ff.); *Wolter*, JuS 1984, 530 (535); vgl. zur Gegenansicht auch unten Rn. 1473.
3417 BGHSt 9, 390 (394); BGHSt 21, 152 (153); BGH NStZ 2000, 473; *Köchel/Wilhelm*, ZJS 2014, 269 (270); *Kruse*, JURA 2008, 173; *Stuckenberg*, JA 2001, 221 (223); *Wessels/Beulke/Satzger*, Rn. 1310.
3418 BGH wistra 1985, 67; vgl. auch *Baur*, JA 2018, 568 (573); *Rengier*, § 57 Rn. 26.
3419 BGHSt 1, 275; BGHSt 1, 327.
3420 BGHSt 9, 390 (394); BGHSt 20, 100 (101); BGHSt 21, 152 (153); BGH NStZ 2000, 473; BWME-*Eisele*, § 28 Rn. 49; *Köchel/Wilhelm*, ZJS 2014, 269 (270); *Kruse*, JURA 2008, 173; *Stuckenberg*, JA 2001, 221 (223); *Wessels/Beulke/Satzger*, Rn. 1310.
3421 OLG Saarbrücken NJW 1976, 65 (67).
3422 RGSt 68, 257 (262); BGHSt 1, 302; BGHSt 4, 128 (129); BGHSt 11, 26; BGHSt 12, 386 (388); BGHSt 15, 63; BGHSt 16, 184; BGHSt 61, 245 (247); BGHSt 62, 164; BGH NStZ-RR 2018, 47 (48 f.); vgl. auch BGHSt 1, 327 (328).
3423 BGHSt 23, 360; hierzu *Hruschka*, NJW 1971, 1392.
3424 BGH NStZ 2008, 281; BGH NStZ 2014, 42; hierzu *v. Heintschel-Heinegg*, JA 2008, 660; ferner die Übungsfälle bei *Böhringer*, ZJS 2015, 512 (520); *Hedel*, ZJS 2021, 531 (536); *Kühl/Lange*, JuS 2010, 42 (48).
3425 BGHSt 32, 146 (149); OLG Braunschweig NJW 1959, 1144; ferner BayObLG JR 1978, 25; vgl. in diesem Zusammenhang auch den Übungsfall bei *Hinrichs*, JuS 2016, 828 (837 f.); bereits oben Rn. 1448.

Raub, § 249 StGB, und räuberischer Erpressung, §§ 253, 255 StGB[3426]. Denkbar ist auch eine Wahlfeststellung zwischen drei möglichen Sachverhaltsvarianten, wenn dadurch entweder ein Betrug, § 263 StGB, eine Hehlerei, § 259 StGB, oder eine Unterschlagung, § 246 StGB, verwirklicht wurde[3427]. Dagegen wurde in der Rechtsprechung eine Wahlfeststellung mangels rechtsethischer und psychologischer Vergleichbarkeit u. a. abgelehnt (mit der Folge eines Freispruchs des Angeklagten nach dem Grundsatz in dubio pro reo) im Verhältnis von Betrug, § 263 StGB, und Diebstahl, § 242 StGB[3428]; Diebstahl, § 242 StGB, und (räuberische) Erpressung, §§ 253, 255 StGB[3429]; Betrug, § 263 StGB, und Urkundenfälschung, § 267 StGB[3430]; Raub, § 249 StGB, und Hehlerei, § 259 StGB[3431]; Betrug, § 263 StGB, und versuchtem Schwangerschaftsabbruch, §§ 218, 22 StGB[3432], sowie zwischen Vollrausch, § 323a StGB, und der begangenen Rauschtat[3433].

> **Bsp. (1):** Toni hat eine Uhr bei sich, die er entweder durch Niederschlagen des Opfers am Vortag weggenommen (dann Raub) oder aber später durch Übernahme erlangt hat (dann Hehlerei). – Hier kommt zwar keine Wahlfeststellung zwischen Raub und Hehlerei, aber jedenfalls eine solche zwischen Diebstahl und Hehlerei in Frage[3434].
>
> **Bsp. (2):** Anton verkauft der schwangeren Sigrid ein untaugliches Abtreibungsmittel. Es kann nicht nachgewiesen werden, ob er die Untauglichkeit des Abtreibungsmittels kannte (dann Betrug) oder nicht (dann versuchter Schwangerschaftsabbruch). – Hier ist mangels rechtsethischer und psychologischer Vergleichbarkeit keine Wahlfeststellung möglich.

Gegen die Notwendigkeit einer **„rechtsethischen und psychologischen Vergleichbarkeit"** wird jedoch eingewandt, dass diese Merkmale völlig konturlos und willkürlich seien[3435]. Es handle sich um eine Leerformel, die jegliche Rechtssicherheit vermissen lasse. Daher wird von abweichenden Ansichten in der Literatur zumeist darauf abgestellt, ob **der Unrechtskern der Taten identisch ist**, was dann der Fall sein soll, wenn sich die Taten gegen das gleiche Rechtsgut richteten und der Handlungsunwert in etwa gleich sei[3436]. Ob damit brauchbarere Kriterien entwickelt wurden, mit denen am Ende eindeutigere Ergebnisse erzielt werden können, ist allerdings zu bezweifeln[3437].

3426 BGHSt 5, 280.
3427 BGH NStZ 2012, 510; vgl. zur Wahlfeststellung zwischen Betrug und Hehlerei BGH NJW 1974, 804.
3428 BGHSt NStZ 1985, 123; offen gelassen in BGH wistra 1989, 262; a. M. OLG Karlsruhe NJW 1976, 902; zum Verhältnis von Trickdiebstahl und Sachbetrug vgl. aber auch *Norouzi*, JuS 2008, 113 (114).
3429 BGH NJW 2018, 1557 (1558); zustimmend *Hecker*, JuS 2018, 1009 (1111); *Kudlich*, JA 2018, 549 (550 f.); teilweise kritisch *Krell*, NStZ 2018, 466 (467).
3430 OLG Düsseldorf NJW 1974, 1833; hierzu *Norouzi*, JuS 2008, 113 (114 f.).
3431 BGHSt 21, 152; allerdings kann hier eine Wahlfeststellung zwischen Diebstahl bzw. Unterschlagung und Hehlerei stattfinden, da jedenfalls der Diebstahl im Raub enthalten ist; vgl. BGHSt 25, 182 (185); BWME-*Eisele*, § 28 Rn. 52; *Baur*, JA 2018, 568 (572); *Wessels/Beulke/Satzger*, Rn. 1313; *Wolter*, JuS 1983, 602 (607 f.); vgl. auch das nachfolgende Bsp. (1).
3432 BGH bei *Dallinger*, MDR 1958, 738 (739).
3433 BGHSt 1, 275; BGHSt 1, 327; BGHSt 9, 390 (392); BGH NStZ-RR 2018, 47; allerdings wird hier oftmals ein logisches Stufenverhältnis vorliegen (hierzu oben Rn. 1460); vgl. BWME-*Eisele*, § 28 Rn. 24.
3434 Vgl. BGHSt 25, 182; hierzu *Schulz*, JuS 1974, 635.
3435 Vgl. hierzu auch BGH StV 2016, 212 (216 f.); *Freund/Rostalki*, JZ 2015, 164 (165 f.).
3436 *Deubner*, NJW 1967, 738; *ders.*, NJW 1969, 147; *Hruschka*, MDR 1967, 265 (267); *Jakobs*, GA 1971, 257 (270 – „gattungsmäßige Identität des Rechtsgutsangriffs"); *Jescheck/Weigend*, § 16 III 3; *Otto*, § 24 Rn. 9; SK-*Wolter*, Anh. zu § 55 Rn. 71 ff.
3437 Vgl. hierzu auch *Norouzi*, JuS 2008, 113 (114).

Tenorierung: Eine Tenorierung im Urteil müsste im Falle einer (zulässigen) Wahlfeststellung in etwa wie folgt lauten: „Anton Maier wird wegen Diebstahls oder Hehlerei zu einer Geldstrafe von 90 Tagessätzen zu je 30 € verurteilt".

Abschließender Klausurtipp: Kommt in einer Klausur eine Verurteilung auf wahldeutiger Tatsachengrundlage in Frage, so sind zuerst – im Hinblick auf sämtliche mögliche Geschehensabläufe – die jeweils in Frage kommenden Tatbestände vollständig durchzuprüfen. Kommt man hierbei zu dem Ergebnis, dass der Betreffende sich nach einem der möglichen Geschehensabläufe nicht strafbar gemacht hat, ist er freizusprechen. Ansonsten ist festzustellen, ob die verschiedenen möglichen Geschehensabläufe auf verschiedenen möglichen – zeitlich gestuften – Handlungen beruhen (dann ist eine Post- oder Präpendenzfeststellung zu prüfen) oder ob das vorwerfbare Verhalten nur jeweils auf einer Handlung beruhen kann (dann kommt eine echte Wahlfeststellung in Betracht)[3438].

VI. Unechte Wahlfeststellung

1474 Schließlich sind noch die Fälle der **unechten Wahlfeststellung** zu erwähnen. Diese zeichnen sich dadurch aus, dass ein Täter eine bestimmte Strafnorm erfüllt hat, es jedoch unklar ist, durch welche Verhaltensweise er dies erreichte[3439].

Bsp. (1): Anton beschwört vor zwei verschiedenen Gerichten in ein und derselben Sache jeweils eine genau entgegengesetzte Aussage. – Er hat damit auf jeden Fall einen Meineid begangen, es ist lediglich fraglich, ob dies durch die erste oder die zweite Aussage geschah. Dies kann jedoch nicht dazu führen, dass er nach dem Grundsatz „in dubio pro reo" freizusprechen ist. Er ist hier wegen eines Meineides zu bestrafen, wobei unklar bleiben kann, durch welche Handlung er diesen Meineid begangen hat[3440].

Bsp. (2)[3441]**:** Der AIDS-kranke Toni übt mit seiner neuen Bekannten Beate an vier Tagen ungeschützten Geschlechtsverkehr aus, ohne sie über seine Krankheit zu informieren. Es ist ihm auch gleichgültig, ob er Beate ansteckt oder nicht. Beate infiziert sich tatsächlich mit dem Virus. Es kann jedoch nicht mehr festgestellt werden, wann die Infektion tatsächlich erfolgte. – Steht fest, dass nur Toni die Beate angesteckt haben kann, ist dieser jedenfalls wegen einer bedingt vorsätzlich herbeigeführten gefährlichen Körperverletzung, §§ 223, 224 Abs. 1 Nr. 5 StGB zu bestrafen, auch wenn der konkrete Zeitpunkt der Ansteckung nicht mehr festgestellt werden kann[3442].

1475 Eine solche unechte Wahlfeststellung ist auch dann möglich, wenn feststeht, dass der Täter eine von mehreren gleich schweren Begehungsformen (z. B. des Mordes) oder eines von mehreren Qualifikationsmerkmalen eines Delikts erfüllt hat, man allerdings nicht genau ermitteln kann, welches[3443].

3438 Zum Klausuraufbau auch *Baur*, JA 2018, 568 (573 f.); *Norouzi*, JuS 2008, 17 (18).
3439 Vgl. BWME-*Eisele*, § 28 Rn. 30; *Kühl*, § 21 Rn. 68a; *Wessels/Beulke/Satzger*, Rn. 1314; teilweise wird hier auch von „gleichartiger Wahlfeststellung" gesprochen; vgl. *Fahl*, JuS 1999, 903 (904); *Kröpil*, JR 2015, 116; *Norouzi*, JuS 2008, 17 (19); *Rengier*, § 57 Rn. 17.
3440 BGHSt 2, 351; hierzu auch *Baur*, JA 2018, 568 (569 f.); *v. Heintschel-Heinegg*, JA 2008, 660 (661); *Joerden*, JuS 1999, 1063 (1065); *Kruse*, JURA 2008, 173; *Noak*, JURA 2004, 539 (541); *Wolter*, JuS 1983, 602 (605 f.); vgl. ferner BGHSt 8, 301.
3441 Fall nach BGHSt 36, 262 (267 ff.); hierzu BWME-*Eisele*, § 28 Rn. 31; *Pohlreich*, ZStW 128 (2016), 676.
3442 BGHSt 36, 262 (268 f.); vgl. hierzu auch BGH NJW 1989, 596.
3443 BGHSt 22, 12; BWME-*Eisele*, § 28 Rn. 32; *Noak*, JURA 2004, 539 (541); SK-*Wolter*, Anh. zu § 55 Rn. 59 ff.; *Wessels/Beulke/Satzger*, Rn. 1314; *Wolter*, JuS 1983, 363 (366); vgl. auch *Kraatz*, JURA 2006, 613 (615), der jedoch im Hinblick auf das Vorliegen zweier unterschiedlicher subjektiver Mordmerkmale von einer echten Wahlfeststellung ausgeht; der BGH ließ in NStZ 2012, 441 und NStZ-RR 2021, 171 diese Frage offen.

Anhang I: Aufbau- und Prüfungsschemata

A. Aufbauschemata
I. Vollendetes vorsätzliches Begehungsdelikt   1476

1. **Tatbestandsmäßigkeit**
   a) **Objektiver Tatbestand**
      - Geschriebene Tatbestandsmerkmale (Subjektsqualität, Tathandlung, Tatobjekt etc.)
      - Ungeschriebene Tatbestandsmerkmale
   b) **Subjektiver Tatbestand**
      - Vorsatz bzgl. sämtlicher objektiver Tatbestandsmerkmale (hierbei beachtlich: Tatbestandsirrtum, § 16 StGB)
      - tatbestandsspezifische subjektive Merkmale, z. B. Zueignungsabsicht bei § 242 StGB
   c) **Tatbestandsannex im Ausnahmefall: objektive Bedingungen der Strafbarkeit,** z. B. §§ 186, 231, 323a StGB
2. **Rechtswidrigkeit**
   a) **Fehlen von Rechtfertigungsgründen (objektiv und subjektiv)**
      - Notwehr, § 32 StGB, als zentraler Rechtfertigungsgrund
      - Spezielle Rechtfertigungsgründe, z. B. Einwilligung, §§ 228, 904 BGB, § 127 StPO
      - Rechtfertigender Notstand, § 34 StGB, als Auffangrechtfertigungsgrund
   b) **Bei „offenen" Tatbeständen (z. B. §§ 240, 253 StGB): spezielle Prüfung,** z. B. der Verwerflichkeit
3. **Schuld**
   a) **Schuldfähigkeit: §§ 19, 20 StGB** (fehlt z. B. bei Kindern, Geistesgestörten und Rauschtätern)
   b) **Spezielle Schuldmerkmale (str.)**
   c) **Unrechtsbewusstsein:** Entfällt bei Vorliegen eines Verbotsirrtums, § 17 StGB, und beim Erlaubnisirrtum
   d) **Schuldvorsatz:** Vorsatz hinsichtlich der Rechtswidrigkeit, entfällt beim Erlaubnistatbestandsirrtum nach § 16 StGB analog (h. M.)
   e) **Fehlen von Entschuldigungsgründen:** z. B. §§ 35, 33 StGB
4. **Sonstige Prüfungspunkte**
   a) **Persönliche Strafaufhebungsgründe:** z. B. tätige Reue
   b) **Persönliche Strafausschließungsgründe:** z. B. Angehörigenprivileg, § 258 Abs. 6 StGB
   c) **Strafverfolgungsvoraussetzungen:** z. B. Strafantrag, §§ 77 ff. StGB
   d) **Strafverfolgungshindernisse:** z. B. Verjährung, §§ 78 ff. StGB
   e) **Absehen von Strafe:** z. B. § 60 StGB

f) **Strafzumessungsvorschriften:** z. B. besonders schwere oder minder schwere Fälle, z. B. § 243 StGB

1477 II. Versuchtes vorsätzliches Begehungsdelikt (vgl. Rn. 651)

Vorprüfung
- a) **Nichtvollendung der Tat**
- b) **Strafbarkeit des Versuchs**

1. **Tatbestandsmäßigkeit**
   - a) **Subjektiver Tatbestand** (= **Tatentschluss**)
     – Vorsatz bzgl. sämtlicher geschriebener und ungeschriebener objektiver Tatbestandsmerkmale des jeweiligen Delikts
     – Tatbestandsspezifische subjektive Merkmale, z. B. Zueignungsabsicht bei § 242 StGB
   - b) **Objektiver Tatbestand** (= **unmittelbares Ansetzen zur Tatbestandsverwirklichung, § 22 StGB**)
2. **Rechtswidrigkeit (hier gelten keine Besonderheiten)**
3. **Schuld (hier gelten keine Besonderheiten)**
4. **Sonstige Prüfungspunkte, hier insbesondere:**
   – Rücktritt vom Versuch, § 24 StGB (persönlicher Strafaufhebungsgrund)

1478 III. Vollendetes vorsätzliches (unechtes) Unterlassungsdelikt (vgl. Rn. 881)

1. **Tatbestandsmäßigkeit**
   - a) **Objektiver Tatbestand**
     – Handlung (Abgrenzung: Tun – Unterlassen)
     – Tatbestandsmäßigkeit des Verhaltens = geschriebene und ungeschriebene Tatbestandsmerkmale (bei Erfolgsdelikten z. B. Erfolgseintritt, Kausalität, objektive Zurechnung)
     – Garantenpflicht
     – Nichtvornahme der gebotenen Handlung
     – Möglichkeit der Vornahme der gebotenen Handlung
     – Erforderlichkeit der Handlung
     – Zumutbarkeit (str., a. M.: Schuldmerkmal)
     – Entsprechungsklausel, § 13 StGB
   - b) **Subjektiver Tatbestand** (hier keine Spezialprobleme)
     – Vorsatz bzgl. sämtlicher objektiver Tatbestandsmerkmale (hierbei beachtlich: Tatbestandsirrtum, § 16 StGB)
     – tatbestandsspezifische subjektive Merkmale
2. **Rechtswidrigkeit (hier keine Spezialprobleme; möglich: rechtfertigende Pflichtenkollision)**
3. **Schuld (hier keine Spezialprobleme)**
4. **Sonstige Prüfungspunkte (hier keine Spezialprobleme)**

IV. Versuchtes vorsätzliches Unterlassungsdelikt

Vorprüfung
- a) **Nichtvollendung der Tat**
- b) **Strafbarkeit des Versuchs**

1. **Tatbestandsmäßigkeit**
   - a) **Subjektiver Tatbestand** (= Tatentschluss)
     - Vorsatz bzgl. sämtlicher geschriebener und ungeschriebener objektiver Tatbestandsmerkmale des jeweiligen Delikts
     - tatbestandsspezifische subjektive Merkmale
   - b) **Objektiver Tatbestand** (= **unmittelbares Ansetzen zur Tatbestandsverwirklichung**) vgl. hierzu Problemschwerpunkt 16, Rn. 752 ff.
2. **Rechtswidrigkeit (hier keine Spezialprobleme; möglich: rechtfertigende Pflichtenkollision)**
3. **Schuld (hier keine Spezialprobleme)**
4. **Sonstige Prüfungspunkte, hier insbesondere:**
   - Rücktritt vom Versuch, § 24 StGB (persönlicher Strafaufhebungsgrund)

V. (Vollendetes[3444]) fahrlässiges Begehungsdelikt (vgl. Rn. 1026)

1. **Tatbestandsmäßigkeit**
   - Handlung des Täters (Tun oder Unterlassen)
   - Tatbestandsmäßiger Erfolg (bei Erfolgsdelikten)
   - Kausalität (bei Erfolgsdelikten)
   - Vorliegen einer objektiven Sorgfaltspflichtverletzung
   - Objektive Zurechnung (bei Erfolgsdelikten)
   - Pflichtwidrigkeitszusammenhang
   - objektive Vorhersehbarkeit des Erfolges
   - sonstige Merkmale der objektiven Zurechnung
2. **Rechtswidrigkeit**
3. **Schuld**
   - Schuldfähigkeit
   - Fehlen von Entschuldigungsgründen
   - (potentielles) Unrechtsbewusstsein (Möglichkeit der Unrechtseinsicht)
   - Schuldform: Vorliegen einer subjektiven Sorgfaltspflichtverletzung
   - subjektive Vorhersehbarkeit des Erfolges (bei Erfolgsdelikten)
   - subjektive Vermeidbarkeit des Erfolges (bei Erfolgsdelikten)
4. **Sonstige Prüfungspunkte (hier keine Spezialprobleme)**

VI. (Vollendetes[3445]) fahrlässiges Unterlassungsdelikt

1. **Tatbestandsmäßigkeit**
   - Handlung des Täters (Abgrenzung Tun – Unterlassen)
   - Tatbestandsmäßiger Erfolg (bei Erfolgsdelikten)
   - Kausalität (bei Erfolgsdelikten)
   - Spezifische Unterlassungselemente

3444 Das versuchte fahrlässige (Begehungs-)Delikt ist nicht strafbar (vgl. oben Rn. 990).
3445 Das versuchte fahrlässige (Unterlassungs-)Delikt ist nicht strafbar (vgl. oben Rn. 990).

- Garantenpflicht (bei unechten Unterlassungsdelikten)
- Nichtvornahme der gebotenen Handlung
- Möglichkeit der Vornahme der gebotenen Handlung
- Erforderlichkeit der Handlung
- Zumutbarkeit (bei unechten Unterlassungsdelikten); str., a. M.: Schuldmerkmal
- Entsprechungsklausel, § 13 StGB (bei unechten Unterlassungsdelikten)
- Spezifische Fahrlässigkeitselemente
  - Vorliegen einer objektiven Sorgfaltspflichtverletzung
  - Objektive Zurechnung (bei Erfolgsdelikten)

2. **Rechtswidrigkeit**
3. **Schuld**
   - Schuldfähigkeit
   - Fehlen von Entschuldigungsgründen
   - (potentielles) Unrechtsbewusstsein (Möglichkeit der Unrechtseinsicht)
   - Schuldform: Vorliegen einer subjektiven Sorgfaltspflichtverletzung
   - subjektive Vorhersehbarkeit des Erfolges (bei Erfolgsdelikten)
   - subjektive Vermeidbarkeit des Erfolges (bei Erfolgsdelikten)
4. **Sonstige Prüfungspunkte (hier keine Spezialprobleme)**

B. Prüfungsschemata

I. Notwehr, § 32 StGB (vgl. Rn. 340)

1. **Vorliegen einer Rechtfertigungssituation (Notwehrlage)**
   a) Angriff
   b) Gegenwärtigkeit des Angriffs
   c) Rechtswidrigkeit des Angriffs
2. **Rechtmäßigkeit der Notwehrhandlung**
   a) Geeignetheit
   b) Erforderlichkeit
   c) Gebotenheit (sozialethische Einschränkungen des Notwehrrechts)
3. **Verteidigungswille (subjektives Rechtfertigungselement)**
   a) Kenntnis der Notwehrlage
   b) Wissen, dass die Handlung der Verteidigung dient
   c) Handeln, um zu verteidigen (Motivation)

II. Rechtfertigender Notstand, § 34 StGB (vgl. Rn. 404)

1. **Vorliegen einer Rechtfertigungssituation (Notstandslage)**
   a) Gefahr (für ein beliebiges Rechtsgut)
   b) Gegenwärtigkeit der Gefahr (auch Dauergefahr)
   c) Rechtswidrigkeit der Gefahr
2. **Rechtmäßigkeit der Notstandshandlung**
   a) Geeignetheit
   b) Erforderlichkeit (die Gefahr darf nicht anders abwendbar sein)
   c) Interessenabwägung
   d) Angemessenheit (§ 34 Satz 2 StGB)

3. Gefahrabwendungswille (subjektives Rechtfertigungselement)
   a) Kenntnis der Notstandslage
   b) Wissen, dass die Handlung der Gefahrabwendung dient
   c) Handeln, um die Gefahr abzuwenden (Motivation)

III. Einverständnis (im Rahmen des objektiven Tatbestandes; vgl. Rn. 444 ff.)

1. Vorliegen eines Tatbestandsmerkmals, welches den entgegenstehenden Willen des Rechtsgutsträgers voraussetzt
2. Natürliche Willensfähigkeit des Betroffenen
3. Innere Zustimmung (Erklärung nicht erforderlich)
4. Einverständnis seitens des Rechtsgutsträgers
5. Einverständnis muss zum Zeitpunkt der Tat vorliegen

Anmerkung: Freiheit von Willensmängeln und Handeln in Kenntnis des Einverständnisses sind nicht erforderlich (ein Fehlen der Kenntnis begründet lediglich eine Versuchsstrafbarkeit).

IV. Einwilligung (vgl. Rn. 453 ff.)

1. Vorliegen eines disponiblen Rechtsgutes
2. Einwilligungsfähigkeit des Betroffenen (str. bei Minderjährigen)
3. Ausdrückliche oder konkludente Erklärung
4. Einwilligung seitens des Rechtsgutsträgers
5. Einwilligung muss vor der Tatbegehung erklärt werden
6. Einwilligung muss zum Zeitpunkt der Tat noch vorliegen
7. Freiheit von Willensmängeln
8. Subjektives Rechtfertigungsmerkmal (Handeln in Kenntnis und aufgrund der Einwilligung)

V. Mutmaßliche Einwilligung (vgl. Rn. 475 ff.)

1. Vorliegen eines disponiblen Rechtsgutes
2. Kein Vorliegen einer Einwilligung
3. Kein erkennbares Entgegenstehen des Willens des Rechtsgutsträgers
4. Einwilligungsfähigkeit des Betroffenen
5. Handeln im materiellen Interesse des Betroffenen (Wahrscheinlichkeitsprognose; hier zudem: Einholung einer Einwilligung darf nicht möglich sein) oder Handeln, ohne dass schutzwürdige Interessen des Betroffenen berührt sind
6. Subjektives Rechtfertigungsmerkmal (Handeln in Kenntnis und aufgrund der entsprechenden Umstände)

VI. Defensivnotstand, § 228 BGB (vgl. Rn. 483 ff.)

1. Vorliegen einer drohenden Gefahr für den Betroffenen oder einen Dritten
2. Handeln richtet sich gegen eine Sache
3. Gefahr geht von dieser Sache aus

4. Erforderlichkeit (Gefahr darf nicht anders abwendbar sein)
5. Güterabwägung (Schaden darf nicht außer Verhältnis zum geschützten Rechtsgut stehen)
6. Subjektives Rechtfertigungsmerkmal (Handeln in Kenntnis der Notstandslage und um die Gefahr abzuwenden)

VII. Aggressivnotstand, § 904 BGB (vgl. Rn. 490 ff.)

1. Vorliegen einer gegenwärtigen Gefahr für den Betroffenen oder einen Dritten
2. Handeln richtet sich gegen eine Sache
3. Gefahr geht nicht von der betroffenen Sache aus
4. Erforderlichkeit (Gefahr darf nicht anders abwendbar sein)
5. Güterabwägung (geschütztes Interesse muss das beeinträchtigte Interesse wesentlich überwiegen)
6. Subjektives Rechtfertigungsmerkmal (Handeln in Kenntnis der Notstandslage und um die Gefahr abzuwenden)

VIII. Selbsthilferecht, § 229 BGB (vgl. Rn. 495 f.)

1. Bestehen eines zivilrechtlichen Anspruchs
2. Anspruch muss einredefrei, einklagbar und vollstreckbar sein
3. Eilbedürftigkeit
4. Obrigkeitliche Hilfe ist nicht rechtzeitig zu erlangen
5. Erforderlichkeit (§ 230 Abs. 1 BGB)
6. Subjektives Rechtfertigungsmerkmal (Handeln in Kenntnis der Lage und um den Anspruch zu sichern)

IX. Festnahmerecht, § 127 Abs. 1 Satz 1 StPO (vgl. Rn. 500 ff.)

1. **Vorliegen einer Festnahmelage**
   a) Vorliegen einer frischen Tat (str., ob Tatverdacht ausreicht)
   b) Täter muss betroffen oder verfolgt sein
   c) Täter muss der Flucht verdächtig sein oder Identität kann nicht sofort festgestellt werden
2. **Rechtmäßigkeit der Festnahmehandlung**
   a) Geeignetheit
   b) Erforderlichkeit
   c) Mittel müssen auf eine Festnahme gerichtet sein (sie dürfen nicht darüber hinaus gehen)
3. **Festnahmewille (subjektives Rechtfertigungselement)**
   a) Kenntnis der Festnahmelage
   b) Wissen, dass die Handlung der Festnahme dient
   c) Handeln, um den Betreffenden festzunehmen (Motivation)

X. Entschuldigender Notstand, § 35 StGB (vgl. Rn. 564 ff.)

1. **Vorliegen einer Notstandslage**
   a) Gefahr für ein bestimmtes Rechtsgut (Leib, Leben, Freiheit)
   b) Gefahr für eine bestimmte nahestehende Person
   c) Gegenwärtigkeit der Gefahr
2. **Rechtmäßigkeit der Notstandshandlung**
   a) Geeignetheit
   b) Erforderlichkeit (die Gefahr darf nicht anders abwendbar sein)
   c) Verhältnismäßigkeit
   d) Besondere Hinnahmepflichten, § 35 Abs. 1 Satz 2 StGB
      aa) Selbstverursachung der Gefahr
      bb) Bestehen eines besonderen Rechtsverhältnisses
      cc) Gesetzliche Duldungspflichten
3. **Handeln aufgrund eines besonderen Motivationsdruckes (subjektives Element)**
   a) Kenntnis der Notstandslage
   b) Wissen, dass die Handlung zur Gefahrabwendung dient
   c) Handeln, um die Gefahr abzuwenden (Motivation)

XI. Anstiftung (vgl. Rn. 1283)

1. **Tatbestand**
   a) **Objektiver Tatbestand**
      – Vorliegen einer vorsätzlichen rechtswidrigen Haupttat
      – Bestimmen des Haupttäters zu dieser Tat
   b) **Subjektiver Tatbestand**
      – Vorsatz bzgl. des Vorliegens der vorsätzlichen rechtswidrigen Haupttat
      – Vorsatz bzgl. des Bestimmens zu dieser Tat
2. **Rechtswidrigkeit (es gelten keine Besonderheiten)**
3. **Schuld (es gelten keine Besonderheiten)**

XII. Beihilfe (vgl. Rn. 1317)

1. **Tatbestand**
   a) **Objektiver Tatbestand**
      – Vorliegen einer vorsätzlichen rechtswidrigen Haupttat
      – Objektive Hilfeleistung zu dieser Tat
   b) **Subjektiver Tatbestand**
      – Vorsatz bzgl. des Vorliegens der vorsätzlichen rechtswidrigen Haupttat
      – Vorsatz bzgl. des Hilfeleistens zu dieser Tat
2. **Rechtswidrigkeit (es gelten keine Besonderheiten)**
3. **Schuld (es gelten keine Besonderheiten)**

Anhang II: Problemschwerpunkte

1494 1. **Kausalitätstheorien (vgl. Rn. 221 ff.)**
   a) **Äquivalenztheorie (Bedingungstheorie):** Ursächlich im Sinne des Strafrechts ist jede Bedingung, die nicht hinweggedacht werden kann, ohne dass der Erfolg in seiner konkreten Gestalt entfiele (conditio-sine-qua-non-Formel).
   b) **Adäquanztheorie:** Ursächlich im Sinne des Strafrechts ist nur die tatbestandsadäquate Bedingung. Eine solche scheidet aus, wenn ein atypischer Kausalverlauf vorliegt.
   c) **Relevanztheorie:** Ursächlich im Sinne des Strafrechts ist jede Bedingung, die nicht hinweggedacht werden kann, ohne dass der Erfolg in seiner konkreten Gestalt entfiele und bei der der Erfolg nach strafrechtlichen Kriterien auch zugerechnet werden kann, d. h. strafrechtlich relevant ist.
   d) **Lehre von der gesetzmäßigen Bedingung:** Ursächlich im Sinne des Strafrechts ist jede Bedingung, die aufgrund einer gesetzmäßigen Beziehung im konkreten Erfolg tatsächlich wirksam geworden ist.

1495 2. **Abgrenzung von bedingtem Vorsatz und bewusster Fahrlässigkeit (vgl. Rn. 298 ff.)**
   a) **Wissenstheorien:** Vorsätzlich handelt, wer den Erfolgseintritt für möglich (Möglichkeitstheorie) bzw. für wahrscheinlich (Wahrscheinlichkeitstheorie) hält und trotzdem handelt.
   b) **Willenstheorien:** Vorsätzlich handelt, wer den Erfolgseintritt für möglich hält und außerdem den Erfolg billigend in Kauf nimmt (Billigungstheorie), ihn gleichgültig hinnimmt oder als Nebenfolge positiv gutheißt (Gleichgültigkeitstheorie) bzw. die Möglichkeit des Erfolgseintritts ernst nimmt und sich mit ihm abfindet (Ernstnahmetheorie).
   c) **Risikotheorien:** Vorsätzlich handelt, wer nach seiner eigenen Einschätzung bewusst ein unerlaubtes bzw. von der Rechtsordnung nicht toleriertes Risiko der Tatbestandsverwirklichung in Gang setzt (subjektive Variante) bzw. eine (objektiv) ernstzunehmende, nicht nur unerlaubte, sondern auch unabgeschirmte Gefahr als solche erkannt hat und dennoch handelt (objektive Variante).

1496 3. **Verbietet Art. 2 EMRK die Tötung von Menschen zum Schutz von Sachwerten? (vgl. Rn. 365 ff.)**
   a) **Absolute Theorie:** Art. 2 EMRK wirkt absolut und für jedermann und verbietet die Tötung von Menschen zum Schutz von Sachwerten.
   b) **Schutzrechtstheorie:** Art. 2 EMRK gilt nur im Verhältnis Staat – Bürger und kann daher für den Einzelnen das Notwehrrecht nicht beschränken.

c) **Übereinstimmungstheorie:** Auch Art. 2 EMRK verbietet die Tötung eines Menschen zum Schutz von Sachwerten nicht.

4. **Absichtsprovokation (vgl. Rn. 373 ff.)** 1497
   a) **Rechtsbewährungstheorie:** Die Notwehr bleibt unbeschränkt zulässig.
   b) **Rechtsmissbrauchstheorie:** Das Notwehrrecht ist ausgeschlossen.
   c) **Selbstschutztheorie:** Das Notwehrrecht ist lediglich eingeschränkt, eine Verteidigung ist als ultima ratio zulässig.
   d) **Actio illicita in causa:** Die Notwehr bleibt unbeschränkt zulässig, der Täter ist jedoch infolge seines Vorverhaltens zu bestrafen.
   e) **Einwilligungstheorie:** Die Provokation stellt eine Einwilligung in den Angriff dar, der deswegen nicht rechtswidrig ist, sodass das Notwehrrecht ausscheidet.

5. **Erforderlichkeit und Reichweite des subjektiven** 1498
   Rechtfertigungsmerkmals (vgl. Rn. 386 ff.)
   a) **Objektive Theorie:** Ein subjektives Rechtfertigungselement ist nicht erforderlich.
   b) **Kenntnistheorie:** Erforderlich ist die Kenntnis der Rechtfertigungslage.
   c) **Willenstheorie:** Erforderlich ist das Handeln aufgrund einer bestimmten Rechtfertigungsmotivation.
   Folgeproblem: Rechtsfolge des Fehlens des subjektiven Rechtfertigungselements
      aa) **Versuchstheorie:** Bestrafung wegen eines Versuchsdelikts.
      bb) **Vollendungstheorie:** Bestrafung wegen eines Vollendungsdelikts.

6. **Geltung der allgemeinen Rechtfertigungsgründe, insbesondere § 32** 1499
   StGB, auch für sich im Dienst befindende Hoheitsträger (vgl. Rn. 395 ff.)
   a) **Rein öffentlich-rechtliche Theorie:** Hoheitliche Eingriffsbefugnisse sind in den Polizeigesetzen abschließend geregelt, allgemeine Rechtfertigungsgründe gelten nicht.
   b) **Strafrechtliche Theorie:** Auch Amtsträger können sich auf allgemeine Rechtfertigungsgründe uneingeschränkt berufen, sie handeln daher bei Vorliegen der jeweiligen Voraussetzungen rechtmäßig.
   c) **Selbstverteidigungstheorie:** Notwehr ist zulässig, Nothilfe jedoch nicht.
   d) **Trennungstheorie:** Im Falle des Vorliegens einer Notwehr- bzw. Nothilfelage handelt der Amtsträger nicht mehr als Hoheitsträger, sondern als Privatperson. Notwehr und Nothilfe sind daher zulässig.
   e) **Gemischt öffentlich-rechtlich/strafrechtliche Theorie:** Die Amtsträger handeln zwar strafrechtlich gerechtfertigt, dienstrechtlich ist ihr Verhalten jedoch rechtswidrig.

7. **Einwilligung durch Minderjährige (vgl. Rn. 465 ff.)** 1500
   a) **Lehre von der Einsichtsfähigkeit:** Minderjähriger muss nach seiner geistigen und sittlichen Reife imstande sein, die Tragweite der Entscheidung zu erfassen.
   b) **Lehre von der Zivilrechtsakzessorietät:** Minderjähriger muss bei der Verletzung von Vermögensrechten voll geschäftsfähig sein.

1501 8. **Täuschungsbedingte Einwilligung** (vgl. Rn. 468 ff.)
   a) **Allgemeine Unwirksamkeitstheorie:** Eine täuschungsbedingte Einwilligung ist unwirksam.
   b) **Rechtsgutsbezogene Unwirksamkeitstheorie:** Eine täuschungsbedingte Einwilligung ist nur dann unwirksam, wenn das Opfer darüber getäuscht wird, dass es das betreffende Rechtsgut aufgibt.
   c) **Normative Autonomietheorie:** Eine täuschungsbedingte Einwilligung ist nur dann unwirksam, wenn hierdurch eine selbstbestimmte Entscheidung des Rechtsgutsträgers ausgeschlossen wird.

1502 9. **Reicht ein dringender Tatverdacht für § 127 Abs. 1 StPO aus oder muss die Tat tatsächlich begangen worden sein?** (vgl. Rn. 505 ff.)
   a) **Strenge Tatlösung:** § 127 StPO setzt eine tatsächlich begangene tatbestandsmäßige, rechtswidrige und schuldhafte Tat voraus.
   b) **Eingeschränkte Tatlösung:** § 127 StPO setzt lediglich eine tatsächlich begangene tatbestandsmäßige und rechtswidrige Tat voraus.
   c) **Gemischte Tat-/Verdachtslösung:** § 127 StPO setzt lediglich das Vorliegen einer objektiv tatbestandsmäßigen Tat voraus.
   d) **Verdachtslösung:** Für § 127 StPO genügt das Vorliegen eines dringenden Tatverdachts.

1503 10. **Anwendbarkeit des § 33 StGB beim extensiven Notwehrexzess** (vgl. Rn. 584 ff.)
   a) **Restriktive Theorie:** § 33 StGB erfasst nur den intensiven Notwehrexzess.
   b) **Extensive Theorie:** § 33 StGB erfasst auch den extensiven Notwehrexzess.
   c) **Differenzierende Theorie:** § 33 StGB erfasst nur den nachzeitigen, nicht aber den vorzeitigen extensiven Notwehrexzess.

1504 11. **Geltungsumfang und Begründung der actio libera in causa** (vgl. Rn. 601 ff.)
   a) **Vorverlagerungstheorie:** Die a.l.i.c. wird in vollem Umfang anerkannt. Tathandlung ist das Sich-Berauschen.
   b) **Eingeschränkte Vorverlagerungstheorie:** Die vorsätzliche a.l.i.c. wird im Regelfall anerkannt. Ausgenommen sind lediglich die verhaltensgebundenen Delikte. Tathandlung ist das Sich-Berauschen.
   c) **Ausdehnungstheorie:** Die a.l.i.c. wird in vollem Umfang anerkannt. Tathandlungen sind sowohl das Sich-Berauschen als auch die Rauschtat als Einheit.
   d) **Unrechtstheorie:** Die a.l.i.c. wird in vollem Umfang anerkannt. Tathandlung ist die Rauschtat. Das Sich-Berauschen wird jedoch in die materielle Unrechtsbetrachtung mit einbezogen.
   e) **Ausnahmetheorie:** Die a.l.i.c. wird in vollem Umfang anerkannt. Sie stellt eine gewohnheitsrechtlich begründete Ausnahme zu § 20 StGB dar. Tathandlung ist die Rauschtat.
   f) **Unvereinbarkeitstheorie:** Die a.l.i.c. ist mit dem geltenden Recht unvereinbar.

12. **Rechtliche Behandlung des erfolgsqualifizierten Versuchs**   **1505**
    (vgl. Rn. 694 ff.)
    a) **Theorie der Erfolgsgefährlichkeit:** Die Anwendung einer Erfolgsqualifikation setzt stets die Vollendung des Grunddelikts voraus. Ein erfolgsqualifizierter Versuch ist nicht denkbar.
    b) **Theorie der Handlungsgefährlichkeit:** Die Anwendung einer Erfolgsqualifikation ist auch dann möglich, wenn das Grunddelikt lediglich versucht wurde. Ein erfolgsqualifizierter Versuch ist daher stets möglich.
    c) **Differenzierende Theorie:** Es ist bei jedem erfolgsqualifizierten Delikt zu entscheiden, ob die schwere Folge gerade an die gefährliche Handlung oder an den Erfolg des Grundtatbestandes anknüpft. Nur im ersten Fall ist der erfolgsqualifizierte Versuch möglich.

13. **Das unmittelbare Ansetzen bei Mittäterschaft (vgl. Rn. 739 ff.)**   **1506**
    a) **Gesamtlösung:** Der Versuch beginnt für alle Mittäter dann, wenn einer von ihnen in Vollzug des gemeinsamen Tatplans zur Tatbestandsverwirklichung ansetzt.
    b) **Strenge Einzellösung:** Der Versuch beginnt für jeden Mittäter dann, wenn er zur Verwirklichung seines die Mittäterschaft begründenden Tatbeitrages ansetzt.
    c) **Modifizierte Einzellösung:** Der Versuch beginnt für jeden Mittäter dann, wenn er zur Verwirklichung seines die Mittäterschaft begründenden Tatbeitrages ansetzt, wobei allerdings die Gesamttat bereits ins Versuchsstadium gelangt sein muss.

14. **Das unmittelbare Ansetzen beim vermeintlichen Mittäter**   **1507**
    (vgl. Rn. 743 ff.)
    a) **Weite Gesamtlösung:** Der Versuch beginnt für alle Mittäter dann, wenn einer von ihnen in Vollzug des gemeinsamen Tatplans zur Tatbestandsverwirklichung ansetzt. Dabei reicht das Verhalten eines vermeintlichen Mittäters aus, da es nur auf das objektive Ansetzen ankommt.
    b) **Enge Gesamtlösung:** Der Versuch beginnt für alle Mittäter dann, wenn einer von ihnen in Vollzug des gemeinsamen Tatplans zur Tatbestandsverwirklichung ansetzt. Dabei reicht das Verhalten eines vermeintlichen Mittäters nicht aus, da er mangels Vorsatz selbst nicht unmittelbar ansetzt.
    c) **Strenge und modifizierte Einzellösung:** Der Versuchsbeginn richtet sich bei jedem Mittäter nach dessen Tatbeitrag, sodass der Tatbeitrag des vermeintlichen Mittäters ohnehin nicht zu berücksichtigen ist.

15. **Das unmittelbare Ansetzen bei mittelbarer Täterschaft (vgl.**   **1508**
    Rn. 747 ff.)
    a) **Strenge Akzessorietätstheorie:** Das Versuchsstadium beginnt auch für den mittelbaren Täter erst in dem Moment, in dem der Tatmittler unmittelbar ansetzt.
    b) **Einwirkungstheorie:** Das Versuchsstadium beginnt für den mittelbaren Täter bereits dann, wenn er auf den Tatmittler einzuwirken beginnt bzw. seine Einwirkung abgeschlossen hat.
    c) **Differenzierende Theorie:** Das Versuchsstadium beginnt für den mittelbaren Täter, sofern es sich um einen gutgläubigen Tatmittler handelt,

bereits dann, wenn er auf diesen einzuwirken beginnt. Ist der Tatmittler bösgläubig, so beginnt der Versuch des mittelbaren Täters erst mit dem unmittelbaren Ansetzen des Tatmittlers.

d) **Rechtsgutsgefährdungstheorie:** Das Versuchsstadium beginnt für den mittelbaren Täter erst dann, wenn das betroffene Rechtsgut unmittelbar gefährdet wird. Dies ist jedenfalls dann der Fall, wenn der mittelbare Täter das Geschehen aus der Hand gibt.

1509 16. **Das unmittelbare Ansetzen beim Unterlassungsdelikt (vgl. Rn. 752 ff.)**

a) **Theorie des letztmöglichen Eingriffs:** Ein unmittelbares Ansetzen liegt erst dann vor, wenn der Garant die nach seiner Vorstellung letzte Rettungsmöglichkeit verstreichen lässt.

b) **Theorie des erstmöglichen Eingriffs:** Ein unmittelbares Ansetzen liegt bereits dann vor, wenn der Garant die nach seiner Vorstellung erste Rettungsmöglichkeit verstreichen lässt.

c) **Theorie der unmittelbaren Rechtsgutsgefährdung:** Ein unmittelbares Ansetzen liegt dann vor, wenn der Garant nach seiner Vorstellung entweder durch eine weitere Verzögerung der Rettungshandlung eine unmittelbare Gefahr für das Rechtsgut schafft oder den Kausalverlauf aus der Hand gibt.

1510 17. **Rücktritt nach fehlgeschlagenem Einzelakt, wenn die Tatvollendung weiterhin möglich bleibt (vgl. Rn. 819 ff.)**

a) **Einzelaktstheorie:** Jede einzelne, nach Ansicht des Täters zur Erfolgsherbeiführung geeignete Handlung ist als selbstständiger Versuch anzusehen. Ist diese fehlgeschlagen, ist ein Rücktritt ausgeschlossen.

b) **Gesamtbetrachtungslehre:** Mehrere, nach Ansicht des Täters zur Erfolgsherbeiführung geeignete Handlungen, die in räumlichem und zeitlichem Zusammenhang stehen, sind als Einheit zu betrachten.

aa) **Tatplantheorie:** Entscheidend für die Gesamtbetrachtung sind dabei die Vorstellungen des Täters bei Tatbeginn. Führen diese Handlungen nicht zum Erfolg, scheidet ein Rücktritt aus, selbst wenn der Erfolg durch weitere Handlungen noch erreichbar wäre.

bb) **Lehre vom Rücktrittshorizont:** Entscheidend für die Gesamtbetrachtung sind dabei die Vorstellungen des Täters nach Abschluss der letzten Ausführungshandlung (mit der Möglichkeit einer Korrektur dieses Rücktrittshorizonts, wenn der Täter wenige Zeit später erkennt, dass er sich geirrt hat).

1511 18. **Möglichkeit des Rücktritts, wenn der Täter lediglich mit bedingtem Vorsatz handelte und in erster Linie einen anderen Zweck verfolgte, den er auch erreicht hat (vgl. Rn. 835 ff.)**

a) **Rücktrittsfreundliche Theorie:** Ein Rücktritt ist auch möglich, wenn der Täter sein außertatbestandliches Ziel erreicht hat.

b) **Zweckerreichungstheorie:** Ein Rücktritt nach Erreichung eines außertatbestandlichen Ziels ist nicht mehr möglich.

19. **Möglichkeit des Rücktritts bei nur vorläufiger Abstandnahme von der Tat** (vgl. Rn. 840 ff.)

    a) **Weite Tattheorie:** Ein Rücktritt vom Versuch ist nur dann möglich, wenn der Täter von seinem gesamten Tatplan im Ganzen und endgültig Abstand nimmt.

    b) **Theorie des eingeschränkten Tatbegriffs:** Ein Rücktritt vom Versuch ist bereits dann möglich, wenn der Täter von der konkreten Tat Abstand nimmt, sofern er nicht bereits konkrete Pläne zur Fortsetzung seiner Tat gefasst hat.

    c) **Enge Tattheorie:** Ein Rücktritt vom Versuch ist stets dann möglich, wenn der Täter von der konkreten Tat Abstand nimmt.

    d) **Kriminalpolitische Theorie:** Ein Rücktritt vom Versuch ist nur dann möglich, wenn sich der Täter durch das Aufgeben der konkreten Tatausführung als ungefährlich erwiesen hat.

20. **Möglichkeit des Rücktritts vom erfolgsqualifizierten Versuch nach Eintritt der schweren Folge** (vgl. Rn. 845 ff.)

    a) **Weite Rücktrittstheorie:** Ein Rücktritt vom Versuch des Grunddelikts ist auch dann möglich, wenn die schwere Folge bereits eingetreten ist.

    b) **Enge Rücktrittstheorie:** Ein Rücktritt vom Versuch des Grunddelikts ist nach Eintritt der schweren Folge nicht mehr möglich.

21. **Konkrete Anforderungen an die Verhinderung der Vollendung beim Rücktritt** (vgl. Rn. 848 ff.)

    a) **Chanceneröffnungstheorie:** Eine Verhinderung der Vollendung liegt bereits dann vor, wenn der Täter eine neue Kausalreihe in Gang setzt, die für die Nichtvollendung der Tat wenigstens mitursächlich wird.

    b) **Bestleistungstheorie:** Eine Verhinderung der Vollendung liegt erst dann vor, wenn der Täter die aus seiner Sicht bestmögliche Rettungsmaßnahme ergreift und dadurch den Erfolg verhindert.

    c) **Differenzierungstheorie:** Während es bei einer eigenhändigen Erfolgsverhinderung ausreicht, wenn der Täter irgendwelche für die Rettung kausalen Maßnahmen ergreift, ist bei einer Erfolgsverhinderung durch andere Personen zu fordern, dass der Täter die optimale Leistung erbringt.

22. **Möglichkeit der Beteiligung eines Nichtgaranten an einem fremden Unterlassungsdelikt** (vgl. Rn. 878 ff.)

    a) **Begehungstheorie:** Die Teilnahme an einem Unterlassungsdelikt ist nicht möglich.

    b) **Teilnahmetheorie:** Die Teilnahme an einem Unterlassungsdelikt ist nach den allgemeinen Regeln möglich.

23. **Ingerenz bei lediglich allgemein gefahrschaffendem bzw. gerechtfertigtem Vorverhalten ohne Pflichtwidrigkeit?** (vgl. Rn. 957 ff.)

    a) **Ablehnung der Ingerenz:** Die Garantenstellung aus Ingerenz wird grundsätzlich abgelehnt.

    b) **Verursachungstheorie:** Die Garantenstellung aus Ingerenz setzt lediglich ein gefahrbegründendes Vorverhalten voraus.

- c) **Pflichtwidrigkeitstheorie:** Die Garantenstellung aus Ingerenz setzt ein pflichtwidriges Vorverhalten voraus.
- d) **Modifizierte Theorien:** Die Garantenstellung aus Ingerenz setzt lediglich ein gefahrbegründendes Verhalten voraus. Eine Handlung in Notwehr begründet jedoch keine Garantenstellung.

1517 24. **Rechtmäßiges Alternativverhalten bei Fahrlässigkeitsdelikten (Pflichtwidrigkeitszusammenhang)** (vgl. Rn. 1042 ff.)
- a) **Reine Kausalitätstheorie:** Der Täter haftet für den durch sein pflichtwidriges Verhalten verursachten Erfolg unabhängig davon, ob dieser auch bei pflichtgemäßem Verhalten eingetreten wäre oder nicht.
- b) **Risikoerhöhungslehre:** Der Täter haftet für den durch sein pflichtwidriges Verhalten verursachten Erfolg jedenfalls dann nicht, wenn er nachweisen kann, dass der Erfolg auch bei pflichtgemäßem Verhalten eingetreten wäre.
- c) **Pflichtwidrigkeits- oder Vermeidbarkeitstheorie:** Der Täter haftet für den durch sein pflichtwidriges Verhalten verursachten Erfolg dann nicht, wenn der Erfolg auch bei pflichtgemäßem Verhalten eingetreten wäre. Die Beweislast hierfür trifft den Staat.

1518 25. **Dazwischentreten eines vorsätzlich und schuldhaft handelnden Dritten bei Fahrlässigkeitsdelikten** (vgl. Rn. 1050 ff.)
- a) **Theorie des adäquaten Zusammenhangs:** Das vorsätzliche und schuldhafte Dazwischentreten eines vollverantwortlich handelnden Dritten schließt die Fahrlässigkeitshaftung des die Vorbedingungen schaffenden Ersthandelnden nicht aus.
- b) **Theorie der Unterbrechung des Zurechnungszusammenhangs:** Das vorsätzliche und schuldhafte Dazwischentreten eines vollverantwortlich handelnden Dritten schließt die Fahrlässigkeitshaftung des die Vorbedingungen schaffenden Ersthandelnden stets aus.
- c) **Theorie der begrenzten Verantwortungsbereiche:** Das vorsätzliche und schuldhafte Dazwischentreten eines vollverantwortlich handelnden Dritten schließt die Fahrlässigkeitshaftung des die Vorbedingungen schaffenden Ersthandelnden jedenfalls dann nicht aus, wenn entweder erkennbare Anzeichen für die Tatgeneigtheit des Dritten vorliegen oder der Ersthandelnde als Garant zur Schadensvermeidung verpflichtet ist.

1519 26. **Tötung bei mehraktigem Geschehen, wenn der Täter irrtümlich glaubt, den Erfolg bereits durch den ersten Akt erreicht zu haben, während er ihn tatsächlich erst durch den zweiten Akt erreicht** (vgl. Rn. 1092 ff.)
- a) **Lehre vom dolus generalis:** Vorsatz besteht im Sinne eines Gesamtvorsatzes. Bestrafung wegen eines Vollendungsdelikts, da Vorsatz auch beim 2. Akt noch besteht.
- b) **Trennungstheorie:** Trennung der Geschehensabläufe. Bestrafung lediglich wegen eines Versuchs- (1. Akt) und eines Fahrlässigkeitsdelikts (2. Akt).
- c) **Theorie vom Gesamtvorsatz:** Vorsatz besteht im Sinne eines Gesamtvorsatzes, sofern der Täter den 2. Akt von Anfang an vorhatte. Bestrafung wegen eines Vollendungsdelikts, da Vorsatz auch beim 2. Akt noch besteht.

d) **Fortwirkungstheorie:** Vollendungsdelikt liegt dann vor, wenn der 1. Akt für sich gesehen bei ungestörtem Fortgang zum Erfolg geführt hätte, der 2. Akt den Erfolg also nur „beschleunigt".
e) **Planverwirklichungstheorie:** Vollendungsdelikt liegt dann vor, wenn der Täter im Hinblick auf den Tatererfolg absichtlich gehandelt hat.
f) **Lehre des Irrtums über den Kausalverlauf:** Vollendungsdelikt liegt dann vor, wenn der Erfolg in seiner konkreten Gestalt lediglich als unwesentliche Abweichung vom ursprünglich vorgestellten Kausalverlauf anzusehen ist. Tathandlung bleibt dann der 1. Akt.

27. **Das Fehlgehen der Tat (aberratio ictus) (vgl. Rn. 1105 ff.)** 1520
   a) **Gleichwertigkeitstheorie:** Die aberratio ictus ist bei tatbestandlicher Gleichwertigkeit der Objekte unbeachtlich und entspricht daher dem error in persona.
   b) **Vorhersehbarkeitstheorie:** Die aberratio ictus ist bei tatbestandlicher Gleichwertigkeit der Objekte jedenfalls dann unbeachtlich, wenn das Fehlgehen der Tat im konkreten Fall vorhersehbar war, da sie letztlich einen Unterfall des Irrtums über den Kausalverlauf darstellt.
   c) **Versuchslösung:** Die aberratio ictus ist stets beachtlich und kann höchstens zu einer Bestrafung wegen eines Versuchsdelikts (hinsichtlich des Zielobjekts) und eines Fahrlässigkeitsdelikts (hinsichtlich des tatsächlich getroffenen Objekts) führen.

28. **Rechtliche Behandlung des Erlaubnistatbestandsirrtums** 1521
    (vgl. Rn. 1128 ff.)
   a) **Vorsatztheorie:** Der Erlaubnistatbestandsirrtum beseitigt – wie jeder Irrtum – den Vorsatz (Unrechtsbewusstsein als Bestandteil des Vorsatzes). Daher liegt ein Tatbestandsirrtum, § 16 StGB, vor.
   b) **Modifizierte Vorsatztheorie:** Der Erlaubnistatbestandsirrtum beseitigt – sofern er nicht auf Rechtsfeindschaft oder Rechtsblindheit beruht – den Vorsatz (Unrechtsbewusstsein als Bestandteil des Vorsatzes). Daher liegt ein Tatbestandsirrtum, § 16 StGB, vor.
   c) **Strenge Schuldtheorie:** Der Erlaubnistatbestandsirrtum beseitigt lediglich das Unrechtsbewusstsein (welches vom Tatbestandsvorsatz zu trennen ist). Es liegt daher ein Verbotsirrtum, § 17 StGB, vor.
   d) **Eingeschränkte Schuldtheorie:** Der Erlaubnistatbestandsirrtum muss wertungsmäßig behandelt werden wie ein Tatbestandsirrtum, da der Täter an sich rechtstreu ist. Da § 16 StGB vom Wortlaut her jedoch nur den reinen Tatbestandsirrtum erfasst, ist § 16 StGB analog anzuwenden (zur weiteren Frage, ob in diesen Fällen der Vorsatz ausgeschlossen ist, vgl. Problemschwerpunkt 29).
   e) **Rechtsfolgenverweisende (eingeschränkte) Schuldtheorie:** Der Erlaubnistatbestandsirrtum muss wertungsmäßig behandelt werden wie ein Tatbestandsirrtum, da der Täter an sich rechtstreu ist. Da § 16 StGB vom Wortlaut her jedoch nur den reinen Tatbestandsirrtum erfasst, ist der Täter jedenfalls auf Rechtsfolgenebene so zu stellen, als wäre er einem Tatbestandsirrtum unterlegen.
   f) **Lehre von den negativen Tatbestandsmerkmalen:** Der Erlaubnistatbestandsirrtum beseitigt als Irrtum über die Rechtswidrigkeit das Unrecht der Tat. Es entfällt der Vorsatz hinsichtlich eines „negativen Tatbestands-

merkmals" (Fehlen von Rechtfertigungsgründen). Daher kann § 16 StGB direkt angewendet werden.

1522 29. **Liegt eine für die Anstiftung oder Beihilfe erforderliche „vorsätzlich" begangene Haupttat vor, wenn sich der Täter in einem Erlaubnistatbestandsirrtum befindet (vgl. Rn. 1136 ff.)**
- a) **Vorsatztheorie:** Da § 16 StGB angewendet wird, entfällt der Vorsatz.
- b) **Modifizierte Vorsatztheorie:** Da (regelmäßig) § 16 StGB angewendet wird, entfällt der Vorsatz.
- c) **Strenge Schuldtheorie:** Da § 17 StGB angewendet wird, liegt ein vorsätzliches Verhalten vor.
- d) **Eingeschränkte Schuldtheorie, Variante a):** Da § 16 StGB analog angewendet wird, entfällt auch der Vorsatz insgesamt.
- e) **Eingeschränkte Schuldtheorie, Variante b):** Da § 16 StGB (nur) analog angewendet wird, muss diese Analogie nicht umfassend sein. Es entfällt lediglich die Vorsatzschuld (als Vorsatz hinsichtlich der Rechtswidrigkeit) auf Schuldebene, der Tatbestandsvorsatz bleibt hingegen bestehen.
- f) **Rechtsfolgenverweisende (eingeschränkte) Schuldtheorie:** Da der Täter nur in den Rechtsfolgen so zu stellen ist, als wäre er einem Tatbestandsirrtum unterlegen, bleibt der (Tatbestands)Vorsatz bestehen.
- g) **Lehre von den negativen Tatbestandsmerkmalen:** Da § 16 StGB direkt angewendet wird, entfällt der Vorsatz.

1523 30. **Irrtum über tatsächliche Voraussetzungen eines persönlichen Strafausschließungsgrundes (vgl. Rn. 1160 ff.)**
- a) **Objektive Theorie:** Für die Annahme eines persönlichen Strafausschließungsgrundes ist allein die objektive Sachlage entscheidend, ein Irrtum ist daher unbeachtlich.
- b) **Subjektive Theorie:** Für die Annahme eines persönlichen Strafausschließungsgrundes ist allein die Tätervorstellung entscheidend, ein Irrtum ist also beachtlich.
- c) **Differenzierende Theorie:** Es ist nach der Art des jeweiligen Strafausschließungsgrundes zu differenzieren. Die objektive Sachlage ist entscheidend, wenn staatspolitische Belange oder kriminalpolitische Zweckmäßigkeitserwägungen den Strafausschluss begründen. Dagegen ist die Tätervorstellung entscheidend, wenn dem Strafausschluss eine notstandsähnliche Motivationslage zugrunde liegt.

1524 31. **Abgrenzung von Täterschaft und Teilnahme (vgl. Rn. 1203 ff.)**
- a) **Formal-objektive Theorie:** Täter ist derjenige, der den Tatbestand durch seine Handlung entweder ganz oder teilweise objektiv erfüllt. Teilnehmer ist hingegen derjenige, der zur Tatbestandsverwirklichung nur durch eine Vorbereitungs- oder Unterstützungshandlung beiträgt.
- b) **Extrem subjektive Theorie:** Entscheidend ist die innere Willensrichtung. Täter ist, wer die Tat als eigene will, d. h. mit Täterwillen handelt. Teilnehmer ist, wer die Tat als fremde veranlassen oder fördern will, d. h. mit Teilnehmerwillen handelt.
- c) **Gemäßigt-subjektive Theorie:** Entscheidend ist die innere Willensrichtung. Täter ist, wer die Tat als eigene will, d. h. mit Täterwillen handelt, wobei demjenigen, der die Tat eigenhändig ausführt, stets ein solcher

Wille unterstellt wird. Teilnehmer ist, wer die Tat als fremde veranlassen oder fördern will, d. h. mit Teilnehmerwillen handelt.
d) **Tatherrschaftslehre (materiell objektive Theorie):** Täter ist, wer die Tat beherrscht, d. h. als Schlüsselfigur das Tatgeschehen nach seinem Willen hemmen und ablaufen lassen kann (insoweit also „Tatherrschaft" hat). Teilnehmer ist, wer lediglich als Randfigur die Begehung der Tat veranlasst oder fördert.

32. **Abgrenzung von Täterschaft und Teilnahme beim Unterlassungsdelikt (Nichtverhinderung der Begehungstat eines Dritten seitens des Garanten) (vgl. Rn. 1212 ff.)**   1525
    a) **Subjektive Theorie:** Auch bei Unterlassungsdelikten sind Täterschaft und Teilnahme nach der inneren Willensrichtung des Unterlassenden abzugrenzen.
    b) **Tatherrschaftstheorie:** Auch bei Unterlassungsdelikten sind Täterschaft und Teilnahme nach dem Kriterium der Tatherrschaft abzugrenzen.
    c) **Täterschaftstheorie:** Der die aktive Tatbegehung eines anderen nicht verhindernde Garant ist stets Täter.
    d) **Teilnahmetheorie:** Der die aktive Tatbegehung eines anderen nicht verhindernde Garant ist stets Gehilfe.
    e) **Differenzierende Theorie:** Entscheidend für die Abgrenzung von Täterschaft und Teilnahme ist die Art der Garantenstellung. Der unterlassende Beschützergarant ist stets Täter, der unterlassende Überwachungsgarant stets Teilnehmer.

33. **Umfang des objektiven Tatbeitrages bei der Mittäterschaft (vgl. Rn. 1226 ff.)**   1526
    a) **Strenge Tatherrschaftslehre:** Zur Begründung einer Mittäterschaft ist stets eine wesentliche Mitwirkung im Ausführungsstadium erforderlich. Insoweit muss der im Hintergrund Agierende bei der Tatausführung wenigstens mit den Anderen in Kontakt stehen.
    b) **Gemäßigte Tatherrschaftslehre:** Zur Begründung einer Mittäterschaft reicht auch ein Tatbeitrag im Vorbereitungsstadium aus, der jedoch von einigem Gewicht sein muss.
    c) **Subjektive Theorie:** Zur Begründung einer Mittäterschaft reicht es aus, dass der im Hintergrund Agierende die Tat als eigene will und jedenfalls im Vorbereitungsstadium einen Tatbeitrag erbringt.

34. **Der Täter hinter dem Täter bei vermeidbarem Verbotsirrtum des Tatmittlers (vgl. Rn. 1258 ff.)**   1527
    a) **Theorie der strengen Verantwortlichkeit:** Nur ein unvermeidbarer Verbotsirrtum des Tatmittlers kann zu einer mittelbaren Täterschaft des Hintermannes führen, da der Tatmittler für die Tat trotz des Irrtums selbst verantwortlich ist.
    b) **Theorie der eingeschränkten Verantwortlichkeit:** Auch ein vermeidbarer Verbotsirrtum des Tatmittlers kann zu einer mittelbaren Täterschaft des Hintermannes führen, sofern dieser die Irrtumsherrschaft besitzt.

1528 **35.** **Strafgrund der Teilnahme (vgl. Rn. 1272 ff.)**
  a) **Schuldteilnahmetheorie:** Der Strafgrund der Teilnahme liegt darin, dass der Haupttäter „in Schuld und Strafe" verstrickt wird.
  b) **Modifizierte Schuldteilnahmetheorie:** Der Strafgrund der Teilnahme liegt darin, dass die soziale Desintegration des Haupttäters gefördert wird.
  c) **Verursachungs- bzw. Förderungstheorie:** Der Strafgrund der Teilnahme liegt darin, dass eine rechtswidrige Haupttat veranlasst bzw. gefördert wird. Der Teilnehmer greift das geschützte Rechtsgut somit lediglich mittelbar an.
  d) **Theorie des selbstständigen Rechtsgutsangriffs:** Der Strafgrund der Teilnahme liegt darin, dass der Teilnehmer das Rechtsgut selbst angreift und daher ausschließlich eigenes Unrecht verwirklicht.
  e) **Gemischte Verursachungstheorie:** Der Strafgrund der Teilnahme liegt darin, dass der Teilnehmer eine fremde Tat verursacht bzw. fördert, dadurch aber das Rechtsgut auch selbst unmittelbar angreift.

1529 **36.** **Anstiftung ohne kommunikative Beeinflussung (vgl. Rn. 1289 ff.)**
  a) **Verursachungstheorie:** Ausreichend ist eine kausale Verursachung der jeweiligen Haupttat. Dies kann auch durch die bloße Schaffung einer zur Tat anreizenden Situation geschehen.
  b) **Kommunikationstheorie:** Notwendig ist eine irgendwie geartete kommunikative Beeinflussung des Täters durch den Anstifter.
  c) **Kollusionstheorie:** Notwendig ist, dass der Anstifter unmittelbar auffordernd auf den Willen des Täters einwirkt. Ein beiläufig geäußerter Rat oder eine bloße Information reicht nicht aus. Erforderlich ist ein einverständlich-kollusives Zusammenwirken.

1530 **37.** **Anstiftung eines zur Tat Entschlossenen zu einer Qualifikation („Aufstiftung") (vgl. Rn. 1298 ff.)**
  a) **Qualifikationstheorie:** Derjenige, der einen zum Grunddelikt entschlossenen Täter zu einer Qualifikation anstiftet, ist stets wegen Anstiftung zu dieser Qualifikation strafbar.
  b) **Unwertsteigerungstheorie:** Derjenige, der einen zum Grunddelikt entschlossenen Täter zu einer Qualifikation anstiftet, ist nur dann wegen Anstiftung zu dieser Qualifikation strafbar, wenn der Unwert der geplanten Tat konkret gesteigert wird.
  c) **Wesentlichkeitstheorie:** Derjenige, der einen zum Grunddelikt entschlossenen Täter zu einer Qualifikation anstiftet, ist nur dann wegen Anstiftung zu dieser Qualifikation strafbar, wenn die Tatabwandlung wesentlich ist.
  d) **Beihilfetheorie:** Derjenige, der einen zum Grunddelikt entschlossenen Täter zu einer Qualifikation anstiftet, ist nur wegen psychischer Beihilfe zu dieser Qualifikation strafbar, sofern lediglich zu einem „Mehr" und nicht zu einem „Aliud" angestiftet wird.

1531 **38.** **Auswirkung eines error in persona des Haupttäters auf den Anstifter (vgl. Rn. 1307 ff.)**
  a) **Unbeachtlichkeitstheorie:** Ein für den Haupttäter unbeachtlicher error in persona ist auch für den Anstifter unbeachtlich. Dieser ist wegen Anstiftung zum vollendeten Delikt zu bestrafen.

b) **Wesentlichkeitstheorie:** Ein für den Haupttäter unbeachtlicher error in persona ist für den Anstifter dann unbeachtlich, wenn keine wesentliche Abweichung vorliegt. Er ist in diesen Fällen wegen Anstiftung zum vollendeten Delikt zu bestrafen.

c) **Individualisierungstheorie:** Ein für den Haupttäter unbeachtlicher error in persona ist für den Anstifter dann unbeachtlich, wenn er dem Haupttäter die Individualisierung des Opfers überlassen hat. Er ist in diesen Fällen wegen Anstiftung zum vollendeten Delikt zu bestrafen.

d) **Aberratio-ictus-Theorie:** Ein für den Haupttäter unbeachtlicher error in persona stellt für den Anstifter eine beachtliche aberratio ictus dar. Es ist lediglich eine Bestrafung wegen versuchter Anstiftung (nach a. M. wegen Anstiftung zum Versuch) sowie wegen einer Fahrlässigkeitstat möglich.

39. **Anstiftervorsatz beim agent provocateur (vgl. Rn. 1312 ff.)**   **1532**

a) **Theorie der Rechtsgutsgefährdungsgrenze:** Eine Anstiftung scheidet nur dann aus, wenn es lediglich zum Versuch der Haupttat unter Ausschluss einer weiteren Gefährdung für das Tatobjekt kommen soll.

b) **Theorie der formellen Vollendungsgrenze:** Eine Anstiftung scheidet nur dann aus, wenn es lediglich zum Versuch der Haupttat kommen soll. Dabei spielt es jedoch keine Rolle, wenn eine weitere Gefährdung nicht ausgeschlossen werden kann.

c) **Theorie der materiellen Vollendungsgrenze:** Eine Anstiftung scheidet immer dann aus, wenn es lediglich zum Versuch oder zur formellen Vollendung der Haupttat kommen soll, sofern eine Beendigung der Tat nicht gewollt ist.

d) **Theorie der irreparablen Rechtsgutsverletzung:** Eine Anstiftung scheidet immer dann aus, wenn es der Anstifter nicht zu einer irreparablen Rechtsgutsverletzung kommen lassen will.

40. **Kausalität der Beihilfe für die Haupttat (vgl. Rn. 1325 ff.)**   **1533**

a) **Kausalitätstheorie:** Eine Beihilfe liegt nur dann vor, wenn das Verhalten für die Haupttat ursächlich geworden ist.

    aa) **Strenge Kausalität:** Die Kausalität muss in vollem Umfang nachgewiesen werden.

    bb) **Verstärkungskausalität:** Die Tatbestandsverwirklichung muss nur gefördert und insoweit die Kausalität lediglich verstärkt werden.

    cc) **Modifizierende Kausalität:** Der Gehilfenbeitrag muss lediglich für die vorliegende Modifikation der Tat kausal geworden sein.

b) **Förderungstheorie:** Eine Beihilfe liegt vor, wenn die Tat in irgendeiner Weise gefördert wurde, eine Kausalität ist nicht erforderlich.

c) **Risikoerhöhungstheorie:** Eine Beihilfe liegt vor, wenn durch das Verhalten eine Risikoerhöhung für das angegriffene Rechtsgut eingetreten ist, eine Kausalität ist nicht erforderlich.

d) **Abstrakte Gefährdungstheorie:** Ausreichend ist das Hilfeleisten als abstrakte Gefährdung. Eine Kausalität ist ebenso wenig erforderlich wie eine Feststellung, dass die Tat konkret gefördert wurde.

1534 41. Beihilfe durch neutrale Handlungen (vgl. Rn. 1330 ff.)
- a) **Beihilfetheorie:** Es sind die normalen Beihilferegeln anzuwenden. Einer besonderen Ausnahme oder Einschränkung bei neutralen Handlungen bedarf es nicht.
- b) **Lehren zur Einschränkung des objektiven Tatbestandes:**
    - aa) **Lehre von der Sozialadäquanz:** Sozialübliche Handlungen sind nicht als Beihilfe strafbar.
    - bb) **Lehre von der professionellen Adäquanz:** Handlungen, bei denen berufsspezifische Regelungen eingehalten werden, sind nicht als Beihilfe strafbar.
    - cc) **Lehre von der objektiven Zurechnung:** Handlungen, die kein rechtlich missbilligtes Risiko setzen, sind nicht als Beihilfe strafbar.
- c) **Lehren zur Einschränkung des subjektiven Tatbestandes:**
    - aa) **Dolus-eventualis Theorie:** Bei neutralen Handlungen ist eine Beihilfe straflos, wenn im Hinblick auf einen möglichen Erfolg nur bedingter Vorsatz vorliegt (d. h. der Erfolg nur für „möglich" gehalten wird – Wissens-Bereich).
    - bb) **Lehre vom Tatförderungswillen:** Bei neutralen Handlungen ist eine Beihilfe straflos, wenn der Helfende die Tat nicht fördern will (Wollens-Bereich).
    - cc) **Lehre vom deliktischen Sinnbezug:** Eine Beihilfe ist nur strafbar, wenn der Gehilfe weiß, dass seine Handlung für den Haupttäter nur im Hinblick auf das zu begehende Delikt einen Sinn ergibt.
- d) **Lehre vom Rechtswidrigkeitsausschluss:** Es sind im Hinblick auf den Tatbestand die normalen Beihilferegeln anzuwenden. Im Einzelfall kann das Verhalten jedoch gerechtfertigt sein.

Anhang III: **Definitionen**

Abergläubischer Versuch	vgl. Versuch, abergläubischer.
Aberratio ictus	Irrtum auf Tatbestandsebene, bei dem der Täter nicht das anvisierte Tatobjekt, sondern ein anderes Tatobjekt verletzt (Fehlgehen der Tat). Der Irrtum ist nach h. M. beachtlich, vgl. Problemschwerpunkt 27, Rn. 1105.
Abgebrochene Kausalität	vgl. Kausalität, abgebrochene.
Absicht	Vorsatzform, bei der das Wollenselement dominiert, vgl. Rn. 281.
Abstraktes Gefährdungsdelikt	vgl. Gefährdungsdelikt, abstraktes.
Abstrakt-konkretes Gefährdungsdelikt	vgl. Gefährdungsdelikt, abstrakt-konkretes.
Actio illicita in causa	Insbesondere bei der Notwehr im Rahmen der Absichtsprovokation entwickelte Lehre, die an ein pflichtwidriges Vorverhalten anknüpft. Hiernach ist gegen einen absichtlich provozierten Angriff Notwehr zwar zulässig, der Handelnde macht sich jedoch wegen der vorhergehenden absichtlichen Verursachung der Tat strafbar, vgl. Problemschwerpunkt 4, Rn. 377.
Actio libera in causa	Im Rahmen der Schuld entwickelte Lehre, nach der bei einer selbstverschuldet herbeigeführten Schuldunfähigkeit (§ 20 StGB) im Zeitpunkt der Tatausführung an das schuldhafte Vorverhalten angeknüpft werden kann („Handlung, die nur in ihrem Ursprung, nicht aber in ihrer Ausführung frei ist"), vgl. Problemschwerpunkt 11, Rn. 599 ff.
Agent provocateur	Beteiligter einer Straftat (meist als Vertrauensperson der Behörden), der jedoch lediglich den Versuch, nicht aber die Vollendung der Tat herbeiführen möchte, um die anderen Beteiligten zu überführen, vgl. Problemschwerpunkt 39, Rn. 1312 ff.
Aggressiver Notstand	vgl. Notstand, aggressiver.
Akzessorietät der Teilnahme	Grundsatz im Rahmen der Teilnahme an einer Straftat, der besagt, dass die (strafbare) Teilnahme stets eine vorsätzlich begangene rechtswidrige Haupttat voraussetzt (die allerdings, insoweit spricht man auch von „limitierter" Akzessorietät, nicht schuldhaft begangen sein muss, § 29 StGB), vgl. Rn. 1278 ff.
Allgemeindelikt	Delikt, welches von jedermann begangen werden kann (d. h. keine besondere Subjektsstellung des Täters verlangt), Rn. 172.
Allgemeinrechtsgut	Rechtsgut, welches dem Schutz der Allgemeinheit (und damit nur mittelbar dem Einzelnen) dient, Rn. 7.
Alternative Kausalität	vgl. Kausalität, alternative.
Alternativer Vorsatz	vgl. Vorsatz, alternativer.

Definitionen

Analogieverbot	Aus der Garantiefunktion des Strafrechts abgeleiteter verfassungsrechtlicher Grundsatz, wonach es verboten ist, durch einen Ähnlichkeitsvergleich (d. h. den Vergleich mit existierenden Strafbestimmungen unter Heranziehung der „ratio" des Gesetzes) neue Straftatbestände zu schaffen, die das geschriebene Gesetz in dieser Form nicht kennt (nulla poena sine lege stricta); Rn. 138.
Anstiftung	Vorsätzliches Bestimmen eines anderen zu dessen vorsätzlich und rechtswidrig – aber nicht notwendigerweise schuldhaft – begangener Tat (§ 26 StGB), vgl. Rn. 1283.
Bedingter Vorsatz	vgl. Vorsatz, bedingter.
Beendeter Versuch	vgl. Versuch, beendeter.
Beendigung (einer Straftat)	Zeitpunkt, zu dem (bei der Begehung einer Straftat) die Rechtsgutsverletzung materiell abgeschlossen ist (zu dem also, bildlich gesprochen, „die Beute gesichert ist"), vgl. Rn. 713.
Begegnungsdelikt	Delikt, welches die Beteiligung mehrerer Personen voraussetzt, wobei jedenfalls ein Beteiligter auf Täterseite und ein Beteiligter auf Opferseite freiwillig zusammenwirken, vgl. Rn. 187.
Begehungsdelikt	Delikt, bei dem die Tatbestandsverwirklichung an ein aktives Tun anknüpft, vgl. Rn. 168.
Beihilfe	Vorsätzliches Hilfeleisten zu einer von einem anderen begangenen vorsätzlichen und rechtswidrigen – aber nicht notwendigerweise schuldhaften – Tat (§ 27 StGB), vgl. Rn. 1316.
Besondere persönliche Merkmale	Besondere persönliche Eigenschaften, Verhältnisse und Umstände (§ 14 Abs. 1 StGB), vgl. Rn. 1353.
Bestimmtheitsgebot	Aus der Garantiefunktion des Strafrechts abgeleiteter verfassungsrechtlicher Grundsatz, wonach Strafgesetze sowohl hinsichtlich der tatbestandlichen Voraussetzungen als auch hinsichtlich der Rechtsfolgen ein Mindestmaß an Bestimmtheit aufweisen müssen (nulla poena sine lege certa), vgl. Rn. 28.
Beteiligter	Derjenige, der entweder als Täter oder als Teilnehmer an einer rechtswidrigen Tat mitwirkt (vgl. die Legaldefinition in § 28 Abs. 2 StGB), vgl. Rn. 1173.
Bewusste Fahrlässigkeit	vgl. Fahrlässigkeit, bewusste.
Conditio sine qua non	vgl. Kausalität.
Dauerdelikt	Delikt, bei dem nicht nur die Herbeiführung eines bestimmten Zustandes, sondern auch dessen Fortdauern den gesetzlichen Tatbestand verwirklicht (z. B. Hausfriedensbruch, Freiheitsberaubung), vgl. Rn. 166.
Dauergefahr	Gefahrdrohender Zustand von längerer Dauer, der jederzeit in eine Rechtsgutsbeeinträchtigung umschlagen kann, ohne dass der Zeitpunkt der Rechtsgutsbeeinträchtigung jedoch konkret feststeht, vgl. Rn. 413.
Defensiver Notstand	vgl. Notstand, defensiver.
Delictum sui generis	Tatbestand, der eine Kombination aus mehreren selbstständigen Delikten darstellt und daher nicht als Qualifikation des einen oder des anderen Delikts angesehen werden kann, vgl. Rn. 183.
Deskriptive Tatbestandsmerkmale	vgl. Tatbestandsmerkmale, deskriptive.
Direkter Vorsatz	vgl. Vorsatz, direkter.

Definitionen

Distanzdelikt	Delikt, bei dem die strafrechtlich relevante Handlung und der dadurch bewirkte Erfolg notwendigerweise räumlich auseinanderfallen (z. B. die Verbreitung pornographischer Darbietungen durch den Rundfunk, § 184 Abs. 2 StGB), vgl. Rn. 188.
Dolus	vgl. Vorsatz; vgl. auch dolus directus (Vorsatz, direkter); dolus eventualis (Vorsatz, bedingter).
Dolus alternativus	vgl. Vorsatz, alternativer.
Dolus antecedens	Vorsatz, den der Täter ursprünglich hatte, der zum Tatzeitpunkt aber nicht mehr aktuell ist. Dieser (frühere) Vorsatz ist unbeachtlich, der Täter kann also nicht wegen eines vorsätzlich begangenen Delikts bestraft werden, vgl. Rn. 290.
Dolus directus 1. Grades	vgl. Absicht.
Dolus directus 2. Grades	vgl. Wissentlichkeit.
Dolus eventualis	vgl. Vorsatz, bedingter.
Dolus generalis (Generalvorsatz)	Lehre, wonach sich der Vorsatz zur Tatbestandsverwirklichung nicht unbedingt auf eine bestimmte Handlung, sondern auf einen ganzen Geschehensverlauf erstrecken kann, vgl. Rn. 287; vgl. ferner den Problemschwerpunkt 26, Rn. 1092 ff.
Dolus subsequens	Nachträgliche Billigung einer zuvor unvorsätzlich verwirklichten Tat. Diese ist unbeachtlich, da der Vorsatz bereits zum Zeitpunkt der Tat, d. h. dann, wenn der Täter die Ausführungshandlung vornimmt, vorhanden sein muss (Simultanitätsprinzip), vgl. Rn. 289.
Doppelkausalität	vgl. Kausalität, alternative.
Dualistisches Beteiligungssystem	Prinzip, wonach im Hinblick auf die Beteiligung an einer Straftat zwischen Täterschaft und Teilnahme differenziert wird (dieses System liegt dem StGB zumindest bei den Vorsatzdelikten zugrunde), vgl. Rn. 1174.
Echtes Sonderdelikt	vgl. Sonderdelikt, echtes.
Echtes Unterlassungsdelikt	vgl. Unterlassungsdelikt, echtes.
Echtes Unternehmensdelikt	vgl. Unternehmensdelikt, echtes.
Eigenhändiges Delikt	Delikt, welches nur durch eine persönliche Ausführung (d. h. durch die eigenhändige Vornahme der tatbestandsmäßigen Handlung) begangen werden kann (z. B. Meineid, § 154 StGB), vgl. Rn. 176.
Eignungsdelikt	vgl. Gefährdungsdelikt, abstrakt-konkretes.
Eingeschränkte Schuldtheorie	vgl. Schuldtheorie, eingeschränkte.
Einheitstäterprinzip	Prinzip, welches im Gegensatz zum dualistischen Beteiligungssystem nicht zwischen Täterschaft und Teilnahme trennt, sondern jeden Beteiligten einer Straftat als Täter betrachtet (dieses System liegt dem StGB zumindest bei den Fahrlässigkeitsdelikten sowie dem deutschen Ordnungswidrigkeitenrecht zugrunde), vgl. Rn. 1174.
Einverständnis	Grundsatz, wonach das Einverstandensein des Opfers mit der Rechtsgutsverletzung bereits auf Tatbestandsebene zu berücksichtigen ist, sofern ein bestimmtes Tatbestandsmerkmal begriffsnotwendig ein Handeln gegen den Willen des Rechtsgutsinhabers voraussetzt, vgl. Rn. 440.

Definitionen

Einwilligung	Grundsatz, wonach das Einverstandensein des Opfers mit der Rechtsgutsverletzung zwar nicht den Tatbestand ausschließt, aber auf Rechtswidrigkeitsebene als Rechtfertigungsgrund zu berücksichtigen ist, vgl. Rn. 453.
Einwilligung, hypothetische	Situation, bei der trotz fehlender ausdrücklicher Einwilligung und trotz der Möglichkeit, eine solche zuvor einzuholen, feststeht, dass der Betroffene eingewilligt hätte, wenn er zuvor gefragt worden wäre, vgl. Rn. 478b.
Einwilligung, mutmaßliche	(Ungeschriebener) gewohnheitsrechtlich anerkannter Rechtfertigungsgrund, bei dem eine rechtsgutsverletzende Handlung entweder objektiv gesehen im materiellen Interesse des Betroffenen (also im Interesse des jeweiligen Rechtsgutsträgers) liegt oder zwar ausschließlich dem Täter nützt, jedoch kein schutzwürdiges Interesse des Rechtsgutsträgers beeinträchtigt, vgl. Rn. 474.
Entschuldigender Notstand	vgl. Notstand, entschuldigender.
Entschuldigungsgrund	Gesetzlich anerkannter Umstand, der zu einer Herabsetzung des Unrechts- und Schuldgehalts der Tat führt und daher für den Täter entschuldigend wirkt (Bsp.: Entschuldigender Notstand, § 35 StGB), vgl. Rn. 563.
Entschuldigungsirrtum	Irrtum über das Bestehen oder die rechtlichen Grenzen eines anerkannten Entschuldigungsgrundes. Der Täter nimmt also entweder einen Entschuldigungsgrund an, den die Rechtsordnung (schon von seiner Existenz her) nicht anerkennt, oder aber er überdehnt die Grenzen eines an sich anerkannten Entschuldigungsgrundes (der Irrtum ist stets unbeachtlich), vgl. Rn. 1156.
Entschuldigungstatbestandsirrtum	Irrtum über das Vorliegen eines Umstandes, der, wenn er tatsächlich vorläge, die Voraussetzungen eines anerkannten Entschuldigungsgrundes erfüllen würde (rechtliche Behandlung: § 35 Abs. 2 StGB beim entschuldigenden Notstand, bei anderen Entschuldigungsgründen: § 35 Abs. 2 StGB analog), vgl. Rn. 1153.
Erfolgsdelikt	Delikt, bei welchem der gesetzliche Tatbestand den Eintritt eines von der Handlung gedanklich abgrenzbaren Erfolges in der Außenwelt voraussetzt, vgl. Rn. 158.
Erfolgsdelikt, kupiertes	Delikt, bei welchem ein Erfolg zwar nicht in den objektiven Tatbestand mit einbezogen ist, jedoch eine auf den Erfolg zielende Absicht des Täters verlangt wird (z. B. der Diebstahl, § 242 StGB – hier ist die Zueignung kein objektives Tatbestandsmerkmal, sie muss vielmehr lediglich beabsichtigt sein, sog. „überschießende Innentendenz"), vgl. Rn. 160.
Erfolgsqualifikation (erfolgsqualifiziertes Delikt)	Delikt, bei dem die Strafbarkeit des Grunddelikts durch den Eintritt einer schweren Folge (zumeist den Tod des Opfers) erhöht wird (z. B. die Körperverletzung mit Todesfolge, § 227 StGB). Im Gegensatz zu den echten Qualifikationen, bei denen die qualifizierenden Merkmale vom Vorsatz umfasst sein müssen, reicht bei den Erfolgsqualifikationen hinsichtlich des Eintritts der schweren Folge nach § 18 StGB Fahrlässigkeit aus, vgl. Rn. 180.
Erfolgsqualifizierter Versuch	vgl. Versuch, erfolgsqualifizierter.
Erfolgsunwert	Unwert einer Tat, der insbesondere gekennzeichnet und bestimmt ist durch den durch die Tat verursachten Erfolg (d. h. durch die Verletzung oder Gefährdung des jeweiligen Rechtsgutes), vgl. Rn. 154.

Definitionen

Erlaubnisirrtum	Irrtum über das Bestehen oder die rechtlichen Grenzen eines anerkannten Rechtfertigungsgrundes. Der Täter nimmt also entweder einen Rechtfertigungsgrund an, den die Rechtsordnung (schon von seiner Existenz her) nicht anerkennt, oder aber er überdehnt die Grenzen eines an sich anerkannten Rechtfertigungsgrundes (Behandlung nach § 17 StGB), vgl. Rn. 1142.
Erlaubnistatbestandsirrtum	Irrtum über das Vorliegen eines Umstandes, der, wenn er tatsächlich vorläge, die Voraussetzungen eines anerkannten Rechtfertigungsgrundes erfüllen würde (die rechtliche Behandlung ist umstritten, die h. M. wendet § 16 StGB analog an), vgl. den Problemschwerpunkt 28, Rn. 1123.
Erlaubtes Risiko	Grundsatz, nach dem Rechtsgutsverletzungen, die auf sozial normalen, aber gefährlichen Verhaltensweisen beruhen (z. B. Straßenverkehr, Vertrieb gefährlicher Produkte), strafrechtlich kein Unrecht darstellen, sofern die erforderlichen Sicherungsmaßnahmen und Kunstregeln eingehalten werden (Ausschluss der objektiven Zurechnung), vgl. Rn. 245.
Error in persona (vel obiecto)	Irrtum auf Tatbestandsebene, bei dem der Täter über die Person (error in persona) oder das Objekt (error in obiecto) irrt, auf welche(s) sich sein Handeln bezieht. Dabei verletzt der Täter zwar das von ihm anvisierte Objekt (z. B. die Person, auf die er tatsächlich gezielt hat), er wollte jedoch eigentlich ein anderes Tatobjekt verletzen. Er unterliegt somit einer Fehlvorstellung über die Identität (oder eine bestimmte Eigenschaft) des Objekts (Objektsverwechslung). Der Irrtum ist bei tatbestandlicher Gleichwertigkeit der Objekte unbeachtlich, vgl. Rn. 1099.
Eventualvorsatz	vgl. Vorsatz, bedingter.
Extensiver Notwehrexzess	vgl. Notwehrexzess, extensiver.
Fahrlässigkeit	Fahrlässig handelt, wer eine objektive Pflichtwidrigkeit begeht, sofern er diese nach seinen subjektiven Kenntnissen und Fähigkeiten vermeiden konnte, und wenn gerade diese Pflichtwidrigkeit objektiv und subjektiv vorhersehbar den Erfolg herbeigeführt hat (vgl. auch § 276 BGB), vgl. Rn. 987.
Fahrlässigkeit, bewusste	Der Täter hält es im Rahmen eines bestimmten Tuns oder Unterlassens zumindest für möglich, dass er einen gesetzlichen Tatbestand verwirklicht, vertraut jedoch pflichtwidrig (objektiv) und vorwerfbar (subjektiv) darauf, dass er ihn nicht verwirklichen werde, vgl. Rn. 972.
Fahrlässigkeit, unbewusste	Der Täter lässt bei einem bestimmten Tun oder Unterlassen diejenige Sorgfalt außer Acht, zu der er nach den Umständen (objektiv) und nach seinen persönlichen Verhältnissen (subjektiv) verpflichtet und fähig ist, und verwirklicht infolgedessen einen Tatbestand, ohne mit einer solchen Möglichkeit zuvor gerechnet zu haben, vgl. Rn. 972.
Fehlgeschlagener Versuch	vgl. Versuch, fehlgeschlagener.
Formelles Recht	Sämtliche Regelungen, welche die Rechtsdurchsetzung betreffen. Im Strafrecht betrifft dies vor allem das Strafverfahren, welches in erster Linie in der StPO geregelt ist, vgl. Rn. 43.
Fortsetzungszusammenhang	Inzwischen überholte konkurrenzrechtliche Regelung, wonach bestimmte Handlungsreihen mit gleichartig wiederkehrender Tatbestandsverwirklichung zu einer Tat zusammengefasst wurden, vgl. Rn. 1425.

Definitionen

Fragmentarischer Charakter des Strafrechts	Grundsatz, wonach nicht sämtliche Verhaltensweisen, die von unserer Rechtsordnung als „rechtswidrig" eingestuft werden, zugleich auch strafbar sind. Strafbar sind nur diejenigen Handlungen, die der Gesetzgeber in den strafrechtlichen Tatbeständen genau umschrieben und mit Strafe bedroht hat, vgl. Rn. 11.
Freiwilligkeit	Handeln, welches nicht durch zwingende (= heteronome) Gründe veranlasst wird, sondern der autonomen Entscheidung der betreffenden Person entspringt, vgl. Rn. 809.
Garantenpflicht	Die aus einem besonderen Rechtsverhältnis (der Garantenstellung) folgende Pflicht zum Tätigwerden, also z. B. die Pflicht der Eltern, Schäden von ihren Kindern abzuwenden, vgl. Rn. 921.
Garantenstellung	Besonderes Rechtsverhältnis, in dem sich eine Person befindet, also z. B. die Stellung als Ehegatte oder die Stellung von Eltern in Bezug auf ihre Kinder, vgl. Rn. 920.
Gebotsirrtum	Unterfall des Verbotsirrtums, § 17 StGB, bei dem der Täter bei Unterlassungsdelikten über seine Handlungspflicht irrt, da er im Rahmen einer unzutreffenden rechtlichen Wertung meint, untätig bleiben zu dürfen, vgl. Rn. 917, 1170.
Gefahr	Zustand, in dem aufgrund tatsächlicher Umstände die Wahrscheinlichkeit des Eintritts eines schädigenden Ereignisses besteht, vgl. Rn. 405.
Gefährdungsdelikt	Delikt, bei dem es ausreicht, wenn der Täter durch seine Tathandlung das Rechtsgut lediglich gefährdet, vgl. Rn. 162.
Gefährdungsdelikt, abstraktes	Delikt, bei dem die aus einer menschlichen Handlung resultierende Gefahr lediglich gesetzgeberisches Motiv, jedoch nicht Tatbestandsmerkmal ist (z. B. Trunkenheit im Verkehr, § 316 StGB), vgl. Rn. 164.
Gefährdungsdelikt, abstrakt-konkretes (auch: potentielles Gefährdungsdelikt, Eignungsdelikt)	Delikt, bei dem die aus einer menschlichen Handlung resultierende Gefahr wenigstens generell geeignet sein muss, bestimmte Verletzungen herbeizuführen. Eine konkrete Gefährdung ist dabei jedoch nicht erforderlich (z. B. Luftverunreinigung, § 325 StGB), Rn. 165.
Gefährdungsdelikt, konkretes	Delikt, bei dem eine aus einer menschlichen Handlung resultierende Gefahr konkret vorliegen muss, ohne dass jedoch eine Verletzung zwingend erforderlich ist (z. B. Gefährdung des Straßenverkehrs, § 315c StGB), vgl. Rn. 163.
Gefährdungsdelikt, potentielles	vgl. Gefährdungsdelikt, abstrakt-konkretes.
Gegenwärtigkeit (des Angriffs)	Angriff, der unmittelbar bevorsteht, gerade stattfindet oder noch andauert, vgl. Rn. 345.
Gegenwärtigkeit (der Dauergefahr)	Zustand, dessen Weiterentwicklung den Eintritt oder die Intensivierung eines Schadens ernstlich befürchten lässt und der so dringend ist, dass er nur durch unverzügliches Handeln abgewendet werden kann, vgl. Rn. 413.
Gegenwärtigkeit (der Gefahr)	Zustand, dessen Weiterentwicklung den Eintritt oder die Intensivierung eines Schadens ernstlich befürchten lässt, sofern nicht alsbald Abwehrmaßnahmen ergriffen werden, vgl. Rn. 412.
Generalvorsatz	vgl. dolus generalis.
Gesamtstrafe	Konkurrenzrechtlicher Grundsatz, wonach bei Vorliegen einer Realkonkurrenz, § 53 StGB, die Einzelstrafen nicht addiert werden, sondern auf der Grundlage des Asperationsprinzips eine Gesamtstrafe gebildet wird, vgl. Rn. 1401.

Definitionen

Gesetzeskonkurrenz	Konkurrenzrechtlicher Grundsatz, wonach bei der Verwirklichung mehrerer Tatbestände ein Tatbestand einen anderen ganz verdrängt und dieser verdrängte Tatbestand im Schuldspruch nicht mehr auftaucht. Dies geschieht, sofern nur eine Handlung vorliegt, im Wege der Spezialität, Subsidiarität oder Konsumtion, sofern mehrere Handlungen vorliegen, im Wege der mitbestraften Vor- oder Nachtat, vgl. Rn. 1436.
Gesinnungsunwert	Unwert einer Tat, der gekennzeichnet und bestimmt ist durch die jeweilige Schuld des Täters. Hier spiegelt sich die fehlerhafte Einstellung des Täters gegenüber den Verhaltensnormen der Rechtsordnung bzw. seine mangelnde Rechtsgesinnung wider, vgl. Rn. 156.
Gewohnheitsrecht	Eine von den Gerichten seit langem angewandte Praxis (= lang andauernde Übung), die von einer allgemeinen Rechtsüberzeugung getragen wird, aber gesetzlich nie fixiert wurde. Während die Bildung von Gewohnheitsrecht im Zivilrecht zulässig (und üblich) ist, kann im Strafrecht eine lang andauernde Praxis weder eine Strafbarkeit begründen noch eine gesetzlich vorgesehene Strafe schärfen (nulla poena sine lege scripta), vgl. Rn. 26.
Grob unverständiger Versuch	vgl. Versuch, grob unverständiger.
Grundtatbestand	Tatbestand, welcher zwar in sich abgeschlossen ist und eine eigenständige Strafbarkeit begründet, der aber darüber hinaus bei Hinzutreten zusätzlicher Umstände auch Ausgangspunkt für weitere Delikte sein kann (z. B. die einfache Körperverletzung, § 223 StGB), vgl. Rn. 178.
Handlung	Jedes willensgesteuerte menschliche Verhalten, vgl. Rn. 196.
Handlung, natürliche	Grundform aller strafrechtlich relevanten Handlungen, die sich regelmäßig durch die Vornahme (oder bei Unterlassungsdelikten: durch die Nichtvornahme) einer Körperbewegung kennzeichnen lässt. Regelmäßig wird dabei durch einen Handlungsentschluss eine Willensbetätigung realisiert, vgl. Rn. 1411.
Handlungseinheit	Konkurrenzrechtlicher Grundsatz, wonach mehrere natürliche Handlungen zu einer Handlung im Rechtssinne zusammengefasst werden, vgl. Rn. 1413.
Handlungseinheit, natürliche	Konkurrenzrechtlicher Grundsatz, wonach mehrere natürliche Handlungen zu einer Handlung im Rechtssinne zusammengefasst werden, wenn es sich um im Wesentlichen gleichartige Verhaltensweisen handelt, die von einem einheitlichen Willen getragen werden und aufgrund ihres räumlich-zeitlichen Zusammenhangs derart eng miteinander verbunden sind, dass das gesamte Tätigwerden objektiv auch für einen Dritten bei natürlicher Betrachtungsweise als ein einheitliches zusammenhängendes Geschehen erscheint, vgl. Rn. 1413.
Handlungseinheit, tatbestandliche	Konkurrenzrechtlicher Grundsatz, wonach mehrere natürliche Handlungen zu einer Handlung im Rechtssinne zusammengefasst werden, wenn bereits aufgrund der Fassung des gesetzlichen Tatbestandes mehrere natürliche Handlungen zu einer rechtlich-sozialen Bewertungseinheit verbunden werden, vgl. Rn. 1419.
Handlungsunwert	Unwert einer Tat, der im Wesentlichen gekennzeichnet und bestimmt ist durch die Art und Weise des Handlungsvollzugs während der Tatbegehung, vgl. Rn. 155.
Hypothetische Einwilligung	vgl. Einwilligung, hypothetische.

Definitionen

Hypothetische Kausalität	vgl. Kausalität, hypothetische.
Idealkonkurrenz	vgl. Tateinheit.
Individualrechtsgut	Rechtsgut, welches dem Schutz des Einzelnen (und nicht der Allgemeinheit) dient, vgl. Rn. 7.
In dubio pro reo („Im Zweifel für den Angeklagten")	Grundsatz, nach dem stets die für den Angeklagten günstigste Konstellation anzunehmen ist, wenn dem Richter auch nach Ausschöpfung sämtlicher Erkenntnisquellen in der Hauptverhandlung ernsthafte Zweifel bleiben, wie sich das Tatgeschehen abgespielt haben könnte; vgl. Rn. 1449.
Ingerenz	Vorangegangenes pflichtwidriges Verhalten, welches (bei Unterlassungsdelikten) eine Rechtspflicht zum Handeln begründet (Garantenstellung), vgl. Problemschwerpunkt 23, Rn. 953.
Intensiver Notwehrexzess	vgl. Notwehrexzess, intensiver.
Irrtum über den Kausalverlauf	Irrtum auf Tatbestandsebene, bei dem sich der Täter über die Art und Weise der Herbeiführung eines angestrebten Erfolges irrt, vgl. Rn. 1088.
Kausalität (nach der herrschenden Bedingungstheorie)	Ursächlich im Sinne des Strafrechts ist jede Bedingung, die nicht hinweggedacht werden kann, ohne dass der Erfolg in seiner konkreten Gestalt entfiele (conditio-sine-qua-non-Formel), vgl. Rn. 222; vgl. hierzu auch den Problemschwerpunkt 1, Rn. 221 ff.
Kausalität, abgebrochene (auch: überholende Kausalität)	Situation, in der eine bereits gesetzte Bedingung zwar zum Erfolg geführt hätte, vor dem Erfolgseintritt jedoch eine andere Bedingung den Erfolg herbeiführt, vgl. Rn. 235.
Kausalität, alternative (auch: Mehrfachkausalität, Doppelkausalität)	Zeitliches Zusammenfallen von mehreren unabhängig voneinander gesetzten Bedingungen, von denen jede für sich allein zur Erfolgsherbeiführung ausgereicht hätte, die aber tatsächlich alle in dem eingetretenen Erfolg wirksam geworden sind, vgl. Rn. 228.
Kausalität, hypothetische	Situation, in der eine Bedingung zwar zum Erfolg führt, eine andere Bedingung aber wenig später mit Sicherheit zum gleichen Erfolg geführt hätte, vgl. Rn. 233.
Kausalität, kumulative	Zeitliches Zusammenfallen mehrerer, unabhängig voneinander gesetzter Bedingungen, die auch nur zusammen, nicht aber jede für sich allein den tatbestandlichen Erfolg herbeiführen, vgl. Rn. 231.
Kausalität, überholende	vgl. Kausalität, abgebrochene.
Kettenteilnahme	Teilnahmekonstellation, bei der mehrere Personen im Vorfeld einer Tat Teilnahmebeiträge erbringen, die sich nicht unmittelbar an den Haupttäter, sondern an einen weiteren Teilnehmer richten. Der Kettenteilnehmer ist stets wegen Anstiftung oder Beihilfe zur Haupttat zu bestrafen, vgl. Rn. 1341.
Konkretes Gefährdungsdelikt	vgl. Gefährdungsdelikt, konkretes.
Konsumtion	Konkurrenzrechtlicher Grundsatz, wonach bei Vorliegen einer Handlung, die mehrere Straftatbestände erfüllt, ein Tatbestand den anderen vollständig verdrängt, sofern der verdrängte Straftatbestand als typische Begleittat eines anderen, schwereren Tatbestandes anzusehen ist, vgl. Rn. 1441.
Kumulative Kausalität	vgl. Kausalität, kumulative.
Kupiertes Erfolgsdelikt	vgl. Erfolgsdelikt, kupiertes.

Definitionen

Leichtfertigkeit	Gesteigerter Grad an Fahrlässigkeit, der in etwa dem Maßstab der groben Fahrlässigkeit des Zivilrechts entspricht (Verletzung der Sorgfaltspflichten in einem ungewöhnlich hohen Maße), vgl. Rn. 1005.
Materielles Recht	Die Rechtslage an sich, d. h. die Beurteilung von Recht und Unrecht. Im Strafrecht betrifft dies vor allem die im Strafgesetzbuch (StGB) geregelten Vorschriften sowohl des Allgemeinen als auch des Besonderen Teils, aber auch die Vorschriften des Nebenstrafrechts, vgl. Rn. 43.
Mehraktiges Delikt	Delikt, welches bereits nach der tatbestandlichen Handlungsbeschreibung mehrere natürliche Handlungen voraussetzt (Bsp.: Raub, § 249 StGB), vgl. Rn. 1238.
Mehrfachkausalität	vgl. Kausalität, alternative.
Misslungener Rücktritt	vgl. Rücktritt, misslungener.
Mitbestrafte Nachtat	Konkurrenzrechtlicher Grundsatz, wonach bei Vorliegen mehrerer Handlungen, die mehrere Straftatbestände erfüllen, ein Tatbestand den anderen verdrängt, sofern durch die zeitlich nachfolgende Tat lediglich die durch die Haupttat erlangten Vorteile gesichert oder verwertet werden und dem Rechtsgutsträger dadurch kein neuer Schaden entsteht. Der Unrechtsgehalt der mitbestraften Nachtat wird dann durch die Bestrafung der in erster Linie strafwürdigen Vortat mit abgegolten, vgl. Rn. 1443.
Mitbestrafte Vortat	Konkurrenzrechtlicher Grundsatz, wonach bei Vorliegen mehrerer Handlungen, die mehrere Straftatbestände erfüllen, ein Tatbestand den anderen verdrängt, sofern die zeitlich erste Tat im Vergleich zu der ihr nachfolgenden Haupttat eine untergeordnete Bedeutung hat. Eine solche untergeordnete Bedeutung liegt immer dann vor, wenn die untergeordnete Tat als notwendiges Durchgangsstadium ein funktioneller Bestandteil der Haupttat ist. Der Unrechtsgehalt der mitbestraften Vortat wird dann durch die Bestrafung der in erster Linie strafwürdigen Nachtat mit abgegolten, vgl. Rn. 1442.
Mittäterschaft	Gemeinschaftliche Begehung einer Straftat durch mindestens zwei Personen im Wege des bewussten und gewollten Zusammenwirkens auf der Grundlage eines gemeinsamen Tatplans (§ 25 Abs. 2 StGB), vgl. Rn. 1218.
Mittelbare Täterschaft	Begehung einer Straftat durch einen anderen (§ 25 Abs. 1, 2. Alt. StGB), vgl. Rn. 1243.
Mutmaßliche Einwilligung	vgl. Einwilligung, mutmaßliche.
Natürliche Handlungseinheit	vgl. Handlungseinheit, natürliche.
Nebenstrafrecht	Eigenständige Straftatbestände außerhalb des StGB, die in zumeist verwaltungsrechtlichen, zuweilen aber auch zivilrechtlichen Einzelgesetzen aufgenommen sind und die Verstöße gegen die materiellen Bestimmungen dieser Gesetze unter Strafe stellen, vgl. Rn. 48.
Nebentäterschaft	Begehung einer Straftat durch mehrere Personen, ohne dass ein gemeinsamer Tatplan vorliegt, sodass jeder Täter wie ein Alleintäter zu beurteilen ist. Diese Form der Täterschaft ist gesetzlich nicht geregelt, vgl. Rn. 1186.
Negative Tatbestandsmerkmale	vgl. Tatbestandsmerkmale, negative.
Normative Tatbestandsmerkmale	vgl. Tatbestandsmerkmale, normative.

Definitionen

Nötigungsnotstand	Situation, in der ein Täter von einem anderen durch Gewalt oder Drohung mit einer gegenwärtigen, nicht anders abwendbaren Gefahr für Leib, Leben oder Freiheit zur Begehung einer rechtswidrigen Tat genötigt wird (der Täter also selbst Opfer einer Nötigung, § 240 StGB, ist). Die im Nötigungsnotstand begangene Tat ist nicht gerechtfertigt, sondern kann höchstens nach § 35 StGB entschuldigt sein, vgl. Rn. 580.
Nothilfe	Rechtfertigungsgrund, der es dem Handelnden erlaubt, bei Vorliegen eines gegenwärtigen rechtswidrigen Angriffs gegen Rechtsgüter Dritter die Rechtsgüter des Angreifers zu verletzen, wenn dies zur Verteidigung erforderlich und geboten ist (§ 32 StGB), vgl. Rn. 336.
Notstand	Situation, in der der Täter zwar einen gesetzlichen Tatbestand verwirklicht, aber aus einer besonderen Konfliktsituation heraus handelt, die entweder zu einer Rechtfertigung oder zu einer Entschuldigung führt, vgl. Rn. 401, 564.
Notstand, aggressiver	Rechtfertigungsgrund, der es dem Handelnden erlaubt, eine fremde Sache zu beeinträchtigen, wenn die Einwirkung auf diese Sache zur Abwendung einer gegenwärtigen Gefahr notwendig ist und der drohende Schaden gegenüber dem durch die Einwirkung auf die Sache entstehenden Schaden unverhältnismäßig groß wäre (§ 904 BGB). Anders als nach § 228 BGB ist daher auch eine Einwirkung auf solche Sachen, die zu der Gefahrenquelle in keiner Beziehung stehen, erlaubt, vgl. Rn. 489.
Notstand, defensiver	Rechtfertigungsgrund, der es dem Handelnden erlaubt, eine fremde Sache zu beeinträchtigen, wenn die Einwirkung erforderlich ist, um eine durch diese Sache drohende Gefahr abzuwenden, sofern der an der Sache eintretende Schaden nicht außer Verhältnis zu der Gefahr steht (§ 228 BGB), vgl. Rn. 482.
Notstand, entschuldigender	Entschuldigungsgrund, der dem Handelnden in besonderen Konfliktsituationen zur Seite steht (§ 35 StGB), vgl. Rn. 564.
Notstand, rechtfertigender	Rechtfertigungsgrund, der es dem Handelnden erlaubt, fremde Rechtsgüter zu beeinträchtigen, wenn er dadurch die Verletzung eines höherwertigen Rechtsgutes verhindern kann (§ 34 StGB), vgl. Rn. 401.
Notwehr	Rechtfertigungsgrund, der es dem Handelnden erlaubt, bei Vorliegen eines gegenwärtigen rechtswidrigen Angriffs gegen eigene Rechtsgüter die Rechtsgüter des Angreifers zu verletzen, wenn dies zur Verteidigung erforderlich und geboten ist (§ 32 StGB), vgl. Rn. 333.
Notwehrexzess, extensiver	Täter verteidigt sich, obwohl der zur Notwehr an sich berechtigende Angriff noch nicht oder nicht mehr gegenwärtig ist; die rechtliche Behandlung ist umstritten, vgl. Problemschwerpunkt 10, Rn. 581.
Notwehrexzess, intensiver	Täter verteidigt sich bei bestehender Notwehrlage zu intensiv, überdehnt also sein Notwehrrecht, indem er das Maß der notwendigen Verteidigung überschreitet; dieser Fall ist in § 33 StGB geregelt, vgl. Rn. 581.
Notwehrüberschreitung	vgl. Notwehrexzess.
Notwendige Teilnahme	vgl. Teilnahme, notwendige.
Nulla poena sine culpa	Keine Strafe ohne Schuld, vgl. Schuldprinzip.

Definitionen

(Nullum crimen,) nulla poena sine lege	(Keine Strafbarkeit), keine Strafe ohne Gesetz. Aus der Garantiefunktion des Strafrechts abgeleiteter verfassungsrechtlicher Grundsatz, dass sowohl die Strafbarkeit an sich als auch die Strafe gesetzlich bestimmt sein müssen (Ausprägungen: Verbot des Gewohnheitsrechts, Bestimmtheitsgrundsatz, Rückwirkungsverbot, Analogieverbot), vgl. Rn. 23.
Objektive Bedingungen der Strafbarkeit	Im Gesetz festgeschriebene Voraussetzungen, die zwar zur Verwirklichung eines Delikts vorliegen müssen, auf die sich jedoch ausnahmsweise der Vorsatz nicht beziehen muss. Sie stellen bloße Tatbestandsannexe dar, vgl. Rn. 133.
Objektive Tatbestandsmerkmale	Tatbestandsmerkmale, objektive.
Objektive Zurechnung	vgl. Zurechnung, objektive.
Omissio libera in causa	Situation, in welcher sich der Täter durch aktives Tun seiner Handlungsfähigkeit beraubt und daher im entscheidenden Moment die erforderliche und gebotene Handlung nicht mehr vornehmen kann, vgl. Rn. 874.
Omnimodo facturus	Zur Tat fest entschlossener Täter, der infolgedessen zu dieser konkreten Tat nicht mehr angestiftet werden kann, vgl. Rn. 1294.
Persönliche Strafaufhebungsgründe	Gesetzlich normierte Umstände, die nach der Begehung einer Straftat die eigentlich bereits begründete Strafbarkeit rückwirkend wieder beseitigen (z. B. § 24 StGB), vgl. Rn. 622.
Persönliche Strafausschließungsgründe	Gesetzlich normierte Umstände, die an persönliche Gründe anknüpfen und von vornherein dazu führen, dass der Beteiligte wegen einer bestimmten Straftat nicht bestraft werden kann (z. B. § 258 Abs. 6 StGB), vgl. Rn. 618.
Pflichtdelikt	Delikt, welches nur von einem Täter begangen werden kann, der eine besondere Pflichtenstellung besitzt, vgl. Rn. 1196.
Pflichtenkollision	Rechtfertigungsgrund, der im Rahmen der Unterlassungsdelikte entwickelt wurde und der es dem Täter in einer konkreten Situation, in der er mehreren rechtlich begründeten Handlungspflichten ausgesetzt ist, wobei er objektiv nur eine der Handlungen auf Kosten der anderen vornehmen kann, erlaubt, eine Handlung zu unterlassen, vgl. Rn. 513.
Postpendenzfeststellung	Konstellation, in der bei zwei aufeinanderfolgenden Sachverhalten der zeitlich spätere sicher feststeht, der frühere Sachverhalt jedoch nicht mit Sicherheit nachgewiesen werden kann. Hier kann eine eindeutige Verurteilung auf der Grundlage des feststehenden späteren Sachverhalts erfolgen, vgl. Rn. 1455.
Präpendenzfeststellung	Konstellation, in der bei zwei aufeinanderfolgenden Sachverhalten der zeitlich frühere sicher feststeht, der spätere Sachverhalt jedoch nicht mit Sicherheit festgestellt werden kann. Hier kann eine eindeutige Verurteilung auf der Grundlage des feststehenden früheren Sachverhalts erfolgen, vgl. Rn. 1457.
Privilegierung	Unselbstständige Tatbestandsabwandlung, welche sich aus einem Grundtatbestand und weiteren strafmildernden Tatbestandsmerkmalen zusammensetzt (z. B. die Tötung auf Verlangen, § 216 StGB). Wie auch bei den Qualifikationen müssen diese privilegierenden Tatumstände vom Vorsatz des Täters umfasst sein, vgl. Rn. 182.

Definitionen

Qualifikation	Unselbstständige Tatbestandsabwandlung, welche sich aus einem Grundtatbestand und weiteren strafschärfenden Tatbestandsmerkmalen zusammensetzt (z. B. die gefährliche Körperverletzung, § 224 StGB). Kennzeichnend hierfür ist, dass diese qualifizierenden Merkmale (als objektive Tatbestandsmerkmale) grundsätzlich vom Vorsatz umfasst sein müssen, vgl. Rn. 179.
Realkonkurrenz	vgl. Tatmehrheit.
Rechtfertigender Notstand	vgl. Notstand, rechtfertigender.
Rechtsgut	Von der Rechtsordnung anerkannter Wert, der strafrechtlichen Schutz genießt, vgl. Rn. 3.
Rechtswidrige Tat	Tat, die den Tatbestand eines Strafgesetzes erfüllt und rechtswidrig ist (aber nicht notwendigerweise schuldhaft begangen sein muss, § 11 Abs. 1 Nr. 5 StGB), vgl. Rn. 93.
Regelbeispiel	Gesetzliche Normierung von besonders schweren oder minder schweren Fällen eines bestimmten Grunddelikts, die allerdings lediglich Indizwirkung für das Vorliegen eines besonders schweren oder minder schweren Falles besitzen und die – wie die besonders schweren und minder schweren Fälle an sich – ausschließlich auf Strafzumessungsebene zu berücksichtigen sind, vgl. Rn. 184.
Rücktritt, misslungener	Rücktrittsbemühungen des Täters, die eine Vollendung der Tat letztlich nicht mehr verhindern und daher auch nicht zu einer Strafbefreiung führen können, vgl. Rn. 766.
Rücktritt vom Versuch	Situation, die es dem Täter ermöglicht, mit strafbefreiender Wirkung von einer Tat Abstand zu nehmen, obwohl die Tat bereits ins Versuchsstadium gelangt ist (§ 24 StGB), vgl. Rn. 756.
Rückwirkungsverbot	Aus der Garantiefunktion des Strafrechts abgeleiteter verfassungsrechtlicher Grundsatz, wonach es verboten ist, eine Strafvorschrift entweder mit rückwirkender Kraft zu schaffen oder die Strafe in einer bereits existierenden Strafvorschrift mit rückwirkender Kraft zu verschärfen (nulla poena sine lege praevia), vgl. Rn. 31.
Sachverhalt	Bestimmter individueller Lebensvorgang, d. h. ein bestimmtes Geschehen, so wie es sich tatsächlich abgespielt hat, vgl. Rn. 85.
Schlichtes Tätigkeitsdelikt	Tätigkeitsdelikt, schlichtes.
Schuldausschließungsgrund	Gesetzlich anerkannter Umstand, der die Schuld als solche ausschließt, da es an einem konstitutiven Merkmal der Schuld fehlt (Schuldunfähigkeit, § 20 StGB; fehlendes Unrechtsbewusstsein, § 17 Satz 1 StGB), vgl. Rn. 562.
Schuldmerkmal, spezielles	Gesetzlich bestimmtes Merkmal auf Schuldebene, durch welches die Strafbarkeit ausdrücklich an das Vorliegen zusätzlicher besonderer subjektiver Merkmale geknüpft wird (Bsp.: Böswilligkeit in § 225 StGB), vgl. Rn. 544.
Schuldprinzip	Verfassungsrechtlicher Grundsatz, der besagt, dass die Schuld des Täters eine zwingende Voraussetzung für die Legitimität staatlicher Strafe ist (nulla poena sine culpa), vgl. Rn. 525.
Schuldtheorie	Lehre, wonach das Unrechtsbewusstsein ein eigenständiger Bestandteil der Schuld ist, welche vom Vorsatz hinsichtlich der Verwirklichung des Tatbestandes sauber getrennt werden muss, vgl. Problemschwerpunkt 28, Rn. 1131, sowie allgemein, Rn. 551.

Definitionen

Schuldtheorie, eingeschränkte	Lehre, wonach im Falle des Erlaubnistatbestandsirrtums § 16 Abs. 1 StGB analog anzuwenden ist und der Vorsatz hinsichtlich der Rechtswidrigkeit (entweder auf Tatbestandsebene oder auf Schuldebene) entfällt; vgl. Problemschwerpunkt 28, Rn. 1132.
Sonderdelikt	Delikt, welches nur von einem Täter begangen werden kann, der eine besondere, im jeweiligen Tatbestand eigens umschriebene Subjektsqualität aufweist, vgl. Rn. 173.
Sonderdelikt, echtes	Delikt, bei dem die besondere Subjektsqualität des Täters strafbegründende Bedeutung hat (z. B. Bestechlichkeit, § 332 StGB – strafbar kann hier nur ein Amtsträger etc. sein; ein „Grundtatbestand" für jedermann existiert nicht), vgl. Rn. 174.
Sonderdelikt, unechtes	Delikt, bei dem die besondere Subjektsqualität des Täters strafschärfende Bedeutung hat, das Grunddelikt jedoch von jedermann begangen werden kann (z. B. Körperverletzung im Amt, § 340 StGB – auch hier kann nur ein Amtsträger etc. Täter sein; allerdings existiert in diesem Fall ein „Grundtatbestand" für jedermann, nämlich die einfache Körperverletzung nach § 223 StGB), vgl. Rn. 175.
Sorgfaltspflichtverletzung	Verstoß gegen eine im Verkehr erforderliche Sorgfalt, welche Grundlage für eine Fahrlässigkeitsbestrafung ist, vgl. Rn. 1028.
Sozialadäquate Handlung (Sozialadäquanz)	Handlung, die zwar vom Wortlaut einer Strafbestimmung an sich erfasst ist, sich aber völlig im Rahmen der normalen, geschichtlich gewachsenen sozialen Ordnung des Lebens bewegt und daher kein Unrecht darstellt (Ausschluss der objektiven Zurechnung), vgl. Rn. 519.
Spezialität	Konkurrenzrechtlicher Grundsatz, wonach bei Vorliegen einer Handlung, die mehrere Straftatbestände erfüllt, ein Tatbestand den anderen verdrängt, sofern der verdrängte Straftatbestand begriffsnotwendig alle Merkmale des anderen Straftatbestandes enthält, vgl. Rn. 1437.
Spezielle Schuldmerkmale	vgl. Schuldmerkmale, spezielle.
Strafaufhebungsgründe	vgl. persönliche Strafaufhebungsgründe.
Strafausschließungsgründe	vgl. persönliche Strafausschließungsgründe.
Straftat	Verhalten, welches einen gesetzlichen Tatbestand erfüllt und rechtswidrig und schuldhaft ist, vgl. Rn. 87.
Straftatbestand	Die gesetzlich normierten Voraussetzungen eines bestimmten Delikts (insoweit also: der „Wortlaut" des Gesetzes), vgl. Rn. 89.
Strafverfolgungshindernisse	Gesetzlich normierte Umstände, die im Einzelfall einer Strafverfolgung entgegenstehen, obwohl sich der Täter an sich strafbar gemacht hat (z. B. die Verjährung), vgl. Rn. 628.
Strafverfolgungsvoraussetzungen	Strafprozessuale Voraussetzungen, die vorliegen müssen, damit eine Strafverfolgung bei an sich gegebener Strafbarkeit überhaupt in Gang kommen kann (z. B. ein Strafantrag), vgl. Rn. 626.
Strafzumessungsregeln	Gesetzlich geregelte Umstände, die bei festgestellter Strafbarkeit bestimmen, wie die Strafe im Einzelfall zu bemessen ist. Diese finden sich z. B. in den gesetzlich geregelten besonders schweren oder minder schweren Fällen sowie allgemein in § 46 StGB, vgl. Rn. 82.

Definitionen

Subjektive Rechtfertigungselemente	Elemente der Strafbarkeit, die festlegen, welche subjektiven Voraussetzungen beim Täter erforderlich sind, um sich auf einen objektiv vorliegenden Rechtfertigungsgrund berufen zu können. Dabei muss der Täter mindestens Kenntnis von der Rechtfertigungslage besitzen, darüber hinaus jedoch auch aus einer besonderen Motivation heraus handeln, vgl. Problemschwerpunkt 5, Rn. 386 ff. sowie allgemein, Rn. 325.
Subjektive Tatbestandsmerkmale	vgl. Tatbestandsmerkmale, subjektive.
Subsidiarität	Konkurrenzrechtlicher Grundsatz, wonach bei Vorliegen einer Handlung, die mehrere Straftatbestände erfüllt, ein Tatbestand den anderen verdrängt, sofern der verdrängte Straftatbestand bereits nach der Fassung des gesetzlichen Tatbestandes nur anwendbar ist, wenn nicht bereits ein anderer Tatbestand eingreift (formelle Subsidiarität) oder aber eine schwächere Begehungsform aus systematischen Erwägungen hinter einer stärkeren Begehungsform zurücktritt (systematische Subsidiarität), vgl. Rn. 1438.
Subsumtion	Rechtlich wertender Vorgang, durch welchen festgestellt wird, ob ein bestimmtes Verhalten des Täters von der jeweiligen Definition eines Tatbestandsmerkmals erfasst wird (Unterordnung eines Lebenssachverhalts unter einen Rechtssatz), vgl. Rn. 120.
Subsumtionsirrtum	Irrtum, bei dem der Täter bei vollständig richtig erkanntem Sachverhalt zu einer falschen rechtlichen Bewertung kommt, weil er entweder zu seinen Gunsten oder zu seinen Ungunsten den erkannten Sachverhalt unrichtig unter ein bestimmtes Tatbestandsmerkmal subsumiert, vgl. Rn. 1078.
Täterbezogene Merkmale	Merkmale des gesetzlichen Tatbestandes, die sich insbesondere auf die besonderen Motive oder auf die besonderen persönlichen Eigenschaften, Verhältnisse oder Umstände des Täters beziehen (z. B. die subjektiv ausgestalteten Mordmerkmale der 1. und 3. Gruppe des Mordtatbestandes des § 211 Abs. 2 StGB, wie etwa die Habgier oder die Absicht, eine andere Straftat zu ermöglichen), vgl. Rn. 129.
Täter hinter dem Täter	Sonderkonstellation der mittelbaren Täterschaft, bei der sich der mittelbare Täter eines volldeliktisch handelnden (und daher selbst strafbaren) Tatmittlers bedient, vgl. Rn. 1254.
Tätige Reue	Im Ausnahmefall gesetzlich vorgesehene Möglichkeit, auch beim Vollendungsdelikt noch strafbefreiend „zurückzutreten" (Bsp.: §§ 306e, 330b, 142 Abs. 4 StGB), vgl. Rn. 709.
Tätigkeitsdelikt, schlichtes	Delikt, bei dem der Tatbestand allein durch die Handlung als solche erfüllt wird, ein konkreter Erfolg also nicht erforderlich ist, vgl. Rn. 159.
Tatbestand	vgl. Straftatbestand.
Tatbestandliche Handlungseinheit	vgl. Handlungseinheit, tatbestandliche.
Tatbestandsausschließendes Einverständnis	vgl. Einverständnis.
Tatbestandsirrtum	Irrtum über das Vorliegen eines Umstandes, der zum gesetzlichen Tatbestand gehört (d. h. der Täter irrt sich über das tatsächliche Vorliegen eines bestimmten Tatbestandsmerkmals), § 16 StGB, vgl. Rn. 1073.

Definitionen

Tatbestandsmerkmale, deskriptive	Merkmale, die sich in erster Linie in einer sachlichen Beschreibung eines bestimmten Lebensvorgangs oder Gegenstandes erschöpfen, der allgemeinen sinnlichen Wahrnehmung zugänglich sind und keine spezifisch juristische Bewertung erfordern, vgl. Rn. 125.
Tatbestandsmerkmale, negative	Ungeschriebene Merkmale (Fehlen von Rechtfertigungsgründen), die (nach der Lehre von den negativen Tatbestandsmerkmalen) neben den positiven, im gesetzlichen Tatbestand normierten Tatbestandsmerkmalen vorliegen müssen, damit der aus Tatbestandsmäßigkeit und Rechtswidrigkeit bestehende Gesamtunrechtstatbestand erfüllt ist, vgl. Problemschwerpunkt 28, Rn. 1135, und allgemein, Rn. 108.
Tatbestandsmerkmale, normative	Tatbestandsmerkmale, die in erster Linie eine juristische Wertung erfordern und nicht lediglich sachlich-beschreibend sind, vgl. Rn. 126.
Tatbestandsmerkmale, objektive	Umstände, die das äußere Erscheinungsbild einer Tat bestimmen, also Merkmale des objektiven Tatbestandes sind, vgl. Rn. 130.
Tatbestandsmerkmale, subjektive	Umstände einer Tat, die dem psychisch-seelischen Bereich und dem Vorstellungsbild des Täters angehören, also Merkmale des subjektiven Tatbestandes sind, vgl. Rn. 132.
Tatbezogene Merkmale	Merkmale eines gesetzlichen Tatbestandes, die sich in erster Linie auf die Art und Weise der Tatbegehung beziehen (z. B. die das Unrecht steigernden Mordmerkmale der 2. Gruppe des § 211 Abs. 2 StGB, wie etwa die grausame Begehungsweise), vgl. Rn. 128.
Tateinheit (Idealkonkurrenz)	Konkurrenzrechtlicher Grundsatz, wonach bei Vorliegen einer Handlung, die mehrere Strafgesetze oder dasselbe Strafgesetz mehrmals verletzt, nur auf eine Strafe erkannt wird (§ 52 StGB), vgl. Rn. 1382.
Tatherrschaft	Vom Vorsatz umfasstes „In-den-Händen-Halten" des tatbestandsmäßigen Geschehensablaufes, welches die Täterschaft von der Teilnahme unterscheidet, vgl. Problemschwerpunkt 31, Rn. 1206.
Tatmehrheit (Realkonkurrenz)	Konkurrenzrechtlicher Grundsatz, wonach bei Vorliegen mehrerer Handlungen, die mehrere Strafgesetze oder dasselbe Strafgesetz mehrmals verletzen, auf eine Gesamtstrafe erkannt wird (§ 53 StGB), vgl. Rn. 1400.
Tatmittler	Natürliche Person, die eine Rechtsverletzung unmittelbar herbeiführt und der sich ein mittelbarer Täter bedient, um durch sie eine Straftat zu begehen. Dabei weist der Tatmittler regelmäßig (aber nicht immer) einen „Defekt" auf, der seine Strafbarkeit ausschließt, vgl. Rn. 1243.
Teilnahme	Mitwirkung an einer vorsätzlich begangenen rechtswidrigen Tat eines anderen als Anstifter oder Gehilfe (vgl. die Legaldefinition in § 28 Abs. 1 StGB), vgl. Rn. 1269.
Teilnahme, notwendige	Teilnahme an einem Delikt eines anderen, welches bereits vom Tatbestand her so gefasst ist, dass seine Verwirklichung eine Mitwirkung mehrerer Personen auf Täter- und (zumeist) Opferseite voraussetzt (Rechtsfolge: Straflosigkeit des notwendigen Teilnehmers, wenn er das Maß der notwendigen Teilnahme nicht überschreitet), vgl. Rn. 1375.
Überholende Kausalität	vgl. Kausalität, überholende.
Überindividuelles Rechtsgut	vgl. Allgemeinrechtsgut.

Definitionen

Überzeugungstäter	Person, die aufgrund ihrer privaten Überzeugung bewusst dem allgemein gesetzten Recht zuwiderhandelt, weil sie sich zu einem solchen Tun infolge ihrer sittlichen, religiösen oder politischen Anschauung berechtigt oder gar verpflichtet fühlt; vgl. Rn. 530.
Unbeendeter Versuch	vgl. Versuch, unbeendeter.
Unbewusste Fahrlässigkeit	vgl. Fahrlässigkeit, unbewusste.
Unechtes Sonderdelikt	vgl. Sonderdelikt, unechtes.
Unechtes Unterlassungsdelikt	vgl. Unterlassungsdelikt, unechtes.
Unechtes Unternehmensdelikt	vgl. Unternehmensdelikt, unechtes.
Universalrechtsgüter	vgl. Allgemeinrechtsgut.
Unmittelbares Ansetzen	Handlung, die in ungestörtem Fortgang ohne wesentliche Zwischenakte unmittelbar zur Tatbestandsverwirklichung führen soll oder in unmittelbarem räumlichem und zeitlichem Zusammenhang mit ihr steht, vgl. Rn. 728.
Unrechtsbewusstsein	Einsicht des Täters, dass er durch sein Verhalten Unrecht begeht. Fehlt dieses Unrechtsbewusstsein, so liegt ein Verbotsirrtum nach § 17 StGB vor, vgl. Rn. 546.
Untauglicher Versuch	vgl. Versuch, untauglicher.
Unterlassungsdelikt, echtes	Delikt, bei dem die Voraussetzungen, unter denen ein Unterlassen strafbar ist, in einem eigenen Tatbestand vollständig umschrieben werden. Hier erschöpft sich die Tatbestandserfüllung in dem Verstoß gegen eine bestimmte Gebotsnorm, die als solche im Gesetz abschließend normiert ist, vgl. Rn. 170 und Rn. 858.
Unterlassungsdelikt, unechtes	Delikt, bei dem eine Unterlassung nicht ausdrücklich im Tatbestand normiert ist, sondern die Nichtabwendung eines tatbestandsmäßigen Erfolges erst im Wege des Vergleichs mit einem Begehungsdelikt unter den Voraussetzungen des § 13 StGB begründet werden kann, was regelmäßig voraussetzt, dass der Täter eine besondere Rechtspflicht zum Handeln (Garantenpflicht) besitzt, vgl. Rn. 171 und Rn. 859.
Unternehmensdelikt, echtes	Delikt, welches aufgrund seiner tatbestandlichen Fassung („wer es unternimmt [...]") in Verbindung mit § 11 Abs. 1 Nr. 6 StGB ausdrücklich sowohl den Versuch als auch die Vollendung erfasst (Bsp.: Hochverrat, § 81 StGB), vgl. Rn. 189 und Rn. 711.
Unternehmensdelikt, unechtes	Delikt, bei dem bereits ein Tatbestandsmerkmal so weit gefasst ist, dass es auch Versuchshandlungen und nicht erst die Erfolgsherbeiführung erfasst (Bsp.: Jagdwilderei, § 292 StGB), vgl. Rn. 712.
Verbotsirrtum	Irrtum über das Verbotensein der Tat. Der Täter kennt die Verbots- oder Gebotsnorm nicht, ihm fehlt bei voller Tatsachenkenntnis die Einsicht, Unrecht zu tun (§ 17 StGB), vgl. Rn. 1114, 1171.
Verbrechen	Rechtswidrige Tat, die im Mindestmaß mit Freiheitsstrafe von einem Jahr oder darüber bedroht ist (§ 12 Abs. 1 StGB), vgl. Rn. 639.
Vergehen	Rechtswidrige Tat, die im Mindestmaß mit einer Freiheitsstrafe unter einem Jahr oder mit Geldstrafe bedroht ist (§ 12 Abs. 2 StGB), vgl. Rn. 639.

Definitionen

Verhaltensgebundenes Delikt	Delikt, welches nicht allein auf die Erfolgsverursachung abstellt, sondern darüber hinaus eine bestimmte Verhaltensweise erfordert, welche zu dieser Erfolgsverursachung führt, vgl. Rn. 908.
Verklammerung	Konkurrenzrechtlicher Grundsatz, wonach mehrere Handlungen, die sich entweder zeitlich überschneiden oder aber zeitlich sogar auseinander fallen und an sich nichts miteinander zu tun haben, durch eine weitere Handlung zu einer Handlung im Rechtssinne verklammert werden können, sodass, normativ betrachtet, nur eine Handlung vorliegt, vgl. Rn. 1429.
Verletzungsdelikt	Delikt, bei dem das geschützte Rechtsgut durch eine menschliche Handlung konkret verletzt wurde, vgl. Rn. 161.
Versari in re illicita	Aus dem kanonischen Recht stammender (und heute überwundener) Grundsatz, dass demjenigen, der sich im Unrecht befindet, sämtliche Folgen zugerechnet werden, die sich aus seinem Verhalten ergeben (Grundsatz der Erfolgshaftung, der nach heutiger Auffassung gegen das Schuldprinzip verstößt), vgl. Rn. 1043.
Versuch, abergläubischer	Versuch, bei dem der Täter auf die Wirksamkeit nicht existierender oder nach dem Stand der wissenschaftlichen Erkenntnis jedenfalls nicht nachweisbarer magischer Kräfte vertraut (Zauberei, Teufelsanbetung, Verhexen, Totbeten etc.), vgl. Rn. 678.
Versuch, beendeter	Versuch, bei dem der Täter davon ausgeht, bereits alles getan zu haben, was nach seiner Vorstellung zur Herbeiführung des tatbestandsmäßigen Erfolges erforderlich ist, und er den Erfolgseintritt nun ohne weiteres Zutun für möglich ansieht, vgl. Rn. 735, 782.
Versuch einer Erfolgsqualifikation	Versuch, bei dem neben dem (vorsätzlich verwirklichten oder versuchten) Grunddelikt auch die schwere Folge vom Vorsatz des Täters voll umfasst war, jedoch nicht eingetreten ist, vgl. Rn. 688.
Versuch, erfolgsqualifizierter	Versuchskonstellation, in der bereits durch den Versuch des Grunddelikts die schwere Folge herbeigeführt wird, die der Täter auch hätte vorhersehen können, ohne dass ihm diesbezüglich jedoch ein (zumindest bedingt) vorsätzliches Verhalten zur Last gelegt werden könnte. Das Grunddelikt bleibt also im Versuch „stecken", während die schwere Folge eintritt, vgl. Rn. 692.
Versuch, fehlgeschlagener	Versuch, bei dem der Täter davon ausgeht, dass er mit den ihm zur Verfügung stehenden Mitteln den tatbestandsmäßigen Erfolg entweder gar nicht mehr oder zumindest nicht mehr ohne zeitlich relevante Zäsur herbeiführen kann, vgl. Rn. 770.
Versuch, grob unverständiger	Versuch, der objektiv untauglich ist und bei dem der Täter zudem (subjektiv) diese Untauglichkeit aus grobem Unverstand verkennt (vgl. § 23 Abs. 3 StGB). Grober Unverstand liegt dann vor, wenn der Täter völlig abwegige Vorstellungen von gemeinhin bekannten Ursachenzusammenhängen besitzt, er also naturgesetzliche Kausalzusammenhänge völlig verkennt, vgl. Rn. 675.
Versuch, unbeendeter	Versuch, bei dem der Täter davon ausgeht, noch nicht alles getan zu haben, was nach seiner Vorstellung zur Herbeiführung des tatbestandsmäßigen Erfolges erforderlich ist, vgl. Rn. 737, 780.

Definitionen

Versuch, untauglicher	Versuch, der unter den gegebenen Umständen entgegen den Vorstellungen des Täters entweder aus tatsächlichen oder aus rechtlichen Gründen nicht zur Verwirklichung des Tatbestandes führen konnte, wobei die Untauglichkeit mehrere Ursachen haben kann (Untauglichkeit des Tatobjekts, des Tatmittels oder des Tatsubjekts), vgl. Rn. 668.
Vis absoluta	Durch äußere Krafteinwirkung verursachte absolute („unwiderstehliche") Gewalt, die den Betroffenen sämtlicher Handlungsmöglichkeiten beraubt, vgl. Rn. 205.
Vis compulsiva	Eine lediglich den Willen des Handelnden beugende Gewalt, die zwar einen psychischen Zwang auf diesen auswirkt, ihn aber nicht seiner Handlungsmöglichkeiten beraubt, vgl. Rn. 206.
Volenti non fit iniuria	„Dem, der es so haben will, geschieht kein Unrecht"; Grundsatz, wonach das Einverstandensein des Opfers die Strafbarkeit des Täters entweder bereits auf Tatbestandsebene (tatbestandsausschließendes Einverständis) oder auf Rechtswidrigkeitsebene (Einwilligung) ausschließt, vgl. Rn. 453.
Vollendung (einer Straftat)	Zeitpunkt, in dem (bei der Begehung einer Straftat) der gesetzliche Tatbestand, d. h. sämtliche Tatbestandsmerkmale, formell verwirklicht wurde, vgl. Rn. 707.
Vorsatz	Wissen und Wollen der Tatbestandsverwirklichung, vgl. Rn. 264.
Vorsatztheorie	Lehre, wonach das Unrechtsbewusstsein (als Vorsatz hinsichtlich der Rechtswidrigkeit) als Bestandteil des Vorsatzes angesehen wird; vgl. Problemschwerpunkt 28, Rn. 1129, sowie allgemein, Rn. 550.
Vorsatz, alternativer	Vorsatzform, bei der der Vorsatz gleichzeitig die Verwirklichung mehrerer Tatbestände umfasst, wobei jedoch nur eine der in Erwägung gezogenen Taten verwirklicht werden kann, vgl. Rn. 292.
Vorsatz, bedingter	Vorsatzform, bei der der Täter (nach der Billigungstheorie) den Erfolgseintritt für möglich hält und außerdem den Erfolg billigend in Kauf nimmt, vgl. Problemschwerpunkt 2, Rn. 285.
Vorsatz, direkter	Vorsatzform, bei der entweder das Wollen (= Absicht) oder das Wissen (= Wissentlichkeit) dominiert, vgl. Rn. 280, 282.
Wahlfeststellung	Konstellation, in der mehrere Sachverhaltsvarianten möglich bleiben, die jeweils zu einer Strafbarkeit des Täters führen, wobei sich die jeweils verwirklichten Tatbestände jedoch gegenseitig ausschließen, vgl. Rn. 1463.
Wahndelikt	Delikt, bei dem der Täter irrig annimmt, sein in tatsächlicher Hinsicht vollständig und richtig erkanntes Verhalten würde einen Straftatbestand erfüllen, sofern dieser Tatbestand entweder nur in seiner Einbildung existiert oder zwar existiert, der Täter ihn aber infolge einer falschen rechtlichen Wertung in seinem Anwendungsbereich überdehnt, vgl. Rn. 186, 681.
Wissentlichkeit	Vorsatzform, bei der das Wissenselement dominiert, vgl. Rn. 279.
Züchtigungsrecht	Heute nicht mehr anzuerkennender Rechtfertigungsgrund, wonach zu Erziehungszwecken Eltern, Lehrer oder sonstige Aufsichtspersonen in Ausnahmefällen zur körperlichen Züchtigung von Kindern berechtigt waren, vgl. Rn. 520.

Definitionen

Zurechnung, objektive	Rechtsfigur, nach der auf objektiver Tatbestandsebene bei Erfolgsdelikten neben der Kausalität noch festgestellt werden muss, ob das für den Erfolg ursächliche Verhalten ein rechtlich missbilligtes Risiko geschaffen hat, welches sich im Erfolg in seiner konkreten Gestalt auch in tatbestandstypischer Weise realisiert hat, vgl. Rn. 243.
Zustandsdelikt	Delikt, bei welchem bereits das bloße Herbeiführen eines bestimmten Zustandes den Unrechtstatbestand verwirklicht, vgl. Rn. 166.

Stichwortverzeichnis

(Das Sachverzeichnis verweist auf Randnummern.)

A
Abbrechen der Kausalkette 275 f., 800
Abbruch von Rettungsbemühungen 873
abergläubischer Versuch 678 ff.
– Definition 678
– Rechtsfolge 680
aberratio ictus 1105 ff., 1520
– Abgrenzung zum error in persona 1105, 1110 ff.
– bei actio libera in causa 610
– bei Anstiftung 1307
– bei mittelbarer Täterschaft 1267
– Definition 1105
– Gleichwertigkeitstheorie 1106
– materielle Gleichwertigkeitstheorie 60, 1106
– Mittäterschaft 1242a
– mittelbare Täterschaft 1267
– Versuchslösung 1108, 1112
– Vorhersehbarkeitstheorie 1107
– Zusammentreffen mit error in persona (vel obiecto) 1110 ff.
abgebrochene Kausalität 235 f., 800
abgeschirmte Gefahr, Theorie von der 301
Abgrenzung
– Beihilfe – Begünstigung 717, 1324
– objektiver Tatbestand – subjektiver Tatbestand 101, 257 ff.
– Rechtswidrigkeit – Schuld 317 f.
– Versuch – Vollendung 707 f.
– Vollendung – Beendigung 713 ff.
– Vorbereitung – Versuch 703 ff.
– Vorsatz – Fahrlässigkeit 261, 268, 295 ff., 302 ff., 972
Abgrenzungen
– Vorsatz – Fahrlässigkeit 1495
Abgrenzungsfunktion des Handlungsbegriffs 191, 194, 210 ff.
Absehen von Strafe 630
Absicht 281 ff.
– Definition 281
– Fernziel 284
– Zwischenziel 284

Absichtsdelikte 160, 1198
– Begriff 160
– Täterschaft und Teilnahme 1198
Absichtslos-doloses Werkzeug 1206, 1250
Absichtsprovokation 371 ff., 1497
– actio illicita in causa 377
– Einwilligungstheorie 378
– Rechtsbewährungstheorie 374
– Rechtsmissbrauchstheorie 375
– Selbstschutztheorie 376
absolute Straftheorien 14 f.
absoluter Lebensschutz 425
absolutes Antragsdelikt 626
Absorptionsprinzip 1397
Abstiftung 1297
abstraktes Gefährdungsdelikt 164, 214
abstrakt-konkretes Gefährdungsdelikt 165
Abwehrprovokation 380a, *siehe auch Absichtsprovokation*
Abweichen im Kausalverlauf 240 f., 288, 1088, 1107
– unwesentliche 1091
– wesentliche 1091
Abweichung im Kausalverlauf 232
actio illicita in causa 377, 426
– Definition 377
actio libera in causa 26, 377, 597 ff.
– aberratio ictus 610
– Abweichungen vom Vorsatz 610
– Ausdehnungstheorie 604
– Ausnahmetheorie 606
– bedingter Vorsatz 609
– Begründung 601 ff.
– Definition 599
– Doppelvorsatz 609 ff.
– Einführung 597 ff.
– eingeschränkte Vorverlagerungstheorie 603, 608 ff.
– error in persona 610
– fahrlässige 599, 612 ff.
– Formen 599, 608 ff.
– Geltungsumfang 601, 1504
– gewohnheitsrechtliche Geltung 599

Stichwortverzeichnis

- Irrtum 610
- Koinzidenzprinzip 528, 597
- Rechtsprechung, Behandlung in der 603
- Schuldlösung 606
- Tatbestandsmodell 602 f.
- unmittelbares Ansetzen 602, 604, 609
- Unrechtstheorie 605
- Unvereinbarkeitstheorie 607
- verhaltensgebundene Delikte 603
- Versuchsbeginn 602, 604, 609
- Vollrausch, Verhältnis zum 597
- Vorsatz bezüglich konkreter Tat 610
- vorsätzliche 599, 609 ff.
- Vorverlagerungstheorie 602
- zweiaktiges Geschehen 608

Adäquanztheorie 224
Ad-hoc-Strafgerichtshof 78
Affekthandlungen 582, 588
agent provocateur 1274, 1277, 1286, 1312 ff., 1363, 1532
- Anstiftung 1274, 1277, 1312 ff.
- formelle Vollendungsgrenze 1313
- irreparable Rechtsgutsverletzung 1315
- materielle Vollendungsgrenze 1314
- Rechtsgutsgefährdungsgrenze 1312a
- Versuch 743

aggressiver Notstand (§ 904 BGB) 489 ff.
- Abgrenzung zum defensiven Notstand 484, 491
- Definition 489
- Erforderlichkeit der Einwirkung 492
- gegenwärtige Gefahr 490
- Grundgedanke 489
- Güterabwägung 493
- Prüfungsschema 490 ff.
- Sachen eines Dritten 491
- Schadensersatzpflicht 492
- subjektives Rechtfertigungselement 494
- Vorrang vor § 34 StGB 489

Ähnlichkeitsvergleich *siehe Analogie*
aktives Tun *siehe Begehungsdelikt*
Akzessorietät 52a, 1278 ff., 1316
- limitierte 1278 ff., 1316, 1319
- Lockerung 1282a, 1348 ff.
- strenge 1279
- Verwaltungsakzessorietät 52a
- Verwaltungsrechtsakzessorietät 113
- Zivilrechtsakzessorietät 52a, 126

Allgemeindelikt 172
- Definition 172
- Täterschaft und Teilnahme 1199

allgemeiner rechtfertigender Notstand *siehe rechtfertigender Notstand*
allgemeines Festnahmerecht (§ 127 StPO) *siehe Festnahmerecht (§ 127 StPO)*

allgemeines Lebensrisiko 242, 245
allgemeines Selbsthilferecht (§ 229 BGB) 495 f.
- Grundsatz 495
- Prüfungsschema 496

Allgemeinrechtsgut 7, 344, 410, 436
- keine Disponibilität 455

alternative Kausalität 228 ff.
alternativer Vorsatz 292 ff.
Alternativverhalten, rechtmäßiges 251, 1012, 1042 ff., 1517
Altersgrenzen 535
Analogie 35 f., 138 f.
- Abgrenzung zur Auslegung 36, 136 ff.
- Definition 139
- Voraussetzungen 139

Analogieverbot 35 f., 137 f.
- Definition 35, 138
- keine Geltung bei Rechtfertigungsgründen 327

Angehörigenstellung
- beim entschuldigenden Notstand 567
- Garantenstellung 930
- Irrtum über 1159, 1165

Angemessenheitsklausel 427 f.
Angriff 341 ff.
- Definition 341
- durch Unterlassen 343
- gegenwärtiger 345 ff.
- gezielter 342
- öffentliche Ordnung, auf die 344
- provozierter 371 ff.
- rechtswidriger 350 ff.
- Schuldhaftigkeit 342
- selbst verschuldet herbeigeführter 379 f.

animus auctoris 1205
animus socii 1205, 1208
Animus-Theorie 1205, 1213
Annahme des Erbietens eines anderen 1370
Anordnung, rechtswidrige 511, 594 f.
Anstiftung 1173, 1190, 1269, 1283 ff.
- Abgrenzung zu anderen Beteiligungsformen 1193, 1283 ff.
- Abstiftung 1297
- Akzessorietät 1278 ff., 1285
- Anstiftervorsatz 1303 ff.
- Bestimmtheit der Tat 1257, 1288, 1305
- Definition 1190, 1283
- doppelter Anstiftervorsatz 1303 ff., 1366
- durch Unterlassen 1293, 1295
- eigenhändige Delikte 1197, 1281, 1356
- erfolgsqualifiziertes Delikt 1282
- Exzess 1306
- Grundlagen 1283 ff.
- Haupttat 1285 f.

Stichwortverzeichnis

- Irrtumsprobleme 1265 ff., 1281, 1307 ff.
- Kettenanstiftung 1284, 1341 f.
- Kettenanstiftung, versuchte 1365
- kommunikative Beeinflussung 1289 ff., 1529
- Konkurrenzen 1347, 1412, 1440
- limitierte Akzessorietät 1278 ff.
- mittäterschaftliche 1284
- mittelbare 1284
- objektiver Tatbestand 1285 ff.
- ohne kommunikative Beeinflussung 1289 ff., 1529
- omnimodo facturus 1294 f., 1297 f., 1365
- Prüfungsschema 1283
- Qualifikation 1357
- Rechtsfolge 1282, 1348
- Strafgrund 1269 ff.
- Strafmaß 1283, 1348
- subjektiver Tatbestand 1303 ff.
- Tatgeneigtheit 1295
- Umstiftung 1296
- untauglicher Versuch 1277
- versuchte 1295, 1364 ff.
- Vollendungswille 1312 ff., 1363
- Vorsatz 1303 ff.
- zum Unterlassen 878 ff., 1295
- zum Weiterhandeln 1302a
- zur Anstiftung 1342
- zur Beihilfe 1342, 1345
- zur Qualifikation 1298 ff.
- zur versuchten Tat 1286, 1362
antizipierte Notwehr 349
Antrag 47, 56, 459, 626
- Rückwirkungsverbot 31
- Strafverfolgungsvoraussetzungen 626
Anwendbarkeit des deutschen Strafrecht siehe Geltungsbereich des deutschen Strafrechts
apparative Intensivbehandlung 870 ff.
Appellfunktion des Tatbestandes 114, 310, 314, 979
Äquivalenztheorie 218, 222 f., 240
Argumentation siehe Klausurhinweise
Arreststrafe 50
Arztstrafrecht 870 ff., 946
Asperationsprinzip 1401
asthenische Affekte 582, 588
atypischer Kausalverlauf 239, 249, 1088
Aufbau des Tatbestandes 115 ff.
Aufgeben der Tat siehe Tataufgabe
Aufklärungspflicht des Arztes 472
Aufstiftung 1298 ff., 1530
- aliud-Theorie 1302
- Beihilfetheorie 1302
- Qualifikationstheorie 1299

- Unwertsteigerungstheorie 1300
- Wesentlichkeitstheorie 1301
Auslandstaten 67 ff.
- Verfolgungszwang 62
Auslegung 136 ff.
- Abgrenzung zur Analogie 36, 136 ff.
- gemeinschaftsrechtskonforme 78
- grammatikalische 141 ff.
- historische 142, 144
- juristischer Sprachgebrauch 141 f.
- lebensnahe 269
- natürlicher Sprachgebrauch 141
- Rechtsbegriffe 142
- systematische 146
- teleologische 147 f.
- verfassungskonforme 148
- Verhältnis zu anderen Rechtsgebieten 142, 148
- Wortlaut 36, 138, 141, 143, 145
- Ziel 138
Außenbezug von Handlungen 201 f.
Außenwelterfolg 202, 214
äußere Krafteinwirkung siehe vis absoluta
automatisierte Verhaltensweisen 208

B

Badewannenfall 1208
Bandenchef 1205, 1218, 1226 ff.
Basisfunktion des Handlungsbegriffs, vgl. Abgrenzungsfunktion des Handlungsbegriffs 213
bedingte Schuldfähigkeit 535
bedingter Vorsatz 285, 295 f., 298 ff., 1495
- Abgrenzung von bewusster Fahrlässigkeit 285, 298 ff., 302 ff., 972, 1003, 1495
- Billigungstheorie 295, 300
- Ernstnahmetheorie 300
- Gleichgültigkeitstheorie 300
- Hemmschwellentheorie bei Tötungsdelikten 303 f., 912
- Möglichkeitstheorie 299
- Raserfälle 304
- Risikotheorien 301
- Tötungsdelikte 302 ff.
- Vermeidungstheorie 300
- Wahrscheinlichkeitstheorie 299
- Willenstheorien 300
- Wissenstheorien 299
Bedingungstheorie 218, 222 f., 240
beendeter Versuch 734 ff., 765, 782 f.
- Abgrenzung vom unbeendeten Versuch 783
- aktiver Gegenakt 796
- außertatbestandliches Handlungsziel 835 ff.

719

Stichwortverzeichnis

- Definition 735, 782
- Denkzettelfälle 839
- Einzelaktstheorie 820
- Gesamtbetrachtungslehre 821
- Gleichgültigkeit 827
- optimale Rücktrittsleistung 796, 848 ff.
- Rücktritt 795 ff.
- Rücktrittshorizont 824, 831 ff.
- subjektiver Maßstab 783
- Tatplantheorie 823, 830
- unmittelbares Ansetzen 734 ff.
- Unterlassungsdelikt 815, 817
- Verhinderung der Tatvollendung 795 f.

Beendigung 713 ff.
- Abgrenzung zur Vollendung 713
- Absichtsdelikte 714
- Bedeutung 715 ff.
- Dauerdelikte 167, 718
- Definition 713
- iterative Handlungsstruktur 718
- Konkurrenz 716, 1417
- rechtliche Relevanz 715 ff.

Befehl, rechtswidriger 511, 594 f.

Begegnungsdelikt 187, 1376
- Definition 187

Begehungsdelikt 168 f.
- Definition 168
- Versuch 651 ff.

Begehungsort 63 ff.

Beherrschungsvermögen, menschliches 245

Beihilfe 1173, 1190, 1269 ff., 1316 ff.
- Abgrenzung zu anderen Beteiligungsformen 1183 ff., 1193
- Abgrenzung zur Begünstigung 717, 1324
- agent provocateur 1336
- Akzessorietät 1278 ff.
- Bestimmtheit der Tat 1336 f.
- Definition 1190, 1316
- doppelter Gehilfenvorsatz 1335
- durch Unterlassen 1321
- eigenhändige Delikte 1197, 1281, 1356
- erfolgsqualifiziertes Delikt 1282
- error in persona 1337
- Exzess 1337
- Grundlagen 1316 ff.
- Haupttat 1319
- heimliche 1322
- Hilfeleistung 1317, 1320 ff.
- in mittelbarer Täterschaft 1318
- Irrtum des Gehilfen 1337
- Kettenbeihilfe 1318, 1341, 1346
- Konkurrenzen 1347, 1440
- limitierte Akzessorietät 1278 ff., 1316, 1319
- Lockspitzel 1336

- mittäterschaftliche Beihilfe 1318
- Mittel 1322
- mittelbare Beihilfe 1318
- nach Tatvollendung 717, 1324
- objektiver Tatbestand 1319 ff.
- obligatorische Strafmilderung 1348
- physische 1322
- Prüfungsschema 1317
- psychische 1295, 1297, 1322
- Rechtsfolge 1340, 1348
- Strafgrund 1269 ff.
- Strafmaß 1340, 1348
- subjektiver Tatbestand 1335 ff.
- sukzessive 717, 1323 f.
- versuchte 1340, 1362 f., 1367
- Vielzahl von Taten 1324a
- Vorsatz 1335 ff.
- zum Unterlassungsdelikt 855, 878 ff.
- zum Versuch 1340, 1362
- zur Anstiftung 1344
- zur Beihilfe 1346
- zur Verbrechensverabredung 1371

Bereiterklären *siehe Sich-Bereit-Erklären*

Bergsteigerfall 937
- Abgrenzung Tun – Unterlassen 864
- Garantenpflicht 937

Beschützergarant 926, 1217

Besitzkehr (§ 859 Abs. 2 BGB) 497

besondere Absichten 259 f., 282, 662
- bei Mittäterschaft 1231

besondere persönliche Merkmale 621, 971, 1349 ff.
- Beispiele 1353
- Garantenstellung 880, 971, 1353
- Teilnahme 1350 ff.

besondere subjektive Merkmale 259 f.

besonders schwere Fälle 184, 644 f., 1282a
- Irrtum 1113

Bestimmen zur Tat 1287 ff.
- Kollusionstheorie 1292
- Kommunikationstheorie 1291
- Verursachungstheorie 1290
- Vorsatz 1305

Bestimmtheitsgrundsatz 28 ff.

Beteiligung 1173 ff.
- Absichtsdelikte 1198
- Allgemeindelikte 1199 ff.
- am Unterlassungsdelikt 855, 878 ff.
- an freiverantwortliche Selbstschädigung 1049
- Definition 1173
- dualistisches Beteiligungssystem 1174, 1176 ff.
- durch Unterlassen 1212 ff., 1321
- eigenhändige Delikte 1197

Stichwortverzeichnis

- eines Nichtgaranten am Unterlassungsdelikt 878 ff.
- Einheitstätersystem 994, 1174 ff., 1194
- Erscheinungsformen 1183 ff.
- Grundlagen 1173 ff.
- Klausurhinweise 1200 ff.
- Pflichtdelikte 1196
- Randfigur 1175, 1206
- Rücktritt vom Beteiligungsversuch 1234 f., 1373 f.
- Schaubild 1191
- Sonderdelikte 1196
- Tötungsdelikte 1358 ff.
- Zeitpunkt 1236 f., 1323 f., 1325
- Zentralgestalt 1175

Beteiligungsminus 1228
Bewertungseinheit 1421
Bewusstlosigkeit 204
Bewusstsein der Rechtswidrigkeit *siehe Unrechtsbewusstsein*
Bewusstseinsstörung, tief greifende 540
Billigungstheorie *siehe Vorsatz*
Blankett-Tatbestand 113
Blutalkoholkonzentration 542
Bluterfälle 249
Blutrausch 541
Blutspenderfall 427
Bluttransfusionsfall 530
Brett des Karneades 317

C

Chantage 361
conditio-sine-qua-non-Formel 218, 222 f., 229, 238, 888 f., 1009
- bei Fahrlässigkeitsdelikten 1009
- bei Unterlassungsdelikten 888 f.

Contergan-Verfahren 221
Culpa 975

D

Dagobert-Fall 1423
Dauerdelikt 166 f.
- Beendigung 167, 718
- Definition 166
- Konkurrenzen 1421

Dauergefahr 346, 412 f., 568
- Definition 413
- Gegenwärtigkeit 345, 412 f.

Dazwischentreten eines Dritten 253 ff., 1017, 1050 ff., 1054
DDR 1255 ff.
- Anwendbarkeit des bundesdeutschen Strafrechts 59

defensiver Notstand (§ 228 BGB) 482 ff.
- Abgrenzung zum aggressiven Notstand 484, 491
- Angriff eines Tieres 482, 484
- Definition 482
- drohende Gefahr 483
- Erforderlichkeit 485
- Grundgedanke 482
- Güterabwägung 486 f.
- Prüfungsschema 483 ff.
- Schadensersatzpflicht 486 f.
- subjektives Rechtfertigungselement 488
- Vorrang vor § 34 StGB 482

Definition von Tatbestandsmerkmalen 119
Delictum sui generis 183
Delikt
- Deliktsarten 157 ff.
- Deliktsnatur 152
- eigenhändiges 176, 996, 1197

Deliktsaufbau 87 ff.
- Doppelfunktion des Vorsatzes 1133
- dreigliedriger 87 ff., 95
- zweigliedriger 107 ff., 1135

Denkzettelfälle 839
deskriptive Tatbestandsmerkmale 125, 271
- Grenzziehung zu normativen Merkmalen 127, 1087

Determinismus 526
direkter Verbotsirrtum 1116
direkter Vorsatz 280
Distanzdelikt 188
- Definition 188

Disziplinarrecht 40, 49 ff.
Dohna-Fall 1188
dolus alternativus 292 ff.
dolus antecedens 290 f.
dolus cumulativus 294a
dolus directus 279 ff.
- ersten Grades 282
- zweiten Grades 280

dolus eventualis *siehe bedingter Vorsatz*
dolus generalis 287 f., 1093
dolus subsequens 289
Doppelbestrafungsverbot *siehe Verbot der Doppelbestrafung*
Doppelfunktion
- der Notwehr 337
- des Vorsatzes 1133

Doppelirrtum 1145 ff., 1258
- auf Rechtswidrigkeitsebene 1148 ff.
- auf Tatbestandsebene 1146 f.

Doppelkausalität 228 ff.
dreigliedriger Verbrechensaufbau 87 ff., 95
Drei-Stufen-Theorie bei der Notwehr 361, 371, 379 f., 382

Stichwortverzeichnis

dualistisches Beteiligungssystem 1174, 1176 ff.
Duchesne-Paragraph 1370
Duldungspflichten, besondere gesetzliche 572 ff., 578

E
echte Konkurrenz 1390 ff.
echtes Sonderdelikt 174
echtes Unterlassungsdelikt 170, 857 ff., 881, 918
– Beispiele 860
– Definition 170, 858
– echtes Unterlassungsdelikt 857, 862
– fakultative Strafmilderung 877
– Garantenpflicht 860
– Handlungseinheit/-mehrheit 1418, 1422
– Prüfungsaufbau 881
– Quasi-Kausalität 887 f.
– Versuch 752 ff., 815, 1509
– Zumutbarkeit 904
echtes Unternehmensdelikt 711
Ehe 930 ff.
eigenhändiges Delikt 176, 996, 1197
– Beteiligung 176, 996, 1197
– Definition 176
eigenverantwortliche Selbstgefährdung siehe Selbstgefährdung, freiverantwortliche
eigenverantwortliches Verhalten siehe Selbstgefährdung, freiverantwortliche
Eigenverantwortlichkeitsprinzip
– beim Fahrlässigkeitsdelikt 253, 1047, 1053
– beim Unterlassungsdelikt 922, 933 f., 939
Eignungsdelikt 165
eingeschränkte Schuldtheorie siehe Schuldtheorie
eingeschränkte Vorsatztheorie siehe Vorsatztheorie
Einheit der Rechtsordnung 328, 400, 479
Einheitsstrafenprinzip 1379
Einheitstäterprinzip 994, 1174 ff., 1194
Einsatzstrafe 1401
Einsichtsfähigkeit 539 ff.
– bei Minderjährigen 445, 466
Einstellung des Verfahrens 47
einverständliche Fremdgefährdung/Fremdschädigung 1049
Einverständnis 438, 440 ff.
– Abgrenzung zur Einwilligung 438, 440 ff.
– Begriff 440
– bewusste innere Zustimmung 446
– freiwillige Zustimmung 447
– Irrtum über das Vorliegen 449 ff.
– natürliche Willensfähigkeit 445

– Tatbestandsausschluss 440 ff.
– Voraussetzungen 444 ff.
– Willensmängel 447
– Zeitpunkt 448
– Zustimmung, erzwungene 447
Einwilligung 438, 453 ff.
– Abgrenzung zum Einverständnis 438 f.
– Aufklärungspflicht des Arztes 472
– Begriff 453
– bei Fahrlässigkeitsdelikten 473
– Disponibilität bei Allgemeinrechtsgütern 455, 473
– Einsichtsfähigkeit 445, 466
– Einwilligung durch Minderjährige 1500
– Einwilligungsfähigkeit 456
– Erklärung 457
– Fahrlässigkeitsdelikte 473
– Grundgedanke 453
– hypothetische 478b f.
– in die Gefährdung 473
– Irrtum über das Vorliegen 463 f., 1123 ff., 1142 ff.
– irrtumsbedingte 461
– Kenntnis 462
– nachträgliche Genehmigung 459
– Rechtfertigungsgrund 453 ff.
– Sittenverstoß 455
– subjektives Rechtfertigungselement 452, 462 ff.
– täuschungsbedingte 461, 468 ff., 1501
– Verstandesreife 445, 466
– Verzicht auf Strafantrag 459
– Verzichtbarkeit des Rechtsgutes 455
– volenti non fit iniuria 453
– Voraussetzungen 454 ff.
– Widerrufbarkeit 460
– Willensmängel 461, 468 ff.
– Zeitpunkt 459 f.
Einwilligung durch Minderjährige 465 ff.
– Lehre von der Einsichtsfähigkeit 466
– Lehre von der Zivilrechtsakzessorietät 467
Einzelaktstheorie siehe Rücktritt vom Versuch
Einzellösung, Mittäterschaft 741 f., 746
Einzeltatschuld 528
Einziehung 83
elterliches Züchtigungsrecht 520 ff.
entschuldigender Notstand (§ 35 StGB) 563 ff.
– Abgrenzung zum rechtfertigenden Notstand 401, 566, 570
– berufstypische Gefahren 575 ff.
– besondere Duldungspflichten 578
– besondere Hinnahmepflichten 572 ff.
– besonderes Rechtsverhältnis 575 ff.

Stichwortverzeichnis

- Dauergefahr 568
- Duldungspflichten, gesetzliche 578
- Erforderlichkeit der Notstandshandlung 570
- Gefahr 565
- Gefahr für bestimmte Personen 567
- Gefahr für bestimmtes Rechtsgut 565 f.
- Gefahrtragungspflichten, besondere 577
- Gefahrverursachung 573 f.
- Gegenwärtigkeit der Gefahr 568
- Grundgedanke 564
- Güterabwägung 571
- Ingerenz 574
- Irrtümer 1152 ff.
- Motivationsdruck 579
- Nötigungsnotstand 580
- Notstandshandlung 569 ff.
- Notstandshilfe 575, 577
- Notstandslage 565 ff.
- Prüfungspflicht, intensive 579
- Prüfungsschema 564
- Rechtsverhältnis, besonderes 575
- Selbstverursachung der Gefahr 573 f.
- subjektives Element 579
- Verhältnismäßigkeit 571
- Verschulden 574
- Voraussetzungen 564 ff.
- zu schützende Rechtsgüter 566 f.
- Zumutbarkeit 570

Entschuldigungsgründe 531, 561 ff.
- Abgrenzung von Schuldausschließungsgründen 562
- Amtsträger 511, 594 f.
- Befehl, rechtswidriger 511, 595
- Grundlagen 562 f.
- Irrtum über 1152 ff.
- Rücktritt vom Versuch 763
- Soldaten 511, 594 f.
- übergesetzliche 596
- Unzumutbarkeit normgemäßen Verhaltens 596, 904, 1025
- Weisung, unverbindliche 511, 594 f.

Entschuldigungsirrtum 1068, 1152, 1156 ff., 1171
- Definition 1156, 1171
- Rechtsfolge 1157

Entschuldigungstatbestandsirrtum 1068, 1152 ff., 1171
- Definition 1153, 1171
- Rechtsfolge 1154

Entsprechungsklausel 861, 907 ff., 1215
Erfolgsabwendungspflicht *siehe Garantenpflicht*
Erfolgsdelikt 158, 214
- kupiertes 160

Erfolgsort 64
erfolgsqualifizierter Versuch 686 ff., 692 ff.
- Definition 692
- differenzierende Theorie 697
- Theorie der Erfolgsgefährlichkeit 695
- Theorie der Handlungsgefährlichkeit 696
erfolgsqualifiziertes Delikt 180 f., 686 ff.
- Anstiftung 1282
- Beihilfe 1282
- Definition 180, 687
- Konkurrenzen 691
- Mittäterschaft 1241a
- Rücktritt 845 ff.
- Teilnahme 1282
- Vorsatz-Fahrlässigkeits-Kombinationen 1057 ff.

Erfolgsstrafrecht 525
Erfolgsunwert 153 f., 326, 391, 978, 982
Erfolgszurechnung
- beim Fahrlässigkeitsdelikt 1011, 1042 ff., 1050 ff., 1054 f.
- beim Unterlassungsdelikt 892

Erforderlichkeit
- der Handlung bei Unterlassungsdelikten 901 f.
- der Handlung beim aggressiven Notstand 492
- der Handlung beim defensiven Notstand 485
- der Notstandshandlung 417 ff.
- der Notwehrhandlung 355 ff., 570
ergänzungsbedürftige Tatbestände 116
Erkenntnisverfahren 43
Erkundigungspflicht 1118
Erlaubnisirrtum 548, 558, 1068, 1116, 1120, 1142 ff., 1171
- Abgrenzung zum Erlaubnistatbestandsirrtum 1120
- Definition 1120, 1142, 1171
- Doppelirrtum 1145, 1148 ff.
- indirekter Verbotsirrtum 1116, 1144
- Kombination mit Erlaubnistatbestandsirrtum 1148 ff., 1258
- Rechtsfolgen 1144
- umgekehrter 584
- Zusammentreffen mit Erlaubnistatbestandsirrtum 1148 ff.

Erlaubnissatz *siehe Rechtfertigungsgründe*
Erlaubnistatbestand *siehe Rechtfertigungsgründe*
Erlaubnistatbestandsirrtum 341, 348, 549, 559, 1068, 1120, 1123 ff., 1171, 1521 f.
- Abgrenzung zum Erlaubnisirrtum 1120
- analoge Anwendung des § 16 StGB 1132
- Definition 1120, 1123, 1171

723

Stichwortverzeichnis

- Doppelirrtum 1148 ff., 1258
- negativen Tatbestandsmerkmalen, Lehre von den 107 ff., 1135, 1141
- rechtliche Behandlung 1123 ff., 1521 f.
- Teilnahme 1136 ff., 1258, 1280
- Unrechtsbewusstsein 549, 559
- Vorliegen einer vorsätzlichen rechtswidrigen Haupttat 1136 ff., 1280
- Zusammentreffen mit Erlaubnisirrtum 1148 ff.

erlaubtes Risiko 245, 518, 1019, 1035, 1044, 1046
ernsthaftes Bemühen 799 f., 806
Ernstnahmetheorie *siehe Vorsatz*
error in persona
- Mittäter 1104a
- Mittäterschaft 1242a

error in persona des Angestifteten 1307 ff.
- aberratio-ictus-Theorie 1311
- Individualisierungstheorie 1310
- Unbeachtlichkeitstheorie 1308
- Wesentlichkeitstheorie 1309

error in persona (vel obiecto) 1099 ff.
- Abgrenzung zur aberratio ictus 1105, 1110 ff.
- actio libera in causa 610
- Definition 1099
- fehlgeschlagener Versuch 777
- Gleichwertigkeit der Objekte 1103
- Konkretisierungstheorie 1102, 1111
- Mittäterschaft 1240
- mittelbare Täterschaft 1267
- Ungleichwertigkeit der Objekte 1103
- Zusammentreffen mit aberratio ictus 1110 ff.

Erziehungsrecht *siehe Züchtigungsrecht*
Europäische Gemeinschaft/Union 62, 80a
Europäische Menschenrechtskonvention (EMRK) 23, 27, 37, 80b, 365 ff.
Europäischer Gerichtshof für Menschenrechte (EGMR) 80b
Europäisches Strafrecht 80a
Euthanasie-Fall 596
Eventualvorsatz *siehe bedingter Vorsatz*
extensiver Notwehrexzess *siehe Notwehrexzess (§ 33 StGB)*
Extensiver Täterbegriff 1179 f., 1270
Exterritorialität 629
Exzess
- Anstiftung 1306
- Beihilfe 1337
- Mittäter 1232 f.
- mittelbare Täterschaft 1267

F

Fahrlässigkeit, Fahrlässigkeitsdelikte 261 ff., 972 ff.
- Abgrenzung zum bedingten Vorsatz 261, 268, 295 ff., 972, 1495
- Aufbau 976 ff., 1006 ff., 1480
- Bedeutung 975
- bewusste 972, 991, 1002 f., 1018
- Billigungstheorie 295, 300
- Dazwischentreten eines Dritten 253 ff., 1050 ff., 1518
- Definition 987
- einfache 1004
- Einheitstäterprinzip 994, 1177, 1194
- Einwilligung 473
- Erfolg 1008
- Erfolgsunwert 978
- Erkennbarkeit 1015
- erlaubtes Risiko 234, 518, 1019, 1035, 1044, 1046
- Ernstnahmetheorie 300
- Formen 1000 ff.
- gerechtfertigtes Verhalten 1039 f.
- Gleichgültigkeitstheorie 300
- Grundlagen 972 f., 984 ff.
- Handlung 1007
- Hemmschwellentheorie bei Tötungsdelikten 303 f., 912
- historische Entwicklung 974 ff.
- individuelle Vermeidbarkeit 1023 f.
- individuelle Vorhersehbarkeit 1023 f.
- Kausalität 1009
- leichte 1004
- Leichtfertigkeit 1004 f., 1058
- Manifestation des Vermeidewillens 300
- Mittäterschaft 997 ff., 1241
- mittelbare Täterschaft 997, 1048
- Nebentäterschaft 997, 1055, 1189
- objektive Vermeidbarkeit 980
- objektive Vorhersehbarkeit 980, 1013 ff.
- Pflichtwidrigkeitszusammenhang 251, 1012, 1042 ff.
- Prüfungsschema 976 ff., 1006 ff., 1026, 1480
- Rechtfertigungsgründe 1020
- rechtmäßiges Alternativverhalten 251, 892, 1012, 1042 ff., 1517
- Rechtswidrigkeit 980, 1019 ff., 1039 f.
- Risikotheorien 301
- schlichte Tätigkeitsdelikte 986, 1015
- Schuld 1022 ff.
- Schuldform 560, 980, 983
- Schutzzweck der Norm 1017, 1046
- Selbstgefährdung 1017, 1047 ff.

Stichwortverzeichnis

- Sorgfaltspflichtwidrigkeit, subjektive 560, 1023
- Strafbarkeit 985
- Strafzumessung 1003 f.
- Straßenverkehr 975, 986, 991, 996, 1042 ff., 1059
- subjektive Vermeidbarkeit 1018, 1024
- subjektive Vorhersehbarkeit 1018, 1024
- subjektiver Tatbestand 983, 1003, 1018
- Tatbestand 1007 ff.
- Teilnahme 992 ff., 1194
- Übernahmeverschulden 1025, 1056
- unbewusste 972, 1000 f., 1003, 1018
- Unrechtsbewusstsein 1022
- Unterlassen 855, 988 f., 1007
- Unzumutbarkeit normgemäßen Verhaltens 1025
- Vermeidbarkeit, objektive 980, 1016
- Vermeidbarkeit, subjektive 1018, 1024
- Vermeidungstheorie 300
- Versuch 651, 659, 990 f.
- Vorhersehbarkeit, objektive 980, 1013 ff.
- Vorhersehbarkeit, subjektive 1018, 1024
- Vorsatz-Fahrlässigkeits-Kombinationen 1057 ff.
- Wahrscheinlichkeitstheorie 299
- Willenstheorien 300
- Wissenstheorien 299
- Zweistufigkeit der Prüfung 982

fakultative Strafmilderung
- bei tätiger Reue 709
- beim Entschuldigungsirrtum 1154
- beim Erlaubnisirrtum 1144
- beim grob unverständigen Versuch 673, 677
- beim Unterlassungsdelikt 861, 877
- beim Verbotsirrtum 1115
- beim Versuch 646, 708

Familie 930 ff.
Familientyrann *siehe Haustyrannenfall*
Fehlgehen der Tat *siehe aberratio ictus*
fehlgeschlagener Versuch 765, 770 f., 818 ff.
- Abgrenzung zum unbeendeten Versuch 819 ff.
- Definition 770
- Einzelaktstheorie 820, 829
- Gesamtbetrachtungslehre 821 ff., 830 ff.
- Gleichgültigkeit 827
- kein Fall des § 24 StGB 772
- keine Freiwilligkeit 774
- keine Tataufgabe 773
- nach error in persona 777
- Rechtsfolge 771 ff.
- Rücktrittshorizont 824, 831 ff.
- sinnlos gewordene Tat 777

- subjektiver Maßstab 770
- Tatplantheorie 823, 830
- unerkannt fehlgeschlagener Versuch 797 ff.

Fernziel 284, 530
Festnahmerecht (§ 127 StPO) 499 ff.
- dringender Tatverdacht 501, 505 ff., 1502
- eingeschränkte Tatlösung 507
- Festnahmehandlung 502 f.
- Festnahmelage 501
- Festnahmemittel 502
- Festnahmerecht für Polizeibeamte (§ 127 Abs. 2 StPO) 499
- Festnahmerecht für Privatpersonen (§ 127 Abs. 1 StPO) 499 ff.
- Festnahmewille 504
- frische Tat 501
- gemischte Tat-/Verdachtslösung 507
- Grundlagen 499
- Irrtümer 1123 ff., 1142 ff.
- Irrtumsprivileg 506
- mildere Maßnahme 503
- persönlicher Anwendungsbereich 499
- Prüfungsschema 500
- Rechtmäßigkeit der Festnahmehandlung 502
- Schusswaffengebrauch 502
- strenge Tatlösung 506
- subjektives Rechtfertigungselement 504
- tatsächliche Begehung einer Tat 501, 505 ff., 1502
- Verdachtslösung 508

finale Handlungslehre 103 ff., 195
Finalität 103 f., 195
Flaggenprinzip 66
Fluchtfall 345
formal-objektive Theorie
- Abgrenzung Täterschaft – Teilnahme 1204
- Abgrenzung Vorbereitung – Versuch 635

formelles Recht 43 f.
fortgesetzte Handlung 1424 ff.
- Definition 1425
- Folgen der neuen Rechtsprechung 1428
- Fortsetzungsvorsatz 1426
- Gesamtvorsatz 1426
- höchstpersönliche Rechtsgüter 1426
- neue Rechtsprechung 1424, 1428
- Serienstraftaten 1425 ff.
- Strafklageverbrauch 1427
- Verjährung 1427
- Voraussetzungen 1426

Fortsetzungsvorsatz 1426
Fortsetzungszusammenhang 1424, *siehe auch fortgesetzte Handlung*

Stichwortverzeichnis

fragmentarischer Charakter des Strafrechts 11, 479, 1132
Frank'sche Formel 810
freiverantwortliche Selbstgefährdung/Selbstschädigung *siehe Selbstgefährdung*
Freiwilligkeit beim Rücktritt 809 ff.
- autonome Entscheidung 809, 811
- Definition 809
- fehlgeschlagener Versuch, Verhältnis zum 774
- Frank'sche Formel 810
- Motive 810
- sittlich missbilligenswerte Ziele 813
- Verbrechervernunft 812
Fremdgefährdung, einverständliche 1049
- Abgrenzung zur Selbstgefährdung 1049
Fremdschädigung, einverständliche 1049
frische Tat 501
Furcht 588

G
Gänsebuchtfall 1250
Garantenpflicht 171, 857, 859, 863, 893, 918 ff.
- Definition 921, 922a
- Einteilung 923 ff.
- Grundlagen 918 ff.
- Irrtum 913, 917, 1168 ff.
- moralische Pflichten 928
- Rechtspflichten 928
- Schutzpflichten 926
- Überwachungspflichten 927
- Unterscheidung von Garantenstellung 918 ff., 939, 944
- Verbotsirrtum 913, 917
- Vorsatz 913
Garantenstellung 381, 893, 913, 917 ff.
- Amtsträger 947 ff.
- Arzt 941, 944, 946
- Beaufsichtigungspflichten 934, 969 f.
- Beschützergaranten 926, 929 ff.
- besondere persönliche Merkmale 880, 971, 1353
- Betriebsinhaber 970
- Definition 920
- echte Unterlassungsdelikte 857 ff., 918
- Ehegatten 922, 931, 934, 970
- Eigenverantwortlichkeit 934, 939
- Eltern 931, 969 f.
- enge Gemeinschaftsbeziehung 932, 935 ff.
- enge natürliche Verbundenheit 924, 930 ff.
- faktische Übernahme 940, 944 f., 966
- freiwillige Übernahme 940 ff.
- Gefahrengemeinschaft 935
- Gefahrenquelle 927, 952, 963 ff., 1054
- Gefahrgemeinschaft 937
- Geschwister 931 f.
- Inverkehrbringen gefährlicher Produkte 968
- Irrtum 913, 917, 1168 ff.
- Kaufvertrag 942
- Kinder 931, 934, 969 f.
- Lebensgemeinschaft 935 f.
- Lebenspartner 931
- nichteheliche Lebensgemeinschaft 931, 936, 939
- nichteheliches Kind 931
- Obhutsgarant 926, 929 ff.
- Organe juristischer Personen 947, 951
- Polizeibeamte 949 f.
- Produkthaftung 964, 968
- Rechtspflichten 928
- Schutzpflichten 926
- Sicherungsgarant 927
- Tatbestandsirrtum 913
- Übernahme von Schutzpflichten 940 ff.
- Übernahme von Sicherungspflichten 963 ff.
- Überwachungspflichten 927, 953 ff.
- unechte Unterlassungsdelikte 861
- ungeschriebenes Tatbestandsmerkmal 918
- Unterscheidung zur Garantenpflicht 919 ff., 922a, 934, 939
- Verkehrssicherungspflicht 964
- Verlobte 931
- Vertrag 924, 940 ff.
- vertragsähnliches Verhältnis 940, 943
- Verwandte 931
- Vorsatz 913
- Wohngemeinschaft 931, 936
- Zufallsgemeinschaft 938
Garantiefunktion des Strafrechts 24
Gebotenheit der Notwehrhandlung 360 ff.
- Absichtsprovokation 372 ff.
- Angriff ersichtlich Irrender 384
- Drei-Stufen-Theorie 361, 371, 379 f., 382
- Garantenstellung zum Angreifer 381 f.
- Gesamtabwägung 364
- Irrtum des Angreifers 384
- krasses Missverhältnis 362 ff.
- Provokation des Angriffs 371 ff.
- Schuldunfähigkeit des Angreifers 383
- Schusswaffengebrauch 369
- Schutzwehr 361, 380
- selbstverschuldet herbeigeführter Angriff 379 f.
- sozialethische Einschränkung 360 ff.

Stichwortverzeichnis

- sozialwidriges Verhalten 380
- Tötung von Menschen zum Schutz von Sachwerten 363, 365 ff.
- Trutzwehr 361, 380, 383

Gebotsirrtum *siehe Verbotsirrtum*

Geeignetheit
- der Notstandshandlung 416, 569
- der Notwehrhandlung 354

Gefahr 405 ff., 565 ff.
- berufstypische 575 ff.
- Beurteilung ex ante 406
- Dauergefahr 413, 568
- Definition 405
- Gegenwärtigkeit 412 f., 568
- Intensivierung eines bereits eingetretenen Schadens 407
- Prognose 406
- Rechtswidrigkeit 414
- Schaffung 408 f., 965
- Selbstverursachung 409, 573 ff.
- Sicht eines objektiven Dritten 406
- Tatbestandsmerkmal 163

Gefahrabwendungswille 404, 429 ff.
- Handeln, um die Gefahr abzuwenden 429, 432
- Kenntnis der Notstandslage 430, 579
- Rechtsfolge bei Fehlen 326, 390 ff., 433

Gefährdungsdelikt 161 ff., 214
- abstraktes 164
- abstrakt-konkretes 165
- konkretes 163, 214
- Konkurrenzen 1440

Gefahrengemeinschaft, Garantenstellung 935, 937 ff.

Gefahrtragungspflichten, besondere 575

Gefahrzusammenhang, spezifischer 181, 249, 696, 1061

Gegenwärtigkeit
- einer Dauergefahr 346, 413
- einer Gefahr 412 f., 568
- eines Angriffs 345 ff., 412

Geldbuße 50, 52

Geldstrafe 83

Geltungsbereich des deutschen Strafrechts 59 ff.
- aktives Personalitätsprinzip 61, 67 f.
- Auslandstaten 67 ff.
- bosnische Serben 75
- deutsche Staatsangehörige 67 ff.
- Doppelbestrafung 62
- Flaggenprinzip 66
- Grundlagen 59 ff.
- Individualschutzprinzip 72
- Inlandsbeschränkung, tatbestandsimmanente 65, 68
- legitimierender Anknüpfungspunkt 75, 80
- passives Personalitätsprinzip 61, 69
- persönlicher Geltungsbereich, Einschränkungen 77
- Schutzprinzip 61, 70 ff.
- Staatsangehörigkeit 61, 67 ff.
- Staatsschutzprinzip 61, 70 ff.
- stellvertretende Strafrechtspflege, Prinzip der 61, 76
- Tatortprinzip 61, 63 ff.
- Territorialitätsprinzip 61, 63 ff.
- Ubiquitätsprinzip 64
- Universalitätsprinzip 73 ff., 80
- Weltrechtsprinzip 61, 73 ff.

Generalklauseln 29 f.

Generalprävention 17

Generalvorsatz *siehe dolus generalis*

Gerichtsverfassungsgesetz 48

Gesamtbetrachtungslehre *siehe Rücktritt vom Versuch*

Gesamtlösung
- Mittäterschaft 740, 744 f.

Gesamtstrafe 1401 ff.
- nachträgliche 1405 f.

Gesamtunrechtstatbestand 107 ff.

Gesamtvorsatz 1095, 1427

Geschäftsführung ohne Auftrag 477

Geschwister 931 f.

Gesetzeseinheit 1436

Gesetzeskonkurrenz 1436
- Konsumtion 1441
- Spezialität 1437
- Subsidiarität 1438 ff.

Gesetzlichkeitsprinzip *siehe Rechtsstaatsprinzip*

Gesinnung 11, 528, 841
- rechtsfeindliche 528, 563, 634

Gesinnungsstrafrecht 634, 702, 1146

Gesinnungsunrecht 201, 260

Gesinnungsunwert 11, 153, 156, 260, 388, 545

Gewalt 205 f.
- vis absoluta 205 f.
- vis compulsiva 206

Gewohnheitsrecht 26 f., 116
- actio libera in causa 599, 606
- bei Rechtfertigungsgründen 329, 438, 474

gleichartige Idealkonkurrenz 1392

Gnadenschussfall 236, 253

grob unverständiger Versuch 675 ff.
- Definition 675
- grob unverständige Motivation 676
- Rechtsfolge 677

Stichwortverzeichnis

Grundbegriffe, strafrechtliche 149 ff.
Grundformen *siehe objektive Zurechnung*
Grundsatz der limitierten Akzessorietät 1278 ff., 1316, 1319
Grundtatbestand 112, 177 ff.
– Definition 178
Güterabwägung 324, 335, 362 ff., 401, 422 ff., 480, 486, 493, 571

H
Handlung 88, 190 ff., 1410
– Abgrenzungsfunktion des Handlungsbegriffs 191, 194, 210 ff.
– aktives Tun 192
– Außenbezug 97, 201
– äußere Krafteinwirkung 205
– automatisierte Verhaltensweisen 208
– Bearbeitungshinweis 212
– Definition 88, 97, 196
– finale Handlungslehre 103 ff., 195
– Formen 192
– Funktion 190, 194, 210 ff.
– Grundlagen 190 f.
– Handlungen im Schlaf 204, 211
– Handlungsfähigkeit 874
– Handlungslehren 97, 195
– Handlungsqualität 206
– Handlungswille 203 ff.
– juristische Personen 198, 951
– konkretes Verhalten 192, 199 f.
– Kurzschlusshandlungen 208
– menschliches Verhalten 88, 190, 192, 197 f.
– naturalistisch-kausale 97 f., 195
– Naturereignis 197
– natürliche 1410 ff.
– natürlicher Wille bei Schuldunfähigen 207
– Nicht-Handlungen 191, 194, 204 f., 211
– Reflexhandlungen 204, 211
– soziale Handlungslehre 195
– Sozialerheblichkeit 209 f.
– Spontanreaktionen 208
– Standort der Prüfung 190, 211 ff.
– subjektives Element 203 ff.
– Tathandlung 115
– Unterlassungsdelikte 192, 883
– vis absoluta 205 f.
– vis compulsiva 206
– vorverlagerte Handlungen 200, 204
Handlungseinheit 1410, 1413 ff.
– Bewertungseinheit 1421
– Dauerdelikte 1418, 1421, 1430, 1431, 1432

– höchstpersönliche Rechtsgüter 1416, 1426
– interaktive Tatbestandserfüllung 718, 1414
– Klammerwirkung 1429 f., 1431
– mehraktige Delikte 1417
– natürliche 1413 f.
– personale Handlungslehre 195
– Polizeifluchtfälle 1416
– rechtliche 1410, 1413
– rechtliche Bewertungseinheit 1421
– rechtlicher Sinnzusammenhang 1413
– sukzessive Tatbestandserfüllung 1414
– tatbestandliche 1419 ff.
– Teilidentität der Ausführungshandlung 1417 f., 1430
– unechte Konkurrenz 1386 f.
– Unterlassungsdelikte 1418, 1422
– Versuchsdelikte, mehrere 1423
– zusammengesetzte Deliktstatbestände 1417, 1420
Handlungsfähigkeit 874
Handlungsherrschaft 1206
Handlungslehren 195
– finale 103 ff., 195
– kausale 97 f., 102, 195
– personale 195
– soziale 195, 209
Handlungsmehrheit 1410, 1436 ff.
– mitbestrafte Nachtat 1436, 1443
– mitbestrafte Vortat 1436, 1442
Handlungsmöglichkeit, physisch-reale 897 ff.
Handlungsobjekt 12
Handlungsort 64
Handlungsunwert 132, 153, 155, 326, 391
Handlungswille 203
Hass 589
Haustyrannenfall 346, 412 f., 421, 568, 570
Hemmschwellentheorie bei Tötungsdelikten 303 f., 912
– durch aktives Tun 303
– durch Unterlassen 304, 912
Heranwachsende 535
Heroinfälle 252, 938, 954, 1048 f.
Hilfeleisten (im Rahmen der Beihilfe) 1320 ff.
Hinnahmepflichten, besondere 572
höchstpersönliche Rechtsgüter
– error in persona (vel obiecto) 1309
– fortgesetzte Tat 1426
– Konkurrenzen 1434
Hoferbenfall 1307 ff.

Stichwortverzeichnis

Hoheitsträger im Dienst 395 ff.
- Geltung allgemeiner Rechtfertigungsgründe 395 ff., 427
- gemischt öffentlich-rechtlich/strafrechtliche Theorie 400
- rein öffentlich-rechtliche Theorie 396
- Selbstverteidigungstheorie 398
- strafrechtliche Theorie 397
- Trennungstheorie 399

hypothetische Einwilligung 478b f.
hypothetische Kausalität 233 f., 1054
hypothetischer Kausalverlauf 233 f.

I

Idealkonkurrenz *siehe Tateinheit*
Identität des Unrechtskerns 1473
Immunität 77, 629
in dubio pro reo 42, 230, 303, 331, 888, 891 f., 998, 1044 f., 1446, 1449 ff.
- Anwendungsbereich 1451
- bei Rechtfertigungsgründen 331, 1451
- bei Tötungsdelikten 303
- gesetzliche Durchbrechungen 1452 f.
- gesetzlicher Anknüpfungspunkt 1450
- Grundsatz 1449
- Rechtsfolgen 1451

Indemnität 77, 619 f.
Indeterminismus 526
indirekter Verbotsirrtum *siehe Erlaubnisirrtum*
Individualrechtsgut 7, 72, 344, 410
Individualschutzprinzip 72, 337, 344, 356
Indizwirkung
- des Tatbestandes 310 ff., 314
- von Regelbeispielen 184

Ingerenz 859, 875, 924, 954 f.
- Ablehnung als Garantenstellung 953, 958
- bei rechtmäßigem Verhalten 957 ff.
- Grundgedanke 953
- Ingerenz 953
- modifizierte Pflichtwidrigkeitstheorie 961
- modifizierte Verursachungstheorie 961
- Pflichtwidrigkeitstheorie 960
- Pflichtwidrigkeitszusammenhang 954
- Schutzzweckzusammenhang 954
- Übernahme durch Dritte 954
- Verursachungstheorie 959

Inland 63 ff.
Inlandsbeschränkung, tatbestandsimmanente 65, 68
intensiver Notwehrexzess *siehe Notwehrexzess (§ 33 StGB)*
Interessenabwägung 418, 421 ff., 480
Internationaler Strafgerichtshof 79 f.

internationales Strafrecht 59 ff.
irrealer Versuch *siehe abergläubischer Versuch*
Irrtum 1062 ff.
- actio libera in causa 610
- Angehörigenverhältnis 1159, 1165
- Anstiftung 1265 ff., 1281
- Beihilfe 1337
- besonders schwere Fälle 1113
- des Angreifers 384
- Doppelirrtum 1145 ff., 1258
- Einverständnis 469 ff.
- Einwilligung 463 ff., 1123
- Entschuldigungsgründe 1153 ff.
- Garantenpflicht 913, 917, 1168 ff.
- Garantenstellung 913, 917, 1168 ff.
- Grundlagen 1062
- Kausalverlauf, Irrtum über den 240, 288, 1088 ff., 1098
- mehraktige Geschehensabläufe 1092 ff.
- minder schwere Fälle 1113
- mittelbare Täterschaft 1265 ff., 1281
- normative Tatbestandsmerkmale 126 f., 271, 685, 1181 ff.
- Notstand, entschuldigender 1153 ff.
- Parallelwertung in der Laiensphäre 271, 1285
- Privilegierung 1113
- rechtliche Bewertung 1065, 1067, 1069
- Rechtswidrigkeitsebene 1064, 1119 ff.
- Rücktritt 769
- Schaubild 1172
- Schuldebene 1064, 1152 ff.
- Schuldmilderungsgrund 1113
- Strafaufhebungsgrund 1159
- Strafausschließungsgrund 1064, 1160 ff., 1171
- Strafverfolgungsvoraussetzungen 1159
- Subsumtionsirrtum 270, 1078 ff.
- Tatbestandsebene 1064, 1072 ff.
- tatsächliche Umstände 1065 f., 1069, 1124
- Teilnahme, Irrtumsprobleme bei der 1307 ff.
- Überblick über die Irrtumsarten 1063 f., 1068, 1171
- zu Lasten des Täters 1070 f.
- zugunsten des Täters 1070 f.
- Zusammenfassung 1171

Irrtum bei mehraktigen Geschehensabläufen 1092 ff., 1519
- Abweichung vom Kausalverlauf 1098
- Dolus-generalis-Theorie 287, 1093
- Fortwirkungstheorie 1096
- Gesamtvorsatz-Theorie 1095
- Planverwirklichungstheorie 1097
- Trennungstheorie 1094

Stichwortverzeichnis

Irrtumsherrschaft 1248a
iterative Tatbestandserfüllung 718, 1414

J

Jauchegrubenfall 287, 1092 ff.
Jugendgerichtsgesetz (JGG) 535
Jugendliche 535
Jugendstrafrecht 535
Jugendverfehlung 535
juristische Personen 198, 951

K

Karneades, Brett des 317
Katzenkönigfall 1258
kausale Handlungslehre 97, 195
Kausalität 158, 193, 214 ff.
– abgebrochene 235 f., 800
– Abweichung vom Kausalverlauf 232, 240 f., 288, 1088 ff.
– Adäquanztheorie 224
– alternative 228 f.
– Anforderungen 217 ff.
– Äquivalenztheorie 218, 222 f., 240
– Bedingungstheorie 218, 222 f., 240
– Beschleunigung des Erfolgseintritts 234
– Beweisschwierigkeiten 230
– conditio-sine-qua-non 218, 222 f., 229, 231, 240, 888 f., 1009
– Doppelkausalität 228 ff.
– Erfolgsbeschleunigung 234
– Erfolgsdelikte 215 f.
– Fahrlässigkeitsdelikte 1009
– Formen 227 ff.
– generelle 218
– Gremienentscheidungen 221, 237
– Grundlagen 214 ff.
– hypothetische 233 f., 887, 1054
– Irrtum über Kausalverlauf 240, 288, 1088 ff., 1098
– Kausalitätstheorien 217 ff., 221 ff.
– kumulative 231 f.
– Lehre von der gesetzmäßigen Bedingung 226
– Mehrfachkausalität 222, 228 ff.
– mehrstufige 236
– Mitursächlichkeit 231
– Prognose 887
– Quasi-Kausalität 887 f.
– Regressverbot 1052
– Relevanztheorie 225, 242
– Reserveursache 233
– schlichte Tätigkeitsdelikte 214
– überholende 235 f., 253
– unbeherrschbarer Kausalverlauf 245
– ungeschriebenes Tatbestandsmerkmal 216
– Unterbrechung des Kausalverlaufes 235 f.
– Unterlassen 223, 886 ff.
Kausalität der Beihilfe (für die Haupttat) 1325 ff., 1533
– abstrakte Gefährdungstheorie 1329
– Förderungstheorie 1327
– modifizierende Kausalität 1326
– Risikoerhöhungstheorie 1328
– Verstärkungskausalität 1326
Kernstrafrecht 548, 642
Kettenanstiftung 1284, 1341 f.
Kettenbeihilfe 1318, 1346
Kettenteilnahme 1341 ff.
– Definition 1341
Kinder 534 f.
Klammerwirkung 1429 f., 1431
– Dauerdelikt und Zustandsdelikt 1430
– mehrerer Einzeldelikte durch Dauerdelikt 1431, 1432
– Teilidentität der Ausführungshandlung 1417 f., 1430a
Klarstellungsfunktion der Tateinheit 1434
klassischer, kausaler Verbrechensaufbau 96 ff.
Klausurhinweise
– Anstiftung 1286
– Aufbau bei mehreren Beteiligten 1200 ff.
– Definition 119
– Entsprechensklausel 909
– Erlaubnistatbestandsirrtum 1121, 1125
– error in persona (vel obiecto) 1104
– Irrtum über normative Tatbestandsmerkmale 1082
– Konklusion 121
– Konkurrenzen 1379, 1408
– mittelbare Täterschaft 1246
– Prüfungsaufbau, Begründung 109
– Rechtsgutprüfung 10
– Rechtswidrigkeit 306, 313
– Rücktritt 757, 764, 785
– Schuldfähigkeit 538
– subjektiver Tatbestand 256
– subjektives Rechtsfertigungselement 392
– Subsumtion 120, 660
– Tatbestandsirrtum 1075
– Täterschaft und Teilnahme 1201
– Unterlassungsdelikt 909
– Verbotsirrtum 116
– Verbrechensverabredung 1372
– Versuch 651, 653 f., 657, 666
kognitive Theorien 299
Koinzidenzprinzip 528, 597
Komplementarität, Grundsatz der 80

Stichwortverzeichnis

Konfliktlage 563, 567, 579
- notstandsähnliche 620

Kongruenz
- von objektivem und subjektivem Tatbestand 288 f., 1092 ff.
- von objektiven und subjektiven Rechtsfertigungselementen 323, 325
- von Unrecht und Schuld 527

Konklusion 221
konkretes Gefährdungsdelikt 163, 214
Konkurrenzen 1378 ff.
- Anstiftung 1347, 1412, 1440
- Beteiligung 1347
- Dauerdelikt 1418, 1421, 1430, 1431, 1432
- echte 1390 ff.
- Einheitsstrafenprinzip 1379
- erfolgsqualifizierte Delikte 1437
- Gesamtstrafe 1401 ff., 1405 f.
- Gesetzeskonkurrenz 1436
- gleichartige 1392
- Grundlagen 1378 ff.
- Konsumtion 1436, 1441
- Kumulationsprinzip 1379, 1396
- mitbestrafte Nachtat 1436, 1443 f.
- mitbestrafte Vortat 1436, 1442
- Mittäterschaft 1412
- natürliche Handlung 1410 ff.
- natürliche Handlungseinheit 1413 ff.
- Privilegierung 1437
- Prüfungsschema 1407 ff.
- Qualifikationen 1437
- Rechtfertigungsgründe 332
- Schaubild 1409
- Selbstständigkeit der Delikte 1433 ff.
- Spezialität 1436 f.
- Subsidiarität 1436, 1438 ff.
- Tatbegriff 1410
- tatbestandliche Handlungseinheit 1419 ff.
- Teilidentität der Ausführungshandlungen 1417 f., 1430
- unechte 1386 f.
- ungleichartige 1393
- Verbrechensverabredung 1371 f., 1442
- Zurücktreten, Grundsatz 1433 ff.
- zusammengesetzte Deliktstatbestände 1417
- Zusammentreffen Dauerdelikt mit Zustandsdelikt 1418, 1430, 1431, 1432

Konsumtion 1441
krankhafte seelische Störung 540 f.
kumulative Kausalität 231 f.
kupiertes Erfolgsdelikt 160
Kurzschlusshandlungen 208
KZ-Morde 1324a

L

Lebenserfahrung, allgemeine 249, 269
Lebensführungschuld 199
Lebensrisiko, allgemeines 242, 245
lebensverlängernde Maßnahmen 870 ff.
Ledersprayfall 968
Legalitätsprinzip 45
Lehre von den negativen Tatbestandsmerkmalen 107 ff., 1135, 1141
Lehre von der gesetzmäßigen Bedingung 226
Lehre von der Straftat 82, 1385
Leichtfertigkeit 1004, 1058
- Definition 1005
limitierte Akzessorietät 1278 ff., 1316, 1319
Lockerung der Akzessorietät 1282a, 1348 ff.
- bei Tötungsdelikten 1358 ff.
Lockspitzel 1312, *siehe auch* agent provocateur
luxuria *siehe* Fahrlässigkeit, Fahrlässigkeitsdelikte bewusste

M

Manifestation des Vermeidewillens 300
Massenkarambolagefall 1054
Maßregel der Besserung und Sicherung 33, 83
- Rückwirkungsverbot 33
materielles Recht 43
Mauerschützenfälle 511, 1209, 1255 ff.
Mauswieselfall 1147
medizinische Aufklärungspflicht 472
mehraktige Delikte 1238 f.
- Konkurrenzen 1420
mehraktige Geschehensabläufe 287 f., 1092 ff.
mehrdeutige Verhaltensweisen 865 ff.
Mehrfachkausalität 228 ff.
mehrstufige Kausalität 236
menschliches Verhalten 190, 192, 197 f.
Merkmale, besondere persönliche *siehe besondere persönliche Merkmale*
mildestes Mittel 355, 417 ff.
Militärgerichtshof (Nürnberg, Tokio) 78
minder schwere Fälle 184, 644 f., 1282a
- Irrtum 1113
Minderjährige
- Einwilligung durch 465 ff.
Mischtatbestände *siehe erfolgsqualifiziertes Delikt*
misslungener Rücktritt 765 ff.
- Rechtsfolge 767
- Rücktritt 769
Mitanstiftung 1284
mitbestrafte Nachtat 1436, 1443 f.

Stichwortverzeichnis

mitbestrafte Vortat 1436, 1442
Mittäter
- error in persona 1104a
Mittäterschaft 741 f., 746, 1185, 1218, 1219 f.
- aberratio ictus 1242a
- Abgrenzung zu anderen Beteiligungsformen 1183 ff., 1193
- Absicht, besondere 1198, 1231
- Änderung des Tatplans 1224
- Anstiftung in Mittäterschaft 1285
- arbeitsteiliges Zusammenwirken 1221
- Aufkündigung des gemeinsamen Tatplans 1234 f.
- Ausführungsstadium 1204, 1226 ff., 1526
- Bandenchef 1205, 1218, 1226 ff.
- Beihilfe in mittelbarer Täterschaft 1318
- Beteiligungsminus 1228
- Definition 1185, 1218
- durch Unterlassen 1212 ff.
- eigenhändige Delikte 1197
- erfolgsqualifizierte Delikte 1241a
- error in persona 1242a
- error in persona (vel obiecto) 1240
- fahrlässige 997 ff., 1241
- funktionelle Tatherrschaft 1206, 1218, 1222, 1228
- geistige Mitwirkung 1222, 1225, 1228
- gemeinsamer Tatplan 1218, 1222 ff.
- Gesamtlösung 740, 744 ff.
- Grundlagen 1218, 1219 f.
- isolierte Tatbeiträge 1240
- Konkurrenzen 1412
- Mittäter als Tatopfer 1240
- Mittäterexzess 1232 f.
- objektiver Tatbeitrag 1222, 1225 ff., 1234
- persönliche Merkmale 1354, 1357
- Prüfungsstandort 1230
- Rücktritt 1234 f.
- sukzessive 717, 1223, 1236 ff.
- Tatplanänderung 1224
- tauglicher Täter 1218
- unmittelbares Ansetzen 743 ff., 1242 f., 1342
- Unterlassungsdelikte 855, 1212 ff., 1312
- vermeintliche Mittäterschaft 743 ff.
- Versuchsbeginn 739 ff., 1242 f.
- Voraussetzungen 1222 ff.
- Vorbereitungsstadium 1225, 1228 f.
- Zurechnung 1218, 1219 f., 1240
mittelbare Täterschaft 1184, 1243 ff.
- Abgrenzung von Anstiftung 1245, 1253, 1257
- Abgrenzung von strafloser Anstiftung 1262

- absichtslos-doloses Werkzeug 1206, 1250
- Anstiftung in mittelbarer Täterschaft 1285
- bei Selbsttötung 1262 ff.
- Beihilfe in mittelbarer Täterschaft 1318
- Defekt in Strafbarkeit 1243
- Definition 1184, 1243
- durch Unterlassen 1210, 1257
- eigenhändige Delikte 1197, 1245
- error in persona (vel obiecto) 1267
- Exzess 1267
- Fahrlässigkeit 997, 1245
- Formen 1247 f., 1249
- Grundlagen 1243 ff.
- Hintermann 1243, 1257
- Irrtumsfragen 1265 ff., 1281
- Irrtumsherrschaft 1244, 1248a f., 1263
- konstitutionsbedingte Herrschaft 1244
- Mauerschützenfall 1255 ff.
- Motivirrtum 1264
- Nötigung des Tatmittlers 1244, 1261
- Nötigungsherrschaft 1248a
- Organisationsherrschaft 1255
- organisierte Machtapparate 1255 ff.
- Pflichtdelikte 1196, 1245
- Prüfungshinweis 1246
- qualifikationslos-doloses Werkzeug 1248
- Sonderdelikte 1196, 1245
- Täter hinter dem Täter 1254 ff., 1258 ff.
- Tatherrschaft 1243
- Tatmittler 1243, 1248, 1249 f.
- tauglicher Täter 1245, 1247
- unmittelbares Ansetzen 747 ff., 1268, 1508
- vermeidbarer Verbotsirrtum des Tatmittlers 1258 ff., 1527
- Versuchsbeginn 747 ff., 1268
- volldeliktisch handelndes Werkzeug 1254 ff.
- Werkzeugeigenschaft 1243, 1248, 1249 f.
- Wissensherrschaft 1244, 1250, 1263 f.
Mitverschulden 426, 487
Modalitätenadäquanz 908
Modalitätenäquivalenz 908
Möglichkeit der gebotenen Handlung 897 ff.
- individuelle Unmöglichkeit 898 f.
- mehrere mögliche Handlungen 900
- objektive Unmöglichkeit 898 f.
- Pflichtenkollision 513, 514 f., 898
- physisch-reale Möglichkeit 897 ff.
- rechtliche Unmöglichkeit 898
Möglichkeitstheorie *siehe* Vorsatz
Moral und Recht 928
Motivirrtum 469 f., 1102 f., 1264

Stichwortverzeichnis

mutmaßliche Einwilligung 438, 474 ff.
- disponibles Rechtsgut 476
- Einwilligungsfähigkeit 476
- Geschäftsführung ohne Auftrag 477
- Grundlagen 474 ff.
- hypothetischer Wille 477
- Irrtum 477
- mangelndes Interesse 478
- materielles Interesse des Betroffenen 477, 478 f.
- Prognose 477, 478
- schutzwürdiges Interesse 478
- subjektives Rechtfertigungselement 476 f., 478
- Subsidiarität 475
- Voraussetzungen 475 ff.
- wahrer Wille 477
- Wahrscheinlichkeitsprognose 477
mutmaßliches Einverständnis 478a

N
Nachtat, mitbestrafte 1436, 1443 f.
nachträgliche Gesamtstrafenbildung 1405 f.
nahestehenden Personen 567
natürliche Handlung 1410 ff.
natürliche Handlungseinheit 1413 ff.
natürliche Verbundenheit, enge 930 ff.
ne bis in idem 38 ff., 62, 530, 629
- Schengener Durchführungsübereinkommen 62
- Strafverfolgungshindernis 629
- Tatbegriff 1410
Nebenfolgen 83
Nebenstrafen 83
Nebenstrafrecht 48, 58, 111, 548, 1118
Nebentäterschaft 32, 997 ff., 1155, 1186 ff., 1257
negative Generalprävention 17
negative Spezialprävention 18
negative Tatbestandsmerkmale *siehe Lehre von den negativen Tatbestandsmerkmalen*
neutrales Verhalten (bei der Beihilfe) 1330 ff., 1334, 1534
- deliktischer Sinnbezug 1333
- Dolus-eventualis-Theorie 1333
- extensive Theorie 1331
- Nicht-Handlungen 191, 194, 204, 211
- Nötigungsnotstand 206, 237, 580
- objektive Zurechnung 1332
- professionelle Adäquanz 1332
- Rechtswidrigkeitsausschluss 1334
- Sozialadäquanz 1332
- subjektive Einschränkungstheorien 1333
- Tatförderungswille 1333

normative Tatbestandsmerkmale 126, 271, 1081 ff.
- deskriptive, Grenzziehung 125 ff., 1087
normatives Stufenverhältnis 1440, 1447, 1459 ff.
- logisches Stufenverhältnis 1460
- normatives Stufenverhältnis im engeren Sinne 1461 f.
Nothilfe 336
Nötigungsherrschaft 1248a
Notstand
- Nötigungsnotstand 206, 437, 580
- übergesetzlicher 403
- zivilrechtlicher 482 ff., 489 ff.
notstandsähnliche Konfliktlage 620
Notstandshandlung 404, 415 ff., 569 ff.
- Abwägungskriterien 423
- Angemessenheit 427 f.
- Blutspenderfall 427
- Erforderlichkeit 417 ff., 570
- Ex-ante-Beurteilung 416, 419
- Geeignetheit 416, 569
- Güterabwägung 324, 401, 422 ff.
- Interessenabwägung 418, 421 ff.
- mildestes Mittel 417 ff.
- Mitverschulden 426, 573 f.
- Rechtsgut Leben 425
- Sonderwissen 419
- sozialethische Einschränkungen 427
- Verhältnismäßigkeit 571
- Zumutbarkeit 420, 570, 572 ff.
Notstandshilfe 411, 574, 577
Notstandslage 404 ff., 565 ff.
- Dauergefahr 412 f., 568
- Gefahr 405 ff., 565 ff.
- Gegenwärtigkeit 412 f., 568
- geschützte Rechtsgüter 410, 436, 565
- Rechtswidrigkeit 414
- Schutzbedürftigkeit des Rechtsguts 409, 565
- Selbstverursachung 409, 573 f.
- Sonderwissen 406
Notwehr 333 ff.
- Absichtsprovokation 372, 374 f.
- Angriff 341 ff.
- Angriff auf die Rechtsordnung 337, 344
- Angriff ersichtlich Irrender 384
- antizipierte 349
- beendeter Angriff 346
- Dauergefahr 346
- Doppelfunktion 337
- Drei-Stufen-Theorie 361, 371, 379 f., 382
- Erforderlichkeit der Notwehrhandlung 355 ff.

Stichwortverzeichnis

- Europäische Menschenrechtskonvention 365 ff.
- Garantenstellung zum Angreifer 381 f.
- Gebotenheit der Notwehrhandlung 360 ff.
- Geeignetheit der Notwehrhandlung 354
- gegen Notwehr 351, 374
- gegenwärtiger Angriff 345 ff.
- gerechtfertigte Tat, gegen 351
- Grundgedanke 333 f., 356
- Grundlagen 333 ff.
- Güterabwägung 335, 356, 362 ff.
- Hoheitsträger im Dienst 395 ff.
- Individualschutzprinzip 337, 344, 356
- Irrtum des Angreifers 384
- krasses Missverhältnis 362 ff.
- mildestes Mittel 355
- Nothilfe 336, 352, 356
- Notwehr gegen Notwehr 351
- notwehrähnliche Lage 349
- Notwehrhandlung 353 ff.
- Notwehrlage 341 ff.
- Präventivmaßnahmen 349
- Provokation des Angriffs 371 ff.
- Prüfungsschema 340
- Putativnotwehr 394, 1123, 1171
- Rechtsbewährungsprinzip 337, 356, 374
- Rechtsgüter Dritter 339
- Rechtsmissbrauch 363, 375
- rechtswidriger Angriff 350 ff.
- schimpfliche Flucht 359, 367, 381, 420, 492a
- Schranken 360 ff.
- Schuldunfähigkeit des Angreifers 342, 383
- Schusswaffengebrauch 369
- Schutzwehr 361, 373 ff., 380, 382
- Selbstschutzprinzip 337, 376
- selbstverschuldet herbeigeführter Angriff 379 f.
- sozialethische Einschränkungen 360 ff.
- sozialübliches Verhalten 341
- sozialwidriges Verhalten 380
- subjektives Rechtfertigungselement 323, 325 f., 385 f., 1498
- Tötung von Menschen zum Schutz von Sachwerten 1496
- Trutzwehr 361, 373 ff., 380, 382
- ungewollte Auswirkungen 369
- Verteidigungswille 385 ff., 1498
- Voraussetzungen 340
- Zäsur 346
- zivilrechtliche (§ 227 BGB) 480 f.
- Zumutbarkeit 359

notwehrähnliche Lage 349

Notwehrexzess (§ 33 StGB) 393, 563, 581 ff., 1503
- als Entschuldigungsgrund 582
- asthenische Affekte 582, 588
- bewusstes Überschreiten 590
- differenzierende Theorie 587
- Einschränkungen 590 f.
- extensive Theorie 586
- extensiver 393, 581, 583 ff., 1503
- Furcht 588
- Grundgedanke 563
- intensiver 393, 581, 583
- Mitverschulden 581
- Putativnotwehrexzess 592 f.
- restriktive Theorie 585
- Schrecken 588
- sthenische Affekte 599
- subjektive Anforderungen 590
- Verwirrung 588
- Zorn 589

Notwehrhandlung 353 ff.
- erforderliche 355 ff.
- gebotene 360 ff.
- geeignete 354 ff.
- zumutbare 359

Notwehrlage 341 ff.

Notwehrüberschreitung *siehe Notwehrexzess (§ 33 StGB)*

notwendige Teilnahme 1375 ff.
- Begegnungsdelikte 187, 1376
- Definition 1375

NS-Verbrechen 1324a

nulla poena sine culpa 41, 525 f.

nulla poena sine lega stricta *siehe Analogieverbot*

nulla poena sine lege certa *siehe Bestimmtheitsgrundsatz*

nulla poena sine lege praevia *siehe Rückwirkungsverbot*

nulla poena sine lege scripta *siehe Gewohnheitsrecht*

nullum crimen, nulla poeana sine lege 23 ff., 110, 329

O

Obhutsgarant 926, 1217

objektive Rechtfertigungsmerkmale 323a

objektive Strafbarkeitsbedingungen 133 f.
- Beispiele 133
- Irrtum 133

objektive Tatbestandsmerkmale 130 f.

objektive Vermeidbarkeit 1016

objektive Vorhersehbarkeit 1013 ff.

Stichwortverzeichnis

objektive Zurechnung 219, 239 ff.
- Abschichtung von Verantwortungsbereichen 253, 1047, 1053
- allgemeine Lebenserfahrung 224, 249
- allgemeines Lebensrisiko 242, 245
- atypischer Kausalverlauf 249, 1088
- Beherrschbarkeit des Erfolges 245
- Dazwischentreten eines Dritten 253 ff., 1050 ff., 1054 f., 1518
- Definition 243 f.
- Einordnung in den Verbrechensaufbau 219
- einverständliche Fremdgefährdung 1049
- erlaubtes Risiko 245, 518
- Fahrlässigkeitsdelikt 242, 247, 1011 ff., 1041 ff.
- freiverantwortliche Selbstgefährdung 252, 1017, 1047 ff.
- freiverantwortliche Selbstschädigung 252, 1017, 1047 ff.
- Gefahrrealisierung 249 ff.
- Gefahrschaffung 245 ff.
- Grundformel 243
- Grundlagen 239 ff.
- menschliches Beherrschungsvermögen 245
- Pflichtwidrigkeitszusammenhang 251, 954, 1012, 1042 ff., 1517
- rechtmäßiges Alternativverhalten 251, 1012, 1042 ff., 1517
- Relevanztheorie 225, 242
- Risikoerhöhungstheorie 892, 1044
- Risikoverringerung 246 ff., 1297
- Schutzzweck der Norm 250, 954, 1046
- Sicherheitsvorschriften 254
- Sozialadäquanz 245, 519
- ungeschriebenes Tatbestandsmerkmal 219
- ungewöhnliches Opferverhalten 252, 1049
- Unterlassungsdelikt 891 f.
- Verantwortungsbereiche 253, 1047, 1053
- Zurechnungszusammenhang, Unterbrechung des 251 ff., 1050 ff., 1518

objektiver Tatbeitrag *siehe Umfang des objektiven Tatbeitrages*
objektiver Tatbestand 102, 117, 130 f.
- Abgrenzung zum subjektiven Tatbestand 102, 117, 130 f., 257 ff.
- Rechtswidrigkeit als Merkmal des 135, 319 ff.

Objektverwechslung *siehe error in persona (vel obiecto)*
obligatorische Strafmilderung 1348
offener Tatbestand *siehe Rechtswidrigkeit*

öffentliches Recht 1
öffentlich-rechtliche Rechtfertigungsgründe 499 ff.
- Anordnungen 511
- Befehle 511
- Durchsuchung (§ 758 ZPO) 509
- Grundrechte 510
- körperliche Untersuchung (§§ 81 ff. StPO) 509
- Pfändung (§ 808 ZPO) 509
- politisches Widerstandsrecht 510
- Schusswaffengebrauch von Vollzugsbeamten (§§ 10, 11 UZwG) 395, 509
- strafprozessuale Beschlagnahme (§§ 94 ff. StPO) 509
- Verhaftung des Schuldners (§ 909 ZPO) 509

omissio libera in causa 874
omnimodo facturus 1294 f., 1297 f., 1365
Ordnungswidrigkeiten 11, 52, 1177
- Einheitstäterprinzip 1177
Organhaftung 198
Organisationsherrschaft 1255
organisierter Machtapparat 1255

P

Parallelwertung in der Laiensphäre 271, 1085
Personalitätsprinzip
- aktives 61, 67 f.
- aktives eingeschränktes 67
- passives 61, 69
persönliche Handlungslehre 195
persönliche Merkmale *siehe besondere persönliche Merkmale*
persönliche Strafaufhebungsgründe 617 ff., 622 f.
- Beispiele 622 f.
- besonderes persönliches Merkmal 624
- Definition 622
- Irrtum 1159
- Personenbezogenheit 617, 624
- Rücktritt 622, 763, 786, 1373
- tätige Reue 623
persönliche Strafausschließungsgründe 617 ff.
- Beispiele 618 ff.
- besonderes persönliches Merkmal 621
- Definition 618
- Irrtum über 1064, 1160 ff., 1171
- Personenbezogenheit 617
- Überdehnung 1165 ff.
Pflichtdelikt 1196, 1245, 1279, 1281
- mittelbare Täterschaft 1245
- Täterschaft und Teilnahme 1196

Stichwortverzeichnis

Pflichtenkollision *siehe rechtfertigende Pflichtenkollision*
pflichtgemäßes Alternativverhalten *siehe rechtmäßiges Alternativverhalten*
Pflichtverletzung *siehe Sorgfaltspflichtverletzung*
pflichtwidriges Vorverhalten *siehe Ingerenz*
Pflichtwidrigkeitszusammenhang 251, 1042 ff.
– beim Fahrlässigkeitsdelikt 1012, 1042 ff.
– beim Unterlassungsdelikt 891, 954
politisches Widerstandsrecht (Art. 20 Abs. 4 GG) 510
Polizeifluchtfälle 1416
positive Generalprävention 17
positive Spezialprävention 18
Postpendenzfeststellung 1447, 1454 ff., 1458
– Definition 1455, 1457
– Präpendenzfeststellung 1457
Präpendenzfeststellung 1447, 1454
Präventivmaßnahmen 349
Privilegierung 112, 177, 182, 643, 1357
– Definition 182
– Irrtum 1077, 1113
– Konkurrenzen 1437
– Täterschaft und Teilnahme 1357
– Versuch 643
Produkthaftung 964, 968
Prognoseentscheidungen 406, 416, 477, 887
Provider 967
provozierte Notwehr 371 ff.
psychische Beihilfe 1297, 1322
Putativnotwehr 394, 1123, 1171
Putativnotwehrexzess 592 f.

Q
Qualifikation 112, 179, 643, 1357
– Definition 179
– Konkurrenzen 1437
– Täterschaft und Teilnahme 1357
– Versuch 643, 732
qualifikationslos-doloses Werkzeug 1248
qualifizierte Delikte *siehe Anstiftung zur Qualifikation*
qualifizierter Versuch *siehe erfolgsqualifizierter Versuch*
Quasi-Kausalität 887 f.

R
Radbruch'sche Formel 1256
Radfahrerfall 251, 1042
Radleuchtenfall 865, 867
Randfigur 1175, 1206
Raserfälle 304
Realkonkurrenz *siehe Tatmehrheit*

Recht und Moral 928
Recht und Sittlichkeit 11, 928
rechtfertigende Pflichtenkollision 513, 514 f., 915
– Kollision gleichrangiger Verhaltenspflichten 514
– Kollision ungleicher Verhaltenspflichten 515 f., 1171
rechtfertigender Notstand 401 ff.
– Abgrenzung zum entschuldigenden Notstand 401
– Angemessenheit 427 f.
– Anwendungsfälle 434 ff.
– Auffang-Rechtfertigungsgrund 332, 402, 434
– Dauergefahr 412 f.
– Entwicklung 403
– Erforderlichkeit der Notstandshandlung 417 ff.
– Garantenstellung 423, 427
– Geeignetheit der Notstandshandlung 416
– Gefahrabwendungswille 404, 429 ff.
– geschützte Rechtsgüter 410
– Grundlagen 401 ff.
– Güterabwägung 401, 422 ff.
– Interessenabwägung 422 ff.
– Irrtümer 1123 ff., 1142 ff.
– Nötigungsnotstand 437
– Notstandshilfe 411
– Prüfungsschema 404
– Rechtsgüter der Allgemeinheit 410, 436
– subjektives Rechtfertigungselement 404, 429 ff.
– Verschulden der Notstandslage 426
– Voraussetzungen 404
Rechtfertigungsgründe 90, 312
– besondere Selbsthilferechte 498
– gewohnheitsrechtliche Geltung 329, 438, 474
– Grundrechte 510
– Güterabwägung 324, 335, 362 f., 401, 422 ff., 486, 493, 571
– Hoheitsträger im Dienst 395 ff.
– kein abgeschlossener Katalog 327
– keine Geltung des Analogieverbots 327
– Konkurrenzen 332
– objektives Rechtfertigungsmerkmal 323a
– Prüfungsreihenfolge 332
– Rechtfertigungshandlung 324
– Rechtfertigungslage 323a
– rechtswidrige Anordnung 511, 594 f.
– rechtswidriger Befehl 511, 594 f.
– Rügerecht, beamtenrechtliches 330
– Struktur 323 ff.

Stichwortverzeichnis

- subjektives Rechtfertigungselement 323, 325 f., 385 ff., 429 ff., 462, 478, 488, 494, 504
- ungeschriebene 329 f., 438 ff., 512 f., 514
- verfassungsrechtlich abgeleitete 510
- Wahrnehmung berechtigter Interessen (§ 193 StGB) 517
- zivilrechtliche Rechtfertigungsgründe 479 ff.
- Züchtigungsrecht 520 ff.

Rechtfertigungshandlung *siehe Rechtswidrigkeit*
Rechtfertigungslage *siehe Rechtswidrigkeit*
Rechtfertigungssituation *siehe Rechtswidrigkeit*
rechtliche Bewertungseinheit 1421
rechtliches Gehör 37
rechtmäßiges Alternativverhalten 251, 1012, 1042 ff., 1517
Rechtsbegriffe *siehe Auslegung*
- interdisziplinäre Relativität 142
- intradisziplinäre Relativität 142

Rechtsbewährungsprinzip 337
Rechtsfolgen der Straftat 54, 81 ff.
- Trennung von Tatbestand und Rechtsfolge 81 ff.

Rechtsfolgenausspruch 1378
Rechtsgut 3 ff.
- Allgemeinrechtsgut 7, 343, 410, 436
- Individualrechtsgut 7, 343, 410
- Schutz mehrerer Rechtsgüter 8

Rechtsgüterschutz 3 ff., 70 ff.
Rechtsgutsträger 12
Rechtsneuschöpfung *siehe Analogie*
Rechtsordnung, Einheit der 328, 400, 479
Rechtsprechungsänderung
- Rückwirkungsverbot 33

Rechtsschuld 529
Rechtsstaatsprinzip 23 ff., 41, 525
rechtswidrige Tat 93
- Definition 93

Rechtswidrigkeit 305 f., 362 ff.
- Abgrenzung zur Schuld 317 f.
- als Tatbestandsmerkmal 135, 319 ff.
- Definition 305
- des Angriffs 350 ff.
- Erlaubnistatbestände 311 f.
- Fahrlässigkeitsdelikt 1019 ff.
- Güterabwägung 324, 401, 486, 493
- in dubio pro reo 331
- Indizwirkung 310 ff., 314
- offene Tatbestände 314
- Prüfungsschema 305, 313, 332
- Rechtfertigungshandlung, allgemein 324
- Rechtfertigungslage, allgemein 323a

- strafrechtliche 307, 327 ff.
- subjektive Rechtfertigungselemente 323, 325 f., 385 ff., 429 ff., 462, 1498
- Tatbestandsbezogenheit 309
- zivilrechtliche 307, 328

Reflexbewegungen 204, 211
Regelbeispiel 184, 644 f., 733a
- Regressverbot 253
- Versuch 733a

relative Straftheorien 16 ff.
relatives Antragsdelikt 626
Relativität von Rechtsbegriffen 142
Relevanztheorie 225, 242
Reservursache 233
restriktiver Täterbegriff 1179, 1181, 1271
Risikoerhöhungstheorie 888, 892, 1044, 1328
- in dubio pro reo 892, 1044
- Kausalität der Beihilfe 1328

Risikotheorien *siehe Vorsatz*
Risikoverringerung 246 ff., 1297
römisches Statut 79
Rose-Rosahl-Fall 1307 ff.
Rücktritt vom Versuch 622, 756 ff.
- Abbrechen der Kausalkette 800
- aktiver Gegenakt 796, 801, 803
- Alleintäter 784, 789 ff.
- Anforderung an Vollendungsverhinderung 796, 803, 849 ff., 1514
- Anstiftung, Rücktritt bei 788
- Aufgeben der Tat 791 f., 805, 840 ff., 1512
- außertatbestandliches Handlungsziel 835 ff., 1511
- bedingter Vorsatz 835 ff., 1511
- Bemühen, freiwilliges und ernsthaftes 799 f., 806
- Beseitigen des eigenen Tatbeitrages vor Versuchsbeginn 808a
- Beseitigung des eigenen Tatbeitrages 807 f.
- Bestleistungstheorie 800, 850
- Beteiligte, mehrere 785, 801 ff.
- Chanceneröffnungstheorie 849
- Denkzettelfälle 839
- der Beteiligung 623, 1373 f.
- Differenzierungstheorie 851
- Eingreifen Dritter 800, 848 ff.
- Einzelaktstheorie 820, 829
- Endgültigkeit 840 ff., 1512
- Entschuldigungsgrund 764
- erfolgsqualifizierte Delikte 845 ff., 1513
- Gesamtbetrachtungslehre 821, 830 ff.
- Gleichgültigkeit 827
- Gnadentheorie 761
- Grundlagen 756 ff.

737

Stichwortverzeichnis

- Irrtum über Wirksamkeit des Tuns 769
- Klausurhinweise 757, 764, 776, 785
- Korrektur des Rücktrittshorizonts 828 ff., 832
- kriminalpolitische Theorie 760, 844
- mehrere Täter 785 ff., 801 ff.
- misslungener 766 ff.
- nach Eintritt der schweren Folge 845 ff.
- nach fehlgeschlagenem Einzelakt 819 ff., 1510
- persönlicher Strafaufhebungsgrund 622, 763 f., 786
- Prüfungsreihenfolge 785
- Qualifikation 794, 845
- rechtsdogmatische Einordnung 756 ff.
- Rechtsfolge 786
- Rücktrittshorizont 824 f., 831 ff.
- Rücktrittsvarianten 784 ff.
- Rücktrittswille 809 ff.
- sinnlos gewordene Tat 777
- Strafaufhebungsgrund 623, 763, 786
- Strafzwecktheorie 762
- Tataufgabe 791 f., 840 ff.
- Tatbegriff 840 ff.
- Tatplantheorie 823, 830
- Teilrücktritt 794
- Theorie der kriminalpolitischen Betrachtungsweise 844
- Theorie des eingeschränkten Tatbegriffs 842
- unerkannt fehlgeschlagener Versuch 797 ff.
- unerkannt untauglicher Versuch 797 ff.
- untauglicher Versuch 783, 793, 797 ff.
- Unterlassungsdelikt 814 ff.
- Unternehmensdelikte 711 f.
- Verdienstlichkeitstheorie 761
- Verfolgung eines anderen Zwecks 835 ff.
- Verhinderung der Tatvollendung 795, 803, 807, 848 ff.
- Verhinderungsbemühungen bei Nichtvollendung 799 f., 806
- Verschieben der Tat 840 ff., 1512
- Versuch der Beteiligung 623, 1373 f.
- Versuch der Verbrechensverabredung 1373
- Vorbereitungsstadium 805
- Zäsur 770
- Zweckerreichungstheorie 837

Rücktrittshorizont 824, 831 ff.
Rücktrittsvorbehalt 663
Rückwirkungsverbot 31 ff.
Rügerecht, beamtenrechtliches 330

S

Sachverhalt 84 ff.
- Definition 85

Sanktionsrecht, Überblick 83
scheinbare Konkurrenz 1388 f.
Schengener Durchführungsübereinkommen (SDÜ) 62
Schlafzustand 204, 211
schlichtes Tätigkeitsdelikt 159, 214, 986, 1015
- Fahrlässigkeit 1015

schlichtes Unterlassungsdelikt 862
Schlüsselfigur 1206
Schrecken, Schreckaktionen 588
Schuld 193, 317 f., 524 ff.
- Abgrenzung zur Rechtswidrigkeit 317 f.
- als Rechtsbegriff 529
- bedingte Schuldfähigkeit 535
- Bestandteile 531
- Determinismus 526
- Doppelfunktion des Vorsatzes 1133
- Einzeltatschuld 528
- Erfolgsstrafrecht 525
- Fahrlässigkeitsdelikt 1022 ff.
- Gesinnungsunwert 153, 260, 388, 528, 545
- Heranwachsende 535
- Indeterminismus 526
- individuelle Vorwerfbarkeit 524, 526
- Jugendliche 535
- Kinder 535
- Koinzidenzprinzip 528, 597
- Lebensführungsschuld 199, 528
- moralische 529
- Prüfungsschema 531
- Prüfungsumfang 532
- Rechtsschuld 529
- Regelung im Gesetz 534 ff.
- sittliche 529
- Überzeugungstäter 530
- verminderte Schuldfähigkeit 542 f.
- Vorwerfbarkeit 526

Schuldangemessenheit 527
Schuldausschließungsgründe 562
- Abgrenzung zu Entschuldigungsgründen 563

Schuldfähigkeit 91, 531, 534 f.
- Alkoholrausch 538, 542
- andere seelische Abartigkeit 540 f.
- bedingte Schuldfähigkeit 535
- biologische Faktoren 540 f.
- Blutalkoholkonzentration 542
- Blutrausch 541
- Einschränkungen (§§ 19 ff. StGB) 534 ff.
- fehlende Einsichtsfähigkeit 539 ff.

- fehlende Steuerungsfähigkeit 539 ff.
- Jugendstrafrecht 535
- Jugendverfehlung 535
- krankhafte seelische Störung 540 f.
- normative Faktoren 539
- psychische Faktoren 540 f.
- psychologische Faktoren 540 f.
- Rechtsfolge bei Fehlen 536
- Schwachsinn 540 f.
- tief greifende Bewusstseinsstörung 540 f.
- verminderte 543 f.
- Vollrausch 540
- Zeitpunkt 541

Schuldform 531, 555 ff.
- beim Fahrlässigkeitsdelikt 560, 1022 ff.
- beim Vorsatzdelikt 557 ff.

Schuldgrundsatz *siehe Schuldprinzip*
Schuldmerkmale, spezielle 260, 531, 544 f., 1349
- Gesinnungsunwert 153, 156, 260, 388, 545
- Teilnahme 1349

Schuldprinzip 41, 134, 525 ff.
- actio libera in causa, Vereinbarkeit 601 ff.
- Menschenbild des Grundgesetzes 526
- Rechtsstaatsprinzip 525
- Schuld-Unrechts-Kongruenz 527
- Strafbegründungsschuld 527
- Strafmaßschuld (§ 46 Abs. 1 StGB) 20, 527

Schuldspruch 1378
Schuldteilnahmetheorie 1273
Schuldtheorie 549 f., 1126 f., 1138 ff., 1226
- eingeschränkte 1132 ff., 1139 ff.
- Erlaubnistatbestandsirrtum 1131 ff.
- rechtsfolgenverweisende eingeschränkte 1134, 1140
- strenge 1131, 1138

Schuldunfähigkeit *siehe Schuldfähigkeit*
- des Angreifers 383

Schuld-Unrechts-Kongruenz 527
Schuldvorsatz 1133, 1140
Schuldvorwurf 528 ff., 1398
- Gegenstand 528
- Inhalt 529 f.
- Rücktritt vom Versuch 763

Schusswaffengebrauch
- im Rahmen der Notwehr 369, 395 ff.
- im Rahmen einer Festnahme 502
- von Vollzugsbeamten 509

Schutzpflichten 926, 929 ff.
Schutzprinzip 70 ff., 337
Schutzwehr 361
Schutzzweck der Norm 250, 954, 1046
Schwachsinn 540

Schweigegelderpressung 361
seelische Abartigkeit 540 f.
seelische Störung 540 f.
Selbstgefährdung 252, 1017, 1047 ff.
- Abgrenzung der Fremdgefährdung 1049
- BtMG 252, 1048 f.
- freiverantwortliche 252, 1017, 1047 ff.
- Garantenstellung 954

Selbstgefährdung, freiverantwortliche 252, 1017, 1047 ff.
Selbsthilferecht *siehe Rechtfertigungsgründe*
- allgemeines 495 f.
- besonderes 498

selbstständige Tatbestandsabwandlung 183
Selbsttötung 1248, 1262 ff., 1278
- Anstiftung 1278

Selbstverursachung der Gefahr 573 ff.
Serben, bosnische *siehe Geltungsbereich des deutschen Strafrechts*
Sich-Bereit-Erklären 1369
Sicherungsgarant 927
Simultanitätsprinzip 288 f.
Siriusfall 1248, 1262 ff.
Sittenwidrigkeit 56
sittliche Schuld 529
Sittlichkeit und Recht 11, 530, 928
Sitzblockaden 30
Sonderdelikt 173 f., 672, 1196, 1231, 1279
- echtes 174
- Täterschaft und Teilnahme 1196, 1231, 1279
- unechtes 175

Sonderpflicht, tatbestandsspezifische *siehe Pflichtdelikt*
Sonderrechtsverhältnis *siehe Disziplinarrecht*
sonstige Strafbarkeitsvoraussetzungen *siehe Strafbarkeitsvoraussetzungen, sonstige*
Sorgfaltspflicht 1027 ff.
- Begrenzung 1034 ff.
- Bestimmung der Pflicht 1029 ff.
- Erfahrungssätze 1032
- erlaubtes Risiko 1035
- individuelles Können 1038
- Inhalt 1029 ff.
- kein abgeschlossener Katalog 1029
- Rechtspflichten 1030
- Sonderwissen 1038
- Verkehrsnormen 1031
- Verkehrssitte 1032
- Vertrauensgrundsatz 1034

Sorgfaltspflichtverletzung 976, 983, 1010
- Betrachtung ex-ante 1028
- Definition 1028
- Feststellung 1037
- gerechtfertigtes Verhalten 1039 f.

Stichwortverzeichnis

- subjektive 1023
Sorgfaltspflichtverletzung, objektive 1027, 1029 f.
Sorgfaltspflichtverstoß *siehe Sorgfaltspflichtverletzung, objektive*
Sozialadäquanz 245, 519
sozialadäquate Handlungen 245
soziale Handlungslehre 195, 209
Sozialerheblichkeit der Handlung 209 f.
sozialethische Einschränkungen
- des Notstandsrechts 427
- des Notwehrrechts 360 ff.
Spezialität 1437
- Definition 1437
Spezialprävention 18
- Sühnetheorie 15
- Vereinigungstheorien 19
- Vergeltungstheorie 14
spezielle Schuldmerkmale *siehe Schuldmerkmale, spezielle*
spezifischer Gefahrzusammenhang 181, 249, 696, 877b, 1061
Spontanreaktionen 208
Sprengfalle 1112
staatliche organisierte Kriminalität 1255
Staatsschutzprinzip 61, 70 ff.
ständiger internationaler Strafgerichtshof 79
Staschynskij-Fall 1208, 1255 ff.
Stellvertreterprinzip *siehe Geltungsbereich des deutschen Strafrechts*
Sterbehilfe 870 ff., 946
- Abschalten von Beatmungsgeräten 872
Steuerungsfähigkeit 539 ff.
sthenische Affekte 589
Strafanspruch, staatlicher 45
Strafantrag *siehe Antrag*
Strafaufhebungsgründe, persönliche *siehe persönliche Strafaufhebungsgründe*
Strafausschließungsgründe, persönliche *siehe persönliche Strafausschließungsgründe*
Strafausspruch 1378
Strafbarkeitsbedingungen, objektive 133 f.
Strafbarkeitsirrtum, umgekehrter 684
Strafbarkeitskorrekturen 616
Strafbarkeitsvoraussetzungen, allgemeine 87 ff.
Strafbarkeitsvoraussetzungen, sonstige 615 ff.
- Grundlagen 615 f.
- Strafwürdigkeitskriterium 615 f.
Strafbegründungsschuld 527
Strafe 83
- Freiheitsstrafe 83
- Geldstrafe 83

- Hauptstrafe 83
- Nebenstrafe 83
Strafeinschränkungsgründe *siehe Strafmilderung*
Strafgerichtshof, internationaler 79 f.
Strafgesetzbuch, Aufbau 53, 111
Strafgrund 1371
Strafgrund der Teilnahme 1269, 1272 f.
- akzessorischer Rechtsgutsangriff 1275
- Förderungstheorie 1274
- gemischte Verursachungstheorie 1276
- modifizierte Schuldteilnahmetheorie 1273
- Schuldteilnahmetheorie 1273
- selbstständiger akzessorischer Rechtsgutsangriff 1276
- selbstständiger Rechtsgutsangriff 1275
- Verursachungstheorie 1274
Strafgrund des Versuchs 632 ff.
- Eindruckstheorie 636
- fortgesetzte Tat 1427
- gemischt subjektiv-objektive Versuchstheorie 633, 636 f., 724
- Klausurhinweise 633
- objektive Versuchstheorie 635
- Strafklageverbrauch 629
- Strafmaßschuld 527
- subjektive Versuchstheorie 634
Strafmilderung
- selbstständige 644
- unselbstständige 644
strafmodifizierende Merkmale 1354, 1357
Strafprozessrecht 21, 32, 37 f., 43 ff., 626
Strafrahmenverschiebung *siehe fakultative Strafmilderung*
Strafrecht
- Abgrenzung zum Disziplinarrecht 40, 49 ff.
- Abgrenzung zum Ordnungswidrigkeitenrecht 11, 52
- Abgrenzung zum Strafprozessrecht 43 ff.
- Abgrenzung zum Zivilrecht 3
- Anknüpfungspunkt 11, 61, 63 ff.
- Anwendbarkeit des deutschen 59 ff.
- Aufgabe 3 ff.
- Charakter 11, 479
- Definition 1
- Einordnung 1
- Garantiefunktion 24
- Geltungsbereich 59 ff.
- Grundlagen 1
- internationales 59 ff.
- Rechtsgüterschutz 3 ff.
- Reichweite des Strafrechtschutzes 11, 305, 479

Stichwortverzeichnis

- Stellung im Rechtssystem 1 ff.
- verfassungsrechtliche Vorgaben 21 f.
strafschärfende Merkmale 644, 1354, 1357
Straftat *siehe Verbrechensaufbau*
Straftatbestand *siehe Tatbestand*
Straftheorien 13 ff.
- absolute 14 f.
- Generalprävention 17, 24
- relative 16 ff.
- Spezialprävention 18
Strafverfolgungshindernisse 625 ff.
- Definition 628
- Immunität 629
- Irrtum 1159
- Strafklageverbrauch 629
- Verjährung 628
Strafverfolgungsvoraussetzungen 47, 54, 626, 628
- Definition 626
- Irrtum 1159
- Rückwirkungsverbot 31
Strafvollzugsrecht 43
Strafwürdigkeit 615 f.
Strafzumessung 82, 199, 528, 530, 1003, 1075, 1402
Strafzumessungsregeln 184
Strafzwecke *siehe Straftheorien*
strenge Schuldtheorie *siehe Schuldtheorie*
strenge Vorsatztheorie *siehe Vorsatztheorie*
Stufenverhältnis
- logisches 1440, 1460
- normatives 1440, 1447, 1459 ff.
- Postpendenzfeststellung 1447, 1454 ff.
- Präpendenzfeststellung 1447, 1454, 1457 f.
- zeitliches 1447
subjektive Anforderungen
- unbewusstes Überschreiten 590
subjektive Tatbestandsmerkmale 132, 256 ff.
subjektive Vermeidbarkeit 1018, 1024
subjektive Vorhersehbarkeit 1018, 1024
subjektive Zurechnung 1023 f.
subjektiver Tatbestand 101 f., 117 f., 132, 256 ff.
- Abgrenzung zum objektiven Tatbestand 101, 257
- besondere persönliche Merkmale 259 f.
- Klausurhinweise 256
- Kongruenz mit objektivem Tatbestand 288, 1092 ff.
subjektives Rechtfertigungselement 323, 325 f., 385 ff., 429 ff., 462, 478, 488, 494, 504
Subjektsqualität, besondere 173 ff., 572, 1196

Subsidiarität 1438 ff.
- formelle 1439
- systematische 1440
Subsumtion 115, 120
Subsumtionsirrtum 270, 1078 ff.
- Definition 1078
- umgekehrter 584, 1080
Sühnetheorie 15
sukzessive Beihilfe *siehe Beihilfesukzessive*
sukzessive Mittäterschaft *siehe Mittäterschaft sukzessive*
sukzessive Tatbestandserfüllung 1414

T
Tataufgabe 791
- Endgültigkeit 791, 840 ff.
- Vollständigkeit 840 ff.
- Voraussetzungen 791
Tatbegriff 1410
- materiell-rechtlicher 1410
- prozessualer 1410
Tatbestand 84 ff., 89, 110 ff.
- Abgrenzung zum Sachverhalt 84 ff.
- Appellfunktion 110, 114, 310, 314
- Aufbau 115 ff.
- Begriff 84, 89
- Blankett-Tatbestand 113
- Definition 84, 89
- ergänzungsbedürftiger 116
- Funktion 114
- Indizwirkung 310 ff.
- objektiver 117, 257
- Prüfungsschema 117, 256 ff.
- subjektiver 101, 117, 256 ff.
- Volltatbestand 113
tatbestandliche Gleichwertigkeit *siehe error in persona (vel obiecto)*
tatbestandliche Handlungseinheit 1419 ff.
- Dauerdelikt 1421
- Definition 1419
- mehrere Versuchstaten 1423
- rechtliche Bewertungseinheit 1421
- Unterlassungsdelikt 1421
Tatbestandsabwandlung
- selbstständige 183
- unselbstständige 179, 182
Tatbestandsalternativen, Irrtum über 1113a
Tatbestandsannex *siehe objektive Strafbarkeitsbedingungen*
tatbestandsausschließendes Einverständnis *siehe Einverständnis*
Tatbestandsbezogenheit
- der Rechtswidrigkeit 309
- des Unrechtsbewusstseins 554

741

Stichwortverzeichnis

Tatbestandsirrtum 1072 ff., 1171
- Abgrenzung zum Verbotsirrtum 1065 ff.
- Bedeutungskenntnis 1086
- Definition 1171
- Fahrlässigkeitsstrafbarkeit 1075 f.
- Garantenstellung 1169
- Irrtum über besonders schwere Fälle 1113
- Irrtum über den Kausalverlauf 288, 1088 ff.
- Irrtum über minder schwere Fälle 1113
- Irrtum über normative Tatbestandsmerkmale 685, 1081 ff.
- mehraktiges Geschehen 1092 ff.
- milderes Gesetz 1077
- Motivirrtum 1102 f.
- Parallelwertung in der Laiensphäre 271, 1085
- Prüfungshinweis 1075, 1082
- Rechtsfolge 1074
- Regelbeispiele 1113
- Subsumtionsirrtum 270, 684, 1078 ff.
- umgekehrter 683
- Versuch 660
- Zusammentreffen mit Verbotsirrtum 1146 f.

Tatbestandsmäßigkeit 84 ff., 119 ff.
- Unterlassen 884

Tatbestandsmerkmale 115 ff.
- Auslegung 136 ff.
- Definition 119
- deskriptive 125, 271
- geschriebene 123
- negative 107 ff., 1135
- normative 126, 271, 685, 1081 ff.
- objektive 117 f., 130 f.
- subjektive 117 f., 132, 256 ff.
- Subsumtion 120
- tatbezogene Merkmale 128, 1350
- täterbezogene Merkmale 129, 1350
- ungeschriebene 116, 124, 216, 219, 242

Tatbestandsmodell 602 f.
Tatbestandsvorsatz 550, 557
tatbezogene Merkmale
- Abgrenzung zu den täterbezogenen 128 f., 1350
- Definition 128

Tateinheit 1382, 1391 ff.
- Absorptionsprinzip 1397
- Dauerdelikt 1418, 1421, 1430, 1431, 1432
- gleichartige Idealkonkurrenz 1392
- Klarstellungsfunktion 1434
- Kumulationsprinzip 1379, 1396
- Rechtsfolge 1397

- Teilidentität der Ausführungshandlung 1417 f., 1430
- ungleichartige Idealkonkurrenz 1393
- Zustandsdelikt, Zusammentreffen mit Dauerdelikt 1418, 1430, 1431, 1432

Tatentschluss 100, 648, 655, 657 f., 701
- abergläubischer Versuch 678
- Abgrenzung zum Vorsatz 655
- bedingter 664
- bedingter Vorsatz 658
- besondere subjektive Merkmale 662
- endgültiger 663 ff.
- Eventualvorsatz 658, 664 f.
- Prüfungshinweise 657, 666
- Rücktrittsvorbehalt 663
- Subsumtion 660
- Tatbestandsirrtum 660
- Tatgeneigtheit 663
- Vorstellungsbild des Täters 658 ff.
- Zäsurwirkung 728, 730, 732

Täter hinter dem Täter *siehe mittelbare Täterschaft*

Täterbegriff 1179 ff.
- bei eigenhändigen Delikten 1197
- extensiver 1179 f., 1270
- restriktiver 1179, 1181, 1271
täterbezogene Merkmale 128 f., 1350 ff.
- Abgrenzung zu den tatbezogenen 128 f., 1350 ff.
- Definition 129
- Mittäter 1354, 1357
- strafbegründende 621, 624, 1354 ff.
- strafmodifizierende 1354, 1357

Täterkreis 172
Täterschaft 1183 ff.
- Alleintäter 1183
- Erscheinungsformen 1183 ff.
Täterschaft/Teilnahme, Abgrenzung 1192 ff., 1203 ff., 1524 f.
- Animustheorie 1205, 1213
- Badewannenfall 1208
- bei Absichtsdelikten 1198
- bei Allgemeindelikten 1199 ff.
- bei eigenhändigen Delikten 1197
- bei Pflichtdelikten 1196
- bei Sonderdelikten 1196
- differenzierende Theorie (beim Unterlassungsdelikt) 1217
- extrem-subjektive Theorie 1205, 1208 f.
- formal-objektive Theorie 1204
- gemäßigt-subjektive Theorie 1205
- gemischte subjektiv-objektive Tatherrschaftslehre 1207
- Grundlagen 1192 ff.
- materiell-objektive Theorie 1206

Stichwortverzeichnis

- normative Kombinationstheorie 1207
- Prüfungshinweise 1195, 1200 ff.
- Staschynskij-Fall 1208
- subjektive Theorie 1205, 1213, 1229
- subjektive Theorie (beim Unterlassungsdelikt) 1213
- Täterschaftstheorie (beim Unterlassungsdelikt) 1215
- Täterwille 1205
- Teilnahmetheorie 1216
- Teilnehmerwille 1205
- Unterlassungsdelikt 1210 ff.

Täterwille 1205, 1213
Tatgeneigtheit 663
Tathandlung 115
Tatherrschaft 1049, 1206, 1214
- Definition 1206
- funktionelle 1206, 1218, 1222, 1228
- Handlungsherrschaft 1206
- kraft überlegenen Wissens 1244, 1250
- Organisationsherrschaft 1255
- Willensherrschaft 1206
- Zentralgestalt 1206

Tatherrschaftslehre 1206, 1214, 1227 f.
- gemäßigte 1228
- Kritik 1206
- strenge 1227
- Unterlassungsdelikt 1214

tätige Reue 36, 139, 623, 709 f.
- analoge Anwendbarkeit 36, 138, 710

Tätigkeitsdelikt 158 f., 214
- Fahrlässigkeitsdelikte 986
- schlichtes 159
- Unterlassen 884

Tatkomplex 1408
Tatmehrheit 1383, 1400 ff.
- Asperationsprinzip 1401
- Dauerdelikt, Zusammentreffen mit Zustandsdelikt 1418, 1430, 1431, 1432
- Einzelstrafe 1401
- Gesamtstrafe 1401 ff.
- gleichartige Realkonkurrenz 1400
- Rechtsfolge 1401
- ungleichartige Realkonkurrenz 1400
- Zustandsdelikt, Zusammentreffen mit Dauerdelikt 1418, 1430, 1431, 1432

Tatmittler *siehe mittelbare Täterschaft*
Tatobjekt 12, 115
Tatort 63 ff.
Tatplantheorie *siehe Rücktritt vom Versuch*
Tatsachenalternativität 1463 f.
Tatsubjekt 115
Tatzeit 31

täuschungsbedinge Einwilligung 461, 468 ff.
- allgemeine Unwirksamkeitstheorie 469
- medizinische Aufklärungspflicht 472
- normative Autonomietheorie 471
- rechtsgutsbezogene Unwirksamkeitstheorie 470

täuschungsbedingte Einwilligung 1501
Teilidentität der Ausführungshandlungen 1417 f., 1430
Teilnahme 1269 ff.
- Akzessorietät 1278 ff.
- Anstiftung zur Anstiftung 1342
- Anstiftung zur Beihilfe zur Anstiftung 1345
- Begehungsort 64
- Beihilfe zur Anstiftung 1344
- Beihilfe zur Beihilfe 1346
- durch Unterlassen 855
- eigenhändige Delikte 1197, 1281
- entschuldigte Tat, Teilnahme an 1279
- erfolglose 1364
- erfolgsqualifizierte Delikte 1282
- Erlaubnistatbestandsirrtum des Haupttäters 1280
- Erscheinungsformen 1073, 1090
- Fahrlässigkeitsdelikt 992 ff., 1094
- gerechtfertigte Tat, Teilnahme an 1278
- Grundlagen 1269 ff.
- Irrtumsprobleme 1265 ff., 1281, 1307 ff.
- Kettenteilnahme 1284, 1318, 1341 ff.
- misslungene 1364
- notwendige 1375 ff.
- omnimodo facturus 1294 f., 1297 f., 1365
- Schuldmerkmale 1349
- Strafgrund 1269 ff.
- Strafmaß 1340, 1348, 1357
- tatbezogene Merkmale 1350
- täterbezogene Merkmale 1350
- untauglicher Versuch 1277
- Unterlassungsdelikt 855
- Urheberschaft 1281
- Vorsatz-Fahrlässigkeits-Kombinationen 1057 ff., 1282
- Zeitpunkt 1323 f.
- § 28 StGB und die Tötungsdelikte 1358 ff.

Teilnehmer 1173
Teilrücktritt 794
Tenorierung 1378
Territorialitätsprinzip 61, 63 ff.
tief greifende Bewusstseinsstörung 540 f.
Tierangriffe 484

743

Stichwortverzeichnis

Tötung von Menschen zum Schutz von Sachwerten 363, 365 ff., 1496
- absolute Theorie 366
- Schutzrechtstheorie 367
- Übereinstimmungstheorie 368

Triage 513a
Trutzwehr 361, 380
Tun, Abgrenzung zum Unterlassen 168, 192, 852 ff., 863 ff., 883
- Abbruch von Rettungsbemühungen 873
- Abschalten von Beatmungsgeräten 872
- apparative Intensivbehandlung 870 ff.
- Arztstrafrecht 870 ff.
- Energieeinsatzkriterium 864, 866
- Grundsatz 863
- mehrdeutige Verhaltensweisen 865 ff.
- omissio libera in causa 874
- Schwerpunkt der Vorwerfbarkeit 866 f., 872, 883
- Sterbehilfe 870 ff.
- Vereiteln fremder Hilfe 873
- Vorsatzwechsel 869
- zeitliches Auseinanderfallen von Tun und Unterlassen 868, 870
- zeitliches Zusammenfallen von Tun und Unterlassen 867

U

überholende Kausalität 235 f., 253
überindividuelles Rechtsgut *siehe Allgemeinrechtsgut*
überlegenes Wissen 1244, 1250
Übernahmeverschulden 1025, 1056
überschießende Innentendenz 160
Überwachungsgarant 927
Überwachungspflichten 927, 952 ff.
Überzeugungstäter 530
Ubiquitätsprinzip 64
- übergesetzlicher Notstand 403
Umfang des objektiven Tatbeitrages 1226 ff.
- gemäßigte Tatherrschaftslehre 1228
- strenge Tatherrschaftslehre 1227
- subjektive Tätertheorie 1229
umgekehrter Erlaubnisirrtum 684
umgekehrter Subsumtionsirrtum 684, 1080
umgekehrter Tatbestandsirrtum 683
umgekehrter Verbotsirrtum 684
Umstiftung 1296
unbeendeter Versuch 734, 737 f., 765, 779 ff., 790 ff.
- Abgrenzung vom beendeten Versuch 734 ff., 783
- außertatbestandliches Handlungsziel 835 ff.
- Definition 737, 780

- Einzelaktstheorie 820, 829
- Gesamtbetrachtungslehre 821, 830 ff.
- Gleichgültigkeit 827
- Rücktritt 790 ff.
- Rücktrittshorizont 824
- subjektiver Maßstab 781
- Tatplantheorie 823, 830
- unmittelbares Ansetzen 737
- Unterlassungsdelikt 753 ff., 815 f.

unbewusste Fahrlässigkeit *siehe Fahrlässigkeit, Fahrlässigkeitsdelikte unbewusste*
unechte Konkurrenz 1386
unechtes Sonderdelikt 175
unechtes Unterlassungsdelikt 171, 857 ff., 881 ff., 918 ff.
- besondere subjektive Merkmale 914
- Beteiligung eines Nichtgaranten 878 ff.
- Definition 171, 859
- Entsprechungsklausel 860, 907 ff., 1215
- Erfolgsdelikte 884 ff.
- Erforderlichkeit 901 f.
- gebotene Handlung 894 ff.
- Handlung 883
- Handlungseinheit 1422
- Handlungsmöglichkeit, physisch-reale 666, 854, 897 ff.
- hypothetischer Kausalverlauf 887
- individuelle Unmöglichkeit 898
- Irrtum über Garantenpflicht 917
- Irrtum über Garantenstellung 1168 ff.
- Kausalität 886 ff.
- Konkurrenzen 1422
- Nichtvornahme der gebotenen Handlung 894 ff.
- objektive Unmöglichkeit 898
- objektive Zurechnung 891 f.
- Pflichtwidrigkeitszusammenhang 251, 891, 954
- Prüfungsschema 881 ff.
- Quasi-Kausalität 887 f.
- Rechtfertigung 915
- Risikoerhöhungstheorie 888, 892
- Rücktritt 814 ff.
- Schuld 916 f.
- Strafmilderung 861, 877
- subjektiver Tatbestand 910 ff.
- Tatbestandsmäßigkeit 884
- taugliche Täter 1196
- untauglicher Erfolgsabwendungsversuch 896
- Unzumutbarkeit normgemäßen Verhaltens 904, 916
- Urheberschaft 1281
- Verbotsirrtum 917
- verhaltensgebundenen Delikte 907 f.

Stichwortverzeichnis

- Versuch 855, 875 f.
- vorrangig Rettungspflichtige 901
- Vorsatz 910 ff.
- Zumutbarkeit 903 ff.

unechtes Unternehmensdelikt 712
ungleichartige Idealkonkurrenz 1393
ungleichartige Realkonkurrenz 1400
Universalitätsprinzip *siehe Geltungsbereich des deutschen Strafrechts*
Universalrechtsgüter *siehe Allgemeinrechtsgut*
unmittelbare Täterschaft 1206, 1208
- Handlungsherrschaft 1206

unmittelbares Ansetzen 648 f., 666 f., 700 ff., 706, 721 f.
- Alleintäter 724 ff.
- Aufgeben der Geschehensherrschaft 728, 736, 751, 755
- beendeter Versuch 734 ff.
- Einzelbetrachtung 729, 738
- Einzelfälle 730 ff.
- Gefährdungstheorie 727
- gemischt subjektiv-objektive Versuchstheorie 637, 724
- Gesamtplan des Täters 725
- Handlungsbezug zur Opfersphäre 728
- "Jetzt geht es los" 726
- konkrete Rechtsgutsgefährdung 728, 736 f.
- mehrere Delikte 730
- mehrere Täter 705
- objektives Element 727 f.
- Qualifikation 732 f.
- Regelbeispiele 732, 733a
- Sphärentheorie 727
- Strafbarkeit 704 f.
- subjektives Element 725 ff.
- Tatbestandsbezogenheit 730
- Teilaktstheorie 727
- Theorie der Feuerprobe 727
- unbeendeter Versuch 737
- Versuch des Versuchs 727
- Wirkungskreis der Gefahr 728, 736
- Zäsur 728, 730, 732
- zusammengesetzte Delikte 731
- Zwischenaktstheorie 727

unmittelbares Ansetzen bei Mittäterschaft 739 ff., 1242 f., 1506
- Gesamtlösung 740
- modifizierte Einzellösung 742
- strenge Einzellösung 741

unmittelbares Ansetzen bei mittelbarer Täterschaft 747 ff., 1268, 1508
- differenzierende Theorie 750
- Einwirkungstheorie 749
- Rechtsgutsgefährdungstheorie 751
- strenge Akzessorietätstheorie 748

unmittelbares Ansetzen bei vermeintlicher Mittäterschaft 743 ff., 1507
- enge Gesamtlösung 745
- modifizierte Einzellösung 742, 746
- strenge Einzellösung 741, 746
- weite Gesamtlösung 744

unmittelbares Ansetzen beim Unterlassungsdelikt 752 ff., 1509
- Theorie der unmittelbaren Rechtsgutsgefährdung 755
- Theorie des erstmöglichen Eingriffs 754
- Theorie des letztmöglichen Eingriffs 753

Unrecht 93, 305, 401, 524
- Begriff 93
- Elemente 93, 305
- Grundlagen 305 f.
- kriminelles 52
- Unrechtsgehalt der Tat 35, 114, 138, 305, 554

Unrechtsausschließungsgründe *siehe Rechtfertigungsgründe*
Unrechtsbewusstsein 531, 546 ff., 1115
- aktuelles 552
- Definition 546
- Fahrlässigkeit 1022
- Grundlagen 546 ff.
- potentielles 552 f., 1118
- selbstständiges Schuldelement 549
- Tatbestandsbezogenheit 554
- Teilbarkeit 554

Unrechtseinsicht 1118
- Fahrlässigkeitsdelikt 1022

Unrechtsgehalt 114, 138, 554
- Anstiftung 1266
- Fahrlässigkeitsdelikt 978
- Konkurrenzen 1334, 1443
- Teilnahme 1274, 1278, 1350
- Unterlassen 880

unselbstständige Strafmilderungen 644
unselbstständige Strafschärfungen 644
unselbstständige Tatbestandsabwandlung 179, 181
untauglicher Versuch 635, 668 ff.
- Abgrenzung zum Wahndelikt 660, 672, 683, 1070
- Anstiftung 1277
- Definition 668
- eines unechten Unterlassungsdelikts 875
- grober Unverstand 675 ff.
- Rechtsfolge 673
- Regelung im Gesetz 670 ff.
- Rücktritt 793
- Strafbarkeit 673 f.
- Teilnahme 1277

Stichwortverzeichnis

- umgekehrter Tatbestandsirrtum 683, 1070
- unerkannt untauglicher Versuch 797 ff.
- Untauglichkeit des Tatmittels 671
- Untauglichkeit des Tatobjekts 670
- Untauglichkeit des Tatsubjekts 672

Unterbringung 536

Unterlassen *siehe Unterlassungsdelikt*
- Angriff durch 243
- Anstiftung durch 1293, 1295
- Beteiligung durch 1211 ff.
- einer Strafanzeige 459
- eines Strafantrages 459
- Verhalten 192

Unterlassungsdelikt 168 f., 852 ff.
- Anstiftung durch Unterlassen 1293, 1295
- Anwendbarkeit des § 13 Abs. 2 StGB 877
- Aufbau 854, 881 ff.
- Beihilfe durch Unterlassen 1321
- besondere subjektive Merkmale 914
- Beteiligung 855
- Beteiligung eines Garanten 1211 ff.
- Beteiligung eines Nichtgaranten 878
- Entsprechungsklausel 907 ff.
- Erfolgsdelikt 862, 884 ff.
- Erfolgseintritt 885
- Erforderlichkeit 901 f.
- Fahrlässigkeit 855, 988 f.
- fakultative Strafmilderung 861, 877
- Grundlagen 852 ff.
- Handlung 883
- individuelle Unmöglichkeit 898
- Irrtum 917, 1168 ff.
- Kausalität 886 ff.
- Konkurrenzen 1422
- Mittäter 1210
- mittelbare Täterschaft 1210, 1257
- Nichtvornahme der gebotenen Handlung 894 ff.
- objektive Unmöglichkeit 898
- objektive Zurechnung 891 f.
- omissio libera in causa 874
- Prognose 887
- Prüfungsschema 881 ff.
- Quasi-Kausalität 887 f.
- Rechtswidrigkeit 915
- Risikoerhöhungstheorie 888
- Rücktritt 814 ff.
- schlichte Tätigkeitsdelikte 884
- schlichtes 862
- Schuld 916 f.
- Sterbehilfe 870 ff.
- Struktur 852 ff.
- subjektiver Tatbestand 910 ff.
- Tatbestandsmäßigkeit 884

- Täterschaft und Teilnahme 1210 ff.
- Täterschaftstheorie 1215
- Teilnahme am Unterlassungsdelikt 855, 878 ff., 1212 ff., 1295
- Teilnahme durch Unterlassen 855, 1293, 1295
- Teilnahmetheorie 1216
- untauglicher Erfolgsabwendungsversuch 896
- untauglicher Versuch 875
- Unternehmensdelikt 189
- Unzumutbarkeit 903 ff.
- Unzumutbarkeit normgemäßen Verhaltens 916
- Verbotsirrtum 917
- Versuch 651, 815, 855
- Versuch, beendeter 815 f.
- Versuch, unbeendeter 815 f.
- vorrangig Retungspflichtige 901
- Vorsatz 267, 910 ff.
- Zumutbarkeit 903 ff.

Unternehmensdelikt 189, 711 f.
- echtes 711
- kein Rücktritt 711
- keine fakultative Strafmilderung 711
- unechtes 712

Unvermeidbarkeit beim Verbotsirrtum 1116 f.

Unwertgehalt 181

Unzumutbarkeit *siehe Zumutbarkeit*

Unzumutbarkeit normgemäßen Verhaltens
- beim Fahrlässigkeitsdelikt 1025
- beim Unterlassungsdelikt 904, 916
- Urteilstenor 1378

Ursachenzusammenhang *siehe Kausalität*

Ursächlichkeit *siehe Kausalität*

V

Verabreden von Verbrechen *siehe Verbrechensverabredung*

Verantwortlichkeit für Gefahrenquellen 963 ff., 1053

Verantwortungsprinzip 253, 1053

Verbot der Doppelbestrafung 38, 51, 62, 530, 629

Verbotsirrtum 546, 1114 ff., 1171
- Definition 1114, 1171
- direkter 1116
- Erkundigungspflicht 1118
- fakultative Strafmilderung 1115
- Garantenpflicht 1170
- Gebotsirrtum 913, 917, 1170
- Gewissensanspannung 1117
- mittelbare Täterschaft 1258 ff.
- Rechtsauskunft 1118

Stichwortverzeichnis

- umgekehrter 684
- Unrechtsbewusstsein 1115
- Unrechtseinsicht 1114, 1116
- Unterlassungsdelikt 917
- Vermeidbarkeit 546, 552 f., 1117 f.
- Zusammentreffen mit Tatbestandsirrtum 1146 ff.

Verbotsnorm 311
Verbrechen 150 ff., 638 ff.
- Definition 151, 639
- Kriegsverbrechen 79
- Menschlichkeit, gegen die 79

Verbrechensaufbau 81, 87 ff., 95 ff.
- Fahrlässigkeitsdelikte 976 ff.
- finaler Verbrechensaufbau 103 ff.
- kausaler Verbrechensaufbau 96 ff., 555, 978 f.
- klassische Lehre 96 ff., 555, 978 f.
- Lehre von den negativen Tatbestandsmerkmalen 107 ff., 1135, 1141
- moderne Lehren 101 f., 555, 982 ff.
- neo-klassische Lehre 101 ff., 980 f.
- Stellung des Vorsatzes 95 ff., 555 ff.

Verbrechensbegriff *siehe Verbrechen*
- dreigliedriger 87 ff., 95
- Gesamtunrechtstatbestand 107
- zweigliedriger 107 ff.

Verbrechensverabredung 705, 1369 f.
- Annahme des Erbietens 705, 1370
- Konkurrenzen 1371 f.
- Rücktritt 1373 f.
- Sich-Bereit-Erklären 705, 1369
- Strafgrund 1371
- Verbrechensverabredung 1368

Verbrechervernunft 812, 843
Vereinigungstheorien *siehe Straftheorien*
verfassungsrechtliche Vorgaben 4, 21 ff., 525
Verfolgungszwang, bei Auslandstaten 62
Vergehen 150 ff., 638 ff.
- Definiton 151, 639

Vergeltungstheorie 14
Verhalten 88, 190, 192
verhaltensgebundenes Delikt 603, 908
- Definition 908
- Modalitätenadäquanz 908
- Modalitätenäquivalenz 908

Verhaltenspflichten 514 ff.
Verhältnismäßigkeit 571
Verhinderung der Tatvollendung 795 f.
- ersthaftes Bemühen 799 f., 806
- Mitursächlichkeit 796

Verjährung 47, 628
- fortgesetzte Tat 1427
- Rückwirkungsverbot 31
- Strafverfolgungshindernis 628

verkehrsrichtiges Verhalten *siehe erlaubtes Risiko*
Verkehrssicherungspflicht 964
Verklammerung *siehe Klammerwirkung*
Verletzungsdelikt 161, 214
Verlobte 931
Vermeidbarkeit
- objektive 1016
- subjektive 1018, 1024
- Verbotsirrtum 552 f., 1116 f.

vermeintliche Mittäterschaft 743 ff., 1507
verminderte Schuldfähigkeit 542 f.
versari in re illicita 1043
Verstandesreife 445, 466
Versuch 631 ff.
- abergläubischer 634, 678 ff.
- Anstiftung 1365 f.
- Aufbau 647 ff., 651 ff.
- Beihilfe 1367
- einer Erfolgsqualifikation 686 ff.
- erfolgsqualifizierter 686 ff., 692 ff.
- erfolgsqualifiziertes Delikt 686 ff.
- Fahrlässigkeit 651, 659, 990 f.
- fakultative Strafmilderung 646, 708
- fehlgeschlagener 765, 770 ff.
- Formen 668 ff.
- gemischt subjektiv-objektive Theorie 633, 636 f., 724
- grob unverständiger 675 ff.
- Konkurrenzen 1423
- Mittäterschaft 739 ff., 1356
- mittelbare Täterschaft 747 ff., 1365
- Nichtvollendung 653
- objektiver Tatbestand 649, 721
- Privilegierung 643
- Prüfungsaufbau 647 ff.
- Prüfungshinweise 651, 653 f., 657, 660, 666
- Qualifikation 643, 732
- Rechtsfolgen 646
- Regelbeispiele 644 f., 733a
- Strafbarkeit des 638 ff., 654
- Tatbestandsirrtum 660, 683
- Unterlassungsdelikt 752 ff., 815, 1509
- Versuch des Versuchs 727
- Versuchsformen 668 ff., 765 ff.
- versuchte Anstiftung 1295, 1311
- Voraussetzungen 651 ff.
- Vorbereitungshandlungen 703 ff.
- Vorprüfung 652 ff.
- Vorstellungsbild des Täters 658 ff.

Versuchsbeginn *siehe unmittelbares Ansetzen*
versuchte Teilnahme 1362 ff.
- Konkurrenzen 1372
- Rücktritt 1373

Stichwortverzeichnis

Verteidigungshandlung 354 ff.
Verteidigungswille 385 ff.
– Erforderlichkeit 386 ff.
– Kenntnistheorie 388
– Lehre vom Verteidigungswillen 389
– objektive Theorie 387
– Rechtsfolge des Fehlens 390 ff.
– Reichweite 386 ff.
– Versuchstheorie 391
– Vollendungstheorie 392
Vertrauensgrundsatz 253, 1034
Verwaltungsakzessorietät 52a
Verwaltungsrechtsakzessorietät 52a, 113
Verwirrung 588
vierte Ebene der Strafbarkeit 615 ff., 763, 1064, 1149, 1159 ff.
– Irrtümer 1159 f.
vis absoluta 205 f.
vis compulsiva 206
V-Leute 743, 1312 ff., 1532
V-Mann 743, 1312 ff., 1532
volenti non fit iniuria 453
Völkerstrafgesetzbuch 79 f.
Völkerstrafrecht 78 ff.
Vollendung 700, 707 ff.
Volltatbestand 113
voluntative Theorien 300
Vorbereitungshandlungen 703 ff., 1365
– Alleintäter 704
– mehrere Täter 705
– Strafbarkeit 704 f., 1365
Vorfeldtatbestand 704, 709
Vorhersehbarkeit
– objektive 1013 ff.
– subjektive 1018, 1024
vorläufige Abstandnahme von der Tat 840 ff., 1512
– enge Tattheorie 843
– kriminalpolitische Theorie 844
– Theorie des eingeschränkten Tatbegriffs 842
– weite Tattheorie 841
vorläufige Festnahme *siehe Festnahmerecht (§ 127 StPO)*
Vorleben des Täters 528
Vorprüfung beim Versuch 652 ff.
– Nichtvollendung der Tat 653
– Strafbarkeit des Versuchs 654
Vorsatz 95 ff., 193, 264 ff., 655, 657 f.
– abgeschirmte Gefahr 301
– Abgrenzung zu speziellen Schuldmerkmalen 260
– Abgrenzung zur Fahrlässigkeit 261, 295 ff., 302 ff., 972, 1495
– Absicht 281 ff.

– alternativer 292 ff.
– Anstiftervorsatz 1303, 1305 f.
– Arten 275 ff., 286 ff.
– Aufgabe des Vorsatzes 290 f.
– Begriff 95, 264 ff.
– Bezugspunkte 266
– Billigungstheorie 295, 300
– Definition 95, 264
– deskriptive Merkmale 125, 271
– direkter 280, 282
– dolus 975
– dolus alternativus 292 ff.
– dolus antecedens 290 f.
– dolus directus 280, 282
– dolus generalis 287 f., 1093
– dolus subsequens 289
– Doppelfunktion 1133
– Einordnung 95 ff., 261
– Elemente des Vorsatzes 264 f., 269 ff.
– Ernstnahmetheorie 300
– Erscheinungsformen des Vorsatzes 275 ff., 286 ff.
– Gefährdungsgrade 273 f.
– Gleichgültigkeitstheorie 300
– Hemmschwellentheorie bei Tötungsdelikten 303 f., 912
– kognitive Theorien 299
– Kongruenz zwischen Vorsatz und objektivem Tatbestand 266, 288 f., 1092 ff.
– Konkretisierungstheorie 1102, 1111
– Manifestation des Vermeidewillens 300
– mehraktige Geschehensabläufe 287 f., 1092 ff.
– Möglichkeitstheorie 299
– normative Merkmale 126, 271, 1081 ff.
– Parallelwertung in der Laiensphäre 271, 1085
– Raserfälle 304
– Regelung im Gesetz 257 f., 261
– Risikotheorien 301
– Simultanitätsprinzip 288 f., 1092 ff.
– spezielle Schuldmerkmale, Abgrenzung 260
– Stellung des Vorsatzes im Verbrechensaufbau 95 ff.
– Tatbestandsvorsatz 550
– Tötungsdelikte 302 ff.
– Unbedingtheit des Handlungswillens 664
– Unterlassungsdelikte 267, 910 ff.
– Vermeidungstheorie 300
– Versuchsdelikt 655, 657 f.
– voluntative Theorien 300
– Vorsatz-Fahrlässigkeits-Kombinationen 1057 ff.
– Wahrscheinlichkeitstheorie 299

Stichwortverzeichnis

- Willenstheorien 300
- Wissenstheorien 299
- Wissentlichkeit 279 f.
- Wollenselement 264 ff., 272 ff., 277, 296 f.
- Zeitpunkt des Vorliegens 288 f., 1092 ff.

Vorsatz-Fahrlässigkeits-Kombinationen 1057 ff.

Vorsatzkonkretisierung 1102, 1111

Vorsatzschuld 1133, 1140

Vorsatztheorie 549 f., 1126 f., 1129, 1137
- eingeschränkte 1130, 1137
- Erlaubnistatbestandsirrtum 1129, 1137
- Kritik 1129
- Modifikationen 1130, 1137
- Schuldprinzip 1129
- strenge 1129

Vorsatzwechsel 869

Vorstellungstheorien *siehe kognitive Theorien*

Vortat, mitbestrafte 1436, 1442

Vorwerfbarkeit 317, 526
- Schwerpunkt der Vorwerfbarkeit 866 f., 872, 883

W

Wahlfeststellung 1445, 1448, 1463 ff.
- echte 1463 ff.
- Postpendenzfeststellung 1447, 1454 ff.
- Präpendenzfeststellung 1447, 1454, 1457 f.
- psychologische Vergleichbarkeit 1470 f.
- rechtsethische Vergleichbarkeit 1470
- Stufenverhältnisse 1447 ff.
- Tatsachenalternativität 1463 ff.
- unechte 1474 f.

Wahndelikt 186, 660, 681 ff.
- Abgrenzung zum untauglichen Versuch 186, 660, 672, 683, 1070
- Definition 186, 681
- Rechtsfolge 682

Wahrnehmung berechtigter Interessen (§ 193 StGB) 517

Wahrscheinlichkeitstheorie *siehe Vorsatz*

Weichenstellerfall 248, 425, 596

Weltrechtsprinzip *siehe Geltungsbereich des deutschen Strafrechts*

Werkzeug 1243
- absichtslos-doloses 1206, 1250
- qualifikationslos-doloses 1248
- volldeliktisch handelndes 1254

Widerstandsrecht (Art. 20 Abs. 4 GG) 510

Willensfähigkeit, natürliche 207, 445

Willensfreiheit 526

Willensherrschaft 1206

Willensmängel
- bei der Einwilligung 461, 468 ff.
- beim Einverständnis 447

Willenstheorien *siehe Vorsatz*

Wissenselement *siehe Vorsatz*

Wissensherrschaft 1244, 1250

Wissentlichkeit 279 f.

Wollenselement *siehe Vorsatz*

Wortlaut des Gesetzes *siehe Auslegung*

Z

Zäsur
- Notwehr 346
- Rücktritt 770
- unmittelbares Ansetzen 728, 730, 732

Zentralgestalt 1175, 1206, 1227

Zeugen Jehovas 530

Ziegenhaarfall 865, 867

zivilrechtliche Notwehr (§ 227 BGB) 480 f.

zivilrechtliche Rechtfertigungsgründe *siehe Rechtfertigungsgründe*

zivilrechtliche Rechtsfertigungsgründe
- fragmentarischer Charakter des Strafrechts 479
- Grundsatz der Einheit der Rechtsordnung 328, 400, 479

zivilrechtlicher Notstand 482 ff.

Zivilrechtsakzessorietät 52a, 126

Zorn 589

Züchtigungsrecht 520 ff.

Zumutbarkeit
- als Tatbestandsmerkmal 515
- bei Unterlassungsdelikten 903 ff.
- beim entschuldigenden Notstand 570, 572 ff.
- beim rechtfertigenden Notstand 420
- der Notwehrhandlung 359

Zurechnung
- subjektive 1023 f.
- wechselseitige 1218

Zurechnungszusammenhang *siehe objektive Zurechnung*

zusammengesetzte Deliktstatbestände
- Konkurrenzen 1417, 1420
- unmittelbares Ansetzen 731

Zuständigkeit, gerichtliche 48

Zustandsdelikt 166 f.
- Beendigung 713 ff.
- Zusammentreffen mit Dauerdelikt 1418, 1430, 1431, 1432

zweigliedriger Deliktsaufbau 107 ff., 1135

Zweispurigkeit des Sanktionensystems 83

Studienreihe Rechtswissenschaften

SR

Winfried Boecken
BGB – Allgemeiner Teil
3., überarb. Auflage 2019
498 Seiten. Kart. € 34,–
ISBN 978-3-17-029903-0

Jacob Joussen
Schuldrecht I – Allgemeiner Teil
6., überarb. Auflage 2021
504 Seiten. Kart. € 39,–
ISBN 978-3-17-038962-5

Löhnig/Gietl
Schuldrecht II – Besonderer Teil 1: Vertragliche Schuldverhältnisse
2., überarb. Auflage 2018
206 Seiten. Kart. € 22,–
ISBN 978-3-17-031438-2

Jochen Glöckner
Kartellrecht – Recht gegen Wettbewerbsbeschränkungen
3., überarb. Auflage 2021
460 Seiten. Kart. € 42,–
ISBN 978-3-17-040882-1

Jörg Eisele
Strafrecht – Besonderer Teil I
Straftaten gegen die Person und die Allgemeinheit
6., überarb. Auflage 2021
570 Seiten. Kart. € 40,–
ISBN 978-3-17-039712-5

Jörg Eisele
Strafrecht – Besonderer Teil II
Eigentumsdelikte und Vermögensdelikte
6., überarb. Auflage 2021
469 Seiten. Kart. € 39,–
ISBN 978-3-17-039716-3

Jörg Eisele
Strafrecht – Besonderer Teil I + II
6., überarb. Auflage 2021
Paketpreis 1032 Seiten.
Kart. € 64,–
ISBN 978-3-17-039720-0

Heger/Pohlreich
Strafprozessrecht
2., überarb. Auflage 2018
233 Seiten. Kart. € 25,–
ISBN 978-3-17-035520-0

Lang/Wilms
Staatsrecht II
Grundrechte
2., überarb. Auflage 2020
511 Seiten. Kart. € 36,–
ISBN 978-3-17-023343-0

Georg Jochum
Europarecht
3., überarb. Auflage 2018
472 Seiten. Kart. € 36,–
ISBN 978-3-17-032882-2

Michael Stöber
Handelsrecht
2020. XIX, 224 Seiten
Kart. € 28,–
ISBN 978-3-17-020415-7

Storr/Schröder
Allgemeines Verwaltungsrecht
2., überarb. Auflage 2021
338 Seiten. Kart. € 35,–
ISBN 978-3-17-032611-8

Kay Hailbronner
Asyl- und Ausländerrecht
5., überarb. Auflage 2021
612 Seiten. Kart. € 42,–
ISBN 978-3-17-039704-0

Alle Titel auch als E-Book erhältlich.
Leseproben und weitere Informationen:
shop.kohlhammer.de

Kohlhammer
Bücher für Wissenschaft und Praxis